"全国安全生产月"法规标准系列丛书

新编中华人民共和国安全生产法律预案及文件全书

（上　册）

本丛书编写委员会　组织编写

应急管理出版社

·北　京·

图书在版编目（CIP）数据

新编中华人民共和国安全生产法律预案及文件全书/本丛书编写委员会组织编写 . -- 北京：应急管理出版社，2022

（"全国安全生产月"法规标准系列丛书）

ISBN 978-7-5020-9312-9

Ⅰ.①新… Ⅱ.①本… Ⅲ.①安全生产—安全法规—中国 Ⅳ.①D922.54

中国版本图书馆 CIP 数据核字（2022）第 059657 号

新编中华人民共和国安全生产法律预案及文件全书

（"全国安全生产月"法规标准系列丛书）

组织编写	本丛书编写委员会
责任编辑	曲光宇
责任校对	孔青青　李新荣
封面设计	卓义云天
出版发行	应急管理出版社（北京市朝阳区芍药居 35 号　100029）
电　　话	010-84657898（总编室）　010-84657880（读者服务部）
网　　址	www.cciph.com.cn
印　　刷	三河市中晟雅豪印务有限公司
经　　销	全国新华书店
开　　本	787mm×1092mm$^1/_{16}$　印张 85$^3/_4$　字数 2888 千字
版　　次	2022 年 5 月第 1 版　2022 年 5 月第 1 次印刷
社内编号	20220590　　　　　　定价 298.00 元（上、下册）

版权所有　违者必究

本书如有缺页、倒页、脱页等质量问题，本社负责调换，电话：010-84657880

本丛书编写委员会

主　任　闪淳昌
副主任　范维澄　薛　澜　张兴凯
　　　　　马怀德　陈湘生　徐志强
　　　　　康　荣　汤万金　刘　钊

本书编写组

陈少云　李　伟　倪慧荟　曾明荣
代海军　孙雨岐

前　　言

党和国家高度重视安全生产法治建设。2021年新修改的《安全生产法》，坚持以习近平法治思想为指引，坚持人民至上、生命至上的安全发展理念，统筹发展和安全两件大事，从法律层面强化各项安全防范措施落实，标志着我国安全生产法制工作取得新的进展。

为方便查阅、学习掌握我国安全生产法律预案及文件，我们组织编辑了《中华人民共和国安全生产法律预案及文件全书》，全书以新的思路多维度反映安全生产法制建设成果，收录现行有效的安全生产领域法律、行政法规、相关司法解释以及重要文件，截至时间为2022年3月。全书按照宪法相关规定、刑法相关规定、安全生产法、应急管理法和其他相关法及文件进行编辑。其中，安全生产法中又分为安全生产综合类、矿山安全及其他类、危险化学品安全类、烟花爆竹和民用爆炸物品安全类、建筑安全类、交通安全类、特种设备安全类、电力安全类、核安全和放射性安全类。

本书编辑过程中，中国安全生产协会、中国应急管理学会等单位的有关同志予以大力支持，衷心感谢应急管理知名专家闪淳昌同志对全书进行了审定。下一步，我们将根据安全生产法制建设的新成果及时更新、增补有关内容。欢迎广大读者对本书编辑工作提出宝贵意见。

编　者

2022年4月2日

总 目 录

上 册

一、宪法相关规定 ··· 1
二、刑法相关规定 ··· 4
三、安全生产法 ·· 21
   （一）安全生产综合类 ·· 21
   （二）矿山安全及其他类 ·· 231
   （三）危险化学品安全类 ·· 531

下 册

   （四）烟花爆竹和民用爆炸物品安全类 ·· 697
   （五）建筑安全类 ·· 735
   （六）交通安全类 ·· 779
   （七）特种设备安全类 ·· 1062
   （八）电力安全类 ·· 1106
   （九）核安全和放射性安全类 ··· 1144
四、应急管理法 ··· 1204
五、其他相关法 ··· 1268

目 录

上 册

一、宪法相关规定 ·········· 1
　中华人民共和国宪法（摘录）·········· 1
　　（2018 年修正）*
二、刑法相关规定 ·········· 4
　（一）刑法规定 ·········· 4
　　中华人民共和国刑法（摘录）·········· 4
　　　（2020 年修正）
　（二）司法解释及有关文件 ·········· 6
　　应急管理部、公安部、最高人民法院、最高人民检察院关于安全生产行政执法与刑事司法衔接工作办法 ·········· 6
　　　（2019 年印发）
　　最高人民法院、最高人民检察院关于办理非法采矿、破坏性采矿刑事案件适用法律若干问题的解释 ·········· 9
　　　（2016 年公布）
　　最高人民法院、最高人民检察院关于办理危害生产安全刑事案件适用法律若干问题的解释 ·········· 11
　　　（2015 年公布）
　　最高人民法院、最高人民检察院、公安部、国家安全监管总局关于依法加强对涉嫌犯罪的非法生产经营烟花爆竹行为刑事责任追究的通知 ·········· 13
　　　（2012 年发布）
　　最高人民法院关于进一步加强危害生产安全刑事案件审判工作的意见 ·········· 14
　　　（2011 年印发）
　　最高人民检察院、公安部关于公安机关管辖的刑事案件立案追诉标准的规定（一）（摘录）·········· 16
　　　（2017 年修正）
　　最高人民法院、最高人民检察院关于办理渎职刑事案件适用法律若干问题的解释（一）（摘录）·········· 18
　　　（2012 年公布）
　　最高人民检察院关于渎职侵权犯罪案件立案标准的规定（摘录）·········· 19
　　　（2006 年公布）
三、安全生产法 ·········· 21
　（一）安全生产综合类 ·········· 21
　　1. 法律法规 ·········· 21
　　　中华人民共和国安全生产法 ·········· 21
　　　　（2021 年修正）
　　　生产安全事故应急条例 ·········· 32
　　　　（2019 年公布）
　　　安全生产许可证条例 ·········· 35
　　　　（2014 年修正）
　　　生产安全事故报告和调查处理条例 ·········· 37
　　　　（2007 年公布）
　　　国务院关于特大安全事故行政责任追究的规定 ·········· 41
　　　　（2001 年公布）
　　2. 中共中央、国务院有关文件 ·········· 43
　　　中共中央、国务院关于推进安全生产领域改革发展的意见 ·········· 43
　　　　（2016 年印发）
　　　中共中央办公厅、国务院办公厅关于推进城市安全发展的意见 ·········· 48
　　　　（2018 年印发）
　　　中共中央办公厅、国务院办公厅关于地方党政领导干部安全生产责任制规定 ·········· 51
　　　　（2018 年印发）
　　　国务院关于坚持科学发展安全发展促进安全生产形势持续稳定好转的意见 ·········· 53
　　　　（2011 年印发）
　　　国务院关于进一步加强企业安全生产

---

* 标注的时间为法律法规及文件的公布、发布、印发时间或最新一次修订、修正的时间。

3

工作的通知……………………… 57
　　（2010年印发）
　国务院关于进一步加强安全生产工作
　　的决定 ………………………… 61
　　（2004年印发）
　国务院办公厅关于加强安全生产监管
　　执法的通知 …………………… 64
　　（2015年印发）
　国务院办公厅关于省级政府安全生产
　　工作考核办法 ………………… 67
　　（2016年印发）
3．协调机构、部门规章及有关文件 ……… 68
　1）责任落实与责任保险 ……………… 68
　　国务院安全生产委员会成员单位安
　　　全生产工作任务分工…………… 68
　　（2020年印发）
　　关于进一步加强监管监察执法促进
　　　企业安全生产主体责任落实的意见 …… 77
　　（2018年印发）
　　关于全面加强企业全员安全生产责
　　　任制工作的通知 ……………… 80
　　（2017年公布）
　　安全生产监管监察职责和行政执法
　　　责任追究的规定 ……………… 81
　　（2015年修正）
　　企业安全生产责任体系五落实五到
　　　位规定 ………………………… 87
　　（2015年印发）
　　安全生产责任保险实施办法 ……… 88
　　（2017年印发）
　2）信息报告与处置工作 ……………… 90
　　生产安全事故信息报告和处置办法 …… 90
　　（2009年公布）
　　关于进一步加强和改进生产安全事
　　　故信息报告和处置工作的通知 …… 92
　　（2010年公布）
　　生产安全重特大事故和重大未遂伤
　　　亡事故信息处置办法（试行）…… 94
　　（2006年印发）
　　关于进一步加强生产安全事故应急
　　　处置工作的通知 ……………… 98
　　（2013年公布）
　　生产安全事故应急处置评估暂行办法 …… 99
　　（2014年印发）
　3）事故预防与安全培训 ……………… 101

　　关于标本兼治遏制重特大事故工作指南 …… 101
　　（2016年印发）
　　关于实施遏制重特大事故工作指南
　　　构建双重预防机制的意见 …… 103
　　（2016年印发）
　　安全生产事故隐患排查治理暂行
　　　规定 …………………………… 106
　　（2007年公布）
　　关于高危行业领域安全技能提升行
　　　动计划的实施意见 …………… 108
　　（2019年印发）
　　用人单位劳动防护用品管理规范 …… 110
　　（2018年修正）
　　关于加强基层安全生产网格化监管
　　　工作的指导意见 ……………… 112
　　（2017年印发）
　　关于进一步加强安全培训工作的决定 …… 114
　　（2012年印发）
　　生产经营单位安全培训规定 ……… 117
　　（2015年修正）
　　安全生产培训管理办法 …………… 120
　　（2015年修正）
　4）执法监督与调查处理 ……………… 124
　　应急管理综合行政执法技术检查员和
　　　社会监督员工作规定（试行）…… 124
　　（2021年印发）
　　关于加强安全生产执法工作的意见 …… 126
　　（2021年印发）
　　安全生产约谈实施办法（试行）…… 129
　　（2018年印发）
　　安全生产监管执法监督办法 ……… 130
　　（2018年印发）
　　安全生产执法程序规定 …………… 132
　　（2016年印发）
　　安全生产监管监察部门信息公开办法 …… 138
　　（2012年公布）
　　关于生产安全事故调查处理中有关
　　　问题的规定 …………………… 141
　　（2013年印发）
　　非法违法较大生产安全事故查处跟
　　　踪督办暂行办法 ……………… 142
　　（2011年印发）
　　重大生产安全事故调查处理挂牌督
　　　办工作程序 …………………… 143
　　（2015年印发）

重大事故查处挂牌督办办法 …………… 144
　　（2010年印发）
　转变作风开展安全生产暗查抽查工
　　作制度 ………………………………… 144
　　（2013年印发）
　生产安全事故罚款处罚规定（试行）…… 145
　　（2015年修正）
　安全生产行政处罚自由裁量适用规
　　则（试行） …………………………… 147
　　（2010年公布）
　安全生产违法行为行政处罚办法 ……… 150
　　（2015年修正）
　安全生产非法违法行为查处办法 ……… 157
　　（2011年印发）
　安全生产监督罚款管理暂行办法 ……… 159
　　（2004年公布）
　安全生产行政复议规定 ………………… 160
　　（2007年公布）
5）诚信体系与举报奖励 ………………… 164
　关于加强企业安全生产诚信体系建
　　设的指导意见 ………………………… 164
　　（2014年发布）
　对安全生产领域失信行为开展联合
　　惩戒的实施办法 ……………………… 166
　　（2017年印发）
　关于进一步加强安全生产领域失信
　　行为信息管理工作的通知 …………… 167
　　（2017年印发）
　生产经营单位从业人员安全生产举
　　报处理规定 …………………………… 168
　　（2020年印发）
　安全生产领域举报奖励办法 …………… 169
　　（2018年印发）
　关于保护生产安全事故和事故隐患
　　举报人的意见 ………………………… 171
　　（2013年印发）
6）企业安全生产及相关 ………………… 172
　企业安全生产标准化建设定级办法 …… 172
　　（2021年印发）
　中央企业安全生产监督管理暂行办法 …… 174
　　（2008年公布）
　中央企业应急管理暂行办法 …………… 178
　　（2013年公布）
　食品生产企业安全生产监督管理暂
　　行规定 ………………………………… 181

　　（2015年修正）
　企业安全生产费用提取和使用管理
　　办法 …………………………………… 184
　　（2012年印发）
　安全生产工作创新奖励管理暂行办法 …… 190
　　（2011年印发）
7）安全中介机构与人员 ………………… 191
　安全评价检测检验机构管理办法 ……… 191
　　（2019年公布）
　注册安全工程师管理规定 ……………… 195
　　（2013年修正）
　注册安全工程师分类管理办法 ………… 198
　　（2017年印发）
　注册安全工程师职业资格制度规定 …… 199
　　（2019年印发）
　注册安全工程师职业资格考试实施
　　办法 …………………………………… 203
　　（2019年印发）
8）事故统计与档案管理 ………………… 204
　生产安全事故统计调查制度 …………… 204
　　（2020年印发）
　生产安全事故统计管理办法 …………… 217
　　（2016年印发）
　安全监管监察部门许可证档案管理
　　办法 …………………………………… 218
　　（2017年印发）
　生产安全事故档案管理办法 …………… 219
　　（2008年印发）
　安全生产监管档案管理规定 …………… 221
　　（2007年印发）
4. 应急预案 ………………………………… 223
　国家安全生产事故灾难应急预案 ……… 223
　　（2006年印发）
　生产安全事故应急预案管理办法 ……… 227
　　（2019年修正）
（二）矿山安全及其他类 ………………… 231
1. 法律法规 ………………………………… 231
　中华人民共和国矿山安全法 …………… 231
　　（2009年修正）
　中华人民共和国矿山安全法实施条例 …… 234
　　（1996年发布）
　中华人民共和国矿产资源法 …………… 239
　　（2009年修正）
　中华人民共和国煤炭法 ………………… 243
　　（2016年修正）

煤矿安全监察条例 …………… 246
　（2013年修订）
乡镇煤矿管理条例 …………… 249
　（2013年修订）
国务院关于预防煤矿生产安全事故的
　特别规定 …………………… 251
　（2013年修订）
中华人民共和国石油天然气管道
　保护法 ……………………… 254
　（2010年公布）

2. 中共中央办公厅、国务院办公厅文件 …… 259
中共中央办公厅、国务院办公厅关于
　国家矿山安全监察局职能配置、内
　设机构和人员编制规定 ……… 259
　（2020年印发）
国务院办公厅关于进一步加强煤矿安
　全生产工作的意见 …………… 261
　（2013年公布）
国务院办公厅转发关于进一步加强煤
　矿瓦斯防治工作若干意见 …… 264
　（2011年转发）

3. 协调机构、部门规章及有关文件 …… 266
1）煤矿安全 …………………… 266
关于加强矿山安全生产工作的紧急
　通知 ………………………… 266
　（2021年印发）
煤矿安全规程 ………………… 267
　（2022年修正）
煤矿重大事故隐患判定标准 …… 350
　（2020年公布）
煤矿生产安全事故隐患排查治理制
　度建设指南（试行）………… 354
　（2015年印发）
煤矿重大事故隐患治理督办制度建
　设指南（试行）……………… 355
　（2015年印发）
煤矿井下爆破作业安全规程 …… 357
　（1996年发布）
防范煤矿采掘接续紧张暂行办法 …… 360
　（2018年印发）
煤矿井下单班作业人数限员规定
　（试行）……………………… 361
　（2018年印发）
煤矿领导带班下井及安全监督检查
　规定 ………………………… 362

（2015年修正）
关于减少井下作业人数提升煤矿安
　全保障能力的指导意见 ……… 364
　（2016年印发）
煤矿班组安全建设规定（试行）…… 366
　（2012年印发）
煤层气地面开采安全规程（试行）…… 369
　（2013年修正）
煤矿水害防治监管监察执法要点 …… 382
　（2020年印发）
煤矿防治水细则 ……………… 386
　（2018年印发）
防治煤与瓦斯突出细则 ……… 402
　（2019年公布）
煤矿瓦斯抽采达标暂行规定 …… 421
　（2011年印发）
煤矿井下紧急避险系统建设管理
　暂行规定 …………………… 427
　（2011年印发）
关于强化瓦斯治理有效遏制煤矿
　重特大事故的通知 ………… 430
　（2017年印发）
煤矿瓦斯等级鉴定办法 ……… 432
　（2018年印发）
煤矿用爆破器材管理规定 …… 435
　（1996年发布）
防治煤矿冲击地压细则 ……… 437
　（2018年印发）
煤矿复工复产验收管理办法 …… 442
　（2019年印发）
煤矿企业安全生产许可证实施办法 …… 444
　（2017年修订）
煤矿安全监察行政处罚办法 …… 449
　（2015年修正）
煤矿安全监察罚款管理办法 …… 450
　（2003年公布）
煤矿安全监察执法监督办法（试行）…… 451
　（2014年印发）
煤矿建设项目安全设施竣工验收监
　督核查暂行办法 …………… 453
　（2015年印发）
煤矿安全培训规定 …………… 454
　（2018年公布）
煤矿建设项目安全设施监察规定 …… 459
　（2015年修正）

煤矿安全监察员管理办法 …… 461
　　（2015年修正）
2）非煤矿山安全 …… 463
尾矿库安全监督管理规定 …… 463
　　（2015年修订）
关于进一步加强尾矿库监督管理工作的指导意见 …… 466
　　（2012年公布）
关于非煤矿山安全生产风险分级监管工作的指导意见 …… 470
　　（2015年公布）
严防十类非煤矿山生产安全事故的通知 …… 471
　　（2014年印发）
关于加强金属非金属矿山选矿厂安全生产工作的通知 …… 475
　　（2012年印发）
非煤矿山企业安全生产许可证实施办法 …… 476
　　（2015年修正）
非煤矿山外包工程安全管理暂行办法 …… 481
　　（2015年修正）
小型露天采石场安全管理与监督检查规定 …… 485
　　（2015年修正）
金属非金属矿山重大生产安全事故隐患判定标准（试行） …… 487
　　（2017年印发）
金属非金属矿山建设项目安全设施目录（试行） …… 488
　　（2015年公布）
金属与非金属矿产资源地质勘探安全生产监督管理暂行规定 …… 494
　　（2015年修正）
金属非金属地下矿山企业领导带班下井及监督检查暂行规定 …… 496
　　（2015年修正）
3）海洋石油安全 …… 498
海洋石油安全生产规定 …… 498
　　（2015年修正）
海洋石油安全管理细则 …… 501
　　（2015年修正）
海洋石油建设项目生产设施设计审查与安全竣工验收实施细则 …… 516

　　（2009年印发）
4）冶金有色和工贸安全 …… 518
工贸企业粉尘防爆安全规定 …… 518
　　（2021年公布）
冶金企业和有色金属企业安全生产规定 …… 522
　　（2018年公布）
工贸行业重大生产安全事故隐患判定标准 …… 525
　　（2017年印发）
工贸行业遏制重特大事故工作意见 …… 527
　　（2016年印发）
工贸企业有限空间作业安全管理与监督暂行规定 …… 528
　　（2015年修正）

（三）危险化学品安全类 …… 531
1. 法律法规 …… 531
危险化学品安全管理条例 …… 531
　　（2013年修订）
易制毒化学品管理条例 …… 543
　　（2018年修订）
中华人民共和国监控化学品管理条例 …… 548
　　（2011年修订）
2. 中共中央、国务院有关文件 …… 550
中共中央办公厅、国务院办公厅关于全面加强危险化学品安全生产工作的意见 …… 550
　　（2020年印发）
3. 部门规章及有关文件 …… 553
1）危险化学品安全 …… 553
危险化学品企业重大危险源安全包保责任制办法（试行） …… 553
　　（2021年印发）
淘汰落后危险化学品安全生产工艺技术设备目录（第一批） …… 555
　　（2020年印发）
危险化学品企业安全分类整治目录（2020年） …… 557
　　（2020年印发）
危险化学品企业安全风险隐患排查治理导则 …… 563
　　（2019年印发）
化工园区安全风险排查治理导则（试行） …… 605
　　（2019年印发）

危险化学品企业生产安全事故应急准备指南 ………… 613
（2019年印发）
中华人民共和国监控化学品管理条例实施细则 ………… 630
（2018年公布）
危险化学品生产企业安全生产许可证实施办法 ………… 634
（2017年修正）
危险化学品安全使用许可证实施办法 ………… 640
（2017年修正）
剧毒化学品购买和公路运输许可证件管理办法 ………… 644
（2005年公布）
危险化学品建设项目安全监督管理办法 ………… 648
（2015年修正）
关于进一步加强危险化学品建设项目安全设计管理的通知 ………… 653
（2013年公布）
危险化学品输送管道安全管理规定 ………… 655
（2015年修正）
危险化学品经营许可证管理办法 ………… 658
（2015年修正）
危险化学品登记管理办法 ………… 662
（2012年公布）
危险化学品重大危险源监督管理暂行规定 ………… 666

（2015年修正）
化工和危险化学品生产经营单位重大生产安全事故隐患判定标准（试行） ………… 672
（2017年印发）
关于加强化工过程安全管理的指导意见 ………… 672
（2013年公布）
关于加强化工企业泄漏管理的指导意见 ………… 676
（2014年公布）
遏制危险化学品和烟花爆竹重特大事故工作意见 ………… 679
（2016年印发）
2）易制毒化学品安全 ………… 681
企业非药品类易制毒化学品规范化管理指南 ………… 681
（2014年印发）
关于进一步加强非药品类易制毒化学品监管工作的指导意见 ………… 683
（2012年发布）
非药品类易制毒化学品生产、经营许可办法 ………… 685
（2006年公布）
易制毒化学品购销和运输管理办法 ………… 689
（2006年发布）
向特定国家（地区）出口易制毒化学品暂行管理规定 ………… 694
（2015年修正）

下　册

（四）烟花爆竹和民用爆炸物品安全类 ………… 697
1. 法律法规 ………… 697
烟花爆竹安全管理条例 ………… 697
（2016年修正）
民用爆炸物品安全管理条例 ………… 701
（2014年修正）
2. 国务院办公厅文件 ………… 706
国务院办公厅转发关于进一步加强烟花爆竹安全监督管理工作的意见 ………… 706
（2010年转发）
3. 部门规章及有关文件 ………… 708
烟花爆竹生产企业安全生产许可证实施办法 ………… 708

（2012年公布）
烟花爆竹生产经营安全规定 ………… 712
（2018年公布）
烟花爆竹经营许可实施办法 ………… 716
（2013年公布）
烟花爆竹生产经营单位重大生产安全事故隐患判定标准（试行） ………… 720
（2017年印发）
烟花爆竹销毁安全指南（暂行） ………… 721
（2016年印发）
民用爆炸物品生产许可实施办法 ………… 722
（2018年公布）
民用爆炸物品销售许可实施办法 ………… 725

（2015 年修订）
民用爆炸物品安全生产许可实施办法 …… 728
（2015 年公布）
民用爆炸物品生产和销售企业安全生产
　培训管理办法 ………………………… 730
（2018 年印发）
关于建立民爆企业安全生产长效机制
　的指导意见 …………………………… 733
（2017 年发布）

（五）建筑安全类 …………………………… 735
　1. 法律法规 ……………………………… 735
　　中华人民共和国建筑法 ……………… 735
（2019 年修正）
　　建设工程质量管理条例 ……………… 740
（2019 年修改）
　　建设工程安全生产管理条例 ………… 746
（2003 年公布）
　2. 部门规章及有关文件 ………………… 752
　　建设工程消防设计审查验收管理暂行
　　规定 …………………………………… 752
（2020 年公布）
　　危险性较大的分部分项工程安全管理
　　规定 …………………………………… 756
（2018 年公布）
　　建筑工程施工许可管理办法 ………… 759
（2018 年修正）
　　建筑施工企业安全生产许可证管理
　　规定 …………………………………… 761
（2015 年修正）
　　建设项目安全设施"三同时"监督管理
　　办法 …………………………………… 763
（2015 年修正）
　　房屋建筑和市政基础设施工程施工安
　　全监督规定 …………………………… 767
（2019 年修订）
　　房屋市政工程生产安全事故报告和查
　　处工作规程 …………………………… 768
（2013 年印发）
　　建筑施工企业主要负责人、项目负责
　　人和专职安全生产管理人员安全生
　　产管理规定 …………………………… 770
（2014 年公布）
　　建筑起重机械安全监督管理规定 …… 772
（2008 年公布）
　　建筑施工特种作业人员管理规定 …… 775

（2008 年印发）
　　建筑施工人员个人劳动保护用品使用
　　管理暂行规定 ………………………… 777
（2007 年印发）
（六）交通安全类 …………………………… 779
　1. 道路交通安全类 ……………………… 779
　　1）法律法规 …………………………… 779
　　　中华人民共和国道路交通安全法 …… 779
（2021 年修正）
　　　中华人民共和国道路交通安全法实
　　　施条例 ……………………………… 788
（2017 年修订）
　　　中华人民共和国公路法 …………… 798
（2017 年修正）
　　　国防交通条例 ……………………… 803
（2011 年修订）
　　　校车安全管理条例 ………………… 807
（2012 年公布）
　　2）部门规章及有关文件 ……………… 811
　　　道路运输从业人员管理规定 ……… 811
（2019 年修正）
　　　汽车客运站安全生产规范 ………… 816
（2019 年印发）
　　　道路危险货物运输管理规定 ……… 819
（2019 年修正）
　　　危险货物道路运输安全管理办法 …… 825
（2019 年公布）
　　　交通运输突发事件应急管理规定 …… 831
（2011 年公布）
　　　高速公路交通应急管理程序规定 …… 834
（2008 年印发）
　　3）应急预案 …………………………… 838
　　　公路水运工程生产安全事故应急
　　　预案 ………………………………… 838
（2017 年印发）
　　　公路交通突发事件应急预案 ……… 846
（2017 年印发）
　2. 水上海上交通安全类 ………………… 852
　　1）法律法规 …………………………… 852
　　　中华人民共和国港口法 …………… 852
（2018 年修正）
　　　中华人民共和国海上交通安全法 …… 857
（2021 年修订）
　　　中华人民共和国内河交通安全管理
　　　条例 ………………………………… 868

（2019年修订）
中华人民共和国渔港水域交通安全
管理条例 ……………………… 874
（2019年修订）
中华人民共和国海上交通事故调查
处理条例 ……………………… 876
（1990年公布）
中华人民共和国非机动船舶海上安
全航行暂行规则 ……………… 879
（1958年发布）
2）国务院办公厅文件 ……………… 879
国务院办公厅关于加强水上搜救工
作的通知 ……………………… 879
（2019年印发）
3）部门规章及有关文件 …………… 881
中华人民共和国船舶安全监督规则 …… 881
（2020年修正）
中华人民共和国船舶最低安全配员
规则 …………………………… 885
（2018年修正）
海上滚装船舶安全监督管理规定 ……… 886
（2019年公布）
船舶载运危险货物安全监督管理
规定 …………………………… 889
（2018年公布）
港口危险货物安全管理规定 …………… 893
（2019年修正）
危险货物港口作业重大事故隐患判
定指南 ………………………… 902
（2016年印发）
内河交通事故调查处理规定 …………… 903
（2012年修正）
公路水运工程安全生产监督管理
办法 …………………………… 906
（2017年修正）
公路水路行业安全生产工作考核评
价办法 ………………………… 912
（2017年印发）
公路水路建设工程质量安全督查
办法 …………………………… 919
（2016年印发）
中华人民共和国海上船舶污染事故
调查处理规定 ………………… 921
（2021年修正）
中华人民共和国船舶污染海洋环境

应急防备和应急处置管理规定 ……… 924
（2019年修正）
4）应急预案 ………………………… 930
国家重大海上溢油应急处置预案 …… 930
（2018年印发）
3. 铁路交通安全类 …………………… 937
1）法律法规 ………………………… 937
中华人民共和国铁路法 ……………… 937
（2015年修正）
铁路安全管理条例 …………………… 941
（2013年公布）
铁路交通事故应急救援和调查处理
条例 …………………………… 949
（2012年修正）
2）国务院办公厅文件 ……………… 952
国务院办公厅关于加强铁路沿线安
全环境治理工作意见的通知 …… 952
（2021年转发）
国务院办公厅关于保障城市轨道交
通安全运行的意见 …………… 953
（2018年印发）
3）部门规章及有关文件 …………… 956
高速铁路安全防护管理办法 ………… 956
（2020年公布）
铁路旅客运输安全检查管理办法 …… 961
（2014年公布）
铁路危险货物运输安全监督管理
规定 …………………………… 962
（2015年公布）
铁路安全生产违法行为公告办法 …… 965
（2015年印发）
铁路交通事故应急救援规则 ………… 966
（2007年公布）
4）应急预案 ………………………… 970
国家城市轨道交通运营突发事件应
急预案 ………………………… 970
（2015年印发）
4. 航空安全类 ………………………… 974
1）法律法规 ………………………… 974
中华人民共和国民用航空法 ………… 974
（2021年修正）
国务院关于通用航空管理的暂行
规定 …………………………… 989
（2014年修订）
中华人民共和国民用航空安全保卫

条例 ………………………………… 990
（2011年修订）
民用机场管理条例 ……………………… 993
（2019年修订）
中华人民共和国民用航空器权利登
记条例 …………………………… 998
（1997年发布）
中华人民共和国民用航空器适航管
理条例…………………………… 1000
（1987年发布）
民用航空运输不定期飞行管理暂行
规定 ……………………………… 1002
（1989年发布）
中华人民共和国搜寻援救民用航空
器规定 …………………………… 1002
（1992年发布）
外国民用航空器飞行管理规则 ……… 1005
（2019年修订）
  2）部门规章 ……………………………… 1009
民用航空安全检查规则 ……………… 1009
（2016年公布）
公共航空运输企业航空安全保卫
规则 ……………………………… 1016
（2018年修正）
运输机场运行安全管理规定 ………… 1024
（2022年修正）
公共航空旅客运输飞行中安全保卫
工作规则 ………………………… 1045
（2017年公布）
民用航空运输机场航空安全保卫
规则 ……………………………… 1049
（2016年公布）
民用航空空中交通管理运行单位
安全管理规则 …………………… 1059
（2016年公布）
（七）特种设备安全类 ………………………… 1062
  1. 法律法规 ……………………………… 1062
中华人民共和国特种设备安全法 …… 1062
（2013年公布）
特种设备安全监察条例 ……………… 1071
（2009年修订）
  2. 部门规章及有关文件 ………………… 1081
特种设备目录 ………………………… 1081
（2014年修订）
气瓶安全监察规定 …………………… 1086

（2015年修订）
客运索道安全监督管理规定 ………… 1090
（2020年修订）
大型游乐设施安全监察规定 ………… 1093
（2021年修改）
特种设备事故报告和调查处理规定 … 1097
（2022年公布）
特种作业人员安全技术培训考核管理
规定 ……………………………… 1100
（2015年修正）
特种设备作业人员监督管理办法 …… 1104
（2011年修订）
（八）电力安全类 ……………………………… 1106
  1. 法律法规 ……………………………… 1106
中华人民共和国电力法 ……………… 1106
（2018年修正）
电力安全事故应急处置和调查处理
条例 ……………………………… 1111
（2011年公布）
电力监管条例 ………………………… 1117
（2005年公布）
电网调度管理条例 …………………… 1119
（2011年修订）
  2. 部门规章及有关文件 ………………… 1121
电力建设工程施工安全监督管理办法 … 1121
（2015年公布）
电力安全生产监督管理办法 ………… 1125
（2015年公布）
水电站大坝运行安全监督管理规定 …… 1128
（2015年公布）
电力监控系统安全防护规定 ………… 1132
（2014年公布）
关于加强电力企业安全风险预控体系
建设的指导意见 ………………… 1133
（2015年发布）
电网安全风险管控办法（试行） …… 1135
（2014年发布）
关于防范电力人身伤亡事故的指导
意见 ……………………………… 1137
（2013年发布）
  3. 应急预案 ……………………………… 1139
国家大面积停电事件应急预案 ……… 1139
（2015年印发）
（九）核安全和放射性安全类 ………………… 1144
  1. 法律法规 ……………………………… 1144

中华人民共和国核安全法 ·············· 1144
（2017 年公布）
民用核安全设备监督管理条例 ············· 1153
（2019 年修订）
核电厂核事故应急管理条例 ············· 1157
（2011 年修订）
中华人民共和国民用核设施安全监督
管理条例 ·································· 1161
（1986 年发布）
中华人民共和国放射性污染防治法 ······ 1163
（2003 年公布）
放射性同位素与射线装置安全和防护
条例 ······································· 1168
（2019 年修订）
放射性废物安全管理条例 ··············· 1174
（2011 年公布）
放射性物品运输安全管理条例 ·········· 1179
（2009 年公布）
 2. 部门规章及有关文件 ··············· 1185
核动力厂管理体系安全规定 ············· 1185
（2020 年发布）
放射性物品道路运输管理规定 ·········· 1191
（2016 年修正）
放射性物品运输安全监督管理办法 ····· 1195
（2016 年公布）
 3. 应急预案 ···························· 1199
国家核应急预案 ··························· 1199
（2013 年修订）

四、应急管理法 ······························· 1204
 1. 法律法规 ···························· 1204
中华人民共和国突发事件应对法 ······· 1204
（2007 年公布）
军队参加抢险救灾条例 ··················· 1210
（2005 年公布）
 2. 中共中央、国务院有关文件 ······· 1211
"十四五"国家应急体系规划 ············ 1211
（2021 年公布）
中共中央关于深化党和国家机构改革
的决定 ···································· 1225
（2018 年通过）
中共中央办公厅、国务院办公厅关于调
整应急管理部职责机构编制的通知 ····· 1240
（2020 年发布）
中共中央办公厅、国务院办公厅关于
应急管理部职能配置、内设机构和
人员编制规定 ····························· 1241
（2018 年印发）
国务院办公厅关于应急救援领域中央
与地方财政事权和支出责任划分
改革方案 ································· 1244
（2020 年印发）
国务院关于全面加强应急管理工作的
意见 ······································· 1245
（2006 年印发）
国务院办公厅关于加快应急产业发展
的意见 ···································· 1249
（2014 年印发）
国务院办公厅关于加强基层应急队伍
建设的意见 ······························· 1254
（2009 年印发）
国务院办公厅关于加强基层应急管理
工作的意见 ······························· 1256
（2007 年印发）
国务院办公厅转发安全监管总局等部
门关于加强企业应急管理工作的意见
·· 1258
（2007 年转发）
 3. 应急预案及有关文件 ··············· 1261
国家突发公共事件总体应急预案 ······· 1261
（2006 年发布）
突发事件应急预案管理办法 ············· 1264
（2013 年印发）

五、其他相关法 ······························· 1268
中华人民共和国消防法 ··················· 1268
（2021 年修正）
中华人民共和国职业病防治法 ·········· 1274
（2018 年修正）
中华人民共和国尘肺病防治条例 ······· 1283
（1987 年发布）
中华人民共和国劳动法 ··················· 1284
（2018 年修正）
中华人民共和国劳动合同法 ············· 1290
（2012 年修正）
工伤保险条例 ····························· 1297
（2010 年修订）
劳动保障监察条例 ························ 1303
（2004 年公布）
女职工劳动保护特别规定 ··············· 1306
（2012 年公布）
使用有毒物品作业场所劳动保护条例 ········ 1307

（2002年公布）
中华人民共和国治安管理处罚法……… 1314
（2012年修正）
中华人民共和国民法典（摘录）……… 1323
（2020年公布）
农业机械安全监督管理条例…………… 1325

（2019年修订）
城镇燃气管理条例……………………… 1329
（2016年修订）
大型群众性活动安全管理条例………… 1334
（2007年公布）

一、宪法相关规定

中华人民共和国宪法（摘录）

（1982年12月4日第五届全国人民代表大会第五次会议通过，1982年12月4日全国人民代表大会公告公布施行　根据1988年4月12日第七届全国人民代表大会第一次会议通过的《中华人民共和国宪法修正案》 1993年3月29日第八届全国人民代表大会第一次会议通过的《中华人民共和国宪法修正案》 1999年3月15日第九届全国人民代表大会第二次会议通过的《中华人民共和国宪法修正案》 2004年3月14日第十届全国人民代表大会第二次会议通过的《中华人民共和国宪法修正案》和2018年3月11日第十三届全国人民代表大会第一次会议通过的《中华人民共和国宪法修正案》修正）

第二条　中华人民共和国的一切权力属于人民。

人民行使国家权力的机关是全国人民代表大会和地方各级人民代表大会。人民依照法律规定，通过各种途径和形式，管理国家事务，管理经济和文化事业，管理社会事务。

第五条　中华人民共和国实行依法治国，建设社会主义法治国家。

国家维护社会主义法制的统一和尊严。

一切法律、行政法规和地方性法规都不得同宪法相抵触。

一切国家机关和武装力量、各政党和各社会团体、各企业事业组织都必须遵守宪法和法律。

一切违反宪法和法律的行为，必须予以追究。

任何组织或者个人都不得有超越宪法和法律的特权。

第十二条　社会主义的公共财产神圣不可侵犯。

国家保护社会主义的公共财产。禁止任何组织或者个人用任何手段侵占或者破坏国家的和集体的财产。

第十三条　公民的合法的私有财产不受侵犯。

国家依照法律规定保护公民的私有财产权和继承权。

国家为了公共利益的需要，可以依照法律规定对公民的私有财产实行征收或者征用并给予补偿。

第十四条　国家通过提高劳动者的积极性和技术水平，推广先进的科学技术，完善经济管理体制和企业经营管理制度，实行各种形式的社会主义责任制，改进劳动组织，以不断提高劳动生产率和经济效益，发展社会生产力。

国家厉行节约，反对浪费。

国家合理安排积累和消费，兼顾国家、集体和个人的利益，在发展生产的基础上，逐步改善人民的物质生活和文化生活。

国家建立健全同经济发展水平相适应的社会保障制度。

第四十一条　中华人民共和国公民对于任何国家机关和国家工作人员，有提出批评和建议的权利；对于任何国家机关和国家工作人员的违法失职行为，有向有关国家机关提出申诉、控告或者检举的权利，但是不得捏造或者歪曲事实进行诬告陷害。

对于公民的申诉、控告或者检举，有关国家机关必须查清事实，负责处理。任何人不得压制和打击报复。

由于国家机关和国家工作人员侵犯公民权利而受到损失的人，有依照法律规定取得赔偿的权利。

第四十二条　中华人民共和国公民有劳动的权利和义务。

国家通过各种途径，创造劳动就业条件，加强劳动保护，改善劳动条件，并在发展生产的基础上，提高劳动报酬和福利待遇。

劳动是一切有劳动能力的公民的光荣职责。国有企业和城乡集体经济组织的劳动者都应当以国家主人翁的态度对待自己的劳动。国家提倡社会主义劳动竞赛，奖励劳动模范和先进工作者。国家提倡公民从事义务劳动。

国家对就业前的公民进行必要的劳动就业训练。

第四十三条　中华人民共和国劳动者有休息的权利。

国家发展劳动者休息和休养的设施，规定职工的工作时间和休假制度。

第五十一条　中华人民共和国公民在行使自由和权利的时候，不得损害国家的、社会的、集体的利益和其他公民的合法的自由和权利。

第五十三条　中华人民共和国公民必须遵守宪法和法律，保守国家秘密，爱护公共财产，遵守劳动纪律，遵守公共秩序，尊重社会公德。

第五十四条　中华人民共和国公民有维护祖国的安全、荣誉和利益的义务，不得有危害祖国的安全、荣誉和利益的行为。

第六十七条　全国人民代表大会常务委员会行使下列职权：

（一）解释宪法，监督宪法的实施；

（二）制定和修改除应当由全国人民代表大会制定的法律以外的其他法律；

（三）在全国人民代表大会闭会期间，对全国人民代表大会制定的法律进行部分补充和修改，但是不得同该法律的基本原则相抵触；

（四）解释法律；

（五）在全国人民代表大会闭会期间，审查和批准国民经济和社会发展计划、国家预算在执行过程中所必须作的部分调整方案；

（六）监督国务院、中央军事委员会、国家监察委员会、最高人民法院和最高人民检察院的工作；

（七）撤销国务院制定的同宪法、法律相抵触的行政法规、决定和命令；

（八）撤销省、自治区、直辖市国家权力机关制定的同宪法、法律和行政法规相抵触的地方性法规和决议；

（九）在全国人民代表大会闭会期间，根据国务院总理的提名，决定部长、委员会主任、审计长、秘书长的人选；

（十）在全国人民代表大会闭会期间，根据中央军事委员会主席的提名，决定中央军事委员会其他组成人员的人选；

（十一）根据国家监察委员会主任的提请，任免国家监察委员会副主任、委员；

（十二）根据最高人民法院院长的提请，任免最高人民法院副院长、审判员、审判委员会委员和军事法院院长；

（十三）根据最高人民检察院检察长的提请，任免最高人民检察院副检察长、检察员、检察委员会委员和军事检察院检察长，并且批准省、自治区、直辖市的人民检察院检察长的任免；

（十四）决定驻外全权代表的任免；

（十五）决定同外国缔结的条约和重要协定的批准和废除；

（十六）规定军人和外交人员的衔级制度和其他专门衔级制度；

（十七）规定和决定授予国家的勋章和荣誉称号；

（十八）决定特赦；

（十九）在全国人民代表大会闭会期间，如果遇到国家遭受武装侵犯或者必须履行国际间共同防止侵略的条约的情况，决定战争状态的宣布；

（二十）决定全国总动员或者局部动员；

（二十一）决定全国或者个别省、自治区、直辖市进入紧急状态；

（二十二）全国人民代表大会授予的其他职权。

第八十条　中华人民共和国主席根据全国人民代表大会的决定和全国人民代表大会常务委员会的决定，公布法律，任免国务院总理、副总理、国务委员、各部部长、各委员会主任、审计长、秘书长，授予国家的勋章和荣誉称号，发布特赦令，宣布进入紧急状态，宣布战争状态，发布动员令。

第八十九条　国务院行使下列职权：

（一）根据宪法和法律，规定行政措施，制定行政法规，发布决定和命令；

（二）向全国人民代表大会或者全国人民代表大会常务委员会提出议案；

（三）规定各部和各委员会的任务和职责，统一领导各部和各委员会的工作，并且领导不属于各部和各委员会的全国性的行政工作；

（四）统一领导全国地方各级国家行政机关的工作，规定中央和省、自治区、直辖市的国家行政机关的职权的具体划分；

（五）编制和执行国民经济和社会发展计划和国家预算；

（六）领导和管理经济工作和城乡建设、生态文明建设；

（七）领导和管理教育、科学、文化、卫生、体育和计划生育工作；

（八）领导和管理民政、公安、司法行政等工作；

（九）管理对外事务，同外国缔结条约和协定；

（十）领导和管理国防建设事业；

（十一）领导和管理民族事务，保障少数民族的平等权利和民族自治地方的自治权利；

（十二）保护华侨的正当的权利和利益，保护归侨和侨眷的合法的权利和利益；

（十三）改变或者撤销各部、各委员会发布的不适当的命令、指示和规章；

（十四）改变或者撤销地方各级国家行政机关的不适当的决定和命令；

（十五）批准省、自治区、直辖市的区域划分，批准自治州、县、自治县、市的建置和区域划分；

（十六）依照法律规定决定省、自治区、直辖市的范围内部分地区进入紧急状态；

（十七）审定行政机构的编制，依照法律规定任免、培训、考核和奖惩行政人员；

（十八）全国人民代表大会和全国人民代表大会常务委员会授予的其他职权。

二、刑法相关规定

（一）刑法规定

中华人民共和国刑法（摘录）

（《中华人民共和国刑法》由 1979 年 7 月 1 日第五届全国人民代表大会第二次会议通过，1979 年 7 月 6 日全国人民代表大会常务委员会委员长令第五号公布，自 1980 年 1 月 1 日起施行 《中华人民共和国刑法（修订）》由 1997 年 3 月 14 日第八届全国人民代表大会第五次会议修订，1997 年 3 月 14 日中华人民共和国主席令第八十三号公布，自 1997 年 10 月 1 日起施行 《中华人民共和国刑法修正案》由 1999 年 12 月 25 日第九届全国人民代表大会常务委员会第十三次会议通过，1999 年 12 月 25 日中华人民共和国主席令第二十七号公布，自公布之日起施行 《中华人民共和国刑法修正案（二）》由 2001 年 8 月 31 日第九届全国人民代表大会常务委员会第二十三次会议通过，2001 年 8 月 31 日中华人民共和国主席令第五十六号公布，自公布之日起施行 《中华人民共和国刑法修正案（三）》由 2001 年 12 月 29 日第九届全国人民代表大会常务委员会第二十五次会议通过，2001 年 12 月 29 日中华人民共和国主席令第六十四号公布，自公布之日起施行 《中华人民共和国刑法修正案（四）》由 2002 年 12 月 28 日第九届全国人民代表大会常务委员会第三十一次会议通过，自公布之日起施行 《中华人民共和国刑法修正案（五）》由 2005 年 2 月 28 日第十届全国人民代表大会常务委员会第十四次会议通过，自公布之日起施行 《中华人民共和国刑法修正案（六）》由 2006 年 6 月 29 日第十届全国人民代表大会常务委员会第二十二次会议通过，自公布之日起施行 《中华人民共和国刑法修正案（七）》由 2009 年 2 月 28 日第十一届全国人民代表大会常务委员会第七次会议通过，自公布之日起施行 《中华人民共和国刑法修正案（八）》由 2011 年 2 月 25 日第十一届全国人民代表大会常务委员会第十九次会议通过，自 2011 年 5 月 1 日起施行 《中华人民共和国刑法修正案（九）》由 2015 年 8 月 29 日第十二届全国人民代表大会常务委员会第十六次会议通过，自 2015 年 11 月 1 日起施行 《中华人民共和国刑法修正案（十）》由 2017 年 11 月 4 日第十二届全国人大常委会第三十次会议表决通过，自公布之日起施行 《中华人民共和国刑法修正案（十一）》由 2020 年 12 月 26 日第十三届全国人大常委会第二十四次会议通过，2020 年 12 月 26 日中华人民共和国主席令第六十六号公布，自 2021 年 3 月 1 日起施行）

第一百三十一条 【重大飞行事故罪】航空人员违反规章制度，致使发生重大飞行事故，造成严重后果的，处三年以下有期徒刑或者拘役；造成飞机坠毁或者人员死亡的，处三年以上七年以下有期徒刑。

第一百三十二条 【铁路运营安全事故罪】铁路职工违反规章制度，致使发生铁路运营安全事故，造成严重后果的，处三年以下有期徒刑或者拘役；造成特别严重后果的，处三年以上七年以下有期徒刑。

第一百三十三条 【交通肇事罪】违反交通运输管理法规，因而发生重大事故，致人重伤、死亡或者使公私财产遭受重大损失的，处三年以下有期徒刑或者拘役；交通运输肇事后逃逸或者有其他特别恶劣情节的，处三年以上七年以下有期徒刑；因逃逸致人死亡的，处七年以上有期徒刑。

第一百三十三条之一 【危险驾驶罪】在道路上驾驶机动车，有下列情形之一的，处拘役，并处罚金：

（一）追逐竞驶，情节恶劣的；

（二）醉酒驾驶机动车的；

（三）从事校车业务或者旅客运输，严重超过额定乘员载客，或者严重超过规定时速行驶的；

（四）违反危险化学品安全管理规定运输危险化学品，危及公共安全的。

机动车所有人、管理人对前款第三项、第四项行为负有直接责任的，依照前款的规定处罚。

有前两款行为，同时构成其他犯罪的，依照处罚较重的规定定罪处罚。

第一百三十三条之二　对行驶中的公共交通工具的驾驶人员使用暴力或者抢控驾驶操纵装置，干扰公共交通工具正常行驶，危及公共安全的，处一年以下有期徒刑、拘役或者管制，并处或者单处罚金。

前款规定的驾驶人员在行驶的公共交通工具上擅离职守，与他人互殴或者殴打他人，危及公共安全的，依照前款的规定处罚。

有前两款行为，同时构成其他犯罪的，依照处罚较重的规定定罪处罚。

第一百三十四条　【重大责任事故罪】在生产、作业中违反有关安全管理的规定，因而发生重大伤亡事故或者造成其他严重后果的，处三年以下有期徒刑或者拘役；情节特别恶劣的，处三年以上七年以下有期徒刑。

【强令违章冒险作业罪】强令他人违章冒险作业，或者明知存在重大事故隐患而不排除，仍冒险组织作业，因而发生重大伤亡事故或者造成其他严重后果的，处五年以下有期徒刑或者拘役；情节特别恶劣的，处五年以上有期徒刑。

第一百三十四条之一　在生产、作业中违反有关安全管理的规定，有下列情形之一，具有发生重大伤亡事故或者其他严重后果的现实危险的，处一年以下有期徒刑、拘役或者管制：

（一）关闭、破坏直接关系生产安全的监控、报警、防护、救生设备、设施，或者篡改、隐瞒、销毁其相关数据、信息的；

（二）因存在重大事故隐患被依法责令停产停业、停止施工、停止使用有关设备、设施、场所或者立即采取排除危险的整改措施，而拒不执行的；

（三）涉及安全生产的事项未经依法批准或者许可，擅自从事矿山开采、金属冶炼、建筑施工，以及危险物品生产、经营、储存等高度危险的生产作业活动的。

第一百三十五条　【重大劳动安全事故罪】安全生产设施或者安全生产条件不符合国家规定，因而发生重大伤亡事故或者造成其他严重后果的，对直接负责的主管人员和其他直接责任人员，处三年以下有期徒刑或者拘役；情节特别恶劣的，处三年以上七年以下有期徒刑。

第一百三十五条之一　【大型群众性活动重大安全事故罪】举办大型群众性活动违反安全管理规定，因而发生重大伤亡事故或者造成其他严重后果的，对直接负责的主管人员和其他直接责任人员，处三年以下有期徒刑或者拘役；情节特别恶劣的，处三年以上七年以下有期徒刑。

第一百三十六条　【危险物品肇事罪】违反爆炸性、易燃性、放射性、毒害性、腐蚀性物品的管理规定，在生产、储存、运输、使用中发生重大事故，造成严重后果的，处三年以下有期徒刑或者拘役；后果特别严重的，处三年以上七年以下有期徒刑。

第一百三十七条　【工程重大安全事故罪】建设单位、设计单位、施工单位、工程监理单位违反国家规定，降低工程质量标准，造成重大安全事故的，对直接责任人员，处五年以下有期徒刑或者拘役，并处罚金；后果特别严重的，处五年以上十年以下有期徒刑，并处罚金。

第一百三十八条　【教育设施重大安全事故罪】明知校舍或者教育教学设施有危险，而不采取措施或者不及时报告，致使发生重大伤亡事故的，对直接责任人员，处三年以下有期徒刑或者拘役；后果特别严重的，处三年以上七年以下有期徒刑。

第一百三十九条　【消防责任事故罪】违反消防管理法规，经消防监督机构通知采取改正措施而拒绝执行，造成严重后果的，对直接责任人员，处三年以下有期徒刑或者拘役；后果特别严重的，处三年以上七年以下有期徒刑。

第一百三十九条之一　【不报、谎报安全事故罪】在安全事故发生后，负有报告职责的人员不报或者谎报事故情况，贻误事故抢救，情节严重的，处三年以下有期徒刑或者拘役；情节特别严重的，处三年以上七年以下有期徒刑。

第二二十九条　【提供虚假证明文件罪】承担资产评估、验资、验证、会计、审计、法律服务、保荐、安全评价、环境影响评价、环境监测等职责的中介组织的人员故意提供虚假证明文件，情节严重的，处五年以下有期徒刑或者拘役，并处罚金；有下列情形之一的，处五年以上十年以下有期徒刑，并处罚金：

（一）提供与证券发行相关的虚假的资产评估、会计、审计、法律服务、保荐等证明文件，情节特别严重的；

（二）提供与重大资产交易相关的虚假的资产评估、会计、审计等证明文件，情节特别严重的；

（三）在涉及公共安全的重大工程、项目中提供虚假的安全评价、环境影响评价等证明文件，致使公共财产、国家和人民利益遭受特别重大损失的。

有前款行为，同时索取他人财物或者非法收受他人财物构成犯罪的，依照处罚较重的规定定罪处罚。

第一款规定的人员，严重不负责任，出具的证明文件有重大失实，造成严重后果的，处三年以下有期徒刑或者拘役，并处或者单处罚金。

第二百七十七条 【妨害公务罪】以暴力、威胁方法阻碍国家机关工作人员依法执行职务的，处三年以下有期徒刑、拘役、管制或者罚金。

以暴力、威胁方法阻碍全国人民代表大会和地方各级人民代表大会代表依法执行代表职务的，依照前款的规定处罚。

在自然灾害和突发事件中，以暴力、威胁方法阻碍红十字会工作人员依法履行职责的，依照第一款的规定处罚。

故意阻碍国家安全机关、公安机关依法执行国家安全工作任务，未使用暴力、威胁方法，造成严重后果的，依照第一款的规定处罚。

暴力袭击正在依法执行职务的人民警察的，处三年以下有期徒刑、拘役或者管制；使用枪支、管制刀具，或者以驾驶机动车撞击等手段，严重危及其人身安全的，处三年以上七年以下有期徒刑。

第三百三十八条 【污染环境罪】违反国家规定，排放、倾倒或者处置有放射性的废物、含传染病病原体的废物、有毒物质或者其他有害物质，严重污染环境的，处三年以下有期徒刑或者拘役，并处或者单处罚金；情节严重的，处三年以上七年以下有期徒刑，并处罚金；有下列情形之一的，处七年以上有期徒刑，并处罚金：

（一）在饮用水水源保护区、自然保护地核心保护区等依法确定的重点保护区域排放、倾倒、处置有放射性的废物、含传染病病原体的废物、有毒物质，情节特别严重的；

（二）向国家确定的重要江河、湖泊水域排放、倾倒、处置有放射性的废物、含传染病病原体的废物、有毒物质，情节特别严重的；

（三）致使大量永久基本农田基本功能丧失或者遭受永久性破坏的；

（四）致使多人重伤、严重疾病，或者致人严重残疾、死亡的。

有前款行为，同时构成其他犯罪的，依照处罚较重的规定定罪处罚。

第三百三十九条 【非法处置进口的固体废物罪】违反国家规定，将境外的固体废物进境倾倒、堆放、处置的，处五年以下有期徒刑或者拘役，并处罚金；造成重大环境污染事故，致使公私财产遭受重大损失或者严重危害人体健康的，处五年以上十年以下有期徒刑，并处罚金；后果特别严重的，处十年以上有期徒刑，并处罚金。

【擅自进口固体废物罪】未经国务院有关主管部门许可，擅自进口固体废物用作原料，造成重大环境污染事故，致使公私财产遭受重大损失或者严重危害人体健康的，处五年以下有期徒刑或者拘役，并处罚金；后果特别严重的，处五年以上十年以下有期徒刑，并处罚金。

以原料利用为名，进口不能用作原料的固体废物、液态废物和气态废物的，依照本法第一百五十二条第二款、第三款的规定定罪处罚。

第三百九十七条 【滥用职权罪】【玩忽职守罪】国家机关工作人员滥用职权或者玩忽职守，致使公共财产、国家和人民利益遭受重大损失的，处三年以下有期徒刑或者拘役；情节特别严重的，处三年以上七年以下有期徒刑。本法另有规定的，依照规定。

国家机关工作人员徇私舞弊，犯前款罪的，处五年以下有期徒刑或者拘役；情节特别严重的，处五年以上十年以下有期徒刑。本法另有规定的，依照规定。

（二）司法解释及有关文件

应急管理部、公安部、最高人民法院、最高人民检察院关于安全生产行政执法与刑事司法衔接工作办法

（2019年4月16日应急管理部、公安部、最高人民法院、最高人民检察院以应急〔2019〕54号印发，自印发之日起施行）

第一章 总 则

第一条 为了建立健全安全生产行政执法与刑事司法衔接工作机制，依法惩治安全生产违法犯罪行为，保障人民群众生命财产安全和社会稳定，依据《中华人民共和国刑法》《中华人民共和国刑事诉讼法》《中华人民共和国安全生产法》《中华人民共和国消防法》和《行政执法机关移送涉嫌犯罪案件的规定》《生产安全事故报告和调查处理条例》《最高

人民法院最高人民检察院关于办理危害生产安全刑事案件适用法律若干问题的解释》等法律、行政法规、司法解释及有关规定，制定本办法。

第二条 本办法适用于应急管理部门、公安机关、人民法院、人民检察院办理的涉嫌安全生产犯罪案件。

应急管理部门查处违法行为时发现的涉嫌其他犯罪案件，参照本办法办理。

本办法所称应急管理部门，包括煤矿安全监察机构、消防机构。

属于《中华人民共和国监察法》规定的公职人员在行使公权力过程中发生的依法由监察机关负责调查的涉嫌安全生产犯罪案件，不适用本办法，应当依法及时移送监察机关处理。

第三条 涉嫌安全生产犯罪案件主要包括下列案件：

（一）重大责任事故案件；

（二）强令违章冒险作业案件；

（三）重大劳动安全事故案件；

（四）危险物品肇事案件；

（五）消防责任事故、失火案件；

（六）不报、谎报安全事故案件；

（七）非法采矿，非法制造、买卖、储存爆炸物，非法经营，伪造、变造、买卖国家机关公文、证件、印章等涉嫌安全生产的其他犯罪案件。

第四条 人民检察院对应急管理部门移送涉嫌安全生产犯罪案件和公安机关有关立案活动，依法实施法律监督。

第五条 各级应急管理部门、公安机关、人民检察院、人民法院应当加强协作，统一法律适用，不断完善案件移送、案情通报、信息共享等工作机制。

第六条 应急管理部门在行政执法过程中发现行使公权力的公职人员涉嫌安全生产犯罪的问题线索，或者应急管理部门、公安机关、人民检察院在查处有关违法犯罪行为过程中发现行使公权力的公职人员涉嫌贪污贿赂、失职渎职等职务违法或者职务犯罪的问题线索，应当依法及时移送监察机关处理。

第二章 日常执法中的案件移送与法律监督

第七条 应急管理部门在查处违法行为过程中发现涉嫌安全生产犯罪案件的，应当立即指定2名以上行政执法人员组成专案组专门负责，核实情况后提出移送涉嫌犯罪案件的书面报告。应急管理部门正职负责人或者主持工作的负责人应当自接到报告之日起3日内作出批准移送或者不批准移送的决定。批准移送的，应当在24小时内向同级公安机关移送；不批准移送的，应当将不予批准的理由记录在案。

第八条 应急管理部门向公安机关移送涉嫌安全生产犯罪案件，应当附下列材料，并将案件移送书抄送同级人民检察院。

（一）案件移送书，载明移送案件的应急管理部门名称、违法行为涉嫌犯罪罪名、案件主办人及联系电话等。案件移送书应当附移送材料清单，并加盖应急管理部门公章；

（二）案件调查报告，载明案件来源、查获情况、嫌疑人基本情况、涉嫌犯罪的事实、证据和法律依据、处理建议等；

（三）涉案物品清单，载明涉案物品的名称、数量、特征、存放地等事项，并附采取行政强制措施、现场笔录等表明涉案物品来源的相关材料；

（四）附有鉴定机构和鉴定人资质证明或者其他证明文件的检验报告或者鉴定意见；

（五）现场照片、询问笔录、电子数据、视听资料、认定意见、责令整改通知书等其他与案件有关的证据材料。

对有关违法行为已经作出行政处罚决定的，还应当附行政处罚决定书。

第九条 公安机关对应急管理部门移送的涉嫌安全生产犯罪案件，应当出具接受案件的回执或者在案件移送书的回执上签字。

第十条 公安机关审查发现移送的涉嫌安全生产犯罪案件材料不全的，应当在接受案件的24小时内书面告知应急管理部门在3日内补正。

公安机关审查发现涉嫌安全生产犯罪案件移送材料不全、证据不充分的，可以就证明有犯罪事实的相关证据要求等提出补充调查意见，由移送案件的应急管理部门补充调查。根据实际情况，公安机关可以依法自行调查。

第十一条 公安机关对移送的涉嫌安全生产犯罪案件，应当自接受案件之日起3日内作出立案或者不予立案的决定；涉嫌犯罪线索需要查证的，应当自接受案件之日起7日内作出决定；重大疑难复杂案件，经县级以上公安机关负责人批准，可以自受案之日起30日内作出决定。依法不予立案的，应当说明理由，相应退回案件材料。

对属于公安机关管辖但不属于本公安机关管辖的案件，应当在接受案件后24小时内移送有管辖权的公安机关，并书面通知移送案件的应急管理部门，抄送同级人民检察院。对不属于公安机关管辖的案件，应当在24小时内退回移送案件的应急管理部门。

第十二条 公安机关作出立案、不予立案决定的,应当自作出决定之日起3日内书面通知应急管理部门,并抄送同级人民检察院。

对移送的涉嫌安全生产犯罪案件,公安机关立案后决定撤销案件的,应当将撤销案件决定书送达移送案件的应急管理部门,并退回案卷材料。对依法应当追究行政法律责任的,可以同时提出书面建议。有关撤销案件决定书应当抄送同级人民检察院。

第十三条 应急管理部门应当自接到公安机关立案通知书之日起3日内将涉案物品以及与案件有关的其他材料移交公安机关,并办理交接手续。

对保管条件、保管场所有特殊要求的涉案物品,可以在公安机关采取必要措施固定留取证据后,由应急管理部门代为保管。应急管理部门应当妥善保管涉案物品,并配合公安机关、人民检察院、人民法院在办案过程中对涉案物品的调取、使用及鉴定等工作。

第十四条 应急管理部门接到公安机关不予立案的通知书后,认为依法应当由公安机关决定立案的,可以自接到不予立案通知书之日起3日内提请作出不予立案决定的公安机关复议,也可以建议人民检察院进行立案监督。

公安机关应当自收到提请复议的文件之日起3日内作出复议决定,并书面通知应急管理部门。应急管理部门对公安机关的复议决定仍有异议的,应当自收到复议决定之日起3日内建议人民检察院进行立案监督。

应急管理部门对公安机关逾期未作出是否立案决定以及立案后撤销案件决定有异议的,可以建议人民检察院进行立案监督。

第十五条 应急管理部门建议人民检察院进行立案监督的,应当提供立案监督建议书、相关案件材料,并附公安机关不予立案通知、复议维持不予立案通知或者立案后撤销案件决定及有关说明理由材料。

第十六条 人民检察院应当对应急管理部门立案监督建议进行审查,认为需要公安机关说明不予立案、立案后撤销案件的理由的,应当要求公安机关在7日内说明理由。公安机关应当书面说明理由,回复人民检察院。

人民检察院经审查认为公安机关不予立案或者立案后撤销案件理由充分,符合法律规定情形的,应当作出支持不予立案、撤销案件的检察意见。认为有关理由不能成立的,应当通知公安机关立案。

公安机关收到立案通知书后,应当在15日内立案,并将立案决定书送达人民检察院。

第十七条 人民检察院发现应急管理部门不移送涉嫌安全生产犯罪案件的,可以派员查询、调阅有关案件材料,认为应当移送的,应当提出检察意见。应急管理部门应当自收到检察意见后3日内将案件移送公安机关,并将案件移送书抄送人民检察院。

第十八条 人民检察院对符合逮捕、起诉条件的犯罪嫌疑人,应当依法批准逮捕、提起公诉。

人民检察院对决定不起诉的案件,应当自作出决定之日起3日内,将不起诉决定书送达公安机关和应急管理部门。对依法应当追究行政法律责任的,可以同时提出检察意见,并要求应急管理部门及时通报处理情况。

第三章 事故调查中的案件移送与法律监督

第十九条 事故发生地有管辖权的公安机关根据事故的情况,对涉嫌安全生产犯罪的,应当依法立案侦查。

第二十条 事故调查中发现涉嫌安全生产犯罪的,事故调查组或者负责火灾调查的消防机构应当及时将有关材料或者其复印件移交有管辖权的公安机关依法处理。

事故调查过程中,事故调查组或者负责火灾调查的消防机构可以召开专题会议,向有管辖权的公安机关通报事故调查进展情况。

有管辖权的公安机关对涉嫌安全生产犯罪案件立案侦查的,应当在3日内将立案决定书抄送同级应急管理部门、人民检察院和组织事故调查的应急管理部门。

第二十一条 对有重大社会影响的涉嫌安全生产犯罪案件,上级公安机关采取挂牌督办、派员参与等方法加强指导和督促,必要时,可以按照有关规定直接组织办理。

第二十二条 组织事故调查的应急管理部门及同级公安机关、人民检察院对涉嫌安全生产犯罪案件的事实、性质认定、证据采信、法律适用以及责任追究有意见分歧的,应当加强协调沟通。必要时,可以就法律适用等方面问题听取人民法院意见。

第二十三条 对发生一人以上死亡的情形,经依法组织调查,作出不属于生产安全事故或者生产安全责任事故的书面调查结论的,应急管理部门应当将该调查结论及时抄送同级监察机关、公安机关、人民检察院。

第四章 证据的收集与使用

第二十四条 在查处违法行为的过程中,有关应急管理部门应当全面收集、妥善保存证据材料。对容易灭失的痕迹、物证，应当采取措施提取、固定；对查获的涉案物品，如实填写涉案物品清单，并按照国家有关规定予以处理；对需要进行检验、鉴定的涉案物品，由法定检验、鉴定机构进行检验、鉴定，并出具检验报告或者鉴定意见。

在事故调查的过程中，有关部门根据有关法律法规的规定或者事故调查组的安排，按照前款规定收集、保存相关的证据材料。

第二十五条 在查处违法行为或者事故调查的过程中依法收集制作的物证、书证、视听资料、电子数据、检验报告、鉴定意见、勘验笔录、检查笔录等证据材料以及经依法批复的事故调查报告，在刑事诉讼中可以作为证据使用。

事故调查组依照有关规定提交的事故调查报告应当由其成员签名。没有签名的，应当予以补正或者作出合理解释。

第二十六条 当事人及其辩护人、诉讼代理人对检验报告、鉴定意见、勘验笔录、检查笔录等提出异议，申请重新检验、鉴定、勘验或者检查的，应当说明理由。人民法院经审理认为有必要的，应当同意。人民法院同意重新鉴定申请的，应当及时委托鉴定，并将鉴定意见告知人民检察院、当事人及其辩护人、诉讼代理人；也可以由公安机关自行或者委托相关机构重新进行检验、鉴定、勘验、检查等。

第五章 协作机制

第二十七条 各级应急管理部门、公安机关、人民检察院、人民法院应当建立安全生产行政执法与刑事司法衔接长效工作机制。明确本单位的牵头机构和联系人，加强日常工作沟通与协作。定期召开联席会议，协调解决重要问题，并以会议纪要等方式明确议定事项。

各省、自治区、直辖市应急管理部门、公安机关、人民检察院、人民法院应当每年定期联合通报辖区内有关涉嫌安全生产犯罪案件移送、立案、批捕、起诉、裁判结果等方面信息。

第二十八条 应急管理部门对重大疑难复杂案件，可以就刑事案件立案追诉标准、证据的固定和保全等问题咨询公安机关、人民检察院；公安机关、人民检察院可以就案件办理中的专业性问题咨询应急管理部门。受咨询的机关应当及时答复；书面咨询的，应当在7日内书面答复。

第二十九条 人民法院应当在有关案件的判决、裁定生效后，按照规定及时将判决书、裁定书在互联网公布。适用职业禁止措施的，应当在判决、裁定生效后10日内将判决书、裁定书送达罪犯居住地的县级应急管理部门和公安机关，同时抄送罪犯居住地的县级人民检察院。具有国家工作人员身份的，应当将判决书、裁定书送达罪犯原所在单位。

第三十条 人民检察院、人民法院发现有关生产经营单位在安全生产保障方面存在问题或者有关部门在履行安全生产监督管理职责方面存在违法、不当情形的，可以发出检察建议、司法建议。有关生产经营单位或者有关部门应当按规定及时处理，并将处理情况书面反馈提出建议的人民检察院、人民法院。

第三十一条 各级应急管理部门、公安机关、人民检察院应当运用信息化手段，逐步实现涉嫌安全生产犯罪案件的网上移送、网上受理和网上监督。

第六章 附 则

第三十二条 各省、自治区、直辖市的应急管理部门、公安机关、人民检察院、人民法院可以根据本地区实际情况制定实施办法。

第三十三条 本办法自印发之日起施行。

最高人民法院、最高人民检察院
关于办理非法采矿、破坏性采矿刑事案件
适用法律若干问题的解释

（2016年9月26日由最高人民法院审判委员会第1694次会议、2016年11月4日由最高人民检察院第十二届检察委员会第57次会议通过，2016年11月28日公布，自2016年12月1日起施行）

为依法惩处非法采矿、破坏性采矿犯罪活动，根据《中华人民共和国刑法》《中华人民共和国刑事诉讼法》的有关规定，现就办理此类刑事案件适用法律的若干问题解释如下：

第一条 违反《中华人民共和国矿产资源法》《中华人民共和国水法》等法律、行政法规有关矿产资源开发、利用、保护和管理的规定的，应当认定为刑法第三百四十三条规定的"违反矿产资源法的规定"。

第二条 具有下列情形之一的，应当认定为刑法第三百四十三条第一款规定的"未取得采矿许可证"：
（一）无许可证的；
（二）许可证被注销、吊销、撤销的；
（三）超越许可证规定的矿区范围或者开采范围的；
（四）超出许可证规定的矿种的（共生、伴生矿种除外）；
（五）其他未取得许可证的情形。

第三条 实施非法采矿行为，具有下列情形之一的，应当认定为刑法第三百四十三条第一款规定的"情节严重"：
（一）开采的矿产品价值或者造成矿产资源破坏的价值在十万元至三十万元以上的；
（二）在国家规划矿区、对国民经济具有重要价值的矿区采矿，开采国家规定实行保护性开采的特定矿种，或者在禁采区、禁采期内采矿，开采的矿产品价值或者造成矿产资源破坏的价值在五万元至十五万元以上的；
（三）二年内曾因非法采矿受过两次以上行政处罚，又实施非法采矿行为的；
（四）造成生态环境严重损害的；
（五）其他情节严重的情形。

实施非法采矿行为，具有下列情形之一的，应当认定为刑法第三百四十三条第一款规定的"情节特别严重"：
（一）数额达到前款第一项、第二项规定标准五倍以上的；
（二）造成生态环境特别严重损害的；
（三）其他情节特别严重的情形。

第四条 在河道管理范围内采砂，具有下列情形之一，符合刑法第三百四十三条第一款和本解释第二条、第三条规定的，以非法采矿罪定罪处罚：
（一）依据相关规定应当办理河道采砂许可证，未取得河道采砂许可证的；
（二）依据相关规定应当办理河道采砂许可证和采矿许可证，既未取得河道采砂许可证，又未取得采矿许可证的。

实施前款规定行为，虽不具有本解释第三条第一款规定的情形，但严重影响河势稳定，危害防洪安全的，应当认定为刑法第三百四十三条第一款规定的"情节严重"。

第五条 未取得海砂开采海域使用权证，且未取得采矿许可证，采挖海砂，符合刑法第三百四十三条第一款和本解释第二条、第三条规定的，以非法采矿罪定罪处罚。

实施前款规定行为，虽不具有本解释第三条第一款规定的情形，但造成海岸线严重破坏的，应当认定为刑法第三百四十三条第一款规定的"情节严重"。

第六条 造成矿产资源破坏的价值在五十万元至一百万元以上，或者造成国家规划矿区、对国民经济具有重要价值的矿区和国家规定实行保护性开采的特定矿种资源破坏的价值在二十五万元至五十万元以上的，应当认定为刑法第三百四十三条第二款规定的"造成矿产资源严重破坏"。

第七条 明知是犯罪所得的矿产品及其产生的收益，而予以窝藏、转移、收购、代为销售或者以其他方法掩饰、隐瞒的，依照刑法第三百一十二条的规定，以掩饰、隐瞒犯罪所得、犯罪所得收益罪定罪处罚。

实施前款规定的犯罪行为，事前通谋的，以共同犯罪论处。

第八条 多次非法采矿、破坏性采矿构成犯罪，依法应当追诉的，或者二年内多次非法采矿、破坏性采矿未经处理的，价值数额累计计算。

第九条 单位犯刑法第三百四十三条规定之罪的，依照本解释规定的相应自然人犯罪的定罪量刑标准，对直接负责的主管人员和其他直接责任人员定罪处罚，并对单位判处罚金。

第十条 实施非法采矿犯罪，不属于"情节特别严重"，或者实施破坏性采矿犯罪，行为人系初犯，全部退赃退赔，积极修复环境，并确有悔改表现的，可以认定为犯罪情节轻微，不起诉或者免予刑事处罚。

第十一条 对受雇佣为非法采矿、破坏性采矿犯罪提供劳务的人员，除参与利润分成或者领取高额固定工资的以外，一般不以犯罪论处，但曾因非法采矿、破坏性采矿受过处罚的除外。

第十二条 对非法采矿、破坏性采矿犯罪的违法所得及其收益，应当依法追缴或者责令退赔。

对用于非法采矿、破坏性采矿犯罪的专门工具和供犯罪所用的本人财物，应当依法没收。

第十三条 非法开采的矿产品价值，根据销赃数额认定；无销赃数额，销赃数额难以查证，或者根据销赃数额认定明显不合理的，根据矿产品价格和数量认定。

矿产品价值难以确定的，依据下列机构出具的报告，结合其他证据作出认定：
（一）价格认证机构出具的报告；
（二）省级以上人民政府国土资源、水行政、海洋等主管部门出具的报告；
（三）国务院水行政主管部门在国家确定的重要

江河、湖泊设立的流域管理机构出具的报告。

第十四条 对案件所涉的有关专门性问题难以确定的，依据下列机构出具的鉴定意见或者报告，结合其他证据作出认定：

（一）司法鉴定机构就生态环境损害出具的鉴定意见；

（二）省级以上人民政府国土资源主管部门就造成矿产资源破坏的价值、是否属于破坏性开采方法出具的报告；

（三）省级以上人民政府水行政主管部门或者国务院水行政主管部门在国家确定的重要江河、湖泊设立的流域管理机构就是否危害防洪安全出具的报告；

（四）省级以上人民政府海洋主管部门就是否造成海岸线严重破坏出具的报告。

第十五条 各省、自治区、直辖市高级人民法院、人民检察院，可以根据本地区实际情况，在本解释第三条、第六条规定的数额幅度内，确定本地区执行的具体数额标准，报最高人民法院、最高人民检察院备案。

第十六条 本解释自2016年12月1日起施行。本解释施行后，《最高人民法院关于审理非法采矿、破坏性采矿刑事案件具体应用法律若干问题的解释》（法释〔2003〕9号）同时废止。

最高人民法院、最高人民检察院关于办理危害生产安全刑事案件适用法律若干问题的解释

（2015年11月9日最高人民法院审判委员会第1665次会议、2015年12月9日最高人民检察院第十二届检察委员会第44次会议通过，自2015年12月16日起施行）

为依法惩治危害生产安全犯罪，根据刑法有关规定，现就办理此类刑事案件适用法律的若干问题解释如下：

第一条 刑法第一百三十四条第一款规定的犯罪主体，包括对生产、作业负有组织、指挥或者管理职责的负责人、管理人员、实际控制人、投资人等人员，以及直接从事生产、作业的人员。

第二条 刑法第一百三十四条第二款规定的犯罪主体，包括对生产、作业负有组织、指挥或者管理职责的负责人、管理人员、实际控制人、投资人等人员。

第三条 刑法第一百三十五条规定的"直接负责的主管人员和其他直接责任人员"，是指对安全生产设施或者安全生产条件不符合国家规定负有直接责任的生产经营单位负责人、管理人员、实际控制人、投资人，以及其他对安全生产设施或者安全生产条件负有管理、维护职责的人员。

第四条 刑法第一百三十九条之一规定的"负有报告职责的人员"，是指负有组织、指挥、管理职责的负责人、管理人员、实际控制人、投资人，以及其他负有报告职责的人员。

第五条 明知存在事故隐患、继续作业存在危险，仍然违反有关安全管理的规定，实施下列行为之一的，应当认定为刑法第一百三十四条第二款规定的"强令他人违章冒险作业"：

（一）利用组织、指挥、管理职权，强制他人违章作业的；

（二）采取威逼、胁迫、恐吓等手段，强制他人违章作业的；

（三）故意掩盖事故隐患，组织他人违章作业的；

（四）其他强令他人违章作业的行为。

第六条 实施刑法第一百三十二条、第一百三十四条第一款、第一百三十五条、第一百三十五条之一、第一百三十六条、第一百三十九条规定的行为，因而发生安全事故，具有下列情形之一的，应当认定为"造成严重后果"或者"发生重大伤亡事故或者造成其他严重后果"，对相关责任人员，处三年以下有期徒刑或者拘役：

（一）造成死亡一人以上，或者重伤三人以上的；

（二）造成直接经济损失一百万元以上的；

（三）其他造成严重后果或者重大安全事故的情形。

实施刑法第一百三十四条第二款规定的行为，因而发生安全事故，具有本条第一款规定情形的，应当认定为"发生重大伤亡事故或者造成其他严重后果"，对相关责任人员，处五年以下有期徒刑或者拘役。

实施刑法第一百三十七条规定的行为，因而发生安全事故，具有本条第一款规定情形的，应当认定为"造成重大安全事故"，对直接责任人员，处五年以下有期徒刑或者拘役，并处罚金。

实施刑法第一百三十八条规定的行为，因而发生安全事故，具有本条第一款第一项规定情形的，应当认定为"发生重大伤亡事故"，对直接责任人员，处三年以下有期徒刑或者拘役。

第七条 实施刑法第一百三十二条、第一百三十四条第一款、第一百三十五条、第一百三十五条之一、第一百三十六条、第一百三十九条规定的行为，因而发生安全事故，具有下列情形之一的，对相关责任人员，处三年以上七年以下有期徒刑：

（一）造成死亡三人以上或者重伤十人以上，负事故主要责任的；

（二）造成直接经济损失五百万元以上，负事故主要责任的；

（三）其他造成特别严重后果、情节特别恶劣或者后果特别严重的情形。

实施刑法第一百三十四条第二款规定的行为，因而发生安全事故，具有本条第一款规定情形的，对相关责任人员，处五年以上有期徒刑。

实施刑法第一百三十七条规定的行为，因而发生安全事故，具有本条第一款规定情形的，对直接责任人员，处五年以上十年以下有期徒刑，并处罚金。

实施刑法第一百三十八条规定的行为，因而发生安全事故，具有下列情形之一的，对直接责任人员，处三年以上七年以下有期徒刑：

（一）造成死亡三人以上或者重伤十人以上，负事故主要责任的；

（二）具有本解释第六条第一款第一项规定情形，同时造成直接经济损失五百万元以上并负事故主要责任的，或者同时造成恶劣社会影响的。

第八条 在安全事故发生后，负有报告职责的人员不报或者谎报事故情况，贻误事故抢救，具有下列情形之一的，应当认定为刑法第一百三十九条之一规定的"情节严重"：

（一）导致事故后果扩大，增加死亡一人以上，或者增加重伤三人以上，或者增加直接经济损失一百万元以上的；

（二）实施下列行为之一，致使不能及时有效开展事故抢救的：

1. 决定不报、迟报、谎报事故情况或者指使、串通有关人员不报、迟报、谎报事故情况的；

2. 在事故抢救期间擅离职守或者逃匿的；

3. 伪造、破坏事故现场，或者转移、藏匿、毁灭遇难人员尸体，或者转移、藏匿受伤人员的；

4. 毁灭、伪造、隐匿与事故有关的图纸、记录、计算机数据等资料以及其他证据的；

（三）其他情节严重的情形。

具有下列情形之一的，应当认定为刑法第一百三十九条之一规定的"情节特别严重"：

（一）导致事故后果扩大，增加死亡三人以上，或者增加重伤十人以上，或者增加直接经济损失五百万元以上的；

（二）采用暴力、胁迫、命令等方式阻止他人报告事故情况，导致事故后果扩大的；

（三）其他情节特别严重的情形。

第九条 在安全事故发生后，与负有报告职责的人员串通，不报或者谎报事故情况，贻误事故抢救，情节严重的，依照刑法第一百三十九条之一的规定，以共犯论处。

第十条 在安全事故发生后，直接负责的主管人员和其他直接责任人员故意阻挠开展抢救，导致人员死亡或者重伤，或者为了逃避法律追究，对被害人进行隐藏、遗弃，致使被害人因无法得到救助而死亡或者重度残疾的，分别依照刑法第二百三十二条、第二百三十四条的规定，以故意杀人罪或者故意伤害罪定罪处罚。

第十一条 生产不符合保障人身、财产安全的国家标准、行业标准的安全设备，或者明知安全设备不符合保障人身、财产安全的国家标准、行业标准而进行销售，致使发生安全事故，造成严重后果的，依照刑法第一百四十六条的规定，以生产、销售不符合安全标准的产品罪定罪处罚。

第十二条 实施刑法第一百三十二条、第一百三十四条至第一百三十九条之一规定的犯罪行为，具有下列情形之一的，从重处罚：

（一）未依法取得安全许可证件或者安全许可证件过期、被暂扣、吊销、注销后从事生产经营活动的；

（二）关闭、破坏必要的安全监控和报警设备的；

（三）已经发现事故隐患，经有关部门或者个人提出后，仍不采取措施的；

（四）一年内曾因危害生产安全违法犯罪活动受过行政处罚或者刑事处罚的；

（五）采取弄虚作假、行贿等手段，故意逃避、阻挠负有安全监督管理职责的部门实施监督检查的；

（六）安全事故发生后转移财产意图逃避承担责任的；

（七）其他从重处罚的情形。

实施前款第五项规定的行为，同时构成刑法第三百八十九条规定的犯罪的，依照数罪并罚的规定处罚。

第十三条 实施刑法第一百三十二条、第一百三十四条至第一百三十九条之一规定的犯罪行为，在安全事故发生后积极组织、参与事故抢救，或者积极配合调查、主动赔偿损失的，可以酌情从轻处罚。

第十四条 国家工作人员违反规定投资入股生产经营，构成本解释规定的有关犯罪的，或者国家工作人员的贪污、受贿犯罪行为与安全事故发生存在关联性的，从重处罚；同时构成贪污、受贿犯罪和危害生产安全犯罪的，依照数罪并罚的规定处罚。

第十五条 国家机关工作人员在履行安全监督管理职责时滥用职权、玩忽职守，致使公共财产、国家和人民利益遭受重大损失的，或者徇私舞弊，对发现的刑事案件依法应当移交司法机关追究刑事责任而不移交，情节严重的，分别依照刑法第三百九十七条、第四百零二条的规定，以滥用职权罪、玩忽职守罪或者徇私舞弊不移交刑事案件罪定罪处罚。

公司、企业、事业单位的工作人员在依法或者受委托行使安全监督管理职责时滥用职权或者玩忽职守，构成犯罪的，应当依照《全国人民代表大会常务委员会关于〈中华人民共和国刑法〉第九章渎职罪主体适用问题的解释》的规定，适用渎职罪的规定追究刑事责任。

第十六条 对于实施危害生产安全犯罪适用缓刑的犯罪分子，可以根据犯罪情况，禁止其在缓刑考验期限内从事与安全生产相关联的特定活动；对于被判处刑罚的犯罪分子，可以根据犯罪情况和预防再犯罪的需要，禁止其自刑罚执行完毕之日或者假释之日起三年至五年内从事与安全生产相关的职业。

第十七条 本解释自2015年12月16日起施行。本解释施行后，《最高人民法院、最高人民检察院关于办理危害矿山生产安全刑事案件具体应用法律若干问题的解释》（法释〔2007〕5号）同时废止。最高人民法院、最高人民检察院此前发布的司法解释和规范性文件与本解释不一致的，以本解释为准。

最高人民法院、最高人民检察院、公安部、国家安全监管总局关于依法加强对涉嫌犯罪的非法生产经营烟花爆竹行为刑事责任追究的通知

（2012年9月6日最高人民法院、最高人民检察院、公安部、国家安全监管总局以安监总管三〔2012〕116号发布）

各省、自治区、直辖市高级人民法院、人民检察院、公安厅（局）、安全生产监督管理局，新疆维吾尔自治区高级人民法院生产建设兵团分院，新疆生产建设兵团人民检察院、公安局、安全生产监督管理局：

近年来，一些地区非法生产、经营烟花爆竹问题十分突出，由此引发的事故时有发生，给人民群众生命财产安全造成严重危害。为依法严惩非法生产、经营烟花爆竹违法犯罪行为，现就依法加强对涉嫌犯罪的非法生产、经营烟花爆竹行为刑事责任追究有关要求通知如下：

一、非法生产、经营烟花爆竹及相关行为涉及非法制造、买卖、运输、邮寄、储存黑火药、烟火药，构成非法制造、买卖、运输、邮寄、储存爆炸物罪的，应当依照刑法第一百二十五条的规定定罪处罚；非法生产、经营烟花爆竹及相关行为涉及生产、销售伪劣产品或不符合安全标准产品，构成生产、销售伪劣产品罪或生产、销售不符合安全标准产品罪的，应当依照刑法第一百四十条、第一百四十六条的规定定罪处罚；非法生产、经营烟花爆竹及相关行为构成非法经营罪的，应当依照刑法第二百二十五条的规定定罪处罚。上述非法生产经营烟花爆竹行为的定罪量刑和立案追诉标准，分别按照《最高人民法院关于审理非法制造、买卖、运输枪支、弹药、爆炸物等刑事案件具体应用法律若干问题的解释》（法释〔2009〕18号）、《最高人民法院最高人民检察院关于办理生产、销售伪劣商品刑事案件具体应用法律若干问题的解释》（法释〔2001〕10号）、《最高人民检察院、公安部关于公安机关管辖的刑事案件立案追诉标准的规定（一）》（公通字〔2008〕36号）、《最高人民检察院、公安部关于公安机关管辖的刑事案件立案追诉标准的规定（二）》（公通字〔2010〕23号）等有关规定执行。

二、各相关行政执法部门在查处非法生产、经营烟花爆竹行为过程中，发现涉嫌犯罪，依法需要追究刑事责任的，应当依照《行政执法机关移送涉嫌犯罪案件的规定》（国务院令第310号）向公安机关移送，并配合公安机关做好立案侦查工作。公安机关应当依法对相关行政执法部门移送的涉嫌犯罪案件进行审查，认为有犯罪事实，需要追究刑事责任的，应当依法立案，并书面通知移送案件的部门；认为不需要追究刑事责任的，应当说明理由，并书面通知移送案

件的部门。公安机关在治安管理工作中，发现非法生产、经营烟花爆竹行为涉嫌犯罪的，应当依法立案侦查。

三、检察机关对于公安机关提请批准逮捕、移送审查起诉的上述涉嫌犯罪的案件，对符合逮捕和提起公诉法定条件的，要依法予以批捕、起诉；要加强对移送、立案案件的监督，对应当移送而不移送、应当立案而不立案的，要及时监督。人民法院对于起诉到法院的上述涉嫌犯罪的案件，要按照宽严相济的政策，依法从快审判，对同时构成多项犯罪或屡次违法犯罪的，要从重处罚；上级人民法院要加强对下级人民法院审判工作的指导，保障依法及时审判。要坚持"以事实为根据，以法律为准绳"的原则，严把案件的事实关、证据关、程序关和适用法律关，切实做到事实清楚，证据确凿，定性准确，量刑适当。人民法院、人民检察院、公安机关、安全生产监督管理部门要积极沟通、相互配合，充分发挥联动机制功能，加大对相关犯罪案件查处、审判情况的宣传，充分发挥刑事审判和处罚的震慑作用，教育群众自觉抵制、检举揭发相关违法犯罪活动。

最 高 人 民 法 院
最 高 人 民 检 察 院
公　　安　　部
国家安全监管总局
2012 年 9 月 6 日

最高人民法院关于进一步加强危害生产安全刑事案件审判工作的意见

（2011 年 12 月 30 日最高人民法院以法发〔2011〕20 号印发）

为依法惩治危害生产安全犯罪，促进全国安全生产形势持续稳定好转，保护人民群众生命财产安全，现就进一步加强危害生产安全刑事案件审判工作，制定如下意见。

一、高度重视危害生产安全刑事案件审判工作

1. 充分发挥刑事审判职能作用，依法惩治危害生产安全犯罪，是人民法院为大局服务、为人民司法的必然要求。安全生产关系到人民群众生命财产安全，事关改革、发展和稳定的大局。当前，全国安全生产状况呈现总体稳定、持续好转的发展态势，但形势依然严峻，企业安全生产基础依然薄弱；非法、违法生产，忽视生产安全的现象仍然十分突出；重特大生产安全责任事故时有发生，个别地方和行业重特大责任事故上升。一些重特大生产安全责任事故举国关注，相关案件处理不好，不仅起不到应有的警示作用，不利于生产安全责任事故的防范，也损害党和国家形象，影响社会和谐稳定。各级人民法院要从政治和全局的高度，充分认识审判好危害生产安全刑事案件的重要意义，切实增强工作责任感，严格依法、积极稳妥地审理相关案件，进一步发挥刑事审判工作在创造良好安全生产环境、促进经济平稳较快发展方面的积极作用。

2. 采取有力措施解决存在的问题，切实加强危害生产安全刑事案件审判工作。近年来，各级人民法院依法审理危害生产安全刑事案件，一批严重危害生产安全的犯罪分子及相关职务犯罪分子受到法律制裁，对全国安全生产形势持续稳定好转发挥了积极促进作用。2010 年，监察部、国家安全生产监督管理总局会同最高人民法院等部门对部分省市重特大生产安全事故责任追究落实情况开展了专项检查。从检查的情况来看，审判工作总体情况是好的，但仍有个别案件在法律适用或者宽严相济刑事政策具体把握上存在问题，需要切实加强指导。各级人民法院要高度重视，确保相关案件审判工作取得良好的法律效果和社会效果。

二、危害生产安全刑事案件审判工作的原则

3. 严格依法，从严惩处。对严重危害生产安全犯罪，尤其是相关职务犯罪，必须始终坚持严格依法、从严惩处。对于人民群众广泛关注、社会反映强烈的案件要及时审结，回应人民群众关切，维护社会和谐稳定。

4. 区分责任，均衡量刑。危害生产安全犯罪，往往涉案人员较多，犯罪主体复杂，既包括直接从事生产、作业的人员，也包括对生产、作业负有组织、指挥或者管理职责的负责人、管理人员、实际控制人、投资人等，有的还涉及国家机关工作人员渎职犯罪。对相关责任人的处理，要根据事故原因、危害后果、主体职责、过错大小等因素，综合考虑全案，正确划分责任，做到罪责刑相适应。

5. 主体平等，确保公正。审理危害生产安全刑事案件，对于所有责任主体，都必须严格落实法律面前人人平等的刑法原则，确保刑罚适用公正，确保裁判效果良好。

三、正确确定责任

6. 审理危害生产安全刑事案件，政府或相关职能部门依法对事故原因、损失大小、责任划分作出的调查认定，经庭审质证后，结合其他证据，可作为责任认定的依据。

7. 认定相关人员是否违反有关安全管理规定，应当根据相关法律、行政法规，参照地方性法规、规章及国家标准、行业标准，必要时可参考公认的惯例和生产经营单位制定的安全生产规章制度、操作规程。

8. 多个原因行为导致生产安全事故发生的，在区分直接原因与间接原因的同时，应当根据原因行为在引发事故中所起作用的大小，分清主要原因与次要原因，确认主要责任和次要责任，合理确定罪责。

一般情况下，对生产、作业负有组织、指挥或者管理职责的负责人、管理人员、实际控制人、投资人，违反有关安全生产管理规定，对重大生产安全事故的发生起决定性、关键性作用的，应当承担主要责任。

对于直接从事生产、作业的人员违反安全管理规定，发生重大生产安全事故的，要综合考虑行为人的从业资格、从业时间、接受安全生产教育培训情况、现场条件、是否受到他人强令作业、生产经营单位执行安全生产规章制度的情况等因素认定责任，不能将直接责任简单等同于主要责任。

对于负有安全生产管理、监督职责的工作人员，应根据其岗位职责、履职依据、履职时间等，综合考察工作职责、监管条件、履职能力、履职情况等，合理确定罪责。

四、准确适用法律

9. 严格把握危害生产安全犯罪与以其他危险方法危害公共安全罪的界限，不应将生产经营中违章违规的故意不加区别地视为对危害后果发生的故意。

10. 以行贿方式逃避安全生产监督管理，或者非法、违法生产、作业，导致发生重大生产安全事故，构成数罪的，依照数罪并罚的规定处罚。

违反安全生产管理规定，非法采矿、破坏性采矿或排放、倾倒、处置有害物质严重污染环境，造成重大伤亡事故或者其他严重后果，同时构成危害生产安全犯罪和破坏环境资源保护犯罪的，依照数罪并罚的规定处罚。

11. 安全事故发生后，负有报告职责的国家工作人员不报或者谎报事故情况，贻误事故抢救，情节严重，构成不报、谎报安全事故罪，同时构成职务犯罪或其他危害生产安全犯罪的，依照数罪并罚的规定处罚。

12. 非矿山生产安全事故中，认定"直接负责的主管人员和其他直接责任人员""负有报告职责的人员"的主体资格，认定构成"重大伤亡事故或者其他严重后果""情节特别恶劣"，不报、谎报事故情况，贻误事故抢救，"情节严重""情节特别严重"等，可参照最高人民法院、最高人民检察院《关于办理危害矿山生产安全刑事案件具体应用法律若干问题的解释》的相关规定。

五、准确把握宽严相济刑事政策

13. 审理危害生产安全刑事案件，应综合考虑生产安全事故所造成的伤亡人数、经济损失、环境污染、社会影响、事故原因与被告人职责的关联程度、被告人主观过错大小、事故发生后被告人的施救表现、履行赔偿责任情况等，正确适用刑罚，确保裁判法律效果和社会效果相统一。

14. 造成《关于办理危害矿山生产安全刑事案件具体应用法律若干问题的解释》第四条规定的"重大伤亡事故或者其他严重后果"，同时具有下列情形之一的，也可以认定为刑法第一百三十四条、第一百三十五条规定的"情节特别恶劣"：

（一）非法、违法生产的；

（二）无基本劳动安全设施或未向生产、作业人员提供必要的劳动防护用品，生产、作业人员劳动安全无保障的；

（三）曾因安全生产设施或者安全生产条件不符合国家规定，被监督管理部门处罚或责令改正，一年内再次违规生产致使发生重大生产安全事故的；

（四）关闭、故意破坏必要安全警示设备的；

（五）已发现事故隐患，未采取有效措施，导致发生重大事故的；

（六）事故发生后不积极抢救人员，或者毁灭、伪造、隐藏影响事故调查的证据，或者转移财产逃避责任的；

（七）其他特别恶劣的情节。

15. 相关犯罪中，具有以下情形之一的，依法从重处罚：

（一）国家工作人员违反规定投资入股生产经营企业，构成危害生产安全犯罪的；

（二）贪污贿赂行为与事故发生存在关联性的；

（三）国家工作人员的职务犯罪与事故存在直接因果关系的；

（四）以行贿方式逃避安全生产监督管理，或者非法、违法生产、作业的；

（五）生产安全事故发生后，负有报告职责的国家工作人员不报或者谎报事故情况，贻误事故抢救，尚未构成不报、谎报安全事故罪的；

（六）事故发生后，采取转移、藏匿、毁灭遇难人员尸体，或者毁灭、伪造、隐藏影响事故调查的证据，或者转移财产，逃避责任的；

（七）曾因安全生产设施或者安全生产条件不符合国家规定，被监督管理部门处罚或责令改正，一年内再次违规生产致使发生重大生产安全事故的。

16. 对于事故发生后，积极施救，努力挽回事故损失，有效避免损失扩大；积极配合调查，赔偿受害人损失的，可依法从宽处罚。

六、依法正确适用缓刑和减刑、假释

17. 对于危害后果较轻，在责任事故中不负主要责任，符合法律有关缓刑适用条件的，可以依法适用缓刑，但应注意根据案件具体情况，区别对待，严格控制，避免适用不当造成的负面影响。

18. 对于具有下列情形的被告人，原则上不适用缓刑：

（一）具有本意见第14条、第15条所规定的情形的；

（二）数罪并罚的。

19. 宣告缓刑，可以根据犯罪情况，同时禁止犯罪分子在缓刑考验期限内从事与安全生产有关的特定活动。

20. 办理与危害生产安全犯罪相关的减刑、假释案件，要严格执行刑法、刑事诉讼法和有关司法解释规定。是否决定减刑、假释，既要看罪犯服刑期间的悔改表现，还要充分考虑原判认定的犯罪事实、性质、情节、社会危害程度等情况。

七、加强组织领导，注意协调配合

21. 对于重大、敏感案件，合议庭成员要充分做好庭审前期准备工作，全面、客观掌握案情，确保案件开庭审理稳妥顺利、依法公正。

22. 审理危害生产安全刑事案件，涉及专业技术问题的，应有相关权威部门出具的咨询意见或者司法鉴定意见；可以依法邀请具有相关专业知识的人民陪审员参加合议庭。

23. 对于审判工作中发现的安全生产事故背后的渎职、贪污贿赂等违法犯罪线索，应当依法移送有关部门处理。对于情节轻微，免于刑事处罚的被告人，人民法院可建议有关部门依法给予行政处罚或纪律处分。

24. 被告人具有国家工作人员身份的，案件审结后，人民法院应当及时将生效的裁判文书送达行政监察机关和其他相关部门。

25. 对于造成重大伤亡后果的案件，要充分运用财产保全等法定措施，切实维护被害人依法获得赔偿的权利。对于被告人没有赔偿能力的案件，应当依靠地方党委和政府做好善后安抚工作。

26. 积极参与安全生产综合治理工作。对于审判中发现的安全生产管理方面的突出问题，应当发出司法建议，促使有关部门强化安全生产意识和制度建设，完善事故预防机制，杜绝同类事故发生。

27. 重视做好宣传工作。对于社会关注的典型案件，要重视做好审判情况的宣传报道，规范裁判信息发布，及时回应社会的关切，充分发挥重大、典型案件的教育警示作用。

28. 各级人民法院要在依法履行审判职责的同时，及时总结审判经验，深入开展调查研究，推动审判工作水平不断提高。上级法院要以辖区内发生的重大生产安全责任事故案件为重点，加强对下级法院危害生产安全刑事案件审判工作的监督和指导，适时检查此类案件的审判情况，提出有针对性的指导意见。

最高人民检察院、公安部关于公安机关管辖的刑事案件立案追诉标准的规定（一）（摘录）

（2008年6月25日最高人民检察院、公安部以公通字〔2008〕36号公布并施行，2017年4月27日以公通字〔2017〕12号修正）

一、危害公共安全案

第八条 【重大责任事故案（刑法第一百三十四条第一款）】在生产、作业中违反有关安全管理的规定，涉嫌下列情形之一的，应予立案追诉：

（一）造成死亡一人以上，或者重伤三人以上；

（二）造成直接经济损失五十万元以上的；

（三）发生矿山生产安全事故，造成直接经济损失一百万元以上的；

（四）其他造成严重后果的情形。

第九条 【强令违章冒险作业案（刑法第一百三十四条第二款）】强令他人违章冒险作业，涉嫌下列情形之一的，应予立案追诉：

（一）造成死亡一人以上，或者重伤三人以上；

（二）造成直接经济损失五十万元以上的；

（三）发生矿山生产安全事故，造成直接经济损失一百万元以上的；

（四）其他造成严重后果的情形。

第十条 【重大劳动安全事故案（刑法第一百三十五条）】安全生产设施或者安全生产条件不符合国家规定，涉嫌下列情形之一的，应予立案追诉：

（一）造成死亡一人以上，或者重伤三人以上；

（二）造成直接经济损失五十万元以上的；

（三）发生矿山生产安全事故，造成直接经济损失一百万元以上的；

（四）其他造成严重后果的情形。

第十一条 【大型群众性活动重大安全事故案（刑法第一百三十五条之一）】举办大型群众性活动违反安全管理规定，涉嫌下列情形之一的，应予立案追诉：

（一）造成死亡一人以上，或者重伤三人以上；

（二）造成直接经济损失五十万元以上的；

（三）其他造成严重后果的情形。

第十二条 【危险物品肇事案（刑法第一百三十六条）】违反爆炸性、易燃性、放射性、毒害性、腐蚀性物品的管理规定，在生产、储存、运输、使用中发生重大事故，涉嫌下列情形之一的，应予立案追诉：

（一）造成死亡一人以上，或者重伤三人以上；

（二）造成直接经济损失五十万元以上的；

（三）其他造成严重后果的情形。

第十三条 【工程重大安全事故案（刑法第一百三十七条）】建设单位、设计单位、施工单位、工程监理单位违反国家规定，降低工程质量标准，涉嫌下列情形之一的，应予立案追诉：

（一）造成死亡一人以上，或者重伤三人以上；

（二）造成直接经济损失五十万元以上的；

（三）其他造成严重后果的情形。

第十四条 【教育设施重大安全事故案（刑法第一百三十八条）】明知校舍或者教育教学设施有危险，而不采取措施或者不及时报告，涉嫌下列情形之一的，应予立案追诉：

（一）造成死亡一人以上、重伤三人以上或者轻伤十人以上的；

（二）其他致使发生重大伤亡事故的情形。

第十五条 【消防责任事故案（刑法第一百三十九条）】违反消防管理法规，经消防监督机构通知采取改正措施而拒绝执行，涉嫌下列情形之一的，应予立案追诉：

（一）造成死亡一人以上，或者重伤三人以上；

（二）造成直接经济损失五十万元以上的；

（三）造成森林火灾；

（四）其他造成严重后果的情形。

第十五条之一 【不报、谎报安全事故案（刑法第一百三十九条之一）】在安全事故发生后，负有报告职责的人员不报或者谎报事故情况，贻误事故抢救，涉嫌下列情形之一的，应予立案追诉：

（一）导致事故后果扩大，增加死亡1人以上，或者增加重伤3人以上，或者增加直接经济损失100万元以上的；

（二）实施下列行为之一，致使不能及时有效开展事故抢救的：

1. 决定不报、迟报、谎报事故情况或者指使、串通有关人员不报、迟报、谎报事故情况的；

2. 在事故抢救期间擅离职守或者逃匿的；

3. 伪造、破坏事故现场，或者转移、藏匿、毁灭遇难人员尸体，或者转移、藏匿受伤人员的；

4. 毁灭、伪造、隐匿与事故有关的图纸、记录、计算机数据等资料以及其他证据的；

（三）其他不报、谎报安全事故情节严重的情形。

本条规定的"负有报告职责的人员"，是指负有组织、指挥或者管理职责的负责人、管理人员、实际控制人、投资人，以及其他负有报告职责的人员。

第六十八条 【非法采矿案（刑法第三百四十三条第一款）】违反矿产资源法的规定，未取得采矿许可证擅自采矿，或者擅自进入国家规划矿区、对国民经济具有重要价值的矿区和他人矿区范围采矿，或者擅自开采国家规定实行保护性开采的特定矿种，涉嫌下列情形之一的，应予立案追诉：

（一）开采的矿产品价值或者造成矿产资源破坏的价值在10万元至30万元以上的；

（二）在国家规划矿区、对国民经济具有重要价值的矿区采矿，开采国家规定实行保护性开采的特定矿种，或者在禁采区、禁采期内采矿，开采的矿产品价值或者造成矿产资源破坏的价值在5万元至15万元以上的；

（三）二年内曾因非法采矿受过两次以上行政处罚，又实施非法采矿行为的；

（四）造成生态环境严重损害的；

（五）其他情节严重的情形。

在河道管理范围内采砂，依据相关规定应当办理河道采砂许可证而未取得河道采砂许可证，或者应当办理河道采砂许可证和采矿许可证，既未取得河道采砂许可证又未取得采矿许可证，具有本条第一款规定的情形之一，或者严重影响河势稳定危害防洪安全的，应予立案追诉。

采挖海砂，未取得海砂开采海域使用权证且未取得采矿许可证，具有本条第一款规定的情形之一，或者造成海岸线严重破坏的，应予立案追诉。

具有下列情形之一的，属于本条规定的"未取得采矿许可证"：

（一）无许可证的；

（二）许可证被注销、吊销、撤销的；

（三）超越许可证规定的矿区范围或者开采范围的；

（四）超出许可证规定的矿种的（共生、伴生矿种除外）；

（五）其他未取得许可证的情形。

多次非法采矿构成犯罪，依法应当追诉的，或者2年内多次非法采矿未经处理的，价值数额累计计算。

非法开采的矿产品价值，根据销赃数额认定；无销赃数额，销赃数额难以查证，或者根据销赃数额认定明显不合理的，根据矿产品价格和数量认定。

矿产品价值难以确定的，依据价格认证机构，省级以上人民政府国土资源、水行政、海洋等主管部门，或者国务院水行政主管部门在国家确定的重要江河、湖泊设立的流域管理机构出具的报告，结合其他证据作出认定。

第六十九条【破坏性采矿案（刑法第三百四十三条第二款）】违反矿产资源法的规定，采取破坏性的开采方法开采矿产资源，造成矿产资源严重破坏，价值在三十万至五十万元以上的，应予立案追诉。

本条规定的"采取破坏性的开采方法开采矿产资源"，是指行为人违反地质矿产主管部门审查批准的矿产资源开发利用方案开采矿产资源，并造成矿产资源严重破坏的行为。

破坏性的开采方法以及造成矿产资源严重破坏的价值数额，由省级以上地质矿产主管部门出具鉴定结论，经查证属实后予以认定。

最高人民法院、最高人民检察院关于办理渎职刑事案件适用法律若干问题的解释（一）（摘录）

（2012年7月9日最高人民法院审判委员会第1552次会议、2012年9月12日最高人民检察院第十一届检察委员会第79次会议通过）

为依法惩治渎职犯罪，根据刑法有关规定，现就办理渎职刑事案件适用法律的若干问题解释如下：

第一条 国家机关工作人员滥用职权或者玩忽职守，具有下列情形之一的，应当认定为刑法第三百九十七条规定的"致使公共财产、国家和人民利益遭受重大损失"：

（一）造成死亡1人以上，或者重伤3人以上，或者轻伤9人以上，或者重伤2人、轻伤3人以上，或者重伤1人、轻伤6人以上的；

（二）造成经济损失30万元以上的；

（三）造成恶劣社会影响的；

（四）其他致使公共财产、国家和人民利益遭受重大损失的情形。

具有下列情形之一的，应当认定为刑法第三百九十七条规定的"情节特别严重"：

（一）造成伤亡达到前款第（一）项规定人数3倍以上的；

（二）造成经济损失150万元以上的；

（三）造成前款规定的损失后果，不报、迟报、谎报或者授意、指使、强令他人不报、迟报、谎报事故情况，致使损失后果持续、扩大或者抢救工作延误的；

（四）造成特别恶劣社会影响的；

（五）其他特别严重的情节。

第二条 国家机关工作人员实施滥用职权或者玩忽职守犯罪行为，触犯刑法分则第九章第三百九十八条至第四百一十九条规定的，依照该规定定罪处罚。

国家机关工作人员滥用职权或者玩忽职守，因不具备徇私舞弊等情形，不符合刑法分则第九章第三百九十八条至第四百一十九条的规定，但依法构成第三百九十七条规定的犯罪的，以滥用职权罪或者玩忽职守罪定罪处罚。

第三条 国家机关工作人员实施渎职犯罪并收受贿赂，同时构成受贿罪的，除刑法另有规定外，以渎职犯罪和受贿罪数罪并罚。

第四条 国家机关工作人员实施渎职行为，放纵他人犯罪或者帮助他人逃避刑事处罚，构成犯罪的，依照渎职罪的规定定罪处罚。

国家机关工作人员与他人共谋，利用其职务行为帮助他人实施其他犯罪行为，同时构成渎职犯罪和共谋实施的其他犯罪共犯的，依照处罚较重的规定定罪处罚。

国家机关工作人员与他人共谋,既利用其职务行为帮助他人实施其他犯罪,又以非职务行为与他人共同实施该其他犯罪行为,同时构成渎职犯罪和其他犯罪的共犯的,依照数罪并罚的规定定罪处罚。

第五条 国家机关负责人员违法决定,或者指使、授意、强令其他国家机关工作人员违法履行职务或者不履行职务,构成刑法分则第九章规定的渎职犯罪的,应当依法追究刑事责任。

以"集体研究"形式实施的渎职犯罪,应当依照刑法分则第九章的规定追究国家机关负有责任的人员的刑事责任。对于具体执行人员,应当在综合认定其行为性质、是否提出反对意见、危害结果大小等情节的基础上决定是否追究刑事责任和应当判处的刑罚。

第六条 以危害结果为条件的渎职犯罪的追诉期限,从危害结果发生之日起计算;有数个危害结果的,从最后一个危害结果发生之日起计算。

第七条 依法或者受委托行使国家行政管理职权的公司、企业、事业单位的工作人员,在行使行政管理职权时滥用职权或者玩忽职守,构成犯罪的,应当依照《全国人民代表大会常务委员会关于〈中华人民共和国刑法〉第九章渎职罪主体适用问题的解释》的规定,适用渎职罪的规定追究刑事责任。

第八条 本解释规定的"经济损失",是指渎职犯罪或者与渎职犯罪相关联的犯罪立案时已经实际造成的财产损失,包括为挽回渎职犯罪所造成损失而支付的各种开支、费用等。立案后至提起公诉前持续发生的经济损失,应一并计入渎职犯罪造成的经济损失。

债务人经法定程序被宣告破产、债务人潜逃、去向不明,或者因行为人的责任超过诉讼时效等,致使债权已经无法实现的,无法实现的债权部分应当认定为渎职犯罪的经济损失。

渎职犯罪或者与渎职犯罪相关联的犯罪立案后,犯罪分子及其亲友自行挽回的经济损失,司法机关或者犯罪分子所在单位及其上级主管部门挽回的经济损失,或者因客观原因减少的经济损失,不予扣减,但可以作为酌定从轻处罚的情节。

第九条 负有监督管理职责的国家机关工作人员滥用职权或者玩忽职守,致使不符合安全标准的食品、有毒有害食品、假药、劣药等流入社会,对人民群众生命、健康造成严重危害后果的,依照渎职罪的规定从严惩处。

第十条 最高人民法院、最高人民检察院此前发布的司法解释与本解释不一致的,以本解释为准。

最高人民检察院关于渎职侵权犯罪案件立案标准的规定(摘录)

(2005年12月29日最高人民检察院第十届检察委员会第四十九次会议通过)

根据《中华人民共和国刑法》《中华人民共和国刑事诉讼法》和国家其他法律的有关规定,对国家机关工作人员渎职和利用职权实施的侵犯公民人身权利、民主权利犯罪案件的立案标准规定如下:

一、渎职犯罪案件

(一)滥用职权案(第三百九十七条)

滥用职权罪是指国家机关工作人员中华人民共和国最高人民检察院发布。

超越职权,违法决定、处理其无权决定、处理的事项,或者违反规定处理公务,致使公共财产、国家和人民利益遭受重大损失的行为。

涉嫌下列情形之一的,应予立案:

1. 造成死亡1人以上,或者重伤2人以上,或者重伤1人、轻伤3人以上,或者轻伤5人以上的;

2. 导致10人以上严重中毒的;

3. 造成个人财产直接经济损失10万元以上,或者直接经济损失不满10万元,但间接经济损失50万元以上的;

4. 造成公共财产或者法人、其他组织财产直接经济损失20万元以上,或者直接经济损失不满20万元,但间接经济损失100万元以上的;

5. 虽未达到3、4两项数额标准,但3、4两项合计直接经济损失20万元以上,或者合计直接经济损失不满20万元,但合计间接经济损失100万元以上的;

6. 造成公司、企业等单位停业、停产6个月以上,或者破产的;

7. 弄虚作假,不报、缓报、谎报或者授意、指使、强令他人不报、缓报、谎报情况,导致重特大事故危害结果继续、扩大,或者致使抢救、调查、处理工作延误的;

8. 严重损害国家声誉,或者造成恶劣社会影响的;

9. 其他致使公共财产、国家和人民利益遭受重大损失的情形。

国家机关工作人员滥用职权，符合刑法第九章所规定的特殊渎职罪构成要件的，按照该特殊规定追究刑事责任；主体不符合刑法第九章所规定的特殊渎职罪的主体要件，但滥用职权涉嫌前款第1项至第9项规定情形之一的，按照刑法第397条的规定以滥用职权罪追究刑事责任。

（二）玩忽职守案（第三百九十七条）

玩忽职守罪是指国家机关工作人员严重不负责任，不履行或者不认真履行职责，致使公共财产、国家和人民利益遭受重大损失的行为。

涉嫌下列情形之一的，应予立案：

1. 造成死亡1人以上，或者重伤3人以上，或者重伤2人、轻伤4人以上，或者重伤1人、轻伤7人以上，或者轻伤10人以上的；

2. 导致20人以上严重中毒的；

3. 造成个人财产直接经济损失15万元以上，或者直接经济损失不满15万元，但间接经济损失75万元以上的；

4. 造成公共财产或者法人、其他组织财产直接经济损失30万元以上，或者直接经济损失不满30万元，但间接经济损失150万元以上的；

5. 虽未达到3、4两项数额标准，但3、4两项合计直接经济损失30万元以上，或者合计直接经济损失不满30万元，但合计间接经济损失150万元以上的；

6. 造成公司、企业等单位停业、停产1年以上，或者破产的；

7. 海关、外汇管理部门的工作人员严重不负责任，造成100万美元以上外汇被骗购或者逃汇1000万美元以上的；

8. 严重损害国家声誉，或者造成恶劣社会影响的；

9. 其他致使公共财产、国家和人民利益遭受重大损失的情形。

国家机关工作人员玩忽职守，符合刑法第九章所规定的特殊渎职罪构成要件的，按照该特殊规定追究刑事责任；主体不符合刑法第九章所规定的特殊渎职罪的主体要件，但玩忽职守涉嫌前款第1项至第9项规定情形之一的，按照刑法第397条的规定以玩忽职守罪追究刑事责任。

（五）徇私枉法案（第三百九十九条第一款）

徇私枉法罪是指司法工作人员徇私枉法、徇情枉法，对明知是无罪的人而使他受追诉、对明知是有罪的人而故意包庇不使他受追诉，或者在刑事审判活动中故意违背事实和法律作枉法裁判的行为。

涉嫌下列情形之一的，应予立案：

1. 对明知是没有犯罪事实或者其他依法不应当追究刑事责任的人，采取伪造、隐匿、毁灭证据或者其他隐瞒事实、违反法律的手段，以追究刑事责任为目的立案、侦查、起诉、审判的；

2. 对明知是有犯罪事实需要追究刑事责任的人，采取伪造、隐匿、毁灭证据或者其他隐瞒事实、违反法律的手段，故意包庇使其不受立案、侦查、起诉、审判的；

3. 采取伪造、隐匿、毁灭证据或者其他隐瞒事实、违反法律的手段，故意使罪重的人受较轻的追诉，或者使罪轻的人受较重的追诉的；

4. 在立案后，采取伪造、隐匿、毁灭证据或者其他隐瞒事实、违反法律的手段，应当采取强制措施而不采取强制措施，或者虽然采取强制措施，但中断侦查或者超过法定期限不采取任何措施，实际放任不管，以及违法撤销、变更强制措施，致使犯罪嫌疑人、被告人实际脱离司法机关侦控的；

5. 在刑事审判活动中故意违背事实和法律，作出枉法判决、裁定，即有罪判无罪、无罪判有罪，或者重罪轻判、轻罪重判的；

6. 其他徇私枉法应予追究刑事责任的情形。

（六）民事、行政枉法裁判案（第三百九十九条第二款）

民事、行政枉法裁判罪是指司法工作人员在民事、行政审判活动中，故意违背事实和法律作枉法裁判，情节严重的行为。

涉嫌下列情形之一的，应予立案：

1. 枉法裁判，致使当事人或者其近亲属自杀、自残造成重伤、死亡，或者精神失常的；

2. 枉法裁判，造成个人财产直接经济损失10万元以上，或者直接经济损失不满10万元，但间接经济损失50万元以上的；

3. 枉法裁判，造成法人或者其他组织财产直接经济损失20万元以上，或者直接经济损失不满20万元，但间接经济损失100万元以上的；

4. 伪造、变造有关材料、证据，制造假案枉法裁判的；

5. 串通当事人制造伪证，毁灭证据或者篡改庭审笔录而枉法裁判的；

6. 徇私情、私利，明知是伪造、变造的证据予以采信，或者故意对应当采信的证据不予采信，或者故意违反法定程序，或者故意错误适用法律而枉法裁判的；

7. 其他情节严重的情形。

三、安全生产法

（一）安全生产综合类

1. 法律法规

中华人民共和国安全生产法

（2002年6月29日第九届全国人民代表大会常务委员会第二十八次会议通过，2002年6月29日中华人民共和国主席令第70号公布　根据2009年8月27日中华人民共和国主席令第18号《全国人民代表大会常务委员会关于修改部分法律的决定》第一次修正　根据2014年8月31日中华人民共和国主席令第13号《全国人民代表大会常务委员会关于修改〈中华人民共和国安全生产法〉的决定》第二次修正　根据2021年6月10日中华人民共和国主席令第88号《全国人民代表大会常务委员会关于修改〈中华人民共和国安全生产法〉的决定》修改）

第一章　总　　则

第一条　为了加强安全生产工作，防止和减少生产安全事故，保障人民群众生命和财产安全，促进经济社会持续健康发展，制定本法。

第二条　在中华人民共和国领域内从事生产经营活动的单位（以下统称生产经营单位）的安全生产，适用本法；有关法律、行政法规对消防安全和道路交通安全、铁路交通安全、水上交通安全、民用航空安全以及核与辐射安全、特种设备安全另有规定的，适用其规定。

第三条　安全生产工作坚持中国共产党的领导。

安全生产工作应当以人为本，坚持人民至上、生命至上，把保护人民生命安全摆在首位，树牢安全发展理念，坚持安全第一、预防为主、综合治理的方针，从源头上防范化解重大安全风险。

安全生产工作实行管行业必须管安全、管业务必须管安全、管生产经营必须管安全，强化和落实生产经营单位主体责任与政府监管责任，建立生产经营单位负责、职工参与、政府监管、行业自律和社会监督的机制。

第四条　生产经营单位必须遵守本法和其他有关安全生产的法律、法规，加强安全生产管理，建立健全全员安全生产责任制和安全生产规章制度，加大对安全生产资金、物资、技术、人员的投入保障力度，改善安全生产条件，加强安全生产标准化、信息化建设，构建安全风险分级管控和隐患排查治理双重预防机制，健全风险防范化解机制，提高安全生产水平，确保安全生产。

平台经济等新兴行业、领域的生产经营单位应当根据本行业、领域的特点，建立健全并落实全员安全生产责任制，加强从业人员安全生产教育和培训，履行本法和其他法律、法规规定的有关安全生产义务。

第五条　生产经营单位的主要负责人是本单位安全生产第一责任人，对本单位的安全生产工作全面负责。其他负责人对职责范围内的安全生产工作负责。

第六条　生产经营单位的从业人员有依法获得安全生产保障的权利，并应当依法履行安全生产方面的义务。

第七条　工会依法对安全生产工作进行监督。

生产经营单位的工会依法组织职工参加本单位安全生产工作的民主管理和民主监督，维护职工在安全生产方面的合法权益。生产经营单位制定或者修改有关安全生产的规章制度，应当听取工会的意见。

第八条　国务院和县级以上地方各级人民政府应当根据国民经济和社会发展规划制定安全生产规划，并组织实施。安全生产规划应当与国土空间规划等相关规划相衔接。

各级人民政府应当加强安全生产基础设施建设和安全生产监管能力建设，所需经费列入本级预算。

县级以上地方各级人民政府应当组织有关部门建

立完善安全风险评估与论证机制，按照安全风险管控要求，进行产业规划和空间布局，并对位置相邻、行业相近、业态相似的生产经营单位实施重大安全风险联防联控。

第九条　国务院和县级以上地方各级人民政府应当加强对安全生产工作的领导，建立健全安全生产工作协调机制，支持、督促各有关部门依法履行安全生产监督管理职责，及时协调、解决安全生产监督管理中存在的重大问题。

乡镇人民政府和街道办事处，以及开发区、工业园区、港区、风景区等应当明确负责安全生产监督管理的有关工作机构及其职责，加强安全生产监管力量建设，按照职责对本行政区域或者管理区域内生产经营单位安全生产状况进行监督检查，协助人民政府有关部门或者按照授权依法履行安全生产监督管理职责。

第十条　国务院应急管理部门依照本法，对全国安全生产工作实施综合监督管理；县级以上地方各级人民政府应急管理部门依照本法，对本行政区域内安全生产工作实施综合监督管理。

国务院交通运输、住房和城乡建设、水利、民航等有关部门依照本法和其他有关法律、行政法规的规定，在各自的职责范围内对有关行业、领域的安全生产工作实施监督管理；县级以上地方各级人民政府有关部门依照本法和其他有关法律、法规的规定，在各自的职责范围内对有关行业、领域的安全生产工作实施监督管理。对新兴行业、领域的安全生产监督管理职责不明确的，由县级以上地方各级人民政府按照业务相近的原则确定监督管理部门。

应急管理部门和对有关行业、领域的安全生产工作实施监督管理的部门，统称负有安全生产监督管理职责的部门。负有安全生产监督管理职责的部门应当相互配合、齐抓共管、信息共享、资源共用，依法加强安全生产监督管理工作。

第十一条　国务院有关部门应当按照保障安全生产的要求，依法及时制定有关的国家标准或者行业标准，并根据科技进步和经济发展适时修订。

生产经营单位必须执行依法制定的保障安全生产的国家标准或者行业标准。

第十二条　国务院有关部门按照职责分工负责安全生产强制性国家标准的项目提出、组织起草、征求意见、技术审查。国务院应急管理部门统筹提出安全生产强制性国家标准的立项计划。国务院标准化行政主管部门负责安全生产强制性国家标准的立项、编号、对外通报和授权批准发布工作。国务院标准化行政主管部门、有关部门依据法定职责对安全生产强制性国家标准的实施进行监督检查。

第十三条　各级人民政府及其有关部门应当采取多种形式，加强对有关安全生产的法律、法规和安全生产知识的宣传，增强全社会的安全生产意识。

第十四条　有关协会组织依照法律、行政法规和章程，为生产经营单位提供安全生产方面的信息、培训等服务，发挥自律作用，促进生产经营单位加强安全生产管理。

第十五条　依法设立的为安全生产提供技术、管理服务的机构，依照法律、行政法规和执业准则，接受生产经营单位的委托为其安全生产工作提供技术、管理服务。

生产经营单位委托前款规定的机构提供安全生产技术、管理服务的，保证安全生产的责任仍由本单位负责。

第十六条　国家实行生产安全事故责任追究制度，依照本法和有关法律、法规的规定，追究生产安全事故责任单位和责任人员的法律责任。

第十七条　县级以上各级人民政府应当组织负有安全生产监督管理职责的部门依法编制安全生产权力和责任清单，公开并接受社会监督。

第十八条　国家鼓励和支持安全生产科学技术研究和安全生产先进技术的推广应用，提高安全生产水平。

第十九条　国家对在改善安全生产条件、防止生产安全事故、参加抢险救护等方面取得显著成绩的单位和个人，给予奖励。

第二章　生产经营单位的安全生产保障

第二十条　生产经营单位应当具备本法和有关法律、行政法规和国家标准或者行业标准规定的安全生产条件；不具备安全生产条件的，不得从事生产经营活动。

第二十一条　生产经营单位的主要负责人对本单位安全生产工作负有下列职责：

（一）建立健全并落实本单位全员安全生产责任制，加强安全生产标准化建设；

（二）组织制定并实施本单位安全生产规章制度和操作规程；

（三）组织制定并实施本单位安全生产教育和培训计划；

（四）保证本单位安全生产投入的有效实施；

（五）组织建立并落实安全风险分级管控和隐患排查治理双重预防工作机制，督促、检查本单位的安全生产工作，及时消除生产安全事故隐患；

（六）组织制定并实施本单位的生产安全事故应急救援预案；

（七）及时、如实报告生产安全事故。

第二十二条 生产经营单位的全员安全生产责任制应当明确各岗位的责任人员、责任范围和考核标准等内容。

生产经营单位应当建立相应的机制，加强对全员安全生产责任制落实情况的监督考核，保证全员安全生产责任制的落实。

第二十三条 生产经营单位应当具备的安全生产条件所必需的资金投入，由生产经营单位的决策机构、主要负责人或者个人经营的投资人予以保证，并对由于安全生产所必需的资金投入不足导致的后果承担责任。

有关生产经营单位应当按照规定提取和使用安全生产费用，专门用于改善安全生产条件。安全生产费用在成本中据实列支。安全生产费用提取、使用和监督管理的具体办法由国务院财政部门会同国务院应急管理部门征求国务院有关部门意见后制定。

第二十四条 矿山、金属冶炼、建筑施工、运输单位和危险物品的生产、经营、储存、装卸单位，应当设置安全生产管理机构或者配备专职安全生产管理人员。

前款规定以外的其他生产经营单位，从业人员超过一百人的，应当设置安全生产管理机构或者配备专职安全生产管理人员；从业人员在一百人以下的，应当配备专职或者兼职的安全生产管理人员。

第二十五条 生产经营单位的安全生产管理机构以及安全生产管理人员履行下列职责：

（一）组织或者参与拟订本单位安全生产规章制度、操作规程和生产安全事故应急救援预案；

（二）组织或者参与本单位安全生产教育和培训，如实记录安全生产教育和培训情况；

（三）组织开展危险源辨识和评估，督促落实本单位重大危险源的安全管理措施；

（四）组织或者参与本单位应急救援演练；

（五）检查本单位的安全生产状况，及时排查生产安全事故隐患，提出改进安全生产管理的建议；

（六）制止和纠正违章指挥、强令冒险作业、违反操作规程的行为；

（七）督促落实本单位安全生产整改措施。

生产经营单位可以设置专职安全生产分管负责人，协助本单位主要负责人履行安全生产管理职责。

第二十六条 生产经营单位的安全生产管理机构以及安全生产管理人员应当恪尽职守，依法履行职责。

生产经营单位作出涉及安全生产的经营决策，应当听取安全生产管理机构以及安全生产管理人员的意见。

生产经营单位不得因安全生产管理人员依法履行职责而降低其工资、福利等待遇或者解除与其订立的劳动合同。

危险物品的生产、储存单位以及矿山、金属冶炼单位的安全生产管理人员的任免，应当告知主管的负有安全生产监督管理职责的部门。

第二十七条 生产经营单位的主要负责人和安全生产管理人员必须具备与本单位所从事的生产经营活动相应的安全生产知识和管理能力。

危险物品的生产、经营、储存、装卸单位以及矿山、金属冶炼、建筑施工、运输单位的主要负责人和安全生产管理人员，应当由主管的负有安全生产监督管理职责的部门对其安全生产知识和管理能力考核合格。考核不得收费。

危险物品的生产、储存、装卸单位以及矿山、金属冶炼单位应当有注册安全工程师从事安全生产管理工作。鼓励其他生产经营单位聘用注册安全工程师从事安全生产管理工作。注册安全工程师按专业分类管理，具体办法由国务院人力资源和社会保障部门、国务院应急管理部门会同国务院有关部门制定。

第二十八条 生产经营单位应当对从业人员进行安全生产教育和培训，保证从业人员具备必要的安全生产知识，熟悉有关的安全生产规章制度和安全操作规程，掌握本岗位的安全操作技能，了解事故应急处理措施，知悉自身在安全生产方面的权利和义务。未经安全生产教育和培训合格的从业人员，不得上岗作业。

生产经营单位使用被派遣劳动者的，应当将被派遣劳动者纳入本单位从业人员统一管理，对被派遣劳动者进行岗位安全操作规程和安全操作技能的教育和培训。劳务派遣单位应当对被派遣劳动者进行必要的安全生产教育和培训。

生产经营单位接收中等职业学校、高等学校学生实习的，应当对实习学生进行相应的安全生产教育和培训，提供必要的劳动防护用品。学校应当协助生产经营单位对实习学生进行安全生产教育和培训。

生产经营单位应当建立安全生产教育和培训档案，如实记录安全生产教育和培训的时间、内容、参加人员以及考核结果等情况。

第二十九条 生产经营单位采用新工艺、新技术、新材料或者使用新设备，必须了解、掌握其安全技术特性，采取有效的安全防护措施，并对从业人员进行专门的安全生产教育和培训。

第三十条　生产经营单位的特种作业人员必须按照国家有关规定经专门的安全作业培训，取得相应资格，方可上岗作业。

特种作业人员的范围由国务院应急管理部门会同国务院有关部门确定。

第三十一条　生产经营单位新建、改建、扩建工程项目（以下统称建设项目）的安全设施，必须与主体工程同时设计、同时施工、同时投入生产和使用。安全设施投资应当纳入建设项目概算。

第三十二条　矿山、金属冶炼建设项目和用于生产、储存、装卸危险物品的建设项目，应当按照国家有关规定进行安全评价。

第三十三条　建设项目安全设施的设计人、设计单位应当对安全设施设计负责。

矿山、金属冶炼建设项目和用于生产、储存、装卸危险物品的建设项目的安全设施设计应当按照国家有关规定报经有关部门审查，审查部门及其负责审查的人员对审查结果负责。

第三十四条　矿山、金属冶炼建设项目和用于生产、储存、装卸危险物品的建设项目的施工单位必须按照批准的安全设施设计施工，并对安全设施的工程质量负责。

矿山、金属冶炼建设项目和用于生产、储存、装卸危险物品的建设项目竣工投入生产或者使用前，应当由建设单位负责组织对安全设施进行验收；验收合格后，方可投入生产和使用。负有安全生产监督管理职责的部门应当加强对建设单位验收活动和验收结果的监督核查。

第三十五条　生产经营单位应当在有较大危险因素的生产经营场所和有关设施、设备上，设置明显的安全警示标志。

第三十六条　安全设备的设计、制造、安装、使用、检测、维修、改造和报废，应当符合国家标准或者行业标准。

生产经营单位必须对安全设备进行经常性维护、保养，并定期检测，保证正常运转。维护、保养、检测应当作好记录，并由有关人员签字。

生产经营单位不得关闭、破坏直接关系生产安全的监控、报警、防护、救生设备、设施，或者篡改、隐瞒、销毁其相关数据、信息。

餐饮等行业的生产经营单位使用燃气的，应当安装可燃气体报警装置，并保障其正常使用。

第三十七条　生产经营单位使用的危险物品的容器、运输工具，以及涉及人身安全、危险性较大的海洋石油开采特种设备和矿山井下特种设备，必须按照国家有关规定，由专业生产单位生产，并经具有专业资质的检测、检验机构检测、检验合格，取得安全使用证或者安全标志，方可投入使用。检测、检验机构对检测、检验结果负责。

第三十八条　国家对严重危及生产安全的工艺、设备实行淘汰制度，具体目录由国务院应急管理部门会同国务院有关部门制定并公布。法律、行政法规对目录的制定另有规定的，适用其规定。

省、自治区、直辖市人民政府可以根据本地区实际情况制定并公布具体目录，对前款规定以外的危及生产安全的工艺、设备予以淘汰。

生产经营单位不得使用应当淘汰的危及生产安全的工艺、设备。

第三十九条　生产、经营、运输、储存、使用危险物品或者处置废弃危险物品的，由有关主管部门依照有关法律、法规的规定和国家标准或者行业标准审批并实施监督管理。

生产经营单位生产、经营、运输、储存、使用危险物品或者处置废弃危险物品，必须执行有关法律、法规和国家标准或者行业标准，建立专门的安全管理制度，采取可靠的安全措施，接受有关主管部门依法实施的监督管理。

第四十条　生产经营单位对重大危险源应当登记建档，进行定期检测、评估、监控，并制定应急预案，告知从业人员和相关人员在紧急情况下应当采取的应急措施。

生产经营单位应当按照国家有关规定将本单位重大危险源及有关安全措施、应急措施报有关地方人民政府应急管理部门和有关部门备案。有关地方人民政府应急管理部门和有关部门应当通过相关信息系统实现信息共享。

第四十一条　生产经营单位应当建立安全风险分级管控制度，按照安全风险分级采取相应的管控措施。

生产经营单位应当建立健全并落实生产安全事故隐患排查治理制度，采取技术、管理措施，及时发现并消除事故隐患。事故隐患排查治理情况应当如实记录，并通过职工大会或者职工代表大会、信息公示栏等方式向从业人员通报。其中，重大事故隐患排查治理情况应当及时向负有安全生产监督管理职责的部门和职工大会或者职工代表大会报告。

县级以上地方各级人民政府负有安全生产监督管

理职责的部门应当将重大事故隐患纳入相关信息系统，建立健全重大事故隐患治理督办制度，督促生产经营单位消除重大事故隐患。

第四十二条 生产、经营、储存、使用危险物品的车间、商店、仓库不得与员工宿舍在同一座建筑物内，并应当与员工宿舍保持安全距离。

生产经营场所和员工宿舍应当设有符合紧急疏散要求、标志明显、保持畅通的出口、疏散通道。禁止占用、锁闭、封堵生产经营场所或者员工宿舍的出口、疏散通道。

第四十三条 生产经营单位进行爆破、吊装、动火、临时用电以及国务院应急管理部门会同国务院有关部门规定的其他危险作业，应当安排专门人员进行现场安全管理，确保操作规程的遵守和安全措施的落实。

第四十四条 生产经营单位应当教育和督促从业人员严格执行本单位的安全生产规章制度和安全操作规程；并向从业人员如实告知作业场所和工作岗位存在的危险因素、防范措施以及事故应急措施。

生产经营单位应当关注从业人员的身体、心理状况和行为习惯，加强对从业人员的心理疏导、精神慰藉，严格落实岗位安全生产责任，防范从业人员行为异常导致事故发生。

第四十五条 生产经营单位必须为从业人员提供符合国家标准或者行业标准的劳动防护用品，并监督、教育从业人员按照使用规则佩戴、使用。

第四十六条 生产经营单位的安全生产管理人员应当根据本单位的生产经营特点，对安全生产状况进行经常性检查；对检查中发现的安全问题，应当立即处理；不能处理的，应当及时报告本单位有关负责人，有关负责人应当及时处理。检查及处理情况应当如实记录在案。

生产经营单位的安全生产管理人员在检查中发现重大事故隐患，依照前款规定向本单位有关负责人报告，有关负责人不及时处理的，安全生产管理人员可以向主管的负有安全生产监督管理职责的部门报告，接到报告的部门应当依法及时处理。

第四十七条 生产经营单位应当安排用于配备劳动防护用品、进行安全生产培训的经费。

第四十八条 两个以上生产经营单位在同一作业区域内进行生产经营活动，可能危及对方生产安全的，应当签订安全生产管理协议，明确各自的安全生产管理职责和应当采取的安全措施，并指定专职安全生产管理人员进行安全检查与协调。

第四十九条 生产经营单位不得将生产经营项目、场所、设备发包或者出租给不具备安全生产条件或者相应资质的单位或者个人。

生产经营项目、场所发包或者出租给其他单位的，生产经营单位应当与承包单位、承租单位签订专门的安全生产管理协议，或者在承包合同、租赁合同中约定各自的安全生产管理职责；生产经营单位对承包单位、承租单位的安全生产工作统一协调、管理，定期进行安全检查，发现安全问题的，应当及时督促整改。

矿山、金属冶炼建设项目和用于生产、储存、装卸危险物品的建设项目施工单位应当加强对施工项目的安全管理，不得倒卖、出租、出借、挂靠或者以其他形式非法转让施工资质，不得将其承包的全部建设工程转包给第三人或者将其承包的全部建设工程支解以后以分包的名义分别转包给第三人，不得将工程分包给不具备相应资质条件的单位。

第五十条 生产经营单位发生生产安全事故时，单位的主要负责人应当立即组织抢救，并不得在事故调查处理期间擅离职守。

第五十一条 生产经营单位必须依法参加工伤保险，为从业人员缴纳保险费。

国家鼓励生产经营单位投保安全生产责任保险；属于国家规定的高危行业、领域的生产经营单位，应当投保安全生产责任保险。具体范围和实施办法由国务院应急管理部门会同国务院财政部门、国务院保险监督管理机构和相关行业主管部门制定。

第三章 从业人员的安全生产权利义务

第五十二条 生产经营单位与从业人员订立的劳动合同，应当载明有关保障从业人员劳动安全、防止职业危害的事项，以及依法为从业人员办理工伤保险的事项。

生产经营单位不得以任何形式与从业人员订立协议，免除或者减轻其对从业人员因生产安全事故伤亡依法应承担的责任。

第五十三条 生产经营单位的从业人员有权了解其作业场所和工作岗位存在的危险因素、防范措施及事故应急措施，有权对本单位的安全生产工作提出建议。

第五十四条 从业人员有权对本单位安全生产工作中存在的问题提出批评、检举、控告；有权拒绝违章指挥和强令冒险作业。

生产经营单位不得因从业人员对本单位安全生产工作提出批评、检举、控告或者拒绝违章指挥、强令冒险作业而降低其工资、福利等待遇或者解除与其订立的劳动合同。

第五十五条 从业人员发现直接危及人身安全的紧急情况时，有权停止作业或者在采取可能的应急措施后撤离作业场所。

生产经营单位不得因从业人员在前款紧急情况下停止作业或者采取紧急撤离措施而降低其工资、福利等待遇或者解除与其订立的劳动合同。

第五十六条 生产经营单位发生生产安全事故后，应当及时采取措施救治有关人员。

因生产安全事故受到损害的从业人员，除依法享有工伤保险外，依照有关民事法律尚有获得赔偿的权利的，有权提出赔偿要求。

第五十七条 从业人员在作业过程中，应当严格落实岗位安全责任，遵守本单位的安全生产规章制度和操作规程，服从管理，正确佩戴和使用劳动防护用品。

第五十八条 从业人员应当接受安全生产教育和培训，掌握本职工作所需的安全生产知识，提高安全生产技能，增强事故预防和应急处理能力。

第五十九条 从业人员发现事故隐患或者其他不安全因素，应当立即向现场安全生产管理人员或者本单位负责人报告；接到报告的人员应当及时予以处理。

第六十条 工会有权对建设项目的安全设施与主体工程同时设计、同时施工、同时投入生产和使用进行监督，提出意见。

工会对生产经营单位违反安全生产法律、法规，侵犯从业人员合法权益的行为，有权要求纠正；发现生产经营单位违章指挥、强令冒险作业或者发现事故隐患时，有权提出解决的建议，生产经营单位应当及时研究答复；发现危及从业人员生命安全的情况时，有权向生产经营单位建议组织从业人员撤离危险场所，生产经营单位必须立即作出处理。

工会有权依法参加事故调查，向有关部门提出处理意见，并要求追究有关人员的责任。

第六十一条 生产经营单位使用被派遣劳动者的，被派遣劳动者享有本法规定的从业人员的权利，并应当履行本法规定的从业人员的义务。

第四章 安全生产的监督管理

第六十二条 县级以上地方各级人民政府应当根据本行政区域内的安全生产状况，组织有关部门按照职责分工，对本行政区域内容易发生重大生产安全事故的生产经营单位进行严格检查。

应急管理部门应当按照分类分级监督管理的要求，制定安全生产年度监督检查计划，并按照年度监督检查计划进行监督检查，发现事故隐患，应当及时处理。

第六十三条 负有安全生产监督管理职责的部门依照有关法律、法规的规定，对涉及安全生产的事项需要审查批准（包括批准、核准、许可、注册、认证、颁发证照等，下同）或者验收的，必须严格依照有关法律、法规和国家标准或者行业标准规定的安全生产条件和程序进行审查；不符合有关法律、法规和国家标准或者行业标准规定的安全生产条件的，不得批准或者验收通过。对未依法取得批准或者验收合格的单位擅自从事有关活动的，负责行政审批的部门发现或者接到举报后应当立即予以取缔，并依法予以处理。对已经依法取得批准的单位，负责行政审批的部门发现其不再具备安全生产条件的，应当撤销原批准。

第六十四条 负有安全生产监督管理职责的部门对涉及安全生产的事项进行审查、验收，不得收取费用；不得要求接受审查、验收的单位购买其指定品牌或者指定生产、销售单位的安全设备、器材或者其他产品。

第六十五条 应急管理部门和其他负有安全生产监督管理职责的部门依法开展安全生产行政执法工作，对生产经营单位执行有关安全生产的法律、法规和国家标准或者行业标准的情况进行监督检查，行使以下职权：

（一）进入生产经营单位进行检查，调阅有关资料，向有关单位和人员了解情况；

（二）对检查中发现的安全生产违法行为，当场予以纠正或者要求限期改正；对依法应当给予行政处罚的行为，依照本法和其他有关法律、行政法规的规定作出行政处罚决定；

（三）对检查中发现的事故隐患，应当责令立即排除；重大事故隐患排除前或者排除过程中无法保证安全的，应当责令从危险区域内撤出作业人员，责令暂时停产停业或者停止使用相关设施、设备；重大事故隐患排除后，经审查同意，方可恢复生产经营和使用；

（四）对有根据认为不符合保障安全生产的国家标准或者行业标准的设施、设备、器材以及违法生产、储存、使用、经营、运输的危险物品予以查封或者扣押，对违法生产、储存、使用、经营危险物品的作业场所予以查封，并依法作出处理决定。

监督检查不得影响被检查单位的正常生产经营活动。

第六十六条 生产经营单位对负有安全生产监督管理职责的部门的监督检查人员（以下统称安全生产监督检查人员）依法履行监督检查职责，应当予以配合，不得拒绝、阻挠。

第六十七条 安全生产监督检查人员应当忠于职守，坚持原则，秉公执法。

安全生产监督检查人员执行监督检查任务时，必须出示有效的行政执法证件；对涉及被检查单位的技术秘密和业务秘密，应当为其保密。

第六十八条 安全生产监督检查人员应当将检查的时间、地点、内容、发现的问题及其处理情况，作出书面记录，并由检查人员和被检查单位的负责人签字；被检查单位的负责人拒绝签字的，检查人员应当将情况记录在案，并向负有安全生产监督管理职责的部门报告。

第六十九条 负有安全生产监督管理职责的部门在监督检查中，应当互相配合，实行联合检查；确需分别进行检查的，应当互通情况，发现存在的安全问题应当由其他有关部门进行处理的，应当及时移送其他有关部门并形成记录备查，接受移送的部门应当及时进行处理。

第七十条 负有安全生产监督管理职责的部门依法对存在重大事故隐患的生产经营单位作出停产停业、停止施工、停止使用相关设施或者设备的决定，生产经营单位应当依法执行，及时消除事故隐患。生产经营单位拒不执行，有发生生产安全事故的现实危险的，在保证安全的前提下，经本部门主要负责人批准，负有安全生产监督管理职责的部门可以采取通知有关单位停止供电、停止供应民用爆炸物品等措施，强制生产经营单位履行决定。通知应当采用书面形式，有关单位应当予以配合。

负有安全生产监督管理职责的部门依照前款规定采取停止供电措施，除有危及生产安全的紧急情形外，应当提前二十四小时通知生产经营单位。生产经营单位依法履行行政决定、采取相应措施消除事故隐患的，负有安全生产监督管理职责的部门应当及时解除前款规定的措施。

第七十一条 监察机关依照监察法的规定，对负有安全生产监督管理职责的部门及其工作人员履行安全生产监督管理职责实施监察。

第七十二条 承担安全评价、认证、检测、检验职责的机构应当具备国家规定的资质条件，并对其作出的安全评价、认证、检测、检验结果的合法性、真实性负责。资质条件由国务院应急管理部门会同国务院有关部门制定。

承担安全评价、认证、检测、检验职责的机构应当建立并实施服务公开和报告公开制度，不得租借资质、挂靠、出具虚假报告。

第七十三条 负有安全生产监督管理职责的部门应当建立举报制度，公开举报电话、信箱或者电子邮件地址等网络举报平台，受理有关安全生产的举报；受理的举报事项经调查核实后，应当形成书面材料；需要落实整改措施的，报经有关负责人签字并督促落实。对不属于本部门职责，需要由其他有关部门进行调查处理的，转交其他有关部门处理。

涉及人员死亡的举报事项，应当由县级以上人民政府组织核查处理。

第七十四条 任何单位或者个人对事故隐患或者安全生产违法行为，均有权向负有安全生产监督管理职责的部门报告或者举报。

因安全生产违法行为造成重大事故隐患或者导致重大事故，致使国家利益或者社会公共利益受到侵害的，人民检察院可以根据民事诉讼法、行政诉讼法的相关规定提起公益诉讼。

第七十五条 居民委员会、村民委员会发现其所在区域内的生产经营单位存在事故隐患或者安全生产违法行为时，应当向当地人民政府或者有关部门报告。

第七十六条 县级以上各级人民政府及其有关部门对报告重大事故隐患或者举报安全生产违法行为的有功人员，给予奖励。具体奖励办法由国务院应急管理部门会同国务院财政部门制定。

第七十七条 新闻、出版、广播、电影、电视等单位有进行安全生产公益宣传教育的义务，有对违反安全生产法律、法规的行为进行舆论监督的权利。

第七十八条 负有安全生产监督管理职责的部门应当建立安全生产违法行为信息库，如实记录生产经营单位及其有关从业人员的安全生产违法行为信息；对违法行为情节严重的生产经营单位及其有关从业人员，应当及时向社会公告，并通报行业主管部门、投资主管部门、自然资源主管部门、生态环境主管部门、证券监督管理机构以及有关金融机构。有关部门和机构应当对存在失信行为的生产经营单位及其有关从业人员采取加大执法检查频次、暂停项目审批、上调有关保险费率、行业或者职业禁入等联合惩戒措施，并向社会公示。

负有安全生产监督管理职责的部门应当加强对生产经营单位行政处罚信息的及时归集、共享、应用和公开，对生产经营单位作出处罚决定后七个工作日内在监管部门公示系统予以公开曝光，强化对违法失信生产经营单位及其有关从业人员的社会监督，提高全社会安全生产诚信水平。

第五章 生产安全事故的应急救援与调查处理

第七十九条 国家加强生产安全事故应急能力建设，在重点行业、领域建立应急救援基地和应急救援队伍，并由国家安全生产应急救援机构统一协调指挥；鼓励生产经营单位和其他社会力量建立应急救援队伍，配备相应的应急救援装备和物资，提高应急救援的专业化水平。

国务院应急管理部门牵头建立全国统一的生产安全事故应急救援信息系统，国务院交通运输、住房和城乡建设、水利、民航等有关部门和县级以上地方人民政府建立健全相关行业、领域、地区的生产安全事故应急救援信息系统，实现互联互通、信息共享，通过推行网上安全信息采集、安全监管和监测预警，提升监管的精准化、智能化水平。

第八十条 县级以上地方各级人民政府应当组织有关部门制定本行政区域内生产安全事故应急救援预案，建立应急救援体系。

乡镇人民政府和街道办事处，以及开发区、工业园区、港区、风景区等应当制定相应的生产安全事故应急救援预案，协助人民政府有关部门或者按照授权依法履行生产安全事故应急救援工作职责。

第八十一条 生产经营单位应当制定本单位生产安全事故应急救援预案，与所在地县级以上地方人民政府组织制定的生产安全事故应急救援预案相衔接，并定期组织演练。

第八十二条 危险物品的生产、经营、储存单位以及矿山、金属冶炼、城市轨道交通运营、建筑施工单位应当建立应急救援组织；生产经营规模较小的，可以不建立应急救援组织，但应当指定兼职的应急救援人员。

危险物品的生产、经营、储存、运输单位以及矿山、金属冶炼、城市轨道交通运营、建筑施工单位应当配备必要的应急救援器材、设备和物资，并进行经常性维护、保养，保证正常运转。

第八十三条 生产经营单位发生生产安全事故后，事故现场有关人员应当立即报告本单位负责人。

单位负责人接到事故报告后，应当迅速采取有效措施，组织抢救，防止事故扩大，减少人员伤亡和财产损失，并按照国家有关规定立即如实报告当地负有安全生产监督管理职责的部门，不得隐瞒不报、谎报或者迟报，不得故意破坏事故现场、毁灭有关证据。

第八十四条 负有安全生产监督管理职责的部门接到事故报告后，应当立即按照国家有关规定上报事故情况。负有安全生产监督管理职责的部门和有关地方人民政府对事故情况不得隐瞒不报、谎报或者迟报。

第八十五条 有关地方人民政府和负有安全生产监督管理职责的部门的负责人接到生产安全事故报告后，应当按照生产安全事故应急救援预案的要求立即赶到事故现场，组织事故抢救。

参与事故抢救的部门和单位应当服从统一指挥，加强协同联动，采取有效的应急救援措施，并根据事故救援的需要采取警戒、疏散等措施，防止事故扩大和次生灾害的发生，减少人员伤亡和财产损失。

事故抢救过程中应当采取必要措施，避免或者减少对环境造成的危害。

任何单位和个人都应当支持、配合事故抢救，并提供一切便利条件。

第八十六条 事故调查处理应当按照科学严谨、依法依规、实事求是、注重实效的原则，及时、准确地查清事故原因，查明事故性质和责任，评估应急处置工作，总结事故教训，提出整改措施，并对事故责任单位和人员提出处理建议。事故调查报告应当依法及时向社会公布。事故调查和处理的具体办法由国务院制定。

事故发生单位应当及时全面落实整改措施，负有安全生产监督管理职责的部门应当加强监督检查。

负责事故调查处理的国务院有关部门和地方人民政府应当在批复事故调查报告后一年内，组织有关部门对事故整改和防范措施落实情况进行评估，并及时向社会公开评估结果；对不履行职责导致事故整改和防范措施没有落实的有关单位和人员，应当按照有关规定追究责任。

第八十七条 生产经营单位发生生产安全事故，经调查确定为责任事故的，除了应当查明事故单位的责任并依法予以追究外，还应当查明对安全生产的有关事项负有审查批准和监督职责的行政部门的责任，对有失职、渎职行为的，依照本法第九十条的规定追究法律责任。

第八十八条 任何单位和个人不得阻挠和干涉对事故的依法调查处理。

第八十九条 县级以上地方各级人民政府应急管理部门应当定期统计分析本行政区域内发生生产安全事故的情况，并定期向社会公布。

第六章　法律责任

第九十条　负有安全生产监督管理职责的部门的工作人员，有下列行为之一的，给予降级或者撤职的处分；构成犯罪的，依照刑法有关规定追究刑事责任：

（一）对不符合法定安全生产条件的涉及安全生产的事项予以批准或者验收通过的；

（二）发现未依法取得批准、验收的单位擅自从事有关活动或者接到举报后不予取缔或者不依法予以处理的；

（三）对已经依法取得批准的单位不履行监督管理职责，发现其不再具备安全生产条件而不撤销原批准或者发现安全生产违法行为不予查处的；

（四）在监督检查中发现重大事故隐患，不依法及时处理的。

负有安全生产监督管理职责的部门的工作人员有前款规定以外的滥用职权、玩忽职守、徇私舞弊行为的，依法给予处分；构成犯罪的，依照刑法有关规定追究刑事责任。

第九十一条　负有安全生产监督管理职责的部门，要求被审查、验收的单位购买其指定的安全设备、器材或者其他产品的，在对安全生产事项的审查、验收中收取费用的，由其上级机关责令改正，责令退还收取的费用；情节严重的，对直接负责的主管人员和其他直接责任人员依法给予处分。

第九十二条　承担安全评价、认证、检测、检验职责的机构出具失实报告的，责令停业整顿，并处三万元以上十万元以下的罚款；给他人造成损害的，依法承担赔偿责任。

承担安全评价、认证、检测、检验职责的机构租借资质、挂靠、出具虚假报告的，没收违法所得；违法所得在十万元以上的，并处违法所得二倍以上五倍以下的罚款；没有违法所得或者违法所得不足十万元的，单处或者并处十万元以上二十万元以下的罚款；对其直接负责的主管人员和其他直接责任人员处五万元以上十万元以下的罚款；给他人造成损害的，与生产经营单位承担连带赔偿责任；构成犯罪的，依照刑法有关规定追究刑事责任。

对有前款违法行为的机构及其直接责任人员，吊销其相应资质和资格，五年内不得从事安全评价、认证、检测、检验等工作，情节严重的，实行终身行业和职业禁入。

第九十三条　生产经营单位的决策机构、主要负责人或者个人经营的投资人不依照本法规定保证安全生产所必需的资金投入，致使生产经营单位不具备安全生产条件的，责令限期改正，提供必需的资金；逾期未改正的，责令生产经营单位停产停业整顿。

有前款违法行为，导致发生生产安全事故的，对生产经营单位的主要负责人给予撤职处分，对个人经营的投资人处二万元以上二十万元以下的罚款；构成犯罪的，依照刑法有关规定追究刑事责任。

第九十四条　生产经营单位的主要负责人未履行本法规定的安全生产管理职责的，责令限期改正，处二万元以上五万元以下的罚款；逾期未改正的，处五万元以上十万元以下的罚款，责令生产经营单位停产停业整顿。

生产经营单位的主要负责人有前款违法行为，导致发生生产安全事故的，给予撤职处分；构成犯罪的，依照刑法有关规定追究刑事责任。

生产经营单位的主要负责人依照前款规定受刑事处罚或者撤职处分的，自刑罚执行完毕或者受处分之日起，五年内不得担任任何生产经营单位的主要负责人；对重大、特别重大生产安全事故负有责任的，终身不得担任本行业生产经营单位的主要负责人。

第九十五条　生产经营单位的主要负责人未履行本法规定的安全生产管理职责，导致发生生产安全事故的，由应急管理部门依照下列规定处以罚款：

（一）发生一般事故的，处上一年年收入百分之四十的罚款；

（二）发生较大事故的，处上一年年收入百分之六十的罚款；

（三）发生重大事故的，处上一年年收入百分之八十的罚款；

（四）发生特别重大事故的，处上一年年收入百分之一百的罚款。

第九十六条　生产经营单位的其他负责人和安全生产管理人员未履行本法规定的安全生产管理职责的，责令限期改正，处一万元以上三万元以下的罚款；导致发生生产安全事故的，暂停或者吊销其与安全生产有关的资格，并处上一年年收入百分之二十以上百分之五十以下的罚款；构成犯罪的，依照刑法有关规定追究刑事责任。

第九十七条　生产经营单位有下列行为之一的，责令限期改正，处十万元以下的罚款；逾期未改正的，责令停产停业整顿，并处十万元以上二十万元以下的罚款，对其直接负责的主管人员和其他直接责任人员处二万元以上五万元以下的罚款：

（一）未按照规定设置安全生产管理机构或者配备安全生产管理人员、注册安全工程师的；

（二）危险物品的生产、经营、储存、装卸单位以及矿山、金属冶炼、建筑施工、运输单位的主要负责人和安全生产管理人员未按照规定经考核合格的；

（三）未按照规定对从业人员、被派遣劳动者、实习学生进行安全生产教育和培训，或者未按照规定如实告知有关的安全生产事项的；

（四）未如实记录安全生产教育和培训情况的；

（五）未将事故隐患排查治理情况如实记录或者未向从业人员通报的；

（六）未按照规定制定生产安全事故应急救援预案或者未定期组织演练的；

（七）特种作业人员未按照规定经专门的安全作业培训并取得相应资格，上岗作业的。

第九十八条 生产经营单位有下列行为之一的，责令停止建设或者停产停业整顿，限期改正，并处十万元以上五十万元以下的罚款，对其直接负责的主管人员和其他直接责任人员处二万元以上五万元以下的罚款；逾期未改正的，处五十万元以上一百万元以下的罚款，对其直接负责的主管人员和其他直接责任人员处五万元以上十万元以下的罚款；构成犯罪的，依照刑法有关规定追究刑事责任：

（一）未按照规定对矿山、金属冶炼建设项目或者用于生产、储存、装卸危险物品的建设项目进行安全评价的；

（二）矿山、金属冶炼建设项目或者用于生产、储存、装卸危险物品的建设项目没有安全设施设计或者安全设施设计未按照规定报经有关部门审查同意的；

（三）矿山、金属冶炼建设项目或者用于生产、储存、装卸危险物品的建设项目的施工单位未按照批准的安全设施设计施工的；

（四）矿山、金属冶炼建设项目或者用于生产、储存、装卸危险物品的建设项目竣工投入生产或者使用前，安全设施未经验收合格的。

第九十九条 生产经营单位有下列行为之一的，责令限期改正，处五万元以下的罚款；逾期未改正的，处五万元以上二十万元以下的罚款，对其直接负责的主管人员和其他直接责任人员处一万元以上二万元以下的罚款；情节严重的，责令停产停业整顿；构成犯罪的，依照刑法有关规定追究刑事责任：

（一）未在有较大危险因素的生产经营场所和有关设施、设备上设置明显的安全警示标志的；

（二）安全设备的安装、使用、检测、改造和报废不符合国家标准或者行业标准的；

（三）未对安全设备进行经常性维护、保养和定期检测的；

（四）关闭、破坏直接关系生产安全的监控、报警、防护、救生设备、设施，或者篡改、隐瞒、销毁其相关数据、信息的；

（五）未为从业人员提供符合国家标准或者行业标准的劳动防护用品的；

（六）危险物品的容器、运输工具，以及涉及人身安全、危险性较大的海洋石油开采特种设备和矿山井下特种设备未经具有专业资质的机构检测、检验合格，取得安全使用证或者安全标志，投入使用的；

（七）使用应当淘汰的危及生产安全的工艺、设备的；

（八）餐饮等行业的生产经营单位使用燃气未安装可燃气体报警装置的。

第一百条 未经依法批准，擅自生产、经营、运输、储存、使用危险物品或者处置废弃危险物品的，依照有关危险物品安全管理的法律、行政法规的规定予以处罚；构成犯罪的，依照刑法有关规定追究刑事责任。

第一百零一条 生产经营单位有下列行为之一的，责令限期改正，处十万元以下的罚款；逾期未改正的，责令停产停业整顿，并处十万元以上二十万元以下的罚款，对其直接负责的主管人员和其他直接责任人员处二万元以上五万元以下的罚款；构成犯罪的，依照刑法有关规定追究刑事责任：

（一）生产、经营、运输、储存、使用危险物品或者处置废弃危险物品，未建立专门安全管理制度、未采取可靠的安全措施的；

（二）对重大危险源未登记建档，未进行定期检测、评估、监控，未制定应急预案，或者未告知应急措施的；

（三）进行爆破、吊装、动火、临时用电以及国务院应急管理部门会同国务院有关部门规定的其他危险作业，未安排专门人员进行现场安全管理的；

（四）未建立安全风险分级管控制度或者未按照安全风险分级采取相应管控措施的；

（五）未建立事故隐患排查治理制度，或者重大事故隐患排查治理情况未按照规定报告的。

第一百零二条 生产经营单位未采取措施消除事故隐患的，责令立即消除或者限期消除，处五万元以下的罚款；生产经营单位拒不执行的，责令停产停业整顿，对其直接负责的主管人员和其他直接责任人员处五万元以上十万元以下的罚款；构成犯罪的，依照刑法有关规定追究刑事责任。

第一百零三条 生产经营单位将生产经营项目、场所、设备发包或者出租给不具备安全生产条件或者相应资质的单位或者个人的，责令限期改正，没收违法所得；违法所得十万元以上的，并处违法所得二倍以上五倍以下的罚款；没有违法所得或者违法所得不足十万元的，单处或者并处十万元以上二十万元以下的罚款；对其直接负责的主管人员和其他直接责任人员处一万元以上二万元以下的罚款；导致发生生产安全事故给他人造成损害的，与承包方、承租方承担连带赔偿责任。

生产经营单位未与承包单位、承租单位签订专门的安全生产管理协议或者未在承包合同、租赁合同中明确各自的安全生产管理职责，或者未对承包单位、承租单位的安全生产统一协调、管理的，责令限期改正，处五万元以下的罚款，对其直接负责的主管人员和其他直接责任人员处一万元以下的罚款；逾期未改正的，责令停产停业整顿。

矿山、金属冶炼建设项目和用于生产、储存、装卸危险物品的建设项目的施工单位未按照规定对施工项目进行安全管理的，责令限期改正，处十万元以下的罚款，对其直接负责的主管人员和其他直接责任人员处二万元以下的罚款；逾期未改正的，责令停产停业整顿；以上施工单位倒卖、出租、出借、挂靠或者以其他形式非法转让施工资质的，责令停产停业整顿，吊销资质证书，没收违法所得；违法所得十万元以上的，并处违法所得二倍以上五倍以下的罚款；没有违法所得或者违法所得不足十万元的，单处或者并处十万元以上二十万元以下的罚款；对其直接负责的主管人员和其他直接责任人员处五万元以上十万元以下的罚款；构成犯罪的，依照刑法有关规定追究刑事责任。

第一百零四条 两个以上生产经营单位在同一作业区域内进行可能危及对方安全生产的生产经营活动，未签订安全生产管理协议或者未指定专职安全生产管理人员进行安全检查与协调的，责令限期改正，处五万元以下的罚款，对其直接负责的主管人员和其他直接责任人员处一万元以下的罚款；逾期未改正的，责令停产停业。

第一百零五条 生产经营单位有下列行为之一的，责令限期改正，处五万元以下的罚款，对其直接负责的主管人员和其他直接责任人员处一万元以下的罚款；逾期未改正的，责令停产停业整顿；构成犯罪的，依照刑法有关规定追究刑事责任：

（一）生产、经营、储存、使用危险物品的车间、商店、仓库与员工宿舍在同一座建筑内，或者与员工宿舍的距离不符合安全要求的；

（二）生产经营场所和员工宿舍未设有符合紧急疏散需要、标志明显、保持畅通的出口、疏散通道，或者占用、锁闭、封堵生产经营场所或者员工宿舍出口、疏散通道的。

第一百零六条 生产经营单位与从业人员订立协议，免除或者减轻其对从业人员因生产安全事故伤亡依法应承担的责任的，该协议无效；对生产经营单位的主要负责人、个人经营的投资人处二万元以上十万元以下的罚款。

第一百零七条 生产经营单位的从业人员不落实岗位安全责任，不服从管理，违反安全生产规章制度或者操作规程的，由生产经营单位给予批评教育，依照有关规章制度给予处分；构成犯罪的，依照刑法有关规定追究刑事责任。

第一百零八条 违反本法规定，生产经营单位拒绝、阻碍负有安全生产监督管理职责的部门依法实施监督检查的，责令改正；拒不改正的，处二万元以上二十万元以下的罚款；对其直接负责的主管人员和其他直接责任人员处一万元以上二万元以下的罚款；构成犯罪的，依照刑法有关规定追究刑事责任。

第一百零九条 高危行业、领域的生产经营单位未按照国家规定投保安全生产责任保险的，责令限期改正，处五万元以上十万元以下的罚款；逾期未改正的，处十万元以上二十万元以下的罚款。

第一百一十条 生产经营单位的主要负责人在本单位发生生产安全事故时，不立即组织抢救或者在事故调查处理期间擅离职守或者逃匿的，给予降级、撤职的处分，并由应急管理部门处上一年年收入百分之六十至百分之一百的罚款；对逃匿的处十五日以下拘留；构成犯罪的，依照刑法有关规定追究刑事责任。

生产经营单位的主要负责人对生产安全事故隐瞒不报、谎报或者迟报的，依照前款规定处罚。

第一百一十一条 有关地方人民政府、负有安全生产监督管理职责的部门，对生产安全事故隐瞒不报、谎报或者迟报的，对直接负责的主管人员和其他直接责任人员依法给予处分；构成犯罪的，依照刑法有关规定追究刑事责任。

第一百一十二条 生产经营单位违反本法规定，被责令改正且受到罚款处罚，拒不改正的，负有安全生产监督管理职责的部门可以自作出责令改正之日的次日起，按照原处罚数额按日连续处罚。

第一百一十三条 生产经营单位存在下列情形之一的，负有安全生产监督管理职责的部门应当提请地方人民政府予以关闭，有关部门应当依法吊销其有关证照。生产经营单位主要负责人五年内不得担任任何生产经营单位的主要负责人；情节严重的，终身不得担任本行业生产经营单位的主要负责人：

（一）存在重大事故隐患，一百八十日内三次或者一年内四次受到本法规定的行政处罚的；

（二）经停产停业整顿，仍不具备法律、行政法规和国家标准或者行业标准规定的安全生产条件的；

（三）不具备法律、行政法规和国家标准或者行业标准规定的安全生产条件，导致发生重大、特别重大生产安全事故的；

（四）拒不执行负有安全生产监督管理职责的部门作出的停产停业整顿决定的。

第一百一十四条 发生生产安全事故，对负有责任的生产经营单位除要求其依法承担相应的赔偿等责任外，由应急管理部门依照下列规定处以罚款：

（一）发生一般事故的，处三十万元以上一百万元以下的罚款；

（二）发生较大事故的，处一百万元以上二百万元以下的罚款；

（三）发生重大事故的，处二百万元以上一千万元以下的罚款；

（四）发生特别重大事故的，处一千万元以上二千万元以下的罚款。

发生生产安全事故，情节特别严重、影响特别恶劣的，应急管理部门可以按照前款罚款数额的二倍以上五倍以下对负有责任的生产经营单位处以罚款。

第一百一十五条 本法规定的行政处罚，由应急管理部门和其他负有安全生产监督管理职责的部门按照职责分工决定。其中，根据本法第九十五条、第一百一十条、第一百一十四条的规定应当给予民航、铁路、电力行业的生产经营单位及其主要负责人行政处罚的，也可以由主管的负有安全生产监督管理职责的部门进行处罚。予以关闭的行政处罚由负有安全生产监督管理职责的部门报请县级以上人民政府按照国务院规定的权限决定；给予拘留的行政处罚由公安机关依照治安管理处罚的规定决定。

第一百一十六条 生产经营单位发生生产安全事故造成人员伤亡、他人财产损失的，应当依法承担赔偿责任；拒不承担或者其负责人逃匿的，由人民法院依法强制执行。

生产安全事故的责任人未依法承担赔偿责任，经人民法院依法采取执行措施后，仍不能对受害人给予足额赔偿的，应当继续履行赔偿义务；受害人发现责任人有其他财产的，可以随时请求人民法院执行。

第七章 附 则

第一百一十七条 本法下列用语的含义：

危险物品，是指易燃易爆物品、危险化学品、放射性物品等能够危及人身安全和财产安全的物品。

重大危险源，是指长期地或者临时地生产、搬运、使用或者储存危险物品，且危险物品的数量等于或者超过临界量的单元（包括场所和设施）。

第一百一十八条 本法规定的生产安全一般事故、较大事故、重大事故、特别重大事故的划分标准由国务院规定。

国务院应急管理部门和其他负有安全生产监督管理职责的部门应当根据各自的职责分工，制定相关行业、领域重大危险源的辨识标准和重大事故隐患的判定标准。

第一百一十九条 本法自2002年11月1日起施行。

生产安全事故应急条例

（2018年12月5日国务院第33次常务会议通过，2019年2月17日国务院令第708号公布，自2019年4月1日起施行）

第一章 总 则

第一条 为了规范生产安全事故应急工作，保障人民群众生命和财产安全，根据《中华人民共和国安全生产法》和《中华人民共和国突发事件应对法》，制定本条例。

第二条 本条例适用于生产安全事故应急工作；法律、行政法规另有规定的，适用其规定。

第三条 国务院统一领导全国的生产安全事故应急工作，县级以上地方人民政府统一领导本行政区域内的生产安全事故应急工作。生产安全事故应急工作涉及两个以上行政区域的，由有关行政区域共同的上一级人民政府负责，或者由各有关行政区域的上一级人民政府共同负责。

县级以上人民政府应急管理部门和其他对有关行业、领域的安全生产工作实施监督管理的部门（以下统称负有安全生产监督管理职责的部门）在各自职责范围内，做好有关行业、领域的生产安全事故应急工作。

县级以上人民政府应急管理部门指导、协调本级人民政府其他负有安全生产监督管理职责的部门和下级人民政府的生产安全事故应急工作。

乡、镇人民政府以及街道办事处等地方人民政府派出机关应当协助上级人民政府有关部门依法履行生产安全事故应急工作职责。

第四条 生产经营单位应当加强生产安全事故应急工作，建立、健全生产安全事故应急工作责任制，其主要负责人对本单位的生产安全事故应急工作全面负责。

第二章 应急准备

第五条 县级以上人民政府及其负有安全生产监督管理职责的部门和乡、镇人民政府以及街道办事处等地方人民政府派出机关，应当针对可能发生的生产安全事故的特点和危害，进行风险辨识和评估，制定相应的生产安全事故应急救援预案，并依法向社会公布。

生产经营单位应当针对本单位可能发生的生产安全事故的特点和危害，进行风险辨识和评估，制定相应的生产安全事故应急救援预案，并向本单位从业人员公布。

第六条 生产安全事故应急救援预案应当符合有关法律、法规、规章和标准的规定，具有科学性、针对性和可操作性，明确规定应急组织体系、职责分工以及应急救援程序和措施。

有下列情形之一的，生产安全事故应急救援预案制定单位应当及时修订相关预案：

（一）制定预案所依据的法律、法规、规章、标准发生重大变化；

（二）应急指挥机构及其职责发生调整；

（三）安全生产面临的风险发生重大变化；

（四）重要应急资源发生重大变化；

（五）在预案演练或者应急救援中发现需要修订预案的重大问题；

（六）其他应当修订的情形。

第七条 县级以上人民政府负有安全生产监督管理职责的部门应当将其制定的生产安全事故应急救援预案报送本级人民政府备案；易燃易爆物品、危险化学品等危险物品的生产、经营、储存、运输单位，矿山、金属冶炼、城市轨道交通运营、建筑施工单位，以及宾馆、商场、娱乐场所、旅游景区等人员密集场所经营单位，应当将其制定的生产安全事故应急救援预案按照国家有关规定报送县级以上人民政府负有安全生产监督管理职责的部门备案，并依法向社会公布。

第八条 县级以上地方人民政府以及县级以上人民政府负有安全生产监督管理职责的部门，乡、镇人民政府以及街道办事处等地方人民政府派出机关，应当至少每2年组织1次生产安全事故应急救援预案演练。

易燃易爆物品、危险化学品等危险物品的生产、经营、储存、运输单位，矿山、金属冶炼、城市轨道交通运营、建筑施工单位，以及宾馆、商场、娱乐场所、旅游景区等人员密集场所经营单位，应当至少每半年组织1次生产安全事故应急救援预案演练，并将演练情况报送所在地县级以上地方人民政府负有安全生产监督管理职责的部门。

县级以上地方人民政府负有安全生产监督管理职责的部门应当对本行政区域内前款规定的重点生产经营单位的生产安全事故应急救援预案演练进行抽查；发现演练不符合要求的，应当责令限期改正。

第九条 县级以上人民政府应当加强对生产安全事故应急救援队伍建设的统一规划、组织和指导。

县级以上人民政府负有安全生产监督管理职责的部门根据生产安全事故应急工作的实际需要，在重点行业、领域单独建立或者依托有条件的生产经营单位、社会组织共同建立应急救援队伍。

国家鼓励和支持生产经营单位和其他社会力量建立提供社会化应急救援服务的应急救援队伍。

第十条 易燃易爆物品、危险化学品等危险物品的生产、经营、储存、运输单位，矿山、金属冶炼、城市轨道交通运营、建筑施工单位，以及宾馆、商场、娱乐场所、旅游景区等人员密集场所经营单位，应当建立应急救援队伍；其中，小型企业或者微型企业等规模较小的生产经营单位，可以不建立应急救援队伍，但应当指定兼职的应急救援人员，并且可以与邻近的应急救援队伍签订应急救援协议。

工业园区、开发区等产业聚集区域内的生产经营单位，可以联合建立应急救援队伍。

第十一条 应急救援队伍的应急救援人员应当具备必要的专业知识、技能、身体素质和心理素质。

应急救援队伍建立单位或者兼职应急救援人员所在单位应当按照国家有关规定对应急救援人员进行培训；应急救援人员经培训合格后，方可参加应急救援工作。

应急救援队伍应当配备必要的应急救援装备和物资，并定期组织训练。

第十二条 生产经营单位应当及时将本单位应急救援队伍建立情况按照国家有关规定报送县级以上人民政府负有安全生产监督管理职责的部门，并依法向社会公布。

县级以上人民政府负有安全生产监督管理职责的部门应当定期将本行业、本领域的应急救援队伍建立情况报送本级人民政府，并依法向社会公布。

第十三条 县级以上地方人民政府应当根据本行政区域内可能发生的生产安全事故的特点和危害，储备必要的应急救援装备和物资，并及时更新和补充。

易燃易爆物品、危险化学品等危险物品的生产、经营、储存、运输单位，矿山、金属冶炼、城市轨道交通运营、建筑施工单位，以及宾馆、商场、娱乐场所、旅游景区等人员密集场所经营单位，应当根据本单位可能发生的生产安全事故的特点和危害，配备必要的灭火、排水、通风以及危险物品稀释、掩埋、收集等应急救援器材、设备和物资，并进行经常性维护、保养，保证正常运转。

第十四条 下列单位应当建立应急值班制度，配备应急值班人员：

（一）县级以上人民政府及其负有安全生产监督管理职责的部门；

（二）危险物品的生产、经营、储存、运输单位以及矿山、金属冶炼、城市轨道交通运营、建筑施工单位；

（三）应急救援队伍。

规模较大、危险性较高的易燃易爆物品、危险化学品等危险物品的生产、经营、储存、运输单位应当成立应急处置技术组，实行24小时应急值班。

第十五条 生产经营单位应当对从业人员进行应急教育和培训，保证从业人员具备必要的应急知识，掌握风险防范技能和事故应急措施。

第十六条 国务院负有安全生产监督管理职责的部门应当按照国家有关规定建立生产安全事故应急救援信息系统，并采取有效措施，实现数据互联互通、信息共享。

生产经营单位可以通过生产安全事故应急救援信息系统办理生产安全事故应急救援预案备案手续，报送应急救援预案演练情况和应急救援队伍建设情况；但依法需要保密的除外。

第三章 应急救援

第十七条 发生生产安全事故后，生产经营单位应当立即启动生产安全事故应急救援预案，采取下列一项或者多项应急救援措施，并按照国家有关规定报告事故情况：

（一）迅速控制危险源，组织抢救遇险人员；

（二）根据事故危害程度，组织现场人员撤离或者采取可能的应急措施后撤离；

（三）及时通知可能受到事故影响的单位和人员；

（四）采取必要措施，防止事故危害扩大和次生、衍生灾害发生；

（五）根据需要请求邻近的应急救援队伍参加救援，并向参加救援的应急救援队伍提供相关技术资料、信息和处置方法；

（六）维护事故现场秩序，保护事故现场和相关证据；

（七）法律、法规规定的其他应急救援措施。

第十八条 有关地方人民政府及其部门接到生产安全事故报告后，应当按照国家有关规定上报事故情况，启动相应的生产安全事故应急救援预案，并按照应急救援预案的规定采取下列一项或者多项应急救援措施：

（一）组织抢救遇险人员，救治受伤人员，研判事故发展趋势以及可能造成的危害；

（二）通知可能受到事故影响的单位和人员，隔离事故现场，划定警戒区域，疏散受到威胁的人员，实施交通管制；

（三）采取必要措施，防止事故危害扩大和次生、衍生灾害发生，避免或者减少事故对环境造成的危害；

（四）依法发布调用和征用应急资源的决定；

（五）依法向应急救援队伍下达救援命令；

（六）维护事故现场秩序，组织安抚遇险人员和遇险遇难人员亲属；

（七）依法发布有关事故情况和应急救援工作的信息；

（八）法律、法规规定的其他应急救援措施。

有关地方人民政府不能有效控制生产安全事故的，应当及时向上级人民政府报告。上级人民政府应当及时采取措施，统一指挥应急救援。

第十九条 应急救援队伍接到有关人民政府及其部门的救援命令或者签有应急救援协议的生产经营单位的救援请求后，应当立即参加生产安全事故应急救援。

应急救援队伍根据救援命令参加生产安全事故应急救援所耗费用，由事故责任单位承担；事故责任单位无力承担的，由有关人民政府协调解决。

第二十条 发生生产安全事故后，有关人民政府认为有必要的，可以设立由本级人民政府及其有关部门负责人、应急救援专家、应急救援队伍负责人、事故发生单位负责人等人员组成的应急救援现场指挥部，并指定现场指挥部总指挥。

第二十一条 现场指挥部实行总指挥负责制，按照本级人民政府的授权组织制定并实施生产安全事故现场应急救援方案，协调、指挥有关单位和个人参加现场应急救援。

参加生产安全事故现场应急救援的单位和个人应当服从现场指挥部的统一指挥。

第二十二条 在生产安全事故应急救援过程中，发现可能直接危及应急救援人员生命安全的紧急情况时，现场指挥部或者统一指挥应急救援的人民政府应当立即采取相应措施消除隐患，降低或者化解风险，必要时可以暂时撤离应急救援人员。

第二十三条 生产安全事故发生地人民政府应当为应急救援人员提供必需的后勤保障，并组织通信、交通运输、医疗卫生、气象、水文、地质、电力、供水等单位协助应急救援。

第二十四条 现场指挥部或者统一指挥生产安全事故应急救援的人民政府及其有关部门应当完整、准确地记录应急救援的重要事项，妥善保存相关原始资料和证据。

第二十五条 生产安全事故的威胁和危害得到控制或者消除后，有关人民政府应当决定停止执行依照本条例和有关法律、法规采取的全部或者部分应急救援措施。

第二十六条 有关人民政府及其部门根据生产安全事故应急救援需要依法调用和征用的财产，在使用完毕或者应急救援结束后，应当及时归还。财产被调用、征用或者调用、征用后毁损、灭失的，有关人民政府及其部门应当按照国家有关规定给予补偿。

第二十七条 按照国家有关规定成立的生产安全事故调查组应当对应急救援工作进行评估，并在事故调查报告中作出评估结论。

第二十八条 县级以上地方人民政府应当按照国家有关规定，对在生产安全事故应急救援中伤亡的人员及时给予救治和抚恤；符合烈士评定条件的，按照国家有关规定评定为烈士。

第四章 法律责任

第二十九条 地方各级人民政府和街道办事处等地方人民政府派出机关以及县级以上人民政府有关部门违反本条例规定的，由其上级行政机关责令改正；情节严重的，对直接负责的主管人员和其他直接责任人员依法给予处分。

第三十条 生产经营单位未制定生产安全事故应急救援预案、未定期组织应急救援预案演练、未对从业人员进行应急教育和培训，生产经营单位的主要负责人在本单位发生生产安全事故时不立即组织抢救的，由县级以上人民政府负有安全生产监督管理职责的部门依照《中华人民共和国安全生产法》有关规定追究法律责任。

第三十一条 生产经营单位未对应急救援器材、设备和物资进行经常性维护、保养，导致发生严重生产安全事故或者生产安全事故危害扩大，或者在本单位发生生产安全事故后未立即采取相应的应急救援措施，造成严重后果的，由县级以上人民政府负有安全生产监督管理职责的部门依照《中华人民共和国突发事件应对法》有关规定追究法律责任。

第三十二条 生产经营单位未将生产安全事故应急救援预案报送备案、未建立应急值班制度或者配备应急值班人员的，由县级以上人民政府负有安全生产监督管理职责的部门责令限期改正；逾期未改正的，处3万元以上5万元以下的罚款，对直接负责的主管人员和其他直接责任人员处1万元以上2万元以下的罚款。

第三十三条 违反本条例规定，构成违反治安管理行为的，由公安机关依法给予处罚；构成犯罪的，依法追究刑事责任。

第五章 附 则

第三十四条 储存、使用易燃易爆物品、危险化学品等危险物品的科研机构、学校、医院等单位的安全事故应急工作，参照本条例有关规定执行。

第三十五条 本条例自2019年4月1日起施行。

安全生产许可证条例

（2004年1月13日国务院令第397号公布 根据2013年7月18日国务院令第638号《国务院关于废止和修改部分行政法规的决定》第一次修正 根据2014年7月29日国务院令第653号《国务院关于修改部分行政法规的决定》第二次修正）

第一条 为了严格规范安全生产条件，进一步加强安全生产监督管理，防止和减少生产安全事故，根据《中华人民共和国安全生产法》的有关规定，制定本条例。

第二条 国家对矿山企业、建筑施工企业和危险化学品、烟花爆竹、民用爆破器材生产企业（以下统称企业）实行安全生产许可制度。

企业未取得安全生产许可证的，不得从事生产活动。

第三条 国务院安全生产监督管理部门负责中央管理的非煤矿矿山企业和危险化学品、烟花爆竹生产企业安全生产许可证的颁发和管理。

省、自治区、直辖市人民政府安全生产监督管理部门负责前款规定以外的非煤矿矿山企业和危险化学品、烟花爆竹生产企业安全生产许可证的颁发和管理，并接受国务院安全生产监督管理部门的指导和监督。

国家煤矿安全监察机构负责中央管理的煤矿企业安全生产许可证的颁发和管理。

在省、自治区、直辖市设立的煤矿安全监察机构负责前款规定以外的其他煤矿企业安全生产许可证的颁发和管理，并接受国家煤矿安全监察机构的指导和监督。

第四条 国务院建设主管部门负责中央管理的建筑施工企业安全生产许可证的颁发和管理。

省、自治区、直辖市人民政府建设主管部门负责前款规定以外的建筑施工企业安全生产许可证的颁发和管理，并接受国务院建设主管部门的指导和监督。

第五条 国务院国防科技工业主管部门负责民用爆破器材生产企业安全生产许可证的颁发和管理。

第六条 企业取得安全生产许可证，应当具备下列安全生产条件：

（一）建立、健全安全生产责任制，制定完备的安全生产规章制度和操作规程；

（二）安全投入符合安全生产要求；

（三）设置安全生产管理机构，配备专职安全生产管理人员；

（四）主要负责人和安全生产管理人员经考核合格；

（五）特种作业人员经有关业务主管部门考核合格，取得特种作业操作资格证书；

（六）从业人员经安全生产教育和培训合格；

（七）依法参加工伤保险，为从业人员缴纳保险费；

（八）厂房、作业场所和安全设施、设备、工艺符合有关安全生产法律、法规、标准和规程的要求；

（九）有职业危害防治措施，并为从业人员配备符合国家标准或者行业标准的劳动防护用品；

（十）依法进行安全评价；

（十一）有重大危险源检测、评估、监控措施和应急预案；

（十二）有生产安全事故应急救援预案、应急救援组织或者应急救援人员，配备必要的应急救援器材、设备；

（十三）法律、法规规定的其他条件。

第七条 企业进行生产前，应当依照本条例的规定向安全生产许可证颁发管理机关申请领取安全生产许可证，并提供本条例第六条规定的相关文件、资料。安全生产许可证颁发管理机关应当自收到申请之日起45日内审查完毕，经审查符合本条例规定的安全生产条件的，颁发安全生产许可证；不符合本条例规定的安全生产条件的，不予颁发安全生产许可证，书面通知企业并说明理由。

煤矿企业应当以矿（井）为单位，在申请领取煤炭生产许可证前，依照本条例的规定取得安全生产许可证。

第八条 安全生产许可证由国务院安全生产监督管理部门规定统一的式样。

第九条 安全生产许可证的有效期为3年。安全生产许可证有效期满需要延期的，企业应当于期满前3个月向原安全生产许可证颁发管理机关办理延期手续。

企业在安全生产许可证有效期内，严格遵守有关安全生产的法律法规，未发生死亡事故的，安全生产许可证有效期届满时，经原安全生产许可证颁发管理机关同意，不再审查，安全生产许可证有效期延期3年。

第十条 安全生产许可证颁发管理机关应当建立、健全安全生产许可证档案管理制度，并定期向社会公布企业取得安全生产许可证的情况。

第十一条 煤矿企业安全生产许可证颁发管理机关、建筑施工企业安全生产许可证颁发管理机关、民用爆破器材生产企业安全生产许可证颁发管理机关，应当每年向同级安全生产监督管理部门通报其安全生产许可证颁发和管理情况。

第十二条 国务院安全生产监督管理部门和省、自治区、直辖市人民政府安全生产监督管理部门对建筑施工企业、民用爆破器材生产企业、煤矿企业取得安全生产许可证的情况进行监督。

第十三条 企业不得转让、冒用安全生产许可证或者使用伪造的安全生产许可证。

第十四条 企业取得安全生产许可证后，不得降低安全生产条件，并应当加强日常安全生产管理，接受安全生产许可证颁发管理机关的监督检查。

安全生产许可证颁发管理机关应当加强对取得安全生产许可证的企业的监督检查，发现其不再具备本条例规定的安全生产条件的，应当暂扣或者吊销安全生产许可证。

第十五条 安全生产许可证颁发管理机关工作人员在安全生产许可证颁发、管理和监督检查工作中，不得索取或者接受企业的财物，不得谋取其他利益。

第十六条 监察机关依照《中华人民共和国行政监察法》的规定，对安全生产许可证颁发管理机关及其工作人员履行本条例规定的职责实施监察。

第十七条 任何单位或者个人对违反本条例规定的行为，有权向安全生产许可证颁发管理机关或者监察机关等有关部门举报。

第十八条 安全生产许可证颁发管理机关工作人员有下列行为之一的，给予降级或者撤职的行政处分；构成犯罪的，依法追究刑事责任：

（一）向不符合本条例规定的安全生产条件的企业颁发安全生产许可证的；

（二）发现企业未依法取得安全生产许可证擅自从事生产活动，不依法处理的；

（三）发现取得安全生产许可证的企业不再具备本条例规定的安全生产条件，不依法处理的；

（四）接到对违反本条例规定行为的举报后，不及时处理的；

（五）在安全生产许可证颁发、管理和监督检查工作中，索取或者接受企业的财物，或者谋取其他利益的。

第十九条 违反本条例规定，未取得安全生产许可证擅自进行生产的，责令停止生产，没收违法所得，并处10万元以上50万元以下的罚款；造成重大事故或者其他严重后果，构成犯罪的，依法追究刑事责任。

第二十条 违反本条例规定，安全生产许可证有效期满未办理延期手续，继续进行生产的，责令停止生产，限期补办延期手续，没收违法所得，并处5万元以上10万元以下的罚款；逾期仍不办理延期手续，继续进行生产的，依照本条例第十九条的规定处罚。

第二十一条 违反本条例规定，转让安全生产许可证的，没收违法所得，处10万元以上50万元以下的罚款，并吊销其安全生产许可证；构成犯罪的，依法追究刑事责任；接受转让的，依照本条例第十九条的规定处罚。

冒用安全生产许可证或者使用伪造的安全生产许可证的，依照本条例第十九条的规定处罚。

第二十二条 本条例施行前已经进行生产的企业，应当自本条例施行之日起1年内，依照本条例的规定向安全生产许可证颁发管理机关申请办理安全生产许可证；逾期不办理安全生产许可证，或者经审查不符合本条例规定的安全生产条件，未取得安全生产许可证，继续进行生产的，依照本条例第十九条的规定处罚。

第二十三条 本条例规定的行政处罚，由安全生产许可证颁发管理机关决定。

第二十四条 本条例自公布之日起施行。

生产安全事故报告和调查处理条例

（2007年3月28日国务院第172次常务会议通过，2007年4月9日国务院令第493号公布，自2007年6月1日起施行）

第一章 总　　则

第一条 为了规范生产安全事故的报告和调查处理，落实生产安全事故责任追究制度，防止和减少生产安全事故，根据《中华人民共和国安全生产法》和有关法律，制定本条例。

第二条 生产经营活动中发生的造成人身伤亡或者直接经济损失的生产安全事故的报告和调查处理，适用本条例；环境污染事故、核设施事故、国防科研生产事故的报告和调查处理不适用本条例。

第三条 根据生产安全事故（以下简称事故）造成的人员伤亡或者直接经济损失，事故一般分为以下等级：

（一）特别重大事故，是指造成30人以上死亡，或者100人以上重伤（包括急性工业中毒，下同），或者1亿元以上直接经济损失的事故；

（二）重大事故，是指造成10人以上30人以下死亡，或者50人以上100人以下重伤，或者5000万元以上1亿元以下直接经济损失的事故；

（三）较大事故，是指造成3人以上10人以下死亡，或者10人以上50人以下重伤，或者1000万元以上5000万元以下直接经济损失的事故；

（四）一般事故，是指造成3人以下死亡，或者10人以下重伤，或者1000万元以下直接经济损失的事故。

国务院安全生产监督管理部门可以会同国务院有关部门，制定事故等级划分的补充性规定。

本条第一款所称的"以上"包括本数，所称的"以下"不包括本数。

第四条 事故报告应当及时、准确、完整，任何单位和个人对事故不得迟报、漏报、谎报或者瞒报。

事故调查处理应当坚持实事求是、尊重科学的原则，及时、准确地查清事故经过、事故原因和事故损失，查明事故性质，认定事故责任，总结事故教训，提出整改措施，并对事故责任者依法追究责任。

第五条 县级以上人民政府应当依照本条例的规定，严格履行职责，及时、准确地完成事故调查处理工作。

事故发生地有关地方人民政府应当支持、配合上级人民政府或者有关部门的事故调查处理工作，并提供必要的便利条件。

参加事故调查处理的部门和单位应当互相配合，提高事故调查处理工作的效率。

第六条 工会依法参加事故调查处理，有权向有关部门提出处理意见。

第七条 任何单位和个人不得阻挠和干涉对事故的报告和依法调查处理。

第八条 对事故报告和调查处理中的违法行为，任何单位和个人有权向安全生产监督管理部门、监察机关或者其他有关部门举报，接到举报的部门应当依法及时处理。

第二章 事故报告

第九条 事故发生后，事故现场有关人员应当立即向本单位负责人报告；单位负责人接到报告后，应当于1小时内向事故发生地县级以上人民政府安全生产监督管理部门和负有安全生产监督管理职责的有关部门报告。

情况紧急时，事故现场有关人员可以直接向事故发生地县级以上人民政府安全生产监督管理部门和负有安全生产监督管理职责的有关部门报告。

第十条 安全生产监督管理部门和负有安全生产监督管理职责的有关部门接到事故报告后，应当依照下列规定上报事故情况，并通知公安机关、劳动保障行政部门、工会和人民检察院：

（一）特别重大事故、重大事故逐级上报至国务院安全生产监督管理部门和负有安全生产监督管理职责的有关部门；

（二）较大事故逐级上报至省、自治区、直辖市人民政府安全生产监督管理部门和负有安全生产监督管理职责的有关部门；

（三）一般事故上报至设区的市级人民政府安全生产监督管理部门和负有安全生产监督管理职责的有关部门。

安全生产监督管理部门和负有安全生产监督管理职责的有关部门依照前款规定上报事故情况，应当同时报告本级人民政府。国务院安全生产监督管理部门和负有安全生产监督管理职责的有关部门以及省级人民政府接到发生特别重大事故、重大事故的报告后，应当立即报告国务院。

必要时，安全生产监督管理部门和负有安全生产监督管理职责的有关部门可以越级上报事故情况。

第十一条 安全生产监督管理部门和负有安全生产监督管理职责的有关部门逐级上报事故情况，每级上报的时间不得超过2小时。

第十二条 报告事故应当包括下列内容：

（一）事故发生单位概况；

（二）事故发生的时间、地点以及事故现场情况；

（三）事故的简要经过；

（四）事故已经造成或者可能造成的伤亡人数（包括下落不明的人数）和初步估计的直接经济损失；

（五）已经采取的措施；

（六）其他应当报告的情况。

第十三条 事故报告后出现新情况的，应当及时补报。

自事故发生之日起30日内，事故造成的伤亡人数发生变化的，应当及时补报。道路交通事故、火灾事故自发生之日起7日内，事故造成的伤亡人数发生变化的，应当及时补报。

第十四条 事故发生单位负责人接到事故报告后，应当立即启动事故相应应急预案，或者采取有效措施，组织抢救，防止事故扩大，减少人员伤亡和财产损失。

第十五条 事故发生地有关地方人民政府、安全生产监督管理部门和负有安全生产监督管理职责的有关部门接到事故报告后，其负责人应当立即赶赴事故现场，组织事故救援。

第十六条 事故发生后，有关单位和人员应当妥善保护事故现场以及相关证据，任何单位和个人不得破坏事故现场、毁灭相关证据。

因抢救人员、防止事故扩大以及疏通交通等原因，需要移动事故现场物件的，应当做出标志，绘制现场简图并做出书面记录，妥善保存现场重要痕迹、物证。

第十七条 事故发生地公安机关根据事故的情况，对涉嫌犯罪的，应当依法立案侦查，采取强制措施和侦查措施。犯罪嫌疑人逃匿的，公安机关应当迅速追捕归案。

第十八条 安全生产监督管理部门和负有安全生产监督管理职责的有关部门应当建立值班制度，并向社会公布值班电话，受理事故报告和举报。

第三章 事故调查

第十九条 特别重大事故由国务院或者国务院授

权有关部门组织事故调查组进行调查。

重大事故、较大事故、一般事故分别由事故发生地省级人民政府、设区的市级人民政府、县级人民政府负责调查。省级人民政府、设区的市级人民政府、县级人民政府可以直接组织事故调查组进行调查，也可以授权或者委托有关部门组织事故调查组进行调查。

未造成人员伤亡的一般事故，县级人民政府也可以委托事故发生单位组织事故调查组进行调查。

第二十条 上级人民政府认为必要时，可以调查由下级人民政府负责调查的事故。

自事故发生之日起30日内（道路交通事故、火灾事故自发生之日起7日内），因事故伤亡人数变化导致事故等级发生变化，依照本条例规定应当由上级人民政府负责调查的，上级人民政府可以另行组织事故调查组进行调查。

第二十一条 特别重大事故以下等级事故，事故发生地与事故发生单位不在同一个县级以上行政区域的，由事故发生地人民政府负责调查，事故发生单位所在地人民政府应当派人参加。

第二十二条 事故调查组的组成应当遵循精简、效能的原则。

根据事故的具体情况，事故调查组由有关人民政府、安全生产监督管理部门、负有安全生产监督管理职责的有关部门、监察机关、公安机关以及工会派人组成，并应当邀请人民检察院派人参加。

事故调查组可以聘请有关专家参与调查。

第二十三条 事故调查组成员应当具有事故调查所需要的知识和专长，并与所调查的事故没有直接利害关系。

第二十四条 事故调查组组长由负责事故调查的人民政府指定。事故调查组组长主持事故调查组的工作。

第二十五条 事故调查组履行下列职责：
（一）查明事故发生的经过、原因、人员伤亡情况及直接经济损失；
（二）认定事故的性质和事故责任；
（三）提出对事故责任者的处理建议；
（四）总结事故教训，提出防范和整改措施；
（五）提交事故调查报告。

第二十六条 事故调查组有权向有关单位和个人了解与事故有关的情况，并要求其提供相关文件、资料，有关单位和个人不得拒绝。

事故发生单位的负责人和有关人员在事故调查期间不得擅离职守，并应当随时接受事故调查组的询问，如实提供有关情况。

事故调查中发现涉嫌犯罪的，事故调查组应当及时将有关材料或者其复印件移交司法机关处理。

第二十七条 事故调查中需要进行技术鉴定的，事故调查组应当委托具有国家规定资质的单位进行技术鉴定。必要时，事故调查组可以直接组织专家进行技术鉴定。技术鉴定所需时间不计入事故调查期限。

第二十八条 事故调查组成员在事故调查工作中应当诚信公正、恪尽职守，遵守事故调查组的纪律，保守事故调查的秘密。

未经事故调查组组长允许，事故调查组成员不得擅自发布有关事故的信息。

第二十九条 事故调查组应当自事故发生之日起60日内提交事故调查报告；特殊情况下，经负责事故调查的人民政府批准，提交事故调查报告的期限可以适当延长，但延长的期限最长不超过60日。

第三十条 事故调查报告应当包括下列内容：
（一）事故发生单位概况；
（二）事故发生经过和事故救援情况；
（三）事故造成的人员伤亡和直接经济损失；
（四）事故发生的原因和事故性质；
（五）事故责任的认定以及对事故责任者的处理建议；
（六）事故防范和整改措施。

事故调查报告应当附具有关证据材料。事故调查组成员应当在事故调查报告上签名。

第三十一条 事故调查报告报送负责事故调查的人民政府后，事故调查工作即告结束。事故调查的有关资料应当归档保存。

第四章 事故处理

第三十二条 重大事故、较大事故、一般事故，负责事故调查的人民政府应当自收到事故调查报告之日起15日内做出批复；特别重大事故，30日内做出批复，特殊情况下，批复时间可以适当延长，但延长的时间最长不超过30日。

有关机关应当按照人民政府的批复，依照法律、行政法规规定的权限和程序，对事故发生单位和有关人员进行行政处罚，对负有事故责任的国家工作人员进行处分。

事故发生单位应当按照负责事故调查的人民政府的批复，对本单位负有事故责任的人员进行处理。

负有事故责任的人员涉嫌犯罪的，依法追究刑事责任。

第三十三条 事故发生单位应当认真吸取事故教

训，落实防范和整改措施，防止事故再次发生。防范和整改措施的落实情况应当接受工会和职工的监督。

安全生产监督管理部门和负有安全生产监督管理职责的有关部门应当对事故发生单位落实防范和整改措施的情况进行监督检查。

第三十四条　事故处理的情况由负责事故调查的人民政府或者其授权的有关部门、机构向社会公布，依法应当保密的除外。

第五章　法　律　责　任

第三十五条　事故发生单位主要负责人有下列行为之一的，处上一年年收入40%至80%的罚款；属于国家工作人员的，并依法给予处分；构成犯罪的，依法追究刑事责任：

（一）不立即组织事故抢救的；

（二）迟报或者漏报事故的；

（三）在事故调查处理期间擅离职守的。

第三十六条　事故发生单位及其有关人员有下列行为之一的，对事故发生单位处100万元以上500万元以下的罚款；对主要负责人、直接负责的主管人员和其他直接责任人员处上一年年收入60%至100%的罚款；属于国家工作人员的，并依法给予处分；构成违反治安管理行为的，由公安机关依法给予治安管理处罚；构成犯罪的，依法追究刑事责任：

（一）谎报或者瞒报事故的；

（二）伪造或者故意破坏事故现场的；

（三）转移、隐匿资金、财产，或者销毁有关证据、资料的；

（四）拒绝接受调查或者拒绝提供有关情况和资料的；

（五）在事故调查中作伪证或者指使他人作伪证的；

（六）事故发生后逃匿的。

第三十七条　事故发生单位对事故发生负有责任的，依照下列规定处以罚款：

（一）发生一般事故的，处10万元以上20万元以下的罚款；

（二）发生较大事故的，处20万元以上50万元以下的罚款；

（三）发生重大事故的，处50万元以上200万元以下的罚款；

（四）发生特别重大事故的，处200万元以上500万元以下的罚款。

第三十八条　事故发生单位主要负责人未依法履行安全生产管理职责，导致事故发生的，依照下列规定处以罚款；属于国家工作人员的，并依法给予处分；构成犯罪的，依法追究刑事责任：

（一）发生一般事故的，处上一年年收入30%的罚款；

（二）发生较大事故的，处上一年年收入40%的罚款；

（三）发生重大事故的，处上一年年收入60%的罚款；

（四）发生特别重大事故的，处上一年年收入80%的罚款。

第三十九条　有关地方人民政府、安全生产监督管理部门和负有安全生产监督管理职责的有关部门有下列行为之一的，对直接负责的主管人员和其他直接责任人员依法给予处分；构成犯罪的，依法追究刑事责任：

（一）不立即组织事故抢救的；

（二）迟报、漏报、谎报或者瞒报事故的；

（三）阻碍、干涉事故调查工作的；

（四）在事故调查中作伪证或者指使他人作伪证的。

第四十条　事故发生单位对事故发生负有责任的，由有关部门依法暂扣或者吊销其有关证照；对事故发生单位负有事故责任的有关人员，依法暂停或者撤销其与安全生产有关的执业资格、岗位证书；事故发生单位主要负责人受到刑事处罚或者撤职处分的，自刑罚执行完毕或者受处分之日起，5年内不得担任任何生产经营单位的主要负责人。

为发生事故的单位提供虚假证明的中介机构，由有关部门依法暂扣或者吊销其有关证照及其相关人员的执业资格；构成犯罪的，依法追究刑事责任。

第四十一条　参与事故调查的人员在事故调查中有下列行为之一的，依法给予处分；构成犯罪的，依法追究刑事责任：

（一）对事故调查工作不负责任，致使事故调查工作有重大疏漏的；

（二）包庇、袒护负有事故责任的人员或者借机打击报复的。

第四十二条　违反本条例规定，有关地方人民政府或者有关部门故意拖延或者拒绝落实经批复的对事故责任人的处理意见的，由监察机关对有关责任人员依法给予处分。

第四十三条　本条例规定的罚款的行政处罚，由安全生产监督管理部门决定。

法律、行政法规对行政处罚的种类、幅度和决定机关另有规定的，依照其规定。

第六章 附 则

第四十四条 没有造成人员伤亡，但是社会影响恶劣的事故，国务院或者有关地方人民政府认为需要调查处理的，依照本条例的有关规定执行。

国家机关、事业单位、人民团体发生的事故的报告和调查处理，参照本条例的规定执行。

第四十五条 特别重大事故以下等级事故的报告和调查处理，有关法律、行政法规或者国务院另有规定的，依照其规定。

第四十六条 本条例自2007年6月1日起施行。国务院1989年3月29日公布的《特别重大事故调查程序暂行规定》和1991年2月22日公布的《企业职工伤亡事故报告和处理规定》同时废止。

国务院关于特大安全事故行政责任追究的规定

（2001年4月21日国务院令第302号公布，自公布之日起施行）

第一条 为了有效地防范特大安全事故的发生，严肃追究特大安全事故的行政责任，保障人民群众生命、财产安全，制定本规定。

第二条 地方人民政府主要领导人和政府有关部门正职负责人对下列特大安全事故的防范、发生，依照法律、行政法规和本规定的规定有失职、渎职情形或者负有领导责任的，依照本规定给予行政处分；构成玩忽职守罪或者其他罪的，依法追究刑事责任：

（一）特大火灾事故；
（二）特大交通安全事故；
（三）特大建筑质量安全事故；
（四）民用爆炸物品和化学危险品特大安全事故；
（五）煤矿和其他矿山特大安全事故；
（六）锅炉、压力容器、压力管道和特种设备特大安全事故；
（七）其他特大安全事故。

地方人民政府和政府有关部门对特大安全事故的防范、发生直接负责的主管人员和其他直接责任人员，比照本规定给予行政处分；构成玩忽职守罪或者其他罪的，依法追究刑事责任。

特大安全事故肇事单位和个人的刑事处罚、行政处罚和民事责任，依照有关法律、法规和规章的规定执行。

第三条 特大安全事故的具体标准，按照国家有关规定执行。

第四条 地方各级人民政府及政府有关部门应当依照有关法律、法规和规章的规定，采取行政措施，对本地区实施安全监督管理，保障本地区人民群众生命、财产安全，对本地区或者职责范围内防范特大安全事故的发生、特大安全事故发生后的迅速和妥善处理负责。

第五条 地方各级人民政府应当每个季度至少召开一次防范特大安全事故工作会议，由政府主要领导人或者政府主要领导人委托政府分管领导人召集有关部门正职负责人参加，分析、布置、督促、检查本地区防范特大安全事故的工作。会议应当作出决定并形成纪要，会议确定的各项防范措施必须严格实施。

第六条 市（地、州）、县（市、区）人民政府应当组织有关部门按照职责分工对本地区容易发生特大安全事故的单位、设施和场所安全事故的防范明确责任、采取措施，并组织有关部门对上述单位、设施和场所进行严格检查。

第七条 市（地、州）、县（市、区）人民政府必须制定本地区特大安全事故应急处理预案。本地区特大安全事故应急处理预案经政府主要领导人签署后，报上一级人民政府备案。

第八条 市（地、州）、县（市、区）人民政府应当组织有关部门对本规定第二条所列各类特大安全事故的隐患进行查处；发现特大安全事故隐患的，责令立即排除；特大安全事故隐患排除前或者排除过程中，无法保证安全的，责令暂时停产、停业或者停止使用。法律、行政法规对查处机关另有规定的，依照其规定。

第九条 市（地、州）、县（市、区）人民政府及其有关部门对本地区存在的特大安全事故隐患，超出其管辖或者职责范围的，应当立即向有管辖权或者负有职责的上级人民政府或者政府有关部门报告；情况紧急的，可以立即采取包括责令暂时停产、停业在内的紧急措施，同时报告；有关上级人民政府或者政府有关部门接到报告后，应当立即组织查处。

第十条 中小学校对学生进行劳动技能教育以及组织学生参加公益劳动等社会实践活动，必须确保学生安全。严禁以任何形式、名义组织学生从事接触易燃、易爆、有毒、有害等危险品的劳动或者其他危险性劳动。严禁将学校场地出租作为从事易燃、易爆、有毒、有害等危险品的生产、经营场所。

中小学校违反前款规定的，按照学校隶属关系，对县（市、区）、乡（镇）人民政府主要领导人和县（市、区）人民政府教育行政部门正职负责人，根据情节轻重，给予记过、降级直至撤职的行政处分；构成玩忽职守罪或者其他罪的，依法追究刑事责任。

中小学校违反本条第一款规定的，对校长给予撤职的行政处分，对直接组织者给予开除公职的行政处分；构成非法制造爆炸物罪或者其他罪的，依法追究刑事责任。

第十一条 依法对涉及安全生产事项负责行政审批（包括批准、核准、许可、注册、认证、颁发证照、竣工验收等，下同）的政府部门或者机构，必须严格依照法律、法规和规章规定的安全条件和程序进行审查；不符合法律、法规和规章规定的安全条件的，不得批准；不符合法律、法规和规章规定的安全条件，弄虚作假，骗取批准或者勾结串通行政审批工作人员取得批准的，负责行政审批的政府部门或者机构除必须立即撤销原批准外，应当对弄虚作假骗取批准或者勾结串通行政审批工作人员的当事人依法给予行政处罚；构成行贿罪或者其他罪的，依法追究刑事责任。

负责行政审批的政府部门或者机构违反前款规定，对不符合法律、法规和规章规定的安全条件予以批准的，对部门或者机构的正职负责人，根据情节轻重，给予降级、撤职直至开除公职的行政处分；与当事人勾结串通的，应当开除公职；构成受贿罪、玩忽职守罪或者其他罪的，依法追究刑事责任。

第十二条 对依照本规定第十一条第一款的规定取得批准的单位和个人，负责行政审批的政府部门或者机构必须对其实施严格监督检查；发现其不再具备安全条件的，必须立即撤销原批准。

负责行政审批的政府部门或者机构违反前款规定，不对取得批准的单位和个人实施严格监督检查，或者发现其不再具备安全条件而不立即撤销原批准的，对部门或者机构的正职负责人，根据情节轻重，给予降级或者撤职的行政处分；构成受贿罪、玩忽职守罪或者其他罪的，依法追究刑事责任。

第十三条 对未依法取得批准，擅自从事有关活动的，负责行政审批的政府部门或者机构发现或者接到举报后，应当立即予以查封、取缔，并依法给予行政处罚；属于经营单位的，由工商行政管理部门依法相应吊销营业执照。

负责行政审批的政府部门或者机构违反前款规定，对发现或者举报的未依法取得批准而擅自从事有关活动的，不予查封、取缔、不依法给予行政处罚，工商行政管理部门不予吊销营业执照的，对部门或者机构的正职负责人，根据情节轻重，给予降级或者撤职的行政处分；构成受贿罪、玩忽职守罪或者其他罪的，依法追究刑事责任。

第十四条 市（地、州）、县（市、区）人民政府依照本规定应当履行职责而未履行，或者未按照规定的职责和程序履行，本地区发生特大安全事故的，对政府主要领导人，根据情节轻重，给予降级或者撤职的行政处分；构成玩忽职守罪的，依法追究刑事责任。

负责行政审批的政府部门或者机构、负责安全监督管理的政府有关部门，未依照本规定履行职责，发生特大安全事故的，对部门或者机构的正职负责人，根据情节轻重，给予撤职或者开除公职的行政处分；构成玩忽职守罪或者其他罪的，依法追究刑事责任。

第十五条 发生特大安全事故，社会影响特别恶劣或者性质特别严重的，由国务院对负有领导责任的省长、自治区主席、直辖市市长和国务院有关部门正职负责人给予行政处分。

第十六条 特大安全事故发生后，有关县（市、区）、市（地、州）和省、自治区、直辖市人民政府及政府有关部门应当按照国家规定的程序和时限立即上报，不得隐瞒不报、谎报或者拖延报告，并应当配合、协助事故调查，不得以任何方

特大安全事故发生后，有关地方人民政府及政府有关部门违反前款规定的，对政府主要领导人和政府部门正职负责人给予降级的行政处分。

第十七条 特大安全事故发生后，有关地方人民政府应当迅速组织救助，有关部门应当服从指挥、调度，参加或者配合救助，将事故损失降到最低限度。

第十八条 特大安全事故发生后，省、自治区、直辖市人民政府应当按照国家有关规定迅速、如实发布事故消息。

第十九条 特大安全事故发生后，按照国家有关规定组织调查组对事故进行调查。事故调查工作应当自事故发生之日起60日内完成，并由调查组提出调查报告；遇有特殊情况的，经调查组提出并报国家安全生产监督管理机构批准后，可以适当延长时间。调查报告应当包括依照本规定对有关责任人员追究行政责任或者其他法律责任的意见。

省、自治区、直辖市人民政府应当自调查报告提交之日起30日内，对有关责任人员作出处理决定；

必要时，国务院可以对特大安全事故的有关责任人员作出处理决定。

第二十条 地方人民政府或者政府部门阻挠、干涉对特大安全事故有关责任人员追究行政责任的，对该地方人民政府主要领导人或者政府部门正职负责人，根据情节轻重，给予降级或者撤职的行政处分。

第二十一条 任何单位和个人均有权向有关地方人民政府或者政府部门报告特大安全事故隐患，有权向上级人民政府或者政府部门举报地方人民政府或者政府部门不履行安全监督管理职责或者不按照规定履行职责的情况。接到报告或者举报的有关人民政府或者政府部门，应当立即组织对事故隐患进行查处，或者对举报的不履行、不按照规定履行安全监督管理职责的情况进行调查处理。

第二十二条 监察机关依照行政监察法的规定，对地方各级人民政府和政府部门及其工作人员履行安全监督管理职责实施监察。

第二十三条 对特大安全事故以外的其他安全事故的防范、发生追究行政责任的办法，由省、自治区、直辖市人民政府参照本规定制定。

第二十四条 本规定自公布之日起施行。

2. 中共中央、国务院有关文件

中共中央、国务院关于推进安全生产领域改革发展的意见

（2016年12月18日中共中央、国务院印发）

安全生产是关系人民群众生命财产安全的大事，是经济社会协调健康发展的标志，是党和政府对人民利益高度负责的要求。党中央、国务院历来高度重视安全生产工作，党的十八大以来作出一系列重大决策部署，推动全国安全生产工作取得积极进展。同时也要看到，当前我国正处在工业化、城镇化持续推进过程中，生产经营规模不断扩大，传统和新型生产经营方式并存，各类事故隐患和安全风险交织叠加，安全生产基础薄弱、监管体制机制和法律制度不完善、企业主体责任落实不力等问题依然突出，生产安全事故易发多发，尤其是重特大安全事故频发势头尚未得到有效遏制，一些事故发生呈现由高危行业领域向其他行业领域蔓延趋势，直接危及生产安全和公共安全。为进一步加强安全生产工作，现就推进安全生产领域改革发展提出如下意见。

一、总体要求

（一）指导思想。全面贯彻党的十八大和十八届三中、四中、五中、六中全会精神，以邓小平理论、"三个代表"重要思想、科学发展观为指导，深入贯彻习近平总书记系列重要讲话精神和治国理政新理念新思想新战略，进一步增强"四个意识"，紧紧围绕统筹推进"五位一体"总体布局和协调推进"四个全面"战略布局，牢固树立新发展理念，坚持安全发展，坚守发展决不能以牺牲安全为代价这条不可逾越的红线，以防范遏制重特大生产安全事故为重点，坚持安全第一、预防为主、综合治理的方针，加强领导、改革创新，协调联动、齐抓共管，着力强化企业安全生产主体责任，着力堵塞监督管理漏洞，着力解决不遵守法律法规的问题，依靠严密的责任体系、严格的法治措施、有效的体制机制、有力的基础保障和完善的系统治理，切实增强安全防范治理能力，大力提升我国安全生产整体水平，确保人民群众安康幸福、共享改革发展和社会文明进步成果。

（二）基本原则

——坚持安全发展。贯彻以人民为中心的发展思想，始终把人的生命安全放在首位，正确处理安全与发展的关系，大力实施安全发展战略，为经济社会发展提供强有力的安全保障。

——坚持改革创新。不断推进安全生产理论创新、制度创新、体制机制创新、科技创新和文化创新，增强企业内生动力，激发全社会创新活力，破解安全生产难题，推动安全生产与经济社会协调发展。

——坚持依法监管。大力弘扬社会主义法治精神，运用法治思维和法治方式，深化安全生产监管执法体制改革，完善安全生产法律法规和标准体系，严格规范公正文明执法，增强监管执法效能，提高安全生产法治化水平。

——坚持源头防范。严格安全生产市场准入，经济社会发展要以安全为前提，把安全生产贯穿城乡规

划布局、设计、建设、管理和企业生产经营活动全过程。构建风险分级管控和隐患排查治理双重预防工作机制，严防风险演变、隐患升级导致生产安全事故发生。

——坚持系统治理。严密层级治理和行业治理、政府治理、社会治理相结合的安全生产治理体系，组织动员各方面力量实施社会共治。综合运用法律、行政、经济、市场等手段，落实人防、技防、物防措施，提升全社会安全生产治理能力。

（三）目标任务。到2020年，安全生产监管体制机制基本成熟，法律制度基本完善，全国生产安全事故总量明显减少，职业病危害防治取得积极进展，重特大生产安全事故频发势头得到有效遏制，安全生产整体水平与全面建成小康社会目标相适应。到2030年，实现安全生产治理体系和治理能力现代化，全民安全文明素质全面提升，安全生产保障能力显著增强，为实现中华民族伟大复兴的中国梦奠定稳固可靠的安全生产基础。

二、健全落实安全生产责任制

（四）明确地方党委和政府领导责任。坚持党政同责、一岗双责、齐抓共管、失职追责，完善安全生产责任体系。地方各级党委和政府要始终把安全生产摆在重要位置，加强组织领导。党政主要负责人是本地区安全生产第一责任人，班子其他成员对分管范围内的安全生产工作负领导责任。地方各级安全生产委员会主任由政府主要负责人担任，成员由同级党委和政府及相关部门负责人组成。

地方各级党委要认真贯彻执行党的安全生产方针，在统揽本地区经济社会发展全局中同步推进安全生产工作，定期研究决定安全生产重大问题。加强安全生产监管机构领导班子、干部队伍建设。严格安全生产履职绩效考核和失职责任追究。强化安全生产宣传教育和舆论引导。发挥人大对安全生产工作的监督促进作用、政协对安全生产工作的民主监督作用。推动组织、宣传、政法、机构编制等单位支持保障安全生产工作。动员社会各界积极参与、支持、监督安全生产工作。

地方各级政府要把安全生产纳入经济社会发展总体规划，制定实施安全生产专项规划，健全安全投入保障制度。及时研究部署安全生产工作，严格落实属地监管责任。充分发挥安全生产委员会作用，实施安全生产责任目标管理。建立安全生产巡查制度，督促各部门和下级政府履职尽责。加强安全生产监管执法能力建设，推进安全科技创新，提升信息化管理水平。严格安全准入标准，指导管控安全风险，督促整治重大隐患，强化源头治理。加强应急管理，完善安全生产应急救援体系。依法依规开展事故调查处理，督促落实问题整改。

（五）明确部门监管责任。按照管行业必须管安全、管业务必须管安全、管生产经营必须管安全和谁主管谁负责的原则，厘清安全生产综合监管与行业监管的关系，明确各有关部门安全生产和职业健康工作职责，并落实到部门工作职责规定中。安全生产监督管理部门负责安全生产法规标准和政策规划制定修订、执法监督、事故调查处理、应急救援管理、统计分析、宣传教育培训等综合性工作，承担职责范围内行业领域安全生产和职业健康监督执法职责。负有安全生产监督管理职责的有关部门依法依规履行相关行业领域安全生产和职业健康监管职责，强化监管执法，严厉查处违法违规行为。其他行业领域主管部门负有安全生产管理责任，要将安全生产工作作为行业领域管理的重要内容，从行业规划、产业政策、法规标准、行政许可等方面加强行业安全生产工作，指导督促企事业单位加强安全管理。党委和政府其他有关部门要在职责范围内为安全生产工作提供支持保障，共同推进安全发展。

（六）严格落实企业主体责任。企业对本单位安全生产和职业健康工作负全面责任，要严格履行安全生产法定责任，建立健全自我约束、持续改进的内生机制。企业实行全员安全生产责任制度，法定代表人和实际控制人同为安全生产第一责任人，主要技术负责人负有安全生产技术决策和指挥权，强化部门安全生产职责，落实一岗双责。完善落实混合所有制企业以及跨地区、多层级和境外中资企业投资主体的安全生产责任。建立企业全过程安全生产和职业健康管理制度，做到安全责任、管理、投入、培训和应急救援"五到位"。国有企业要发挥安全生产工作示范带头作用，自觉接受属地监管。

（七）健全责任考核机制。建立与全面建成小康社会相适应和体现安全发展水平的考核评价体系。完善考核制度，统筹整合、科学设定安全生产考核指标，加大安全生产在社会治安综合治理、精神文明建设等考核中的权重。各级政府要对同级安全生产委员会成员单位和下级政府实施严格的安全生产工作责任考核，实行过程考核与结果考核相结合。各地区各单位要建立安全生产绩效与履职评定、职务晋升、奖励惩处挂钩制度，严格落实安全生产"一票否决"制度。

（八）严格责任追究制度。实行党政领导干部任期安全生产责任制，日常工作依责尽职、发生事故依责追究。依法依规制定各有关部门安全生产权力和责任清单，尽职照单免责、失职照单问责。建立企业生产经营全过程安全责任追溯制度。严肃查处安全生产领域项目审批、行政许可、监管执法中的失职渎职和权钱交易等腐败行为。严格事故直报制度，对瞒报、谎报、漏报、迟报事故的单位和个人依法依规追责。对被追究刑事责任的生产经营者依法实施相应的职业禁入，对事故发生负有重大责任的社会服务机构和人员依法严肃追究法律责任，并依法实施相应的行业禁入。

三、改革安全监管监察体制

（九）完善监督管理体制。加强各级安全生产委员会组织领导，充分发挥其统筹协调作用，切实解决突出矛盾和问题。各级安全生产监督管理部门承担本级安全生产委员会日常工作，负责指导协调、监督检查、巡查考核本级政府有关部门和下级政府安全生产工作，履行综合监管职责。负有安全生产监督管理职责的部门，依照有关法律法规和部门职责，健全安全生产监管体制，严格落实监管职责。相关部门按照各自职责建立完善安全生产工作机制，形成齐抓共管格局。坚持管安全生产必须管职业健康，建立安全生产和职业健康一体化监管执法体制。

（十）改革重点行业领域安全监管监察体制。依托国家煤矿安全监察体制，加强非煤矿山安全生产监管监察，优化安全监察机构布局，将国家煤矿安全监察机构负责的安全生产行政许可事项移交给地方政府承担。着重加强危险化学品安全监管体制改革和力量建设，明确和落实危险化学品建设项目立项、规划、设计、施工及生产、储存、使用、销售、运输、废弃处置等环节的法定安全监管责任，建立有力的协调联动机制，消除监管空白。完善海洋石油安全生产监督管理体制机制，实行政企分开。理顺民航、铁路、电力等行业跨区域监管体制，明确行业监管、区域监管与地方监管职责。

（十一）进一步完善地方监管执法体制。地方各级党委和政府要将安全生产监督管理部门作为政府工作部门和行政执法机构，加强安全生产执法队伍建设，强化行政执法职能。统筹加强安全监管力量，重点充实市、县两级安全生产监管执法人员，强化乡镇（街道）安全生产监管力量建设。完善各类开发区、工业园区、港区、风景区等功能区安全生产监管体制，明确负责安全生产监督管理的机构，以及港区安全生产地方监管和部门监管责任。

（十二）健全应急救援管理体制。按照政事分开原则，推进安全生产应急救援管理体制改革，强化行政管理职能，提高组织协调能力和现场救援时效。健全省、市、县三级安全生产应急救援管理工作机制，建设联动互通的应急救援指挥平台。依托公安消防、大型企业、工业园区等应急救援力量，加强矿山和危险化学品等应急救援基地和队伍建设，实行区域化应急救援资源共享。

四、大力推进依法治理

（十三）健全法律法规体系。建立健全安全生产法律法规立改废释工作协调机制。加强涉及安全生产相关法规一致性审查，增强安全生产法制建设的系统性、可操作性。制定安全生产中长期立法规划，加快制定修订安全生产法配套法规。加强安全生产和职业健康法律法规衔接融合。研究修改刑法有关条款，将生产经营过程中极易导致重大生产安全事故的违法行为列入刑法调整范围。制定完善高危行业领域安全规程。设区的市根据立法法的立法精神，加强安全生产地方性法规建设，解决区域性安全生产突出问题。

（十四）完善标准体系。加快安全生产标准制定修订和整合，建立以强制性国家标准为主体的安全生产标准体系。鼓励依法成立的社会团体和企业制定更加严格规范的安全生产标准，结合国情积极借鉴实施国际先进标准。国务院安全生产监督管理部门负责生产经营单位职业危害预防治理国家标准制定发布工作；统筹提出安全生产强制性国家标准立项计划，有关部门按照职责分工组织起草、审查、实施和监督执行，国务院标准化行政主管部门负责及时立项、编号、对外通报、批准并发布。

（十五）严格安全准入制度。严格高危行业领域安全准入条件。按照强化监管与便民服务相结合原则，科学设置安全生产行政许可事项和办理程序，优化工作流程，简化办事环节，实施网上公开办理，接受社会监督。对与人民群众生命财产安全直接相关的行政许可事项，依法严格管理。对取消、下放、移交的行政许可事项，要加强事中事后安全监管。

（十六）规范监管执法行为。完善安全生产监管执法制度，明确每个生产经营单位安全生产监督和管理主体，制定实施执法计划，完善执法程序规定，依法严格查处各类违法违规行为。建立行政执法和刑事司法衔接制度，负有安全生产监督管理职责的部门要加强与公安、检察院、法院等协调配合，完善安全生产违法线索通报、案件移送与协查机制。对违法行为当事人拒不执行安全生产行政执法决定的，负有安全生产监督管理职责的部门应依法申请司法机关强制执行。完善司法机关参与事故调查机制，严肃查处违法犯罪行为。研究建立安全生产民事和行政公益诉讼制度。

（十七）完善执法监督机制。各级人大常委会要定期检查安全生产法律法规实施情况，开展专题询问。各级政协要围绕安全生产突出问题开展民主监督和协商调研。建立执法行为审议制度和重大行政执法决策机制，评估执法效果，防止滥用职权。健全领导干部非法干预安全生产监管执法的记录、通报和责任追究制度。完善安全生产执法纠错和执法信息公开制度，加强社会监督和舆论监督，保证执法严明、有错必纠。

（十八）健全监管执法保障体系。制定安全生产监管监察能力建设规划，明确监管执法装备及现场执法和应急救援用车配备标准，加强监管执法技术支撑体系建设，保障监管执法需要。建立完善负有安全生产监督管理职责的部门监管执法经费保障机制，将监管执法经费纳入同级财政全额保障范围。加强监管执法制度化、标准化、信息化建设，确保规范高效监管执法。建立安全生产监管执法人员依法履行法定职责制度，激励保证监管执法人员忠于职守、履职尽责。严格监管执法人员资格管理，制定安全生产监管执法人员录用标准，提高专业监管执法人员比例。建立健全安全生产监管执法人员凡进必考、入职培训、持证上岗和定期轮训制度。统一安全生产执法标志标识和制式服装。

（十九）完善事故调查处理机制。坚持问责与整改并重，充分发挥事故查处对加强和改进安全生产工作的促进作用。完善生产安全事故调查组组长负责制。健全典型事故提级调查、跨地区协同调查和工作督导机制。建立事故调查分析技术支撑体系，所有事故调查报告要设立技术和管理问题专篇，详细分析原因并全文发布，做好解读，回应公众关切。对事故调查发现有漏洞、缺陷的有关法律法规和标准制度，及时启动制定修订工作。建立事故暴露问题整改督办制度，事故结案后一年内，负责事故调查的地方政府和国务院有关部门要组织开展评估，及时向社会公开，对履职不力、整改措施不落实的，依法依规严肃追究有关单位和人员责任。

五、建立安全预防控制体系

（二十）加强安全风险管控。地方各级政府要建立完善安全风险评估与论证机制，科学合理确定企业选址和基础设施建设、居民生活区空间布局。高危项目审批必须把安全生产作为前置条件，城乡规划布局、设计、建设、管理等各项工作必须以安全为前提，实行重大安全风险"一票否决"。加强新材料、新工艺、新业态安全风险评估和管控。紧密结合供给侧结构性改革，推动高危产业转型升级。位置相邻、行业相近、业态相似的地区和行业要建立完善重大安全风险联防联控机制。构建国家、省、市、县四级重大危险源信息管理体系，对重点行业、重点区域、重点企业实行风险预警控制，有效防范重特大生产安全事故。

（二十一）强化企业预防措施。企业要定期开展风险评估和危害辨识。针对高危工艺、设备、物品、场所和岗位，建立分级管控制度，制定落实安全操作规程。树立隐患就是事故的观念，建立健全隐患排查治理制度、重大隐患治理情况向负有安全生产监督管理职责的部门和企业职代会"双报告"制度，实行自查自改自报闭环管理。严格执行安全生产和职业健康"三同时"制度。大力推进企业安全生产标准化建设，实现安全管理、操作行为、设备设施和作业环境的标准化。开展经常性的应急演练和人员避险自救培训，着力提升现场应急处置能力。

（二十二）建立隐患治理监督机制。制定生产安全事故隐患分级和排查治理标准。负有安全生产监督管理职责的部门要建立与企业隐患排查治理系统联网的信息平台，完善线上线下配套监管制度。强化隐患排查治理监督执法，对重大隐患整改不到位的企业依法采取停产停业、停止施工、停止供电和查封扣押等强制措施，按规定给予上限经济处罚，对构成犯罪的要移交司法机关依法追究刑事责任。严格重大隐患挂牌督办制度，对整改和督办不力的纳入政府核查问责范围，实行约谈告诫、公开曝光，情节严重的依法依规追究相关人员责任。

（二十三）强化城市运行安全保障。定期排查区域内安全风险点、危险源，落实管控措施，构建系统性、现代化的城市安全保障体系，推进安全发展示范城市建设。提高基础设施安全配置标准，重点加强对城市高层建筑、大型综合体、隧道桥梁、管线管廊、轨道交通、燃气、电力设施及电梯、游乐设施等的检测维护。完善大型群众性活动安全管理制度，加强人员密集场所安全监管。加强公安、民政、国土资源、住房城乡建设、交通运输、水利、农业、安全监管、气象、地震等相关部门的协调联动，严防自然灾害引发事故。

（二十四）加强重点领域工程治理。深入推进对煤矿瓦斯、水害等重大灾害以及矿山采空区、尾矿库的工程治理。加快实施人口密集区域的危险化学品和化工企业生产、仓储场所安全搬迁工程。深化油气开采、输送、炼化、码头接卸等领域安全整治。实施高速公路、乡村公路和急弯陡坡、临水临崖危险路段公路安全生命防护工程建设。加强高速铁路、跨海大桥、海底隧道、铁路浮桥、航运枢纽、港口等防灾监测、安全检测及防护系统建设。完善长途客运车辆、旅游客车、危险物品运输车辆和船舶生产制造标准，提高安全性能，强制安装智能视频监控报警、防碰撞和整车整船安全运行监管技术装备，对已运行的要加快安全技术装备改造升级。

（二十五）建立完善职业病防治体系。将职业病防治纳入各级政府民生工程及安全生产工作考核体系，制定职业病防治中长期规划，实施职业健康促进计划。加快职业病危害严重企业技术改造、转型升级和淘汰退出，加强高危粉尘、高毒物品等职业病危害源头治理。健全职业健康监管支撑保障体系，加强职业健康技术服务机构、职业病诊断鉴定机构和职业健康体检机构建设，强化职业病危害基础研究、预防控制、诊断鉴定、综合治疗能力。完善相关规定，扩大职业病患者救治范围，将职业病失能人员纳入社会保障范围，对符合条件的职业病患者落实医疗与生活救助措施。加强企业职业健康监管执法，督促落实职业病危害告知、日常监测、定期报告、防护保障和职业健康体检等制度措施，落实职业病防治主体责任。

六、加强安全基础保障能力建设

（二十六）完善安全投入长效机制。加强中央和地方财政安全生产预防及应急相关资金使用管理，加大安全生产与职业健康投入，强化审计监督。加强安全生产经济政策研究，完善安全生产专用设备企业所得税优惠目录。落实企业安全生产费用提取管理使用制度，建立企业增加安全投入的激励约束机制。健全投融资服务体系，引导企业集聚发展灾害防治、预测预警、检测监控、个体防护、应急处置、安全文化等技术、装备和服务产业。

（二十七）建立安全科技支撑体系。优化整合国家科技计划，统筹支持安全生产和职业健康领域科研项目，加强研发基地和博士后科研工作站建设。开展事故预防理论研究和关键技术装备研发，加快成果转化和推广应用。推动工业机器人、智能装备在危险工序和环节广泛应用。提升现代信息技术与安全生产融合度，统一标准规范，加快安全生产信息化建设，构建安全生产与职业健康信息化全国"一张网"。加强安全生产理论和政策研究，运用大数据技术开展安全生产规律性、关联性特征分析，提高安全生产决策科学化水平。

（二十八）健全社会化服务体系。将安全生产专业技术服务纳入现代服务业发展规划，培育多元化服务主体。建立政府购买安全生产服务制度。支持发展安全生产专业化行业组织，强化自治自律。完善注册安全工程师制度。改革完善安全生产和职业健康技术服务机构资质管理办法。支持相关机构开展安全生产和职业健康一体化评价等技术服务，严格实施评价公开制度，进一步激活和规范专业技术服务市场。鼓励中小微企业订单式、协作式购买运用安全生产管理和技术服务。建立安全生产和职业健康技术服务机构公示制度和由第三方实施的信用评定制度，严肃查处租借资质、违法挂靠、弄虚作假、垄断收费等各类违法违规行为。

（二十九）发挥市场机制推动作用。取消安全生产风险抵押金制度，建立健全安全生产责任保险制度，在矿山、危险化学品、烟花爆竹、交通运输、建筑施工、民用爆炸物品、金属冶炼、渔业生产等高危行业领域强制实施，切实发挥保险机构参与风险评估管控和事故预防功能。完善工伤保险制度，加快制定工伤预防费用的提取比例、使用和管理具体办法。积极推进安全生产诚信体系建设，完善企业安全生产不良记录"黑名单"制度，建立失信惩戒和守信激励机制。

（三十）健全安全宣传教育体系。将安全生产监督管理纳入各级党政领导干部培训内容。把安全知识普及纳入国民教育，建立完善中小学安全教育和高危行业职业安全教育体系。把安全生产纳入农民工技能培训内容。严格落实企业安全教育培训制度，切实做到先培训、后上岗。推进安全文化建设，加强警示教育，强化全民安全意识和法治意识。发挥工会、共青团、妇联等群团组织作用，依法维护职工群众的知情权、参与权与监督权。加强安全生产公益宣传和舆论监督。建立安全生产"12350"专线与社会公共管理平台统一接报、分类处置的举报投诉机制。鼓励开展安全生产志愿服务和慈善事业。加强安全生产国际交流合作，学习借鉴国外安全生产与职业健康先进经验。

各地区各部门要加强组织领导，严格实行领导干部安全生产工作责任制，根据本意见提出的任务和要求，结合实际认真研究制定实施办法，抓紧出台推进安全生产领域改革发展的具体政策措施，明确责任分工和时间进度要求，确保各项改革举措和工作要求落实到位。贯彻落实情况要及时向党中央、国务院报告，同时抄送国务院安全生产委员会办公室。中央全面深化改革领导小组办公室将适时牵头组织开展专项监督检查。

中共中央办公厅、国务院办公厅关于推进城市安全发展的意见

(2018年1月7日中共中央办公厅、国务院办公厅印发)

随着我国城市化进程明显加快,城市人口、功能和规模不断扩大,发展方式、产业结构和区域布局发生了深刻变化,新材料、新能源、新工艺广泛应用,新产业、新业态、新领域大量涌现,城市运行系统日益复杂,安全风险不断增大。一些城市安全基础薄弱,安全管理水平与现代化城市发展要求不适应、不协调的问题比较突出。近年来,一些城市甚至大型城市相继发生重特大生产安全事故,给人民群众生命财产安全造成重大损失,暴露出城市安全管理存在不少漏洞和短板。为强化城市运行安全保障,有效防范事故发生,现就推进城市安全发展提出如下意见。

一、总体要求

(一)指导思想。全面贯彻党的十九大精神,以习近平新时代中国特色社会主义思想为指导,紧紧围绕统筹推进"五位一体"总体布局和协调推进"四个全面"战略布局,牢固树立安全发展理念,弘扬生命至上、安全第一的思想,强化安全红线意识,推进安全生产领域改革发展,切实把安全发展作为城市现代文明的重要标志,落实完善城市运行管理及相关方面的安全生产责任制,健全公共安全体系,打造共建共治共享的城市安全社会治理格局,促进建立以安全生产为基础的综合性、全方位、系统化的城市安全发展体系,全面提高城市安全保障水平,有效防范和坚决遏制重特大安全事故发生,为人民群众营造安居乐业、幸福康宁的生产生活环境。

(二)基本原则。

——坚持生命至上、安全第一。牢固树立以人民为中心的发展思想,始终坚守发展决不能以牺牲安全为代价这条不可逾越的红线,严格落实地方各级党委和政府的领导责任、部门监管责任、企业主体责任,加强社会监督,强化城市安全生产防范措施落实,为人民群众提供更有保障、更可持续的安全感。

——坚持立足长效、依法治理。加强安全生产、职业健康法律法规和标准体系建设,增强安全生产法治意识,健全安全监管机制,规范执法行为,严格执法措施,全面提升城市安全生产法治化水平,加快建立城市安全治理长效机制。

——坚持系统建设、过程管控。健全公共安全体系,加强城市规划、设计、建设、运行等各个环节的安全管理,充分运用科技和信息化手段,加快推进安全风险管控、隐患排查治理体系和机制建设,强化系统性安全防范制度措施落实,严密防范各类事故发生。

——坚持统筹推动、综合施策。充分调动社会各方面的积极性,优化配置城市管理资源,加强安全生产综合治理,切实将城市安全发展建立在人民群众安全意识不断增强、从业人员安全技能素质显著提高、生产经营单位和区域安全保障水平持续改进的基础上,有效解决影响城市安全的突出矛盾和问题。

(三)总体目标。到2020年,城市安全发展取得明显进展,建成一批与全面建成小康社会目标相适应的安全发展示范城市;在深入推进示范创建的基础上,到2035年,城市安全发展体系更加完善,安全文明程度显著提升,建成与基本实现社会主义现代化相适应的安全发展城市。持续推进形成系统性、现代化的城市安全保障体系,加快建成以中心城区为基础、带动周边、辐射县乡、惠及民生的安全发展型城市,为把我国建成富强民主文明和谐美丽的社会主义现代化强国提供坚实稳固的安全保障。

二、加强城市安全源头治理

(四)科学制定规划。坚持安全发展理念,严密细致制定城市经济社会发展总体规划及城市规划、城市综合防灾减灾规划等专项规划,居民生活区、商业区、经济技术开发区、工业园区、港区以及其他功能区的空间布局要以安全为前提。加强建设项目实施前的评估论证工作,将安全生产的基本要求和保障措施落实到城市发展的各个领域、各个环节。

(五)完善安全法规和标准。加强体现安全生产区域特点的地方性法规建设,形成完善的城市安全法治体系。完善城市高层建筑、大型综合体、综合交通枢纽、隧道桥梁、管线管廊、道路交通、轨道交通、燃气工程、排水防涝、垃圾填埋场、渣土受纳场、电力设施及电梯、大型游乐设施等的技术标准,提高安全和应急设施的标准要求,增强抵御事故风险、保障安全运行的能力。

(六)加强基础设施安全管理。城市基础设施建设要坚持把安全放在第一位,严格把关。有序推进城市地下管网依据规划采取综合管廊模式进行建设。加

强城市交通、供水、排水防涝、供热、供气和污水、污泥、垃圾处理等基础设施建设、运营过程中的安全监督管理,严格落实安全防范措施。强化与市政设施配套的安全设施建设,及时进行更换和升级改造。加强消防站点、水源等消防安全设施建设和维护,因地制宜规划建设特勤消防站、普通消防站、小型和微型消防站,缩短灭火救援响应时间。加快推进城区铁路平交道口立交化改造,加快消除人员密集区域铁路平交道口。加强城市交通基础设施建设,优化城市路网和交通组织,科学规范设置道路交通安全设施,完善行人过街安全设施。加强城市棚户区、城中村和危房改造过程中的安全监督管理,严格治理城市建成区违法建设。

(七)加快重点产业安全改造升级。完善高危行业企业退城入园、搬迁改造和退出转产扶持奖励政策。制定中心城区安全生产禁止和限制类产业目录,推动城市产业结构调整,治理整顿安全生产条件落后的生产经营单位,经整改仍不具备安全生产条件的,要依法实施关闭。加强矿产资源型城市塌(沉)陷区治理。加快推进城镇人口密集区不符合安全和卫生防护距离要求的危险化学品生产、储存企业就地改造达标、搬迁进入规范化工园区或依法关闭退出。引导企业集聚发展安全产业,改造提升传统行业工艺技术和安全装备水平。结合企业管理创新,大力推进企业安全生产标准化建设,不断提升安全生产管理水平。

三、健全城市安全防控机制

(八)强化安全风险管控。对城市安全风险进行全面辨识评估,建立城市安全风险信息管理平台,绘制"红、橙、黄、蓝"四色等级安全风险空间分布图。编制城市安全风险白皮书,及时更新发布。研究制定重大安全风险"一票否决"的具体情形和管理办法。明确风险管控的责任部门和单位,完善重大安全风险联防联控机制。对重点人员密集场所、安全风险较高的大型群众性活动开展安全风险评估,建立大客流监测预警和应急管控处置机制。

(九)深化隐患排查治理。制定城市安全隐患排查治理规范,健全隐患排查治理体系。进一步完善城市重大危险源辨识、申报、登记、监管制度,建立动态管理数据库,加快提升在线安全监控能力。强化对各类生产经营单位和场所落实隐患排查治理制度情况的监督检查,严格实施重大事故隐患挂牌督办。督促企业建立隐患自查自改评价制度,定期分析、评估隐患治理效果,不断完善隐患治理工作机制。加强施工前作业风险评估,强化检维修作业、临时用电作业、盲板抽堵作业、高空作业、吊装作业、断路作业、动土作业、立体交叉作业、有限空间作业、焊接与热切割作业以及塔吊、脚手架在使用和拆装过程中的安全管理,严禁违章违规行为,防范事故发生。加强广告牌、灯箱和楼房外墙附着物管理,严防倒塌和坠落事故。加强老旧城区火灾隐患排查,督促整改私拉乱接、超负荷用电、线路短路、线路老化和影响消防车通行的障碍物等问题。加强城市隧道、桥梁、易积水路段等道路交通安全隐患点段排查治理,保障道路安全通行条件。加强安全社区建设。推行高层建筑消防安全经理人或楼长制度,建立自我管理机制。明确电梯使用单位安全责任,督促使用、维保单位加强检测维护,保障电梯安全运行。加强对油、气、煤等易燃易爆场所雷电灾害隐患排查。加强地震风险普查及防控,强化城市活动断层探测。

(十)提升应急管理和救援能力。坚持快速、科学、有效救援,健全城市安全生产应急救援管理体系,加快推进建立城市应急救援信息共享机制,健全多部门协同预警发布和响应处置机制,提升防灾减灾救灾能力,提高城市生产安全事故处置水平。完善事故应急救援预案,实现政府预案与部门预案、企业预案、社区预案有效衔接,定期开展应急演练。加强各类专业化应急救援基地和队伍建设,重点加强危险化学品相对集中区域的应急救援能力建设,鼓励和支持有条件的社会救援力量参与应急救援。建立完善日常应急救援技术服务制度,不具备单独建立专业应急救援队伍的中小型企业要与相邻有关专业救援队伍签订救援服务协议,或者联合建立专业应急救援队伍。完善应急救援联动机制,强化应急状态下交通管制、警戒、疏散等防范措施。健全应急物资储备调用机制。开发适用高层建筑等条件下的应急救援装备设施,加强安全使用培训。强化有限空间作业和现场应急处置技能。根据城市人口分布和规模,充分利用公园、广场、校园等宽阔地带,建立完善应急避难场所。

四、提升城市安全监管效能

(十一)落实安全生产责任。完善党政同责、一岗双责、齐抓共管、失职追责的安全生产责任体系。全面落实城市各级党委和政府对本地区安全生产工作的领导责任、党政主要负责人第一责任人的责任,及时研究推进城市安全发展重点工作。按照管行业必须管安全、管业务必须管安全、管生产经营必须管安全和谁主管谁负责的原则,落实各相关部门安全生产和职业健康工作职责,做到责任落实无档口、监督管理无盲区。严格落实各类生产经营单位安全生产与职业健康主体责任,加强全员全过程全方位安全管理。

(十二)完善安全监管体制。加强负有安全生产监督管理职责部门之间的工作衔接，推动安全生产领域内综合执法，提高城市安全监管执法实效。合理调整执法队伍种类和结构，加强安全生产基层执法力量。科学划分经济技术开发区、工业园区、港区、风景名胜区等各类功能区的类型和规模，明确健全相应的安全生产监督管理机构。完善民航、铁路、电力等监管体制，界定行业监管和属地监管职责。理顺城市无人机、新型燃料、餐饮场所、未纳入施工许可管理的建筑施工等行业领域安全监管职责，落实安全监督检查责任。推进实施联合执法，解决影响人民群众生产生活安全的"城市病"。完善放管服工作机制，提高安全监管实效。

（十三）增强监管执法能力。加强安全生产监管执法机构规范化、标准化、信息化建设，充分运用移动执法终端、电子案卷等手段提高执法效能，改善现场执法、调查取证、应急处置等监管执法装备，实施执法全过程记录。实行派驻执法、跨区域执法或委托执法等方式，加强街道（乡镇）和各类功能区安全生产执法工作。加强安全监管执法教育培训，强化法治思维和法治手段，通过组织开展公开裁定、现场模拟执法、编制运用行政处罚和行政强制指导性案例等方式，提高安全监管执法人员业务素质能力。建立完善安全生产行政执法和刑事司法衔接制度。定期开展执法效果评估，强化执法措施落实。

（十四）严格规范监管执法。完善执法人员岗位责任制和考核机制，严格执法程序，加强现场精准执法，对违法行为及时作出处置决定。依法明确停产停业、停止施工、停止使用相关设施或设备，停止供电、停止供应民用爆炸物品，查封、扣押、取缔和上限处罚等执法决定的适用情形、时限要求、执行责任，对推诿或消极执行、拒绝执行停止供电、停止供应民用爆炸物品的有关职能部门和单位，下达执法决定的部门可将有关情况提交行业主管部门或监察机关作出处理。严格执法信息公开制度，加强执法监督和巡查考核，对负有安全生产监督管理职责的部门未依法采取相应执法措施或降低执法标准的责任人实施问责。严肃事故调查处理，依法依规追究责任单位和责任人的责任。

五、强化城市安全保障能力

（十五）健全社会化服务体系。制定完善政府购买安全生产服务指导目录，强化城市安全专业技术服务力量。大力实施安全生产责任保险，突出事故预防功能。加快推进安全信用体系建设，强化失信惩戒和守信激励，明确和落实对有关单位及人员的惩戒和激励措施。将生产经营过程中极易导致生产安全事故的违法行为纳入安全生产领域严重失信联合惩戒"黑名单"管理。完善城市社区安全网格化工作体系，强化末梢管理。

（十六）强化安全科技创新和应用。加大城市安全运行设施资金投入，积极推广先进生产工艺和安全技术，提高安全自动监测和防控能力。加强城市安全监管信息化建设，建立完善安全生产监管与市场监管、应急保障、环境保护、治安防控、消防安全、道路交通、信用管理等部门公共数据资源开放共享机制，加快实现城市安全管理的系统化、智能化。深入推进城市生命线工程建设，积极研发和推广应用先进的风险防控、灾害防治、预测预警、监测监控、个体防护、应急处置、工程抗震等安全技术和产品。建立城市安全智库、知识库、案例库，健全辅助决策机制。升级城市放射性废物库安全保卫设施。

（十七）提升市民安全素质和技能。建立完善安全生产和职业健康相关法律法规、标准的查询、解读、公众互动交流信息平台。坚持谁执法谁普法的原则，加大普法力度，切实提升人民群众的安全法治意识。推进安全生产和职业健康宣传教育进企业、进机关、进学校、进社区、进农村、进家庭、进公共场所，推广普及安全常识和职业病危害防治知识，增强社会公众对应急预案的认知、协同能力及自救互救技能。积极开展安全文化创建活动，鼓励创作和传播安全生产主题公益广告、影视剧、微视频等作品。鼓励建设具有城市特色的安全文化教育体验基地、场馆，积极推进把安全文化元素融入公园、街道、社区，营造关爱生命、关注安全的浓厚社会氛围。

六、加强统筹推动

（十八）强化组织领导。城市安全发展工作由国务院安全生产委员会统一组织，国务院安全生产委员会办公室负责实施，中央和国家机关有关部门在职责范围内负责具体工作。各省（自治区、直辖市）党委和政府要切实加强领导，完善保障措施，扎实推进本地区城市安全发展工作，不断提高城市安全发展水平。

（十九）强化协同联动。把城市安全发展纳入安全生产工作巡查和考核的重要内容，充分发挥有关部门和单位的职能作用，加强规律性研究，形成工作合力。鼓励引导社会化服务机构、公益组织和志愿者参与推进城市安全发展，完善信息公开、举报奖励等制度，维护人民群众对城市安全发展的知情权、参与权、监督权。

（二十）强化示范引领。国务院安全生产委员会负责制定安全发展示范城市评价与管理办法，国务院安全生产委员会办公室负责制定评价细则，组织第三方评价，并组织各有关部门开展复核、公示，拟定命名或撤销命名"国家安全发展示范城市"名单,报国务院安全生产委员会审议通过后,以国务院安全生产委员会名义授牌或摘牌。各省(自治区、直辖市)党委和政府负责本地区安全发展示范城市建设工作。

中共中央办公厅、国务院办公厅关于地方党政领导干部安全生产责任制规定

(2018年4月8日中共中央办公厅、国务院办公厅印发)

第一章 总 则

第一条 为了加强地方各级党委和政府对安全生产工作的领导,健全落实安全生产责任制,树立安全发展理念,根据《中华人民共和国安全生产法》《中华人民共和国公务员法》等法律规定和《中共中央、国务院关于推进安全生产领域改革发展的意见》《中国共产党地方委员会工作条例》《中国共产党问责条例》等中央有关规定,制定本规定。

第二条 本规定适用于县级以上地方各级党委和政府领导班子成员(以下统称地方党政领导干部)。

县级以上地方各级党委工作机关、政府工作部门及相关机构领导干部,乡镇(街道)党政领导干部,各类开发区管理机构党政领导干部,参照本规定执行。

第三条 实行地方党政领导干部安全生产责任制,必须以习近平新时代中国特色社会主义思想为指导,切实增强政治意识、大局意识、核心意识、看齐意识,牢固树立发展决不能以牺牲安全为代价的红线意识,按照高质量发展要求,坚持安全发展、依法治理,综合运用巡查督查、考核考察、激励惩戒等措施,加强组织领导,强化属地管理,完善体制机制,有效防范安全生产风险,坚决遏制重特大生产安全事故,促使地方各级党政领导干部切实承担起"促一方发展、保一方平安"的政治责任,为统筹推进"五位一体"总体布局和协调推进"四个全面"战略布局营造良好稳定的安全生产环境。

第四条 实行地方党政领导干部安全生产责任制,应当坚持党政同责、一岗双责、齐抓共管、失职追责,坚持管行业必须管安全、管业务必须管安全、管生产经营必须管安全。

地方各级党委和政府主要负责人是本地区安全生产第一责任人,班子其他成员对分管范围内的安全生产工作负领导责任。

第二章 职 责

第五条 地方各级党委主要负责人安全生产职责主要包括:

(一)认真贯彻执行党中央以及上级党委关于安全生产的决策部署和指示精神,安全生产方针政策、法律法规;

(二)把安全生产纳入党委议事日程和向全会报告工作的内容,及时组织研究解决安全生产重大问题;

(三)把安全生产纳入党委常委会及其成员职责清单,督促落实安全生产"一岗双责"制度;

(四)加强安全生产监管部门领导班子建设、干部队伍建设和机构建设,支持人大、政协监督安全生产工作,统筹协调各方面重视支持安全生产工作;

(五)推动将安全生产纳入经济社会发展全局,纳入国民经济和社会发展考核评价体系,作为衡量经济发展、社会治安综合治理、精神文明建设成效的重要指标和领导干部政绩考核的重要内容;

(六)大力弘扬生命至上、安全第一的思想,强化安全生产宣传教育和舆论引导,将安全生产方针政策和法律法规纳入党委理论学习中心组学习内容和干部培训内容。

第六条 县级以上地方各级政府主要负责人安全生产职责主要包括:

(一)认真贯彻落实党中央、国务院以及上级党委和政府、本级党委关于安全生产的决策部署和指示精神,安全生产方针政策、法律法规;

(二)把安全生产纳入政府重点工作和政府工作报告的重要内容,组织制定安全生产规划并纳入国民经济和社会发展规划,及时组织研究解决安全生产突出问题;

(三)组织制定政府领导干部年度安全生产重点工作责任清单并定期检查考核,在政府有关工作部门"三定"规定中明确安全生产职责;

(四)组织设立安全生产专项资金并列入本级财政预算、与财政收入保持同步增长,加强安全生产基础建设和监管能力建设,保障监管执法必需的人员、经费和车辆等装备;

(五)严格安全准入标准,推动构建安全风险分级管控和隐患排查治理预防工作机制,按照分级属地

管理原则明确本地区各类生产经营单位的安全生产监管部门，依法领导和组织生产安全事故应急救援、调查处理及信息公开工作；

（六）领导本地区安全生产委员会工作，统筹协调安全生产工作，推动构建安全生产责任体系，组织开展安全生产巡查、考核等工作，推动加强高素质专业化安全监管执法队伍建设。

第七条 地方各级党委常委会其他成员按照职责分工，协调纪检监察机关和组织、宣传、政法、机构编制等单位支持保障安全生产工作，动员社会各界力量积极参与、支持、监督安全生产工作，抓好分管行业（领域）、部门（单位）的安全生产工作。

第八条 县级以上地方各级政府原则上由担任本级党委常委的政府领导干部分管安全生产工作，其安全生产职责主要包括：

（一）组织制定贯彻落实党中央、国务院以及上级及本级党委和政府关于安全生产决策部署，安全生产方针政策、法律法规的具体措施；

（二）协助党委主要负责人落实党委对安全生产的领导职责，督促落实本级党委关于安全生产的决策部署；

（三）协助政府主要负责人统筹推进本地区安全生产工作，负责领导安全生产委员会日常工作，组织实施安全生产监督检查、巡查、考核等工作，协调解决重点难点问题；

（四）组织实施安全风险分级管控和隐患排查治理预防工作机制建设，指导安全生产专项整治和联合执法行动，组织查处各类违法违规行为；

（五）加强安全生产应急救援体系建设，依法组织或者参与生产安全事故抢险救援和调查处理，组织开展生产安全事故责任追究和整改措施落实情况评估；

（六）统筹推进安全生产社会化服务体系建设、信息化建设、诚信体系建设和教育培训、科技支撑等工作。

第九条 县级以上地方各级政府其他领导干部安全生产职责主要包括：

（一）组织分管行业（领域）、部门（单位）贯彻执行党中央、国务院以及上级及本级党委和政府关于安全生产的决策部署，安全生产方针政策、法律法规；

（二）组织分管行业（领域）、部门（单位）健全和落实安全生产责任制，将安全生产工作与业务工作同时安排部署、同时组织实施、同时监督检查；

（三）指导分管行业（领域）、部门（单位）把安全生产工作纳入相关发展规划和年度工作计划，从行业规划、科技创新、产业政策、法规标准、行政许可、资产管理等方面加强和支持安全生产工作；

（四）统筹推进分管行业（领域）、部门（单位）安全生产工作，每年定期组织分析安全生产形势，及时研究解决安全生产问题，支持有关部门依法履行安全生产工作职责；

（五）组织开展分管行业（领域）、部门（单位）安全生产专项整治、目标管理、应急管理、查处违法违规生产经营行为等工作，推动构建安全风险分级管控和隐患排查治理预防工作机制。

第三章 考 核 考 察

第十条 把地方党政领导干部落实安全生产责任情况纳入党委和政府督查督办重要内容，一并进行督促检查。

第十一条 建立完善地方各级党委和政府安全生产巡查工作制度，加强对下级党委和政府的安全生产巡查，推动安全生产责任措施落实。将巡查结果作为对被巡查地区党委和政府领导班子和有关领导干部考核、奖惩和使用的重要参考。

第十二条 建立完善地方各级党委和政府安全生产责任考核制度，对下级党委和政府安全生产工作情况进行全面评价，将考核结果与有关地方党政领导干部履职评定挂钩。

第十三条 在对地方各级党委和政府领导班子及其成员的年度考核、目标责任考核、绩效考核以及其他考核中，应当考核其落实安全生产责任情况，并将其作为确定考核结果的重要参考。

地方各级党委和政府领导班子及其成员在年度考核中，应当按照"一岗双责"要求，将履行安全生产工作责任情况列入述职内容。

第十四条 党委组织部门在考察地方党政领导干部拟任人选时，应当考察其履行安全生产工作职责情况。

有关部门在推荐、评选地方党政领导干部作为奖励人选时，应当考察其履行安全生产工作职责情况。

第十五条 实行安全生产责任考核情况公开制度。定期采取适当方式公布或者通报地方党政领导干部安全生产工作考核结果。

第四章 表 彰 奖 励

第十六条 对在加强安全生产工作、承担安全生产专项重要工作、参加抢险救护等方面作出显著成绩和重要贡献的地方党政领导干部，上级党委和政府应当按照有关规定给予表彰奖励。

第十七条 对在安全生产工作考核中成绩优秀的地方党政领导干部，上级党委和政府按照有关规定给予记功或者嘉奖。

第五章 责任追究

第十八条 地方党政领导干部在落实安全生产工作责任中存在下列情形之一的，应当按照有关规定进行问责：

（一）履行本规定第二章所规定职责不到位的；

（二）阻挠、干涉安全生产监管执法或者生产安全事故调查处理工作的；

（三）对迟报、漏报、谎报或者瞒报生产安全事故负有领导责任的；

（四）对发生生产安全事故负有领导责任的；

（五）有其他应当问责情形的。

第十九条 对存在本规定第十八条情形的责任人员，应当根据情况采取通报、诫勉、停职检查、调整职务、责令辞职、降职、免职或者处分等方式问责；涉嫌职务违法犯罪的，由监察机关依法调查处置。

第二十条 严格落实安全生产"一票否决"制度，对因发生生产安全事故被追究领导责任的地方党政领导干部，在相关规定时限内，取消考核评优和评选各类先进资格，不得晋升职务、级别或者重用任职。

第二十一条 对工作不力导致生产安全事故人员伤亡和经济损失扩大，或者造成严重社会影响负有主要领导责任的地方党政领导干部，应当从重追究责任。

第二十二条 对主动采取补救措施，减少生产安全事故损失或者挽回社会不良影响的地方党政领导干部，可以从轻、减轻追究责任。

第二十三条 对职责范围内发生生产安全事故，经查实已经全面履行了本规定第二章所规定职责、法律法规规定有关职责，并全面落实了党委和政府有关工作部署的，不予追究地方有关党政领导干部的领导责任。

第二十四条 地方党政领导干部对发生生产安全事故负有领导责任且失职失责性质恶劣、后果严重的，不论是否已调离转岗、提拔或者退休，都应当严格追究其责任。

第二十五条 实施安全生产责任追究，应当依法依规、实事求是、客观公正，根据岗位职责、履职情况、履职条件等因素合理确定相应责任。

第二十六条 存在本规定第十八条情形应当问责的，由纪检监察机关、组织人事部门和安全生产监管部门按照权限和职责分别负责。

第六章 附 则

第二十七条 各省、自治区、直辖市党委和政府应当根据本规定制定实施细则。

第二十八条 本规定由应急管理部商中共中央组织部解释。

第二十九条 本规定自2018年4月8日起施行。

国务院关于坚持科学发展安全发展促进安全生产形势持续稳定好转的意见

（2011年11月26日国务院以国发〔2011〕40号印发）

各省、自治区、直辖市人民政府，国务院各部委、各直属机构：

安全生产事关人民群众生命财产安全，事关改革开放、经济发展和社会稳定大局，事关党和政府形象和声誉。为深入贯彻落实科学发展观，实现安全发展，促进全国安全生产形势持续稳定好转，提出以下意见：

一、充分认识坚持科学发展安全发展的重大意义

（一）坚持科学发展安全发展是对安全生产实践经验的科学总结。多年来，各地区、各部门、各单位深入贯彻落实科学发展观，按照党中央、国务院的决策部署，大力推进安全发展，全国安全生产工作取得了积极进展和明显成效。"十一五"期间，事故总量和重特大事故大幅度下降，全国各类事故死亡人数年均减少约1万人，反映安全生产状况的各项指标显著改善，安全生产形势持续稳定好转。实践表明，坚持科学发展安全发展，是对新时期安全生产客观规律的科学认识和准确把握，是保障人民群众生命财产安全的必然选择。

（二）坚持科学发展安全发展是解决安全生产问题的根本途径。我国正处于工业化、城镇化快速发展进程中，处于生产安全事故易发多发的高峰期，安全基础仍然比较薄弱，重特大事故尚未得到有效遏制，非法违法生产经营建设行为屡禁不止，安全责任不落实、防范和监督管理不到位等问题在一些地方和企业还比较突出。安全生产工作既要解决长期积累的深层次、结构性和区域性问题，又要应对不断出现的新情况、新问题，根本出路在于坚持科学发展安全发展。要把这一重要思想和理念落实到生产经营建设的每一个环节，使之成为衡量各行业领域、各生产经营单位安全生产工作的基本标准，自觉做到不安全不生产，实现安全与发展的有机统一。

（三）坚持科学发展安全发展是经济发展社会进步的必然要求。随着经济发展和社会进步，全社会对安全生产的期待不断提高，广大从业人员"体面劳动"意识不断增强，对加强安全监管监察、改善作业环境、保障职业安全健康权益等方面的要求越来越高。这就要求各地区、各部门、各单位必须始终把安全生产摆在经济社会发展重中之重的位置，自觉坚持科学发展安全发展，把安全真正作为发展的前提和基础，使经济社会发展切实建立在安全保障能力不断增强、劳动者生命安全和身体健康得到切实保障的基础之上，确保人民群众平安幸福地享有经济发展和社会进步的成果。

二、指导思想和基本原则

（四）指导思想。坚持以邓小平理论和"三个代表"重要思想为指导，深入贯彻落实科学发展观，牢固树立以人为本、安全发展的理念，始终把保障人民群众生命财产安全放在首位，大力实施安全发展战略，紧紧围绕科学发展主题和加快转变经济发展方式主线，自觉坚持"安全第一、预防为主、综合治理"方针，坚持速度、质量、效益与安全的有机统一，以强化和落实企业主体责任为重点，以事故预防为主攻方向，以规范生产为保障，以科技进步为支撑，认真落实安全生产各项措施，标本兼治、综合治理，有效防范和坚决遏制重特大事故，促进安全生产与经济社会同步协调发展。

（五）基本原则。

——统筹兼顾，协调发展。正确处理安全生产与经济社会发展、与速度质量效益的关系，坚持把安全生产放在首要位置，促进区域、行业领域的科学、安全、可持续发展。

——依法治安，综合治理。健全完善安全生产法律法规、制度标准体系，严格安全生产执法，严厉打击非法违法行为，综合运用法律、行政、经济等手段，推动安全生产工作规范、有序、高效开展。

——突出预防，落实责任。加大安全投入，严格安全准入，深化隐患排查治理，筑牢安全生产基础，全面落实企业安全生产主体责任、政府及部门监管责任和属地管理责任。

——依靠科技，创新管理。加快安全科技研发应用，加强专业技术人才队伍和高素质的职工队伍培养，创新安全管理体制机制和方式方法，不断提升安全保障能力和安全管理水平。

三、进一步加强安全生产法制建设

（六）健全完善安全生产法律制度体系。加快推进安全生产法等相关法律法规的修订制定工作。适应经济社会快速发展的新要求，制定高速铁路、高速公路、大型桥梁隧道、超高层建筑、城市轨道交通和地下管网等建设、运行、管理方面的安全法规规章。根据技术进步和产业升级需要，抓紧修订完善国家和行业安全技术标准，尽快健全覆盖各行业领域的安全生产标准体系。进一步建立完善安全生产激励约束、督促检查、行政问责、区域联动等制度，形成规范有力的制度保障体系。

（七）加大安全生产普法执法力度。加强安全生产法制教育，普及安全生产法律知识，提高全民安全法制意识，增强依法生产经营建设的自觉性。加强安全生产日常执法、重点执法和跟踪执法，强化相关部门及与司法机关的联合执法，确保执法实效。继续依法严厉打击各类非法违法生产经营建设行为，切实落实停产整顿、关闭取缔、严格问责的惩治措施。强化地方人民政府特别是县乡级人民政府责任，对打击非法生产不力的，要严肃追究责任。

（八）依法严肃查处各类事故。严格按照"科学严谨、依法依规、实事求是、注重实效"的原则，认真调查处理每一起事故，查明原因，依法严肃追究事故单位和有关责任人的责任，严厉查处事故背后的腐败行为，及时向社会公布调查进展和处理结果。认真落实事故查处分级挂牌督办、跟踪督办、警示通报、诫勉约谈和现场分析制度，深刻吸取事故教训，查找安全漏洞，完善相关管理措施，切实改进安全生产工作。

四、全面落实安全生产责任

（九）认真落实企业安全生产主体责任。企业必须严格遵守和执行安全生产法律法规、规章制度与技术标准，依法依规加强安全生产，加大安全投入，健全安全管理机构，加强班组安全建设，保持安全设备设施完好有效。企业主要负责人、实际控制人要切实承担安全生产第一责任人的责任，带头执行现场带班制度，加强现场安全管理。强化企业技术负责人技术决策和指挥权，注重发挥注册安全工程师对企业安全状况诊断、评估、整改方面的作用。企业主要负责人、安全管理人员、特种作业人员一律经严格考核、持证上岗。企业用工要严格依照劳动合同法与职工签订劳动合同，职工必须全部经培训合格后上岗。

（十）强化地方人民政府安全监管责任。地方各级人民政府要健全完善安全生产责任制，把安全生产作为衡量地方经济发展、社会管理、文明建设成效的重要指标，切实履行属地管理职责，对辖区内各类企业包括中央、省属企业实施严格的安全生产监督检查和管理。严格落实地方行政首长安全生产第一责任人的责任，建立健全政府领导班子成员安全生产"一岗双责"制度。省、市、县级政府主要负责人要定期研究部署安全生产工作，组织解决安全生产重点难点问题。

（十一）切实履行部门安全生产管理和监督职责。健全完善安全生产综合监管与行业监管相结合的工作机制，强化安全生产监管部门对安全生产的综合监管，全面落实行业主管部门的专业监管、行业管理和指导职责。相关部门、境内投资主体和派出企业要切实加强对境外中资企业安全生产工作的指导和管理。要不断探索创新与经济运行、社会管理相适应的安全监管模式，建立健全与企业信誉、项目核准、用地审批、证券融资、银行贷款等方面相挂钩的安全生产约束机制。

五、着力强化安全生产基础

（十二）严格安全生产准入条件。要认真执行安全生产许可制度和产业政策，严格技术和安全质量标准，严把行业安全准入关。强化建设项目安全核准，把安全生产条件作为高危行业建设项目审批的前置条件，未通过安全评估的不准立项；未经批准擅自开工建设的，要依法取缔。严格执行建设项目安全设施"三同时"（同时设计、同时施工、同时投产和使用）制度。制定和实施高危行业从业人员资格标准。加强对安全生产专业服务机构管理，实行严格的资格认证制度，确保其评价、检测结果的专业性和客观性。

（十三）加强安全生产风险监控管理。充分运用科技和信息手段，建立健全安全生产隐患排查治理体系，强化监测监控、预报预警，及时发现和消除安全隐患。企业要定期进行安全风险评估分析，重大隐患要及时报安全监管监察和行业主管部门备案。各级政府要对重大隐患实行挂牌督办，确保监控、整改、防范等措施落实到位。各地区要建立重大危险源管理档案，实施动态全程监控。

（十四）推进安全生产标准化建设。在工矿商贸和交通运输行业领域普遍开展岗位达标、专业达标和

企业达标建设，对在规定期限内未实现达标的企业，要依据有关规定暂扣其生产许可证、安全生产许可证，责令停产整顿；对整改逾期仍未达标的，要依法予以关闭。加强安全标准化分级考核评价，将评价结果向银行、证券、保险、担保等主管部门通报，作为企业信用评级的重要参考依据。

（十五）加强职业病危害防治工作。要严格执行职业病防治法，认真实施国家职业病防治规划，深入落实职业危害防护设施"三同时"制度，切实抓好煤（矽）尘、热害、高毒物质等职业危害防范治理。对可能产生职业病危害的建设项目，必须进行严格的职业病危害预评价，未提交预评价报告或预评价报告未经审核同意的，一律不得批准建设；对职业病危害防控措施不到位的企业，要依法责令其整改，情节严重的要依法予以关闭。切实做好职业病诊断、鉴定和治疗，保障职工安全健康权益。

六、深化重点行业领域安全专项整治

（十六）深入推进煤矿瓦斯防治和整合技改。加快建设"通风可靠、抽采达标、监控有效、管理到位"的瓦斯综合治理工作体系，完善落实瓦斯抽采利用扶持政策，推进瓦斯防治技术创新。严格控制高瓦斯和煤与瓦斯突出矿井建设项目审批。建立完善煤矿瓦斯防治能力评估制度，对不具备防治能力的高瓦斯和煤与瓦斯突出矿井，要严格按规定停产整改、重组或依法关闭。继续运用中央预算内投资扶持煤矿安全技术改造，支持煤矿整顿关闭和兼并重组。加强对整合技改煤矿的安全管理，加快推进煤矿井下安全避险系统建设和小煤矿机械化改造。

（十七）加大交通运输安全综合治理力度。加强道路长途客运安全管理，修订完善长途客运车辆安全技术标准，逐步淘汰安全性能差的运营车型。强化交通运输企业安全主体责任，禁止客运车辆挂靠经营，禁止非法改装车辆从事旅客运输。严格长途客运、危险品车辆驾驶人资格准入，研究建立长途客车驾驶人强制休息制度，持续严厉整治超载、超限、超速、酒后驾驶、高速公路违规停车等违法行为。加强道路运输车辆动态监管，严格按规定强制安装具有行驶记录功能的卫星定位装置并实行联网联控。提高道路建设质量，完善安全防护设施，加强桥梁、隧道、码头安全隐患排查治理。加强高速铁路和城市轨道交通建设运营安全管理。继续强化民航、农村和山区交通、水上交通的安全监管，特别要抓紧完善校车安全法规和标准，依法强化校车安全监管。

（十八）严格危险化学品安全管理。全面开展危险化学品安全管理现状普查评估，建立危险化学品安

全管理信息系统。科学规划化工园区，优化化工企业布局，严格控制城镇涉及危险化学品的建设项目。各地区要积极研究制定鼓励支持政策，加快城区高风险危险化学品生产、储存企业搬迁。地方各级人民政府要组织开展地下危险化学品输送管道设施安全整治，加强和规范城镇地面开挖作业管理。继续推进化工装置自动控制系统改造。切实加强烟花爆竹和民用爆炸物品的安全监管，深入开展"三超一改"（超范围、超定员、超药量和擅自改变工房用途）和礼花弹等高危产品专项治理。

（十九）深化非煤矿山安全整治。进一步完善矿产资源开发整合常态化管理机制，制定实施非煤矿山主要矿种最小开采规模和最低服务年限标准。研究制定充填开采标准和规定。积极推行尾矿库一次性筑坝、在线监测技术，搞好尾矿综合利用。全面加强矿井安全避险系统建设，组织实施非煤矿山采空区监测监控等科技示范工程。加强陆地和海洋石油天然气勘探开采的安全管理，重点防范井喷失控、硫化氢中毒、海上溢油等事故。

（二十）加强建筑施工安全生产管理。按照"谁发证、谁审批、谁负责"的原则，进一步落实建筑工程招投标、资质审批、施工许可、现场作业等各环节安全监管责任。强化建筑工程参建各方企业安全生产主体责任。严密排查治理起重机、吊罐、脚手架等设施设备安全隐患。建立建筑工程安全生产信息系统，健全施工企业和从业人员安全信用体系，完善失信惩戒制度。建立完善铁路、公路、水利、核电等重点工程项目安全风险评估制度。严厉打击超越资质范围承揽工程、违法分包转包工程等不法行为。

（二十一）加强消防、冶金等其他行业领域的安全监管。地方各级人民政府要把消防规划纳入当地城乡规划，切实加强公共消防设施建设。大力实施社会消防安全"防火墙"工程，落实建设项目消防安全设计审核、验收和备案抽查制度，严禁使用不符合消防安全要求的装修装饰材料和建筑外保温材料。严格落实人员密集场所、大型集会活动等安全责任制，严防拥挤踩踏事故。加强冶金、有色等其他工贸行业企业安全专项治理，严格执行压力容器、电梯、游乐设施等特种设备安全管理制度，加强电力、农机和渔船安全管理。

七、大力加强安全保障能力建设

（二十二）持续加大安全生产投入。探索建立中央、地方、企业和社会共同承担的安全生产长效投入机制，加大对贫困地区和高危行业领域倾斜。完善有利于安全生产的财政、税收、信贷政策，强化政府投资对安全生产投入的引导和带动作用。企业在年度财务预算中必须确定必要的安全投入，提足用好安全生产费用。完善落实工伤保险制度，积极稳妥推行安全生产责任保险制度，发挥保险机制的预防和促进作用。

（二十三）充分发挥科技支撑作用。整合安全科技优势资源，建立完善以企业为主体、以市场为导向、产学研用相结合的安全技术创新体系。加快推进安全生产关键技术及装备的研发，在事故预防预警、防治控制、抢险处置等方面尽快推出一批具有自主知识产权的科技成果。积极推广应用安全性能可靠、先进适用的新技术、新工艺、新设备和新材料。企业必须加快国家规定的各项安全系统和装备建设，提高生产安全防护水平。加强安全生产信息化建设，建立健全信息科技支撑服务体系。

（二十四）加强产业政策引导。加大高危行业企业重组力度，进一步整合浪费资源、安全保障低的落后产能，加快淘汰不符合安全标准、职业危害严重、危及安全生产的落后技术、工艺和装备。地方各级人民政府要制定相关政策，遏制安全水平低、保障能力差的项目的建设和延续。对存在落后技术设备、构成重大安全隐患的企业，要予以公布，责令其限期整改，逾期未整改的依法予以关闭。把安全产业纳入国家重点支持的战略产业，积极发展安全装备融资租赁业务，促进企业加快提升安全装备水平。

（二十五）加强安全人才和监管监察队伍建设。加强安全科学与工程学科建设，办好安全工程类高等教育和职业教育，重点培养中高级安全工程与管理人才。鼓励高等院校、职业学校进一步落实完善校企合作办学、对口单招、订单式培养等政策，加快培养高危行业专业人才和生产一线急需技能型人才。加快建设专业化的安全监管监察队伍，建立以岗位职责为基础的能力评价体系，加强在岗人员业务培训。进一步充实基层监管力量，改善监管监察装备和条件，创新安全监管监察机制，切实做到严格、公正、廉洁、文明执法。

八、建设更加高效的应急救援体系

（二十六）加强应急救援队伍和基地建设。抓紧7个国家级、14个区域性矿山应急救援基地建设，加快推进重点行业领域的专业应急救援队伍建设。县级以上地方人民政府要结合实际，整合应急资源，依托大型企业、公安消防等救援力量，加强本地区应急救援队伍建设。建立紧急医学救援体系，提升事故医疗救治能力。建立救援队伍社会化服务补偿机制，鼓励和引导社会力量参与应急救援。

（二十七）完善应急救援机制和基础条件。健全省、市、县及中央企业安全生产应急管理体系，加快建设应急平台，完善应急救援协调联动机制。建立健全自然灾害预报预警联合处置机制，加强安监、气象、地震、海洋等部门的协调配合，严防自然灾害引发事故灾难。建立完善企业安全生产动态监控及预警预报体系。加强应急救援装备建设，强化应急物资和紧急运输能力储备，提高应急处置效率。

（二十八）加强预案管理和应急演练。建立健全安全生产应急预案体系，加强动态修订完善。落实省、市、县三级安全生产预案报备制度，加强企业预案与政府相关应急预案的衔接。定期开展应急预案演练，切实提高事故救援实战能力。企业生产现场带班人员、班组长和调度人员在遇到险情时，要按照预案规定，立即组织停产撤人。

九、积极推进安全文化建设

（二十九）加强安全知识普及和技能培训。加强安全教育基地建设，充分利用电视、互联网、报纸、广播等多种形式和手段普及安全常识，增强全社会科学发展、安全发展的思想意识。在中小学广泛普及安全基础教育，加强防灾避险演练。全面开展安全生产、应急避险和职业健康知识进企业、进学校、进乡村、进社区、进家庭活动，努力提升全民安全素质。大力开展企业全员安全培训，重点强化高危行业和中小企业一线员工安全培训。完善农民工向产业工人转化过程中的安全教育培训机制。建立完善安全技术人员继续教育制度。大型企业要建立健全职业教育和培训机构。加强地方政府安全生产分管领导干部的安全培训，提高安全管理水平。

（三十）推动安全文化发展繁荣。充分利用社会资源和市场机制，培育发展安全文化产业，打造安全文化精品，促进安全文化市场繁荣。加强安全公益宣传，大力倡导"关注安全、关爱生命"的安全文化。建设安全文化主题公园、主题街道和安全社区，创建若干安全文化示范企业和安全发展示范城市。推进安全文化理论和建设手段创新，构建自我约束、持续改进的长效机制，不断提高安全文化建设水平，切实发挥其对安全生产工作的引领和推动作用。

十、切实加强组织领导和监督

（三十一）健全完善安全生产工作格局。各地区要进一步健全完善政府统一领导、部门依法监管、企业全面负责、群众参与监督、全社会广泛支持的安全生产工作格局，形成各方面齐抓共管的合力。要切实加强安全生产工作的组织领导，充分发挥各级政府安全生产委员会及其办公室的指导协调作用，落实各成员单位工作责任。县级以上人民政府要依法健全完善安全生产、职业健康监管体系，安全生产任务较重的乡镇要加强安全监管力量建设，确保事有人做、责有人负。

（三十二）加强安全生产绩效考核。把安全生产考核控制指标纳入经济社会发展考核评价指标体系，加大各级领导干部政绩业绩考核中安全生产的权重和考核力度。把安全生产工作纳入社会主义精神文明和党风廉政建设、社会管理综合治理体系之中。制定完善安全生产奖惩制度，对成效显著的单位和个人要以适当形式予以表扬和奖励，对违法违规、失职渎职的，依法严格追究责任。

（三十三）发挥社会公众的参与监督作用。推进安全生产政务公开，健全行政许可网上申请、受理、审批制度。落实安全生产新闻发布制度和救援工作报道机制，完善隐患、事故举报奖励制度，加强社会监督、舆论监督和群众监督。支持各级工会、共青团、妇联等群众组织动员广大职工开展群众性安全生产监督和隐患排查，落实职工岗位安全责任，推进群防群治。

国务院
二〇一一年十一月二十六日

国务院关于进一步加强企业安全生产工作的通知

（2010年7月19日国务院以国发〔2010〕23号印发）

各省、自治区、直辖市人民政府，国务院各部委、各直属机构：

近年来，全国生产安全事故逐年下降，安全生产状况总体稳定、趋于好转，但形势依然十分严峻，事故总量仍然很大，非法违法生产现象严重，重特大事故多发频发，给人民群众生命财产安全造成重大损失，暴露出一些企业重生产轻安全、安全管理薄弱、主体责任不落实，一些地方和部门安全监管不到位等突出问题。为进一步加强安全生产工作，全面提高企业安全生产水平，现就有关事项通知如下：

一、总体要求

1. 工作要求。深入贯彻落实科学发展观，坚持以人为本，牢固树立安全发展的理念，切实转变经济发展方式，调整产业结构，提高经济发展的质量和效益，把经济发展建立在安全生产有可靠保障的基础上；坚持"安全第一、预防为主、综合治理"的方针，全面加强企业安全管理，健全规章制度，完善安全标准，提高企业技术水平，夯实安全生产基础；坚持依法依规生产经营，切实加强安全监管，强化企业安全生产主体责任落实和责任追究，促进我国安全生产形势实现根本好转。

2. 主要任务。以煤矿、非煤矿山、交通运输、建筑施工、危险化学品、烟花爆竹、民用爆炸物品、冶金等行业（领域）为重点，全面加强企业安全生产工作。要通过更加严格的目标考核和责任追究，采取更加有效的管理手段和政策措施，集中整治非法违法生产行为，坚决遏制重特大事故发生；要尽快建成完善的国家安全生产应急救援体系，在高危行业强制推行一批安全适用的技术装备和防护设施，最大程度减少事故造成的损失；要建立更加完善的技术标准体系，促进企业安全生产技术装备全面达到国家和行业标准，实现我国安全生产技术水平的提高；要进一步调整产业结构，积极推进重点行业的企业重组和矿产资源开发整合，彻底淘汰安全性能低下、危及安全生产的落后产能；以更加有力的政策引导，形成安全生产长效机制。

二、严格企业安全管理

3. 进一步规范企业生产经营行为。企业要健全完善严格的安全生产规章制度，坚持不安全不生产。加强对生产现场监督检查，严格查处违章指挥、违规作业、违反劳动纪律的"三违"行为。凡超能力、超强度、超定员组织生产的，要责令停产停工整顿，并对企业和企业主要负责人依法给予规定上限的经济处罚。对以整合、技改名义违规组织生产，以及规定期限内未实施改造或故意拖延工期的矿井，由地方政府依法予以关闭。要加强对境外中资企业安全生产工作的指导和管理，严格落实境内投资主体和派出企业的安全生产监督责任。

4. 及时排查治理安全隐患。企业要经常性开展安全隐患排查，并切实做到整改措施、责任、资金、时限和预案"五到位"。建立以安全生产专业人员为主导的隐患整改效果评价制度，确保整改到位。对隐患整改不力造成事故的，要依法追究企业和企业相关负责人的责任。对停产整改逾期未完成的不得复产。

5. 强化生产过程管理的领导责任。企业主要负责人和领导班子成员要轮流现场带班。煤矿、非煤矿山要有矿领导带班并与工人同时下井、同时升井，对无企业负责人带班下井或该带班而未带班的，对有关责任人按擅离职守处理，同时给予规定上限的经济处罚。发生事故而没有领导现场带班的，对企业给予规定上限的经济处罚，并依法从重追究企业主要负责人的责任。

6. 强化职工安全培训。企业主要负责人和安全生产管理人员、特殊工种人员一律严格考核，按国家有关规定持职业资格证书上岗；职工必须全部经过培训合格后上岗。企业用工要严格依照劳动合同法与职工签订劳动合同。凡存在不经培训上岗、无证上岗的企业，依法停产整顿。没有对井下作业人员进行安全培训教育，或存在特种作业人员无证上岗的企业，情节严重的要依法予以关闭。

7. 全面开展安全达标。深入开展以岗位达标、专业达标和企业达标为内容的安全生产标准化建设，凡在规定时间内未实现达标的企业要依法暂扣其生产许可证、安全生产许可证，责令停产整顿；对整改逾期未达标的，地方政府要依法予以关闭。

三、建设坚实的技术保障体系

8. 加强企业生产技术管理。强化企业技术管理机构的安全职能，按规定配备安全技术人员，切实落实企业负责人安全生产技术管理负责制，强化企业主要技术负责人技术决策和指挥权。因安全生产技术问题不解决产生重大隐患的，要对企业主要负责人、主要技术负责人和有关人员给予处罚；发生事故的，依法追究责任。

9. 强制推行先进适用的技术装备。煤矿、非煤矿山要制定和实施生产技术装备标准，安装监测监控系统、井下人员定位系统、紧急避险系统、压风自救系统、供水施救系统和通信联络系统等技术装备，并于3年之内完成。逾期未安装的，依法暂扣安全生产许可证、生产许可证。运输危险化学品、烟花爆竹、民用爆炸物品的道路专用车辆、旅游包车和三类以上的班线客车要安装使用具有行驶记录功能的卫星定位装置，于2年之内全部完成；鼓励有条件的渔船安装防撞自动识别系统，在大型尾矿库安装全过程在线监控系统，大型起重机械要安装安全监控管理系统；积极推进信息化建设，努力提高企业安全防护水平。

10. 加快安全生产技术研发。企业在年度财务预算中必须确定必要的安全投入。国家鼓励企业开展安全科技研发，加快安全生产关键技术装备的换代升级。进一步落实《国家中长期科学和技术发展规划纲要（2006—2020年）》等，加大对高危行业安全技术、装备、工艺和产品研发的支持力度，引导高危行业提高机械化、自动化生产水平，合理确定生产一线用工。"十二五"期间要继续组织研发一批提升我国重点行业领域安全生产保障能力的关键技术和装备项目。

四、实施更加有力的监督管理

11. 进一步加大安全监管力度。强化安全生产监管部门对安全生产的综合监管，全面落实公安、交通、国土资源、建设、工商、质检等部门的安全生产监督管理及工业主管部门的安全生产指导职责，形成安全生产综合监管与行业监管指导相结合的工作机制，加强协作，形成合力。在各级政府统一领导下，严厉打击非法违法生产、经营、建设等影响安全生产的行为，安全生产综合监管和行业管理部门要会同司法机关联合执法，以强有力措施查处、取缔非法企业。对重大安全隐患治理实行逐级挂牌督办、公告制度，重大隐患治理由省级安全生产监管部门或行业主管部门挂牌督办，国家相关部门加强督促检查。对拒不执行监管监察指令的企业，要依法依规从重处罚。进一步加强监管力量建设，提高监管人员专业素质和技术装备水平，强化基层站点监管能力，加强对企业安全生产的现场监管和技术指导。

12. 强化企业安全生产属地管理。安全生产监管监察部门、负有安全生产监管职责的有关部门和行业管理部门要按职责分工，对当地企业包括中央、省属企业实行严格的安全生产监督检查和管理，组织对企业安全生产状况进行安全标准化分级考核评价，评价结果向社会公开，并向银行业、证券业、保险业、担保业等主管部门通报，作为企业信用评级的重要参考依据。

13. 加强建设项目安全管理。强化项目安全设施核准审批，加强建设项目的日常安全监管，严格落实审批、监管的责任。企业新建、改建、扩建工程项目的安全设施，要包括安全监控设施和防瓦斯等有害气体、防尘、排水、防火、防爆等设施，并与主体工程同时设计、同时施工、同时投入生产和使用。安全设施与建设项目主体工程未做到同时设计的一律不予审批，未做到同时施工的责令立即停止施工，未同时投入使用的不得颁发安全生产许可证，并视情节追究有关单位负责人的责任。严格落实建设、设计、施工、监理、监管等各方安全责任。对项目建设生产经营单位存在违法分包、转包等行为的，立即依法停工停产整顿，并追究项目业主、承包方等各方责任。

14. 加强社会监督和舆论监督。要充分发挥工会、共青团、妇联组织的作用，依法维护和落实企业职工对安全生产的参与权与监督权，鼓励职工监督举报各类安全隐患，对举报者予以奖励。有关部门和地方要进一步畅通安全生产的社会监督渠道，设立举报箱，公布举报电话，接受人民群众的公开监督。要发挥新闻媒体的舆论监督，对舆论反映的客观问题要深查原因，切实整改。

五、建设更加高效的应急救援体系

15. 加快国家安全生产应急救援基地建设。按行业类型和区域分布，依托大型企业，在中央预算内基建投资支持下，先期抓紧建设7个国家矿山应急救援队，配备性能可靠、机动性强的装备和设备，保障必要的运行维护费用。推进公路交通、铁路运输、水上搜救、船舶溢油、油气田、危险化学品等行业（领域）国家救援基地和队伍建设。鼓励和支持各地区、各部门、各行业依托大型企业和专业救援力量，加强服务周边的区域性应急救援能力建设。

16. 建立完善企业安全生产预警机制。企业要建立完善安全生产动态监控及预警预报体系，每月进行一次安全生产风险分析。发现事故征兆要立即发布预警信息，落实防范和应急处置措施。对重大危险源和重大隐患要报当地安全生产监管监察部门、负有安全生产监管职责的有关部门和行业管理部门备案。涉及国家秘密的，按有关规定执行。

17. 完善企业应急预案。企业应急预案要与当地政府应急预案保持衔接，并定期进行演练。赋予企业生产现场带班人员、班组长和调度人员在遇到险情时第一时间下达停产撤人命令的直接决策权和指挥权。因撤离不及时导致人身伤亡事故的，要从重追究相关人员的法律责任。

六、严格行业安全准入

18. 加快完善安全生产技术标准。各行业管理部门和负有安全生产监管职责的有关部门要根据行业技术进步和产业升级的要求，加快制定修订生产、安全技术标准，制定和实施高危行业从业人员资格标准。对实施许可证管理制度的危险性作业要制定落实专项安全技术作业规程和岗位安全操作规程。

19. 严格安全生产准入前置条件。把符合安全生产标准作为高危行业企业准入的前置条件，实行严格的安全标准核准制度。矿山建设项目和用于生产、储存危险物品的建设项目，应当分别按照国家有关规定进行安全条件论证和安全评价，严把安全生产准入关。凡不符合安全生产条件违规建设的，要立即停止建设，情节严重的由本级人民政府或主管部门实施关闭取缔。降低标准造成隐患的，要追究相关人员和负责人的责任。

20. 发挥安全生产专业服务机构的作用。依托科研院所，结合事业单位改制，推动安全生产评价、技术支持、安全培训、技术改造等服务性机构的规范发展。制定完善安全生产专业服务机构管理办法，保证专业服务机构从业行为的专业性、独立性和客观性。专业服务机构对相关评价、鉴定结论承担法律责任，对违法违规、弄虚作假的，要依法依规从严追究相关人员和机构的法律责任，并降低或取消相关资质。

七、加强政策引导

21. 制定促进安全技术装备发展的产业政策。要鼓励和引导企业研发、采用先进适用的安全技术和产品，鼓励安全生产适用技术和新装备、新工艺、新标准的推广应用。把安全检测监控、安全避险、安全保护、个人防护、灾害监控、特种安全设施及应急救援等安全生产专用设备的研发制造，作为安全产业加以培育，纳入国家振兴装备制造业的政策支持范畴。大力发展安全装备融资租赁业务，促进高危行业企业加快提升安全装备水平。

22. 加大安全专项投入。切实做好尾矿库治理、扶持煤矿安全技改建设、瓦斯防治和小煤矿整顿关闭等各类中央资金的安排使用，落实地方和企业配套资金。加强对高危行业企业安全生产费用提取和使用管理的监督检查，进一步完善高危行业企业安全生产费用财务管理制度，研究提高安全生产费用提取下限标准，适当扩大适用范围。依法加强道路交通事故社会救助基金制度建设，加快建立完善水上搜救奖励与补偿机制。高危行业企业探索实行全员安全风险抵押金制度。完善落实工伤保险制度，积极稳妥推行安全生产责任保险制度。

23. 提高工伤事故死亡职工一次性赔偿标准。从2011年1月1日起，依照《工伤保险条例》的规定，对因生产安全事故造成的职工死亡，其一次性工亡补助金标准调整为按全国上一年度城镇居民人均可支配收入的20倍计算，发放给工亡职工近亲属。同时，依法确保工亡职工一次性丧葬补助金、供养亲属抚恤金的发放。

24. 鼓励扩大专业技术和技能人才培养。进一步落实完善校企合作办学、对口单招、订单式培养等政策，鼓励高等院校、职业学校逐年扩大采矿、机电、地质、通风、安全等相关专业人才的招生培养规模，加快培养高危行业专业人才和生产一线急需技能型人才。

八、更加注重经济发展方式转变

25. 制定落实安全生产规划。各地区、各有关部门要把安全生产纳入经济社会发展的总体布局，在制定国家、地区发展规划时，要同步明确安全生产目标和专项规划。企业要把安全生产工作的各项要求落实在企业发展和日常工作之中，在制定企业发展规划和年度生产经营计划中要突出安全生产，确保安全投入和各项安全措施到位。

26. 强制淘汰落后技术产品。不符合有关安全标准、安全性能低下、职业危害严重、危及安全生产的落后技术、工艺和装备要列入国家产业结构调整指导目录，予以强制性淘汰。各省级人民政府也要制订本地区相应的目录和措施，支持有效消除重大安全隐患的技术改造和搬迁项目，遏制安全水平低、保障能力差的项目建设和延续。对存在落后技术装备、构成重大安全隐患的企业，要予以公布，责令限期整改，逾期未整改的依法予以关闭。

27. 加快产业重组步伐。要充分发挥产业政策导向和市场机制的作用，加大对相关高危行业企业重组力度，进一步整合或淘汰浪费资源、安全保障低的落后产能，提高安全基础保障能力。

九、实行更加严格的考核和责任追究

28. 严格落实安全目标考核。对各地区、各有关部门和企业完成年度生产安全事故控制指标情况进行严格考核，并建立激励约束机制。加大重特大事故的考核权重，发生特别重大生产安全事故的，要根据情节轻重，追究地市级分管领导或主要领导的责任；后果特别严重、影响特别恶劣的，要按规定追究省部级相关领导的责任。加强安全生产基础工作考核，加快推进安全生产长效机制建设，坚决遏制重特大事故的发生。

29. 加大对事故企业负责人的责任追究力度。企业发生重大生产安全责任事故，追究事故企业主要负责人责任；触犯法律的，依法追究事故企业主要负责人或企业实际控制人的法律责任。发生特别重大事故，除追究企业主要负责人和实际控制人责任外，还要追究上级企业主要负责人的责任；触犯法律的，依法追究企业主要负责人、企业实际控制人和上级企业负责人的法律责任。对重大、特别重大生产安全责任事故负有主要责任的企业，其主要负责人终身不得担任本行业企业的矿长（厂长、经理）。对非法违法生产造成人员伤亡的，以及瞒报事故、事故后逃逸等情节特别恶劣的，要依法从重处罚。

30. 加大对事故企业的处罚力度。对于发生重大、特别重大生产安全责任事故或一年内发生2次以上较大生产安全责任事故并负主要责任的企业，以及存在重大隐患整改不力的企业，由省级及以上安全监管监察部门会同有关行业主管部门向社会公告，并向投资、国土资源、建设、银行、证券等主管部门通报，一年内严格限制新增的项目核准、用地审批、证券融资等，并作为银行贷款等的重要参考依据。

31. 对打击非法生产不力的地方实行严格的责任追究。在所辖区域对群众举报、上级督办、日常检查发现的非法生产企业（单位）没有采取有效措施予以查处，致使非法生产企业（单位）存在的，对县（市、区）、乡（镇）人民政府主要领导以及相关责任人，根据情节轻重，给予降级、撤职或者开除的行政处分，涉嫌犯罪的，依法追究刑事责任。国家另有规定的，从其规定。

32. 建立事故查处督办制度。依法严格事故查处，对事故查处实行地方各级安全生产委员会层层挂牌督办，重大事故查处实行国务院安全生产委员会挂牌督办。事故查处结案后，要及时予以公告，接受社会监督。

各地区、各部门和各有关单位要做好对加强企业安全生产工作的组织实施，制订部署本地区本行业贯彻落实本通知要求的具体措施，加强监督检查和指导，及时研究、协调解决贯彻实施中出现的突出问题。国务院安全生产委员会办公室和国务院有关部门要加强工作督查，及时掌握各地区、各部门和本行业（领域）工作进展情况，确保各项规定、措施执行落实到位。省级人民政府和国务院有关部门要将加强企业安全生产工作情况及时报送国务院安全生产委员会办公室。

国务院
二〇一〇年七月十九日

国务院关于进一步加强安全生产工作的决定

（2004年1月9日国务院以国发〔2004〕2号印发）

各省、自治区、直辖市人民政府，国务院各部委、各直属机构：

安全生产关系人民群众的生命财产安全，关系改革发展和社会稳定大局。党中央、国务院高度重视安全生产工作，建国以来特别是改革开放以来，采取了一系列重大举措加强安全生产工作。颁布实施了《中华人民共和国安全生产法》（以下简称《安全生产法》）等法律法规，明确了安全生产责任；初步建立了安全生产监管体系，安全生产监督管理得到加强；对重点行业和领域集中开展了安全生产专项整治，生产经营秩序和安全生产条件有所改善，安全生产状况总体上趋于稳定好转。但是，目前全国的安全生产形势依然严峻，煤矿、道路交通运输、建筑等领域伤亡事故多发的状况尚未根本扭转；安全生产基础比较薄弱，保障体系和机制不健全；部分地方和生产经营单位安全意识不强，责任不落实，投入不足；安全生产监督管理机构、队伍建设以及监管工作亟待加强。为了进一步加强安全生产工作，尽快实现我国安全生产局面的根本好转，特作如下决定。

一、提高认识，明确指导思想和奋斗目标

1. 充分认识安全生产工作的重要性。搞好安全生产工作，切实保障人民群众的生命财产安全，体现了最广大人民群众的根本利益，反映了先进生产力的发展要求和先进文化的前进方向。做好安全生产工作是全面建设小康社会、统筹经济社会全面发展的重要内容，是实施可持续发展战略的组成部分，是政府履行社会管理和市场监管职能的基本任务，是企业生存发展的基本要求。我国目前尚处于社会主义初级阶段，要实现安全生产状况的根本好转，必须付出持续不懈的努力。各地区、各部门要把安全生产作为一项长期艰巨的任务，警钟长鸣，常抓不懈，从全面贯彻落实"三个代表"重要思想，维护人民群众生命财产安全的高度，充分认识加强安全生产工作的重要意义和现实紧迫性，动员全社会力量，齐抓共管，全力推进。

2. 指导思想。认真贯彻"三个代表"重要思想，适应全面建设小康社会的要求和完善社会主义市场经济体制的新形势，坚持"安全第一、预防为主"的基本方针，进一步强化政府对安全生产工作的领导，大力推进安全生产各项工作，落实生产经营单位安全生产主体责任，加强安全生产监督管理；大力推进安全生产监管体制、安全生产法制和执法队伍"三项建设"，建立安全生产长效机制，实施科技兴安战略，积极采用先进的安全管理方法和安全生产技术，努力实现全国安全生产状况的根本好转。

3. 奋斗目标。到2007年，建立起较为完善的安全生产监管体系，全国安全生产状况稳定好转，矿山、危险化学品、建筑等重点行业和领域事故多发状况得到扭转，工矿企业事故死亡人数、煤矿百万吨死亡率、道路交通运输万车死亡率等指标均有一定幅度的下降。到2010年，初步形成规范完善的安全生产法治秩序，全国安全生产状况明显好转，重特大事故得到有效遏制，各类生产安全事故和死亡人数有较大幅度的下降。力争到2020年，我国安全生产状况实现根本性好转，亿元国内生产总值死亡率、十万人死亡率等指标达到或者接近世界中等发达国家水平。

二、完善政策，大力推进安全生产各项工作

4. 加强产业政策的引导。制定和完善产业政策，调整和优化产业结构。逐步淘汰技术落后、浪费资源和环境污染严重的工艺技术、装备及不具备安全生产条件的企业。通过兼并、联合、重组等措施，积极发展跨区域、跨行业经营的大公司、大集团和大型生产供应基地，提高有安全生产保障企业的生产能力。

5. 加大政府对安全生产的投入。加强安全生产基础设施建设和支撑体系建设，加大对企业安全生产技术改造的支持力度。运用长期建设国债和预算内基本建设投资，支持大中型国有煤炭企业的安全生产技术改造。各级地方人民政府要重视安全生产基础设施建设资金的投入，并积极支持企业安全技术改造，对国家安排的安全生产专项资金，地方政府要加强监督管理，确保专款专用，并安排配套资金予以保障。

6. 深化安全生产专项整治。坚持把矿山、道路和水上交通运输、危险化学品、民用爆破器材和烟花爆竹、人员密集场所消防安全等方面的安全生产专项整治，作为整顿和规范社会主义市场经济秩序的一项重要任务，持续不懈地抓下去。继续关闭取缔非法和不具备安全生产条件的小矿小厂、经营网点，遏制低水平重复建设。开展公路货车超限超载治理，保障道路交通运输安全。把安全生产专项整治与依法落实生产经营单位安全生产保障制度、加强日常监督管理以及建立安全生产长效机制结合起来，确保整治工作取得实效。

7. 健全完善安全生产法制。对《安全生产法》确立的各项法律制度，要抓紧制定配套法规规章。认真做好各项安全生产技术规范、标准的制定修订工作。各地区要结合本地实际，制定和完善《安全生产法》配套实施办法和措施。加大安全生产法律法规的学习宣传和贯彻力度，普及安全生产法律知识，增强全民安全生产法制观念。

8. 建立生产安全应急救援体系。加快全国生产安全应急救援体系建设，尽快建立国家生产安全应急救援指挥中心，充分利用现有的应急救援资源，建设具有快速反应能力的专业化救援队伍，提高救援装备水平，增强生产安全事故的抢险救援能力。加强区域性生产安全应急救援基地建设。搞好重大危险源的普查登记，加强国家、省（区、市）、市（地）、县（市）四级重大危险源监控工作，建立应急救援预案和生产安全预警机制。

9. 加强安全生产科研和技术开发。加强安全生产科学学科建设，积极发展安全生产普通高等教育，培养和造就更多的安全生产科技和管理人才。加大科技投入力度，充分利用高等院校、科研机构、社会团体等安全生产科研资源，加强安全生产基础研究和应用研究。建立国家安全生产信息管理系统，提高安全生产信息统计的准确性、科学性和权威性。积极开展安全生产领域的国际交流与合作，加快先进的生产安全技术引进、消化、吸收和自主创新步伐。

三、强化管理，落实生产经营单位安全生产主体责任

10. 依法加强和改进生产经营单位安全管理。强化生产经营单位安全生产主体地位，进一步明确安全生产责任，全面落实安全保障的各项法律法规。生产经营单位要根据《安全生产法》等有关法律规定，设置安全生产管理机构或者配备专职（或兼职）安全生产管理人员。保证安全生产的必要投入，积极采用安全性能可靠的新技术、新工艺、新设备和新材料，不断改善安全生产条件。改进生产经营单位安全管理，积极采用职业安全健康管理体系认证、风险评估、安全评价等方法，落实各项安全防范措施，提高安全生产管理水平。

11. 开展安全质量标准化活动。制定和颁布重点行业、领域安全生产技术规范和安全生产质量工作标准，在全国所有工矿、商贸、交通运输、建筑施工等企业普遍开展安全质量标准化活动。企业生产流程的各环节、各岗位要建立严格的安全生产质量责任制。生产经营活动和行为，必须符合安全生产有关法律法规和安全生产技术规范的要求，做到规范化和标准化。

12. 搞好安全生产技术培训。加强安全生产培训工作，整合培训资源，完善培训网络，加大培训力度，提高培训质量。生产经营单位必须对所有从业人员进行必要的安全生产技术培训，其主要负责人及有关经营管理人员、重要工种人员必须按照有关法律、法规的规定，接受规范的安全生产培训，经考试合格，持证上岗。完善注册安全工程师考试、任职、考核制度。

13. 建立企业提取安全费用制度。为保证安全生产所需资金投入，形成企业安全生产投入的长效机制，借鉴煤矿提取安全费用的经验，在条件成熟后，逐步建立对高危行业生产企业提取安全费用制度。企业安全费用的提取，要根据地区和行业的特点，分别确定提取标准，由企业自行提取，专户储存，专项用于安全生产。

14. 依法加大生产经营单位对伤亡事故的经济赔偿。生产经营单位必须认真执行工伤保险制度，依法参加工伤保险，及时为从业人员缴纳保险费。同时，

依据《安全生产法》等有关法律法规,向受到生产安全事故伤害的员工或家属支付赔偿金。进一步提高企业生产安全事故伤亡赔偿标准,建立企业负责人自觉保障安全投入,努力减少事故的机制。

四、完善制度,加强安全生产监督管理

15. 加强地方各级安全生产监管机构和执法队伍建设。县级以上各级地方人民政府要依照《安全生产法》的规定,建立健全安全生产监管机构,充实必要的人员,加强安全生产监管队伍建设,提高安全生产监管工作的权威,切实履行安全生产监管职能。完善煤矿安全生产监察体制,进一步加强煤矿安全生产监察队伍建设和监察执法工作。

16. 建立安全生产控制指标体系。要制订全国安全生产中长期发展规划,明确年度安全生产控制指标,建立全国和分省(区、市)的控制指标体系,对安全生产情况实行定量控制和考核。从 2004 年起,国家向各省(区、市)人民政府下达年度安全生产各项控制指标,并进行跟踪检查和监督考核。对各省(区、市)安全生产控制指标完成情况,国家安全生产监督管理部门将通过新闻发布会、政府公告、简报等形式,每季度公布一次。

17. 建立安全生产行政许可制度。把安全生产纳入国家行政许可的范围,在各行业的行政许可制度中,把安全生产作为一项重要内容,从源头上禁止不具备安全生产条件的企业进入市场。开办企业必须具备法律规定的安全生产条件,依法向政府有关部门申请、办理安全生产许可证,持证生产经营。新建、改建、扩建项目的安全设施必须与主体工程同时设计、同时施工、同时投入生产和使用(简称"三同时"),对未通过"三同时"审查的建设项目,有关部门不予办理行政许可手续,企业不准开工投产。

18. 建立企业安全生产风险抵押金制度。为强化生产经营单位的安全生产责任,各地区可结合实际,依法对矿山、道路交通运输、建筑施工、危险化学品、烟花爆竹等领域从事生产经营活动的企业,收取一定数额的安全生产风险抵押金,企业生产经营期间发生生产安全事故的,转作事故抢险救灾和善后处理所需资金。具体办法由国家安全生产监督管理部门会同财政部研究制定。

19. 强化安全生产监管监察行政执法。各级安全生产监管监察机构要增强执法意识,做到严格、公正、文明执法。依法对生产经营单位安全生产情况进行监督检查,指导督促生产经营单位建立健全安全生产责任制,落实各项防范措施。组织开展好企业安全评估,搞好分类指导和重点监管。对严重忽视安全生产的企业及其负责人或业主,要依法加大行政执法和经济处罚的力度。认真查处各类事故,坚持事故原因未查清不放过、责任人员未处理不放过、整改措施未落实不放过、有关人员未受到教育不放过的"四不放过"原则,不仅要追究事故直接责任人的责任,同时要追究有关负责人的领导责任。

20. 加强对小企业的安全生产监管。小企业是安全生产管理的薄弱环节,各地要高度重视小企业的安全生产工作,切实加强监督管理。从组织领导、工作机制和安全投入等方面入手,逐步探索出一套行之有效的监管办法。坚持寓监督管理于服务之中,积极为小企业提供安全技术、人才、政策咨询等方面的服务,加强检查指导,督促帮助小企业搞好安全生产。要重视解决小煤矿安全生产投入问题,对乡镇及个体煤矿,要严格监督其按照有关规定提取安全费用。

五、加强领导,形成齐抓共管的合力

21. 认真落实各级领导安全生产责任。地方各级人民政府要建立健全领导干部安全生产责任制,把安全生产作为干部政绩考核的重要内容,逐级抓好落实。特别要加强县乡两级领导干部安全生产责任制的落实。加强对地方领导干部的安全知识培训和安全生产监管人员的执法业务培训。国家组织对市(地)、县(市)两级政府分管安全生产工作的领导干部进行培训;各省(区、市)要对县级以上安全生产监管部门负责人,分期分批进行执法能力培训。依法严肃查处事故责任,对存在失职、渎职行为,或对事故发生负有领导责任的地方政府、企业领导人,要依照有关法律法规严格追究责任。严厉惩治安全生产领域的腐败现象和黑恶势力。

22. 构建全社会齐抓共管的安全生产工作格局。地方各级人民政府每季度至少召开一次安全生产例会,分析、部署、督促和检查本地区的安全生产工作;大力支持并帮助解决安全生产监管部门在行政执法中遇到的困难和问题。各级安全生产委员会及其办公室要积极发挥综合协调作用。安全生产综合监管及其他负有安全生产监督管理职责的部门要在政府的统一领导下,依照有关法律法规的规定,各负其责,密切配合,切实履行安全监管职能。各级工会、共青团组织要围绕安全生产,发挥各自优势,开展群众性安全生产活动。充分发挥各类协会、学会、中心等中介机构和社团组织的作用,构建信息、法律、技术装备、宣传教育、培训和应急救援等安全生产支撑体系。强化社会监督、群众监督和新闻媒体监督,丰富全国"安全生产月"、"安全生产万里行"等活动内容,努力构建"政府统一领导、部门依法监管、企业全面负责、群众参与监督、全社会广泛支持"的安全生产工作格局。

23. 做好宣传教育和舆论引导工作。把安全生产宣传教育纳入宣传思想工作的总体布局，坚持正确的舆论导向，大力宣传党和国家安全生产方针政策、法律法规和加强安全生产工作的重大举措，宣传安全生产工作的先进典型和经验；对严重忽视安全生产、导致重特大事故发生的典型事例要予以曝光。在大中专院校和中小学开设安全知识课程，提高青少年在道路交通、消防、城市燃气等方面的识灾和防灾能力。通过广泛深入的宣传教育，不断增强群众依法自我安全保护的意识。

各地区、各部门和各单位要加强调查研究，注意发现安全生产工作中出现的新情况，研究新问题，推进安全生产理论、监管体制和机制、监管方式和手段、安全科技、安全文化等方面的创新，不断增强安全生产工作的针对性和实效性，努力开创我国安全生产工作的新局面，为完善社会主义市场经济体制，实现党的十六大提出的全面建设小康社会的宏伟目标创造安全稳定的环境。

国务院
二○○四年一月九日

国务院办公厅关于加强安全生产监管执法的通知

（2015年4月2日国务院办公厅以国办发〔2015〕20号印发）

各省、自治区、直辖市人民政府，国务院各部委、各直属机构：

为贯彻落实党的十八大、十八届二中、三中、四中全会精神和党中央、国务院有关决策部署，按照全面推进依法治国的要求，着力强化安全生产法治建设，严格执行安全生产法等法律法规，切实维护人民群众生命财产安全和健康权益，经国务院同意，现就加强安全生产监管执法有关要求通知如下：

一、健全完善安全生产法律法规和标准体系

（一）加快制修订相关法律法规。抓紧制定安全生产法实施条例等配套法规，积极推动矿山安全法、消防法、道路交通安全法、海上交通安全法、铁路法等相关法律修订出台，加快煤矿安全监察、石油天然气管道保护、民用航空安全保卫、重大设备监理、高毒物品与高危粉尘作业劳动保护、安全生产应急管理等有关法规的研究论证和制修订工作。各省级人民政府要推动安全生产地方性法规、规章制修订工作，健全安全生产法治保障体系。

（二）制定完善安全生产标准。国务院安全生产监督管理部门要加强统筹协调，会同有关部门制定实施安全生产标准发展规划和年度计划，加快制修订安全生产强制性国家标准，逐步缩减推荐性标准。其他负有安全生产监督管理职责的部门要建立完善行业安全管理标准，并在制修订其他行业和技术标准时充分考虑安全生产的要求。要根据经济社会发展和安全生产实际需要，科学建立和优化工作程序，尽可能缩短相关标准出台期限，对于安全生产工作急需标准要按照特事特办原则，加快完成制修订工作并及时向社会公布。

（三）及时做好相关规章制度修改完善工作。加强调查研究，准确把握和研判安全生产形势、特点和规律，认真调查分析每一起生产安全事故，深入剖析事故发生的技术原因和管理原因，有针对性地健全和完善相关规章制度。对事故调查反映出相关法规规章有漏洞和缺陷的，要在事故结案后立即启动制修订工作。要按照深化行政审批制度改革的要求，及时做好有关地方和部门规章及规范性文件清理工作，既要简政放权，又要确保安全准入门槛不降低、安全监管不放松。

二、依法落实安全生产责任

（四）建立完善安全监管责任制。依法加快建立生产经营单位负责、职工参与、政府监管、行业自律和社会监督的安全生产工作机制。全面建立"党政同责、一岗双责、齐抓共管"的安全生产责任体系，落实属地监管责任。负有安全生产监督管理职责的部门要加强对有关行业领域的监督管理，形成综合监管和行业监管合力，提高监管效能，切实做到管行业必须管安全、管业务必须管安全、管生产经营必须管安全。加强安全生产目标责任考核，各级安全生产监督管理部门要定期向同级组织部门报送安全生产情况，将其纳入领导干部政绩业绩考核内容，严格落实安全生产"一票否决"制度。

（五）督促落实企业安全生产主体责任。督促企业严格履行法定责任和义务，建立健全安全生产管理机构，按规定配齐安全生产管理人员和注册安全工程师，切实做到安全生产责任到位、投入到位、培训到位、基础管理到位和应急救援到位。国有大中型企业和规模以上企业要建立安全生产委员会，主任由董事长或总经理担任，董事长、党委书记、总经理对安全生产工作均负有领导责任，企业领导班子成员和管理人员实行安全生产"一岗双责"。所有企业都要建立生产安全风险警示和预防应急公告制度，完善风险排查、评估、预警和防控机制，加强风险预控管理，按规定将本单位重大危险源及相关安全措施、应急措施报有关地方人民政府安全生产监督管理部门和有关部门备案。

（六）进一步严格事故调查处理。各类生产安全事故发生后，各级人民政府必须按照事故等级和管辖权限，依法开展事故调查，并通知同级人民检察院介入调查。完善事故查处挂牌督办制度，按规定由省级、市级和县级人民政府分别负责查处的重大、较大和一般事故，分别由上一级人民政府安全生产委员会负责挂牌督办、审核把关。对性质严重、影响恶劣的重大事故，经国务院批准后，成立国务院事故调查组或由国务院授权有关部门组织事故调查组进行调查。对典型的较大事故，可由国务院安全生产委员会直接督办。建立事故调查处理信息通报和整改措施落实情况评估制度，所有事故都要在规定时限内结案并依法及时向社会全文公布事故调查报告，同时由负责查处事故的地方人民政府在事故结案1年后及时组织开展评估，评估情况报上级人民政府安全生产委员会办公室备案。

三、创新安全生产监管执法机制

（七）加强重点监管执法。地方各级人民政府和负有安全生产监督管理职责的部门要根据辖区、行业领域安全生产实际情况，分别筛选确定重点监管的市、县、乡镇（街道）、行政村（社区）和生产经营单位，实行跟踪监管、直接指导。国务院安全生产监督管理部门要组织各地区排查梳理高危企业分布情况和近5年来事故发生情况，确定重点监管对象，纳入国家重点监管调度范围并实行动态管理。进一步加强部门联合监管执法，做到密切配合、协调联动，依法严肃查处突出问题，并通过暗访暗查、约谈曝光、专家会诊、警示教育等方式督促整改。

（八）加强源头监管和治理。地方各级人民政府要将安全生产和职业病防治纳入经济社会发展规划，实现同步协调发展。各有关部门要进一步加强有关建设项目规划、设计环节的安全把关，防止从源头上产生隐患。建立岗位安全知识、职业病危害防护知识和实际操作技能考核制度，全面推行教考分离，对发生事故的要依法倒查企业安全生产培训制度落实情况。深入开展企业安全生产标准化建设，对不符合安全生产条件的企业要依法责令停产整顿，直至关闭退出。督促企业加强生产经营场所职业病危害源头治理，防止职业病发生。地方各级安全生产监督管理部门要建立与企业联网的隐患排查治理信息系统，实行企业自查自报自改与政府监督检查并网衔接，并建立健全线下配套监管制度，实现分级分类、互联互通、闭环管理。

（九）改进监督检查方式。各地区和相关部门要建立完善"四不两直"（不发通知、不打招呼、不听汇报、不用陪同和接待，直奔基层、直插现场）暗查暗访安全检查制度，制定事故隐患分类和分级挂牌督办标准，对重大事故隐患加大执法检查频次，强化预防控制措施。推行安全生产网格化动态监管机制，力争用3年左右时间覆盖到所有生产经营单位和乡村、社区。地方各级人民政府要营造良好的安全生产监管执法环境，不得以招商引资、发展经济等为由对安全生产监管执法设置障碍，2015年底前要全面清理、废除影响和阻碍安全生产监管执法的相关规定，并向上级人民政府报告。

（十）建立完善安全生产诚信约束机制。地方各级人民政府要将企业安全生产诚信建设作为社会信用体系建设的重要内容，建立健全企业安全生产信用记录并纳入国家和地方统一的信用信息共享交换平台。要实行安全生产"黑名单"制度并通过企业信用信息公示系统向社会公示，对列入"黑名单"的企业，在经营、投融资、政府采购、工程招投标、国有土地出让、授予荣誉、进出口、出入境、资质审核等方面依法予以限制或禁止。各地区要于2016年底前建立企业安全生产违法信息库，2018年底前实现全国联网，并面向社会公开查询。相关部门要加强联动，依法对失信企业进行惩戒约束。

（十一）加快监管执法信息化建设。整合建立安全生产综合信息平台，统筹推进安全生产监管执法信息化工作，实现与事故隐患排查治理、重大危险源监控、安全诚信、安全生产标准化、安全教育培训、安全专业人才、行政许可、监测检验、应急救援、事故责任追究等信息共建共享，消除信息孤岛。要大力提升安全生产"大数据"利用能力，加强安全生产周期性、关联性等特征分析，做到检索查询即时便捷、归纳分析系统科学，实现来源可查、去向可追、责任可究、规律可循。

（十二）运用市场机制加强安全监管。在依法推进各类用人单位参加工伤保险的同时，鼓励企业投保安全生产责任保险，并理顺安全生产责任保险与风险抵押金的关系，推动建立社会商业保险机构参与安全监管的机制。要在长途客运、危险货物道路运输领域继续实施承运人责任保险制度的同时，进一步推动在煤矿、非煤矿山、危险化学品、烟花爆竹、建筑施工、民用爆炸物品、特种设备、金属冶炼与加工、水上运输等高危行业和重点领域实行安全生产责任保险制度，推动公共聚集场所和易燃易爆危险品生产、储存、运输、销售企业投保火灾公共责任保险。建立健全国家、省、市、县四级安全生产专家队伍和服务机制。培育扶持科研院所、行业协会、专业服务组织和注册安全工程师事务所参与安全生产工作，积极提供安全管理和技术服务。

（十三）加强与司法机关的工作协调。制定安全生产非法违法行为等涉嫌犯罪案件移送规定，明确移送标准和程序，建立安全生产监管执法机构与公安机关和检察机关安全生产案情通报机制，加强相关部门间的执法协作，严厉查处打击各类违法犯罪行为。安全生产监督管理部门对逾期不履行安全生产行政决定的，要依法强制执行或者向人民法院申请强制执行，维护法律的权威性和约束力，切实保障公民生命安全和职业健康。

四、严格规范安全生产监管执法行为

（十四）建立权力和责任清单。按照强化安全生产监管与透明、高效、便民相结合的原则，进一步取消或下放安全生产行政审批事项，制定完善事中和事后监管办法，提高政府安全生产监管服务水平。地方各级人民政府及其相关部门、中央垂直管理部门设在地方的机构要依照安全生产法等法律法规和规章，以清单方式明确每项安全生产监管监察职权和责任，制定工作流程图，并通过政府网站和政府公告等载体，及时向社会公开，切实做到安全生产监管执法不缺位、不越位。

（十五）完善科学执法制度。各级安全生产监督管理部门要制定年度执法计划，明确重点监管对象、检查内容和执法措施，并根据安全生产实际情况及时进行调整和完善，确保执法效果。建立安全生产与职业卫生一体化监管执法制度，对同类事项进行综合执法，降低执法成本，提高监管实效。各有关部门依法对企业作出安全生产执法决定之日起20个工作日内，要向社会公开执法信息。

（十六）强化严格规范执法。各级安全生产监督管理部门和其他负有安全生产监督管理职责的部门要依法明确停产停业、停止施工、停止使用相关设施或者设备，停止供电、停止供应民用爆炸物品，查封、扣押、取缔和上限处罚等执法决定的具体情形、时限、执行责任和落实措施。加强执法监督，建立执法行为审议制度和重大行政执法决策机制，依法规范执法程序和自由裁量权，评估执法效果，防止滥用职权；对同类安全生产执法案件按不低于10%的比例，召集相关企业进行公开裁定。

五、加强安全生产监管执法能力建设

（十七）健全监管执法机构。2016年底前，所有的市、县级人民政府要健全安全生产监管执法机构，落实监管责任。地方各级人民政府要结合实际，强化安全生产基层执法力量，对安全生产监管人员结构进行调整，3年内实现专业监管人员配比不低于在职人员的75%。各市、县级人民政府要通过探索实行派驻执法、跨区域执法、委托执法和政府购买服务等方式，加强和规范乡镇（街道）及各类经济开发区安全生产监管执法工作。

（十八）加强监管执法保障建设。国务院安全生产监督管理部门、发展改革部门要做好安全生产监管部门和煤矿安全监察机构监管监察能力建设发展规划的编制实施工作。国务院社会保险行政部门要会同财政、安全生产监督管理等部门，在总结做好工伤预防试点工作基础上，抓紧制定工伤预防费提取比例、使用和管理的具体办法，加大对工伤预防的投入。地方各级人民政府要将安全生产监管执法机构作为政府行政执法机构，健全安全生产监管执法经费保障机制，将安全生产监管执法经费纳入同级财政保障范围，深入开展安全生产监管执法机构规范化、标准化建设，改善调查取证等执法装备，保障基层执法和应急救援用车，满足工作需要。

（十九）加强法治教育培训。按照谁执法、谁负责的原则，加强安全生产法等法律法规普法宣传教育，提高全民安全生产法治素养。地方各级人民政府要把安全法治纳入领导干部教育培训的重要内容，加强安全生产监管执法人员法律法规和执法程序培训，对新录用的安全生产监管执法人员坚持凡进必考必训，对在岗人员原则上每3年轮训一次，所有人员要经执法资格培训考试合格后方可执证上岗。

（二十）加强监管执法队伍建设。地方各级人民政府和相关部门要加强安全生产监管执法人员的思想建设、作风建设和业务建设，建立健全监督考核机制。建立现场执法全过程记录制度，2017年底前，所有执法人员配备使用便携式移动执法终端，切实做到严格执法、科学执法、文明执法。进一步加强党风廉政建设，强化纪律约束，坚决查处腐败问题和失职渎职行为，宣传推广基层安全生产监管执法的先进典型，树立廉洁执法的良好社会形象。

各地区、各有关部门要充分认识进一步加强安全生产监管执法的重要意义，切实强化组织领导，积极抓好工作落实。各级领导干部要做尊法学法守法用法的模范，带头厉行法治、依法办事，运用法治思维和法治方式解决安全生产问题。国务院安全生产监督管理部门要会同有关部门认真开展监督检查，促进安全生产监管执法措施的落实，重大情况及时向国务院报告。

国务院办公厅
2015年4月2日

国务院办公厅关于省级政府安全生产工作考核办法

（2016年8月12日国务院办公厅以国办发〔2016〕64号印发）

第一条 为严格落实安全生产责任，有效防范和遏制生产安全事故，促进安全生产形势根本好转，按照"党政同责、一岗双责、失职追责"的要求，根据《中华人民共和国安全生产法》《中华人民共和国职业病防治法》等法律法规和有关规定，制定本办法。

第二条 本办法适用于对各省、自治区、直辖市人民政府和新疆生产建设兵团（以下统称各省级政府）安全生产工作的年度考核。

第三条 考核工作在国务院领导下，由国务院安全生产委员会（以下简称国务院安委会）负责组织，国务院安委会办公室负责实施。

第四条 考核工作坚持客观公正、科学合理、公开透明、注重实效的原则，突出工作重点，注重工作过程，强化责任落实。

第五条 考核内容包括以下方面：

（一）健全责任体系。坚持管行业必须管安全、管业务必须管安全、管生产经营必须管安全，明确和落实党委政府领导责任、部门监管责任、企业主体责任，强化属地管理，严格工作考核，切实做到"党政同责、一岗双责、失职追责"。

（二）推进依法治理。坚持有法必依、执法必严、违法必究，严格执行安全生产法律法规，完善地方安全生产法规规章和标准体系，加强安全生产监管执法能力建设，依法依规查处各类生产安全事故。

（三）完善体制机制。健全安全生产监管执法机构，强化基层监管执法力量，落实监管执法经费、装备，创新监管机制，提高执法效能，健全安全生产应急救援管理体系。

（四）加强安全预防。建立和落实安全风险分级管控与隐患排查治理双重预防性工作机制，深入推进企业安全生产标准化建设，积极实施安全保障能力提升工程。

（五）强化基础建设。加大安全投入，提高安全科技和信息化水平，加强安全宣传教育培训，发挥市场机制推动作用，筑牢安全生产和职业卫生基础。

（六）防范遏制事故。加强重点行业领域事故防控，生产安全事故起数、死亡人数进一步减少，重特大事故得到有效遏制。

第六条 考核实行百分制评分，逐项扣分，单项分值扣完为止。

第七条 在健全安全生产体制机制法制、组织事故抢险救援等方面取得显著成绩的，经国务院安委会办公室认定，给予适当加分。

第八条 考核结果分为4个等级（以上包括本数，以下不包括本数）：

得分90分以上为优秀；

得分80分以上90分以下为良好；

得分60分以上80分以下为合格；

得分60分以下为不合格。

第九条 按照属地管理原则，强化重特大事故防控情况考核，严格实行"一票否决"制度，发生特别重大事故的按不合格评定。

第十条 建立信息化考评系统，动态报送、审查考核任务完成情况。各省级政府每年1月底前报送上一年度安全生产工作自评报告。国务院安委会办公室组织现场核查抽查。

第十一条 考核结果经国务院安委会审定、报国务院同意后，由国务院安委会向各省级政府通报，对考核结果为优秀的省级政府予以表彰。同时将考核结果抄送中央组织部、中央综治办、中央文明办，并向社会公开。

第十二条 对考核结果为不合格的省级政府，责令其在考核结果通报后一个月内，制定整改措施，向国务院安委会书面报告。国务院安委会办公室负责督促落实。

第十三条 对在考核工作中弄虚作假、瞒报谎报的单位，视情节轻重给予责令整改、通报批评、降低考核等次等惩处，造成不良影响的依法依规追究有关人员责任。

第十四条 国务院安委会办公室依据本办法和年度安全生产工作目标任务，拟定年度安全生产工作考核细则，经国务院安委会审定后实施。

第十五条 各省级政府应结合实际，制定和实施安全生产工作考核办法。

第十六条 本办法由国务院安委会办公室负责解释，自印发之日起施行。

3. 协调机构、部门规章及有关文件

1）责任落实与责任保险

国务院安全生产委员会成员单位安全生产工作任务分工

（2020年12月28日国务院安全生产委员会以安委〔2020〕10号印发）

一、总则

以习近平新时代中国特色社会主义思想为指导，深入学习贯彻习近平总书记关于安全生产重要指示精神，坚持人民至上、生命至上，以做好"两个维护"的政治自觉、思想自觉和行动自觉，树牢安全发展理念，统筹发展和安全两件大事，坚持把安全作为发展的前提、把发展作为安全保障，切实把确保人民生命安全放在第一位落到实处；围绕从根本上消除事故隐患、从根本上解决问题，扎实推进安全生产治理体系和治理能力现代化；坚决扛起防范化解重大安全风险的政治责任，严格落实"党政同责、一岗双责、齐抓共管、失职追责"和"管行业必须管安全、管业务必须管安全、管生产经营必须管安全"的原则，紧密结合各自工作实际，强化各项安全防范责任措施落实，严防各类人身伤亡事故发生，确保人民群众生命财产安全和社会稳定。

国务院应急管理部门依法对全国安全生产工作实施综合监督管理，承担职责范围内行业领域安全生产监管执法工作；负有安全生产监督管理职责的有关部门在各自职责范围内，对有关行业领域的安全生产工作实施监督管理；负有行业领域管理职责的国务院有关部门要将安全生产工作作为行业领域管理工作的重要内容，切实承担起安全管理的职责，制定实施有利于安全生产的法规标准、政策措施，指导、检查和督促企事业单位加强安全防范；其他有关部门结合本部门工作职责，为安全生产工作提供支持保障。

二、安全生产工作任务分工

（一）国家发展改革委。

1. 把安全生产工作纳入国民经济和社会发展规划，将应急管理体系建设规划和安全生产规划纳入国家专项规划。与应急管理部联合发布实施应急管理部门和矿山安全监察机构监管监察能力建设规划，研究安排安全生产监管监察基础设施、执法装备、信息化建设、技术支撑体系、应急救援体系建设和隐患治理等所需中央预算内投资，并对投资计划执行情况进行监督检查。

2. 按照职责分工，参与对不符合有关矿山工业发展规划和总体规划、不符合产业政策、布局不合理等矿井关闭及关闭是否到位情况进行监督和指导。

（二）教育部。

1. 负责教育系统的安全监督管理。指导地方加强各类学校（含幼儿园）的安全监督管理工作，督促各类学校制定安全管理制度和突发事件应急预案，落实安全防范措施。负责直属院校安全监督管理。

2. 将安全教育纳入学校教育内容，指导学校开展安全教育活动，普及安全知识，加强实验室、实训实习期间和校外社会实践活动的安全管理。

3. 加强安全科学与工程及职业卫生相关学科建设，加快培养矿山、化工等安全生产和职业卫生相关专业人才。

4. 会同有关部门依法负责校车安全管理的有关工作。

5. 负责教育系统安全管理统计分析，依法参加有关事故的调查处理，按照职责分工对事故发生单位落实防范和整改措施的情况进行监督检查。

（三）科技部。

1. 将安全生产科技进步纳入科技发展规划和中央财政科技计划（专项、基金等）并组织实施。

2. 负责安全生产重大科技攻关、基础研究和应用研究的组织指导工作，会同有关部门推动安全生产科研成果的转化应用。

3. 加大对安全生产重大科研项目的投入，引导企业增加安全生产研发资金投入，促使企业逐步成为安全生产科技投入和技术保障的主体。

4. 在国家科学技术奖励工作中，加大对安全生产领域重大研究成果的支持，引导社会力量参与安全生产科技工作。

（四）工业和信息化部。

1. 指导工业、通信业加强安全生产管理。在行业发展规划、政策法规、标准规范等方面统筹考虑安全生产，严格行业规范和准入管理，实施传统产业技术改造，淘汰落后工艺和产能，指导重点行业排查治理隐患，促进产业结构升级和布局调整，促进工业化和信息化深度融合，从源头治理上指导相关行业提高企业本质安全水平。

2. 负责通信业及通信设施建设和民用飞机、民用船舶制造业安全生产监督管理，制定相关行业安全生产规章制度、标准规范并组织实施，指挥协调生产安全事故应急通信。

3. 负责民用爆炸物品生产、销售的安全监督管理，按照职责分工组织查处非法生产、销售（含储存）民用爆炸物品的行为。

4. 按照职责分工，依法负责危险化学品生产、储存的行业规划和布局。严格道路机动车辆生产企业及产品准入许可。会同有关部门推动安全（应急）产业发展。

5. 负责相关行业安全生产统计分析，依法参加有关事故的调查处理，按照职责分工对事故发生单位落实防范和整改措施的情况进行监督检查。

（五）公安部。

1. 负责全国道路交通安全管理工作，拟订道路交通安全管理的政策、规定，指导、监督地方公安机关预防和处理道路交通事故，维护道路交通安全、道路交通秩序，以及开展机动车辆（不含拖拉机）、驾驶人管理工作，组织指导道路交通安全宣传教育工作。

2. 指导、协调、监督地方公安机关对民用爆炸物品购买、运输、爆破作业及烟花爆竹道路运输、燃放环节实施安全监管，监控民用爆炸物品流向，按照职责分工组织查处非法购买、运输、使用（含储存）民用爆炸物品的行为和非法运输、燃放烟花爆竹的行为。

3. 指导、监督地方公安机关依法核发剧毒化学品购买许可证、剧毒化学品道路运输通行证，并负责危险化学品运输车辆的道路交通安全管理。

4. 指导、监督地方公安机关依法开展防火工作。

5. 指导、监督地方公安机关依法对相关大型群众性活动实施安全管理。

6. 负责公安部门有关安全生产统计分析，依法组织或参加有关事故的调查处理，按照职责分工对事故发生单位落实防范和整改措施的情况进行监督检查；指导地方公安机关查处相关刑事案件和治安案件。

（六）民政部。

1. 负责民政系统的安全监督管理。在拟订相关民政事业发展法律法规草案、政策、规划以及制定相关部门规章和标准时，将安全生产纳入其中，并负责组织实施。

2. 指导地方养老服务机构、儿童福利机构、未成年人救助保护机构、流浪乞讨人员救助管理机构、殡葬服务机构、精神卫生福利机构等安全管理工作，制定相关安全法规、行业标准并监督实施，督促其落实安全责任和防范措施。

3. 负责民政系统安全管理分析，依法组织或参加民政服务机构安全事故调查处理，按照职责分工对事故发生单位落实防范和整改措施的情况进行监督检查。指导协调各地民政部门参与安全事故处置工作。

（七）司法部。

1. 负责审查有关部门报送国务院的有关安全生产法律草案、行政法规草案，起草或组织起草有关安全生产重要法律草案、行政法规草案。

2. 负责有关安全生产地方性法规、地方政府规章和国务院部门规章的备案审查。

3. 负责有关安全生产行政法规解释的具体承办工作，承办申请国务院裁决的有关安全生产行政复议案件，指导、监督全国安全生产行政复议工作。

4. 将安全生产法律法规纳入公民普法的重要内容，协调推动有关部门落实"谁执法谁普法"普法责任制，广泛宣传普及安全生产法律法规知识；指导律师、公证、基层法律服务工作，为生产经营单位提供安全生产法律服务。

5. 负责全国监狱、司法行政戒毒场所安全生产管理工作，贯彻执行安全生产法律法规和标准，落实安全生产责任制，完善安全生产条件，消除事故隐患。

6. 负责司法行政系统安全生产统计分析。

（八）财政部。

1. 健全支持安全生产工作的财税政策，完善安全生产投入保障机制，加强对安全生产风险防控、重大安全隐患治理和监管监察能力建设的支持。

2. 指导地方健全安全生产监管执法经费保障机制，将安全生产监管执法经费纳入同级财政保障范围。

（九）人力资源社会保障部。

1. 将安全生产法律、法规及安全生产知识纳入相关行政机关工勤人员、事业单位工作人员的培训

（含职业教育、继续教育等）学习计划并组织实施，将安全生产履职情况作为行政机关工勤人员、事业单位工作人员奖惩、考核的重要内容。会同有关部门按照国家有关规定对安全生产领域先进集体和先进个人以及在事故救援工作中作出突出贡献的单位和个人进行表彰奖励。

2. 拟订工伤保险政策、规划和标准，依法推进企业参加工伤保险、开展工伤预防。

3. 配合支持有关部门制定和实施安全生产领域各类专业技术人才、技能人才规划、培养、继续教育、考核、奖惩等相关政策。

4. 指导技工院校、职业培训机构的安全管理工作。指导技工院校、职业培训机构开展安全知识和技能教育培训，制定突发事件应急预案，落实安全防范措施。

5. 会同有关部门制定安全生产领域职业资格相关政策，按照职责分工开展注册安全工程师管理工作。

（十）自然资源部。

1. 负责查处重大越界勘查、无证勘查开采、越界采矿等违法违规行为，维护良好的矿产资源开发秩序。

2. 按照职责分工，负责对无采矿许可证、越界采矿被吊销采矿许可证、资源枯竭应当关闭退出等矿井的关闭工作及关闭是否到位情况进行监督和指导；会同相关部门组织指导并监督检查全国废弃矿井的治理工作。

3. 负责矿产资源开发的管理，组织编制实施矿产资源规划，合理布局探矿权和采矿权。负责管理地质勘查行业，加强对地质勘查活动的监督检查。

4. 依法组织编制和实施国土空间规划，充分考虑实施安全生产规划、管道发展规划必要的空间需求和时序安排。指导地方政府在国土空间规划编制工作中统筹安排管道发展规划，依法依规推进管道建设规范化管理。同时，依据国土空间规划，严格实施国土空间用途管制。

5. 对海洋资源保护利用进行监督管理。参与海上应急救援，参加调查处理海上渔业生产安全事故，按规定权限调查处理海洋生态破坏相关事件等，按照职责分工对事故发生单位落实防范和整改措施的情况进行监督检查。

6. 开展海洋预警监测、灾害预防、风险评估和隐患排查治理，发布警报和公报。建设和管理国家全球海洋立体观测网。参与重大海洋灾害应急处置。

（十一）生态环境部。

1. 负责核安全和辐射安全的监督管理。拟订有关政策、规划、标准，牵头负责核安全工作协调机制有关工作，参与核事故应急处理，负责辐射环境事故应急处理工作。监督管理核设施安全、放射源安全，监督管理核设施、核技术应用、电磁辐射、伴有放射性矿产资源开发利用中的污染防治。对核材料的管制和民用核安全设备的设计、制造、安装和无损检验活动实施监督管理。负责全国放射性废物的安全监督管理工作，对放射性物品运输的核与辐射安全实施监督管理。

2. 依法对废弃危险化学品等危险废物的收集、贮存、处置等进行安全监督管理，防止人身伤亡和财产损失事故发生。按照职责分工负责危险化学品生产安全事故相关环境污染、生态破坏问题调查和事故现场应急环境监测。

3. 指导协调地方政府开展生产安全事故次生环境污染和其他相关突发环境事件的应急、预警和处置工作。

4. 指导督促地方和相关企业单位对重点环保设施和项目组织开展安全风险评估和隐患排查治理。

（十二）住房城乡建设部。

1. 依法对全国的建设工程安全生产实施监督管理（按照国务院规定职责分工的铁路、交通、水利、民航、电力、通信等专业建设工程除外）。负责拟订建筑安全生产政策、规章制度并监督执行，依法查处建筑安全生产违法违规行为。监督管理房屋建筑工地和市政工程工地用起重机械、专用机动车辆的安装、使用。

2. 指导农村住房建设、农村住房安全和危房改造。指导农村管道天然气工程质量和运行安全。

3. 指导城市市政公用设施建设、安全和应急管理，指导城市供水、燃气、热力、市政设施、园林、市容环境治理、城市规划区绿化、城镇污水处理设施和管网等安全运行监督管理。指导城市地铁、轨道交通规划和建设的安全监督管理。指导城市地下空间开发利用安全监督管理。

4. 负责建筑施工、建筑安装、建筑装饰装修、勘察设计、建设监理等建筑业和房地产开发、物业服务、房屋征收拆迁等房地产业安全生产监督管理工作。负责指导和监督省级建设主管部门负责的建筑施工企业安全生产准入管理，指导建筑施工企业从业人员安全生产教育培训工作。

5. 指导建设工程消防设计审查验收工作。

6. 负责建筑业、房地产业和住房城乡建设系统安全生产统计分析，依法组织或参加有关事故的调查处理，按照职责分工对事故发生单位落实防范和整改措施的情况进行监督检查。

（十三）交通运输部。

1. 指导公路、水路行业安全生产和应急管理工作。拟订并监督实施公路、水路行业安全生产政策、规划和应急预案，指导有关安全生产和应急处置体系建设，承担公路、水路重大突发事件处置的组织协调工作，承担有关公路、水路运输企业安全生产监督管理工作。负责指导交通运输综合执法和队伍建设有关工作。

2. 负责水上交通安全监督管理。负责水上交通管制、船舶及相关水上设施检验、登记和防治污染、航海保障、救助打捞、通信导航、船舶保安等工作，指导港口设施保安工作。负责拟订渔业船舶检验政策法规及标准，渔业船舶检验监督管理和行业指导等工作。负责危险货物水路运输安全监督管理。负责船员管理有关工作。负责中央管理水域水上交通安全事故、船舶及相关水上设施污染事故的应急处置，指导地方水上交通安全监督管理工作。

3. 负责道路运输管理工作。指导运输线路、营运车辆、枢纽、运输场站等管理工作；负责拟订经营性机动车营运安全标准并监督实施，指导机动车维修、营运车辆综合性能检测管理，参与机动车报废政策、标准制定工作，负责机动车驾驶员培训机构和驾驶员培训管理工作；指导公共汽车、城市地铁和轨道交通运营、出租汽车（含巡游出租汽车和网络预约出租汽车）、汽车租赁等安全监督管理工作。

4. 负责公路、水路建设工程安全生产监督管理工作。按规定制定公路、水路工程建设有关政策、制度和技术标准并监督实施。指导公路、水路有关工程建设安全生产监督管理工作，指导交通运输基础设施管理和维护，承担有关重要设施的管理和维护。

5. 按照职责分工指导并组织开展交通运输行业安全生产专项整治工作。指导各地组织实施公路安全生命防护工程，加强道路交通安全设施建设；负责查处船舶超载和打击无牌、无证、报废船舶营运等违法行为；指导或配合有关部门查处车辆超限超载和打击无牌、无证、报废车辆营运等违法行为。

6. 指导危险货物道路运输、水路运输的许可以及运输工具的安全管理和从业人员资格认定。按照职责范围组织拟订危险货物有关标准。

7. 负责河道采砂影响航道及通航安全的管理工作。

8. 指导有关交通运输企业安全生产标准化建设和从业人员的安全生产教育培训工作。

9. 负责交通运输行业安全生产统计分析，依法组织或参加有关事故的调查处理，按照职责分工对事故发生单位落实防范和整改措施的情况进行监督检查。

（十四）水利部。

1. 负责水利行业安全生产工作，组织实施水利工程质量和安全监督，组织指导水库、水电站大坝、农村水电站及其配套电网的安全监督管理。

2. 组织实施水利工程建设安全生产监督管理工作，按规定制定水利工程建设有关政策、制度、技术标准和重大事故应急预案并监督实施。

3. 负责组织、协调和指导长江宜宾以下干流河道采砂活动的统一管理和监督检查；监督管理河道采砂工作，并对采砂影响防洪安全、河势稳定、堤防安全负责。

4. 组织提出并协调落实三峡工程运行、南水北调工程运行和后续工程建设的有关政策措施，指导监督工程安全运行，组织工程验收有关工作，督促指导地方配套工程建设。

5. 组织指导水利工程蓄水安全鉴定和验收，指导大江大河干堤、重要病险水库、重要水闸的除险加固。

6. 指导、监督水利行业从业人员的安全生产教育培训考核工作。

7. 负责水利行业安全生产统计分析，依法参加有关事故的调查处理，按照职责分工对事故发生单位落实防范和整改措施的情况进行监督检查。

（十五）农业农村部。

1. 指导农业行业安全生产工作，拟订农业行业安全生产政策、规划和应急预案并组织实施。

2. 指导渔业安全生产工作。代表国家行使渔政渔港监督管理权，依法对渔港水域交通安全实施监督管理，负责远洋渔业和渔政渔港、渔船、渔业船员等监督管理。承担职责范围内渔业应急处置和渔业安全事故调查处理工作。

3. 指导农机安全生产工作。指导农机作业安全和维修管理；组织农机安全监理，按照职责分工，依法指导农机登记、安全检验、事故处理、农机驾驶人员培训和考核发证工作。

4. 负责农药监督管理工作，承担农药使用环节安全指导工作。指导农村可再生能源综合开发利用。指导畜禽屠宰行业安全生产工作。

5. 负责农业行业安全生产统计分析，依法组织或参加有关事故的调查处理，按照职责分工对事故发生单位落实防范和整改措施的情况进行监督检查。

（十六）商务部。

1. 配合有关部门做好商贸服务业（含餐饮业、

住宿业）安全生产管理工作，按有关规定对拍卖、展览、汽车流通、旧货流通和成品油流通等行业进行安全生产管理，指导再生资源回收行业安全生产工作。指导督促商贸、流通企业贯彻执行安全生产法律法规，加强安全管理，落实安全防范措施。

2. 会同有关部门指导督促对外投资合作企业境内主体加强境外投资合作项目安全生产工作。

3. 配合有关部门对商贸、流通企业违反安全生产法律法规行为进行查处。

（十七）文化和旅游部。

1. 负责文化和旅游安全监督管理工作，在职责范围内依法对文化市场和旅游行业安全生产工作实施监督管理，拟订文化市场和旅游行业有关安全生产政策，组织制定文化市场和旅游行业突发事件应急预案，加强应急管理。

2. 在职责范围内依法对互联网上网服务经营场所、娱乐场所和营业性演出、文化艺术经营活动执行有关安全生产法律法规的情况进行监督检查。

3. 会同国家有关部门对旅游安全实行综合治理，配合有关部门加强旅游客运安全管理。指导地方对旅行社企业安全生产工作进行监督检查，推动协调相关部门加强对自助游、自驾游等新兴业态的安全监管，依法指导景区建立具备开放的安全条件。配合有关部门组织开展景区内游乐园安全隐患排查整治。

4. 负责文化系统所属单位的安全监督管理，指导图书馆、文化馆（站）等文化单位和重大文化活动、基层群众文化活动加强安全管理，落实安全防范措施。

5. 负责全国旅游安全管理的宣传、教育、培训工作。加强对有关安全生产法律法规和安全生产知识的宣传，配合有关部门共同开展安全生产重大宣传活动。

6. 负责文化市场、文化系统和旅游行业安全生产统计分析，依法参加有关事故的调查处理，按照职责分工对事故发生单位落实防范和整改措施的情况进行监督检查。

（十八）国家卫生健康委。

1. 按照职责分工，负责职业卫生、放射卫生的监督管理工作。负责起草职业卫生、放射卫生监管有关法规，制定用人单位职业卫生、放射卫生监管相关规章，组织拟订国家职业卫生标准。

2. 负责用人单位职业卫生监督检查工作，依法监督用人单位贯彻执行国家有关职业病防治法律法规和标准情况。

3. 负责职业卫生、放射卫生检测、评价技术服务机构的监督管理工作。组织查处职业病危害事故和违法违规行为。

4. 负责卫生系统安全管理工作。指导医疗卫生机构、计划生育技术服务机构等制定安全管理制度和突发事件应急预案，落实安全防范措施，做好医疗废物、放射性物品安全处置管理工作。负责直属医疗机构安全监督管理。

5. 协调指导生产安全事故的医疗卫生救援工作，对重特大生产安全事故组织实施紧急医学救援。

（十九）应急管理部。

1. 拟订安全生产方针政策，组织编制国家安全生产规划，起草安全生产法律法规草案，指导协调全国安全生产工作，综合管理全国安全生产统计工作，分析和预测全国安全生产形势，发布全国安全生产信息，协调解决安全生产中的重大问题。

2. 负责安全生产综合监督管理工作，依法行使国家安全生产综合监督管理职权，指导协调、监督检查国务院有关部门和各省（自治区、直辖市）政府安全生产工作，组织开展安全生产和消防工作考核、巡查。

3. 负责工贸行业安全生产监督管理工作，按照分级、属地原则，依法监督检查工贸生产经营单位贯彻执行安全生产法律法规情况及其安全生产条件和有关设备（特种设备除外）、材料、劳动防护用品的安全生产管理工作。负责监督管理工贸行业中央企业安全生产工作。承担海洋石油安全生产综合监督管理工作。

4. 依法组织并指导监督实施安全生产准入制度；负责危险化学品安全生产监管工作和危险化学品安全监管综合工作，负责烟花爆竹生产、经营的安全生产监督管理工作。

5. 负责对全国的消防工作实施监督管理，指导地方消防监督、火灾预防、火灾扑救等工作。

6. 组织制定相关行业安全生产规章、规程和标准并监督实施，指导监督相关行业企业安全生产标准化、安全预防控制体系建设工作。会同有关部门推进安全生产责任保险实施工作。

7. 组织协调全国性安全生产检查以及专项督查、专项整治等工作，依法组织指导生产安全事故调查处理，监督事故查处和责任追究落实情况。按照职责分工对工贸行业事故发生单位落实防范和整改措施的情况进行监督检查。

8. 指导应急预案体系建设，建立完善事故灾难分级应对制度，组织编制国家生产安全事故应急预案和安全生产类专项应急预案，综合协调应急预案衔接工作，组织开展预案演练。

9. 指导各地区各部门应对安全生产类突发事件，组织指导协调安全生产应急救援工作，负责生产安全事故救援等专业应急救援力量建设，健全完善全国安全生产应急救援体系。

10. 指导监督职责范围内建设项目安全设施"三同时"工作。

11. 负责安全生产宣传教育和培训工作（矿山〈含地质勘探〉除外，下同），组织指导并监督特种作业人员的操作资格考核工作和危险化学品、烟花爆竹、金属冶炼等生产经营单位主要负责人、安全生产管理人员的安全生产知识和管理能力考核工作，监督检查工贸生产经营单位安全生产培训工作。

12. 指导全国安全评价检测检验机构管理工作，拟订注册安全工程师制度并组织实施。

13. 指导协调和监督全国安全生产行政执法工作。

14. 组织拟订安全生产科技规划并组织实施，指导安全生产科学技术研究、推广应用和信息化建设工作。

15. 组织开展安全生产方面的国际交流与合作，组织参与安全生产类等突发事件的国际救援工作。

16. 承担国务院安全生产委员会的日常工作和国务院安全生产委员会办公室的主要职责。

（二十）国务院国资委。

1. 按照国有资产出资人的职责，负责指导督促中央企业贯彻落实国家安全生产方针政策及有关法律法规、标准等，指导督促中央企业加强安全生产管理和落实安全生产主体责任。

2. 督促中央企业主要负责人落实安全生产第一责任人的责任和企业安全生产责任制，开展中央企业负责人履行安全生产职责的业绩考核。

3. 依照有关规定，参与或组织开展中央企业安全生产和应急管理的检查、督查，督促企业落实各项安全防范和隐患治理措施。

4. 参加中央企业特别重大事故的调查，负责落实事故责任追究的有关规定。

5. 督促中央企业做好统筹规划，把安全生产纳入中长期发展规划，保障职工健康与安全，切实履行社会责任。

（二十一）海关总署。

1. 负责海关系统的安全生产管理，制定海关进出境监管安全作业规范并组织实施，开展海关监管作业隐患排查，及时将发现的监管货物、作业区域安全隐患问题通报、移送相关主管部门，配合相关部门开展安全生产检查、应急处置。

2. 拟订海关风险管理制度并组织实施，承担组织海关风险监测工作，建立风险评估指标体系、风险监测预警和跟踪制度、风险管理防控机制。协调开展口岸相关风险分析研判和处置工作。

3. 负责对进出口烟花爆竹、进出口危险化学品及其包装实施检验。负责对出口危险货物包装容器实施性能检验和使用鉴定。承担进口固体废物、进出口易制毒化学品等口岸管理工作。

4. 对存在安全生产失信行为的生产经营单位进出口货物实施严密监管，在办理通关业务时，加强单证审核或布控查验。

（二十二）市场监管总局。

1. 指导地方市场监管部门严格依法办理涉及安全生产前置审批事项的市场主体登记注册。

2. 配合有关部门加强对商品交易市场的安全检查和促进市场主办单位依法加强安全管理。

3. 负责特种设备安全监督管理，综合管理特种设备安全监察、监督工作。拟订特种设备目录和安全技术规范。监督检查特种设备的生产（包括设计、制造、安装、改造、修理）、经营、使用、检验检测和进出口。监督管理特种设备检验检测机构和检验检测人员、作业人员的资质资格。推动特种设备安全科技研究并推广应用。

4. 依法负责保障劳动安全的产品、影响生产安全的产品质量安全监督管理。负责危险化学品及其包装物、容器（不包括储存危险化学品的固定式大型储罐）生产企业的工业产品生产许可证的管理工作，并依法对其产品质量实施监督，对烟花爆竹实施质量监督。

5. 负责会同有关部门根据技术进步和产业升级需要，组织制修订安全生产国家标准。

6. 配合有关部门开展安全生产专项整治，按照职责依法查处无照经营等非法违法行为；对有关前置许可审批部门依法吊销、撤销许可证或者其他批准文件，或者许可证、其他批准文件有效期届满的生产经营单位，根据有关部门的通知，配合主管部门依法督促其办理变更登记或注销登记，对于擅自从事相关经营活动情节严重的，依法吊销营业执照；配合有关部门依法查处未经安全生产（经营）许可的生产经营单位。

7. 配合有关部门委托相关技术机构开展风险评估、检验检测等技术服务工作，为小型游乐设施安全管理提供指导和服务。

8. 负责特种设备安全生产统计分析，依法组织或参加有关事故的调查处理，按照职责分工对事故发生单位落实防范和整改措施的情况进行监督检查。

（二十三）广电总局。

1. 负责指导、监督广播电视机构及设施设备安全管理，指导、协调全国性重大广播电视活动，指导推进国家应急广播体系建设，制定广播电视有关安全制度和处置重大突发事件预案并组织实施。

2. 组织指导广播电视机构及新闻媒体开展安全生产宣传教育，配合有关部门共同开展安全生产重大宣传活动，对违反安全生产法律法规的行为进行舆论监督。

（二十四）体育总局。

1. 负责公共体育设施安全运行的监督管理。

2. 按照有关规定，负责监督指导游泳、滑雪、潜水、攀岩等高危险性体育项目、有关重要体育赛事和活动、体育彩票发行的安全管理工作。

3. 负责本系统所属单位的安全管理工作，监督检查系统内单位贯彻执行有关安全法律法规的情况，落实安全防范措施。

（二十五）中国气象局。

1. 建立健全气象灾害监测预报预警联动机制，根据天气气候变化情况及防灾减灾工作需要，及时向各有关地区和部门提供气象灾害监测、预报、预警、气象灾害风险评估等信息，为有关地区和部门发布各类突发事件预警信息提供平台。负责为安全生产预防控制和事故应急救援提供气象服务保障。

2. 依法履行雷电灾害安全防御的监督管理职责，组织制定有关安全生产政策措施并监督实施，依法参加有关事故的调查，指导省级气象主管机构的监督管理工作。

3. 会同有关部门指导无人驾驶自由气球和系留气球活动安全生产监督管理工作，负责无人驾驶自由气球和系留气球活动审批监督管理。组织制定有关安全生产政策措施并监督实施。负责人工影响天气作业期间的安全检查和事故防范。

（二十六）中国银保监会。

1. 按照职责分工，承担安全生产责任保险监督管理相关工作，配合有关部门推动安全生产责任保险健康发展。配合有关部门对保险机构承保安全生产责任保险、参与风险评估和事故预防等相关工作进行监督管理。

2. 指导保险业积极宣传推广安全生产责任保险，持续优化产品和服务，为安全生产提供保险保障。

（二十七）国家粮食和储备局。

1. 负责粮食流通、加工行业安全生产工作的监督管理。承担国家物资储备承储单位安全生产的监管责任。

2. 组织实施国家战略和应急储备物资的收储、轮换和日常管理，落实有关动用计划和指令。

3. 负责研究分析国家粮食和物资储备安全生产形势，制定相关安全生产政策、制度和标准并组织实施。

4. 负责粮食流通、加工行业安全生产统计分析，依法组织或参加有关事故的调查处理，按照职责分工对事故发生单位落实防范和整改措施的情况进行监督检查。

（二十八）国家能源局。

1. 拟订并组织实施能源发展战略、规划和政策，组织制定煤炭、石油、天然气、电力、新能源和可再生能源等能源，以及炼油、煤制燃料和燃料乙醇的产业政策及相关标准。制定实施有利于安全生产的政策措施，指导督促能源行业加强安全生产管理，严格行业准入条件，提高行业安全生产水平。

2. 协调有关方面开展煤层气开发、淘汰煤炭落后产能、煤矿瓦斯治理和利用工作，制定相关标准和政策措施，会同有关部门推进煤炭企业兼并重组。

3. 负责汇总提出能源的中央财政性建设资金投资安排建议，按规定权限核准、审核国家规划内和年度计划规模内能源投资项目，将安全设施"三同时"纳入建设项目管理程序。

4. 负责核电管理，按规定参与核电厂的核事故应急管理工作。

5. 负责电力安全生产监督管理、可靠性管理和电力应急工作，制定除核安全外的电力运行安全、电力建设工程施工安全、工程质量安全监督管理办法并组织监督实施，组织实施依法设定的行政许可，负责水电站大坝的安全监督管理。指导和监督电力行业安全生产教育培训考核工作，组织电力安全生产新技术的推广应用。

6. 依法主管全国石油天然气管道保护工作，负责组织编制并实施全国管道发展规划，统筹协调全国管道发展规划与其他专项规划的衔接，协调跨省、自治区、直辖市管道保护的重大问题。组织核准跨省、自治区、直辖市油气输送管道建设项目。起草或制修订职责范围内涉及油气输送管道的标准规范。指导督促各省、自治区、直辖市人民政府能源主管部门依法主管本行政区域的管道保护工作，协调处理本行政区域管道保护的重大问题。指导督促油气输送管道企业落实安全生产主体责任，加强日常安全管理。履行油气管道行业管理职责，协同相关部门开展油气输送管道保护和安全生产监督检查等工作，保障管道安运行。

7. 负责电力行业和石油天然气管道保护安全生产统计分析，依法组织或参加有关事故的调查处理，按照职责分工对事故发生单位落实防范和整改措施的情况进行监督检查。

(二十九) 国家国防科工局。

1. 负责武器装备科研生产的安全生产监督管理工作，指导协调并监督检查涉及军工的安全生产工作。

2. 组织拟订军工系统安全生产政策、标准规范并组织实施，指导推进军工系统安全生产标准化和诚信体系建设。

3. 承担核工业行业（核电除外）安全管理相关工作，牵头负责国家核事故应急管理工作，负责乏燃料管理、军工核设施退役及放射性废物治理、放射性废物处置，以及军工核设施和铀尾矿（渣）库的安全监督管理、全国核材料管制和核安保工作。

4. 负责涉及军工的安全生产统计分析，依法参加有关事故的调查处理，按照职责分工对事故发生单位落实防范和整改措施的情况进行监督检查。

(三十) 国家林草局。

1. 依法履行林业、草原安全生产监督管理职责。负责指导林业、草原及以国家公园为主体的各类自然保护地等相关单位安全监督管理工作。

2. 负责落实森林草原综合防灾减灾规划相关要求，组织编制森林和草原火灾（灾害）防治规划和防护标准并指导实施，组织指导开展防火巡护、火源管理、防火设施建设和火情早期处理、火灾早期扑救等工作并督促检查。组织指导国有林场林区和草原开展宣传教育、监测预警、督促检查等防火工作。

3. 负责林业、草原系统安全生产统计分析，依法参加有关事故的调查处理，按照职责分工对事故发生单位落实防范和整改措施的情况进行监督检查。

(三十一) 国家铁路局。

1. 负责铁路安全生产监督管理，制定铁路运输安全、工程质量安全和设备质量安全监督管理办法并组织实施，组织实施依法设定的行政许可，指导、监督铁路行政执法工作，依法查处影响铁路安全的违法违规行为。

2. 组织监督铁路运输安全情况，按照法律法规规定的条件和程序办理铁路运输有关行政许可并承担相应责任，组织拟订规范铁路运输市场秩序政策措施并监督实施。

3. 组织拟订规范铁路工程建设市场秩序政策措施并监督实施，组织监督铁路工程质量安全和工程建设招标投标工作。

4. 组织监督铁路设备产品质量安全，按照法律法规规定的条件和程序办理铁路机车车辆设计生产维修进口许可、铁路运输安全设备生产企业认定等行政许可并承担相应责任。

5. 负责危险货物铁路运输及其运输工具的安全监督管理。

6. 负责组织监测分析铁路运行安全情况，负责铁路行业安全生产统计分析，依法组织或参加有关铁路生产安全事故的应急救援和调查处理，按照职责分工对事故发生单位落实防范和整改措施的情况进行监督检查。

(三十二) 中国民航局。

1. 负责民航行业安全生产监督管理工作。起草相关法律法规草案、规章草案、政策和标准，按规定拟订有关规划和计划，并监督实施。组织民航重大安全科技项目开发与应用，推进安全管理信息化建设，指导民航行业安全教育培训、安全科技工作。

2. 承担民航飞行安全和地面安全监管责任。负责民用航空器运营人、航空人员训练机构及设备、民用航空产品及维修单位的审定和监督检查，负责民用航空器及其零部件设计、制造的适航审定检查，负责危险品航空运输监管、民用航空器运行评审工作，负责机场飞行程序和运行最低标准监督管理工作，承担民航航空人员资格管理工作。

3. 负责监督民航空中交通管理工作，负责监督管理民航通信导航监视、航行情报、航空气象服务工作。

4. 负责民航空防安全监督管理。负责民航安全保卫的监督管理、民航安全检查、机场消防救援的监督管理。

5. 拟订民用航空器事故标准，组织协调民航突发事件应急处置。

6. 负责民用机场建设和运行的安全监督管理。负责民用机场的场址、总体规划、工程设计审批和使用许可管理工作，承担民用机场应急救援、净空保护有关管理工作和机场内供油企业安全运行监督管理工作，负责民航专业工程质量和安全生产监督管理。

7. 负责民航行业安全生产统计分析，依法组织或参加有关事故的调查处理，按照职责分工对事故发生单位落实防范和整改措施的情况进行监督检查。

(三十三) 国家邮政局。

1. 负责邮政行业安全生产监督管理，拟订保障邮政通信与信息安全的政策并监督实施，负责邮政行业运行安全的监测、预警和应急管理。

2. 依法监管邮政市场，负责快递等邮政业务的市场准入，监督检查寄递企业执行有关法律法规和落实安全保障制度情况，依法查处寄递危险化学品、易燃易爆物品等违法违规行为。

3. 负责邮政行业安全生产统计分析，依法参加有关事故的调查处理，按照职责分工对事故发生单位落实防范和整改措施的情况进行监督检查。

（三十四）国家文物局。

1. 负责全国文物和博物馆安全生产监督管理，组织开展文物和博物馆安全检查、督察工作。

2. 拟订文物和博物馆安全制度、标准和办法，参与起草文物保护法律法规并负责督促检查。

3. 协同配合有关部门查处文物安全事故，协同住房城乡建设部门负责历史文化名城（镇、村）安全生产监督管理工作。

4. 组织指导文物和博物馆安全宣传工作。

（三十五）国家矿山安监局。

1. 拟订矿山安全生产（含地质勘探，下同）方面的政策、规划、标准，起草相关法律法规草案、部门规章草案并监督实施。

2. 负责国家矿山安全监察工作。监督检查地方政府矿山安全监管工作。组织实施矿山安全生产抽查检查，对发现的重大事故隐患采取现场处置措施，向地方政府提出改善和加强矿山安全监管工作的意见和建议，督促开展重大隐患整改和复查。

3. 指导矿山安全监管工作。制定矿山安全准入、监管执法、风险分级管控和事故隐患排查治理等政策措施并监督实施，指导地方矿山安全监督管理部门编制和完善执法计划，提升地方矿山安全监管水平和执法能力。依法对煤矿企业贯彻执行安全生产法律法规情况进行监督检查，对煤矿企业安全生产条件、设备设施安全情况进行监管执法，对发现的违法违规问题实施行政处罚、监督整改落实并承担相应责任。

4. 负责统筹矿山安全生产监管执法保障体系建设，制定监管监察能力建设规划，完善技术支撑体系，推进监管执法制度化、规范化、信息化。

5. 参与编制矿山安全生产应急预案，指导和组织协调煤矿事故应急救援工作，参与非煤矿山事故应急救援工作。依法组织或参与煤矿生产安全事故和特别重大非煤矿山生产安全事故调查处理，监督事故查处落实情况。负责统计分析和发布矿山安全生产信息和事故情况。

6. 负责矿山安全生产宣传教育，组织开展矿山安全科学技术研究及推广应用工作。指导矿山企业安全生产基础工作，会同有关部门指导和监督煤矿生产能力核定工作。对煤矿安全技术改造和瓦斯综合治理与利用项目提出审核意见。

（三十六）全国总工会。

1. 依法对安全生产工作进行监督，反映劳动者的诉求，指导地方工会依法组织职工参加本单位安全生产工作的民主管理和民主监督，维护职工在安全生产方面的合法权益。

2. 调查研究安全生产工作中涉及职工合法权益的重大问题，参与涉及职工切身利益的有关安全生产政策、措施、制度和法律、法规草案的拟订工作。

3. 指导地方工会参与职工劳动安全卫生的培训和教育工作。开展群众性劳动安全卫生活动，动员广大职工开展群众性安全生产监督和隐患排查，参与落实职工岗位安全责任，推进群防群治。

4. 依法参加特别重大生产安全事故的调查处理，向有关部门提出处理意见。代表职工监督事故发生单位防范和整改措施的落实。

（三十七）中国国家铁路集团有限公司。

1. 遵守国家有关安全生产的法律法规，执行国家有关政策，加强安全生产管理，建立健全安全生产责任制和安全生产规章制度，提高安全生产水平，确保安全生产。

2. 负责国家铁路安全管理工作，负责铁路运输安全、设备质量安全、运营食品安全以及职工劳动安全管理，承担企业安全主体责任并督促所属企业落实安全主体责任。

3. 负责铁路运输统一调度指挥，承担国家铁路客货运输经营管理及国家规定的公益性运输、关系国计民生的重点运输和特运、专运、抢险救灾运输等任务的安全管理责任。

4. 负责国家铁路（含控股合资铁路）新线投产运营的安全评估，负责路网日常养护维修和更新改造，承担相关建设工程的质量安全管理责任，负责铁路运输装备的购置、调配、处置，承担设备运用维护管理责任。

5. 组织制定并实施铁路生产安全事故应急救援预案，参与有关事故调查处理，组织落实事故防范和整改措施。

中央宣传部、共青团中央、全国妇联和中央军委联合参谋部作战局依照有关规定履行相关安全生产工作职责，为安全生产工作提供支持和保障。其他负有安全生产工作职责的国务院有关部门及其管理的国家局，按照党中央、国务院批准的部门"三定"规定和安全生产法及其他有关法律、行政法规、规范性文件赋予的职责，负责本行业领域或本部门、本系统的安全生产监督管理工作。

关于进一步加强监管监察执法促进企业安全生产主体责任落实的意见

（2018年1月10日国家安全监管总局以安监总政法〔2018〕5号印发）

各省、自治区、直辖市及新疆生产建设兵团安全生产监督管理局，各省级煤矿安全监察局：

为贯彻落实《中共中央 国务院关于推进安全生产领域改革发展的意见》和《国务院办公厅关于加强安全生产监管执法的通知》（国办发〔2015〕20号）要求，进一步加强安全生产监管监察执法工作，促进企业落实安全生产主体责任，现提出如下意见。

一、充分认识加强监管监察执法促进企业安全生产主体责任落实的重要意义

近年来，各级安全生产监督管理部门、煤矿安全监察机构（以下统称安全监管监察部门）深入贯彻落实党中央、国务院重要决策部署，依法履行安全生产、职业健康监管监察执法（以下统称安全生产执法）职责，促进各类企业落实安全生产（含职业健康，下同）主体责任，取得了明显成效。但是也要看到，当前企业安全生产主体责任落实不到位、法律法规执行不严格等问题依然突出，导致生产安全事故多发，尤其是重特大事故未得到有效遏制，职业病危害依然十分严重。加强监管监察执法促进企业安全生产主体责任落实，是党中央关于全面依法治国的基本要求，是坚决遏制重特大事故的迫切需要，也是实现安全生产改革发展长远目标的内生动力和根本保障。各级安全监管监察部门要进一步提高认识，把思想统一到党中央、国务院重要决策部署上来，把加强监管监察执法促进企业落实安全生产主体责任摆上更加重要位置，推动安全生产工作取得新进展和新成效。

二、指导思想和工作目标、基本原则

（一）指导思想和工作目标。以党的十九大精神为指引，深入学习贯彻习近平新时代中国特色社会主义思想，树立安全发展理念，弘扬生命至上、安全第一的思想，坚持严格规范公正文明执法，确保安全生产法律法规得到有效贯彻实施。到2020年，建成规范统一、保障到位、运转高效的安全生产执法工作体系，执法在促进企业安全生产主体责任落实、防范遏制重特大事故中的地位和作用明显提升。在此基础上，持续深入推进安全生产执法工作，到2030年，实现安全生产执法工作体系和执法能力现代化，为促进企业落实安全生产主体责任，维护人民群众生命财产安全和职业健康权益提供坚实法治保障。

（二）基本原则。一是坚持依法履职、严格执法。依法履行安全生产执法职责，严肃查处安全生产违法行为，切实解决检查多、执法少和执法宽松软的问题。二是坚持统筹协调、整体推进。推进分级执法，实行按照年度监督检查计划、监察执法计划执法，完善全系统执法协调机制，形成上下联动、步调一致的执法新格局。三是坚持客观公正、过罚相当。正确适用法律，推行"阳光执法"，严格法制审核，维护企业合法权益。四是坚持突出重点、务求实效。对存在严重违法行为、拒不整改重大事故隐患、职业病危害因素严重超标的企业，加大执法检查和处罚力度，促进企业依法落实安全生产主体责任。

三、依法履行职责，创新制度机制，严格规范公正文明执法

（一）明确安全生产执法职责。各级安全监管监察部门要依照有关法律法规及本部门"三定"规定明确的职责范围，对有关行业领域企业履行安全生产执法职责。乡镇人民政府、街道办事处按照职责开展安全生产监督检查的，安全监管部门要做好执法程序衔接，依法查处本部门执法职责范围内的违法行为。推动有关人民政府明确开发区管理机构的安全生产监管执法职责。驻地煤矿安全监察机构与负有煤矿安全生产监督管理职责的部门要加强协作配合，优化执法资源配置，提高执法效率和效果。

（二）推进安全生产分级执法。省级安全监管部门要抓紧制定本地区安全生产分级执法办法，结合企业所属行业领域、隶属关系、规模大小、风险等级等因素，明确省级、设区的市级、县级安全监管部门的执法分工。每个企业明确由一个安全监管部门负责日常执法。除开展执法抽查或者开展督导、示范性执法外，原则上上级安全监管部门不对下级安全监管部门负责日常执法的企业开展执法活动，下级安全监管部门也不对上级安全监管部门负责日常执法的企业开展执法活动。

（三）实行按照年度监督检查计划执法。地方各级安全监管部门编制年度监督检查计划时，要科学合理确定重点企业的范围、当年计划检查的次数，对重点企业实现年度监督检查"全覆盖"；对重点企业以外的一般企业，推行"双随机"（随机选取被检查企业、随机确定执法人员)抽查。要确保"双随机"抽查在年度监督检查计划中的比例,不断扩大"双随机"抽查涵盖的行业领域及企业范围,发挥"双随机"抽查对各个行业领域、各种规模类型企业的执法震慑作用。执行年度监督检查计划时,要按照本意见及有关监督检查重点事项的规定,结合企业特点及相关行业领域事故发生规律,有针对性地确定具体的监督检查事项。按照部署开展安全生产大检查时,有关执法安排要与年度监督检查计划有效衔接,根据需要适当调整年度监督检查计划;需对年度监督检查计划作重大调整的,按规定履行批准、备案程序。

(四)建立全系统执法协调联动机制。县级、设区的市级安全监管部门、驻地煤矿安全监察机构在查处违法行为、事故调查处理等方面需要其他地区协助的,可以报请共同的上级安全监管监察部门进行协调;跨省级行政区域的,由有关省级安全监管监察部门组织协调。接到协助请求的安全监管监察部门应当立即开展协调工作,并及时反馈相关工作情况。必要时,有关省级安全监察部门可以报请国家安全监管总局、国家煤矿安监局进行协调。

(五)建立执法统计分析通报机制。各级安全监管监察部门要按季度分析本地区执法情况,对比分析监督检查的企业次数以及现场处理措施、行政强制、行政处罚等执法数据,注重苗头性问题和趋势把握,对下一阶段执法工作提出明确的要求。省级安全监管监察部门季度执法分析情况应当通报设区的市级安全监管部门、驻地煤矿安全监察机构,并抄送有关人民政府和国家安全监管总局、国家煤矿安监局。

(六)推行行政执法公示制度。各级安全监管监察部门要通过政府网站或者本部门办事大厅、服务窗口等场所,公布本部门执法主体资格和行政执法依据等信息并及时更新,在每年第一季度公布本年度监督检查计划、监察执法计划的编制情况及上一年度的计划执行情况,及时公布安全生产执法及"双随机"抽查情况。要严格依照有关法律法规及国务院文件规定的时限和要求,公开行政许可、行政处罚、行政强制等执法信息。

(七)推行执法全过程记录制度。地方各级安全监管监察部门要建立本部门执法台账,准确记录开展监督检查、核查举报投诉等执法活动所涉及企业的名称、地址、行业领域以及执法人员等信息,并记明采取相关执法措施的情况,执法台账保存期限一般不少于5年。有关行政强制、行政处罚文书要及时卷归档并按规定期限保存。其他执法文书要按年度、分类别归档保存,保存期限一般不少于10年。逐步推行通过执法记录仪、录音录像等方式对执法行为进行记录,实现全过程留痕和可回溯管理。

(八)推行行政执法法制审核及公开裁定制度。认真执行《行政处罚法》新增加的行政处罚审核规定,按照一般程序实施行政处罚的,在提请安全监管监察部门负责人作出处理决定或者集体讨论前,要经本部门行政处罚审核人员审核。要结合执法行为的类别、执法层级、所属领域、涉案金额以及对当事人、社会的影响等因素,确定重大执法决定的范围。作出重大执法决定前,要由本部门法制工作机构或者指定的其他机构进行法制审核。推行行政处罚公开裁定,对典型、重大行政处罚案件,可以组织召集同类企业进行公开裁定。公开裁定要如实记录当事人的意见,形成书面报告,作为作出行政处罚决定的重要参考。行政处罚案件依法举行听证的,公开裁定可以与听证一并实施。

(九)规范行政处罚自由裁量。行使行政处罚自由裁量权,应当全面分析违法行为的主体、违法情节、危害后果等因素,综合裁量,合理确定应否给予行政处罚或者应当给予行政处罚的种类、幅度。对同一类违法主体实施的性质相同、情节相近、危害后果基本相当的违法行为,其适用的行政处罚应当基本一致。要在行政处罚审批文书中列明当事人的全部违法行为及每个违法行为的裁量结果,并列明所依据的自由裁量标准;具有法定从重、从轻、不予处罚等情形的,要列明《行政处罚法》及《安全生产行政处罚自由裁量适用规则(试行)》(国家安全监管总局令第31号)等法律、法规和规章的具体依据。当事人对自由裁量有异议的,要予以解释说明并形成调查询问笔录等书面材料备查。

(十)建立"尽职照单免责、失职照单问责"机制。地方各级安全监管部门、驻地煤矿安全监察机构要按规定编制公布本部门权责清单,并根据有关法律、法规、规章制定修订情况及时更新。在事故调查过程中,要加强与监察机关、人民检察院的协调配合,全面调查核实有关部门及其执法人员的履职情况。对已经依照权责清单事项履行职责,按照法律、法规、规章规定的方式、程序采取执法措施的,依法不予追究有关人员的执法责任;依法应当追究有关人员执法责任的,要在事故调查报告中明确其违法行为及追责依据。

四、加强执法检查,突出检查重点,促进企业依法落实安全生产主体责任

(一)加强安全生产责任制落实情况的执法检查。督促企业主要负责人履行安全生产第一责任人职责,依法建立健全本单位安全生产责任制;企业安全生产责任制应当涵盖全体人员、全部岗位和全部生产经营活动,明确主要负责人及其他分管负责人、各部门负责人、其他从业人员的安全生产责任、考核标准及奖惩措施;企业应当定期对安全生产责任制的落实情况进行监督考核,保证安全生产责任制的落实。

(二)加强安全生产源头防范落实情况的执法检查。督促企业加强安全生产源头管控,严格执行建设项目安全设施"三同时"(建设项目安全设施必须与主体工程同时设计、同时施工、同时投入生产和使用)规定;有关安全设备的安装、使用、检测、维修、改造和报废应当符合国家标准或者行业标准,并进行经常性维护、保养和定期检测;严禁使用列入淘汰落后技术装备目录的工艺、设备;按照有关国家标准对本单位重大危险源进行辨识、登记建档、定期检测、评估、监控。

(三)加强事故隐患排查治理落实情况的执法检查。督促企业建立健全生产安全事故隐患排查治理制度,采取技术、管理措施,及时发现并消除事故隐患;煤矿、金属非金属矿山、危险化学品、烟花爆竹、工贸等企业必须按照有关重大事故隐患判定标准,排查治理本单位重大事故隐患,并在重大事故隐患治理过程中采取相应的安全防范措施,防止事故发生,按规定对重大事故隐患治理情况组织评估;已被安全监管监察部门依法责令暂时停产停业或者停止使用相关设施、设备的,重大事故隐患排除后,经有关安全监管监察部门审查同意,方可恢复生产经营和使用。

(四)加强安全生产教育培训落实情况的执法检查。督促企业落实全员安全生产教育和培训规定,煤矿、金属非金属矿山、危险化学品、烟花爆竹、金属冶炼等企业主要负责人和安全生产管理人员应当经有关部门对其安全生产知识和管理能力考核合格;企业应当对包括被派遣劳动者、实习生在内的所有从业人员进行安全生产教育和培训;企业采用新工艺、新技术、新材料或者使用新设备,必须对从业人员进行专门的安全生产教育和培训。

(五)加强现场作业安全管理落实情况的执法检查。督促企业加强现场作业管理,落实技术防范措施,严禁违章指挥、强令职工冒险作业;在有较大危险因素的生产经营场所和有关设施、设备上,设置明显的安全警示标志;从事危险化学品特殊作业、涉爆粉尘、有限空间、爆破、吊装及国家有关规定明确的危险作业时,应当安排专门人员进行现场安全管理,确保操作规程的遵守和安全措施的落实;企业将生产经营项目、场所发包或者出租的,应当对承包单位、承租单位的安全生产统一协调、管理,定期进行安全检查,督促整改检查发现的问题;两个以上企业在同一作业区域内进行生产经营活动,可能危及对方生产安全的,应当指定专职安全生产管理人员进行安全检查与协调;必须为从业人员提供符合国家标准或者行业标准的劳动防护用品。

(六)加强安全生产应急管理落实情况的执法检查。督促企业健全安全生产应急管理体系,依法建立应急救援组织;主要负责人应当依法组织制定并实施本单位事故应急预案,定期组织应急预案培训演练;煤矿、金属非金属矿山、金属冶炼和危险化学品的生产、经营、储存企业,以及使用危险化学品达到国家规定数量的化工企业、烟花爆竹生产、批发经营企业和中型规模以上的其他企业,应当对应急预案进行评审;企业应当配备必要的应急物资及装备,并进行经常性维护、保养,保证正常运转。

(七)加强职业病防护措施落实情况的执法检查。督促企业落实职业病预防和控制措施,严格执行建设项目职业病防护设施"三同时"(建设项目职业病防护设施必须与主体工程同时设计、同时施工、同时投入生产和使用)规定;依法设置职业健康管理机构,配备专兼职职业健康管理人员;及时、如实申报职业病危害项目;落实职业危害告知、定期检测、个体防护和职业健康检查等制度措施;煤矿、金属非金属矿山、金属冶炼、石棉采选、石英砂加工、水泥、陶瓷、耐火材料等企业必须严格落实粉尘、化学毒物治理措施,确保工作场所职业病危害因素的浓度或者强度符合国家职业卫生标准。

(八)加强对企业取得许可后的执法检查。督促企业严格依照有关安全生产行政许可的范围、事项从事相关的生产经营活动,不得在取得行政许可后降低安全生产条件;按照法定期限、条件办理行政许可延续、变更手续,如实提供相关的情况及材料;严禁转让、冒用安全生产许可证或者使用伪造的安全生产许可证。发现企业不再具备许可条件的,依法责令整改直至吊销相关行政许可证件。企业未取得有关安全生产许可从事生产经营活动的,依照有关法律法规的规定予以严肃查处。

(九)强化对有关违法行为的依法处理。对企业开展执法检查时,各级安全监管监察部门应当依法采取现场处理、行政处罚、行政强制等执法措施,切实做到"检查必执法、执法必严格"。有关企业拒不执行停产停业等执法决定的,依法采取通知有关单位停止供电、停止供应民用爆炸物品等措施;经停产停业整顿仍不具备安全生产条件的，依法提请有关人民政府予以关闭。对安全生产大检查中发现的严重违法行为，按规定挂牌督办，落实"四个一律"执法要求，并将典型案例通过新闻媒体进行曝光。按规定将存在严重违法行为的企业纳入安全生产失信联合惩戒"黑名单"管理，依法依规落实联合惩戒措施。发现企业及其有关人员涉嫌犯罪的，严格依法向公安机关移送案件，加大对安全生产违法犯罪行为的打击和震慑力度。

国家安全监管总局
2018年1月10日

关于全面加强企业全员安全生产责任制工作的通知

（2017年10月10日国务院安全生产委员会办公室以安委办〔2017〕29号公布）

各省、自治区、直辖市及新疆生产建设兵团安全生产委员会，国务院安委会各成员单位：

为深入贯彻《中共中央　国务院关于推进安全生产领域改革发展的意见》（以下简称《意见》）关于企业实行全员安全生产责任制的要求，全面落实企业安全生产（含职业健康，下同）主体责任，进一步提升企业的安全生产水平，推动全国安全生产形势持续稳定好转，现就全面加强企业全员安全生产责任制工作有关事项通知如下：

一、高度重视企业全员安全生产责任制

（一）明确企业全员安全生产责任制的内涵。企业全员安全生产责任制是由企业根据安全生产法律法规和相关标准要求，在生产经营活动中，根据企业岗位的性质、特点和具体工作内容，明确所有层级、各类岗位从业人员的安全生产责任，通过加强教育培训、强化管理考核和严格奖惩等方式，建立起安全生产工作"层层负责、人人有责、各负其责"的工作体系。

（二）充分认识企业全员安全生产责任制的重要意义。全面加强企业全员安全生产责任制工作，是推动企业落实安全生产主体责任的重要抓手，有利于减少企业"三违"现象（违章指挥、违章作业、违反劳动纪律）的发生，有利于降低因人的不安全行为造成的生产安全事故，对解决企业安全生产责任传导不力问题，维护广大从业人员的生命安全和职业健康具有重要意义。

二、建立健全企业全员安全生产责任制

（三）依法依规制定完善企业全员安全生产责任制。企业主要负责人负责建立、健全企业的全员安全生产责任制。企业要按照《安全生产法》《职业病防治法》等法律法规规定，参照《企业安全生产标准化基本规范》（GB/T 33000—2016）和《企业安全生产责任体系五落实五到位规定》（安监总办〔2015〕27号）等有关要求，结合企业自身实际，明确从主要负责人到一线从业人员（含劳务派遣人员、实习学生等）的安全生产责任、责任范围和考核标准。安全生产责任制应覆盖本企业所有组织和岗位，其责任内容、范围、考核标准要简明扼要、清晰明确、便于操作、适时更新。企业一线从业人员的安全生产责任制，要力求通俗易懂。

（四）加强企业全员安全生产责任制公示。企业要在适当位置对全员安全生产责任制进行长期公示。公示的内容主要包括：所有层级、所有岗位的安全生产责任、安全生产责任范围、安全生产责任考核标准等。

（五）加强企业全员安全生产责任制教育培训。企业主要负责人要指定专人组织制定并实施本企业全员安全生产教育和培训计划。企业要将全员安全生产责任制教育培训工作纳入安全生产年度培训计划，通过自行组织或委托具备安全培训条件的中介服务机构等实施。要通过教育培训，提升所有从业人员的安全技能，培养良好的安全习惯。要建立健全教育培训档案，如实记录安全生产教育和培训情况。

（六）加强落实企业全员安全生产责任制的考核管理。企业要建立健全安全生产责任制管理考核制度，对全员安全生产责任制落实情况进行考核管理。要健全激励约束机制，通过奖励主动落实、全面落实责任，惩处不落实责任、部分落实责任，不断激发全员参与安全生产工作的积极性和主动性，形成良好的安全文化氛围。

三、加强对企业全员安全生产责任制的监督检查

（七）明确对企业全员安全生产责任制监督检查的主要内容。地方各级负有安全生产监督管理职责的部门要按照"管行业必须管安全、管业务必须管安全、管生产经营必须管安全"和"谁主管、谁负责"的要求，切实履行安全生产监督管理职责，加强对企业建立和落实全员安全生产责任制工作的指导督促和监督检查。监督检查的内容主要包括：

1. 企业全员安全生产责任制建立情况。包括：是否建立了涵盖所有层级和所有岗位的安全生产责任制；是否明确了安全生产责任范围；是否认真贯彻执行《企业安全生产责任体系五落实五到位》等。

2. 企业安全生产责任制公示情况。包括：是否在适当位置进行了公示；相关的安全生产责任制内容是否符合要求等。

3. 企业全员安全生产责任制教育培训情况。包括：是否制定了培训计划、方案；是否按照规定对所有岗位从业人员（含劳务派遣人员、实习学生等）进行了安全生产责任制教育培训；是否如实记录相关教育培训情况等。

4. 企业全员安全生产责任制考核情况。包括：是否建立了企业全员安全生产责任制考核制度；是否将企业全员安全生产责任制度考核贯彻落实到位等。

（八）强化监督检查和依法处罚。地方各级负有安全生产监督管理职责的部门要把企业建立和落实全员安全生产责任制情况纳入年度执法计划，加大日常监督检查力度，督促企业全面落实主体责任。对企业主要负责人未履行建立健全全员安全生产责任制职责，直接负责的主管人员和其他直接责任人员未对从业人员（含被派遣劳动者、实习学生等）进行相关教育培训或者未如实记录教育培训情况等违法违规行为，由地方各级负有安全生产监督管理职责的部门依照相关法律法规予以处罚。健全安全生产不良记录"黑名单"制度，因拒不落实企业全员安全生产责任制而造成严重后果的，要纳入惩戒范围，并定期向社会公布。

四、工作要求

（九）加强分类指导。地方各级安全生产委员会、国务院安委会各成员单位要根据本通知精神，指导督促相关行业领域的企业密切联系实际，制定全员安全生产责任制，努力实现"一企一标准，一岗一清单"，形成可操作、能落实的制度措施。

（十）注重典型引路。地方各级安全生产委员会要充分发挥指导协调作用，及时研究、协调解决企业全员安全生产责任制贯彻实施中出现的突出问题。要通过实施全面发动、典型引领、对标整改等方式，整体推动企业全员安全生产责任制的落实。目前尚未开展企业全员安全生产责任制工作的地区，要根据本通知精神，结合本地区实际，统筹制定落实方案，并印发至企业；已开展此项工作的地区，要结合本通知精神，进一步完善原有政策措施，确保本通知的各项要求落到实处。国务院安全生产委员会办公室将适时遴选一批典型做法在全国推广。

（十一）营造良好氛围。地方各级安全生产委员会、国务院安委会各成员单位要以落实中央《意见》为契机，加大企业全员安全生产责任制工作的宣传力度，发动全员共同参与。各级工会、共青团、妇联等要积极参与监督，大力推动企业加快落实全员安全生产责任制，形成合力，共同营造人人关注安全、人人参与安全、人人监督安全的浓厚氛围，促进企业改进安全生产管理，改善安全生产条件，提升安全生产水平，真正实现从"要我安全"到"我要安全""我会安全"的转变。

国务院安全生产委员会办公室
2017年10月10日

安全生产监管监察职责和行政执法责任追究的规定

（2009年7月25日国家安全监管总局令第24号公布 根据2013年8月29日国家安全监管总局令第63号第一次修正 根据2015年4月2日国家安全监管总局令第77号第二次修正）

第一章 总 则

第一条 为促进安全生产监督管理部门、煤矿安全监察机构及其行政执法人员依法履行职责，落实行政执法责任，保障公民、法人和其他组织合法权益，根据《公务员法》《安全生产法》《安全生产许可证条例》等法律法规和国务院有关规定，制定本规定。

第二条 县级以上人民政府安全生产监督管理部门、煤矿安全监察机构（以下统称安全监管监察部门）及其内设机构、行政执法人员履行安全生产监管监察职责和实施行政执法责任追究，适用本规定；法律、法规对行政执法责任追究或者党政领导干部问责另有规定的，依照其规定。

本规定所称行政执法责任追究，是指对作出违法、不当的安全监管监察行政执法行为（以下简称行政执法行为），或者未履行法定职责的安全监管监察部门及其内设机构、行政执法人员，实施行政责任追究（以下简称责任追究）。

第三条 责任追究应当遵循公正公平、有错必纠、责罚相当、惩教结合的原则，做到事实清楚、证据确凿、定性准确、处理适当、程序合法、手续完备。

第四条 责任追究实行回避制度。与违法、不当行政执法行为或者责任人有利害关系，或者有其他特殊关系，可能影响公正处理的人员，实施责任追究时应当回避。

安全监管监察部门负责人的回避由该部门负责人集体讨论决定,其他人员的回避由该部门负责人决定。

第二章　安全生产监管监察和行政执法职责

第五条　县级以上人民政府安全生产监督管理部门依法对本行政区域内安全生产工作实施综合监督管理,指导协调和监督检查本级人民政府有关部门依法履行安全生产监督管理职责;对本行政区域内没有其他行政主管部门负责安全生产监督管理的生产经营单位实施安全生产监督管理;对下级人民政府安全生产工作进行监督检查。

煤矿安全监察机构依法履行国家煤矿安全监察职责,实施煤矿安全监察行政执法,对煤矿安全进行重点监察、专项监察和定期监察,对地方人民政府依法履行煤矿安全生产监督管理职责的情况进行监督检查。

第六条　安全监管监察部门应当依照《安全生产法》和其他有关法律、法规、规章和本级人民政府、上级安全监管监察部门规定的安全监管监察职责,根据各自的监管监察权限、行政执法人员数量、监管监察的生产经营单位状况、技术装备和经费保障等实际情况,制定本部门年度安全监管或者煤矿安全监察执法工作计划,并按照执法工作计划进行监管监察,发现事故隐患,应当依法及时处理。

安全监管执法工作计划应当报本级人民政府批准后实施,并报上一级安全监管部门备案;煤矿安全监察执法工作计划应当报上一级煤矿安全监察机构批准后实施。安全监管和煤矿安全监察执法工作计划因特殊情况需要作出重大调整或者变更的,应当及时报原批准单位批准,并按照批准后的计划执行。

安全监管和煤矿安全监察执法工作计划应当包括监管监察的对象、时间、次数、主要事项、方式和职责分工等内容。根据安全监管监察工作需要,安全监管监察部门可以按照安全监管和煤矿安全监察执法工作计划编制现场检查方案,对作业现场的安全生产实施监督检查。

第七条　安全监管监察部门应当按照各自权限,依照法律、法规、规章和国家标准或者行业标准规定的安全生产条件和程序,履行下列行政审批或者考核职责:

(一)矿山、金属冶炼建设项目和用于生产、储存危险物品的建设项目安全设施的设计审查;

(二)矿山企业、危险化学品和烟花爆竹生产企业的安全生产许可;

(三)危险化学品经营许可;

(四)非药品类易制毒化学品生产、经营许可;

(五)烟花爆竹经营(批发、零售)许可;

(六)矿山、危险化学品、烟花爆竹生产经营单位和金属冶炼单位主要负责人、安全生产管理人员的安全资格认定,特种作业人员(特种设备作业人员除外)操作资格认定;

(七)涉及人身安全、危险性较大的海洋石油开采特种设备和矿山井下特种设备安全使用证或者安全标志的核发;

(八)安全生产检测检验、安全评价机构资质的认可;

(九)注册助理安全工程师资格、注册安全工程师执业资格的考试和注册;

(十)法律、行政法规和国务院设定的其他行政审批或者考核职责。

行政许可申请人对其申请材料实质内容的真实性负责。安全监管监察部门对符合法定条件的申请,应当依法予以受理,并作出准予或者不予行政许可的决定。根据法定条件和程序,需要对申请材料的实质内容进行核实的,应当指派两名以上行政执法人员进行核查。

对未依法取得行政许可或者验收合格擅自从事有关活动的生产经营单位,安全监管监察部门发现或者接到举报后,属于本部门行政许可职责范围的,应当及时依法查处;属于其他部门行政许可职责范围的,应当及时移送相关部门。对已经依法取得本部门行政许可的生产经营单位,发现其不再具备安全生产条件的,安全监管监察部门应当依法暂扣或者吊销原行政许可证件。

第八条　安全监管监察部门应当按照年度安全监管和煤矿安全监察执法工作计划、现场检查方案,对生产经营单位是否具备有关法律、法规、规章和国家标准或者行业标准规定的安全生产条件进行监督检查,重点监督检查下列事项:

(一)依法通过有关安全生产行政审批的情况;

(二)有关人员的安全生产教育和培训、考核情况;

(三)建立和落实安全生产责任制、安全生产规章制度和操作规程、作业规程的情况;

(四)按照国家规定提取和使用安全生产费用,安排用于配备劳动防护用品、进行安全生产教育和培训的经费,以及其他安全生产投入的情况;

（五）依法设置安全生产管理机构和配备安全生产管理人员的情况；

（六）危险物品的生产、储存单位以及矿山、金属冶炼单位配备或者聘用注册安全工程师的情况；

（七）从业人员、被派遣劳动者和实习学生受到安全生产教育、培训及其教育培训档案的情况；

（八）新建、改建、扩建工程项目的安全设施与主体工程同时设计、同时施工、同时投入生产和使用，以及按规定办理设计审查和竣工验收的情况；

（九）在有较大危险因素的生产经营场所和有关设施、设备上，设置安全警示标志的情况；

（十）对安全设备的维护、保养、定期检测的情况；

（十一）重大危险源登记建档、定期检测、评估、监控和制定应急预案的情况；

（十二）教育和督促从业人员严格执行本单位的安全生产规章制度和安全操作规程，并向从业人员如实告知作业场所和工作岗位存在的危险因素、防范措施以及事故应急措施的情况；

（十三）为从业人员提供符合国家标准或者行业标准的劳动防护用品，并监督、教育从业人员按照使用规则正确佩戴和使用的情况；

（十四）在同一作业区域内进行生产经营活动，可能危及对方生产安全的，与对方签订安全生产管理协议，明确各自的安全生产管理职责和应当采取的安全措施，并指定专职安全生产管理人员进行安全检查与协调的情况；

（十五）对承包单位、承租单位的安全生产工作实行统一协调、管理，定期进行安全检查，督促整改安全问题的情况；

（十六）建立健全生产安全事故隐患排查治理制度，及时发现并消除事故隐患，如实记录事故隐患治理，以及向从业人员通报的情况；

（十七）制定、实施生产安全事故应急预案，定期组织应急预案演练，以及有关应急预案备案的情况；

（十八）危险物品的生产、经营、储存单位以及矿山、金属冶炼单位建立应急救援组织或者兼职救援队伍，签订应急救援协议，以及应急救援器材、设备和物资的配备、维护、保养的情况；

（十九）按照规定报告生产安全事故的情况；

（二十）依法应当监督检查的其他情况。

第九条 安全监管监察部门在监督检查中，发现生产经营单位存在安全生产违法行为或者事故隐患的，应当依法采取下列现场处理措施：

（一）当场予以纠正；

（二）责令限期改正、责令限期达到要求；

（三）责令立即停止作业（施工）、责令立即停止使用、责令立即排除事故隐患；

（四）责令从危险区域撤出作业人员；

（五）责令暂时停产停业、停止建设、停止施工或者停止使用相关设备、设施；

（六）依法应当采取的其他现场处理措施。

第十条 被责令限期改正、限期达到要求、暂时停产停业、停止建设、停止施工或者停止使用的生产经营单位提出复查申请或者整改、治理限期届满的，安全监管监察部门应当自收到申请或者限期届满之日起10日内进行复查，并填写复查意见书，由被复查单位和安全监管监察部门复查人员签名后存档。

煤矿安全监察机构依照有关规定将复查工作移交给县级以上地方人民政府负责煤矿安全生产监督管理的部门的，应当及时将相应的执法文书抄送该部门并备案。县级以上地方人民政府负责煤矿安全生产监督管理的部门应当自收到煤矿申请或者限期届满之日起10日内进行复查，并填写复查意见书，由被复查煤矿和复查人员签名后存档，并将复查意见书及时抄送移交复查的煤矿安全监察机构。

对逾期未整改、治理或者整改、治理不合格的生产经营单位，安全监管监察部门应当依法给予行政处罚，并依法提请县级以上地方人民政府按照规定的权限决定关闭。

第十一条 安全监管监察部门在监督检查中，发现生产经营单位存在安全生产非法、违法行为的，有权依法采取下列行政强制措施：

（一）对有根据认为不符合安全生产的国家标准或者行业标准的在用设施、设备、器材，违法生产、储存、使用、经营、运输的危险物品，以及违法生产、储存、使用、经营危险物品的作业场所予以查封或者扣押，并依法作出处理决定；

（二）扣押相关的证据材料和违法物品，临时查封有关场所；

（三）法律、法规规定的其他行政强制措施。

实施查封、扣押的，应当制作并当场交付查封、扣押决定书和清单。

第十二条 安全监管监察部门依法对存在重大事故隐患的生产经营单位作出停产停业、停止施工、停止使用相关设施、设备的决定，生产经营单位应当依法执行，及时消除事故隐患。生产经营单位拒不执行，有发生生产安全事故的现实危险的，在保证安全的前提下，经本部门主要负责人批准，安全监管监察部门可以采取通知有关单位停止供电、停止供应民用爆炸物品等措施，强制生产经营单位履行决定。通知应当采用书面形式，有关单位应当予以配合。

安全监管监察部门依照前款规定采取停止供电措施，除有危及生产安全的紧急情形外，应当提前二十四小时通知生产经营单位。生产经营单位依法履行行政决定、采取相应措施消除事故隐患的，安全监管监察部门应当及时解除前款规定的措施。

第十三条　安全监管监察部门在监督检查中，发现生产经营单位存在的安全问题涉及有关地方人民政府或其有关部门的，应当及时向有关地方人民政府报告或其有关部门通报。

第十四条　安全监管监察部门应当严格依照法律、法规和规章规定的行政处罚的行为、种类、幅度和程序，按照各自的管辖权限，对监督检查中发现的生产经营单位及有关人员的安全生产非法、违法行为实施行政处罚。

对到期不缴纳罚款的，安全监管监察部门可以每日按罚款数额的百分之三加处罚款。

生产经营单位拒不执行安全监管监察部门行政处罚决定的，作出行政处罚决定的安全监管监察部门可以依法申请人民法院强制执行；拒不执行处罚决定可能导致生产安全事故的，应当及时向有关地方人民政府报告或其有关部门通报。

第十五条　安全监管监察部门对生产经营单位及其从业人员作出现场处理措施、行政强制措施和行政处罚决定等行政执法行为前，应当充分听取当事人的陈述、申辩，对其提出的事实、理由和证据，应当进行复核。当事人提出的事实、理由和证据成立的，应当予以采纳。

安全监管监察部门对生产经营单位及其从业人员作出现场处理措施、行政强制措施和行政处罚决定等行政执法行为时，应当依法制作有关法律文书，并按照规定送达当事人。

第十六条　安全监管监察部门应当依法履行下列生产安全事故报告和调查处理职责：

（一）建立值班制度，并向社会公布值班电话，受理事故报告和举报；

（二）按照法定的时限、内容和程序逐级上报和补报事故；

（三）接到事故报告后，按照规定派人立即赶赴事故现场，组织或者指导协调事故救援；

（四）按照规定组织或者参加事故调查处理；

（五）对事故发生单位落实事故防范和整改措施的情况进行监督检查；

（六）依法对事故责任单位和有关责任人员实施行政处罚；

（七）依法应当履行的其他职责。

第十七条　安全监管监察部门应当依法受理、调查和处理本部门法定职责范围内的举报事项，并形成书面材料。调查处理情况应当答复举报人，但举报人的姓名、名称、住址不清的除外。对不属于本部门职责范围的举报事项，应当依法予以登记，并告知举报人向有权机关提出。

第十八条　安全监管监察部门应当依法受理行政复议申请，审理行政复议案件，并作出处理或者决定。

第三章　责任追究的范围与承担责任的主体

第十九条　安全监管监察部门及其内设机构、行政执法人员履行本规定第二章规定的行政执法职责，有下列违法或者不当的情形之一，致使行政执法行为被撤销、变更、确认违法，或者被责令履行法定职责、承担行政赔偿责任的，应当实施责任追究：

（一）超越、滥用法定职权的；

（二）主要事实不清、证据不足的；

（三）适用依据错误的；

（四）行政裁量明显不当的；

（五）违反法定程序的；

（六）未按照年度安全监管或者煤矿安全监察执法工作计划、现场检查方案履行法定职责的；

（七）其他违法或者不当的情形。

前款所称的行政执法行为被撤销、变更、确认违法，或者被责令履行法定职责、承担行政赔偿责任，是指行政执法行为被人民法院生效的判决、裁定，或者行政复议机关等有权机关的决定予以撤销、变更、确认违法或者被责令履行法定职责、承担行政赔偿责任的情形。

第二十条　有下列情形之一的，安全监管监察部门及其内设机构、行政执法人员不承担责任：

（一）因生产经营单位、中介机构等行政管理相对人的行为，致使安全监管监察部门及其内设机构、行政执法人员无法作出正确行政执法行为的；

（二）因有关行政执法依据规定不一致，致使行政执法行为适用法律、法规和规章依据不当的；

（三）因不能预见、不能避免并不能克服的不可抗力致使行政执法行为违法、不当或者未履行法定职责的；

（四）违法、不当的行政执法行为情节轻微并及时纠正，没有造成不良后果或者不良后果被及时消除的；

（五）按照批准、备案的安全监管或者煤矿安全监察执法工作计划、现场检查方案和法律、法规、规章规定的方式、程序已经履行安全生产监管监察职责的；

（六）对发现的安全生产非法、违法行为和事故隐患已经依法查处，因生产经营单位及其从业人员拒不执行安全生产监管监察指令导致生产安全事故的；

（七）生产经营单位非法生产或者经责令停产停业整顿后仍不具备安全生产条件，安全监管监察部门已经依法提请县级以上地方人民政府决定取缔或者关闭的；

（八）对拒不执行行政处罚决定的生产经营单位，安全监管监察部门已经依法申请人民法院强制执行的；

（九）安全监管监察部门已经依法向县级以上地方人民政府提出加强和改善安全生产监督管理建议的；

（十）依法不承担责任的其他情形。

第二十一条　承办人直接作出违法或者不当行政执法行为的，由承办人承担责任。

第二十二条　对安全监管监察部门应当经审核、批准作出的行政执法行为，分别按照下列情形区分并承担责任：

（一）承办人未经审核人、批准人审批擅自作出行政执法行为，或者不按审核、批准的内容实施，致使行政执法行为违法或者不当的，由承办人承担责任；

（二）承办人弄虚作假、徇私舞弊，或者承办人提出的意见错误，审核人、批准人没有发现或者发现后未予以纠正，致使行政执法行为违法或者不当的，由承办人承担主要责任，审核人、批准人承担次要责任；

（三）审核人改变或者不采纳承办人的正确意见，批准人批准该审核意见，致使行政执法行为违法或者不当的，由审核人承担主要责任，批准人承担次要责任；

（四）审核人未报请批准人批准而擅自作出决定，致使行政执法行为违法或者不当的，由审核人承担责任；

（五）审核人弄虚作假、徇私舞弊，致使批准人作出错误决定的，由审核人承担责任；

（六）批准人改变或者不采纳承办人、审核人的正确意见，致使行政执法行为违法或者不当的，由批准人承担责任；

（七）未经承办人拟办、审核人审核，批准人直接作出违法或者不当的行政执法行为的，由批准人承担责任。

第二十三条　因安全监管监察部门指派不具有行政执法资格的单位或者人员执法，致使行政执法行为违法或者不当的，由指派部门及其负责人承担责任。

第二十四条　因安全监管监察部门负责人集体研究决定，致使行政执法行为违法或者不当的，主要负责人应当承担主要责任，参与作出决定的其他负责人应当分别承担相应的责任。

安全监管监察部门负责人擅自改变集体决定，致使行政执法行为违法或者不当的，由该负责人承担全部责任。

第二十五条　两名以上行政执法人员共同作出违法或者不当行政执法行为的，由主办人员承担主要责任，其他人员承担次要责任；不能区分主要、次要责任人的，共同承担责任。

因安全监管监察部门内设机构单独决定，致使行政执法行为违法或者不当的，由该机构承担全部责任；因两个以上内设机构共同决定，致使行政执法行为违法或者不当的，由有关内设机构共同承担责任。

第二十六条　经安全监管监察部门内设机构会签作出的行政执法行为，分别按照下列情形区分并承担责任：

（一）主办机构提供的有关事实、证据不真实、不准确或者不完整，会签机构通过审查能够提出正确意见但没有提出，致使行政执法行为违法或者不当的，由主办机构承担主要责任，会签机构承担次要责任；

（二）主办机构没有采纳会签机构提出的正确意见，致使行政执法行为违法或者不当的，由主办机构承担责任。

第二十七条　因执行上级安全监管监察部门的指示、批复，致使行政执法行为违法或者不当的，由作出指示、批复的上级安全监管监察部门承担责任。

因请示、报告单位隐瞒事实或者未完整提供真实情况等原因，致使上级安全监管监察部门作出错误指示、批复的，由请示、报告单位承担责任。

第二十八条　下级安全监管监察部门认为上级的决定或者命令有错误的，可以向上级提出改正、撤销该决定或者命令的意见；上级不改变该决定或者命令，或者要求立即执行的，下级安全监管监察部门应当执行该决定或者命令，其不当或者违法责任由上级安全监管监察部门承担。

第二十九条　上级安全监管监察部门改变、撤销下级安全监管监察部门作出的行政执法行为，致使行政执法行为违法或者不当的，由上级安全监管监察部门及其有关内设机构、行政执法人员依照本章规定分别承担相应责任。

第三十条　安全监管监察部门及其内设机构、行政执法人员不履行法定职责的，应当根据各自的职责分工，依照本章规定区分并承担责任。

第四章　责任追究的方式与适用

第三十一条　对安全监管监察部门及其内设机构的责任追究包括下列方式：

（一）责令限期改正；

（二）通报批评；

（三）取消当年评优评先资格；

（四）法律、法规和规章规定的其他方式。

对行政执法人员的责任追究包括下列方式：

（一）批评教育；

（二）离岗培训；

（三）取消当年评优评先资格；

（四）暂扣行政执法证件；

（五）调离执法岗位；

（六）法律、法规和规章规定的其他方式。

本条第一款和第二款规定的责任追究方式，可以单独或者合并适用。

第三十二条　对安全监管监察部门及其内设机构、行政执法人员实施责任追究的时候，应当根据违法、不当行政执法行为的事实、性质、情节和对于社会的危害程度，依照本规定的有关条款决定。

第三十三条　违法或者不当行政执法行为的情节较轻、危害较小的，对安全监管监察部门责令限期改正，对行政执法人员予以批评教育或者离岗培训，并取消当年评优评先资格。

违法或者不当行政执法行为的情节较重、危害较大的，对安全监管监察部门责令限期改正，予以通报批评，并取消当年评优评先资格；对行政执法人员予以调离执法岗位或者暂扣行政执法证件，并取消当年评优评先资格。

第三十四条　安全监管监察部门及其内设机构在年度行政执法评议考核中被确定为不合格的，责令限期改正，并予以通报批评、取消当年评优评先资格。

行政执法人员在年度行政执法评议考核中被确定为不称职的，予以离岗培训、暂扣行政执法证件，并取消当年评优评先资格。

第三十五条　一年内被申请行政复议或者被提起行政诉讼的行政执法行为中，被撤销、变更、确认违法的比例占20%以上（含本数，下同）的，应当责令有关安全监管监察部门限期改正，并取消当年评优评先资格。

第三十六条　安全监管监察部门承担行政赔偿责任的，应当依照《国家赔偿法》第十四条的规定，责令有故意或者重大过失的行政执法人员承担全部或者部分行政赔偿费用。

第三十七条　对实施违法或者不当的行政执法行为，或者未履行法定职责的行政执法人员，依照《公务员法》《行政机关公务员处分条例》等的规定应当给予行政处分或者辞退处理的，依照其规定。

第三十八条　行政执法人员的行政执法行为涉嫌犯罪的，移交司法机关处理。

第三十九条　有下列情形之一的，可以从轻或者减轻追究责任：

（一）违反本规定第十一条至第十四条所规定的职责，未造成严重后果的；

（二）主动采取措施，有效避免损失或者挽回影响的；

（三）积极配合责任追究，并且主动承担责任的；

（四）依法可以从轻的其他情形。

第四十条　有下列情形之一的，应当从重追究责任：

（一）因违法、不当行政执法行为或者不履行法定职责，严重损害国家声誉，或者造成恶劣社会影响，或者致使公共财产、国家和人民利益遭受重大损失的；

（二）滥用职权、玩忽职守、徇私舞弊，致使行政执法行为违法、不当的；

（三）弄虚作假、隐瞒真相、干扰、阻碍责任追究的；

（四）对检举人、控告人、申诉人和实施责任追究的人员打击、报复、陷害的；

（五）一年内出现两次以上应当追究责任的情形的；

（六）依法应当从重追究责任的其他情形。

第五章　责任追究的机关与程序

第四十一条　安全生产监督管理部门及其负责人的责任，按照干部管理权限，由其上级安全生产监督管理部门或者本级人民政府行政监察机关追究；所属内设机构和其他行政执法人员的责任，由所在安全生产监督管理部门追究。

煤矿安全监察机构及其负责人的责任，按照干部管理权限，由其上级煤矿安全监察机构追究；所属内设机构及其行政执法人员的责任，由所在煤矿安全监察机构追究。

第四十二条 安全监管监察部门进行责任追究，按照下列程序办理：

（一）负责法制工作的机构自行政执法行为被确认违法、不当之日起15日内，将有关当事人的情况书面通报本部门负责行政监察工作的机构；

（二）负责行政监察工作的机构自收到法制工作机构通报或者直接收到有关行政执法行为违法、不当的举报之日起60日内调查核实有关情况，提出责任追究的建议，报本部门领导班子集体讨论决定；

（三）负责人事工作的机构自责任追究决定作出之日起15日内落实决定事项。

法律、法规对责任追究的程序另有规定的，依照其规定。

第四十三条 安全监管监察部门实施责任追究应当制作《行政执法责任追究决定书》。《行政执法责任追究决定书》由负责行政监察工作的机构草拟，安全监管监察部门作出决定。

《行政执法责任追究决定书》应当写明责任追究的事实、依据、方式、批准机关、生效时间、当事人的申诉期限及受理机关等。离岗培训和暂扣行政执法证件的，还应当写明培训和暂扣的期限等。

第四十四条 安全监管监察部门作出责任追究决定前，负责行政监察工作的机构应当将追究责任的有关事实、理由和依据告知当事人，并听取其陈述和申辩。对其合理意见，应当予以采纳。

《行政执法责任追究决定书》应当送达当事人，以及当事人所在的单位和内设机构。责任追究决定作出后，作出决定的安全监管监察部门应当派人与当事人谈话，做好思想工作，督促其做好工作交接等后续工作。

当事人对责任追究决定不服的，可以依照《公务员法》等规定申请复核和提出申诉。申诉期间，不停止责任追究决定的执行。

第四十五条 对当事人的责任追究情况应当作为其考核、奖惩、任免的重要依据。安全监管监察部门负责人事工作的机构应当将责任追究的有关材料记入当事人个人档案。

第六章 附 则

第四十六条 本规定所称的安全生产非法行为，是指公民、法人或者其他组织未依法取得安全监管监察部门的行政许可，擅自从事生产经营活动的行为，或者该行政许可已经失效，继续从事生产经营活动的行为。

本规定所称的安全生产违法行为，是指公民、法人或者其他组织违反有关安全生产的法律、法规、规章、国家标准、行业标准的规定，从事生产经营活动的行为。

本规定所称的违法的行政执法行为，是指违反法律、法规、规章规定的职责、程序所作出的具体行政行为。

本规定所称的不当的行政执法行为，是违反客观、适度、公平、公正、合理等适用法律的一般原则所作出的具体行政行为。

第四十七条 依法授权或者委托行使安全生产行政执法职责的单位及其行政执法人员的责任追究，参照本规定执行。

第四十八条 本规定自2009年10月1日起施行。省、自治区、直辖市人民代表大会及其常务委员会或者省、自治区、直辖市人民政府对地方安全生产监督管理部门及其内设机构、行政执法人员的责任追究另有规定的，依照其规定。

企业安全生产责任体系五落实五到位规定

（2015年3月16日国家安全生产监督管理总局以安监总办〔2015〕27号印发）

一、必须落实"党政同责"要求，董事长、党组织书记、总经理对本企业安全生产工作共同承担领导责任。

二、必须落实安全生产"一岗双责"，所有领导班子成员对分管范围内安全生产工作承担相应职责。

三、必须落实安全生产组织领导机构，成立安全生产委员会，由董事长或总经理担任主任。

四、必须落实安全管理力量，依法设置安全生产管理机构，配齐配强注册安全工程师等专业安全管理人员。

五、必须落实安全生产报告制度，定期向董事会、业绩考核部门报告安全生产情况，并向社会公示。

六、必须做到安全责任到位、安全投入到位、安全培训到位、安全管理到位、应急救援到位。

安全生产责任保险实施办法

(2017年12月12日国家安全监管总局、保监会、财政部以安监总办〔2017〕140号联合印发)

第一章 总 则

第一条 为了规范安全生产责任保险工作,强化事故预防,切实保障投保的生产经营单位及有关人员的合法权益,根据相关法律法规和规定,制定本办法。

第二条 本办法所称安全生产责任保险,是指保险机构对投保的生产经营单位发生的生产安全事故造成的人员伤亡和有关经济损失等予以赔偿,并且为投保的生产经营单位提供生产安全事故预防服务的商业保险。

第三条 按照本办法请求的经济赔偿,不影响参保的生产经营单位从业人员(含劳务派遣人员,下同)依法请求工伤保险赔偿的权利。

第四条 坚持风险防控、费率合理、理赔及时的原则,按照政策引导、政府推动、市场运作的方式推行安全生产责任保险工作。

第五条 安全生产责任保险的保费由生产经营单位缴纳,不得以任何方式摊派给从业人员个人。

第六条 煤矿、非煤矿山、危险化学品、烟花爆竹、交通运输、建筑施工、民用爆炸物品、金属冶炼、渔业生产等高危行业领域的生产经营单位应当投保安全生产责任保险。鼓励其他行业领域生产经营单位投保安全生产责任保险。各地区可针对本地区安全生产特点,明确应当投保的生产经营单位。

对存在高危粉尘作业、高毒作业或其他严重职业病危害的生产经营单位,可以投保职业病相关保险。

对生产经营单位已投保的与安全生产相关的其他险种,应当增加或将其调整为安全生产责任保险,增强事故预防功能。

第二章 承保与投保

第七条 承保安全生产责任保险的保险机构应当具有相应的专业资质和能力,主要包含以下方面:

(一)商业信誉情况;

(二)偿付能力水平;

(三)开展责任保险的业绩和规模;

(四)拥有风险管理专业人员的数量和相应专业资格情况;

(五)为生产经营单位提供事故预防服务情况。

第八条 根据实际需要,鼓励保险机构采取共保方式开展安全生产责任保险工作。

第九条 安全生产责任保险的保险责任包括投保的生产经营单位的从业人员人身伤亡赔偿,第三者人身伤亡和财产损失赔偿,事故抢险救援、医疗救护、事故鉴定、法律诉讼等费用。

保险机构可以开发适应各类生产经营单位安全生产保障需求的个性化保险产品。

第十条 除被依法关闭取缔、完全停止生产经营活动外,应当投保安全生产责任保险的生产经营单位不得延迟续保、退保。

第十一条 制定各行业领域安全生产责任保险基准指导费率,实行差别费率和浮动费率。建立费率动态调整机制,费率调整根据以下因素综合确定:

(一)事故记录和等级:费率调整根据生产经营单位是否发生事故、事故次数和等级确定,可以根据发生人员伤亡的一般事故、较大事故、重大及以上事故次数进行调整。

(二)其他:投保生产经营单位的安全风险程度、安全生产标准化等级、隐患排查治理情况、安全生产诚信等级、是否被纳入安全生产领域联合惩戒"黑名单"、赔付率等。

各地区可以参考以上因素,根据不同行业领域实际情况进一步确定具体的费率浮动。

第十二条 生产经营单位投保安全生产责任保险的保障范围应当覆盖全体从业人员。

第三章 事故预防与理赔

第十三条 保险机构应当建立生产安全事故预防服务制度,协助投保的生产经营单位开展以下工作:

(一)安全生产和职业病防治宣传教育培训;

(二)安全风险辨识、评估和安全评价;

(三)安全生产标准化建设;

(四)生产安全事故隐患排查;

(五)安全生产应急预案编制和应急救援演练;

(六)安全生产科技推广应用;

(七)其他有关事故预防工作。

第十四条 保险机构应当按照本办法第十三条规定的服务范围,在安全生产责任保险合同中约定具体服务项目及频次。

保险机构开展安全风险评估、生产安全事故隐患排查等服务工作时，投保的生产经营单位应当予以配合，并对评估发现的生产安全事故隐患进行整改；对拒不整改重大事故隐患的，保险机构可在下一投保年度上浮保险费率，并报告安全生产监督管理部门和相关部门。

第十五条　保险机构应当严格按照合同约定及时赔偿保险金；建立快速理赔机制，在事故发生后按照法律规定或者合同约定先行支付确定的赔偿保险金。

生产经营单位应当及时将赔偿保险金支付给受伤人员或者死亡人员的受益人（以下统称受害人），或者请求保险机构直接向受害人赔付。生产经营单位怠于请求的，受害人有权就其应获赔偿部分直接向保险机构请求赔付。

第十六条　同一生产经营单位的从业人员获取的保险金额应当实行同一标准，不得因用工方式、工作岗位等差别对待。

第十七条　各地区根据实际情况确定安全生产责任保险中涉及人员死亡的最低赔偿金额，每死亡一人按不低于 30 万元赔偿，并按本地区城镇居民上一年度人均可支配收入的变化进行调整。

对未造成人员死亡事故的赔偿保险金额度在保险合同中约定。

第四章　激励与保障

第十八条　安全生产监督管理部门和有关部门应当将安全生产责任保险投保情况作为生产经营单位安全生产标准化、安全生产诚信等级等评定的必要条件，作为安全生产与职业健康风险分类监管，以及取得安全生产许可证的重要参考。

安全生产和职业病预防相关法律法规另有规定的，从其规定。

第十九条　各地区应当在安全生产相关财政资金投入、信贷融资、项目立项、进入工业园区以及相关产业扶持政策等方面，在同等条件下优先考虑投保安全生产责任保险的生产经营单位。

第二十条　对赔付及时、事故预防成效显著的保险机构，纳入安全生产诚信管理体系，实行联合激励。

第二十一条　各地区将推行安全生产责任保险情况，纳入对本级政府有关部门和下级人民政府安全生产工作巡查和考核内容。

第二十二条　鼓励安全生产社会化服务机构为保险机构开展生产安全事故预防提供技术支撑。

第五章　监督与管理

第二十三条　建立安全生产监督管理部门和保险监督管理机构信息共享机制。安全生产监督管理部门和有关部门应当建立安全生产责任保险信息管理平台，并与安全生产监管信息平台对接，对保险机构开展生产安全事故预防服务及服务费用支出使用情况定期进行分析评估。安全生产监督管理部门可以引入第三方机构对安全生产责任保险信息管理平台进行建设维护及对保险机构开展预防服务情况开展评估，并依法保守有关商业秘密。

第二十四条　支持投保的生产经营单位、保险机构和相关社会组织建立协商机制，加强自主管理。

第二十五条　安全生产监督管理部门、保险监督管理机构和有关部门应当依据工作职责依法加强对生产经营单位和保险机构的监督管理，对实施安全生产责任保险情况开展监督检查。

第二十六条　对生产经营单位应当投保但未按规定投保或续保、将保费以各种形式摊派给从业人员个人、未及时赔偿保险金支付给受害人的，保险机构预防费用投入不足、未履行事故预防责任、委托不合法的社会化服务机构开展事故预防工作的，安全生产监督管理部门、保险监督管理机构及有关部门应当提出整改要求；对拒不整改的，应当将其纳入安全生产领域联合惩戒"黑名单"管理，对违反相关法律法规规定的，依法追究其法律责任。

第二十七条　相关部门及其工作人员在对安全生产责任保险的监督管理中收取贿赂、滥用职权、玩忽职守、徇私舞弊的，依法依规对相关责任人严肃追责；涉嫌犯罪的，移交司法机关依法处理。

第六章　附　　则

第二十八条　各省级安全生产监督管理部门、保险监督管理机构和有关部门依据本办法制定具体实施细则。

第二十九条　本办法由国家安全生产监督管理总局、中国保险监督管理委员会和财政部负责解释。

第三十条　本办法自 2018 年 1 月 1 日起施行。

2) 信息报告与处置工作

生产安全事故信息报告和处置办法

（2009年5月27日国家安全生产监督管理总局局长办公室会议审议通过，2009年6月16日国家安全生产监督管理总局令第21号公布，自2009年7月1日起施行）

第一章 总 则

第一条 为了规范生产安全事故信息的报告和处置工作，根据《安全生产法》《生产安全事故报告和调查处理条例》等有关法律、行政法规，制定本办法。

第二条 生产经营单位报告生产安全事故信息和安全生产监督管理部门、煤矿安全监察机构对生产安全事故信息的报告和处置工作，适用本办法。

第三条 本办法规定的应当报告和处置的生产安全事故信息（以下简称事故信息），是指已经发生的生产安全事故和较大涉险事故的信息。

第四条 事故信息的报告应当及时、准确和完整，信息的处置应当遵循快速高效、协同配合、分级负责的原则。

安全生产监督管理部门负责各类生产经营单位的事故信息报告和处置工作。煤矿安全监察机构负责煤矿的事故信息报告和处置工作。

第五条 安全生产监督管理部门、煤矿安全监察机构应当建立事故信息报告和处置制度，设立事故信息调度机构，实行24小时不间断调度值班，并向社会公布值班电话，受理事故信息报告和举报。

第二章 事故信息的报告

第六条 生产经营单位发生生产安全事故或者较大涉险事故，其单位负责人接到事故信息报告后应当于1小时内报告事故发生地县级安全生产监督管理部门、煤矿安全监察分局。

发生较大以上生产安全事故的，事故发生单位在依照第一款规定报告的同时，应当在1小时内报告省级安全生产监督管理部门、省级煤矿安全监察机构。

发生重大、特别重大生产安全事故的，事故发生单位在依照本条第一款、第二款规定报告的同时，可以立即报告国家安全生产监督管理总局、国家煤矿安全监察局。

第七条 安全生产监督管理部门、煤矿安全监察机构接到事故发生单位的事故信息报告后，应当按照下列规定上报事故情况，同时书面通知同级公安机关、劳动保障部门、工会、人民检察院和有关部门：

（一）一般事故和较大涉险事故逐级上报至设区的市级安全生产监督管理部门、省级煤矿安全监察机构；

（二）较大事故逐级上报至省级安全生产监督管理部门、省级煤矿安全监察机构；

（三）重大事故、特别重大事故逐级上报至国家安全生产监督管理总局、国家煤矿安全监察局。

前款规定的逐级上报，每一级上报时间不得超过2小时。安全生产监督管理部门依照前款规定上报事故情况时，应当同时报告本级人民政府。

第八条 发生较大生产安全事故或者社会影响重大的事故的，县级、市级安全生产监督管理部门或者煤矿安全监察分局接到事故报告后，在依照本办法第七条规定逐级上报的同时，应当在1小时内先用电话快报省级安全生产监督管理部门、省级煤矿安全监察机构，随后补报文字报告；乡镇安监站（办）可以根据事故情况越级直接报告省级安全生产监督管理部门、省级煤矿安全监察机构。

第九条 发生重大、特别重大生产安全事故或者社会影响恶劣的事故的，县级、市级安全生产监督管理部门或者煤矿安全监察分局接到事故报告后，在依照本办法第七条规定逐级上报的同时，应当在1小时内先用电话快报省级安全生产监督管理部门、省级煤矿安全监察机构，随后补报文字报告；必要时，可以直接用电话报告国家安全生产监督管理总局、国家煤矿安全监察局。

省级安全生产监督管理部门、省级煤矿安全监察机构接到事故报告后，应当在1小时内先用电话快报国家安全生产监督管理总局、国家煤矿安全监察局，随后补报文字报告。

国家安全生产监督管理总局、国家煤矿安全监察局接到事故报告后，应当在1小时内先用电话快报国务院总值班室，随后补报文字报告。

第十条 报告事故信息，应当包括下列内容：

（一）事故发生单位的名称、地址、性质、产能等基本情况；

（二）事故发生的时间、地点以及事故现场情况；

（三）事故的简要经过（包括应急救援情况）；

（四）事故已经造成或者可能造成的伤亡人数（包括下落不明、涉险的人数）和初步估计的直接经济损失；

（五）已经采取的措施；

（六）其他应当报告的情况。

使用电话快报，应当包括下列内容：

（一）事故发生单位的名称、地址、性质；

（二）事故发生的时间、地点；

（三）事故已经造成或者可能造成的伤亡人数（包括下落不明、涉险的人数）。

第十一条 事故具体情况暂时不清楚的，负责事故报告的单位可以先报事故概况，随后补报事故全面情况。

事故信息报告后出现新情况的，负责事故报告的单位应当依照本办法第六条、第七条、第八条、第九条的规定及时续报。较大涉险事故、一般事故、较大事故每日至少续报1次；重大事故、特别重大事故每日至少续报2次。

自事故发生之日起30日内（道路交通、火灾事故自发生之日起7日内），事故造成的伤亡人数发生变化的，应于当日续报。

第十二条 安全生产监督管理部门、煤矿安全监察机构接到任何单位或者个人的事故信息举报后，应当立即与事故单位或者下一级安全生产监督管理部门、煤矿安全监察机构联系，并进行调查核实。

下一级安全生产监督管理部门、煤矿安全监察机构接到上级安全生产监督管理部门、煤矿安全监察机构的事故信息举报核查通知后，应当立即组织查证核实，并在2个月内向上一级安全生产监督管理部门、煤矿安全监察机构报告核实结果。

对发生较大涉险事故的，安全生产监督管理部门、煤矿安全监察机构依照本条第二款规定向上一级安全生产监督管理部门、煤矿安全监察机构报告核实结果；对发生生产安全事故的，安全生产监督管理部门、煤矿安全监察机构应当在5日内对事故情况进行初步查证，并将事故初步查证的简要情况报告上一级安全生产监督管理部门、煤矿安全监察机构，详细核实结果在2个月内报告。

第十三条 事故信息经初步查证后，负责查证的安全生产监督管理部门、煤矿安全监察机构应当立即报告本级人民政府和上一级安全生产监督管理部门、煤矿安全监察机构，并书面通知公安机关、劳动保障部门、工会、人民检察院和有关部门。

第十四条 安全生产监督管理部门与煤矿安全监察机构之间，安全生产监督管理部门、煤矿安全监察机构与其他负有安全生产监督管理职责的部门之间，应当建立有关事故信息的通报制度，及时沟通事故信息。

第十五条 对于事故信息的每周、每月、每年的统计报告，按照有关规定执行。

第三章 事故信息的处置

第十六条 安全生产监督管理部门、煤矿安全监察机构应当建立事故信息处置责任制，做好事故信息的核实、跟踪、分析、统计工作。

第十七条 发生生产安全事故或者较大涉险事故后，安全生产监督管理部门、煤矿安全监察机构应当立即研究、确定并组织实施相关处置措施。安全生产监督管理部门、煤矿安全监察机构负责人按照职责分工负责相关工作。

第十八条 安全生产监督管理部门、煤矿安全监察机构接到生产安全事故报告后，应当按照下列规定派员立即赶赴事故现场：

（一）发生一般事故的，县级安全生产监督管理部门、煤矿安全监察分局负责人立即赶赴事故现场；

（二）发生较大事故的，设区的市级安全生产监督管理部门、省级煤矿安全监察局负责人应当立即赶赴事故现场；

（三）发生重大事故的，省级安全生产监督管理部门、省级煤矿安全监察局负责人立即赶赴事故现场；

（四）发生特别重大事故的，国家安全生产监督管理总局、国家煤矿安全监察局负责人立即赶赴事故现场。

上级安全生产监督管理部门、煤矿安全监察机构认为必要的，可以派员赶赴事故现场。

第十九条 安全生产监督管理部门、煤矿安全监察机构负责人及其有关人员赶赴事故现场后，应当随时保持与本单位的联系。有关事故信息发生重大变化的，应当依照本办法有关规定及时向本单位或者上级安全生产监督管理部门、煤矿安全监察机构报告。

第二十条 安全生产监督管理部门、煤矿安全监察机构应当依照有关规定定期向社会公布事故信息。

任何单位和个人不得擅自发布事故信息。

第二十一条 安全生产监督管理部门、煤矿安全监察机构应当根据事故信息报告的情况，启动相应的应急救援预案，或者组织有关应急救援队伍协助地方人民政府开展应急救援工作。

第二十二条 安全生产监督管理部门、煤矿安全监察机构按照有关规定组织或者参加事故调查处理工作。

第四章 罚 则

第二十三条 安全生产监督管理部门、煤矿安全监察机构及其工作人员未依法履行事故信息报告和处置职责的，依照有关规定予以处理。

第二十四条 生产经营单位及其有关人员对生产安全事故迟报、漏报、谎报或者瞒报的，依照有关规定予以处罚。

第二十五条 生产经营单位对较大涉险事故迟报、漏报、谎报或者瞒报的，给予警告，并处3万元以下的罚款。

第五章 附 则

第二十六条 本办法所称的较大涉险事故是指：

（一）涉险10人以上的事故；
（二）造成3人以上被困或者下落不明的事故；
（三）紧急疏散人员500人以上的事故；
（四）因生产安全事故对环境造成严重污染（人员密集场所、生活水源、农田、河流、水库、湖泊等）的事故；
（五）危及重要场所和设施安全（电站、重要水利设施、危化品库、油气站和车站、码头、港口、机场及其他人员密集场所等）的事故；
（六）其他较大涉险事故。

第二十七条 省级安全生产监督管理部门、省级煤矿安全监察机构可以根据本办法的规定，制定具体的实施办法。

第二十八条 本办法自2009年7月1日起施行。

关于进一步加强和改进生产安全事故信息报告和处置工作的通知

（2010年2月9日国家安全生产监督管理总局以安监总统计〔2010〕24号公布）

各省、自治区、直辖市及新疆生产建设兵团安全生产监督管理局，各省级煤矿安全监察机构，总局和煤矿安监局机关各司局、应急指挥中心：

为适应新形势下安全生产工作的需要，进一步加强和改进生产安全事故信息报告和处置工作，建立健全快速反应、运行有序的生产安全事故信息报告和处置工作机制，及时、准确掌握生产安全事故信息，启动应急预案，有效处置生产安全事故，现就有关要求通知如下：

一、加强事故信息报告工作，全面提高生产安全事故信息报告的时效性

（一）严格安全调度值班制度。

各级安全监管部门和煤矿安全监察机构必须设立生产安全事故信息调度值班机构，建立健全安全调度值班制度，严格实行24小时不间断岗位值班，确保及时接报和处置生产安全事故信息。

（二）严格生产安全事故信息报告制度。

各级安全监管部门和煤矿安全监察机构接到各类生产安全事故信息报告后，要严格按照事故报告的时限、内容和要求逐级上报：

1. 重大和特别重大事故信息，要在事故发生后3小时内逐级上报至国家安全监管总局；

2. 较大事故和较大涉险事故信息、煤矿一般事故信息，要在事故发生后7小时内逐级上报至国家安全监管总局。事故具体情况一时难以核实清楚的，可先电话报告事故概况，随后及时报告文字材料；

3. 加强事故跟踪调度，及时续报事故抢救进展情况。重特大事故和社会影响重大的事故要每天早、晚各续报1次；较大事故和较大涉险事故要每天续报1次。续报工作直至事故抢救工作结束。

必要时，安全监管部门、煤矿安全监察机构可以越级上报事故情况。

（三）建立健全生产安全事故报告情况通报制度。

国务院安委会办公室决定从2010年开始，建立每月对各地重特大生产安全事故信息报告情况通报制度，对未按规定及时报告重特大生产安全事故的单位进行通报。各省（区、市）、市（地）安委会办公室也要建立健全生产安全事故信息报告情况的通报制度，每月对各地生产安全事故信息的报告情况进行通报，督促各地进一步加强和改进事故报告工作，全面提高生产安全事故信息报告的时效性。

（四）建立生产安全事故信息报告激励约束机制。

各地要建立生产安全事故信息报告的激励约束机制，将生产安全事故信息报告工作纳入各地安全生产工作绩效考核表彰奖励办法之中，与安全生产工作开展、控制指标实施和行政执法工作等一并进行考核。同时，将生产安全事故信息报告情况纳入安全生产评优评先的条件之一，对有瞒报、谎报、漏报或迟报重特大事故行为的，实行"一票否决"。

二、加强事故现场督导，及时有效地处置生产安全事故

（一）特别重大事故的现场督导。

发生一次死亡30人以上的特别重大事故（含被困和下落不明的情形，以下同），国家安全监管总局、国家煤矿安监局（煤矿事故，以下同）主要领导、分管领导和有关业务司局主要负责人、应急指挥中心负责人以及省、市、县级安全监管部门、驻地煤矿安全监察机构（煤矿事故，以下同）（以下简称安全监管监察机构）的主要负责人赶赴事故现场。

（二）重大事故的现场督导。

1. 发生一次死亡20~29人的重大事故，国家安全监管总局、国家煤矿安监局分管领导和有关业务司局、应急指挥中心负责人赶赴事故现场。

2. 发生一次死亡10~19人的重大事故，或有重大社会影响的事故，国家安全监管总局、国家煤矿安监局有关业务司局、应急指挥中心有关部门负责人赶赴事故现场。

3. 发生重大事故，省、市、县级安全监管监察机构主要负责人和有关业务处（科）室的主要负责人赶赴事故现场。

（三）较大及较大涉险事故的现场督导。

1. 发生一次死亡6~9人的较大事故，或受伤25~50人，或社会影响较大的事故，省级安全监管监察机构分管负责人和有关处室负责人赶赴事故现场。

2. 发生一次死亡3~5人的较大事故，或受伤10~24人或较大涉险事故，省级安全监管监察机构有关处室负责人赶赴事故现场。

3. 发生较大事故或较大涉险事故，市、县级安全监管监察机构主要负责人和有关科室主要负责人赶赴事故现场。

4. 下列事故，国家安全监管总局、国家煤矿安监局有关司局、应急指挥中心有关部门派员赶赴事故现场：

（1）煤矿发生一次死亡6~9人的典型事故，或一次受伤或涉险20人以上的事故。国家煤矿安监局相关司与应急指挥中心的有关处室负责人赶赴事故现场。

（2）金属与非金属矿、地质勘探等行业发生一次死亡6~9人，或一次受伤20人以上，或涉险30人以上的事故；海上石油发生一次死亡3~9人，或平台倾覆事故；石油、天然气井（含有毒气体）发生井喷失控事故。国家安全监管总局监管一司、应急指挥中心有关处室负责人赶赴事故现场。

（3）军工（民用）、民爆、建筑、水利、电力、教育、邮政、电信、林业等行业（领域）发生一次死亡6人以上，或一次受伤10人以上，或涉险30人以上的事故；列车、地铁、城铁较大伤亡事故；建筑施工大面积坍塌、大型水利设施、电力设施事故。国家安全监管总局监管二司、应急指挥中心有关处室负责人赶赴事故现场。

（4）危险化学品、化工、医药、烟花爆竹等行业（领域）发生一次死亡6人以上，或一次受伤20人以上，或涉险30人以上的事故；危险化学品大量泄漏、对环境造成严重污染的事故；紧急疏散人员1000人以上，或住院观察治疗50人以上的危险化学品事故。国家安全监管总局监管三司、应急指挥中心有关处室负责人赶赴事故现场。

（5）冶金、有色、建材、机械、轻工、纺织、烟草、商贸等行业（领域）发生一次死亡6人以上，或一次受伤10人以上，或涉险30人以上的事故。国家安全监管总局监管四司、应急指挥中心有关处室负责人赶赴事故现场。

三、进一步完善事故举报核查和处置制度，加大事故举报核查和瞒报事故的查处力度

（一）事故举报信息的核查。

国家安全监管总局接到事故举报后，有关司局要通知有关地区进行核查。接到重特大事故举报后，有关司局在立即通知有关地区进行核查的同时，要派员会同有关省（区、市）安全监管监察机构，共同组织开展核查工作。

各省级安全监管监察机构接到重特大事故举报后，要立即报告国家安全监管总局统计司，同时由分管负责人带队组织开展调查核实工作。接到较大事故举报后，在立即通知有关地区核查的同时，要派员会同有关市（地）政府及其安全监管部门和区域煤矿安全监察分局共同开展核查工作。

（二）瞒报事故的查处。

对瞒报事故，要按照提高一个事故等级进行调查处理。瞒报重大事故的，由国家安全监管总局派出工作组，会同有关省（区、市）政府及省安全监管监察机构，共同开展瞒报事故查处工作；瞒报较大事故的，由有关省级安全监管监察机构派出工作组，会同有关市（地）政府及其安全监管部门和区域煤矿安全监察分局共同开展瞒报事故查处工作。

瞒报事故要依照《生产安全事故报告和调查处理条例》（国务院令第493号）、《刑法修正案（六）》等有关法律、法规规定进行查处。

四、加强领导，落实责任，切实做好生产安全事故信息报告和处置工作

各级安全监管监察机构要高度重视生产安全事

信息报告和处置工作，主要领导要亲自抓，认真落实领导负责制和部门责任制。要建立健全生产安全事故信息报告和处置制度，进一步改进和完善事故报告制度、报告方式和方法，强化制度落实，从组织、机构、人员、装备等方面为事故信息报告和处置工作提供保障。要建立联动机制，扩展信息渠道，提高事故报告时效性。总之，要采取有力措施，进一步加强和改进生产安全事故信息报告和处置工作，确保及时、有效地报告和处置生产安全事故。

国家安全生产监督管理总局
二〇一〇年二月九日

生产安全重特大事故和重大未遂伤亡事故信息处置办法（试行）

（2006年7月2日国家安监总局以安监总调度〔2006〕126号印发）

为适应全国安全生产新形势新情况的要求，建立快速反应、运行有序的信息处置工作机制，进一步规范安全生产监督管理、煤矿安全监察、应急救援，指导协调有关部门做好生产安全重特大事故和重大未遂伤亡事故的信息处置和现场督导工作，制定本办法。

一、重特大事故和重大未遂伤亡事故范围

（一）一次死亡30人以上（含30人，下同）特别重大事故；

（二）一次死亡10~29人特大事故；

（三）一次死亡3~9人重大事故；

（四）一次受伤10人以上（含10人，下同）的事故；

（五）重大未遂伤亡事故包括：

1. 涉险10人以上（含10人，下同）的事故；
2. 造成3人以上被困或下落不明的事故；
3. 紧急疏散人员500人以上（含500人，下同）和住院观察治疗20人以上（含20人，下同）的事故；
4. 对环境造成严重污染（人员密集场所、生活水源、农田、河流、水库、湖泊等）事故；
5. 危及重要场所和设施安全（电站、重要水利设施、核设施、危化品库、油气站和车站、码头、港口、机场及其他人员密集场所等）事故；
6. 危险化学品大量泄漏、大面积火灾（不含森林火灾）、大面积停电、建筑施工大面积坍塌、大型水利设施、电力设施、海上石油钻井平台垮塌事故；
7. 轮船触礁、碰撞、搁浅、列车、地铁、城铁脱轨、碰撞、民航飞行重大故障和事故征候；
8. 涉外事故；
9. 其它重大未遂伤亡事故。

（六）新闻媒体、互联网披露和群众举报的重特大事故、重大未遂伤亡事故；

（七）社会影响重大的其它事故；

国务院有明确规定后，执行新规定。

二、重特大事故和重大未遂伤亡事故信息报送

（一）报送时限。

1. 省级安全生产监督管理部门、煤矿安全监察机构接到或查到事故信息后，要及时报送至国家安全生产监督管理总局（以下简称总局）调度统计司，可先报送事故概况，有新情况及时续报。

2. 总局接到一次死亡（或下落不明）10人以上特大事故、特别重大事故或社会影响严重的重大事故、重大未遂伤亡事故，要按规定报送中央办公厅、国务院办公厅。

（二）报送内容。

总局和国家煤矿安全监察局（以下简称煤矿安监局）有关司局、国家安全生产应急救援指挥中心（以下简称应急指挥中心）有关部门、省级安全生产监督管理部门和省级煤矿安全监察机构要按照不同行业和领域、不同事故类型，规定事故报告应包括的内容，做到信息规范化、科学化。

三、重特大事故和重大未遂伤亡事故信息的处置

（一）处置原则。

事故信息的处置按照"快速反应、规范运作、分工负责、协调配合、积极处置"的原则进行。总局、煤矿安监局有关司局、应急指挥中心有关部门、省级安全生产监督管理部门和省级煤矿安全监察机构要按照职责范围和业务分工落实工作职责。

（二）处置分工。

1. 总局办公厅：负责向总局领导报送事故信息，涉及煤矿事故同时报送煤矿安监局领导，传达总局领导关于事故抢救及核查工作的批示和意见；及时向中央办公厅、国务院办公厅报送事故信息。接收党中央、国务院领导同志的重要批示，迅速呈报总局领导阅批，并负责督办落实。

2. 总局政策法规司：按照总局有关规定，负责有关事故信息新闻发布；负责与中宣部、国务院新闻办及主要新闻媒体的联系，进行有关宣传报导工作；协助地方有关部门做好事故现场新闻发布工作。

3. 总局安全生产协调司（专员办）：按照总局有关规定，负责30天内连续发生3起（含3起）以上特大事故的省（自治区、直辖市）和发生1起以上特大事故的中央企业的通报工作。督促协调中央企业的事故信息处置和现场督导工作。

4. 总局调度统计司：负责事故信息的接报工作，及时跟踪事故抢救情况；起草有关事故抢救处理工作指导意见，并负责传达。负责编制《全国伤亡事故日报》。

5. 总局监督管理一司（海油安办）、监督管理二司、危险化学品安全监督管理司：按照业务分工和工作职责，负责有关行业和领域事故信息的跟踪了解和现场督导工作。

6. 煤矿安监局事故调查司：按照业务分工和工作职责，负责煤矿事故信息的跟踪了解和现场督导工作。

7. 应急指挥中心有关部门：对煤矿、金属与非金属矿、危险化学品、烟花爆竹和其它工商贸企业的事故，商总局或煤矿安监局有关司组织相关人员参加应急救援，跟踪情况，及时提出意见和建议。了解掌握其他行业和领域相关事故的抢救情况。

8. 总局机关服务中心：负责事故信息处置过程中票务、交通等后勤保障工作。

9. 总局通信信息中心：负责互联网事故信息的搜集和发布工作。

10. 省级安全生产监督管理部门：负责本地区事故信息报告和处置工作及现场督导工作。

11. 省级煤矿安全监察机构：负责驻地（或辖区）煤矿事故信息报告、处置工作及现场督导工作。负责指导协助特大事故应急救援工作。

（三）重特大事故和重大未遂伤亡事故信息的处置。

1. 总局调度统计司接到或发现事故信息后，要及时调度事故基本情况，传送总局办公厅值班室、总局和煤矿安监局有关业务司局和应急指挥中心有关部门，并跟踪调度事故抢救进展情况。及时起草《特大生产安全事故报告》，传送总局办公厅值班室报送总局领导。重要情况及时报送总局领导。其中：

煤矿事故信息传送煤矿安监局事故调查司；

金属与非金属矿、石油、冶金、有色、建材、地质等行业事故信息传送总局监督管理一司（海油安办）；

军工、民爆、建筑、水利、电力、教育、邮政、电信、林业、机械、轻工、纺织、烟草、贸易、旅游、道路交通、水上交通、铁路交通、民航、消防、农机、渔业船舶等行业和领域事故信息传送总局监督管理二司；

危险化学品、化工（含石油化工）、医药、烟花爆竹等行业和领域事故信息传送总局危险化学品安全监督管理司；

涉及中央企业事故信息，在传送有关司局的同时传送总局安全生产协调司（专员办）；

事故信息同时传送应急指挥中心综合部和指挥协调部；

特大事故、性质严重、社会影响较大的重大事故和重大未遂伤亡事故，按照总局领导的要求，通知总局或煤矿安监局有关司局负责人和应急指挥中心负责人（副主任）到总局调度统计司调度室，研究抢救和处理工作。

2. 总局办公厅值班室接到事故信息后，及时报送总局主要领导和分管领导，涉及煤矿事故同时报送煤矿安监局领导，并及时将总局领导的批示和意见传送总局调度统计司和有关业务司局、煤矿安监局有关司、应急指挥中心有关部门。根据规定及时向中央办公厅、国务院办公厅报送事故信息。

3. 总局政策法规司接到事故信息后，做好有关事故信息的新闻发布和宣传报导工作。

4. 总局有关司局接到或查到事故信息后，要按照本专业事故跟踪内容及时跟踪事故情况，并及时报送总局主要领导和分管领导；协调、督促事故发生地区的地方安全监督管理部门、行业主管部门开展事故抢救和现场督导工作。情况不清楚的，要派人或督促有关地方安全生产监督管理部门赶赴现场查明情况后及时报告。

5. 煤矿安监局综合司和事故调查司接到或发现事故信息后，及时报送煤矿安监局领导。煤矿安监局有关司要及时跟踪了解事故情况，指导、协助事故抢救工作，督促驻地煤矿安全监察机构开展现场督导工作，报告事故抢救情况。情况不清楚的，要派人或督促驻地有关煤矿安全监察机构赶赴现场查明情况后及时报告。

6. 应急指挥中心有关部门接到事故信息后，要及时跟踪事故应急救援情况，根据需要，协调组织救援队伍、设备开展救援，或组织专家和有关人员赶赴现场。对煤矿、金属与非金属矿、危险化学品、烟花爆竹等工矿商贸企业事故要提出救援意见。

7. 省级安全生产监督管理部门接到或查到事故

信息后，要及时向总局调度统计司报送事故信息，跟踪事故抢救进展情况并及时续报；派人赶赴事故现场，组织、指导事故抢救工作。

8. 省级煤矿安全监察机构接到或查到事故信息后，要及时向总局调度统计司报送事故信息，跟踪事故抢救进展情况并及时续报；派人赶赴事故现场，协助地方政府开展事故抢救工作。

9. 发生特别重大事故后，除执行上述条款外，总局调度统计司、办公厅或相关司局要立即报总局主要领导和分管领导，涉及煤矿事故同时报煤矿安监局领导。调度统计司要立即通知总局和煤矿安监机关有关司局主要负责人、应急指挥中心副主任到总局调度统计司调度室，研究处置工作；办公厅要及时向中央办公厅、国务院办公厅报送事故信息。

省级安全生产监督管理部门、煤矿安全监察机构接到事故信息后，要立即报送总局调度统计司；主要领导和分管领导要立即组织研究处置工作，赶赴事故现场。

（四）举报事故信息处置。

总局和煤矿安监局机关司局、省级安全生产监督管理部门和省级煤矿安全监察机构接到事故举报后，要按照《关于进一步规范生产安全事故和事故隐患举报受理及处置工作的通知》（安监总办字〔2005〕154号）的规定，做好事故信息处置和调查核实工作。

1. 即时举报的重特大事故。

总局和煤矿安监局机关司局接到即时举报后，要及时与省级安全生产监督管理部门或煤矿安全监察机构联系，核实情况，提出处置意见。其中举报一次死亡30人以上事故信息传送总局办公厅值班室报总局主要领导和分管领导；举报一次死亡10~29人事故信息传送总局办公厅值班室报总局分管领导；有重大问题、重要情节的应及时报告总局主要领导和分管领导。

2. 事后（指事故抢救期已过）举报的重特大事故。

总局和煤矿安监局机关司局接到事后举报重特大事故信息后，要及时转送总局调度统计司。

调度统计司接到举报信息后，对一次死亡10人以上事故举报，起草《特大安全生产举报信息》，传送总局办公厅值班室报总局分管领导；对一次死亡3~9人事故举报，起草事故核查通知书，通知省级安全生产监督管理部门或煤矿安全监察机构组织调查核实；有重大问题、重要情节的，应及时传送总局办公厅值班室报总局主要领导和分管领导。

3. 省级安全生产监督管理部门、煤矿安全监察机构接到举报信息或总局核查通知书后，要组织调查核实，并在60日内向总局报告核查结果（有特殊要求的除外）。对于举报一次死亡10人以上及性质严重、社会影响重大的举报信息，主要领导要亲自组织研究，并及时派员进行调查核实。

4. 举报事故结果的处理。

举报事故一经调查核实，要按照有关规定对第一举报人予以奖励。瞒报事故要按照"四不放过"的原则，依法从重、从严进行查处。

四、重特大事故和重大未遂伤亡事故的现场督导

（一）特别重大事故的现场督导。

1. 发生一次死亡50人以上的特别重大事故，总局主要领导和分管领导率队，赶赴现场。

2. 发生一次死亡30~49人的特别重大事故，总局分管领导或主要领导率队，赶赴现场。

（二）煤矿重特大事故和重大未遂伤亡事故的督导。

1. 煤矿发生一次死亡（含被困或下落不明）20人以上或一次死亡（含被困或下落不明）10~19人有重大影响的事故，煤矿安监局分管领导或有关司派员赶赴现场。

2. 煤矿发生一次死亡（含被困或下落不明）3人以上、一次受伤10人以上的事故，省级煤矿安全监察机构派员赶赴现场。

（三）金属与非金属矿、石油、冶金、有色、建材、地质重特大事故和重大未遂伤亡事故的督导。

1. 下列事故，总局监督管理一司派员赶赴现场：

金属与非金属矿发生一次死亡（含被困或下落不明）10人以上、一次受伤20人以上的事故；

冶金、有色、建材、地质发生一次死亡6人以上、一次受伤20人以上和涉险30人以上的事故；

海上石油发生一次死亡3人以上及钻井平台垮塌事故；

石油、天然气井（含有毒气体）发生重大井喷失控事故。

2. 金属与非金属矿、石油、冶金、有色、建材、地质发生一次死亡3人以上、一次受伤10人以上、涉险10人以上和石油、天然气井（含有毒气体）重大井喷事故，省级安全生产监督管理部门派员赶赴现场。

（四）有关行业和领域重特大事故和重大未遂伤亡事故的督导。

1. 下列事故，总局监督管理二司派员赶赴现场：

军工、民爆、建筑、水利、电力、教育、邮政、电信、林业、机械、轻工、纺织、烟草、贸易等行业发生一次死亡6人以上、一次受伤20人以上和涉险30人以上的事故；

道路交通、水上交通、火灾发生一次死亡20人以上或一次死亡10~19人的典型特大事故和涉险30人以上的事故；

民航飞行发生空难事故；

列车、地铁、城铁重大碰撞事故；

建筑施工大面积坍塌、大面积停电、大型水利设施、电力设施及核设施事故。

2. 下列事故，省级安全生产监督管理部门派员赶赴现场：

军工、民爆、建筑、水利、电力、教育、邮政、电信、林业、机械、轻工、纺织、烟草、贸易等行业发生一次死亡3人以上、一次受伤10人以上和涉险10人以上的事故；

道路交通、水上交通、火灾发生一次死亡8人以上、一次受伤10人以上和涉险10人以上的事故；

严重飞行事故征候；

列车、地铁、城铁重大碰撞事故；

大面积火灾（不含森林火灾）、大面积停电、建筑物大面积坍塌、大型水利设施、电力设施及核设施事故；

危及重要场所和设施安全（电站、重要水利设施，核设施，车站、码头、港口、机场及其他人员密集场所等）事故。

（五）危险化学品、烟花爆竹重特大事故和重大未遂伤亡事故的督导。

1. 下列事故，总局危险化学品安全监督管理司派员赶赴现场：

一次死亡6人以上、一次受伤20人以上和涉险30人以上的危险化学品、烟花爆竹事故；

危险化学品大量泄漏、对环境造成严重污染的危险化学品事故；

紧急疏散人员1000人以上和住院观察治疗50人以上的危险化学品事故。

2. 下列事故，省级安全生产监督管理部门派员赶赴现场：

一次死亡3人以上的、一次受伤10人以上、涉险10人以上的烟花爆竹和危险化学品事故；

危险化学品大量泄漏、对环境造成严重污染的危险化学品事故；

紧急疏散人员500人以上和住院观察治疗20人以上的危险化学品事故。

（六）中央企业重特大事故和重大未遂伤亡事故的督导。

中央企业发生一次死亡6人以上和一次涉险10人以上的事故，由安全生产协调司（专员办）按总局领导的要求组织国家安全生产监察专员会同总局有关业务司、省级安全生产监督管理部门或省级煤矿安全监察机构派员赶赴现场。

（七）按照相关职责和联系地区，由安全生产协调司（专员办）组织国家安全生产监察专员参加相关地区重特大事故和重大未遂伤亡事故的现场督导工作。

（八）重特大事故和重大未遂伤亡事故现场救援。

煤矿、金属与非金属矿发生一次死亡（或被困）10人以上或影响重大的事故，危险化学品、烟花爆竹和其它工商贸企业发生一次死亡（或被困）6人以上或影响重大的事故，需要现场协调、指导救援工作的，应急指挥中心直接派员赶赴现场开展救援指导工作；有主管部门的行业和领域发生一次死亡（或被困）10人以上或影响重大的事故，必要时派员赶赴现场协助主管部门处置。

（九）党中央、国务院及总局领导批示和社会影响严重的重特大事故和重大未遂伤亡事故，总局和煤矿安监局有关司局、应急指挥中心有关部门及省级安全生产监督管理部门和省级煤矿安全监察机构派员赶赴现场。

五、重特大事故和重大未遂伤亡事故抢险和核查情况的公布

（一）总局、煤矿安监局、省级安全监督管理部门和省级煤矿安全监察机构对重特大典型事故要在情况基本查清后及时发出或联合有关部门发出事故通报。

（二）重特大事故和重大未遂伤亡事故抢险、核查情况，省级安全监督管理部门、省级煤矿安全监察机构要向总局报备（一式四份）；总局办公厅要将抢险、核查情况分送总局主要领导和分管领导以及有关司局，有关司局阅核后按规定存档。国务院领导批示的和重大典型事故由总局报国务院或国务院办公厅。

（三）重特大事故和重大未遂伤亡事故抢险、核查情况，要通过各种方式向社会公布。

省级安全生产监督管理部门、省级煤矿安全监察机构依照本办法，结合实际情况，制定本地区的重特大事故和重大未遂伤亡事故信息处置办法。

关于进一步加强生产安全事故应急处置工作的通知

(2013年11月15日国务院安全生产委员会以安委〔2013〕8号公布)

各省、自治区、直辖市人民政府,新疆生产建设兵团,国务院安委会各成员单位:

近年来,全国安全生产应急管理工作不断加强,生产安全事故(以下简称事故)应急处置能力不断提高,但在一些地方和行业领域仍存在应急主体责任不落实、救援指挥不科学、救援现场管理混乱等突出问题。为进一步加强事故应急处置工作,经国务院同意,现将有关事项通知如下:

一、高度重视事故应急处置工作

各地区、各部门和单位要始终把人民生命安全放在首位,以对党和人民高度负责的精神,进一步加强事故应急处置工作,最大程度地减少人员伤亡。要牢固树立"以人为本、安全第一、生命至上"和"不抛弃、不放弃"的理念,坚持"属地为主、条块结合、精心组织、科学施救"的原则,在确保救援人员安全的前提下实施救援,全力以赴搜救遇险人员,精心救治受伤人员,妥善处理善后,有效防范次生衍生事故。

二、严格落实事故应急处置责任

生产经营单位(以下统称企业)必须认真落实安全生产主体责任,严格按照相关法律法规和标准规范要求,建立专兼职救援队伍,做好应急物资储备,完善应急预案和现场处置措施,加强从业人员应急培训,组织开展演练,不断提高应急处置能力。

地方人民政府负责本行政区域内事故应急处置工作,负责制定与实施救援方案,组织开展应急救援,核实遇险、遇难及受伤人数,协调与调动应急资源,维护现场秩序,疏散转移可能受影响人员,开展医疗救治和疫情防控,并组织做好伤亡人员赔偿和安抚善后、救援人员抚恤和荣誉认定、应急处置信息发布及维护社会稳定等工作。

地方人民政府安全生产监管部门和负有安全生产监督管理职责的有关部门应进一步加强机构和队伍建设,配备专职的安全生产应急处置工作机构和工作人员。

三、进一步规范事故现场应急处置

(一)做好企业先期处置。发生事故或险情后,企业要立即启动相关应急预案,在确保安全的前提下组织抢救遇险人员,控制危险源,封锁危险场所,杜绝盲目施救,防止事态扩大;要明确并落实生产现场带班人员、班组长和调度人员直接处置权和指挥权,在遇到险情或事故征兆时即下达停产撤人命令,组织现场人员及时、有序撤离到安全地点,减少人员伤亡。

要依法依规及时、如实向当地安全生产监管监察部门和负有安全生产监督管理职责的有关部门报告事故情况,不得瞒报、谎报、迟报、漏报,不得故意破坏事故现场、毁灭证据。

(二)加强政府应急响应。事故发生地人民政府及有关部门接到事故报告后,相关负责同志要立即赶赴事故现场,按照有关应急预案规定,成立事故应急处置现场指挥部(以下简称指挥部),代表本级人民政府履行事故应急处置职责,组织开展事故应急处置工作。

指挥部是事故现场应急处置的最高决策指挥机构,实行总指挥负责制。总指挥要认真履行指挥职责,明确下达指挥命令,明确责任、任务、纪律。指挥部会议、重大决策事项等要指定专人记录,指挥命令、会议纪要和图纸资料等要妥善保存。事故现场所有人员要严格执行指挥部指令,对于延误或拒绝执行命令的,要严肃追究责任。

按照事故等级和相关规定,上一级人民政府成立指挥部的,下一级人民政府指挥部要立即移交指挥权,并继续配合做好应急处置工作。

事故发生地有关单位、各类安全生产应急救援队伍接到地方人民政府及有关部门的应急救援指令或有关企业的请求后,应当及时出动参加事故救援。

(三)强化救援现场管理。指挥部要充分发挥专家组、企业现场管理人员和专业技术人员以及救援队伍指挥员的作用,实行科学决策。要根据事故救援需要和现场实际需要划定警戒区域,及时疏散和安置事故可能影响的周边居民和群众,疏导劝离与救援无关的人员,维护现场秩序,确保救援工作高效有序。必要时,要对事故现场实行隔离保护,尤其是矿井井口、危险化学品处置区域、火区灾区入口等重要部位要实行专人值守,未经指挥部批准,任何人不准进入。要对现场周边及有关区域实行交通管制,确保应急救援通道畅通。

(四)确保安全有效施救。救援过程中,要严格遵守安全规程,及时排除隐患,确保救援人员安全。救援队伍指挥员应当作为指挥部成员,参与制订救援方案等重大决策,并根据救援方案和总指挥命令组织实施救援;在行动前要了解有关危险因素,明确防范措施,科学组织救援,积极搜救遇险人员。遇到突发情况危及救援人员生命安全时,救援队伍指挥员有权作出处置决定，迅速带领救援人员撤出危险区域，并及时报告指挥部。

（五）适时把握救援暂停和终止。对于继续救援直接威胁救援人员生命安全、极易造成次生衍生事故等情况，指挥部要组织专家充分论证，作出暂停救援的决定；在事故现场得以控制、导致次生衍生事故隐患消除后，经指挥部组织研究，确认符合继续施救条件时，再行组织施救，直至救援任务完成。因客观条件导致无法实施救援或救援任务完成后，在经专家组论证并做好相关工作的基础上，指挥部要提出终止救援的意见，报本级人民政府批准。

四、加强事故应急处置相关工作

（一）全力强化应急保障。地方人民政府要对应急保障工作总负责，统筹协调，全力保证应急救援工作的需要；要采取财政措施，保障应急处置工作所需经费。政府有关部门要按照国家有关规定和指挥部的需要，在各自职责范围内做好应急保障工作，确保交通、通信、供电、供水、气象服务以及应急救援队伍、装备、物资等救援条件。

（二）及时发布有关信息。指挥部应当按照有关规定及时发布事故应急处置工作信息；设立举报电话、举报信箱，登记、核实举报情况，接受社会监督。有关各方要引导各类新闻媒体客观、公正、及时报道事故信息，不得编造、发布虚假信息。

（三）精心组织医疗卫生服务。事故发生地卫生行政主管部门要按照指挥部的要求，组织做好紧急医疗救护和现场卫生处置工作，协调有关专家、特种药品和特种救治装备，全力救治事故受伤人员，并按照专业规程做好现场防疫工作。必要时，由指挥部向上级卫生行政主管部门提出调配医疗专家和药品及转治伤员等相关请求。

（四）稳妥做好善后处置工作。地方人民政府和事故发生单位要组织妥善安置和慰问受害及受影响人员，组织开展遇难人员善后和赔偿、征用物资补偿、协调应急救援队伍补偿、污染物收集清理与处理等工作，尽快消除事故影响，恢复正常秩序，保证社会稳定。

五、建立健全事故应急处置制度

（一）建立分级指导配合制度。县级以上人民政府及其有关部门要建立事故应急处置分级指导配合制度。事故发生后，县级以上人民政府及其有关部门要根据事故等级和相关规定派出工作组，赶赴事故现场指导配合事发地开展工作。国务院安全生产监管监察部门和国务院负有安全生产监督管理职责的有关部门要对重特大事故或全国社会影响大的事故应急处置工作进行指导；省级安全生产监管监察部门和负有安全生产监督管理职责的有关部门要对重大、较大事故或本省（区、市）社会影响大的事故应急处置工作进行指导；市（地）级安全生产监管监察部门和负有安全生产监督管理职责的有关部门要对较大、一般事故或本市（地）社会影响大的事故应急处置工作进行指导。

工作组的主要任务是：了解掌握事故基本情况和初步原因；督促地方人民政府和相关部门及企业核查核实并如实上报事故遇险、遇难、受伤人员情况；根据前期处置情况对救援方案提出建议，协调调动外部应急资源，指导事故应对处置工作，但不替代地方指挥部的指挥职责；指导当地做好舆论引导和善后处理工作；起草事故情况报告，并及时向派出单位或上级单位报告有关工作情况。

（二）完善总结和评估制度。地方人民政府及其有关部门要建立健全事故应急处置总结和评估制度。指挥部要对事故应急处置工作进行总结并将总结报告报事故调查组和上级安全生产监管监察部门。事故应急处置工作总结报告的主要内容包括：事故基本情况、事故信息接收与报送情况、应急处置组织与领导、应急预案执行情况、应急救援队伍工作情况、主要技术措施及其实施情况、救援成效、经验教训、相关建议等。

事故调查组负责事故应急处置评估工作，并在事故调查报告中对应急处置作出评估结论。

（三）落实应急奖惩制度。各地区、各部门要落实事故应急处置奖励与责任追究制度。要根据有关法律法规和事故应急处置评估结论，对事故应急处置工作中表现突出的单位和个人给予奖励。对影响和妨碍事故应急处置工作的有关单位和人员，视情节和危害后果依法依规追究责任。

国务院安全生产委员会
2013年11月15日

生产安全事故应急处置评估暂行办法

（2014年9月22日国家安全生产监督管理总局办公厅以安监总厅应急〔2014〕95号印发）

第一条 为规范生产安全事故应急处置评估工作，总结和吸取应急处置经验教训，不断提高生产安全事故应急处置能力，持续改进应急准备工作，根据《安全生产法》《生产安全事故报告和调查处理条例》《国务院安委会关于进一步加强生产安全事故应急处置工作的通知》（安委〔2013〕8号），制定本办法。

第二条 本办法适用于除环境污染事故、核设施事故、国防科研生产事故以外的各类生产安全事故的应急处置评估工作。

第三条 生产安全事故应急处置评估应当按照客观、公正、科学的原则进行。

第四条 国家安全生产监督管理总局指导和监督全国生产安全事故应急处置评估工作。

县级以上地方各级人民政府安全生产监督管理部门指导和监督本行政区域内生产安全事故应急处置评估工作。

第五条 国务院和县级以上地方各级人民政府成立或授权、委托成立的事故调查组（以下统称事故调查组），分级负责所调查事故的应急处置评估工作。

上级人民政府安全监管监察部门认为必要时，可以派出工作组协助下级人民政府事故调查组进行应急处置评估。

第六条 事故调查组应当单独设立应急处置评估组，专职负责对事故单位和事发地人民政府的应急处置工作进行评估。

事故调查组应急处置评估组组长一般由安全生产应急管理机构人员担任，有关单位人员参加，并根据需要聘请相关专家参与评估工作。

第七条 应急处置评估组根据工作需要，可以采取下列措施：

（一）听取事故单位和事发地人民政府事故应急处置现场指挥部（以下简称现场指挥部）事故及应急处置情况说明；

（二）现场勘查；

（三）查阅相关文字、音像资料和数据信息；

（四）询问有关人员；

（五）组织专家论证，必要时可以委托相关机构进行技术鉴定。

第八条 事故单位和现场指挥部应当分别总结事故应急处置工作，向事故调查组和上一级安全生产监管监察部门提交总结报告。总结报告内容包括：

（一）事故基本情况；

（二）先期处置情况及事故信息接收、流转与报送情况；

（三）应急预案实施情况；

（四）组织指挥情况；

（五）现场救援方案制定及执行情况；

（六）现场应急救援队伍工作情况；

（七）现场管理和信息发布情况；

（八）应急资源保障情况；

（九）防控环境影响措施的执行情况；

（十）救援成效、经验和教训；

（十一）相关建议。

事故单位和现场指挥部应当妥善保存并整理好与应急处置有关的书证和物证。

第九条 应急处置评估组对事故单位的评估，应当包括以下内容：

（一）应急响应情况，包括事故基本情况、信息报送情况等；

（二）先期处置情况，包括自救情况、控制危险源情况、防范次生灾害发生情况；

（三）应急管理规章制度的建立和执行情况；

（四）风险评估和应急资源调查情况；

（五）应急预案的编制、培训、演练、执行情况；

（六）应急救援队伍、人员、装备、物资储备、资金保障等方面的落实情况。

第十条 应急处置评估组对事发地人民政府的评估，应当包括以下内容：

（一）应急响应情况，包括事故发生后信息接收、流转与报送情况、相关职能部门协调联动情况；

（二）指挥救援情况，包括应急救援队伍和装备资源调动情况、应急处置方案制定情况；

（三）应急处置措施执行情况，包括现场应急救援队伍工作情况、应急资源保障情况、防范次生衍生及事故扩大采取的措施情况、防控环境影响措施执行情况；

（四）现场管理和信息发布情况。

第十一条 应急处置评估组应当向事故调查组提交应急处置评估报告。评估报告包括以下内容：

（一）事故应急处置基本情况；

（二）事故单位应急处置责任落实情况；

（三）地方人民政府应急处置责任落实情况；

（四）评估结论；

（五）经验教训；

（六）相关工作建议。

第十二条 事故调查组应当将应急处置评估内容纳入事故调查报告。

第十三条 安全监管监察部门及其应急管理工作机构应当根据事故调查报告，改进和加强日常管理、应急准备及应急处置等工作。

第十四条 县级以上地方各级安全生产监督管理

部门、驻地各级煤矿安全监察机构应当每年对本辖区生产安全事故应急处置评估情况进行总结，并收集典型案例，向上一级安全生产监督管理部门、煤矿安全监察机构报告。

第十五条 生产安全险情的应急处置评估工作，成立事故调查组的，依照本办法执行；未成立事故调查组的，由现场指挥部或事发地人民政府安全生产监督管理部门依照本办法执行。

第十六条 本办法所称的生产安全事故应急处置是指生产安全事故发生到事故危险状态消除期间，为抢救人员、保护财产和环境而采取的措施、行动。

本办法所称的生产安全险情是指在生产经营活动中发生的对人员生命和财产安全造成威胁，但损害未达到生产安全事故等级标准的事件。

第十七条 本办法自印发之日起施行。

3）事故预防与安全培训

关于标本兼治遏制重特大事故工作指南

（2016年4月28日国务院安全生产委员会办公室以安委办〔2016〕3号印发）

为认真贯彻落实党中央、国务院决策部署，着力解决当前安全生产领域存在的薄弱环节和突出问题，强化安全风险管控和隐患排查治理，坚决遏制重特大事故频发势头，制定本工作指南。

一、指导思想和主要工作目标

（一）指导思想。坚持标本兼治、综合治理，把安全风险管控挺在隐患前面，把隐患排查治理挺在事故前面，扎实构建事故应急救援最后一道防线。坚持关口前移，超前辨识预判岗位、企业、区域安全风险，通过实施制度、技术、工程、管理等措施，有效防控各类安全风险；加强过程管控，通过构建隐患排查治理体系和闭环管理制度，强化监管执法，及时发现和消除各类事故隐患，防患于未然；强化事后处置，及时、科学、有效应对各类重特大事故，最大限度减少事故伤亡人数、降低损害程度。

（二）主要工作目标。到2018年，构建形成点、线、面有机结合、无缝对接的安全风险分级管控和隐患排查治理双重预防性工作体系，全社会共同防控安全风险和共同排查治理事故隐患的责任、措施和机制更加精准、有效；构建形成完善的安全技术研发推广体系，安全科技保障能力水平得到显著提升；构建形成严格规范的惩治违法违规行为制度机制体系，使违法违规行为引发的重特大事故得到有效遏制；构建形成完善的安全准入制度体系，淘汰一批安全保障水平低的小厂小矿和工艺、技术、装备，安全生产源头治理能力得到全面加强；实施一批保护生命重点工程，根治一批可能诱发重特大事故的重大隐患；健全应急救援体系和应急响应机制，事故应急处置能力得到明显提升。

二、着力构建安全风险分级管控和隐患排查治理双重预防性工作机制

（一）健全安全风险评估分级和事故隐患排查分级标准体系。根据存在的主要风险隐患可能导致的后果并结合本地区、本行业领域实际，研究制定区域性、行业性安全风险和事故隐患辨识、评估、分级标准，为开展安全风险分级管控和事故隐患排查治理提供依据。

（二）全面排查评定安全风险和事故隐患等级。在深入总结分析重特大事故发生规律、特点和趋势的基础上，每年排查评估本地区的重点行业领域、重点部位、重点环节，依据相应标准，分别确定安全风险"红、橙、黄、蓝"（红色为安全风险最高级）4个等级，分别确定事故隐患为重大隐患和一般隐患，并建立安全风险和事故隐患数据库，绘制省、市、县以及企业安全风险等级和重大事故隐患分布电子图，切实解决"想不到、管不到"问题。

（三）建立实行安全风险分级管控机制。按照"分区域、分级别、网格化"原则，实施安全风险差异化动态管理，明确落实每一处重大安全风险和重大危险源的安全管理与监管责任，强化风险管控技术、制度、管理措施，把可能导致的后果限制在可防、可控范围之内。健全安全风险公告警示和重大安全风险预警机制，定期对红色、橙色安全风险进行分析、评估、预警。落实企业安全风险分级管控岗位责任，建立企业安全风险公告、岗位安全风险确认和安全操作"明白卡"制度。

（四）实施事故隐患排查治理闭环管理。推进企业安全生产标准化和隐患排查治理体系建设，建立自查、自改、自报事故隐患的排查治理信息系统，建设政府部门信息化、数字化、智能化事故隐患排查治理网络管理平台并与企业互联互通，实现隐患排查、登记、评估、报告、监控、治理、销账的全过程记录和闭环管理。

三、强化安全生产技术保障

（一）强化信息化、自动化技术应用。针对可能引发重特大事故的重点区域、单位、部位、环节，加强远程监测预警、自动化控制和紧急避险、自救互救等设施设备的使用，强化技术防范。完善危险化学品生产装置、储存设施自动化控制和紧急停车（切断）系统，可燃有毒气体泄漏报警系统，鼓励推广"两客一危"车辆（长途客车、旅游包车、危险货物运输车）安装防碰撞系统。

（二）推进企业技术装备升级改造。及时发布淘汰落后和推广先进适用安全技术装备目录，通过法律、行政、市场等多种手段，推动、引导高风险企业开展安全技术改造和工艺设备更新，淘汰一批不符合安全标准、安全性能低下、职业危害严重、危及安全生产的工艺、技术和装备。推动一批高危行业企业实现"机械化换人、自动化减人"。

（三）加大安全科技支撑力度。充分利用高等院校、科研机构、社会团体等科研资源，加大对遏制重特大事故关键安防技术装备的研发力度。依托省部共建院校，建设一批安全工程学院、院士工作站。加大安全科技成果推广力度，搭建"产学研用"一体化平台，完善国家、地方和企业等多层次科研成果转化推广机制。

四、严厉打击惩治各类违法违规行为

（一）加强安全监管执法规范化建设。负有安全生产监督管理职责的部门要依法履职，结合实际分行业领域制定安全监管执法工作细则，进一步规范执法内容、执法程序、执法尺度和执法主体。坚持公开为常态、不公开为例外的原则，强化执法信息公开，加大执法监督力度。

（二）依法依规严格落实执法措施。健全"双随机"检查、暗查暗访、联合执法和重点执法制度，对情节恶劣、屡禁不止、可能导致重特大事故的严重违法违规行为，依法依规严格落实查封、扣押、停电、停止民用爆炸物品供应、吊销证照，以及停产整顿、上限处罚、关闭取缔、从严追责"四个一律"执法措施。

（三）运用司法手段强化从严治理。加强安全执法和刑事司法的衔接，建立公安、检察、审判机关介入安全执法工作机制。对抗拒执法、逾期不执行执法决定的，由公安机关依法强制执行或向人民法院申请强制执行，对涉嫌犯罪的违法案件，及时移送司法机关，坚决杜绝有案不移、有案不立、以罚代刑。探索设立安全生产审判庭、检察室，建立查办和审判安全生产案件沟通协调制度。

（四）强化群防群控。推行执法曝光工作机制，强化警示教育。加大举报奖励力度，进一步畅通渠道，鼓励发动群众举报、媒体曝光违法违规生产经营建设行为，加强社会监督。完善生产经营单位安全生产不良记录"黑名单"制度，完善联合惩戒机制。

五、全面加强安全生产源头治理

（一）严格规划准入。探索建立安全专项规划制度，把安全规划纳入地方经济社会和城镇发展总体规划，并加强规划之间的统筹与衔接。加强城乡规划安全风险的前期分析，完善城乡规划、设计和建设的安全准入标准，研究建立招商引资安全风险评估制度，严格高风险项目建设安全审核把关，科学论证高危企业的选址和布局，严禁违反国家标准、行业标准规范在高风险项目周边设置人口密集区。

（二）严格规模准入。根据产业政策、法律法规、国家标准、行业标准和本地区、本行业领域实际，明确高危行业企业最低生产经营规模标准，严禁新建不符合最低规模要求的小企业。建立大型经营性活动备案审批制度和人员密集场所安全预警制度，严格控制人流密度。推动实施劳动密集型作业场所空间物理隔离技术工程，严格限制劳动密集型作业场所单位空间作业人数。

（三）严格工艺设备和人员素质准入。实施更加严格的生产工艺、技术、设备安全标准，严禁使用国家明令禁止或淘汰的设备和工艺，对不符合相关国家标准、行业标准要求的，一律不准投入使用。明确高危行业企业负责人、安全管理人员和特种作业人员的文化程度、专业素质及年龄、身体状况等条件要求，完善高危行业从业人员安全素质准入制度。

（四）强力推动淘汰退出落后产能。紧密结合供给侧结构性改革和国家化解钢铁、煤炭等过剩产能工作要求，顺势而为，研究细化安全生产方面的配套措施，严格安全生产标准条件，依法关停退出达不到安全标准要求的产能和违法违规企业，及时注销到期不申请延期的安全生产许可证，提请有关人民政府关闭经停产整顿仍达不到安全生产条件的企业。加大政策支持力度，通过资金奖补、兼并重组等途径，引导安全保障能力低、长期亏损、扭转无望的企业主动退出。

六、着力加强保护生命重点工程建设

（一）加快建设实施一批重点工程。以高安全风险行业领域、关键生产环节为重点，紧盯重大事故隐

患、重要设施和重大危险源，精准确定、高效建设实施一批保护生命重点工程。国家层面重点建设煤矿重大灾害隐患排查治理示范工程、金属非金属地下矿山采空区治理工程、尾矿库"头顶库"综合治理工程、公路安全生命防护工程、重大危险源在线监测及事故预警工程、危险化学品罐区本质安全提升工程、烟花爆竹生产机械化示范工程、工贸行业粉尘防爆治理工程等。

（二）强化政策和资金支持。探索建立有利于工程实施的财政、税收、信贷政策，建立以企业投入为主、市场筹资为辅，政府奖励支持的投入保障机制，引导、带动企业和社会各界积极主动支持实施保护生命重点工程，努力构建保护生命的"安全网"。

七、切实提升事故应急处置能力

（一）加强员工岗位应急培训。健全企业全员应急培训制度，针对员工岗位工作实际组织开展应急知识培训，提升一线员工第一时间化解险情和自救互救的能力。

（二）健全快速应急响应机制。建立健全部门之间、地企之间应急协调联动制度，加强安全生产预报、预警。完善企业应急预案，加强应急演练，严防盲目施救导致事态扩大。强化应急响应，确保第一时间赶赴事故现场组织抢险救援。

（三）加强应急保障能力建设。进一步优化布局，加强矿山、危险化学品、油气管道等专业化应急救援队伍和实训演练基地建设，强化大型先进救援装备、应急物资和紧急运输、应急通信能力储备。建立救援队伍社会化服务补偿机制，鼓励和引导社会力量参与应急救援。

关于实施遏制重特大事故工作指南构建双重预防机制的意见

（2016年10月9日国务院安全生产委员会办公室以安委办〔2016〕11号印发）

各省、自治区、直辖市及新疆生产建设兵团安全生产委员会，国务院安委会各成员单位，各中央企业：

国务院安委会办公室2016年4月印发《标本兼治遏制重特大事故工作指南》（安委办〔2016〕3号，以下简称《指南》）以来，各地区、各有关单位迅速贯彻、积极行动，结合实际大胆探索、扎实推进，初见成效。构建安全风险分级管控和隐患排查治理双重预防机制（以下简称双重预防机制），是遏制重特大事故的重要举措，根据《指南》的要求和各地区、各单位的探索实践，现就构建双重预防机制提出以下意见：

一、总体思路和工作目标

（一）总体思路。准确把握安全生产的特点和规律，坚持风险预控、关口前移，全面推行安全风险分级管控，进一步强化隐患排查治理，推进事故预防工作科学化、信息化、标准化，实现把风险控制在隐患形成之前、把隐患消灭在事故前面。

（二）工作目标。尽快建立健全安全风险分级管控和隐患排查治理的工作制度和规范，完善技术工程支撑、智能化管控、第三方专业化服务的保障措施，实现企业安全风险自辨自控、隐患自查自治，形成政府领导有力、部门监管有效、企业责任落实、社会参与有序的工作格局，提升安全生产整体预控能力，夯实遏制重特大事故的坚强基础。

二、着力构建企业双重预防机制

（一）全面开展安全风险辨识。各地区要指导推动各类企业按照有关制度和规范，针对本企业类型和特点，制定科学的安全风险辨识程序和方法，全面开展安全风险辨识。企业要组织专家和全体员工，采取安全绩效奖惩等有效措施，全方位、全过程辨识生产工艺、设备设施、作业环境、人员行为和管理体系等方面存在的安全风险，做到系统、全面、无遗漏，并持续更新完善。

（二）科学评定安全风险等级。企业要对辨识出的安全风险进行分类梳理，参照《企业职工伤亡事故分类》（GB 6441—1986），综合考虑起因物、引起事故的诱导性原因、致害物、伤害方式等，确定安全风险类别。对不同类别的安全风险，采用相应的风险评估方法确定安全风险等级。安全风险评估过程要突出遏制重特大事故，高度关注暴露人群，聚焦重大危险源、劳动密集型场所、高危作业工序和受影响的人群规模。安全风险等级从高到低划分为重大风险、较大风险、一般风险和低风险，分别用红、橙、黄、蓝四种颜色标示。其中，重大安全风险应填写清单、汇总造册，按照职责范围报告属地负有安全生产监督管理职责的部门。要依据安全风险类别和等级建立企业安全风险数据库，绘制企业"红橙黄蓝"四色安全风险空间分布图。

（三）有效管控安全风险。企业要根据风险评估的结果，针对安全风险特点，从组织、制度、技术、应急等方面对安全风险进行有效管控。要通过隔离危险源、采取技术手段、实施个体防护、设置监控设施等措施，达到回避、降低和监测风险的目的。要对安全风险分级、分层、分类、分专业进行管理，逐一落实企业、车间、班组和岗位的管控责任，尤其要强化对重大危险源和存在重大安全风险的生产经营系统、生产区域、岗位的重点管控。企业要高度关注运营状况和危险源变化后的风险状况，动态评估、调整风险等级和管控措施，确保安全风险始终处于受控范围内。

（四）实施安全风险公告警示。企业要建立完善安全风险公告制度，并加强风险教育和技能培训，确保管理层和每名员工都掌握安全风险的基本情况及防范、应急措施。要在醒目位置和重点区域分别设置安全风险公告栏，制作岗位安全风险告知卡，标明主要安全风险、可能引发事故隐患类别、事故后果、管控措施、应急措施及报告方式等内容。对存在重大安全风险的工作场所和岗位，要设置明显警示标志，并强化危险源监测和预警。

（五）建立完善隐患排查治理体系。风险管控措施失效或弱化极易形成隐患，酿成事故。企业要建立完善隐患排查治理制度，制定符合企业实际的隐患排查治理清单，明确和细化隐患排查的事项、内容和频次，并将责任逐一分解落实，推动全员参与自主排查隐患，尤其要强化对存在重大风险的场所、环节、部位的隐患排查。要通过与政府部门互联互通的隐患排查治理信息系统，全过程记录报告隐患排查治理情况。对于排查发现的重大事故隐患，应当在向负有安全生产监督管理职责的部门报告的同时，制定并实施严格的隐患治理方案，做到责任、措施、资金、时限和预案"五落实"，实现隐患排查治理的闭环管理。事故隐患整治过程中无法保证安全的，应停产停业或者停止使用相关设施设备，及时撤出相关作业人员，必要时向当地人民政府提出申请，配合疏散可能受到影响的周边人员。

三、健全完善双重预防机制的政府监管体系

（一）健全完善标准规范。国务院安全生产监督管理部门要协调有关部门制定完善安全风险分级管控和隐患排查治理的通用标准规范，其他负有安全生产监督管理职责的行业部门要根据本行业领域特点，按照通用标准规范，分行业制定安全风险分级管控和隐患排查治理的制度规范，明确安全风险类别、评估分级的方法和依据，明晰重大事故隐患判定依据。各省级安全生产委员会要结合本地区实际，在系统总结本地区行业标杆企业经验做法基础上，制定地方安全风险分级管控和隐患排查治理的实施细则；地方各有关部门要按照有关标准规范组织企业开展对标活动，进一步健全完善内部安全预防控制体系，推动建立统一、规范、高效的安全风险分级管控和隐患排查治理双重预防机制。

（二）实施分级分类安全监管。各地区、各有关部门要督促指导企业落实主体责任，认真开展安全风险分级管控和隐患排查治理双重预防工作。要结合企业风险辨识和评估结果以及隐患排查治理情况，组织对企业安全生产状况进行整体评估，确定企业整体安全风险等级，并根据企业安全风险变化情况及时调整；推行企业安全风险分级分类监管，按照分级属地管理原则，针对不同风险等级的企业，确定不同的执法检查频次、重点内容等，实行差异化、精准化动态监管。对企业报告的重大安全风险和重大危险源、重大事故隐患，要通过实行"网格化"管理明确属地基层政府及有关主管部门、安全监管部门的监管责任，加强督促指导和综合协调，支持、推动企业加快实施管控整治措施，对安全风险管控不到位和隐患排查治理不到位的，要严格依法查处。要制定实施企业隐患自查自治的正向激励措施和职工群众举报隐患奖励制度，进一步加大重大事故隐患举报奖励力度。

（三）有效管控区域安全风险。各地区要组织对公共区域内的安全风险进行全面辨识和评估，根据风险分布情况和可能造成的危害程度，确定区域安全风险等级，并结合企业报告的重大安全风险情况，汇总建立区域安全风险数据库，绘制区域"红橙黄蓝"四色安全风险空间分布图。对不同等级的安全风险，要采取有针对性的管控措施，实行差异化管理；对高风险等级区域，要实施重点监控，加强监督检查。要加强城市运行安全风险辨识、评估和预警，建立完善覆盖城市运行各环节的城市安全风险分级管控体系。要加强应急能力建设，健全完善应急响应体制机制，优化应急资源配备，完善应急预案，提高城市运行应急保障水平。

（四）加强安全风险源头管控。各地区要把安全生产纳入地方经济社会和城镇发展总体规划，在城乡规划建设管理中充分考虑安全因素，尤其是城市地下公用基础设施如石油天然气管道、城镇燃气管线等的安全问题。加强城乡规划安全风险的前期分析，完善城乡规划和建设安全标准，严格高风险项目建设安全审核把关，严禁违反国家和行业标准规范在人口密集区建设高风险项目,或者在高风险项目周边设置人口密集区。制定重大政策、实施重大工程、举办重大活动时,要开展专项安全风险评估,根据评估结果制定有针对性的安全风险管控措施和应急预案。要明确高危行业企业最低生产经营规模标准,严禁新建不符合产业政策、不符合最低规模、采用国家明令禁止或淘汰的设备和工艺要求的项目,现有企业不符合相关要求的,要责令整改。要积极落实国家关于淘汰落后、化解过剩产能的政策,推进提升企业整体安全保障能力。

四、强化政策引导和技术支撑

(一)完善相关政策措施。各地区、各有关部门要加大政策引导力度,综合运用法律、经济和行政手段支持推动遏制重特大事故工作,以重点行业领域、高风险区域、生产经营关键环节为重点,支持、推动建设一批重大安全风险防控工程、保护生命重点工程和隐患治理示范工程,带动企业强化安全工程技术措施。要鼓励企业使用新工艺、新技术、新设备等,推动高危行业企业逐步实现"机械化换人、自动化减人",有效降低安全风险。要大力推进实施安全生产责任保险制度,将保险费率与企业安全风险管控状况、安全生产标准化等级挂钩,并积极发挥保险机构在企业构建风险管控体系中的作用;加强企业安全生产诚信制度建设和部门联合惩戒,充分发挥市场机制作用,促进企业主动开展双重预防机制建设。

(二)深入推进企业安全生产标准化建设。要引导企业将安全生产标准化创建工作与安全风险辨识、评估、管控,以及隐患排查治理工作有机结合起来,在安全生产标准化体系的创建、运行过程中开展安全风险辨识、评估、管控和隐患排查治理。要督促企业强化安全生产标准化创建和年度自评,根据人员、设备、环境和管理等因素变化,持续进行风险辨识、评估、管控与更新完善,持续开展隐患排查治理,实现双重预防机制的持续改进。

(三)充分发挥第三方服务机构作用。要积极培育扶持一批风险管理、安全评价、安全培训、检验检测等专业服务机构,形成全链条服务能力,并为其参与企业安全管理和辅助政府监管创造条件。要加强对专业服务机构的日常监管,建立激励约束机制,保证专业服务机构从业行为的规范性、专业性、独立性和客观性。要支持建设检验检测公共服务平台,推动实施第三方检验检测认证结果采信制度。要加快安全技术标准研制与实施,推动标准研发、信息咨询等服务业态发展。政府、部门和企业在安全风险识别、管控措施制定、隐患排查治理、信息技术应用等方面可通过购买服务的方式,委托相关专家和第三方服务机构帮助实施。

(四)强化智能化、信息化技术的应用。各地区、各有关部门要抓紧建立功能齐全的安全生产监管综合智能化平台,实现政府、企业、部门及社会服务组织之间的互联互通、信息共享,为构建双重预防机制提供信息化支撑。要督促企业加强内部智能化、信息化管理平台建设,将所有辨识出的风险和排查出的隐患全部录入管理平台,逐步实现对企业风险管控和隐患排查治理情况的信息化管理。要针对可能引发重特大事故的重点区域、重点单位、重点部位和关键环节,加强远程监测、自动化控制、自动预警和紧急避险等设施设备的使用,强化技术安全防范措施,努力实现企业风险防控和隐患排查治理异常情况自动报警。

五、有关工作要求

(一)强化组织领导。各地区、各有关部门和单位要将构建双重预防机制摆上重要议事日程,切实加强组织领导,周密安排部署。要组织制定具体实施方案,明确工作内容、方法和步骤,落实责任部门,加强工作力量,保障工作经费,确保各项工作任务落到实处。要紧紧围绕遏制重特大事故,突出重点地区、重点企业、重点环节和重点岗位,抓住辨识管控重大风险、排查治理重大隐患两个关键,不断完善工作机制,深化安全专项整治,推动各项标准、制度和措施落实到位。

(二)强化示范带动。要加强对各级安全监管监察部门、行业管理部门以及企业管理人员、从业人员的教育培训,使其熟悉掌握企业风险类别、危险源辨识和风险评估办法、风险管控措施,以及隐患类别、隐患排查方法与治理措施、应急救援与处置措施等,提升安全风险管控和隐患排查治理能力。要大力推进遏制重特大事故试点城市和试点企业工作,积极探索总结有效做法,形成一套可复制、可推广的成功经验,强化示范带动。

(三)强化舆论引导。要充分利用报纸、广播、电视、网络等媒体,大力宣传构建双重预防机制的重要意义、重点任务、工作措施和具体要求,推广一批在风险分级管控、隐患排查治理方面取得良好效果的先进典型,曝光一批重大隐患突出、事故多发的地区和企业,为推进构建双重预防机制创造有利的舆论环境。

(四)强化督促检查。各地区要加强对企业构建双重预防机制情况的督促检查,积极协调和组织专家力量,帮助和指导企业开展安全风险分级管控和隐患排查治理。要把建立双重预防机制工作情况纳入地方政府及相关部门安全生产目标考核内容,加强检查指导、考核奖惩,对消极应付、工作落后的,要通报批评、督促整改。

国务院安全生产委员会办公室
2016年10月9日

安全生产事故隐患排查治理暂行规定

(2007年12月22日国家安全生产监督管理总局局长办公会议审议通过,2007年12月28日国家安全生产监督管理总局令第16号公布,自2008年2月1日起施行)

第一章 总 则

第一条 为了建立安全生产事故隐患排查治理长效机制,强化安全生产主体责任,加强事故隐患监督管理,防止和减少事故,保障人民群众生命财产安全,根据安全生产法等法律、行政法规,制定本规定。

第二条 生产经营单位安全生产事故隐患排查治理和安全生产监督管理部门、煤矿安全监察机构(以下统称安全监管监察部门)实施监管监察,适用本规定。

有关法律、行政法规对安全生产事故隐患排查治理另有规定的,依照其规定。

第三条 本规定所称安全生产事故隐患(以下简称事故隐患),是指生产经营单位违反安全生产法律、法规、规章、标准、规程和安全生产管理制度的规定,或者因其他因素在生产经营活动中存在可能导致事故发生的物的危险状态、人的不安全行为和管理上的缺陷。

事故隐患分为一般事故隐患和重大事故隐患。一般事故隐患,是指危害和整改难度较小,发现后能够立即整改排除的隐患。重大事故隐患,是指危害和整改难度较大,应当全部或者局部停产停业,并经过一定时间整改治理方能排除的隐患,或者因外部因素影响致使生产经营单位自身难以排除的隐患。

第四条 生产经营单位应当建立健全事故隐患排查治理制度。

生产经营单位主要负责人对本单位事故隐患排查治理工作全面负责。

第五条 各级安全监管监察部门按照职责对所辖区域内生产经营单位排查治理事故隐患工作依法实施综合监督管理;各级人民政府有关部门在各自职责范围内对生产经营单位排查治理事故隐患工作依法实施监督管理。

第六条 任何单位和个人发现事故隐患,均有权向安全监管监察部门和有关部门报告。

安全监管监察部门接到事故隐患报告后,应当按照职责分工立即组织核实并予以查处;发现所报告事故隐患应当由其他有关部门处理的,应当立即移送有关部门并记录备查。

第二章 生产经营单位的职责

第七条 生产经营单位应当依照法律、法规、规章、标准和规程的要求从事生产经营活动。严禁非法从事生产经营活动。

第八条 生产经营单位是事故隐患排查、治理和防控的责任主体。

生产经营单位应当建立健全事故隐患排查治理和建档监控等制度,逐级建立并落实从主要负责人到每个从业人员的隐患排查治理和监控责任制。

第九条 生产经营单位应当保证事故隐患排查治理所需的资金,建立资金使用专项制度。

第十条 生产经营单位应当定期组织安全生产管理人员、工程技术人员和其他相关人员排查本单位的事故隐患。对排查出的事故隐患,应当按照事故隐患的等级进行登记,建立事故隐患信息档案,并按照职责分工实施监控治理。

第十一条 生产经营单位应当建立事故隐患报告和举报奖励制度,鼓励、发动职工发现和排除事故隐患,鼓励社会公众举报。对发现、排除和举报事故隐患的有功人员,应当给予物质奖励和表彰。

第十二条 生产经营单位将生产经营项目、场所、设备发包、出租的,应当与承包、承租单位签订安全生产管理协议,并在协议中明确各方对事故隐患排查、治理和防控的管理职责。生产经营单位对承包、承租单位的事故隐患排查治理负有统一协调和监督管理的职责。

第十三条 安全监管监察部门和有关部门的监督检查人员依法履行事故隐患监督检查职责时,生产经营单位应当积极配合,不得拒绝和阻挠。

第十四条 生产经营单位应当每季、每年对本单位事故隐患排查治理情况进行统计分析,并分别于下一季度15日前和下一年1月31日前向安全监管监察部门和有关部门报送书面统计分析表。统计分析表应当由生产经营单位主要负责人签字。

对于重大事故隐患，生产经营单位除依照前款规定报送外，应当及时向安全监管监察部门和有关部门报告。重大事故隐患报告内容应当包括：

（一）隐患的现状及其产生原因；
（二）隐患的危害程度和整改难易程度分析；
（三）隐患的治理方案。

第十五条 对于一般事故隐患，由生产经营单位（车间、分厂、区队等）负责人或者有关人员立即组织整改。

对于重大事故隐患，由生产经营单位主要负责人组织制定并实施事故隐患治理方案。重大事故隐患治理方案应当包括以下内容：

（一）治理的目标和任务；
（二）采取的方法和措施；
（三）经费和物资的落实；
（四）负责治理的机构和人员；
（五）治理的时限和要求；
（六）安全措施和应急预案。

第十六条 生产经营单位在事故隐患治理过程中，应当采取相应的安全防范措施，防止事故发生。事故隐患排除前或者排除过程中无法保证安全的，应当从危险区域内撤出作业人员，并疏散可能危及的其他人员，设置警戒标志，暂时停产停业或者停止使用；对暂时难以停产或者停止使用的相关生产储存装置、设施、设备，应当加强维护和保养，防止事故发生。

第十七条 生产经营单位应当加强对自然灾害的预防。对于因自然灾害可能导致事故灾难的隐患，应当按照有关法律、法规、标准和本规定的要求排查治理，采取可靠的预防措施，制定应急预案。在接到有关自然灾害预报时，应当及时向下属单位发出预警通知；发生自然灾害可能危及生产经营单位和人员安全的情况时，应当采取撤离人员、停止作业、加强监测等安全措施，并及时向当地人民政府及其有关部门报告。

第十八条 地方人民政府或者安全监管监察部门及有关部门挂牌督办并责令全部或者局部停产停业治理的重大事故隐患，治理工作结束后，有条件的生产经营单位应当组织本单位的技术人员和专家对重大事故隐患的治理情况进行评估；其他生产经营单位应当委托具备相应资质的安全评价机构对重大事故隐患的治理情况进行评估。

经治理后符合安全生产条件的，生产经营单位应当向安全监管监察部门和有关部门提出恢复生产的书面申请，经安全监管监察部门和有关部门审查同意后，方可恢复生产经营。申请报告应当包括治理方案的内容、项目和安全评价机构出具的评价报告等。

第三章 监督管理

第十九条 安全监管监察部门应当指导、监督生产经营单位按照有关法律、法规、规章、标准和规程的要求，建立健全事故隐患排查治理等各项制度。

第二十条 安全监管监察部门应当建立事故隐患排查治理监督检查制度，定期组织对生产经营单位事故隐患排查治理情况开展监督检查；应当加强对重点单位的事故隐患排查治理情况的监督检查。对检查过程中发现的重大事故隐患，应当下达整改指令书，并建立信息管理台账。必要时，报告同级人民政府并对重大事故隐患实行挂牌督办。

安全监管监察部门应当配合有关部门做好对生产经营单位事故隐患排查治理情况开展的监督检查，依法查处事故隐患排查治理的非法和违法行为及其责任者。

安全监管监察部门发现属于其他有关部门职责范围内的重大事故隐患的，应该及时将有关资料移送有管辖权的有关部门，并记录备查。

第二十一条 已经取得安全生产许可证的生产经营单位，在其被挂牌督办的重大事故隐患治理结束前，安全监管监察部门应当加强监督检查。必要时，可以提请原许可证颁发机关依法暂扣其安全生产许可证。

第二十二条 安全监管监察部门应当会同有关部门把重大事故隐患整改纳入重点行业领域的安全专项整治中加以治理，落实相应责任。

第二十三条 对挂牌督办并采取全部或者局部停产停业治理的重大事故隐患，安全监管监察部门收到生产经营单位恢复生产的申请报告后，应当在10日内进行现场审查。审查合格的，对事故隐患进行核销，同意恢复生产经营；审查不合格的，依法责令改正或者下达停产整改指令。对整改无望或者生产经营单位拒不执行整改指令的，依法实施行政处罚；不具备安全生产条件的，依法提请县级以上人民政府按照国务院规定的权限予以关闭。

第二十四条 安全监管监察部门应当每季将本行政区域重大事故隐患的排查治理情况和统计分析表逐级报至省级安全监管监察部门备案。

省级安全监管监察部门应当每半年将本行政区域重大事故隐患的排查治理情况和统计分析表报国家安

全生产监督管理总局备案。

第四章 罚 则

第二十五条 生产经营单位及其主要负责人未履行事故隐患排查治理职责，导致发生生产安全事故的，依法给予行政处罚。

第二十六条 生产经营单位违反本规定，有下列行为之一的，由安全监管监察部门给予警告，并处三万元以下的罚款：

（一）未建立安全生产事故隐患排查治理等各项制度的；

（二）未按规定上报事故隐患排查治理统计分析表的；

（三）未制定事故隐患治理方案的；

（四）重大事故隐患不报或者未及时报告的；

（五）未对事故隐患进行排查治理擅自生产经营的；

（六）整改不合格或者未经安全监管监察部门审查同意擅自恢复生产经营的。

第二十七条 承担检测检验、安全评价的中介机构，出具虚假评价证明，尚不够刑事处罚的，没收违法所得，违法所得在五千元以上的，并处违法所得二倍以上五倍以下的罚款，没有违法所得或者违法所得不足五千元的，单处或者并处五千元以上二万元以下的罚款，同时可对其直接负责的主管人员和其他直接责任人员处五千元以上五万元以下的罚款；给他人造成损害的，与生产经营单位承担连带赔偿责任。

对有前款违法行为的机构，撤销其相应的资质。

第二十八条 生产经营单位事故隐患排查治理过程中违反有关安全生产法律、法规、规章、标准和规程规定的，依法给予行政处罚。

第二十九条 安全监管监察部门的工作人员未依法履行职责的，按照有关规定处理。

第五章 附 则

第三十条 省级安全监管监察部门可以根据本规定，制定事故隐患排查治理和监督管理实施细则。

第三十一条 事业单位、人民团体以及其他经济组织的事故隐患排查治理，参照本规定执行。

第三十二条 本规定自2008年2月1日起施行。

关于高危行业领域安全技能提升行动计划的实施意见

（2019年10月28日应急管理部、人力资源和社会保障部、教育部、财政部、国家煤矿安全监察局以应急〔2019〕107号联合印发）

按照《国务院办公厅关于印发职业技能提升行动方案（2019—2021年）的通知》（国办发〔2019〕24号）要求，为认真实施高危行业领域安全技能提升行动计划，现提出以下意见。

一、目标任务

从现在开始至2021年底，重点在化工危险化学品、煤矿、非煤矿山、金属冶炼、烟花爆竹等高危行业企业（以下简称高危企业）实施安全技能提升行动计划，推动从业人员安全技能水平大幅度提升。

——高危企业在岗和新招录从业人员100%培训考核合格后上岗；特种作业人员100%持证上岗；高危企业班组长普遍接受安全技能提升培训，其中取得职业资格证书或职业技能等级证书或接受相关专业中职及以上学历教育的人员比例提高20个百分点以上；化工危险化学品、煤矿、金属非金属地下矿山、金属冶炼、石油天然气开采企业从业人员中取得职业资格证书或职业技能等级证书的比例达到30%以上。

——遴选培育50个以上具有辐射引领作用的安全技能实训和特种作业人员实操考试示范基地、50个以上安全生产教育培训示范职业院校（含技工院校，下同）、100家以上安全生产产教融合型企业；安全技能培训基础进一步夯实，培训供给能力和质量大幅度提升。

——安全技能培训制度机制更加完善，以企业为主体、各类机构积极参与、劳动者踊跃参加、部门协调配合、政府激励推动的高危行业领域安全技能培训格局初步形成。

二、有针对性地开展安全技能提升培训

（一）开展在岗员工安全技能提升培训。高危企业是安全技能提升培训的责任主体，企业主要负责人要组织制定并推动实施安全技能提升培训计划。培训计划要覆盖全员，将被派遣劳动者、外包施工队伍人员纳入统一管理和培训。要围绕提升职工基本技能水平和操作规程执行、岗位风险管控、安全隐患排查及初始应急处置的能力，构建针对性培训课程体系和考核标准。要分岗位对全体员工考核一遍，考核不合格的，按照新上岗人员培训标准离岗培训，考核合格后再上岗。企业要制定计划，2021年底前安排10%以上的重点岗位职工完成职业技能晋级培训，取得职业资格证书或职业技能等级证书后，按照有关规定给予职业培训补贴或参保职工技能提升补贴。

（二）严把新上岗员工安全技能培训关。高危企业新上岗人员安全生产与工伤预防培训不得少于72学时，考核合格后方可上岗；要建立健全并严格落实师带徒制度，出徒后方可独立上岗。要加大从职业院校招收新员工力度，逐步提高从业人员中高中阶段及以上文化程度的招收比例。工作岗位调整或离岗3个月以上重新上岗的人员要接受针对性安全培训，考核合格方可重新上岗。人力资源社会保障、教育、财政部门要会同应急管理、煤矿安监部门在危险化学品"两重点一重大"装置操作、矿山井下作业、石油天然气钻井作业、油气管道带压开孔、金属冶炼煤气作业等风险偏高的技能操作型岗位新招录员工中，推行企业新型学徒制，实行"入企即入校"企校合作培养培训，按规定给予职业培训补贴。

（三）实施班组长安全技能提升专项培训。各省级应急管理、煤矿安全培训主管部门要统筹制定总体方案，明确目标进度、培训内容、考核形式、实施主体、保障措施等，2021年底前将高危企业班组长轮训一遍。实行企业内安全培训、职业技能培训等学习成果互认。各级应急管理、煤矿安全培训主管部门要会同教育、人力资源社会保障部门搭建校企合作平台，推动职业院校设置安全管理相关专业，通过"文化素质+职业技能"等多种方式面向高危班组长招生，由校企共研培养方案，根据企业生产特点灵活安排学习，推行面向真实生产环境的任务式培养模式，实施"学历证书+若干职业技能等级证书制度"试点。对于符合条件人员，按规定给予职业培训补贴。

（四）强化特种作业人员安全技能培训考试。各企业要依法明确从事特种作业岗位的人员，新任用或招录特种作业人员要参加专门的安全技能培训，考试合格后持证上岗。严格危险化学品和新申请煤矿安全作业的特种作业人员须具备高中阶段及以上文化程度，严格特种作业人员理论和实际操作培训课时要求，不具备实际操作条件的机构不得承担培训任务，鼓励企业建立特种作业人员培训考试点。应急管理部门、煤矿安全培训主管部门要组织实施特种作业实操考点创优提升计划，取消以问答代替实际操作的培训和考试方式。结合培训内容、培训时长、考核结果、物价水平等因素，确定特种作业人员安全技能培训补贴。

（五）将安全生产知识贯穿各类人员职业培训全过程。人力资源社会保障部门要把安全生产与工伤预防内容编入各类人员职业技能标准和培训教材，明确培训课时要求，考核评价中涉及安全生产的关键技能不合格的，则技能考核成绩不及格。教育、人力资源社会保障部门要在职业院校相关专业教学标准中增加安全生产知识，作为必修内容。应急管理部门要提供专家、内容资源等支持，会同人力资源社会保障和教育部门组织编制培训大纲和有关教材。

三、提高安全技能培训供给质量

（一）重点提升企业安全技能培训能力。鼓励有能力的企业设立职工培训中心、编制课程体系、建立考核标准和题库，自主组织安全技能培训考核；其他不具备能力的企业要委托有能力的企业或机构，提供长期、量身定制的培训考核服务。强化规划布局和经费投入，支持在高危企业集中的地区新建或提升改造一批具有辐射引领作用的高水平安全生产和技能实训基地，其中2021年底前实现省级以上化工园区都有具备实训条件的专业机构、其他化工园区都有自建共建或委托具备实训条件的专业机构提供安全技能培训服务。应急管理、煤矿安全培训主管部门要遴选一批安全技能培训示范企业，推荐纳入产教融合型企业，按规定给予政策激励。

（二）推动职业院校开展安全技能培训。应急管理、人力资源社会保障和教育部门要联合遴选公布一批安全技能提升培训能力和意愿较强的示范职业院校，引导强化高危行业安全技能培训供给，开展化工危险化学品产业工人培养试点。应急管理部门要会同有关部门经常举办高危行业产教融合对接洽谈活动，推动一批化工园区与职业院校建立产教联盟，推动一批职业院校在高危企业设立分校区，推动一批高危企业依托职业院校设置职工培训机构、实训基地。应急管理部门、煤矿安全培训主管部门要共建一批安全生产特色职业院校，支持职业院校申报特种作业人员考试点。鼓励社会培训机构开展安全技能提升培训，落实同等支持政策。

（三）建设安全生产网络平台和机制。应急管理部门要引导各类力量参与，建设企业安全生产网络学院和高危行业分院，建立完善课程超市和自主选学机制。建立高危行业安全技能学习培训学分银行制度，有序开展学习成果的认定、积累、转换，制定线上学习课时按比例计入培训总课时的标准，逐步实现理论知识更新再培训以线上培训为主。探索为每位高危企业从业人员建立安全技能培训学习个人终身账号和档案，存储个人学习、培训、从业等信息，一人一档、终身有效，使培训和考核过程可追溯。推动现代模拟实训考试技术应用，防止过度虚拟化。

（四）强化专兼职师资队伍建设。高危企业要建立健全内部培训师选拔、考核和退出机制，大力推动管理、技术人员和能工巧匠上讲台，并给予授课技巧培训和基本课件、通用案例等支持，逐步实现企业在岗培训以企业内训师承担为主。省级以上应急管理部门要公开遴选、择优公布若干区域性、专业性安全技能培训师资研修基地。各培训机构要制定师资培养培训计划，并组织教师每年到企业实践或调研，提高授课针对性和感染力。

（五）规范培训考核标准体系。应急管理部门、煤矿安全培训主管部门要发挥标准在安全技能培训中的基础性作用，加快构建培训机构标准、实训条件标准体系。推广结构化、模块化的矩阵培训方法和职业培训包制度，提升培训规范性、系统性。按照看得懂、记得住、用得上原则，开发分层次、分专业、分岗位的教材体系，倡导使用新型活页式、工作手册式教材，鼓励企业编写企业内部培训教材。建设安全生产数字资源库，推动安全培训课件、事故案例、电子教材等资源共建共享。

四、强化保障措施

（一）强化组织领导保障。各省级应急管理部门要会同人力资源社会保障、教育、财政、煤矿安全培训主管部门研究制定本地区高危行业领域安全技能提升行动计划实施方案。要建立工作抽查评估和情况通报机制，将方案实施情况纳入对下级政府安全生产和消防综合考核内容，作为安全生产标准化达标评审必要条件。发挥行业协会在促进校企合作对接、培训考试标准建设等方面的作用。注重总结经验、推广典型，层层培育示范企业、示范院校、示范基地。强化政策解读和宣传，适时举办全国性安全技能竞赛，营造良好工作氛围。

（二）落实职业培训补贴政策。要将高危行业领域安全技能提升行动计划中相关内容纳入职业技能提升行动，细化有关资金补贴条件和具体标准。高危企业要在职工教育培训经费和安全生产费用预算中配套安排安全技能培训资金，用于一般从业人员安全技能培训；落实企业职工教育经费税前扣除限额提高至工资薪金总额8%的税收政策。依法从工伤保险基金提取工伤预防费用于工伤预防的宣传培训。推动安全生产责任险保险机构为参保企业提供安全技能培训服务。通过现有渠道安排资金，对安全技能实训基地建设、培训教材开发、师资培训、数字资源建设等给予支持。省级应急管理部门、煤矿安全培训主管部门要会同人力资源社会保障部门建立完善安全技能培训机构管理制度，将符合条件的安全技能培训机构名单，纳入人力资源社会保障部门统一目录清单管理；要建立安全技能培训实名制管理平台，及时向人力资源社会保障部门推送补贴性培训人员信息，减少企业及个人报送纸质材料，提高审核拨付补贴资金工作效率。

（三）加大执法检查力度。各级应急管理部门、煤矿安监部门要把企业安全培训纳入年度执法计划，规范安全培训执法程序和方法，将抽查企业培训计划、持证情况、抽考安全生产常识作为培训执法重要内容，发现应持证未持证或未经培训就上岗的人员，依法责令企业限期改正并予以处罚。发现不按统一的培训大纲组织教学培训、不按统一题库进行考试等行为的安全培训和考试机构，要依法严肃处理。

用人单位劳动防护用品管理规范

（2018年1月15日国家安全监管总局办公厅以安监总厅安健〔2018〕3号修改）

第一章 总 则

第一条 为规范用人单位劳动防护用品的使用和管理，保障劳动者安全健康及相关权益，根据《中华人民共和国安全生产法》《中华人民共和国职业病防治法》等法律、行政法规和规章，制定本规范。

第二条 本规范适用于中华人民共和国境内企业、事业单位和个体经济组织等用人单位的劳动防护用品管理工作。

第三条 本规范所称的劳动防护用品，是指由用人单位为劳动者配备的，使其在劳动过程中免遭或者减轻事故伤害及职业病危害的个体防护装备。

第四条 劳动防护用品是由用人单位提供的，保障劳动者安全与健康的辅助性、预防性措施，不得以劳动防护用品替代工程防护设施和其他技术、管理措施。

第五条 用人单位应当健全管理制度，加强劳动防护用品配备、发放、使用等管理工作。

第六条 用人单位应当安排专项经费用于配备劳动防护用品，不得以货币或者其他物品替代。该项经费计入生产成本，据实列支。

第七条 用人单位应当为劳动者提供符合国家标准或者行业标准的劳动防护用品。使用进口的劳动防护用品，其防护性能不得低于我国相关标准。

第八条 劳动者在作业过程中，应当按照规章制度和劳动防护用品使用规则，正确佩戴和使用劳动防护用品。

第九条 用人单位使用的劳务派遣工、接纳的实习学生应当纳入本单位人员统一管理,并配备相应的劳动防护用品。对处于作业地点的其他外来人员,必须按照与进行作业的劳动者相同的标准,正确佩戴和使用劳动防护用品。

第二章 劳动防护用品选择

第十条 劳动防护用品分为以下十大类:

(一)防御物理、化学和生物危险、有害因素对头部伤害的头部防护用品。

(二)防御缺氧空气和空气污染物进入呼吸道的呼吸防护用品。

(三)防御物理和化学危险、有害因素对眼面部伤害的眼面部防护用品。

(四)防噪声危害及防水、防寒等的耳部防护用品。

(五)防御物理、化学和生物危险、有害因素对手部伤害的手部防护用品。

(六)防御物理和化学危险、有害因素对足部伤害的足部防护用品。

(七)防御物理、化学和生物危险、有害因素对躯干伤害的躯干防护用品。

(八)防御物理、化学和生物危险、有害因素损伤皮肤或引起皮肤疾病的护肤用品。

(九)防止高处作业劳动者坠落或者高处落物伤害的坠落防护用品。

(十)其他防御危险、有害因素的劳动防护用品。

第十一条 用人单位应按照识别、评价、选择的程序(见附件1),结合劳动者作业方式和工作条件,并考虑其个人特点及劳动强度,选择防护功能和效果适用的劳动防护用品。

(一)接触粉尘、有毒、有害物质的劳动者应当根据不同粉尘种类、粉尘浓度及游离二氧化硅含量和毒物的种类及浓度配备相应的呼吸器(见附件2)、防护服、防护手套和防护鞋等。具体可参照《呼吸防护用品自吸过滤式防颗粒物呼吸器》(GB 2626)、《呼吸防护用品的选择、使用及维护》(GB/T 18664)、《防护服装化学防护服的选择、使用和维护》(GB/T 24536)、《手部防护防护手套的选择、使用和维护指南》(GB/T 29512)和《个体防护装备足部防护鞋(靴)的选择、使用和维护指南》(GB/T 28409)等标准。

(二)接触噪声的劳动者,当暴露于 80 dB≤LEX,8 h<85 dB 的工作场所时,用人单位应当根据劳动者需求为其配备适用的护听器;当暴露于 LEX,8 h≥85 dB 的工作场所时,用人单位必须为劳动者配备适用的护听器,并指导劳动者正确佩戴和使用(见附件2)。具体可参照《护听器的选择指南》(GB/T 23466)。

(三)工作场所中存在电离辐射危害的,经危害评价确认劳动者需佩戴劳动防护用品的,用人单位可参照电离辐射的相关标准及《个体防护装备配备基本要求》(GB/T 29510)为劳动者配备劳动防护用品,并指导劳动者正确佩戴和使用。

(四)从事存在物体坠落、碎屑飞溅、转动机械和锋利器具等作业的劳动者,用人单位还可参照《个体防护装备选用规范》(GB/T 11651)、《头部防护安全帽选用规范》(GB/T 30041)和《坠落防护装备安全使用规范》(GB/T 23468)等标准,为劳动者配备适用的劳动防护用品。

第十二条 同一工作地点存在不同种类的危险、有害因素的,应当为劳动者同时提供防御各类危害的劳动防护用品。需要同时配备的劳动防护用品,还应考虑其可兼容性。

劳动者在不同地点工作,并接触不同的危险、有害因素,或接触不同的危害程度的有害因素的,为其选配的劳动防护用品应满足不同工作地点的防护需求。

第十三条 劳动防护用品的选择还应当考虑其佩戴的合适性和基本舒适性,根据个人特点和需求选择适合号型、式样。

第十四条 用人单位应当在可能发生急性职业损伤的有毒、有害工作场所配备应急劳动防护用品,放置于现场临近位置并有醒目标识。

用人单位应当为巡检等流动性作业的劳动者配备随身携带的个人应急防护用品。

第三章 劳动防护用品采购、发放、培训及使用

第十五条 用人单位应当根据劳动者工作场所中存在的危险、有害因素种类及危害程度、劳动环境条件、劳动防护用品有效使用时间制定适合本单位的劳动防护用品配备标准(见附件3)。

第十六条 用人单位应当根据劳动防护用品配备标准制定采购计划,购买符合标准的合格产品。

第十七条 用人单位应当查验并保存劳动防护用品检验报告等质量证明文件的原件或复印件。

第十八条 用人单位应当按照本单位制定的配备标准发放劳动防护用品,并作好登记(见附件4)。

第十九条 用人单位应当对劳动者进行劳动防护用品的使用、维护等专业知识的培训。

第二十条 用人单位应当督促劳动者在使用劳动防护用品前，对劳动防护用品进行检查，确保外观完好、部件齐全、功能正常。

第二十一条 用人单位应当定期对劳动防护用品的使用情况进行检查，确保劳动者正确使用。

第四章 劳动防护用品维护、更换及报废

第二十二条 劳动防护用品应当按照要求妥善保存，及时更换，保证其在有效期内。

公用的劳动防护用品应当由车间或班组统一保管，定期维护。

第二十三条 用人单位应当对应急劳动防护用品进行经常性的维护、检修，定期检测劳动防护用品的性能和效果，保证其完好有效。

第二十四条 用人单位应当按照劳动防护用品发放周期定期发放，对工作过程中损坏的，用人单位应及时更换。

第二十五条 安全帽、呼吸器、绝缘手套等安全性能要求高、易损耗的劳动防护用品，应当按照有效防护功能最低指标和有效使用期，到期强制报废。

第五章 附 则

第二十六条 本规范所称的工作地点，是指劳动者从事职业活动或进行生产管理而经常或定时停留的岗位和作业地点。

第二十七条 煤矿劳动防护用品的管理，按照《煤矿职业安全卫生个体防护用品配备标准》（AQ 1051）规定执行。

关于加强基层安全生产网格化监管工作的指导意见

（2017年10月19日国务院安全生产委员会办公室以安委办〔2017〕30号印发）

各省、自治区、直辖市及新疆生产建设兵团安全生产委员会、国务院安委会有关成员单位：

为进一步加强基层安全生产（含职业健康，下同）工作，全面提升基层安全生产监管的精细化、信息化和社会化水平，根据《安全生产法》《职业病防治法》《中共中央 国务院关于推进安全生产领域改革发展的意见》《中共中央 国务院关于加强和完善城乡社区治理的意见》和《国务院办公厅关于加强安全生产监管执法的通知》要求，现就加强基层安全生产网格化监管工作提出如下意见：

一、充分认识实施基层安全生产网格化监管的重要意义

实施基层安全生产网格化监管，使安全生产监管体系延伸到最基层，协助打通安全生产监管"最后一公里"，是新形势下创新安全生产监管模式、增强安全生产监管效能的迫切要求，对于缓解基层安全生产监管任务和监管力量之间的突出矛盾，提升全社会安全生产综合治理能力，构建全覆盖、齐抓共管的安全生产监管工作格局意义重大。各地区要充分认识新形势下做好基层安全生产网格化监管工作的重要性，立足本辖区安全生产工作实际，抓好落实，推动安全生产监管工作关口前移、重心下移，全面提升基层安全生产监管的精细化、信息化和社会化水平，力争到2018年底，初步建成运行高效、覆盖所有乡镇（街道）、村（社区）和监督管理对象的基层安全生产网格化监管体系。

二、明确基层安全生产网格化监管的功能定位、划分原则和职责任务

（一）明确基层安全生产网格化监管功能定位。

基层安全生产网格化监管是指将乡镇（街道）及以下的安全生产监管区域划分成若干网格单元，既厘清单元内每个监督管理对象负有安全生产监督管理职责的部门，又明确单元内每个监督管理对象对应的安全生产网格管理员（以下简称网格员），通过加强信息化管理，实现负有安全生产监督管理职责的部门与网格员的互联互通、互为补充、有机结合。基层安全生产网格化监管是现有安全生产监管工作的延伸，充分发挥网格员的"信息员"和"宣传员"等作用，有利于协助负有安全生产监督管理职责的部门实现对基层安全生产工作的动态监管、源头治理和前端处理。

（二）明确基层安全生产网格划分原则。

在具体划分网格时，可遵循下列原则：

1. 依托既有网格。

根据《中共中央国务院关于加强和完善城乡社区治理的意见》中关于拓展网格化服务管理的要求，最大限度协调利用社会管理综合治理网格或其他既有网格资源，积极推动安全生产网格与既有网格资源在队伍建设、工作机制、工作绩效、信息平台等方面的融合对接。注重发挥居民委员会、村民委员会等基层

群众自治组织在发现生产经营单位事故隐患或安全违法行为中的作用，加强信息沟通联系，形成工作合力。

2. 注重条块结合。

单独组建网格时，原则上以乡镇（街道）、村（社区）为基本单位（即平面辖区的"块"），根据辖区内的监督管理对象情况，划分为若干个安全生产监管网格。以县级人民政府负有安全生产监督管理职责的部门为主线（即纵向监管的"条"），厘清网格内每个监督管理对象对应的负有安全生产监督管理职责的部门。

3. 合理匹配监管任务与监管力量。

经济规模大或生产经营单位多的乡镇（街道）、村（社区），可划分为多个网格；工业、商贸聚集区域也可划分为独立网格；对于规模大、规格高、安全风险高或与基层监管力量不匹配的生产经营单位，可由县级以上负有安全生产监督管理职责的部门直接监管，不纳入基层安全生产网格化监管的范围。根据工作实际，为相应网格配备专职或兼职网格员，确保每个网格都有对应的网格员。根据网格内生产经营单位的性质、生产过程中的危险性，以及生产经营规模、重要程度、监管重点等情况，可适度调整网格员的分布，使网格员的配备与当地安全生产监管任务相适应。

（三）明确属地监管、基层安全生产网格化监管工作相关部门和网格员的工作任务。

1. 属地监管工作任务。

各地区要按照"党政同责、一岗双责"的要求，认真落实安全生产属地监管责任，统筹解决以下问题：

（1）将基层安全生产网格化监管工作纳入安全生产工作重要内容，对基层安全生产网格化监管工作进行总体部署，结合既有网格情况，明确基层安全生产网格化监管工作的牵头部门和配合部门，并制订实施方案；

（2）厘清网格员与基层安全生产监督管理部门、派出机构（如部分乡镇安监站等）的关系；

（3）协调解决人员、经费等问题；

（4）加强基层安全生产网格监管信息化建设，为基层安全生产网格化监管工作的顺利开展提供保障。

2. 基层安全生产网格化监管工作牵头部门工作任务。

（1）制定基层安全生产网格化监管工作实施方案。牵头编制基层安全生产网格化监管示意图，明确各网格的网格员、安全监管责任人和联系负责人。根据网格内监督管理对象的情况，牵头编制《基层安全生产网格化监管工作手册》（以下简称《网格手册》）等实用性强的工作规范和标准。制作网格员明白卡，明确网格员工作任务和报告方式。

（2）对网格员上报的信息进行汇总和分类处置。对属于牵头部门监督管理职责范围内的安全生产非法、违法行为依法依规进行处置；对属于配合部门职责范围内的安全生产非法、违法行为，交由其进行处置。

（3）协调解决基层安全生产网格化监管工作中遇到的问题。

3. 基层安全生产网格化监管工作配合部门的工作任务。

（1）确定专人配合牵头部门编制基层安全生产网格化监管工作实施方案和基层安全生产网格化监管示意图。按照牵头部门要求，配合编制《网格手册》等实用性强的工作规范和标准。

（2）根据本部门职责，对网格员上报或牵头部门交办的安全生产非法、违法行为依法依规进行处置。

（3）配合牵头部门，解决基层安全生产网格化监管工作中遇到的问题。

4. 网格员的工作任务。

网格员主要履行信息员、宣传员的工作任务：根据《网格手册》要求，重点面向基层企业、"三小场所"（小商铺、小作坊、小娱乐场所）、家庭户等查看非法生产情况并及时报告；协助配合有关部门做好安全检查和执法工作；向监督管理对象送达最新的文件资料；面向监督管理对象和社会公众积极宣传安全生产法律法规和安全生产知识等。网格员的其他工作任务，各地区可结合实际根据工作需要确定。

三、多措并举，确保基层安全生产网格化监管高效运行

（一）加强组织领导。各地区安委会要加强对基层安全生产网格化监管工作的组织领导，主要负责人要坚持亲自抓，分管领导具体抓，负有安全生产监督管理职责的部门共同抓，形成层层抓落实的工作格局。要坚持因地制宜的原则，对于已开展此项工作的地区，可在原方案的基础上，根据本指导意见有关要求，进一步健全完善相关制度措施，逐步实现基层安全生产网格化监管工作全覆盖，不断推动基层安全生产网格化监管工作的规范化、长效化。尚未开展此项工作的地区，要根据本指导意见，抓紧制定具体实施方案，加快实施步伐并认真落实。

（二）加强待遇保障。各地区要结合本地经济发展水平和对网格员的职责要求，合理确定网格员待遇，配备必需的防护用品，实现"责、权、利"相统一，确保其待遇水平和防护水平与工作任务及危险性相适应。完善网格员信息采集上报"以奖代补"奖励机制，充分调动网格员信息采集的积极性。

（三）抓好业务培训。各地区要按照"先培训后上岗"的原则，由牵头部门做好网格员集中培训工作，使网格员会检查、会记录、会报告。同时，配合部门要将网格员培训纳入年度培训计划，定期组织培训，持续提高网格员发现问题的能力。创新培训手段，通过安全生产执法现场观摩、以会代训、技能比武等多种方式，进一步提升网格员的业务素质。加强网格员保密教育，防止向外界泄露所负责网格内的重要数据信息或企业的商业秘密、技术秘密等。

（四）建立常态化运行和考核机制。牵头部门要研究制定网格员日常巡查、信息报告等网格运行配套管理制度，建立健全监督管理对象动态监管档案，实现全过程留痕。建立健全基层安全生产网格化监管工作考核机制，鼓励将考核情况与网格员待遇挂钩，充分调动网格员工作积极性。

（五）突出信息化建设。牵头部门要充分利用信息化技术，搭建或融入既有网格化监管工作信息平台，推动安全生产信息采集录入和动态更新、事件派送交办、现场处置、结果反馈、治理复查等事项的信息化管理。强化信息前端采集工作管理，实现问题早发现、信息早报告、隐患早治理、复查早提醒。建立健全信息安全保障体系，实行信息使用分级管理与授权准入，确保信息安全。

（六）强化典型引路。各地区要立足自身实际，坚持试点先行、循序渐进、注重实效。要不断总结推广试点地区的创新举措和鲜活经验，以点带面，指导推动工作全面开展，实现顶层设计与基层实践的有机结合。国务院安委会办公室将适时选取一批典型做法，在全国范围内进行经验推广。

（七）推动社会参与。充分发挥第三方安全生产专业技术服务机构在参与支持安全生产网格建设、安全风险评估以及协助指导生产经营单位安全隐患整改等工作中的作用。健全并保障安全隐患、非法违法行为以及事故的举报渠道畅通，对举报有功人员及时兑现奖励，充分调动广大群众监督举报的积极性，推进安全生产专群结合、群防群治、齐抓共管。

国务院安全生产委员会办公室
2017 年 10 月 19 日

关于进一步加强安全培训工作的决定

（2012 年 11 月 21 日国务院安全生产委员会以安委〔2012〕10 号印发）

各省、自治区、直辖市人民政府，新疆生产建设兵团，国务院安委会各成员单位，各中央企业：

为提高企业从业人员安全素质和安全监管监察效能，防止和减少违章指挥、违规作业和违反劳动纪律（以下简称"三违"）行为，促进全国安全生产形势持续稳定好转，现就进一步加强安全培训工作作出如下决定：

一、加强安全培训工作的重要意义和总体要求

（一）重要意义。党中央、国务院高度重视安全培训工作，安全培训力度不断加大，企业职工安全素质和安全监管监察人员执法能力明显提高。但一些地区和单位安全培训工作仍然存在着思想认识不到位、责任落实不到位、实效性不强、投入不足、基础工作薄弱、执法偏轻偏软等问题，给安全生产带来较大压力。实践表明，进一步加强安全培训工作，是落实党的十八大精神，深入贯彻科学发展观，实施安全发展战略的内在要求；是强化企业安全生产基础建设，提高企业安全管理水平和从业人员安全素质，提升安全监管监察效能的重要途径；是防止"三违"行为，不断降低事故总量，遏制重特大事故发生的源头性、根本性举措。

（二）总体思路。深入贯彻落实科学发展观，认真落实党中央、国务院关于加强安全生产工作的决策部署，牢固树立"培训不到位是重大安全隐患"的意识，坚持依法培训、按需施教的工作理念，以落实持证上岗和先培训后上岗制度为核心，以落实企业安全培训主体责任、提高企业安全培训质量为着力点，全面加强安全培训基础建设，严格安全培训监察执法和责任追究，扎实推进安全培训内容规范化、方式多样化、管理信息化、方法现代化和监督日常化，努力实施全覆盖、多手段、高质量的安全培训，切实减少"三违"行为，促进全国安全生产形势持续稳定好转。

（三）工作目标。到"十二五"时期末，矿山、建筑施工单位和危险物品生产、经营、储存等高危行业企业（以下简称高危企业）主要负责人、安全管理人员和生产经营单位特种作业人员（以下简称"三项岗位"人员）100%持证上岗，以班组长、新工人、农民工为重点的企业从业人员100%培训合格后上岗，各级安全监管监察人员100%持行政执法证上岗，承担安全培训的教师100%参加知识更新培训，安全培训基础保障能力和安全培训质量得到明显提高。

二、全面落实安全培训工作责任

（四）认真落实企业安全培训主体责任。企业是从业人员安全培训的责任主体，要把安全培训纳入企业发展规划，健全落实以"一把手"负总责、领导班子成员"一岗双责"为主要内容的安全培训责任体系，建立健全机构并配备充足人员，保障经费需求，严格落实"三项岗位"人员持证上岗和从业人员先培训后上岗制度，健全安全培训档案。劳务派遣单位要加强劳务派遣工基本安全知识培训，劳务使用单位要确保劳务派遣工与本企业职工接受同等安全培训。境内投资主体要指导督促境外中资企业依法加强安全培训工作。安全生产技术研发、装备制造单位要与使用单位共同承担新工艺、新技术、新设备、新材料培训责任。

（五）切实履行政府及有关部门安全培训监管和安全监管监察人员培训职责。地方各级政府要统筹指导相关部门加强本地区安全培训工作。有关主管部门要根据有关法律法规，组织实施职责范围内的安全培训工作，完善安全培训法规制度，统一培训大纲、考试标准，加强教材建设，严格管理培训机构，做好证件发放和复审工作，避免多头管理、重复发证；要强化安全培训监督检查，依法严惩不培训就上岗和乱办班、乱收费、乱发证行为；要组织培训安全监管监察人员。要将安全生产知识作为领导干部培训、义务教育、职业教育、职业技能培训等的重要内容。要减少对培训班的直接参与，由办培训向管培训、管考试、监督培训转变。

（六）强化承担安全培训和考试的机构培训质量保障责任。承担安全培训的机构是安全培训施教主体，担负保证安全培训质量的主要责任，要健全落实安全培训质量控制制度，严格按培训大纲培训，严格学员、培训档案和培训收费管理，加强师资队伍建设和资金投入，持续改善培训条件。承担安全培训考试的机构要严格教考分离制度，健全考务管理体系，建立考试档案，切实做到考试不合格不发证。

三、全面落实持证上岗和先培训后上岗制度

（七）实施高危企业从业人员准入制度。有关主管部门要结合实际，制定本行业领域从业人员准入制度。矿山和危险物品生产企业专职安全管理人员要至少具备相关专业中专以上学历或者中级以上专业技术职称、高级工以上技能等级，或者具备注册安全工程师资格。各类特种作业人员要具有初中及以上文化程度，危险化学品特种作业人员要具有高中或者相当于高中及以上文化程度。矿山井下、危险化学品生产单位从业人员要具有初中及以上文化程度。安全生产专业服务机构为企业提供安全技术服务时，要对企业安全培训情况进行审核。高危企业安全生产许可证发放、延期和安全生产标准化考评时，有关主管部门要审核企业安全培训情况。

（八）严格落实"三项岗位"人员持证上岗制度。企业新任用或者招录"三项岗位"人员，要组织其参加安全培训，经考试合格持证后上岗。取得注册安全工程师资格证并经注册的，可以直接申领矿山、危险物品行业主要负责人和安全管理人员安全资格证。对发生人员死亡事故负有责任的企业主要负责人、实际控制人和安全管理人员，要重新参加安全培训考试。要严格证书延期继续教育制度。有关主管部门要按照职责分工，定期开展本行业领域"三项岗位"人员持证上岗情况登记普查，建立信息库。要建立特种作业人员范围修订机制。

（九）严格落实企业职工先培训后上岗制度。矿山、危险物品等高危企业要对新职工进行至少72学时的安全培训，建筑企业要对新职工进行至少32学时的安全培训，每年进行至少20学时的再培训；非高危企业新职工上岗前要经过至少24学时的安全培训，每年进行至少8学时的再培训。企业调整职工岗位或者采用新工艺、新技术、新设备、新材料的，要进行专门的安全培训。矿山和危险物品生产企业逐步实现从职业院校和技工院校相关专业毕业生中录用新职工。政府有关部门要实施"中小企业安全培训援助"工程，推动大型企业和培训机构与中小企业签订培训服务协议；组织讲师团，开展培训下基层进企业活动。

（十）完善和落实师傅带徒弟制度。高危企业新职工安全培训合格后，要在经验丰富的工人师傅带领下，实习至少2个月后方可独立上岗。工人师傅一般应当具备中级工以上技能等级，3年以上相应工作经历，成绩突出，善于"传、帮、带"，没有发生过"三违"行为等条件。要组织签订师徒协议，建立师傅带徒弟激励约束机制。

（十一）严格落实安全监管监察人员持证上岗和继续教育制度。市（地）及以下政府分管安全生产工作的领导同志要在明确分工后半年内参加专题安全

培训。各级安全监管监察人员要经执法资格培训考试合格，持有效行政执法证上岗；新上岗人员要在上岗一年内参加执法资格培训考试；执法证有效期满的，要参加延期换证继续教育和考试。鼓励安全监管监察人员报考注册安全工程师等职业资格，在职攻读安全生产相关专业学历和学位。

四、全面加强安全培训基础保障能力建设

（十二）完善安全培训大纲和教材。有关主管部门要定期制定、修订各类人员安全培训大纲和考核标准，根据安全生产工作发展需要和企业安全生产实际，不断规范安全培训内容。鼓励行业组织、企业及培训机构编写针对性、实效性强的实用教材。要分行业组织编写企业职工安全生产应知应会读本、建立生产安全事故案例库和制作警示教育片。

（十三）加强安全培训师资队伍建设。承担安全培训的机构要建立健全安全培训专职教师考核合格后上岗制度，保证专职教师定期参加继续教育，积极组织教师参加国际学术交流。有关主管部门要加强承担安全培训的教师培训，定期开展教师讲课大赛，建立安全培训师资库。企业要建立领导干部上讲台制度，选聘一线安全管理、技术人员担任兼职教师。

（十四）加强安全培训机构建设。要根据实际需要，科学规划安全培训机构建设，控制数量，合理布局。支持大中型企业和欠发达地区建立安全培训机构，重点建设一批具有仿真、体感、实操特色的示范培训机构。要加强安全培训机构管理，定期公布安全培训机构名单和培训范围，接受社会监督。支持高等学校、职业院校、技工院校、工会培训机构等开展安全培训。

（十五）加强远程安全培训。开发国家安全培训网和有关行业网络学习平台，实现优质资源共享。建立安全培训视频课程征集、遴选、审核制度，建设课程"超市"，推行自主选学。实行网络培训学时学分制，将学时和学分结果与继续教育、再培训挂钩，与安全监管监察人员年度考核、提拔使用、评先评优挂钩。利用视频、电视、手机等拓展远程培训形式。

（十六）加强安全培训管理信息化建设。编制安全培训信息管理数据标准。开发安全培训信息管理系统。健全"三项岗位"人员、安全监管监察人员培训持证情况和考试题库、培训机构、考试机构、培训教师等数据库，实现全国安全培训数据共享。

五、全面提高安全培训质量

（十七）强化实际操作培训。制定特种作业人员实训大纲和考试标准。建立安全监管监察人员实训制度。推动科研和装备制造企业在安全培训场所展示新装备新技术。提高 3D、4D、虚拟现实等技术在安全培训中的应用，组织开发特种作业各工种仿真实训系统。

（十八）强化现场安全培训。高危企业要严格班前安全培训制度，有针对性地讲述岗位安全生产与应急救援知识、安全隐患和注意事项等，使班前安全培训成为安全生产第一道防线。要大力推广"手指口述"等安全确认法，帮助员工通过心想、眼看、手指、口述，确保按规程作业。要加强班组长培训，提高班组长现场安全管理水平和现场安全风险管控能力。

（十九）建立安全培训示范视频课程体系。分行业建立"三项岗位"人员安全培训示范视频课程体系，上网发布，逐步实现优质培训资源社会共享。将示范课程作为教师培训的重要内容。建立示范课程跟踪评价制度，定期评选优质课程，给予荣誉称号或者适当资助。

（二十）加强安全培训过程管理和质量评估。建立安全培训需求调研、培训策划、培训计划备案、教学管理、培训效果评估等制度，加强安全培训全过程管理。制定安全培训质量评估指标体系，定期向全社会公布评估结果，并将评估结果作为安全培训机构考评的重要依据。

（二十一）完善安全培训考试体系。有关主管部门要按照职责分工，建立健全本行业领域安全培训考试制度，加强考试机构建设，严格教考分离制度。要建立健全安全资格考试题库，完善国家与地方相结合的题库应用机制。建立网络考试平台，加快计算机考试点建设，开发实际操作模拟考试系统。加强考试监督，严格考试纪律，依法严肃处理考试违纪行为。有关主管部门要统一本行业领域一般从业人员安全培训合格证书式样，规范考试发证管理。

六、加强安全培训监督检查

（二十二）加大安全培训执法力度。有关主管部门要把安全培训纳入年度执法计划，作为日常执法的必查内容，定期开展安全培训专项执法。要规范安全培训执法程序和方法，将抽查持证情况、抽考职工安全生产应知应会知识作为日常执法的重要方式。要加强对承担安全培训的机构管理，深入开展专项治理，促进安全培训机构健康发展。企业要建立安全培训自查自考制度，加大"三违"行为处罚力度。

（二十三）严肃追究安全培训责任。对应持证未持证或者未经培训就上岗的人员，一律先离岗、培训持证后再上岗，并依法对企业按规定上限处罚，直至停产整顿和关闭。对存在不按大纲教学、不按题库考试、教考不分、乱办班等行为的安全培训和考试机构，一律依法严肃处罚。对各类生产安全责任事故，一律倒查培训、考试、发证不到位的责任。对因未培训、假培训或者未持证上岗人员的直接责任引发特重大事故的，所在企业主要负责人依法终身不得担任本行业企业矿长（厂长、经理），实际控制人依法承担相应责任。

（二十四）建立安全培训绩效考核制度。制定安全培训工作绩效考核指标体系，做到定性与定量、内部考核与外部评议相结合。安全培训绩效考核结果要纳入安全生产综合考核内容。每年通报安全培训绩效考核结果。

七、切实加强对安全培训工作的组织领导

（二十五）把安全培训摆上更加突出位置。各级政府及有关主管部门、各企业要把安全培训工作纳入实施安全发展战略的总体布局。各级安委会要定期研究解决安全培训突出问题，有关主管部门主要负责同志要亲自抓、负总责，各级安委会办公室要牵头抓总，当好参谋，创新实践，整合资源，示范引领。要经常深入基层、企业开展安全培训调查研究。要支持工会、共青团、妇联、科协以及新闻媒体等参与、监督安全培训工作。

（二十六）保证安全培训投入。建立以企业投入为主、社会资金积极资助的安全培训投入机制。要将政府应当承担的安全培训经费纳入财政保障范围。企业要在职工培训经费和安全费用中足额列支安全培训经费，实施技术改造和项目引进时要专门安排安全培训资金。研究探索由开展安全生产责任险、建筑意外伤害险的保险机构安排一定资金，用于事故预防与安全培训工作。

（二十七）充分运用典型和媒体推动安全培训工作。要总结推广政府有关主管部门加大安全培训监管力度、企业落实安全培训主体责任、培训机构提高安全培训质量的典型经验，以点带面推动工作。要定期公布安全培训问题企业和问题培训机构名单。要广泛宣传安全培训工作的重要地位和作用，宣传安全生产知识和技能，不断提高人民群众安全素质，努力形成全社会更加支持安全生产工作的氛围。

各省级安委会和国务院有关主管部门及各有关中央企业要根据本决定制定实施意见，并及时将实施意见和落实情况报告国务院安委会办公室。

国务院安全生产委员会
2012年11月21日

生产经营单位安全培训规定

（2006年1月17日国家安全监管总局令第3号公布 根据2013年8月29日国家安全监管总局令第63号第一次修正 根据2015年5月29日国家安全生产监管总局令第80号第二次修正）

第一章 总 则

第一条 为加强和规范生产经营单位安全培训工作，提高从业人员安全素质，防范伤亡事故，减轻职业危害，根据安全生产法和有关法律、行政法规，制定本规定。

第二条 工矿商贸生产经营单位（以下简称生产经营单位）从业人员的安全培训，适用本规定。

第三条 生产经营单位负责本单位从业人员安全培训工作。生产经营单位应当按照安全生产法和有关法律、行政法规和本规定，建立健全安全培训工作制度。

第四条 生产经营单位应当进行安全培训的从业人员包括主要负责人、安全生产管理人员、特种作业人员和其他从业人员。生产经营单位使用被派遣劳动者的，应当将被派遣劳动者纳入本单位从业人员统一管理，对被派遣劳动者进行岗位安全操作规程和安全操作技能的教育和培训。劳务派遣单位应当对被派遣劳动者进行必要的安全生产教育和培训。生产经营单位接收中等职业学校、高等学校学生实习的，应当对实习学生进行相应的安全生产教育和培训，提供必要的劳动防护用品。学校应当协助生产经营单位对实习学生进行安全生产教育和培训。生产经营单位从业人员应当接受安全培训，熟悉有关安全生产规章制度和安全操作规程，具备必要的安全生产知识，掌握本岗位的安全操作技能，了解事故应急处理措施，知悉自身在安全生产方面的权利和义务。未经安全培训合格的从业人员，不得上岗作业。

第五条 国家安全生产监督管理总局指导全国安全培训工作，依法对全国的安全培训工作实施监督管理。国务院有关主管部门按照各自职责指导监督本行业安全培训工作，并按照本规定制定实施办法。国家煤矿安全监察局指导监督检查全国煤矿安全培训工作。各级安全生产监督管理部门和煤矿安全监察机构

(以下简称安全生产监管监察部门）按照各自的职责，依法对生产经营单位的安全培训工作实施监督管理。

第二章　主要负责人、安全生产管理人员的安全培训

第六条　生产经营单位主要负责人和安全生产管理人员应当接受安全培训，具备与所从事的生产经营活动相适应的安全生产知识和管理能力。

第七条　生产经营单位主要负责人安全培训应当包括下列内容：

（一）国家安全生产方针、政策和有关安全生产的法律、法规、规章及标准；

（二）安全生产管理基本知识、安全生产技术、安全生产专业知识；

（三）重大危险源管理、重大事故防范、应急管理和救援组织以及事故调查处理的有关规定；

（四）职业危害及其预防措施；

（五）国内外先进的安全生产管理经验；

（六）典型事故和应急救援案例分析；

（七）其他需要培训的内容。

第八条　生产经营单位安全生产管理人员安全培训应当包括下列内容：

（一）国家安全生产方针、政策和有关安全生产的法律、法规、规章及标准；

（二）安全生产管理、安全生产技术、职业卫生等知识；

（三）伤亡事故统计、报告及职业危害的调查处理方法；

（四）应急管理、应急预案编制以及应急处置的内容和要求；

（五）国内外先进的安全生产管理经验；

（六）典型事故和应急救援案例分析；

（七）其他需要培训的内容。

第九条　生产经营单位主要负责人和安全生产管理人员初次安全培训时间不得少于32学时。每年再培训时间不得少于12学时。煤矿、非煤矿山、危险化学品、烟花爆竹、金属冶炼等生产经营单位主要负责人和安全生产管理人员初次安全培训时间不得少于48学时，每年再培训时间不得少于16学时。

第十条　生产经营单位主要负责人和安全生产管理人员的安全培训必须依照安全生产监管监察部门制定的安全培训大纲实施。非煤矿山、危险化学品、烟花爆竹、金属冶炼等生产经营单位主要负责人和安全生产管理人员的安全培训大纲及考核标准由国家安全生产监督管理总局统一制定。煤矿主要负责人和安全生产管理人员的安全培训大纲及考核标准由国家煤矿安全监察局制定。煤矿、非煤矿山、危险化学品、烟花爆竹、金属冶炼以外的其他生产经营单位主要负责人和安全管理人员的安全培训大纲及考核标准，由省、自治区、直辖市安全生产监督管理部门制定。

第三章　其他从业人员的安全培训

第十一条　煤矿、非煤矿山、危险化学品、烟花爆竹、金属冶炼等生产经营单位必须对新上岗的临时工、合同工、劳务工、轮换工、协议工等进行强制性安全培训，保证其具备本岗位安全操作、自救互救以及应急处置所需的知识和技能后，方能安排上岗作业。

第十二条　加工、制造业等生产单位的其他从业人员，在上岗前必须经过厂（矿）、车间（工段、区、队）、班组三级安全培训教育。生产经营单位应当根据工作性质对其他从业人员进行安全培训，保证其具备本岗位安全操作、应急处置等知识和技能。

第十三条　生产经营单位新上岗的从业人员，岗前安全培训时间不得少于24学时。煤矿、非煤矿山、危险化学品、烟花爆竹、金属冶炼等生产经营单位新上岗的从业人员安全培训时间不得少于72学时，每年再培训的时间不得少于20学时。

第十四条　厂（矿）级岗前安全培训内容应当包括：

（一）本单位安全生产情况及安全生产基本知识；

（二）本单位安全生产规章制度和劳动纪律；

（三）从业人员安全生产权利和义务；

（四）有关事故案例等。煤矿、非煤矿山、危险化学品、烟花爆竹、金属冶炼等生产经营单位厂（矿）级安全培训除包括上述内容外，应当增加事故应急救援、事故应急预案演练及防范措施等内容。

第十五条　车间（工段、区、队）级岗前安全培训内容应当包括：

（一）工作环境及危险因素；

（二）所从事工种可能遭受的职业伤害和伤亡事故；

（三）所从事工种的安全职责、操作技能及强制性标准；

（四）自救互救、急救方法、疏散和现场紧急情况的处理；

（五）安全设备设施、个人防护用品的使用和维护；

（六）本车间（工段、区、队）安全生产状况及规章制度；

（七）预防事故和职业危害的措施及应注意的安全事项；

（八）有关事故案例；

（九）其他需要培训的内容。

第十六条　班组级岗前安全培训内容应当包括：

（一）岗位安全操作规程；

（二）岗位之间工作衔接配合的安全与职业卫生事项；

（三）有关事故案例；

（四）其他需要培训的内容。

第十七条　从业人员在本生产经营单位内调整工作岗位或离岗一年以上重新上岗时，应当重新接受车间（工段、区、队）和班组级的安全培训。生产经营单位采用新工艺、新技术、新材料或者使用新设备时，应当对有关从业人员重新进行有针对性的安全培训。

第十八条　生产经营单位的特种作业人员，必须按照国家有关法律、法规的规定接受专门的安全培训，经考核合格，取得特种作业操作资格证书后，方可上岗作业。特种作业人员的范围和培训考核管理办法，另行规定。

第四章　安全培训的组织实施

第十九条　生产经营单位从业人员的安全培训工作，由生产经营单位组织实施。生产经营单位应当坚持以考促学、以讲促学，确保全体从业人员熟练掌握岗位安全生产知识和技能；煤矿、非煤矿山、危险化学品、烟花爆竹、金属冶炼等生产经营单位还应当完善和落实师傅带徒弟制度。

第二十条　具备安全培训条件的生产经营单位，应当以自主培训为主；可以委托具备安全培训条件的机构，对从业人员进行安全培训。不具备安全培训条件的生产经营单位，应当委托具备安全培训条件的机构，对从业人员进行安全培训。生产经营单位委托其他机构进行安全培训的，保证安全培训的责任仍由本单位负责。

第二十一条　生产经营单位应当将安全培训工作纳入本单位年度工作计划。保证本单位安全培训工作所需资金。生产经营单位的主要负责人负责组织制定并实施本单位安全培训计划。

第二十二条　生产经营单位应当建立健全从业人员安全生产教育和培训档案，由生产经营单位的安全生产管理机构以及安全生产管理人员详细、准确记录培训的时间、内容、参加人员以及考核结果等情况。

第二十三条　生产经营单位安排从业人员进行安全培训期间，应当支付工资和必要的费用。

第五章　监　督　管　理

第二十四条　煤矿、非煤矿山、危险化学品、烟花爆竹、金属冶炼等生产经营单位主要负责人和安全生产管理人员，自任职之日起 6 个月内，必须经安全生产监管监察部门对其安全生产知识和管理能力考核合格。

第二十五条　安全生产监管监察部门依法对生产经营单位安全培训情况进行监督检查，督促生产经营单位按照国家有关法律法规和本规定开展安全培训工作。县级以上地方人民政府负责煤矿安全生产监督管理的部门对煤矿井下作业人员的安全培训情况进行监督检查。煤矿安全监察机构对煤矿特种作业人员安全培训及其持证上岗的情况进行监督检查。

第二十六条　各级安全生产监管监察部门对生产经营单位安全培训及其持证上岗的情况进行监督检查，主要包括以下内容：

（一）安全培训制度、计划的制定及其实施的情况；

（二）煤矿、非煤矿山、危险化学品、烟花爆竹、金属冶炼等生产经营单位主要负责人和安全生产管理人员安全培训以及安全生产知识和管理能力考核的情况；其他生产经营单位主要负责人和安全生产管理人员培训的情况；

（三）特种作业人员操作资格证持证上岗的情况；

（四）建立安全生产教育和培训档案，并如实记录的情况；

（五）对从业人员现场抽考本职工作的安全生产知识；

（六）其他需要检查的内容。

第二十七条　安全生产监管监察部门对煤矿、非煤矿山、危险化学品、烟花爆竹、金属冶炼等生产经营单位的主要负责人、安全管理人员应当按照本规定严格考核。考核不得收费。安全生产监管监察部门负责考核的有关人员不得玩忽职守和滥用职权。

第二十八条　安全生产监管监察部门检查中发现安全生产教育和培训责任落实不到位、有关从业人员未经培训合格的，应当视为生产安全事故隐患，责令生产经营单位立即停止违法行为，限期整改，并依法予以处罚。

第六章 罚 则

第二十九条 生产经营单位有下列行为之一的，由安全生产监管监察部门责令其限期改正，可以处1万元以上3万元以下的罚款：

（一）未将安全培训工作纳入本单位工作计划并保证安全培训工作所需资金的；

（二）从业人员进行安全培训期间未支付工资并承担安全培训费用的。

第三十条 生产经营单位有下列行为之一的，由安全生产监管监察部门责令其限期改正，可以处5万元以下的罚款；逾期未改正的，责令停产停业整顿，并处5万元以上10万元以下的罚款，对其直接负责的主管人员和其他直接责任人员处1万元以上2万元以下的罚款：

（一）煤矿、非煤矿山、危险化学品、烟花爆竹、金属冶炼等生产经营单位主要负责人和安全管理人员未按照规定经考核合格的；

（二）未按照规定对从业人员、被派遣劳动者、实习学生进行安全生产教育和培训或者未如实告知其有关安全生产事项的；

（三）未如实记录安全生产教育和培训情况的；

（四）特种作业人员未按照规定经专门的安全技术培训并取得特种作业人员操作资格证书，上岗作业的。县级以上地方人民政府负责煤矿安全生产监督管理的部门发现煤矿未按照本规定对井下作业人员进行安全培训的，责令限期改正，处10万元以上50万元以下的罚款；逾期未改正的，责令停产停业整顿。煤矿安全监察机构发现煤矿特种作业人员无证上岗作业的，责令限期改正，处10万元以上50万元以下的罚款；逾期未改正的，责令停产停业整顿。

第三十一条 安全生产监管监察部门有关人员在考核、发证工作中玩忽职守、滥用职权的，由上级安全生产监管监察部门或者行政监察部门给予记过、记大过的行政处分。

第七章 附 则

第三十二条 生产经营单位主要负责人是指有限责任公司或者股份有限公司的董事长、总经理，其他生产经营单位的厂长、经理、（矿务局）局长、矿长（含实际控制人）等。生产经营单位安全生产管理人员是指生产经营单位分管安全生产的负责人、安全生产管理机构负责人及其管理人员，以及未设安全生产管理机构的生产经营单位专、兼职安全生产管理人员等。生产经营单位其他从业人员是指除主要负责人、安全生产管理人员和特种作业人员以外，该单位从事生产经营活动的所有人员，包括其他负责人、其他管理人员、技术人员和各岗位的工人以及临时聘用的人员。

第三十三条 省、自治区、直辖市安全生产监督管理部门和省级煤矿安全监察机构可以根据本规定制定实施细则，报国家安全生产监督管理总局和国家煤矿安全监察局备案。

第三十四条 本规定自2006年3月1日起施行。

安全生产培训管理办法

（2012年1月19日国家安全监管总局令第44号公布　根据2013年8月29日国家安全监管总局令第63号第一次修正　根据2015年5月29日国家安全监管总局令第80号第二次修正）

第一章 总 则

第一条 为了加强安全生产培训管理，规范安全生产培训秩序，保证安全生产培训质量，促进安全生产培训工作健康发展，根据《中华人民共和国安全生产法》和有关法律、行政法规的规定，制定本办法。

第二条 安全培训机构、生产经营单位从事安全生产培训（以下简称安全培训）活动以及安全生产监督管理部门、煤矿安全监察机构、地方人民政府负责煤矿安全培训的部门对安全培训工作实施监督管理，适用本办法。

第三条 本办法所称安全培训是指以提高安全监管监察人员、生产经营单位从业人员和从事安全生产工作的相关人员的安全素质为目的的教育培训活动。前款所称安全监管监察人员是指县级以上各级人民政府安全生产监督管理部门、各级煤矿安全监察机构从事安全监管监察、行政执法的安全生产监管人员和煤矿安全监察人员；生产经营单位从业人员是指生产经营单位主要负责人、安全生产管理人员、特种作业人员及其他从业人员；从事安全生产工作的相关人员是指从事安全教育培训工作的教师、危险化学品登记机构的登记人员和承担安全评价、咨询、检测、检验的人员及注册安全工程师、安全生产应急救援人员等。

第四条 安全培训工作实行统一规划、归口管理、分级实施、分类指导、教考分离的原则。

国家安全生产监督管理总局（以下简称国家安全监管总局）指导全国安全培训工作，依法对全国的安全培训工作实施监督管理。国家煤矿安全监察局（以下简称国家煤矿安监局）指导全国煤矿安全培训工作，依法对全国煤矿安全培训工作实施监督管理。国家安全生产应急救援指挥中心指导全国安全生产应急救援培训工作。

县级以上地方各级人民政府安全生产监督管理部门依法对本行政区域内的安全培训工作实施监督管理。

省、自治区、直辖市人民政府负责煤矿安全培训的部门、省级煤矿安全监察机构（以下统称省级煤矿安全培训监管机构）按照各自工作职责，依法对所辖区域煤矿安全培训工作实施监督管理。

第五条 安全培训的机构应当具备从事安全培训工作所需要的条件。从事危险物品的生产、经营、储存单位以及矿山、金属冶炼单位的主要负责人和安全生产管理人员，特种作业人员以及注册安全工程师等相关人员培训的安全培训机构，应当将教师、教学和实习实训设施等情况书面报告所在地安全生产监督管理部门、煤矿安全培训监管机构。

安全生产相关社会组织依照法律、行政法规和章程，为生产经营单位提供安全培训有关服务，对安全培训机构实行自律管理，促进安全培训工作水平的提升。

第二章 安 全 培 训

第六条 安全培训应当按照规定的安全培训大纲进行。安全监管监察人员，危险物品的生产、经营、储存单位与非煤矿山、金属冶炼单位的主要负责人和安全生产管理人员、特种作业人员以及从事安全生产工作的相关人员的安全培训大纲，由国家安全监管总局组织制定。

煤矿企业的主要负责人和安全生产管理人员、特种作业人员的培训大纲由国家煤矿安监局组织制定。除危险物品的生产、经营、储存单位和矿山、金属冶炼单位以外其他生产经营单位的主要负责人、安全生产管理人员及其他从业人员的安全培训大纲，由省级安全生产监督管理部门、省级煤矿安全培训监管机构组织制定。

第七条 国家安全监管总局、省级安全生产监督管理部门定期组织优秀安全培训教材的评选。

安全培训机构应当优先使用优秀安全培训教材。

第八条 国家安全监管总局负责省级以上安全生产监督管理部门的安全生产监管人员、各级煤矿安全监察机构的煤矿安全监察人员的培训工作。

省级安全生产监督管理部门负责市级、县级安全生产监督管理部门的安全生产监管人员的培训工作。生产经营单位的从业人员的安全培训，由生产经营单位负责。危险化学品登记机构的登记人员和承担安全评价、咨询、检测、检验的人员及注册安全工程师、安全生产应急救援人员的安全培训，按照有关法律、法规、规章的规定进行。

第九条 对从业人员的安全培训，具备安全培训条件的生产经营单位应当以自主培训为主，也可以委托具备安全培训条件的机构进行安全培训。

不具备安全培训条件的生产经营单位，应当委托具有安全培训条件的机构对从业人员进行安全培训。

生产经营单位委托其他机构进行安全培训的，保证安全培训的责任仍由本单位负责。

第十条 生产经营单位应当建立安全培训管理制度，保障从业人员安全培训所需经费，对从业人员进行与其所从事岗位相应的安全教育培训；从业人员调整工作岗位或者采用新工艺、新技术、新设备、新材料的，应当对其进行专门的安全教育和培训。未经安全教育和培训合格的从业人员，不得上岗作业。

生产经营单位使用被派遣劳动者的，应当将被派遣劳动者纳入本单位从业人员统一管理，对被派遣劳动者进行岗位安全操作规程和安全操作技能的教育和培训。劳务派遣单位应当对被派遣劳动者进行必要的安全生产教育和培训。

生产经营单位接收中等职业学校、高等学校学生实习的，应当对实习学生进行相应的安全生产教育和培训，提供必要的劳动防护用品。学校应当协助生产经营单位对实习学生进行安全生产教育和培训。

从业人员安全培训的时间、内容、参加人员以及考核结果等情况，生产经营单位应当如实记录并建档备查。

第十一条 生产经营单位从业人员的培训内容和培训时间，应当符合《生产经营单位安全培训规定》和有关标准的规定。

第十二条 中央企业的分公司、子公司及其所属单位和其他生产经营单位，发生造成人员死亡的生产安全事故的，其主要负责人和安全生产管理人员应当重新参加安全培训。

特种作业人员对造成人员死亡的生产安全事故负

有直接责任的，应当按照《特种作业人员安全技术培训考核管理规定》重新参加安全培训。

第十三条 国家鼓励生产经营单位实行师傅带徒弟制度。

矿山新招的井下作业人员和危险物品生产经营单位新招的危险工艺操作岗位人员，除按照规定进行安全培训外，还应当在有经验的职工带领下实习满 2 个月后，方可独立上岗作业。

第十四条 国家鼓励生产经营单位招录职业院校毕业生。

职业院校毕业生从事与所学专业相关的作业，可以免予参加初次培训，实际操作培训除外。

第十五条 安全培训机构应当建立安全培训工作制度和人员培训档案。安全培训相关情况，应当如实记录并建档备查。

第十六条 安全培训机构从事安全培训工作的收费，应当符合法律、法规的规定。法律、法规没有规定的，应当按照行业自律标准或者指导性标准收费。

第十七条 国家鼓励安全培训机构和生产经营单位利用现代信息技术开展安全培训，包括远程培训。

第三章 安全培训的考核

第十八条 安全监管监察人员、从事安全生产工作的相关人员、依照有关法律法规应当接受安全生产知识和管理能力考核的生产经营单位主要负责人和安全生产管理人员、特种作业人员的安全培训的考核，应当坚持教考分离、统一标准、统一题库、分级负责的原则，分步推行有远程视频监控的计算机考试。

第十九条 安全监管监察人员，危险物品的生产、经营、储存单位及非煤矿山、金属冶炼单位主要负责人、安全生产管理人员和特种作业人员，以及从事安全生产工作的相关人员的考核标准，由国家安全监管总局统一制定。

煤矿企业的主要负责人、安全生产管理人员和特种作业人员的考核标准，由国家煤矿安监局制定。

除危险物品的生产、经营、储存单位和矿山、金属冶炼单位以外其他生产经营单位主要负责人、安全生产管理人员及其他从业人员的考核标准，由省级安全生产监督管理部门制定。

第二十条 国家安全监管总局负责省级以上安全生产监督管理部门的安全生产监管人员、各级煤矿安全监察机构的煤矿安全监察人员的考核；负责中央企业的总公司、总厂或者集团公司的主要负责人和安全生产管理人员的考核。

省级安全生产监督管理部门负责市级、县级安全生产监督管理部门的安全生产监管人员的考核；负责省属生产经营单位和中央企业分公司、子公司及其所属单位的主要负责人和安全生产管理人员的考核；负责特种作业人员的考核。

市级安全生产监督管理部门负责本行政区域内除中央企业、省属生产经营单位以外的其他生产经营单位的主要负责人和安全生产管理人员的考核。

省级煤矿安全培训监管机构负责所辖区域内煤矿企业的主要负责人、安全生产管理人员和特种作业人员的考核。

除主要负责人、安全生产管理人员、特种作业人员以外的生产经营单位的其他从业人员的考核，由生产经营单位按照省级安全生产监督管理部门公布的考核标准，自行组织考核。

第二十一条 安全生产监督管理部门、煤矿安全培训监管机构和生产经营单位应当制定安全培训的考核制度，建立考核管理档案备查。

第四章 安全培训的发证

第二十二条 接受安全培训人员经考核合格的，由考核部门在考核结束后 10 个工作日内颁发相应的证书。

第二十三条 安全生产监管人员经考核合格后，颁发安全生产监管执法证；煤矿安全监察人员经考核合格后，颁发煤矿安全监察执法证；危险物品的生产、经营、储存单位和矿山、金属冶炼单位主要负责人、安全生产管理人员经考核合格后，颁发安全合格证；特种作业人员经考核合格后，颁发《中华人民共和国特种作业操作证》（以下简称特种作业操作证）；危险化学品登记机构的登记人员经考核合格后，颁发上岗证；其他人员经培训合格后，颁发培训合格证。

第二十四条 安全生产监管执法证、煤矿安全监察执法证、安全合格证、特种作业操作证和上岗证的式样，由国家安全监管总局统一规定。培训合格证的式样，由负责培训考核的部门规定。

第二十五条 安全生产监管执法证、煤矿安全监察执法证、安全合格证的有效期为 3 年。有效期届满需要延期的，应当于有效期届满 30 日前向原发证部门申请办理延期手续。特种作业人员的考核发证按照《特种作业人员安全技术培训考核管理规定》执行。

第二十六条 特种作业操作证和省级安全生产监

督管理部门、省级煤矿安全培训监管机构颁发的主要负责人、安全生产管理人员的安全合格证，在全国范围内有效。

第二十七条 承担安全评价、咨询、检测、检验的人员和安全生产应急救援人员的考核、发证，按照有关法律、法规、规章的规定执行。

第五章 监督管理

第二十八条 安全生产监督管理部门、煤矿安全培训监管机构应当依照法律、法规和本办法的规定，加强对安全培训工作的监督管理，对生产经营单位、安全培训机构违反有关法律、法规和本办法的行为，依法作出处理。

省级安全生产监督管理部门、省级煤矿安全培训监管机构应当定期统计分析本行政区域内安全培训、考核、发证情况，并报国家安全监管总局。

第二十九条 安全生产监督管理部门和煤矿安全培训监管机构应当对安全培训机构开展安全培训活动的情况进行监督检查，检查内容包括：

（一）具备从事安全培训工作所需要的条件的情况；

（二）建立培训管理制度和教师配备的情况；

（三）执行培训大纲、建立培训档案和培训保障的情况；

（四）培训收费的情况；

（五）法律法规规定的其他内容。

第三十条 安全生产监督管理部门、煤矿安全培训监管机构应当对生产经营单位的安全培训情况进行监督检查，检查内容包括：

（一）安全培训制度、年度培训计划、安全培训管理档案的制定和实施的情况；

（二）安全培训经费投入和使用的情况；

（三）主要负责人、安全生产管理人员接受安全生产知识和管理能力考核的情况；

（四）特种作业人员持证上岗的情况；

（五）应用新工艺、新技术、新材料、新设备以及转岗前对从业人员安全培训的情况；

（六）其他从业人员安全培训的情况；

（七）法律法规规定的其他内容。

第三十一条 任何单位或者个人对生产经营单位、安全培训机构违反有关法律、法规和本办法的行为，均有权向安全生产监督管理部门、煤矿安全监察机构、煤矿安全培训监管机构报告或者举报。

接到举报的部门或者机构应当为举报人保密，并按照有关规定对举报进行核查和处理。

第三十二条 监察机关依照《中华人民共和国行政监察法》等法律、行政法规的规定，对安全生产监督管理部门、煤矿安全监察机构、煤矿安全培训监管机构及其工作人员履行安全培训工作监督管理职责情况实施监察。

第六章 法律责任

第三十三条 安全生产监督管理部门、煤矿安全监察机构、煤矿安全培训监管机构的工作人员在安全培训监督管理工作中滥用职权、玩忽职守、徇私舞弊的，依照有关规定给予处分；构成犯罪的，依法追究刑事责任。

第三十四条 安全培训机构有下列情形之一的，责令限期改正，处1万元以下的罚款；逾期未改正的，给予警告，处1万元以上3万元以下的罚款：

（一）不具备安全培训条件的；

（二）未按照统一的培训大纲组织教学培训的；

（三）未建立培训档案或者培训档案管理不规范的；安全培训机构采取不正当竞争手段，故意贬低、诋毁其他安全培训机构的，依照前款规定处罚。

第三十五条 生产经营单位主要负责人、安全生产管理人员、特种作业人员以欺骗、贿赂等不正当手段取得安全合格证或者特种作业操作证的，除撤销其相关证书外，处3000元以下的罚款，并自撤销其相关证书之日起3年内不得再次申请该证书。

第三十六条 生产经营单位有下列情形之一的，责令改正，处3万元以下的罚款：

（一）从业人员安全培训的时间少于《生产经营单位安全培训规定》或者有关标准规定的；

（二）矿山新招的井下作业人员和危险物品生产经营单位新招的危险工艺操作岗位人员，未经实习期满独立上岗作业的；

（三）相关人员未按照本办法第十二条规定重新参加安全培训的。

第三十七条 生产经营单位存在违反有关法律、法规中安全生产教育培训的其他行为的，依照相关法律、法规的规定予以处罚。

第七章 附 则

第三十八条 本办法自2012年3月1日起施行。2004年12月28日公布的《安全生产培训管理办法》（原国家安全生产监督管理局〈国家煤矿安全监察局〉令第20号）同时废止。

4）执法监督与调查处理

应急管理综合行政执法技术检查员和社会监督员工作规定（试行）

（2021年11月30日应急管理部、司法部以应急〔2021〕93号印发）

第一章 总 则

第一条 为加强应急管理部门执法专业力量建设，有效缓解基层执法队伍专业人员不足的问题，强化对行政执法工作的社会监督，促进应急管理部门严格规范公正文明执法，根据党中央、国务院关于深化应急管理综合行政执法改革工作部署以及有关法律法规的规定，制定本规定。

第二条 本规定所称应急管理综合行政执法技术检查员（以下简称技术检查员），是指按照权限和程序聘用的，为应急管理部门综合行政执法工作提供专业技术支撑，协助开展行政执法工作的人员。技术检查员分为专职技术检查员和兼职技术检查员两类。

本规定所称应急管理综合行政执法社会监督员（以下简称社会监督员），是指通过推荐或者邀请方式聘任的，对应急管理部门综合行政执法工作进行执法监督的人员。

第三条 技术检查员和社会监督员的聘用、聘任，应当遵循公开、平等、竞争、择优的原则，统一选聘标准和程序。

第四条 地方各级应急管理部门、司法行政部门应当加强协作配合，共同做好技术检查员和社会监督员的日常管理工作。

第二章 技术检查员

第五条 根据应急管理综合行政执法实际需要，地方各级应急管理部门应当会同级司法行政部门组织制定技术检查员聘用计划，报请本级人民政府批准后组织实施。

技术检查员聘用计划应当包括专职、兼职技术检查员的数量，以及专业需求、聘用方式、培训考核、经费保障等内容。

第六条 应急管理部门应当根据辖区内行业领域安全风险状况、执法管辖企业数量、重点检查企业类型、执法难度、执法能力水平等因素，结合本地区社会经济发展水平和财政状况，科学合理地确定专职、兼职技术检查员的数量，明确岗位设置要求。

第七条 专职技术检查员应当面向社会公开招聘。

公开招聘采取考试或者考核的办法。考试采取笔试和面试相结合的形式进行，笔试成绩原则上占考试总成绩比例不低于60%。

第八条 专职技术检查员应当从符合下列条件的人员中通过考试的方式聘用：

（一）遵守宪法和法律法规，具有良好的道德品行；

（二）具有安全生产、防灾减灾救灾等相关安全类专业本科以上学历，或者相关行业领域中级以上专业技术职称、二级（技师）以上职业资格，或者注册安全工程师等职业资格；

（三）适应岗位要求的身体条件；

（四）满足岗位所需的其他条件。

从事安全生产、防灾减灾救灾相关行业领域工作满10年、实践经验丰富的专业技术人员（含退休人员），可以不受前款第二项规定的限制，通过考核的方式聘用为专职技术检查员。

第九条 聘用专职技术检查员的，应当向社会发布招聘公告。招聘公告应当包括招聘岗位、应聘条件、聘用方式、时间安排等事项。对采取考核方式招聘的，还应当明确考核的内容、要求、程序等事项。

第十条 兼职技术检查员可以从本地区专家库或者经有关方面推荐的专业技术人员中聘用。

第十一条 应急管理部门可以通过签订劳动合同、劳务合同或者采取符合有关规定的其他方式，聘用技术检查员。有关合同应当明确技术检查员的岗位职责、权利义务、薪酬待遇、聘用期限、合同解除或者终止等内容。

第十二条 技术检查员按照应急管理部门安排，协助行政执法人员履行以下行政执法职责：

（一）开展现场执法检查、复查和调查取证工作；

（二）责令改正违法行为、消除风险隐患；

（三）参与行政案件研究讨论；

（四）执行行政执法决定；

（五）宣传相关法律、法规、规章和政策；
（六）完成应急管理部门交办的其他任务。

技术检查员履行前款规定的职责时，应当重点对有关国家标准、行业标准的贯彻执行情况进行检查、复查，并在有关调查取证中提供专业性的意见。

技术检查员履行本条第一款规定的职责时，应当出示技术检查员工作证。技术检查员根据应急管理部门的授权，在有关现场执法检查、复查的行政执法文书上签名。

第十三条　技术检查员不得从事下列工作：
（一）办理涉及国家秘密的事项；
（二）独立从事行政执法工作；
（三）作出行政执法决定；
（四）实施行政强制措施；
（五）法律法规规章规定应当由应急管理部门行政执法人员从事的工作。

第十四条　应急管理部门应当组织技术检查员进行岗前培训，经考核合格的，颁发技术检查员工作证。

应急管理部门应当通过定期轮训、专题培训、专项考核、年度考核等方式，不断提高技术检查员的业务素质和履职能力。

技术检查员培训考核工作由省级应急管理部门纳入应急管理综合行政执法人员培训考核管理予以统筹安排。

第十五条　应急管理部门按照"谁使用、谁管理、谁负责"的原则，指定内设机构负责技术检查员的聘用、培训、考核等日常管理工作。

第十六条　省级应急管理部门可以根据工作需要统一调用技术检查员协助开展行政执法工作。

第三章　社会监督员

第十七条　社会监督员可以从具有较高政策水平和较强法治意识，热心应急管理综合行政执法工作，并有一定社会影响的人士中，通过推荐或者邀请的方式聘任。

第十八条　通过推荐方式聘任社会监督员的，由应急管理部门商请有关行业协会、高等院校、研究机构、企业提出推荐人员名单，经征得本人及其所在单位同意后，颁发社会监督员工作证。

第十九条　邀请人大代表、政协委员、律师或者其他人士担任社会监督员的，经征求同级司法行政部门、有关部门的意见后，由应急管理部门向有关人士发出邀请，经本人及其所在单位同意后，颁发社会监督员工作证。

第二十条　社会监督员主要履行下列执法监督职责：
（一）反映社会公众对应急管理综合行政执法工作的批评、意见、建议；
（二）提供有关违法行为和风险隐患的问题线索；
（三）其他有关执法监督事项。

第二十一条　应急管理部门对社会监督员反映的批评、意见、建议和提供的问题线索，应当及时办理并予以反馈。

应急管理部门应当建立健全与社会监督员的工作联系机制，定期通报本地区行政执法情况，组织开展工作交流。

第四章　监督保障

第二十二条　技术检查员和社会监督员履行职责所需经费依法予以保障。

技术检查员的薪酬待遇，根据技术检查员专业水平、技术职称、检查任务量等因素，结合本地区社会经济发展水平确定，并在有关合同中予以明确。

社会监督员工作属于公益事业，原则上不发放报酬。

第二十三条　专职技术检查员的聘用期限，根据应急管理综合行政执法实际需要合理确定。

兼职技术检查员和社会监督员的聘用、聘任期限为每届3年，期限届满后可以续聘。

第二十四条　应急管理部门根据工作需要，为技术检查员、社会监督员配备必要的防护装备、技术装备，购买人身意外伤害等相关保险，并采取措施保障其人身健康和生命安全。

应急管理部门应当加强行政执法信息系统的应用，鼓励技术检查员依托行政执法信息系统参加执法检查工作。

第二十五条　省级应急管理部门负责技术检查员、社会监督员工作证件的制发和统一管理。

技术检查员、社会监督员工作证件式样由应急管理部制定。

第二十六条　技术检查员和社会监督员在聘用、聘任期限内，因健康状况等原因无法胜任工作的，或者无正当理由不履行职责的，或者受到党纪政务处分、刑事处罚的，应当予以解聘。

应急管理部门应当将解聘人员及解聘原因等相关信息通报有关部门和单位，并在部门公示系统予以公示。

技术检查员和社会监督员被解聘的，应当将工作证件、防护装备、技术装备等交回应急管理部门。

第二十七条 技术检查员和社会监督员有下列行为之一的，依照相关规定给予警示提醒、批评教育、责令检查，或者追究党纪政务责任；涉嫌犯罪的，依法移送司法机关处置：

（一）超越职权、违反规定履行职责，造成严重后果或者恶劣社会影响的；

（二）在开展现场执法检查、复查和调查取证工作中严重失职，致使未能正确作出行政执法决定的；

（三）对执法对象态度蛮横、行为粗暴、故意刁难或者吃拿卡要的；

（四）利用工作之便为本人或者他人谋取不正当利益的；

（五）擅自转借、赠送、出租、抵押、转卖工作证件的；

（六）泄露、扩散或者打探、窃取有关执法工作尚未公开事项或者其他应当保密的内容的；

（七）解聘后拒不办理工作交接手续的；

（八）有其他违规违纪违法行为的。

第二十八条 应急管理部门发现技术检查员和社会监督员涉嫌违规违纪违法的，应当依照相关规定予以处理，或者按照管理权限及时移送纪检监察等有权机关处理。

纪检监察等有权机关介入调查的，应急管理部门可以按照有权机关要求对有关技术检查员和社会监督员是否依法履职、是否存在过错行为等问题，组织研究论证并出具书面意见，作为有权机关认定责任的参考。

第二十九条 技术检查员和社会监督员因履行本规定明确的职责，本人或者其近亲属遭受恐吓威胁、滋事骚扰、攻击辱骂或者人身、财产受到侵害的，应急管理部门应当及时告知当地公安机关并协助依法处置。

第三十条 技术检查员和社会监督员因履行本规定明确的职责，遭受不实投诉、诬告以及诽谤、侮辱，经调查认定不予追究责任的，应急管理部门应当以适当形式及时澄清事实，消除不良影响，维护其合法权益。

第三十一条 技术检查员和社会监督员表现突出，有显著成绩和特殊贡献的，由应急管理部门按有关规定予以表彰奖励。

第五章 附 则

第三十二条 地方各级应急管理部门确有需要，面向社会招聘执法辅助人员承担事务性、辅助性工作的，应当加强教育、管理和日常监督，完善相关管理制度。

第三十三条 矿山安全监察机构、地震工作机构和消防救援机构为加强行政执法专业力量建设，强化对行政执法工作的社会监督，聘用技术检查人员、聘任社会监督人员的，参照本规定执行。

第三十四条 乡镇、街道承接应急管理有关执法职责，需要聘用技术检查员、聘任社会监督员的，参照本规定执行。

第三十五条 省级应急管理部门、司法行政部门可以根据本地区实际情况制定实施细则。

第三十六条 本规定由应急管理部会同司法部负责解释，自印发之日起施行。

关于加强安全生产执法工作的意见

（2021年3月29日应急管理部以应急〔2021〕23号印发）

中国地震局、国家矿山安监局，各省、自治区、直辖市应急管理厅（局），新疆生产建设兵团应急管理局，部消防救援局、森林消防局，部机关各司局，国家安全生产应急救援中心：

为加强安全生产执法工作，提高运用法治思维和法治方式解决安全生产问题的能力和水平，有力有效防范化解安全风险、消除事故隐患，切实维护人民群众生命财产安全和社会稳定，推动实现更为安全的发展，根据中共中央办公厅、国务院办公厅印发的《关于深化应急管理综合行政执法改革的意见》提出的"突出加强安全生产执法工作，有效防范遏制生产安全事故发生"原则要求，现提出以下意见：

一、总体要求

以习近平新时代中国特色社会主义思想为指导，认真学习贯彻落实习近平法治思想和习近平总书记关于安全生产重要论述，提高政治站位，统筹发展和安全，坚持人民至上、生命至上，建立完善与新发展阶段、新发展理念、新发展格局相适应的科学高效的安全生产执法体制机制。强化安全生产法治观念，坚持严格规范公正文明执法，切实解决多层多头重复执法和屡罚不改、屡禁不止问题。创新执法模式，科学研判风险、强化精准执法，转变工作作风、敢于动真碰硬，以高质量执法推动提升安全生产水平，切实把确保人民生命安全放在第一位落到实处，以实际行动和实际效果践行"两个维护"。

二、坚持精准执法，着力提高执法质量

（一）明确层级职责。地方各级应急管理部门对辖区内安全生产执法工作负总责，承担本级法定执法职责和对下级执法工作的监督指导、抽查检查以及跨区域执法的组织协调等工作。各省级应急管理部门要在统筹分析辖区内行业领域安全风险状况、企业规模、执法难度以及各层级执法能力水平等情况的基础上，明确省市县三级执法管辖权限，确定各级执法管辖企业名单，原则上一家企业对应一个层级的执法主体，下级应急管理部门不对上级部门负责的企业开展执法活动。对下级部门难以承担的执法案件或管辖有争议的案件，上级部门可依照程序进行管辖或指定管辖；对重大和复杂案件，要及时报告上级部门立案查处。

（二）科学确定重点检查企业。完善执法计划制度，地方各级应急管理部门要将矿山、危险化学品、烟花爆竹、金属冶炼、涉爆粉尘等重点行业领域安全风险等级较高的企业纳入年度执法计划，确定为重点检查企业，每年至少进行一次"全覆盖"执法检查，其他企业实行"双随机、一公开"执法抽查。对近三年内曾发生生产安全亡人事故、一年内因重大事故隐患被应急管理部门实施过行政处罚、存在重大事故隐患未按期整改销号、纳入失信惩戒名单、停产整顿、技改基建、关闭退出以及主要负责人安全"红线"意识不牢、责任不落实等企业单位，要纳入重点检查企业范围，在正常执法计划的基础上实施动态检查，年度内检查次数至少增加一次。对于安全生产标准化一级企业或三年以上未发生事故等守法守信的重点检查企业，可纳入执法抽查。对典型事故等暴露出的严重违法行为或落实临时性重点任务以及通过投诉举报、转办交办、动态监测等发现的问题，要及时开展执法检查，不受执法计划、固定执法时间和对象限制，确保执法检查科学有效。

（三）聚焦执法检查重点事项。依据重点行业领域重大事故隐患判定标准，分行业领域建立执法检查重点事项清单并动态更新。围绕重点事项开展有针对性的执法检查，确保企业安全风险突出易发生事故的关键环节、要害岗位、重点设施检查到位。执法检查要坚持问题导向、目标导向、结果导向，实施精准执法，防止一般化、简单化、"大呼隆"等粗放式检查扰乱企业生产经营，以防风险、除隐患、遏事故的执法检查实效优化营商环境。

三、坚持严格执法，着力提升执法效能

（四）严格执法处罚。针对执法检查中发现的各类违法行为，要盯住不放，督促企业彻底整改，严格执法闭环管理。对于严重违法行为，要求企业主要负责人牵头负责整改落实，压实整改责任。严格依据法律法规进行处罚，不得以责令限期改正等措施代替处罚，对存在多种违法行为的案件要分别裁量、合并处罚，不得选择性处罚。对违法行为逾期未整改或整改不到位的，以及同一违法行为反复出现的，要依法严肃查处、从重处罚，坚决防止执法"宽松软"。

（五）建立典型执法案例定期报告制度。各省级、市级、县级应急管理部门分别按照每半年、每季度和每两个月的时间周期，直接向应急管理部至少报送一个执法案例，市、县两级同时抄报上一级应急管理部门。执法案例须聚焦执法检查重点事项，从执法严格、程序规范并由本级直接作出行政处罚的案件中选取。应急管理部建立典型执法案例数据库，健全案例汇总、筛选、发布和奖惩机制，选取优秀执法案例，对有关单位和执法人员依据有关规定给予记功和嘉奖；对执法不严格、程序不规范的案例将适时进行通报。

（六）密切行刑衔接。严格贯彻实施《刑法修正案（十一）》，加大危险作业行为刑事责任追究力度。发现在生产、作业中有关闭、破坏直接关系生产安全的设备设施，或篡改、隐瞒、销毁其相关数据信息，或拒不执行因存在重大事故隐患被依法责令停产停业、停止使用设备设施场所、立即采取整改措施的执法决定，或未经依法批准或许可擅自从事高度危险的生产作业活动等违反有关安全管理规定的情形，具有导致重大伤亡事故或者其他严重后果的现实危险行为，各级应急管理部门及消防救援机构要按照《安全生产行政执法与刑事司法衔接工作办法》（应急〔2019〕54号），及时移送司法机关，依法追究刑事责任，不得以行政处罚代替移送，坚决纠正有案不送、以罚代刑等问题。对其他涉及刑事责任的违法行为，按照有关法律法规和程序，及时移交查办。

（七）加强失信联合惩戒。严格执行安全生产失信行为联合惩戒制度，对于存在严重违法行为的失信主体要及时纳入安全生产失信惩戒名单，提高执法工作严肃性和震慑力。对于列入严重失信惩戒名单的企业和人员，将相关信息推送全国信用信息共享平台，按照《关于对安全生产领域失信生产经营单位及其有关人员开展联合惩戒的合作备忘录》（发改财金〔2016〕1001号）要求，实施联合惩戒。

（八）建立联合执法机制。结合贯彻落实中共中央办公厅、国务院办公厅印发的《关于深化消防执法改革的意见》，加强地方应急管理部门与消防救援机构的协调联动，创新执法方式，强化优势互补，建立安全生产执法与消防执法联合执法机制，加强信息共享，形成执法合力。

四、规范执法行为，着力强化执法权威

（九）全面落实行政执法"三项制度"。严格落实行政执法公示制度，按照"谁执法谁公示"的原则，及时通过各级应急管理部门政府网站和政务新媒体、服务窗口等平台向社会公开行政执法基本信息和结果信息；建立健全执法决定信息公开发布、撤销和更新机制，严格按照相关规定对执法决定信息进行公开，公开期满要及时撤下。落实执法全过程记录制度，全面配备使用执法记录仪，综合运用文字记录、音像记录等方式，实现现场执法和案件办理全过程留痕和可回溯管理。严格执行重大执法决定法制审核制度，明确审核机构、审核范围、审核内容、审核责任。

（十）规范执法程序。严格规范日常执法检查、专项执法、明查暗访、交叉互检等工作方式，坚持严格执法与指导服务相结合，在对重点检查企业的检查中实行"执法告知、中国地震局、国家矿山安监局、各省、自治区、直辖市应急现场检查、交流反馈""企业主要负责人、安全管理人员、岗位操作员工全过程在场"和"执法+专家"的执法工作模式。提前做好现场检查方案，检查前进行执法告知；检查中企业有关人员必须全过程在场，客观规范记录检查情况，对重大事故隐患排除前或者排除过程中无法保证安全的依法采取现场处理措施，对依法应当给予行政处罚的要及时立案，全面客观公正开展调查、收集证据；检查后进行交流反馈，开展"说理式"执法，注重适用法律答疑解惑，提供安全咨询和整改指导。存在法定不予处罚、从轻处罚、减轻处罚情形的，应依法执行，防止执法乱收费、乱罚款等现象。对检查中发现存在的安全问题应当由其他有关部门进行处理的，应当及时移送并形成记录备查；对需要地方政府和上级应急管理部门研究解决的重大风险和突出隐患问题，要及时报告。要综合运用约谈、警示、通报和考核巡查等手段，及时督促有关地方政府和部门单位落实安全防范措施。

（十一）加强案卷评查和执法评议考核。以执法质量作为案卷评查重点，定期对行政处罚、行政强制等执法案卷开展评查，以评查促规范，持续提高执法能力和办案水平。以落实行政执法责任制为重点，建立健全执法评议考核制度，从执法力度、办案质量、工作成效、指导服务等方面对执法工作开展评议考核，依法依规责令改正存在违法、不当情形的行政处罚。强化考核结果运用，将执法评议考核作为年度工作考核的重要指标。中国地震局、国家矿山安监局、各省、自治区、直辖市应急

五、推进执法信息化建设，着力完善执法手段

（十二）建立完善企业安全基础电子台账。地方各级应急管理部门要建立企业安全基础电子台账并进行动态更新，全面掌握辖区内企业类型和数量变化。汇总增加与安全生产有关的设备设施、安评报告、事故调查等安全管理内容，形成"一企一档"，研究分析企业安全风险状况，为确定重点检查企业提供数据支撑。

（十三）建立健全安全生产执法信息化工作机制。整合建立全国统一的应急管理监管执法信息平台，将重点检查企业生产过程监控视频和安全生产数据接入平台，充分运用风险监测预警、信用监管、投诉举报、信访等平台数据，加强对执法对象安全风险分析研判和预测预警，推动加快实施"工业互联网+安全生产"行动计划。坚持现场执法检查和网络巡查执法"两条腿"走路，结合疫情防控常态化条件下安全生产执法工作实际，积极拓展非现场监管执法手段及应用，建立完善非现场监管执法制度办法，明确工作流程、落实责任要求。

（十四）大力推进"互联网+执法"系统应用。推进智能移动执法系统和手持终端应用，执法行为全过程要上线入网。加强生产作业现场重点设备、工艺、装置风险隐患样本库建设，提高对同类风险隐患的自动辨识能力，增强执法实效。利用执法系统实时掌握执法检查情况，实现执法中国地震局、国家矿山安监局、各省、自治区、直辖市应急计划、执法检查、统计分析的实时管理，及时提醒纠正各类违法行为。

六、加强执法力量建设，着力增强执法队伍能力水平

（十五）加强组织领导。全面加强党对安全生产执法工作的领导，各级应急管理部门党委（党组）每年要定期专题研究安全生产执法工作。要认真贯彻落实中央关于"应急管理执法体制调整后，安全生产执法工作只能加强不能削弱"的要求，充分认识加强和改进安全生产执法工作的重要性和紧迫性，加强执法队伍建设，落实执法保障，构建权责一致、权威高效的执法体制，持续提升防范化解重大风险和遏制重特大事故的执法能力。

（十六）加强执法教育培训。健全系统化执法教育培训机制，建立并规范实施入职培训、定期轮训和考核制度。制定年度执法教育培训计划，把理论学习与实践锻炼、课程讲授与实际运用有机结合，不断增强执法人员综合素质特别是一线人员的履职能力，持

续提高具有安全生产专业知识和实践经验的执法人员比例。突出执法工作重点环节，采取理论考试、现场实操、模拟执法等方式组织开展执法队伍岗位比中国地震局、国家矿山安监局，各省、自治区、直辖市应急武练兵，充分发挥其检验、激励和导向作用，推动执法人员提高实战能力、锤炼工作作风、规范执法行为。

（十七）加强专业力量建设。严把专业入口关，加大紧缺专业人才引进力度，强化专业人干专业事。加大矿山、危险化学品、工贸等重点行业领域专业执法骨干力量培养力度，从理论、实践等方面制定专门培养计划，突出培养重点，建设法治素养和安全生产专业素质齐备的执法骨干力量。突出安全生产执法专业特色，提高执法装备水平，开展执法机构业务标准化建设，加强执法保障能力。聘请相关行业领域有影响力的技术人员和专家学者等，组成执法监督员队伍，为安全生产执法工作提供理论和专业力量支撑。

各省级应急管理部门要将落实本意见重要情况，及时报告应急管理部。

应急管理部
2021 年 3 月 29 日

安全生产约谈实施办法（试行）

（2018 年 2 月 26 日国务院安全生产委员会以安委〔2018〕2 号印发实施）

第一条 为促进安全生产工作，强化责任落实，防范和遏制重特大生产安全事故（生产安全事故以下简称"事故"），依据《中共中央国务院关于推进安全生产领域改革发展的意见》《国务院关于坚持科学发展安全发展促进安全生产形势持续稳定好转的意见》，制定本办法。

第二条 本办法所称安全生产约谈（以下简称约谈），是指国务院安全生产委员会（以下简称国务院安委会）主任、副主任及国务院安委会负有安全生产监督管理职责的成员单位负责人约见地方人民政府负责人，就安全生产有关问题进行提醒、告诫，督促整改的谈话。

第三条 国务院安委会进行的约谈，由国务院安委会办公室承办，其他约谈由国务院安委会有关成员单位按工作职责单独或共同组织实施。

共同组织实施约谈的，发起约谈的单位（以下简称约谈方）应与参加约谈的单位主动沟通，并就约谈事项达成一致。

第四条 发生特别重大事故或贯彻落实党中央、国务院安全生产重大决策部署不坚决、不到位的，由国务院安委会主任或副主任约谈省级人民政府主要负责人。

第五条 发生重大事故，有下列情形之一的，由国务院安委会办公室负责人或国务院安委会有关成员单位负责人约谈省级人民政府分管负责人：

（一）30 日内发生 2 起的；

（二）6 个月内发生 3 起的；

（三）性质严重、社会影响恶劣的；

（四）事故应急处置不力，致使事故危害扩大，死亡人数达到重大事故的；

（五）重大事故未按要求完成调查的，或未落实责任追究、防范和整改措施的；

（六）其他需要约谈的情形。

第六条 安全生产工作不力，有下列情形之一的，由国务院安委会办公室负责人或国务院安委会有关成员单位负责人或指定其内设局主要负责人约谈市（州）人民政府主要负责人：

（一）发生重大事故或 6 个月内发生 3 起较大事故的；

（二）发生性质严重、社会影响恶劣较大事故的；

（三）事故应急处置不力，致使事故危害扩大，死亡人数达到较大事故的；

（四）国务院安委会督办的较大事故，未按要求完成调查的，或未落实责任追究、防范和整改措施的；

（五）国务院安委会办公室督办的重大事故隐患，未按要求完成整改的；

（六）其他需要约谈的情形。

第七条 约谈程序的启动：

（一）国务院安委会进行的约谈，由国务院安委会办公室提出建议，报国务院领导同志审定后，启动约谈程序；

（二）国务院安委会办公室进行的约谈，由国务院安委会有关成员单位按工作职责提出建议，报国务院安委会办公室主要负责人审定后，启动约谈程序；

（三）国务院安委会成员单位进行的约谈，由本部门有关内设机构提出建议，报本部门分管负责人批准后，抄送国务院安委会办公室，启动约谈程序。

第八条 约谈经批准后，由约谈方书面通知被约谈方，告知被约谈方约谈事由、时间、地点、程序、参加人员、需要提交的材料等。

第九条 被约谈方应根据约谈事由准备书面材料，主要包括基本情况、原因分析、主要教训以及采取的整改措施等。

第十条 被约谈方为省级人民政府的，省级人民政府主要或分管负责人及其有关部门主要负责人、市（州）人民政府主要负责人和分管负责人等接受约谈。视情要求有关企业主要负责人接受约谈。

被约谈方为市（州）人民政府的，市（州）人民政府主要负责人和分管负责人及其有关部门主要负责人、省级人民政府有关部门负责人等接受约谈。视情要求有关企业主要负责人接受约谈。

第十一条 约谈人员除主约谈人外，还包括参加约谈的国务院安委会成员单位负责人或其内设司局负责人，以及组织约谈的相关人员等。

第十二条 根据约谈工作需要，可邀请有关专家、新闻媒体、公众代表等列席约谈。

第十三条 约谈实施程序：

（一）约谈方说明约谈事由和目的，通报被约谈方存在的问题；

（二）被约谈方就约谈事项进行陈述说明，提出下一步拟采取的整改措施；

（三）讨论分析，确定整改措施及时限；

（四）形成约谈纪要。

国务院安委会成员单位进行的约谈，约谈纪要抄送国务院安委会办公室。

第十四条 整改措施落实与督促：

（一）被约谈方应当在约定的时限内将整改措施落实情况书面报约谈方，约谈方对照审核，必要时可进行现场核查；

（二）落实整改措施不力，连续发生事故的，由约谈方给予通报，并抄送被约谈方的上一级监察机关，依法依规严肃处理。

第十五条 约谈方根据政务公开的要求及时向社会公开约谈情况，接受社会监督。

第十六条 国务院安委会有关成员单位对中央管理企业的约谈参照本办法实施。

国务院安委会办公室对约谈办法实施情况进行督促检查。国务院安委会有关成员单位、各省级安委会可以参照本办法制定本单位、本地区安全生产约谈办法。

第十七条 本办法自印发之日起实施。

安全生产监管执法监督办法

（2018年国家安全生产监督管理总局第2次局长办公会议研究通过，2018年3月5日以安监总政法〔2018〕34号印发）

第一条 为督促安全生产监督管理部门依法履行职责、严格规范公正文明执法，及时发现和纠正安全生产监管执法工作中存在的问题，根据《安全生产法》《职业病防治法》等法律法规及国务院有关规定，制定本办法。

第二条 本办法所称安全生产监管执法行为（以下简称执法行为），是指安全生产监督管理部门（以下简称安全监管部门）依法履行安全生产、职业健康监督管理职责，按照有关法律、法规、规章对行政相对人实施监督检查、现场处理、行政处罚、行政强制、行政许可等行为。

本办法所称安全生产监管执法监督（以下简称执法监督），是指安全监管部门对执法行为及相关活动的监督，包括上级安全监管部门对下级安全监管部门，安全监管部门对本部门内设机构、专门执法机构（执法总队、支队、大队等，下同）及其执法人员开展的监督。

第三条 安全监管部门开展执法监督工作，适用本办法。

安全监管部门对接受委托执法的乡镇人民政府、街道办事处、开发区管理机构等组织、机构开展执法监督工作，参照本办法执行。

第四条 执法监督工作遵循监督与促进相结合的原则，强化安全监管部门对内设机构、专门执法机构及其执法人员的监督，不断完善执法工作制度和机制，提升执法效能。

第五条 安全监管部门应指定一内设机构（以下简称执法监督机构）具体负责组织开展执法监督工作。

安全监管部门应当配备满足工作需要的执法监督人员，为执法监督机构履行职责提供必要的条件。

第六条 安全监管部门应当通过政府网站和办事大厅、服务窗口等，公布本部门执法监督电话、电子邮箱及通信地址，接受并按规定核查处理有关举报投诉。

第七条 安全监管部门通过综合监督、日常监督、专项监督等三种方式开展执法监督工作。

综合监督是指上级安全监管部门按照本办法规定的检查内容，对下级安全监管部门执法总体情况开展的执法监督。

日常监督是指安全监管部门对内设机构、专门执法机构及其执法人员日常执法情况开展的执法监督。

专项监督是指安全监管部门针对有关重要执法事项或者执法行为开展的执法监督。

第八条 综合监督主要对下级安全监管部门建立健全下列执法工作制度特别是其贯彻执行情况进行监督：

（一）执法依据公开制度。依照有关法律、法规、规章及"三定"规定，明确安全生产监管执法事项、设定依据、实施主体、履责方式等，公布并及时调整本部门主要执法职责及执法依据。

（二）年度监督检查计划制度。编制年度监督检查计划时，贯彻落实分类分级执法、安全生产与职业健康执法一体化和"双随机"抽查的要求。年度监督检查计划报本级人民政府批准并报上一级安全监管部门备案。根据安全生产大检查、专项治理有关安排部署，及时调整年度监督检查计划，按规定履行重新报批、备案程序。

（三）执法公示制度。按照规定的范围和时限，及时主动向社会公开有关执法情况以及行政许可、行政强制、行政处罚结果等信息。

（四）行政许可办理和监督检查制度。依照法定条件和程序实施行政许可。加强行政许可后的监督检查，依法查处有关违法行为。

（五）行政处罚全过程管理制度。规范现场检查、复查，规范调查取证，严格执行行政处罚听证、审核、集体讨论、备案等规定，规范行政处罚自由裁量，推行监督检查及行政处罚全过程记录，规范行政处罚的执行和结案。

（六）执法案卷评查制度。定期对本部门和下级安全监管部门的行政处罚、行政强制、行政许可等执法案卷开展检查、评分；评查结果在一定范围内通报，针对普遍性问题提出整改措施和要求。

（七）执法统计制度。按照规定的时限和要求，逐级报送行政执法统计数据，做好数据质量控制工作，加强统计数据的分析运用。

（八）执法人员管理制度。执法人员必须参加统一的培训考核，取得行政执法资格后，方可从事执法工作。执法人员主动出示执法证件，遵守执法礼仪规范。对执法辅助人员实行统一管理。

（九）行政执法评议考核和奖惩制度。落实行政执法责任制，按年度开展本部门内设机构、专门执法机构及其执法人员的行政执法评议。评议结果按规定纳入执法人员年度考核的范围，加强考核结果运用，落实奖惩措施。

（十）行政复议和行政应诉制度。发挥行政复议的层级监督作用，严格依法审查被申请人具体行政行为的合法性、合理性。完善行政应诉工作，安全监管部门负责人依法出庭应诉。积极履行人民法院生效裁判。

（十一）安全生产行政执法与刑事司法衔接制度。加强与司法机关的协作配合，执法中发现有关单位、人员涉嫌犯罪的，依法向司法机关移送案件，定期通报有关案件办理情况。

第九条 国家安全监管总局每3年至少开展一轮对省级安全监管部门的综合监督，省级安全监管部门每2年至少开展一轮对本地区设区的市级安全监管部门的综合监督。

国家安全监管总局对省级安全监管部门开展综合监督的，应当一并检查其督促指导本地区设区的市级安全监管部门开展执法监督工作的情况。省级安全监管部门对本地区设区的市级安全监管部门开展综合监督的，应当一并检查其督促指导本地区县级安全监管部门开展执法监督工作的情况。

设区的市级安全监管部门按照省级安全监管部门的规定，开展对本地区县级安全监管部门的综合监督。

第十条 开展综合监督前，应当根据实际检查的安全监管部门数量、地域分布等，制定详细的工作方案。

综合监督采用百分制评分，具体评分标准由开展综合监督的安全监管部门结合实际工作情况制定。

第十一条 综合监督结束后，应当将综合监督有关情况、主要成效、经验做法以及发现的主要问题和整改要求、对策措施等在一定范围内通报。

省级安全监管部门应当在综合监督结束后将工作情况报告国家安全监管总局执法监督机构。

第十二条 地方各级安全监管部门应当制定日常监督年度计划，经本部门负责人批准后组织实施。

日常监督重点对本部门内设机构、专门执法机构及其执法人员严格依照有关法律、法规、规章的要求和程序实施现场处理、行政处罚、行政强制，以及事故调查报告批复的有关处理落实情况等进行监督，确保执法行为的合法性、规范性。

第十三条 安全监管部门对有关机关交办、转办、移送的重要执法事项以及行政相对人、社会公众举报投诉集中反映的执法事项、执法行为，应当开展专项监督。

专项监督由执法监督机构报经安全监管部门负责人批准后开展，并自批准之日起30日内形成专项监督报告。需要延长期限的，应当经安全监管部门负责人批准。

第十四条　上级安全监管部门在综合监督、专项监督中发现下级安全监管部门执法行为存在《行政处罚法》《行政强制法》《行政许可法》等法律法规规定的违法、不当情形的，应当立即告知下级安全监管部门予以纠正。对存在严重问题的，应当制作《行政执法监督整改通知书》，责令下级安全监管部门依法改正、纠正。

上级安全监管部门在制作《行政执法监督整改通知书》前，应当将相关执法行为存在的违法、不当情形告知下级安全监管部门，听取其陈述和申辩，必要时可以聘请专家对执法行为涉及的技术问题进行论证。

下级安全监管部门应当自收到《行政执法监督整改通知书》之日起30日内，将整改落实情况书面报告上级安全监管部门。

安全监管部门在日常监督、专项监督中发现本部门执法行为存在《行政处罚法》《行政强制法》《行政许可法》等法律法规规定的违法、不当情形的，应当及时依法改正、纠正。

第十五条　执法行为存在有关违法、不当情形，应当追究行政执法责任的，按照《安全生产监管监察职责和行政执法责任追究的规定》（国家安全监管总局令第24号）等规定，追究有关安全监管部门及其机构、人员的行政执法责任。对有关人员应当给予行政处分等处理的，依照有关规定执行；涉嫌犯罪的，移交司法机关处理。

第十六条　各级安全监管部门对在执法监督工作中表现突出的单位和个人，应当按规定给予表彰和奖励。

第十七条　地方各级安全监管部门应当于每年3月底前将本部门上一年度执法监督工作情况报告上一级安全监管部门。

第十八条　各省级安全监管部门可以结合本地区实际，制定具体实施办法。

第十九条　本办法自印发之日起施行。

安全生产执法程序规定

（2016年7月15日国家安全生产监督管理总局以安监总政法〔2016〕72号印发）

第一章　总　　则

第一条　为了规范安全生产执法行为，保障公民、法人或者其他组织的合法权益，根据有关法律、行政法规、规章，制定本规定。

第二条　本规定所称安全生产执法，是指安全生产监督管理部门依照法律、行政法规和规章，在履行安全生产（含职业卫生，下同）监督管理职权中，作出的行政许可、行政处罚、行政强制等行政行为。

第三条　安全生产监督管理部门应当建立安全生产执法信息公示制度，将执法的依据、程序和结果等事项向当事人公开，并在本单位官方网站上向社会公示，接受社会公众的监督；涉及国家秘密、商业秘密、个人隐私的除外。

第四条　安全生产监督管理部门应当公正行使安全生产执法职权。行使裁量权应当符合立法目的和原则，采取的措施和手段应当合法、必要、适当；可以采取多种措施和手段实现执法目的的，应当选择有利于保护公民、法人或者其他组织合法权益的措施和手段。

第五条　安全生产监督管理部门在安全生产执法过程中应当依法及时告知当事人、利害关系人相关执法事实、理由、依据、法定权利和义务。

当事人对安全生产执法，依法享有陈述权、申辩权；有权依法申请行政复议或者提起行政诉讼。

第六条　安全生产执法采用国家安全生产监督管理总局统一制定的《安全生产监督管理部门行政执法文书》格式。

第二章　安全生产执法主体和管辖

第七条　安全生产监督管理部门的内设机构或者派出机构对外行使执法职权时，应当以安全生产监督管理部门的名义作出行政决定，并由该部门承担法律责任。

第八条　依法受委托的机关或者组织在委托的范围内，以委托的安全生产监督管理部门名义行使安全生产执法职权，由此所产生的后果由委托的安全生产监督管理部门承担法律责任。

第九条　委托的安全生产监督管理部门与受委托的机关或者组织之间应当签订委托书。委托书应当载明委托依据、委托事项、权限、期限、双方权利和义务、法律责任等事项。委托的安全生产监督管理部门、受委托的机关或者组织应当将委托的事项、权限、期限向社会公开。

第十条　委托的安全生产监督管理部门应当对受委托机关或者组织办理受委托事项的行为进行指导、

监督。

受委托的机关或者组织应当自行完成受委托的事项，不得将受委托的事项再委托给其他行政机关、组织或者个人。

有下列情形之一的，委托的安全生产监督管理部门应当及时解除委托，并向社会公布：

（一）委托期限届满的；

（二）受委托行政机关或者组织超越、滥用行政职权或者不履行行政职责的；

（三）受委托行政机关或者组织不再具备履行相应职责的条件的；

（四）应当解除委托的其他情形。

第十一条 法律、法规和规章对安全生产执法地域管辖未作明确规定的，由行政管理事项发生地的安全生产监督管理部门管辖，但涉及个人资格许可事项的，由行政管理事项发生所在地或者实施资格许可的安全生产监督管理部门管辖。

第十二条 安全生产监督管理部门依照职权启动执法程序后，认为不属于自己管辖的，应当移送有管辖权的同级安全生产监督管理部门，并通知当事人；受移送的安全生产监督管理部门对于不属于自己管辖的，不得再行移送，应当报请其共同的上一级安全生产监督管理部门指定管辖。

第十三条 两个以上安全生产监督管理部门对同一事项都有管辖权的，由最先受理的予以管辖；发生管辖权争议的，由其共同的上一级安全生产监督管理部门指定管辖。情况紧急、不及时采取措施将对公共利益或者公民、法人或者其他组织合法权益造成重大损害的，行政管理事项发生地的安全生产监督管理部门应当进行必要处理，并立即通知有管辖权的安全生产监督管理部门。

第十四条 开展安全生产执法时，有下列情形之一的，安全生产执法人员应当自行申请回避；本人未申请回避的，本级安全生产监督管理部门应当责令其回避；公民、法人或者其他组织依法以书面形式提出回避申请：

（一）本人是本案的当事人或者当事人的近亲属的；

（二）与本人或者本人近亲属有直接利害关系的；

（三）与本人有其他利害关系，可能影响公正执行公务的。

安全生产执法人员的回避，由指派其进行执法工作的安全生产监督管理部门的负责人决定。实施执法工作的安全生产监督管理部门负责人的回避，由该部门负责人集体讨论决定。回避决定作出之前，安全生产执法人员不得擅自停止执法行为。

第三章 安全生产行政许可程序

第十五条 安全生产监督管理部门应当将本部门依法实施的行政许可事项、依据、条件、数量、程序、期限以及需要提交的全部材料的目录和申请书示范文本等进行公示。公示应当采取下列方式：

（一）在实施许可的办公场所设置公示栏、电子显示屏或者将公示信息资料集中在本部门专门场所供公众查阅；

（二）在联合办理、集中办理行政许可的场所公示；

（三）在本部门官方网站上公示。

第十六条 公民、法人或者其他组织依法申请安全生产行政许可的，应当依法向实施许可的安全生产监督管理部门提出。

第十七条 申请人申请安全生产行政许可，应当如实向实施许可的安全生产监督管理部门提交有关材料和反映真实情况，并对其申请材料实质内容的真实性负责。

第十八条 安全生产监督管理部门有多个内设机构办理安全生产行政许可事项的，应当确定一个机构统一受理申请人的申请，统一送达安全生产行政许可决定。

第十九条 申请人可以委托代理人代为提出安全生产行政许可申请，但依法应当由申请人本人申请的除外。

代理人代为提出申请的，应当出具载明委托事项和代理人权限的授权委托书，并出示能证明其身份的证件。

第二十条 公民、法人或者其他组织因安全生产行政许可行为取得的正当权益受法律保护。非因法定事由并经法定程序，安全生产监督管理部门不得撤销、变更、注销已经生效的行政许可决定。

安全生产监督管理部门不得增加法律、法规规定以外的其他行政许可条件。

第二十一条 安全生产监督管理部门实施安全生产行政许可，应当按照以下程序办理：

（一）申请。申请人向实施许可的安全生产监督管理部门提交申请书和法定的文件资料，也可以按规定通过信函、传真、互联网和电子邮件等方式提出安全生产行政许可申请；

（二）受理。实施许可的安全生产监督管理部门按照规定进行初步审查，对符合条件的申请予以受理并出具书面凭证；对申请文件、资料不齐全或者不符合要求的，应当当场告知或者在收到申请文件、资料之日起5个工作日内出具补正通知书，一次告知申请人需要补正的全部内容；对不符合条件的，不予受理并书面告知申请人理由；逾期不告知的，自收到申请材料之日起，即为受理；

（三）审查。实施许可的安全生产监督管理部门对申请材料进行书面审查，按照规定，需要征求有关部门意见的，应当书面征求有关部门意见，并得到书面回复；属于法定听证情形的，实施许可的安全生产监督管理部门应当举行听证；发现行政许可事项直接关系他人重大利益的，应当告知该利害关系人。需要到现场核查的，应当指派两名以上执法人员实施核查，并提交现场核查报告；

（四）作出决定。实施许可的安全生产监督管理部门应当在规定的时间内，作出许可或者不予许可的书面决定。对决定许可的，许可机关应当自作出决定之日起10个工作日内向申请人颁发、送达许可证书或者批准文件；对决定不予许可的，许可机关应当说明理由，并告知申请人享有的法定权利。

依照法律、法规规定实施安全生产行政许可，应当根据考试成绩、考核结果、检验、检测结果作出行政许可决定的，从其规定。

第二十二条 已经取得安全生产行政许可，因法定事由，有关许可事项需要变更的，应当按照有关规定向实施许可的安全生产监督管理部门提出变更申请，并提交相关文件、资料。实施许可的安全生产监督管理部门应当按照有关规定进行审查，办理变更手续。

第二十三条 需要申请安全生产行政许可延期的，应当在规定的期限内，向作出安全生产行政许可的安全生产监督管理部门提出延期申请，并提交延期申请书及规定的申请文件、资料。

提出安全生产许可延期申请时，可以同时提出变更申请，并按有关规定向作出安全生产行政许可的安全生产监督管理部门提交相关文件、资料。

作出安全生产行政许可的安全生产监督管理部门受理延期申请后，应当依照有关规定，对延期申请进行审查，作出是否准予延期的决定；作出安全生产行政许可的安全生产监管管理部门逾期未作出决定的，视为准予延期。

第二十四条 作出安全生产行政许可的安全生产监督管理部门或者其上级安全生产监督管理部门发现公民、法人或者其他组织属于吊销或者撤销法定情形的，应当依法吊销或者撤销该行政许可。

已经取得安全生产行政许可的公民、法人或者其他组织存在有效期届满未按规定提出申请延期、未被批准延期或者被依法吊销、撤销的，作出行政许可的安全生产监督管理部门应当依法注销该安全生产许可，并在新闻媒体或者本机关网站上发布公告。

第四章 安全生产行政处罚程序

第一节 简易程序

第二十五条 安全生产违法事实确凿并有法定依据，对个人处以50元以下罚款、对生产经营单位处以1千元以下罚款或者警告的行政处罚的，安全生产执法人员可以当场作出行政处罚决定。

适用简易程序当场作出行政处罚决定的，应当遵循以下程序：

（一）安全生产执法人员不得少于两名，应当向当事人或者有关人员出示有效的执法证件，表明身份；

（二）行政处罚（当场）决定书，告知当事人作出行政处罚决定的事实、理由和依据；

（三）听取当事人的陈述和申辩，并制作当事人陈述申辩笔录；

（四）将行政处罚决定书当场交付当事人，并由当事人签字确认；

（五）及时报告行政处罚决定，并在5日内报所属安全生产监督管理部门备案。

安全生产执法人员对在边远、水上、交通不便地区，当事人向指定银行缴纳罚款确有困难，经当事人提出，可以当场收缴罚款，但应当出具省级人民政府财政部门统一制发的罚款收据，并自收缴罚款之日起2日内，交至所属安全生产监督管理部门；安全生产监督管理部门应当在2日内将罚款缴付指定的银行。

第二节 一般程序

第二十六条 一般程序适用于依据简易程序作出的行政处罚以外的其他行政处罚案件，遵循以下程序：

（一）立案。

对经初步调查认为生产经营单位涉嫌违反安全生产法律法规和规章的行为、依法应给予行政处罚、属于本部门管辖范围的，应当予以立案，并填写立案审批表。对确需立即查处的安全生产违法行为，可以先行调查取证，并在5日内补办立案手续。

（二）调查取证。

1.进行案件调查取证时，安全生产执法人员不得少于两名，应当向当事人或者有关人员出示有效的执法证件，表明身份；

2. 向当事人或者有关人员询问时，应制作询问笔录；

3. 安全生产执法人员应当全面、客观、公正地进行调查，收集、调取与案件有关的原始凭证作为证据。调取原始凭证确有困难的，可以复制，复制件应当注明"经核对与原件无异"的字样、采集人、出具人、采集时间和原始凭证存放的单位及其处所，并由出具证据的生产经营单位盖章；个体经营且没有印章的生产经营单位，应当由该个体经营者签名。

4. 安全生产执法人员在收集证据时，可以采取抽样取证的方法；在证据可能灭失或者以后难以取得的情况下，经本部门负责人批准，可以先行登记保存，并应当在7日内依法作出处理决定。

5. 调查取证结束后，负责承办案件的安全生产执法人员拟定处理意见，编写案件调查报告，并交案件承办机构负责人审核，审核后报所在安全生产监督管理部门负责人审批。

（三）案件审理。

安全生产监督管理部门应当建立案件审理制度，对适用一般程序的安全生产行政处罚案件应当由内设的法制机构进行案件的合法性审查。

负责承办案件的安全生产执法人员应当根据审理意见，填写案件处理呈批表，连同有关证据材料一并报本部门负责人审批。

（四）行政处罚告知。

经审批，应当给予行政处罚的案件，安全生产监督管理部门在依法作出行政处罚决定之前，应当告知当事人作出行政处罚决定的事实、理由、依据、拟作出的行政处罚决定、当事人享有的陈述和申辩权利等，并向当事人送达《行政处罚告知书》。

（五）听证告知。

符合听证条件的，应当告知当事人有要求举行听证的权利，并向当事人送达《听证告知书》。

（六）听取当事人陈述申辩。

安全生产监督管理部门听取当事人陈述申辩，除法律法规规定可以采用的方式外，原则上应当形成书面证据证明，没有当事人书面材料的，安全生产执法人员应当制作当事人陈述申辩笔录。

（七）作出行政处罚决定的执行。

安全生产监督管理部门应当对案件调查结果进行审查，并根据不同情况，分别作出以下决定：

1. 依法应受行政处罚的违法行为，根据情节轻重及具体情况，作出行政处罚决定；

2. 违法行为轻微，依法可以不予行政处罚的，不予行政处罚；违法事实不能成立，不得给予行政处罚。

3. 违法行为涉嫌犯罪的，移送司法机关处理。

对严重安全生产违法行为给予责令停产停业整顿、责令停产停业、责令停止建设、责令停止施工、吊销有关许可证、撤销有关执业资格或者岗位证书、5万元以上罚款、没收违法所得5万元以上的行政处罚的，应当由安全生产监督管理部门的负责人集体讨论决定。

（八）行政处罚决定送达。

《行政处罚决定书》应当当场交付当事人；当事人不在场的，安全监督管理部门应当在7日内，依照《民事诉讼法》的有关规定，将《行政处罚决定书》送达当事人或者其他的法定受送达人。送达必须有送达回执，由受送达人在送达回执上注明收到日期，签名或者盖章。具体可以采用下列方式：

1. 送达应当直接送交受送达人。受送达人是个人的，本人不在时，交他的同住成年家属签收，并在《行政处罚决定书》送达回执的备注栏内注明与受送达人的关系；受送达人是法人或者其他组织的，应当由法人的法定代表人、其他组织的主要负责人或者该法人、组织负责收件的人签收；受送达人指定代收人或者委托代理人的，交代收人或者委托代理人签收并注明受当事人委托的情况；

2. 直接送达确有困难的，可以挂号邮寄送达，也可以委托当地安全监督管理部门代为送达，代为送达的安全监督管理部门收到文书后，应当及时交受送达人签收；

3. 当事人或者他的同住成年家属拒绝接收的，送达人可以邀请有关基层组织或者所在单位的代表到场，说明情况，在《行政处罚决定书》送达回执上记明拒收的事由和日期，由送达人、见证人签名或者盖章，将行政处罚决定书留在当事人的住所；也可以把《行政处罚决定书》留在受送达人的住所，并采用拍照、录像等方式记录送达过程，即视为送达；

4. 受送达人下落不明，或者用以上方式无法送达的，可以公告送达，自公告发布之日起经过60日，即视为送达。公告送达，应当在案卷中注明原因和经过。

5. 经受送达人同意，还可采用传真、电子邮件等能够确认其收悉的方式送达；

6. 法律、法规规定的其他送达方式。

（九）行政处罚决定的执行。

当事人应当在行政处罚决定的期限内，予以履行。当事人按时全部履行处罚决定的，安全生产监督管理部门应该保留相应的凭证；行政处罚部分履行的，应有相应的审批文书；当事人逾期不履行的，作出行政处罚决定的安全生产监督管理部门可按每日以罚款数额的3%加处罚款，但加处罚款的数额不得超出原罚款的数额；根据法律规定，将查封、扣押的设施、设备、器材拍卖所得价款抵缴罚款和申请人民法院强制执行等措施。

当事人对行政处罚决定不服，申请行政复议或者提起行政诉讼的，行政处罚不停止执行，法律、法规另有规定的除外。

（十）备案。

安全生产监督管理部门实施5万元以上罚款、没收违法所得5万元以上、责令停产停业、责令停止建设、责令停止施工、责令停产停业整顿、撤销有关资格、岗位证书或者吊销有关许可证的行政处罚的，按有关规定报上一级安全生产监督管理部门备案。

对上级安全生产监督管理部门交办的案件给予行政处罚的，由决定行政处罚的安全生产监督管理部门自作出行政处罚决定之日起10日内报上级安全生产监督管理部门备案。

（十一）结案。

行政处罚案件应当自立案之日起30日内作出行政处罚决定；由于客观原因不能完成的，经安全生产监督管理部门负责人同意，可以延长，但不得超过90日；特殊情况需进一步延长的，应当经上一级安全生产监督管理部门批准，可延长至180日。

案件执行完毕后，应填写结案审批表，经安全生产监督管理部门负责人批准后结案。

（十二）归档。

安全生产行政处罚案件结案后，应按安全生产执法文书的时间顺序和执法程序排序进行归档。

第三节 听证程序

第二十七条 当事人要求听证的，应当在安全生产监督管理部门告知后3日内以书面方式提出；逾期未提出申请的，视为放弃听证权利。

第二十八条 当事人提出听证要求后，安全生产监督管理部门应当在收到书面申请之日起15日内举行听证会，并在举行听证会的7日前，通知当事人举行听证的时间、地点。

当事人应当按期参加听证。当事人有正当理由要求延期的，经组织听证的安全生产监督管理部门负责人批准可以延期1次；当事人未按期参加听证，并且未事先说明理由的，视为放弃听证权利。

第二十九条 听证参加人由听证主持人、听证员、案件调查人员、当事人、书记员组成。

当事人可以委托1至2名代理人参加听证，并按规定提交委托书。

听证主持人、听证员、书记员应当由组织听证的安全生产监督管理部门负责人指定的非本案调查人员担任。

第三十条 除涉及国家秘密、商业秘密或者个人隐私外，听证应当公开举行。

第三十一条 听证按照下列程序进行：

（一）书记员宣布听证会场纪律、当事人的权利和义务。听证主持人宣布案由，核实听证参加人名单，询问当事人是否申请回避。当事人提出回避申请的，由听证主持人宣布暂停听证；

（二）案件调查人员提出当事人的违法事实、出示证据，说明拟作出的行政处罚的内容及法律依据；

（三）当事人或者其委托代理人对案件的事实、证据、适用的法律等进行陈述和申辩，提交新的证据材料；

（四）听证主持人就案件的有关问题向当事人、案件调查人员、证人询问；

（五）案件调查人员、当事人或者其委托代理人相互辩论与质证；

（六）当事人或者其委托代理人作最后陈述；

（七）听证主持人宣布听证结束。

听证笔录应当当场交当事人核对无误后签名或者盖章。

第三十二条 有下列情形之一的，应当中止听证：

（一）需要重新调查取证的；

（二）需要通知新证人到场作证的；

（三）因不可抗力无法继续进行听证的。

第三十三条 有下列情形之一的，应当终止听证：

（一）当事人撤回听证要求的；

（二）当事人无正当理由不按时参加听证，或者未经听证主持人允许提前退席的；

（三）拟作出的行政处罚决定已经变更，不适用听证程序的。

第三十四条 听证结束后，听证主持人应当依据听证情况，形成听证会报告书，提出处理意见并附听证笔录报送安全生产监督管理部门负责人。

第三十五条 听证结束后，安全生产监督管理部门依照本法第二十六条第七项的规定，作出决定。

第五章 安全生产行政强制程序

第三十六条 安全生产行政强制的种类：

（一）对有根据认为不符合保障安全生产的国家

标准或者行业标准的设施、设备、器材以及违法生产、储存、使用、经营的危险物品予以查封或者扣押，对违法生产、储存、使用、经营危险物品的作业场所予以查封；

（二）临时查封易制毒化学品有关场所、扣押相关的证据材料和违法物品；

（三）查封违法生产、储存、使用、经营危险化学品的场所，扣押违法生产、储存、使用、经营的危险化学品以及用于违法生产、使用危险化学品的原材料、设备工具；

（四）通知有关部门、单位强制停止供电，停止供应民用爆炸物品；

（五）封存造成职业病危害事故或者可能导致职业病危害事故发生的材料和设备；

（六）加处罚款；

（七）法律、法规规定的其他安全生产行政强制。

第三十七条 安全生产行政强制应当在法律、法规规定的职权范围内实施。安全生产行政强制措施权不得委托。

安全生产行政强制应当由安全生产监督管理部门具备资格的执法人员实施，其他人员不得实施。

第三十八条 实施安全生产行政强制，应当向安全生产监督管理部门负责人报告并经批准；情况紧急，需要当场实施安全生产行政强制的，执法人员应当在 24 小时内向安全生产监督管理部门负责人报告，并补办批准手续。安全生产监督管理部门负责人认为不应当采取安全生产行政强制的，应当立即解除。

第三十九条 实施安全生产行政强制应当符合下列规定：

（一）应有两名以上安全生产执法人员到场实施，现场出示执法证件及相关决定；

（二）实施前应当通知当事人到场；

（三）当场告知当事人采取安全生产行政强制的理由、依据以及当事人依法享有的权利、救济途径；

（四）听取当事人的陈述和申辩；

（五）制作现场笔录；

（六）现场笔录由当事人和安全生产执法人员签名或者盖章，当事人拒绝的，在笔录中予以注明；

（七）当事人不到场的，邀请见证人到场，由见证人和执法人员在现场笔录上签名或者盖章；

（八）法律、法规规定的其他程序。

第四十条 安全生产监督管理部门依法对存在重大事故隐患的生产经营单位作出停产停业、停止施工、停止使用相关设施或者设备的决定，生产经营单位应当依法执行，及时消除事故隐患。生产经营单位拒不执行，有发生生产安全事故的现实危险的，在保证安全的前提下，经本部门主要负责人批准，安全生产监督管理部门可以采取通知有关单位停止供电、停止供应民用爆炸物品等措施，强制生产经营单位履行决定，通知应当采用书面形式。

安全生产监督管理部门依照前款规定采取停止供电、停止供应民用爆炸物品措施，除有危及生产安全的紧急情形外，停止供电措施应当提前二十四小时通知生产经营单位。

第四十一条 安全生产监督管理部门依法通知有关单位采取停止供电、停止供应民用爆炸物品等措施决定书的内容应当包括：

（一）生产经营单位名称、地址及法定代表人姓名；

（二）采取停止供电、停止供应民用爆炸物品等措施的理由、依据和期限；

（三）停止供电的区域范围；

（四）安全生产监督管理部门的名称、印章和日期。

对生产经营单位的通知除包含前款规定的内容外，还应当载明申请行政复议或者提起行政诉讼的途径。

第四十二条 生产经营单位依法履行行政决定、采取相应措施消除事故隐患的，经安全生产监督管理部门复核通过，安全生产监督管理部门应当及时作出解除停止供电、停止供应民用爆炸物品等措施并书面通知有关单位。

第四十三条 安全生产监督管理部门适用加处罚款情形的，按照下列规定执行：

（一）在《行政处罚决定书》中，告知加处罚款的标准；

（二）当事人在决定期限内不履行义务，依照《中华人民共和国行政强制法》规定，制作并向当事人送达缴纳罚款《催告书》；

（三）听取当事人陈述、申辩，并制作陈述申辩笔录；

（四）制作并送达《加处罚款决定书》。

第四十四条 当事人仍不履行罚款处罚决定，又不提起行政复议、行政诉讼的，安全生产监督管理部门按照下列规定，依法申请人民法院强制执行：

（一）依照《中华人民共和国行政强制法》第五十四条向当事人送达《催告书》，催促当事人履行有关缴纳罚款、履行行政决定等义务；

（二）缴纳罚款《催告书》送达 10 日后，由执法机关自提起行政复议、行政诉讼期限届满之日起 3 个月内向安全生产监督管理部门所在地基层人民法院申请强制执行；执行对象是不动产的，向不动产所在地有管辖权的人民法院申请强制执行，并提交下列材料：

1. 强制执行申请书；
2. 行政决定书及作出决定的事实、理由和依据；
3. 当事人的意见及行政机关催告情况；
4. 申请强制执行标的情况；
5. 法律、行政法规规定的其他材料。

强制执行申请书应当由安全生产监督管理部门负责人签名，加盖本部门的印章，并注明日期。

（三）依照《中华人民共和国行政强制法》第五十九条规定，因情况紧急，为保障公共安全，安全生产监督管理部门可以申请人民法院立即执行；

（四）安全生产监督管理部门对人民法院不予受理或者不予执行的裁定有异议的，可以自收到裁定之日起在 15 日内向上一级人民法院申请复议。

第六章 附 则

第四十五条 安全生产监督管理部门以及法律、法规授权的机关或者组织和依法受委托的机关或者组织履行安全生产执法职权，按照有关法律、法规、规章和本规定的程序办理。

第四十六条 省级安全生产监督管理部门可以根据本规定制定相关实施细则。

安全生产监管监察部门信息公开办法

（2012 年 9 月 3 日国家安全生产监督管理总局局长办公会议审议通过，2012 年 9 月 21 日国家安全生产监督管理总局令第 56 号公布，2012 年 11 月 1 日起施行）

第一章 总 则

第一条 为了深化政务公开，加强政务服务，保障公民、法人和其他组织依法获取安全生产监管监察部门信息，促进依法行政，依据《中华人民共和国政府信息公开条例》（以下简称《政府信息公开条例》）和有关法律、行政法规的规定，制定本办法。

第二条 安全生产监督管理部门、煤矿安全监察机构（以下统称安全生产监管监察部门）公开本部门信息，适用本办法。

第三条 本办法所称安全生产监管监察部门信息（以下简称信息），是指安全生产监管监察部门在依法履行安全生产监管监察职责过程中，制作或者获取的，以一定形式记录、保存的信息。

第四条 安全生产监管监察部门应当加强对信息公开工作的组织领导，建立健全安全生产政府信息公开制度。

第五条 安全生产监管监察部门应当指定专门机构负责本部门信息公开的日常工作，具体职责是：

（一）组织制定本部门信息公开的制度；

（二）组织编制本部门信息公开指南、公开目录和公开工作年度报告；

（三）组织、协调本部门内设机构的信息公开工作；

（四）组织维护和更新本部门已经公开的信息；

（五）统一受理和答复向本部门提出的信息公开申请；

（六）负责对拟公开信息的保密审查工作进行程序审核；

（七）本部门规定与信息公开有关的其他职责。

安全生产监管监察部门的其他内设机构应当依照本办法的规定，负责审核并主动公开本机构有关信息，并配合协助前款规定的专门机构做好本部门信息公开工作。

第六条 安全生产监管监察部门应当依据有关法律、行政法规的规定加强对信息公开工作的保密审查，确保国家秘密信息安全。

第七条 安全生产监管监察部门负责行政监察的机构应当加强对本部门信息公开工作的监督检查。

第八条 安全生产监管监察部门应当建立健全信息公开的协调机制。安全生产监管监察部门拟发布的信息涉及其他行政机关或者与其他行政机关联合制作的，应当由负责发布信息的内设机构与其他行政机关进行沟通、确认，确保信息发布及时、准确。

安全生产监管监察部门拟发布的信息依照国家有关规定需要批准的，未经批准不得发布。

第九条 安全生产监管监察部门应当遵循依法、公正、公开、便民的原则，及时、准确地公开信息，但危及国家安全、公共安全、经济安全和社会稳定的信息除外。

安全生产监管监察部门发现影响或者可能影响社会稳定、扰乱安全生产秩序的虚假或者不完整信息的，应当按照实事求是和审慎处理的原则，在职责范围内发布准确的信息予以澄清，及时回应社会关切，正确引导社会舆论。

第二章 公开范围

第十条 安全生产监管监察部门应当依照《政府信息公开条例》第九条的规定，在本部门职责范围内确定主动公开的信息的具体内容，并重点公开下列信息：

（一）本部门基本信息，包括职能、内设机构、负责人姓名、办公地点、办事程序、联系方式等；

（二）安全生产法律、法规、规章、标准和规范性文件；

（三）安全生产的专项规划及相关政策；

（四）安全生产行政许可的事项、负责承办的内设机构、依据、条件、数量、程序、期限以及申请行政许可需要提交的全部材料的目录及办理情况；

（五）行政事业性收费的项目、依据、标准；

（六）地方人民政府规定需要主动公开的财政信息；

（七）开展安全生产监督检查的情况；

（八）生产安全事故的发生情况，社会影响较大的生产安全事故的应急处置和救援情况，经过有关人民政府或者主管部门依法批复的事故调查和处理情况；

（九）法律、法规和规章规定应当公开的其他信息。

安全生产有关决策、规定或者规划、计划、方案等，涉及公民、法人和其他组织切身利益或者有重大社会影响的，在决策前应当广泛征求有关公民、法人和其他组织的意见，并以适当方式反馈或者公布意见采纳情况。

第十一条 除本办法第十条规定应当主动公开的信息外，公民、法人或者其他组织可以根据自身生产、生活、科研等特殊需要，申请获取相关信息。

公民、法人或者其他组织使用安全生产监管监察部门公开的信息，不得损害国家利益、公共利益和他人的合法权益。

第十二条 安全生产监管监察部门的下列信息不予公开：

（一）涉及国家秘密以及危及国家安全、公共安全、经济安全和社会稳定的；

（二）属于商业秘密或者公开后可能导致商业秘密被泄露的；

（三）属于个人隐私或者公开后可能导致对个人隐私权造成侵害的；

（四）在日常工作中制作或者获取的内部管理信息；

（五）尚未形成，需要进行汇总、加工、重新制作（作区分处理的除外），或者需要向其他行政机关、公民、法人或者其他组织搜集的信息；

（六）处于讨论、研究或者审查中的过程性信息；

（七）依照法律、法规和国务院规定不予公开的其他信息。

安全生产监管监察部门有证据证明与申请人生产、生活、科研等特殊需要无关的信息，可以不予提供。

与安全生产行政执法有关的信息，公开后可能影响检查、调查、取证等安全生产行政执法活动，或者危及公民、法人和其他组织人身或者财产安全的，安全生产监管监察部门可以暂时不予公开。在行政执法活动结束后，再依照本办法的规定予以公开。

涉及商业秘密、个人隐私，经权利人同意公开，或者安全生产监管监察部门认为不公开可能对公共利益造成重大影响的信息，可以予以公开。

第三章 公开方式和程序

第十三条 安全生产监管监察部门应当通过政府网站、公报、新闻发布会或者报刊、广播、电视等便于公众知晓的方式主动公开本办法第十条规定的信息，并依照《政府信息公开条例》的规定及时向当地档案馆和公共图书馆提供主动公开的信息。具体办法由安全生产监管监察部门与当地档案馆、公共图书馆协商制定。

安全生产监管监察部门可以根据需要，在办公地点设立信息查阅室、信息公告栏、电子信息屏等场所、设施公开信息。

第十四条 安全生产监管监察部门制作的信息，由制作该信息的部门负责公开；安全生产监管监察部门从公民、法人或者其他组织获取的信息，由保存该信息的行政机关负责公开。法律、法规对政府信息公开的权限另有规定的，从其规定。

第十五条 安全生产监管监察部门在制作信息时，应当明确该信息的公开属性，包括主动公开、依申请公开或者不予公开。

对于需要主动公开的信息，安全生产监管监察部门应当自该信息形成或者变更之日起20个工作日内予以公开。法律、法规对公开期限另有规定的，从其规定。

第十六条 公民、法人或者其他组织依照本办法第十一条的规定申请获取信息的，应当按照"一事一申请"的原则填写《信息公开申请表》，向安全生产监管监察部门提出申请；填写《信息公开申请表》确有困难的，申请人可以口头提出，由受理该申请的安全生产监管监察部门代为填写，申请人签字确认。

第十七条　安全生产监管监察部门收到《信息公开申请表》后，负责信息公开的专门机构应当进行审查，符合要求的，予以受理，并在收到《信息公开申请表》之日起3个工作日内向申请人出具申请登记回执；不予受理的，应当书面告知申请人不予受理的理由。

第十八条　安全生产监管监察部门受理信息公开申请后，负责信息公开的专门机构能够当场答复的，应当当场答复；不能够当场答复的，应当及时转送本部门相关内设机构办理。

安全生产监管监察部门受理的信息公开申请，应当自收到《信息公开申请表》之日起15个工作日内按照本办法第十九条的规定予以答复；不能在15个工作日内作出答复的，经本部门负责信息公开的专门机构负责人同意，可以适当延长答复期限，并书面告知申请人，延长答复的期限最长不得超过15个工作日。

申请获取的信息涉及第三方权益的，受理申请的安全生产监管监察部门征求第三方意见所需时间不计算在前款规定的期限内。

第十九条　对于已经受理的信息公开申请，安全生产监管监察部门应当根据下列情况分别予以答复：

（一）属于本部门信息公开范围的，应当书面告知申请人获取该信息的方式、途径，或者直接向申请人提供该信息；

（二）属于不予公开范围的，应当书面告知申请人不予公开的理由、依据；

（三）依法不属于本部门职能范围或者信息不存在的，应当书面告知申请人，对能够确定该信息的公开机关的，应当告知申请人该行政机关的名称和联系方式；

（四）申请内容不明确的，应当书面告知申请人作出更改、补充。

申请获取的信息中含有不应当公开的内容，但是能够作区分处理的，安全生产监管监察部门应当向申请人提供可以公开的信息内容。

第二十条　申请获取的信息涉及商业秘密、个人隐私，或者公开后可能损害第三方合法权益的，受理申请的安全生产监管监察部门应当书面征求第三方的意见。第三方不同意公开的，不得公开；但是，受理申请的安全生产监管监察部门认为不公开可能对公共利益造成重大影响的，应当予以公开，并将决定公开的信息内容和理由书面通知第三方。

第二十一条　公民、法人和其他组织有证据证明与其自身相关的信息不准确的，有权要求更正。受理申请的安全生产监管监察部门经核实后，应当予以更正，并将更正后的信息书面告知申请人；无权更正的，应当转送有权更正的部门或者其他行政机关处理，并告知申请人。

第二十二条　对于依申请公开的信息，安全生产监管监察部门应当按照申请人要求的形式予以提供；无法按照申请人要求的形式提供的，可以通过安排申请人查阅相关资料、提供复制件或者其他适当的形式提供。

第二十三条　安全生产监管监察部门依申请提供信息，除可以按照国家规定的标准向申请人收取检索、复制、邮寄等成本费用外，不得收取其他费用。

申请获取信息的公民确有经济困难的，经本人申请、安全生产监管监察部门负责信息公开的专门机构负责人审核同意，可以减免相关费用。

第四章　监督与保障

第二十四条　安全生产监管监察部门应当建立健全信息发布保密审查制度，明确保密审查的人员、方法、程序和责任。

安全生产监管监察部门在公开信息前，应当依照《中华人民共和国保守国家秘密法》《安全生产工作国家秘密范围的规定》等法律、行政法规和有关保密制度，对拟公开的信息进行保密审查。

安全生产监管监察部门在保密审查过程中不能确定是否涉及国家秘密的，应当说明信息来源和本部门的保密审查意见，报上级安全生产监管监察部门或者本级保密行政管理部门确定。

第二十五条　安全生产监管监察部门应当编制、公布本部门信息公开指南及信息公开目录，并及时更新。

信息公开指南应当包括信息的分类、编排体系、获取方式和信息公开专门机构的名称、办公地址、办公时间、联系电话、传真号码、电子邮箱等内容。

信息公开目录应当包括信息的索引、名称、信息内容概述、生成日期、公开时间等内容。

第二十六条　安全生产监管监察部门应当建立健全信息公开工作考核制度、社会评议制度和责任追究制度，定期对信息公开工作进行考核、评议。

第二十七条　安全生产监管监察部门应当于每年

3月31日前公布本部门上一年度信息公开工作年度报告。年度报告应当包括下列内容：

（一）本部门主动公开信息的情况；

（二）本部门依申请公开信息和不予公开信息的情况；

（三）信息公开工作的收费及减免情况；

（四）因信息公开申请行政复议、提起行政诉讼的情况；

（五）信息公开工作存在的主要问题及改进情况；

（六）其他需要报告的事项。

第二十八条 公民、法人或者其他组织认为安全生产监管监察部门不依法履行信息公开义务的，可以向上级安全生产监管监察部门举报。收到举报的安全生产监管监察部门应当依照《信访条例》的规定予以处理，督促被举报的安全生产监管监察部门依法履行信息公开义务。

第二十九条 公民、法人或者其他组织认为信息公开工作中的具体行政行为侵犯其合法权益的，可以依法申请行政复议或者提起行政诉讼。

第三十条 安全生产监管监察部门及其工作人员违反本办法的规定，有下列情形之一的，由本部门负责行政监察的机构或者其上级安全生产监管监察部门责令改正；情节严重的，对部门主要负责人、直接负责的主管人员和其他直接责任人员依法给予处分；构成犯罪的，依法追究刑事责任：

（一）不依法履行信息公开义务的；

（二）不及时更新公开的信息内容、信息公开指南和信息公开目录的；

（三）违反规定收取费用的；

（四）通过其他组织、个人以有偿服务方式提供信息的；

（五）公开不应当公开的信息的；

（六）故意提供虚假信息的；

（七）违反有关法律法规和本办法规定的其他行为。

第五章 附 则

第三十一条 国家安全生产监督管理总局管理的具有行政职能的事业单位的有关信息公开，参照本办法执行。

第三十二条 本办法自2012年11月1日起施行。

关于生产安全事故调查处理中有关问题的规定

（2013年11月20日国家安全生产监督管理总局以安监总政法〔2013〕115号印发）

第一条 为进一步规范安全生产监督管理部门组织的生产安全事故的调查处理，认真查处每一起事故并严厉及时追责，吸取事故教训，有效遏制重特大事故发生，根据《生产安全事故报告和调查处理条例》（国务院令第493号，以下简称《条例》）等法律、行政法规，制定本规定。

第二条 《条例》第二条所称生产经营活动，是指在工作时间和工作场所，为实现某种生产、建设或者经营目的而进行的活动，包括与工作有关的预备性或者收尾性活动。

第三条 根据《条例》第三条的规定，按照死亡人数、重伤人数（含急性工业中毒，下同）、直接经济损失三者中最高级别确定事故等级。

因事故造成的失踪人员，自事故发生之日起30日后（交通事故、火灾事故自事故发生之日起7日后），按照死亡人员进行统计，并重新确定事故等级。

事故造成的直接经济损失，由事故发生单位依照《企业职工伤亡事故经济损失统计标准》（GB 6721）提出意见，经事故发生单位上级主管部门同意后，报组织事故调查的安全生产监督管理部门确定；事故发生单位无上级主管部门的，直接报组织事故调查的安全生产监督管理部门确定。

第四条 事故调查工作应当按照"四不放过"和依法依规、实事求是、科学严谨、注重实效的原则认真开展。

第五条 事故调查组应当在查明事故原因，认定事故性质的基础上，分清事故责任，依法依规依纪对相关责任单位和责任人员提出严肃的处理意见，杜绝失之于软、失之于宽、失之于慢的现象。

第六条 对挂牌督办、跟踪督办的事故，组织事故调查的安全生产监督管理部门应当及时向督办机关请示汇报。负责督办的部门应当加强督促检查，并对事故查处进行具体指导，严格审核把关。

第七条 对于中央企业发生的事故，事故发生地的上级安全生产监督管理部门认为必要时，可以提请本级人民政府决定提级调查。

事故发生地与事故发生单位不在同一个县级以上行政区域，事故发生地安全生产监督管理部门认为开展事故调查确有困难的，可以报告本级人民政府提请上一级人民政府决定提级调查。

第八条　事故调查组组长一般由安全生产监督管理部门的人员担任。事故调查组成员应当按照《条例》规定，在事故调查组组长统一领导下开展调查工作。

第九条　事故调查组应当制定事故调查方案，经事故调查组组长批准后执行。事故调查方案应当包括调查工作的原则、目标、任务和事故调查组专门小组的分工、应当查明的问题和线索，调查步骤、方法、完成相关调查的期限、措施、要求等内容。

第十条　事故调查组应当按照下列期限，向负责事故调查的人民政府提交事故调查报告：

（一）特别重大事故依照《条例》的有关规定执行；

（二）重大事故自事故发生之日起一般不得超过60日；

（三）较大事故、一般事故自事故发生之日起一般不得超过30日。

特殊情况下，经负责事故调查的人民政府批准，可以延长提交事故调查报告的期限，但最长不得超过30日。

下列时间不计入事故调查期限，但应当在报送事故调查报告时向负责事故调查的人民政府说明：

（一）瞒报、谎报、迟报事故的调查核实所需的时间；

（二）因事故救援无法进行现场勘察的时间；

（三）挂牌督办、跟踪督办的事故的审核备案时间；

（四）特殊疑难问题技术鉴定所需的时间。

第十一条　事故调查报告应当由事故调查组成员签名。事故调查组成员对事故的原因、性质和事故责任者的处理建议不能取得一致意见时，事故调查组组长有权提出结论性意见；仍有不同意见的，应当进一步协调；经协调仍不能统一意见的，应当报请本级人民政府裁决。

事故调查报告应当对落实事故防范和整改措施、责任追究等工作提出明确要求。

第十二条　负责事故调查的人民政府应当按照《条例》第三十二条规定的期限对事故调查报告作出批复，并抄送事故调查组成员所在单位和其他有关单位。

第十三条　经过批复的事故调查报告的正文部分由组织事故调查的安全生产监督管理部门按照国家有关规定及时在政府网站或者通过其他方式全文公开，但依法需要保密的内容除外。

第十四条　有关部门和事故发生单位应当自接到事故调查报告及其批复的3个月内，将有关责任人员和单位的处理情况、事故防范和整改措施的落实情况书面报（抄）送组织事故调查的安全生产监督管理部门及其他有关部门。

第十五条　本规定自印发之日起施行。煤矿、海上石油事故的调查处理，依照本规定执行；国家安全生产监督管理总局另有规定的，从其规定。

非法违法较大生产安全事故查处跟踪督办暂行办法

（2011年4月19日国务院安全生产委员会办公室以安委办〔2011〕12号印发）

第一条　为依法依规严厉打击非法违法生产经营建设导致较大生产安全事故（以下简称非法违法较大事故）的行为，严格事故责任追究，根据《安全生产法》《生产安全事故报告和调查处理条例》等法律、行政法规和《国务院关于进一步加强企业安全生产工作的通知》《国务院办公厅关于继续深化"安全生产年"活动的通知》的规定，制定本办法。

第二条　省（区、市）人民政府安委会对包括非法违法较大事故在内的各类较大事故查处实行挂牌督办，省（区、市）人民政府安委会办公室具体承担挂牌督办事项。

国务院安委会办公室对本办法规定的非法违法较大事故查处实行跟踪督办。

第三条　工矿商贸生产经营单位发生下列非法违法较大事故，应当按照国家有关规定及时报告；省（区、市）人民政府安委会应当对其实行重点挂牌督办，并在10日内将事故简要情况及挂牌督办情况报国务院安委会办公室。

（一）无证、证照不全或者未取得有关安全生产的其他许可，以及超出行政许可范围从事生产经营建设导致的较大事故；

（二）依照国家和地方政府规定应当关闭而未按照标准关闭继续生产经营，或者关闭后又擅自生产经营建设导致的较大事故；

（三）证照过期、停产整顿、整合技改未经验收擅自组织生产，或者违反建设项目安全设施"三同时"规定导致的较大事故；

（四）拒不执行安全监管监察指令或者抗拒安全执法导致的较大事故；

（五）国务院安委会办公室认为需要跟踪督办的

其他非法违法较大事故。

第四条 省（区、市）人民政府安委会对较大事故查处实行挂牌督办，应当参照《重大事故查处挂牌督办办法》（安委〔2010〕6号）有关规定，向有关人民政府或者部门（机构）下达挂牌督办通知书，并在省（区、市）主流媒体、省（区、市）人民政府网站或者省（区、市）安全生产监督管理部门网站上公布挂牌督办信息，接受社会监督。

第五条 有关人民政府或者部门（机构）接到挂牌督办通知后，应当依据《生产安全事故报告和调查处理条例》等有关规定，组织、督促有关部门按照"四不放过"（事故原因未查清不放过、责任人员未处理不放过、整改措施未落实不放过、有关人员未受到教育不放过）、"依法依规、实事求是、注重实效"的原则和督办通知的要求做好非法违法较大事故的查处工作。

第六条 国务院安委会办公室对本办法第三条规定的非法违法较大事故查处实行跟踪督办，应当向省（区、市）人民政府安委会下达跟踪督办通知书，并在国家安全生产监督管理总局网站上公布跟踪督办信息。

第七条 跟踪督办通知书包括下列内容：
（一）事故名称、性质；
（二）跟踪督办事项；
（三）跟踪督办责任人；
（四）跟踪督办的解除方式。

前款第（二）项所称的跟踪督办事项，依据《安全生产法》《国务院关于预防煤矿生产安全事故的特别规定》《国务院关于进一步加强企业安全生产工作的通知》《国务院办公厅关于继续深化"安全生产年"活动的通知》等有关规定，结合事故情况确定。重点督办对非法单位是否依法取缔关闭、违法单位是否依法责令停产整顿、事故防范和整改措施是否依法落实、事故发生单位是否依法受到行政处罚、事故相关责任人是否依法依规受到追究等。

第八条 在非法违法较大事故查处跟踪督办期间，省（区、市）人民政府安委会办公室应当加强与国务院安委会办公室的沟通，及时汇报有关情况。

国务院安委会办公室应当加强对跟踪督办事项的指导、协调和监督，及时掌握非法违法较大事故查处的进展情况。必要时，国务院安委会办公室向有关省（区、市）派出工作组进行现场督办，并对非法违法较大事故查处中存在的违法违规等问题责令予以纠正。

第九条 本办法第三条规定的非法违法较大事故调查报告形成初稿后，有关人民政府安委会或者部门（机构）应当及时向省（区、市）人民政府安委会办公室作出书面报告。

省（区、市）人民政府安委会办公室应当对事故调查报告初稿进行审核，并报国务院安委会办公室备案。事故调查报告初稿经审核同意和备案后，由有关人民政府或者部门（机构）依照规定作出批复决定。

第十条 较大事故查处结案后，省（区、市）人民政府安委会办公室应当将事故挂牌督办情况和事故查处情况在省（区、市）主流媒体、省（区、市）人民政府网站或者省（区、市）安全生产监督管理部门网站上予以公告，接受社会监督。

第十一条 本办法第三条规定的非法违法较大事故批复结案后，省（区、市）人民政府安委会办公室应当在15日内将事故调查报告及其批复报国务院安委会办公室。

第十二条 非法违法较大事故批复和跟踪督办通知书中有关整改措施和责任追究等事项全部落实后，国务院安委会办公室解除跟踪督办，并在国家安全生产监督管理总局网站上予以公告，接受社会监督。

第十三条 本办法自印发之日起执行。

重大生产安全事故调查处理挂牌督办工作程序

（2015年7月14日国家安全监管总局办公厅以安监总厅统计〔2015〕66号印发）

为规范重大生产安全事故（以下简称重大事故）调查处理挂牌督办工作，制定本程序。

1. 重大事故发生后，相关业务司局和应急指挥中心根据总局领导指示派员赴现场，督促指导地方政府做好应急处置和事故调查工作。

2. 相关业务司局负责起草挂牌督办通知书。挂牌督办通知书经总局领导审定同意、以国务院安委会文件向省级人民政府下达，同时抄送国务院安委有关成员单位，分送办公厅、统计司、人事司（宣教办）和应急指挥中心。

3. 相关业务司局要掌握事故调查处理进展情况，督促省级安委会在重大事故调查报告批复前及时与国务院安委会办公室沟通。

4. 相关业务司局会同统计司和应急指挥中心对挂牌督办的重大事故调查报告审查后，商国务院安委会有关单位提出意见和建议，报请总局领导同意后，提交国务院安委会办公室主任办公会议审议。经国务院安委会办公室主任办公会议审核同意后，以国务安委会办公室文件办理回复意见，同时抄送国务院安委会有关成员单位，分送办公厅、统计司、人事司（宣教办）和应急指挥中心。

5. 审核意见的复函印发后，相关业务司局负责继续跟踪、督促落实审核意见及其整改措施。

6. 统计司负责统计汇总挂牌督办调查处理情况，定期分析、通报挂牌督办情况。

人事司（宣教办）会同相关业务司局在中央主流媒体和中央政府网站、中国安全生产报、安全监管总局政府网站上公布挂牌督办信息。

7. 典型较大生产安全事故的挂牌督办工作，参照以上程序执行。

重大事故查处挂牌督办办法

（2010年9月2日国务院安全生产委员会以安委〔2010〕6号印发）

第一条 为严肃查处重大生产安全事故（以下简称重大事故），保障人民群众生命和财产安全，依据《国务院关于进一步加强企业安全生产工作的通知》的规定，制定本办法。

第二条 国务院安委会对重大事故调查处理实行挂牌督办，国务院安委会办公室具体承担挂牌督办事项。

各省级人民政府负责落实挂牌督办事项，省级人民政府安委会办公室具体承担本行政区域内重大事故挂牌督办事项的综合工作。

第三条 国务院安委会对重大事故查处挂牌督办，按照以下程序办理：

（一）国务院安委会办公室提出挂牌督办建议，报国务院安委会领导同志审定同意后，以国务院安委会名义向省级人民政府下达挂牌督办通知书；

（二）在中央主流媒体和中央政府网站、中国安全生产报、安全监管总局政府网站上公布挂牌督办信息。

第四条 挂牌督办通知书包括下列内容：

（一）事故名称；
（二）督办事项；
（三）办理期限；
（四）督办解除方式、程序。

第五条 省级人民政府接到挂牌督办通知后，应当依据有关规定，组织和督促有关职能部门按照督办通知要求办理下列事项：

（一）做好事故善后工作；
（二）查清事故原因，认定事故性质；
（三）分清事故责任，提出对责任人的处理意见；
（四）依法实施经济处罚；
（五）形成事故调查报告；
（六）监督落实事故防范和整改措施。

第六条 省级人民政府应当自接到挂牌督办通知之日起60日内完成督办事项。

第七条 在重大事故查处督办期间，省级人民政府安委会办公室应当加强与国务院安委会办公室的沟通，及时汇报有关情况。

国务院安委会办公室负责对督办事项的指导、协调和督促。

第八条 重大事故调查报告形成初稿后，省级人民政府安委会应当及时向国务院安委会办公室作出书面报告，经审核同意后，由省级人民政府作出批复决定。

第九条 重大事故查处结案后，省级人民政府安委会和国务院安委会办公室应将重大事故挂牌督办情况和事故查处结案情况，在中央主流媒体和中央政府网站、中国安全生产报、安全监管总局政府网站上予以公告，接受社会监督。

第十条 承担挂牌督办事项的省级人民政府有关职能部门对督办事项无故拖延、敷衍塞责，或者在解除挂牌督办过程中弄虚作假的，依法追究相关人员责任。

第十一条 对依据有关法律、行政法规规定由国务院有关部门或者机构组织调查处理的重大事故的挂牌督办，依照本办法的相关规定执行。

第十二条 对于重大事故以下的事故的挂牌督办，由各省级人民政府安委会参照本办法的规定另行制定。

第十三条 本办法自印发之日起施行。

转变作风开展安全生产暗查抽查工作制度

（2013年10月30日国家安全监管总局以安监总办〔2013〕111号印发）

为深入贯彻落实中央八项规定和习近平总书记一系列重要指示精神，进一步反"四风"、转作风，规范安全生产暗查抽查工作，制定本制度。

一、总局和煤矿安监局机关各司局、应急指挥中心要定期组织开展安全生产暗查抽查，各业务司局至少每季度一次，各综合司局、应急指挥中心至少每半年一次。开展暗查抽查前，要制定严密细致的工作方案，报总局主要领导同志或分管领导同志审批同意。

二、暗查抽查由具有行政执法资格的人员携带执法证实施。根据工作需要，可邀请相关行业领域安全生产专家和新闻媒体记者参加。

三、暗查抽查工作采取"四不两直"方式进行，即：不发通知，不向地方政府打招呼，不听取一般性工作汇报，不用当地安全监管局、煤矿安监局人员陪同，直奔基层，直插现场，开展突击检查、随机抽查。

四、坚持"零容忍、严执法"，对检查发现的安全生产隐患要依法依规严肃处理，对安全生产非法违法、违规违章行为要按照"四个一律"要求依法严厉惩处。

五、暗查抽查人员进行检查时要规范言行，注意形象，按规定配戴防护装备，避免不安全行为，并做好检查的文字、图片、音像等资料记录。进入危险作业地点、环节检查时，必须遵守安全生产有关法律、制度、规定。

六、暗查抽查结束后，要及时向被检查单位反馈检查情况，提出整改要求，并通报被检查单位所在地人民政府，跟踪督办。需要曝光的重大安全隐患和非法违法单位、个人，由政法司统筹把握，报请总局主要领导同志同意后实施。

七、暗查抽查人员要坚持为民务实清廉的作风，严格遵守保密纪律和抽查工作方案，不泄露与暗查抽查工作有关的信息和被检查单位秘密，维护被检查单位正常的工作或生产经营秩序。

八、总局办公厅负责做好暗查抽查的综合协调和服务保障工作。

生产安全事故罚款处罚规定（试行）

（2007年7月12日国家安全监管总局令第13号公布　根据2011年9月1日国家安全监管总局令第42号第一次修正　根据2015年4月2日国家安全监管总局令第77号第二次修正）

第一条　为防止和减少生产安全事故，严格追究生产安全事故发生单位及其有关责任人员的法律责任，正确适用事故罚款的行政处罚，依照《安全生产法》《生产安全事故报告和调查处理条例》（以下简称《条例》）的规定，制定本规定。

第二条　安全生产监督管理部门和煤矿安全监察机构对生产安全事故发生单位（以下简称事故发生单位）及其主要负责人、直接负责的主管人员和其他责任人员等有关责任人员依照《安全生产法》和《条例》实施罚款的行政处罚，适用本规定。

第三条　本规定所称事故发生单位是指对事故发生负有责任的生产经营单位。

本规定所称主要负责人是指有限责任公司、股份有限公司的董事长或者总经理或者个人经营的投资人，其他生产经营单位的厂长、经理、局长、矿长（含实际控制人）等人员。

第四条　本规定所称事故发生单位主要负责人、直接负责的主管人员和其他直接责任人员的上一年年收入，属于国有生产经营单位的，是指该单位上级主管部门所确定的上一年年收入总额；属于非国有生产经营单位的，是指经财务、税务部门核定的上一年年收入总额。

生产经营单位提供虚假资料或者由于财务、税务部门无法核定等原因致使有关人员的上一年年收入难以确定的，按照下列办法确定：

（一）主要负责人的上一年年收入，按照本省、自治区、直辖市上一年度职工平均工资的5倍以上10倍以下计算；

（二）直接负责的主管人员和其他直接责任人员的上一年年收入，按照本省、自治区、直辖市上一年度职工平均工资的1倍以上5倍以下计算。

第五条　《条例》所称的迟报、漏报、谎报和瞒报，依照下列情形认定：

（一）报告事故的时间超过规定时限的，属于迟报；

（二）因过失对应当上报的事故或者事故发生的时间、地点、类别、伤亡人数、直接经济损失等内容遗漏未报的，属于漏报；

（三）故意不如实报告事故发生的时间、地点、初步原因、性质、伤亡人数和涉险人数、直接经济损失等有关内容的，属于谎报；

（四）隐瞒已经发生的事故，超过规定时限未向安全监管监察部门和有关部门报告，经查证属实的，属于瞒报。

第六条　对事故发生单位及其有关责任人员处以罚款的行政处罚，依照下列规定决定：

（一）对发生特别重大事故的单位及其有关责任人员罚款的行政处罚，由国家安全生产监督管理总局决定；

（二）对发生重大事故的单位及其有关责任人员罚款的行政处罚，由省级人民政府安全生产监督管理部门决定；

（三）对发生较大事故的单位及其有关责任人员罚款的行政处罚，由设区的市级人民政府安全生产监督管理部门决定；

（四）对发生一般事故的单位及其有关责任人员罚款的行政处罚，由县级人民政府安全生产监督管理部门决定。

上级安全生产监督管理部门可以指定下一级安全生产监督管理部门对事故发生单位及其有关责任人员实施行政处罚。

第七条 对煤矿事故发生单位及其有关责任人员处以罚款的行政处罚，依照下列规定执行：

（一）对发生特别重大事故的煤矿及其有关责任人员罚款的行政处罚，由国家煤矿安全监察局决定；

（二）对发生重大事故和较大事故的煤矿及其有关责任人员罚款的行政处罚，由省级煤矿安全监察机构决定；

（三）对发生一般事故的煤矿及其有关责任人员罚款的行政处罚，由省级煤矿安全监察机构所属分局决定。

上级煤矿安全监察机构可以指定下一级煤矿安全监察机构对事故发生单位及其有关责任人员实施行政处罚。

第八条 特别重大事故以下等级事故，事故发生地与事故发生单位所在地不在同一个县级以上行政区域的，由事故发生地的安全生产监督管理部门或者煤矿安全监察机构依照本规定第六条或者第七条规定的权限实施行政处罚。

第九条 安全生产监督管理部门和煤矿安全监察机构对事故发生单位及其有关责任人员实施罚款的行政处罚，依照《安全生产违法行为行政处罚办法》规定的程序执行。

第十条 事故发生单位及其有关责任人员对安全生产监督管理部门和煤矿安全监察机构给予的行政处罚，享有陈述、申辩的权利；对行政处罚不服的，有权依法申请行政复议或者提起行政诉讼。

第十一条 事故发生单位主要负责人有《安全生产法》第一百零六条、《条例》第三十五条规定的下列行为之一的，依照下列规定处以罚款：

（一）事故发生单位主要负责人在事故发生后不立即组织事故抢救的，处上一年年收入100%的罚款；

（二）事故发生单位主要负责人迟报事故的，处上一年年收入60%至80%的罚款；漏报事故的，处上一年年收入40%至60%的罚款；

（三）事故发生单位主要负责人在事故调查处理期间擅离职守的，处上一年年收入80%至100%的罚款。

第十二条 事故发生单位有《条例》第三十六条规定行为之一的，依照《国家安全监管总局关于印发〈安全生产行政处罚自由裁量标准〉的通知》（安监总政法〔2010〕137号）等规定给予罚款。

第十三条 事故发生单位的主要负责人、直接负责的主管人员和其他直接责任人员有《安全生产法》第一百零六条、《条例》第三十六条规定的下列行为之一的，依照下列规定处以罚款：

（一）伪造、故意破坏事故现场，或者转移、隐匿资金、财产、销毁有关证据、资料，或者拒绝接受调查，或者拒绝提供有关情况和资料，或者在事故调查中作伪证，或者指使他人作伪证的，处上一年年收入80%至90%的罚款；

（二）谎报、瞒报事故或者事故发生后逃匿的，处上一年年收入100%的罚款。

第十四条 事故发生单位对造成3人以下死亡，或者3人以上10人以下重伤（包括急性工业中毒，下同），或者300万元以上1000万元以下直接经济损失的一般事故负有责任的，处20万元以上50万元以下的罚款。

事故发生单位有本条第一款规定的行为且有谎报或者瞒报事故情节的，处50万元的罚款。

第十五条 事故发生单位对较大事故发生负有责任的，依照下列规定处以罚款：

（一）造成3人以上6人以下死亡，或者10人以上30人以下重伤，或者1000万元以上3000万元以下直接经济损失的，处50万元以上70万元以下的罚款；

（二）造成6人以上10人以下死亡，或者30人以上50人以下重伤，或者3000万元以上5000万元以下直接经济损失的，处70万元以上100万元以下的罚款。

事故发生单位对较大事故发生负有责任且有谎报或者瞒报情节的，处100万元的罚款。

第十六条 事故发生单位对重大事故发生负有责任的，依照下列规定处以罚款：

（一）造成10人以上15人以下死亡，或者50人以上70人以下重伤，或者5000万元以上7000万元以下直接经济损失的，处100万元以上300万元以下的罚款；

（二）造成15人以上30人以下死亡，或者70人以上100人以下重伤，或者7000万元以上1亿元以下直接经济损失的，处300万元以上500万元以下的罚款。

事故发生单位对重大事故发生负有责任且有谎报或者瞒报情节的，处500万元的罚款。

第十七条 事故发生单位对特别重大事故发生负有责任的，依照下列规定处以罚款：

（一）造成30人以上40人以下死亡，或者100人以上120人以下重伤，或者1亿元以上1.2亿元以下直接经济损失的，处500万元以上1000万元以下的罚款；

（二）造成40人以上50人以下死亡，或者120人以上150人以下重伤，或者1.2亿元以上1.5亿元以下直接经济损失的，处1000万元以上1500万元以下的罚款；

（三）造成50人以上死亡，或者150人以上重伤，或者1.5亿元以上直接经济损失的，处1500万元以上2000万元以下的罚款。

事故发生单位对特别重大事故发生负有责任且有下列情形之一的，处2000万元的罚款：

（一）谎报特别重大事故的；

（二）瞒报特别重大事故的；

（三）未依法取得有关行政审批或者证照擅自从事生产经营活动的；

（四）拒绝、阻碍行政执法的；

（五）拒不执行有关停产停业、停止施工、停止使用相关设备或者设施的行政执法指令的；

（六）明知存在事故隐患，仍然进行生产经营活动的；

（七）一年内已经发生2起以上较大事故，或者1起重大以上事故，再次发生特别重大事故的；

（八）地下矿山负责人未按照规定带班下井的。

第十八条 事故发生单位主要负责人未依法履行安全生产管理职责，导致事故发生的，依照下列规定处以罚款：

（一）发生一般事故的，处上一年年收入30%的罚款；

（二）发生较大事故的，处上一年年收入40%的罚款；

（三）发生重大事故的，处上一年年收入60%的罚款；

（四）发生特别重大事故的，处上一年年收入80%的罚款。

第十九条 个人经营的投资人未依照《安全生产法》的规定保证安全生产所必需的资金投入，致使生产经营单位不具备安全生产条件，导致发生生产安全事故的，依照下列规定对个人经营的投资人处以罚款：

（一）发生一般事故的，处2万元以上5万元以下的罚款；

（二）发生较大事故的，处5万元以上10万元以下的罚款；

（三）发生重大事故的，处10万元以上15万元以下的罚款；

（四）发生特别重大事故的，处15万元以上20万元以下的罚款。

第二十条 违反《条例》和本规定，事故发生单位及其有关责任人员有两种以上应当处以罚款的行为的，安全生产监督管理部门或者煤矿安全监察机构应当分别裁量，合并作出处罚决定。

第二十一条 对事故发生负有责任的其他单位及其有关责任人员处以罚款的行政处罚，依照相关法律、法规和规章的规定实施。

第二十二条 本规定自公布之日起施行。

安全生产行政处罚自由裁量适用规则(试行)

（2010年6月17日国家安全生产监督管理总局局长办公会议审议通过，2010年7月15日国家安全生产监督管理总局令第31号公布，自2010年10月1日起施行）

第一章 总 则

第一条 为了正确适用安全生产法律、行政法规和部门规章，规范安全生产监督管理部门合法、适当地行使行政处罚自由裁量权，根据《行政处罚法》《安全生产法》《职业病防治法》等法律、行政法规和部门规章的规定，制定本规则。

第二条 县级以上安全生产监督管理部门或其委托实施行政处罚的组织或者机构（以下统称安全监管执法机关）依照安全生产法律、行政法规和部门规章作出行政处罚行使自由裁量权的，适用本规则；具体实施行政处罚需要自由裁量的，参照《安全生产行政处罚自由裁量标准》(以下简称《标准》)执行。

煤矿安全监察机构对煤矿安全生产违法行为作出行政处罚行使自由裁量权的，适用《煤矿安全监察行政处罚自由裁量实施标准（试行）》。

法律、行政法规和地方性法规对行政处罚自由裁量另有规定的，适用其规定；原国家安全监管局、国家安全监管总局公布的部门规章与本规则不一致的，适用本规则。

第三条 本规则所称的行政处罚自由裁量权，是指安全监管执法机关在对安全生产违法行为实施行政处罚时，根据立法目的和行政处罚的原则，在法律、行政法规和部门规章规定的行政处罚的种类和幅度内，综合考量违法的事实、性质、手段、后果、情节和改正措施等因素，正确、适当地确定行政处罚的种类、幅度或者作出不予行政处罚决定的选择适用权限。

第四条 各级安全监管执法机关应当加强对各自管辖范围内安全生产行政处罚自由裁量行为的监督检查。

上级安全监管执法机关有权对下级安全监管执法机关违法或者不当的行政处罚予以纠正或者撤销。

第二章 行政处罚自由裁量的考量原则

第五条 行使行政处罚自由裁量权，应当遵循程序法定原则，严格遵守法律、行政法规和部门规章规定的程序。

第六条 行使行政处罚自由裁量权，应当遵循合法、公平、公正、公开的原则，过罚相当的原则和处罚与教育相结合的原则，依法维护公民、法人和其他组织的合法权益，确保行政处罚自由裁量权行使的合法性和合理性。

第七条 行使行政处罚自由裁量权，应当以事实为依据、以法律为准绳，全面分析违法行为的主体、客体、主观方面、客观方面等因素，综合裁量，合理确定应否给予行政处罚或者应当给予行政处罚的种类、幅度。给予行政处罚的种类、幅度应当与违法行为的事实、性质、情节、认知态度以及社会危害程度相当。

对同一类违法主体实施的性质相同、情节相近或者相似、危害后果基本相当的违法行为，在行使行政处罚自由裁量权时，适用的法律依据、处罚种类应当基本一致，处罚幅度应当基本相当。

第八条 同一个违法行为违反不同法律、行政法规或者部门规章规定的，在适用具体法律条文时应当遵循下列原则：

（一）优先适用法律效力高的规定；
（二）法律效力相同，属于特别规定的优先适用；
（三）法律效力相同，生效时间在后的优先适用。

第九条 法律对同一个违法行为设定了行政处罚的，按照下列原则行使自由裁量权：

（一）同一法律规定实施某个违法行为应当（可以）处以罚款的行政处罚确定的，参照《标准》对其罚款幅度予以细化；

（二）同一法律规定实施某个违法行为应当（可以）处以不同种类（包括警告、没收违法所得、暂扣或者吊销许可证等）的行政处罚的，参照《标准》给予相应种类的行政处罚；

（三）同一法律规定实施某个违法行为根据情节轻重不同处以不同种类的行政处罚的，参照《标准》确定的情节给予相应种类的行政处罚。

第十条 生产经营单位及其有关人员违反不同的法律规定，或者违反同一条款的不同违法情形，有两个以上应当给予行政处罚的违法行为的，应当适用不同的法律规定或者同一法律条款规定的不同违法情形，分别裁量，合并处罚。

第三章 行政处罚自由裁量的适用规则

第十一条 法律、行政法规或者部门规章规定应当先予责令改正或者责令限期改正的，应当先予书面责令当事人在规定期限内予以改正；当事人逾期不改正的，再依法决定行政处罚。

第十二条 法律、行政法规或者部门规章规定的多种处罚应当并处的，不得选择适用；规定可以并处的，可以选择适用。

法律、行政法规或者部门规章明确规定的处罚种类可以单处也可以并处的，可以选择适用，但应分清主罚项和次罚项。

法律、行政法规规定应当先予没收物品、没收违法所得，再作其他处罚的，不得直接选择适用其他处罚。

第十三条 法律、行政法规或者部门规章已经规定处罚种类的，实施自由裁量权时，不得改变行政处罚种类；对当事人实施罚款的，其罚款额不得高于法律、行政法规或者部门规章规定数额的上限，也不得低于其规定数额的下限。

第十四条 当事人有下列情形之一的，应当依法从轻处罚：

（一）已满14周岁不满18周岁的公民实施安全

生产违法行为的；

（二）主动消除或者减轻安全生产违法行为危害后果的；

（三）受他人胁迫实施安全生产违法行为的；

（四）配合安全监管执法机关查处安全生产违法行为，有立功表现的；

（五）主动投案，向安全监管执法机关如实交代自己的违法行为的；

（六）具有法律、行政法规规定的其他从轻处罚情形的。

有从轻处罚情节的，应当在法定处罚幅度的中档以下确定行政处罚标准，但不得低于法定处罚幅度的下限。

本条第一款第（四）项所称的立功表现，是指当事人有揭发他人安全生产违法行为，并经查证属实；或者提供查处其他安全生产违法行为的重要线索，并经查证属实；或者阻止他人实施安全生产违法行为；或者协助司法机关抓捕其他违法犯罪嫌疑人的行为。

第十五条 当事人有下列情形之一的，应当依法从重处罚：

（一）危及公共安全或者其他生产经营单位及其人员安全，经责令限期改正，逾期未改正的；

（二）一年内因同一种安全生产违法行为受到两次以上行政处罚的；

（三）拒不整改或者整改不力，其违法行为处于持续状态的；

（四）拒绝、阻碍或者以暴力威胁行政执法人员的；

（五）在处置突发事件期间实施安全生产违法行为的；

（六）隐匿、销毁违法行为证据的；

（七）违法行为情节恶劣，造成人身死亡（重伤、急性工业中毒）或者严重社会影响的；

（八）故意实施违法行为的；

（九）对举报人、证人打击报复的；

（十）未依法排查治理事故隐患的；

（十一）发生生产安全事故后逃匿或者瞒报、谎报的；

（十二）具有法律、行政法规规定的其他从重处罚情形的。

有从重处罚情节的，应当在法定处罚幅度内选择较高或者最高幅度确定处罚标准，但不得高于法定处罚幅度上限。

第十六条 当事人有下列情形之一的，不予处罚：

（一）证据不足，安全生产违法事实不能成立的；

（二）安全生产违法行为轻微并及时纠正，没有造成危害后果的；

（三）不满14周岁的公民实施安全生产违法行为的；

（四）精神病人在不能辨认或者不能控制自己行为时实施安全生产违法行为的；

（五）安全生产违法行为在两年内未被发现的，法律另有规定的除外；

（六）具有法律、行政法规、部门规章规定的其他情形的。

前款第五项规定的期限，从违法行为发生之日起计算，违法行为有连续或者继续状态的，从行为终了之日起计算。

第十七条 《标准》所称的违法所得，按照下列规定计算：

（一）生产、加工产品的，以生产、加工的产品及其销售收入作为违法所得；

（二）销售商品的，以销售收入作为违法所得；

（三）提供安全生产中介、租赁等服务的，以服务收入或者报酬作为违法所得；

（四）销售收入无法计算的，按照当地同类同等规模的生产经营单位的平均销售收入计算；

（五）服务收入、报酬无法计算的，按照当地同行业同种服务的平均收入或者报酬计算。

第四章 行政处罚自由裁量的审核与监督

第十八条 除当场行政处罚外，行政处罚自由裁量结果实行审核制度。

案件调查终结后，案件承办人员应当对拟作出行政处罚的种类和幅度提出建议，并说明行使自由裁量权的事实、理由和依据；案件审核人员应当对处罚依据、额度等提出审核意见，并将审核意见报送安全监管执法机关负责人审查决定；安全监管执法机关已经成立行政处罚案件审核委员会的，审核意见报案件审核委员会审查决定。

对安全生产违法行为给予从轻或者从重处罚的自由裁量结果，应当由安全监管执法机关的负责人集体讨论决定。

第十九条 行政处罚案件实行备案审查制度。

各级安全监管执法机关负责法制工作的机构负责本机关行政处罚案件的备案审查工作，对各类安全生产行政处罚案件的实体内容、执法程序、自由裁量的合法性、适当性以及相关证据进行事后审查，并定期对行政执法案卷进行复查和监督。

第二十条 行使安全生产行政处罚自由裁量权的裁量结果应当公开，允许社会公众查阅，但涉及国家秘密、商业秘密或者个人隐私的除外。

第二十一条 行政监察机关对安全监管执法机关及其工作人员行使行政处罚自由裁量权实施监察。

安全监管执法机关及其工作人员行使行政处罚自由裁量权明显不当的，必须及时予以纠正；对有关责任人员依照《安全生产监管监察职责和行政执法责任追究的暂行规定》处理。

第五章 附 则

第二十二条 违反《安全生产法》有关规定发生生产安全事故，应当给予生产经营单位的主要负责人、个人经营的投资人和其他责任人员罚款的，依照《安全生产法》第八十条、第八十一条的规定处罚。

违反《安全生产法》以外的有关法律、行政法规、部门规章的规定发生生产安全事故，应当给予生产经营单位的主要负责人、个人经营的投资人和其他责任人员罚款的，依照《生产安全事故报告和调查处理条例》的规定处罚。

第二十三条 行政处罚自由裁量审查和备案审查的具体办法，由地方各级安全监管执法机关根据本机关实际制定，并报上一级安全监管执法机关备案。

第二十四条 安全生产违法行为涉嫌构成刑事犯罪的，应当依据规定程序移交司法机关，不得以罚代刑。

第二十五条 本规则自2010年10月1日起施行。

安全生产违法行为行政处罚办法

（2007年11月30日国家安全监管总局令第15号公布 根据2015年4月2日国家安全监管总局令第77号修正）

第一章 总 则

第一条 为了制裁安全生产违法行为，规范安全生产行政处罚工作，依照行政处罚法、安全生产法及其他有关法律、行政法规的规定，制定本办法。

第二条 县级以上人民政府安全生产监督管理部门对生产经营单位及其有关人员在生产经营活动中违反有关安全生产的法律、行政法规、部门规章、国家标准、行业标准和规程的违法行为（以下统称安全生产违法行为）实施行政处罚，适用本办法。

煤矿安全监察机构依照本办法和煤矿安全监察行政处罚办法，对煤矿、煤矿安全生产中介机构等生产经营单位及其有关人员的安全生产违法行为实施行政处罚。

有关法律、行政法规对安全生产违法行为行政处罚的种类、幅度或者决定机关另有规定的，依照其规定。

第三条 对安全生产违法行为实施行政处罚，应当遵循公平、公正、公开的原则。

安全生产监督管理部门或者煤矿安全监察机构（以下统称安全监管监察部门）及其行政执法人员实施行政处罚，必须以事实为依据。行政处罚应当与安全生产违法行为的事实、性质、情节以及社会危害程度相当。

第四条 生产经营单位及其有关人员对安全监管监察部门给予的行政处罚，依法享有陈述权、申辩权和听证权；对行政处罚不服的，有权依法申请行政复议或者提起行政诉讼；因违法给予行政处罚受到损害的，有权依法申请国家赔偿。

第二章 行政处罚的种类、管辖

第五条 安全生产违法行为行政处罚的种类：

（一）警告；

（二）罚款；

（三）没收违法所得、没收非法开采的煤炭产品、采掘设备；

（四）责令停产停业整顿、责令停产停业、责令停止建设、责令停止施工；

（五）暂扣或者吊销有关许可证，暂停或者撤销有关执业资格、岗位证书；

（六）关闭；

（七）拘留；

（八）安全生产法律、行政法规规定的其他行政处罚。

第六条 县级以上安全监管监察部门应当按照本章的规定，在各自的职责范围内对安全生产违法行为行政处罚行使管辖权。

安全生产违法行为的行政处罚，由安全生产违法行为发生地的县级以上安全监管监察部门管辖。中央企业及其所属企业、有关人员的安全生产违法行为的行政处罚，由安全生产违法行为发生地的设区的市级以上安全监管监察部门管辖。

暂扣、吊销有关许可证和暂停、撤销有关执业资格、岗位证书的行政处罚，由发证机关决定。其中，暂扣有关许可证和暂停有关执业资格、岗位证书的期限一般不得超过6个月；法律、行政法规另有规定的，依照其规定。

给予关闭的行政处罚，由县级以上安全监管监察部门报请县级以上人民政府按照国务院规定的权限决定。

给予拘留的行政处罚，由县级以上安全监管监察部门建议公安机关依照治安管理处罚法的规定决定。

第七条 两个以上安全监管监察部门因行政处罚管辖权发生争议的，由其共同的上一级安全监管监察部门指定管辖。

第八条 对报告或者举报的安全生产违法行为，安全监管监察部门应当受理；发现不属于自己管辖的，应当及时移送有管辖权的部门。

受移送的安全监管监察部门对管辖权有异议的，应当报请共同的上一级安全监管监察部门指定管辖。

第九条 安全生产违法行为涉嫌犯罪的，安全监管监察部门应当将案件移送司法机关，依法追究刑事责任；尚不够刑事处罚但依法应当给予行政处罚的，由安全监管监察部门管辖。

第十条 上级安全监管监察部门可以直接查处下级安全监管监察部门管辖的案件，也可以将自己管辖的案件交由下级安全监管监察部门管辖。

下级安全监管监察部门可以将重大、疑难案件报请上级安全监管监察部门管辖。

第十一条 上级安全监管监察部门有权对下级安全监管监察部门违法或者不适当的行政处罚予以纠正或者撤销。

第十二条 安全监管监察部门根据需要，可以在其法定职权范围内委托符合《行政处罚法》第十九条规定条件的组织或者乡、镇人民政府以及街道办事处、开发区管理机构等地方人民政府的派出机构实施行政处罚。受委托的单位在委托范围内，以委托的安全监管监察部门名义实施行政处罚。

委托的安全监管监察部门应当监督检查受委托的单位实施行政处罚，并对其实施行政处罚的后果承担法律责任。

第三章 行政处罚的程序

第十三条 安全生产行政执法人员在执行公务时，必须出示省级以上安全生产监督管理部门或者县级以上地方人民政府统一制作的有效行政执法证件。其中对煤矿进行安全监察，必须出示国家安全生产监督管理总局统一制作的煤矿安全监察员证。

第十四条 安全监管监察部门及其行政执法人员在监督检查时发现生产经营单位存在事故隐患的，应当按照下列规定采取现场处理措施：

（一）能够立即排除的，应当责令立即排除；

（二）重大事故隐患排除前或者排除过程中无法保证安全的，应当责令从危险区域撤出作业人员，并责令暂时停产停业、停止建设、停止施工或者停止使用相关设施、设备，限期排除隐患。

隐患排除后，经安全监管监察部门审查同意，方可恢复生产经营和使用。

本条第一款第（二）项规定的责令暂时停产停业、停止建设、停止施工或者停止使用相关设施、设备的期限一般不超过6个月；法律、行政法规另有规定的，依照其规定。

第十五条 对有根据认为不符合安全生产的国家标准或者行业标准的在用设施、设备、器材，违法生产、储存、使用、经营、运输的危险物品，以及违法生产、储存、使用、经营危险物品的作业场所，安全监管监察部门应当依照《行政强制法》的规定予以查封或者扣押。查封或者扣押的期限不得超过30日，情况复杂的，经安全监管监察部门负责人批准，最多可以延长30日，并在查封或者扣押期限内作出处理决定：

（一）对违法事实清楚、依法应当没收的非法财物予以没收；

（二）法律、行政法规规定应当销毁的，依法销毁；

（三）法律、行政法规规定应当解除查封、扣押的，作出解除查封、扣押的决定。

实施查封、扣押，应当制作并当场交付查封、扣押决定书和清单。

第十六条 安全监管监察部门依法对存在重大事故隐患的生产经营单位作出停产停业、停止施工、停止使用相关设施、设备的决定，生产经营单位应当依法执行，及时消除事故隐患。生产经营单位拒不执行，有发生生产安全事故的现实危险的，在保证安全的前提下，经本部门主要负责人批准，安全监管监察部门可以采取通知有关单位停止供电、停止供应民用爆炸物品等措施，强制生产经营单位履行决定。通知应当采用书面形式，有关单位应当予以配合。

安全监管监察部门依照前款规定采取停止供电措施，除有危及生产安全的紧急情形外，应当提前24

小时通知生产经营单位。生产经营单位依法履行行政决定、采取相应措施消除事故隐患的，安全监管监察部门应当及时解除前款规定的措施。

第十七条 生产经营单位被责令限期改正或者限期进行隐患排除治理的，应当在规定限期内完成。因不可抗力无法在规定限期内完成的，应当在进行整改或者治理的同时，于限期届满前10日内提出书面延期申请，安全监管监察部门应当在收到申请之日起5日内书面答复是否准予延期。

生产经营单位提出复查申请或者整改、治理限期届满的，安全监管监察部门应当自申请或者限期届满之日起10日内进行复查，填写复查意见书，由被复查单位和安全监管监察部门复查人员签名后存档。逾期未改、未治理或者整改、治理不合格的，安全监管监察部门应当依法给予行政处罚。

第十八条 安全监管监察部门在作出行政处罚决定前，应当填写行政处罚告知书，告知当事人作出行政处罚决定的事实、理由、依据，以及当事人依法享有的权利，并送达当事人。当事人应当在收到行政处罚告知书之日起3日内进行陈述、申辩，或者依法提出听证要求，逾期视为放弃上述权利。

第十九条 安全监管监察部门应当充分听取当事人的陈述和申辩，对当事人提出的事实、理由和证据，应当进行复核；当事人提出的事实、理由和证据成立的，安全监管监察部门应当采纳。

安全监管监察部门不得因当事人陈述或者申辩而加重处罚。

第二十条 安全监管监察部门对安全生产违法行为实施行政处罚，应当符合法定程序，制作行政执法文书。

第一节 简易程序

第二十一条 违法事实确凿并有法定依据，对个人处以50元以下罚款、对生产经营单位处以1000元以下罚款或者警告的行政处罚的，安全生产行政执法人员可以当场作出行政处罚决定。

第二十二条 安全生产行政执法人员当场作出行政处罚决定，应当填写预定格式、编有号码的行政处罚决定书并当场交付当事人。

安全生产行政执法人员当场作出行政处罚决定后应当及时报告，并在5日内报所属安全监管监察部门备案。

第二节 一般程序

第二十三条 除依照简易程序当场作出的行政处罚外，安全监管监察部门发现生产经营单位及其有关人员有应当给予行政处罚的行为的，应当予以立案，填写立案审批表，并全面、客观、公正地进行调查，收集有关证据。对确需立即查处的安全生产违法行为，可以先行调查取证，并在5日内补办立案手续。

第二十四条 对已经立案的案件，由立案审批人指定两名或者两名以上安全生产行政执法人员进行调查。

有下列情形之一的，承办案件的安全生产行政执法人员应当回避：

（一）本人是本案的当事人或者当事人的近亲属的；

（二）本人或者其近亲属与本案有利害关系的；

（三）与本人有其他利害关系，可能影响案件的公正处理的。

安全生产行政执法人员的回避，由派出其进行调查的安全监管监察部门的负责人决定。进行调查的安全监管监察部门负责人的回避，由该部门负责人集体讨论决定。回避决定作出之前，承办案件的安全生产行政执法人员不得擅自停止对案件的调查。

第二十五条 进行案件调查时，安全生产行政执法人员不得少于两名。当事人或者有关人员应当如实回答安全生产行政执法人员的询问，并协助调查或者检查，不得拒绝、阻挠或者提供虚假情况。

询问或者检查应当制作笔录。笔录应当记载时间、地点、询问和检查情况，并由被询问人、被检查单位和安全生产行政执法人员签名或者盖章；被询问人、被检查单位要求补正的，应当允许。被询问人或者被检查单位拒绝签名或者盖章的，安全生产行政执法人员应当在笔录上注明原因并签名。

第二十六条 安全生产行政执法人员应当收集、调取与案件有关的原始凭证作为证据。调取原始凭证确有困难的，可以复制，复制件应当注明"经核对与原件无异"的字样和原始凭证存放的单位及其处所，并由出具证据的人员签名或者单位盖章。

第二十七条 安全生产行政执法人员在收集证据时，可以采取抽样取证的方法；在证据可能灭失或者以后难以取得的情况下，经本单位负责人批准，可以先行登记保存，并应在7日内作出处理决定：

（一）违法事实成立依法应当没收的，作出行政处罚决定，予以没收；依法应当扣留或者封存的，予以扣留或者封存；

（二）违法事实不成立，或者依法不应当予以没收、扣留、封存的，解除登记保存。

第二十八条 安全生产行政执法人员对与案件有

关的物品、场所进行勘验检查时，应当通知当事人到场，制作勘验笔录，并由当事人核对无误后签名或者盖章。当事人拒绝到场的，可以邀请在场的其他人员作证，并在勘验笔录中注明原因并签名；也可以采用录音、录像等方式记录有关物品、场所的情况后，再进行勘验检查。

第二十九条 案件调查终结后，负责承办案件的安全生产行政执法人员应当填写案件处理呈批表，连同有关证据材料一并报本部门负责人审批。

安全监管监察部门负责人应当及时对案件调查结果进行审查，根据不同情况，分别作出以下决定：

（一）确有应受行政处罚的违法行为的，根据情节轻重及具体情况，作出行政处罚决定；

（二）违法行为轻微，依法可以不予行政处罚的，不予行政处罚；

（三）违法事实不能成立，不得给予行政处罚；

（四）违法行为涉嫌犯罪的，移送司法机关处理。

对严重安全生产违法行为给予责令停产停业整顿、责令停产停业、责令停止建设、责令停止施工、吊销有关许可证、撤销有关执业资格或者岗位证书、5万元以上罚款、没收违法所得、没收非法开采的煤炭产品或者采掘设备价值5万元以上的行政处罚，应当由安全监管监察部门的负责人集体讨论决定。

第三十条 安全监管监察部门依照本办法第二十九条的规定给予行政处罚，应当制作行政处罚决定书。行政处罚决定书应当载明下列事项：

（一）当事人的姓名或者名称、地址或者住址；

（二）违法事实和证据；

（三）行政处罚的种类和依据；

（四）行政处罚的履行方式和期限；

（五）不服行政处罚决定，申请行政复议或者提起行政诉讼的途径和期限；

（六）作出行政处罚决定的安全监管监察部门的名称和作出决定的日期。

行政处罚决定书必须盖有作出行政处罚决定的安全监管监察部门的印章。

第三十一条 行政处罚决定书应当在宣告后当场交付当事人；当事人不在场的，安全监管监察部门应当在7日内依照民事诉讼法的有关规定，将行政处罚决定书送达当事人或者其他的法定受送达人：

（一）送达必须有送达回执，由受送达人在送达回执上注明收到日期，签名或者盖章；

（二）送达应当直接送交受送达人。受送达人是个人的，本人不在交他的同住成年家属签收，并在行政处罚决定书送达回执的备注栏内注明与受送达人的关系；

（三）受送达人是法人或者其他组织的，应当由法人的法定代表人、其他组织的主要负责人或者该法人、组织负责收件的人签收；

（四）受送达人指定代收人的，交代收人签收并注明受当事人委托的情况；

（五）直接送达确有困难的，可以挂号邮寄送达，也可以委托当地安全监管监察部门代为送达，代为送达的安全监管监察部门收到文书后，必须立即交受送达人签收；

（六）当事人或者他的同住成年家属拒绝接收的，送达人应当邀请有关基层组织或者所在单位的代表到场，说明情况，在行政处罚决定书送达回执上记明拒收的事由和日期，由送达人、见证人签名或者盖章，将行政处罚决定书留在当事人的住所；也可以把行政处罚决定书留在受送达人的住所，并采用拍照、录像等方式记录送达过程，即视为送达；

（七）受送达人下落不明，或者用以上方式无法送达的，可以公告送达，自公告发布之日起经过60日，即视为送达。公告送达，应当在案卷中注明原因和经过。

安全监管监察部门送达其他行政处罚执法文书，按照前款规定办理。

第三十二条 行政处罚案件应当自立案之日起30日内作出行政处罚决定；由于客观原因不能完成的，经安全监管监察部门负责人同意，可以延长，但不得超过90日；特殊情况需进一步延长的，应当经上一级安全监管监察部门批准，可延长至180日。

第三节　听证程序

第三十三条 安全监管监察部门作出责令停产停业整顿、责令停产停业、吊销有关许可证、撤销有关执业资格、岗位证书或者较大数额罚款的行政处罚决定之前，应当告知当事人有要求举行听证的权利；当事人要求听证的，安全监管监察部门应当组织听证，不得向当事人收取听证费用。

前款所称较大数额罚款，为省、自治区、直辖市人大常委会或者人民政府规定的数额；没有规定数额的，其数额对个人罚款为2万元以上，对生产经营单位罚款为5万元以上。

第三十四条 当事人要求听证的，应当在安全监管监察部门依照本办法第十八条规定告知后3日内以书面方式提出。

第三十五条 当事人提出听证要求后，安全监管监察部门应当在收到书面申请之日起15日内举行听证会,并在举行听证会的7日前,通知当事人举行听证的时间、地点。

当事人应当按期参加听证。当事人有正当理由要求延期的,经组织听证的安全监管监察部门负责人批准可以延期1次;当事人未按期参加听证,并且未事先说明理由的,视为放弃听证权利。

第三十六条 听证参加人由听证主持人、听证员、案件调查人员、当事人及其委托代理人、书记员组成。

听证主持人、听证员、书记员应当由组织听证的安全监管监察部门负责人指定的非本案调查人员担任。

当事人可以委托1至2名代理人参加听证,并提交委托书。

第三十七条 除涉及国家秘密、商业秘密或者个人隐私外,听证应当公开举行。

第三十八条 当事人在听证中的权利和义务:

(一)有权对案件涉及的事实、适用法律及有关情况进行陈述和申辩;

(二)有权对案件调查人员提出的证据质证并提出新的证据;

(三)如实回答主持人的提问;

(四)遵守听证会场纪律,服从听证主持人指挥。

第三十九条 听证按照下列程序进行:

(一)书记员宣布听证会场纪律、当事人的权利和义务。听证主持人宣布案由,核实听证参加人名单,宣布听证开始;

(二)案件调查人员提出当事人的违法事实、出示证据,说明拟作出的行政处罚的内容及法律依据;

(三)当事人或者其委托代理人对案件的事实、证据、适用的法律等进行陈述和申辩,提交新的证据材料;

(四)听证主持人就案件的有关问题向当事人、案件调查人员、证人询问;

(五)案件调查人员、当事人或者其委托代理人相互辩论;

(六)当事人或者其委托代理人作最后陈述;

(七)听证主持人宣布听证结束。

听证笔录应当当场交当事人核对无误后签名或者盖章。

第四十条 有下列情形之一的,应当中止听证:

(一)需要重新调查取证的;

(二)需要通知新证人到场作证的;

(三)因不可抗力无法继续进行听证的。

第四十一条 有下列情形之一的,应当终止听证:

(一)当事人撤回听证要求的;

(二)当事人无正当理由不按时参加听证的;

(三)拟作出的行政处罚决定已经变更,不适用听证程序的。

第四十二条 听证结束后,听证主持人应当依据听证情况,填写听证会报告书,提出处理意见并附听证笔录报安全监管监察部门负责人审查。安全监管监察部门依照本办法第二十九条的规定作出决定。

第四章 行政处罚的适用

第四十三条 生产经营单位的决策机构、主要负责人、个人经营的投资人(包括实际控制人,下同)未依法保证下列安全生产所必需的资金投入之一,致使生产经营单位不具备安全生产条件的,责令限期改正,提供必需的资金,可以对生产经营单位处1万元以上3万元以下罚款,对生产经营单位的主要负责人、个人经营的投资人处5000元以上1万元以下罚款;逾期未改正的,责令生产经营单位停产停业整顿:

(一)提取或者使用安全生产费用;

(二)用于配备劳动防护用品的经费;

(三)用于安全生产教育和培训的经费。

(四)国家规定的其他安全生产所必须的资金投入。

生产经营单位主要负责人、个人经营的投资人有前款违法行为,导致发生生产安全事故的,依照《生产安全事故罚款处罚规定(试行)》的规定给予处罚。

第四十四条 生产经营单位的主要负责人未依法履行安全生产管理职责,导致生产安全事故发生的,依照《生产安全事故罚款处罚规定(试行)》的规定给予处罚。

第四十五条 生产经营单位及其主要负责人或者其他人员有下列行为之一的,给予警告,并可以对生产经营单位处1万元以上3万元以下罚款,对其主要负责人、其他有关人员处1000元以上1万元以下的罚款:

(一)违反操作规程或者安全管理规定作业的;

(二)违章指挥从业人员或者强令从业人员违章、冒险作业的;

(三)发现从业人员违章作业不加制止的;

(四)超过核定的生产能力、强度或者定员进行生产的;

(五)对被查封或者扣押的设施、设备、器材、危险物品和作业场所,擅自启封或者使用的;

（六）故意提供虚假情况或者隐瞒存在的事故隐患以及其他安全问题的；

（七）拒不执行安全监管监察部门依法下达的安全监管监察指令的。

第四十六条 危险物品的生产、经营、储存单位以及矿山、金属冶炼单位有下列行为之一的，责令改正，并可以处 1 万元以上 3 万元以下的罚款：

（一）未建立应急救援组织或者生产经营规模较小、未指定兼职应急救援人员的；

（二）未配备必要的应急救援器材、设备和物资，并进行经常性维护、保养，保证正常运转的。

第四十七条 生产经营单位与从业人员订立协议，免除或者减轻其对从业人员因生产安全事故伤亡依法应承担的责任的，该协议无效；对生产经营单位的主要负责人、个人经营的投资人按照下列规定处以罚款：

（一）在协议中减轻因生产安全事故伤亡对从业人员依法应承担的责任的，处 2 万元以上 5 万元以下的罚款；

（二）在协议中免除因生产安全事故伤亡对从业人员依法应承担的责任的，处 5 万元以上 10 万元以下的罚款。

第四十八条 生产经营单位不具备法律、行政法规和国家标准、行业标准规定的安全生产条件，经责令停产停业整顿仍不具备安全生产条件的，安全监管监察部门应当提请有管辖权的人民政府予以关闭；人民政府决定关闭的，安全监管监察部门应当依法吊销其有关许可证。

第四十九条 生产经营单位转让安全生产许可证的，没收违法所得，吊销安全生产许可证，并按照下列规定处以罚款：

（一）接受转让的单位和个人未发生生产安全事故的，处 10 万元以上 30 万元以下的罚款；

（二）接受转让的单位和个人发生生产安全事故但没有造成人员死亡的，处 30 万元以上 40 万元以下的罚款；

（三）接受转让的单位和个人发生人员死亡生产安全事故的，处 40 万元以上 50 万元以下的罚款。

第五十条 知道或者应当知道生产经营单位未取得安全生产许可证或者其他批准文件擅自从事生产经营活动，仍为其提供生产经营场所、运输、保管、仓储等条件的，责令立即停止违法行为，有违法所得的，没收违法所得，并处违法所得 1 倍以上 3 倍以下的罚款，但是最高不得超过 3 万元；没有违法所得的，并处 5000 元以上 1 万元以下的罚款。

第五十一条 生产经营单位及其有关人员弄虚作假，骗取或者勾结、串通行政审批工作人员取得安全生产许可证书及其他批准文件的，撤销许可及批准文件，并按照下列规定处以罚款：

（一）生产经营单位有违法所得的，没收违法所得，并处违法所得 1 倍以上 3 倍以下的罚款，但是最高不得超过 3 万元；没有违法所得的，并处 5000 元以上 1 万元以下的罚款；

（二）对有关人员处 1000 元以上 1 万元以下的罚款。

有前款规定违法行为的生产经营单位及其有关人员在 3 年内不得再次申请该行政许可。

生产经营单位及其有关人员未依法办理安全生产许可证书变更手续的，责令限期改正，并对生产经营单位处 1 万元以上 3 万元以下的罚款，对有关人员处 1000 元以上 5000 元以下的罚款。

第五十二条 未取得相应资格、资质证书的机构及其有关人员从事安全评价、认证、检测、检验工作，责令停止违法行为，并按照下列规定处以罚款：

（一）机构有违法所得的，没收违法所得，并处违法所得 1 倍以上 3 倍以下的罚款，但是最高不得超过 3 万元；没有违法所得的，并处 5000 元以上 1 万元以下的罚款；

（二）有关人员处 5000 元以上 1 万元以下的罚款。

第五十三条 生产经营单位及其有关人员触犯不同的法律规定，有两个以上应当给予行政处罚的安全生产违法行为的，安全监管监察部门应当适用不同的法律规定，分别裁量，合并处罚。

第五十四条 对同一生产经营单位及其有关人员的同一安全生产违法行为，不得给予两次以上罚款的行政处罚。

第五十五条 生产经营单位及其有关人员有下列情形之一的，应当从重处罚：

（一）危及公共安全或者其他生产经营单位安全的，经责令限期改正，逾期未改正的；

（二）一年内因同一违法行为受到两次以上行政处罚的；

（三）拒不整改或者整改不力，其违法行为呈持续状态的；

（四）拒绝、阻碍或者以暴力威胁行政执法人员的。

第五十六条 生产经营单位及其有关人员有下列情形之一的，应当依法从轻或者减轻行政处罚：

（一）已满 14 周岁不满 18 周岁的公民实施安全

生产违法行为的；

（二）主动消除或者减轻安全生产违法行为危害后果的；

（三）受他人胁迫实施安全生产违法行为的；

（四）配合安全监管监察部门查处安全生产违法行为，有立功表现的；

（五）主动投案，向安全监管监察部门如实交代自己的违法行为的；

（六）具有法律、行政法规规定的其他从轻或者减轻处罚情形的。

有从轻处罚情节的，应当在法定处罚幅度的中档以下确定行政处罚标准，但不得低于法定处罚幅度的下限。

本条第一款第（四）项所称的立功表现，是指当事人有揭发他人安全生产违法行为，并经查证属实；或者提供查处其他安全生产违法行为的重要线索，并经查证属实；或者阻止他人实施安全生产违法行为；或者协助司法机关抓捕其他违法犯罪嫌疑人的行为。

安全生产违法行为轻微并及时纠正，没有造成危害后果的，不予行政处罚。

第五章 行政处罚的执行和备案

第五十七条 安全监管监察部门实施行政处罚时，应当同时责令生产经营单位及其有关人员停止、改正或者限期改正违法行为。

第五十八条 本办法所称的违法所得，按照下列规定计算：

（一）生产、加工产品的，以生产、加工产品的销售收入作为违法所得；

（二）销售商品的，以销售收入作为违法所得；

（三）提供安全生产中介、租赁等服务的，以服务收入或者报酬作为违法所得；

（四）销售收入无法计算的，按当地同类同等规模的生产经营单位的平均销售收入计算；

（五）服务收入、报酬无法计算的，按照当地同行业同种服务的平均收入或者报酬计算。

第五十九条 行政处罚决定依法作出后，当事人应当在行政处罚决定的期限内，予以履行；当事人逾期不履行的，作出行政处罚决定的安全监管监察部门可以采取下列措施：

（一）到期不缴纳罚款的，每日按罚款数额的3%加处罚款，但不得超过罚款数额；

（二）根据法律规定，将查封、扣押的设施、设备、器材和危险物品拍卖所得价款抵缴罚款；

（三）申请人民法院强制执行。

当事人对行政处罚决定不服申请行政复议或者提起行政诉讼的，行政处罚不停止执行，法律另有规定的除外。

第六十条 安全生产行政执法人员当场收缴罚款的，应当出具省、自治区、直辖市财政部门统一制发的罚款收据；当场收缴的罚款，应当自收缴款之日起2日内，交至所属安全监管监察部门；安全监管监察部门应当在2日内将罚款缴付指定的银行。

第六十一条 除依法应当予以销毁的物品外，需要将查封、扣押的设施、设备、器材和危险物品拍卖抵缴罚款的，依照法律或者国家有关规定处理。销毁物品，依照国家有关规定处理；没有规定的，经县级以上安全监管监察部门负责人批准，由两名以上安全生产行政执法人员监督销毁，并制作销毁记录。处理物品，应当制作清单。

第六十二条 罚款、没收违法所得的款项和没收非法开采的煤炭产品、采掘设备，必须按照有关规定上缴，任何单位和个人不得截留、私分或者变相私分。

第六十三条 县级安全生产监督管理部门处以5万元以上罚款、没收违法所得、没收非法生产的煤炭产品或者采掘设备价值5万元以上、责令停产停业、停止建设、停止施工、停产停业整顿、吊销有关资格、岗位证书或者许可证的行政处罚的，应当自作出行政处罚决定之日起10日内报设区的市级安全生产监督管理部门备案。

第六十四条 设区的市级安全生产监管监察部门处以10万元以上罚款、没收违法所得、没收非法生产的煤炭产品或者采掘设备价值10万元以上、责令停产停业、停止建设、停止施工、停产停业整顿、吊销有关资格、岗位证书或者许可证的行政处罚的，应当自作出行政处罚决定之日起10日内报省级安全监管监察部门备案。

第六十五条 省级安全监管监察部门处以50万元以上罚款、没收违法所得、没收非法生产的煤炭产品或者采掘设备价值50万元以上、责令停产停业、停止建设、停止施工、停产停业整顿、吊销有关资格、岗位证书或者许可证的行政处罚的，应当自作出行政处罚决定之日起10日内报国家安全生产监督管理总局或者国家煤矿安全监察局备案。

对上级安全监管监察部门交办案件给予行政处罚的，由决定行政处罚的安全监管监察部门自作出行政处罚决定之日起10日内报上级安全监管监察部门备案。

第六十六条 行政处罚执行完毕后，案件材料应当按照有关规定立卷归档。

案卷立案归档后，任何单位和个人不得擅自增加、抽取、涂改和销毁案卷材料。未经安全监管监察部门负责人批准，任何单位和个人不得借阅案卷。

第六章 附 则

第六十七条 安全生产监督管理部门所用的行政处罚文书式样，由国家安全生产监督管理总局统一制定。

煤矿安全监察机构所用的行政处罚文书式样，由国家煤矿安全监察局统一制定。

第六十八条 本办法所称的生产经营单位，是指合法和非法从事生产或者经营活动的基本单元，包括企业法人、不具备企业法人资格的合伙组织、个体工商户和自然人等生产经营主体。

第六十九条 本办法自2008年1月1日起施行。原国家安全生产监督管理局（国家煤矿安全监察局）2003年5月19日公布的《安全生产违法行为行政处罚办法》、2001年4月27日公布的《煤矿安全监察程序暂行规定》同时废止。

安全生产非法违法行为查处办法

（2011年10月14日国家安全生产监督管理总局以安监总政法〔2011〕158号印发）

第一条 为了严厉打击安全生产非法违法行为，维护安全生产法治秩序，根据《中华人民共和国安全生产法》《国务院关于进一步加强企业安全生产工作的通知》等法律、行政法规和规定，制定本办法。

第二条 安全生产监督管理部门和煤矿安全监察机构（以下统称安全监管监察部门）依法查处安全生产非法违法行为，适用本办法。

本办法所称安全生产非法行为，是指公民、法人或者其他组织未依法取得安全监管监察部门负责的行政许可，擅自从事生产经营建设活动的行为，或者行政许可已经失效，继续从事生产经营建设活动的行为。

本办法所称安全生产违法行为，是指生产经营单位及其从业人员违反安全生产法律、法规、规章、强制性国家标准或者行业标准的规定，从事生产经营建设活动的行为。

第三条 安全监管监察部门依法查处安全生产非法违法行为，实行查处与引导相结合、处罚与教育相结合的原则，督促引导生产经营单位依法办理相应行政许可手续，合法从事生产经营建设活动。

第四条 任何单位和个人从事生产经营活动，不得违反安全生产法律、法规、规章和强制性标准的规定。

生产经营单位主要负责人对本单位安全生产工作全面负责，并对本单位安全生产非法违法行为承担法律责任；公民个人对自己的安全生产非法违法行为承担法律责任。

第五条 安全监管监察部门应当制订并实施年度安全监管监察执法工作计划，依照法律、法规和规章规定的职责、程序和要求，对发现和被举报的安全生产非法违法行为予以查处。

第六条 任何单位和个人均有权向安全监管监察部门举报安全生产非法违法行为。举报人故意捏造或者歪曲事实、诬告或者陷害他人的，应当承担相应的法律责任。

第七条 安全监管监察部门应当建立健全举报制度，对举报人的有关情况予以保密，不得泄露举报人身份或者将举报材料、举报人情况透露给被举报单位、被举报人；对举报有功人员，应当按照有关规定给予奖励。

第八条 安全监管监察部门接到举报后，能够当场答复是否受理的，应当当场答复；不能当场答复的，应当自收到举报之日起15个工作日内书面告知举报人是否受理。但举报人的姓名（名称）、住址或者其他联系方式不清的除外。

对于不属于本部门受理范围的举报，安全监管监察部门应当告知举报人向有处理权的单位反映，或者将举报材料移送有处理权的单位，并书面告知实名举报人。

第九条 对已经受理的举报，安全监管监察部门应当依照下列规定处理：

（一）对实名举报的，立即组织核查。安全监管监察部门认为举报内容不清的，可以请举报人补充情况；

（二）对匿名举报的，根据举报具体情况决定是否进行核查。有具体的单位、安全生产非法违法事实、联系方式等线索的，立即组织核实；

（三）举报事项经核查属查的，依法予以处理；

（四）举报事项经核查不属实的，以适当方式在一定范围内予以澄清，并依法保护被举报人的合法权益。

安全监管监察部门核查安全生产非法违法行为确有困难的，可以提请本级人民政府组织有关部门共同核查。

安全监管监察部门对举报的处理情况，应当在办结的同时书面答复实名举报人，但举报人的姓名（名称）、住址或者其他联系方式不清的除外。

第十条 对安全生产非法违法行为造成的一般、较大、重大生产安全事故，设区的市级以上人民政府安委会应当按照规定对事故查处情况实施挂牌督办，有关人民政府安委会办公室（安全生产监督管理部门）具体承担督办事项。

负责督办的人民政府安委会办公室应当在当地主要新闻媒体或者本单位网站上公开督办信息，接受社会监督。

负责督办的人民政府安委会办公室应当加强对督办事项的指导、协调和监督，及时掌握安全生产非法违法事故查处的进展情况；必要时，应当派出工作组进行现场督办，并对安全生产非法违法行为查处中存在的问题责令有关单位予以纠正。

第十一条 安全监管监察部门查处安全生产非法违法行为，有权依法采取下列行政强制措施：

（一）对有根据认为不符合安全生产的国家标准或者行业标准的在用设施、设备、器材，予以查封或者扣押，并应当在作出查封、扣押决定之日起15日内依法作出处理决定；

（二）查封违法生产、储存、使用、经营危险化学品的场所，扣押违法生产、储存、使用、经营、运输的危险化学品以及用于违法生产、使用、运输危险化学品的原材料、设备；

（三）法律、法规规定的其他行政强制措施。

安全监管监察部门查处安全生产非法违法行为时，可以会同有关部门实施联合执法，必要时可以提请本级人民政府组织有关部门共同查处。

第十二条 安全监管监察部门查处安全生产非法行为，对有关单位和责任人，应当依照相关法律、法规、规章规定的上限予以处罚。

安全监管监察部门查处其他安全生产违法行为，对有关单位和责任人，应当依照《安全生产行政处罚自由裁量适用规则》《安全生产行政处罚自由裁量标准》或者《煤矿安全监察行政处罚自由裁量实施标准》确定的处罚种类和幅度进行处罚。

第十三条 当事人逾期不履行行政处罚决定的，安全监管监察部门可以采取下列措施：

（一）到期不缴纳罚款的，每日按罚款数额的3%加处罚款；

（二）根据法律规定，将查封、扣押的设施、设备、器材拍卖所得价款抵缴罚款；

（三）申请人民法院强制执行。

第十四条 对跨区域从事生产经营建设活动的生产经营单位及其相关人员的安全生产非法违法行为，应当依法给予重大行政处罚的，安全生产非法违法行为发生地负责查处的安全监管监察部门应当书面邀请生产经营单位注册地有关安全监管监察部门参与查处。

第十五条 对跨区域从事生产经营建设活动的生产经营单位不履行负责查处的安全监管监察部门作出的行政处罚决定的，生产经营单位注册地有关安全监管监察部门应当配合负责查处的安全监管监察部门采取本办法第十三条规定的措施。

对跨区域从事生产经营建设活动的生产经营单位及其相关人员的安全生产非法违法行为，应当给予暂扣或者吊销安全生产许可证、安全资格证处罚的，安全生产非法违法行为发生地负责查处的安全监管监察部门应当提出暂扣或者吊销安全生产许可证、安全资格证的建议，并移送负责安全生产许可证、安全资格证颁发管理的安全监管监察部门调查处理；接受移送的安全监管监察部门应当依法予以处理；接受移送的安全监管监察部门对前述行政处罚建议有异议的，应当报请共同的上级安全监管监察部门作出裁决。

第十六条 安全监管监察部门在安全生产监管监察中，发现不属于职责范围的下列非法违法行为的，应当移送工商行政管理部门、其他负责相关许可证或者批准文件的颁发管理部门处理：

（一）未依法取得营业执照、其他相关许可证或者批准文件，擅自从事生产经营建设活动的行为；

（二）已经办理注销登记或者被吊销营业执照，以及营业执照有效期届满后未按照规定重新办理登记手续，擅自继续从事生产经营建设活动的行为；

（三）其他相关许可证或者批准文件有效期届满后，擅自继续从事生产经营建设活动的行为；

（四）超出核准登记经营范围、其他相关许可证或者批准文件核准范围的违法生产经营建设行为。

第十七条 拒绝、阻碍安全监管监察部门依法查处安全生产非法违法行为，构成违反治安管理行为的，安全监管监察部门应当移送公安机关依照《中华人民共和国治安管理处罚法》的规定予以处罚；涉嫌犯罪的，依法追究刑事责任。

第十八条 安全监管监察部门应当将安全生产非法行为的查处情况，自查处结案之日起15个工作日内在当地有关媒体或者安全监管监察部门网站上予以公开，接受社会监督。

对安全生产非法违法事故查处情况实施挂牌督办的有关人民政府安委会办公室，应当在督办有关措施和处罚事项全部落实后解除督办，并在解除督办之日起10个工作日内在当地主要媒体和本单位网站上予以公告，接受社会监督。

第十九条 安全监管监察部门应当建立完善安全生产非法违法行为记录和查询系统，记载安全生产非法违法行为及其处理结果。

生产经营单位因非法违法行为造成重大、特别重大生产安全事故或者一年内发生2次以上较大生产安全责任事故并负主要责任，以及存在重大隐患整改不力的，省级安全监管监察部门应当会同有关行业主管部门向社会公告，并向投资、国土资源、建设、银行、证券等主管部门通报，作为一年内严格限制其新增的项目核准、用地审批、证券融资、银行贷款等的重要参考依据。

第二十条 安全监管监察部门查处安全生产非法行为，应当在作出行政处罚决定之日起10个工作日内，将行政处罚决定书及相关证据材料报上一级安全监管监察部门备案。

安全生产监管监察部门查处其他安全生产违法行为，应当依照《安全生产违法行为行政处罚办法》第六十二条、第六十三条、第六十四条的规定，将行政处罚决定书报上一级安全监管监察部门备案。

第二十一条 县（市、区）、乡（镇）人民政府对群众举报、上级督办、日常检查发现的所辖区域的非法生产企业（单位）没有采取有效措施予以查处，致使非法生产企业（单位）存在的，对县（市、区）、乡（镇）人民政府主要领导以及相关责任人，依照国家有关规定予以纪律处分；涉嫌犯罪的，依法追究刑事责任。

县（市、区）、乡（镇）人民政府所辖区域存在非法煤矿的，依据《国务院关于预防煤矿生产安全事故的特别规定》的有关规定予以处理。

第二十二条 国家机关工作人员参与安全生产非法违法行为的，依照有关法律、行政法规和纪律处分规定由监察机关或者任免机关按照干部管理权限予以处理；涉嫌犯罪的，依法追究刑事责任。

第二十三条 安全监管监察部门工作人员对发现或者接到举报的安全生产非法违法行为，未依照有关法律、法规、规章和本办法规定予以查处的，由任免机关按照干部管理权限予以处理；涉嫌犯罪的，依法追究刑事责任。

第二十四条 本办法自2011年12月1日起施行。

安全生产监督罚款管理暂行办法

（2004年10月18日国家安全生产监督管理总局、国家煤矿安全监察局局务会议审议通过，2004年11月3日国家安全生产监督管理总局、国家煤矿安全监察局令第15号公布，自公布之日起施行）

第一条 为加强安全生产监督罚款管理工作，依法实施安全生产综合监督管理，根据《安全生产法》《罚款决定与罚款收缴分离实施办法》和《财政部关于做好安全生产监督有关罚款收入管理工作的通知》等法律、法规和有关规定，制定本办法。

第二条 县级以上人民政府安全生产监督管理部门（以下简称安全生产监督管理部门）对生产经营单位及其有关人员在生产经营活动中违反安全生产的法律、行政法规、部门规章、国家标准、行业标准和规程的违法行为（以下简称安全生产违法行为）依法实施罚款，适用本办法。

第三条 安全生产监督罚款实行处罚决定与罚款收缴分离。

安全生产监督管理部门按照有关规定，对安全生产违法行为实施罚款，开具安全生产监督管理行政处罚决定书；被处罚人持安全生产监督管理部门开具的行政处罚决定书到指定的代收银行及其分支机构缴纳罚款。

罚款代收银行的确定以及会计科目的使用应严格按照财政部《罚款代收代缴管理办法》和其他有关规定办理。代收银行的代收手续费按照《财政部、中国人民银行关于代收罚款手续费有关问题的通知》的规定执行。

第四条 罚款票据使用省、自治区、直辖市财政部门统一印制的罚款收据，并由代收银行负责管理。

安全生产监督管理部门可领取小额罚款票据，并负责管理。罚没款票据的使用，应当符合罚款票据管理暂行规定。

尚未实行银行代收的罚款，由县级以上安全生产监督管理部门统一向同级财政部门购领罚款票据，并负责本单位罚款票据的管理。

第五条 安全生产监督罚款收入纳入同级财政预算,实行"收支两条线"管理。

罚款缴库时间按照当地财政部门有关规定办理。

第六条 安全生产监督管理部门定期到代收银行索取缴款票据,据以登记统计,并和安全生产监督管理行政处罚决定书核对。

各地安全生产监督管理部门应于每季度终了后7日内将罚款统计表逐级上报。各省级安全生产监督管理部门应于每半年(年)终了后15日内将罚款统计表报国家安全生产监督管理局。

第七条 安全生产监督管理部门罚款收入的缴库情况,应接受同级财政部门的检查和监督。

第八条 安全生产监督罚款应严格执行国家有关罚款收支管理的规定,对违反"收支两条线"管理的机构和个人,依照《违反行政事业性收费和罚没收入收支两条线管理规定行政处分暂行规定》追究责任。

第九条 本办法自公布之日起施行。

安全生产行政复议规定

(2007年9月25日国家安全生产监督管理总局局长办公会议审议通过,2007年10月8日国家安全生产监督管理总局令第14号公布,自2007年11月1日起施行)

第一章 总 则

第一条 为了规范安全生产行政复议工作,解决行政争议,根据《中华人民共和国行政复议法》和《中华人民共和国行政复议法实施条例》,制定本规定。

第二条 公民、法人或者其他组织认为安全生产监督管理部门、煤矿安全监察机构(以下统称安全监管监察部门)的具体行政行为侵犯其合法权益,向安全生产行政复议机关申请行政复议,安全生产行政复议机关受理行政复议申请,作出行政复议决定,适用本规定。

第三条 依法履行行政复议职责的安全监管监察部门是安全生产行政复议机关。安全生产行政复议机关负责法制工作的机构是本机关的行政复议机构(以下简称安全生产行政复议机构)。

安全生产行政复议机关应当领导、支持本机关行政复议机构依法办理行政复议事项,并依照有关规定充实、配备专职行政复议人员,保证行政复议机构的办案能力与工作任务相适应。

第四条 国家安全生产监督管理总局办理行政复议案件按照下列程序,统一受理,分工负责:

(一)政策法规司按照本规定规定的期限,对行政复议申请进行初步审查,做出受理或者不予受理的决定。对决定受理的,将案卷材料转送相关业务司局分口承办;

(二)相关业务司局收到案卷材料后,应当在30日内了解核实有关情况,提出处理意见;

(三)政策法规司根据处理意见,在20日内拟定行政复议决定书,提交本局负责人集体讨论或者主管负责人审定;

(四)本局负责人集体讨论通过或者主管负责人同意后,政策法规司制作行政复议决定书,并送达申请人、被申请人和第三人。

国家煤矿安全监察局和省级及省级以下安全监管监察部门办理行政复议案件参照上述程序执行。

第二章 行政复议范围与管辖

第五条 公民、法人或者其他组织对安全监管监察部门作出的下列具体行政行为不服,可以申请行政复议:

(一)行政处罚决定;

(二)行政强制措施;

(三)行政许可的变更、中止、撤销、撤回等决定;

(四)认为符合法定条件,申请安全监管监察部门办理许可证、资格证等行政许可手续,安全监管监察部门没有依法办理的;

(五)认为安全监管监察部门违法收费或者违法要求履行义务的;

(六)认为安全监管监察部门其他具体行政行为侵犯其合法权益的。

第六条 公民、法人或者其他组织认为安全监管监察部门的具体行政行为所依据的规定不合法,在对具体行政行为申请行政复议时,可以依据行政复议法第七条的规定一并提出审查申请。

第七条 安全监管监察部门作出的下列行政行为,不属于安全生产行政复议范围:

(一)生产安全事故调查报告;

(二)不具有强制力的行政指导行为和信访答复行为;

(三)生产安全事故隐患认定;

（四）公告信息发布；

（五）法律、行政法规规定的非具体行政行为。

第八条 对县级以上地方人民政府安全生产监督管理部门作出的具体行政行为不服的，可以向上一级安全生产监督管理部门申请行政复议，也可以向同级人民政府申请行政复议。已向同级人民政府提出行政复议申请，且同级人民政府已经受理的，上一级安全生产监督管理部门不再受理。

对国家安全生产监督管理总局作出的具体行政行为不服的，向国家安全生产监督管理总局申请行政复议。

第九条 对煤矿安全监察分局作出的具体行政行为不服的，向该分局所隶属的省级煤矿安全监察局申请行政复议。

对省级煤矿安全监察机构作出的具体行政行为不服的，向国家安全生产监督管理总局申请行政复议。

对国家煤矿安全监察局作出的具体行政行为不服的，向国家煤矿安全监察局申请行政复议。

第十条 安全监管监察部门设立的派出机构、内设机构或者其他组织，未经法律、行政法规授权，对外以自己名义作出具体行政行为的，该安全监管监察部门为被申请人。

第十一条 对安全监管监察部门依法委托的机构，以委托的安全监管监察部门名义作出的具体行政行为不服的，依照本规定第八条和第九条的规定申请行政复议。

第十二条 对安全监管监察部门与有关部门共同作出的具体行政行为不服的，可以向其共同的上一级行政机关申请行政复议。共同作出具体行政行为的安全监管监察部门与有关部门为共同被申请人。

对国家安全生产监督管理总局与国务院其他部门共同作出的具体行政行为不服的，可以向国家安全生产监督管理总局或者共同作出具体行政行为的其他任何一个部门提起行政复议申请，由作出具体行政行为的部门共同作出行政复议决定。

第十三条 下级安全监管监察部门依照法律、行政法规、规章规定，经上级安全监管监察部门批准作出具体行政行为的，批准机关为被申请人。

第三章 行政复议的申请与受理

第十四条 安全监管监察部门作出具体行政行为，依法应当向有关公民、法人或者其他组织送达法律文书而未送达的，视为该公民、法人或者其他组织不知道该具体行政行为。

安全监管监察部门作出的具体行政行为对公民、法人或者其他组织的权利、义务可能产生不利影响的，应当告知其申请行政复议的权利、行政复议机关和行政复议申请期限。

第十五条 行政复议可以书面申请，也可以当场口头申请。书面申请可以采取当面递交、邮寄或者传真等方式提出，并在行政复议申请书中载明《行政复议法实施条例》第十九条规定的事项。

当场口头申请的，安全生产行政复议机构应当按照第一款规定的事项，当场制作行政复议申请笔录交申请人核对或者向申请人宣读，并由申请人签字确认。

第十六条 安全生产行政复议机构应当自收到行政复议申请之日起 3 日内对复议申请是否符合下列条件进行初步审查：

（一）有明确的申请人和被申请人；

（二）申请人与具体行政行为有利害关系；

（三）有具体的行政复议请求和事实依据；

（四）在法定申请期限内提出；

（五）属于本规定第五条规定的行政复议范围；

（六）属于收到行政复议申请的行政复议机关的职责范围；

（七）其他行政复议机关尚未受理同一行政复议申请，人民法院尚未受理同一主体就同一事实提起的行政诉讼。

第十七条 行政复议申请错列被申请人的，安全生产行政复议机构应当告知申请人变更被申请人。

第十八条 行政复议申请材料不齐全或者表述不清楚的，安全生产行政复议机构可以自收到该行政复议申请之日起 5 日内书面通知申请人补正。补正通知应当载明需要补正的事项和合理的补正期限。无正当理由逾期不补正的，视为申请人放弃行政复议申请。补正申请材料所用时间不计入行政复议审理期限。

第十九条 经初步审查后，安全生产行政复议机构应当自收到行政复议申请之日起 5 日内按下列规定作出处理：

（一）符合本规定第十六条规定的，予以受理，并制发行政复议受理决定书；

（二）不符合本规定第十六条规定的，决定不予受理，并制发行政复议申请不予受理决定书；

（三）不属于本机关职责范围的，应当告知申请人向有权受理的行政复议机关提出。

第二十条 行政复议期间，安全生产行政复议机构认为申请人以外的公民、法人或者其他组织与被审查的具体行政行为有利害关系的，可以通知其作为第三人参加行政复议。

行政复议期间，申请人以外的公民、法人或者其他组织与被审查的具体行政行为有利害关系的，可以向安全生产行政复议机构申请作为第三人参加行政复议。

第四章 行政复议的审理和决定

第二十一条 安全生产行政复议机构审理行政复议案件，应当由2名以上行政复议人员参加。

第二十二条 安全生产行政复议机构应当自行政复议申请受理之日起7日内，将行政复议申请书副本或者行政复议申请笔录复印件发送被申请人。

被申请人应当自收到申请书副本或者行政复议申请笔录复印件之日起10日内，按照复议机构要求的份数提出书面答复，并提交当初作出具体行政行为的证据、依据和其他有关材料。

被申请人书面答复应当载明下列事项，并加盖单位公章：

（一）作出具体行政行为的基本过程和情况；
（二）作出具体行政行为的事实依据和有关证据材料；
（三）作出具体行政行为所依据的法律、行政法规、规章和规范性文件的文号、具体条款和内容；
（四）对申请人复议请求的意见和理由；
（五）答复的年月日。

第二十三条 有下列情形之一的，被申请人经安全生产行政复议机构允许可以补充相关证据：

（一）在作出具体行政行为时已经收集证据，但因不可抗力等正当理由不能提供的；
（二）申请人或者第三人在行政复议过程中，提出了其在安全监管监察部门实施具体行政行为过程中没有提出的申辩理由或者证据的。

第二十四条 有下列情形之一的，申请人应当提供证明材料：

（一）认为被申请人不履行法定职责的，提供曾经要求被申请人履行法定职责而被申请人未履行的证明材料，但被申请人依法应当主动履行的除外；
（二）申请行政复议时一并提出行政赔偿请求的，提供受具体行政行为侵害而造成损害的证明材料；
（三）申请人自己主张的事实；
（四）法律、行政法规规定由申请人提供证据材料的其他情形。

第二十五条 申请人、被申请人、第三人应当对其提交的证据材料分类编号，对证据材料的来源、证明对象和内容作简要说明，并在证据材料上签字或者盖章，注明提交日期。

证据材料是复印件的，应当经复议机构核对无误，并注明原件存放的单位和处所。

第二十六条 行政复议原则上采取书面审理的方式，但对重大、复杂的案件，申请人提出要求或者安全生产行政复议机构认为必要时，可以采取听证的方式审理。

听证应当保障当事人平等的陈述、质证和辩论的权利。

第二十七条 安全生产行政复议机构采取听证的方式审理复议案件，应当制作听证笔录并载明下列事项：

（一）案由，听证的时间、地点；
（二）申请人、被申请人、第三人及其代理人的基本情况；
（三）听证主持人、听证员、书记员的姓名、职务等；
（四）申请人、被申请人、第三人争议的焦点问题，有关事实、证据和依据；
（五）其他应当记载的事项。

申请人、被申请人、第三人应当核对听证笔录并签字或者盖章。

第二十八条 安全生产行政复议机构认为必要时，可以实地调查核实证据。调查核实时，行政复议人员不得少于2人，并应当向当事人或有关人员出示证件。

需要现场勘验的，现场勘验所用时间不计入行政复议审理期限。

第二十九条 安全生产行政复议期间涉及专门事项需要鉴定的，当事人可以自行委托鉴定机构进行鉴定，也可以申请行政复议机构委托鉴定机构进行鉴定。鉴定费用由当事人承担。鉴定所用时间不计入行政复议审理期限。

第三十条 申请人在行政复议决定作出前自愿撤回行政复议申请的，经行政复议机构同意，可以撤回。

申请人撤回行政复议申请的，不得以同一事实和理由再次提出行政复议申请。但是，申请人能够证明撤回行政复议申请违背其真实意思表示的除外。

第三十一条 行政复议申请由两个以上申请人共同提出，在行政复议决定作出前，部分申请人撤回行政复议申请的，安全生产行政复议机关应当就其他申请人未撤回的行政复议申请作出行政复议决定。

第三十二条 被申请人在复议期间改变原具体行政行为的，应当书面告知复议机构。

被申请人改变原具体行政行为，申请人撤回复议申请的，行政复议终止；申请人不撤回复议申请的，安全生产行政复议机关经审查认为原具体行政行为违法的，应当作出确认其违法的复议决定；认为原具体行政行为合法的，应当作出维持的复议决定。

第三十三条 公民、法人或者其他组织对安全监管监察部门行使法律、行政法规规定的自由裁量权作出的具体行政行为不服申请行政复议，申请人与被申请人在行政复议决定作出前自愿达成和解的，应当向安全生产行政复议机构提交书面和解协议；和解内容不损害社会公共利益和他人合法权益的，安全生产行政复议机构应当准许。

第三十四条 有下列情形之一的，安全生产行政复议机构可以按照自愿、合法的原则进行调解：

（一）公民、法人或者其他组织对安全监管监察部门行使法律、行政法规规定的自由裁量权作出的具体行政行为不服申请行政复议的；

（二）当事人之间的行政赔偿或者行政补偿的纠纷。

当事人经调解达成协议的，安全生产行政复议机关应当制作行政复议调解书。调解书应当载明行政复议请求、事实、理由和调解结果，并加盖安全生产行政复议机关印章。行政复议调解书经双方当事人签字，即具有法律效力。

调解未达成协议或者调解书生效前一方反悔的，安全生产行政复议机关应当及时作出行政复议决定。

第三十五条 安全生产行政复议机构应当对被申请人作出的具体行政行为进行审查，提出意见，经安全生产行政复议机关集体讨论通过或者负责人同意后，依法作出行政复议决定。

第三十六条 被申请人被责令重新作出具体行政行为的，应当在法律、行政法规、规章规定的期限内重新作出具体行政行为；法律、行政法规、规章未规定期限的，重新作出具体行政行为的期限为60日。

被申请人不得以同一事实和理由作出与原具体行政行为相同或者基本相同的具体行政行为。但因违反法定程序被责令重新作出具体行政行为的除外。

第三十七条 申请人在申请行政复议时一并提出行政赔偿请求，安全生产行政复议机关对符合国家赔偿法有关规定应当给予赔偿的，在决定撤销、变更具体行政行为或者确认具体行政行为违法时，应当同时决定被申请人依法给予赔偿。

申请人在申请行政复议时没有提出行政赔偿请求的，安全生产行政复议机关在依法决定撤销或者变更原具体行政行为确定的罚款以及对设备、设施、器材的扣押、查封等强制措施时，应当同时责令被申请人返还罚款，解除对设备、设施、器材的扣押、查封等强制措施。

第三十八条 安全生产行政复议机关在申请人的行政复议请求范围内，不得作出对申请人更为不利的行政复议决定。

第五章 附 则

第三十九条 安全生产行政复议机关及其工作人员和被申请人在安全生产行政复议工作中违反本规定的，依照行政复议法及其实施条例的规定，追究法律责任。

第四十条 行政复议期间的计算和行政复议文书的送达，依照民事诉讼法关于期间、送达的规定执行。

本规定关于行政复议期间有关"3日""5日""7日"的规定是指工作日，不含节假日。

第四十一条 安全生产行政复议案件审理完毕，案件承办人应当将案件材料在10日内立卷、归档。

下一级安全生产行政复议机关应当在作出行政复议决定之日起15日内将行政复议决定书报上一级安全生产行政复议机构备案。

第四十二条 安全监管行政复议机关办理行政复议案件，使用国家安全生产监督管理总局统一制定的文书式样。

煤矿安全监察行政复议机关办理行政复议案件，使用国家煤矿安全监察局统一制定的文书式样。

第四十三条 本规定自2007年11月1日起施行。原国家经济贸易委员会2003年2月18日公布的《安全生产行政复议暂行办法》和原国家安全生产监督管理局（国家煤矿安全监察局）2003年6月20日公布的《煤矿安全监察行政复议规定》同时废止。

5) 诚信体系与举报奖励

关于加强企业安全生产诚信体系建设的指导意见

(2014年11月26日国务院安全生产委员会以安委〔2014〕8号发布)

各省、自治区、直辖市及新疆生产建设兵团安全生产委员会，国务院安委会各成员单位，各中央企业：

为认真贯彻落实党的十八届三中、四中全会精神和《国务院关于印发社会信用体系建设规划纲要（2014—2020年）的通知》要求，推动实施《安全生产法》有关规定，强化安全生产依法治理，促进企业依法守信加强安全生产工作，切实保障从业人员生命安全和职业健康，报请国务院领导同志同意，现就加强企业安全生产诚信体系建设提出以下意见。

一、总体要求

以党的十八大和十八届三中、四中全会精神为指导，以煤矿、金属与非金属矿山、交通运输、建筑施工、危险化学品、烟花爆竹、民用爆炸物品、特种设备和冶金等工贸行业领域为重点，建立健全安全生产诚信体系，加强制度建设，强化激励约束，促进企业严格落实安全生产主体责任，依法依规、诚实守信加强安全生产工作，实现由"要我安全向我要安全、我保安全"转变，建立完善持续改进的安全生产工作机制，实现科学发展、安全发展。

二、加强企业安全生产诚信制度建设

（一）建立安全生产承诺制度。

重点承诺内容：一是严格执行安全生产、职业病防治、消防等各项法律法规、标准规范，绝不非法违法组织生产；二是建立健全并严格落实安全生产责任制度；三是确保职工生命安全和职业健康，不违章指挥，不冒险作业，杜绝生产安全责任事故；四是加强安全生产标准化建设和建立隐患排查治理制度；五是自觉接受安全监管监察和相关部门依法检查，严格执行执法指令。

安全监管监察部门、行业主管部门要督促企业向社会和全体员工公开安全承诺，接受各方监督。企业也要结合自身特点，制定明确各个层级一直到区队班组岗位的双向安全承诺事项，并签订和公开承诺书。

（二）建立安全生产不良信用记录制度。

生产经营单位有违反承诺及下列情形之一的，安全监管监察部门和行业主管部门要列入安全生产不良信用记录。主要包括以下内容：一是生产经营单位一年内发生生产安全死亡责任事故的；二是非法违法组织生产经营建设的；三是执法检查发现存在重大安全生产隐患、重大职业病危害隐患的；四是未按规定开展企业安全生产标准化建设的或在规定期限内未达到安全生产标准化要求的；五是未建立隐患排查治理制度，不如实记录和上报隐患排查治理情况，期限内未完成治理整改的；六是拒不执行安全监管监察指令的，以及逾期不履行停产停业、停止使用、停止施工和罚款等处罚的；七是未依法依规报告事故、组织开展抢险救援的；八是其他安全生产非法违法或造成恶劣社会影响的行为。

对责任事故的不良信用记录，实行分级管理，纳入国家相关征信系统。原则上，生产经营单位一年内发生较大（含）以上生产安全责任事故的，纳入国家级安全生产不良信用记录；发生死亡2人（含）以上生产安全责任事故的，纳入省级安全生产不良信用记录；发生一般责任事故的，纳入市（地）级安全生产不良信用记录；发生伤人责任事故的，纳入县（区）级安全生产不良信用记录。纳入国家安全生产不良信用记录的，必须纳入省级记录，依次类推。

不良信用记录管理期限一般为一年。各地区和相关部门可根据具体情况明确安全生产不良信用记录内容及管理层级，但不得低于本意见的标准要求。

（三）建立安全生产诚信"黑名单"制度。

以不良信用记录作为企业安全生产诚信"黑名单"的主要判定依据。生产经营单位有下列情况之一的，纳入国家管理的安全生产诚信"黑名单"：一是一年内发生生产安全重大责任事故，或累计发生责任事故死亡10人（含）以上的；二是重大安全生产隐患不及时整改或整改不到位的；三是发生暴力抗法的行为，或未按时完成行政执法指令的；四是发生事故隐瞒不报、谎报或迟报，故意破坏事故现场、毁灭有关证据的；五是无证、证照不全、超层越界开采、超载超限超时运输等非法违法行为的；六是经监管执法部门认定严重威胁安全生产的其他行为。

有上述第二至第六种情形和下列情形之一的，分别纳入省、市、县级管理的安全生产诚信"黑名单"：一是一年内发生较大生产安全责任事故，或累计发生责任事故死亡超过3人（含）以上的，纳入省级管理的安全生产诚信"黑名单"；二是一年内发生死亡2人（含）以上的生产安全责任事故，或累计发生责任事故死亡超过 2 人（含）以上的，纳入市（地）级管理的安全生产诚信"黑名单"；三是一年内发生死亡责任事故的，纳入县（区）级管理的安全生产诚信"黑名单"。

纳入国家管理的安全生产诚信"黑名单"，必须同时纳入省级管理，依次类推。

各地区和各相关部门可在此基础上，根据具体情况明确安全生产诚信"黑名单"内容及管理层级，但不得低于本意见的标准要求。

根据企业存在问题的严重程度和整改情况，列入"黑名单"管理的期限一般为一年，对发生较大事故、重大事故、特别重大事故管理的期限分别为一年、二年、三年。一般遵循以下程序：

1. 信息采集。各级安全监管监察部门或行业主管部门通过事故调查、执法检查、群众举报核查等途径，收集记录相关单位名称、案由、违法违规行为等信息。

2. 信息告知。对拟列入"黑名单"的生产经营单位，相关部门要提前告知，并听取申辩意见；对当事方提出的事实、理由和证据成立的，要予以采纳。

3. 信息公布。被列入"黑名单"的企业名单，安全监管监察部门和行业主管部门要提交本级政府安委会办公室，由其在 10 个工作日内统一向社会公布。

4. 信息删除。被列入"黑名单"的企业，经自查自改后向相关部门提出删除申请，经安全监管监察部门和行业主管部门整改验收合格，公开发布整改合格信息。在"黑名单"管理期限内未再发生不良信用记录情形的，在管理期限届满后提交本级政府安委会办公室统一删除，并在 10 个工作日内向社会公布。未达到规定要求的，继续保留"黑名单"管理。

（四）建立安全生产诚信评价和管理制度。

开展安全生产诚信评价。把企业安全生产标准化建设评定的等级作为安全生产诚信等级，分别相应地划分为一级、二级、三级，原则上不再重复评级。安全生产标准化等级的发布主体是安全生产诚信等级的授信主体，一年向社会发布一次。

加强分级分类动态管理。重点是巩固一级、促进二级、激励三级。对纳入安全生产不良信用记录和"黑名单"的生产经营单位，根据具体情况，下调或取消安全生产诚信等级，并及时向社会发布。对纳入"黑名单"的生产经营单位，要依法依规停产整顿或取缔关闭。要合理调整监管力量，以"黑名单"为重点，加强重点执法检查，严防事故发生。

（五）建立安全生产诚信报告和执法信息公示制度。

生产经营单位定期向安全监管监察部门或行业主管部门报告安全生产诚信履行情况，重点包括落实安全生产责任和管理制度、安全投入、安全培训、安全生产标准化建设、隐患排查治理、职业病防治和应急管理等方面的情况。各有关部门要在安全生产行政处罚信息形成之日起 20 个工作日内向社会公示，接受监督。

三、提升企业安全生产诚信大数据支撑能力

（一）加快推进安全生产信用管理信息化建设。

依托安全生产监管信息化管理系统，整合安全生产标准化建设信息系统和隐患排查治理信息系统，建立基础信息平台，以自然人、法人和其他组织统一社会信用代码为基础，构建完备的企业安全生产诚信大数据，建立健全企业安全生产诚信档案，全面、真实、及时记录征信和失信等数据信息，实行动态管理。推动加强企业安全生产诚信信息化建设，准确、完整记录企业及其相关人员兑现安全承诺、生产安全事故、职业病危害事故，以及企业负责人、车间、班组和职工个人等安全生产行为。

（二）加快实现互联互通。

加快推进企业安全生产诚信信息平台与有关行业管理部门、地方政府信用平台的对接，实现与社会信用建设相关部门和单位的信息互联互通，及时通过网络平台和文件告知等形式向财政、投资、国土资源、建设、工商、银行、证券、保险、工会等部门和单位以及上下游相关企业通报有关情况，实现对企业安全生产诚信信息的即时检索查询。

四、建立企业安全生产诚信激励和失信惩戒机制

（一）激励企业安全生产诚实守信。

各级政府及有关部门对安全生产诚实守信企业，开辟"绿色通道"，在相关安全生产行政审批等工作中优先办理。加强安全生产诚信结果的运用，通过提供信用保险、信用担保、商业保理、履约担保、信用管理咨询及培训等服务，在项目立项和改扩建、土地使用、贷款、融资和评优表彰及企业负责人年薪确定等方面将安全生产诚信结果作为重要参考。建立完善安全生产失信企业纠错激励制度，推动企业加强安全生产诚信建设。

（二）严格惩戒安全生产失信企业。

健全失信惩戒制度，完善市场退出机制。企业发生重特大责任事故和非法违法生产造成事故的，各级安全监管监察部门及有关行业管理部门要实施重点监管监察；对企业法定代表人、主要负责人一律取消评优评先资格，通过组织约谈、强制培训等方式予以诫勉，将其不良行为记录及时公开曝光。强化对安全失信企业或列入安全生产诚信"黑名单"企业实行联动管制措施，在审批相关企业发行股票、债券、再融资等事项时，予以严格审查；在其参与土地出让、采矿权出让的公开竞争中，要依法予以限制或禁入；相关金融机构应当将其作为评级、信贷准入、管理和退出的重要依据，并根据《绿色信贷指引》（银监发〔2014〕3号）的规定，采取风险缓释措施；对已被吊销安全生产许可证或安全生产许可证已过期失效的企业，依法督促其办理变更登记或注销登记，直至依法吊销营业执照；相关部门或保险机构可根据失信企业信用状况调整其保险费率。其他有关部门根据安全生产诚信等级制定失信监管措施。

（三）加强行业自律和社会监督。

各行业协（学）会要把诚信建设纳入各类社会组织章程，制定行业自律规则，完善规范行规行约并监督会员遵守。要在本行业内组织开展安全生产诚信承诺、公约、自查或互查等自身建设活动，对违规的失信者实行行业内通报批评、公开谴责等惩戒措施。鼓励和动员新闻媒体、企业员工举报企业安全生产不良行为，对符合《安全生产举报奖励办法》（安监总财〔2012〕63号）条件的举报人给予奖励，对举报企业重大安全生产隐患和事故的人员实行高限奖励，并严格保密，予以保护。

五、分步实施，扎实推进

（一）2015年底前，地方各级安全监管监察部门和行业主管部门要建立企业安全生产诚信承诺制度、安全生产不良信用记录和"黑名单"制度、安全生产诚信报告和公示制度。

（二）2016年底前，依托国家安全生产监管信息化管理平台，实现安全生产不良信用记录和"黑名单"与国家相关部门和单位互联互通。同步推进建立各省级的企业安全生产诚信建设体系及信息化平台，并投入使用。

（三）2017年底前，各重点行业领域企业安全生产诚信体系全面建成。

（四）2020年底前，所有行业领域建立健全安全生产诚信体系。

各地区、各有关部门要把加强企业安全生产诚信体系建设作为履职尽责、抓预防惩治本、创新安全监管机制的重要举措，组织力量，保障经费，狠抓落实。要认真宣传贯彻落实《安全生产法》等法律法规，强化法治观念，推进依法治理。要根据本地区和行业领域实际情况，细化激励及惩戒措施，建立健全各级、各部门间的信息沟通、资源共享、协调联动工作机制。要充分运用市场机制，积极培育发展企业安全生产信用评级机构，逐步开展第三方评价，对相同事项要实行信息共享，防止重复执法和多头评价，减轻企业负担。要加强安全生产诚信宣传教育，充分发挥新闻媒体作用，弘扬社会主义核心价值观，弘扬崇德向善、诚实守信的传统文化和现代市场经济的契约精神，形成以人为本、安全发展、关爱生命、关注安全，崇尚践行安全生产诚信的社会风尚。

对安全生产领域失信行为开展联合惩戒的实施办法

（2017年国家安全生产监督管理总局第4次局长办公会议研究通过，2017年5月9日国家安全生产监督管理总局以安监总办〔2017〕49号印发）

第一条 为认真贯彻落实《中共中央 国务院关于推进安全生产领域改革发展的意见》和国家发改委等18部门联合印发的《关于对安全生产领域失信生产经营单位及其有关人员开展联合惩戒的合作备忘录》（发改财金〔2016〕1001号，以下简称《备忘录》），对失信生产经营单位及其有关人员实施有效惩戒，督促生产经营单位严格履行安全生产主体责任、依法依规开展生产经营活动，制定本办法。

第二条 生产经营单位及其有关人员存在下列失信行为之一的，纳入联合惩戒对象：

（一）发生较大及以上生产安全责任事故，或1年内累计发生3起及以上造成人员死亡的一般生产安全责任事故的；

（二）未按规定取得安全生产许可，擅自开展生产经营建设活动的；

（三）发现重大生产安全事故隐患，或职业病危害严重超标，不及时整改，仍组织从业人员冒险作业的；

（四）采取隐蔽、欺骗或阻碍等方式逃避、对抗安全监管监察的；

（五）被责令停产停业整顿，仍然从事生产经营建设活动的；

（六）瞒报、谎报、迟报生产安全事故的；

（七）矿山、危险化学品、金属冶炼等高危行业建设项目安全设施未经验收合格即投入生产和使用的；

（八）矿山生产经营单位存在超层越界开采、以探代采行为的；

（九）发生事故后，故意破坏事故现场，伪造有关证据资料，妨碍、对抗事故调查，或主要负责人逃逸的；

（十）安全生产和职业健康技术服务机构出具虚假报告或证明，违规转让或出借资质的。

第三条 存在严重违法违规行为，发生重特大生产安全责任事故，或1年内累计发生2起较大生产安全责任事故，或发生性质恶劣、危害性严重、社会影响大的典型较大生产安全责任事故的联合惩戒对象，纳入安全生产不良记录"黑名单"管理。

第四条 各省级安全监管监察部门要落实主要负责人责任制，建立联合惩戒信息管理制度，严格规范信息的采集、审核、报送和异议处理等相关工作，经主要负责人审签后，于每月10日前将本地区上月拟纳入联合惩戒对象和"黑名单"管理的信息及开展联合惩戒情况报送国家安全监管总局。

第五条 国家安全监管总局办公厅对各地区报送的信息进行分类，会同有关业务司局审核后，报请总局局长办公会审议。审议通过后，通过全国信用信息共享平台和全国企业信用信息公示系统向各有关部门通报，并在国家安全监管总局政府网站和《中国安全生产报》向社会公布。

国家安全监管总局办公厅和有关司局也可通过事故接报系统，以及安全生产巡查、督查、检查等渠道获取有关信息，经严格会审后，报请总局局长办公会审议。审议通过后，直接纳入联合惩戒对象和"黑名单"管理。

第六条 联合惩戒和"黑名单"管理的期限为1年，自公布之日起计算。有关法律法规对管理期限另有规定的，依照其规定执行。

第七条 联合惩戒和"黑名单"管理期满，被惩戒对象须在期满前30个工作日内向所在地县级（含县级）以上安全监管监察部门提出移出申请，经省级安全监管监察部门审核验收，报国家安全监管总局。国家安全监管总局办公厅会同有关司局严格审核，报总局领导审定后予以移出，同时通报相关部门和单位，向社会公布。

第八条 各级安全监管监察部门要会同有关部门对纳入联合惩戒对象和"黑名单"管理的生产经营单位及其有关人员，按照《备忘录》和国务院关于社会信用体系建设的有关规定，依法依规严格落实各项惩戒措施。

第九条 国家安全监管总局建立联合惩戒的跟踪、监测、统计、评估、问责和公开机制，把各地区开展联合惩戒工作情况纳入对各地区年度安全生产工作考核的重要内容。

第十条 各级安全监管监察部门要加强对安全生产领域失信联合惩戒工作的组织领导，严格落实责任，依法依规开展工作。对弄虚作假、隐瞒不报或迟报的，要严肃问责。

第十一条 本办法由国家安全监管总局办公厅负责解释。

第十二条 本办法自印发之日起执行。

关于进一步加强安全生产领域失信行为信息管理工作的通知

（国家安全监管总局办公厅2017年7月10日以安监总厅〔2017〕59号印发）

各省、自治区、直辖市及新疆生产建设兵团安全生产监督管理局，各省级煤矿安全监察局，总局和煤矿安监局机关各司局，应急指挥中心：

为认真落实《国家安全监管总局关于印发〈对安全生产领域失信行为开展联合惩戒的实施办法〉的通知》（安监总办〔2017〕49号，以下简称《实施办法》），进一步明确各环节工作责任，切实增强失信行为信息管理工作的可操作性、规范性和有效性，现将有关要求通知如下：

一、建立全面规范的失信行为信息管理流程

（一）省局相关信息报送和审核流程。各省级安全监管监察部门要于每月10日前将本地区上月收集的拟纳入联合惩戒对象（含"黑名单"，下同）管理的信息及开展联合惩戒情况（煤矿方面情况由各省级煤矿安监局报送），经主要负责人（或主持工作的负责人，下同）审签后报送国家安全监管总局办公厅（格式参见附件1）；总局办公厅汇总并分类后，分别印送总局和煤矿安监局有关业务司审核；有关业务司应于3个工作日内完成审核，经主要负责人审签后反馈总局办公厅。

（二）通过总局安全生产综合统计信息直报系统获得的相关事故信息报送和审核流程。总局统计司要于每周一将上周接报的较大及以上事故和典型事故信息汇总梳理后，报送办公厅（格式参见附件2），由办公厅印送有关业务司；有关业务司会同相关省级安全监管监察部门严格审核并按规定格式进行完善，审核后的事故信息（含有关说明）经司主要负责人审签后，于每周五报送办公厅。

（三）总局和煤矿安监局机关司局相关信息报送和审核流程。总局和煤矿安监局有关司局要及时汇总上月通过事故调查、安全生产举报、安全生产巡查、督查、检查、信访督办等渠道获取并核实的相关信息，经主要负责人审签后于每月10日前报送总局办公厅（格式参见附件1）。

（四）信息发布前相关信息管理流程。总局办公厅每月将上述不同渠道汇总的有关信息及时送请总局政法司进行相关审核，将会审情况报告总局党组，并提请总局局长办公会议研究审议；办公厅会同有关司按照审议意见修改完善后，按规定程序对外发布。

（五）信息移出前相关信息管理流程。各省级安全监管监察部门负责对拟移出联合惩戒管理的联合惩戒对象相关情况进行审核，对联合惩戒对象主体被注销、关闭等情况进行确认，提出审核处理意见。联合惩戒期满前10个工作日，省级安全监管监察部门将审核结果报送总局办公厅（格式参见附件3）；办公厅分送各有关司局按程序审核，审核情况报总局分管领导审定后，按规定程序移出联合惩戒对象管理。

二、建立高效联动的工作机制

（一）建立工作汇报和情况通报制度。办公厅每月将联合惩戒和"黑名单"管理制度实施情况，各地区、各有关司局信息报送和审核情况，在总局局长办公会议或月度分析会上作专题汇报并印发通报。

（二）建立台账管理和跟踪督办制度。建立由办公厅牵头抓总、相关司局按照职责分工协调配合的工作机制，统筹建立安全生产领域失信行为信息工作台账，实施动态管理。总局办公厅对有关业务司局相关工作跟踪督办，各有关业务司局对省级安全监管监察部门相关工作跟踪督办，推动联合惩戒制度落地见效。

（三）建立联合惩戒成效信息反馈制度。各省级安全监管监察部门及时汇总本地区开展联合惩戒情况，并收集本地区实施联合惩戒的典型案例，每月10日前报送总局办公厅。

（四）建立定期专项督查和考核评估制度。总局办公厅定期对各地区联合惩戒各项工作落实情况组织开展专项督查，对实施效果进行评估。将各地区失信行为信息管理情况纳入对各地区安全生产巡查和年度考核的重要内容。对管理责任不落实、弄虚作假、隐瞒不报或迟报等行为，依法依规依纪问责。

三、有关要求

（一）加强组织领导和责任落实。各级安全监管监察部门要切实提高对安全生产诚信体系建设工作重要性的认识，成立工作领导小组，建立以本部门主要负责人为组长的诚信体系建设任务分工责任体系，明确具体牵头协调的专门办事机构和人员，统筹推进信息管理、标准规范、平台建设和宣传教育等相关工作。

（二）健全工作流程和制度规范。建立健全科学合理的失信行为信息采集、报送、审核、发布、移出、异议处理等工作流程和相应制度机制，推动信息管理和联合惩戒机制的规范运行，确保报送信息及时、准确。对违法违规失信行为，要在依法作出相关的行政处罚决定或者报请有关人民政府、移送有关部门处理后，及时采集并报送相关信息；对生产安全事故，要在事故调查结束后，及时采集并报送相关信息。

生产经营单位从业人员安全生产举报处理规定

（2020年9月16日应急管理部以应急〔2020〕69号印发）

第一条 为了强化和落实生产经营单位安全生产主体责任，鼓励和支持生产经营单位从业人员对本单位安全生产工作中存在的问题进行举报和监督，严格保护其合法权益，根据《中华人民共和国安全生产法》和《国务院关于加强和规范事中事后监管的指导意见》（国发〔2019〕18号）等有关法律法规和规范性文件，制定本规定。

第二条 本规定适用于生产经营单位从业人员对其所在单位的重大事故隐患、安全生产违法行为的举报以及处理。

前款所称重大事故隐患、安全生产违法行为，依照安全生产领域举报奖励有关规定进行认定。

第三条 应急管理部门（含煤矿安全监察机构，下同）应当明确负责处理生产经营单位从业人员安全生产举报事项的机构，并在官方网站公布处理举报事项机构的办公电话、微信公众号、电子邮件等联系方式，方便举报人及时掌握举报处理进度。

第四条 生产经营单位从业人员举报其所在单位的重大事故隐患、安全生产违法行为时，应当提供真实姓名以及真实有效的联系方式；否则，应急管理部门可以不予受理。

第五条 应急管理部门受理生产经营单位从业人

员安全生产举报后，应当及时核查；对核查属实的，应当依法依规进行处理，并向举报人反馈核查、处理结果。

举报事项不属于本单位受理范围的，接到举报的应急管理部门应当告知举报人向有处理权的单位举报，或者将举报材料移送有处理权的单位，并采取适当方式告知举报人。

第六条 应急管理部门可以在危险化学品、矿山、烟花爆竹、金属冶炼、涉爆粉尘等重点行业、领域生产经营单位从业人员中选取信息员，建立专门联络机制，定期或者不定期与其联系，及时获取生产经营单位重大事故隐患、安全生产违法行为线索。

第七条 应急管理部门对受理的生产经营单位从业人员安全生产举报，以及信息员提供的线索，按照安全生产领域举报奖励有关规定核查属实的，应当给予举报人或者信息员现金奖励，奖励标准在安全生产领域举报奖励有关规定的基础上按照一定比例上浮，具体标准由各省级应急管理部门、财政部门根据本地实际情况确定。

因生产经营单位从业人员安全生产举报，或者信息员提供的线索直接避免了伤亡事故发生或者重大财产损失的，应急管理部门可以给予举报人或者信息员特殊奖励。

举报人领取现金奖励时，应当提供身份证件复印件以及签订的有效劳动合同等可以证明其生产经营单位从业人员身份的材料。

第八条 给予举报人和信息员的奖金列入本级预算，通过现有资金渠道安排，并接受审计和纪检监察机关的监督。

第九条 应急管理部门参与举报处理工作的人员应当严格遵守保密纪律，妥善保管和使用举报材料，严格控制有关举报信息的知悉范围，依法保护举报人和信息员的合法权益，未经其同意，不得以任何方式泄露其姓名、身份、联系方式、举报内容、奖励等信息，违者视情节轻重依法给予处分；构成犯罪的，依法追究刑事责任。

第十条 生产经营单位应当保护举报人和信息员的合法权益，不得对举报人和信息员实施打击报复行为。

生产经营单位对举报人或者信息员实施打击报复行为的，除依法予以严肃处理外，应急管理部门还可以按规定对生产经营单位及其有关人员实施联合惩戒。

第十一条 应急管理部门应当定期对举报人和信息员进行回访，了解其奖励、合法权益保护等有关情况，听取其意见建议；对回访中发现的奖励不落实、奖励低于有关标准、打击报复举报人或者信息员等情况，应当及时依法依规进行处理。

第十二条 应急管理部门鼓励生产经营单位建立健全本单位的举报奖励机制，在有关场所醒目位置公示本单位法定代表人或者安全生产管理机构以及安全生产管理人员的电话、微信、电子邮件、微博等联系方式，受理本单位从业人员举报的安全生产问题。对查证属实的，生产经营单位应当进行自我纠正整改，同时可以对举报人给予相应奖励。

第十三条 举报人和信息员应当对其举报内容的真实性负责，不得捏造、歪曲事实，不得诬告、陷害他人和生产经营单位，不得故意诱导生产经营单位实施安全生产违法行为；否则，一经查实，依法追究法律责任。

第十四条 本规定自公布之日起施行。

安全生产领域举报奖励办法

（2018年1月4日国家安全生产监督管理总局、财政部以安监总财〔2018〕19号印发）

第一条 为进一步加强安全生产工作的社会监督，鼓励举报重大事故隐患和安全生产违法行为，及时发现并排除重大事故隐患，制止和惩处违法行为，依据《中华人民共和国安全生产法》《中华人民共和国职业病防治法》和《中共中央　国务院关于推进安全生产领域改革发展的意见》等有关法律法规和文件要求，制定本办法。

第二条 本办法适用于所有重大事故隐患和安全生产违法行为的举报奖励。

其他负有安全生产监督管理职责的部门对所监管行业领域的安全生产举报奖励另有规定的，依照其规定。

第三条 任何单位、组织和个人（以下统称举报人）有权向县级以上人民政府安全生产监督管理部门、其他负有安全生产监督管理职责的部门和各级煤矿安全监察机构（以下统称负有安全监管职责的部门）举报重大事故隐患和安全生产违法行为。

第四条 负有安全监管职责的部门开展举报奖励工作，应当遵循"合法举报、适当奖励、属地管理、分级负责"和"谁受理、谁奖励"的原则。

第五条 本办法所称重大事故隐患，是指危害和整改难度较大，应当全部或者局部停产停业，并经过一定时间整改治理方能排除的隐患，或者因外部因素影响致使生产经营单位自身难以排除的隐患。

煤矿重大事故隐患的判定，按照《煤矿重大生产安全事故隐患判定标准》（国家安全监管总局令第85号）的规定认定。其他行业和领域重大事故隐患的判定，按照负有安全监管职责的部门制定并向社会公布的判定标准认定。

第六条 本办法所称安全生产违法行为，按照国家安全监管总局印发的《安全生产非法违法行为查处办法》(安监总政法〔2011〕158号)规定的原则进行认定，重点包括以下情形和行为：

（一）没有获得有关安全生产许可证或证照不全、证照过期、证照未变更从事生产经营、建设活动的；未依法取得批准或者验收合格，擅自从事生产经营活动的；关闭取缔后又擅自从事生产经营、建设活动的；停产整顿、整合技改未经验收擅自组织生产和违反建设项目安全设施"三同时"规定的。

（二）未依法对从业人员进行安全生产教育和培训，或者矿山和危险化学品生产、经营、储存单位、金属冶炼、建筑施工、道路交通运输单位的主要负责人和安全生产管理人员未依法经安全生产知识和管理能力考核合格，或者特种作业人员未依法取得特种作业操作资格证书而上岗作业的；与从业人员订立劳动合同，免除或者减轻其对从业人员因生产安全事故伤亡依法应承担的责任的。

（三）将生产经营项目、场所、设备发包或者出租给不具备安全生产条件或者相应资质（资格）的单位或者个人，或者未与承包单位、承租单位签订专门的安全生产管理协议，或者未在承包合同、租赁合同中明确各自的安全生产管理职责，或者未对承包、承租单位的安全生产进行统一协调、管理的。

（四）未按国家有关规定对危险物品进行管理或者使用国家明令淘汰、禁止的危及生产安全的工艺、设备的。

（五）承担安全评价、认证、检测、检验工作和职业卫生技术服务的机构出具虚假证明文件的。

（六）生产安全事故瞒报、谎报以及重大事故隐患隐瞒不报，或者不按规定期限予以整治的；或生产经营单位主要负责人在发生伤亡事故后逃匿的。

（七）未依法开展职业病防护设施"三同时"，或者未依法开展职业病危害检测、评价的。

（八）法律、行政法规、国家标准或行业标准规定的其他安全生产违法行为。

第七条 举报人举报的重大事故隐患和安全生产违法行为，属于生产经营单位和负有安全监管职责的部门没有发现，或者虽然发现但未按有关规定依法处理，经核查属实的，给予举报人现金奖励。具有安全生产管理、监管、监察职责的工作人员及其近亲属或其授意他人的举报不在奖励之列。

第八条 举报人举报的事项应当客观真实，并对其举报内容的真实性负责，不得捏造、歪曲事实，不得诬告、陷害他人和企业；否则，一经查实，依法追究举报人的法律责任。

举报人可以通过安全生产举报投诉特服电话"12350"，或者以书信、电子邮件、传真、走访等方式举报重大事故隐患和安全生产违法行为。

第九条 负有安全监管职责的部门应当建立健全重大事故隐患和安全生产违法行为举报的受理、核查、处理、协调、督办、移送、答复、统计和报告等制度，并向社会公开通信地址、邮政编码、电子邮箱、传真电话和奖金领取办法。

第十条 核查处理重大事故隐患和安全生产违法行为的举报事项，按照下列规定办理：

（一）地方各级负有安全监管职责的部门负责受理本辖区内的举报事项；

（二）设区的市级以上地方人民政府负有安全监管职责的部门、国家有关负有安全监管职责的部门可以依照各自的职责直接核查处理辖区内的举报事项；

（三）各类煤矿的举报事项由所辖区域内属地煤矿安全监管部门负责核查处理。各级煤矿安全监察机构直接接到的涉及煤矿重大事故隐患和安全生产违法行为的举报，应及时向当地政府报告，并配合属地煤矿安全监管等部门核查处理；

（四）地方人民政府煤矿安全监管部门与煤矿安全监察机构在核查煤矿举报事项之前，应当相互沟通，避免重复核查和奖励。

（五）举报事项不属于本单位受理范围的，接到举报的负有安全监管职责的部门应当告知举报人向有处理权的单位举报，或者将举报材料移送有处理权的单位，并采取适当方式告知举报人；

（六）受理举报的负有安全监管职责的部门应当及时核查处理举报事项，自受理之日起60日内办结；情况复杂的，经上一级负有安全监管职责的部门批准，可以适当延长核查处理时间，但延长期限不得超过30日，并告知举报人延期理由。受核查手段限制，无法查清的，应及时报告有关地方政府，由其牵头组织核查。

第十一条 经调查属实的，受理举报的负有安全监管职责的部门应当按下列规定对有功的实名举报人给予现金奖励：

（一）对举报重大事故隐患、违法生产经营建设的，奖励金额按照行政处罚金额的15%计算，最低奖励3000元，最高不超过30万元。行政处罚依据《安全生产法》《安全生产违法行为行政处罚办法》《安全生产行政处罚自由裁量标准》《煤矿安全监察行政处罚自由裁量实施标准》等法律法规及规章制度执行；

（二）对举报瞒报、谎报事故的，按照最终确认的事故等级和查实举报的瞒报谎报死亡人数给予奖励。其中：一般事故按每查实瞒报谎报1人奖励3万元计算；较大事故按每查实瞒报谎报1人奖励4万元计算；重大事故按每查实瞒报谎报1人奖励5万元计算；特别重大事故按每查实瞒报谎报1人奖励6万元计算。最高奖励不超过30万元。

第十二条 多人多次举报同一事项的，由最先受理举报的负有安全监管职责的部门给予有功的实名举报人一次性奖励。

多人联名举报同一事项的，由实名举报的第一署名人或者第一署名人书面委托的其他署名人领取奖金。

第十三条 举报人接到领奖通知后，应当在60日内凭举报人有效证件到指定地点领取奖金；无法通知举报人的，受理举报的负有安全监管职责的部门可以在一定范围内进行公告。逾期未领取奖金者，视为放弃领奖权利；能够说明理由的，可以适当延长领取时间。

第十四条 奖金的具体数额由负责核查处理举报事项的负有安全监管职责的部门根据具体情况确定，并报上一级负有安全监管职责的部门备案。

第十五条 参与举报处理工作的人员必须严格遵守保密纪律，依法保护举报人的合法权益，未经举报人同意，不得以任何方式透露举报人身份、举报内容和奖励等情况，违者依法承担相应责任。

第十六条 给予举报人的奖金纳入同级财政预算，通过现有资金渠道安排，并接受审计、监察等部门的监督。

第十七条 本办法由国家安全监管总局和财政部负责解释。

第十八条 本办法自印发之日起施行。国家安全监管总局、财政部《关于印发安全生产举报奖励办法的通知》（安监总财〔2012〕63号）同时废止。

关于保护生产安全事故和事故隐患举报人的意见

（2013年6月8日国家安全生产监督管理总局以安监总政法〔2013〕69号印发）

第一条 为鼓励举报瞒报、谎报生产安全事故和重大事故隐患等安全生产非法违法行为，保护举报人的合法权益，根据《中华人民共和国安全生产法》《中华人民共和国保守国家秘密法》《信访条例》《行政机关公务员处分条例》等规定，制定本意见。

第二条 本意见所称举报人，是指对生产经营单位瞒报、谎报生产安全事故或者存在重大事故隐患等安全生产非法违法行为，向安全生产监督管理部门或者煤矿安全监察机构（以下统称安全监管监察部门）举报的单位或者个人。

第三条 安全监管监察部门应当加强对信访举报、问题查处等相关工作人员的保密纪律教育，制定并严格执行保密制度。

第四条 安全监管监察部门应当建立泄露举报信息可追溯机制，并按照下列规定管理举报材料：

（一）举报材料由一名工作人员负责专门保管；

（二）对举报材料的原件予以封存，需要上报或者批转查处的，应当另行编辑举报信息纸质件，不得泄露举报人的有关信息；

（三）需要向举报人核实有关情况的，应当向举报材料原件的封存单位提出申请，由负责保管举报材料的专门人员记录申请人信息后，方可提供举报人的有关信息。

第五条 安全监管监察部门有关人员应当对举报材料和举报人的有关信息严格保密，不得有下列行为：

（一）泄露举报人的姓名（名称）、工作单位、住址等信息，以及可能导致上述信息泄露的举报内容；

（二）将举报材料私自转给被举报单位、被举报人或者其他无关单位、人员；

（三）私自摘抄、复制、扫描、拍摄、扣压或者销毁举报材料；

（四）私自对匿名举报材料进行笔迹鉴定；

（五）调查核实有关情况时，向被调查单位和人员出示举报材料原件或者复制件；

（六）对举报人进行奖励或者宣传时，未经举报人书面同意，公开举报人信息。

安全监管监察部门工作人员有上述行为之一的，对有关单位及个人给予通报批评或者组织处理；涉嫌违纪的，移送纪检监察部门处理；涉嫌犯罪的，移送司法机关依法追究刑事责任。

第六条 安全监管监察部门工作人员在信访工作中，有下列情形之一的，应当主动回避：

（一）本人是举报人或者举报人的近亲属的；

（二）本人是被举报人或者被举报人的近亲属的；

（三）本人或其近亲属与举报事项有利害关系的；

（四）本人或其近亲属与举报事项有其他关系，可能影响举报事项公正处理的。

第七条 任何单位和个人不得对举报人或其近亲属打击报复。对举报人或其近亲属有下列情形之一的，属于打击报复行为：

（一）阻拦、压制、恐吓、威胁举报人依法举报的；

（二）以暴力、威胁或者其他方法侵犯人身安全的；

（三）非法占有或者损毁财产的；

（四）诋毁、攻击人格、名誉的；

（五）违反规定扣罚工资、奖金或者其他薪酬的；

（六）违反规定解除与之订立的劳动合同或者给予除名处理的；

（七）违规给予党纪政纪处分或者故意加重处分的；

（八）指使他人打击报复的；

（九）侵害假想举报人合法权益的；

（十）采取其他手段非法侵害举报人或其近亲属合法权益的。

第八条 安全监管监察部门发现有关单位和人员涉嫌打击报复举报人或其近亲属的，应当在职责范围内及时采取措施加以制止，并依法进行处理；对本部门无权处理的，应当依法移送给有管辖权的纪检监察、公安、检察、工会等有关机关或者组织处理。

第九条 本意见由国家安全监管总局负责解释。

第十条 本意见自印发之日起施行。

6）企业安全生产及相关

企业安全生产标准化建设定级办法

（2021年10月27日应急管理部以应急〔2021〕83号印发）

第一条 为进一步规范和促进企业开展安全生产标准化（以下简称标准化）建设，建立并保持安全生产管理体系，全面管控生产经营活动各环节的安全生产工作，不断提升安全管理水平，根据《中华人民共和国安全生产法》，制定本办法。

第二条 本办法适用于全国化工（含石油化工）、医药、危险化学品、烟花爆竹、石油开采、冶金、有色、建材、机械、轻工、纺织、烟草、商贸等行业企业（以下统称企业）。

第三条 企业应当按照安全生产有关法律、法规、规章、标准等要求，加强标准化建设，可以依据本办法自愿申请标准化定级。

第四条 企业标准化等级由高到低分为一级、二级、三级。

企业标准化定级标准由应急管理部按照行业分别制定。应急管理部未制定行业标准化定级标准的，省级应急管理部门可以自行制定，也可以参照《企业安全生产标准化基本规范》（GB/T33000）配套的定级标准，在本行政区域内开展二级、三级企业建设工作。

第五条 企业标准化定级实行分级负责。

应急管理部为一级企业以及海洋石油全部等级企业的定级部门。省级和设区的市级应急管理部门分别为本行政区域内二级、三级企业的定级部门。

第六条 标准化定级工作不得向企业收取任何费用。

各级定级部门可以通过政府购买服务方式确定从事安全生产相关工作的事业单位或者社会组织作为标准化定级组织单位（以下简称组织单位），委托其负责受理和审核企业自评报告（格式见附件1）、监督现场评审过程和质量等具体工作，并向社会公布组织单位名单。

各级定级部门可以通过政府购买服务方式委托从事安全生产相关工作的单位负责现场评审工作，并向社会公布名单。

第七条 企业标准化定级按照自评、申请、评审、公示、公告的程序进行。

（一）自评。企业应当自主开展标准化建设，成立由其主要负责人任组长、有员工代表参加的工作组，按照生产流程和风险情况，对照所属行业标准化定级标准,将本企业标准和规范融入安全生产管理体系,做到全员参与,实现安全管理系统化、岗位操作行为规范化、设备设施本质安全化、作业环境器具定置化。每年至少开展一次自评工作,并形成书面自评报告,在企业内部公示不少于10个工作日,及时整改发现的问题,持续改进安全绩效。

(二)申请。申请定级的企业,依拟申请的等级向相应组织单位提交自评报告,并对其真实性负责。

组织单位收到企业自评报告后,应当根据下列情况分别作出处理:

1. 自评报告内容存在错误、不齐全或者不符合规定形式的,在5个工作日内一次书面告知企业需要补正的全部内容;逾期不告知的,自收到自评报告之日起即为受理。

2. 自评报告内容齐全、符合规定形式,或者企业按照要求补正全部内容后,对自评报告逐项进行审核。对符合申请条件的,将审核意见和企业自评报告一并报送定级部门,并书面告知企业;对不符合的,书面告知企业并说明理由。

审核、报送和告知工作应当在10个工作日内完成。

(三)评审。定级部门对组织单位报送的审核意见和企业自评报告进行确认后,由组织单位通知负责现场评审的单位成立现场评审组在20个工作日内完成现场评审,将现场评审情况及不符合项等形成现场评审报告(格式见附件2),初步确定企业是否达到拟申请的等级,并书面告知企业。

企业收到现场评审报告后,应当在20个工作日内完成不符合项整改工作,并将整改情况报告现场评审组。特殊情况下,经组织单位批准,整改期限可以适当延长,但延长的期限最长不超过20个工作日。

现场评审组应当指导企业做好整改工作,并在收到企业整改情况报告后10个工作日内采取书面检查或者现场复核的方式,确认整改是否合格,书面告知企业,并由负责现场评审的单位书面告知组织单位。

企业未在规定期限内完成整改的,视为整改不合格。

(四)公示。组织单位将确认整改合格、符合相应定级标准的企业名单定期报送相应定级部门;定级部门确认后,应当在本级政府或者本部门网站向社会公示,接受社会监督,公示时间不少于7个工作日。

公示期间,收到企业存在不符合定级标准以及其他相关要求问题反映的,定级部门应当组织核实。

(五)公告。对公示无异议或者经核实不存在所反映问题的企业,定级部门应当确认其等级,予以公告,并抄送同级工业和信息化、人力资源社会保障、国有资产监督管理、市场监督管理等部门和工会组织,以及相应银行保险和证券监督管理机构。

对未予公告的企业,由定级部门书面告知其未通过定级,并说明理由。

第八条 申请定级的企业应当在自评报告中,由其主要负责人承诺符合以下条件:

(一)依法应当具备的证照齐全有效;

(二)依法设置安全生产管理机构或者配备安全生产管理人员;

(三)主要负责人、安全生产管理人员、特种作业人员依法持证上岗;

(四)申请定级之日前1年内,未发生死亡、总计3人及以上重伤或者直接经济损失总计100万元及以上的生产安全事故;

(五)未发生造成重大社会不良影响的事件;

(六)未被列入安全生产失信惩戒名单;

(七)前次申请定级被告知未通过之日起满1年;

(八)被撤销标准化等级之日起满1年;

(九)全面开展隐患排查治理,发现的重大隐患已完成整改。

申请一级企业的,还应当承诺符合以下条件:

(一)从未发生过特别重大生产安全事故,且申请定级之日前5年内未发生过重大生产安全事故、前2年内未发生过生产安全死亡事故;

(二)按照《企业职工伤亡事故分类》(GB 6441)、《事故伤害损失工作日标准》(GB/T 15499),统计分析年度事故起数、伤亡人数、损失工作日、千人死亡率、千人重伤率、伤害频率、伤害严重率等,并自前次取得标准化等级以来逐年下降或者持平;

(三)曾被定级为一级,或者被定级为二级、三级并有效运行3年以上。

发现企业存在承诺不实的,定级相关工作即行终止,3年内不再受理该企业标准化定级申请。

第九条 企业标准化等级有效期为3年。

第十条 已经取得标准化等级的企业,可以在有效期届满前3个月再次按照本办法第七条规定的程序申请定级。

对再次申请原等级的企业,在标准化等级有效期内符合以下条件的,经定级部门确认后,直接予以公示和公告:

(一)未发生生产安全死亡事故;

(二)一级企业未发生总计重伤3人及以上或者直接经济损失总计100万元及以上的生产安全事故,

二级、三级企业未发生总计重伤5人及以上或者直接经济损失总计500万元及以上的生产安全事故；

（三）未发生造成重大社会不良影响的事件；

（四）有关法律、法规、规章、标准及所属行业定级相关标准未作重大修订；

（五）生产工艺、设备、产品、原辅材料等无重大变化，无新建、改建、扩建工程项目；

（六）按照规定开展自评并提交自评报告。

第十一条 各级应急管理部门在日常监管执法工作中，发现企业存在以下情形之一的，应当立即告知并由原定级部门撤销其等级。原定级部门应当予以公告并同时抄送同级工业和信息化、人力资源社会保障、国有资产监督管理、市场监督管理等部门和工会组织，以及相应银行保险和证券监督管理机构。

（一）发生生产安全死亡事故的；

（二）连续12个月内发生总计重伤3人及以上或者直接经济损失总计100万元及以上的生产安全事故的；

（三）发生造成重大社会不良影响事件的；

（四）瞒报、谎报、迟报、漏报生产安全事故的；

（五）被列入安全生产失信惩戒名单的；

（六）提供虚假材料，或者以其他不正当手段取得标准化等级的；

（七）行政许可证照注销、吊销、撤销的，或者不再从事相关行业生产经营活动的；

（八）存在重大生产安全事故隐患，未在规定期限内完成整改的；

（九）未按照标准化管理体系持续、有效运行，情节严重的。

第十二条 各级应急管理部门应当协调有关部门采取有效激励措施，支持和鼓励企业开展标准化建设。

（一）将企业标准化建设情况作为分类分级监管的重要依据，对不同等级的企业实施差异化监管。对一级企业，以执法抽查为主，减少执法检查频次；

（二）因安全生产政策性原因对相关企业实施区域限产、停产措施的，原则上一级企业不纳入范围；

（三）停产后复产验收时，原则上优先对一级企业进行复产验收；

（四）标准化等级企业符合工伤保险费率下浮条件的，按规定下浮其工伤保险费率；

（五）标准化等级企业的安全生产责任保险按有关政策规定给予支持；

（六）将企业标准化等级作为信贷信用等级评定的重要依据之一。支持鼓励金融信贷机构向符合条件的标准化等级企业优先提供信贷服务；

（七）标准化等级企业申报国家和地方质量奖励、优秀品牌等资格和荣誉的，予以优先支持或者推荐；

（八）对符合评选推荐条件的标准化等级企业，优先推荐其参加所属地区、行业及领域的先进单位（集体）、安全文化示范企业等评选。

第十三条 组织单位和负责现场评审的单位及其人员不得参与被评审企业的标准化培训、咨询相关工作。

第十四条 各级定级部门应当加强对组织单位和负责现场评审的单位及其人员的监督管理，对标准化相关材料进行抽查，发现存在审核把关不严、现场评审结论失实、报告抄袭雷同或有明显错误等问题的，约谈有关单位主要负责人；发现组织单位和负责现场评审的单位及其人员参与被评审企业的标准化培训、咨询相关工作，或存在收取企业费用、出具虚假报告等行为的，取消有关单位资格，依法依规严肃处理。

第十五条 企业标准化定级各环节相关工作通过应急管理部企业安全生产标准化信息管理系统进行。

第十六条 省级应急管理部门可以根据本办法和本地区实际制定二级、三级企业定级实施办法，并送应急管理部安全执法和工贸监管局备案。

第十七条 本办法由应急管理部负责解释，自2021年11月1日起施行，《企业安全生产标准化评审工作管理办法（试行）》（安监总办〔2014〕49号）同时废止。

中央企业安全生产监督管理暂行办法

（国务院国有资产监督管理委员会第67次委主任办公会审议通过，2008年8月18日国务院国有资产监督管理委员会令第21号公布，自2008年9月1日起施行）

第一章 总 则

第一条 为履行国有资产出资人安全生产监管职责，督促中央企业全面落实安全生产主体责任，建立安全生产长效机制，防止和减少生产安全事故，保障中央企业职工和人民群众生命财产安全，维护国有资产的保值增值，根据《中华人民共和国安全生产法》《企业国有资产监督管理暂行条例》《国务院办公厅关于加强中央企业安全生产工作的通知》等有关法律法规和规定，制定本办法。

第二条 本办法所称中央企业，是指国务院国有资产监督管理委员会（以下简称国资委）根据国务院授权履行出资人职责的国有及国有控股企业。

第三条 中央企业应当依法接受国家安全生产监督管理部门和所在地省（区、市）、市（地）安全生产监督管理部门以及行业安全生产监督管理部门的监督管理。国资委按照国有资产出资人的职责，对中央企业的安全生产工作履行以下职责：

（一）负责指导督促中央企业贯彻落实国家安全生产方针政策及有关法律法规、标准等；

（二）督促中央企业主要负责人落实安全生产第一责任人的责任和企业安全生产责任制，做好对企业负责人履行安全生产职责的业绩考核；

（三）依照有关规定，参与或者组织开展中央企业安全生产检查、督查，督促企业落实各项安全防范和隐患治理措施；

（四）参与企业特别重大事故的调查，负责落实事故责任追究的有关规定；

（五）督促企业做好统筹规划，把安全生产纳入中长期发展规划，保障职工健康与安全，切实履行社会责任。

第四条 国资委对中央企业安全生产实行分类监督管理。中央企业依据国资委核定的主营业务和安全生产的风险程度分为三类（见附件1）：

第一类：主业从事煤炭及非煤矿山开采、建筑施工、危险物品的生产经营储运使用、交通运输的企业；

第二类：主业从事冶金、机械、电子、电力、建材、医药、纺织、仓储、旅游、通信的企业；

第三类：除上述第一、二类企业以外的企业。

企业分类实行动态管理，可以根据主营业务内容的变化进行调整。

第二章 安全生产工作责任

第五条 中央企业是安全生产的责任主体，必须贯彻落实国家安全生产方针政策及有关法律法规、标准，按照"统一领导、落实责任、分级管理、分类指导、全员参与"的原则，逐级建立健全安全生产责任制。安全生产责任制应当覆盖本企业全体职工和岗位、全部生产经营和管理过程。

第六条 中央企业应当按照以下规定建立以企业主要负责人为核心的安全生产领导负责制。

（一）中央企业主要负责人是本企业安全生产的第一责任人，对本企业安全生产工作负总责，应当全面履行《中华人民共和国安全生产法》规定的以下职责：

1. 建立健全本企业安全生产责任制；

2. 组织制定本企业安全生产规章制度和操作规程；

3. 保证本企业安全生产投入的有效实施；

4. 督促、检查本企业的安全生产工作，及时消除生产安全事故隐患；

5. 组织制定并实施本企业的生产安全事故应急救援预案；

6. 及时、如实报告生产安全事故。

（二）中央企业主管生产的负责人统筹组织生产过程中各项安全生产制度和措施的落实，完善安全生产条件，对企业安全生产工作负重要领导责任。

（三）中央企业主管安全生产工作的负责人协助主要负责人落实各项安全生产法律法规、标准，统筹协调和综合管理企业的安全生产工作，对企业安全生产工作负综合管理领导责任。

（四）中央企业其他负责人应当按照分工抓好主管范围内的安全生产工作，对主管范围内的安全生产工作负领导责任。

第七条 中央企业必须建立健全安全生产的组织机构，包括：

（一）安全生产工作的领导机构——安全生产委员会（以下简称安委会），负责统一领导本企业的安全生产工作，研究决策企业安全生产的重大问题。安委会主任应当由企业安全生产第一责任人担任。安委会应当建立工作制度和例会制度。

（二）与企业生产经营相适应的安全生产监督管理机构。

第一类企业应当设置负责安全生产监督管理工作的独立职能部门。

第二类企业应当在有关职能部门中设置负责安全生产监督管理工作的内部专业机构；安全生产任务较重的企业应当设置负责安全生产监督管理工作的独立职能部门。

第三类企业应当明确有关职能部门负责安全生产监督管理工作，配备专职安全生产监督管理人员；安全生产任务较重的企业应当在有关职能部门中设置负责安全生产监督管理工作的内部专业机构。

安全生产监督管理职能部门或者负责安全生产监督管理工作的职能部门是企业安全生产工作的综合管理部门，对其他职能部门的安全生产管理工作进行综合协调和监督。

第八条 中央企业应当明确各职能部门的具体安全生产管理职责；各职能部门应当将安全生产管理职责具体分解到相应岗位。

第九条 中央企业专职安全生产监督管理人员的任职资格和配备数量，应当符合国家和行业的有关规定；国家和行业没有明确规定的，中央企业应当根据本企业的生产经营内容和性质、管理范围、管理跨度等配备专职安全生产监督管理人员。

中央企业应当加强安全队伍建设，提高人员素质，鼓励和支持安全生产监督管理人员取得注册安全工程师资质。安全生产监督管理机构工作人员应当逐步达到以注册安全工程师为主体。

第十条 中央企业工会依法对本企业安全生产与劳动防护进行民主监督，依法维护职工合法权益，有权对建设项目的安全设施与主体工程同时设计、同时施工、同时投入和使用情况进行监督，提出意见。

第十一条 中央企业应当对其独资及控股子企业（包括境外子企业）的安全生产认真履行以下监督管理责任：

（一）监督管理独资及控股子企业安全生产条件具备情况；安全生产监督管理组织机构设置情况；安全生产责任制、安全生产各项规章制度建立情况；安全生产投入和隐患排查治理情况；安全生产应急管理情况；及时、如实报告生产安全事故。

第一类中央企业可以向其列为安全生产重点的独资及控股子企业委派专职安全生产总监，加强对子企业安全生产的监督。

（二）将独资及控股子企业纳入中央企业安全生产管理体系，对其项目建设、收购、并购、转让、运行、停产等影响安全生产的重大事项实行报批制度，严格安全生产的检查、考核、奖惩和责任追究。

对控股但不负责管理的子企业，中央企业应当与管理方商定管理模式，按照《中华人民共和国安全生产法》的要求，通过经营合同、公司章程、协议书等明确安全生产管理责任、目标和要求等。

对参股并负有管理职责的企业，中央企业应当按照有关法律法规的规定与参股企业签订安全生产管理协议书，明确安全生产管理责任。

中央企业各级子企业应当按照以上规定逐级建立健全安全生产责任制，逐级加强安全生产工作的监督管理。

第三章　安全生产工作基本要求

第十二条 中央企业应当制定中长期安全生产发展规划，并将其纳入企业总体发展战略规划，实现安全生产与企业发展的同步规划、同步实施、同步发展。

第十三条 中央企业应当建立健全安全生产管理体系，积极推行和应用国内外先进的安全生产管理方法、体系等，实现安全生产管理的规范化、标准化、科学化、现代化。

中央企业安全生产管理体系应当包括组织体系、制度体系、责任体系、风险控制体系、教育体系、监督保证体系等。

中央企业应当加强安全生产管理体系的运行控制，强化岗位培训、过程督查、总结反馈、持续改进等管理过程，确保体系的有效运行。

第十四条 中央企业应当结合行业特点和企业实际，建立职业健康安全管理体系，消除或者减少职工的职业健康安全风险，保障职工职业健康。

第十五条 中央企业应当建立健全企业安全生产应急管理体系，包括预案体系、组织体系、运行机制、支持保障体系等。加强应急预案的编制、评审、培训、演练和应急救援队伍的建设工作，落实应急物资与装备，提高企业有效应对各类生产安全事故灾难的应急管理能力。

第十六条 中央企业应当加强安全生产风险辨识和评估工作，制定重大危险源的监控措施和管理方案，确保重大危险源始终处于受控状态。

第十七条 中央企业应当建立健全生产安全事故隐患排查和治理工作制度，规范各级生产安全事故隐患排查的频次、控制管理原则、分级管理模式、分级管理内容等。对排查出的隐患要落实专项治理经费和专职负责人，按时完成整改。

第十八条 中央企业应当严格遵守新建、改建、扩建工程项目安全设施与主体工程同时设计、同时施工、同时投入生产和使用的有关规定。

第十九条 中央企业应当严格按照国家和行业的有关规定，足额提取安全生产费用。国家和行业没有明确规定安全生产费用提取比例的中央企业，应当根据企业实际和可持续发展的需要，提取足够的安全生产费用。安全生产费用应当专户核算并编制使用计划，明确费用投入的项目内容、额度、完成期限、责任部门和责任人等，确保安全生产费用投入的落实，并将落实情况随年度业绩考核总结分析报告同时报送国资委。

第二十条 中央企业应当建立健全安全生产的教育和培训制度，严格落实企业负责人、安全生产监督管理人员、特种作业人员的持证上岗制度和培训考核制度；严格落实从业人员的安全生产教育培训制度。

第二十一条 中央企业应当建立安全生产考核和奖惩机制。严格安全生产业绩考核，加大安全生产奖励力度，严肃查处每起责任事故，严格追究事故责任人的责任。

第二十二条 中央企业应当建立健全生产安全事故新闻发布制度和媒体应对工作机制，及时、主动、准确、客观地向新闻媒体公布事故的有关情况。

第二十三条 企业制定和执行的安全生产管理规章制度、标准等应当不低于国家和行业要求。

第四章 安全生产工作报告制度

第二十四条 中央企业应当于每年1月底前将上一年度的安全生产工作总结和本年度的工作安排报送国资委。

第二十五条 中央企业应当按季度、年度对本企业（包括独资及控股并负责管理的企业）所发生的生产安全事故进行统计分析并填制报表（见附件2、附件3），于次季度首月15日前和次年度1月底前报国资委。中央企业生产安全事故统计报表实行零报告制度。

第二十六条 中央企业发生生产安全事故或者因生产安全事故引发突发事件后，应当按以下要求报告国资委：

（一）境内发生较大及以上生产安全事故，中央企业应当编制生产安全事故快报（见附件4），按本办法规定的报告流程（见附件5）迅速报告。事故现场负责人应当立即向本单位负责人报告，单位负责人接到报告后，应当于1小时内向上一级单位负责人报告；以后逐级报告至国资委，且每级时间间隔不得超过2小时。

（二）境内由于生产安全事故引发的特别重大、重大突发公共事件，中央企业接到报告后应当立即向国资委报告。

（三）境外发生生产安全死亡事故，中央企业接到报告后应当立即向国资委报告。

（四）在中央企业管理的区域内发生生产安全事故，中央企业作为业主、总承包商或者分包商应当按本条第（一）款规定报告。

第二十七条 中央企业应当将政府有关部门对较大事故、重大事故的事故调查报告及批复及时报国资委备案，并将责任追究落实情况报告国资委。

第二十八条 中央企业应当将安全生产工作领导机构及安全生产监督管理机构的名称、组成人员、职责、工作制度及联系方式报国资委备案，并及时报送变动情况。

第二十九条 中央企业应当将安全生产应急预案报国资委备案，并及时报送修订情况。

第三十条 中央企业应当将安全生产方面的重要活动、重要会议、重大举措和成果、重大问题等重要信息和重要事项，及时报告国资委。

第五章 安全生产监督管理与奖惩

第三十一条 国资委参与中央企业特别重大生产安全事故的调查，并根据事故调查报告及国务院批复负责落实或者监督对事故有关责任单位和责任人的处理。

第三十二条 国资委组织开展中央企业安全生产督查，督促中央企业落实安全生产有关规定和改进安全生产工作。中央企业违反本办法有关安全生产监督管理规定的，国资委根据情节轻重要求其改正或者予以通报批评。

中央企业半年内连续发生重大以上生产安全事故，国资委除依据有关规定落实对有关责任单位和责任人的处理外，对中央企业予以通报批评，对其主要负责人进行诫勉谈话。

第三十三条 国资委配合有关部门对中央企业安全生产违法行为的举报进行调查，或者责成有关单位进行调查，依照干部管理权限对有关责任人予以处理。

第三十四条 国资委根据中央企业考核期内发生的生产安全责任事故认定情况，对中央企业负责人经营业绩考核结果进行下列降级或者降分处理（见附件6）：

（一）中央企业负责人年度经营业绩考核期内发生特别重大责任事故并负主要责任的或者发生瞒报事故的，对该中央企业负责人的年度经营业绩考核结果予以降级处理。

（二）中央企业负责人年度经营业绩考核期内发生较大责任事故或者重大责任事故起数达到降级起数的，对该中央企业负责人的年度经营业绩考核结果予以降级处理。

（三）中央企业负责人年度经营业绩考核期内发生较大责任事故和重大责任事故但不够降级标准的，

对该中央企业负责人的年度经营业绩考核结果予以降分处理。

（四）中央企业负责人任期经营业绩考核期内连续发生瞒报事故或者发生两起以上特别重大责任事故，对该中央企业负责人的任期经营业绩考核结果予以降级处理。

本办法所称责任事故，是指依据事故调查报告及批复对事故性质的认定，中央企业或者中央企业独资及控股子企业对事故发生负有责任的生产安全事故。

第三十五条 对未严格按照国家和行业有关规定足额提取安全生产费用的中央企业，国资委从企业负责人业绩考核的业绩利润中予以扣减，并予以降分处理。

第三十六条 授权董事会对经理层人员进行经营业绩考核的中央企业，董事会应当将安全生产工作纳入经理层人员年度经营业绩考核，与绩效薪金挂钩，并比照本办法的安全生产业绩考核规定执行。

董事会对经理层的安全生产业绩考核情况纳入国资委对董事会的考核评价内容。对董事会未有效履行监督、考核安全生产职能，企业发生特别重大责任事故并造成严重社会影响的，国资委对董事会予以调整，对有关董事予以解聘。

第三十七条 中央企业负责人年度经营业绩考核中因安全生产问题受到降级处理的，取消其参加该考核年度国资委组织或者参与组织的评优、评先活动资格。

第三十八条 国资委对年度安全生产相对指标达到国内同行业最好水平或者达到国际先进水平的中央企业予以表彰。

第三十九条 国资委对认真贯彻执行本办法，安全生产工作成绩突出的个人和集体予以表彰奖励。

第六章 附 则

第四十条 生产安全事故等级划分按《生产安全事故报告和调查处理条例》（国务院令第493号）第三条的规定执行。国务院对特殊行业另有规定的，从其规定。

突发公共事件等级划分按《国务院关于实施国家突发公共事件总体应急预案的决定》附件《特别重大、重大突发公共事件分级标准（试行）》中安全事故类的有关规定执行。

第四十一条 境外中央企业除执行本办法外，还应严格遵守所在地的安全生产法律法规。

第四十二条 本办法由国资委负责解释。

第四十三条 本办法自2008年9月1日起施行。

中央企业应急管理暂行办法

（国务院国有资产监督管理委员会第128次主任办公会议审议通过，2013年2月28日国务院国有资产监督管理委员会令第31号公布，自公布之日起施行）

第一章 总 则

第一条 为进一步加强和规范中央企业应急管理工作，提高中央企业防范和处置各类突发事件的能力，最大程度地预防和减少突发事件及其造成的损害和影响，保障人民群众生命财产安全，维护国家安全和社会稳定，根据《中华人民共和国突发事件应对法》《中华人民共和国企业国有资产法》《国家突发公共事件总体应急预案》《国务院关于全面加强应急管理工作的意见》等有关法律法规、规定，制定本办法。

第二条 突发事件是指突然发生，造成或者可能造成严重社会危害，需要采取应急处置措施予以应对的自然灾害、事故灾难、公共卫生事件和社会安全事件。

（一）自然灾害。主要包括水旱灾害、气象灾害、地震灾害、地质灾害、海洋灾害、生物灾害和森林草原火灾等。

（二）事故灾难。主要包括工矿商贸等企业的各类安全事故、交通运输事故、公共设施和设备事故、环境污染和生态破坏事件等。

（三）公共卫生事件。主要包括传染病疫情、群体性不明原因疾病、食品安全和职业危害、动物疫情，以及其他严重影响公众健康和生命安全的事件。

（四）社会安全事件。主要包括恐怖袭击事件、民族宗教事件、经济安全事件、涉外突发事件和群体性事件等。

第三条 本办法所称中央企业，是指国务院国有资产监督管理委员会（以下简称国资委）根据国务院授权履行出资人职责的国家出资企业。

第四条 中央企业应急管理是指中央企业在政府有关部门的指导下对各类突发事件的预防与应急准备、监测与预警、应急处置与救援、事后恢复与重建等活动的全过程管理。

第五条 中央企业应急管理工作应依法接受政府

有关部门的监督管理。

第六条 国资委对中央企业的应急管理工作履行以下监管职责：

（一）指导、督促中央企业落实国家应急管理方针政策及有关法律法规、规定和标准。

（二）指导、督促中央企业建立完善各类突发事件应急预案，开展预案的培训和演练。

（三）指导、督促中央企业落实各项防范和处置突发事件的措施，及时有效应对企业各类突发事件，做好舆论引导工作。

（四）参与国家有关部门或适当组织对中央企业应急管理的检查、督查。

（五）指导、督促中央企业参与社会重大突发事件的应急处置与救援。

（六）配合国家有关部门对中央企业在突发事件应对中的失职渎职责任进行追究。

第二章 工作责任和组织体系

第七条 中央企业应当认真履行应急管理主体责任，贯彻落实国家应急管理方针政策及有关法律法规、规定，建立和完善应急管理责任制，应急管理责任制应覆盖本企业全体职工和岗位、全部生产经营和管理过程。

第八条 中央企业应当全面履行以下应急管理职责：

（一）建立健全应急管理体系，完善应急管理组织机构。

（二）编制完善各类突发事件的应急预案，组织开展应急预案的培训和演练，并持续改进。

（三）督促所属企业主动与所在地人民政府应急管理体系对接，建立应急联动机制。

（四）加强企业专（兼）职救援队伍和应急平台建设。

（五）做好突发事件的报告、处置和善后工作，做好突发事件的舆情监测、信息披露、新闻危机处置。

（六）积极参与社会突发事件的应急处置与救援。

第九条 中央企业主要负责人是本企业应急管理的第一责任人，对本企业应急管理工作负总责。中央企业各类突发事件应急管理的分管负责人，协助主要负责人落实应急管理方针政策及有关法律法规、规定和标准，统筹协调和管理企业相应突发事件的应急管理工作，对企业应急管理工作负重要领导责任。

第十条 中央企业应当对其独资、控股及参股企业的应急管理认真履行以下监督管理责任：

（一）监督管理独资及控股子企业应急管理组织机构设置情况；应急管理制度建立情况；应急预案编制、评估、备案、培训、演练情况；应急管理投入、专（兼）职救援队伍和应急平台建设情况；及时报告、处置突发事件等情况。

（二）将独资及控股子企业纳入中央企业应急管理体系，严格应急管理的检查、考核、奖惩和责任追究。

（三）对参股等其他类子企业，中央企业应按照相关法律法规的要求，通过经营合同、公司章程、协议书等明确各股权方的应急管理责任。

第十一条 中央企业应当建立健全应急管理组织体系，明确本企业应急管理的综合协调部门和各类突发事件分管部门的职责。

（一）应急管理机构和人员。

中央企业应当按照有关规定，成立应急领导机构，设置或明确应急管理综合协调部门和专项突发事件应急管理分管部门，配置专（兼）职应急管理人员，其任职资格和配备数量，应符合国家和行业的有关规定；国家和行业没有明确规定的，应根据本企业的生产经营内容和性质、管理范围、管理跨度等，配备专（兼）职应急管理人员。

（二）应急管理工作领导机构。

中央企业要成立应急管理领导小组，负责统一领导本企业的应急管理工作，研究决策应急管理重大问题和突发事件应对办法。领导机构主要负责人应当由企业主要负责人担任，并明确一位企业负责人具体分管领导机构的日常工作。领导机构应当建立工作制度和例会制度。

（三）应急管理综合协调部门。

应急管理综合协调部门负责组织企业应急体系建设，组织编制企业总体应急预案，组织协调分管部门开展应急管理日常工作。在跨界突发事件应急状态下，负责综合协调企业内部资源、对外联络沟通等工作。

（四）应急管理分管部门。

应急管理分管部门负责专项应急预案的编制、评估、备案、培训和演练，负责专项突发事件应急管理的日常工作，分管专项突发事件的应急处置。

第三章 工作要求

第十二条 中央企业应急管理工作必须坚持预防为主、预防与处置相结合的原则，按照"统一领导、综合协调、分类管理、分级负责、企地衔接"的要求，建立"上下贯通、多方联动、协调有序、运转高效"的应急管理机制，开展应急管理常态工作。

第十三条 中央企业应建立完善应急管理体系，积极借鉴国内外应急管理先进理念，采用科学的应急管理方法和技术手段，不断提高应急管理水平。

（一）中央企业应当将应急管理体系建设规划纳入企业总体发展战略规划，使应急管理体系建设与企业发展同步实施、同步推进。

（二）中央企业应急管理体系建设应当包括：应急管理组织体系、应急预案体系、应急管理制度体系、应急培训演练体系、应急队伍建设体系、应急保障体系等。

（三）中央企业应当加强应急管理体系的运行管理，及时发现应急管理体系存在的问题，持续改进、不断完善，确保企业应急管理体系有效运行。

第十四条 中央企业应当加强各类突发事件的风险识别、分析和评估，针对突发事件的性质、特点和可能造成的社会危害，编制企业总体应急预案、专项应急预案和现场处置方案，形成"横向到边、纵向到底、上下对应、内外衔接"的应急预案体系。中央企业应当加强预案管理，建立应急预案的评估、修订和备案管理制度。

第十五条 中央企业应当加强风险监测，建立突发事件预警机制，针对可能发生的各类突发事件，及时采取措施，防范各类突发事件的发生，减少突发事件造成的危害。

第十六条 中央企业应当加强各级企业负责人、管理人员和作业人员的应急培训，提高应急指挥和救援人员的应急管理水平和专业技能，提高全员的应急意识和防灾、避险、自救、互救能力；要组织编制有针对性的培训教材，分层次开展全员应急培训。

第十七条 中央企业应当有计划地组织开展多种形式、节约高效的应急预案演练，突出演练的针对性和实战性，认真做好演练的评估工作，对演练中发现的问题和不足持续改进，提高应对各类突发事件的能力。

第十八条 中央企业应当按照专业救援和职工参与相结合、险时救援和平时防范相结合的原则，建设以专业队伍为骨干、兼职队伍为辅助、职工队伍为基础的企业应急救援队伍体系。

第十九条 中央企业应当加强应急救援基地建设。煤矿和非煤矿山、石油、化工、电力、通讯、民航、水上运输、核工业等企业应当建设符合专业特点、布局配置合理的应急救援基地，积极参加国家级和区域性应急救援基地建设。

第二十条 中央企业应当加强综合保障能力建设，加强应急装备和物资的储备，满足突发事件处置需求，了解掌握企业所在地周边应急资源情况，并在应急处置中互相支援。

第二十一条 中央企业应当加大应急管理投入力度，切实保障应急体系建设、应急基地和队伍建设、应急装备和物资储备、应急培训演练等的资金需求。

第二十二条 中央企业应当加强与地方人民政府及其相关部门应急预案的衔接工作，建立政府与企业之间的应急联动机制，统筹配置应急救援组织机构、队伍、装备和物资，共享区域应急资源。加强与所在地人民政府、其他企业之间的应急救援联动，有针对性地组织开展联合应急演练，充分发挥应对重大突发事件区域一体化联防功能，提高共同应对突发事件的能力和水平。

第二十三条 中央企业应当建设满足应急需要的应急平台，构建完善的突发事件信息网络，实现突发事件信息快速、及时、准确地收集和报送，为应急指挥决策提供信息支撑和辅助手段。

第二十四条 中央企业应当充分发挥保险在突发事件预防、处置和恢复重建等方面的作用，大力推进意外伤害保险和责任保险制度建设，完善对专业和兼职应急队伍的工伤保险制度。

第二十五条 中央企业应当积极推进科技支撑体系建设，紧密跟踪国内外先进应急理论、技术发展，针对企业应急工作的重点和难点，加强与科研机构的联合攻关，积极研发和使用突发事件预防、监测、预警、应急处置与救援的新技术、新设备。

第二十六条 中央企业应当建立突发事件信息报告制度。突发事件发生后，要立即向所在地人民政府报告，并按照要求向国务院有关部门和国资委报告，情况紧急时，可直接向国务院报告。信息要做到及时、客观、真实，不得迟报、谎报、瞒报、漏报。

第二十七条 中央企业应当建立突发事件统计分析制度，及时、全面、准确地统计各类突发事件发生起数、伤亡人数、造成的经济损失等相关情况，并纳入企业的统计指标体系。

第二十八条 造成人员伤亡或生命受到威胁的突发事件发生后，中央企业应当立即启动应急预案，组织本单位应急救援队伍和工作人员营救受害人员，疏散、撤离、安置受到威胁的人员，控制危险源，标明危险区域，封锁危险场所，并采取防止危害扩大的必要措施，同时及时向所在地人民政府和有关部门报告；对因本单位的问题引发的或者主体是本单位人员的社会安全事件，有关单位应当按照规定上报情况，并迅速派出负责人赶赴现场开展劝解、疏导工作；突发事件处置过程中，应加强协调，服从指挥。

第二十九条　中央企业应当建立突发事件信息披露机制，突发事件发生后，应第一时间启动新闻宣传应急预案、全面开展舆情监测、拟定媒体应答口径，做好采访接待准备，并按照有关规定和政府有关部门的统一安排，及时准确地向社会、媒体、员工披露有关突发事件事态发展和应急处置进展情况的信息。

第三十条　突发事件的威胁和危害得到控制或者消除后，中央企业应当按照政府有关部门的要求解除应急状态，并及时组织对突发事件造成的损害进行评估，开展或协助开展突发事件调查处理，查明发生经过和原因，总结经验教训，制定改进措施，尽快恢复正常的生产、生活和社会秩序。

第四章　社会救援

第三十一条　中央企业在做好本企业应急救援工作的同时，要切实履行社会责任，积极参与各类社会公共突发事件的应对处置，在政府的统一领导下，发挥自身专业技术、装备、资源优势，开展应急救援，共同维护社会稳定和人民群众生命财产安全。

第三十二条　社会公共突发事件发生后，相关中央企业应当按照政府及有关部门要求，在能力范围内积极提供电力、通讯、油气、交通等救援保障和食品、药品等生活保障。

第三十三条　中央企业应当建立重大自然灾害捐赠制度，规范捐赠行为，进行捐赠的中央企业必须按照规定及时向国资委报告和备案。

第三十四条　参与社会公共突发事件救援的中央企业，应当及时向国资委报告参与救援的实时信息。

第五章　监督与奖惩

第三十五条　国资委组织开展中央企业应急管理工作的督查工作，督促中央企业落实应急管理有关规定，提高中央企业应急管理工作水平，并酌情对检查结果予以通报。

第三十六条　中央企业违反本办法，不履行应急管理职责的，国资委将责令其改正或予以通报批评；具有以下情形的，国资委将按照干部管理权限追究相关责任人的责任；涉嫌犯罪的，依法移送司法机关处理。

（一）未按照规定采取预防措施，导致发生突发事件，或者未采取必要的防范措施，导致发生次生、衍生事件的。

（二）迟报、谎报、瞒报、漏报有关突发事件的信息，或者通报、报送、公布虚假信息，造成严重后果的。

（三）未按照规定及时发布突发事件预警信息、采取预警措施，导致事件发生的。

（四）未按照规定及时采取措施处置突发事件或者处置不当，造成严重后果的。

第三十七条　国资委对认真贯彻执行本办法和应对突发事件作出突出贡献的中央企业予以表彰，中央企业应当对作出突出贡献的基层单位和个人进行表彰奖励。

第三十八条　中央企业参与突发事件救援遭受重大经济损失的，国资委将按照国务院有关规定给予国有资本预算补助，并在当年中央企业负责人经营业绩考核中酌情考虑。

第六章　附　则

第三十九条　突发事件的分类分级按照《中华人民共和国突发事件应对法》《国家突发公共事件总体应急预案》有关规定执行。

第四十条　中央企业境外机构应当首先遵守所在国相关法律法规，参照本办法执行。

第四十一条　本办法由国资委负责解释。

第四十二条　本办法自印发之日起施行。

食品生产企业安全生产监督管理暂行规定

（2014年1月3日国家安全监管总局令第66号公布　根据2015年5月29日国家安全监管总局令第80号修正）

第一章　总　则

第一条　为加强食品生产企业的安全生产工作，防止和减少生产安全事故，保障从业人员的生命和财产安全，根据《中华人民共和国安全生产法》等有关法律、行政法规，制定本规定。

第二条　食品生产企业的安全生产及其监督管理，适用本规定。农副产品从种植养殖环节进入批发、零售市场或者生产加工企业前的安全生产及其监督管理，不适用本规定。

本规定所称食品生产企业，是指以农业、渔业、畜牧业、林业或者化学工业的产品、半成品为原料，通过工业化加工、制作，为人们提供食用或者饮用的物品的企业。

第三条　国家安全生产监督管理总局对全国食品

生产企业的安全生产工作实施监督管理。

县级以上地方人民政府安全生产监督管理部门和有关部门（以下统称负责食品生产企业安全生产监管的部门）根据本级人民政府规定的职责，按照属地监管、分级负责的原则，对本行政区域内食品生产企业的安全生产工作实施监督管理。

食品生产企业的工程建设安全、消防安全和特种设备安全，依照法律、行政法规的规定由县级以上地方人民政府相关部门负责专项监督管理。

第四条 食品生产企业是安全生产的责任主体，其主要负责人对本企业的安全生产工作全面负责，分管安全生产工作的负责人和其他负责人对其职责范围内的安全生产工作负责。

集团公司对其所属或者控股的食品生产企业的安全生产工作负主管责任。

第二章 安全生产的基本要求

第五条 食品生产企业应当严格遵守有关安全生产法律、行政法规和国家标准、行业标准的规定，建立健全安全生产责任制、安全生产规章制度和安全操作规程。

第六条 从业人员超过100人的食品生产企业，应当设置安全生产管理机构或者配备3名以上专职安全生产管理人员，鼓励配备注册安全工程师从事安全生产管理工作。

前款规定以外的其他食品生产企业，应当配备专职或者兼职安全生产管理人员，或者委托安全生产中介机构提供安全生产服务。

委托安全生产中介机构提供安全生产技术、管理服务的，保证安全的责任仍由本企业负责。

第七条 食品生产企业应当支持安全生产管理机构和安全生产管理人员履行管理职责，并保证其开展工作所必须的条件。

食品生产企业作出涉及安全生产的决策，应当听取安全生产管理机构以及安全生产管理人员的意见，不得因安全生产管理人员依法履行职责而降低其工资、福利等待遇或者解除与其订立的劳动合同。

第八条 食品生产企业应当推进安全生产标准化建设，强化安全生产基础，做到安全管理标准化、设施设备标准化、作业现场标准化和作业行为标准化，并持续改进，不断提高企业本质安全水平。

第九条 食品生产企业新建、改建和扩建建设项目（以下统称建设项目）的安全设施，必须与主体工程同时设计、同时施工、同时投入生产和使用。安全设施投资应当纳入建设项目概算。

第十条 食品生产企业应当委托具备国家规定资质的工程设计单位、施工单位和监理单位，对建设工程进行设计、施工和监理。

工程设计单位、施工单位和监理单位应当按照有关法律、行政法规、国家标准或者行业标准的规定进行设计、施工和监理，并对其工作成果负责。

第十一条 食品生产企业应当按照有关法律、行政法规的规定，加强工程建设、消防、特种设备的安全管理；对于需要有关部门审批和验收的事项，应当依法向有关部门提出申请；未经有关部门依法批准或者验收合格的，不得投入生产和使用。

第十二条 食品生产企业应当建立健全事故隐患排查治理制度，明确事故隐患治理的措施、责任、资金、时限和预案，采取技术、管理措施，及时发现并消除事故隐患。事故隐患排查治理情况应当如实记录，向从业人员通报，并按规定报告所在地负责食品生产企业安全生产监管的部门。

第十三条 食品生产企业的加工、制作等项目有多个承包单位、承租单位，或者存在空间交叉的，应当对承包单位、承租单位的安全生产工作进行统一协调、管理。承包单位、承租单位应当服从食品生产企业的统一管理，并对作业现场的安全生产负责。

第十四条 食品生产企业应当对新录用、季节性复工、调整工作岗位和离岗半年以上重新上岗的从业人员，进行相应的安全生产教育培训。未经安全生产教育培训合格的从业人员，不得上岗作业。

第十五条 食品生产企业应当定期组织开展危险源辨识，并将其工作场所存在和作业过程中可能产生的危险因素、防范措施和事故应急措施等如实书面告知从业人员，不得隐瞒或者欺骗。

从业人员发现直接危及人身安全的紧急情况时，有权停止作业或者在采取可能的应急措施后撤离作业场所。食品生产企业不得因此降低其工资、福利待遇或者解除劳动合同。

第三章 作业过程的安全管理

第十六条 食品生产企业的作业场所应当符合下列要求：

（一）生产设施设备，按照国家有关规定配备有温度、压力、流量、液位以及粉尘浓度、可燃和有毒气体浓度等工艺指标的超限报警装置；

（二）用电设备设施和场所，采取保护措施，并在配电设备设施上安装剩余电流动作保护装置或者其他防止触电的装置；

（三）涉及烘制、油炸等高温的设施设备和岗位，采用必要的防过热自动报警切断和隔热板、墙等保护设施；

（四）涉及淀粉等可燃性粉尘爆炸危险的场所、设施设备，采用惰化、抑爆、阻爆、泄爆等措施防止粉尘爆炸，现场安全管理措施和条件符合《粉尘防爆安全规程》（GB 15577）等国家标准或者行业标准的要求；

（五）油库（罐）、燃气站、除尘器、压缩空气站、压力容器、压力管道、电缆隧道（沟）等重点防火防爆部位，采取有效、可靠的监控、监测、预警、防火、防爆、防毒等安全措施。安全附件和联锁装置不得随意拆弃和解除，声、光报警等信号不得随意切断；

（六）制冷车间符合《冷库设计规范》（GB 50072）、《冷库安全规程》（GB 28009）等国家标准或者行业标准的规定，设置气体浓度报警装置，且与制冷电机联锁、与事故排风机联动。在包装间、分割间等人员密集场所，严禁采用氨直接蒸发的制冷系统。

第十七条 食品生产企业涉及生产、储存和使用危险化学品的，应当严格按照《危险化学品安全管理条例》等法律、行政法规、国家标准或者行业标准的规定，根据危险化学品的种类和危险特性，在生产、储存和使用场所设置相应的监测、监控、通风、防晒、调温、防火、灭火、防爆、泄压、防毒、中和、防潮、防雷、防静电、防腐、防泄漏以及防护围堤等安全设施设备，并对安全设施设备进行经常性维护保养，保证其正常运行。

食品生产企业的中间产品为危险化学品的，应当依照有关规定取得危险化学品安全生产许可证。

第十八条 食品生产企业应当定期组织对作业场所、仓库、设备设施使用、从业人员持证、劳动防护用品配备和使用、危险源管理情况进行检查，对检查发现的问题应当立即整改；不能立即整改的，应当制定相应的防范措施和整改计划，限期整改。检查应当做好记录，并由有关人员签字。

第十九条 食品生产企业应当加强日常消防安全管理，按照有关规定配置并保持消防设施完好有效。生产作业场所应当设有标志明显、符合要求的安全出口和疏散通道，禁止封堵、锁闭生产作业场所的安全出口和疏散通道。

第二十条 食品生产企业应当使用符合安全技术规范要求的特种设备，并按国家规定向有关部门登记，进行定期检验。

食品生产企业应当在有危险因素的场所和有关设施、设备上设置明显的安全警示标志和警示说明。

第二十一条 食品生产企业进行高处作业、吊装作业、临近高压输电线路作业、电焊气焊等动火作业，以及在污水池等有限空间内作业的，应当实行作业审批制度，安排专门人员负责现场安全管理，落实现场安全管理措施。

第四章 监督管理

第二十二条 县级以上人民政府负责食品生产企业安全生产监管的部门及其行政执法人员应当在其职责范围内加强对食品生产企业安全生产的监督检查，对违反有关安全生产法律、行政法规、国家标准或者行业标准和本规定的违法行为，依法实施行政处罚。

第二十三条 县级以上地方人民政府负责食品生产企业安全生产监管的部门应当将食品生产企业纳入年度执法工作计划，明确检查的重点企业、关键事项、时间和标准，对检查中发现的重大事故隐患实施挂牌督办。

第二十四条 县级以上地方人民政府负责食品生产企业安全生产监管的部门接到食品生产企业报告的重大事故隐患后，应当根据需要，进行现场核查，督促食品生产企业按照治理方案排除事故隐患，防止事故发生；必要时，可以责令食品生产企业暂时停产停业或者停止使用；重大事故隐患治理后，经县级以上地方人民政府负责食品生产企业安全生产监管的部门审查同意，方可恢复生产经营和使用。

第二十五条 县级以上地方人民政府负责食品生产企业安全生产监管的部门对食品生产企业进行监督检查时，发现其存在工程建设、消防和特种设备等方面的事故隐患或者违法行为的，应当及时移送本级人民政府有关部门处理。

第五章 法律责任

第二十六条 食品生产企业有下列行为之一的，责令限期改正，可以处5万元以下的罚款；逾期未改正的，责令停产停业整顿，并处5万元以上10万元以下的罚款，对其直接负责的主管人员和其他直接责任人员处1万元以上2万元以下的罚款：

（一）未按照规定设置安全生产管理机构或者配备安全生产管理人员的；

（二）未如实记录安全生产教育和培训情况的；

（三）未将事故隐患排查治理情况如实记录或者未向从业人员通报的。

第二十七条 食品生产企业不具备法律、行政法规和国家标准或者行业标准规定的安全生产条件，经停产整顿后仍不具备安全生产条件的，县级以上地方人民政府负责食品生产企业安全生产监管的部门应当提请本级人民政府依法予以关闭。

第二十八条 监督检查人员在对食品生产企业进行监督检查时，滥用职权、玩忽职守、徇私舞弊的，依照有关规定给予处分；构成犯罪的，依法追究刑事责任。

第二十九条 本规定的行政处罚由县级以上地方人民政府负责食品生产企业安全生产监管的部门实施，有关法律、法规和规章对行政处罚的种类、幅度和决定机关另有规定的，依照其规定。

第六章 附 则

第三十条 本规定自2014年3月1日起施行。

企业安全生产费用提取和使用管理办法

（2012年2月14日财政部、国家安全生产监督管理总局以财政部令第16号印发）

第一章 总 则

第一条 为了建立企业安全生产投入长效机制，社会公共利益，依据《中华人民共和国安全生产法》等有关法律法规和《国务院关于加强安全生产工作的决定》和《国务院关于进一步加强企业安全生产工作的通知》，制定本办法。

第二条 在中华人民共和国境内直接从事煤炭生产、非煤矿山开采、建设工程施工、危险品生产与储存、交通运输、烟花爆竹生产、冶金、机械制造、武器装备研制生产与试验（含民用航空及核燃料）的企业以及其他经济组织（以下简称企业）适用本办法。

第三条 本办法所称安全生产费用（以下简称安全费用）是指企业按照规定标准提取在成本中列支，专门用于完善和改进企业或者项目安全生产条件的资金。

安全费用按照"企业提取、政府监管、确保需要、规范使用"的原则进行管理。

第四条 本办法下列用语的含义是：

煤炭生产是指煤炭资源开采作业有关活动。

非煤矿山开采是指石油和天然气、煤层气（地面开采）、金属矿、非金属矿及其他矿产资源的勘探作业和生产、选矿、闭坑及尾矿库运行、闭库等有关活动。

建设工程是指土木工程、建筑工程、井巷工程、线路管道和设备安装及装修工程的新建、扩建、改建以及矿山建设。

危险品是指列入国家标准《危险货物品名表》（GB 12268）和《危险化学品目录》的物品。

烟花爆竹是指烟花爆竹制品和用于生产烟花爆竹的民用黑火药、烟火药、引火线等物品。

交通运输包括道路运输、水路运输、铁路运输、管道运输。道路运输是指以机动车为交通工具的旅客和货物运输；水路运输是指以运输船舶为工具的旅客和货物运输及港口装卸、堆存；铁路运输是指以火车为工具的旅客和货物运输（包括高铁和城际铁路）；管道运输是指以管道为工具的液体和气体物资运输。

冶金是指金属矿物的冶炼以及压延加工有关活动，包括：黑色金属、有色金属、黄金等的冶炼生产和加工处理活动，以及炭素、耐火材料等与主工艺流程配套的辅助工艺环节的生产。

机械制造是指各种动力机械、冶金矿山机械、运输机械、农业机械、工具、仪器、仪表、特种设备、大中型船舶、石油炼化装备及其他机械设备的制造活动。

武器装备研制生产与试验，包括武器装备和弹药的科研、生产、试验、储运、销毁、维修保障等。

第二章 安全费用的提取标准

第五条 煤炭生产企业依据开采的原煤产量按月提取。各类煤矿原煤单位产量安全费用提取标准如下：

（一）煤（岩）与瓦斯（二氧化碳）突出矿井、高瓦斯矿井吨煤30元；

（二）其他井工矿吨煤15元；

（三）露天矿吨煤5元。

矿井瓦斯等级划分按现行《煤矿安全规程》和《矿井瓦斯等级鉴定规范》的规定执行。

第六条 非煤矿山开采企业依据开采的原矿产量按月提取。各类矿山原矿单位产量安全费用提取标准如下：

（一）石油，每吨原油17元；

（二）天然气、煤层气（地面开采），每千立方米原气5元；

（三）金属矿山，其中露天矿山每吨5元，地下矿山每吨10元；

（四）核工业矿山，每吨25元；

（五）非金属矿山，其中露天矿山每吨2元，地下矿山每吨 4 元；

（六）小型露天采石场，即年采剥总量 50 万吨以下，且最大开采高度不超过 50 米，产品用于建筑、铺路的山坡型露天采石场，每吨 1 元；

（七）尾矿库按入库尾矿量计算，三等及三等以上尾矿库每吨 1 元，四等及五等尾矿库每吨 1.5 元。

本办法下发之日以前已经实施闭库的尾矿库，按照已堆存尾砂的有效库容大小提取，库容 100 万立方米以下的，每年提取 5 万元；超过 100 万立方米的，每增加 100 万立方米增加 3 万元，但每年提取额最高不超过 30 万元。

原矿产量不含金属、非金属矿山尾矿库和废石场中用于综合利用的尾砂和低品位矿石。

地质勘探单位安全费用按地质勘查项目或者工程总费用的 2% 提取。

第七条 建设工程施工企业以建筑安装工程造价为计提依据。各建设工程类别安全费用提取标准如下：

（一）矿山工程为 2.5%；

（二）房屋建筑工程、水利水电工程、电力工程、铁路工程、城市轨道交通工程为 2.0%；

（三）市政公用工程、冶炼工程、机电安装工程、化工石油工程、港口与航道工程、公路工程、通信工程为 1.5%。

建设工程施工企业提取的安全费用列入工程造价，在竞标时，不得删减，列入标外管理。国家对基本建设投资概算另有规定的，从其规定。

总包单位应当将安全费用按比例直接支付分包单位并监督使用，分包单位不再重复提取。

第八条 危险品生产与储存企业以上年度实际营业收入为计提依据，采取超额累退方式按照以下标准平均逐月提取：

（一）营业收入不超过 1000 万元的，按照 4% 提取；

（二）营业收入超过 1000 万元至 1 亿元的部分，按照 2% 提取；

（三）营业收入超过 1 亿元至 10 亿元的部分，按照 0.5% 提取；

（四）营业收入超过 10 亿元的部分，按照 0.2% 提取。

第九条 交通运输企业以上年度实际营业收入为计提依据，按照以下标准平均逐月提取：

（一）普通货运业务按照 1% 提取；

（二）客运业务、管道运输、危险品等特殊货运业务按照 1.5% 提取。

第十条 冶金企业以上年度实际营业收入为计提依据，采取超额累退方式按照以下标准平均逐月提取：

（一）营业收入不超过 1000 万元的，按照 3% 提取；

（二）营业收入超过 1000 万元至 1 亿元的部分，按照 1.5% 提取；

（三）营业收入超过 1 亿元至 10 亿元的部分，按照 0.5% 提取；

（四）营业收入超过 10 亿元至 50 亿元的部分，按照 0.2% 提取；

（五）营业收入超过 50 亿元至 100 亿元的部分，按照 0.1% 提取；

（六）营业收入超过 100 亿元的部分，按照 0.05% 提取。

第十一条 机械制造企业以上年度实际营业收入为计提依据，采取超额累退方式按照以下标准平均逐月提取：

（一）营业收入不超过 1000 万元的，按照 2% 提取；

（二）营业收入超过 1000 万元至 1 亿元的部分，按照 1% 提取；

（三）营业收入超过 1 亿元至 10 亿元的部分，按照 0.2% 提取；

（四）营业收入超过 10 亿元至 50 亿元的部分，按照 0.1% 提取；

（五）营业收入超过 50 亿元的部分，按照 0.05% 提取。

第十二条 烟花爆竹生产企业以上年度实际营业收入为计提依据，采取超额累退方式按照以下标准平均逐月提取：

（一）营业收入不超过 200 万元的，按照 3.5% 提取；

（二）营业收入超过 200 万元至 500 万元的部分，按照 3% 提取；

（三）营业收入超过 500 万元至 1000 万元的部分，按照 2.5% 提取；

（四）营业收入超过 1000 万元的部分，按照 2% 提取。

第十三条 武器装备研制生产与试验企业以上年度军品实际营业收入为计提依据，采取超额累退方式按照以下标准平均逐月提取：

（一）火炸药及其制品研制、生产与试验企业（包括：含能材料、炸药、火药、推进剂、发动机、弹箭、引信、火工品等）：

1. 营业收入不超过 1000 万元的，按照 5% 提取；

2. 营业收入超过 1000 万元至 1 亿元的部分，按照 3% 提取；

3. 营业收入超过 1 亿元至 10 亿元的部分，按照 1% 提取；

4. 营业收入超过 10 亿元的部分，按照 0.5% 提取。

（二）核装备及核燃料研制、生产与试验企业：

1. 营业收入不超过 1000 万元的，按照 3% 提取；

2. 营业收入超过 1000 万元至 1 亿元的部分，按照 2% 提取；

3. 营业收入超过 1 亿元至 10 亿元的部分，按照 0.5% 提取；

4. 营业收入超过 10 亿元的部分，按照 0.2% 提取。

5. 核工程按照 3% 提取（以工程造价为计提依据，在竞标时，列为标外管理）。

（三）军用舰船（含修理）研制、生产与试验企业：

1. 营业收入不超过 1000 万元的，按照 2.5% 提取；

2. 营业收入超过 1000 万元至 1 亿元的部分，按照 1.75% 提取；

3. 营业收入超过 1 亿元至 10 亿元的部分，按照 0.8% 提取；

4. 营业收入超过 10 亿元的部分，按照 0.4% 提取。

（四）飞船、卫星、军用飞机、坦克车辆、火炮、轻武器、大型天线等产品的总体、部分和元器件研制、生产与试验企业：

1. 营业收入不超过 1000 万元的，按照 2% 提取；

2. 营业收入超过 1000 万元至 1 亿元的部分，按照 1.5% 提取；

3. 营业收入超过 1 亿元至 10 亿元的部分，按照 0.5% 提取；

4. 营业收入超过 10 亿元至 100 亿元的部分，按照 0.2% 提取；

5. 营业收入超过 100 亿元的部分，按照 0.1% 提取。

（五）其他军用危险品研制、生产与试验企业：

1. 营业收入不超过 1000 万元的，按照 4% 提取；

2. 营业收入超过 1000 万元至 1 亿元的部分，按照 2% 提取；

3. 营业收入超过 1 亿元至 10 亿元的部分，按照 0.5% 提取；

4. 营业收入超过 10 亿元的部分，按照 0.2% 提取。

第十四条 中小微型企业和大型企业上年末安全费用结余分别达到本企业上年度营业收入的 5% 和 1.5% 时，经当地县级以上安全生产监督管理部门、煤矿安全监察机构商财政部门同意，企业本年度可以缓提或者少提安全费用。

企业规模划分标准按照工业和信息化部、国家统计局、国家发展和改革委员会、财政部《关于印发中小企业划型标准规定的通知》（工信部联企业〔2011〕300 号）规定执行。

第十五条 企业在上述标准的基础上，根据安全生产实际需要，可适当提高安全费用提取标准。

本办法公布前，各省级政府已制定下发企业安全费用提取使用办法的，其提取标准如果低于本办法规定的标准，应当按照本办法进行调整；如果高于本办法规定的标准，按照原标准执行。

第十六条 新建企业和投产不足一年的企业以当年实际营业收入为提取依据，按月计提安全费用。

混业经营企业，如能按业务类别分别核算的，则以各业务营业收入为计提依据，按上述标准分别提取安全费用；如不能分别核算的，则以全部业务收入为计提依据，按主营业务计提标准提取安全费用。

第三章 安全费用的使用

第十七条 煤炭生产企业安全费用应当按照以下范围使用：

（一）煤与瓦斯突出及高瓦斯矿井落实"两个四位一体"综合防突措施支出，包括瓦斯区域预抽、保护层开采区域防突措施、开展突出区域和局部预测、实施局部补充防突措施、更新改造防突设备和设施、建立突出防治实验室等支出；

（二）煤矿安全生产改造和重大隐患治理支出，包括"一通三防"（通风、防瓦斯、防煤尘、防灭火）、防治水、供电、运输等系统设备改造和灾害治理工程，实施煤矿机械化改造，实施矿压（冲击地压）、热害、露天矿边坡治理、采空区治理等支出；

（三）完善煤矿井下监测监控、人员定位、紧急避险、压风自救、供水施救和通信联络安全避险"六大系统"支出，应急救援技术装备、设施配置和维护保养支出，事故逃生和紧急避难设施设备的配置和应急演练支出；

（四）开展重大危险源和事故隐患评估、监控和整改支出；

（五）安全生产检查、评价（不包括新建、改

建、扩建项目安全评价)、咨询、标准化建设支出;

(六)配备和更新现场作业人员安全防护用品支出;

(七)安全生产宣传、教育、培训支出;

(八)安全生产适用新技术、新工艺、新标准、新装备的推广应用支出;

(九)安全设施及特种设备检测检验支出;

(十)其他与安全生产直接相关的支出。

第十八条 非煤矿山开采企业安全费用应当按照以下范围使用:

(一)完善、改造和维护安全防护设施设备(不含"三同时"要求初期投入的安全设施)和重大安全隐患治理支出,包括矿山综合防尘、防灭火、防治水、危险气体监测、通风系统、支护及防治边帮滑坡设备、机电设备、供配电系统、运输(提升)系统和尾矿库等完善、改造和维护支出以及实施地压监测监控、露天矿边坡治理、采空区治理等支出;

(二)完善非煤矿山监测监控、人员定位、紧急避险、压风自救、供水施救和通信联络等安全避险"六大系统"支出,完善尾矿库全过程在线监控系统和海上石油开采出海人员动态跟踪系统支出,应急救援技术装备、设施配置及维护保养支出,事故逃生和紧急避难设施设备的配置和应急演练支出;

(三)开展重大危险源和事故隐患评估、监控和整改支出;

(四)安全生产检查、评价(不包括新建、改建、扩建项目安全评价)、咨询、标准化建设支出;

(五)配备和更新现场作业人员安全防护用品支出;

(六)安全生产宣传、教育、培训支出;

(七)安全生产适用的新装备、新技术、新工艺、新标准的推广应用支出;

(八)安全设施及特种设备检测检验支出;

(九)尾矿库闭库及闭库后维护费用支出;

(十)地质勘探单位野外应急食品、应急器械、应急药品支出;

(十一)其他与安全生产直接相关的支出。

第十九条 建设工程施工企业安全费用应当按照以下范围使用:

(一)完善、改造和维护安全防护设施设备(不含"三同时"要求初期投入的安全设施)支出,包括施工现场临时用电系统、洞口、临边、机械设备、高处作业防护、交叉作业防护、防火、防爆、防尘、防毒、防雷、防台风、防地质灾害、地下工程有害气体监测、通风、临时安全防护等设施设备支出;

(二)配备、维护、保养应急救援器材、设备支出和应急演练支出;

(三)开展重大危险源和事故隐患评估、监控和整改支出;

(四)安全生产检查、咨询、评价(不包括新建、改建、扩建项目安全评价)和标准化建设支出;

(五)配备和更新现场作业人员安全防护用品支出;

(六)安全生产宣传、教育、培训支出;

(七)安全生产适用的新技术、新装备、新工艺、新标准的推广应用支出;

(八)安全设施及特种设备检测检验支出;

(九)其他与安全生产直接相关的支出。

第二十条 危险品生产与储存企业安全费用应当按照以下范围使用:

(一)完善、改造和维护安全防护设施设备支出(不含"三同时"要求初期投入的安全设施),包括车间、库房、罐区等作业场所的监控、监测、通风、防晒、调温、防火、灭火、防爆、泄压、防毒、消毒、中和、防潮、防雷、防静电、防腐、防渗漏、防护围堤或者隔离操作等设施设备支出;

(二)配备、维护、保养应急救援器材、设备支出和应急演练支出;

(三)开展重大危险源和事故隐患评估、监控和整改支出;

(四)安全生产检查、评价(不包括改建、新建、扩建项目安全评价)、咨询和标准化建设支出;

(五)配备和更新现场作业人员安全防护用品支出;

(六)安全生产宣传、教育、培训支出;

(七)安全生产适用的新工艺、新标准、新技术、新装备的推广应用支出;

(八)安全设施及特种设备检测检验支出;

(九)其他与安全生产直接相关的支出。

第二十一条 交通运输企业安全费用应当按照以下范围使用:

(一)完善改造和维护安全防护设施设备支出(不含"三同时"要求初期投入的安全设施),包括道路、水路、铁路、管道运输设施设备和装卸工具安全状况检测及维护系统、运输设施设备和装卸工具附属安全设备等支出;

(二)购置、安装和使用具有行驶记录功能的车辆卫星定位装置、船舶通信导航定位和自动识别系统、电子海图等支出;

(三)配备、维护、保养应急救援器材、设备支出和应急演练支出；

（四）开展重大危险源和事故隐患评估、监控和整改支出；

（五）安全生产检查、评价（不包括新建、改建、扩建项目安全评价）、咨询及标准化建设支出；

（六）配备和更新现场作业人员安全防护用品支出；

（七）安全生产宣传、教育、培训支出；

（八）安全生产适用的新技术、新标准、新工艺、新装备的推广应用支出；

（九）安全设施及特种设备检测检验支出；

（十）其他与安全生产直接相关的支出。

第二十二条 冶金企业安全费用应当按照以下范围使用：

（一）完善、改造、维护安全防护设施设备支出（不含"三同时"要求初期投入的安全设施），包括车间、站、库房等作业场所的监控、监测、防火、防爆、防坠落、防尘、防毒、防噪声与振动、防辐射和隔离操作等设施设备支出；

（二）配备、维护、保养应急救援器材、设备支出和应急演练支出；

（三）开展重大危险源和事故隐患评估、监控和整改支出；

（四）安全生产检查、评价（不包括新建、改建、扩建项目安全评价）和咨询及标准化建设支出；

（五）安全生产宣传、教育、培训支出；

（六）配备和更新现场作业人员安全防护用品支出；

（七）安全生产适用的新技术、新工艺、新标准、新装备的推广应用支出；

（八）安全设施及特种设备检测检验支出；

（九）其他与安全生产直接相关的支出。

第二十三条 机械制造企业安全费用应当按照以下范围使用：

（一）完善、改造及维护安全防护设施设备支出（不含"三同时"要求初期投入的安全设施），包括生产作业场所的防火、防爆、防坠落、防毒、防静电、防腐、防尘、防噪声与振动、防辐射或者隔离操作等设施设备支出，大型起重机械安装安全监控管理系统支出；

（二）配备、维护、保养应急救援器材、设备支出和应急演练支出；

（三）开展重大危险源和事故隐患评估、监控和整改支出；

（四）安全生产检查、评价（不包括新建、改建、扩建项目安全评价）、标准化建设和咨询支出；

（五）安全生产宣传、教育、培训支出；

（六）配备和更新现场作业人员安全防护用品支出；

（七）安全生产适用的新技术、新标准、新工艺、新装备的推广应用；

（八）安全设施及特种设备检测检验支出；

（九）其他与安全生产直接相关的支出。

第二十四条 烟花爆竹生产企业安全费用应当按照以下范围使用：

（一）完善、改造和维护安全设备设施支出（不含"三同时"要求初期投入的安全设施）；

（二）配备、维护、保养防爆机械电器设备支出；

（三）配备、维护、保养应急救援器材、设备支出和应急演练支出；

（四）开展重大危险源和事故隐患评估、监控和整改支出；

（五）安全生产检查、评价（不包括新建、扩建、改建项目安全评价）、咨询和标准化建设支出；

（六）安全生产宣传、教育、培训支出；

（七）配备和更新现场作业人员安全防护用品支出；

（八）安全生产适用新技术、新标准、新装备、新工艺的推广应用支出；

（九）安全设施及特种设备检测检验支出；

（十）其他与安全生产直接相关的支出。

第二十五条 武器装备研制生产与试验企业安全费用应当按照以下范围使用：

（一）改造、完善和维护安全防护设施设备支出（不含"三同时"要求初期投入的安全设施），包括研究室、车间、库房、储罐区、外场试验区等作业场所的监控、监测、防触电、防坠落、防爆、泄压、防火、灭火、通风、防晒、调温、防毒、防雷、防静电、防腐、防尘、防噪声与振动、防辐射、防护围堤或者隔离操作等设施设备支出；

（二）配备、维护、保养应急救援、应急处置、特种个人防护器材、设备、设施支出和应急演练支出；

（三）开展重大危险源和事故隐患评估、监控和整改支出；

（四）高新技术和特种专用设备安全鉴定评估、安全性能检验检测及操作人员上岗培训支出；

（五）安全生产检查、评价（不包括新建、改建、扩建项目安全评价）、咨询和标准化建设的支出；

（六）安全生产宣传、教育、培训支出；

（七）军工核设施（含核废物）防泄漏、防辐射的设施设备支出；

（八）军工危险化学品、放射性物品及武器装备科研、试验、生产、储运、销毁、维修保障过程中的安全技术措施改造费和安全防护（不包括工作服）费用支出；

（九）大型复杂武器装备制造、安装、调试的特殊工种和特种作业人员培训支出；

（十）武器装备大型试验安全专项论证与安全防护费用支出；

（十一）特殊军工电子元器件制造过程中有毒有害物质监测及特种防护支出；

（十二）安全生产适用新技术、新标准、新工艺、新装备的推广应用支出；

（十三）其他与武器装备安全生产事项直接相关的支出。

第二十六条 在本办法规定的使用范围内，企业应当将安全费用优先用于满足安全生产监督管理部门、煤矿安全监察机构以及行业主管部门对企业安全生产提出的整改措施或者达到安全生产标准所需的支出。

第二十七条 企业提取的安全费用应当专户核算，按规定范围安排使用，不得挤占、挪用。年度结余资金结转下年度使用，当年计提安全费用不足的，超出部分按正常成本费用渠道列支。

主要承担安全管理责任的集团公司经过履行内部决策程序，可以对所属企业提取的安全费用按照一定比例集中管理，统筹使用。

第二十八条 煤炭生产企业和非煤矿山企业已提取维持简单再生产费用的，应当继续提取维持简单再生产费用，但其使用范围不再包含安全生产方面的用途。

第二十九条 矿山企业转产、停产、停业或者解散的，应当将安全费用结余转入矿山闭坑安全保障基金，用于矿山闭坑、尾矿库闭库后可能的危害治理和损失赔偿。

危险品生产与储存企业转产、停产、停业或者解散的，应当将安全费用结余用于处理转产、停产、停业或者解散前的危险品生产或者储存设备、库存产品及生产原料支出。

企业由于产权转让、公司制改建等变更股权结构或者组织形式的，其结余的安全费用应当继续按照本办法管理使用。

企业调整业务、终止经营或者依法清算，其结余的安全费用应当结转本期收益或者清算收益。

第三十条 本办法第二条规定范围以外的企业为达到应当具备的安全生产条件所需的资金投入，按原渠道列支。

第四章 监督管理

第三十一条 企业应当建立健全内部安全费用管理制度，明确安全费用提取和使用的程序、职责及权限，按规定提取和使用安全费用。

第三十二条 企业应当加强安全费用管理，编制年度安全费用提取和使用计划，纳入企业财务预算。企业年度安全费用使用计划和上一年安全费用的提取、使用情况按照管理权限报同级财政部门、安全生产监督管理部门、煤矿安全监察机构和行业主管部门备案。

第三十三条 企业安全费用的会计处理，应当符合国家统一的会计制度的规定。

第三十四条 企业提取的安全费用属于企业自提自用资金，其他单位和部门不得采取收取、代管等形式对其进行集中管理和使用，国家法律、法规另有规定的除外。

第三十五条 各级财政部门、安全生产监督管理部门、煤矿安全监察机构和有关行业主管部门依法对企业安全费用提取、使用和管理进行监督检查。

第三十六条 企业未按本办法提取和使用安全费用的，安全生产监督管理部门、煤矿安全监察机构和行业主管部门会同财政部门责令其限期改正，并依照相关法律法规进行处理、处罚。

建设工程施工总承包单位未向分包单位支付必要的安全费用以及承包单位挪用安全费用的，由建设、交通运输、铁路、水利、安全生产监督管理、煤矿安全监察等主管部门依照相关法规、规章进行处理、处罚。

第三十七条 各省级财政部门、安全生产监督管理部门、煤矿安全监察机构可以结合本地区实际情况，制定具体实施办法，并报财政部、国家安全生产监督管理总局备案。

第五章 附 则

第三十八条 本办法由财政部、国家安全生产监督管理总局负责解释。

第三十九条 实行企业化管理的事业单位参照本办法执行。

第四十条 本办法自公布之日起施行。《关于调整煤炭生产安全费用提取标准加强煤炭生产安全费用使用管理与监督的通知》（财建〔2005〕168号）、《关于印发〈烟花爆竹生产企业安全费用提取与使用管理办法〉的通知》（财建〔2006〕180号）和《关于印发〈高危行业企业安全生产费用财务管理暂行办法〉的通知》（财企〔2006〕478号）同时废止。《关于印发〈煤炭生产安全费用提取和使用管理办法〉和〈关于规范煤矿维简费管理问题的若干规定〉的通知》（财建〔2004〕119号）等其他有关规定与本办法不一致的，以本办法为准。

安全生产工作创新奖励管理暂行办法

（国家安全生产监督管理总局2011年5月26日以安监总政法〔2011〕81号印发）

第一章 总 则

第一条 为鼓励各级安全生产监督管理部门、煤矿安全监察机构（以下统称安全监管监察部门）和各类企事业单位创造性地开展安全生产工作，加快建立和完善科学、合理、有效的安全生产长效机制，根据《安全生产法》等有关规定，制定本办法。

第二条 国家安全生产监督管理总局（以下简称安全监管总局）设立安全生产工作创新奖，奖励在安全生产领域取得创新工作成果或者对安全生产发展进步作出突出贡献的单位和个人。

安全生产工作创新奖实行自愿申报、专家评议、综合评定、择优奖励的原则。

安全生产工作创新奖励工作坚持公开、公平、公正的原则。

第三条 地方各级安全监管监察部门和各企事业单位应当重视和推动安全生产工作的创新发展，积极探索工业化、城镇化等快速发展阶段安全生产的规律特点，发现新情况，研究新问题，探索新途径，采取新举措；积极申报或推荐安全生产工作创新奖，建立健全工作创新激励机制，调动和促进安全监管监察部门、企事业单位和人员的创新积极性。

第二章 奖项设置

第四条 安全生产工作创新奖分为安全生产理论创新和安全生产实践应用创新两类。

安全生产工作创新奖每年评选一次。

第五条 安全生产理论创新，是指在安全生产理念原则等重大理论问题上有所建树，或者填补了安全生产领域某些空白，推动了安全生产理论发展，得到学术界的重视和好评。获奖的理论创新成果必须观点鲜明，论据充分，资料翔实，数据准确，逻辑严密，方法科学，具有创新性、前沿性、效益性和实用性。

第六条 安全生产实践应用创新，是指在解决安全生产工作重大现实问题上有所突破，包括在体制建设、制度设计、管理方法、操作程序等方面有突破性的创新。获奖的应用创新成果应当产生显著的安全效益和社会效益。

第七条 安全生产工作创新奖设一、二、三等奖和特别奖。安全生产工作创新奖年度评选等次及数量，由评审组织依据实际情况提出具体意见，经安全监管总局局长办公会议审议决定。

第三章 评审办法和程序

第八条 安全监管总局成立安全生产工作创新成果奖励委员会，由国家安全生产专家和安全监管总局、国家煤矿安全监察局机关有关司局的人员组成，主要职责是为安全生产工作创新奖励制度的建立和实施提供政策性意见建议，研究解决安全生产工作创新奖评审等工作中的重大事项和问题。

安全生产工作创新成果奖励委员会（以下简称创新成果奖励委员会）下设办公室。办公室设在政策法规司，负责创新成果评选奖励的组织协调和日常管理工作。

第九条 安全生产工作创新奖的申报人可以是地方各级安全监管监察部门、安全生产中介机构、各类企事业单位、其他组织等团体，也可以是个人。

多个单位共同完成的安全生产工作创新成果，由其第一负责单位组织申报。

第十条 省级安全监管监察部门、中央企业总部、安全监管总局直属单位申报安全生产工作创新奖的，直接向安全监管总局申报；中央企业下属机构申报安全生产工作创新奖的，应当经中央企业总部初选并向安全监管总局推荐；其他组织和个人申报安全生产工作创新奖的，应当经所在地省级安全监管监察部门初选并向安全监管总局推荐。

第十一条 申报安全生产工作创新奖，应当提交以下材料：

（一）安全生产理论创新的论文或者安全生产实践应用创新的说明。安全生产实践应用创新说明应当包括创新已获安全效益和社会效益的证明或者验算材料；

（二）有关部门或者机构对申报创新成果的评价或者鉴定，或者不少于5名省级以上安全生产专家组成员的评价意见；

（三）作出评价或者鉴定意见的有关部门、机构或者安全生产专家的资质证明影印件。

申报人应当对申报材料的真实性负责。

第十二条 省级安全监管监察部门应当对申报的相关材料进行初步审查，对申报的安全生产工作创新成果作出评价或者鉴定，并提出创新奖类别、授奖等级等具体推荐意见。

中央企业总部应当组织不少于5名省级以上安全生产专家组成员（不得与第十一条的专家重复）对下属机构申报的创新成果作出评价意见，并提出创新奖类别、授奖等级等具体推荐意见。

第十三条 创新成果奖励委员会办公室对申报的材料进行汇总分类，提出初审建议。通过初审的创新成果，在安全监管总局政府网站上公示，公示期一个月。

创新成果奖励委员会组织评审组以记名投票表决方式，对公示后无异议或者有异议但已解决的创新成果提出获奖和奖励等级的建议。

安全监管总局召开局长办公会对创新成果奖励委员会提交的建议进行审议、作出奖励决定，并以安全监管总局的名义向获奖单位和个人颁发奖牌、证书及相应的物质奖励。

第十四条 获奖名单及其工作创新成果在《中国安全生产报》和安全监管总局政府网站公布。

第十五条 获得安全生产工作创新奖的单位，应当对为该创新成果作出贡献的人员给予奖励。

个人获得安全生产工作创新奖的，其所在单位或者人事管理部门应当将获奖情况及其主要贡献记入本人档案。

第十六条 安全生产工作创新奖评审工作实行以下回避制度：

（一）申报安全生产工作创新奖的人员，不得参加该创新成果的评审工作；

（二）与申报的创新成果所属单位属于同一法人单位的专家，不得参加该创新成果的评审工作；

（三）其他可能影响评审工作公正性的人员，不得参加相关创新成果的评审工作。

第四章 附 则

第十七条 剽窃、侵夺他人安全生产工作创新成果，或者以其他不正当手段骗取创新成果奖的，一经查实即撤销奖励，追回奖牌、证书及相应的物质奖励。

第十八条 申请人提供虚假数据、材料，骗取创新成果奖的，取消其评选资格并通报批评。

安全生产专家出具虚假评价意见的，视其严重程度，由该专家管理单位暂停或者取消其安全生产专家资格。

推荐单位提供虚假数据、材料的，视其严重程度，暂停或者取消其推荐资格。

第十九条 参与安全生产工作创新奖评审活动的有关人员在评审活动中弄虚作假、徇私舞弊的，终止其参与评审活动，有关主管部门按照有关规定给予纪律处分。

第二十条 本办法由安全监管总局负责解释。

7）安全中介机构与人员

安全评价检测检验机构管理办法

（2018年6月19日应急管理部第8次部长办公会议审议通过，2019年3月30日应急管理部令第1号公布，自2019年5月1日起施行）

第一章 总 则

第一条 为了加强安全评价机构、安全生产检测检验机构（以下统称安全评价检测检验机构）的管理，规范安全评价、安全生产检测检验行为，依据《中华人民共和国安全生产法》《中华人民共和国行政许可法》等有关规定，制定本办法。

第二条 在中华人民共和国领域内申请安全评价检测检验机构资质，从事法定的安全评价、检测检验服务（附件1），以及应急管理部门、煤矿安全生产监督管理部门实施安全评价检测检验机构资质认可和监督管理适用本办法。

从事海洋石油天然气开采的安全评价检测检验机构的管理办法，另行制定。

第三条 国务院应急管理部门负责指导全国安全评价检测检验机构管理工作，建立安全评价检测检验机构信息查询系统，完善安全评价、检测检验标准体系。

省级人民政府应急管理部门、煤矿安全生产监督管理部门（以下统称资质认可机关）按照各自的职责，分别负责安全评价检测检验机构资质认可和监督管理工作。

设区的市级人民政府、县级人民政府应急管理部门、煤矿安全生产监督管理部门按照各自的职责，对安全评价检测检验机构执业行为实施监督检查，并对发现的违法行为依法实施行政处罚。

第四条 安全评价检测检验机构及其从业人员应当依照法律、法规、规章、标准，遵循科学公正、独立客观、安全准确、诚实守信的原则和执业准则，独立开展安全评价和检测检验，并对其作出的安全评价和检测检验结果负责。

第五条 国家支持发展安全评价、检测检验技术服务的行业组织，鼓励有关行业组织建立安全评价检测检验机构信用评定制度，健全技术服务能力评定体系，完善技术仲裁工作机制，强化行业自律，规范执业行为，维护行业秩序。

第二章 资质认可

第六条 申请安全评价机构资质应当具备下列条件：

（一）独立法人资格，固定资产不少于八百万元；

（二）工作场所建筑面积不少于一千平方米，其中档案室不少于一百平方米，设施、设备、软件等技术支撑条件满足工作需求；

（三）承担矿山、金属冶炼、危险化学品生产和储存、烟花爆竹等业务范围安全评价的机构，其专职安全评价师不低于本办法规定的配备标准（附件1）；

（四）承担单一业务范围的安全评价机构，其专职安全评价师不少于二十五人；每增加一个行业（领域），按照专业配备标准至少增加五名专职安全评价师；专职安全评价师中，一级安全评价师比例不低于百分之二十，一级和二级安全评价师的总数比例不低于百分之五十，且中级及以上注册安全工程师比例不低于百分之三十；

（五）健全的内部管理制度和安全评价过程控制体系；

（六）法定代表人出具知悉并承担安全评价的法律责任、义务、权利和风险的承诺书；

（七）配备专职技术负责人和过程控制负责人；专职技术负责人具有一级安全评价师职业资格，并具有与所开展业务相匹配的高级专业技术职称，在本行业领域工作八年以上；专职过程控制负责人具有安全评价师职业资格；

（八）正常运行并可以供公众查询机构信息的网站；

（九）截至申请之日三年内无重大违法失信记录；

（十）法律、行政法规规定的其他条件。

第七条 申请安全生产检测检验机构资质应当具备下列条件：

（一）独立法人资格，固定资产不少于一千万元；

（二）工作场所建筑面积不少于一千平方米，有与从事安全生产检测检验相适应的设施、设备和环境，检测检验设施、设备原值不少于八百万元；

（三）承担单一业务范围的安全生产检测检验机构，其专业技术人员不少于二十五人；每增加一个行业（领域），至少增加五名专业技术人员；专业技术人员中，中级及以上注册安全工程师比例不低于百分之三十，中级及以上技术职称比例不低于百分之五十，且高级技术职称人员比例不低于百分之二十五；

（四）专业技术人员具有与承担安全生产检测检验相适应的专业技能，以及在本行业领域工作两年以上；

（五）法定代表人出具知悉并承担安全生产检测检验的法律责任、义务、权利和风险的承诺书；

（六）主持安全生产检测检验工作的负责人、技术负责人、质量负责人具有高级技术职称，在本行业领域工作八年以上；

（七）符合安全生产检测检验机构能力通用要求等相关标准和规范性文件规定的文件化管理体系；

（八）正常运行并可以供公众查询机构信息的网站；

（九）截至申请之日三年内无重大违法失信记录；

（十）法律、行政法规规定的其他条件。

第八条 下列机构不得申请安全评价检测检验机构资质：

（一）本办法第三条规定部门所属的事业单位及其出资设立的企业法人；

（二）本办法第三条规定部门主管的社会组织及其出资设立的企业法人；

（三）本条第一项、第二项中的企业法人出资设立（含控股、参股）的企业法人。

第九条 符合本办法第六条、第七条规定条件的申请人申请安全评价检测检验机构资质的，应当将申请材料报送其注册地的资质认可机关。

申请材料清单目录由国务院应急管理部门另行规定。

第十条 资质认可机关自收到申请材料之日起五个工作日内，对材料齐全、符合规定形式的申请，应当予以受理，并出具书面受理文书；对材料不齐全或者不符合规定形式的，应当当场或者五个工作日内一次性告知申请人需要补正的全部内容；对不予受理的，应当说明理由并出具书面凭证。

第十一条 资质认可机关应当自受理之日起二十个工作日内，对审查合格的，在本部门网站予以公告，公开有关信息（附件2、附件3），颁发资质证书，并将相关信息纳入安全评价检测检验机构信息查询系统；对审查不合格的，不予颁发资质证书，说明理由并出具书面凭证。

需要专家评审的，专家评审时间不计入本条第一款规定的审查期限内，但最长不超过三个月。

资质证书的式样和编号规则由国务院应急管理部门另行规定。

第十二条 安全评价检测检验机构的名称、注册地址、实验室条件、法定代表人、专职技术负责人、授权签字人发生变化的，应当自发生变化之日起三十日内向原资质认可机关提出书面变更申请。资质认可机关经审查后符合条件的，在本部门网站予以公告，并及时更新安全评价检测检验机构信息查询系统相关信息。

安全评价检测检验机构因改制、分立或者合并等原因发生变化的，应当自发生变化之日起三十日内向原资质认可机关书面申请重新核定资质条件和业务范围。

安全评价检测检验机构取得资质一年以上，需要变更业务范围的，应当向原资质认可机关提出书面申请。资质认可机关收到申请后应当按照本办法第九条至第十一条的规定办理。

第十三条 安全评价检测检验机构资质证书有效期五年。资质证书有效期届满需要延续的，应当在有效期届满三个月前向原资质认可机关提出申请。原资质认可机关应当按照本办法第九条至第十一条的规定办理。

第十四条 安全评价检测检验机构有下列情形之一的，原资质认可机关应当注销其资质，在本部门网站予以公告，并纳入安全评价检测检验机构信息查询系统：

（一）法人资格终止；

（二）资质证书有效期届满未延续；

（三）自行申请注销；

（四）被依法撤销、撤回、吊销资质；

（五）法律、行政法规规定的应当注销资质的其他情形。

安全评价检测检验机构资质注销后无资质承继单位的，原安全评价检测检验机构及相关人员应当对注销前作出的安全评价检测检验结果继续负责。

第三章 技 术 服 务

第十五条 生产经营单位可以自主选择具备本办法规定资质的安全评价检测检验机构，接受其资质认可范围内的安全评价、检测检验服务。

第十六条 生产经营单位委托安全评价检测检验机构开展技术服务时，应当签订委托技术服务合同，明确服务对象、范围、权利、义务和责任。

生产经营单位委托安全评价检测检验机构为其提供安全生产技术服务的，保证安全生产的责任仍由本单位负责。应急管理部门、煤矿安全生产监督管理部门以安全评价报告、检测检验报告为依据，作出相关行政许可、行政处罚决定的，应当对其决定承担相应法律责任。

第十七条 安全评价检测检验机构应当建立信息公开制度，加强内部管理，严格自我约束。专职技术负责人和过程控制负责人应当按照法规标准的规定，加强安全评价、检测检验活动的管理。

安全评价项目组组长应当具有与业务相关的二级以上安全评价师资格，并在本行业领域工作三年以上。项目组其他组成人员应当符合安全评价项目专职安全评价师专业能力配备标准。

第十八条 安全评价检测检验机构开展技术服务时，应当如实记录过程控制、现场勘验和检测检验的情况，并与现场图像影像等证明资料一并及时归档。

安全评价检测检验机构应当按照有关规定在网上公开安全评价报告、安全生产检测检验报告相关信息及现场勘验图像影像。

第十九条 安全评价检测检验机构应当在开展现场技术服务前七个工作日内，书面告知（附件4）项目实施地资质认可机关，接受资质认可机关及其下级部门的监督抽查。

第二十条 生产经营单位应当对本单位安全评价、检测检验过程进行监督，并对本单位所提供资料、安全评价和检测检验对象的真实性、可靠性负责，承担有关法律责任。

生产经营单位对安全评价检测检验机构提出的事故预防、隐患整改意见，应当及时落实。

第二十一条 安全评价、检测检验的技术服务收费按照有关规定执行。实行政府指导价或者政府定价管理的，严格执行政府指导价或者政府定价政策；实行市场调节价的，由委托方和受托方通过合同协商确定。安全评价检测检验机构应当主动公开服务收费标准，方便用户和社会公众查询。

审批部门在审批过程中委托开展的安全评价检测检验技术服务，服务费用一律由审批部门支付并纳入部门预算，对审批对象免费。

第二十二条 安全评价检测检验机构及其从业人员不得有下列行为：

（一）违反法规标准的规定开展安全评价、检测检验的；

（二）不再具备资质条件或者资质过期从事安全评价、检测检验的；

（三）超出资质认可业务范围，从事法定的安全评价、检测检验的；

（四）出租、出借安全评价检测检验资质证书的；

（五）出具虚假或者重大疏漏的安全评价、检测检验报告的；

（六）违反有关法规标准规定，更改或者简化安全评价、检测检验程序和相关内容的；

（七）专职安全评价师、专业技术人员同时在两个以上安全评价检测检验机构从业的；

（八）安全评价项目组组长及负责勘验人员不到现场实际地点开展勘验等有关工作的；

（九）承担现场检测检验的人员不到现场实际地点开展设备检测检验等有关工作的；

（十）冒用他人名义或者允许他人冒用本人名义在安全评价、检测检验报告和原始记录中签名的；

（十一）不接受资质认可机关及其下级部门监督抽查的。

本办法所称虚假报告，是指安全评价报告、安全生产检测检验报告内容与当时实际情况严重不符，报告结论定性严重偏离客观实际。

第四章 监督检查

第二十三条 资质认可机关应当建立健全安全评价检测检验机构资质认可、监督检查、属地管理的相关制度和程序，加强事中事后监管，并向社会公开监督检查情况和处理结果。

国务院应急管理部门可以对资质认可机关开展资质认可等工作情况实施综合评估，发现涉及重大生产安全事故、存在违法违规认可等问题的，可以采取约谈、通报，撤销其资质认可决定，以及暂停其资质认可权等措施。

第二十四条 资质认可机关应当将其认可的安全评价检测检验机构纳入年度安全生产监督检查计划范围。按照国务院有关"双随机、一公开"的规定实施监督检查，并确保每三年至少覆盖一次。

安全评价检测检验机构从事跨区域技术服务的，项目实施地资质认可机关应当及时核查其资质有效性、认可范围等信息，并对其技术服务实施抽查。

资质认可机关及其下级部门应当对本行政区域内登记注册的安全评价检测检验机构资质条件保持情况、接受行政处罚和投诉举报等情况进行重点监督检查。

第二十五条 资质认可机关及其下级部门、煤矿安全监察机构、事故调查组在安全生产行政许可、建设项目安全设施"三同时"审查、监督检查和事故调查中，发现生产经营单位和安全评价检测检验机构在安全评价、检测检验活动中有违法违规行为的，应当依法实施行政处罚。

吊销、撤销安全评价检测检验机构资质的，由原资质认可机关决定。

对安全评价检测检验机构作出行政处罚等决定，决定机关应当将有关情况及时纳入安全评价检测检验机构信息查询系统。

第二十六条 负有安全生产监督管理职责的部门及其工作人员不得干预安全评价检测检验机构正常活动。除政府采购的技术服务外，不得要求生产经营单位接受指定的安全评价检测检验机构的技术服务。

没有法律法规依据或者国务院规定，不得以备案、登记、年检、换证、要求设立分支机构等形式，设置或者变相设置安全评价检测检验机构准入障碍。

第五章 法律责任

第二十七条 申请人隐瞒有关情况或者提供虚假材料申请资质（包括资质延续、资质变更、增加业务范围等）的，资质认可机关不予受理或者不予行政许可，并给予警告。该申请人在一年内不得再次申请。

第二十八条 申请人以欺骗、贿赂等不正当手段取得资质（包括资质延续、资质变更、增加业务范围等）的，应当予以撤销。该申请人在三年内不得再次申请；构成犯罪的，依法追究刑事责任。

第二十九条 未取得资质的机构及其有关人员擅自从事安全评价、检测检验服务的，责令立即停止违法行为，依照下列规定给予处罚：

（一）机构有违法所得的，没收其违法所得，并处违法所得一倍以上三倍以下的罚款，但最高不得超过三万元；没有违法所得的，处五千元以上一万元以下的罚款；

（二）有关人员处五千元以上一万元以下的罚款。

对有前款违法行为的机构及其人员，由资质认可机关记入有关机构和人员的信用记录，并依照有关规定予以公告。

第三十条 安全评价检测检验机构有下列情形之一的，责令改正或者责令限期改正，给予警告，可以并处一万元以下的罚款；逾期未改正的，处一万元以上三万元以下的罚款，对相关责任人处一千元以上五千元以下的罚款；情节严重的，处一万元以上三万元以下的罚款，对相关责任人处五千元以上一万元以下的罚款：

（一）未依法与委托方签订技术服务合同的；

（二）违反法规标准规定更改或者简化安全评价、检测检验程序和相关内容的；

（三）未按规定公开安全评价报告、安全生产检测检验报告相关信息及现场勘验图像影像资料的；

（四）未在开展现场技术服务前七个工作日内，书面告知项目实施地资质认可机关的；

（五）机构名称、注册地址、实验室条件、法定代表人、专职技术负责人、授权签字人发生变化之日起三十日内未向原资质认可机关提出变更申请的；

（六）未按照有关法规标准的强制性规定从事安全评价、检测检验活动的；

（七）出租、出借安全评价检测检验资质证书的；

（八）安全评价项目组组长及负责勘验人员不到现场实际地点开展勘验等有关工作的；

（九）承担现场检测检验的人员不到现场实际地点开展设备检测检验等有关工作的；

（十）安全评价报告存在法规标准引用错误、关键危险有害因素漏项、重大危险源辨识错误、对策措施建议与存在问题严重不符等重大疏漏，但尚未造成重大损失的；

（十一）安全生产检测检验报告存在法规标准引用错误、关键项目漏检、结论不明确等重大疏漏，但尚未造成重大损失的。

第三十一条 承担安全评价、检测检验工作的机构，出具虚假证明的，没收违法所得；违法所得在十万元以上的，并处违法所得二倍以上五倍以下的罚款；没有违法所得或者违法所得不足十万元的，单处或者并处十万元以上二十万元以下的罚款；对其直接负责的主管人员和其他直接责任人员处二万元以上五万元以下的罚款；给他人造成损害的，与生产经营单位承担连带赔偿责任；构成犯罪的，依照刑法有关规定追究刑事责任。

对有前款违法行为的机构，由资质认可机关吊销其相应资质，向社会公告，按照国家有关规定对相关机构及其责任人员实行行业禁入，纳入不良记录"黑名单"管理，以及安全评价检测检验机构信息查询系统。

第六章 附 则

第三十二条 本办法自 2019 年 5 月 1 日起施行。原国家安全生产监督管理总局 2007 年 1 月 31 日公布、2015 年 5 月 29 日修改的《安全生产检测检验机构管理规定》（原国家安全生产监督管理总局令第 12 号），2009 年 7 月 1 日公布、2013 年 8 月 29 日、2015 年 5 月 29 日修改的《安全评价机构管理规定》（原国家安全生产监督管理总局令第 22 号）同时废止。

注册安全工程师管理规定

（2007 年 1 月 11 日国家安全生产监督管理总局令第 11 号公布 根据 2013 年 8 月 29 日国家安全生产监督管理总局令第 63 号修正）

第一章 总 则

第一条 为了加强注册安全工程师的管理，保障注册安全工程师依法执业，根据《安全生产法》等有关法律、行政法规，制定本规定。

第二条 取得中华人民共和国注册安全工程师执业资格证书的人员注册以及注册后的执业、继续教育及其监督管理，适用本规定。

第三条 本规定所称注册安全工程师是指取得中华人民共和国注册安全工程师执业资格证书（以下简称资格证书），在生产经营单位从事安全生产管理、安全技术工作或者在安全生产中介机构从事安全生产专业服务工作，并按照本规定注册取得中华人民共和国注册安全工程师执业证（以下简称执业证）和执业印章的人员。

第四条 注册安全工程师应当严格执行国家法律、法规和本规定，恪守职业道德和执业准则。

第五条 国家安全生产监督管理总局（以下简称安全监管总局）对全国注册安全工程师的注册、执业活动实施统一监督管理。国务院有关主管部门（以下简称部门注册机构）对本系统注册安全工程师的注册、执业活动实施监督管理。

省、自治区、直辖市人民政府安全生产监督管理部门对本行政区域内注册安全工程师的注册、执业活动实施监督管理。

省级煤矿安全监察机构（以下与省、自治区、直辖市人民政府安全生产监督管理部门统称省级注册机构）对所辖区域内煤矿安全注册安全工程师的注册、执业活动实施监督管理。

第六条 从业人员300人以上的煤矿、非煤矿矿山、建筑施工单位和危险物品生产、经营单位，应当按照不少于安全生产管理人员15%的比例配备注册安全工程师；安全生产管理人员在7人以下的，至少配备1名。

前款规定以外的其他生产经营单位，应当配备注册安全工程师或者委托安全生产中介机构选派注册安全工程师提供安全生产服务。

安全生产中介机构应当按照不少于安全生产专业服务人员30%的比例配备注册安全工程师。

生产经营单位和安全生产中介机构（以下统称聘用单位）应当为本单位专业技术人员参加注册安全工程师执业资格考试以及注册安全工程师注册、继续教育提供便利。

第二章 注 册

第七条 取得资格证书的人员，经注册取得执业证和执业印章后方可以注册安全工程师的名义执业。

第八条 申请注册的人员，必须同时具备下列条件：

（一）取得资格证书；

（二）在生产经营单位从事安全生产管理、安全技术工作或者在安全生产中介机构从事安全生产专业服务工作。

第九条 注册安全工程师实行分类注册，注册类别包括：

（一）煤矿安全；

（二）非煤矿矿山安全；

（三）建筑施工安全；

（四）危险物品安全；

（五）其他安全。

第十条 取得资格证书的人员申请注册，按照下列程序办理：

（一）申请人向聘用单位提出申请，聘用单位同意后，将申请人按本规定第十一条、第十三条、第十四条规定的申请材料报送部门、省级注册机构；中央企业总公司（总厂、集团公司）经安全监管总局认可，可以将本企业申请人的申请材料直接报送安全监管总局；申请人和聘用单位应当对申请材料的真实性负责；

（二）部门、省级注册机构在收到申请人的申请材料后，应当作出是否受理的决定，并向申请人出具书面凭证；申请材料不齐全或者不符合要求，应当当场或者在5日内一次性告知申请人需要补正的全部内容。逾期不告知的，自收到申请材料之日起即为受理。部门、省级注册机构自受理申请之日起20日内将初步核查意见和全部申请材料报送安全监管总局；

（三）安全监管总局自收到部门、省级注册机构以及中央企业总公司（总厂、集团公司）报送的材料之日起20日内完成复审并作出书面决定。准予注册的，自作出决定之日起10日内，颁发执业证和执业印章，并在公众媒体上予以公告；不予注册的，应当书面说明理由。

第十一条 申请初始注册应当提交下列材料：

（一）注册申请表；

（二）申请人资格证书（复印件）；

（三）申请人与聘用单位签订的劳动合同或者聘用文件（复印件）；

（四）申请人有效身份证件或者身份证明（复印件）。

第十二条 申请人有下列情形之一的，不予注册：

（一）不具有完全民事行为能力的；

（二）在申请注册过程中有弄虚作假行为的；

（三）同时在两个或者两个以上聘用单位申请注册的；

（四）安全监管总局规定的不予注册的其他情形。

第十三条 注册有效期为3年，自准予注册之日起计算。

注册有效期满需要延续注册的，申请人应当在有效期满30日前，按照本规定第十条规定的程序提出申请。注册审批机关应当在有效期满前作出是否准予延续注册的决定；逾期未作决定的，视为准予延续。

申请延续注册，应当提交下列材料：

（一）注册申请表；

（二）申请人执业证；

（三）申请人与聘用单位签订的劳动合同或者聘

用文件（复印件）；

（四）聘用单位出具的申请人执业期间履职情况证明材料；

（五）注册有效期内达到继续教育要求的证明材料。

第十四条 在注册有效期内，注册安全工程师变更执业单位，应当按照本规定第十条规定的程序提出申请，办理变更注册手续。变更注册后仍延续原注册有效期。

申请变更注册，应当提交下列材料：

（一）注册申请表；

（二）申请人执业证；

（三）申请人与原聘用单位合同到期或解聘证明（复印件）；

（四）申请人与新聘用单位签订的劳动合同或者聘用文件（复印件）。

注册安全工程师在办理变更注册手续期间不得执业。

第十五条 有下列情形之一的，注册安全工程师应当及时告知执业证和执业印章颁发机关；重新具备条件的，按照本规定第十一条、第十四条申请重新注册或者变更注册：

（一）注册有效期满未延续注册的；

（二）聘用单位被吊销营业执照的；

（三）聘用单位被吊销相应资质证书的；

（四）与聘用单位解除劳动关系的。

第十六条 执业证颁发机关发现有下列情形之一的，应当将执业证和执业印章收回，并办理注销注册手续：

（一）注册安全工程师受到刑事处罚的；

（二）有本规定第十五条规定情形之一未申请重新注册或者变更注册的；

（三）法律、法规规定的其他情形。

第三章 执 业

第十七条 注册安全工程师的执业范围包括：

（一）安全生产管理；

（二）安全生产检查；

（三）安全评价或者安全评估；

（四）安全检测检验；

（五）安全生产技术咨询、服务；

（六）安全生产教育和培训；

（七）法律、法规规定的其他安全生产技术服务。

第十八条 注册安全工程师应当由聘用单位委派，并按照注册类别在规定的执业范围内执业，同时在出具的各种文件、报告上签字和加盖执业印章。

第十九条 生产经营单位的下列安全生产工作，应有注册安全工程师参与并签署意见：

（一）制定安全生产规章制度、安全技术操作规程和作业规程；

（二）排查事故隐患，制定整改方案和安全措施；

（三）制定从业人员安全培训计划；

（四）选用和发放劳动防护用品；

（五）生产安全事故调查；

（六）制定重大危险源检测、评估、监控措施和应急救援预案；

（七）其他安全生产工作事项。

第二十条 聘用单位应当为注册安全工程师建立执业活动档案，并保证档案内容的真实性。

第四章 权利和义务

第二十一条 注册安全工程师享有下列权利：

（一）使用注册安全工程师称谓；

（二）从事规定范围内的执业活动；

（三）对执业中发现的不符合安全生产要求的事项提出意见和建议；

（四）参加继续教育；

（五）使用本人的执业证和执业印章；

（六）获得相应的劳动报酬；

（七）对侵犯本人权利的行为进行申诉；

（八）法律、法规规定的其他权利。

第二十二条 注册安全工程师应当履行下列义务：

（一）保证执业活动的质量，承担相应的责任；

（二）接受继续教育，不断提高执业水准；

（三）在本人执业活动所形成的有关报告上署名；

（四）维护国家、公众的利益和受聘单位的合法权益；

（五）保守执业活动中的秘密；

（六）不得出租、出借、涂改、变造执业证和执业印章；

（七）不得同时在两个或者两个以上单位受聘执业；

（八）法律、法规规定的其他义务。

第五章 继续教育

第二十三条 继续教育按照注册类别分类进行。

注册安全工程师在每个注册周期内应当参加继续教育，时间累计不得少于48学时。

第二十四条 继续教育由部门、省级注册机构按照统一制定的大纲组织实施。中央企业注册安全工程师的继续教育可以由中央企业总公司（总厂、集团公司）组织实施。

继续教育应当由具备安全培训条件的机构承担。

第二十五条 煤矿安全、非煤矿矿山安全、危险物品安全（民用爆破器材安全除外）和其他安全类注册安全工程师继续教育大纲，由安全监管总局组织制定；建筑施工安全、民用爆破器材安全注册安全工程师继续教育大纲，由安全监管总局会同国务院有关主管部门组织制定。

第六章 监督管理

第二十六条 安全生产监督管理部门、煤矿安全监察机构和有关主管部门的工作人员应当坚持公开、公正、公平的原则，严格按照法律、行政法规和本规定，对申请注册的人员进行资格审查，颁发执业证和执业印章。

第二十七条 安全监管总局对准予注册以及注销注册、撤销注册、吊销执业证的人员名单向社会公告，接受社会监督。

第二十八条 对注册安全工程师的执业活动，安全生产监督管理部门、煤矿安全监察机构和有关主管部门应当进行监督检查。

第七章 罚则

第二十九条 安全生产监督管理部门、煤矿安全监察机构或者有关主管部门发现申请人、聘用单位隐瞒有关情况或者提供虚假材料申请注册的，应当不予受理或者不予注册；申请人一年内不得再次申请注册。

第三十条 未经注册擅自以注册安全工程师名义执业的，由县级以上安全生产监督管理部门、有关主管部门或者煤矿安全监察机构责令其停止违法活动，没收违法所得，并处三万元以下的罚款；造成损失的，依法承担赔偿责任。

第三十一条 注册安全工程师以欺骗、贿赂等不正当手段取得执业证的，由县级以上安全生产监督管理部门、有关主管部门或者煤矿安全监察机构处三万元以下的罚款；由执业证颁发机关撤销其注册，当事人三年内不得再次申请注册。

第三十二条 注册安全工程师有下列行为之一的，由县级以上安全生产监督管理部门、有关主管部门或者煤矿安全监察机构处三万元以下的罚款；由执业证颁发机关吊销其执业证，当事人五年内不得再次申请注册；造成损失的，依法承担赔偿责任；构成犯罪的，依法追究刑事责任：

（一）准许他人以本人名义执业的；

（二）以个人名义承接业务、收取费用的；

（三）出租、出借、涂改、变造执业证和执业印章的；

（四）泄漏执业过程中应当保守的秘密并造成严重后果的；

（五）利用执业之便，贪污、索贿、受贿或者谋取不正当利益的；

（六）提供虚假执业活动成果的；

（七）超出执业范围或者聘用单位业务范围从事执业活动的；

（八）法律、法规、规章规定的其他违法行为。

第三十三条 在注册工作中，工作人员有下列行为之一的，依照有关规定给予行政处分：

（一）利用职务之便，索取或者收受他人财物或者谋取不正当利益的；

（二）对发现不符合条件的申请人准予注册的；

（三）对符合条件的申请人不予注册的。

第八章 附则

第三十四条 获准在中华人民共和国境内就业的外籍人员及香港特别行政区、澳门特别行政区、台湾地区的专业人员，符合本规定要求的，按照本规定执行。

第三十五条 本规定自2007年3月1日起施行。原国家安全生产监督管理局2004年公布的《注册安全工程师注册管理办法》同时废止。

注册安全工程师分类管理办法

（2017年11月2日国家安全监管总局、人力资源社会保障部联合印发）

第一条 为加强安全生产工作，健全完善注册安全工程师职业资格制度，依据《中华人民共和国安全生产法》及国家职业资格证书制度等规定，制定本办法。

第二条 人力资源社会保障部、国家安全监管总局负责注册安全工程师职业资格制度的制定、指导、监督和检查实施，统筹规划注册安全工程师专业分类。

第三条 注册安全工程师专业类别划分为：煤矿安全、金属非金属矿山安全、化工安全、金属冶炼安全、建筑施工安全、道路运输安全、其他安全（不包括消防安全)。

如需另行增设专业类别,由国务院有关行业主管部门提出意见,人力资源社会保障部、国家安全监管总局共同确定。

第四条 注册安全工程师级别设置为:高级、中级、初级(助理)。

第五条 注册安全工程师按照专业类别进行注册,国家安全监管总局或其授权的机构为注册安全工程师职业资格的注册管理机构。

第六条 注册安全工程师可在相应行业领域生产经营单位和安全评价检测等安全生产专业服务机构中执业。

第七条 高级注册安全工程师采取考试与评审相结合的评价方式,具体办法另行规定。

第八条 中级注册安全工程师职业资格考试按照专业类别实行全国统一考试,考试科目分为公共科目和专业科目,由人力资源社会保障部、国家安全监管总局负责组织实施。

第九条 国家安全监管总局或其授权的机构负责中级注册安全工程师职业资格公共科目和专业科目(建筑施工安全、道路运输安全类别除外)考试大纲的编制和命审题组织工作。

住房城乡建设部、交通运输部或其授权的机构分别负责建筑施工安全、道路运输安全类别中级注册安全工程师职业资格专业科目考试大纲的编制和命审题工作。

人力资源社会保障部负责审定考试大纲,负责组织实施考务工作。

第十条 住房城乡建设部、交通运输部或其授权的机构分别负责其职责范围内建筑施工安全、道路运输安全类别中级注册安全工程师的注册初审工作。各省、自治区、直辖市安全监管部门和经国家安全监管总局授权的机构负责其他中级注册安全工程师的注册初审工作。

国家安全监管总局或其授权的机构负责中级注册安全工程师的注册终审工作。终审通过的建筑施工安全、道路运输安全类别中级注册安全工程师名单分别抄送住房城乡建设部、交通运输部。

第十一条 中级注册安全工程师按照专业类别进行继续教育,其中专业课程学时应不少于继续教育总学时的一半。

第十二条 危险物品的生产、储存单位以及矿山、金属冶炼单位应当有相应专业类别的中级及以上注册安全工程师从事安全生产管理工作。

危险物品的生产、储存单位以及矿山单位安全生产管理人员中的中级及以上注册安全工程师比例应自本办法施行之日起 2 年内,金属冶炼单位安全生产管理人员中的中级及以上注册安全工程师比例应自本办法施行之日起 5 年内达到 15% 左右并逐步提高。

第十三条 助理注册安全工程师职业资格考试使用全国统一考试大纲,考试和注册管理由各省、自治区、直辖市人力资源社会保障部门和安全监管部门会同有关行业主管部门组织实施。

第十四条 取得注册安全工程师职业资格证书并经注册的人员,表明其具备与所从事的生产经营活动相应的安全生产知识和管理能力,可视为其安全生产知识和管理能力考核合格。

第十五条 注册安全工程师各级别与工程系列安全工程专业职称相对应,不再组织工程系列安全工程专业职称评审。

高级注册安全工程师考评办法出台前,工程系列安全工程专业高级职称评审仍然按现行制度执行。

第十六条 本办法施行之前已取得的注册安全工程师执业资格证书、注册助理安全工程师资格证书,分别视同为中级注册安全工程师职业资格证书、助理注册安全工程师职业资格证书。

本办法所称注册安全工程师是指依法取得注册安全工程师职业资格证书,并经注册的专业技术人员。

第十七条 本办法由人力资源社会保障部、国家安全监管总局按照职责分工分别负责解释,自 2018 年 1 月 1 日起施行。以往规定与本办法不一致的,按照本办法规定执行。

注册安全工程师职业资格制度规定

(2019 年 1 月 25 日应急管理部、人力资源社会保障部以应急〔2019〕8 号印发,自 2019 年 3 月 1 日起施行)

第一章 总 则

第一条 为加强安全生产专业技术人才队伍建设,提高安全生产专业技术人才能力素质,维护人民群众生命财产安全,根据《中华人民共和国安全生产法》《注册安全工程师分类管理办法》(安监总人事〔2017〕118 号)和国家职业资格制度有关规定,制定本规定。

第二条 本规定所称注册安全工程师,是指通过职业资格考试取得中华人民共和国注册安全工程师职业资格证书（以下简称注册安全工程师职业资格证书），经注册后从事安全生产管理、安全工程技术工作或提供安全生产专业服务的专业技术人员。

第三条 国家设置注册安全工程师准入类职业资格，纳入国家职业资格目录。

第四条 注册安全工程师级别设置为：高级、中级、初级。高级注册安全工程师评价和管理办法另行制定。

各级别注册安全工程师中英文名称分别为：

高级注册安全工程师 Senior Certified Safety Engineer

中级注册安全工程师 Intermediate Certified Safety Engineer

初级注册安全工程师 Assistant Certified Safety Engineer

第五条 注册安全工程师专业类别划分为：煤矿安全、金属非金属矿山安全、化工安全、金属冶炼安全、建筑施工安全、道路运输安全、其他安全（不包括消防安全）。

第六条 应急管理部、人力资源社会保障部共同制定注册安全工程师职业资格制度，并按照职责分工负责注册安全工程师职业资格制度的实施与监管。

各省、自治区、直辖市应急管理、人力资源社会保障部门，按照职责分工负责本行政区域内注册安全工程师职业资格制度的实施与监管。

第二章 考 试

第七条 中级注册安全工程师职业资格考试全国统一大纲、统一命题、统一组织。

初级注册安全工程师职业资格考试全国统一大纲，各省、自治区、直辖市自主命题并组织实施，一般应按照专业类别考试。

第八条 应急管理部或其授权的机构负责拟定注册安全工程师职业资格考试科目；组织编制中级注册安全工程师职业资格考试公共科目和专业科目（建筑施工安全、道路运输安全类别专业科目除外）的考试大纲，组织相应科目命审题工作；会同国务院有关行业主管部门或其授权的机构编制初级注册安全工程师职业资格考试大纲。

住房城乡建设部、交通运输部或其授权的机构分别负责组织拟定建筑施工安全、道路运输安全类别中级注册安全工程师职业资格考试专业科目的考试大纲，组织相应科目命审题工作。

人力资源社会保障部负责审定考试科目、考试大纲，负责中级注册安全工程师职业资格考试的考务工作，会同应急管理部确定中级注册安全工程师职业资格考试合格标准。

第九条 各省、自治区、直辖市应急管理、人力资源社会保障部门，会同有关行业主管部门，按照全国统一的考试大纲和相关规定组织实施初级注册安全工程师职业资格考试，确定考试合格标准。

第十条 凡遵守中华人民共和国宪法、法律、法规，具有良好的业务素质和道德品行，具备下列条件之一者，可以申请参加中级注册安全工程师职业资格考试：

（一）具有安全工程及相关专业大学专科学历，从事安全生产业务满5年；或具有其他专业大学专科学历，从事安全生产业务满7年。

（二）具有安全工程及相关专业大学本科学历，从事安全生产业务满3年；或具有其他专业大学本科学历，从事安全生产业务满5年。

（三）具有安全工程及相关专业第二学士学位，从事安全生产业务满2年；或具有其他专业第二学士学位，从事安全生产业务满3年。

（四）具有安全工程及相关专业硕士学位，从事安全生产业务满1年；或具有其他专业硕士学位，从事安全生产业务满2年。

（五）具有博士学位，从事安全生产业务满1年。

（六）取得初级注册安全工程师职业资格后，从事安全生产业务满3年。

第十一条 凡遵守中华人民共和国宪法、法律、法规，具有良好的业务素质和道德品行，具备下列条件之一者，可以申请参加初级注册安全工程师职业资格考试：

（一）具有安全工程及相关专业中专学历，从事安全生产业务满4年；或具有其他专业中专学历，从事安全生产业务满5年。

（二）具有安全工程及相关专业大学专科学历，从事安全生产业务满2年；或具有其他专业大学专科学历，从事安全生产业务满3年。

（三）具有大学本科及以上学历，从事安全生产业务。

第十二条 中级注册安全工程师职业资格考试合格者，由各省、自治区、直辖市人力资源社会保障部门颁发注册安全工程师职业资格证书（中级）。该证书由人力资源社会保障部统一印制，应急管理部、人力资源社会保障部共同用印，在全国范围有效。

第十三条 初级注册安全工程师职业资格考试合格者，由各省、自治区、直辖市人力资源社会保障部门颁发注册安全工程师职业资格证书（初级）。该证书由各省、自治区、直辖市应急管理、人力资源社会保障部门共同用印，原则上在所在行政区域内有效。各地可根据实际情况制定跨区域认可办法。

第十四条 对以不正当手段取得注册安全工程师职业资格证书的，按照国家专业技术人员资格考试违纪违规行为处理规定进行处理。

第三章 注 册

第十五条 国家对注册安全工程师职业资格实行执业注册管理制度，按照专业类别进行注册。取得注册安全工程师职业资格证书的人员，经注册后方可以注册安全工程师名义执业。

第十六条 住房城乡建设部、交通运输部或其授权的机构按照职责分工，分别负责相应范围内建筑施工安全、道路运输安全类别中级注册安全工程师的注册初审工作。

各省、自治区、直辖市应急管理部门和经应急管理部授权的机构，负责其他中级注册安全工程师的注册初审工作。

应急管理部负责中级注册安全工程师的注册终审工作，具体工作由中国安全生产科学研究院实施。终审通过的建筑施工安全、道路运输安全类别中级注册安全工程师名单分别抄送住房城乡建设部、交通运输部。

第十七条 申请注册的人员，必须同时具备下列基本条件：

（一）取得注册安全工程师职业资格证书；

（二）遵纪守法，恪守职业道德；

（三）受聘于生产经营单位安全生产管理、安全工程技术类岗位或安全生产专业服务机构从事安全生产专业服务；

（四）具有完全民事行为能力，年龄不超过70周岁。

第十八条 申请中级注册安全工程师初始注册的，应当自取得中级注册安全工程师职业资格证书之日起5年内由本人向注册初审机构提出。

本规定施行前取得注册安全工程师执业资格证书，申请初始注册的，应当在本规定施行之日起5年内由本人向注册初审机构提出。

超过规定时间申请初始注册的，按逾期初始注册办理。

准予注册的申请人，由应急管理部核发中级注册安全工程师注册证书（纸质或电子证书）。

第十九条 中级注册安全工程师注册有效期为5年。有效期满前3个月，需要延续注册的，应向注册初审机构提出延续注册申请。有效期满未延续注册的，可根据需要申请重新注册。

第二十条 中级注册安全工程师在注册有效期内变更注册的，须及时向注册初审机构提出申请。

第二十一条 中级注册安全工程师初始注册、延续注册、变更注册、重新注册和逾期初始注册的具体要求按相关规定执行。

第二十二条 以不正当手段取得注册证书的，由发证机构撤销其注册证书，5年内不予重新注册；构成犯罪的，依法追究刑事责任。

第二十三条 注册安全工程师注册有关情况应当由注册证书发证机构向社会公布，促进信息共享。

第二十四条 初级注册安全工程师注册管理办法由各省、自治区、直辖市应急管理部门会同有关部门依法制定。

第四章 执 业

第二十五条 注册安全工程师在执业活动中，必须遵纪守法，恪守职业道德和从业规范，诚信执业，主动接受有关主管部门的监督检查，加强行业自律。

第二十六条 注册安全工程师不得同时受聘于两个或两个以上单位执业，不得允许他人以本人名义执业，不得出租出借证书。违反上述规定的，由发证机构撤销其注册证书，5年内不予重新注册；构成犯罪的，依法追究刑事责任。

第二十七条 注册安全工程师的执业范围包括：

（一）安全生产管理；

（二）安全生产技术；

（三）生产安全事故调查与分析；

（四）安全评估评价、咨询、论证、检测、检验、教育、培训及其他安全生产专业服务。

中级注册安全工程师按照专业类别可在各类规模的危险物品生产、储存以及矿山、金属冶炼等单位中执业，初级注册安全工程师的执业单位规模由各地结合实际依法制定。

各专业类别注册安全工程师执业行业见附表。

第二十八条 注册安全工程师应在本人执业成果文件上签字，并承担相应责任。

第五章 权利和义务

第二十九条 注册安全工程师享有下列权利:
(一) 按规定使用注册安全工程师称谓和本人注册证书;
(二) 从事规定范围内的执业活动;
(三) 对执业中发现的不符合相关法律、法规和技术规范要求的情形提出意见和建议,并向相关行业主管部门报告;
(四) 参加继续教育;
(五) 获得相应的劳动报酬;
(六) 对侵犯本人权利的行为进行申诉;
(七) 法律、法规规定的其他权利。

第三十条 注册安全工程师应当履行下列义务:
(一) 遵守国家有关安全生产的法律、法规和标准;
(二) 遵守职业道德,客观、公正执业,不弄虚作假,并承担在相应报告上签署意见的法律责任;
(三) 维护国家、集体、公众的利益和受聘单位的合法权益;
(四) 严格保守在执业中知悉的单位、个人技术和商业秘密。

第三十一条 取得注册安全工程师注册证书的人员,应当按照国家专业技术人员继续教育的有关规定接受继续教育,更新专业知识,提高业务水平。

第六章 附 则

第三十二条 本规定施行前取得的注册安全工程师执业资格证书、注册助理安全工程师资格证书,分别与按照本规定取得的中级、初级注册安全工程师职业资格证书效用等同。

第三十三条 专业技术人员取得中级注册安全工程师、初级注册安全工程师职业资格,即视其具备工程师、助理工程师职称,并可作为申报高一级职称的条件。

第三十四条 加强注册安全工程师国际交流与合作,推进注册安全工程师职业资格国际化。

第三十五条 本规定由应急管理部和人力资源社会保障部按职责分工负责解释。

第三十六条 本规定自 2019 年 3 月 1 日起施行。

附表

各专业类别注册安全工程师执业行业界定表

序号	专业类别	执业行业
1	煤矿安全	煤炭行业
2	金属非金属矿山安全	金属非金属矿山行业
3	化工安全	化工、医药等行业(包括危险化学品生产、储存,石油天然气储存)
4	金属冶炼安全	冶金、有色冶炼行业
5	建筑施工安全	建设工程各行业
6	道路运输安全	道路旅客运输、道路危险货物运输、道路普通货物运输、机动车维修和机动车驾驶培训行业
7	其他安全(不包括消防安全)	除上述行业以外的烟花爆竹、民用爆炸物品、石油天然气开采、燃气、电力等其他行业

注册安全工程师职业资格考试实施办法

（2019年1月25日应急管理部、人力资源社会保障部以应急〔2019〕8号印发，自2019年3月1日起施行）

第一条 根据《注册安全工程师分类管理办法》和《注册安全工程师职业资格制度规定》（以下简称《规定》），制定本办法。

第二条 人力资源社会保障部委托人力资源社会保障部人事考试中心承担中级注册安全工程师职业资格考试的具体考务工作。应急管理部委托中国安全生产科学研究院承担中级注册安全工程师职业资格考试公共科目和专业科目（建筑施工安全、道路运输安全类别专业科目除外）考试大纲的编制和命审题组织工作，会同国务院有关行业主管部门或其授权的机构编制初级注册安全工程师职业资格考试大纲。

住房城乡建设部、交通运输部或其授权的机构分别负责建筑施工安全、道路运输安全类别中级注册安全工程师职业资格考试专业科目考试大纲的编制和命审题工作。

各省、自治区、直辖市人力资源社会保障、应急管理部门共同负责本地区中级注册安全工程师职业资格考试考务工作，会同有关行业主管部门组织实施本地区初级注册安全工程师职业资格考试工作，具体职责分工由各地协商确定。

第三条 中级注册安全工程师职业资格考试设《安全生产法律法规》《安全生产管理》《安全生产技术基础》《安全生产专业实务》4个科目。其中，《安全生产法律法规》《安全生产管理》《安全生产技术基础》为公共科目，《安全生产专业实务》为专业科目。

《安全生产专业实务》科目分为：煤矿安全、金属非金属矿山安全、化工安全、金属冶炼安全、建筑施工安全、道路运输安全和其他安全（不包括消防安全），考生在报名时可根据实际工作需要选择其一。

初级注册安全工程师职业资格考试设《安全生产法律法规》《安全生产实务》2个科目。

第四条 中级注册安全工程师职业资格考试分4个半天进行，每个科目的考试时间均为2.5小时。

初级注册安全工程师职业资格考试分2个半天进行。《安全生产法律法规》科目考试时间为2小时，《安全生产实务》科目考试时间为2.5小时。

如采用电子化考试，各科目考试时间可酌情缩短。

第五条 中级注册安全工程师职业资格考试成绩实行4年为一个周期的滚动管理办法，参加全部4个科目考试的人员必须在连续的4个考试年度内通过全部科目，免试1个科目的人员必须在连续的3个考试年度内通过应试科目，免试2个科目的人员必须在连续的2个考试年度内通过应试科目，方可取得中级注册安全工程师职业资格证书。

初级注册安全工程师职业资格考试成绩实行2年为一个周期的滚动管理办法，参加考试人员必须在连续的2个考试年度内通过全部科目，方可取得初级注册安全工程师职业资格证书。

第六条 已取得中级注册安全工程师职业资格证书的人员，报名参加其他专业类别考试的，可免试公共科目。考试合格后，核发人力资源社会保障部统一印制的相应专业类别考试合格证明。该证明作为注册时变更专业类别等事项的依据。

第七条 符合《规定》中的中级注册安全工程师职业资格考试报名条件，具有高级或正高级工程师职称，并从事安全生产业务满10年的人员，可免试《安全生产管理》和《安全生产技术基础》2个科目。

符合《规定》中的中级注册安全工程师职业资格考试报名条件，本科毕业时所学安全工程专业经全国工程教育专业认证的人员，可免试《安全生产技术基础》科目。

第八条 符合注册安全工程师职业资格考试报名条件的报考人员，按照当地人事考试机构规定的程序和要求完成报名。参加考试人员凭有关证件在指定的日期、时间和地点参加考试。

中央和国务院各部门及所属单位、中央企业的人员按属地原则报名参加考试。

第九条 中级注册安全工程师职业资格考试的考点原则上设在直辖市和省会城市的大、中专院校或高考定点学校；初级注册安全工程师职业资格考试的考点由各省、自治区、直辖市根据实际情况自行设置。

中级、初级注册安全工程师职业资格考试原则上每年举行一次。

第十条 坚持考试与培训相分离的原则。凡参与考试工作（包括命题、审题与组织管理等）的人员，不得参加考试，也不得参与或者举办与考试内容相关的培训工作。应考人员参加培训坚持自愿原则。

第十一条 考试实施机构及其工作人员，应当严格执行国家人事考试工作人员纪律规定和考试工作的各项规章制度,遵守考试工作纪律,切实做好从考试试题的命制到使用等各环节的安全保密工作,严防泄密。

第十二条 对违反考试工作纪律和有关规定的人员,按照国家专业技术人员资格考试违纪违规行为处理规定处理。

第十三条 为保证中级注册安全工程师职业资格考试的平稳过渡,新旧制度衔接按以下要求进行:

原制度文件规定有效期内的各科目合格成绩有效期顺延,按照新制度规定的4年为一个周期进行管理。《安全生产法及相关法律知识》《安全生产管理知识》《安全生产技术》《安全生产事故案例分析》科目合格成绩分别对应《安全生产法律法规》《安全生产管理》《安全生产技术基础》《安全生产专业实务》科目合格成绩。

第十四条 本办法自2019年3月1日起施行。

8)事故统计与档案管理

生产安全事故统计调查制度

(2020年11月25日应急管理部以应急〔2020〕93号印发)

一、总说明

(一)调查目的

为规范生产安全事故统计工作,及时、全面掌握全国生产安全事故情况,深入分析全国安全生产形势,科学预测全国安全生产发展趋势,为安全生产监管工作提供可靠的信息支持和科学的决策依据,根据《中华人民共和国安全生产法》《中华人民共和国统计法》《生产安全事故报告和调查处理条例》和《部门统计调查项目管理办法》有关规定,制定本制度。

(二)调查对象和统计范围

从事生产经营活动的单位,在生产经营活动中发生的造成人身伤亡或者直接经济损失的生产安全事故(以下简称事故),依据本制度进行统计。有关法律、行政法规对有关行业领域事故统计另有规定的,适用其规定。

(三)调查内容

主要包括事故发生单位的基本情况、事故造成的死亡人数(包括下落不明人数,下同)、受伤人数(包括急性工业中毒人数,下同)、直接经济损失、事故具体情况等。

(四)调查方法

本制度综合采用全面调查、重点调查、多部门会商等多种调查方法。

(五)组织实施

本制度由应急管理部统一组织,分级实施,由县级以上应急管理部门("以上"包含本级,不含应急管理部,下同)通过"生产安全事故统计信息直报系统"(以下简称"直报系统")负责数据的审核和上报。

(六)统计分类规定

事故分为"依法登记注册单位事故"和"其他事故"两类进行统计。

1. 依法登记取得营业执照的生产经营单位发生的事故,纳入"依法登记注册单位事故"统计。

2. 从事运输、捕捞等生产经营活动,不需办理营业执照的,以行业准入许可为准,按照"依法登记注册单位事故"进行统计。

3. 不属于以上情形的事故,纳入"其他事故"统计。

(七)统计一般原则

1. 与生产经营有关的预备性或者收尾性活动中发生的事故纳入统计。

2. 生产经营活动中发生的事故,不论生产经营单位是否负有责任,均纳入统计。

3. 跨地区进行生产经营活动单位发生的事故,由事故发生地应急管理部门负责统计。

4. 两个以上单位交叉作业时发生的事故,纳入主要责任单位统计。

5. 甲单位人员参加乙单位生产经营活动发生的事故,纳入乙单位统计。

6. 乙单位租赁甲单位场地从事生产经营活动发生的事故,若乙单位为独立核算单位,纳入乙单位统计;否则纳入甲单位统计。

7. 建筑业事故的"事故发生单位"应填写施工单位名称。其中,分承包工程单位在施工过程中发生的事故,凡分承包工程单位为独立核算单位的,纳入分承包工程单位统计;非独立核算单位的,纳入总承包工程单位统计;凡未签订分包合同或分承包工程单位的建设活动与分包合同不一致的,不论是否为独立核算单位,均纳入总承包工程单位统计。同时,应在A1表中填写建设单位名称及其所属行业。

8. 由建筑施工单位(包括不具有施工资质、营业执照，但属于有组织的经营建设活动）承包的城镇、农村新建、改建、修缮及拆除房屋过程中发生的事故纳入统计。

9. 从事煤矿、金属非金属矿山以及石油天然气开采外包工程施工与技术服务活动发生的事故，纳入发包单位统计。

10. 因设备、产品不合格或安装不合格等因素造成使用单位发生事故，不论其责任在哪一方，均纳入使用单位统计。

11. 没有造成人员伤亡且直接经济损失小于 100 万元（不含）的事故，暂不纳入统计。

12. 生产经营单位人员参加社会抢险救灾时发生的事故，纳入事故发生单位统计。

13. 非正式雇佣人员（临时雇佣人员、劳务派遣人员、实习生、志愿者等）、其他公务人员、外来救护人员以及生产经营单位以外的居民、行人等因事故受到伤害的，纳入统计。解放军、武警官兵、公安干警、国家综合性消防救援队伍因参加事故抢险救援时发生的人身伤亡，不计入统计调查制度规定的事故等级统计范围，仅作为事故伤亡总人数另行统计。

14. 雇佣人员在单位所属宿舍、浴室、更衣室、厕所、食堂、临时休息室等场所因非不可抗力受到伤害的事故纳入统计。

15. 各类景区、商场、宾馆、歌舞厅、网吧等人员密集场所，因自身管理不善或安全防护措施不健全造成人员伤亡（或直接经济损失）的事故纳入统计。

16. 生产经营单位存在地面或井下（包括违反民用爆炸物品安全管理规定）用于生产经营建设所购买的炸药、雷管等爆炸物品意外爆炸造成人员伤亡（或直接经济损失）的事故纳入统计。

17. 服刑人员在劳动生产过程中发生的事故纳入统计。

18. 国家机关、事业单位、人民团体在执行公务过程中发生的事故纳入统计。

19. 公立或私立医院、学校等机构发生的事故纳入统计。

20. 急性工业中毒按照《生产安全事故报告和调查处理条例》有关规定，作为受伤事故的一种类型进行统计，其人数统计为重伤人数。

21. 因特殊原因无法及时掌握的部分事故信息，应持续跟踪并予以完善。

（八）报送时间

县级以上应急管理部门接到事故报告后，应在 24 小时内通过"直报系统"填报 A1 表甲区域内事故统计信息。经查实的瞒报事故，应在接到事故信息后 24 小时内，在"直报系统"中进行填报并纳入事故统计。

事故发生 7 日内，应及时补充完善 A1、A2 表相关信息，并纳入事故统计。对于首次填报日期超过事故发生日期 7 日的，需将超期原因等相关情况在"直报系统"中注明。

事故发生 30 日内（火灾、道路运输事故发生 7 日内）伤亡人员发生变化的，应及时补充完善伤亡人员情况，并纳入事故统计。

事故调查结束后 30 日内，应根据事故调查报告及时完善校正有关事故信息。同时，由负责调查的人民政府的应急管理部门在"直报系统"上传事故调查报告。

县级以上应急管理部门应在每月 8 日将截取至 7 日 24 时"直报系统"内的上月事故统计数据作为月度数据，即月度 B1、B2 表，经审核确认后，在"直报系统"内上报。

县级以上应急管理部门应在每年 1 月 8 日将截取至 1 月 7 日 24 时"直报系统"内的上年事故统计数据作为年度数据，即年度 B1、B2 表，经审核确认后，在"直报系统"内上报。

（九）质量控制

本制度针对统计业务流程的各环节进行质量管理和控制。

地市级以上应急管理部门应认真做好事故统计工作的监督指导，结合地区实际对辖区内事故统计工作进行监督检查。

各级应急管理部门、负有安全生产监督管理责任的部门要加强对统计信息及统计数据的管理，严格遵守《中华人民共和国统计法》，按照"谁报送、谁负责"的原则，真实、准确、完整、及时填报事故统计信息。对于不报、瞒报、迟报或伪造、篡改数据的要依法追究其责任。

各级应急管理部门应强化对统计数据的应用，加强对辖区内统计数据的分析、研判，充分发挥统计数据服务、支撑及指导作用。

（十）数据公布与信息共享

本制度年度综合数据经审核确定后，通过《中国应急管理年鉴》公布。月度、年度综合数据可与其他部门及本系统内共享使用，按照协定方式共享，在最终审定数据 10 个工作日后可以在应急管理大数据应用平台共享，共享责任单位为调查评估和统计司，共享责任人为调查评估和统计司主管统计工作负责人。

（十一）使用名录库情况

本制度使用国家基本单位名录库。

二、报表目录

表号	表名	报告期别	填报范围	报送单位	报送日期及方式	页码
A1 表	生产安全事故登记表	即时报送	生产安全事故	县级以上应急管理部门	接报后 24 小时内在"直报系统"中填报	5
A2 表	生产安全事故伤亡（含急性工业中毒）人员登记表	即时报送	同上	同上	事故发生 30 日内（火灾、道路运输事故发生 7 日内）伤亡人员发生变化的，应及时补充完善伤亡人员情况。因特殊原因无法及时掌握的部分事故信息，应持续跟踪并予以完善	6
B1 表	生产安全事故按行业统计表	月报、年报	同上	同上	月报于次月 8 日报送，年报于次年 1 月 8 日报送	7
B2 表	生产安全事故按地区统计表	月报、年报	同上	同上	月报于次月 8 日报送，年报于次年 1 月 8 日报送	8

三、调查表式

生产安全事故登记表

表　　号：A1 表
制定机关：应急管理部
批准机关：国家统计局
批准文号：国统制〔2020〕133 号
有效期至：2023 年 11 月

事故标识：□　1 依法登记注册单位事故　2 其他事故
填报单位：　　　　　　　　　　　　　　　　20　年　月　日

甲	事故发生单位名称＿＿＿＿＿＿＿＿＿＿　事故发生时间＿＿＿年＿＿＿月＿＿＿日＿＿＿时＿＿＿分	
	事故发生地点 ＿＿＿＿＿＿省（自治区/直辖市）＿＿＿＿＿＿地（区/市/州/盟）＿＿＿＿＿＿县（区/市/旗）	
	伤亡人员 死亡（下落不明）人数＿＿＿＿＿＿人　受伤人数＿＿＿＿＿＿人　其中：重伤人数＿＿＿＿＿＿人	
	管理分类 □ 1 煤矿 2 金属非金属矿山 3 建筑施工 4 化工 5 烟花爆竹 6 冶金 7 有色 8 建材 9 机械 10 轻工 11 纺织 12 烟草 13 商贸 14 工商贸其他 15 道路运输 16 水上运输 17 铁路运输 18 航空运输 19 渔业船舶 20 农业机械 21 其他	
	事故类型 **基本事故类型** □ 1 物体打击 2 车辆伤害 3 机械伤害 4 起重伤害 5 触电 6 淹溺 7 灼烫 8 火灾 9 高处坠落 10 坍塌 11 冒顶片帮 12 透水 13 爆破 14 火药爆炸 15 瓦斯爆炸 16 锅炉爆炸 17 容器爆炸 18 其他爆炸 19 中毒和窒息 20 其他伤害 **煤矿事故类型** □ 1 顶板 2 冲击地压 3 瓦斯 4 煤尘 5 机电 6 运输 7 爆破 8 水害 9 火灾 10 其他 **道路运输事故类型** □ 1 碰撞 2 碾压 3 刮擦 4 翻车 5 坠车 6 爆炸 7 失火 **渔业船舶事故类型** □ 1 碰撞 2 风损 3 触损 4 火灾 5 自沉 6 机械损伤 7 触电 8 急性工业中毒 9 溺水 10 其他 **水上运输事故类型** □ 1 碰撞 2 搁浅 3 触礁 4 触碰 5 浪损 6 火灾、爆炸 7 风灾 8 自沉 9 操作性污染 10 其他	
	事故概况＿＿	

乙	事故发生单位详细情况＿＿＿＿＿＿＿＿	统一社会信用代码□□□□□□□□□□□□□□□□□□
	国民经济行业分类□□□ （行业代码按 GB/T 4754—2017 填写）	是否涉及相关因素 □ 1 火灾 2 特种设备 3 危险化学品 4 民爆
	单位规模 □ 1 大型 2 中型 3 小型 4 微型	直接经济损失＿＿＿＿＿＿＿＿万元
	国有企业属性 □ 1 央企 2 省属 3 市属 4 县属	是否为举报事故 □ 1 是 2 否
	登记注册类型　　□□□ **内资企业** 　110 国有　　　　　　　159 其他有限责任公司 　120 集体　　　　　　　160 股份有限公司 　130 股份合作　　　　　171 私营独资 　141 国有联营　　　　　172 私营合伙 　142 集体联营　　　　　173 私营有限责任公司 　143 国有与集体联营　　174 私营股份有限公司 　149 其他联营　　　　　190 其他 　151 国有独资公司	**港澳台商投资企业** 　210 与港澳台商合资经营 　220 与港澳台商合作经营 　230 港澳台商独资经营 　240 港澳台商投资股份有限公司 　290 其他港澳台投资 **外商投资企业** 　310 中外合资经营 　320 中外合作经营 　330 外资企业 　340 外商投资股份有限公司 　390 其他外商投资

丙	事故详细情况＿＿＿＿＿＿＿＿＿＿＿＿＿＿＿＿＿＿＿＿＿＿＿＿＿＿＿＿＿＿＿＿＿＿＿＿ 注：主要包括事故详细经过、直接原因、间接原因、伤亡总人数（指包括未纳入统计的总伤亡人数）、起因物、致害物等情况。

单位负责人：　　　　统计负责人：　　　　填表人：　　　　联系电话：　　　　报出日期：20　年　月　日
说明：1. 报送方式：本表由事故发生地县级以上应急管理部门直报。
　　　2. 报送时间：甲区域内容在事故接报后 24 小时内报送；乙区域内容在事故发生后 7 日内报送，30 日内补充完善，并对甲区域内容进行核实更新；丙区内容在事故调查结束后 30 日内填报。
　　　3. 本表涉及"管理分类"与"国民经济行业分类"对应情况详见附录。

生产安全事故伤亡(含急性工业中毒)人员登记表

表　　号：A2 表
制定机关：应急管理部
批准机关：国家统计局
批准文号：国统制〔2020〕133 号
有效期至：2023 年 11 月

事故标识：□ 1 依法登记注册单位事故   2 其他事故
填报单位：　　　　　　　　　　　20 年 月 日

事故发生单位名称	事故发生时间 ___年___月___日___时___分		事故发生地点 _____省（自治区/直辖市）_____地（区/市/州/盟）_____县（区/市/旗）	
姓名	性别	年龄	状态	文化程度
			□1 死亡 2 重伤 3 轻伤	
			□1 死亡 2 重伤 3 轻伤	
			□1 死亡 2 重伤 3 轻伤	
			□1 死亡 2 重伤 3 轻伤	
			□1 死亡 2 重伤 3 轻伤	
			□1 死亡 2 重伤 3 轻伤	
			□1 死亡 2 重伤 3 轻伤	
			□1 死亡 2 重伤 3 轻伤	
			□1 死亡 2 重伤 3 轻伤	
			□1 死亡 2 重伤 3 轻伤	
			□1 死亡 2 重伤 3 轻伤	
			□1 死亡 2 重伤 3 轻伤	
			□1 死亡 2 重伤 3 轻伤	
			□1 死亡 2 重伤 3 轻伤	
			□1 死亡 2 重伤 3 轻伤	
			□1 死亡 2 重伤 3 轻伤	
			□1 死亡 2 重伤 3 轻伤	
			□1 死亡 2 重伤 3 轻伤	

单位负责人：　　　　统计负责人：　　　　填表人：　　　　联系电话：　　　　报出日期：20 年 月 日

说明：1. 报送方式：本表由事故发生地县级以上应急管理部门直报。
　　　2. 报送时间：本表在事故发生后 7 日内报送，30 日内发生变化的应及时续报。

生产安全事故按行业统计表

表　　号：B1 表
制定机关：应急管理部
批准机关：国家统计局
批准文号：国统制〔2020〕133 号

填报单位：　　　　　　　　　　20　年　月　　　　　　　　　　有效期至：2023 年 11 月

		总体情况				其中：较大事故				其中：重大事故				其中：特别重大事故			
		起数（起）	死亡（人）	受伤（人）	直接经济损失（万元）	起数（起）	死亡（人）	受伤（人）	直接经济损失（万元）	起数（起）	死亡（人）	受伤（人）	直接经济损失（万元）	起数（起）	死亡（人）	受伤（人）	直接经济损失（万元）
甲		1	2	3	4	5	6	7	8	9	10	11	12	13	14	15	16
总计																	
A 农林牧渔业	小计																
	其中：1. 农业机械																
	2. 渔业船舶																
B 采矿业	小计																
	其中：1. 煤矿																
	2. 金属非金属矿山																
C、F、H 商贸制造业	小计																
	其中：1. 化工																
	2. 烟花爆竹																
	3. 工贸																
E 建筑业	小计																
	其中：1. 房屋建筑业																
	2. 土木工程建筑业																
G 交通运输业	小计																
	其中：1. 铁路运输业																
	2. 道路运输业																
	3. 水上运输业																
	4. 航空运输业																
D、I-T 其他行业	小计																

单位负责人：　　　　　　　　　填表人：　　　　　　　　　报出日期：20　年　月　日

说明：1. 报送方式：本表由县级以上应急管理部门报送。
　　　2. 报送时间：月度报表报送时间为次月 8 日，年度报表报送时间为次年 1 月 8 日。
　　　3. 本表涉及"管理分类"与"国民经济行业分类"对应情况详见附录。
　　　4. 审核关系：1≥5+9+13；2≥6+10+14；3≥7+11+15；4≥8+12+16。

生产安全事故按地区统计表

表　　号：B2表
制定机关：应急管理部
批准机关：国家统计局
批准文号：国统制〔2020〕133号
有效期至：2023年11月

填报单位：　　　　　　　　　　　20　年　月

	总体情况				其中：较大事故				其中：重大事故				其中：特别重大事故			
	起数（起）	死亡（人）	受伤（人）	直接经济损失（万元）	起数（起）	死亡（人）	受伤（人）	直接经济损失（万元）	起数（起）	死亡（人）	受伤（人）	直接经济损失（万元）	起数（起）	死亡（人）	受伤（人）	直接经济损失（万元）
甲	1	2	3	4	5	6	7	8	9	10	11	12	13	14	15	16
总计																
省（自治区/直辖市）、地（区/市/州/盟）、县（区/市/旗）																

单位负责人：　　　　　　　填表人：　　　　　　　报出日期：20　年　月　日

说明：1. 报送方式：本表由县级以上应急管理部门报送。
　　　2. 报送时间：月度报表报送时间为次月8日，年度报表报送时间为次年1月8日。
　　　3. 审核关系：1≥5+9+13；2≥6+10+14；3≥7+11+15；4≥8+12+16。

四、主要指标解释和填表说明

事故发生单位情况

事故发生单位名称 指经有关部门批准正式使用的单位全称。企业的详细名称按市场监管部门登记的名称填写;行政、事业单位的名称按编制部门登记、批准的名称填写;社会团体、民办非企业单位、基金会和基层群众自治组织的详细名称按民政部门登记、批准的名称填写。填写时要求使用规范化汉字填写,并与单位公章所使用的名称完全一致。

事故发生单位详细情况 依据事故调查情况,分别填写涉及事故的单位详细情况。

凡经登记主管机关核准或批准,具有两个或两个以上名称的单位,要求填写一个单位名称,同时用括号注明其余的单位名称。

国有企业隶属关系应填报到最高一级母公司。

对非独立核算单位,应详细填写与事故责任单位的隶属关系,并同时填写经主管单位核准或批准的单位名称。

统一社会信用代码 指按照《国务院关于批转发展改革委等部门法人和其他组织统一社会信用代码制度建设总体方案的通知》(国发〔2015〕33号)规定,由赋码主管部门给每一个法人单位和其他组织颁发的在全国范围内唯一的、终身不变的法定身份识别码。统一社会信用代码由18位的阿拉伯数字或大写英文字母(不使用I、O、Z、S、V)组成。

单位规模 按照《国家统计局〈关于印发统计上大中小微型企业划分办法(2017)〉的通知》(国统字〔2017〕213号)规定填写。

登记注册类型 指企业或企业产业活动单位的登记注册类型,按其在市场监管部门登记注册的类型填写。按照国家统计局、原国家工商行政管理总局《关于划分企业登记注册类型的规定调整的通知》(国统字〔2011〕86号)规定填写。

机关、事业单位和社会团体及其他组织的登记注册类型,按其主要经费来源和管理方式,根据实际情况,比照《关于划分企业登记注册类型的规定》确定。

管理分类

为了使历史统计数据具有延续性与可比性,并使行业分类与历史统计分类方式相衔接(按部门监管职能的分类方式),特别设置了"管理分类",这一栏目用于新旧报表统计数据的转换、对比。其中,冶金、有色、建材、机械、轻工、纺织、烟草、商贸等八个工贸行业分类标准,按照《应急管理部办公厅关于修订〈冶金有色建材机械轻工纺织烟草商贸行业安全监管分类标准(试行)〉的通知》(应急厅〔2019〕17号)作了相应调整。

事故情况

发生地点 发生事故的省(自治区/直辖市)、地(区/市/州/盟)、县(区/市/旗)。

发生时间 事故发生的年、月、日、时、分。

国民经济行业分类 按《国民经济行业分类》(GB/T 4754—2017)四位码填写。

事故类型 分为基本事故类型和一些特定行业事故类型,具体如下:

(1)基本事故类型:1物体打击,2车辆伤害,3机械伤害,4起重伤害,5触电,6淹溺,7灼烫,8火灾,9高处坠落,10坍塌,11冒顶片帮,12透水,13爆破,14火药爆炸,15瓦斯爆炸,16锅炉爆炸,17容器爆炸,18其他爆炸,19中毒和窒息,20其他伤害。

(2)煤矿事故类型:1顶板,2冲击地压,3瓦斯,4煤尘,5机电,6运输,7爆破,8水害,9火灾,10其他。

(3)道路运输事故类型:1碰撞,2碾压,3刮擦,4翻车,5坠车,6爆炸,7失火。

(4)渔业船舶事故类型(农业部令2012年第9号):1碰撞,2风损,3触损,4火灾,5自沉,6机械损伤,7触电,8急性工业中毒,9溺水,10其他。

(5)水上运输事故类型(交通运输部令2014年第15号):1碰撞,2搁浅,3触礁,4触碰,5浪损,6火灾、爆炸,7风灾,8自沉,9操作性污染,10其他。

直接经济损失(万元) 按《企业职工伤亡事故经济损失统计标准》(GB 6721—1986)计算。

伤亡人员情况

死亡(下落不明)人数 指因事故造成人员在30日内(火灾、道路运输事故7日内)死亡和下落不明人数。

受伤 指因事故造成的肢体伤残或某些器官功能性或器质性损伤,表现为劳动能力受到伤害,经医院诊断,需歇工3个工作日及以上。包括轻伤和重伤。

轻伤 指因事故造成的肢体伤残或某些器官功能性或器质性损伤,表现为劳动能力受到伤害,经医院诊断,需歇工3个工作日及以上、105个工作日以下。

重伤（包括急性工业中毒） 重伤是指因事故造成的肢体残缺或视觉、听觉等器官受到严重损伤甚至丧失或引起人体长期存在功能障碍和劳动能力重大损失的伤害，经医院诊断需歇工105个工作日及以上。

急性工业中毒是指人体因接触国家规定的工业性毒物、有害气体，一次吸入大量工业有毒物质使人体在短时间内发生病变，导致人员立即中断工作，需歇工3个工作日及以上。

状态 根据死亡、重伤、轻伤等三种情况，在指定选项中勾选。

文化程度 分为：1文盲，2小学，3初中，4高中、中专，5大专，6大学，7硕士以上。

事故等级划分标准

根据《生产安全事故报告和调查处理条例》，事故一般分为以下等级：

（1）特别重大事故，是指造成30人以上死亡，或者100人以上重伤（包括急性工业中毒，下同），或者1亿元以上直接经济损失的事故；

（2）重大事故，是指造成10人以上30人以下死亡，或者50人以上100人以下重伤，或者5000万元以上1亿元以下直接经济损失的事故；

（3）较大事故，是指造成3人以上10人以下死亡，或者10人以上50人以下重伤，或者1000万元以上5000万元以下直接经济损失的事故；

（4）一般事故，是指造成3人以下死亡，或者10人以下重伤，或者1000万元以下直接经济损失的事故。

有关行业领域对事故等级划分有补充性规定的，按照有关规定执行。

上述所称的"以上"包括本数，所称的"以下"不包括本数。

单位国内生产总值生产安全事故死亡率

指每生产1单位国内生产总值（GDP），因生产安全事故造成的死亡人数的比率（小数点后统一保留四位小数）。单位GDP可采用亿元、百亿元。以亿元GDP生产安全事故死亡率为例，计算公式为：

$$单位\ GDP\ 生产安全事故死亡率 = \frac{报告期内生产安全事故死亡人数（人）}{报告期内国内生产总值（元）} \times 10^8$$

煤矿百万吨死亡率

指每生产1百万吨原煤，因生产安全事故造成的死亡人数的比率（小数点后统一保留四位小数）。计算公式为：

$$煤矿百万吨死亡率 = \frac{报告期内煤矿原煤生产事故死亡人数（人）}{报告期内原煤产量（吨）} \times 10^6$$

千人生产安全事故死亡率和千人生产安全事故受伤率

千人生产安全事故死亡率指一定时期内平均每千名从业人员中因生产安全事故造成的死亡人数的比率（小数点后统一保留三位小数）。计算公式为：

$$千人生产安全事故死亡率 = \frac{生产安全事故死亡人数（人）}{生产经营单位平均从业人数（人）} \times 10^3$$

千人生产安全事故受伤率指一定时期内平均每千名从业人员中因生产安全事故造成的受伤人数的比率（小数点后统一保留三位小数）。计算公式为：

$$千人生产安全事故受伤率 = \frac{生产安全事故受伤人数（人）}{生产经营单位平均从业人数（人）} \times 10^3$$

生产经营单位平均从业人数是指报告期内（年度、季度、月度）平均拥有的从业人员数。季度或年度平均人数按单位实际月平均人数计算得到，不得用期末人数替代。（具体计算方法参考国家统计局《规模以上服务业统计报表制度》）

推荐采用千人生产安全事故死亡率、千人生产安全事故受伤率相对指标。该相对指标能够简单、直观地对比企业间、行业间、地区间的安全生产状况，目的是为了有效强化企业安全生产主体责任的落实。

五、附录

（一）管理分类与国民经济行业分类（GB/T 4754—2017）对应情况

A 农林牧渔业：农业机械（01农业，05农、林、牧、渔专业及辅助性活动）；

渔业船舶（04渔业，05农、林、牧、渔专业及辅助性活动）；

其他。

B 采矿业：煤矿（06煤炭开采和洗选业，111煤炭开采和洗选专业及辅助性活动）；

金属非金属矿山（主要包括：07石油和天然气开采业，08黑色金属矿采选业，09有色金属矿采选业，10非金属矿采选业，112石油和天然气开采专业及辅助性活动）；

其他。

C、F、H商贸制造业：化工（25石油、煤炭及其他燃料加工业，不含253核燃料加工；26化学原料和化学制品制造业，不含267炸药、火工及焰火产品制造；27医药制造业；28化学纤维制造业）；

烟花爆竹（2672焰火、鞭炮产品制造）；

民爆（2671炸药及火工产品制造）；

轻工（主要包括：13农副食品加工业，14食品制造业，15酒、饮料和精制茶制造业，19皮革、毛皮、羽毛及其制品和制鞋业，20木材加工和木、竹、藤、棕、草制品业，21家具制造业，22造纸和纸制品业，23印刷和记录媒介复制业，24文教、工美、体育和娱乐用品制造业，29橡胶和塑料制品业等10大类的企业；305玻璃制品制造，307陶瓷制品制造（除3071建筑陶瓷制品制造，3072卫生陶瓷制品制造）、338金属制日用品制造，376自行车和残疾人座车制造，384电池制造，385家用电力器具制造，387照明器具制造，403钟表与计时仪器制造，405衡器制造，411日用杂品制造等10个中类所包含的全部企业；3322手工具制造，3324刀剪及类似日用金属工具制造，3351建筑、家具用金属配件制造，3379搪瓷日用品及其他搪瓷制品制造，3473照相机及器材制造，3587眼镜制造等6个小类的企业。不包括：131谷物磨制1个中类所包含的全部企业；1351牲畜屠宰，1352禽类屠宰，1511酒精制造等3个小类的企业；从种植、养殖、捕捞等环节进入批发、零售市场或者生产加工企业前的农、林、牧、渔业产品初加工服务的企业）；

烟草（主要包括：16烟草制品业大类所包含的全部企业及5128烟草制品批发1个小类的企业）；

纺织（主要包括：17纺织业，18纺织服装、服饰业等2大类所包含的全部企业）；

建材（主要包括：30非金属矿物制品业大类企业。不包括：305玻璃制品制造中类所包含的全部企业；3073特种陶瓷制品制造，3074日用陶瓷制品制造，3075陈设艺术陶瓷制造，3076园艺陶瓷制造，3079其他陶瓷制品制造等5个小类的企业）；

冶金（主要包括：31黑色金属冶炼和压延加工业大类所包含的全部企业）；

有色（主要包括：32有色金属冶炼和压延加工业大类所包含的全部企业）；

机械（主要包括：33金属制品业，34通用设备制造业，35专用设备制造业，36汽车制造业，37铁路、船舶、航空航天和其他运输设备制造业，38电气机械和器材制造业，39计算机、通信和其他电子设备制造业，40仪器仪表制造业，43金属制品、机械和设备修理业等9大类企业。不包括：338金属制日用品制造，373船舶及相关装置制造，374航空、航天器及设备制造，376自行车和残疾人座车制造，384电池制造，385家用电力器具制造，387照明器具制造，403钟表与计时仪器制造，405衡器制造等9个中类所包含的全部企业；3322手工具制造，3324刀剪及类似日用金属工具制造，3351建筑、家具用金属配件制造，3379搪瓷日用品及其他搪瓷制品制造，3473照相机及器材制造，3587眼镜制造等6个小类的企业；3399其他未列明金属制品制造小类中武器弹药制造的企业；特种设备目录中的特种设备制造企业）；

商贸（主要包括：51批发业，52零售业，59装卸搬运和仓储业，61住宿业，62餐饮业等5大类的企业（不含消防、燃气的监管）。不包括：515医药及医疗器材批发，518贸易经纪与代理，525医药及医疗器材专门零售，529货摊、无店铺及其他零售业，591装卸搬运，594危险品仓储，596中药材仓储，624餐饮配送及外卖送餐服务等8个中类所包含的全部企业；5112种子批发，5128烟草制品批发，5162石油及制品批发，5166化肥批发，5167农药批发，5168农业薄膜批发，5169其他化工产品批发，5191再生物资回收与批发，5265机动车燃油零售，5266机动车燃气零售，5267机动车充电销售，5951谷物仓储等12个小类的企业）；

其他。

E 建筑业：房屋建筑业（47房屋建筑业）；

土木工程建筑业（48土木工程建筑业）；

其他。

G 交通运输业：铁路运输业（53铁路运输业）；

道路运输业（54道路运输业）；

水上运输业（55水上运输业）；

航空运输业（56航空运输业）；

其他。

D、I-T其他行业：D电力、热力、燃气及水生产和供应业；I信息传输、软件和信息技术服务业；J金融业；K房地产业；L租赁和商务服务业；M科学研究和技术服务业；N水利、环境和公共设施管理业；O居民服务、修理和其他服务业；P教育；Q卫生和社会工作；R文化、体育和娱乐业；S公共管理、社会保障和社会组织；T国际组织。

(二)统计上大中小微型企业划分标准

行业名称	指标名称	计量单位	大型	中型	小型	微型
农、林、牧、渔业	营业收入（Y）	万元	Y≥20000	500≤Y<20000	50≤Y<500	Y<50
工业*	从业人员（X）	人	X≥1000	300≤X<1000	20≤X<300	X<20
	营业收入（Y）	万元	Y≥40000	2000≤Y<40000	300≤Y<2000	Y<300
建筑业	营业收入（Y）	万元	Y≥80000	6000≤Y<80000	300≤Y<6000	Y<300
	资产总额（Z）	万元	Z≥80000	5000≤Z<80000	300≤Z<5000	Z<300
批发业	从业人员（X）	人	X≥200	20≤X<200	5≤X<20	X<5
	营业收入（Y）	万元	Y≥40000	5000≤Y<40000	1000≤Y<5000	Y<1000
零售业	从业人员（X）	人	X≥300	50≤X<300	10≤X<50	X<10
	营业收入（Y）	万元	Y≥20000	500≤Y<20000	100≤Y<500	Y<100
交通运输业*	从业人员（X）	人	X≥1000	300≤X<1000	20≤X<300	X<20
	营业收入（Y）	万元	Y≥30000	3000≤Y<30000	200≤Y<3000	Y<200
仓储业*	从业人员（X）	人	X≥200	100≤X<200	20≤X<100	X<20
	营业收入（Y）	万元	Y≥30000	1000≤Y<30000	100≤Y<1000	Y<100
邮政业	从业人员（X）	人	X≥1000	300≤X<1000	20≤X<300	X<20
	营业收入（Y）	万元	Y≥30000	2000≤Y<30000	100≤Y<2000	Y<100
住宿业	从业人员（X）	人	X≥300	100≤X<300	10≤X<100	X<10
	营业收入（Y）	万元	Y≥10000	2000≤Y<10000	100≤Y<2000	Y<100
餐饮业	从业人员（X）	人	X≥300	100≤X<300	10≤X<100	X<10
	营业收入（Y）	万元	Y≥10000	2000≤Y<10000	100≤Y<2000	Y<100
信息传输业*	从业人员（X）	人	X≥2000	100≤X<2000	10≤X<100	X<10
	营业收入（Y）	万元	Y≥100000	1000≤Y<100000	100≤Y<1000	Y<100
软件和信息技术服务业	从业人员（X）	人	X≥300	100≤X<300	10≤X<100	X<10
	营业收入（Y）	万元	Y≥10000	1000≤Y<10000	50≤Y<1000	Y<50
房地产开发经营	营业收入（Y）	万元	Y≥200000	1000≤Y<200000	100≤Y<1000	Y<100
	资产总额（Z）	万元	Z≥10000	5000≤Z<10000	2000≤Z<5000	Z<2000
物业管理	从业人员（X）	人	X≥1000	300≤X<1000	100≤X<300	X<100
	营业收入（Y）	万元	Y≥5000	1000≤Y<5000	500≤Y<1000	Y<500
租赁和商务服务业	从业人员（X）	人	X≥300	100≤X<300	10≤X<100	X<10
	资产总额（Z）	万元	Z≥120000	8000≤Z<120000	100≤Z<8000	Z<100
其他未列明行业*	从业人员（X）	人	X≥300	100≤X<300	10≤X<100	X<10

说明：

1. 大型、中型和小型企业须同时满足所列指标的下限，否则下划一档；微型企业只须满足所列指标中的一项即可。
2. 附表中各行业的范围以《国民经济行业分类》（GB/T 4754—2017）为准。带*的项为行业组合类别，其中，工业包括采矿业，制造业，电力、热力、燃气及水生产和供应业；交通运输业包括道路运输业，水上运输业，航空运输业，管道运输业，多式联运和运输代理业、装卸搬运，不包括铁路运输业；仓储业包括通用仓储，低温仓储，危险品仓储，谷物、棉花等农产品仓储，中药材仓储和其他仓储业；信息传输业包括电信、广播电视和卫星传输服务，互联网和相关服务；其他未列明行业包括科学研究和技术服务业，水利、环境和公共设施管理业，居民服务、修理和其他服务业，社会工作，文化、体育和娱乐业，以及房地产中介服务，其他房地产业等，不包括自有房地产经营活动。

3. 企业划分指标以现行统计制度为准。（1）从业人员，是指期末从业人员数，没有期末从业人员数的，采用全年平均人员数代替。（2）营业收入，工业、建筑业、限额以上批发和零售业、限额以上住宿和餐饮业以及其他设置主营业务收入指标的行业，采用主营业务收入；限额以下批发与零售业企业采用商品销售额代替；限额以下住宿与餐饮业企业采用营业额代替；农、林、牧、渔业企业采用营业总收入代替；其他未设置主营业务收入的行业，采用营业收入指标。（3）资产总额，采用资产总计代替。

（三）企业登记注册类型与代码

代　码	企　业　登　记　注　册　类　型
100	内资企业
110	国有企业
120	集体企业
130	股份合作企业
140	联营企业
141	国有联营企业
142	集体联营企业
143	国有与集体联营企业
149	其他联营企业
150	有限责任公司
151	国有独资公司
159	其他有限责任公司
160	股份有限公司
170	私营企业
171	私营独资企业
172	私营合伙企业
173	私营有限责任公司
174	私营股份有限公司
190	其他企业
200	港、澳、台商投资企业
210	合资经营企业（港或澳、台资）
220	合作经营企业（港或澳、台资）
230	港、澳、台商独资经营企业
240	港、澳、台商投资股份有限公司
290	其他港、澳、台商投资企业
300	外商投资企业
310	中外合资经营企业
320	中外合作经营企业
330	外资企业
340	外商投资股份有限公司
390	其他外商投资企业

说明：

内资企业

国有企业：指企业全部资产归国家所有，并按《中华人民共和国企业法人登记管理条例》规定登记注册的非公司制的经济组织。不包括有限责任公司中的国有独资公司。

集体企业：指企业资产归集体所有，并按《中华人民共和国企业法人登记管理条例》规定登记注册的经济组织。

股份合作企业：指以合作制为基础，由企业职工共同出资入股，吸收一定比例的社会资产投资组建，实行自主经营，自负盈亏，共同劳动，民主管理，按劳分配与按股分红相结合的一种集体经济组织。

联营企业：指两个及两个以上相同或不同所有制性质的企业法人或事业单位法人，按自愿、平等、互利的原则，共同投资组成的经济组织。联营企业包括国有联营企业、集体联营企业、国有与集体联营企业和其他联营企业。

有限责任公司：指根据《中华人民共和国公司登记管理条例》规定登记注册，由两个以上，五十个以下的股东共同出资，每个股东以其所认缴的出资额对公司承担有限责任，公司以其全部资产对其债务承担责任的经济组织。有限责任公司包括国有独资公司以及其他有限公司。国有独资公司指国家授权的投资机构或者国家授权的部门单独投资设立的有限责任公司。其他有限责任公司指国有独资公司以外的其他有限责任公司。

股份有限公司：指根据《中华人民共和国公司登记管理条例》规定登记注册，其全部注册资本由等额股份构成并通过发行股票筹集资本，股东以其认购的股份对公司承担有限责任，公司以其全部资产对其债务承担责任的经济组织。

私营企业：指由自然人投资设立或由自然人控股，以雇佣劳动力为基础的营利性经济组织。包括按照《公司法》、《合伙企业法》、《私营企业暂行条例》规定登记注册的私营有限责任公司、私营股份有限公司、私营合伙企业和私营独资企业。私营独资企业指按《私营企业暂行条例》的规定，由一名自然人投资经营，以雇佣劳动为基础，投资者对企业债务承担无限责任的企业。私营合伙企业指按《合伙企业法》或《私营企业暂行条例》的规定，由两个以上自然人按照协议共同投资、共同经营、共负盈亏，以雇佣劳动为基础，对债务承担无限责任的企业。私营有限责任公司指按《公司法》、《私营企业暂行条例》的规定，由两个以上自然人投资或由单个自然人控股的有限责任公司。私营股份有限公司指按《公司法》的规定，由五个以上自然人投资，或由单个自然人控股的股份有限公司。

其他内资企业：指上述内资企业之外的其他内资经济组织。

港、澳、台商投资企业

与港澳台商合资经营企业：指港澳台地区投资者与内地的企业按照《中华人民共和国中外合资经营企业法》及有关法律的规定，按照合同规定的比例投资设立，分享利润和分担风险的企业。

与港澳台商合作经营企业：指港澳台地区投资者与内地的企业按照《中华人民共和国中外合资经营企业法》及有关法律的规定，依照合作合同的约定进行投资或提供条件设立，分配利润、分担风险和亏损的企业。

港澳台商独资经营企业：指依照《中华人民共和国外资企业法》及有关法律规定，在内地由港澳台地区投资者全额投资设立的企业。

港澳台商投资股份有限公司：根据国家有关规定，经商务部（原外经贸部）批准设立，并且其中港、澳、台商的股本占公司注册资本的比例达25%以上的股份有限公司。凡其中港、澳、台的股本占公司注册资本的比例小于25%的，属于内资中的股份有限公司。

其他港澳台商投资企业：指在中国境内参照《外国企业或个人在中国境内设立合伙企业管理办法》和《外商投资合伙企业登记管理规定》，依法设立的港、澳、台商投资合伙企业。

外商投资企业

中外合资经营企业：指外国企业或外国人与中国内地企业依照《中华人民共和国中外合资经营企业法》及有关法律的规定，按合同规定的比例投资设立，分享利润和分担风险的企业。

中外合作经营企业：指外国企业或外国人与中国内地企业依照《中华人民共和国中外合资经营企业法》及有关法律的规定，依照合作合同的约定进行投资或提供条件设立，分配利润、分担风险和亏损的企业。

外资企业：指依照《中华人民共和国外资企业法》及有关法律规定，在中国内地由外国投资者全额投资设立的企业。

外商投资股份有限公司：指根据国家有关规定，经商务部（原外经贸部）批准设立，并且其中外资的股本占公司注册资本的比例达25%以上的股份有限公司。凡其中外资股本占公司注册资本的比例小于25%的，属于内资中的股份有限公司。

其他外商投资企业：指在中国境内依照《外国企业或个人在中国境内设立合伙企业管理办法》和《外商投资合伙企业登记管理规定》，依法设立的外商投资合伙企业等。

（四）向国家统计局提供的具体统计资料清单

年度生产安全事故汇总数据。

（五）向统计信息共享数据库提供的统计资料清单

年度生产安全事故汇总数据。

生产安全事故统计管理办法

（2016年7月27日国家安全监管总局办公厅以安监总厅统计〔2016〕80号印发）

第一条 为进一步规范生产安全事故统计工作，根据《中华人民共和国安全生产法》《中华人民共和国统计法》和《生产安全事故报告和调查处理条例》有关规定，制定本办法。

第二条 中华人民共和国领域内的生产安全事故统计（不涉及事故报告和事故调查处理），适用本办法。

第三条 生产安全事故由县级安全生产监督管理部门归口统计、联网直报（以下简称"归口直报"）。

跨县级行政区域的特殊行业领域生产安全事故统计信息按照国家安全生产监督管理总局和有关行业领域主管部门确定的生产安全事故统计信息通报形式，实行上级安全生产监督管理部门归口直报。

第四条 县级以上（含本级，下同）安全生产监督管理部门负责接收本行政区域内生产经营单位报告和同级负有安全生产监督管理职责的部门通报的生产安全事故信息，依据本办法真实、准确、完整、及时进行统计。

县级以上安全生产监督管理部门应按规定时限要求在"安全生产综合统计信息直报系统"中填报生产安全事故信息，并按照《生产安全事故统计报表制度》有关规定进行统计。

第五条 生产安全事故按照《国民经济行业分类》（GB/T 4754—2011）分类统计。没有造成人员伤亡且直接经济损失小于100万元（不含）的生产安全事故，暂不纳入统计。

第六条 生产安全事故统计按照"先行填报、调查认定、信息公开、统计核销"的原则开展。经调查认定，具有以下情形之一的，按本办法第七条规定程序进行统计核销。

（一）超过设计风险抵御标准，工程选址合理，且安全防范措施和应急救援措施到位的情况下，由不能预见或者不能抗拒的自然灾害直接引发的。

（二）经由公安机关侦查，结案认定事故原因是蓄意破坏、恐怖行动、投毒、纵火、盗窃等人为故意行为直接或间接造成的。

（三）生产经营单位从业人员在生产经营活动过程中，突发疾病（非遭受外部能量意外释放造成的肌体创伤）导致伤亡的。

第七条 经调查（或由事故发生地人民政府有关部门出具鉴定结论等文书）认定不属于生产安全事故的，由同级安全生产监督管理部门依据有关结论提出统计核销建议，并在本级政府（或部门）网站或相关媒体上公示7日。公示期间，收到对公示的统计核销建议有异议、意见的，应在调查核实后再作决定。

公示期满没有异议的（没有收到任何反映，视为公示无异议），报上一级安全生产监督管理部门备案；完成备案后，予以统计核销，并将相关信息在本级政府（或部门）网站或相关媒体上公开，信息公开时间不少于1年。

备案材料主要包括：事故统计核销情况说明（含公示期间收到的异议、意见及处理情况）、调查认定意见（事故调查报告或由事故发生地人民政府有关部门出具鉴定结论等文书）及其相关证明文件等。

地市级以上安全生产监督管理部门应当对其备案核销的事故进行监督检查。发现问题的，应当要求下一级安全生产监督管理部门提请同级人民政府复核，并在指定时限内反馈核查结果。

第八条 各级安全生产监督管理部门应督促填报单位在"安全生产综合统计信息直报系统"中及时补充完善或修正已填报的生产安全事故信息，及时补报经查实的瞒报、谎报的生产安全事故信息，及时排查遗漏、错误或重复填报的生产安全事故信息。

第九条 各级安全生产监督管理部门应根据各地区实际，建立完善生产安全事故统计信息归口直报制度，进一步明确本行政区域内各行业领域生产安全事故统计信息通报的方式、内容、时间等具体要求，并对本行政区域内生产安全事故统计工作进行监督检查。

第十条 国家安全生产监督管理总局建立健全生产安全事故统计数据修正制度，运用抽样调查等方法开展生产安全事故统计数据核查工作，定期修正并公布生产安全事故统计数据，通报统计工作情况。

第十一条 各级安全生产监督管理部门应定期在本级政府（或部门）网站或相关媒体上公布生产安全事故统计信息和统计资料，接受社会监督。

第十二条 本办法由国家安全生产监督管理总局负责解释。

第十三条 本办法自公布之日起执行。《生产安全事故统计管理办法（暂行）》（安监总厅统计〔2015〕111号）同时废止。

安全监管监察部门许可证档案管理办法

(2017年3月22日国家安全监管总局、国家档案局以安监总办〔2017〕27号联合印发)

第一条 为规范安全监管监察部门许可证档案管理,根据《中华人民共和国安全生产法》《中华人民共和国档案法》和《安全生产许可证条例》(国务院令第397号)和其他有关法律、法规,制定本办法。

第二条 本办法适用于具有许可证颁发和管理职责的各级安全生产监督管理部门和煤矿安全监察机构(以下统称许可机关)。

第三条 本办法所称安全监管监察部门许可证档案,是指许可机关在许可证颁发和管理过程中形成并归档保存的文字、图表、证照、电子数据等不同形式和载体的文件材料。涉及的许可证种类有:煤矿企业安全生产许可证、非煤矿矿山企业安全生产许可证、危险化学品生产企业安全生产许可证、危险化学品经营许可证、危险化学品安全使用许可证、非药品类易制毒化学品生产许可证、非药品类易制毒化学品经营许可证、烟花爆竹生产企业安全生产许可证、烟花爆竹经营(批发)许可证、烟花爆竹经营(零售)许可证。

许可证档案是许可机关行使安全监管监察职能的历史记录,是矿山、危险化学品、非药品类易制毒化学品、烟花爆竹企业(以下统称企业)获得相关安全生产、使用和经营资质的原始凭证,是国家专业档案资源的重要组成部分。

第四条 国家安全监管总局负责组织协调并依法保障许可证档案管理工作。各级许可机关负责本机关颁发的各类许可证档案管理工作,并接受同级档案行政管理部门对许可证档案管理的监督和指导。

上级机关委托下级机关实施许可证颁发管理工作的,相关许可证档案由受委托许可机关管理。

第五条 许可机关应保证许可证档案工作开展所必需的人员、经费、库房、设施设备,确保档案安全。在建立、完善许可证网上审批系统时,要按规定做好电子文件归档及电子档案的管理。

第六条 许可证档案实行集中统一管理。许可机关的承办部门负责收集、整理、归档,档案管理部门对立卷归档工作进行监督和指导,负责许可证档案的接收、保管、利用、统计、鉴定、移交等。

第七条 许可证文件材料归档范围应根据《煤矿企业安全生产许可证实施办法》(国家安全监管总局令第86号)、《非煤矿山企业安全生产许可证实施办法》(国家安全监管总局令第20号)、《危险化学品生产企业安全生产许可证实施办法》(国家安全监管总局令第41号)、《危险化学品经营许可证管理办法》(国家安全监管总局令第55号)、《危险化学品安全使用许可证实施办法》(国家安全监管总局令第57号)、《非药品类易制毒化学品生产、经营许可办法》(国家安全监管总局令第5号)、《烟花爆竹生产企业安全生产许可证实施办法》(国家安全监管总局令第54号)、《烟花爆竹经营许可实施办法》(国家安全监管总局令第65号)中关于许可证申请与颁发、延期、变更的相关规定确定,保存企业提交申请文件、资料以及许可机关审批过程中形成的全部文件材料。办理许可证延期、变更手续时,上一有效期许可证正本和副本收回的,收回的正本和副本应与其他文件材料一并归档。

上述规章中相关条款调整时,归档范围也随之做相应调整。

第八条 许可证档案保管期限按颁证权限结合许可事项、办证程序等因素定为永久、30年、10年、3年四种。国家安全监管总局和国家煤矿监察局负责颁发的安全生产许可证,颁证机关审查材料和许可证申请书保管期限为永久,其他材料保管期限为30年;省级及以下许可机关负责颁发的各类许可证(烟花爆竹经营〈零售〉许可证除外),颁证机关审查材料和许可证申请书保管期限为30年,其他材料保管期限为10年;烟花爆竹经营(零售)许可证与其他未通过审批的许可证材料保管期限为3年。保管期限从许可证颁发年度的次年1月1日起计算。

第九条 实现许可证管理全程网上申报和审批的,其通过行政审批系统形成的电子文件应当归档。归档电子文件应符合以下条件:

(一)电子文件及其元数据自形成起真实、完整、未被非法修改。许可证申请、流转审批、用印等业务行为,以及相应的责任人、行为时间等管理元数据应在日志文件中予以记录。

(二)归档电子文件与纸质文件原貌保持一致,以开放格式存储,确保能长期有效读取。申报表归档时应转换为PDF格式,上传的文字材料采用TIFF、JPFG、OFD、PDF、PDF/A等格式,图纸材料采用DWG、Auto Cad格式,日志文件采用LOG格式。特殊格式的电子文件应连同其读取平台一并归档。

(三)同一事由形成的全部电子文件及其元数据

齐全、完整，一般采用基于 XML 的封装方式组织数据。电子文件封装包应确定统一命名规则，封装的编码数据不加密。

第十条 电子文件可采用在线或离线方式归档。审批过程中形成纸质档案的，归档电子文件应与其相关联的纸质档案建立检索关系。

第十一条 归档电子文件应在不同存储载体和介质上储存备份至少两套，并建立备份策略，包括增量备份或全量备份、备份周期、核验和检测机制、离线备份介质及其管理等。

第十二条 具有重要价值的电子文件，应当转换为纸质文件同时归档。

第十三条 一次办证审批形成的许可证档案，根据不同保管期限可立为正卷和副卷。正卷以件为单位整理，一次办证审批材料视为一件，副卷以案卷为单位整理。正卷、副卷分别排列，分类和档号保持一致。

第十四条 许可证文件材料应于审批事项结束后的次年完成归档。由许可机关的承办部门按要求整理并编制移交清册后，向单位档案管理部门移交。

因工作需要确需推迟移交、由承办部门临时保管的，应经档案管理部门同意，推迟移交期限最多不超过 3 年。

第十五条 许可证档案的保管应当使用符合要求的档案装具，需要具备防盗、防光、防火、防虫、防鼠、防潮、防尘、防高温等条件专用的档案库房，配备必要的设施和设备。

第十六条 许可机关应建立许可证档案利用制度，严格履行借阅登记手续。人民法院、人民检察院和公安、监察、司法、审计等机关因公务需要查阅档案时，应持单位介绍信和查阅人身份证明办理查阅手续。律师应凭律师执业证书和律师事务所证明，查阅与承办法律事务有关的档案。公民、法人和其他组织应根据政府信息公开相关规定办理。

许可证档案一般不得出借。确因工作需要且根据国家有关规定必须借出的，应当严格按照规定办理相关手续并及时归还。

第十七条 许可机关应成立档案鉴定工作小组，在机关分管负责人领导下，由档案管理部门会同相关许可证承办部门人员组成，并可根据不同情况，吸收信息系统管理部门人员参加，定期对已达到保管期限的档案进行鉴定。

第十八条 档案鉴定工作结束后，应形成鉴定意见。经鉴定涉及未了事项或仍有保存价值的档案，重新确定保管期限。保管期满，确无继续保存价值的档案，应遵循保密原则和有关规定进行销毁。

需销毁的许可证档案，应编制销毁清册，列明拟销毁档案的年度、档号、案卷题名、许可证号、应保管期限、已保管期限等内容，经单位分管负责人审查批准后销毁。电子档案的销毁还应符合国家有关电子档案管理的规定。

第十九条 销毁档案时，档案管理部门和许可证承办部门共同派员监销。涉及电子档案销毁，还需要信息系统管理部门派员监销。监销人员应按照销毁清册所列内容进行清点核对，现场监督整个销毁过程，销毁工作完成后在销毁清册上签字。销毁清册永久保存。

第二十条 各省级安全监管监察部门可以根据本办法，结合单位实际制定实施细则。

第二十一条 本办法由国家安全监管总局、国家档案局负责解释，自公布之日起施行。

生产安全事故档案管理办法

（2008 年 11 月 17 日国家安全监管总局、国家档案局以安监总办〔2008〕202 号联合印发）

第一条 为规范和加强生产安全事故档案管理，根据《中华人民共和国安全生产法》、《中华人民共和国档案法》和《生产安全事故报告和调查处理条例》的有关规定，制定本办法。

第二条 本办法所称的生产安全事故档案（以下简称事故档案），是指生产安全事故报告、事故调查和处理过程中形成的具有保存价值的各种文字、图表、声像、电子等不同形式的历史记录。

第三条 事故档案管理工作在国家档案行政管理部门统筹规划、组织协调下，按照《生产安全事故报告和调查处理条例》规定的事故等级处理程序，实行分系统、分级管理。

第四条 国务院安全生产监督管理部门或负有安全生产监督管理职责的有关部门负责本系统内事故档案的管理、监督、指导。

地方人民政府安全生产监督管理部门或负有安全生产监督管理职责的有关部门负责本地区所辖范围内事故档案的管理、监督、指导。

各级安全生产监督管理部门或负有安全生产监督管理职责的有关部门、各事故发生单位及其他有关单位的事故档案管理，同时接受上级主管部门和同级地方档案行政管理部门的监督、指导。

第五条 事故档案管理是参与事故调查处理单位档案工作的组成部分。

事故档案的管理应与事故报告、事故调查和处理同步进行。参加事故调查处理的有关单位及个人都有维护事故档案完整、准确、系统、安全的义务。任何单位和个人都不得将事故档案据为己有或拒绝归档。

第六条 事故文件材料的收集归档是事故报告和调查处理工作的重要环节。

事故调查组组长或组长单位应指定人员负责收集、整理事故调查和处理期间形成的文件材料。事故调查组成员应在所承担的工作结束后10日内，将工作中形成的事故调查文件材料收集齐全，移交指定人员。

负责事故处理的部门在事故处理结束后30日内向本单位档案部门移交事故档案。

参加事故调查的其他单位可保存与其职能相关的事故调查文件材料的副本或复制件。

事故文件材料的收集归档，有关法律、行政法规或我国参加的国际公约、协定、条约另有规定的，依照其规定办理。

第七条 事故调查及处理工作中应归档的文件材料主要有：

（一）事故报告及领导批示；

（二）事故调查组织工作的有关材料，包括事故调查组成立批准文件、内部分工、调查组成员名单及签字等；

（三）事故抢险救援报告；

（四）现场勘查报告及事故现场勘查材料，包括事故现场图、照片、录像，勘查过程中形成的其他材料等；

（五）事故技术分析、取证、鉴定等材料，包括技术鉴定报告，专家鉴定意见，设备、仪器等现场提取物的技术检测或鉴定报告以及物证材料或物证材料的影像材料，物证材料的事后处理情况报告等；

（六）安全生产管理情况调查报告；

（七）伤亡人员名单，尸检报告或死亡证明，受伤人员伤害程度鉴定或医疗证明；

（八）调查取证、谈话、询问笔录等；

（九）其他有关认定事故原因、管理责任的调查取证材料，包括事故责任单位营业执照及有关资质证书复印件、作业规程及矿井采掘、通风图纸等；

（十）关于事故经济损失的材料；

（十一）事故调查组工作简报；

（十二）与事故调查工作有关的会议记录；

（十三）其他与事故调查有关的文件材料；

（十四）关于事故调查处理意见的请示（附有调查报告）；

（十五）事故处理决定、批复或结案通知；

（十六）关于事故责任认定和对责任人进行处理的相关单位的意见函；

（十七）关于事故责任单位和责任人的责任追究落实情况的文件材料；

（十八）其他与事故处理有关的文件材料。

第八条 事故档案整理应当以事故为单位进行分类组卷，组卷时应保持文件之间的有机联系。

同一事故的非纸质载体文件材料应与纸质文件材料分别整理存放，并标注互见号。

第九条 归档文件质量要求：纸质文件材料应齐全完整，字迹清晰，签认手续完备；数字照片应打印纸质拷贝；录音、录像文件（包括数字文件）、电子文件应按要求确保内容真实可靠、长期可读。

第十条 文件材料向档案部门归档时，交接双方应按照归档文件材料移交目录对全部文件材料进行清点、核对，对需要说明的事项应编写归档说明。移交清册一式二份，双方责任人签字后各保留一份。

第十一条 事故档案的保管期限分为永久、30年两种。

凡是造成人员死亡或重伤，或1000万元以上（含1000万元）直接经济损失的事故档案，列为永久保管。

未造成人员死亡或重伤，且直接经济损失在1000万元以下的事故档案，结案通知或处理决定以及事故责任追究落实情况的材料列为永久保管，其他材料列为30年保管。

第十二条 事故档案保管单位应对保管期限已满的事故档案进行鉴定。仍有保存价值的事故档案，可以延长保管期限。对于需要销毁的事故档案，要严格履行销毁程序。

事故档案在保管一定时期后随同其他档案按时向同级国家档案馆移交。

第十三条 事故档案保管单位应提供必要的保管保护条件，确保事故档案的安全。

第十四条 事故档案保管单位应依据《政府信息公开条例》以及知识产权保护等规定要求，建立健全事故档案借阅制度，明确相应的借阅范围和审批程序。要确保涉密档案的安全，维护涉及事故各方的合法权益。

第十五条 擅自销毁事故文件材料、未及时归档，或违反本办法，造成事故档案损毁、丢失或泄密的，将依照安全生产法律法规、档案法律法规追究直接责任单位或个人的法律责任。

第十六条 本办法由国家安全生产监督管理总局负责解释。

第十七条 本办法自发布之日起施行。

安全生产监管档案管理规定

（2007年6月4日国家安全监管总局以安监总办〔2007〕126号印发）

第一章 总 则

1. 为加强安全生产监管档案的管理，充分发挥档案在安全生产监督管理工作中的作用，根据《中华人民共和国档案法》及其实施办法，结合安全生产监管工作特点，制定本规定。

2. 安全生产监管档案是指各级安全生产监督管理部门在依法履行安全生产监督管理职责工作中直接形成的，具有保存价值的文字、图表、声像、电子等不同形式和载体的历史记录。

3. 各级安全生产监督管理部门应加强对档案工作的领导，将档案工作列入本单位总体发展规划和检查、考核内容，确定承担档案工作职责的机构（以下简称档案管理机构）和必要的人员，统筹安排开展档案工作所需经费。

4. 安全生产监管档案由本单位档案管理机构或者档案工作人员集中管理，任何人都不得据为己有或者拒绝归档。

第二章 档案机构及其职责

5. 在国家档案行政管理部门统筹规划、组织协调、统一制度、监督和指导下，安全生产监管档案工作实行统一领导、分级管理。

国家安全监管总局对各省、自治区、直辖市及计划单列市的安全生产监管档案工作进行业务指导。

各级安监部门安全生产监管档案工作同时接受上级业务管理部门和同级人民政府档案行政管理部门的监督和指导。

6. 国家安全监管总局的档案机构履行下列职责：

（1）贯彻有关法律、行政法规和国家有关方针政策，研究、制定安全生产档案管理方面的规章、制度、规范和标准；

（2）制定安全生产档案工作发展规划，并组织实施；

（3）指导本单位文件、资料的形成、积累和归档工作，统一管理本单位的档案，并按规定向中央档案馆移交档案；

（4）承办安全生产监管、煤矿安全监察档案工作人员业务培训工作，组织档案业务研究及学术交流活动。

7. 县级以上安全生产监督管理部门应明确档案管理机构，并有专人负责档案工作。具体职责是：

（1）贯彻执行有关法律、行政法规及国家安全监管总局发布的规范、标准，建立、健全本单位的档案工作规章制度；

（2）对本单位的归档工作进行指导，统一管理本单位的档案，积极开发档案信息资源，编制检索工具，汇编文件资料，做好档案利用工作；

（3）监督、指导所属机构的档案工作；

（4）做好档案的鉴定和统计工作，按规定向属地国家综合档案馆移交档案。

8. 档案工作人员应熟悉档案专业理论知识，熟悉安全生产监督管理业务，忠于职守，遵守纪律，具有履行职责必需的文化知识和专业技能，并定期接受相应培训。

第三章 文件材料的形成和归档

9. 各级安全生产监督管理部门应当建立健全文件材料归档制度，对文件材料的归档范围、时间、质量要求、程序等做出具体规定，确保归档文件材料齐全、完整、准确、系统。

10. 安全生产监管档案主要由安全生产监管日常管理文件材料、执法检查材料、行政审批和备案材料以及事故调查处理文件材料组成。

（1）安全生产监管日常管理文件材料，包括履行安全生产监督管理职责过程中形成的各种文件、立法相关材料、会议材料、安全统计分析材料、信访材料、行政复议材料及其他日常管理文件材料等。

（2）执法检查材料，包括安全生产执法检查、督查、专项整治过程中形成的调查笔录、处理决定等执法文书材料以及相应的安全事故隐患整改材料等。

（3）行政审批和备案材料，包括职责范围内新建、改建、扩建工程项目的安全设施审查及竣工验收审批材料，职责范围内的安全生产许可审批材料，对工矿商贸生产经营单位安全生产条件和有关设备（特种设备除外）进行检测检验、安全评价、安全培训、安全咨询等社会中介组织的资质认定审批材料，生产经营单位主要负责人及安全生产管理人员安全资格考核材料，特种作业人员考核材料，职责范围内要求的各项管理工作备案材料等。

（4）事故调查处理文件材料，包括本单位在事故报告、调查处理和批复结案过程中形成的全部文件材料。

11. 安全生产监督管理部门形成的具有保存价值的文件材料，由文书机构或文件材料形成机构按相关要求整理后，向本单位档案管理机构归档。

12. 安全生产监管日常管理文件材料应于次年6月30日以前归档；事故调查处理文件材料应在事故处理结束后1个月内归档；执法检查材料、行政审批和备案材料可分阶段归档。

13. 归档文件质量要求：

（1）归档的文件材料必须是办理完毕、齐全完整、具有保存价值；

（2）本部门主办的文件，必须归档保存原件，确无原件的，须在备考表中予以说明；

（3）归档的文件所使用的书写材料、纸张、装订材料应符合档案保护要求；

（4）已破损的文件应予修复，字迹模糊或易褪变的文件应予复制；

（5）电子文件形成单位必须将具有永久和长期保存价值的电子文件，制成纸质文件与原电子文件的存储载体一同归档，并使两者建立互联；

（6）归档的电子文件应存储到符合保管要求的脱机载体上。归档保存的电子文件一般不加密，必须加密归档的电子文件应与其解密软件和说明文件一同归档。

14. 文件材料归档时，交接双方应清点、核对文件材料，并在移交方编制的归档移交目录上签字或盖章。

第四章 档案的管理

15. 安全生产监督管理部门应根据本单位实际情况，对归档文件进行科学系统地分类、排列、编目和保管，采用先进技术和管理方法，推动文档一体化进程，实现档案管理现代化。

16. 安全生产监管日常管理文件材料可按年度、组织机构、保管期限分类，按形成时间顺序排列，或采用适合本单位的档案分类方案，按件整理。

执法检查材料可按年度、行业、地区分类，以每个被监管单位形成的文件材料为保管单位整理，按形成时间顺序排列。

行政审批和备案材料可结合行政审批和备案项目、行业、地区、被监管单位，采用适合本单位的档案分类体系和排列方法，以一个被监管单位的一项行政审批和备案项目形成的文件材料为保管单位整理，一项一卷。行政许可项目在审批手续完成后在许可有效期内发生变更，办理变更手续过程中形成的案卷可与申办案卷合并保管或单独排列。

事故调查处理文件材料以一起事故形成的文件材料为保管单位整理，按年度结合案卷形成时间顺序排列。

17. 安全生产监管档案的保管期限根据国家档案行政管理部门和国家安全监管总局的有关规定执行。

18. 各级安全生产监督管理部门形成的人事、会计、科技档案的管理按国家有关规定执行。

19. 对于已满保管期限的档案，要按照国家有关规定，组织专门鉴定小组进行鉴定。

20. 经鉴定须销毁的档案，档案工作人员应编制销毁清册，经单位主管领导审查批准，由档案工作人员和指定的监销人共同监销，并在销毁清册上签字。销毁清册永久保存。

21. 各级安全生产监督管理部门应建立档案的统计制度，对档案的接收、移交、保管、利用等情况进行统计，并按规定向上级业务管理部门和地方档案行政管理部门报送档案工作基本情况统计报表。

22. 档案工作人员应在调动工作、退休或其他原因离开工作岗位之前，办好档案的交接手续。

其他机构工作人员离职前，必须将未归档的文件材料全部归档，并清退所借档案。

23. 安全生产监督管理部门应设档案专用库房，配备必要的设备设施。档案库房应符合防火、防盗、防潮、防尘、防光、防鼠、防虫、防高温的要求，库房面积应满足今后一段时间档案数量增长的需要。库房应与办公室、阅览室分开。

第五章 档案的利用

24. 各级安全生产监督管理部门应积极开展档案利用工作，编制适用的检索工具，开展档案编研工作，为安全生产监督管理工作提供档案信息服务。

25. 档案工作人员要严格履行档案借阅手续。遵守《中华人民共和国保守国家秘密法》，认真贯彻执行保密法规，做好保密工作。

26. 对电子文件采用网络的方式利用时，应采取身份认证、权限控制等安全保密措施，并遵守有关借阅规定。

27. 因利用档案解决重大问题，并产生较大的经济效益和社会效益的，应进行档案利用效果登记。

第六章 奖 惩

28. 凡有下列事迹之一的,安全生产监督管理部门、档案行政管理部门应给予表彰和奖励:

(1) 对档案的收集、整理、提供利用做出显著成绩的;

(2) 对档案的保护和现代化管理做出显著成绩的;

(3) 同违反档案法律、法规的行为作斗争,表现突出的。

29. 对于违反《中华人民共和国档案法》和本规定相关条款的行为,按照《中华人民共和国档案法实施办法》第五章的有关规定予以处罚。

第七章 附 则

30. 本规定由国家安全监管总局负责解释。

31. 本规定自 2007 年 7 月 1 日起施行。

4. 应急预案

国家安全生产事故灾难应急预案

(2006 年 1 月 22 日国务院印发,自印发之日起施行)

1 总则

1.1 编制目的

规范安全生产事故灾难的应急管理和应急响应程序,及时有效地实施应急救援工作,最大程度地减少人员伤亡、财产损失,维护人民群众的生命安全和社会稳定。

1.2 编制依据

依据《中华人民共和国安全生产法》《国家突发公共事件总体应急预案》和《国务院关于进一步加强安全生产工作的决定》等法律法规及有关规定,制定本预案。

1.3 适用范围

本预案适用于下列安全生产事故灾难的应对工作:

(1) 造成 30 人以上死亡(含失踪),或危及 30 人以上生命安全,或者 100 人以上中毒(重伤),或者需要紧急转移安置 10 万人以上,或者直接经济损失 1 亿元以上的特别重大安全生产事故灾难。

(2) 超出省(区、市)人民政府应急处置能力,或者跨省级行政区、跨多个领域(行业和部门)的安全生产事故灾难。

(3) 需要国务院安全生产委员会(以下简称国务院安委会)处置的安全生产事故灾难。

1.4 工作原则

(1) 以人为本,安全第一。把保障人民群众的生命安全和身体健康、最大程度地预防和减少安全生产事故灾难造成的人员伤亡作为首要任务。切实加强应急救援人员的安全防护。充分发挥人的主观能动性,充分发挥专业救援力量的骨干作用和人民群众的基础作用。

(2) 统一领导,分级负责。在国务院统一领导和国务院安委会组织协调下,各省(区、市)人民政府和国务院有关部门按照各自职责和权限,负责有关安全生产事故灾难的应急管理和应急处置工作。企业要认真履行安全生产责任主体的职责,建立安全生产应急预案和应急机制。

(3) 条块结合,属地为主。安全生产事故灾难现场应急处置的领导和指挥以地方人民政府为主,实行地方各级人民政府行政首长负责制。有关部门应当与地方人民政府密切配合,充分发挥指导和协调作用。

(4) 依靠科学,依法规范。采用先进技术,充分发挥专家作用,实行科学民主决策。采用先进的救援装备和技术,增强应急救援能力。依法规范应急救援工作,确保应急预案的科学性、权威性和可操作性。

(5) 预防为主,平战结合。贯彻落实"安全第一,预防为主"的方针,坚持事故灾难应急与预防工作相结合。做好预防、预测、预警和预报工作,做好常态下的风险评估、物资储备、队伍建设、完善装备、预案演练等工作。

2 组织体系及相关机构职责

2.1 组织体系

全国安全生产事故灾难应急救援组织体系由国务院安委会、国务院有关部门、地方各级人民政府安全生产事故灾难应急领导机构、综合协调指挥机构、专业协调指挥机构、应急支持保障部门、应急救援队伍和生产经营单位组成。

国家安全生产事故灾难应急领导机构为国务院安委会，综合协调指挥机构为国务院安委会办公室，国家安全生产应急救援指挥中心具体承担安全生产事故灾难应急管理工作，专业协调指挥机构为国务院有关部门管理的专业领域应急救援指挥机构。

地方各级人民政府的安全生产事故灾难应急机构由地方政府确定。

应急救援队伍主要包括消防部队、专业应急救援队伍、生产经营单位的应急救援队伍、社会力量、志愿者队伍及有关国际救援力量等。

国务院安委会各成员单位按照职责履行本部门的安全生产事故灾难应急救援和保障方面的职责，负责制订、管理并实施有关应急预案。

2.2 现场应急救援指挥部及职责

现场应急救援指挥以属地为主，事发地省（区、市）人民政府成立现场应急救援指挥部。现场应急救援指挥部负责指挥所有参与应急救援的队伍和人员，及时向国务院报告事故灾难事态发展及救援情况，同时抄送国务院安委会办公室。

涉及多个领域、跨省级行政区或影响特别重大的事故灾难，根据需要由国务院安委会或者国务院有关部门组织成立现场应急救援指挥部，负责应急救援协调指挥工作。

3 预警预防机制

3.1 事故灾难监控与信息报告

国务院有关部门和省（区、市）人民政府应当加强对重大危险源的监控，对可能引发特别重大事故的险情，或者其他灾害、灾难可能引发安全生产事故灾难的重要信息应及时上报。

特别重大安全生产事故灾难发生后，事故现场有关人员应当立即报告单位负责人，单位负责人接到报告后，应当立即报告当地人民政府和上级主管部门。中央企业在上报当地政府的同时应当上报企业总部。当地人民政府接到报告后应当立即报告上级政府，国务院有关部门、单位、中央企业和事故灾难发生地的省（区、市）人民政府应当在接到报告后2小时内，向国务院报告，同时抄送国务院安委会办公室。

自然灾害、公共卫生和社会安全方面的突发事件可能引发安全生产事故灾难的信息，有关各级、各类应急指挥机构均应及时通报同级安全生产事故灾难应急救援指挥机构，安全生产事故灾难应急救援指挥机构应当及时分析处理，并按照分级管理的程序逐级上报，紧急情况下，可越级上报。

发生安全生产事故灾难的有关部门、单位要及时、主动向国务院安委会办公室、国务院有关部门提供与事故应急救援有关的资料。事故灾难发生地安全监管部门提供事故前监督检查的有关资料，为国务院安委会办公室、国务院有关部门研究制订救援方案提供参考。

3.2 预警行动

各级、各部门安全生产事故灾难应急机构接到可能导致安全生产事故灾难的信息后，按照应急预案及时研究确定应对方案，并通知有关部门、单位采取相应行动预防事故发生。

4 应急响应

4.1 分级响应

Ⅰ级应急响应行动（具体标准见1.3）由国务院安委会办公室或国务院有关部门组织实施。当国务院安委会办公室或国务院有关部门进行Ⅰ级应急响应行动时，事发地各级人民政府应当按照相应的预案全力以赴组织救援，并及时向国务院及国务院安委会办公室、国务院有关部门报告救援工作进展情况。

Ⅱ级及以下应急响应行动的组织实施由省级人民政府决定。地方各级人民政府根据事故灾难或险情的严重程度启动相应的应急预案，超出其应急救援处置能力时，及时报请上一级应急救援指挥机构启动上一级应急预案实施救援。

4.1.1 国务院有关部门的响应

Ⅰ级响应时，国务院有关部门启动并实施本部门相关的应急预案，组织应急救援，并及时向国务院及国务院安委会办公室报告救援工作进展情况。需要其他部门应急力量支援时，及时提出请求。

根据发生的安全生产事故灾难的类别，国务院有关部门按照其职责和预案进行响应。

4.1.2 国务院安委会办公室的响应

（1）及时向国务院报告安全生产事故灾难基本情况、事态发展和救援进展情况。

（2）开通与事故灾难发生地的省级应急救援指挥机构、现场应急救援指挥部、相关专业应急救援指挥机构的通信联系，随时掌握事态发展情况。

（3）根据有关部门和专家的建议，通知相关应急救援指挥机构随时待命，为地方或专业应急救援指挥机构提供技术支持。

（4）派出有关人员和专家赶赴现场参加、指导现场应急救援，必要时协调专业应急力量增援。

（5）对可能或者已经引发自然灾害、公共卫生和社会安全突发事件的，国务院安委会办公室要及时上报国务院，同时负责通报相关领域的应急救援指挥机构。

（6）组织协调特别重大安全生产事故灾难应急救援工作。

（7）协调落实其他有关事项。

4.2 指挥和协调

进入Ⅰ级响应后，国务院有关部门及其专业应急救援指挥机构立即按照预案组织相关应急救援力量，配合地方政府组织实施应急救援。

国务院安委会办公室根据事故灾难的情况开展应急救援协调工作。通知有关部门及其应急机构、救援队伍和事发地毗邻省（区、市）人民政府应急救援指挥机构，相关机构按照各自应急预案提供增援或保障。有关应急队伍在现场应急救援指挥部统一指挥下，密切配合，共同实施抢险救援和紧急处置行动。

现场应急救援指挥部负责现场应急救援的指挥，现场应急救援指挥部成立前，事发单位和先期到达的应急救援队伍必须迅速、有效地实施先期处置，事故灾难发生地人民政府负责协调，全力控制事故灾难发展态势，防止次生、衍生和耦合事故（事件）发生，果断控制或切断事故灾害链。

中央企业发生事故灾难时，其总部应全力调动相关资源，有效开展应急救援工作。

4.3 紧急处置

现场处置主要依靠本行政区域内的应急处置力量。事故灾难发生后，发生事故的单位和当地人民政府按照应急预案迅速采取措施。

根据事态发展变化情况，出现急剧恶化的特殊险情时，现场应急救援指挥部在充分考虑专家和有关方面意见的基础上，依法及时采取紧急处置措施。

4.4 医疗卫生救助

事发地卫生行政主管部门负责组织开展紧急医疗救护和现场卫生处置工作。

卫生部或国务院安委会办公室根据地方人民政府的请求，及时协调有关专业医疗救护机构和专科医院派出有关专家、提供特种药品和特种救治装备进行支援。

事故灾难发生地疾病控制中心根据事故类型，按照专业规程进行现场防疫工作。

4.5 应急人员的安全防护

现场应急救援人员应根据需要携带相应的专业防护装备，采取安全防护措施，严格执行应急救援人员进入和离开事故现场的相关规定。

现场应急救援指挥部根据需要具体协调、调集相应的安全防护装备。

4.6 群众的安全防护

现场应急救援指挥部负责组织群众的安全防护工作，主要工作内容如下：

（1）企业应当与当地政府、社区建立应急互动机制，确定保护群众安全需要采取的防护措施。

（2）决定应急状态下群众疏散、转移和安置的方式、范围、路线、程序。

（3）指定有关部门负责实施疏散、转移。

（4）启用应急避难场所。

（5）开展医疗防疫和疾病控制工作。

（6）负责治安管理。

4.7 社会力量的动员与参与

现场应急救援指挥部组织调动本行政区域社会力量参与应急救援工作。

超出事发地省级人民政府处置能力时，省级人民政府向国务院申请本行政区域外的社会力量支援，国务院办公厅协调有关省级人民政府、国务院有关部门组织社会力量进行支援。

4.8 现场检测与评估

根据需要，现场应急救援指挥部成立事故现场检测、鉴定与评估小组，综合分析和评价检测数据，查找事故原因，评估事故发展趋势，预测事故后果，为制订现场抢救方案和事故调查提供参考。检测与评估报告要及时上报。

4.9 信息发布

国务院安委会办公室会同有关部门具体负责特别重大安全生产事故灾难信息的发布工作。

4.10 应急结束

当遇险人员全部得救，事故现场得以控制，环境符合有关标准，导致次生、衍生事故隐患消除后，经现场应急救援指挥部确认和批准，现场应急处置工作结束，应急救援队伍撤离现场。由事故发生地省级人民政府宣布应急结束。

5 后期处置

5.1 善后处置

省级人民政府会同相关部门（单位）负责组织特别重大安全生产事故灾难的善后处置工作，包括人员安置、补偿，征用物资补偿，灾后重建，污染物收集、清理与处理等事项。尽快消除事故影响，妥善安置和慰问受害及受影响人员，保证社会稳定，尽快恢复正常秩序。

5.2 保险

安全生产事故灾难发生后，保险机构及时开展应急救援人员保险受理和受灾人员保险理赔工作。

5.3 事故灾难调查报告、经验教训总结及改进建议

特别重大安全生产事故灾难由国务院安全生产监督管理部门负责组成调查组进行调查；必要时，国务院直接组成调查组或者授权有关部门组成调查组。

安全生产事故灾难善后处置工作结束后，现场应急救援指挥部分析总结应急救援经验教训，提出改进应急救援工作的建议，完成应急救援总结报告并及时上报。

6 保障措施

6.1 通信与信息保障

建立健全国家安全生产事故灾难应急救援综合信息网络系统和重大安全生产事故灾难信息报告系统；建立完善救援力量和资源信息数据库；规范信息获取、分析、发布、报送格式和程序，保证应急机构之间的信息资源共享，为应急决策提供相关信息支持。

有关部门应急救援指挥机构和省级应急救援指挥机构负责本部门、本地区相关信息收集、分析和处理，定期向国务院安委会办公室报送有关信息，重要信息和变更信息要及时报送，国务院安委会办公室负责收集、分析和处理全国安全生产事故灾难应急救援有关信息。

6.2 应急支援与保障

6.2.1 救援装备保障

各专业应急救援队伍和企业根据实际情况和需要配备必要的应急救援装备。专业应急救援指挥机构当掌握本专业的特种救援装备情况，各专业队伍按规程配备救援装备。

6.2.2 应急队伍保障

矿山、危险化学品、交通运输等行业或领域的企业应当依法组建和完善救援队伍。各级、各行业安全生产应急救援机构负责检查并掌握相关应急救援力量的建设和准备情况。

6.2.3 交通运输保障

发生特别重大安全生产事故灾难后，国务院安委会办公室或有关部门根据救援需要及时协调民航、交通和铁路等行政主管部门提供交通运输保障。地方人民政府有关部门对事故现场进行道路交通管制，根据需要开设应急救援特别通道，道路受损时应迅速组织抢修，确保救灾物资、器材和人员运送及时到位，满足应急处置工作需要。

6.2.4 医疗卫生保障

县级以上各级人民政府应当加强急救医疗服务网络的建设，配备相应的医疗救治药物、技术、设备和人员，提高医疗卫生机构应对安全生产事故灾难的救治能力。

6.2.5 物资保障

国务院有关部门和县级以上人民政府及其有关部门、企业，应当建立应急救援设施、设备、救治药品和医疗器械等储备制度，储备必要的应急物资和装备。

各专业应急救援机构根据实际情况，负责监督应急物资的储备情况、掌握应急物资的生产加工能力储备情况。

6.2.6 资金保障

生产经营单位应当做好事故应急救援必要的资金准备。安全生产事故灾难应急救援资金首先由事故责任单位承担，事故责任单位暂时无力承担的，由当地政府协调解决。国家处置安全生产事故灾难所需工作经费按照《财政应急保障预案》的规定解决。

6.2.7 社会动员保障

地方各级人民政府根据需要动员和组织社会力量参与安全生产事故灾难的应急救援。国务院安委会办公室协调调用事发地以外的有关社会应急力量参与增援时，地方人民政府要为其提供各种必要保障。

6.2.8 应急避难场所保障

直辖市、省会城市和大城市人民政府负责提供特别重大事故灾难发生时人员避难需要的场所。

6.3 技术储备与保障

国务院安委会办公室成立安全生产事故灾难应急救援专家组，为应急救援提供技术支持和保障。要充分利用安全生产技术支撑体系的专家和机构，研究安全生产应急救援重大问题，开发应急技术和装备。

6.4 宣传、培训和演习

6.4.1 公众信息交流

国务院安委会办公室和有关部门组织应急法律法规和事故预防、避险、避灾、自救、互救常识的宣传工作，各种媒体提供相关支持。

地方各级人民政府结合本地实际，负责本地相关宣传、教育工作，提高全民的危机意识。

企业与所在地政府、社区建立互动机制，向周边群众宣传相关应急知识。

6.4.2 培训

有关部门组织各级应急管理机构以及专业救援队伍的相关人员进行上岗前培训和业务培训。

有关部门、单位可根据自身实际情况，做好兼职应急救援队伍的培训，积极组织社会志愿者的培训，提高公众自救、互救能力。

地方各级人民政府将突发公共事件应急管理内容列入行政干部培训的课程。

6.4.3 演习

各专业应急机构每年至少组织一次安全生产事故灾难应急救援演习。国务院安委会办公室每两年至少组织一次联合演习。各企事业单位应当根据自身特点，定期组织本单位的应急救援演习。演习结束后应及时进行总结。

6.5 监督检查

国务院安委会办公室对安全生产事故灾难应急预案实施的全过程进行监督检查。

7 附则

7.1 预案管理与更新

随着应急救援相关法律法规的制定、修改和完善，部门职责或应急资源发生变化，以及实施过程中发现存在问题或出现新的情况，应及时修订完善本预案。

本预案有关数量的表述中，"以上"含本数，"以下"不含本数。

7.2 奖励与责任追究

7.2.1 奖励

在安全生产事故灾难应急救援工作中有下列表现之一的单位和个人，应依据有关规定给予奖励：

（1）出色完成应急处置任务，成绩显著的。

（2）防止或抢救事故灾难有功，使国家、集体和人民群众的财产免受损失或者减少损失的。

（3）对应急救援工作提出重大建议，实施效果显著的。

（4）有其他特殊贡献的。

7.2.2 责任追究

在安全生产事故灾难应急救援工作中有下列行为之一的，按照法律、法规及有关规定，对有关责任人员视情节和危害后果，由其所在单位或者上级机关给予行政处分；其中，对国家公务员和国家行政机关任命的其他人员，分别由任免机关或者监察机关给予行政处分；属于违反治安管理行为的，由公安机关依照有关法律法规的规定予以处罚；构成犯罪的，由司法机关依法追究刑事责任：

（1）不按照规定制订事故应急预案，拒绝履行应急准备义务的。

（2）不按照规定报告、通报事故灾难真实情况的。

（3）拒不执行安全生产事故灾难应急预案，不服从命令和指挥，或者在应急响应时临阵脱逃的。

（4）盗窃、挪用、贪污应急工作资金或者物资的。

（5）阻碍应急工作人员依法执行任务或者进行破坏活动的。

（6）散布谣言，扰乱社会秩序的。

（7）有其他危害应急工作行为的。

7.3 国际沟通与协作

国务院安委会办公室和有关部门积极建立与国际应急机构的联系，组织参加国际救援活动，开展国际间的交流与合作。

7.4 预案实施时间

本预案自印发之日起施行。

生产安全事故应急预案管理办法

（2016年6月3日国家安全生产监督管理总局令第88号公布　根据2019年7月11日应急管理部令第2号《应急管理部关于修改〈生产安全事故应急预案管理办法〉的决定》修正）

第一章　总　则

第一条　为规范生产安全事故应急预案管理工作，迅速有效处置生产安全事故，依据《中华人民共和国突发事件应对法》《中华人民共和国安全生产法》《生产安全事故应急条例》等法律、行政法规和《突发事件应急预案管理办法》，制定本办法。

第二条　生产安全事故应急预案（以下简称应急预案）的编制、评审、公布、备案、实施及监督管理工作，适用本办法。

第三条　应急预案的管理实行属地为主、分级负责、分类指导、综合协调、动态管理的原则。

第四条　应急管理部负责全国应急预案的综合协调管理工作。国务院其他负有安全生产监督管理职责的部门在各自职责范围内，负责相关行业、领域应急预案的管理工作。县级以上地方各级人民政府应急管理部门负责本行政区域内应急预案的综合协调管理工作。县级以上地方各级人民政府其他负有安全生产监督管理职责的部门按照各自的职责负责有关行业、领域应急预案的管理工作。

第五条　生产经营单位主要负责人负责组织编制和实施本单位的应急预案，并对应急预案的真实性和实用性负责；各分管负责人应当按照职责分工落实应急预案规定的职责。

第六条　生产经营单位应急预案分为综合应急预案、专项应急预案和现场处置方案。综合应急预案，是指生产经营单位为应对各种生产安全事故而制定的综合性工作方案，是本单位应对生产安全事故的总体工作程序、措施和应急预案体系的总纲。专项应急预案，是指生产经营单位为应对某一种或者多种类型生产安全事故，或者针对重要生产设施、重大危险源、重大活动防止生产安全事故而制定的专项性工作方案。现场处置方案，是指生产经营单位根据不同生产安全事故类型，针对具体场所、装置或者设施所制定的应急处置措施。

第二章 应急预案的编制

第七条 应急预案的编制应当遵循以人为本、依法依规、符合实际、注重实效的原则，以应急处置为核心，明确应急职责、规范应急程序、细化保障措施。

第八条 应急预案的编制应当符合下列基本要求：

（一）有关法律、法规、规章和标准的规定；

（二）本地区、本部门、本单位的安全生产实际情况；

（三）本地区、本部门、本单位的危险性分析情况；

（四）应急组织和人员的职责分工明确，并有具体的落实措施；

（五）有明确、具体的应急程序和处置措施，并与其应急能力相适应；

（六）有明确的应急保障措施，满足本地区、本部门、本单位的应急工作需要；

（七）应急预案基本要素齐全、完整，应急预案附件提供的信息准确；

（八）应急预案内容与相关应急预案相互衔接。

第九条 编制应急预案应当成立编制工作小组，由本单位有关负责人任组长，吸收与应急预案有关的职能部门和单位的人员，以及有现场处置经验的人员参加。

第十条 编制应急预案前，编制单位应当进行事故风险辨识、评估和应急资源调查。事故风险辨识、评估，是指针对不同事故种类及特点，识别存在的危险危害因素，分析事故可能产生的直接后果以及次生、衍生后果，评估各种后果的危害程度和影响范围，提出防范和控制事故风险措施的过程。应急资源调查，是指全面调查本地区、本单位第一时间可以调用的应急资源状况和合作区域内可以请求援助的应急资源状况，并结合事故风险辨识评估结论制定应急措施的过程。

第十一条 地方各级人民政府应急管理部门和其他负有安全生产监督管理职责的部门应当根据法律、法规、规章和同级人民政府以及上一级人民政府应急管理部门和其他负有安全生产监督管理职责的部门的应急预案，结合工作实际，组织编制相应的部门应急预案。部门应急预案应当根据本地区、本部门的实际情况，明确信息报告、响应分级、指挥权移交、警戒疏散等内容。

第十二条 生产经营单位应当根据有关法律、法规、规章和相关标准，结合本单位组织管理体系、生产规模和可能发生的事故特点，与相关预案保持衔接，确立本单位的应急预案体系，编制相应的应急预案，并体现自救互救和先期处置等特点。

第十三条 生产经营单位风险种类多、可能发生多种类型事故的，应当组织编制综合应急预案。综合应急预案应当规定应急组织机构及其职责、应急预案体系、事故风险描述、预警及信息报告、应急响应、保障措施、应急预案管理等内容。

第十四条 对于某一种或者多种类型的事故风险，生产经营单位可以编制相应的专项应急预案，或将专项应急预案并入综合应急预案。专项应急预案应当规定应急指挥机构与职责、处置程序和措施等内容。

第十五条 对于危险性较大的场所、装置或者设施，生产经营单位应当编制现场处置方案。现场处置方案应当规定应急工作职责、应急处置措施和注意事项等内容。事故风险单一、危险性小的生产经营单位，可以只编制现场处置方案。

第十六条 生产经营单位应急预案应当包括向上级应急管理机构报告的内容、应急组织机构和人员的联系方式、应急物资储备清单等附件信息。附件信息发生变化时，应当及时更新，确保准确有效。

第十七条 生产经营单位组织应急预案编制过程中，应当根据法律、法规、规章的规定或者实际需要，征求相关应急救援队伍、公民、法人或者其他组织的意见。

第十八条 生产经营单位编制的各类应急预案之间应当相互衔接，并与相关人民政府及其部门、应急救援队伍和涉及的其他单位的应急预案相衔接。

第十九条 生产经营单位应当在编制应急预案的基础上，针对工作场所、岗位的特点，编制简明、实用、有效的应急处置卡。应急处置卡应当规定重点岗位、人员的应急处置程序和措施，以及相关联络人员和联系方式，便于从业人员携带。

第三章 应急预案的评审、公布和备案

第二十条 地方各级人民政府应急管理部门应当

组织有关专家对本部门编制的部门应急预案进行审定；必要时，可以召开听证会，听取社会有关方面的意见。

第二十一条 矿山、金属冶炼企业和易燃易爆物品、危险化学品的生产、经营（带储存设施的，下同）、储存、运输企业，以及使用危险化学品达到国家规定数量的化工企业、烟花爆竹生产、批发经营企业和中型规模以上的其他生产经营单位，应当对本单位编制的应急预案进行评审，并形成书面评审纪要。

前款规定以外的其他生产经营单位可以根据自身需要，对本单位编制的应急预案进行论证。

第二十二条 参加应急预案评审的人员应当包括有关安全生产及应急管理方面的专家。评审人员与所评审应急预案的生产经营单位有利害关系的，应当回避。

第二十三条 应急预案的评审或者论证应当注重基本要素的完整性、组织体系的合理性、应急处置程序和措施的针对性、应急保障措施的可行性、应急预案的衔接性等内容。

第二十四条 生产经营单位的应急预案经评审或者论证后，由本单位主要负责人签署，向本单位从业人员公布，并及时发放到本单位有关部门、岗位和相关应急救援队伍。事故风险可能影响周边其他单位、人员的，生产经营单位应当将有关事故风险的性质、影响范围和应急防范措施告知周边的其他单位和人员。

第二十五条 地方各级人民政府应急管理部门的应急预案，应当报同级人民政府备案，同时抄送上一级人民政府应急管理部门，并依法向社会公布。地方各级人民政府其他负有安全生产监督管理职责的部门的应急预案，应当抄送同级人民政府应急管理部门。

第二十六条 易燃易爆物品、危险化学品等危险物品的生产、经营、储存、运输单位，矿山、金属冶炼、城市轨道交通运营、建筑施工单位，以及宾馆、商场、娱乐场所、旅游景区等人员密集场所经营单位，应当在应急预案公布之日起20个工作日内，按照分级属地原则，向县级以上人民政府应急管理部门和其他负有安全生产监督管理职责的部门进行备案，并依法向社会公布。前款所列单位属于中央企业的，其总部（上市公司）的应急预案，报国务院主管的负有安全生产监督管理职责的部门备案，并抄送应急管理部；其所属单位的应急预案报所在地的省、自治区、直辖市或者设区的市级人民政府主管的负有安全生产监督管理职责的部门备案，并抄送同级人民政府应急管理部门。本条第一款所列单位不属于中央企业的，其中非煤矿山、金属冶炼和危险化学品生产、经营、储存、运输企业，以及使用危险化学品达到国家规定数量的化工企业、烟花爆竹生产、批发经营企业的应急预案，按照隶属关系报所在地县级以上地方人民政府应急管理部门备案；本款前述单位以外的其他生产经营单位应急预案的备案，由省、自治区、直辖市人民政府负有安全生产监督管理职责的部门确定。油气输送管道运营单位的应急预案，除按照本条第一款、第二款的规定备案外，还应当抄送所经行政区域的县级人民政府应急管理部门。海洋石油开采企业的应急预案，除按照本条第一款、第二款的规定备案外，还应当抄送所经行政区域的县级人民政府应急管理部门和海洋石油安全监管机构。煤矿企业的应急预案除按照本条第一款、第二款的规定备案外，还应当抄送所在地的煤矿安全监察机构。

第二十七条 生产经营单位申报应急预案备案，应当提交下列材料：

（一）应急预案备案申报表；

（二）本办法第二十一条所列单位，应当提供应急预案评审意见；

（三）应急预案电子文档；

（四）风险评估结果和应急资源调查清单。

第二十八条 受理备案登记的负有安全生产监督管理职责的部门应当在5个工作日内对应急预案材料进行核对，材料齐全的，应当予以备案并出具应急预案备案登记表；材料不齐全的，不予备案并一次性告知需要补齐的材料。逾期不予备案又不说明理由的，视为已经备案。对于实行安全生产许可的生产经营单位，已经进行应急预案备案的，在申请安全生产许可证时，可以不提供相应的应急预案，仅提供应急预案备案登记表。

第二十九条 各级人民政府负有安全生产监督管理职责的部门应当建立应急预案备案登记建档制度，指导、督促生产经营单位做好应急预案的备案登记工作。

第四章 应急预案的实施

第三十条 各级人民政府应急管理部门、各类生产经营单位应当采取多种形式开展应急预案的宣传教育，普及生产安全事故避险、自救和互救知识，提高从业人员和社会公众的安全意识与应急处置技能。

第三十一条 各级人民政府应急管理部门应当将本部门应急预案的培训纳入安全生产培训工作计划，并组织实施本行政区域内重点生产经营单位的应急预案培训工作。生产经营单位应当组织开展本单位的应急预案、应急知识、自救互救和避险逃生技能的培训活动，使有关人员了解应急预案内容，熟悉应急职责、应急处置程序和措施。应急培训的时间、地点、内容、师资、参加人员和考核结果等情况应当如实记入本单位的安全生产教育和培训档案。

第三十二条 各级人民政府应急管理部门应当至少每两年组织一次应急预案演练，提高本部门、本地区生产安全事故应急处置能力。

第三十三条 生产经营单位应当制定本单位的应急预案演练计划，根据本单位的事故风险特点，每年至少组织一次综合应急预案演练或者专项应急预案演练，每半年至少组织一次现场处置方案演练。易燃易爆物品、危险化学品等危险物品的生产、经营、储存、运输单位，矿山、金属冶炼、城市轨道交通运营、建筑施工单位，以及宾馆、商场、娱乐场所、旅游景区等人员密集场所经营单位，应当至少每半年组织一次生产安全事故应急预案演练，并将演练情况报送所在地县级以上地方人民政府负有安全生产监督管理职责的部门。县级以上地方人民政府负有安全生产监督管理职责的部门应当对本行政区域内前款规定的重点生产经营单位的生产安全事故应急救援预案演练进行抽查；发现演练不符合要求的，应当责令限期改正。

第三十四条 应急预案演练结束后，应急预案演练组织单位应当对应急预案演练效果进行评估，撰写应急预案演练评估报告，分析存在的问题，并对应急预案提出修订意见。

第三十五条 应急预案编制单位应当建立应急预案定期评估制度，对预案内容的针对性和实用性进行分析，并对应急预案是否需要修订作出结论。矿山、金属冶炼、建筑施工企业和易燃易爆物品、危险化学品等危险物品的生产、经营、储存、运输企业，使用危险化学品达到国家规定数量的化工企业、烟花爆竹生产、批发经营企业和中型规模以上的其他生产经营单位，应当每三年进行一次应急预案评估。应急预案评估可以邀请相关专业机构或者有关专家、有实际应急救援工作经验的人员参加，必要时可以委托安全生产技术服务机构实施。

第三十六条 有下列情形之一的，应急预案应当及时修订并归档：

（一）依据的法律、法规、规章、标准及上位预案中的有关规定发生重大变化的；

（二）应急指挥机构及其职责发生调整的；

（三）安全生产面临的风险发生重大变化的；

（四）重要应急资源发生重大变化的；

（五）在应急演练和事故应急救援中发现需要修订预案的重大问题的；

（六）编制单位认为应当修订的其他情况。

第三十七条 应急预案修订涉及组织指挥体系与职责、应急处置程序、主要处置措施、应急响应分级等内容变更的，修订工作应当参照本办法规定的应急预案编制程序进行，并按照有关应急预案报备程序重新备案。

第三十八条 生产经营单位应当按照应急预案的规定，落实应急指挥体系、应急救援队伍、应急物资及装备，建立应急物资、装备配备及其使用档案，并对应急物资、装备进行定期检测和维护，使其处于适用状态。

第三十九条 生产经营单位发生事故时，应当第一时间启动应急响应，组织有关力量进行救援，并按照规定将事故信息及应急响应启动情况报告事故发生地县级以上人民政府应急管理部门和其他负有安全生产监督管理职责的部门。

第四十条 生产安全事故应急处置和应急救援结束后，事故发生单位应当对应急预案实施情况进行总结评估。

第五章 监督管理

第四十一条 各级人民政府应急管理部门和煤矿安全监察机构应当将生产经营单位应急预案工作纳入年度监督检查计划，明确检查的重点内容和标准，并严格按照计划开展执法检查。

第四十二条 地方各级人民政府应急管理部门应当每年对应急预案的监督管理工作情况进行总结，并报上一级人民政府应急管理部门。

第四十三条 对于在应急预案管理工作中做出显著成绩的单位和人员，各级人民政府应急管理部门、生产经营单位可以给予表彰和奖励。

第六章 法律责任

第四十四条 生产经营单位有下列情形之一的，由县级以上人民政府应急管理等部门依照《中华人民共和国安全生产法》第九十四条的规定，责令限期改正，可以处5万元以下罚款；逾期未改正的，责令停产停业整顿，并处5万元以上10万元以下的罚款，对直接负责的主管人员和其他直接责任人员处1万元以上2万元以下的罚款：

（一）未按照规定编制应急预案的；

（二）未按照规定定期组织应急预案演练的。

第四十五条 生产经营单位有下列情形之一的，由县级以上人民政府应急管理部门责令限期改正，可以处 1 万元以上 3 万元以下的罚款：

（一）在应急预案编制前未按照规定开展风险辨识、评估和应急资源调查的；

（二）未按照规定开展应急预案评审的；

（三）事故风险可能影响周边单位、人员，未将事故风险的性质、影响范围和应急防范措施告知周边单位和人员的；

（四）未按照规定开展应急预案评估的；

（五）未按照规定进行应急预案修订的；

（六）未落实应急预案规定的应急物资及装备的。生产经营单位未按照规定进行应急预案备案的，由县级以上人民政府应急管理等部门依照职责责令限期改正；逾期未改正的，处 3 万元以上 5 万元以下的罚款，对直接负责的主管人员和其他直接责任人员处 1 万元以上 2 万元以下的罚款。

第七章 附 则

第四十六条 《生产经营单位生产安全事故应急预案备案申报表》和《生产经营单位生产安全事故应急预案备案登记表》由应急管理部统一制定。

第四十七条 各省、自治区、直辖市应急管理部门可以依据本办法的规定，结合本地区实际制定实施细则。

第四十八条 对储存、使用易燃易爆物品、危险化学品等危险物品的科研机构、学校、医院等单位的安全事故应急预案的管理，参照本办法的有关规定执行。

第四十九条 本办法自 2016 年 7 月 1 日起施行。

（二）矿山安全及其他类

1. 法律法规

中华人民共和国矿山安全法

（1992 年 11 月 7 日第七届全国人民代表大会常务委员会第二十八次会议通过，1992 年 11 月 7 日中华人民共和国主席令第 65 号公布 根据 2009 年 8 月 27 日中华人民共和国主席令第 18 号《全国人民代表大会常务委员会关于修改部分法律的决定》修正）

第一章 总 则

第一条 为了保障矿山生产安全，防止矿山事故，保护矿山职工人身安全，促进采矿业的发展，制定本法。

第二条 在中华人民共和国领域和中华人民共和国管辖的其他海域从事矿产资源开采活动，必须遵守本法。

第三条 矿山企业必须具有保障安全生产的设施，建立、健全安全管理制度，采取有效措施改善职工劳动条件，加强矿山安全管理工作，保证安全生产。

第四条 国务院劳动行政主管部门对全国矿山安全工作实施统一监督。

县级以上地方各级人民政府劳动行政主管部门对本行政区域内的矿山安全工作实施统一监督。

县级以上人民政府管理矿山企业的主管部门对矿山安全工作进行管理。

第五条 国家鼓励矿山安全科学技术研究，推广先进技术，改进安全设施，提高矿山安全生产水平。

第六条 对坚持矿山安全生产，防止矿山事故，参加矿山抢险救护，进行矿山安全科学技术研究方面取得显著成绩的单位和个人，给予奖励。

第二章 矿山建设的安全保障

第七条 矿山建设工程的安全设施必须和主体工程同时设计、同时施工、同时投入生产和使用。

第八条 矿山建设工程的设计文件，必须符合矿山安全规程和行业技术规范，并按照国家规定经管理矿山企业的主管部门批准；不符合矿山安全规程和行业技术规范的，不得批准。

矿山建设工程安全设施的设计必须有劳动行政主管部门参加审查。

矿山安全规程和行业技术规范，由国务院管理矿山企业的主管部门制定。

第九条 矿山设计下列项目必须符合矿山安全规程和行业技术规范：

（一）矿井的通风系统和供风量、风质、风速；

（二）露天矿的边坡角和台阶的宽度、高度；

（三）供电系统；

（四）提升、运输系统；

（五）防水、排水系统和防火、灭火系统；

（六）防瓦斯系统和防尘系统；
（七）有关矿山安全的其他项目。

第十条 每个矿井必须有两个以上能行人的安全出口，出口之间的直线水平距离必须符合矿山安全规程和行业技术规范。

第十一条 矿山必须有与外界相通的、符合安全要求的运输和通信设施。

第十二条 矿山建设工程必须按照管理矿山企业的主管部门批准的设计文件施工。

矿山建设工程安全设施竣工后，由管理矿山企业的主管部门验收，并须有劳动行政主管部门参加；不符合矿山安全规程和行业技术规范的，不得验收，不得投入生产。

第三章　矿山开采的安全保障

第十三条 矿山开采必须具备保障安全生产的条件，执行开采不同矿种的矿山安全规程和行业技术规范。

第十四条 矿山设计规定保留的矿柱、岩柱，在规定的期限内，应当予以保护，不得开采或者毁坏。

第十五条 矿山使用的有特殊安全要求的设备、器材、防护用品和安全检测仪器，必须符合国家安全标准或者行业安全标准；不符合国家安全标准或者行业安全标准的，不得使用。

第十六条 矿山企业必须对机电设备及其防护装置、安全检测仪器，定期检查、维修，保证使用安全。

第十七条 矿山企业必须对作业场所中的有毒有害物质和井下空气含氧量进行检测，保证符合安全要求。

第十八条 矿山企业必须对下列危害安全的事故隐患采取预防措施：
（一）冒顶、片帮、边坡滑落和地表塌陷；
（二）瓦斯爆炸、煤尘爆炸；
（三）冲击地压、瓦斯突出、井喷；
（四）地面和井下的火灾、水害；
（五）爆破器材和爆破作业发生的危害；
（六）粉尘、有毒有害气体、放射性物质和其他有害物质引起的危害；
（七）其他危害。

第十九条 矿山企业对使用机械、电气设备，排土场、矸石山、尾矿库和矿山闭坑后可能引起的危害，应当采取预防措施。

第四章　矿山企业的安全管理

第二十条 矿山企业必须建立、健全安全生产责任制。

矿长对本企业的安全生产工作负责。

第二十一条 矿长应当定期向职工代表大会或者职工大会报告安全生产工作，发挥职工代表大会的监督作用。

第二十二条 矿山企业职工必须遵守有关矿山安全的法律、法规和企业规章制度。

矿山企业职工有权对危害安全的行为，提出批评、检举和控告。

第二十三条 矿山企业工会依法维护职工生产安全的合法权益，组织职工对矿山安全工作进行监督。

第二十四条 矿山企业违反有关安全的法律、法规，工会有权要求企业行政方面或者有关部门认真处理。

矿山企业召开讨论有关安全生产的会议，应当有工会代表参加，工会有权提出意见和建议。

第二十五条 矿山企业工会发现企业行政方面违章指挥、强令工人冒险作业或者生产过程中发现明显重大事故隐患和职业危害，有权提出解决的建议；发现危及职工生命安全的情况时，有权向矿山企业行政方面建议组织职工撤离危险现场，矿山企业行政方面必须及时作出处理决定。

第二十六条 矿山企业必须对职工进行安全教育、培训；未经安全教育、培训的，不得上岗作业。

矿山企业安全生产的特种作业人员必须接受专门培训，经考核合格取得操作资格证书的，方可上岗作业。

第二十七条 矿长必须经过考核，具备安全专业知识，具有领导安全生产和处理矿山事故的能力。

矿山企业安全工作人员必须具备必要的安全专业知识和矿山安全工作经验。

第二十八条 矿山企业必须向职工发放保障安全生产所需的劳动防护用品。

第二十九条 矿山企业不得录用未成年人从事矿山井下劳动。

矿山企业对女职工按照国家规定实行特殊劳动保护，不得分配女职工从事矿山井下劳动。

第三十条 矿山企业必须制定矿山事故防范措施，并组织落实。

第三十一条 矿山企业应当建立由专职或者兼职人员组成的救护和医疗急救组织，配备必要的装备、器材和药物。

第三十二条 矿山企业必须从矿产品销售额中按照国家规定提取安全技术措施专项费用。安全技术措施专项费用必须全部用于改善矿山安全生产条件，不得挪作他用。

第五章 矿山安全的监督和管理

第三十三条 县级以上各级人民政府劳动行政主管部门对矿山安全工作行使下列监督职责：

（一）检查矿山企业和管理矿山企业的主管部门贯彻执行矿山安全法律、法规的情况；

（二）参加矿山建设工程安全设施的设计审查和竣工验收；

（三）检查矿山劳动条件和安全状况；

（四）检查矿山企业职工安全教育、培训工作；

（五）监督矿山企业提取和使用安全技术措施专项费用的情况；

（六）参加并监督矿山事故的调查和处理；

（七）法律、行政法规规定的其他监督职责。

第三十四条 县级以上人民政府管理矿山企业的主管部门对矿山安全工作行使下列管理职责：

（一）检查矿山企业贯彻执行矿山安全法律、法规的情况；

（二）审查批准矿山建设工程安全设施的设计；

（三）负责矿山建设工程安全设施的竣工验收；

（四）组织矿长和矿山企业安全工作人员的培训工作；

（五）调查和处理重大矿山事故；

（六）法律、行政法规规定的其他管理职责。

第三十五条 劳动行政主管部门的矿山安全监督人员有权进入矿山企业，在现场检查安全状况；发现有危及职工安全的紧急险情时，应当要求矿山企业立即处理。

第六章 矿山事故处理

第三十六条 发生矿山事故，矿山企业必须立即组织抢救，防止事故扩大，减少人员伤亡和财产损失，对伤亡事故必须立即如实报告劳动行政主管部门和管理矿山企业的主管部门。

第三十七条 发生一般矿山事故，由矿山企业负责调查和处理。

发生重大矿山事故，由政府及其有关部门、工会和矿山企业按照行政法规的规定进行调查和处理。

第三十八条 矿山企业对矿山事故中伤亡的职工按照国家规定给予抚恤或者补偿。

第三十九条 矿山事故发生后，应当尽快消除现场危险，查明事故原因，提出防范措施。现场危险消除后，方可恢复生产。

第七章 法律责任

第四十条 违反本法规定，有下列行为之一的，由劳动行政主管部门责令改正，可以并处罚款；情节严重的，提请县级以上人民政府决定责令停产整顿；对主管人员和直接责任人员由其所在单位或者上级主管机关给予行政处分：

（一）未对职工进行安全教育、培训，分配职工上岗作业的；

（二）使用不符合国家安全标准或者行业安全标准的设备、器材、防护用品、安全检测仪器的；

（三）未按照规定提取或者使用安全技术措施专项费用的；

（四）拒绝矿山安全监督人员现场检查或者在被检查时隐瞒事故隐患、不如实反映情况的；

（五）未按照规定及时、如实报告矿山事故的。

第四十一条 矿长不具备安全专业知识的，安全生产的特种作业人员未取得操作资格证书上岗作业的，由劳动行政主管部门责令限期改正；逾期不改正的，提请县级以上人民政府决定责令停产，调整配备合格人员后，方可恢复生产。

第四十二条 矿山建设工程安全设施的设计未经允准擅自施工的，由管理矿山企业的主管部门责令停止施工；拒不执行的，由管理矿山企业的主管部门提请县级以上人民政府决定由有关主管部门吊销其采矿许可证和营业执照。

第四十三条 矿山建设工程的安全设施未经验收或者验收不合格擅自投入生产的，由劳动行政主管部门会同管理矿山企业的主管部门责令停止生产，并由劳动行政主管部门处以罚款；拒不停止生产的，由劳动行政主管部门提请县级以上人民政府决定由有关主管部门吊销其采矿许可证和营业执照。

第四十四条 已经投入生产的矿山企业，不具备安全生产条件而强行开采的，由劳动行政主管部门会同管理矿山企业的主管部门责令限期改进；逾期仍不具备安全生产条件的，由劳动行政主管部门提请县级以上人民政府决定责令停产整顿或者由有关主管部门吊销其采矿许可证和营业执照。

第四十五条 当事人对行政处罚决定不服的，可以在接到处罚决定通知之日起十五日内向作出处罚决定的机关的上一级机关申请复议；当事人也可以在接到处罚决定通知之日起十五日内直接向人民法院起诉。

复议机关应当在接到复议申请之日起六十日内作出复议决定。当事人对复议决定不服的，可以在接到复议决定之日起十五日内向人民法院起诉。复议机关逾期不作出复议决定的,当事人可以在复议期满之日起十五日内向人民法院起诉。

当事人逾期不申请复议也不向人民法院起诉、又不履行处罚决定的,作出处罚决定的机关可以申请人民法院强制执行。

第四十六条 矿山企业主管人员违章指挥、强令工人冒险作业,因而发生重大伤亡事故的,依照刑法有关规定追究刑事责任。

第四十七条 矿山企业主管人员对矿山事故隐患不采取措施,因而发生重大伤亡事故的,依照刑法有关规定追究刑事责任。

第四十八条 矿山安全监督人员和安全管理人员滥用职权,玩忽职守、徇私舞弊,构成犯罪的,依法追究刑事责任;不构成犯罪的,给予行政处分。

第八章 附 则

第四十九条 国务院劳动行政主管部门根据本法制定实施条例,报国务院批准施行。

省、自治区、直辖市人民代表大会常务委员会可以根据本法和本地区的实际情况,制定实施办法。

第五十条 本法自一九九三年五月一日起施行。

中华人民共和国矿山安全法实施条例

(1995年10月11日国务院批准,1996年10月30日劳动部令第4号发布)

第一章 总 则

第一条 根据《中华人民共和国矿山安全法》(以下简称《矿山安全法》),制定本条例。

第二条 《矿山安全法》及本条例中下列用语的含义:

矿山,是指在依法批准的矿区范围内从事矿产资源开采活动的场所及其附属设施。

矿产资源开采活动,是指在依法批准的矿区范围内从事矿产资源勘探和矿山建设、生产、闭坑及有关活动。

第三条 国家采取政策和措施,支持发展矿山安全教育,鼓励矿山安全开采技术、安全管理方法、安全设备与仪器的研究和推广,促进矿山安全科学技术进步。

第四条 各级人民政府、政府有关部门或者企业事业单位对有下列情形之一的单位和个人,按照国家有关规定给予奖励:

(一)在矿山安全管理和监督工作中,忠于职守,作出显著成绩的;

(二)防止矿山事故或者抢险救护有功的;

(三)在推广矿山安全技术、改进矿山安全设施方面,作出显著成绩的;

(四)在矿山安全生产方面提出合理化建议,效果显著的;

(五)在改善矿山劳动条件或者预防矿山事故方面有发明创造和科研成果,效果显著的。

第二章 矿山建设的安全保障

第五条 矿山设计使用的地质勘探报告书,应当包括下列技术资料:

(一)较大的断层、破碎带、滑坡、泥石流的性质和规模;

(二)含水层(包括溶洞)和隔水层的岩性、层厚、产状,含水层之间、地面水和地下水之间的水力联系,地下水的潜水位、水质、水量和流向,地面水流系统和有关水利工程的疏水能力以及当地历年降水量和最高洪水位;

(三)矿山设计范围内原有小窑、老窑的分布范围、开采深度和积水情况;

(四)沼气、二氧化碳赋存情况,矿物自然发火和矿尘爆炸的可能性;

(五)对人体有害的矿物组分、含量和变化规律,勘探区至少一年的天然放射性本底数据;

(六)地温异常和热水矿区的岩石热导率、地温梯度、热水来源、水温、水压和水量,以及圈定的热害区范围;

(七)工业、生活用水的水源和水质;

(八)钻孔封孔资料;

(九)矿山设计需要的其他资料。

第六条 编制矿山建设项目的可行性研究报告和总体设计,应当对矿山开采的安全条件进行论证。

矿山建设项目的初步设计,应当编制安全专篇。安全专篇的编写要求,由国务院劳动行政主管部门规定。

第七条 根据《矿山安全法》第八条的规定,矿山建设单位在向管理矿山企业的主管部门报送审批矿山建设工程安全设施设计文件时,应当同时报送劳动行政主管部门审查;没有劳动行政主管部门的审查意见,管理矿山企业的主管部门不得批准。

经批准的矿山建设工程安全设施设计需要修改

时，应当征求原参加审查的劳动行政主管部门的意见。

第八条 矿山建设工程应当按照经批准的设计文件施工，保证施工质量；工程竣工后，应当按照国家有关规定申请验收。

建设单位应当在验收前 60 日向管理矿山企业的主管部门、劳动行政主管部门报送矿山建设工程安全设施施工、竣工情况的综合报告。

第九条 管理矿山企业的主管部门、劳动行政主管部门应当自收到建设单位报送的矿山建设工程安全设施施工、竣工情况的综合报告之日起 30 日内，对矿山建设工程的安全设施进行检查；不符合矿山安全规程、行业技术规范的，不得验收，不得投入生产或者使用。

第十条 矿山应当具有保障安全生产、预防事故和职业危害的安全设施，并符合下列基本要求：

（一）每个矿井至少有两个独立的能行人的直达地面的安全出口。矿井的每个生产水平（中段）和各个采区（盘区）至少有两个能行人的安全出口，并与直达地面的出口相通。

（二）每个矿井有抽出式的采用机械通风的通风系统，保证井下作业场所有足够的风量；但是，小型非沼气矿井在保证井下作业场所所需风量的前提下，可以采用自然通风。

（三）井巷断面能满足行人、运输、通风和安全设施、设备的安装、维修及施工需要。

（四）井巷支护和采场顶板管理能保证作业场所的安全。

（五）相邻矿井之间、矿井与露天矿之间、矿井与老窑之间留有足够的安全隔离矿柱。矿山井巷布置留有足够的保障井上和井下安全的矿柱或者岩柱。

（六）露天矿山的阶段高度、平台宽度和边坡角能满足安全作业和边坡稳定的需要。船采沙矿的采池边界与地面建筑物、设备之间有足够的安全距离。

（七）有地面和井下的防水、排水系统，有防止地表水泄入井下和露天矿场的措施。

（八）溜矿井有防止和处理堵塞的安全措施。

（九）有自然发火可能性的矿井，主要运输巷道布置在岩层或者不易自然发火的矿层内，并采用预防性灌浆或者其他有效的预防自然发火的措施。

（十）矿山地面消防设施符合国家有关消防的规定。矿井有防灭火设施和器材。

（十一）地面及井下供配电系统符合国家有关规定。

（十二）矿山提升运输设备、装置及设施符合下列要求：

1. 钢丝绳、连接装置、提升容器以及保险链有足够的安全系数；

2. 提升容器与井壁、罐道梁之间及两个提升容器之间有足够的间隙；

3. 提升绞车和提升容器有可靠的安全保护装置；

4. 电机车、架线、轨道的选型能满足安全要求；

5. 运送人员的机械设备有可靠的安全保护装置；

6. 提升运输设备有灵敏可靠的信号装置。

（十三）每个矿井有防尘供水系统。地面和井下所有产生粉尘的作业地点有综合防尘措施。

（十四）有瓦斯、矿尘爆炸可能性的矿井，采用防爆电器设备，并采取防尘和隔爆措施。

（十五）开采放射性矿物的矿井，符合下列要求：

1. 矿井进风量和风质能满足降氡的需要，避免串联通风和污风循环；

2. 主要进风道开在矿脉之外，穿矿脉或者岩体裂隙发育的进风巷道有防止氡析出的措施；

3. 采用后退式回采；

4. 能防止井下污水散流，并采取封闭的排放污水系统。

（十六）矿山储存爆破材料的场所符合国家有关规定。

（十七）排土场、矸石山有防止发生泥石流和其他危害的安全措施，尾矿库有防止溃坝等事故的安全设施。

（十八）有防止山体滑坡和因采矿活动引起地表塌陷造成危害的预防措施。

（十九）每个矿井配置足够数量的通风检测仪表和有毒有害气体与井下环境检测仪器。开采有瓦斯突出的矿井，装备监测系统或者检测仪器。

（二十）有与外界相通的、符合安全要求的运输设施和通信设施。

（二十一）有更衣室、浴室等设施。

第三章 矿山开采的安全保障

第十一条 采掘作业应当编制作业规程，规定保证作业人员安全的技术措施和组织措施，并在情况变化时及时予以修改和补充。

第十二条 矿山开采应当有下列图纸资料：

（一）地质图（包括水文地质图和工程地质图）；

（二）矿山总布置图和矿井井上、井下对照图；

（三）矿井、巷道、采场布置图；

（四）矿山生产和安全保障的主要系统图。

第十三条 矿山企业应当在采矿许可证批准的范围开采，禁止越层、越界开采。

第十四条 矿山使用的下列设备、器材、防护用品和安全检测仪器，应当符合国家安全标准或者行业安全标准；不符合国家安全标准或者行业安全标准的，不得使用：

（一）采掘、支护、装载、运输、提升、通风、排水、瓦斯抽放、压缩空气和起重设备；

（二）电动机、变压器、配电柜、电器开关、电控装置；

（三）爆破器材、通信器材、矿灯、电缆、钢丝绳、支护材料、防火材料；

（四）各种安全卫生检测仪器仪表；

（五）自救器、安全帽、防尘防毒口罩或者面罩、防护服、防护鞋等防护用品和救护设备；

（六）经有关主管部门认定的其他有特殊安全要求的设备和器材。

第十五条 矿山企业应当对机电设备及其防护装置、安全检测仪器定期检查、维修，并建立技术档案，保证使用安全。

非负责设备运行的人员，不得操作设备。非值班电气人员，不得进行电气作业。操作电气设备的人员，应当有可靠的绝缘保护。检修电气设备时，不得带电作业。

第十六条 矿山作业场所空气中的有毒有害物质的浓度，不得超过国家标准或者行业标准；矿山企业应当按照国家规定的方法，按照下列要求定期检测：

（一）粉尘作业点，每月至少检测两次；

（二）三硝基甲苯作业点，每月至少检测一次；

（三）放射性物质作业点，每月至少检测三次；

（四）其他有毒有害物质作业点，井下每月至少检测一次，地面每季度至少检测一次；

（五）采用个体采样方法检测呼吸性粉尘，每季度至少检测一次。

第十七条 井下采掘作业，必须按照作业规程的规定管理顶帮。采掘作业通过地质破碎带或者其他顶帮破碎地点时，应当加强支护。

露天采剥作业，应当按照设计规定，控制采剥工作面的阶段高度、宽度、边坡角和最终边坡角。采剥作业和排土作业，不得对深部或者邻近井巷造成危害。

第十八条 煤矿和其他有瓦斯爆炸可能性的矿井，应当严格执行瓦斯检查制度，任何人不得携带烟草和点火用具下井。

第十九条 在下列条件下从事矿山开采，应当编制专门设计文件，并报管理矿山企业的主管部门批准：

（一）有瓦斯突出的；

（二）有冲击地压的；

（三）在需要保护的建筑物、构筑物和铁路下面开采的；

（四）在水体下面开采的；

（五）在地温异常或者有热水涌出的地区开采的。

第二十条 有自然发火可能性的矿井，应当采取下列措施：

（一）及时清出采场浮矿和其他可燃物质，回采结束后及时封闭采空区；

（二）采取防火灌浆或者其他有效的预防自然发火的措施；

（三）定期检查井巷和采区封闭情况，测定可能自然发火地点的温度和风量；定期检测火区内的温度、气压和空气成分。

第二十一条 井下采掘作业遇下列情形之一时，应当探水前进：

（一）接近承压含水层或者含水的断层、流砂层、砾石层、溶洞、陷落柱时；

（二）接近与地表水体相通的地质破碎带或者接近连通承压层的未封钻孔时；

（三）接近积水的老窑、旧巷或者灌过泥浆的采空区时；

（四）发现有出水征兆时；

（五）掘开隔离矿柱或者岩柱放水时。

第二十二条 井下风量、风质、风速和作业环境的气候，必须符合矿山安全规程的规定。

采掘工作面进风风流中，按照体积计算，氧气不得低于20%，二氧化碳不得超过0.5%。

井下作业地点的空气温度不得超过28℃；超过时，应当采取降温或者其他防护措施。

第二十三条 开采放射性矿物的矿井，必须采取下列措施，减少氧气析出量：

（一）及时封闭采空区和已经报废或者暂时不用的井巷；

（二）用留矿法作业的采场采用下行通风；

（三）严格管理井下污水。

第二十四条 矿山的爆破作业和爆破材料的制造、储存、运输、试验及销毁，必须严格执行国家有关规定。

第二十五条 矿山企业对地面、井下产生粉尘的作业，应当采取综合防尘措施，控制粉尘危害。

井下风动凿岩，禁止干打眼。

第二十六条　矿山企业应当建立、健全对地面陷落区、排土场、矸石山、尾矿库的检查和维护制度；对可能发生的危害，应当采取预防措施。

第二十七条　矿山企业应当按照国家有关规定关闭矿山，对关闭矿山后可能引起的危害采取预防措施。关闭矿山报告应当包括下列内容：

（一）采掘范围及采空区处理情况；

（二）对矿井采取的封闭措施；

（三）对其他不安全因素的处理办法。

第四章　矿山企业的安全管理

第二十八条　矿山企业应当建立、健全下列安全生产责任制：

（一）行政领导岗位安全生产责任制；

（二）职能机构安全生产责任制；

（三）岗位人员的安全生产责任制。

第二十九条　矿长（含矿务局局长、矿山公司经理，下同）对本企业的安全生产工作负有下列责任：

（一）认真贯彻执行《矿山安全法》和本条例以及其他法律、法规中有关矿山安全生产的规定；

（二）制定本企业安全生产管理制度；

（三）根据需要配备合格的安全工作人员，对每个作业场所进行跟班检查；

（四）采取有效措施，改善职工劳动条件，保证安全生产所需要的材料、设备、仪器和劳动防护用品的及时供应；

（五）依照本条例的规定，对职工进行安全教育、培训；

（六）制定矿山灾害的预防和应急计划；

（七）及时采取措施，处理矿山存在的事故隐患；

（八）及时、如实向劳动行政主管部门和管理矿山企业的主管部门报告矿山事故。

第三十条　矿山企业应当根据需要，设置安全机构或者配备专职安全工作人员。专职安全工作人员应当经过培训，具备必要的安全专业知识和矿山安全工作经验，能胜任现场安全检查工作。

第三十一条　矿长应当定期向职工代表大会或者职工大会报告下列事项，接受民主监督：

（一）企业安全生产重大决策；

（二）企业安全技术措施计划及其执行情况；

（三）职工安全教育、培训计划及其执行情况；

（四）职工提出的改善劳动条件的建议和要求的处理情况；

（五）重大事故处理情况；

（六）有关安全生产的其他重要事项。

第三十二条　矿山企业职工享有下列权利：

（一）有权获得作业场所安全与职业危害方面的信息；

（二）有权向有关部门和工会组织反映矿山安全状况和存在的问题；

（三）对任何危害职工安全健康的决定和行为，有权提出批评、检举和控告。

第三十三条　矿山企业职工应当履行下列义务：

（一）遵守有关矿山安全的法律、法规和企业规章制度；

（二）维护矿山企业的生产设备、设施；

（三）接受安全教育和培训；

（四）及时报告危险情况，参加抢险救护。

第三十四条　矿山企业工会有权督促企业行政方面加强职工的安全教育、培训工作，开展安全宣传活动，提高职工的安全生产意识和技术素质。

第三十五条　矿山企业应当按照下列规定对职工进行安全教育、培训：

（一）新进矿山的井下作业职工，接受安全教育、培训的时间不得少于72小时，考试合格后，必须在有安全工作经验的职工带领下工作满4个月，然后经再次考核合格，方可独立工作；

（二）新进露天矿的职工，接受安全教育、培训的时间不得少于40小时，经考试合格后，方可上岗作业；

（三）对调换工种和采用新工艺作业的人员，必须重新培训，经考试合格后，方可上岗作业；

（四）所有生产作业人员，每年接受在职安全教育、培训的时间不少于20小时。

职工安全教育、培训期间，矿山企业应当支付工资。

职工安全教育、培训情况和考核结果，应当记录存档。

第三十六条　矿山企业对职工的安全教育、培训，应当包括下列内容：

（一）《矿山安全法》及本条例赋予矿山职工的权利与义务；

（二）矿山安全规程及矿山企业有关安全管理的规章制度；

（三）与职工本职工作有关的安全知识；

（四）各种事故征兆的识别、发生紧急危险情况时的应急措施和撤退路线；

（五）自救装备的使用和有关急救方面的知识；

（六）有关主管部门规定的其他内容。

第三十七条 瓦斯检查工、爆破工、通风工、信号工、拥罐工、电工、金属焊接（切割）工、矿井泵工、瓦斯抽放工、主扇风机操作工、主提升机操作工、绞车操作工、输送机操作工、尾矿工、安全检查工和矿内机动车司机等特种作业人员应当接受专门技术培训，经考核合格取得操作资格证书后，方可上岗作业。特种作业人员的考核、发证工作按照国家有关规定执行。

第三十八条 对矿长安全资格的考核，应当包括下列内容：

（一）《矿山安全法》和有关法律、法规及矿山安全规程；

（二）矿山安全知识；

（三）安全生产管理能力；

（四）矿山事故处理能力；

（五）安全生产业绩。

第三十九条 矿山企业向职工发放的劳动防护用品应当是经过鉴定和检验合格的产品。劳动防护用品的发放标准由国务院劳动行政主管部门制定。

第四十条 矿山企业应当每年编制矿山灾害预防和应急计划；在每季度末，应当根据实际情况对计划及时进行修改，制定相应的措施。

矿山企业应当使每个职工熟悉矿山灾害预防和应急计划，并且每年至少组织一次矿山救灾演习。

矿山企业应当根据国家有关规定，按照不同作业场所的要求，设置矿山安全标志。

第四十一条 矿山企业应当建立由专职的或者兼职的人员组成的矿山救护和医疗急救组织。不具备单独建立专业救护和医疗急救组织的小型矿山企业，除应当建立兼职的救护和医疗急救组织外，还应当与邻近的有专业的救护和医疗急救组织的矿山企业签订救护和急救协议，或者与邻近的矿山企业联合建立专业救护和医疗急救组织。

矿山救护和医疗急救组织应当有固定场所、训练器械和训练场地。

矿山救护和医疗急救组织的规模和装备标准，由国务院管理矿山企业的有关主管部门规定。

第四十二条 矿山企业必须按照国家规定的安全条件进行生产，并安排一部分资金，用于下列改善矿山安全生产条件的项目：

（一）预防矿山事故的安全技术措施；

（二）预防职业危害的劳动卫生技术措施；

（三）职工的安全培训；

（四）改善矿山安全生产条件的其他技术措施。

前款所需资金，由矿山企业按矿山维简费的20%的比例据实列支；没有矿山维简费的矿山企业，按固定资产折旧费的20%的比例据实列支。

第五章 矿山安全的监督和管理

第四十三条 县级以上各级人民政府劳动行政主管部门，应当根据矿山安全监督工作的实际需要，配备矿山安全监督人员。

矿山安全监督人员必须熟悉矿山安全技术知识，具有矿山安全工作经验，能胜任矿山安全检查工作。

矿山安全监督证件和专用标志由国务院劳动行政主管部门统一制作。

第四十四条 矿山安全监督人员在执行职务时，有权进入现场检查，参加有关会议，无偿调阅有关资料，向有关单位和人员了解情况。

矿山安全监督人员进入现场检查，发现有危及职工安全健康的情况时，有权要求矿山企业立即改正或者限期解决；情况紧急时，有权要求矿山企业立即停止作业，从危险区内撤出作业人员。

劳动行政主管部门可以委托检测机构对矿山作业场所和危险性较大的在用设备、仪器、器材进行抽检。

劳动行政主管部门对检查中发现的违反《矿山安全法》和本条例以及其他法律、法规有关矿山安全的规定的情况，应当依法提出处理意见。

第四十五条 矿山安全监督人员执行公务时，应当出示矿山安全监督证件，秉公执法，并遵守有关规定。

第六章 矿山事故处理

第四十六条 矿山发生事故后，事故现场有关人员应当立即报告矿长或者有关主管人员；矿长或者有关主管人员接到事故报告后，必须立即采取有效措施，组织抢救，防止事故扩大，尽力减少人员伤亡和财产损失。

第四十七条 矿山发生重伤、死亡事故后，矿山企业应当在 24 小时内如实向劳动行政主管部门和管理矿山企业的主管部门报告。

第四十八条 劳动行政主管部门和管理矿山企业的主管部门接到死亡事故或者一次重伤3人以上的事故报告后，应当立即报告本级人民政府，并报各自的上一级主管部门。

第四十九条 发生伤亡事故，矿山企业和有关单位应当保护事故现场；因抢救事故，需要移动现场部分物品时，必须做出标志，绘制事故现场图，并详细记录；在消除现场危险，采取防范措施后，方可恢复生产。

第五十条　矿山事故发生后,有关部门应当按照国家有关规定,进行事故调查处理。

第五十一条　矿山事故调查处理工作应当自事故发生之日起90日内结束;遇有特殊情况,可以适当延长,但是不得超过180日。矿山事故处理结案后,应当公布处理结果。

第七章　法律责任

第五十二条　依照《矿山安全法》第四十条规定处以罚款的,分别按照下列规定执行:

(一)未对职工进行安全教育、培训,分配职工上岗作业的,处4万元以下的罚款;

(二)使用不符合国家安全标准或者行业安全标准的设备、器材、防护用品和安全检测仪器的,处5万元以下的罚款;

(三)未按照规定提取或者使用安全技术措施专项费用的,处5万元以下的罚款;

(四)拒绝矿山安全监督人员现场检查或者在被检查时隐瞒事故隐患,不如实反映情况的,处2万元以下的罚款;

(五)未按照规定及时、如实报告矿山事故的,处3万元以下的罚款。

第五十三条　依照《矿山安全法》第四十三条规定处以罚款的,罚款幅度为5万元以上10万元以下。

第五十四条　违反本条例第十五条、第十六条、第十七条、第十八条、第十九条、第二十条、第二十一条、第二十二条、第二十三条、第二十五条规定的,由劳动行政主管部门责令改正,可以处2万元以下的罚款。

第五十五条　当事人收到罚款通知书后,应当在15日内到指定的金融机构缴纳罚款;逾期不缴纳的,自逾期之日起每日加收3‰的滞纳金。

第五十六条　矿山企业主管人员有下列行为之一,造成矿山事故的,按照规定给予纪律处分;构成犯罪的,由司法机关依法追究刑事责任:

(一)违章指挥、强令工人违章、冒险作业的;

(二)对工人屡次违章作业熟视无睹,不加制止的;

(三)对重大事故预兆或者已发现的隐患不及时采取措施的;

(四)不执行劳动行政主管部门的监督指令或者不采纳有关部门提出的整顿意见,造成严重后果的。

第八章　附　　则

第五十七条　国务院管理矿山企业的主管部门根据《矿山安全法》和本条例修订或者制定的矿山安全规程和行业技术规范,报国务院劳动行政主管部门备案。

第五十八条　石油天然气开采的安全规定,由国务院劳动行政主管部门会同石油工业主管部门制定,报国务院批准后施行。

第五十九条　本条例自发布之日起施行。

中华人民共和国矿产资源法

(1986年3月19日第六届全国人民代表大会常务委员会第十五次会议通过　根据1996年8月29日第八届全国人民代表大会常务委员会第二十一次会议《关于修改〈中华人民共和国矿产资源法〉的决定》第一次修正　根据2009年8月27日第十一届全国人民代表大会常务委员会第十次会议通过的《全国人民代表大会常务委员会关于修改部分法律的决定》第二次修正)

第一章　总　　则

第一条　为了发展矿业,加强矿产资源的勘查、开发利用和保护工作,保障社会主义现代化建设的当前和长远的需要,根据中华人民共和国宪法,特制定本法。

第二条　在中华人民共和国领域及管辖海域勘查、开采矿产资源,必须遵守本法。

第三条　矿产资源属于国家所有,由国务院行使国家对矿产资源的所有权。地表或者地下的矿产资源的国家所有权,不因其所依附的土地的所有权或者使用权的不同而改变。

国家保障矿产资源的合理开发利用。禁止任何组织或者个人用任何手段侵占或者破坏矿产资源。各级人民政府必须加强矿产资源的保护工作。

勘查、开采矿产资源,必须依法分别申请、经批准取得探矿权、采矿权,并办理登记;但是,已经依法申请取得采矿权的矿山企业在划定的矿区范围内为本企业的生产而进行的勘查除外。国家保护探矿权和采矿权不受侵犯,保障矿区和勘查作业区的生产秩序、工作秩序不受影响和破坏。

从事矿产资源勘查和开采的,必须符合规定的资质条件。

第四条　国家保障依法设立的矿山企业开采矿产

资源的合法权益。

国有矿山企业是开采矿产资源的主体。国家保障国有矿业经济的巩固和发展。

第五条 国家实行探矿权、采矿权有偿取得的制度；但是，国家对探矿权、采矿权有偿取得的费用，可以根据不同情况规定予以减缴、免缴。具体办法和实施步骤由国务院规定。

开采矿产资源，必须按照国家有关规定缴纳资源税和资源补偿费。

第六条 除按下列规定可以转让外，探矿权、采矿权不得转让：

（一）探矿权人有权在划定的勘查作业区内进行规定的勘查作业，有权优先取得勘查作业区内矿产资源的采矿权。探矿权人在完成规定的最低勘查投入后，经依法批准，可以将探矿权转让他人。

（二）已取得采矿权的矿山企业，因企业合并、分立，与他人合资、合作经营，或者因企业资产出售以及有其他变更企业资产产权的情形而需要变更采矿权主体的，经依法批准可以将采矿权转让他人采矿。

前款规定的具体办法和实施步骤由国务院规定。

禁止将探矿权、采矿权倒卖牟利。

第七条 国家对矿产资源的勘查、开发实行统一规划、合理布局、综合勘查、合理开采和综合利用的方针。

第八条 国家鼓励矿产资源勘查、开发的科学技术研究，推广先进技术，提高矿产资源勘查、开发的科学技术水平。

第九条 在勘查、开发、保护矿产资源和进行科学技术研究等方面成绩显著的单位和个人，由各级人民政府给予奖励。

第十条 国家在民族自治地方开采矿产资源，应当照顾民族自治地方的利益，作出有利于民族自治地方经济建设的安排，照顾当地少数民族群众的生产和生活。

民族自治地方的自治机关根据法律规定和国家的统一规划，对可以由本地方开发的矿产资源，优先合理开发利用。

第十一条 国务院地质矿产主管部门主管全国矿产资源勘查、开采的监督管理工作。国务院有关主管部门协助国务院地质矿产主管部门进行矿产资源勘查、开采的监督管理工作。

省、自治区、直辖市人民政府地质矿产主管部门主管本行政区域内矿产资源勘查、开采的监督管理工作。省、自治区、直辖市人民政府有关主管部门协助同级地质矿产主管部门进行矿产资源勘查、开采的监督管理工作。

第二章 矿产资源勘查的登记和开采的审批

第十二条 国家对矿产资源勘查实行统一的区块登记管理制度。矿产资源勘查登记工作，由国务院地质矿产主管部门负责；特定矿种的矿产资源勘查登记工作，可以由国务院授权有关主管部门负责。矿产资源勘查区块登记管理办法由国务院制定。

第十三条 国务院矿产储量审批机构或者省、自治区、直辖市矿产储量审批机构负责审查批准供矿山建设设计使用的勘探报告，并在规定的期限内批复报送单位。勘探报告未经批准，不得作为矿山建设设计的依据。

第十四条 矿产资源勘查成果档案资料和各类矿产储量的统计资料，实行统一的管理制度，按照国务院规定汇交或者填报。

第十五条 设立矿山企业，必须符合国家规定的资质条件，并依照法律和国家有关规定，由审批机关对其矿区范围、矿山设计或者开采方案、生产技术条件、安全措施和环境保护措施等进行审查；审查合格的，方予批准。

第十六条 开采下列矿产资源的，由国务院地质矿产主管部门审批，并颁发采矿许可证：

（一）国家规划矿区和对国民经济具有重要价值的矿区内的矿产资源；

（二）前项规定区域以外可供开采的矿产储量规模在大型以上的矿产资源；

（三）国家规定实行保护性开采的特定矿种；

（四）领海及中国管辖的其他海域的矿产资源；

（五）国务院规定的其他矿产资源。

开采石油、天然气、放射性矿产等特定矿种的，可以由国务院授权的有关主管部门审批，并颁发采矿许可证。

开采第一款、第二款规定以外的矿产资源，其可供开采的矿产的储量规模为中型的，由省、自治区、直辖市人民政府地质矿产主管部门审批和颁发采矿许可证。

开采第一款、第二款和第三款规定以外的矿产资源的管理办法，由省、自治区、直辖市人民代表大会常务委员会依法制定。

依照第三款、第四款的规定审批和颁发采矿许可证的，由省、自治区、直辖市人民政府地质矿产部门汇总向国务院地质矿产主管部门备案。

矿产储量规模的大型、中型的划分标准，由国务院矿产储量审批机构规定。

第十七条 国家对国家规划矿区、对国民经济具有重要价值的矿区和国家规定实行保护性开采的特定矿种，实行有计划的开采；未经国务院有关主管部门批准，任何单位和个人不得开采。

第十八条 国家规划矿区的范围、对国民经济具有重要价值的矿区的范围、矿山企业矿区的范围依法划定后，由划定矿区范围的主管机关通知有关县级人民政府予以公告。

矿山企业变更矿区范围，必须报请原审批机关批准，并报请原颁发采矿许可证的机关重新核发采矿许可证。

第十九条 地方各级人民政府应当采取措施，维护本行政区域内的国有矿山企业和其他矿山企业矿区范围内的正常秩序。

禁止任何单位和个人进入他人依法设立的国有矿山企业和其他矿山企业矿区范围内采矿。

第二十条 非经国务院授权的有关主管部门同意，不得在下列地区开采矿产资源：

（一）港口、机场、国防工程设施圈定地区以内；

（二）重要工业区、大型水利工程设施、城镇市政工程设施附近一定距离以内；

（三）铁路、重要公路两侧一定距离以内；

（四）重要河流、堤坝两侧一定距离以内；

（五）国家划定的自然保护区、重要风景区，国家重点保护的不能移动的历史文物和名胜古迹所在地；

（六）国家规定不得开采矿产资源的其他地区。

第二十一条 关闭矿山，必须提出矿山闭坑报告及有关采掘工程、安全隐患、土地复垦利用、环境保护的资料，并按照国家规定报请审查批准。

第二十二条 勘查、开采矿产资源时，发现具有重大科学文化价值的罕见地质现象以及文化古迹，应当加以保护并及时报告有关部门。

第三章 矿产资源的勘查

第二十三条 区域地质调查按照国家统一规划进行。区域地质调查的报告和图件按照国家规定验收，提供有关部门使用。

第二十四条 矿产资源普查在完成主要矿种普查任务的同时，应当对工作区内包括共生或者伴生矿产的成矿地质条件和矿床工业远景作出初步综合评价。

第二十五条 矿床勘探必须对矿区内具有工业价值的共生和伴生矿产进行综合评价，并计算其储量。未作综合评价的勘探报告不予批准。但是，国务院计划部门另有规定的矿床勘探项目除外。

第二十六条 普查、勘探易损坏的特种非金属矿产、流体矿产、易燃易爆易溶矿产和含有放射性元素的矿产，必须采用省级以上人民政府有关主管部门规定的普查、勘探方法，并有必要的技术装备和安全措施。

第二十七条 矿产资源勘查的原始地质编录和图件、岩矿心、测试样品和其他实物标本资料，各种勘查标志，应当按照有关规定保护和保存。

第二十八条 矿床勘探报告及其他有价值的勘查资料，按照国务院规定实行有偿使用。

第四章 矿产资源的开采

第二十九条 开采矿产资源，必须采取合理的开采顺序、开采方法和选矿工艺。矿山企业的开采回采率、采矿贫化率和选矿回收率应当达到设计要求。

第三十条 在开采主要矿产的同时，对具有工业价值的共生和伴生矿产应当统一规划，综合开采，综合利用，防止浪费；对暂时不能综合开采或者必须同时采出而暂时还不能综合利用的矿产以及含有有用组分的尾矿，应当采取有效的保护措施，防止损失破坏。

第三十一条 开采矿产资源，必须遵守国家劳动安全卫生规定，具备保障安全生产的必要条件。

第三十二条 开采矿产资源，必须遵守有关环境保护的法律规定，防止污染环境。

开采矿产资源，应当节约用地。耕地、草原、林地因采矿受到破坏的，矿山企业应当因地制宜地采取复垦利用、植树种草或者其他利用措施。

开采矿产资源给他人生产、生活造成损失的，应当负责赔偿，并采取必要的补救措施。

第三十三条 在建设铁路、工厂、水库、输油管道、输电线路和各种大型建筑物或者建筑群之前，建设单位必须向所在省、自治区、直辖市地质矿产主管部门了解拟建工程所在地区的矿产资源分布和开采情况。非经国务院授权的部门批准，不得压覆重要矿床。

第三十四条 国务院规定由指定的单位统一收购的矿产品，任何其他单位或者个人不得收购；开采者不得向非指定单位销售。

第五章 集体矿山企业和个体采矿

第三十五条 国家对集体矿山企业和个体采矿实行积极扶持、合理规划、正确引导、加强管理的方针，鼓励集体矿山企业开采国家指定范围内的矿产资源，允许个人采挖零星分散资源和只能用作普通建筑材料的砂、石、黏土以及为生活自用采挖少量矿产。

矿产储量规模适宜由矿山企业开采的矿产资源、国家规定实行保护性开采的特定矿种和国家规定禁止个人开采的其他矿产资源，个人不得开采。

国家指导、帮助集体矿山企业和个体采矿不断提高技术水平、资源利用率和经济效益。

地质矿产主管部门、地质工作单位和国有矿山企业应当按照积极支持、有偿互惠的原则向集体矿山企业和个体采矿提供地质资料和技术服务。

第三十六条 国务院和国务院有关主管部门批准开办的矿山企业矿区范围内已有的集体矿山企业，应当关闭或者到指定的其他地点开采，由矿山建设单位给予合理的补偿，并妥善安置群众生活；也可以按照该矿山企业的统筹安排，实行联合经营。

第三十七条 集体矿山企业和个体采矿应当提高技术水平，提高矿产资源回收率。禁止乱挖滥采，破坏矿产资源。

集体矿山企业必须测绘井上、井下工程对照图。

第三十八条 县级以上人民政府应当指导、帮助集体矿山企业和个体采矿进行技术改造，改善经营管理，加强安全生产。

第六章 法律责任

第三十九条 违反本法规定，未取得采矿许可证擅自采矿的，擅自进入国家规划矿区、对国民经济具有重要价值的矿区范围采矿的，擅自开采国家规定实行保护性开采的特定矿种的，责令停止开采、赔偿损失，没收采出的矿产品和违法所得，可以并处罚款；拒不停止开采，造成矿产资源破坏的，依照刑法第一百五十六条的规定对直接责任人员追究刑事责任。

单位和个人进入他人依法设立的国有矿山企业和其他矿山企业矿区范围内采矿的，依照前款规定处罚。

第四十条 超越批准的矿区范围采矿的，责令退回本矿区范围内开采、赔偿损失，没收越界开采的矿产品和违法所得，可以并处罚款；拒不退回本矿区范围内开采，造成矿产资源破坏的，吊销采矿许可证，依照刑法第一百五十六条的规定对直接责任人员追究刑事责任。

第四十一条 盗窃、抢夺矿山企业和勘查单位的矿产品和其他财物，破坏采矿、勘查设施的，扰乱矿区和勘查作业区的生产秩序、工作秩序的，分别依照刑法有关规定追究刑事责任；情节显著轻微的，依照治安管理处罚条例有关规定予以处罚。

第四十二条 买卖、出租或者以其他形式转让矿产资源的，没收违法所得，处以罚款。

违反本法第六条的规定将探矿权、采矿权倒卖牟利的，吊销勘查许可证、采矿许可证，没收违法所得，处以罚款。

第四十三条 违反本法规定收购和销售国家统一收购的矿产品的，没收矿产品和违法所得，可以并处罚款；情节严重的，依照刑法第一百一十七条、第一百一十八条的规定，追究刑事责任。

第四十四条 违反本法规定，采取破坏性的开采方法开采矿产资源的，处以罚款，可以吊销采矿许可证；造成矿产资源严重破坏的，依照刑法第一百五十六条的规定对直接责任人员追究刑事责任。

第四十五条 本法第三十九条、第四十条、第四十二条规定的行政处罚，由县级以上人民政府负责地质矿产管理工作的部门按照国务院地质矿产主管部门规定的权限决定。第四十三条规定的行政处罚，由县级以上人民政府工商行政管理部门决定。第四十四条规定的行政处罚，由省、自治区、直辖市人民政府地质矿产主管部门决定。给予吊销勘查许可证或者采矿许可证处罚的，须由原发证机关决定。

依照第三十九条、第四十条、第四十二条、第四十四条规定应当给予行政处罚而不给予行政处罚的，上级人民政府地质矿产主管部门有权责令改正或者直接给予行政处罚。

第四十六条 当事人对行政处罚决定不服的，可以依法申请复议，也可以依法直接向人民法院起诉。

当事人逾期不申请复议也不向人民法院起诉，又不履行处罚决定的，由作出处罚决定的机关申请人民法院强制执行。

第四十七条 负责矿产资源勘查、开采监督管理工作的国家工作人员和其他有关国家工作人员徇私舞弊、滥用职权或者玩忽职守，违反本法规定批准勘查、开采矿产资源和颁发勘查许可证、采矿许可证，或者对违法采矿行为不依法予以制止、处罚，构成犯罪的，依法追究刑事责任；不构成犯罪的，给予行政处分。违法颁发的勘查许可证、采矿许可证，上级人民政府地质矿产主管部门有权予以撤销。

第四十八条 以暴力、威胁方法阻碍从事矿产资源勘查、开采监督管理工作的国家工作人员依法执行职务的，依照刑法第一百五十七条的规定追究刑事责任；拒绝、阻碍从事矿产资源勘查、开采监督管理工作的国家工作人员依法执行职务未使用暴力、威胁方法的，由公安机关依照治安管理处罚条例的规定处罚。

第四十九条 矿山企业之间的矿区范围的争议，由当事人协商解决，协商不成的，由有关县级以上地方人民政府根据依法核定的矿区范围处理；跨省、自治区、直辖市的矿区范围的争议，由有关省、自治区、直辖市人民政府协商解决，协商不成的，由国务院处理。

第七章 附 则

第五十条 外商投资勘查、开采矿产资源，法律、行政法规另有规定的，从其规定。

第五十一条 本法施行以前，未办理批准手续、未划定矿区范围、未取得采矿许可证开采矿产资源的，应当依照本法有关规定申请补办手续。

第五十二条 本法实施细则由国务院制定。

第五十三条 本法自1986年10月1日起施行。

中华人民共和国煤炭法

（1996年8月29日第八届全国人民代表大会常务委员会第二十一次会议通过　根据2009年8月27日第十一届全国人民代表大会常务委员会第十次会议《关于修改部分法律的决定》第一次修正　根据2011年4月22日第十一届全国人民代表大会常务委员会第二十次会议《关于修改〈中华人民共和国煤炭法〉的决定》第二次修正　根据2013年6月29日第十二届全国人民代表大会常务委员会第三次会议《关于修改〈中华人民共和国文物保护法〉等十二部法律的决定》第三次修正　根据2016年11月7日第十二届全国人民代表大会常务委员会第二十四次会议《关于修改〈中华人民共和国对外贸易法〉等十二部法律的决定》第四次修正）

第一章 总 则

第一条 为了合理开发利用和保护煤炭资源，规范煤炭生产、经营活动，促进和保障煤炭行业的发展，制定本法。

第二条 在中华人民共和国领域和中华人民共和国管辖的其他海域从事煤炭生产、经营活动，适用本法。

第三条 煤炭资源属于国家所有。地表或者地下的煤炭资源的国家所有权，不因其依附的土地的所有权或者使用权的不同而改变。

第四条 国家对煤炭开发实行统一规划、合理布局、综合利用的方针。

第五条 国家依法保护煤炭资源，禁止任何乱采、滥挖破坏煤炭资源的行为。

第六条 国家保护依法投资开发煤炭资源的投资者的合法权益。

国家保障国有煤矿的健康发展。

国家对乡镇煤矿采取扶持、改造、整顿、联合、提高的方针，实行正规合理开发和有序发展。

第七条 煤矿企业必须坚持安全第一、预防为主的安全生产方针，建立健全安全生产的责任制度和群防群治制度。

第八条 各级人民政府及其有关部门和煤矿企业必须采取措施加强劳动保护，保障煤矿职工的安全和健康。

国家对煤矿井下作业的职工采取特殊保护措施。

第九条 国家鼓励和支持在开发利用煤炭资源过程中采用先进的科学技术和管理方法。

煤矿企业应当加强和改善经营管理，提高劳动生产率和经济效益。

第十条 国家维护煤矿矿区的生产秩序、工作秩序，保护煤矿企业设施。

第十一条 开发利用煤炭资源，应当遵守有关环境保护的法律、法规，防治污染和其他公害，保护生态环境。

第十二条 国务院煤炭管理部门依法负责全国煤炭行业的监督管理。国务院有关部门在各自的职责范围内负责煤炭行业的监督管理。

县级以上地方人民政府煤炭管理部门和有关部门依法负责本行政区域内煤炭行业的监督管理。

第十三条 煤炭矿务局是国有煤矿企业，具有独立法人资格。

矿务局和其他具有独立法人资格的煤矿企业、煤炭经营企业依法实行自主经营、自负盈亏、自我约束、自我发展。

第二章 煤炭生产开发规划与煤矿建设

第十四条 国务院煤炭管理部门根据全国矿产资源勘查规划编制全国煤炭资源勘查规划。

第十五条 国务院煤炭管理部门根据全国矿产资源规划规定的煤炭资源，组织编制和实施煤炭生产开发规划。

省、自治区、直辖市人民政府煤炭管理部门根据全国矿产资源规划规定的煤炭资源，组织编制和实施本地区煤炭生产开发规划，并报国务院煤炭管理部门备案。

第十六条 煤炭生产开发规划应当根据国民经济和社会发展的需要制定，并纳入国民经济和社会发展计划。

第十七条 国家制定优惠政策，支持煤炭工业发展，促进煤矿建设。

煤矿建设项目应当符合煤炭生产开发规划和煤炭产业政策。

第十八条 煤矿建设使用土地，应当依照有关法律、行政法规的规定办理。征收土地的，应当依法支付土地补偿费和安置补偿费，做好迁移居民的安置工作。

煤矿建设应当贯彻保护耕地、合理利用土地的原则。

地方人民政府对煤矿建设依法使用土地和迁移居民，应当给予支持和协助。

第十九条 煤矿建设应当坚持煤炭开发与环境治理同步进行。煤矿建设项目的环境保护设施必须与主体工程同时设计、同时施工、同时验收、同时投入使用。

第三章 煤炭生产与煤矿安全

第二十条 煤矿投入生产前，煤矿企业应当依照有关安全生产的法律、行政法规的规定取得安全生产许可证。未取得安全生产许可证的，不得从事煤炭生产。

第二十一条 对国民经济具有重要价值的特殊煤种或者稀缺煤种，国家实行保护性开采。

第二十二条 开采煤炭资源必须符合煤矿开采规程，遵守合理的开采顺序，达到规定的煤炭资源回采率。

煤炭资源回采率由国务院煤炭管理部门根据不同的资源和开采条件确定。

国家鼓励煤矿企业进行复采或者开采边角残煤和极薄煤。

第二十三条 煤矿企业应当加强煤炭产品质量的监督检查和管理。煤炭产品质量应当按照国家标准或者行业标准分等论次。

第二十四条 煤炭生产应当依法在批准的开采范围内进行，不得超越批准的开采范围越界、越层开采。

采矿作业不得擅自开采保安煤柱，不得采用可能危及相邻煤矿生产安全的决水、爆破、贯通巷道等危险方法。

第二十五条 因开采煤炭压占土地或者造成地表土地塌陷、挖损，由采矿者负责进行复垦，恢复到可供利用的状态；造成他人损失的，应当依法给予补偿。

第二十六条 关闭煤矿和报废矿井，应当依照有关法律、法规和国务院煤炭管理部门的规定办理。

第二十七条 国家建立煤矿企业积累煤矿衰老期转产资金的制度。

国家鼓励和扶持煤矿企业发展多种经营。

第二十八条 国家提倡和支持煤矿企业和其他企业发展煤电联产、炼焦、煤化工、煤建材等，进行煤炭的深加工和精加工。

国家鼓励煤矿企业发展煤炭洗选加工，综合开发利用煤层气、煤矸石、煤泥、石煤和泥炭。

第二十九条 国家发展和推广洁净煤技术。

国家采取措施取缔土法炼焦。禁止新建土法炼焦窑炉；现有的土法炼焦限期改造。

第三十条 县级以上各级人民政府及其煤炭管理部门和其他有关部门，应当加强对煤矿安全生产工作的监督管理。

第三十一条 煤矿企业的安全生产管理，实行矿务局长、矿长负责制。

第三十二条 矿务局长、矿长及煤矿企业的其他主要负责人必须遵守有关矿山安全的法律、法规和煤炭行业安全规章、规程，加强对煤矿安全生产工作的管理，执行安全生产责任制度，采取有效措施，防止伤亡和其他安全生产事故的发生。

第三十三条 煤矿企业应当对职工进行安全生产教育、培训；未经安全生产教育、培训的，不得上岗作业。

煤矿企业职工必须遵守有关安全生产的法律、法规、煤炭行业规章、规程和企业规章制度。

第三十四条 在煤矿井下作业中，出现危及职工生命安全并无法排除的紧急情况时，作业现场负责人或者安全管理人员应当立即组织职工撤离危险现场，并及时报告有关方面负责人。

第三十五条 煤矿企业工会发现企业行政方面违章指挥、强令职工冒险作业或者生产过程中发现明显重大事故隐患，可能危及职工生命安全的情况，有权提出解决问题的建议，煤矿企业行政方面必须及时作出处理决定。企业行政方面拒不处理的，工会有权提出批评、检举和控告。

第三十六条 煤矿企业必须为职工提供保障安全生产所需的劳动保护用品。

第三十七条 煤矿企业应当依法为职工参加工伤保险缴纳工伤保险费。鼓励企业为井下作业职工办理意外伤害保险，支付保险费。

第三十八条 煤矿企业使用的设备、器材、火工产品和安全仪器，必须符合国家标准或者行业标准。

第四章 煤炭经营

第三十九条 煤炭经营企业从事煤炭经营，应当遵守有关法律、法规的规定，改善服务，保障供应。禁止一切非法经营活动。

第四十条 煤炭经营应当减少中间环节和取消不合理的中间环节，提倡有条件的煤矿企业直销。

煤炭用户和煤炭销区的煤炭经营企业有权直接从煤矿企业购进煤炭。在煤炭产区可以组成煤炭销售、运输服务机构，为中小煤矿办理经销、运输业务。

禁止行政机关违反国家规定擅自设立煤炭供应的中间环节和额外加收费用。

第四十一条 从事煤炭运输的车站、港口及其他运输企业不得利用其掌握的运力作为参与煤炭经营、谋取不正当利益的手段。

第四十二条 国务院物价行政主管部门会同国务院煤炭管理部门和有关部门对煤炭的销售价格进行监督管理。

第四十三条 煤矿企业和煤炭经营企业供应用户的煤炭质量应当符合国家标准或者行业标准，质级相符，质价相符。用户对煤炭质量有特殊要求的，由供需双方在煤炭购销合同中约定。

煤矿企业和煤炭经营企业不得在煤炭中掺杂、掺假，以次充好。

第四十四条 煤矿企业和煤炭经营企业供应用户的煤炭质量不符合国家标准或者行业标准，或者不符合合同约定，或者质级不符、质价不符，给用户造成损失的，应当依法给予赔偿。

第四十五条 煤矿企业、煤炭经营企业、运输企业和煤炭用户应当依照法律、国务院有关规定或者合同约定供应、运输和接卸煤炭。

运输企业应当将承运的不同质量的煤炭分装、分堆。

第四十六条 煤炭的进出口依照国务院的规定，实行统一管理。

具备条件的大型煤矿企业经国务院对外经济贸易主管部门依法许可，有权从事煤炭出口经营。

第四十七条 煤炭经营管理办法，由国务院依照本法制定。

第五章 煤矿矿区保护

第四十八条 任何单位或者个人不得危害煤矿矿区的电力、通讯、水源、交通及其他生产设施。

禁止任何单位和个人扰乱煤矿矿区的生产秩序和工作秩序。

第四十九条 对盗窃或者破坏煤矿矿区设施、器材及其他危及煤矿矿区安全的行为，一切单位和个人都有权检举、控告。

第五十条 未经煤矿企业同意，任何单位或者个人不得在煤矿企业依法取得土地使用权的有效期间内在该土地上种植、养殖、取土或者修建建筑物、构筑物。

第五十一条 未经煤矿企业同意，任何单位或者个人不得占用煤矿企业的铁路专用线、专用道路、专用航道、专用码头、电力专用线、专用供水管路。

第五十二条 任何单位或者个人需要在煤矿采区范围内进行可能危及煤矿安全的作业时，应当经煤矿企业同意，报煤炭管理部门批准，并采取安全措施后，方可进行作业。

在煤矿矿区范围内需要建设公用工程或者其他工程的，有关单位应当事先与煤矿企业协商并达成协议后，方可施工。

第六章 监 督 检 查

第五十三条 煤炭管理部门和有关部门依法对煤矿企业和煤炭经营企业执行煤炭法律、法规的情况进行监督检查。

第五十四条 煤炭管理部门和有关部门的监督检查人员应当熟悉煤炭法律、法规，掌握有关煤炭专业技术，公正廉洁，秉公执法。

第五十五条 煤炭管理部门和有关部门的监督检查人员进行监督检查时，有权向煤矿企业、煤炭经营企业或者用户了解有关执行煤炭法律、法规的情况，查阅有关资料，并有权进入现场进行检查。

煤矿企业、煤炭经营企业和用户对依法执行监督检查任务的煤炭管理部门和有关部门的监督检查人员应当提供方便。

第五十六条 煤炭管理部门和有关部门的监督检查人员对煤矿企业和煤炭经营企业违反煤炭法律、法规的行为，有权要求其依法改正。

煤炭管理部门和有关部门的监督检查人员进行监督检查时，应当出示证件。

第七章 法 律 责 任

第五十七条 违反本法第二十二条的规定，开采煤炭资源未达到国务院煤炭管理部门规定的煤炭资源回采率的，由煤炭管理部门责令限期改正；逾期仍达不到规定的回采率的，责令停止生产。

第五十八条 违反本法第二十四条的规定，擅自开采保安煤柱或者采用危及相邻煤矿生产安全的危险方法进行采矿作业的，由劳动行政主管部门会同煤炭管理部门责令停止作业；由煤炭管理部门没收违法所得，并处违法所得一倍以上五倍以下的罚款；构成犯罪的，由司法机关依法追究刑事责任；造成损失的，依法承担赔偿责任。

第五十九条 违反本法第四十三条的规定，在煤炭产品中掺杂、掺假，以次充好的，责令停止销售，没收违法所得，并处违法所得一倍以上五倍以下的罚款；构成犯罪的，由司法机关依法追究刑事责任。

第六十条 违反本法第五十条的规定，未经煤矿企业同意，在煤矿企业依法取得土地使用权的有效期间内在该土地上修建建筑物、构筑物的，由当地人民政府动员拆除；拒不拆除的，责令拆除。

第六十一条 违反本法第五十一条的规定，未经煤矿企业同意，占用煤矿企业的铁路专用线、专用道路、专用航道、专用码头、电力专用线、专用供水管路的，由县级以上地方人民政府责令限期改正；逾期不改正的，强制清除，可以并处五万元以下的罚款；造成损失的，依法承担赔偿责任。

第六十二条 违反本法第五十二条的规定，未经批准或者未采取安全措施，在煤矿采区范围内进行危及煤矿安全作业的，由煤炭管理部门责令停止作业，可以并处五万元以下的罚款；造成损失的，依法承担赔偿责任。

第六十三条 有下列行为之一的，由公安机关依照治安管理处罚法的有关规定处罚；构成犯罪的，由司法机关依法追究刑事责任：

（一）阻碍煤矿建设，致使煤矿建设不能正常进行的；

（二）故意损坏煤矿矿区的电力、通讯、水源、交通及其他生产设施的；

（三）扰乱煤矿矿区秩序，致使生产、工作不能正常进行的；

（四）拒绝、阻碍监督检查人员依法执行职务的。

第六十四条 煤矿企业的管理人员违章指挥、强令职工冒险作业，发生重大伤亡事故的，依照刑法有关规定追究刑事责任。

第六十五条 煤矿企业的管理人员对煤矿事故隐患不采取措施予以消除，发生重大伤亡事故的，依照刑法有关规定追究刑事责任。

第六十六条 煤炭管理部门和有关部门的工作人员玩忽职守、徇私舞弊、滥用职权的，依法给予行政处分；构成犯罪的，由司法机关依法追究刑事责任。

第八章 附 则

第六十七条 本法自1996年12月1日起施行。

煤矿安全监察条例

（2000年11月7日国务院令第296号公布　根据2013年7月18日国务院令第638号《国务院关于废止和修改部分行政法规的决定》修订）

第一章 总 则

第一条 为了保障煤矿安全，规范煤矿安全监察工作，保护煤矿职工人身安全和身体健康，根据煤炭法、矿山安全法、第九届全国人民代表大会第一次会议通过的国务院机构改革方案和国务院关于煤矿安全监察体制的决定，制定本条例。

第二条 国家对煤矿安全实行监察制度。国务院决定设立的煤矿安全监察机构按照国务院规定的职责，依照本条例的规定对煤矿实施安全监察。

第三条 煤矿安全监察机构依法行使职权，不受任何组织和个人的非法干涉。

煤矿及其有关人员必须接受并配合煤矿安全监察机构依法实施的安全监察，不得拒绝、阻挠。

第四条 地方各级人民政府应当加强煤矿安全管理工作，支持和协助煤矿安全监察机构依法对煤矿实施安全监察。

煤矿安全监察机构应当及时向有关地方人民政府通报煤矿安全监察的有关情况，并可以提出加强和改善煤矿安全管理的建议。

第五条 煤矿安全监察应当以预防为主，及时发现和消除事故隐患，有效纠正影响煤矿安全的违法行为，实行安全监察与促进安全管理相结合、教育与惩处相结合。

第六条 煤矿安全监察应当依靠煤矿职工和工会组织。

煤矿职工对事故隐患或者影响煤矿安全的违法行为有权向煤矿安全监察机构报告或者举报。煤矿安全监察机构对报告或者举报有功人员给予奖励。

第七条 煤矿安全监察机构及其煤矿安全监察人员应当依法履行安全监察职责。任何单位和个人对煤矿安全监察机构及其煤矿安全监察人员的违法违纪行为，有权向上级煤矿安全监察机构或者有关机关检举和控告。

第二章 煤矿安全监察机构及其职责

第八条 本条例所称煤矿安全监察机构，是指国家煤矿安全监察机构和在省、自治区、直辖市设立的煤矿安全监察机构（以下简称地区煤矿安全监察机构）及其在大中型矿区设立的煤矿安全监察办事处。

第九条 地区煤矿安全监察机构及其煤矿安全监

察办事处负责对划定区域内的煤矿实施安全监察；煤矿安全监察办事处在国家煤矿安全监察机构规定的权限范围内，可以对违法行为实施行政处罚。

第十条 煤矿安全监察机构设煤矿安全监察员。煤矿安全监察员应当公道、正派，熟悉煤矿安全法律、法规和规章，具有相应的专业知识和相关的工作经验，并经考试录用。

煤矿安全监察员的具体管理办法由国家煤矿安全监察机构商国务院有关部门制定。

第十一条 地区煤矿安全监察机构、煤矿安全监察办事处应当对煤矿实施经常性安全检查；对事故多发地区的煤矿，应实施重点安全检查。国家煤矿安全监察机构根据煤矿安全工作的实际情况，组织对全国煤矿的全面安全检查或者重点安全抽查。

第十二条 地区煤矿安全监察机构、煤矿安全监察办事处应当对每个煤矿建立煤矿安全监察档案。煤矿安全监察人员对每次安全检查的内容、发现的问题及其处理情况，应当做详细记录，并由参加检查的煤矿安全监察人员签名后归档。

第十三条 地区煤矿安全监察机构、煤矿安全监察办事处应当每15日分别向国家煤矿安全监察机构、地区煤矿安全监察机构报告一次煤矿安全监察情况；有重大煤矿安全问题的，应当及时采取措施并随时报告。

国家煤矿安全监察机构应当定期公布煤矿安全监察情况。

第十四条 煤矿安全监察人员履行安全监察职责，有权随时进入煤矿作业场所进行检查，调阅有关资料，参加煤矿安全生产会议，向有关单位或者人员了解情况。

第十五条 煤矿安全监察人员在检查中发现影响煤矿安全的违法行为，有权当场予以纠正或者要求限期改正；对依法应当给予行政处罚的行为，由煤矿安全监察机构依照行政处罚法和本条例规定的程序作出决定。

第十六条 煤矿安全监察人员进行现场检查时，发现存在事故隐患的，有权要求煤矿立即消除或者限期解决；发现威胁职工生命安全的紧急情况时，有权要求立即停止作业，下达立即从危险区内撤出作业人员的命令，并立即将紧急情况和处理措施报告煤矿安全监察机构。

第十七条 煤矿安全监察机构在实施安全监察过程中，发现煤矿存在的安全问题涉及有关地方人民政府或其有关部门的，应当向有关地方人民政府或其有关部门提出建议，并向上级人民政府或其有关部门报告。

第十八条 煤矿发生伤亡事故的，由煤矿安全监察机构负责组织调查处理。

煤矿安全监察机构组织调查处理事故，应当依照国家规定的事故调查程序和处理办法进行。

第十九条 煤矿安全监察机构及其煤矿安全监察人员不得接受煤矿的任何馈赠、报酬、福利待遇，不得在煤矿报销任何费用，不得参加煤矿安排、组织或者支付费用的宴请、娱乐、旅游、出访等活动，不得借煤矿安全监察工作在煤矿为自己、亲友或者他人谋取利益。

第三章 煤矿安全监察内容

第二十条 煤矿安全监察机构对煤矿执行煤炭法、矿山安全法和其他有关煤矿安全的法律、法规以及国家安全标准、行业安全标准、煤矿安全规程和行业技术规范的情况实施监察。

第二十一条 煤矿建设工程设计必须符合煤矿安全规程和行业技术规范的要求。煤矿建设工程安全设施设计必须经煤矿安全监察机构审查同意；未经审查同意的，不得施工。

煤矿安全监察机构审查煤矿建设工程安全设施设计，应当自收到申请审查的设计资料之日起30日内审查完毕，签署同意或者不同意的意见，并书面答复。

第二十二条 煤矿建设工程竣工后或者投产前，应当经煤矿安全监察机构对其安全设施和条件进行验收；未经验收或者验收不合格的，不得投入生产。

煤矿安全监察机构对煤矿建设工程安全设施和条件进行验收，应当自收到申请验收文件之日起30日内验收完毕，签署合格或者不合格的意见，并书面答复。

第二十三条 煤矿安全监察机构应当监督煤矿制定事故预防和应急计划，并检查煤矿制定的发现和消除事故隐患的措施及其落实情况。

第二十四条 煤矿安全监察机构发现煤矿矿井通风、防火、防水、防瓦斯、防毒、防尘等安全设施和条件不符合国家安全标准、行业安全标准、煤矿安全规程和行业技术规范要求的，应当责令立即停止作业或者责令限期达到要求。

第二十五条 煤矿安全监察机构发现煤矿进行独眼井开采的，应当责令关闭。

第二十六条 煤矿安全监察机构发现煤矿作业场所有下列情形之一的，应当责令立即停止作业，限期改正；有关煤矿或其作业场所经复查合格的，方可恢复作业：

（一）未使用专用防爆电器设备的；

（二）未使用专用放炮器的；
（三）未使用人员专用升降容器的；
（四）使用明火明电照明的。

第二十七条 煤矿安全监察机构对煤矿安全技术措施专项费用的提取和使用情况进行监督，对未依法提取或者使用的，应当责令限期改正。

第二十八条 煤矿安全监察机构发现煤矿矿井使用的设备、器材、仪器、仪表、防护用品不符合国家安全标准或者行业安全标准的，应当责令立即停止使用。

第二十九条 煤矿安全监察机构发现煤矿有下列情形之一的，应当责令限期改正：
（一）未依法建立安全生产责任制的；
（二）未设置安全生产机构或者配备安全生产人员的；
（三）矿长不具备安全专业知识的；
（四）特种作业人员未取得资格证书上岗作业的；
（五）分配职工上岗作业前，未进行安全教育、培训的；
（六）未向职工发放保障安全生产所需的劳动防护用品的。

第三十条 煤矿安全监察人员发现煤矿作业场所的瓦斯、粉尘或者其他有毒有害气体的浓度超过国家安全标准或者行业安全标准的，煤矿擅自开采保安煤柱的，或者采用危及相邻煤矿生产安全的决水、爆破、贯通巷道等危险方法进行采矿作业的，应当责令立即停止作业，并将有关情况报告煤矿安全监察机构。

第三十一条 煤矿安全监察人员发现煤矿矿长或者其他主管人员违章指挥工人或者强令工人违章、冒险作业的，或者发现工人违章作业的，应当立即纠正或者责令立即停止作业。

第三十二条 煤矿安全监察机构及其煤矿安全监察人员履行安全监察职责，向煤矿有关人员了解情况时，有关人员应当如实反映情况，不得提供虚假情况，不得隐瞒本煤矿存在的事故隐患以及其他安全问题。

第三十三条 煤矿安全监察机构依照本条例的规定责令煤矿限期解决事故隐患、限期改正影响煤矿安全的违法行为或者限期使安全设施和条件达到要求的，应当在限期届满时及时对煤矿的执行情况进行复查并签署复查意见；经有关煤矿申请，也可以在限期内进行复查并签署复查意见。

煤矿安全监察机构及其煤矿安全监察人员依照本条例的规定责令煤矿立即停止作业、责令立即停止使用不符合国家安全标准或者行业安全标准的设备、器材、仪器、仪表、防护用品，或者责令关闭矿井的，应当对煤矿的执行情况随时进行检查。

第三十四条 煤矿安全监察机构及其煤矿安全监察人员履行安全监察职责，应当出示安全监察证件。发出安全监察指令，应当采用书面通知形式；紧急情况下需要采取紧急处置措施，来不及书面通知的，应当随后补充书面通知。

第四章 罚 则

第三十五条 煤矿建设工程安全设施设计未经煤矿安全监察机构审查同意，擅自施工的，由煤矿安全监察机构责令停止施工；拒不执行的，由煤矿安全监察机构移送地质矿产主管部门依法吊销采矿许可证。

第三十六条 煤矿建设工程安全设施和条件未经验收或者验收不合格，擅自投入生产的，由煤矿安全监察机构责令停止生产，处5万元以上10万元以下的罚款；拒不停止生产的，由煤矿安全监察机构移送地质矿产主管部门依法吊销采矿许可证。

第三十七条 煤矿矿井通风、防火、防水、防瓦斯、防毒、防尘等安全设施和条件不符合国家安全标准、行业安全标准、煤矿安全规程和行业技术规范的要求，经煤矿安全监察机构责令限期达到要求，逾期仍达不到要求的，由煤矿安全监察机构责令停产整顿；经停产整顿仍不具备安全生产条件的，由煤矿安全监察机构决定吊销安全生产许可证，并移送地质矿产主管部门依法吊销采矿许可证。

第三十八条 煤矿作业场所未使用专用防爆电器设备、专用放炮器、人员专用升降容器或者使用明火明电照明，经煤矿安全监察机构责令限期改正，逾期不改正的，由煤矿安全监察机构责令停产整顿，可以处3万元以下的罚款。

第三十九条 未依法提取或者使用煤矿安全技术措施专项费用，或者使用不符合国家安全标准或者行业安全标准的设备、器材、仪器、仪表、防护用品，经煤矿安全监察机构责令限期改正或者责令立即停止使用，逾期不改正或者不立即停止使用的，由煤矿安全监察机构处5万元以下的罚款；情节严重的，由煤矿安全监察机构责令停产整顿；对直接负责的主管人员和其他直接责任人员，依法给予纪律处分。

第四十条 煤矿矿长不具备安全专业知识，或者特种作业人员未取得操作资格证书上岗作业，经煤矿安全监察机构责令限期改正，逾期不改正的，责令停产整顿；调整配备合格人员并经复查合格后，方可恢复生产。

第四十一条 分配职工上岗作业前未进行安全教

育、培训,经煤矿安全监察机构责令限期改正,逾期不改正的,由煤矿安全监察机构处 4 万元以下的罚款;情节严重的,由煤矿安全监察机构责令停产整顿;对直接负责的主管人员和其他直接责任人员,依法给予纪律处分。

第四十二条 煤矿作业场所的瓦斯、粉尘或者其他有毒有害气体的浓度超过国家安全标准或者行业安全标准,经煤矿安全监察人员责令立即停止作业,拒不停止作业的,由煤矿安全监察机构责令停产整顿,可以处 10 万元以下的罚款。

第四十三条 擅自开采保安煤柱,或者采用危及相邻煤矿生产安全的决水、爆破、贯通巷道等危险方法进行采矿作业,经煤矿安全监察人员责令立即停止作业,拒不停止作业的,由煤矿安全监察机构决定吊销安全生产许可证,并移送地质矿产主管部门依法吊销采矿许可证;构成犯罪的,依法追究刑事责任;造成损失的,依法承担赔偿责任。

第四十四条 煤矿矿长或者其他主管人员有下列行为之一的,由煤矿安全监察机构给予警告;造成严重后果,构成犯罪的,依法追究刑事责任:
（一）违章指挥工人或者强令工人违章、冒险作业的;
（二）对工人屡次违章作业熟视无睹,不加制止的;
（三）对重大事故预兆或者已发现的事故隐患不及时采取措施的;
（四）拒不执行煤矿安全监察机构及其煤矿安全监察人员的安全监察指令的。

第四十五条 煤矿有关人员拒绝、阻碍煤矿安全监察机构及其煤矿安全监察人员现场检查,或者提供虚假情况,或者隐瞒存在的事故隐患以及其他安全问题的,由煤矿安全监察机构给予警告,可以并处 5 万元以上 10 万元以下的罚款;情节严重的,由煤矿安全监察机构责令停产整顿;对直接负责的主管人员和其他直接责任人员,依法给予撤职直至开除的纪律处分。

第四十六条 煤矿发生事故,有下列情形之一的,由煤矿安全监察机构给予警告,可以并处 3 万元以上 15 万元以下的罚款;情节严重的,由煤矿安全监察机构责令停产整顿;对直接负责的主管人员和其他直接责任人员,依法给予降级直至开除的纪律处分;构成犯罪的,依法追究刑事责任:
（一）不按照规定及时、如实报告煤矿事故的;
（二）伪造、故意破坏煤矿事故现场的;
（三）阻碍、干涉煤矿事故调查工作,拒绝接受调查取证、提供有关情况和资料的。

第四十七条 依照本条例规定被吊销采矿许可证的,由工商行政管理部门依法相应吊销营业执照。

第四十八条 煤矿安全监察人员滥用职权、玩忽职守、徇私舞弊,应当发现而没有发现煤矿事故隐患或者影响煤矿安全的违法行为,或者发现事故隐患或者影响煤矿安全的违法行为不及时处理或者报告,或者有违反本条例第十九条规定行为之一,构成犯罪的,依法追究刑事责任;尚不构成犯罪的,依法给予行政处分。

第五章 附 则

第四十九条 未设立地区煤矿安全监察机构的省、自治区、直辖市,省、自治区、直辖市人民政府可以指定有关部门依照本条例的规定对本行政区域内的煤矿实施安全监察。

第五十条 本条例自 2000 年 12 月 1 日起施行。

乡镇煤矿管理条例

(1994 年 12 月 20 日中华人民共和国国务院令第 169 号发布 根据 2013 年 7 月 18 日《国务院关于废止和修改部分行政法规的决定》修订)

第一章 总 则

第一条 为了加强乡镇煤矿的行业管理,促进乡镇煤矿的健康发展,制定本条例。

第二条 本条例所称乡镇煤矿,是指在乡(镇)、村开办的集体煤矿企业、私营煤矿企业以及除国有煤矿企业和外商投资煤矿企业以外的其他煤矿企业。

第三条 煤炭资源属于国家所有。地表或者地下的煤炭资源的国家所有权,不因其所依附的土地的所有权或者使用权的不同而改变。

国家对煤炭资源的开发利用实行统一规划、合理布局的方针。

第四条 乡镇煤矿开采煤炭资源,必须依照有关法律、法规的规定,申请领取采矿许可证和安全生产许可证。

第五条 国家扶持、指导和帮助乡镇煤矿的发展。

县级以上地方人民政府应当加强对乡镇煤矿的管理,依法维护乡镇煤矿的生产秩序,保护乡镇煤矿的合法权益；对发展乡镇煤矿作出显著成绩的单位和个人给予奖励。

第六条 乡镇煤矿开采煤炭资源，应当遵循开发与保护并重的原则，依法办矿，安全生产，文明生产。

第七条 国务院煤炭工业主管部门和县级以上地方人民政府负责管理煤炭工业的部门是乡镇煤矿的行业管理部门（以下统称煤炭工业主管部门）。

煤炭工业行业管理的任务是统筹规划、组织协调、提供服务、监督检查。

第二章 资源与规划

第八条 国务院煤炭工业主管部门和省、自治区、直辖市人民政府根据全国矿产资源规划编制行业开发规划和地区开发规划时，应当合理划定乡镇煤矿开采的煤炭资源范围。

第九条 未经国务院煤炭工业主管部门批准，乡镇煤矿不得开采下列煤炭资源：

（一）国家规划煤炭矿区；

（二）对国民经济具有重要价值的煤炭矿区；

（三）国家规定实行保护性开采的稀缺煤种；

（四）重要河流、堤坝和大型水利工程设施下的保安煤柱；

（五）铁路、重要公路和桥梁下的保安煤柱；

（六）重要工业区、重要工程设施、机场、国防工程设施下的保安煤柱；

（七）不能移动的国家重点保护的历史文物、名胜古迹和国家划定的自然保护区、重要风景区下的保安煤柱；

（八）正在建设或者正在开采的矿井的保安煤柱。

第十条 乡镇煤矿在国有煤矿企业矿区范围内开采边缘零星资源，必须征得该国有煤矿企业同意，并经其上级主管部门批准。

乡镇煤矿开采前款规定的煤炭资源，必须与国有煤矿企业签订合理开发利用煤炭资源和维护矿山安全的协议，不得浪费、破坏煤炭资源，影响国有煤矿企业的生产安全。

第十一条 国家重点建设工程需要占用乡镇煤矿的生产井田时，占用单位应当按照国家有关规定给予合理补偿；但是，对违法开办的乡镇煤矿，不予补偿。

第三章 办矿与生产

第十二条 开办乡镇煤矿，必须具备下列条件：

（一）符合国家煤炭工业发展规划；

（二）有经依法批准可供开采的、无争议的煤炭资源；

（三）有与所建矿井生产规模相适应的资金、技术装备和技术人才；

（四）有经过批准的采矿设计或者开采方案；

（五）有符合国家规定的安全生产措施和环境保护措施；

（六）办矿负责人经过技术培训，并持有矿长资格证书；

（七）法律、法规规定的其他条件。

第十三条 申请开办乡镇煤矿，由资源所在地的县级人民政府负责管理煤炭工业的部门审查申请人的办矿条件。

申请开办乡镇煤矿，其矿区范围跨2个县级以上行政区域的，由其共同的上一级人民政府负责管理煤炭工业的部门审查申请人的办矿条件。

经审查符合办矿条件的，申请人应当凭煤炭工业主管部门审查同意的文件，依照有关法律、法规的规定，办理采矿登记手续，领取采矿许可证。

第十四条 乡镇煤矿建成投产前，应当按照国务院关于安全生产许可证管理的规定，申请领取安全生产许可证。

未取得安全生产许可证的乡镇煤矿，不得进行煤炭生产。

第十五条 乡镇煤矿开采煤炭资源，应当采用合理的开采顺序和科学的采矿方法，提高资源回采率和综合利用率，防止资源的浪费。

第十六条 乡镇煤矿应当按照矿井当年的实际产量提取维简费。维简费的提取标准和使用范围按照国家有关规定执行。

第四章 安全与管理

第十七条 乡镇煤矿应当按照国家有关矿山安全的法律、法规和煤炭行业安全规程、技术规范的要求，建立、健全各级安全生产责任制和安全规章制度。

第十八条 县级、乡级人民政府应当加强对乡镇煤矿安全生产工作的监督管理，保证煤矿生产的安全。

乡镇煤矿的矿长和办矿单位的主要负责人，应当加强对煤矿安全生产工作的领导，落实安全生产责任制，采取各种有效措施，防止生产事故的发生。

第十九条 国务院煤炭工业主管部门和县级以上地方人民政府负责管理煤炭工业的部门，应当有计划地对乡镇煤矿的职工进行安全教育和技术培训。

县级以上人民政府负责管理煤炭工业的部门对矿长考核合格后，应当颁发矿长资格证书。

县级以上人民政府负责管理煤炭工业的部门对瓦斯检验工、采煤机司机等特种作业人员按照国家有关规定考核合格后，应当颁发操作资格证书。

第二十条　乡镇煤矿发生伤亡事故，应当按照有关法律、行政法规的规定，及时如实地向上一级人民政府、煤炭工业主管部门及其他有关主管部门报告，并立即采取有效措施，做好救护工作。

第二十一条　乡镇煤矿应当及时测绘井上下工程对照图、采掘工程平面图和通风系统图，并定期向原审查办矿条件的煤炭工业主管部门报送图纸，接受其监督、检查。

第二十二条　乡镇煤矿进行采矿作业，不得采用可能危及相邻煤矿生产安全的决水、爆破、贯通巷道等危险方法。

第二十三条　乡镇煤矿依照有关法律、法规的规定办理关闭矿山手续时，应当向原审查办矿条件的煤炭工业主管部门提交有关采掘工程、不安全隐患等资料。

第二十四条　县级以上人民政府劳动行政主管部门负责对乡镇煤矿安全工作的监督，并有权对取得矿长资格证书的矿长进行抽查。

第五章　罚　　则

第二十五条　违反法律、法规关于矿山安全的规定，造成人身伤亡或者财产损失的，依照有关法律、法规的规定给予处罚。

第二十六条　违反本条例规定，有下列情形之一的，由原审查办矿条件的煤炭工业主管部门，根据情节轻重，给予警告、5万元以下的罚款、没收违法所得或者责令停产整顿：

（一）未经煤炭工业主管部门审查同意，擅自开办乡镇煤矿的；

（二）未按照规定向煤炭工业主管部门报送有关图纸资料的。

第二十七条　违反本条例规定，有下列情形之一的，由国务院煤炭工业主管部门或者由其授权的省、自治区、直辖市人民政府煤炭工业主管部门，根据情节轻重，分别给予警告、5万元以下的罚款、没收违法所得或者责令停止开采：

（一）未经国务院煤炭工业主管部门批准，擅自进入国家规划煤炭矿区、对国民经济具有重要价值的煤炭矿区采矿的，或者擅自开采国家规定实行保护性开采的稀缺煤种的；

（二）未经国有煤矿企业的上级主管部门批准，擅自开采国有煤矿企业矿区范围内边缘零星资源的。

第二十八条　县级以上人民政府劳动行政主管部门经抽查发现取得矿长资格证书的矿长不合格的，应当责令限期达到规定条件；逾期仍不合格的，提请本级人民政府决定责令其所在煤矿停产。

第二十九条　煤炭工业主管部门违反本条例规定，有下列情形之一的，对负有直接责任的主管人员和其他直接责任人员给予行政处分：

（一）符合开办乡镇煤矿的条件不予审查同意的，或者不符合条件予以同意的；

（二）符合矿长任职资格不予颁发矿长资格证书的，或者不符合矿长任职资格予以颁发矿长资格证书的。

第三十条　依照本条例第二十六条、第二十七条规定取得的罚没收入，应当全部上缴国库。

第六章　附　　则

第三十一条　国务院煤炭工业主管部门可以根据本条例制定实施办法。

第三十二条　本条例自发布之日起施行。

国务院关于预防煤矿生产安全事故的特别规定

（2005年9月3日国务院令第446号公布　根据2013年7月18日国务院令第638号《国务院关于废止和修改部分行政法规的决定》修订）

第一条　为了及时发现并排除煤矿安全生产隐患，落实煤矿安全生产责任，预防煤矿生产安全事故发生，保障职工的生命安全和煤矿安全生产，制定本规定。

第二条　煤矿企业是预防煤矿生产安全事故的责任主体。煤矿企业负责人（包括一些煤矿企业的实际控制人，下同）对预防煤矿生产安全事故负主要责任。

第三条　国务院有关部门和地方各级人民政府应当建立并落实预防煤矿生产安全事故的责任制，监督检查煤矿企业预防煤矿生产安全事故的情况，及时解决煤矿生产安全事故预防工作中的重大问题。

第四条　县级以上地方人民政府负责煤矿安全生产监督管理的部门、国家煤矿安全监察机构设在省、自治区、直辖市的煤矿安全监察机构（以下简称煤矿安全监察机构），对所辖区域的煤矿重大安全生产隐患和违法行为负有检查和依法查处的职责。

县级以上地方人民政府负责煤矿安全生产监督管理的部门、煤矿安全监察机构不依法履行职责，不及时查处所辖区域的煤矿重大安全生产隐患和违法行为的，对直接责任人和主要负责人，根据情节轻重，给予记过、记大过、降级、撤职或者开除的行政处分；构成犯罪的，依法追究刑事责任。

第五条 煤矿未依法取得采矿许可证、安全生产许可证、营业执照和矿长未依法取得矿长资格证、矿长安全资格证的，煤矿不得从事生产。擅自从事生产的，属非法煤矿。

负责颁发前款规定证照的部门，一经发现煤矿无证照或者证照不全从事生产的，应当责令该煤矿立即停止生产，没收违法所得和开采出的煤炭以及采掘设备，并处违法所得1倍以上5倍以下的罚款；构成犯罪的，依法追究刑事责任；同时于2日内提请当地县级以上地方人民政府予以关闭，并可以向上一级地方人民政府报告。

第六条 负责颁发采矿许可证、安全生产许可证、营业执照和矿长资格证、矿长安全资格证的部门，向不符合法定条件的煤矿或者矿长颁发有关证照的，对直接责任人，根据情节轻重，给予降级、撤职或者开除的行政处分；对主要负责人，根据情节轻重，给予记大过、降级、撤职或者开除的行政处分；构成犯罪的，依法追究刑事责任。

前款规定颁发证照的部门，应当加强对取得证照煤矿的日常监督管理，促使煤矿持续符合取得证照应当具备的条件。不依法履行日常监督管理职责的，对主要负责人，根据情节轻重，给予记过、记大过、降级、撤职或者开除的行政处分；构成犯罪的，依法追究刑事责任。

第七条 在乡、镇人民政府所辖区域内发现有非法煤矿并且没有采取有效制止措施的，对乡、镇人民政府的主要负责人以及负有责任的相关负责人，根据情节轻重，给予降级、撤职或者开除的行政处分；在县级人民政府所辖区域内1个月内发现有2处或者2处以上非法煤矿并且没有采取有效制止措施的，对县级人民政府的主要负责人以及负有责任的相关负责人，根据情节轻重，给予降级、撤职或者开除的行政处分；构成犯罪的，依法追究刑事责任。

其他有关机关和部门对存在非法煤矿负有责任的，对主要负责人，属于行政机关工作人员的，根据情节轻重，给予记过、记大过、降级或者撤职的行政处分；不属于行政机关工作人员的，建议有关机关和部门给予相应的处分。

第八条 煤矿的通风、防瓦斯、防水、防火、防煤尘、防冒顶等安全设备、设施和条件应当符合国家标准、行业标准，并有防范生产安全事故发生的措施和完善的应急处理预案。

煤矿有下列重大安全生产隐患和行为的，应当立即停止生产，排除隐患：

（一）超能力、超强度或者超定员组织生产的；

（二）瓦斯超限作业的；

（三）煤与瓦斯突出矿井，未依照规定实施防突出措施的；

（四）高瓦斯矿井未建立瓦斯抽放系统和监控系统，或者瓦斯监控系统不能正常运行的；

（五）通风系统不完善、不可靠的；

（六）有严重水患，未采取有效措施的；

（七）超层越界开采的；

（八）有冲击地压危险，未采取有效措施的；

（九）自然发火严重，未采取有效措施的；

（十）使用明令禁止使用或者淘汰的设备、工艺的；

（十一）年产6万吨以上的煤矿没有双回路供电系统的；

（十二）新建煤矿边建设边生产，煤矿改扩建期间，在改扩建的区域生产，或者在其他区域的生产超出安全设计规定的范围和规模的；

（十三）煤矿实行整体承包生产经营后，未重新取得安全生产许可证，从事生产的，或者承包方再次转包的，以及煤矿将井下采掘工作面和井巷维修作业进行劳务承包的；

（十四）煤矿改制期间，未明确安全生产责任人和安全管理机构的，或者在完成改制后，未重新取得或者变更采矿许可证、安全生产许可证和营业执照的；

（十五）有其他重大安全生产隐患的。

第九条 煤矿企业应当建立健全安全生产隐患排查、治理和报告制度。煤矿企业应当对本规定第八条第二款所列情形定期组织排查，并将排查情况每季度向县级以上地方人民政府负责煤矿安全生产监督管理的部门、煤矿安全监察机构写出书面报告。报告应当经煤矿企业负责人签字。

煤矿企业未依照前款规定排查和报告的，由县级以上地方人民政府负责煤矿安全生产监督管理的部门或者煤矿安全监察机构责令限期改正；逾期未改正的，责令停产整顿，并对煤矿企业负责人处3万元以上15万元以下的罚款。

第十条 煤矿有本规定第八条第二款所列情形之一，仍然进行生产的，由县级以上地方人民政府负责煤矿安全生产监督管理的部门或者煤矿安全监察机构责令停产整顿，提出整顿的内容、时间等具体要求，处 50 万元以上 200 万元以下的罚款；对煤矿企业负责人处 3 万元以上 15 万元以下的罚款。

对 3 个月内 2 次或者 2 次以上发现有重大安全生产隐患，仍然进行生产的煤矿，县级以上地方人民政府负责煤矿安全生产监督管理的部门、煤矿安全监察机构应当提请有关地方人民政府关闭该煤矿，并由颁发证照的部门立即吊销矿长资格证和矿长安全资格证，该煤矿的法定代表人和矿长 5 年内不得再担任任何煤矿的法定代表人或者矿长。

第十一条　对被责令停产整顿的煤矿，颁发证照的部门应当暂扣采矿许可证、安全生产许可证、营业执照和矿长资格证、矿长安全资格证。

被责令停产整顿的煤矿应当制定整改方案，落实整改措施和安全技术规定；整改结束后要求恢复生产的，应当由县级以上地方人民政府负责煤矿安全生产监督管理的部门自收到恢复生产申请之日起 60 日内组织验收完毕；验收合格的，经组织验收的地方人民政府负责煤矿安全生产监督管理的部门的主要负责人签字，并经有关煤矿安全监察机构审核同意，报请有关地方人民政府主要负责人签字批准，颁发证照的部门发还证照，煤矿方可恢复生产；验收不合格的，由有关地方人民政府予以关闭。

被责令停产整顿的煤矿擅自从事生产的，县级以上地方人民政府负责煤矿安全生产监督管理的部门、煤矿安全监察机构应当提请有关地方人民政府予以关闭，没收违法所得，并处违法所得 1 倍以上 5 倍以下的罚款；构成犯罪的，依法追究刑事责任。

第十二条　对被责令停产整顿的煤矿，在停产整顿期间，由有关地方人民政府采取有效措施进行监督检查。因监督检查不力，煤矿在停产整顿期间继续生产的，对直接责任人，根据情节轻重，给予降级、撤职或者开除的行政处分；对有关负责人，根据情节轻重，给予记大过、降级、撤职或者开除的行政处分；构成犯罪的，依法追究刑事责任。

第十三条　对提请关闭的煤矿，县级以上地方人民政府负责煤矿安全生产监督管理的部门或者煤矿安全监察机构应当责令立即停止生产；有关地方人民政府应当在 7 日内作出关闭或者不予关闭的决定，并由其主要负责人签字存档。对决定关闭的，有关地方人民政府应当立即组织实施。

关闭煤矿应当达到下列要求：

（一）吊销相关证照；

（二）停止供应并处理火工用品；

（三）停止供电，拆除矿井生产设备、供电、通信线路；

（四）封闭、填实矿井井筒，平整井口场地，恢复地貌；

（五）妥善遣散从业人员。

关闭煤矿未达到前款规定要求的，对组织实施关闭的地方人民政府及其有关部门的负责人和直接责任人给予记过、记大过、降级、撤职或者开除的行政处分；构成犯罪的，依法追究刑事责任。

依照本条第一款规定决定关闭的煤矿，仍有开采价值的，经依法批准可以进行拍卖。

关闭的煤矿擅自恢复生产的，依照本规定第五条第二款规定予以处罚；构成犯罪的，依法追究刑事责任。

第十四条　县级以上地方人民政府负责煤矿安全生产监督管理的部门或者煤矿安全监察机构，发现煤矿有本规定第八条第二款所列情形之一的，应当将情况报送有关地方人民政府。

第十五条　煤矿存在瓦斯突出、自然发火、冲击地压、水害威胁等重大安全生产隐患，该煤矿在现有技术条件下难以有效防治的，县级以上地方人民政府负责煤矿安全生产监督管理的部门、煤矿安全监察机构应当责令其立即停止生产，并提请有关地方人民政府组织专家进行论证。专家论证应当客观、公正、科学。有关地方人民政府应当根据论证结论，作出是否关闭煤矿的决定，并组织实施。

第十六条　煤矿企业应当依照国家有关规定对井下作业人员进行安全生产教育和培训，保证井下作业人员具有必要的安全生产知识，熟悉有关安全生产规章制度和安全操作规程，掌握本岗位的安全操作技能，并建立培训档案。未进行安全生产教育和培训或者经教育和培训不合格的人员不得下井作业。

县级以上地方人民政府负责煤矿安全生产监督管理的部门应当对煤矿井下作业人员的安全生产教育和培训情况进行监督检查；煤矿安全监察机构应当对煤矿特种作业人员持证上岗情况进行监督检查。发现煤矿企业未依照国家有关规定对井下作业人员进行安全生产教育和培训或者特种作业人员无证上岗的，应当责令限期改正，处 10 万元以上 50 万元以下的罚款；逾期未改正的，责令停产整顿。

县级以上地方人民政府负责煤矿安全生产监督管理的部门、煤矿安全监察机构未履行前款规定的监督检查职责的，对主要负责人，根据情节轻重，给予警告、记过或者记大过的行政处分。

第十七条　县级以上地方人民政府负责煤矿安全生产监督管理的部门、煤矿安全监察机构在监督检查中，1 个月内 3 次或者 3 次以上发现煤矿企业未依照国家有关规定对井下作业人员进行安全生产教育和培训或者特种作业人员无证上岗的，应当提请有关地方人民政府对该煤矿予以关闭。

第十八条 煤矿拒不执行县级以上地方人民政府负责煤矿安全生产监督管理的部门或者煤矿安全监察机构依法下达的执法指令的，由颁发证照的部门吊销矿长资格证和矿长安全资格证；构成违反治安管理行为的，由公安机关依照治安管理的法律、行政法规的规定处罚；构成犯罪的，依法追究刑事责任。

第十九条 县级以上地方人民政府负责煤矿安全生产监督管理的部门、煤矿安全监察机构对被责令停产整顿或者关闭的煤矿，应当自煤矿被责令停产整顿或关闭之日起3日内在当地主要媒体公告。

被责令停产整顿的煤矿经验收合格恢复生产的，县级以上地方人民政府负责煤矿安全生产监督管理的部门、煤矿安全监察机构应当自煤矿验收合格恢复生产之日起3日内在同一媒体公告。

县级以上地方人民政府负责煤矿安全生产监督管理的部门、煤矿安全监察机构未依照本条第一款、第二款规定进行公告的，对有关负责人，根据情节轻重，给予警告、记过、记大过或者降级的行政处分。

公告所需费用由同级财政列支。

第二十条 国家机关工作人员和国有企业负责人不得违反国家规定投资入股煤矿（依法取得上市公司股票的除外），不得对煤矿的违法行为予以纵容、包庇。

国家行政机关工作人员和国有企业负责人违反前款规定的，根据情节轻重，给予降级、撤职或者开除的处分；构成犯罪的，依法追究刑事责任。

第二十一条 煤矿企业负责人和生产经营管理人员应当按照国家规定轮流带班下井，并建立下井登记档案。

县级以上地方人民政府负责煤矿安全生产监督管理的部门或煤矿安全监察机构发现煤矿企业在生产过程中，1周内其负责人或者生产经营管理人员没有按照国家规定带班下井，或者下井登记档案虚假的，责令改正，并对该煤矿企业处3万元以上15万元以下的罚款。

第二十二条 煤矿企业应当免费为每位职工发放煤矿职工安全手册。

煤矿职工安全手册应当载明职工的权利、义务，煤矿重大安全生产隐患的情形和应急保护措施、方法以及安全生产隐患和违法行为的举报电话、受理部门。

煤矿企业没有为每位职工发放符合要求的职工安全手册的，由县级以上地方人民政府负责煤矿安全生产监督管理的部门或者煤矿安全监察机构责令限期改正；逾期未改正的，处5万元以下的罚款。

第二十三条 任何单位和个人发现煤矿有本规定第五条第一款和第八条第二款所列情形之一的，都有权向县级以上地方人民政府负责煤矿安全生产监督管理的部门或者煤矿安全监察机构举报。

受理的举报经调查属实的，受理举报的部门或者机构应当给予最先举报人1000元至1万元的奖励，所需费用由同级财政列支。

县级以上地方人民政府负责煤矿安全生产监督管理的部门或者煤矿安全监察机构接到举报后，应当及时调查处理；不及时调查处理的，对有关责任人，根据情节轻重，给予警告、记过、记大过或者降级的行政处分。

第二十四条 煤矿有违反本规定的违法行为，法律规定由有关部门查处的，有关部门应当依法进行查处。但是，对同一违法行为不得给予两次以上罚款的行政处罚。

第二十五条 国家行政机关工作人员、国有企业负责人有违反本规定的行为，依照本规定应当给予处分的，由监察机关或者任免机关依法作出处分决定。

国家行政机关工作人员、国有企业负责人对处分决定不服的，可以依法提出申诉。

第二十六条 当事人对行政处罚决定不服的，可以依法申请行政复议，或者依法直接向人民法院提起行政诉讼。

第二十七条 省、自治区、直辖市人民政府可以依据本规定制定具体实施办法。

第二十八条 本规定自公布之日起施行。

中华人民共和国石油天然气管道保护法

(2010年6月25日第十一届全国人民代表大会常务委员会第十五次会议通过)

第一章 总 则

第一条 为了保护石油、天然气管道，保障石油、天然气输送安全，维护国家能源安全和公共安全，制定本法。

第二条 中华人民共和国境内输送石油、天然气的管道的保护，适用本法。

城镇燃气管道和炼油、化工等企业厂区内管道的保护，不适用本法。

第三条 本法所称石油包括原油和成品油，所称天然气包括天然气、煤层气和煤制气。

本法所称管道包括管道及管道附属设施。

第四条 国务院能源主管部门依照本法规定主管全国管道保护工作，负责组织编制并实施全国管道发展规划，统筹协调全国管道发展规划与其他专项规划的衔接，协调跨省、自治区、直辖市管道保护的重大问题。国务院其他有关部门依照有关法律、行政法规的规定，在各自职责范围内负责管道保护的相关工作。

第五条 省、自治区、直辖市人民政府能源主管部门和设区的市级、县级人民政府指定的部门，依照本法规定主管本行政区域的管道保护工作，协调处理本行政区域管道保护的重大问题，指导、监督有关单位履行管道保护义务，依法查处危害管道安全的违法行为。县级以上地方人民政府其他有关部门依照有关法律、行政法规的规定，在各自职责范围内负责管道保护的相关工作。

省、自治区、直辖市人民政府能源主管部门和设区的市级、县级人民政府指定的部门，统称县级以上地方人民政府主管管道保护工作的部门。

第六条 县级以上地方人民政府应当加强对本行政区域管道保护工作的领导，督促、检查有关部门依法履行管道保护职责，组织排除管道的重大外部安全隐患。

第七条 管道企业应当遵守本法和有关规划、建设、安全生产、质量监督、环境保护等法律、行政法规，执行国家技术规范的强制性要求，建立、健全本企业有关管道保护的规章制度和操作规程并组织实施，宣传管道安全与保护知识，履行管道保护义务，接受人民政府及其有关部门依法实施的监督，保障管道安全运行。

第八条 任何单位和个人不得实施危害管道安全的行为。

对危害管道安全的行为，任何单位和个人有权向县级以上地方人民政府主管管道保护工作的部门或者其他有关部门举报。接到举报的部门应当在职责范围内及时处理。

第九条 国家鼓励和促进管道保护新技术的研究开发和推广应用。

第二章 管道规划与建设

第十条 管道的规划、建设应当符合管道保护的要求，遵循安全、环保、节约用地和经济合理的原则。

第十一条 国务院能源主管部门根据国民经济和社会发展的需要组织编制全国管道发展规划。组织编制全国管道发展规划应当征求国务院有关部门以及有关省、自治区、直辖市人民政府的意见。

全国管道发展规划应当符合国家能源规划，并与土地利用总体规划、城乡规划以及矿产资源、环境保护、水利、铁路、公路、航道、港口、电信等规划相协调。

第十二条 管道企业应当根据全国管道发展规划编制管道建设规划，并将管道建设规划确定的管道建设选线方案报送拟建管道所在地县级以上地方人民政府城乡规划主管部门审核；经审核符合城乡规划的，应当依法纳入当地城乡规划。

纳入城乡规划的管道建设用地，不得擅自改变用途。

第十三条 管道建设的选线应当避开地震活动断层和容易发生洪灾、地质灾害的区域，与建筑物、构筑物、铁路、公路、航道、港口、市政设施、军事设施、电缆、光缆等保持本法和有关法律、行政法规以及国家技术规范的强制性要求规定的保护距离。

新建管道通过的区域受地理条件限制，不能满足前款规定的管道保护要求的，管道企业应当提出防护方案，经管道保护方面的专家评审论证，并经管道所在地县级以上地方人民政府主管管道保护工作的部门批准后，方可建设。

管道建设项目应当依法进行环境影响评价。

第十四条 管道建设使用土地，依照《中华人民共和国土地管理法》等法律、行政法规的规定执行。

依法建设的管道通过集体所有的土地或者他人取得使用权的国有土地，影响土地使用的，管道企业应当按照管道建设时土地的用途给予补偿。

第十五条 依照法律和国务院的规定，取得行政许可或者已报送备案并符合开工条件的管道项目的建设，任何单位和个人不得阻碍。

第十六条 管道建设应当遵守法律、行政法规有关建设工程质量管理的规定。

管道企业应当依照有关法律、行政法规的规定，选择具备相应资质的勘察、设计、施工、工程监理单位进行管道建设。

管道的安全保护设施应当与管道主体工程同时设计、同时施工、同时投入使用。

管道建设使用的管道产品及其附件的质量，应当符合国家技术规范的强制性要求。

第十七条 穿跨越水利工程、防洪设施、河道、航道、铁路、公路、港口、电力设施、通信设施、市政设施的管道的建设，应当遵守本法和有关法律、行政法规，执行国家技术规范的强制性要求。

第十八条 管道企业应当按照国家技术规范的强制性要求在管道沿线设置管道标志。管道标志毁损或者安全警示不清的，管道企业应当及时修复或者更新。

第十九条 管道建成后应当按照国家有关规定进行竣工验收。竣工验收应当审查管道是否符合本法规定的管道保护要求，经验收合格方可正式交付使用。

第二十条 管道企业应当自管道竣工验收合格之日起六十日内，将竣工测量图报管道所在地县级以上地方人民政府主管管道保护工作的部门备案；县级以上地方人民政府主管管道保护工作的部门应当将管道企业报送的管道竣工测量图分送本级人民政府规划、建设、国土资源、铁路、交通、水利、公安、安全生产监督管理等部门和有关军事机关。

第二十一条 地方各级人民政府编制、调整土地利用总体规划和城乡规划，需要管道改建、搬迁或者增加防护设施的，应当与管道企业协商确定补偿方案。

第三章 管道运行中的保护

第二十二条 管道企业应当建立、健全管道巡护制度，配备专门人员对管道线路进行日常巡护。管道巡护人员发现危害管道安全的情形或者隐患，应当按照规定及时处理和报告。

第二十三条 管道企业应当定期对管道进行检测、维修，确保其处于良好状态；对管道安全风险较大的区段和场所应当进行重点监测，采取有效措施防止管道事故的发生。

对不符合安全使用条件的管道，管道企业应当及时更新、改造或者停止使用。

第二十四条 管道企业应当配备管道保护所必需的人员和技术装备，研究开发和使用先进适用的管道保护技术，保证管道保护所必需的经费投入，并对在管道保护中做出突出贡献的单位和个人给予奖励。

第二十五条 管道企业发现管道存在安全隐患，应当及时排除。对管道存在的外部安全隐患，管道企业自身排除确有困难的，应当向县级以上地方人民政府主管管道保护工作的部门报告。接到报告的主管管道保护工作的部门应当及时协调排除或者报请人民政府及时组织排除安全隐患。

第二十六条 管道企业依法取得使用权的土地，任何单位和个人不得侵占。

为合理利用土地，在保障管道安全的条件下，管道企业可以与有关单位、个人约定，同意有关单位、个人种植浅根农作物。但是，因管道巡护、检测、维修造成的农作物损失，除另有约定外，管道企业不予赔偿。

第二十七条 管道企业对管道进行巡护、检测、维修等作业，管道沿线的有关单位、个人应当给予必要的便利。

因管道巡护、检测、维修等作业给土地使用权人或者其他单位、个人造成损失的，管道企业应当依法给予赔偿。

第二十八条 禁止下列危害管道安全的行为：
（一）擅自开启、关闭管道阀门；
（二）采用移动、切割、打孔、砸撬、拆卸等手段损坏管道；
（三）移动、毁损、涂改管道标志；
（四）在埋地管道上方巡查便道上行驶重型车辆；
（五）在地面管道线路、架空管道线路和管桥上行走或者放置重物。

第二十九条 禁止在本法第五十八条第一项所列管道附属设施的上方架设电力线路、通信线路或者在储气库构造区域范围内进行工程挖掘、工程钻探、采矿。

第三十条 在管道线路中心线两侧各五米地域范围内，禁止下列危害管道安全的行为：
（一）种植乔木、灌木、藤类、芦苇、竹子或者其他根系深达管道埋设部位可能损坏管道防腐层的深根植物；
（二）取土、采石、用火、堆放重物、排放腐蚀性物质、使用机械工具进行挖掘施工；
（三）挖塘、修渠、修晒场、修建水产养殖场、建温室、建家畜棚圈、建房以及修建其他建筑物、构筑物。

第三十一条 在管道线路中心线两侧和本法第五十八条第一项所列管道附属设施周边修建下列建筑物、构筑物的，建筑物、构筑物与管道线路和管道附属设施的距离应当符合国家技术规范的强制性要求：
（一）居民小区、学校、医院、娱乐场所、车站、商场等人口密集的建筑物；
（二）变电站、加油站、加气站、储油罐、储气罐等易燃易爆物品的生产、经营、存储场所。

前款规定的国家技术规范的强制性要求，应当按照保障管道及建筑物、构筑物安全和节约用地的原则确定。

第三十二条 在穿越河流的管道线路中心线两侧

各五百米地域范围内，禁止抛锚、拖锚、挖砂、挖泥、采石、水下爆破。但是，在保障管道安全的条件下，为防洪和航道通畅而进行的养护疏浚作业除外。

第三十三条 在管道专用隧道中心线两侧各一千米地域范围内，除本条第二款规定的情形外，禁止采石、采矿、爆破。

在前款规定的地域范围内，因修建铁路、公路、水利工程等公共工程，确需实施采石、爆破作业的，应当经管道所在地县级人民政府主管管道保护工作的部门批准，并采取必要的安全防护措施，方可实施。

第三十四条 未经管道企业同意，其他单位不得使用管道专用伴行道路、管道水工防护设施、管道专用隧道等管道附属设施。

第三十五条 进行下列施工作业，施工单位应当向管道所在地县级人民政府主管管道保护工作的部门提出申请：

（一）穿跨越管道的施工作业；

（二）在管道线路中心线两侧各五米至五十米和本法第五十八条第一项所列管道附属设施周边一百米地域范围内，新建、改建、扩建铁路、公路、河渠，架设电力线路，埋设地下电缆、光缆，设置安全接地体、避雷接地体；

（三）在管道线路中心线两侧各二百米和本法第五十八条第一项所列管道附属设施周边五百米地域范围内，进行爆破、地震法勘探或者工程挖掘、工程钻探、采矿。

县级人民政府主管管道保护工作的部门接到申请后，应当组织施工单位与管道企业协商确定施工作业方案，并签订安全防护协议；协商不成的，主管管道保护工作的部门应当组织进行安全评审，作出是否批准作业的决定。

第三十六条 申请进行本法第三十三条第二款、第三十五条规定的施工作业，应当符合下列条件：

（一）具有符合管道安全和公共安全要求的施工作业方案；

（二）已制定事故应急预案；

（三）施工作业人员具备管道保护知识；

（四）具有保障安全施工作业的设备、设施。

第三十七条 进行本法第三十三条第二款、第三十五条规定的施工作业，应当在开工七日前书面通知管道企业。管道企业应当指派专门人员到现场进行管道保护安全指导。

第三十八条 管道企业在紧急情况下进行管道抢修作业，可以先行使用他人土地或者设施，但应当及时告知土地或者设施的所有权人或者使用权人。给土地或者设施的所有权人或者使用权人造成损失的，管道企业应当依法给予赔偿。

第三十九条 管道企业应当制定本企业管道事故应急预案，并报管道所在地县级人民政府主管管道保护工作的部门备案；配备抢险救援人员和设备，并定期进行管道事故应急救援演练。

发生管道事故，管道企业应当立即启动本企业管道事故应急预案，按照规定及时通报可能受到事故危害的单位和居民，采取有效措施消除或者减轻事故危害，并依照有关事故调查处理的法律、行政法规的规定，向事故发生地县级人民政府主管管道保护工作的部门、安全生产监督管理部门和其他有关部门报告。

接到报告的主管管道保护工作的部门应当按照规定及时上报事故情况，并根据管道事故的实际情况组织采取事故处置措施或者报请人民政府及时启动本行政区域管道事故应急预案，组织进行事故应急处置与救援。

第四十条 管道泄漏的石油和因管道抢修排放的石油造成环境污染的，管道企业应当及时治理。因第三人的行为致使管道泄漏造成环境污染的，管道企业有权向第三人追偿治理费用。

环境污染损害的赔偿责任，适用《中华人民共和国侵权责任法》和防治环境污染的法律的有关规定。

第四十一条 管道泄漏的石油和因管道抢修排放的石油，由管道企业回收、处理，任何单位和个人不得侵占、盗窃、哄抢。

第四十二条 管道停止运行、封存、报废的，管道企业应当采取必要的安全防护措施，并报县级以上地方人民政府主管管道保护工作的部门备案。

第四十三条 管道重点保护部位，需要由中国人民武装警察部队负责守卫的，依照《中华人民共和国人民武装警察法》和国务院、中央军事委员会的有关规定执行。

第四章　管道建设工程与其他建设工程相遇关系的处理

第四十四条 管道建设工程与其他建设工程的相遇关系，依照法律的规定处理；法律没有规定的，由建设工程双方按照下列原则协商处理，并为对方提供必要的便利：

（一）后开工的建设工程服从先开工或者已建成的建设工程；

（二）同时开工的建设工程，后批准的建设工程服从先批准的建设工程。

依照前款规定，后开工或者后批准的建设工程，应当符合先开工、已建成或者先批准的建设工程的安全防护要求；需要先开工、已建成或者先批准的建设工程改建、搬迁或者增加防护设施的，后开工或者后批准的建设工程一方应当承担由此增加的费用。

管道建设工程与其他建设工程相遇的，建设工程双方应当协商确定施工作业方案并签订安全防护协议，指派专门人员现场监督、指导对方施工。

第四十五条 经依法批准的管道建设工程，需要通过正在建设的其他建设工程的，其他工程建设单位应当按照管道建设工程的需要，预留管道通道或者预建管道通过设施，管道企业应当承担由此增加的费用。

经依法批准的其他建设工程，需要通过正在建设的管道建设工程的，管道建设单位应当按照其他建设工程的需要，预留通道或者预建相关设施，其他工程建设单位应当承担由此增加的费用。

第四十六条 管道建设工程通过矿产资源开采区域的，管道企业应当与矿产资源开采企业协商确定管道的安全防护方案，需要矿产资源开采企业按照管道安全防护要求预建防护设施或者采取其他防护措施的，管道企业应当承担由此增加的费用。

矿产资源开采企业未按照约定预建防护设施或者采取其他防护措施，造成地面塌陷、裂缝、沉降等地质灾害，致使管道需要改建、搬迁或者采取其他防护措施的，矿产资源开采企业应当承担由此增加的费用。

第四十七条 铁路、公路等建设工程修建防洪、分流等水工防护设施，可能影响管道保护的，应当事先通知管道企业并注意保护下游已建成的管道水工防护设施。

建设工程修建防洪、分流等水工防护设施，使下游已建成的管道水工防护设施的功能受到影响，需要新建、改建、扩建管道水工防护设施的，工程建设单位应当承担由此增加的费用。

第四十八条 县级以上地方人民政府水行政主管部门制定防洪、泄洪方案应当兼顾管道的保护。

需要在管道通过的区域泄洪的，县级以上地方人民政府水行政主管部门应当在泄洪方案确定后，及时将泄洪量和泄洪时间通知本级人民政府主管管道保护工作的部门和管道企业或者向社会公告。主管管道保护工作的部门和管道企业应当对管道采取防洪保护措施。

第四十九条 管道与航道相遇，确需在航道中修建管道防护设施的，应当进行通航标准技术论证，并经航道主管部门批准。管道防护设施完工后，应经航道主管部门验收。

进行前款规定的施工作业，应当在批准的施工区域内设置航标，航标的设置和维护费用由管道企业承担。

第五章 法律责任

第五十条 管道企业有下列行为之一的，由县级以上地方人民政府主管管道保护工作的部门责令限期改正；逾期不改正的，处二万元以上十万元以下的罚款；对直接负责的主管人员和其他直接责任人员给予处分：

（一）未依照本法规定对管道进行巡护、检测和维修的；

（二）对不符合安全使用条件的管道未及时更新、改造或者停止使用的；

（三）未依照本法规定设置、修复或者更新有关管道标志的；

（四）未依照本法规定将管道竣工测量图报人民政府主管管道保护工作的部门备案的；

（五）未制定本企业管道事故应急预案，或者未将本企业管道事故应急预案报人民政府主管管道保护工作的部门备案的；

（六）发生管道事故，未采取有效措施消除或者减轻事故危害的；

（七）未对停止运行、封存、报废的管道采取必要的安全防护措施的。

管道企业违反本法规定的行为同时违反建设工程质量管理、安全生产、消防等其他法律的，依照其他法律的规定处罚。

管道企业给他人合法权益造成损害的，依法承担民事责任。

第五十一条 采用移动、切割、打孔、砸撬、拆卸等手段损坏管道或者盗窃、哄抢管道输送、泄漏、排放的石油、天然气，尚不构成犯罪的，依法给予治安管理处罚。

第五十二条 违反本法第二十九条、第三十条、第三十二条或者第三十三条第一款的规定，实施危害管道安全行为的，由县级以上地方人民政府主管管道保护工作的部门责令停止违法行为；情节较重的，对单位处一万元以上十万元以下的罚款，对个人处二百元以上二千元以下的罚款；对违法修建的建筑物、构筑物或者其他设施限期拆除；逾期未拆除的，由县级以上地方人民政府主管管道保护工作的部门组织拆除，所需费用由违法行为人承担。

第五十三条 未经依法批准，进行本法第三十三条第二款或者第三十五条规定的施工作业的，由县级以上地方人民政府主管管道保护工作的部门责令停止违法行为；情节较重的，处一万元以上五万元以下的罚款；对违法修建的危害管道安全的建筑物、构筑物或者其他设施限期拆除；逾期未拆除的，由县级以上地方人民政府主管管道保护工作的部门组织拆除，所需费用由违法行为人承担。

第五十四条 违反本法规定，有下列行为之一的，由县级以上地方人民政府主管管道保护工作的部门责令改正；情节严重的，处二百元以上一千元以下的罚款：

（一）擅自开启、关闭管道阀门的；

（二）移动、毁损、涂改管道标志的；

（三）在埋地管道上方巡查便道上行驶重型车辆的；

（四）在地面管道线路、架空管道线路和管桥上行走或者放置重物的；

（五）阻碍依法进行的管道建设的。

第五十五条 违反本法规定，实施危害管道安全的行为，给管道企业造成损害的，依法承担民事责任。

第五十六条 县级以上地方人民政府及其主管管道保护工作的部门或者其他有关部门，违反本法规定，对应当组织排除的管道外部安全隐患不及时组织排除，发现危害管道安全的行为或者接到对危害管道安全行为的举报后不依法予以查处，或者有其他不依照本法规定履行职责的行为的，由其上级机关责令改正，对直接负责的主管人员和其他直接责任人员依法给予处分。

第五十七条 违反本法规定，构成犯罪的，依法追究刑事责任。

第六章 附 则

第五十八条 本法所称管道附属设施包括：

（一）管道的加压站、加热站、计量站、集油站、集气站、输油站、输气站、配气站、处理场、清管站、阀室、阀井、放空设施、油库、储气库、装卸栈桥、装卸场；

（二）管道的水工防护设施、防风设施、防雷设施、抗震设施、通信设施、安全监控设施、电力设施、管堤、管桥以及管道专用涵洞、隧道等穿跨越设施；

（三）管道的阴极保护站、阴极保护测试桩、阳极地床、杂散电流排流站等防腐设施；

（四）管道穿越铁路、公路的检漏装置；

（五）管道的其他附属设施。

第五十九条 本法施行前在管道保护距离内已建成的人口密集场所和易燃易爆物品的生产、经营、存储场所，应当由所在地人民政府根据当地的实际情况，有计划、分步骤地进行搬迁、清理或者采取必要的防护措施。需要已建成的管道改建、搬迁或者采取必要的防护措施的，应当与管道企业协商确定补偿方案。

第六十条 国务院可以根据海上石油、天然气管道的具体情况，制定海上石油、天然气管道保护的特别规定。

第六十一条 本法自 2010 年 10 月 1 日起施行。

2. 中共中央办公厅、国务院办公厅文件

中共中央办公厅、国务院办公厅关于国家矿山安全监察局职能配置、内设机构和人员编制规定

（2020 年 9 月 22 日中共中央办公厅、国务院办公厅印发）

第一条 为了贯彻党中央对煤矿和非煤矿山（以下统称矿山）安全监管监察工作的有关要求，规范国家矿山安全监察局的职能配置、内设机构和人员编制，推进机构、职能、权限、程序、责任法定化，根据《中国共产党机构编制工作条例》，制定本规定。

第二条 国家矿山安全监察局是应急管理部管理的国家局，为副部级。

第三条 本规定确定的职能配置、内设机构和人员编制等，是国家矿山安全监察局履行职责、配备人员、规范权力以及经费核定的基本依据。

第四条 国家矿山安全监察局负责贯彻落实党中央关于矿山安全监管监察工作的方针政策和决策部署，在履行职责过程中坚持和加强党对矿山安全监管监察工作的集中统一领导。主要职责是：

（一）拟订矿山安全生产（含地质勘探，下同）方面的政策、规划、标准，起草相关法律法规草案、部门规章草案并监督实施。

（二）负责国家矿山安全监察工作。监督检查地方政府矿山安全监管工作。组织实施矿山安全生产抽查检查，对发现的重大事故隐患采取现场处置措施，向地方政府提出改善和加强矿山安全监管工作的意见和建议，督促开展重大隐患整改和复查。

（三）指导矿山安全监管工作。制定矿山安全准入、监管执法、风险分级管控和事故隐患排查治理等政策措施并监督实施，指导地方矿山安全监督管理部门编制和完善执法计划，提升地方矿山安全监管水平和执法能力。依法对煤矿企业贯彻执行安全生产法律法规情况进行监督检查，对煤矿企业安全生产条件、设备设施安全情况进行监管执法，对发现的违法违规问题实施行政处罚、监督整改落实并承担相应责任。

（四）负责统筹矿山安全生产监管执法保障体系建设，制定监管监察能力建设规划，完善技术支撑体系，推进监管执法制度化、规范化、信息化。

（五）参与编制矿山安全生产应急预案，指导和组织协调煤矿事故应急救援工作，参与非煤矿山事故应急救援工作。依法组织或参与煤矿生产安全事故和特别重大非煤矿山生产安全事故调查处理，监督事故查处落实情况。负责统计分析和发布矿山安全生产信息和事故情况。

（六）负责矿山安全生产宣传教育，组织开展矿山安全科学技术研究及推广应用工作。指导矿山企业安全生产基础工作，会同有关部门指导和监督煤矿生产能力核定工作。对煤矿安全技术改造和瓦斯综合治理与利用项目提出审核意见。

（七）完成党中央、国务院交办的其他任务。

（八）职能转变。国家矿山安全监察局要进一步完善"国家监察、地方监管、企业负责"的矿山安全监管监察体制。以防范遏制重特大矿山生产安全事故为重点，坚持安全第一、预防为主、综合治理的方针，加强对地方政府落实矿山安全属地监管责任的监督检查，严密层级治理和行业治理、政府治理、社会治理相结合的安全生产治理体系，着力防范化解区域性、系统性矿山安全风险。推动地方矿山安全监督管理部门强化监管执法，依法严厉查处违法违规行为，督促企业落实安全生产主体责任，推动企业建立健全自我约束、持续改进的内生机制。强化矿山安全监管能力建设，建立健全监管执法人员资格管理制度，加强教育培训，推进安全科技创新，提升信息化建设和应用水平，进一步提高执法队伍能力和素质。将煤矿安全生产许可、建设工程安全设施设计审查和竣工验收检查、检验检测机构认证、相关人员培训等事项移交给地方政府。

（九）有关职责分工。

1. 与自然资源部门的有关职责分工。自然资源部门负责查处矿山企业越界开采等违法行为。国家矿山安全监察机构发现矿山企业有越界开采等违法行为的，应当移送当地自然资源部门进行处理。

2. 与公安机关的有关职责分工。公安机关负责民用爆炸物品公共安全管理和民用爆炸物品购买、运输、爆破作业的安全监督管理。国家矿山安全监察机构发现矿山企业有民用爆炸物品使用违法行为的，应当移送当地公安机关进行处理。

3. 与能源部门的有关职责分工。能源部门从行业规划、产业政策、法规标准、行政许可等方面加强煤矿安全生产工作，负责指导和组织拟订煤炭行业规范和标准。国家矿山安全监察机构负责指导和组织拟订煤矿安全标准，会同能源等部门指导和监督煤矿生产能力核定工作。

第五条 国家矿山安全监察局根据本规定第四条所明确的主要职责，编制权责清单，逐项明确权责名称、权责类型、设定依据、履责方式、追责情形等。在此基础上，制定办事指南、运行流程图，进一步优化行政程序，规范权力运行。

第六条 国家矿山安全监察局设下列机构（副司局级）：

（一）综合司。负责机关日常运转，承担安全、保密、信访、政务公开、新闻宣传和国际合作交流等工作。承担机关和直属单位预决算、财务、国有资产管理及内部审计工作。

（二）政策法规和科技装备司。组织起草相关法律法规草案、规章和规划、标准，承担规范性文件的合法性审核和行政复议、行政应诉等工作，承担矿山安全监管监察能力建设综合工作。指导矿山安全信息化建设，组织矿山安全科学技术研究及成果推广应用工作，对煤矿安全技术改造和瓦斯综合治理与利用项目提出审核意见。

（三）煤矿安全监察司。推进煤矿安全监管监察规范化建设，检查指导地方煤矿安全监管工作。组织开展煤矿安全生产抽查检查，指导设在地方的矿山安全监察机构对风险等级高的煤矿企业开展监管执法。对重大煤矿建设项目提出安全审核意见。依法监督检查中央管理的煤炭企业和为煤矿服务的（煤矿矿井建设施工、煤炭洗选等）企业安全生产工作。

（四）非煤矿山安全监察司。推进非煤矿山安全监管监察规范化建设，检查指导地方非煤矿山安全监管工作，组织开展非煤矿山安全生产抽查检查。依法监督检查中央管理的非煤矿山企业安全生产工作。

（五）事故调查和统计司。参与编制矿山安全生产应急预案，指导协调或参与矿山事故应急救援工作。依法组织或参与煤矿生产安全事故和特别重大非煤矿山生产安全事故调查处理，开展调查处理情况评估、督办、约谈和警示教育等工作，统计分析和发布矿山安全生产信息和事故情况。

（六）安全基础司。指导推进矿山企业安全管理、安全生产标准化、安全培训等工作，指导矿山企业建立并落实安全风险分级管控、安全隐患排查、报告和治理制度。组织指导和监督煤矿生产能力核定工作。

机关党委（人事司）。负责机关和在京直属单位的党群工作。承担机关、派出机构和直属单位的人事管理、机构编制、教育培训、队伍建设等工作。

第七条　国家矿山安全监察局机关行政编制100名。设局长1名，副局长4名，正副司长职数22名（含安全总监1名、机关党委专职副书记1名），国家矿山安全监察专员6名（其中正司局级1名）。

第八条　设在地方的矿山安全监察局27个，行政编制2523名，由国家矿山安全监察局领导管理，具体机构设置、职责和编制事项另行规定。

第九条　国家矿山安全监察局所属事业单位的设置、职责和编制事项另行规定。

第十条　本规定由中央机构编制委员会办公室负责解释，其调整由中央机构编制委员会办公室按规定程序办理。

第十一条　本规定自2020年9月22日起施行。

国务院办公厅关于进一步加强煤矿安全生产工作的意见

（2013年10月2日国务院办公厅以国办发〔2013〕99号公布）

各省、自治区、直辖市人民政府，国务院各部委、各直属机构：

煤炭是我国的主体能源，煤矿安全生产关系煤炭工业持续发展和国家能源安全，关系数百万矿工生命财产安全。近年来，通过各方面共同努力，煤矿安全生产形势持续稳定好转。但事故总量仍然偏大，重特大事故时有发生，暴露出煤矿安全管理中仍存在一些突出问题。党中央、国务院对此高度重视，要求深刻汲取事故教训，坚守发展决不能以牺牲人的生命为代价的红线，始终把矿工生命安全放在首位，大力推进煤矿安全治本攻坚，建立健全煤矿安全长效机制，坚决遏制煤矿重特大事故发生。为进一步加强煤矿安全生产工作，经国务院同意，现提出以下意见：

一、加快落后小煤矿关闭退出

（一）明确关闭对象。重点关闭9万吨/年及以下不具备安全生产条件的煤矿，加快关闭9万吨/年及以下煤与瓦斯突出等灾害严重的煤矿，坚决关闭发生较大及以上责任事故的9万吨/年及以下的煤矿。关闭超层越界拒不退回和资源枯竭的煤矿；关闭拒不执行停产整顿指令仍然组织生产的煤矿。不能实现正规开采的煤矿，一律停产整顿；逾期仍未实现正规开采的，依法实施关闭。没有达到安全质量标准化三级标准的煤矿，限期停产整顿；逾期仍不达标的，依法实施关闭。

（二）加大政策支持力度。通过现有资金渠道加大支持淘汰落后产能力度，地方人民政府应安排配套资金，并向早关、多关的地区倾斜。研究制定信贷、财政优惠政策，鼓励优势煤矿企业兼并重组小煤矿。修订煤炭产业政策，提高煤矿准入标准。国家支持小煤矿集中关闭地区发展替代产业，加强基础设施建设，加快缺煤地区能源输送通道建设，优先保障缺煤地区的铁路运力。

（三）落实关闭目标和责任。到2015年底全国关闭2000处以上小煤矿。各省级人民政府负责小煤矿关闭工作，要制定关闭规划，明确关闭目标并确保按期完成。

二、严格煤矿安全准入

（四）严格煤矿建设项目核准和生产能力核定。一律停止核准新建生产能力低于30万吨/年的煤矿，一律停止核准新建生产能力低于90万吨/年的煤与瓦斯突出矿井。现有煤与瓦斯突出、冲击地压等灾害严重的生产矿井，原则上不再扩大生产能力；2015年底前，重新核定上述矿井的生产能力，核减不具备安全保障能力的生产能力。

（五）严格煤矿生产工艺和技术设备准入。建立完善煤炭生产技术与装备、井下合理生产布局以及能力核定等方面的政策、规范和标准，严禁使用国家明令禁止或淘汰的设备和工艺。煤矿使用的设备必须按规定取得煤矿矿用产品安全标志。

（六）严格煤矿企业和管理人员准入。规范煤矿建设项目安全核准、项目核准和资源配置的程序。未通过安全核准的，不得通过项目核准；未通过项目核准的，不得颁发采矿许可证。不具备相应灾害防治能力的企业申请开采高瓦斯、冲击地压、煤层易自燃、水文地质情况和条件复杂等煤炭资源的，不得通过安全核准。从事煤炭生产的企业必须有相关专业和实践经历的管理团队。煤矿必须配备矿长、总工程师和分管安全、生产、机电的副矿长，以及负责采煤、掘进、机电运输、通风、地质测量工作的专业技术人员。矿长、总工程师和分管安全、生产、机电的副矿长必须具有安全资格证，且严禁在其他煤矿兼职；专业技术人员必须具备煤矿相关专业中专以上学历或注册安全工程师资格，且有3年以上井下工作经历。鼓励专业化的安全管理团队以托管、入股等方式管理小煤矿，提高小煤矿技术、装备和管理水平。建立煤炭安全生产信用报告制度，完善安全生产承诺和安全生产信用分类管理制度，健全安全生产准入和退出信用评价机制。

三、深化煤矿瓦斯综合治理

（七）加强瓦斯管理。认真落实国家关于促进煤层气（煤矿瓦斯）抽采利用的各项政策。高瓦斯、煤与瓦斯突出矿井必须严格执行先抽后采、不抽不采、抽采达标。煤与瓦斯突出矿井必须按规定落实区域防突措施，开采保护层或实施区域性预抽，消除突出危险性，做到不采突出面、不掘突出头。发现瓦斯超限仍然作业的，一律按照事故查处，依法依规处理责任人。

（八）严格煤矿企业瓦斯防治能力评估。完善煤矿企业瓦斯防治能力评估制度，提高评估标准，增加必备性指标。加强评估结果执行情况监督检查，经评估不具备瓦斯防治能力的煤矿企业，所属高瓦斯和煤与瓦斯突出矿井必须停产整顿、兼并重组，直至依法关闭。加强评估机构建设，充实评估人员，落实评估责任，对弄虚作假的单位和个人要严肃追究责任。

四、全面普查煤矿隐蔽致灾因素

（九）强制查明隐蔽致灾因素。加强煤炭地质勘查管理，勘查程度达不到规范要求的，不得为其划定矿区范围。煤矿企业要加强建设、生产期间的地质勘查，查明井田范围内的瓦斯、水、火等隐蔽致灾因素，未查明的必须综合运用物探、钻探等勘查技术进行补充勘查；否则，一律不得继续建设和生产。

（十）建立隐蔽致灾因素普查治理机制。小煤矿集中的矿区，由地方人民政府组织进行区域性水害普查治理，对每个煤矿的老空区积水划定警戒线和禁采线，落实和完善预防性保障措施。国家从中央有关专项资金中予以支持。

五、大力推进煤矿"四化"建设

（十一）加快推进小煤矿机械化建设。国家鼓励和扶持30万吨/年以下的小煤矿机械化改造，对机械化改造提升的符合产业政策规定的最低规模的产能，按生产能力核定办法予以认可。新建、改扩建的煤矿，不采用机械化开采的一律不得核准。

（十二）大力推进煤矿安全质量标准化和自动化、信息化建设。深入推进煤矿安全质量标准化建设工作，强化动态达标和岗位达标。煤矿必须确保安全监控、人员定位、通信联络系统正常运转，并大力推进信息化、物联网技术应用，充分利用和整合现有的生产调度、监测监控、办公自动化等信息化系统，建设完善安全生产综合调度信息平台，做到视频监视、实时监测、远程控制。县级煤矿安全监管部门要与煤矿企业安全生产综合调度信息平台实现联网，随机抽查煤矿安全监控运行情况。地方人民政府要培育发展或建立区域性技术服务机构，为煤矿特别是小煤矿提供技术服务。

六、强化煤矿矿长责任和劳动用工管理

（十三）严格落实煤矿矿长责任制度。煤矿矿长要落实安全生产责任，切实保护矿工生命安全，确保煤矿必须证照齐全，严禁无证照或者证照失效非法生产；必须在批准区域正规开采，严禁超层越界或者巷道式采煤、空顶作业；必须做到通风系统可靠，严禁无风、微风、循环风冒险作业；必须做到瓦斯抽采达标，防突措施到位，监控系统有效，瓦斯超限立即撤人，严禁违规作业；必须落实井下探放水规定，严禁开采防隔水煤柱；必须保证井下机电和所有提升设备完好，严禁非阻燃、非防爆设备违规入井；必须坚持矿领导下井带班，确保员工培训合格、持证上岗，严禁违章指挥。达不到要求的煤矿，一律停产整顿。

（十四）规范煤矿劳动用工管理。在一定区域内，加强煤矿企业招工信息服务，统一组织报名和资格审查、统一考核、统一签订劳动合同和办理用工备案、统一参加社会保险、统一依法使用劳务派遣用工，并加强监管。严格实施工伤保险实名制；严厉打击无证上岗、持假证上岗。

（十五）保护煤矿工人权益。开展行业性工资集体协商，研究确定煤矿工人小时最低工资标准，提高

下井补贴标准，提高煤矿工人收入。严格执行国家法定工时制度。停产整顿煤矿必须按期发放工人工资。煤矿必须依法配备劳动保护用品，定期组织职业健康检查，加强尘肺病防治工作，建设标准化的食堂、澡堂和宿舍。

（十六）提高煤矿工人素质。加强煤矿班组安全建设，加快变"招工"为"招生"，强化矿工实际操作技能培训与考核。所有煤矿从业人员必须经考试合格后持证上岗，严格教考分离、建立统一题库、制定考核办法、对考核合格人员免费颁发上岗证书。健全考务管理体系，建立考试档案，切实做到考试不合格不发证。将煤矿农民工培训纳入各地促进就业规划和职业培训扶持政策范围。

七、提升煤矿安全监管和应急救援科学化水平

（十七）落实地方政府分级属地监管责任。地方各级人民政府要切实履行分级属地监管责任，强化"一岗双责"，严格执行"一票否决"。强化责任追究，对不履行或履行监管职责不力的，要依纪依法严肃追究相关人员的责任。各地区要按管理权限落实停产整顿煤矿的监管责任人和验收部门，省属煤矿和中央企业煤矿由省级煤矿安全监管部门组织验收，局长签字；市属煤矿由市（地）级煤矿安全监管部门组织验收，市（地）级人民政府主要负责人签字；其他煤矿由县级煤矿安全监管部门组织验收，县级人民政府主要负责人签字。中央企业煤矿必须由市（地）级以上煤矿安全监管部门负责安全监管，不得交由县、乡级人民政府及其部门负责。

（十八）明确部门安全监管职责。按照管行业必须管安全、管业务必须管安全、谁主管谁负责的原则，进一步明确各部门监管职责，切实加强基层煤炭行业管理和煤矿安全监管部门能力建设。创新监管监察方式方法，开展突击暗查、交叉执法、联合执法，提高监督管理的针对性和有效性。煤矿安全监管监察部门发现煤矿存在超能力生产等重大安全生产隐患和行为的，要依法责令停产整顿；发现违规建设的，要责令停止施工并依法查处；发现停产整顿期间仍然组织生产的煤矿，要依法提请地方政府关闭。煤矿安全监察机构要严格安全准入，严格煤矿建设工程安全设施的设计审查和竣工验收；依法加强对地方政府煤矿安全生产监管工作的监督检查；对停产整顿煤矿要依法暂扣其安全生产许可证。国土资源部门要严格执行矿产资源规划、煤炭国家规划矿区和矿业权设置方案制度，严厉打击煤矿无证勘查开采、以煤田灭火或地质灾害治理等名义实施露天采煤、以硐探坑探为名实施井下开采、超越批准的矿区范围采矿等违法违规行为。公安部门要停止审批停产整顿煤矿购买民用爆炸物品。电力部门要对停产整顿煤矿限制供电。建设主管部门要加强煤矿施工企业安全生产许可证管理，组织及时修订煤矿设计相应标准规范，会同煤炭行业管理部门强化对煤矿设计、施工和监理单位的资质监管。投资主管部门要提高煤矿安全技术改造资金分配使用的针对性和实效性。

（十九）加快煤矿应急救援能力建设。加强国家（区域）矿山应急救援基地建设，其运行维护费用由中央财政和所在地省级财政给予支持。加强地方矿山救护队伍建设，其运行维护费用由地方财政给予支持。煤矿企业按照相关规定建立专职应急救援队伍。没有建立专职救援队伍的，必须建设兼职辅助救护队。煤矿企业要统一生产、通风、安全监控调度，建立快速有效的应急处置机制；每年至少组织一次全员应急演练。加强煤矿事故应急救援指挥，发生重大及以上事故，省级人民政府主要负责人或分管负责人要及时赶赴事故现场。在煤矿抢险救灾中牺牲的救援人员，应当按照国家有关规定申报烈士。

（二十）加强煤矿应急救援装备建设。煤矿要按规定建设完善紧急避险、压风自救、供水施救系统，配备井下应急广播系统，储备自救互救器材。煤矿或煤矿集中的矿区，要配备适用的排水设备和应急救援物资。加快研制并配备能够快速打通"生命通道"的先进设备。支持重点开发煤矿应急指挥、通信联络、应急供电等设备和移动平台，以及遇险人员生命探测与搜索定位、灾害现场大型破拆、救援人员特种防护用品和器材等救援装备。

国务院各有关部门要按照职责分工研究制定具体的政策措施，落实工作责任，加强监管监察并认真组织实施。各省级人民政府要结合本地实际制定实施办法，加强组织领导，强化煤矿安全生产责任体系建设，强化监督检查，加强宣传教育，强化社会监督，严格追究责任，确保各项要求得到有效执行。

国务院办公厅
2013 年 10 月 2 日

国务院办公厅转发关于进一步加强煤矿瓦斯防治工作若干意见

（2011年5月23日国务院办公厅转发国家发展和改革委员会、国家安全生产监督管理总局《关于进一步加强煤矿瓦斯防治工作若干意见》）

近年来，国家先后出台了一系列加强煤矿瓦斯（煤层气）防治工作的政策措施，全国煤矿瓦斯抽采利用量大幅度上升，瓦斯事故起数和死亡人数大幅度下降。但随着煤矿开采强度增大、采掘深度增加，瓦斯防治难度越来越大，同时，瓦斯防治责任不落实、措施不到位等问题在一些地方和企业仍然比较突出。为深入贯彻落实《国务院关于进一步加强企业安全生产工作的通知》和全国煤矿瓦斯防治工作电视电话会议精神，坚决防范遏制煤矿瓦斯重特大事故，现就进一步加强煤矿瓦斯防治工作提出以下意见：

一、进一步落实防治责任

（一）强化煤矿瓦斯防治工作组织领导。地方各级人民政府和煤矿企业要以对人民生命安全高度负责的精神，牢固树立瓦斯事故可防可控的理念，全面建设"通风可靠、抽采达标、监控有效、管理到位"的瓦斯综合治理工作体系。各产煤省（区、市）要充分发挥煤矿瓦斯防治（集中整治）领导小组及办公室的作用，落实专职人员和专用经费，强化对瓦斯防治工作的组织推动和综合协调。

（二）落实煤矿企业瓦斯防治主体责任。各煤矿企业要不断完善瓦斯防治责任制，细化落实企业负责人及相关人员的瓦斯防治责任。要健全以总工程师为首的瓦斯防治技术管理体系，配齐通风、抽采、防突、地质测量等专业机构和人员。保障安全投入，完善矿井瓦斯防治系统，强化现场管理，加强职工培训，严格按照法律法规和标准规范组织生产，严防瓦斯事故发生。

（三）严格煤矿瓦斯防治责任考核。实行瓦斯防治目标管理，重点产煤地区各级政府及企业要通过签订煤矿瓦斯防治目标责任书等有效方式，严格瓦斯防治和抽采利用绩效考核，并加强相关统计工作。没有完成目标任务的，要逐级追究地方政府和企业负责人的责任。各地区要建立健全煤矿安全事故约谈、警示和瓦斯防治督查督办制度，对因管理不到位、职责不清晰、推诿扯皮造成事故的，要按照国家相关法律法规严肃追究责任。

二、提高准入门槛

（四）严格控制高瓦斯和煤与瓦斯突出矿井建设。"十二五"期间，停止核准新建30万吨/年以下的高瓦斯矿井、45万吨/年以下的煤与瓦斯突出矿井项目。已批在建的同类矿井项目，由有关部门按照国家瓦斯防治相关政策标准重新组织审查其初步设计，督促完善瓦斯防治措施。

（五）建立煤矿企业瓦斯防治能力评估制度。国家煤炭行业管理部门研究制定煤矿企业瓦斯防治能力基本标准，组织开展评估工作，并公布评估结果。经评估不具备瓦斯防治能力的企业，不得新建高瓦斯和煤与瓦斯突出矿井，已建的同类矿井要立即停产整改，或与具备瓦斯防治能力的企业重组；整改不达标或未能实现重组的，地方政府依法予以关闭。

（六）支持煤与瓦斯突出煤矿企业整合关闭。国家支持具备瓦斯防治能力的大型煤矿企业以资产为纽带，兼并重组高瓦斯和煤与瓦斯突出的小煤矿。中央和地方财政继续支持小煤矿整顿关闭工作，并对高瓦斯和煤与瓦斯突出小煤矿关闭给予重点支持，具体办法由财政部会同有关部门研究确定。

三、强化基础管理

（七）落实煤矿瓦斯区域性防突治理措施。煤矿企业应编制煤与瓦斯突出矿井区域性防突治理技术方案，并报煤炭行业管理部门和煤矿安全监管部门备案后实施。对未落实区域性防突治理措施或区域治理效果不达标的煤与瓦斯突出矿井，要责令停产整顿，经验收合格后方可进行采掘作业活动。地方政府和煤矿企业要制定鼓励措施，支持煤与瓦斯突出矿井落实开采保护层、预抽煤层瓦斯等区域性防突措施。

（八）强力推进煤矿瓦斯抽采系统建设。高瓦斯和煤与瓦斯突出矿井，要做到先抽后采、抽采达标。凡应建未建瓦斯抽采系统或抽采未达标的矿井，要停产整顿，经验收达到相关标准后方可恢复生产。在建的煤与瓦斯突出矿井揭露煤层前，应建地面抽采系统的高瓦斯矿井进入采区施工前，要建成地面瓦斯抽采系统并投入使用。

（九）规范矿井瓦斯等级鉴定管理。高瓦斯和煤与瓦斯突出矿井一律不得降低瓦斯等级。所开采煤层瓦斯压力超过规定限值、相邻矿井同一煤层发生突出事故或鉴定为突出煤层，以及发生瓦斯动力现象等情况的矿井，都要及时进行瓦斯等级鉴定，鉴定完成前，应按煤与瓦斯突出矿井进行管理。要严格鉴定标准和程序，煤矿企业对所提供的鉴定资料真实性负责，鉴定单位对鉴定结果负责，对违法违规、弄虚作假的，要依法依规从严追究责任。

（十）加强矿井揭露煤层管理。煤与瓦斯突出矿井的突出煤层、邻近矿井同一煤层曾出现瓦斯动力现象等矿井煤层揭露设计，应按有关规定认真编制，由煤矿企业技术负责人严格审批后实施。凡未经批准擅自揭露突出煤层，或误揭露突出煤层的，要严肃追究有关责任人责任。

（十一）完善煤矿安全监测监控系统。高瓦斯和煤与瓦斯突出矿井的监测监控系统，必须与煤炭行业管理部门或煤矿安全监管部门联网。未实现联网或不能实时上传数据的，要限期整改，确保信息畅通。各地区要加强区域性监测监控系统服务中心建设，对不具备监测监控系统维护能力的小煤矿提供技术指导和服务，保障设备正常运转。

四、加大政策支持

（十二）加大煤矿瓦斯综合利用力度。地方政府和有关企业要严格落实煤矿瓦斯综合利用政策。煤矿瓦斯电厂富余电量需要上网的，电网企业要为接入电网提供便利条件，全部收购瓦斯发电富余电量。上网电价执行当地脱硫标杆电价加补贴电价，补贴加价部分在电网销售电价中解决。地方政府要制定相关政策，推动瓦斯输送利用管网基础设施建设，支持煤矿企业拓宽瓦斯利用范围，提高瓦斯利用率。要完善煤炭、煤层气协调开发体制机制，制定煤层气开发利用管理办法及行业技术标准，指导和规范煤层气产业发展。煤矿瓦斯防治部际协调领导小组办公室要加强对瓦斯综合利用政策执行情况的督促检查，定期通报。

（十三）研究高瓦斯和煤与瓦斯突出矿井税收支持政策。针对高瓦斯和煤与瓦斯突出矿井开采成本高的现实情况，研究鼓励高瓦斯和煤与瓦斯突出矿井加大安全投入的税收支持政策，具体办法由财政部会同税务总局、发展改革委、能源局等部门研究制定。继续通过中央预算内基建资金，支持煤矿安全技术改造和瓦斯治理利用。

（十四）落实煤炭生产安全费用提取使用政策。煤矿企业要严格按照国家关于煤炭生产安全费用提取政策规定和煤矿灾害治理的实际需求，科学合理地确定生产安全费用提取标准，报当地有关部门备案。地方各级人民政府要加强审计监督，确保提取到位、专款专用。对阻碍或不按标准提取使用安全费用的行为要进行严肃查处。

（十五）推进煤矿瓦斯防治技术创新。国家通过科技计划、基金和科技重大专项，加强煤矿瓦斯突出机理等基础理论和低透气性煤层瓦斯赋存规律的研究，及瓦斯抽采工艺、灾害防治等关键技术、重大装备的研发。地方各级人民政府及有关部门要制定政策，引导科研机构和企业加强煤矿瓦斯防治科技创新。煤矿企业要健全瓦斯防治技术集成体系，加大安全科技投入，研究解决生产过程中的突出问题。

（十六）支持和规范煤矿瓦斯防治技术咨询服务。鼓励和支持具备瓦斯防治能力的煤矿企业和科研院所、大专院校等单位成立专业化技术服务机构，开展煤矿瓦斯防治技术咨询和工程服务。专业服务机构为煤矿企业进行技术咨询、安全评价等活动时，必须严格执行国家有关标准和规范，对其提供的相关评价鉴定结论承担法律责任。

五、加强安全监管监察

（十七）实行瓦斯防治重大隐患逐级挂牌督办。各地区要建立健全瓦斯防治重大隐患逐级挂牌督办、公告制度。对存在通风系统不合理、应建未建瓦斯抽采系统、抽采不达标、区域性治理措施不落实等重大隐患的矿井，由省级煤矿安全监管部门或煤炭行业管理部门挂牌督办。各地区应建立瓦斯事故隐患举报奖励制度，公布举报电话，对举报人给予奖励，并依法保护举报人权益。

（十八）从严查处超能力生产行为。地方煤炭行业管理部门要把矿井抽采达标和防突能力作为约束性指标，严格按照标准组织核定矿井生产能力。对超能力生产的高瓦斯和煤与瓦斯突出矿井，要责令停产整顿，并按照《国务院关于预防煤矿生产安全事故的特别规定》（国务院令第446号）等法律法规规定的上限，对煤矿企业及负责人进行处罚。通风系统等发生重大变化的矿井，必须重新进行生产能力核定。

（十九）加强煤矿瓦斯超限管理。煤矿发生瓦斯超限，要立即停产撤人，并比照事故处理查明瓦斯超限原因，落实防范措施。因责任和措施不落实造成瓦斯超限的，要严肃追究有关人员责任。因瓦斯防治措施不到位，1个月内发生2次瓦斯超限的矿井必须停产整顿。凡1个月内发生3次以上瓦斯超限未追查处理，或因瓦斯超限被责令停产整顿期间仍组织生产的矿井，煤炭行业管理部门、煤矿安全监管部门应提请地方政府予以关闭。

（二十）从重处理煤矿瓦斯死亡事故。发生造成人员死亡瓦斯事故的矿井必须停产整顿，停产整顿时限由地方政府确定。凡发生较大及以上瓦斯事故，且地质条件复杂、安全生产系统存在重大隐患、不能有效防范瓦斯事故的矿井，地方政府应当依法予以关闭。

各地区、各部门和各有关单位要加强组织领导，制定具体实施方案，分解落实工作任务，确保执行到位。煤矿瓦斯防治部际协调领导小组及成员单位要加强督促指导。

3. 协调机构、部门规章及有关文件

1）煤矿安全

关于加强矿山安全生产工作的紧急通知

（2021年2月24日国务院安全生产委员会办公室以安委办〔2021〕3号印发）

各省、自治区、直辖市及新疆生产建设兵团安全生产委员会：

当前全国安全生产形势严峻复杂，特别是近期矿山事故多发，连续发生湖南耒阳源江山煤矿"11·29"透水、重庆永川吊水洞煤矿"12·4"火灾等两起重大事故，山东烟台一个多月内发生栖霞笏山金矿"1·10"重大炸药爆炸事故、招远曹家洼金矿"2·17"较大火灾事故，给人民生命财产造成严重损失，也造成严重社会不良影响。事故暴露出一些企业"人民至上、生命至上"理念不牢，安全生产责任悬空，外包工程管理混乱、以包代管只包不管，违规动火、违规储存使用民爆物品等问题突出；一些地方政府和监管部门工作作风不严不实，吸取教训不深刻，整改措施浮于表面，没有抓住根源性、本质性问题，没有真正落实到基层和企业，导致屡屡重蹈覆辙。

为认真贯彻落实习近平总书记关于安全生产重要指示精神，按照李克强总理等领导同志重要批示要求和国务院安委会的部署，深刻汲取近期多起矿山事故教训，切实转变工作作风，强化安全责任落实，有效管控矿山安全风险，坚决遏制重特大事故，根据安全生产法、矿山安全法等法律法规规定，现就加强矿山安全生产工作紧急通知如下：

一、严禁违规爆破和动火作业

矿山企业违规运送、存储、发放、使用民用爆炸物品的，依法予以查封或者扣押；构成重大事故隐患的，依法责令停产整顿。

矿山企业未制定并落实爆破作业安全操作规程的，井下炸药库不符合设计规范的，放炮员未持证上岗的，煤矿未严格落实"一炮三检"、"三人连锁爆破"规定的，责令立即改正，并依法从重处罚。

矿山企业使用电、气焊等进行切割、焊接动火作业时，必须制定专门安全措施并严格按规定履行审批程序，严禁不具备资质条件的电焊（气割）工入井动火作业；在井口和井筒内动火作业时，必须撤出井下所有作业人员；在主要进风巷动火作业时，必须撤出回风侧所有人员。

矿山企业违规在井口和井下进行动火作业的，依法责令停止作业、立即排除事故隐患，并依法从重处罚。

二、严禁违规转包井下工程

矿山企业矿井挂靠、违规发包转包分包工程的，施工单位违规挂靠施工资质的，责令停产整顿，并依法从重处罚。

已确定关闭的矿井以回撤名义擅自组织生产或将回撤工程委托发包给无资质企业的，予以立即关闭，没收违法所得并依法从重处罚。

矿山企业或者控股企业要加强对所属矿山安全集中统一管理，不得以增加公司层级等方式下放安全管理责任，发生事故或存在重大事故隐患的一并依法依规追究上级公司责任。

三、严禁使用淘汰设备工艺

矿山企业违规使用非阻燃风筒、输送带、电缆、玻璃钢或者违规使用干式制动无轨胶轮车的，责令立即停止使用；拒不改正的，依法责令停产整顿。

矿山企业使用纳入安标管理但未按规定取得矿用产品安全标志设备设施的，责令立即停止使用；拒不改正的，依法责令停产整顿。

煤矿井下使用未取得矿用产品安全标志的反应型高分子材料的，责令立即停止使用，拒不改正的，依法责令停产整顿。

四、严禁重大灾害治理不到位组织生产

矿山企业未按规定保证安全生产条件所必需的资金投入，因投入不足导致隐患治理不到位的，责令限期改正；构成重大事故隐患的，依法责令停产整顿；导致发生事故的，依法对主要负责人、个人经营的投资人（包括实际控制人）从重处罚；构成犯罪的，依法追究有关人员刑事责任。

矿山有严重水患未按规定采取"三专两探一撤"(配备专业技术人员、专门探放水队伍、专用探放水设备，采用物探和钻探进行探放水，发现透水征兆立即停产撤人)有效措施的，煤矿瓦斯、煤与瓦斯突出、冲击地压等重大灾害治理措施落实不到位的，责令立即改正；构成重大事故隐患的，责令停产整顿。

五、严禁超能力超强度组织生产

矿山企业超能力组织生产的，责令立即采取限产措施，构成重大事故隐患的，依法责令停产整顿。

煤矿采掘失调以及瓦斯应抽未抽或者抽采不达标组织生产的，依法责令停产整顿。

有关部门和上级公司超能力下达生产计划或者经营指标的，责令立即改正，并按规定严肃处理。

六、严禁未经批准擅自组织生产建设

矿山企业证照手续不全或者证照到期不按规定办理延期手续擅自组织生产建设的，依法责令停止生产建设。停产整顿矿山未经验收批准擅自复工复产的，依法严肃查处，情节严重的依法予以立即关闭。

煤矿超层越界破坏保安煤柱的，矿井隐瞒作业地点逃避监管的，依法责令停产整顿，并依法从重处罚。

七、严格安全监控设施设备管理

矿山企业未按规定安装安全监控系统和人员位置监测系统或者系统不能正常运行的，修改、删除及屏蔽系统数据信息逃避监管的，依法责令停产整顿；构成犯罪的，依法追究有关人员刑事责任。

在运行尾矿库未按规定安装在线安全监测系统的，责令限期整改，逾期未整改的，依法予以关闭。

八、严格带班下井和安全教育培训

矿山企业未严格执行矿领导带班下井制度的，责令立即改正，并对企业和主要负责人依法从重处罚；未按规定对井下作业人员进行安全教育和培训，或者特种作业人员无证上岗的，依法责令改正并处罚款，情节严重的责令停产整顿。

煤矿未按规定配齐专职矿长、总工程师和分管安全、生产、机电的副矿长等"五职矿长"的，依法责令停产整顿。

九、严格执行监管监察指令

矿山企业被责令停产整顿、停止施工、停止使用有关设备设施，或者立即采取排除危险的整改措施，而拒不执行的，依法给予吊销证照或关闭等处罚。

3个月内2次或者2次以上发现有重大事故隐患，仍然进行生产的煤矿，依法予以关闭。

地方各级安委会要结合本地实际抓好上述"六严禁、三严格"九项措施的组织实施，及时研究解决工作中的问题，并以此为重点开展矿山安全大排查，坚决遏制矿山事故多发势头。矿山安全监管监察体制改革，是将非煤矿山安全纳入国家监察范围，非煤矿山安全监管仍由各级应急管理部门负责。各级应急管理部门、负有煤矿安全监管职责的部门和矿山安全监察机构要严格履行自身职责，严格落实矿山安全监管监察责任，将关闭矿、停产矿、技改矿、基建矿与生产矿、尾矿库等全部纳入监管范围，深入基层明查暗访，动真碰硬查问题、促整改，把各项安全责任措施落细落实；严格落实安全生产违法行为行刑衔接有关规定，对发现涉嫌构成犯罪的，及时依法移送司法机关处理。

地方各有关部门要按照"管行业必须管安全，管业务必须管安全，管生产经营必须管安全"要求，抓紧抓实相关领域矿山安全工作；各地要积极推动不符合国家产业政策和安全标准的矿山淘汰退出，严厉打击整治非法矿山。对安全监管责任不落实，非法矿山未采取有效制止措施，以及违规供电、违规供应民爆物品造成事故的，将相关线索移交纪检监察机关处理。

各地贯彻落实紧急通知的重要情况，请及时报告国务院安委会办公室（联系人及电话：国家矿山安监局煤矿安监司印明昊，010-64463186、64463032〈传真〉）。

国务院安委会办公室
2021年2月24日

煤 矿 安 全 规 程

（2016年2月25日国家安全生产监督管理总局令第87号公布，自2016年10月1日起施行；根据2022年1月6日应急管理部令第8号修正）

第一编 总 则

第一条 为保障煤矿安全生产和从业人员的人身安全与健康，防止煤矿事故与职业病危害，根据《煤炭法》《矿山安全法》《安全生产法》《职业病防治法》《煤矿安全监察条例》和《安全生产许可证条例》等，制定本规程。

第二条 在中华人民共和国领域内从事煤炭生产和煤矿建设活动，必须遵守本规程。

第三条 煤炭生产实行安全生产许可证制度。未

取得安全生产许可证的，不得从事煤炭生产活动。

第四条 从事煤炭生产与煤矿建设的企业（以下统称煤矿企业）必须遵守国家有关安全生产的法律、法规、规章、规程、标准和技术规范。

煤矿企业必须加强安全生产管理，建立健全各级负责人、各部门、各岗位安全生产与职业病危害防治责任制。

煤矿企业必须建立健全安全生产与职业病危害防治目标管理、投入、奖惩、技术措施审批、培训、办公会议制度，安全检查制度，安全风险分级管控工作制度，事故隐患排查、治理、报告制度，事故报告与责任追究制度等。

煤矿企业必须制定重要设备材料的查验制度，做好检查验收和记录，防爆、阻燃抗静电、保护等安全性能不合格的不得入井使用。

煤矿企业必须建立各种设备、设施检查维修制度，定期进行检查维修，并做好记录。

煤矿必须制定本单位的作业规程和操作规程。

第五条 煤矿企业必须设置专门机构负责煤矿安全生产与职业病危害防治管理工作，配备满足工作需要的人员及装备。

第六条 煤矿建设项目的安全设施和职业病危害防护设施，必须与主体工程同时设计、同时施工、同时投入使用。

第七条 对作业场所和工作岗位存在的危险有害因素及防范措施、事故应急措施、职业病危害及其后果、职业病危害防护措施等，煤矿企业应当履行告知义务，从业人员有权了解并提出建议。

第八条 煤矿安全生产与职业病危害防治工作必须实行群众监督。煤矿企业必须支持群众组织的监督活动，发挥群众的监督作用。

从业人员有权制止违章作业，拒绝违章指挥；当工作地点出现险情时，有权立即停止作业，撤到安全地点；当险情没有得到处理不能保证人身安全时，有权拒绝作业。

从业人员必须遵守煤矿安全生产规章制度、作业规程和操作规程，严禁违章指挥、违章作业。

第九条 煤矿企业必须对从业人员进行安全教育和培训。培训不合格的，不得上岗作业。

主要负责人和安全生产管理人员必须具备煤矿安全生产知识和管理能力，并经考核合格。特种作业人员必须按国家有关规定培训合格，取得资格证书，方可上岗作业。

矿长必须具备安全专业知识，具有组织、领导安全生产和处理煤矿事故的能力。

第十条 煤矿使用的纳入安全标志管理的产品，必须取得煤矿矿用产品安全标志。未取得煤矿矿用产品安全标志的，不得使用。

试验涉及安全生产的新技术、新工艺必须经过论证并制定安全措施；新设备、新材料必须经过安全性能检验，取得产品工业性试验安全标志。

积极推广自动化、智能化开采，减少井下作业人数。

严禁使用国家明令禁止使用或者淘汰的危及生产安全和可能产生职业病危害的技术、工艺、材料和设备。

第十一条 煤矿企业在编制生产建设长远发展规划和年度生产建设计划时，必须编制安全技术与职业病危害防治发展规划和安全技术措施计划。安全技术措施与职业病危害防治所需费用、材料和设备等必须列入企业财务、供应计划。

煤炭生产与煤矿建设的安全投入和职业病危害防治费用提取、使用必须符合国家有关规定。

第十二条 煤矿必须编制年度灾害预防和处理计划，并根据具体情况及时修改。灾害预防和处理计划由矿长负责组织实施。

第十三条 入井（场）人员必须戴安全帽等个体防护用品，穿带有反光标识的工作服。入井（场）前严禁饮酒。

煤矿必须建立入井检身制度和出入井人员清点制度；必须掌握井下人员数量、位置等实时信息。

入井人员必须随身携带自救器、标识卡和矿灯，严禁携带烟草和点火物品，严禁穿化纤衣服。

第十四条 井工煤矿必须按规定填绘反映实际情况的下列图纸：

（一）矿井地质图和水文地质图。

（二）井上、下对照图。

（三）巷道布置图。

（四）采掘工程平面图。

（五）通风系统图。

（六）井下运输系统图。

（七）安全监控布置图和断电控制图、人员位置监测系统图。

（八）压风、排水、防尘、防火注浆、抽采瓦斯等管路系统图。

（九）井下通信系统图。

（十）井上、下配电系统图和井下电气设备布置图。

（十一）井下避灾路线图。

第十五条 露天煤矿必须按规定填绘反映实际情

况的下列图纸：

（一）地形地质图。

（二）工程地质平面图、断面图。

（三）综合水文地质图。

（四）采剥、排土工程平面图和运输系统图。

（五）供配电系统图。

（六）通信系统图。

（七）防排水系统图。

（八）边坡监测系统平面图。

（九）井工采空区与露天矿平面对照图。

第十六条 井工煤矿必须制定停工停产期间的安全技术措施，保证矿井供电、通风、排水和安全监控系统正常运行，落实24 h值班制度。复工复产前必须进行全面安全检查。

第十七条 煤矿企业必须建立应急救援组织，健全规章制度，编制应急救援预案，储备应急救援物资、装备并定期检查补充。

煤矿必须建立矿井安全避险系统，对井下人员进行安全避险和应急救援培训，每年至少组织1次应急演练。

第十八条 煤矿企业应当有创伤急救系统为其服务。创伤急救系统应当配备救护车辆、急救器材、急救装备和药品等。

第十九条 煤矿发生事故后，煤矿企业主要负责人和技术负责人必须立即采取措施组织抢救，矿长负责抢救指挥，并按有关规定及时上报。

第二十条 国家实行资质管理的，煤矿企业应当委托具有国家规定资质的机构为其提供鉴定、检测、检验等服务。鉴定、检测、检验机构对其作出的结果负责。

第二十一条 煤矿闭坑前，煤矿企业必须编制闭坑报告，并报省级煤炭行业管理部门批准。

矿井闭坑报告必须有完善的各种地质资料，在相应图件上标注采空区、煤柱、井筒、巷道、火区、地面沉陷区等，情况不清的应当予以说明。

第二编 地 质 保 障

第二十二条 煤矿企业应当设立地质测量（简称地测）部门，配备所需的相关专业技术人员和仪器设备，及时编绘反映煤矿实际的地质资料和图件，建立健全煤矿地测工作规章制度。

第二十三条 当煤矿地质资料不能满足设计需要时，不得进行煤矿设计。矿井建设期间，因矿井地质、水文地质等条件与原地质资料出入较大时，必须针对所存在的地质问题开展补充地质勘探工作。

第二十四条 当露天煤矿地质资料不能满足建设及生产需要时，必须针对所存在的地质问题开展补充地质勘探工作。

第二十五条 井筒设计前，必须按下列要求施工井筒检查孔：

（一）立井井筒检查孔距井筒中心不得超过25 m，且不得布置在井筒范围内，孔深应当不小于井筒设计深度下30 m。地质条件复杂时，应当增加检查孔数量。

（二）斜井井筒检查孔距井筒纵向中心线不大于25 m，且不得布置在井筒范围内，孔深应当不小于该孔所处斜井底板以下30 m。检查孔的数量和布置应当满足设计和施工要求。

（三）井筒检查孔必须全孔取芯，全孔数字测井；必须分含水层（组）进行抽水试验，分煤层采测煤层瓦斯、煤层自燃、煤尘爆炸性煤样；采测钻孔水文地质及工程地质参数，查明地质构造和岩（土）层特征；详细编录钻孔完整地质剖面。

第二十六条 新建矿井开工前必须复查井筒检查孔资料；调查核实钻孔位置及封孔质量、采空区情况，调查邻近矿井生产情况和地质资料等，将相关资料标绘在采掘工程平面图上；编制主要井筒揭煤、过地质构造及含水层技术方案；编制主要井巷工程的预想地质图及其说明书。

第二十七条 井筒施工期间应当验证井筒检查孔取得的各种地质资料。当发现影响施工的异常地质因素时，应当采取探测和预防措施。

第二十八条 煤矿建设、生产阶段，必须对揭露的煤层、断层、褶皱、岩浆岩体、陷落柱、含水岩层，矿井涌水量及主要出水点等进行观测及描述，综合分析，实施地质预测、预报。

第二十九条 井巷揭煤前，应当探明煤层厚度、地质构造、瓦斯地质、水文地质及顶底板等地质条件，编制揭煤地质说明书。

第三十条 基建矿井、露天煤矿移交生产前，必须编制建井（矿）地质报告，并由煤矿企业技术负责人组织审定。

第三十一条 掘进和回采前，应当编制地质说明书，掌握地质构造、岩浆岩体、陷落柱、煤层及其顶底板岩性、煤（岩）与瓦斯（二氧化碳）突出（以下简称突出）危险区、受水威胁区、技术边界、采空区、地质钻孔等情况。

第三十二条 煤矿必须结合实际情况开展隐蔽致灾地质因素普查或探测工作，并提出报告，由矿总工程师组织审定。

井工开采形成的老空区威胁露天煤矿安全时,煤矿应当制定安全措施。

第三十三条 生产矿井应当每 5 年修编矿井地质报告。地质条件变化影响地质类型划分时,应当在 1 年内重新进行地质类型划分。

第三编 井工煤矿

第一章 矿井建设

第一节 一般规定

第三十四条 煤矿建设单位和参与建设的勘察、设计、施工、监理等单位必须具有与工程项目规模相适应的能力。国家实行资质管理的,应具备相应的资质,不得超资质承揽项目。

第三十五条 有突出危险煤层的新建矿井必须先抽后建。矿井建设开工前,应当对首采区突出煤层进行地面钻井预抽瓦斯,且预抽率应当达到 30% 以上。

第三十六条 建设单位必须落实安全生产管理主体责任,履行安全生产与职业病危害防治管理职责。

第三十七条 煤矿建设、施工单位必须设置项目管理机构,配备满足工程需要的安全人员、技术人员和特种作业人员。

第三十八条 单项工程、单位工程开工前,必须编制施工组织设计和作业规程,并组织相关人员学习。

第三十九条 矿井建设期间必须按规定填绘反映实际情况的井巷工程进度交换图、井巷工程地质实测素描图及通风、供电、运输、通信、监测、管路等系统图。

第四十条 矿井建设期间的安全出口应当符合下列要求:

(一)开凿或者延深立井时,井筒内必须设有在提升设备发生故障时专供人员出井的安全设施和出口;井筒到底后,应当先短路贯通,形成至少 2 个通达地面的安全出口。

(二)相邻的两条斜井或者平硐施工时,应当及时按设计要求贯通联络巷。

第二节 井巷掘进与支护

第四十一条 开凿平硐、斜井和立井时,井口与坚硬岩层之间的井巷必须砌碹或者用混凝土砌(浇)筑,并向坚硬岩层内至少延深 5 m。

在山坡下开凿斜井和平硐时,井口顶、侧必须构筑挡墙和防洪水沟。

第四十二条 立井锁口施工时,应当遵守下列规定:

(一)采用冻结法施工井筒时,应当在井筒具备试挖条件后施工。

(二)风硐口、安全出口与井筒连接处应当整体浇筑,并采取安全防护措施。

(三)拆除临时锁口进行永久锁口施工前,在永久锁口下方应当设置保护盘,并满足通风、防坠和承载要求。

第四十三条 立井永久或者临时支护到井筒工作面的距离及防止片帮的措施必须根据岩性、水文地质条件和施工工艺在作业规程中明确。

第四十四条 立井井筒穿过冲积层、松软岩层或者煤层时,必须有专门措施。采用井圈或者其他临时支护时,临时支护必须安全可靠、紧靠工作面,并及时进行永久支护。建立永久支护前,每班应当派专人观测地面沉降和井帮变化情况;发现危险预兆时,必须立即停止作业,撤出人员,进行处理。

第四十五条 采用冻结法开凿立井井筒时,应当遵守下列规定:

(一)冻结深度应当穿过风化带延深至稳定的基岩 10 m 以上。基岩段涌水较大时,应当加深冻结深度。

(二)第一个冻结孔应当全孔取芯,以验证井筒检查孔资料的可靠性。

(三)钻进冻结孔时,必须测定钻孔的方向和偏斜度,测斜的最大间隔不得超过 30 m,并绘制冻结孔实际偏斜平面位置图。偏斜度超过规定时,必须及时纠正。因钻孔偏斜影响冻结效果时,必须补孔。

(四)水文观测孔应当打在井筒内,不得偏离井筒的净断面,其深度不得超过冻结段深度。

(五)冻结管应当采用无缝钢管,并采用焊接或者螺纹连接。冻结管下入钻孔后应当进行试压,发现异常时,必须及时处理。

(六)开始冻结后,必须经常观察水文观测孔的水位变化。只有在水文观测孔冒水 7 天且水量正常,或者提前冒水的水文观测孔水压曲线出现明显拐点且稳定上升 7 天,确定冻结壁已交圈后,才可以进行试挖。在冻结和开凿过程中,要定期检查盐水温度和流量、井帮温度和位移,以及井帮和工作面盐水渗漏等情况。检查应当有详细记录,发现异常,必须及时处理。

(七)开凿冻结段采用爆破作业时,必须使用抗冻炸药，并制定专项措施。爆破技术参数应当在作业规程中明确。

（八）掘进施工过程中，必须有防止冻结壁变形和片帮、断管等的安全措施。

（九）生根壁座应当设在含水较少的稳定坚硬岩层中。

（十）冻结深度小于 300 m 时，在永久井壁施工全部完成后方可停止冻结；冻结深度大于 300 m 时，停止冻结的时间由建设、冻结、掘砌和监理单位根据冻结温度场观测资料共同研究确定。

（十一）冻结井筒的井壁结构应当采用双层或者复合井壁，井筒冻结施工结束后应当及时进行壁间充填注浆。注浆时壁间夹层混凝土温度应当不低于 4 ℃，且冻结壁仍处于封闭状态，并能承受外部水静压力。

（十二）在冲积层段井壁不应预留或者后凿梁窝。

（十三）当冻结孔穿过布有井下巷道和硐室的岩层时，应当采用缓凝浆液充填冻结孔壁与冻结管之间的环形空间。

（十四）冻结施工结束后，必须及时用水泥砂浆或者混凝土将冻结孔全孔充满填实。

第四十六条 采用竖孔冻结法开凿斜井井筒时，应当遵守下列规定：

（一）沿斜长方向冻结终端位置应当保证斜井井筒顶板位于相对稳定的隔水地层 5 m 以上，每段竖孔冻结深度应当穿过斜井冻结段井筒底板 5 m 以上。

（二）沿斜井井筒方向掘进的工作面，距离每段冻结终端不得小于 5 m。

（三）冻结段初次支护及永久支护距掘进工作面的最大距离、掘进到永久支护完成的间隔时间必须在施工组织设计中明确，并制定处理冻结管和解冻后防治水的专项措施。永久支护完成后，方可停止该段井筒冻结。

第四十七条 冻结站必须采用不燃性材料建筑，并装设通风装置。定期测定站内空气中的氨气浓度，氨气浓度不得大于 0.004%。站内严禁烟火，必须备有急救和消防器材。

制冷剂容器必须经过试验，合格后方可使用；制冷剂在运输、使用、充注、回收期间，应当有安全技术措施。

第四十八条 冬季或者用冻结法开凿井筒时，必须有防冻、清除冰凌的措施。

第四十九条 采用装配式金属模板砌筑内壁时，应当严格控制混凝土配合比和入模温度。混凝土配合比除满足强度、坍落度、初凝时间、终凝时间等设计要求外，还应当采取措施减少水化热。脱模时混凝土强度不小于 0.7 MPa，且套壁施工速度每 24 h 不得超过 12 m。

第五十条 采用钻井法开凿立井井筒时，必须遵守下列规定：

（一）钻井设计与施工的最终位置必须穿过冲积层，并进入不透水的稳定基岩中 5 m 以上。

（二）钻井临时锁口深度应当大于 4 m，且进入稳定地层中 3 m 以上，遇特殊情况应当采取专门措施。

（三）钻井期间，必须封盖井口，并采取可靠的防坠措施；钻井泥浆浆面必须高于地下静止水位 0.5 m，且不得低于临时锁口下端 1 m；井口必须安装泥浆浆面高度报警装置。

（四）泥浆沟槽、泥浆沉淀池、临时蓄浆池均应当设置防护设施。泥浆的排放和固化应当满足环保要求。

（五）钻井时必须及时测定井筒的偏斜度。偏斜度超过规定时，必须及时纠正。井筒偏斜度及测点的间距必须在施工组织设计中明确。钻井完毕后，必须绘制井筒的纵横剖面图，井筒中心线和截面必须符合设计。

（六）井壁下沉时井壁上沿应当高出泥浆浆面 1.5 m 以上。井壁对接找正时，内吊盘工作人员不得超过 4 人。

（七）下沉井壁、壁后充填及充填质量检查、开凿沉井井壁的底部和开掘马头门时，必须制定专项措施。

第五十一条 立井井筒穿过预测涌水量大于 10 m³/h 的含水岩层或者破碎带时，应当采用地面或者工作面预注浆法进行堵水或者加固。注浆前，必须编制注浆工程设计和施工组织设计。

第五十二条 采用注浆法防治井壁漏水时，应当制定专项措施并遵守下列规定：

（一）最大注浆压力必须小于井壁承载强度。

（二）位于流砂层的井筒段，注浆孔深度必须小于井壁厚度 200 mm。井筒采用双层井壁支护时，注浆孔应当穿过内壁进入外壁 100 mm。当井壁破裂必须采用破壁注浆时，必须制定专门措施。

（三）注浆管必须固结在井壁中，并装有阀门。钻孔可能发生涌砂时，应当采取套管法或者其他安全措施。采用套管法注浆时，必须对套管与孔壁的固结强度进行耐压试验，只有达到注浆终压后才可使用。

第五十三条 开凿或者延深立井、安装井筒装备的施工组织设计中，必须有天轮平台、翻矸平台、封口盘、保护盘、吊盘以及凿岩、抓岩、出矸等设备的设置、运行、维修的安全技术措施。

第五十四条 延深立井井筒时，必须用坚固的保险盘或者留保护岩柱与上部生产水平隔开。只有在井筒装备完毕、井筒与井底车场连接处的开凿和支护完成，制定安全措施后，方可拆除保险盘或者掘凿保护岩柱。

第五十五条 向井下输送混凝土时，必须制定安全技术措施。混凝土强度等级大于 C40 或者输送深度大于 400 m 时，严禁采用溜灰管输送。

第五十六条 斜井（巷）施工时，应当遵守下列规定：

（一）明槽开挖必须制定防治水和边坡防护专项措施。

（二）由明槽进入暗硐或者由表土进入基岩采用钻爆法施工时，必须制定专项措施。

（三）施工 15°以上斜井（巷）时，应当制定防止设备、轨道、管路等下滑的专项措施。

（四）由下向上施工 25°以上的斜巷时，必须将溜矸（煤）道与人行道分开。人行道应当设扶手、梯子和信号装置。斜巷与上部巷道贯通时，必须有专项措施。

第五十七条 采用反井钻机掘凿暗立井、煤仓及溜煤眼时，应当遵守下列规定：

（一）扩孔作业时，严禁人员在下方停留、通行、观察或者出渣。出渣时，反井钻机应当停止扩孔作业。更换破岩滚刀时，必须采取保护措施。

（二）严禁干钻扩孔。

（三）及时清理溜矸孔内的矸石，防止堵孔。必须制定处理堵孔的专项措施。严禁站在溜矸孔的矸石上作业。

（四）扩孔完毕，必须在上、下孔口外围设置栅栏，防止人员进入。

第五十八条 施工岩（煤）平巷（硐）时，应当遵守下列规定：

（一）掘进工作面严禁空顶作业。临时和永久支护距掘进工作面的距离，必须根据地质、水文地质条件和施工工艺在作业规程中明确，并制定防止冒顶、片帮的安全措施。

（二）距掘进工作面 10 m 内的架棚支护，在爆破前必须加固。对爆破崩倒、崩坏的支架必须先行修复，之后方可进入工作面作业。修复支架时必须先检查顶、帮，并由外向里逐架进行。

（三）在松软的煤（岩）层、流砂性地层或者破碎带中掘进巷道时，必须采用超前支护或者其他措施。

第五十九条 使用伞钻时，应当遵守下列规定：

（一）井口伞钻悬吊装置、导轨梁等设施的强度及布置，必须在施工组织设计中验算和明确。

（二）伞钻摘挂钩必须由专人负责。

（三）伞钻在井筒中运输时必须收拢绑扎，通过各施工盘口时必须减速并由专人监视。

（四）伞钻支撑完成前不得脱开悬吊钢丝绳，使用期间必须设置保险绳。

第六十条 使用抓岩机时，应当遵守下列规定：

（一）抓岩机应当与吊盘可靠连接，并设置专用保险绳。

（二）抓岩机连接件及钢丝绳，在使用期间必须由专人每班检查 1 次。

（三）抓矸完毕必须将抓斗收拢并锁挂于机身。

第六十一条 使用耙装机时，应当遵守下列规定：

（一）耙装机作业时必须有照明。

（二）耙装机绞车的刹车装置必须完好、可靠。

（三）耙装机必须装有封闭式金属挡绳栏和防耙斗出槽的护栏；在巷道拐弯段装岩（煤）时，必须使用可靠的双向辅助导向轮，清理好机道，并有专人指挥和信号联系。

（四）固定钢丝绳滑轮的锚桩及其孔深和牢固程度，必须根据岩性条件在作业规程中明确。

（五）耙装机在装岩（煤）前，必须将机身和尾轮固定牢靠。耙装机运行时，严禁在耙斗运行范围内进行其他工作和行人。在倾斜井巷移动耙装机时，下方不得有人。上山施工倾角大于 20°时，在司机前方必须设护身柱或者挡板，并在耙装机前方增设固定装置。倾斜井巷使用耙装机时，必须有防止机身下滑的措施。

（六）耙装机作业时，其与掘进工作面的最大和最小允许距离必须在作业规程中明确。

（七）高瓦斯、煤与瓦斯突出和有煤尘爆炸危险矿井的煤巷、半煤岩巷掘进工作面和石门揭煤工作面，严禁使用钢丝绳牵引的耙装机。

第六十二条 使用挖掘机时，应当遵守下列规定：

（一）严禁在作业范围内进行其他工作和行人。

（二）2 台以上挖掘机同时作业或者与抓岩机同时作业时应当明确各自的作业范围，并设专人指挥。

（三）下坡运行时必须使用低速挡，严禁脱挡滑行，跨越轨道时必须有防滑措施。

（四）作业范围内必须有充足的照明。

第六十三条 使用凿岩台车、模板台车时，必须制定专项安全技术措施。

第三节　井塔、井架及井筒装备

第六十四条 井塔施工时，井塔出入口必须搭设双层防护安全通道，非出入口和通道两侧必须密闭，并设置醒目的行走路线标识。采用冻结法施工的井筒，严禁在未完全融化的人工冻土地基中施工井塔桩基。

第六十五条 井架安装必须编制施工组织设计。遇恶劣气候时，不得进行吊装作业。采用扒杆起立井架时，应当遵守下列规定：

（一）扒杆选型必须经过验算，其强度、稳定性、基础承载能力必须符合设计。

（二）铰链及预埋件必须按设计要求制作和安装，销轴使用前应当进行无损探伤检测。

（三）吊耳必须进行强度校核，且不得横向使用。

（四）扒杆起立时应当有缆风绳控制偏摆，并使缆风绳始终保持一定张力。

第六十六条 立井井筒装备安装施工时，应当遵守下列规定：

（一）井筒未贯通严禁井筒装备安装施工。

（二）突出矿井进行煤巷施工，且井筒处于回风状态时，严禁井筒装备安装施工。

（三）封口盘预留通风口应当符合通风要求。

（四）吊盘、吊桶（罐）、悬吊装置的销轴在使用前应当进行无损探伤检测，合格后方可使用。

（五）吊盘上放置的设备、材料及工具箱等必须固定牢靠。

（六）在吊盘以外作业时，必须有牢靠的立足处。

（七）严禁吊盘和提升容器同时运行，提升容器或者钩头通过吊盘的速度不得大于 0.2 m/s。

第六十七条 井塔施工与井筒装备安装平行作业时，应当遵守下列规定：

（一）在土建与安装平行作业时，必须编制专项措施，明确安全防护要求。

（二）利用永久井塔凿井时，在临时天轮平台布置前必须对井塔承重结构进行验算。

（三）临时天轮平台的上一层提升孔口和吊装孔口必须封闭牢固。

（四）施工电梯和塔式起重机位置必须避开运行中的井筒装备、材料运输路线和人员行走通道。

第六十八条 安装井架或者井架上的设备时必须盖严井口。装备井筒与安装井架及井架上的设备平行作业时，井口掩盖装置必须坚固可靠，能承受井架上坠落物的冲击。

第六十九条 井下安装应当遵守下列规定：

（一）作业现场必须有充足的照明。

（二）大型设备、构件下井前必须校验提升设备的能力，并制定专项措施。

（三）巷道内固定吊点必须符合吊装要求。吊装时应当有专人观察吊点附近顶板情况，严禁超载吊装。

（四）在倾斜井巷提升运输时不得进行安装作业。

第四节　建井期间生产及辅助系统

第七十条 建井期间应当尽早形成永久的供电、提升运输、供排水、通风等系统。未形成上述永久系统前，必须建设临时系统。

矿井进入主要大巷施工前，必须安装安全监控、人员位置监测、通信联络系统。

第七十一条 建井期间应当形成两回路供电。当任一回路停止供电时，另一回路应当能担负矿井全部用电负荷。暂不能形成两回路供电的，必须有备用电源，备用电源的容量应当满足通风、排水和撤出人员的需要。

高瓦斯、煤与瓦斯突出、水文地质类型复杂和极复杂的矿井进入巷道和硐室施工前，其他矿井进入采区巷道施工前，必须形成两回路供电。

第七十二条 悬挂吊盘、模板、抓岩机、管路、电缆和安全梯的凿井绞车，必须装设制动装置和防逆转装置，并设有电气闭锁。

第七十三条 建井期间，2 个提升容器的导向装置最突出部分之间的间隙，不得小于 $0.2 + H/3000$（H 为提升高度，单位为 m）；井筒深度小于 300 m 时，上述间隙不得小于 300 mm。

立井凿井期间，井筒内各设施之间的间隙应当符合表 1 的要求。

表 1　立井凿井期间井筒内各设施之间的间隙

序号	井筒内设施	间隙/mm
1	吊桶最突出部分与孔口之间	≥150
2	吊桶上滑架与孔口之间	≥100
3	抓岩机停止工作，抓斗悬吊时的最突出部分与运行的吊桶之间	≥200
4	管、线与永久井壁之间（井壁固定管线除外）	≥300

表1（续）

序号	井筒内设施	间隙/mm
5	管、线最突出部分与提升容器最突出部分之间： 井深小于400 m 井深400~500 m 井深大于500 m	≥500 ≥600 ≥800
6	管、线卡子的最突出部分与其通过的各盘、台孔口之间	≥100
7	吊盘与永久井壁之间	≤150

第七十四条 建井期间采用吊桶提升时，应当遵守下列规定：

（一）采用阻旋转提升钢丝绳。

（二）吊桶必须沿钢丝绳罐道升降，无罐道段吊桶升降距离不得超过40 m。

（三）悬挂吊盘的钢丝绳兼作罐道绳时，必须制定专项措施。

（四）吊桶上方必须装设保护伞帽。

（五）吊桶翻矸时严禁打开井盖门。

（六）在使用钢丝绳罐道时，吊桶升降人员的最大速度不得超过采用下式求得的值，且最大不超过7 m/s；无罐道绳段，不得超过1 m/s。

$$v = 0.25\sqrt{H}$$

式中 v——最大提升速度，m/s；

H——提升高度，m。

（七）在使用钢丝绳罐道时，吊桶升降物料时的最大速度不得超过采用下式求得的值，且最大不超过8 m/s；无罐道绳段，不得超过2 m/s。

$$v = 0.4\sqrt{H}$$

（八）在过卷行程内可不安设缓冲装置，但过卷行程不得小于表2确定的值。

表2 提升速度与过卷行程

提升速度/(m·s^{-1})	4	5	6	7	8
过卷行程/m	2.38	2.81	3.25	3.69	4.13

（九）提升机松绳保护装置应当接入报警回路。

第七十五条 立井凿井期间采用吊桶升降人员时，应当遵守下列规定：

（一）乘坐人员必须挂牢安全绳，严禁身体任何部位超出吊桶边缘。

（二）不得人、物混装。运送爆炸物品时应当执行本规程第三百三十九条的规定。

（三）严禁用自动翻转式、底卸式吊桶升降人员。

（四）吊桶提升到地面时，人员必须从井口平台进出吊桶，并只准在吊桶停稳和井盖门关闭后进出吊桶。

（五）吊桶内人均有效面积不应小于0.2 m²，严禁超员。

第七十六条 立井凿井期间，掘进工作面与吊盘、吊盘与井口、吊盘与辅助绞、腰泵房与井口、翻矸平台与绞车房、井口与提升机房必须设置独立信号装置。井口信号装置必须与绞车的控制回路闭锁。

吊盘与井口、腰泵房与井口、井口与提升机房，必须装设直通电话。

建井期间罐笼与箕斗混合提升，提人时应当设置信号闭锁，当罐笼提人时箕斗不得运行。

装备1套提升系统的井筒，必须有备用通信、信号装置。

第七十七条 立井凿井期间，提升钢丝绳与吊桶的连接，必须采用具有可靠保险和回转卸力装置的专用钩头。钩头主要受力部件每年应当进行1次无损探伤检测。

第七十八条 建井期间，井筒中悬挂吊盘、模板、抓岩机的钢丝绳，使用期限一般为1年；悬挂水管、风管、输料管、安全梯和电缆的钢丝绳，使用期限一般为2年。钢丝绳到期后经检测检验，不符合本规程第四百一十二条的规定，可以继续使用。

煤矿企业应当根据建井工期、在用钢丝绳的腐蚀程度等因素，确定是否需要储备检验合格的提升钢丝绳。

第七十九条 立井井筒临时改绞必须编制施工组织设计。井筒底水窝深度必须满足过放距离的要求。提升容器过放距离内严禁积水积物。

同一工业广场内布置2个及以上井筒时，未与另一井筒贯通的井筒不得进行临时改绞。单井筒确需临时改绞的，必须制定专项措施。

第八十条 开凿或者延深斜井、下山时，必须在斜井、下山的上口设置防止跑车装置，在掘进工作面的上方设置跑车防护装置，跑车防护装置与掘进工作面的距离必须在施工组织设计或者作业规程中明确。

斜井（巷）施工期间兼作人行道时，必须每隔40 m设置躲避硐。设有躲避硐的一侧必须有畅通的人行道。上下人员必须走人行道。人行道必须设红灯和语音提示装置。

斜巷采用多级提升或者上山掘进提升时，在绞车上山方向必须设置挡车栏。

第八十一条 在吊盘上或者在2m以上高处作业时，工作人员必须佩带保险带。保险带必须拴在牢固的构件上，高挂低用。保险带应当定期按有关规定试验。每次使用前必须检查，发现损坏必须立即更换。

第八十二条 井筒开凿到底后，应当先施工永久排水系统，并在进入采区施工前完成。永久排水系统完成前，在井底附近必须设置临时排水系统，并符合下列要求：

（一）当预计涌水量不大于50 m³/h时，临时水仓容积应当大于4 h正常涌水量；当预计涌水量大于50 m³/h时，临时水仓容积应当大于8 h正常涌水量。临时水仓应当定期清理。

（二）井下工作水泵的排水能力应当能在20 h内排出24 h正常涌水量，井下备用水泵排水能力不小于工作水泵排水能力的70%。

（三）临时排水管的型号应当与排水能力相匹配。

（四）临时水泵及配电设备基础应当比巷道底板至少高300 mm，泵房断面应当满足设备布置需要。

第八十三条 立井凿井期间的局部通风应当遵守下列规定：

（一）局部通风机的安装位置距井口不得小于20 m，且位于井口主导风向上风侧。

（二）局部通风机的安装和使用必须满足本规程第一百六十四条的要求。

（三）立井施工应当在井口预留专用回风口，以确保风流畅通，回风口的大小及安全防护措施应当在作业规程中明确。

第八十四条 巷道及硐室施工期间的通风应当遵守下列规定：

（一）主井、副井和风井布置在同一个工业广场内，主井或者副井与风井贯通后，应当先安装主要通风机，实现全风压通风。不具备安装主要通风机条件的，必须安装临时通风机，但不得采用局部通风机或者局部通风机群代替临时通风机。

主井、副井和风井布置在不同的工业广场内，主井或者副井短期内不能与风井贯通的，主井与副井贯通后必须安装临时通风机实现全风压通风。

（二）矿井临时通风机应当安装在地面。低瓦斯矿井临时通风机需要安装在井下时，必须制定专项措施。

（三）矿井采用临时通风机通风时，必须设置备用通风机，备用通风机必须能在10 min内启动。

第八十五条 建井期间有下列情况之一的，必须建立瓦斯抽采系统：

（一）突出矿井在揭露突出煤层前。

（二）任一掘进工作面瓦斯涌出量大于3 m³/min，用通风方法解决瓦斯问题不合理的。

第二章 开　采

第一节　一般规定

第八十六条 新建非突出大中型矿井开采深度（第一水平）不应超过1000 m，改扩建大中型矿井开采深度不应超过1200 m，新建、改扩建小型矿井开采深度不应超过600 m。

矿井同时生产的水平不得超过2个。

第八十七条 每个生产矿井必须至少有2个能行人的通达地面的安全出口，各出口间距不得小于30 m。

采用中央式通风的新建和改扩建矿井，设计中应当规定井田边界的安全出口。

新建、扩建矿井的回风井严禁兼作提升和行人通道，紧急情况下可作为安全出口。

第八十八条 井下每一个水平到上一个水平和各个采（盘）区都必须至少有2个便于行人的安全出口，并与通达地面的安全出口相连。未建成2个安全出口的水平或者采（盘）区严禁回采。

井巷交岔点，必须设置路标，标明所在地点，指明通往安全出口的方向。

通达地面的安全出口和2个水平之间的安全出口，倾角不大于45°时，必须设置人行道，并根据倾角大小和实际需要设置扶手、台阶或者梯子。倾角大于45°时，必须设置梯道间或者梯子间，斜井梯道间必须分段错开设置，每段斜长不得大于10 m；立井梯子间中的梯子角度不得大于80°，相邻2个平台的垂直距离不得大于8 m。

安全出口应当经常清理、维护，保持畅通。

第八十九条 主要绞车道不得兼作人行道。提升量不大、保证行车时不行人的，不受此限。

第九十条 巷道净断面必须满足行人、运输、通风和安全设施及设备安装、检修、施工的需要，并符合下列要求：

（一）采用轨道机车运输的巷道净高，自轨面起不得低于2 m。架线电机车运输巷道的净高，在井底车场内、从井底到乘车场，不小于2.4 m；其他地点，行人的不小于2.2 m，不行人的不小于2.1 m。

（二）采（盘）区内的上山、下山和平巷的净高不得低于2 m，薄煤层内的不得低于1.8 m。

（三）运输巷（包括管、线、电缆）与运输设备最突出部分之间的最小间距,应当符合表3的要求。

巷道净断面的设计,必须按支护最大允许变形后的断面计算。

第九十一条 新建矿井、生产矿井新掘运输巷的一侧,从巷道道碴面起1.6 m的高度内,必须留有宽0.8 m(综合机械化采煤及无轨胶轮车运输的矿井为1 m)以上的人行道,管道吊挂高度不得低于1.8 m。

生产矿井已有巷道人行道的宽度不符合上述要求时,必须在巷道的一侧设置躲避硐,2个躲避硐的间距不得超过40 m。躲避硐宽度不得小于1.2 m,深度不得小于0.7 m,高度不得小于1.8 m。躲避硐内严禁堆积物料。

表3 运输巷与运输设备最突出部分之间的最小间距

巷道类型	顶部/m	两侧/m	备注
轨道机车运输巷道		0.3	综合机械化采煤矿井为0.5 m
输送机运输巷道		0.5	输送机机头和机尾处与巷帮支护的距离应当满足设备检查和维修的需要,并不得小于0.7 m
卡轨车、齿轨车运输巷道	0.3	0.3	单轨运输巷道宽度应当大于2.8 m,双轨运输巷道宽度应当大于4.0 m
单轨吊车运输巷道	0.5	0.85	曲线巷道段应当在直线巷道允许安全间隙的基础上,内侧加宽不小于0.1 m,外侧加宽不小于0.2 m。巷道内外侧加宽要从曲线巷道段两侧直线段开始,加宽段的长度不小于5.0 m
无轨胶轮车运输巷道	0.5	0.5	曲线巷道段应当在直线巷道允许安全间隙的基础上,按无轨胶轮车内、外轮曲率半径计算需加大的巷道宽度。巷道内外侧加宽要从曲线巷道两侧直线段开始,加宽段的长度应当满足安全运输的要求
设置移动变电站或者平板车的巷道		0.3	移动变电站或者平板车上设备最突出部分与巷道侧的间距

采用无轨胶轮车运输的矿井人行道宽度不足1 m时,必须制定专项安全技术措施,严格执行"行人不行车,行车不行人"的规定。

在人车停车地点的巷道上下人侧,从巷道道碴面起1.6 m的高度内,必须留有宽1 m以上的人行道,管道吊挂高度不得低于1.8 m。

第九十二条 在双向运输巷中,两车最突出部分之间的距离必须符合下列要求:

(一)采用轨道运输的巷道:对开时不得小于0.2 m,采区装载点不得小于0.7 m,矿车摘挂钩地点不得小于1 m。

(二)采用单轨吊车运输的巷道:对开时不得小于0.8 m。

(三)采用无轨胶轮车运输的巷道:

1.双车道行驶,会车时不得小于0.5 m。

2.单车道应当根据运距、运量、运速及运输车辆特性,在巷道的合适位置设置机车绕行道或者错车硐室,并设置方向标识。

第九十三条 掘进巷道在揭露老空区前,必须制定探查老空区的安全措施,包括接近老空区时必须预留的煤(岩)柱厚度和探明水、火、瓦斯等内容。必须根据探明的情况采取措施,进行处理。

在揭露老空区时,必须将人员撤至安全地点。只有经过检查,证明老空区内的水、瓦斯和其他有害气体等无危险后,方可恢复工作。

第九十四条 采(盘)区结束后,回撤设备时,必须编制专门措施,加强通风、瓦斯、顶板、防火管理。

第二节 回采和顶板控制

第九十五条 一个矿井同时回采的采煤工作面个数不得超过3个,煤(半煤岩)巷掘进工作面个数不得超过9个。严禁以掘代采。

采(盘)区开采前必须按照生产布局和资源回收合理的要求编制采(盘)区设计,并严格按照采(盘)区设计组织施工,情况发生变化时及时修改设计。

一个采(盘)区内同一煤层的一翼最多只能布

置1个采煤工作面和2个煤（半煤岩）巷掘进工作面同时作业。一个采（盘）区内同一煤层双翼开采或者多煤层开采的，该采（盘）区最多只能布置2个采煤工作面和4个煤（半煤岩）巷掘进工作面同时作业。

在采动影响范围内不得布置2个采煤工作面同时回采。

下山采区未形成完整的通风、排水等生产系统前，严禁掘进回采巷道。

严禁任意开采非垮落法管理顶板留设的支承采空区顶板和上覆岩层的煤柱，以及采空区安全隔离煤柱。

采掘过程中严禁任意扩大和缩小设计确定的煤柱。采空区内不得遗留未经设计确定的煤柱。

严禁任意变更设计确定的工业场地、矿界、防水和井巷等的安全煤柱。

严禁开采和毁坏高速铁路的安全煤柱。

第九十六条 采煤工作面回采前必须编制作业规程。情况发生变化时，必须及时修改作业规程或者补充安全措施。

第九十七条 采煤工作面必须保持至少2个畅通的安全出口，一个通到进风巷道，另一个通到回风巷道。

采煤工作面所有安全出口与巷道连接处超前压力影响范围内必须加强支护，且加强支护的巷道长度不得小于20 m；综合机械化采煤工作面，此范围内的巷道高度不得低于1.8 m，其他采煤工作面，此范围内的巷道高度不得低于1.6 m。安全出口和与之相连接的巷道必须设专人维护，发生支架断梁折柱、巷道底鼓变形时，必须及时更换、清挖。

采煤工作面必须正规开采，严禁采用国家明令禁止的采煤方法。

高瓦斯、突出、有容易自燃或者自燃煤层的矿井，不得采用前进式采煤方法。

第九十八条 采煤工作面不得任意留顶煤和底煤，伞檐不得超过作业规程的规定。采煤工作面的浮煤应当清理干净。

第九十九条 台阶采煤工作面必须设置安全脚手板、护身板和溜煤板。倒台阶采煤工作面，还必须在台阶的底脚加设保护台板。

阶檐的宽度、台阶面长度和下部超前小眼的个数，必须在作业规程中规定。

第一百条 采煤工作面必须存有一定数量的备用支护材料。严禁使用折损的坑木、损坏的金属顶梁、失效的单体液压支柱。

在同一采煤工作面中，不得使用不同类型和不同性能的支柱。在地质条件复杂的采煤工作面中使用不同类型的支柱时，必须制定安全措施。

单体液压支柱入井前必须逐根进行压力试验。

对金属顶梁和单体液压支柱，在采煤工作面回采结束后或者使用时间超过8个月后，必须进行检修。检修好的支柱，还必须进行压力试验，合格后方可使用。

采煤工作面严禁使用木支柱（极薄煤层除外）和金属摩擦支柱支护。

第一百零一条 采煤工作面必须及时支护，严禁空顶作业。所有支架必须架设牢固，并有防倒措施。严禁在浮煤或者浮矸上架设支架。单体液压支柱的初撑力，柱径为100 mm的不得小于90 kN，柱径为80 mm的不得小于60 kN。对于软岩条件下初撑力确实达不到要求的，在制定措施、满足安全的条件下，必须经总工程师审批。严禁在控顶区域内提前摘柱。碰倒或者损坏、失效的支柱，必须立即恢复或者更换。移动输送机机头、机尾需要拆除附近的支架时，必须先架好临时支架。

采煤工作面遇顶底板松软或者破碎、过断层、过老空区、过煤柱或者冒顶区，以及托伪顶开采时，必须制定安全措施。

第一百零二条 采用锚杆、锚索、锚喷、锚网喷等支护形式时，应当遵守下列规定：

（一）锚杆（索）的形式、规格、安设角度、混凝土强度等级、喷体厚度，挂网规格、搭接方式，以及围岩涌水的处理等，必须在施工组织设计或者作业规程中明确。

（二）采用钻爆法掘进的岩石巷道，应当采用光面爆破。打锚杆眼前，必须采取敲帮问顶等措施。

（三）锚杆拉拔力、锚索预紧力必须符合设计。煤巷、半煤岩巷支护必须进行顶板离层监测，并将监测结果记录在牌板上。对喷体必须做厚度和强度检查并形成检查记录。在井下做锚固力试验时，必须有安全措施。

（四）遇顶板破碎、淋水、过断层、老空区、高应力区等情况时，应加强支护。

第一百零三条 巷道架棚时，支架腿应当落在实底上；支架与顶、帮之间的空隙必须塞紧、背实。支架间应当设牢固的撑杆或者拉杆，可缩性金属支架应当采用金属支拉杆，并用机械或者力矩扳手拧紧卡缆。倾斜井巷支架应当设迎山角；可缩性金属支架可待受压变形稳定后喷射混凝土覆盖。巷道砌碹时，碹体与顶帮之间必须用不燃物充满填实；巷道冒顶空顶部分，可用支护材料接顶，但在碹拱上部必须充填不燃物垫层，其厚度不得小于0.5 m。

第一百零四条 严格执行敲帮问顶及围岩观测制度。

开工前，班组长必须对工作面安全情况进行全面检查，确认无危险后，方准人员进入工作面。

第一百零五条 采煤工作面用垮落法管理顶板时，必须及时放顶。顶板不垮落、悬顶距超过作业规程规定的，必须停止采煤，采取人工强制放顶或者其他措施进行处理。

放顶的方法和安全措施，放顶与爆破、机械落煤等工序平行作业的安全距离，放顶区内支架、支柱等的回收方法，必须在作业规程中明确规定。

放顶人员必须站在支架完整，无崩绳、崩柱、甩钩、断绳抽人等危险的安全地点工作。

回柱放顶前，必须对放顶的安全工作进行全面检查，清理好退路。回柱放顶时，必须指定有经验的人员观察顶板。

采煤工作面初次放顶及收尾时，必须制定安全措施。

第一百零六条 采煤工作面采用密集支柱切顶时，两段密集支柱之间必须留有宽0.5 m以上的出口，出口间的距离和新密集支柱超前的距离必须在作业规程中明确规定。采煤工作面无密集支柱切顶时，必须有防止工作面冒顶和矸石窜入工作面的措施。

第一百零七条 采用人工假顶分层垮落法开采的采煤工作面，人工假顶必须铺设完好并搭接严密。

采用分层垮落法开采时，必须向采空区注浆或者注水。注浆或者注水的具体要求，应当在作业规程中明确规定。

第一百零八条 采煤工作面用充填法控制顶板时，必须及时充填。控顶距离超过作业规程规定时禁止采煤，严禁人员在充填区空顶作业；且应当根据地表保护级别，编制专项设计并制定安全技术措施。

采用综合机械化充填采煤时，待充填区域的风速应当满足工作面最低风速要求；有人进行充填作业时，严禁操作作业区域的液压支架。

第一百零九条 用水砂充填法控制顶板时，采空区和三角点必须充填满。充填地点的下方，严禁人员通行或者停留。注砂井和充填地点之间，应当保持电话联络，联络中断时，必须立即停止注砂。

清理因跑砂堵塞的倾斜井巷前，必须制定安全措施。

第一百一十条 近距离煤层群开采下一煤层时，必须制定控制顶板的安全措施。

第一百一十一条 采用分层垮落法回采时，下一分层的采煤工作面必须在上一分层顶板垮落的稳定区域内进行回采。

第一百一十二条 采用柔性掩护支架开采急倾斜煤层时，地沟的尺寸，工作面循环进度，支架的角度、结构，支架垫层数和厚度，以及点柱的支设角度、排列方式和密度，钢丝绳的规格和数量，必须在作业规程中规定。

生产中遇断梁、支架悬空、窜矸等情况时，必须及时处理。支架沿走向弯曲、歪斜及角度超过作业规程规定时，必须在下一次放架过程中进行调整。应当经常检查支架上的螺栓和附件，如有松动，必须及时拧紧。

正倾斜柔性掩护支架的每个回采带的两端，必须设置人行眼，并用木板与溜煤眼相隔。对伪倾斜柔性掩护支架工作面上下2个出口的要求和工作面的伪倾角，超前溜煤眼的规格、间距和施工方式，必须在作业规程中规定。

掩护支架接近平巷时，应当缩短每次下放支架的距离，并减少同时爆破的炮眼数目和装药量。掩护支架过平巷时，应当加强溜煤眼与平巷连接处的支护或者架设木垛。

第一百一十三条 采用水力采煤时，必须遵守下列规定：

（一）第一次采用水力采煤的矿井，必须根据矿井地质条件、煤层赋存条件等因素编制开采设计，并经行业专家论证。

（二）水采工作面必须采用矿井全风压通风。可以采用多条回采巷道共用1条回风巷的布置方式，但回采巷道数量不得超过3个，且必须正台阶布置，单枪作业，依次回采。采用倾斜短壁水力采煤法时，回采巷道两侧的回采煤垛应当上下错开，左右交替采煤。

应当根据煤层自然发火期进行区段划分，保证划分区段在自然发火期内采完并及时密闭。密闭设施必须进行专项设计。

（三）相邻回采巷道及工作面回风巷之间必须开凿联络巷，用以通风、运料和行人。应当及时安设和调整风帘（窗）等控风设施。联络巷间距和支护形式必须在作业规程中规定。

（四）采煤工作面应当采用闭式顺序落煤，贯通前的采硐可以采用局部通风机辅助通风。应当在作业规程中明确工作面顶煤、顶板突然垮落时的安全技术措施。

（五）回采水枪应当使用液控水枪，水枪到控台距离不得小于 10 m。对使用中的水枪，每 3 个月应当至少进行 1 次耐压试验。

（六）采煤工作面附近必须设置通信设备，在水枪附近必须有直通高压泵房的声光兼备的信号装置。

严禁水枪司机在无支护条件下作业。水枪司机与煤水泵司机、高压泵司机之间必须装电话及声光兼备的信号装置。

（七）用明槽输送煤浆时，倾角超过 25°的巷道，明槽必须封闭，否则禁止行人。倾角在 15°～25°时，人行道与明槽之间必须加设挡板或者挡墙，其高度不得小于 1 m；在拐弯、倾角突然变大及有煤浆溅出的地点，在明槽处应当加高挡板或者加盖。在行人经常跨过的明槽处，必须设过桥。必须保持巷道行人侧畅通。

除不行人的急倾斜专用岩石溜煤眼外，不得无槽、无沟沿巷道底板运输煤浆。

（八）工作面回风巷内严禁设置电气设备，在水枪落煤期间严禁行人和安排其他作业。

有下列情形之一的，严禁采用水力采煤：

（一）突出矿井，以及掘进工作面瓦斯涌出量大于 3 m³/min 的高瓦斯矿井。

（二）顶板不稳定的煤层。

（三）顶底板容易泥化或者底鼓的煤层。

（四）容易自燃煤层。

第一百一十四条 采用综合机械化采煤时，必须遵守下列规定：

（一）必须根据矿井各个生产环节、煤层地质条件、厚度、倾角、瓦斯涌出量、自然发火倾向和矿山压力等因素，编制工作面设计。

（二）运送、安装和拆除综采设备时，必须有安全措施，明确规定运送方式、安装质量、拆装工艺和控制顶板的措施。

（三）工作面煤壁、刮板输送机和支架都必须保持直线。支架间的煤、矸必须清理干净。倾角大于 15°时，液压支架必须采取防倒、防滑措施；倾角大于 25°时，必须有防止煤（矸）窜出刮板输送机伤人的措施。

（四）液压支架必须接顶。顶板破碎时必须超前支护。在处理液压支架上方冒顶时，必须制定安全措施。

（五）采煤机采煤时必须及时移架。移架滞后采煤机的距离，应当根据顶板的具体情况在作业规程中明确规定；超过规定距离或者发生冒顶、片帮时，必须停止采煤。

（六）严格控制采高，严禁采高大于支架的最大有效支护高度。当煤层变薄时，采高不得小于支架的最小有效支护高度。

（七）当采高超过 3 m 或者煤壁片帮严重时，液压支架必须设护帮板。当采高超过 4.5 m 时，必须采取防片帮伤人措施。

（八）工作面两端必须使用端头支架或者增设其他形式的支护。

（九）工作面转载机配有破碎机时，必须有安全防护装置。

（十）处理倒架、歪架、压架，更换支架，以及拆修顶梁、支柱、座箱等大型部件时，必须有安全措施。

（十一）在工作面内进行爆破作业时，必须有保护液压支架和其他设备的安全措施。

（十二）乳化液的配制、水质、配比等，必须符合有关要求。泵箱应当设自动给液装置，防止吸空。

（十三）采煤工作面必须进行矿压监测。

第一百一十五条 采用放顶煤开采时，必须遵守下列规定：

（一）矿井第一次采用放顶煤开采，或者在煤层（瓦斯）赋存条件变化较大的区域采用放顶煤开采时，必须根据顶板、煤层、瓦斯、自然发火、水文地质、煤尘爆炸性、冲击地压等地质特征和灾害危险性进行可行性论证和设计，并由煤矿企业组织行业专家论证。

（二）针对煤层开采技术条件和放顶煤开采工艺特点，必须制定防瓦斯、防火、防尘、防水、采放煤工艺、顶板支护、初采和工作面收尾等安全技术措施。

（三）放顶煤工作面初采期间应当根据需要采取强制放顶措施，使顶煤和直接顶充分垮落。

（四）采用预裂爆破处理坚硬顶板或者坚硬顶煤时，应当在工作面未采动区进行，并制定专门的安全技术措施。严禁在工作面内采用炸药爆破方法处理未冒落顶煤、顶板及大块煤（矸）。

（五）高瓦斯、突出矿井的容易自燃煤层，应当采取以预抽方式为主的综合抽采瓦斯措施，保证本煤层瓦斯含量不大于 6 m³/t，并采取综合防灭火措施。

（六）严禁单体支柱放顶煤开采。

有下列情形之一的，严禁采用放顶煤开采：

（一）缓倾斜、倾斜厚煤层的采放比大于 1∶3，且未经行业专家论证的；急倾斜水平分段放顶煤采放比大于 1∶8 的。

（二）采区或者工作面采出率达不到矿井设计规范规定的。

（三）坚硬顶板、坚硬顶煤不易冒落，且采取措施后冒放性仍然较差，顶板垮落充填采空区的高度不大于采放煤高度的。

（四）放顶煤开采后有可能与地表水、老窑积水和强含水层导通的。

（五）放顶煤开采后有可能沟通火区的。

第一百一十六条 采用连续采煤机开采，必须根据工作面地质条件、瓦斯涌出量、自然发火倾向、回采速度、矿山压力，以及煤层顶底板岩性、厚度、倾角等因素，编制开采设计和回采作业规程，并符合下列要求：

（一）工作面必须形成全风压通风后方可回采。

（二）严禁采煤机司机等人员在空顶区作业。

（三）运输巷与短壁工作面或者回采支巷连接处（出口），必须加强支护。

（四）回收煤柱时，连续采煤机的最大进刀深度应当根据顶板状况、设备配套、采煤工艺等因素合理确定。

（五）采用垮落法控制顶板，对于特殊地质条件下顶板不能及时冒落时，必须采取强制放顶或者其他处理措施。

（六）采用煤柱支承采空区顶板及上覆岩层的部分回采方式时，应当有防止采空区顶板大面积垮塌的措施。

（七）应当及时安设和调整风帘（窗）等控风设施。

（八）容易自燃煤层应当分块段回采，且每个采煤块段必须在自然发火期内回采结束并封闭。

有下列情形之一的，严禁采用连续采煤机开采：

（一）突出矿井或者掘进工作面瓦斯涌出量超过 $3 m^3/min$ 的高瓦斯矿井。

（二）倾角大于8°的煤层。

（三）直接顶不稳定的煤层。

第三节 采掘机械

第一百一十七条 使用滚筒式采煤机采煤时，必须遵守下列规定：

（一）采煤机上装有能停止工作面刮板输送机运行的闭锁装置。启动采煤机前，必须先巡视采煤机四周，发出预警信号，确认人员无危险后，方可接通电源。采煤机因故暂停时，必须打开隔离开关和离合器。采煤机停止工作或者检修时，必须切断采煤机前级供电开关电源并断开其隔离开关，断开采煤机隔离开关，打开截割部离合器。

（二）工作面遇有坚硬夹矸或者黄铁矿结核时，应当采取松动爆破处理措施，严禁用采煤机强行截割。

（三）工作面倾角在15°以上时，必须有可靠的防滑装置。

（四）使用有链牵引采煤机时，在开机和改变牵引方向前，必须发出信号。只有在收到返向信号后，才能开机或者改变牵引方向，防止牵引链跳动或者断链伤人。必须经常检查牵引链及其两端的固定连接件，发现问题，及时处理。采煤机运行时，所有人员必须避开牵引链。

（五）更换截齿和滚筒时，采煤机上下3 m范围内，必须护帮护顶，禁止操作液压支架。必须切断采煤机前级供电开关电源并断开其隔离开关，断开采煤机隔离开关，打开截割部离合器，并对工作面输送机施行闭锁。

（六）采煤机用刮板输送机作轨道时，必须经常检查刮板输送机的溜槽、挡煤板导向管的连接情况，防止采煤机牵引链因过载而断链；采煤机为无链牵引时，齿（销、链）轨的安设必须紧固、完好，并经常检查。

第一百一十八条 使用刨煤机采煤时，必须遵守下列规定：

（一）工作面至少每隔30 m装设能随时停止刨头和刮板输送机的装置，或者装设向刨煤机司机发送信号的装置。

（二）刨煤机应当有刨头位置指示器；必须在刮板输送机两端设置明显标志，防止刨头与刮板输送机机头撞击。

（三）工作面倾角在12°以上时，配套的刮板输送机必须装设防滑、锚固装置。

第一百一十九条 使用掘进机、掘锚一体机、连续采煤机掘进时，必须遵守下列规定：

（一）开机前，在确认铲板前方和截割臂附近无人时，方可启动。采用遥控操作时，司机必须位于安全位置。开机、退机、调机前，必须发出报警信号。

（二）作业时，应当使用内、外喷雾装置，内喷雾装置的工作压力不得小于2 MPa，外喷雾装置的工作压力不得小于4 MPa。在内、外喷雾装置工作稳定性得不到保证的情况下，应当使用与掘进机、掘锚一体机或者连续采煤机联动联控的除降尘装置。

（三）截割部运行时，严禁人员在截割臂下停留和穿越，机身与煤（岩）壁之间严禁站人。

（四）在设备非操作侧，必须装有紧急停转按钮（连续采煤机除外）。

（五）必须装有前照明灯和尾灯。

（六）司机离开操作台时，必须切断电源。

（七）停止工作和交班时，必须将切割头落地，并切断电源。

第一百二十条 使用运煤车、铲车、梭车、履带式行走支架、锚杆钻车、给料破碎机、连续运输系统或者桥式转载机等掘进机后配套设备时，必须遵守下列规定：

（一）所有安装机载照明的后配套设备启动前必须开启照明，发出开机信号，确认人员离开，再开机运行。设备停机、检修或者处理故障时，必须停电闭锁。

（二）带电移动的设备电缆应当有防拔脱装置。电缆必须连接牢固、可靠，电缆收放装置必须完好。操作电缆卷筒时，人员不得骑跨或者踩踏电缆。

（三）运煤车、铲车、梭车制动装置必须齐全、可靠。作业时，行驶区间严禁人员进入；检修时，铰接处必须使用限位装置。

（四）给料破碎机与输送机之间应当设联锁装置。给料破碎机行走时两侧严禁站人。

（五）连续运输系统或者桥式转载机运行时，严禁在非行人侧行走或者作业。

（六）锚杆钻车作业时必须有防护操作台，支护作业时必须将临时支护顶棚升至顶板。非操作人员严禁在锚杆钻车周围停留或者作业。

（七）履带行走式支架应当具有预警延时启动装置、系统压力实时显示装置，以及自救、逃逸功能。

第一百二十一条 使用刮板输送机运输时，必须遵守下列规定：

（一）采煤工作面刮板输送机必须安设能发出停止、启动信号和通讯的装置，发出信号点的间距不得超过15 m。

（二）刮板输送机使用的液力偶合器，必须按所传递的功率大小，注入规定量的难燃液，并经常检查有无漏失。易熔合金塞必须符合标准，并设专人检查、清除塞内污物；严禁使用不符合标准的物品代替。

（三）刮板输送机严禁乘人。

（四）用刮板输送机运送物料时，必须有防止伤人和顶倒支架的安全措施。

（五）移动刮板输送机时，必须有防止冒顶、顶伤人员和损坏设备的安全措施。

第四节 建（构）筑物下、水体下、铁路下及主要井巷煤柱开采

第一百二十二条 建（构）筑物下、水体下、铁路下及主要井巷煤柱开采，必须设立观测站，观测地表和岩层移动与变形，查明垮落带和导水裂缝带的高度，以及水文地质条件变化等情况。取得的实际资料作为本井田建（构）筑物下、水体下、铁路下的以及主要井巷煤柱开采的依据。

第一百二十三条 建（构）筑物下、水体下、铁路下，以及主要井巷煤柱开采，必须经过试采。试采前，必须按其重要程度以及可能受到的影响，采取相应技术措施并编制开采设计。

第一百二十四条 试采前，必须完成建（构）筑物、水体、铁路，主要井巷工程及其地质、水文地质调查，观测点设置以及加固和保护等准备工作；试采时，必须及时观测，对受到开采影响的受护体，必须及时维修。试采结束后，必须由原试采方案设计单位提出试采总结报告。

第五节 井巷维修和报废

第一百二十五条 矿井必须制定井巷维修制度，加强井巷维修，保证通风、运输畅通和行人安全。

第一百二十六条 井筒大修时必须编制施工组织设计。

维修井巷支护时，必须有安全措施。严防顶板冒落伤人、堵人和支架歪倒。

扩大和维修井巷时，必须有冒顶堵塞井时保证人员撤退的出口。在独头巷道维修支架时，必须保证通风安全并由外向里逐架进行，严禁人员进入维修地点以里。

撤掉支架前，应当先加固作业地点的支架。架设和拆除支架时，在一架未完工之前，不得中止作业。撤换支架的工作应当连续进行，不连续施工时，每次工作结束前，必须接顶封帮。

维修锚网井巷时，施工地点必须有临时支护和防止失修范围扩大的措施。

维修倾斜井巷时，应当停止行车；需要通车作业时，必须制定行车安全措施。严禁上、下段同时作业。

更换巷道支护时，在拆除原有支护前，应当先加固邻近支护，拆除原有支护后，必须及时除掉顶帮活矸和架设永久支护，必要时还应当采取临时支护措施。在倾斜巷道中，必须有防止矸石、物料滚落和支架歪倒的安全措施。

第一百二十七条 修复旧井巷时，必须首先检查瓦斯。当瓦斯积聚时，必须按规定排放，只有在回风流中甲烷浓度不超过1.0%、二氧化碳浓度不超过1.5%、空气成分符合本规程第一百三十五条的要求

时，才能作业。

第一百二十八条 从报废的井巷内回收支架和装备时，必须制定安全措施。

第一百二十九条 报废的巷道必须封闭。报废的暗井和倾斜巷道下口的密闭墙必须留泄水孔。

第一百三十条 报废的井巷必须做好隐蔽工程记录，并在井上、下对照图上标明，归档备查。

第一百三十一条 报废的立井应当填实，或者在井口浇注1个大于井筒断面的坚实的钢筋混凝土盖板，并设置栅栏和标志。

报废的斜井（平硐）应当填实，或者在井口以下斜长20 m处砌筑1座砖、石或者混凝土墙，再用泥土填至井口，并加砌封墙。

报废井口的周围有地表水影响时，必须设置排水沟。

第六节 防止坠落

第一百三十二条 立井井口必须用栅栏或者金属网围住，进出口设置栅栏门。井筒与各水平的连接处必须设栅栏。栅栏门只准在通过人员或者车辆时打开。

立井井筒与各水平车场的连接处，必须设专用的人行道，严禁人员通过提升间。

罐笼提升的立井井口和井底、井筒与各水平的连接处，必须设置阻车器。

第一百三十三条 倾角在25°以上的小眼、煤仓、溜煤（矸）眼、人行道、上山和下山的上口，必须设防止人员、物料坠落的设施。

第一百三十四条 煤仓、溜煤（矸）眼必须有防止煤（矸）堵塞的设施。检查煤仓、溜煤（矸）眼和处理堵塞时，必须制定安全措施。处理堵塞时应当遵守本规程第三百六十条的规定，严禁人员从下方进入。

严禁煤仓、溜煤（矸）眼兼做流水道。煤仓与溜煤（矸）眼内有淋水时，必须采取封堵疏干措施；没有得到妥善处理不得使用。

第三章 通风、瓦斯和煤尘爆炸防治

第一节 通 风

第一百三十五条 井下空气成分必须符合下列要求：

（一）采掘工作面的进风流中，氧气浓度不低于20%，二氧化碳浓度不超过0.5%。

（二）有害气体的浓度不超过表4规定。

表4 矿井有害气体最高允许浓度

名　　称	最高允许浓度/%
一氧化碳 CO	0.0024
氧化氮（换算成 NO_2）	0.00025
二氧化硫 SO_2	0.0005
硫化氢 H_2S	0.00066
氨 NH_3	0.004

甲烷、二氧化碳和氢气的允许浓度按本规程的有关规定执行。

矿井中所有气体的浓度均按体积百分比计算。

第一百三十六条 井巷中的风流速度应当符合表5要求。

表5 井巷中的允许风流速度

井巷名称	允许风速/(m·s^{-1})	
	最 低	最 高
无提升设备的风井和风硐		15
专为升降物料的井筒		12
风桥		10
升降人员和物料的井筒		8
主要进、回风巷		8
架线电机车巷道	1.0	8
输送机巷，采区进、回风巷	0.25	6
采煤工作面、掘进中的煤巷和半煤岩巷	0.25	4
掘进中的岩巷	0.15	4
其他通风人行巷道	0.15	

设有梯子间的井筒或者修理中的井筒，风速不得超过8 m/s；梯子间四周经封闭后，井筒中的最高允许风速可以按表5规定执行。

无瓦斯涌出的架线电机车巷道中的最低风速可低于表5的规定值，但不得低于0.5 m/s。

综合机械化采煤工作面，在采取煤层注水和采煤机喷雾降尘等措施后，其最大风速可高于表5的规定值，但不得超过5 m/s。

第一百三十七条 进风井口以下的空气温度（干球温度，下同）必须在2 ℃以上。

第一百三十八条 矿井需要的风量应当按下列要

求分别计算，并选取其中的最大值：

（一）按井下同时工作的最多人数计算，每人每分钟供给风量不得少于 4 m³。

（二）按采掘工作面、硐室及其他地点实际需要风量的总和进行计算。各地点的实际需要风量，必须使该地点的风流中的甲烷、二氧化碳和其他有害气体的浓度、风速、温度及每人供风量符合本规程的有关规定。

使用煤矿用防爆型柴油动力装置机车运输的矿井，行驶车辆巷道的供风量还应当按同时运行的最多车辆数增加巷道配风量，配风量不小于4 m³/min·kW。

按实际需要计算风量时，应当避免备用风量过大或者过小。煤矿企业应当根据具体条件制定风量计算方法，至少每 5 年修订 1 次。

第一百三十九条 矿井每年安排采掘作业计划时必须核定矿井生产和通风能力，必须按实际供风量核定矿井产量，严禁超通风能力生产。

第一百四十条 矿井必须建立测风制度，每 10 天至少进行 1 次全面测风。对采掘工作面和其他用风地点，应当根据实际需要随时测风，每次测风结果应当记录并写在测风地点的记录牌上。

应当根据测风结果采取措施，进行风量调节。

第一百四十一条 矿井必须有足够数量的通风安全检测仪表。仪表必须由具备相应资质的检验单位进行检验。

第一百四十二条 矿井必须有完整的独立通风系统。改变全矿井通风系统时，必须编制通风设计及安全措施，由企业技术负责人审批。

第一百四十三条 贯通巷道必须遵守下列规定：

（一）巷道贯通前应当制定贯通专项措施。综合机械化掘进巷道在相距 50 m 前、其他巷道在相距 20 m 前，必须停止一个工作面作业，做好调整通风系统的准备工作。

停掘的工作面必须保持正常通风，设置栅栏及警标，每班必须检查风筒的完好状况和工作面及其回风流中的瓦斯浓度，瓦斯浓度超限时，必须立即处理。

掘进的工作面每次爆破前，必须派专人和瓦斯检查工共同到停掘的工作面检查工作面及其回风流中的瓦斯浓度，瓦斯浓度超限时，必须先停止在掘工作面的工作，然后处理瓦斯，只有在 2 个工作面及其回风流中的甲烷浓度都在 1.0% 以下时，掘进的工作面方可爆破。每次爆破前，2 个工作面入口必须有专人警戒。

（二）贯通时，必须由专人在现场统一指挥。

（三）贯通后，必须停止采区内的一切工作，立即调整通风系统，风流稳定后，方可恢复工作。

间距小于 20 m 的平行巷道的联络巷贯通，必须遵守以上规定。

第一百四十四条 进、回风井之间和主要进、回风巷之间的每条联络巷中，必须砌筑永久性风墙；需要使用的联络巷，必须安设 2 道联锁的正向风门和 2 道反向风门。

第一百四十五条 箕斗提升井或者装有带式输送机的井筒兼作风井使用时，必须遵守下列规定：

（一）生产矿井现有箕斗提升井兼作回风井时，井上下装、卸载装置和井塔（架）必须有防尘和封闭措施，其漏风率不得超过 15%。装有带式输送机的井筒兼作回风井时，井筒中的风速不得超过 6 m/s，且必须装设甲烷断电仪。

（二）箕斗提升井或者装有带式输送机的井筒兼作进风井时，箕斗提升井筒中的风速不得超过 6 m/s、装有带式输送机的井筒中的风速不得超过 4 m/s，并有防尘措施。装有带式输送机的井筒必须装设自动报警灭火装置、敷设消防管路。

第一百四十六条 进风井口必须布置在粉尘、有害和高温气体不能侵入的地方。已布置在粉尘、有害和高温气体能侵入的地点的，应当制定安全措施。

第一百四十七条 新建高瓦斯矿井、突出矿井、煤层易自燃矿井及有热害的矿井应当采用分区式通风或者对角式通风；初期采用中央并列式通风的只能布置一个采区生产。

第一百四十八条 矿井开拓新水平和准备新采区的回风，必须引入总回风巷或者主要回风巷中。在未构成通风系统前，可将此回风引入生产水平的进风中；但在有瓦斯喷出或者有突出危险的矿井中，开拓新水平和准备新采区时，必须先在无瓦斯喷出或者无突出危险的煤（岩）层中掘进巷道并构成通风系统，为构成通风系统的掘进巷道的回风，可以引入生产水平的进风中。上述 2 种回风流中的甲烷和二氧化碳浓度都不得超过 0.5%，其他有害气体浓度必须符合本规程第一百三十五条的规定，并制定安全措施，报企业技术负责人审批。

第一百四十九条 生产水平和采（盘）区必须实行分区通风。

准备采区，必须在采区构成通风系统后，方可开掘其他巷道；采用倾斜长壁布置的，大巷必须至少超前 2 个区段，并构成通风系统后，方可开掘其他巷道。采煤工作面必须在采（盘）区构成完整的通风、排水系统后，方可回采。

高瓦斯、突出矿井的每个采（盘）区和开采容易自燃煤层的采（盘）区，必须设置至少 1 条专用回风巷；低瓦斯矿井开采煤层群和分层开采采用联合布置的采（盘）区，必须设置 1 条专用回风巷。

采区进、回风巷必须贯穿整个采区，严禁一段为进风巷、一段为回风巷。

第一百五十条 采、掘工作面应当实行独立通风，严禁 2 个采煤工作面之间串联通风。

同一采区内 1 个采煤工作面与其相连接的 1 个掘进工作面、相邻的 2 个掘进工作面，布置独立通风有困难时，在制定措施后，可采用串联通风，但串联通风的次数不得超过 1 次。

采区内为构成新区段通风系统的掘进巷道或者采煤工作面遇地质构造而重新掘进的巷道，布置独立通风有困难时，其回风可以串入采煤工作面，但必须制定安全措施，且串联通风的次数不得超过 1 次；构成独立通风系统后，必须立即改为独立通风。

对于本条规定的串联通风，必须在进入被串联工作面的巷道中装设甲烷传感器，且甲烷和二氧化碳浓度都不得超过 0.5%，其他有害气体浓度都应当符合本规程第一百三十五条的要求。

开采有瓦斯喷出、有突出危险的煤层或者在距离突出煤层垂距小于 10 m 的区域掘进施工时，严禁任何 2 个工作面之间串联通风。

第一百五十一条 井下所有煤仓和溜煤眼都应当保持一定的存煤，不得放空；有涌水的煤仓和溜煤眼，可以放空，但放空后放煤口闸板必须关闭，并设置引水管。

溜煤眼不得兼作风眼使用。

第一百五十二条 煤层倾角大于 12°的采煤工作面采用下行通风时，应当报矿总工程师批准，并遵守下列规定：

（一）采煤工作面风速不得低于 1 m/s。

（二）在进、回风巷中必须设置消防供水管路。

（三）有突出危险的采煤工作面严禁采用下行通风。

第一百五十三条 采煤工作面必须采用矿井全风压通风，禁止采用局部通风机稀释瓦斯。

采掘工作面的进风和回风不得经过采空区或者冒顶区。

无煤柱开采沿空送巷和沿空留巷时，应当采取防止从巷道的两帮和顶部向采空区漏风的措施。

矿井在同一煤层、同翼、同一采区相邻正在开采的采煤工作面沿空送巷时，采掘工作面严禁同时作业。

水采和连续采煤机开采的采煤工作面由采空区回风时，工作面必须有足够的新鲜风流，工作面及其回风巷的风流中的甲烷和二氧化碳浓度必须符合本规程第一百七十二条、第一百七十三条和第一百七十四条的规定。

第一百五十四条 采空区必须及时封闭。必须随采煤工作面的推进逐个封闭通至采空区的连通道。采区开采结束后 45 天内，必须在所有与已采区相连通的巷道中设置密闭墙，全部封闭采区。

第一百五十五条 控制风流的风门、风桥、风墙、风窗等设施必须可靠。

不应在倾斜运输巷中设置风门；如果必须设置风门，应当安设自动风门或者设专人管理，并有防止矿车或者风门碰撞人员以及矿车碰坏风门的安全措施。

开采突出煤层时，工作面回风侧不得设置调节风量的设施。

第一百五十六条 新井投产前必须进行 1 次矿井通风阻力测定，以后每 3 年至少测定 1 次。生产矿井转入新水平生产、改变一翼或者全矿井通风系统后，必须重新进行矿井通风阻力测定。

第一百五十七条 矿井通风系统图必须标明风流方向、风量和通风设施的安装地点。必须按季绘制通风系统图，并按月补充修改。多煤层同时开采的矿井，必须绘制分层通风系统图。

应当绘制矿井通风系统立体示意图和矿井通风网络图。

第一百五十八条 矿井必须采用机械通风。

主要通风机的安装和使用应当符合下列要求：

（一）主要通风机必须安装在地面；装有通风机的井口必须封闭严密，其外部漏风率在无提升设备时不得超过 5%，有提升设备时不得超过 15%。

（二）必须保证主要通风机连续运转。

（三）必须安装 2 套同等能力的主要通风机装置，其中 1 套作备用，备用通风机必须能在 10 min 内开动。

（四）严禁采用局部通风机或者风机群作为主要通风机使用。

（五）装有主要通风机的出风井口应当安装防爆门，防爆门每 6 个月检查维修 1 次。

（六）至少每月检查 1 次主要通风机。改变主要通风机转数、叶片角度或者对旋式主要通风机运转级数时，必须经矿总工程师批准。

（七）新安装的主要通风机投入使用前，必须进行试运转和通风机性能测定，以后每 5 年至少进行 1 次性能测定。

（八）主要通风机技术改造及更换叶片后必须进

行性能测试。

（九）井下严禁安设辅助通风机。

第一百五十九条 生产矿井主要通风机必须装有反风设施，并能在 10 min 内改变巷道中的风流方向；当风流方向改变后，主要通风机的供给风量不应小于正常供风量的 40%。

每季度应当至少检查 1 次反风设施，每年应当进行 1 次反风演习；矿井通风系统有较大变化时，应当进行 1 次反风演习。

第一百六十条 严禁主要通风机房兼作他用。主要通风机房内必须安装水柱计（压力表）、电流表、电压表、轴承温度计等仪表，还必须有直通矿调度室的电话，并有反风操作系统图、司机岗位责任制和操作规程。主要通风机的运转应当由专职司机负责，司机应当每小时将通风机运转情况记入运转记录簿内；发现异常，立即报告。实现主要通风机集中监控、图像监视的主要通风机房可不设专职司机，但必须实行巡检制度。

第一百六十一条 矿井必须制定主要通风机停止运转的应急预案。因检修、停电或者其他原因停止主要通风机运转时，必须制定停风措施。

变电所或者电厂在停电前，必须将预计停电时间通知矿调度室。

主要通风机停止运转时，必须立即停止工作、切断电源，工作人员先撤到进风巷道中，由值班矿领导组织全矿井工作人员全部撤出。

主要通风机停止运转期间，必须打开井口防爆门和有关风门，利用自然风压通风；对由多台主要通风机联合通风的矿井，必须正确控制风流，防止风流紊乱。

第一百六十二条 矿井开拓或者准备采区时，在设计中必须根据该处全风压供风量和瓦斯涌出量编制通风设计。掘进巷道的通风方式、局部通风机和风筒的安装和使用等应当在作业规程中明确规定。

第一百六十三条 掘进巷道必须采用矿井全风压通风或者局部通风机通风。

煤巷、半煤岩巷和有瓦斯涌出的岩巷掘进采用局部通风机通风时，应当采用压入式，不得采用抽出式（压气、水力引射器不受此限）；如果采用混合式，必须制定安全措施。

瓦斯喷出区域和突出煤层采用局部通风机通风时，必须采用压入式。

第一百六十四条 安装和使用局部通风机和风筒时，必须遵守下列规定：

（一）局部通风机由指定人员负责管理。

（二）压入式局部通风机和启动装置安装在进风巷道中，距掘进巷道回风口不得小于 10 m；全风压供给该处的风量必须大于局部通风机的吸入风量，局部通风机安装地点到回风口间的巷道中的最低风速必须符合本规程第一百三十六条的要求。

（三）高瓦斯、突出矿井的煤巷、半煤岩巷和有瓦斯涌出的岩巷掘进工作面正常工作的局部通风机必须配备安装同等能力的备用局部通风机，并能自动切换。正常工作的局部通风机必须采用三专（专用开关、专用电缆、专用变压器）供电，专用变压器最多可向 4 个不同掘进工作面的局部通风机供电；备用局部通风机电源必须取自同时带电的另一电源，当正常工作的局部通风机故障时，备用局部通风机能自动启动，保持掘进工作面正常通风。

（四）其他掘进工作面和通风地点正常工作的局部通风机可不配备备用局部通风机，但正常工作的局部通风机必须采用三专供电；或者正常工作的局部通风机配备安装一台同等能力的备用局部通风机，并能自动切换。正常工作的局部通风机和备用局部通风机的电源必须取自同时带电的不同母线段的相互独立的电源，保证正常工作的局部通风机故障时，备用局部通风机能投入正常工作。

（五）采用抗静电、阻燃风筒。风筒口到掘进工作面的距离、正常工作的局部通风机和备用局部通风机自动切换的交叉风筒接头的规格和安设标准，应当在作业规程中明确规定。

（六）正常工作和备用局部通风机均失电停止运转后，当电源恢复时，正常工作的局部通风机和备用局部通风机均不得自行启动，必须人工开启局部通风机。

（七）使用局部通风机供风的地点必须实行风电闭锁和甲烷电闭锁，保证当正常工作的局部通风机停止运转或者停风后能切断停风区内全部非本质安全型电气设备的电源。正常工作的局部通风机故障，切换到备用局部通风机工作时，该局部通风机通风范围内应当停止工作，排除故障；待故障被排除，恢复到正常工作的局部通风后方可恢复工作。使用 2 台局部通风机同时供风的，2 台局部通风机都必须同时实现风电闭锁和甲烷电闭锁。

（八）每 15 天至少进行一次风电闭锁和甲烷电闭锁试验，每天应当进行一次正常工作的局部通风机与备用局部通风机自动切换试验，试验期间不得影响局部通风，试验记录要存档备查。

（九）严禁使用 3 台及以上局部通风机同时向 1 个掘进工作面供风。不得使用 1 台局部通风机同时向

2个及以上作业的掘进工作面供风。

第一百六十五条 使用局部通风机通风的掘进工作面，不得停风；因检修、停电、故障等原因停风时，必须将人员全部撤至全风压进风流处，切断电源，设置栅栏、警示标志，禁止人员入内。

第一百六十六条 井下爆炸物品库必须有独立的通风系统，回风风流必须直接引入矿井的总回风巷或者主要回风巷中。新建矿井采用对角式通风系统时，投产初期可利用采区岩石上山或者用不燃性材料支护和不燃性背板背严的煤层上山作爆炸物品库的回风巷。必须保证爆炸物品库每小时能有其总容积4倍的风量。

第一百六十七条 井下充电室必须有独立的通风系统，回风风流应当引入回风巷。

井下充电室，在同一时间内，5 t及以下的电机车充电电池的数量不超过3组、5 t以上的电机车充电电池的数量不超过1组时，可不采用独立通风，但必须在新鲜风流中。

井下充电室风流中以及局部积聚处的氢气浓度，不得超过0.5%。

第一百六十八条 井下机电设备硐室必须设在进风风流中；采用扩散通风的硐室，其深度不得超过6 m、入口宽度不得小于1.5 m，并且无瓦斯涌出。

井下个别机电设备设在回风流中的，必须安装甲烷传感器并实现甲烷电闭锁。

采区变电所及实现采区变电所功能的中央变电所必须有独立的通风系统。

第二节 瓦斯防治

第一百六十九条 一个矿井中只要有一个煤（岩）层发现瓦斯，该矿井即为瓦斯矿井。瓦斯矿井必须依照矿井瓦斯等级进行管理。

根据矿井相对瓦斯涌出量、矿井绝对瓦斯涌出量、工作面绝对瓦斯涌出量和瓦斯涌出形式，矿井瓦斯等级划分为：

（一）低瓦斯矿井。同时满足下列条件的为低瓦斯矿井：

1. 矿井相对瓦斯涌出量不大于10 m^3/t；
2. 矿井绝对瓦斯涌出量不大于40 m^3/min；
3. 矿井任一掘进工作面绝对瓦斯涌出量不大于3 m^3/min；
4. 矿井任一采煤工作面绝对瓦斯涌出量不大于5 m^3/min。

（二）高瓦斯矿井。具备下列条件之一的为高瓦斯矿井：

1. 矿井相对瓦斯涌出量大于10 m^3/t；
2. 矿井绝对瓦斯涌出量大于40 m^3/min；
3. 矿井任一掘进工作面绝对瓦斯涌出量大于3 m^3/min；
4. 矿井任一采煤工作面绝对瓦斯涌出量大于5 m^3/min。

（三）突出矿井。

第一百七十条 每2年必须对低瓦斯矿井进行瓦斯等级和二氧化碳涌出量的鉴定工作，鉴定结果报省级煤炭行业管理部门和省级煤矿安全监察机构。上报时应当包括开采煤层最短发火期和自燃倾向性、煤尘爆炸性的鉴定结果。高瓦斯、突出矿井不再进行周期性瓦斯等级鉴定工作，但应当每年测定和计算矿井、采区、工作面瓦斯和二氧化碳涌出量，并报省级煤炭行业管理部门和煤矿安全监察机构。

新建矿井设计文件中，应当有各煤层的瓦斯含量资料。

高瓦斯矿井应当测定可采煤层的瓦斯含量、瓦斯压力和抽采半径等参数。

第一百七十一条 矿井总回风巷或者一翼回风巷中甲烷或者二氧化碳浓度超过0.75%时，必须立即查明原因，进行处理。

第一百七十二条 采区回风巷、采掘工作面回风巷风流中甲烷浓度超过1.0%或者二氧化碳浓度超过1.5%时，必须停止工作，撤出人员，采取措施，进行处理。

第一百七十三条 采掘工作面及其他作业地点风流中甲烷浓度达到1.0%时，必须停止用电钻打眼；爆破地点附近20 m以内风流中甲烷浓度达到1.0%时，严禁爆破。

采掘工作面及其他作业地点风流中、电动机或者其开关安设地点附近20 m以内风流中的甲烷浓度达到1.5%时，必须停止工作，切断电源，撤出人员，进行处理。

采掘工作面及其他巷道内，体积大于0.5 m^3的空间内积聚的甲烷浓度达到2.0%时，附近20 m内必须停止工作，撤出人员，切断电源，进行处理。

对因甲烷浓度超过规定被切断电源的电气设备，必须在甲烷浓度降到1.0%以下时，方可通电开动。

第一百七十四条 采掘工作面风流中二氧化碳浓度达到1.5%时，必须停止工作，撤出人员，查明原因，制定措施，进行处理。

第一百七十五条 矿井必须从设计和采掘生产管理上采取措施，防止瓦斯积聚；当发生瓦斯积聚时，必须及时处理。当瓦斯超限达到断电浓度时，班组长、瓦斯检查工、矿调度员有权责令现场作业人员停止作业，停电撤人。

矿井必须有因停电和检修主要通风机停止运转或者通风系统遭到破坏以后恢复通风、排除瓦斯和送电的安全措施。恢复正常通风后，所有受到停风影响的地点，都必须经过通风、瓦斯检查人员检查，证实无危险后，方可恢复工作。所有安装电动机及其开关的地点附近20 m的巷道内，都必须检查瓦斯，只有甲烷浓度符合本规程规定时，方可开启。

临时停工的地点，不得停风；否则必须切断电源，设置栅栏、警标，禁止人员进入，并向矿调度室报告。停工区内甲烷或者二氧化碳浓度达到3.0%或者其他有害气体浓度超过本规程第一百三十五条的规定不能立即处理时，必须在24 h内封闭完毕。

恢复已封闭的停工区或者采掘工作接近这些地点时，必须事先排除其中积聚的瓦斯。排除瓦斯工作必须制定安全技术措施。

严禁在停风或者瓦斯超限的区域内作业。

第一百七十六条 局部通风机因故停止运转，在恢复通风前，必须首先检查瓦斯，只有停风区中最高甲烷浓度不超过1.0%和最高二氧化碳浓度不超过1.5%，且局部通风机及其开关附近10 m以内风流中的甲烷浓度都不超过0.5%时，方可人工开启局部通风机，恢复正常通风。

停风区中甲烷浓度超过1.0%或者二氧化碳浓度超过1.5%，最高甲烷和二氧化碳浓度不超过3.0%时，必须采取安全措施，控制风流排放瓦斯。

停风区中甲烷浓度或者二氧化碳浓度超过3.0%时，必须制定安全排放瓦斯措施，报矿总工程师批准。

在排放瓦斯过程中，排出的瓦斯与全风压风流混合处的甲烷和二氧化碳浓度均不得超过1.5%，且混合风流经过的所有巷道内必须停电撤人，其他地点的停电撤人范围应当在措施中明确规定。只有恢复通风的巷道风流中甲烷浓度不超过1.0%和二氧化碳浓度不超过1.5%时，方可人工恢复局部通风机供风巷道内电气设备的供电和采区回风系统内的供电。

第一百七十七条 井筒施工以及开拓新水平的井巷第一次接近各开采煤层时，必须按掘进工作面距煤层的准确位置，在距煤层垂距10 m以外开始打探煤钻孔，钻孔超前工作面的距离不得小于5 m，并有专职瓦斯检查工经常检查瓦斯。岩巷掘进遇到煤线或者接近地质破坏带时，必须有专职瓦斯检查工经常检查瓦斯，发现瓦斯大量增加或者其他异常时，必须停止掘进，撤出人员，进行处理。

第一百七十八条 有瓦斯或者二氧化碳喷出的煤（岩）层，开采前必须采取下列措施：

（一）打前探钻孔或者抽排钻孔。

（二）加大喷出危险区域的风量。

（三）将喷出的瓦斯或者二氧化碳直接引入回风巷或者抽采瓦斯管路。

第一百七十九条 在有油气爆炸危险的矿井中，应当使用能检测油气成分的仪器检查各个地点的油气浓度，并定期采样化验油气成分和浓度。对油气浓度的规定可按本规程有关瓦斯的各项规定执行。

第一百八十条 矿井必须建立甲烷、二氧化碳和其他有害气体检查制度，并遵守下列规定：

（一）矿长、矿总工程师、爆破工、采掘区队长、通风区队长、工程技术人员、班长、流动电钳工等下井时，必须携带便携式甲烷检测报警仪。瓦斯检查工必须携带便携式光学甲烷检测仪和便携式甲烷检测报警仪。安全监测工必须携带便携式甲烷检测报警仪。

（二）所有采掘工作面、硐室、使用中的机电设备的设置地点、有人员作业的地点都应当纳入检查范围。

（三）采掘工作面的甲烷浓度检查次数如下：

1. 低瓦斯矿井，每班至少2次；

2. 高瓦斯矿井，每班至少3次；

3. 突出煤层、有瓦斯喷出危险或者瓦斯涌出较大、变化异常的采掘工作面，必须有专人经常检查。

（四）采掘工作面二氧化碳浓度应当每班至少检查2次；有煤（岩）与二氧化碳突出危险或者二氧化碳涌出量较大、变化异常的采掘工作面，必须有专人经常检查二氧化碳浓度。对于未进行作业的采掘工作面，可能涌出或者积聚甲烷、二氧化碳的硐室和巷道，应当每班至少检查1次甲烷、二氧化碳浓度。

（五）瓦斯检查工必须执行瓦斯巡回检查制度和请示报告制度，并认真填写瓦斯检查班报。每次检查结果必须记入瓦斯检查班报手册和检查地点的记录牌上，并通知现场工作人员。甲烷浓度超过本规程规定时，瓦斯检查工有权责令现场人员停止工作，并撤到安全地点。

（六）在有自然发火危险的矿井，必须定期检查一氧化碳浓度、气体温度等变化情况。

（七）井下停风地点栅栏外风流中的甲烷浓度每天至少检查1次，密闭外的甲烷浓度每周至少检查1次。

（八）通风值班人员必须审阅瓦斯班报，掌握瓦斯变化情况，发现问题，及时处理，并向矿调度室汇报。

通风瓦斯日报必须送矿长、矿总工程师审阅,一矿多井的矿必须同时送井长、井技术负责人审阅。对重大的通风、瓦斯问题,应当制定措施,进行处理。

第一百八十一条 突出矿井必须建立地面永久抽采瓦斯系统。

有下列情况之一的矿井,必须建立地面永久抽采瓦斯系统或者井下临时抽采瓦斯系统:

(一)任一采煤工作面的瓦斯涌出量大于 5 m³/min 或者任一掘进工作面瓦斯涌出量大于 3 m³/min,用通风方法解决瓦斯问题不合理的。

(二)矿井绝对瓦斯涌出量达到下列条件的:

1. 大于或者等于 40 m³/min;
2. 年产量 1.0~1.5 Mt 的矿井,大于 30 m³/min;
3. 年产量 0.6~1.0 Mt 的矿井,大于 25 m³/min;
4. 年产量 0.4~0.6 Mt 的矿井,大于 20 m³/min;
5. 年产量小于或者等于 0.4 Mt 的矿井,大于 15 m³/min。

第一百八十二条 抽采瓦斯设施应当符合下列要求:

(一)地面泵房必须用不燃性材料建筑,并必须有防雷电装置,其距进风井口和主要建筑物不得小于 50 m,并用栅栏或者围墙保护。

(二)地面泵房和泵房周围 20 m 范围内,禁止堆积易燃物和有明火。

(三)抽采瓦斯泵及其附属设备,至少应当有 1 套备用,备用泵能力不得小于运行泵中最大一台单泵的能力。

(四)地面泵房内电气设备、照明和其他电气仪表都应当采用矿用防爆型;否则必须采取安全措施。

(五)泵房必须有直通矿调度室的电话和检测管道瓦斯浓度、流量、压力等参数的仪表或者自动监测系统。

(六)干式抽采瓦斯泵吸气侧管路系统中,必须装设有防回火、防回流和防爆炸作用的安全装置,并定期检查。抽采瓦斯泵站放空管的高度应当超过泵房房顶 3 m。

泵房必须有专人值班,经常检测各参数,做好记录。当抽采瓦斯泵停止运转时,必须立即向矿调度室报告。如果利用瓦斯,在瓦斯泵停止运转后和恢复运转前,必须通知使用瓦斯的单位,取得同意后,方可供应瓦斯。

第一百八十三条 设置井下临时抽采瓦斯泵站时,必须遵守下列规定:

(一)临时抽采瓦斯泵站应当安设在抽采瓦斯地点附近的新鲜风流中。

(二)抽出的瓦斯可引排到地面、总回风巷、一翼回风巷或者分区回风巷,但必须保证稀释后风流中的瓦斯浓度不超限。在建有地面永久抽采系统的矿井,临时泵站抽出的瓦斯可送至永久抽采系统的管路,但矿井抽采系统的瓦斯浓度必须符合本规程第一百八十四条的规定。

(三)抽出的瓦斯排入回风巷时,在排瓦斯管路出口必须设置栅栏、悬挂警戒牌等。栅栏设置的位置是上风侧距管路出口 5 m、下风侧距管路出口 30 m,两栅栏间禁止任何作业。

第一百八十四条 抽采瓦斯必须遵守下列规定:

(一)抽采容易自燃和自燃煤层的采空区瓦斯时,抽采管路应当安设一氧化碳、甲烷、温度传感器,实现实时监测监控。发现有自然发火征兆时,应当立即采取措施。

(二)井上下敷设的瓦斯管路,不得与带电物体接触并应当有防止砸坏管路的措施。

(三)采用干式抽采瓦斯设备时,抽采瓦斯浓度不得低于 25%。

(四)利用瓦斯时,在利用瓦斯的系统中必须装设有防回火、防回流和防爆炸作用的安全装置。

(五)抽采的瓦斯浓度低于 30% 时,不得作为燃气直接燃烧。进行管道输送、瓦斯利用或者排空时,必须按有关标准的规定执行,并制定安全技术措施。

第三节 瓦斯和煤尘爆炸防治

第一百八十五条 新建矿井或者生产矿井每延深一个新水平,应当进行 1 次煤尘爆炸性鉴定工作,鉴定结果必须报省级煤炭行业管理部门和煤矿安全监察机构。

煤矿企业应当根据鉴定结果采取相应的安全措施。

第一百八十六条 开采有煤尘爆炸危险煤层的矿井,必须有预防和隔绝煤尘爆炸的措施。矿井的两翼、相邻的采区、相邻的煤层、相邻的采煤工作面间,掘进煤巷同与其相连的巷道间,煤仓同与其相连的巷道间,采用独立通风并有煤尘爆炸危险的其他地点同与其相连的巷道间,必须用水棚或者岩粉棚隔开。

必须及时清除巷道中的浮煤,清扫、冲洗沉积煤尘或者定期撒布岩粉;应当定期对主要大巷刷浆。

第一百八十七条 矿井应当每年制定综合防尘措施、预防和隔绝煤尘爆炸措施及管理制度,并组织实施。

矿井应当每周至少检查1次隔爆设施的安装地点、数量、水量或者岩粉量及安装质量是否符合要求。

第一百八十八条 高瓦斯矿井、突出矿井和有煤尘爆炸危险的矿井，煤巷和半煤岩巷掘进工作面应当安设隔爆设施。

第四章　煤（岩）与瓦斯（二氧化碳）突出防治

第一节　一般规定

第一百八十九条 在矿井井田范围内发生过煤（岩）与瓦斯（二氧化碳）突出的煤（岩）层或者经鉴定、认定为有突出危险的煤（岩）层为突出煤（岩）层。在矿井的开拓、生产范围内有突出煤（岩）层的矿井为突出矿井。

煤矿发生生产安全事故，经事故调查认定为突出事故的，发生事故的煤层直接认定为突出煤层，该矿井为突出矿井。

有下列情况之一的煤层，应当立即进行煤层突出危险性鉴定，否则直接认定为突出煤层；鉴定未完成前，应当按照突出煤层管理：

（一）有瓦斯动力现象的。

（二）瓦斯压力达到或者超过0.74 MPa的。

（三）相邻矿井开采的同一煤层发生突出事故或者被鉴定、认定为突出煤层的。

煤矿企业应当将突出矿井及突出煤层的鉴定结果报省级煤炭行业管理部门和煤矿安全监察机构。

新建矿井应当对井田范围内采掘工程可能揭露的所有平均厚度在0.3 m以上的煤层进行突出危险性评估，评估结论作为矿井初步设计和建井期间井巷揭煤作业的依据。评估为有突出危险时，建井期间应当对开采煤层及其他可能对采掘活动造成威胁的煤层进行突出危险性鉴定或者认定。

第一百九十条 新建突出矿井设计生产能力不得低于0.9 Mt/a，第一生产水平开采深度不得超过800 m。中型及以上的突出生产矿井延深水平开采深度不得超过1200 m，小型的突出生产矿井开采深度不得超过600 m。

第一百九十一条 突出矿井的防突工作必须坚持区域综合防突措施先行、局部综合防突措施补充的原则。

区域综合防突措施包括区域突出危险性预测、区域防突措施、区域防突措施效果检验和区域验证等内容。

局部综合防突措施包括工作面突出危险性预测、工作面防突措施、工作面防突措施效果检验和安全防护措施等内容。

突出矿井的新采区和新水平进行开拓设计前，应当对开拓采区或者开拓水平内平均厚度在0.3 m以上的煤层进行突出危险性评估，评估结论作为开拓采区或者开拓水平设计的依据。对评估为无突出危险的煤层，所有井巷揭煤作业还必须采取区域或者局部综合防突措施；对评估为有突出危险的煤层，按突出煤层进行设计。

突出煤层突出危险区必须采取区域防突措施，严禁在区域防突措施效果未达到要求的区域进行采掘作业。

施工中发现有突出预兆或者发生突出的区域，必须采取区域综合防突措施。

经区域验证有突出危险，则该区域必须采取区域或者局部综合防突措施。

按突出煤层管理的煤层，必须采取区域或者局部综合防突措施。

在突出煤层进行采掘作业期间必须采取安全防护措施。

第一百九十二条 突出矿井必须确定合理的采掘部署，使煤层的开采顺序、巷道布置、采煤方法、采掘接替等有利于区域防突措施的实施。

突出矿井在编制生产发展规划和年度生产计划时，必须同时编制相应的区域防突措施规划和年度实施计划，将保护层开采、区域预抽煤层瓦斯等工程与矿井采掘部署、工程接替等统一安排，使矿井的开拓区、抽采区、保护层开采区和被保护层有效区按比例协调配置，确保采掘作业在区域防突措施有效区内进行。

第一百九十三条 有突出危险煤层的新建矿井及突出矿井的新水平、新采区的设计，必须有防突设计篇章。

非突出矿井升级为突出矿井时，必须编制防突专项设计。

第一百九十四条 突出矿井的防突工作应当遵守下列规定：

（一）配置满足防突工作需要的防突机构、专业防突队伍、检测分析仪器仪表和设备。

（二）建立防突管理制度和各级岗位责任制，健全防突技术管理和培训制度。突出矿井的管理人员和井下作业人员必须接受防突知识培训，经培训合格后方可上岗作业。

（三）加强两个"四位一体"综合防突措施实施

过程的安全管理和质量管控,实现质量可靠、过程可溯、数据可查。区域预测、区域预抽、区域效果检验等的钻孔施工应当采用视频监视等可追溯的措施,并建立核查分析制度。

(四)不具备按照要求实施区域防突措施条件,或者实施区域防突措施时不能满足安全生产要求的突出煤层、突出危险区,不得进行采掘活动,并划定禁采区。

(五)煤层瓦斯压力达到或者超过 3 MPa 的区域,必须采用地面钻井预抽煤层瓦斯,或者开采保护层的区域防突措施,或者采用井下顶(底)板巷道远程操控方式施工区域防突措施钻孔,并编制专项设计。

(六)井巷揭穿突出煤层必须编制防突专项设计,并报企业技术负责人审批。

(七)突出煤层采掘工作面必须编制防突专项设计。

(八)矿井必须对防突措施的技术参数和效果进行实际考察确定。

第一百九十五条 突出矿井的采掘布置应当遵守下列规定:

(一)主要巷道应当布置在岩层或者无突出危险煤层内。突出煤层的巷道优先布置在被保护区域或者其他无突出危险区域内。

(二)应当减少井巷揭开(穿)突出煤层的次数,揭开(穿)突出煤层的地点应当合理避开地质构造带。

(三)在同一突出煤层的集中应力影响范围内,不得布置 2 个工作面相向回采或者掘进。

第一百九十六条 突出煤层的采掘工作应当遵守下列规定:

(一)严禁采用水力采煤法、倒台阶采煤法或者其他非正规采煤法。

(二)在急倾斜煤层中掘进上山时,应当采用双上山、伪倾斜上山等掘进方式,并加强支护。

(三)上山掘进工作面采用爆破作业时,应当采用深度不大于 1.0 m 的炮眼远距离全断面一次爆破。

(四)预测或者认定为突出危险区的采掘工作面严禁使用风镐作业。

(五)在过突出孔洞及其附近 30 m 范围内进行采掘作业时,必须加强支护。

(六)在突出煤层的煤巷中安装、更换、维修或者回收支架时,必须采取预防煤体冒落引起突出的措施。

第一百九十七条 有突出危险煤层的新建矿井或者突出矿井,开拓新水平的井巷第一次揭穿(开)厚度为 0.3 m 及以上煤层时,必须超前探测煤层厚度及地质构造、测定煤层瓦斯压力及瓦斯含量等与突出危险性相关的参数。

第一百九十八条 在突出煤层顶、底板掘进岩巷时,必须超前探测煤层及地质构造情况,分析勘测验证地质资料,编制巷道剖面图,及时掌握施工动态和围岩变化情况,防止误穿突出煤层。

第一百九十九条 有突出矿井的煤矿企业应当填写突出卡片、分析突出资料、掌握突出规律、制定防突措施;在每年第一季度内,将上年度的突出资料报省级煤炭行业管理部门。

第二百条 突出矿井必须编制并及时更新矿井瓦斯地质图,更新周期不得超过 1 年,图中应当标明采掘进度、被保护范围、煤层赋存条件、地质构造、突出点的位置、突出强度、瓦斯基本参数等,作为突出危险性区域预测和制定防突措施的依据。

第二百零一条 突出煤层工作面的作业人员、瓦斯检查工、班组长应当掌握突出预兆。发现突出预兆时,必须立即停止作业,按避灾路线撤出,并报告矿调度室。

班组长、瓦斯检查工、矿调度员有权责令相关现场作业人员停止作业,停电撤人。

第二百零二条 煤与二氧化碳突出、岩石与二氧化碳突出、岩石与瓦斯突出的管理和防治措施参照本章规定执行。

第二节 区域综合防突措施

第二百零三条 突出矿井应当对突出煤层进行区域突出危险性预测(以下简称区域预测)。经区域预测后,突出煤层划分为无突出危险区和突出危险区。未进行区域预测的区域视为突出危险区。

第二百零四条 具备开采保护层条件的突出危险区,必须开采保护层。选择保护层应当遵循下列原则:

(一)优先选择无突出危险的煤层作为保护层。矿井中所有煤层都有突出危险时,应当选择突出危险程度较小的煤层作保护层。

(二)应当优先选择上保护层;选择下保护层开采时,不得破坏被保护层的开采条件。

开采保护层后,在有效保护范围内的被保护层区域为无突出危险区,超出有效保护范围的区域仍然为突出危险区。

第二百零五条 有效保护范围的划定及有关参数应当实际考察确定。正在开采的保护层采煤工作面,必须超前于被保护层的掘进工作面，其超前距离不得小于保护层与被保护层之间法向距离的 3 倍，并不得小于 100 m。

第二百零六条 对不具备保护层开采条件的突出厚煤层，利用上分层或者上区段开采后形成的卸压作用保护下分层或者下区段时，应当依据实际考察结果来确定其有效保护范围。

第二百零七条 开采保护层时，应当不留设煤（岩）柱。特殊情况需留煤（岩）柱时，必须将煤（岩）柱的位置和尺寸准确标注在采掘工程平面图和瓦斯地质图上，在瓦斯地质图上还应当标出煤（岩）柱的影响范围。在煤（岩）柱及其影响范围内采掘作业前，必须采取区域预抽煤层瓦斯防突措施。

第二百零八条 开采保护层时，应当同时抽采被保护层和邻近层的瓦斯。开采近距离保护层时，必须采取防止误穿突出煤层和被保护层卸压瓦斯突然涌入保护层工作面的措施。

第二百零九条 采取预抽煤层瓦斯区域防突措施时，应当遵守下列规定：

（一）预抽区段煤层瓦斯区域防突措施的钻孔应当控制区段内整个回采区域、两individual回采巷道及其外侧如下范围内的煤层：倾斜、急倾斜煤层巷道上帮轮廓线外至少 20 m，下帮至少 10 m；其他煤层为巷道两侧轮廓线外至少各 15 m。以上所述的钻孔控制范围均为沿煤层层面方向（以下同）。

（二）顺层钻孔或者穿层钻孔预抽回采区域煤层瓦斯区域防突措施的钻孔，应当控制整个回采区域的煤层。

（三）穿层钻孔预抽煤巷条带煤层瓦斯区域防突措施的钻孔，应当控制整条煤巷巷道及其两侧一定范围内的煤层，该范围要求与本条（一）的规定相同。

（四）穿层钻孔预抽井巷（含石门、立井、斜井、平硐）揭煤区域煤层瓦斯区域防突措施的钻孔，应当在揭煤工作面距煤层最小法向距离 7 m 以前实施，并控制井巷及其外侧至少以下范围的煤层：揭煤处巷道轮廓线外 12 m（急倾斜煤层底部或者下帮 6 m），且应当保证控制范围的外边缘到巷道轮廓线（包括预计前方揭煤段巷道的轮廓线）的最小距离不小于 5 m。当区域防突措施难以一次施工完成时可分段实施，但每一段都应当能够保证揭煤工作面到巷道前方至少 20 m 之间的煤层内，区域防突措施控制范围符合上述要求。

（五）顺层钻孔预抽煤巷条带煤层瓦斯区域防突措施的钻孔，应当控制的煤巷条带前方长度不小于 60 m，煤巷两侧控制范围要求与本条（一）的规定

相同。钻孔预抽煤层瓦斯的有效抽采时间不得少于 20 天，如果在钻孔施工过程中发现有喷孔、顶钻或者卡钻等动力现象，有效抽采时间不得少于 60 天。

（六）定向长钻孔预抽煤巷条带煤层瓦斯区域防突措施的钻孔，应当采用定向钻进工艺施工，控制煤巷条带煤层前方长度不小于 300 m 和煤巷两侧轮廓线外一定范围，该范围要求与本条（一）的规定相同。

（七）厚煤层分层开采时，预抽钻孔应当控制开采分层及其上部法向距离至少 20 m、下部 10 m 范围内的煤层。

（八）应当采取保证预抽瓦斯钻孔能够按设计参数控制整个预抽区域的措施。

（九）当煤巷掘进和采煤工作面在预抽防突效果有效的区域内作业时，工作面前方未预抽或者预抽防突效果无效范围的边界不得小于 20 m。

第二百一十条 有下列条件之一的突出煤层，不得将在本巷道施工顺煤层钻孔预抽煤巷条带瓦斯作为区域防突措施：

（一）新建矿井的突出煤层。

（二）历史上发生过突出强度大于 500 t/次的。

（三）开采范围内煤层坚固性系数小于 0.3 的；或者煤层坚固性系数为 0.3～0.5，且埋深大于 500 m 的；或者煤层坚固性系数为 0.5～0.8，且埋深大于 600 m 的；或者煤层埋深大于 700 m 的；或者煤巷条带位于开采应力集中区的。

第二百一十一条 保护层的开采厚度不大于 0.5 m、上保护层与突出煤层间距大于 50 m 或者下保护层与突出煤层间距大于 80 m 时，必须对每个被保护层工作面的保护效果进行检验。

采用预抽煤层瓦斯防突措施的区域，必须对区域防突措施效果进行检验。

检验无效时，仍为突出危险区。检验有效时，无突出危险区的采掘工作面每推进 10～50 m 至少进行 2 次区域验证，并保留完整的工程设计、施工和效果检验的原始资料。

第三节 局部综合防突措施

第二百一十二条 突出煤层采掘工作面经工作面预测后划分为突出危险工作面和无突出危险工作面。

未进行突出预测的采掘工作面视为突出危险工作面。

当预测为突出危险工作面时，必须实施工作面防突措施和工作面防突措施效果检验。只有经效果检验

有效后，方可进行采掘作业。

第二百一十三条 井巷揭煤工作面的防突措施包括预抽煤层瓦斯、排放钻孔、金属骨架、煤体固化、水力冲孔或者其他经试验证明有效的措施。

第二百一十四条 井巷揭穿（开）突出煤层必须遵守下列规定：

（一）在工作面距煤层法向距离 10 m（地质构造复杂、岩石破碎的区域 20 m）之外，至少施工 2 个前探钻孔，掌握煤层赋存条件、地质构造、瓦斯情况等。

（二）从工作面距煤层法向距离大于 5 m 处开始，直至揭穿煤层全过程都应当采取局部综合防突措施。

（三）揭煤工作面距煤层法向距离 2 m 至进入顶（底）板 2 m 的范围，均应当采用远距离爆破掘进工艺。

（四）厚度小于 0.3 m 的突出煤层，在满足（一）的条件下可直接采用远距离爆破掘进工艺揭穿。

（五）禁止使用震动爆破揭穿突出煤层。

第二百一十五条 煤巷掘进工作面应当选用超前钻孔预抽瓦斯、超前钻孔排放瓦斯的防突措施或者其他经试验证实有效的防突措施。

第二百一十六条 采煤工作面可以选用超前钻孔预抽瓦斯、超前钻孔排放瓦斯、注水湿润煤体、松动爆破或者其他经试验证实有效的措施。

第二百一十七条 突出煤层的采掘工作面，应当根据煤层实际情况选用防突措施，并遵守下列规定：

（一）不得选用水力冲孔措施，倾角在 8°以上的上山掘进工作面不得选用松动爆破、水力疏松措施。

（二）突出煤层煤巷掘进工作面前方遇到落差超过煤层厚度的断层，应当按井巷揭煤的措施执行。

（三）采煤工作面采用超前钻孔预抽瓦斯和超前钻孔排放瓦斯作为工作面防突措施时，超前钻孔的孔数、孔底间距等应当根据钻孔的有效抽排半径确定。

（四）松动爆破时，应当按远距离爆破的要求执行。

第二百一十八条 工作面执行防突措施后，必须对防突措施效果进行检验。如果工作面措施效果检验结果均小于指标临界值，且未发现其他异常情况，则措施有效；否则必须重新执行区域综合防突措施或者局部综合防突措施。

第二百一十九条 在煤巷掘进工作面第一次执行局部防突措施或者无措施超前距时，必须采取小直径钻孔排放瓦斯等防突措施，只有在工作面前方形成 5 m 以上的安全屏障后，方可进入正常防突措施循环。

第二百二十条 井巷揭穿突出煤层和在突出煤层中进行采掘作业时，必须采取避难硐室、反向风门、压风自救装置、隔离式自救器、远距离爆破等安全防护措施。

第二百二十一条 突出煤层的石门揭煤、煤巷和半煤岩巷掘进工作面进风侧必须设置至少 2 道反向风门。爆破作业时，反向风门必须关闭。反向风门距工作面的距离，应当根据掘进工作面的通风系统和预计的突出强度确定。

第二百二十二条 井巷揭煤采用远距离爆破时，必须明确起爆地点、避灾路线、警戒范围，制定停电撤人等措施。

井筒起爆及撤人地点必须位于地面距井口边缘 20 m 以外，暗立（斜）井及石门揭煤起爆及撤人地点必须位于反向风门外 500 m 以上全风压通风的新鲜风流中或者 300 m 以外的避难硐室内。

煤巷掘进工作面采用远距离爆破时，起爆地点必须设在进风侧反向风门之外的全风压通风的新鲜风流中或者避险设施内，起爆地点距工作面的距离必须在措施中明确规定。

远距离爆破时，回风系统必须停电撤人。爆破后，进入工作面检查的时间应当在措施中明确规定，但不得小于 30 min。

第二百二十三条 突出煤层采掘工作面附近、爆破撤离人员集中地点、起爆地点必须设有直通矿调度室的电话，并设置有供给压缩空气的避险设施或者压风自救装置。工作面回风系统中有人作业的地点，也应当设置压风自救装置。

第二百二十四条 清理突出的煤（岩）时，必须制定防煤尘、片帮、冒顶、瓦斯超限、出现火源，以及防止再次发生突出事故的安全措施。

第五章 冲击地压防治

第一节 一般规定

第二百二十五条 在矿井井田范围内发生过冲击地压现象的煤层，或者经鉴定煤层（或者其顶底板岩层）具有冲击倾向性且评价具有冲击危险性的煤层为冲击地压煤层。有冲击地压煤层的矿井为冲击地压矿井。

第二百二十六条 有下列情况之一的，应当进行煤岩冲击倾向性鉴定：

（一）有强烈震动、瞬间底（帮）鼓、煤岩弹射等动力现象的。

（二）埋深超过 400 m 的煤层，且煤层上方 100 m 范围内存在单层厚度超过 10 m 的坚硬岩层。

（三）相邻矿井开采的同一煤层发生过冲击地压的。

（四）冲击地压矿井开采新水平、新煤层。

第二百二十七条 开采具有冲击倾向性的煤层，必须进行冲击危险性评价。

第二百二十八条 矿井防治冲击地压（以下简称防冲）工作应当遵守下列规定：

（一）设专门的机构与人员。

（二）坚持"区域先行、局部跟进、分区管理、分类防治"的防冲原则。

（三）必须编制中长期防冲规划与年度防冲计划，采掘工作面作业规程中必须包括防冲专项措施。

（四）开采冲击地压煤层时，必须采取冲击危险性预测、监测预警、防范治理、效果检验、安全防护等综合性防治措施。

（五）必须建立防冲培训制度。

（六）必须建立冲击危险区人员准入制度，实行限员管理。

（七）必须建立生产矿长（总工程师）日分析制度和日生产进度通知单制度。

（八）必须建立防冲工程措施实施与验收记录台账，保证防冲过程可追溯。

第二百二十九条 新建矿井和冲击地压矿井的新水平、新采区、新煤层有冲击地压危险的，必须编制防冲设计。防冲设计应当包括开拓方式、保护层的选择、采区巷道布置、工作面开采顺序、采煤方法、生产能力、支护形式、冲击危险性预测方法、冲击地压监测预警方法、防冲措施及效果检验方法、安全防护措施等内容。

第二百三十条 新建矿井在可行性研究阶段应当进行冲击地压评估工作，并在建设期间完成煤（岩）层冲击倾向性鉴定及冲击危险性评价工作。

经评估、鉴定或者评价煤层具有冲击危险性的新建矿井，应当严格按照相关规定进行设计，建成后生产能力不得超过 8 Mt/a，不得核增产能。

冲击地压生产矿井应当按照采掘工作面的防冲要求进行矿井生产能力核定。矿井改建和水平延深时，必须进行防冲安全性论证。

非冲击地压矿井升级为冲击地压矿井时，应当编制矿井防冲设计，并按照防冲要求进行矿井生产能力核定。

采取综合防冲措施后不能将冲击危险性指标降低至临界值以下的，不得进行采掘作业。

第二百三十一条 冲击地压矿井巷道布置与采掘作业应当遵守下列规定：

（一）开采冲击地压煤层时，在应力集中区内不得布置 2 个工作面同时进行采掘作业。2 个掘进工作面之间的距离小于 150 m 时，采煤工作面与掘进工作面之间的距离小于 350 m 时，2 个采煤工作面之间的距离小于 500 m 时，必须停止其中一个工作面。相邻矿井、相邻采区之间应当避免开采相互影响。

（二）开拓巷道不得布置在严重冲击地压煤层中，永久硐室不得布置在冲击地压煤层中。煤层巷道与硐室布置不应留底煤，如果留有底煤必须采取底板预卸压措施。

（三）严重冲击地压厚煤层中的巷道应当布置在应力集中区外。双巷掘进时 2 条平行巷道在时间、空间上应当避免相互影响。

（四）冲击地压煤层应当严格按顺序开采，不得留孤岛煤柱。在采空区内不得留有煤柱，如果必须在采空区内留煤柱时，应当进行论证，报企业技术负责人审批，并将煤柱的位置、尺寸以及影响范围标在采掘工程平面图上。开采孤岛煤柱的，应当进行防冲安全开采论证；严重冲击地压矿井不得开采孤岛煤柱。

（五）对冲击地压煤层，应当根据顶底板岩性适当加大掘进巷道宽度。应当优先选择无煤柱护巷工艺，采用大煤柱护巷时应当避开应力集中区，严禁留大煤柱影响邻近层开采。巷道严禁采用刚性支护。

（六）采用垮落法管理顶板时，支架（柱）应当有足够的支护强度，采空区中所有支柱必须回净。

（七）冲击地压煤层掘进工作面临近大型地质构造、采空区、其他应力集中区时，必须制定专项措施。

（八）应当在作业规程中明确规定初次来压、周期来压、采空区"见方"等期间的防冲措施。

（九）在无冲击地压煤层中的三面或者四面被采空区所包围的区域开采和回收煤柱时，必须制定专项防冲措施。

（十）采动影响区域内严禁巷道扩修与回采平行作业、严禁同一区域两点及以上同时扩修。

第二百三十二条 具有冲击地压危险的高瓦斯、突出煤层的矿井，应当根据本矿井条件，制定专门技术措施。

第二百三十三条 开采具有冲击地压危险的急倾斜、特厚等煤层时，应当制定专项防冲措施，并由企业技术负责人审批。

第二节 冲击危险性预测

第二百三十四条 冲击地压矿井必须进行区域危险性预测（以下简称区域预测）和局部危险性预测（以下简称局部预测）。区域与局部预测可根据地质与开采技术条件等，优先采用综合指数法确定冲击危险性。

第二百三十五条 必须建立区域与局部相结合的冲击地压危险性监测制度。

应当根据现场实际考察资料和积累的数据确定冲击危险性预警临界指标。

第二百三十六条 冲击地压危险区域必须进行日常监测预警，预警有冲击地压危险时，应当立即停止作业，切断电源，撤出人员，并报告矿调度室。在实施解危措施、确认危险解除后方可恢复正常作业。

停产3天及以上冲击地压危险采掘工作面恢复生产前，应当评估冲击地压危险程度，并采取相应的安全措施。

第三节 区域与局部防冲措施

第二百三十七条 冲击地压矿井应当选择合理的开拓方式、采掘部署、开采顺序、采煤工艺及开采保护层等区域防冲措施。

第二百三十八条 保护层开采应当遵守下列规定：

（一）具备开采保护层条件的冲击地压煤层，应当开采保护层。

（二）应当根据矿井实际条件确定保护层的有效保护范围，保护层回采超前被保护层采掘工作面的距离应当符合本规程第二百三十一条的规定。

（三）开采保护层后，仍存在冲击地压危险的区域，必须采取防冲措施。

第二百三十九条 冲击地压煤层的采煤方法与工艺确定应当遵守下列规定：

（一）采用长壁综合机械化开采方法。

（二）缓倾斜、倾斜厚及特厚煤层采用综采放顶煤工艺开采时，直接顶不能随采随冒的，应当预先对顶板进行弱化处理。

第二百四十条 冲击地压煤层采用局部防冲措施应当遵守下列规定：

（一）采用钻孔卸压措施时，必须制定防止诱发冲击伤人的安全防护措施。

（二）采用煤层爆破措施时，应当根据实际情况选取超前松动爆破、卸压爆破等方法，确定合理的爆破参数，起爆点到爆破地点的距离不得小于300 m。

（三）采用煤层注水措施时，应当根据煤层条件，确定合理的注水参数，并检验注水效果。

（四）采用底板卸压、顶板预裂、水力压裂等措施时，应当根据煤岩层条件，确定合理的参数。

第二百四十一条 采掘工作面实施解危措施时，必须撤出与实施解危措施无关的人员。

冲击地压危险工作面实施解危措施后，必须进行效果检验，确认检验结果小于临界值后，方可进行采掘作业。

第四节 冲击地压安全防护措施

第二百四十二条 进入严重冲击地压危险区域的人员必须采取特殊的个体防护措施。

第二百四十三条 有冲击地压危险的采掘工作面，供电、供液等设备应当放置在采动应力集中影响区外。对危险区域内的设备、管线、物品等应当采取固定措施，管路应当吊挂在巷道腰线以下。

第二百四十四条 冲击地压危险区域的巷道必须加强支护。

采煤工作面必须加大上下出口和巷道的超前支护范围与强度，弱冲击危险区域的工作面超前支护长度不得小于70 m；厚煤层放顶煤工作面、中等及以上冲击危险区域的工作面超前支护长度不得小于120 m，超前支护应当满足支护强度和支护整体稳定性要求。

严重（强）冲击地压危险区域，必须采取防底鼓措施。

第二百四十五条 有冲击地压危险的采掘工作面必须设置压风自救系统，明确发生冲击地压时的避灾路线。

第六章 防 灭 火

第一节 一 般 规 定

第二百四十六条 煤矿必须制定井上、下防火措施。煤矿的所有地面建（构）筑物、煤堆、矸石山、木料场等处的防火措施和制度，必须遵守国家有关防火的规定。

第二百四十七条 木料场、矸石山等堆放场距离进风井口不得小于80 m。木料场距离矸石山不得小于50 m。

不得将矸石山设在进风井的主导风向上风侧、表土层10 m以浅有煤层的地面上和漏风采空区上方的塌陷范围内。

第二百四十八条 新建矿井的永久井架和井口房、以井口为中心的联合建筑，必须用不燃性材料建筑。

对现有生产矿井用可燃性材料建筑的井架和井口房，必须制定防火措施。

第二百四十九条 矿井必须设地面消防水池和井下消防管路系统。井下消防管路系统应当敷设到采掘工作面，每隔 100 m 设置支管和阀门，但在带式输送机巷道中应当每隔 50 m 设置支管和阀门。地面的消防水池必须经常保持不少于 200 m³ 的水量。消防用水同生产、生活用水共用同一水池时，应当有确保消防用水的措施。

开采下部水平的矿井，除地面消防水池外，可以利用上部水平或者生产水平的水仓作为消防水池。

第二百五十条 进风井口应当装设防火铁门，防火铁门必须严密并易于关闭，打开时不妨碍提升、运输和人员通行，并定期维修；如果不设防火铁门，必须有防止烟火进入矿井的安全措施。

罐笼提升立井井口还应当采取以下措施：

（一）井口操车系统基础下部的负层空间应当与井筒隔离，并设置消防设施。

（二）操车系统液压管路应当采用金属管或者阻燃高压非金属管，传动介质使用难燃液，液压站不得安装在封闭空间内。

（三）井筒及负层空间的动力电缆、信号电缆和控制电缆应当采用煤矿用阻燃电缆，并与操车系统液压管路分开布置。

（四）操车系统机坑及井口负层空间内应当及时清理漏油，每天检查清理情况，不得留存杂物和易燃物。

第二百五十一条 井口房和通风机房附近 20 m 内，不得有烟火或者用火炉取暖。通风机房位于工业广场以外时，除开采有瓦斯喷出的矿井和突出矿井外，可用隔焰式火炉或者防爆式电热器取暖。

暖风道和压入式通风的风硐必须用不燃性材料砌筑，并至少装设 2 道防火门。

第二百五十二条 井筒与各水平的连接处及井底车场，主要绞车道与主要运输巷、回风巷的连接处，井下机电设备硐室，主要巷道内带式输送机机头前后两端各 20 m 范围内，都必须用不燃性材料支护。

在井下和井口房，严禁采用可燃性材料搭设临时操作间、休息间。

第二百五十三条 井下严禁使用灯泡取暖和使用电炉。

第二百五十四条 井下和井口房内不得进行电焊、气焊和喷灯焊接等作业。如果必须在井下主要硐室、主要进风井巷和井口房内进行电焊、气焊和喷灯焊接等工作，每次必须制定安全措施，由矿长批准并遵守下列规定：

（一）指定专人在场检查和监督。

（二）电焊、气焊和喷灯焊接等工作地点的前后两端各 10 m 的井巷范围内，应当是不燃性材料支护，并有供水管路，有专人负责喷水，焊接前应当清理或者隔离焊碴飞溅区域内的可燃物。上述工作地点应当至少备有 2 个灭火器。

（三）在井口房、井筒和倾斜巷道内进行电焊、气焊和喷灯焊接等工作时，必须在工作地点的下方用不燃性材料设施接受火星。

（四）电焊、气焊和喷灯焊接等工作地点的风流中，甲烷浓度不得超过 0.5%，只有在检查证明作业地点附近 20 m 范围内巷道顶部和支护背板后无瓦斯积存时，方可进行作业。

（五）电焊、气焊和喷灯焊接等作业完毕后，作业地点应当再次用水喷洒，并有专人在作业地点检查 1 h，发现异常，立即处理。

（六）突出矿井井下进行电焊、气焊和喷灯焊接时，必须停止突出煤层的掘进、回采、钻孔、支护以及其他所有扰动突出煤层的作业。

煤层中未采用砌碹或者喷浆封闭的主要硐室和主要进风大巷中，不得进行电焊、气焊和喷灯焊接等工作。

第二百五十五条 井下使用的汽油、煤油必须装入盖严的铁桶内，由专人押运送至使用地点，剩余的汽油、煤油必须运回地面，严禁在井下存放。

井下使用的润滑油、棉纱、布头和纸等，必须存放在盖严的铁桶内。用过的棉纱、布头和纸，也必须放在盖严的铁桶内，并由专人定期送到地面处理，不得乱放乱扔。严禁将剩油、废油泼洒在井巷或者硐室内。

井下清洗风动工具时，必须在专用硐室进行，并必须使用不燃性和无毒性洗涤剂。

第二百五十六条 井上、下必须设置消防材料库，并符合下列要求：

（一）井上消防材料库应当设在井口附近，但不得设在井口房内。

（二）井下消防材料库应当设在每一个生产水平的井底车场或者主要运输大巷中，并装备消防车辆。

（三）消防材料库储存的消防材料和工具的品种

和数量应当符合有关要求,并定期检查和更换;消防材料和工具不得挪作他用。

第二百五十七条 井下爆炸物品库、机电设备硐室、检修硐室、材料库、井底车场、使用带式输送机或者液力偶合器的巷道以及采掘工作面附近的巷道中,必须备有灭火器材,其数量、规格和存放地点,应当在灾害预防和处理计划中确定。

井下工作人员必须熟悉灭火器材的使用方法,并熟悉本职工作区域内灭火器材的存放地点。

井下爆炸物品库、机电设备硐室、检修硐室、材料库的支护和风门、风窗必须采用不燃性材料。

第二百五十八条 每季度应当对井上、下消防管路系统、防火门、消防材料库和消防器材的设置情况进行1次检查,发现问题,及时解决。

第二百五十九条 矿井防灭火使用的凝胶、阻化剂及进行充填、堵漏、加固用的高分子材料,应当对其安全性和环保性进行评估,并制定安全监测制度和防范措施。使用时,井巷空气成分必须符合本规程第一百三十五条要求。

第二节 井下火灾防治

第二百六十条 煤的自燃倾向性分为容易自燃、自燃、不易自燃3类。

新设计矿井应当将所有煤层的自燃倾向性鉴定结果报省级煤炭行业管理部门及省级煤矿安全监察机构。

生产矿井延深新水平时,必须对所有煤层的自燃倾向性进行鉴定。

开采容易自燃和自燃煤层的矿井,必须编制矿井防灭火专项设计,采取综合预防煤层自然发火的措施。

第二百六十一条 开采容易自燃和自燃煤层时,必须开展自然发火监测工作,建立自然发火监测系统,确定煤层自然发火标志气体及临界值,健全自然发火预测预报及管理制度。

第二百六十二条 对开采容易自燃和自燃的单一厚煤层或者煤层群的矿井,集中运输大巷和总回风巷应当布置在岩层内或者不易自燃的煤层内;布置在容易自燃和自燃的煤层内时,必须锚喷或者砌碹,碹后的空隙和冒落处必须用不燃性材料充填密实,或者用无腐蚀性、无毒性的材料进行处理。

第二百六十三条 开采容易自燃和自燃煤层时,采煤工作面必须采用后退式开采,并根据采取防火措施后的煤层自然发火期确定采(盘)区开采期限。在地质构造复杂、断层带、残留煤柱等区域开采时,应当根据矿井地质和开采技术条件,在作业规程中另行确定采(盘)区开采方式和开采期限。回采过程中不得任意留设设计外煤柱和顶煤。采煤工作面采到终采线时,必须采取措施使顶板冒落严实。

第二百六十四条 开采容易自燃和自燃的急倾斜煤层用垮落法管理顶板时,在主石门和采区运输石门上方,必须留有煤柱。禁止采掘留在主石门上方的煤柱。留在采区运输石门上方的煤柱,在采区结束后可以回收,但必须采取防止自然发火措施。

第二百六十五条 开采容易自燃和自燃煤层时,必须制定防治采空区(特别是工作面始采线、终采线、上下煤柱线和三角点)、巷道高冒区、煤柱破坏区自然发火的技术措施。

当井下发现自然发火征兆时,必须停止作业,立即采取有效措施处理。在发火征兆不能得到有效控制时,必须撤出人员,封闭危险区域。进行封闭施工作业时,其他区域所有人员必须全部撤出。

第二百六十六条 采用灌浆防灭火时,应当遵守下列规定:

(一)采(盘)区设计应当明确规定巷道布置方式、隔离煤柱尺寸、灌浆系统、疏水系统、预筑防火墙的位置以及采掘顺序。

(二)安排生产计划时,应当同时安排防火灌浆计划,落实灌浆地点、时间、进度、灌浆浓度和灌浆量。

(三)对采(盘)区始采线、终采线、上下煤柱线内的采空区,应当加强防火灌浆。

(四)应当有灌浆前疏水和灌浆后防止溃浆、透水的措施。

第二百六十七条 在灌浆区下部进行采掘前,必须查明灌浆区内的浆水积存情况。发现积存浆水,必须在采掘之前放出;在未放出前,严禁在灌浆区下部进行采掘作业。

第二百六十八条 采用阻化剂防灭火时,应当遵守下列规定:

(一)选用的阻化剂材料不得污染井下空气和危害人体健康。

(二)必须在设计中对阻化剂的种类和数量、阻化效果等主要参数作出明确规定。

(三)应当采取防止阻化剂腐蚀机械设备、支架等金属构件的措施。

第二百六十九条 采用凝胶防灭火时,编制的设计中应当明确规定凝胶的配方、促凝时间和压注量等参数。压注的凝胶必须充填满全部空间,其外表面应当喷浆封闭,并定期观测,发现老化、干裂时重新压注。

第二百七十条 采用均压技术防灭火时，应当遵守下列规定：

（一）有完整的区域风压和风阻资料以及完善的检测手段。

（二）有专人定期观测与分析采空区和火区的漏风量、漏风方向、空气温度、防火墙内外空气压差等状况，并记录在专用的防火记录簿内。

（三）改变矿井通风方式、主要通风机工况以及井下通风系统时，对均压地点的均压状况必须及时进行调整，保证均压状态的稳定。

（四）经常检查均压区域内的巷道中风流流动状态，并有防止瓦斯积聚的安全措施。

第二百七十一条 采用氮气防灭火时，应当遵守下列规定：

（一）氮气源稳定可靠。

（二）注入的氮气浓度不小于97%。

（三）至少有1套专用的氮气输送管路系统及其附属安全设施。

（四）有能连续监测采空区气体成分变化的监测系统。

（五）有固定或者移动的温度观测站（点）和监测手段。

（六）有专人定期进行检测、分析和整理有关记录、发现问题及时报告处理等规章制度。

第二百七十二条 采用全部充填采煤法时，严禁采用可燃物作充填材料。

第二百七十三条 开采容易自燃和自燃煤层时，在采（盘）区开采设计中，必须预先选定构筑防火门的位置。当采煤工作面通风系统形成后，必须按设计构筑防火门墙，并储备足够数量的封闭防火门的材料。

第二百七十四条 矿井必须制定防止采空区自然发火的封闭及管理专项措施。采煤工作面回采结束后，必须在45天内进行永久性封闭，每周至少1次抽取封闭采空区内气样进行分析，并建立台账。

开采自燃和容易自燃煤层，应当及时构筑各类密闭并保证质量。

与封闭采空区连通的各类废弃钻孔必须永久封闭。

构筑、维修采空区密闭时必须编制设计和制定专项安全措施。

采空区疏放水前，应当对采空区自然发火的风险进行评估；采空区疏放水时，应当加强对采空区自然发火危险的监测与防控；采空区疏放水后，应当及时关闭疏水闸阀、采用自动放水装置或者永久封堵，防止通过放水管漏风。

第二百七十五条 任何人发现井下火灾时，应当视火灾性质、灾区通风和瓦斯情况，立即采取一切可能的方法直接灭火，控制火势，并迅速报告矿调度室。矿调度室在接到井下火灾报告后，应当立即按灾害预防和处理计划通知有关人员组织抢救灾区人员和实施灭火工作。

矿值班调度和在现场的区、队、班组长应当依照灾害预防和处理计划的规定，将所有可能受火灾威胁区域中的人员撤离，并组织人员灭火。电气设备着火时，应当首先切断其电源；在切断电源前，必须使用不导电的灭火器材进行灭火。

抢救人员和灭火过程中，必须指定专人检查甲烷、一氧化碳、煤尘、其他有害气体浓度和风向、风量的变化，并采取防止瓦斯、煤尘爆炸和人员中毒的安全措施。

第二百七十六条 封闭火区时，应当合理确定封闭范围，必须指定专人检查甲烷、氧气、一氧化碳、煤尘以及其他有害气体浓度和风向、风量的变化，并采取防止瓦斯、煤尘爆炸和人员中毒的安全措施。

第三节 井下火区管理

第二百七十七条 煤矿必须绘制火区位置关系图，注明所有火区和曾经发火的地点。每一处火区都要按形成的先后顺序进行编号，并建立火区管理卡片。火区位置关系图和火区管理卡片必须永久保存。

第二百七十八条 永久性密闭墙的管理应当遵守下列规定：

（一）每个密闭墙附近必须设置栅栏、警标，禁止人员入内，并悬挂说明牌。

（二）定期测定和分析密闭墙内的气体成分和空气温度。

（三）定期检查密闭墙外的空气温度、瓦斯浓度，密闭墙内外空气压差以及密闭墙墙体。发现封闭不严、有其他缺陷或者火区有异常变化时，必须采取措施及时处理。

（四）所有测定和检查结果，必须记入防火记录簿。

（五）矿井做大幅度风量调整时，应当测定密闭墙内的气体成分和空气温度。

（六）井下所有永久性密闭墙都应当编号，并在火区位置关系图中注明。

密闭墙的质量标准由煤矿企业统一制定。

第二百七十九条 封闭的火区，只有经取样化验证实火已熄灭后，方可启封或者注销。

火区同时具备下列条件时，方可认为火已熄灭：

（一）火区内的空气温度下降到 30 ℃ 以下，或者与火灾发生前该区的日常空气温度相同。

（二）火区内空气中的氧气浓度降到 5.0% 以下。

（三）火区内空气中不含有乙烯、乙炔，一氧化碳浓度在封闭期间内逐渐下降，并稳定在 0.001% 以下。

（四）火区的出水温度低于 25 ℃，或者与火灾发生前该区的日常出水温度相同。

（五）上述 4 项指标持续稳定 1 个月以上。

第二百八十条 启封已熄灭的火区前，必须制定安全措施。

启封火区时，应当逐段恢复通风，同时测定回风流中一氧化碳、甲烷浓度和风流温度。发现复燃征兆时，必须立即停止向火区送风，并重新封闭火区。

启封火区和恢复火区初期通风等工作，必须由矿山救护队负责进行，火区回风风流所经过巷道中的人员必须全部撤出。

在启封火区工作完毕后的 3 天内，每班必须由矿山救护队检查通风工作，并测定水温、空气温度和空气成分。只有在确认火区完全熄灭、通风等情况良好后，方可进行生产工作。

第二百八十一条 不得在火区的同一煤层的周围进行采掘工作。

在同一煤层同一水平的火区两侧、煤层倾角小于 35° 的火区下部区段、火区下方邻近煤层进行采掘时，必须编制设计，并遵守下列规定：

（一）必须留有足够宽（厚）度的隔离火区煤（岩）柱，回采时及回采后能有效隔离火区，不影响火区的灭火工作。

（二）掘进巷道时，必须有防止误冒、误透火区的安全措施。

煤层倾角在 35° 及以上的火区下部区段严禁进行采掘工作。

第七章 防治水

第一节 一般规定

第二百八十二条 煤矿防治水工作应当坚持"预测预报、有疑必探、先探后掘、先治后采"基本原则，采取"防、堵、疏、排、截"综合防治措施。

第二百八十三条 煤矿企业应当建立健全各项防治水制度，配备满足工作需要的防治水专业技术人员，配齐专用探放水设备，建立专门的探放水作业队伍，储备必要的水害抢险救灾设备和物资。

水文地质条件复杂、极复杂的煤矿，应当设立专门的防治水机构。

第二百八十四条 煤矿应当编制本单位防治水中长期规划（5～10年）和年度计划，并组织实施。

矿井水文地质类型应当每 3 年修订一次。发生重大及以上突（透）水事故后，矿井应当在恢复生产前重新确定矿井水文地质类型。

水文地质条件复杂、极复杂矿井应当每月至少开展 1 次水害隐患排查，其他矿井应当每季度至少开展 1 次。

第二百八十五条 当矿井水文地质条件尚未查清时，应当进行水文地质补充勘探工作。

第二百八十六条 矿井应当对主要含水层进行长期水位、水质动态观测，设置矿井和各出水点涌水量观测点，建立涌水量观测成果等防治水基础台账，并开展水位动态预测分析工作。

第二百八十七条 矿井应当编制下列防治水图件，并至少每半年修订 1 次：

（一）矿井充水性图。

（二）矿井涌水量与相关因素动态曲线图。

（三）矿井综合水文地质图。

（四）矿井综合水文地质柱状图。

（五）矿井水文地质剖面图。

第二百八十八条 采掘工作面或者其他地点发现有煤层变湿、挂红、挂汗、空气变冷、出现雾气、水叫、顶板来压、片帮、淋水加大、底板鼓起或者裂隙渗水、钻孔喷水、煤壁溃水、水色发浑、有臭味等透水征兆时，应当立即停止作业，撤出所有受水患威胁地点的人员，报告矿调度室，并发出警报。在原因未查清、隐患未排除之前，不得进行任何采掘活动。

第二节 地面防治水

第二百八十九条 煤矿每年雨季前必须对防治水工作进行全面检查。受雨季降水威胁的矿井，应当制定雨季防治水措施，建立雨季巡视制度并组织抢险队伍，储备足够的防洪抢险物资。当暴雨威胁矿井安全时，必须立即停产撤出井下全部人员，只有在确认暴雨洪水隐患消除后方可恢复生产。

第二百九十条 煤矿应当查清井田及周边地面水系和有关水利工程的汇水、疏水、渗漏情况；了解当地水库、水电站大坝、江河大堤、河道、河道中障碍物等情况；掌握当地历年降水量和最高洪水位资料，建立疏水、防水和排水系统。

煤矿应当建立灾害性天气预警和预防机制,加强与周边相邻矿井的信息沟通,发现矿井水害可能影响相邻矿井时,立即向周边相邻矿井发出预警。

第二百九十一条 矿井井口和工业场地内建筑物的地面标高必须高于当地历年最高洪水位;在山区还必须避开可能发生泥石流、滑坡等地质灾害危险的地段。

矿井井口及工业场地内主要建筑物的地面标高低于当地历年最高洪水位的,应当修筑堤坝、沟渠或者采取其他可靠防御洪水的措施。不能采取可靠安全措施的,应当封闭填实该井口。

第二百九十二条 当矿井井口附近或者开采塌陷波及区域的地表有水体或者积水时,必须采取安全防范措施,并遵守下列规定:

(一)当地表出现威胁矿井生产安全的积水区时,应当修筑泄水沟渠或者排水设施,防止积水渗入井下。

(二)当矿井受到河流、山洪威胁时,应当修筑堤坝和泄洪渠,防止洪水侵入。

(三)对于排到地面的矿井水,应当妥善疏导,避免渗入井下。

(四)对于漏水的沟渠和河床,应当及时堵漏或者改道;地面裂缝和塌陷地点应当及时填塞,填塞工作必须有安全措施。

第二百九十三条 降大到暴雨时和降雨后,应当有专业人员观测地面积水与洪水情况、井下涌水量等有关水文变化情况和井田范围及附近地面有无裂缝、采空塌陷、井上下连通的钻孔和岩溶塌陷等现象,及时向矿调度室及有关负责人报告,并将上述情况记录在案,存档备查。

情况危急时,矿调度室及有关负责人应当立即组织井下撤人。

第二百九十四条 当矿井井口附近或者开采塌陷波及区域的地表出现滑坡或者泥石流等地质灾害威胁煤矿安全时,应当及时撤出受威胁区域的人员,并采取防治措施。

第二百九十五条 严禁将矸石、杂物、垃圾堆放在山洪、河流可能冲刷到的地段,防止淤塞河道和沟渠等。

发现与矿井防治水有关系的河道中存在障碍物或者堤坝破损时,应当及时报告当地人民政府,清理障碍物或者修复堤坝,防止地表水进入井下。

第二百九十六条 使用中的钻孔,应当安装孔口盖。报废的钻孔应当及时封孔,并将封孔资料和实施负责人的情况记录在案,存档备查。

第三节 井下防治水

第二百九十七条 相邻矿井的分界处,应当留防隔水煤(岩)柱;矿井以断层分界的,应当在断层两侧留有防隔水煤(岩)柱。

矿井防隔水煤(岩)柱一经确定,不得随意变动,并通报相邻矿井。严禁在设计确定的各类防隔水煤(岩)柱中进行采掘活动。

第二百九十八条 在采掘工程平面图和矿井充水性图上必须标绘出井巷出水点的位置及其涌水量、积水的井巷及采空区范围、底板标高、积水量、地表水体和水患异常区等。在水淹区域应当标出积水线、探水线和警戒线的位置。

第二百九十九条 受水淹区积水威胁的区域,必须在排除积水、消除威胁后方可进行采掘作业;如果无法排除积水,开采倾斜、缓倾斜煤层的,必须按照《建筑物、水体、铁路及主要井巷煤柱留设与压煤开采规程》中有关水体下开采的规定,编制专项开采设计,由煤矿企业主要负责人审批后,方可进行。

严禁开采地表水体、强含水层、采空区水淹区域下且水患威胁未消除的急倾斜煤层。

第三百条 在未固结的灌浆区、有淤泥的废弃井巷、岩石洞穴附近采掘时,应当制定专项安全技术措施。

第三百零一条 开采水淹区域下的废弃防隔水煤柱时,应当彻底疏干上部积水,进行安全性论证,确保无溃浆(砂)威胁。严禁顶水作业。

第三百零二条 井田内有与河流、湖泊、充水溶洞、强或者极强含水层等存在水力联系的导水断层、裂隙(带)、陷落柱和封闭不良钻孔等通道时,应当查明其确切位置,并采取留设防隔水煤(岩)柱等防治水措施。

第三百零三条 顶、底板存在强富水含水层且有突水危险的采掘工作面,应当提前编制防治水设计,制定并落实水害防治措施。

在火成岩、砂岩、灰岩等厚层坚硬岩层下开采受离层水威胁的采煤工作面,应当分析探查离层发育的层位和导含水情况,超前采取防治措施。

开采浅埋深煤层或者急倾斜煤层的矿井,必须编制防止季节性地表积水或者洪水溃入井下的专项措施,并由煤矿企业主要负责人审批。

第三百零四条 煤层顶板存在富水性中等及以上含水层或者其他水体威胁时,应当实测垮落带、导水裂隙带发育高度,进行专项设计,确定防隔水煤

(岩)柱尺寸。当导水裂隙带范围内的含水层或者老空积水等水体影响采掘安全时，应当超前进行钻探疏放或者注浆改造含水层，待疏放水完毕或者注浆改造等工程结束、消除突水威胁后，方可进行采掘活动。

第三百零五条 开采底板有承压含水层的煤层，隔水层能够承受的水头值应当大于实际水头值；当承压含水层与开采煤层之间的隔水层能够承受的水头值小于实际水头值时，应当采取疏水降压、注浆加固底板改造含水层或者充填开采等措施，并进行效果检验，制定专项安全技术措施，报企业技术负责人审批。

第三百零六条 矿井建设和延深中，当开拓到设计水平时，必须在建成防、排水系统后方可开拓掘进。

第三百零七条 煤层顶、底板分布有强岩溶承压含水层时，主要运输巷、轨道巷和回风巷应当布置在不受水害威胁的层位中，并以石门分区隔离开采。对已经不具备石门隔离开采条件的应当制定防突水安全技术措施，并报矿总工程师审批。

第三百零八条 水文地质条件复杂、极复杂或者有突水淹井危险的矿井，应当在井底车场周围设置防水闸门或者在正常排水系统基础上另外安设由地面直接供电控制，且排水能力不小于最大涌水量的潜水泵。在其他有突水危险的采掘区域，应当在其附近设置防水闸门；不具备设置防水闸门条件的，应当制定防突（透）水措施，报企业主要负责人审批。

防水闸门应当符合下列要求：

（一）防水闸门必须采用定型设计。

（二）防水闸门的施工及其质量，必须符合设计。闸门和闸门硐室不得漏水。

（三）防水闸门硐室前、后两端，应当分别砌筑不小于 5 m 的混凝土护碹，碹后用混凝土填实，不得空帮、空顶。防水闸门硐室和护碹必须采用高标号水泥进行注浆加固，注浆压力应当符合设计。

（四）防水闸门来水一侧 15~25 m 处，应当加设 1 道挡物箅子门。防水闸门与箅子门之间，不得停放车辆或者堆放杂物。来水时先关箅子门，后关防水闸门。如果采用双向防水闸门，应当在两侧各设 1 道箅子门。

（五）通过防水闸门的轨道、电机车架空线、带式输送机等必须灵活易拆；通过防水闸门墙体的各种管路和安设在闸门外侧的闸阀的耐压能力，都必须与防水闸门设计压力一致；电缆、管道通过防水闸门墙体时，必须用堵头和阀门封堵严密，不得漏水。

（六）防水闸门必须安设观测水压的装置，并有放水管和放水闸阀。

（七）防水闸门竣工后，必须按设计要求进行验收；对新掘进巷道内建筑的防水闸门，必须进行注水耐压试验，防水闸门内巷道的长度不得大于 15 m，试验的压力不得低于设计水压，其稳压时间应当在 24 h 以上，试压时应当有专门安全措施。

（八）防水闸门必须灵活可靠，并每年进行 2 次关闭试验，其中 1 次应当在雨季前进行。关闭闸门所用的工具和零配件必须专人保管，专地点存放，不得挪用丢失。

第三百零九条 井下防水闸墙的设置应当根据矿井水文地质条件确定，防水闸墙的设计经煤矿企业技术负责人批准后方可施工，投入使用前应当由煤矿企业技术负责人组织竣工验收。

第三百一十条 井巷揭穿含水层或者地质构造带等可能突水地段前，必须编制探放水设计，并制定相应的防治水措施。

井巷揭露的主要出水点或者地段，必须进行水温、水量、水质和水压（位）等地下水动态和松散含水层涌水含砂量综合观测和分析，防止滞后突水。

第四节 井下排水

第三百一十一条 矿井应当配备与矿井涌水量相匹配的水泵、排水管路、配电设备和水仓等，并满足矿井排水的需要。除正在检修的水泵外，应当有工作水泵和备用水泵。工作水泵的能力，应当能在 20 h 内排出矿井 24 h 的正常涌水量（包括充填水及其他用水）。备用水泵的能力，应当不小于工作水泵能力的 70%。检修水泵的能力，应当不小于工作水泵能力的 25%。工作和备用水泵的总能力，应当能在 20 h 内排出矿井 24 h 的最大涌水量。

排水管路应当有工作和备用水管。工作排水管路的能力，应当能配合工作水泵在 20 h 内排出矿井 24 h 的正常涌水量。工作和备用排水管路的总能力，应当能配合工作和备用水泵在 20 h 内排出矿井 24 h 的最大涌水量。

配电设备的能力应当与工作、备用和检修水泵的能力相匹配，能够保证全部水泵同时运转。

第三百一十二条 主要泵房至少有 2 个出口，一个出口用斜巷通到井筒，并高出泵房底板 7 m 以上；另一个出口通到井底车场，在此出口通路内，应当设置易于关闭的既能防水又能防火的密闭门。泵房和水仓的连接通道，应当设置控制闸门。

排水系统集中控制的主要泵房可不设专人值守，

但必须实现图像监视和专人巡检。

第三百一十三条 矿井主要水仓应当有主仓和副仓，当一个水仓清理时，另一个水仓能够正常使用。

新建、改扩建矿井或者生产矿井的新水平，正常涌水量在 1000 m³/h 以下时，主要水仓的有效容量应当能容纳 8 h 的正常涌水量。

正常涌水量大于 1000 m³/h 的矿井，主要水仓有效容量可以按照下式计算：

$$V = 2\,(Q + 3000)$$

式中 V——主要水仓的有效容量，m³；

Q——矿井每小时的正常涌水量，m³。

采区水仓的有效容量应当能容纳 4 h 的采区正常涌水量。

水仓进口处应当设置箅子。对水砂充填和其他涌水中带有大量杂质的矿井，还应当设置沉淀池。水仓的空仓容量应当经常保持在总容量的 50% 以上。

第三百一十四条 水泵、水管、闸阀、配电设备和线路，必须经常检查和维护。在每年雨季之前，必须全面检修 1 次，并对全部工作水泵和备用水泵进行 1 次联合排水试验，提交联合排水试验报告。

水仓、沉淀池和水沟中的淤泥，应当及时清理，每年雨季前必须清理 1 次。

第三百一十五条 大型、特大型矿井排水系统可以根据井下生产布局及涌水情况分区建设，每个排水分区可以实现独立排水，但泵房设计、排水能力及水仓容量必须符合本规程第三百一十一条至第三百一十四条要求。

第三百一十六条 井下采区、巷道有突水危险或者可能积水的，应当优先施工安装防、排水系统，并保证有足够的排水能力。

第五节 探 放 水

第三百一十七条 在地面无法查明水文地质条件时，应当在采掘前采用物探、钻探或者化探等方法查清采掘工作面及其周围的水文地质条件。

采掘工作面遇有下列情况之一时，应当立即停止施工，确定探水线，实施超前探放水，经确认无水害威胁后，方可施工：

（一）接近水淹或者可能积水的井巷、老空区或者相邻煤矿时。

（二）接近含水层、导水断层、溶洞和导水陷落柱时。

（三）打开隔离煤柱放水时。

（四）接近可能与河流、湖泊、水库、蓄水池、水井等相通的导水通道时。

（五）接近有出水可能的钻孔时。

（六）接近水文地质条件不清的区域时。

（七）接近有积水的灌浆区时。

（八）接近其他可能突（透）水的区域时。

第三百一十八条 采掘工作面超前探放水应当采用钻探方法，同时配合物探、化探等其他方法查清采掘工作面及周边老空水、含水层富水性以及地质构造等情况。

井下探放水应当采用专用钻机，由专业人员和专职探放水队伍施工。

探放水前应当编制探放水设计，采取防止有害气体危害的安全措施。探放水结束后，应当提交探放水总结报告存档备查。

第三百一十九条 井下安装钻机进行探放水前，应当遵守下列规定：

（一）加强钻孔附近的巷道支护，并在工作面迎头打好坚固的立柱和拦板，严禁空顶、空帮作业。

（二）清理巷道，挖好排水沟。探放水钻孔位于巷道低洼处时，应当配备与探放水量相适应的排水设备。

（三）在打钻地点或者其附近安设专用电话，保证人员撤离通道畅通。

（四）由测量人员依据设计现场标定探放水孔位置，与负责探放水工作的人员共同确定钻孔的方位、倾角、深度和钻孔数量等。

探放水钻孔的布置和超前距离，应当根据水压大小、煤（岩）层厚度和硬度以及安全措施等，在探放水设计中做出具体规定。探放老空积水最小超前水平钻距不得小于 30 m，止水套管长度不得小于 10 m。

第三百二十条 在预计水压大于 0.1 MPa 的地点探放水时，应当预先固结套管，在套管口安装控制闸阀，进行耐压试验。套管长度应当在探放水设计中规定。预先开掘安全躲避硐室，制定避灾路线等安全措施，并使每个作业人员了解和掌握。

第三百二十一条 预计钻孔内水压大于 1.5 MPa 时，应当采用反压和有防喷装置的方法钻进，并制定防止孔口管和煤（岩）壁突然鼓出的措施。

第三百二十二条 在探放水钻进时，发现煤岩松软、片帮、来压或者钻孔中水压、水量突然增大和顶钻等突（透）水征兆时，应当立即停止钻进，但不得拔出钻杆；现场负责人员应当立即向矿井调度室汇报，撤出所有受水威胁区域的人员，采取安全措施，派专业技术人员监测水情并进行分析，妥善处理。

第三百二十三条 探放老空水前,应当首先分析查明老空水体的空间位置、积水范围、积水量和水压等。探放水时,应当撤出探放水点标高以下受水害威胁区域所有人员。放水时,应当监视放水全过程,核对放水量和水压等,直到老空水放完为止,并进行检测验证。

钻探接近老空时,应当安排专职瓦斯检查工或者矿山救护队员在现场值班,随时检查空气成分。如果甲烷或者其他有害气体浓度超过有关规定,应当立即停止钻进,切断电源,撤出人员,并报告矿调度室,及时采取措施进行处理。

第三百二十四条 钻孔放水前,应当估计积水量,并根据矿井排水能力和水仓容量,控制放水流量,防止淹井;放水时,应当有专人监测钻孔出水情况,测定水量和水压,做好记录。如果水量突然变化,应当立即报告矿调度室,分析原因,及时处理。

第三百二十五条 排除井筒和下山的积水及恢复被淹井巷前,应当制定安全措施,防止被水封闭的有毒、有害气体突然涌出。

排水过程中,应当定时观测排水量、水位和观测孔水位,并由矿山救护队随时检查水面上的空气成分,发现有害气体,及时采取措施进行处理。

第八章 爆炸物品和井下爆破

第一节 爆炸物品贮存

第三百二十六条 爆炸物品的贮存,永久性地面爆炸物品库建筑结构(包括永久性埋入式库房)及各种防护措施,总库区的内、外部安全距离等,必须遵守国家有关规定。

井上、下接触爆炸物品的人员,必须穿棉布或者抗静电衣服。

第三百二十七条 建有爆炸物品制造厂的矿区总库,所有库房贮存各种炸药的总容量不得超过该厂1个月生产量,雷管的总容量不得超过3个月生产量。没有爆炸物品制造厂的矿区总库,所有库房贮存各种炸药的总容量不得超过由该库所供应的矿井2个月的计划需要量,雷管的总容量不得超过6个月的计划需要量。单个库房的最大容量:炸药不得超过200 t,雷管不得超过500万发。

地面分库所有库房贮存爆炸物品的总容量:炸药不得超过75 t,雷管不得超过25万发。单个库房的炸药最大容量不得超过25 t。地面分库贮存各种爆炸物品的数量,不得超过由该库所供应矿井3个月的计划需要量。

第三百二十八条 开凿平硐或者利用已有平硐作为爆炸物品库时,必须遵守下列规定:

(一)硐口必须装有向外开启的2道门,由外往里第一道门为包铁皮的木板门,第二道门为栅栏门。

(二)硐口到最近贮存硐室之间的距离超过15 m时,必须有2个入口。

(三)硐口前必须设置横堤,横堤必须高出硐口1.5 m,横堤的顶部长度不得小于硐口宽度的3倍,顶部厚度不得小于1 m。横堤的底部长度和厚度,应当根据所用建筑材料的静止角确定。

(四)库房底板必须高于通向爆炸物品库巷道的底板,硐口到库房的巷道坡度为5‰,并有带盖的排水沟,巷道内可以铺设不延深到硐室内的轨道。

(五)除有运输爆炸物品用的巷道外,还必须有通风巷道(钻眼、探井或者平硐),其入口和通风设备必须设置在围墙以内。

(六)库房必须采用不燃性材料支护。巷道内采用固定式照明时,开关必须设在地面。

(七)爆炸物品库上面覆盖层厚度小于10 m时,必须装设防雷电设备。

(八)检查电雷管的工作,必须在爆炸物品贮存硐室外设有安全设施的专用房间或者硐室内进行。

第三百二十九条 各种爆炸物品的每一品种都应当专库贮存;当条件限制时,按国家有关同库贮存的规定贮存。

存放爆炸物品的木架每格只准放1层爆炸物品箱。

第三百三十条 地面爆炸物品库必须有发放爆炸物品的专用套间或者单独房间。分库的炸药发放套间内,可临时保存爆破工的空爆炸物品箱与发爆器。在分库的雷管发放套间内发放雷管时,必须在铺有导电的软质垫层并有边缘突起的桌子上进行。

第三百三十一条 井下爆炸物品库应当采用硐室式、壁槽式或者含壁槽的硐室式。

爆炸物品必须贮存在硐室或者壁槽内,硐室之间或者壁槽之间的距离,必须符合爆炸物品安全距离的规定。

井下爆炸物品库应当包括库房、辅助硐室和通向库房的巷道。辅助硐室中,应当有检查电雷管全电阻、发放炸药以及保存爆破工空爆炸物品箱等的专用硐室。

第三百三十二条 井下爆炸物品库的布置必须符合下列要求:

（一）库房距井筒、井底车场、主要运输巷道、主要硐室以及影响全矿井或者一翼通风的风门的法线距离：硐室式不得小于 100 m，壁槽式不得小于 60 m。

（二）库房距行人巷道的法线距离：硐室式不得小于 35 m，壁槽式不得小于 20 m。

（三）库房距地面或者上下巷道的法线距离：硐室式不得小于 30 m，壁槽式不得小于 15 m。

（四）库房与外部巷道之间，必须用 3 条相互垂直的连通巷道相连。连通巷道的相交处必须延长 2 m，断面积不得小于 4 m²，在连通巷道尽头还必须设置缓冲砂箱隔墙，不得将连通巷道的延长段兼作辅助硐室使用。库房两端的通道与库房连接处必须设置齿形阻波墙。

（五）每个爆炸物品库房必须有 2 个出口，一个出口供发放爆炸物品及行人，出口的一端必须装有能自动关闭的抗冲击波活门；另一出口布置在爆炸物品库回风侧，可以铺设轨道运送爆炸物品，该出口与库房连接处必须装有 1 道常闭的抗冲击波密闭门。

（六）库房地面必须高于外部巷道的地面，库房和通道应当设置水沟。

（七）贮存爆炸物品的各硐室、壁槽的间距应当大于殉爆安全距离。

第三百三十三条 井下爆炸物品库必须采用砌碹或者用非金属不燃性材料支护，不得渗漏水，并采取防潮措施。爆炸物品库出口两侧的巷道，必须采用砌碹或者用不燃性材料支护，支护长度不得小于 5 m。库房必须备有足够数量的消防器材。

第三百三十四条 井下爆炸物品库的最大贮存量，不得超过矿井 3 天的炸药需要量和 10 天的电雷管需要量。

井下爆炸物品库的炸药和电雷管必须分开贮存。

每个硐室贮存的炸药量不得超过 2 t，电雷管不得超过 10 天的需要量；每个壁槽贮存的炸药量不得超过 400 kg，电雷管不得超过 2 天的需要量。

库房的发放爆炸物品硐室允许存放当班待发的炸药，最大存放量不得超过 3 箱。

第三百三十五条 在多水平生产的矿井、井下爆炸物品库距爆破工作地点超过 2.5 km 的矿井以及井下不设置爆炸物品库的矿井内，可以设爆炸物品发放硐室，并必须遵守下列规定：

（一）发放硐室必须设在独立通风的专用巷道内，距使用的巷道法线距离不得小于 25 m。

（二）发放硐室爆炸物品的贮存量不得超过 1 天的需要量，其中炸药量不得超过 400 kg。

（三）炸药和电雷管必须分开贮存，并用不小于 240 mm 厚的砖墙或者混凝土墙隔开。

（四）发放硐室应当有单独的发放间，发放硐室出口处必须设 1 道能自动关闭的抗冲击波活门。

（五）建井期间的爆炸物品发放硐室必须有独立通风系统。必须制定预防爆炸物品爆炸的安全措施。

（六）管理制度必须与井下爆炸物品库相同。

第三百三十六条 井下爆炸物品库必须采用矿用防爆型（矿用增安型除外）照明设备，照明线必须使用阻燃电缆，电压不得超过 127 V。严禁在贮存爆炸物品的硐室或者壁槽内安设照明设备。

不设固定式照明设备的爆炸物品库，可使用带绝缘套的矿灯。

任何人员不得携带矿灯进入井下爆炸物品库房内。库内照明设备或者线路发生故障时，检修人员可以在库房管理人员的监护下使用带绝缘套的矿灯进入库内工作。

第三百三十七条 煤矿企业必须建立爆炸物品领退制度和爆炸物品丢失处理办法。

电雷管（包括清退入库的电雷管）在发给爆破工前，必须用电雷管检测仪逐个测试电阻值，并将脚线扭结成短路。

发放的爆炸物品必须是有效期内的合格产品，并且雷管应当严格按同一厂家和同一品种进行发放。

爆炸物品的销毁，必须遵守《民用爆炸物品安全管理条例》。

第二节　爆炸物品运输

第三百三十八条 在地面运输爆炸物品时，必须遵守《民用爆炸物品安全管理条例》以及有关标准规定。

第三百三十九条 在井筒内运送爆炸物品时，应当遵守下列规定：

（一）电雷管和炸药必须分开运送；但在开凿或者延深井筒时，符合本规程第三百四十五条规定的，不受此限。

（二）必须事先通知绞车司机和井上、下把钩工。

（三）运送电雷管时，罐笼内只准放置 1 层爆炸物品箱，不得滑动。运送炸药时，爆炸物品箱堆放的高度不得超过罐笼高度的 2/3。采用将装有炸药或者电雷管的车辆直接推入罐笼内的方式运送时，车辆必须符合本规程第三百四十条（二）的规定。使用吊桶运送爆炸物品时，必须使用专用箱。

（四）在装有爆炸物品的罐笼或者吊桶内，除爆破工或者护送人员外，不得有其他人员。

（五）罐笼升降速度，运送电雷管时，不得超过2 m/s；运送其他类爆炸物品时，不得超过4 m/s。吊桶升降速度，不论运送何种爆炸物品，都不得超过1 m/s。司机在启动和停绞车时，应当保证罐笼或者吊桶不震动。

（六）在交接班、人员上下井的时间内，严禁运送爆炸物品。

（七）禁止将爆炸物品存放在井口房、井底车场或者其他巷道内。

第三百四十条　井下用机车运送爆炸物品时，应当遵守下列规定：

（一）炸药和电雷管在同一列车内运输时，装有炸药与装有电雷管的车辆之间，以及装有炸药或者电雷管的车辆与机车之间，必须用空车分别隔开，隔开长度不得小于3 m。

（二）电雷管必须装在专用的、带盖的、有木质隔板的车厢内，车厢内部应当铺有胶皮或者麻袋等软质垫层，并只准放置1层爆炸物品箱。炸药箱可以装在矿车内，但堆放高度不得超过矿车上缘。运输炸药、电雷管的矿车或者车厢必须有专门的警示标识。

（三）爆炸物品必须由井下爆炸物品库负责人或者经过专门培训的人员专人护送。跟车工、护送人员和装卸人员应当坐在尾车内，严禁其他人员乘车。

（四）列车的行驶速度不得超过2 m/s。

（五）装有爆炸物品的列车不得同时运送其他物品。

井下采用无轨胶轮车运送爆炸物品时，应当按照民用爆炸物品运输管理有关规定执行。

第三百四十一条　水平巷道和倾斜巷道内有可靠的信号装置时，可以用钢丝绳牵引的车辆运送爆炸物品，炸药和电雷管必须分开运输，运输速度不得超过1 m/s。运输电雷管的车辆必须加盖、加垫，车厢内以软质垫物塞紧，防止震动和撞击。

严禁用刮板输送机、带式输送机等运输爆炸物品。

第三百四十二条　由爆炸物品库直接向工作地点用人力运送爆炸物品时，应当遵守下列规定：

（一）电雷管必须由爆破工亲自运送，炸药应当由爆破工或者在爆破工监护下运送。

（二）爆炸物品必须装在耐压和抗撞冲、防震、防静电的非金属容器内，不得将电雷管和炸药混装。严禁将爆炸物品装在衣袋内。领到爆炸物品后，应当直接送到工作地点，严禁中途逗留。

（三）携带爆炸物品上、下井时，在每层罐笼内搭乘的携带爆炸物品的人员不得超过4人，其他人员不得同罐上下。

（四）在交接班、人员上下井的时间内，严禁携带爆炸物品人员沿井筒上下。

第三节　井下爆破

第三百四十三条　煤矿必须指定部门对爆破工作专门管理，配备专业管理人员。

所有爆破人员，包括爆破、送药、装药人员，必须熟悉爆炸物品性能和本规程规定。

第三百四十四条　开凿或者延深立井井筒，向井底工作面运送爆炸物品和在井筒内装药时，除负责装药爆破的人员、信号工、看盘工和水泵司机外，其他人员必须撤到地面或者上水平巷道中。

第三百四十五条　开凿或者延深立井井筒中的装配起爆药卷工作，必须在地面专用的房间内进行。

专用房间距井筒、厂房、建筑物和主要通路的安全距离必须符合国家有关规定，且距离井筒不得小于50 m。

严禁将起爆药卷与炸药装在同一爆炸物品容器内运往井底工作面。

第三百四十六条　在开凿或者延深立井井筒时，必须在地面或者在生产水平巷道内进行起爆。

在爆破母线与电力起爆接线盒引线接通之前，井筒内所有电气设备必须断电。

只有在爆破工完成装药和连线工作，将所有井盖门打开，井筒、井口房内的人员全部撤出，设备、工具提升到安全高度以后，方可起爆。

爆破通风后，必须仔细检查井筒，清除崩落在井圈上、吊盘上或者其他设备上的矸石。

爆破后乘吊桶检查井底工作面时，吊桶不得蹾撞工作面。

第三百四十七条　井下爆破工作必须由专职爆破工担任。突出煤层采掘工作面爆破工作必须由固定的专职爆破工担任。爆破作业必须执行"一炮三检"和"三人连锁爆破"制度，并在起爆前检查起爆地点的甲烷浓度。

第三百四十八条　爆破作业必须编制爆破作业说明书，并符合下列要求：

（一）炮眼布置图必须标明采煤工作面的高度和打眼范围或者掘进工作面的巷道断面尺寸，炮眼的位置、个数、深度、角度及炮眼编号，并用正面图、平面图和剖面图表示。

（二）炮眼说明表必须说明炮眼的名称、深度、角度，使用炸药、雷管的品种，装药量，封泥长度，连线方法和起爆顺序。

（三）必须编入采掘作业规程，并及时修改补充。

钻眼、爆破人员必须依照说明书进行作业。

第三百四十九条 不得使用过期或者变质的爆炸物品。不能使用的爆炸物品必须交回爆炸物品库。

第三百五十条 井下爆破作业，必须使用煤矿许用炸药和煤矿许用电雷管。一次爆破必须使用同一厂家、同一品种的煤矿许用炸药和电雷管。煤矿许用炸药的选用必须遵守下列规定：

（一）低瓦斯矿井的岩石掘进工作面，使用安全等级不低于一级的煤矿许用炸药。

（二）低瓦斯矿井的煤层采掘工作面、半煤岩掘进工作面，使用安全等级不低于二级的煤矿许用炸药。

（三）高瓦斯矿井，使用安全等级不低于三级的煤矿许用炸药。

（四）突出矿井，使用安全等级不低于三级的煤矿许用含水炸药。

在采掘工作面，必须使用煤矿许用瞬发电雷管、煤矿许用毫秒延期电雷管或者煤矿许用数码电雷管。使用煤矿许用毫秒延期电雷管时，最后一段的延期时间不得超过130 ms。使用煤矿许用数码电雷管时，一次起爆总时间差不得超过130 ms，并应当与专用起爆器配套使用。

第三百五十一条 在有瓦斯或者煤尘爆炸危险的采掘工作面，应当采用毫秒爆破。在掘进工作面应当全断面一次起爆，不能全断面一次起爆的，必须采取安全措施。在采煤工作面可分组装药，但一组装药必须一次起爆。

严禁在1个采煤工作面使用2台发爆器同时进行爆破。

第三百五十二条 在高瓦斯矿井采掘工作面采用毫秒爆破时，若采用反向起爆，必须制定安全技术措施。

第三百五十三条 在高瓦斯、突出矿井的采掘工作面实体煤中，为增加煤体裂隙、松动煤体而进行的10 m以上的深孔预裂控制爆破，可以使用二级煤矿许用炸药，并制定安全措施。

第三百五十四条 爆破工必须把炸药、电雷管分开存放在专用的爆炸物品箱内，并加锁，严禁乱扔、乱放。爆炸物品箱必须放在顶板完好、支护完整，避开有机械、电气设备的地点。爆破时必须把爆炸物品箱放置在警戒线以外的安全地点。

第三百五十五条 从成束的电雷管中抽取单个电雷管时，不得手拉脚线硬拽管体，也不得手拉管体硬拽脚线，应当将成束的电雷管顺好，拉住前端脚线将电雷管抽出。抽出单个电雷管后，必须将其脚线扭结成短路。

第三百五十六条 装配起爆药卷时，必须遵守下列规定：

（一）必须在顶板完好、支护完整，避开电气设备和导电体的爆破工作地点附近进行。严禁坐在爆炸物品箱上装配起爆药卷。装配起爆药卷数量，以当时爆破作业需要的数量为限。

（二）装配起爆药卷必须防止电雷管受震动、冲击，折断电雷管脚线和损坏脚线绝缘层。

（三）电雷管必须由药卷的顶部装入，严禁用电雷管代替竹、木棍扎眼。电雷管必须全部插入药卷内。严禁将电雷管斜插在药卷的中部或者捆在药卷上。

（四）电雷管插入药卷后，必须用脚线将药卷缠住，并将电雷管脚线扭结成短路。

第三百五十七条 装药前，必须首先清除炮眼内的煤粉或者岩粉，再用木质或者竹质炮棍将药卷轻轻推入，不得冲撞或者捣实。炮眼内的各药卷必须彼此密接。

有水的炮眼，应当使用抗水型炸药。

装药后，必须把电雷管脚线悬空，严禁电雷管脚线、爆破母线与机械电气设备等导电体相接触。

第三百五十八条 炮眼封泥必须使用水炮泥，水炮泥外剩余的炮眼部分应当用黏土炮泥或者用不燃性、可塑性松散材料制成的炮泥封实。严禁用煤粉、块状材料或者其他可燃性材料作炮眼封泥。

无封泥、封泥不足或者不实的炮眼，严禁爆破。

严禁裸露爆破。

第三百五十九条 炮眼深度和炮眼的封泥长度应当符合下列要求：

（一）炮眼深度小于0.6 m时，不得装药、爆破；在特殊条件下，如挖底、刷帮、挑顶确需进行炮眼深度小于0.6 m的浅孔爆破时，必须制定安全措施并封满炮泥。

（二）炮眼深度为0.6~1 m时，封泥长度不得小于炮眼深度的1/2。

（三）炮眼深度超过1 m时，封泥长度不得小于0.5 m。

（四）炮眼深度超过2.5 m时，封泥长度不得小于1 m。

（五）深孔爆破时，封泥长度不得小于孔深

的1/3。

（六）光面爆破时，周边光爆炮眼应当用炮泥封实，且封泥长度不得小于0.3 m。

（七）工作面有2个及以上自由面时，在煤层中最小抵抗线不得小于0.5 m，在岩层中最小抵抗线不得小于0.3 m。浅孔装药爆破大块岩石时，最小抵抗线和封泥长度都不得小于0.3 m。

第三百六十条 处理卡在溜煤（矸）眼中的煤、矸时，如果确无爆破以外的其他方法，可爆破处理，但必须遵守下列规定：

（一）爆破前检查溜煤（矸）眼内堵塞部位的上部和下部空间的瓦斯浓度。

（二）爆破前必须洒水。

（三）使用用于溜煤（矸）眼的煤矿许用刚性被筒炸药，或者不低于该安全等级的煤矿许用炸药。

（四）每次爆破只准使用1个煤矿许用电雷管，最大装药量不得超过450 g。

第三百六十一条 装药前和爆破前有下列情况之一的，严禁装药、爆破：

（一）采掘工作面控顶距离不符合作业规程的规定，或者有支架损坏，或者伞檐超过规定。

（二）爆破地点附近20 m以内风流中甲烷浓度达到或者超过1.0%。

（三）在爆破地点20 m以内，矿车、未清除的煤（矸）或者其他物体堵塞巷道断面1/3以上。

（四）炮眼内发现异状、温度骤高骤低、有显著瓦斯涌出、煤岩松散、透老空区等情况。

（五）采掘工作面风量不足。

第三百六十二条 在有煤尘爆炸危险的煤层中，掘进工作面爆破前后，附近20 m的巷道内必须洒水降尘。

第三百六十三条 爆破前，必须加强对机电设备、液压支架和电缆等的保护。

爆破前，班组长必须亲自布置专人将工作面所有人员撤离警戒区域，并在警戒线和可能进入爆破地点的所有通路上布置专人担任警戒工作。警戒人员必须在安全地点警戒。警戒线处应当设置警戒牌、栏杆或者拉绳。

第三百六十四条 爆破母线和连接线必须符合下列要求：

（一）爆破母线符合标准。

（二）爆破母线和连接线、电雷管脚线和连接线、脚线和脚线之间的接头相互扭紧并悬空，不得与轨道、金属管、金属网、钢丝绳、刮板输送机等导电体相接触。

（三）巷道掘进时，爆破母线应当随用随挂。不得使用固定爆破母线，特殊情况下，在采取安全措施后，可不受此限。

（四）爆破母线与电缆应当分别挂在巷道的两侧。如果必须挂在同一侧，爆破母线必须挂在电缆的下方，并保持0.3 m以上的距离。

（五）只准采用绝缘母线单回路爆破，严禁用轨道、金属管、金属网、水或者大地等当作回路。

（六）爆破前，爆破母线必须扭结成短路。

第三百六十五条 井下爆破必须使用发爆器。开凿或者延深通达地面的井筒时，无瓦斯的井底工作面中可使用其他电源起爆，但电压不得超过380 V，并必须有电力起爆接线盒。

发爆器或者电力起爆接线盒必须采用矿用防爆型（矿用增安型除外）。

发爆器必须统一管理、发放。必须定期校验发爆器的各项性能参数，并进行防爆性能检查，不符合要求的严禁使用。

第三百六十六条 每次爆破作业前，爆破工必须做电爆网路全电阻检测。严禁采用发爆器打火放电的方法检测电爆网路。

第三百六十七条 爆破工必须最后离开爆破地点，并在安全地点起爆。撤人、警戒等措施及起爆地点到爆破地点的距离必须在作业规程中具体规定。

起爆地点到爆破地点的距离应当符合下列要求：

（一）岩巷直线巷道大于130 m，拐弯巷道大于100 m。

（二）煤（半煤岩）巷直线巷道大于100 m，拐弯巷道大于75 m。

（三）采煤工作面大于75 m，且位于工作面进风巷内。

第三百六十八条 发爆器的把手、钥匙或者电力起爆接线盒的钥匙，必须由爆破工随身携带，严禁转交他人。只有在爆破通电时，方可将把手或者钥匙插入发爆器或者电力起爆接线盒内。爆破后，必须立即将把手或者钥匙拔出，摘掉母线并扭结成短路。

第三百六十九条 爆破前，脚线的连接工作可由经过专门训练的班组长协助爆破工进行。爆破母线连接脚线、检查线路和通电工作，只准爆破工一人操作。

爆破前，班组长必须清点人数，确认无误后，方准下达起爆命令。

爆破工接到起爆命令后，必须先发出爆破警号，至少再等5 s后方可起爆。

装药的炮眼应当当班爆破完毕。特殊情况下，当班留有尚未爆破的已装药的炮眼时，当班爆破工必须在现场向下一班爆破工交接清楚。

第三百七十条　爆破后，待工作面的炮烟被吹散，爆破工、瓦斯检查工和班组长必须首先巡视爆破地点，检查通风、瓦斯、煤尘、顶板、支架、拒爆、残爆等情况。发现危险情况，必须立即处理。

第三百七十一条　通电以后拒爆时，爆破工必须先取下把手或者钥匙，并将爆破母线从电源上摘下，扭结成短路；再等待一定时间（使用瞬发电雷管，至少等待 5 min；使用延期电雷管，至少等待 15 min），才可沿线路检查，找出拒爆的原因。

第三百七十二条　处理拒爆、残爆时，应当在班组长指导下进行，并在当班处理完毕。如果当班未能完成处理工作，当班爆破工必须在现场向下一班爆破工交接清楚。

处理拒爆时，必须遵守下列规定：

（一）由于连线不良造成的拒爆，可重新连线起爆。

（二）在距拒爆炮眼 0.3 m 以外另打与拒爆炮眼平行的新炮眼，重新装药起爆。

（三）严禁用镐刨或者从炮眼中取出原放置的起爆药卷，或者从起爆药卷中拉出电雷管。不论有无残余炸药，严禁将炮眼残底继续加深；严禁使用打孔方法往外掏药；严禁使用压风吹拒爆、残爆炮眼。

（四）处理拒爆的炮眼爆炸后，爆破工必须详细检查炸落的煤、矸，收集未爆的电雷管。

（五）在拒爆处理完毕以前，严禁在该地点进行与处理拒爆无关的工作。

第三百七十三条　爆炸物品库和爆炸物品发放硐室附近 30 m 范围内，严禁爆破。

第九章　运输、提升和空气压缩机

第一节　平巷和倾斜井巷运输

第三百七十四条　采用滚筒驱动带式输送机运输时，应当遵守下列规定：

（一）采用非金属聚合物制造的输送带、托辊和滚筒包胶材料等，其阻燃性能和抗静电性能必须符合有关标准的规定。

（二）必须装设防打滑、跑偏、堆煤、撕裂等保护装置，同时应当装设温度、烟雾监测装置和自动洒水装置。

（三）应当具备沿线急停闭锁功能。

（四）主要运输巷道中使用的带式输送机，必须装设输送带张紧力下降保护装置。

（五）倾斜井巷中使用的带式输送机，上运时，必须装设防逆转装置和制动装置；下运时，应当装设软制动装置且必须装设防超速保护装置。

（六）在大于 16° 的倾斜井巷中使用带式输送机，应当设置防护网，并采取防止物料下滑、滚落等的安全措施。

（七）液力偶合器严禁使用可燃性传动介质（调速型液力偶合器不受此限）。

（八）机头、机尾及搭接处，应当有照明。

（九）机头、机尾、驱动滚筒和改向滚筒处，应当设防护栏及警示牌。行人跨越带式输送机处，应设过桥。

（十）输送带设计安全系数，应当按下列规定选取：

1. 棉织物芯输送带，8~9。

2. 尼龙、聚酯织物芯输送带，10~12。

3. 钢丝绳芯输送带，7~9；当带式输送机采取可控软启动、制动措施时，5~7。

第三百七十五条　新建矿井不得使用钢丝绳牵引带式输送机。生产矿井采用钢丝绳牵引带式输送机运输时，必须遵守下列规定：

（一）装设过速保护、过电流和欠电压保护、钢丝绳和输送带脱槽保护、输送带局部过载保护、钢丝绳张紧车到达终点和张紧重锤落地保护，并定期进行检查和试验。

（二）在倾斜井巷中，必须在低速驱动轮上装设液控盘式失效安全型制动装置，制动力矩与设计最大静拉力差在闸轮上作用力矩之比在 2~3 之间；制动装置应当具备手动和自动双重制动功能。

（三）采用钢丝绳牵引带式输送机运送人员时，应当遵守下列规定：

1. 输送带至巷道顶部的垂距，在上、下人员的 20 m 区段内不得小于 1.4 m，行驶区段内不得小于 1 m。下行带乘人时，上、下输送带间的垂距不得小于 1 m。

2. 输送带的宽度不得小于 0.8 m，运行速度不得超过 1.8 m/s，绳槽至输送带边的宽度不得小于 60 mm。

3. 人员乘坐间距不得小于 4 m。乘坐人员不得站立或者仰卧，应当面向行进方向。严禁携带笨重物品和超长物品，严禁触摸输送带侧帮。

4. 上、下人员的地点应当设有平台和照明。上行带平台的长度不得小于 5 m，宽度不得小于 0.8 m，并有栏杆。上、下人的区段内不得有支架或者悬挂装置。下人地点应当有标志或者声光信号，距离下人区段末端前方2 m处，必须设有能自动停车的安全装置。在机头机尾下人处，必须设有人员越位的防护设施或者保护装置，并装设机械式倾斜挡板。

5. 运送人员前，必须卸除输送带上的物料。

6. 应当装有在输送机全长任何地点可由乘坐人员或者其他人员操作的紧急停车装置。

第三百七十六条 采用轨道机车运输时，轨道机车的选用应当遵守下列规定：

（一）突出矿井必须使用符合防爆要求的机车。

（二）新建高瓦斯矿井不得使用架线电机车运输。高瓦斯矿井在用的架线电机车运输，必须遵守下列规定：

1. 沿煤层或者穿过煤层的巷道必须采用砌碹或者锚喷支护；

2. 有瓦斯涌出的掘进巷道的回风流，不得进入有架线的巷道中；

3. 采用炭素滑板或者其他能减小火花的集电器。

（三）低瓦斯矿井的主要回风巷、采区进（回）风巷应当使用符合防爆要求的机车。低瓦斯矿井进风的主要运输巷道，可以使用架线电机车，并使用不燃性材料支护。

（四）各种车辆的两端必须装置碰头，每端突出的长度不得小于100 mm。

第三百七十七条 采用轨道机车运输时，应当遵守下列规定：

（一）生产矿井同一水平行驶7台及以上机车时，应当设置机车运输监控系统；同一水平行驶5台及以上机车时，应当设置机车运输集中信号控制系统。新建大型矿井的井底车场和运输大巷，应当设置机车运输监控系统或者运输集中信号控制系统。

（二）列车或者单独机车均必须前有照明，后有红灯。

（三）列车通过的风门，必须设有当列车通过时能够发出在风门两侧都能接收到声光信号的装置。

（四）巷道内应当装设路标和警标。

（五）必须定期检查和维护机车，发现隐患，及时处理。机车的闸、灯、警铃（喇叭）、连接装置和撒砂装置，任何一项不正常或者失爆时，机车不得使用。

（六）正常运行时，机车必须在列车前端。机车行近巷道口、硐室、弯道、道岔或者噪声大等地段，以及前有车辆或者视线有障碍时，必须减速慢行，并发出警号。

（七）2辆机车或者2列列车在同一轨道同一方向行驶时，必须保持不少于100 m的距离。

（八）同一区段线路上，不得同时行驶非机动车辆。

（九）必须有用矿灯发送紧急停车信号的规定。非危险情况下，任何人不得使用紧急停车信号。

（十）机车司机开车前必须对机车进行安全检查确认；启动前，必须关闭车门并发出开车信号；机车运行中，严禁司机将头或者身体探出车外；司机离开座位时，必须切断电动机电源，取下控制手把（钥匙），扳紧停车制动。在运输线路上临时停车时，不得关闭车灯。

（十一）新投用机车应当测定制动距离，之后每年测定1次。运送物料时制动距离不得超过40 m；运送人员时制动距离不得超过20 m。

第三百七十八条 使用的矿用防爆型柴油动力装置，应满足以下要求：

（一）具有发动机排气超温、冷却水超温、尾气水箱水位、润滑油压力等保护装置。

（二）排气口的排气温度不得超过77 ℃，其表面温度不得超过150 ℃。

（三）发动机壳体不得采用铝合金制造；非金属部件应具有阻燃和抗静电性能；油箱及管路必须采用不燃性材料制造；油箱最大容量不得超过8 h用油量。

（四）冷却水温度不得超过95 ℃。

（五）在正常运行条件下，尾气排放应满足相关规定。

（六）必须配备灭火器。

第三百七十九条 使用的蓄电池动力装置，必须符合下列要求：

（一）充电必须在充电硐室内进行。

（二）充电硐室内的电气设备必须采用矿用防爆型。

（三）检修应当在车库内进行，测定电压时必须在揭开电池盖10 min后测试。

第三百八十条 轨道线路应当符合下列要求：

（一）运行7 t及以上机车、3 t及以上矿车，或者运送15 t及以上载荷的矿井、采区主要巷道轨道线路，应当使用不小于30 kg/m的钢轨；其他线路应当使用不小于18 kg/m的钢轨。

（二）卡轨车、齿轨车和胶套轮车运行的轨道线路，应当采用不小于22 kg/m的钢轨。

（三）同一线路必须使用同一型号钢轨，道岔的钢轨型号不得低于线路的钢轨型号。

（四）轨道线路必须按标准铺设，使用期间应当加强维护及检修。

第三百八十一条 采用架线电机车运输时，架空线及轨道应当符合下列要求：

（一）架空线悬挂高度、与巷道顶或者棚梁之间的距离等，应当保证机车的安全运行。

（二）架空线的直流电压不得超过 600 V。

（三）轨道应当符合下列规定：

1. 两平行钢轨之间，每隔 50 m 应当连接 1 根断面不小于 50 mm² 的铜线或者其他具有等效电阻的导线。

2. 线路上所有钢轨接缝处，必须用导线或者采用轨缝焊接工艺加以连接。连接后每个接缝处的电阻应当符合要求。

3. 不回电的轨道与架线电机车回电轨道之间，必须加以绝缘。第一绝缘点设在 2 种轨道的连接处；第二绝缘点设在不回电的轨道上，其与第一绝缘点之间的距离必须大于 1 列车的长度。在与架线电机车线路相连通的轨道上有钢丝绳跨越时，钢丝绳不得与轨道相接触。

第三百八十二条 长度超过 1.5 km 的主要运输平巷或者高差超过 50 m 的人员上下的主要倾斜井巷，应当采用机械方式运送人员。

运送人员的车辆必须为专用车辆，严禁使用非乘人装置运送人员。

严禁人、物料混运。

第三百八十三条 采用架空乘人装置运送人员时，应当遵守下列规定：

（一）有专项设计。

（二）吊椅中心至巷道一侧突出部分的距离不得小于 0.7 m，双向同时运送人员时钢丝绳间距不得小于 0.8 m，固定抱索器的钢丝绳间距不得小于 1.0 m。乘人吊椅距底板的高度不得小于 0.2 m，在上下人站处不大于 0.5 m。乘坐间距不应小于牵引钢丝绳 5 s 的运行距离，且不得小于 6 m。除采用固定抱索器的架空乘人装置外，应当设置乘人间距提示或者保护装置。

（三）固定抱索器最大运行坡度不得超过 28°，可摘挂抱索器最大运行坡度不得超过 25°，运行速度应当满足表 6 的规定。运行速度超过 1.2 m/s 时，不得采用固定抱索器；运行速度超过 1.4 m/s 时，应当设置调速装置，并实现静止状态上下人员，严禁人员在非乘人站上下。

表 6 架空乘人装置运行速度规定　　　　m/s

巷道坡度 θ/(°)	28≥θ>25	25≥θ>20	20≥θ>14	θ≤14
固定抱索器	≤0.8	≤1.2		
可摘挂抱索器	—	≤1.2	≤1.4	≤1.7

（四）驱动系统必须设置失效安全型工作制动装置和安全制动装置，安全制动装置必须设置在驱动轮上。

（五）各乘人站设上下人平台，乘人平台处钢丝绳距道壁不小于 1 m，路面应当进行防滑处理。

（六）架空乘人装置必须装设超速、打滑、全程急停、防脱绳、变坡点防掉绳、张紧力下降、越位等保护，安全保护装置发生保护动作后，需经人工复位，方可重新启动。

应当有断轴保护措施。

减速器应当设置油温检测装置，当油温异常时能发出报警信号。沿线应当设置延时启动声光预警信号。各上下人地点应当设置信号通信装置。

（七）倾斜巷道中架空乘人装置与轨道提升系统同巷布置时，必须设置电气闭锁，2 种设备不得同时运行。

倾斜巷道中架空乘人装置与带式输送机同巷布置时，必须采取可靠的隔离措施。

（八）巷道应当设置照明。

（九）每日至少对整个装置进行 1 次检查，每年至少对整个装置进行 1 次安全检测检验。

（十）严禁同时运送携带爆炸物品的人员。

第三百八十四条 新建、扩建矿井严禁采用普通轨斜井人车运输。

生产矿井在用的普通轨斜井人车运输，必须遵守下列规定：

（一）车辆必须设置可靠的制动装置。断绳时，制动装置既能自动发生作用，也能人工操纵。

（二）必须设置使跟车工在运行途中任何地点都能发送紧急停车信号的装置。

（三）多水平运输时，从各水平发出的信号必须有区别。

（四）人员上下地点应当悬挂信号牌。任一区段行车时，各水平必须有信号显示。

（五）应当有跟车工，跟车工必须坐在设有手动制动装置把手的位置。

（六）每班运送人员前，必须检查人车的连接装置、保险链和制动装置，并先空载运行一次。

第三百八十五条 采用平巷人车运送人员时，必须遵守下列规定：

（一）每班发车前，应当检查各车的连接装置、轮轴、车门（防护链）和车闸等。

（二）严禁同时运送易燃易爆或者腐蚀性的物品，或者附挂物料车。

（三）列车行驶速度不得超过 4 m/s。

（四）人员上下车地点应当有照明，架空线必须设置分段开关或者自动停送电开关，人员上下车时必须切断该区段架空线电源。

（五）双轨巷道乘车场必须设置信号区间闭锁，人员上下车时，严禁其他车辆进入乘车场。

（六）应当设跟车工，遇有紧急情况时立即向司机发出停车信号。

（七）两车在车场会车时，驶入车辆应当停止运行，让驶出车辆先行。

第三百八十六条 人员乘坐人车时，必须遵守下列规定：

（一）听从司机及跟车工的指挥，开车前必须关闭车门或者挂上防护链。

（二）人体及所携带的工具、零部件，严禁露出车外。

（三）列车行驶中及尚未停稳时，严禁上下车和在车内站立。

（四）严禁在机车上或者任意 2 车厢之间搭乘。

（五）严禁扒车、跳车和超员乘坐。

第三百八十七条 倾斜井巷内使用串车提升时，必须遵守下列规定：

（一）在倾斜井巷内安设能够将运行中断绳、脱钩的车辆阻止住的跑车防护装置。

（二）在各车场安设能够防止带绳车辆误入非运行车场或者区段的阻车器。

（三）在上部平车场入口安设能够控制车辆进入摘挂钩地点的阻车器。

（四）在上部平车场接近变坡点处，安设能够阻止未连挂的车辆滑入斜巷的阻车器。

（五）在变坡点下方略大于 1 列车长度的地点，设置能够防止未连挂的车辆继续往下跑车的挡车栏。

上述挡车装置必须经常关闭，放车时方准打开。兼作行驶人车的倾斜井巷，在提升人员时，倾斜井巷中的挡车装置和跑车防护装置必须是常开状态并闭锁。

第三百八十八条 倾斜井巷使用提升机或者绞车提升时，必须遵守下列规定：

（一）采取轨道防滑措施。

（二）按设计要求设置托绳轮（辊），并保持转动灵活。

（三）井巷上端的过卷距离，应当根据巷道倾角、设计载荷、最大提升速度和实际制动力等参量计算确定，并有 1.5 倍的备用系数。

（四）串车提升的各车场设有信号硐室及躲避硐；运人斜井各车场设有信号和候车硐室，候车硐室具有足够的空间。

（五）提升信号参照本规程第四百零三条和第四百零四条规定。

（六）运送物料时，开车前把钩工必须检查牵引车数、各车的连接和装载情况。牵引车数超过规定，连接不良，或者装载物料超重、超高、超宽或者偏载严重有翻车危险时，严禁发出开车信号。

（七）提升时严禁蹬钩、行人。

第三百八十九条 人力推车必须遵守下列规定：

（一）1 次只准推 1 辆车。严禁在矿车两侧推车。同向推车的间距，在轨道坡度小于或者等于 5‰时，不得小于 10 m；坡度大于 5‰时，不得小于 30 m。

（二）推车时必须时刻注意前方。在开始推车、停车、掉道、发现前方有人或者有障碍物，从坡度较大的地方向下推车以及接近道岔、弯道、巷道口、风门、硐室出口时，推车人必须及时发出警号。

（三）严禁放飞车和在巷道坡度大于 7‰时人力推车。

（四）不得在能自动滑行的坡道上停放车辆，确需停放时必须用可靠的制动器或者阻车器将车辆稳住。

第三百九十条 使用的单轨吊车、卡轨车、齿轨车、胶套轮车、无极绳连续牵引车，应当符合下列要求：

（一）运行坡度、速度和载重，不得超过设计规定值。

（二）安全制动和停车制动装置必须为失效安全型，制动力应当为额定牵引力的 1.5~2 倍。

（三）必须设置既可手动又能自动的安全闸。安全闸应当具备下列性能：

1. 绳牵引式运输设备运行速度超过额定速度

30%时，其他设备运行速度超过额定速度15%时，能自动施闸；施闸时的空动时间不大于0.7 s。

2. 在最大载荷最大坡度上以最大设计速度向下运行时，制动距离应当不超过相当于在这一速度下6 s的行程。

3. 在最小载荷最大坡度上向上运行时，制动减速度不大于5 m/s²。

（四）胶套轮材料与钢轨的摩擦系数，不得小于0.4。

（五）柴油机和蓄电池单轨吊车、齿轨车和胶套轮车的牵引机车或者头车上，必须设置车灯和喇叭，列车的尾部必须设置红灯。

（六）柴油机和蓄电池单轨吊车，必须具备2路以上相对独立回油的制动系统，必须设置超速保护装置。司机应当配备通信装置。

（七）无极绳连续牵引车、绳牵引卡轨车、绳牵引单轨吊车，还应当符合下列要求：

1. 必须设置越位、超速、张紧力下降等保护。

2. 必须设置司机与相关岗位工之间的信号联络装置；设有跟车工时，必须设置跟车工与牵引绞车司机联络用的信号和通信装置。在驱动部、各车场，应当设置行车报警和信号装置。

3. 运送人员时，必须设置卡轨或者护轨装置，采用具有制动功能的专用乘人装置，必须设置跟车工。制动装置必须定期试验。

4. 运行时绳道内严禁有人。

5. 车辆脱轨后复位时，必须先释放牵引钢丝绳的弹性张力。人员严禁在脱轨车辆的前方或者后方工作。

第三百九十一条 采用单轨吊车运输时，应当遵守下列规定：

（一）柴油机单轨吊车运行巷道坡度不大于25°，蓄电池单轨吊车不大于15°，钢丝绳单轨吊车不大于25°。

（二）必须根据起吊重物的最大载荷设计起吊梁和吊挂轨道，其安装与铺设应当保证单轨吊车的安全运行。

（三）单轨吊车运行中应当设置跟车工。起吊或者下放设备、材料时，人员严禁在起吊梁两侧；机车过风门、道岔、弯道时，必须确认安全，方可缓慢通过。

（四）采用柴油机、蓄电池单轨吊车运送人员时，必须使用人车车厢；两端必须设置制动装置，两侧必须设置防护装置。

（五）采用钢丝绳牵引单轨吊车运输时，严禁在巷道弯道内侧设置人行道。

（六）单轨吊车的检修工作应当在平巷内进行。若必须在斜巷内处理故障时，应当制定安全措施。

（七）有防止淋水侵蚀轨道的措施。

第三百九十二条 采用无轨胶轮车运输时，应当遵守下列规定：

（一）严禁非防爆、不完好无轨胶轮车下井运行。

（二）驾驶员持有"中华人民共和国机动车驾驶证"。

（三）建立无轨胶轮车入井运行和检查制度。

（四）设置工作制动、紧急制动和停车制动，工作制动必须采用湿式制动器。

（五）必须设置车前照明灯和尾部红色信号灯，配备灭火器和警示牌。

（六）运行中应当符合下列要求：

1. 运送人员必须使用专用人车，严禁超员；

2. 运行速度，运人时不超过25 km/h，运送物料时不超过40 km/h；

3. 同向行驶车辆必须保持不小于50 m的安全运行距离；

4. 严禁车辆空挡滑行；

5. 应当设置随车通信系统或者车辆位置监测系统；

6. 严禁进入专用回风巷和微风、无风区域。

（七）巷道路面、坡度、质量，应当满足车辆安全运行要求。

（八）巷道和路面应当设置行车标识和交通管控信号。

（九）长坡段巷道内必须采取车辆失速安全措施。

（十）巷道转弯处应当设置防撞装置。人员躲避硐室、车辆躲避硐室附近应当设置标识。

（十一）井下行驶特殊车辆或者运送超长、超宽物料时，必须制定安全措施。

第二节 立井提升

第三百九十三条 立井提升容器和载荷，必须符合下列要求：

（一）立井中升降人员应当使用罐笼。在井筒内作业或者因其他原因，需要使用普通箕斗或者救急罐升降人员时，必须制定安全措施。

（二）升降人员或者升降人员和物料的单绳提升罐笼必须装设可靠的防坠器。

（三）罐笼和箕斗的最大提升载荷和最大提升载

荷差应当在井口公布，严禁超载和超最大载荷差运行。

（四）箕斗提升必须采用定重装载。

第三百九十四条 专为升降人员和升降人员与物料的罐笼，必须符合下列要求：

（一）乘人层顶部应当设置可以打开的铁盖或者铁门，两侧装设扶手。

（二）罐底必须满铺钢板，如果需要设孔时，必须设置牢固可靠的门；两侧用钢板挡严，并不得有孔。

（三）进出口必须装设罐门或者罐帘，高度不得小于 1.2 m。罐门或者罐帘下部边缘至罐底的距离不得超过 250 mm，罐帘横杆的间距不得大于 200 mm。罐门不得向外开，门轴必须防脱。

（四）提升矿车的罐笼内必须装有阻车器。升降无轨胶轮车时，必须设置专用定车或者锁车装置。

（五）单层罐笼和多层罐笼的最上层净高（带弹簧的主拉杆除外）不得小于 1.9 m，其他各层净高不得小于 1.8 m。带弹簧的主拉杆必须设保护套筒。

（六）罐笼内每人占有的有效面积应不小于 0.18 m²。罐笼每层内 1 次能容纳的人数应当明确规定。超过规定人数时，把钩工必须制止。

（七）严禁在罐笼同一层内人员和物料混合提升。升降无轨胶轮车时，仅限司机一人留在车内，且按提升人员要求运行。

第三百九十五条 立井罐笼提升井口、井底和各水平的安全门与罐笼位置、摇台或者锁罐装置、阻车器之间的联锁，必须符合下列要求：

（一）井口、井底和中间运输巷的安全门必须与罐位和提升信号联锁：罐笼到位并发出停车信号后安全门才能打开；安全门未关闭，只能发出调平和换层信号，但发不出开车信号；安全门关闭后才能发出开车信号；发出开车信号后，安全门不能打开。

（二）井口、井底和中间运输巷都应当设置摇台或者锁罐装置，并与罐笼停止位置、阻车器和提升信号系统联锁：罐笼未到位，放不下摇台或者锁罐装置，打不开阻车器；摇台或者锁罐装置未抬起，阻车器未关闭，发不出开车信号。

（三）立井井口和井底使用罐座时，必须设置闭锁装置，罐座未打开，发不出开车信号。升降人员时，严禁使用罐座。

第三百九十六条 提升容器的罐耳与罐道之间的间隙，应当符合下列要求：

（一）安装时，罐耳与罐道之间所留间隙应当符合下列要求：

1. 使用滑动罐耳的刚性罐道每侧不得超过 5 mm，木罐道每侧不得超过 10 mm。

2. 钢丝绳罐道的罐耳滑套直径与钢丝绳直径之差不得大于 5 mm。

3. 采用滚轮罐耳的矩形钢罐道的辅助滑动罐耳，每侧间隙应当保持 10~15 mm。

（二）使用时，罐耳和罐道的磨损量或者总间隙达到下列限值时，必须更换：

1. 木罐道任一侧磨损量超过 15 mm 或者总间隙超过 40 mm。

2. 钢轨罐道轨头任一侧磨损量超过 8 mm，或者轨腰磨损量超过原有厚度的 25%；罐耳的任一侧磨损量超过 8 mm，或者在同一侧罐耳和罐道的总磨损量超过 10 mm，或者罐耳与罐道的总间隙超过 20 mm。

3. 矩形钢罐道任一侧的磨损量超过原有厚度的 50%。

4. 钢丝绳罐道与滑套的总间隙超过 15 mm。

第三百九十七条 立井提升容器间及提升容器与井壁、罐道梁、井梁之间的最小间隙，必须符合表 7 要求。

提升容器在安装或者检修后，第一次开车前必须检查各个间隙，不符合要求时不得开车。

采用钢丝绳罐道，当提升容器之间的间隙小于表 7 要求时，必须设防撞绳。

表7 立井提升容器间及提升容器与井壁、罐道梁、井梁间的最小间隙值　　　　mm

罐道和井梁布置		容器与容器之间	容器与井壁之间	容器与罐道梁之间	容器与井梁之间	备注
罐道布置在容器一侧		200	150	40	150	罐耳与罐道卡子之间为 20
罐道布置在容器两侧	木罐道	200	200	50	200	有卸载滑轮的容器，滑轮与罐道梁间隙增加 25
	钢罐道	150	150	40	150	

表7（续） mm

罐道和井梁布置		容器与容器之间	容器与井壁之间	容器与罐道梁之间	容器与井梁之间	备注
罐道布置在容器正面	木罐道	200	200	50	200	
	钢罐道	200	150	40	150	
钢丝绳罐道		500	350		350	设防撞绳时，容器之间最小间隙为200

第三百九十八条 钢丝绳罐道应当优先选用密封式钢丝绳。

每个提升容器（平衡锤）有4根罐道绳时，每根罐道绳的最小刚性系数不得小于500 N/m，各罐道绳张紧力之差不得小于平均张紧力的5%，内侧张紧力大，外侧张紧力小。

每个提升容器（平衡锤）有2根罐道绳时，每根罐道绳的刚性系数不得小于1000 N/m，各罐道绳的张紧力应当相等。单绳提升的2根主提升钢丝绳必须采用同一捻向或者阻旋转钢丝绳。

第三百九十九条 应当每年检查1次金属井架、井筒罐道梁和其他装备的固定和锈蚀情况，发现松动及时加固，发现防腐层剥落及时补刷防腐剂。检查和处理结果应当详细记录。

建井用金属井架，每次移设后都应当涂防腐剂。

第四百条 提升系统各部分每天必须由专职人员至少检查1次，每月还必须组织有关人员至少进行1次全面检查。

检查中发现问题，必须立即处理，检查和处理结果都应当详细记录。

第四百零一条 检修人员站在罐笼或箕斗顶上工作时，必须遵守下列规定：

（一）在罐笼或箕斗顶上，必须装设保险伞和栏杆。

（二）必须系好保险带。

（三）提升容器的速度，一般为0.3~0.5 m/s，最大不得超过2 m/s。

（四）检修用信号必须安全可靠。

第四百零二条 罐笼提升的井口和井底车场必须有把钩工。

人员上下井时，必须遵守乘罐制度，听从把钩工指挥。开车信号发出后严禁进出罐笼。

第四百零三条 每一提升装置，必须装有从井底信号工发给井口信号工和从井口信号工发给司机的信号装置。井口信号装置必须与提升机的控制回路相闭锁，只有在井口信号工发出信号后，提升机才能启动。除常用的信号装置外，还必须有备用信号装置。井底车场与井口之间、井口与司机操控台之间，除有上述信号装置外，还必须装设直通电话。

1套提升装置服务多个水平时，从各水平发出的信号必须有区别。

第四百零四条 井底车场的信号必须经由井口信号工转发，不得越过井口信号工直接向提升机司机发送开车信号；但有下列情况之一时，不受此限：

（一）发送紧急停车信号。

（二）箕斗提升。

（三）单容器提升。

（四）井上下信号联锁的自动化提升系统。

第四百零五条 用多层罐笼升降人员或者物料时，井上、下各层出车平台都必须设有信号工。各信号工发送信号时，必须遵守下列规定：

（一）井下各水平的总信号工收齐该水平各层信号工的信号后，方可向井口总信号工发出信号。

（二）井口总信号工收齐井口各层信号工信号并接到井下水平总信号工信号后，才可向提升机司机发出信号。

信号系统必须设有保证按上述顺序发出信号的闭锁装置。

第四百零六条 在提升速度大于3 m/s的提升系统内，必须设防撞梁和托罐装置。防撞梁必须能够挡住过卷后上升的容器或者平衡锤，并不得兼作他用；托罐装置必须能够将撞击防撞梁后再下落的容器或者配重托住，并保证其下落的距离不超过0.5 m。

第四百零七条 立井提升装置的过卷和过放应当符合下列要求：

（一）罐笼和箕斗提升，过卷和过放距离不得小于表8所列数值。

表8 立井提升装置的过卷和过放距离

提升速度*/(m·s⁻¹)	≤3	4	6	8	≥10
过卷、过放距离/m	4.0	4.75	6.5	8.25	≥10.0

* 提升速度为表8中所列速度的中间值时，用插值法计算。

（二）在过卷和过放距离内，应当安设性能可靠的缓冲装置。缓冲装置应当能将全速过卷（过放）的容器或者平衡锤平稳地停住，并保证不再反向下滑或者反弹。

（三）过放距离内不得积水和堆积杂物。

（四）缓冲托罐装置必须每年至少进行1次检查和保养。

第三节 钢丝绳和连接装置

第四百零八条 各种用途钢丝绳的安全系数，必须符合下列要求：

（一）各种用途钢丝绳悬挂时的安全系数，必须符合表9的要求。

表9 钢丝绳安全系数最小值

用途分类			安全系数*的最小值
单绳缠绕式提升装置	专为升降人员		9
	升降人员和物料	升降人员时	9
		混合提升时**	9
		升降物料时	7.5
	专为升降物料		6.5
摩擦轮式提升装置	专为升降人员		$9.2-0.0005H$***
	升降人员和物料	升降人员时	$9.2-0.0005H$
		混合提升时	$9.2-0.0005H$
		升降物料时	$8.2-0.0005H$
	专为升降物料		$7.2-0.0005H$
倾斜钢丝绳牵引带式输送机	运人		$6.5-0.001L$**** 但不得小于6
	运物		$5-0.001L$ 但不得小于4
倾斜无极绳绞车	运人		$6.5-0.001L$ 但不得小于6
	运物		$5-0.001L$ 但不得小于3.5
架空乘人装置			6
悬挂安全梯用的钢丝绳			6
罐道绳、防撞绳、起重用的钢丝绳			6
悬挂吊盘、水泵、排水管、抓岩机等用的钢丝绳			6
悬挂风筒、风管、供水管、注浆管、输料管、电缆用的钢丝绳			5
拉紧装置用的钢丝绳			5
防坠器的制动绳和缓冲绳（按动载荷计算）			3

* 钢丝绳的安全系数，等于实测的合格钢丝拉断力的总和与其所承受的最大静拉力（包括绳端载荷和钢丝绳自重所引起的静拉力）之比；

** 混合提升指多层罐笼同一次在不同层内提升人员和物料；

*** H 为钢丝绳悬挂长度，m；

**** L 为由驱动轮到尾部绳轮的长度，m。

（二）在用的缠绕式提升钢丝绳在定期检验时，安全系数小于下列规定值时，应当及时更换：

1. 专为升降人员用的小于 7。
2. 升降人员和物料用的钢丝绳：升降人员时小于 7，升降物料时小于 6。
3. 专为升降物料和悬挂吊盘用的小于 5。

第四百零九条 各种用途钢丝绳的韧性指标，必须符合表 10 的要求。

表 10　不同钢丝绳的韧性指标

钢丝绳用途	钢丝绳种类	钢丝绳韧性指标下限		说　明
		新　绳	在用绳	
升降人员或升降人员和物料	光面绳	MT 716 中光面钢丝绳韧性指标	新绳韧性指标的 90%	在用绳按 MT 717 标准（面接触绳除外）
	镀锌绳	MT 716 中 AB 类镀锌钢丝韧性指标	新绳韧性指标的 85%	
	面接触绳	GB/T 16269 中钢丝韧性指标	新绳韧性指标的 90%	
升降物料	光面绳	MT 716 中光面钢丝绳韧性指标	新绳韧性指标的 80%	
	镀锌绳	MT 716 中 A 类镀锌钢丝韧性指标	新绳韧性指标的 80%	
	面接触绳	GB/T 16269 中钢丝韧性指标	新绳韧性指标的 80%	
罐道绳	密封绳	特级	普级	按 YB/T 5295 标准

第四百一十条 新钢丝绳的使用与管理，必须遵守下列规定：

（一）钢丝绳到货后，应当进行性能检验。合格后应当妥善保管备用，防止损坏或者锈蚀。

（二）每根钢丝绳的出厂合格证、验收检验报告等原始资料应当保存完整。

（三）存放时间超过 1 年的钢丝绳，在悬挂前必须再进行性能检测，合格后方可使用。

（四）钢丝绳悬挂前，必须对每根钢丝做拉断、弯曲和扭转 3 种试验，以公称直径为准对试验结果进行计算和判定：

1. 不合格钢丝的断面积与钢丝总断面积之比达到 6%，不得用作升降人员；达到 10%，不得用作升降物料。

2. 钢丝绳的安全系数小于本规程第四百零八条的规定时，该钢丝绳不得使用。

（五）主要提升装置必须有检验合格的备用钢丝绳。

（六）专用于斜井提升物料且直径不大于 18 mm 的钢丝绳，有产品合格证和检测检验报告等，外观检查无锈蚀和损伤的，可以不进行（一）、（三）所要求的检验。

第四百一十一条 在用钢丝绳的检验、检查与维护，应当遵守下列规定：

（一）升降人员或者升降人员和物料用的缠绕式提升钢丝绳，自悬挂使用后每 6 个月进行 1 次性能检验；悬挂吊盘的钢丝绳，每 12 个月检验 1 次。

（二）升降物料用的缠绕式提升钢丝绳，悬挂使用 12 个月内必须进行第一次性能检验，以后每 6 个月检验 1 次。

（三）缠绕式提升钢丝绳的定期检验，可以只做每根钢丝的拉断和弯曲 2 种试验。试验结果，以公称直径为准进行计算和判定。出现下列情况的钢丝绳，必须停止使用：

1. 不合格钢丝的断面积与钢丝总断面积之比达到 25% 时；

2. 钢丝绳的安全系数小于本规程第四百零八条规定时。

（四）摩擦式提升钢丝绳、架空乘人装置钢丝绳、平衡钢丝绳以及专用于斜井提升物料且直径不大于 18 mm 的钢丝绳，不受（一）、（二）限制。

（五）提升钢丝绳必须每天检查 1 次，平衡钢丝绳、罐道绳、防坠器制动绳（包括缓冲绳）、架空乘人装置钢丝绳、钢丝绳牵引带式输送机钢丝绳和井筒悬吊钢丝绳必须每周至少检查 1 次。对易损坏和断丝或者锈蚀较多的一段应当停车详细检查。断丝的突出部分应当在检查时剪下。检查结果应当记入钢丝绳检查记录簿。

（六）对使用中的钢丝绳，应当根据井巷条件及锈蚀情况，采取防腐措施。摩擦提升钢丝绳的摩擦传动段应当涂、浸专用的钢丝绳增摩脂。

（七）平衡钢丝绳的长度必须与提升容器过卷高度相适应，防止过卷时损坏平衡钢丝绳。使用圆形平衡钢丝绳时，必须有避免平衡钢丝绳扭结的装置。

（八）严禁平衡钢丝绳浸泡水中。

（九）多绳提升的任意一根钢丝绳的张力与平均张力之差不得超过±10%。

第四百一十二条 钢丝绳的报废和更换，应当遵守下列规定：

（一）钢丝绳的报废类型、内容及标准应当符合表11的要求。达到其中一项的，必须报废。

表11 钢丝绳的报废类型、内容及标准

项目	钢丝绳类别		报废标准	说明
使用期限	摩擦式提升机	提升钢丝绳	2年	如果钢丝绳的断丝、直径缩小和锈蚀程度不超过本表断丝、直径缩小、锈蚀类型的规定，可继续使用1年
		平衡钢丝绳	4年	
	井筒中悬挂水泵、抓岩机的钢丝绳		1年	到期后经检查鉴定，锈蚀程度不超过本表锈蚀类型的规定，可以继续使用
	悬挂风管、输料管、安全梯和电缆的钢丝绳		2年	
断丝	升降人员或者升降人员和物料用钢丝绳		5%	各种股捻钢丝绳在1个捻距内断丝断面积与钢丝总断面积之比
	专为升降物料用的钢丝绳、平衡钢丝绳、防坠器的制动钢丝绳（包括缓冲绳）、兼作运人的钢丝绳牵引带式输送机的钢丝绳和架空乘人装置的钢丝绳		10%	
	罐道钢丝绳		15%	
	无极绳运输和专为运物料的钢丝绳牵引带式输送机用的钢丝绳		25%	
直径缩小	提升钢丝绳、架空乘人装置或者制动钢丝绳		10%	1. 以钢丝绳公称直径为准计算的直径减小量 2. 使用密封式钢丝绳时，外层钢丝厚度磨损量达到50%时，应当更换
	罐道钢丝绳		15%	
锈蚀	各类钢丝绳			1. 钢丝出现变黑、锈皮、点蚀麻坑等损伤时，不得再用作升降人员 2. 钢丝绳锈蚀严重，或者点蚀麻坑形成沟纹，或者外层钢丝松动时，不论断丝数多少或者绳径是否变化，应当立即更换

（二）更换摩擦式提升机钢丝绳时，必须同时更换全部钢丝绳。

第四百一十三条 钢丝绳在运行中遭受到卡罐、突然停车等猛烈拉力时，必须立即停车检查，发现下列情况之一者，必须将受损段剁掉或者更换全绳：

（一）钢丝绳产生严重扭曲或者变形。

（二）断丝超过本规程第四百一十二条的规定。

（三）直径减小量超过本规程第四百一十二条的规定。

（四）遭受猛烈拉力的一段的长度伸长0.5%以上。

在钢丝绳使用期间，断丝数突然增加或者伸长突然加快，必须立即更换。

第四百一十四条 有接头的钢丝绳，仅限于下列设备中使用：

（一）平巷运输设备。

（二）无极绳绞车。
（三）架空乘人装置。
（四）钢丝绳牵引带式输送机。

钢丝绳接头的插接长度不得小于钢丝绳直径的1000倍。

第四百一十五条 新安装或者大修后的防坠器，必须进行脱钩试验，合格后方可使用。对使用中的立井罐笼防坠器，应当每6个月进行1次不脱钩试验，每年进行1次脱钩试验。对使用中的斜井人车防坠器，应当每班进行1次手动落闸试验、每月进行1次静止松绳落闸试验、每年进行1次重载全速脱钩试验。防坠器的各个连接和传动部分，必须处于灵活状态。

第四百一十六条 立井和斜井使用的连接装置的性能指标和投用前的试验，必须符合下列要求：

（一）各类连接装置的安全系数必须符合表12的要求。

表12 各类连接装置的安全系数最小值

用　　途		安全系数最小值
专门升降人员的提升容器连接装置		13
升降人员和物料的提升容器连接装置	升降人员时	13
	升降物料时	10
专为升降物料的提升容器的连接装置		10
斜井人车的连接装置		13
矿车的车梁、碰头和连接插销		6
无极绳的连接装置		8
吊桶的连接装置		13
凿井用吊盘、安全梯、水泵、抓岩机的悬挂装置		10
凿井用风管、水管、风筒、注浆管的悬挂装置		8
倾斜井巷中使用的单轨吊车、卡轨车和齿轨车的连接装置	运人时	13
	运物时	10

注：连接装置的安全系数等于主要受力部件的破断力与其所承受的最大静载荷之比。

（二）各种环链的安全系数，必须以曲梁理论计算的应力为准，并同时符合下列要求：

1. 按材料屈服强度计算的安全系数，不小于2.5；

2. 以模拟使用状态拉断力计算的安全系数，不小于13。

（三）各种连接装置主要受力件的冲击功必须符合下列要求：

1. 常温（15 ℃）下不小于100 J；

2. 低温（-30 ℃）下不小于70 J。

（四）各种保险链以及矿车的连接环、链和插销等，必须符合下列要求：

1. 批量生产的，必须做抽样拉断试验，不符合要求时不得使用；

2. 初次使用前和使用后每隔2年，必须逐个以2倍于其最大静荷重的拉力进行试验，发现裂纹或者永久伸长量超过0.2%时，不得使用。

（五）立井提升容器与提升钢丝绳的连接，应当采用楔形连接装置。每次更换钢丝绳时，必须对连接装置的主要受力部件进行探伤检验，合格后方可继续使用。楔形连接装置的累计使用期限：单绳提升不得超过10年；多绳提升不得超过15年。

（六）倾斜井巷运输时，矿车之间的连接、矿车与钢丝绳之间的连接，必须使用不能自行脱落的连接装置，并加装保险绳。

（七）倾斜井巷运输用的钢丝绳连接装置，在每次换钢丝绳时，必须用2倍于其最大静荷重的拉力进行试验。

（八）倾斜井巷运输用的矿车连接装置，必须至少每年进行1次2倍于其最大静荷重的拉力试验。

第四节　提升装置

第四百一十七条 提升装置的天轮、卷筒、摩擦轮、导向轮和导向滚等的最小直径与钢丝绳直径之比值，应当符合表13的要求。

第四百一十八条 各种提升装置的卷筒上缠绕的钢丝绳层数，必须符合下列要求：

（一）立井中升降人员或者升降人员和物料的不超过1层，专为升降物料的不超过2层。

（二）倾斜井巷中升降人员或者升降人员和物料的不超过2层，升降物料的不超过3层。

（三）建井期间升降人员和物料的不超过2层。

（四）现有生产矿井在用的绞车，如果在滚筒上装设过渡绳楔，滚筒强度满足要求且滚筒边缘高度符合本规程第四百一十九条要求，可按本条（一）、（二）所规定的层数增加1层。

（五）移动式或者辅助性专为升降物料的（包括矸石山和向天桥上提升等），不受本条（一）、（二）、（三）的限制。

表13 提升装置的天轮、卷筒、摩擦轮、导向轮和导向滚等的最小直径与钢丝绳直径之比值

用 途		最小比值	说 明
落地式摩擦提升装置的摩擦轮及天轮、围抱角大于180°的塔式摩擦提升装置的摩擦轮	井上	90	在这些提升装置中，如使用密封式提升钢丝绳，应当将各相应的比值增加20%
	井下	80	
围抱角为180°的塔式摩擦提升装置的摩擦轮	井上	80	
	井下	70	
摩擦提升装置的导向轮		80	
地面缠绕式提升装置的卷筒和围抱角大于90°的天轮		80	
地面缠绕式提升装置围抱角小于90°的天轮		60	
井下缠绕式提升机和凿井提升机的卷筒，井下架空乘人装置的主导轮和尾导轮、围抱角大于90°的天轮		60	
井下缠绕式提升机、凿井提升机和井下架空乘人装置围抱角小于90°的天轮		40	
斜井提升的游动天轮	围抱角大于60°	60	
	围抱角在35°~60°	40	
	围抱角小于35°	20	
矸石山绞车的卷筒和天轮		50	
悬挂水泵、吊盘、管子用的卷筒和天轮，凿井时运输物料的提升机卷筒和天轮，倾斜井巷提升机的游动轮，矸石山绞车的压绳轮以及无极绳运输的导向滚等		20	

第四百一十九条 缠绕2层或者2层以上钢丝绳的卷筒，必须符合下列要求：

（一）卷筒边缘高出最外层钢丝绳的高度，至少为钢丝绳直径的2.5倍。

（二）卷筒上必须设有带绳槽的衬垫。

（三）钢丝绳由下层转到上层的临界段（相当于绳圈1/4长的部分）必须经常检查，并每季度将钢丝绳移动1/4绳圈的位置。对现有不带绳槽衬垫的在用提升机，只要在卷筒板上刻有绳槽或者用1层钢丝绳作底绳，可继续使用。

第四百二十条 钢丝绳绳头固定在卷筒上时，应当符合下列要求：

（一）必须有特备的容绳或者卡绳装置，严禁系在卷筒轴上。

（二）绳孔不得有锐利的边缘，钢丝绳的弯曲不得形成锐角。

（三）卷筒上应当缠留3圈绳，以减轻固定处的张力，还必须留有定期检验用绳。

第四百二十一条 通过天轮的钢丝绳必须低于天轮的边缘，其高差：提升用天轮不得小于钢丝绳直径的1.5倍，悬吊用天轮不得小于钢丝绳直径的1倍。

天轮和摩擦轮绳槽衬垫磨损达到下列限值，必须更换：

（一）天轮绳槽衬垫磨损达到1根钢丝绳直径的深度，或者沿侧面磨损达到钢丝绳直径的1/2。

（二）摩擦轮绳槽衬垫磨损剩余厚度小于钢丝绳直径，绳槽磨损深度超过70 mm。

第四百二十二条 矿井提升系统的加（减）速度和提升速度必须符合表14的要求。

表14 矿井提升系统的加（减）速度和提升速度值

项 目	立井提升		斜井提升	
	升降人员	升降物料	串车提升	箕斗提升
加（减）速度/$(m \cdot s^{-2})$	≤0.75		≤0.5	
提升速度/$(m \cdot s^{-1})$	$v \leq 0.5\sqrt{H}$，且不超过12	$v \leq 0.6\sqrt{H}$	≤5	≤7，当铺设固定道床且钢轨≥38 kg/m时，≤9

注：v—最大提升速度，m/s；H—提升高度，m。

第四百二十三条 提升装置必须按下列要求装设安全保护：

（一）过卷和过放保护：当提升容器超过正常终端停止位置或者出车平台 0.5 m 时，必须能自动断电，且使制动器实施安全制动。

（二）超速保护：当提升速度超过最大速度 15% 时，必须能自动断电，且使制动器实施安全制动。

（三）过负荷和欠电压保护。

（四）限速保护：提升速度超过 3 m/s 的提升机应当装设限速保护，以保证提升容器或者平衡锤到达终端位置时的速度不超过 2 m/s。当减速段速度超过设定值的 10% 时，必须能自动断电，且使制动器实施安全制动。

（五）提升容器位置指示保护：当位置指示失效时，能自动断电，且使制动器实施安全制动。

（六）闸瓦间隙保护：当闸瓦间隙超过规定值时，能报警并闭锁下次开车。

（七）松绳保护：缠绕式提升机应当设置松绳保护装置并接入安全回路或者报警回路。箕斗提升时，松绳保护装置动作后，严禁受煤仓放煤。

（八）仓位超限保护：箕斗提升的井口煤仓仓位超限时，能报警并闭锁开车。

（九）减速功能保护：当提升容器或者平衡锤到达设计减速点时，能示警并开始减速。

（十）错向运行保护：当发生错向时，能自动断电，且使制动器实施安全制动。

过卷保护、超速保护、限速保护和减速功能保护应当设置为相互独立的双线型式。

缠绕式提升机应当加设定车装置。

第四百二十四条 提升机必须装设可靠的提升容器位置指示器、减速声光示警装置，必须设置机械制动和电气制动装置。

严禁司机擅自离开工作岗位。

第四百二十五条 机械制动装置应当采用弹簧式，能实现工作制动和安全制动。

工作制动必须采用可调节的机械制动装置。

安全制动必须有并联冗余的回油通道。

双滚筒提升机每个滚筒的制动装置必须能够独立控制，并具有调绳功能。

第四百二十六条 提升机机械制动装置的性能，必须符合下列要求：

（一）制动闸空动时间：盘式制动装置不得超过 0.3 s，径向制动装置不得超过 0.5 s。

（二）盘形闸的闸瓦与闸盘之间的间隙不得超过 2 mm。

（三）制动力矩倍数必须符合下列要求：

1. 制动装置产生的制动力矩与实际提升最大载荷旋转力矩之比 K 值不得小于 3。

2. 对质量模数较小的提升机，上提重载保险闸的制动减速度超过本规程规定值时，K 值可以适当降低，但不得小于 2。

3. 在调整双滚筒提升机滚筒旋转的相对位置时，制动装置在各滚筒闸轮上所产生的力矩，不得小于该滚筒所悬重量（钢丝绳重量与提升容器重量之和）形成的旋转力矩的 1.2 倍。

4. 计算制动力矩时，闸轮和闸瓦的摩擦系数应当根据实测确定，一般采用 0.30～0.35。

第四百二十七条 各类提升机的制动装置发生作用时，提升系统的安全制动减速度，必须符合下列要求：

（一）提升系统的安全制动减速度必须符合表 15 的要求。

表 15 提升系统安全制动减速度规定值

减速度	$\theta \leqslant 30°$	$\theta > 30°$
提升减速度/(m·s^{-2})	$\leqslant A_c^*$	$\leqslant 5$
下放减速度/(m·s^{-2})	$\geqslant 0.75$	$\geqslant 1.5$

* $A_c = g(\sin\theta + f\cos\theta)$

式中　A_c——自然减速度，m/s^2；

　　　g——重力加速度，m/s^2；

　　　θ——井巷倾角，(°)；

　　　f——绳端载荷的运行阻力系数，一般取 0.010～0.015。

（二）摩擦式提升机安全制动时，除必须符合表 15 的要求外，还必须符合下列防滑要求：

1. 在各种载荷（满载或者空载）和提升状态（上提或者下放重物）下，制动装置所产生的制动减速度计算值不得超过滑动极限。钢丝绳与摩擦轮衬垫间摩擦系数的取值不得大于 0.25。由钢丝绳自重所引起的不平衡重必须计入。

2. 在各种载荷和提升状态下，制动装置发生作用时，钢丝绳都不出现滑动。

计算或者验算时，以本条第（二）款第 1 项为准；在用设备，以本条第（二）款第 2 项为准。

第四百二十八条 提升机操作必须遵守下列规定：

（一）主要提升装置应当配有正、副司机。自动化运行的专用于提升物料的箕斗提升机，可不配备司机值守，但应当设图像监视和定时巡检。

（二）升降人员的主要提升装置在交接班升降人

员的时间内，必须正司机操作，副司机监护。

（三）每班升降人员前，应当先空载运行1次，检查提升机动作情况；但连续运转时，不受此限。

（四）如发生故障，必须立即停止提升机运行，并向矿调度室报告。

第四百二十九条 新安装的矿井提升机，必须验收合格后方可投入运行。专门升降人员及混合提升的系统应当每年进行1次性能检测，其他提升系统每3年进行1次性能检测，检测合格后方可继续使用。

第四百三十条 提升装置管理必须具备下列资料，并妥善保管：

（一）提升机说明书。

（二）提升机总装配图。

（三）制动装置结构图和制动系统图。

（四）电气系统图。

（五）提升机、钢丝绳、天轮、提升容器、防坠器和罐道等的检查记录簿。

（六）钢丝绳的检验和更换记录簿。

（七）安全保护装置试验记录簿。

（八）故障记录簿。

（九）岗位责任制和设备完好标准。

（十）司机交接班记录簿。

（十一）操作规程。

制动系统图、电气系统图、提升装置的技术特征和岗位责任制等应当悬挂在提升机房内。

第五节 空气压缩机

第四百三十一条 矿井应当在地面集中设置空气压缩机站。

在井下设置空气压缩设备时，应当遵守下列规定：

（一）应当采用螺杆式空气压缩机，严禁使用滑片式空气压缩机。

（二）固定式空气压缩机和储气罐必须分别设置在2个独立硐室内，并保证独立通风。

（三）移动式空气压缩机必须设置在采用不燃性材料支护且具有新鲜风流的巷道中。

（四）应当设自动灭火装置。

（五）运行时必须有人值守。

第四百三十二条 空气压缩机站设备必须符合下列要求：

（一）设有压力表和安全阀。压力表和安全阀应当定期校准。安全阀和压力调节器应当动作可靠，安全阀动作压力不得超过额定压力的1.1倍。

（二）使用闪点不低于215℃的压缩机油。

（三）使用油润滑的空气压缩机必须装设断油保护装置或者断油信号显示装置。水冷式空气压缩机必须装设断水保护装置或者断水信号显示装置。

第四百三十三条 空气压缩机站的储气罐必须符合下列要求：

（一）储气罐上装有动作可靠的安全阀和放水阀，并有检查孔。定期清除风包内的油垢。

（二）新安装或者检修后的储气罐，应当用1.5倍空气压缩机工作压力做水压试验。

（三）在储气罐出口管路上必须加装释压阀，其口径不得小于出风管的直径，释放压力应当为空气压缩机最高工作压力的1.25~1.4倍。

（四）避免阳光直晒地面空气压缩机站的储气罐。

第四百三十四条 空气压缩设备的保护，必须遵守下列规定：

（一）螺杆式空气压缩机的排气温度不得超过120℃，离心式空气压缩机的排气温度不得超过130℃。必须装设温度保护装置，在超温时能自动切断电源并报警。

（二）储气罐内的温度应当保持在120℃以下，并装有超温保护装置，在超温时能自动切断电源并报警。

第十章 电 气

第一节 一般规定

第四百三十五条 煤矿地面、井下各种电气设备和电力系统的设计、选型、安装、验收、运行、检修、试验等必须按本规程执行。

第四百三十六条 矿井应当有两回路电源线路（即来自两个不同变电站或者来自不同电源进线的同一变电站的两段母线）。当任一回路发生故障停止供电时，另一回路应当担负矿井全部用电负荷。区域内不具备两回路供电条件的矿井采用单回路供电时，应当报安全生产许可证的发放部门审查。采用单回路供电时，必须有备用电源。备用电源的容量必须满足通风、排水、提升等要求，并保证主要通风机等在10 min内可靠启动和运行。备用电源应当有专人负责管理和维护，每10天至少进行一次启动和运行试验，试验期间不得影响矿井通风等，试验记录要存档备查。

矿井的两回路电源线路上都不得分接任何负荷。

正常情况下，矿井电源应当采用分列运行方式。若一回路运行，另一回路必须带电备用。带电备用电源的变压器可以热备用；若冷备用，备用电源必须能及时投入，保证主要通风机在 10 min 内启动和运行。

10 kV 及以下的矿井架空电源线路不得共杆架设。

矿井电源线路上严禁装设负荷定量器等各种限电断电装置。

第四百三十七条 矿井供电电能质量应当符合国家有关规定；电力电子设备或者变流设备的电磁兼容性应当符合国家标准、规范要求。

电气设备不应超过额定值运行。

第四百三十八条 对井下各水平中央变（配）电所和采（盘）区变（配）电所、主排水泵房和下山开采的采区排水泵房供电线路，不得少于两回路。当任一回路停止供电时，其余回路应当承担全部用电负荷。向局部通风机供电的井下变（配）电所应当采用分列运行方式。

主要通风机、提升人员的提升机、抽采瓦斯泵、地面安全监控中心等主要设备房，应当各有两回路直接由变（配）电所馈出的供电线路；受条件限制时，其中的一回路可引自上述设备房的配电装置。

向突出矿井自救系统供风的压风机、井下移动瓦斯抽采泵应当各有两回路直接由变（配）电所馈出的供电线路。

本条上述供电线路应当来自各自的变压器或者母线段，线路上不应分接任何负荷。

本条上述设备的控制回路和辅助设备，必须有与主要设备同等可靠的备用电源。

向采区供电的同一电源线路上，串接的采区变电所数量不得超过 3 个。

第四百三十九条 采区变电所应当设专人值班。无人值班的变电所必须关门加锁，并有巡检人员巡回检查。

实现地面集中监控并有图像监视的变电所可以不设专人值班，硐室必须关门加锁，并有巡检人员巡回检查。

第四百四十条 严禁井下配电变压器中性点直接接地。

严禁由地面中性点直接接地的变压器或者发电机直接向井下供电。

第四百四十一条 选用井下电气设备必须符合表 16 的要求。

表 16　井下电气设备选型

设备类别	突出矿井和瓦斯喷出区域	高瓦斯矿井、低瓦斯矿井		翻车机硐室	采区进风巷	总回风巷、主要回风巷、采区回风巷、采掘工作面和工作面进、回风巷
		井底车场、中央变电所、总进风巷和主要进风巷				
		低瓦斯矿井	高瓦斯矿井			
1. 高低压电机和电气设备	矿用防爆型（增安型除外）	矿用一般型	矿用一般型	矿用防爆型	矿用防爆型	矿用防爆型（增安型除外）
2. 照明灯具	矿用防爆型（增安型除外）	矿用一般型	矿用防爆型	矿用防爆型	矿用防爆型	矿用防爆型（矿用增安型除外）
3. 通信、自动控制的仪表、仪器	矿用防爆型（增安型除外）	矿用一般型	矿用防爆型	矿用防爆型	矿用防爆型	矿用防爆型（增安型除外）

注：1. 使用架线电机车运输的巷道中及沿巷道的机电设备硐室内可以采用矿用一般型电气设备（包括照明灯具、通信、自动控制的仪表、仪器）。
　　2. 突出矿井井底车场的主泵房内，可以使用矿用增安型电动机。
　　3. 突出矿井应当采用本安型矿灯。
　　4. 远距离传输的监测监控、通信信号应当采用本安型，动力载波信号除外。
　　5. 在爆炸性环境中使用的设备应当采用 EPL Ma 保护级别。非煤矿专用的便携式电气测量仪表，必须在甲烷浓度 1.0% 以下的地点使用，并实时监测使用环境的甲烷浓度。

第四百四十二条 井下不得带电检修电气设备。严禁带电搬迁非本安型电气设备、电缆,采用电缆供电的移动式用电设备不受此限。

检修或者搬迁前,必须切断上级电源,检查瓦斯,在其巷道风流中甲烷浓度低于1.0%时,再用与电源电压相适应的验电笔检验;检验无电后,方可进行导体对地放电。开关把手在切断电源时必须闭锁,并悬挂"有人工作,不准送电"字样的警示牌,只有执行这项工作的人员才有权取下此牌送电。

第四百四十三条 操作井下电气设备应当遵守下列规定:

(一)非专职人员或者非值班电气人员不得操作电气设备。

(二)操作高压电气设备主回路时,操作人员必须戴绝缘手套,并穿电工绝缘靴或者站在绝缘台上。

(三)手持式电气设备的操作手柄和工作中必须接触的部分必须有良好绝缘。

第四百四十四条 容易碰到的、裸露的带电体及机械外露的转动和传动部分必须加装护罩或者遮栏等防护设施。

第四百四十五条 井下各级配电电压和各种电气设备的额定电压等级,应当符合下列要求:

(一)高压不超过10000 V。

(二)低压不超过1140 V。

(三)照明和手持式电气设备的供电额定电压不超过127 V。

(四)远距离控制线路的额定电压不超过36 V。

(五)采掘工作面用电设备电压超过3300 V时,必须制定专门的安全措施。

第四百四十六条 井下配电系统同时存在2种或者2种以上电压时,配电设备上应当明显地标出其电压额定值。

第四百四十七条 矿井必须备有井上、下配电系统图,井下电气设备布置示意图和供电线路平面敷设示意图,并随着情况变化定期填绘。图中应当注明:

(一)电动机、变压器、配电设备等装设地点。

(二)设备的型号、容量、电压、电流等主要技术参数及其他技术性能指标。

(三)馈出线的短路、过负荷保护的整定值以及被保护干线和支线最远点两相短路电流值。

(四)线路电缆的用途、型号、电压、截面和长度。

(五)保护接地装置的安设地点。

第四百四十八条 防爆电气设备到矿验收时,应当检查产品合格证、煤矿矿用产品安全标志,并核查与安全标志审核的一致性。入井前,应当进行防爆检查,签发合格证后方准入井。

第二节 电气设备和保护

第四百四十九条 井下电力网的短路电流不得超过其控制用的断路器的开断能力,并校验电缆的热稳定性。

第四百五十条 井下严禁使用油浸式电气设备。

40 kW及以上的电动机,应当采用真空电磁起动器控制。

第四百五十一条 井下高压电动机、动力变压器的高压控制设备,应当具有短路、过负荷、接地和欠压释放保护。井下由采区变电所、移动变电站或者配电点引出的馈电线上,必须具有短路、过负荷和漏电保护。低压电动机的控制设备,必须具备短路、过负荷、单相断线、漏电闭锁保护及远程控制功能。

第四百五十二条 井下配电网路(变压器馈出线路、电动机等)必须具有过流、短路保护装置;必须用该配电网路的最大三相短路电流校验开关设备的分断能力和动、热稳定性以及电缆的热稳定性。

必须用最小两相短路电流校验保护装置的可靠动作系数。保护装置必须保证配电网路中最大容量的电气设备或者同时工作成组的电气设备能够起动。

第四百五十三条 矿井6000 V及以上高压电网,必须采取措施限制单相接地电容电流,生产矿井不超过20 A,新建矿井不超过10 A。

井上、下变电所的高压馈电线上,必须具备有选择性的单相接地保护;向移动变电站和电动机供电的高压馈电线上,必须具有选择性的动作于跳闸的单相接地保护。

井下低压馈电线上,必须装设检漏保护装置或者有选择性的漏电保护装置,保证自动切断漏电的馈电线路。

每天必须对低压漏电保护进行1次跳闸试验。

煤电钻必须使用具有检漏、漏电闭锁、短路、过负荷、断相和远距离控制功能的综合保护装置。每班使用前,必须对煤电钻综合保护装置进行1次跳闸试验。

突出矿井禁止使用煤电钻,煤层突出参数测定取样时不受此限。

第四百五十四条 直接向井下供电的馈电线路上,严禁装设自动重合闸。手动合闸时,必须事先同井下联系。

第四百五十五条 井上、下必须装设防雷电装置，并遵守下列规定：

（一）经由地面架空线路引入井下的供电线路和电机车架线，必须在入井处装设防雷电装置。

（二）由地面直接入井的轨道、金属架构及露天架空引入（出）井的管路，必须在井口附近对金属体设置不少于2处的良好的集中接地。

第三节　井下机电设备硐室

第四百五十六条 永久性井下中央变电所和井底车场内的其他机电设备硐室，应当采用砌碹或者其他可靠的方式支护，采区变电所应当用不燃性材料支护。

硐室必须装设向外开的防火铁门。铁门全部敞开时，不得妨碍运输。铁门上应当装设便于关严的通风孔。装有铁门时，门内可加设向外开的铁栅栏门，但不得妨碍铁门的开闭。

从硐室出口防火铁门起5 m内的巷道，应当砌碹或者用其他不燃性材料支护。硐室内必须设置足够数量的扑灭电气火灾的灭火器材。

井下中央变电所和主要排水泵房的地面标高，应当分别比其出口与井底车场或者大巷连接处的底板标高高出0.5 m。

硐室不应有滴水。硐室的过道应当保持畅通，严禁存放无关的设备和物件。

第四百五十七条 采掘工作面配电点的位置和空间必须满足设备安装、拆除、检修和运输等要求，并采用不燃性材料支护。

第四百五十八条 变电硐室长度超过6 m时，必须在硐室的两端各设1个出口。

第四百五十九条 硐室内各种设备与墙壁之间应当留出0.5 m以上的通道，各种设备之间留出0.8 m以上的通道。对不需从两侧或者后面进行检修的设备，可以不留通道。

第四百六十条 硐室入口处必须悬挂"非工作人员禁止入内"警示牌。硐室内必须悬挂与实际相符的供电系统图。硐室内有高压电气设备时，入口处和硐室内必须醒目悬挂"高压危险"警示牌。

硐室内的设备，必须分别编号，标明用途，并有停送电的标志。

第四节　输电线路及电缆

第四百六十一条 地面固定式架空高压电力线路应当符合下列要求：

（一）在开采沉陷区架设线路时，两回电源线路之间有足够的安全距离，并采取必要的安全措施。

（二）架空线不得跨越易燃、易爆物的仓储区域，与地面、建筑物、树木、道路、河流及其他架空线等间距应当符合国家有关规定。

（三）在多雷区的主要通风机房、地面瓦斯抽采泵站的架空线路应当有全线避雷设施。

（四）架空线路、杆塔或者线杆上应当有线路名称、杆塔编号以及安全警示等标志。

第四百六十二条 在总回风巷、专用回风巷及机械提升的进风倾斜井巷（不包括输送机上、下山）中不应敷设电力电缆。确需在机械提升的进风倾斜井巷（不包括输送机上、下山）中敷设电力电缆时，应当有可靠的保护措施，并经矿总工程师批准。

溜放煤、矸、材料的溜道中严禁敷设电缆。

第四百六十三条 井下电缆的选用应当遵守下列规定：

（一）电缆主线芯的截面应当满足供电线路负荷的要求。电缆应当带有供保护接地用的足够截面的导体。

（二）对固定敷设的高压电缆：

1. 在立井井筒或者倾角为45°及其以上的井巷内，应当采用煤矿用粗钢丝铠装电力电缆。

2. 在水平巷道或者倾角在45°以下的井巷内，应当采用煤矿用钢带或者细钢丝铠装电力电缆。

3. 在进风斜井、井底车场及其附近、中央变电所至采区变电所之间，可以采用铝芯电缆；其他地点必须采用铜芯电缆。

（三）固定敷设的低压电缆，应当采用煤矿用铠装或者非铠装电力电缆或者对应电压等级的煤矿用橡套软电缆。

（四）非固定敷设的高低压电缆，必须采用煤矿用橡套软电缆。移动式和手持式电气设备应当使用专用橡套电缆。

第四百六十四条 电缆的敷设应当符合下列要求：

（一）在水平巷道或者倾角在30°以下的井巷中，电缆应当用吊钩悬挂。

（二）在立井井筒或者倾角在30°及以上的井巷中，电缆应当用夹子、卡箍或者其他夹持装置进行敷设。夹持装置应当能承受电缆重量，并不得损伤电缆。

（三）水平巷道或者倾斜井巷中悬挂的电缆应当有适当的弛度，并能在意外受力时自由坠落。其悬挂高度应当保证电缆在矿车掉道时不受撞击，在电缆坠落时不落在轨道或者输送机上。

（四）电缆悬挂点间距，在水平巷道或者倾斜井巷内不得超过 3 m，在立井井筒内不得超过 6 m。

（五）沿钻孔敷设的电缆必须绑紧在钢丝绳上，钻孔必须加装套管。

第四百六十五条 电缆不应悬挂在管道上，不得遭受淋水。电缆上严禁悬挂任何物件。电缆与压风管、供水管在巷道同一侧敷设时，必须敷设在管子上方，并保持 0.3 m 以上的距离。在有瓦斯抽采管路的巷道内，电缆（包括通信电缆）必须与瓦斯抽采管路分挂在巷道两侧。盘圈或者盘"8"字形的电缆不得带电，但给采、掘等移动设备供电电缆及通信、信号电缆不受此限。

井筒和巷道内的通信和信号电缆应当与电力电缆分挂在井巷的两侧，如果受条件所限：在井筒内，应当敷设在距电力电缆 0.3 m 以外的地方；在巷道内，应当敷设在电力电缆上方 0.1 m 以上的地方。

高、低压电力电缆敷设在巷道同一侧时，高、低压电缆之间的距离应当大于 0.1 m。高压电缆之间、低压电缆之间的距离不得小于 50 mm。

井下巷道内的电缆，沿线每隔一定距离、拐弯或者分支点以及连接不同直径电缆的接线盒两端、穿墙电缆的墙的两边都应当设置注有编号、用途、电压和截面的标志牌。

第四百六十六条 立井井筒中敷设的电缆中间不得有接头；因井筒太深需设接头时，应当将接头设在中间水平巷道内。

运行中因故需要增设接头而又无中间水平巷道可以利用时，可以在井筒中设置接线盒。接线盒应当放置在托架上，不应使接头承力。

第四百六十七条 电缆穿过墙壁部分应当用套管保护，并严密封堵管口。

第四百六十八条 电缆的连接应当符合下列要求：

（一）电缆与电气设备连接时，电缆线芯必须使用齿形压线板（卡爪）、线鼻子或者快速连接器与电气设备进行连接。

（二）不同型电缆之间严禁直接连接，必须经过符合要求的接线盒、连接器或者母线盒进行连接。

（三）同型电缆之间直接连接时必须遵守下列规定：

1. 橡套电缆的修补连接（包括绝缘、护套已损坏的橡套电缆的修补）必须采用阻燃材料进行硫化热补或者与热补有同等效能的冷补。在地面热补或者冷补后的橡套电缆，必须经浸水耐压试验，合格后方可下井使用。

2. 塑料电缆连接处的机械强度以及电气、防潮、密封、老化等性能，应当符合该型矿用电缆的技术标准。

第五节 井下照明和信号

第四百六十九条 下列地点必须有足够照明：

（一）井底车场及其附近。

（二）机电设备硐室、调度室、机车库、爆炸物品库、候车室、信号站、瓦斯抽采泵站等。

（三）使用机车的主要运输巷道、兼作人行道的集中带式输送机巷道、升降人员的绞车道以及升降物料和人行交替使用的绞车道（照明灯的间距不得大于 30 m，无轨胶轮车主要运输巷道两侧安装有反光标识的不受此限）。

（四）主要进风巷的交岔点和采区车场。

（五）从地面到井下的专用人行道。

（六）综合机械化采煤工作面（照明灯间距不得大于 15 m）。

地面的通风机房、绞车房、压风机房、变电所、矿调度室等必须设有应急照明设施。

第四百七十条 严禁用电机车架空线作照明电源。

第四百七十一条 矿灯的管理和使用应当遵守下列规定：

（一）矿井完好的矿灯总数，至少应当比经常用灯的总人数多 10%。

（二）矿灯应当集中统一管理。每盏矿灯必须编号，经常使用矿灯的人员必须专人专灯。

（三）矿灯应当保持完好，出现亮度不够、电线破损、灯锁失效、灯头密封不严、灯头圈松动、玻璃破裂等情况时，严禁发放。发出的矿灯，最低应当能连续正常使用 11 h。

（四）严禁矿灯使用人员拆开、敲打、撞击矿灯。人员出井后（地面领用矿灯人员，在下班后），必须立即将矿灯交还灯房。

（五）在每次换班 2 h 内，必须把没有还灯人员的名单报告矿调度室。

（六）矿灯应当使用免维护电池，并具有过流和短路保护功能。采用锂离子蓄电池的矿灯还应当具有防过充电、过放电功能。

（七）加装其他功能的矿灯，必须保证矿灯的正常使用要求。

第四百七十二条 矿灯房应当符合下列要求：

（一）用不燃性材料建筑。

（二）取暖用蒸汽或者热水管式设备，禁止采用明火取暖。

（三）有良好的通风装置，灯房和仓库内严禁烟火，并备有灭火器材。

（四）有与矿灯匹配的充电装置。

第四百七十三条 电气信号应当符合下列要求：

（一）矿井中的电气信号，除信号集中闭塞外应当能同时发声和发光。重要信号装置附近，应当标明信号的种类和用途。

（二）升降人员和主要井口绞车的信号装置的直接供电线路上，严禁分接其他负荷。

第四百七十四条 井下照明和信号的配电装置，应当具有短路、过负荷和漏电保护的照明信号综合保护功能。

第六节 井下电气设备保护接地

第四百七十五条 电压在 36 V 以上和由于绝缘损坏可能带有危险电压的电气设备的金属外壳、构架、铠装电缆的钢带（钢丝）、铅皮（屏蔽护套）等必须有保护接地。

第四百七十六条 任一组主接地极断开时，井下总接地网上任一保护接地点的接地电阻值，不得超过 2 Ω。每一移动式和手持式电气设备至局部接地极之间的保护接地用的电缆芯线和接地连接导线的电阻值，不得超过 1 Ω。

第四百七十七条 所有电气设备的保护接地装置（包括电缆的铠装、铅皮、接地芯线）和局部接地装置，应当与主接地极连接成 1 个总接地网。

主接地极应当在主、副水仓中各埋设 1 块。主接地极应当用耐腐蚀的钢板制成，其面积不得小于 0.75 m²、厚度不得小于 5 mm。

在钻孔中敷设的电缆和地面直接分区供电的电缆，不能与井下主接地极连接时，应当单独形成分区总接地网，其接地电阻值不得超过 2 Ω。

第四百七十八条 下列地点应当装设局部接地极：

（一）采区变电所（包括移动变电站和移动变压器）。

（二）装有电气设备的硐室和单独装设的高压电气设备。

（三）低压配电点或者装有 3 台以上电气设备的地点。

（四）无低压配电点的采煤工作面的运输巷、回风巷、带式输送机巷以及由变电所单独供电的掘进工作面（至少分别设置 1 个局部接地极）。

（五）连接高压动力电缆的金属连接装置。

局部接地极可以设置于巷道水沟内或者其他就近的潮湿处。

设置在水沟中的局部接地极应当用面积不小于 0.6 m²、厚度不小于 3 mm 的钢板或者具有同等有效面积的钢管制成，并平放于水沟深处。

设置在其他地点的局部接地极，可以用直径不小于 35 mm、长度不小于 1.5 m 的钢管制成，管上至少钻 20 个直径不小于 5 mm 的透孔，并全部垂直埋入底板；也可用直径不小于 22 mm、长度为 1 m 的 2 根钢管制成，每根管上钻 10 个直径不小于 5 mm 的透孔，2 根钢管相距不得小于 5 m，并联后垂直埋入底板，垂直埋深不得小于 0.75 m。

第四百七十九条 连接主接地极母线，应当采用截面不小于 50 mm² 的铜线，或者截面不小于 100 mm² 的耐腐蚀铁线，或者厚度不小于 4 mm、截面不小于 100 mm² 的耐腐蚀扁钢。

电气设备的外壳与接地母线、辅助接地母线或者局部接地极的连接，电缆连接装置两头的铠装、铅皮的连接，应当采用截面不小于 25 mm² 的铜线，或者截面不小于 50 mm² 的耐腐蚀铁线，或者厚度不小于 4 mm、截面不小于 50 mm² 的耐腐蚀扁钢。

第四百八十条 橡套电缆的接地芯线，除用作监测接地回路外，不得兼作他用。

第七节 电气设备、电缆的检查、维护和调整

第四百八十一条 电气设备的检查、维护和调整，必须由电气维修工进行。高压电气设备和线路的修理和调整工作，应当有工作票和施工措施。

高压停、送电的操作，可以根据书面申请或者其他联系方式，得到批准后，由专责电工执行。

采区电工，在特殊情况下，可对采区变电所内高压电气设备进行停、送电的操作，但不得打开电气设备进行修理。

第四百八十二条 井下防爆电气设备的运行、维护和修理，必须符合防爆性能的各项技术要求。防爆性能遭受破坏的电气设备，必须立即处理或者更换，严禁继续使用。

第四百八十三条 矿井应当按表 17 的要求对电气设备、电缆进行检查和调整。

检查和调整结果应当记入专用的记录簿内。检查和调整中发现的问题应当指派专人限期处理。

第八节 井下电池电源

第四百八十四条 井下用电池（包括原电池和蓄电池）应当符合下列要求：

表 17 电气设备、电缆的检查和调整

项 目	检查周期	备 注
使用中的防爆电气设备的防爆性能检查	每月 1 次	每日应当由分片负责电工检查 1 次外部
配电系统断电保护装置检查整定	每 6 个月 1 次	负荷变化时应当及时整定
高压电缆的泄漏和耐压试验	每年 1 次	
主要电气设备绝缘电阻的检查	至少 6 个月 1 次	
固定敷设电缆的绝缘和外部检查	每季 1 次	每周应当由专职电工检查 1 次外部和悬挂情况
移动式电气设备的橡套电缆绝缘检查	每月 1 次	每班由当班司机或者专职电工检查 1 次外皮有无破损
接地电网接地电阻值测定	每季 1 次	
新安装的电气设备绝缘电阻和接地电阻的测定		投入运行以前

（一）串联或者并联的电池组保持厂家、型号、规格的一致性。

（二）电池或者电池组安装在独立的电池腔内。

（三）电池配置充放电安全保护装置。

第四百八十五条 使用蓄电池的设备充电应当符合下列要求：

（一）充电设备与蓄电池匹配。

（二）充电设备接口具有防反向充电保护措施。

（三）便携式设备在地面充电。

（四）机车等移动设备在专用充电硐室或者地面充电。

（五）监控、通信、避险等设备的备用电源可以就地充电，并有防过充等保护措施。

第四百八十六条 禁止在井下充电硐室以外地点对电池（组）进行更换和维修，本安设备中电池（组）和限流器件通过浇封或者密闭封装构成一个整体替换的组件除外。

第十一章 监控与通信

第一节 一般规定

第四百八十七条 所有矿井必须装备安全监控系统、人员位置监测系统、有线调度通信系统。

第四百八十八条 编制采区设计、采掘作业规程时，必须对安全监控、人员位置监测、有线调度通信设备的种类、数量和位置，信号、通信、电源线缆的敷设，安全监控系统的断电区域等做出明确规定，绘制安全监控布置图和断电控制图、人员位置监测系统图、井下通信系统图，并及时更新。

每 3 个月对安全监控、人员位置监测等数据进行备份，备份的数据介质保存时间应当不少于 2 年。图纸、技术资料的保存时间应当不少于 2 年。录音应当保存 3 个月以上。

第四百八十九条 矿用有线调度通信电缆必须专用。严禁安全监控系统与图像监视系统共用同一芯光纤。矿井安全监控系统主干线缆应当分设两条，从不同的井筒或者一个井筒保持一定间距的不同位置进入井下。

设备应当满足电磁兼容要求。系统必须具有防雷电保护，入井线缆的入井口处必须具有防雷措施。

系统必须连续运行。电网停电后，备用电源应当能保持系统连续工作时间不小于 2 h。

监控网络应当通过网络安全设备与其他网络互通互联。

安全监控和人员位置监测系统主机及联网主机应当双机热备份，连续运行。当工作主机发生故障时，备份主机应当在 5 min 内自动投入工作。

当系统显示井下某一区域瓦斯超限并有可能波及其他区域时，矿井有关人员应当按瓦斯事故应急救援预案切断瓦斯可能波及区域的电源。

安全监控和人员位置监测系统显示和控制终端、有线调度通信系统调度台必须设置在矿调度室，全面反映监控信息。矿调度室必须 24 h 有监控人员值班。

第二节 安全监控

第四百九十条 安全监控设备必须具有故障闭锁功能。当与闭锁控制有关的设备未投入正常运行或者故障时，必须切断该监控设备所监控区域的全部非本质安全型电气设备的电源并闭锁；当与闭锁控制有关的设备工作正常并稳定运行后，自动解锁。

安全监控系统必须具备甲烷电闭锁和风电闭锁功能。当主机或者系统线缆发生故障时，必须保证实现甲烷电闭锁和风电闭锁的全部功能。系统必须具有断电、馈电状态监测和报警功能。

第四百九十一条 安全监控设备的供电电源必须取自被控开关的电源侧或者专用电源，严禁接在被控开关的负荷侧。

安装断电控制系统时，必须根据断电范围提供断电条件，并接通井下电源及控制线。

改接或者拆除与安全监控设备关联的电气设备、电源线和控制线时，必须与安全监控管理部门共同处理。检修与安全监控设备关联的电气设备，需要监控设备停止运行时，必须制定安全措施，并报矿总工程师审批。

第四百九十二条 安全监控设备必须定期调校、测试，每月至少1次。

采用载体催化元件的甲烷传感器必须使用校准气样和空气气样在设备设置地点调校，便携式甲烷检测报警仪在仪器维修室调校，每15天至少1次。甲烷电闭锁和风电闭锁功能每15天至少测试1次。可能造成局部通风机停电的，每半年测试1次。

安全监控设备发生故障时，必须及时处理，在故障处理期间必须采用人工监测等安全措施，并填写故障记录。

第四百九十三条 必须每天检查安全监控设备及线缆是否正常，使用便携式光学甲烷检测仪或者便携式甲烷检测报警仪与甲烷传感器进行对照，并将记录和检查结果报矿值班员；当两者读数差大于允许误差时，应当以读数较大者为依据，采取安全措施并在8 h内对2种设备调校完毕。

第四百九十四条 矿调度室值班人员应当监视监控信息，填写运行日志，打印安全监控日报表，并报矿总工程师和矿长审阅。系统发出报警、断电、馈电异常等信息时，应当采取措施，及时处理，并立即向值班矿领导汇报；处理过程和结果应当记录备案。

第四百九十五条 安全监控系统必须具备实时上传监控数据的功能。

第四百九十六条 便携式甲烷检测仪的调校、维护及收发必须由专职人员负责，不符合要求的严禁发放使用。

第四百九十七条 配制甲烷校准气样的装备和方法必须符合国家有关标准，选用纯度不低于99.9%的甲烷标准气体作原料气。配制好的甲烷校准气体不确定度应当小于5%。

第四百九十八条 甲烷传感器（便携仪）的设置地点，报警、断电、复电浓度和断电范围必须符合表18的要求。

表18 甲烷传感器(便携仪)的设置地点，报警、断电、复电浓度和断电范围

设置地点	报警浓度/%	断电浓度/%	复电浓度/%	断电范围
采煤工作面回风隅角	≥1.0	≥1.5	<1.0	工作面及其回风巷内全部非本质安全型电气设备
低瓦斯和高瓦斯矿井的采煤工作面	≥1.0	≥1.5	<1.0	工作面及其回风巷内全部非本质安全型电气设备
突出矿井的采煤工作面	≥1.0	≥1.5	<1.0	工作面及其进、回风巷内全部非本质安全型电气设备
采煤工作面回风巷	≥1.0	≥1.0	<1.0	工作面及其回风巷内全部非本质安全型电气设备
突出矿井采煤工作面进风巷	≥0.5	≥0.5	<0.5	工作面及其进、回风巷内全部非本质安全型电气设备
采用串联通风的被串采煤工作面进风巷	≥0.5	≥0.5	<0.5	被串采煤工作面及其进、回风巷内全部非本质安全型电气设备
高瓦斯、突出矿井采煤工作面回风巷中部	≥1.0	≥1.0	<1.0	工作面及其回风巷内全部非本质安全型电气设备
采煤机	≥1.0	≥1.5	<1.0	采煤机电源

表18（续）

设置地点	报警浓度/%	断电浓度/%	复电浓度/%	断电范围
煤巷、半煤岩巷和有瓦斯涌出岩巷的掘进工作面	≥1.0	≥1.5	<1.0	掘进巷道内全部非本质安全型电气设备
煤巷、半煤岩巷和有瓦斯涌出岩巷的掘进工作面回风流中	≥1.0	≥1.0	<1.0	掘进巷道内全部非本质安全型电气设备
突出矿井的煤巷、半煤岩巷和有瓦斯涌出岩巷的掘进工作面的进风分风口处	≥0.5	≥0.5	<0.5	掘进巷道内全部非本质安全型电气设备
采用串联通风的被串掘进工作面局部通风机前	≥0.5	≥0.5	<0.5	被串掘进巷道内全部非本质安全型电气设备
	≥0.5	≥1.5	<0.5	被串掘进工作面局部通风机
高瓦斯矿井双巷掘进工作面混合回风流处	≥1.0	≥1.0	<1.0	除全风压供风的进风巷外，双掘进巷道内全部非本质安全型电气设备
高瓦斯和突出矿井掘进巷道中部	≥1.0	≥1.0	<1.0	掘进巷道内全部非本质安全型电气设备
掘进机、连续采煤机、锚杆钻车、梭车	≥1.0	≥1.5	<1.0	掘进机、连续采煤机、锚杆钻车、梭车电源
采区回风巷	≥1.0	≥1.0	<1.0	采区回风巷内全部非本质安全型电气设备
一翼回风巷及总回风巷	≥0.75	—	—	
使用架线电机车的主要运输巷道内装煤点处	≥0.5	≥0.5	<0.5	装煤点处上风流100 m内及其下风流的架空线电源和全部非本质安全型电气设备
矿用防爆型蓄电池电机车	≥0.5	≥0.5	<0.5	机车电源
矿用防爆型柴油机车、无轨胶轮车	≥0.5	≥0.5	<0.5	车辆动力
井下煤仓	≥1.5	≥1.5	<1.5	煤仓附近的各类运输设备及其他非本质安全型电气设备
封闭的带式输送机地面走廊内，带式输送机滚筒上方	≥1.5	≥1.5	<1.5	带式输送机地面走廊内全部非本质安全型电气设备
地面瓦斯抽采泵房内	≥0.5			
井下临时瓦斯抽采泵站下风侧栅栏外	≥1.0	≥1.0	<1.0	瓦斯抽采泵站电源

第四百九十九条 井下下列地点必须设置甲烷传感器：

（一）采煤工作面及其回风巷和回风隅角，高瓦斯和突出矿井采煤工作面回风巷长度大于1000 m时回风巷中部。

（二）煤巷、半煤岩巷和有瓦斯涌出的岩巷掘进工作面及其回风流中，高瓦斯和突出矿井的掘进巷道长度大于1000 m时掘进巷道中部。

（三）突出矿井采煤工作面进风巷。
（四）采用串联通风时，被串采煤工作面的进风巷；被串掘进工作面的局部通风机前。
（五）采区回风巷、一翼回风巷、总回风巷。
（六）使用架线电机车的主要运输巷道内装煤点处。
（七）煤仓上方、封闭的带式输送机地面走廊。
（八）地面瓦斯抽采泵房内。
（九）井下临时瓦斯抽采泵站下风侧栅栏外。
（十）瓦斯抽采泵输入、输出管路中。

第五百条 突出矿井在下列地点设置的传感器必须是全量程或者高低浓度甲烷传感器：
（一）采煤工作面进、回风巷。
（二）煤巷、半煤岩巷和有瓦斯涌出的岩巷掘进工作面回风流中。
（三）采区回风巷。
（四）总回风巷。

第五百零一条 井下下列设备必须设置甲烷断电仪或者便携式甲烷检测报警仪：
（一）采煤机、掘进机、掘锚一体机、连续采煤机。
（二）梭车、锚杆钻车。
（三）采用防爆蓄电池或者防爆柴油机为动力装置的运输设备。
（四）其他需要安装的移动设备。

第五百零二条 突出煤层采煤工作面进风巷、掘进工作面进风的分风口必须设置风向传感器。当发生风流逆转时，发出声光报警信号。

突出煤层采煤工作面回风巷和掘进巷道回风流中必须设置风速传感器。当风速低于或者超过本规程的规定值时，应当发出声光报警信号。

第五百零三条 每一个采区、一翼回风巷及总回风巷的测风站应当设置风速传感器，主要通风机的风硐应当设置压力传感器；瓦斯抽采泵站的抽采泵吸入管路中应当设置流量传感器、温度传感器和压力传感器，利用瓦斯时，还应当在输出管路中设置流量传感器、温度传感器和压力传感器。

使用防爆柴油动力装置的矿井及开采容易自燃、自燃煤层的矿井，应当设置一氧化碳传感器和温度传感器。

主要通风机、局部通风机应当设置设备开停传感器。

主要风门应当设置风门开关传感器，当两道风门同时打开时，发出声光报警信号。甲烷电闭锁和风电闭锁的被控开关的负荷侧必须设置馈电状态传感器。

第三节 人员位置监测

第五百零四条 下井人员必须携带标识卡。各个人员出入井口、重点区域出入口、限制区域等地点应当设置读卡分站。

第五百零五条 人员位置监测系统应当具备检测标识卡是否正常和唯一性的功能。

第五百零六条 矿调度室值班员应当监视人员位置等信息，填写运行日志。

第四节 通信与图像监视

第五百零七条 以下地点必须设有直通矿调度室的有线调度电话：矿井地面变电所、地面主要通风机房、主副井提升机房、压风机房、井下主要水泵房、井下中央变电所、井底车场、运输调度室、采区变电所、上下山绞车房、水泵房、带式输送机集中控制硐室等主要机电设备硐室、采煤工作面、掘进工作面、突出煤层采掘工作面附近、爆破时撤离人员集中地点、突出矿井井下爆破起爆点、采区和水平最高点、避难硐室、瓦斯抽采泵房、爆炸物品库等。

有线调度通信系统应当具有选呼、急呼、全呼、强插、强拆、监听、录音等功能。

有线调度通信系统的调度电话至调度交换机（含安全栅）必须采用矿用通信电缆直接连接，严禁利用大地作回路。严禁调度电话由井下就地供电，或者经有源中继器接调度交换机。调度电话至调度交换机的无中继器通信距离应当不小于 10 km。

第五百零八条 矿井移动通信系统应当具有下列功能：
（一）选呼、组呼、全呼等。
（二）移动台与移动台、移动台与固定电话之间互联互通。
（三）短信收发。
（四）通信记录存储和查询。
（五）录音和查询。

第五百零九条 安装图像监视系统的矿井，应当在矿调度室设置集中显示装置，并具有存储和查询功能。

第四编 露 天 煤 矿

第一章 一般规定

第五百一十条 多工种、多设备联合作业时，必须制定安全措施，并符合相关技术标准。

第五百一十一条 采用铁路运输的露天采场主要区段的上下平盘之间应当设人行通路或者梯子,并按有关规定在梯子两侧设置安全护栏。

第五百一十二条 在露天煤矿内行走的人员必须遵守下列规定:

(一)必须走人行通路或者梯子。

(二)因工作需要沿铁路线和矿山道路行走的人员,必须时刻注意前后方向来车。躲车时,必须躲到安全地点。

(三)横过铁路线或者矿山道路时,必须止步瞭望。

(四)跨越带式输送机时,必须沿着装有栏杆的栈桥通过。

(五)严禁在有塌落危险的坡顶、坡底行走或者逗留。

第五百一十三条 严禁非作业人员和车辆未经批准进入作业区。

第五百一十四条 采场内有危险的火区、老空区、滑坡区等地点,应当充填或者设置栅栏,并设置警示标志;地面、采场及排土场内临时设置变压器时应当设围栏,配电柜、箱、盘应当加锁,并设置明显的防触电标志;设备停放场、炸药厂、爆炸物品库、油库、加油站和物资仓库等易燃易爆场所,必须设置防爆、防火和危险警示标志;矿山道路必须设置限速、道口等路标,特殊路段设警示标志;汽车运输为左侧通行的,在过渡区段内必须设置醒目的换向标志。

严禁擅自移动和损坏各种安全标志。

在运输线路两侧堆放物料时,不得影响行车安全。

第五百一十五条 在下列区域不得建永久性建(构)筑物:

(一)距采场最终境界的安全距离以内。

(二)爆炸物品库爆炸危险区内。

(三)不稳定的排土场内。

(四)爆破、岩体变形、塌陷、滑坡危险区域内。

第五百一十六条 机械设备内必须备有完好的绝缘防护用品和工具,并定期进行电气绝缘性能试验,不合格的及时更换。

第五百一十七条 采掘、运输、排土等机械设备作业时,严禁检修和维护,严禁人员上下设备;在危及人身安全的作业范围内,严禁人员和设备停留或者通过。

移动设备应当在平盘安全区内走行或者停留,否则必须采取安全措施。

第五百一十八条 设备走行道路和作业场地坡度不得大于设备允许的最大坡度,转弯半径不得小于设备允许的最小转弯半径。

第五百一十九条 遇到特殊天气状况时,必须遵守下列规定:

(一)在大雾、雨雪等能见度低的情况下作业时,必须制定安全技术措施。

(二)暴雨期间,处在有水淹或者片帮危险区域的设备,必须撤离到安全地带。

(三)遇有6级及以上大风时禁止露天起重和高处作业。

(四)遇有8级及以上大风时禁止轮斗挖掘机、排土机和转载机作业。

第五百二十条 作业人员在2 m及以上的高处作业时,必须系安全带或者设置安全网。

第二章 钻孔爆破

第一节 一般规定

第五百二十一条 露天煤矿钻孔、爆破作业必须编制钻孔、爆破设计及安全技术措施,并经矿总工程师批准。钻孔、爆破作业必须按设计进行。爆破前应当绘制爆破警戒范围图,并实地标出警戒点的位置。

第五百二十二条 爆炸物品的购买、运输、贮存、使用和销毁,永久性爆炸物品库建筑结构及各种防护措施,库区的内、外部安全距离等必须符合《民用爆炸物品安全管理条例》等国家有关法规和标准的规定。

露天煤矿爆破作业,必须遵守《爆破安全规程》。

第二节 钻 孔

第五百二十三条 钻孔设备进行钻孔作业和走行时,履带边缘与坡顶线的距离应当符合表19的要求。

表19 钻孔设备履带边缘与坡顶线的安全距离

m

台阶高度	<4	4~10	10~15	≥15
安全距离	1~2	2~2.5	2.5~3.5	3.5~6

钻凿坡顶线第一排孔时,钻孔设备应当垂直于台阶坡顶线或者调角布置(夹角应当不小于45°);有顺层滑坡危险区的,必须压碴钻孔;钻凿坡底线第一排孔时,应当有专人监护。

第五百二十四条 钻孔设备在有采空区的工作面钻孔时，必须制定安全技术措施，并在专业人员指挥下进行。

第三节 爆　破

第五百二十五条 爆炸物品的领用、保管和使用必须严格执行账、卡、物一致的管理制度。

严禁发放和使用变质失效以及过期的爆炸物品。

爆破后剩余的爆炸物品，必须当天退回爆炸物品库，严禁私自存放和销毁。

第五百二十六条 爆炸物品车到达爆破地点后，爆破区域负责人应当对爆炸物品进行检查验收，无误后双方签字。

在爆破区域内放置和使用爆炸物品的地点，20 m 以内严禁烟火，10 m 以内严禁非工作人员进入。

加工起爆药卷必须距放置炸药的地点 5 m 以外，加工好的必须起爆药卷放置在距炮孔炸药 2 m 以外。

第五百二十七条 炮孔装药和充填必须遵守下列规定：

（一）装药前在爆破区边界设置明显标志，严禁与工作无关的人员和车辆进入爆破区。

（二）装药时，每个炮孔同时操作的人员不得超过 3 人；严禁向炮孔内投掷起爆具和受冲击易爆的炸药；严禁使用塑料、金属或者带金属包头的炮杆。

（三）炮孔卡堵或者雷管脚线、导爆管与导爆索损坏时应当及时处理；无法处理时必须插上标志，按拒爆处理。

（四）机械化装药时由专人现场指挥。

（五）预装药炮孔在当班进行充填。预装药期间严禁连接起爆网络。

（六）装药完成撤出人员后方可连接起爆网络。

第五百二十八条 爆破安全警戒必须遵守下列规定：

（一）必须有安全警戒负责人，并向爆破区周围派出警戒人员。

（二）爆破区域负责人与警戒人员之间实行"三联系制"。

（三）因爆破中断生产时，立即报告矿调度室，采取措施后方可解除警戒。

第五百二十九条 安全警戒距离应当符合下列要求：

（一）抛掷爆破（孔深小于 45 m）：爆破区正向不得小于 1000 m，其余方向不得小于 600 m。

（二）深孔松动爆破（孔深大于 5 m）：距爆破区边缘，软岩不得小于 100 m、硬岩不得小于 200 m。

（三）浅孔爆破（孔深小于 5 m）：无充填预裂爆破，不得小于 300 m。

（四）二次爆破：炮眼爆破不得小于 200 m。

第五百三十条 起爆前，必须将所有人员撤至安全地点。接触爆炸物品的人员必须穿戴抗静电保护用品。

第五百三十一条 设备、设施距松动爆破区外端的安全距离应当符合表 20 的要求。

表 20　设备、设施距松动爆破区外端的安全距离

m

设备名称	深孔爆破	浅孔及二次爆破	备注
挖掘机、钻孔机	30	40	司机室背向爆破区
风泵车	40	50	小于此距离应当采取保护措施
信号箱、电气柜、变压器、移动变电站	30	30	小于此距离应当采取保护措施
高压电缆	40	50	小于此距离应当拆除或者采取保护措施

机车、矿用卡车等机动设备处于警戒范围内且不能撤离时，应当采取就地保护措施；与电杆距离不得小于 5 m；在 5~10 m 时，必须采用减震爆破。

第五百三十二条 设备、设施距抛掷爆破区外端的安全距离：爆破区正向不得小于 600 m；两侧有自由面方向及背向不得小于 300 m；无自由面方向不得小于 200 m。

第五百三十三条 爆破危险区的架空输电线、电缆和移动变电站等，在爆破时应当停电。恢复送电前，必须对这些线路进行检查，确认无损后方可送电。

第五百三十四条 爆破地震安全距离应当符合下列要求：

（一）各类建（构）筑物地面质点的安全振动速度不应超过下列数值：

1. 重要工业厂房，0.4 cm/s；
2. 土窑洞、土坯房、毛石房，1.0 cm/s；
3. 一般砖房、非抗震的大型砌块建筑物，2~3 cm/s；
4. 钢筋混凝土框架房屋，5 cm/s；
5. 水工隧道，10 cm/s；
6. 交通涵洞，15 cm/s；

7. 围岩不稳定有良好支护的矿山巷道，10 cm/s；围岩中等稳定有良好支护的矿山巷道，15 cm/s；围岩稳定无支护的矿山巷道，20 cm/s。

（二）爆破地震安全距离应当按下式计算：
$$R=(k/v)^{1/a} \cdot Q^m$$
式中　R——爆破地震安全距离，m；
　　　Q——药量（齐发爆破取总量，延期爆破取最大一段药量），kg；
　　　v——安全质点振动速度，cm/s；
　　　m——药量指数，取 $m=1/3$；
　　　k、a——与爆破地点地形、地质条件有关的系数和衰减指数。

（三）在特殊建（构）筑物附近、爆破条件复杂和爆破震动对边坡稳定有影响的地区进行爆破时，必须进行爆破地震效应的监测或者试验。

第五百三十五条　爆破作业必须在白天进行，严禁在雷雨时进行；严禁裸露爆破。

第五百三十六条　在高温区、自然发火区进行爆破作业时，必须遵守下列规定：

（一）测试孔内温度。有明火的炮孔或者孔内温度在 80 ℃以上的高温炮孔采取灭火、降温措施。

（二）高温孔经降温处理合格后方可装药起爆。

（三）高温孔应当采用热感度低的炸药，或者将炸药、雷管作隔热包装。

第五百三十七条　爆破后检查必须遵守下列规定：

（一）爆破后 5 min 内，严禁检查。

（二）发现拒爆，必须向爆破区负责人报告。

（三）发现残余爆炸物品必须收集上缴，集中销毁。

第五百三十八条　发生拒爆和熄爆时，应当分析原因，采取措施，并遵守下列规定：

（一）在危险区边界设警戒，严禁非作业人员进入警戒区。

（二）因地面网路连接错误或者地面网路断爆出现拒爆，可以再次连线起爆。

（三）严禁在原钻孔位钻孔，必须在距拒爆孔 10 倍孔径处重新钻与原孔同样的炮孔装药爆破。

（四）上述方法不能处理时，应当报告矿调度室，并指定专业人员研究处理。

第三章　采　装

第一节　一般规定

第五百三十九条　露天采场最终边坡的台阶坡面角和边坡角，必须符合最终边坡设计要求。

第五百四十条　最小工作平盘宽度，必须保证采掘、运输设备的安全运行和供电通信线路、供排水系统、安全挡墙等的正常布置。

第二节　单斗挖掘机采装

第五百四十一条　单斗挖掘机行走和升降段应当符合下列要求：

（一）行走前检查行走机构及制动系统。

（二）根据不同的台阶高度、坡面角，使挖掘机的行走路线与坡底线和坡顶线保持一定的安全距离。

（三）挖掘机应当在平整、坚实的台阶上行走，当道路松软或者含水有沉陷危险时，必须采取安全措施。

（四）挖掘机升降段或者行走距离超过 300 m 时，必须设专人指挥；行走时，主动轴应当在后，悬臂对正行走中心，及时调整方向，严禁原地大角度扭车。

（五）挖掘机行走时，靠铁道线路侧的履带边缘距线路中心不得小于 3 m，过高压线和铁道等障碍物时，要有相应的安全措施。

（六）挖掘机升降段之前应当预先采取防止下滑的措施。爬坡时，不得超过挖掘机规定的最大允许坡度。

第五百四十二条　轮斗挖掘机作业和行走线路处在饱和水台阶上时，必须有疏排水措施，否则严禁作业和走行。

第五百四十三条　挖掘机采装的台阶高度应当符合下列要求：

（一）不需爆破的岩土台阶高度不得大于最大挖掘高度。

（二）需爆破的煤、岩台阶，爆破后爆堆高度不得大于最大挖掘高度的 1.1~1.2 倍，台阶顶部不得有悬浮大块。

（三）上装车台阶高度不得大于最大卸载高度与运输容器高度及卸载安全高度之和的差。

第五百四十四条　单斗挖掘机尾部与台阶坡面、运输设备之间的距离不得小于 1 m。停止作业时，上下设备梯子应当背离台阶。

第五百四十五条　单斗挖掘机向列车装载时，必须遵守下列规定：

（一）列车驶入工作面 100 m 内，驶出工作面 20 m 内，挖掘机必须停止作业。

（二）列车驶入工作面，待车停稳，经助手与司旗联系后，方可装车。

（三）物料最大块度不得超过 3 m³。

（四）严禁勺斗压、碰自翻车车帮或者跨越机车和尾车顶部。严禁高吊勺斗装车。

（五）遇到大块物料掉落影响机车运行时，必须处理后方可作业。

第五百四十六条 单斗挖掘机向矿用卡车装载时，应当遵守下列规定：

（一）勺斗容积和物料块度与卡车载重相适应。

（二）单面装车作业时，只有在挖掘机司机发出进车信号，卡车开到装车位置停稳并发出装车信号后，方可装车。双面装车作业时，正面装车卡车可提前进入装车位置；反面装车应当由勺斗引导卡车进入装车位置。

（三）挖掘机不得跨电缆装车。

（四）装载第一勺斗时，不得装大块；卸料时尽量放低勺斗，其插销距车厢底板不得超过 0.5 m。严禁高吊勺斗装车。

（五）装入卡车里的物料超出车厢外部、影响安全时，必须妥善处理后，才准发出车信号。

（六）装车时严禁勺斗从卡车驾驶室上方越过。

（七）装入车内的物料要均匀，严禁单侧偏装、超装。

第五百四十七条 单斗挖掘机向自移式破碎机装载时，应当遵守下列规定：

（一）卸载时，勺斗斗底板下缘距受料斗不得超过 0.8 m。严禁高吊铲斗卸载。

（二）自移式破碎机突出部位距单斗挖掘机机尾回转范围距离不得小于 1.0 m。

第五百四十八条 操作单斗挖掘机或者反铲时，必须遵守下列规定：

（一）严禁用勺斗载人、砸大块和起吊重物。

（二）勺斗回转时，必须离开采掘工作面，严禁跨越接触网。

（三）在回转或者挖掘过程中，严禁勺斗突然变换方向。

（四）遇坚硬岩体时，严禁强行挖掘。

（五）反铲上挖作业时，应当采取安全技术措施。下挖作业时，履带不得平行于采掘面。

（六）严禁装载铁器等异物和拒爆的火药、雷管等。

第五百四十九条 2 台以上单斗挖掘机在同一台阶或者相邻上、下台阶作业时，必须遵守下列规定：

（一）公路运输时，两者间距不得小于最大挖掘半径的 2.5 倍，并制定安全措施。

（二）在同一铁道线路进行装车作业时，必须制定安全措施。

（三）在相邻的上、下台阶作业时，两者的相对位置影响上下台阶的设备、设施安全时，必须制定安全措施。

第五百五十条 挖掘机在挖掘过程中有下列情况之一时，必须停止作业，撤到安全地点，并报告调度室检查处理：

（一）发现台阶崩落或者有滑动迹象。

（二）工作面有伞檐或者大块物料。

（三）暴露出未爆炸药包或者雷管。

（四）遇塌陷危险的采空区或者自然发火区。

（五）遇有松软岩层，可能造成挖掘机下沉或者掘沟遇水被淹。

（六）发现不明地下管线或者其他不明障碍物。

第五百五十一条 单斗挖掘机雨天作业电缆发生故障时，应当及时向矿调度室报告。故障排除后，确认柱上开关无电时，方可停送电。

第三节 破 碎

第五百五十二条 破碎站设置应当遵守下列规定：

（一）避开沉降、塌陷、滑坡危险的不良地段。

（二）卸车平台应当便于卸载、调车。

（三）卸车平台应当设矿用卡车卸料的安全限位车挡及防止物料滚落的安全防护挡墙。

（四）卸车平台应当有良好的照明系统，并有卸料指示信号安全装置。

（五）移动式破碎站履带外缘距工作平盘坡底线和下台阶坡顶线距离必须符合设计。

第五百五十三条 破碎站作业应当遵守下列规定：

（一）处理和吊运大块物料时，非作业人员必须撤到安全地点。

（二）清理破碎机堵料时，必须采取防止系统突然启动的安全保护措施。

第五百五十四条 自移式破碎机必须设置卸料臂防撞检测、过负荷保护和各旋转部件防护装置。

第四节 轮斗挖掘机采装

第五百五十五条 轮斗挖掘机作业必须遵守下列规定：

（一）严禁斗轮工作装置带负荷启动。

（二）严禁挖掘卡堵和损坏输送带的异物。

（三）调整位置时，必须设地面指挥人员。

第五百五十六条 采用轮斗挖掘机—带式输送机—排土机连续开采工艺系统时，应当遵守下列规定：

（一）紧急停机开关必须在可能发生重大设备事故或者危及人身安全的紧急情况下方可使用。

（二）各单机间应当实行安全闭锁控制，单机发生故障时，必须立即停车，同时向集中控制室汇报。严禁擅自处理故障。

第五节 拉斗铲作业

第五百五十七条 拉斗铲行走必须遵守下列规定：

（一）行走和调整作业位置时，路面必须平整，不得有凸起的岩石。

（二）变坡点必须设缓坡段。

（三）当行走路面处于路堤时，距路边缘安全距离应当符合设计。

（四）地面必须设专人指挥、监护，同时做好呼唤应答。

（五）行走靴不同步时，必须重新确定行进路线或者处理路面。

（六）严禁使用行走靴移动电缆。

第五百五十八条 拉斗铲作业时，机组人员和配合作业的辅助设备进出拉斗铲作业范围必须做好呼唤应答。严禁铲斗拖地回转、在空中急停和在其他设备上方通过。

第四章 运 输

第一节 铁 路 运 输

第五百五十九条 铁路附近的建（构）筑物和设备接近限界，必须符合国家铁路技术管理规程。桥梁、隧道应当按规定设置人行道、避车台、避车洞、电缆沟及必要的检查和防火设施，立体交叉处的桥梁两侧设防护设施。运输线路上各种机车运行的限制坡度和曲线半径应当符合表21的要求。

表21 铁道线路的限制坡度和曲线半径

机车种类	限制坡度/‰	曲线半径/m			
		固定线	半固定线	装车线	排土线
蒸汽机车	≤25	≥200	≥150	≥150	向曲线内侧排弃≥300；向曲线外侧排弃≥200
电力机车	≤30	≥180（困难情况≥150）	≥120	≥110	
内燃机车	≤30	≥180（困难情况≥150）	≥120（困难情况≥110）		

第五百六十条 路基必须填筑坚实，并保持稳定和完好。

装车线路的中心线至坡底线或者爆堆边缘的距离不得小于3 m；上装车线应当根据台阶稳定情况确定，但不得小于3 m。排土线路中心至坡顶线的距离不得小于1.5 m，至受土坑坡顶线的距离不得小于1.4 m。线路终端外必须留有不小于30 m的安全距离。

第五百六十一条 铁道线路直线地段轨距为1435 mm，曲线地段轨距按表22的要求加宽。

表22 铁道线路曲线地段轨距加宽值

曲线半径 R/m	轨距加宽值/mm
$R \geq 350$	0
$350 > R \geq 300$	5
$300 > R > 200$	15
$R \leq 200$	20

第五百六十二条 直线地段线路2股钢轨顶面应当保持同一水平。道岔应当铺设在直线地段，不得设在竖曲线地段。道岔应当保持完好。

曲线地段外轨的超高度的计算公式如下：

$$h = 7.6 v^2 / R$$

式中 h——外轨的超高度，mm；

v——实际最高行车速度，km/h；

R——曲线半径，m。

双线地段外轨最大超高不得超过150 mm，单线不得超过125 mm。

第五百六十三条 铁路与公路交叉时，应当符合下列要求：

（一）根据通过的人流和车流量按规定设置平面或者立体交叉。

（二）平交道口有良好的瞭望条件，并按规定设置道口警标和司机鸣笛标、护栏和限界标志；按标准铺设道口，其宽度与公路路面相同；公路与铁路采用正交，不能正交时，其交角不得小于45°。

（三）道口按级别设置安全标志和设施。

（四）道口两侧平台长度不得小于10 m，衔接平台的道路坡度不得大于5%；否则制定安全措施。

（五）车站、曲线半径在200 m以下的线路段和通视条件不良的路堑不设道口。道岔部位严禁设道口。

重型设备通过道口，必须得到煤矿企业批准。

第二节 公 路 运 输

第五百六十四条 矿用卡车作业时，其制动、转向系统和安全装置必须完好。应当定期检验其可靠性，大型自卸车应设宽灯或者标志。

第五百六十五条 矿场道路应当符合下列要求：

（一）宽度符合通行、会车等安全要求。受采掘条件限制、达不到规定的宽度时，必须视道路距离设置相应数量的会车线。

（二）必须设置安全挡墙，高度为矿用卡车轮胎直径的 2/5~3/5。

（三）长距离坡道运输系统，应当在适当位置设置缓坡道。

第五百六十六条 严禁矿用卡车在矿内各种道路上超速行驶；同类汽车正常行驶不得超车；特殊路况（修路、弯道、单行道等）下，任何车辆都不得超车；除正在维护道路的设备和应急救援车辆外，各种车辆应为矿用卡车让行。

冬季应当及时清除路面上的积雪或者结冰，并采取防滑措施；前、后车距不得小于 50 m；行驶时不得急刹车、急转弯或者超车。

第五百六十七条 矿用卡车在运输道路上出现故障且无法行走时，必须开启全部制动和警示灯，并采取防止溜车的安全措施；同时必须在车体前后 30 m 外设置醒目的安全警示标志，并采取防护措施。

雾天或者烟尘影响视线时，必须开启雾灯或者大灯，前、后车距不得小于 30 m；能见度不足 30 m 或者雨、雪天气危及行车安全时，必须停止作业。

第五百六十八条 矿用卡车不得在矿山道路拖挂其他车辆；必须拖挂时，应当采取安全措施，并设专人指挥监护。

第五百六十九条 矿用卡车在工作面装车必须遵守下列规定：

（一）待进入装车位置的卡车必须停在挖掘机最大回转半径范围之外；正在装车的卡车必须停在挖掘机尾部回转半径之外。

（二）正在装载的卡车必须制动，司机不得将身体的任何部位伸出驾驶室外。

（三）卡车必须在挖掘机发出信号后，方可进入或者驶出装车地点。

（四）卡车排队等待装车时，车与车之间必须保持一定的安全距离。

第三节 带式输送机运输

第五百七十条 采用带式输送机运输时，应当遵守下列规定：

（一）带式输送机运输物料的最大倾角，上行不得大于 16°，严寒地区不得大于 14°；下行不得大于 12°。特种带式输送机不受此限。

（二）输送带安全系数取值参照本规程第三百七十四条。

（三）带式输送机的运输能力应当与前置设备能力相匹配。

第五百七十一条 带式输送机必须设置下列安全保护：

（一）拉绳开关和防跑偏、打滑、堵塞等。

（二）上运时应当设制动器和逆止器，下运时应当设软制动和防超速保护装置。

（三）机头、机尾、驱动滚筒和改向滚筒处应当设防护栏。

第五百七十二条 带式输送机设置应当遵守下列规定：

（一）避开采空区和工程地质不良地段，特殊情况下必须采取安全措施。

（二）带式输送机栈桥应设人行通道，坡度大于 5°的人行通道应当有防滑措施。

（三）跨越设备或者人行道时，必须设置防物料撒落的安全保护设施。

（四）除移动式带式输送机外，露天设置的带式输送机应当设防护设施。

（五）在转载点和机头处应当设置消防设施。

（六）带式输送机沿线应当设检修通道和防排水设施。

第五百七十三条 带式输送机启动时应当有声光报警装置，运行时严禁运送工具、材料、设备和人员。停机前后必须巡查托辊和输送带的运行情况，发现异常及时处理。检修时应当停机闭锁。

第五章 排 土

第五百七十四条 排土场位置的选择，应当保证排弃土岩时，不致因大块滚落、滑坡、塌方等威胁采场、工业场地、居民区、铁路、公路、农田和水域的安全。

排土场位置选定后，应当进行地质测绘和工程、水文地质勘探，以确定排土参数。

第五百七十五条 当出现滑坡征兆或者其他危险时，必须停止排土作业，采取安全措施。

第五百七十六条 铁路排土线路必须符合下列要求：

（一）路基面向场地内侧按段高形成反坡。

（二）排土线设置移动停车位置标志和停车标志。

第五百七十七条 列车在排土线路的卸车地段应当符合下列要求：

（一）列车进入排土线后，由排土人员指挥列车运行。机械排土线的列车运行速度不得超过 20 km/h；人工排土线不得超过 15 km/h；接近路端时，不得超过 5 km/h。

（二）严禁运行中卸土。

335

（三）新移设线路，首次列车严禁牵引进入。

（四）翻车时2人操作，操作人员位于车厢内侧。

（五）采用机械化作业清扫自翻车，人工清扫必须制定安全措施。

（六）卸车完毕，在排土人员发出出车信号后，列车方可驶出排土线。

第五百七十八条 单斗挖掘机排土应当遵守下列规定：

（一）受土坑的坡面角不得大于70°，严禁超挖。

（二）挖掘机至站立台阶坡顶线的安全距离：

1. 台阶高度10 m以下为6 m；
2. 台阶高度11~15 m为8 m；
3. 台阶高度16~20 m为11 m；
4. 台阶高度超过20 m时必须制定安全措施。

第五百七十九条 矿用卡车排土场及排弃作业应当遵守下列规定：

（一）排土场卸载区，必须有连续的安全挡墙，车型小于240 t时安全挡墙高度不得低于轮胎直径的0.4倍，车型大于240 t时安全挡墙高度不得低于轮胎直径的0.35倍。不同车型在同一地点排土时，必须按最大车型的要求修筑安全挡墙，特殊情况下必须制定安全措施。

（二）排土工作面向坡顶线方向应当保持3%~5%的反坡。

（三）应当按规定顺序排弃土岩，在同一地段进行卸车和排土作业时，设备之间必须保持足够的安全距离。

（四）卸载物料时，矿用卡车应当垂直排土工作线；严禁高速倒车、冲撞安全挡墙。

第五百八十条 推土机、装载机排土必须遵守下列规定：

（一）司机必须随时观察排土台阶的稳定情况。

（二）严禁平行于坡顶线作业。

（三）与矿用卡车之间保持足够的安全距离。

（四）严禁以高速冲击的方式铲推物料。

第五百八十一条 排土机排土必须遵守下列规定：

（一）排土机必须在稳定的平盘上作业，外侧履带与台阶坡顶线之间必须保持一定的安全距离。

（二）工作场地和行走道路的坡度必须符合排土机的技术要求。

第五百八十二条 排土场卸载区应当有通信设施或者联络信号，夜间应当有照明。

第六章 边　坡

第五百八十三条 露天煤矿应当进行专门的边坡工程、地质勘探工程和稳定性分析评价。

应当定期巡视采场及排土场边坡，发现有滑坡征兆时，必须设明显标志牌。对设有运输道路、采运机械和重要设施的边坡，必须及时采取安全措施。

发生滑坡后，应当立即对滑坡区采取安全措施，并进行专门的勘查、评价与治理工程设计。

第五百八十四条 非工作帮形成一定范围的到界台阶后，应当定期进行边坡稳定分析和评价，对影响生产安全的不稳定边坡必须采取安全措施。

第五百八十五条 工作帮边坡在临近最终设计的边坡之前，必须对其进行稳定性分析和评价。当原设计的最终边坡达不到稳定的安全系数时，应当修改设计或者采取治理措施。

第五百八十六条 露天煤矿的长远和年度采矿工程设计，必须进行边坡稳定性验算。达不到边坡稳定要求时，应当修改采矿设计或者制定安全措施。

第五百八十七条 采场最终边坡管理应当遵守下列规定：

（一）采掘作业必须按设计进行，坡底线严禁超挖。

（二）临近到界台阶时，应当采用控制爆破。

（三）最终煤台阶必须采取防止煤风化、自然发火及沿煤层底板滑坡的措施。

第五百八十八条 排土场边坡管理必须遵守下列规定：

（一）定期对排土场边坡进行稳定性分析，必要时采取防治措施。

（二）内排土场建前前，查明基底形态、岩层的赋存状态及岩石物理力学性质，测定排弃物料的力学参数，进行排土场设计和边坡稳定计算，清除基底上不利于边坡稳定的松软土岩。

（三）内排土场最下部台阶的坡底与采掘台阶坡底之间必须留有足够的安全距离。

（四）排土场必须采取有效的防排水措施，防止或者减少水流入排土场。

第七章 防治水和防灭火

第一节 防　治　水

第五百八十九条 每年雨季前必须对防排水设施作全面检查，并制定当年的防排水措施。检修防排水设施、新建的重要防排水工程必须在雨季前完工。

第五百九十条 对低于当地历史最高洪水位的设施，必须按规定采取修筑堤坝、沟渠，疏通水沟等防洪措施。

第五百九十一条 地表及边坡上的防排水设施应当避开有滑坡危险的地段。排水沟应当经常检查、清淤，不应渗漏、倒灌或者漫流。当采场内有滑坡区时，应当在滑坡区周围采取截水措施；当水沟经过有变形、裂缝的边坡地段时，应当采取防渗措施。

排土场应当保持平整，不得有积水，周围应当修筑可靠的截泥、防洪和排水设施。

第五百九十二条 用露天采场深部做储水池排水时，必须采取安全措施，备用水泵的能力不得小于工作水泵能力的50%。

第五百九十三条 地层含水影响采矿工程正常进行时，应当进行疏干，疏干工程应当超前于采矿工程。

因疏干地层含水地面出现裂缝、塌陷时，应当圈定范围加以防护、设置警示标志，并采取安全措施；（半）地下疏干泵房应当设通风装置。

第五百九十四条 地下水影响较大和已进行疏干排水工程的边坡，应当进行地下水位、水压及涌水量的观测，分析地下水对边坡稳定的影响程度及疏干的效果，并制定地下水治理措施。

因地下水水位升高，可能造成排土场或者采场滑坡时，必须进行地下水疏干。

第二节 防灭火

第五百九十五条 必须制定地面和采场内的防灭火措施。所有建筑物、煤堆、排土场、仓库、油库、爆炸物品库、木料厂等处的防火措施和制度必须符合国家有关法律、法规和标准的规定。

露天煤矿内的采掘、运输、排土等主要设备，必须配备灭火器材，并定期检查和更换。

第五百九十六条 开采有自然发火倾向的煤层或者开采范围内存在火区时，必须制定防灭火措施。

第八章 电 气

第一节 一般规定

第五百九十七条 露天煤矿的各种电气设备、电力和通信系统的设计、安装、验收、运行、检修、试验等工作，必须符合国家有关规定。

第五百九十八条 采场内的主排水泵站必须设置备用电源，当供电线路发生故障时，备用电源必须能担负最大排水负荷。

第五百九十九条 向采场内的移动式高压电动设备供电的变压器严禁中性点直接接地；当采用中性点经限流电阻接地方式供电时，且流经单相接地故障点的电流应当限制在200 A以内，必须装设两段式中性点零序电流保护。中性点直接接地的变压器还应当装设单相接地保护。

第六百条 执行电气检修作业，必须停电、验电、放电，挂接三相短路接地线，装设遮栏并悬挂标示牌。

第二节 变电所（站）和配电设备

第六百零一条 变电站（移动站）设置应当遵守下列规定：

（一）采场变电站应当使用不燃性材料修建，站内变电装置与墙的距离不得小于0.8 m，距顶部不得小于1 m。变电站的门应当向外开，门口悬挂警示牌。

（二）采场变电站、非全封闭式移动变电站，四周应当设有围墙或者栅栏。

（三）必须对变电站、移动变电站、开关箱、分支箱统一编号，门必须加锁，并设安全警示标志。变电站内的设备应当编号，并注明负荷名称，必须设有停、送电标志。

（四）移动变电站箱体应当有保护接地。

（五）无人值班的变电站、移动变电站至少每2周巡视一次。

（六）变电站室内必须配备合格的检测和绝缘用具。

第六百零二条 移动变电站进线户外主隔离开关必须上锁，馈出侧隔离开关与断路器之间必须有可靠的机械或者电气闭锁。

第三节 架空输电线和电缆

第六百零三条 采场内架空线路敷设应当遵守下列规定：

（一）固定供电线路和通信线路应当设置在稳定的边坡上。

（二）高压架空输电线截面不得小于35 mm^2，低压架空输电线截面不得小于25 mm^2。由架空线向移动式高压电气设备和移动变电站供电的分支线路应当采用橡套电缆。

（三）架设在同一电杆上的高低压输（配）电线路不得多于两回；对于直线杆，上下横担的距离不得小于800 mm；对于转角杆，上下横担的距离不得小于500 mm（10 kV线路及以下）。同一电杆上的高压线路，应当由同一电压等级的电源供电。垂直向采场供电的配电线路，同一杆上只能架设一回。

（四）架空线下严禁停放矿用设备，严禁堆置剥离物和煤炭等物料。

第六百零四条 在最大下垂度的情况下，架空线路到地面和接触网的垂直距离必须符合表23的要求。

表23　架空线与地面及设施的安全距离　m

电压等级/kV	<1	1~10	35
采场和排土场	6	6.5	7
人难以通行和地面运输必须通行的地点	5	5.5	6
台阶坡面	3	4.5	5
配电线和接触网的平面交叉点	2	2	3
铁路与配电线路的平面交叉点	7.5	7.5	7.5

第六百零五条　移动金属塔架和大型设备通过架空线以及在架空输配电线附近作业的机械设备，其最高（最远）点至电线的垂直（水平）距离，应当符合表24的要求。

表24　设备距离架空线的安全距离

电压等级/kV	最小距离/m
≤6	0.7
10	1.0
35	2.5
66	3.0
110	3.5

第六百零六条　挖掘机作业不得影响和破坏电缆线、电杆或者其他支架基础的安全，不得损伤接地导体和接地线。

第六百零七条　台阶上6~10 kV的架空输配电线最边上的导线，在没有偏差的情况下，至接触网最近边的水平距离不应小于2.5m，至铁路路肩的水平距离不应小于2 m。

第六百零八条　电压小于10 kV的输配电线，允许采用移动电杆，移动电杆之间的距离不应大于50 m，特殊情况应当根据计算确定。

第六百零九条　敷设橡套电缆应当符合下列要求：

（一）避开火区、水塘、水仓和可能出现滑坡的地段。

（二）跨台阶敷设电缆应当避开有伞檐、浮石、裂缝等的地段。

（三）新投入的高压电缆，使用前必须进行绝缘试验；修复后的高压电缆必须进行绝缘试验；运行高压电缆每年雷雨前应当进行预防性试验。

（四）电缆接头应当采用热缩或者冷补修复，其强度和导电性能不低于原要求。

（五）缠绕在卷筒（盘）上电缆载流量的计算符合相关要求，温升不超过要求。

（六）电缆穿越铁路、公路时，必须采取防护措施，严禁设备碾压电缆。

第四节　电气设备保护和接地

第六百一十条　高压配电线路应当装设过负荷、短路、漏电保护；低压配电线路应当装设短路和单相接地（漏电）保护；高压电动机应当装设短路、过负荷、漏电和欠压释放保护；低压电动机应当装设过流、短路保护；中性点接地的变压器必须装设接地保护；低压电力系统的变压器中性点直接接地时，必须装设接地保护。

第六百一十一条　变（配）电设施、油库、爆炸物品库、高大或者易受雷击的建筑，必须装设防雷电装置，每年雨季前检验1次。

第六百一十二条　电气保护检验应当遵守下列规定：

（一）电气保护装置使用前必须按规定进行检验，并做好记录。

（二）运行中每年至少对保护做1次检验，漏电保护6个月1次，负荷调整、线路变动应当及时检验。

（三）接地系统每月检查1次，每年至少检测1次，并做好记录。

第六百一十三条　采场必须选用户外型电气设备，所有高、低压电气设备裸露导电体必须有安全防护。

第六百一十四条　变电所（站）的各种继电保护装置每2年至少做1次试验。

第六百一十五条　变电所开关跳闸后，应当立即报告调度人员，经查询，可试送1次；若仍跳闸，不得强行送电，待查明原因，排除故障后，方可送电。

第六百一十六条　接地和接零应当符合下列要求：

（一）采场的架空线主接地极不得少于2组。主接地极应当设在电阻率低的地方，每组接地电阻值不得大于4 Ω，在土壤电阻率大于1000 Ω·mm²/m的地区，不得超过30 Ω。移动设备与架空线接地极之间的电阻值不得大于1 Ω。接地线和设备的金属外壳的接触电压不得大于36 V。

（二）高压架空线的接地线应当使用截面大于35 mm²的钢绞线。

（三）采用橡套电缆的专用接地芯线必须接地或者接零，严禁接地线作电源线。

（四）50 V以上的交流电气设备的金属外壳、构架等必须接地。

（五）连接电气设备与接地母线应当使用截面不小于 50 mm² 的耐腐蚀的铁线，严禁电气设备的接地线串联接地，严禁用金属管道或者电缆金属护套作为接地线。

（六）低压接地系统的架空线路的终端和支线的终端必须重复接地，交流线路零线的重复接地必须用独立的人工接地体，不得与地下金属管网相连接。

第五节　电气设备操作、维护和调整

第六百一十七条　严禁带电检修、移动电气设备。对设备进行带电调试、测试、试验时，必须采取安全措施。

移动带电电缆时，必须检查确认电缆没有破损，并穿戴好绝缘防护用品。

采用快速插接式的高压电缆头严禁带电插拔。

第六百一十八条　操作电气设备必须遵守下列规定：

（一）非专职和非值班人员，严禁操作电气设备。

（二）操作高压电气设备回路时，操作人员必须戴绝缘手套、穿电工绝缘靴或者站在绝缘台上。

（三）手持式电气设备的操作柄和工作中必须接触的部分，必须有合格的绝缘。

（四）操作人员身体任何部分与电气设备裸露带电部分的最小距离应当执行国家相关标准。

第六百一十九条　检修多用户使用的输配电线路时，应当制定安全措施。

第六百二十条　采场内（变电站、所及以下）配电线路的停送电作业应当遵守下列规定：

（一）计划停送电严格执行工作票、操作票制度。

（二）非计划停送电，应当经调度同意后执行，并双方做好停送电记录。

（三）事故停电，执行先停电，后履行停电手续，采取安全措施做好记录。

（四）严禁约时停送电。

第六百二十一条　高压变配电设备和线路的检修及停送电，必须严格执行停电申请和工作票制度。

停电线路维修作业必须遵守下列规定：

（一）必须由负责人统一指挥。

（二）必须有明显的断开点，该线路断开的电源开关把手，必须专人看管或者加锁，并悬挂警示牌。

（三）停电后必须验电，并挂好接地线。

（四）作业时必须有专人监护。

（五）确认所有作业完毕后，摘除接地线和警示牌，由负责人检查无误后通知调度恢复送电。

第六百二十二条　雷电或者雷雨时，严禁进行倒闸操作，严禁操作跌落开关。

第六节　爆炸物品库和炸药加工区安全配电

第六百二十三条　爆炸物品库房区和加工区的 10 kV 及以下的变电所，可采用户内式，但不应设在 A 级建筑物内。

变电所与 A 级建筑物的距离不得小于 50 m。

柱上变电亭与 A 级建筑物的距离不得小于 100 m，与 B 级和 D 级建筑物的距离不得小于 50 m。

第六百二十四条　1~10 kV 的室外架空线路，严禁跨越危险场所的建筑物。其边线与建筑物的水平距离，应当遵守下列规定：

（一）与 A 级和 B 级建筑物的距离，不应小于电杆间距的 2/3 且不应小于 35 m；与生产炸药的 A 级建筑物的距离，不应小于 50 m。

（二）与 D 级建筑物的距离不应小于电杆高的 1.5 倍。

第六百二十五条　变（配）电所至有爆炸危险的工房（库房）的 380 V/220 V 级配电线路，必须采用金属铠装交联电缆，其额定电压不低于 500 V，中性线的额定电压与相线相同，并在地下敷设。

电缆埋地长度不应小于 15 m。电缆的入户端金属外皮或者装电缆的钢管应当接地。在电缆与架空线的连接处应当装设防雷电装置。防雷电装置与电缆金属外皮、钢管、绝缘铁脚应当并联一起接地，其接地电阻不应大于 10 Ω。

低压配电应当采用 TN-S 系统。

第六百二十六条　有爆炸危险场所中的金属设备、管道和其他导电物体，均应当接地，其防静电的接地电阻不得大于 100 Ω。该接地装置与电气设备的、防雷电的接地装置共用，此时接地电阻值取其中最小值。根据具体情况，还应当采用其他的防静电措施。

第七节　照明和通信

第六百二十七条　固定式照明灯具使用的电压不得超过 220 V，手灯或者移动式照明灯具的电压应当小于 36 V，在金属容器内作业用的照明灯具的电压不得超过 24 V。

在同一地点安装不同照明电压等级的电源插座时，应当有明显区别标志。

第六百二十八条　必须配置能够覆盖整个开采范围的无线对讲系统，有基站的必须配备不间断电源，同时配置其他的有线或者无线应急通信系统；调度室

第九章 设备检修

第六百二十九条 检修前,应当选择坚实平坦的地面停放,因故障不能移动的设备应当采取防止溜车措施,轮式设备必须安放止轮器。

第六百三十条 检修作业必须遵守下列规定:

(一)检修时必须执行挂牌制度,在控制位置悬挂"正在检修,严禁启动"警示牌。

(二)检修时必须设专人协调指挥。多工种联合检修作业时,必须制定安全措施。

(三)在设备的隐蔽处及通风不畅的空间内检修时,必须制定安全措施,并设专人监护。

(四)检查和诊断运动、铰接、高温、有压、带电、弹性储能等危险部位时,必须采取安全措施,检修前必须切断相应的动力源,释放压力。

(五)在带式输送机上更换、维修输送带时,应当制定安全措施。

第六百三十一条 检修用电设备的高压进线和总隔离开关柜时,必须执行停送电制度。

检修设备高压线路时,必须切断相应的断路器和拉开隔离开关,并进行验电、放电、挂接短路接地线。

第六百三十二条 拆装高温(>40 ℃)或者低温(<-15 ℃)部件时,必须采取防护措施,严禁人体直接接触。

第六百三十三条 电焊、气焊、切割必须遵守下列规定:

(一)工作场地通风良好,无易燃、易爆物品。

(二)各类气瓶要距明火10 m以上,氧气瓶距乙炔瓶5 m以上。在重点防火、防爆区焊接作业时,办理用火审批单,并制定防火、防爆措施。

(三)在焊接或者切割盛放过易燃、易爆物品或者情况不明物品的容器时,应当制定安全措施。

(四)进入设备或者容器内部焊接、切割时,在确认无易燃、易爆气体或者物品,采取安全措施后,方可作业。

(五)各种气瓶连接处、胶管接头、减压器等,严禁沾染油脂。

(六)电焊机及电焊用具的绝缘必须合格,电焊机外壳接地。

第六百三十四条 吊装作业必须遵守下列规定:

(一)吊装作业区四周设置明显标志,夜间作业有足够的照明。

(二)严禁超载吊装和起吊重量不明的物体;严禁使用一根绳索挂2个吊点;严禁绳索与棱角直接接触。

(三)2台及以上起重机起吊同一物体时,负载分配应当合理,单机载荷不得超过额定起重量的80%。

第六百三十五条 高处作业必须遵守下列规定:

(一)使用登高工具和安全用具。

(二)使用梯子时,支承必须牢固,并有防滑措施,严禁垫高使用。

(三)采取可靠的防止人员坠落措施,有条件时应当设置防护网或者防护围栏。

(四)人员站立位置及扶手采取防滑措施。

(五)防止物体坠落,严禁抛掷工具和器材。

(六)在有坠落危险的下方严禁其他人员停留或者作业。

第六百三十六条 检修矿用卡车必须编制作业规程,并遵守下列规定:

(一)厢斗举升维修过程中,设定警戒区,严禁人员进入。

(二)厢斗举起后,采用刚性支撑或者安全索固定厢斗,严禁利用举升缸支撑作业。

(三)在车上进行焊接和切割作业时,要防止火花溅落到下方作业区或者油箱。必要时,应当采取防护措施。

(四)必须制定专门的检修轮胎安全技术措施。

第五编 职业病危害防治

第一章 职业病危害管理

第六百三十七条 煤矿企业必须建立健全职业卫生档案,定期报告职业病危害因素。

第六百三十八条 煤矿企业应当开展职业病危害因素日常监测,配备监测人员和设备。

煤矿企业应当每年进行一次作业场所职业病危害因素检测,每3年进行一次职业病危害现状评价。检测、评价结果存入煤矿企业职业卫生档案,定期向从业人员公布。

第六百三十九条 煤矿企业应当为接触职业病危害因素的从业人员提供符合要求的个体防护用品,并指导和督促其正确使用。

作业人员必须正确使用防尘或者防毒等个体防护用品。

第二章 粉尘防治

第六百四十条 作业场所空气中粉尘(总粉尘、

呼吸性粉尘）浓度应当符合表 25 的要求。不符合要求的，应当采取有效措施。

表 25 作业场所空气中粉尘浓度要求

粉尘种类	游离 SiO_2 含量/%	时间加权平均容许浓度/ ($mg \cdot m^{-3}$)	
		总尘	呼尘
煤尘	<10	4	2.5
矽尘	10~50	1	0.7
	50~80	0.7	0.3
	≥80	0.5	0.2
水泥尘	<10	4	1.5

注：时间加权平均容许浓度是以时间加权数规定的 8 h 工作日、40 h 工作周的平均容许接触浓度。

第六百四十一条 粉尘监测应当采用定点监测、个体监测方法。

第六百四十二条 煤矿必须对生产性粉尘进行监测，并遵守下列规定：

（一）总粉尘浓度，井工煤矿每月测定 2 次；露天煤矿每月测定 1 次。粉尘分散度每 6 个月测定 1 次。

（二）呼吸性粉尘浓度每月测定 1 次。

（三）粉尘中游离 SiO_2 含量每 6 个月测定 1 次，在变更工作面时也必须测定 1 次。

（四）开采深度大于 200 m 的露天煤矿，在气压较低的季节应当适当增加测定次数。

第六百四十三条 粉尘监测采样点布置应当符合表 26 的要求。

表 26 粉尘监测采样点布置

类别	生产工艺	测尘点布置
采煤工作面	司机操作采煤机、打眼、人工落煤及攉煤	工人作业地点
	多工序同时作业	回风巷距工作面 10~15 m 处
掘进工作面	司机操作掘进机、打眼、装岩(煤)、锚喷支护	工人作业地点
	多工序同时作业（爆破作业除外）	距掘进头 10~15 m 回风侧
其他场所	翻罐笼作业、巷道维修、转载点	工人作业地点

表 26（续）

类别	生产工艺	测尘点布置
露天煤矿	穿孔机作业、挖掘机作业	下风侧 3~5 m 处
	司机操作穿孔机、司机操作挖掘机、汽车运输	操作室内
地面作业场所	地面煤仓、储煤场、输送机运输等处进行生产作业	作业人员活动范围内

第六百四十四条 矿井必须建立消防防尘供水系统，并遵守下列规定：

（一）应当在地面建永久性消防防尘储水池，储水池必须经常保持不少于 200 m³ 的水量。备用水池贮水量不得小于储水池的一半。

（二）防尘用水水质悬浮物的含量不得超过 30 mg/L，粒径不大于 0.3 mm，水的 pH 值在 6~9 范围内，水的碳酸盐硬度不超过 3 mmol/L。

（三）没有防尘供水管路的采掘工作面不得生产。主要运输巷、带式输送机斜井与平巷、上山与下山、采区运输巷与回风巷、采煤工作面运输巷与回风巷、掘进巷道、煤仓放煤口、溜煤眼放煤口、卸载点等地点必须敷设防尘供水管路，并安设支管和阀门。防尘用水应当过滤。水采矿井不受此限。

第六百四十五条 井工煤矿采煤工作面应当采取煤层注水防尘措施，有下列情况之一的除外：

（一）围岩有严重吸水膨胀性质，注水后易造成顶板垮塌或者底板变形；地质情况复杂、顶板破坏严重，注水后影响采煤安全的煤层。

（二）注水后会影响采煤安全或者造成劳动条件恶化的薄煤层。

（三）原有自然水分或者防灭火灌浆后水分大于 4% 的煤层。

（四）孔隙率小于 4% 的煤层。

（五）煤层松软、破碎，打钻孔时易塌孔、难成孔的煤层。

（六）采用下行垮落法开采近距离煤层群或者分层开采厚煤层，上层或者上分层的采空区采取灌水防尘措施时的下一层或者下一分层。

第六百四十六条 井工煤矿炮采工作面应当采用湿式钻眼、冲洗煤壁、水炮泥、出煤洒水等综合防尘措施。

第六百四十七条 采煤机必须安装内、外喷雾装置。割煤时必须喷雾降尘，内喷雾工作压力不得小于

2 MPa，外喷雾工作压力不得小于 4 MPa，喷雾流量应当与机型相匹配。无水或者喷雾装置不能正常使用时必须停机；液压支架和放顶煤工作面的放煤口，必须安装喷雾装置，降柱、移架或者放煤时同步喷雾。破碎机必须安装防尘罩和喷雾装置或者除尘器。

第六百四十八条　井工煤矿采煤工作面回风巷应当安设风流净化水幕。

第六百四十九条　井工煤矿掘进井巷和硐室时，必须采取湿式钻眼、冲洗井壁巷帮、水炮泥、爆破喷雾、装岩（煤）洒水和净化风流等综合防尘措施。

第六百五十条　井工煤矿掘进机作业时，应当采用内、外喷雾及通风除尘等综合措施。掘进机无水或者喷雾装置不能正常使用时，必须停机。

第六百五十一条　井工煤矿在煤、岩层中钻孔作业时，应当采取湿式降尘等措施。

在冻结法凿井和在遇水膨胀的岩层中不能采用湿式钻眼（孔）、突出煤层或者松软煤层中施工瓦斯抽采钻孔难以采取湿式钻孔作业时，可以采用干式钻孔（眼），并采取除尘器除尘等措施。

第六百五十二条　井下煤仓（溜煤眼）放煤口、输送机转载点和卸载点，以及地面筛分厂、破碎车间、带式输送机走廊、转载点等地点，必须安设喷雾装置或者除尘器，作业时进行喷雾降尘或者用除尘器除尘。

第六百五十三条　喷射混凝土时，应当采用潮喷或者湿喷工艺，并配备除尘装置对上料口、余气口除尘。距离喷浆作业点下风流 100 m 内，应当设置风流净化水幕。

第六百五十四条　露天煤矿的防尘工作应当符合下列要求：

（一）设置加水站（池）。

（二）穿孔作业采取捕尘或者除尘器除尘等措施。

（三）运输道路采取洒水等降尘措施。

（四）破碎站、转载点等采用喷雾降尘或者除尘器除尘。

第三章　热害防治

第六百五十五条　当采掘工作面空气温度超过 26 ℃、机电设备硐室超过 30 ℃时，必须缩短超温地点工作人员的工作时间，并给予高温保健待遇。

当采掘工作面的空气温度超过 30 ℃、机电设备硐室超过 34 ℃时，必须停止作业。

新建、改扩建矿井设计时，必须进行矿井风温预测计算，超温地点必须有降温设施。

第六百五十六条　有热害的井工煤矿应当采取通风等非机械制冷降温措施。无法达到环境温度要求时，应当采用机械制冷降温措施。

第四章　噪声防治

第六百五十七条　作业人员每天连续接触噪声时间达到或者超过 8 h 的，噪声声级限值为 85 dB(A)。每天接触噪声时间不足 8 h 的，可以根据实际接触噪声的时间，按照接触噪声时间减半、噪声声级限值增加 3 dB(A) 的原则确定其声级限值。

第六百五十八条　每半年至少监测 1 次噪声。

井工煤矿噪声监测点应当布置在主要通风机、空气压缩机、局部通风机、采煤机、掘进机、风动凿岩机、破碎机、主水泵等设备使用地点。

露天煤矿噪声监测点应当布置在钻机、挖掘机、破碎机等设备使用地点。

第六百五十九条　应当优先选用低噪声设备，采取隔声、消声、吸声、减振、减少接触时间等措施降低噪声危害。

第五章　有害气体防治

第六百六十条　监测有害气体时应当选择有代表性的作业地点，其中包括空气中有害物质浓度最高、作业人员接触时间最长的地点。应当在正常生产状态下采样。

第六百六十一条　氧化氮、一氧化碳、氨、二氧化硫至少每 3 个月监测 1 次，硫化氢至少每月监测 1 次。

第六百六十二条　煤矿作业场所存在硫化氢、二氧化硫等有害气体时，应当加强通风降低有害气体的浓度。在采用通风措施无法达到作业环境标准时，应当采用集中抽取净化、化学吸收等措施降低硫化氢、二氧化硫等有害气体的浓度。

第六章　职业健康监护

第六百六十三条　煤矿企业必须按照国家有关规定，对从业人员上岗前、在岗期间和离岗时进行职业健康检查，建立职业健康档案，并将检查结果书面告知从业人员。

第六百六十四条　接触职业病危害从业人员的职业健康检查周期按下列规定执行：

（一）接触粉尘以煤尘为主的在岗人员，每 2 年 1 次。

（二）接触粉尘以矽尘为主的在岗人员，每年 1 次。

（三）经诊断的观察对象和尘肺患者，每年

1次。

（四）接触噪声、高温、毒物、放射线的在岗人员，每年1次。

接触职业病危害作业的退休人员，按有关规定执行。

第六百六十五条 对检查出有职业禁忌症和职业相关健康损害的从业人员，必须调离接害岗位，妥善安置；对已确诊的职业病人，应当及时给予治疗、康复和定期检查，并做好职业病报告工作。

第六百六十六条 有下列病症之一的，不得从事接尘作业：

（一）活动性肺结核病及肺外结核病。

（二）严重的上呼吸道或者支气管疾病。

（三）显著影响肺功能的肺脏或者胸膜病变。

（四）心、血管器质性疾病。

（五）经医疗鉴定，不适于从事粉尘作业的其他疾病。

第六百六十七条 有下列病症之一的，不得从事井下工作：

（一）本规程第六百六十六条所列病症之一的。

（二）风湿病（反复活动）。

（三）严重的皮肤病。

（四）经医疗鉴定，不适于从事井下工作的其他疾病。

第六百六十八条 癫痫病和精神分裂症患者严禁从事煤矿生产工作。

第六百六十九条 患有高血压、心脏病、高度近视等病症以及其他不适应高空（2 m以上）作业者，不得从事高空作业。

第六百七十条 从业人员需要进行职业病诊断、鉴定的，煤矿企业应当如实提供职业病诊断、鉴定所需的从业人员职业史和职业病危害接触史、工作场所职业病危害因素检测结果等资料。

第六百七十一条 煤矿企业应当为从业人员建立职业健康监护档案，并按照规定的期限妥善保存。

从业人员离开煤矿企业时，有权索取本人职业健康监护档案复印件，煤矿企业必须如实、无偿提供，并在所提供的复印件上签章。

第六编 应急救援

第一章 一般规定

第六百七十二条 煤矿企业应当落实应急管理主体责任，建立健全事故预警、应急值守、信息报告、现场处置、应急投入、救援装备和物资储备、安全避险设施管理和使用等规章制度，主要负责人是应急管理和事故救援工作的第一责任人。

第六百七十三条 矿井必须根据险情或者事故情况下矿工避险的实际需要，建立井下紧急撤离和避险设施，并与监测监控、人员位置监测、通信联络等系统结合，构成井下安全避险系统。

安全避险系统应当随采掘工作面的变化及时调整和完善，每年由矿总工程师组织开展有效性评估。

第六百七十四条 煤矿企业必须编制应急救援预案并组织评审，由本单位主要负责人批准后实施；应急救援预案应当与所在地县级以上地方人民政府组织制定的生产安全事故应急救援预案相衔接。

应急救援预案的主要内容发生变化，或者在事故处置和应急演练中发现存在重大问题时，及时修订完善。

第六百七十五条 煤矿企业必须建立应急演练制度。应急演练计划、方案、记录和总结评估报告等资料保存期限不少于2年。

第六百七十六条 所有煤矿必须有矿山救护队为其服务。井工煤矿企业应当设立矿山救护队，不具备设立矿山救护队条件的煤矿企业，所属煤矿应当设立兼职救护队，并与就近的救护队签订救护协议；否则，不得生产。

矿山救护队到达服务煤矿的时间应当不超过30 min。

第六百七十七条 任何人不得调动矿山救护队、救援装备和救援车辆从事与应急救援无关的工作，不得挪用紧急避险设施内的设备和物品。

第六百七十八条 井工煤矿应当向矿山救护队提供采掘工程平面图、矿井通风系统图、井上下对照图、井下避灾路线图、灾害预防和处理计划，以及应急救援预案；露天煤矿应当向矿山救护队提供采剥、排土工程平面图和运输系统图、防排水系统图及排水设备布置图、井工老空区与露天矿平面对照图，以及应急救援预案。提供的上述图纸和资料应当真实、准确，且至少每季度为救护队更新一次。

第六百七十九条 煤矿作业人员必须熟悉应急救援预案和避灾路线，具有自救互救和安全避险知识。井下作业人员必须熟练掌握自救器和紧急避险设施的使用方法。

班组长应当具备兼职救护队员的知识和能力，能够在发生险情后第一时间组织作业人员自救互救和安全避险。

外来人员必须经过安全和应急基本知识培训，掌握自救器使用方法，并签字确认后方可入井。

第六百八十条　煤矿发生险情或者事故后，现场人员应当进行自救、互救，并报矿调度室；煤矿应当立即按照应急救援预案启动应急响应，组织涉险人员撤离险区，通知应急指挥人员、矿山救护队和医疗救护人员等到现场救援，并上报事故信息。

第六百八十一条　矿山救护队在接到事故报告电话、值班人员发出警报后，必须在1 min内出动救援。

第六百八十二条　发生事故的煤矿必须全力做好事故应急救援及相关工作，并报请当地政府和主管部门在通信、交通运输、医疗、电力、现场秩序维护等方面提供保障。

第二章　安全避险

第六百八十三条　煤矿发生险情或者事故时，井下人员应当按应急救援预案和应急指令撤离险区，在撤离受阻的情况下紧急避险待救。

第六百八十四条　井下所有工作地点必须设置灾害事故避灾路线。避灾路线指示应当设置在不易受到碰撞的显著位置，在矿灯照明下清晰可见，并标注所在位置。

巷道交叉口必须设置避灾路线标识。巷道内设置标识的间隔距离：采区巷道不大于200 m，矿井主要巷道不大于300 m。

第六百八十五条　矿井应当设置井下应急广播系统，保证井下人员能够清晰听见应急指令。

第六百八十六条　入井人员必须随身携带额定防护时间不低于30 min的隔绝式自救器。

矿井应当根据需要在避灾路线上设置自救器补给站。补给站应当有清晰、醒目的标识。

第六百八十七条　采区避灾路线上应当设置压风管路，主管路直径不小于100 mm，采掘工作面管路直径不小于50 mm，压风管路上设置的供气阀门间隔不大于200 m。水文地质条件复杂和极复杂的矿井，应当在各水平、采区和上山巷道最高处敷设压风管路，并设置供气阀门。

采区避灾路线上应当敷设供水管路，在供气阀门附近安装供水阀门。

第六百八十八条　突出矿井，以及发生险情或者事故时井下人员依靠自救器或者1次自救器接力不能安全撤至地面的矿井，应当建设井下紧急避险设施。紧急避险设施的布局、类型、技术性能等具体设计，应当经矿总工程师审批。

紧急避险设施应当设置在避灾路线上，并有醒目标识。矿井避灾路线图中应当明确标注紧急避险设施的位置、规格和种类，井巷中应当有紧急避险设施方位指示。

第六百八十九条　突出矿井必须建设采区避难硐室，采区避难硐室必须接入矿井压风管路和供水管路，满足避险人员的避险需要，额定防护时间不低于96 h。

突出煤层的掘进巷道长度及采煤工作面推进长度超过500 m时，应当在距离工作面500 m范围内建设临时避难硐室或者其他临时避险设施。临时避难硐室必须设置向外开启的密闭门，接入矿井压风管路，设置与矿调度室直通的电话，配备足量的饮用水及自救器。

第六百九十条　其他矿井应当建设采区避难硐室，或者在距离采掘工作面1000 m范围内建设临时避难硐室或者其他临时避险设施。

第六百九十一条　突出与冲击地压煤层，应当在距采掘工作面25～40 m的巷道内、爆破地点、撤离人员与警戒人员所在位置、回风巷有人作业处等地点，至少设置1组压风自救装置；在长距离的掘进巷道中，应当根据实际情况增加压风自救装置的设置组数。每组压风自救装置应当可供5～8人使用，平均每人空气供给量不得少于0.1 m³/min。

其他矿井掘进工作面应当敷设压风管路，并设置供气阀门。

第六百九十二条　煤矿必须对紧急避险设施进行维护和管理，每天巡检1次；建立技术档案及使用维护记录。

第三章　救援队伍

第六百九十三条　矿山救护队是处理矿山灾害事故的专业应急救援队伍。

矿山救护队必须实行标准化、军事化管理和24 h值班。

第六百九十四条　矿山救护大队应当由不少于2个中队组成，矿山救护中队应当由不少于3个救护小队组成，每个救护小队应当由不少于9人组成。

第六百九十五条　矿山救护队大、中队指挥员应当由熟悉矿山救援业务，具有相应煤矿专业知识，从事煤矿生产、安全、技术管理工作5年以上和矿山救援工作3年以上，并经过培训合格的人员担任。

第六百九十六条　矿山救护大队指挥员年龄不应超过55岁，救护中队指挥员不应超过50岁，救护员不应超过45岁，其中40岁以下队员应当保持2/3以上。指战员每年应当进行1次身体检查，对身体检查不合格或者超龄人员应当及时进行调整。

第六百九十七条 新招收的矿山救护队员，应当具有高中及以上文化程度，年龄在30周岁以下，从事井下工作1年以上。

新招收的矿山救护队员必须通过3个月的基础培训和3个月的编队实习，并经综合考评合格后，才能成为正式队员。

第六百九十八条 矿山救护队出动执行救援任务时，必须穿戴矿山救援防护服装，佩戴并按规定使用氧气呼吸器，携带相关装备、仪器和用品。

第四章 救援装备与设施

第六百九十九条 矿山救护队必须配备救援车辆及通信、灭火、侦察、气体分析、个体防护等救援装备，建有演习训练等设施。

第七百条 矿山救护队技术装备、救援车辆和设施必须由专人管理，定期检查、维护和保养，保持战备和完好状态。技术装备不得露天存放，救援车辆必须专车专用。

第七百零一条 煤矿企业应当根据矿井灾害特点，结合所在区域实际情况，储备必要的应急救援装备及物资，由主要负责人审批。重点加强潜水电泵及配套管线、救援钻机及其配套设备、快速掘进与支护设备、应急通信装备等的储备。

煤矿企业应当建立应急救援装备和物资台账，健全其储存、维护保养和应急调用等管理制度。

第七百零二条 救援装备、器材、物资、防护用品和安全检测仪器、仪表，必须符合国家标准或者行业标准，满足应急救援工作的特殊需要。

第五章 救援指挥

第七百零三条 煤矿发生灾害事故后，必须立即成立救援指挥部，矿长任总指挥。矿山救护队指挥员必须作为救援指挥部成员，参与制定救援方案等重大决策，具体负责指挥矿山救护队实施救援工作。

第七百零四条 多支矿山救护队联合参加救援时，应当由服务于发生事故煤矿的矿山救护队指挥员负责协调、指挥各矿山救护队实施救援，必要时也可以由救援指挥部另行指定。

第七百零五条 矿井发生灾害事故后，必须首先组织矿山救护队进行灾区侦察，探明灾区情况。救援指挥部应当根据灾害性质、事故发生地点、波及范围，灾区人员分布、可能存在的危险因素，以及救援的人力和物力，制定抢救方案和安全保障措施。

矿山救护队执行灾区侦察任务和实施救援时，必须至少有1名中队或者中队以上指挥员带队。

第七百零六条 在重特大事故或者复杂事故救援现场，应当设立地面基地和井下基地，安排矿山救护队指挥员、待机小队和急救员值班，设置通往救援指挥部和灾区的电话，配备必要的救护装备和器材。

地面基地应当设置在靠近井口的安全地点，配备气体分析化验设备等相关装备。

井下基地应当设置在靠近灾区的安全地点，设专人看守电话并做好记录，保持与救援指挥部、灾区工作救护小队的联络。指派专人检测风流、有害气体浓度及巷道支护等情况。

第七百零七条 矿山救护队在救援过程中遇到突发情况、危及救援人员生命安全时，带队指挥员有权作出撤出危险区域的决定，并及时报告井下基地及救援指挥部。

第六章 灾变处理

第七百零八条 处理灾变事故时，应当撤出灾区所有人员，准确统计井下人数，严格控制入井人数；提供救援需要的图纸和技术资料；组织人力、调配装备和物资参加抢险救援，做好后勤保障工作。

第七百零九条 进入灾区的救护小队，指战员不得少于6人，必须保持在彼此能看到或者听到信号的范围内行动，任何情况下严禁任何指战员单独行动。所有指战员进入前必须检查氧气呼吸器，氧气压力不得低于18 MPa；使用过程中氧气呼吸器的压力不得低于5 MPa。发现有指战员身体不适或者氧气呼吸器发生故障难以排除时，全小队必须立即撤出。

指战员在灾区工作1个呼吸器班后，应当至少休息8 h。

第七百一十条 灾区侦察应当遵守下列规定：

（一）侦察小队进入灾区前，应当考虑退路被堵后采取的措施，规定返回的时间，并用灾区电话与井下基地保持联络。小队应当按规定时间原路返回，如果不能按原路返回，应当经布置侦察任务的指挥员同意。

（二）进入灾区时，小队长在队列之前，副小队长在队列之后，返回时则反之。行进中经过巷道交叉口时应当设置明显的路标。视线不清时，指战员之间要用联络绳联结。在搜索遇险遇难人员时，小队队形应当与巷道中线斜交前进。

（三）指定人员分别检查通风、气体浓度、温度、顶板等情况，做好记录，并标记在图纸上。

（四）坚持有巷必察。远距离和复杂巷道，可组织几个小队分区段进行侦察。在所到巷道标注留名，并绘出侦察线路示意图。

（五）发现遇险人员应当全力抢救，并护送到新鲜风流处或者井下基地。在发现遇险、遇难人员的地点要检查气体，并做好标记。

（六）当侦察小队失去联系或者没按约定时间返回时，待机小队必须立即进入救援，并报告救援指挥部。

（七）侦察结束后，带队指挥员必须立即向布置侦察任务的指挥员汇报侦察结果。

第七百一十一条 矿山救护队在高温区进行救护工作时，救护指战员进入高温区的最长时间不得超过表 27 的规定。

表 27 救护指战员进入高温区的最长时间

温度/℃	40	45	50	55	60
进入时间/min	25	20	15	10	5

第七百一十二条 处理矿井火灾事故，应当遵守下列规定：

（一）控制烟雾的蔓延，防止火灾扩大。

（二）防止引起瓦斯、煤尘爆炸。必须指定专人检查瓦斯和煤尘，观测灾区的气体和风流变化。当甲烷浓度达到 2.0% 以上并继续增加时，全部人员立即撤离至安全地点并向指挥部报告。

（三）处理上、下山火灾时，必须采取措施，防止因火风压造成风流逆转和巷道垮塌造成风流受阻。

（四）处理进风井井口、井筒、井底车场、主要进风巷和硐室火灾时，应当进行全矿井反风。反风前，必须将火源进风侧的人员撤出，并采取阻止火灾蔓延的措施。多台主要通风机联合通风的矿井反风时，要保证非事故区域的主要通风机先反风，事故区域的主要通风机后反风。采取风流短路措施时，必须将受影响区域内的人员全部撤出。

（五）处理掘进工作面火灾时，应当保持原有的通风状态，进行侦察后再采取措施。

（六）处理爆炸物品库火灾时，应当首先将雷管运出，然后将其他爆炸物品运出；因高温或者爆炸危险不能运出时，应当关闭防火门，退至安全地点。

（七）处理绞车房火灾时，应当将火源下方的矿车固定，防止烧断钢丝绳造成跑车伤人。

（八）处理蓄电池电机车库火灾时，应当切断电源，采取措施，防止氢气爆炸。

（九）灭火工作必须从火源进风侧进行。用水灭火时，水流应从火源外围喷射，逐步逼向火源的中心；必须有充足的风量和畅通的回风巷，防止水煤气爆炸。

第七百一十三条 封闭具有爆炸危险的火区时，应当遵守下列规定：

（一）先采取注入惰性气体等抑爆措施，然后在安全位置构筑进、回风密闭。

（二）封闭具有多条进、回风通道的火区，应当同时封闭各条通道；不能实现同时封闭的，应当先封闭次要进回风通道，后封闭主要进风通道。

（三）加强火区封闭的施工组织管理。封闭过程中，密闭墙预留通风孔，封孔时进、回风巷同时封闭；封闭完成后，所有人员必须立即撤出。

（四）检查或者加固密闭墙等工作，应当在火区封闭完成 24 h 后实施。发现已封闭火区发生爆炸造成密闭墙破坏时，严禁调派救护队侦察或者恢复密闭墙；应当采取安全措施，实施远距离封闭。

第七百一十四条 处理瓦斯（煤尘）爆炸事故时，应当遵守下列规定：

（一）立即切断灾区电源。

（二）检查灾区内有害气体的浓度、温度及通风设施破坏情况，发现有再次爆炸危险时，必须立即撤离至安全地点。

（三）进入灾区行动要谨慎，防止碰撞产生火花，引起爆炸。

（四）经侦察确认或者分析认定人员已经遇难，并且没有火源时，必须先恢复灾区通风，再进行处理。

第七百一十五条 发生煤（岩）与瓦斯突出事故，不得停风和反风，防止风流紊乱扩大灾情。通风系统及设施被破坏时，应当设置风障、临时风门及安装局部通风机恢复通风。

恢复突出区通风时，应当以最短的路线将瓦斯引入回风巷。回风井口 50 m 范围内不得有火源，并设专人监视。

是否停电应当根据井下实际情况决定。

处理煤（岩）与二氧化碳突出事故时，还必须加大灾区风量，迅速抢救遇险人员。矿山救护队进入灾区时要戴好防护眼镜。

第七百一十六条 处理水灾事故时，应当遵守下列规定：

（一）迅速了解和分析水源、突水点、影响范围、事故前人员分布、矿井具有生存条件的地点及其进入的通道等情况。根据被堵人员所在地点的空间、氧气、瓦斯浓度以及救出被困人员所需的大致时间制定相应救灾方案。

（二）尽快恢复灾区通风，加强灾区气体检测，防止发生瓦斯爆炸和有害气体中毒、窒息事故。

（三）根据情况综合采取排水、堵水和向井下人员被困位置打钻等措施。

（四）排水后进行侦察抢险时，注意防止冒顶和二次突水事故的发生。

第七百一十七条 处理顶板事故时，应当遵守下列规定：

（一）迅速恢复冒顶区的通风。如不能恢复，应当利用压风管、水管或者打钻向被困人员供给新鲜空气、饮料和食物。

（二）指定专人检查甲烷浓度、观察顶板和周围支护情况，发现异常，立即撤出人员。

（三）加强巷道支护，防止发生二次冒顶、片帮，保证退路安全畅通。

第七百一十八条 处理冲击地压事故时，应当遵守下列规定：

（一）分析再次发生冲击地压灾害的可能性，确定合理的救援方案和路线。

（二）迅速恢复灾区的通风。恢复独头巷道通风时，应当按照排放瓦斯的要求进行。

（三）加强巷道支护，保证安全作业空间。巷道破坏严重、有冒顶危险时，必须采取防止二次冒顶的措施。

（四）设专人观察顶板及周围支护情况，检查通风、瓦斯、煤尘，防止发生次生事故。

第七百一十九条 处理露天矿边坡和排土场滑坡事故时，应当遵守下列规定：

（一）在事故现场设置警戒区域和警示牌，禁止人员进入警戒区域。

（二）救援人员和抢险设备必须从滑体两侧安全区域实施救援。

（三）应当对滑体进行观测，发现有威胁救援人员安全的情况时立即撤离。

附　则

第七百二十条 本规程自 2016 年 10 月 1 日起施行。

第七百二十一条 条款中出现的"必须""严禁""应当""可以"等说明如下：表示很严格，非这样做不可的，正面词一般用"必须"，反面词用"严禁"；表示严格，在正常情况下均应这样做的，正面词一般用"应当"，反面词一般用"不应或不得"；表示允许选择，在一定条件下可以这样做的，采用"可以"。

附录　主要名词解释

薄煤层　地下开采时厚度 1.3 m 以下的煤层；露天开采时厚度 3.5 m 以下的煤层。

中厚煤层　地下开采时厚度 1.3～3.5 m 的煤层；露天开采时厚度 3.5～10 m 的煤层。

厚煤层　地下开采时厚度 3.5 m 以上的煤层；露天开采时厚度 10 m 以上的煤层。

近水平煤层　地下开采时倾角 8° 以下的煤层；露天开采时倾角 5° 以下的煤层。

缓倾斜煤层　地下开采时倾角 8°～25° 的煤层；露天开采时倾角 5°～10° 的煤层。

倾斜煤层　地下开采时倾角 25°～45° 的煤层；露天开采时倾角 10°～45° 的煤层。

急倾斜煤层　地下或露天开采时倾角 45° 以上的煤层。

近距离煤层　煤层群层间距离较小，开采时相互有较大影响的煤层。

井巷　为进行采掘工作在煤层或岩层内所开凿的一切空硐。

水平　沿煤层走向某一标高布置运输大巷或总回风巷的水平面。

阶段　沿一定标高划分的一部分井田。

区段（分阶段、小阶段）　在阶段内沿倾斜方向划分的开采块段。

主要运输巷　运输大巷、运输石门和主要绞车道的总称。

运输大巷（阶段大巷、水平大巷或主要平巷）　为整个开采水平或阶段运输服务的水平巷道。开凿在岩层中的称岩石运输大巷；为几个煤层服务的称集中运输大巷。

石门　与煤层走向正交或斜交的岩石水平巷道。

主要绞车道（中央上、下山或集中上、下山）　不直接通到地面，为一个水平或几个采区服务并装有绞车的倾斜巷道。

上山　在运输大巷向上，沿煤岩层开凿，为 1 个采区服务的倾斜巷道。按用途和装备分为：输送机上山、轨道上山、通风上山和人行上山等。

下山　在运输大巷向下，沿煤岩层开凿，为 1 个采区服务的倾斜巷道。按用途和装备分为：输送机下山、轨道下山、通风下山和人行下山等。

采掘工作面　采煤工作面和掘进工作面的总称。

阶檐　台阶工作面中台阶的错距。

老空　采空区、老窑和已经报废的井巷的总称。

采空区 回采以后不再维护的空间。

锚喷支护 联合使用锚杆和喷混凝土或喷浆的支护。

喷体支护 喷射水泥砂浆和喷射混凝土作为井巷支护的总称。

水力采煤 利用水力或水力机械开采和水力或机械运输提升的机械化采煤技术。

冻结壁交圈 各相邻冻结孔的冻结圆柱逐步扩大，相互连接，开始形成封闭的冻结壁的现象。

止浆岩帽 井巷工作面预注浆时，暂留在含水层上方或前方能够承受最大注浆压力（压强）并防止向掘进工作面漏浆、跑浆的岩柱。

混凝土止浆垫 井筒工作面预注浆时，预先在含水层上方构筑的，能够承受最大注浆压力（压强）并防止向掘进工作面漏跑浆的混凝土构筑物。

冲击地压（岩爆） 井巷或工作面周围煤（岩）体，由于弹性变形能的瞬时释放而产生的突然、剧烈破坏的动力现象。常伴有煤岩体抛出、巨响及气浪等现象。

主要风巷 总进风巷、总回风巷、主要进风巷和主要回风巷的总称。

进风巷 进风风流所经过的巷道。为全矿井或矿井一翼进风用的叫总进风巷；为几个采区进风用的叫主要进风巷；为1个采区进风用的叫采区进风巷，为1个工作面进风用的叫工作面进风巷。

回风巷 回风风流所经过的巷道。为全矿井或矿井一翼回风用的叫总回风巷；为几个采区回风用的叫主要回风巷；为1个采区回风用的叫采区回风巷；为1个工作面回风用的叫工作面回风巷。

专用回风巷 在采区巷道中，专门用于回风，不得用于运料、安设电气设备的巷道。在煤（岩）与瓦斯（二氧化碳）突出区，专用回风巷内还不得行人。

采煤工作面的风流 采煤工作面工作空间中的风流。

掘进工作面的风流 掘进工作面到风筒出风口这一段巷道中的风流。

分区通风（并联通风） 井下各用风地点的回风直接进入采区回风巷或总回风巷的通风方式。

串联通风 井下用风地点的回风再次进入其他用风地点的通风方式。

扩散通风 利用空气中分子的自然扩散运动，对局部地点进行通风的方式。

独立风流 从主要进风巷分出的，经过爆炸材料库或充电硐室后再进入主要回风巷的风流。

全风压 通风系统中主要通风机出口侧和进口侧的总风压差。

火风压 井下发生火灾时，高温烟流流经有高差的井巷所产生的附加风压。

局部通风 利用局部通风机或主要通风机产生的风压对局部地点进行通风的方法。

循环风 局部通风机的回风，部分或全部再进入同一部局部通风机的进风风流中。

主要通风机 安装在地面的，向全矿井、一翼或1个分区供风的通风机。

辅助通风机 某分区通风阻力过大、主要通风机不能供给足够风量时，为了增加风量而在该分区使用的通风机。

局部通风机 向井下局部地点供风的通风机。

上行通风 风流沿采煤工作面由下向上流动的通风方式。

下行通风 风流沿采煤工作面由上向下流动的通风方式。

瓦斯 矿井中主要由煤层气构成的以甲烷为主的有害气体。有时单独指甲烷。

瓦斯（二氧化碳）浓度 瓦斯（二氧化碳）在空气中按体积计算占有的比率，以%表示。

瓦斯涌出 由受采动影响的煤层、岩层，以及由采落的煤、矸石向井下空间均匀地放出瓦斯的现象。

瓦斯（二氧化碳）喷出 从煤体或岩体裂隙、孔洞或炮眼中大量瓦斯（二氧化碳）异常涌出的现象。在20 m巷道范围内，涌出瓦斯量大于或等于$1.0 \text{ m}^3/\text{min}$，且持续时间在8 h以上时，该采掘区即定为瓦斯（二氧化碳）喷出危险区域。

煤尘爆炸危险煤层 经煤尘爆炸性试验鉴定证明其煤尘有爆炸性的煤层。

岩粉 专门生产的、用于防止爆炸及其传播的惰性粉末。

煤（岩）与瓦斯突出 在地应力和瓦斯的共同作用下，破碎的煤、岩和瓦斯由煤体或岩体内突然向采掘空间抛出的异常的动力现象。

保护层 为消除或削弱相邻煤层的突出或冲击地压危险而先开采的煤层或矿层。

石门揭煤 石门自底（顶）板岩柱穿过煤层进入顶（底）板的全部作业过程。

水淹区域 被水淹没的井巷和被水淹没的老空的总称。

矿井正常涌水量 矿井开采期间，单位时间内流入矿井的水量。

矿井最大涌水量 矿井开采期间，正常情况下矿井涌水量的高峰值。主要与人为条件和降雨量有关。

安全水头值 隔水层能承受含水层的最大水头压力值。

不燃性材料 受到火焰或高温作用时，不着火、不冒烟、也不被烧焦者，包括所有天然和人工的无机材料以及建筑中所用的金属材料。

永久性爆炸物品库 使用期限在2年以上的爆炸物品库。

瞬发电雷管 通电后瞬时爆炸的电雷管。

延期电雷管 通电后隔一定时间爆炸的电雷管；按延期间隔时间不同，分秒延期电雷管和毫秒延期电雷管。

最小抵抗线 从装药重心到自由面的最短距离。

正向起爆 起爆药包位于柱状装药的外端，靠近炮眼口，雷管底部朝向眼底的起爆方法。

反向起爆 起爆药包位于柱状装药的里端，靠近或在炮眼底，雷管底部朝向炮眼口的起爆方法。

裸露爆破 在岩体表面上直接贴敷炸药或再盖上泥土进行爆破的方法。

拒爆（瞎炮） 起爆后，爆炸材料未发生爆炸的现象。

熄爆（不完全爆炸） 爆轰波不能沿炸药继续传播而中止的现象。

机车 架线电机车、蒸汽机车、蓄电池电机车和内燃机车的总称。

电机车 架线电机车和蓄电池电机车的总称。

单轨吊车 在悬吊的单轨上运行，由驱动车或牵引车（钢丝绳牵引用）、制动车、承载车等组成的运输设备。

卡轨车 装有卡轨轮，在轨道上行驶的车辆。

齿轨机车 借助道床上的齿条与机车上的齿轮实现增加爬坡能力的矿用机车。

胶套轮机车 钢车轮踏面包敷特种材料以加大粘着系数提高爬坡能力的矿用机车。

提升装置 绞车、摩擦轮、天轮、导向轮、钢丝绳、罐道、提升容器和保险装置等的总称。

主要提升装置 含有提人绞车及滚筒直径2 m以上的提升物料的绞车的提升装置。

提升容器 升降人员和物料的容器，包括罐笼、箕斗、带乘人间的箕斗、吊桶等。

防坠器 钢丝绳或连接装置断裂时，防止提升容器坠落的保护装置。

挡车装置 阻车器和挡车栏等的总称。

挡车栏 安装在上、下山，防止矿车跑车事故的安全装置。

阻车器（挡车器） 装在轨道侧旁或罐笼、翻车机内使矿车停车、定位的装置。

跑车防护装置 在倾斜井巷内安设的能够将运行中断绳或脱钩的车辆阻止住的装置或设施。

最大内、外偏角 钢丝绳从天轮中心垂直面到滚筒的直线同钢丝绳在滚筒上最内、最外位置到天轮中心的直线所成的角度。

常用闸 绞车正常操作控制用的工作闸。

保险闸 在提升系统发生异常现象，需要紧急停车时，能按预先给定的程序施行紧急制动装置，也叫紧急闸或安全闸。

罐道 提升容器在立井井筒中上下运行时的导向装置。罐道可分为刚性罐道（木罐道、钢轨罐道、组合钢罐道）和柔性罐道（钢丝绳罐道）。

罐座（闸腿，罐托） 罐笼在井底、井口装卸车时的托罐装置。

摇台 罐笼装卸车时与井口、马头门处轨道联结用的活动平台。

矿用防爆特殊型电机车 电动机、控制器、灯具、电缆插销等为隔爆型，蓄电池采用特殊防爆措施的蓄电池电机车。

机车制动距离 司机开始扳动闸轮或电闸手把到列车完全停止的运行距离。机车制动距离包括空行程距离和实际制动距离。

移动式电气设备 在工作中必须不断移动位置，或安设时不需构筑专门基础并且经常变动其工作地点的电气设备。

手持式电气设备 在工作中必须用人手保持和移动设备本体或协同工作的电气设备。

固定式电气设备 除移动式和手持式以外的安设在专门基础上的电气设备。

带电搬迁 设备在带电状态下进行搬动（移动）安设位置的操作。

矿用一般型电气设备 专为煤矿井下条件生产的不防爆的一般型电气设备，这种设备与通用设备比较对介质温度、耐潮性能、外壳材质及强度、进线装置、接地端子都有适应煤矿具体条件的要求，而且能防止从外部直接触及带电部分及防止水滴垂直滴入，并对接线端子爬电距离和空气间隙有专门的规定。

矿用防爆电气设备 系指按GB 3836.1标准生产的专供煤矿井下使用的防爆电气设备。

本规程中采用的矿用防爆型电气设备，除了符合GB 3836.1的规定外，还必须符合专用标准和其他有关标准的规定，其型式包括隔爆型电气设备、增安型电气设备、本质安全型电气设备等。

检漏装置 当电力网路中漏电电流达到危险值时,能自动切断电源的装置。

欠电压释放保护装置 即低电压保护装置,当供电电压低至规定的极限值时,能自动切断电源的继电保护装置。

阻燃电缆 遇火点燃时,燃烧速度很慢,离开火源后即自行熄灭的电缆。

接地装置 各接地极和接地导线、接地引线的总称。

总接地网 用导体将所有应连接的接地装置连成的1个接地系统。

局部接地极 在集中或单个装有电气设备(包括连接动力铠装电缆的接线盒)的地点单独埋设的接地极。

接地电阻 接地电压与通过接地极流入大地电流值之比。

露天采场 具有完整的生产系统,进行露天开采的场所。

工作帮 由正在开采的台阶部分组成的边帮。

非工作帮 由已结束开采的台阶部分组成的边帮。

边帮角(边坡角) 边帮面与水平面的夹角。

剥离 在露天采场内采出剥离物的作业。

剥离物 露天采场内的表土、岩层和不可采矿体。

台阶 按剥离、采矿或排土作业的要求,以一定高度划分的阶梯。

平盘(平台) 台阶的水平部分。

台阶高度 台阶上、下平盘之间的垂直距离。

坡顶线 台阶上部平盘与坡面的交线。

坡底线 台阶下部平盘与坡面的交线。

安全平盘 为保持边帮稳定和阻拦落石而设的平盘。

折返坑线 运输设备运行中按"之"字形改变运行方向的坑线。

原岩 未受采掘影响的天然岩体。

边帮监测 对边帮岩体变形及相应现象进行观察和测定的工作。

排土线 排土场内供排卸剥离物的台阶线路。

采装 用挖掘设备铲挖土岩并装入运输设备的工艺环节。

上装 挖掘设备站立水平低于与其配合的运输设备站立水平进行的采装作业。

连续开采工艺 采装、移运和排卸作业均采用连续式设备形成连续物料流的开采工艺。

安全区 露天煤矿开采平盘上不受采装及运输威胁的范围。

安全标志 在安全区范围设置的醒目记号和装置。

挖掘机 用铲斗从工作面铲装剥离物或矿产品并将其运至排卸地点卸装的自行式采掘机械。

穿孔机 露天煤矿钻孔的设备。

轮斗挖掘机(轮斗铲) 靠装在臂架前端的斗轮转动,由斗轮周边的铲斗轮流挖取剥离物或矿产品的一种连续式多斗挖掘机。

推(排)土犁 在轨道上行驶,用侧开板把剥离物外推并平整路基的排土机械。

滑坡 边帮岩体沿滑动面滑动的现象。

台阶坡面角 台阶坡面与水平面的夹角。

边坡稳定分析 分析边坡岩体稳定程度的工作。

最终边坡 露天采场开采结束时的边坡。

滑体 滑坡产生的滑动岩体。

塌落 边帮局部岩体突然片落的现象。

外部排土场 建在露天采场以外的排土场。

内部排土场 建在露天采场以内的排土场。

排土场滑坡 排土场松散土岩体自身的或随基底的变形或滑动。

固定线路 长期固定不移动的运输线路。

接触网 沿电气化铁路架设的供电网路,由承力索、吊弦和接能导线等组成。

电力牵引 用电能作为铁路运输动力能源的牵引方式。

路堑 线路低于地面用挖土的方法修筑的路基。

粉尘 煤尘、岩尘和其他有毒有害粉尘的总称。

呼吸性粉尘 能被吸入人体肺泡区的浮尘。

煤矿重大事故隐患判定标准

(2020年11月2日应急管理部第31次部务会议审议通过,应急管理部令第4号公布,自2021年1月1日起施行)

第一条 为了准确认定、及时消除煤矿重大事故隐患,根据《中华人民共和国安全生产法》和《国务院关于预防煤矿生产安全事故的特别规定》(国务院令第446号)等法律、行政法规,制定本标准。

第二条 本标准适用于判定各类煤矿重大事故

隐患。

第三条 煤矿重大事故隐患包括下列 15 个方面：

（一）超能力、超强度或者超定员组织生产；

（二）瓦斯超限作业；

（三）煤与瓦斯突出矿井，未依照规定实施防突出措施；

（四）高瓦斯矿井未建立瓦斯抽采系统和监控系统，或者系统不能正常运行；

（五）通风系统不完善、不可靠；

（六）有严重水患，未采取有效措施；

（七）超层越界开采；

（八）有冲击地压危险，未采取有效措施；

（九）自然发火严重，未采取有效措施；

（十）使用明令禁止使用或者淘汰的设备、工艺；

（十一）煤矿没有双回路供电系统；

（十二）新建煤矿边建设边生产，煤矿改扩建期间，在改扩建的区域生产，或者在其他区域的生产超出安全设施设计规定的范围和规模；

（十三）煤矿实行整体承包生产经营后，未重新取得或者及时变更安全生产许可证而从事生产，或者承包方再次转包，以及将井下采掘工作面和井巷维修作业进行劳务承包；

（十四）煤矿改制期间，未明确安全生产责任人和安全管理机构，或者在完成改制后，未重新取得或者变更采矿许可证、安全生产许可证和营业执照；

（十五）其他重大事故隐患。

第四条 "超能力、超强度或者超定员组织生产"重大事故隐患，是指有下列情形之一的：

（一）煤矿全年原煤产量超过核定（设计）生产能力幅度在 10% 以上，或者月原煤产量大于核定（设计）生产能力的 10% 的；

（二）煤矿或其上级公司超过煤矿核定（设计）生产能力下达生产计划或者经营指标的；

（三）煤矿开拓、准备、回采煤量可采期小于国家规定的最短时间，未主动采取限产或者停产措施，仍然组织生产的（衰老煤矿和地方人民政府计划停产关闭煤矿除外）；

（四）煤矿井下同时生产的水平超过 2 个，或者一个采（盘）区内同时作业的采煤、煤（半煤岩）巷掘进工作面个数超过《煤矿安全规程》规定的；

（五）瓦斯抽采不达标组织生产的；

（六）煤矿未制定或者未严格执行井下劳动定员制度，或者采掘作业地点单班作业人数超过国家有关限员规定 20% 以上的。

第五条 "瓦斯超限作业"重大事故隐患，是指有下列情形之一的：

（一）瓦斯检查存在漏检、假检情况且进行作业的；

（二）井下瓦斯超限后继续作业或者未按照国家规定处置继续进行作业的；

（三）井下排放积聚瓦斯未按照国家规定制定并实施安全技术措施进行作业的。

第六条 "煤与瓦斯突出矿井，未依照规定实施防突出措施"重大事故隐患，是指有下列情形之一的：

（一）未设立防突机构并配备相应专业人员的；

（二）未建立地面永久瓦斯抽采系统或者系统不能正常运行的；

（三）未按照国家规定进行区域或者工作面突出危险性预测的（直接认定为突出危险区域或者突出危险工作面的除外）；

（四）未按照国家规定采取防治突出措施的；

（五）未按照国家规定进行防突措施效果检验和验证，或者防突措施效果检验和验证不达标仍然组织生产建设，或者防突措施效果检验和验证数据造假的；

（六）未按照国家规定采取安全防护措施的；

（七）使用架线式电机车的。

第七条 "高瓦斯矿井未建立瓦斯抽采系统和监控系统，或者系统不能正常运行"重大事故隐患，是指有下列情形之一的：

（一）按照《煤矿安全规程》规定应当建立而未建立瓦斯抽采系统或者系统不正常使用的；

（二）未按照国家规定安设、调校甲烷传感器，人为造成甲烷传感器失效，或者瓦斯超限后不能报警、断电或者断电范围不符合国家规定的。

第八条 "通风系统不完善、不可靠"重大事故隐患，是指有下列情形之一的：

（一）矿井总风量不足或者采掘工作面等主要用风地点风量不足的；

（二）没有备用主要通风机，或者两台主要通风机不具有同等能力的；

（三）违反《煤矿安全规程》规定采用串联通风的；

（四）未按照设计形成通风系统，或者生产水平和采（盘）区未实现分区通风的；

（五）高瓦斯、煤与瓦斯突出矿井的任一采（盘）区，开采容易自燃煤层、低瓦斯矿井开采煤层群和分层开采采用联合布置的采（盘）区，未设置专用回风巷，或者突出煤层工作面没有独立的回风系统的；

（六）进、回风井之间和主要进、回风巷之间联络巷中的风墙、风门不符合《煤矿安全规程》规定，造成风流短路的；

（七）采区进、回风巷未贯穿整个采区，或者虽贯穿整个采区但一段进风、一段回风，或者采用倾斜长壁布置，大巷未超前至少2个区段构成通风系统即开掘其他巷道的；

（八）煤巷、半煤岩巷和有瓦斯涌出的岩巷掘进未按照国家规定装备甲烷电、风电闭锁装置或者有关装置不能正常使用的；

（九）高瓦斯、煤（岩）与瓦斯（二氧化碳）突出矿井的煤巷、半煤岩巷和有瓦斯涌出的岩巷掘进工作面采用局部通风时，不能实现双风机、双电源且自动切换的；

（十）高瓦斯、煤（岩）与瓦斯（二氧化碳）突出建设矿井进入二期工程前，其他建设矿井进入三期工程前，没有形成地面主要通风机供风的全风压通风系统的。

第九条 "有严重水患，未采取有效措施"重大事故隐患，是指有下列情形之一的：

（一）未查明矿井水文地质条件和井田范围内采空区、废弃老窑积水等情况而组织生产建设的；

（二）水文地质类型复杂、极复杂的矿井未设置专门的防治水机构、未配备专门的探放水作业队伍，或者未配齐专用探放水设备的；

（三）在需要探放水的区域进行采掘作业未按照国家规定进行探放水的；

（四）未按照国家规定留设或者擅自开采（破坏）各种防隔水煤（岩）柱的；

（五）有突（透、溃）水征兆未撤出井下所有受水患威胁地点人员的；

（六）受地表水倒灌威胁的矿井在强降雨天气或其来水上游发生洪水期间未实施停产撤人的；

（七）建设矿井进入三期工程前，未按照设计建成永久排水系统，或者生产矿井延深到设计水平时，未建成防、排水系统而违规开拓掘进的；

（八）矿井主要排水系统水泵排水能力、管路和水仓容量不符合《煤矿安全规程》规定的；

（九）开采地表水体、老空水淹区域或者强含水层下急倾斜煤层，未按照国家规定消除水患威胁的。

第十条 "超层越界开采"重大事故隐患，是指有下列情形之一的：

（一）超出采矿许可证载明的开采煤层层位或者标高进行开采的；

（二）超出采矿许可证载明的坐标控制范围进行开采的；

（三）擅自开采（破坏）安全煤柱的。

第十一条 "有冲击地压危险，未采取有效措施"重大事故隐患，是指有下列情形之一的：

（一）未按照国家规定进行煤层（岩层）冲击倾向性鉴定，或者开采有冲击倾向性煤层未进行冲击危险性评价，或者开采冲击地压煤层，未进行采区、采掘工作面冲击危险性评价的；

（二）有冲击地压危险的矿井未设置专门的防冲机构、未配备专业人员或者未编制专门设计的；

（三）未进行冲击地压危险性预测，或者未进行防冲措施效果检验以及防冲措施效果检验不达标仍组织生产建设的；

（四）开采冲击地压煤层时，违规开采孤岛煤柱，采掘工作面位置、间距不符合国家规定，或者开采顺序不合理、采掘速度不符合国家规定、违反国家规定布置巷道或者留设煤（岩）柱造成应力集中的；

（五）未制定或者未严格执行冲击地压危险区域人员准入制度的。

第十二条 "自然发火严重，未采取有效措施"重大事故隐患，是指有下列情形之一的：

（一）开采容易自燃和自燃煤层的矿井，未编制防灭火专项设计或者未采取综合防灭火措施的；

（二）高瓦斯矿井采用放顶煤采煤法不能有效防治煤层自然发火的；

（三）有自然发火征兆没有采取相应的安全防范措施继续生产建设的；

（四）违反《煤矿安全规程》规定启封火区的。

第十三条 "使用明令禁止使用或者淘汰的设备、工艺"重大事故隐患，是指有下列情形之一的：

（一）使用被列入国家禁止井工煤矿使用的设备及工艺目录的产品或者工艺的；

（二）井下电气设备、电缆未取得煤矿矿用产品安全标志的；

（三）井下电气设备选型与矿井瓦斯等级不符，或者采（盘）区内防爆型电气设备存在失爆，或者井下使用非防爆无轨胶轮车的；

（四）未按照矿井瓦斯等级选用相应的煤矿许用炸药和雷管、未使用专用发爆器，或者裸露爆破的；

（五）采煤工作面不能保证2个畅通的安全出口的；

（六）高瓦斯矿井、煤与瓦斯突出矿井、开采容易自燃和自燃煤层（薄煤层除外）矿井，采煤工作面采用前进式采煤方法的。

第十四条 "煤矿没有双回路供电系统"重大事故隐患，是指有下列情形之一的：

（一）单回路供电的；

（二）有两回路电源线路但取自一个区域变电所同一母线段的；

（三）进入二期工程的高瓦斯、煤与瓦斯突出、水文地质类型为复杂和极复杂的建设矿井，以及进入三期工程的其他建设矿井，未形成两回路供电的。

第十五条 "新建煤矿边建设边生产，煤矿改扩建期间，在改扩建的区域生产，或者在其他区域的生产超出安全设施设计规定的范围和规模"重大事故隐患，是指有下列情形之一的：

（一）建设项目安全设施设计未经审查批准，或者审查批准后作出重大变更未经再次审查批准擅自组织施工的；

（二）新建煤矿在建设期间组织采煤（经批准的联合试运转除外）；

（三）改扩建矿井在改扩建区域生产的；

（四）改扩建矿井在非改扩建区域超出设计规定范围和规模生产的。

第十六条 "煤矿实行整体承包生产经营后，未重新取得或者及时变更安全生产许可证而从事生产，或者承包方再次转包，以及将井下采掘工作面和井巷维修作业进行劳务承包"重大事故隐患，是指有下列情形之一的：

（一）煤矿未采取整体承包形式进行发包，或者将煤矿整体发包给不具有法人资格或者未取得合法有效营业执照的单位或者个人的；

（二）实行整体承包的煤矿，未签订安全生产管理协议，或者未按照国家规定约定双方安全生产管理职责而进行生产的；

（三）实行整体承包的煤矿，未重新取得或者变更安全生产许可证进行生产的；

（四）实行整体承包的煤矿，承包方再次将煤矿转包给其他单位或者个人的；

（五）井工煤矿将井下采掘作业或者井巷维修作业（井筒及井下新水平延深的井底车场、主运输、主通风、主排水、主要机电硐室开拓工程除外）作为独立工程发包给其他企业或者个人的，以及转包井下新水平延深开拓工程的。

第十七条 "煤矿改制期间，未明确安全生产责任人和安全管理机构，或者在完成改制后，未重新取得或者变更采矿许可证、安全生产许可证和营业执照"重大事故隐患，是指有下列情形之一的：

（一）改制期间，未明确安全生产责任人进行生产建设的；

（二）改制期间，未健全安全生产管理机构和配备安全管理人员进行生产建设的；

（三）完成改制后，未重新取得或者变更采矿许可证、安全生产许可证、营业执照而进行生产建设的。

第十八条 "其他重大事故隐患"，是指有下列情形之一的：

（一）未分别配备专职的矿长、总工程师和分管安全、生产、机电的副矿长，以及负责采煤、掘进、机电运输、通风、地测、防治水工作的专业技术人员的；

（二）未按照国家规定足额提取或者未按照国家规定范围使用安全生产费用的；

（三）未按照国家规定进行瓦斯等级鉴定，或者瓦斯等级鉴定弄虚作假的；

（四）出现瓦斯动力现象，或者相邻矿井开采的同一煤层发生了突出事故，或者被鉴定、认定为突出煤层，以及煤层瓦斯压力达到或者超过 0.74 MPa 的非突出矿井，未立即按照突出煤层管理并在国家规定期限内进行突出危险性鉴定的（直接认定为突出矿井的除外）；

（五）图纸作假、隐瞒采掘工作面，提供虚假信息、隐瞒下井人数，或者矿长、总工程师（技术负责人）履行安全生产岗位责任制及管理制度时伪造记录，弄虚作假的；

（六）矿井未安装安全监控系统、人员位置监测系统或者系统不能正常运行，以及对系统数据进行修改、删除及屏蔽，或者煤与瓦斯突出矿井存在第七条第二项情形的；

（七）提升（运送）人员的提升机未按照《煤矿安全规程》规定安装保护装置，或者保护装置失效，或者超员运行的；

（八）带式输送机的输送带入井前未经过第三方阻燃和抗静电性能试验，或者试验不合格入井，或者输送带防打滑、跑偏、堆煤等保护装置或者温度、烟雾监测装置失效的；

（九）掘进工作面后部巷道或者独头巷道维修（着火点、高温点处理）时，维修（处理）点以里继续掘进或者有人员进入，或者采掘工作面未按照国家规定安设压风、供水、通信线路及装置的；

（十）露天煤矿边坡角大于设计最大值，或者边坡发生严重变形未及时采取措施进行治理的；

（十一）国家矿山安全监察机构认定的其他重大事故隐患。

第十九条 本标准所称的国家规定，是指有关法律、行政法规、部门规章、国家标准、行业标准，以及国务院及其应急管理部门、国家矿山安全监察机构依法制定的行政规范性文件。

第二十条 本标准自2021年1月1日起施行。原国家安全生产监督管理总局2015年12月3日公布的《煤矿重大生产安全事故隐患判定标准》（国家安全生产监督管理总局令第85号）同时废止。

煤矿生产安全事故隐患排查治理制度建设指南（试行）

（2015年12月8日国家安全生产监督管理总局办公厅、国家煤矿安全监察局办公室以安监总厅煤行〔2015〕116号印发）

第一条 为规范和指导煤矿企业（含煤炭为非主营业务的企业）和煤矿（包括生产、新建、改扩建、资源整合煤矿）建立健全生产安全事故隐患（以下简称事故隐患）排查治理制度，进一步加强煤矿事故隐患排查治理工作，构建事故隐患排查治理长效机制，防范事故发生，根据《安全生产法》《国务院关于预防煤矿生产安全事故的特别规定》（国务院令第446号）、《安全生产事故隐患排查治理暂行规定》（国家安全监管总局令第16号）等法律法规及规章，制定本指南。

第二条 煤矿企业和煤矿是事故隐患排查治理的责任主体，应当建立健全事故隐患排查治理制度。事故隐患排查治理制度应包括以下内容：

（一）事故隐患排查治理责任体系；

（二）事故隐患分级管控标准和机制；

（三）风险预控和事故隐患的排查治理、记录报告、安全监控、督办验收等工作机制；

（四）信息管理体系；

（五）资金保障、通报监督、教育培训、考核奖惩等保障制度。

第三条 煤矿企业和煤矿应当建立健全从主要负责人（包括一些煤矿企业的实际控制人，下同）到每位作业人员，覆盖各部门、各单位、各岗位的事故隐患排查治理责任体系，明确主要负责人为本单位隐患排查治理工作的第一责任人，统一组织领导和协调指挥本单位事故隐患排查治理工作；明确本单位负责事故隐患排查、治理、记录、上报和督办、验收等工作的责任部门。

将所属煤矿整体对外承包或托管的煤矿企业，应当在签订的安全生产管理协议或承包（托管）合同中约定本企业和承包（承托）单位在煤矿事故隐患排查治理工作方面的责任，督促承包（承托）单位按规定定期组织开展事故隐患排查治理。

第四条 煤矿企业和煤矿应当建立事故隐患分级管控机制，根据事故隐患的影响范围、危害程度和治理难度等制定本企业（煤矿）的事故隐患分级标准，明确负责不同等级事故隐患的治理、督办和验收等工作的责任单位和责任人员。

第五条 煤矿应当建立预防事故隐患产生的工作机制，在采掘活动开始前和安全条件、生产系统、设施设备等发生较大变化时，组织安全、生产和技术等部门对涉及到的作业场所、工艺环节、设施设备、岗位人员等可能存在的危险因素进行全面辨识，识别可能导致事故隐患产生的危险因素，并进行汇总分类和危险程度评估，制定针对性的预防措施，分解落实到每个工作岗位和每个作业人员，预防事故隐患产生。

第六条 煤矿企业和煤矿应当按照日常排查和定期排查相结合的原则建立事故隐患排查工作机制，及时发现生产建设过程中存在的事故隐患：

（一）煤矿作业人员应当在开始作业前对本岗位危险因素进行一次安全确认，并在作业过程中随时排查事故隐患；

（二）煤矿的生产组织单位（区、队）应当每天安排管理、技术和安全等人员进行巡检，对作业区域开展事故隐患排查；

（三）煤矿应当组织安全、生产、技术等职能部门和相关的专业部门每旬至少开展一次覆盖生产各系统和各岗位的事故隐患排查；

（四）煤矿企业应当组织安全、生产、技术、管理等职能部门定期开展覆盖各运营煤矿的事故隐患排查。

发现重大事故隐患时，要立即停止受威胁区域内所有作业活动、撤出作业人员。

第七条 煤矿企业和煤矿应当建立事故隐患记录报告工作机制，及时记录排查发现的事故隐患，并逐级上报本企业相关部门。

第八条 煤矿应当建立依据事故隐患的等级实施分级治理的工作机制。对于有条件立即治理的事故隐患，在采取措施确保安全的前提下，事故隐患治理责任单位应当及时治理；对于难以采取有效措施立即治理的事故隐患，事故隐患治理责任单位应当及时制定治理方案，限期完成治理；对于重大事故隐患，应当由煤矿或煤矿企业主要负责人负责组织制定治理方案。

制定的隐患治理方案必须做到责任、措施、资金、时限和预案"五落实"。

第九条　煤矿企业和煤矿应当建立事故隐患治理分级督办、分级验收机制，依据排查出的事故隐患等级在其治理过程中实施分级跟踪督办，对不能按规定时限完成治理的事故隐患，及时提高督办层级、发出提级督办警示，加大治理的督促力度。事故隐患治理完成后，相应的验收责任单位应当及时对事故隐患治理结果进行验收，验收合格后解除督办、予以销号。

对于企业主动上报并按规定停产治理的重大事故隐患，治理完成并经本企业验收责任单位验收合格、确认达到安全生产条件的，可自行恢复生产，同时及时报告负责督办的部门。对于有关单位实施督办的其他重大事故隐患，治理完成后，应当书面报请负责督办的单位组织验收，验收合格后，方可恢复生产。

第十条　煤矿应当制定事故隐患排查治理过程中的安全保护措施，严防事故发生。

事故隐患治理前无法保证安全或事故隐患治理过程中出现险情时，应撤离危险区域作业人员，并设置警示标志。

对于短期内无法彻底治理的事故隐患，应当及时组织对其危险程度和影响范围进行评估，根据评估结果采取相应的安全监控和防护措施，确保安全。

第十一条　煤矿必须建立防范强降雨、洪水、大风和雷电等自然灾害引发煤矿水害、断电等事故的工作机制，制定针对性措施和应急预案，并加强预警，一旦出现险情要立即停止作业、撤出作业人员。

发现周边其他单位对本单位安全生产造成威胁时，煤矿企业应当向地方县级以上人民政府报告并请求协调解决，同时制定针对性防控措施、加强监测；自身生产活动对相邻矿井造成安全威胁时，煤矿企业应当及时向受到威胁的矿井通报，并制定有效措施予以排除。

第十二条　煤矿企业和煤矿应当建立事故隐患统计分析和汇总建档工作制度，定期对事故隐患和治理情况进行汇总分析，及时发现安全生产和隐患排查治理工作中出现的普遍性、苗头性和倾向性问题，研究制定预防性措施；并及时将事故隐患排查、治理和督办、验收过程中形成的电子信息、纸质信息归档立卷。

煤矿企业和煤矿应当建设具备事故隐患内容记录、治理过程跟踪、统计分析、逾期警示、信息上报等功能的事故隐患排查治理信息系统，实现对事故隐患从排查发现到治理完成销号全过程的信息化管理。

事故隐患排查治理信息系统应当接入煤矿调度中心（生产信息平台），并确保事故隐患记录无法被篡改或删除。

第十三条　煤矿企业和煤矿应当建立事故隐患排查资金保障机制，根据年度事故隐患排查治理工作安排，每年在安全生产费用提取中留设专项资金，专门用于隐患排查治理。

第十四条　煤矿企业和煤矿应当建立事故隐患排查治理宣传教育制度，采取多种方式宣传事故隐患排查治理工作制度和工作要求，将事故隐患排查治理能力建设纳入职工日常培训范围，并根据不同岗位开展针对性培训，提高全体从业人员的事故隐患排查治理能力。

第十五条　煤矿企业和煤矿应当及时向从业人员通报事故隐患排查治理情况。重大事故隐患应当在煤矿井口显著位置公告，一般事故隐患可以在涉及的区（队）办公区域公告或在班前会上通报；事故隐患公告必须包括隐患主要内容、治理时限和责任人员等内容，重大事故隐患公告还应标明停产停工范围。

第十六条　煤矿企业和煤矿应当充分发挥社会监督的作用，在井口和信息发布栏等醒目位置公布事故隐患举报电话，接受职工和社会监督。对于经核实的事故隐患举报，应奖励举报人。

第十七条　煤矿企业和煤矿应当将隐患排查治理工作纳入工作绩效考核体系。对事故隐患排查治理责任明确、落实，事故隐患治理工作完成良好，以及能够及时发现、报告和排除事故隐患的单位和个人给予奖励表彰；对事故隐患排查治理责任不明、排查工作不力、治理措施不落实，以及瞒报谎报事故隐患的，要参照事故调查程序，查明原因、追究有关责任单位和责任个人的责任，并督促制定整改措施。

煤矿重大事故隐患治理督办制度建设指南（试行）

（2015年12月8日国家安全生产监督管理总局办公厅、国家煤矿安全监察局办公室以安监总厅煤行〔2015〕116号印发）

第一条　为进一步规范和加强煤矿生产安全重大事故隐患（以下简称重大事故隐患）治理督办制度建设，督促煤矿企业及时消除重大事故隐患，防范和遏制煤矿重特大事故发生，根据《安全生产法》《国务院关于预防煤矿生产安全事故的特别规定》（国务院令第446号）、《安全生产事故隐患排查治理暂行规定》（国家安全监管总局令第16号）等有关法律法规、规章，制定本指南。

第二条 本指南用于指导县级以上地方人民政府负有煤矿安全生产监督管理职责的部门（以下简称负有煤矿安全监管职责的部门）督促煤矿企业或煤矿（以下统称隐患治理单位）治理重大事故隐患的督办制度建设。

第三条 煤矿重大事故隐患的判定，依据《煤矿重大生产安全事故隐患判定标准》（国家安全监管总局令第85号）执行。

第四条 负有煤矿安全监管职责的部门应当建立健全重大事故隐患治理督办制度。督办制度应当包括以下内容：

（一）督办重大事故隐患治理的内部责任体系；

（二）督办通知、督促治理、移交提级、验收销号、公示公告和执法处罚等工作机制；

（三）督办信息管理体系；

（四）报告监督、举报奖励等工作制度。

第五条 负有煤矿安全监管职责的部门实施督办的重大事故隐患包括：

（一）监督检查中发现的重大事故隐患；

（二）煤矿企业报告的重大事故隐患；

（三）举报并经查实的重大事故隐患；

（四）其他移交并经核实的重大事故隐患。

第六条 负有煤矿安全监管职责的部门应当建立煤矿重大事故隐患治理督办工作内部分工责任体系，将督办通知、动态检查、移交提级、验收销号、信息管理、举报核查等重大事故隐患治理督办有关工作明确到具体的责任单位和责任人员。

第七条 重大事故隐患确认后，负有煤矿安全监管职责的部门应当及时向隐患治理单位下达重大事故隐患治理督办通知书（亦可在执法文书中载明）。督办通知书应当包括以下内容：

（一）重大事故隐患基本情况；

（二）治理方案报送期限；

（三）治理进度定期报告要求；

（四）治理完成期限；

（五）停产区域和治理期间的安全要求；

（六）督办销号程序。

第八条 负有煤矿安全监管职责的部门应当加强重大事故隐患治理过程中的动态监管，在重大事故隐患治理期间，采取随机抽查、暗查暗访等方式进行现场检查，督促煤矿企业和煤矿严格落实重大事故隐患治理方案，并督促其建立重大事故隐患产生原因分析和责任倒查机制。

对于外部因素形成的煤矿企业和煤矿自身难以独立排除的重大事故隐患，负有煤矿安全监管职责的部门应当协调有关部门，协助和支持煤矿企业或煤矿予以解决。

第九条 对于涉及其他行政区域的重大事故隐患，负有煤矿安全监管职责的部门在自身职责范围内难以进行督办、确需上一级部门督办时，可报请申请上一级部门实施提级督办。

对下级负有煤矿安全监管职责的部门督办的重大事故隐患治理工作，认为应当直接督办的，可提级督办。

认定由其他部门负责督办的重大事故隐患，应当及时书面移交。

第十条 负有煤矿安全监管职责的部门应当督促存在重大事故隐患的煤矿企业或煤矿，制作重大事故隐患警示牌，悬挂在被督办煤矿井口的醒目位置。警示牌应标明重大事故隐患的存在场所、隐患主要内容、停产区域、治理期限、治理和验收责任人等内容。

第十一条 负有煤矿安全监管职责的部门应当监督煤矿企业严格执行重大事故隐患报告制度，发现重大事故隐患立即报告，并组织制定和上报重大事故隐患治理方案。

上报的重大事故隐患信息应当包括以下内容：

（一）隐患的基本情况和产生原因；

（二）隐患危害程度、波及范围和治理难易程度；

（三）需要停产治理的区域；

（四）发现隐患后采取的安全措施。

上报的重大事故隐患治理方案应当包括以下内容：

（一）治理的目标和任务；

（二）治理的方法和措施；

（三）落实的经费和物资；

（四）治理的责任单位和责任人员；

（五）治理的时限、进度安排和停产区域；

（六）采取的安全防护措施和制定的应急预案。

第十二条 对于不能在规定期限内完成治理的重大事故隐患，负有煤矿安全监管职责的部门应当督促隐患治理单位在规定的治理期限内提交重大事故隐患治理延期说明进行备案。

延期说明应当包括以下内容：

（一）申请延期的原因；

(二）已完成的治理工作情况；

(三）申请延期期限及采取的安全措施。

负有煤矿安全监管职责的部门应当加强重大事故隐患延期治理过程中的安全检查。

第十三条 负有煤矿安全监管职责的部门应当按照"谁督办、谁验收"的原则，负责对督办的重大事故隐患治理完成情况进行验收。负有煤矿安全监管职责的部门应当在接到隐患治理单位提交的验收申请10个工作日内，组织现场验收，确认隐患消除后，解除督办，允许煤矿恢复停产区域的生产建设活动；对经停产治理仍不具备安全生产条件的，依法提请地方人民政府予以关闭。

对煤矿企业主动上报的重大事故隐患，在完成治理并达到安全生产条件后，可由煤矿企业自行组织验收，验收合格后恢复生产。负有煤矿安全监管职责的部门应当督促煤矿企业及时报告验收结果并加强对验收结果的监督检查。

第十四条 负有煤矿安全监管职责的部门发现存在重大事故隐患不上报、仍然组织生产和建设的煤矿，应当依法责令其立即停产整顿、限期治理，并依据有关规定予以处罚；对在责令停产整顿期间仍然组织生产建设的煤矿，负有煤矿安全监管职责的部门应当依法提请地方人民政府予以关闭。

对于主动上报重大事故隐患，并按规定停产治理的煤矿，负有煤矿安全监管职责的部门不应将上报的重大事故隐患作为行政处罚的依据。

第十五条 负有煤矿安全监管职责的部门应当逐步建立完善煤矿事故隐患排查治理信息管理系统，设置重大事故隐患排查治理督办业务模块，具备重大事故隐患信息接收记录、治理进展跟踪、逾期警示提醒、数据统计分析等功能，实现对重大事故隐患督办全过程的信息化管理。

负有煤矿安全监管职责的部门应当建立重大事故隐患治理督办工作档案，及时将督办过程中形成的各类电子信息、纸质信息归档立卷，分类保存。

第十六条 负有煤矿安全监管职责的部门应当建立重大事故隐患治理督办工作报告制度，定期通过政府网站等媒体公布被督办煤矿重大事故隐患的治理进展情况，定期向本级人民政府和上一级负有煤矿安全监管职责的部门报告所监管的煤矿企业重大事故隐患排查、治理情况以及对重大事故隐患治理工作的督办情况。

负有煤矿安全监管职责的部门应当建立重大事故隐患举报制度，设立举报箱、公布举报电话等；接到重大事故隐患举报后，及时组织核查，经核查属实的，按照有关规定给予举报人表彰和奖励。

煤矿井下爆破作业安全规程

（1996年10月21日煤炭工业部以煤安字〔1996〕第510号发布）

第一条 为减少煤矿事故，保护国家财产和煤矿职工的安全、健康，制定本规程。

第二条 煤矿所有爆破作业地点必须编制爆破作业说明书，放炮员必须依照说明书进行爆破作业。说明书内容及要求包括：

一、炮眼布置图必须标明采煤工作面的高度和打眼范围或掘进工作面的巷道断面尺寸，炮眼的位置、个数、深度、角度及炮眼编号，并用正面图、平面图和剖面图表示；

二、炮眼说明表必须说明炮眼的名称、深度、角度、使用炸药、雷管的品种、装药量、封泥长度、连线方法和起爆顺序；

三、爆破作业说明书必须编入采掘作业规程，并根据不同的地质条件和技术条件及时修改补充。

第三条 瓦斯矿井中的爆破作业，放炮员、班组长、瓦斯检查员都必须在现场执行"一炮三检制"和"三人连锁放炮制"。

"一炮三检制"是：装药前、爆破前、爆破后要认真检查爆破地点附近的瓦斯，瓦斯超过1%，不准爆破。

"三人连锁放炮制"是：爆破前，放炮员将警戒牌交给班组长，由班组长派人警戒，并检查顶板与支架情况，将自己携带的放炮命令牌交给瓦斯检查员，瓦斯检查员经检查瓦斯煤尘合格后，将自己携带的放炮牌交给放炮员，放炮员发出爆破口哨进行爆破，爆破后三牌各归原主。

第四条 有瓦斯或煤尘爆炸危险的采掘工作面，应采用毫秒爆破。在掘进工作面必须全断面一次起爆；在采煤工作面，可采用分组装药，但一组装药必须一次起爆。

严禁在一个采煤工作面使用2台及以上放炮器同时进行爆破。

第五条 无瓦斯或煤尘爆炸危险的采掘工作面采用毫秒爆破时，应反向起爆；有瓦斯或煤尘爆炸危险的采掘工作面采用毫秒爆破时，可反向起爆，但必须制定安全措施，报矿总工程师批准。

第六条 煤矿井下严禁明火、普通导爆索、非电导爆管爆破和放糊炮。

第七条 处理卡在溜煤眼中的煤、矸时，可采用空气炮；无其他办法时，经矿总工程师批准，可爆破处理，但必须遵守下列规定：

一、必须采用经煤炭部批准的用于溜煤眼的煤矿许用刚性被筒炸药或不低于此安全度的煤矿许用药包；

二、每次爆破只准使用一个煤矿许用电雷管，最大装药量不得超过 450 g；

三、每次爆破前，必须检查溜煤眼内堵塞部位的上部和下部空间的瓦斯；

四、每次爆破前，必须洒水灭尘；

五、威胁安全的地点必须撤人、停电。

第八条 在高瓦斯矿井和有煤与瓦斯突出危险的采掘工作面的实煤体中，为增加煤体裂隙、煤体松动而进行的 10 m 以上的深孔预裂控制爆破，可使用二级煤矿许用炸药，但必须制定安全措施，报矿总工程师批准。

第九条 在有瓦斯或煤尘爆炸危险的矿井中，放顶煤工作面严禁挑顶煤爆破作业。

第十条 石门揭穿突出煤层采用震动爆破，必须遵守下列规定：

一、揭穿煤层的掘进工作面必须有独立的回风系统，在其进风侧的巷道中，应设置两道坚固的反向风门，在其回风系统中必须保证风流畅通，并严禁人员通行或作业。与该回风系统相连的风门、密闭、风桥等通风设施必须坚固可靠，防止突出后的瓦斯涌入其它区域；

二、必须作专门设计，报局总工程师批准。专门设计中应规定爆破参数、起爆地点反向风门的位置、避灾线路以及停电、撤人距离和警戒范围等；

三、震动爆破前，对所有钻孔和在煤体中形成的孔洞，都应严密闭封孔口，孔内注满水，或以黄土、砂充实（或充严）；

四、震动爆破由矿总工程师统一指挥，并有矿山救护队在指定地点值班。爆破后至少经 0.5 h，由矿山救护队进入工作面检查；

五、震动爆破的第一次爆破，未崩开石门全断面的岩柱和煤层，第二次爆破仍须按照震动爆破有关规定执行，并须加强支护，设专人检测瓦斯和观察突出预兆，作业中发现突出预兆，工作人员立即撤到安全地点；

六、为降低震动爆破时发生突出的强度，应采用挡栏防护；

七、石门揭穿煤层的全过程必须特别加强支护，并应有发生突出时保证人员安全的措施；

八、采用金属骨架措施揭穿煤层后，严禁拆除或回收骨架。

第十一条 装药时，首先必须用掏勺或用压缩空气清除炮眼内的煤粉或岩粉，再用木质或竹质炮棍将药卷轻轻推入，不得冲撞或捣实。炮眼内的药卷必须彼此密接。

潮湿或有水的炮眼，应用抗水炸药。

装药后，必须把电雷管脚线悬空，严禁电雷管脚线、放炮母线同运输设备、电气设备以及采掘机械等导电体相接触。

第十二条 炮眼封泥应用水炮泥，水炮泥外剩余的炮眼部分，应用粘土炮泥封实。封泥长度应按本规定第十三条执行。

炮眼封泥也可用不燃性的、可塑性松散材料，如砂子、粘土和砂子的混合物等制成的粘土炮泥。

严禁用煤粉、块状材料或其它可燃性材料作炮眼封泥。

对无封泥、封泥不足或不实的炮眼，严禁爆破。

第十三条 炮眼深度和炮眼的封泥长度，水炮泥用量，必须符合下列要求：

一、炮眼深度小于 0.6 m 时，不得装药、爆破。在特殊条件下，如卧底、刷帮、挑顶确需浅眼爆破，必须制订安全措施，报矿总工程师批准；

二、炮眼深度为 0.6~1 m 时，封泥长度不得小于炮眼深度的 1/2，水炮泥用量不得少于 1 个；

三、炮眼深度超过 1 m 时，封泥长度不得小于 0.5 m，水炮泥用量不得少于 2 个；

四、炮眼深度超过 2.5 m 时，封泥长度不得小于 1 m，水炮泥用量不得少于 3 个；

五、光面爆破时，周边光爆炮眼应用炮泥封实，且封泥长度不得小于 0.3 m；

六、工作面有两个或两个以上自由面时，在煤层中最小抵抗线不得小于 0.5 m，在岩层中最小抵抗线不得小于 0.3 m，浅眼装药爆破大岩块时，最小抵抗线和封泥长度都不得小于 0.3 m。

第十四条 有下列情况之一者，都不准装药、爆破：

一、采掘工作面的控顶距离不符合作业规程的规定，或者支架有损坏，或者留有伞檐时；

二、装药前和爆破前，放炮员必须检查瓦斯，如果爆破地点附近 20 m 以内风流中瓦斯浓度达到 1% 时；

三、在爆破地点 20 m 以内，有矿车、未清除的煤、矸或其它物体阻塞巷道断面 1/3 以上时；

四、炮眼内发现异状、温度骤高骤低、有显著瓦斯涌出、煤岩松散、透老顶等情况时。

有上述情况之一者，必须报告班、队长，及时处理。在作出妥善处理前，放炮员有权拒绝装药和进行爆破。

第十五条 在有煤尘爆炸危险的煤层中，在掘进工作面爆破前后，附近 20 m 的巷道内，都必须洒水降尘。

第十六条 爆破前，机械、液压支架和电缆等，都必须加以可靠的保护或移出工作面。

爆破前，班组长必须亲自布置专人，在警戒线和可能进入爆破地点的所有通路上担任警戒工作。警戒人员必须在有掩体的安全地点进行警戒。警戒线处应设置警戒牌、栏杆或拉绳等标志。

第十七条 每次爆破作业前，放炮员必须用电阻检测仪做电爆网路全电阻检查。严禁用放炮器放电检测电爆网路是否导通。

各矿对放炮器必须统一管理、发放。定期对放炮器的各项性能参数进行校验，并进行防爆检查，不符合要求的一律不准下井使用。

第十八条 爆破母线和连接线，必须符合下列要求：

一、煤矿井下爆破应采用符合标准的爆破母线；

二、电雷管脚线和连接线、脚线和脚线之间的接头，都必须悬空，不得同任何物体相接触；

三、多头巷道掘进时，爆破母线随用随挂，以免发生误接爆破母线。严禁使用固定爆破母线；

四、爆破母线、连接线和电雷管脚线必须相互扭紧并悬挂，不得同轨道、金属管、金属网、钢丝绳、刮板输送机等导电体相接触。

爆破母线同电缆、电线、信号线应分别挂在巷道的两侧。如果必须挂在同一侧，爆破母线必须挂在电缆的下方，并应保持 0.3 m 以上的悬挂距离；

五、只准采用绝缘母线单回路爆破，严禁用轨道、金属管、金属网、水或大地等当作回路；

六、爆破前，爆破母线必须扭结成短路。

第十九条 放炮员必须最后离开爆破地点，并必须在有掩护的安全地点进行爆破。掩护地点到爆破工作面的距离，由矿务局（公司）统一规定。

第二十条 爆破前，脚线的连接工作可由经过专门训练的班组长协助放炮员进行。爆破母线连接脚线、检查线路和通电工作，只准放炮员一人操作。

爆破前，班组长必须清点人数，确认无误后，方准下达起爆命令。

放炮员接到起爆命令后，必须先发出爆破警号，至少等 5 s，方可通电起爆。

装药的炮眼必须当班爆破完毕。在特殊情况下，如果当班留下尚未爆破的装药炮眼，当班放炮员必须在现场向下一班放炮员交接清楚情况。

第二十一条 处理瞎炮（包括残爆）必须在班组长直接指导下进行，并应在当班处理完毕，如果当班未能处理完毕，放炮员必须同下一班放炮员在现场交接清楚。

第二十二条 处理瞎炮时，必须遵守下列规定：

一、由于连线不良造成的瞎炮，可重新连线起爆；

二、在距瞎炮至少 0.3 m 处另打同瞎炮平行的新炮眼，重新装药起爆；

三、严禁用镐刨或从炮眼中取出原放置的引药或从引药中拉出电雷管；严禁将炮眼残底（无论有无残余炸药）继续加深；严禁用打眼的方法往外掏药；严禁用压风吹这些炮眼；

四、处理瞎炮的炮眼爆炸后，放炮员必须详细检查炸落的煤、矸，收集未爆的电雷管；

五、在瞎炮处理完毕以前，严禁在该地点进行同处理瞎炮无关的工作。

第二十三条 用爆破方法贯通井巷时，必须有准确的测量图，每班在图上填明进度。

当贯通的两工作面相距 20 m（掘进机工作面 50 m）前，地测部门必须事先下达通知书，并且只准从一个工作面向前接通。停掘的工作面必须保持正常通风，经常检查风筒是否脱节，还必须正常检查工作面及其回风流中的瓦斯浓度，瓦斯浓度超限时，必须立即处理。掘进的工作面每次装药爆破前，班组长必须派专人和瓦斯检查员共同到停掘的工作面检查工作面及其回风流中的瓦斯浓度，瓦斯浓度超限时，先停止掘进工作面的工作，然后处理瓦斯。只有在两个工作面及其回风巷风流中的瓦斯浓度都在 1% 以下时，掘进的工作面方可装药爆破。每次爆破前，在两个工作面必须设置栅栏和有专人警戒。

间距小于 20 m 的平行巷道，其中一个巷道爆破时，两个工作面的人员都必须撤至安全地点。

防范煤矿采掘接续紧张暂行办法

(2018年9月21日国家煤矿安全监察局以煤安监技装〔2018〕23号印发)

第一条 为有效管控煤矿采掘接续紧张引发重特大事故风险,根据《国务院关于预防煤矿生产安全事故的特别规定》和《煤矿重大生产安全事故隐患判定标准》,制定本办法。

第二条 矿井有下列情形之一的,为采掘接续紧张:

(一)除衰老矿井和计划停产关闭矿井外,正常生产矿井的开拓煤量、准备煤量、回采煤量(以下简称"三量")可采期小于本办法第三条规定的最短时间的;

(二)开采煤层群的突出矿井,具备开采保护层条件,未优先选取无突出危险的煤层或者突出危险程度较小的煤层作为保护层开采的;

(三)未按《煤矿安全规程》形成完整的水平或采(盘)区通风、排水、供电、通讯等系统,进行回采巷道施工的;

(四)采(盘)区内同时作业的采煤工作面和煤巷掘进工作面个数超过《煤矿安全规程》规定的;

(五)擅自缩短工作面走向(推进)长度的(除遇大断层构造带或煤层变薄带不可采等外),或未经批准擅自将一个采区划分为多个采区的;

(六)煤层群开采时,未留有足够的顶底板稳定时间,施工近距离邻近煤层回采巷道的;

(七)擅自减少瓦斯、水害等重大灾害治理巷道工程、钻孔工程,或擅自缩减瓦斯抽采时间,减少灾害治理措施的;

(八)采煤工作面生产安全系统未形成进行采煤的;

(九)各省级煤矿安全监察局和煤矿安全监管部门认定并经国家煤矿安全监察局批复确认的其它采掘接续紧张情形。

第三条 矿井开拓煤量可采期应当符合下列规定:

(一)煤与瓦斯突出矿井、水文地质类型极复杂矿井、冲击地压矿井不得少于5年;

(二)高瓦斯矿井、水文地质类型复杂矿井不得少于4年;

(三)其它矿井不得少于3年。

矿井准备煤量可采期应当符合下列规定:

(一)水文地质条件复杂和极复杂矿井、煤与瓦斯突出矿井、冲击地压矿井、煤巷掘进机械化程度与综合机械化采煤程度的比值小于0.7的矿井不得少于14个月;

(二)其它矿井不得少于12个月。

矿井回采煤量可采期应当符合下列规定:

(一)2个及以上采煤工作面同时生产的矿井不得少于5个月;

(二)其它矿井不得少于4个月。

矿井"三量"及"三量"可采期计算方法见附录。

第四条 矿井应当定期计算分析矿井"三量",确保矿井灾害治理和采掘平衡,通过绘制和填报相应的图、表、台帐及文字说明,及时掌握和分析生产准备程度与采掘关系;至少每季度形成期末"三量"动态报表,并根据采掘接续变化,定期(每年不得少于1次)对三量的动态变化进行统计和分析,形成分析报告,编制或修订不少于24个月的采掘工作面接续图表,算出最短的"三量"可采期。

矿井应当建立完善"三量"管理制度,明确责任分工和管理要求。

矿井应当编制矿井生产和灾害治理规划、年度计划,统筹采掘工程、灾害治理工程安排。

第五条 矿井发现"三量"可采期未达到规定要求的,应当及时报告上级公司,并主动降低产量,制定相应的灾害治理和采掘调整计划方案。矿井可根据采掘接续紧张的严重程度,相应调减计划产量,或减少同时作业的采煤工作面个数,并形成正式文件或纪要,报上级公司或负责属地监管的煤矿安全监管部门。工作面回采结束后无接续工作面的,应当确定停采期。

第六条 煤矿上级公司应当加强煤矿灾害治理和采掘平衡管理工作,发现所属矿井采掘接续紧张或接到矿井采掘接续紧张的报告并验证确认后,应当按照"三量"平衡管理要求,以正式文件或纪要形式重新调整下达产量考核指标和相对应的经营考核指标。

第七条 煤矿上级公司明知矿井采掘接续紧张仍然下达导致采掘接续紧张的产量考核指标或相应的经营考核指标的,依法对上级公司进行联合惩戒,导致生产安全事故发生的,依照有关规定对上级公司主要负责人、分管负责人及相关管理部门负责人给予问责。

第八条 煤矿安全监管监察部门发现矿井采掘接续紧张没有主动采取限产或停采措施，仍然进行生产的，应当依照《国务院关于预防煤矿生产安全事故的特别规定》和《煤矿重大生产安全事故隐患判定标准》进行处罚。

第九条 本规定自2018年11月1日起施行。

煤矿井下单班作业人数限员规定(试行)

（2018年12月25日国家煤矿安全监察局以煤安监行管〔2018〕38号印发，自2019年1月1日起施行）

第一条 为提高煤矿安全保障能力和生产效率，引导和推动煤矿企业加强机械化、自动化、信息化、智能化建设，研发应用煤矿机器人，简化生产系统，优化劳动组织，减少井下作业人数，从源头上防控群死群伤事故风险，结合煤矿安全生产情况，制定本规定。

第二条 本规定适用于全国所有的生产、建设煤矿（井工）。

第三条 本规定中的矿井类型及采掘工作面范围的界定如下：

（一）灾害严重矿井是指高瓦斯矿井、煤（岩）与瓦斯（二氧化碳）突出矿井、水文地质类型复杂极复杂矿井、冲击地压矿井。

（二）采煤工作面是指包括工作面及工作面进、回风巷在内的区域；掘进工作面是指从掘进迎头至工作面回风流与全风压风流汇合处的区域。采掘工作面限员人数不包括临时性进出的煤矿领导及职能部门巡检人员。

第四条 矿井单班作业人数应符合以下规定：

生产能力 K （万 t/a）	灾害严重矿井 （人）	其他矿井 （人）
$K \leq 30$	≤100	≤80
$30 < K \leq 60$	≤200	≤100
$60 < K < 120$	≤300	≤180
$120 \leq K < 180$	≤400	≤200
$180 \leq K < 300$	≤600	≤280
$300 \leq K < 500$	≤800	≤400
$K \geq 500$	≤850	≤450

第五条 采煤工作面单班作业人数应符合以下规定：

矿井类型	机械化采煤工作面（人）		炮采工作面（人）
	检修班	生产班	
灾害严重矿井	≤40	≤25	≤25
其他矿井	≤30	≤20	≤25

第六条 掘进工作面单班作业人数应符合以下规定：

矿井类型	综掘工作面（人）	炮掘工作面（人）
灾害严重矿井	≤18	≤15
其他矿井	≤16	≤12

第七条 煤矿企业应制定井下作业限员制度，在采掘作业地点悬挂限员牌板，按照《煤矿安全规程》要求布置人员位置监测系统读卡分站，加强劳动组织管理，严格控制井下和采掘工作面作业人数。灾害严重矿井要制定减人计划，明确减人目标，确保按期达到限员要求。

第八条 地方煤矿安全监管部门和驻地煤矿安全监察机构要将煤矿执行限员规定情况作为检查的重点内容，强化监督检查，督促煤矿企业认真落实煤矿井下限员要求。

第九条 本规定施行之日起，对未达到本规定要求的煤矿，不予核增生产能力；对一年内仍未达到本规定要求的煤矿，不予核增生产能力、不予通过一、二级安全生产标准化考核定级；对两年内仍未达到本规定要求的煤矿，煤矿安全监管监察部门依法依规查处。

第十条 高瓦斯、煤与瓦斯突出和冲击地压矿井，采掘工作面确需增加灾害治理人员的，必须经省级煤矿安全监管部门同意，并报告驻地煤矿安监局。

第十一条 省级煤矿安全监管部门可结合本地实际，制定实施细则。

第十二条 本规定自2019年1月1日起施行。

煤矿领导带班下井及安全监督检查规定

（2010年9月7日国家安全监管总局令第33号公布 根据2015年6月8日国家安全监管总局令第81号修正）

第一章 总 则

第一条 为落实煤矿领导带班下井制度，根据《国务院关于进一步加强企业安全生产工作的通知》和有关法律、行政法规的规定，制定本规定。

第二条 煤矿领导带班下井和县级以上地方人民政府煤炭行业管理部门、煤矿安全生产监督管理部门（以下分别简称为煤炭行业管理部门、煤矿安全监管部门），以及煤矿安全监察机构对其实施监督检查，适用本规定。

第三条 煤炭行业管理部门是落实煤矿领导带班下井制度的主管部门，负责督促煤矿抓好有关制度的建设和落实。

煤矿安全监管部门对煤矿领导带班下井进行日常性的监督检查，对煤矿违反带班下井制度的行为依法作出现场处理或者实施行政处罚。

煤矿安全监察机构对煤矿领导带班下井实施国家监察，对煤矿违反带班下井制度的行为依法作出现场处理或者实施行政处罚。

第四条 本规定所称的煤矿，是指煤矿生产矿井和新建、改建、扩建、技术改造、资源整合重组等建设矿井及其施工单位。

本规定所称煤矿领导，是指煤矿的主要负责人、领导班子成员和副总工程师。

建设矿井的领导，是指煤矿建设单位和从事煤矿建设的施工单位的主要负责人、领导班子成员和副总工程师。

第五条 煤矿是落实领导带班下井制度的责任主体，每班必须有矿领导带班下井，并与工人同时下井、同时升井。

煤矿的主要负责人对落实领导带班下井制度全面负责。

煤矿集团公司应当加强对所属煤矿领导带班下井的情况实施监督检查。

第六条 任何单位和个人对煤矿领导未按照规定带班下井或者弄虚作假的，均有权向煤炭行业管理部门、煤矿安全监管部门、煤矿安全监察机构举报和报告。

第二章 带班下井

第七条 煤矿应当建立健全领导带班下井制度，并严格考核。带班下井制度应当明确带班下井人员、每月带班下井的个数、在井下工作时间、带班下井的任务、职责权限、群众监督和考核奖惩等内容。

煤矿的主要负责人每月带班下井不得少于5个。

煤矿领导带班下井时，其领导姓名应当在井口明显位置公示。煤矿领导每月带班下井工作计划的完成情况，应当在煤矿公示栏公示，接受群众监督。

第八条 煤矿领导带班下井制度应当按照煤矿的隶属关系报送所在地煤炭行业管理部门，同时抄送煤矿安全监管部门和驻地煤矿安全监察机构。

第九条 煤矿领导带班下井时，应当履行下列职责：

（一）加强对采煤、掘进、通风等重点部位、关键环节的检查巡视，全面掌握当班井下的安全生产状况；

（二）及时发现和组织消除事故隐患和险情，及时制止违章违纪行为，严禁违章指挥，严禁超能力组织生产；

（三）遇到险情时，立即下达停产撤人命令，组织涉险区域人员及时、有序撤离到安全地点。

第十条 煤矿领导带班下井实行井下交接班制度。

上一班的带班领导应当在井下向接班的领导详细说明井下安全状况、存在的问题及原因、需要注意的事项等，并认真填写交接班记录簿。

第十一条 煤矿应当建立领导带班下井档案管理制度。

煤矿领导升井后，应当及时将下井的时间、地点、经过路线、发现的问题及处理情况、意见等有关情况进行登记，并由专人负责整理和存档备查。

煤矿领导带班下井的相关记录和煤矿井下人员定位系统存储信息保存期不少于一年。

第十二条 煤矿没有领导带班下井的，煤矿从业人员有权拒绝下井作业。煤矿不得因此降低从业人员工资、福利等待遇或者解除与其订立的劳动合同。

第三章 监督检查

第十三条 煤炭行业管理部门应当加强对煤矿领导带班下井的日常管理和督促检查。煤矿安全监管部门应当将煤矿建立并执行领导带班下井制度作为日常监督检查的重要内容，每季度至少对所辖区域煤矿领导带班下井执行情况进行一次监督检查。

煤矿领导带班下井执行情况应当在当地主要媒体向社会公布，接受社会监督。

第十四条　煤矿安全监察机构应当将煤矿领导带班下井制度执行情况纳入年度监察执法计划，每年至少进行两次专项监察或者重点监察。

煤矿领导带班下井的专项监察或者重点监察的情况应当报告上一级煤矿安全监察机构，并通报有关地方人民政府。

第十五条　煤炭行业管理部门、煤矿安全监管部门、煤矿安全监察机构对煤矿领导带班下井情况进行监督检查，可以采取现场随机询问煤矿从业人员、查阅井下交接班及下井档案记录、听取煤矿从业人员反映、调阅煤矿井下人员定位系统监记录等方式。

第十六条　煤炭行业管理部门、煤矿安全监管部门、煤矿安全监察机构对煤矿领导带班下井情况进行监督检查时，重点检查下列内容：

（一）是否建立健全煤矿领导带班下井制度，包括井下交接班制度和带班下井档案管理制度；

（二）煤矿领导特别是煤矿主要负责人带班下井情况；

（三）是否制订煤矿领导每月轮流带班下井工作计划以及工作计划执行、公示、考核和奖惩等情况；

（四）煤矿领导带班下井在井下履行职责情况，特别是重大事故隐患和险情的处置情况；

（五）煤矿领导井下交接班记录、带班下井档案等情况；

（六）群众举报有关问题的查处情况。

第十七条　煤炭行业管理部门、煤矿安全监管部门、煤矿安全监察机构应当建立举报制度，公开举报电话、信箱或者电子邮件地址，受理有关举报；对于受理的举报，应当认真调查核实；经查证属实的，依法从重处罚。

第四章　法律责任

第十八条　煤矿有下列情形之一的，给予警告，并处3万元罚款；对煤矿主要负责人处1万元罚款：

（一）未建立健全煤矿领导带班下井制度的；

（二）未建立煤矿领导井下交接班制度的；

（三）未建立煤矿领导带班下井档案管理制度的；

（四）煤矿领导每月带班下井情况未按照规定公示的；

（五）未按规定填写煤矿领导下井交接班记录簿、带班下井记录或者保存带班下井相关记录档案的。

第十九条　煤矿领导未按规定带班下井，或者带班下井档案虚假的，责令改正，并对该煤矿处15万元的罚款，对违反规定的煤矿领导按照擅离职守处理，对煤矿主要负责人处1万元的罚款。

第二十条　对发生事故而没有煤矿领导带班下井的煤矿，依法责令停产整顿，暂扣或者吊销煤矿安全生产许可证，并依照下列规定处以罚款；情节严重的，提请有关人民政府依法予以关闭：

（一）发生一般事故的，处50万元的罚款；

（二）发生较大事故的，处100万元的罚款；

（三）发生重大事故的，处500万元的罚款；

（四）发生特别重大事故的，处2000万元的罚款。

第二十一条　对发生事故而没有煤矿领导带班下井的煤矿，对其主要负责人依法暂扣或者吊销其安全资格证，并依照下列规定处以罚款：

（一）发生一般事故的，处上一年年收入30%的罚款；

（二）发生较大事故的，处上一年年收入40%的罚款；

（三）发生重大事故的，处上一年年收入60%的罚款；

（四）发生特别重大事故的，处上一年年收入80%的罚款。

煤矿的主要负责人未履行《安全生产法》规定的安全生产管理职责，导致发生生产安全事故，受到刑事处罚或者撤职处分的，自刑罚执行完毕或者受处分之日起，5年内不得担任任何生产经营单位的主要负责人；对重大、特别重大生产安全事故负有责任的，终身不得担任煤矿的主要负责人

第二十二条　本规定的行政处罚，由煤矿安全监管部门、煤矿安全监察机构依照各自的法定职权决定。

第五章　附　　则

第二十三条　省级煤炭行业管理部门会同煤矿安全监管部门可以依照本规定制定实施细则，报国家安全生产监督管理总局、国家煤矿安全监察局备案。

第二十四条　中央企业所属煤矿按照分级属地管理原则，由省（市、区）、设区的市人民政府煤炭行业管理部门、煤矿安全监管部门和煤矿安全监察机构负责监督监察。

第二十五条　露天煤矿领导带班下井参照本规定执行。

第二十六条　本规定自2010年10月7日起施行。

关于减少井下作业人数提升煤矿安全保障能力的指导意见

（2016年6月12日国家安全生产监督管理总局、国家煤矿安全监察局以安监总煤行〔2016〕64号印发）

煤矿井下作业人员数量是衡量一个煤矿生产系统复杂程度、现代化水平和事故风险大小的重要标志之一。近年来，我国煤矿生产规模和集约化程度不断提高，装备和管理水平不断提升，井下用人数量总体下降，煤矿安全生产形势明显好转。但一些煤矿安全基础依然薄弱，机械化和自动化程度不高，系统复杂，超能力、超强度开采，采掘工作面数量多，井下作业用人多，不仅效率低，而且安全保障程度不高，一旦发生事故，极易造成群死群伤。为贯彻落实党中央、国务院关于供给侧结构性改革的重大战略举措，支持煤炭行业进一步减少井下作业人员数量，提高生产效率，实现脱困发展，同时降低煤矿事故风险，提高煤矿安全保障能力，现提出以下指导意见。

一、优化生产组织

（一）合理确定产能。鼓励煤矿企业通过核减产能从源头上减少入井人数。坚决避免不顾地质条件和灾害威胁程度，盲目增大煤矿产能，人为造成采掘接续紧张或采取人海战术突击生产。严格按照《国务院关于煤炭行业化解过剩产能实现脱困发展的意见》要求，按照每年作业时间不超过276个工作日重新确定煤矿产能。

（二）合理下达生产计划。煤矿企业应严格按照重新确定的生产能力编制生产计划，合理向所属煤矿下达采掘计划，并督促其均衡生产，不得下达超能力生产计划。煤矿不应以商品煤指标等代替原煤产量变相超能力生产。

（三）简化生产布局。在煤层赋存条件允许、确保安全、经济合理的情况下，适当增加矿井水平垂高，扩大采（盘）区和工作面开采范围，加大工作面的面长和推进长度，采用一次采全高或综采放顶煤工艺，减少工作面搬家次数；正常生产煤矿原则上应在一个水平组织生产，同时生产的水平不超过2个，尽可能减少生产水平的采区数量，减少生产环节。

（四）减少采掘工作面数量。保持接续平衡，大力推行"一矿（井）一面""一矿（井）两面"生产模式，减少采煤工作面个数、控制掘进工作面个数。原则上，同时生产的采煤工作面与回采巷道掘进工作面个数的比例控制在1∶2以内。力争将一个采（盘）区的单班作业人数控制在100人以内。

二、优化运输系统

（五）优化矿井主运输系统。推广选用带式输送机构成主运输系统，实现从工作面到井底车场或地面的连续运输，逐步淘汰矿车轨道运输方式。大力推广使用长运距、大运量带式输送机和可转弯带式输送机。对于运输路线长、环节多的矿井，应通过优化巷道布置，整合优化运输系统，减少主运输转载环节，缩短主运输距离。

（六）推广使用辅助运输机械。推广使用单轨吊车、架空乘人装置、齿轨式卡轨车等有轨辅助运输系统；有条件的煤矿推广使用无轨胶轮车、多功能铲运车等无轨辅助运输成套装备；巷道坡度变化大、辅助运输环节多的煤矿，优先选用无极绳绞车运输替代多级、多段运输。逐步减少斜巷串车提升，逐步淘汰斜巷人车提升。

（七）缩短井下物料运输距离。水平单翼距离较长（超过4000米）时，可以利用邻近采区（水平）进风井运输物料及上下人员，或施工专用投料井（孔）就近运输物料，减少井下运输环节，缩短井下运输距离，减少物料运输作业人员。

三、优化井下劳动组织

（八）优化生产组织管理。坚持正规循环作业，推行岗位标准化作业流程，严格控制加班加点。优化调整设备检修、巷道修复、物料运输、安装回撤等作业时间，避免在同一工作地点安排检修班与生产班平行或交叉作业；避免在同一作业区域安排多个单位、多头指挥混岗作业。错时安排调研、参观等非生产活动，避免个别时段，尤其是上午时段人员集中入井。

（九）强化灾害超前治理。坚持先治灾、后生产。不在重大灾害治理区域安排各类生产活动；鼓励煤矿根据地质条件和灾害情况划定缓采区、禁采区，主动从灾害暂时难以彻底治理区域或开采经济不合理的区域退出，不与灾害"拼刺刀"。优先采用地面钻井预抽瓦斯、地面钻井注浆治水技术，积极推广应用地面注氮系统和地面灌注粉煤灰技术，减少井下灾害治理作业。

（十）减少井下交接班人员。完善井下作业人员交接班制度，除带班人员、班组长、安全检查员和瓦斯检查员等关键岗位人员在井下作业现场交接班外，其他人员应减少在井下作业现场交接班；特殊情形下需要实行井下作业现场交接班时，应尽量错时交接班，避免人员聚集。

（十一）大力培育生产服务专业化队伍。煤矿企业应创造条件，培育或引进综采工作面安装回撤、瓦斯抽采打钻、水害探查、巷道修复、设备维修、物料运输等生产服务专业化队伍，推行专业化施工。通过提高工作效率，减少生产辅助作业人员。

（十二）逐步减少井下作业岗位。加强安全培训，提高职工劳动技能。鼓励煤矿在法律法规和政策范围内，探索实施"一人多岗、一岗多能"，对井下部分作业岗位进行整合。鼓励煤矿企业整合职能相近的管理机构，实施扁平化管理，减少管理环节。

（十三）实施夜班"瘦身"作业。鼓励煤矿减少夜班作业，减少在夜班进行采煤工作面安装回撤、两巷提前支护以及巷道修复等作业，尽量避免在夜班进行瓦斯排放、突出煤层揭煤、火区启封及密闭等高风险作业。有条件的煤矿逐步取消夜班。

四、大力推进机械化、自动化、信息化、智能化

（十四）全面推进采煤机械化。鼓励煤矿推广应用综采工作面可视化、智能化控制技术，工作面无人开采技术；积极推进中小煤矿和开采薄煤层煤矿采用综采成套装备实现机械化开采；推广使用采煤工作面端头支架及两巷超前支护液压支架。减少并逐步淘汰炮采工艺。通过改善采煤工作面安全条件，降低劳动强度，减少作业人员，力争将综采工作面作业范围内（包括工作面及进、回风巷）单班各类作业人数控制在35人以内。

（十五）大力推广掘进机械化。推广使用大功率岩巷掘进机及配套带式输送机或梭车等成套装备；推广使用锚杆（锚索）支护台车、掘锚护一体机；逐步减少炮掘工作面，在现有炮掘工作面大力推进机械化装载和运输。通过提高掘进效率，减少运输环节，减少作业人员，力争将掘进工作面作业范围内（从掘进迎头至工作面回风流与全风压风流混合处）的单班各类作业人数控制在20人以内。

（十六）实施井下机电设备智能监控。推广应用智能监控技术，实现井下排水系统、变电所远程监控和无人值守；鼓励矿井采用井下水直排方式，鼓励多级排水的矿井应用远程集中监控技术实现多级联动排水；推广应用刮板输送机、破碎机、转载机、带式输送机等煤流运输设备远程集中监控技术，实现煤流运输设备联控联动。推广应用远程诊断技术，实现井下设备故障远程诊断。推广应用远距离集中（自动）供液、供电技术，推广使用小型自动排水装置、乳化液泵站自动控制装置，实现无人值守。

（十七）积极推广使用煤矿小型机械装备。鼓励煤矿企业与煤矿装备制造、研究单位合作，开展煤矿小型机械研发；鼓励煤矿企业大力开展"五小"革新（小发明、小改造、小革新、小设计、小建议）。大力推广使用水仓清淤泥机、矿车清挖机、轨道打眼机、喷浆自动上料机、提升钢丝绳在线检测装置、斜井平车场机械化推车装置等小型机械装备，替代人工作业。

（十八）推广物料运输信息化管理模式。鼓励煤矿利用无线射频识别（RFID）、二维码等物联网技术，对井下物料运输进行全程跟踪、识别、定位，提高运输效率，减少物料运转环节和"运料员"等运输作业人员。

五、大力推进巷道支护和修复技术创新

（十九）优化巷道设计。科学论证巷道用途、岩性、埋深、服务年限，合理确定巷道层位和支护方式、支护参数，预留巷道变形空间；深部开采及矿压显现明显的煤矿要合理布置工作面、合理安排接续顺序，避免形成"孤岛"和高应力集中区；有条件的煤矿推广应用沿空留巷技术。减少采动影响，延长巷道使用周期。

（二十）加强软岩巷道支护技术攻关。积极探索完善软岩巷道支护技术，合理选用锚、网、梁、索、注等复合支护技术，减少巷道变形，降低巷道失修率，减少巷道维修人员。

（二十一）积极推广使用巷道修复机械。推广使用多功能巷道修复机、卧底机等巷道修复设备，实现巷道扩刷、卧底挖掘、装载输送一体化和机械化作业，替代巷道修复过程中的人工架设、破碎、装载、转运等作业。

六、强化劳动定员管理

（二十二）合理确定井下劳动定员。煤矿企业应对矿井近期、中期、远期的劳动组织及劳动定员进行合理规划，每隔2~3年修订一次本企业的劳动定员标准，确定不同作业地点的劳动定员；当产能、工艺装备等安全生产条件发生较大变化时，应按照"能减则减"原则，及时修订定员标准。

（二十三）完善人员位置监测系统功能。在人员位置监测系统（人员定位系统）增设超员报警模块，依据作业地点的劳动定员数量设定相应区域同时作业人数的上限，当区域人数超过上限时自动报警。所有入井人员必须携带识别卡或具备定位功能的相关装置，实现对入井人数及其分布情况实时监控。

(二十四）控制入井人数。鼓励煤矿企业将减少井下作业人数纳入安全生产工作目标和计划，积极创造条件减少井下作业人数。单班入井人数在1000人以上的煤矿应采取措施将人数降到1000人以内；生产能力在30万吨/年以下的小煤矿应将单班入井人数控制在100人以内。

地方各级煤炭行业管理部门应加强对辖区内煤矿减少井下作业人数工作的督促指导，引导煤矿企业积极采取多种措施进一步减少井下作业人数。各级煤矿安全监管监察部门要加大对单班入井人数在1000人以上煤矿的执法频次和力度，督促煤矿企业不断减少井下作业人数。

煤矿班组安全建设规定(试行)

（2012年6月26日国家安全生产监督管理总局、国家煤矿安全监察局、中华全国总工会以安监总煤行〔2012〕86号印发，自2012年10月1日起施行）

第一章 总 则

第一条 为进一步规范和加强煤矿班组安全建设，提高煤矿现场管理水平，促进煤矿安全生产，依据《安全生产法》《煤炭法》《工会法》等法律法规，制定本规定。

第二条 全国煤矿开展班组安全建设适用本规定。

第三条 地方各级人民政府煤炭行业管理部门是煤矿班组安全建设的主管部门，负责督促煤矿企业建立班组安全建设制度、落实班组安全建设规定。

各地工会要组织协调、督促煤矿企业开展煤矿班组安全建设工作，指导煤矿企业建立工会基层组织，维护职工合法权益。

第四条 煤矿企业应当建立健全从企业、矿井、区队到班组的班组安全建设体系，把班组安全建设作为加强煤矿安全生产基层和基础管理的重要环节，明确分管负责人和主管部门，制定班组建设总体规划、目标和保障措施。

煤矿企业工会要加强宣传和指导，积极参与煤矿班组安全建设。要建立健全区队工会和班组工会小组，强化班组民主管理，维护职工合法权益。

第五条 煤矿（井）是班组安全建设的责任主体，要围绕班组安全建设建立各项制度，落实建设资金和各项保障措施，保证职工福利补贴，完善职工收入与企业效益同步增长机制。

区队（车间）是班组安全建设的直接管理层，负责班组日常管理、业务培训等工作。

第六条 煤矿班组安全建设以"作风优良，技能过硬，管理严格，生产安全，团结和谐"为总要求，着力加强现场安全管理、班组安全教育培训、班组安全文化建设，筑牢煤矿安全生产第一道防线。

第二章 组 织 建 设

第七条 煤矿企业必须建立区队、班组建制，制定班组定员标准，确保班组基本配置。班组长应当发挥带头表率作用，加强班组作业现场管理，确保安全生产。

第八条 煤矿企业班组工会小组要设群众安全监督员，且不得由班组长兼任。中华全国总工会和国家煤矿安全监察局按规定程序在煤矿井下生产一线班组中聘任煤矿特聘群众安全监督员。

第九条 煤矿企业应当建立完善以下班组安全管理规章制度：

（一）班前、班后会和交接班制度；
（二）安全质量标准化和文明生产管理制度；
（三）隐患排查治理报告制度；
（四）事故报告和处置制度；
（五）学习培训制度；
（六）安全承诺制度；
（七）民主管理制度；
（八）安全绩效考核制度；
（九）煤矿企业认为需要制定的其他制度。

煤矿企业在制定、修改班组安全管理规章制度时，应当经职工代表大会或者全体职工讨论，与工会或者职工代表平等协商确定。

第十条 煤矿企业应当加强班组信息管理，班组要有质量验收、交接、隐患排查治理等记录，并做到字迹清晰、内容完整、妥善保存。

第十一条 煤矿企业应当指导班组建立健全从班组长到每个岗位人员的安全生产责任制。

第十二条 煤矿企业必须全面推行安全生产目标管理，将安全生产目标层层分解落实到班组，完善安全、生产、效益结构工资制，区队每月进行考核兑现。

第十三条 煤矿企业必须依据国家标准要求，改善作业环境，完善安全防护设施，按标准为职工配备合格的劳动防护用品，按规定对职工进行职业健康检查，建立职工个人健康档案，对接触有职业危害作业的职工，按有关规定落实相应待遇。

第十四条 煤矿企业应当制定班组作业现场应急处置方案，明确班组长应急处置指挥权和职工紧急避险逃生权。

第十五条 煤矿企业应当建立班组民主管理机构，组织开展班组民主活动，认真执行班务公开制度，赋予职工在班组安全生产管理、规章制度制定、安全奖罚、班组长民主评议等方面的知情权、参与权、表达权、监督权。

第三章 班组长管理

第十六条 煤矿企业必须建立班组长选聘、使用、培养制度和机制，积极从优秀班组长中选拔人才，把班组长纳入科（区）管理人才培养计划，区队安全生产管理人员原则上要有班组长经历。

第十七条 班组长应当具备以下任职条件：

（一）热爱煤炭事业，关心企业发展，思想政治素质好、责任意识强，具有良好的道德品质；

（二）认真贯彻执行党的安全生产方针，模范遵守安全生产法律法规、企业规章制度和规程措施；

（三）熟悉本班组生产工艺流程，掌握矿井相关专业灾害预防知识，具备现场急救技能；

（四）服从组织领导，坚持原则，公道正派，有较强的组织管理能力、创新能力和团队协作精神，在职工中具有较高威信；

（五）一般应当具有高中（技校）及以上文化程度、3年及以上现场工作经验，具有较好的身体素质。

第十八条 班组长应当履行以下职责：

（一）班组长是本班组安全生产的第一责任人，对管辖范围内的现场安全管理全面负责，严格落实各项安全生产责任制，执行安全生产法律、法规、规程和技术措施，实行对本班组全员、全过程、全方位的动态安全生产管理；

（二）负责分解落实生产任务，严格按照《煤矿安全规程》、作业规程和煤矿安全技术操作规程组织生产，科学合理安排劳动组织、配置生产要素，强化以岗位为核心的现场管理，提高生产效率；

（三）负责加强班组安全质量标准化建设，推行作业现场精细化管理；

（四）负责班组团队、安全文化建设和规范化管理等其他职责。

第十九条 班组长享有以下权利：

（一）有权按规定组织落实安全规程措施，检查现场安全生产环境和职工安全作业情况，制止和处理职工违章作业，抵制违章指挥，在不具备安全生产条件且自身无力解决时有权拒绝开工、停止作业，遇到险情时有在第一时间下达停产撤人命令的直接决策权和指挥权，并组织班组人员安全有序撤离；煤矿企业不得因此降低从业人员工资、福利等待遇或者解除与其订立的劳动合同；

（二）有权根据区队生产作业计划和本班组的实际情况，合理安排劳动组织，调配人员、设备、材料等；

（三）有权核算班组安全、质量、生产等指标完成情况，根据有关规定，对班组成员的工作绩效进行考核；

（四）企业赋予的其他权利。

第二十条 班组长任用应当遵循以下原则：

（一）采取组织推荐、公开竞聘或民主选举等方式选拔班组长；

（二）经选拔的班组长，要按规定履行正式聘任手续，不得随意更换班组长；

（三）撤免班组长应当由区队提出撤免理由和建议，严格按相应程序办理。

第二十一条 煤矿企业必须建立班组长考核激励约束机制，明确班组长岗位津贴，制定班组长绩效考核制度，定期进行严格考核，并将考核结果作为班组长提拔、奖励、推优评先以及解聘、处罚的重要依据。

第四章 现场安全管理

第二十二条 煤矿企业应当依据《煤矿安全规程》、作业规程和煤矿安全技术操作规程等规定，制定班组安全工作标准、操作标准，规范工作流程。

第二十三条 班组必须严格落实班前会制度，结合上一班作业现场情况，合理布置当班安全生产任务，分析可能遇到的事故隐患并采取相应的安全防范措施，严格班前安全确认。

第二十四条 班组必须严格执行交接班制度，重点交接清楚现场安全状况、存在隐患及整改情况、生产条件和应当注意的安全事项等。

第二十五条 班组要坚持正规循环作业和正规操作，实现合理均衡生产，严禁两班交叉作业。

第二十六条 班组必须严格执行隐患排查治理制度，对作业环境、安全设施及生产系统进行巡回检查，及时排查治理现场动态隐患，隐患未消除前不得

第二十七条 班组必须认真开展安全质量标准化工作，加强作业现场精细化管理，确保设备设施完好，各类材料、备品配件、工器具等排放整齐有序，清洁文明生产，做到岗位达标、工程质量达标，实现动态达标。

第二十八条 班组应当加强作业现场安全监测监控系统、安全监测仪器仪表、工器具和其他安全生产设施的保护和管理，确保正确正常使用、安全有效。

第五章 班组安全培训

第二十九条 煤矿企业应当重视和发挥班组在职工安全教育培训中的主阵地作用，开展安全警示教育，强化班组成员安全风险意识、责任意识，增强职工遵章作业的自觉性；加强班组职工安全知识、操作技能、规程措施和新工艺、新设备、新技术安全培训，提高职工遵章作业的能力。

第三十条 煤矿企业应当强化危险源辨识和风险评估培训，提高职工对生产作业过程中各类隐患的辨识和防范能力。

煤矿企业应当加强班组应急救援知识培训和模拟演练，班组成员应当牢固掌握防灾、避灾路线，增强自救互救和现场处置能力。

煤矿企业应当加强班组现场急救知识和处置技能培训，班组成员应当具有正确使用安全防护设备、及时果断进行现场急救的能力。

第三十一条 煤矿企业应当确保班组教育培训投入，建立实训基地，建立学习活动室，配备教学所需的设施、多媒体器材、书籍和资料等。

第三十二条 煤矿企业每年必须对班组长及班组成员进行专题安全培训，培训时间不得少于20学时。

第六章 班组安全文化建设

第三十三条 煤矿企业应当把班组安全文化建设作为矿井整体安全文化建设的重要组成部分，切实加强组织领导，加大安全文化建设投入，为班组安全文化建设提供必要的条件和支持，培育独具特色的班组安全文化。

第三十四条 煤矿班组应当落实"安全第一、预防为主、综合治理"的安全生产方针，牢固树立"以人为本""事故可防可控"和"班组安全生产，企业安全发展"等安全生产理念。

第三十五条 煤矿企业应当以提高职工责任意识、法制意识、安全意识和防范技能为重点，加强正面舆论引导和法制宣传，发挥群众安全监督组织、家属协管的作用，培养正确的安全生产价值观，增强班组安全生产的内在动力。

第三十六条 煤矿企业应当建立安全诚信考核机制，建立职工安全诚信档案，并将安全诚信与安全生产抵押金、工资分配挂钩。

第三十七条 班组长应当加强人文关怀、情感交流和心理疏导，提高班组凝聚力，强化班组团队建设。

第三十八条 煤矿企业应当建立班组合理化建议与创新激励机制，鼓励班组开展岗位创新、质量管理（QC）小组等活动，培育团队创新精神。

第七章 表彰奖励

第三十九条 煤矿企业应当积极开展班组建设创先争优活动，每年组织优秀班组和优秀班组长评选，对班组安全建设工作开展情况进行总结考核，对在安全生产工作中作出突出贡献的班组及班组长给予表彰奖励。

煤矿企业在组织职工休（疗）养、外出学习考察活动时，优先选派优秀班组长参加。

第四十条 各省（区、市）人民政府煤炭行业管理部门会同本级总工会，定期对在安全生产工作中作出突出贡献的班组、班组长进行表彰奖励。

第四十一条 国家安全生产监督管理总局、国家煤矿安全监察局和中华全国总工会结合煤矿开展争创优秀安全班组、优秀班组长、优秀群监员活动，对在安全生产工作中作出突出贡献的班组、班组长进行表彰与奖励。

第八章 附 则

第四十二条 各级人民政府煤炭行业管理部门、煤矿安全监督管理部门以及各级煤矿安全监察机构、工会组织依照本规定对煤矿班组安全建设实施监督检查和指导。

第四十三条 地方各级人民政府有关部门和煤矿企业可依据本规定，制定具体的实施办法或实施细则。

第四十四条 本规定自2012年10月1日起施行，由国家安全生产监督管理总局、国家煤矿安全监察局、中华全国总工会负责解释。

煤层气地面开采安全规程(试行)

(2012年2月22日国家安全生产监督管理总局令第46号公布 根据2013年8月29日国家安全生产监督管理总局令第63号修正)

第一章 总　则

第一条　为了加强煤层气地面开采的安全管理，预防和减少生产安全事故，保障从业人员生命健康和财产安全，根据《中华人民共和国安全生产法》等法律、行政法规，制定本规程。

第二条　在中华人民共和国境内从事煤层气地面开采及有关设计、钻井、固井、测井、压裂、排采、集输、压缩等活动的安全生产，适用本规程。

国家标准、行业标准对煤矿井下瓦斯抽采和低浓度瓦斯输送安全另行规定的，依照其规定。

第三条　煤层气地面开采企业以及承包单位（以下统称煤层气企业）应当遵守国家有关安全生产的法律、行政法规、规章、标准和技术规范，依法取得安全生产许可证，接受煤矿安全监察机构的监察。

国家鼓励煤矿企业采用科学方法抽采煤层气。依法设立的煤矿企业地面抽采本企业煤层气应当遵守本规程，但不需要另行取得安全生产许可证。

第四条　煤层气企业应当建立安全生产管理机构，配备相应的专职安全生产管理人员；建立健全安全管理制度和操作规程，落实安全生产责任制，配备满足需要的安全设备和装备。

第五条　煤层气企业的主要负责人对本单位的安全生产工作全面负责。

煤层气企业的主要负责人和安全生产管理人员应当按照有关规定经专门培训并考核合格取得安全资格证书。

第六条　煤层气企业应当制定安全生产教育和培训计划，对从业人员进行安全生产教育和培训，保证从业人员具备必要的安全生产知识，熟悉有关的安全生产规章制度和安全操作规程，掌握本岗位的安全操作技能。未经安全生产教育和培训合格的从业人员，不得上岗作业。

煤层气企业的特种作业人员，应当按照有关规定经专门的安全作业培训，取得特种作业操作资格证书，方可上岗作业。

第七条　煤层气企业应当按照有关规定提取、使用满足安全生产需要的安全生产费用，保障煤层气地面开采的安全。

第八条　煤层气企业应当按照有关规定制定生产安全事故应急预案，组织定期演练，并根据安全生产条件的变化及时修订。

发生生产安全事故后，煤层气企业应当立即采取有效措施组织救援，防止事故扩大，避免人员伤亡和减少财产损失，并按照有关规定及时报告安全生产监管监察部门。

第九条　煤层气地面开采区域存在煤矿矿井的，煤层气企业应当与煤矿企业进行沟通，统筹考虑煤层气地面开采项目方案和煤矿开采计划，共享有关地质资料和工程资料，确保煤层气地面开采安全和煤矿井下安全。

第二章 一般规定

第十条　煤层气地面开采项目应当按照有关规定进行安全条件论证和安全预评价。

第十一条　新建、改建、扩建煤层气开采项目的安全设施，必须与主体工程同时设计、同时施工、同时投入生产和使用。安全设施投资应当纳入建设项目概算。

第十二条　煤层气地面开采项目的总体开发方案和煤层气集输管线、站场、供电等工程设计应当由具有相应资质的单位承担。煤层气井钻井、压裂、排采、修井等施工方案，由煤层气企业负责。

煤层气企业应当建立健全施工方案的审查制度，严格安全条件的审查。施工方案未经煤层气企业主要负责人审查同意的，施工单位不得施工。

第十三条　煤层气地面开采项目的工程施工应当由具有相应资质的监理单位进行监督。监理单位应当按照国家建设工程监理规范的要求对工程施工质量进行监督。

第十四条　煤层气企业进行工程发包时，应当对承包单位的资质条件和安全生产业绩进行审查，与承包单位签订专门的安全生产管理协议，或者在承包合同中约定各自的安全生产管理职责。煤层气企业对承包单位的安全生产工作统一协调、管理。

第十五条　煤层气企业应当经常开展安全生产检查及事故隐患排查，对发现的安全生产问题和事故隐患，应当立即采取措施进行整改；不能立即整改的，应当制定整改方案限期处理。

第十六条　煤层气企业应当对安全阀、压力表、传感器和监测设备进行定期校验、检定。煤层气企业的特种设备应当按照有关规定定期检测。

第十七条 煤层气企业应当建立相应的消防机构，配备专职或者兼职消防人员和必要的装备、器材，或者与所在地消防、应急救援机构签订消防救援合同。

第十八条 煤层气企业应当建立劳动防护用品配备、使用和管理制度，为从业人员提供符合国家标准或者行业标准的劳动防护用品。

煤层气企业应当对从业人员进行劳动防护用品使用的培训，指导、教育从业人员正确佩戴和使用劳动防护用品。

第十九条 煤层气企业进行电焊、气焊（割）等明火作业或其他可能产生火花的作业，应当编制专门的安全技术措施，并经本企业技术负责人审查批准。井场、站场内禁止烟火。

第二十条 煤层气企业应当建立设备管理专人负责制度。设备管理应当符合下列要求：

（一）安全标志正确、齐全、清晰，设置位置合理；

（二）定期进行巡检、维护和保养，确保设备始终处于完好状态；

（三）机械传动部位安装安全防护栏或者防护罩；

（四）按照有关规定对设备进行换季维护保养，防止设备锈蚀、冻裂；

（五）带压设备定期进行试压，合格后方可使用。

第二十一条 站场控制室内的气体探测控制仪超限断电后，煤层气企业应当立即组织专人对相应的设备和室内环境进行检查。严禁强行送电、开机。

第三章 硫化氢防护

第二十二条 在含硫化氢矿区进行施工作业和煤层气生产前，煤层气企业应当对所有生产作业人员和现场监督人员进行硫化氢防护的培训。培训内容应当包括课堂防护知识和现场实际操作，并符合培训时间规定。

对于临时作业人员和其他非定期派遣人员，在施工作业和煤层气生产前，煤层气企业应当对其进行硫化氢防护知识的教育。

第二十三条 在含硫化氢环境中进行生产作业，应当配备固定式和携带式硫化氢监测仪。硫化氢监测仪应当按照有关规定进行定期校验和鉴定。硫化氢重点监测区域应当设有醒目的标志，并设置硫化氢监测探头和报警器。

硫化氢监测仪发出不同级别报警时，煤层气企业应当按照行业标准《含硫化氢油气井安全钻井推荐作法》（SY/T 5087）的规定采取相应的措施。

第二十四条 煤层气企业在含硫化氢环境中进行生产作业，应当配备相应的防护装备，并符合下列要求：

（一）在钻井、试井、修井、井下作业以及站场作业中，配备正压式空气呼吸器及与其匹配的空气压缩机；

（二）有专人管理硫化氢防护装置，确保处于备用状态；

（三）进行检修和抢险作业时，携带硫化氢监测仪和正压式空气呼吸器。

第二十五条 在含硫化氢的矿区，场地及设备的布置应当考虑季节风向。在有可能形成硫化氢和二氧化硫的聚集处，应当确保有良好的通风条件，设置警示标志，使用防爆通风设备，并设置逃生通道及安全区。

第二十六条 在含硫化氢环境中进行钻井、井下作业和煤层气生产以及气体处理所使用的材料及设备，应当适合用于含硫化氢环境。

第二十七条 在含硫化氢环境中进行生产作业时，煤层气企业应当制定防硫化氢应急预案。钻井、井下作业的防硫化氢应急预案，应当规定煤层气井点火程序和决策人。

第二十八条 煤层气企业在含硫化氢的矿区进行煤层气井钻井，应当符合下列要求：

（一）地质及工程设计考虑硫化氢防护的特殊要求；

（二）采取防喷措施，防喷器组及其管线闸门和附件能够满足预期的井口压力；

（三）井场内禁止烟火，并采取控制硫化氢着火的措施；

（四）使用适合于含硫化氢地层的钻井液，并监测、控制钻井液 pH 值；

（五）在含硫化氢地层取芯和进行测试作业时，采取有效的防硫化氢措施。

第二十九条 在煤层气企业含硫化氢的煤层气井进行井下作业，应当符合下列要求：

（一）采取防喷措施；

（二）采取控制硫化氢着火的措施；

（三）当发生修井液气侵，硫化氢气体逸出时，立即通过分离系统分离或者采取其他处理措施；

（四）进入盛放修井液的密闭空间或者限制通风区域，可能产生硫化氢气体时，采取相应的人身安全防护措施；

（五）进行对射孔作业、压裂作业等特殊作业时，采取硫化氢防护措施。

第三十条 在进行含硫化氢的煤层气生产和气体处理作业时，煤层气企业应当对煤层气处理装置的腐蚀进行监测和控制，对可能的硫化氢泄漏进行检测，制定硫化氢防护措施。

作业人员进入可能有硫化氢泄漏的井场、站场、低凹区、污水区及其他硫化氢易于积聚的区域时，以及进入煤层气净化厂的脱硫、再生、硫回收、排污放空区进行检修和抢险时，应当携带正压式空气呼吸器。

第三十一条 含硫化氢煤层气井废弃时，煤层气企业应当考虑废弃方法和封井的条件，使用水泥封隔产出硫化氢的地层。

埋地管线、地面流程管线废弃时，应当经过吹扫净化、封堵塞或者加盖帽。容器应当用清水冲洗、吹扫并排干，敞开在大气中，并采取防止铁的硫化物燃烧的措施。

第四章 工程设计

第三十二条 煤层气企业编写工程设计方案前，应当充分收集有关资料，对作业现场及其周边环境进行调研，并进行危险源辨识和风险评价。

第三十三条 煤层气井不得布置在滑坡、崩塌、泥石流等地质灾害易发地带。

第三十四条 气井井口与周围建（构）筑物、设施的间距应当符合行业标准《煤层气地面开采防火防爆安全规程》（AQ 1081）的规定。

第三十五条 钻井作业时，生活区、值班房应当置于井架侧面，且处于最小频率风向的下风侧，与井口的间距不小于10米。井场发电房与柴油罐的间距应当不小于5米。

第三十六条 井控装置的远程控制台应当安装在井架大门侧前方，距井口不少于25米的专用活动房内，并在周围保持2米以上的行人通道。

第三十七条 钻井工程地质设计应当收集区域地质资料，确定各含水层组深度，制定相应的安全措施。

第三十八条 钻机及配套设备应当满足钻井设计的要求。钻机的额定钻进深度应当大于钻井深度。井架提升能力应当满足钻具重量、地质条件的要求。

动力设施应当满足钻机、泥浆泵、排水泵等设施所需功率。

第三十九条 钻井工艺技术应当有利于保护煤储层，并制定井漏、井涌、井喷、井塌、卡钻、防斜等复杂情况的安全技术措施。

第四十条 探井设计应当参考本地区钻井所采用的井身结构。井径应当留有余地。套管系列设计应当能够保证施工安全。表层套管应当至少下到稳定基岩内10米。

第四十一条 固井作业设计应当保证后续增产作业施工的安全。

套管柱应当进行强度设计，综合考虑内应力、挤应力和拉应力，以满足后续作业的需要。

第四十二条 设计方案应当对各种复杂情况提出预防和处理措施。

第四十三条 煤层气企业应当建立测井安全操作管理和事故处理措施。煤层气企业应当对放射源等危险物品的储存、运输、使用和防护作出特别规定。

第四十四条 煤层气企业应当建立爆炸物品运输和使用、爆炸器材存储和销毁、废旧爆炸物品安全销毁的管理制度。

煤层气企业应当建立防止地面爆炸、施工深度错误、炸枪（卡枪）及炸坏套管的安全防范和处理措施。

第四十五条 所选压裂井口的耐压等级应当大于设计的最高井口压力，泵车组安全阀的设定压力值不得超过生产套管抗内压强度的80%。煤层气企业应当建立砂堵、砂卡、设备损坏等事故的应急处理措施。

第四十六条 排采设备地基、底座基础应当满足载荷要求。电缆、变速箱、其他电气设备、连接设施配套设备应当与电机功率匹配。抽油杆柱应当满足疲劳应力强度要求。

第四十七条 排采泵的防冲距合理值应当根据下泵深度、泵型号、抽油杆的规格及机械性能确定，避免正常工作时柱塞碰泵。

第四十八条 井口应当设置排采沉淀池，煤层气井排出的水经过沉淀后，满足有关规定要求后方可进行排放；水管线应当以一定的坡度通向排采沉淀池，保证水流畅通。

第四十九条 煤层气企业对可能产生静电危险的下列设备和管线应当设置防静电装置：

（一）进出装置或者设施处；

（二）爆炸危险场所的边界；

（三）煤层气储罐、过滤器、脱水装置、缓冲器等及其连接部分；

（四）管道分支处以及直线段每隔200~300米处；

（五）压缩机的吸入口和加气机本身及槽车与加

气机连接环节。

在站场入口和主要的操作场所，煤层气企业应当安装人体静电导除装置，防静电接地装置的接地电阻应当不大于100欧姆。

在连接管线的法兰连接处，煤层气企业应当设置金属跨接线（绝缘法兰除外）。当法兰用5根以上螺栓连接时，法兰可以不用金属线跨接，但必须构成电气通路。

第五十条 工程和设备的防静电接地应当符合下列要求：

（一）设施设备和车辆的防静电接地，不得使用链条类导体连线；

（二）防静电接地、防感应雷接地和电气设备接地共同设置的，其接地电阻不大于10欧姆；

（三）防静电接地装置单独设置的，接地电阻不大于100欧姆，埋设周围情况良好；

（四）防静电接地不得使用防直击雷引下线和电气工作零线，测量点位置不得设在爆炸危险区域内；

（五）检修设备、管线可能导致防静电接地系统断路时，预先设置临时性接地，检修完毕后及时恢复。

第五十一条 进站槽车的防静电应当符合下列要求：

（一）槽车及槽车驾驶员、押运员持有合法有效的证件；

（二）槽车设置汽车专用静电接地装置，接地电阻不大于100欧姆；

（三）槽车的防静电接地线连接在作业场所的专用防静电接地点上，且不得采用缠绕等不可靠的连接方法；

（四）槽车的防静电接地连线采用专用导静电橡胶拖地线或者铜芯软绞线。

第五十二条 防雷应当符合下列安全要求：

（一）建（构）筑物、工艺设备、架空管线、各种罐体、电气设备等设置防雷接地装置；

（二）进入变（配）电室的高压电路安装与设备耐压水平相适应的过电压（电涌）保护器；

（三）信息系统配电线路的首、末端与电子器件连接时，装设与电子器件耐压水平相适应的过电压（电涌）保护器；

（四）防雷接地电阻不得大于10欧姆，引下线地面以下0.3米至地面以上1.7米无破坏，接地测试断接点接触良好，埋设周围情况良好；

（五）防雷装置保护范围不得缩小；

（六）防雷击接地措施不得影响输气管线阴极保护效果；

（七）接地装置定期由具备资质的单位进行测试。

第五十三条 煤层气企业应当在站场内设置风向标，并悬挂在有关人员可以看到的位置。

第五十四条 压缩机房应当符合下列要求：

（一）压缩机房设置防爆应急照明系统；

（二）采用封闭式厂房时，有煤层气泄漏的报警装置、良好的机械通风设施和足够的泄压面积；

（三）压缩机房电缆沟使用软土或者沙子埋实，并与配电间的电缆沟严密隔开；

（四）压缩机房有醒目的安全警示标志。

第五章 钻井与固井

第五十五条 井场应当平整、坚固。井架地基填方部分不得超过1/4面积。填方部分应当采取加固措施。

煤层气企业在山坡上修筑井场时，当地层坚硬、稳固时，井场边坡坡度不得大于85度；当地层松软时，井场边坡坡度不得大于60度。必要时，砌筑护坡、挡土墙。

第五十六条 煤层气企业应当对井场的井架、油罐安装防雷防静电接地装置，其接地电阻应当不大于10欧姆。

第五十七条 暴雨、洪水季节，在山沟、洼陷等低凹地带施工时，煤层气企业应当加高地基，修筑防洪设施。

第五十八条 煤层气企业应当在井场配备足够数量的消防器材。消防器材应当由专人管理，定期维护保养，不得挪作他用。消防器材摆放处应当保持通道畅通，确保取用方便。

第五十九条 煤层气企业应当在井场、钻台及井架梯子的入口处，钻台上、高空作业区和绞车、柴油机、发电机等机械设备处，以及油罐区、消防器材房、消防器材箱等场所和设备设施上设置相应的安全警示标志。

第六十条 煤层气企业进行立、放井架及吊装作业，应当与架空线路保持安全距离，并采取措施防止损害架空线路。

第六十一条 井架绷绳安设不少于4根，绷绳强度应当与钻机匹配，地锚牢固可靠。

第六十二条 钻机水龙头和高压水龙带应当设有保险绳。

第六十三条 钻台地板铺设应当平整、紧密、牢固。井架2层以上平台应当安装可靠防护栏杆，防护栏高度应当大于1.2米，采用防滑钢板。

活动工作台应当安装制动、防坠、防窜、行程限制、安全挂钩、手动定位器等安全装置。

第六十四条 钻机钢丝绳安全系数应当大于7；吊卡处于井口时，绞车滚筒钢丝绳圈数不少于7圈；钢丝绳固定连接卡应当不少于3个。

第六十五条 发电机应当配备超载保护装置。电动机应当配备短路、过载保护装置。

第六十六条 柴油机排气管应当无破损、无积炭，其出口不得指向循环罐，不得指向油罐区。井场油罐阀门应当无渗漏，罐口封闭上锁，并有专人管理。

第六十七条 井场电气设备应当设保护接零或者保护接地，保护接地电阻应当小于4欧姆。

第六十八条 井场电力线路应当采用电缆，并架空架设；经过通道、设备处应当增加防护套。井场电器安装技术要求参照国家对井场电气安装技术的要求执行。

第六十九条 煤层气企业安装、拆卸井架时，井架上下不得同时作业。

第七十条 施工现场应当有可靠的通信联络，并保持24小时畅通。

第七十一条 煤层气企业安装井控装置时，放喷管线的布局应当考虑当地季节风向、居民区、道路、油罐区、电力线及各种设施等情况。

第七十二条 钻进施工应当符合下列要求：

（一）符合国家标准、行业标准有关常规钻进安全技术的要求；

（二）一开、二开、钻目标煤层前等重要工序，由钻井监理进行全面的安全检查，经验收合格后方可作业；

（三）钻井队按照规定程序和操作规程进行操作，执行钻井作业设计中有关防火防爆的安全技术要求；

（四）选择适当的钻井液；

（五）钻进施工中如出现异常情况，及时采取应急措施，立即启动应急预案。

第七十三条 下套管作业应当符合下列要求：

（一）吊套管上钻台，使用适当的钢丝绳，不得使用棕绳；

（二）套管上扣时推荐使用套管动力钳，下放套管时密切观察指重表读数变化并按程序操作，发现异常及时处理；

（三）套管串总重量不得大于钻机或者井架的提升能力，否则需采取相应的减重措施。套管下放时，需边下放边灌注钻井液，以免将浮鞋、浮箍压坏。

第七十四条 固井作业应当符合下列要求：

（一）摆车时设专人指挥，下完套管需先灌满套管，不得直接开泵洗井；

（二）开泵顶水泥浆时，所有人员不得靠近井口、泵房、高压管汇、安全阀及放压管线。

第六章 测 井

第七十五条 煤层气企业进行测井施工前，应当召开安全会，提出作业安全要求。

测井施工现场不具备安全生产条件的，不得进行测井作业。

第七十六条 井场钻台前方10米以外应当有摆放测井车辆的开阔地带。器材堆置不得影响车辆的进出及就位。

第七十七条 车载仪器及专用器具上井前，煤层气企业应当妥善包装和固定，运输中禁止与有碍安全的货物混装。车载计算机必须采取防震、防尘措施。

测井车辆行车前及长途行车途中，应当做好车况、放射源及仪器设备安全检查。途中留宿的，必须将车辆停放在安全场所。

第七十八条 测井人员不得擅离职守，不允许在井架、钻台上进行与测井无关的其他作业，未经许可不得动用非本岗位的仪器设备。

第七十九条 摆放测井设备应当充分考虑风向。测井仪器车等工作场所的电源、温度、湿度应当符合安全需要，并做好相应消防措施。测井车应当接地良好，电路系统不得有短路和漏电现象。

当钻井井口一定区域内可能有煤层气积聚时，煤层气企业应当停止测井作业。

第八十条 测井前，煤层气企业应当将井口附近的无关物品移开，及时清除钻台转盘及钻台作业面上的钻井液。冬季测井施工时，应当及时清除深度丈量轮和电缆上的结冰。在井口装卸放射源或者其他仪器时，应当先将井口盖好，不得将工具放在转盘上。

仪器开机前，煤层气企业应当对电源、仪器接线及接地、各部件及计算机、需固定装置的安装状况、绞车的刹车及变速装置进行复查。测井过程中，操作人员应当观察仪器、设备的工作状态，发现异常情况及时处理。

第八十一条 下井仪器应当正确连接，牢固可靠。出入井口时，煤层气企业应当有专人在井口指挥。

第八十二条 绞车启动后，电缆提升和下放过程中，应当避免紧急刹车和骤然加速，工作人员应当避开绞车和电缆活动影响区，严禁触摸和跨越电缆。

第八十三条 仪器起下速度应当均匀，不得超过4000米/小时，距井底200米时应当减速慢下；进入套管鞋时，起速不得超过600米/小时，仪器上起离井口约300米时，应当有专人在井口指挥，减速慢行。

第八十四条 下井仪器遇阻时，操作人员应当将仪器提出井口，通井后再进行测井作业。严禁遇阻强冲。

第八十五条 下井仪器遇卡时，操作人员应当立即停车，缓慢上下活动；如仍未解脱，应当迅速研究具体的处理措施。

第八十六条 仪器在井底及裸眼井段静止时间不得超过1分钟，对停留时间有特殊要求的测井项目除外。

第八十七条 仪器工作结束后，操作人员应当将各操纵部件恢复到安全位置。严禁在通电状态下搬运仪器设备和拔、插接线。

第八十八条 夜间施工时，井场应当保障照明良好。

第八十九条 遇有七级以上大风、暴雨、雷电、大雾等恶劣天气，煤层气企业应当暂停测井作业。如正在测井作业，应当将仪器提入套管内，并关闭仪器电源。

第九十条 测井作业时，井内产出硫化氢或者其他有毒、有害气体的，煤层气企业应当按照有关规定采取相应防护措施，并制定测井方案，待批准后方可进行测井作业。

第九十一条 放射源必须存放在专用源库中，源库的设计及源库内外的剂量当量率应当符合国家有关油（气）田测井用密封型放射源卫生防护标准的要求。煤层气企业应当建立健全放射源的使用档案及领用、保管制度。

施工区应当建立临时源库，源库应当设有警戒标志并有防盗、防丢失措施。

第九十二条 运输放射源的防护容器应当加锁。容器外表面除应当标示放射性核素名称、活度、电离辐射警告标志外，还应当标示容器的编号。防护容器、运源车内及车附近的剂量当量率应当符合国家有关油（气）田测井用密封型放射源卫生防护标准的要求。

第九十三条 放射源必须专车运输、专人押运，中途停车、住宿时应当有专人监护。

运源车严禁搭乘无关人员和押运生活消费品。未采取足够安全防护措施的运源车不得进入人口密集区和在公共停车场停留。

第九十四条 在室外、野外从事放射源工作时，煤层气企业必须根据辐射水平或者放射性污染的可能范围划出警戒区，在醒目位置设置电离辐射警告标志，设专人监护，防止无关人员进入警戒区。

第九十五条 煤层气企业应当定期对从事放射性工作的人员进行个人剂量监测和职业健康检查，建立个人剂量档案和职业健康监护档案。如被确认为放射损伤者，煤层气企业应当将其调离放射性工作并及时治疗。

拟参加放射性工作的人员，必须经过体检；有不适应症者，不得参加此项工作。测井施工人员应当按照辐射防护的时间、距离、屏蔽原则，采取最优化的辐射防护方式，进行装、卸放射源作业，禁止直接接触放射源。

第九十六条 严禁打开放射源的密封外壳，严禁使用密封破坏的可溶性放射源测井。必须裸露使用放射源时，应当使用专用工具。放射性液体和固体废物应当收集在贮存设施内封存，定期上交当地环境保护行政主管部门处理。

第九十七条 放射源的调拨、处理、转让、废弃处理，以及遇有放射源被盗、遗失等放射性事故时，煤层气企业必须按照《放射性同位素与射线装置安全和防护条例》和《放射事故管理规定》的规定进行妥善处理。

放射源掉入井内的，煤层气企业应当及时打捞，并指定专人负责实施；打捞失败的，应当检测放射源所在位置，并按照有关规定打水泥塞封固。

第九十八条 严禁在放射工作场所吸烟、进食和饮水。

第七章 射　　孔

第九十九条 射孔作业前应当通井。

射孔作业现场周围的车辆、人员不得使用无线电通信设备；装配现场除工作人员外，严禁其他人员进入，严禁吸烟和使用明火。装配时，操作人员应当站在射孔枪的安全方位。

第一百条 煤层气企业在井口进行接线时，应当将枪身全部下入井内，电缆芯对地短路放电后方可接通。未起爆的枪身应当在断开引线并做好绝缘后，方可起出井口。未起爆的枪身或者已装好的枪身不再进行施工时，应当在圈闭相应的作业区域内及时拆除雷管和射孔弹。

使用过的射孔弹、雷管不得再次使用。

第一百零一条 撞击式井壁取心器炸药的使用，应当遵守国家有关火工品安全管理的规定。

第一百零二条 检测雷管时，检测人员应当使用爆破欧姆表测量，下深超过70米时方可接通电源。

第一百零三条 大雾、雷雨、七级风以上（含七级）天气及夜间不得进行射孔和井壁取心作业。

第一百零四条 施工结束返回后，施工人员应当直接将剩余火工品送交库房，并与保管员办理交接手续。

爆炸物品的销毁，应当符合国家有关石油射孔和井壁取心用爆炸物品销毁标准的规定。

第八章 压 裂

第一百零五条 井场应当具备能摆放压裂设备并方便作业的足够面积，设有明确的安全警示标志。

第一百零六条 施工作业前，施工人员应当详细了解井场内地下管线及电缆分布情况，并按照设计要求做好施工前准备。

第一百零七条 新井、一年内未进行任何作业的老井均应当进行通井。通井时遇到异常情况的，施工人员应当在采取有效措施后方可继续作业。

第一百零八条 压裂设备、井口装置和地面管汇应当满足压裂施工工艺和压力要求。

压裂施工所用高压泵安全销子的剪断压力不得超过高压泵额定最高工作压力。井口应当用专用支架或者其他方式固定。高压管线长度每间隔8米时应当有固定高压管线的措施。

以井口10米为半径，沿泵车出口至井口地面流程两侧10米为边界，设定为高压危险区，并使用专用安全带设置封闭的安全警戒线。

第一百零九条 摆放设备时，煤层气企业应当安排好混砂车与管汇车、管汇车与压裂泵车、压裂泵车距井口的距离。仪表车应当安放在能看到井口、视野开阔的地点。

第一百一十条 压裂施工必须在白天进行。煤层气企业应当对压裂施工进行统一指挥，指挥员应当随时掌握施工动态，保持通信系统畅通。

第一百一十一条 煤层气企业在施工前应当召开安全会，提出安全要求，明确安全阀限定值，同时进行下列安全检查：

（一）检查压裂设备、校对仪表，确保压裂主机及辅机的工作状况良好，待修者或未达到施工要求的设备不得参加施工。

（二）按照设计要求试压合格，各部阀门应当灵活启用。设备和管线泄漏时，应当在停泵、泄压后方可检修。

（三）压裂车逐台逐挡充分循环排空，排净残液、余砂。

第一百一十二条 施工期间煤层气企业应当派专人负责巡视边界，严禁非施工人员进入井场。高压区必须设有警戒，无关人员不得进入。

第一百一十三条 施工中进出井场的车辆排气管应当安装阻火器。施工车辆通过井场地面裸露的油、气管线及电缆时，煤层气企业应当采取防止碾压的保护措施。

第一百一十四条 泵车操作应当平稳，严禁无故换挡或者停车。出现故障必须停车时，操作人员应当及时通知指挥员采取措施。

第一百一十五条 压裂期间，煤层气企业必须有专人监测剩余压裂液液面、支撑剂剩余量和供应情况，确保连续供液和供砂。

第一百一十六条 加砂过程中，压力突然上升或者发生砂堵时，煤层气企业应当及时研究处理，不得强行憋压。

使用放射性示踪剂的，应当按照有关规定采取相应的防护措施，并定期对放射性示踪剂的活度、存储装置是否完好进行检测，对接触人员进行体检。

第一百一十七条 压裂施工后，煤层气企业应当对设备的气路系统、液压系统、吸入排出系统、仪表系统、混合系统、柱塞泵、卡车、燃料系统等进行安全检查和维修保养。

第九章 排 采

第一百一十八条 排采井场应当符合下列要求：

（一）平整、清洁、无杂草；

（二）井场周围应当设围栏，围栏高度不得低于1.7米，并有明确的警示标识；

（三）井场内所有可能对人体产生碰伤、挤伤或者其他伤害的危险物体均应当涂以红色标记，以示警告。

第一百一十九条 煤层气企业应当将排采沉淀池布置在井场围栏范围内；布置在排采围栏范围外时，应当设独立围栏。

第一百二十条 选择放空火炬的位置应当考虑当地全年主风向，置于全年最小频率风向的上风侧。

第一百二十一条 排采设备应当置于远离放空火炬的一侧摆放，发电机排气筒方向不得正对井口。煤层气企业应当定期用可燃气体检测仪检测阀门、管线是否漏气，发现漏气应当立即检修处理。

气、水管线应当分别安装气、水阀门，气管线应当涂成黄色，水管线应当涂成绿色。

第一百二十二条 煤层气企业应当定期检查气水分离器（如有）的阀门、安全阀是否灵活好用。

第一百二十三条 煤层气企业应当对气水分离器（如有）定期排水，防止造成水堵或者积聚。

第一百二十四条 抽油机的安装应当符合下列要求：

（一）地基夯实，水泥基础坐落在土质均匀的原土上，冰冻地区应当开挖至冰冻层以下；

（二）基础表面没有裂纹、变形现象；

（三）抽油机底座与基础墩接触面紧密贴实，地角螺栓不得悬空；

（四）平衡块与曲柄的装配面及曲柄燕尾槽内严禁夹入杂物。

第一百二十五条 抽油机启动前，煤层气企业应当确保抽油机各部位牢固可靠、刹车及皮带松紧适宜、供电系统正常。

第一百二十六条 工作人员巡检时应当与抽油机保持一定的安全距离，刹车操作后应当合上保险装置。抽油机运转或者未停稳时，不得接触、靠近抽油机的运转部位，也不得进行润滑、加油或者调整皮带等操作。

第一百二十七条 进行调整冲程、更换悬绳器等高空作业时，操作人员应当系好安全带并站稳，防止滑落跌伤和工具掉落伤人。

第一百二十八条 更换井口装置时，煤层气企业应当在施工现场配备防火、防爆设施。割焊井口时，煤层气企业必须制定相应的安全技术措施。

第一百二十九条 螺杆泵设备运行期间，应当确保各连接部位无松动、减速箱不漏（缺）油、皮带无松弛、光杆不下滑、机体无过热现象。

第一百三十条 欠载跳闸时，工作人员应当排除方卡子松动、传动部分打滑、断杆卸载等原因后方可开机；过载跳闸时，应当排除短路、缺相现象后方可开机。

第一百三十一条 排采设备的控制柜应当有防护措施，埋地电缆处应当有明显标记。

第一百三十二条 测量电潜泵机组参数时，测量人员必须把控制柜总电源断开，并悬挂警示牌。

第一百三十三条 电潜泵停机时，不得带负荷拉闸。电潜泵出现故障停机时，如未查明原因并排除故障，不得二次启动。

第一百三十四条 动液面测试前，必须在关闭套管阀门并释放压力后，方可安装井口连接器。测试动液面时，应当采用氮气进行击发，严禁采用声弹进行击发。

第一百三十五条 连接器安装完毕后，连接器上的放空阀应当关严，缓慢打开套管阀门。

对有套压井，有关人员必须在套管阀门打开时无异常情况下方可装接信号线。

第一百三十六条 测试结束后，测试人员应当关严套管阀门，打开放空阀门，拆除各连接电缆后，方可卸下井口连接器。

第一百三十七条 示功图测试前，抽油机驴头必须停在下死点，拉住刹车；操作人员应当选择安全的操作位置安装仪器；仪器安装后，必须确保挂上保险装置。

第一百三十八条 修井时，探砂面、冲砂起下管柱应当按照国家有关常规修井作业规程的安全规定执行。

第一百三十九条 冲砂前，水龙带必须拴保险绳，循环管线应当不刺不漏。冲砂时，禁止人员穿越高压区。

第一百四十条 下泵时，井口应当安装防掉、防碰装置，严防井下落物和因碰撞产生火花。禁止挂单吊环操作。

修井机绷绳强度应当与修井机匹配，并确保地锚牢固可靠。

第一百四十一条 洗井时，泵车、水罐车等设备的摆放场地应当处于便于操作的安全位置，出口管线连接应当平直，末端用地锚固定。

第一百四十二条 洗井前必须试压合格，各部阀门应当灵活好用。

第一百四十三条 洗井期间，提升动力设备应当连续运转，不得熄火。泵压升高，洗井不通时，应当及时分析处理，不得强行憋泵；设备和管线泄漏时，应当在停泵、泄压后方可检修。

发生严重漏失时，应当采取有效堵漏措施后再进行施工。

第一百四十四条 煤层气企业应当对报废的煤层气井进行封井处理，建立报废煤层气井的档案，并有施工单位和煤层气企业等有关部门的验收意见。

第一百四十五条 报废的煤层气井的井筒必须用水泥浆或者水泥砂浆封固，封固高度为从井底到最上面一个可采煤层顶板以上100米。废弃的井筒必须在井口打水泥塞，并将地面以下1.5米套管割掉，用钢板将套管焊住，然后填土至与地面平齐。

第十章 煤层气集输

第一百四十六条 煤层气集输管线线路走向应当

根据地形、工程地质、沿线井场（站场）的地理位置以及交通运输、动力等条件，确定最优线路。

管线线路的选择应当符合下列要求：

（一）线路顺直、平缓，减少与天然和人工障碍物的交叉。

（二）避开重要的军事设施、易燃易爆仓库、国家重点文物保护单位等区域。

（三）避开城镇规划区、大型站场、飞机场、火车站和国家级自然保护区等区域。当受条件限制，管线需要在上述区域内通过时，必须征得有关部门同意，留出足够的安全距离，并采取相应的安全保护措施。

（四）严禁管线通过铁路或者公路的隧道、桥梁（管线专用公路的隧道、桥梁除外）以及铁路编组站、大型客运站和变电所。

（五）避开地下杂散电流干扰大的区域；当避开确有困难时，需采取符合标准、规范的排流措施。

（六）避开不良工程地质地段；需选择合适的位置和方式穿越。

第一百四十七条 煤层气管线及管线组件的材质选择，应当综合考虑使用压力、温度、煤层气特性、使用地区、经济性等因素。

煤层气管线及管线组件的材质选择应当符合下列要求：

（一）采用材料的强度、寿命满足安全要求，煤层气集输钢质管道的设计符合《油气集输设计规范》（GB 50350）的有关规定，煤层气采气聚乙烯管道的设计符合《聚乙烯燃气管道工程技术规程》（CJJ 63）的有关规定；

（二）材料生产企业按照相应标准生产，并提供产品质量证明书；

（三）选用的管线组件符合安全标准并有质量证明书；

（四）管线材质满足当地的抗震要求；

（五）采用钢管和钢质组件时，应当根据强度等级、管径、壁厚、焊接方式及使用环境温度等因素提出材料韧性要求；

（六）穿越铁路、公路、大型河流及人口稠密区时，采用钢管，管线组件严禁使用铸铁件。

第一百四十八条 煤层气集输管线应当采用埋地方式敷设，特殊地段也可以采用土堤、地面、架空等方式敷设。管线敷设应当满足抗震要求。

第一百四十九条 埋地管线坡度应当根据地形的要求，采用弹性敷设，管线埋地深度应当在冻土层以下。覆土层最小厚度、管沟边坡和沟底宽度应当符合国家有关输气管道工程设计规范标准的规定。

管线与其他管线交叉时，其垂直净距一般不得小于0.3米；当小于0.3米时，两管间应当设置坚固的绝缘隔离物。管线与电力、通信电缆交叉时，其垂直净距不得小于0.5米。管线在交叉点两侧各延伸10米以上的管段，应当采用相应的最高绝缘等级。

管线改变方向时，应当优先采用弹性敷设（曲率半径应当大于或者等于管线直径的1000倍），垂直面上弹性敷设管线的曲率半径应当大于管线在自重作用下产生的挠度曲线的曲率半径。曲率半径的计算应当符合国家有关输气管道工程设计规范标准的规定。

第一百五十条 用于改变管线走向的弯头的曲率半径应当大于或者等于外直径的4倍，并便于清管器或者检测仪器顺利通过。现场冷弯弯管的最小曲率半径应当符合国家有关输气管道工程设计规范标准的规定。弯管上的环向焊缝应当进行X射线检查。

管线不得采用斜口连接，不允许采用褶皱弯或者虾米弯，管子对接偏差不得大于3度。

第一百五十一条 管线穿、跨越铁路、公路、河流时，应当符合国家油气输送管道穿越工程设计规范标准和油气输送管道跨越工程设计规范标准的有关规定。

第一百五十二条 管线沿线应当设置里程桩、转角桩、标志桩和警示牌等永久性标志。里程桩应当沿气流前进方向从管线起点至终点每500米连续设置。里程桩可以与阴极保护测试桩结合设置。

第一百五十三条 钢制埋地集输管线的设计应当符合国家有关防腐绝缘与阴极保护标准的有关规定。

管线阴极保护达不到规定要求的，经检测确认防腐层发生老化时，煤层气企业应当及时进行防腐层大修。

第一百五十四条 裸露或者架空的管线应当有良好的防腐绝缘层，带保温层的，采取保温和防水措施。管线应当定期排水，防止造成水堵、冰堵。站场的进出站两端管线，应当加装绝缘接头，确保干线阴极保护可靠性。

第一百五十五条 煤层气企业应当依据煤层气田地面建设总体规划以及所在地区城镇规划、集输管线走向，结合地形、地貌、工程和水文地质条件，统一规划站场的选址及布局，并远离地质灾害易发区，在站场服务年限内避免受采空区、采动区的影响，确保站场安全。

第一百五十六条 站场应当布置在人员集中场所及明火或者散发火花地点全年最小频率风向的上风

侧，站场主要设施与周边有关设施的安全距离应当符合下列要求：

（一）与居民区、村镇、公共设施的防火间距不小于30米；

（二）与相邻厂矿企业、35千伏及以上变电所的防火间距不小于30米；

（三）与公路的间距不小于10米；

（四）与铁路线的间距不小于20米；

（五）与架空通信线、架空电力线的间距不小于1.5倍杆高；

（六）与采石场等爆炸作业场地的间距不小于300米。

第一百五十七条 站场内平面布置、防火安全、场内道路交通及与外界公路的连接应当符合《石油天然气工程设计防火规范》(GD 50183) 的有关规定。

第一百五十八条 站场的防洪设计标准，应当综合考虑站场规模和受淹损失等因素，集气站重现期为10年至25年，中心处理站重现期为25年至50年。

第一百五十九条 放空管应当位于站场生产区最小频率风向的上风侧，且处于站场外地势较高处，其高度应当比附近建（构）筑物高出2米以上，且总高度不得小于10米。放空管距站场的距离一般不小于10米；当放空量大于12000立方米/小时且等于或者小于40000立方米/小时时，放空管距站场的距离应当不小于40米。

第一百六十条 站场设备应当由具备国家规定资质的企业生产，有产品合格证书并满足安全要求。

第一百六十一条 煤层气企业应当定时记录设备的运转状况，定期分析主要设备的运行状态。安全阀和压力表应当定期进行校验。调节阀、减压阀、高（低）压泄压阀等主要阀门应当按照相应运行和维护规程进行操作和维护，并按照规定定期校验。

第一百六十二条 煤层气企业应当在站场的进口处设置明显的安全警示牌、进站须知和逃生路线图，并应当向进入站场的外来人员告知安全注意事项等。

站场应当设置不低于1.7米的非燃烧材料围墙或者围栏，并设置安全警示标志。

站场内大于或者等于35千伏的变配电站应当设置不低于1.5米的围栏。

第一百六十三条 站场的供电负荷和供电电源应当根据《石油天然气安全规程》(AQ 2012) 的有关规定确定。用电设备及线路走向应当合理，导体选择及线路敷设应当符合安全规定，线路应当无老化、破损和裸露现象。

第一百六十四条 配电室应当有应急照明，配电室门应当外开，保持通风良好，并安装挡鼠板。电缆沟应当无积水，地沟应当封堵。地沟可燃气体浓度应当定期检验，避免沟内窜气。

第一百六十五条 站场内对管线进行吹扫、试压时，煤层气企业应当编制作业方案，制定安全技术措施。

强度试验和气密试验时发现管线泄漏的，煤层气企业应当查明原因，制定修理方案和安全措施后方可进行修理。

第一百六十六条 压缩机应当允许煤层气组分、进气压力、进气温度和进气量有一定的波动范围。

第一百六十七条 压缩机启动及事故停车安全联锁应当完好。

压缩机的吸入口应当有防止空气进入的措施；压缩机的各级进口应当设凝液分离器或者机械杂质过滤器。分离器应当有排液、液位控制和高液位报警及放空等设施。

第一百六十八条 在煤层气脱水装置前应当设置分离器。

脱水器前及压缩机的出口管线上的截断阀前应当分别设置安全阀。

第一百六十九条 煤层气脱水装置中，气体管线应当选用全启式安全阀，液体管线应当选用微启式安全阀。安全阀弹簧应当具有可靠的防腐蚀性能或者必要的防腐保护措施。

第一百七十条 含硫化氢的煤层气应当脱硫、脱水。距煤层气处理厂较远的酸性煤层气，如因管输产生游离水，应当先脱水、后脱硫。

第一百七十一条 在煤层气处理及输送过程中使用化学药剂时，煤层气企业应当严格执行技术操作规程和措施要求，并落实防冻伤、防中毒和防化学伤害等措施。

第一百七十二条 煤层气企业应当在脱硫溶液系统中设过滤器。

第一百七十三条 进脱硫装置的原料气总管线和再生塔应当设安全阀，液硫储罐最高液位之上应当设置灭火蒸汽管。储罐四周应当设置闭合的不燃烧材料防护墙，墙高应当为1米，四周应当设置相应的消防设施。

第一百七十四条 在含硫容器内作业时，煤层气企业应当进行有毒气体测试，并备有正压式空气呼吸器。

第一百七十五条 集输系统投产应当符合下列要求：

（一）管线与设备的严密性试验合格；

（二）各单体设备、分系统试运行正常，设备工作状态良好，集输系统整体联合试运行正常；

（三）集气管线全线进行试压、清管；

（四）制定安全措施和应急预案。

第一百七十六条 管线投运前，煤层气企业应当对管线内的空气进行置换，避免空气与煤层气混合。

置换过程中的混合气体应当利用放空系统放空，并以放空口为中心设立隔离区并禁止烟火。进行氮气置换时，进入管线的氮气温度应当不低于 5 摄氏度；排放氮气时应当防止大量氮气聚集造成人员窒息，管线中氮气量过大时应当提前进行多点排放。

第一百七十七条 对管线的监控应当遵守下列规定：

（一）对重要工艺参数及工作状态进行连续检测和记录；

（二）根据沿线情况定期对集输管线进行巡线检查，但每季度至少徒步巡查一次；

（三）定时巡查线路分水器，及时排放污水，并有防止冰冻的措施；

（四）在雨季、汛期或者其他灾害发生后加密巡查；

（五）定期对装有阴极保护设施的管线保护电位进行测试。

第一百七十八条 对站场的监控应当遵守下列规定：

（一）压力、计量仪表灵敏准确，设备、管汇无渗漏。根据集输流程分布情况，在站场设置限压放空和压力高、低限报警设施。

（二）定时巡查站场内的分离器，及时将污水排放，并有防止冰冻的措施。

（三）站场工艺装置区、计量工作间等位于爆炸危险区域内的电气设备及照明采用防爆电器，其选型、安装和电气线路的布置符合《爆炸和火灾危险环境电力装置设计规范》(GB 50058) 的规定。

第一百七十九条 维护与抢修时，应当制定相应的维护与抢修安全措施和实施方案，合理配备专职维护与抢修队伍，抢修物资装备。

第一百八十条 维护与抢修现场应当采取保护措施，划分安全界限，设置警戒线、警示牌。进入作业场地的人员应当穿戴劳动防护用品。与作业无关的人员不得进入警戒区内。

第十一章 煤层气压缩

第一百八十一条 压缩站厂房建筑应当符合下列要求：

（一）压缩机地基基础满足设计载荷要求；

（二）阀组间、压缩机等厂房使用耐火材料，采用不发火地面；

（三）阀组间、压缩机等厂房的门窗向外开启，建筑面积大于 100 平方米的厂房至少有两个疏散门，并保持通道畅通；

（四）阀组间、压缩机等厂房设置通风设备。

第一百八十二条 压缩工艺流程设计应当根据输气系统工艺要求，满足气体的除尘、分液、增压、冷却和机组的启动、停机、正常操作及安全保护等要求。

煤层气处理后应当符合压缩机组对气质的技术要求。

第一百八十三条 压缩机应当符合下列安全要求：

（一）压缩机组有紧急停车和安全保护联锁装置；

（二）压缩机控制系统设置压力、温度显示与保护联动装置；

（三）压缩机前设置缓冲罐；

（四）煤层气压缩机单排布置；

（五）在高寒地区或者风沙地区压缩机组采用封闭式厂房，其他地区采用敞开式或者半敞开式厂房。

第一百八十四条 新安装或者检修投运压缩机系统装置前，煤层气企业应当对机泵、管线、容器、装置进行系统氮气置换，置换合格后方可投运。

第一百八十五条 设置压缩机组的吸气、排气和泄气管线时，应当避免管线的振动对建筑物造成有害影响；应当有防止空气进入吸气管线的措施，必要时高压排出管线应当设单向阀。

第一百八十六条 压缩机与站内其他建（构）筑物的防火间距应当符合《石油天然气工程设计防火规范》的规定。

第一百八十七条 压缩机组运行时应当符合下列安全保护要求：

（一）压缩机级间设置安全阀，安全阀的泄放能力不得小于压缩机的安全泄放量；

（二）压缩机进、出口设置高、低压报警和停机装置，冷却系统设置温度报警及停车装置，润滑油系统设置低压报警及停机装置。

第一百八十八条 压缩机气液处理应当符合下列要求：

（一）压缩机的卸载排气不得对外放散；

（二）回收气可以输送至压缩机进口缓冲罐；

（三）对压缩机排出的冷凝液进行集中处理。

第一百八十九条　压缩煤层气储气设备应当符合下列安全要求：

（一）储气瓶符合国家有关安全规定和标准。

（二）储气井的设计、建造和检验符合国家有关高压气地下储气井标准的规定。

（三）储气瓶组或者储气井与站内汽车通道相邻一侧，设置安全防撞栏或者采取其他防撞设施。

（四）储气瓶组（储气井）进气总管上设置安全阀及紧急放空管、压力表；每个储气瓶（井）出口设置截止阀。

第一百九十条　煤层气压力储罐（球罐、卧式罐）应当安装紧急放空、安全泄压设施及压力仪表。煤层气储罐（柜）检修动火时，应当经放空、清洗、强制通风，并检验气体中甲烷浓度（低于0.5%为合格）。

第一百九十一条　煤层气企业应当对煤层气储罐定期检测。煤层气储罐区应当有明显的安全警示标志。

第一百九十二条　固定式储罐应当有喷淋水或者遮阳设施。冬季应当有保温防冻措施。

第一百九十三条　压缩煤层气加气机不得设在室内，加气机附近应当设置防撞柱（栏）。

在寒冷地区应当选用适合当地环境温度条件的加气机。

第一百九十四条　加气机的加气软管及软管接头应当选用具有抗腐蚀性能的材料。加气软管上应当设置拉断阀，拉断阀在外力作用下开后，两端应当自行密封。

第一百九十五条　进站管线上应当设置紧急截断阀，手动紧急截断阀的位置应当便于发生事故时及时切断气源。储气瓶组（储气井）与加气枪之间应当设储气瓶组（储气井）截断阀、主截断阀、紧急截断阀和加气截断阀。

第一百九十六条　工艺安全及监控系统应当符合下列要求：

（一）在站场压力设备和容器上设置安全阀；

（二）当工艺管线、设备或者容器排污可能释放出大量气体时，将其引入分离设备，分出的气体引入气体放空系统，液体引入储罐或者处理系统；

（三）每台压缩机有独立的温度和压力保护装置；

（四）压缩站在管线进站截断阀上游和出站截断阀下游设置限压泄放设施。

第一百九十七条　站场供电和电气安全应当符合下列要求：

（一）站场的消防、通信、控制、仪表等使用不间断电源或者双回路供电，消防、控制、配电等重要场所设置应急照明；

（二）站场内管汇、阀组、压缩机等爆炸危险区域必须使用防爆电气设施，电气线路使用阻燃电缆，线路的敷设采取防爆安全措施；

（三）配电室有防水、防鼠措施，安装挡鼠板，安全通道畅通，指示标志明显。

第一百九十八条　压缩站的防爆应当符合下列要求：

（一）压缩站按照防爆安全要求划分爆炸危险场所；

（二）使用防爆电气设备前，检查其产品合格证、产品安全标志及其安全性能，检查合格并签发合格证后方可使用；

（三）防爆电气设备安装、检查、保养、检修由具有专业资格的人员操作，并在机房、调配区设置"爆炸危险场所"标志牌；

（四）固定电气设备安装稳固，防止外力碰撞、损伤。

第一百九十九条　压缩站内电气设备应当符合下列防爆要求：

（一）整洁，部件齐全紧固，无松动、无损伤、无机械变形，场所清洁、无杂物和易燃物品；

（二）选型符合《爆炸和火灾危险环境有关电力设计规范》的要求；

（三）电缆进线装置密封可靠，空余接线孔封闭符合要求；

（四）设备保护、联锁、检测、报警、接地等装置齐全完整；

（五）防爆灯具的防爆结构、保护罩保持完整；

（六）接地端子接触良好，无松动、无折断、无腐蚀；

（七）应急照明设施符合防爆要求。

第二百条　防爆电气设备检查检修时应当符合下列要求：

（一）日常检查中严禁带电打开设备的密封盒、接线盒、进线装置、隔离密封盒等；

（二）禁止带电检修或者移动电气设备、线路，拆装防爆灯具和更换防爆灯泡、灯管；

（三）断电处悬挂警告牌；

（四）禁止用水冲洗防爆电气设备；

（五）对检修现场的电源电缆线头进行防爆处理；

（六）检修带有电容、电感、探测头等储能元件的防爆设备时，在按照规定放尽能量后方可作业；

（七）检修过程中不得损伤防爆设备的隔爆面；

（八）紧固螺栓不得任意调换或者缺少；

（九）记录检修项目、内容、测试结果、零部件更换、缺陷处理等情况，并归档保存。

第二百零一条 操作压缩机时应当符合下列要求：

（一）定时进行设备和仪表的日常巡检与维护，确保其完好。

（二）定期校验安全阀、压力表，确保其准确性。

（三）开机前检查注油器和机身的油量是否达到开机要求，电气设备是否完好，煤层气泄漏监测系统自检有无问题，管线是否松动，阀门及法兰是否有漏气、漏水现象，阀门是否在正确位置，电机有无卡塞情况。

（四）操作时严格执行设备操作规程，注意高温管线，防止烫伤，防止超压、超温及机件损坏。

（五）机器运转过程中随时检查气压、水压、电压、排气温度以及压缩机的振动强度，发现问题及时处理。

（六）压缩机运转过程中观察每一级的气体温度和循环水的温度。

（七）压缩机运转过程中按照规定排污，并密切注意末级排气压力；当压力达到一定值时，及时告知加工；发生不正常的响声或者压力、温度超出允许范围时，立即停机检查，排除故障；出现紧急情况时，按照事故紧急处理预案进行处理。

第二百零二条 清洗设备、器具时应当符合下列要求：

（一）严禁使用汽油、苯等易燃品清洗设备、器具和地坪；

（二）严禁使用压缩气体清扫储存易燃油品油罐；

（三）严禁使用化纤、塑料、丝绸等容易产生静电的制品擦拭物体及设备；

（四）清洗设备时，作业人员按照规定着装并消除人体静电。

第二百零三条 人员着装和防静电应当符合下列要求：

（一）进入爆炸危险场所，穿着有劳动安全标志的防静电服、棉布工作服和防静电鞋；

（二）进入爆炸危险场所前，预先触摸人体消除静电球；

（三）严禁在爆炸危险场所穿衣、脱衣、拍打服装以及梳头、打闹等；

（四）爆炸危险场所的地坪不得涂刷绝缘油漆，或者铺设非导静电的材料。

第二百零四条 人员操作应当符合下列要求：

（一）经过本工种专业安全培训，通过考试取得合格证后，持证上岗；

（二）掌握岗位应急预案的执行程序，遇到紧急情况，能够按照应急措施迅速作出处理；

（三）熟悉本岗位装置的工作原理、构造、性能、技术特征、零部件的名称和作用；

（四）熟悉本岗位电气控制设备的操作方法和有关的电气基本知识；

（五）按照规定穿好工作服，并佩戴有关劳动防护用品；

（六）排污时严禁操作人员将手伸向排污口；

（七）排污时发现异常情况立即报告，由专业人员处理。

第十二章 附 则

第二百零五条 本规程下列用语的含义：

煤层气，是指赋存在煤层中以甲烷为主要成分、以吸附在煤基质颗粒表面为主、部分游离于煤孔隙中或者溶解于煤层水中的烃类气体。

煤层气地面开采，是指煤层气井的钻井、测井、压裂等施工环节及后期的排采管理、管线集输和压缩工程。

煤层气企业，是指专门从事煤层气地面开采的企业。

井位，是指为了进行煤层气开采而综合各种地质资料进行设计和优选出来的井的布置位置。

排采，是指通过抽排煤层及其围岩中的地下水来降低煤储层的压力，诱导甲烷从煤层中解吸出来。

煤层气井，是指通过地面钻井进入煤层，利用煤层气自身赋存压力与钻井空间的压力差释放煤层气的井孔。

裸眼井，是指在煤层顶部下套管后，一直钻进煤层至设计深度终孔，使煤层裸露的煤层气井。

站场，是指收集煤层气气源，进行净化处理，压缩输送的站场。

阈限值，是指长期暴露的工作人员不会受到不利影响的某种有毒物质在空气中的最大浓度。

安全临界浓度，是指工作人员在露天安全工作8小时可接受的硫化氢最高浓度。

危险临界浓度，是指达到此浓度时，对生命和健康会产生不可逆转的或者延迟性的影响。

置换，是指用氮气等惰性气体将作业管道、设备等集输系统内的空气或者可燃气体替换出来的一种方法。

动火，是指在易燃易爆危险区域内和煤层气容器、管线、设备或者盛装过易燃易爆物品的容器上，使用焊、割等工具，能直接或者间接产生明火的施工作业。

第二百零六条 本规程自 2012 年 4 月 1 日起施行。煤层气地面开采活动施行的其他规程、规范与本规程相抵触的，依照本规程执行。

煤矿水害防治监管监察执法要点

（2020 年 5 月 26 日国家煤矿安监局以煤安监调查〔2020〕19 号印发）

一、防治水专业技术人员

（一）检查要点

1. 每个煤矿必须配备满足工作需要的防治水专业技术人员；

2. 水文地质类型复杂、极复杂的煤矿应当设立专门的防治水机构，配备防治水副总工程师，防治水专业技术人员不少于 3 人；

3. 防治水专业技术人员、防治水副总工程师必须受过地质、水文地质专业教育或有煤矿防治水工作经验。

（二）执法要求

1. 水文地质类型复杂、极复杂的煤矿未设立专门的防治水机构，或未配备防治水副总工程师、防治水专业技术人员仍然进行生产的，责令停产整顿，暂扣安全生产许可证，并移送相关部门，建议暂扣采矿许可证和营业执照；对煤矿处 50 万元以上 200 万元以下的罚款；对煤矿负责人处 3 万元以上 15 万元以下的罚款；

2. 水文地质类型简单、中等的煤矿未配备防治水专业技术人员的，责令限期改正，可以处 5 万元以下的罚款；逾期未改正的，责令停产停业整顿，并处 5 万元以上 10 万元以下的罚款，对其直接负责的主管人员和其他直接责任人员处 1 万元以上 2 万元以下的罚款。

（三）执法依据

1.《煤矿防治水细则》（以下简称《防治水细则》）第五条；

2.《煤矿安全规程》（以下简称《规程》）第二百八十三条；

3.《煤矿重大生产安全事故隐患判定标准》（以下简称《重大隐患标准》）第九条第（二）项、第十八条第（一）项；

4.《国务院关于预防煤矿生产安全事故的特别规定》（以下简称《特别规定》）第八条第（六）项、第（十五）项，第十条第一款、第十一条第一款；

5.《安全生产法》第九十四条第（一）项。

二、专门的探放水作业队伍

（一）检查要点

1. 水文地质类型简单、中等的煤矿配备探放水作业人员不少于 3 人；

2. 水文地质类型复杂、极复杂的煤矿配备探放水作业人员不少于 6 人；

3. 探放水作业人员必须取得特种作业操作证。

（二）执法要求

1. 水文地质类型复杂、极复杂的煤矿未配备专门的探放水队伍仍然进行生产的，责令停产整顿，暂扣安全生产许可证，并移送相关部门，建议暂扣采矿许可证和营业执照；对煤矿处 50 万元以上 200 万元以下的罚款；对煤矿负责人处 3 万元以上 15 万元以下的罚款；

2. 水文地质类型简单、中等的煤矿未配备专门的探放水队伍的，责令限期改正；逾期未改正的，责令停产整顿，并处 10 万元以上 50 万元以下的罚款，对其直接负责的主管人员和其他直接责任人员处 2 万元以上 5 万元以下的罚款；

3. 探放水作业人员未取得特种作业操作证上岗作业的，责令限期改正，可以处 5 万元以下的罚款；逾期未改正的，责令停产整顿，并处 5 万元以上 10 万元以下的罚款，对其直接负责的主管人员和其他直接责任人员处 1 万元以上 2 万元以下的罚款。

（三）执法依据

1.《防治水细则》第五条；

2.《规程》第二百八十三条；

3.《特种作业人员安全技术培训考核管理规定》第五条；

4.《重大隐患标准》第九条第（二）项；

5.《特别规定》第八条第（六）项，第十条第一款、第十一条第一款；

6.《安全生产法》第九十四条第（七）项、第九十九条。

三、专用探放水设备

（一）检查要点

1. 水文地质类型简单、中等的煤矿至少配备 2 台专用的探放水钻机及配套设备；

2. 水文地质类型复杂、极复杂的煤矿至少配备3台专用的探放水钻机及配套设备；

3. 严禁使用煤电钻等非专用钻机探放水。

（二）执法要求

1. 水文地质类型复杂、极复杂的矿井未配齐专用探放水设备仍然进行生产的，责令停产整顿，暂扣安全生产许可证，并移送相关部门，建议暂扣采矿许可证和营业执照；对煤矿处50万元以上200万元以下的罚款；对煤矿负责人处3万元以上15万元以下的罚款。

2. 水文地质类型简单、中等的矿井未配备专用探放水钻机及配套设备的，责令限期改正；逾期未改正的，责令停产整顿，并处10万元以上50万元以下的罚款，对其直接负责的主管人员和其他直接责任人员处2万元以上5万元以下的罚款。

（三）执法依据

1.《防治水细则》第五条；

2.《规程》第二百八十三条；

3.《重大隐患标准》第九条第（二）项；

4.《特别规定》第八条第（六）项、第十条第一款、第十一条第一款；

5.《安全生产法》第九十九条。

四、矿井水文地质类型划分

（一）检查要点

1. 矿井应当按照相关指标正确划分矿井水文地质类型，编制矿井水文地质类型报告；

2. 矿井水文地质类型报告由煤炭企业总工程师组织审批；

3. 矿井水文地质类型应当每3年修订1次；当发生较大以上水害事故或者因突水造成采掘区域被淹的，应当在恢复生产前重新确定矿井水文地质类型。

（二）执法要求

矿井未划分水文地质类型、未按要求正确划分的或到期未修订水文地质类型的，责令限期改正；逾期未改正的，责令停产整顿，并处10万元以上50万元以下的罚款，对其直接负责的主管人员和其他直接责任人员处2万元以上5万元以下的罚款。

（三）执法依据

1.《防治水细则》第四条、第十二条、第十三条、第十四条；

2.《规程》第二百八十四条；

3.《安全生产法》第九十九条。

五、防治水基础资料

（一）检查要点

1. 井田地质勘探报告、建井地质报告、生产地质报告；

2. 矿井涌水量、钻孔水位、突水点、封闭不良钻孔、采空区相关资料等台账；

3. 矿井综合水文地质图、矿井综合水文地质柱状图、矿井水文地质剖面图、矿井充水性图、矿井涌水量与相关因素动态曲线图等相关图件。

（二）执法要求

1. 报告、台账、图件不齐全的，责令限期改正；逾期未改正的，责令停产整顿，并处10万元以上50万元以下的罚款，对其直接负责的主管人员和其他直接责任人员处2万元以上5万元以下的罚款。

2. 图纸作假仍然进行生产的，责令停产整顿，暂扣安全生产许可证，并移送相关部门，建议暂扣采矿许可证和营业执照；对煤矿处50万元以上200万元以下的罚款；对煤矿负责人处3万元以上15万元以下的罚款。

（三）执法依据

1.《防治水细则》第四条、第十五条、第十六条、第十七条；

2.《规程》第三十条、第三十三条、第二百八十六条、第二百八十七条；

3.《重大隐患标准》第十八条第（四）项；

4.《特别规定》第八条第（十五）项、第十条第一款、第十一条第一款；

5.《安全生产法》第九十九条。

六、采空区（含废弃老窑）普查

（一）检查要点

1. 具有采空区（含废弃老窑）普查相关资料；

2. 编制老空水害分区管理设计，划分可采区、缓采区、禁采区，推行水患区域"四线"（积水线、警戒线、探水线、停采线）管理；

3. 由煤矿总工程师组织审定。

（二）执法要求

未查明井田范围内采空区、废弃老窑积水等情况而组织生产建设的，责令停产整顿，暂扣安全生产许可证，并移送相关部门，建议暂扣采矿许可证和营业执照；对煤矿处50万元以上200万元以下的罚款；对煤矿负责人处3万元以上15万元以下的罚款。

（三）执法依据

1.《煤矿地质工作规定》第二十九条、第三十条、第三十一条；

2.《防治水细则》第七十六条、第七十七条；

3.《规程》第三十二条、第二百九十八条；

4.《重大隐患标准》第九条第（一）项；

5.《特别规定》第八条第（六）项、第十条第一款、第十一条第一款。

七、水害隐患排查
（一）检查要点

1. 水文地质类型复杂、极复杂矿井每月至少开展 1 次水害隐患排查；

2. 其他矿井每季度至少开展 1 次。

（二）执法要求

1. 未将水害隐患排查治理情况如实记录或者未向从业人员通报的，责令限期改正，可以处 5 万元以下的罚款；逾期未改正的，责令停产整顿，并处 5 万元以上 10 万元以下的罚款，对其直接负责的主管人员和其他直接责任人员处 1 万元以上 2 万元以下的罚款；

2. 未建立水害隐患排查治理制度的，责令限期改正，可以处 10 万元以下的罚款；逾期未改正的，责令停产整顿，并处 10 万元以上 20 万元以下的罚款，对其直接负责的主管人员和其他直接责任人员处 2 万元以上 5 万元以下的罚款。

（三）执法依据

1.《防治水细则》第三十七条；

2.《规程》第四条、第二百八十四条；

3.《安全生产法》第九十四条第（五）项、第九十八条第（四）项。

八、井下探放水
（一）检查要点

1. 采掘工作面遇有下列情况之一的，必须进行探放水：

（1）接近水淹或者可能积水的井巷、老空或者相邻煤矿时；

（2）接近含水层、导水断层、溶洞或者导水陷落柱时；

（3）打开隔离煤柱放水时；

（4）接近可能与河流、湖泊、水库、蓄水池、水井等相通的导水通道时；

（5）接近有出水可能的钻孔时；

（6）接近水文地质条件不清的区域时；

（7）接近有积水的灌浆区时；

（8）接近其他可能突水的地区时。

2. 严格执行井下探放水"两探"要求（同时采用钻探、物探两种方法，做到相互验证）。

（二）执法要求

未按要求进行探放水仍然进行生产的，责令停产整顿，暂扣安全生产许可证，并移送相关部门，建议暂扣采矿许可证和营业执照；对煤矿处 50 万元以上 200 万元以下的罚款；对煤矿负责人处 3 万元以上 15 万元以下的罚款。

（三）执法依据

1.《防治水细则》第三十八条、第三十九条；

2.《规程》第三百一十七条、第三百一十八条；

3.《重大隐患标准》第九条第（三）项；

4.《特别规定》第八条第（六）项、第十条第一款、第十一条第一款。

九、防隔水煤（岩）柱
（一）检查要点

1. 矿井边界煤柱；

2. 断层等各类防隔水煤（岩）柱。

（二）执法要求

未按规定留设或者擅自开采各种防隔水煤（岩）柱的，责令停产整顿，暂扣安全生产许可证，并移送相关部门，建议暂扣采矿许可证和营业执照；对煤矿处 50 万元以上 200 万元以下的罚款；对煤矿负责人处 3 万元以上 15 万元以下的罚款。

（三）执法依据

1.《防治水细则》第八十四条、第九十一条、第九十二条、第九十三条、第九十四条；

2.《规程》第二百九十七条；

3.《重大隐患标准》第九条第（四）项；

4.《特别规定》第八条第（六）项、第十条第一款、第十一条第一款。

十、采掘工作面水害分析与评价
（一）检查要点

1. 掘进工作面提出水文地质情况分析报告和水害防治措施；

2. 回采工作面提出专门水文地质情况评价报告和水害隐患治理情况分析报告；

3. 煤矿总工程师组织生产、安检、地测等有关单位审批。

（二）执法要求

1. 在受水害威胁的区域掘进巷道时，未提出水文地质情况分析报告和水害防治措施或未经审批的，责令改正；

2. 工作面回采时，未提出专门水文地质情况评价报告和水害隐患治理情况分析报告或未经审批的，责令改正。

（三）执法依据

《防治水细则》第四十条、第四十一条。

十一、水体下采煤
（一）检查要点

1. 编制专项开采方案设计，经有关专家论证，煤炭企业主要负责人审批后，方可进行试采；

2. 严禁开采地表水体、强含水层、采空区水淹区域下且水患威胁未消除的急倾斜煤层。

（二）执法要求

1. 未按要求编制专项开采方案设计进行水体下试采的，责令改正；

2. 在地表水体、强含水层、采空区水淹区域下开采急倾斜煤层的，责令立即停止作业；煤矿拒不执行的，责令停产整顿，并处 10 万元以上 50 万元以下的罚款，对其直接负责的主管人员和其他直接责任人员处 2 万元以上 5 万元以下的罚款。

（三）执法依据

1. 《防治水细则》第八十五条、第八十八条；
2. 《规程》第一百二十三条、第二百九十九条；
3. 《安全生产法》第九十九条。

十二、排水系统

（一）检查要点

1. 水泵、排水管路、水仓、沉淀池等符合相关要求；
2. 水文地质类型复杂、极复杂或者有突水淹井危险的矿井，应当在井底车场周围设置防水闸门或者在正常排水系统基础上另外安设潜水泵排水系统；
3. 建设矿井进入三期工程前，必须按设计建成永久排水系统。

（二）执法要求

1. 水泵、排水管路、水仓、沉淀池等不符合相关要求的，责令限期改正；逾期未改正的，责令停产整顿，并处 10 万元以上 50 万元以下的罚款，对其直接负责的主管人员和其他直接责任人员处 2 万元以上 5 万元以下的罚款；

2. 建设矿井进入三期工程前，没有按设计建成永久排水系统的，责令停产整顿，对煤矿处 50 万元以上 200 万元以下的罚款；对煤矿负责人处 3 万元以上 15 万元以下的罚款。

（三）执法依据

1. 《防治水细则》第九十六条、第一百零六条、第一百零七条、第一百零八条、第一百零九条；
2. 《规程》第三百一十一条、第三百一十二条、第三百一十三条、第三百一十四条；
3. 《重大隐患标准》第九条第（七）项；
4. 《特别规定》第八条第（六）项、第十条第一款、第十一条第一款；
5. 《安全生产法》第九十九条。

十三、防水闸门与防水闸墙

（一）检查要点

1. 防水闸门设计符合有关规定；
2. 防水闸墙设计经煤炭企业总工程师批准后方可施工，投入使用前应当由煤炭企业总工程师组织竣工验收；
3. 每年对防水闸门进行 2 次关闭试验，其中 1 次在雨季前进行；
4. 定期巡查防水闸墙，雨季加密观测。

（二）执法要求

防水闸门、防水闸墙的设计、竣工验收或管理不符合要求的，责令限期改正；逾期未改正的，责令停产整顿，并处 10 万元以上 50 万元以下的罚款，对其直接负责的主管人员和其他直接责任人员处 2 万元以上 5 万元以下的罚款。

（三）执法依据

1. 《防治水细则》第九十七条、第九十八条、第九十九条、第一百条；
2. 《规程》第三百零八条、第三百零九条；
3. 《安全生产法》第九十九条。

十四、超层越界

（一）检查要点

矿井应当在采矿许可证批准的范围内开采，禁止越层、越界开采。

（二）执法要求

发现煤矿超层越界开采的，应当及时移送自然资源部门并形成记录备查；或责令停产整顿，暂扣安全生产许可证，并移送相关部门，建议暂扣采矿许可证和营业执照；对煤矿处 50 万元以上 200 万元以下的罚款；对煤矿负责人处 3 万元以上 15 万元以下的罚款。

（三）执法依据

1. 《矿山安全法实施条例》第十三条；
2. 《重大隐患标准》第十条；
3. 《特别规定》第八条第（七）项、第十条第一款、第十一条第一款；
4. 《安全生产法》第六十六条。

十五、雨季"三防"

（一）检查要点

1. 煤矿成立雨季"三防"领导机构，制定雨季防治水措施；
2. 煤矿应当与当地气象、水利、防汛等部门建立灾害性天气预警和预防机制；
3. 每年雨季之前对全部工作水泵、备用水泵及潜水泵进行 1 次联合排水试验；
4. 雨季期间，开展地面和井下巡查，当暴雨、洪水可能引发淹井时，必须立即停产撤人。

（二）执法要求

1. 煤矿未建立灾害性天气预警和预防机制或雨

季前未进行联合排水试验的,责令限期改正;逾期未改正的,责令停产整顿,并处10万元以上50万元以下的罚款,对其直接负责的主管人员和其他直接责任人员处2万元以上5万元以下的罚款;

2. 受地表水倒灌威胁的矿井在强降雨天气或其来水上游发生洪水期间未实施停产撤人仍然进行生产的,责令停产整顿,暂扣安全生产许可证,并移送相关部门,建议暂扣采矿许可证和营业执照;对煤矿处50万元以上200万元以下的罚款;对煤矿负责人处3万元以上15万元以下的罚款。

(三)执法依据

1.《防治水细则》第五十八条、第五十九条、第六十条、第六十一条、第一百零九条;

2.《规程》第二百八十九条、第二百九十条、第二百九十三条、第三百一十四条;

3.《重大隐患标准》第九条第(六)项;

4.《特别规定》第八条第(六)项、第十条第一款、第十一条第一款;

5.《安全生产法》第九十九条。

十六、应急预案

(一)检查要点

1. 每年雨季前至少组织开展1次水害应急预案演练;

2. 煤矿主要负责人必须赋予调度员、安检员、井下带班人员、班组长等相关人员紧急撤人的权力,发现突水(透水、溃水)征兆,立即撤出所有受水患威胁的人员;

3. 井下建立供水管路、通讯线路、压风管路"三条生命线"并确保可靠管用。

(二)执法要求

1. 未按照规定组织应急预案演练的,责令限期改正,可以处5万元以下的罚款;逾期未改正的,责令停产整顿,并处5万元以上10万元以下的罚款,对其直接负责的主管人员和其他直接责任人员处1万元以上2万元以下的罚款;

2. 有透水征兆未撤出井下受水患威胁的作业人员仍然进行生产的,责令停产整顿,暂扣安全生产许可证,并移送相关部门,建议暂扣采矿许可证和营业执照;对煤矿处50万元以上200万元以下的罚款;对煤矿负责人处3万元以上15万元以下的罚款。

3. 未建立供水管路、通讯线路、压风管路"三条生命线"或"三条生命线"不符合要求的,责令限期改正;逾期未改正的,责令停产整顿,并处10万元以上50万元以下的罚款,对其直接负责的主管人员和其他直接责任人员处2万元以上5万元以下的罚款。

(三)执法依据

1.《防治水细则》第六条、第一百二十二条、第一百二十三条、第一百二十四条;

2.《规程》第二百八十九条、第二百九十三条、第五百零七条、第六百七十五条、第六百八十五条、第六百八十七条;

3.《重大隐患标准》第九条第(五)项;

4.《特别规定》第八条第(六)项、第十条第一款、第十一条第一款;

5.《安全生产法》第七十八条、第九十四条第(六)项、第九十九条。

煤矿防治水细则

(2018年6月4日国家煤矿安全监察局以煤安监调查〔2018〕14号印发,自2018年9月1日起实施)

第一章 总 则

第一条 为了加强煤矿防治水工作,防止和减少事故,保障职工生命安全和健康,根据《中华人民共和国安全生产法》《中华人民共和国矿山安全法》《国务院关于预防煤矿生产安全事故的特别规定》和《煤矿安全规程》等,制定本细则。

第二条 煤炭企业、煤矿和有关单位的防治水工作,适用本细则。

第三条 煤矿防治水工作应当坚持预测预报、有疑必探、先探后掘、先治后采的原则,根据不同水文地质条件,采取探、防、堵、疏、排、截、监等综合防治措施。

煤矿必须落实防治水的主体责任,推进防治水工作由过程治理向源头预防、局部治理向区域治理、井下治理向井上下结合治理、措施防范向工程治理、治水为主向治保结合的转变,构建理念先进、基础扎实、勘探清楚、科技攻关、综合治理、效果评价、应急处置的防治水工作体系。

第四条 煤炭企业、煤矿的主要负责人(法定代表人、实际控制人,下同)是本单位防治水工作的第一责任人,总工程师(技术负责人,下同)负责防治水的技术管理工作。

第五条 煤矿应当根据本单位的水害情况,配备满足工作需要的防治水专业技术人员，配齐专用的探放水设备，建立专门的探放水作业队伍，储备必要的水害抢险救灾设备和物资。

水文地质类型复杂、极复杂的煤矿，还应当设立专门的防治水机构、配备防治水副总工程师。

第六条 煤炭企业、煤矿应当结合本单位实际情况建立健全水害防治岗位责任制、水害防治技术管理制度、水害预测预报制度、水害隐患排查治理制度、探放水制度、重大水患停产撤人制度以及应急处置制度等。

煤矿主要负责人必须赋予调度员、安检员、井下带班人员、班组长等相关人员紧急撤人的权力，发现突水（透水、溃水，下同）征兆、极端天气可能导致淹井等重大险情，立即撤出所有受水患威胁地点的人员，在原因未查清、隐患未排除之前，不得进行任何采掘活动。

第七条 煤炭企业、煤矿应当编制本单位防治水中长期规划（5年）和年度计划，并组织实施。煤矿防治水应当做到"一矿一策、一面一策"，确保安全技术措施的科学性、针对性和有效性。

第八条 当矿井水文地质条件尚未查清时，应当进行水文地质补充勘探工作。在水害隐患情况未查明或者未消除之前，严禁进行采掘活动。

第九条 矿井应当建立地下水动态监测系统，对井田范围内主要充水含水层的水位、水温、水质等进行长期动态观测，对矿井涌水量进行动态监测。受底板承压水威胁的水文地质类型复杂、极复杂矿井，应当采用微震、微震与电法耦合等科学有效的监测技术，建立突水监测预警系统，探测水体及导水通道，评估注浆等工程治理效果，监测导水通道受采动影响变化情况。

第十条 煤炭企业、煤矿应当对井下职工进行防治水知识的教育和培训，对防治水专业人员进行新技术、新方法的再教育，提高防治水工作技能和有效处置水灾的应急能力。

第十一条 煤炭企业、煤矿和相关单位应当加强防治水技术研究和科技攻关，推广使用防治水的新技术、新装备和新工艺，提高防治水工作的科技水平。

第二章 矿井水文地质类型划分及基础资料

第一节 矿井水文地质类型划分

第十二条 根据井田内受采掘破坏或者影响的含水层及水体、井田及周边老空（火烧区，下同）水分布状况、矿井涌水量、突水量、开采受水害影响程度和防治水工作难易程度，将矿井水文地质类型划分为简单、中等、复杂和极复杂4种类型（表2-1）。

表2-1 矿井水文地质类型

分类依据		类别			
		简单	中等	复杂	极复杂
井田内受采掘破坏或者影响的含水层及水体	含水层（水体）性质及补给条件	为孔隙、裂隙、岩溶含水层，补给条件差，补给来源少或者极少	为孔隙、裂隙、岩溶含水层，补给条件一般，有一定的补给水源	为岩溶含水层、厚层砂砾石含水层、老空水、地表水，其补给条件好，补给水源充沛	为岩溶含水层、老空水、地表水，其补给条件很好，补给来源极其充沛，地表泄水条件差
	单位涌水量 q/($L \cdot s^{-1} \cdot m^{-1}$)	$q \leq 0.1$	$0.1 < q \leq 1.0$	$1.0 < q \leq 5.0$	$q > 5.0$
井田及周边老空水分布状况		无老空积水	位置、范围、积水量清楚	位置、范围或者积水量不清楚	位置、范围、积水量不清楚
矿井涌水量/($m^3 \cdot h^{-1}$)	正常 Q_1	$Q_1 \leq 180$	$180 < Q_1 \leq 600$	$600 < Q_1 \leq 2100$	$Q_1 > 2100$
	最大 Q_2	$Q_2 \leq 300$	$300 < Q_2 \leq 1200$	$1200 < Q_2 \leq 3000$	$Q_2 > 3000$
突水量 Q_3/($m^3 \cdot h^{-1}$)		$Q_3 \leq 60$	$60 < Q_3 \leq 600$	$600 < Q_3 \leq 1800$	$Q_3 > 1800$

表 2-1（续）

分类依据	类　　别			
	简单	中等	复杂	极复杂
开采受水害影响程度	采掘工程不受水害影响	矿井偶有突水，采掘工程受水害影响，但不威胁矿井安全	矿井时有突水，采掘工程、矿井安全受水害威胁	矿井突水频繁，采掘工程、矿井安全受水害严重威胁
防治水工作难易程度	防治水工作简单	防治水工作简单或者易于进行	防治水工作难度较高，工程量较大	防治水工作难度高，工程量大

注：1. 单位涌水量 q 以井田主要充水含水层中有代表性的最大值为分类依据；
　　2. 矿井涌水量 Q_1、Q_2 和突水量 Q_3 以近 3 年最大值并结合地质报告中预测涌水量作为分类依据。含水层富水性及突水点等级划分标准见附录一；
　　3. 同一井田煤层较多，且水文地质条件变化较大时，应当分煤层进行矿井水文地质类型划分；
　　4. 按分类依据就高不就低的原则，确定矿井水文地质类型。

第十三条 矿井应当收集水文地质类型划分各项指标的相关资料，分析矿井水文地质条件，编制矿井水文地质类型报告，由煤炭企业总工程师组织审批。

矿井水文地质类型报告，应当包括下列主要内容：

（一）矿井所在位置、范围及四邻关系，自然地理，防排水系统等情况；

（二）以往地质和水文地质工作评述；

（三）井田地质、水文地质条件；

（四）矿井充水因素分析，井田及周边老空水分布状况；

（五）矿井涌水量的构成分析，主要突水点位置、突水量及处理情况；

（六）矿井未来 3 年采掘和防治水规划，开采受水害影响程度和防治水工作难易程度评价；

（七）矿井水文地质类型划分结果及防治水工作建议。

第十四条 矿井水文地质类型应当每 3 年修订 1 次。当发生较大以上水害事故或者因突水造成采掘区域或矿井被淹的，应当在恢复生产前重新确定矿井水文地质类型。

第二节　基础资料

第十五条 矿井应当根据实际情况建立下列防治水基础台账，并至少每半年整理完善 1 次。

（一）矿井涌水量观测成果台账；

（二）气象资料台账；

（三）地表水文观测成果台账；

（四）钻孔水位、井泉动态观测成果及河流渗漏台账；

（五）抽（放）水试验成果台账；

（六）矿井突水点台账；

（七）井田地质钻孔综合成果台账；

（八）井下水文地质钻孔成果台账；

（九）水质分析成果台账；

（十）水源水质受污染观测资料台账；

（十一）水源井（孔）资料台账；

（十二）封孔不良钻孔资料台账；

（十三）矿井和周边煤矿采空区相关资料台账；

（十四）防水闸门（墙）观测资料台账；

（十五）物探成果验证台账；

（十六）其他专门项目的资料台账。

第十六条 建设矿井应当按照矿井建设的有关规定，在建井期间收集、整理、分析有关水文地质资料，并在建井完成后将井田地质勘探报告、建井设计及建井地质报告等资料全部移交给生产单位。

建设矿井应当编制下列主要成果及图件：

（一）水文地质观测台账和成果；

（二）突水点台账，防治水的技术总结，注浆堵水记录和有关资料；

（三）井筒及主要巷道水文地质实测剖面；

（四）建井水文地质补充勘探成果（如井筒检查孔等）；

（五）建井地质报告，应当包含防治水的相关内容。

第十七条 生产矿井应当编制包括防治水内容的生产地质报告，并按照规定编制下列水文地质图件：

（一）矿井综合水文地质图；

（二）矿井综合水文地质柱状图；

（三）矿井水文地质剖面图；

（四）矿井充水性图；

（五）矿井涌水量与相关因素动态曲线图。

矿井水文地质图件主要内容及要求见附录二，并至少每半年修订1次。

其他有关防治水图件由矿井根据实际需要编制。

第十八条 矿井闭坑报告应当包括下列防治水相关内容：

（一）闭坑前的矿井采掘空间分布情况，对可能存在的充水水源、通道、积水量和水位等情况的分析评价；

（二）闭坑对邻近生产矿井安全的影响和采取的防治水措施；

（三）矿井关闭时采取的水害隐患处置工作及关闭后淹没过程检测监控情况。

第十九条 矿井应当建立水文地质信息管理系统，实现矿井水文地质文字资料收集、数据采集、台账编制、图件绘制、计算评价和水害预测预报一体化。

第三章 矿井水文地质补充勘探

第一节 一般规定

第二十条 矿井有下列情形之一的，应当开展水文地质补充勘探工作：

（一）矿井主要勘探目的层未开展过水文地质勘探工作的；

（二）矿井原勘探工作量不足，水文地质条件尚未查清的；

（三）矿井经采掘揭露煤岩层后，水文地质条件比原勘探报告复杂的；

（四）矿井水文地质条件发生较大变化，原有勘探成果资料难以满足生产建设需要的；

（五）矿井开拓延深、开采新煤系（组）或者扩大井田范围设计需要的；

（六）矿井采掘工程处于特殊地质条件部位，强富水松散含水层下提高煤层开采上限或者强富水含水层上带压开采，专门防治水工程设计、施工需要的；

（七）矿井井巷工程穿过强含水层或者地质构造异常带，防治水工程设计、施工需要的。

第二十一条 矿井水文地质补充勘探应当针对具体问题合理选择勘查技术、方法，井田外区域以遥感水文地质测绘等为主，井田内以水文地质物探、钻探、试验、实验及长期动态观（监）测等为主，进行综合勘查。

第二十二条 矿井水文地质补充勘探应当根据相关规范编制补充勘探设计，经煤炭企业总工程师组织审批后实施。

补充勘探工作完成后，应当及时提交矿井水文地质补充勘探报告和相关成果，由煤炭企业总工程师组织评审。

第二节 水文地质补充调查

第二十三条 水文地质测绘应当采用遥感水文地质测绘方法，应用全球卫星定位系统、地理信息系统、数字影像、互联网等技术手段，提高测绘质量。区域水文地质测绘比例尺应当采用1∶100000～1∶10000，矿区应当采用1∶10000～1∶2000。

第二十四条 水文地质补充调查应当包括下列主要内容：

（一）资料收集。收集降水量、蒸发量、气温、气压、相对湿度、风向、风速及其历年月平均值、两极值等气象资料。收集调查区内以往勘查研究成果，动态观测资料，勘探钻孔、供水井钻探及抽水试验资料；

（二）地貌地质。调查收集由开采或者地下水活动诱发的崩塌、滑坡、地裂缝、人工湖等地貌变化、岩溶发育矿区的各种岩溶地貌形态。对松散覆盖层和基岩露头，查明其时代、岩性、厚度、富水性及地下水的补排方式等情况，并划分含水层或者相对隔水层。查明地质构造的形态、产状、性质、规模、破碎带（范围、充填物、胶结程度、导水性）及有无泉水出露等情况，初步分析研究其对矿井开采的影响；

（三）地表水体。调查收集矿区河流、水渠、湖泊、积水区、山塘、水库等地表水体的历年水位、流量、积水量、最大洪水淹没范围、含泥沙量、水质以及与下伏含水层的水力联系等。对可能渗漏补给地下水的地段应当进行详细调查，并进行渗漏量监测；

（四）地面岩溶。调查岩溶发育的形态、分布范围。详细调查对地下水运动有明显影响的补给和排泄通道，必要时可进行连通试验和暗河测绘工作。分析岩溶发育规律和地下水径流方向，圈定补给区，测定补给区内的渗漏情况，估算地下水径流量。对有岩溶塌陷的区域，进行岩溶塌陷的测绘工作；

（五）井泉。调查井泉的位置、标高、深度、出水层位、涌水量、水位、水质、水温、气体溢出情况及类型、流量（浓度）及其补给水源。素描泉水出露的地形地质平面图和剖面图；

（六）老空。调查老空的位置、分布范围、积水量及补给情况等，分析空间位置关系以及对矿井生产的影响；

（七）周边矿井。调查周边矿井的位置、范围、开采层位、充水情况、地质构造、采煤方法、采出煤量、隔离煤柱以及与相邻矿井的空间关系，以往发生水害的观测资料，并收集系统完整的采掘工程平面图及有关资料；

（八）本矿井历史资料。收集整理矿井充水因素、突水情况、矿井涌水量动态变化情况、防治水措施及效果等。

第二十五条　煤矿应当加强与当地气象部门沟通联系，及时收集气象资料，建立气象资料台账；矿井 30 km 范围内没有气象台（站），气象资料不能满足安全生产需要时，应当建立降水量观测站。

第二十六条　矿井应当对与充水含水层有水力联系的地表水体进行长期动态观测，掌握其动态规律，分析研究地表水与地下水的水力联系，掌握其补给、排泄地下水的规律，测算补给、排泄量。

第二十七条　井下水文地质观测应当包括下列主要内容：

（一）对新开凿的井筒、主要穿层石门及开拓巷道，应当及时进行水文地质观测和编录，并绘制井筒、石门、巷道的实测水文地质剖面图或者展开图；

（二）井巷穿过含水层时，应当详细描述其产状、厚度、岩性、构造、裂隙或者岩溶的发育与充填情况，揭露点的位置及标高、出水形式、涌水量和水温等，并采取水样进行水质分析；

（三）遇裂隙时，应当测定其产状、长度、宽度、数量、形状、尖灭情况、充填物及充填程度等，观察地下水活动的痕迹，绘制裂隙玫瑰花图，并选择有代表性的地段测定岩石的裂隙率。较密集裂隙，测定的面积可取 $1\sim2~\mathrm{m}^2$；稀疏裂隙，可取 $4\sim10~\mathrm{m}^2$。其计算公式为

$$K_\mathrm{T} = \frac{\sum lb}{A} \times 100\% \qquad (3-1)$$

式中　K_T——裂隙率，%；
　　　A——测定面积，m^2；
　　　l——裂隙长度，m；
　　　b——裂隙宽度，m；

（四）遇岩溶时，应当观测其形态、发育情况、分布状况、充填物成分及充填状况等，并绘制岩溶素描图；

（五）遇断裂构造时，应当测定其产状、断距、断层带宽度，观测断裂带充填物成分、胶结程度及导水性等；

（六）遇褶曲时，应当观测其形态、产状及破碎情况等；

（七）遇陷落柱时，应当观测陷落柱内外地层岩性与产状、裂隙与岩溶发育程度及涌水等情况，并编制卡片，绘制平面图、剖面图和素描图；

（八）遇突水点时，应当详细观测记录突水的时间、地点、出水形式、出水点层位、岩性、厚度以及围岩破坏情况等，并测定水量、水温、水质和含砂量。同时，应当观测附近出水点涌水量和观测孔水位的变化，并分析突水原因。各主要突水点应当作为动态观测点进行系统观测，并编制卡片，绘制平面图、素描图和水害影响范围预测图。

对于大中型煤矿发生 300 m^3/h 以上、小型煤矿发生 60 m^3/h 以上的突水，或者因突水造成采掘区域或矿井被淹的，应当将突水情况及时上报地方人民政府负责煤矿安全生产监督管理的部门、煤炭行业管理部门和驻地煤矿安全监察机构；

（九）应当加强矿井涌水量观测和水质监测。

矿井应当分水平、分煤层、分采区设观测站进行涌水量观测，每月观测次数不得少于 3 次。对于涌水量较大的断裂破碎带、陷落柱，应当单独设观测站进行观测，每月观测 1~3 次。水质的监测每年不得少于 2 次，丰、枯水期各 1 次。涌水量出现异常、井下发生突水或者受降水影响矿井的雨季时段，观测频率应当适当增加。

对于井下新揭露的出水点，在涌水量尚未稳定或者尚未掌握其变化规律前，一般应当每日观测 1 次。对溃入性涌水，在未查明突水原因前，应当每隔 1~2 h 观测 1 次，以后可以适当延长观测间隔时间，并采取水样进行水质分析。涌水量稳定后，可按井下正常观测时间观测。

当采掘工作面上方影响范围内有地表水体、富水性强的含水层，穿过与富水性强的含水层相连通的构造断裂带或者接近老空积水区时，应当每作业班次观测涌水情况，掌握水量变化。

对于新凿立井、斜井，垂深每延深 10 m，应当观测 1 次涌水量；揭露含水层时，即使未达规定深度，也应当在含水层的顶底板各测 1 次涌水量。

矿井涌水量观测可以采用容积法、堰测法、浮标法、流速仪法等测量方法，测量工具和仪表应当定期校验；

（十）对含水层疏水降压时，在涌水量、水压稳定前，应当每小时观测 1~2 次钻孔涌水量和水压；待涌水量、水压基本稳定后，按照正常观测的要求

进行。

第三节 地面水文地质补充勘探

第二十八条 应当根据勘探区的水文地质条件、探测地质体的地球物理特征和探测工作目的等编写地面水文地质物探设计，由煤炭企业总工程师组织审批。

应当采用多种物探方法进行综合勘探，可以采用地震与电法相结合的勘探技术方法查明构造及其富水性。水文物探主要以电法勘探为主，宜采用直流电法、瞬变电磁法或者可控源音频大地电磁测深等技术方法。可以采用高精度三维地震勘探查明火成岩侵入范围和断层、陷落柱等构造。

物探作业时，野外施工、资料处理和解释应当符合国家、行业标准。

施工结束后应当提交成果报告，由煤炭企业总工程师组织审批。物探成果应当与其他勘探成果相结合，相互验证。

第二十九条 水文地质钻探工程量应当根据水文地质补充勘探目的、具体任务及综合勘探的要求等确定；应当充分利用已有钻孔（井）及钻探成果，与长期水文动态观（监）测网的建设（完善）统筹考虑，形成控制地下水降落漏斗形态的水文地质剖面线。

第三十条 按照水文地质补充勘探设计要求，编写单孔设计，内容包括钻孔结构、套管结构、孔斜、岩芯采取、封孔止水、终孔直径、终孔层位、简易水文观测、抽水试验、地球物理测井及采样测试、封孔质量、孔口装置和测量标志等要求。

水文地质钻探主要技术指标应当符合下列要求：

（一）以煤层底板水害为主的矿井，其钻孔终孔深度以揭露下伏主要含水层段为原则；

（二）所有勘探钻孔均应当进行水文测井工作，配合钻探取芯划分含、隔水层，取得有关参数；

（三）主要含水层或者试验观测段采用清水钻进。遇特殊情况可以采用低固相优质泥浆钻进，并采取有效的洗孔措施；

（四）抽水试验孔试验段孔径，以满足设计的抽水量和安装抽水设备为原则；水位观测孔观测段孔径，应当满足止水和水位观测的要求；

（五）抽水试验钻孔的孔斜，应当满足选用抽水设备和水位观测仪器的工艺要求；

（六）钻孔应当取芯钻进，并进行岩芯描述。岩芯采取率：岩石，大于70%；破碎带，大于50%；黏土，大于70%；砂和砂砾层，大于30%。当采用水文物探测井，能够正确划分地层和含（隔）水层位置及厚度时，可以适当减少取芯；

（七）在钻孔分层（段）隔离止水时，通过提水、注水和水文测井等不同方法，检查止水效果，并作正式记录；不合格的，应当重新止水；

（八）除长期动态观测钻孔外，其余钻孔应当使用高标号水泥封孔，并取样检查封孔质量；

（九）水文地质钻孔应当做好简易水文地质观测，其技术要求参照相关规程规范。否则，应当降低其钻孔质量等级或者不予验收；

（十）观测孔竣工后，应当进行洗孔，以确保观测层（段）不被淤塞，并进行抽水试验。水文地质观测孔，应当安装孔口装置和长期观测测量标志，并采取有效保护措施。

第三十一条 编制抽水试验设计，应当根据矿井水文地质条件、水文地质概念模型和水文地质计算的要求，选择稳定流或者非稳定流抽水试验。抽水试验时，应当对其影响范围内的观测孔同步观测水位。

抽水试验成果应当满足矿井涌水量预测、防治水工程设计施工的要求，取得含水层渗透系数、导水系数、给水度、释水系数等水文地质参数。

应当利用抽水试验资料分析研究地下水、地表水及不同含水层（组）之间水力联系，确定断层、陷落柱等构造的导（含）水性，必要时进行抽（放）水连通（示踪）试验。

第三十二条 需要进行注水试验的，应当编制注水试验设计。设计包括试验层段的起、止深度，孔径及套管下入层位、深度及止水方法，采用的注水设备、注水试验方法，以及注水试验质量要求等内容。

注水试验施工主要技术指标，应当符合下列要求：

（一）根据岩层的岩性和孔隙、裂隙发育深度，确定试验孔段，并严格做好止水工作；

（二）注水试验前，彻底洗孔，以确保疏通含水层，并测定钻孔水温和注入水的温度；

（三）注水试验前后，应当分别进行静止水位和恢复水位的观测。

第四节 井下水文地质补充勘探

第三十三条 矿井有下列情形之一的，应当进行井下水文地质补充勘探：

（一）采用地面水文地质勘探难以查清问题，需要在井下进行放水试验或者连通（示踪）试验的；

（二）受地表水体、地形限制或者受开采塌陷影响，地面没有施工条件的；

（三）孔深或者地下水位埋深过大，地面无法进行水文地质试验的。

第三十四条　井下水文地质补充勘探应当采用井下钻探、物探、化探、监测、测试等综合勘探方法，针对井下特殊作业环境，采取可靠的安全技术措施。

第三十五条　放水试验应当符合下列要求：

（一）编制放水试验设计，确定试验方法、降深值和放水量。放水量视矿井现有最大排水能力而确定，原则上放水试验的观测孔应当有明显的水位降深。其设计由煤矿总工程师组织审批；

（二）做好放水试验前的准备工作，检验校正观测仪器和工具，检查排水设备能力和排水线路，采取可靠的安全技术组织措施；

（三）放水前，在同一时间对井上下观测孔和出水点的水位、水压、涌水量、水温和水质进行统测；

（四）根据具体情况确定放水试验的延续时间。当涌水量、水位难以稳定时，试验延续时间一般不少于10~15日。选取观测时间间隔，应当考虑非稳定流计算的需要。中心水位或者水压与涌水量进行同步观测；

（五）观测数据及时录入台账，并绘制涌水量与水位历时曲线；

（六）放水试验结束后，及时整理资料，提交放水试验总结报告。

第三十六条　井下物探应当符合下列要求：

（一）物探作业前，应当根据采掘工作面的实际情况和工作目的等编写设计，设计时充分考虑控制精度，设计由煤矿总工程师组织审批；

（二）可以采用直流电阻率电测深、瞬变电磁、音频电穿透、探地雷达、瑞利波及槽波、无线电坑透等方法探测，采煤工作面应当选择两种以上方法，相互验证；

（三）采用电法实施掘进工作面超前探测的，探测环境应当符合下列要求：

1. 巷道断面、长度满足探测所需要的空间；

2. 距探测点20m范围内不得有积水，且不得存放掘进机、铁轨、皮带机架、锚网、锚杆等金属物体；

3. 巷道内动力电缆、大型机电设备必须停电。

（四）施工结束后，应当提交成果报告，由煤矿总工程师组织验收。物探成果应当与其他勘探成果相结合，相互验证。

第四章　井下探放水

第三十七条　矿井应当加强充水条件分析，认真开展水害预测预报及隐患排查工作。

（一）每年年初，根据年度采掘计划，结合矿井水文地质资料，全面分析水害隐患，提出水害分析预测表及水害预测图；

（二）水文地质类型复杂、极复杂矿井应当每月至少开展1次水害隐患排查，其他矿井应当每季度至少开展1次；

（三）在采掘过程中，对预测图、表逐月进行检查，不断补充和修正。发现水患险情，及时发出水害通知单，并报告矿井调度室；

（四）采掘工作面年度和月度水害预测资料及时报送煤矿总工程师及生产安全部门。

采掘工作面水害分析预报表和预测图模式见附录三。

第三十八条　在地面无法查明水文地质条件时，应当在采掘前采用物探、钻探或者化探等方法查清采掘工作面及其周围的水文地质条件。

采掘工作面遇有下列情况之一的，必须进行探放水：

（一）接近水淹或者可能积水的井巷、老空或者相邻煤矿时；

（二）接近含水层、导水断层、溶洞或者导水陷落柱时；

（三）打开隔离煤柱放水时；

（四）接近可能与河流、湖泊、水库、蓄水池、水井等相通的导水通道时；

（五）接近有出水可能的钻孔时；

（六）接近水文地质条件不清的区域时；

（七）接近有积水的灌浆区时；

（八）接近其他可能突水的地区时。

第三十九条　严格执行井下探放水"三专"要求。由专业技术人员编制探放水设计，采用专用钻机进行探放水，由专职探放水队伍施工。严禁使用非专用钻机探放水。

严格执行井下探放水"两探"要求。采掘工作面超前探放水应当同时采用钻探、物探两种方法，做到相互验证，查清采掘工作面及周边老空水、含水层富水性以及地质构造等情况。有条件的矿井，钻探可采用定向钻机，开展长距离、大规模探放水。

第四十条　矿井受水害威胁的区域，巷道掘进前，地测部门应当提出水文地质情况分析报告和水害防治措施，由煤矿总工程师组织生产、安检、地测等有关单位审批。

第四十一条　工作面回采前，应当查清采煤工作面及周边老空水、含水层富水性和断层、陷落柱含

（导）水性等情况。地测部门应当提出专门水文地质情况评价报告和水害隐患治理情况分析报告，经煤矿总工程师组织生产、安检、地测等有关单位审批后，方可回采。发现断层、裂隙或者陷落柱等构造充水的，应当采取注浆加固或者留设防隔水煤（岩）柱等安全措施；否则，不得回采。

第四十二条 采掘工作面探水前，应当编制探放水设计和施工安全技术措施，确定探水线和警戒线，并绘制在采掘工程平面图和矿井充水性图上。探放水钻孔的布置和超前距、帮距，应当根据水头值高低、煤（岩）层厚度、强度及安全技术措施等确定，明确测斜钻孔及要求。探放水设计由地测部门提出，探放水设计和施工安全技术措施经煤矿总工程师组织审批，按设计和措施进行探放水。

第四十三条 布置探放水钻孔应当遵循下列规定：

（一）探放老空水和钻孔水。老空和钻孔位置清楚时，应当根据具体情况进行专门探放水设计，经煤矿总工程师组织审批后，方可施工；老空和钻孔位置不清楚时，探水钻孔成组布设，并在巷道前方的水平面和竖直面内呈扇形，钻孔终孔位置满足水平面间距不得大于3 m，厚煤层内各孔终孔的竖直面间距不得大于1.5 m；

（二）探放断裂构造水和岩溶水等时，探水钻孔沿掘进方向的正前方及含水体方向呈扇形布置，钻孔不得少于3个，其中含水体方向的钻孔不得少于2个；

（三）探查陷落柱等垂向构造时，应当同时采用物探、钻探两种方法，根据陷落柱的预测规模布孔，但底板方向钻孔不得少于3个，有异常时加密布孔，其探放水设计由煤矿总工程师组织审批；

（四）煤层内，原则上禁止探放水压高于1 MPa的充水断层水、含水层水及陷落柱水等。如确实需要的，可以先构筑防水闸墙，并在闸墙外向内探放水。

第四十四条 上山探水时，应当采用双巷掘进，其中一条超前探水和汇水，另一条用来安全撤人；双巷间每隔30~50 m掘1个联络巷，并设挡水墙。

第四十五条 在安装钻机进行探水前，应当符合下列规定：

（一）加强钻孔附近的巷道支护，并在工作面迎头打好坚固的立柱和挡板，严禁空顶、空帮作业；

（二）清理巷道，挖好排水沟。探水钻孔位于巷道低洼处时，应当施工临时水仓，配备足够能力的排水设备；

（三）在钻探地点或附近安设专用电话；

（四）由测量人员依据设计现场标定探放水钻孔位置，与负责探放水工作的人员共同确定钻孔的方位、倾角、深度和钻孔数量；

（五）制定包括紧急撤人时避灾路线在内的安全措施，使作业区域的每个人员了解和掌握，并保持撤人通道畅通。

第四十六条 在预计水压大于0.1 MPa的地点探水时，预先固结套管，并安装闸阀。止水套管应当进行耐压试验，耐压值不得小于预计静水压值的1.5倍，兼做注浆钻孔的，应当综合注浆终压值确定，并稳定30 min以上；预计水压大于1.5 MPa时，采用反压和有防喷装置的方法钻进，并制定防止孔口管和煤（岩）壁突然鼓出的措施。

第四十七条 探放水钻孔除兼作堵水钻孔外，终孔孔径一般不得大于94 mm。

第四十八条 探放水钻孔超前距和止水套管长度，应当符合下列规定：

（一）老空积水范围、积水量不清楚的，近距离煤层开采的或者地质构造不清楚的，探放水钻孔超前距不得小于30 m，止水套管长度不得小于10 m；老空积水范围、积水量清楚的，根据水头值高低、煤（岩）层厚度、强度及安全技术措施等确定；

（二）沿岩层探放含水层、断层和陷落柱等含水体时，按表4-1确定探放水钻孔超前距和止水套管长度。

表4-1 岩层中探放水钻孔超前距和止水套管长度

水压 p/MPa	钻孔超前距/m	止水套管长度/m
$p<1.0$	>10	>5
$1.0 \leqslant p<2.0$	>15	>10
$2.0 \leqslant p<3.0$	>20	>15
$p \geqslant 3.0$	>25	>20

第四十九条 在探放水钻进时，发现煤岩松软、片帮、来压或者钻孔中水压、水量突然增大和顶钻等突水征兆时，立即停止钻进，但不得拔出钻杆；应当立即撤出所有受水威胁区域的人员到安全地点，并向矿井调度室汇报，采取安全措施，派专业技术人员监测水情并分析，妥善处理。

第五十条 探放老空水时，预计可能发生瓦斯或者其他有害气体涌出的，应当设有瓦斯检查员或者矿山救护队员在现场值班，随时检查空气成分。如果瓦斯或者其他有害气体浓度超过有关规定，应当立即停止钻进，切断电源，撤出人员，并报告矿井调度室，及时处理。揭露老空未见积水的钻孔应当立即封堵。

第五十一条 钻孔放水前，应当估计积水量，并根据排水能力和水仓容量，控制放水流量，防止淹井淹面；放水时，应当设有专人监测钻孔出水情况，测定水量和水压，做好记录。如果水量突然变化，应当分析原因，及时处理，并立即报告矿井调度室。

第五章 矿井防治水技术

第一节 地表水防治

第五十二条 煤矿应当查清矿区、井田及其周边对矿井开采有影响的河流、湖泊、水库等地表水系和有关水利工程的汇水、疏水、渗漏情况，掌握当地历年降水量和历史最高洪水位资料，建立疏水、防水和排水系统。

煤矿应当查明采矿塌陷区、地裂缝区分布情况及其地表汇水情况。

第五十三条 矿井井口和工业场地内建筑物的地面标高，应当高于当地历史最高洪水位；否则，应当修筑堤坝、沟渠或者采取其他可靠防御洪水的措施。不具备采取可靠安全措施条件的，应当封闭填实该井口。

在山区还应当避开可能发生泥石流、滑坡等地质灾害危险的地段。

第五十四条 当矿井井口附近或者塌陷区波及范围的地表水体可能溃入井下时，必须采取安全防范措施。

在地表容易积水的地点，应当修筑沟渠，排泄积水。修筑沟渠时，应当避开煤层露头、裂隙和导水岩层。特别低洼地点不能修筑沟渠排水的，应当填平压实。如果低洼地带范围太大无法填平时，应当采取水泵或者建排洪站专门排水，防止低洼地带积水渗入井下。

当矿井受到河流、山洪威胁时，应当修筑堤坝和泄洪渠，防止洪水侵入。

对于排到地面的矿井水，应当妥善处理，避免再渗入井下。

对于漏水的沟渠（包括农田水利的灌溉沟渠）和河床，如果威胁矿井安全，应当进行铺底或者改道。地面裂缝和塌陷地点应当及时填塞。进行填塞工作时，应当采取相应的安全措施，防止人员陷入塌陷坑内。

在有滑坡危险的地段，可能威胁煤矿安全时，应当进行治理。

在井田内季节性沟谷下开采前，需对是否有洪水灌井的危险进行评价，开采应避开雨季，采后及时做好地面裂缝的填堵工作。

第五十五条 严禁将矸石、炉灰、垃圾等杂物堆放在山洪、河流可能冲刷到的地段，以免淤塞河道、沟渠。

发现与煤矿防治水有关系的河道中存在障碍物或者堤坝破损时，应当及时报告当地人民政府，采取措施清理障碍物或者修复堤坝，防止地表水进入井下。

第五十六条 使用中的钻孔，应当按照规定安装孔口盖。报废的钻孔应当及时封孔，防止地表水或者含水层的水涌入井下，封孔资料等有关情况记录在案，存档备查。观测孔、注浆孔、电缆孔、下料孔、与井下或者含水层相通的钻孔，其孔口管应当高出当地历史最高洪水位。

第五十七条 报废的立井应当封堵填实，或者在井口浇注坚实的钢筋混凝土盖板，设置栅栏和标志。

报废的斜井应当封堵填实，或者在井口以下垂深大于 20 m 处砌筑 1 座混凝土墙，再用泥土填至井口，并在井口砌筑厚度不低于 1 m 的混凝土墙。

报废的平硐，应当从硐口向里封堵填实至少 20 m，再砌封墙。

位于斜坡、汇水区、河道附近的井口，充填距离应当适当加长。报废井口的周围有地表水影响的，应当设置排水沟。

封填报废的立井、斜井或者平硐时，应当做好隐蔽工程记录，并填图归档。

第五十八条 每年雨季前，必须对煤矿防治水工作进行全面检查，制定雨季防治水措施，建立雨季巡视制度，组织抢险队伍并进行演练，储备足够的防洪抢险物资。对检查出的事故隐患，应当制定措施，落实资金，责任到人，并限定在汛期前完成整改。需要施工防治水工程的应当有专门设计，工程竣工后由煤矿总工程师组织验收。

第五十九条 煤矿应当与当地气象、水利、防汛等部门进行联系，建立灾害性天气预警和预防机制。应当密切关注灾害性天气的预报预警信息，及时掌握可能危及煤矿安全生产的暴雨洪水灾害信息，采取安全防范措施；加强与周边相邻矿井信息沟通，发现矿井水害可能影响相邻矿井时，立即向周边相邻矿井发出预警。

第六十条 煤矿应当建立暴雨洪水可能引发淹井等事故灾害紧急情况下及时撤出井下人员的制度，明确启动标准、指挥部门、联络人员、撤人程序和撤退路线等，当暴雨威胁矿井安全时，必须立即停产撤出井下全部人员，只有在确认暴雨洪水隐患消除后方可恢复生产。

第六十一条 煤矿应当建立重点部位巡视检查制度。当接到暴雨灾害预警信息和警报后，对井田范围内废弃老窑、地面塌陷坑、采动裂隙以及可能影响矿井安全生产的河流、湖泊、水库、涵闸、堤防工程等实施24h不间断巡查。矿区降大到暴雨时和降雨后，应当派专业人员及时观测矿井涌水量变化情况。

第二节 顶板水防治

第六十二条 当煤层（组）顶板导水裂隙带范围内的含水层或者其他水体影响采掘安全时，应当采用超前疏放、注浆改造含水层、帷幕注浆、充填开采或者限制采高等方法，消除威胁后，方可进行采掘活动。

第六十三条 采取超前疏放措施对含水层进行区域疏放水的，应当综合分析导水裂隙带发育高度、顶板含水层富水性，进行专门水文地质勘探和试验，开展可疏性评价。根据评价成果，编制区域疏放水方案，由煤炭企业总工程师审批。

第六十四条 采取注浆改造顶板含水层的，必须制定方案，经煤炭企业总工程师审批后实施，确保开采后导水裂隙带波及范围内含水层改造成弱含水层或者隔水层。

第六十五条 采取充填开采、限制采高等措施控制导水裂隙带高度的，必须制定方案，经煤炭企业总工程师审批后实施，确保导水裂隙带不波及含水层。

第六十六条 疏干（降）开采半固结或者较松散的古近系、新近系、第四系含水层覆盖的煤层时，开采前应当遵守下列规定：

（一）查明流砂层的埋藏分布条件，研究其相变及成因类型；

（二）查明流砂层的富水性、水理性质，预计涌水量和评价可疏干（降）性，建立水文动态观测网，观测疏干（降）速度和疏干（降）半径；

（三）在疏干（降）开采试验中，应当观测研究导水裂隙带发育高度、水砂分离方法、跑砂休止角、巷道开口时溃水溃砂的最小垂直距离、钻孔超前探放水安全距离等；

（四）研究对溃水溃砂引起地面塌陷的预测及处理方法。

第六十七条 被富水性强的松散含水层覆盖的缓倾斜煤层，需要疏干（降）开采时，应当进行专门水文地质勘探或者补充勘探，根据勘探成果确定疏干（降）地段、制定疏干（降）方案，经煤炭企业总工程师组织审批后实施。

第六十八条 矿井疏干（降）开采可以应用"三图双预测法"进行顶板水害分区评价和预测。有条件的矿井可以应用数值模拟技术，进行导水裂隙带发育高度、疏干水量和地下水流场变化的模拟和预测；观测研究多煤层开采后导水裂隙带综合发育高度。

第六十九条 受离层水威胁（火成岩等坚硬覆岩下开采）的矿井，应当对煤层覆岩特征及其组合关系、力学性质、含水层富水性等进行分析，判断离层发育的层位，采取施工超前钻孔等手段，破坏离层空间的封闭性、预先疏放离层的补给水源或者超前疏放离层水等。

第三节 底板水防治

第七十条 底板水防治应当遵循井上与井下治理相结合、区域与局部治理相结合的原则。根据矿井实际，采取地面区域治理、井下注浆加固底板或者改造含水层、疏水降压、充填开采等防治水措施，消除水害威胁。

第七十一条 当承压含水层与开采煤层之间的隔水层能够承受的水头值大于实际水头值时，可以进行带压开采，但应当制定专项安全技术措施，由煤炭企业总工程师审批。

第七十二条 当承压含水层与开采煤层之间的隔水层能够承受的水头值小于实际水头值时，开采前应当遵守下列规定：

（一）采取疏水降压的方法，把承压含水层的水头值降到安全水头值以下，并制定安全措施，由煤炭企业总工程师审批。矿井排水应与矿区供水、生态环境保护相结合，推广应用矿井排水、供水、生态环保"三位一体"优化结合的管理模式和方法；

（二）承压含水层的集中补给边界已经基本查清情况下，可以预先进行帷幕注浆，截断水源，然后疏水降压开采；

（三）当承压含水层的补给水源充沛，不具备疏水降压和帷幕注浆的条件时，可以采用地面区域治理，或者局部注浆加固底板隔水层、改造含水层的方法，但应当编制专门的设计，在有充分防范措施的条件下进行试采，并制定专门的防止淹井措施，由煤炭企业总工程师审批。

安全水头值计算公式见附录四。各矿区应当总结适合本矿区的安全水头值。

第七十三条 煤层底板存在高承压岩溶含水层，且富水性强或者极强，采用井下探查、注浆加固底板或者改造含水层时，应当符合下列要求：

（一）掘进前应当同时采用钻探和物探方法，确认无突水危险时方可施工。巷道底板的安全隔水层厚度，钻探与物探探测深度按附录五式（附5-1）合理确定，钻孔超前距和帮距参考附录六式（附6-3）确定；

（二）应当编制注浆加固底板或者改造含水层设计和施工安全技术措施，由煤矿总工程师组织审批。可结合矿井实际情况，建立地面注浆系统；

（三）注浆加固底板或者改造含水层结束后，由煤炭企业总工程师组织效果评价。采煤工作面突水系数按附录五式（附5-2）计算，不得大于0.1 MPa/m。

第七十四条 煤层底板存在高承压岩溶含水层，且富水性强或者极强，采用地面区域治理方法时，应当符合下列要求：

（一）煤矿总工程师组织编制区域治理设计方案，由煤炭企业总工程师审批；

（二）地面区域治理可以采用定向钻探技术，根据矿井水文地质条件确定治理目标层和布孔方式，并根据注浆扩散距离确定合理孔间距，施工中应当逢漏必注，循环钻进直至设计终孔位置，注浆终压不得小于底板岩溶含水层静水压力的1.5倍，达到探测、治理、验证"三位一体"的治理效果；

（三）区域治理工程结束后，对工程效果做出结论性评价，提交竣工报告，由煤炭企业总工程师组织验收。采煤工作面突水系数按附录五式（附5-2）计算，不得大于0.1 MPa/m；

（四）实施地面区域治理的区域，掘进前应当采用物探方法进行效果检验，没有异常的，可以正常掘进；发现异常的，应当采用钻探验证并治理达标。回采前应同时采用物探、钻探方法进行效果验证。

第七十五条 有条件的矿井可以采用"脆弱性指数法"或者"五图双系数法"等，对底板承压含水层突水危险性进行综合分区评价。

第四节 老空水防治

第七十六条 煤矿应当开展老空分布范围及积水情况调查工作，查清矿井和周边老空及积水情况，调查内容包括老空位置、形成时间、范围、层位、积水情况、补给来源等。老空范围不清、积水情况不明的区域，必须采取井上下结合的钻探、物探、化探等综合技术手段进行探查，编制矿井老空水害评价报告，制定老空水防治方案。

（一）地面物探可以采用地震勘探方法探查老空范围，采用直流电法、瞬变电磁法、可控源音频大地电磁测深法探查老空积水情况；

（二）井下物探可以采用槽波地震勘探、瑞利波勘探、无线电波透视法（坑透）探测老空边界，采用瞬变电磁法、直流电法、音频电穿透法探测老空积水情况；

（三）物探等探查圈定的异常区应当采用钻探方法验证；

（四）可以采用化探方法分析老空水来源及补给情况。

第七十七条 煤矿应当根据老空水查明程度和防治措施落实到位程度，对受老空水影响的煤层按威胁程度编制分区管理设计，由煤矿总工程师组织审批。老空积水情况清楚且防治措施落实到位的区域，划为可采区；否则，划为缓采区。缓采区由煤矿地测部门编制老空水探查设计，通过井上下探查手段查明老空积水情况，防治措施落实到位后，方可转为可采区；治理后仍不能保证安全开采的，划为禁采区。

第七十八条 煤矿应当及时掌握本矿及相邻矿井距离本矿200 m范围内的采掘动态，将采掘范围、积水情况、防隔水煤（岩）柱等填绘在矿井充水性图、采掘工程平面图等图件上，并标出积水线、探水线和警戒线的位置。

第七十九条 当老空有大量积水或者有稳定补给源时，应当优先选择留设防隔水煤（岩）柱；当老空积水量较小或者没有稳定补给源时，应当优先选择超前疏干（放）方法；对于有潜在补给源的未充水老空，应当采取切断可能补给水源或者修建防水闸墙等隔离措施。

第八十条 疏放老空水时，应当由地测部门编制专门疏放水设计，经煤矿总工程师组织审批后，按设计实施。疏放过程中，应当详细记录放水量、水压动态变化。放水结束后，对比放水量与预计积水量，采用钻探、物探方法对放水效果进行验证，确保疏干放净。

第八十一条 近距离煤层群开采时，下伏煤层采掘前，必须疏干导水裂隙带波及范围内的上覆煤层采空区积水。

第八十二条 沿空掘进的下山巷道超前疏放相邻采空区积水的，在查明采空区积水范围、积水标高等情况后，可以实行限压（水压小于0.01 MPa）循环放水，但必须制定专门措施由煤矿总工程师审批。

第八十三条 应当对老空积水情况进行动态监测，监测内容包括水压、水量、水温、水质、有害气体等；采用留设防隔水煤（岩）柱和防水闸墙措施隔离老空水的，还应当对其安全状态进行监测。

第五节 水体下采煤

第八十四条 在矿井、水平、采区设计时必须划定受河流、湖泊、水库、采煤塌陷区和海域等地表水体威胁的开采区域。受地表水体威胁区域的近水体下开采，应当留足防隔水煤（岩）柱。

在松散含水层下开采时，应当按照水体采动等级留设防水、防砂或者防塌等不同类型的防隔水煤（岩）柱。

在基岩含水层（体）或者含水断裂带下开采时，应当对开采前后覆岩的渗透性及含水层之间的水力联系进行分析评价，确定采用留设防隔水煤（岩）柱或者采用疏干（降）等方法保证安全开采。

第八十五条 水体下采煤，应当根据矿井水文地质及工程地质条件、开采方法、开采高度和顶板控制方法等，按照《建筑物、水体、铁路及主要井巷煤柱留设与压煤开采规范》中有关规定，编制专项开采方案设计，经有关专家论证，煤炭企业主要负责人审批后，方可进行试采。采煤过程中，应当严格按照批准的设计要求，控制开采范围、开采高度和防隔水煤（岩）柱尺寸。

第八十六条 进行水体下采煤的，应当对开采煤层上覆岩层进行专门水文地质工程地质勘探。

专门水文地质工程地质勘探应当包括下列内容：

（一）查明与煤层开采有关的上覆岩层水文地质结构，包括含水层、隔水层的厚度和分布，含水层水位、水质、富水性，各含水层之间的水力联系及补给、径流、排泄条件，断层的导（含）水性；

（二）采用钻探、物探等方法探明工作面上方基岩面的起伏和基岩厚度。在松散含水层下开采时，应当查明松散层底部隔水层的厚度、变化与分布情况；

（三）通过岩芯工程地质编录和数字测井等，查明上覆岩土层的工程地质类型、覆岩组合及结构特征，采取岩土样进行物理力学性质测试。

第八十七条 水体下采煤，其防隔水煤（岩）柱应当按照裂缝角与水体采动等级所要求的防隔水煤（岩）柱相结合的原则设计留设。煤层（组）垮落带、导水裂隙带高度、保护层厚度可以按照《建筑物、水体、铁路及主要井巷煤柱留设与压煤开采规范》中的公式计算，或者根据实测、类似地质条件下的经验数据结合力学分析、数值模拟、物理模拟等多种方法综合确定。放顶煤开采或者大采高（3 m 以上）综采的垮落带、导水裂隙带高度，应当根据本矿区类似地质条件实测资料等多种方法综合确定。煤层顶板存在富水性中等及以上含水层或者其他水体威胁时，应当实测垮落带、导水裂隙带发育高度，进行专项设计，确定防隔水煤（岩）柱尺寸。

放顶煤开采的保护层厚度，应当根据对上覆岩土层结构和岩性、垮落带、导水裂隙带高度以及开采经验等分析确定。

留设防砂和防塌煤（岩）柱开采的，应当结合上覆土层、风化带的临界水力坡度，进行抗渗透破坏评价，确保不发生溃水和溃砂事故。

第八十八条 临近水体下的采掘工作，应当遵守下列规定：

（一）采用有效控制采高和开采范围的采煤方法，防止急倾斜煤层抽冒。在工作面范围内存在高角度断层时，采取有效措施，防止断层导水或者沿断层带抽冒破坏；

（二）在水体下开采缓倾斜及倾斜煤层时，宜采用倾斜分层长壁开采方法，并尽量减少第一、第二分层的采厚；上下分层同一位置的采煤间歇时间不得小于 6 个月，岩性坚硬顶板间歇时间适当延长。留设防砂和防塌煤（岩）柱，采用放顶煤开采方法时，先试验后推广；

（三）严禁开采地表水体、老空水淹区域、强含水层下且水患威胁未消除的急倾斜煤层；

（四）开采煤层组时，采用间隔式采煤方法。如果仍不能满足安全开采的，修改煤柱设计，加大煤柱尺寸，保障矿井安全；

（五）当地表水体或者松散层富水性强的含水层下无隔水层时，开采浅部煤层及在采厚大、含水层富水性中等以上、预计导水裂隙带大于水体与开采煤层间距时，采用充填法、条带开采、顶板关键层弱化或者限制开采厚度等控制导水裂隙带发育高度的开采方法。对于易于疏降的中等富水性以上松散层底部含水层，可以采用疏降含水层水位或者疏干等方法，以保证安全开采；

（六）开采老空积水区内有陷落柱或者断层等构造发育的下伏煤层，在煤层间距大于预计的导水裂隙带波及范围时，还必须查明陷落柱或者断层等构造的导（含）水性，采取相应的防治措施，在隐患消除前不得开采。

第八十九条 进行水体下采掘活动时，应当加强水情和水体底界面变形的监测。试采结束后，提出试采总结报告，研究规律，指导类似条件下的水体下采煤。

第九十条 在采掘过程中，当发现地质条件变化，需要缩小防隔水煤（岩）柱尺寸、提高开采上限时，应当进行可行性研究和工程验证，组织有关专家论证评价，经煤炭企业主要负责人审批后方可进行试采。

缩小防隔水煤（岩）柱的，工作面内或者其附近范围内钻孔间距不得大于 500 m，且至少有 2 个以上钻孔控制含水层顶、底界面，查明含水层顶、底界面及含水层岩性组合、富水性等水文地质工程地质条件。

进行缩小防隔水煤（岩）柱试采时，必须开展垮落带和导水裂隙带的实测工作。

第六节 防隔水煤（岩）柱留设

第九十一条 相邻矿井的分界处，应当留设防隔水煤（岩）柱。矿井以断层分界的，应当在断层两侧留设防隔水煤（岩）柱。

第九十二条 有下列情况之一的，应当留设防隔水煤（岩）柱：

（一）煤层露头风化带；

（二）在地表水体、含水冲积层下或者水淹区域邻近地带；

（三）与富水性强的含水层间存在水力联系的断层、裂隙带或者强导水断层接触的煤层；

（四）有大量积水的老空；

（五）导水、充水的陷落柱、岩溶洞穴或者地下暗河；

（六）分区隔离开采边界；

（七）受保护的观测孔、注浆孔和电缆孔等。

第九十三条 矿井应当根据地质构造、水文地质条件、煤层赋存条件、围岩物理力学性质、开采方法及岩层移动规律等因素确定相应的防隔水煤（岩）柱的尺寸。防隔水煤（岩）柱的尺寸要求见附录六，但不得小于 20 m。

防隔水煤（岩）柱应当由矿井地测部门组织编制专门设计，经煤炭企业总工程师组织有关单位审批后实施。

第九十四条 矿井防隔水煤（岩）柱一经确定，不得随意变动。严禁在各类防隔水煤（岩）柱中进行采掘活动。

第九十五条 有突水淹井历史或者带压开采并有突水淹井威胁的矿井，应当分水平或者分采区实行隔离开采，留设防隔水煤（岩）柱。多煤层开采矿井，各煤层的防隔水煤（岩）柱必须统一考虑确定。

第七节 防水闸门与防水闸墙

第九十六条 水文地质类型复杂、极复杂或者有突水淹井危险的矿井，应当在井底车场周围设置防水闸门或者在正常排水系统基础上另外安设由地面直接供电控制，且排水能力不小于最大涌水量的潜水泵排水系统。不具备形成独立潜水泵排水系统条件，与正常排水系统共用排水管路的老矿井，必须安装控制阀门，实现管路间的快速切换。

第九十七条 有突水危险的采区，应当在其附近设置防水闸门；不具备设置防水闸门条件的，应当制定防突水措施，由煤炭企业主要负责人审批。

第九十八条 建筑防水闸门应当符合下列规定：

（一）防水闸门由具有相应资质的单位进行设计，门体应当采用定型设计；

（二）防水闸门的施工及其质量，应当符合设计要求。闸门和闸门硐室不得漏水；

（三）防水闸门硐室前、后两端，分别砌筑不小于 5 m 的混凝土护硐，硐后用混凝土填实，不得空帮、空顶。防水闸门硐室和护硐采用高标号水泥进行注浆加固，注浆压力应当符合设计要求；

（四）防水闸门来水一侧 15~25 m 处，加设 1 道挡物箅子门。防水闸门与箅子门之间，不得停放车辆或者堆放杂物。来水时，先关箅子门，后关防水闸门。如果采用双向防水闸门，应当在两侧各设 1 道箅子门；

（五）通过防水闸门的轨道、电机车架空线、带式输送机等必须灵活易拆。通过防水闸门墙体的各种管路和安设在闸门外侧的闸阀的耐压能力，与防水闸门所设计压力相一致。电缆、管道通过防水闸门墙体处，用堵头和阀门封堵严密，不得漏水；

（六）防水闸门必须安设观测水压的装置，并有放水管和放水闸阀；

（七）防水闸门竣工后，必须按照设计要求进行验收。对新掘进巷道内建筑的防水闸门，必须进行注水耐压试验；防水闸门内巷道的长度不得大于 15 m，试验的压力不得低于设计水压，其稳压时间在 24 h 以上，试压时应当有专门安全措施；

（八）防水闸门必须灵活可靠，并保证每年进行 2 次关闭试验，其中 1 次在雨季前进行。关闭闸门所用的工具和零配件必须专人保管，专门地点存放，不得挪用丢失。

第九十九条 井下防水闸墙的设置应当根据矿井水文地质条件确定，其设计经煤炭企业总工程师批准后方可施工，投入使用前应当由煤炭企业总工程师组织竣工验收。

第一百条 报废的暗井和倾斜巷道下口的密闭防水闸墙必须留泄水孔，每月定期进行观测记录，雨季加密观测,发现异常及时处理。

第八节 注浆堵水

第一百零一条 井筒预注浆应当符合下列规定:

(一)当井筒(立井、斜井)预计穿过较厚裂隙含水层或者裂隙含水层较薄但层数较多时,可以选用地面竖孔预注浆或者定向斜孔预注浆;

(二)在制定注浆方案前,施工井筒检查孔,获取含水层的埋深、厚度、岩性及简易水文观测、抽(压)水试验、水质分析等资料;

(三)注浆起始深度确定在风化带以下较完整的岩层内。注浆终止深度大于井筒要穿过的最下部含水层底板的埋深或者超过井筒深度10~20 m;

(四)当含水层富水性弱时,可以在井筒工作面直接注浆;

(五)井筒预注浆方案,经煤炭企业总工程师组织审批后实施。

第一百零二条 注浆封堵突水点时,应当根据突水水量、水压、水质、水温及含水层水位动态变化特征等,综合分析判断突水水源,结合地层岩性、构造特征,分析判断突水通道性质特征,制定注浆堵水方案,经煤炭企业总工程师批准后实施。

第一百零三条 需要疏干(降)与区域水源有水力联系的含水层时,可以采取帷幕注浆截流措施。帷幕注浆方案编制前,应当对帷幕截流进行可行性研究,开展帷幕建设条件勘探,查明地层层序、地质构造、边界条件以及含水层水文地质工程地质参数,必要时开展地下水数值模拟研究。帷幕注浆方案经煤炭企业总工程师组织审批后实施。

第一百零四条 当井下巷道穿过含水层或者与河流、湖泊、溶洞、强含水层等存在水力联系的导水断层、裂隙(带)、陷落柱等构造前,应当查明水文地质条件,根据需要可以采取井下或者地面竖孔、定向斜孔超前预注浆封堵加固措施,巷道穿过后应当进行壁后围岩注浆处理。巷道超前预注浆封堵加固方案,经煤炭企业总工程师组织审批后实施。

第一百零五条 矿井闭坑前,应当采用物探、化探和钻探等方法,探测矿井边界防隔水煤(岩)柱破坏状况及其可能的透水地段,采取注浆堵水措施隔断废弃矿井与相邻生产矿井的水力联系,避免矿井发生水害事故。

第九节 井下排水系统

第一百零六条 矿井应当配备与矿井涌水量相匹配的水泵、排水管路、配电设备和水仓等,并满足矿井排水的需要。除正在检修的水泵外,应当有工作水泵和备用水泵。工作水泵的能力,应当能在20 h内排出矿井24 h的正常涌水量(包括充填水及其他用水)。备用水泵的能力,应当不小于工作水泵能力的70%。检修水泵的能力,应当不小于工作水泵的25%。工作和备用水泵的总能力,应当能在20 h内排出矿井24 h的最大涌水量。

水文地质类型复杂、极复杂的矿井,除符合本条第一款规定外,可以在主泵房内预留一定数量的水泵安装位置,或者增加相应的排水能力。

排水管路应当有工作管路和备用管路。工作管路的能力,应当满足工作水泵在20 h内排出矿井24 h的正常涌水量。工作和备用管路的总能力,应当满足工作和备用水泵在20 h内排出矿井24 h的最大涌水量。

配电设备的能力应当与工作、备用和检修水泵的能力相匹配,能保证全部水泵同时运转。

第一百零七条 矿井主要泵房至少有2个出口,一个出口用斜巷通到井筒,并高出泵房底板7 m以上;另一个出口通到井底车场,在此出口通路内,应当设置易于关闭的既能防水又能防火的密闭门。泵房和水仓的连接通道,应当设置控制闸门。

第一百零八条 矿井主要水仓应当有主仓和副仓,当一个水仓清理时,另一个水仓能够正常使用。

新建、改扩建矿井或者生产矿井的新水平,正常涌水量在1000 m³/h以下时,主要水仓的有效容量应当能容纳所承担排水区域8 h的正常涌水量。

正常涌水量大于1000 m³/h的矿井,主要水仓有效容量可以按照下式计算

$$V = 2(Q + 3000) \tag{5-1}$$

式中 V——主要水仓的有效容量,m³;

Q——矿井每小时的正常涌水量,m³。

采区水仓的有效容量应当能容纳4 h的采区正常涌水量,排水设备应当满足采区排水的需要。

矿井最大涌水量与正常涌水量相差大的矿井,排水能力和水仓容量应当由有资质的设计单位编制专门设计,由煤炭企业总工程师组织审批。

水仓进口处应当设置箅子。对水砂充填和其他涌水中带有大量杂质的矿井,还应当设置沉淀池。各水仓的空仓容量应当经常保持在总容量的50%以上。

第一百零九条 水泵、水管、闸阀、配电设备和线路,必须经常检查和维护。在每年雨季之前,应当全面检修1次,并对全部工作水泵、备用水泵及潜水泵进行1次联合排水试验,提交联合排水试验报告。

水仓、沉淀池和水沟中的淤泥,应当及时清理;

每年雨季前必须清理1次。检修、清理工作应当做好记录，并存档备查。

第一百一十条 特大型矿井根据井下生产布局及涌水情况，可以分区建设排水系统，实现独立排水，排水能力根据分区预测的正常和最大涌水量计算配备，但泵房总体设计需满足第一百零六条至第一百零九条要求。

第一百一十一条 采用平硐自流排水的矿井，平硐内水沟的总过水能力应当不小于历年矿井最大涌水量的1.2倍；专门泄水巷的顶板标高应当低于主运输巷道底板的标高。

第一百一十二条 新建矿井永久排水系统形成前，各施工区应当设置临时排水系统，并按该区预计的最大涌水量配备排水设备、设施，保证有足够的排水能力。

第一百一十三条 生产矿井延深水平，只有在建成新水平的防、排水系统后，方可开拓掘进。

第六章 露天煤矿防治水

第一百一十四条 露天煤矿应当制定防治水中长期规划，对地下水、地表水和降水可能对排土场、工业广场、采场等区域造成的危害进行风险评估；应当在每年年初制定防排水计划和措施，由煤炭企业负责人审批。雨季前必须对防排水设施作全面检查，并完成防排水设施检修。新建的重要防排水工程必须在雨季前完工。

第一百一十五条 露天煤矿各种设施要充分考虑当地历史最高洪水位的影响，对低于当地历史最高洪水位的设施，必须按规定采取修筑堤坝沟渠、疏通水沟等防洪措施，矿坑内必须形成可靠排水系统。

第一百一十六条 露天煤矿地表及边坡上的防排水设施，应当避开有滑坡危险的地段；当采场内有滑坡区时，应当在滑坡区周围采取设置截水沟等措施。排水沟应当经常检查、清淤，不应渗漏、倒灌或者漫流；当水沟经过有变形、裂缝的边坡地段时，应当采取防渗措施。排土场应当保持平整，不得有积水，周围应当修筑可靠的截泥、防洪或者排水设施。

第一百一十七条 用露天采场深部做储水池排水时，必须采取安全措施，备用水泵的能力不得小于工作水泵能力的50%。

第一百一十八条 地层含水影响采矿工程正常进行时，应当进行疏干，当疏干不可行，可以采取帷幕注浆截流等措施，疏干、帷幕注浆截流等工程应当超前于采矿工程。在矿床疏干漏斗范围内，如果地面出现裂缝、塌陷时，应当圈定范围加以防护、设置警示标志，并采取安全措施；（半）地下疏干泵房应当设通风装置。

第一百一十九条 受地下水影响较大和已进行疏干排水工程的边坡，应当施工水文观测孔，进行地下水位、水压及矿坑涌水量的观测，分析地下水对边坡稳定的影响程度及疏干的效果，并制定地下水治理措施。

第一百二十条 排土场进行排弃时，底部应当排弃易透水的大块岩石，确保排土场正常渗流。对含有泉眼、冲沟等水文地质条件复杂的排土场，应当采用引水隧道、暗涵、盲沟等工程措施，确保排土场排水畅通。因地下水水位升高，可能造成排土场或者采场滑坡时，必须进行地下水疏干。

第一百二十一条 露天煤矿采排场周围存在地表河流、水库或者地下水体，且水体难以疏干，应当进行专门的水文地质勘探，确定含水区域准确边界，进行专门设计，确定防隔水煤（岩）柱尺寸。并定期对水位水情进行观测，分析防隔水煤（岩）柱稳定情况。

第七章 水害应急处置

第一节 应急预案及实施

第一百二十二条 煤炭企业、煤矿应当开展水害风险评估和应急资源调查工作，根据风险评估结论及应急资源状况，制定水害应急专项预案和现场处置方案，并组织评审，形成书面评审纪要，由本单位主要负责人批准后实施。应急预案内容应当具有针对性、科学性和可操作性。

第一百二十三条 煤炭企业、煤矿应当组织开展水害应急预案、应急知识、自救互救和避险逃生技能的培训，使矿井管理人员、调度室人员和其他相关作业人员熟悉预案内容、应急职责、应急处置程序和措施。

第一百二十四条 每年雨季前至少组织开展1次水害应急预案演练。演练结束后，应当对演练效果进行评估，分析存在的问题，并对水害应急预案进行修订完善。演练计划、方案、记录和总结评估报告等资料保存期限不得少于2年。

第一百二十五条 矿井必须规定避水灾路线，设置能够在矿灯照明下清晰可见的避水灾标识。巷道交叉口必须设置标识，采区巷道内标识间距不得大于200 m，矿井主要巷道内标识间距不得大于300 m，并让井下职工熟知，一旦突水，能够安全撤离。

第一百二十六条 井下泵房应当积极推广无人值

守和地面远程监控集控系统，加强排水系统检测与维修，时刻保持排水系统运转正常。水文地质类型复杂、极复杂的矿井，应当实现井下泵房无人值守和地面远程监控。

第一百二十七条 煤矿调度室接到水情报告后，应当立即启动本矿水害应急预案，向值班负责人和主要负责人汇报，并将水患情况通报周边所有煤矿。

第一百二十八条 当发生突水时，矿井应当立即做好关闭防水闸门的准备，在确认人员全部撤离后，方可关闭防水闸门。

第一百二十九条 矿井应当根据水患的影响程度，及时调整井下通风系统，避免风流紊乱、有害气体超限。

第一百三十条 煤矿应当将防范灾害性天气引发煤矿事故灾难的情况纳入事故应急处置预案和灾害预防处理计划中，落实防范暴雨洪水等所需的物资、设备和资金，建立专业抢险救灾队伍，或者与专业抢险救灾队伍签订协议。

第一百三十一条 煤矿应当加强与各级抢险救灾机构的联系，掌握抢救技术装备情况，一旦发生水害事故，立即启动相应的应急预案，争取社会救援，实施事故抢救。

第一百三十二条 水害事故发生后，煤矿应当依照有关规定报告政府有关部门，不得迟报、漏报、谎报、瞒报。

第二节 排水恢复被淹井巷

第一百三十三条 恢复被淹井巷前，应当编制矿井突水淹井调查分析报告。报告应当包括下列主要内容：

（一）突水淹井过程，突水点位置，突水时间，突水形式，水源分析，淹没速度和涌水量变化等；

（二）突水淹没范围，估算积水量；

（三）预计排水过程中的涌水量。依据淹没前井巷各个部分的涌水量，推算突水点的最大涌水量和稳定涌水量，预计恢复过程中各不同标高段的涌水量，并设计排水量曲线；

（四）分析突水原因所需的有关水文地质点（孔、井、泉）的动态资料和曲线、矿井综合水文地质图、矿井水文地质剖面图、矿井充水性图和水化学资料等。

第一百三十四条 矿井恢复时，应当设有专人跟班定时测定涌水量和下降水面高程，并做好记录；观察记录恢复后井巷的冒顶、片帮和淋水等情况；观察记录突水点的具体位置、涌水量和水温等，并作突水点素描；定时对地面观测孔、井、泉等水文地质点进行动态观测，并观察地面有无塌陷、裂缝现象等。

第一百三十五条 排除井筒和下山的积水及恢复被淹井巷前，应当制定防止被水封闭的有害气体突然涌出的安全措施。排水过程中，矿山救护队应当现场监护，并检查水面上的空气成分；发现有害气体，及时处理。

第一百三十六条 矿井恢复后，应当全面整理淹没和恢复两个过程的图纸和资料，查明突水原因，提出防范措施。

第八章 附 则

第一百三十七条 本细则下列用语的含义：

老空，是指采空区、老窑和已经报废井巷的总称。

采空区，是指回采以后不再维护的空间。

火烧区，是指出露或者接近地表的煤层经过氧化燃烧，并伴随其高温引起顶底板岩层的物化特征发生变化，形成的空间区域。

水淹区域，是指被水淹没的井巷和被水淹没的老空的总称。

矿井正常涌水量，是指矿井开采期间，单位时间内流入矿井的平均水量。一般以年度作为统计区间，以"m^3/h"为计量单位。

矿井最大涌水量，是指矿井开采期间，正常情况下矿井涌水量的高峰值。主要与采动影响和降水量有关，不包括矿井灾害水量。一般以年度作为统计区间，以"m^3/h"为计量单位。

突水，是指含水层水的突然涌出。

透水，是指老空水的突然涌出。

离层水，是指煤层开采后，顶板覆岩不均匀变形及破坏而形成的离层空腔积水。

安全水头值，是指隔水层能承受含水层的最大水头压力值。

防隔水煤（岩）柱，是指为确保近水体安全采煤而留设的煤层开采上（下）限至水体底（顶）界面之间的煤岩层区段。

探放水，是指包括探水和放水的总称。探水是指采矿过程中用超前勘探方法，查明采掘工作面顶底板、侧帮和前方等水体的具体空间位置和状况等情况。放水是指为了预防水害事故，在探明情况后采用施工钻孔等安全方法将水体放出。

垮落带，是指由采煤引起的上覆岩层破裂并向采空区垮落的岩层范围。

导水裂隙带，是指垮落带上方一定范围内的岩层发生断裂，产生裂隙，且具有导水性的岩层范围。

抽冒，是指在浅部厚煤层、急倾斜煤层及断层破碎带和基岩风化带附近采煤或者掘进时，顶板岩层或者煤层本身在较小范围内垮落超过正常高度的现象。

带压开采，是指在具有承压水压力的含水层上进行的采煤。

隔水层厚度，是指开采煤层底板至含水层顶面之间的厚度。

三图双预测法，是指一种解决煤层顶板充水水源、通道和强度三大问题的顶板水害评价方法。三图是指煤层顶板充水含水层富水性分区图、顶板垮裂安全性分区图和顶板涌（突）水条件综合分区图；双预测是指顶板充水含水层预处理前、后采煤工作面分段和整体工程涌水量预测。

脆弱性指数法，是指将可以确定底板突水多种主控因素权重系数的信息融合与具有强大空间信息分析处理功能的GIS耦合于一体的煤层底板水害评价方法。

五图双系数法，是指一种煤层底板水害评价方法。五图是指底板保护层破坏深度等值线图、底板保护层厚度等值线图、煤层底板以上水头等值线图、有效保护层厚度等值线图、带压开采评价图；双系数是指带压系数和突水系数。

积水线，是指经过调查确定的积水边界线。

探水线，是指用钻探方法进行探水作业的起始线。

警戒线，是指开始加强水情观测、警惕积水威胁的起始线。

超前距，是指探水钻孔沿巷道掘进前方所控制范围超前于掘进工作面迎头的最小安全距离。

帮距，是指最外侧探水钻孔所控制范围与巷道帮的最小安全距离。

煤炭企业，是指从事煤炭生产与煤矿建设具有法人地位的企业。

煤矿，是指直接从事煤炭生产和煤矿建设的业务单元，可以是法人单位，也可以是非法人单位，包括井工和露天煤矿。

矿井，是指从事地下开采的煤矿。

第一百三十八条 本细则自2018年9月1日起施行。原国家安全生产监督管理总局2009年9月21日公布的《煤矿防治水规定》同时废止。

防治煤与瓦斯突出细则

（2019年7月16日国家煤矿安全监察局以煤安监技装〔2019〕28号公布）

第一章 总 则

第一条 为加强防治煤（岩）与瓦斯（二氧化碳）突出（以下简称突出）工作（以下简称防突工作），预防煤矿事故，保障从业人员生命安全，根据《中华人民共和国安全生产法》《中华人民共和国矿山安全法》《煤矿安全规程》等，制定本细则。

第二条 煤矿企业、煤矿和有关单位的防突工作，适用本细则。

第三条 突出煤层是指在矿井井田范围内发生过突出或者经鉴定、认定有突出危险的煤层。

突出矿井是指在矿井开拓、生产范围内有突出煤层的矿井。

第四条 煤矿企业主要负责人、矿长是本单位防突工作的第一责任人。

有突出矿井的煤矿企业、突出矿井应当设置防突机构，建立健全防突管理制度和各级岗位责任制。

突出矿井应当建立突出预警机制，逐步实现突出预兆、瓦斯和地质异常、采掘影响等多元信息的综合预警、快速响应和有效处理。

第五条 有突出矿井的煤矿企业、突出矿井应当依据本细则，结合矿井开采条件，制定、实施区域和局部综合防突措施。

区域综合防突措施包括下列内容：

（一）区域突出危险性预测；

（二）区域防突措施；

（三）区域防突措施效果检验；

（四）区域验证。

局部综合防突措施包括下列内容：

（一）工作面突出危险性预测；

（二）工作面防突措施；

（三）工作面防突措施效果检验；

（四）安全防护措施。突出矿井应当加强区域和局部（以下简称两个"四位一体"）

综合防突措施实施过程的安全管理和质量管控，确保质量可靠、过程可溯。

第六条 防突工作必须坚持"区域综合防突措施先行、局部综合防突措施补充"的原则，按照"一矿一策、一面一策"的要求，实现"先抽后建、先抽后掘、先抽后采、预抽达标"。突出煤层必须采取两个"四位一体"综合防突措施，做到多措并举、可保必保、应抽尽抽、效果达标，否则严禁采掘活动。

在采掘生产和综合防突措施实施过程中，发现有喷孔、顶钻等明显突出预兆或者发生突出的区域，必须采取或者继续执行区域防突措施。

第七条 突出矿井发生突出的必须立即停产，并分析查找原因；在强化实施综合防突措施、消除突出隐患后，方可恢复生产。

非突出矿井首次发生突出的必须立即停产，按本细则的要求建立防突机构和管理制度，完善安全设施和安全生产系统，配备安全装备，实施两个"四位一体"综合防突措施并达到效果后，方可恢复生产。

第八条 具有冲击地压危险的突出矿井，应当根据本矿井条件，制定防治突出和冲击地压复合型煤岩动力灾害的综合技术措施，强化保护层开采、煤层瓦斯抽采及其他卸压措施。

第九条 鼓励煤矿企业、煤矿和科研单位开展防突新技术、新装备、新工艺、新材料的研究、试验和推广应用。

第二章 一般规定

第一节 突出煤层和突出矿井鉴定

第十条 突出煤层和突出矿井的鉴定工作应当由具备煤与瓦斯突出鉴定资质的机构承担。

除停产停建矿井和新建矿井外，矿井内根据本细则第十三条按突出煤层管理的，应当在确定按突出煤层管理之日起 6 个月内完成该煤层的突出危险性鉴定；否则，直接认定为突出煤层。鉴定机构应当在接受委托之日起 4 个月内完成鉴定工作，并对鉴定结果负责。

按照突出煤层管理的煤层，必须采取区域或者局部综合防突措施。

煤矿企业应当将突出矿井及突出煤层的鉴定或者认定结果、按照突出煤层管理的情况，及时报省级煤炭行业管理部门、煤矿安全监管部门和煤矿安全监察机构。

第十一条 突出煤层鉴定应当首先根据实际发生的瓦斯动力现象进行，瓦斯动力现象特征基本符合煤与瓦斯突出特征或者抛出煤的吨煤瓦斯涌出量大于等于 30 m³（或者为本区域煤层瓦斯含量 2 倍以上）的，应当确定为煤与瓦斯突出，该煤层为突出煤层。

当根据瓦斯动力现象特征不能确定为突出，或者没有发生瓦斯动力现象时，应当根据实际测定的原始煤层瓦斯压力（相对压力）P、煤的坚固性系数 f、煤的破坏类型、煤的瓦斯放散初速度 Δp 等突出危险性指标进行鉴定。

当全部指标均符合表 1 所列条件，或者钻孔施工过程中发生喷孔、顶钻等明显突出预兆的，应当鉴定为突出煤层。否则，煤层突出危险性应当由鉴定机构结合直接法测定的原始瓦斯含量等实际情况综合分析确定，但当 $f \leq 0.3$、$P \geq 0.74$ MPa，或者 $0.3 < f \leq 0.5$、$P \geq 1.0$ MPa，或者 $0.5 < f \leq 0.8$、$P \geq 1.50$ MPa，或者 $P \geq 2.0$ MPa 的，一般鉴定为突出煤层。

表 1 煤层突出危险性鉴定指标

判定指标	原始煤层瓦斯压力（相对）P/MPa	煤的坚固性系数 f	煤的破坏类型	煤的瓦斯放散初速度 Δp
有突出危险的临界值及范围	≥0.74	≤0.5	Ⅲ、Ⅳ、Ⅴ	≥10

确定为非突出煤层时，应当在鉴定报告中明确划定鉴定范围。当采掘工程超出鉴定范围的，应当测定瓦斯压力、瓦斯含量及其他与突出危险性相关的参数，掌握煤层瓦斯赋存变化情况。但若是根据本细则第十三条要求进行的突出煤层鉴定确定为非突出煤层的，在开拓新水平、新采区或者采深增加超过 50 m，或者进入新的地质单元时，应当重新进行突出煤层危险性鉴定。

第十二条 突出煤层的认定按以下要求进行：

（一）经事故调查确定为突出事故的所在煤层，或者根据本细则第十三条要求按突出煤层管理超期未完成鉴定的，由省级煤炭行业管理部门直接认定为突出煤层；

（二）煤矿企业自行认定为突出煤层的，应当报省级煤炭行业管理部门、煤矿安全监管部门和煤矿安全监察机构。

第十三条 非突出煤层出现下列情况之一的，应当立即进行煤层突出危险性鉴定，或者直接认定为突出煤层；鉴定或者直接认定完成前，应当按照突出煤层管理：

（一）有瓦斯动力现象的；

（二）煤层瓦斯压力达到或者超过 0.74 MPa 的；

（三）相邻矿井开采的同一煤层发生突出或者被鉴定、认定为突出煤层的。

第十四条 按本细则第十三条要求进行鉴定，结果为非突出煤层但具有下列情况之一的，应当在采掘作业时考察煤层的突出危险性，包括观察突出预兆、分析瓦斯涌出变化情况等，并在井巷揭煤、煤巷掘进及采煤工作面分别采用本细则第八十七条、第八十九条、第九十三条的方法测定突出危险性指标，其中采掘工作面每推进100 m（地质构造带50 m）应当进行不少于2次的测定：

（一）$P \geqslant 0.74$ MPa 的；

（二）当 $P \geqslant 0.50$ MPa 时，$f \leqslant 0.5$ 或者煤层埋深大于500 m 的。当突出危险性指标达到或者超过临界值时，则自工作面位置

半径100 m 范围内的煤层应当采取局部综合防突措施。当后续的采掘作业或者钻孔施工中出现瓦斯动力现象的，应当再次进行煤层突出危险性鉴定，或者直接认定为突出煤层。

第二节 矿井建设和开采基本要求

第十五条 地质勘查阶段应当查明矿床瓦斯地质情况。地质勘查报告应当提供煤层突出危险性的基础资料。

基础资料应当包括下列内容：

（一）煤层赋存条件及其稳定性；

（二）煤的结构类型及工业分析；

（三）煤的坚固性系数、煤层围岩性质及厚度；

（四）煤层瓦斯含量、瓦斯成分和煤的瓦斯放散初速度等指标；

（五）标有瓦斯含量等值线的瓦斯地质图；

（六）地质构造类型及其特征、火成岩侵入形态及其分布、水文地质情况；

（七）勘探过程中钻孔穿过煤层时的瓦斯涌出动力现象；

（八）邻近矿井的瓦斯情况。

第十六条 新建矿井在可行性研究阶段，应当对井田范围内采掘工程可能揭露的所有平均厚度在0.3 m 及以上的煤层，根据地质勘查资料和邻近生产矿井资料等进行建井前突出危险性评估，并对评估为有突出危险煤层划分出突出危险区和无突出危险区。若地质勘查时期测定的煤层瓦斯含量等参数与邻近生产矿井的参数存在较大差异时，应当对矿井首采区进行专项瓦斯补充勘查，查明首采区瓦斯地质情况。建井前评估结论作为矿井立项、初步设计和指导建井期间揭煤作业的依据。

建井前经评估为有突出危险煤层的，应当按突出矿井设计。按突出矿井设计的矿井建设工程开工前，应当对首采区内评估有突出危险且瓦斯含量大于等于12 m³/t 的煤层进行地面井预抽煤层瓦斯，预抽率应当达到30%以上。

煤矿防突工作基本流程见附录A。

第十七条 按突出矿井设计的新建矿井在建井期间，突出煤层鉴定完成前必须对评估为有突出危险的煤层采取区域综合防突措施，评估为无突出危险的煤层必须采取区域或者局部综合防突措施。

按非突出矿井设计的新建矿井在建井期间，所有平均厚度0.3 m 以上的煤层在首次揭煤时，应当测定瓦斯压力、瓦斯含量等参数。

第十八条 根据建井前评估结果进行的突出矿井设计及突出

矿井的新水平、新采区设计，必须有防突设计篇章。非突出矿井升级为突出矿井时，必须编制矿井防突专项设计。设计应当包括开拓方式、煤层开采顺序、采区巷道布置、采煤方法、通风系统、防突设施（设备）、两个"四位一体"综合防突措施等内容。

突出矿井必须建立地面永久瓦斯抽采系统。突出矿井必须对防突措施的技术参数和效果进行实际考察确定。

第十九条 建井前经评估为有突出危险煤层的新建矿井，建井期间应当对开采煤层及其他可能对采掘活动造成威胁的煤层进行突出危险性鉴定或者认定。鉴定工作应当在巷道揭穿煤层前开始。所有需要进行鉴定的新建矿井，在建井期间鉴定为突出煤层的应当及时提交鉴定报告；鉴定为非突出煤层的，在建井期间应当采取区域或者局部综合防突措施，并在矿井建设三期工程竣工前完成突出鉴定工作。

第二十条 新建突出矿井设计生产能力不得低于0.9 Mt/a，且不得高于5.0 Mt/a。

新建突出矿井第一生产水平开采深度不得超过800 m，生产的突出矿井延深水平开采深度不得超过1200 m。

第二十一条 突出矿井的新水平和新采区开拓设计前，应当根据地质勘查资料、上水平及邻近区域的实测和生产资料等，参照本细则第五十八条方法，对新水平或者新采区内平均厚度在0.3 m 以上的煤层进行区域突出危险性评估，评估结论作为新水平和新采区设计以及揭煤作业的依据。对评估为无突出危险的煤层，所有井巷揭煤作业还必须采取区域或者局部综合防突措施；对评估为有突出危险的煤层，按突出煤层进行设计。

突出矿井的设计应当根据对各煤层突出危险性的区域评估结果等，确定煤层开采顺序、巷道布置、区域防突措施的方式和主要参数等。非突出煤层区域评估为有突出危险的，开拓期间的所有揭煤作业前应当采取区域综合防突措施。

第二十二条 突出矿井和按突出矿井设计的矿井，巷道布置设计应当符合下列要求：

（一）斜井和平硐、运输和轨道大巷、主要进（回）风巷等主要巷道应当布置在岩层或者无突出危险煤层中。采区上下山布置在突出煤层中时，必须布置在评估为无突出危险区或者采用区域防突措施（顺层钻孔预抽煤巷条带煤层瓦斯除外）有效的区域；

（二）减少井巷揭开（穿）突出煤层的次数，揭开（穿）突出煤层的地点应当合理避开地质构造带；

（三）突出煤层的巷道优先布置在被保护区域、其他有效卸压区域或者无突出危险区域。

第二十三条 突出矿井必须确定合理的采掘部署，使煤层的开采顺序、巷道布置、采煤方法、采掘接替等有利于区域防突措施的实施。

突出矿井在编制生产发展规划和年度生产计划时，必须同时编制相应的区域防突措施规划和年度实施计划，将保护层开采、区域预抽煤层瓦斯等工程与矿井采掘部署、工程接替等统一安排，使矿井的开拓区、抽采区、保护层开采区和被保护区按比例协调配置，确保采掘作业在区域防突措施有效区域内进行。

第二十四条 突出矿井应当有效防范采掘接续紧张，根据采掘接续变化，至少每年进行1次矿井开拓煤量、准备煤量、回采煤量（以下简称"三量"）统计和分析。

正常生产的突出矿井"三量"可采期的最短时间为：

（一）开拓煤量可采期不得少于5年；

（二）准备煤量可采期不得少于14个月；

（三）2个及以上采煤工作面同时生产的矿井回采煤量可采期不得少于5个月，其他矿井不得少于4个月。

当矿井"三量"低于上述要求时，应当及时降低煤炭产量，制定相应的灾害治理和采掘调整计划方案。

第二十五条 突出矿井地质测量工作必须遵守下列规定：

（一）地质测量部门与防突机构、通风部门共同编制矿井瓦斯地质图。图中应当标明采掘进度、被保护范围、煤层赋存条件、地质构造、突出点的位置、突出强度、瓦斯基本参数及绝对瓦斯涌出量和相对瓦斯涌出量等资料，作为区域突出危险性预测和制定防突措施的依据。矿井瓦斯地质图更新周期不得超过1年，工作面瓦斯地质图更新周期不得超过3个月；

（二）地质测量部门在采掘工作面距离未保护区边缘50 m前，编制临近未保护区通知单，并报煤矿总工程师审批后交有关采掘区（队）；

（三）在突出煤层顶、底板掘进岩巷时，地质测量部门必须提前进行地质预测，编制巷道剖面图，及时掌握施工动态和围岩变化情况，验证提供的地质资料，并定期通报给煤矿防突机构和采掘区（队）；遇有较大变化时，随时通报。

第二十六条 突出矿井开采的非突出煤层和高瓦斯矿井的开采煤层，在延深达到或者超过50 m或者开拓新采区时，必须测定煤层瓦斯压力、瓦斯含量及其他与突出危险性相关的参数。

突出矿井的非突出煤层和高瓦斯矿井各煤层在新水平、新采区开拓工程的所有煤巷掘进过程中，应当密切观察突出预兆，并在开拓工程揭穿这些煤层时执行揭煤工作面的局部综合防突措施。

有突出危险煤层的新建矿井或者突出矿井，开拓新水平的井巷第一次揭穿（开）厚度为0.3 m及以上煤层时，必须超前探测煤层厚度及地质构造、测定煤层瓦斯压力及瓦斯含量等与突出危险性相关的参数。

第二十七条 突出煤层的采掘作业应当遵守下列规定：

（一）严禁采用水力采煤法、倒台阶采煤法或者其他非正规采煤法；

（二）容易自燃的突出煤层在无突出危险区或者采取区域防突措施有效的区域进行放顶煤开采时，煤层瓦斯含量不得大于 $6 \text{ m}^3/\text{t}$；

（三）采用上山掘进时，上山坡度在25°～45°的，应当制定包括加强支护、减小巷道空顶距等内容的专项措施，并经煤矿总工程师批准；当上山坡度大于45°时，应当采用双上山掘进方式，并加强支护，减少空顶距和空顶时间；

（四）坡度大于25°的上山掘进工作面采用爆破作业时，应当采用深度不大于1.0 m的炮眼远距离全断面一次爆破；

（五）预测或者认定为突出危险区的采掘工作面严禁使用风镐作业；

（六）掘进工作面与煤层巷道交叉贯通前，被贯通的煤层巷道必须超过贯通位置，其超前距不得小于5 m，并且贯通点周围10 m内的巷道应当加强支护。

在掘进工作面与被贯通巷道距离小于50 m的作业期间，被贯通巷道内不得安排作业，保持正常通风，并且在掘进工作面爆破时不得有人；在贯通相距50 m以前实施钻孔一次打透，只允许向一个方向掘进；

（七）在突出煤层的煤巷中安装、更换、维修或者回收支架时，必须采取预防煤体冒落引起突出的措施；

（八）突出矿井的所有采掘工作面使用安全等级不低于三级的煤矿许用含水炸药。

第二十八条 突出煤层任何区域的任何工作面进行揭煤和采掘作业期间，必须采取安全防护措施。

突出矿井的入井人员必须随身携带隔离式自救器。

第二十九条 在突出煤层顶、底板及邻近煤层中掘进巷道（包括钻场等）时，必须超前探测煤层及地质构造情况，分析勘测验证地质资料，编制巷道剖面图，及时掌握施工动态和围岩变化情况，防止误穿突出煤层。当巷道距离突出煤层的最小法向距离小于10 m时（在地质构造破坏带小于20 m时），必须先探后掘。

在距突出煤层突出危险区法向距离小于 5 m 的邻近煤、岩层内进行采掘作业前，必须对突出煤层相应区域采取区域防突措施并经区域效果检验有效。

第三十条 在同一突出煤层正在采掘的工作面应力集中范围内，不得安排其他工作面同时进行回采或者掘进。应力集中范围由煤矿总工程师确定，但2个采煤工作面之间的距离不得小于150 m；采煤工作面与掘进工作面的距离不得小于80 m；2 个同向掘进工作面之间的距离不得小于50 m；2 个相向掘进工作面之间的距离不得小于 60 m。

突出煤层的掘进工作面应当避开邻近煤层采煤工作面的应力集中范围，与可能造成应力集中的邻近煤层相向掘进工作面的间距不得小于 60 m，相向采煤工作面的间距不得小于 100 m。

第三十一条 突出矿井的通风系统应当符合下列要求：

（一）井巷揭穿突出煤层前，具有独立的、可靠的通风系统；

（二）突出矿井、有突出煤层的采区应当有独立的回风系统，并实行分区通风，采区回风巷和区段回风石门是专用回风巷。突出煤层采掘工作面回风应当直接进入专用回风巷。准备采区时，突出煤层掘进巷道的回风不得经过有人作业的其他采区回风巷；

（三）开采有瓦斯喷出、有突出危险的煤层，或者在距离突出煤层最小法向距离小于 10 m 的区域掘进施工时，严禁 2 个工作面之间串联通风；

（四）突出煤层双巷掘进工作面不得同时作业，其他突出煤层区域预测为危险区域的采掘工作面，进入专用回风巷前的回风严禁切断其他采掘作业地点唯一安全出口；

（五）突出矿井采煤工作面的进、回风巷内，以及煤巷、半煤岩巷和有瓦斯涌出的岩巷掘进工作面回风流中，采区回风巷及总回风巷，应当安设全量程或者高低浓度甲烷传感器；突出矿井采煤工作面的进风巷内甲烷传感器应当安设在距工作面 10 m 以内的位置；

（六）开采突出煤层时，工作面回风侧不得设置调节风量的设施；

（七）严禁在井下安设辅助通风机；

（八）突出煤层采用局部通风机通风时，必须采用压入式。

第三十二条 施工防突措施钻孔时，应当满足以下要求：

（一）在钻机回风侧 10 m 范围内应当设置甲烷传感器，并具备超限报警断电功能。采用干式排渣工艺施工时，还应当悬挂一氧化碳报警仪或者设置一氧化碳传感器；

（二）煤层瓦斯压力达到或者超过 2 MPa 的区域，以及施工钻孔时出现喷孔、顶钻等动力现象的，应当采取防止瓦斯超限和喷孔顶钻伤人等措施或者使用远程操控钻机施工。钻孔施工与受威胁的掘进工作面，以及回风流中的采掘工作面不得同时作业；

（三）顺层钻孔直径超过 120 mm 时，必须制定专门的防止钻孔施工期间发生突出的安全措施。

第三十三条 突出矿井严禁使用架线式电机车。突出矿井井下进行电焊、气焊和喷灯焊接等动火作业时，必须制定专门的安全技术措施并经矿长批准，且停止突出煤层的掘进、回采、钻孔、支护以及其他所有扰动突出煤层的作业。

第三十四条 清理突出的煤（岩）时，必须制定防煤尘、片帮、冒顶、瓦斯超限、火源、煤层自燃，以及防止再次发生突出事故的安全技术措施。

突出孔洞应当及时充填、封闭严实或者进行支护，在过突出孔洞及其附近 30 m 范围内进行采掘作业时，必须加强支护。

第三节　防突管理及培训

第三十五条 有突出矿井的煤矿企业主要负责人应当每季度、突出矿井矿长应当每月至少进行 1 次防突专题研究，检查、部署防突工作，解决防突所需的人力、财力、物力，确保抽、掘、采平衡和防突措施的落实。

有突出矿井（煤层）的煤矿企业、煤矿应当建立防突技术管理制度，煤矿企业技术负责人、煤矿总工程师对防突工作负技术责任，负责组织编制、审批、检查防突工作规划、计划和措施。

煤矿企业、煤矿的分管负责人负责落实所分管范围内的防突工作。

煤矿企业、煤矿的各职能部门负责人对职责范围内的防突工作负责；区（队）长、班组长对管辖范围内防突工作负直接责任；瓦斯防突工对所在岗位的防突工作负责。

煤矿企业、煤矿的安全生产管理部门负责对防突工作的监督检查。

第三十六条　有突出煤层的煤矿企业、煤矿应当设置满足防突工作需要的专业防突队伍。

突出矿井必须编制突出事故应急预案。突出煤层每个采掘工作面开始作业后10天内应当进行1次突出事故逃生、救援演习，以后每半年至少进行1次逃生演习，但当安全设施或者作业人员发生较大变化时必须进行1次逃生演习。

第三十七条　有突出煤层的煤矿企业、煤矿在编制年度、季度、月度生产建设计划时，必须同时编制年度、季度、月度防突措施计划，保证抽、掘、采平衡。

防突措施计划及所需的人力、物力、财力保障安排由煤矿企业技术负责人和煤矿总工程师组织编制，煤矿企业主要负责人、矿长审批，分管负责人组织实施。

第三十八条　各项防突措施按照下列要求贯彻实施：

（一）施工前，施工防突措施的区（队）负责向本区（队）从业人员讲解并严格组织实施防突措施；

（二）采掘作业时，应当严格执行防突措施的规定并有详细准确的记录。由于地质条件或者其他原因不能执行所规定的防突措施的，施工区（队）必须立即停止作业并报告矿调度室，经煤矿总工程师组织有关人员到现场调查后，由原措施编制部门提出修改或者补充措施，并按原措施的审批程序重新审批后方可继续施工；其他部门或者个人不得改变已批准的防突措施；

（三）煤矿企业的主要负责人、技术负责人应当每季度至少1次到现场检查各项防突措施的落实情况。矿长和总工程师应当每月至少1次到现场检查各项防突措施的落实情况；

（四）煤矿企业、煤矿的防突机构应当随时检查综合防突措施的实施情况，并及时将检查结果分别向煤矿企业主要负责人和技术负责人、矿长和总工程师汇报，有关负责人应当对发现的问题立即组织解决；

（五）煤矿企业、煤矿进行安全检查时，必须检查综合防突措施的编制、审批和贯彻执行情况。

第三十九条　突出煤层采掘工作面每班必须有专人经常检查瓦斯。

突出煤层工作面的作业人员、瓦斯检查工、班组长应当熟悉突出预兆，发现有突出预兆时，必须立即停止作业，按避灾路线撤出，并报告矿调度室。班组长、瓦斯检查工、矿调度员有权责令相关现场作业人员停止作业、停电撤人。

突出煤层采掘工作面爆破工作必须由固定的专职爆破工担任。

第四十条　防突技术资料的管理工作应当符合下列要求：

（一）每次发生突出后，煤矿企业指定专人进行现场调查，认真填写突出记录卡片，提交专题调查报告，分析突出发生的原因，总结经验教训，制定对策措施；

（二）每年第一季度将上年度发生煤与瓦斯突出矿井的基本情况调查表（见附录B）、煤与瓦斯突出记录卡片（见附录C）、矿井煤与瓦斯突出汇总表（见附录D）连同总结资料报省级煤炭行业管理部门；

（三）所有有关防突工作的资料均存档；

（四）煤矿企业每年对全年的防突技术资料进行系统分析总结，掌握突出规律，完善防突措施。

第四十一条　突出矿井的管理人员和井下工作人员必须接受防突知识的培训，经考试合格后方可上岗作业。

各类人员的培训达到下列要求：

（一）突出矿井的井下工作人员的培训包括防突基本知识以及与本岗位相关的防突规章制度；

（二）突出矿井的区（队）长、班组长和有关职能部门的工作人员应当全面熟悉两个"四位一体"综合防突措施、防突的规章制度等内容；

（三）突出矿井的防突工属于特种作业人员，必须接受防突知识、操作技能的专门培训，并取得特种作业操作证；

（四）有突出矿井的煤矿企业技术负责人和突出矿井的矿长、总工程师应当接受防突专项培训，具备突出矿井的安全生产知识和管理能力。

第四十二条　突出矿井的矿长、总工程师、防突机构和安全管理机构负责人、防突工应当满足下列要求：

矿长、总工程师应当具备煤矿相关专业大专及以上学历，具有 3 年以上煤矿相关工作经历；

防突机构和安全管理机构负责人应当具备煤矿相关中专及以上学历，具有 2 年以上煤矿相关工作经历；

防突机构应当配备不少于 2 名专业技术人员，具备煤矿相关专业中专及以上学历；

防突工应当具备初中及以上文化程度（新上岗的煤矿特种作业人员应当具备高中及以上文化程度），具有煤矿相关工作经历，或者具备职业高中、技工学校及中专以上相关专业学历。

第四十三条 突出矿井应当开展突出事故的监测报警工作，实时监测、分析井下各相关地点瓦斯浓度、风量、风向等的突变情况，及时判断突出事故发生的时间、地点和可能的波及范围等。一旦判断发生突出事故，及时采取断电、撤人、救援等措施。

第四节 综合防突措施实施过程管理 与突出预兆管控

第四十四条 突出矿井应当对两个"四位一体"综合防突措施的实施进行全过程管理，建立完善综合防突措施实施、检查、验收、审批等管理制度。

突出矿井应当详细记录突出预测、防突措施实施、措施效果检验、区域验证等关键环节的主要信息，并与视频监控、仪器测量、抽采计量等数据统一归档管理，并至少保存至相关区域采掘作业结束。

鼓励突出矿井建立防突信息系统，实施信息化管理。

第四十五条 区域预测或者区域措施效果检验测定瓦斯压力、瓦斯含量等参数时，应当记录测试时间、测试点位置、钻孔竣工轨迹及参数、钻进异常现象、取样及测试情况、测定结果和人员等信息。测试点及测定钻孔轨迹应当在瓦斯地质图或者防突措施竣工图上标注。

区域预测报告和区域防突措施效果检验报告，应当附包含测定钻孔记录和测定结果等数据资料的表单，记录和表单由测定人员及其部门负责人审核签字。

第四十六条 采用预抽煤层瓦斯区域防突措施的，应当采取措施确保预抽瓦斯钻孔能够按设计参数控制整个预抽区域。应当记录钻孔位置、实际参数、见煤见岩情况、钻进异常现象、钻孔施工时间和人员等信息，并绘制防突措施竣工图等。有关信息资料应当经施工人员、验收人员和负责人审核签字。

采用穿层钻孔预抽煤层瓦斯区域防突措施的，钻孔施工过程中出现见（止）煤深度与设计相差 5 m 及以上时，应当及时核查分析，不合格的及时补孔，出现喷孔、顶钻或者瓦斯异常现象的，应当在防突措施竣工图中标注清楚。防突措施竣工图应当有平面图和剖面图。采用顺层钻孔预抽煤层瓦斯区域防突措施的，必须及时核查分析，绘制平面图，对钻孔见岩长度超过孔深五分之一的，必须对有煤区域提前补孔，消除钻孔空白带。

第四十七条 区域预测、区域预抽、区域效果检验等钻孔施工应当采用视频监控等手段检查确认钻孔深度，并建立核查分析制度。

深度超过 120 m 的预抽瓦斯钻孔应当每 10 个钻孔至少测定 2 个钻孔的轨迹，深度 60~120 m 的应当每 10 个钻孔至少测定 1 个钻孔的轨迹。对穿层预抽瓦斯钻孔实际见（止）煤与设计见（止）煤长度误差超过三分之一的钻孔应当测定该钻孔轨迹。当钻孔控制范围不足或者存在空白区域时，必须补充区域防突措施。

预抽煤层瓦斯时应当记录每个钻孔的接抽时间，定期测定钻孔的浓度、负压；分单元安装抽采自动计量装置，按措施效果检验单元分别监测或者检测管道瓦斯的浓度、负压、流量、温度、一氧化碳等，自动计量或者统计计算单元的瓦斯抽采量。抽采自动计量数据或者统计计算数据作为预抽效果检验的基础数据。

第四十八条 局部综合防突措施由煤矿总工程师审批并落实。钻孔施工、核查、预测和效果检验管理比照区域综合防突措施执行，但可以不进行钻孔轨迹测定，采煤工作面区域验证和局部综合防突措施的钻孔施工可以不用视频监控。

工作面预测和措施效果检验报告应当按规定程序审核、审批。

第四十九条 突出矿井应当建立通风瓦斯日分析制度、突出预警分析与处置制度和突出预兆的报告制度。总工程师、安全矿长或者通风副总工程师负责每天组织防突、通风、地质和监测监控等人员对突出煤层的采掘工作面瓦斯涌出异常等现象，以及钻孔施工中出现的顶钻、喷孔等明显的突出预兆进行全面分析、查明原因，并采取措施、建立台账。

突出矿井应当利用人工观测、物探和钻探、煤矿安全监控系统、视频监控等手段综合分析地质构造、煤层赋存条件变化、采掘应力集中、瓦斯涌出异常变化、顶钻、卡钻、喷孔等现象。

采用人工观测、物探和钻探等手段发现突出煤层采掘工作面前方遇有断层、褶曲、火成岩侵入、煤层赋存条件急剧变化等情况时，应当按突出危险工作面采取防突措施。

通过监测和综合分析辨识发现有明显突出预兆时，应当及时发出煤层突出危险性动态预警，撤离现场作业人员，分析原因、采取措施。

突出煤层的采掘工作面应当编制防突预测图。防突预测图以煤层瓦斯地质图为基图，将采掘工程范围内的煤层赋存、瓦斯地质、巷道布置、综合防突措施等内容标注在图纸上，分别挂设在地面调度室和井下现场，用于指导工作面防突工作。

第五十条 在采掘过程中应当随时观测突出预兆。典型的突出预兆主要包括：响煤炮声（机枪声、闷雷声、劈裂声），喷孔、顶钻、煤壁外鼓、掉渣、瓦斯涌出持续增大或者忽大忽小，煤尘增大，煤壁温度降低、挂汗等。

第三章 区域综合防突措施

第一节 区域综合防突工作程序和要求

第五十一条 突出矿井应当主要依据煤层瓦斯的井下实测资料，并结合地质勘查资料、上水平及邻近区域的实测和生产资料等对开采的突出煤层进行区域突出危险性预测（以下简称区域预测）。经区域预测后，突出煤层划分为无突出危险区和突出危险区，用于指导采煤工作面设计和采掘生产作业。

未进行区域预测的区域视为突出危险区。

第五十二条 突出煤层区域预测的范围根据突出矿井的开拓方式、巷道布置、地质构造分布、测试点布置等情况划定。区域预测范围最大不得超出1个采（盘）区，一般不小于1个区段。

若1个区段预测为突出危险区的，不得在该区段内划分无突出危险区；若预测为无突出危险区的，可根据区段内测定的煤层瓦斯参数、煤层赋存、地质构造等逐块段进行区域预测。

第五十三条 对已确切掌握煤层突出危险区域的分布规律，并有可靠的煤层赋存条件、地质构造、瓦斯参数等预测资料的，区域预测工作由总工程师组织实施；否则，应当委托有煤与瓦斯突出鉴定资质的机构进行区域预测。

区域预测结果为无突出危险区的应当由煤矿企业技术负责人批准。

第五十四条 经区域预测为突出危险区的煤层，必须采取区域防突措施并进行区域防突措施效果检验。经效果检验仍为突出危险区的，必须继续进行或者补充实施区域防突措施。

经区域预测或者区域防突措施效果检验为无突出危险区的煤层进行揭煤和采掘作业时，必须采用工作面预测方法进行区域验证。

所有区域防突措施的设计均由煤矿企业技术负责人批准。当区域预测或者区域防突措施效果检验结果认定为无突出危险区时，如果采掘过程中发现所依据的条件发生明显变化的，煤矿总工程师应当及时组织分析其对区域煤层突出危险性可能产生的影响，采取相应的对策和措施。

以下区域在实施区域验证、局部综合防突措施或者采掘作业中，发现有喷孔、顶钻等明显突出预兆或者发生突出的，必须采取或者继续执行区域防突措施。

（一）在原有区域预测划分的无突出危险区内发生明显突出预兆或者突出的位置以上20 m（埋深）及以下的范围；

（二）在实施预抽煤层瓦斯区域防突措施的区域发生明显突出预兆或者突出的位置半径100 m范围内。

第五十五条 矿井首次开采某个保护层或者保护层与被保护层的层间距、岩性及保护层开采厚度等发生了较大变化时，应当对被保护层的保护效果及其有效保护范围进行实际考察。经保护效果考察有效的范围为无突出危险区。若经实际考察被保护层的最大膨胀变形量大于3%，则检验和考察结果可适用于具有同一保护层和被保护层关系的其他区域。

有下列情况之一的，必须对每个被保护工作面的保护效果进行检验：

（一）未实际考察保护效果和保护范围的；

（二）最大膨胀变形量未超过3%的；

（三）保护层的开采厚度小于等于0.5 m的；

（四）上保护层与被保护突出煤层间距大于50 m或者下保护层与被保护突出煤层间距大于80 m的。

保护效果和保护范围考察结果由煤矿企业技术负责人批准。

第五十六条 突出危险区的煤层不具备开采保护层条件的，必须采用预抽煤层瓦斯区域防突措施并进行区域防突措施效果检验。

预抽煤层瓦斯区域防突措施效果检验结果应当经煤矿总工程师批准。

第二节 区域突出危险性预测

第五十七条 区域预测一般根据煤层瓦斯参数结

合瓦斯地质分析的方法进行,也可以采用其他经试验证实有效的方法。

根据煤层瓦斯压力和瓦斯含量进行区域预测的临界值应当由具有煤与瓦斯突出鉴定资质的机构进行试验考察。试验方案和考察结果应用前由煤矿企业技术负责人批准。

区域预测新方法的研究试验应当由具有煤与瓦斯突出鉴定资质的机构进行,并在试验前由煤矿企业技术负责人批准。

第五十八条 根据煤层瓦斯参数结合瓦斯地质分析的区域预测方法应当按照下列要求进行:

(一)煤层瓦斯风化带为无突出危险区;

(二)根据已开采区域确切掌握的煤层赋存特征、地质构造条件、突出分布的规律和对预测区域煤层地质构造的探测、预测结果,采用瓦斯地质分析的方法划分出突出危险区。当突出点或者具有明显突出预兆的位置分布与构造带有直接关系时,则该构造的延伸位置及其两侧一定范围的煤层为突出危险区;否则,在同一地质单元内,突出点和具有明显突出预兆的位置以上 20 m(垂深)及以下的范围为突出危险区(图1);

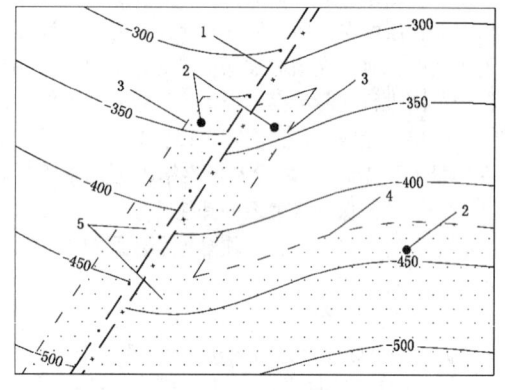

1—断层;2—突出点或者突出预兆位置;
3—根据突出点或者突出预兆点推测的断层两侧突出危险区边界线;
4—推测的下部区域突出危险区上边界线;
5—突出危险区(阴影部分)

图 1 根据瓦斯地质分析划分突出危险区示意图

(三)在第一项划分出的无突出危险区和第二项划分的突出危险区以外的范围,应当根据煤层瓦斯压力 P 和煤层瓦斯含量 W 进行预测。预测所依据的临界值应当根据试验考察确定,在确定前可暂按表 2 预测。

表 2 根据煤层瓦斯压力和瓦斯含量进行区域预测的临界值

瓦斯压力 P/MPa	瓦斯含量 $W/(m^3 \cdot t^{-1})$	区域类别
$P<0.74$	$W<8$(构造带 $W<6$)	无突出危险区
除上述情况以外的其他情况		突出

第五十九条 区域预测所依据的主要瓦斯参数测定应当符合下列要求:

(一)煤层瓦斯压力、瓦斯含量等参数应当为井下实测数据,用直接法测定瓦斯含量时应当定点取样;

(二)测定煤层瓦斯压力、瓦斯含量等参数的测试点在不同地质单元内根据其范围、地质复杂程度等实际情况和条件分别布置;同一地质单元内沿煤层走向布置测试点不少于 2 个,沿倾向不少于 3 个,并确保在预测范围内埋深最大及标高最低的部位有测试点。

第三节 区域防突措施

第六十条 区域防突措施是指在突出煤层进行采掘前,对突出危险区煤层较大范围采取的防突措施。区域防突措施包括开采保护层和预抽煤层瓦斯 2 类。

开采保护层分为上保护层和下保护层 2 种方式。预抽煤层瓦斯区域防突措施可采用的方式有:地面井预抽煤层瓦斯、井下穿层钻孔或者顺层钻孔预抽区段煤层瓦斯、顺层钻孔或者穿层钻孔预抽回采区煤层瓦斯、穿层钻孔预抽井巷(含立、斜井,石门等)揭煤区域煤层瓦斯、穿层钻孔预抽煤巷条带煤层瓦斯、顺层钻孔预抽煤巷条带煤层瓦斯、定向长钻孔预抽煤巷条带煤层瓦斯等。

煤矿应当根据生产和地质条件合理选取区域防突措施。突出煤层突出危险区必须采取区域防突措施,严禁在区域防突措施效果未达到要求的区域进行采掘作业。

第六十一条 具备开采保护层条件的突出危险区,必须开采保护层。选择保护层应当遵循下列原则:

(一)优先选择无突出危险的煤层作为保护层。矿井中所有煤层都有突出危险时,应当选择突出危险程度较小的煤层作为保护层;

(二)当煤层群中有几个煤层都可作为保护层时,优先开采保护效果最好的煤层;

（三）优先选择上保护层。选择下保护层开采时，不得破坏被保护层的开采条件；

（四）开采煤层群时，在有效保护垂距内存在厚度 0.5 m 及以上的无突出危险煤层的，除因与突出煤层距离太近威胁保护层工作面安全或者可能破坏突出煤层开采条件的情况外，应当作为保护层首先开采。

第六十二条 开采保护层区域防突措施应当符合下列要求：

（一）开采保护层时，应当做到连续和规模开采，同时抽采被保护层和邻近层的瓦斯；

（二）开采近距离保护层时，必须采取防止误穿突出煤层和被保护层卸压瓦斯突然涌入保护层工作面的措施；

（三）正在开采的保护层采煤工作面必须超前于被保护层的掘进工作面，超前距离不得小于保护层与被保护层之间法向距离的 3 倍，并不得小于 100 m。应当将保护层工作面推进情况在瓦斯地质图上标注，并及时更新；

（四）开采保护层时，采空区内不得留设煤（岩）柱。特殊情况需留煤（岩）柱时，必须将煤（岩）柱的位置和尺寸准确标注在采掘工程平面图和瓦斯地质图上，在瓦斯地质图上还应当标出煤（岩）柱的影响范围，在煤（岩）柱及其影响范围内的突出煤层采掘作业前，必须采取预抽煤层瓦斯区域防突措施。

当保护层留有不规则煤柱时，按照其最外缘的轮廓划出平直轮廓线，并根据保护层与被保护层之间的层间距变化，确定煤柱影响范围；在被保护层进行采掘作业期间，还应当根据采掘工作面瓦斯涌出情况及时修改煤柱影响范围。

第六十三条 开采保护层的有效保护范围及有关参数应当根据试验考察确定，并报煤矿企业技术负责人批准后执行。

首次开采保护层时，可参照附录 E 确定沿倾斜的保护范围、沿走向（始采线、终采线）的保护范围、保护层与被保护层之间的最大保护垂距、开采下保护层时不破坏上部被保护层的最小层间距等参数。

保护层开采后，在有效保护范围内的被保护层区域为无突出危险区，超出有效保护范围的区域仍然为突出危险区。

对不具备保护层开采条件的突出厚煤层，利用上分层或者相邻区段开采后形成的卸压作用保护下分层或者相邻区段煤层时，应当依据实际考察结果确定其有效保护范围。

第六十四条 采取井下预抽煤层瓦斯区域防突措施时，应当遵守下列规定：

（一）穿层钻孔或者顺层钻孔预抽区段煤层瓦斯区域防突措施的钻孔应当控制区段内整个回采区域、两侧回采巷道及其外侧如下范围内的煤层：倾斜、急倾斜煤层巷道上帮轮廓线外至少 20 m（均为沿煤层层面方向的距离，下同），下帮至少 10 m；其他煤层为巷道两侧轮廓线外至少各 15 m；

（二）顺层钻孔或者穿层钻孔预抽回采区域煤层瓦斯区域防突措施的钻孔应当控制整个回采区域的煤层。具备条件的，井下预抽煤层瓦斯钻孔应当优先采用定向钻机施工；

（三）穿层钻孔预抽井巷揭煤区域煤层瓦斯区域防突措施的钻孔应当在揭煤工作面距煤层最小法向距离 7 m 以前实施，并用穿层钻孔至少控制以下范围的煤层：石门和立井、斜井揭煤处巷道轮廓线外 12 m（急倾斜煤层底部或者下帮 6 m），同时还应当保证控制范围的外边缘到巷道轮廓线（包括预计前方揭煤段巷道的轮廓线）的最小距离不小于 5 m。

当区域防突措施难以一次施工完成时，可分段实施，但每一段都应当能保证揭煤工作面到巷道前方至少 20 m 之间的煤层内，区域防突措施控制范围符合上述要求；

（四）穿层钻孔预抽煤巷条带煤层瓦斯区域防突措施的钻孔应当控制整条煤层巷道及其两侧一定范围内的煤层。该范围与本条第一项中巷道外侧的要求相同；

（五）顺层钻孔预抽煤巷条带煤层瓦斯区域防突措施的钻孔应当控制煤巷条带前方长度不小于 60 m，煤巷两侧控制范围与本条第一项中巷道外侧的要求相同；

（六）定向长钻孔预抽煤巷条带煤层瓦斯区域防突措施的钻孔应当采用定向钻进工艺施工预抽钻孔，且钻孔应当控制煤巷条带煤层前方长度不小于 300 m 和煤巷两侧轮廓线外一定范围，该范围与本条第一项中巷道外侧的要求相同；

（七）当煤巷掘进和采煤工作面在预抽煤层瓦斯防突效果有效的区域内作业时，工作面距未预抽或者预抽防突效果无效区域边界的最小距离不得小于 20 m；

（八）厚煤层分层开采时，预抽钻孔应当一次性穿透全煤层，不能穿透的，应当控制开采分层及其上部法向距离至少 20 m、下部 10 m 范围内的煤层，当遇有局部煤层增厚时，应当对钻孔布置做相应的调整或者增加钻孔；

（九）对距本煤层法向距离小于 5 m 的平均厚度大于 0.3 m 的邻近突出煤层，预抽钻孔控制范围与本煤层相同。

（十）煤层瓦斯压力达到 3 MPa 的区域应当采用地面井预抽煤层瓦斯，或者开采保护层，或者采用远程操控钻机施工钻孔预抽煤层瓦斯；

（十一）不具备按要求实施区域防突措施条件，或者实施区域防突措施时不能满足安全生产要求的突出煤层或者突出危险区，不得进行开采活动，并划定禁采区和限采区。

第六十五条 采用顺层钻孔预抽煤巷条带煤层瓦斯作为区域防突措施时，钻孔预抽煤层瓦斯的有效抽采时间不得少于 20 天；如果在钻孔施工过程中发现有喷孔、顶钻等动力现象的，有效抽采时间不得少于 60 天。

有下列条件之一的突出煤层，不得将顺层钻孔预抽煤巷条带煤层瓦斯作为区域防突措施：

（一）新建矿井经建井前评估有突出危险的煤层，首采区未按要求测定瓦斯参数并掌握瓦斯赋存规律的；

（二）历史上发生过突出强度大于 500 t/次的；

（三）开采范围内 $f<0.3$ 的；f 为 $0.3\sim0.5$，且埋深大于 500 m 的；f 为 $0.5\sim0.8$，且埋深大于 600 m 的；煤层埋深大于 700 m 的；煤巷条带位于开采应力集中区的；

（四）煤层瓦斯压力 $P\geqslant1.5$ MPa 或者瓦斯含量 $W\geqslant15$ m³/t 的区域。

第六十六条 地面井预抽煤层瓦斯区域防突措施应当符合下列要求：

（一）地面井的井型和位置应当根据开拓部署及井下采掘布置进行选择和设计，不应影响后期井下采掘作业；

（二）钻井时应当对预抽煤层瓦斯含量进行测定；

（三）每口地面井预抽煤层瓦斯量应当准确计量；

（四）地面井预抽煤层瓦斯区域开拓准备工程施工前应当测定预抽区域煤层残余瓦斯含量。

第六十七条 预抽煤层瓦斯钻孔间距应当根据实际考察的煤层有效抽采半径确定。

穿层钻孔应当钻进到煤层顶（底）板岩层，顺层钻孔应当有效控制煤层全厚，否则按照本细则第六十四条执行。

厚煤层或者煤层明显变厚时，采取顺层钻孔预抽煤层瓦斯区域防突措施应当增加钻孔数量，或者采用穿层钻孔预抽煤层瓦斯。

采用倾角大于等于 25°的下向顺层钻孔预抽煤层瓦斯区域防突措施时，应当采取有效防范钻孔积水、确保抽采效果的技术措施，否则不得采用。

预抽瓦斯钻孔封堵必须严密。穿层钻孔的封孔段长度不得小于 5 m，顺层钻孔的封孔段长度不得小于 8 m。

第四节　区域防突措施效果检验

第六十八条 开采保护层的保护效果检验主要采用残余瓦斯压力、残余瓦斯含量及其他经试验（应当符合本细则第五十七条的要求）证实有效的指标和方法。

采用残余瓦斯压力、残余瓦斯含量检验的，应当根据实测的最大残余瓦斯压力或者最大残余瓦斯含量按本细则第五十八条第三项的要求对被保护区域的保护效果进行检验。若检验结果仍为突出危险区，保护效果为无效。

第六十九条 采用预抽煤层瓦斯区域防突措施的，必须对区域防突措施效果进行检验，检验指标优先采用残余瓦斯含量指标，根据现场条件也可采用残余瓦斯压力或者其他经试验（应当符合本细则第五十七条的要求）证实有效的指标和方法进行检验。采用残余瓦斯含量或者残余瓦斯压力检验指标时，应当首先根据检验单元内瓦斯抽采及排放量等计算煤层的残余瓦斯含量或者残余瓦斯压力，达到了要求指标后再现场直接测定残余瓦斯含量或者残余瓦斯压力指标，并根据直接测定指标判断防突效果。残余瓦斯含量和残余瓦斯压力的测定方法应当符合本细则第五十九条的要求。

采用穿层钻孔预抽井巷揭煤区域煤层瓦斯区域防突措施时，也可以参照本细则第八十八条的方法采用钻屑瓦斯解吸指标进行措施效果检验。

要对距本煤层法向距离小于 5 m 的平均厚度大于 0.3 m 的邻近突出煤层一并检验。

检验期间还应当观察、记录在煤层中进行钻孔施工等作业时发生的喷孔、顶钻、卡钻及其他突出预兆。

第七十条 对预抽煤层瓦斯区域防突措施进行检验时，应当根据经试验考察（应当符合本细则第五十七条的要求）确定的临界值进行评判。在确定前可以按照表 2 指标进行评判，当瓦斯含量或者瓦斯压力大于等于表 2 的临界值，或者在检验过程中有喷孔、顶钻等动力现象时，判定区域防突措施无效，该预抽区域为突出危险区；否则预抽措施有效，该区域为无突出危险区。

若检验指标达到或者超过临界值，或者出现喷孔、顶钻及其他明显突出预兆时，则以此检验测试点或者发生明显突出预兆的位置为中心，半径100 m范围内的区域判定为措施无效，仍为突出危险区。

穿层钻孔预抽井巷揭煤区域煤层瓦斯区域防突措施采用钻屑瓦斯解吸指标进行检验的，如果所有实测的指标值均小于临界值且没有喷孔、顶钻等动力现象时，判定区域防突措施有效，否则措施无效。

第七十一条 对预抽煤层瓦斯区域防突措施进行检验时，均应当首先分析、检查预抽区域内钻孔的分布等是否符合设计要求。不符合设计要求的，不予检验。

第七十二条 采用直接测定煤层残余瓦斯含量或者残余瓦斯压力等参数进行预抽煤层瓦斯区域防突措施效果检验时，应当符合下列要求：

（一）对预抽区段煤层瓦斯区域防突措施和预抽回采区煤层瓦斯区域防突措施进行检验时，若区段宽度（两侧回采巷道间距加回采巷道外侧控制范围）或者回采区域宽度未超过120 m，则沿采煤工作面推进方向每间隔30~50 m至少布置2个检验测试点；否则，应当沿采煤工作面推进方向每间隔30~50 m至少布置3个检验测试点，且检验测试点距离回采巷道两帮大于20 m；

（二）对穿层钻孔预抽井巷揭煤区域煤层瓦斯区域防突措施进行检验时，至少布置4个检验测试点，分别位于井巷中部和井巷轮廓线外的上部和两侧。

当分段实施区域防突措施时，揭煤工作面与煤层最小法向距离小于7 m后的各段都必须进行区域防突措施效果检验，且每一段布置的检验测试点不得少于4个。

自煤层顶板揭煤对实施的防突措施效果进行检验时，应当至少增加1个位于巷道轮廓线下部的检验测试点；

（三）对穿层钻孔预抽煤巷条带煤层瓦斯区域防突措施进行检验时，沿煤巷条带每间隔30~50 m至少布置1个检验测试点；

（四）对顺层钻孔预抽煤巷条带煤层瓦斯区域防突措施效果进行检验时，沿煤巷条带每间隔20~30 m至少布置1个检验测试点，且每个检验区段不得少于5个检验测试点；

（五）对定向长钻孔预抽煤巷条带煤层瓦斯区域防突措施进行检验时，沿煤巷条带每隔20~30 m至少布置1个检验测试点。也可以分段检验，但每段检验的煤巷条带长度不得小于80 m，且每段不得少于5个检验测试点；

（六）对预抽区段和回采区煤层瓦斯区域防突措施效果及穿层钻孔预抽煤巷条带煤层瓦斯区域防突措施效果进行检验时，可以沿采煤工作面推进方向或者巷道掘进方向分段进行检验，但每段的长度不得小于200 m；

（七）各检验测试点应当布置于所在钻孔密度较小、孔间距较大、预抽时间较短的位置，并尽可能远离各预抽瓦斯钻孔或者尽可能与周围预抽瓦斯钻孔保持等距离，避开采掘巷道的排放范围和工作面的预抽超前距。在地质构造复杂区域适当增加检验测试点。

第五节 区域验证

第七十三条 区域预测为无突出危险区或者区域措施效果检验有效时，采掘过程中还应当对无突出危险区进行区域验证，并保留完整的工程设计、施工和验证的原始资料。

对井巷揭煤区域进行的区域验证，应当采用本细则第八十七条所列的井巷揭煤工作面突出危险性预测方法进行。

在煤巷掘进工作面和采煤工作面应当分别采用本细则第八十九条、第九十三条所列的工作面预测方法结合工作面瓦斯涌出动态变化等对无突出危险区进行区域验证，并按照下列要求进行：

（一）在工作面首次进入该区域时，立即连续进行至少2次区域验证；

（二）工作面每推进10~50 m（在地质构造复杂区域或者采取非定向钻机施工的预抽煤层瓦斯区域防突措施的每推进30 m）至少进行2次区域验证，并保留完整的工程设计、施工和效果检验的原始资料；

（三）在构造破坏带连续进行区域验证；

（四）在煤巷掘进工作面还应当至少施工1个超前距不小于10 m的超前钻孔或者采取超前物探措施，探测地质构造和观察突出预兆。

第七十四条 当区域验证为无突出危险时，应当采取安全防护措施后进行采掘作业。但若为采掘工作面在该区域进行的首次区域验证时，采掘前还应当保留足够的突出预测超前距。

只要有一次区域验证为有突出危险，则该区域以后的采掘作业前必须采取区域或者局部综合防突措施。

第四章 局部综合防突措施

第一节 局部综合防突工作程序和要求

第七十五条 工作面突出危险性预测（以下简

称工作面预测）是预测工作面煤体的突出危险性，包括井巷揭煤工作面、煤巷掘进工作面和采煤工作面的突出危险性预测等。工作面预测应当在工作面推进过程中进行，经工作面预测后划分为突出危险工作面和无突出危险工作面。

应当采取局部综合防突措施的采掘工作面未进行工作面预测的，视为突出危险工作面。

第七十六条 当预测为突出危险工作面时，必须实施工作面防突措施和工作面防突措施效果检验。只有经效果检验证实措施有效后，即判定为无突出危险工作面，方可进行采掘作业；当措施无效时，仍为突出危险工作面，必须采取补充防突措施，并再次进行措施效果检验，直到措施有效。

无突出危险工作面必须在采取安全防护措施并保留足够的突出预测超前距或者防突措施超前距的条件下进行采掘作业。

煤巷掘进和采煤工作面应当保留的最小预测超前距均为 2 m。工作面应当保留的最小防突措施超前距为：煤巷掘进工作面 5 m，采煤工作面 3 m；在地质构造破坏严重地带煤巷掘进工作面不小于 7 m，采煤工作面不小于 5 m。每次工作面防突措施施工完成后，应当绘制工作面防突措施竣工图，并标注每次工作面预测、效果检验的数据。

第七十七条 井巷揭开突出煤层前，必须掌握煤层层位、赋存参数、地质构造等情况。

在揭煤工作面掘进至距煤层最小法向距离 10 m 之前，应当至少施工 2 个穿透煤层全厚且进入顶（底）板不小于 0.5 m 的前探芯钻孔，并详细记录岩芯资料，掌握煤层赋存条件、地质构造等。当需要测定瓦斯压力时，前探钻孔可用作测压钻孔；若二者不能共用时，则必须在最小法向距离 7 m 前施工 2 个瓦斯压力测定钻孔，且应当布置在与该区域其他钻孔见煤点间距最大的位置。

在地质构造复杂、岩石破碎的区域，揭煤工作面掘进至距煤层最小法向距离 20 m 之前必须布置一定数量的前探钻孔，也可用物探等手段探测煤层的层位、赋存形态和底（顶）板岩石致密性等情况。

第七十八条 揭煤作业包括从距突出煤层底（顶）板的最小法向距离 5 m 开始，直至揭穿煤层进入顶（底）板 2 m（最小法向距离）的全过程，应当采取局部综合防突措施。在距煤层底（顶）板最小法向距离 5 m 至 2 m 范围，掘进工作面应当采用远距离爆破。揭煤作业前应当编制井巷揭煤防突专项设计，并报煤矿企业技术负责人审批。

揭煤作业应当按照下列程序进行（井巷揭煤作业基本程序参考示意图参见附录 F）：

（一）探明揭煤工作面和煤层的相对位置；

（二）在与煤层保持适当距离的位置进行工作面预测（或者区域验证）；

（三）工作面预测（或者区域验证）有突出危险时，采取工作面防突措施；

（四）实施工作面措施效果检验；

（五）采用工作面预测方法进行揭煤验证；

（六）采取安全防护措施并采用远距离爆破揭开或者穿过煤层。

第七十九条 井巷揭煤工作面的突出危险性预测必须在距突出煤层最小法向距离 5 m 前进行，地质构造复杂、岩石破碎的区域应当适当加大法向距离。

经工作面预测或者措施效果检验为无突出危险工作面时，应当采用物探或者钻探手段边探边掘至距突出煤层法向距离不小于 2 m 处，然后采用井巷揭煤工作面预测的方法进行揭煤验证。若经揭煤验证仍为无突出危险工作面时，方可揭开突出煤层。

当工作面预测、措施效果检验或者揭煤前验证为突出危险工作面时，必须采取或者补充工作面防突措施，直到经措施效果检验和验证为无突出危险工作面。

第八十条 井巷揭煤作业期间必须采取安全防护措施，加强煤层段及煤岩交接处的巷道支护。井巷揭煤工作面距煤层法向距离 2 m 至进入顶（底）板 2 m 的范围，均应当采用远距离爆破掘进工艺。

禁止使用震动爆破揭开突出煤层。

第八十一条 揭煤巷道全部或者部分在煤层中掘进期间，还应当按照煤巷掘进工作面的要求连续进行工作面预测，并且根据煤层赋存状况分别在位于巷道轮廓线上方和下方的煤层中至少增加 1 个预测钻孔，当预测有突出危险时应当按照煤巷掘进工作面的要求实施局部综合防突措施。

第八十二条 根据超前探测结果，当井巷揭穿厚度小于 0.3 m 的突出煤层时，可在采取安全防护措施的条件下，直接采用远距离爆破方式揭穿煤层。

第八十三条 突出煤层的每个煤巷掘进工作面和采煤工作面都必须编制工作面防突专项设计，报煤矿总工程师批准。实施过程中当煤层赋存条件变化较大或者巷道设计发生变化时，还应当作出补充或者修改设计。

第八十四条 在实施局部综合防突措施的煤巷掘进工作面和采煤工作面，当预测为无突出危险，且上一循环的预测也是无突出危险时，方可确定为无突出危险工作面,并在采取安全防护措施、保留足够的预测超前距的条件下进行采掘作业;否则,仍要执行一次工作面防突措施和措施效果检验。

第二节 工作面突出危险性预测

第八十五条 对于各类工作面,除本细则规定应当或者可以采用的工作面预测方法外,其他新方法的研究试验应当由具有煤与瓦斯突出鉴定资质的机构进行;在试验前,应当由煤矿企业技术负责人批准。

突出矿井应当针对各煤层的特点和条件试验确定工作面预测的敏感指标和临界值,并作为判定工作面突出危险性的主要依据。试验应当由具有煤与瓦斯突出鉴定资质的机构进行,在试验前和应用前应当由煤矿企业技术负责人批准。

第八十六条 为使工作面预测更可靠,鼓励根据实际条件增加一些辅助预测指标(工作面瓦斯涌出量动态变化、声发射、电磁辐射、钻屑温度、煤体温度等),并采用物探、钻探等手段探测前方地质构造,观察分析煤体结构和采掘作业、钻孔施工中的各种现象,进行工作面突出危险性的综合预测。

工作面地质构造、采掘作业及钻孔等现象主要有以下方面:

(一)煤层的构造破坏带,包括断层、剧烈褶曲、火成岩侵入等;

(二)煤层赋存条件急剧变化;

(三)采掘应力叠加;

(四)工作面出现喷孔、顶钻等;

(五)工作面出现明显的突出预兆。在突出煤层,当出现上述第四、第五项情况时,必须采取区域综合防突措施;当有上述第一、第二、第三项情况时,除已经实施了工作面防突措施外,应当视为突出危险工作面并实施相关措施。

第八十七条 井巷揭煤工作面的突出危险性预测应当选用钻屑瓦斯解吸指标法或者其他经试验证实有效的方法进行。

第八十八条 采用钻屑瓦斯解吸指标法预测井巷揭煤工作面突出危险性时,由工作面向煤层的适当位置至少施工3个钻孔,在钻孔钻进到煤层时每钻进1 m采集一次孔口排出的粒径1~3 mm的煤钻屑,测定其瓦斯解吸指标 K_1 或者 Δh_2 值。测定时,应当考虑不同钻进工艺条件下的排渣速度。

各煤层井巷揭煤工作面钻屑瓦斯解吸指标的临界值应当根据试验考察确定,在确定前可暂按表3中所列的指标临界值预测突出危险性。

表3 钻屑瓦斯解吸指标法预测井巷揭煤工作面突出危险性的参考临界值

煤样	Δh_2 指标临界值/Pa	K_1 指标临界值/[mL·(g·min^2)$^{-1}$]
干煤样	200	0.5
湿煤样	160	0.4

如果所有实测的指标值均小于临界值,并且未发现其他异常情况,则该工作面为无突出危险工作面;否则,为突出危险工作面。

第八十九条 可采用下列方法预测煤巷掘进工作面的突出危险性:

(一)钻屑指标法;

(二)复合指标法;

(三)R 值指标法;

(四)其他经试验证实有效的方法。当采用第一至第三项预测方法时,预测钻孔的布置方式为:

在近水平、缓倾斜煤层工作面应当向前方煤体至少施工3个预测钻孔,在倾斜或者急倾斜煤层至少施工2个直径42 mm、孔深8~10 m的预测钻孔。钻孔应当尽可能布置在软分层中,其中1个钻孔位于掘进巷道断面中部,并平行于掘进方向,其他钻孔的终孔点应当位于巷道断面两侧轮廓线外2~4 m处。对于厚度超过5 m的煤层应当向巷道上方或者下方的煤体适当增加预测钻孔。

第九十条 采用钻屑指标法预测煤巷掘进工作面突出危险性时,预测钻孔从第2 m深度开始,每钻进1 m测定该1 m段的全部钻屑量 S,每钻进2 m至少测定1次钻屑瓦斯解吸指标 K_1 或者 Δh_2 值。

各煤层采用钻屑指标法预测煤巷掘进工作面突出危险性的指标临界值应当根据试验考察确定,在确定前可暂按表4的临界值确定工作面的突出危险性。

表4 钻屑指标法预测煤巷掘进工作面突出危险性的参考临界值

钻屑瓦斯解吸指标 Δh_2/Pa	钻屑瓦斯解吸指标 K_1/[mL·(g·min^2)$^{-1}$]	钻屑量 S/	
		(kg·m^{-1})	(L·m^{-1})
200	0.5	6	5.4

如果实测得到的 S、K_1 或者 Δh_2 的所有测定值均小于临界值,并且未发现其他异常情况,则该工作面预测为无突出危险工作面;否则,为突出危险工

作面。

第九十一条 采用复合指标法预测煤巷掘进工作面突出危险性时，预测钻孔从第 2 m 深度开始，每钻进 1 m 测定该 1 m 段的全部钻屑量 S，并在暂停钻进后 2 min 内测定钻孔瓦斯涌出初速度 q。测定钻孔瓦斯涌出初速度时，测量室的长度为 1.0 m。

各煤层采用复合指标法预测煤巷掘进工作面突出危险性的指标临界值应当根据试验考察确定，在确定前可暂按表 5 的临界值进行预测。

表 5　复合指标法预测煤巷掘进工作面
突出危险性的参考临界值

钻孔瓦斯涌出初速度 q/ ($L \cdot min^{-1}$)	钻屑量 S/	
	($kg \cdot m^{-1}$)	($L \cdot m^{-1}$)
5	6	5.4

如果实测得到的指标 q、S 的所有测定值均小于临界值，并且未发现其他异常情况，则该工作面预测为无突出危险工作面；否则，为突出危险工作面。

第九十二条 采用 R 值指标法预测煤巷掘进工作面突出危险性时，预测钻孔从第 2 m 深度开始，每钻进 1 m 收集并测定该 1 m 段的全部钻屑量 S，并在暂停钻进后 2 min 内测定钻孔瓦斯涌出初速度 q。测定钻孔瓦斯涌出初速度时，测量室的长度为 1.0 m。

按下式计算各孔的 R 值：

$$R = (S_{max} - 1.8)(q_{max} - 4)$$

式中　S_{max}——每个钻孔沿孔长的最大钻屑量，L/m；

q_{max}——每个钻孔的最大钻孔瓦斯涌出初速度，L/min。

判定各煤层煤巷掘进工作面突出危险性的临界值应当根据试验考察确定，在确定前可暂按以下指标进行预测：当所有钻孔的 R 值小于 6 且未发现其他异常情况时，该工作面可预测为无突出危险工作面；否则，判定为突出危险工作面。

第九十三条 对采煤工作面的突出危险性预测，可参照本细则第八十九条所列的煤巷掘进工作面预测方法进行。但应当沿采煤工作面每隔 10~15 m 布置 1 个预测钻孔，深度 5~10 m，除此之外的各项操作等均与煤巷掘进工作面突出危险性预测相同。

判定采煤工作面突出危险性的各项指标临界值应当根据试验考察确定，在确定前可参照煤巷掘进工作面突出危险性预测的临界值。

第三节　工作面防突措施

第九十四条 工作面防突措施是针对经工作面预测有突出危险的煤层实施的局部防突措施，其有效作用范围一般仅限于当前工作面周围的较小范围。

第九十五条 井巷揭煤防突专项设计应当至少包括下列内容：

（一）井巷揭煤区域煤层、瓦斯、地质构造及巷道布置的基本情况；

（二）建立安全可靠的独立通风系统及加强控制通风风流设施的措施；

（三）控制突出煤层层位、准确确定安全岩柱厚度的措施，测定煤层瓦斯参数的钻孔等工程布置、实施方案；

（四）揭煤工作面突出危险性预测及防突措施效果检验的方法、指标，预测及检验钻孔布置等；

（五）井巷揭煤工作面防突措施；

（六）安全防护措施及组织管理措施；

（七）加强过煤层段巷道的支护及其他措施。应当采取区域综合防突措施的，还要包括本细则第三章规定的相关内容。

第九十六条 井巷揭煤工作面的防突措施包括超前钻孔预抽瓦斯、超前钻孔排放瓦斯、金属骨架、煤体固化、水力冲孔或者其他经试验证明有效的措施。

立井揭煤工作面可以选用前款规定中除水力冲孔以外的各项措施。

金属骨架、煤体固化措施，应当在采用了其他防突措施并检验有效后方可在揭开煤层前实施。

对所实施的防突措施都必须进行实际考察，得出符合本矿井实际条件的有关参数。

根据工作面岩层情况，实施工作面防突措施时，揭煤工作面与突出煤层间的最小法向距离：采取超前钻孔预抽瓦斯、超前钻孔排放瓦斯以及水力冲孔措施均为 5 m；采取金属骨架、煤体固化措施均为 2 m。当井巷断面较大、岩石破碎程度较高时，还应当适当加大距离。

第九十七条 在井巷揭煤工作面采用超前钻孔预抽瓦斯、超前钻孔排放瓦斯防突措施时，钻孔直径一般为 75~120 mm。石门揭煤工作面钻孔的控制范围是：石门揭煤工作面的两侧和上部轮廓线外至少 5 m、下部至少 3 m。立井揭煤工作面钻孔控制范围是：近水平、缓倾斜、倾斜煤层为井筒四周轮廓线外至少 5 m；急倾斜煤层沿走向两侧及沿倾斜上部轮廓线外至少 5 m，下部轮廓线外至少 3 m。钻孔的孔底间距应根据实际考察确定。

揭煤工作面施工的钻孔应当尽可能穿透煤层全厚。当不能一次揭穿（透）煤层全厚时，可分段施工，但第一次实施的钻孔穿煤长度不得小于 15 m，且进入煤层掘进时，必须至少留有 5 m 的超前距离（掘进到煤层顶或者底板时不在此限）。

超前预抽钻孔和超前排放钻孔在揭穿煤层之前应当保持抽采或者自然排放状态。

采取排放钻孔措施的，应当明确排放的时间。

第九十八条 石门揭煤工作面采用水力冲孔防突措施时，钻孔应当至少控制自揭煤巷道至轮廓线外 3~5 m 的煤层，冲孔顺序为先冲对角孔后冲边上孔，最后冲中间孔。水压视煤层的软硬程度而定。石门全断面冲出的总煤量（t）数值不得小于煤层厚度（m）的 20 倍。若有钻孔冲出的煤量较少时，应当在该孔周围补孔。

第九十九条 井巷揭煤工作面金属骨架措施一般在石门和斜井上部和两侧或者立井周边外 0.5~1.0 m 范围内布置骨架孔。骨架钻孔应当穿过煤层并进入煤层顶（底）板至少 0.5 m，当钻孔不能一次施工至煤层顶（底）板时，则进入煤层的深度不应小于 15 m。钻孔间距一般不大于 0.3 m，对于松软煤层应当安设两排金属骨架，钻孔间距应当小于 0.2 m。骨架材料可选用 8 kg/m 及以上的钢轨、型钢或者直径不小于 50 mm 的钢管，其伸出孔外端用金属框架支撑或者砌入碹内等方法加固。插入骨架材料后，应当向孔内灌注水泥砂浆等不延燃性固化材料。

揭开煤层后，严禁拆除金属骨架。

第一百条 井巷揭煤工作面煤体固化措施适用于松软煤层，用以增加工作面周围煤体的强度。向煤体注入固化材料的钻孔应当进入煤层顶（底）板 0.5 m 及以上，一般钻孔间距不大于 0.5 m，钻孔位于巷道轮廓线外 0.5~2.0 m 的范围内，根据需要也可在巷道轮廓线外布置多排环状钻孔。当钻孔不能一次施工至煤层顶板时，则进入煤层的深度不应小于 10 m。

各钻孔应当在孔口封堵牢固后方可向孔内注入固化材料。可以根据注入压力升高的情况或者注入量决定是否停止注入。

固化操作时，所有人员不得正对孔口。在巷道四周环状固化钻孔外侧的煤体中，预抽或者排放瓦斯钻孔自固化作业到完成揭煤前应当保持抽采或者自然排放状态，否则，应当施工一定数量的排放瓦斯钻孔。从固化作业完成到揭煤结束的时间超过 5 天时，必须重新进行工作面突出危险性预测或者措施效果检验。

第一百零一条 煤巷掘进和采煤工作面防突专项设计应当至少包括下列内容：

（一）煤层、瓦斯、地质构造及邻近区域巷道布置的基本情况；

（二）建立安全可靠的独立通风系统及加强控制通风风流设施的措施；

（三）工作面突出危险性预测及防突措施效果检验的方法、指标以及预测、效果检验钻孔布置等；

（四）防突措施的选取及施工设计；

（五）安全防护措施；

（六）组织管理措施。矿井各煤层采用的煤巷掘进工作面和采煤工作面各种防突措施的效果和参数等都要经实际考察确定。

第一百零二条 有突出危险的煤巷掘进工作面防突措施选择应当符合下列要求：

（一）优先选用超前钻孔（包括超前钻孔预抽瓦斯、超前钻孔排放瓦斯），采取超前钻孔排放措施的，应当明确排放的时间；

（二）不得选用水力挤出（挤压）、水力冲孔措施；倾角在 8°以上的上山掘进工作面不得选用松动爆破、水力疏松措施；

（三）采用松动爆破或者其他工作面防突措施时，必须经试验考察确认防突效果有效后方可使用；

（四）前探支架措施应当配合其他措施一起使用。

第一百零三条 煤巷掘进工作面在地质构造破坏带或者煤层赋存条件急剧变化处不能按原措施设计要求实施时，必须施工钻孔查明煤层赋存条件，然后采用直径为 42~75 mm 的钻孔排放瓦斯。

若突出煤层煤巷掘进工作面前方遇到落差超过煤层厚度的断层，应当参照石门揭煤的措施执行。

在煤巷掘进工作面第一次执行工作面防突措施或者措施超前距不足时，必须采取小直径超前排放钻孔防突措施，只有在工作面前方形成 5 m 及以上的安全屏障后，方可进入正常防突措施循环。

第一百零四条 煤巷掘进工作面采用超前钻孔作为工作面防突措施时，应当符合下列要求：

（一）巷道两侧轮廓线外钻孔的最小控制范围：近水平、缓倾斜煤层两侧各 5 m，倾斜、急倾斜煤层上帮 7 m，下帮 3 m。当煤层厚度较大时，钻孔应当控制煤层全厚或者在巷道顶部煤层控制范围不小于 7 m，巷道底部煤层控制范围不小于 3 m；

（二）钻孔在控制范围内应当均匀布置，在煤层的软分层中可适当增加钻孔数。钻孔数量、孔底间距等应当根据钻孔的有效抽放或者排放半径确定；

（三）钻孔直径应当根据煤层赋存条件、地质构造和瓦斯情况确定，一般为 75~120 mm，地质条件变化剧烈地带应当采用直径 42~75 mm 的钻孔；

（四）煤层赋存状态发生变化时，及时探明情况，重新确定超前钻孔的参数；

（五）钻孔施工前，加强工作面支护，打好迎面支架，背好工作面煤壁。

第一百零五条 煤巷掘进工作面采用松动爆破防突措施时，应当符合下列要求：

（一）松动爆破钻孔的孔径一般为 42 mm，孔深不得小于 8 m。松动爆破应当至少控制到巷道轮廓线外 3 m 的范围。孔数根据松动爆破的有效影响半径确定。松动爆破的有效影响半径通过实测确定；

（二）松动爆破孔的装药长度为孔长减去 5.5~6 m；

（三）松动爆破按远距离爆破的要求执行；

（四）松动爆破应当配合瓦斯抽放钻孔一起使用。

第一百零六条 煤巷掘进工作面水力疏松措施应当符合下列要求：

（一）向工作面前方按一定间距布置注水钻孔，然后利用封孔器封孔，向钻孔内注入高压水。注水参数应当根据煤层性质合理选择，如未实测确定，可参考如下参数：钻孔间距 4.0 m、孔径 42~50 mm、孔长 6.0~10 m、封孔 2~4 m，注水压力不超过 10 MPa，注水时以煤壁出水或者注水压力下降 30% 后方可停止注水；

（二）水力疏松后的允许推进度，一般不宜超过封孔深度，其孔间距不超过注水有效半径的 2 倍；

（三）单孔注水时间不低于 9 min。若提前漏水，则在邻近钻孔 2.0 m 左右处补充施工注水钻孔。

第一百零七条 前探支架可用于松软煤层的平巷掘进工作面。一般是向工作面前方施工钻孔，孔内插入钢管或者钢轨，其长度可按两次掘进循环的长度再加 0.5 m，每掘进一次施工一排钻孔，形成两排钻孔交替前进，钻孔间距为 0.2~0.3 m。

第一百零八条 采煤工作面可以选用超前钻孔（包括超前钻孔预抽瓦斯和超前钻孔排放瓦斯）、注水湿润煤体、松动爆破或者其他经试验证实有效的防突措施。采取排放钻孔措施的，应当明确排放的时间。

第一百零九条 采煤工作面采用超前钻孔作为工作面防突措施时，钻孔直径一般为 75~120 mm，钻孔在控制范围内应当均匀布置，在煤层的软分层中可适当增加钻孔数；超前钻孔的孔数、孔底间距等应当根据钻孔的有效排放或者抽放半径确定。

第一百一十条 采煤工作面的松动爆破防突措施适用于煤质较硬、围岩稳定性较好的煤层。松动爆破孔间距根据实际情况确定，一般 2~3 m，孔深不小于 5 m，炮泥封孔长度不得小于 1 m。应当适当控制装药量，以免孔口煤壁垮塌。

松动爆破时，应当按远距离爆破的要求执行。

第一百一十一条 采煤工作面浅孔注水湿润煤体措施可用于煤质较硬的突出煤层。注水孔间距和注水压力等根据实际情况考察确定，但孔深不小于 4 m，注水压力不得高于 10 MPa。当发现水由煤壁或者相邻注水钻孔中流出时，即可停止注水。

第四节 工作面防突措施效果检验

第一百一十二条 工作面执行防突措施后，必须对防突措施效果进行检验。

在实施钻孔检验防突措施效果时，分布在工作面各部位的检验钻孔应当布置于所在部位防突措施钻孔密度相对较小、孔间距相对较大的位置，并远离周围的各防突措施钻孔或者尽可能与周围各防突措施钻孔保持等距离。在地质构造复杂地带应当根据情况适当增加检验钻孔。

工作面防突措施效果检验必须包括以下两部分内容：

（一）检查所实施的工作面防突措施是否达到了设计要求和满足有关规章、标准等规定，并了解、收集工作面及实施措施的相关情况、突出预兆等（包括喷孔、顶钻等），作为措施效果检验报告的内容之一，用于综合分析、判断；

（二）各检验指标的测定情况及主要数据。

第一百一十三条 对井巷揭煤工作面进行防突措施效果检验时，应当选择本细则第八十七条所列的钻屑瓦斯解吸指标法，或者其他经试验证实有效的方法，但所有用钻孔方式检验的方法中检验孔数均不得少于 5 个，分别位于井巷的上部、中部、下部和两侧。

如果工作面措施检验结果的各项指标都在该煤层突出危险临界值以下，且未发现其他异常情况，则措施有效；否则，判定为措施无效，必须重新执行区域综合防突措施或者局部综合防突措施。

第一百一十四条 煤巷掘进工作面执行防突措施后，应当选择本细则第八十九条所列的方法进行措施效果检验。

检验孔应当不少于 3 个，深度应当小于或者等于防突措施钻孔。

如果煤巷掘进工作面措施效果检验指标均小于指标临界值，且未发现其他异常情况，则措施有效；否则，判定为措施无效，必须重新执行区域综合防突措施或者局部综合防突措施。

当检验结果措施有效时，若检验孔与防突措施钻孔向巷道掘进方向的投影长度（以下简称投影孔深）相等，则可在留足防突措施超前距（见本细则第七十六条）并采取安全防护措施的条件下掘进。当检验孔的投影孔深小于防突措施钻孔时，则应当在留足所需的防突措施超前距并同时保留有至少 2 m 检验孔投影孔深超前距的条件下，采取安全防护措施后实施掘进作业。

第一百一十五条 对采煤工作面防突措施效果的检验应当参照采煤工作面突出危险性预测的方法和指标实施。但应当沿采煤工作面每隔 10~15 m 布置 1 个检验钻孔，深度应当小于或者等于防突措施钻孔。

如果采煤工作面检验指标均小于指标临界值，且未发现其他异常情况，则措施有效，为无突出危险工作面；否则，判定为措施无效，必须重新执行区域综合防突措施或者局部综合防突措施。

当检验结果为措施有效时，若检验孔与防突措施钻孔深度相等，则可在留足防突措施超前距（见本细则第七十六条）并采取安全防护措施的条件下回采。当检验孔的深度小于防突措施钻孔时，则应当在留足所需的防突措施超前距并同时保留有 2 m 检验孔超前距的条件下，采取安全防护措施后实施回采作业。

第五节 安全防护措施

第一百一十六条 井巷揭穿突出煤层和在突出煤层中进行采掘作业时，必须采取避难硐室、反向风门、压风自救装置、隔离式自救器、远距离爆破等安全防护措施。

第一百一十七条 突出矿井必须建设采区避难硐室，采区避难硐室必须接入矿井压风管路和供水管路，满足避险人员的避险需要，额定防护时间不低于 96 h。

突出煤层的掘进巷道长度及采煤工作面推进长度超过 500 m 时，应当在距离工作面 500 m 范围内建设临时避难硐室或者其他临时避险设施。临时避难硐室必须设置向外开启的密闭门或者隔离门（隔离门按反向风门设置标准安设），接入矿井压风管路，并安设压风自救装置，设置与矿调度室直通的电话，配备足量的饮用水及自救器。

第一百一十八条 在突出煤层的井巷揭煤、煤巷和半煤岩巷掘进工作面进风侧，必须设置至少 2 道牢固可靠的反向风门。风门之间的距离不得小于 4 m。

工作面爆破作业或者无人时，反向风门必须关闭。反向风门距工作面的距离和反向风门的组数，应当根据掘进工作面的通风系统和预计的突出强度确定，但反向风门距工作面回风巷不得小于 10 m，与工作面的最近距离一般不得小于 70 m，如小于 70 m 时应设置至少 3 道反向风门。

反向风门墙垛可用砖、料石或者混凝土砌筑，嵌入巷道周边岩石的深度可根据岩石的性质确定，但不得小于 0.2 m；墙垛厚度不得小于 0.8 m。在煤巷构筑反向风门时，风门墙体四周必须掏槽，掏槽深度见硬帮硬底后再进入实体煤不小于 0.5 m。

通过反向风门墙垛的风筒、水沟、刮板输送机道等，必须设有逆向隔断装置。

第一百一十九条 为降低因爆破诱发突出的强度，可根据情况在炮掘工作面安设挡栏。挡栏可以用金属、矸石或者木垛等构成。金属挡栏一般是由槽钢排列成的方格框架，框架中槽钢的间隔为 0.4 m，槽钢彼此用卡环固定，使用时在迎工作面的框架上再铺上金属网，然后用木支柱将框架撑成 45°的斜面。一组挡栏通常由两架组成，间距为 6~8 m。可根据预计的突出强度在设计中确定挡栏距工作面的距离。

第一百二十条 井巷揭穿突出煤层和突出煤层的炮掘、炮采工作面必须采取远距离爆破安全防护措施。井巷揭煤采用远距离爆破时，必须明确包括起爆地点、避灾路线、警戒范围，制定停电撤人等措施。井巷揭煤起爆及撤人地点必须位于反向风门外且距工作面 500 m 以上全风压通风的新鲜风流中，或者距工作面 300 m 以外的避难硐室内。

在矿井尚未构成全风压通风的建井初期，在井巷揭穿有突出危险煤层的全部作业过程中，与此井巷有关的其他工作面必须停止工作。在实施揭穿突出煤层的远距离爆破时，井下全部人员必须撤至地面，井下必须全部断电，立井井口附近地面 20 m 范围内或者斜井井口前方 50 m、两侧 20 m 范围内严禁有任何火源。

煤巷掘进工作面采用远距离爆破时，起爆地点必须设在进风侧反向风门之外的全风压通风的新鲜风流中或者避难硐室内，起爆地点距工作面爆破地点的距离应当在措施中明确，由煤矿总工程师根据曾经发生的最大突出强度等具体情况确定，但不得小于 300 m；采煤工作面起爆地点到工作面的距离由煤矿总工程师根据具体情况确定，但不得小于 100 m，且位于工作面外的进风侧。

远距离爆破时，回风系统必须停电撤人。爆破后，进入工作面检查的时间应当在措施中明确规定，但不得小于 30 min。

第一百二十一条 突出煤层采掘工作面附近、爆破撤离人员集中地点、起爆地点必须设有直通矿调度室的电话，并设置有供给压缩空气的避险设施或者压风自救装置。工作面回风系统中有人作业的地点，也应当设置压风自救装置。

压风自救系统应当达到下列要求：

（一）压风自救装置安装在掘进工作面巷道和采煤工作面巷道内的压缩空气管道上；

（二）在以下每个地点都应当至少设置一组压风自救装置：距采掘工作面 25~40 m 的巷道内、起爆地点、撤离人员与警戒人员所在的位置以及回风巷有人作业处等地点。在长距离的掘进巷道中，应当每隔 200 m 至少安设一组压风自救装置，并在实施预抽煤层瓦斯区域防突措施的区域，根据实际情况增加压风自救装置的设置组数；

（三）每组压风自救装置应当可供 5~8 人使用，平均每人的压缩空气供给量不得少于 0.1 m³/min。

第五章　防治岩石与二氧化碳（瓦斯）突出措施

第一百二十二条　在矿井范围内发生过突出的岩层或者经鉴定、认定有突出危险的岩层，为岩石与二氧化碳（瓦斯）突出岩层（以下简称突出岩层）。在开拓、生产范围内有突出岩层的矿井即为岩石与二氧化碳（瓦斯）突出矿井（以下简称岩石突出矿井）。煤矿企业应当对岩石突出矿井、突出岩层分别参照本细则对于突出矿井、突出煤层管理的各项要求，专门制定满足安全生产需要的管理措施，报省级煤炭行业管理部门、煤矿安全监管部门和煤矿安全监察机构。

第一百二十三条　在突出岩层内掘进巷道或者揭穿该岩层时，必须采取工作面突出危险性预测、工作面防治岩石突出措施、工作面防突措施效果检验、安全防护措施的局部综合防突措施。

当预测有突出危险时，必须采取防治岩石突出措施。只有经措施效果检验证实措施有效后，方可在采取安全防护措施的情况下进行掘进作业。

岩石与二氧化碳（瓦斯）突出危险性预测可以采用岩芯法或者突出预兆法。措施效果检验应当采用岩芯法。

安全防护措施应当按照防治煤与瓦斯突出的安全防护措施实施。

第一百二十四条　采用岩芯法预测工作面岩石与二氧化碳（瓦斯）突出危险性时，在工作面前方岩体内施工直径 50~70 mm、长度不小于 10 m 的钻孔，取出全部岩芯，并从孔深 2 m 处起记录岩芯中的圆片数。

工作面突出危险性的判定方法为：

（一）岩芯中没有圆片和岩芯表面上没有环状裂缝时，预测为无突出危险地带；

（二）当取出的岩芯大部分长度在 150 mm 及以上，且有裂缝围绕，个别为小圆柱体或者圆片时，预测为一般突出危险地带；

（三）取出 1 m 长的岩芯内，部分岩芯出现 20~30 个圆片，其余岩芯为长 50~100 mm 的圆柱体并有环状裂隙时，预测为中等突出危险地带；

（四）当 1 m 长的岩芯内具有 20~40 个凸凹状圆片时，预测为严重突出危险地带。

第一百二十五条　采用突出预兆法预测工作面岩石与二氧化碳（瓦斯）突出危险性时，具有下列情况之一的，确定为岩石与二氧化碳（瓦斯）突出危险工作面：

（一）岩石呈薄片状或者松软碎屑状的；

（二）工作面爆破后，进尺超过炮眼深度的；

（三）有明显的火成岩侵入或者工作面二氧化碳（瓦斯）涌出量明显增大的。

第一百二十六条　巷道应当尽可能避免布置在突出岩层中。在突出岩层中掘进巷道时，可以采取钻眼爆破工程参数优化、超前钻孔、松动爆破、开卸压槽及在工作面附近设置挡栏等防治岩石与二氧化碳（瓦斯）突出措施。

采取上述措施的，应当符合下列要求：

（一）在一般或者中等程度突出危险地带，可以采用浅孔爆破措施或者远距离多段爆破法，以减少对岩体的震动强度、降低突出频率和强度。远距离多段爆破法的做法是，先在工作面施工 6 个掏槽眼、6 个辅助眼，呈椭圆形布置，使爆破后形成椭圆形超前孔洞，然后爆破周边炮眼，其炮眼距超前孔洞周边应当大于 0.6 m，孔洞超前距不小于 2 m；

（二）在严重突出危险地带，可以采用超前钻孔和松动爆破措施。超前钻孔直径不小于 75 mm，孔数根据巷道断面大小、突出危险岩层赋存及单个排放钻孔有效作用半径考察确定，但不得少于 3 个，孔深应当大于 40 m，钻孔超前工作面的安全距离不得小于 5 m。

深孔松动爆破孔径一般 60~75 mm，孔长 15~25 m，封孔深度不小于 5 m，孔数 4~5 个，其中爆破孔 1~2 个，其他孔不装药，以提高松动效果。

第六章　附　　则

第一百二十七条　本细则自 2019 年 10 月 1 日起施行。

煤矿瓦斯抽采达标暂行规定

（2011年10月16日国家安全生产监督管理总局、国家发展和改革委员会、国家能源局、国家煤矿安全监察局以安监总煤装〔2011〕163号印发，自2012年3月1日起施行）

第一章 总　则

第一条 为实现煤矿瓦斯抽采达标，根据《煤矿安全监察条例》等法规、规程，制定本规定。

第二条 煤矿瓦斯抽采以及对煤矿瓦斯抽采达标工作的监督检查适用本规定。

第三条 按照本规定应当进行瓦斯抽采的煤层必须先抽采瓦斯；抽采效果达到标准要求后方可安排采掘作业。

第四条 煤矿瓦斯抽采应当坚持"应抽尽抽、多措并举、抽掘采平衡"的原则。

瓦斯抽采系统应当确保工程超前、能力充足、设施完备、计量准确；瓦斯抽采管理应当确保机构健全、制度完善、执行到位、监督有效。

煤矿应当加强抽采瓦斯的利用，有效控制向大气排放瓦斯。

第五条 应当抽采瓦斯的煤矿企业应当落实瓦斯抽采主体责任，推进瓦斯抽采达标工作。

第六条 各级地方煤矿安全监管部门和各驻地煤矿安全监察机构（以下统称煤矿安全监管监察部门）对辖区内煤矿瓦斯抽采达标工作实施监管监察，对瓦斯抽采未达标的矿井根据本规定要求实施处罚。

第二章 一般规定

第七条 有下列情况之一的矿井必须进行瓦斯抽采，并实现抽采达标：

（一）开采有煤与瓦斯突出危险煤层的；

（二）一个采煤工作面绝对瓦斯涌出量大于 5 m³/min 或者一个掘进工作面绝对瓦斯涌出量大于 3 m³/min 的；

（三）矿井绝对瓦斯涌出量大于或等于 40 m³/min 的；

（四）矿井年产量为 1.0~1.5 Mt，其绝对瓦斯涌出量大于 30 m³/min 的；

（五）矿井年产量为 0.6~1.0 Mt，其绝对瓦斯涌出量大于 25 m³/min 的；

（六）矿井年产量为 0.4~0.6 Mt，其绝对瓦斯涌出量大于 20 m³/min 的；

（七）矿井年产量等于或小于 0.4 Mt，其绝对瓦斯涌出量大于 15 m³/min 的。

第八条 煤矿企业主要负责人为所在单位瓦斯抽采的第一责任人，负责组织落实瓦斯抽采工作所需的人力、财力和物力，制定瓦斯抽采达标工作各项制度，明确相关部门和人员的责、权、利，确保各项措施落实到位和瓦斯抽采达标。

煤矿企业、矿井的总工程师或者技术负责人（以下统称技术负责人）对瓦斯抽采工作负技术责任，负责组织编制、审批、检查瓦斯抽采规划、计划、设计、安全技术措施和抽采达标评判报告等；煤矿企业、矿井的分管负责人负责分管范围内瓦斯抽采工作的组织和落实。

煤矿企业、矿井的各职能部门负责人在其职责范围内对瓦斯抽采达标工作负责。

第九条 煤矿企业应当建立瓦斯抽采达标评价工作体系，制定矿井瓦斯抽采达标评判细则，建立瓦斯抽采管理和考核奖惩制度、抽采工程检查验收制度、先抽后采例会制度、技术档案管理制度等。

第十条 煤矿企业应当建立健全专业的瓦斯抽采机构。企业（集团公司）应当设置管理瓦斯抽采工作部门；矿井应当建立负责瓦斯抽采的科、区（队），并配备足够数量的专业工程技术人员。

瓦斯抽采技术和管理人员应当定期参加专业技术培训，瓦斯抽采工应当参加专门培训并取得相关资质后上岗。

第十一条 矿井在编制生产发展规划和年度生产计划时，必须同时组织编制相应的瓦斯抽采达标规划和年度实施计划，确保"抽掘采平衡"。矿井生产规划和计划的编制应当以预期的矿井瓦斯抽采达标煤量为限制条件。

抽采达标规划包括：抽采达标工程（表）、抽采量（表）、抽采设备设施（表）、资金计划（表），抽采达标范围可规划产量（表）、采面接替（表）、巷道掘进（表）等。

年度实施计划包括：年度瓦斯抽采达标的煤层范围及相对应的年度产量安排（表）、采面接替（表）、巷道掘进（表），年度抽采工程（表）、抽采设备设施（表）、施工队伍、抽采时间、抽采量（表）、抽采指标、资金计划（表）以及其他保障措施。

矿井应当积极试验和考察不同抽采方式和参数条件下的煤层瓦斯抽采规律，根据抽采参数、抽采时间和抽采效果之间的关系，确定矿井合理抽采方式下的抽采超前时间，并结合抽采工程施工周期，安排抽采、掘进、回采三者之间的接替关系。

煤矿企业对矿井瓦斯抽采规划、计划、设计、工程施工、设备设施以及抽采计量、效果等每年应当至少进行一次审查。

第十二条 经矿井瓦斯涌出量预测或者矿井瓦斯等级鉴定、评估符合应当进行瓦斯抽采条件的新建、技改和资源整合矿井，其矿井初步设计必须包括瓦斯抽采工程设计内容。

矿井瓦斯抽采工程设计应当与矿井开采设计同步进行；分期建设、分期投产的矿井，其瓦斯抽采工程必须一次设计，并满足分期建设过程中瓦斯抽采达标的要求。

第十三条 矿井确定开拓和开采布局时，应当充分考虑瓦斯抽采达标需要的工程和时间。

煤层群开采的矿井，应当部署抽采采动卸压瓦斯的配套工程。

开采保护层时，必须布置对被保护层进行瓦斯抽采的配套工程，确保抽采达标。

在煤层底（顶）板布置专用抽采瓦斯巷道，采用穿层钻孔抽采瓦斯时，其专用抽采瓦斯巷道应当满足下列要求：

（一）巷道的位置、数量应当满足可实现抽采达标的抽采方法的要求；

（二）巷道施工应当满足抽采达标所需的抽采时间要求；

（三）敷设抽采管路、布置钻场及钻孔的抽采巷道采用矿井全风压通风时，巷道风速不得低于0.5 m/s。

第三章 瓦斯抽采系统

第十四条 煤与瓦斯突出矿井和高瓦斯矿井必须建立地面固定抽采瓦斯系统，其他应当抽采瓦斯的矿井可以建立井下临时抽采瓦斯系统；同时具有煤层瓦斯预抽和采空区瓦斯抽采方式的矿井，根据需要分别建立高、低负压抽采瓦斯系统。

第十五条 泵站的装机能力和管网能力应当满足瓦斯抽采达标的要求。备用泵能力不得小于运行泵中最大一台单泵的能力；运行泵的装机能力不得小于瓦斯抽采达标时应抽采瓦斯量对应工况流量的2倍，即：

2×(100×抽采达标时抽采量×标准大气压)/抽采瓦斯浓度×(当地大气压−泵运行负压)

预抽瓦斯钻孔的孔口负压不得低于13 kPa，卸压瓦斯抽采钻孔的孔口负压不得低于5 kPa。

第十六条 瓦斯抽采矿井应当配备瓦斯抽采监控系统，实时监控管网瓦斯浓度、压力或压差、流量、温度参数及设备的开停状态等。

抽采瓦斯计量仪器应当符合相关计量标准要求；计量测点布置应当满足瓦斯抽采达标评价的需要，在泵站、主管、干管、支管及需要单独评价的区域分支、钻场等布置测点。

第十七条 瓦斯抽采管网中应当安装足够数量的放水器，确保及时排除管路中的积水，必要时应设置除渣装置，防止煤泥堵塞管路断面。每个抽采钻孔的接抽管上应留设钻孔抽采负压和瓦斯浓度（必要时还应观测一氧化碳浓度）的观测孔。

煤矿应当加强瓦斯抽采现场管理，确保瓦斯抽采系统的正常运转和瓦斯抽采钻孔的效用，钻孔抽采效果不好或者有发火迹象的，应当及时处理。

第四章 抽采方法及工艺

第十八条 煤矿企业应当根据矿井井上（下）条件、煤层赋存、地质构造、开拓开采部署、瓦斯来源和涌出特点等情况选择先进、适用的瓦斯抽采方法和工艺，设计瓦斯抽采达标的工艺方案，实现瓦斯抽采达标。

预抽煤层瓦斯的工艺方案应当在测定煤层瓦斯压力、瓦斯含量等参数的基础上进行，抽采钻孔控制范围应当满足《煤矿瓦斯抽采基本指标》和《防治煤与瓦斯突出规定》的要求。

卸压瓦斯抽采的工艺方案应当根据邻近煤层瓦斯含量、层间距离与岩性、工作面瓦斯涌出来源分析等进行，采用多种方式实施综合抽采。

抽采达标工艺方案设计应当包括为抽采达标服务的各项工程（井巷工程、抽采钻场和钻孔工程、管网工程、监测计量工程、放水除尘排渣等管路管理工程）的布局、工程量、施工设备、主要器材、进度计划、资金计划、接续关系、有效服务时间、组织管理、安全技术措施及预期抽瓦斯量和效果等。抽采达标的工艺方案设计应当由煤矿技术负责人和主要负责人批准。

采掘工作面进行瓦斯抽采前，必须进行施工设计。施工设计包括抽采钻孔布置图、钻孔参数表（钻孔直径、间距、开孔位置、钻孔方位、倾角、深度等）、施工要求、钻孔（钻场）工程量、施工设备与进度计划、有效抽瓦斯时间、预期效果以及组织管理、安全技术措施等。施工设计相关文件应当由煤矿技术负责人批准。

第十九条　瓦斯抽采工程必须严格按设计施工，并应当进行验收，瓦斯抽采工程竣工图及其他竣工验收资料（参数表等）应当由相关责任人签字。

瓦斯抽采工程竣工资料（图）除应有与设计对应的内容外，还应包括各工程开工时间、竣工时间以及工程施工过程中的异常现象（如喷孔、顶钻、卡钻等）等内容。

第二十条　钻孔施工完毕后应当及时封孔、连接抽采，并确保钻孔封孔严实和准确记录钻孔接抽时间。

第五章　抽采达标评判

第二十一条　抽采瓦斯矿井应当对瓦斯抽采的基础条件和抽采效果进行评判。在基础条件满足瓦斯先抽后采要求的基础上，再对抽采效果是否达标进行评判。

工作面采掘作业前，应当编制瓦斯抽采达标评判报告，并由矿井技术负责人和主要负责人批准。

第二十二条　有下列情况之一的，应当判定为抽采基础条件不达标：

（一）未按本规定要求建立瓦斯抽采系统，或者瓦斯抽采系统没有正常、连续运行的；

（二）无瓦斯抽采规划和年度计划，或者不能达到本规定第十一条要求的；

（三）无矿井瓦斯抽采达标工艺方案设计、无采掘工作面瓦斯抽采施工设计，或者不能达到本规定第十八条要求的；

（四）无采掘工作面瓦斯抽采工程竣工验收资料、竣工验收资料不真实或者不符合本规定第十九条要求的；

（五）没有建立矿井瓦斯抽采达标自评价体系和瓦斯抽采管理制度的；

（六）瓦斯抽采泵站能力和备用泵能力、抽采管网能力等达不到本规定要求的；

（七）瓦斯抽采系统的抽采计量测点不足、计量器具不符合相关计量标准和规范要求或者计量器具使用超过检定有效期，不能进行准确计量的；

（八）缺乏符合标准要求的抽采效果评判用相关测试条件的。

第二十三条　预抽煤层瓦斯效果评判应当包括下列主要内容和步骤：

（一）抽采钻孔有效控制范围界定；
（二）抽采钻孔布孔均匀程度评价；
（三）抽采瓦斯效果评判指标测定；
（四）抽采效果达标评判。

第二十四条　预抽煤层瓦斯的抽采钻孔施工完毕后，应当对预抽钻孔的有效控制范围进行界定，界定方法如下：

（一）对顺层钻孔，钻孔有效控制范围按钻孔长度方向的控制边缘线、最边缘2个钻孔及钻孔开孔位置连线确定。钻孔长度方向的控制边缘线为钻孔有效孔深点连线，相邻有效钻孔中较短孔的终孔点作为相邻钻孔有效孔深点。

（二）对穿层钻孔，钻孔有效控制范围取相邻有效边缘孔的见煤点之间的连线所圈定的范围。

第二十五条　预抽煤层瓦斯的抽采钻孔施工完毕后，应当对预抽钻孔在有效控制范围内均匀程度进行评价。预抽钻孔间距不得大于设计间距。

第二十六条　将钻孔间距基本相同和预抽时间基本一致（预抽时间差异系数小于30%，计算方法参见附录A1）的区域划为一个评价单元。

对同一评价单元预抽瓦斯效果评价时，首先应根据抽采计量等参数按附录A2、A3计算抽采后的残余瓦斯含量或残余瓦斯压力，按附录A4计算可解吸瓦斯量，当其满足本规定第二十七条规定的预期达标指标要求后，再进行现场实测预抽瓦斯效果指标。

按《煤层瓦斯含量井下直接测定方法》（GB/T 23250，以下简称《含量测定方法》）现场测定煤层的残余瓦斯含量，按《煤矿井下煤层瓦斯压力的直接测定方法》（AQ/T 1047，以下简称《压力测定方法》）现场测定煤层的残余瓦斯压力，依据现场测定的煤层残余瓦斯含量，按附录A4计算现场测定的煤层可解吸瓦斯量。

突出煤层现场测定点应当符合下列要求：

（一）用穿层钻孔或顺层钻孔预抽区段或回采区域煤层瓦斯时，沿采煤工作面推进方向每间隔30~50 m至少布置1组测定点。当预抽区段宽度（两侧回采巷道间距加回采巷道外侧控制范围）或预抽回采区域采煤工作面长度未超过120 m时，每组测点沿工作面方向至少布置1个测定点，否则至少布置2个测点；

（二）用穿层钻孔预抽煤巷条带煤层瓦斯时，在煤巷条带每间隔30~50 m至少布置1个测定点；

（三）用穿层钻孔预抽石门（含立、斜井等）揭煤区域煤层瓦斯时，至少布置4个测定点，分别位于要求预抽区域内的上部、中部和两侧，并且至少有1个测定点位于要求预抽区域内距边缘不大于2 m的范围；

（四）用顺层钻孔预抽煤巷条带煤层瓦斯时，在煤巷条带每间隔 20～30 m 至少布置 1 个测定点，且每个评判区域不得少于 3 个测定点；

（五）各测定点应布置在原始瓦斯含量较高、钻孔间距较大、预抽时间较短的位置，并尽可能远离预抽钻孔或与周围预抽钻孔保持等距离，且避开采掘巷道的排放范围和工作面的预抽超前距。在地质构造复杂区域适当增加测定点。测定点实际位置和实际测定参数应标注在瓦斯抽采钻孔竣工图上。

第二十七条 预抽煤层瓦斯，应当同时满足以下要求：

（一）钻孔有效控制范围应当满足《煤矿瓦斯抽采基本指标》或《防治煤与瓦斯突出规定》的要求；布孔均匀程度满足本规定第二十四条的要求；

（二）预抽瓦斯效果应当满足如下标准：

1. 对瓦斯涌出量主要来自开采层的采煤工作面，评价范围内煤的可解吸瓦斯量满足表 1 规定的，判定采煤工作面评价范围瓦斯抽采效果达标。

表 1 采煤工作面回采前煤的可解吸瓦斯量应达到的指标

工作面日产量（t）	可解吸瓦斯量（m³/t）
≤1000	≤8
1001～2500	≤7
2501～4000	≤6
4001～6000	≤5.5
6001～8000	≤5
8001～10000	≤4.5
>10000	≤4

2. 对于突出煤层，当评价范围内所有测点测定的煤层残余瓦斯压力或残余瓦斯含量都小于预期的防突效果达标瓦斯压力或瓦斯含量、且施工测定钻孔时没有喷孔、顶钻或其他动力现象时，则评判为突出煤层评价范围预抽瓦斯防突效果达标；否则，判定以超标点为圆心、半径 100 m 范围未达标。预期的防突效果达标瓦斯压力或瓦斯含量按煤层始突深度处的瓦斯压力或瓦斯含量取值；没有考察出煤层始突深度处的煤层瓦斯压力或含量时，分别按照 0.74 MPa、8 m³/t 取值。

3. 对于瓦斯涌出量主要来自突出煤层的采煤工作面，只有当瓦斯预抽防突效果和煤的可解吸瓦斯量指标都满足达标要求时，方可判定该工作面瓦斯预抽效果达标。

第二十八条 对瓦斯涌出量主要来自邻近层或围岩的采煤工作面，计算的瓦斯抽采率（采煤工作面瓦斯抽采率按附录 A5 计算）满足表 2 规定时，其瓦斯抽采效果判定为达标。

第二十九条 采掘工作面同时满足风速不超过 4 m/s、回风流中瓦斯浓度低于 1% 时，判定采掘工作面瓦斯抽采效果达标。

表 2 采煤工作面瓦斯抽采率应达到的指标

工作面绝对瓦斯涌出量 Q（m³/min）	工作面瓦斯抽采率（%）
5≤Q<10	≥20
10≤Q<20	≥30
20≤Q<40	≥40
40≤Q<70	≥50
70≤Q<100	≥60
100≤Q	≥70

第三十条 矿井瓦斯抽采率（矿井瓦斯抽采率按附录 A6 计算）满足表 3 规定时，判定矿井瓦斯抽采率达标。

表 3 矿井瓦斯抽采率应达到的指标

矿井绝对瓦斯涌出量 Q（m³/min）	矿井瓦斯抽采率（%）
Q<20	≥25
20≤Q<40	≥35
40≤Q<80	≥40
80≤Q<160	≥45
160≤Q<300	≥50
300≤Q<500	≥55
500≤Q	≥60

第六章 抽采达标责任

第三十一条 矿井应当建立瓦斯抽采达标技术档案，并每季度将达标情况向煤矿安全监管监察部门报告。

第三十二条 核定矿井生产能力时应当把矿井瓦斯抽采达标能力作为约束指标；矿井其他能力均大于瓦斯抽采达标能力的，按瓦斯抽采达标能力确定矿井生产能力。

第三十三条 煤矿建设项目设计和竣工验收时，要同时审查验收瓦斯抽采系统。首采区的首采煤层瓦斯抽采未达标的矿井，不得通过竣工验收。

第三十四条 各级地方煤矿安全监管部门应定期或者不定期地检查煤矿瓦斯抽采达标情况，每半年至少进行一次瓦斯抽采达标专项检查。

各驻地煤矿安全监察机构应当每年至少进行一次煤矿瓦斯抽采达标情况的专项监察。

第三十五条 煤矿瓦斯抽采情况报告和专项检查的主要内容包括抽采系统建设、抽采制度建设、设备设施配备、机构队伍建立、工程规划与计划编制、工程设计与施工、瓦斯抽采、计量和指标测定、参数测定与抽采效果评判等情况和资料。

专项监察的重点包括"抽掘采平衡"能力、抽采系统能力、工作面瓦斯抽采效果评判等。

第三十六条 瓦斯抽采不达标的煤矿，不得组织采掘作业；擅自组织生产作业的，煤矿安全监管监察部门应当责令其限期整改，逾期未整改完成的，责令停产整顿。

第三十七条 有下列情况之一的，煤矿安全监管监察部门应当责令矿井所有井巷揭煤、煤巷（半煤岩巷）掘进和采煤工作面停产：

（一）未进行瓦斯抽采达标评判仍组织生产的；

（二）在瓦斯抽采达标评判中弄虚作假，提供虚假评判报告的。

第三十八条 矿井瓦斯抽采未达标，擅自组织生产造成事故的，煤矿安全监管监察部门应当责令其停产整顿，并依法严肃追究责任。

第七章 附 则

第三十九条 本规定自 2012 年 3 月 1 日起施行。

附录 瓦斯抽采指标计算方法

A1 预抽时间差异系数计算方法：预抽时间差异系数为预抽时间最长的钻孔抽采天数减去预抽时间最短的钻孔抽采天数的差值与预抽时间最长的钻孔抽采天数之比。预抽时间差异系数按式（1）计算：

$$\eta = \frac{T_{max} - T_{min}}{T_{max}} \times 100\% \quad (1)$$

式中 η——预抽时间差异系数，%

T_{max}——预抽时间最长的钻孔抽采天数，d；

T_{min}——预抽时间最短的钻孔抽采天数，d。

A2 瓦斯抽采后煤的残余瓦斯含量计算按公式（2）计算：

$$W_{CY} = \frac{W_0 G - Q}{G} \quad (2)$$

式中 W_{CY}——煤的残余瓦斯含量，m^3/t；

W_0——煤的原始瓦斯含量，m^3/t；

Q——评价单元钻孔抽排瓦斯总量，m^3；

G——评价单元参与计算煤炭储量，t。

评价单元参与计算煤炭储量按公式（3）计算：

$$G = (L - H_1 - H_2 + 2R)(l - h_1 - h_2 + R)MY \quad (3)$$

式中 L——评价单元煤层走向长度，m；

l——评价单元抽采钻孔控制范围内煤层平均倾向长度，m；

H_1、H_2——分别为评价单元走向方向两端巷道瓦斯预排等值宽度，m。如果无巷道则为 0；

h_1、h_2——分别为评价单元倾向方向两侧巷道瓦斯预排等值宽度，m。如果无巷道则为 0；

R——抽采钻孔的有效影响半径，m；

M——评价单元平均煤层厚度，m；

Y——评价单元煤的密度，t/m^3。

H_1、H_2、h_1、h_2 应根据矿井实测资料确定，如果无实测数据，可参照附表 1 中的数据或计算式确定。

附表1 巷道预排瓦斯等值宽度

巷道煤壁暴露时间（t/d）	不同煤种巷道预排瓦斯等值宽度（m）		
	无烟煤	瘦煤及焦煤	肥煤、气煤及长焰煤
25	6.5	9.0	11.5
50	7.4	10.5	13.0
100	9.0	12.4	16.0
160	10.5	14.2	18.0
200	11.0	15.4	19.7
250	12.0	16.9	21.5
≥300	13.0	18.0	23.0

预排瓦斯等值宽度亦可采用下式进行计算：
低变质煤：$0.808 \times t^{0.55}$
高变质煤：$(13.85 \times 0.0183t)/(1+0.0183t)$
预排瓦斯等值宽度亦可采用下式进行计算：
低变质煤：$0.808 \times t^{0.55}$
预排瓦斯等值宽度亦可采用下式进行计算：
低变质煤：$0.808 \times t^{0.55}$

A3 抽采后煤的残余瓦斯压力计算方法：
煤的残余相对瓦斯压力（表压）按下式计算

$$W_{CY} = \frac{ab(P_{CY}+0.1)}{1+b(P_{CY}+0.1)} \times \frac{100-A_d-M_{ad}}{100} \times \frac{1}{1+0.31M_{ad}} + \frac{\pi(P_{CY}+0.1)}{\gamma P_a} \quad (4)$$

式中 W_{CY}——残余瓦斯含量，m³/t；
a、b——吸附常数；
P_{CY}——煤层残余相对瓦斯压力，MPa；
P_a——标准大气压力，0.101325 MPa；
A_d——煤的灰分，%；
M_{ad}——煤的水分，%；
π——煤的孔隙率，m³/m³；
γ——煤的容重（假密度），t/m³。

A4 可解吸瓦斯量计算方法：
按公式（5）计算：

$$W_j = W_{cy} - W_{cc} \quad (5)$$

式中 W_j——煤的可解吸瓦斯量，m³/t；
W_{cy}——抽采瓦斯后煤层的残余瓦斯含量，m³/t；
W_{cc}——煤在标准大气压力下的残存瓦斯含量，

按公式（6）计算

$$W_{cc} = \frac{0.1ab}{1+0.1b} \times \frac{100-A_d-M_{ad}}{100} \times \frac{1}{1+0.31M_{ad}} + \frac{\pi\pi}{\gamma} \quad (6)$$

A5 采煤工作面瓦斯抽采率计算方法：
按公式（7）计算：

$$\eta_m = \frac{Q_{mc}}{Q_{mc}+Q_{mf}} \quad (7)$$

式中 η_m——工作面瓦斯抽采率，%；
Q_{mc}——回采期间，当月工作面月平均瓦斯抽采量，m³/min。其测定和计算方法为：在工作面范围内包括地面钻井、井下抽采（含移动抽采）各瓦斯抽采干管上安装瓦斯抽采检测、监测装置，每周至少测定3次，按月取各测定值的平均值之和为当月工作面平均瓦斯抽采量（标准状态下纯瓦斯量）；
Q_{mf}——当月工作面风排瓦斯量，m³/min。其测定和计算方法为：工作面所有回风流排出瓦斯量减去所有进风流带入的瓦斯量,按天取平均值为当天回采工作面风排瓦斯量（标准状态下纯瓦斯量）,取当月中最大一天的风排瓦斯量为当月回采工作面风排瓦斯量（标准状态下纯瓦斯量）。

A6 矿井瓦斯抽采率计算方法：

按公式（8）计算：

$$\eta_k = \frac{Q_{kc}}{Q_{kc} + Q_{kf}} \quad (8)$$

式中 η_k——矿井瓦斯抽采率,%;

Q_{kc}——当月矿井平均瓦斯抽采量,m^3/min。其测定、计算方法为：在井田范围内地面钻井抽采、井下抽采（含移动抽采）各瓦斯抽采站的抽采主管上安装瓦斯抽采检测、监测装置,每天测定不少于12次,按月取各测定值的平均值之和为当月矿井平均瓦斯抽采量（标准状态力下纯瓦斯量）；

Q_{kf}——当月矿井风排瓦斯量,m^3/min。其测定、计算方法为：按天取各回风井回风瓦斯平均值之和为当天矿井风排瓦斯量,取当月中最大一天的风排瓦斯量为当月矿井风排瓦斯量。

煤矿井下紧急避险系统建设管理暂行规定

（2011年1月25日国家安全监管总局以安监总煤装〔2011〕15号印发）

一、总则

1. 为促进和规范煤矿井下紧急避险系统的建设完善和管理工作,根据《国务院关于进一步加强企业安全生产工作的通知》（国发〔2010〕23号）,制定本规定。

2. 本规定适用于煤矿井下紧急避险系统的设计、建设、使用、维护和管理,并作为煤矿安全监管部门对煤矿井下紧急避险系统建设、使用、管理等实施监督检查和煤矿安全监察机构实施安全监察的依据。

3. 煤矿企业是煤矿井下紧急避险系统建设管理的责任主体,负责紧急避险系统的建设、使用和维护管理工作。各级煤矿安全监管部门负责本行政区域内煤矿井下紧急避险系统建设、使用、管理等的日常监管。各级煤矿安全监察机构负责对所驻辖区内煤矿井下紧急避险系统的建设、使用、管理等实施监察。

二、紧急避险系统

4. 煤矿井下紧急避险系统是指在煤矿井下发生紧急情况下,为遇险人员安全避险提供生命保障的设施、设备、措施组成的有机整体。紧急避险系统建设的内容包括为入井人员提供自救器、建设井下紧急避险设施、合理设置避灾路线、科学制定应急预案等。

5. 井下紧急避险设施是指在井下发生灾害事故时,为无法及时撤离的遇险人员提供生命保障的密闭空间。该设施对外能够抵御高温烟气,隔绝有毒有害气体,对内提供氧气、食物、水,去除有毒有害气体,创造生存基本条件,为应急救援创造条件、赢得时间。紧急避险设施主要包括永久避难硐室、临时避难硐室、可移动式救生舱。

永久避难硐室是指设置在井底车场、水平大巷、采区（盘区）避灾路线上,具有紧急避险功能的井下专用巷道硐室,服务于整个矿井、水平或采区,服务年限一般不低于5年。

临时避难硐室是指设置在采掘区域或采区避灾路线上,具有紧急避险功能的井下专用巷道硐室,主要服务于采掘工作面及其附近区域,服务年限一般不大于5年。

可移动式救生舱是指可通过牵引、吊装等方式实现移动,适应井下采掘作业地点变化要求的避险设施。

6. 所有井工煤矿应为入井人员配备额定防护时间不低于30分钟的自救器,入井人员应随身携带。

7. 紧急避险设施的建设方案应综合考虑所服务区域的特征和巷道布置、可能发生的灾害类型及特点、人员分布等因素。优先建设避难硐室。

8. 紧急避险设施应具备安全防护、氧气供给保障、有害气体去除、环境监测、通讯、照明、人员生存保障等基本功能,在无任何外界支持的情况下额定防护时间不低于96小时。

（1）具备自备氧供氧系统和有害气体去除设施。供氧量不低于0.5升/分钟·人,处理二氧化碳的能力不低于0.5升/分钟·人,处理一氧化碳的能力应能保证在20分钟内将一氧化碳浓度由0.04%降到0.0024%以下。在整个额定防护时间内,紧急避险设施内部环境中氧气含量应在18.5%~23.0%之间,二氧化碳浓度不大于1.0%，甲烷浓度不大于1.0%，一氧化碳浓度不大于0.0024%，温度不高于35摄氏度，湿度不大于85%，并保证紧急避险设施内始终处于不低于100帕的正压状态。采用高压气瓶供气系统的应有减压措施，以保证安全使用。

（2）配备独立的内外环境参数检测或监测仪器，在突发紧急情况下人员避险时，能够对避险设施过渡室（舱）内的氧气、一氧化碳，生存室（舱）内的氧气、甲烷、二氧化碳、一氧化碳、温度、湿度和避险设施外的氧气、甲烷、二氧化碳、一氧化碳进行检测或监测。

（3）按额定避险人数配备食品、饮用水、自救器、人体排泄物收集处理装置及急救箱、照明设施、工具箱、灭火器等辅助设施。配备的食品发热量不少于5000千焦/天·人，饮用水不少于1.5升/天·人。配备的自救器应为隔绝式，有效防护时间应不低于45分钟。

9. 各紧急避险设施的总容量应满足突发紧急情况下所服务区域全部人员紧急避险的需要，包括生产人员、管理人员及可能出现的其他临时人员，并应有一定的备用系数。永久避难硐室的备用系数不低于1.2，临时避难硐室和可移动式救生舱的备用系数不低于1.1。

10. 所有煤与瓦斯突出矿井都应建设井下紧急避险设施。

其他矿井在突发紧急情况时，凡井下人员在自救器额定防护时间内靠步行不能安全撤至地面的，应建设井下紧急避险设施。

11. 煤与瓦斯突出矿井应建设采区避难硐室。突出煤层的掘进巷道长度及采煤工作面推进长度超过500米时，应在距离工作面500米范围内建设临时避难硐室或设置可移动式救生舱。

其他矿井应在距离采掘工作面1000米范围内建设避难硐室或设置可移动式救生舱。

12. 紧急避险系统应有整体设计。设计方案应符合国家有关规定要求，经过企业技术负责人批准后，报属地煤矿安全监管部门和驻地煤矿安全监察机构备案。

新建、改扩建煤矿建设项目安全设施设计专篇中应包含煤矿井下紧急避险系统的设计，并符合本规定有关要求。

13. 紧急避险设施应与矿井安全监测监控、人员定位、压风自救、供水施救、通信联络等系统相连接，形成井下整体性的安全避险系统。

矿井安全监测监控系统应对紧急避险设施外和避难硐室内的甲烷、一氧化碳等环境参数进行实时监测。

矿井人员定位系统应能实时监测井下人员分布和进出紧急避险设施的情况。

矿井压风自救系统应能为紧急避险设施供给足量氧气，接入的矿井压风管路应减压、消音、过滤装置和控制阀，压风出口压力在0.1~0.3兆帕之间，供风量不低于0.3米^3/分钟·人，连续噪声不大于70分贝。

矿井供水施救系统应能在紧急情况下为避险人员供水，并为在紧急情况下输送液态营养物质创造条件。接入的矿井供水管路应有专用接口和供水阀门。

矿井通信联络系统应延伸至井下紧急避险设施，紧急避险设施内应设置直通矿调度室的电话。

14. 紧急避险设施的设置要与矿井避灾路线相结合，紧急避险设施应有清晰、醒目、牢靠的标识。矿井避灾路线图中应明确标注紧急避险设施的位置、规格和种类，井巷中应有紧急避险设施方位的明显标识，以方便灾变时遇险人员迅速到达紧急避险设施。

15. 紧急避险系统应随井下采掘系统的变化及时调整和补充完善，包括及时补充或移动紧急避险设施，完善避灾路线和应急预案等。

16. 可移动式救生舱应符合相关规定，并取得煤矿矿用产品安全标志。紧急避险设施的配套设备应符合相关标准的规定，纳入安全标志管理的应取得煤矿矿用产品安全标志。

三、避难硐室

17. 避难硐室应布置在稳定的岩层中，避开地质构造带、高温带、应力异常区以及透水危险区。前后20米范围内巷道应采用不燃性材料支护，且顶板完整、支护完好，符合安全出口的要求。特殊情况下确需布置在煤层中时，应有控制瓦斯涌出和防止瓦斯积聚、煤层自燃的措施。永久避难硐室应确保在服务期间不受采动影响，临时避难硐室应在服务期间避免受采动损害。

18. 避难硐室应采用向外开启的两道门结构。外侧第一道门采用既能抵挡一定强度的冲击波，又能阻挡有毒有害气体的防护密闭门；第二道门采用能阻挡有毒有害气体的密闭门。两道门之间为过渡室，密闭门之内为避险生存室。

防护密闭门上设观察窗，门墙设单向排水管和单向排气管，排水管和排气管应加装手动阀门。过渡室内应设压缩空气幕和压气喷淋装置。永久避难硐室过渡室的净面积应不小于3.0米^2；临时避难硐室不小于 2.0 米²。

生存室的宽度不得小于 2.0 米，长度根据设计的额定避险人数以及内配装备情况确定。生存室内设置不少于两趟单向排气管和一趟单向排水管，排水管和排气管应加装手动阀门。永久避难硐室生存室的净高不低于 2.0 米，每人应有不低于 1.0 米² 的有效使用面积，设计额定避险人数不少于 20 人，宜不多于 100 人。临时避难硐室生存室的净高不低于 1.85 米，每人应有不低于 0.9 米² 的有效使用面积，设计额定避险人数不少于 10 人，不多于 40 人。

19. 避难硐室防护密闭门抗冲击压力不低于 0.3 兆帕，应有足够的气密性，密封可靠、开闭灵活。门墙周边掏槽，深度不小于 0.2 米，墙体用强度不低于 c30 的混凝土浇筑，并与岩（煤）体接实，保证足够的气密性。

利用可移动式救生舱的过渡舱作为临时避难硐室的过渡室时，过渡舱外侧门框宽度应不小于 0.3 米，安装时在门框上整体灌注混凝土墙体，四周掏槽深度、墙体强度及密封性能要求不低于防护密闭门的安装要求。

20. 采用锚喷、砌碹等方式支护，支护材料应阻燃、抗静电、耐高温、耐腐蚀，顶板和墙壁的颜色宜为浅色。硐室地面高于巷道底板不小于 0.2 米。

21. 有条件的矿井宜为永久避难硐室布置由地表直达硐室的钻孔，钻孔直径应不小于 200 毫米。通过钻孔设置水管和电缆时，水管应有减压装置；钻孔地表出口应有必要的保护装置并储备自带动力压风机，数量不少于 2 台。避难硐室还应配备自备氧供氧系统，供氧量不小于 24 小时。

22. 接入避难硐室的矿井压风、供水、监测监控、人员定位、通讯和供电系统的各种管线在接入硐室前应采取保护措施。避难硐室内宜加配无线电话或应急通讯设施。

23. 避难硐室施工前，应有专门的施工设计，报企业技术负责人批准后方可实施。

24. 避难硐室施工中应加强工程管理和过程控制，确保施工质量。

避难硐室施工、安装完成后，应进行各种功能测试和联合试运行，并严格按设计要求组织验收。

四、可移动式救生舱

25. 选用的救生舱应符合有关标准规定，其适用范围和适用条件应符合所服务区域的特点，数量和总容量应满足所服务区域人员紧急避险的需要。

26. 救生舱应具备过渡舱结构，不设过渡舱时应有防止避险人员进入救生舱内时有害气体侵入的技术措施。过渡舱的净容积应不小于 1.2 米³，内设压缩空气幕、压气喷淋装置及单向排气阀。

生存舱提供的有效生存空间应不小于每人 0.8 米³，应设有观察窗和不少于 2 个单向排气阀。

27. 救生舱应具有足够的强度和气密性。舱体抗冲击压力不低于 0.3 兆帕。在 +500±20 帕压力下，泄压速率应不大于 350±20 帕/小时；舱内气压应始终保持高于外界气压 100～500 帕，且能根据实际情况进行调节。

28. 救生舱应选用抗高温老化、无腐蚀性、无公害的环保材料。舱内颜色应为浅色，外体颜色在煤矿井下照明条件下应醒目，宜采用黄色或红色。

29. 救生舱的设置地点和安装应有设计和作业规程，并严格按照产品说明书进行。在安装救生舱的位置前后 20 米范围内煤（岩）层稳定，采用不燃性材料支护，通风良好，无积水和杂物堆积，满足安全出口的要求，不得影响矿井正常生产和通风。

30. 接入救生舱的矿井压风管路、供水管路及通讯线路应采取防护措施，具有抗冲击破坏能力，管路与救生舱应采用软联接。

31. 救生舱安装完成后应进行系统性的功能测试和试运行，满足要求后方可通过验收。

32. 拆装、运输和移动救生舱时应有保护措施，编制操作规程和安全技术措施，保证拆装、运输和移动过程中不损坏救生舱。救生舱移动后应进行一次系统检查和功能测试。

五、维护与管理

33. 煤矿企业应建立紧急避险系统管理制度，确定专门机构和人员对紧急避险设施进行维护和管理，保证其始终处于正常待用状态。

34. 紧急避险设施内应悬挂或张贴简明、易懂的使用说明，指导避险矿工正确使用。

35. 煤矿企业应定期对紧急避险设施及配套设备进行维护和检查，并按产品说明书要求定期更换部件或设备。

应保证储存的食品、水、药品等始终处于保质期内，外包装应明确标示保质日期和下次更换时间。

每天应对紧急避险设施进行 1 次巡检，设置巡检牌板，做好巡检记录。煤矿负责人应对紧急避险设施的日常巡检情况进行检查。

每月对配备的高压气瓶进行 1 次余量检查及系统调试，气瓶内压力低于额定压力的 95% 时，应及时更换。每 3 年对高压气瓶进行 1 次强制性检测，每年对压力表进行 1 次强制性检验。

每 10 天应对设备电源进行 1 次检查和测试。

每年对紧急避险设施进行1次系统性的功能测试，包括气密性、电源、供氧、有害气体处理等。

36. 经检查发现紧急避险设施不能正常使用时，应及时维护处理。采掘区域的紧急避险设施不能正常使用时，应停止采掘作业。

37. 矿井灾害预防与处理计划、重大事故应急预案、采区设计及作业规程中应包含紧急避险系统的相关内容。

38. 应建立紧急避险设施的技术档案，准确记录紧急避险设施设计、安装、使用、维护、配件配品更换等相关信息。

39. 煤矿企业应于每年年底前将紧急避险系统建设和运行情况，向县级以上煤矿安全监管部门和驻地煤矿安全监察机构书面报告。

六、培训与应急演练

40. 煤矿企业应将了解紧急避险系统、正确使用紧急避险设施作为入井人员安全培训的重要内容，确保所有入井人员熟悉井下紧急避险系统，掌握紧急避险设施的使用方法，具备安全避险基本知识。

对紧急避险系统进行调整后，应及时对相关区域的入井人员进行再培训，确保所有入井人员准确掌握紧急避险系统的实际状况。

41. 煤矿应当每年开展1次紧急避险应急演练，建立应急演练档案，并将应急演练情况书面报告县级以上煤矿安全监管部门和驻地煤矿安全监察机构。

七、监督检查

42. 各级煤矿安全监管部门应将本地区煤矿井下紧急避险系统建设情况作为安全监管的重要内容，各级煤矿安全监察机构应将煤矿井下紧急避险系统建设和维护管理情况作为监察工作重点，纳入年度安全监管监察执法工作计划，定期开展监督检查。

43. 煤矿安全监管部门和煤矿安全监察机构要严格执法，对不能按期完成紧急避险系统建设或建设不符合本规定要求的，依法暂扣其安全生产许可证或提请有关部门暂扣煤炭生产许可证，责令限期整改；逾期仍未完成的，提请地方人民政府依法予以关闭。

44. 新建、改扩建煤矿建设项目安全设施设计专篇中未包含煤矿井下紧急避险系统有关内容，或有关内容不符合本规定要求的，其安全专篇不予通过审查。

45. 新建、改扩建煤矿建设项目未按安全设施设计专篇要求完成紧急避险系统建设的，其安全设施竣工验收不予通过。

已通过审批、正在实施中的新建、改扩建煤矿建设项目，应在规定的时限内完成紧急避险系统建设。

八、附则

46. 各省级煤矿安全监管部门可以根据实际情况制定实施细则。

47. 本规定自印发之日起施行。

关于强化瓦斯治理有效遏制煤矿重特大事故的通知

（2017年3月10日国家安全监管总局、国家煤矿安监局以安监总煤装〔2017〕18号联合印发）

各产煤省、自治区、直辖市及新疆生产建设兵团煤矿安全监管部门、煤炭行业管理部门，各省级煤矿安全监察局，司法部直属煤矿管理局，有关中央企业：

为深入贯彻落实全国安全生产电视电话会议和全国安全生产工作会议精神，有效防范和遏制煤矿重特大瓦斯事故，结合煤矿全面安全"体检"专项工作，现就强化煤矿瓦斯治理有效遏制煤矿重特大事故有关事项通知如下：

一、强化煤矿瓦斯等级管理

要严格瓦斯等级鉴定。开采同一煤层的相邻矿井升级为高瓦斯矿井的，应当立即进行瓦斯等级鉴定，鉴定完成前，要按高瓦斯矿井进行管理。煤层有瓦斯动力现象，或者瓦斯压力达到或超过0.74MPa，或者相邻矿井开采的同一煤层为突出煤层时，该煤层应当立即按照突出煤层管理，并按规定进行煤层突出危险性鉴定，严格管理；达到相邻矿井始突深度的煤层不得定为非突出煤层。

煤炭行业管理部门、煤矿安全监管监察部门要加强瓦斯等级鉴定结果的审核和动态监管监察，对鉴定中弄虚作假、瓦斯等级应升级未升级的，要严肃追究有关单位和人员的责任。

二、强化煤矿瓦斯监控

要加强安全监控系统的维护管理。安全监控设备发生故障时必须及时处理，在故障处理期间必须采用人工监测等安全措施，并填写故障记录；安全监控设备、传感器，以及甲烷电闭锁和风电闭锁功能必须定期调校、测试，保障系统正常运行。

煤矿安全监控系统不能正常运行的，必须立即停产整改。要加强安全监控系统联网建设，煤矿安全监控系统要与上级公司或负责煤矿安全监管的部门联网。要积极推进安全监控系统升级改造，推广使用先进适用的红外、激光等甲烷传感器。

三、强化瓦斯超限处置

要加强瓦斯零超限目标管理，落实瓦斯超限停电撤人、分析原因、停产整改和追究责任等四项措施，以瓦斯零超限目标管理倒逼瓦斯防治措施落实。

煤矿安全监管监察人员到煤矿检查"一通三防"时，要通过煤矿安全监控系统及运行日志、通风瓦斯日报和矿井调度值班记录等，检查矿井通风瓦斯管理情况。重点检查瓦斯超限是否按规定及时进行处置，是否从地质、通风、抽采、监控和管理等方面分析查找了原因，并采取措施；对煤矿企业没有查清瓦斯超限原因，且没有采取措施的，认定为超通风能力生产，应当根据矿井和采煤工作面的实测瓦斯涌出量和通风能力，按《煤矿生产能力核定标准》重新核定矿井和采煤工作面生产能力。

四、强化区域综合防突

要强化突出矿井区域防突措施落实。突出煤层采区设计和采掘工作面设计必须编制防突专项设计，落实两个"四位一体"综合防突措施，严格按照规定执行防突措施；施工中发现有突出预兆或发生突出的，必须立即停止作业，采取区域综合防突措施进行处理；对煤层赋存特征、地质构造条件和瓦斯参数不确定的区域，不得划分为非突出区；突出矿井的非突出区必须进行区域验证，经区域验证有突出危险的，必须采取区域或者局部综合防突措施；经区域验证无突出危险的，必须采取安全防护措施。

突出矿井在编制生产发展规划和年度生产计划时，必须同时编制相应的区域防突措施规划和年度实施计划，将保护层开采、区域预抽煤层瓦斯等工程与矿井采掘部署、工程接替等统一安排部署，确保采掘作业在区域防突措施有效区内进行。

要加强防突措施实施的现场管理，防止钻孔施工和抽采不到位，检验和验证数据不真实等问题；有条件的矿井可推广应用打钻视频监控、钻孔轨迹测量定位等技术。

五、强化瓦斯抽采达标

高瓦斯和煤与瓦斯突出矿井要做到先抽后采、抽采达标。突出矿井首先要实现预抽瓦斯防突效果达标，使瓦斯压力或瓦斯含量低于煤层始突深度处的瓦斯压力或瓦斯含量值，但防突效果达标并不等于抽采达标；所有矿井抽采达标必须实现工作面瓦斯抽采效果达标和矿井抽采率达标。要加强高瓦斯、突出矿井产能核定抽查，以抽定产，抽采能力不足的，一律予以核减产能，降低开采强度。

要推广先进适用瓦斯抽采、打钻、增透、封孔技术，提高抽采效率和抽采瓦斯浓度。要加强瓦斯抽采泵站、管道、瓦斯排放、采空区瓦斯抽采等安全管理。

六、强化瓦斯综合管理

要完善矿井通风系统。严禁2个采煤工作面之间，或者有突出危险的2个采掘工作面之间串联通风；采煤工作面必须正规开采、采用矿井全风压通风，严禁采用国家明令禁止的巷道式等采煤方法。

要加强采空区密闭管理。开采自燃、易自燃煤层时，必须制定和落实综合防灭火措施，回采后按规定封闭，并加强检查；煤矿要对所有密闭编号建档，及时填绘矿图，严禁假密闭和图实不符，并将生产计划、工作面开工、密闭施工和主要图纸资料等，及时如实报告当地煤矿安全监管监察部门。

要加强井下引燃火源管理。定期对矿井电气设备进行检修、测试，禁止使用国家明令淘汰的机电设备和非阻燃电缆、胶带、风筒等材料，严禁电气设备失爆、违规违章爆破和电气焊作业。

要淘汰退出9万吨/年及以下的煤与瓦斯突出矿井。对未列入化解过剩产能计划的9万吨/年至30万吨/年突出矿井，要结合煤矿全面安全"体检"，进行重点检查和安全评估，必须达到以下条件：安全生产费用提取不低于吨煤30元，且用于瓦斯防治的比例不低于50%；有防突机构、防突队伍，并建立健全防突制度和各级岗位责任制；从事防突工作的管理人员和井下工作人员具备《防治煤与瓦斯突出规定》要求的知识和能力；有地面瓦斯抽采系统并正常运行；采区有专用回风巷、采掘工作面无串联通风；安全监控系统运行管理和传感器安设满足《煤矿安全规程》要求；矿井、采区和采掘工作面有防突专项设计，并落实区域综合防突措施和局部综合防突措施。经检查或评估，对达不到以上任一条要求的，要依法责令限期改正；逾期未改正的责令停产整顿；经停产整顿仍未达标的，应依法提请地方政府予以关闭。

各级煤矿安全监管部门、煤炭行业管理部门和煤矿安全监察机构在日常检查、专项监察和煤矿全面安全"体检"中，要严格瓦斯治理监管监察执法，督促煤矿企业按照煤矿瓦斯防治规定要求，加强自检自改，强化煤矿瓦斯治理。

各省级煤矿安全监察局要及时总结煤矿瓦斯治理及监察执法情况，分析存在问题，提出进一步加强煤矿瓦斯治理建议，形成半年和全年总结报告，分别于2017年6月20日和12月20日前，将总结报告连同电子版报送国家煤矿安监局（联系人及电话：余博龙，010-64463225〈带传真〉；电子邮箱：yubl@chinasafety.gov.cn）。

煤矿瓦斯等级鉴定办法

(2018年4月27日国家煤矿安全监察局、国家能源局以煤安监技装〔2018〕9号印发,自2018年4月27日起施行)

第一章 总 则

第一条 为进一步规范煤矿瓦斯等级鉴定工作,加强矿井瓦斯管理,预防瓦斯事故,保障职工生命安全,根据《安全生产法》《煤矿安全监察条例》《国务院关于预防煤矿生产安全事故的特别规定》《煤矿安全规程》等,制定本办法。

第二条 井工煤矿(包括新建矿井、改扩建矿井、资源整合矿井、生产矿井等)、鉴定机构(单位)应当按照本办法进行煤矿瓦斯等级鉴定。

第三条 国家煤矿安全监察局指导、协调和监督全国煤矿瓦斯等级鉴定工作。

各省级煤炭行业管理部门负责辖区内煤矿瓦斯等级鉴定的管理工作。

各级地方煤矿安全监管部门、各驻地煤矿安全监察机构负责辖区内煤矿瓦斯等级鉴定的监管监察工作。

第四条 煤矿企业将煤矿瓦斯等级鉴定结果报省级煤炭行业管理部门和省级煤矿安全监察机构,由省级煤炭行业管理部门按年度汇总报国家煤矿安全监察局、国家能源局,并抄送省级煤矿安全监管部门。

第二章 矿井瓦斯等级划分

第五条 矿井瓦斯等级鉴定应当以独立生产系统的矿井为单位。

第六条 矿井瓦斯等级应当依据实际测定的瓦斯涌出量、瓦斯涌出形式以及实际发生的瓦斯动力现象、实测的突出危险性参数等确定。

第七条 矿井瓦斯等级划分为:
(一)低瓦斯矿井;
(二)高瓦斯矿井;
(三)煤(岩)与瓦斯(二氧化碳)突出矿井(以下简称"突出矿井")。

第八条 在矿井的开拓、生产范围内有突出煤(岩)层的矿井为突出矿井。

有下列情形之一的煤(岩)层为突出煤(岩)层:
(一)发生过煤(岩)与瓦斯(二氧化碳)突出的;
(二)经鉴定或者认定具有煤(岩)与瓦斯(二氧化碳)突出危险的。

第九条 非突出矿井具备下列情形之一的为高瓦斯矿井,否则为低瓦斯矿井:
(一)矿井相对瓦斯涌出量大于 $10\ m^3/t$;
(二)矿井绝对瓦斯涌出量大于 $40\ m^3/min$;
(三)矿井任一掘进工作面绝对瓦斯涌出量大于 $3\ m^3/min$;
(四)矿井任一采煤工作面绝对瓦斯涌出量大于 $5\ m^3/min$。

第十条 低瓦斯矿井每2年应当进行一次高瓦斯矿井等级鉴定,高瓦斯、突出矿井应当每年测定和计算矿井、采区、工作面瓦斯(二氧化碳)涌出量,并报省级煤炭行业管理部门和煤矿安全监察机构。

经鉴定或者认定为突出矿井的,不得改定为非突出矿井。

第十一条 新建矿井在可行性研究阶段,应当依据地质勘探资料、所处矿区的地质资料和相邻矿井相关资料等,对井田范围内采掘工程可能揭露的所有平均厚度在0.3 m及以上的煤层进行突出危险性评估,评估结果应当在可研报告中表述清楚。

经评估有突出危险煤层的新建矿井,建井期间应当对开采煤层及其他可能对采掘活动造成威胁的煤层进行突出危险性鉴定,鉴定工作应当在主要巷道进入煤层前开始。所有需要进行鉴定的新建矿井在建井期间,鉴定为突出煤层的应当及时提交鉴定报告,鉴定为非突出煤层的突出鉴定工作应当在矿井建设三期工程竣工前完成。

新建矿井在设计阶段应当按地勘资料、瓦斯涌出量预测结果、邻近矿井瓦斯等级、煤层突出危险性评估结果等综合预测瓦斯等级,作为矿井设计和建井期间井巷揭煤作业的依据。

第十二条 低瓦斯矿井应当在以下时间前进行并完成高瓦斯矿井等级鉴定工作:
(一)新建矿井投产验收;
(二)矿井生产能力核定完成;
(三)改扩建矿井改扩建工程竣工;
(四)新水平、新采区或开采新煤层的首采面回采满半年;
(五)资源整合矿井整合完成。

第十三条 低瓦斯矿井生产过程中出现本办法第九条中所列高瓦斯矿井条件的,煤矿企业应当立即认定该矿井为高瓦斯矿井,并报省级煤炭行业管理部门和省级煤矿安全监察机构。

第十四条 非突出矿井或者突出矿井的非突出煤

层出现下列情况之一的，应当立即进行煤层突出危险性鉴定，或直接认定为突出煤层；鉴定完成前，应当按照突出煤层管理：

（一）有瓦斯动力现象的；

（二）煤层瓦斯压力达到或者超过 0.74 MPa 的；

（三）相邻矿井开采的同一煤层发生突出事故或者被鉴定、认定为突出煤层的。

直接认定为突出煤层或者按突出煤层管理的，煤矿企业应当报省级煤炭行业管理部门和煤矿安全监察机构。

第十五条　除停产停建矿井和新建矿井外，矿井内根据第十四条规定按突出管理的煤层，应当在确定按突出管理之日起 6 个月内完成该煤层的突出危险性鉴定，否则，直接认定为突出煤层。

原低瓦斯矿井经突出鉴定为非突出矿井的，还应当立即进行高瓦斯矿井等级鉴定。

开采同一煤层达到相邻矿井始突深度的不得定为非突出煤层。

第十六条　矿井发生生产安全事故，经事故调查组分析确定为突出事故的，应当直接认定该煤层为突出煤层、矿井为突出矿井。

第三章　鉴定管理

第十七条　突出矿井（或突出煤层）鉴定工作由具备煤与瓦斯突出鉴定资质的机构承担。

高瓦斯矿井等级鉴定工作，由具备鉴定能力的煤矿企业或者委托具备相应资质的鉴定机构承担。具体办法由省级煤炭行业管理部门会同省级煤矿安全监管部门和省级煤矿安全监察机构制定。

第十八条　用于煤矿瓦斯等级鉴定或者测定的所有仪器仪表应当保证状态完好、精度满足要求、测值准确，计量仪器仪表应当在其计量检定或校准证书的有效期内使用。

第十九条　煤矿委托鉴定机构（单位）鉴定时，应当与鉴定机构（单位）签订合同，合同内容应当包括鉴定对象、内容及双方职责等。委托时不得要求特定的鉴定结果。

鉴定机构（单位）在鉴定合同生效后，高瓦斯矿井鉴定应当在 2 个月内完成；除新建矿井外，突出矿井（煤层）鉴定应当在 4 个月内完成。

第二十条　煤矿提供的基础资料、数据等必须真实、完整，并建立瓦斯鉴定档案，妥善保存鉴定过程中的原始资料。

鉴定机构按照本办法鉴定为突出煤层的，煤矿不得再委托其他鉴定机构鉴定为非突出煤层。

第二十一条　鉴定机构（单位）应当依照法律、法规、标准和执业规则等公正、诚信、科学地开展煤矿瓦斯等级鉴定工作，并对其鉴定结果负责。

鉴定机构（单位）不得转让、出借、出租瓦斯等级鉴定资质，不得转包或分包瓦斯等级鉴定工作。

第二十二条　鉴定机构（单位）应当建立健全瓦斯等级鉴定工作质量管理体系，对鉴定程序、鉴定人员、报告审批、鉴定资料的档案管理等进行严格管控，尤其对鉴定方法、指标测定、鉴定结论等应当建立内部审评机制。

第二十三条　鉴定人员应当为鉴定机构（单位）正式员工，熟悉相关法律、法规、标准和规定，具备鉴定工作所需要的专业知识和能力后方可从事鉴定工作。突出鉴定项目负责人必须从事煤矿瓦斯防治工作至少 10 年以上，并取得高级职称。

鉴定机构（单位）及其鉴定人员从事瓦斯鉴定活动，不得泄露被鉴定单位的技术和商业秘密等信息。

第二十四条　鉴定报告应当有被鉴定矿井（煤层）名称、鉴定机构（单位）名称、鉴定日期以及鉴定人员、鉴定负责人、审核人和授权签字人（批准人）的签字，加盖鉴定机构（单位）公章。突出鉴定报告还应当在鉴定证书中加盖突出鉴定资质章，并附鉴定资质证书复印件。

第二十五条　省级煤炭行业管理部门应当建立本省（区、市）煤矿瓦斯等级鉴定电子档案和数据库。矿井名称、鉴定结果、鉴定机构（单位）等与鉴定有关的信息应当公开。

第二十六条　各级煤矿安全监管部门和煤矿安全监察机构在开展安全监管监察工作时，发现矿井瓦斯的实际情况明显异于矿井瓦斯等级的，应当责令矿井限期进行瓦斯等级鉴定。

第四章　高瓦斯矿井等级鉴定

第二十七条　鉴定开始前应当编制鉴定工作方案，做好仪器准备、人员组织和分工、计划测定路线等。

第二十八条　鉴定应当根据当地气候条件选择在矿井绝对瓦斯涌出量最大的月份，且在矿井正常生产、建设时进行。

第二十九条　参数测定工作应当在鉴定月的上、中、下旬各取 1 天（间隔不少于 7 天），每天分 3 个班（或 4 个班）、每班 3 次进行。

第三十条　鉴定时应当准确测定风量、甲烷浓度、二氧化碳浓度及温度、气压等参数，统计井下瓦斯抽采量、月产煤量，全面收集煤层瓦斯压力、瓦斯含量、动力现象及预兆、瓦斯喷出、邻近矿井瓦斯等级等资料。

鉴定实测数据与最近6个月以来矿井安全监控系统的监测数据、通风报表和产量报表数据相差超过10%的，应当分析原因，必要时应当重新测定。

第三十一条 测点应当布置在进、回风巷测风站（包括主要通风机风硐）内，如无测风站，则选取断面规整且无杂物堆积的一段平直巷道作测点。每一测定班应当在同一时间段的正常生产时间进行。

第三十二条 绝对瓦斯涌出量按矿井、采区和采掘工作面等分别计算，相对瓦斯涌出量按矿井、采区或采煤工作面计算，计算方法见附录B，测定的基础数据和汇总表可参照附录E的格式填写。

第三十三条 高瓦斯矿井等级鉴定报告应当采用统一的表格格式（可参考附录E格式），并包括以下主要内容：

（一）矿井基本情况；

（二）矿井瓦斯和二氧化碳测定基础数据表；

（三）矿井瓦斯和二氧化碳测定结果报告表；

（四）标注有测定地点的矿井通风系统示意图；

（五）矿井瓦斯来源分析；

（六）最近5年内矿井的煤尘爆炸性鉴定、煤层自然发火倾向性鉴定、最短发火期及瓦斯（煤尘）爆炸或燃烧等情况；

（七）瓦斯喷出及瓦斯动力现象情况；

（八）鉴定月份生产状况及鉴定结果简要分析或说明；

（九）鉴定单位和鉴定人员；

（十）煤矿瓦斯等级鉴定结果表。

第五章 突出矿井鉴定

第三十四条 突出矿井鉴定应当首先根据实际发生的瓦斯动力现象进行，当由瓦斯动力现象特征不能确定为煤与瓦斯突出或者没有发生瓦斯动力现象时，应当采用实际测定的突出危险性指标进行鉴定。

第三十五条 煤层初次发生瓦斯动力现象的，煤矿应当详细记录瓦斯动力现象的基本特征或保留现场，及时检测并记录瓦斯动力现象影响区域的瓦斯浓度、风量及其变化、抛出的煤（岩）量等情况，并委托鉴定机构开展鉴定工作；或直接认定为突出煤层。鉴定机构接受委托后，应当指派至少2名本机构专业技术人员（其中至少1名具有高级职称）进行现场勘测并核实有关资料。

第三十六条 以瓦斯动力现象特征为主要依据进行鉴定的，应当将现场勘测情况与煤与瓦斯突出的基本特征进行对比，当瓦斯动力现象特征基本符合附录C中的特征时，该瓦斯动力现象为煤与瓦斯突出。

第三十七条 采用煤层突出危险性指标进行突出煤层鉴定的，应当将实际测定的原始煤层瓦斯压力（相对压力）、煤的坚固性系数、煤的破坏类型、煤的瓦斯放散初速度作为鉴定依据。

全部指标均符合下表所列条件的或打钻过程中发生喷孔、顶钻等突出预兆的，鉴定为突出煤层。否则，煤层的突出危险性可由鉴定机构结合直接法测定的原始瓦斯含量等实际情况综合分析确定，但当 $f \leqslant 0.3$、$P \geqslant 0.74$ MPa，或 $0.3 < f \leqslant 0.5$、$P \geqslant 1.0$ MPa，或 $0.5 < f \leqslant 0.8$、$P \geqslant 1.50$ MPa，或 $P \geqslant 2.0$ MPa 的，一般鉴定为突出煤层。

煤层突出危险性鉴定指标表

判定指标	煤的破坏类型	瓦斯放散初速度 ΔP	煤的坚固性系数 f	煤层原始瓦斯压力（相对）P/MPa
有突出危险的临界值及范围	Ⅲ、Ⅳ、Ⅴ	$\geqslant 10$	$\leqslant 0.5$	$\geqslant 0.74$

确定为非突出煤层时，应当在鉴定报告中明确划定鉴定的范围。当采掘工程进入鉴定范围以外的，应当经常性测定瓦斯压力、瓦斯含量及其与突出危险性相关的参数，掌握瓦斯动态。但若是根据第十四条规定进行的突出煤层鉴定确定为非突出煤层的，在开拓新水平、新采区或采深增加超过 50 m，或者进入新的地质单元时，应当重新进行突出煤层鉴定。

第三十八条 采用第三十七条进行突出煤层鉴定的，还应当符合下列要求：

（一）鉴定前应当制定鉴定工作方案。

（二）煤层瓦斯压力测定地点应当位于未受采动及抽采影响区域。

（三）突出危险性指标数据应当为实际测定数据。

（四）具备施工穿层钻孔测定瓦斯压力条件的，应当优先选择穿层钻孔；测点布置应当能有效代表待鉴定范围的突出危险性，且应当按照不同的地质单元分别布置，测点分布和数量根据煤层范围大小、地质构造复杂程度等确定，但同一地质单元内沿煤层走向测点不应少于2个、沿倾向不应少于3个，并应当在埋深最大及标高最低的开拓工程部位布置有测点。

（五）用于瓦斯放散初速度和煤的坚固性系数测定的煤样，应当具有代表性，取样地点应当不少于3

个。当有软分层时，应当采取软分层煤样。

（六）各指标值取鉴定煤层各测点的最高煤层破坏类型、煤的最小坚固性系数、最大瓦斯放散初速度和最大瓦斯压力值。

（七）所有指标测试应当严格执行相关标准。

第三十九条 当鉴定为非突出煤层时，应当充分考虑测点分布、地质单元、瓦斯赋存规律、地质构造分布、采区边界、开拓标高、采掘部署等因素，合理划定鉴定范围。

第四十条 鉴定报告应当对被鉴定矿井、煤层给出明确的结论，并包括鉴定证书、鉴定说明书和附件三部分。

鉴定证书以表格形式列出被鉴定矿井及煤层名称、鉴定依据、关键测定参数、鉴定结论（含范围）、鉴定机构、鉴定日期、鉴定人员签字。

鉴定说明书中应当包含矿井概况、瓦斯动力现象发生情况或煤层突出危险性指标测定情况及测定结果可靠性分析、确定是否为突出矿井（煤层）的主要依据及鉴定结论、应当采取的措施及管理建议。采用突出危险性指标鉴定时还应当包含瓦斯参数测点、煤样取样点布置图、关键瓦斯压力上升曲线图、鉴定范围图等。

采用突出危险性指标鉴定时，附件应当含有仪器仪表检定证书、突出危险性指标实验测试报告等。

第四十一条 煤与二氧化碳突出煤层的鉴定参照煤与瓦斯突出煤层的鉴定方法进行。

岩石与二氧化碳（瓦斯）突出岩层的鉴定依据为实际发生的动力现象，当动力现象具有如下基本特征时，应当确定为岩石与二氧化碳（瓦斯）突出岩层：

（一）在炸药直接作用范围外，发生破碎岩石被抛出现象；

（二）抛出的岩石中，含有大量的砂粒和粉尘；

（三）产生明显动力效应；

（四）巷道二氧化碳（瓦斯）涌出量明显增大；

（五）在岩体中形成孔洞；

（六）岩层松软，呈片状、碎屑状，岩芯呈凹凸片状，并具有较大的孔隙率和二氧化碳（瓦斯）含量。

第六章 鉴定责任

第四十二条 在鉴定过程中，煤矿提供的相关数据及图纸资料等与实际不符、弄虚作假甚至干扰鉴定工作，导致矿井瓦斯等级降低的，应当由安全生产许可证发放部门撤销其安全生产许可证。

第四十三条 鉴定机构应当对鉴定结果负责；出具虚假鉴定报告的，应当由资质发放部门吊销其鉴定资质，并按照有关法律法规予以处罚。

第七章 附 则

第四十四条 本办法所列附录 A 至附录 E 为本办法的一部分。

第四十五条 本办法自 2018 年 4 月 27 日起施行。

煤矿用爆破器材管理规定

（1996 年 10 月 21 日煤炭工业部以煤安字〔1996〕510 号发布，自 1997 年 1 月 1 日起实施）

第一章 总 则

第一条 为了保护国家财产和煤矿职工生命安全，根据《煤炭法》《民用爆炸物品管理条例》，制定本规定。

第二条 煤矿用爆破器材是指在煤矿井下使用的一切爆炸材料。

第三条 凡从事煤矿用爆破器材研究、生产、销售、购买、储存、运输、使用活动，适用本规定。

第四条 煤炭部爆破器材主管部门依照本规定对全国煤矿用爆破器材实施监督管理。

各省（区）煤炭工业主管部门对本地区煤矿用爆破器材进行监督管理。

第二章 安全管理

第五条 各级煤炭工业主管部门和与煤矿用爆破器材有关的企业主要负责人是煤矿用爆破器材安全工作的第一责任者，其主要技术负责人对煤矿用爆破器材安全技术负责。

第六条 各煤炭工业煤矿用爆破器材生产企业必须设置安全管理机构，配备专职安全监察员。

煤矿用爆破器材安全工作必须实行群众监督。

第七条 凡生产、销售、购买、储存、运输、使用煤矿用爆破器材的单位，必须建立煤矿用爆破器材安全管理制度和安全技术操作规程，建立煤矿用爆破器材安全岗位责任制。

第八条 凡从事生产、销售、购买、储存、运输、使用煤矿用爆破器材的人员，必须政治可靠，责任心强，熟悉产品性能和操作规程，经技术培训和安全教育、考核合格后持证上岗。

第三章 生 产

第九条 煤矿用爆破器材的生产实行定点管理，根据煤矿需要有计划地组织生产。

第十条 已建立的爆破器材生产企业生产煤矿用爆破器材产品，必须提出定点申请，经省（区）煤炭工业主管部门审查同意，报煤炭部爆破器材主管部门批准，发给定点生产证书。

第十一条 煤炭行业新建煤矿用爆破器材生产企业，露天煤矿建立炸药生产地面站或购买现场炸药混装车，必须向煤炭部爆破器材主管部门提出申请，经审查同意后，报国家有关部门批准。

第十二条 新建煤矿用爆破器材生产线或对煤矿用爆破器材生产线进行改建、扩建，必须申请立项，经省（区）煤炭工业主管部门审查同意，报煤炭部爆破器材主管部门批准；建成后，由煤炭部爆破器材主管部门或委托有关部门组织验收合格，方准投入生产。

第十三条 煤矿用爆破器材生产企业的新建和改、扩建工程，必须由有爆破器材工厂设计资质的设计单位进行设计。

煤矿用爆破器材工厂和生产线的设计和建设，必须符合国家有关安全规范的规定。

第十四条 煤矿用爆破器材产品实施入井证管理。

第十五条 煤矿用爆破器材产品入井证由煤炭部爆破器材主管部门负责颁发和管理。获得煤矿用爆破器材产品入井证的企业及产品名单在《中国煤炭报》公告。

第十六条 煤矿用爆破器材的试验或试制，应在专门场地或专门试验场进行。

第十七条 煤矿用爆破器材新产品的鉴定应按设计定型和生产定型（或转厂验收）两个阶段进行。

第十八条 煤矿用爆破器材新产品设计定型鉴定前，必须取得煤炭部爆破器材主管部门颁发的煤矿用爆破器材产品入井试验证，完成煤矿井下爆破试验；生产定型或转厂验收鉴定前，必须取得煤炭部爆破器材主管部门颁发的煤矿用爆破器材产品入井试用证，完成煤矿井下爆破试用。

煤矿用爆破器材生产定型或转厂验收鉴定后，申请办理煤矿用爆破器材产品入井证。

第十九条 煤矿用爆破器材产品入井试验证有效期6个月，煤矿用爆破器材产品入井试用证有效期12个月，煤矿用爆破器材产品入井证有效期30个月。

第二十条 煤矿用爆破器材生产企业必须建立严格的煤矿用爆破器材产品检验制度。不合格的煤矿用爆破器材产品，不准出厂。

第二十一条 煤矿用爆破器材生产企业应做好煤矿用爆破器材产品产量、质量及主要原材料消耗的统计工作。

煤矿用爆破器材生产用原材料应符合国家标准或者行业标准，特种材料应专用。

第四章 销售与购买

第二十二条 煤矿用爆破器材属于国家计划分配物资。

煤炭部直属、直供煤矿需求煤矿用爆破器材，经矿务局（公司、矿）、省（区）煤炭工业主管部门逐级上报，由煤炭部爆破器材主管部门统一汇总，报国家有关部门批准后定向供应。应急需求的煤矿用爆破器材由煤炭部爆破器材主管部门调拨。

省（区）煤炭工业主管部门负责本地区煤矿用爆破器材的供销。跨省需求煤矿用爆破器材由煤炭部爆破器材主管部门组织平衡。

第二十三条 销售、购买煤矿用爆破器材，必须取得当地公安机关颁发的《爆炸物品销售许可证》《爆炸物品购买证》。

第二十四条 无煤矿用爆破器材产品入井证的企业严禁销售煤矿用爆破器材，煤矿严禁购买无煤矿用爆破器材产品入井证或入井证超期的煤矿用爆破器材。

第二十五条 煤矿用爆破器材产品的进出口，必须向煤炭部爆破器材主管部门申报，报国家有关部门批准。

第五章 储存与运输

第二十六条 生产、销售、储存、使用煤矿用爆破器材的单位设立专用爆破器材仓库、储存室，必须取得当地公安机关颁发的《爆炸物品储存许可证》。

第二十七条 煤矿用爆破器材仓库、储存室的建设和储存，必须符合《煤矿安全规程》的有关规定。

第二十八条 每一矿井应建立煤矿用爆破器材装运、领退、保管、销毁、电雷管编号及全电阻检查、有关人员岗位责任、丢失处理和奖罚制度。

第二十九条 电雷管（包括清退入库的电雷管）在发给放炮员前，必须逐个做全电阻检查，并将脚线扭结成短路。

严禁发放电阻不合格的电雷管。

第三十条 跨地区长途运输煤矿用爆破器材必须

在当地公安机关办理《爆炸物品运输证》。

第三十一条 运输煤矿用爆破器材必须严格遵守《煤矿安全规程》的有关规定。

第六章 井下爆破作业

第三十二条 煤矿井下爆破作业，必须由依法培训、考核合格，持有《放炮员作业证》的专职放炮员担任。在煤与瓦斯（二氧化碳）突出煤层中，专职放炮员的工作必须固定在一个工作面。

第三十三条 煤矿井下爆破作业使用的煤矿用爆破器材，必须经煤炭部指定的检验机构检验合格，持有煤矿用爆破器材产品入井证。

第三十四条 煤矿井下试验爆破新技术、新工艺、新设备，使用煤矿用爆破器材新产品，必须制定安全措施，报上一级管理机关批准。

第三十五条 煤矿井下爆破必须由煤矿总工程师按矿井瓦斯等级选用相应安全等级的煤矿炸药：

（一）低瓦斯矿井，有瓦斯或煤尘爆炸危险的采掘工作面，必须使用安全等级不低于二级的煤矿许用炸药；

（二）高瓦斯矿井（低瓦斯矿井的高瓦斯区域），有瓦斯或煤尘爆炸危险的采掘工作面，必须使用安全等级不低于三级的煤矿许用含水炸药（水胶炸药或乳化炸药）；

（三）有煤（岩）与瓦斯突出危险的采掘工作面，必须使用安全等级不低于三级的煤矿许用含水炸药（水胶炸药或乳化炸药）。

第三十六条 煤矿井下爆破应由煤矿总工程师按下列规定选用电雷管：

（一）有瓦斯矿井中的采掘工作面，必须使用8号金属壳煤矿许用瞬发电雷管或8号金属壳煤矿许用毫秒延期电雷管；

（二）有瓦斯或煤尘爆炸危险的采掘工作面，使用煤矿许用毫秒延期电雷管时，其最后一段延期时间不得超过130 ms。

（三）不同厂家或不同品种的电雷管不得混杂使用。

第三十七条 煤矿井下爆破作业必须遵守煤炭部有关规定，并进行标准化管理。

第七章 奖 惩

第三十八条 对发现事故征兆立即采取措施或及时上报而避免了事故或显著减少事故危害程度、抢救事故有功的集体和个人，本单位应给以表彰、奖励；对有发明创造或在全行业推广新产品、新技术成绩卓著的集体和个人，上级主管部门应给予表彰、奖励。

第三十九条 对违反本规定的单位和个人，情节或后果严重的，上级主管部门应给予经济处罚或行政处分。

第八章 附 则

第四十条 本规定自1997年1月1日起实施。

防治煤矿冲击地压细则

（2018年4月16日国家煤矿安全监察局第14次局长办公会议审议通过，2018年5月2日国家煤矿安全监察局以煤安监技装〔2018〕8号印发，自2018年8月1日起施行）

第一章 总 则

第一条 为了加强煤矿冲击地压防治工作，有效预防冲击地压事故，保障煤矿职工安全，根据《中华人民共和国安全生产法》《中华人民共和国矿山安全法》《国务院关于预防煤矿生产安全事故的特别规定》《煤矿安全规程》等法律、法规、规章和规范性文件的规定，制定《防治煤矿冲击地压细则》（以下简称《细则》）。

第二条 煤矿企业（煤矿）和相关单位的冲击地压防治工作，适用本细则。

第三条 煤矿企业（煤矿）的主要负责人（法定代表人、实际控制人）是冲击地压防治的第一责任人，对防治工作全面负责；其他负责人对分管范围内冲击地压防治工作负责；煤矿企业（煤矿）总工程师是冲击地压防治的技术负责人，对防治技术工作负责。

第四条 冲击地压防治费用必须列入煤矿企业（煤矿）年度安全费用计划，满足冲击地压防治工作需要。

第五条 冲击地压矿井必须编制冲击地压事故应急预案，且每年至少组织一次应急预案演练。

第六条 冲击地压矿井必须建立冲击地压防治安全技术管理制度、防治岗位安全责任制度、防治培训制度、事故报告制度等工作规范。

第七条 鼓励煤矿企业（煤矿）和科研单位开展冲击地压防治研究与科技攻关，研发、推广使用新技术、新工艺、新材料、新装备，提高冲击地压防治水平。

第二章 一般规定

第八条 冲击地压是指煤矿井巷或工作面周围煤（岩）体由于弹性变形能的瞬时释放而产生的突然、剧烈破坏的动力现象，常伴有煤（岩）体瞬间位移、抛出、巨响及气浪等。

冲击地压可按照煤（岩）体弹性能释放的主体、载荷类型等进行分类，对不同的冲击地压类型采取针对性的防治措施，实现分类防治。

第九条 在矿井井田范围内发生过冲击地压现象的煤层，或者经鉴定煤层（或者其顶底板岩层）具有冲击倾向性且评价具有冲击危险性的煤层为冲击地压煤层。有冲击地压煤层的矿井为冲击地压矿井。

第十条 有下列情况之一的，应当进行煤层（岩层）冲击倾向性鉴定：

（一）有强烈震动、瞬间底（帮）鼓、煤岩弹射等动力现象的。

（二）埋深超过400米的煤层，且煤层上方100米范围内存在单层厚度超过10米、单轴抗压强度大于60兆帕的坚硬岩层。

（三）相邻矿井开采的同一煤层发生过冲击地压或经鉴定为冲击地压煤层的。

（四）冲击地压矿井开采新水平、新煤层。

第十一条 煤层冲击倾向性鉴定按照《冲击地压测定、监测与防治方法 第2部分：煤的冲击倾向性分类及指数的测定方法》（GB/T 25217.2）进行。

第十二条 顶板、底板岩层冲击倾向性鉴定按照《冲击地压测定、监测与防治方法 第1部分：顶板岩层冲击倾向性分类及指数的测定方法》（GB/T 25217.1）进行。

第十三条 煤矿企业（煤矿）应当委托能够执行国家标准（GB/T 25217.1、GB/T 25217.2）的机构开展煤层（岩层）冲击倾向性的鉴定工作。鉴定单位应当在接受委托之日起90天内提交鉴定报告，并对鉴定结果负责。煤矿企业应当将鉴定结果报省级煤炭行业管理部门、煤矿安全监管部门和煤矿安全监察机构。

第十四条 开采具有冲击倾向性的煤层，必须进行冲击危险性评价。煤矿企业应当将评价结果报省级煤炭行业管理部门、煤矿安全监管部门和煤矿安全监察机构。

开采冲击地压煤层必须进行采区、采掘工作面冲击危险性评价。

第十五条 冲击危险性评价可采用综合指数法或其他经实践证实有效的方法。评价结果分为四级：无冲击地压危险、弱冲击地压危险、中等冲击地压危险、强冲击地压危险。

煤层（或者其顶底板岩层）具有强冲击倾向性且评价具有强冲击地压危险的，为严重冲击地压煤层。开采严重冲击地压煤层的矿井为严重冲击地压矿井。

经冲击危险性评价后划分出冲击地压危险区域，不同的冲击地压危险区域可按冲击危险等级采取一种或多种的综合防治措施，实现分区管理。

第十六条 新建矿井在可行性研究阶段应当根据地质条件、开采方式和周边矿井等情况，参照冲击倾向性鉴定规定对可采煤层及其顶底板岩层冲击倾向性进行评估，当评估有冲击倾向性时，应当进行冲击危险性评价，评价结果作为矿井立项、初步设计和指导建井施工的依据，并在建井期间完成煤层（岩层）冲击倾向性鉴定。

第十七条 煤层（矿井）、采区冲击危险性评价及冲击地压危险区域划分可委托具有冲击地压研究基础与评价能力的机构或由具有5年以上冲击地压防治经验的煤矿企业开展，编制评价报告，并对评价结果负责。

采掘工作面冲击危险性评价可由煤矿组织开展，评价报告报煤矿企业技术负责人审批。

第十八条 有冲击地压矿井的煤矿企业必须明确分管冲击地压防治工作的负责人及业务主管部门，配备相关的业务管理人员。冲击地压矿井必须明确分管冲击地压防治工作的负责人，设立专门的防冲机构，并配备专业防冲技术人员与施工队伍，防冲队伍人数必须满足矿井防冲工作的需要，建立防冲监测系统，配备防冲装备，完善安全设施和管理制度，加强现场管理。

第十九条 冲击地压防治应当坚持"区域先行、局部跟进、分区管理、分类防治"的原则。

第二十条 冲击地压矿井必须编制中长期防冲规划和年度防冲计划。中长期防冲规划每3至5年编制一次，执行期内有较大变化时，应当在年度计划中补充说明。中长期防冲规划与年度防冲计划由煤矿组织编制，经煤矿企业审批后实施。

中长期防冲规划主要包括防冲管理机构及队伍组成、规划期内的采掘接续、冲击地压危险区域划分、冲击地压监测与治理措施的指导性方案、冲击地压防治科研重点、安全费用、防冲原则及实施保障措施等。

年度防冲计划主要包括上年度冲击地压防治总结

及本年度采掘工作面接续、冲击地压危险区域排查、冲击地压监测与治理措施的实施方案、科研项目、安全费用、防冲安全技术措施、年度培训计划等。

第二十一条 有冲击地压危险的采掘工作面作业规程中必须包括防冲专项措施，防冲专项措施应当依据防冲设计编制，应当包括采掘作业区域冲击危险性评价结论、冲击地压监测方法、防治方法、效果检验方法、安全防护方法以及避灾路线等主要内容。

第二十二条 开采冲击地压煤层时，必须采取冲击地压危险性预测、监测预警、防范治理、效果检验、安全防护等综合性防治措施。

第二十三条 冲击地压矿井必须依据冲击地压防治培训制度，定期对井下相关的作业人员、班组长、技术员、区队长、防冲专业人员与管理人员进行冲击地压防治的教育和培训，保证防冲相关人员具备必要的岗位防冲知识和技能。

第二十四条 新建矿井和冲击地压矿井的新水平、新采区、新煤层有冲击地压危险的，必须编制防冲设计。防冲设计应当包括开拓方式、保护层的选择、巷道布置、工作面开采顺序、采煤方法、生产能力、支护形式、冲击危险性预测方法、冲击地压监测预警方法、防冲措施及效果检验方法、安全防护措施等内容。

新建矿井防冲设计还应当包括：防冲必须具备的装备、防冲机构和管理制度、冲击地压防治培训制度和应急预案等。

新水平防冲设计还应当包括：多水平之间相互影响、多水平开采顺序、水平内煤层群的开采顺序、保护层设计等。

新采区防冲设计还应当包括：采区内工作面采掘顺序设计、冲击地压危险区域与等级划分、基于防冲的回采巷道布置、上下山巷道位置、停采线位置等。

第二十五条 冲击地压矿井应当按照采掘工作面的防冲要求进行矿井生产能力核定，在冲击地压危险区域采掘作业时，应当按冲击地压危险性评价结果明确采掘工作面安全推进速度，确定采掘工作面的生产能力。提高矿井生产能力和新水平延深时，必须组织专家进行论证。

第二十六条 矿井具有冲击地压危险的区域，采取综合防冲措施仍不能消除冲击地压危险的，不得进行采掘作业。

第二十七条 开采冲击地压煤层时，在应力集中区内不得布置2个工作面同时进行采掘作业。2个掘进工作面之间的距离小于150米时，采煤工作面与掘进工作面之间的距离小于350米时，2个采煤工作面之间的距离小于500米时，必须停止其中一个工作面，确保两个回采工作面之间、回采工作面与掘进工作面之间、两个掘进工作面之间留有足够的间距，以避免应力叠加导致冲击地压的发生。相邻矿井、相邻采区之间应当避免开采相互影响。

第二十八条 开拓巷道不得布置在严重冲击地压煤层中，永久硐室不得布置在冲击地压煤层中。开拓巷道、永久硐室布置达不到以上要求且不具备重新布置条件时，需进行安全性论证。在采取加强防冲综合措施，确认冲击危险监测指标小于临界值后方可继续使用，且必须加强监测。

第二十九条 冲击地压煤层巷道与硐室布置不应留底煤，如果留有底煤必须采取底板预卸压等专项治理措施。

第三十条 严重冲击地压厚煤层中的巷道应当布置在应力集中区外。冲击地压煤层双巷掘进时，2条平行巷道在时间、空间上应当避免相互影响。

第三十一条 冲击地压煤层应当严格按顺序开采，不得留孤岛煤柱。采空区内不得留有煤柱，如果特殊情况必须在采空区留有煤柱时，应当进行安全性论证，报企业技术负责人审批，并将煤柱的位置、尺寸以及影响范围标在采掘工程平面图上。煤层群下行开采时，应当分析上一煤层煤柱的影响。

第三十二条 冲击地压煤层开采孤岛煤柱前，煤矿企业应当组织专家进行防冲安全开采论证，论证结果为不能保障安全开采的，不得进行采掘作业。

严重冲击地压矿井不得开采孤岛煤柱。

第三十三条 对冲击地压煤层，应当根据顶底板岩性适当加大掘进巷道宽度。应当优先选择无煤柱护巷工艺，采用大煤柱护巷时应当避开应力集中区，严禁留大煤柱影响邻近层开采。

第三十四条 采用垮落法管理顶板时，支架（柱）应当具有足够的支护强度，采空区中所有支柱必须回净。

第三十五条 冲击地压煤层采掘工作面临近大型地质构造（幅度在30米以上、长度在1千米以上的褶曲，落差大于20米的断层）、采空区、煤柱及其他应力集中区附近时，必须制定防冲专项措施。

第三十六条 编制采煤工作面作业规程时，应当确定回采工作面初次来压、周期来压、采空区"见方"等可能的影响范围，并制定防冲专项措施。

第三十七条 在无冲击地压煤层中的三面或者四面被采空区所包围的区域开采或回收煤柱时，必须进行冲击危险性评价、制定防冲专项措施，并组织专家论证通过后方可开采。

有冲击地压潜在风险的无冲击地压煤层的矿井，在煤层、工作面采掘顺序、巷道布置、支护和煤柱留设，采煤工作面布置、支护、推进速度和停采线位置等设计时，应当避免应力集中，防止不合理开采导致冲击地压发生。

第三十八条 冲击地压煤层内掘进巷道贯通或错层交叉时，应当在距离贯通或交叉点50米之前开始采取防冲专项措施。

第三十九条 具有冲击地压危险的高瓦斯、煤与瓦斯突出矿井，应当根据本矿井条件，综合考虑制定防治冲击地压、煤与瓦斯突出、瓦斯异常涌出等复合灾害的综合技术措施，强化瓦斯抽采和卸压措施。

具有冲击地压危险的高瓦斯矿井，采煤工作面进风巷（距工作面不大于10米处）应当设置甲烷传感器，其报警、断电、复电浓度和断电范围同突出矿井采煤工作面进风巷甲烷传感器。

第四十条 具有冲击地压危险的复杂水文地质、容易自燃煤层的矿井，应当根据本矿井条件，在防治水、煤层自然发火时综合考虑防治冲击地压。

第四十一条 冲击地压矿井必须制定避免因冲击地压产生火花造成煤尘、瓦斯燃烧或爆炸等事故的专项措施。

第四十二条 开采具有冲击地压危险的急倾斜煤层、特厚煤层时，在确定合理采煤方法和工作面参数的基础上，应当制定防冲专项措施，并由企业技术负责人审批。

第四十三条 具有冲击地压危险的急倾斜煤层，顶板具有难垮落特征时，应当对顶板活动进行监测预警，制定强制放顶或顶板预裂等措施，实施措施后必须进行顶板处理效果检验。

第三章 冲击危险性预测、监测、效果检验

第四十四条 冲击地压矿井必须进行区域危险性预测（以下简称区域预测）和局部危险性预测（以下简称局部预测）。区域预测即对矿井、水平、煤层、采（盘）区进行冲击危险性评价，划分冲击地压危险区域和确定危险等级；局部预测即对采掘工作面和巷道、硐室进行冲击危险性评价，划分冲击地压危险区域和确定危险等级。

第四十五条 区域预测与局部预测可根据地质与开采技术条件等，优先采用综合指数法确定冲击危险性，还可采用其他经实践证明有效的方法。预测结果分为四类：无冲击地压危险区、弱冲击地压危险区、中等冲击地压危险区、强冲击地压危险区。根据不同的预测结果制定相应的防治措施。

第四十六条 冲击地压矿井必须建立区域与局部相结合的冲击危险性监测制度，区域监测应当覆盖矿井采掘区域，局部监测应当覆盖冲击地压危险区，区域监测可采用微震监测法等，局部监测可采用钻屑法、应力监测法、电磁辐射法等。

第四十七条 采用微震监测法进行区域监测时，微震监测系统的监测与布置应当覆盖矿井采掘区域，对微震信号进行远距离、实时、动态监测，并确定微震发生的时间、能量（震级）及三维空间坐标等参数。

第四十八条 采用钻屑法进行局部监测时，钻孔参数应当根据实际条件确定。记录每米钻进时的煤粉量，达到或超过临界指标时，判定为有冲击地压危险；记录钻进时的动力效应，如声响、卡钻、吸钻、钻孔冲击等现象，作为判断冲击地压危险的参考指标。

第四十九条 采用应力监测法进行局部监测时，应当根据冲击危险性评价结果，确定应力传感器埋设深度、测点间距、埋设时间、监测范围、冲击地压危险判别指标等参数，实现远距离、实时、动态监测。

可采用矿压监测法进行局部补充性监测，掘进工作面每掘进一定距离设置顶底板动态仪和顶板离层仪，对顶底板移近量和顶板离层情况进行定期观测；回采工作面通过对液压支架工作阻力进行监测，分析采场来压程度、来压步距、来压征兆等，对采场大面积来压进行预测预报。

第五十条 冲击地压矿井应当根据矿井的实际情况和冲击地压发生类型，选择区域和局部监测方法。可以用实验室试验或类比法先设定预警临界指标初值，再根据现场实际考察资料和积累的数据进一步修订初值，确定冲击危险性预警临界指标。

第五十一条 冲击地压矿井必须有技术人员专门负责监测与预警工作；必须建立实时预警、处置调度和处理结果反馈制度。

第五十二条 冲击地压危险区域必须进行日常监测，防冲专业人员每天对冲击地压危险区域的监测数据、生产条件等进行综合分析，判定冲击地压危险程度，并编制监测日报，报经矿防冲负责人、总工程师签字，及时告知相关单位和人员。

第五十三条 当监测区域或作业地点监测数据超过冲击地压危险预警临界指标，或采掘作业地点出现强烈震动、巨响、瞬间底（帮）鼓、煤岩弹射等动力现象，判定具有冲击地压危险时，必须立即停止作业，按照冲击地压避灾路线迅速撤出人员，切断电源，并报告矿调度室。

第五十四条 冲击地压危险区域实施解危措施

时，必须撤出冲击地压危险区域所有与防冲施工无关的人员，停止运转一切与防冲施工无关的设备。实施解危措施后，必须对解危效果进行检验，检验结果小于临界值，确认危险解除后方可恢复正常作业。

第五十五条 停采3天及以上的冲击地压危险采掘工作面恢复生产前，防冲专业人员应当根据钻屑法、应力监测法或微震监测法等检测监测情况对工作面冲击地压危险程度进行评价，并采取相应的安全措施。

第四章 区域与局部防冲措施

第五十六条 冲击地压矿井必须采取区域和局部相结合的防冲措施。在矿井设计、采（盘）区设计阶段应当先行采取区域防冲措施；对已形成的采掘工作面应当在实施区域防冲措施的基础上及时跟进局部防冲措施。

第五十七条 冲击地压矿井应当选择合理的开拓方式、采掘部署、开采顺序、煤柱留设、采煤方法、采煤工艺及开采保护层等区域防冲措施。

第五十八条 冲击地压矿井进行开拓方式选择时，应当参考地应力等因素合理确定开拓巷道层位与间距，尽可能地避免局部应力集中。

第五十九条 冲击地压矿井进行采掘部署时，应当将巷道布置在低应力区，优先选择无煤柱护巷或小煤柱护巷，降低巷道的冲击危险性。

第六十条 冲击地压矿井同一煤层开采，应当优化确定采区间和采区内的开采顺序，避免出现孤岛工作面等高应力集中区域。

第六十一条 冲击地压矿井进行采区设计时，应当避免开切眼和停采线外错布置形成应力集中，否则应当制定防冲专项措施。

第六十二条 应当根据煤层层间距、煤层厚度、煤层及顶底板的冲击倾向性等情况综合考虑保护层开采的可行性，具备条件的，必须开采保护层。优先开采无冲击地压危险或弱冲击地压危险的煤层，有效减弱被保护煤层的冲击危险性。

第六十三条 保护层的有效保护范围应当根据保护层和被保护层的煤层赋存情况、保护层采煤方法和回采工艺等矿井实际条件确定；保护层回采超前被保护层采掘工作面的距离应当符合本细则第二十七条的规定；保护层的卸压滞后时间和对被保护层卸压的有效时间应当根据理论分析、现场观测或工程类比综合确定。

第六十四条 开采保护层后，仍存在冲击地压危险的区域，必须采取防冲措施。

第六十五条 冲击地压煤层应当采用长壁综合机械化采煤方法。

第六十六条 缓倾斜、倾斜厚及特厚煤层采用综采放顶煤工艺开采时，直接顶不能随采随冒的，应当预先对顶板进行弱化处理。

第六十七条 冲击地压矿井应当在采取区域措施基础上，选择煤层钻孔卸压、煤层爆破卸压、煤层注水、顶板爆破预裂、顶板水力致裂、底板钻孔或爆破卸压等至少一种有针对性、有效的局部防冲措施。

采用爆破卸压时，必须编制专项安全措施，起爆点及警戒点到爆破地点的直线距离不得小于300米，躲炮时间不得小于30分钟。

第六十八条 采用煤层钻孔卸压防治冲击地压时，应当依据冲击危险性评价结果、煤岩物理力学性质、开采布置等具体条件综合确定钻孔参数。必须制定防止打钻诱发冲击伤人的安全防护措施。

第六十九条 采用煤层爆破卸压防治冲击地压时，应当依据冲击危险性评价结果、煤岩物理力学性质、开采布置等具体条件确定合理的爆破参数，包括孔深、孔径、孔距、装药量、封孔长度、起爆间隔时间、起爆方法、一次爆破的孔数。

第七十条 采用煤层注水防治冲击地压时，应当根据煤层条件及煤的浸水试验结果等综合考虑确定注水孔布置、注水压力、注水量、注水时间等参数，并检验注水效果。

第七十一条 采用顶板爆破预裂防治冲击地压时，应当根据邻近钻孔顶板岩层柱状图、顶板岩层物理力学性质和工作面来压情况等，确定岩层爆破层位，依据爆破岩层层位确定爆破钻孔方位、倾角、长度、装药量、封孔长度等爆破参数。

第七十二条 采用顶板水力致裂防治冲击地压时，应当根据邻近钻孔顶板岩层柱状图、顶板岩层物理力学性质和工作面来压情况等，确定压裂孔布置（孔深、孔径、孔距）、高压泵压力、致裂时间等参数。

第七十三条 采用底板爆破卸压防治冲击地压时，应当根据邻近钻孔柱状图和煤及底板岩层物理力学性质等煤岩层条件等，确定煤岩层爆破深度、钻孔倾角与方位角、装药量、封孔长度等参数。

第七十四条 采用底板钻孔卸压防治冲击地压时，应当依据冲击危险性评价结果、底板煤岩层物理力学性质、开采布置等实际具体条件综合确定卸压钻孔参数。

第七十五条 冲击地压危险工作面实施解危措施后，必须进行效果检验，确认检验结果小于临界值后，方可进行采掘作业。

防冲效果检验可采用钻屑法、应力监测法或微震监测法等，防冲效果检验的指标参考监测预警的指标执行。

第五章 冲击地压安全防护措施

第七十六条 人员进入冲击地压危险区域时必须严格执行"人员准入制度"。准入制度必须明确规定人员进入的时间、区域和人数，并下现场设立管理站。

第七十七条 进入严重（强）冲击地压危险区域的人员必须采取穿戴防冲服等特殊的个体防护措施，对人体胸部、腹部、头部等主要部位加强保护。

第七十八条 有冲击地压危险的采掘工作面，供电、供液等设备应当放置在采动应力集中影响区外，且距离工作面不小于200米；不能满足上述条件时，应当放置在无冲击地压危险区域。

第七十九条 评价为强冲击地压危险的区域不得存放备用材料和设备；巷道内杂物应当清理干净，保持行走路线畅通；对冲击地压危险区域内的在用设备、管线、物品等应当采取固定措施，管路应当吊挂在巷道腰线以下，高于1.2米的必须采取固定措施。

第八十条 冲击地压危险区域的巷道必须采取加强支护措施，采煤工作面必须加大上下出口和巷道的超前支护范围与强度，并在作业规程或专项措施中规定。加强支护可采用单体液压支柱、门式支架、垛式支架、自移式支架等。采用单体液压支柱加强支护时，必须采取防倒措施。

第八十一条 严重（强）冲击地压危险区域，必须采取防底鼓措施。防底鼓措施应当定期清理底鼓，并可根据巷道底板岩性采取底板卸压、底板加固等措施。底板卸压可采取底板爆破、底板钻孔卸压等；底板加固可采用U形钢底板封闭支架、带有底梁的液压支架、打设锚杆（锚索）、底板注浆等。

第八十二条 冲击地压危险区域巷道扩修时，必须制定专门的防冲措施，严禁多点作业，采动影响区域内严禁巷道扩修与回采平行作业。

第八十三条 冲击地压巷道严禁采用刚性支护，要根据冲击地压危险性进行支护设计，可采用抗冲击的锚杆（锚索）、可缩支架及高强度、抗冲击巷道液压支架等，提高巷道抗冲击能力。

第八十四条 有冲击地压危险的采掘工作面必须设置压风自救系统。应当在距采掘工作面25至40米的巷道内、爆破地点、撤离人员与警戒人员所在位置、回风巷有人作业处等地点，至少设置1组压风自救装置。压风自救系统管路可以采用耐压胶管，每10至15米预留0.5至1.0米的延展长度。

第八十五条 冲击地压矿井必须制定采掘工作面冲击地压避灾路线，绘制井下避灾路线图。冲击地压危险区域的作业人员必须掌握作业地点发生冲击地压灾害的避灾路线以及被困时的自救常识。井下有危险情况时，班组长、调度员和防冲专业人员有权责令现场作业人员停止作业，停电撤人。

第八十六条 发生冲击地压后，必须迅速启动应急救援预案，防止发生次生灾害。

恢复生产前，必须查清事故原因，制定恢复生产方案，通过专家论证，落实综合防冲措施，消除冲击地压危险后，方可恢复生产。

第六章 附　则

第八十七条 本细则自2018年8月1日起施行。

煤矿复工复产验收管理办法

(2019年1月9日国家煤矿安全监察局以煤安监行管〔2019〕4号印发，自印发之日起施行)

第一条 为加强和规范煤矿复工复产验收工作，坚决防范和遏制煤矿重特大事故，根据《中华人民共和国安全生产法》《国务院办公厅关于进一步加强煤矿安全生产工作的意见》等法律法规、文件要求，制定本办法。

第二条 本办法适用于我国境内所有合法生产、建设煤矿的复工复产验收工作。

第三条 煤矿复工复产验收工作根据停工停产状态和性质不同分类实施。停工是指建设煤矿停止施工作业；停产是指生产煤矿停止生产作业。

(一) 自行连续停工停产时间不足30天，通风、排水、安全监控系统和人员位置监测系统运行正常，且停产期间井下巷道及设备设施维护、安全检查正常实施的煤矿，由煤矿企业（煤矿）负责验收。

(二) 下列煤矿由煤矿安全监管部门负责验收。

1. 因自然灾害或矿井灾变等原因，安全生产系统或巷道遭到严重破坏或封闭井口（采区）的煤矿；

2. 连续停工停产时间达30天及以上的煤矿；

3. 因发生生产安全事故、存在重大生产安全事故隐患或违法违规行为等，被相关部门责令停工停产的煤矿；

4. 煤矿安全监管部门和煤矿安全监察机构认为

需要复工复产验收的其他煤矿。

第四条 按照分级属地监管原则，对复工复产煤矿实施分级验收。省级煤矿安全监管部门负责监管的煤矿，由省级煤矿安全监管部门组织验收，主要负责人签字；市（地）级煤矿安全监管部门负责监管的煤矿，由市（地）级安全监管部门组织验收，市（地）级人民政府主要负责人签字；其他煤矿由县级煤矿安全监管部门组织验收，县人民政府主要负责人签字。煤矿企业（煤矿）组织验收的，由煤矿企业（煤矿）主要负责人签字。

第五条 煤矿启封井口、人员进入严重冲击地压矿井或者停工停产时间30天及以上矿井排查事故隐患前，应先评估安全风险，制定井口启封、事故隐患排查的工作方案和安全技术措施，并向煤矿安全监管部门提出申请，经审查同意后，方可开展井口启封等复工复产前期工作。煤矿排查治理事故隐患必须划定作业范围，明确作业期限、限定作业地点和各工种作业人数，做到"责任、措施、资金、时限、预案"五落实。

由公安、国土、环保、煤炭行业管理等部门责令停工停产的煤矿，须在相关部门已同意恢复生产建设后，方可申请复工复产。

第六条 申请复工复产的煤矿，应当至少具备下列条件：

（一）煤矿安全生产许可证合法有效，安全生产条件符合《煤矿企业安全生产许可证实施办法》规定，建设煤矿建设手续齐全，施工和监理单位资质符合相关规定；

（二）达到三级安全生产标准化等级要求；

（三）隐蔽致灾因素普查清楚，矿井和周边老空积水情况清楚；

（四）安全监控、人员位置监测系统运行正常；

（五）煤矿管理人员、专业技术人员和特种作业人员配备符合要求；

（六）职工安全培训达到《煤矿安全培训规定》要求；

（七）灾害治理机构、人员、设备等符合相关规定要求；

（八）煤矿有符合规定的矿山救护队为其服务。

第七条 煤矿复工复产验收工作，按照下列程序进行：

（一）煤矿主要负责人组织制定复工复产方案和安全技术措施；

（二）煤矿主要负责人组织排查治理事故隐患；

（三）煤矿企业（煤矿）验收。

由部门验收的煤矿，在履行煤矿企业（煤矿）验收程序的同时，还应履行以下程序：

（四）由煤矿企业（煤矿）提出复工复产验收申请；

（五）煤矿安全监管部门组织验收；

（六）履行签字手续；

（七）下发同意复工复产的通知。

第八条 存在以下情形之一的煤矿，不得复工复产：

（一）申报材料不齐全或不真实的；

（二）煤矿主要负责人未组织全面排查隐患、未制定隐患整改安全技术措施或者未完成隐患治理的；

（三）未严格履行复工复产验收程序的；

（四）未经验收、验收不合格或未按规定履行签字手续或者部门验收的煤矿未取得复工复产通知的；

（五）存在以设备检修、隐患整改名义擅自组织生产建设行为的；

（六）存在明令禁止使用或淘汰的设备、工艺等重大事故隐患的；

（七）煤矿安全监管部门和煤矿安全监察机构认为恢复生产建设存在重大安全风险的。

第九条 煤矿自行停工停产期间，要加强安全管理，做好正常的通风、排水、井下巷道及设备设施维护、安全检查、监测监控、值班值守等工作。由煤矿企业（煤矿）负责验收复工复产的煤矿，要告知煤矿安全监管部门和煤矿安全监察机构。

第十条 煤矿安全监管部门和煤矿安全监察机构在责令煤矿停工停产后，要及时告知公安、电力等部门（单位）依法停止或限制供应、收缴民用爆炸物品，限制电力供应。

第十一条 煤矿安全监管部门下发复工复产通知时，要同时抄送煤矿安全监察、煤炭行业管理、公安、电力等部门（单位）。

第十二条 对验收不合格的煤矿，2个月内不再受理其复工复产验收申请；对弄虚作假、故意隐瞒问题的煤矿，6个月内不再受理其复工复产验收申请，并将其作为重点监管监察对象。煤矿安全监管部门和煤矿安全监察机构发现擅自复工复产的煤矿，应当责令立即停产整顿，暂扣安全生产许可证。

第十三条 煤矿复工复产验收实行"谁验收、谁签字、谁负责"的工作制度，参与验收的人员均要在验收报告上签字，并对验收结果的真实性负责。凡在复工复产验收工作中违反程序、降低标准、把关不严、弄虚作假的，一经发现要严肃追究有关单位和人员的责任。

第十四条 各省级煤矿安全监管部门可根据本办法制定本地区煤矿复工复产验收工作实施细则。

第十五条 本办法由国家煤矿安全监察局负责解释,自发布之日起施行。

煤矿企业安全生产许可证实施办法

(2015年12月22日国家安全生产监督管理总局局长办公会议审议通过,2016年2月16日国家安全生产监督管理总局令第86号公布 根据2017年3月6日国家安全生产监督管理总局89号令《国家安全监管总局关于修改和废止部分规章及规范性文件的决定》进行修订)

第一章 总 则

第一条 为了规范煤矿企业安全生产条件,加强煤矿企业安全生产许可证的颁发管理工作,根据《安全生产许可证条例》和有关法律、行政法规,制定本实施办法。

第二条 煤矿企业必须依照本实施办法的规定取得安全生产许可证。未取得安全生产许可证的,不得从事生产活动。

煤层气地面开采企业安全生产许可证的管理办法,另行制定。

第三条 煤矿企业除本企业申请办理安全生产许可证外,其所属矿(井、露天坑)也应当申请办理安全生产许可证,一矿(井、露天坑)一证。

煤矿企业实行多级管理的,其上级煤矿企业也应当申请办理安全生产许可证。

第四条 安全生产许可证的颁发管理工作实行企业申请、两级发证、属地监管的原则。

第五条 国家煤矿安全监察局指导、监督全国煤矿企业安全生产许可证的颁发管理工作,负责符合本办法第三条规定的中央管理的煤矿企业总部(总公司、集团公司)安全生产许可证的颁发和管理。

省级煤矿安全监察局负责前款规定以外的其他煤矿企业安全生产许可证的颁发和管理;未设立煤矿安全监察机构的省、自治区,由省、自治区人民政府指定的部门(以下与省级煤矿安全监察局统称省级安全生产许可证颁发管理机关)负责本行政区域内煤矿企业安全生产许可证的颁发和管理。

国家煤矿安全监察局和省级安全生产许可证颁发管理机关统称安全生产许可证颁发管理机关。

第二章 安全生产条件

第六条 煤矿企业取得安全生产许可证,应当具备下列安全生产条件:

(一)建立、健全主要负责人、分管负责人、安全生产管理人员、职能部门、岗位安全生产责任制;制定安全目标管理、安全奖惩、安全技术审批、事故隐患排查治理、安全检查、安全办公会议、地质灾害普查、井下劳动组织定员、矿领导带班下井、井工煤矿入井检身与出入井人员清点等安全生产规章制度和各工种操作规程;

(二)安全投入满足安全生产要求,并按照有关规定足额提取和使用安全生产费用;

(三)设置安全生产管理机构,配备专职安全生产管理人员;煤与瓦斯突出矿井、水文地质类型复杂矿井还应设置专门的防治煤与瓦斯突出管理机构和防治水管理机构;

(四)主要负责人和安全生产管理人员的安全生产知识和管理能力经考核合格;

(五)参加工伤保险,为从业人员缴纳工伤保险费;

(六)制定重大危险源检测、评估和监控措施;

(七)制定应急救援预案,并按照规定设立矿山救护队,配备救护装备;不具备单独设立矿山救护队条件的煤矿企业,所属煤矿应当设立兼职救护队,并与邻近的救护队签订救护协议;

(八)制定特种作业人员培训计划、从业人员培训计划、职业危害防治计划;

(九)法律、行政法规规定的其他条件。

第七条 煤矿除符合本实施办法第六条规定的条件外,还必须符合下列条件:

(一)特种作业人员经有关业务主管部门考核合格,取得特种作业操作资格证书;

(二)从业人员进行安全生产教育培训,并经考试合格;

(三)制定职业危害防治措施、综合防尘措施,建立粉尘检测制度,为从业人员配备符合国家标准或者行业标准的劳动防护用品;

(四)依法进行安全评价;

(五)制定矿井灾害预防和处理计划;

(六)依法取得采矿许可证,并在有效期内。

第八条 井工煤矿除符合本实施办法第六条、第七条规定的条件外,其安全设施、设备、工艺还必须符合下列条件：

（一）矿井至少有2个能行人的通达地面的安全出口，各个出口之间的距离不得小于30米；井下每一个水平到上一个水平和各个采（盘）区至少有两个便于行人的安全出口，并与通达地面的安全出口相连接；采煤工作面有两个畅通的安全出口，一个通到进风巷道，另一个通到回风巷道。在用巷道净断面满足行人、运输、通风和安全设施及设备安装、检修、施工的需要；

（二）按规定进行瓦斯等级、煤层自燃倾向性和煤尘爆炸危险性鉴定；

（三）矿井有完善的独立通风系统。矿井、采区和采掘工作面的供风能力满足安全生产要求，矿井使用安装在地面的矿用主要通风机进行通风，并有同等能力的备用主要通风机，主要通风机按规定进行性能检测；生产水平和采区实行分区通风；高瓦斯和煤与瓦斯突出矿井、开采容易自燃煤层的矿井、煤层群联合布置矿井的每个采区设置专用回风巷，掘进工作面使用专用局部通风机进行通风，矿井有反风设施；

（四）矿井有安全监控系统，传感器的设置、报警和断电符合规定，有瓦斯检查制度和矿长、技术负责人瓦斯日报审查签字制度，配备足够的专职瓦斯检查员和瓦斯检测仪器；按规定建立瓦斯抽采系统，开采煤与瓦斯突出危险煤层的有预测预报、防治措施、效果检验和安全防护的综合防突措施；

（五）有防尘供水系统，有地面和井下排水系统；有水害威胁的矿井还应有专用探放水设备；

（六）制定井上、井下防火措施；有地面消防水池和井下消防管路系统，井上、井下有消防材料库，开采容易自燃和自燃煤层的矿井还应有防灭火专项设计和综合预防煤层自然发火的措施；

（七）矿井有两回路电源线路；严禁井下配电变压器中性点直接接地；井下电气设备的选型符合防爆要求，有短路、过负荷、接地、漏电等保护，掘进工作面的局部通风机按规定采用专用变压器、专用电缆、专用开关，实现风电、瓦斯电闭锁；

（八）运送人员的装置应当符合有关规定。使用检测合格的钢丝绳；带式输送机采用非金属聚合物制造的输送带的阻燃性能和抗静电性能符合规定，设置安全保护装置；

（九）有通信联络系统，按规定建立人员位置监测系统；

（十）按矿井瓦斯等级选用相应的煤矿许用炸药和电雷管，爆破工作由专职爆破工担任；

（十一）不得使用国家有关危及生产安全淘汰目录规定的设备及生产工艺；使用的矿用产品应有安全标志；

（十二）配备足够数量的自救器，自救器的选用型号应与矿井灾害类型相适应，按规定建立安全避险系统；

（十三）有反映实际情况的图纸：矿井地质图和水文地质图，井上下对照图，巷道布置图，采掘工程平面图，通风系统图，井下运输系统图，安全监控系统布置图和断电控制图，人员位置监测系统图，压风、排水、防尘、防火注浆、抽瓦斯等管路系统图，井下通信系统图，井上、下配电系统图和井下电气设备布置图，井下避灾路线图。采掘工作面有符合实际情况的作业规程。

第九条 露天煤矿除符合本实施办法第六条、第七条规定的条件外，其安全设施、设备、工艺还必须符合下列条件：

（一）按规定设置栅栏、安全挡墙、警示标志；

（二）露天采场最终边坡的台阶坡面角和边坡角符合最终边坡设计要求；

（三）配电线路、电动机、变压器的保护符合安全要求；

（四）爆炸物品的领用、保管和使用符合规定；

（五）有边坡工程、地质勘探工程、岩土物理力学试验和稳定性分析，有边坡监测措施；

（六）有防排水设施和措施；

（七）地面和采场内的防灭火措施符合规定；开采有自然发火倾向的煤层或者开采范围内存在火区时，制定专门防灭火措施；

（八）有反映实际情况的图纸：地形地质图，工程地质平面图、断面图、综合水文地质图，采剥、排土工程平面图和运输系统图，供配电系统图，通信系统图，防排水系统图，边坡监测系统平面图，井工采空区与露天矿平面对照图。

第三章 安全生产许可证的申请和颁发

第十条 煤矿企业依据本实施办法第五条的规定向安全生产许可证颁发管理机关申请领取安全生产许可证。

第十一条 申请领取安全生产许可证应当提供下列文件、资料：

（一）煤矿企业提供的文件、资料：

1. 安全生产许可证申请书；

2. 主要负责人安全生产责任制（复制件），各分管负责人、安全生产管理人员以及职能部门负责人安全生产责任制目录清单；

3. 安全生产规章制度目录清单；

4. 设置安全生产管理机构、配备专职安全生产管理人员的文件（复制件）；

5. 主要负责人、安全生产管理人员安全生产知识和管理能力考核合格的证明材料；

6. 特种作业人员培训计划，从业人员安全生产教育培训计划；

7. 为从业人员缴纳工伤保险费的有关证明材料；

8. 重大危险源检测、评估和监控措施；

9. 事故应急救援预案，设立矿山救护队的文件或者与专业救护队签订的救护协议。

（二）煤矿提供的文件、资料和图纸：

1. 安全生产许可证申请书；

2. 采矿许可证（复制件）；

3. 主要负责人安全生产责任制（复制件），各分管负责人、安全生产管理人员以及职能部门负责人安全生产责任制目录清单；

4. 安全生产规章制度和操作规程目录清单；

5. 设置安全生产管理机构和配备专职安全生产管理人员的文件（复制件）；

6. 矿长、安全生产管理人员安全生产知识和管理能力考核合格的证明材料；

7. 特种作业人员操作资格证书的证明材料；

8. 从业人员安全生产教育培训计划和考试合格的证明材料；

9. 为从业人员缴纳工伤保险费的有关证明材料；

10. 具备资质的中介机构出具的安全评价报告；

11. 矿井瓦斯等级鉴定文件；高瓦斯、煤与瓦斯突出矿井瓦斯参数测定报告，煤层自燃倾向性和煤尘爆炸危险性鉴定报告；

12. 矿井灾害预防和处理计划；

13. 井工煤矿采掘工程平面图、通风系统图；

14. 露天煤矿采剥工程平面图、边坡监测系统平面图；

15. 事故应急救援预案，设立矿山救护队的文件或者与专业矿山救护队签订的救护协议；

16. 井工煤矿主要通风机、主提升机、空压机、主排水泵的检测检验合格报告。

第十二条　安全生产许可证颁发管理机关对申请人提交的申请书及文件、资料，应当按照下列规定处理：

（一）申请事项不属于本机关职权范围的，即时作出不予受理的决定，并告知申请人向有关行政机关申请；

（二）申请材料存在可以当场更正的错误的，允许或者要求申请人当场更正，并即时出具受理的书面凭证，通过互联网申请的，符合要求后即时提供电子受理回执；

（三）申请材料不齐全或者不符合要求的，应当当场或者在5个工作日内一次告知申请人需要补正的全部内容，逾期不告知的，自收到申请材料之日起即为受理；

（四）申请材料齐全、符合要求或者按照要求全部补正的，自收到申请材料或者全部补正材料之日起为受理。

第十三条　煤矿企业应当对其向安全生产许可证颁发管理机关提交的文件、资料和图纸的真实性负责。

从事安全评价、检测检验的机构应当对其出具的安全评价报告、检测检验结果负责。

第十四条　对已经受理的申请，安全生产许可证颁发管理机关应当指派有关人员对申请材料进行审查；对申请材料实质内容存在疑问，认为需要到现场核查的，应当到现场进行核查。

第十五条　负责审查的有关人员提出审查意见。

安全生产许可证颁发管理机关应当对有关人员提出的审查意见进行讨论，并在受理申请之日起45个工作日内作出颁发或者不予颁发安全生产许可证的决定。

对决定颁发的，安全生产许可证颁发管理机关应当自决定之日起10个工作日内送达或者通知申请人领取安全生产许可证；对不予颁发的，应当在10个工作日内书面通知申请人并说明理由。

第十六条　经审查符合本实施办法规定的，安全生产许可证颁发管理机关应当分别向煤矿企业及其所属煤矿颁发安全生产许可证。

第十七条　安全生产许可证的有效期为3年。安全生产许可证有效期满需要延期的，煤矿企业应当于期满前3个月按照本实施办法第十条的规定，向原安全生产许可证颁发管理机关提出延期申请，并提交本实施办法第十一条规定的文件、资料和安全生产许可证正本、副本。

第十八条　对已经受理的延期申请，安全生产许可证颁发管理机关应当按照本实施办法的规定办理安全生产许可证延期手续。

第十九条　煤矿企业在安全生产许可证有效期内符合下列条件，在安全生产许可证有效期届满时，经原安全生产许可证颁发管理机关同意，不再审查，直接办理延期手续：

（一）严格遵守有关安全生产的法律法规和本实施办法；

（二）接受安全生产许可证颁发管理机关及煤矿安全监察机构的监督检查；

（三）未因存在严重违法行为纳入安全生产不良记录"黑名单"管理；

（四）未发生生产安全死亡事故；

（五）煤矿安全质量标准化等级达到二级及以上。

第二十条　煤矿企业在安全生产许可证有效期内有下列情形之一的，应当向原安全生产许可证颁发管理机关申请变更安全生产许可证：

（一）变更主要负责人的；

（二）变更隶属关系的；

（三）变更经济类型的；

（四）变更煤矿企业名称的；

（五）煤矿改建、扩建工程经验收合格的。

变更本条第一款第一、二、三、四项的，自工商营业执照变更之日起10个工作日内提出申请；变更本条第一款第五项的，应当在改建、扩建工程验收合格后10个工作日内提出申请。

申请变更本条第一款第一项的，应提供变更后的工商营业执照副本和主要负责人任命文件（或者聘书）；申请变更本条第一款第二、三、四项的，应提供变更后的工商营业执照副本；申请变更本条第一款第五项的，应提供改建、扩建工程安全设施及条件竣工验收合格的证明材料。

第二十一条　对于本实施办法第二十条第一款第一、二、三、四项的变更申请，安全生产许可证颁发管理机关在对申请人提交的相关文件、资料审核后，即可办理安全生产许可证变更。

对于本实施办法第二十条第一款第五项的变更申请，安全生产许可证颁发管理机关应当按照本实施办法第十四条、第十五条的规定办理安全生产许可证变更。

第二十二条　经安全生产许可证颁发管理机关审查同意延期、变更安全生产许可证的，安全生产许可证颁发管理机关应当收回原安全生产许可证正本，换发新的安全生产许可证正本；在安全生产许可证副本上注明延期、变更内容，并加盖公章。

第二十三条　煤矿企业停办、关闭的，应当自停办、关闭决定之日起10个工作日内向原安全生产许可证颁发管理机关申请注销安全生产许可证，并提供煤矿开采现状报告、实测图纸和遗留事故隐患的报告及防治措施。

第二十四条　安全生产许可证分为正本和副本，具有同等法律效力，正本为悬挂式，副本为折页式。

安全生产许可证颁发管理机关应当在安全生产许可证正本、副本上载明煤矿企业名称、主要负责人、注册地址、隶属关系、经济类型、有效期、发证机关、发证日期等内容。

安全生产许可证正本、副本的式样由国家煤矿安全监察局制定。

安全生产许可证相关的行政许可文书由国家煤矿安全监察局规定统一的格式。

第四章　安全生产许可证的监督管理

第二十五条　煤矿企业取得安全生产许可证后，应当加强日常安全生产管理，不得降低安全生产条件。

第二十六条　煤矿企业不得转让、冒用、买卖、出租、出借或者使用伪造的安全生产许可证。

第二十七条　安全生产许可证颁发管理机关应当坚持公开、公平、公正的原则，严格依照本实施办法的规定审查、颁发安全生产许可证。

安全生产许可证颁发管理机关工作人员在安全生产许可证颁发、管理和监督检查工作中，不得索取或者接受煤矿企业的财物，不得谋取其他利益。

第二十八条　安全生产许可证颁发管理机关发现有下列情形之一的，应当撤销已经颁发的安全生产许可证：

（一）超越职权颁发安全生产许可证的；

（二）违反本实施办法规定的程序颁发安全生产许可证的；

（三）不具备本实施办法规定的安全生产条件颁发安全生产许可证的；

（四）以欺骗、贿赂等不正当手段取得安全生产许可证的。

第二十九条　取得安全生产许可证的煤矿企业有下列情形之一的，安全生产许可证颁发管理机关应当注销其安全生产许可证：

（一）终止煤炭生产活动的；

（二）安全生产许可证被依法撤销的；

（三）安全生产许可证被依法吊销的；

（四）安全生产许可证有效期满未申请办理延期手续的。

第三十条　煤矿企业隐瞒有关情况或者提供虚假材料申请安全生产许可证的，安全生产许可证颁发管理机关不予受理，且在一年内不得再次申请安全生产许可证。

第三十一条 安全生产许可证颁发管理机关应当每年向社会公布一次煤矿企业取得安全生产许可证的情况。

第三十二条 安全生产许可证颁发管理机关应当将煤矿企业安全生产许可证颁发管理情况通报煤矿企业所在地市级以上人民政府及其指定的负责煤矿安全监管工作的部门。

第三十三条 安全生产许可证颁发管理机关应当建立、健全安全生产许可证档案管理制度。

第三十四条 省级安全生产许可证颁发管理机关应当于每年1月15日前将所负责行政区域内上年度煤矿企业安全生产许可证颁发和管理情况报国家煤矿安全监察局，同时通报本级安全生产监督管理部门。

第三十五条 任何单位或者个人对违反《安全生产许可证条例》和本实施办法规定的行为，有权向安全生产许可证颁发管理机关或者监察机关等有关部门举报。

第五章 罚 则

第三十六条 安全生产许可证颁发管理机关工作人员有下列行为之一的，给予降级或者撤职处分；构成犯罪的，依法追究刑事责任：

（一）向不符合本实施办法规定的安全生产条件的煤矿企业颁发安全生产许可证的；

（二）发现煤矿企业未依法取得安全生产许可证擅自从事生产活动不依法处理的；

（三）发现取得安全生产许可证的煤矿企业不再具备本实施办法规定的安全生产条件不依法处理的；

（四）接到对违反本实施办法规定行为的举报后，不依法处理的；

（五）在安全生产许可证颁发、管理和监督检查工作中，索取或者接受煤矿企业的财物，或者谋取其他利益的。

第三十七条 承担安全评价、检测、检验工作的机构，出具虚假安全评价、检测、检验报告或者证明的，没收违法所得；违法所得在10万元以上的，并处违法所得2倍以上5倍以下的罚款，没有违法所得或者违法所得不足10万元的，单处或者并处10万元以上20万元以下的罚款，对其直接负责的主管人员和其他直接责任人员处2万元以上5万元以下的罚款；给他人造成损害的，与煤矿企业承担连带赔偿责任；构成犯罪的，依照刑法有关规定追究刑事责任。

对有前款违法行为的机构，依法吊销其相应资质。

第三十八条 安全生产许可证颁发管理机关应当加强对取得安全生产许可证的煤矿企业的监督检查，发现其不再具备本实施办法规定的安全生产条件的，应当责令限期整改，依法暂扣安全生产许可证；经整改仍不具备本实施办法规定的安全生产条件的，依法吊销安全生产许可证。

第三十九条 取得安全生产许可证的煤矿企业，倒卖、出租、出借或者以其他形式非法转让安全生产许可证的，没收违法所得，处10万元以上50万元以下的罚款，吊销其安全生产许可证；构成犯罪的，依法追究刑事责任。

第四十条 发现煤矿企业有下列行为之一的，责令停止生产，没收违法所得，并处10万元以上50万元以下的罚款；构成犯罪的，依法追究刑事责任：

（一）未取得安全生产许可证，擅自进行生产的；

（二）接受转让的安全生产许可证的；

（三）冒用安全生产许可证的；

（四）使用伪造安全生产许可证的。

第四十一条 在安全生产许可证有效期满未申请办理延期手续，继续进行生产的，责令停止生产，限期补办延期手续，没收违法所得，并处5万元以上10万元以下的罚款；逾期仍不申请办理延期手续，依照本实施办法第二十九条、第四十条的规定处理。

第四十二条 在安全生产许可证有效期内，主要负责人、隶属关系、经济类型、煤矿企业名称发生变化，未按本实施办法申请办理变更手续的，责令限期补办变更手续，并处1万元以上3万元以下罚款。

改建、扩建工程已经验收合格，未按本实施办法规定申请办理变更手续擅自投入生产的，责令停止生产，限期补办变更手续，并处1万元以上3万元以下罚款；逾期仍不办理变更手续，继续进行生产的，依照本实施办法第四十条的规定处罚。

第六章 附 则

第四十三条 本实施办法规定的行政处罚，由安全生产许可证颁发管理机关决定。除吊销安全生产许可证外，安全生产许可证颁发管理机关可以委托有关省级煤矿安全监察局、煤矿安全监察分局实施行政处罚。

第四十四条 本实施办法自2016年4月1日起施行。原国家安全生产监督管理局（国家煤矿安全监察局）2004年5月17日公布、国家安全生产监督管理总局2015年6月8日修改的《煤矿企业安全生产许可证实施办法》同时废止。

煤矿安全监察行政处罚办法

（2003年7月2日国家安全生产监督管理总局、国家煤矿安全监察局令第4号公布 根据2015年6月8日国家安全生产监督管理总局令第81号修正）

第一条 为了制裁煤矿安全违法行为，规范煤矿安全监察行政处罚工作，保障煤矿依法进行生产，根据煤矿安全监察条例及其他有关法律、行政法规的规定，制定本办法。

第二条 国家煤矿安全监察局、省级煤矿安全监察局和煤矿安全监察分局（以下简称煤矿安全监察机构），对煤矿及其有关人员违反有关安全生产的法律、行政法规、部门规章、国家标准、行业标准和规程的行为（以下简称煤矿安全违法行为）实施行政处罚，适用本办法。本办法未作规定的，适用安全生产违法行为行政处罚办法。

有关法律、行政法规对行政处罚另有规定的，依照其规定。

第三条 省级煤矿安全监察局、煤矿安全监察分局实施行政处罚按照属地原则进行管辖。

国家煤矿安全监察局认为应由其实施行政处罚的，由国家煤矿安全监察局管辖。

两个以上煤矿安全监察机构因行政处罚管辖权发生争议的，由其共同的上一级煤矿安全监察机构指定管辖。

第四条 当事人对煤矿安全监察机构所给予的行政处罚，享有陈述、申辩权；对行政处罚不服的，有权依法申请行政复议或者提起行政诉讼。

当事人因煤矿安全监察机构违法给予行政处罚受到损害的，有权依法提出赔偿要求。

第五条 煤矿安全监察员执行公务时，应当出示煤矿安全监察执法证件。

第六条 煤矿安全监察机构及其煤矿安全监察员对检查中发现的煤矿安全违法行为，可以作出下列现场处理决定：

（一）当场予以纠正或者要求限期改正；

（二）责令限期达到要求；

（三）责令立即停止作业（施工）或者立即停止使用；

经现场处理决定后拒不改正，或者依法应当给予行政处罚的煤矿安全违法行为，依法作出行政处罚决定。

第七条 煤矿或者施工单位有下列行为之一的，责令停止建设或者停产停业整顿，限期改正；逾期未改正的，处50万元以上100万元以下的罚款，对其直接负责的主管人员和其他直接责任人员处2万元以上5万元以下的罚款；构成犯罪的，依照刑法有关规定追究刑事责任：

（一）未按照规定对煤矿建设项目进行安全评价的；

（二）煤矿建设项目没有安全设施设计或者安全设施设计未按照规定报经有关部门审查同意的；

（三）煤矿建设项目的施工单位未按照批准的安全设施设计施工的；

（四）煤矿建设项目竣工投入生产或者使用前，安全设施未经验收合格的。

第八条 煤矿矿井通风、防火、防水、防瓦斯、防毒、防尘等安全设施不符合法定要求的，责令限期达到要求；逾期仍达不到要求的，责令停产整顿。

第九条 煤矿作业场所有下列情形之一的，责令限期改正；逾期不改正的，责令停产整顿，并处3万元以下的罚款：

（一）未使用专用防爆电器设备的；

（二）未使用专用放炮器的；

（三）未使用人员专用升降容器的；

（四）使用明火明电照明的。

第十条 煤矿未依法提取或者使用煤矿安全技术措施专项费用的，责令限期改正，提供必需的资金；逾期不改正的，处5万元以下的罚款，责令停产整顿。

有前款违法行为，导致发生生产安全事故的，对煤矿主要负责人给予撤职处分，对个人经营的投资人处2万元以上20万元以下的罚款；构成犯罪的，依照刑法有关规定追究刑事责任。

第十一条 煤矿使用不符合国家安全标准或者行业安全标准的设备、器材、仪器、仪表、防护用品的，责令限期改正或者责令立即停止使用；逾期不改正或者不立即停止使用的，处5万元以下的罚款；情节严重的，责令停产整顿。

第十二条 煤矿企业的机电设备、安全仪器，未按照下列规定操作、检查、维修和建立档案的，责令改正，可以并处2万元以下的罚款：

（一）未定期对机电设备及其防护装置、安全检测仪器检查、维修和建立技术档案的；

（二）非负责设备运行人员操作设备的；

（三）非值班电气人员进行电气作业的；

（四）操作电气设备的人员，没有可靠的绝缘保护和检修电气设备带电作业的。

第十三条 煤矿井下采掘作业，未按照作业规程的规定管理顶帮；通过地质破碎带或者其他顶帮破碎地点时，未加强支护；露天采剥作业，未按照设计规定，控制采剥工作面的阶段高度、宽度、边坡角和最终边坡角；采剥作业和排土作业，对深部或者邻近井巷造成危害的，责令改正，可以并处2万元以下的罚款。

第十四条 煤矿未严格执行瓦斯检查制度，入井人员携带烟草和点火用具下井的，责令改正，可以并处2万元以下的罚款。

第十五条 煤矿在有瓦斯突出、冲击地压条件下从事采掘作业；在未加保护的建筑物、构筑物和铁路、水体下面开采；在地温异常或者热水涌出的地区开采，未编制专门设计文件和报主管部门批准的，责令改正，可以并处2万元以下的罚款。

第十六条 煤矿作业场所的瓦斯、粉尘或者其他有毒有害气体的浓度超过国家安全标准或者行业安全标准的，责令立即停止作业；拒不停止作业的，责令停产整顿，可以并处10万元以下的罚款。

第十七条 有自然发火可能性的矿井，未按规定采取有效的预防自然发火措施的，责令改正，可以并处2万元以下的罚款。

第十八条 煤矿在有可能发生突水危险的地区从事采掘作业，未采取探放水措施的，责令改正，可以并处2万元以下的罚款。

第十九条 煤矿井下风量、风质、风速和作业环境的气候，不符合煤矿安全规程的规定的，责令改正，可以并处2万元以下的罚款。

第二十条 煤矿对产生粉尘的作业场所，未采取综合防尘措施，或者未按规定对粉尘进行检测的，责令改正，可以并处2万元以下的罚款。

第二十一条 擅自开采保安煤柱，或者采用危及相邻煤矿生产安全的决水、爆破、贯通巷道等危险方法进行采矿作业，责令立即停止作业；拒不停止作业的，由煤矿安全监察机构决定吊销安全生产许可证，并移送地质矿产主管部门依法吊销采矿许可证。

第二十二条 煤矿违反有关安全生产法律、行政法规的规定，拒绝、阻碍煤矿安全监察机构依法实施监督检查的，责令改正；拒不改正的，处2万元以上20万元以下的罚款；对其直接负责的主管人员和其他直接责任人员处1万元以上2万元以下的罚款；构成犯罪的，依照刑法有关规定追究刑事责任。

煤矿提供虚假情况，或者隐瞒存在的事故隐患以及其他安全问题的，由煤矿安全监察机构给予警告，可以并处5万元以上10万元以下的罚款；情节严重的，责令停产整顿。

第二十三条 煤矿发生事故，对煤矿、煤矿主要负责人以及其他有关责任单位、人员依照《安全生产法》及有关法律、行政法规的规定予以行政处罚；构成犯罪的，依照刑法有关规定追究刑事责任。

第二十四条 经停产整顿仍不具备法定安全生产条件给予关闭的行政处罚，由煤矿安全监察机构报请县级以上人民政府按照国务院规定的权限决定。

第二十五条 煤矿安全监察机构及其煤矿安全监察员实施行政处罚时，应当符合《安全生产违法行为行政处罚办法》规定的程序并使用统一的煤矿安全监察行政执法文书。

第二十六条 未设立省级煤矿安全监察局的省、自治区，由省、自治区人民政府指定的负责煤矿安全监察工作的部门依照本办法的规定对本行政区域内的煤矿安全违法行为实施行政处罚。

第二十七条 本办法自2003年8月15日起施行。《煤矿安全监察行政处罚暂行办法》同时废止。

煤矿安全监察罚款管理办法

（2003年7月2日国家安全生产监督管理总局、国家煤矿安全监察局局务会议审议通过，2003年7月14日国家安全生产监督管理总局、国家煤矿安全监察局令第7号公布，自2003年8月1日起施行）

第一条 为规范煤矿安全监察罚款管理工作，依法实施煤矿安全监察，根据安全生产法、煤矿安全监察条例、罚款决定与罚款收缴分离实施办法和财政部关于做好煤矿安全监察罚没收入管理工作的通知（以下简称财政部《通知》）等有关规定，制定本办法。

第二条 煤矿安全监察机构依照安全生产法、煤矿安全监察条例和安全生产违法行为处罚办法、煤矿安全监察行政处罚办法等有关法律、法规和规章的规定，对煤矿安全违法行为依法实施罚款，适用本办法。

第三条 省级煤矿安全监察机构按照财政部《通知》的规定，统一到省级财政部门和相关部门办理煤矿安全监察罚款许可证。

第四条 省级煤矿安全监察机构商财政部驻各地财政监察专员办事处、省财政厅后，可与一至二个国有商业银行签订煤矿安全监察罚款代收代缴协议，并将代收代缴协议报国家煤矿安全监察局和财政部驻各地财政监察专员办事处备案。

第五条　罚款票据使用财政部门统一印制的代收罚款收据，并由代收银行负责管理。

煤矿安全监察机构可领取小额当场罚款票据，并负责管理。当场罚款票据的使用，应当符合当场处罚罚款票据管理暂行规定。

第六条　煤矿安全监察罚款收入纳入中央预算，实行"收支两条线"管理。

煤矿安全监察罚款的缴库由代收银行按照财政部有关规定办理。

第七条　煤矿安全监察罚款按照财政部《通知》的要求，由银行内部交款单分列，并直接缴入中央和地方金库。

第八条　煤矿安全罚款实行处罚决定与罚款收缴分离。

煤矿安全监察机构依法对有关煤矿安全违法行为实施罚款，制作煤矿安全监察行政处罚决定书；被处罚人持煤矿安全监察行政处罚决定书到指定的代收银行及其分支机构缴纳罚款。

煤矿安全监察机构财务人员定期到代收银行索取缴款票据，并进行核对、登记和统计。

第九条　各煤矿安全监察办事处每月终了后5日内将煤矿安全监察罚款统计表报省级煤矿安全监察机构。

省级煤矿安全监察机构将本省区煤矿安全监察罚款统计表汇总后，在每月终了后8日内报国家煤矿安全监察局。

第十条　煤矿安全监察机构罚款收入的缴库情况，应接受财政部驻各地财政监察专员办事处的检查和监督。

第十一条　煤矿安全监察罚款应严格执行国家有关罚款收支管理的有关规定，对违反"收支两条线"管理的机构和个人，依照国务院违反行政事业性收费和罚没款收入收支两条线管理规定行政处分暂行规定追究责任。

第十二条　本办法自2003年8月1日起施行。国家煤矿安全监察局发布的《煤矿安全监察罚款管理暂行办法》同时废止。

煤矿安全监察执法监督办法（试行）

（2014年8月28日国家安全生产监督管理总局、国家煤矿安全监察局以安监总煤调〔2014〕93号印发，自印发之日起施行）

第一章　总　则

第一条　为保障煤矿安全监察机构和煤矿安全监察员依法履行职责，及时发现和纠正煤矿安全监察执法工作中存在的问题，规范执法行为，根据《国务院关于加强法治政府建设的意见》等规定，制定本办法。

第二条　本办法所称执法监督，是指煤矿安全监察机构内部对执法行为的监督，包括上级煤矿安全监察机构对下级煤矿安全监察机构、本级煤矿安全监察机构对所属执法部门及其执法人员的执法活动实施的监督。

第三条　执法监督应当遵循监督与促进相结合的原则，坚持有法必依、执法必严、违法必究，做到自我纠正、自我规范、自我提高，达到规范执法行为，提高执法效能的目的。

第四条　煤矿安全监察机构应当建立健全监察执法责任制度，明确工作内容，加强制度约束。

第五条　煤矿安全监察机构主要负责人是执法监督工作的第一责任人，负责组织协调执法监督工作。

煤矿安全监察机构应当明确执法监督工作的分管领导、责任部门及专（兼）职人员。设立有分局的省级煤矿安全监察局应当配备不少于2名专职执法监督工作人员。

第六条　执法监督工作人员应当依法取得《煤矿安全监察执法证》，并具备3年以上煤矿安全监察工作经历。

第二章　执法监督的范围与方式

第七条　执法监督的范围应当包括：

（一）监察执法计划的编制和执行情况。

（二）执法主体是否具有执法活动的法定权限，是否存在超越权限、违法决定、处理安全监察职权范围以外事项的情况。

（三）执法人员是否正确履行法定职责，是否依法处理违法行为。

（四）执法程序是否合法、闭合，查出的违法行为逾期未整改或者整改不合格的，是否依法处理。

（五）执法文书使用和制作是否合法、规范。是否正确使用执法文书，项目是否按要求填写，是否存在缺项、漏项，文书中事实描述是否客观、清楚，表达是否准确、清晰，是否使用专业术语，适用的法律法规是否准确。

（六）行政处罚自由裁量是否适当，是否存在畸轻畸重、显失公正的情况。

（七）证据采集是否合法、充分，执法案卷附件材料是否齐全。

（八）行政许可事项是否按照法定程序要求办理。

（九）是否存在对控告人、申诉人、举报人打击报复等行为。

第八条　执法监督可以采取现场执法监督、抽查执法文书和座谈反馈等方式进行。

（一）国家煤矿安全监察局可以根据工作安排，组织各省级煤矿安全监察局开展执法监督交叉检查；

（二）省级煤矿安全监察局应当每年对所辖煤矿安全监察分局（站）至少开展1次执法监督检查和1次行政执法评议，对所属执法部门至少开展1次行政执法评议。

第九条　煤矿安全监察机构应当建立健全以下工作制度或机制，加强执法制度约束和内部执法监督。

（一）重大行政处罚集体研究制度。对严重安全生产违法行为给予责令停产整顿、吊销有关许可证、撤销有关岗位证书、较大数额罚款等行政处罚的，应当按规定由煤矿安全监察机构负责人集体研究决定。

（二）重大行政处罚备案制度。对严重安全生产违法行为给予责令停产整顿、吊销有关许可证、撤销有关岗位证书、较大数额罚款等行政处罚的，煤矿安全监察分局（站）应当按规定报省级煤矿安全监察局备案。

（三）执法案卷评查制度。煤矿安全监察机构应当完善评查制度，注重评查实效，定期开展执法案卷抽查、评比活动，评查结果应当在一定范围内通报，针对普遍性问题提出整改措施和要求，并纳入下次案卷评查的内容之一，确保执法文书科学、严谨、合法、有效。

（四）行政执法评议制度。省级煤矿安全监察局应当结合驻地煤矿实际情况，根据执法计划、行政处罚、行政许可、事故调查处理情况和行政复议、诉讼结果等，定期对下级煤矿安全监察机构和所属执法部门、执法人员开展行政执法评议，依据评议结果，进行汇总和综合分析评价，并提出改进建议。评议结果应纳入部门绩效和公务员年度考核

的范围。

（五）闭合执法工作机制。煤矿安全监察机构应当健全完善并落实各项规章制度，制定具体的执法工作流程，健全完善"编制执法计划—确定被检查矿井—制定检查工作方案—实施现场检查—处理处罚—跟踪督办—结案归档"的闭合执法工作机制，依法依规开展煤矿安全监察执法工作。

第十条　执法监督部门（或履行执法监督职能的部门，下同）每年应当至少开展1次走访部分煤矿企业活动，了解执法人员严格执法、规范执法、公正执法、文明执法等依法行政情况，听取意见和建议。

第十一条　执法监督部门对上级机关交办、群众举报或人民群众反映集中的执法问题，可以组织专项执法监督或者专案调查。

第十二条　煤矿安全监察机构应当依法受理、秉公办理行政复议案件，及时纠正违法或不当的执法行为。

省级煤矿安全监察局应当每年向国家煤矿安全监察局报告1次本机关办理行政复议案件情况，同时抄送国家安全监管总局有关司局。

第十三条　上级煤矿安全监察机构应当加强对下级煤矿安全监察机构执法监督工作的检查、指导。

第三章　执法监督的实施

第十四条　执法监督人员有权调取、查阅、复制和摘抄执法文书、案卷、台账、记录和档案等资料，向当事人询问有关情况。

有关单位和当事人应当配合执法监督人员的工作，如实反映情况，主动接受监督，及时整改问题，不得拒绝、阻挠或变相阻挠执法监督工作。

第十五条　执法监督中发现的一般性问题，可以采取内部通报等方式要求执法单位引以为戒、对照整改。

对于严重问题，应当制作执法监督意见书，载明被监督单位的名称、认定的事实和理由、处理的决定和依据、执行处理决定的方式和期限等内容，报煤矿安全监察机构主要负责人批准后予以下达，并抄送所属其他执法单位。

第十六条　煤矿安全监察执法有下列情形之一，应当以书面形式补正、更正或重新制作并送达执法文书：

（一）文字表述错误或者数据计算错误的；

（二）执法文书填写缺项、漏项的；

（三）执法文书类型选择错误的；

（四）其他应当补正或更正的情形。

第十七条 煤矿安全监察执法有下列情形之一的，应当以监察等方式予以查处，并下达执法文书：

（一）对发现的违法行为未依法进行处理的；

（二）处理措施存在错误、漏项或不当的；

（三）其他应当采取补正措施的情形。

第十八条 煤矿安全监察执法有下列情形之一，应当予以撤销：

（一）适用法律依据错误的；

（二）违反法定程序的；

（三）主要事实不清、证据不足的；

（四）持有有效执法证件的执法人员不足 2 人的；

（五）法律法规规定其他应当撤销的情形。

第十九条 执法单位具体行政行为被行政复议机关复议决定撤销、变更、确认违法或责令限期履行的，应当按照复议决定，依法纠正。

第二十条 对执法监督中发现的错误和问题不认真纠正的，应当对执法单位或执法人员给予通报批评、约谈，严重的给予纪律处分。

第二十一条 煤矿安全监察执法人员和执法监督人员涉嫌违纪违法的，依照规定移交有关部门处理。

第二十二条 对煤矿安全监察执法人员的责任追究，应当按照干部管理权限，依法依规实施。

第二十三条 在煤矿安全监察执法和执法监督工作中表现突出的单位和个人，应当给予表彰和奖励。

第四章　附　　则

第二十四条 下级煤矿安全监察机构应当于每年 12 月底前向上一级煤矿安全监察机构报送年度执法监督工作总结。

第二十五条 省级煤矿安全监察局可结合本地区实际，制定本办法的具体实施办法。

第二十六条 本办法自印发之日起施行。

煤矿建设项目安全设施竣工验收监督核查暂行办法

（2015 年 4 月 10 日国家安全生产监督管理总局、国家煤矿安全监察局以安监总煤监〔2015〕34 号印发，自印发之日起施行）

第一条 为加强对煤矿建设项目（包括新建、改扩建、技术改造、资源整合项目）安全设施竣工验收活动和验收结果的监督核查工作，督促煤矿企业落实安全生产主体责任，保障煤矿安全生产，根据《安全生产法》《煤矿安全监察条例》《安全生产许可证条例》及《煤矿建设项目安全设施监察规定》《煤矿企业安全生产许可证实施办法》等有关规定，制定本办法。

第二条 煤矿建设单位负责组织对煤矿建设项目安全设施进行竣工验收，并对验收结果负责；煤矿建设单位实行多级管理的，由项目建设单位上一级具有独立法人资格的单位（或公司总部）负责组织验收。

省级煤矿安全监察局会同同级煤矿安全监管部门和煤炭行业管理部门对建设单位的验收活动和验收结果进行监督核查。

第三条 煤矿建设项目符合以下条件后，方可组织安全设施竣工验收：

（一）按批准的安全设施设计建设完成；

（二）单项工程经过工程质量机构认证，并取得质量合格认证书；

（三）经过联合试运转运行正常，并提交联合试运转报告；

（四）提交进一步查清包含采空区积水、积气、火区等有关隐蔽致灾因素的建井地质报告；

（五）安全验收评价合格；

（六）取得采矿许可证，矿长和安全管理人员取得安全资格证，特种作业人员经培训取得资格证书，从业人员经安全培训并考试合格；

（七）提交矿井瓦斯等级、各煤层煤尘爆炸性和自燃倾向性鉴定报告，按突出矿井设计的还应提交已揭露煤层的突出危险性鉴定报告；提交矿井主要电器和机械设备检测检验合格报告。

第四条 煤矿建设项目在建设过程中出现下列情形之一，修改设计后未经原设计审查单位批复同意的，不得组织竣工验收。

（一）煤层自燃倾向性、煤尘爆炸危险等级和矿井瓦斯等级以及矿井水文地质、地温、冲击地压等灾害类型升级的；

（二）采煤方法及工艺发生变化的；

（三）矿井开拓方式、通风系统、排水系统、供电系统、提升运输方式发生变化的；

（四）首采区及首采工作面布置发生变化的；

（五）露天煤矿最终帮坡角、开采工艺、初始拉沟位置及排土场位置发生变化的。

第五条 煤矿建设单位组织安全设施竣工验收前，应编制验收方案。验收方案应包含以下内容：

（一）煤矿建设项目基本情况；
（二）参与验收人员（含验收专家组成员）及其工作内容和责任；
（三）验收工作时间安排、程序。

煤矿建设单位应在验收活动开始之前，提前20个工作日将验收方案抄送省级煤矿安全监察局、煤矿安全监管部门、煤炭行业管理部门，并对其真实性、合法性负责。

第六条 煤矿建设单位应从企业外部聘请技术专家组成验收专家组，对煤矿建设项目安全设施进行竣工验收。验收专家组应由地质、采矿、"一通三防"（露天边坡）、机电运输、职业病危害防治等专业的技术专家组成，各专业技术专家人数不少于2人（大型矿井应根据实际情况适当增加），其中应有监测监控管理工作经验的人员。技术专家应满足以下条件：

（一）在煤矿企业、施工、监理等单位从事煤矿现场管理，或在设计、评价、科研院所等单位从事煤矿设计、评价、教学、研究工作五年以上，或在其他单位从事煤矿安全生产监督管理工作满三年以上；
（二）原则上具有副高级及以上职称，特殊情况下可以聘请部分中级职称人员，但其人数不得超出专家总人数的30%；
（三）与被验收单位及承担验收项目的设计、评价、施工、监理等单位不存在隶属或利益关系。

煤矿建设单位应当优先聘请具有煤矿建设项目安全设施竣工验收经验的技术专家。同时应邀请承担其设计、监理、工程质量认证、安全验收评价、施工等单位的相关人员参与验收活动。

第七条 验收专家组应严格依照国家有关法律法规，根据《煤矿安全规程》《煤矿建设项目安全设施设计审查和竣工验收规范》（AQ 1055）等相关规章和标准，以及经批准的安全设施设计进行验收。验收专家组验收结束后应形成验收意见。

第八条 煤矿建设单位应对验收专家组提出的问题进行整改，合格后方可出具通过验收的意见，验收报告应参照国家有关煤矿建设项目安全设施设计审查与竣工验收报告规范文本进行编写。并抄送省级煤矿安全监察机构、煤矿安全监管部门、煤炭行业管理部门。

第九条 省级煤矿安全监察局应加强对煤矿建设单位的验收活动和验收结果的监督核查，内容包括：

（一）是否符合本办法第三条、第四条规定；
（二）验收过程是否严格执行验收方案；
（三）安全设施是否符合经批准的设计要求，以及安全设施设计批准后新出台的法规、标准；
（四）验收结论和意见是否真实；
（五）法律法规规定的其他有关内容。

第十条 省级煤矿安全监察局会同省级煤矿安全监管部门和煤炭行业管理部门对煤矿建设单位验收活动的监督原则上应在现场进行。

第十一条 省级煤矿安全监察局对验收结果的核查，应与安全生产许可证安全生产条件现场审查一并进行。

第十二条 省级煤矿安全监察局、煤矿安全监管部门、煤炭行业管理部门在对煤矿建设单位验收活动和验收结果的监督核查中，发现煤矿存在安全隐患或其他违法、违规生产建设行为以及其他问题的，应当按有关规定责令整改并依法从严查处；对违反本办法规定的，应当予以纠正。

第十三条 本办法自发布之日起施行。

煤矿安全培训规定

（2017年12月11日国家安全生产监督管理总局第16次局长办公会议审议通过，2018年1月11日国家安全生产监督管理总局令第92号公布，自2018年3月1日起施行）

第一章 总 则

第一条 为了加强和规范煤矿安全培训工作，提高从业人员安全素质，防止和减少伤亡事故，根据《中华人民共和国安全生产法》《中华人民共和国职业病防治法》等有关法律法规，制定本规定。

第二条 煤矿企业从业人员安全培训、考核、发证及监督管理工作适用本规定。

本规定所称煤矿企业，是指在依法批准的矿区范围内从事煤炭资源开采活动的企业，包括集团公司、上市公司、总公司、矿务局、煤矿。

本规定所称煤矿企业从业人员，是指煤矿企业主要负责人、安全生产管理人员、特种作业人员和其他从业人员。

第三条 国家煤矿安全监察局负责指导和监督管理全国煤矿企业从业人员安全培训工作。

省、自治区、直辖市人民政府负责煤矿安全培训的主管部门（以下简称省级煤矿安全培训主管部门）

负责指导和监督管理本行政区域内煤矿企业从业人员安全培训工作。

省级及以下煤矿安全监察机构对辖区内煤矿企业从业人员安全培训工作依法实施监察。

第四条 煤矿企业是安全培训的责任主体，应当依法对从业人员进行安全生产教育和培训，提高从业人员的安全生产意识和能力。

煤矿企业主要负责人对本企业从业人员安全培训工作全面负责。

第五条 国家鼓励煤矿企业变招工为招生。煤矿企业新招井下从业人员，应当优先录用大中专学校、职业高中、技工学校煤矿相关专业的毕业生。

第二章 安全培训的组织与管理

第六条 煤矿企业应当建立完善安全培训管理制度，制定年度安全培训计划，明确负责安全培训工作的机构，配备专职或者兼职安全培训管理人员，按照国家规定的比例提取教育培训经费。其中，用于安全培训的资金不得低于教育培训经费总额的40%。

第七条 对从业人员的安全技术培训，具备《安全培训机构基本条件》(AQ/T 8011) 规定的安全培训条件的煤矿企业应当以自主培训为主，也可以委托具备安全培训条件的机构进行安全培训。

不具备安全培训条件的煤矿企业应当委托具备安全培训条件的机构进行安全培训。

从事煤矿安全培训的机构，应当将教师、教学和实习与实训设施等情况书面报告所在地省级煤矿安全培训主管部门。

第八条 煤矿企业应当建立健全从业人员安全培训档案，实行一人一档。煤矿企业从业人员安全培训档案的内容包括：

（一）学员登记表，包括学员的文化程度、职务、职称、工作经历、技能等级晋升等情况；

（二）身份证复印件、学历证书复印件；

（三）历次接受安全培训、考核的情况；

（四）安全生产违规违章行为记录，以及被追究责任，受到处分、处理的情况；

（五）其他有关情况。

煤矿企业从业人员安全培训档案应当按照《企业文件材料归档范围和档案保管期限规定》(国家档案局令第10号) 保存。

第九条 煤矿企业除建立从业人员安全培训档案外，还应当建立企业安全培训档案，实行一期一档。煤矿企业安全培训档案的内容包括：

（一）培训计划；

（二）培训时间、地点；

（三）培训课时及授课教师；

（四）课程讲义；

（五）学员名册、考勤、考核情况；

（六）综合考评报告等；

（七）其他有关情况。

对煤矿企业主要负责人和安全生产管理人员的煤矿企业安全培训档案应当保存3年以上，对特种作业人员的煤矿企业安全培训档案应当保存6年以上，其他从业人员的煤矿企业安全培训档案应当保存3年以上。

第三章 主要负责人和安全生产管理人员的安全培训及考核

第十条 本规定所称煤矿企业主要负责人，是指煤矿企业的董事长、总经理，矿务局局长，煤矿矿长等人员。

本规定所称煤矿企业安全生产管理人员，是指煤矿企业分管安全、采煤、掘进、通风、机电、运输、地测、防治水、调度等工作的副董事长、副总经理、副局长、副矿长，总工程师、副总工程师和技术负责人，安全生产管理机构负责人及其管理人员，采煤、掘进、通风、机电、运输、地测、防治水、调度等职能部门（含煤矿井、区、科、队）负责人。

第十一条 煤矿矿长、副矿长、总工程师、副总工程师应当具备煤矿相关专业大专及以上学历，具有3年以上煤矿相关工作经历。

煤矿安全生产管理机构负责人应当具备煤矿相关专业中专及以上学历，具有2年以上煤矿安全生产相关工作经历。

第十二条 煤矿企业应当每年组织主要负责人和安全生产管理人员进行新法律法规、新标准、新规程、新技术、新工艺、新设备和新材料等方面的安全培训。

第十三条 国家煤矿安全监察局组织制定煤矿企业主要负责人和安全生产管理人员安全生产知识和管理能力考核的标准，建立国家级考试题库。

省级煤矿安全培训主管部门应当根据前款规定的考核标准，建立省级考试题库，并报国家煤矿安全监察局备案。

第十四条 煤矿企业主要负责人考试应当包括下列内容：

（一）国家安全生产方针、政策和有关安全生产的法律、法规、规章及标准；

（二）安全生产管理、安全生产技术和职业健康基本知识；

（三）重大危险源管理、重大事故防范、应急管理和事故调查处理的有关规定；

（四）国内外先进的安全生产管理经验；

（五）典型事故和应急救援案例分析；

（六）其他需要考试的内容。

第十五条 煤矿企业安全生产管理人员考试应当包括下列内容：

（一）国家安全生产方针、政策和有关安全生产的法律、法规、规章及标准；

（二）安全生产管理、安全生产技术、职业健康等知识；

（三）伤亡事故报告、统计及职业危害的调查处理方法；

（四）应急管理的内容及其要求；

（五）国内外先进的安全生产管理经验；

（六）典型事故和应急救援案例分析；

（七）其他需要考试的内容。

第十六条 国家煤矿安全监察局负责中央管理的煤矿企业总部（含所属在京一级子公司）主要负责人和安全生产管理人员考核工作。

省级煤矿安全培训主管部门负责本行政区域内前款以外的煤矿企业主要负责人和安全生产管理人员考核工作。

国家煤矿安全监察局和省级煤矿安全培训主管部门（以下统称考核部门）应当定期组织考核，并提前公布考核时间。

第十七条 煤矿企业主要负责人和安全生产管理人员应当自任职之日起6个月内通过考核部门组织的安全生产知识和管理能力考核，并持续保持相应水平和能力。

煤矿企业主要负责人和安全生产管理人员应当自任职之日起30日内，按照本规定第十六条的规定向考核部门提出考核申请，并提交其任职文件、学历、工作经历等相关材料。

考核部门接到煤矿企业主要负责人和安全生产管理人员申请及其材料后，经审核符合条件的，应当及时组织相应的考试；发现申请人不符合本规定第十一条规定的，不得对申请人进行安全生产知识和管理能力考试，并书面告知申请人及其所在煤矿企业或其任免机关调整其工作岗位。

第十八条 煤矿企业主要负责人和安全生产管理人员的考试应当在规定的考点采用计算机方式进行。考试试题从国家级考试题库和省级考试题库随机抽取，其中抽取国家级考试题库试题比例占80%以上。考试满分为100分，80分以上为合格。

考核部门应当自考试结束之日起5个工作日内公布考试成绩。

第十九条 煤矿企业主要负责人和安全生产管理人员考试合格后，考核部门应当在公布考试成绩之日起10个工作日内颁发安全生产知识和管理能力考核合格证明（以下简称考核合格证明）。考核合格证明在全国范围内有效。

煤矿企业主要负责人和安全生产管理人员考试不合格的，可以补考一次；经补考仍不合格的，1年内不得再次申请考核。考核部门应当告知其所在煤矿企业或其任免机关调整其工作岗位。

第二十条 考核部门对煤矿企业主要负责人和安全生产管理人员的安全生产知识和管理能力每3年考核一次。

第四章　特种作业人员的安全培训和考核发证

第二十一条 煤矿特种作业人员及其工种由国家安全生产监督管理总局会同国家煤矿安全监察局确定，并适时调整；其他任何单位或者个人不得擅自变更其范围。

第二十二条 煤矿特种作业人员应当具备初中及以上文化程度（自2018年6月1日起新上岗的煤矿特种作业人员应当具备高中及以上文化程度），具有煤矿相关工作经历，或者职业高中、技工学校及中专以上相关专业学历。

第二十三条 国家煤矿安全监察局组织制定煤矿特种作业人员培训大纲和考核标准，建立统一的考试题库。

省级煤矿安全培训主管部门负责本行政区域内煤矿特种作业人员的考核、发证工作，也可以委托设区的市级人民政府煤矿安全培训主管部门实施煤矿特种作业人员的考核、发证工作。

省级煤矿安全培训主管部门及其委托的设区的市级人民政府煤矿安全培训主管部门以下统称考核发证部门。

第二十四条 煤矿特种作业人员必须经专门的安全技术培训和考核合格，由省级煤矿安全培训主管部门颁发《中华人民共和国特种作业操作证》（以下简称特种作业操作证）后，方可上岗作业。

第二十五条 煤矿特种作业人员在参加资格考试前应当按照规定的培训大纲进行安全生产知识和实际操作能力的专门培训。其中，初次培训的时间不得少于 90 学时。

已经取得职业高中、技工学校及中专以上学历的毕业生从事与其所学专业相应的特种作业，持学历证明经考核发证部门审核属实的，免于初次培训，直接参加资格考试。

第二十六条 参加煤矿特种作业操作资格考试的人员，应当填写考试申请表，由本人或其所在煤矿企业持身份证复印件、学历证书复印件或者培训机构出具的培训合格证明向其工作地或者户籍所在地考核发证部门提出申请。考核发证部门收到申请及其有关材料后，应当在 60 日内组织考试。对不符合考试条件的，应当书面告知申请人或其所在煤矿企业。

第二十七条 煤矿特种作业操作资格考试包括安全生产知识考试和实际操作能力考试。安全生产知识考试合格后，进行实际操作能力考试。

煤矿特种作业操作资格考试应当在规定的考点进行，安全生产知识考试应当使用统一的考试题库，使用计算机考试，实际操作能力考试采用国家统一考试标准进行考试。考试满分均为 100 分，80 分以上为合格。

考核发证部门应当在考试结束后 10 个工作日内公布考试成绩。

申请人考试合格的，考核发证部门应当自考试合格之日起 20 个工作日内完成发证工作。

申请人考试不合格的，可以补考一次；经补考仍不合格的，重新参加相应的安全技术培训。

第二十八条 特种作业操作证有效期 6 年，全国范围内有效。

特种作业操作证由国家安全生产监督管理总局统一式样、标准和编号。

第二十九条 特种作业操作证有效期届满需要延期换证的，持证人应当在有效期届满 60 日前参加不少于 24 学时的专门培训，持培训合格证明由本人或其所在企业向当地考核发证部门或者原考核发证部门提出考试申请。经安全生产知识和实际操作能力考试合格的，考核发证部门应当在 20 个工作日内予以换发新的特种作业操作证。

第三十条 离开特种作业岗位 6 个月以上、但特种作业操作证仍在有效期内的特种作业人员，需要重新从事原特种作业的，应当重新进行实际操作能力考试，经考试合格后方可上岗作业。

第三十一条 特种作业操作证遗失或者损毁的，应当及时向原考核发证部门提出书面申请，由原考核发证部门补发。

特种作业操作证所记载的信息发生变化的，应当向原考核发证部门提出书面申请，经原考核发证部门审查确认后，予以更新。

第五章 其他从业人员的安全培训和考核

第三十二条 煤矿其他从业人员应当具备初中及以上文化程度。

本规定所称煤矿其他从业人员，是指除煤矿主要负责人、安全生产管理人员和特种作业人员以外，从事生产经营活动的其他从业人员，包括煤矿其他负责人、其他管理人员、技术人员和各岗位的工人、使用的被派遣劳动者和临时聘用人员。

第三十三条 煤矿企业应当对其他从业人员进行安全培训，保证其具备必要的安全生产知识、技能和事故应急处理能力，知悉自身在安全生产方面的权利和义务。

第三十四条 省级煤矿安全培训主管部门负责制定煤矿企业其他从业人员安全培训大纲和考核标准。

第三十五条 煤矿企业或者具备安全培训条件的机构应当按照培训大纲对其他从业人员进行安全培训。其中，对从事采煤、掘进、机电、运输、通风、防治水等工作的班组长的安全培训，应当由其所在煤矿的上一级煤矿企业组织实施；没有上一级煤矿企业的，由本单位组织实施。

煤矿企业其他从业人员的初次安全培训时间不得少于 72 学时，每年再培训的时间不得少于 20 学时。

煤矿企业或者具备安全培训条件的机构对其他从业人员安全培训合格后，应当颁发安全培训合格证明；未经培训并取得培训合格证明的，不得上岗作业。

第三十六条 煤矿企业新上岗的井下作业人员安全培训合格后，应当在有经验的工人师傅带领下，实习满 4 个月，并取得工人师傅签名的实习合格证明后，方可独立工作。

工人师傅一般应当具备中级工以上技能等级、3 年以上相应工作经历和没有发生过违章指挥、违章作业、违反劳动纪律等条件。

第三十七条 企业井下作业人员调整工作岗位或者离开本岗位 1 年以上重新上岗前，以及煤矿企业采用新工艺、新技术、新材料或者使用新设备的，应当对其进行相应的安全培训，经培训合格后，方可上岗作业。

第六章 监督管理

第三十八条 省级煤矿安全培训主管部门应当将

煤矿企业主要负责人、安全生产管理人员考核合格证明、特种作业人员特种作业操作证的发放、注销等情况在本部门网站上公布,接受社会监督。

第三十九条　煤矿安全培训主管部门和煤矿安全监察机构应当对煤矿企业安全培训的下列情况进行监督检查,发现违法行为的,依法给予行政处罚:

(一)建立安全培训管理制度,制定年度培训计划,明确负责安全培训管理工作的机构,配备专职或者兼职安全培训管理人员的情况;

(二)按照本规定投入和使用安全培训资金的情况;

(三)实行自主培训的煤矿企业的安全培训条件;

(四)煤矿企业及其从业人员安全培训档案的情况;

(五)主要负责人、安全生产管理人员考核的情况;

(六)特种作业人员持证上岗的情况;

(七)应用新工艺、新技术、新材料、新设备以及离岗、转岗时对从业人员安全培训的情况;

(八)其他从业人员安全培训的情况。

第四十条　考核部门应当建立煤矿企业安全培训随机抽查制度,制定现场抽考办法,加强对煤矿安全培训的监督检查。

考核部门对煤矿企业主要负责人和安全生产管理人员现场抽考不合格的,应当责令其重新参加安全生产知识和管理能力考核;经考核仍不合格的,考核部门应当书面告知其所在煤矿企业或其任免机关调整其工作岗位。

第四十一条　省级及以下煤矿安全监察机构应当按照年度监察执法计划,采用现场抽考等多种方式对煤矿企业安全培训情况实施严格监察;对监察中发现的突出问题和共性问题,应当向本级人民政府煤矿安全培训主管部门或者下级人民政府提出有关安全培训工作的监察建议函。

第四十二条　省级煤矿安全培训主管部门发现下列情形之一的,应当撤销特种作业操作证:

(一)特种作业人员对发生生产安全事故负有直接责任的;

(二)特种作业操作证记载信息虚假的。

特种作业人员违反上述规定被撤销特种作业操作证的,3年内不得再次申请特种作业操作证。

第四十三条　煤矿企业从业人员在劳动合同期满变更工作单位或者依法解除劳动合同的,原工作单位不得以任何理由扣押其考核合格证明或者特种作业操作证。

第四十四条　省级煤矿安全培训主管部门应当将煤矿企业主要负责人、安全生产管理人员和特种作业人员的考核情况,及时抄送省级煤矿安全监察局。

煤矿安全监察机构应当将煤矿企业主要负责人、安全生产管理人员和特种作业人员的行政处罚决定及时抄送同级煤矿安全培训主管部门。

第四十五条　煤矿安全培训主管部门应当建立煤矿安全培训举报制度,公布举报电话、电子信箱,依法受理并调查处理有关举报,并将查处结果书面反馈给实名举报人。

第七章　法　律　责　任

第四十六条　煤矿安全培训主管部门的工作人员在煤矿安全考核工作中滥用职权、玩忽职守、徇私舞弊的,依照有关规定给予处分;构成犯罪的,依法追究刑事责任。

第四十七条　煤矿企业有下列行为之一的,由煤矿安全培训主管部门或者煤矿安全监察机构责令其限期改正,可以处5万元以下的罚款;逾期未改正的,责令停产停业整顿,并处5万元以上10万元以下的罚款,对其直接负责的主管人员和其他直接责任人员处1万元以上2万元以下的罚款:

(一)主要负责人和安全生产管理人员未按照规定经考核合格的;

(二)未按照规定对从业人员进行安全生产培训的;

(三)未如实记录安全生产培训情况的;

(四)特种作业人员未经专门的安全培训并取得相应资格,上岗作业的。

第四十八条　煤矿安全培训主管部门或者煤矿安全监察机构发现煤矿企业有下列行为之一的,责令其限期改正,可以处1万元以上3万元以下的罚款:

(一)未建立安全培训管理制度或者未制定年度安全培训计划的;

(二)未明确负责安全培训工作的机构,或者未配备专兼职安全培训管理人员的;

(三)用于安全培训的资金不符合本规定的;

(四)未按照统一的培训大纲组织培训的;

(五)不具备安全培训条件进行自主培训,或者委托不具备安全培训条件机构进行培训的。

具备安全培训条件的机构未按照规定的培训大纲进行安全培训,或者未经安全培训并考试合格颁发有关培训合格证明的,依照前款规定给予行政处罚。

第八章 附 则

第四十九条 煤矿企业主要负责人和安全生产管理人员考核不得收费，所需经费由煤矿安全培训主管部门列入同级财政年度预算。

煤矿特种作业人员培训、考试经费可以列入同级财政年度预算，也可由省级煤矿安全培训主管部门制定收费标准，报同级人民政府物价部门、财政部门批准后执行。证书工本费由考核发证机关列入同级财政年度预算。

第五十条 本规定自2018年3月1日起施行。国家安全生产监督管理总局2012年5月28日公布、2013年8月29日修正的《煤矿安全培训规定》（国家安全生产监督管理总局令第52号）同时废止。

煤矿建设项目安全设施监察规定

（2003年7月4日国家安全生产监督管理总局、国家煤矿安全监察局令第6号公布 根据2015年6月8日国家安全生产监督管理总局令第81号修正）

第一章 总 则

第一条 为了规范煤矿建设工程安全设施监察工作，保障煤矿安全生产，根据安全生产法、煤矿安全监察条例以及有关法律、行政法规的规定，制定本规定。

第二条 煤矿安全监察机构对煤矿新建、改建和扩建工程项目（以下简称煤矿建设项目）的安全设施进行监察，适用本规定。

第三条 煤矿建设项目应当进行安全评价，其初步设计应当按规定编制安全专篇。安全专篇应当包括安全条件的论证、安全设施的设计等内容。

第四条 煤矿建设项目的安全设施的设计、施工应当符合工程建设强制性标准、煤矿安全规程和行业技术规范。

第五条 煤矿建设项目施工前，其安全设施设计应当经煤矿安全监察机构审查同意；竣工投入生产或使用前，其安全设施和安全条件应当经煤矿建设单位验收合格。煤矿安全监察机构应当加强对建设单位验收活动和验收结果的监督核查。

第六条 煤矿建设项目安全设施的设计审查，由煤矿安全监察机构按照设计或者新增的生产能力，实行分级负责。

（一）设计或者新增的生产能力在300万吨/年及以上的井工煤矿建设项目和1000万吨/年及以上的露天煤矿建设项目，由国家煤矿安全监察局负责设计审查。

（二）设计或者新增的生产能力在300万吨/年以下的井工煤矿建设项目和1000万吨/年以下的露天煤矿建设项目，由省级煤矿安全监察局负责设计审查。"

第七条 未设立煤矿安全监察机构的省、自治区，由省、自治区人民政府指定的负责煤矿安全监察工作的部门负责本规定第六条第二项规定的设计审查。

第八条 经省级煤矿安全监察局审查同意的项目，应及时报国家煤矿安全监察局备案。

第二章 安 全 评 价

第九条 煤矿建设项目的安全评价包括安全预评价和安全验收评价。

煤矿建设项目在可行性研究阶段，应当进行安全预评价；在投入生产或者使用前，应当进行安全验收评价。

第十条 煤矿建设项目的安全评价应由具有国家规定资质的安全中介机构承担。承担煤矿建设项目安全评价的安全中介机构对其作出的安全评价结果负责。

第十一条 煤矿企业应与承担煤矿建设项目安全评价的安全中介机构签订书面委托合同，明确双方各自的权利和义务。

第十二条 承担煤矿建设项目安全评价的安全中介机构，应当按照规定的标准和程序进行评价，提出评价报告。

第十三条 煤矿建设项目安全预评价报告应当包括以下内容：

（一）主要危险、有害因素和危害程度以及对公共安全影响的定性、定量评价；

（二）预防和控制的可能性评价；

（三）建设项目可能造成职业危害的评价；

（四）安全对策措施、安全设施设计原则；

（五）预评价结论；

（六）其他需要说明的事项。

第十四条 煤矿建设项目安全验收评价报告应当包括以下内容：

（一）安全设施符合法律、法规、标准和规程规定以及设计文件的评价；

（二）安全设施在生产或使用中的有效性评价；

（三）职业危害防治措施的有效性评价；

（四）建设项目的整体安全性评价；

（五）存在的安全问题和解决问题的建议；

（六）验收评价结论；
（七）有关试运转期间的技术资料、现场检测、检验数据和统计分析资料；
（八）其他需要说明的事项。

第三章 设计审查

第十五条 煤矿建设项目的安全设施设计应经煤矿安全监察机构审查同意；未经审查同意的，不得施工。

第十六条 煤矿建设项目的安全设施设计，应由具有相应资质的设计单位承担。设计单位对安全设施设计负责。

第十七条 煤矿建设项目的安全设施设计应当包括煤矿水、火、瓦斯、煤尘、顶板等主要灾害的防治措施，所确定的设施、设备、器材等应当符合国家标准和行业标准。

第十八条 煤矿建设项目的安全设施设计审查前，煤矿企业应当按照本规定第六条的规定，向煤矿安全监察机构提出书面申请。

第十九条 申请煤矿建设项目的安全设施设计审查，应当提交下列资料：
（一）安全设施设计审查申请报告及申请表；
（二）建设项目审批、核准或者备案的文件；
（三）采矿许可证或者矿区范围批准文件；
（四）安全预评价报告书；
（五）初步设计及安全专篇；
（六）其他需要说明的材料。

第二十条 煤矿安全监察机构接到审查申请后，应当对上报资料进行审查。有下列情形之一的，为设计审查不合格：
（一）安全设施设计未由具备相应资质的设计单位承担的；
（二）煤矿水、火、瓦斯、煤尘、顶板等主要灾害防治措施不符合规定的；
（三）安全设施设计不符合工程建设强制性标准、煤矿安全规程和行业技术规范的；
（四）所确定的设施、设备、器材不符合国家标准和行业标准的；
（五）不符合国家煤矿安全监察局规定的其他条件的。

第二十一条 煤矿安全监察机构审查煤矿建设项目的安全设施设计，应当自收到审查申请起30日内审查完毕。经审查同意的，应以文件形式批复；不同意的，应当提出审查意见，并以书面形式答复。

第二十二条 煤矿企业对已批准的煤矿建设项目安全设施设计需作重大变更的，应经原审查机构审查同意。

第四章 施工和联合试运转

第二十三条 煤矿建设项目的安全设施应由具有相应资质的施工单位承担。
施工单位应当按照批准的安全设施设计施工，并对安全设施的工程质量负责。

第二十四条 施工单位在施工期间，发现煤矿建设项目的安全设施设计不合理或者存在重大事故隐患时，应当立即停止施工，并报告煤矿企业。煤矿企业需对安全设施设计作重大变更的，应当按照本规定第二十二条的规定重新审查。

第二十五条 煤矿安全监察机构对煤矿建设工程安全设施的施工情况进行监察。

第二十六条 煤矿建设项目在竣工完成后，应当在正式投入生产或使用前进行联合试运转。联合试运转的时间一般为1至6个月，有特殊情况需要延长的，总时长不得超过12个月。
煤矿建设项目联合试运转，应按规定经有关主管部门批准。

第二十七条 煤矿建设项目联合试运转期间，煤矿企业应当制定可靠的安全措施，做好现场检测、检验，收集有关数据，并编制联合试运转报告。

第二十八条 煤矿建设项目联合试运转正常后，应当进行安全验收评价。

第五章 竣工验收

第二十九条 煤矿建设项目的安全设施和安全条件验收应当由煤矿建设单位负责组织；未经验收合格的，不得投入生产和使用。
煤矿建设单位实行多级管理的，应当由具体负责建设项目施工建设单位的上一级具有法人资格的公司（单位）负责组织验收。

第三十条 煤矿建设单位或者其上一级具有法人资格的公司（单位）组织验收时，应当对有关资料进行审查并组织现场验收。有下列情形之一的，为验收不合格：
（一）安全设施和安全条件不符合设计要求，或未通过工程质量认证的；
（二）安全设施和安全条件不能满足正常生产和使用的；
（三）未按规定建立安全生产管理机构和配备安全生产管理人员的；
（四）矿长和特种作业人员不具备相应资格的；

（五）不符合国家煤矿安全监察局规定的其他条件的。

第六章 附 则

第三十一条 违反本规定的，由煤矿安全监察机构或者省、自治区人民政府指定的负责煤矿安全监察工作的部门依照《安全生产法》及有关法律、行政法规的规定予以行政处罚；构成犯罪的，依照刑法有关规定追究刑事责任。

第三十二条 煤矿建设项目的安全设施设计审查申请表的样式，由国家煤矿安全监察局制定。

第三十三条 本规定自2003年8月15日起施行。《煤矿建设工程安全设施设计审查与竣工验收暂行办法》同时废止。

煤矿安全监察员管理办法

（2003年6月13日国家安全监管局国家煤矿安监局令第2号公布 根据2015年6月8日国家安全监管总局令第81号修正）

第一条 为加强和规范煤矿安全监察员管理工作，保障煤矿安全监察员依法行政，根据《公务员法》《安全生产法》《煤矿安全监察条例》等法律法规，制定本办法。

第二条 煤矿安全监察机构实行煤矿安全监察员制度。煤矿安全监察员是从事煤矿安全监察和行政执法工作的国家公务员。

第三条 国家安全生产监督管理总局、省级煤矿安全监察局按干部管理权限对煤矿安全监察员实行分级管理。

第四条 煤矿安全监察员除符合国家公务员的条件外，还应当具备下列条件：

（一）热爱煤矿安全监察工作，熟悉国家有关煤矿安全的方针、政策、法律、法规、规章、标准、规程；

（二）熟悉煤矿安全监察业务，具有煤矿安全方面的专业知识；

（三）具有大学专科以上学历；

（四）符合国家煤矿安全监察机构规定的工作经历和年龄要求；

（五）身体健康，适应煤矿安全监察工作需要。

第五条 煤矿安全监察员由国家安全生产监督管理总局考核，并颁发煤矿安全监察执法证。

第六条 煤矿安全监察员按照法律行政法规规定的职责实施煤矿安全监察，不受任何组织和个人的非法干涉，煤矿及其有关人员不得拒绝、阻挠。

第七条 煤矿安全监察员依法履行下列职责：

（一）依照安全生产法、煤矿安全监察条例和其他有关安全生产的法律、法规、规章、标准，对煤矿安全实施监察；

（二）对划定区域内的煤矿安全情况实施经常性安全检查和重点检查；

（三）查处煤矿安全违法行为，依法作出现场处理决定或提出实施行政处罚的意见；

（四）参与煤矿建设项目安全设施设计审查以及对建设单位竣工验收活动和验收结果的监督核查；

（五）监督检查煤矿职业危害的防治工作；

（六）参加煤矿伤亡事故的应急救援、调查和处理工作；

（七）法律、法规规定由煤矿安全监察员履行的其他职责。

第八条 煤矿安全监察员履行安全监察职责，具有下列权力：

（一）有权随时进入煤矿作业场所进行检查，调阅有关资料，参加煤矿安全生产会议，向有关单位或者人员了解情况；

（二）在检查中发现影响煤矿安全的违法行为，有权当场予以纠正或者要求限期改正；

（三）进行现场检查时，发现存在事故隐患的，有权要求煤矿立即消除或者限期解决；发现威胁职工生命安全的紧急情况时，有权要求立即停止作业，下达立即从危险区域内撤出作业人员的命令，并立即将紧急情况和处理措施报告煤矿安全监察机构；

（四）发现煤矿作业场所的瓦斯、粉尘或者其他有毒有害气体的浓度超过国家安全标准或者行业安全标准的，煤矿擅自开采保安煤柱的，或者采用危及相邻煤矿生产安全的决水、爆破、贯通巷道等危险方法进行采矿作业的，有权责令立即停止作业，并将有关情况报告煤矿安全监察机构；

（五）发现煤矿矿长或者其他主管人员违章指挥工人或者强令工人违章、冒险作业，或者发现工人违章作业的，有权立即责令纠正或者责令立即停止作业；

（六）发现煤矿使用的设施、设备、器材、劳动防护用品不符合国家安全标准或者行业安全标准的，有权责令其停止使用；需要查封或者扣押的，应当及时报告煤矿安全监察机构依法处理；

（七）法律、法规赋予的其他权力。

第九条 煤矿安全监察机构应当为煤矿安全监察员提供履行职责所需的装备和劳动防护用品。

煤矿安全监察员下井工作，享受井下工作津贴。

第十条 煤矿安全监察员履行安全监察职责，应当向当事人和有关人员出示煤矿安全监察员证。

煤矿安全监察员证只限本人使用，不得伪造、买卖或转借他人。

第十一条 煤矿安全监察员在执行公务时，涉及本人或者涉及本人有关亲属的利害关系的，应当回避。

第十二条 煤矿安全监察员发现煤矿存在事故隐患或危及煤矿安全的违法行为应当及时处理或者向煤矿安全监察机构报告。

煤矿安全监察员对每次安全检查的时间、地点、内容、发现的问题及其处理情况，应当做详细记录、填写执法文书，并由参加检查的煤矿安全监察员签名后归档。

煤矿安全监察员发出安全监察指令，应当填写执法文书并送达行政相对人。

第十三条 煤矿安全监察员应当依法履行煤矿安全监察职责，保守国家秘密和工作秘密，维护国家利益和当事人的合法权益。

第十四条 煤矿安全监察员不得接受煤矿的任何馈赠、报酬、福利待遇，不得在煤矿报销任何费用，不得参加煤矿安排、组织或者支付费用的宴请、娱乐、旅游、出访等活动，不得借煤矿安全监察工作在煤矿为自己、亲友或者他人谋取利益。

第十五条 煤矿安全监察机构负责制定煤矿安全监察员培训规划和办法，组织实施对煤矿安全监察员的岗前培训、年度轮训、特殊培训。煤矿安全监察员每三年应当接受不少于一个月的脱产培训。

第十六条 煤矿安全监察机构应当建立健全煤矿安全监察员的监督约束制度。

煤矿安全监察机构的行政监察部门依照行政监察法的规定，对煤矿安全监察员履行工作职责实施行政监察。

煤矿安全监察机构应当及时受理任何单位和个人对煤矿安全监察员违法违纪行为的检举和控告。

煤矿安全监察员应当自觉接受有关部门、煤矿及其职工和社会的监督。

第十七条 煤矿安全监察员实行定期交流轮岗制度。

第十八条 煤矿安全监察机构按照管理权限和国家有关规定对煤矿安全监察员的德、能、勤、绩、廉进行日常考核和年度考核。考核结果作为煤矿安全监察员使用和奖惩的依据。

第十九条 煤矿安全监察员有下列表现之一的，由煤矿安全监察机构按照国家有关规定予以奖励：

（一）在煤矿安全监察工作中成绩突出，有重大贡献的；

（二）在防止或者抢救煤矿事故中，使国家、煤矿和群众利益免受或者减少损失的；

（三）在煤矿安全监察工作中依法履行职责，使煤矿安全状况有明显好转的；

（四）在煤矿抢险救灾等工作中奋不顾身、作出贡献的；

（五）在煤矿安全技术装备开发与推广方面做出显著成绩的；

（六）同违法违纪行为作斗争有功绩的；

（七）有其他功绩的。

第二十条 煤矿安全监察员有下列行为之一的，由煤矿安全监察机构按照国家有关规定给予行政处分；构成犯罪的，依法追究刑事责任。

（一）接受煤矿的馈赠、报酬、礼品、现金、有价证券；

（二）参加煤矿安排、组织或者支付费用的宴请、娱乐、旅游、出访等活动的；

（三）利用职务便利为本人及亲友谋取私利的；

（四）滥施行政处罚或者擅自改变行政处罚决定的；

（五）徇私枉法，包庇、纵容违法单位和个人的；

（六）对被监察的单位和个人进行刁难或者打击报复的；

（七）有其他违法违纪行为的。

第二十一条 煤矿安全监察员滥用职权、玩忽职守、徇私舞弊，有下列行为之一的，给予降级或者撤职的行政处分；构成犯罪的，依法追究刑事责任。

（一）对不符合法定安全生产条件的煤矿予以批准或验收通过的；

（二）发现未依法取得批准、验收的煤矿擅自从事生产活动或者接到举报后不依法予以处理的；

（三）对已经取得批准的煤矿不履行安全监察职责，发现其不再具备安全生产条件而不撤销原批准的；

（四）发现事故隐患或影响煤矿安全的违法行为不依法及时处理或报告的。

第二十二条 本办法自2003年8月1日起施行。2000年12月9日国家煤矿安全监察局发布的《煤矿安全监察员管理暂行办法》同时废止。

2）非煤矿山安全

尾矿库安全监督管理规定

(2011年5月4日以国家安全生产监督管理总局令第38号公布，根据2015年5月26日国家安全生产监督管理总局令第78号《关于废止和修改非煤矿矿山领域九部规章的决定》修正)

第一章 总 则

第一条 为了预防和减少尾矿库生产安全事故，保障人民群众生命和财产安全，根据《安全生产法》《矿山安全法》等有关法律、行政法规，制定本规定。

第二条 尾矿库的建设、运行、回采、闭库及其安全管理与监督工作，适用本规定。

核工业矿山尾矿库、电厂灰渣库的安全监督管理工作，不适用本规定。

第三条 尾矿库建设、运行、回采、闭库的安全技术要求以及尾矿库等别划分标准，按照《尾矿库安全技术规程》(AQ 2006—2005)执行。

第四条 尾矿库生产经营单位（以下简称生产经营单位）应当建立健全尾矿库安全生产责任制，建立健全安全生产规章制度和安全技术操作规程，对尾矿库实施有效的安全管理。

第五条 生产经营单位应当保证尾矿库具备安全生产条件所必需的资金投入，建立相应的安全管理机构或者配备相应的安全管理人员、专业技术人员。

第六条 生产经营单位主要负责人和安全管理人员应当依照有关规定经培训考核合格并取得安全资格证书。

直接从事尾矿库放矿、筑坝、巡坝、排洪和排渗设施操作的作业人员必须取得特种作业操作证书，方可上岗作业。

第七条 国家安全生产监督管理总局在国务院规定的职责范围内负责对有关尾矿库建设项目进行安全设施设计审查。

前款规定以外的其他尾矿库建设项目安全设施设计审查，由省级安全生产监督管理部门按照分级管理的原则作出规定。

第八条 鼓励生产经营单位应用尾矿库在线监测、尾矿充填、干式排尾、尾矿综合利用等先进适用技术。

一等、二等、三等尾矿库应当安装在线监测系统。

鼓励生产经营单位将尾矿回采再利用后进行回填。

第二章 尾矿库建设

第九条 尾矿库建设项目包括新建、改建、扩建以及回采、闭库的尾矿库建设工程。

尾矿库建设项目安全设施设计审查与竣工验收应当符合有关法律、行政法规的规定。

第十条 尾矿库的勘察单位应当具有矿山工程或者岩土工程类勘察资质。设计单位应当具有金属非金属矿山工程设计资质。安全评价单位应当具有尾矿库评价资质。施工单位应当具有矿山工程施工资质。施工监理单位应当具有矿山工程监理资质。

尾矿库的勘察、设计、安全评价、施工、监理等单位除符合前款规定外，还应当按照尾矿库的等别符合下列规定：

（一）一等、二等、三等尾矿库建设项目，其勘察、设计、安全评价、监理单位具有甲级资质，施工单位具有总承包一级或者特级资质；

（二）四等、五等尾矿库建设项目，其勘察、设计、安全评价、监理单位具有乙级或者乙级以上资质，施工单位具有总承包三级或者三级以上资质，或者专业承包一级、二级资质。

第十一条 尾矿库建设项目应当进行安全设施设计，对尾矿库库址及尾矿坝稳定性、尾矿库防洪能力、排洪设施和安全观测设施的可靠性进行充分论证。

第十二条 尾矿库库址应当由设计单位根据库容、坝高、库区地形条件、水文地质、气象、下游居民区和重要工业构筑物等情况，经科学论证后，合理确定。

第十三条 尾矿库建设项目应当进行安全设施设计并经安全生产监督管理部门审查批准后方可施工。无安全设施设计或者安全设施设计未经审查批准的，不得施工。

严禁未经设计并审查批准擅自加高尾矿库坝体。

第十四条 尾矿库施工应当执行有关法律、行政法规和国家标准、行业标准的规定，严格按照设计施工，确保工程质量，并做好施工记录。

生产经营单位应当建立尾矿库工程档案和日常管理档案，特别是隐蔽工程档案、安全检查档案和隐患排查治理档案，并长期保存。

第十五条　施工中需要对设计进行局部修改的，应当经原设计单位同意；对涉及尾矿库库址、等别、排洪方式、尾矿坝坝型等重大设计变更的，应当报原审批部门批准。

第十六条　尾矿库建设项目安全设施试运行应当向安全生产监督管理部门书面报告，试运行时间不得超过6个月，且尾砂排放不得超过初期坝坝顶标高。试运行结束后，建设单位应当组织安全设施竣工验收，并形成书面报告备查。

安全生产监督管理部门应当加强对建设单位验收活动和验收结果的监督核查。

第十七条　尾矿库建设项目安全设施经验收合格后，生产经营单位应当及时按照《非煤矿矿山企业安全生产许可证实施办法》的有关规定，申请尾矿库安全生产许可证。未依法取得安全生产许可证的尾矿库，不得投入生产运行。

生产经营单位在申请尾矿库安全生产许可证时，对于验收申请时已提交的符合颁证条件的文件、资料可以不再提交；安全生产监督管理部门在审核颁发安全生产许可证时，可以不再审查。

第三章　尾矿库运行

第十八条　对生产运行的尾矿库，未经技术论证和安全生产监督管理部门的批准，任何单位和个人不得对下列事项进行变更：

（一）筑坝方式；

（二）排放方式；

（三）尾矿物化特性；

（四）坝型、坝外坡坡比、最终堆积标高和最终坝轴线的位置；

（五）坝体防渗、排渗及反滤层的设置；

（六）排洪系统的型式、布置及尺寸；

（七）设计以外的尾矿、废料或者废水进库等。

第十九条　尾矿库应当每三年至少进行一次安全现状评价。安全现状评价应当符合国家标准或者行业标准的要求。

尾矿库安全现状评价工作应当有能够进行尾矿坝稳定性验算、尾矿库水文计算、构筑物计算的专业技术人员参加。

上游式尾矿坝堆积至二分之一至三分之二最终设计坝高时，应当对坝体进行一次全面勘察，并进行稳定性专项评价。

第二十条　尾矿库经安全现状评价或者专家论证被确定为危库、险库和病库的，生产经营单位应当分别采取下列措施：

（一）确定为危库的，应当立即停产，进行抢险，并向尾矿库所在地县级人民政府、安全生产监督管理部门和上级主管单位报告；

（二）确定为险库的，应当立即停产，在限定的时间内消除险情，并向尾矿库所在地县级人民政府、安全生产监督管理部门和上级主管单位报告；

（三）确定为病库的，应当在限定的时间内按照正常库标准进行整治，消除事故隐患。

第二十一条　生产经营单位应当建立健全防汛责任制，实施24小时监测监控和值班值守，并针对可能发生的垮坝、漫顶、排洪设施损毁等生产安全事故和影响尾矿库运行的洪水、泥石流、山体滑坡、地震等重大险情制定并及时修订应急救援预案，配备必要的应急救援器材、设备，放置在便于应急时使用的地方。

应急预案应当按照规定报相应的安全生产监督管理部门备案，并每年至少进行一次演练。

第二十二条　生产经营单位应当编制尾矿库年度、季度作业计划，严格按照作业计划生产运行，做好记录并长期保存。

第二十三条　生产经营单位应当建立尾矿库事故隐患排查治理制度，按照本规定和《尾矿库安全技术规程》的规定，及时发现并消除事故隐患。事故隐患排查治理情况应当如实记录，建立隐患排查治理档案，并向从业人员通报。

第二十四条　尾矿库出现下列重大险情之一的，生产经营单位应当按照安全监管权限和职责立即报告当地县级安全生产监督管理部门和人民政府，并启动应急预案，进行抢险：

（一）坝体出现严重的管涌、流土等现象的；

（二）坝体出现严重裂缝、坍塌和滑动迹象的；

（三）库内水位超过限制的最高洪水位的；

（四）在用排水井倒塌或者排水管（洞）坍塌堵塞的；

（五）其他危及尾矿库安全的重大险情。

第二十五条　尾矿库发生坝体坍塌、洪水漫顶等事故时，生产经营单位应当立即启动应急预案，进行抢险，防止事故扩大，避免和减少人员伤亡及财产损失，并立即报告当地县级安全生产监督管理部门和人民政府。

第二十六条　未经生产经营单位进行技术论证和同意，以及尾矿库建设项目安全设施设计原审批部门批准，任何单位和个人不得在库区从事爆破、采砂、地下采矿等危害尾矿库安全的作业。

第四章 尾矿库回采和闭库

第二十七条 尾矿回采再利用工程应当进行回采勘察、安全预评价和回采设计，回采设计应当包括安全设施设计，并编制安全专篇。

回采安全设施设计应当报安全生产监督管理部门审查批准。

生产经营单位应当按照回采设计实施尾矿回采，并在尾矿回采期间进行日常安全管理和检查，防止尾矿回采作业对尾矿坝安全造成影响。

尾矿全部回采后不再进行排尾作业的，生产经营单位应当及时报安全生产监督管理部门履行尾矿库注销手续。具体办法由省级安全生产监督管理部门制定。

第二十八条 尾矿库运行到设计最终标高或者不再进行排尾作业的，应当在一年内完成闭库。特殊情况不能按期完成闭库的，应当报经相应的安全生产监督管理部门同意后方可延期，但延长期限不得超过6个月。

库容小于10万立方米且总坝高低于10米的小型尾矿库闭库程序，由省级安全生产监督管理部门根据本地实际制定。

第二十九条 尾矿库运行到设计最终标高的前12个月内，生产经营单位应当进行闭库前的安全现状评价和闭库设计，闭库设计应当包括安全设施设计。

闭库安全设施设计应当经有关安全生产监督管理部门审查批准。

第三十条 尾矿库闭库工程安全设施验收，应当具备下列条件：

（一）尾矿库已停止使用；

（二）尾矿库闭库工程安全设施设计已经有关安全生产监督管理部门审查批准；

（三）有完备的闭库工程安全设施施工记录、竣工报告、竣工图和施工监理报告等；

（四）法律、行政法规和国家标准、行业标准规定的其他条件。

第三十一条 生产经营单位组织尾矿库闭库工程安全设施验收，应当审查下列内容及资料：

（一）尾矿库库址所在行政区域位置、占地面积及尾矿库下游村庄、居民等情况；

（二）尾矿库建设和运行时间以及在建设和运行中曾经出现过的重大问题及其处理措施；

（三）尾矿库主要技术参数，包括初期坝结构、筑坝材料、堆坝方式、坝高、总库容、尾矿坝外坡坡比、尾矿粒度、尾矿堆积量、防洪排水型式等；

（四）闭库工程安全设施设计及审批文件；

（五）闭库工程安全设施设计的主要工程措施和闭库工程施工概况；

（六）闭库工程安全验收评价报告；

（七）闭库工程安全设施竣工报告及竣工图；

（八）施工监理报告；

（九）其他相关资料。

第三十二条 尾矿库闭库工作及闭库后的安全管理由原生产经营单位负责。对解散或者关闭破产的生产经营单位，其已关闭或者废弃的尾矿库的管理工作，由生产经营单位出资人或其上级主管单位负责；无上级主管单位或者出资人不明确的，由安全生产监督管理部门提请县级以上人民政府指定管理单位。

第五章 监督管理

第三十三条 安全生产监督管理部门应当严格按照有关法律、行政法规、国家标准、行业标准以及本规定要求和'分级属地'的原则，进行尾矿库建设项目安全设施设计审查；不符合规定条件的，不得批准。审查不得收取费用。

第三十四条 安全生产监督管理部门应当建立本行政区域内尾矿库安全生产监督检查档案，记录监督检查结果、生产安全事故及违法行为查处等情况。

第三十五条 安全生产监督管理部门应当加强对尾矿库生产经营单位安全生产的监督检查，对检查中发现的事故隐患和违法违规生产行为，依法作出处理。

第三十六条 安全生产监督管理部门应当建立尾矿库安全生产举报制度，公开举报电话、信箱或者电子邮件地址，受理有关举报；对受理的举报，应当认真调查核实；经查证属实的，应当依法作出处理。

第三十七条 安全生产监督管理部门应当加强本行政区域内生产经营单位应急预案的备案管理，并将尾矿库事故应急救援纳入地方各级人民政府应急救援体系。

第六章 法律责任

第三十八条 安全生产监督管理部门的工作人员，未依法履行尾矿库安全监督管理职责的，依照有关规定给予行政处分。

第三十九条 生产经营单位或者尾矿库管理单位违反本规定第八条第二款、第十九条、第二十条、第二十一条、第二十二条、第二十四条、第二十六条、第二十九条第一款规定的，给予警告，并处1万元以上3万元以下的罚款；对主管人员和直接责任人员由其所在单位或者上级主管单位给予行政处分；构成犯罪的，依法追究刑事责任。

生产经营单位或者尾矿库管理单位违反本规定第二十三条规定的，依照《安全生产法》实施处罚。

第四十条　生产经营单位或者尾矿库管理单位违反本规定第十八条规定的，给予警告，并处3万元的罚款；情节严重的，依法责令停产整顿或者提请县级以上地方人民政府按照规定权限予以关闭。

第四十一条　生产经营单位违反本规定第二十八条第一款规定不主动实施闭库的，给予警告，并处3万元的罚款。

第四十二条　本规定规定的行政处罚由安全生产监督管理部门决定。

法律、行政法规对行政处罚决定机关和处罚种类、幅度另有规定的，依照其规定。

第七章　附　则

第四十三条　本规定自2011年7月1日起施行。国家安全生产监督管理总局2006年公布的《尾矿库安全监督管理规定》（国家安全生产监督管理总局令第6号）同时废止。

关于进一步加强尾矿库监督管理工作的指导意见

（2012年3月12日国家安全生产监督管理总局、国家发展和改革委员会、工业和信息化部、国土资源部、环境保护部以安监总管一〔2012〕32号公布）

为深入贯彻《国务院关于进一步加强企业安全生产工作的通知》（以下简称《通知》）和《国务院关于坚持科学发展安全发展促进安全生产形势持续稳定好转的意见》（以下简称《意见》）精神，切实落实尾矿库管理的企业主体责任，进一步提高尾矿库监督管理工作的科学化、规范化水平，有效防范和遏制生产安全事故和次生突发环境事件的发生，根据《安全生产法》《矿山安全法》《环境保护法》《矿产资源法》《土地管理法》《国务院关于投资体制改革的决定》《土地复垦条例》（国务院令第592号）等法律法规和文件规定，提出以下指导意见：

一、进一步增强新形势下做好尾矿库监督管理工作的责任感和紧迫感

（一）加强尾矿库监督管理是坚持科学发展、安全发展的必然要求。尾矿库是维护矿山企业正常生产的必要设施，对我国国民经济及矿业经济持续健康发展发挥着重要基础作用。尾矿库也是重大危险源之一，一旦发生事故，必然对人民的生命财产安全造成严重损害，对环境构成严重威胁。深入贯彻落实科学发展观，必须坚持以人民的生命财产安全为根本，加快推进节约发展、清洁发展、安全发展，切实落实企业对尾矿库管理的主体责任，大力加强尾矿库监督管理工作，进一步构建尾矿库监督管理工作的长效机制。

（二）加强尾矿库监督管理是构建和谐社会的内在要求。随着我国经济社会的快速发展，矿产品生产及需求日趋旺盛，尾矿库安全、环保压力不断加大，人民群众对尾矿库安全、环保工作日益关注，对尾矿库监督管理工作提出了新要求和新期待，尾矿库运行安全已经成为影响一些地区社会安全稳定的重要因素之一。各地区、各有关部门要站在构建社会主义和谐社会的高度，充分认识加强尾矿库监督管理工作的重要性，进一步构筑科学发展、安全、环保的工作体系，有效防范和遏制尾矿库生产安全事故和次生突发环境事件的发生，为和谐社会建设提供有效保障。

（三）加强尾矿库监督管理是促进尾矿库安全环保形势根本好转的迫切要求。近年来，为遏制尾矿库生产安全事故和次生突发环境事件的发生，各地区、各有关部门按照党中央、国务院要求，采取了一系列强有力措施，尾矿库安全、环保工作得到了明显改进和加强，尾矿库建设发展水平有了较大提升。但是，尾矿库安全生产形势依然严峻，次生突发环境事件仍时有发生，特别是近年来全球气候异常，我国极端天气状况频频出现，对尾矿库安全运行构成严重威胁，加之我国尾矿库数量庞大，存在建设标准偏低、企业主体责任落实不到位、监管力量薄弱等问题，迫切要求进一步加强尾矿库监督管理工作，全面落实尾矿库监督管理各项规章、标准、制度和措施，努力促进尾矿库安全、环保形势明显好转乃至根本好转。

二、总体要求和目标任务

（一）总体要求。深入贯彻落实科学发展观，坚持"安全第一、预防为主、综合治理"的方针，牢固树立以人为本、节约发展、清洁发展、安全发展、可持续发展的科学理念，全面贯彻落实国务院《通知》《意见》和有关法律法规、文件规定，以推动尾矿库企业科学发展，有效防范和遏制生产安全事故和次生突发环境事件发生、构建尾矿库监督管理工作长效机制为目标，进一步明确职责，强化措施，严把尾矿库安全、环保准入关，切实加强尾矿库日常管理、监督、隐患排查治理，以及尾矿综合利用等各项工作，积极采用先进科技手段，提高尾矿库本质安全水平，努力实现全国尾矿库安全、环保状况持续稳定好转。

（二）目标任务。进一步强化落实监督管理职责，扎实推进尾矿库专项整治行动，依法严厉打击或取缔关闭非法生产和不具备安全生产条件、严重污染环境的尾矿库，建立完善尾矿库隐患排查治理长效机制，及时治理危、险库，将病库数量控制在已取证尾矿库总量的5%以内，杜绝出现新的无主管单位的尾矿库。全面推进尾矿库安全生产标准化建设，2013年底前，生产运行尾矿库全部达到安全生产标准化三级以上（含三级）。加快建设尾矿库管理国家级平台，实现对尾矿库的动态管理，建立尾矿库"天地一体化"监控体系。大力推进尾矿库先进适用技术的应用及研发，积极引导各地区和尾矿库企业应用在线监测、尾矿充填和干式排尾等先进适用技术，到2013年底三等及三等以上在用尾矿库在线监测率达到100%。加快尾矿综合利用，加强政策引导和资金支持，积极推进尾矿综合利用项目的实施。

三、加强监管、严格准入，全面提升尾矿库监督管理工作科学化水平

（一）持续深化尾矿库专项整治行动。各有关部门要切实加强对尾矿库专项整治行动的组织领导，健全完善尾矿库监督管理体制机制，坚决依法严厉打击或取缔关闭非法生产和不具备安全生产条件、严重污染环境的尾矿库，加大对无主管单位尾矿库的整治力度，及时治理危、险库。要进一步督促尾矿库企业切实落实尾矿库管理主体责任，健全完善尾矿库安全、环保管理制度，加强技术和现场管理，排查消除尾矿库重大隐患，有效监控运行情况。同时，要维护尾矿库企业的合法生产经营秩序，严厉打击偷盗破坏尾矿库安全监测设施、环保设施和应急救援物资的行为。

（二）严格尾矿库建设项目行政许可工作。严把安全、环保准入关，严格控制新建尾矿库、独立选矿厂建设项目，尤其是库容小于100万立方米、服务年限少于5年的尾矿库建设项目。严格审查尾矿库建设用地条件，不符合土地利用总体规划的，一律不予办理建设用地手续，并依法取缔关闭无证占地非法生产的企业。2011年3月5日《土地复垦条例》实施前已经办理建设用地手续，目前继续使用的尾矿库，造成土地毁损的，土地复垦义务人应当按照规定补充编制土地复垦方案。新建尾矿库的土地复垦义务人应当在办理建设用地申请或相关手续时，随有关报批材料报送土地复垦方案。同时，土地复垦义务人应当将土地复垦费用列入生产成本或建设项目总投资。新建尾矿库必须严格执行环境影响评价制度，并按照环评审批要求修建配套的污染防治设施，未经审批许可不得擅自开工建设，未经环保验收不得投入运行或使用。严格安全许可制度，新建金属非金属地下矿山必须对能否采用充填采矿法进行论证并优先推行充填采矿法，新建四、五等尾矿库应当优先采用一次性筑坝方式；对于达不到安全生产条件的，一律不予颁发安全生产许可证。在已建成尾矿库的上游、下游建设生产、生活设施的建设项目，应当经过当地政府相关部门审查同意，未履行相关手续的，由政府组织拆除违规建设的设施。

（三）严格落实安全、环保设施"三同时"审查制度。各有关部门要对新建、改建、扩建尾矿库执行严格的环评准入和安全、环保设施"三同时"制度，严格执行技术规范，加强源头治理。对未执行尾矿库建设项目环境影响评价制度和环保设施"三同时"制度，以及自2005年2月以后未执行尾矿库建设项目安全设施"三同时"制度的，要责令其限期补办相关手续，并依法进行处罚。对达不到安全环保要求的尾矿库，要责令其限期整改和治理，经整改和治理仍达不到要求的，要依法予以关闭停用。

（四）加强对尾矿库企业的日常监督检查和隐患排查治理的督促指导。要进一步加强对尾矿库企业的监督管理，督促检查有关地区及企业严格执行尾矿库相关法律、法规和标准，建立完善尾矿库基本情况数据库。要督促尾矿库企业开展隐患排查，采取联合执法等有效方式对企业排查隐患情况进行督查。要加强对尾矿库排污申报的登记管理，对污染环境的尾矿库责令停止使用、限期治理，或提请当地县级以上人民政府依法实施关闭。对发生尾矿库生产安全事故和环境污染事件的企业，要依法进行严肃查处。要加强对尾矿库中介服务机构的监督管理，发现存在弄虚作假、服务质量问题的中介服务机构，要依法进行查处，对情节严重的要吊销相关证照。要督促尾矿库企业编制完善事故应急预案和评审备案，并定期组织演练。

（五）实施清洁生产，大力推进尾矿综合利用工作。要加大政策支持引导力度，鼓励引导相关企业实施清洁生产，开发应用资源利用率高、污染产生量少的选矿工艺技术，有效减少含有毒有害物尾矿及污染物的排放。要按照《国家发展改革委关于印发"十二五"资源综合利用指导意见和大宗固体废物综合利用方案的通知》(发改环资〔2011〕2919号)、《金属尾矿综合利用专项规划(2010—2015年)》(工信部联〔2010〕174号)、《关于印发〈大宗工业固体废物综合利用〉"十二五"规划的通知》(工信部规〔2011〕600号) 要求,积极开展尾矿综合利用,加快尾矿综合利用示范基地建设,重点扶持和培育一批尾矿综合利用骨干企业,实现尾矿变废为宝,有效缓解尾矿堆存所带来的环境污染和安全隐患。要切实加强对尾矿综合利用的监督管理,督促尾矿库企业严格按照设计进行尾矿回采,并加强尾矿回采期间日常安全管理和检查,严防对尾矿坝安全和周边环境造成影响。要进一步做好尾矿资源调查,建立尾矿资源综合利用信息网络平台,开展尾矿综合利用技术研究,研究制定尾矿综合利用专项扶持政策。要尽快启动并全面实施尾矿综合利用示范项目。

(六) 大力推进尾矿库先进适用技术的应用及研发。要积极引导各地区和尾矿库企业应用在线监测、尾矿充填和干式排尾等先进适用技术,力争在2013年底前,三等以上(含三等)及有关重点在用尾矿库全部实现在线监测,逐步建立"天地一体化"监控体系。要积极推动各地区和尾矿库企业加大科技投入,进一步改善尾矿库建设和生产的工艺、技术、装备、设施,鼓励采用一次性筑坝方式建设尾矿库。要进一步重视尾矿库安全、环保科研工作,针对极端气候条件和尾矿库安全、环保面临的现实难题,加大自主研发创新工作力度,不断提高尾矿库安全环境科技保障水平。

(七) 严格闭库程序和闭库尾矿库的监督管理。各地区和各有关部门要督促尾矿库企业严格履行尾矿库闭库手续,落实闭库后的管理责任,严把闭库工程安全、环保设施设计审查和竣工验收关。对解散或者关闭破产的生产经营单位已关闭或者停用尾矿库,其管理工作由生产经营单位出资人或其上级主管单位负责;无上级主管单位或者出资人不明确的,由县级以上人民政府指定管理单位。尾矿库运行到设计最终标高或者不再进行排尾作业的,应当在一年内完成闭库。凡不对停用尾矿库进行闭库治理的尾矿库企业,应按照《土地复垦条例》第十八条规定缴纳土地复垦费,有关部门不得为其办理新增项目的核准备案,不得批准环保和安全手续。尾矿库闭库后,土地复垦义务人应严格按照土地复垦方案要求完成土地复垦义务,并及时向项目所在地国土资源部门申请验收。国土资源部门要监督用地单位及时将土地复垦为耕地、林地或园地等农用地,交还给原农村集体经济组织使用。同时,要加强对已闭库尾矿库地质灾害防治管理工作的监督管理。

四、全面落实企业尾矿库管理主体责任,夯实尾矿库建设、安全、环保基础

(一) 依法合规建设,严格履行安全、环保设施"三同时"手续。尾矿库企业要依法履行土地使用、地质灾害危险性评估备案、环境影响评价和安全、环保设施"三同时"审批等相关手续,依法取得相关证照后方可生产运行。尾矿库闭库时,应按照国家有关规定履行闭库设计、闭库评价、竣工验收等审批手续,承担复垦义务。闭库后进行尾矿回采综合利用的,应依法履行相关程序和审批手续。

(二) 建立完善规章制度,加强现场管理,确保尾矿库运行安全。要进一步落实尾矿库企业主体责任,把尾矿库作为一个独立、特殊的生产系统进行运行管理,提高管理层级,健全完善严格的建设、生产、安全、环保规章制度,认真落实汛期或极端天气下企业领导值班值守制度。要自觉开展有针对性的教育培训,强化岗位作业人员技能培训,企业主要负责人、安全管理人员和特种作业人员必须经培训合格,取得资格证书后方可任职或上岗作业。要严格按照设计要求进行作业,确保尾矿库干滩长度、安全超高、排水构筑物过流能力等重要指标符合设计要求,尾矿库回水、尾砂处理等符合环保要求。要加强尾矿库技术管理,每座尾矿库应至少配备一名熟悉尾矿库业务的安全技术管理人员。要建立完善并严格执行尾矿库隐患排查治理制度,切实做到整改措施、责任、资金、时限和预案"五到位"。要建立尾矿库安全、环保管理档案、工程技术档案、隐患排查治理档案和年度、季度作业计划,并妥善保存。

(三) 加大科技投入,推广应用先进适用技术,大力开展安全生产标准化建设。尾矿库企业要进一步加大科研投入力度,积极应用尾矿库在线监测、尾矿充填、干式排尾和综合利用等先进适用技术,采用《中国资源综合利用技术政策大纲》(国家发展改革委公告2010年第14号)和《金属尾矿综合利用先进适用技术目录》(工联节〔2011〕第139号)中的综合利用先进适用技术,按期完成在线监测等建设任务。要深入开展以岗位达标、专业达标和企业达标为内容的安全生产标准化建设,设定具体目标,采取有针对性的措施,按照依法设计、依法建设、依标管理的要求,逐步建立自我约束、自我完善、持续改进的工作机制,最大限度地消除作业过程中可能产生的事故(事件)隐患。在2013年底前,已取得安全生产许可证的尾矿库必须达到安全生产标准化三级以上（含三级）。

五、突出预防为主、强化综合治理，提升尾矿库监督管理和应急保障能力

（一）突出预防为主，强化尾矿库隐患综合治理。要进一步建立完善尾矿库隐患排查治理长效机制，落实重大隐患逐级挂牌督办制度，努力实现隐患排查治理的常态化、制度化、规范化。要严格按照《尾矿库隐患综合治理方案》的要求，重点整治危、险、病库，有效减少危、险、病库数量。要组织好中央预算内投资和中央财政支持无主尾矿库隐患治理及闭库项目的审核和实施工作，加强监督检查，严把项目竣工验收关，确保治理效果，并结合实际，研究制定深化整治行动的政策措施和方案。要督促各地区组织专家队伍或有资质的中介机构，对等级不清、安全度不明的尾矿库进行全面彻底的鉴定，为实施科学监管、科学治理提供依据。

（二）强化监督管理能力建设，不断提升尾矿库科学监管水平。要建立完善覆盖全面、监管到位、监督有力的政府监管体系，进一步加强对各级尾矿库监管人员法律法规和业务知识的培训，教育引导各级监管人员严格履行执法程序，依法行政，强化行政执法监督，不断提高监管执法水平。要进一步加强尾矿库监管装备建设，提高监管技术装备水平，强化基层站点监管能力，重点加强对企业安全、环保的现场监管和技术指导服务。要加大责任追究力度，对违规审批、疏于监管、工作不力导致发生事故的单位、尾矿库企业和有关人员，要依照有关规定，严肃追究责任。

（三）切实加强尾矿库应急救援工作，有效提升应急处置能力。各有关部门和尾矿库企业要充分认识极端气候对尾矿库安全、环保威胁的严重性，切实强化尾矿库应急预案的修订、备案、审查和演练工作，特别是进一步完善地方、企业应急管理和协调机制。要强化应急保障，配备必要的应急救援器材、设备和物资。要加强应急值班值守和检查巡查，特别要加强停用库的值班值守和检查巡查，实施责任到人和专门制度，畅通信息，保证及时发现险情、及时处理、及时上报。尾矿库出现重大险情时，要及时启动应急预案，开展应急抢险救援，最大限度地减少财产损失、环境损害和社会影响。要按照《安全生产"十二五"规划》和《国家环境保护"十二五"规划》的总体要求和部署，以应急全过程管理为主线，加强尾矿库应急能力建设和流域防控工程建设，力争"十二五"期间尾矿库应急管理水平有较大提升，有效遏制各类尾矿库生产安全事故和次生突发环境事件的发生。

六、紧密配合，建立完善尾矿库监督管理长效机制

（一）建立完善联合执法工作机制。各地区要进一步完善政府统一领导，安全监管、环境保护等相关部门密切配合和共同参与的尾矿库安全、环保联合执法工作机制，加大协调力度，加强联合执法、信息通报和资源共享，实施综合治理。对未取得尾矿库安全生产许可证或者尾矿库安全生产许可证被撤销、注销、吊销的采选矿企业，不得为其尾矿库生产提供用水、用电。推动建立尾矿库应急救援联动机制，督促尾矿库主管单位与周边居民、工厂、市场、学校及其他重要设施单位建立联防联动机制，进一步提升尾矿库安全、环保应急响应水平。

（二）加强宣传教育，不断提高公众安全、环保意识。各地区和各有关部门要广泛开展有关尾矿库生产安全、环境安全隐患危害的教育，增强公众对人身安全和身体健康的保护意识。要建立完善尾矿库安全、环保社会监督机制，加大舆论监督、公众监督力度，鼓励公众积极参与尾矿库监督和隐患治理工作。要大力宣传有关法律法规知识，普及尾矿库安全、环保基本知识，提高尾矿库监管人员、企业业主、从业人员和公众的法制意识，增强其防范应对尾矿库安全、环保问题的能力。

（三）加强政策研究，解决突出问题。要针对我国目前尾矿库数量多、规模小的问题，进一步研究制定尾矿库建设规划和整合政策，控制五等尾矿库建设，探索建设独立的尾矿库企业，专门从事尾矿库的经营管理，实现尾矿的集中排放、统一管理，有效减少土地占用，提高专业化管理水平。针对尾矿库监督管理方面有关法规、规程和标准相对滞后，尤其是极端气候条件对尾矿库安全、环保构成严重威胁等问题，抓紧研究制定《尾矿库回采安全规程》《尾矿库干式排放安全规程》《尾矿库环境风险评价技术方法》以及磷石膏等工业废渣堆存标准等法规、规程和标准。针对尾矿库下游居民搬迁问题，相关部门要积极研究制定相关政策措施。针对当前存在的尾矿库闭库难的问题，积极探索建立尾矿库闭库保证金提取制度，以排尾量为基数，在尾矿库生产运行过程中逐年按一定比例提留，并确保专账专款专用。针对我国尾矿库工程建设质量监督方面存在的问题，积极探索建立第三方检验机构，负责尾矿库建设工程的质量检测检验。

请各地区根据本意见的要求，结合本地区尾矿库监督管理工作的实际,进一步加强组织领导,把加强尾矿库监督管理工作切实摆上重要议事日程,在不断总结经验、剖析问题的基础上,强化对策措施,落实工作责任,加强监督检查,督促和指导尾矿库企业切实落实安全、环保主体责任,建立长效机制,扎实推动尾矿库专项整治行动和监督管理工作取得实效,努力实现尾矿库安全、环保状况持续稳定好转。

关于非煤矿山安全生产风险分级监管工作的指导意见

(2015年8月19日国家安全生产监督管理总局以安监总管一〔2015〕91号公布)

为认真贯彻落实党中央、国务院关于加强安全生产工作的决策部署,推动加强创新型、学习型、服务型非煤矿山安全监管队伍建设,不断提高非煤矿山安全监管工作的科学化水平,努力解决非煤矿山安全监管人员总量偏少、专业人员匮乏和监管方式方法比较落后三重叠加的突出矛盾和问题,促进非煤矿山安全生产形势持续稳定好转,结合《国家安全监管总局关于全面开展非煤矿山"三项监管"工作的通知》(安监总管一〔2015〕22号)要求,现就全面推行非煤矿山安全生产风险分级监管工作提出如下意见:

一、工作目标和基本原则

(一)工作目标。

1. 事故总量、死亡人数和较大事故持续下降,有效遏制重特大事故。

2. 非煤矿山企业规模化、机械化、标准化、信息化水平明显提高,矿山数量明显下降。

3. 非煤矿山安全监管工作的科学化水平明显提高,企业安全生产主体责任得到更好落实。

(二)基本原则。

1. 关注风险、突出重点。从固有风险、设备设施、安全管理、人员素质和安全业绩5个方面,综合评估企业风险程度和存在的重点问题,从而采取有针对性的监管措施。

2. 定性分析与定量评估相结合。结合安全生产标准化评级和专家"会诊"结果,采用定性分析的方式评估企业固有风险、设备设施、安全管理、人员素质和安全业绩,倡导采用权重设置、赋值分析等定量分析方法。

3. 动态分级、差异监管。根据企业风险因素变化情况,及时调整企业风险级别,并对不同风险级别的企业在执法检查频次、执法检查内容等方面体现差异化。

4. 因地制宜,符合实际。各省级安全监管局要根据本意见,结合实际,科学制定本地区的风险分级监管实施办法。

二、分级方法

(一)专家评估。

充分发挥专家"会诊"的作用,将专家"会诊"的结果作为风险分级的重要参考依据。

(二)综合研判。

综合评估企业固有风险、设备设施、安全管理、人员素质和安全业绩等方面的风险因素,结合安全生产标准化评级和专家"会诊"结果,将企业按照风险程度由低到高划分为A、B、C、D四个级别。

对于存在以下固有风险情形的企业,结合其技术装备水平、风险管理能力、人员素质和安全业绩等方面的情况,一般应当将其纳入高风险级别实施重点监管。

1. 地下矿山:井下同期作业人数超过30人(含30人,下同)、开采深度超过800米、"三下开采"以及水文地质条件、工程地质条件或者周边环境复杂。

2. 露天矿山:边坡高度超过200米以及水文地质条件、工程地质条件或者周边环境复杂。

3. 尾矿库:库容超过1亿立方米、坝高超过200米以及库址地质条件或者周边环境复杂。

4. 陆上石油天然气开采企业:井口产出天然气中硫化氢含量超过20 ppm、原油站场储罐容量超过3万立方米、天然气站场净化处理能力超过100万立方米/天或者周边环境复杂。

(三)一票否决。

对于存在以下情况的企业,应当将其评定为D级企业,依法严厉处罚,并责令其限期整改隐患;逾期不整改或者整改不到位的,依法予以关闭。

1. 地下矿山:未形成完善的机械通风系统,提升设备未按规定检测检验合格,未为井下作业人员配备符合要求的自救器和便携式气体检测报警仪,井下单班作业人数超过30人未建立人员定位系统,井下存在独立规模大于3万立方米或者总规模大于50万立方米的采空区,未配备相关工程技术人员,图纸与实际情况严重不符等。

2. 露天矿山:未进行自上而下、分台阶(分层)开采,未建立边坡管理和检查制度,未采用机械铲装、机械二次破碎，未采用中深孔爆破，排土场无正规设计，排土场为病级或者危险级，未配备相关工程技术人员等。

3. 尾矿库：安全度为危级或者险级，防排洪系统缺失或者失效，调洪库容不足，安全超高或者最小干滩长度不满足要求，排渗设施失效，浸润线埋深小于控制浸润线埋深，坝体出现贯穿性横向裂缝等。

4. 陆上石油天然气开采企业：在含硫化氢环境中的作业人员上岗前未经培训合格，高含硫油气井的井下工具及地面配套管材不满足抗硫要求等。

（四）风险公告。

企业应当在醒目位置设置公告栏，标明本企业的风险级别、主要风险及应对措施，以及安全监管部门对企业实施的监管措施；应当为每名员工量身定制风险告知卡，列出岗位职责、岗位风险、岗位安全规程、事故预防及应急措施等内容。

三、评估重点内容

（一）安全生产固有风险重点评估内容。

1. 地下矿山：设计施工情况、井下同期作业人数、开采深度、开拓方式、采矿方法、采空区情况、水文地质条件、工程地质条件和周边环境等。

2. 露天矿山：设计施工情况、边坡高度、边坡角、水文地质条件、工程地质条件、封闭圈以下深度、排土场情况和周边环境等。

3. 尾矿库：设计施工情况、库容、坝高、汇水面积、筑坝方式、库址地质条件和周边环境等。

4. 陆上石油天然气开采企业：高含硫井口数、产出物硫化氢含量、原油储罐容量、净化处理能力和周边环境等。

（二）设备设施重点评估内容。

1. 采掘、支护和运输系统的机械化程度，通风、排水和提升系统的自动化水平。

2. 生产、调度、管理、监控信息化和智能化水平。

3. 设备设施的技术水平，先进适用技术和装备的应用情况。

4. 设备设施取得矿用产品安全标志情况。

5. 设备设施定期检测检验执行情况。

6. 禁止使用设备的淘汰情况。

（三）企业安全管理水平重点评估内容。

1. 企业管理人员和岗位工人安全责任清单制定情况，安全管理制度、作业安全规程、各工种操作规程等制度建立和落实情况。

2. 安全管理机构设置和安全管理人员配备情况。

3. 安全投入情况。

4. 隐患排查治理体系建立和运行情况。

5. 安全生产标准化体系建立和运行情况。

6. 事故应急救援预案编制和演练情况。

7. 作业现场管理情况。

8. 安全风险公告情况。

（四）企业人员素质重点评估内容。

1. 主要负责人、安全生产管理人员培训和现场考核情况。

2. 特种作业人员培训和现场考核情况。

3. 从业人员安全培训及安全考核情况。

4. 各类专业技术人员配备情况。

（五）企业安全业绩重点评估内容。

1. 建矿以来生产安全事故情况。

2. 建矿以来安全生产监管指令落实情况。

3. 安全生产非法违法情况。

四、监管方法

（一）动态监管。

各级安全监管部门应当根据企业风险变化，及时调整其风险级别，实施动态化评估分级。对于发生致人死亡生产安全事故的企业，应当立即将其调整为C级或D级；对于发生较大以上事故的企业，应当立即将其调整为D级。企业安全生产条件有较大改善或整改完成后，应根据情况重新评估并确定其风险级别。

（二）差异化监管。

各级安全监管部门要结合自身监管力量，针对不同风险级别的企业制定科学合理的执法检查计划，在执法检查频次、执法检查重点等方面体现差异化。鼓励A级企业强化自我管理，促进B级企业提升安全管理水平，推动C级企业改善安全生产条件，督促D级企业采取有效的风险控制措施，努力降低安全生产风险。

严防十类非煤矿山生产安全事故的通知

（2014年5月28日国家安全监管总局以安监总管一〔2014〕48号印发）

各省、自治区、直辖市及新疆生产建设兵团安全生产监督管理局，有关中央企业：

为深入贯彻落实习近平总书记关于"一厂（矿）出事故、万厂（矿）受教育，一地有隐患、全国受警示"的重要指示精神，以及国家安全监管总局党组关于"把历史上的事故当成今天的事故看待，警钟长鸣；把别人的事故当成自己的事故看待，引以为戒；把小事故当成重大事故看待，举一反三；把隐患当成事故看待，防止侥幸心理酿成大祸"的要求，国家安全监管总局对2001年以来的非煤矿山生产安全事故进行了统计分析，其中中毒窒息、火灾、透水、爆炸、坠罐跑车、冒顶坍塌、边坡垮塌、尾矿库溃坝、井喷失控和硫化氢中毒、重大海损等十类事故起数和死亡人数分别占非煤矿山事故总量和死亡总人数的63.4%和61.2%（其中较大事故分别占80.3%和80.0%，重特大事故分别占94.7%和94.6%）。因此，严防十类事故是进一步减少非煤矿山事故总量，有效遏制重特大事故发生，促进非煤矿山安全生产形势根本好转的有效措施和根本途径。现就有关要求通知如下：

一、严防中毒窒息事故

一是健全完善通风管理机构。地下矿山企业要建立通风管理机构或配备专职通风技术人员和测风、测尘人员，通风作业人员必须经专门的安全技术培训并考核合格，持证上岗。二是完善机械通风系统。必须安装主要通风机，并设置风门、风桥等通风构筑物，形成完善的机械通风系统；独头采掘工作面和通风不良的采场必须安装局部通风机，严禁使用非矿用局部通风机，严禁无风、微风、循环风冒险作业。三是强化监测监控。所有通风机必须安装开停传感器，主要通风机必须安装风压传感器，回风巷必须设置风速传感器；必须为从事井下作业的每一个班组配备便携式气体检测报警仪，人员进入采掘工作面之前，必须检测有毒有害气体浓度，出现报警严禁进入。四是及时封闭废弃井巷。废弃矿井和井下废弃巷道要及时封闭，并设置明显的警示标志。五是提升应急能力。必须为每一位入井人员配备自救器，并确保随身携带；要在井下主要通道明确标示避灾路线，并确保安全出口畅通；要制定中毒窒息事故现场处置方案，定期对入井人员进行通风安全管理和防中毒窒息事故专题教育培训，开展防中毒窒息事故应急演练；发生中毒窒息事故后，必须采取有效的通风措施，并立即启动应急预案，严禁擅自或盲目施救。

二、严防火灾事故

一是减少井下可燃物。新建和改扩建矿井要使用具备阻燃特性的动力线、照明线、输送带、风筒等设备设施，生产矿井要严格落实《国家安全监管总局关于发布金属非金属矿山禁止使用的设备及工艺目录（第一批）的通知》（安监总管一〔2013〕101号）要求。二是严格井下动火作业和用电管理。井下切割、焊接等动火作业必须制定安全措施，并经矿长签字批准后实施；严禁在井下吸烟，严禁违规使用电器，严禁使用电炉、灯泡等进行防潮、烘烤、做饭和取暖。三是强化井下油品管理。井下各种油品必须单独存放在安全地点，并严密封盖，柴油设备或油压设备一旦出现漏油，要及时处理。四是完善井下消防系统。要按照有关规定设置地面和井下消防设施，并要有足够可用的消防用水；要制定火灾事故现场处置方案，并定期进行演练。

三、严防透水事故

一是查清水害隐患。要调查核实矿区范围内的其他矿山、废弃矿井（露天开采废弃采场）、老采空区，本矿井积水区、含水层、岩溶带、地质构造等详细情况，并填绘矿区水文地质图；要摸清矿井水与地下水、地表水和大气降水的水力关系，预判矿井透水的可能性。二是完善排水系统。要按照设计和《金属非金属矿山安全规程》（GB 16423—2006）建立排水系统，加强对排水设备的检修、维护，确保排水系统完好可靠。三是落实探放水制度。要健全防治水组织机构和工作制度，严格按照"预测预报、有疑必探、先探后掘、先治后采"的水害防治原则，落实"防、堵、疏、排、截"综合治理措施；水害隐患严重的矿山要成立防治水专门机构，配备专用探放水设备，建立专业探放水队伍，排水作业人员必须经专门的安全技术培训并考核合格，持证上岗。四是强化应急保障。要不断完善透水事故应急救援预案，水文地质情况复杂的矿井要按照要求建设紧急避险设施，并配备满足抢险救灾必需的大功率水泵等排水设备；要加强对作业人员的安全培训和透水事故应急救援预案的演练，提高作业人员应对透水事故的能力；严禁相邻矿井井下贯通，严禁开采隔水矿柱等各类保安矿柱。

四、严防爆炸事故

一是确保爆破作业人员具备相应资格。从事爆破作业的人员必须经专门的安全技术培训并考核合格，持证上岗。二是加强井下炸药库安全管理。井下炸药库的建设、通风、贮存量、消防设施等必须符合设计要求，必须严格执行爆破器材入库、保管、发放、值班值守和交接班等管理制度，严禁非工作人员进入炸药库；严禁在井下炸药库30米以内的区域进行爆破作业，在距离炸药库30~100米区域内进行爆破时，禁止任何人在炸药库内停留。三是严格爆破器材安全管理。爆破材料必须用专车运送，严禁用电机车或铲运机运送爆破材料，严禁炸药、雷管同车运送，严禁在井口或井底停车场停放、分发爆破材料；井下工作面所用炸药、雷管应分别存放在加锁的专用爆破器材箱内，严禁乱扔乱放；爆破器材箱应放在顶板稳定、支护完整、无机械电器设备的地点，起爆时必须将爆破器材箱放置于警戒线以外的安全地点；当班未使用完的爆破材料，必须在当班及时交回炸药库，不得丢弃或自行处理。四是规范爆破作业。矿山爆破工程必须编制爆破设计书或爆破说明书，制定爆破作业安全操作规程；必须严格按照作业规程进行打眼装药，严禁边打眼、边装药、边卸药、边装药、边联线、边装药；严禁用爆破方式破碎石块；小型露天矿山和小型露天采石场要聘用专业爆破队伍进行爆破作业；要积极采用非电起爆技术，露天矿山在雷雨天气时，严禁爆破作业。

五、严防坠罐跑车事故

一是确保操作人员具备相应资格。要建立健全提升运输设备设施安全管理制度，提升机司机、信号工等特种作业人员必须经专门的安全技术培训并考核合格，持证上岗。二是确保提升设备符合安全要求。新建、改建或者扩建地下矿山必须使用已取得矿用产品安全标志的提升运输设备，用于提升人员的竖井应优先选用多绳摩擦式提升机；要限期淘汰非定型罐笼、$\phi 1.2$米以下（不含$\phi 1.2$米）用于升降人员的提升绞车、KJ、JKA、XKT型矿井提升机、JTK型矿用提升绞车，严禁使用带式制动器的提升绞车作为主提升设备。三是严格落实防坠罐跑车措施。罐笼、安全门、摇台（托台）、阻车器必须与提升机信号实现连锁，提升信号必须与提升机控制实现闭锁；提升矿车的斜井要设置常闭式防跑车装置；斜井上部和中间车场要设阻车器或挡车栏，斜井下部车场要设躲避硐室，倾角大于10°的斜井要设置轨道防滑装置，斜井人车要装设可靠的断绳保险器，每节车厢的断绳保险器应相互连结，各节车厢之间除连接装置外还应附挂保险链。四是强化检测检验和维护保养。提升机、提升绞车、罐笼、防坠器、斜井人车、斜井跑车防护装置、提升钢丝绳等主要提升装置，要由具有安全生产检测检验资质的机构定期进行检测检验；要严格按照《金属非金属矿山安全规程》，加强提升运输系统维护保养，加强日常安全检查，发现隐患要立即停用，及时整改，严防提升设备带病运转；要健全档案管理制度，将检查结果和处理情况记录存档；严禁超员、超载、超速提升人员和物料。

六、严防冒顶坍塌事故

一是加强顶板管理。要落实顶板分级管理制度，确保井下检查井巷和采场顶帮稳定性、撬浮石、进行支护作业的人员经专门的安全技术培训并考核合格，持证上岗；回采作业前，必须"敲帮问顶"，处理顶板和两帮的浮石，确认安全方准进行作业；处理浮石时，应停止其他妨碍处理浮石的作业，严禁在同一采场同时凿岩和处理浮石；发现冒顶预兆，应停止作业进行处理，发现大面积冒顶危险征兆，应立即通知井下人员撤离现场，并及时上报。二是强化地压和采空区管理。工程地质复杂、有严重地压活动，以及开采深度超过800米的地下矿山要建立并严格执行采空区监测预报制度和定期巡查制度；必须建立地压监测系统，实时在线监测，发现大面积地压活动预兆，应立即停止作业，将人员撤至安全地点；地表塌陷区应设明显标志和栅栏，通往塌陷区的井巷应封闭，严禁人员进入塌陷区和采空区。三是大力推广充填采矿法。新建地下矿山首要要选用充填采矿法，不能采用的要经过设计单位或专家论证，并出具论证材料。

七、严防边坡垮塌事故

一是必须采用分台阶分层开采。露天矿山必须遵循自上而下的开采顺序，分台阶开采，小型露天采石场不能采用台阶式开采的，必须自上而下分层顺序开采，并确保台阶（分层）参数符合设计要求；严禁掏采，严禁在工作面形成伞檐、空洞。二是强化边坡安全检查。作业前，必须对工作面进行检查，清除危岩和其他危险物体；对采场工作帮要每季度检查一次，高陡边坡要每月检查一次；对运输和行人的非工作帮，应定期进行安全稳定性检查，发现坍塌或滑落征兆，应立即停止采剥作业，撤出人员和设备。三是及时消除安全隐患。要查清开采境界内的废弃巷道、采空区和溶洞，设置明显的警示标志，超前进行处理；节理、裂隙等地质构造发育、容易引起边坡垮塌事故的矿山，要采取人工加固措施治理边坡；大、中型矿山或边坡潜在危害性大的矿山，要建立健全边坡管理和检查制度，对边坡重点部位和有潜在滑坡危险的地段采取有效的防治措施，每5年由有资质的中介机构进行一次检测和稳定性分析。四是加强监测监控。要根据最终边坡的稳定类型、分区特点确定监测级别，并建立边坡监测系统，对坡体表面和内部位移、地下水位动态、爆破震动等进行定点定期观测，对存在不稳定因素的最终边坡要长期监测。五是强化排土场安全管理。要严格落实《金属非金属矿山排土场安全生产规则》（AQ 2005—2005），加强排土场（废石场）安全管理，严禁在排土场捡拾矿石。

八、严防尾矿库溃坝事故

一是健全尾矿库安全管理制度和机构。要健全安全生产责任制，设立专门的尾矿库管理部门和安全生产管理机构，配备专（兼）职技术人员和安全管理人员；尾矿作业人员必须经专门的安全技术培训并考核合格，持证上岗。二是严格按设计建设和运行。严禁尾矿坝堆积坡比陡于设计值；采用上游式筑坝的，必须于坝前均匀放矿，保持坝体均匀上升，不得不经论证在库后或一侧岸坡放矿，不得冲刷初期坝和子坝，严禁矿浆沿子坝内坡脚线流动冲刷坝脚，坝顶及沉积滩面应均匀平整，沉积滩长度及滩顶最低高程必须满足防洪设计要求；尾矿坝下游坡面上不得有积水坑，当坝面或坝肩出现集中渗流、流土、管涌、沼泽化、渗水量增大或渗水变浑等异常现象时，要立即停止生产，及时处理；严禁尾矿库高水位运行，严禁危库、险库生产运行，严禁无监测监控设施（系统）或非正常使用运行，严禁无应急机制的尾矿库生产运行。三是强化安全监测。要严格按照《尾矿库安全技术规程》（AQ 2006—2005）和《尾矿库安全监测技术规范》（AQ 2030—2010），对尾矿坝位移、渗流、干滩、库水位、降水量、外坡坡比、坝体滑坡、浸润线、排渗设施、周边山体稳定性、违章建筑、违章施工和违章采选作业等进行监测和检查，要建立完善监测监控设施（系统）。四是强化汛期安全生产工作。汛期前要对排洪设施进行检查、维修和疏浚，确保排洪设施畅通，要制定事故应急预案，建立和地方政府及有关部门的应急联动机制，并加强演练；汛期和洪水过后要对坝体和排洪构筑物进行全面认真的检查与清理，发现问题及时修复，同时，采取措施降低库水位。

九、严防井喷失控和硫化氢中毒事故

一是健全完善井控管理制度。石油天然气企业要健全井控装置安装使用和保养、钻开油气层的申报和审批、防喷演习、坐岗观察、24小时值班、井喷事故逐级汇报、井控例会和井控检查等管理制度；与井控工作相关的管理人员、操作人员、监督人员必须经过井控培训，并取得井控操作证。二是严格按设计施工。钻井和井下作业的地质设计、工程设计应当有井控管理的针对性内容，施工过程中，应当按设计要求安装井控装置，并按规定进行安装、试压、使用和管理。三是强化井控安全措施。钻开油气层前的检查验收应当执行申报、审批制度，并落实技术交底、防井喷和防硫化氢演习（含硫地区钻井）、压井液和堵漏材料储备、井控装备试压等准备工作；钻井过程中的测井、固井、下套管、中途测试等井筒服务作业，井下作业过程中的射孔、诱喷、冲砂、钻磨、测试、替喷等施工作业必须明确井控要求，施工方案必须符合有关技术标准；要根据实际情况制定具体的井喷失控应急预案，并明确关井程序和处置措施。四是落实硫化氢防护措施。在含硫化氢地层实施钻井和井下作业，要使用适合含硫化氢地层的钻井液，所用材料及设备必须满足防硫化氢要求，射孔作业、泵注、酸化压裂等特殊作业要落实硫化氢防护措施；含硫化氢天然气集输管道应当合理设置紧急截断阀；在含硫化氢环境中作业必须制定防硫化氢应急预案，预案中应当明确油气井点火程序和决策人。

十、严防重大海损事故

一是健全管理制度。海洋石油生产作业单位要严格落实生产设施、作业设施、延长测试设施备案制度；完善守护船、直升机、电气、井控、硫化氢防护等管理制度；确保出海作业人员经过海洋石油作业安全救生培训。二是加强生产作业现场安全管理。按照设施不同区域的危险性正确划分不同等级危险区；严格落实动火作业、平台拖航、吊装作业等作业审批制度并落实各项安全措施；确保所有通往救生艇（筏）、直升机平台的应急撤离通道和通往消防设备的通道畅通。三是强化设备管理。必须坚持生产设施设计、建造、安装以及生产全过程发证检验制度；确保各种设备有出厂合格证书或检验合格证书，建立设备运转记录、设备缺陷和故障记录、定期维护保养和检验制度；确保配备的消防、救生、逃生设备齐全完好并定期检验。四是加强应急管理工作。应急预案应充分考虑作业内容、作业海区的环境条件、作业设施的类型、自救能力和可以获得的外部支援等因素，及时根据实际情况修订完善并报安全监管部门备案；定期组织开展应急演练，不断提高生产作业人员应急处置能力；确保应急物资和应急装备配套到位并维护良好；与气象、海事等部门建立应急联动机制，及时发布预警信息。

非煤矿山企业要认真贯彻落实安全生产各项法律法规和标准，健全完善安全生产各项规章制度，切实落实安全生产主体责任。要组织技术人员或聘请专家全面排查十类事故隐患，把隐患整改责任落实到部门、班组、岗位和所有从业人员，自查自纠工作要做到无死角、严整改、真落实。各级安全监管部门要把严防十类事故作为非煤矿山安全监管工作的重点，认真分析近年来本地区十类事故情况，总结经验、剖析问题，有针对性地制定专项整治方案，明确专项整治目标、时限和计划。具体措施要实、要细、要有可操作性，工作要求要细化、量化、

表格化。对存在十类事故重大隐患的企业要责令限期整改、重点跟踪，对整改不认真、敷衍塞责的，要依法予以处罚；对拒不执行整改指令的，要提请地方人民政府依法予以关闭；对于导致事故发生的，要严厉追究责任。

国家安全监管总局
2014年5月28日

关于加强金属非金属矿山选矿厂安全生产工作的通知

(2012年11月5日国家安全监管总局以安监总管一〔2012〕134号印发)

各省、自治区、直辖市及新疆生产建设兵团安全生产监督管理局，有关中央企业：

近年来，金属非金属矿山选矿厂（以下简称选矿厂）生产安全事故时有发生，给人民群众生命财产造成重大损失。为进一步加强选矿厂安全生产工作，提高选矿厂安全管理水平，强化选矿厂安全监管，有效防范和坚决遏制各类事故发生，促进金属非金属矿山安全生产形势持续稳定好转，现就有关要求通知如下：

一、高度重视，切实加强组织领导

（一）进一步提高对选矿厂安全生产工作重要性的认识。选矿厂是金属非金属矿山的配套生产系统，与矿山生产、尾矿库运行紧密相关。近年来，各级安全监管部门和矿山企业认真贯彻落实国家安全生产法律法规和《金属非金属矿山安全规程》（GB 16423—2006）、《选矿安全规程》（GB 18152—2000）的有关规定，不断完善各项安全生产制度，切实落实企业安全生产主体责任，在选矿厂安全管理、隐患排查治理等方面取得很大成效。但是，由于部分地区未将选矿厂安全监管工作纳入金属非金属矿山安全监管范围，部分选矿厂存在设备设施落后、安全管理制度不健全、安全管理措施不落实等问题，机械伤害、高处坠落和物体打击等事故时有发生。各级安全监管部门要切实加强组织领导，深入选矿厂进行调查研究和督促检查，认真分析本地区选矿厂安全管理现状，强化对策措施，建立有效机制；要落实责任，强化监管，严格执法，尤其要严肃查处选矿厂生产安全事故，严厉追究相关责任人的责任，切实用事故教训推动安全生产工作。金属非金属矿山企业要高度重视选矿厂安全生产工作，制定完善安全管理制度，细化工作措施，加强现场作业安全管理，认真查找薄弱环节和重大隐患，强化应急管理，有效预防各类事故发生。

二、加强管理，严格落实各项安全措施

（二）严格落实选矿厂安全管理责任和制度。金属非金属矿山企业或独立选矿厂主要负责人（法定代表人）对选矿厂安全管理工作全面负责，分管安全生产工作的负责人具体负责。要实行选矿厂安全目标管理，层层分解任务，并定期检查考核。要建立健全各级领导、岗位人员安全生产责任制，以及选矿厂安全例会、安全检查、安全教育培训、设备设施管理、重大危险源监控、隐患排查治理、安全技术措施审批、劳动防护用品管理、职业危害预防、安全生产奖惩、应急管理、安全生产档案管理和岗位操作规程等各项规章制度。

（三）加强作业人员安全教育和培训。选矿厂要按照有关规定配备适应工作需要的专业技术人员和专（兼）职安全管理人员，并加强对从业人员的安全教育和培训，使其掌握本职工作所需的安全生产知识，了解其作业场所和工作岗位存在的危险因素、防范措施及事故应急措施。所有从业人员未经安全教育和培训合格，不得上岗作业；特种作业人员经培训合格并取得特种作业操作资格证书后，方可上岗作业。

（四）强化作业现场安全管理。要严格按照《选矿安全规程》（GB 18152—2000）的规定设置安全防护设施和警示标志，对易燃易爆物品、有毒有害药剂、化验用药剂、放射性元素，要建立严格的贮存、发放、配制和使用制度，并指派专人管理。要针对选矿厂设备设施种类多、工艺流程复杂的特点，制定和完善岗位操作规程，提高从业人员的安全操作技能。要定期组织安全生产专项检查，及时消除作业现场不安全因素。对于外包施工队伍，要严把资质关口，实行统一的安全管理。

（五）加强设备设施安全管理。要加强设备设施采购、安装、调试、检修等环节的安全管理，特种设备要经过检测检验合格后方可投入使用。要加强设备设施的日常维护保养，坚决杜绝设备带病运转。要加强技术改造，加大安全投入，采用新技术、新设备、新工艺，逐步淘汰落后设备及工艺，不断提高本质安全水平。

（六）加大隐患排查治理力度。要建立完善隐患排查治理制度，定期组织安全生产管理人员、工程技术人员及其他相关人员排查治理安全隐患，重点对料仓、破碎机、配电室、传动轴、设备裸露转动部分的防护罩或防护屏等重点部位和起重设备、带式输送机、钢梯等要害设施进行全面排查。对排查出的安全隐患，要落实治理责任、措施、资金、期限和应急预案。发现存在重大安全隐患的，要立即停产进行整改。对由于隐患排查治理不彻底导致事故发生的，要严肃追究相关人员的责任。

（七）扎实开展安全生产标准化建设工作。要认真贯彻落实《国务院关于进一步加强企业安全生产工作的通知》（国发〔2010〕23号）和《国务院安委会关于深入开展企业安全生产标准化建设的指导意见》（安委〔2011〕4号）精神，将选矿厂和矿山生产系统、尾矿库安全生产标准化建设工作同步部署、同步建设、同步推进。要按照《金属非金属矿山安全标准化规范导则》（AQ2007.1—2006）的有关要求，以班组达标、岗位达标、专业达标为基础，促进企业达标。

（八）加强应急管理。要根据选矿厂安全生产的特点，在矿山企业总体应急救援预案的基础上，编制包括机械伤害、起重伤害、高处坠落、物体打击、触电、火灾、危险化学品泄露、中毒等专项应急预案，配备必要的应急救援设备和物资，并加强应急演练。

三、依法依规，强化选矿厂安全监管

（九）严格现场检查。各级安全监管部门要查清辖区内选矿厂的基本情况，督促相关企业完善选矿厂各项安全管理制度，落实各项安全管理措施。要制定检查计划，重点检查选矿厂安全管理制度、岗位操作规程的建立健全和执行情况，设备设施的检测检验、运行、维护情况，从业人员的安全培训教育情况，隐患整改措施的落实情况，应急救援预案的可操作性和应急演练情况等。对重点地区、重点企业、薄弱环节和重大隐患等，要重点跟踪，进行专项和定期督查。

（十）严格行政执法。对选矿厂安全管理制度、操作规程和检测检验记录不完善，特种作业人员无证上岗，事故应急预案针对性不强的，要责令限期整改；对存在重大安全隐患以及未深刻吸取事故教训、整改和防范措施落实不到位的，要责令停产整改并依法予以处罚。要监督指导选矿厂认真分析每起事故的原因，举一反三，吸取教训，及时修订完善相关安全生产制度和岗位作业规程，严防同类事故重复发生。

（十一）全面推进安全生产标准化建设工作。各级安全监管部门要按照《国家安全监管总局关于进一步加强非煤矿山安全生产标准化建设工作的通知》（安监总管一〔2011〕104号）要求，将选矿厂安全生产标准化建设工作纳入金属非金属矿山安全生产标准化建设体系，整体部署、全面推进。选矿厂安全生产标准化分为一级、二级、三级共3个等级（其中一级为最高），按照相应的评分办法进行评审，确定达标等级，并颁发证书和牌匾。2013年底前，选矿厂要全部达到安全生产标准化三级以上水平。

非煤矿矿山企业安全生产许可证实施办法

（2009年6月8日国家安全监管总局令第20号公布 根据2015年5月26日国家安全监管总局令第78号修正）

第一章 总 则

第一条 为了严格规范非煤矿矿山企业安全生产条件，做好非煤矿矿山企业安全生产许可证的颁发管理工作，根据《安全生产许可证条例》等法律、行政法规，制定本实施办法。

第二条 非煤矿矿山企业必须依照本实施办法的规定取得安全生产许可证。

未取得安全生产许可证的，不得从事生产活动。

第三条 非煤矿矿山企业安全生产许可证的颁发管理工作实行企业申请、两级发证、属地监管的原则。

第四条 国家安全生产监督管理总局指导、监督全国非煤矿矿山企业安全生产许可证的颁发管理工作，负责海洋石油天然气企业安全生产许可证的颁发和管理。

省、自治区、直辖市人民政府安全生产监督管理部门（以下简称省级安全生产许可证颁发管理机关）负责本行政区域内除本条第一款规定以外的非煤矿矿山企业安全生产许可证的颁发和管理。

省级安全生产许可证颁发管理机关可以委托设区的市级安全生产监督管理部门实施非煤矿矿山企业安全生产许可证的颁发管理工作；但中央管理企业所属非煤矿矿山的安全生产许可证颁发管理工作不得委托实施。

第五条 本实施办法所称的非煤矿矿山企业包括金属非金属矿山企业及其尾矿库、地质勘探单位、采掘施工企业、石油天然气企业。

金属非金属矿山企业，是指从事金属和非金属矿产资源开采活动的下列单位：

1. 专门从事矿产资源开采的生产单位；

2. 从事矿产资源开采、加工的联合生产企业及其矿山生产单位；

3. 其他非矿山企业中从事矿山生产的单位。

尾矿库，是指筑坝拦截谷口或者围地构成的，用以贮存金属非金属矿石选别后排出尾矿的场所，包括氧化铝厂赤泥库，不包括核工业矿山尾矿库及电厂灰渣库。

地质勘探单位，是指采用钻探工程、坑探工程对金属非金属矿产资源进行勘探作业的单位。

采掘施工企业，是指承担金属非金属矿山采掘工程施工的单位。

石油天然气企业，是指从事石油和天然气勘探、开发生产、储运的单位。

第二章 安全生产条件和申请

第六条 非煤矿矿山企业取得安全生产许可证，应当具备下列安全生产条件：

（一）建立健全主要负责人、分管负责人、安全生产管理人员、职能部门、岗位安全生产责任制；制定安全检查制度、职业危害预防制度、安全教育培训制度、生产安全事故管理制度、重大危险源监控和重大隐患整改制度、设备安全管理制度、安全生产档案管理制度、安全生产奖惩制度等规章制度；制定作业安全规程和各工种操作规程；

（二）安全投入符合安全生产要求，依照国家有关规定足额提取安全生产费用；

（三）设置安全生产管理机构，或者配备专职安全生产管理人员；

（四）主要负责人和安全生产管理人员经安全生产监督管理部门考核合格，取得安全资格证书；

（五）特种作业人员经有关业务主管部门考核合格，取得特种作业操作资格证书；

（六）其他从业人员依照规定接受安全生产教育和培训，并经考试合格；

（七）依法参加工伤保险，为从业人员缴纳保险费；

（八）制定防治职业危害的具体措施，并为从业人员配备符合国家标准或者行业标准的劳动防护用品；

（九）新建、改建、扩建工程项目依法进行安全评价，其安全设施经验收合格；

（十）危险性较大的设备、设施按照国家有关规定进行定期检测检验；

（十一）制定事故应急救援预案，建立事故应急救援组织，配备必要的应急救援器材、设备；生产规模较小可以不建立事故应急救援组织的，应当指定兼职的应急救援人员，并与邻近的矿山救护队或者其他应急救援组织签订救护协议；

（十二）符合有关国家标准、行业标准规定的其他条件。

第七条 海洋石油天然气企业申请领取安全生产许可证，向国家安全生产监督管理总局提出申请。

本条第一款规定以外的其他非煤矿矿山企业申请领取安全生产许可证，向企业所在地省级安全生产许可证颁发管理机关或其委托的设区的市级安全生产监督管理部门提出申请。

第八条 非煤矿矿山企业申请领取安全生产许可证，应当提交下列文件、资料：

（一）安全生产许可证申请书；

（二）工商营业执照复印件；

（三）采矿许可证复印件；

（四）各种安全生产责任制复印件；

（五）安全生产规章制度和操作规程目录清单；

（六）设置安全生产管理机构或者配备专职安全生产管理人员的文件复印件；

（七）主要负责人和安全生产管理人员安全资格证书复印件；

（八）特种作业人员操作资格证书复印件；

（九）足额提取安全生产费用的证明材料；

（十）为从业人员缴纳工伤保险费的证明材料；因特殊情况不能办理工伤保险的，可以出具办理安全生产责任保险的证明材料；

（十一）涉及人身安全、危险性较大的海洋石油开采特种设备和矿山井下特种设备由具备相应资质的检测检验机构出具合格的检测检验报告，并取得安全使用证或者安全标志；

（十二）事故应急救援预案，设立事故应急救援组织的文件或者与矿山救护队、其他应急救援组织签订的救护协议；

（十三）矿山建设项目安全设施验收合格的书面报告。

第九条 非煤矿矿山企业总部申请领取安全生产许可证，不需要提交本实施办法第八条第（三）（八）（九）（十）（十一）（十二）（十三）项规定的文件、资料。

第十条 金属非金属矿山企业从事爆破作业的，除应当依照本实施办法第八条的规定提交相应文件、资料外，还应当提交《爆破作业单位许可证》。

第十一条 尾矿库申请领取安全生产许可证，不需要提交本实施办法第八条第（三）项规定的文件、资料。

第十二条 地质勘探单位申请领取安全生产许可证，不需要提交本实施办法第八条第（三）（九）（十三）项规定的文件、资料，但应当提交地质勘查资质证书复印件；从事爆破作业的，还应当提交《爆破作业单位许可证》。

第十三条 采掘施工企业申请领取安全生产许可证，不需要提交本实施办法第八条第（三）（九）（十三）项规定的文件、资料，但应当提交矿山工程施工相关资质证书复印件；从事爆破作业的，还应当提交《爆破作业单位许可证》。

第十四条 石油天然气勘探单位申请领取安全生产许可证，不需要提交本实施办法第八条第（三）（十三）项规定的文件、资料；石油天然气管道储运单位申请领取安全生产许可证不需要提交本实施办法第八条第（三）项规定的文件、资料。

第十五条 非煤矿矿山企业应当对其向安全生产许可证颁发管理机关提交的文件、资料实质内容的真实性负责。

从事安全评价、检测检验的中介机构应当对其出具的安全评价报告、检测检验结果负责。

第三章　受理、审核和颁发

第十六条 安全生产许可证颁发管理机关对非煤矿矿山企业提交的申请书及文件、资料，应当依照下列规定分别处理：

（一）申请事项不属于本机关职权范围的，应当即时作出不予受理的决定，并告知申请人向有关机关申请；

（二）申请材料存在可以当场更正的错误的，应当允许或者要求申请人当场更正，并即时出具受理的书面凭证；

（三）申请材料不齐全或者不符合要求的，应当当场或者在 5 个工作日内一次性书面告知申请人需要补正的全部内容，逾期不告知的，自收到申请材料之日起即为受理；

（四）申请材料齐全、符合要求或者依照要求全部补正的，自收到申请材料或者全部补正材料之日起为受理。

第十七条 安全生产许可证颁发管理机关应当依照本实施办法规定的法定条件组织，对非煤矿矿山企业提交的申请材料进行审查，并在受理申请之日起 45 日内作出颁发或者不予颁发安全生产许可证的决定。安全生产许可证颁发管理机关认为有必要到现场对非煤矿矿山企业提交的申请材料进行复核的，应当到现场进行复核。复核时间不计算在本款规定的期限内。

对决定颁发的，安全生产许可证颁发管理机关应当自决定之日起 10 个工作日内送达或者通知申请人领取安全生产许可证；对决定不予颁发的，应当在 10 个工作日内书面通知申请人并说明理由。

第十八条 安全生产许可证颁发管理机关应当依照下列规定颁发非煤矿矿山企业安全生产许可证：

（一）对中央管理的金属非金属矿山企业总部，向企业总部颁发安全生产许可证；

（二）对金属非金属矿山企业，向企业及其所属各独立生产系统分别颁发安全生产许可证；对于只有一个独立生产系统的企业，只向企业颁发安全生产许可证；

（三）对中央管理的陆上石油天然气企业，向企业总部直接管理的分公司、子公司以及下一级与油气勘探、开发生产、储运直接相关的生产作业单位分别颁发安全生产许可证；对设有分公司、子公司的地方石油天然气企业，向企业总部及其分公司、子公司颁发安全生产许可证；对其他陆上石油天然气企业，向具有法人资格的企业颁发安全生产许可证；

（四）对海洋石油天然气企业，向企业及其直接管理的分公司、子公司以及下一级与油气开发生产直接相关的生产作业单位、独立生产系统分别颁发安全生产许可证；对其他海洋石油天然气企业，向具有法人资格的企业颁发安全生产许可证；

（五）对地质勘探单位，向最下级具有企事业法人资格的单位颁发安全生产许可证。对采掘施工企业，向企业颁发安全生产许可证；

（六）对尾矿库单独颁发安全生产许可证。

第四章　安全生产许可证延期和变更

第十九条 安全生产许可证的有效期为 3 年。安全生产许可证有效期满后需要延期的，非煤矿矿山企业应当在安全生产许可证有效期届满前 3 个月向原安全生产许可证颁发管理机关申请办理延期手续，并提交下列文件、资料：

（一）延期申请书；

（二）安全生产许可证正本和副本；

（三）本实施办法第二章规定的相应文件、资料。

金属非金属矿山独立生产系统和尾矿库，以及石油天然气独立生产系统和作业单位还应当提交由具备相应资质的中介服务机构出具的合格的安全现状评价报告。

金属非金属矿山独立生产系统和尾矿库在提出延期申请之前6个月内经考评合格达到安全标准化等级的,可以不提交安全现状评价报告,但需要提交安全标准化等级的证明材料。

安全生产许可证颁发管理机关应当依照本实施办法第十六条、第十七条的规定,对非煤矿矿山企业提交的材料进行审查,并作出是否准予延期的决定。决定准予延期的,应当收回原安全生产许可证,换发新的安全生产许可证;决定不准予延期的,应当书面告知申请人并说明理由。

第二十条 非煤矿矿山企业符合下列条件的,当安全生产许可证有效期届满申请延期时,经原安全生产许可证颁发管理机关同意,不再审查,直接办理延期手续:

(一)严格遵守有关安全生产的法律法规的;
(二)取得安全生产许可证后,加强日常安全生产管理,未降低安全生产条件,并达到安全标准化等级二级以上的;
(三)接受安全生产许可证颁发管理机关及所在地人民政府安全生产监督管理部门的监督检查的;
(四)未发生死亡事故的。

第二十一条 非煤矿矿山企业在安全生产许可证有效期内有下列情形之一的,应当自工商营业执照变更之日起30个工作日内向原安全生产许可证颁发管理机关申请变更安全生产许可证:

(一)变更单位名称的;
(二)变更主要负责人的;
(三)变更单位地址的;
(四)变更经济类型的;
(五)变更许可范围的。

第二十二条 非煤矿矿山企业申请变更安全生产许可证时,应当提交下列文件、资料:

(一)变更申请书;
(二)安全生产许可证正本和副本;
(三)变更后的工商营业执照、采矿许可证复印件及变更说明材料。

变更本实施办法第二十一条第(二)项的,还应当提交变更后的主要负责人的安全资格证书复印件。

对已经受理的变更申请,安全生产许可证颁发管理机关对申请人提交的文件、资料审查无误后,应当在10个工作日内办理变更手续。

第二十三条 安全生产许可证申请书、审查书、延期申请书和变更申请书由国家安全生产监督管理总局统一格式。

第二十四条 非煤矿矿山企业安全生产许可证分为正本和副本,正本和副本具有同等法律效力,正本为悬挂式,副本为折页式。

非煤矿矿山企业安全生产许可证由国家安全生产监督管理总局统一印制和编号。

第五章 安全生产许可证的监督管理

第二十五条 非煤矿矿山企业取得安全生产许可证后,应当加强日常安全生产管理,不得降低安全生产条件,并接受所在地县级以上安全生产监督管理部门的监督检查。

第二十六条 地质勘探单位、采掘施工单位在登记注册的省、自治区、直辖市以外从事作业的,应当向作业所在地县级以上安全生产监督管理部门书面报告。

第二十七条 非煤矿矿山企业不得转让、冒用、买卖、出租、出借或者使用伪造的安全生产许可证。

第二十八条 非煤矿矿山企业发现在安全生产许可证有效期内采矿许可证到期失效的,应当在采矿许可证到期前15日内向原安全生产许可证颁发管理机关报告,并交回安全生产许可证正本和副本。

采矿许可证被暂扣、撤销、吊销和注销的,非煤矿矿山企业应当在暂扣、撤销、吊销和注销后5日内向原安全生产许可证颁发管理机关报告,并交回安全生产许可证正本和副本。

第二十九条 安全生产许可证颁发管理机关应当坚持公开、公平、公正的原则,严格依照本实施办法的规定审查、颁发安全生产许可证。

安全生产许可证颁发管理机关工作人员在安全生产许可证颁发、管理和监督检查工作中,不得索取或者接受非煤矿矿山企业的财物,不得谋取其他利益。

第三十条 安全生产许可证颁发管理机关发现有下列情形之一的,应当撤销已经颁发的安全生产许可证:

(一)超越职权颁发安全生产许可证的;
(二)违反本实施办法规定的程序颁发安全生产许可证的;
(三)不具备本实施办法规定的安全生产条件颁发安全生产许可证的;
(四)以欺骗、贿赂等不正当手段取得安全生产许可证的。

第三十一条 取得安全生产许可证的非煤矿矿山

企业有下列情形之一的，安全生产许可证颁发管理机关应当注销其安全生产许可证：

（一）终止生产活动的；

（二）安全生产许可证被依法撤销的；

（三）安全生产许可证被依法吊销的。

第三十二条 非煤矿矿山企业隐瞒有关情况或者提供虚假材料申请安全生产许可证的，安全生产许可证颁发管理机关不予受理，该企业在1年内不得再次申请安全生产许可证。

非煤矿矿山企业以欺骗、贿赂等不正当手段取得安全生产许可证后被依法予以撤销的，该企业3年内不得再次申请安全生产许可证。

第三十三条 县级以上地方人民政府安全生产监督管理部门负责本行政区域内取得安全生产许可证的非煤矿矿山企业的日常监督检查，并将监督检查中发现的问题及时报告安全生产许可证颁发管理机关。中央管理的非煤矿矿山企业由设区的市级以上地方人民政府安全生产监督管理部门负责日常监督检查。

国家安全生产监督管理总局负责取得安全生产许可证的中央管理的非煤矿矿山企业总部和海洋石油天然气企业的日常监督检查。

第三十四条 安全生产许可证颁发管理机关每6个月向社会公布取得安全生产许可证的非煤矿矿山企业名单。

第三十五条 安全生产许可证颁发管理机关应当将非煤矿矿山企业安全生产许可证颁发管理情况通报非煤矿矿山企业所在地县级以上地方人民政府及其安全生产监督管理部门。

第三十六条 安全生产许可证颁发管理机关应当加强对非煤矿矿山企业安全生产许可证的监督管理，建立、健全非煤矿矿山企业安全生产许可证信息管理制度。

省级安全生产许可证颁发管理机关应当在安全生产许可证颁发之日起1个月内将颁发和管理情况录入到全国统一的非煤矿矿山企业安全生产许可证管理系统。

第三十七条 任何单位或者个人对违反《安全生产许可证条例》和本实施办法规定的行为，有权向安全生产许可证颁发管理机关或者监察机关等有关部门举报。

第六章 罚 则

第三十八条 安全生产许可证颁发管理机关工作人员有下列行为之一的，给予降级或者撤职的行政处分；构成犯罪的，依法追究刑事责任：

（一）向不符合本实施办法规定的安全生产条件的非煤矿矿山企业颁发安全生产许可证的；

（二）发现非煤矿矿山企业未依法取得安全生产许可证擅自从事生产活动，不依法处理的；

（三）发现取得安全生产许可证的非煤矿矿山企业不再具备本实施办法规定的安全生产条件，不依法处理的；

（四）接到对违反本实施办法规定行为的举报后，不及时处理的；

（五）在安全生产许可证颁发、管理和监督检查工作中，索取或者接受非煤矿矿山企业的财物，或者谋取其他利益的。

第三十九条 承担安全评价、认证、检测、检验工作的机构，出具虚假证明的，没收违法所得；违法所得在10万元以上的，并处违法所得2倍以上5倍以下的罚款；没有违法所得或者违法所得不足10万元的，单处或者并处10万元以上20万元以下的罚款；对其直接负责的主管人员和其他直接责任人员处2万元以上5万元以下的罚款；给他人造成损害的，与建设单位承担连带赔偿责任；构成犯罪的，依照刑法有关规定追究刑事责任。

对有前款违法行为的机构，吊销其相应资质。

第四十条 取得安全生产许可证的非煤矿矿山企业不再具备本实施办法第六条规定的安全生产条件之一的，应当暂扣或者吊销其安全生产许可证。

第四十一条 取得安全生产许可证的非煤矿矿山企业有下列行为之一的，吊销其安全生产许可证：

（一）倒卖、出租、出借或者以其他形式非法转让安全生产许可证的；

（二）暂扣安全生产许可证后未按期整改或者整改后仍不具备安全生产条件的。

第四十二条 非煤矿矿山企业有下列行为之一的，责令停止生产，没收违法所得，并处10万元以上50万元以下的罚款：

（一）未取得安全生产许可证，擅自进行生产的；

（二）接受转让的安全生产许可证的；

（三）冒用安全生产许可证的；

（四）使用伪造的安全生产许可证的。

第四十三条 非煤矿矿山企业在安全生产许可证有效期内出现采矿许可证有效期届满和采矿许可证被暂扣、撤销、吊销、注销的情况，未依照本实施办法第二十八条的规定向安全生产许可证颁发管理机关报告并交回安全生产许可证的，处1万元以上3万元以下罚款。

第四十四条 非煤矿矿山企业在安全生产许可证有效期内,出现需要变更安全生产许可证的情形,未按本实施办法第二十一条的规定申请、办理变更手续的,责令限期办理变更手续,并处 1 万元以上 3 万元以下罚款。

地质勘探单位、采掘施工单位在登记注册地以外进行跨省作业,以及跨省(自治区、直辖市)运营的石油天然气管道管理的单位,未按照本实施办法第二十六条的规定书面报告的,责令限期办理书面报告手续,并处 1 万元以上 3 万元以下的罚款。

第四十五条 非煤矿矿山企业在安全生产许可证有效期满未办理延期手续,继续进行生产的,责令停止生产,限期补办延期手续,没收违法所得,并处 5 万元以上 10 万元以下的罚款;逾期仍不办理延期手续,继续进行生产的,依照本实施办法第四十二条的规定处罚。

第四十六条 非煤矿矿山企业转让安全生产许可证的,没收违法所得,并处 10 万元以上 50 万元以下的罚款。

第四十七条 本实施办法规定的行政处罚,由安全生产许可证颁发管理机关决定。安全生产许可证颁发管理机关可以委托县级以上安全生产监督管理部门实施行政处罚。但撤销、吊销安全生产许可证和撤销有关资格的行政处罚除外。

第七章 附 则

第四十八条 本实施办法所称非煤矿矿山企业独立生产系统,是指具有相对独立的采掘生产系统及通风、运输(提升)、供配电、防排水等辅助系统的作业单位。

第四十九条 危险性较小的地热、温泉、矿泉水、卤水、砖瓦用黏土等资源开采活动的安全生产许可,由省级安全生产许可证颁发管理机关决定。

第五十条 同时开采煤炭与金属非金属矿产资源且以煤炭、煤层气为主采矿种的煤系矿山企业应当申请领取煤矿企业安全生产许可证,不再申请领取非煤矿矿山企业安全生产许可证。

第五十一条 本实施办法自公布之日起施行。2004 年 5 月 17 日原国家安全生产监督管理局(国家煤矿安全监察局)公布的《非煤矿山企业安全生产许可证实施办法》同时废止。

非煤矿山外包工程安全管理暂行办法

(2013 年 8 月 23 日国家安全生产监督管理总局令第 62 号公布 根据 2015 年 5 月 26 日国家安全生产监督管理总局令第 78 号修正)

第一章 总 则

第一条 为了加强非煤矿山外包工程的安全管理和监督,明确安全生产责任,防止和减少生产安全事故(以下简称事故),依据《中华人民共和国安全生产法》《中华人民共和国矿山安全法》和其他有关法律、行政法规,制定本办法。

第二条 在依法批准的矿区范围内,以外包工程的方式从事金属非金属矿山的勘探、建设、生产、闭坑等工程施工作业活动,以及石油天然气的勘探、开发、储运等工程与技术服务活动的安全管理和监督,适用本办法。

从事非煤矿山各类房屋建筑及其附属设施的建造和安装,以及露天采矿场矿区范围以外地面交通建设的外包工程的安全管理和监督,不适用本办法。

第三条 非煤矿山外包工程(以下简称外包工程)的安全生产,由发包单位负主体责任,承包单位对其施工现场的安全生产负责。

外包工程有多个承包单位的,发包单位应当对多个承包单位的安全生产工作实施统一协调、管理,定期进行安全检查,发现安全问题的,应当及时督促整改。

第四条 承担外包工程的勘察单位、设计单位、监理单位、技术服务机构及其他有关单位应当依照法律、法规、规章和国家标准、行业标准的规定,履行各自的安全生产职责,承担相应的安全生产责任。

第五条 非煤矿山企业应当建立外包工程安全生产的激励和约束机制,提升非煤矿山外包工程安全生产管理水平。

第二章 发包单位的安全生产职责

第六条 发包单位应当依法设置安全生产管理机构或者配备专职安全生产管理人员,对外包工程的安全生产实施管理和监督。

发包单位不得擅自压缩外包工程合同约定的工期,不得违章指挥或者强令承包单位及其从业人员冒险作业。

发包单位应当依法取得非煤矿山安全生产许

可证。

第七条 发包单位应当审查承包单位的非煤矿山安全生产许可证和相应资质，不得将外包工程发包给不具备安全生产许可证和相应资质的承包单位。

承包单位的项目部承担施工作业的，发包单位除审查承包单位的安全生产许可证和相应资质外，还应当审查项目部的安全生产管理机构、规章制度和操作规程、工程技术人员、主要设备设施、安全教育培训和负责人、安全生产管理人员、特种作业人员持证上岗等情况。

承担施工作业的项目部不符合本办法第二十一条规定的安全生产条件的，发包单位不得向该承包单位发包工程。

第八条 发包单位应当与承包单位签订安全生产管理协议，明确各自的安全生产管理职责。安全生产管理协议应当包括下列内容：

（一）安全投入保障；
（二）安全设施和施工条件；
（三）隐患排查与治理；
（四）安全教育与培训；
（五）事故应急救援；
（六）安全检查与考评；
（七）违约责任。

安全生产管理协议的文本格式由国家安全生产监督管理总局另行制定。

第九条 发包单位是外包工程安全投入的责任主体，应当按照国家有关规定和合同约定及时、足额向承包单位提供保障施工作业安全所需的资金，明确安全投入项目和金额，并监督承包单位落实到位。

对合同约定以外发生的隐患排查治理和地下矿山通风、支护、防治水等所需的费用，发包单位应当提供合同价款以外的资金，保障安全生产需要。

第十条 石油天然气总发包单位、分项发包单位以及金属非金属矿山总发包单位，应当每半年对其承包单位的施工资质、安全生产管理机构、规章制度和操作规程、施工现场安全管理和履行本办法第二十七条规定的信息报告义务等情况进行一次检查；发现承包单位存在安全生产问题的，应当督促其立即整改。

第十一条 金属非金属矿山分项发包单位，应当将承包单位及其项目部纳入本单位的安全管理体系，实行统一管理，重点加强对地下矿山领导带班下井、地下矿山从业人员出入井统计、特种作业人员、民用爆炸物品、隐患排查与治理、职业病防护等管理，并对外包工程的作业现场实施全过程监督检查。

第十二条 金属非金属矿山总发包单位对地下矿山一个生产系统进行分项发包的，承包单位原则上不得超过3家，避免相互影响生产、作业安全。

前款规定的发包单位在地下矿山正常生产期间，不得将主通风、主提升、供排水、供配电、主供风系统及其设备设施的运行管理进行分项发包。

第十三条 发包单位应当向承包单位进行外包工程的技术交底，按照合同约定向承包单位提供与外包工程安全生产相关的勘察、设计、风险评价、检测检验和应急救援等资料，并保证资料的真实性、完整性和有效性。

第十四条 发包单位应当建立健全外包工程安全生产考核机制，对承包单位每年至少进行一次安全生产考核。

第十五条 发包单位应当按照国家有关规定建立应急救援组织，编制本单位事故应急预案，并定期组织演练。

外包工程实行总发包的，发包单位应当督促总承包单位统一组织编制外包工程事故应急预案；实行分项发包的，发包单位应当将承包单位编制的外包工程现场应急处置方案纳入本单位应急预案体系，并定期组织演练。

第十六条 发包单位在接到外包工程事故报告后，应当立即启动相关事故应急预案，或者采取有效措施，组织抢救，防止事故扩大，并依照《生产安全事故报告和调查处理条例》的规定，立即如实地向事故发生地县级以上人民政府安全生产监督管理部门和负有安全生产监督管理职责的有关部门报告。

外包工程发生事故的，其事故数据纳入发包单位的统计范围。

发包单位和承包单位应当根据事故调查报告及其批复承担相应的事故责任。

第三章 承包单位的安全生产职责

第十七条 承包单位应当依照有关法律、法规、规章和国家标准、行业标准的规定，以及承包合同和安全生产管理协议的约定，组织施工作业，确保安全生产。

承包单位有权拒绝发包单位的违章指挥和强令冒险作业。

第十八条 外包工程实行总承包的，总承包单位对施工现场的安全生产负总责；分项承包单位按照分包合同的约定对总承包单位负责。总承包单位和分项承包单位对分包工程的安全生产承担连带责任。

总承包单位依法将外包工程分包给其他单位的，

其外包工程的主体部分应当由总承包单位自行完成。

禁止承包单位转包其承揽的外包工程。禁止分项承包单位将其承揽的外包工程再次分包。

第十九条 承包单位应当依法取得非煤矿山安全生产许可证和相应等级的施工资质，并在其资质范围内承包工程。

承包金属非金属矿山建设和闭坑工程的资质等级，应当符合《建筑业企业资质等级标准》的规定。

承包金属非金属矿山生产、作业工程的资质等级，应当符合下列要求：

（一）总承包大型地下矿山工程和深凹露天、高陡边坡及地质条件复杂的大型露天矿山工程的，具备矿山工程施工总承包二级以上（含本级，下同）施工资质；

（二）总承包中型、小型地下矿山工程的，具备矿山工程施工总承包三级以上施工资质；

（三）总承包其他露天矿山工程和分项承包金属非金属矿山工程的，具备矿山工程施工总承包或者相关的专业承包资质，具体规定由省级人民政府安全生产监督管理部门制定。

承包尾矿库外包工程的资质，应当符合《尾矿库安全监督管理规定》。

承包金属非金属矿山地质勘探工程的资质等级，应当符合《金属与非金属矿产资源地质勘探安全生产监督管理暂行规定》。

承包石油天然气勘探、开发工程的资质等级，由国家安全生产监督管理总局或者国务院有关部门按照各自的管理权限确定。

第二十条 承包单位应当加强对所属项目部的安全管理，每半年至少进行一次安全生产检查，对项目部人员每年至少进行一次安全生产教育培训与考核。

禁止承包单位以转让、出租、出借资质证书等方式允许他人以本单位的名义承揽工程。

第二十一条 承包单位及其项目部应当根据承揽工程的规模和特点，依法健全安全生产责任体系，完善安全生产管理基本制度，设置安全生产管理机构，配备专职安全生产管理人员和有关工程技术人员。

承包地下矿山工程的项目部应当配备与工程施工作业相适应的专职工程技术人员，其中至少有1名注册安全工程师或者具有5年以上井下工作经验的安全生产管理人员。项目部具备初中以上文化程度的从业人员比例应当不低于50%。

项目部负责人应当取得安全生产管理人员安全资格证。承包地下矿山工程的项目部负责人不得同时兼任其他工程的项目部负责人。

第二十二条 承包单位应当依照法律、法规、规章的规定以及承包合同和安全生产管理协议的约定，及时将发包单位投入的安全资金落实到位，不得挪作他用。

第二十三条 承包单位应当依照有关规定制定施工方案，加强现场作业安全管理，及时发现并消除事故隐患，落实各项规章制度和安全操作规程。

承包单位发现事故隐患后应当立即治理；不能立即治理的应当采取必要的防范措施，并及时书面报告发包单位协商解决，消除事故隐患。

地下矿山工程承包单位及其项目部的主要负责人和领导班子其他成员应当严格依照《金属非金属地下矿山企业领导带班下井及监督检查暂行规定》执行带班下井制度。

第二十四条 承包单位应当接受发包单位组织的安全生产培训与指导，加强对本单位从业人员的安全生产教育和培训，保证从业人员掌握必需的安全生产知识和操作技能。

第二十五条 外包工程实行总承包的，总承包单位应当统一组织编制外包工程应急预案。总承包单位和分项承包单位应当按照国家有关规定和应急预案的要求，分别建立应急救援组织或者指定应急救援人员，配备救援设备设施和器材，并定期组织演练。

外包工程实行分项承包的，分项承包单位应当根据建设工程施工的特点、范围以及施工现场容易发生事故的部位和环节，编制现场应急处置方案，并配合发包单位定期进行演练。

第二十六条 外包工程发生事故后，事故现场有关人员应当立即向承包单位及项目部负责人报告。

承包单位及项目部负责人接到事故报告后，应当立即如实地向发包单位报告，并启动相应的应急预案，采取有效措施，组织抢救，防止事故扩大。

第二十七条 承包单位在登记注册地以外的省、自治区、直辖市从事施工作业的，应当向作业所在地的县级人民政府安全生产监督管理部门书面报告外包工程概况和本单位资质等级、主要负责人、安全生产管理人员、特种作业人员、主要安全设施设备等情况，并接受其监督检查。

第四章 监督管理

第二十八条 承包单位发生较大以上责任事故或者一年内发生三起以上一般事故的，事故发生地的省级人民政府安全生产监督管理部门应当向承包单位登记注册地的省级人民政府安全生产监督管理部门通报。

发生重大以上事故的，事故发生地省级人民政府安全生产监督管理部门应当邀请承包单位的安全生产许可证颁发机关参加事故调查处理工作。

第二十九条　安全生产监督管理部门应当加强对外包工程的安全生产监督检查，重点检查下列事项：

（一）发包单位非煤矿山安全生产许可证、安全生产管理协议、安全投入等情况；

（二）承包单位的施工资质、应当依法取得的非煤矿山安全生产许可证、安全投入落实、承包单位及其项目部的安全生产管理机构、技术力量配备、相关人员的安全资格和持证等情况；

（三）违法发包、转包、分项发包等行为。

第三十条　安全生产监督管理部门应当建立外包工程安全生产信息平台，将承包单位取得有关许可、施工资质和承揽工程、发生事故等情况载入承包单位安全生产业绩档案，实施安全生产信誉评定和公告制度。

第三十一条　外包工程发生事故的，事故数据应当纳入事故发生地的统计范围。

第五章　法律责任

第三十二条　发包单位违反本办法第六条的规定，违章指挥或者强令承包单位及其从业人员冒险作业的，责令改正，处二万元以上三万元以下的罚款；造成损失的，依法承担赔偿责任。

第三十三条　发包单位与承包单位、总承包单位与分项承包单位未依照本办法第八条规定签订安全生产管理协议的，责令限期改正，可以处5万元以下的罚款，对其直接负责的主管人员和其他直接责任人员可以处1万元以下罚款；逾期未改正的，责令停产停业整顿。

第三十四条　有关发包单位有下列行为之一的，责令限期改正，给予警告，并处一万元以上三万元以下的罚款：

（一）违反本办法第十条、第十四条的规定，未对承包单位实施安全生产监督检查或者考核的；

（二）违反本办法第十一条的规定，未将承包单位及其项目部纳入本单位的安全管理体系，实行统一管理的；

（三）违反本办法第十三条的规定，未向承包单位进行外包工程技术交底，或者未按照合同约定向承包单位提供有关资料的。

第三十五条　对地下矿山实行分项发包的发包单位违反本办法第十二条的规定，在地下矿山正常生产期间，将主通风、主提升、供排水、供配电、主供风系统及其设备设施的运行管理进行分项发包的，责令限期改正，处二万元以上三万元以下罚款。

第三十六条　承包地下矿山工程的项目部负责人违反本办法第二十一条的规定，同时兼任其他工程的项目部负责人的，责令限期改正，处五千元以上一万元以下罚款。

第三十七条　承包单位违反本办法第二十二条的规定，将发包单位投入的安全资金挪作他用的，责令限期改正，给予警告，并处1万元以上3万元以下罚款。

承包单位未按照本办法第二十三条的规定排查治理事故隐患的，责令立即消除或者限期消除；承包单位拒不执行的，责令停产停业整顿，并处10万元以上50万元以下的罚款，对其直接负责的主管人员和其他直接责任人员处2万元以上5万元以下的罚款。

第三十八条　承包单位违反本办法第二十条规定对项目部疏于管理，未定期对项目部人员进行安全生产教育培训与考核或者未对项目部进行安全生产检查的，责令限期改正，可以处5万元以下的罚款；逾期未改正的，责令停产停业整顿，并处5万元以上10万元以下的罚款，对其直接负责的主管人员和其他直接责任人员处1万元以上2万元以下的罚款。

承包单位允许他人以本单位的名义承揽工程的，移送有关部门依法处理。

第三十九条　承包单位违反本办法第二十七条的规定，在登记注册的省、自治区、直辖市以外从事施工作业，未向作业所在地县级人民政府安全生产监督管理部门书面报告本单位取得有关许可和施工资质，以及所承包工程情况的，责令限期改正，处一万元以上三万元以下的罚款。

第四十条　安全生产监督管理部门的行政执法人员在外包工程安全监督管理过程中滥用职权、玩忽职守、徇私舞弊的，依照有关规定给予处分；构成犯罪的，依法追究刑事责任。

第四十一条　本办法规定的行政处罚，由县级人民政府以上安全生产监督管理部门实施。

有关法律、行政法规、规章对非煤矿山外包工程安全生产违法行为的行政处罚另有规定的，依照其规定。

第六章　附　则

第四十二条　本办法下列用语的含义：

（一）非煤矿山，是指金属矿、非金属矿、水气矿和除煤矿以外的能源矿，以及石油天然气管道储运（不含成品油管道）及其附属设施的总称；

（二）金属非金属矿山，是指金属矿、非金属矿、水气矿和除煤矿、石油天然气以外的能源矿，以及选矿厂、尾矿库、排土场等矿山附属设施的总称；

（三）外包工程，是指发包单位与本单位以外的承包单位签订合同，由承包单位承揽与矿产资源开采活动有关的工程、作业活动或者技术服务项目；

（四）发包单位，是指将矿产资源开采活动有关的工程、作业活动或者技术服务项目，发包给外单位施工的非煤矿山企业；

（五）分项发包，是指发包单位将矿产资源开采活动有关的工程、作业活动或者技术服务项目，分为若干部分发包给若干承包单位进行施工的行为；

（六）总承包单位，是指整体承揽矿产资源开采活动或者独立生产系统的所有工程、作业活动或者技术服务项目的承包单位；

（七）承包单位，是指承揽矿产资源开采活动有关的工程、作业活动或者技术服务项目的单位；

（八）项目部，是指承包单位在承揽工程所在地设立的，负责其所承揽工程施工的管理机构；

（九）生产期间，是指新建矿山正式投入生产后或者矿山改建、扩建时仍然进行生产，并规模出产矿产品的时期。

第四十三条 省、自治区、直辖市人民政府安全生产监督管理部门可以根据本办法制定实施细则，并报国家安全生产监督管理总局备案。

第四十四条 本办法自 2013 年 10 月 1 日起施行。

小型露天采石场安全管理与监督检查规定

（2011 年 5 月 4 日国家安全生产监督管理总局令第 39 号公布　根据 2015 年 5 月 24 日国家安全生产监督管理总局令第 78 号修正）

第一章　总　　则

第一条　为预防和减少小型露天采石场生产安全事故，保障从业人员的安全与健康，根据《安全生产法》《矿山安全法》《安全生产许可证条例》等有关法律、行政法规，制定本规定。

第二条　年生产规模不超过 50 万吨的山坡型露天采石作业单位（以下统称小型露天采石场）的安全生产及对其监督管理，适用本规定。

开采型材和金属矿产资源的小型露天矿山的安全生产及对其监督管理，不适用本规定。

第三条　县级以上地方人民政府安全生产监督管理部门对小型露天采石场的安全生产实施监督管理。所辖区域内有小型露天采石场的乡（镇）应当明确负责安全生产工作的管理人员及其职责。

第二章　安全生产保障

第四条　小型露天采石场主要负责人对本单位的安全生产工作负总责，应当组织制定和落实安全生产责任制，改善劳动条件和作业环境，保证安全生产投入的有效实施。

小型露天采石场主要负责人应当经安全生产监督管理部门考核合格并取得安全资格证书。

第五条　小型露天采石场应当建立健全安全生产管理制度和岗位安全操作规程，至少配备一名专职安全生产管理人员。

安全生产管理人员应当按国家有关规定经安全生产监督管理部门考核合格并取得安全资格证书。

第六条　小型露天采石场应当至少配备一名专业技术人员，或者聘用专业技术人员、注册安全工程师、委托相关技术服务机构为其提供安全生产管理服务。

第七条　小型露天采石场新进矿山的作业人员应当接受不少于 40 小时的安全培训，已在岗的作业人员应当每年接受不少于 20 小时的安全再培训。

特种作业人员必须按照国家有关规定经专门的安全技术培训并考核合格，取得特种作业操作证书后，方可上岗作业。

第八条　小型露天采石场必须参加工伤保险，按照国家有关规定提取和使用安全生产费用。

第九条　新建、改建、扩建小型露天采石场应当由具有建设主管部门认定资质的设计单位编制开采设计或者开采方案。采石场布置和开采方式发生重大变化时，应当重新编制开采设计或者开采方案，并由原审查部门审查批准。

第十条　小型露天采石场新建、改建、扩建工程项目安全设施应当按照规定履行设计审查程序。

第十一条　小型露天采石场应当依法取得非煤矿矿山企业安全生产许可证。未取得安全生产许可证的，不得从事生产活动。

在安全生产许可证有效期内采矿许可证到期失效

的，小型露天采石场应当在采矿许可证到期前15日内向原安全生产许可证颁发管理机关报告，并交回安全生产许可证正本和副本。

第十二条　相邻的采石场开采范围之间最小距离应当大于300米。对可能危及对方生产安全的，双方应当签订安全生产管理协议，明确各自的安全生产管理职责和应当采取的安全措施，指定专门人员进行安全检查与协调。

第十三条　小型露天采石场应当采用中深孔爆破，严禁采用扩壶爆破、掏底崩落、掏挖开采和不分层的"一面墙"等开采方式。

不具备实施中深孔爆破条件的，由所在地安全生产监督管理部门聘请有关专家进行论证，经论证符合要求的，方可采用浅孔爆破开采。

小型露天采石场实施中深孔爆破条件的审核办法，由省级安全生产监督管理部门制定。

第十四条　不采用爆破方式直接使用挖掘机进行采矿作业的，台阶高度不得超过挖掘机最大挖掘高度。

第十五条　小型露天采石场应当采用台阶式开采。不能采用台阶式开采的，应当自上而下分层顺序开采。

分层开采的分层高度、最大开采高度（第一分层的坡顶线到最后一分层的坡底线的垂直距离）和最终边坡角由设计确定，实施浅孔爆破作业时，分层数不得超过6个，最大开采高度不得超过30米；实施中深孔爆破作业时，分层高度不得超过20米，分层数不得超过3个，最大开采高度不得超过60米。

分层开采的凿岩平台宽度由设计确定，最小凿岩平台宽度不得小于4米。

分层开采的底部装运平台宽度由设计确定，且应当满足汽车作业所需的最小平台宽度要求。

第十六条　小型露天采石场应当遵守国家有关民用爆炸物品和爆破作业的安全规定，由具有相应资格的爆破作业人员进行爆破，设置爆破警戒范围，实行定时爆破制度。不得在爆破警戒范围内避炮。

禁止在雷雨、大雾、大风等恶劣天气条件下进行爆破作业。雷电高发地区应当选用非电起爆系统。

第十七条　对爆破后产生的大块矿岩应当采用机械方式进行破碎，不得使用爆破方式进行二次破碎。

第十八条　承包爆破作业的专业服务单位应当取得爆破作业单位许可证，承包采矿和剥离作业的采掘施工单位应当持有非煤矿矿山企业安全生产许可证。

第十九条　采石场上部需要剥离的，剥离工作面应当超前于开采工作面4米以上。

第二十条　小型露天采石场在作业前和作业中以及每次爆破后，应当对坡面进行安全检查。发现工作面有裂痕，或者在坡面上有浮石、危石和伞檐体可能塌落时，应当立即停止作业并撤离人员至安全地点，采取安全措施和消除隐患。

采石场的入口道路及相关危险源点应当设置安全警示标志，严禁任何人员在边坡底部休息和停留。

第二十一条　在坡面上进行排险作业时，作业人员应当系安全带，不得站在危石、浮石上及悬空作业。严禁在同一坡面上下双层或者多层同时作业。

距工作台阶坡底线50米范围内不得从事碎石加工作业。

第二十二条　小型露天采石场应当采用机械铲装作业，严禁使用人工装运矿岩。

同一工作面有两台铲装机械作业时，最小间距应当大于铲装机械最大回转半径的2倍。

严禁自卸汽车运载易燃、易爆物品；严禁超载运输；装载与运输作业时，严禁在驾驶室外侧、车斗内站人。

第二十三条　废石、废渣应当排放到废石场。废石场的设置应当符合设计要求和有关安全规定。顺山或顺沟排放废石、废渣的，应当有防止泥石流的具体措施。

第二十四条　电气设备应当有接地、过流、漏电保护装置。变电所应当有独立的避雷系统和防火、防潮与防止小动物窜入带电部位的措施。

第二十五条　小型露天采石场应当制定完善的防洪措施。对开采境界上方汇水影响安全的，应当设置截水沟。

第二十六条　小型露天采石场应当制定应急救援预案，建立兼职救援队伍，明确救援人员的职责，并与邻近的矿山救护队或者其他具备救护条件的单位签订救护协议。发生生产安全事故时，应当立即组织抢救，并在1小时内向当地安全生产监督管理部门报告。

第二十七条　小型露天采石场应当加强粉尘检测和防治工作，采取有效措施防治职业危害，建立职工健康档案，为从业人员提供符合国家标准或者行业标准的劳动防护用品和劳动保护设施，并指导监督其正确使用。

第二十八条　小型露天采石场应当在每年年末测绘采石场开采现状平面图和剖面图，并归档管理。

第三章　监督检查

第二十九条　安全生产监督管理部门应当加强对小型露天采石场的监督检查，对检查中发现的事故隐患和安全生产违法违规行为，依法作出现场处理或者实施行政处罚。

第三十条　安全生产监督管理部门应当建立健全本行政区域内小型露天采石场的安全生产档案，记录监督检查结果、生产安全事故和违法行为查处等情况。

第三十一条　对于未委托具备相应资质的设计单位编制开采设计或者开采方案，以及周边300米范围内存在生产生活设施的小型露天采石场，不得对其进行审查和验收。

第三十二条　安全生产监督管理部门应当加强对小型露天采石场实施中深孔爆破条件的监督检查。严格限制小型露天采石场采用浅孔爆破开采方式。

第三十三条　安全生产监督管理部门应当督促小型露天采石场加强对承包作业的采掘施工单位的管理，明确双方安全生产责任。

第三十四条　安全生产监督管理部门应当加强本行政区域内小型露天采石场应急预案的管理，督促乡（镇）人民政府做好事故应急救援的协调工作。

第四章　法律责任

第三十五条　安全生产监督管理部门及其工作人员违反法律法规和本规定，未依法履行对小型露天采石场安全生产监督检查职责的，依法给予行政处分。

第三十六条　违反本规定第六条规定的，责令限期改正，并处1万元以下的罚款。

第三十七条　违反本规定第十条第一款规定的，责令停止建设或者停产停业整顿，限期改正；逾期未改正的，处50万元以上100万元以下的罚款，对其直接负责的主管人员和其他直接责任人员处2万元以上5万元以下的罚款；构成犯罪的，依照刑法有关规定追究刑事责任。

第三十八条　违反本规定第十一条第一款规定的，责令停止生产，没收违法所得，并处10万元以上50万元以下的罚款。

第三十九条　违反本规定第十二条、第十三条第一、二款、第十四条、第十五条、第十六条、第十七条、第十九条、第二十条第一款、第二十一条、第二十二条规定的，给予警告，并处1万元以上3万元以下的罚款。

第四十条　违反本规定第二十三条、第二十四条、第二十五条、第二十八条规定的，给予警告，并处2万元以下的罚款。

第四十一条　本规定规定的行政处罚由安全生产监督管理部门决定。法律、行政法规对行政处罚另有规定的，依照其规定。

第五章　附　　则

第四十二条　省、自治区、直辖市人民政府安全生产监督管理部门可以根据本规定制定实施细则，报国家安全生产监督管理总局备案。

第四十三条　本规定自2011年7月1日起施行。2004年12月28日原国家安全生产监督管理局（国家煤矿安全监察局）公布的《小型露天采石场安全生产暂行规定》（原国家安全生产监督管理局〈国家煤矿安全监察局〉令第19号）同时废止。

金属非金属矿山重大生产安全事故隐患判定标准（试行）

（2017年9月1日国家安全生产监督管理总局以安监总管一〔2017〕98号印发）

一、金属非金属地下矿山重大生产安全事故隐患
（一）安全出口不符合国家标准、行业标准或设计要求。
（二）使用国家明令禁止使用的设备、材料和工艺。
（三）相邻矿山的井巷相互贯通。
（四）没有及时填绘图，现状图与实际严重不符。
（五）露天转地下开采，地表与井下形成贯通，未按照设计要求采取相应措施。
（六）地表水系穿过矿区，未按照设计要求采取防治水措施。
（七）排水系统与设计要求不符，导致排水能力降低。
（八）井口标高在当地历史最高洪水位1米以下，未采取相应防护措施。
（九）水文地质类型为中等及复杂的矿井没有设立专门防治水机构、配备探放水作业队伍或配齐专用探放水设备。
（十）水文地质类型复杂的矿山关键巷道防水门设置与设计要求不符。
（十一）有自燃发火危险的矿山，未按照国家标

准、行业标准或设计采取防火措施。

（十二）在突水威胁区域或可疑区域进行采掘作业，未进行探放水。

（十三）受地表水倒灌威胁的矿井在强降雨天气或其来水上游发生洪水期间，不实施停产撤人。

（十四）相邻矿山开采错动线重叠，未按照设计要求采取相应措施。

（十五）开采错动线以内存在居民村庄，或存在重要设备设施时未按照设计要求采取相应措施。

（十六）擅自开采各种保安矿柱或其形式及参数劣于设计值。

（十七）未按照设计要求对生产形成的采空区进行处理。

（十八）具有严重地压条件，未采取预防地压灾害措施。

（十九）巷道或者采场顶板未按照设计要求采取支护措施。

（二十）矿井未按照设计要求建立机械通风系统，或风速、风量、风质不符合国家标准或行业标准的要求。

（二十一）未配齐具有矿用产品安全标志的便携式气体检测报警仪和自救器。

（二十二）提升系统的防坠器、阻车器等安全保护装置或信号闭锁措施失效；未定期试验或检测检验。

（二十三）一级负荷没有采用双回路或双电源供电，或单一电源不能满足全部一级负荷需要。

（二十四）地面向井下供电的变压器或井下使用的普通变压器采用中性接地。

二、金属非金属露天矿山重大生产安全事故隐患

（一）地下转露天开采，未探明采空区或未对采空区实施专项安全技术措施。

（二）使用国家明令禁止使用的设备、材料和工艺。

（三）未采用自上而下、分台阶或分层的方式进行开采。

（四）工作帮坡角大于设计工作帮坡角，或台阶（分层）高度超过设计高度。

（五）擅自开采或破坏设计规定保留的矿柱、岩柱和挂帮矿体。

（六）未按国家标准或行业标准对采场边坡、排土场稳定性进行评估。

（七）高度200米及以上的边坡或排土场未进行在线监测。

（八）边坡存在滑移现象。

（九）上山道路坡度大于设计坡度10%以上。

（十）封闭圈深度30米及以上的凹陷露天矿山，未按设计要求建设防洪、排洪设施。

（十一）雷雨天气实施爆破作业。

（十二）危险级排土场。

三、尾矿库重大生产安全事故隐患

（一）库区和尾矿坝上存在未批准的设计方案进行开采、挖掘、爆破等活动。

（二）坝体出现贯穿性横向裂缝，且出现较大范围管涌、流土变形，坝体出现深层滑动迹象。

（三）坝外坡坡比陡于设计坡比。

（四）坝体超过设计坝高，或超设计库容储存尾矿。

（五）尾矿堆积坝上升速率大于设计堆积上升速率。

（六）未按法规、国家标准或行业标准对坝体稳定性进行评估。

（七）浸润线埋深小于控制浸润线埋深。

（八）安全超高和干滩长度小于设计规定。

（九）排洪系统构筑物严重堵塞或坍塌，导致排水能力急剧下降。

（十）设计以外的尾矿、废料或者废水进库。

（十一）多种矿石性质不同的尾砂混合排放时，未按设计要求进行排放。

（十二）冬季未按照设计要求采用冰下放矿作业。

金属非金属矿山建设项目安全设施目录（试行）

（2015年1月30日国家安全生产监督管理总局局长办公会议审议通过，2015年3月16日国家安全生产监督管理总局令第75号公布，自2015年7月1日起施行）

一、总则

（一）安全设施目录适用范围。

1. 为规范和指导金属非金属矿山（以下简称矿山）建设项目安全设施设计、设计审查和竣工验收工作，根据《中华人民共和国安全生产法》和《中华人民共和国矿山安全法》，制定本目录。

2. 矿山采矿和尾矿库建设项目安全设施适用本目录。与煤共（伴）生的矿山建设项目安全设施，还应满足煤矿相关的规程和规范。

核工业矿山尾矿库建设项目安全设施不适用本

目录。

3. 本目录中列出的安全设施不是所有矿山都必须设置的，矿山企业应根据生产工艺流程、相关安全标准和规定，结合矿山实际情况设置相关安全设施。

(二) 安全设施有关定义。

1. 矿山主体工程。

矿山主体工程是矿山企业为了满足生产工艺流程正常运转，实现矿山正常生产活动所必须具备的工程。

2. 矿山安全设施。

矿山安全设施是矿山企业为了预防生产安全事故而设置的设备、设施、装置、构（建）筑物和其他技术措施的总称，为矿山生产服务、保证安全生产的保护性设施。安全设施既有依附于主体工程的形式，也有独立于主体工程之外的形式。本目录将矿山建设项目安全设施分为基本安全设施和专用安全设施两部分。

3. 基本安全设施。

基本安全设施是依附于主体工程而存在，属于主体工程一部分的安全设施。基本安全设施是矿山安全的基本保证。

4. 专用安全设施。

专用安全设施是指除基本安全设施以外的，以相对独立于主体工程之外的形式而存在，不具备生产功能，专用于安全保护作用的安全设施。

(三) 安全设施划分原则。

1. 依附于主体工程，且对矿山的安全至关重要，能够为矿山提供基本性安全保护作用的设备、设施、装置、构（建）筑物和其他技术措施，列为基本安全设施。

2. 相对独立存在且不具备生产功能，只为保护人员安全，防止造成人员伤亡而专门设置的保护性设备、设施、装置、构（建）筑物和其他技术措施，列为专用安全设施。

3. 保安矿柱作为矿山开采安全中的重要技术措施列入基本安全设施。

4. 主体设备自带的安全装置，不列入本目录。

5. 为保持工作场所的工作环境，保护作业人员职业健康的设施，属于职业卫生范畴，不列入本目录。

6. 地面总降压变电所不列入本目录。

7. 井下爆破器材库按照《民用爆破物品安全管理条例》（国务院令第466号）等法规、标准的规定进行设计、建设、使用和监管，不列入本目录。

8. 在矿山建设期，仅专用安全设施建设费用可列入建设项目安全投资；在矿山生产期，补充、改善基本安全设施和专用安全设施的投资都可在企业安全生产费用中列支。

二、地下矿山建设项目安全设施目录

(一) 基本安全设施。

1. 安全出口。

(1) 通地表的安全出口，包括由明井（巷）和盲井（巷）组合形成的通地表的安全出口。

(2) 中段和分段的安全出口。

(3) 采场的安全出口。

(4) 破碎站、装矿皮带道和粉矿回收水平的安全出口。

2. 安全通道和独立回风道。

(1) 动力油硐室的独立回风道。

(2) 爆破器材库的独立回风道。

(3) 主水泵房的安全通道。

(4) 破碎硐室、变（配）电硐室的安全通道或独立回风道。

(5) 主溜井的安全检查通道。

3. 人行道和缓坡段。

(1) 各类巷道（含平巷、斜巷、斜井、斜坡道等）的人行道。

(2) 斜坡道的缓坡段。

4. 支护。

(1) 井筒支护。

(2) 巷道（含平巷、斜巷、斜井、斜坡道等）支护。

(3) 采场支护（包括采场顶板和侧帮、底部结构等的支护）。

(4) 硐室支护。

5. 保安矿柱。

(1) 境界矿柱。

(2) 井筒保安矿柱。

(3) 中段（分段）保安矿柱。

(4) 采场点柱、保安间柱等。

6. 防治水。

(1) 河流改道工程（含导流堤、明沟、隧洞、桥涵等）及河床加固。

(2) 地表截水沟、排洪沟（渠）、防洪堤。

(3) 地下水疏/堵工程及设施（含疏干井、放水孔、疏干巷道、防水闸门、水仓、疏干设备、防水矿柱、防渗帷幕及截渗墙等）。

(4) 露天开采转地下开采的矿山露天坑底防洪水突然灌入井下的设施（包括露天坑底所做的假底、坑底回填等）。

(5) 热水充水矿床的疏水系统。

7. 竖井提升系统。

（1）提升装置，包括制动系统、控制系统、闭锁装置等。

（2）钢丝绳（包括提升钢丝绳、平衡钢丝绳、罐道钢丝绳、制动钢丝绳、隔离钢丝绳）及其连接或固定装置。

（3）罐道，包括木罐道、型钢罐道、钢轨罐道、钢木复合罐道等。

（4）提升容器。

（5）摇台或其他承接装置。

8. 斜井提升系统。

（1）提升装置，包括制动系统、控制系统。

（2）提升钢丝绳及其连接装置。

（3）提升容器（含箕斗、矿车和人车）。

9. 电梯井提升系统（包括钢丝绳、罐道、轿厢、控制系统等）。

10. 带式输送机系统的各种闭锁和机械、电气保护装置。

11. 排水系统。

（1）主水仓、井底水仓、接力排水水仓。

（2）主水泵房、接力泵房、各种排水水泵、排水管路、控制系统。

（3）排水沟。

12. 通风系统。

（1）专用进风井及专用进风巷道。

（2）专用回风井及专用回风巷道。

（3）主通风机、控制系统。

13. 供、配电设施。

（1）矿山供电电源、线路及总降压主变压器容量、地表向井下供电电缆。

（2）井下各级配电电压等级。

（3）电气设备类型。

（4）高、低压供配电中性点接地方式。

（5）高、低压电缆。

（6）提升系统、通风系统、排水系统的供配电设施。

（7）地表架空线转下井电缆处防雷设施。

（8）高压供配电系统继电保护装置。

（9）低压配电系统故障（间接接触）防护装置。

（10）直流牵引变电所电气保护设施、直流牵引网络安全措施。

（11）爆炸危险场所电机车轨道电气的安全措施。

（12）设有带油设备的电气硐室的安全措施。

（13）照明设施。

（14）工业场地边坡的安全加固及防护措施。

（二）专用安全设施。

1. 罐笼提升系统。

（1）梯子间及安全护栏。

（2）井口和井下马头门的安全门、阻车器和安全护栏。

（3）尾绳隔离保护设施。

（4）防过卷、防坠放、防坠设施。

（5）钢丝绳罐道时各中段的稳罐装置。

（6）提升机房内的盖板、梯子和安全护栏。

（7）井口门禁系统。

2. 箕斗提升系统。

（1）井口、装载站、卸载站等处的安全护栏。

（2）尾绳隔离保护设施。

（3）防过卷、防坠放设施。

（4）提升机房内的盖板、梯子和安全护栏。

3. 混合竖井提升系统。

（1）罐笼提升系统安全设施（见罐笼提升系统）。

（2）箕斗提升系统安全设施（见箕斗提升系统）。

（3）混合井筒中的安全隔离设施。

4. 斜井提升系统。

（1）防跑车装置。

（2）井口和井下马头门的安全门、阻车器、安全护栏和挡车设施。

（3）人行道与轨道之间的安全隔离设施。

（4）梯子和扶手。

（5）躲避硐室。

（6）人车断绳保险器。

（7）轨道防滑措施。

（8）提升机房内的安全护栏和梯子。

（9）井口门禁系统。

5. 斜坡道与无轨运输巷道。

（1）躲避硐室。

（2）卸载硐室的安全挡车设施、护栏。

（3）人行巷道的水沟盖板。

（4）交通信号系统。

（5）井口门禁系统。

6. 带式输送机系统。

（1）设备的安全护罩。

（2）安全护栏。

（3）梯子、扶手。

7. 电梯井提升系统。

（1）梯子间及安全护栏。

（2）电梯间和梯子间进口的安全防护网。

8. 有轨运输系统。

（1）装载站和卸载站的安全护栏。

(2) 人行巷道的水沟盖板。
9. 动力油储存硐室。
(1) 硐室口的防火门。
(2) 栅栏门。
(3) 防静电措施。
(4) 防爆照明设施。
10. 破碎硐室。
(1) 设备护罩、梯子和安全护栏。
(2) 自卸车卸矿点的安全挡车设施。
11. 采场。
(1) 采空区及其他危险区域的探测、封闭、隔离或充填设施。
(2) 地下原地浸出采矿和原地爆破浸出采矿的防渗工程及对溶液渗透的监测系统。
(3) 原地浸出采矿引起地表塌陷、滑坡的防护及治理措施。
(4) 自动化作业采区的安全门。
(5) 爆破安全设施（含警示旗、报警器、警戒带等）。
(6) 工作面人机隔离设施。
12. 人行天井与溜井。
(1) 梯子间及防护网、隔离栅栏。
(2) 井口安全护栏。
(3) 废弃井口的封闭或隔离设施。
(4) 溜井井口安全挡车设施。
(5) 溜井口格筛。
13. 供、配电设施。
(1) 避灾硐室应急供电设施。
(2) 裸带电体基本（直接接触）防护设施。
(3) 变配电硐室防水门、防火门、栅栏门。
(4) 保护接地及等电位连接设施。
(5) 牵引变电所接地设施。
(6) 变配电硐室应急照明设施。
(7) 地面建筑物防雷设施。
14. 通风和空气预热及制冷降温。
(1) 主通风机的反风设施和备用电机及快速更换装置。
(2) 辅助通风机。
(3) 局部通风机。
(4) 风机进风口的安全护栏和防护网。
(5) 阻燃风筒。
(6) 通风构筑物（含风门、风墙、风窗、风桥等）。
(7) 风井内的梯子间。
(8) 风井井口和马头门处的安全护栏。
(9) 严寒地区，通地表的井口（如罐笼井、箕斗井、混合井和斜提升井等）设置的防冻设施；用于进风的井口和巷道硐口（如专用进风井、专用进风平硐、专用进风斜井、罐笼井、混合井、斜提升井、胶带斜井、斜坡道、运输巷道等）设置的空气预热设施。
(10) 地下高温矿山制冷降温设施，包括地表制冷站设施、地下制冷站设施、管路及分配设施等。
15. 排水系统。
(1) 监测与控制设施。
(2) 水泵房及毗连的变电所（或中央变电所）入口的防水门及两者之间的防火门。
(3) 水泵房及变电所内的盖板、安全护栏（门）。
16. 充填系统。
(1) 充填管路减压设施。
(2) 充填管路压力监测装置。
(3) 充填管路排气设施。
(4) 充填搅拌站内及井下的安全护栏及其他防护措施（包括物料输送机和其他相关设备、砂浆池、砂仓等的安全护栏及其他防护措施）。
(5) 充填系统事故池。
(6) 采场充填挡墙。
17. 地压、岩体位移监测系统。
(1) 地表变形、塌陷监测系统。
(2) 坑内应力、应变监测系统。
18. 安全避险"六大系统"。
(1) 监测监控系统。
(2) 人员定位系统。
(3) 紧急避险系统。
(4) 压风自救系统。
(5) 供水施救系统。
(6) 通信联络系统。
19. 消防系统。
(1) 消防供水系统。
(2) 消防水池。
(3) 消防器材。
(4) 火灾报警系统。
(5) 防火门（除前面所述之外的防火门）。
(6) 有自然发火倾向区域的防火隔离设施。
20. 防治水。
(1) 中段（分段）或采区的防水门。
(2) 地下水头（水位）、水质、中段涌水量监测设施。
(3) 探水孔、放水孔及探放水巷道，探、放水孔的孔口管和控制闸阀，探、放水设备。
(4) 降雨量观测站。

(5) 在有突水可能性的工作面设置的救生圈、安全绳等救生设施。

21. 崩落法、空场法开采时的地表塌陷或移动范围保护措施。

22. 水溶性开采。

(1) 有毒有害气体积聚处（井口、卤池、取样阀等）采取的防毒措施。

(2) 井口的防喷装置。

(3) 排水和防止液体渗漏的设施。

(4) 地面防滑措施。

(5) 井盐矿山设立的地表水和地下水水质监测系统。

(6) 地表沉降和位移的监测设施。

(7) 不用的地质勘探井和生产报废井的封井措施。

23. 矿山应急救援设备及器材。

24. 个人安全防护用品。

25. 矿山、交通、电气安全标志。

26. 其他设施。

(1) 排土场（或废石场）安全设施参见露天矿山相关内容。

(2) 放射性矿山的防护措施。

(3) 地下原地浸出采矿：监测井（孔）、套管、气体站安全护栏、集液池、酸液池及二次缓冲池安全护栏、事故处理池和管路。

三、露天矿山建设项目安全设施目录

（一）基本安全设施。

1. 露天采场。

(1) 安全平台、清扫平台、运输平台。

(2) 运输道路的缓坡段。

(3) 露天采场边坡、道路边坡、破碎站和工业场地边坡的安全加固及防护措施。

(4) 溜井底放矿硐室的安全通道及井口的安全挡车设施、格筛。

(5) 设计规定保留的矿（岩）体或矿段。

(6) 边坡角。

(7) 爆破安全距离界线。

2. 防排水。

(1) 河流改道工程（含导流堤、明沟、隧洞、桥涵等）及河床加固。

(2) 地表截水沟、排洪沟（渠）、防洪堤、拦水坝、台阶排水沟、截排水隧洞、沉砂池、消能池（坝）。

(3) 地下水疏/堵工程及设施（含疏干井、放水孔、疏干巷道、防水闸门、水仓、疏干设备、防水矿柱、防渗帷幕及截渗墙等）。

(4) 露天采场排水设施，包括水泵和管路。

3. 铁路运输。

(1) 运输线路的安全线、避让线、制动检查所、线路两侧的界限架。

(2) 护轮轨、防溜车措施、减速器、阻车器。

4. 带式输送机系统的各种闭锁和电气保护装置。

5. 架空索道运输。

(1) 架空索道的承载钢丝绳和牵引钢丝绳。

(2) 架空索道的制动系统。

(3) 架空索道的控制系统。

6. 斜坡卷扬运输。

(1) 提升装置，包括制动系统、控制系统。

(2) 提升钢丝绳及其连接装置。

(3) 提升容器（包括箕斗、矿车和人车）。

7. 供、配电设施。

(1) 矿山供电电源、线路及总降压主变压器容量、向采矿场供电线路。

(2) 各级配电电压等级。

(3) 电气设备类型。

(4) 高、低压供配电中性点接地方式。

(5) 排水系统供配电设施。

(6) 采矿场供电线路、电缆及保护、避雷设施。

(7) 高压供配电系统继电保护装置。

(8) 低压配电系统故障（间接接触）防护装置。

(9) 直流牵引变电所的电气保护设施、直流牵引网络的安全措施。

(10) 爆炸危险场所电机车轨道的电气安全措施。

(11) 变、配电室的金属丝网门。

(12) 采场及排土场（废石场）正常照明设施。

8. 排土场（废石场）。

(1) 安全平台。

(2) 运输道路缓坡段。

(3) 拦渣坝。

(4) 阶段高度、总堆置高度、安全平台宽度、总边坡角。

9. 通信系统。

(1) 联络通信系统。

(2) 信号系统。

(3) 监视监控系统。

（二）专用安全设施。

1. 露天采场。

(1) 露天采场所设的边界安全护栏。

(2) 废弃巷道、采空区和溶洞的探测设备，充

填、封堵措施或隔离设施。
（3）溜井口的安全护栏、挡车设施、格筛。
（4）爆破安全设施（含躲避设施、警示旗、报警器、警戒带等）。
（5）水力开采运矿沟槽上的盖板或金属网。
（6）挖掘船上的救护设备。
（7）挖掘船开采时，作业人员穿戴的救生器材。
2. 铁路运输。
（1）运输线路的安全护栏、防护网、挡车设施、道口护栏。
（2）道路岔口交通警示报警设施。
（3）陡坡铁路运输时的线路防爬设施（含防爬器、抗滑桩等）。
（4）曲线轨道加固措施。
3. 汽车运输。
（1）运输线路的安全护栏、挡车设施、错车道、避让道、紧急避险道、声光报警装置。
（2）矿、岩卸载点的安全挡车设施。
4. 带式输送机运输。
（1）设备的安全护罩。
（2）安全护栏。
（3）梯子、扶手。
5. 架空索道运输。
（1）线路经过厂区、居民区、铁路、道路时的安全防护措施。
（2）线路与电力、通讯架空线交叉时的安全防护措施。
（3）站房安全护栏。
6. 斜坡卷扬运输。
（1）阻车器、安全挡车设施。
（2）斜坡轨道两侧的堑沟、安全隔挡设施。
（3）防止跑车装置。
（4）防止钢轨及轨梁整体下滑的措施。
7. 破碎站。
（1）卸矿安全挡车设施。
（2）设备运动部分的护罩、安全护栏。
（3）安全护栏、盖板、扶手、防滑钢板。
8. 排土场（废石场）。
（1）排土场（废石场）道路的安全护栏、挡车设施。
（2）截（排）水设施（含截水沟、排水沟、排水隧洞、截洪坝等）。
（3）底部排渗设施。
（4）滚石或泥石流拦挡设施。
（5）滑坡治理措施。

（6）坍塌与沉陷防治措施。
（7）地基处理。
9. 供、配电设施。
（1）裸带电体基本（直接接触）防护设施。
（2）保护接地设施。
（3）直流牵引变电所接地设施。
（4）采场变、配电室应急照明设施。
（5）地面建筑物防雷设施。
10. 监测设施。
（1）采场边坡监测设施。
（2）排土场（废石场）边坡监测设施。
11. 为防治水而设的水位和流量监测系统。
12. 矿山应急救援器材及设备。
13. 个人安全防护用品。
14. 矿山、交通、电气安全标志。
15. 有井巷工程时其安全设施参见地下矿山相关内容。

四、尾矿库建设项目安全设施目录
（一）基本安全设施。
1. 尾矿坝。
（1）初期坝（含库尾排矿干式尾矿库的拦挡坝）。
（2）堆积坝。
（3）副坝。
（4）挡水坝。
（5）一次性建坝的尾矿坝。
2. 尾矿库库内排水设施。
（1）排水井。
（2）排水斜槽。
（3）排水隧洞。
（4）排水管。
（5）溢洪道。
（6）消力池。
3. 尾矿库库周截排洪设施。
（1）拦洪坝。
（2）截洪沟。
（3）排水井。
（4）排洪隧洞。
（5）溢洪道。
（6）消力池。
4. 堆积坝坝面防护设施。
（1）堆积坝护坡。
（2）坝面排水沟。
（3）坝肩截水沟。
5. 辅助设施。
（1）尾矿库交通道路。

493

(2) 尾矿库照明设施。
(3) 通信设施。
(二) 专用安全设施。
1. 尾矿库地质灾害与雪崩防护设施。
(1) 尾矿库泥石流防护设施。
(2) 库区滑坡治理设施。
(3) 库区岩溶治理设施。
(4) 高寒地区的雪崩防护设施。
2. 尾矿库安全监测设施。
(1) 库区气象监测设施。
(2) 地质灾害监测设施。
(3) 库水位监测设施。
(4) 干滩监测设施。
(5) 坝体表面位移监测设施。
(6) 坝体内部位移监测设施。
(7) 坝体渗流监测设施。
(8) 视频监控设施。
(9) 在线监测中心。
3. 尾矿坝坝体排渗设施。
(1) 贴坡排渗。
(2) 自流式排渗管。
(3) 管井排渗。
(4) 垂直-水平联合自流排渗。
(5) 虹吸排渗。

(6) 辐射井。
(7) 排渗褥垫。
(8) 排渗盲沟（管）。
4. 干式尾矿汽车运输。
(1) 运输线路的安全护栏、挡车设施。
(2) 汽车避让道。
(3) 卸料平台的安全挡车设施。
5. 干式尾矿带式输送机运输。
(1) 输送机系统的各种闭锁和电气保护装置。
(2) 设备的安全护罩。
(3) 安全护栏。
(4) 梯子、扶手。
6. 库内回水浮船、运输船防护设施。
(1) 安全护栏。
(2) 救生器材。
(3) 浮船固定设施。
(4) 电气设备接地措施。
7. 辅助设施。
(1) 尾矿库管理站。
(2) 报警系统。
(3) 库区安全护栏。
(4) 矿山、交通、电气安全标志。
8. 应急救援器材及设备。
9. 个人安全防护用品。

金属与非金属矿产资源地质勘探安全生产监督管理暂行规定

（2010年12月3日国家安全生产监督管理总局令第35号公布　根据2015年5月26日国家安全生产监督管理总局令第78号修正）

第一章　总　则

第一条　为加强金属与非金属矿产资源地质勘探作业安全的监督管理，预防和减少生产安全事故，根据安全生产法等有关法律、行政法规，制定本规定。

第二条　从事金属与非金属矿产资源地质勘探作业的安全生产及其监督管理，适用本规定。

生产矿山企业的探矿活动不适用本规定。

第三条　本规定所称地质勘探作业，是指在依法批准的勘查作业区范围内从事金属与非金属矿产资源地质勘探的活动。

本规定所称地质勘探单位，是指依法取得地质勘查资质并从事金属与非金属矿产资源地质勘探活动的企事业单位。

第四条　地质勘探单位对本单位地质勘探作业安全生产负主体责任，其主要负责人对本单位的安全生产工作全面负责。

国务院有关部门和省、自治区、直辖市人民政府所属从事矿产地质勘探及管理的企事业法人组织（以下统称地质勘探主管单位），负责对其所属地质勘探单位的安全生产工作进行监督和管理。

第五条　国家安全生产监督管理总局对全国地质勘探作业的安全生产工作实施监督管理。

县级以上地方各级人民政府安全生产监督管理部门对本行政区域内地质勘探作业的安全生产工作实施监督管理。

第二章　安全生产职责

第六条　地质勘探单位应当遵守有关安全生产法

律、法规、规章、国家标准以及行业标准的规定，加强安全生产管理，排查治理事故隐患，确保安全生产。

第七条 从事钻探工程、坑探工程施工的地质勘探单位应当取得安全生产许可证。

第八条 地质勘探单位从事地质勘探活动，应当持本单位地质勘查资质证书和地质勘探项目任务批准文件或者合同书，向工作区域所在地县级安全生产监督管理部门备案，并接受其监督检查。

第九条 地质勘探单位应当建立健全下列安全生产制度和规程：

（一）主要负责人、分管负责人、安全生产管理人员和职能部门、岗位的安全生产责任制度；

（二）岗位作业安全规程和工种操作规程；

（三）现场安全生产检查制度；

（四）安全生产教育培训制度；

（五）重大危险源检测监控制度；

（六）安全投入保障制度；

（七）事故隐患排查治理制度；

（八）事故信息报告、应急预案管理和演练制度；

（九）劳动防护用品、野外救生用品和野外特殊生活用品配备使用制度；

（十）安全生产考核和奖惩制度；

（十一）其他必须建立的安全生产制度。

第十条 地质勘探单位及其主管单位应当按照下列规定设置安全生产管理机构或者配备专职安全生产管理人员：

（一）地质勘探单位从业人员超过300人的，应当设置安全生产管理机构，并按不低于从业人员1%的比例配备专职安全生产管理人员；从业人员在300人以下的，应当配备不少于2名的专职安全生产管理人员；

（二）所属地质勘探单位从业人员总数在3000人以上的地质勘探主管单位，应当设置安全生产管理机构，并按不低于从业人员总数1‰的比例配备专职安全生产管理人员；从业人员总数在3000人以下的，应当设置安全生产管理机构或者配备不少于1名的专职安全生产管理人员。

专职安全生产管理人员中应当按照规定配备注册安全工程师。

第十一条 地质勘探单位的主要负责人和安全生产管理人员应当具备与本单位所从事地质勘探活动相适应的安全生产知识和管理能力，并经安全生产监督管理部门考核合格后方可任职。

地质勘探单位的特种作业人员必须经专门的安全技术培训并考核合格，取得特种作业操作证后，方可上岗作业。

第十二条 地质勘探单位从事坑探工程作业的人员，首次上岗作业前应当接受不少于72小时的安全生产教育和培训，以后每年应当接受不少于20小时的安全生产再培训。

第十三条 地质勘探单位应当按照国家有关规定提取和使用安全生产费用。安全生产费用列入生产成本，并实行专户存储、规范使用。

第十四条 地质勘探工程的设计、施工和安全管理应当符合《地质勘探安全规程》（AQ 2004—2005）的规定。

第十五条 坑探工程的设计方案中应当设有安全专篇。安全专篇应当经所在地安全生产监督管理部门审查同意；未经审查同意的，有关单位不得施工。

坑探工程安全专篇的具体审查办法由省、自治区、直辖市人民政府安全生产监督管理部门制定。

第十六条 地质勘探单位不得将其承担的地质勘探工程项目转包给不具备安全生产条件或者相应地质勘查资质的地质勘探单位，不得允许其他单位以本单位的名义从事地质勘探活动。

第十七条 地质勘探单位不得以探矿名义从事非法采矿活动。

第十八条 地质勘探单位应当为从业人员配备必要的劳动防护用品、野外救生用品和野外特殊生活用品。

第十九条 地质勘探单位应当根据本单位实际情况制定野外作业突发事件等安全生产应急预案，建立健全应急救援组织或者与邻近的应急救援组织签订救护协议，配备必要的应急救援器材和设备，按照有关规定组织开展应急演练。

应急预案应当按照有关规定报安全生产监督管理部门和地质勘探主管单位备案。

第二十条 地质勘探主管单位应当按照国家有关规定，定期检查所属地质勘探单位落实安全生产责任制和安全生产费用提取使用、安全生产教育培训、事故隐患排查治理等情况，并组织实施安全生产绩效考核。

第二十一条 地质勘探单位发生生产安全事故后，应当按照有关规定向事故发生地县级以上安全生产监督管理部门和地质勘探主管单位报告。

第三章 监督管理

第二十二条 安全生产监督管理部门应当加强对

地质勘探单位安全生产的监督检查，对检查中发现的事故隐患和安全生产违法违规行为，依法作出现场处理或者实施行政处罚。

第二十三条 安全生产监督管理部门应当建立完善地质勘探单位备案制度，及时掌握本行政区域内地质勘探单位的作业情况。

第二十四条 安全生产监督管理部门应当按照本规定的要求开展对坑探工程安全专篇的审查，建立安全专篇审查档案。

第四章 法律责任

第二十五条 地质勘探单位有下列情形之一的，责令限期改正；逾期未改正的，责令停产停业整顿，可以并处2万元以下的罚款：

（一）未按照本规定设立安全生产管理机构或者配备专职安全生产管理人员的；

（二）特种作业人员未持证上岗作业的；

（三）从事坑探工程作业的人员未按照规定进行安全生产教育和培训的。

第二十六条 地质勘探单位有下列情形之一的，给予警告，并处3万元以下的罚款：

（一）未按照本规定建立有关安全生产制度和规程的；

（二）未按照规定提取和使用安全生产费用的；

（三）坑探工程安全专篇未经安全生产监督管理部门审查同意擅自施工的。

第二十七条 地质勘探单位未按照规定向工作区域所在地县级安全生产监督管理部门备案的，给予警告，并处2万元以下的罚款。

第二十八条 地质勘探单位将其承担的地质勘探工程项目转包给不具备安全生产条件或者相应资质的地质勘探单位的，责令限期改正，没收违法所得；违法所得5万元以上的，并处违法所得1倍以上5倍以下的罚款；没有违法所得或者违法所得不足5万元的，单处或者并处1万元以上5万元以下的罚款；导致发生生产安全事故给他人造成损害的，与承包方承担连带赔偿责任。

第二十九条 本规定规定的行政处罚由县级以上安全生产监督管理部门实施。

第五章 附 则

第三十条 本规定自2011年1月1日起施行。

金属非金属地下矿山企业领导带班下井及监督检查暂行规定

（2010年10月31日国家安全生产监督管理总局令第34公布 根据2015年5月26日国家安全生产监督管理总局令第78号修正）

第一章 总 则

第一条 为落实金属非金属地下矿山企业领导带班下井制度，强化现场安全管理，及时发现和消除事故隐患，根据《国务院关于进一步加强企业安全生产工作的通知》和国家有关规定，制定本规定。

第二条 金属非金属地下矿山企业（以下简称矿山企业）领导带班下井和县级以上安全生产监督管理部门对其实施监督检查，适用本规定。

第三条 本规定所称的矿山企业，是指金属非金属地下矿山生产企业及其所属各独立生产系统的矿井和新建、改建、扩建、技术改造等建设矿井。

本规定所称的矿山企业领导，是指矿山企业的主要负责人、领导班子成员和副总工程师。

第四条 矿山企业是落实领导带班下井制度的责任主体，必须确保每个班次至少有1名领导在井下现场带班，并与工人同时下井、同时升井。

矿山企业的主要负责人对落实领导带班下井制度全面负责。

第五条 安全生产监督管理部门对矿山企业落实领导带班下井制度情况进行监督检查，并依法作出现场处理或者实施行政处罚。

有关行业主管部门应当根据《国务院关于进一步加强企业安全生产工作的通知》的要求，按照各自职责做好矿山企业领导带班下井制度的落实工作，配合安全生产监督管理部门开展矿山企业领导带班下井情况的监督检查和考核奖惩等工作。

第六条 任何单位和个人发现矿山企业领导未按照规定执行带班下井制度或者弄虚作假的，均有权向安全生产监督管理部门举报和报告。对举报和报告属实的，给予奖励。

第二章 带班下井

第七条 矿山企业应当建立健全领导带班下井制度，制定领导带班下井考核奖惩办法和月度计划，建立和完善领导带班下井档案。

第八条 矿山企业领导带班下井月度计划，应当明确每个工作班次带班下井的领导名单、下井及升井的时间以及特殊情况下的请假与调换人员审批程序等内容。

领导带班下井月度计划应当在本单位网站和办公楼及矿井井口予以公告，接受群众监督。

第九条 矿山企业应当每月对领导带班下井情况进行考核。领导带班下井情况与其经济收入挂钩，对按照规定带班下井并认真履行职责的，给予奖励；对未按照规定带班下井、冒名顶替下井或者弄虚作假的，按照有关规定予以处理。

矿山企业领导带班下井的月度计划完成情况，应当在矿山企业公示栏公示，接受群众监督。

第十条 矿山企业领导带班下井时，应当履行下列职责：

（一）加强对井下重点部位、关键环节的安全检查及检查巡视，全面掌握井下的安全生产情况；

（二）及时发现和组织消除事故隐患和险情，及时制止违章违纪行为，严禁违章指挥，严禁超能力组织生产；

（三）遇到险情时，立即下达停产撤人命令，组织涉险区域人员及时、有序撤离到安全地点。

第十一条 矿山企业领导应当认真填写带班下井交接班记录，并向接班的领导详细说明井下安全生产状况、存在的主要问题及其处理情况、需要注意的事项等。

第十二条 矿山企业领导升井后，应当及时将下井及升井的时间、地点、经过路线、发现的问题及处理结果等有关情况进行登记，以存档备查。

第十三条 矿山企业从业人员应当遵章守纪，服从带班下井领导的指挥和管理。

矿山企业没有领导带班下井的，矿山企业从业人员有权拒绝下井作业。从业人员在井下作业过程中，发现并确认带班下井领导无故提前升井的，经向班组长或者队长说明后有权提前升井。

矿山企业不得因从业人员依据前款规定拒绝下井或者提前升井而降低从业人员工资、福利等待遇或者解除与其订立的劳动合同。

第三章 监督检查

第十四条 安全生产监督管理部门应当将矿山企业领导带班下井制度的建立、执行、考核、奖惩等情况作为安全监管的重要内容，并将其纳入年度安全监管执法工作计划，定期进行检查。

第十五条 安全生产监督管理部门应当充分发挥电视、广播、报纸、网络等新闻媒体的作用，加强对本行政区域内矿山企业领导带班下井情况的社会监督。

第十六条 安全生产监督管理部门应当建立举报制度，公开举报电话、信箱或者电子邮件地址，受理有关举报；对于受理的举报，应当认真调查核实；经查证属实的，依法从重处罚。

第十七条 安全生产监督管理部门应当定期将矿山企业领导带班下井制度监督检查结果和处罚情况予以公告，接受社会监督。

第四章 法律责任

第十八条 矿山企业未按照规定建立健全领导带班下井制度或者未制定领导带班下井月度计划的，给予警告，并处3万元的罚款；对其主要负责人给予警告，并处1万元的罚款；情节严重的，依法暂扣其安全生产许可证，责令停产整顿。

第十九条 矿山企业存在下列行为之一的，责令限期整改，并处3万元的罚款；对其主要负责人给予警告，并处1万元的罚款：

（一）未制定领导带班下井制度的；

（二）未按照规定公告领导带班下井月度计划的；

（三）未按照规定公示领导带班下井月度计划完成情况的。

第二十条 矿山企业领导未按照规定填写带班下井交接班记录、带班下井登记档案，或者弄虚作假的，给予警告，并处1万元的罚款。

第二十一条 矿山企业领导未按照规定带班下井的，对矿山企业给予警告，处3万元的罚款；情节严重的，依法责令停产整顿；对违反规定的矿山企业领导按照擅离职守处理，并处1万元的罚款。

第二十二条 对发生生产安全事故而没有领导带班下井的矿山企业，依法责令停产整顿，暂扣或者吊销安全生产许可证，并照下列规定处以罚款；情节严重的，提请有关人民政府依法予以关闭：

（一）发生一般事故，处50万元的罚款；

（二）发生较大事故，处100万元的罚款；

（三）发生重大事故，处500万元的罚款；

（四）发生特别重大事故，处2000万元的罚款。

第二十三条 对发生生产安全事故而没有领导带班下井的矿山企业，对其主要负责人依法暂扣或者吊销其安全资格证，并依照下列规定处以罚款：

（一）发生一般事故，处上一年年收入30%的罚款；

（二）发生较大事故，处上一年年收入40%的罚款；

（三）发生重大事故，处上一年年收入60%的罚款；

（四）发生特别重大事故，处上一年年收入80%的罚款。

对重大、特别重大生产安全事故负有主要责任的矿山企业，其主要负责人终身不得担任任何矿山企业的矿长（董事长、总经理）。

第五章 附 则

第二十四条 各省、自治区、直辖市人民政府安全生产监督管理部门可以根据实际情况制定实施细则，报国家安全生产监督管理总局备案。

第二十五条 为矿山企业提供采掘工程服务的采掘施工企业领导带班下井，按照本规定执行。

第二十六条 本办法自2010年11月15日起施行。

3）海洋石油安全

海洋石油安全生产规定

（2006年2月7日国家安全监管总局令第4号公布 根据2013年8月29日国家安全监管总局令第63号第一次修正 根据2015年5月26日国家安全监管总局令第78号第二次修正）

第一章 总 则

第一条 为了加强海洋石油安全生产工作，防止和减少海洋石油生产安全事故和职业危害，保障从业人员生命和财产安全，根据《安全生产法》及有关法律、行政法规，制定本规定。

第二条 在中华人民共和国的内水、领海、毗连区、专属经济区、大陆架以及中华人民共和国管辖的其他海域内的海洋石油开采活动的安全生产，适用本规定。

第三条 海洋石油作业者和承包者是海洋石油安全生产的责任主体。

本规定所称作业者是指负责实施海洋石油开采活动的企业，或者按照石油合同的约定负责实施海洋石油开采活动的实体。

本规定所称承包者是指向作业者提供服务的企业或者实体。

第四条 国家安全生产监督管理总局（以下简称安全监管总局）对海洋石油安全生产实施综合监督管理。

安全监管总局设立海洋石油作业安全办公室（以下简称海油安办）作为实施海洋石油安全生产综合监督管理的执行机构。海油安办根据需要设立分部，各分部依照有关规定实施具体的安全监督管理。

第二章 安全生产保障

第五条 作业者和承包者应当遵守有关安全生产的法律、行政法规、部门规章、国家标准和行业标准，具备安全生产条件。

第六条 作业者应当加强对承包者的安全监督和管理，并在承包合同中约定各自的安全生产管理职责。

第七条 作业者和承包者的主要负责人对本单位的安全生产工作全面负责。

作业者和从事物探、钻井、测井、录井、试油、井下作业等活动的承包者及海洋石油生产设施的主要负责人、安全管理人员应当按照安全监管总局的规定，经过安全资格培训，具备相应的安全生产知识和管理能力，经考核合格取得安全资格证书。

第八条 作业者和承包者应当对从业人员进行安全生产教育和培训，保证从业人员具备必要的安全生产知识，熟悉有关的安全生产规章制度和安全操作规程，掌握本岗位的安全操作技能。

第九条 出海作业人员应当接受海洋石油作业安全救生培训，经考核合格后方可出海作业。

临时出海人员应接受必要的安全教育。

第十条 特种作业人员应当按照安全监管总局有关规定经专门的安全技术培训，考核合格取得特种作业操作资格证书后方可上岗作业。

第十一条 海洋石油建设项目在可行性研究阶段或者总体开发方案编制阶段应当进行安全预评价。

在设计阶段，海洋石油生产设施的重要设计文件及安全专篇，应当经海洋石油生产设施发证检验机构

（以下简称发证检验机构）审查同意。发证检验机构应当在审查同意的设计文件、图纸上加盖印章。

第十二条 海洋石油生产设施应当由具有相应资质或者能力的专业单位施工，施工单位应当按照审查同意的设计方案或者图纸施工。

第十三条 海洋石油生产设施试生产前，应当经发证检验机构检验合格，取得最终检验证书或者临时检验证书，并制订试生产的安全措施，于试生产前45日报海油安办有关分部备案。

海油安办有关分部应对海洋石油生产设施的状况及安全措施的落实情况进行检查。

第十四条 海洋石油生产设施试生产正常后，应当由作业者或者承包者负责组织对其安全设施进行竣工验收，并形成书面报告备查。

经验收合格并办理安全生产许可证后，方可正式投入生产使用。

第十五条 作业者和承包者应当向作业人员如实告知作业现场和工作岗位存在的危险因素和职业危害因素，以及相应的防范措施和应急措施。

第十六条 作业者和承包者应当为作业人员提供符合国家标准或者行业标准的劳动防护用品，并监督、教育作业人员按照使用规则佩戴、使用。

第十七条 作业者和承包者应当制定海洋石油作业设施、生产设施及其专业设备的安全检查、维护保养制度，建立安全检查、维护保养档案，并指定专人负责。

第十八条 作业者和承包者应当加强防火防爆管理，按照有关规定划分和标明安全区与危险区；在危险区作业时，应当对作业程序和安全措施进行审查。

第十九条 作业者和承包者应当加强对易燃、易爆、有毒、腐蚀性等危险物品的管理，按国家有关规定进行装卸、运输、储存、使用和处置。

第二十条 海洋石油的专业设备应当由专业设备检验机构检验合格，方可投入使用。专业设备检验机构对检验结果负责。

第二十一条 海洋石油作业设施首次投入使用前或者变更作业区块前，应当制订作业计划和安全措施。

作业计划和安全措施应当在开始作业前15日报海油安办有关分部备案。

外国海洋石油作业设施进入中华人民共和国管辖海域前按照上述要求执行。

第二十二条 作业者和承包者应当建立守护船值班制度，在海洋石油生产设施和移动式钻井船（平台）周围应备有守护船值班。无人值守的生产设施和陆岸结构物除外。

第二十三条 作业者或者承包者在编制钻井、采油和井下作业等作业计划时，应当根据地质条件与海域环境确定安全可靠的井控程序和防硫化氢措施。

打开油（气）层前，作业者或者承包者应当确认井控和防硫化氢措施的落实情况。

第二十四条 作业者和承包者应当保存安全生产的相关资料，主要包括作业人员名册、工作日志、培训记录、事故和险情记录、安全设备维修记录、海况和气象情况等。

第二十五条 在海洋石油生产设施的设计、建造、安装以及生产的全过程中，实施发证检验制度。

海洋石油生产设施的发证检验包括建造检验、生产过程中的定期检验和临时检验。

第二十六条 发证检验工作由作业者委托具有资质的发证检验机构进行。

第二十七条 发证检验机构应当依照有关法律、行政法规、部门规章和国家标准、行业标准或者作业者选定的技术标准实施审查、检验，并对审查、检验结果负责。

作业者选定的技术标准不得低于国家标准和行业标准。

海油安办对发证检验机构实施的设计审查程序、检验程序进行监督。

第三章 安全生产监督管理

第二十八条 海油安办及其各分部对海洋石油安全生产履行以下监督管理职责：

（一）组织起草海洋石油安全生产法规、规章、标准；

（二）监督检查作业者和承包者安全生产条件、设备设施安全和劳动防护用品使用情况；

（三）监督检查作业者和承包者安全生产教育培训情况；负责作业者，从事物探、钻井、测井、录井、试油、井下作业等的承包者和海洋石油生产设施的主要负责人、安全管理人员和特种作业人员的安全培训考核工作；

（四）监督核查海洋石油建设项目生产设施安全竣工验收工作，负责安全生产许可证的发放工作。

（五）负责海洋石油生产设施发证检验、专业设备检测检验、安全评价和安全咨询等社会中介服务机构的资质审查；

（六）组织生产安全事故的调查处理；协调事故和险情的应急救援工作。

第二十九条 监督检查人员必须熟悉海洋石油安全法律法规和安全技术知识，能胜任海洋石油安全检查工作，经考核合格，取得相应的执法资格。

第三十条 海油安办及其各分部依法对作业者和承包者执行有关安全生产的法律、行政法规和国家标准或者行业标准的情况进行监督检查，行使以下职权：

（一）对作业者和承包者进行安全检查，调阅有关资料，向有关单位和人员了解情况；

（二）对检查中发现的安全生产违法行为，当场予以纠正或者要求限期改正；

（三）对检查中发现的事故隐患，应当责令立即排除；重大事故隐患排除前或者排除过程中无法保证安全的，应当责令从危险区域内撤出作业人员，责令暂时停产停业或者停止使用；重大事故隐患排除后，经审查同意，方可恢复生产和使用；

（四）对有根据认为不符合保障安全生产的国家标准或者行业标准的设施、设备、器材予以查封或者扣押，并应当在15日内依法作出处理决定。

第三十一条 监督检查人员进行监督检查时，应履行以下义务：

（一）忠于职守，坚持原则，秉公执法；

（二）执行监督检查任务时，必须出示有效的监督执法证件，使用统一的行政执法文书；

（三）遵守作业者和承包者的有关现场管理规定，不得影响正常生产活动；

（四）保守作业者和承包者的有关技术秘密和商业秘密。

第三十二条 监督检查人员在进行安全监督检查期间，作业者或者承包者应当免费提供必要的交通工具、防护用品等工作条件。

第三十三条 承担海洋石油生产设施发证检验、专业设备检测检验、安全评价和安全咨询的中介机构应当具备国家规定的资质。

第四章 应急预案与事故处理

第三十四条 作业者应当建立应急救援组织，配备专职或者兼职救援人员，或者与专业救援组织签订救援协议，并在实施作业前编制应急预案。

承包者在实施作业前应编制应急预案。

应急预案应当报海油安办有关分部和其他有关政府部门备案。

第三十五条 应急预案应当包括以下主要内容：作业者和承包者的基本情况、危险特性、可利用的应急救援设备；应急组织机构、职责划分、通讯联络；应急预案启动、应急响应、信息处理、应急状态中止、后续恢复等处置程序；应急演习与训练。

第三十六条 应急预案应充分考虑作业内容、作业海区的环境条件、作业设施的类型、自救能力和可以获得的外部支援等因素，应能够预防和处置各类突发性事故和可能引发事故的险情，并随实际情况的变化及时修改或者补充。

事故和险情包括以下情况：井喷失控、火灾与爆炸、平台遇险、飞机或者直升机失事、船舶海损、油（气）生产设施与管线破损/泄漏、有毒有害物质泄漏、放射性物质遗散、潜水作业事故；人员重伤、死亡、失踪及暴发性传染病、中毒；溢油事故、自然灾害以及其他紧急情况等。

第三十七条 当发生事故或者出现可能引发事故的险情时，作业者和承包者应当按应急预案的规定实施应急措施，防止事态扩大，减少人员伤亡和财产损失。

当发生应急预案中未规定的事件时，现场工作人员应当及时向主要负责人报告。主要负责人应当及时采取相应的措施。

第三十八条 事故和险情发生后，当事人、现场人员、作业者和承包者负责人、各分部和海油安办根据有关规定逐级上报。

第三十九条 海油安办及其有关分部、有关部门接到重大事故报告后，应当立即赶到事故现场，组织事故抢救、事故调查。

第四十条 无人员伤亡事故、轻伤、重伤事故由作业者和承包者负责人或其指定的人员组织生产、技术、安全等有关人员及工会代表参加的事故调查组进行调查。

其他事故的调查处理，按有关规定执行。

第四十一条 作业者应当建立事故统计和分析制度，定期对事故进行统计和分析。事故统计年报应当报海油安办有关分部、政府有关部门。

承包者在提供服务期间发生的事故由作业者负责统计。

第五章 罚　则

第四十二条 监督检查人员在海洋石油安全生产监督检查中滥用职权、玩忽职守、徇私舞弊的，依照有关规定给予行政处分；构成犯罪的，依法追究刑事责任。

第四十三条 作业者和承包者有下列行为之一的，给予警告，并处3万元以下的罚款：

（一）未按规定执行发证检验或者用非法手段获取检验证书的；

（二）未按规定配备守护船，或者使用不满足有关规定要求的船舶做守护船，或者守护船未按规定履行登记手续的；

（三）未按照本规定第三十四条的规定履行备案

手续的；

（四）未按有关规定制订井控措施和防硫化氢措施，或者井控措施和防硫化氢措施不落实的。

第四十四条 本规定所列行政处罚，由海油安办及其各分部实施。

《安全生产法》等法律、行政法规对安全生产违法行为的行政处罚另有规定的，依照其规定。

第六章 附 则

第四十五条 本规定下列用语的定义：

（一）石油，是指蕴藏在地下的、正在采出的和已经采出的原油和天然气。

（二）石油合同，是指中国石油企业与外国企业为合作开采中华人民共和国海洋石油资源，依法订立的石油勘探、开发和生产的合同。

（三）海洋石油开采活动，是指在本规定第二条所述海域内从事的石油勘探、开发、生产、储运、油田废弃及其有关的活动。

（四）海洋石油作业设施，是指用于海洋石油作业的海上移动式钻井船（平台）、物探船、铺管船、起重船、固井船、酸化压裂船等设施。

（五）海洋石油生产设施，是指以开采海洋石油为目的的海上固定平台、单点系泊、浮式生产储油装置、海底管线、海上输油码头、滩海陆岸、人工岛和陆岸终端等海上和陆岸结构物。

（六）专业设备，是指海洋石油开采过程中使用的危险性较大或者对安全生产有较大影响的设备，包括海上结构、采油设备、海上锅炉和压力容器、钻井和修井设备、起重和升降设备、火灾和可燃气体探测、报警及控制系统、安全阀、救生设备、消防器材、钢丝绳等系物及被系物、电气仪表等。

第四十六条 内陆湖泊的石油开采的安全生产监督管理，参照本规定相应条款执行。

第四十七条 本规定自 2006 年 5 月 1 日起施行，原石油工业部 1986 年颁布的《海洋石油作业安全管理规定》同时废止。

海洋石油安全管理细则

（2009 年 9 月 7 日国家安全生产监督管理总局令第 25 号公布　根据 2013 年 08 月 29 日国家安全生产监督管理总局令第 63 号《关于修改〈生产经营单位安全培训规定〉等 11 件规章的决定》第一次修正　根据 2015 年 5 月 26 日国家安全生产监督管理总局令第 78 号《关于废止和修改非煤矿矿山领域九部规章的决定》第二次修正）

第一章 总 则

第一条 为了加强海洋石油安全管理工作，保障从业人员生命和财产安全，防止和减少海洋石油生产安全事故，根据安全生产法等法律、法规和标准，制定本细则。

第二条 在中华人民共和国的内水、领海、毗连区、专属经济区、大陆架，以及中华人民共和国管辖的其他海域内从事海洋石油（含天然气，下同）开采活动的安全生产及其监督管理，适用本细则。

第三条 海洋石油作业者和承包者是海洋石油安全生产的责任主体，对其安全生产工作负责。

第四条 国家安全生产监督管理总局海洋石油作业安全办公室（以下简称海油安办）对全国海洋石油安全生产工作实施监督管理；海油安办驻中国海洋石油总公司、中国石油化工集团公司、中国石油天然气集团公司分部（以下统称海油安办有关分部）分别负责中国海洋石油总公司、中国石油化工集团公司、中国石油天然气集团公司的海洋石油安全生产的监督管理。

第二章 设施的备案管理

第一节 生产设施的备案管理

第五条 海洋石油生产设施应当进行试生产。作业者或者承包者应当在试生产前 45 日报生产设施所在地的海油安办有关分部备案，并提交生产设施试生产备案申请书、海底长输油（气）管线投用备案申请书和下列资料：

（一）发证检验机构对生产设施的最终检验证书（或者临时检验证书）和检验报告；

（二）试生产安全保障措施；

（三）建设阶段资料登记表；

（四）安全设施设计审查合格、设计修改及审查合格的有关文件；

（五）施工单位资质证明；

（六）施工期间发生的生产安全事故及其他重大工程质量事故情况；

（七）生产设施有关证书和文件登记表；

（八）生产设施主要技术说明、总体布置图和工艺流程图；

（九）生产设施运营的主要负责人和安全生产管理人员安全资格证书；

（十）生产设施所属设备的取证分类表及有关证书、证件；

（十一）生产设施运营安全手册；

（十二）生产设施运营安全应急预案。

生产设施是浮式生产储油装置的，除提交第一款规定的资料外，还应当提交快速解脱装置、系缆张力和距离测量装置的检验证书、出厂合格证书、安装后的试验报告。

生产设施是海底长输油（气）管线的，除提交第一款规定的资料外，还应当提交海底长输油（气）管线投用备案有关证书和文件登记表及有关证书、文件。

第六条 海油安办有关分部对作业者或者承包者提交的生产设施资料，应当进行严格审查。必要时，应当进行现场检查。

需要进行现场检查的，海油安办有关分部应当提前 10 日与作业者或承包者商定现场检查的具体事宜。作业者或承包者应当配合海油安办有关分部进行现场检查，并提供以下资料：

（一）人员安全培训证书登记表；

（二）消防和救生设备实际布置图和应变部署表；

（三）安全管理文件，主要包括：安全生产责任制、安全操作规程、工作许可制度、安全检查制度、船舶系泊装卸制度、直升机管理制度、危险物品管理制度、无人驻守平台遥控检测程序和油（气）外输管理制度等；

（四）对于滩海陆岸，还应准备通海路及沿通海路安装的设施设备合格文件、发证检验机构检验证书和安装后的试验报告。

经审查和现场检查符合规定的，海油安办有关分部向作业者或者承包者颁发生产设施试生产备案通知书；备案资料、设施现场安全状况等不符合规定的，及时书面通知作业者或者承包者进行整改。

第七条 作业者或者承包者应当严格按照备案文件中所列试生产安全保障措施组织试生产，生产设施试生产期限不得超过 12 个月。试生产正常后，作业者或者承包者应当组织安全竣工验收。

经竣工验收合格并办理安全生产许可证后，方可正式投入生产使用。

第八条 生产设施有下列情形之一的，作业者或者承包者应当及时向海油安办有关分部报告：

（一）更换或者拆卸井上和井下安全阀、火灾及可燃和有毒有害气体探测与报警系统、消防和救生设备等主要安全设施的；

（二）变动应急预案有关内容的；

（三）中断采油（气）作业 10 日以上或者终止采油（气）作业的；

（四）改变海底长输油（气）管线原设计用途的；

（五）超过海底长输油（气）管线设计允许最大输送量或者输送压力的；

（六）海底长输油（气）管线发生严重的损伤、断裂、爆破等事故的；

（七）海底长输油（气）管线输送的油（气）发生泄漏导致重大污染事故的；

（八）位置失稳、水平或者垂直移动、悬空、沉陷、漂浮等超出海底长输油（气）管线设计允许偏差值的；

（九）介质堵塞造成海底长输油（气）管线停产的；

（十）海底长输油（气）管线需进行大修和改造的；

（十一）海底长输油（气）管线安全保护系统（如紧急放空装置、定点截断装置等）长时间失效的；

（十二）其他对安全生产有重大影响的。

第二节 作业设施的备案管理

第九条 海洋石油作业设施从事物探、钻（修）井、铺管、起重和生活支持等活动应当向海油安办有关分部备案。作业者或者承包者应当在作业前 15 日向海油安办有关分部提交作业设施备案申请书和下列资料：

（一）作业设施备案申请有关证书登记表；

（二）作业设施所属设备的取证分类表及有关证书；

（三）操船手册；

（四）作业合同；

（五）作业设施运营安全手册；

（六）作业设施安全应急预案。

用作钻（修）井的作业设施，除提交第一款规定的资料外，还应当提交下列资料：

（一）钻（修）井专用设备、防喷器组、防喷器控制系统、阻流管汇及其控制盘、压井管汇、固井设备、测试设备的发证检验机构证书、出厂及修理后的合格证和安装后的试验报告；

（二）设施主要负责人和安全管理人员的安全资格证书；

（三）有自航能力的作业设施的船长、轮机长的适任证书。

对于自升式移动平台，除提交第一款规定的资料外，还应当提交稳性计算书、升降设备的发证检验机构的检验证书、出厂及修理后的合格证和安装后的试验报告等资料。

对于物探船，除提交第一款规定的资料外，还应当提交下列资料：

（一）震源系统、震源系统的主要压力容器和装置、震源的拖曳钢缆和绞车、电缆绞车等设备的出厂合格证、发证检验机构的检验证书和安装后的试验报告；

（二）震源危险品（包括炸药、雷管、易燃易爆气体等）的实际储存数量、储存条件、进出库管理办法和看管、使用制度等资料。

对于铺管船，除提交第一款规定的资料外，还应当提交下列资料：

（一）张紧器及其控制系统、管线收放绞车的出厂合格证、发证检验机构检验证书和安装后的试验报告；

（二）船长（或者船舶负责人）、起重机械司机、起重指挥人员及起重工的资格证书。

对于起重船和生活支持船，除提交第一款规定的资料外，还应当提交船长（或者船舶负责人）、起重机械司机、起重指挥人员及起重工的资格证书等资料。

第十条 海油安办有关分部对作业者或者承包者提交的作业设施资料，应当进行严格审查。必要时，进行现场检查。

需要进行现场检查的，海油安办有关分部应当提前 10 日与作业者或承包者商定现场检查的具体事宜。作业者或承包者应当配合海油安办有关分部进行现场检查，并提供以下资料：

（一）人员安全培训证书登记表；

（二）防火控制图、消防、救生设备实际布置图和应变部署表；

（三）安全管理文件，主要包括：安全管理机构的设置、安全生产责任制、安全操作规程、安全检查制度、工作许可制度等；

（四）安全活动、应急演习记录。

经审查和现场检查符合规定的，海油安办有关分部向作业者或者承包者颁发海洋石油作业设施备案通知书；备案资料、设施现场安全状况等不符合规定的，及时书面通知作业者或者承包者进行整改。

第十一条 通常情况下，海洋石油作业设施从事物探、钻（修）井、铺管、起重和生活支持等活动期限不超过 1 年。确需延期时，作业者或者承包者应当于期满前 15 日向海油安办有关分部提出延期申请，延期时间不得超过 3 个月。

第十二条 作业设施有下列情形之一的，作业者或者承包者应当及时向海油安办有关分部报告：

（一）改动井控系统的；

（二）更换或者拆卸火灾及可燃和有毒有害气体探测与报警系统、消防和救生设备等主要安全设施的；

（三）变更作业合同、作业者或者作业海区的；

（四）改变应急预案有关内容的；

（五）中断作业 10 日以上或者终止作业的；

（六）其他对作业安全生产有重大影响的。

第三节 延长测试设施的备案管理

第十三条 海上油田（井）进行延长测试前，作业者或者承包者应当提前 15 日向海油安办有关分部提交延长测试设施的书面报告和下列资料：

（一）延长测试设施备案有关证书和文件登记表；

（二）延长测试的工艺流程图、总体布置图及技术说明；

（三）增加的作业设施、生产设施主要负责人和安全管理人员安全资格证书；

（四）延长测试作业应急预案；

（五）油轮或者浮式生产储油装置的系泊点、锚、锚链、快速解脱装置、系缆张力和距离测量装置的证书和资料；

（六）延长测试专用设备或者系统的出厂合格证、发证检验机构的检验证书、安装后的试验报告。

前款所称延长测试专用设备或者系统，包括油气加热器、油气分离器、原油外输泵、天然气火炬分液包及凝析油泵、蒸汽锅炉、换热器、废油回收设备、井口装置、污油处理装置、机械采油装置、井上和井下防喷装置、防硫化氢的井口装置、检测设施及防护器具、惰气系统、柴油置换系统、火灾及可燃和有毒有害气体探测与报警系统等。

第十四条 海油安办有关分部对作业者或者承包者提交的延长测试设施资料，应当进行严格审查。必要时，可进行现场检查。

需要进行现场检查的，海油安办有关分部应当提前 10 日与作业者或承包者商定现场检查的具体事宜。作业者或承包者应当配合海油安办有关分部进行现场检查，并提供以下资料：

（一）原钻井装置增加的延长测试作业人员、油轮或浮式储油装置人员的安全培训证书登记表；

（二）原钻井装置新加装设备后，其消防和救生设备、火灾及可燃和有毒有害气体探测报警系统布置图、危险区域划分图和应变部署表；

（三）安全管理文件，主要包括：安全管理机构的设置、安全生产责任制、安全操作规程、安全检查制度、工作许可制度、船舶系泊装卸和油（气）外输管理制度等。

经审查和现场检查符合规定的，向作业者或者承包者颁发海上油田（井）延长测试设施通知书；有关资料、设施现场安全状况等不符合规定的，及时书面通知作业者或者承包者进行整改。

第十五条 通常情况下，海上油田（井）延长测试作业期限不超过1年。确需延期时，作业者或者承包者应当提前15日向海油安办有关分部提出延期申请，延期时间不得超过6个月。

第十六条 海上油田（井）延长测试设施有下列情形之一的，作业者或者承包者应当及时向海油安办有关分部报告：

（一）改动组成延长测试设施的主要结构、设备和井控系统的；

（二）更换火灾及可燃和有毒有害气体探测与报警系统、消防和救生设备等主要安全设施的；

（三）改变应急预案有关内容的；

（四）其他对生产作业安全有重大影响的。

第三章 生产作业的安全管理

第一节 基 本 要 求

第十七条 在海洋石油生产作业中，作业者和承包者应当确保海洋石油生产、作业设施（以下简称设施）安全条件符合法律、法规、规章和相关国家标准、行业标准的要求，并建立完善的安全管理体系。设施主要负责人对设施的安全管理全面负责。

第十八条 按照设施不同区域的危险性，划分三个等级的危险区：

（一）0类危险区，是指在正常操作条件下，连续出现达到引燃或者爆炸浓度的可燃性气体或者蒸气的区域；

（二）1类危险区，是指在正常操作条件下，断续地或者周期性地出现达到引燃或者爆炸浓度的可燃性气体或者蒸气的区域；

（三）2类危险区，是指在正常操作条件下，不可能出现达到引燃或者爆炸浓度的可燃性气体或者蒸气；但在不正常操作条件下，有可能出现达到引燃或者爆炸浓度的可燃性气体或者蒸气的区域。

设施的作业者或者承包者应当将危险区等级准确地标注在设施操作手册的附图上。对于通往危险区的通道口、门或者舱口，应当在其外部标注清晰可见的中英文"危险区域""禁止烟火"和"禁带火种"等标志。

第十九条 设施的作业者或者承包者应当建立动火、电工作业、受限空间作业、高空作业和舷（岛）外作业等审批制度。

从事前款规定的作业前，作业单位应当提出书面申请，说明作业的性质、地点、期限及采取的安全措施等，经设施负责人批准签发作业通知单后，方可进行作业。作业通知单应当包含作业内容、有关检测报告、作业要求、安全程序、个体防护用品、安全设备和作业通知单有效期限等内容。

作业单位接到作业通知单后，应当按通知单的要求采取有关措施，并制定详细的检查和作业程序。

作业期间，如果施工条件发生重大变化的，应当暂停施工并立即报告设施负责人，得到准予施工的指令后方可继续施工。

作业完成后，作业负责人应当在作业通知单上填写完成时间、工作质量和安全情况，并交付设施负责人保存。作业通知单的保存期限至少1年。

第二十条 设施上所有通往救生艇（筏）、直升机平台的应急撤离通道和通往消防设备的通道应当设置明显标志，并保持畅通。

第二十一条 设施上的各种设备应当符合下列规定：

（一）符合国家有关法律、法规、规章、标准的安全要求，有出厂合格证书或者检验合格证书；

（二）对裸露且危及人身安全的运转部分要安装防护罩或者其他安全保护装置；

（三）建立设备运转记录、设备缺陷和故障记录报告制度；

（四）制定设备安全操作规程和定期维护、保养、检验制度，制定设备的定人定岗管理制度；

（五）增加、拆除重要设备设施，或者改变其性能前，进行风险分析。属于改建、扩建项目的，按照有关规定向政府有关部门办理审批手续。

第二十二条 设施配备的救生艇、救助艇、救生筏、救生圈、救生衣、保温救生服及属具等救生设备，应当符合《国际海上人命安全公约》的规定，并经海油安办认可的发证检验机构检验合格。

海上石油设施配备救生设备的数量应当满足下列要求：

（一）配备的刚性全封闭机动耐火救生艇能够容纳自升式和固定式设施上的总人数，或者浮式设施上总人数的 200%。无人驻守设施可以不配备刚性全封闭机动耐火救生艇。在设施建造、安装或者停产检修期间，通过风险分析，可以用救生筏代替救生艇；

（二）气胀式救生筏能够容纳设施上的总人数，其放置点应满足距水面高度的要求。无人驻守设施可以按定员 12 人考虑；

（三）至少配备并合理分布 8 个救生圈，其中 2 个带自亮灯，4 个带自亮浮灯和自发烟雾信号。每个带自亮浮灯和自发烟雾信号的救生圈配备 1 根可浮救生索，可浮救生索的长度为从救生圈的存放位置至最低天文潮位水面高度的 1.5 倍，并至少长 30 米。

（四）救生衣按总人数的 210% 配备，其中：住室内配备 100%，救生艇站配备 100%，平台甲板工作区内配备 10%，并可以配备一定数量的救生背心。在寒冷海区，每位工作人员配备一套保温救生服。对于无人驻守平台，在工作人员登平台时，根据作业海域水温情况，每人携带 1 件救生衣或者保温救生服。

滩海陆岸石油设施配备救生设备的数量应当满足下列要求：

（一）至少配备 4 个救生圈，每只救生圈上都拴有至少 30 米长的可浮救生索，其中 2 个带自亮浮灯，2 个带自发烟雾信号和自亮浮灯；

（二）每人至少配备 1 件救生衣，在工作场所配备一定数量的工作救生衣或者救生背心。在寒冷海区，每位人员配备 1 件保温救生服。

所有救生设备都应当标注该设施的名称，按规定合理存放，并在设施的总布置图上标明存放位置。特殊施工作业情况下，配备的救生设备达不到要求时，应当制定相应的安全措施并报海油安办有关分部审查同意。

第二十三条 设施上的消防设备应当符合下列规定：

（一）根据国家有关规定，针对设施可能发生的火灾性质和危险程度，分别装设水消防系统、泡沫灭火系统、气体灭火系统和干粉灭火系统等固定灭火设备和装置，并经发证检验机构认可。无人驻守的简易平台，可以不设置水消防等灭火设备和装置；

（二）设置自动和手动火灾、可燃和有毒有害气体探测报警系统，总控制室内设总的报警和控制系统；

（三）配备 4 套消防员装备，包括隔热防护服、消防靴和手套、头盔、正压式空气呼吸器、消防斧以及可以连续使用 3 个小时的手提式安全灯。根据平台性质和工作人数，经发证检验机构同意，可以适当减少配备数量；

（四）滩海陆岸石油设施现场管理单位至少配备 2 套消防员装备，包括消防头盔、防护服、消防靴、安全灯、消防斧等，至少配备 3 套带气瓶的正压式空气呼吸器和可移动式消防泵 1 台；

（五）所有的消防设备都存放在易于取用的位置，并定期检查，始终保持完好状态。检查应当有检查记录标签。

第二十四条 在设施的危险区内进行测试、测井、修井等作业的设备应当采用防爆型，室内有非防爆电气的活动房应当采用正压防爆型。

第二十五条 起重作业应当符合下列规定：

（一）操作人员持有特种作业人员资格证书，熟悉起重设备的操作规程，并按规程操作；

（二）起重设备明确标识安全起重负荷；若为活动吊臂，标识吊臂在不同角度时的安全起重负荷；

（三）按规定对起重设备进行维护保养，保证刹车、限位、起重负荷指示、报警等装置齐全、准确、灵活、可靠；

（四）起重机及吊物附件按规定定期检验，并记录在起重设备检验簿上。

设施的载人吊篮作业，除符合第一款规定的要求外，还应当符合下列规定：

（一）限定乘员人数；

（二）乘员按规定穿救生背心或者救生衣；

（三）只允许用于起吊人员及随身物品；

（四）指定专人维护和检查，定期组织检验机构对其进行检验；

（五）当风速超过 15 米/秒或者影响吊篮安全起放时，立即停止使用；

（六）起吊人员时，尽量将载人吊篮移至水面上方再升降，并尽可能减少回转角度。

第二十六条 高处及舷（岛）外作业应当符合下列规定：

（一）高处及舷（岛）外作业人员佩戴安全帽和安全带，舷（岛）外作业人员穿救生衣，并采取其他必要的安全措施；

（二）风速超过 15 米/秒等恶劣天气时，立即停止作业。

第二十七条 危险物品管理应当符合下列规定：

（一）设施上任何危险物品（包括爆炸品、压缩气体和液化气体、易燃液体、易燃固体、自燃物品和遇湿易燃物品、氧化剂和有机过氧化物、有毒品和腐蚀品等）必须存放在远离危险区和生活区的指定地点和容器内，并将存放地点标注在设施操作手册的附图上；个人不得私自存放危险物品；

（二）设有专人负责危险物品的管理，并建立和保存危险物品入库、消耗和使用的记录；

（三）在通往危险物品存放地点的通道口、舱口处，设有醒目的中英文"危险物品"标识。

第二十八条 直升机起降管理应当符合下列规定：

（一）指定直升机起降联络负责人，负责指挥和配合直升机起降工作；

（二）配备与直升机起降有关的应急设备和工具，并注明中英文"直升机应急工具"字样；

（三）设施与机场的往返距离所需油量超过直升机自身储存油量的，按有关规定配备安全有效的直升机加油用储油罐、燃油质量检验设备和加油设备；

（四）直升机与设施建立联络后，经设施主要负责人准许，方可起飞或者降落（紧急情况除外）；

（五）直升机机长或者机组人员提出降落要求的，起降联络负责人立即向直升机提供风速、风向、能见度、海况等数据和资料；

（六）无线电报务员一直保持监听来自直升机的无线电信号，直至其降落为止；

（七）机组人员开启舱门后，起降联络负责人方可指挥乘机人员上下直升机、装卸物品或者进行加油作业。

直升机起飞或者降落前，起降联络负责人应当组织做好下列准备工作：

（一）清除直升机甲板的障碍物和易燃物；

（二）检查直升机甲板安全设施是否处于完好状态，包括灯光、防滑网、消防设备和应急工具等；

（三）停止靠近直升机甲板的吊装作业和甲板15米范围内的明火作业；

（四）禁止无关人员靠近直升机甲板；

（五）守护船在设施附近起锚待命，消防人员做好准备；

（六）排放天然气、射孔或者试油作业时，若未采取可靠的安全措施，禁止直升机靠近设施。

第二十九条 劳动防护应当符合下列规定：

（一）设施上所有工作人员配备符合相关安全标准的劳动防护用品；

（二）设施上的工作场所按照国家有关规定和设计要求配备劳动防护设备，并定期进行检测；

（三）按照国家有关职业病防治的规定，定期对从事有毒有害作业的人员进行职业健康体检，对职业病患者进行康复治疗。

第三十条 医务室应当符合下列规定：

（一）在有人驻守的设施上，配备具有基础医疗抢救条件的医务室。作业人员超过15人的，配备专职医务人员；低于15人的，可以配备兼职医务人员；

（二）按照国家有关规定配备常用药品、急救药品和氧气、医疗器械、病床等；

（三）按照国家有关规定，制定有关疫情病情的报告、处理和卫生检验制度；

（四）按照国家有关规定，制定应急抢救程序。

第三十一条 滩海陆岸应急避难房应当符合下列规定：

（一）能够容纳全部生产作业人员；

（二）结构强度比滩海陆岸井台高一个安全等级；

（三）地面高出挡浪墙1米；

（四）采用基础稳定、结构可靠的固定式钢筋混凝土结构，或者采用可移动式钢结构；

（五）配备可以供避难人员5日所需的救生食品和饮用水；

（六）配备急救箱，至少装有2套救生衣、防水手电及配套电池、简单的医疗包扎用品和常用药品；

（七）配备应急通讯装置。

第三十二条 滩海陆岸值班车应当符合下列规定：

（一）接受滩海陆岸石油设施作业负责人的指挥，不得擅自进入或者离开；

（二）配备的通信工具保证随时与滩海陆岸石油设施和陆岸基地通话；

（三）能够容纳所服务的滩海陆岸石油设施的全部人员，并配备100%的救生衣；

（四）具有在应急救助和人员撤离等复杂情况下作业的能力；

（五）参加滩海陆岸石油设施上的营救演习。

第二节 守护船管理

第三十三条 承担设施守护任务的船舶（以下简称守护船）在开始承担守护作业前，其所属单位应当向海油安办有关分部提交守护船登记表和守护船有关证书登记表，办理守护船登记手续。经海油安办有关分部审查合格后，予以登记，并签发守护船登记证明。守护船登记后，其原申报条件发生变化或者终止承担守护任务的，应当向原负责守护船登记的海油安办有关分部报告。

第三十四条 守护船应当在距离所守护设施5海里之内的海区执行守护任务，不得擅自离开。在守护船的守护能力范围内，多座被守护设施可以共用一条守护船。

第三十五条 守护船应当服从被守护设施负责

人的指挥，能够接纳所守护设施全部人员，并配备可以供守护设施全部人员1日所需的救生食品和饮用水。

第三十六条 守护船应当符合下列规定：

（一）船舶证书齐全、有效；

（二）具备守护海区的适航能力；

（三）在船舶的两舷设有营救区，并尽可能远离推进器，营救区应当有醒目标志。营救区长度不小于载货甲板长度的1/3，宽度不小于3米；

（四）甲板上设有露天空间，便于直升机绞车提升、平台吊篮下放等营救操作；

（五）营救区及甲板露天空间处于守护船船长视野之内，便于指挥操作和营救；

第三十七条 守护船应当配备能够满足应急救助和撤离人员需要的下列设备和器具：

（一）1副吊装担架和1副铲式担架；

（二）2副救助用长柄钩；

（三）至少1套抛绳器；

（四）4只带自亮浮灯、逆向反光带和绳子的救生圈，绳子长度不小于30米；

（五）用于简易包扎和急救的医疗用品；

（六）营救区舷侧的落水人员攀登用网；

（七）1艘符合《国际海上人命安全公约》要求的救助艇；

（八）至少2只探照灯，可以提供营救作业区及周围海区照明；

（九）至少配备两种通信工具，保证守护船与被守护设施和陆岸基地随时通话。

第三十八条 守护船船员应当符合下列条件：

（一）具有船员服务簿和适任证书等有效证件；

（二）至少有3名船员从事落水人员营救工作；

（三）至少有2名船员可以操纵救助艇；

（四）至少有2名船员经过医疗急救培训，能够承担急救处置、包扎和人工呼吸等工作；

（五）定期参加营救演习。

第三十九条 守护船的登记证明有效期为3年，有效期满前15日内应当重新办理登记手续。

第三节 租用直升机管理

第四十条 作业者或者承包者应当对提供直升机的公司进行安全条件审查和监督。

第四十一条 直升机公司应当符合下列条件：

（一）直升机持有中国民用航空局颁发的飞机适航证，并具备有效的飞机登记证和无线电台执照；

（二）具有符合安全飞行条件的直升机，并达到该机型最低设备放行清单的标准；

（三）具有符合安全飞行条件的驾驶员、机务维护人员和技术检查人员；

（四）对直升机驾驶员进行夜航和救生训练，保证完成规定的训练小时数；

（五）需要应急救援时，备有可以调用的直升机；

（六）完善和落实飞行安全的各种规章制度，杜绝超气象条件和不按规定的航线和高度飞行。

第四十二条 直升机应当配备下列应急救助设备：

（一）直升机应急浮筒；

（二）携带可以供机上所有人员使用的海上救生衣（在水温低于10℃的海域应当配备保温救生服）、救生筏及救生包，并备有可以供直升机使用的救生绞车；

（三）直升机两侧有能够投弃的舱门或者具备足够的紧急逃生舱口。

第四十三条 在额定载荷条件下，直升机应当具有航行于飞行基地与海上石油设施之间的适航能力和夜航能力。

第四十四条 飞行作业前，直升机所属公司应当制定安全应急程序，并与作业者或者承包者编制的应急预案相协调。

第四十五条 直升机在飞行作业中必须配有2名驾驶员，并指定其中1人为责任机长；由中外籍驾驶员合作驾驶的直升机，2名驾驶员应当有相应的语言技能水平，能够直接交流对话。

第四十六条 作业者或者承包者及直升机所属公司必须确保飞行基地（或者备用机场）和海上石油设施上的直升机起降设备处于安全和适用状态。

第四十七条 作业者或者承包者及直升机所属公司，应当通过协商制订飞行条件与应急飞行、乘机安全、载物安全和飞行故障、飞行事故报告等制度。

第四节 电气管理

第四十八条 设施应当制定电气设备检修前后的安全检查、日常运行检查、安全技术检查、定期安全检查等制度，建立健全电气设备的维修操作、电焊操作和手持电动工具操作等安全规程，并严格执行。

第四十九条 电气管理应当符合下列规定：

（一）按照国家规定配备和使用电工安全用具，并按规定定期检查和校验；

（二）遇停电、送电、倒闸、带电作业和临时用电等情况，按照有关作业许可制度进行审批。临时用

507

电作业结束后，立即拆除增加的电气设备和线路；

（三）按照国家标准规定的颜色和图形，对电气设备和线路作出明显、准确的标识；

（四）电气设备作业期间，至少有1名电气作业经验丰富的监护人进行实时监护；

（五）电气设备按照铭牌上规定的额定参数（电压、电流、功率、频率等）运行，安装必要的过载、短路和漏电保护装置并定期校验。金属外壳（安全电压除外）有可靠的接地装置；

（六）在触电危险性较大的场所，手提灯、便携式电气设备、电动工具等设备工具按照国家标准的规定使用安全电压。确实无法使用安全电压的，经设施负责人批准，并采用有效的防触电措施；

（七）安装在不同等级危险区域的电气设备符合该等级的防爆类型。防爆电气设备上的部件不得任意拆除，必须保持电气设备的防爆性能；

（八）定期对电气设备和线路的绝缘电阻、耐压强度、泄漏电流等绝缘性能进行测定。长期停用的电气设备，在重新使用前应当进行检查，确认具备安全运行条件后方可使用；

（九）在带电体与人体、带电体与地面、带电体与带电体、带电体与其他设备之间，按照有关规范和标准的要求保持良好的绝缘性能和足够的安全距离；

（十）对生产和作业设施采取有效的防静电和防雷措施。

第五十条 设施必须配备必要的应急电源。应急电源应当符合下列规定：

（一）能够满足通信、信号、照明、基本生存条件（包括生活区、救生艇、撤离通道、直升机甲板等）和其他动力（包括消防系统、井控系统、火灾及可燃和有毒有害气体检测报警系统、应急关断系统等）的电源要求；

（二）在主电源失电后，应急电源能够在45秒内自动安全启动供电；

（三）应急电源远离危险区和主电源。

第五节　井控管理

第五十一条 作业者或者承包者应当制定油（气）井井控安全措施和防井喷应急预案。

第五十二条 钻井作业应当符合下列规定：

（一）钻井装置在新井位就位前，作业者和承包者应收集和分析相应的地质资料。如有浅层气存在，安装分流系统等；

（二）钻井作业期间，在钻台上备有与钻杆相匹配的内防喷装置；

（三）下套管时，防喷器尺寸与所下套管尺寸相匹配，并备有与所下套管丝扣相匹配的循环接头；

（四）防喷器所用的橡胶密封件应当按厂商的技术要求进行维护和储存，不得将失效和技术条件不符的密封件安装到防喷器中；

（五）水龙头下部安装方钻杆上旋塞，方钻杆下部安装下旋塞，并配备开关旋塞的扳手。顶部驱动装置下部安装手动和自动内防喷器（考克）并配备开关防喷器的扳手；

（六）防喷器组由环形防喷器和闸板防喷器组成，闸板防喷器的闸板关闭尺寸与所使用钻杆或者管柱的尺寸相符。防喷器的额定工作压力，不得低于钻井设计压力，用于探井的不得低于70兆帕；

（七）防喷器及相应设备的安装、维护和试验，满足井控要求；

（八）经常对防喷系统进行安全检查。检查时，优先使用防喷系统安全检查表。

第五十三条 防喷器组控制系统的安装应当符合下列规定：

（一）1套液压控制系统的储能器液体压力保持21兆帕，储能器压力液体积为关闭全部防喷器并打开液动闸阀所需液体体积的1.5倍以上；

（二）除钻台安装1台控制盘（台）外，另1台辅助控制盘（台）安装在远离钻台、便于操作的位置；

（三）防喷器组配备与其额定工作压力相一致的防喷管汇、节流管汇和压井管汇；

（四）压井管汇和节流管汇的防喷管线上，分别安装2个控制阀。其中一个为手动，处于常开位置；另一个必须是远程控制；

（五）安装自动灌井液系统。

第五十四条 水下防喷器组应当符合下列规定：

（一）若有浅层气或者地质情况不清时，导管上安装分流系统；

（二）在表层套管和中间（技术）套管上安装1个或者2个环形防喷器、2个双闸板防喷器，其中1副闸板为全封剪切闸板防喷器；

（三）安装1组水下储能器，便于就近迅速提供液压能，以尽快开关各防喷器及其闸门。同时，采用互为备用的双控制盒系统，当一个控制盒系统正在使用时，另一个控制盒系统保持良好的工作状态作为备用；

（四）如需修理或者更换防喷器组，必须保证井眼安全，尽量在下完套管固井后或者未钻穿水泥塞前进行。必要时，打1个水泥塞或者下桥塞后再进行修理或者更换；

（五）使用复合式钻柱的，装有可变闸板，以适应不同的钻具尺寸。

第五十五条 水上防喷器组应当符合下列基本规定：

（一）若有浅层气或者地质情况不清时，隔水（导）管上安装分流系统；

（二）表层套管上安装1个环形防喷器，1个双闸板防喷器；大于13″3/8表层套管上可以只安装1个环形防喷器；

（三）中间（技术）套管上安装1个环形、1个双闸板（或者2个单闸板）和1个剪切全封闭闸板防喷器；

（四）使用复合式钻柱的，装有可变闸板，以适应不同的钻具尺寸。

第五十六条 水上防喷器组的开关活动，应当符合下列规定：

（一）闸板防喷器定期进行开关活动；

（二）全封闸板防喷器每次起钻后进行开关活动。若每日多次起钻，只开关活动一次即可；

（三）每起下钻一次，2个防喷器控制盘（台）交换动作一次。如果控制盘（台）失去动作功能，在恢复功能后，才能进行钻井作业；

（四）节流管汇的阀门、方钻杆旋塞和钻杆内防喷装置，每周开关活动一次。

水下防喷器的开关活动，除了闸板防喷器1日进行开关活动一次外，其他开关活动次数与水上防喷器组开关活动次数相同。

第五十七条 防喷器系统的试压，应当符合下列规定：

（一）所有的防喷器及管汇在进行高压试验之前，进行2.1兆帕的低压试验；

（二）防喷器安装前或者更换主要配件后，进行整体压力试验；

（三）按照井控车间（基地）组装、现场安装、钻开油气层前及更换井控装置部件的次序进行防喷器试压。试压的间隔不超过14日；

（四）对于水上防喷器组，防喷器组在井控车间（基地）组装后，按额定工作压力进行试验。现场安装后，试验压力在不超过套管抗内压强度80%的前提下，环形防喷器的试验压力为额定工作压力的70%，闸板防喷器和相应控制设备的试验压力为额定工作压力；

（五）对于水下防喷器组，水下防喷器和所有有关井控设备的试验压力为其额定工作压力的70%。防喷器组在现场安装完成后，控制设备和防喷器闸板按照水上防喷器组试压的规定进行。

第五十八条 防喷器系统的检查与维护，应当符合下列规定：

（一）整套防喷器系统、隔水（导）管和配套设备，按照制造厂商推荐的程序进行检查和维护；

（二）在海况及气候条件允许的情况下，防喷器系统和隔水（导）管至少每日外观检查一次，水下设备的检查可以通过水下电视等工具完成。

第五十九条 井液池液面和气体检测装置应当具备声光报警功能，其报警仪安装在钻台和综合录井室内；应当配备井液性能试验仪器。井液量应当符合下列规定：

（一）开钻前，计算井液材料最小需量，落实紧急情况补充井液的储备计划；

（二）记录并保存井液材料（包括加重材料）的每日储存量。若储存量达不到所规定的最小数量时，停止钻井作业；

（三）作业时，当返出井液密度比进口井液密度小0.02 g/cm³时，将环形空间井液循环到地面，并对井液性能进行气体或者液体侵入的检查和处理；

（四）起钻时，向井内灌注井液。当井内静止液面下降或者每起出3至5柱钻具之后应当灌满井液；

（五）从井内起出钻杆测试工具前，井液应当进行循环或者反循环。

第六十条 完井、试油和修井作业应当符合下列规定：

（一）配备与作业相适应的防喷器及其控制系统；

（二）按计划储备井液材料，其性能符合作业要求；

（三）井控要求参照钻井作业有关规定执行；

（四）滩海陆岸井控装置至少配备1套控制系统。

第六十一条 气井、自喷井、自溢井应当安装井下封隔器；在海床面30米以下，应当安装井下安全阀，并符合下列规定：

（一）定期进行水上控制的井下安全阀现场试验，试验间隔不得超过6个月。新安装或者重新安装的也应当进行试验；

（二）海床完井的单井、卫星井或者多井基盘上，每口井安装水下控制的井下安全阀；

（三）地面安全阀保持良好的工作状态；

（四）配备适用的井口测压防喷盒。

紧急关闭系统应当保持良好的工作状态。作业者应当妥善保存各种水下安全装置的安装和调试记录等资料。

第六十二条 进行电缆射孔、生产测井、钢丝作业时，在工具下井前，应当对防喷管汇进行压力试验。

第六十三条 钻开油气层前100米时，应当通过钻井循环通道和节流管汇做一次低ң冲泵压试验。

第六十四条 放喷管线应当使用专用管线。

在寒冷季节，应当对井控装备、防喷管汇、节流管汇、压力管汇和仪表等进行防冻保温。

第六节 硫化氢防护管理

第六十五条 钻遇未知含硫化氢地层时，应当提前采取防范措施；钻遇已知含硫化氢地层时，应当实施检测和控制。

硫化氢探测、报警系统应当符合下列规定：

（一）钻井装置上安装硫化氢报警系统。当空气中硫化氢的浓度超过15毫克/米^3（10 ppm）时，系统即能以声光报警方式工作；固定式探头至少应当安装在喇叭口、钻台、振动筛、井液池、生活区、发电及配电房进风口等位置；

（二）至少配备探测范围0~30毫克/米^3（0~20 ppm）和0~150毫克/米^3（0~100 ppm）的便携式硫化氢探测器各1套；

（三）探测器件的灵敏度达到7.5毫克/米^3（5 ppm）；

（四）储备足够数量的硫化氢检测样品，以便随时检测探头。

人员保护器具应当符合下列规定：

（一）通常情况下，钻井装置上配备15~20套正压式空气呼吸器。其中，生活区6~9套，钻台上5~6套，井液池附近（泥浆舱）2套，录井房2~3套。钻进已知含硫化氢地层前，或者临时钻遇含硫化氢地层时，钻井装置上配备供全员使用的正压式空气呼吸器，并配备足够的备用气瓶；

（二）钻井装置上配备1台呼吸器空气压缩机；

（三）医务室配备处理硫化氢中毒的医疗用品、心肺复苏器和氧气瓶。

标志信号应当符合下列规定：

（一）在人员易于看见的位置，安装风向标、风速仪；

（二）当空气中含硫化氢浓度小于15毫克/米^3（10 ppm）时，挂标有硫化氢字样的绿牌；

（三）当空气中含硫化氢浓度处于15~30毫克/米^3（10~20 ppm）时，挂标有硫化氢字样的黄牌；

（四）当空气中含硫化氢浓度大于30毫克/米^3（20 ppm）时，挂标有硫化氢字样的红牌。

第六十六条 在可能含有硫化氢地层进行钻井作业时，应当采取下列硫化氢防护措施：

（一）在可能含有硫化氢地区的钻井设计中，标明含硫化氢地层及其深度，估算硫化氢的可能含量，以提醒有关作业人员注意，并制定必要的安全和应急措施；

（二）当空气中硫化氢浓度达到15毫克/米^3（10 ppm）时，及时通知所有平台人员注意，加密观察和测量硫化氢浓度的次数，检查并准备好正压式空气呼吸器；

（三）当空气中硫化氢浓度达到30毫克/米^3（20 ppm）时，在岗人员迅速取用正压式空气呼吸器，其他人员到达安全区。通知守护船在平台上风向海域起锚待命；

（四）当空气中含硫化氢浓度达到150毫克/米^3（100 ppm）时，组织所有人员撤离平台；

（五）使用适合于钻遇含硫化氢地层的井液，钻井液的pH值保持在10以上。净化剂、添加剂和防腐剂等有适当的储备。钻井液中脱出的硫化氢气体集中排放，有条件情况下，可以点火燃烧；

（六）钻遇含硫化氢地层，起钻时使用钻杆刮泥器。若将湿钻杆放在甲板上，必要时，作业人员佩戴正压式空气呼吸器。钻进中发现空气中含硫化氢浓度达到30毫克/米^3（20 ppm）时，立即暂时停止钻进，并循环井液；

（七）在含硫化氢地层取芯，当取芯筒起出地面之前10~20个立柱，以及从岩芯筒取出岩芯时，操作人员戴好正压式空气呼吸器。运送含硫化氢岩芯时，采取相应包装措施密封岩芯，并标明岩芯含硫化氢字样。在井液录井中若发现有硫化氢显示时，及时向钻井监督报告；

（八）在预计含硫化氢地层进行中途测试时，测试时间尽量安排在白天，测试器具附近尽量减少操作人员。严禁采用常规的中途测试工具对深部含硫化氢的地层进行测试；

（九）钻穿含硫化氢地层后，增加工作区的监测频率，加强硫化氢监测；

（十）对于在含硫化氢地层进行试油，试油前召开安全会议，落实人员防护器具和人员急救程序及应急措施。在试油设备附近，人员减少到最低限度。

第六十七条 在可能含有硫化氢地层进行钻进作业时，其钻井设备、器具应当符合下列规定：

（一）钻井设备具备抗硫应力开裂的性能；

（二）管材具有在硫化氢环境中使用的性能，并按照国家有关标准的要求使用；

（三）对所使用作业设备、管材、生产流程及附件等，定期进行安全检查和检测检验。

第六十八条 完井和修井作业的硫化氢防护，参照钻井作业的有关要求执行。

第六十九条 在可能含有硫化氢地层进行生产作业时，应当采取下列硫化氢防护措施：

（一）生产设施上配备 6 套正压式空气呼吸器。在已知存在含硫油气生产设施上，全员配备正压式空气呼吸器，并配备一定数量的备用气瓶及 1 台呼吸器空气压缩机；

（二）生产设施上配备 2 至 3 套便携式硫化氢探测仪、1 套便携式比色指示管探测仪和 1 套便携式二氧化硫探测仪。在已知存在硫化氢的生产装置上，安装硫化氢报警装置；

（三）当空气中硫化氢达到 15 毫克/米^3（10 ppm）或者二氧化硫达到 5.4 毫克/米^3（2 ppm）时，作业人员佩戴正压式空气呼吸器；

（四）装置上配有用于处理硫化氢中毒的医疗用品、心肺复苏器和氧气瓶；

（五）在油气井投产前，采取有效措施，加强对硫化氢、二氧化硫和二氧化碳的防护；

（六）用于油气生产的设备、设施和管道等具有抗硫化氢腐蚀的性能。

第七节 系物管理

第七十条 作业者和承包者应当加强系泊和起重作业过程中系物器具和被系器具的安全管理。

第七十一条 作业者和承包者应当制定系物器具和被系器具的安全管理责任制，明确各岗位和各工种责任制；应当制定系物器具和被系器具的使用管理规定，对系物器具和被系器具进行经常性维护、保养，保证正常使用。维护、保养应当做好记录，并由有关人员签字。

第七十二条 系物器具应当按照有关规定由海油安办认可的检验机构对其定期进行检验，并作出标记。作业者和承包者为满足特殊需要，自行加工制造系物器具和被系器具的，系物器具和被系器具必须经海油安办认可的检验机构检验合格后，方可投入使用。

第七十三条 箱件的使用，除了符合本细则第七十一条和第七十二条规定要求外，还应当满足下列要求：

（一）箱外有明显的尺寸、自重和额定安全载重标记；

（二）定期对其主要受力部位进行检验。

第七十四条 吊网的使用，除了符合第七十一条和第七十二条规定外，还应当符合下列要求：

（一）标有安全工作负荷标记；

（二）非金属网不得超过其使用范围和环境。

第七十五条 乘人吊篮必须专用，并标有额定载重和限乘人数的标记；应当按产品说明书的规定定期进行技术检验。

第七十六条 系物器具和被系器具有下列情形之一的，应当停止使用：

（一）已达到报废标准而未报废，或者已经报废的；

（二）未标明检验日期的；

（三）超过规定检验期限的。

第八节 危险物品管理

第七十七条 作业者、承包者应当建立放射性、爆炸性物品（以下简称危险物品）的领取和归还制度。危险物品的领取和归还应当遵守下列规定：

（一）领取人持有领取单领取相应的危险物品。领取单详细记载危险物品的种类和数量；

（二）领取和归还危险物品时，使用专用的工具。放射性源盛装在罐内，爆炸性物品存放在箱内；

（三）出入库的放射性源罐，配有浮标或者其他示位器具；

（四）危险物品出入库有记录，领取人和库管员在出入库单上签字；

（五）未用完的危险物品，及时归还。

第七十八条 危险物品的运输，应当符合下列规定：

（一）符合国家有关法律、法规、规章、标准的要求，并有专人押运；

（二）有可靠的安全措施和应急措施；

（三）符合有关运输手续，有明显的危险物品运输标识。

第七十九条 危险物品的使用，应当符合下列规定：

（一）作业前，按照有关规定申请使用许可证。取得使用许可证后，方可使用危险物品。使用有详细记录。使用后，及时将未使用完的危险物品回收入库；

（二）作业时，制定安全可靠的作业规程。有关作业人员熟悉并遵守作业规程；

（三）现场设有明显、清晰的危险标识，以防止非作业人员进入作业区；

（四）现场至少配备 1 台便携式放射性强度测量仪；

（五）按照国家有关标准的要求，对放射源与载源设备的性能进行检验。

第八十条 危险物品的存放，应当符合下列规定：

（一）存放场所远离生活区、人员密集区及危险区，并标有明显的"危险品"标识；

（二）采取有效的防火安全措施；

（三）不得将爆炸性物品中的炸药与雷管或者放射性物品存放在同一储存室内。

第八十一条 对失效的或者外壳泄漏试验不合格（超过 185 Bq）的放射源，应当采取安全的方式妥善处置。

第八十二条 作业人员使用放射性物品的，应当采取下列防护措施：

（一）配有个人辐照剂量检测用具，并建立辐照剂量档案；

（二）每年至少进行一次体检，体检结果存档；

（三）发现作业人员受到放射性伤害的，立即调离其工作岗位，并按照有关规定进行治疗和康复；

（三）作业人员调动工作的，其辐照剂量档案和体检档案随工作岗位一起调动。

第九节 弃井管理

第八十三条 作业者或者承包者在进行弃井作业或者清除井口遗留物 30 日前，应当向海油安办有关分部报送下列材料：

（一）弃井作业或者清除井口遗留物安全风险评价报告；

（二）弃井或者清除井口遗留物施工方案、作业程序、时间安排、井液性能等。

海油安办有关分部应当对作业者或者承包者报送的材料进行审核；材料内容不符合技术要求的，通知作业者或者承包者进行完善。

第八十四条 弃井作业或者清除井口遗留物施工作业期间，海油安办有关分部认为必要时，进行现场监督。

施工作业完成后 15 日内，作业者或者承包者应当向海油安办有关分部提交下列资料：

（一）弃井或者清除井口遗留物作业完工图；

（二）弃井作业最终报告表。

第八十五条 对于永久性弃井的，应当符合下列要求：

（一）在裸露井眼井段，对油、气、水等渗透层进行全封，在其上部打至少 50 米水泥塞，以封隔油、气、水等渗透层，防止互窜或者流出海底。裸眼井段无油、气、水时，在最后一层套管的套管鞋以下和以上各打至少 30 米水泥塞；

（二）已下尾管的，在尾管顶部上下 30 米的井段各打至少 30 米水泥塞；

（三）已在套管或者尾管内进行了射孔试油作业的，对射孔层进行全封，在其上部打至少 50 米的水泥塞；

（四）已切割的每层套管内，保证切割处上下各有至少 20 米的水泥塞；

（五）表层套管内水泥塞长度至少有 45 米，且水泥塞顶面位于海底泥面下 4 米至 30 米之间。

对于临时弃井的，应当符合下列要求：

（一）在最深层套管柱的底部至少打 50 米水泥塞；

（二）在海底泥面以下 4 米的套管柱内至少打 30 米水泥塞。

第八十六条 永久弃井时，所有套管、井口装置或者桩应当按照国家有关规定实施清除作业。对保留在海底的水下井口装置或者井口帽，应当按照国家有关规定向海油安办有关分部进行报告。

第四章 安 全 培 训

第八十七条 作业者和承包者的主要负责人和安全生产管理人员应当具备相应的安全生产知识和管理能力，经海油安办考核合格。

第八十八条 作业者和承包者应当组织对海上石油作业人员进行安全生产培训。未经培训并取得培训合格证书的作业人员，不得上岗作业。

作业者和承包者应当建立海上石油作业人员的培训档案，加强对出海作业人员（包括在境外培训的人员）的培训证书的审查。未取得培训合格证书的，一律不得出海作业。

第八十九条 出海人员必须接受"海上石油作业安全救生"的专门培训，并取得具有资质的培训机构颁发的培训合格证书。

安全培训的内容和时间应当符合下列要求：

（一）短期出海人员接受"海上石油作业安全救生"综合内容的培训，培训时间不少于 24 课时。每 3 年进行一次再培训；

（二）临时出海人员接受"海上石油作业安全救生"电化教学的培训，培训时间不少于 4 课时。每 1 年进行一次再培训；

（三）不在设施上留宿的临时出海人员可以只接受作业者或者承包者现场安全教育；

（四）没有直升机平台或者已明确不使用直升机倒班的海上设施人员，可以免除"直升机遇险水下逃生"内容的培训；

（五）没有配备救生艇筏的海上设施作业人员，可以免除"救生艇筏操纵"的培训。

第九十条 海上油气生产设施兼职消防队员应当接受"油气消防"的培训，培训时间不少于24课时。每4年应当进行一次再培训。

第九十一条 从事钻井、完井、修井、测试作业的监督、经理、高级队长、领班，以及司钻、副司钻和井架工、安全监督等人员应当接受"井控技术"的培训，培训时间不少于56课时，并取得培训合格证书。每4年应当进行一次再培训。

第九十二条 稳性压载人员（含钻井平台、浮式生产储油装置的稳性压载、平台升降的技术人员）应当接受"稳性与压载技术"的培训，培训时间不少于36课时，并取得培训合格证书。每4年应当进行一次再培训。

第九十三条 在作业过程中已经出现或者可能出现硫化氢的场所从事钻井、完井、修井、测试、采油及储运作业的人员，应当进行"防硫化氢技术"的专门培训，培训时间不少于16课时，并取得培训合格证书。每4年应当进行一次再培训。

第九十四条 无线电技术操作人员应当按政府有关主管部门的要求进行培训，取得相应的资格证书。

第九十五条 属于特种作业人员范围的特种作业人员应当按照有关法律法规的要求进行专门培训，取得特种作业操作资格证书。

第九十六条 外方人员在国外合法注册和政府认可的培训机构取得的证书和证件，经中方作业者或者承包者确认后在中国继续有效。

第五章 应急管理

第九十七条 作业者和承包者应当按照有关法律、法规、规章和标准的要求，结合生产实际编制应急预案，并报海油安办有关分部备案。

作业者和承包者应当根据海洋石油作业的变化，及时对应急预案进行修改、补充和完善。

第九十八条 根据海洋石油作业的特点，作业者和承包者编制的应急预案应当包括下列内容：

（一）作业者和承包者的基本情况、危险特性、可以利用的应急救援设备；

（二）应急组织机构、职责划分、通讯联络；

（三）应急预案启动、应急响应、信息处理、应急状态中止、后续恢复等处置程序；

（四）应急演习与训练。

第九十九条 应急预案的应急范围包括井喷失控、火灾与爆炸、平台遇险、直升机失事、船舶海损、油（气）生产设施与管线破损和泄漏、有毒有害物品泄漏、放射性物品遗散、潜水作业事故；人员重伤、死亡、失踪及暴发性传染病、中毒；溢油事故、自然灾害以及其他紧急情况。

第一百条 除作业者和承包者编制的公司一级应急预案外，针对每个生产和作业设施应当结合工作实际，编制应急预案。应急预案包括主件和附件两个部分内容。

主件部分应当包括下列主要内容：

（一）生产或者作业设施名称、作业海区、编写者和编写日期；

（二）生产或者作业设施的应急组织机构、指挥系统、医疗机构及各级应急岗位人员职责；

（三）处置各类突发性事故或者险情的措施和联络报告程序；

（四）生产或者作业设施上所具有的通讯设备类型、能力以及应急通信频率；

（五）应急组织、上级主管部门和有关部门的负责人通讯录，包括通信地址、电话和传真等；

（六）与有关部门联络的应急工作联系程序图或者网络图；

（七）应急训练内容、频次和要求；

（八）其他需要明确的内容。

附件部分应当包括下列主要内容：

（一）生产或者作业设施的主要基础数据；

（二）生产或者作业设施所处自然环境的描述，包括：作业海区的气象资料，可能出现的灾害性天气（如台风等）；作业海区的海洋水文资料，水深、水温、海流的速度和方向、浪高等；生产或者作业设施与陆岸基地、附近港口码头及海区其他设施的位置简图；

（三）各种应急搜救设备及材料，包括应急设备及应急材料的名称、类型、数量、性能和存放地点等情况；

（四）生产或者作业设施配备的气象海况测定装置的规格和型号；

（五）其他有关资料。

第一百零一条 作业者和承包者应当组织生产和作业设施的相关人员定期开展应急预案的演练，演练期限不超过下列时间间隔的要求：

（一）消防演习：每倒班期一次。

（二）弃平台演习：每倒班期一次。

（三）井控演习：每倒班期一次。

（四）人员落水救助演习：每季度一次。

（五）硫化氢演习：钻遇含硫化氢地层前和对含硫化氢油气井进行试油或者修井作业前，必须组织一次防硫化氢演习；对含硫化氢油气井进行正常钻井、试油或者修井作业，每隔7天组织一次演习；含硫化氢油气井正常生产时，每倒班期组织一次演习。不含硫化氢的，每半年组织一次。

各类应急演练的记录文件应当至少保存1年。

第一百零二条 事故发生后，作业现场有关人员应当及时向所属作业者和承包者报告；接到报告后，应当立即启动相应的应急预案，组织开展救援活动，防止事故扩大，减少人员伤亡和财产损失。

第一百零三条 针对海洋石油作业过程中发生事故的特点，在实施应急救援过程中，作业者和承包者应当做好下列工作：

（一）立即组织现场疏散，保护作业人员安全；

（二）立即调集作业现场的应急力量进行救援，同时向有关方面发出求助信息，动员有关力量，保证应急队伍、设备、器材、物资及必要的后勤支持；

（三）制订现场救援方案并组织实施；

（四）确定警戒及防控区域，实行区域管制；

（五）采取相应的保护措施，防止事故扩大和引发次生灾害；

（六）迅速组织医疗救援力量，抢救受伤人员；

（七）尽力防止出现石油大面积泄漏和扩散。

第六章 事故报告和调查处理

第一百零四条 在海上石油天然气勘探、开发、生产、储运及油田废弃等作业中，发生下列生产安全事故，作业现场有关人员应当立即向所属作业者和承包者报告；作业者和承包者接到报告后，应当立即按规定向海油安办有关分部的地区监督处、当地政府和海事部门报告：

（一）井喷失控；

（二）火灾与爆炸；

（三）平台遇险（包括平台失控漂移、拖航遇险、被碰撞或者翻沉）；

（四）飞机事故；

（五）船舶海损（包括碰撞、搁浅、触礁、翻沉、断损）；

（六）油（气）生产设施与管线破损（包括单点系泊、电气管线、海底油气管线等的破损、泄漏、断裂）；

（七）有毒有害物品和气体泄漏或者遗散；

（八）急性中毒；

（九）潜水作业事故；

（十）大型溢油事故（溢油量大于100吨）；

（十一）其他造成人员伤亡或者直接经济损失的事故。

第一百零五条 海油安办有关分部的地区监督处接到事故报告后，应当立即上报海油安办有关分部。海油安办有关分部接到较大事故及以上的事故报告后，应当在1小时内上报国家安全生产监督管理总局。

飞机事故、船舶海损、大型溢油除报告海油安办外，还应当按规定报告有关政府主管部门。

第一百零六条 海洋石油的生产安全事故按照下列规定进行调查：

（一）没有人员伤亡的一般事故，海油安办有关分部可以委托作业者和承包者组织生产、技术、安全等有关人员及工会成员组成事故调查组进行调查；

（二）造成人员伤亡的一般事故，由海油安办有关分部牵头组织有关部门及工会成立事故调查组进行调查，并邀请人民检察院派人参加；

（三）造成较大事故，由海油安办牵头组织有关部门成立事故调查组进行调查，并邀请人民检察院派人参加；

（四）重大事故，由国家安全生产监督管理总局牵头组织有关部门成立事故调查组进行调查，并邀请人民检察院派人参加；

（五）特别重大事故，按照国务院有关规定执行。

飞机失事、船舶海损、放射性物品遗散和大型溢油等海洋石油生产安全事故依法由民航、海事、环保等有关部门组织调查处理。

第一百零七条 海洋石油的生产安全事故调查报告按照下列规定批复：

（一）一般事故的调查报告，在征得海油安办同意后，由海油安办有关分部批复；

（二）较大、重大事故的调查报告由国家安全生产监督管理总局批复；

（三）特别重大事故调查报告的批复按照国务院有关规定执行。

第一百零八条 作业者和承包者应当按照事故调查报告的批复，对负有责任的人员进行处理。

事故发生单位应当认真吸取事故教训，落实防范和整改措施，防止事故再次发生。

第七章 监督管理

第一百零九条 海油安办及其有关分部应当按照法律、行政法规、规章和标准的规定,依法对海洋石油生产经营单位的安全生产实施监督检查。

第一百一十条 海油安办有关分部应当建立生产设施、作业设施的备案档案管理制度,并于每年1月31日前将上一年度的备案情况报海油安办。备案档案应当至少保存3年。

第一百一十一条 海油安办有关分部应当对安全培训机构、作业者和承包者安全教育培训情况进行监督检查。

第一百一十二条 海油安办及其有关分部应当按照生产安全事故的批复,依照有关法律、行政法规和规章的规定,对事故发生单位和有关人员进行行政处罚;对负有事故责任的国家工作人员,按照干部管理权限交由有关单位和行政监察机关追究。

第八章 罚 则

第一百一十三条 作业者和承包者有下列行为之一的,给予警告,可以并处3万元以下的罚款:

(一)生产设施、作业设施未按规定备案的;

(二)未配备守护船,或者未按规定登记的;

(三)海洋石油专业设备未按期进行检验的;

(四)拒绝、阻碍海油安办及有关分部依法监督检查的。

第一百一十四条 作业者和承包者有下列行为之一的,依法责令停产整顿,给予相应的行政处罚:

(一)未履行新建、改建、扩建项目"三同时"程序的;

(二)对存在的重大事故隐患,不按期进行整改的。

第一百一十五条 海油安办及有关分部监督检查人员在海洋石油监督检查中滥用职权、玩忽职守、徇私舞弊的,依照有关规定给予行政处分。

第九章 附 则

第一百一十六条 本细则中下列用语的含义:

(一)海洋石油作业设施,是指用于海洋石油作业的海上移动式钻井船(平台)、物探船、铺管船、起重船、固井船、酸化压裂船等设施;

(二)海洋石油生产设施,是指以开采海洋石油为目的的海上固定平台、单点系泊、浮式生产储油装置(FPSO)、海底管线、海上输油码头、滩海陆岸人工岛和陆岸终端等海上和陆岸结构物;

(三)滩海陆岸石油设施,是指最高天文潮位以下滩海区域内,采用筑路或者栈桥等方式与陆岸相连接,从事石油作业活动中修筑的滩海通井路、滩海井台及有关石油设施;

(四)专业设备,是指海洋石油开采过程中使用的危险性较大或者对安全生产有较大影响的设备,包括海上结构、采油设备、海上锅炉和压力容器、钻井和修井设备、起重和升降设备、火灾和可燃气体探测、报警及控制系统、安全阀、救生设备、消防器材、钢丝绳等系物及被系物、电气仪表等;

(五)海底长输油(气)管线,是指从一个海上油(气)田外输油(气)的计量点至陆岸终端计量点或者至海上输油(气)终端计量点的长输管线,包括管段、立管、附件、控制系统、仪表及支撑件等互相连接的系统和中间泵站等;

(六)延长测试作业,是指在油层参数或者早期地质油藏资料不能满足工程需要的情况下,为获取这些数据资料,在原钻井装置或者井口平台上实施,并有油轮或者浮式生产装置作为储油装置的测试作业;

(七)延长测试设施,是指延长测试作业时,在原钻井装置或井口平台上临时安装的配套工艺设备、以及油轮或浮式生产储油装置(FPSO)等设施的总称。

(八)长期出海人员,是指每次在海上作业15日以上(含15日),或者年累计在海上作业30日以上(含30日),负责海上石油设施管理、操作、维修等作业的人员;

(九)短期出海人员,是指每次在海上作业5~15日以下(含5日),或者年累计出海时间在10~30日(含10日)的海上石油作业人员;

(十)临时出海人员,是指每次出海在5日以下的人员,或者年累计10日以下;

(十一)海上油气生产设施兼职消防队员,是指海上油(气)生产设施上,直接从事消防设备操作、现场灭火指挥的关键人员;

(十二)"海上石油作业安全救生"培训,是指"海上求生""海上平台消防""救生艇筏操纵""海上急救""直升机遇险水下逃生"5项内容的培训;

(十三)弃井作业,是指为了防止海洋污染、保证油井和海上运输安全而对油井采取的防止溢油和碰撞的一系列措施,包括永久性弃井作业和临时弃井作业。永久性弃井,是指对废弃的井进行封堵井眼及回收井口装置的作业;临时弃井,是指对正在钻井,因故中止作业或者对已完成作业的井需保留井口而进行的封堵井眼,戴井口帽及设置井口信号标志的作业。

第一百一十七条 本细则所规定的有关文书格式，由海油安办统一式样。

第一百一十八条 从事内陆湖泊的石油开采活动，参照本细则有关规定执行。

第一百一十九条 本细则自 2009 年 12 月 1 日起施行。

海洋石油建设项目生产设施设计审查与安全竣工验收实施细则

（2009 年 10 月 29 日国家安全生产监督管理总局以安监总海油〔2009〕213 号印发，自印发之日起施行）

第一章 总 则

第一条 为了规范海洋石油建设项目生产设施设计审查与安全竣工验收工作，根据《安全生产法》及《海洋石油安全生产规定》(国家安全监管总局令第 4 号)、《海洋石油安全管理细则》(国家安全监管总局令第 25 号)、《非煤矿矿山建设项目安全设施设计审查与竣工验收办法》(原国家安全监管局令第 18 号) 等有关法律、法规及规章的规定，制定本实施细则。

第二条 本细则适用于海洋石油新建、改建和扩建项目（以下统称建设项目）的生产设施设计审查与安全竣工验收。

第三条 建设项目开工建设前，其生产设施设计必须经国家安全监管总局认可的发证检验机构审查同意，发证检验机构应将审查结果书面报国家安全监管总局海洋石油作业安全办公室（以下简称海油安办）或海油安办海油分部、中油分部、石化分部（以下统称相关分部）备案；正式投入生产前，建设项目生产设施必须经海油安办或相关分部安全竣工验收合格。

第四条 海油安办负责海洋石油新建油气田一期建设项目生产设施设计审查的备案与安全竣工验收。除海油安办负责的建设项目外，其他建设项目由相关分部根据管辖范围，负责生产设施设计审查的备案与安全竣工验收。

第二章 设计审查的备案内容和程序

第五条 发证检验机构向海油安办或相关分部报送设计审查结果的备案文件时，应提交以下材料：

（一）海洋石油建设项目生产设施设计审查申请报告及备案申请表（格式见附件 1）；

（二）发证检验机构资质证书副本复印件；

（三）建设项目总体开发方案或可行性研究报告批准文件；

（四）建设项目生产设施设计审查意见及结论。审查意见及结论中，应对建设项目安全预评价报告提出的建议采纳情况和安全专篇的合规性进行描述和分析。

第六条 海油安办或相关分部收到备案材料后，应对备案材料的完整性、设计审查程序的合规性和审查结论的确定性进行审核，并在 10 个工作日内作出是否同意备案的决定，并出具海洋石油建设项目生产设施设计审查备案意见表（格式见附件 2）。

第三章 安全竣工验收程序

第七条 建设项目生产设施试生产前已经相关分部备案、投入试生产且达到正常状态后，作业者和承包者（以下统称作业者）应在投入试生产后 6 个月内（最长不得超过 12 个月）向海油安办或相关分部申请安全竣工验收。

建设项目生产设施试生产超过 12 个月又不提出安全竣工验收申请的，必须立即停止试生产，并向海油安办或相关分部提交书面报告，说明未按规定申请安全竣工验收的原因。

第八条 申请安全竣工验收时，作业者应向海油安办或相关分部提出书面申请，并附以下资料（一式两份）：

（一）海洋石油建设项目生产设施安全竣工验收申请表（格式见附件 3）；

（二）发证检验机构出具的生产设施发证检验证书；

（三）发证检验机构编制的生产设施发证检验报告，报告内容应符合本细则第十五条规定；

（四）安全评价机构编制的生产设施验收评价报告，报告内容及格式应符合国家有关安全验收评价的规定和标准；

（五）作业者编制的试生产期间安全生产情况报告，报告内容应符合本细则第十六条规定；

（六）建设项目生产设施单位的主要负责人和安全生产管理人员安全资格证书复印件、特种作业人员资格证书清单、出海作业人员安全培训证书清单。

第九条 海油安办或相关分部受理安全竣工验收申请表和相关材料后,应在10个工作日内完成各项审查工作,出具审查意见,并填写海洋石油建设项目生产设施安全竣工验收资料审查表(格式见附件4)。

第十条 安全竣工验收资料审核合格后,海油安办或相关分部应在15个工作日内组织开展安全竣工现场验收工作。现场验收应成立由相关专家组成的验收专家组(以下简称验收组),并指定一名专家担任组长。其中:海油安办组织的验收组成员不少于7人,相关分部组织的验收组成员不少于5人。聘请的专家应具有海洋石油安全生产相关高级技术职称或相当资格,熟悉海洋石油安全生产相关法规和标准,身体健康,能够适应海上工作环境。

第十一条 验收组按以下步骤开展工作:
(一)召开会议,听取汇报。会议由验收组全体成员、作业者代表、建设项目生产设施单位的代表、发证检验机构代表、安全验收评价机构代表和设计、施工单位代表及相关人员参加。听取作业者有关生产设施基本情况、试生产前安全检查发现问题的整改情况和试生产期间的安全生产情况汇报,听取发证检验机构发证检验情况的汇报;
(二)验收评价报告形式审查。核验验收评价报告的真实性和有效性,如验收评价报告不符合《安全评价机构管理规定》(国家安全监管总局令第22号),将中止验收。
(三)现场检查和试验。验收评价报告经形式审查通过后,按照本细则第十三条和第十四条规定,进行现场检查和试验;
(四)提出验收意见。验收组组长通报验收情况,宣布验收意见,并填写现场验收意见表(格式见附件5)。

第十二条 海油安办或相关分部根据验收组验收情况,作出以下决定:
(一)现场验收合格的,在10个工作日内作出通过竣工验收的批复;
(二)现场验收发现问题、需要整改的,作业者应按照验收组提出的意见进行落实,整改完成后向海油安办或相关分部提交整改情况报告。经复核符合要求的,作出通过竣工验收的批复;
(三)存在重大问题、不能通过安全竣工验收的,海油安办或相关分部应督促作业者停产整顿,整改完成后应重新履行安全竣工验收手续。

第十三条 建设项目生产设施通过安全竣工验收的基本条件:
(一)取得发证检验机构出具的发证检验证书;
(二)发证检验机构提出的遗留问题已经整改;
(三)试生产前安全检查发现的问题已经解决或已落实安全措施;
(四)建设项目生产设施单位的主要负责人、安全管理人员和特种作业人员取得相应的资格证书;
(五)建立并实施安全管理体系;
(六)编制应急预案,并定期组织演练;
(七)现场检查和试验符合要求。

第十四条 现场检查和试验须包括但不限于以下内容:
(一)救逃生设备:救生艇、救生筏、救生衣和救生圈等;
(二)火气探测系统:可燃气体探头、火焰探头、烟雾探头、热探头、硫化氢探头、氢气探头和易熔塞系统等;
(三)消防系统:消防泵、水喷淋系统、泡沫系统、移动式灭火设备、封闭空间的固定式消防系统、火炬/冷放空位置的灭火系统和直升机甲板的消防设备等;
(四)应急设备:应急发电机、应急通信、应急照明等;
(五)主要设备、流程上的安全装置:压力释放安全阀、紧急关断阀、井口/井下安全阀、吊车及吊索具等;
(六)安全标识:禁止、警告、指令和提示符标识;
(七)证书、记录和资料:相关人员证书、安全管理制度、培训记录、应急预案、安全演练记录、主要设备的检验证书、操作规程、设备检查保养记录和事故报告等;
(八)其他资料:包括应急部署表、防火控制图等。

第十五条 发证检验报告应包括以下基本内容:
(一)概述。包括发证检验依据的法规、标准,作业者概况,建设项目概况和主要生产工艺流程描述;
(二)发证检验情况。对生产设施设计、建造、安装和试运转阶段的检验内容、检验程序、检验过程、检验结果、整改要求和实际整改情况进行描述;
(三)检验结论。发证检验的结论性意见,遗留问题和整改要求,以及其他需要说明的情况。

第十六条 作业者编制的试生产期间安全生产情况报告应包括以下主要内容:
(一)试生产前安全检查查处问题的整改情况;
(二)生产设施安全机构建立和人员配备情况,人员培训和获取各类资质证书的情况;

（三）安全生产责任制、安全生产管理制度、各类安全作业程序的建立和执行情况；

（四）生产设施试运行情况；

（五）试运行期间发生的生产安全事故情况；

（六）应急预案的建立和执行情况；

（七）试生产期间的变更情况，包括：主要安全生产管理人员的变化，主要设备操作程序/参数的重大变化，其他重大变更情况；

（八）生产设施主要危险源清单和对应的控制措施。

第四章 附 则

第十七条 设计审查和安全竣工验收的文件及资料应按以下要求进行管理：

（一）作业者、发证检验机构负责保存全部提交资料的副本，并负责保存补充或更新的内容；

（二）发证检验机构负责保存设计审查、发证检验过程文件；

（三）海油安办或相关分部负责保存相关申请、验收过程文件、备案证明文件、通过安全竣工验收的证明文件；

（四）由相关分部出具的文件应同时抄报海油安办。

第十八条 本细则下列用语的含义：

新建项目，是指按照已批准的油气田整体开发方案或可行性研究报告，设计、建造的海洋石油生产设施。

扩建项目，是指依照油气田整体开发方案或可行性研究报告已经完成主体工程建设，并正式投入生产的油气田，需新增平台、油气处理设施、单点系泊、浮式生产储油装置、海底管线、海上输油码头、滩海陆岸、人工岛和陆岸终端等生产设施的建设项目。

改建项目，是指已经投产的海洋石油生产设施进行重大改造的建设项目，包括平台主要结构发生重大变化，平台工艺流程改造引起载荷的重大变化，生产设施的安全系统、应急系统、救生及逃生、消防系统发生重大变化等。

发证检验报告，是指由发证检验机构出具的海洋石油生产设施建设阶段发证检验情况报告。报告应对发证检验机构在图纸审查、建造、连接、单机调试、系统调试等各阶段中所进行的检验工作进行描述；给出生产设施是否符合相关法规、标准的结论性意见；提出生产设施建设阶段仍然存在的问题和整改建议。

验收评价，是指在发证检验的基础上，对生产设施投入试生产以来的实际运行情况及管理状况进行安全评价，查找生产设施存在的危险、有害因素的种类和程度，提出合理可行的安全对策措施及建议。

第十九条 本细则自印发之日起施行，国家安全监管总局2006年8月7日印发的《关于海洋石油生产设施设计审查与安全竣工验收有关事项的通知》（安监总海油函〔2006〕195号）同时废止。

4) 冶金有色和工贸安全

工贸企业粉尘防爆安全规定

（2021年7月25日应急管理部令第6号公布，自2021年9月1日起施行）

第一章 总 则

第一条 为了加强工贸企业粉尘防爆安全工作，预防和减少粉尘爆炸事故，保障从业人员生命安全，根据《中华人民共和国安全生产法》等法律法规，制定本规定。

第二条 存在可燃性粉尘爆炸危险的冶金、有色、建材、机械、轻工、纺织、烟草、商贸等工贸企业（以下简称粉尘涉爆企业）的粉尘防爆安全工作及其监督管理，适用本规定。

第三条 本规定所称可燃性粉尘，是指在大气条件下，能与气态氧化剂（主要是空气）发生剧烈氧化反应的粉尘、纤维或者飞絮。

本规定所称粉尘爆炸危险场所，是指存在可燃性粉尘和气态氧化剂（主要是空气）的场所，根据爆炸性环境出现的频率或者持续的时间，可划分为不同危险区域。

第四条 粉尘涉爆企业对粉尘防爆安全工作负主体责任，应当具备有关法律法规、规章、国家标准或者行业标准规定的粉尘防爆安全生产条件，建立健全全员安全生产责任制和相关规章制度，加强安全生产标准化、信息化建设，构建安全风险分级管控和隐患排查治理双重预防机制，健全风险防范化解机制，确保安全生产。

第五条 县级以上地方人民政府负责粉尘涉爆企业安全生产监督管理的部门（以下统称负责粉尘涉爆企业安全监管的部门），根据本级人民政府规定的职责，按照分级属地的原则，对本行政区域内粉尘涉爆企业的粉尘防爆安全工作实施监督管理。

国务院应急管理部门应当加强指导监督。

第二章 安全生产保障

第六条 粉尘涉爆企业主要负责人是粉尘防爆安全工作的第一责任人，其他负责人在各自职责范围内对粉尘防爆安全工作负责。

粉尘涉爆企业应当在本单位安全生产责任制中明确主要负责人、相关部门负责人、生产车间负责人及粉尘作业岗位人员粉尘防爆安全职责。

第七条 粉尘涉爆企业应当结合企业实际情况建立和落实粉尘防爆安全管理制度。粉尘防爆安全管理制度应当包括下列内容：

（一）粉尘爆炸风险辨识评估和管控；
（二）粉尘爆炸事故隐患排查治理；
（三）粉尘作业岗位安全操作规程；
（四）粉尘防爆专项安全生产教育和培训；
（五）粉尘清理和处置；
（六）除尘系统和相关安全设施设备运行、维护及检修、维修管理；
（七）粉尘爆炸事故应急处置和救援。

第八条 粉尘涉爆企业应当组织对涉及粉尘防爆的生产、设备、安全管理等有关负责人和粉尘作业岗位等相关从业人员进行粉尘防爆专项安全生产教育和培训，使其了解作业场所和工作岗位存在的爆炸风险，掌握粉尘爆炸事故防范和应急措施；未经教育培训合格的，不得上岗作业。

粉尘涉爆企业应当如实记录粉尘防爆专项安全生产教育和培训的时间、内容及考核等情况，纳入员工教育和培训档案。

第九条 粉尘涉爆企业应当为粉尘作业岗位从业人员提供符合国家标准或者行业标准的劳动防护用品，并监督、教育从业人员按照使用规则佩戴、使用。

第十条 粉尘涉爆企业应当制定有关粉尘爆炸事故应急救援预案，并依法定期组织演练。发生火灾或者粉尘爆炸事故后，粉尘涉爆企业应当立即启动应急响应并撤离疏散全部作业人员至安全场所，不得采用可能引起扬尘的应急处置措施。

第十一条 粉尘涉爆企业应当定期辨识粉尘云、点燃源等粉尘爆炸危险因素，确定粉尘爆炸危险场所的位置、范围，并根据粉尘爆炸特性和涉粉作业人数等关键要素，评估确定有关危险场所安全风险等级，制定并落实管控措施，明确责任部门和责任人员，建立安全风险清单，及时维护安全风险辨识、评估、管控过程的信息档案。

粉尘涉爆企业应当在粉尘爆炸较大危险因素的工艺、场所、设施设备和岗位，设置安全警示标志。

涉及粉尘爆炸危险的工艺、场所、设施设备等发生变更的，粉尘涉爆企业应当重新进行安全风险辨识评估。

第十二条 粉尘涉爆企业应当根据《粉尘防爆安全规程》等有关国家标准或者行业标准，结合粉尘爆炸风险管控措施，建立事故隐患排查清单，明确和细化排查事项、具体内容、排查周期及责任人员，及时组织开展事故隐患排查治理，如实记录隐患排查治理情况，并向从业人员通报。

构成工贸行业重大事故隐患判定标准规定的重大事故隐患的，应当按照有关规定制定治理方案，落实措施、责任、资金、时限和应急预案，及时消除事故隐患。

第十三条 粉尘涉爆企业新建、改建、扩建涉及粉尘爆炸危险的工程项目安全设施的设计、施工应当按照《粉尘防爆安全规程》等有关国家标准或者行业标准，在安全设施设计文件、施工方案中明确粉尘防爆的相关内容。

设计单位应当对安全设施粉尘防爆相关的设计负责，施工单位应当按照设计进行施工，并对施工质量负责。

第十四条 粉尘涉爆企业存在粉尘爆炸危险场所的建（构）筑物的结构和布局应当符合《粉尘防爆安全规程》等有关国家标准或者行业标准要求，采取防火防爆、防雷等措施，单层厂房屋顶一般应当采用轻型结构，多层厂房应当为框架结构，并设置符合有关标准要求的泄压面积。

粉尘涉爆企业应当严格控制粉尘爆炸危险场所内作业人员数量，在粉尘爆炸危险场所内不得设置员工宿舍、休息室、办公室、会议室等，粉尘爆炸危险场所与其他厂房、仓库、民用建筑的防火间距应当符合《建筑设计防火规范》的规定。

第十五条 粉尘涉爆企业应当按照《粉尘防爆安全规程》等有关国家标准或者行业标准规定，将粉尘爆炸危险场所除尘系统按照不同工艺分区域相对独立设置，可燃性粉尘不得与可燃气体等易加剧爆炸危险的介质共用一套除尘系统，不同防火分区的除尘系统禁止互联互通。存在粉尘爆炸危险的工艺设备应当采用泄爆、隔爆、惰化、抑爆、抗爆等一种或者多种控爆措施，但不得单独采取隔爆措施。禁止采用粉尘沉降室除尘或者采用巷道式构筑物作为除尘风道。铝镁等金属粉尘应当采用负压方式除尘，其他粉尘受工艺条件限制，采用正压方式吹送时，应当采取可靠的防范点燃源的措施。

采用干式除尘系统的粉尘涉爆企业应当按照《粉尘防爆安全规程》等有关国家标准或者行业标准规定，结合工艺实际情况，安装使用锁气卸灰、火花探测熄灭、风压差监测等装置，以及相关安全设备的监测预警信息系统，加强对可能存在点燃源和粉尘云的粉尘爆炸危险场所的实时监控。铝镁等金属粉尘湿式除尘系统应当安装与打磨抛光设备联锁的液位、流速监测报警装置，并保持作业场所和除尘器本体良好通风，防止氢气积聚，及时规范清理沉淀的粉尘泥浆。

第十六条 针对粉碎、研磨、造粒、砂光等易产生机械点燃源的工艺，粉尘涉爆企业应当规范采取杂物去除或者火花探测消除等防范点燃源措施，并定期清理维护，做好相关记录。

第十七条 粉尘防爆相关的泄爆、隔爆、抑爆、惰化、锁气卸灰、除杂、监测、报警、火花探测消除等安全设备的设计、制造、安装、使用、检测、维修、改造和报废，应当符合《粉尘防爆安全规程》等有关国家标准或者行业标准，相关设计、制造、安装单位应当提供相关设备安全性能和使用说明等资料，对安全设备的安全性能负责。

粉尘涉爆企业应当对粉尘防爆安全设备进行经常性维护、保养，并按照《粉尘防爆安全规程》等有关国家标准或者行业标准定期检测或者检查，保证正常运行，做好相关记录，不得关闭、破坏直接关系粉尘防爆安全的监控、报警、防控等设备、设施，或者篡改、隐瞒、销毁其相关数据、信息。粉尘涉爆企业应当规范选用与爆炸危险区域相适应的防爆型电气设备。

第十八条 粉尘涉爆企业应当按照《粉尘防爆安全规程》等有关国家标准或者行业标准，制定并严格落实粉尘爆炸危险场所的粉尘清理制度，明确清理范围、清理周期、清理方式和责任人员，并在相关粉尘爆炸危险场所醒目位置张贴。相关责任人员应当定期清理粉尘并如实记录，确保可能积尘的粉尘作业区域和设备设施全面及时规范清理。粉尘作业区域应当保证每班清理。

铝镁等金属粉尘和镁合金废屑的收集、贮存等处置环节，应当避免粉尘废屑大量堆积或者装袋后多层堆垛码放；需要临时存放的，应当设置相对独立的暂存场所，远离作业现场等人员密集场所，并采取防水防潮、通风、氢气监测等必要的防火防爆措施。含水镁合金废屑应当优先采用机械压块处理方式，镁合金粉尘应当优先采用大量水浸泡方式暂存。

第十九条 粉尘涉爆企业对粉尘爆炸危险场所设备设施或者除尘系统的检修维修作业，应当实行专项作业审批。作业前，应当制定专项方案；对存在粉尘沉积的除尘器、管道等设施设备进行动火作业前，应当清理干净内部积尘和作业区域的可燃性粉尘。作业时，生产设备应当处于停止运行状态，检修维修工具应当采用防止产生火花的防爆工具。作业后，应当妥善清理现场，作业点最高温度恢复到常温后方可重新开始生产。

第二十条 粉尘涉爆企业应当做好粉尘爆炸危险场所设施设备的维护保养，加强对检修承包单位的安全管理，在承包协议中明确规定双方的安全生产权利义务，对检修承包单位的检修方案中涉及粉尘防爆的安全措施和应急处置措施进行审核，并监督承包单位落实。

第二十一条 安全生产技术服务机构为粉尘涉爆企业提供粉尘防爆相关的安全评价、检测、检验、风险评估、隐患排查等安全生产技术服务，应当按照法律、法规、规章和《粉尘防爆安全规程》等有关国家标准或者行业标准开展工作，保证其出具的报告和作出的结果真实、准确、完整，不得弄虚作假。

第三章 监督检查

第二十二条 负责粉尘涉爆企业安全监管的部门应当按照分级属地原则，加强对企业粉尘防爆安全工作的监督检查，制定并落实年度监督检查计划，将粉尘作业人数多、爆炸风险较高的企业作为重点检查对象。

第二十三条 负责粉尘涉爆企业安全监管的部门对企业实施监督检查时，应当重点检查下列内容：

（一）粉尘防爆安全生产责任制和相关安全管理制度的建立、落实情况；

（二）粉尘爆炸风险清单和辨识管控信息档案；

（三）粉尘爆炸事故隐患排查治理台账；

（四）粉尘清理和处置记录；

（五）粉尘防爆专项安全生产教育和培训记录；

（六）粉尘爆炸危险场所检修、维修、动火等作业安全管理情况；

（七）安全设备定期维护保养、检测或者检查等情况；

（八）涉及粉尘爆炸危险的安全设施与主体工程

同时设计、同时施工、同时投入生产和使用情况；

（九）应急预案的制定、演练情况。

第二十四条 负责粉尘涉爆企业安全监管的部门应当按照工贸行业重大事故隐患判定标准、执法检查重点事项等有关标准和规定，对企业除尘系统、防火防爆、粉尘清理处置等重点部位和关键环节的粉尘防爆安全措施落实情况进行监督检查，督促企业落实粉尘防爆安全生产主体责任。

第二十五条 负责粉尘涉爆企业安全监管的部门可以根据需要，委托安全生产技术服务机构提供安全评价、检测、检验、隐患排查等技术服务，并承担相关费用。安全生产技术服务机构对其出具的有关报告和作出的结果负责。

安全生产技术服务机构出具的有关报告或者作出的结果可以作为行政执法的依据之一。

粉尘涉爆企业不得拒绝、阻挠负责粉尘涉爆企业安全监管的部门委托的安全生产技术服务机构开展技术服务工作。

第二十六条 负责粉尘涉爆企业安全监管的部门应当加强对监督检查人员的粉尘防爆专业知识培训，使其了解相关法律法规和标准要求，掌握执法检查重点事项和重大事故隐患判定标准，提高其行政执法能力。

第四章 法律责任

第二十七条 粉尘涉爆企业有下列行为之一的，由负责粉尘涉爆企业安全监管的部门依照《中华人民共和国安全生产法》有关规定，责令限期改正，处5万元以下的罚款；逾期未改正的，处5万元以上20万元以下的罚款，对其直接负责的主管人员和其他直接责任人员处1万元以上2万元以下的罚款；情节严重的，责令停产停业整顿；构成犯罪的，依照刑法有关规定追究刑事责任：

（一）未在产生、输送、收集、贮存可燃性粉尘，并且有较大危险因素的场所、设施和设备上设置明显的安全警示标志的；

（二）粉尘防爆安全设备的安装、使用、检测、改造和报废不符合国家标准或者行业标准的；

（三）未对粉尘防爆安全设备进行经常性维护、保养和定期检测或者检查的；

（四）未为粉尘作业岗位相关从业人员提供符合国家标准或者行业标准的劳动防护用品的；

（五）关闭、破坏直接关系粉尘防爆安全的监控、报警、防控等设备、设施，或者篡改、隐瞒、销毁相关数据、信息的。

第二十八条 粉尘涉爆企业有下列行为之一的，由负责粉尘涉爆企业安全监管的部门依照《中华人民共和国安全生产法》有关规定，责令限期改正，处10万元以下的罚款；逾期未改正的，责令停产停业整顿，并处10万元以上20万元以下的罚款，对其直接负责的主管人员和其他直接责任人员处2万元以上5万元以下的罚款：

（一）未按照规定对有关负责人和粉尘作业岗位相关从业人员进行粉尘防爆专项安全生产教育和培训，或者未如实记录专项安全生产教育和培训情况的；

（二）未如实记录粉尘防爆隐患排查治理情况或者未向从业人员通报的；

（三）未制定有关粉尘爆炸事故应急救援预案或者未定期组织演练的。

第二十九条 粉尘涉爆企业违反本规定第十四条、第十五条、第十六条、第十八条、第十九条的规定，同时构成事故隐患，未采取措施消除的，依照《中华人民共和国安全生产法》有关规定，由负责粉尘涉爆企业安全监管的部门责令立即消除或者限期消除，处5万元以下的罚款；企业拒不执行的，责令停产停业整顿，对其直接负责的主管人员和其他直接责任人员处5万元以上10万元以下的罚款；构成犯罪的，依照刑法有关规定追究刑事责任。

第三十条 粉尘涉爆企业有下列情形之一的，由负责粉尘涉爆企业安全监管的部门责令限期改正，处3万元以下的罚款，对其直接负责的主管人员和其他直接责任人员处1万元以下的罚款：

（一）企业新建、改建、扩建工程项目安全设施没有进行粉尘防爆安全设计，或者未按照设计进行施工的；

（二）未按照规定建立粉尘防爆安全管理制度或者内容不符合企业实际的；

（三）未按照规定辨识评估管控粉尘爆炸安全风险，未建立安全风险清单或者未及时维护相关信息档案的；

（四）粉尘防爆安全设备未正常运行的。

第三十一条 安全生产技术服务机构接受委托开展技术服务工作，出具失实报告的，依照《中华人民共和国安全生产法》有关规定，责令停业整顿，并处3万元以上10万元以下的罚款；给他人造成损害的，依法承担赔偿责任。

安全生产技术服务机构接受委托开展技术服务工作，出具虚假报告的，依照《中华人民共和国安全生产法》有关规定，没收违法所得；违法所得在10

万元以上的，并处违法所得 2 倍以上 5 倍以下的罚款；没有违法所得或者违法所得不足 10 万元的，单处或者并处 10 万元以上 20 万元以下的罚款；对其直接负责的主管人员和其他直接责任人员处 5 万元以上 10 万元以下的罚款；给他人造成损害的，与粉尘涉爆企业承担连带赔偿责任；构成犯罪的，依照刑法有关规定追究刑事责任。

对有前款违法行为的安全生产技术服务机构及其直接责任人员，吊销其相应资质和资格，5 年内不得从事安全评价、认证、检测、检验等工作，情节严重的，实行终身行业和职业禁入。

第五章 附 则

第三十二条 本规定自 2021 年 9 月 1 日起施行。

冶金企业和有色金属企业安全生产规定

（2018 年 1 月 4 日国家安全生产监督管理总局令第 91 号公布，自 2018 年 3 月 1 日起施行）

第一章 总 则

第一条 为了加强冶金企业和有色金属企业安全生产工作，预防和减少生产安全事故与职业病，保障从业人员安全健康，根据《中华人民共和国安全生产法》《中华人民共和国职业病防治法》，制定本规定。

第二条 冶金企业和有色金属企业（以下统称企业）的安全生产（含职业健康，下同）和监督管理，适用本规定。

机械铸造企业中金属冶炼活动的安全生产和监督管理参照本规定执行。

第三条 本规定所称冶金企业，是指从事黑色金属冶炼及压延加工业等生产活动的企业。

本规定所称有色金属企业，是指从事有色金属冶炼及压延加工业等生产活动的企业。

本规定所称金属冶炼，是指冶金企业和有色金属企业从事达到国家规定规模（体量）的高温熔融金属及熔渣（以下统称高温熔融金属）的生产活动。

黑色金属冶炼及压延加工业、有色金属冶炼及压延加工业的具体目录，由国家安全生产监督管理总局参照《国民经济行业分类》（GB/T 4754）制定并公布。

第四条 企业是安全生产的责任主体。企业所属不具备法人资格的分支机构的安全生产工作，由企业承担管理责任。

第五条 国家安全生产监督管理总局指导、监督全国冶金企业和有色金属企业安全生产工作。

县级以上地方人民政府安全生产监督管理部门和有关部门（以下统称负有冶金有色安全生产监管职责的部门）根据本级人民政府规定的职责，按照属地监管、分级负责的原则，对本行政区域内的冶金企业和有色金属企业的安全生产工作实施监督管理。

第二章 企业的安全生产保障

第六条 企业应当遵守有关安全生产法律、行政法规、规章和国家标准或者行业标准的规定。

企业应当建立安全风险管控和事故隐患排查治理双重预防机制，落实从主要负责人到每一名从业人员的安全风险管控和事故隐患排查治理责任制。

第七条 企业应当按照规定开展安全生产标准化建设工作，推进安全健康管理系统化、岗位操作行为规范化、设备设施本质安全化和作业环境器具定置化，并持续改进。

第八条 企业应当建立健全全员安全生产责任制，主要负责人（包括法定代表人和实际控制人，下同）是本企业安全生产的第一责任人，对本企业的安全生产工作全面负责；其他负责人对分管范围内的安全生产工作负责；各职能部门负责人对职责范围内的安全生产工作负责。

第九条 企业主要负责人应当每年向股东会或者职工代表大会报告本企业安全生产状况，接受股东和从业人员对安全生产工作的监督。

第十条 企业存在金属冶炼工艺，从业人员在一百人以上的，应当设置安全生产管理机构或者配备不低于从业人员千分之三的专职安全生产管理人员，但最低不少于三人；从业人员在一百人以下的，应当设置安全生产管理机构或者配备专职安全生产管理人员。

第十一条 企业主要负责人、安全生产管理人员应当接受安全生产教育和培训，具备与本企业生产经营活动相适应的安全生产知识和管理能力。其中，存在金属冶炼工艺的企业的主要负责人、安全生产管理人员自任职之日起六个月内，必须接受负有冶金有色安全生产监管职责的部门对其进行安全生产知识和管理能力考核，并考核合格。

企业应当按照国家有关规定对从业人员进行安全生产教育和培训，保证从业人员具备必要的安全生产知识，了解有关安全生产法律法规，熟悉本企业规章制度和安全技术操作规程，掌握本岗位安全操作技能，并建立培训档案，记录培训、考核等情况。未经安全生产教育培训合格的从业人员，不得上岗作业。

企业应当对新上岗从业人员进行厂（公司）、车间（职能部门）、班组三级安全生产教育和培训；对调整工作岗位、离岗半年以上重新上岗的从业人员，应当经车间（职能部门）、班组安全生产教育和培训合格后，方可上岗作业。

新工艺、新技术、新材料、新设备投入使用前，企业应当对有关操作岗位人员进行专门的安全生产教育和培训。

第十二条 企业从事煤气生产、储存、输送、使用、维护检修作业的特种作业人员必须依法经专门的安全技术培训，并经考核合格，取得《中华人民共和国特种作业操作证》后，方可上岗作业。

第十三条 企业新建、改建、扩建工程项目（以下统称建设项目）的安全设施和职业病防护设施应当严格执行国家有关安全生产、职业病防治法律、行政法规和国家标准或者行业标准的规定，并与主体工程同时设计、同时施工、同时投入生产和使用。安全设施和职业病防护设施的投资应当纳入建设项目概算。

第十四条 金属冶炼建设项目在可行性研究阶段，建设单位应当依法进行安全评价。

建设项目在初步设计阶段，建设单位应当委托具备国家规定资质的设计单位对其安全设施进行设计，并编制安全设施设计。

建设项目竣工投入生产或者使用前，建设单位应当按照有关规定进行安全设施竣工验收。

第十五条 国家安全生产监督管理总局负责实施国务院审批（核准、备案）的金属冶炼建设项目的安全设施设计审查。

省、自治区、直辖市人民政府负有冶金有色安全生产监管职责的部门对本行政区域内金属冶炼建设项目实施指导和监督管理，确定并公布本行政区域内有关部门对金属冶炼建设项目安全设施设计审查的管辖权限。

第十六条 企业应当对本企业存在的各类危险因素进行辨识，在有较大危险因素的场所和设施、设备上，按照有关国家标准、行业标准的要求设置安全警示标志，并定期进行检查维护。

对于辨识出的重大危险源，企业应当登记建档、监测监控，定期检测、评估，制定应急预案并定期开展应急演练。

企业应当将重大危险源及有关安全措施、应急预案报有关地方人民政府负有冶金有色安全生产监管职责的部门备案。

第十七条 企业应当建立应急救援组织。生产规模较小的，可以不建立应急救援组织，但应当指定兼职的应急救援人员，并且可以与邻近的应急救援队伍签订应急救援协议。

企业应当配备必要的应急救援器材、设备和物资，并进行经常性维护、保养，保证正常运转。

第十八条 企业应当采取有效措施预防、控制和消除职业病危害，保证工作场所的职业卫生条件符合法律、行政法规和国家标准或者行业标准的规定。

企业应当定期对工作场所存在的职业病危害因素进行检测、评价，检测结果应当在本企业醒目位置进行公布。

第十九条 企业应当按照有关规定加强职业健康监护工作，对接触职业病危害的从业人员，应当在上岗前、在岗期间和离岗时组织职业健康检查，将检查结果书面告知从业人员，并为其建立职业健康监护档案。

第二十条 企业应当加强对施工、检修等重点工程和生产经营项目、场所的承包单位的安全管理，不得将有关工程、项目、场所发包给不具备安全生产条件或者相应资质的单位。企业和承包单位的承包协议应当明确约定双方的安全生产责任和义务。

企业应当对承包单位的安全生产进行统一协调、管理，对从事检修工程的承包单位检修方案中的安全措施和应急处置措施进行审核，监督承包单位落实。

企业应当对承包检修作业现场进行安全交底，并安排专人负责安全检查和协调。

第二十一条 企业应当从合法的劳务公司录用劳务人员，并与劳务公司签订合同，对劳务人员进行统一的安全生产教育和培训。

第二十二条 企业的正常生产活动与其他单位的建设施工或者检修活动同时在本企业同一作业区域内进行的，企业应当指定专职安全生产管理人员负责作业现场的安全检查工作，对有关作业活动进行统一协调、管理。

第二十三条 企业应当建立健全设备设施安全管理制度，加强设备设施的检查、维护、保养和检修，确保设备设施安全运行。

对重要岗位的电气、机械等设备，企业应当实行操作牌制度。

第二十四条 企业不得使用不符合国家标准或者行业标准的技术、工艺和设备；对现有工艺、设备进行更新或者改造的,不得降低其安全技术性能。

第二十五条 企业的建(构)筑物应当按照国家标准或者行业标准规定,采取防火、防爆、防雷、防震、防腐蚀、隔热等防护措施,对承受重荷载、荷载发生变化或者受高温熔融金属喷溅、酸碱腐蚀等危害的建(构)筑物,应当定期对建(构)筑物结构进行安全检查。

第二十六条 企业对起重设备进行改造并增加荷重的,应当同时对承重厂房结构进行荷载核定,并对承重结构采取必要的加固措施,确保承重结构具有足够的承重能力。

第二十七条 企业的操作室、会议室、活动室、休息室、更衣室等场所不得设置在高温熔融金属吊运的影响范围内。进行高温熔融金属吊运时,吊罐(包)与大型槽体、高压设备、高压管路、压力容器的安全距离应当符合有关国家标准或者行业标准的规定,并采取有效的防护措施。

第二十八条 企业在进行高温熔融金属冶炼、保温、运输、吊运过程中,应当采取防止泄漏、喷溅、爆炸伤人的安全措施,其影响区域不得有非生产性积水。

高温熔融金属运输专用路线应当避开煤气、氧气、氢气、天然气、水管等管道及电缆;确需通过的,运输车辆与管道、电缆之间应当保持足够的安全距离,并采取有效的隔热措施。

严禁运输高温熔融金属的车辆在管道或者电缆下方,以及有易燃易爆物质的区域停留。

第二十九条 企业对电炉、电解车间应当采取防雨措施和有效的排水设施,防止雨水进入槽下地坪,确保电炉、电解槽下没有积水。

企业对电炉、铸造熔炼炉、保温炉、倾翻炉、铸机、流液槽、熔盐电解槽等设备,应当设置熔融金属紧急排放和储存的设施,并在设备周围设置拦挡围堰,防止熔融金属外流。

第三十条 吊运高温熔融金属的起重机,应当满足《起重机械安全技术监察规程——桥式起重机》(TSGQ 002)和《起重机械定期检验规则》(TSGQ 7015)的要求。

企业应当定期对吊运、盛装熔融金属的吊具、罐体(本体、耳轴)进行安全检查和探伤检测。

第三十一条 生产、储存、使用煤气的企业应当建立煤气防护站(组),配备必要的煤气防护人员、煤气检测报警装置及防护设施,并且每年至少组织一次煤气事故应急演练。

第三十二条 生产、储存、使用煤气的企业应当严格执行《工业企业煤气安全规程》(GB 6222),在可能发生煤气泄漏、聚集的场所,设置固定式煤气检测报警仪和安全警示标志。

进入煤气区域作业的人员,应当携带便携式一氧化碳检测报警仪,配备空气呼吸器,并由企业安排专门人员进行安全管理。

煤气柜区域应当设有隔离围栏,安装在线监控设备,并由企业安排专门人员值守。煤气柜区域严禁烟火。

第三十三条 企业对涉及煤气、氧气、氢气等易燃易爆危险化学品生产、输送、使用、储存的设施以及油库、电缆隧道(沟)等重点防火部位,应当按照有关规定采取有效、可靠的防火、防爆和防泄漏措施。

企业对具有爆炸危险环境的场所,应当按照《爆炸性气体环境用电气设备》(GB 3836)及《爆炸危险环境电力装置设计规范》(GB 50058)设置自动检测报警和防灭火装置。

第三十四条 企业对反应槽、罐、池、釜和储液罐、酸洗槽应当采取防腐蚀措施,设置事故池,进行经常性安全检查、维护、保养,并定期检测,保证正常运转。

企业实施浸出、萃取作业时,应当采取防火防爆、防冒槽喷溅和防中毒等安全措施。

第三十五条 企业从事产生酸雾危害的电解作业时,应当采取防止酸雾扩散及槽体、厂房防腐措施。电解车间应当保持厂房通风良好,防止电解产生的氢气聚集。

第三十六条 企业在使用酸、碱的作业场所,应当采取防止人员灼伤的措施,并设置安全喷淋或者洗涤设施。

采用剧毒物品的电镀、钝化等作业,企业应当在电镀槽的下方设置事故池,并加强对剧毒物品的安全管理。

第三十七条 企业对生产过程中存在二氧化硫、氯气、砷化氢、氟化氢等有毒有害气体的工作场所,应当采取防止人员中毒的措施。

企业对存在铅、镉、铬、砷、汞等重金属蒸气、粉尘的作业场所,应当采取预防重金属中毒的措施。

第三十八条 企业应当建立有限空间、动火、高处作业、能源介质停送等较大危险作业和检修、维修作业审批制度,实施工作票(作业票)和操作票管理,严格履行内部审批手续,并安排专门人员进行现场安全管理,确保作业安全。

第三十九条 企业在生产装置复产前,应当组织安全检查,进行安全条件确认。

第三章 监督管理

第四十条 负有冶金有色安全生产监管职责的部门应当依法加强对企业安全生产工作的监督检查，明确每个企业的安全生产监督管理主体，发现存在事故隐患的，应当及时处理；发现重大事故隐患的，实施挂牌督办。

第四十一条 负有冶金有色安全生产监管职责的部门应当将企业安全生产标准化建设、安全生产风险管控和隐患排查治理双重预防机制的建立情况纳入安全生产年度监督检查计划，并按照计划检查督促企业开展工作。

第四十二条 负有冶金有色安全生产监管职责的部门应当加强对监督检查人员的冶金和有色金属安全生产专业知识的培训，提高其行政执法能力。

第四十三条 负有冶金有色安全生产监管职责的部门应当为进入有限空间等特定作业场所进行监督检查的人员，配备必需的个体防护用品和监测检查仪器。

第四十四条 负有冶金有色安全生产监管职责的部门应当加强对本行政区域内企业应急预案的备案管理，并将重大事故应急救援纳入地方人民政府应急救援体系。

第四章 法律责任

第四十五条 监督检查人员在对企业进行监督检查时，滥用职权、玩忽职守、徇私舞弊的，依照有关规定给予处分；构成犯罪的，依法追究刑事责任。

第四十六条 企业违反本规定第二十四条至第三十七条的规定，构成生产安全事故隐患的，责令立即消除或者限期消除事故隐患；企业拒不执行的，责令停产停业整顿，并处十万元以上五十万元以下的罚款，对其直接负责的主管人员和其他直接责任人员处二万元以上五万元以下的罚款。

第四十七条 企业违反本规定的其他违法行为，分别依照《中华人民共和国安全生产法》《中华人民共和国职业病防治法》等的规定追究法律责任。

第五章 附则

第四十八条 本规定自 2018 年 3 月 1 日起施行。国家安全生产监督管理总局 2009 年 9 月 8 日公布的《冶金企业安全生产监督管理规定》(国家安全生产监督管理总局令第 26 号）同时废止。

工贸行业重大生产安全事故隐患判定标准

（2017 年 11 月 30 日国家安全监管总局以安监总管四〔2017〕129 号印发）

本判定标准适用于判定工贸行业的重大生产安全事故隐患（以下简称重大事故隐患），危险化学品、消防（火灾）、特种设备等有关行业领域对重大事故隐患判定标准另有规定的，适用其规定。

工贸行业重大事故隐患分为专项类重大事故隐患和行业类重大事故隐患，专项类重大事故隐患适用于所有相关的工贸行业，行业类重大事故隐患仅适用于对应的行业。

一、专项类重大事故隐患

（一）存在粉尘爆炸危险的行业领域。

1. 粉尘爆炸危险场所设置在非框架结构的多层建构筑物内，或与居民区、员工宿舍、会议室等人员密集场所安全距离不足。

2. 可燃性粉尘与可燃气体等易加剧爆炸危险的介质共用一套除尘系统，不同防火分区的除尘系统互联互通。

3. 干式除尘系统未规范采用泄爆、隔爆、惰化、抑爆等任一种控爆措施。

4. 除尘系统采用正压吹送粉尘，且未采取可靠的防范点燃源的措施。

5. 除尘系统采用粉尘沉降室除尘，或者采用干式巷道式构筑物作为除尘风道。

6. 铝镁等金属粉尘及木质粉尘的干式除尘系统未规范设置锁气卸灰装置。

7. 粉尘爆炸危险场所的 20 区未使用防爆电气设备设施。

8. 在粉碎、研磨、造粒等易于产生机械点火源的工艺设备前，未按规范设置去除铁、石等异物的装置。

9. 木制品加工企业，与砂光机连接的风管未规范设置火花探测报警装置。

10. 未制定粉尘清扫制度，作业现场积尘未及时规范清理。

（二）使用液氨制冷的行业领域。

1. 包装间、分割间、产品整理间等人员较多生产场所的空调系统采用氨直接蒸发制冷系统。

2. 快速冻结装置未设置在单独的作业间内，且作业间内作业人员数量超过 9 人。

（三）有限空间作业相关的行业领域。

1. 未对有限空间作业场所进行辨识，并设置明显安全警示标志。

2. 未落实作业审批制度，擅自进入有限空间作业。

二、行业类重大事故隐患

（一）冶金行业。

1. 会议室、活动室、休息室、更衣室等场所设置在铁水、钢水与液渣吊运影响的范围内。

2. 吊运铁水、钢水与液渣起重机不符合冶金起重机的相关要求；炼钢厂在吊运重罐铁水、钢水或液渣时，未使用固定式龙门钩的铸造起重机，龙门钩横梁、耳轴销和吊钩、钢丝绳及其端头固定零件，未进行定期检查，发现问题未及时整改。

3. 盛装铁水、钢水与液渣的罐（包、盆）等容器耳轴未按国家标准规定要求定期进行探伤检测。

4. 冶炼、熔炼、精炼生产区域的安全坑内及熔体泄漏、喷溅影响范围内存在积水，放置有易燃易爆物品。金属铸造、连铸、浇铸流程未设置铁水罐、钢水罐、溢流槽、中间溢流罐等高温熔融金属紧急排放和应急储存设施。

5. 炉、窑、槽、罐类设备本体及附属设施未定期检查，出现严重焊缝开裂、腐蚀、破损、衬砖损坏、壳体发红及明显弯曲变形等未报修或报废，仍继续使用。

6. 氧枪等水冷元件未配置出水温度与进出水流量差检测、报警装置及温度监测，未与炉体倾动、氧气开闭等联锁。

7. 煤气柜建设在居民稠密区，未远离大型建筑、仓库、通信和交通枢纽等重要设施；附属设备设施未按防火防爆要求配置防爆型设备；柜顶未设置防雷装置。

8. 煤气区域的值班室、操作室等人员较集中的地方，未设置固定式一氧化碳监测报警装置。

9. 高炉、转炉、加热炉、煤气柜、除尘器等设施的煤气管道未设置可靠隔离装置和吹扫设施。

10. 煤气分配主管上支管引接处，未设置可靠的切断装置；车间内各类燃气管线，在车间入口未设置总管切断阀。

11. 金属冶炼企业主要负责人和安全生产管理人员未依法经考核合格。

（二）有色行业。

1. 吊运铜水等熔融有色金属及渣的起重机不符合冶金起重机的相关要求；横梁、耳轴销和吊钩、钢丝绳及其端头固定零件，未进行定期检查，发现问题未及时处理。

2. 会议室、活动室、休息室、更衣室等场所设置在铜水等熔融有色金属及渣的吊运影响范围内。

3. 盛装铜水等熔融有色金属及渣的罐（包、盆）等容器耳轴未定期进行检测。

4. 铜水等高温熔融有色金属冶炼、精炼、铸造生产区域的安全坑内及熔体泄漏、喷溅影响范围内存在非生产性积水；熔体容易喷溅到的区域，放置有易燃易爆物品。

5. 铜水等熔融有色金属铸造、浇铸流程未设置紧急排放和应急储存设施。

6. 高温工作的熔融有色金属冶炼炉窑、铸造机、加热炉及水冷元件未设置应急冷却水源等冷却应急处置措施。

7. 冶炼炉窑的水冷元件未配置温度、进出水流量差检测及报警装置；未设置防止冷却水大量进入炉内的安全设施（如：快速切断阀等）。

8. 炉、窑、槽、罐类设备本体及附属设施未定期检查，出现严重焊缝开裂、腐蚀、破损、衬砖损坏、壳体发红及明显弯曲变形等未报修或报废，仍继续使用。

9. 使用煤气（天然气）的烧嘴等燃烧装置，未设置防突然熄火或点火失败的快速切断阀，以切断煤气（天然气）。

10. 金属冶炼企业主要负责人和安全生产管理人员未依法经考核合格。

（三）建材行业。

1. 水泥工厂煤磨袋式收尘器（或煤粉仓）未设置温度和一氧化碳监测，或未设置气体灭火装置。

2. 水泥工厂筒型储存库人工清库作业外包给不具备高空作业工程专业承包资质的承包方且作业前未进行风险分析。

3. 燃气窑炉未设置燃气低压警报器和快速切断阀，或易燃易爆气体聚集区域未设置监测报警装置。

4. 纤维制品三相电弧炉、电熔制品电炉，水冷构件泄漏。

5. 进入筒型储库、磨机、破碎机、篦冷机、各种焙烧窑等有限空间作业时，未采取有效的防止电气设备意外启动、热气涌入等隔离防护措施。

6. 玻璃窑炉、玻璃锡槽，水冷、风冷保护系统存在漏水、漏气，未设置监测报警装置。

（四）机械行业。

1. 会议室、活动室、休息室、更衣室等场所设置在熔炼炉、熔融金属吊运和浇注影响范围内。

2. 吊运熔融金属的起重机不符合冶金铸造起重机技术条件，或驱动装置中未设置两套制动器。吊运浇注包的龙门钩横梁、耳轴销和吊钩等零件，未进行定期探伤检查。

3. 铸造熔炼炉炉底、炉坑及浇注坑等作业坑存在潮湿、积水状况，或存放易燃易爆物品。

4. 铸造熔炼炉冷却水系统未配置温度、进出水流量检测报警装置，没有设置防止冷却水进入炉内的安全设施。

5. 天然气（煤气）加热炉燃烧器操作部位未设置可燃气体泄漏报警装置，或燃烧系统未设置防突然熄火或点火失败的安全装置。

6. 使用易燃易爆稀释剂（如天拿水）清洗设备设施，未采取有效措施及时清除集聚在地沟、地坑等有限空间内的可燃气体。

7. 涂装调漆间和喷漆室未规范设置可燃气体报警装置和防爆电气设备设施。

（五）轻工行业。

1. 食品制造企业涉及烘制、油炸等设施设备，未采取防过热自动报警切断装置和隔热防护措施。

2. 白酒储存、勾兑场所未规范设置乙醇浓度检测报警装置。

3. 纸浆制造、造纸企业使用水蒸气或明火直接加热钢瓶汽化液氯。

4. 日用玻璃、陶瓷制造企业燃气窑炉未设燃气低压警报器和快速切断阀，或易燃易爆气体聚集区域未设置监测报警装置。

5. 日用玻璃制造企业炉、窑类设备本体及附属设施出现开裂、腐蚀、破损、衬砖损坏、壳体发红及明显弯曲变形。

6. 喷涂车间、调漆间未规范设置通风装置和防爆电气设备设施。

（六）纺织行业。

1. 纱、线、织物加工的烧毛、开幅、烘干等热定型工艺的汽化室、燃气贮罐、储油罐、热媒炉等未与生产加工、人员密集场所明确分开或单独设置。

2. 保险粉、双氧水、亚氯酸钠、雕白粉（吊白块）等危险品与禁忌物料混合贮存的；保险粉露天堆放，或储存场所未采取防水、防潮等措施。

（七）烟草行业。

1. 熏蒸杀虫作业前，未确认无关人员全部撤离仓库，且作业人员未配置防毒面具。

2. 使用液态二氧化碳制造膨胀烟丝的生产线和场所，未设置二氧化碳浓度报警仪、燃气浓度报警仪、紧急联动排风装置。

（八）商贸行业。

在房式仓、筒仓及简易仓囤进行粮食进出仓作业时，未按照作业标准步骤或未采取有效防护措施作业。

工贸行业遏制重特大事故工作意见

（2016年6月28日国家安全监管总局以安监总管四〔2016〕68号印发）

为强化安全风险管控和隐患排查治理，着力解决工贸行业企业存在的突出问题，有效防范各类事故，坚决遏制重特大事故，根据国务院安委会办公室《标本兼治遏制重特大事故工作指南》，制定本意见。

一、主要工作目标

坚持标本兼治、综合治理，把安全风险管控挺在隐患前面，把隐患排查治理挺在事故前面，全面分析把握工贸行业风险分级管控和隐患排查治理双重预防工作机制的内涵，构建有效的工作方法措施，提升防控安全风险和排查治理隐患水平；根据本地区工贸行业安全生产工作特点和规律，坚持问题导向，强化基础，摸清企业数量和风险底数，精准地开展专项治理，根治一批重大隐患，淘汰一批落后工艺技术，整改一批安全保障能力差的企业，督促企业开展安全生产标准化建设，建立自主管理的安全生产管理体系，持续改进，有效防范工贸行业各类事故，坚决遏制重特大事故。

二、主要工作任务

（一）认真开展较大危险因素辨识管控。

1. 各地区要认真贯彻落实《国家安全监管总局关于印发开展工贸企业较大危险因素辨识管控提升防范事故能力行动计划的通知》（安监总管四〔2016〕31号）要求，督促企业对照《工贸行业较大危险因素辨识与防范指导手册（2016版）》开展较大危险因素辨识、管控工作。

2. 将国家安全监管总局组织制定的《〈工贸行业较大危险因素辨识与防范指导手册（2016版）〉使用指南》（见附件）转发至每一家工贸企业，要求企业参照该指南将较大危险因素辨识责任落实到班组、岗位，确保岗位员工掌握本岗位的安全风险及相应的防范和应急措施。

3. 加强对重要场所、设备、作业的风险管控和监督检查。一是重大危险源；二是现场作业人员超过10人的密集型作业场所、涉爆粉尘场所、涉及液氨等危险化学品使用的场所；三是停产、复产、检维修、相关方作业等关键环节；四是高温熔融金属吊运、冶金煤气、有限空间、动火等危险作业。

4. 针对劳动密集型作业场所，要依据风险等级，采取作业人员远离危险因素、对危险因素进行隔离屏蔽、限制作业场所人员数量等有针对性的空间物理隔离措施。

（二）抓好重点行业领域专项治理。

1. 实施粉尘防爆治理工程。按照《国家安全监管总局办公厅关于广东深圳精艺星五金加工厂"4·29"粉尘爆炸事故的通报》（安监总厅管四〔2016〕39号）要求，进一步核查粉尘涉爆企业尤其是粉尘作业场所作业人员30人以上企业底数，做到"一地一册、一企一表、一隐患一措施"。在金属粉尘、人员密集的粉尘涉爆企业，推进湿法除尘工艺、作业空间物理隔离、"机械化换人、自动化减人"等方法，降低和消除风险。

2. 开展钢铁企业重大隐患整治。按照《国家安全监管总局国家煤矿安监局关于支持钢铁煤炭行业化解过剩产能实现脱困发展的意见》（安监总管四〔2016〕38号）要求，对钢铁企业安全生产状况五个方面的问题和隐患进行重点整治，结合化解钢铁行业过剩产能，全面提高安全生产保障能力。

3. 继续落实涉氨制冷企业液氨使用重大事故隐患整改。按照《国务院安委会办公室关于督促涉氨制冷企业重大事故隐患整改加强安全监管工作的通知》（安委办函〔2016〕3号）要求，未完成涉氨制冷企业包装间、分割间、产品整理间等人员较多生产场所采用氨直接蒸发制冷空调系统和快速冻结装置未设置在单独作业间内的两类重大事故隐患的省份，要加大隐患整改力度，确保隐患限期整改验收到位；其他省份要对本辖区内两类重大事故隐患整改"回头看"，严防假整改、整改不到位或整改后又反弹现象发生。

4. 持续开展有限空间作业条件确认工作。按照《国家安全监管总局办公厅关于开展工贸企业有限空间作业条件确认工作的通知》（安监总管四〔2014〕37号）要求，结合本地实际，针对重点行业存在问题，持续开展工贸企业有限空间作业条件确认工作。

对已开展的造纸和酱腌菜生产企业有限空间作业条件确认重点工作专项检查和正在进行的工贸企业附属污水处理系统有限空间作业条件确认工作，要加大推动力度，确保工作质量。

（三）构建风险隐患双重预防性工作机制。

1. 结合隐患排查治理体系建设关于"一企业一清单"要求，制定完善隐患排查行业标准和企业隐患排查清单编制指南，督促指导工贸企业编制完善符合本企业实际的隐患排查清单，明确排查隐患的事项、内容、频次，落实责任单位及责任人。

2. 将存在较大危险因素的场所、部位和环节作为工贸企业隐患自查自改自报工作的重点，实施风险等级管控，提高检查频次，督促企业严格落实隐患排查治理责任，及时发现并消除事故隐患，实现闭环管理。

3. 在深入排查摸底的基础上，按照《标本兼治遏制重特大事故工作指南》要求，建立出省、市、县工贸行业安全风险等级和重大事故隐患分布电子图，结合隐患排查治理体系建设要求，逐步建立完善安全风险和事故隐患数据库，作为今后执法检查的重要依据。

4. 结合企业较大危险因素辨识、管控和隐患排查治理情况，以及安全生产标准化建设水平，确定企业整体安全风险等级和类别，推动安全风险分级分类监管。

三、工作要求

（一）提高思想认识，加强组织领导。各地区要深刻认识工贸行业遏制重特大事故的重要性、紧迫性，认真吸取近年来发生的重特大事故教训，切实加强组织领导，层层推进，落实到企业。

（二）落实工作责任，完善工作措施。各地区要结合本地区企业实际，因地制宜提出具体工作措施，并明确职责，做到有部署、有落实、有检查。

（三）加强监督指导，推动工作落实。各地区要加强对遏制重特大事故工作任务落实情况的监督检查，督促指导工作措施落实，及时解决实施过程中存在的问题，并总结有效做法和典型经验，推动工作深入开展，确保遏制重特大事故工作取得成效。

工贸企业有限空间作业安全管理与监督暂行规定

（2013年5月20日国家安全监管总局令第59号公布　根据2015年5月29日国家安全监管总局令第80号修正）

第一章　总　　则

第一条　为了加强对冶金、有色、建材、机械、轻工、纺织、烟草、商贸企业（以下统称工贸企业）有限空间作业的安全管理与监督，预防和减少生产安全事故，保障作业人员的安全与健康，根据《中华人民共和国安全生产法》等法律、行政法规，制定本规定。

第二条　工贸企业有限空间作业的安全管理与监

督，适用本规定。

本规定所称有限空间，是指封闭或者部分封闭、与外界相对隔离，出入口较为狭窄，作业人员不能长时间在内工作，自然通风不良，易造成有毒有害、易燃易爆物质积聚或者氧含量不足的空间。工贸企业有限空间的目录由国家安全生产监督管理总局确定、调整并公布。

第三条 工贸企业是本企业有限空间作业安全的责任主体，其主要负责人对本企业有限空间作业安全全面负责，相关负责人在各自职责范围内对本企业有限空间作业安全负责。

第四条 国家安全生产监督管理总局对全国工贸企业有限空间作业安全实施监督管理。

县级以上地方各级安全生产监督管理部门按照属地监管、分级负责的原则，对本行政区域内工贸企业有限空间作业安全实施监督管理。省、自治区、直辖市人民政府对工贸企业有限空间作业的安全生产监督管理职责另有规定的，依照其规定。

第二章 有限空间作业的安全保障

第五条 存在有限空间作业的工贸企业应当建立下列安全生产制度和规程：

（一）有限空间作业安全责任制度；

（二）有限空间作业审批制度；

（三）有限空间作业现场安全管理制度；

（四）有限空间作业现场负责人、监护人员、作业人员、应急救援人员安全培训教育制度；

（五）有限空间作业应急管理制度；

（六）有限空间作业安全操作规程。

第六条 工贸企业应当对从事有限空间作业的现场负责人、监护人员、作业人员、应急救援人员进行专项安全培训。专项安全培训应当包括下列内容：

（一）有限空间作业的危险有害因素和安全防范措施；

（二）有限空间作业的安全操作规程；

（三）检测仪器、劳动防护用品的正确使用；

（四）紧急情况下的应急处置措施。

安全培训应当有专门记录，并由参加培训的人员签字确认。

第七条 工贸企业应当对本企业的有限空间进行辨识，确定有限空间的数量、位置以及危险有害因素等基本情况，建立有限空间管理台账，并及时更新。

第八条 工贸企业实施有限空间作业前，应当对作业环境进行评估，分析存在的危险有害因素，提出消除、控制危害的措施，制定有限空间作业方案，并经本企业安全生产管理人员审核，负责人批准。

第九条 工贸企业应当按照有限空间作业方案，明确作业现场负责人、监护人员、作业人员及其安全职责。

第十条 工贸企业实施有限空间作业前，应当将有限空间作业方案和作业现场可能存在的危险有害因素、防控措施告知作业人员。现场负责人应当监督作业人员按照方案进行作业准备。

第十一条 工贸企业应当采取可靠的隔断（隔离）措施，将可能危及作业安全的设施设备、存在有毒有害物质的空间与作业地点隔开。

第十二条 有限空间作业应当严格遵守"先通风、再检测、后作业"的原则。检测指标包括氧浓度、易燃易爆物质（可燃性气体、爆炸性粉尘）浓度、有毒有害气体浓度。检测应当符合相关国家标准或者行业标准的规定。

未经通风和检测合格，任何人员不得进入有限空间作业。检测的时间不得早于作业开始前30分钟。

第十三条 检测人员进行检测时，应当记录检测的时间、地点、气体种类、浓度等信息。检测记录经检测人员签字后存档。

检测人员应当采取相应的安全防护措施，防止中毒窒息等事故发生。

第十四条 有限空间内盛装或者残留的物料对作业存在危害时，作业人员应当在作业前对物料进行清洗、清空或者置换。经检测，有限空间的危险有害因素符合《工作场所有害因素职业接触限值第一部分化学有害因素》（GBZ2.1）的要求后，方可进入有限空间作业。

第十五条 在有限空间作业过程中，工贸企业应当采取通风措施，保持空气流通，禁止采用纯氧通风换气。

发现通风设备停止运转、有限空间内氧含量浓度低于或者有毒有害气体浓度高于国家标准或者行业标准规定的限值时，工贸企业必须立即停止有限空间作业，清点作业人员，撤离作业现场。

第十六条 在有限空间作业过程中，工贸企业应当对作业场所中的危险有害因素进行定时检测或者连续监测。

作业中断超过30分钟，作业人员再次进入有限空间作业前，应当重新通风、检测合格后方可进入。

第十七条 有限空间作业场所的照明灯具电压应当符合《特低电压限值》（GB/T 3805）等国家标准或者行业标准的规定；作业场所存在可燃性气体、粉尘的，其电气设施设备及照明灯具的防爆安全要求应当符合《爆炸性环境第一部分：设备通用要求》(GB 3836.1)等国家标准或者行业标准的规定。

第十八条 工贸企业应当根据有限空间存在危险有害因素的种类和危害程度，为作业人员提供符合国家标准或者行业标准规定的劳动防护用品，并教育监督作业人员正确佩戴与使用。

第十九条 工贸企业有限空间作业还应当符合下列要求：

（一）保持有限空间出入口畅通；

（二）设置明显的安全警示标志和警示说明；

（三）作业前清点作业人员和工器具；

（四）作业人员与外部有可靠的通讯联络；

（五）监护人员不得离开作业现场，并与作业人员保持联系；

（六）存在交叉作业时，采取避免互相伤害的措施。

第二十条 有限空间作业结束后，作业现场负责人、监护人员应当对作业现场进行清理，撤离作业人员。

第二十一条 工贸企业应当根据本企业有限空间作业的特点，制定应急预案，并配备相关的呼吸器、防毒面罩、通讯设备、安全绳索等应急装备和器材。有限空间作业的现场负责人、监护人员、作业人员和应急救援人员应当掌握相关应急预案内容，定期进行演练，提高应急处置能力。

第二十二条 工贸企业将有限空间作业发包给其他单位实施的，应当发包给具备国家规定资质或者安全生产条件的承包方，并与承包方签订专门的安全生产管理协议或者在承包合同中明确各自的安全生产职责。工贸企业应当对承包单位的安全生产工作统一协调、管理，定期进行安全检查，发现安全问题的，应当及时督促整改。

工贸企业对其发包的有限空间作业安全承担主体责任。承包方对其承包的有限空间作业安全承担直接责任。

第二十三条 有限空间作业中发生事故后，现场有关人员应当立即报警，禁止盲目施救。应急救援人员实施救援时，应当做好自身防护，佩戴必要的呼吸器具、救援器材。

第三章 有限空间作业的安全监督管理

第二十四条 安全生产监督管理部门应当加强对工贸企业有限空间作业的监督检查，将检查纳入年度执法工作计划。对发现的事故隐患和违法行为，依法作出处理。

第二十五条 安全生产监督管理部门对工贸企业有限空间作业实施监督检查时，应当重点抽查有限空间作业安全管理制度、有限空间管理台账、检测记录、劳动防护用品配备、应急救援演练、专项安全培训等情况。

第二十六条 安全生产监督管理部门应当加强对行政执法人员的有限空间作业安全知识培训，并为检查有限空间作业安全的行政执法人员配备必需的劳动防护用品、检测仪器。

第二十七条 安全生产监督管理部门及其行政执法人员发现有限空间作业存在重大事故隐患的，应当责令立即或者限期整改；重大事故隐患排除前或者排除过程中无法保证安全的，应当责令暂时停止作业，撤出作业人员；重大事故隐患排除后，经审查同意，方可恢复作业。

第四章 法 律 责 任

第二十八条 工贸企业有下列行为之一的，由县级以上安全生产监督管理部门责令限期改正，可以处5万元以下的罚款；逾期未改正的，处5万元以上20万元以下的罚款，其直接负责的主管人员和其他直接责任人员处1万元以上2万元以下的罚款；情节严重的，责令停产停业整顿：

（一）未在有限空间作业场所设置明显的安全警示标志的；

（二）未按照本规定为作业人员提供符合国家标准或者行业标准的劳动防护用品的。

第二十九条 工贸企业有下列情形之一的，由县级以上安全生产监督管理部门责令限期改正，可以处5万元以下的罚款；逾期未改正的，责令停产停业整顿，并处5万元以上10万元以下的罚款，对其直接负责的主管人员和其他直接责任人员处1万元以上2万元以下的罚款：

（一）未按照本规定对有限空间的现场负责人、监护人员、作业人员和应急救援人员进行安全培训的；

（二）未按照本规定对有限空间作业制定应急预案，或者定期进行演练的。

第三十条 工贸企业有下列情形之一的，由县级以上安全生产监督管理部门责令限期改正，可以处3万元以下的罚款，对其直接负责的主管人员和其他直接责任人员处1万元以下的罚款：

（一）未按照本规定对有限空间作业进行辨识、提出防范措施、建立有限空间管理台账的；

（二）未按照本规定对有限空间作业制定作业方

案或者方案未经审批擅自作业的；

（三）有限空间作业未按照本规定进行危险有害因素检测或者监测，并实行专人监护作业的。

第五章 附 则

第三十一条 本规定自 2013 年 7 月 1 日起施行。

（三）危险化学品安全类

1. 法律法规

危险化学品安全管理条例

（2002 年 1 月 26 日国务院令第 344 号公布 2011 年 2 月 16 日国务院第 144 次常务会议第一次修订 根据 2013 年 12 月 7 日国务院令第 645 号发布的《国务院关于修改部分行政法规的决定》第二次修订）

第一章 总 则

第一条 为了加强危险化学品的安全管理，预防和减少危险化学品事故，保障人民群众生命财产安全，保护环境，制定本条例。

第二条 危险化学品生产、储存、使用、经营和运输的安全管理，适用本条例。

废弃危险化学品的处置，依照有关环境保护的法律、行政法规和国家有关规定执行。

第三条 本条例所称危险化学品，是指具有毒害、腐蚀、爆炸、燃烧、助燃等性质，对人体、设施、环境具有危害的剧毒化学品和其他化学品。

危险化学品目录，由国务院安全生产监督管理部门会同国务院工业和信息化、公安、环境保护、卫生、质量监督检验检疫、交通运输、铁路、民用航空、农业主管部门，根据化学品危险特性的鉴别和分类标准确定、公布，并适时调整。

第四条 危险化学品安全管理，应当坚持安全第一、预防为主、综合治理的方针，强化和落实企业的主体责任。

生产、储存、使用、经营、运输危险化学品的单位（以下统称危险化学品单位）的主要负责人对本单位的危险化学品安全管理工作全面负责。

危险化学品单位应当具备法律、行政法规规定和国家标准、行业标准要求的安全条件，建立、健全安全管理规章制度和岗位安全责任制度，对从业人员进行安全教育、法制教育和岗位技术培训。从业人员应当接受教育和培训，考核合格后上岗作业；对有资格要求的岗位，应当配备依法取得相应资格的人员。

第五条 任何单位和个人不得生产、经营、使用国家禁止生产、经营、使用的危险化学品。

国家对危险化学品的使用有限制性规定的，任何单位和个人不得违反限制性规定使用危险化学品。

第六条 对危险化学品的生产、储存、使用、经营、运输实施安全监督管理的有关部门（以下统称负有危险化学品安全监督管理职责的部门），依照下列规定履行职责：

（一）安全生产监督管理部门负责危险化学品安全监督管理综合工作，组织确定、公布、调整危险化学品目录，对新建、改建、扩建生产、储存危险化学品（包括使用长输管道输送危险化学品，下同）的建设项目进行安全条件审查，核发危险化学品安全生产许可证、危险化学品安全使用许可证和危险化学品经营许可证，并负责危险化学品登记工作。

（二）公安机关负责危险化学品的公共安全管理，核发剧毒化学品购买许可证、剧毒化学品道路运输通行证，并负责危险化学品运输车辆的道路交通安全管理。

（三）质量监督检验检疫部门负责核发危险化学品及其包装物、容器（不包括储存危险化学品的固定式大型储罐，下同）生产企业的工业产品生产许可证，并依法对其产品质量实施监督，负责对进出口危险化学品及其包装实施检验。

（四）环境保护主管部门负责废弃危险化学品处置的监督管理，组织危险化学品的环境危害性鉴定和环境风险程度评估，确定实施重点环境管理的危险化学品，负责危险化学品环境管理登记和新化学物质环境管理登记；依照职责分工调查相关危险化学品环境污染事故和生态破坏事件，负责危险化学品事故现场的应急环境监测。

（五）交通运输主管部门负责危险化学品道路运输、水路运输的许可以及运输工具的安全管理，对危险化学品水路运输安全实施监督，负责危险化学品道路运输企业、水路运输企业驾驶人员、船员、装卸管理人员、押运人员、申报人员、集装箱装箱现场检查员的资格认定。铁路监管部门负责危险化学品铁路运输及其运输工具的安全管理。民用航空主管部门负责危险化学品航空运输以及航空运输企业及其运输工具的安全管理。

（六）卫生主管部门负责危险化学品毒性鉴定的管理，负责组织、协调危险化学品事故受伤人员的医疗卫生救援工作。

（七）工商行政管理部门依据有关部门的许可证件，核发危险化学品生产、储存、经营、运输企业营业执照，查处危险化学品经营企业违法采购危险化学品的行为。

（八）邮政管理部门负责依法查处寄递危险化学品的行为。

第七条 负有危险化学品安全监督管理职责的部门依法进行监督检查，可以采取下列措施：

（一）进入危险化学品作业场所实施现场检查，向有关单位和人员了解情况，查阅、复制有关文件、资料；

（二）发现危险化学品事故隐患，责令立即消除或者限期消除；

（三）对不符合法律、行政法规、规章规定或者国家标准、行业标准要求的设施、设备、装置、器材、运输工具，责令立即停止使用；

（四）经本部门主要负责人批准，查封违法生产、储存、使用、经营危险化学品的场所，扣押违法生产、储存、使用、经营、运输的危险化学品以及用于违法生产、使用、运输危险化学品的原材料、设备、运输工具；

（五）发现影响危险化学品安全的违法行为，当场予以纠正或者责令限期改正。负有危险化学品安全监督管理职责的部门依法进行监督检查，监督检查人员不得少于2人，并应当出示执法证件；有关单位和个人对依法进行的监督检查应当予以配合，不得拒绝、阻碍。

第八条 县级以上人民政府应当建立危险化学品安全监督管理工作协调机制，支持、督促负有危险化学品安全监督管理职责的部门依法履行职责，协调、解决危险化学品安全监督管理工作中的重大问题。

负有危险化学品安全监督管理职责的部门应当相互配合、密切协作，依法加强对危险化学品的安全监督管理。

第九条 任何单位和个人对违反本条例规定的行为，有权向负有危险化学品安全监督管理职责的部门举报。负有危险化学品安全监督管理职责的部门接到举报，应当及时依法处理；对不属于本部门职责的，应当及时移送有关部门处理。

第十条 国家鼓励危险化学品生产企业和使用危险化学品从事生产的企业采用有利于提高安全保障水平的先进技术、工艺、设备以及自动控制系统，鼓励对危险化学品实行专门储存、统一配送、集中销售。

第二章 生产、储存安全

第十一条 国家对危险化学品的生产、储存实行统筹规划、合理布局。国务院工业和信息化主管部门以及国务院其他有关部门依据各自职责，负责危险化学品生产、储存的行业规划和布局。

地方人民政府组织编制城乡规划，应当根据本地区的实际情况，按照确保安全的原则，规划适当区域专门用于危险化学品的生产、储存。

第十二条 新建、改建、扩建生产、储存危险化学品的建设项目（以下简称建设项目），应当由安全生产监督管理部门进行安全条件审查。

建设单位应当对建设项目进行安全条件论证，委托具备国家规定的资质条件的机构对建设项目进行安全评价，并将安全条件论证和安全评价的情况报告报建设项目所在地设区的市级以上人民政府安全生产监督管理部门；安全生产监督管理部门应当自收到报告之日起45日内作出审查决定，并书面通知建设单位。具体办法由国务院安全生产监督管理部门制定。

新建、改建、扩建储存、装卸危险化学品的港口建设项目，由港口行政管理部门按照国务院交通运输主管部门的规定进行安全条件审查。

第十三条 生产、储存危险化学品的单位，应当对其铺设的危险化学品管道设置明显标志，并对危险化学品管道定期检查、检测。

进行可能危及危险化学品管道安全的施工作业，施工单位应当在开工的7日前书面通知管道所属单位，并与管道所属单位共同制定应急预案，采取相应的安全防护措施。管道所属单位应当指派专门人员到现场进行管道安全保护指导。

第十四条 危险化学品生产企业进行生产前，应当依照《安全生产许可证条例》的规定，取得危险化学品安全生产许可证。

生产列入国家实行生产许可证制度的工业产品目录的危险化学品的企业，应当依照《中华人民共和国工业产品生产许可证管理条例》的规定，取得工业产品生产许可证。

负责颁发危险化学品安全生产许可证、工业产品生产许可证的部门，应当将其颁发许可证的情况及时向同级工业和信息化主管部门、环境保护主管部门和公安机关通报。

第十五条 危险化学品生产企业应当提供与其生产的危险化学品相符的化学品安全技术说明书，并在危险化学品包装（包括外包装件）上粘贴或者拴挂与包装内危险化学品相符的化学品安全标签。化学品安全技术说明书和化学品安全标签所载明的内容应当符合国家标准的要求。

危险化学品生产企业发现其生产的危险化学品有新的危险特性的，应当立即公告，并及时修订其化学品安全技术说明书和化学品安全标签。

第十六条 生产实施重点环境管理的危险化学品的企业，应当按照国务院环境保护主管部门的规定，将该危险化学品向环境中释放等相关信息向环境保护主管部门报告。环境保护主管部门可以根据情况采取相应的环境风险控制措施。

第十七条 危险化学品的包装应当符合法律、行政法规、规章的规定以及国家标准、行业标准的要求。

危险化学品包装物、容器的材质以及危险化学品包装的型式、规格、方法和单件质量（重量），应当与所包装的危险化学品的性质和用途相适应。

第十八条 生产列入国家实行生产许可证制度的工业产品目录的危险化学品包装物、容器的企业，应当依照《中华人民共和国工业产品生产许可证管理条例》的规定，取得工业产品生产许可证；其生产的危险化学品包装物、容器经国务院质量监督检验检疫部门认定的检验机构检验合格，方可出厂销售。

运输危险化学品的船舶及其配载的容器，应当按照国家船舶检验规范进行生产，并经海事管理机构认定的船舶检验机构检验合格，方可投入使用。

对重复使用的危险化学品包装物、容器，使用单位在重复使用前应当进行检查；发现存在安全隐患的，应当维修或者更换。使用单位应当对检查情况作出记录，记录的保存期限不得少于2年。

第十九条 危险化学品生产装置或者储存数量构成重大危险源的危险化学品储存设施（运输工具加油站、加气站除外），与下列场所、设施、区域的距离应当符合国家有关规定：

（一）居住区以及商业中心、公园等人员密集场所；

（二）学校、医院、影剧院、体育场（馆）等公共设施；

（三）饮用水源、水厂以及水源保护区；

（四）车站、码头（依法经许可从事危险化学品装卸作业的除外）、机场以及通信干线、通信枢纽、铁路线路、道路交通干线、水路交通干线、地铁风亭以及地铁站出入口；

（五）基本农田保护区、基本草原、畜禽遗传资源保护区、畜禽规模化养殖场（养殖小区）、渔业水域以及种子、种畜禽、水产苗种生产基地；

（六）河流、湖泊、风景名胜区、自然保护区；

（七）军事禁区、军事管理区；

（八）法律、行政法规规定的其他场所、设施、区域。已建的危险化学品生产装置或者储存数量构成重大危险源的危险化学品储存设施不符合前款规定的，由所在地设区的市级人民政府安全生产监督管理部门会同有关部门监督其所属单位在规定期限内进行整改；需要转产、停产、搬迁、关闭的，由本级人民政府决定并组织实施。储存数量构成重大危险源的危险化学品储存设施的选址，应当避开地震活动断层和容易发生洪灾、地质灾害的区域。

本条例所称重大危险源，是指生产、储存、使用或者搬运危险化学品，且危险化学品的数量等于或者超过临界量的单元（包括场所和设施）。

第二十条 生产、储存危险化学品的单位，应当根据其生产、储存的危险化学品的种类和危险特性，在作业场所设置相应的监测、监控、通风、防晒、调温、防火、灭火、防爆、泄压、防毒、中和、防潮、防雷、防静电、防腐、防泄漏以及防护围堤或者隔离操作等安全设施、设备，并按照国家标准、行业标准或者国家有关规定对安全设施、设备进行经常性维护、保养，保证安全设施、设备的正常使用。

生产、储存危险化学品的单位，应当在其作业场所和安全设施、设备上设置明显的安全警示标志。

第二十一条 生产、储存危险化学品的单位，应当在其作业场所设置通信、报警装置，并保证处于适用状态。

第二十二条 生产、储存危险化学品的企业，应当委托具备国家规定的资质条件的机构，对本企业的安全生产条件每3年进行一次安全评价，提出安全评价报告。安全评价报告的内容应当包括对安全生产条件存在的问题进行整改的方案。

生产、储存危险化学品的企业，应当将安全评价报告以及整改方案的落实情况报所在地县级人民政府安全生产监督管理部门备案。在港区内储存危险化学品的企业，应当将安全评价报告以及整改方案的落实情况报港口行政管理部门备案。

第二十三条 生产、储存剧毒化学品或者国务院公安部门规定的可用于制造爆炸物品的危险化学品（以下简称易制爆危险化学品）的单位，应当如实记录其生产、储存的剧毒化学品、易制爆危险化学品的数量、流向，并采取必要的安全防范措施，防止剧毒化学品、易制爆危险化学品丢失或者被盗；发现剧毒化学品、易制爆危险化学品丢失或者被盗的，应当立即向当地公安机关报告。

生产、储存剧毒化学品、易制爆危险化学品的单位，应当设置治安保卫机构，配备专职治安保卫人员。

第二十四条 危险化学品应当储存在专用仓库、专用场地或者专用储存室（以下统称专用仓库）内，并由专人负责管理；剧毒化学品以及储存数量构成重大危险源的其他危险化学品，应当在专用仓库内单独存放，并实行双人收发、双人保管制度。

危险化学品的储存方式、方法以及储存数量应当符合国家标准或者国家有关规定。

第二十五条 储存危险化学品的单位应当建立危险化学品出入库核查、登记制度。

对剧毒化学品以及储存数量构成重大危险源的其他危险化学品，储存单位应当将其储存数量、储存地点以及管理人员的情况，报所在地县级人民政府安全生产监督管理部门（在港区内储存的，报港口行政管理部门）和公安机关备案。

第二十六条 危险化学品专用仓库应当符合国家标准、行业标准的要求，并设置明显的标志。储存剧毒化学品、易制爆危险化学品的专用仓库，应当按照国家有关规定设置相应的技术防范设施。

储存危险化学品的单位应当对其危险化学品专用仓库的安全设施、设备定期进行检测、检验。

第二十七条 生产、储存危险化学品的单位转产、停产、停业或者解散的，应当采取有效措施，及时、妥善处置其危险化学品生产装置、储存设施以及库存的危险化学品，不得丢弃危险化学品；处置方案应当报所在地县级人民政府安全生产监督管理部门、工业和信息化主管部门、环境保护主管部门和公安机关备案。安全生产监督管理部门应当会同环境保护主管部门和公安机关对处置情况进行监督检查，发现未依照规定处置的，应当责令其立即处置。

第三章 使 用 安 全

第二十八条 使用危险化学品的单位，其使用条件（包括工艺）应当符合法律、行政法规的规定和国家标准、行业标准的要求，并根据所使用的危险化学品的种类、危险特性以及使用量和使用方式，建立、健全使用危险化学品的安全管理规章制度和安全操作规程，保证危险化学品的安全使用。

第二十九条 使用危险化学品从事生产并且使用量达到规定数量的化工企业（属于危险化学品生产企业的除外，下同），应当依照本条例的规定取得危险化学品安全使用许可证。

前款规定的危险化学品使用量的数量标准，由国务院安全生产监督管理部门会同国务院公安部门、农业主管部门确定并公布。

第三十条 申请危险化学品安全使用许可证的化工企业，除应当符合本条例第二十八条的规定外，还应当具备下列条件：

（一）有与所使用的危险化学品相适应的专业技术人员；

（二）有安全管理机构和专职安全管理人员；

（三）有符合国家规定的危险化学品事故应急预案和必要的应急救援器材、设备；

（四）依法进行了安全评价。

第三十一条 申请危险化学品安全使用许可证的化工企业，应当向所在地设区的市级人民政府安全生产监督管理部门提出申请，并提交其符合本条例第三十条规定条件的证明材料。设区的市级人民政府安全生产监督管理部门应当依法进行审查，自收到证明材料之日起45日内作出批准或者不予批准的决定。予以批准的，颁发危险化学品安全使用许可证；不予批准的，书面通知申请人并说明理由。

安全生产监督管理部门应当将其颁发危险化学品安全使用许可证的情况及时向同级环境保护主管部门和公安机关通报。

第三十二条 本条例第十六条关于生产实施重点环境管理的危险化学品的企业的规定，适用于使用实施重点环境管理的危险化学品从事生产的企业；第二十条、第二十一条、第二十三条第一款、第二十七条关于生产、储存危险化学品的单位的规定，适用于使用危险化学品的单位；第二十二条关于生产、储存危险化学品的企业的规定，适用于使用危险化学品从事生产的企业。

第四章 经 营 安 全

第三十三条 国家对危险化学品经营（包括仓储经营，下同）实行许可制度。未经许可，任何单位和个人不得经营危险化学品。

依法设立的危险化学品生产企业在其厂区范围内销售本企业生产的危险化学品,不需要取得危险化学品经营许可。

依照《中华人民共和国港口法》的规定取得港口经营许可证的港口经营人,在港区内从事危险化学品仓储经营,不需要取得危险化学品经营许可。

第三十四条 从事危险化学品经营的企业应当具备下列条件:

(一)有符合国家标准、行业标准的经营场所,储存危险化学品的,还应当有符合国家标准、行业标准的储存设施;

(二)从业人员经过专业技术培训并经考核合格;

(三)有健全的安全管理规章制度;

(四)有专职安全管理人员;

(五)有符合国家规定的危险化学品事故应急预案和必要的应急救援器材、设备;

(六)法律、法规规定的其他条件。

第三十五条 从事剧毒化学品、易制爆危险化学品经营的企业,应当向所在地设区的市级人民政府安全生产监督管理部门提出申请,从事其他危险化学品经营的企业,应当向所在地县级人民政府安全生产监督管理部门提出申请(有储存设施的,应当向所在地设区的市级人民政府安全生产监督管理部门提出申请)。申请人应当提交其符合本条例第三十四条规定条件的证明材料。设区的市级人民政府安全生产监督管理部门或者县级人民政府安全生产监督管理部门应当依法进行审查,并对申请人的经营场所、储存设施进行现场核查,自收到证明材料之日起30日内作出批准或者不予批准的决定。予以批准的,颁发危险化学品经营许可证;不予批准的,书面通知申请人并说明理由。

设区的市级人民政府安全生产监督管理部门和县级人民政府安全生产监督管理部门应当将其颁发危险化学品经营许可证的情况及时向同级环境保护主管部门和公安机关通报。

申请人持危险化学品经营许可证向工商行政管理部门办理登记手续后,方可从事危险化学品经营活动。法律、行政法规或者国务院规定经营危险化学品还需要经其他有关部门许可的,申请人向工商行政管理部门办理登记手续时还应当持相应的许可证件。

第三十六条 危险化学品经营企业储存危险化学品的,应当遵守本条例第二章关于储存危险化学品的规定。危险化学品商店内只能存放民用小包装的危险化学品。

第三十七条 危险化学品经营企业不得向未经许可从事危险化学品生产、经营活动的企业采购危险化学品,不得经营没有化学品安全技术说明书或者化学品安全标签的危险化学品。

第三十八条 依法取得危险化学品安全生产许可证、危险化学品安全使用许可证、危险化学品经营许可证的企业,凭相应的许可证件购买剧毒化学品、易制爆危险化学品。民用爆炸物品生产企业凭民用爆炸物品生产许可证购买易制爆危险化学品。

前款规定以外的单位购买剧毒化学品的,应当向所在地县级人民政府公安机关申请取得剧毒化学品购买许可证;购买易制爆危险化学品的,应当持本单位出具的合法用途说明。

个人不得购买剧毒化学品(属于剧毒化学品的农药除外)和易制爆危险化学品。

第三十九条 申请取得剧毒化学品购买许可证,申请人应当向所在地县级人民政府公安机关提交下列材料:

(一)营业执照或者法人证书(登记证书)的复印件;

(二)拟购买的剧毒化学品品种、数量的说明;

(三)购买剧毒化学品用途的说明;

(四)经办人的身份证明。县级人民政府公安机关应当自收到前款规定的材料之日起3日内,作出批准或者不予批准的决定。予以批准的,颁发剧毒化学品购买许可证;不予批准的,书面通知申请人并说明理由。

剧毒化学品购买许可证管理办法由国务院公安部门制定。

第四十条 危险化学品生产企业、经营企业销售剧毒化学品、易制爆危险化学品,应当查验本条例第三十八条第一款、第二款规定的相关许可证件或者证明文件,不得向不具有相关许可证件或者证明文件的单位销售剧毒化学品、易制爆危险化学品。对持剧毒化学品购买许可证购买剧毒化学品的,应当按照许可证载明的品种、数量销售。

禁止向个人销售剧毒化学品(属于剧毒化学品的农药除外)和易制爆危险化学品。

第四十一条 危险化学品生产企业、经营企业销售剧毒化学品、易制爆危险化学品,应当如实记录购买单位的名称、地址、经办人的姓名、身份证号码以及所购买的剧毒化学品、易制爆危险化学品的品种、数量、用途。销售记录以及经办人的身份证明复印件、相关许可证件复印件或者证明文件的保存期限不得少于1年。

剧毒化学品、易制爆危险化学品的销售企业、购买单位应当在销售、购买后 5 日内，将所销售、购买的剧毒化学品、易制爆危险化学品的品种、数量以及流向信息报所在地县级人民政府公安机关备案，并输入计算机系统。

第四十二条 使用剧毒化学品、易制爆危险化学品的单位不得出借、转让其购买的剧毒化学品、易制爆危险化学品；因转产、停产、搬迁、关闭等确需转让的，应当向具有本条例第三十八条第一款、第二款规定的相关许可证件或者证明文件的单位转让，并在转让后将有关情况及时向所在地县级人民政府公安机关报告。

第五章 运 输 安 全

第四十三条 从事危险化学品道路运输、水路运输的，应当分别依照有关道路运输、水路运输的法律、行政法规的规定，取得危险货物道路运输许可、危险货物水路运输许可，并向工商行政管理部门办理登记手续。

危险化学品道路运输企业、水路运输企业应当配备专职安全管理人员。

第四十四条 危险化学品道路运输企业、水路运输企业的驾驶人员、船员、装卸管理人员、押运人员、申报人员、集装箱装箱现场检查员应当经交通运输主管部门考核合格，取得从业资格。具体办法由国务院交通运输主管部门制定。

危险化学品的装卸作业应当遵守安全作业标准、规程和制度，并在装卸管理人员的现场指挥或者监控下进行。水路运输危险化学品的集装箱装箱作业应当在集装箱装箱现场检查员的指挥或者监控下进行，并符合积载、隔离的规范和要求；装箱作业完毕后，集装箱装箱现场检查员应当签署装箱证明书。

第四十五条 运输危险化学品，应当根据危险化学品的危险特性采取相应的安全防护措施，并配备必要的防护用品和应急救援器材。

用于运输危险化学品的槽罐以及其他容器应当封口严密，能够防止危险化学品在运输过程中因温度、湿度或者压力的变化发生渗漏、洒漏；槽罐以及其他容器的溢流和泄压装置应当设置准确、起闭灵活。

运输危险化学品的驾驶人员、船员、装卸管理人员、押运人员、申报人员、集装箱装箱现场检查员，应当了解所运输的危险化学品的危险特性及其包装物、容器的使用要求和出现危险情况时的应急处置方法。

第四十六条 通过道路运输危险化学品的，托运人应当委托依法取得危险货物道路运输许可的企业承运。

第四十七条 通过道路运输危险化学品的，应当按照运输车辆的核定载质量装载危险化学品，不得超载。

危险化学品运输车辆应当符合国家标准要求的安全技术条件，并按照国家有关规定定期进行安全技术检验。

危险化学品运输车辆应当悬挂或者喷涂符合国家标准要求的警示标志。

第四十八条 通过道路运输危险化学品的，应当配备押运人员，并保证所运输的危险化学品处于押运人员的监控之下。

运输危险化学品途中因住宿或者发生影响正常运输的情况，需要较长时间停车的，驾驶人员、押运人员应当采取相应的安全防范措施；运输剧毒化学品或者易制爆危险化学品的，还应当向当地公安机关报告。

第四十九条 未经公安机关批准，运输危险化学品的车辆不得进入危险化学品运输车辆限制通行的区域。危险化学品运输车辆限制通行的区域由县级人民政府公安机关划定，并设置明显的标志。

第五十条 通过道路运输剧毒化学品的，托运人应当向运输始发地或者目的地县级人民政府公安机关申请剧毒化学品道路运输通行证。

申请剧毒化学品道路运输通行证，托运人应当向县级人民政府公安机关提交下列材料：

（一）拟运输的剧毒化学品品种、数量的说明；

（二）运输始发地、目的地、运输时间和运输路线的说明；

（三）承运人取得危险货物道路运输许可、运输车辆取得营运证以及驾驶人员、押运人员取得上岗资格的证明文件；

（四）本条例第三十八条第一款、第二款规定的购买剧毒化学品的相关许可证件，或者海关出具的进出口证明文件。

县级人民政府公安机关应当自收到前款规定的材料之日起 7 日内，作出批准或者不予批准的决定。予以批准的，颁发剧毒化学品道路运输通行证；不予批准的，书面通知申请人并说明理由。

剧毒化学品道路运输通行证管理办法由国务院公安部门制定。

第五十一条 剧毒化学品、易制爆危险化学品在道路运输途中丢失、被盗、被抢或者出现流散、泄漏等情况的，驾驶人员、押运人员应当立即采取相应的警示措施和安全措施，并向当地公安机关报告。公安机关接到报告后,应当根据实际情况立即向安全生产监督管理部门、环境保护主管部门、卫生主管部门通报。有关部门应当采取必要的应急处置措施。

第五十二条 通过水路运输危险化学品的,应当遵守法律、行政法规以及国务院交通运输主管部门关于危险货物水路运输安全的规定。

第五十三条 海事管理机构应当根据危险化学品的种类和危险特性,确定船舶运输危险化学品的相关安全运输条件。

拟交付船舶运输的化学品的相关安全运输条件不明确的,货物所有人或者代理人应当委托相关技术机构进行评估,明确相关安全运输条件并经海事管理机构确认后,方可交付船舶运输。

第五十四条 禁止通过内河封闭水域运输剧毒化学品以及国家规定禁止通过内河运输的其他危险化学品。

前款规定以外的内河水域,禁止运输国家规定禁止通过内河运输的剧毒化学品以及其他危险化学品。

禁止通过内河运输的剧毒化学品以及其他危险化学品的范围,由国务院交通运输主管部门会同国务院环境保护主管部门、工业和信息化主管部门、安全生产监督管理部门,根据危险化学品的危险特性、危险化学品对人体和水环境的危害程度以及消除危害后果的难易程度等因素规定并公布。

第五十五条 国务院交通运输主管部门应当根据危险化学品的危险特性,对通过内河运输本条例第五十四条规定以外的危险化学品(以下简称通过内河运输危险化学品)实行分类管理,对各类危险化学品的运输方式、包装规范和安全防护措施等分别作出规定并监督实施。

第五十六条 通过内河运输危险化学品,应当由依法取得危险货物水路运输许可的水路运输企业承运,其他单位和个人不得承运。托运人应当委托依法取得危险货物水路运输许可的水路运输企业承运,不得委托其他单位和个人承运。

第五十七条 通过内河运输危险化学品,应当使用依法取得危险货物适装证书的运输船舶。水路运输企业应当针对所运输的危险化学品的危险特性,制定运输船舶危险化学品事故应急救援预案,并为运输船舶配备充足、有效的应急救援器材和设备。

通过内河运输危险化学品的船舶,其所有人或者经营人应当取得船舶污染损害责任保险证书或者财务担保证明。船舶污染损害责任保险证书或者财务担保证明的副本应当随船携带。

第五十八条 通过内河运输危险化学品,危险化学品包装物的材质、型式、强度以及包装方法应当符合水路运输危险化学品包装规范的要求。国务院交通运输主管部门对单船运输的危险化学品数量有限制性规定的,承运人应当按照规定安排运输数量。

第五十九条 用于危险化学品运输作业的内河码头、泊位应当符合国家有关安全规范,与饮用水取水口保持国家规定的距离。有关管理单位应当制定码头、泊位危险化学品事故应急预案,并为码头、泊位配备充足、有效的应急救援器材和设备。

用于危险化学品运输作业的内河码头、泊位,经交通运输主管部门按照国家有关规定验收合格后方可投入使用。

第六十条 船舶载运危险化学品进出内河港口,应当将危险化学品的名称、危险特性、包装以及进出港时间等事项,事先报告海事管理机构。海事管理机构接到报告后,应当在国务院交通运输主管部门规定的时间内作出是否同意的决定,通知报告人,同时通报港口行政管理部门。定船舶、定航线、定货种的船舶可以定期报告。

在内河港口内进行危险化学品的装卸、过驳作业,应当将危险化学品的名称、危险特性、包装和作业的时间、地点等事项报告港口行政管理部门。港口行政管理部门接到报告后,应当在国务院交通运输主管部门规定的时间内作出是否同意的决定,通知报告人,同时通报海事管理机构。

载运危险化学品的船舶在内河航行,通过过船建筑物的,应当提前向交通运输主管部门申报,并接受交通运输主管部门的管理。

第六十一条 载运危险化学品的船舶在内河航行、装卸或者停泊,应当悬挂专用的警示标志,按照规定显示专用信号。

载运危险化学品的船舶在内河航行,按照国务院交通运输主管部门的规定需要引航的,应当申请引航。

第六十二条 载运危险化学品的船舶在内河航行,应当遵守法律、行政法规和国家其他有关饮用水水源保护的规定。内河航道发展规划应当与依法经批准的饮用水水源保护区划定方案相协调。

第六十三条 托运危险化学品的,托运人应当向承运人说明所托运的危险化学品的种类、数量、危险特性以及发生危险情况的应急处置措施,并按照国家有关规定对所托运的危险化学品妥善包装,在外包装上设置相应的标志。

运输危险化学品需要添加抑制剂或者稳定剂的,托运人应当添加,并将有关情况告知承运人。

第六十四条 托运人不得在托运的普通货物中夹带危险化学品，不得将危险化学品匿报或者谎报为普通货物托运。

任何单位和个人不得交寄危险化学品或者在邮件、快件内夹带危险化学品，不得将危险化学品匿报或者谎报为普通物品交寄。邮政企业、快递企业不得收寄危险化学品。

对涉嫌违反本条第一款、第二款规定的，交通运输主管部门、邮政管理部门可以依法开拆查验。

第六十五条 通过铁路、航空运输危险化学品的安全管理，依照有关铁路、航空运输的法律、行政法规、规章的规定执行。

第六章 危险化学品登记与事故应急救援

第六十六条 国家实行危险化学品登记制度，为危险化学品安全管理以及危险化学品事故预防和应急救援提供技术、信息支持。

第六十七条 危险化学品生产企业、进口企业，应当向国务院安全生产监督管理部门负责危险化学品登记的机构（以下简称危险化学品登记机构）办理危险化学品登记。危险化学品登记包括下列内容：

（一）分类和标签信息；

（二）物理、化学性质；

（三）主要用途；

（四）危险特性；

（五）储存、使用、运输的安全要求；

（六）出现危险情况的应急处置措施。

对同一企业生产、进口的同一品种的危险化学品，不进行重复登记。危险化学品生产企业、进口企业发现其生产、进口的危险化学品有新的危险特性的，应当及时向危险化学品登记机构办理登记内容变更手续。危险化学品登记的具体办法由国务院安全生产监督管理部门制定。

第六十八条 危险化学品登记机构应当定期向工业和信息化、环境保护、公安、卫生、交通运输、铁路、质量监督检验检疫等部门提供危险化学品登记的有关信息和资料。

第六十九条 县级以上地方人民政府安全生产监督管理部门应当会同工业和信息化、环境保护、公安、卫生、交通运输、铁路、质量监督检验检疫等部门，根据本地区实际情况，制定危险化学品事故应急预案，报本级人民政府批准。

第七十条 危险化学品单位应当制定本单位危险化学品事故应急预案，配备应急救援人员和必要的应急救援器材、设备，并定期组织应急救援演练。危险化学品单位应当将其危险化学品事故应急预案报所在地设区的市级人民政府安全生产监督管理部门备案。

第七十一条 发生危险化学品事故，事故单位主要负责人应当立即按照本单位危险化学品应急预案组织救援，并向当地安全生产监督管理部门和环境保护、公安、卫生主管部门报告；道路运输、水路运输过程中发生危险化学品事故的，驾驶人员、船员或者押运人员还应当向事故发生地交通运输主管部门报告。

第七十二条 发生危险化学品事故，有关地方人民政府应当立即组织安全生产监督管理、环境保护、公安、卫生、交通运输等有关部门，按照本地区危险化学品事故应急预案组织实施救援，不得拖延、推诿。

有关地方人民政府及其有关部门应当按照下列规定，采取必要的应急处置措施，减少事故损失，防止事故蔓延、扩大：

（一）立即组织营救和救治受害人员，疏散、撤离或者采取其他措施保护危害区域内的其他人员；

（二）迅速控制危害源，测定危险化学品的性质、事故的危害区域及危害程度；

（三）针对事故对人体、动植物、土壤、水源、大气造成的现实危害和可能产生的危害，迅速采取封闭、隔离、洗消等措施；

（四）对危险化学品事故造成的环境污染和生态破坏状况进行监测、评估，并采取相应的环境污染治理和生态修复措施。

第七十三条 有关危险化学品单位应当为危险化学品事故应急救援提供技术指导和必要的协助。

第七十四条 危险化学品事故造成环境污染的，由设区的市级以上人民政府环境保护主管部门统一发布有关信息。

第七章 法律责任

第七十五条 生产、经营、使用国家禁止生产、经营、使用的危险化学品的，由安全生产监督管理部门责令停止生产、经营、使用活动，处20万元以上50万元以下的罚款，有违法所得的，没收违法所得；构成犯罪的，依法追究刑事责任。有前款规定行为的，安全生产监督管理部门还应当责令其对所生产、经营、使用的危险化学品进行无害化处理。

违反国家关于危险化学品使用的限制性规定使用危险化学品的，依照本条第一款的规定处理。

第七十六条 未经安全条件审查，新建、改建、扩建生产、储存危险化学品的建设项目的，由安全生产监督管理部门责令停止建设，限期改正；逾期不改正的，处50万元以上100万元以下的罚款；构成犯罪的，依法追究刑事责任。

未经安全条件审查，新建、改建、扩建储存、装卸危险化学品的港口建设项目的，由港口行政管理部门依照前款规定予以处罚。

第七十七条 未依法取得危险化学品安全生产许可证从事危险化学品生产，或者未依法取得工业产品生产许可证从事危险化学品及其包装物、容器生产的，分别依照《安全生产许可证条例》《中华人民共和国工业产品生产许可证管理条例》的规定处罚。

违反本条例规定，化工企业未取得危险化学品安全使用许可证，使用危险化学品从事生产的，由安全生产监督管理部门责令限期改正，处10万元以上20万元以下的罚款；逾期不改正的，责令停产整顿。

违反本条例规定，未取得危险化学品经营许可证从事危险化学品经营的，由安全生产监督管理部门责令停止经营活动，没收违法经营的危险化学品以及违法所得，并处10万元以上20万元以下的罚款；构成犯罪的，依法追究刑事责任。

第七十八条 有下列情形之一的，由安全生产监督管理部门责令改正，可以处5万元以下的罚款；拒不改正的，处5万元以上10万元以下的罚款；情节严重的，责令停产停业整顿：

（一）生产、储存危险化学品的单位未对其铺设的危险化学品管道设置明显的标志，或者未对危险化学品管道定期检查、检测的；

（二）进行可能危及危险化学品管道安全的施工作业，施工单位未按照规定书面通知管道所属单位，或者未与管道所属单位共同制定应急预案、采取相应的安全防护措施，或者管道所属单位未指派专门人员到现场进行管道安全保护指导的；

（三）危险化学品生产企业未提供化学品安全技术说明书，或者未在包装（包括外包装件）上粘贴、拴挂化学品安全标签的；

（四）危险化学品生产企业提供的化学品安全技术说明书与其生产的危险化学品不相符，或者在包装（包括外包装件）粘贴、拴挂的化学品安全标签与包装内危险化学品不相符，或者化学品安全技术说明书、化学品安全标签所载明的内容不符合国家标准要求的；

（五）危险化学品生产企业发现其生产的危险化学品有新的危险特性不立即公告，或者不及时修订其化学品安全技术说明书和化学品安全标签的；

（六）危险化学品经营企业经营没有化学品安全技术说明书和化学品安全标签的危险化学品的；

（七）危险化学品包装物、容器的材质以及包装的型式、规格、方法和单件质量（重量）与所包装的危险化学品的性质和用途不相适应的；

（八）生产、储存危险化学品的单位未在作业场所和安全设施、设备上设置明显的安全警示标志，或者未在作业场所设置通信、报警装置的；

（九）危险化学品专用仓库未设专人负责管理，或者对储存的剧毒化学品以及储存数量构成重大危险源的其他危险化学品未实行双人收发、双人保管制度的；

（十）储存危险化学品的单位未建立危险化学品出入库核查、登记制度的；

（十一）危险化学品专用仓库未设置明显标志的；

（十二）危险化学品生产企业、进口企业不办理危险化学品登记，或者发现其生产、进口的危险化学品有新的危险特性不办理危险化学品登记内容变更手续的。

从事危险化学品仓储经营的港口经营人有前款规定情形的，由港口行政管理部门依照前款规定予以处罚。储存剧毒化学品、易制爆危险化学品的专用仓库未按照国家有关规定设置相应的技术防范设施的，由公安机关依照前款规定予以处罚。

生产、储存剧毒化学品、易制爆危险化学品的单位未设置治安保卫机构、配备专职治安保卫人员的，依照《企业事业单位内部治安保卫条例》的规定处罚。

第七十九条 危险化学品包装物、容器生产企业销售未经检验或者经检验不合格的危险化学品包装物、容器的，由质量监督检验检疫部门责令改正，处10万元以上20万元以下的罚款，有违法所得的，没收违法所得；拒不改正的，责令停产停业整顿；构成犯罪的，依法追究刑事责任。将未经检验合格的运输危险化学品的船舶及其配载的容器投入使用的，由海事管理机构依照前款规定予以处罚。

第八十条 生产、储存、使用危险化学品的单位有下列情形之一的，由安全生产监督管理部门责令改正，处5万元以上10万元以下的罚款；拒不改正的，责令停产停业整顿直至由原发证机关吊销其相关许可证件，并由工商行政管理部门责令其办理经营范围变更登记或者吊销其营业执照；有关责任人员构成犯罪的，依法追究刑事责任：

（一）对重复使用的危险化学品包装物、容器，在重复使用前不进行检查的；

（二）未根据其生产、储存的危险化学品的种类和危险特性,在作业场所设置相关安全设施、设备、或者未按照国家标准、行业标准或者国家有关规定对安全设施、设备进行经常性维护、保养的;

(三)未依照本条例规定对其安全生产条件定期进行安全评价的;

(四)未将危险化学品储存在专用仓库内,或者未将剧毒化学品以及储存数量构成重大危险源的其他危险化学品在专用仓库内单独存放的;

(五)危险化学品的储存方式、方法或者储存数量不符合国家标准或者国家有关规定的;

(六)危险化学品专用仓库不符合国家标准、行业标准的要求的;

(七)未对危险化学品专用仓库的安全设施、设备定期进行检测、检验的。

从事危险化学品仓储经营的港口经营人有前款规定情形的,由港口行政管理部门依照前款规定予以处罚。

第八十一条 有下列情形之一的,由公安机关责令改正,可以处1万元以下的罚款;拒不改正的,处1万元以上5万元以下的罚款:

(一)生产、储存、使用剧毒化学品、易制爆危险化学品的单位不如实记录生产、储存、使用的剧毒化学品、易制爆危险化学品的数量、流向的;

(二)生产、储存、使用剧毒化学品、易制爆危险化学品的单位发现剧毒化学品、易制爆危险化学品丢失或者被盗,不立即向公安机关报告的;

(三)储存剧毒化学品的单位未将剧毒化学品的储存数量、储存地点以及管理人员的情况报所在地县级人民政府公安机关备案的;

(四)危险化学品生产企业、经营企业不如实记录剧毒化学品、易制爆危险化学品购买单位的名称、地址、经办人的姓名、身份证证号码以及所购买的剧毒化学品、易制爆危险化学品的品种、数量、用途,或者保存销售记录和相关材料的时间少于1年的;

(五)剧毒化学品、易制爆危险化学品的销售企业、购买单位未在规定的时限内将所销售、购买的剧毒化学品、易制爆危险化学品的品种、数量以及流向信息报所在地县级人民政府公安机关备案的;

(六)使用剧毒化学品、易制爆危险化学品的单位依照本条例规定转让其购买的剧毒化学品、易制爆危险化学品,未将有关情况向所在地县级人民政府公安机关报告的。

生产、储存危险化学品的企业或者使用危险化学品从事生产的企业未按照本条例规定将安全评价报告以及整改方案的落实情况报安全生产监督管理部门或者港口行政管理部门备案,或者储存危险化学品的单位未将其剧毒化学品以及储存数量构成重大危险源的其他危险化学品的储存数量、储存地点以及管理人员的情况报安全生产监督管理部门或者港口行政管理部门备案的,分别由安全生产监督管理部门或者港口行政管理部门依照前款规定予以处罚。

生产实施重点环境管理的危险化学品的企业或者使用实施重点环境管理的危险化学品从事生产的企业未按照规定将相关信息向环境保护主管部门报告的,由环境保护主管部门依照本条第一款的规定予以处罚。

第八十二条 生产、储存、使用危险化学品的单位转产、停产、停业或者解散,未采取有效措施及时、妥善处置其危险化学品生产装置、储存设施以及库存的危险化学品,或者丢弃危险化学品的,由安全生产监督管理部门责令改正,处5万元以上10万元以下的罚款;构成犯罪的,依法追究刑事责任。

生产、储存、使用危险化学品的单位转产、停产、停业或者解散,未依照本条例规定将其危险化学品生产装置、储存设施以及库存危险化学品的处置方案报有关部门备案的,分别由有关部门责令改正,可以处1万元以下的罚款;拒不改正的,处1万元以上5万元以下的罚款。

第八十三条 危险化学品经营企业向未经许可违法从事危险化学品生产、经营活动的企业采购危险化学品的,由工商行政管理部门责令改正,处10万元以上20万元以下的罚款;拒不改正的,责令停业整顿直至由原发证机关吊销其危险化学品经营许可证,并由工商行政管理部门责令其办理经营范围变更登记或者吊销其营业执照。

第八十四条 危险化学品生产企业、经营企业有下列情形之一的,由安全生产监督管理部门责令改正,没收违法所得,并处10万元以上20万元以下的罚款;拒不改正的,责令停产停业整顿直至吊销其危险化学品安全生产许可证、危险化学品经营许可证,并由工商行政管理部门责令其办理经营范围变更登记或者吊销其营业执照:

(一)向不具有本条例第三十八条第一款、第二款规定的相关许可证件或者证明文件的单位销售剧毒化学品、易制爆危险化学品的;

(二)不按照剧毒化学品购买许可证载明的品种、数量销售剧毒化学品的;

(三)向个人销售剧毒化学品(属于剧毒化学品的农药除外)、易制爆危险化学品的。

不具有本条例第三十八条第一款、第二款规定的相关许可证件或者证明文件的单位购买剧毒化学品、易制爆危险化学品，或者个人购买剧毒化学品（属于剧毒化学品的农药除外）、易制爆危险化学品的，由公安机关没收所购买的剧毒化学品、易制爆危险化学品，可以并处5000元以下的罚款。

使用剧毒化学品、易制爆危险化学品的单位出借或者向不具有本条例第三十八条第一款、第二款规定的相关许可证件的单位转让其购买的剧毒化学品、易制爆危险化学品，或者向个人转让其购买的剧毒化学品（属于剧毒化学品的农药除外）、易制爆危险化学品的，由公安机关责令改正，处10万元以上20万元以下的罚款；拒不改正的，责令停产停业整顿。

第八十五条 未依法取得危险货物道路运输许可、危险货物水路运输许可，从事危险化学品道路运输、水路运输的，分别依照有关道路运输、水路运输的法律、行政法规的规定处罚。

第八十六条 有下列情形之一的，由交通运输主管部门责令改正，处5万元以上10万元以下的罚款；拒不改正的，责令停产停业整顿；构成犯罪的，依法追究刑事责任：

（一）危险化学品道路运输企业、水路运输企业的驾驶人员、船员、装卸管理人员、押运人员、申报人员、集装箱装箱现场检查员未取得从业资格上岗作业的；

（二）运输危险化学品，未根据危险化学品的危险特性采取相应的安全防护措施，或者未配备必要的防护用品和应急救援器材的；

（三）使用未依法取得危险货物适装证书的船舶，通过内河运输危险化学品的；

（四）通过内河运输危险化学品的承运人违反国务院交通运输主管部门对单船运输的危险化学品数量的限制性规定运输危险化学品的；

（五）用于危险化学品运输作业的内河码头、泊位不符合国家有关安全规范，或者未与饮用水水取水口保持国家规定的安全距离，或者未经交通运输主管部门验收合格投入使用的；

（六）托运人不向承运人说明所托运的危险化学品的种类、数量、危险特性以及发生危险情况的应急处置措施，或者未按照国家有关规定对所托运的危险化学品妥善包装并在外包装上设置相应标志的；

（七）运输危险化学品需要添加抑制剂或者稳定剂，托运人未添加或者未将有关情况告知承运人的。

第八十七条 有下列情形之一的，由交通运输主管部门责令改正，处10万元以上20万元以下的罚款，有违法所得的，没收违法所得；拒不改正的，责令停产停业整顿；构成犯罪的，依法追究刑事责任：

（一）委托未依法取得危险货物道路运输许可、危险货物水路运输许可的企业承运危险化学品的；

（二）通过内河封闭水域运输剧毒化学品以及国家规定禁止通过内河运输的其他危险化学品的；

（三）通过内河运输国家规定禁止通过内河运输的剧毒化学品以及其他危险化学品的；

（四）在托运的普通货物中夹带危险化学品，或者将危险化学品谎报或者匿报为普通货物托运的。

在邮件、快件内夹带危险化学品，或者将危险化学品谎报为普通物品交寄的，依法给予治安管理处罚；构成犯罪的，依法追究刑事责任。

邮政企业、快递企业收寄危险化学品的，依照《中华人民共和国邮政法》的规定处罚。

第八十八条 有下列情形之一的，由公安机关责令改正，处5万元以上10万元以下的罚款；构成违反治安管理行为的，依法给予治安管理处罚；构成犯罪的，依法追究刑事责任：

（一）超过运输车辆的核定载质量装载危险化学品的；

（二）使用安全技术条件不符合国家标准要求的车辆运输危险化学品的；

（三）运输危险化学品的车辆未经公安机关批准进入危险化学品运输车辆限制通行的区域的；

（四）未取得剧毒化学品道路运输通行证，通过道路运输剧毒化学品的。

第八十九条 有下列情形之一的，由公安机关责令改正，处1万元以上5万元以下的罚款；构成违反治安管理行为的，依法给予治安管理处罚：

（一）危险化学品运输车辆未悬挂或者喷涂警示标志，或者悬挂或者喷涂的警示标志不符合国家标准要求的；

（二）通过道路运输危险化学品，不配备押运人员的；

（三）运输剧毒化学品或者易制爆危险化学品途中需要较长时间停车，驾驶人员、押运人员不向当地公安机关报告的；

（四）剧毒化学品、易制爆危险化学品在道路运输途中丢失、被盗、被抢或者发生流散、泄漏等情况，驾驶人员、押运人员不采取必要的警示措施和安全措施，或者不向当地公安机关报告的。

第九十条 对发生交通事故负有全部责任或者主

要责任的危险化学品道路运输企业，由公安机关责令消除安全隐患，未消除安全隐患的危险化学品运输车辆，禁止上道路行驶。

第九十一条 有下列情形之一的，由交通运输主管部门责令改正，可以处1万元以下的罚款；拒不改正的，处1万元以上5万元以下的罚款：

（一）危险化学品道路运输企业、水路运输企业未配备专职安全管理人员的；

（二）用于危险化学品运输作业的内河码头、泊位的管理单位未制定码头、泊位危险化学品事故应急救援预案，或者未为码头、泊位配备充足、有效的应急救援器材和设备的。

第九十二条 有下列情形之一的，依照《中华人民共和国内河交通安全管理条例》的规定处罚：

（一）通过内河运输危险化学品的水路运输企业未制定运输船舶危险化学品事故应急救援预案，或者未为运输船舶配备充足、有效的应急救援器材和设备的；

（二）通过内河运输危险化学品的船舶的所有人或者经营人未取得船舶污染损害责任保险证书或者财务担保证明的；

（三）船舶载运危险化学品进出内河港口，未将有关事项事先报告海事管理机构并经其同意的；

（四）载运危险化学品的船舶在内河航行、装卸或者停泊，未悬挂专用的警示标志，或者未按照规定显示专用信号，或者未按照规定申请引航的。

未向港口行政管理部门报告并经其同意，在港口内进行危险化学品的装卸、过驳作业的，依照《中华人民共和国港口法》的规定处罚。

第九十三条 伪造、变造或者出租、出借、转让危险化学品安全生产许可证、工业产品生产许可证，或者使用伪造、变造的危险化学品安全生产许可证、工业产品生产许可证的，分别依照《安全生产许可证条例》《中华人民共和国工业产品生产许可证管理条例》的规定处罚。

伪造、变造或者出租、出借、转让本条例规定的其他许可证，或者使用伪造、变造的本条例规定的其他许可证的，分别由相关许可证的颁发管理机关处10万元以上20万元以下的罚款，有违法所得的，没收违法所得；构成违反治安管理行为的，依法给予治安管理处罚；构成犯罪的，依法追究刑事责任。

第九十四条 危险化学品单位发生危险化学品事故，其主要负责人不立即组织救援或者不立即向有关部门报告的，依照《生产安全事故报告和调查处理条例》的规定处罚。

危险化学品单位发生危险化学品事故，造成他人人身伤害或者财产损失的，依法承担赔偿责任。

第九十五条 发生危险化学品事故，有关地方人民政府及其有关部门不立即组织实施救援，或者不采取必要的应急处置措施减少事故损失，防止事故蔓延、扩大的，对直接负责的主管人员和其他直接责任人员依法给予处分；构成犯罪的，依法追究刑事责任。

第九十六条 负有危险化学品安全监督管理职责的部门的工作人员，在危险化学品安全监督管理工作中滥用职权、玩忽职守、徇私舞弊，构成犯罪的，依法追究刑事责任；尚不构成犯罪的，依法给予处分。

第八章 附 则

第九十七条 监控化学品、属于危险化学品的药品和农药的安全管理，依照本条例的规定执行；法律、行政法规另有规定的，依照其规定。民用爆炸物品、烟花爆竹、放射性物品、核能物质以及用于国防科研生产的危险化学品的安全管理，不适用本条例。

法律、行政法规对燃气的安全管理另有规定的，依照其规定。

危险化学品容器属于特种设备的，其安全管理依照有关特种设备安全的法律、行政法规的规定执行。

第九十八条 危险化学品的进出口管理，依照有关对外贸易的法律、行政法规、规章的规定执行；进口的危险化学品的储存、使用、经营、运输的安全管理，依照本条例的规定执行。

危险化学品环境管理登记和新化学物质环境管理登记，依照有关环境保护的法律、行政法规、规章的规定执行。危险化学品环境管理登记，按照国家有关规定收取费用。

第九十九条 公众发现、捡拾的无主危险化学品，由公安机关接收。公安机关接收或者有关部门依法没收的危险化学品，需要进行无害化处理的，交由环境保护主管部门组织其认定的专业单位进行处理，或者交由有关危险化学品生产企业进行处理。处理所需费用由国家财政负担。

第一百条 化学品的危险特性尚未确定的，由国务院安全生产监督管理部门、国务院环境保护主管部门、国务院卫生主管部门分别负责组织对该化学品的物理危险性、环境危害性、毒理特性进行鉴定。根据鉴定结果，需要调整危险化学品目录的，依照本条例第三条第二款的规定办理。

第一百零一条 本条例施行前已经使用危险化学

品从事生产的化工企业，依照本条例规定需要取得危险化学品安全使用许可证的，应当在国务院安全生产监督管理部门规定的期限内，申请取得危险化学品安全使用许可证。

第一百零二条 本条例自 2011 年 12 月 1 日起施行。

易制毒化学品管理条例

（2005 年 8 月 26 日国务院令第 445 号公布　根据 2014 年 7 月 29 日《国务院关于修改部分行政法规的决定》第一次修订　根据 2016 年 2 月 6 日《国务院关于修改部分行政法规的决定》第二次修订　根据 2018 年 9 月 18 日公布的《国务院关于修改部分行政法规的决定》修订）

第一章　总　　则

第一条　为了加强易制毒化学品管理，规范易制毒化学品的生产、经营、购买、运输和进口、出口行为，防止易制毒化学品被用于制造毒品，维护经济和社会秩序，制定本条例。

第二条　国家对易制毒化学品的生产、经营、购买、运输和进口、出口实行分类管理和许可制度。

易制毒化学品分为三类。第一类是可以用于制毒的主要原料，第二类、第三类是可以用于制毒的化学配剂。易制毒化学品的具体分类和品种，由本条例附表列示。

易制毒化学品的分类和品种需要调整的，由国务院公安部门会同国务院食品药品监督管理部门、安全生产监督管理部门、商务主管部门、卫生主管部门和海关总署提出方案，报国务院批准。

省、自治区、直辖市人民政府认为有必要在本行政区域内调整分类或者增加本条例规定以外的品种的，应当向国务院公安部门提出，由国务院公安部门会同国务院有关行政主管部门提出方案，报国务院批准。

第三条　国务院公安部门、食品药品监督管理部门、安全生产监督管理部门、商务主管部门、卫生主管部门、海关总署、价格主管部门、铁路主管部门、交通主管部门、工商行政管理部门、环境保护主管部门在各自的职责范围内，负责全国的易制毒化学品有关管理工作；县级以上地方各级人民政府有关行政主管部门在各自的职责范围内，负责本行政区域内的易制毒化学品有关管理工作。

县级以上地方各级人民政府应当加强对易制毒化学品管理工作的领导，及时协调解决易制毒化学品管理工作中的问题。

第四条　易制毒化学品的产品包装和使用说明书，应当标明产品的名称（含学名和通用名）、化学分子式和成分。

第五条　易制毒化学品的生产、经营、购买、运输和进口、出口，除应当遵守本条例的规定外，属于药品和危险化学品的，还应当遵守法律、其他行政法规对药品和危险化学品的有关规定。

禁止走私或者非法生产、经营、购买、转让、运输易制毒化学品。

禁止使用现金或者实物进行易制毒化学品交易。但是，个人合法购买第一类中的药品类易制毒化学品药品制剂和第三类易制毒化学品的除外。

生产、经营、购买、运输和进口、出口易制毒化学品的单位，应当建立单位内部易制毒化学品管理制度。

第六条　国家鼓励向公安机关等有关行政主管部门举报涉及易制毒化学品的违法行为。接到举报的部门应当为举报者保密。对举报属实的，县级以上人民政府及有关行政主管部门应当给予奖励。

第二章　生产、经营管理

第七条　申请生产第一类易制毒化学品，应当具备下列条件，并经本条例第八条规定的行政主管部门审批，取得生产许可证后，方可进行生产：

（一）属依法登记的化工产品生产企业或者药品生产企业；

（二）有符合国家标准的生产设备、仓储设施和污染物处理设施；

（三）有严格的安全生产管理制度和环境突发事件应急预案；

（四）企业法定代表人和技术、管理人员具有安全生产和易制毒化学品的有关知识，无毒品犯罪记录；

（五）法律、法规、规章规定的其他条件。

申请生产第一类中的药品类易制毒化学品，还应当在仓储场所等重点区域设置电视监控设施以及与公安机关联网的报警装置。

第八条　申请生产第一类中的药品类易制毒化学品的，由国务院食品药品监督管理部门审批；申请生产第一类中的非药品类易制毒化学品的，由省、自治区、直辖市人民政府安全生产监督管理部门审批。

前款规定的行政主管部门应当自收到申请之日起60日内,对申请人提交的申请材料进行审查。对符合规定的,发给生产许可证,或者在企业已经取得的有关生产许可证件上标注;不予许可的,应当书面说明理由。

审查第一类易制毒化学品生产许可申请材料时,根据需要,可以进行实地核查和专家评审。

第九条 申请经营第一类易制毒化学品,应当具备下列条件,并经本条例第十条规定的行政主管部门审批,取得经营许可证后,方可进行经营:

(一)属依法登记的化工产品经营企业或者药品经营企业;

(二)有符合国家规定的经营场所,需要储存、保管易制毒化学品的,还应当有符合国家技术标准的仓储设施;

(三)有易制毒化学品的经营管理制度和健全的销售网络;

(四)企业法定代表人和销售、管理人员具有易制毒化学品的有关知识,无毒品犯罪记录;

(五)法律、法规、规章规定的其他条件。

第十条 申请经营第一类中的药品类易制毒化学品的,由国务院食品药品监督管理部门审批;申请经营第一类中的非药品类易制毒化学品的,由省、自治区、直辖市人民政府安全生产监督管理部门审批。

前款规定的行政主管部门应当自收到申请之日起30日内,对申请人提交的申请材料进行审查。对符合规定的,发给经营许可证,或者在企业已经取得的有关经营许可证件上标注;不予许可的,应当书面说明理由。

审查第一类易制毒化学品经营许可申请材料时,根据需要,可以进行实地核查。

第十一条 取得第一类易制毒化学品生产许可或者依照本条例第十三条第一款规定已经履行第二类、第三类易制毒化学品备案手续的生产企业,可以经销自产的易制毒化学品。但是,在厂外设立销售网点经销第一类易制毒化学品的,应当依照本条例的规定取得经营许可。

第一类中的药品类易制毒化学品药品单方制剂,由麻醉药品定点经营企业经销,且不得零售。

第十二条 取得第一类易制毒化学品生产、经营许可的企业,应当凭生产、经营许可证到工商行政管理部门办理经营范围变更登记。未经变更登记,不得进行第一类易制毒化学品的生产、经营。

第一类易制毒化学品生产、经营许可证被依法吊销的,行政主管部门应当自作出吊销决定之日起5日内通知工商行政管理部门;被吊销许可证的企业,应当及时到工商行政管理部门办理经营范围变更或者企业注销登记。

第十三条 生产第二类、第三类易制毒化学品的,应当自生产之日起30日内,将生产的品种、数量等情况,向所在地的设区的市级人民政府安全生产监督管理部门备案。

经营第二类易制毒化学品的,应当自经营之日起30日内,将经营的品种、数量、主要流向等情况,向所在地的设区的市级人民政府安全生产监督管理部门备案;经营第三类易制毒化学品的,应当自经营之日起30日内,将经营的品种、数量、主要流向等情况,向所在地的县级人民政府安全生产监督管理部门备案。

前两款规定的行政主管部门应当于收到备案材料的当日发给备案证明。

第三章 购买管理

第十四条 申请购买第一类易制毒化学品,应当提交下列证件,经本条例第十五条规定的行政主管部门审批,取得购买许可证:

(一)经营企业提交企业营业执照和合法使用需要证明;

(二)其他组织提交登记证书(成立批准文件)和合法使用需要证明。

第十五条 申请购买第一类中的药品类易制毒化学品的,由所在地的省、自治区、直辖市人民政府食品药品监督管理部门审批;申请购买第一类中的非药品类易制毒化学品的,由所在地的省、自治区、直辖市人民政府公安机关审批。

前款规定的行政主管部门应当自收到申请之日起10日内,对申请人提交的申请材料和证件进行审查。对符合规定的,发给购买许可证;不予许可的,应当书面说明理由。

审查第一类易制毒化学品购买许可申请材料时,根据需要,可以进行实地核查。

第十六条 持有麻醉药品、第一类精神药品购买印鉴卡的医疗机构购买第一类中的药品类易制毒化学品的,无须申请第一类易制毒化学品购买许可证。

个人不得购买第一类、第二类易制毒化学品。

第十七条 购买第二类、第三类易制毒化学品的,应当在购买前将所需购买的品种、数量,向所在地的县级人民政府公安机关备案。个人自用购买少量高锰酸钾的,无须备案。

第十八条 经营单位销售第一类易制毒化学品

时，应当查验购买许可证和经办人的身份证明。对委托代购的，还应当查验购买人持有的委托文书。

经营单位在查验无误、留存上述证明材料的复印件后，方可出售第一类易制毒化学品；发现可疑情况的，应当立即向当地公安机关报告。

第十九条 经营单位应当建立易制毒化学品销售台账，如实记录销售的品种、数量、日期、购买方等情况。销售台账和证明材料复印件应当保存2年备查。

第一类易制毒化学品的销售情况，应当自销售之日起5日内报当地公安机关备案；第一类易制毒化学品的使用单位，应当建立使用台账，并保存2年备查。

第二类、第三类易制毒化学品的销售情况，应当自销售之日起30日内报当地公安机关备案。

第四章 运输管理

第二十条 跨设区的市级行政区域（直辖市为跨市界）或者在国务院公安部门确定的禁毒形势严峻的重点地区跨县级行政区域运输第一类易制毒化学品的，由运出地的设区的市级人民政府公安机关审批；运输第二类易制毒化学品的，由运出地的县级人民政府公安机关审批。经审批取得易制毒化学品运输许可证后，方可运输。

运输第三类易制毒化学品的，应当在运输前向运出地的县级人民政府公安机关备案。公安机关应当于收到备案材料的当日发给备案证明。

第二十一条 申请易制毒化学品运输许可，应当提交易制毒化学品的购销合同，货主是企业的，应当提交营业执照；货主是其他组织的，应当提交登记证书（成立批准文件）；货主是个人的，应当提交其个人身份证明。经办人还应当提交本人的身份证明。

公安机关应当自收到第一类易制毒化学品运输许可申请之日起10日内，收到第二类易制毒化学品运输许可申请之日起3日内，对申请人提交的申请材料进行审查。对符合规定的，发给运输许可证；不予许可的，应当书面说明理由。

审查第一类易制毒化学品运输许可申请材料时，根据需要，可以进行实地核查。

第二十二条 对许可运输第一类易制毒化学品的，发给一次有效的运输许可证。

对许可运输第二类易制毒化学品的，发给3个月有效的运输许可证；6个月内运输安全状况良好的，发给12个月有效的运输许可证。

易制毒化学品运输许可证应当载明拟运输的易制毒化学品的品种、数量、运入地、货主及收货人、承运人情况以及运输许可证种类。

第二十三条 运输供教学、科研使用的100克以下的麻黄素样品和供医疗机构制剂配方使用的小包装麻黄素以及医疗机构或者麻醉药品经营企业购买麻黄素片剂6万片以下、注射剂1.5万支以下，货主或者承运人持有依法取得的购买许可证明或者麻醉药品调拨单的，无须申请易制毒化学品运输许可。

第二十四条 接受货主委托运输的，承运人应当查验货主提供的运输许可证或者备案证明，并查验所运货物与运输许可证或者备案证明载明的易制毒化学品品种等情况是否相符；不相符的，不得承运。

运输易制毒化学品，运输人员应当自启运起全程携带运输许可证或者备案证明。公安机关应当在易制毒化学品的运输过程中进行检查。

运输易制毒化学品，应当遵守国家有关货物运输的规定。

第二十五条 因治疗疾病需要，患者、患者近亲属或者患者委托的人凭医疗机构出具的医疗诊断书和本人的身份证明，可以随身携带第一类中的药品类易制毒化学品药品制剂，但是不得超过医用单张处方的最大剂量。

医用单张处方最大剂量，由国务院卫生主管部门规定、公布。

第五章 进口、出口管理

第二十六条 申请进口或者出口易制毒化学品，应当提交下列材料，经国务院商务主管部门或者其委托的省、自治区、直辖市人民政府商务主管部门审批，取得进口或者出口许可证后，方可从事进口、出口活动：

（一）对外贸易经营者备案登记证明（外商投资企业联合年检合格证书）复印件；

（二）营业执照副本；

（三）易制毒化学品生产、经营、购买许可证或者备案证明；

（四）进口或者出口合同（协议）副本；

（五）经办人的身份证明。

申请易制毒化学品出口许可的，还应当提交进口方政府主管部门出具的合法使用易制毒化学品的证明或者进口方合法使用的保证文件。

第二十七条 受理易制毒化学品进口、出口申请的商务主管部门应当自收到申请材料之日起20日内，对申请材料进行审查，必要时可以进行实地核查。对符合规定的，发给进口或者出口许可证；不予许可的，应当书面说明理由。

对进口第一类中的药品类易制毒化学品的，有关的商务主管部门在作出许可决定前，应当征得国务院食品药品监督管理部门的同意。

第二十八条 麻黄素等属于重点监控物品范围的易制毒化学品，由国务院商务主管部门会同国务院有关部门核定的企业进口、出口。

第二十九条 国家对易制毒化学品的进口、出口实行国际核查制度。易制毒化学品国际核查目录及核查的具体办法，由国务院商务主管部门会同国务院公安部门规定、公布。

国际核查所用时间不计算在许可期限之内。

对向毒品制造、贩运情形严重的国家或者地区出口易制毒化学品以及本条例规定品种以外的化学品的，可以在国际核查措施以外实施其他管制措施，具体办法由国务院商务主管部门会同国务院公安部门、海关总署等有关部门规定、公布。

第三十条 进口、出口或者过境、转运、通运易制毒化学品的，应当如实向海关申报，并提交进口或者出口许可证。海关凭许可证办理通关手续。

易制毒化学品在境外与保税区、出口加工区等海关特殊监管区域、保税场所之间进出的，适用前款规定。

易制毒化学品在境内与保税区、出口加工区等海关特殊监管区域、保税场所之间进出的，或者在上述海关特殊监管区域、保税场所之间进出的，无须申请易制毒化学品进口或者出口许可证。

进口第一类中的药品类易制毒化学品，还应当提交食品药品监督管理部门出具的进口药品通关单。

第三十一条 进出境人员随身携带第一类中的药品类易制毒化学品药品制剂和高锰酸钾，应当以自用且数量合理为限，并接受海关监管。

进出境人员不得随身携带前款规定以外的易制毒化学品。

第六章 监督检查

第三十二条 县级以上人民政府公安机关、食品药品监督管理部门、安全生产监督管理部门、商务主管部门、卫生主管部门、价格主管部门、铁路主管部门、交通主管部门、工商行政管理部门、环境保护主管部门和海关，应当依照本条例和有关法律、行政法规的规定，在各自的职责范围内，加强对易制毒化学品生产、经营、购买、运输、价格以及进口、出口的监督检查；对非法生产、经营、购买、运输易制毒化学品，或者走私易制毒化学品的行为，依法予以查处。

前款规定的行政主管部门在进行易制毒化学品监督检查时，可以依法查看现场、查阅和复制有关资料、记录有关情况、扣押相关的证据材料和违法物品；必要时，可以临时查封有关场所。

被检查的单位或者个人应当如实提供有关情况和材料、物品，不得拒绝或者隐匿。

第三十三条 对依法收缴、查获的易制毒化学品，应当在省、自治区、直辖市或者设区的市级人民政府公安机关、海关或者环境保护主管部门的监督下，区别易制毒化学品的不同情况进行保管、回收，或者依照环境保护法律、行政法规的有关规定，由有资质的单位在环境保护主管部门的监督下销毁。其中，对收缴、查获的第一类中的药品类易制毒化学品，一律销毁。

易制毒化学品违法单位或者个人无力提供保管、回收或者销毁费用的，保管、回收或者销毁的费用在回收所得中开支，或者在有关行政主管部门的禁毒经费中列支。

第三十四条 易制毒化学品丢失、被盗、被抢的，发案单位应当立即向当地公安机关报告，并同时报告当地的县级人民政府食品药品监督管理部门、安全生产监督管理部门、商务主管部门或者卫生主管部门。接到报案的公安机关应当及时立案查处，并向上级公安机关报告；有关行政主管部门应当逐级上报并配合公安机关的查处。

第三十五条 有关行政主管部门应当将易制毒化学品许可以及依法吊销许可的情况通报有关公安机关和工商行政管理部门；工商行政管理部门应当将生产、经营易制毒化学品企业依法变更或者注销登记的情况通报有关公安机关和行政主管部门。

第三十六条 生产、经营、购买、运输或者进口、出口易制毒化学品的单位，应当于每年3月31日前向许可或者备案的行政主管部门和公安机关报告本单位上年度易制毒化学品的生产、经营、购买、运输或者进口、出口情况；有条件的生产、经营、购买、运输或者进口、出口单位，可以与有关行政主管部门建立计算机联网，及时通报有关经营情况。

第三十七条 县级以上人民政府有关行政主管部门应当加强协调合作，建立易制毒化学品管理情况、监督检查情况以及案件处理情况的通报、交流机制。

第七章 法律责任

第三十八条 违反本条例规定，未经许可或者备案擅自生产、经营、购买、运输易制毒化学品，伪造申请材料骗取易制毒化学品生产、经营、购买或者运输许可证，使用他人的或者伪造、变造、失效的许可证生产、经营、购买、运输易制毒化学品的，由公安机关没收非法生产、经营、购买或者运输的易制毒化学品、用于非法生产易制毒化学品的原料以及非法生产、经营、购买或者运输易制毒化学品的设备、工具，处非法生产、经营、购买或者运输的易制毒化学品货值 10 倍以上 20 倍以下的罚款，货值的 20 倍不足 1 万元的，按 1 万元罚款；有违法所得的，没收违法所得；有营业执照的，由工商行政管理部门吊销营业执照；构成犯罪的，依法追究刑事责任。

对有前款规定违法行为的单位或者个人，有关行政主管部门可以自作出行政处罚决定之日起 3 年内，停止受理其易制毒化学品生产、经营、购买、运输或者进口、出口许可申请。

第三十九条 违反本条例规定，走私易制毒化学品的，由海关没收走私的易制毒化学品；有违法所得的，没收违法所得，并依照海关法律、行政法规给予行政处罚；构成犯罪的，依法追究刑事责任。

第四十条 违反本条例规定，有下列行为之一的，由负有监督管理职责的行政主管部门给予警告，责令限期改正，处 1 万元以上 5 万元以下的罚款；对违反规定生产、经营、购买的易制毒化学品可以予以没收；逾期不改正的，责令限期停产停业整顿；逾期整顿不合格的，吊销相应的许可证：

（一）易制毒化学品生产、经营、购买、运输或者进口、出口单位未按规定建立安全管理制度的；

（二）将许可证或者备案证明转借他人使用的；

（三）超出许可的品种、数量生产、经营、购买易制毒化学品的；

（四）生产、经营、购买单位不记录或者不如实记录交易情况、不按规定保存交易记录或者不如实、不及时向公安机关和有关行政主管部门备案销售情况的；

（五）易制毒化学品丢失、被盗、被抢后未及时报告，造成严重后果的；

（六）除个人合法购买第一类中的药品类易制毒化学品药品制剂以及第三类易制毒化学品外，使用现金或者实物进行易制毒化学品交易的；

（七）易制毒化学品的产品包装和使用说明书不符合本条例规定要求的；

（八）生产、经营易制毒化学品的单位不如实或者不按时向有关行政主管部门和公安机关报告年度生产、经销和库存等情况的。

企业的易制毒化学品生产经营许可被依法吊销后，未及时到工商行政管理部门办理经营范围变更或者企业注销登记的，依照前款规定，对易制毒化学品予以没收，并处罚款。

第四十一条 运输的易制毒化学品与易制毒化学品运输许可证或者备案证明载明的品种、数量、运入地、货主及收货人、承运人等情况不符，运输许可证种类不当，或者运输人员未全程携带运输许可证或者备案证明的，由公安机关责令停运整改，处 5000 元以上 5 万元以下的罚款；有危险物品运输资质的，运输主管部门可以依法吊销其运输资质。

个人携带易制毒化学品不符合品种、数量规定的，没收易制毒化学品，处 1000 元以上 5000 元以下的罚款。

第四十二条 生产、经营、购买、运输或者进口、出口易制毒化学品的单位或者个人拒不接受有关行政主管部门监督检查的，由负有监督管理职责的行政主管部门责令改正，对直接负责的主管人员以及其他直接责任人员给予警告；情节严重的，对单位处 1 万元以上 5 万元以下的罚款，对直接负责的主管人员以及其他直接责任人员处 1000 元以上 5000 元以下的罚款；有违反治安管理行为的，依法给予治安管理处罚；构成犯罪的，依法追究刑事责任。

第四十三条 易制毒化学品行政主管部门工作人员在管理工作中有应当许可而不许可、不应当许可而滥许可，不依法受理备案，以及其他滥用职权、玩忽职守、徇私舞弊行为的，依法给予行政处分；构成犯罪的，依法追究刑事责任。

第八章 附 则

第四十四条 易制毒化学品生产、经营、购买、运输和进口、出口许可证，由国务院有关行政主管部门根据各自的职责规定式样并监制。

第四十五条 本条例自 2005 年 11 月 1 日起施行。

本条例施行前已经从事易制毒化学品生产、经营、购买、运输或者进口、出口业务的，应当自本条例施行之日起 6 个月内，依照本条例的规定重新申请许可。

附表：

易制毒化学品的分类和品种目录

第一类	
1. 1-苯基-2-丙酮	7. N-乙酰邻氨基苯酸
2. 3,4-亚甲基二氧苯基-2-丙酮	8. 邻氨基苯甲酸
3. 胡椒醛	9. 麦角酸*
4. 黄樟素	10. 麦角胺*
5. 黄樟油	11. 麦角新碱*
6. 异黄樟素	12. 麻黄素、伪麻黄素、消旋麻黄素、去甲麻黄素、甲基麻黄素、麻黄浸膏、麻黄浸膏粉等麻黄素类物质*
第二类	
1. 苯乙酸	4. 乙醚
2. 醋酸酐	5. 哌啶
3. 三氯甲烷	
第三类	
1. 甲苯	4. 高锰酸钾
2. 丙酮	5. 硫酸
3. 甲基乙基酮	6. 盐酸

说明：
一、第一类、第二类所列物质可能存在的盐类，也纳入管制。
二、带有*标记的品种为第一类中的药品类易制毒化学品，第一类中的药品类易制毒化学品包括原料药及其单方制剂。（完）

中华人民共和国监控化学品管理条例

（1995年12月27日国务院令第190号发布　根据2011年1月8日《国务院关于废止和修改部分行政法规的决定》修订）

第一条　为了加强对监控化学品的管理，保障公民的人身安全和保护环境，制定本条例。

第二条　在中华人民共和国境内从事监控化学品的生产、经营和使用活动，必须遵守本条例。

第三条　本条例所称监控化学品，是指下列各类化学品：

第一类：可作为化学武器的化学品；

第二类：可作为生产化学武器前体的化学品；

第三类：可作为生产化学武器主要原料的化学品；

第四类：除炸药和纯碳氢化合物外的特定有机化学品。

前款各类监控化学品的名录由国务院化学工业主管部门提出，报国务院批准后公布。

第四条　国务院化学工业主管部门负责全国监控化学品的管理工作。省、自治区、直辖市人民政府化学工业主管部门负责本行政区域内监控化学品的管理工作。

第五条　生产、经营或者使用监控化学品的，应当依照本条例和国家有关规定向国务院化学工业主管部门或者省、自治区、直辖市人民政府化学工业主管部门申报生产、经营或者使用监控化学品的有关资料、数据和使用目的，接受化学工业主管部门的检查监督。

第六条　国家严格控制第一类监控化学品的生产。

为科研、医疗、制造药物或者防护目的需要生产第一类监控化学品的，应当报国务院化学工业主管部门批准，并在国务院化学工业主管部门指定的小型设施中生产。

严禁在未经国务院化学工业主管部门指定的设施中生产第一类监控化学品。

第七条 国家对第二类、第三类监控化学品和第四类监控化学品中含磷、硫、氟的特定有机化学品的生产，实行特别许可制度；未经特别许可的，任何单位和个人均不得生产。特别许可办法，由国务院化学工业主管部门制定。

第八条 新建、扩建或者改建用于生产第二类、第三类监控化学品和第四类监控化学品中含磷、硫、氟的特定有机化学品的设施，应当向所在地省、自治区、直辖市人民政府化学工业主管部门提出申请，经省、自治区、直辖市人民政府化学工业主管部门审查签署意见，报国务院化学工业主管部门批准后，方可开工建设；工程竣工后，经所在地省、自治区、直辖市人民政府化学工业主管部门验收合格，并报国务院化学工业主管部门批准后，方可投产使用。

新建、扩建或者改建用于生产第四类监控化学品中不含磷、硫、氟的特定有机化学品的设施，应当在开工生产前向所在地省、自治区、直辖市人民政府化学工业主管部门备案。

第九条 监控化学品应当在专用的化工仓库中储存，并设专人管理。监控化学品的储存条件应当符合国家有关规定。

第十条 储存监控化学品的单位，应当建立严格的出库、入库检查制度和登记制度；发现丢失、被盗时，应当立即报告当地公安机关和所在地省、自治区、直辖市人民政府化学工业主管部门；省、自治区、直辖市人民政府化学工业主管部门应当积极配合公安机关进行查处。

第十一条 对变质或者过期失效的监控化学品，应当及时处理。处理方案报所在地省、自治区、直辖市人民政府化学工业主管部门批准后实施。

第十二条 为科研、医疗、制造药物或者防护目的需要使用第一类监控化学品的，应当向国务院化学工业主管部门提出申请，经国务院化学工业主管部门审查批准后，凭批准文件同国务院化学工业主管部门指定的生产单位签订合同，并将合同副本报送国务院化学工业主管部门备案。

第十三条 需要使用第二类监控化学品的，应当向所在地省、自治区、直辖市人民政府化学工业主管部门提出申请，经省、自治区、直辖市人民政府化学工业主管部门审查批准后，凭批准文件同国务院化学工业主管部门指定的经销单位签订合同，并将合同副本报送所在地省、自治区、直辖市人民政府化学工业主管部门备案。

第十四条 国务院化学工业主管部门会同国务院对外经济贸易主管部门指定的单位（以下简称被指定单位），可以从事第一类监控化学品和第二类、第三类监控化学品及其生产技术、专用设备的进出口业务。

需要进口或者出口第一类监控化学品和第二类、第三类监控化学品及其生产技术、专用设备的，应当委托被指定单位代理进口或者出口。除被指定单位外，任何单位和个人均不得从事这类进出口业务。

第十五条 国家严格控制第一类监控化学品的进口和出口。非为科研、医疗、制造药物或者防护目的，不得进口第一类监控化学品。

接受委托进口第一类监控化学品的被指定单位，应当向国务院化学工业主管部门提出申请，并提交产品最终用途的说明和证明；经国务院化学工业主管部门审查签署意见后，报国务院审查批准。被指定单位凭国务院的批准文件向国务院对外经济贸易主管部门申请领取进口许可证。

第十六条 接受委托进口第二类、第三类监控化学品及其生产技术、专用设备的被指定单位，应当向国务院化学工业主管部门提出申请，并提交所进口的化学品、生产技术或者专用设备最终用途的说明和证明；经国务院化学工业主管部门审查批准后，被指定单位凭国务院化学工业主管部门的批准文件向国务院对外经济贸易主管部门申请领取进口许可证。

第十七条 接受委托出口第一类监控化学品的被指定单位，应当向国务院化学工业主管部门提出申请，并提交进口国政府或者政府委托机构出具的所进口的化学品仅用于科研、医疗、制造药物或者防护目的和不转口第三国的保证书；经国务院化学工业主管部门审查签署意见后，报国务院审查批准。被指定单位凭国务院的批准文件向国务院对外经济贸易主管部门申请领取出口许可证。

第十八条 接受委托出口第二类、第三类监控化学品及其生产技术、专用设备的被指定单位，应当向国务院化学工业主管部门提出申请，并提交进口国政府或者政府委托机构出具的所进口的化学品、生产技术、专用设备不用于生产化学武器和不转口第三国的保证书；经国务院化学工业主管部门审查批准后，被指定单位凭国务院化学工业主管部门的批准文件向国务院对外经济贸易主管部门申请领取出口许可证。

第十九条 使用监控化学品的，应当与其申报的使用目的相一致；需要改变使用目的的，应当报原审批机关批准。

第二十条 使用第一类、第二类监控化学品的，应当按照国家有关规定，定期向所在地省、自治区、直辖市人民政府化学工业主管部门报告消耗此类监控化学品的数量和使用此类监控化学品生产最终产品的数量。

第二十一条 违反本条例规定，生产监控化学品的，由省、自治区、直辖市人民政府化学工业主管部门责令限期改正；逾期不改正的，可以处 20 万元以下的罚款；情节严重的，可以提请省、自治区、直辖市人民政府责令停产整顿。

第二十二条 违反本条例规定，使用监控化学品的，由省、自治区、直辖市人民政府化学工业主管部门责令限期改正；逾期不改正的，可以处 5 万元以下的罚款。

第二十三条 违反本条例规定，经营监控化学品的，由省、自治区、直辖市人民政府化学工业主管部门没收其违法经营的监控化学品和违法所得，可以并处违法经营额 1 倍以上 2 倍以下的罚款。

第二十四条 违反本条例规定，隐瞒、拒报有关监控化学品的资料、数据，或者妨碍、阻挠化学工业主管部门依照本条例的规定履行检查监督职责的，由省、自治区、直辖市人民政府化学工业主管部门处以 5 万元以下的罚款。

第二十五条 违反本条例规定，构成违反治安管理行为的，依照《中华人民共和国治安管理处罚法》的有关规定处罚；构成犯罪的，依法追究刑事责任。

第二十六条 在本条例施行前已经从事生产、经营或者使用监控化学品的，应当依照本条例的规定，办理有关手续。

第二十七条 本条例自发布之日起施行。

2. 中共中央、国务院有关文件

中共中央办公厅、国务院办公厅关于全面加强危险化学品安全生产工作的意见

（2020 年 2 月 26 日中共中央办公厅、国务院办公厅印发）

为深刻吸取一些地区发生的重特大事故教训，举一反三，全面加强危险化学品安全生产工作，有力防范化解系统性安全风险，坚决遏制重特大事故发生，有效维护人民群众生命财产安全，现提出如下意见。

一、总体要求

以习近平新时代中国特色社会主义思想为指导，全面贯彻党的十九大和十九届二中、三中、四中全会精神，紧紧围绕统筹推进"五位一体"总体布局和协调推进"四个全面"战略布局，坚持总体国家安全观，按照高质量发展要求，以防控系统性安全风险为重点，完善和落实安全生产责任和管理制度，建立安全隐患排查和安全预防控制体系，加强源头治理、综合治理、精准治理，着力解决基础性、源头性、瓶颈性问题，加快实现危险化学品安全生产治理体系和治理能力现代化，全面提升安全发展水平，推动安全生产形势持续稳定好转，为经济社会发展营造安全稳定环境。

二、强化安全风险管控

（一）深入开展安全风险排查。按照《化工园区安全风险排查治理导则（试行）》和《危险化学品企业安全风险隐患排查治理导则》等相关制度规范，全面开展安全风险排查和隐患治理。严格落实地方党委和政府领导责任，结合实际细化排查标准，对危险化学品企业、化工园区或化工集中区（以下简称化工园区），组织实施精准化安全风险排查评估，分类建立完善安全风险数据库和信息管理系统，区分"红、橙、黄、蓝"四级安全风险，突出一、二级重大危险源和有毒有害、易燃易爆化工企业，按照"一企一策""一园一策"原则，实施最严格的治理整顿。制定实施方案，深入组织开展危险化学品安全三年提升行动。

（二）推进产业结构调整。完善和推动落实化工产业转型升级的政策措施。严格落实国家产业结构调整指导目录，及时修订公布淘汰落后安全技术工艺、设备目录，各地区结合实际制定修订并严格落实危险化学品"禁限控"目录，结合深化供给侧结构性改革，依法淘汰不符合安全生产国家标准、行业标准条件的产能，有效防控风险。坚持全国"一盘棋"，严禁已淘汰落后产能异地落户、办厂进园，对违规批建、接收者依法依规追究责任。

（三）严格标准规范。制定化工园区建设标准、认定条件和管理办法。整合化工、石化和化学制药等安全生产标准，解决标准不一致问题，建立健全危险

化学品安全生产标准体系。完善化工和涉及危险化学品的工程设计、施工和验收标准。提高化工和涉及危险化学品的生产装置设计、制造和维护标准。加快制定化工过程安全管理导则和精细化工反应安全风险评估标准等技术规范。鼓励先进化工企业对标国际标准和国外先进标准，制定严于国家标准或行业标准的企业标准。

三、强化全链条安全管理

（四）严格安全准入。各地区要坚持有所为、有所不为，确定化工产业发展定位，建立发展改革、工业和信息化、自然资源、生态环境、住房城乡建设和应急管理等部门参与的化工产业发展规划编制协调沟通机制。新建化工园区由省级政府组织开展安全风险评估、论证并完善和落实管控措施。涉及"两重点一重大"（重点监管的危险化工工艺、重点监管的危险化学品和危险化学品重大危险源）的危险化学品建设项目由设区的市级以上政府相关部门联合建立安全风险防控机制。建设内有化工园区的高新技术产业开发区、经济技术开发区或独立设置化工园区，有关部门应依据上下游产业链完备性、人才基础和管理能力等因素，完善落实安全防控措施。完善并严格落实化学品鉴定评估与登记有关规定，科学准确鉴定评估化学品的物理危险性、毒性，严禁未落实风险防控措施就投入生产。

（五）加强重点环节安全管控。对现有化工园区全面开展评估和达标认定。对新开发化工工艺进行安全性审查。2020年年底前实现涉及"两重点一重大"的化工装置或储运设施自动化控制系统装备率、重大危险源在线监测监控率均达到100%。加强全国油气管道发展规划与国土空间、交通运输等其他专项规划衔接。督促企业大力推进油气输送管道完整性管理，加快完善油气输送管道地理信息系统，强化油气输送管道高后果区管控。严格落实油气管道法定检验制度，提升油气管道法定检验覆盖率。加强涉及危险化学品的停车场安全管理，纳入信息化监管平台。强化托运、承运、装卸、车辆运行等危险货物运输全链条安全监管。提高危险化学品储罐等贮存设备设计标准。研究建立常压危险货物储罐强制监测制度。严格特大型公路桥梁、特长公路隧道、饮用水源地危险货物运输车辆通行管控。加强港口、机场、铁路站场等危险货物配套存储场所安全管理。加强相关企业及医院、学校、科研机构等单位危险化学品使用安全管理。

（六）强化废弃危险化学品等危险废物监管。全面开展废弃危险化学品等危险废物（以下简称危险废物）排查，对属性不明的固体废物进行鉴别鉴定，重点整治化工园区、化工企业、危险化学品单位等可能存在的违规堆存、随意倾倒、私自填埋危险废物等问题，确保危险废物贮存、运输、处置安全。加快制定危险废物贮存安全技术标准。建立完善危险废物由产生到处置各环节联单制度。建立部门联动、区域协作、重大案件会商督办制度，形成覆盖危险废物产生、收集、贮存、转移、运输、利用、处置等全过程的监管体系，加大打击故意隐瞒、偷放偷排或违法违规处置危险废物违法犯罪行为力度。加快危险废物综合处置技术装备研发，合理规划布点处置企业，加快处置设施建设，消除处置能力瓶颈。督促企业对重点环保设施和项目组织安全风险评估论证和隐患排查治理。

四、强化企业主体责任落实

（七）强化法治措施。积极研究修改刑法相关条款，严格责任追究。推进制定危险化学品安全和危险货物运输相关法律，修改安全生产法、安全生产许可证条例等，强化法治力度。严格执行执法公示制度、执法全过程记录制度和重大执法决定法制审核制度，细化安全生产行政处罚自由裁量标准，强化精准严格执法。落实职工及家属和社会公众对企业安全生产隐患举报奖励制度，依法严格查处举报案件。

（八）加大失信约束力度。危险化学品生产贮存企业主要负责人（法定代表人）必须认真履责，并作出安全承诺；因未履行安全生产职责受刑事处罚或撤职处分的，依法对其实施职业禁入；企业管理和技术团队必须具备相应的履职能力，做到责任到人、工作到位，对安全隐患排查治理不力、风险防控措施不落实的，依法依规追究相关责任人责任。对存在以隐蔽、欺骗或阻碍等方式逃避、对抗安全生产监管和环境保护监管，违章指挥、违章作业产生重大安全隐患，违规更改工艺流程，破坏监测监控设施，夹带、谎报、瞒报、匿报危险物品等严重危害人民群众生命财产安全的主观故意行为的单位及主要责任人，依法依规将其纳入信用记录，加强失信惩戒，从严监管。

（九）强化激励措施。全面推进危险化学品企业安全生产标准化建设，对一、二级标准化企业扩产扩能、进区入园等，在同等条件下分别给予优先考虑并减少检查频次。对国家鼓励发展的危险化学品项目，在投资总额内进口的自用先进危险品检测检验设备按照现行政策规定免征进口关税。落实安全生产专用设备投资抵免企业所得税优惠。提高危险化学品生产贮存企业安全生产费用提取标准。推动危险化学品企业建立安全生产内审机制和承诺制度，完善风险分级管控和隐患排查治理预防机制，并纳入安全生产标准化等级评审条件。

五、强化基础支撑保障

（十）提高科技与信息化水平。强化危险化学品安全研究支撑，加强危险化学品安全相关国家级科技创新平台建设，开展基础性、前瞻性研究。研究建立危险化学品全生命周期信息监管系统，综合利用电子标签、大数据、人工智能等高新技术，对生产、贮存、运输、使用、经营、废弃处置等各环节进行全过程信息化管理和监控，实现危险化学品来源可循、去向可溯、状态可控，做到企业、监管部门、执法部门及应急救援部门之间互联互通。将安全生产行政处罚信息统一纳入监管执法信息化系统，实现信息共享，取代层层备案。加强化工危险工艺本质安全、大型储罐安全保障、化工园区安全环保一体化风险防控等技术及装备研发。推进化工园区安全生产信息化智能化平台建设，实现对园区内企业、重点场所、重大危险源、基础设施实时风险监控预警。加快建成应急管理部门与辖区内化工园区和危险化学品企业联网的远程监控系统。

（十一）加强专业人才培养。实施安全技能提升行动计划，将化工、危险化学品企业从业人员作为高危行业领域职业技能提升行动的重点群体。危险化学品生产企业主要负责人、分管安全生产负责人必须具有化工类专业大专及以上学历和一定实践经验，专职安全管理人员至少要具备中级及以上化工专业技术职称或化工安全类注册安全工程师资格，新招一线岗位从业人员必须具有化工职业教育背景或普通高中及以上学历并接受危险化学品安全培训，经考核合格后方能上岗。企业通过内部培养或外部聘用形式建立化工专业技术团队。化工重点地区扶持建设一批化工相关职业院校（含技工院校），依托重点化工企业、化工园区或第三方专业机构建立实习实训基地。把化工过程安全管理知识纳入相关高校化工与制药类专业核心课程体系。

（十二）规范技术服务协作机制。加快培育一批专业能力强、社会信誉好的技术服务龙头企业，引入市场机制，为涉及危险化学品企业提供管理和技术服务。建立专家技术服务规范，分级分类开展精准指导帮扶。安全生产责任保险覆盖所有危险化学品企业。对安全评价、检测检验等中介机构和环境评价文件编制单位出具虚假报告和证明的，依法依规吊销其相关资质或资格；构成犯罪的，依法追究刑事责任。

（十三）加强危险化学品救援队伍建设。统筹国家综合性消防救援力量、危险化学品专业救援力量，合理规划布局建设立足化工园区、辐射周边、覆盖主要贮存区域的危险化学品应急救援基地。强化长江干线危险化学品应急处置能力建设。加强应急救援装备配备，健全应急救援预案，开展实训演练，提高区域协同救援能力。推进实施危险化学品事故应急指南，指导企业提高应急处置能力。

六、强化安全监管能力

（十四）完善监管体制机制。将涉恐涉爆涉毒危险化学品重大风险纳入国家安全管控范围，健全监管制度，加强重点监督。进一步调整完善危险化学品安全生产监督管理体制。按照"管行业必须管安全、管业务必须管安全、管生产经营必须管安全"和"谁主管谁负责"原则，严格落实相关部门危险化学品各环节安全监管责任，实施全主体、全品种、全链条安全监管。应急管理部门负责危险化学品安全生产监管工作和危险化学品安全监管综合工作；按照《危险化学品安全管理条例》规定，应急管理、交通运输、公安、铁路、民航、生态环境等部门分别承担危险化学品生产、贮存、使用、经营、运输、处置等环节相关安全监管责任；在相关安全监管职责未明确部门的情况下，应急管理部门承担危险化学品安全综合监督管理兜底责任。生态环境部门依法对危险废物的收集、贮存、处置等进行监督管理。应急管理部门和生态环境部门以及其他有关部门建立监管协作和联合执法工作机制，密切协调配合，实现信息及时、充分、有效共享，形成工作合力，共同做好危险化学品安全监管各项工作。完善国务院安全生产委员会工作机制，及时研究解决危险化学品安全突出问题，加强对相关单位履职情况的监督检查和考核通报。

（十五）健全执法体系。建立健全省、市、县三级安全生产执法体系。省级应急管理部门原则上不设执法队伍，由内设机构承担安全生产监管执法责任，市、县级应急管理部门一般实行"局队合一"体制。危险化学品重点县（市、区、旗）、危险化学品贮存量大的港区，以及各类开发区特别是内设化工园区的开发区，应强化危险化学品安全生产监管职责，落实落细监管执法责任，配齐配强专业执法力量。具体由地方党委和政府研究确定，按程序审批。

（十六）提升监管效能。严把危险化学品监管执法人员进人关，进一步明确资格标准，严格考试考核,突出专业素质,择优录用;可通过公务员聘任制方式选聘专业人才,到2022年年底具有安全生产相关专业学历和实践经验的执法人员数量不低于在职人员的75%。完善监管执法人员培训制度,入职培训不少于3个月,每年参加为期不少于2周的复训。实行危险化学品重点县(市、区、旗)监管执法人员到国有大型化工企业进行岗位实训。深化"放管服"改革,加强和规范事中事后监管,在对涉及危险化学品企业进行全覆盖监管基础上,实施分级分类动态严格监管,运用"两随机一公开"进行重点抽查、突击检查。严厉打击非法建设生产经营行为。省、市、县级应急管理部门对同一企业确定一个执法主体,避免多层多头重复执法。加强执法监督,既严格执法,又避免简单化、"一刀切"。大力推行"互联网+监管""执法+专家"模式,及时发现风险隐患,及早预警防范。各地区根据工作需要,面向社会招聘执法辅助人员并健全相关管理制度。

各地区各有关部门要加强组织领导,认真落实党政同责、一岗双责、齐抓共管、失职追责安全生产责任制,整合一切条件、尽最大努力,加快推进危险化学品安全生产各项工作措施落地见效,重要情况及时向党中央、国务院报告。

3. 部门规章及有关文件

1) 危险化学品安全

危险化学品企业重大危险源安全包保责任制办法(试行)

(2021年2月4日应急管理部办公厅以应急厅〔2021〕12号印发)

第一章 总 则

第一条 为保护人民生命财产安全,强化危险化学品企业安全生产主体责任落实,细化重大安全风险管控责任,防范重特大事故,依据《中华人民共和国安全生产法》《危险化学品安全管理条例》《危险化学品重大危险源监督管理暂行规定》等法律、行政法规、部门规章,制定本办法。

第二条 本办法适用于取得应急管理部门许可的涉及危险化学品重大危险源(以下简称重大危险源)的危险化学品生产企业、经营(带储存)企业、使用危险化学品从事生产的化工企业(以下简称危险化学品企业),不含无生产实体的集团公司总部。

第三条 危险化学品企业应当明确本企业每一处重大危险源的主要负责人、技术负责人和操作负责人,从总体管理、技术管理、操作管理三个层面对重大危险源实行安全包保。

第二章 包保责任

第四条 重大危险源的主要负责人,对所包保的重大危险源负有下列安全职责:

(一)组织建立重大危险源安全包保责任制并指定对重大危险源负有安全包保责任的技术负责人、操作负责人;

(二)组织制定重大危险源安全生产规章制度和操作规程,并采取有效措施保证其得到执行;

(三)组织对重大危险源的管理和操作岗位人员进行安全技能培训;

(四)保证重大危险源安全生产所必需的安全投入;

(五)督促、检查重大危险源安全生产工作;

(六)组织制定并实施重大危险源生产安全事故应急救援预案;

(七)组织通过危险化学品登记信息管理系统填报重大危险源有关信息,保证重大危险源安全监测监控有关数据接入危险化学品安全生产风险监测预警系统。

第五条 重大危险源的技术负责人,对所包保的重大危险源负有下列安全职责:

(一)组织实施重大危险源安全监测监控体系建设,完善控制措施,保证安全监测监控系统符合国家标准或者行业标准的规定;

(二)组织定期对安全设施和监测监控系统进行检测、检验,并进行经常性维护、保养,保证有效、可靠运行;

(三)对于超过个人和社会可容许风险值限值标

准的重大危险源，组织采取相应的降低风险措施，直至风险满足可容许风险标准要求；

（四）组织审查涉及重大危险源的外来施工单位及人员的相关资质、安全管理等情况，审查涉及重大危险源的变更管理；

（五）每季度至少组织对重大危险源进行一次针对性安全风险隐患排查，重大活动、重点时段和节假日前必须进行重大危险源安全风险隐患排查，制定管控措施和治理方案并监督落实；

（六）组织演练重大危险源专项应急预案和现场处置方案。

第六条 重大危险源的操作负责人，对所包保的重大危险源负有下列安全职责：

（一）负责督促检查各岗位严格执行重大危险源安全生产规章制度和操作规程；

（二）对涉及重大危险源的特殊作业、检维修作业等进行监督检查，督促落实作业安全管控措施；

（三）每周至少组织一次重大危险源安全风险隐患排查；

（四）及时采取措施消除重大危险源事故隐患。

第三章 管理措施

第七条 危险化学品企业应当在重大危险源安全警示标志位置设立公示牌，写明重大危险源的主要负责人、技术负责人、操作负责人姓名、对应的安全包保职责及联系方式，接受员工监督。

重大危险源安全包保责任人、联系方式应当录入全国危险化学品登记信息管理系统，并向所在地应急管理部门报备，相关信息变更的，应当于变更后5日内在全国危险化学品登记信息管理系统中更新。

第八条 危险化学品企业应当按照《应急管理部关于全面实施危险化学品企业安全风险研判与承诺公告制度的通知》（应急〔2018〕74号）有关要求，向社会承诺公告重大危险源安全风险管控情况，在安全承诺公告牌企业承诺内容中增加落实重大危险源安全包保责任的相关内容。

第九条 危险化学品企业应当建立重大危险源主要负责人、技术负责人、操作负责人的安全包保履职记录，做到可查询、可追溯，企业的安全管理机构应当对包保责任人履职情况进行评估，纳入企业安全生产责任制考核与绩效管理。

第十条 地方各级应急管理部门应当完善危险化学品安全生产风险监测预警机制，保证重大危险源预警信息能够及时推送给对应的安全包保责任人。

第十一条 各级应急管理部门、危险化学品企业应当结合安全生产标准化建设、风险分级管控和隐患排查治理体系建设，运用信息化工具，加强重大危险源安全管理。

第四章 监督检查

第十二条 地方各级应急管理部门应当运用危险化学品安全生产风险监测预警系统，加强对重大危险源安全运行情况的在线巡查抽查，将重大危险源安全包保责任制落实情况纳入监督检查范畴。

第十三条 危险化学品企业未按照相关要求对重大危险源安全进行监测监控的，未明确重大危险源中关键装置、重点部位的责任人的，未对重大危险源的安全生产状况进行定期检查、采取措施消除事故隐患的，以及存在其他违法违规行为的，由县级以上应急管理部门依法依规查处；有关责任人员构成犯罪的，依法追究刑事责任。

第十四条 地方各级应急管理部门应当加强对涉及重大危险源的危险化学品企业的监督检查，督促有关企业做好重大危险源辨识、评估、备案、核销等工作，并及时通过危险化学品登记信息管理系统填报重大危险源有关信息。

第五章 附 则

第十五条 本办法下列用语的含义：

（一）安全包保，是指危险化学品企业按照本办法要求，专门为重大危险源指定主要负责人、技术负责人和操作负责人，并由其包联保证重大危险源安全管理措施落实到位的一种安全生产责任制。

（二）重大危险源的主要负责人，应当由危险化学品企业的主要负责人担任。

（三）重大危险源的技术负责人，应当由危险化学品企业层面技术、生产、设备等分管负责人或者二级单位（分厂）层面有关负责人担任。

（四）重大危险源的操作负责人，应当由重大危险源生产单元、储存单元所在车间、单位的现场直接管理人员担任，例如车间主任。

第十六条 本办法自印发之日起施行，有效期三年。《应急管理部关于实施危险化学品重大危险源源长责任制的通知》（应急〔2018〕89号）同时废止。

淘汰落后危险化学品安全生产工艺技术设备目录(第一批)

（2020年10月23日应急管理部以应急厅〔2020〕38号印发）

各省、自治区、直辖市应急管理厅（局），新疆生产建设兵团应急管理局，有关中央企业：

为认真落实《安全生产法》和中共中央办公厅、国务院办公厅《关于全面加强危险化学品安全生产工作的意见》以及国务院安委会《危险化学品安全专项整治三年行动方案》，加快淘汰落后的危险化学品安全生产工艺技术装备，提升企业本质安全水平，防范化解重大安全风险，应急管理部制定了《淘汰落后危险化学品安全生产工艺技术设备目录（第一批）》(见附件)，现予印发，请遵照执行。

附件：淘汰落后危险化学品安全生产工艺技术设备目录（第一批）

应急管理部办公厅
2020年10月23日

附件

淘汰落后危险化学品安全生产工艺技术设备目录(第一批)

序号	淘汰落后工艺技术装备名称	淘汰原因	淘汰类型	限制范围	代替的技术或装备名称	依据
一、淘汰落后的工艺技术						
1	采用氨冷冻盐水的氯气液化工艺	氨漏入盐水中形成氨盐，再漏入液氯中，形成三氯化氮，易发生爆炸。	限制	两年内改造完毕	环保型冷冻剂	《安全生产法》第三十五条
2	用火直接加热的涂料用树脂生产工艺	安全风险大。	禁止			列入国家发展改革委《产业结构调整指导目录（2019年本)》"淘汰类"
3	常压固定床间歇煤气化工艺	自动化程度相对较低，人工加煤、下灰时易发生火灾、爆炸、灼烫等事故。	限制	新、扩建项目禁止采用	新型煤气化技术	《安全生产法》第三十五条
4	常压中和法硝酸铵生产工艺	常压反应釜内物料量大，反应速度慢且不均匀，尾气逸出量大，安全风险大。	禁止	三聚氰胺尾气综合利用项目除外	加压中和法或管式反应器法硝酸铵生产工艺	《安全生产法》第三十五条

(续)

序号	淘汰落后工艺技术装备名称	淘汰原因	淘汰类型	限制范围	代替的技术或装备名称	依据
二、淘汰落后的设备						
1	敞开式离心机	缺乏有效密封，工作过程中物料及蒸气逸出带来的安全风险高。	限制	涉及易燃、有毒物料禁用	密闭式离心机	《安全生产法》第三十五条
2	多节钟罩的氯乙烯气柜	气柜导轨容易发生卡涩，使物料泄漏。	限制	新、扩建项目禁止，现有多节气柜按照单节气柜改造运行	单节钟罩气柜	《安全生产法》第三十五条
3	煤制甲醇装置气体净化工序三元换热器	在此环境下，易发生腐蚀造成泄漏。	禁止		常规列管换热器、板式换热器等	《安全生产法》第三十五条
4	未设置密闭及自动吸收系统的液氯储存仓库	安全风险高，易发生中毒事故。	限制	一年内改造完毕	仓库密闭，并设置与报警联锁的自动吸收装置	《危险化学品企业安全隐患排查治理导则》
5	采用明火高温加热方式生产石油制品的釜式蒸馏装置	安全风险高，易发生火灾爆炸事故。	禁止		常减压蒸馏塔	列入国家发展改革委《产业结构调整指导目录（2019年本）》"淘汰类"
6	开放式（又称敞开式）、内燃式（又称半密闭式或半开放式）电石炉	安全风险高，易发生火灾、爆炸、灼烫事故。	禁止		密闭式电石炉	电石行业产业政策
7	无火焰监测和熄火保护系统的燃气加热炉、导热油炉	燃气加热炉、导热油炉缺乏火焰监测和熄火保护系统的，容易导致炉膛爆炸。	限制	一年内改造完毕，科研实验用炉不受限制	带有火焰监测和熄火保护系统的燃气加热炉、导热油炉	《安全生产法》第三十五条
8	液化烃、液氯、液氨管道用软管	缺乏检测要求，安全可靠性低。	禁止	码头使用的金属软管和电子级产品使用的软管除外	金属制压力管道或万向充装系统	《石油化工企业设计防火规范》（GB 50160—2008）（2018版）

危险化学品企业安全分类整治目录(2020年)

(2020年10月31日应急管理部以应急〔2020〕84号印发)

各省、自治区、直辖市应急管理厅（局），新疆生产建设兵团应急管理局：

为进一步落实《危险化学品企业安全风险隐患排查治理导则》，推动对安全生产条件不符合要求的企业进行分类整治，现将《危险化学品企业安全分类整治目录（2020年）》(以下简称《目录》)印发给你们，并将有关要求通知如下：

一、全面开展危险化学品企业安全条件精准化排查评估，"一企一策"实施最严格的治理整顿，是中共中央办公厅、国务院办公厅《关于全面加强危险化学品安全生产工作的意见》和国务院安委会《危险化学品安全专项整治三年行动实施方案》明确提出的一项重要任务。各地区应急管理部门要认真学习贯彻习近平总书记关于防范化解重大风险的重要论述精神，坚持人民至上、生命至上，切实把推进安全生产条件不符合要求的危险化学品企业分类整治作为提升整体安全水平的重要举措，把《目录》作为对危险化学品企业安全生产条件进行评估的定性评价标准，同落实《危险化学品企业安全风险隐患排查治理导则》贯通起来，结合实际统筹部署、一体推进，确保工作任务落到实处。

二、各地区应急管理部门要扎实深入开展危险化学品安全专项整治三年行动，通过对危险化学品企业全面排查评估，按照依法依规、分类处置、政策引导、分级实施的工作思路，推动安全生产条件不符合要求的企业规范达标一批、改造提升一批、依法退出一批，建立常态化工作机制，全面提升安全发展水平，实现"从根本上消除事故隐患"、"从根本上解决问题"。

三、《目录》作为对危险化学品企业安全实施分类整治的重要依据，各地区应急管理部门可结合实际研究制定本地区详细目录和实施办法。要严格按照法律、法规、规章、标准的有关具体规定，区分规范达标、改造提升、依法退出三类情况，明确分类内容、违法依据和处理依据。

四、推进安全生产条件不符合要求的企业安全分类整治是一项综合性、政策性很强的工作，要按照省级统筹、市县级抓落实的原则，综合运用安全、环保、质量、节能、土地等政策措施，研究制定配套政策，加强与相关部门协调配合，形成工作合力。

应急管理部
2020年10月31日

附件

危险化学品企业安全分类整治目录(2020年)

一、暂扣或吊销安全生产许可证类			
序号	分类内容	违法依据	处理依据
1	新建、改建、扩建生产危险化学品的建设项目未经具备国家规定资质的单位设计、制造和施工建设；涉及危险化工工艺、重点监管危险化学品的危险化学品生产装置，未经具有综合甲级资质或者化工石化专业甲级设计资质的化工石化设计单位设计。	《危险化学品生产企业安全生产许可证实施办法》第九条第一款。	《危险化学品生产企业安全生产许可证实施办法》第四十三条。

（续）

序号	分类内容	违法依据	处理依据
2	使用国家明令淘汰落后安全技术工艺、设备目录列出的工艺、设备。	《安全生产法》第三十五条；《危险化学品生产企业安全生产许可证实施办法》第九条第二款；《化工和危险化学品生产经营单位重大生产安全事故隐患判定标准（试行）》第十一条。	《安全生产许可证条例》第十四条第二款；《危险化学品生产企业安全生产许可证实施办法》第四十三条。
3	涉及"两重点一重大"的生产装置、储存设施外部安全防护距离不符合国家标准要求，且无法整改的。	《安全生产法》第十七条；《危险化学品生产企业安全生产许可证实施办法》第八条第二款、第九条第五款；《化工和危险化学品生产经营单位重大生产安全事故隐患判定标准（试行）》第三条。	《安全生产许可证条例》第十四条第二款；《危险化学品生产企业安全生产许可证实施办法》第四十三条。
4	涉及重点监管危险化工工艺的装置未装设自动化控制系统。	《危险化学品生产企业安全生产许可证实施办法》第九条第三款；《化工和危险化学品生产经营单位重大生产安全事故隐患判定标准（试行）》第四条。	《安全生产许可证条例》第十四条第二款；《危险化学品生产企业安全生产许可证实施办法》第四十三条。

二、停产停业整顿或暂时停产停业、停止使用相关设施设备类

序号	分类内容	违法依据	处理依据
1	未取得安全生产许可证、安全使用许可证（试生产期间除外）、危险化学品经营许可证或超许可范围从事危险化学品生产经营活动。	《危险化学品安全管理条例》第十四条、第二十九条、第三十三条。	《危险化学品安全管理条例》第七十七条；《危险化学品生产企业安全生产许可证实施办法》第四十五条；《危险化学品安全使用许可证管理办法》第三十七条。
2	新开发的危险化学品生产工艺未经小试、中试、工业化试验直接进行工业化生产，且重大事故隐患排除前或者排除过程中无法保证安全的；国内首次使用的化工工艺，未经过省级人民政府有关部门组织的安全可靠性论证，且重大事故隐患排除前或者排除过程中无法保证安全的。	《安全生产法》第六十二条；《危险化学品生产企业安全生产许可证实施办法》第九条第二款；《化工和危险化学品生产经营单位重大生产安全事故隐患判定标准（试行）》第十九条。	《安全生产法》第六十二条。

(续)

序号	分类内容	违法依据	处理依据
3	一级或者二级重大危险源不具备紧急停车功能，对重大危险源中的毒性气体、剧毒液体和易燃气体等重点设施未设置紧急切断装置，涉及毒性气体、液化气体、剧毒液体的一级、二级重大危险源未配备独立的安全仪表系统，且重大事故隐患排除前或者排除过程中无法保证安全的。	《安全生产法》第六十二条；《危险化学品重大危险源监督管理暂行规定》第十三条；《化工和危险化学品生产经营单位重大生产安全事故隐患判定标准（试行）》第五条。	《安全生产法》第六十二条。
4	涉及重点监管危险化工工艺的装置未实现自动化控制，系统未实现紧急停车功能，且重大事故隐患排除前或者排除过程中无法保证安全的；装备的自动化控制系统、紧急停车系统未投入使用，且重大事故隐患排除前或者排除过程中无法保证安全的。	《安全生产法》第六十二条；《危险化学品生产企业安全生产许可证实施办法》第九条第三款；《危险化学品安全使用许可证管理办法》第七条第三款；《化工和危险化学品生产经营单位重大生产安全事故隐患判定标准（试行）》第四条。	《安全生产法》第六十二条；《危险化学品生产企业安全生产许可证实施办法》第四十三条。
5	装置的控制室、机柜间、变配电所、化验室、办公室等不得与设有甲、乙$_A$类设备的房间布置在同一建筑物内。	《危险化学品生产企业安全生产许可证实施办法》第八条第一款第三项；《石油化工企业设计防火标准》（GB 50160—2008）（2018年版）5.2.16。	《危险化学品生产企业安全生产许可证实施办法》第四十三条。
6	爆炸危险场所未按照国家标准安装使用防爆电气设备，且重大事故隐患排除前或者排除过程中无法保证安全的。	《安全生产法》第六十二条；《化工和危险化学品生产经营单位重大生产安全事故隐患判定标准（试行）》第十二条。	《安全生产法》第六十二条。
7	涉及光气、氯气、硫化氢等剧毒气体管道穿越除厂区外的公共区域（包括化工园区、工业园区），且重大事故隐患排除前或者排除过程中无法保证安全的。	《安全生产法》第六十二条；《危险化学品输送管道安全管理规定》第七条；《化工和危险化学品生产经营单位重大生产安全事故隐患判定标准（试行）》第八条。	《安全生产法》第六十二条。
8	全压力式液化烃球形储罐未按国家标准设置注水措施（半冷冻压力式液化烃储罐或遇水发生反应的液化烃储罐除外），且重大事故隐患排除前或者排除过程中无法保证安全的。	《安全生产法》第六十二条；《化工和危险化学品生产经营单位重大生产安全事故隐患判定标准（试行）》第六条。	《安全生产法》第六十二条。
9	液化烃、液氨、液氯等易燃易爆、有毒有害液化气体的充装未使用万向管道充装系统，且重大事故隐患排除前或者排除过程中无法保证安全的。(液氯钢瓶充装、电子级产品充装除外)	《安全生产法》第六十二条；《化工和危险化学品生产经营单位重大生产安全事故隐患判定标准（试行）》第七条。	《安全生产法》第六十二条。

(续)

序号	分类内容	违法依据	处理依据
10	氯乙烯气柜的进出口管道未设远程紧急切断阀；氯乙烯气柜的压力（钟罩内）、柜位高度不能实现在线连续监测；未设置气柜压力、柜位等联锁。存在以上三种情形之一，经责令限期改正，逾期未改正且情节严重的。	《危险化学品重大危险源监督管理暂行规定》第十三条第二、三项；《危险化学品企业安全风险隐患排查治理导则》"9重点危险化学品特殊管控安全风险隐患排查清单（六）氯乙烯"第六、十一条。	《安全生产法》第九十六条。
11	危险化学品生产、经营、使用企业主要负责人和安全生产管理人员未依法经考核合格。	《安全生产法》第六十二条；《危险化学品生产企业安全生产许可证实施办法》第十六条；《危险化学品经营许可证管理办法》第六条第一款第二项；《危险化学品安全使用许可证管理办法》第九条；《化工和危险化学品生产经营单位重大生产安全事故隐患判定标准（试行）》第一条。	《安全生产法》第六十二条；《危险化学品生产企业安全生产许可证实施办法》第四十三条。
12	涉及危险化工工艺的特种作业人员未取得特种作业操作证而上岗操作的。	《安全生产法》第六十二条；《特种作业人员安全技术培训考核管理规定》第五条；《化工和危险化学品生产经营单位重大生产安全事故隐患判定标准（试行）》第二条。	《安全生产法》第六十二条。
13	未建立安全生产责任制。	《安全生产法》第六十二条；《化工和危险化学品生产经营单位重大生产安全事故隐患判定标准（试行）》第十六条。	《安全生产法》第六十二条。
14	未编制岗位操作规程，未明确关键工艺控制指标。	《安全生产法》第六十二条；《危险化学品生产企业安全生产许可证实施办法》第四十三条；《化工和危险化学品生产经营单位重大生产安全事故隐患判定标准（试行）》第十七条。	《安全生产法》第六十二条；《危险化学品生产企业安全生产许可证实施办法》第四十三条。
15	动火、进入受限空间等特殊作业管理制度不符合国家标准，实施特殊作业前未办理审批手续或风险控制措施未落实，且重大事故隐患排除前或者排除过程中无法保证安全的。	《安全生产法》第六十二条；《化工和危险化学品生产经营单位重大生产安全事故隐患判定标准（试行）》第十八条。	《安全生产法》第六十二条。

（续）

序号	分类内容	违法依据	处理依据
16	列入精细化工反应安全风险评估范围的精细化工生产装置未开展评估，且重大事故隐患排除前或者排除过程中无法保证安全的。	《安全生产法》第六十二条；《化工和危险化学品生产经营单位重大生产安全事故隐患判定标准（试行）》第十九条。	《安全生产法》第六十二条。
17	未按国家标准分区分类储存危险化学品，超量、超品种储存危险化学品，相互禁配物质混放混存，且重大事故隐患排除前或者排除过程中无法保证安全的。	《安全生产法》第六十二条；《化工和危险化学品生产经营单位重大生产安全事故隐患判定标准（试行）》第二十条。	《安全生产法》第六十二条；《危险化学品安全管理条例》第八十条第五款。
三、限期改正类			
序号	分类内容	违法依据	处理依据
1	涉及"两重点一重大"建设项目未按要求组织开展危险与可操作性分析（HAZOP）。	《安全生产法》第三十八条；《危险化学品企业安全风险隐患排查治理导则》3.2.3。	《安全生产法》第九十九条。
2	重大危险源未按国家标准配备温度、压力、液位、流量、组分等信息的不间断采集和监测系统以及可燃气体和有毒有害气体泄漏检测报警装置，并具备信息远传、连续记录、事故预警、信息储存（不少于30天）等功能。	《危险化学品重大危险源监督管理暂行规定》第十三条第一项。	《危险化学品重大危险源监督管理暂行规定》第三十二条第三项。
3	现有涉及硝化、氯化、氟化、重氮化、过氧化工艺的精细化工生产装置未完成有关产品生产工艺全流程的反应安全风险评估，同时未按照《关于加强精细化工反应安全风险评估工作的指导意见》（安监总管三〔2017〕1号）的有关方法对相关原料、中间产品、产品及副产物进行热稳定性测试和蒸馏、干燥、储存等单元操作的风险评估；已开展反应安全风险评估的企业未根据反应危险度等级和评估建议设置相应的安全设施，补充完善安全管控措施的。	《安全生产法》第六十二条；《化工和危险化学品生产经营单位重大生产安全事故隐患判定标准（试行）》第十九条。	《安全生产法》第六十二条。
4	涉及爆炸危险性化学品的生产装置控制室、交接班室布置在装置区内，且未完成搬迁的；涉及甲乙类火灾危险性的生产装置控制室、交接班室布置在装置区内，但未按照《石油化工控制室抗爆设计规范》（GB 50779）完成抗爆设计、建设和加固的。	《安全生产法》第三十八条；《危险化学品生产企业安全生产许可证实施办法》第八条第三款，第九条第四、五款；《危险化学品企业安全风险隐患排查治理导则》附件《安全风险隐患排查表》"2 设计与总图安全风险隐患排查表（二）总图布局"第七项。	《安全生产法》第九十九条。

（续）

序号	分类内容	违法依据	处理依据
5	涉及硝化、氯化、氟化、重氮化、过氧化工艺装置的上下游配套装置未实现自动化控制。	《安全生产法》第三十八条；《危险化学品生产企业安全生产许可证实施办法》第九条；《危险化学品安全使用许可证管理办法》第七条第三款。	《安全生产法》第九十九条。
6	控制室或机柜间面向具有火灾、爆炸危险性装置一侧不满足国家标准关于防火防爆的要求。	《安全生产法》第六十二条；《化工和危险化学品生产经营单位重大生产安全事故隐患判定标准（试行）》第十三条。	《安全生产法》第六十二条。
7	未按照标准设置、使用有毒有害、可燃气体泄漏检测报警系统；可燃气体和有毒气体检测报警信号未发送至有人值守的现场控制室、中心控制室等进行显示报警。	《安全生产法》第六十二条；《危险化学品生产企业安全生产许可证实施办法》第九条第一款第三项；《化工和危险化学品生产经营单位重大生产安全事故隐患判定标准（试行）》第十二条。	《安全生产法》第六十二条。
8	地区架空电力线路穿越生产区且不符合国家标准要求。	《安全生产法》第六十二条；《化工和危险化学品生产经营单位重大生产安全事故隐患判定标准（试行）》第九条。	《安全生产法》第六十二条。
9	化工生产装置未按国家标准要求设置双重电源供电。	《安全生产法》第六十二条；《化工和危险化学品生产经营单位重大生产安全事故隐患判定标准（试行）》第十四条；《供配电系统设计规范》（GB 50052—2009）3.0.2；《石油化工企业生产装置电力设计技术规范》（SH 3038—2000）4.1、4.2。	《安全生产法》第六十二条。
10	涉及"两重点一重大"生产装置和储存设施的企业，新入职的主要负责人和主管生产、设备、技术、安全的负责人及安全生产管理人员不具备化学、化工、安全等相关专业大专及以上学历或化工类中级及以上职称；新入职的涉及重大危险源、重点监管化工工艺的生产装置、储存设施操作人员不具备高中及以上学历或化工类中等及以上职业教育水平；新入职的涉及爆炸危险性化学品的生产装置和储存设施的操作人员不具备化工类大专及以上学历。	中共中央办公厅、国务院办公厅《关于全面加强危险化学品安全生产工作的意见》"十一、加强专业人才培养"；《危险化学品生产企业安全生产许可证实施办法》第十六条。	《安全生产法》第九十四条；《危险化学品生产企业安全生产许可证实施办法》第四十三条。

（续）

序号	分类内容	违法依据	处理依据
11	未建立安全风险研判与承诺公告制度，董事长或总经理等主要负责人未每天作出安全承诺并向社会公告。	《危险化学品企业安全风险隐患排查治理导则》4.1.5。	《安全生产法》第九十九条。
12	危险化学品生产企业未提供化学品安全技术说明书，未在包装（包括外包装件）上粘贴、拴挂化学品安全标签。	《危险化学品安全管理条例》第十五条。	《危险化学品安全管理条例》第七十八条。
13	未将工艺、设备、生产组织方式等方面发生的变化纳入变更管理，或在变更时未进行安全风险分析。	《危险化学品企业安全风险隐患排查治理导则》4.12。	《安全生产法》第九十九条。
14	未按照《危险化学品单位应急救援物资配备要求》配备应急救援物资。	《安全生产法》第七十九条；《危险化学品单位应急救援物资配备要求》（GB 30077—2013）。	《生产安全事故应急预案管理办法》第四十四条第七款。

注：1. 经评估属于暂扣或吊销安全生产许可证类的，依法暂扣其安全生产许可证1—6个月，暂扣期满仍不具备安全生产条件的，依法吊销其安全生产许可证；属于停产停业整顿或暂时停产停业、停止使用相关设施设备类的，经停产停业整顿或暂时停产停业、停止使用相关设施设备仍不具备安全生产条件的，依法吊销其有关安全许可或给予其他行政处罚；属于限期改正类的，依法责令其限期改正，逾期仍未改正的，依法给予行政处罚。
2. 暂扣或吊销安全生产许可证类第2小类，危险化学品企业的主装置使用国家明令淘汰落后安全技术工艺、设备的，按照暂扣或吊销安全生产许可证类相应要求执行；辅助装置涉及使用使用国家明令淘汰落后安全技术工艺、设备的，按照或暂时停产停业、停止使用相关设施设备相应要求执行。
3. 暂扣或吊销安全许可证类第3小类，涉及爆炸物的危险化学品生产装置和储存设施，要按照《危险化学品生产装置和储存设施外部安全防护距离》（GB/T 37243）确定外部安全防护距离；涉及有毒气体或易燃气体，且其设计最大量与GB 18218中规定的临界量比值之和大于或等于1的危险化学品生产装置和储存设施，要按照《危险化学品生产装置和储存设施外部安全防护距离》（GB/T 37243）确定外部安全防护距离；除此以外的危险化学品生产装置和储存设施的外部安全防护距离应满足相关标准规范的距离要求。

危险化学品企业安全风险隐患排查治理导则

（2019年8月12日应急管理部以应急〔2019〕78号印发）

1 总则

1.1 为切实推进危险化学品企业落实安全生产主体责任，着力构建安全风险分级管控及隐患排查治理的双重预防机制，有效防范重特大安全事故，根据国家相关法律、法规、规章及标准，制定本导则。

1.2 本导则适用于危险化学品（化工）企业（以下简称企业）的安全风险隐患排查治理工作。

1.3 风险是某一特定危害事件发生的可能性与其后果严重性的组合；风险点是指存在安全风险的设施、部位、场所和区域，以及在设施、部位、场所和区域实施的伴随风险的作业活动，或以上两者的组合；对风险所采取的管控措施存在缺陷或缺失时就构成安全隐患，包括物的不安全状态、人的不安全行为和管理上的缺陷等方面。

2 基本要求

2.1 企业是风险隐患排查治理的主体，要逐级落实安全风险隐患排查治理责任，对安全风险全面管控，对安全隐患治理实行闭环管理，保证生产安全。

2.2 企业应建立健全安全风险隐患排查治理工作机制，建立安全风险隐患排查治理管理制度并严格执行，企业全体员工应按照责任制要求参与风险隐患排查治理工作。

2.3 企业应充分利用安全检查表（SCL）、工作危害分析（JHA）、故障类型和影响分析（FMEA）、危险和可操作性分析（HAZOP）等安全风险分析方法，或多种方法的组合，开展过程危害分析，排查生产过程中的安全风险隐患。

2.4 企业应对涉及"两重点一重大"的生产、储存装置定期开展HAZOP分析。

2.5 精细化工企业应按要求开展反应安全风险评估。

3 安全风险隐患排查方式及频次

3.1 安全风险隐患排查方式

3.1.1 企业应根据安全生产法律法规和安全风险管控情况，按照化工过程安全管理的要求，结合生产工艺特点，针对可能发生安全事故的风险点，全面开展安全风险隐患排查工作，做到安全风险隐患排查全覆盖，责任到人。

3.1.2 安全风险隐患排查形式包括日常排查、综合性排查、专业性排查、季节性排查、重点时段及节假日前排查、事故类比排查和外聘专家诊断式排查等。

（1）日常排查是指基层单位班组、岗位员工的交接班检查和班中巡回检查，以及基层单位（厂）管理人员和各专业技术人员的日常性检查；日常排查要加强对关键装置、重点部位、重大危险源的检查和巡查；

（2）综合性排查是指以安全生产责任制、各项专业管理制度、安全生产管理制度和化工过程安全管理各要素落实情况为重点开展的全面检查；

（3）专业性排查是指对区域位置及总图布置、工艺、设备、电气、仪表、储运、应急、消防和公用工程等系统分别进行的专业检查；

（4）季节性排查是指根据各季节特点开展的专项检查，主要包括：

春季以防雷、防静电、防解冻泄漏、防解冻坍塌为重点；

夏季以防雷暴、防设备容器高温超压、防台风、防洪、防暑降温为重点；

秋季以防雷暴、防火、防静电、防凝保温为重点；

冬季以防火、防爆、防雪、防冻防凝、防滑、防静电为重点。

（5）重点时段及节假日前排查是指在重大活动、重点时段和节假日前，对装置生产是否存在异常状况和安全隐患、备用设备状态、备品备件、生产及应急物资储备、保运力量安排、安全保卫、应急、消防等方面进行的检查，特别是要对节日期间领导干部带班值班、机电仪保运及紧急抢修力量安排、备件及各类物资储备和应急工作进行重点检查；

（6）事故类比排查是指对企业内或同类企业发生安全事故后举一反三的安全检查；

（7）外聘专家排查是指聘请外部专家对企业进行的安全检查。

3.2 安全风险隐患排查频次

3.2.1 开展安全风险隐患排查的频次应满足：

（1）装置操作人员现场巡检间隔不得大于2小时，涉及"两重点一重大"的生产、储存装置和部位的操作人员现场巡检间隔不得大于1小时；

（2）基层车间（装置）直接管理人员（主任、工艺、设备技术人员）、电气、仪表人员每天至少两次对装置现场进行相关专业检查；

（3）基层车间应结合岗位责任制检查，至少每周组织一次安全风险隐患排查；基层单位（厂）应结合岗位责任制检查，至少每月组织一次安全风险隐患排查；

（4）企业应根据季节性特征及本单位的生产实际，每季度开展一次有针对性的季节性安全风险隐患排查；重大活动、重点时段及节假日前必须进行安全风险隐患排查；

（5）企业至少每半年组织一次，基层单位至少每季度组织一次综合性排查和专业排查，两者可结合进行；

（6）当同类企业发生安全事故时，应举一反三，及时进行事故类比安全风险隐患专项排查。

3.2.2 当发生以下情形之一时，应根据情况及时组织进行相关专业性排查：

（1）颁布实施有关最新的法律法规、标准规范或原有适用法律法规、标准规范重新修订的；

（2）组织机构和人员发生重大调整的；

（3）装置工艺、设备、电气、仪表、公用工程或操作参数发生重大改变的；

（4）外部安全生产环境发生重大变化的；

（5）发生安全事故或对安全事故、事件有新认识的；

（6）气候条件发生大的变化或预报可能发生重大自然灾害前。

3.2.3 企业对涉及"两重点一重大"的生产、

储存装置运用 HAZOP 方法进行安全风险辨识分析，一般每 3 年开展一次；对涉及"两重点一重大"和首次工业化设计的建设项目，应在基础设计阶段开展 HAZOP 分析工作；对其他生产、储存装置的安全风险辨识分析，针对装置不同的复杂程度，可采用本导则第 2.3 所述的方法，每 5 年进行一次。

4 安全风险隐患排查内容

企业应结合自身安全风险及管控水平，按照化工过程安全管理的要求，参照各专业安全风险隐患排查表（见附件），编制符合自身实际的安全风险隐患排查表，开展安全风险隐患排查工作。

排查内容包括但不限于以下方面：
(1) 安全领导能力；
(2) 安全生产责任制；
(3) 岗位安全教育和操作技能培训；
(4) 安全生产信息管理；
(5) 风险管理；
(6) 设计管理；
(7) 试生产管理；
(8) 装置运行安全管理；
(9) 设备设施完好性；
(10) 作业许可管理；
(11) 承包商管理；
(12) 变更管理；
(13) 应急管理；
(14) 事故事件管理。

4.1 安全领导能力

4.1.1 企业安全生产目标、计划制定及落实情况。

4.1.2 企业主要负责人安全生产责任制的履职情况，包括：
(1) 建立、健全本单位安全生产责任制；
(2) 组织制定本单位安全生产规章制度和操作规程；
(3) 组织制定并实施本单位安全生产教育和培训计划；
(4) 保证本单位安全生产投入的有效实施；
(5) 督促、检查本单位的安全生产工作，及时消除生产安全事故隐患；
(6) 组织制定并实施本单位的生产安全事故应急救援预案；
(7) 及时、如实报告生产安全事故。

4.1.3 企业主要负责人安全培训考核情况，分管生产、安全负责人专业、学历满足情况。

4.1.4 企业主要负责人组织学习、贯彻落实国家安全生产法律法规，定期主持召开安全生产专题会议，研究重大问题，并督促落实情况。

4.1.5 企业主要负责人和各级管理人员在岗在位、带（值）班、参加安全活动、组织开展安全风险研判与承诺公告情况。

4.1.6 安全生产管理体系建立、运行及考核情况；"三违"（违章指挥、违章作业、违反劳动纪律）的检查处置情况。

4.1.7 安全管理机构的设置及安全管理人员的配备、能力保障情况。

4.1.8 安全生产费用提取和使用情况；员工工伤保险费用缴纳及安全生产责任险投保情况。

4.1.9 异常工况处理授权决策机制建立情况。

4.1.10 企业聘用员工学历、能力满足安全生产要求情况。

4.2 安全生产责任制

4.2.1 企业依法依规制定完善全员安全生产责任制情况；根据企业岗位的性质、特点和具体工作内容，明确各层级所有岗位从业人员的安全生产责任，体现安全生产"人人有责"的情况。

4.2.2 全员安全生产责任制的培训、落实、考核等情况。

4.2.3 安全生产责任制与现行法律法规的符合性情况。

4.3 岗位安全教育和操作技能培训

4.3.1 企业建立安全教育培训制度的情况。

4.3.2 企业安全管理人员参加安全培训及考核情况。

4.3.3 企业安全教育培训制度的执行情况，主要包括：
(1) 安全教育培训体系的建立，安全教育培训需求的调查，安全教育培训计划及培训档案的建立；
(2) 安全教育培训计划的落实，方式及效果的评估；
(3) 从业人员安全教育培训考核上岗，特种作业人员持证上岗；
(4) 人员、工艺技术、设备设施等发生改变时，及时对操作人员进行再培训；
(5) 采用新工艺、新技术、新材料或使用新设备前，对从业人员进行专门的安全生产教育和培训；
(6) 对承包商等相关方人员的入厂安全教育培训。

4.4 安全生产信息管理

4.4.1 安全生产信息管理制度的建立情况。

4.4.2 按照 AQ/T 3034 的要求收集安全生产信

息情况，包括化学品危险性信息、工艺技术信息、设备设施信息、行业经验、事故教训、有关法律法规标准以及政府规范性文件要求等其他相关信息。

4.4.3 在生产运行、风险分析、事故调查和编制生产管理制度、操作规程、员工安全教育培训手册、应急预案等工作中运用安全生产信息的情况。

4.4.4 危险化学品安全技术说明书和安全标签的获取情况。

4.4.5 岗位人员对本岗位涉及的安全生产信息的了解掌握情况。

4.4.6 法律法规标准及最新安全生产信息的获取、识别及应用情况。

4.5 风险管理

4.5.1 安全风险管理制度的建立情况。

4.5.2 全方位、全过程辨识生产工艺、设备设施、作业环境、人员行为、管理体系等方面存在的安全风险情况，主要包括：

（1）对涉及"两重点一重大"生产、储存装置定期运用HAZOP方法开展安全风险辨识；

（2）对设备设施、作业活动、作业环境进行风险辨识；

（3）管理机构、人员构成、生产装置等发生重大变化或发生安全事故时，及时进行安全风险辨识；

（4）控制风险的工程、技术、管理措施及其失效可能引起的后果分析；

（5）厂区内人员密集场所的风险排查；

（6）存在风险外溢的可能性分析及预警。

4.5.3 安全风险分级管控与措施落实情况，主要包括：

（1）企业可接受安全风险标准的制定；

（2）对辨识出的安全风险进行分级和安全风险管控措施的落实；

（3）对辨识分析发现的不可接受风险，制定并落实消除、减小或控制安全风险的措施，将安全风险控制在可接受范围。

4.5.4 对风险管控措施的有效性实施监控及失效后及时处置情况。

4.5.5 全员参与风险辨识与培训情况。

4.6 设计管理

4.6.1 建设项目选址合理性情况；与周围敏感场所的外部安全防护距离满足性情况，包括在工厂的选址、设备布置时，开展定量安全风险评估（QRA）情况。

4.6.2 开展正规设计或安全设计诊断情况；涉及"两重点一重大"的建设项目设计单位资质符合性情况。

4.6.3 落实国家明令淘汰、禁止使用的危及生产安全的工艺、设备要求情况。

4.6.4 总图布局、竖向设计、重要设施的平面布置、朝向、安全距离等合规性情况。

4.6.5 涉及"两重点一重大"装置自动化控制系统的配置情况。

4.6.6 项目安全设施"三同时"符合性情况。

4.6.7 新开发工艺进行反应安全风险评估、组织专家开展安全论证情况。

4.6.8 重大设计变更的管理情况。

4.7 试生产管理

4.7.1 试生产组织机构的建立情况；建设项目各相关方的安全管理范围与职责界定情况。

4.7.2 试生产前期工作的准备情况，主要包括：

（1）总体试生产方案、操作规程、应急预案等相关资料的编制、审查、批准、发布实施；

（2）试车物资及应急装备的准备；

（3）人员准备及培训；

（4）"三查四定"工作的开展。

4.7.3 试生产工作的实施情况，主要包括：

（1）系统冲洗、吹扫、气密等工作的开展及验收；

（2）单机试车及联动试车工作的开展及验收；

（3）投料前安全条件检查确认。

4.8 装置运行安全管理

4.8.1 操作规程与工艺卡片管理制度制定及执行情况，主要包括：

（1）操作规程与工艺卡片的编写及管理；

（2）操作规程内容与AQ/T 3034要求的符合性；

（3）操作规程的适应性和有效性的定期确认与审核修订；

（4）操作规程文本的发布及操作人员的方便查阅；

（5）操作规程的定期培训和考核；

（6）工艺卡片制作及使用；

（7）工艺技术、设备设施发生重大变更后对操作规程的及时修订。

4.8.2 装置运行监测预警及处置情况，主要包括：

（1）装备自动化控制系统，对重要工艺参数进行实时监控预警；

（2）可燃及有毒气体检测报警设施设置及投用；

（3）采用在线安全监控、自动检测或人工分析数据等手段，有效判断发生异常工况的根源，及时安全处置。

4.8.3 开停车安全管理情况，主要包括：

（1）开停车前安全条件的检查确认；

（2）开停车前开展安全风险辨识分析、开停车方案的制定、安全措施的编制及落实；

（3）开车过程中重要步骤的签字确认，包括装置冲洗、吹扫、气密试验时安全措施的制订，引进蒸汽、氮气、易燃易爆介质前的流程确认，引进物料时对物料流量、温度、压力、液位等参数变化情况的监测与流程再确认，进退料顺序和速率的管理，可能出现泄漏等异常现象部位的监控；

（4）停车过程中，设备和管线低点处的安全排放操作及吹扫处理后与其他系统切断、确认工作的执行。

4.8.4 工艺纪律、交接班制度的执行与管理情况。

4.8.5 工艺技术变更管理情况。

4.8.6 重大危险源安全控制设施设置及投用情况，主要包括：

（1）重大危险源应配备温度、压力、液位、流量等信息的不间断采集和监测系统以及可燃气体和有毒有害气体泄漏检测报警装置，并具备信息远传、记录、安全预警、信息存储等功能；

（2）重大危险源的化工生产装置应装备满足安全生产要求的自动化控制系统；

（3）一级或者二级重大危险源，设置紧急停车系统；

（4）对重大危险源中的毒性气体、剧毒液体和易燃气体等重点设施，设置紧急切断装置；

（5）对涉及毒性气体、液化气体、剧毒液体的一级或者二级重大危险源，应具有独立安全仪表系统；

（6）对毒性气体的设施，设置泄漏物紧急处置装置；

（7）重大危险源中储存剧毒物质的场所或者设施，设置视频监控系统。

4.8.7 重点监管危险化工工艺安全控制措施的设置及投用情况。

4.8.8 剧毒、高毒危险品的密闭取样系统设置及投用情况。

4.8.9 储运设施的管理情况，主要包括：

（1）危险化学品装卸管理制度的制订及执行；

（2）储运系统设施的安全设计、安全控制、应急措施的落实；

（3）储罐安全运行，尤其是浮顶储罐安全运行；

（4）危险化学品仓库及储存管理。

4.8.10 光气、液氯、液氨、液化烃、氯乙烯、硝酸铵等有毒、易燃易爆危险化学品的特殊管控措施落实情况。

4.8.11 空分系统的运行管理情况。

4.9 设备设施完好性

4.9.1 设备设施管理制度的建立情况。

4.9.2 设备设施管理制度的执行情况，主要包括：

（1）设备设施管理台账的建立，备品配件管理，设备操作和维护规程编制，设备维保人员的技能培训；

（2）电气设备设施安全操作、维护、检修工作的开展，电源系统安全可靠性分析和安全风险评估工作的开展，防爆电气设备、线路检查和维护管理；

（3）仪表自动化控制系统安全管理制度的执行，新（改、扩）建装置和大修装置的仪表自动化控制系统投用前及长期停用后的再次启用前的检查确认、日常维护保养，安全联锁保护系统停运、变更的专业会签和审批。

4.9.3 设备日常管理情况，主要包括：

（1）设备操作规程的编制及执行；

（2）大机组和重点动设备运行参数的自动监测及运行状况的评估；

（3）关键储罐、大型容器的防腐蚀、防泄漏相关工作开展；

（4）安全附件的维护保养；

（5）日常巡检工作开展；

（6）出现异常状况的设备设施及时处置；

（7）备用机泵的管理。

4.9.4 设备预防性维修工作开展情况，主要包括：

（1）关键设备设置在线监测；

（2）关键设备、连续监（检）测检查仪表的定期监（检）测检查；

（3）静设备密封件、动设备易损件的定期监（检）测；

（4）压力容器、压力管道附件的定期检查（测）；

（5）对可能出现泄漏的部位、物料种类和泄漏量的统计分析情况，生产装置动静密封点的定期监（检）测及处置；

（6）对易腐蚀的管道、设备开展防腐蚀检测，监控壁厚减薄情况，及时发现并更新更换存在安全隐患的设备。

4.9.5 安全仪表系统安全完整性等级评估工作开展情况，主要包括：

（1）安全仪表功能（SIF）及其相应的功能安全要求或安全完整性等级（SIL）评估；

（2）安全仪表系统的设计、安装、使用、管理和维护；

（3）检测报警仪器的定期标定。

4.10 作业许可管理

4.10.1 危险作业许可制度的建立情况。

4.10.2 实施危险作业前，安全风险分析的开展、安全条件的确认、作业人员对作业风险的了解和安全风险控制措施的掌握、预防和控制安全风险措施的落实情况。

4.10.3 危险作业许可票证的审查确认及签发，特殊作业管理与 GB 30871 要求的符合性；检维修、施工、吊装等作业现场安全措施落实情况。

4.10.4 现场监护人员对作业范围内的安全风险识别、应急处置能力的掌握情况。

4.10.5 作业过程中，管理人员现场监督检查情况。

4.10.6 作业人员防护用品的配备使用情况。

4.11 承包商管理

4.11.1 承包商管理制度的建立情况。

4.11.2 承包商管理制度的执行情况，主要包括：

（1）对承包商的准入和绩效评价；

（2）承包商入厂前的教育培训、作业开始前的安全交底；

（3）对承包商的施工方案和应急预案的审查；

（4）与承包商签订安全管理协议，明确双方安全管理范围与责任；

（5）对承包商作业进行全程安全监督。

4.12 变更管理

4.12.1 变更管理制度的建立情况。

4.12.2 变更管理制度的执行情况，主要包括：

（1）变更申请、审批、实施、验收各环节的执行，变更前安全风险分析；

（2）变更带来的对生产要求的变化、过程安全信息的更新及对相关人员的培训；

（3）变更管理档案的建立。

4.13 应急管理

4.13.1 企业应急管理情况，主要包括：

（1）应急管理体系的建立；

（2）应急预案编制与 GB/T 29639 的符合性，与周边企业和地方政府的预案衔接；

4.13.2 企业应急管理机构、人员配置、预案及相关制度的执行情况。

4.13.3 应急救援装备、物资、器材、设施配备和维护情况；消防系统运行维护情况。

4.13.4 应急预案的培训和演练，事故状态下的应急响应情况。

4.13.5 应急人员的能力建设情况。

4.14 事故事件管理

4.14.1 事故事件管理制度的建立情况。

4.14.2 事故事件管理制度执行情况，主要包括：

（1）开展事件调查、原因分析；

（2）整改和预防措施落实；

（3）员工与相关方上报事件的激励机制建立；

（4）安全事故事件分享、档案建立及管理等。

4.14.3 吸取本企业和其他同类企业安全事故及事件教训情况。

4.14.4 将承包商在本企业发生的安全事故纳入本企业事故管理情况。

5 安全风险隐患闭环管理

5.1 安全风险隐患治理

5.1.1 对排查中发现的安全风险隐患问题，应当立即组织整改，并对安全风险隐患排查治理情况如实记录，及时向员工通报。

5.1.2 在排查过程中发现的重大安全隐患，应及时向本企业主要负责人报告；主要负责人不及时处理的，可以向主管的负有安全生产监督管理职责的部门报告。

5.1.3 对于不能立即完成整改的，应进行风险分析，并应从工程控制、安全管理、个体防护、应急处置及培训教育等方面采取有效的管控措施，防止安全事故的发生。

5.2 安全风险隐患上报

5.2.1 企业应按要求向属地应急管理部门或相关部门上报安全风险隐患整改、存在的重大隐患情况及隐患防范长效机制的建立情况。

5.2.2 重大安全隐患的报告内容至少包括：

（1）安全隐患的现状及其产生原因；

（2）安全隐患的危害程度分析；

（3）安全隐患的治理方案及治理前保证安全的管控措施。

6 特殊要求

企业存在以下情况，必须立即整改，在未完成整改前，属地应急管理部门应责令其停产整顿，暂扣或吊销安全生产许可证：

6.1 主要负责人或安全管理人员从业条件不符合国家有关要求。

6.2 涉及危险化工工艺的特种作业人员未取得高中以上学历。

6.3 在役化工装置未经正规设计且未进行安全设计诊断。

6.4 外部安全防护距离不符合国家标准要求。

6.5 涉及"两重点一重大"装置或储存设施的自动化控制设施不符合国家要求。

6.6 危险化学品泄漏未及时有效处置。

附录 定义和术语

下列术语和定义适用于本文件。

1 两重点一重大

重点监管的危险化工工艺、重点监管的危险化学品和危险化学品重大危险源。

2 三查四定

是建设项目中交前要经历的一个过程，"三查"主要指"查设计漏项、查工程质量及安全隐患、查未完工程量"，"四定"指对检查出来的问题"定任务、定人员、定时间、定措施"，限期完成。

3 危险作业

操作过程安全风险较大，容易发生人身伤亡或设备损坏，事故后果严重，需要采取特别控制措施的作业。一般包括：

（1）GB 30871 规定的动火、进入受限空间、盲板抽堵、高处作业、吊装、临时用电、动土、断路等特殊作业；

（2）储罐切水、液化烃充装等危险性较大的作业；

（3）安全风险较大的设备检维修作业。

附件

安全风险隐患排查表

1 安全基础管理安全风险隐患排查表

序号	排查内容	排查依据
（一）安全领导能力		
1	1. 主要负责人应组织制定符合本企业实际的安全生产方针和年度安全生产目标； 2. 安全生产目标应满足： （1）形成文件，并得到所有从业人员的贯彻和实施； （2）符合或严于相关法律法规的要求； （3）根据安全生产目标制定量化的安全生产工作指标。	《国家安全监管总局关于印发危险化学品从业单位安全生产标准化评审标准的通知》（安监总管三〔2011〕93号）中评审标准2.1
2	1. 应将年度安全生产目标分解到各级组织（包括各个管理部门、车间、班组），逐级签订安全生产目标责任书； 2. 企业及各个管理部门、车间应制定切实可行的年度安全生产工作计划； 3. 应定期考核安全生产目标完成情况。	《国家安全监管总局关于印发危险化学品从业单位安全生产标准化评审标准的通知》（安监总管三〔2011〕93号）中评审标准2.1
3	企业应建立安全风险研判与承诺公告制度，以董事长或总经理等主要负责人的名义每天签署安全承诺并向社会公告。	《应急管理部关于全面实施危险化学品企业安全风险研判与承诺公告制度的通知》（应急〔2018〕74号）

(续)

序号	排查内容	排查依据
4	企业主要负责人应严格履行其法定的安全生产职责： 1. 建立、健全本单位安全生产责任制； 2. 组织制定本单位安全生产规章制度和操作规程； 3. 组织制定并实施本单位安全生产教育和培训计划； 4. 保证本单位安全生产投入的有效实施； 5. 督促、检查本单位的安全生产工作，及时消除生产安全事故隐患； 6. 组织制定并实施本单位的生产安全事故应急救援预案； 7. 及时、如实报告生产安全事故。	《安全生产法》第十八条
5	企业负责人应每季度至少参加1次班组安全活动，车间负责人及其管理人员每月至少参加2次班组安全活动，并在班组安全活动记录上签字。	《国家安全监管总局关于印发危险化学品从业单位安全生产标准化评审标准的通知》(安监总管三〔2011〕93号) 中评审标准5.6
6	企业应制定领导干部带班制度并严格落实，主要负责人应参加领导干部带班，副总工程师以上领导干部要轮流带班；生产车间也要建立由管理人员参加的车间值班制度。	《国家安全监管总局 工业和信息化部关于危险化学品企业贯彻落实〈国务院关于进一步加强企业安全生产工作的通知〉的实施意见》(安监总管三〔2010〕186号)
7	企业厂级、车间级负责人应参与风险辨识评价工作。	《国家安全监管总局关于印发危险化学品从业单位安全生产标准化评审标准的通知》(安监总管三〔2011〕93号) 中评审标准3.2
8	企业主要负责人和各级管理人员在岗在位情况。	
9	企业应由相应级别的负责人组织并参加综合性或专业性风险隐患排查及治理工作。	《国家安全监管总局关于印发危险化学品从业单位安全生产标准化评审标准的通知》(安监总管三〔2011〕93号) 中评审标准11.2
10	企业应建立安全生产管理体系，并通过体系评审、持续改进等措施保证体系有效运行。	
11	企业主要负责人应有可测量的安全承诺，并制定践行安全承诺的行动计划。	
12	企业主要负责人应定期组织召开安全生产专题会议，学习、贯彻落实国家安全生产法律法规，听取安全生产工作情况汇报，了解安全生产状况，研究重大问题，并督促落实情况。	《国家安全监管总局关于印发危险化学品从业单位安全生产标准化评审标准的通知》(安监总管三〔2011〕93号) 中评审标准2.3
13	企业分管安全负责人、分管生产负责人、分管技术负责人应当具有一定的化工专业知识或者相应的专业学历。	《危险化学品生产企业安全生产许可证实施办法》(国家安全生产监管总局令第41号) 第十六条
14	1. 企业应当依法设置安全生产管理机构或配备专职安全生产管理人员。 2. 专职安全生产管理人员应不少于企业员工总数的2%（不足50人的企业至少配备1人），要具备化工或安全管理相关专业中专以上学历，有从事化工生产相关工作2年以上经历。 3. 从业人员300人以上的危险物品生产、经营单位，应当按照不少于安全生产管理人员15%的比例配备注册安全工程师；安全生产管理人员在7人以下的，至少配备1名注册安全工程师。	《安全生产法》第二十一条 《国家安全监管总局关于危险化学品企业贯彻落实国务院关于进一步加强企业安全生产工作的通知的实施意见》(安监总管三〔2010〕186号) 第一章第3条 《注册安全工程师管理规定》(国家安全监管总局令第11号) 第六条

（续）

序号	排查内容	排查依据
15	1. 企业应建立和落实安全生产费用管理制度，足额提取安全生产费用，专项用于安全生产。 2. 企业应合理使用安全生产费用；建立安全生产费用台帐，载明安全生产费用使用情况。	《企业安全生产费用提取和使用管理办法》（财企〔2012〕16号）
16	企业应依法参加工伤保险和安全生产责任保险，为员工缴纳保险费。	《中共中央 国务院关于推进安全生产领域改革发展的意见》第二十九条
17	企业应建立反"三违"（违章指挥、违章作业、违反劳动纪律）机制，对"三违"行为进行检查处置。	
18	企业应建立异常工况下应急处理的授权决策机制。	
19	企业危险化学品特种作业人员应具备高中或者相当于高中及以上文化程度，能力应满足安全生产要求。	《特种作业人员安全技术培训考核管理规定》（国家安全监管总局令第30号）第四条
（二）安全生产责任制		
1	企业应建立健全全员安全生产责任制： 1. 应明确各级管理部门及基层单位的安全生产责任和考核标准； 2. 应明确主要负责人、各级管理人员、一线从业人员（含劳务派遣人员、实习学生等）等所有岗位人员的安全生产责任和考核标准。	《国务院安委会办公室关于全面加强企业全员安全生产责任制工作的通知》（安委办〔2017〕29号）第（三）条 《国家安全监管总局关于印发危险化学品从业单位安全生产标准化评审标准的通知》（安监总管三〔2011〕93号）评审标准2.3
2	企业应将全员安全生产责任制教育培训工作纳入安全生产年度培训计划，对所有岗位从业人员（含劳务派遣人员、实习学生等）进行安全生产责任制教育培训，如实记录相关教育培训情况等。	《国务院安委会办公室关于全面加强企业全员安全生产责任制工作的通知》（安委办〔2017〕29号）第（五）、（七）条
3	企业应建立健全安全生产责任制管理考核制度，对全员安全生产责任制落实情况进行考核管理。	《安全生产法》第十九条 《关于全面加强企业全员安全生产责任制工作的通知》（安委办〔2017〕29号）（六）
4	当国家安全生产法律法规发生变化或企业生产经营发生重大变化时，应及时修订安全生产责任制。	《国家安全监管总局关于印发危险化学品从业单位安全生产标准化评审标准的通知》（安监总管三〔2011〕93号）评审标准4.3
（三）安全教育和岗位操作技能培训		
1	企业应当按照安全生产法和有关法律、行政法规要求，建立健全安全教育培训制度。	《生产经营单位安全培训规定》（国家安全监管总局令第3号）第三条
2	企业应根据培训需求调查编制年度安全教育培训计划，并按计划实施。	《国家安全监管总局关于印发危险化学品从业单位安全生产标准化评审标准的通知》（安监总管三〔2011〕93号）评审标准5.1
3	企业应当建立健全从业人员安全生产教育和培训档案，详细、准确记录培训的时间、内容、参加人员以及考核结果等情况。	《生产经营单位安全培训规定》（国家安全监管总局令第3号）第二十二条
4	企业应对培训教育效果进行评估和改进。	《国家安全监管总局关于印发危险化学品从业单位安全生产标准化评审标准的通知》（安监总管三〔2011〕93号）评审标准5.1

(续)

序号	排查内容	排查依据
5	1. 企业主要负责人和安全生产管理人员，应当由主管的负有安全生产监督管理职责的部门对其安全生产知识和管理能力考核合格； 2. 企业主要负责人和安全生产管理人员应接受每年再培训。	《安全生产法》第二十四条 《生产经营单位安全培训规定》(国家安全监管总局令第3号) 第九条
6	企业应对新从业人员（包括临时工、合同工、劳务工、轮换工、协议工、实习人员等）进行厂、车间（工段、区、队）、班组三级安全培训教育，考核合格后上岗。	《生产经营单位安全培训规定》(国家安全监管总局令第3号) 第十一、十二条
7	新从业人员的三级安全培训教育的内容应符合《生产经营单位安全培训规定》(国家安全监管总局令第3号) 要求。	《生产经营单位安全培训规定》(国家安全监管总局令第3号) 第十四、十五、十六条
8	企业新从业人员安全培训时间不得少于72学时；从业人员每年应接受再培训，再培训时间不得少于20学时。	《生产经营单位安全培训规定》(国家安全监管总局令第3号) 第十三条
9	从业人员在本企业内调整工作岗位或离岗一年以上重新上岗时，应当重新接受车间（工段、区、队）和班组级的安全培训。	《生产经营单位安全培训规定》(国家安全监管总局令第3号) 第十七条
10	1. 特种作业人员必须经专门的安全技术培训并考核合格，取得特种作业操作证后，方可上岗作业； 2. 特种作业操作证应定期复审。	《特种作业人员安全技术培训考核管理规定》(国家安全监管总局令第30号) 第五、二十一条
11	当工艺技术、设备设施等发生改变时，要及时对相关岗位操作人员进行有针对性的再培训。	《关于加强化工过程安全管理的指导意见》(安监总管三〔2013〕88号) 第十二条
12	采用新工艺、新技术、新材料或使用新设备前，应对从业人员进行专门的安全生产教育和培训，经考核合格后，方可上岗。	《安全生产法》第二十六条
13	企业应对承包商、外来参观等人员进行有关安全规定及安全注意事项的培训教育。	《国家安全监管总局关于印发危险化学品从业单位安全生产标准化评审标准的通知》(安监总管三〔2011〕93号) 评审标准5.5
（四）安全生产信息管理		
1	企业应制定安全生产信息管理制度，明确安全生产信息收集、整理、保存、利用、更新、培训等环节管理要求，明确安全生产信息管理主责部门、各环节管理责任部门。	《关于加强化工过程安全管理的指导意见》(安监总管三〔2013〕88号) 第（四）条
2	化学品危险性信息、工艺技术信息、设备设施信息、行业经验、事故教训等安全生产信息内容应符合AQ/T 3034有关要求。	《化工企业工艺安全管理实施导则》(AQ/T 3034)
3	企业应按职责分工，由责任部门收集、整理、保存各类安全生产信息。	《关于加强化工过程安全管理的指导意见》(安监总管三〔2013〕88号) 第（二）条
4	1. 安全生产信息可采用纸质版、电子版或二者组合形式进行保存，并便于检索、查阅，相关人员可及时、方便的获取相关信息； 2. 安全生产信息可为单独的文件，也可以包含在其他文件、资料中。	《关于加强化工过程安全管理的指导意见》(安监总管三〔2013〕88号) 第（二）条
5	企业应综合分析收集到的各类信息，明确提出生产过程安全要求和注意事项，并转化到风险分析、事故调查和编制生产管理制度、操作规程、员工安全教育培训手册、应急处置预案、工艺卡片和技术手册、化学品间的安全相容矩阵表等资料中。	《关于加强化工过程安全管理的指导意见》(安监总管三〔2013〕88号) 第（三）条

(续)

序号	排查内容	排查依据
6	企业应及时获取或编制危险化学品安全技术说明书和安全标签。	《危险化学品安全管理条例》（国务院令第591号）第十五条
7	企业应及时收集、更新安全生产信息，以确保信息正确、完整，并保证相关人员能够及时获取最新安全生产信息。	《关于加强化工过程安全管理的指导意见》（安监总管三〔2013〕88号）第（四）条
8	企业应对相关岗位人员进行安全生产信息培训，以掌握本岗位有关的安全生产信息。	《国家安全监管总局关于印发危险化学品从业单位安全生产标准化评审标准的通知》（安监总管三〔2011〕93号）评审标准6.4
9	企业应建立识别和获取适用的安全生产法律法规、标准及政府其他有关要求的管理制度，明确责任部门、识别、获取、评价等要求。	《国家安全监管总局关于印发危险化学品从业单位安全生产标准化评审标准的通知》（安监总管三〔2011〕93号）评审标准1.1
10	企业应及时识别和获取适用的安全生产法律法规和标准及政府其他有关要求，形成清单和文本数据库，并定期更新。	《国家安全监管总局关于印发危险化学品从业单位安全生产标准化评审标准的通知》（安监总管三〔2011〕93号）评审标准1.1
11	企业应每年至少1次对适用的安全生产法律、法规、标准及其他有关要求的执行情况进行符合性评价，编制符合性评价报告；对评价出的不符合项进行原因分析，制定整改计划和措施并落实。	《国家安全监管总局关于印发危险化学品从业单位安全生产标准化评审标准的通知》（安监总管三〔2011〕93号）评审标准1.2
（五）风险管理		
1	企业应制定风险管理制度，明确风险评价的目的、范围、频次、准则、方法、工作程序等，明确各部门及有关人员在开展风险评价过程中的职责和任务。	《关于加强化工过程安全管理的指导意见》（安监总管三〔2013〕88号）第（五）条
2	1. 企业应依据以下内容制定风险评价准则： （1）有关安全生产法律、法规； （2）设计规范、技术标准； （3）企业的安全管理标准、技术标准； （4）企业的安全生产方针和目标等。 2. 评价准则应包括事件发生可能性、严重性的取值标准以及风险等级的评定标准； 3. 风险可接受水平最低应满足GB 36894要求。	《关于加强化工过程安全管理的指导意见》（安监总管三〔2013〕88号）第（五）条 《国家安全监管总局关于印发危险化学品从业单位安全生产标准化评审标准的通知》（安监总管三〔2011〕93号）评审标准3.1
3	企业应对生产全过程及建设项目的全生命周期开展风险辨识，辨识范围应包括： （1）建设项目规划、设计和建设、投产、运行等阶段； （2）常规和非常规活动； （3）所有进入作业场所人员的活动； （4）事故及潜在的紧急情况； （5）原材料、产品的运输和使用过程； （6）作业场所的设施、设备、车辆、安全防护用品； （7）丢弃、废弃、拆除与处置； （8）周围环境； （9）气候、地震及其他自然灾害等。	《关于加强化工过程安全管理的指导意见》（安监总管三〔2013〕88号）第（五）条 《危险化学品从业单位安全生产标准化通用规范》（AQ 3013—2008）第5.2.1.2条

(续)

序号	排查内容	排查依据
4	企业风险辨识分析内容应重点关注如下方面： （1）对涉及"两重点一重大"生产、储存装置定期运用HAZOP方法开展安全风险辨识； （2）对设备设施、作业活动、作业环境进行风险辨识； （3）管理机构、人员构成、生产装置等发生重大变化或发生安全事故时，及时进行安全风险辨识分析； （4）控制风险的工程、技术、管理措施及其失效可能引起的后果分析。	《关于加强化工过程安全管理的指导意见》（安监总管三〔2013〕88号）第（六）条 《危险与可操作性分析质量控制与审查导则》（T/CCSAS 001—2018）
5	企业应对厂区内人员密集场所及可能存在的较大风险进行排查。 （1）试生产投料期间，区域内不得有施工作业； （2）涉及硝化、加氢、氟化、氯化等重点监管化工工艺及其他反应工艺危险度2级及以上的生产车间（区域），同一时间现场操作人员控制在3人以下； （3）系统性检修时，同一作业平台或同一受限空间内不得超过9人； （4）装置出现泄漏等异常状况时，严格控制现场人员数量。	
6	企业应对可能存在风险外溢的场所及装置进行分析识别，并采取相应预警措施。	
7	企业应对辨识出的风险依据风险评价准则确定风险等级，并从组织、制度、技术、应急等方面对安全风险进行有效管控。	《国务院安委会办公室关于实施遏制重特大事故工作指南构建双重预防机制的意见》（安委办〔2016〕11号）
8	企业应对风险管控措施的有效性实施监控情况进行巡查，发现措施失效后应及时处置。	
9	企业应建立不可接受风险清单，对不可接受风险要及时制定并落实消除、减小或控制风险的措施，将风险控制在可接受的范围。	《关于加强化工过程安全管理的指导意见》（安监总管三〔2013〕88号）第（七）条
10	企业应对涉及"两重点一重大"的生产、储存装置至少每3年运用HAZOP分析法进行一次风险辨识分析，编制HAZOP分析报告。	《关于加强化工过程安全管理的指导意见》（安监总管三〔2013〕88号）第（五）条 《危险与可操作性分析质量控制与审查导则》（T/CCSAS 001—2018）
11	企业应在法律法规、标准规范或企业管理机构、人员构成、生产装置等发生重大变化或发生生产安全事故时，要及时进行风险辨识分析。	《关于加强化工过程安全管理的指导意见》（安监总管三〔2013〕88号）第（五）条
12	企业应全员参与风险辨识评价和管控工作。	《危险化学品从业单位安全生产标准化通用规范》（AQ 3013—2008）第5.2.2.2条
13	企业应将风险评价的结果及所采取的管控措施对从业人员进行培训，使其熟悉工作岗位和作业环境中存在的危险、有害因素，掌握、落实应采取的管控措施。	《危险化学品从业单位安全生产标准化通用规范》（AQ 3013—2008）第5.2.3.2条
14	企业应当建立健全生产安全事故隐患排查治理制度，明确各种隐患排查的形式、内容、频次、组织与参加人员、隐患治理、上报及其他有关要求。	《安全生产法》第三十八条

（续）

序号	排查内容	排查依据
15	企业应编制综合性、专业、重要时段和节假日、季节性和日常隐患排查表。	《危险化学品从业单位安全生产标准化通用规范》（AQ 3013—2008）第5.10.1条
16	企业应制定隐患检查计划，明确各种排查的目的、要求、内容和负责人，并按计划开展各种隐患排查工作。	《危险化学品从业单位安全生产标准化通用规范》（AQ 3013—2008）第5.10.1条
17	企业应对排查出的隐患下达隐患治理通知，立即组织整改，并建立隐患治理台账。	《危险化学品从业单位安全生产标准化通用规范》（AQ 3013—2008）
18	1. 对于重大事故隐患，企业应由主要负责人组织制定并实施事故隐患治理方案； 2. 企业应编制重大事故隐患报告，及时向应急管理部门和有关部门报告。	《安全生产事故隐患排查治理暂行规定》（国家安全监管总局令第16号）第十四、十五条
（六）变更管理		
1	企业应建立变更管理制度，明确不同部门的变更管理职责及变更的类型、范围、程序，明确变更的事项、起始时间、可能带来的安全风险、消除和控制安全风险的措施、修改操作规程等安全生产信息、开展变更相关的培训等。	《关于加强化工过程安全管理的指导意见》（安监总管三〔2013〕88号）第（二十二）条
2	企业应对工艺、设备、仪表、电气、公用工程、备件、材料、化学品、生产组织方式和人员等方面发生的所有变化进行规范管理。	《关于加强化工过程安全管理的指导意见》（安监总管三〔2013〕88号）第（二十二）条
3	企业的所有变更应严格履行申请、审批、实施、验收程序。	《关于加强化工过程安全管理的指导意见》（安监总管三〔2013〕88号）第（二十四）条
4	企业应对每项变更在实施后可能产生的风险进行全面的分析，制定并落实风险管控措施。	《关于加强化工过程安全管理的指导意见》（安监总管三〔2013〕88号）第（二十二）条
5	变更后企业应对相关规程、图纸资料等安全生产信息进行更新，并对相关人员进行培训，以掌握变更内容、安全生产信息更新情况、变更后可能产生的风险及采取的管控措施。	《关于加强化工过程安全管理的指导意见》（安监总管三〔2013〕88号）第（二十三）、（二十四）条
6	企业应建立健全变更管理档案。	《关于加强化工过程安全管理的指导意见》（安监总管三〔2013〕88号）第（二十二）条
（七）作业安全管理		
1	1. 企业应建立并不断完善作业许可制度，规范动火、进入受限空间、动土、临时用电、高处作业、断路、吊装、抽堵盲板等特殊作业的安全条件和审批程序； 2. 实施特殊作业前，必须办理审批手续。	《关于加强化工过程安全管理的指导意见》（安监总管三〔2013〕88号）第（十八）条
2	**1. 特殊作业票证内容设置应符合 GB 30871 要求；** **2. 作业票证审批程序、填写应规范（包括作业证的时限、气体分析、作业风险分析、安全措施、各级审批、验收签字、关联作业票证办理等）。**	《化学品生产单位特殊作业安全规范》（GB 30871—2014）
3	实施特殊作业前，必须进行风险分析、确认安全条件、确保作业人员了解作业风险和掌握风险控制措施。	《关于加强化工过程安全管理的指导意见》（安监总管三〔2013〕88号）第（十九）条

(续)

序号	排查内容	排查依据
4	特殊作业现场管理应规范： 1. 作业人员应持作业票证作业，劳动防护用品佩戴符合要求，无违章行为； 2. 监护人员应坚守岗位，持作业票证监护； 3. 作业过程中，管理人员要进行现场监督检查； 4. 现场的设备、工器具应符合要求，设置警戒线与警示标志，配备消防设施与应急用品、器材等。	《化学品生产单位特殊作业安全规范》（GB 30871—2014）
5	特殊作业现场监护人员应熟悉作业范围内的工艺、设备和物料状态，具备应急救援和处置能力。	《关于加强化工过程安全管理的指导意见》（安监总管三〔2013〕88号）第（十九）条
6	储罐切水作业、液化烃充装作业、风险较大的设备检维修等危险作业应制定相应的作业程序，作业时应严格执行作业程序。	《化工（危险化学品）企业保障生产安全十条规定》《烟花爆竹企业保障生产安全十条规定》和《油气罐区防火防爆十条规定》的通知（安监总政法〔2017〕15号）
（八）承包商管理		
1	企业应建立承包商管理制度，明确承包商资格预审、选择、安全培训、作业过程监督、表现评价、续用等要求。	《关于加强化工过程安全管理的指导意见》（安监总管三〔2013〕88号）第（二十）条
2	企业应按制度要求开展承包商资格预审、选择、表现评价、续用等过程管理。	《关于加强化工过程安全管理的指导意见》（安监总管三〔2013〕88号）第（二十）条
3	企业应与承包商签订专门的安全管理协议，明确双方安全管理范围与责任。	《关于加强化工过程安全管理的指导意见》（安监总管三〔2013〕88号）第（二十一）条
4	1. 企业应对承包商的所有人员进行入厂安全培训教育，经考核合格发放入厂证，禁止未经安全培训教育合格的承包商作业人员入厂。 2. 进入作业现场前，作业现场所在基层单位应对承包商人员进行安全培训教育和现场安全交底。 3. 保存承包商安全培训教育、现场安全交底记录。	《国家安全监管总局关于印发危险化学品从业单位安全生产标准化评审标准的通知》（安监总管三〔2011〕93号）评审标准5.5
5	企业应对承包商重点施工项目的安全作业规程、施工方案进行审查。	《关于加强化工过程安全管理的指导意见》（安监总管三〔2013〕88号）第（二十一）条
6	企业应对承包商作业进行全程安全监督。	《关于加强化工过程安全管理的指导意见》（安监总管三〔2013〕88号）第（二十一）条
（九）事故事件管理		
1	1. 企业应建立事故事件管理制度，明确事故事件的报告、调查和防范措施制定等要求； 2. 企业应将涉险事故、未遂事故等安全事件（如生产事故征兆、非计划停工、异常工况、泄漏、轻伤等）纳入事故事件管理； 3. 应将承包商在企业内发生的事故事件纳入本企业的事故事件管理。	《关于加强化工过程安全管理的指导意见》（安监总管三〔2013〕88号）第（二十七）条

(续)

序号	排查内容	排查依据
2	企业应收集同类企业事故及事件的信息,吸取事故教训,开展员工培训。	《关于加强化工过程安全管理的指导意见》(安监总管三〔2013〕88号)第(二十八)条
3	企业应建立事故事件管理档案。	《关于加强化工过程安全管理的指导意见》(安监总管三〔2013〕88号)第(二十)条
4	1. 企业应深入调查分析安全事件,找出事件发生的根本原因; 2. 应制定有针对性和可操作性的整改、预防措施; 3. 措施应及时落实。	《关于加强化工过程安全管理的指导意见》(安监总管三〔2013〕88号)第(二十七)条
5	企业应建立涉险事故、未遂事故等安全事件报告激励机制。	《关于加强化工过程安全管理的指导意见》(安监总管三〔2013〕88号)第(二十七)条
6	企业应重视外部事故信息收集工作,认真吸取同类企业、装置的事故教训,提高安全意识和防范事故能力。	《关于加强化工过程安全管理的指导意见》(安监总管三〔2013〕88号)第(二十八)条

2 设计与总图安全风险隐患排查表

序号	排查内容	排查依据
	(一)设计管理	
1	企业应委托具备国家规定资质等级的设计单位承担建设项目工程设计。涉及"两重点一重大"的大型建设项目,其设计单位资质应为工程设计综合资质或相应工程设计化工石化医药、石油天然气(海洋石油)行业、专业甲级资质。	《关于进一步加强危险化学品建设项目安全设计管理的通知》(安监总管三〔2013〕76号)
2	**建设项目应经过正规设计或开展安全设计诊断。**	《关于开展提升危险化学品领域本质安全水平专项行动的通知》(安监总管三〔2012〕87号)
3	在规划设计工厂的选址、设备布置时,应按照GB/T 37243要求开展外部安全防护距离评估核算;**外部安全防护距离应满足根据GB 36894确定的个人风险基准的要求。**	《危险化学品生产装置和储存设施外部安全防护距离》(GB/T 37243—2019) 《危险化学品生产装置和储存设施风险基准》(GB 36894—2018)
4	涉及有毒气体或易燃气体,且其构成危险化学品重大危险源的库房应按GB/T 37243的规定,采用定量风险评价法计算外部安全防护距离,定量风险评价法计算时应采用可能存储的危险化学品最大量计算外部安全防护距离。	《危险化学品经营企业安全技术基本要求》(GB 18265—2019)第4.1.4条
5	企业应在建设项目基础设计阶段组织开展危险与可操作性(HAZOP)分析,形成分析报告。	《关于进一步加强危险化学品建设项目安全设计管理的通知》(安监总管三〔2013〕76号) 《危险与可操作性分析质量控制与审查导则》(T/CCSAS 001—2018)

(续)

序号	排查内容	排查依据
6	1. 新建化工装置应设计装备自动化控制系统,并根据工艺过程危险和风险分析结果、安全完整性等级评价（SIL）结果,设置安全仪表系统。 2. 涉及重点监管危险化工工艺的大、中型新建建设项目要按照 GB/T 21109 和 GB 50770 等相关标准开展安全仪表系统设计。	《关于进一步加强危险化学品建设项目安全设计管理的通知》(安监总管三〔2013〕76号)
7	**1. 涉及精细化工的建设项目,在编制可行性研究报告或项目建议书前,应按规定开展反应安全风险评估。** **2. 国内首次采用的化工工艺,要通过省级有关部门组织专家组进行安全论证。**	《国家安全监管总局关于加强精细化工反应安全风险评估工作的指导意见》(安监总管三〔2017〕1号) 第二(一)、四(二)条 《关于危险化学品企业贯彻落实〈国务院关于进一步加强企业安全生产工作的通知〉的实施意见》(安监总管三〔2010〕186号) 第9条
8	企业在建设项目详细设计和施工安装阶段,发生以下重大变更的,设计单位应按管理程序重新报批: 1. 改变安全设施设计且可能降低安全性能的; 2. 在施工期间重新设计的。	《危险化学品建设项目安全监督管理办法》(国家安全监管总局令第45号) 第二十条
(二) 总图布局		
1	企业应对在役装置按照相关要求开展外部安全防护距离评估。	《危险化学品生产装置和储存设施外部安全防护距离》(GB/T 37243—2019)
2	企业总图布置应根据工厂的性质、规模、生产流程、交通运输、环境保护、防火、安全、卫生、施工、检修、生产、经营管理、厂容厂貌及发展等要求,并结合当地自然条件进行布置,符合 GB 50489 要求。	《化工企业总图运输设计规范》(GB 50489—2009)
3	化工企业与相邻工厂或设施的防火间距不应小于 GB 50160 规定。	《石油化工企业设计防火标准（2018版）》(GB 50160—2008) 第4.1.9条
4	化工企业与同类企业及油库的防火间距不应小于 GB 50160 规定。	《石油化工企业设计防火标准（2018版）》(GB 50160—2008) 第4.1.10条
5	液化烃罐组与电压等级 330 kV~1000 kV 的架空电力线路的防火间距不应小于 100 m。单罐容积大于等于 50000 m^3 的甲、乙类液体储罐与居民区、公共福利设施、村庄的防火间距不应小于 120 m。	《石油化工企业设计防火标准（2018版）》(GB 50160—2008) 第4.1.9条
6	企业内部设施之间防火间距应符合相关规范要求。	《石油化工企业设计防火标准（2018版）》(GB 50160—2008) 《建筑设计防火规范（2018年版）》(GB 50016—2014) 《石油库设计规范》(GB 50074—2014)
7	企业控制室或机柜间与装置的防火间距应满足 GB 50160 要求; 控制室面向具有火灾、爆炸危险性装置一侧不应有门窗、孔洞,并应满足防火防爆要求。	《石油化工企业设计防火标准（2018版）》(GB 50160—2008) 第5.2.16、5.2.17、5.2.18条 《石油化工控制室抗爆设计规范》(GB 50779—2012) 第4.1.4条

（续）

序号	排查内容	排查依据
8	火炬与其他设施的防火间距不应小于 GB 50160 规定。	《石油化工企业设计防火标准（2018版）》（GB 50160—2008）第 4.2.12 条
9	液化烃、可燃液体的铁路装卸线不得兼作走行线。	《石油化工企业设计防火标准（2018版）》（GB 50160—2008）第 4.4.6 条
10	联合装置视同一个装置，其设备、建筑物的防火间距按相邻设备、建筑物的防火间距确定，其防火间距应符合 GB 50160 规定。	《石油化工企业设计防火标准（2018版）》（GB 50160—2008）第 5.2.9 条
11	污水处理场内的设备、建（构）筑物平面布置防火间距不应小于 GB 50160 规定。	《石油化工企业设计防火标准（2018版）》（GB 50160—2008）第 5.4.3 条
12	变、配电站不应设置在甲、乙类厂房内或贴邻，且不应设置在爆炸性气体、粉尘环境的危险区域内。供甲、乙类厂房专用的 10 kV 及以下的变、配电站，当采用无门、窗、洞口的防火墙分隔时，可一面贴邻，并应符合现行 GB 50058 等标准规定。	《建筑设计防火规范（2018 年版）》（GB 50016—2014）第 3.3.8 条
13	空分装置的布置，应符合下列规定： 1. 布置在空气洁净，并靠近氮气、氧气最大用户处； 2. 与全厂的布置统一协调，并留有扩建的可能； 3. 避免靠近爆炸性、腐蚀性和有毒气体以及粉尘等有害物场所，并应考虑周围企业（或装置）改建或扩建时对空分装置安全带来的影响。	《石油化工企业空分制氧、氮气系统设计规范》（SH/T 3106—2009）第 3.1 条
14	空分装置吸风口的设置，应符合 SH/T 3106 要求。	《石油化工企业空分制氧、氮气系统设计规范》（SH/T 3106—2009）第 3.3 条
15	厂房之间及与乙、丙、丁、戊类仓库、民用建筑等的防火间距不应小于 GB 50016 规定，与甲类仓库的防火间距应符合 GB 50016 规定。	《建筑设计防火规范（2018 年版）》（GB 50016—2014）第 3.4.1、3.5.1 条
16	光气、氯气等剧毒气体及含硫化氢管道不应穿越除厂区（包括化工园区、工业园区）外的公共区域。	《化工和危险化学品生产经营单位重大生产安全事故隐患判定标准（试行）》（安监总管三〔2017〕121 号）
17	地区输油（输气）管道不应穿越厂区。	《石油化工企业设计防火标准（2018版）》（GB 50160—2008）第 4.1.8 条
18	**地区架空电力线路不得穿越生产区。**	《石油化工企业设计防火标准（2018版）》（GB 50160—2008）第 4.1.6 条

3 试生产管理安全风险隐患排查表

序号	排查内容	排查依据
1	企业应建立建设项目试生产的组织管理机构，明确试生产安全管理范围，合理界定建设项目建设单位、总承包商、设计单位、监理单位、施工单位等相关方的安全管理范围与职责。	《关于加强化工过程安全管理的指导意见》（安监总管三〔2013〕88 号）第（六）条

(续)

序号	排查内容	排查依据
2	建设项目试生产前，企业或总承包商应组织开展"三查四定"（查设计漏项、查工程质量及隐患、查未完工程量；对检查出来的问题定任务、定人员、定时间、定措施，限期完成）工作，并对查出的问题落实责任进行整改完善。	《关于加强化工过程安全管理的指导意见》（安监总管三〔2013〕88号）第（六）条
3	**企业或总承包商应编制总体试生产方案和专项试车方案**，明确试生产条件，并对相关参与人员进行方案交底并严格执行。	《关于加强化工过程安全管理的指导意见》（安监总管三〔2013〕88号）第（六）条
4	设计、施工、监理等参建单位应对建设项目试生产方案及试生产条件提出审查意见。对采用专利技术的装置，试生产方案应经专利供应商现场人员书面确认。	《关于加强化工过程安全管理的指导意见》（安监总管三〔2013〕88号）第（六）条
5	企业或总承包商应编制建设项目联动试车方案、投料试车方案、异常工况处置方案等。	《关于加强化工过程安全管理的指导意见》（安监总管三〔2013〕88号）第（六）条
6	建设项目试生产前，企业或总承包商应完成各项生产技术资料、岗位记录表和技术台账（包括工艺流程图、操作规程、工艺卡片、工艺和安全技术规程、事故处理预案、化验分析规程、主要设备运行操作规程、电气运行规程、仪表及计算机运行规程、联锁值整定记录等）的编制工作。	《关于加强化工过程安全管理的指导意见》（安监总管三〔2013〕88号）第（六）条
7	试生产前企业应对所有参加试车人员进行培训。	《关于加强化工过程安全管理的指导意见》（安监总管三〔2013〕88号）第（六）条
8	企业应编制系统吹扫冲洗方案，落实责任人员。	《关于加强化工过程安全管理的指导意见》（安监总管三〔2013〕88号）第（六）条
9	在系统吹扫冲洗前，应在排放口设置警戒区，拆除易被吹扫冲洗损坏的所有部件，确认吹扫冲洗流程、介质及压力。蒸汽吹扫时，要落实防止人员烫伤的防护措施。	《关于加强化工过程安全管理的指导意见》（安监总管三〔2013〕88号）第（六）条
10	企业应编制气密试验方案。要确保气密试验方案全覆盖、无遗漏，明确各系统气密的最高压力等级。	《关于加强化工过程安全管理的指导意见》（安监总管三〔2013〕88号）第（六）条
11	气密试验时前应用盲板将气密试验系统与其他系统隔离，严禁超压。	《关于加强化工过程安全管理的指导意见》（安监总管三〔2013〕88号）第（六）条
12	高压系统气密试验前，应分成若干等级压力，逐级进行气密试验。真空系统进行真空试验前，应先完成气密试验。	《关于加强化工过程安全管理的指导意见》（安监总管三〔2013〕88号）第（六）条
13	气密试验时，要安排专人检查，发现问题，及时处理；做好气密检查记录。	《关于加强化工过程安全管理的指导意见》（安监总管三〔2013〕88号）第（六）条

(续)

序号	排查内容	排查依据
14	企业应开展开车前安全条件审查,确认检查清单中所要求完成的检查项,将必改项和遗留项的整改进度以文件化的形式报告给相关人员。	《关于加强化工过程安全管理的指导意见》(安监总管三〔2013〕88号)第(六)条
15	开车前安全条件审查后,应将相关文件归档,编写审查报告并对其完整性进行审核评估。	《关于加强化工过程安全管理的指导意见》(安监总管三〔2013〕88号)第(六)条
16	企业应建立单机试车安全管理程序。单机试车前,应编制试车方案、操作规程,并经各专业确认。	《关于加强化工过程安全管理的指导意见》(安监总管三〔2013〕88号)第(六)条
17	单机试车过程中,应安排专人操作、监护、记录,发现异常立即处理。对专利设备或关键设备应由供应商负责调试。	《关于加强化工过程安全管理的指导意见》(安监总管三〔2013〕88号)第(六)条
18	单机试车结束后,建设单位应组织设计、施工、监理及制造商等方面人员签字确认并填写试车记录。	《关于加强化工过程安全管理的指导意见》(安监总管三〔2013〕88号)第(六)条
19	企业应建立联动试车安全管理程序,明确负责统一指挥的协调人员。	《关于加强化工过程安全管理的指导意见》(安监总管三〔2013〕88号)第(六)条
20	联动试车前,所有操作人员考核合格并已取得上岗资格;公用工程系统已稳定运行;试车方案和相关操作规程、经审查批准的仪表报警和联锁值已整定完毕;各类生产记录、报表已印发到岗位。	《关于加强化工过程安全管理的指导意见》(安监总管三〔2013〕88号)第(六)条
21	联动试车结束后,建设单位应组织设计、施工、监理及制造商等方面人员签字确认并填写试车记录。	《关于加强化工过程安全管理的指导意见》(安监总管三〔2013〕88号)第(六)条
22	投料前,企业应全面检查工艺、设备、电气、仪表、公用工程、所需原辅材料和应急方案、装备准备等情况,对各项准备工作进行审查确认,明确负责统一指挥的协调人员,具备各项条件后方可进行投料。	《关于加强化工过程安全管理的指导意见》(安监总管三〔2013〕88号)第(六)条
23	引入燃料或窒息性气体后,企业应建立并执行每日安全调度例会制度,统筹协调全部试车的安全管理工作。	《关于加强化工过程安全管理的指导意见》(安监总管三〔2013〕88号)第(六)条
24	投料过程应严格按照试车方案进行,并做好各项记录。	《关于加强化工过程安全管理的指导意见》(安监总管三〔2013〕88号)第(六)条
25	投料试生产过程中,企业应严格控制现场人数,严禁无关人员进入现场。	《关于加强化工过程安全管理的指导意见》(安监总管三〔2013〕88号)第(六)条
26	投料试车结束(项目、装置考核完成)后,企业应编制试车总结。	《关于加强化工过程安全管理的指导意见》(安监总管三〔2013〕88号)第(六)条
27	项目安全设施"三同时"管理符合相关法律规定要求。	《安全生产法》第二十八条

4 装置运行安全风险隐患排查表

序号	排查内容	排查依据
\multicolumn{3}{c}{（一）工艺风险评估}		
1	新开发的危险化学品生产工艺应经小试、中试、工业化试验再进行工业化生产。国内首次采用的化工工艺，要通过省级有关部门组织专家组进行安全论证。	《关于危险化学品企业贯彻落实〈国务院关于进一步加强企业安全生产工作的通知〉的实施意见》(安监总管三〔2010〕186号)
2	精细化工企业应按照规定要求，开展反应安全风险评估。	《关于加强精细化工反应安全风险评估工作的指导意见》(安监总管三〔2017〕1号)
3	生产企业不得使用淘汰落后技术工艺目录列出的工艺。	《关于印发淘汰落后安全技术装备目录（2015年第一批）的通知》(安监总科技〔2015〕75号) 《淘汰落后安全技术工艺、设备目录（2016年）的通知》(安监总科技〔2016〕137号)
\multicolumn{3}{c}{（二）操作规程与工艺卡片}		
1	企业应建立操作规程与工艺卡片管理制度，包括编写、审查、批准、颁发、使用、控制、修改及废止的程序和职责等内容。	《国家安全监管总局关于加强化工过程安全管理的指导意见》(安监总管三〔2013〕88号) 第（八）条
2	企业应制订操作规程，并明确工艺控制指标。	《国家安全监管总局关于加强化工过程安全管理的指导意见》(安监总管三〔2013〕88号) 第（八）条
3	操作规程的内容至少应包括： 1. 岗位生产工艺流程，工艺原理，物料平衡表、能量平衡表，关键工艺参数的正常控制范围，偏离正常工况的后果，防止和纠正偏离正常工况的方法及步骤； 2. 装置正常开车、正常操作、临时操作、应急操作、正常停车和紧急停车的操作步骤和安全要求； 3. 工艺参数一览表，包括设计值、正常控制范围、报警值及联锁值； 4. 岗位涉及的危险化学品危害信息、应急处理原则以及操作时的人身安全保障、职业健康注意事项。	《国家安全监管总局关于加强化工过程安全管理的指导意见》(安监总管三〔2013〕88号) 第（八）条
4	企业应根据生产特点编制工艺卡片，工艺卡片应与操作规程中的工艺控制指标一致。	《国家安全监管总局关于加强化工过程安全管理的指导意见》(安监总管三〔2013〕88号) 第（八）条
5	企业应每年确认操作规程与工艺卡片的适应性和有效性，应至少每三年对操作规程进行审核、修订。当工艺技术、设备发生重大变更时，要及时审核修订操作规程。	《国家安全监管总局关于加强化工过程安全管理的指导意见》(安监总管三〔2013〕88号)
6	企业应组织专业管理人员和操作人员编制、修订和审核操作规程，将成熟的安全操作经验纳入操作规程中。	《国家安全监管总局关于加强化工过程安全管理的指导意见》(安监总管三〔2013〕88号)
7	企业应在作业现场存有最新版本的操作规程文本，以方便现场操作人员的方便查阅。	《国家安全监管总局关于加强化工过程安全管理的指导意见》(安监总管三〔2013〕88号)

(续)

序号	排查内容	排查依据
8	企业应定期对岗位人员开展操作规程培训和考核。	《安全生产法》第五十五条
(三) 工艺技术及工艺装置的安全控制		
1	企业涉及重点监管的危险化工工艺装置,应装设自动化控制系统。	《关于开展提升危险化学品领域本质安全水平专项行动的通知》(安监总管三〔2012〕87号) 《首批重点监管的危险化工工艺目录的通知》(安监总管三〔2009〕116号) 《第二批重点监管危险化工工艺目录和调整首批重点监管危险化工工艺中部分典型工艺》(安监总管三〔2013〕3号)
2	1. 涉及危险化工工艺的大型化工装置应装设紧急停车系统。 2. 危险化工工艺装置的自动化控制和紧急停车系统应正常投入使用。	《关于开展提升危险化学品领域本质安全水平专项行动的通知》(安监总管三〔2012〕87号) 《首批重点监管的危险化工工艺目录的通知》(安监总管三〔2009〕116号) 《第二批重点监管危险化工工艺目录和调整首批重点监管危险化工工艺中部分典型工艺》(安监总管三〔2013〕3号)
3	危险化工工艺的安全控制应按照重点监管的危险化工工艺安全控制要求、重点监控参数及推荐的控制方案的要求,并结合HAZOP分析结果进行设置。	《首批重点监管的危险化工工艺目录》(安监总管三〔2009〕116号) 《第二批重点监管危险化工工艺目录和调整首批重点监管危险化工工艺中部分典型工艺的通知》的实施意见》(安监总管三〔2013〕3号) 《危险与可操作性分析质量控制与审查导则》(T/CCSAS 001—2018)
4	**一级、二级重大危险源及毒性气体、剧毒液体和易燃气体等重点设施应设置紧急停车系统;涉及毒性气体、液化气体、剧毒液体的一级或者二级重大危险源,应配备独立安全仪表系统(SIS)。**	《危险化学品重大危险源监督管理暂行规定》(国家安全监管总局令第40号)
5	在非正常条件下,下列可能超压的设备或管道应设置可靠的安全泄压措施以及安全泄压措施的完好性: 1. 顶部最高操作压力大于等于0.1 MPa的压力容器; 2. 顶部最高操作压力大于0.03 MPa的蒸馏塔、蒸发塔和汽提塔(汽提塔顶蒸汽通入另一蒸馏塔者除外); 3. 往复式压缩机各段出口或电动往复泵、齿轮泵、螺杆泵等容积式泵的出口(设备本身已有安全阀者除外); 4. 凡与鼓风机、离心式压缩机、离心泵或蒸汽往复泵出口连接的设备不能承受其最高压力时,鼓风机、离心式压缩机、离心泵或蒸汽往复泵的出口; 5. 可燃气体或液体受热膨胀,可能超过设计压力的设备; 6. 顶部最高操作压力为0.03~0.1 MPa的设备应根据工艺要求设置; 7. 两端阀门关闭且因外界影响可能造成介质压力升高的液化烃、甲B、乙A类液体管道。	《石油化工企业设计防火标准(2018版)》(GB 50160—2008)第5.5.1条 《石油天然气工程设计防火规范》(GB 50183—2004)第6.8.1条

(续)

序号	排查内容	排查依据
6	因物料爆聚、分解造成超温、超压,可能引起火灾、爆炸的反应设备应设报警信号和泄压排放设施,以及自动或手动遥控的紧急切断进料设施。	《石油化工企业设计防火标准(2018版)》(GB 50160—2008)第5.5.13条
7	安全阀、防爆膜、防爆门的设置应满足安全生产要求: 1. 突然超压或发生瞬时分解爆炸危险物料的反应设备,如设安全阀不能满足要求时,应装爆破片或爆破片和导爆管,导爆管口必须朝向无火源的安全方向;必要时应采取防止二次爆炸、火灾的措施; 2. 有可能被物料堵塞或腐蚀的安全阀,在安全阀前应设爆破片或在其他出入口管道上采取吹扫、加热或保温等措施。	《石油化工企业设计防火标准(2018版)》(GB 50160—2008)第5.5.5、5.5.12条
8	1. 较高浓度环氧乙烷设备的安全阀前应设爆破片,爆破片入口管道应设氮封,且安全阀的出口管道应充氮。 2. 安全阀起跳后应经水吸收或其他处理方式处理后放空。	《石油化工企业设计防火标准(2018版)》(GB 50160—2008)第5.5.9条
9	危险物料的泄压排放或放空的安全性应满足: 1. 可燃气体、可燃液体设备的安全阀出口应连接至适宜的设施或系统; 2. 对液化烃或可燃液体设备紧急排放时,液化烃或可燃液体应排放至安全地点,剩余的液化烃应排入火炬; 3. 对可燃气体设备,应将设备内的可燃气体排入火炬或安全放空系统; 4. 常减压蒸馏装置的初馏塔顶、常压塔顶、减压塔顶的不凝气不应直接排入大气。	《石油化工企业设计防火标准(2018版)》(GB 50160—2008)第5.5.4、5.5.7、5.5.8、5.5.10条
10	无法排入火炬或装置处理排放系统的可燃气体,当通过排气筒、放空管直接向大气排放时,排气筒、放空管的高度应满足GB 50160、GB 50183等规范的要求。	《石油化工企业设计防火标准(2018版)》(GB 50160—2008)第5.5.11条 《石油天然气工程设计防火规范》(GB 50183—2004)第6.8.8条
11	火炬系统的安全性应满足以下要求: 1. 火炬系统的能力应满足装置事故状态下的安全泄放; 2. 火炬系统应设置足够的长明灯,并有可靠的点火系统及燃料气源; 3. 火炬系统应设置可靠的防回火设施(水封、分子封等); 4. 火炬气的分液、排凝应符合要求; 5. 封闭式地面火炬的设置应满足GB 50160的要求。	《石油化工企业设计防火标准(2018版)》(GB 50160—2008)第5.5.20、5.5.21、5.5.22、5.5.23条 《石油化工可燃性气体排放系统设计规范》(SH 3009—2013)
12	空分装置空压机入口空气中有害杂质含量应符合GB 16912要求,包括乙炔、甲烷、总烃、二氧化碳、氧化亚氮等。	《深度冷冻法生产氧气及相关气体安全技术规程》(GB 16912—2008)第4.2.2条
13	空分装置纯化系统出口设置二氧化碳在线分析仪并设置超标报警。	《氧气站设计规范》(GB 50030—2013)第8.0.10条
14	空分装置应设置冷箱主冷蒸发器液氧中乙炔、碳氢化合物含量连续在线分析仪并设置超标报警。	《氧气站设计规范》(GB 50030—2013)第8.0.10、8.0.12条

（续）

序号	排查内容	排查依据
\multicolumn{3}{c}{（四）工艺运行管理}		
1	现场表指示数值、DCS控制值与工艺卡片控制值应保持一致。	
2	企业应建立岗位操作记录，对运行工况定时进行监测、检查，并及时处置工艺报警并记录。	《关于加强化工过程安全管理的指导意见》（安监总管三〔2013〕88号）第（九）条
3	生产过程中严禁出现超温、超压、超液位运行情况；对异常工况处置应符合操作规程要求。	《关于加强化工过程安全管理的指导意见》（安监总管三〔2013〕88号）第（九）条
4	企业应严格执行联锁管理制度，并符合以下要求： 1. 现场联锁装置必须投用、完好； 2. 摘除联锁有审批手续，有安全措施； 3. 恢复联锁按规定程序进行。	《关于加强化工过程安全管理的指导意见》（安监总管三〔2013〕88号）第（十六）条
5	当工艺路线、控制参数、原辅料等发生变更时，应严格执行变更管理制度，开展变更风险分析；变更后应对相关操作规程进行修订，并对相关人员进行培训。	《关于加强化工过程安全管理的指导意见》（安监总管三〔2013〕88号）第（二十三）、（二十四）条
6	企业应建立操作记录和交接班管理制度，并符合以下要求： 1. 严格遵守操作规程，按照工艺参数操作； 2. 按规定进行巡回检查，有操作记录； 3. 严格执行交接班制度。	《关于加强化工过程安全管理的指导意见》（安监总管三〔2013〕88号）第（八）条
\multicolumn{3}{c}{（五）现场工艺安全}		
1	泄爆泄压装置、设施的出口应朝向人员不易到达的位置。	《石油化工金属管道布置设计规范》（SH 3012—2011）第8.2.4、8.2.5条 《石油化工企业设计防火标准（2018年版）》（GB 50160—2008）第5.5.11条
2	1. 不同的工艺尾气排入同一尾气处理系统，应进行风险分析。 2. 使用多个化学品储罐尾气联通回收系统的，需经安全论证合格后方可投用。严禁将混合后可能发生化学反应并形成爆炸性混合气体的几种气体混合排放。	《国家安全监管总局关于进一步加强化学品罐区安全管理的通知》（安监总管三〔2014〕68号） 《石油化工企业设计防火标准（2018年版）》（GB 50160—2008）第5.5.14条
3	可燃气体放空管道内的凝结液应密闭回收，不得随地排放。	《石油化工企业设计防火标准（2018年版）》（GB 50160—2008）第5.5.17条
4	液体、低热值可燃气体、毒性为极度和高度危害的可燃气体、惰性气体、酸性气体及其他腐蚀性气体不得排入全厂性火炬系统，应设独立的排放系统或处理排放系统。	《石油化工企业设计防火标准（2018年版）》（GB 50160—2008）第5.5.15条
5	1. 极度危害和高度危害的介质、甲类可燃气体、液化烃应采取密闭循环取样系统。 2. 取样口不得设在有振动的设备或管道上，否则应采取减振措施。	《石油化工金属管道布置设计规范》（SH 3012—2011）第7.2.3、7.2.4条
6	比空气重的可燃气体压缩机厂房的地面不宜设地坑或地沟；厂房内应有防止可燃气体积聚的措施。	《石油化工企业设计防火标准（2018年版）》（GB 50160—2008）第5.3.1条
7	切水、脱水作业及其他风险较大的排液作业时，作业人员不得离开现场。	《化工（危险化学品）企业安全检查重点指导目录》（安监总管三〔2015〕113号）

(续)

序号	排查内容	排查依据
	(六) 开停车管理	
1	企业在正常开车、紧急停车后的开车前,都要进行安全条件检查确认。	《国家安全监管总局关于加强化工过程安全管理的指导意见》(安监总管三〔2013〕88号) 第 (十) 条
2	开停车前,企业要进行风险辨识分析,制定开停车方案,编制安全措施和开停车步骤确认表。	《国家安全监管总局关于加强化工过程安全管理的指导意见》(安监总管三〔2013〕88号) 第 (十) 条
3	开车前企业应对如下重要步骤进行签字确认: 1. 进行冲洗、吹扫、气密试验时,要确认已制定有效的安全措施; 2. 引进蒸汽、氮气、易燃易爆介质前,要指定有经验的专业人员进行流程确认; 3. 引进物料时,要随时监测物料流量、温度、压力、液位等参数变化情况,确认流程是否正确。	《国家安全监管总局关于加强化工过程安全管理的指导意见》(安监总管三〔2013〕88号) 第 (十) 条
4	应严格控制进退料顺序和速率,现场安排专人不间断巡检,监控有无泄漏等异常现象。	《国家安全监管总局关于加强化工过程安全管理的指导意见》(安监总管三〔2013〕88号) 第 (十) 条
5	停车过程中的设备、管线低点的排放应按照顺序缓慢进行,并做好个人防护;设备、管线吹扫处理完毕后,应用盲板切断与其他系统的联系。抽堵盲板作业应在编号、挂牌、登记后按规定的顺序进行,并安排专人逐一进行现场确认。	《国家安全监管总局关于加强化工过程安全管理的指导意见》(安监总管三〔2013〕88号) 第 (十) 条
6	在单台设备交付检维修前与检维修后投入使用前,应进行安全条件确认。	
	(七) 储运系统安全设施	
1	易燃、可燃液体及可燃气体罐区下列方面应符合 GB 50183、GB 50160 及 GB 50074 等相关规范要求: 1. 防火间距; 2. 罐组总容、罐组布置、罐组内储罐数量及布置; 3. 防火堤及隔堤; 4. 放空或转移; 5. 液位报警、快速切断; 6. 安全附件 (如呼吸阀、阻火器、安全阀等); 7. 水封井、排水闸阀。	《石油化工企业设计防火标准 (2018版)》(GB 50160—2008) 《石油库设计规范》(GB 50074—2014) 《石油天然气工程设计防火规范》(GB 50183—2004)
2	1. 火灾危险性类别不同的储罐在同一罐区,应设置隔堤。 2. 沸溢性液体的储罐不应与非沸溢性液体储罐同组布置。 3. 常压油品储罐不应与液化石油气、液化天然气、天然气凝液储罐布置在同一防火堤内。	《石油化工企业设计防火标准 (2018年版)》(GB 50160—2008) 第6.2.5条 《储罐区防火堤设计规范》(GB 50351—2014) 第3.2.1条
3	可燃、易燃液体罐区的专用泵应设在防火堤外,泵与储罐距离应符合 GB 50160 要求。	《石油化工企业设计防火标准 (2018年版)》(GB 50160—2008) 第5.3.5条
4	构成一级、二级重大危险源的危险化学品罐区应实现紧急切断功能,并处于投用状态。	《危险化学品重大危险源监督管理暂行规定》(国家安全监管总局令第40号)

(续)

序号	排查内容	排查依据
5	严禁正常运行的内浮顶罐浮盘落底;内浮顶罐低液位报警或联锁设置不得低于浮盘支撑的高度。	《化工(危险化学品)企业安全检查重点指导目录》(安监总管三〔2015〕113号)
6	有氮气保护设施的储罐要确保氮封系统完好在用。	《关于进一步加强化学品罐区安全管理的通知》(安监总管三〔2014〕68号)第二(四)条
7	防火堤设计应符合 GB 50351 要求: 1. 防火堤的材质、耐火性能以及伸缩缝配置应满足规范要求; 2. 防火堤容积应满足规范要求,并能承受所容纳油品的静压力且不渗漏; 3. 液化烃罐区防火堤内严禁绿化。	《储罐区防火堤设计规范》(GB 50351—2014)
8	气柜应设上、下限位报警装置,并宜设进出管道自动联锁切断装置。	《石油化工企业设计防火标准(2018年版)》(GB 50160—2008)第6.3.12条
9	液氧储罐的最大充装量不应大于容积的95%。	《深度冷冻法生产氧气及相关气体安全技术规程》(GB 16912—2008)第6.7.10条。
10	定期监测液氧储罐中乙炔、碳氢化合物含量,每周至少分析一次,超标时应连续向储罐输送液氧以稀释乙炔浓度,并启动液氧泵和气化装置向外输送。	《深度冷冻法生产氧气及相关气体安全技术规程》(GB 16912—2008)第6.7.4条
11	应建立危险化学品装卸管理制度,明确作业前、作业中和作业结束后各个环节的安全要求。	
12	装运危险品的汽车应"三证"(驾驶证、危险品准运证、危险品押运证)齐全。进入厂区的车辆应安装阻火器。	
13	企业应建立易燃易爆有毒危险化学品装卸作业时装卸设施接口连接可靠性确认制度;装卸设施连接口不得存在磨损、变形、局部缺口、胶圈或垫片老化等缺陷。	《国务院安委会办公室关于山东临沂金誉石化有限公司"6·5"爆炸着火事故情况的通报》(安委办〔2017〕19号)
14	易燃易爆危险化学品的汽车罐车和装卸场所,应设防静电专用接地线。	
15	甲 B、乙、丙 A 类液体的装车应采用液下装车鹤管。	《石油化工企业设计防火标准(2018年版)》(GB 50160—2008)第6.4.2条
16	装卸车作业环节应严格遵守安全作业标准、规程和制度,并在监护人员现场指挥和全程监护下进行。	《化工(危险化学品)企业保障生产安全十条规定》(安监总政法〔2017〕15号)
17	甲 B、乙 A 类液体装卸车鹤位与集中布置的泵的防火间距应不小于 8 m。	《石油化工企业设计防火标准(2018年版)》(GB 50160—2008)第6.4.2条
(八)危险化学品仓储管理		
1	1. 企业应当提供与其生产的危险化学品相符的化学品安全技术说明书,并在危险化学品包装(包括外包装件)上粘贴或者拴挂与包装内危险化学品相符的化学品安全标签; 2. 企业采购危险化学品时,应索取危险化学品安全技术说明书和安全标签,不得采购无安全技术说明书和安全标签的危险化学品; 3. 化学品安全技术说明书和化学品安全标签所载明的内容应当符合国家标准的要求。	《危险化学品安全管理条例》(国务院第591号)第十五条

（续）

序号	排查内容	排查依据
2	甲类物品仓库宜单独设置；当其储量小于5 t时，可与乙、丙类物品仓库共用一栋建筑物，但应设独立的防火分区。	《石油化工企业设计防火标准（2018年版）》（GB 50160—2008）中第6.6.1条
3	仓库内严禁设置员工宿舍；办公室、休息室等严禁设置在甲、乙类仓库内，也不应贴邻建造。	《建筑设计防火规范（2018年版）》（GB 50016—2014）第3.3.9条
4	甲、乙、丙类液体仓库应设置防止液体流散的设施；遇湿会发生燃烧爆炸的物品仓库应设置防止水浸渍的措施。	《建筑设计防火规范（2018版）》（GB 50016—2014）第3.6.12条
5	危险化学品仓储应满足以下条件： 1. 爆炸物宜按不同品种单独存放，当受条件限制，不同品种爆炸物需同库存放时，应确保爆炸物之间不是禁忌物且包装完整无损。 2. 有机过氧化物应储存在危险化学品库房特定区域内，避免阳光直射，并应满足不同品种的存储温度、湿度要求。 3. 遇水放出易燃气体的物质和混合物应密闭储存在设有防水、防雨、防潮措施的危险化学品库房中的干燥区域内。 4. 自燃物和混合物的储存温度应满足不同品种的存储温度、湿度要求，并避免阳光直射。 5. 自反应物质和混合物应储存在危险化学品库房特定区域内，避免阳光直射并保持良好通风，且应满足不同品种的存储温度、湿度要求，自反应物质及其混合物只能在原装容器中存放。	《危险化学品经营企业安全技术基本要求》（GB 18265—2019）第4.2.7、4.2.8、4.2.9、4.2.10、4.2.11条
6	易燃易爆性商品存储库房温湿度应满足GB 17914要求。	《易燃易爆性商品储存养护技术条件》（GB 17914—2013）第4.5条
7	1. 危险化学品应当储存在专用仓库，并由专人负责管理； 2. 剧毒化学品以及储存数量构成重大危险源的其他危险化学品，应在专用仓库内单独存放，实行双人收发、双人保管制度。	《危险化学品安全管理条例》（国务院令第591号）第二十四条
8	储存危险化学品的单位应当建立危险化学品出入库核查、登记制度。	《危险化学品安全管理条例》（国务院令第591号）第二十五条
9	**应按国家标准分区分类储存危险化学品，不得超量、超品种存危险化学品，相互禁配物质不得混放混存。**	《化工和危险化学品生产经营单位重大生产安全事故隐患判定标准》（安监总管三〔2017〕121号）
（九）重大危险源的安全控制		
1	重大危险源应配备温度、压力、液位、流量等信息的不间断采集和监测系统以及可燃气体和有毒有害气体泄漏检测报警装置，并具备信息远传、记录、安全预警、信息存储等功能。	《危险化学品重大危险源监督管理暂行规定》（国家安全监管总局令第40号）第十三条
2	**重大危险源的化工生产装置应装备满足安全生产要求的自动化控制系统。**	《危险化学品重大危险源监督管理暂行规定》（国家安全监管总局令第40号）第十三条
3	**一级或者二级重大危险源，设置紧急停车系统。**	《危险化学品重大危险源监督管理暂行规定》（国家安全监管总局令第40号）第十三条
4	对重大危险源中的毒性气体、剧毒液体和易燃气体等重点设施，设置紧急切断装置。	《危险化学品重大危险源监督管理暂行规定》（国家安全监管总局令第40号）第十三条

(续)

序号	排查内容	排查依据
5	对涉及毒性气体、液化气体、剧毒液体的一级或者二级重大危险源，应具有独立安全仪表系统。	《危险化学品重大危险源监督管理暂行规定》（国家安全监管总局令第40号）第十三条
6	对毒性气体的设施，设置泄漏物紧急处置装置。	《危险化学品重大危险源监督管理暂行规定》（国家安全监管总局令第40号）第十三条
7	重大危险源中储存剧毒物质的场所或者设施，设置视频监控系统。	《危险化学品重大危险源监督管理暂行规定》（国家安全监管总局令第40号）第十三条

5 设备安全风险隐患排查表

序号	排查内容	排查依据
	（一）设备设施管理体系的建立与执行	
1	企业应建立健全设备设施管理制度，内容至少应包含设备采购验收、动设备管理、静设备管理、备品配件管理、防腐蚀防泄漏管理、检维修、巡回检查、保温、设备润滑、设备台账管理、日常维护保养、设备检查和考评办法、设备报废、设备安全附件管理等的管理内容。	《关于危险化学品企业贯彻落实《国务院关于进一步加强企业安全生产工作的通知》的实施意见》（安监总管三〔2010〕186号）第10条
2	企业应配备设备专业管理人员和设备维修维护人员。	《关于加强化工过程安全管理的指导意见》（安监总管三〔2013〕88号）第十六条
3	企业应对所有设备进行编号，建立设备设施台账、技术档案，确保设备台账、档案信息准确、完备。	《关于加强化工过程安全管理的指导意见》（安监总管三〔2013〕88号）第十六条
4	企业应编制关键设备的操作和维护规程。	《关于加强化工过程安全管理的指导意见》（安监总管三〔2013〕88号）第十六条
5	企业应对设备定期进行巡回检查，并建立设备定期检查记录。	《关于加强化工过程安全管理的指导意见》（安监总管三〔2013〕88号）第十六条
6	对出现异常状况的设备设施应及时处置。	
7	对设备设施的变更应严格履行变更程序。	《关于危险化学品企业贯彻落实〈国务院关于进一步加强企业安全生产工作的通知〉的实施意见》（安监总管三〔2010〕186号）
8	企业不得使用国家明令淘汰、禁止使用的危及生产安全的设备。	《安全生产法》第三十五条 《关于印发淘汰落后安全技术装备目录（2015年第一批）的通知》（安监总科技〔2015〕75号） 《淘汰落后安全技术工艺、设备目录（2016年）的通知》（安监总科技〔2016〕137号）
	（二）设备的预防性维修和检测	
1	企业应编制设备检维修计划，并按计划开展检维修工作。	《关于加强化工过程安全管理的指导意见》（安监总管三〔2013〕88号）
2	对重点检修项目应编制检维修方案，方案内容应包含作业安全分析、风险管控措施、应急处置措施及安全验收标准。	《企业安全生产标准化基本规范》（GB/T 33000—2016）第5.4.1.4条

（续）

序号	排查内容	排查依据
3	检维修过程中涉及特殊作业的，应执行 GB 30871 要求。	《化学品生产单位特殊作业安全规范》（GB 30871—2014）
4	安全设施应编入设备检维修计划，定期检维修。安全设施不得随意拆除、挪用或弃置不用，因检维修拆除的，检维修完毕后应立即复原。	《安全生产法》第三十三条
5	企业应加强防腐蚀管理，确定检查部位，定期检测，定期评估防腐效果。	《国家安全监管总局关于加强化工企业泄漏管理的指导意见》（安监总管三〔2014〕94号）（五）第十六条
6	应对大型、关键容器（如液化气球罐等）中的腐蚀性介质含量进行监控，定期分析（如 H_2S 含量是否超标）。	
7	在涉及易燃、易爆、有毒介质设备和管线的排放口、样口等排放部位，应通过加装盲板、丝堵、管帽、双阀等措施，减少泄漏的可能性。	《国家安全监管总局关于加强化工企业泄漏管理的指导意见》（安监总管三〔2014〕94号）《石油化工金属管道布置设计规范》（SH/T 3012—2011）
8	定期对涉及液态烃、高温油等泄漏后果严重的部位（如管道、设备、机泵等动、静密封点）进行泄漏检测，对泄漏部位及时维修或更换。	《国家安全监管总局关于加强化工企业泄漏管理的指导意见》（安监总管三〔2014〕94号）
9	凡在开停工、检修过程中，可能有可燃液体泄漏、漫流的设备区周围应设置不低于 150 mm 的围堰和导液设施。	《石油化工企业设计防火标准（2018 年版）》（GB 50160—2008）第 5.2.28 条
10	有可燃液体设备的多层建筑物或构筑物的楼板，应采取防止可燃液体泄漏至下层的措施。	《石油化工企业设计防火标准（2018 版）》（GB 50160—2008）第 5.7.5 条
11	承压部位的连接件螺栓配备应齐全、紧固到位。	
（三）动设备的管理和运行状况		
1	企业应设置机组、机泵防止意外启动的措施。	《机械安全防止意外启动》（GB/T 19670—2005）
2	企业应监测大机组和重点动设备转速、振动、位移、温度、压力等运行参数，及时评估设备运行状况。	《关于加强化工过程安全管理的指导意见》（安监总管三〔2013〕88号）
3	可燃气体压缩机、液化烃、可燃液体泵不得使用皮带传动。在爆炸危险区域内的其他传动设备若必须使用皮带传动时，应使用防静电皮带。	《石油化工企业设计防火标准（2018 年版）》（GB 50160—2008）第 5.7.7 条
4	离心式可燃气体压缩机和可燃液体泵应在其出口管道上安装止回阀。	《石油化工企业设计防火标准（2018 年版）》（GB 50160—2008）第 7.2.11 条
（四）静设备的管理		
1	企业应定期对储罐进行全面检查。	《关于加强化工过程安全管理的指导意见》（安监总管三〔2013〕88号）
2	企业应对储罐呼吸阀（液压安全阀）、阻火器、泡沫发生器、液位计、通气管等安全附件按规范设置，并定期检查或检测，填写检查维护记录。	《国家安全监管总局关于进一步加强化学品罐区安全管理的通知》（安监总管三〔2014〕68号）

(续)

序号	排查内容	排查依据
3	可燃液体地上储罐的进出口管道应采用柔性连接。	《石油化工企业设计防火标准（2018版）》（GB 50160—2008）第6.2.25条
4	加热炉现场运行管理，应满足： 1. 加热炉燃烧过程中，工艺介质流量低或中断燃烧联锁、燃料气管道压力超高、超低低联锁以及引风机停运联锁等应正常投用； 2. 加热炉上的控制仪表以及检测仪表应正常投用，无故障，并定期对所有氧含量分析仪进行校验。 3. 灭火蒸汽系统处于备用状态。	
5	明火加热炉附属的燃料气分液罐、燃料气加热器等与炉体的防火间距，不应小于6 m。	《石油化工企业设计防火标准（2018年版）》（GB 50160—2008）第5.2.4条
6	加热炉燃料气管道上的分液罐的凝液不得敞开排放。	《石油化工企业设计防火标准（2018年版）》（GB 50160—2008）第7.2.13条
7	具有化学灼伤危害的物料不应使用玻璃等易碎材料制成管道、管件、阀门、流量计、压力计等。	《化工企业安全卫生设计规范》（HG 20571—2014）第5.6.2条
（五）安全附件的管理		
1	企业应建立安全附件台账、爆破片更换记录。	
2	企业应对监视和测量设备进行规范管理，建立监视和测量设备台帐，定期进行校准和维护，并保存校准和维护活动的记录。	《危险化学品从业单位安全标准化通用规范》（AQ 3013—2008）第5.5.2.5条
3	安全阀、压力表等安全附件应定期检验并在有效期内使用。	《安全阀安全技术监察规程》（TSG ZF001—2006）第B4.2 (4) 条
4	**在用安全阀进出口切断阀应全开，并采取铅封或锁定；爆破片应正常投用。**	《固定式压力容器安全技术监察规程》（TSG 21—2016）第9.1.3条 《安全阀安全技术监察规程》（TSG ZF001—2006）第B4.2 (4) 条
5	压力表的选型应符合相关要求，压力范围及检定标记明显。	《固定式压力容器安全技术监察规程》（TSG 21—2016）第9.2.1条
6	压力容器用液位计应当： 1. 储存0 ℃以下介质的压力容器，选用防霜液位计； 2. 寒冷地区室外使用的液位计，选用夹套型或者保温型结构的液位计； 3. 用于易爆、毒性程度为极度或者高度危害介质、液化气体压力容器上的液位计，有防止泄漏的保护装置。	《固定式压力容器安全技术监察规程》（TSG 21—2016）第9.2.2条。
（六）设备拆除和报废		
1	企业应建立设备报废和拆除程序，明确报废的标准和拆除的安全要求。	《化工企业工艺安全管理实施导则》（AQ/T 3034—2010）第4.7.3条
2	设备的报废应办理审批手续，报废的设备拆除前应制定方案。	《企业安全生产标准化基本规范》（GB/T 33000—2016）第5.4.1.6条

6 仪表安全风险隐患排查表

序号	排查内容	排查依据
(一) 仪表安全管理		
1	企业应建立仪表自动化控制系统安全管理、日常维护保养等制度。	《国家安全监管总局关于加强化工过程安全管理的指导意见》(安监总管三〔2013〕88号)第(十六)条
2	企业应建立健全仪表检查、维护、使用、检定等各类台账及仪表巡检记录。	《国家安全监管总局关于加强化工过程安全管理的指导意见》(安监总管三〔2013〕88号)第(十六)条
3	仪表调试、维护及检测记录齐全,主要包括: 1. 仪表定期校验、回路调试记录; 2. 检测仪表和控制系统检维护记录。	《自动化仪表工程施工及质量验收规范》(GB 50093—2013)第12.1.1、12.5.2条
4	新(改、扩)建装置和大修装置的仪表自动化控制系统投用前、长期停用的仪表自动化控制系统再次启用前,必须进行检查确认。	《国家安全监管总局关于加强化工过程安全管理的指导意见》(安监总管三〔2013〕88号)第(十六)条
5	控制系统管理应满足以下要求: 1. 控制方案变更应办理审批手续; 2. 控制系统故障处理、检修及组态修改记录应齐全; 3. 控制系统建立有事故应急预案。	《工业自动化和控制系统网络安全 集散控制系统(DCS)第2部分:管理要求》(GB/T 33009.2—2016)第5.11.2、5.9.2条
6	企业应建立安全联锁保护系统停运、变更专业会签和技术负责人审批制度。联锁保护系统的管理应满足: 1. 联锁逻辑图、定期维修校验记录、临时停用记录等技术资料齐全; 2. 应对工艺和设备联锁回路定期调试; 3. 联锁保护系统(设定值、联锁程序、联锁方式、取消)变更应办理审批手续; 4. 联锁摘除和恢复应办理工作票,有部门会签和领导签批手续; 5. 摘除联锁保护系统应有防范措施及整改方案。	《工业自动化和控制系统网络安全 集散控制系统(DCS)第2部分:管理要求》(GB/T 33009.2—2016)
(二) 控制系统设置		
1	新建化工装置必须设置自动化控制系统,根据工艺过程危险和风险分析结果,确定配备安全仪表系统。	《关于进一步加强危险化学品建设项目安全设计管理的通知》(安监总管三〔2013〕76号)第十九条
2	对涉及"两重点一重大"的需要配置安全仪表系统的化工装置应开展安全仪表功能评估。	《国家安全监管总局关于加强化工安全仪表系统管理的指导意见》(安监总管三〔2014〕116号)第四、十四条
3	涉及毒性气体、液化气体、剧毒液体的一级或者二级重大危险源,应配备独立的安全仪表系统(SIS/ESD)。一级、二级重大危险源的危险化学品罐区应配备独立的安全仪表系统,并处于投用状态。	《危险化学品重大危险源监督管理暂行规定》(国家安全监管总局令(第40号)第十三条
(三) 仪表系统设置		
1	化工生产装置自动化控制系统应设置不间断电源,可燃有毒气体检测报警系统应设置不间断电源,后备电池的供电时间不小于30 min。	《仪表供电设计规范》(HG/T 20509—2014)第7.1.3条

(续)

序号	排查内容	排查依据
2	仪表气源应符合下列要求： 1. 采用清洁、干燥的空气； 2. 应设置备用气源。备用气源可采用备用压缩机组、贮气罐或第二气源（也可用干燥的氮气）。	《仪表供气设计规范》(HG/T 20510—2014) 第3.0.1、3.0.2、3.0.3、4.4.1、4.4.2条 《石油化工仪表供气设计规范》(SH 3020—2013) 第3.0.1、4.3.1条。
3	安装DCS、PLC、SIS等设备的控制室、机柜室、过程控制计算机的机房，应考虑防静电接地。其室内的导静电地面、活动地板、工作台等应进行防静电接地。	《仪表系统接地设计规范》(HG/T 20513—2014) 第5.3.1条 《石油化工仪表接地设计规范》(SH/T 3081—2003) 第2.4.1条
4	**爆炸危险场所的仪表、仪表线路的防爆等级应满足区域的防爆要求。**	《爆炸危险环境电力装置设计规范》(GB 50058—2014) 第5.2.3条 《石油化工自动化仪表选型设计规范》(SH/T 3005—2016) 第4.9条
5	保护管与检测元件或现场仪表之间应采取相应的防水措施。防爆场合应采取相应防爆级别的密封措施。	《爆炸危险环境电力装置设计规范》(GB 50058—2014) 第5.4.3条 《自动化仪表工程施工及质量验收规范》(GB 50093—2013) 第7.4.8条 《石油化工仪表管道线路设计规范》(SH/T 3019—2003) 第8.4.6条
6	危险化学品重大危险源配备的温度、压力、液位、流量、组份等信息应不间断采集和监测，并具备信息远传、连续记录、事故预警、信息存储等功能；记录的电子数据的保存时间不少于30天。	《危险化学品重大危险源监督管理暂行规定》(国家安全监管总局令（第40号）) 第十三条
7	危险化学品重大危险源罐区安全监控装备应符合要求： 1. 摄像头的设置个数和位置，应根据罐区现场的实际情况实现全面覆盖； 2. 摄像头的安装高度应确保可以有效监控到储罐顶部； 3. 有防爆要求的应使用防爆摄像机或采取防爆措施。	《危险化学品重大危险源罐区现场安全监控装备设置规范》(AQ 3036—2010) 第10.1条
8	紧急停车按钮应有可靠防护措施。	《信号报警及联锁系统设计规范》(HG/T 20511—2014) 第4.11.4条
9	罐区储罐高高、低低液位报警信号的液位测量仪表应采用单独的液位连续测量仪表或液位开关，报警信号应传送至自动控制系统。	《石油化工储运系统罐区设计规范》(SH/T 3007—2014) 第5.4.5条
（四）气体检测报警管理		
1	**可燃气体和有毒气体检测报警器的设置与报警值的设置应满足GB 50493要求。**	《石油化工可燃气体和有毒气体检测报警设计规范》(GB 50493—2009)
2	可燃气体和有毒气体检测报警系统应独立于基本过程控制系统。	《国家安全监管总局关于加强化工安全仪表系统管理的指导意见》(安监总管三〔2014〕116号) 第十一条

（续）

序号	排查内容	排查依据
3	可燃气体、有毒气体检测报警器管理应满足以下要求： 1. 绘制可燃、有毒气体检测报警器检测点布置图； 2. 可燃、有毒气体检测报警器按规定周期进行检定或校准，周期一般不超过一年。	
4	可燃、有毒气体检测报警信号应发送至有操作人员常驻的控制室、现场操作室进行报警，并有报警与处警记录，对报警原因进行分析。	《石油化工可燃气体和有毒气体检测报警设计规范》(GB 50493—2009) 第 3.0.4 条 《国家安全监管总局关于加强化工企业泄漏管理的指导意见》(安监总管三〔2014〕94号) 第十九条
5	可燃、有毒气体检测报警器应完好并处于正常投用状态。	《安全生产法》第三十三条

7 电气安全风险隐患排查表

序号	排查内容	排查依据
（一）电气安全管理		
1	企业应编制电气设备设施操作、维护、检修等管理制度并实施。	《国家安全监管总局关于加强化工过程安全管理的指导意见》(安监总管三〔2013〕88号) 第十六条
2	临时用电应经有关主管部门审查批准，并有专人负责管理，限期拆除。	《化学品生产单位特殊作业安全规范》(GB 30871—2014)
（二）供配电系统设置及电气设备设施		
1	企业的供电电源应满足不同负荷等级的供电要求： 1. 一级负荷应由双重电源供电，当一电源发生故障时，另一电源不应同时受到损坏； 2. 一级负荷中特别重要的负荷供电，尚应增设应急电源，并严禁将其他负荷接入应急供电系统；设备的供电电源的切换时间，应满足设备允许中断供电的要求； 3. 二级负荷的供电系统，宜由两回线路供电。在负荷较小或地区供电条件困难时，二级负荷可由一回 6 kV 及以上专用的架空线路供电。	《供配电系统设计规范》(GB 50052—2009) 第 3.0.1 条
2	爆炸危险区域内的电气设备应符合 GB 50058 要求。	《爆炸危险环境电力装置设计规范》(GB 50058—2014) 第 5.2.3 条
3	电气设备的安全性能，应满足以下要求： 1. 设备的金属外壳应采取防漏电保护接地； 2. 接地线不得搭接或串接，接线规范、接触可靠； 3. 明设的应沿管道或设备外壳敷设，暗设的在接线处外部应有接地标志； 4. 接地线接线间不得涂漆或加绝缘垫。	《电气装置安装工程接地装置施工及验收规范》(GB 50169—2016) 第 3.0.4、4.2.9 条
4	电缆必须有阻燃措施；电缆桥架符合相关设计规范。	《电力工程电缆设计规范》(GB 50217—2007) 第 6.2、7 条

(续)

序号	排查内容	排查依据
\multicolumn{3}{c}{（三）防雷、防静电设施}		
1	工艺装置内露天布置的塔、容器等，当容器顶板厚度等于或大于4 mm时，可不设避雷针、线保护，但必须设防雷接地。	《石油化工企业设计防火标准（2018年版）》（GB 50160—2008）第9.2.2条
2	可燃气体、液化烃、可燃液体的钢罐，必须设防雷接地，并应符合下列规定： 1. 甲B、乙类可燃液体地上固定顶罐，当顶板厚度小于4 mm时应设避雷针、线，其保护范围应包括整个储罐； 2. 丙类液体储罐，可不设避雷针、线，但必须设防感应雷接地； 3. 浮顶罐（含内浮顶罐）可不设避雷针、线，但应将浮顶与罐体用两根截面不小于25 mm²的软铜线作电气连接； 4. 压力储罐不设避雷针、线，但应作接地。	《石油化工企业设计防火标准（2018年版）》（GB 50160—2008）第9.2.3条
3	在生产加工、储运过程中，设备、管道、操作工具等，有可能产生和积聚静电而造成静电危害时，应采取静电接地措施。	《石油化工静电接地设计规范》（SH/T 3097—2017）第4.1.1条
4	可燃气体、液化烃、可燃液体、可燃固体的管道在下列部位应设静电接地设施： 1. 进出装置区或设施处； 2. 爆炸危险场所的边界； 3. 管道泵及泵入口永久过滤器、缓冲器等。	《石油化工企业设计防火标准（2018年版）》（GB 50160—2008）第9.3.3条
5	1. 长距离管道应在始端、末端、分支处以及每隔100 m接地一次。 2. 平行管道净距小于100 mm时，应每隔20 m加跨接线。当管道交叉且净距小于100 mm时，应加跨接线。	《石油化工静电接地设计规范》（SHT 3097—2017）第5.3.2、5.3.3条
6	重点防火、防爆作业区的入口处，应设计人体导除静电装置。	《化工企业安全卫生设计规范》（HG 20571—2014）第4.2.10条
7	储罐罐顶平台上取样口（量油口）两侧1.5米之外，应各设一组消除人体静电设施，设施应与罐体做电气连接并接地，取样绳索、检尺等工具应与设施连接。	《石油化工静电接地设计规范》（SHT 3097—2017）第5.2.2条
8	在爆炸危险区域内设计有静电接地要求的管道，当每对法兰或其他接头间电阻值超过0.03 Ω时，应设导线跨接。	《工业金属管道工程施工规范》（GB 50235—2010）第7.13.1条
\multicolumn{3}{c}{（四）现场安全}		
1	电缆必须有阻燃措施。电缆沟必须有防窜油汽、防腐蚀、防水措施；电缆隧道必须有防火、防沉陷措施。	
2	临时电源、手持式电动工具、施工电源、插座回路均应采用TN-S供电方式，并采用剩余电流动作保护装置。	
3	临时用电线路，应采用绝缘良好、完整无损的橡皮线，室内沿墙敷设，其高度不得低于2.5米，室外跨路时，其高度不得低于4.5米，不得沿暖气、水管及其他气体管道敷设，沿地面敷设时，必须加可靠的保护装置和醒目的警示标志。	

(续)

序号	排查内容	排查依据
4	沿墙面或地面敷设电缆线路应符合下列规定： 1. 电缆线路敷设路径应有醒目的警告标识； 2. 沿地面明敷的电缆线路应沿建筑物墙体根部敷设，穿越道路或其他易受机械损伤的区域，应采取防机械损伤的措施，周围环境应保持干燥； 3. 在电缆敷设路径附近，当有产生明火的作业时，应采取防止火花损伤电缆的措施。	《建设工程施工现场供用电安全规范》（GB 50194—2014）第7.4.2条

8 应急与消防安全风险隐患排查表

序号	排查内容	排查依据
（一）应急管理		
1	企业应确立本单位的应急预案体系，按照GB/T 29639要求编制综合应急预案、专项应急预案、现场处置方案和应急处置卡。	《生产安全事故应急预案管理办法》（国家安全监管总局令第88号）第六、十九条
2	企业应建立应急指挥系统，配备应急救援队伍，实行分级管理，明确各级应急指挥系统和救援队的职责。	《危险化学品从业单位安全生产标准化通用规范》（AQ 3013—2008）
3	企业应制定应急值班制度；规模较大、危险性较高的易燃易爆物品、危险化学品等危险物品的生产、经营、储存、运输单位应成立应急处置技术组，实行24小时应急值班。	《生产安全事故应急条例》（国务院令第708号）第十四条
4	1. 企业应制定应急预案定期评估制度，应每三年进行一次应急预案评估，对预案内容的针对性和实用性进行分析，并对应急预案是否需要修订作出结论。 2. 企业应按应急预案的评估结论及有关规定对应急预案及时修订。	《生产安全事故应急条例》（国务院令第708号）第六条 《生产安全事故应急预案管理办法》（国家安全监管总局令88号）第三十五、三十六条
5	1. 企业应在应急预案公布之日起20个工作日内，向县级以上人民政府应急管理部门和其他负有安全生产监督管理职责的部门进行备案，并依法向社会公布。 2. 应急预案修订涉及组织指挥体系与职责、应急处置程序、主要处置措施、应急响应分级等内容变更的，企业应按照有关应急预案报备程序重新备案。	《生产安全事故应急条例》（国务院令第708号）第七条 《生产安全事故应急预案管理办法》（国家安全监管总局令88号）第二十六、三十七条
6	企业应定期组织开展本单位的应急预案、应急知识、自救互救和避险逃生技能的培训活动，使有关人员了解应急预案内容，熟悉应急职责、应急处置程序和措施。	《生产安全事故应急预案管理办法》（国家安全监管总局令88号）第三十一条
7	企业应制定本单位的应急预案演练计划，每半年至少分别组织一次综合应急预案演练、专项应急预案演练和现场处置方案演练。	《生产安全事故应急条例》（国务院令第708号）第八条 《生产安全事故应急预案管理办法》（国家安全监管总局令88号）第三十三条
8	应急预案演练结束后，企业应急预案演练组织单位应当对应急预案演练效果进行评估，撰写应急预案演练评估报告，分析存在的问题，并对应急预案提出修订意见。	《生产安全事故应急预案管理办法》（国家安全监管总局令88号）第三十四条

（续）

序号	排查内容	排查依据
9	企业应采取各种措施，保证从业人员具备必要的应急知识，掌握风险防范技能和事故应急措施。	《生产安全事故应急条例》（国务院令第708号）第十五条
（二）应急器材和设施		
1	企业应制定应急器材管理与维护保养制度。	《危险化学品单位应急救援物资配备标准》（GB 30077—2013）第9.1条
2	企业应建立应急器材台账、维护保养记录，按照制度要求定期检查应急器材。	《危险化学品单位应急救援物资配备标准》（GB 30077—2013）第9.1、9.3条
3	企业应在有毒有害岗位配备应急器材柜（气防柜），设置与柜内器材相符的应急器材清单。应急器材完好有效。	《危险化学品单位应急救援物资配备标准》（GB 30077—2013）第9.1、9.3条
4	企业存在可燃、有毒气体的区域应配备便携式检测仪，并定期检定。	《危险化学品单位应急救援物资配备标准》（GB 30077—2013）第9.3条《可燃气体检测报警器》（JJG 693—2011）第5.5条
5	石油化工企业的生产区、公用及辅助生产设施、全厂性重要设施和区域性重要设施的火灾危险场所应设置火灾自动报警系统和火灾电话报警。	《石油化工企业设计防火标准（2018年版）》（GB 50160—2008）第8.12.1条
6	消防控制室、消防水泵房、自备发电机房、配电室、防排烟机房以及发生火灾时仍需正常工作的消防设备房应设置备用照明，其作业面的最低照度不应低于正常照明的照度。	《建筑设计防火规范（2018版）》（GB 50016—2014）第10.3.3条
7	消防水泵房及其配电室的消防应急照明采用蓄电池作备用电源时，其连续供电时间不应少于3 h。	《石油化工企业设计防火标准（2018年版）》（GB 50160—2008）第9.1.2条
（三）消防安全		
1	企业消防道路应畅通无阻，满足消防车辆通行；可燃液体罐组、可燃液体储罐区、可燃气体储罐区、装卸区及化学危险品仓库区应按照要求设置环形消防车道。	《石油化工企业设计防火标准（2018年版）》（GB 50160—2008）第4.3.4条
2	厂区消防车道净宽度、净空高度应满足消防救援要求。	《石油化工企业设计防火标准（2018年版）》（GB 50160—2008）第4.3.4条《化工企业总图运输设计规范》（GB 50489—2009）
3	储罐区消防栓供水压力应正常，满足消防要求；设置稳高压消防给水系统的，其管网压力宜为0.7~1.2 MPa。	《石油化工企业设计防火标准（2018年版）》（GB 50160—2008）第8.5.1条
4	消防水泵、稳压泵应分别设置备用泵。	《石油化工企业设计防火标准（2018年版）》（GB 50160—2008）第8.3.6条
5	消防水泵的主泵应采用电动泵，备用泵应采用柴油机泵，且应按100%备用能力设置，柴油机的油料储备量应能满足机组连续运转6 h的要求。	《石油化工企业设计防火标准（2018年版）》（GB 50160—2008）第8.3.8条

(续)

序号	排查内容	排查依据
6	消防栓（炮）是否满足下列要求： 1. 消防栓有编号，开启灵活，出水正常，排水良好，出水口扣盖、橡胶垫圈齐全完好； 2. 消防栓阀门井完好，防冻措施到位； 3. 消防炮完好无损、无泄漏，防冻措施落实；消防炮阀门及转向齿轮灵活，润滑无锈蚀现象。	《消防给水及消火栓系统技术规范》（GB 50974—2014）第13.2.13条
7	消防器材应满足下列要求： 1. 消防柜内器材配备齐全，附件完好无损； 2. 有专人负责定期检查灭火器材，药剂定期更换，有更换记录和有效期标签。	《危险化学品单位应急救援物资配备标准》（GB 30077—2013）第9.3条 《建筑灭火器配置验收及检查规范》（GB 50444—2008）第5.2.3条
8	泡沫及水幕系统应满足下列要求： 1. 泡沫发生系统保持完好，零部件齐全，随时保持备用状态；泡沫液定期更换，有记录； 2. 消防水幕、喷淋、蒸汽等消防设施完好，能随时投用，定期试验。	《泡沫灭火系统设计规范》（GB 50151—2010）
9	可燃液体地上立式储罐应固定或移动式消防冷却水系统，罐壁高于17 m储罐、容积等于或大于10000 m^3储罐、容积等于或大于2000 m^3低压储罐应设置固定式消防冷却水系统。	《石油化工企业设计防火标准（2018年版）》（GB 50160—2008）第8.4.5条
10	全压力式及半冷冻式液化烃储罐采用的消防设施应符合下列规定： 1. 当单罐容积等于或大于1000 m^3 时，应采用固定式水喷雾（水喷淋）系统及移动消防冷却水系统； 2. 当单罐容积大于100 m^3，且小于1000 m^3 时，应采用固定式水喷雾（水喷淋）系统和移动式消防冷却系统或固定式水炮和移动式消防冷却系统； 3. 当单罐容积小于或等于100 m^3 时，可采用移动式消防冷却水系统。	《石油化工企业设计防火标准（2018年版）》（GB 50160—2008）第8.10.2条
11	全压力式、半冷冻式液化烃球罐固定式消防冷却水管道的控制阀应处于罐区防火堤外，距被保护罐壁不宜小于15 m。可燃液体立式储罐的固定消防冷却水系统（水喷淋或水喷雾系统）的控制阀门应设在防火堤外，且距被保护罐壁不宜小于15 m。	《石油化工企业设计防火标准（2018年版）》（GB 50160—2008）第8.10.10、8.4.5条
12	生产污水管道的下列部位应设水封，水封高度不得小于250 mm： 1. 工艺装置内的塔、加热炉、泵、冷换设备等区围堰的排水出口； 2. 工艺装置、罐组或其他设施及建筑物、构筑物、管沟等的排水出口； 3. 全厂性的支干管与干管交汇处的支干管上； 4. 全厂性支干管、干管的管段长度超过300 m时，应用水封井隔开。	《石油化工企业设计防火标准（2018年版）》（GB 50160—2008）第7.3条

9 重点危险化学品特殊管控安全风险隐患排查表

序号	排查内容	排查依据
(一) 液化烃		
1	液化烃储罐的储存系数不应大于0.9。	《石油化工企业设计防火标准（2018版）》（GB 50160—2008）第6.3.9条
2	全冷冻式液化烃储罐应设真空泄放设施和高、低温温度检测，并与自动控制系统相联。	《石油化工企业设计防火标准（2018版）》（GB 50160—2008）第6.3.11条
3	液化烃汽车装卸时严禁就地排放。	《石油化工企业设计防火标准（2018版）》（GB 50160—2008）第6.4.3条
4	液化石油气实瓶不应露天堆放。	《石油化工企业设计防火标准（2018版）》（GB 50160—2008）第6.5.5条
5	液化烃管道不得采用金属软管。	《石油化工企业设计防火标准（2018版）》（GB 50160—2008）第7.2.18条
6	液化烃储罐底部的液化烃出入口管道应设可远程操作的紧急切断阀，紧急切断阀的执行机构应有故障安全保障的措施。	《石油化工储运系统罐区设计规范》（SH/T 3007—2014）第6.4.1条
7	液化天然气储罐拦蓄区禁止设置封闭式LNG排放沟。	《液化天然气（LNG）生产、储存和装运》（GB/T 20368—2012）第5.2.2.3条
8	液化天然气储罐应配备2套独立的液位计，液位计应能适应液体密度的变化。	《液化天然气（LNG）生产、储存和装运》（GB/T 20368—2012）第10.1.1.1条
9	液化烃球形储罐，其法兰应采用带颈对焊钢制突面或凹凸面管法兰；垫片应采用带内外加强环型（对应于突面法兰）或内加强环型（对应于凹凸面法兰）缠绕式垫片；紧固件采用等长或通丝型螺柱、厚六角螺母。	《石油化工液化烃球形储罐设计规范》（SH 3136—2003）第4.4.4条
10	液化烃球形储罐本体应设就地和远传温度计，并应保证在最低液位时能测液相的温度而且便于观测和维护。	《石油化工液化烃球形储罐设计规范》（SH 3136—2003）第5.1条
11	液化烃球形储罐应设就地和远传的液位计，但不宜选用玻璃板液位计。	《石油化工液化烃球形储罐设计规范》（SH 3136—2003）第5.3.1条
12	液化石油气球罐上的阀门的设计压力不应小于2.5 MPa。	《石油化工液化烃球形储罐设计规范》（SH 3136—2003）第6条
13	**丙烯、丙烷、混合C4、抽余C4及液化石油气的球形储罐应采取防止液化烃泄漏的注水措施。注水压力应能满足需要。**	《石油化工液化烃球形储罐设计规范》（SH 3136—2003）第7.4条
14	丁二烯球形储罐应采取以下措施： 1. 设置氮封系统； 2. 储存周期在两周以下时，应设置水喷淋冷却系统；储存周期在两周以上时，应设置冷冻循环系统和阻聚剂添加系统； 3. 丁二烯球形储罐安全阀出口管道应设氮气吹扫。	《石油化工液化烃球形储罐设计规范》（SH 3136—2003）第8.5条
15	全压力式液化烃储罐宜采用有防冻措施的二次脱水系统，储罐根部宜设紧急切断阀。	《石油化工企业设计防火标准（2018版）》（GB 50160—2008）第6.3.14条
16	**液化烃的充装应使用万向管道充装系统。**	《首批重点监管的危险化学品安全措施和事故应急处置原则》（安监总厅管三〔2011〕142号）

(续)

序号	排查内容	排查依据
17	液化烃充装车过程中，应设专人在车辆紧急切断装置处值守，确保可随时处置紧急情况。	
（二）液氨		
1	液氨储罐的储存系数不应大于0.9。	《石油化工企业设计防火标准（2018版）》（GB 50160—2008）第6.3.9条
2	液氨的实瓶不应露天堆放。	《石油化工企业设计防火标准（2018版）》（GB 50160—2008）第6.5.5条
3	氨的安全阀排放气应经处理后排放。	《石油化工企业设计防火标准》(2018年版)（GB 50160—2008）第5.5.10条
4	超过100 m^3 的液氨储罐应设双安全阀，安全阀排气应引至回收系统或火炬排放燃烧系统。	《合成氨生产企业安全标准化实施指南》（AQ/T 3017—2008）第5.5.4.6条
5	液氨储罐进出口管线应设置双切断阀，其中一只出口切断阀为紧急切断阀。	《合成氨生产企业安全标准化实施指南》（AQ/T 3017—2008）第5.5.4.6条
6	**液氨充装时，应使用万向节管道充装系统。**	《首批重点监管的危险化学品安全措施和事故应急处置原则》安监总厅管三〔2011〕142号
7	液氨管道不得采用金属软管。	《石油化工企业设计防火标准（2018版）》（GB 50160—2008）第7.2.18条
（三）液氯		
1	液氯气瓶充装厂房、液氯重瓶库推荐采用密闭结构，多点配备可移动式非金属软管吸风罩，软管半径覆盖密闭结构厂房、库房内的设备、管道和液氯重瓶堆放范围。	《关于氯气安全设施和应急技术的指导意见》（中国氯碱工业协会〔2010〕协字第070号）第二条
2	若采用半敞开式厂房，必须在充装场所配备二个以上移动式真空吸收软管，并与事故氯吸收装置相连。	《关于氯气安全设施和应急技术的补充指导意见》（中国氯碱工业协会〔2012〕协字第012号）
3	工作场所应设置事故通风装置及与事故通风系统相联锁的泄漏报警装置；事故通风装置的控制分别设置在室内、室外便于操作地点；排风口设置尽可能避免影响作业人员。	《氯职业危害防护导则》（GBZ/T 275—2016）第6.1.5条
4	液氯气化器、贮罐等设施设备的压力表、液位计、温度计，应装有带远传报警的安全装置。	《氯气安全规程》（GB 11948—2008）第3.11D条
5	液氯贮罐、计量槽、气化器中液氯充装量不应大于容器容积的80%；液氯充装结束，应采取措施，防止管道处于满液封闭状态。	《氯气安全规程》（GB 11948—2008）第4.4条
6	液氯气化器、预冷器及热交换器等设备，应装有排污（NCl_3）装置和排污处理设施，并定期分析NCl_3含量，排污物中NCl_3含量不应大于60 g/L，否则需增加排污次数和排污量，并加强监测。	《氯气安全规程》（GB 11948—2008）第4.6条
7	禁止液氯＞1000 kg的容器直接液氯气化，禁止液氯贮槽、罐车或半挂车槽罐直接作为液氯气化器使用。	(《关于氯气安全设施和应急技术的指导意见》（中国氯碱工业协会〔2010〕协字第070号）第三条

（续）

序号	排查内容	排查依据
8	使用氯气作为生产原料时，推荐使用盘管式或套管式气化器的液氯全气化工艺，液氯气化温度不得低于71℃，建议热水控制温度75~85℃；采用特种气化器（蒸汽加热），温度不得大于121℃，气化压力与进料调节阀联锁控制，气化温度与蒸汽调节阀联锁控制。	《关于氯气安全设施和应急技术的指导意见》（中国氯碱工业协会〔2010〕协字第070号）第三条
9	缓冲罐底设有排污口，应定期排污，排污口接至碱液吸收池。	《关于氯气安全设施和应急技术的指导意见》（中国氯碱工业协会〔2010〕协字第070号）第三条
10	液氯贮槽厂房推荐采用密闭结构，建构筑物设计或改造应防腐蚀；有条件时把厂房密闭结构扩大至液氯卸卸作业区域；厂房密闭化同时配备事故氯处理装置。	《关于氯气安全设施和应急技术的指导意见》（中国氯碱工业协会〔2010〕协字第070号）第一条
11	大贮量液氯贮罐，其液氯出口管道，应装设柔性连接或者弹簧支吊架，防止因基础下沉引起安装应力。	《氯气安全规程》（GB 11948—2008）第7.2.2条
12	地上液氯贮罐区地面应低于周围地面0.3~0.5 m或在贮存区周边设0.3~0.5 m的事故围堰。	《氯气安全规程》（GB 11948—2008）第7.2.4条
13	液氯贮槽液面计应采用两种不同方式，采用现场显示和远传液位显示仪表各一套，远传仪表推荐罐外测量的外测式液位计。	《关于氯气安全设施和应急技术的指导意见》（中国氯碱工业协会〔2010〕协字第070号）第一条
14	液氯储罐的就地液位指示，不得选用玻璃板液位计。	《自动化仪表选型设计规范》（HG/T 20507—2014）第7.2.2条
15	**液氯充装应使用万向管道充装系统。**	《首批重点监管的危险化学品安全措施和事故应急处置原则》安监总厅管三〔2011〕142号
16	充装量为50 kg和100 kg的气瓶，使用时应直立放置，并有防倾倒措施；充装量为500 kg和1000 kg的气瓶，使用时应卧式放置，并牢靠定位。	《氯气安全规程》（GB 11948—2008）第6.1.3条
17	使用气瓶时，应有称重衡器；使用前和使用后均应登记重量，瓶内液氯不能用尽。	《氯气安全规程》（GB 11948—2008）第6.1.4条
18	液氯的实瓶不应露天堆放。	《石油化工企业设计防火标准（2018版）》（GB 50160—2008）第6.5.5条
19	在液氯泄漏时应禁止直接向罐体喷水，应将泄漏点朝上（气相泄漏位置），宜采用专用工具堵漏，并将液氯瓶阀液相管抽液氯或紧急使用。	《关于氯气安全设施和应急技术的指导意见》（中国氯碱工业协会〔2010〕协字第070号）第四条
20	液氯仓库必须设置事故氯吸收（塔）装置，具备独立电源和24小时能连续运行的能力，并与电解故障停车、动力电失电连锁控制；至少满足紧急情况下生产系统事故氯吸收处理能力，吸收液循环槽具备切换、备用和配液的条件，保证热备状态或有效运行。	《关于氯气安全设施和应急技术的指导意见》（中国氯碱工业协会〔2010〕协字第070号）第四条
21	液氯储存应至少配备一台体积最大的液氯槽作为事故液氯应急备用受槽。	《氯气职业危害防护导则》（GBZ/T 275—2016）第6.2.2.1条

(续)

序号	排查内容	排查依据
22	在液氯贮槽周围地面，设置地沟和事故池，地沟与事故池贯通并加盖栅板，事故池容积应足够；液氯贮槽泄漏时禁止直接向罐体喷淋水，可以在厂房、罐区围堰外围设置雾状水喷淋装置，喷淋水中可以适当加烧碱溶液，最大限度洗消氯气对空气的污染。	《关于氯气安全设施和应急技术的指导意见》（中国氯碱工业协会〔2010〕协字第070号）第四条
23	液氯储存、充装和气化岗位的作业人员应取得特殊作业人员资格证书。	《特种作业人员安全技术培训考核管理规定》（国家安全监管总局令第30号）
24	**氯气管道禁止穿越除厂区（包括化工园区、工业园区）外的公共区域。**	《化工和危险化学品生产经营单位重大生产安全事故隐患判定标准》（安监总管三〔2017〕121号）
25	液氯管道不得采用金属软管。	《石油化工企业设计防火标准（2018版）》（GB 50160—2008）第7.2.18条
（四）硝酸铵		
1	硝酸铵生产、储存企业应按照GB/T 37243要求开展外部安全防护距离评估，确定外部安全防护距离满足根据GB 36894确定的个人风险基准的要求。	《危险化学品生产装置和储存设施外部安全防护距离》（GB/T 37243—2019）《危险化学品生产装置和储存设施风险基准》（GB 36894—2018）
2	禁止将油和氯离子带入硝酸铵溶液系统。	《首批重点监管的危险化学品安全措施和应急处置原则》（安监总厅管三〔2011〕142号）
3	硝酸铵贮存过程中，禁止混入下列物质： 1. 硫、磷、硝酸钠、亚硝酸钠及其还原类物质； 2. 硫酸、盐酸、硝酸等酸类物质； 3. 易燃物、可燃物； 4. 锌、铜、镍、铅、锑、镉等活性金属。	
4	硝酸铵溶液的贮存罐区应设独立罐区，单个罐区存量最高不超1000 m^3，单个储罐最大储量不超200 m^3。	
5	硝酸铵溶液储罐所有材质应选用不低于SUS304标准的不锈钢。	
6	硝酸铵溶液罐区上方及地下严禁有其它油、燃气等无关物料管线通过。	
7	硝酸铵储存搬运时禁止震动、撞击和摩擦。	《首批重点监管的危险化学品安全措施和应急处置原则》（安监总厅管三〔2011〕142号）
8	硝酸铵应设置独立的贮存设施，包括专用仓库、临时堆场。	
9	硝酸铵仓库的墙、柱、梁、楼板、屋顶等库内建筑构件必须采用不燃性材料建造。	《石油化工企业设计防火标准（2018版）》（GB 50160—2008）第6.6.5条
10	进入硝酸铵仓库作业的机动车应加装阻火器，电瓶车应为防爆型。	
（五）光气		
1	**光气管道严禁穿越除厂区（包括化工园区、工业园区）外的公共区域。**	《化工和危险化学品生产经营单位重大生产安全事故隐患判定标准》（安监总管三〔2017〕121号）

（续）

序号	排查内容	排查依据
2	光气及光气化生产装置的安全防护距离应满足 GB 19041 要求。	《光气及光气化产品生产安全规程》（GB 19041—2003）第 4.2.1 条
3	光气及光气化生产装置应集中布置在厂区的下风侧并自成独立生产区，该装置与厂围墙的距离不应小于 100 m。	《光气及光气化产品生产安全规程》（GB 19041—2003）第 4.2.3 条
4	光气合成过程中一氧化碳的含水量不宜大于 50 mg/m^3，氯气含水量不宜大于 50 mg/m^3。	《光气及光气化产品生产安全规程》（GB 19041—2003）第 5.1.1 条
5	含光气物料管道应采用无缝钢管，管道连接应采用对焊焊接，严禁采用丝扣连接。	《光气及光气化产品生产安全规程》（GB 19041—2003）第 6.2 条
6	光气及光气化装置应设置隔离操作室。	《光气及光气化产品生产安全规程》（GB 19041—2003）第 7.2 条
7	光气及光气化产品生产装置的供电应设有双电源，紧急停车系统、尾气破坏处理系统应配备柴油发电机，要求在 30 s 内自动启动供电。	《光气及光气化产品生产安全规程》（GB 19041—2003）第 10.1 条
8	光气及光气化产品生产装置应设置化工安全仪表系统（SIS）。	
9	封闭式光气及光气化产品生产厂房应设机械排气系统，重要设备，如光气化反应器等，宜设局部排风罩，排气必须接入应急破坏处理系统。	《光气及光气化产品生产安全规程》（GB 19041—2003）第 11.3 条
10	敞开式厂房应在可能泄漏光气部位设置可移动式弹性软管负压排气系统，将有毒气体送至破坏处理系统。	《光气及光气化产品生产安全规程》（GB 19041—2003）第 11.4 条
11	进入光气生产装置时，员工应使用企业指定的防护服装和装备，包括佩戴的光气指示牌（上面标有员工的姓名和日期）；同时应随身配戴逃生器具（只用于需要撤离装置的紧急情况，不能够替代在装置内作业时使用的空气呼吸器），并检查逃生器具是否处于良好状态（如滤芯的有效期日期）。	《国家安全监管总局办公厅关于印发光气及光气化产品安全生产管理指南的通知》（安监总厅管三〔2014〕104 号）第 6.6.1.1 条
（六）氯乙烯		
1	氯乙烯生产企业应制定氯乙烯精馏和废碱液系统的液体氯乙烯排放回收至气柜的管理制度和管控措施。	
2	氯乙烯生产企业应确保精馏三塔的平稳运行，不得停运精馏三塔、直接用高沸物储罐进行氯乙烯的加热回收。	
3	氯乙烯生产企业应对气柜进出口管道、气柜进口气水分离罐设置伴热并保温，确保氯乙烯、二氯乙烷不会在管道内因低温液化积聚；气柜进口气水分离罐应设置远传液位计，及时发现并处理液相物料积聚。	
4	氯乙烯生产企业应严格下水管网安全管理，建立完善下水管网管理制度，明确责任人员，定期对下水管网内可燃、有毒气体进行监测，保证下水管网运行安全，严禁物料泄漏后或事故救援过程中带有化工物料的污水排出厂外，进入市政管网。	
5	液体氯乙烯不应直接通入气柜。	《电石乙炔法生产氯乙烯安全技术规程》（GB 14544—2008）第 6.5.4 条

(续)

序号	排查内容	排查依据
6	氯乙烯气柜进出总管应设置压力和柜位检测，DCS 指示、报警、联锁，记录保持时间不低于3个月。气柜压力和柜位联锁应设置高高或低低的三选二联锁动作。	
7	气柜的合成氯乙烯管道和聚合回收氯乙烯入口管应分开设置，出入口管道最低处应设排水器。	《电石乙炔法生产氯乙烯安全技术规程》（GB 14544—2008）第6.5.4条
8	氯乙烯气柜应有容积指示装置，允许容积为全容积的20%~75%，雷雨或七级以上大风天气使用容积不应超过全容积的60%。	
9	氯乙烯气柜应定期检维修，应编制检维修方案并建立检维修记录。	
10	气柜水槽补水管线应为常开溢流，并对溢流水进行收集处理，严禁直接排至下水系统，宜采用回收曝气检测合格后外排或循环使用。	
11	氯乙烯气柜的进出口管道应设远程紧急切断阀。	
12	氯乙烯单体储罐应设置注水设施。	
13	氯乙烯应与氧化剂分应开存放。	《首批重点监管的危险化学品安全措施和应急处置原则》（安监总厅管三〔2011〕142号）
14	氯乙烯贮存时应注意容器的密闭和氮封，并添加少量阻聚剂。	《首批重点监管的危险化学品安全措施和应急处置原则》（安监总厅管三〔2011〕142号）
（七）硝化工艺		
1	硝化控制室应设置在远离硝化车间的安全地带，在采用远程DCS控制基础上、采用远程视频监管、在线检测、设备故障自诊断等技术措施，减少现场常驻操作人员数量和工作时间。	
2	硝化工艺应实现自动化控制系统，并设置安全联锁；并结合各种异常工况，计算工艺控制要求最大允许流量和时段累积量，设置固定的不可超调的限流措施。	
3	半间歇、连续化硝化工艺等要严控加料配比的可靠性；设置滴加物料管道视镜（设置远程视频监控）。	
4	应严格控制硝化反应温度上下限，禁止温度超限特别是超下限状态，避免物料累积、反应滞后引发的过程失控；硝化釜中设置双温度计，确保温度测量的可靠性。	
5	硝化釜内有易燃易爆介质时，应采用氮气等保护措施。	
6	在发生事故会有相互影响的硝化釜与硝化釜、硝化物贮槽等设施之间，应增设应急自动隔断阀（隔离措施），防止事故扩大化。	
7	硝化工艺设置的紧急排放收集系统，应有控制紧急排放物料安全收集存放的措施，以防发生次生事故；根据工艺控制难易和物料危险性等特点，合理设置硝化系统的泄爆方式，减少对周围的建筑和人员的伤害。	
8	硝化车间应设置有效的防火防爆隔离措施，减少车间内不同工艺间的相互影响。	

化工园区安全风险排查治理导则（试行）

(2019年8月12日应急管理部以应急〔2019〕78号印发)

1 总则

1.1 目的

为全面排查化工园区安全风险，规范化工园区建设和安全管理，系统提升化工园区本质安全水平，增强化工园区安全应急保障能力，防范危险化学品重特大安全事故，依据《安全生产法》《危险化学品安全管理条例》等有关法律法规和标准规范，制定本导则。

1.2 适用范围

本导则适用于化工园区的安全风险排查治理。

1.3 基本原则

1.3.1 科学规划，合理布局。

坚持产业集聚、布局集中、用地集约和安全环保的原则，规范化工园区的设立和选址，严格规划区域功能，优化安全布局，完善公用工程配套和安全保障设施。

1.3.2 严格准入，规范管理。

坚持严格准入，严禁不符合安全生产标准规范和不成熟工艺的危险化学品建设项目入园。坚持一体化管理，提升化工园区应急保障能力，规范建设和安全管理。

1.3.3 系统排查，重点整治。

全面排查化工园区安全风险，突出对系统性安全风险的整治，提升本质安全水平，避免多米诺效应，防范危险化学品重特大安全事故，实现化工园区整体安全风险可控。

2 设立

2.1 化工园区应整体规划、集中布置，化工园区内不应有居民居住。

2.2 化工园区应符合国家、区域、省和设区的市产业布局规划要求，在城乡总体规划确定的建设用地范围之内，符合国土空间规划。

2.3 化工园区的设立应经省级及以上人民政府认定，负责园区管理的当地人民政府应明确承担园区安全生产和应急管理职责的机构。

3 选址及规划

3.1 化工园区应位于地方人民政府规划的专门用于危险化学品生产、储存的区域，符合化工园区所在地区化工行业安全发展规划。

3.2 化工园区选址应把安全放在首位，进行选址安全评估，化工园区与城市建成区、人口密集区、重要设施等防护目标之间保持足够的安全防护距离，留有适当的缓冲带，将化工园区安全与周边公共安全的相互影响降至风险可以接受。

3.3 化工园区应编制《化工园区总体规划》和《化工园区产业规划》，《化工园区总体规划》应包含安全生产和综合防灾减灾规划章节。

3.4 化工园区安全生产管理机构应至少每五年开展一次化工园区整体性安全风险评估，评估安全风险，提出消除、降低、管控安全风险的对策措施。

3.5 化工园区安全生产管理机构应依据化工园区整体性安全风险评估结果和相关法规标准的要求，划定化工园区周边土地规划安全控制线，并报送化工园区所在地设区的市级和县级地方人民政府规划主管部门、应急管理部门。

3.6 化工园区所在地设区的市级和县级地方人民政府规划主管部门应严格控制化工园区周边土地开发利用，土地规划安全控制线范围内的开发建设项目应经过安全风险评估，满足安全风险控制要求。

4 园区内布局

4.1 化工园区应综合考虑主导风向、地势高低落差、企业装置之间的相互影响、产品类别、生产工艺、物料互供、公用设施保障、应急救援等因素，合理布置功能分区。劳动力密集型的非化工企业不得与化工企业混建在同一化工园区内。

4.2 化工园区行政办公、生活服务区等人员集中场所与生产功能区应相互分离，布置在化工园区边缘或化工园区外；消防站、应急响应中心、医疗救护站等重要设施的布置应有利于应急救援的快速响应需要，并与涉及爆炸物、毒性气体、液化易燃气体的装置或设施保持足够的安全距离。

4.3 化工园区整体性安全风险评估应结合国家有关法律法规和标准规范要求，评估化工园区布局的安全性和合理性，对多米诺效应进行分析，提出安全风险防范措施，降低区域安全风险，避免多米诺效应。

4.4 在安全条件审查时，危险化学品建设项目单位提交的安全评价报告应对危险化学品建设项目与周边企业的相互影响进行多米诺效应分析，优化平面布局。

5 准入和退出

5.1 化工园区应严格根据《化工园区总体规划》和《化工园区产业规划》，制定适应区域特点、地方实际的《化工园区产业发展指引》和"禁限控"目录。

5.2 化工园区的项目准入应有利于形成相对完整的"上中下游"产业链和主导产业，实现化工园区内资源的有效配置和充分利用。

5.3 化工园区内危险化学品建设项目应由具有相关工程设计资质的单位设计；涉及"两重点一重大"（重点监管的危险化学品、重点监管的危险化工工艺、危险化学品重大危险源）装置的专业管理人员原则上应具有大专以上学历，操作人员原则上应具有高中以上文化程度，企业特种作业人员应持证上岗，并建设身份识别系统，加强对证件有效性和特种作业人员身份的管理。

5.4 化工园区内凡存在重大事故隐患、生产工艺技术落后、不具备安全生产条件的企业，责令停产整顿，整改无望的或整改后仍不能达到要求的企业，应依法予以关闭。

5.5 化工园区应建立健全企业、承包商准入和退出机制，建立黑名单制度。

6 配套功能设施

6.1 化工园区供水水源应充足、可靠，建设统一集中的供水设施和管网，满足企业和化工园区配套设施生产、生活、消防用水的需求。化工园区附近有天然水源的，应设置供消防车取水的消防车道和取水码头。

6.2 化工园区应能保障双电源供电。供电应满足化工园区各企业和化工园区配套设施生产、生活及应急用电需求，电源可靠。

6.3 化工园区公用管廊应满足《化工园区公共管廊管理规程》（GB/T 36762）要求。

6.4 化工园区应严格管控运输安全风险，运用物联网等先进技术对危险化学品运输车辆进出进行实时监控，实行专用道路、专用车道和限时限速行驶等措施，由化工园区实施统一管理、科学调度，防止安全风险积聚。有危险化学品车辆聚集较大安全风险的化工园区应建设危险化学品车辆专用停车场并严格管理。

6.5 化工园区应按照"分类控制、分级管理、分步实施"要求，结合产业结构、产业链特点、安全风险类型等实际情况，分区实行封闭化管理，建立完善门禁系统和视频监控系统，对易燃易爆、有毒有害化学品和危险废物等物料、人员、车辆进出实施全过程监管。

6.6 化工园区应按照有关法律法规和国家标准规范对产生的固体废物特别是危险废物全部进行安全处置，必要时建设配套的固体废物特别是危险废物集中处置设施，并实行专业化运营管理，充分利用信息化等手段对危险废物种类、产生量、流向、贮存、处置、转移等全链条的风险实施监督和管理。

6.7 化工园区应配套建设满足化工园区需要、符合安全环保要求的污水处理设施；合理分析和估算安全事故废水量，根据需求规划建设公共的事故废水应急池，确保化工安全事故发生时能满足废水处置要求。

7 一体化安全管理及应急救援

7.1 化工园区应实施安全生产与应急一体化管理，建立健全行业监管、协同执法和应急救援的联动机制，协调解决化工园区内企业之间的安全生产重大问题，统筹指挥化工园区的应急救援工作，指导企业落实安全生产主体责任，全面加强安全生产和应急管理工作。

7.2 化工园区管委会应配备具有化工专业背景的负责人，并建立化工园区管委会领导带班制度；根据企业数量、产业特点、整体安全风险状况，配备满足安全监管需要的人员，其中具有相关化工专业学历或化工安全生产实践经历的人员或注册安全工程师的人员数量不低于安全监管人员的75%。

7.3 化工园区应按照国家有关要求，制定安全风险分级管控制度，定期对化工园区内企业进行安全风险分级，加强对红色、橙色安全风险的分析、评估、预警。

7.4 化工园区应建设安全监管和应急救援信息平台，构建基础信息库和风险隐患数据库，至少应接入企业重大危险源（储罐区和库区）实时在线监测监控相关数据、关键岗位视频监控、安全仪表等异常报警数据，实现对化工园区内重点场所、重点设施在线实时监测、动态评估和及时自动预警；要建立园区三维倾斜摄影模型，在平台中实时更新园区建设边界、园区内企业边界及分布等基础信息；化工园区应将接入数据上传至省、市级应急管理部门。

7.5 化工园区安全生产管理机构应制定总体应急预案及专项预案，并至少每2年组织1次安全事故应急演练。

7.6 化工园区应编制化工园区消防规划，消防站布点应根据化工园区面积、危险性、平面布局等因素综合考虑，参照不低于《城市消防站建设标准》中特勤消防站的标准进行建设，消防车种类、数量、结构以及车载灭火药剂数量、装备器材、防护装具等应满足安全事故处置需要。化工园区应建设危险化学品专业应急救援队伍；根据自身安全风险类型和实际需求，配套建设医疗急救场所和气防站。

7.7 化工园区应建立健全化工园区内企业及公共应急物资储备保障制度，统筹规划配备充足的应急物资装备。

7.8 化工园区应加强对台风、雷电、洪水、泥石流、滑坡等自然灾害的监测和预警，并落实有关灾害的防范措施，防范因自然灾害引发危险化学品次生灾害。

8 特殊条款

8.1 按照本导则《化工园区安全风险排查治理检查表》(见附件) 对化工园区进行评分，60分以下（不含60分）为高安全风险（A类），60~70分（不含70分）为较高安全风险（B类），70~85分（不含85分）为一般安全风险（C类），85分及以上为较低安全风险（D类）。

8.2 化工园区存在以下情况，直接判定为高安全风险（A类）：

（1）化工园区规划不符合当地总体规划要求或未明确四至范围（四至范围是指东西南北四个方向的边界）。

（2）化工园区未经依法认定。

（3）化工园区未明确安全管理机构。

（4）化工园区外部安全防护距离不符合标准要求。

（5）化工园区内部布局不合理，企业之间存在重大风险叠加或失控。

（6）化工园区内存在在役化工装置未经具有相应资质的单位设计且未通过安全设计诊断的企业。

（7）化工园区内存在涉及危险化工工艺的特种作业人员未取得高中或者相当于高中及以上学历的企业。

附录 定义和术语

下列定义和术语适用于本导则。

1 化工园区

依法设立的用于专门发展化工产业的工业区或集中区。

2 防护目标

受化工园区危险化学品安全事故影响，化工园区外可能发生人员伤亡、财产损失的设施或场所。

3 多米诺效应

化工园区内一个企业的危险源发生安全事故时可能会引起其他企业的危险源也相继发生安全事故，从而造成更大安全事故的现象。

4 土地规划安全控制线

为预防和减缓化工园区危险化学品潜在安全事故（火灾、爆炸、泄漏等）对化工园区外防护目标的影响，用于限制化工园区周边土地开发利用的控制线。

附件

化工园区安全风险排查治理检查表

序号	要素	排查内容	评分标准	分值 E_i
1	设立（15分）	（1）化工园区应整体规划、集中布置，化工园区内不应有居民居住。	0分—无整体规划或化工园区内有居民居住； 1分—整体规划，但未集中布置； 5分—符合要求。	

（续）

序号	要素	排查内容	评分标准	分值 E_i
1	设立 （15分）	（2）化工园区应符合国家、区域、省和设区产业布局规划要求，在城乡总体规划确定的建设用地范围之内，符合国土空间规划。	0分—不符合国家、区域、省和设区的市产业布局规划要求或不在城乡总体规划确定的建设用地范围之内或不符合国土空间规划； 5分—符合要求。	
		（3）化工园区的设立应经省级及以上人民政府认定，负责园区管理的当地人民政府应明确承担园区安全生产和应急管理职责的机构。	0分—未经省级及以上人民政府认定，或未明确承担园区安全生产和应急管理职责的机构； 5分—符合要求。	
2	选址及规划 （30分）	（4）化工园区应位于地方人民政府规划的专门用于危险化学品生产、储存的区域，符合化工园区所在地区化工行业安全发展规划。	0分—化工园区未位于危险化学品的生产、储存规划区域或不符合化工园区所在地区化工行业安全发展规划； 5分—符合要求。	
		（5）化工园区选址应把安全放在首位，进行选址安全评估，化工园区与城市建成区、人口密集区、重要设施等防护目标之间保持足够的安全防护距离，留有适当的缓冲带，将化工园区安全与周边公共安全的相互影响降至风险可以接受。	0分—未进行选址安全评估或化工园区与城市建成区、人口密集区、重要设施等防护目标之间安全防护距离不满足要求； 1分—进行了选址安全评估，化工园区与城市建成区、人口密集区、重要设施等防护目标之间安全防护距离满足要求；缓冲带小于200米（不含200米）； 3分—进行了选址安全评估，化工园区与城市建成区、人口密集区、重要设施等防护目标之间安全防护距离满足要求；缓冲带200~500米（不含500米）； 5分—进行了选址安全评估，化工园区与城市建成区、人口密集区、重要设施等防护目标之间安全防护距离满足要求；缓冲带大于等于500米。	
		（6）化工园区应编制《化工园区总体规划》和《化工园区产业规划》，《化工园区总体规划》应包含安全生产和综合防灾减灾规划章节。	0分—未编制《化工园区总体规划》和《化工园区产业规划》或《化工园区总体规划》无安全生产和综合防灾减灾规划章节； 5分—符合要求。	
		（7）化工园区安全生产管理机构应至少每五年开展一次化工园区整体性安全风险评估，评估安全风险，提出消除、降低、管控安全风险的对策措施。	0分—未按照规定要求开展化工园区整体性安全风险评估； 5分—符合要求。	
		（8）化工园区安全生产管理机构应依据化工园区整体性安全风险评估结果和相关法规标准的要求，划定化工园区周边土地规划安全控制线，并报送化工园区所在地设区的市级和县级地方人民政府规划主管部门、应急管理部门。	0分—未设置化工园区周边土地规划安全控制线； 1分—设置了化工园区周边土地规划安全控制线，但未报送； 5分—符合条件。	

(续)

序号	要素	排查内容	评分标准	分值 E_i
2	选址及规划（30分）	（9）化工园区所在地设区的市级和县级地方人民政府规划主管部门应严格控制化工园区周边土地开发利用，土地规划安全控制线范围内的开发建设项目应经过安全风险评估，满足安全风险控制要求。	0分—土地规划安全控制线内的开发项目未经过安全风险评估，不满足安全风险控制要求； 5分—符合要求。	
3	园区内布局（20分）	（10）化工园区应综合考虑主导风向、地势高低落差、企业装置之间的相互影响、产品类别、生产工艺、物料互供、公用设施保障、应急救援等因素，合理布置功能分区。劳动力密集型的非化工企业不得与化工企业混建在同一园区内。	0分—劳动力密集型的非化工企业与化工企业混建在同一化工园区内； 1分—功能分区未严格执行国家相关标准，功能分区不合理； 5分—符合要求。	
		（11）化工园区行政办公、生活服务区等人员集中场所与生产功能区应相互分离，布置在化工园区边缘或化工园区外；消防站、应急响应中心、医疗救护站等重要设施的布置应有利于应急救援的快速响应需要，并与涉及爆炸物、毒性气体、液化易燃气体的装置或设施保持足够的安全距离。	0分—行政办公、生活服务区等人员集中场所与生产功能区未相互分离，或消防站、应急响应中心、医疗救护站等重要设施的布置不能满足应急救援的快速响应需要； 1分—行政办公、生活服务区等人员集中场所与生产功能区相互分离，但未布置在化工园区边缘或化工园区外；消防站、应急响应中心、医疗救护站等重要设施的布置满足应急救援的快速响应需要，但受涉及爆炸物、毒性气体、液化易燃气体的装置或设施影响，未采取有效防护措施； 3分—行政办公、生活服务区等人员集中场所与生产功能区相互分离，且布置在化工园区边缘或化工园区外；消防站、应急响应中心、医疗救护站等重要设施的布置满足应急救援的快速响应需要，但受涉及爆炸物、毒性气体、液化易燃气体的装置或设施影响，采取了有效防护措施； 5分—符合要求。	
		（12）化工园区整体性安全风险评估应结合国家有关法律法规和标准规范要求，评估化工园区布局的安全性和合理性，对多米诺效应进行分析，提出安全风险防范措施，降低区域安全风险，避免多米诺效应。	0分—未进行多米诺效应分析； 1分—进行了多米诺效应分析，但未对化工园区布局的安全性和合理性提出意见，未提出安全风险防范措施； 5分—符合条件。	
		（13）在安全条件审查时，危险化学品建设项目单位提交的安全评价报告应对危险化学品建设项目与周边企业的相互影响进行多米诺效应分析，优化平面布局。	0分—危险化学品建设项目安全评价报告未进行多米诺效应分析； 1分—危险化学品建设项目安全评价报告进行了多米诺效应分析，对优化平面布局未提出建议措施； 5分—符合要求。	

(续)

序号	要素	排查内容	评分标准	分值 E_i
4	准入和退出（25分）	(14) 化工园区应当严格根据《化工园区总体规划》和《化工园区产业规划》，制定适应区域特点、地方实际的《化工园区产业发展指引》和"禁限控"目录。	0分—未制定《化工园区产业发展指引》或"禁限控"目录； 1分—《化工园区产业发展指引》和"禁限控"目录未明确产业目录、产业类别、生产能力、工艺水平等关键指标； 5分—符合要求。	
		(15) 化工园区的项目准入应有利于形成相对完整的"上中下游"产业链和主导产业，实现化工园区内资源的有效配置和充分利用。	0分—近5年化工园区的准入项目与化工园区"上中下游"产业链和主导产业无关； 1分—近5年化工园区的准入项目与化工园区"上中下游"产业链和主导产业有一定关联性； 5分—符合要求。	
		(16) 化工园区内危险化学品建设项目应由具有相关工程设计资质的单位设计；涉及"两重点一重大"装置的专业管理人员必须具有大专以上学历、操作人员必须具有高中或者相当于高中及以上文化程度，企业特种作业人员应持证上岗。	0分—化工园区内危险化学品建设项目未由具有相关工程设计资质的单位设计或涉及"两重点一重大"装置的专业管理人员不具有大专以上学历或操作人员不具有高中或相当于高中及以上文化程度或特种作业人员未持证上岗； 5分—符合要求。	
		(17) 化工园区内凡存在重大事故隐患、生产工艺技术落后、不具备安全生产条件的企业，责令停产整顿，整改无望的或整改后仍不能达到要求的企业，应依法予以关闭。	0分—存在重大事故隐患、生产工艺技术落后、不具备安全生产条件的企业，责令停产整顿，整改无望或整改后仍不能达到要求的企业； 5分—符合要求。	
		(18) 化工园区应建立健全企业、承包商准入和退出机制，建立黑名单制度。	0分—化工园区未建立企业、承包商准入和退出机制或未建立黑名单制度； 1分—化工园区建立了企业、承包商准入和退出机制，建立了黑名单制度，但未有效运行并考核； 5分—符合要求。	
5	配套功能设施（35分）	(19) 化工园区供水水源应充足、可靠，建设统一集中的供水设施和管网，满足企业和化工园区配套设施生产、生活、消防用水的需求。化工园区附近有天然水源的，应设置供消防车取水的消防车道和取水码头。	0分—供水不能满足企业和化工园区配套设施生产、生活、消防用水的需求； 1分—供水水源充足、可靠，但化工园区未建设统一集中的供水设施和管网； 3分—供水水源充足、可靠，建设了统一集中的供水设施和管网，但附近有天然水源但未设置供消防车取水的消防车道和取水码头； 5分—符合要求。	
		(20) 化工园区应能保障双电源供电。供电应满足化工园区各企业和化工园区配套设施生产、生活和应急用电需求，电源可靠。	0分—供电不满足保障双电源供电； 5分—符合条件。	

(续)

序号	要素	排查内容	评分标准	分值 E_i
5	配套功能设施 (35分)	(21) 化工园区公用管廊应满足《化工园区公共管廊管理规程》(GB/T 36762) 要求。	0 分—未建设公用管廊; 1 分—建有公用管廊,但未按照《化工园区公共管廊管理规程》(GB/T 36762) 要求建设; 5 分—符合要求。	
		(22) 化工园区应严格管控运输安全风险,运用物联网等先进技术对危险化学品运输车辆进出进行实时监控,实行专用道路、专用车道和限时限速行驶等措施,由化工园区实施统一管理、科学调度,防止安全风险积聚。有危险化学品车辆聚集较大安全风险的化工园区应建设危险化学品车辆专用停车场并严格管理。	0 分—未运用物联网等先进技术对危险化学品运输车辆进出进行实时监控,或有危险化学品车辆聚集较大安全风险的化工园区未建设危险化学品车辆专用停车场; 3 分—运用物联网等先进技术对危险化学品运输车辆进出进行实时监控,但未实行专用道路、专用车道和限时限速行驶等措施,由化工园区实施统一管理、科学调度,防止安全风险积聚;有危险化学品车辆聚集较大安全风险的化工园区建设了危险化学品车辆专用停车场,但未对危险化学品车辆专用停车场进行严格管理; 5 分—符合要求。	
		(23) 化工园区应按照"分类控制、分级管理、分步实施"要求,结合产业结构、产业链特点、安全风险类型等实际情况,分区实行封闭化管理,建立完善门禁系统和视频监控系统,对易燃易爆、有毒有害化学品和危险废物等物料、人员、车辆进出实施全过程监管。	0 分—未按照"分类控制、分级管理、分步实施"的要求实行化工园区封闭化管理或未建立门禁系统和视频监控系统; 1 分—实行化工园区封闭化管理但未建立门禁系统和视频监控系统; 3 分—实施封闭化管理并建立门禁系统和视频监控系统,但未对易燃易爆、有毒有害化学品和危险废物等物料、人员、车辆进出实施全过程监管; 5 分—符合要求。	
		(24) 化工园区应按照有关法律法规和国家标准规范对产生的固体废物特别是危险废物全部进行安全处置,必要时建设配套的固体废物特别是危险废物集中处置设施,并实行专业化运营管理,充分利用信息化等手段对危险废物种类、产生量、流向、贮存、处置、转移等全链条的风险实施监督和管理。	0 分—未按照有关法律法规和国家标准规范要求,对产生的固体废物特别是危险废物全部进行安全处置; 3 分—对产生的固体废物特别是危险废物全部进行安全处置,但未充分利用信息化等手段对危险废物种类、产生量、流向、贮存、处置和转移等全链条的风险实施监督和管理; 5 分—符合要求。	
		(25) 化工园区应配套建设满足化工园区需要、符合安全环保要求的污水处理设施;合理分析和估算安全事故废水量,根据需求规划建设公共的事故废水应急池,确保在安全事故发生时能满足废水处置要求。	0 分—化工园区污水处理设施不满足化工园区需要或不符合安全环保要求;或未对化工园区安全事故废水进行合理分析和估算;或估算后,在化工园区安全事故发生时不能满足事故废水处置要求,未采取措施; 5 分—符合要求。	

611

(续)

序号	要素	排查内容	评分标准	分值 E_i
6	一体化安全管理及应急救援（40分）	（26）化工园区应实施安全生产与应急一体化管理，建立健全行业监管、协同执法和应急救援的联动机制，协调解决化工园区内企业之间的安全生产重大问题，统筹指挥化工园区的应急救援工作，指导企业落实安全生产主体责任，全面加强安全生产和应急管理工作。	0分—未实施安全生产与应急一体化管理； 5分—符合要求。	
		（27）化工园区管委会应配备具有化工专业背景的负责人，并建立化工园区管委会领导带班制度；根据企业数量、产业特点、整体安全风险状况，配备满足安全监管需要的人员，其中具有相关化工专业学历或化工安全生产实践经历的人员或注册安全工程师的人员数量不低于安全监管人员的75%。	0分—未配备具有相关化工专业学历或化工安全生产实践经历的人员或注册安全工程师等专业监管人员，或化工园区管委会未配备具有化工专业背景的负责人； 1分—配备了具有相关化工专业学历或化工安全生产实践经历的人员或注册安全工程师等专业监管人员但比例低于75%；或未建立化工园区管委会领导带班制度； 5分—符合要求。	
		（28）化工园区应按照国家有关要求，制定安全风险分级管控制度，对化工园区内企业进行安全风险分级，加强对红色、橙色安全风险的分析、评估、预警。	0分—未按照国家有关要求，对化工园区内企业进行安全风险分级，并制定安全风险分级管控制度，对红色、橙色安全风险的分析、评估、预警； 5分—符合要求。	
		（29）化工园区应建设安全监管和应急救援信息平台，构建基础信息库和风险隐患数据库，至少应接入企业重大危险源（储罐区和库区）实时在线监测监控相关数据、关键岗位视频监控、安全仪表等异常报警数据，实现对化工园区内重点场所、重点设施在线实时监测、动态评估和及时自动预警；要建立园区三维倾斜摄影模型，在平台中实时更新园区建设边界、园区内企业边界及分布等基础信息；化工园区应将接入数据上传至省、市级应急管理部门。	0分—未建设平台； 1分—建设了平台，但只有基础信息数据库，未接入其他相关数据； 3分—建设了平台且能实现预警功能； 5分—符合要求。	
		（30）化工园区应制定总体应急预案及专项预案，并至少每2年组织1次安全事故应急救援演练。	0分—未制定总体应急救援预案及专项预案或未按要求组织安全事故应急救援演练； 5分—符合要求。	
		（31）化工园区应编制化工园区消防规划，消防站布点应根据化工园区面积、危险性、平面布局等因素综合考虑，参照不低于《城市消防站建设标准》中特勤消防站的标准进行建设，消防车种类、数量、结构以及车载灭火药剂数量、装备器材、防护装具等应满足安全事故处置需要。化工园区应建设危险化学品专业应急救援队伍；根据自身安全风险类型和实际需求，配套建设医疗急救场所和气防站。	0分—未建设化工园区消防站； 1分—建设了化工园区消防站但未按照《城市消防站建设标准》中特勤消防站的标准进行建设；或未建有危险化学品专业应急救援队伍；或配备的消防设备设施不满足事故处置需要； 5分—符合要求。	

(续)

序号	要素	排查内容	评分标准	分值 E_i
6	一体化安全管理及应急救援（40分）	（32）化工园区应建立健全化工园区内企业及公共应急物资储备保障制度，统筹规划配备充足的应急物资装备。	0分—未建立企业及公共应急物资储备保障制度，统筹规划配备充足的应急物资装备； 5分—符合要求。	
		（33）化工园区应加强对台风、雷电、洪水、泥石流、滑坡等自然灾害的监测和预警，并落实有关灾害的防范措施，防范因自然灾害引发危险化学品次生灾害。	0分—未对台风、雷电、洪水、泥石流、滑坡等自然灾害监测和预警； 3分—对台风、雷电、洪水、泥石流、滑坡等自然灾害监测和预警但未落实有关灾害的防范措施； 5分—符合要求。	
7	分值汇总	—	—	

评分说明：
1. 评分时，对各项排查内容按照各自对应的评分标准逐一进行评分。
2. 评分按照0-1-3-5评分制，其中：0分表示不符合标准要求，1分表示与标准要求偏差较大，3分表示与标准要求存在部分偏差，5分表示符合标准要求；对具有二元选择性的排查内容，只设5分或0分。
3. 采用百分制进行评分，实际分值按如下公式计算：

$$Z = \left(\frac{\sum_{i=1}^{n} E_i}{165} \right) \times 100$$

式中：Z——化工园区实际分值；E_i——单项排查内容分值。
4. 化工园区存在以下情况，直接判定为高安全风险（A类）：
(1) 化工园区规划不符合当地总体规划要求或未明确四至范围（四至范围是指东西南北四个方向的边界）。
(2) 化工园区未经依法认定。
(3) 化工园区未明确安全管理机构。
(4) 化工园区外部安全防护距离不符合标准要求。
(5) 化工园区内部布局不合理，企业之间存在重大风险叠加或失控。
(6) 化工园区内存在在役化工装置未经具有相应资质的单位设计且未通过安全设计诊断的企业。
(7) 化工园区内存在涉及危险化工工艺的特种作业人员未取得高中或者相当于高中及以上学历的企业。

危险化学品企业生产安全事故应急准备指南

（2019年12月26日应急管理部以应急厅〔2019〕62号印发）

第一条 为加强危险化学品企业安全生产应急管理工作，有效防范和应对危险化学品事故，保障人民群众生命和财产安全，依据《中华人民共和国突发事件应对法》《中华人民共和国安全生产法》《生产安全事故应急条例》《生产安全事故应急预案管理办法》等法律、法规、规章、标准和有关文件（以下统称现行法律法规制度），制定本指南。

第二条 本指南适用于危险化学品生产、使用、经营、储存单位（以下统称危险化学品企业）依法实施生产安全事故应急准备工作，也可作为各级政府应急管理部门和其他负有危险化学品安全生产监督管理职责的部门依法监督检查危险化学品企业生产安全事故应急准备工作的工具。

本指南所称危险化学品使用单位是指根据《危险化学品安全使用许可证实施办法》规定，应取得危险化学品安全使用许可证的化工企业。

第三条 依法做好生产安全事故应急准备是危险化学品企业开展安全生产应急管理工作的主要任务，落实安全生产主体责任的重要内容。

应急准备应贯穿于危险化学品企业安全生产各环节、全过程。

危险化学品企业应遵循安全生产应急工作规律，

依法依规，结合实际，在风险评估基础上，针对可能发生的生产安全事故特点和危害，持续开展应急准备工作。

第四条 应急准备内容主要由思想理念、组织与职责、法律法规、风险评估、预案管理、监测与预警、教育培训与演练、值班值守、信息管理、装备设施、救援队伍建设、应急处置与救援、应急准备恢复、经费保障等要素构成。每个要素由若干项目组成。

要素1：思想理念。思想理念是应急准备工作的源头和指引。危险化学品企业要坚持以人为本、安全发展，生命至上、科学救援理念，树立安全发展的红线意识和风险防控的底线思维，依法依规开展应急准备工作。

本要素包括安全发展红线意识、风险防控底线思维、应急管理法治化与生命至上、科学救援四个项目。

要素2：组织与职责。组织健全、职责明确是企业开展应急准备工作的组织保障。危险化学品企业主要负责人要对本单位的生产安全事故应急工作全面负责，建立健全应急管理机构，明确应急响应、指挥、处置、救援、恢复等各环节的职责分工，细化落实到岗位。

本要素包括应急组织、职责任务两个项目。

要素3：法律法规。现行法律法规制度是企业开展应急准备的主要依据。危险化学品企业要及时识别最新的安全生产法律法规、标准规范和有关文件，将其要求转化为企业应急管理的规章制度、操作规程、检测规范和管理工具等，依法依规开展应急准备工作。

本要素包括法律法规识别、法律法规转化、建立应急管理制度三个项目。

要素4：风险评估。风险评估是企业开展应急准备和救援能力建设的基础。危险化学品企业要运用底线思维，全面辨识各类安全风险，选用科学方法进行风险分析和评价，做到风险辨识全面，风险分析深入，风险评估科学，风险分级准确，预防和应对措施有效。运用情景构建技术，准确揭示本企业小概率、高后果的"巨灾事故"，开展有针对性的应急准备工作。

本要素包括风险辨识、风险分析、风险评价、情景构建四个项目。

要素5：预案管理。针对性和操作性强的应急预案是企业开展应急准备和救援能力建设的"规划蓝图"、从业人员应急救援培训的"专门教材"、救援行动的"作战指导方案"。危险化学品企业要组成应急预案编制组，开展风险评估、应急资源普查、救援能力评估，编制应急预案。要加强预案管理，严格预案评审、签署、公布与备案；及时评估和修订预案，增强预案的针对性、实用性和可操作性。

本要素包括预案编制、预案管理、能力提升三个项目。

要素6：监测与预警。监测与预警是企业生产安全事故预防与应急的重要措施。监测是及时做好事故预警，有效预防、减少事故，减轻、消除事故危害的基础。预警是根据事故预测信息和风险评估结果，依据事故可能的危害程度、波及范围、紧急程度和发展态势，确定预警等级，制定预警措施，及时发布实施。

本要素包括监测、预警分级、预警措施三个项目。

要素7：教育培训与演练。教育培训与演练是企业普及应急知识，从业人员提高应急处置技能、熟练掌握应急预案的有效措施。危险化学品企业应对从业人员（包含承包商、救援协议方）开展针对性知识教育、技能培训和预案演练，使从业人员掌握必要的应急知识、与岗位相适应的风险防范技能和应急处置措施。要建立从业人员应急教育培训考核档案，如实记录教育培训的时间、地点、人员、内容、师资和考核的结果。

本要素包括应急教育培训、应急演练、演练评估三个项目。

要素8：值班值守。值班值守是企业保障事故信息畅通、应急响应迅速的重要措施，是企业应急管理的重要环节。危险化学品企业要设立应急值班值守机构，建立健全值班值守制度，设置固定办公场所、配齐工作设备设施，配足专门人员、全天候值班值守，确保应急信息畅通、指挥调度高效。规模较大、危险性较高的危险化学品生产、经营、储存企业应当成立应急处置技术组，实行24小时值班。

本要素包括应急值班、事故信息接报、对外通报三个项目。

要素9：信息管理。应急信息是企业快速预测、研判事故，及时启动应急预案，迅速调集应急资源，实施科学救援的技术支撑。危险化学品企业要收集整理法律法规、企业基本情况、生产工艺、风险、重大危险源、危险化学品安全技术说明书、应急资源、应急预案、事故案例、辅助决策等信息，建立互联共享的应急信息系统。

本要素包括应急救援信息、信息保障两个项目。

要素10：装备设施。装备设施是企业应急处置和救援行动的"作战武器",是应急救援行动的重要保障。危险化学品企业应按照有关标准、规范和应急预案要求,配足配齐应急装备、设施,加强维护管理,保证装备、设施处于完好可靠状态。经常开展装备使用训练,熟练掌握装备性能和使用方法。

本要素包括应急设施、应急物资装备和维护管理三个项目。

要素11:救援队伍建设。救援队伍是企业开展应急处置和救援行动的专业队和主力军。危险化学品企业要按现行法律法规制度建立应急救援队伍(或者指定兼职救援人员、签订救援服务协议),配齐必需的人员、装备、物资,加强教育培训和业务训练,确保救援人员具备必要的专业知识、救援技能、防护技能、身体素质和心理素质。

本要素包括队伍设置、能力要求、队伍管理、对外公布与调动四个项目。

要素12:应急处置与救援。应急处置与救援是事故发生后的首要任务,包括企业自救、外部助救两个方面。危险化学品企业要建立统一领导的指挥协调机制,精心组织,严格程序,措施正确,科学施救,做到迅速、有力、有序、有效。要坚持救早救小、关口前移,着力抓好岗位紧急处置,避免人员伤亡、事故扩大升级。要加强教育培训,杜绝盲目施救、冒险处置等蛮干行为。

本要素包括应急指挥与救援组织、应急救援基本原则、响应分级、总体响应程序、岗位应急程序、现场应急措施、重点监控危险化学品应急处置、配合政府应急处置八个项目。

要素13:应急准备恢复。事故发生,打破了企业原有的生产秩序和应急准备常态。危险化学品企业应在事故救援结束后,开展应急资源消耗评估,及时进行维修、更新、补充,恢复到应急准备常态。

本要素包括事后风险评估、应急准备恢复、应急处置评估三个项目。

要素14:经费保障。经费保障是做好应急准备工作的重要前提条件。危险化学品企业要重视并加强事前投入,保障并落实监测预警、教育培训、物资装备、预案管理、应急演练等各环节所需的资金预算。

要依法对外部救援队伍参与救援所耗费用予以偿还。

本要素包括应急资金预算、救援费用承担两个项目。

第五条 本指南依据现行相关法律法规制度细化明确了应急准备各要素所有项目的主要内容,详见附件《危险化学品企业生产安全事故应急准备工作表》。

(一)危险化学品企业生产安全事故应急准备包括但不限于附件所列要素及其项目、内容。附件所列要素及其项目、内容,是现行法律法规制度对危险化学品企业生产安全事故应急准备的最低要求。

(二)危险化学品企业要结合企业实际,在现有要素及其项目下丰富应急准备内容。可根据实际需要,合理增加应急准备要素并明确具体项目、内容。

(三)危险化学品企业应加强法律法规制度识别与转化,及时完善应急准备要素及其项目、内容和依据,保证生产安全事故应急准备持续符合现行法律法规制度要求。

危险化学品企业应结合实际,建立健全应急准备工作制度,对本指南所提各项应急准备在企业应急管理中的实现路径和方法进行固化,做到应急准备具体化、常态化。

第六条 本指南是危险化学品企业依法开展应急准备工作的重要工具和安全生产应急管理培训的重要内容。危险化学品企业主要负责人要加强组织领导,制定全员培训计划,逐要素开展系统培训。

第七条 危险化学品企业应定期开展多种形式、不同要素的应急准备检查,并将检查情况作为企业奖惩考核的重要依据,不断提高应急准备工作水平。

第八条 各级政府应急管理部门和其他负有危险化学品安全生产监督管理职责的部门、危险化学品企业上级公司(集团)可根据附件所列各要素及其项目、内容和依据,灵活选用座谈、查阅资料、现场检查、口头提问、实际操作、书面测试等方法,对危险化学品企业应急准备工作进行监督检查。

第九条 本指南下列用语的含义:

应急准备,是指以风险评估为基础,以先进思想理念为引领,以防范和应对生产安全事故为目的,针对事故监测预警、应急响应、应急救援及应急准备恢复等各个环节,在事故发生前开展的思想准备、预案准备、机制准备、资源准备等工作的总称。

风险评估,是指依据《生产过程危险和有害因素分类与代码》《危险化学品重大危险源辨识》《职业危害因素分类目录》等辨识各种安全风险,运用定性和定量分析、历史数据、经验判断、案例比对、归纳推理、情景构建等方法,分析事故发生的可能性、事故形态及其后果,评价各种后果的危害程度和影响范围,提出事故预防和应急措施的过程。

情景构建,是指基于风险辨识,分析和评价小概率、高后果事故的风险评估技术。

附件:危险化学品企业生产安全事故应急准备工作表

附件

危险化学品企业生产安全事故应急准备工作表

要素 1：思想理念

序号	项目	内容	依据
1	安全发展红线意识	1. 树立安全发展理念，弘扬生命至上、安全第一的思想，倡导生命至上、科学救援的应急救援理念，发展决不能以牺牲安全为代价； 2. 摆正应急管理与安全生产的关系，应急管理是安全生产的最后一道防线，应充分发挥预防、减少和消除事故等多种功能； 3. 坚持"救早救小"原则，提高第一时间响应效率； 4. 明确"救人"为应急救援的首要任务，在救援过程中，确保救援人员安全，遇到突发情况危及救援人员生命安全时，迅速撤出救援人员。	1. 习近平总书记对全国安全生产监管监察系统先进集体和先进工作者表彰大会（2016年10月31日）作出的指示。 2. 党的十九大报告有关要求。 3. 《中共中央 国务院关于推进安全生产领域改革发展的意见》有关要求。 4. 《国务院安委会关于进一步加强生产安全事故应急处置工作的通知》（安委〔2013〕8号）三、进一步规范事故现场应急处置（四）确保安全有效施救。 5. 《中华人民共和国安全生产法》第三条。 6. 《危险化学品事故应急救援指挥导则》（AQ/T 3052—2015）5.3.1.3。
2	风险防控底线思维	1. 坚持底线思维，制订有效的防控措施，化解重大安全风险，遏制重特大事故发生； 2. 科学设定安全生产应急工作指标。	1. 党的十九大报告有关要求。 2. 《中共中央 国务院关于推进安全生产领域改革发展的意见》（七）健全责任考核机制。 3. 《中华人民共和国安全生产法》第三条。 4. 《中华人民共和国突发事件应对法》第五条。 5. 《危险化学品安全管理条例》第四条。
3	应急管理法治化	1. 依法依规建立健全各项应急管理制度； 2. 依法依规开展各项应急工作。	1. 《中华人民共和国安全生产法》第十条。 2. 《危险化学品安全管理条例》第四条。 3. 《生产安全事故应急条例》第四条。
4	生命至上科学救援	1. 深入开展风险评估，通过风险辨识、分析、评价，掌握事故的性质、特点和可能造成的危害； 2. 强化事故现场处置，赋予生产现场带班人员、班组长和调度人员直接决策权和指挥权，使其在遇到险情或事故征兆时能立即下达停产撤人命令，组织涉险区域人员及时、有序撤离到安全地点，减少事故造成的人员伤亡。 3. 在行动前要了解有关危险因素，明确防范措施，科学组织救援，积极搜救遇险人员。遇到突发情况危及救援人员生命安全时，救援队伍指挥员有权作出处置决定，迅速带领救援人员撤出危险区域，并及时报告指挥部。 4. 各种预案具有科学性、针对性和可操作性。 5. 各项应急准备措施落实到位。	1. 《国务院关于进一步加强企业安全生产工作的通知》17. 完善企业应急预案。 2. 《国务院安委会关于进一步加强生产安全事故应急处置工作的通知》（安委〔2013〕8号）三、进一步规范事故现场应急处置（四）确保安全有效施救。 3. 《中华人民共和国突发事件应对法》第十八条。 4. 《生产安全事故应急条例》第五条、第六条。 5. 《生产安全事故应急预案管理办法》（国家安全生产监督管理总局令第88号，根据应急管理部令第2号修正）第七条、第十条。 6. 《国家安全监管总局关于加强科学施救提高生产安全事故灾难应急救援水平的指导意见》（安监总应急〔2012〕147号）（八）完善安全生产应急响应机制、（十四）加强应急预案与演练工作、（十五）加强高危行业企业相关人员的培训教育。

要素 2：组织与职责

序号	项目	内容	依据
1	应急组织	1. 设置负有应急管理职责的安全生产管理机构或配备负有应急管理职责的专职安全生产人员； 2. 中央企业应当按规定建立健全应急管理组织体系，明确本企业应急管理的综合协调部门和各类突发事件分管部门的职责； 3. 规模较大、危险性较高的易燃易爆物品、危险化学品等危险物品的生产、经营、储存单位应当成立应急处置技术组，实行24小时应急值班； 4. 建立包括工艺、设备、电气、消（气）防、安全、环保等专业的应急专家库，为处置突发事件提供技术支撑。	1.《中共中央 国务院关于推进安全生产领域改革发展的意见》(六) 严格落实企业主体责任。 2.《中华人民共和国安全生产法》第五条、第二十一条。 3.《生产安全事故应急条例》第四条、十四条。 4.《中央企业应急管理暂行办法》(国务院国有资产监督管理委员会令31号) 第十一条。 5.《企业安全生产标准化基本规范》(GB/T 33000—2016) 5.6.1.1 应急救援组织。 6.《生产经营单位生产安全事故应急预案编制导则》(GB/T 29639—2013) 6.8.2。 7.《国家安全监管总局关于加强科学施救提高生产安全事故灾难应急救援水平的指导意见》(安监总应急〔2012〕147号) (八) 完善安全生产应急响应机制。 8.《国家安全监管总局关于加强化工过程安全管理的指导意见》(安监总管三〔2013〕88号) (二十六) 提高应急响应能力。
2	职责任务	1. 建立健全各级生产安全事故应急工作责任制； 2. 企业主要负责人对本单位的生产安全事故应急工作全面负责； 3. 法定代表人和实际控制人同为安全生产第一责任人，主要技术负责人负有安全生产技术决策和指挥权； 4. 各分管负责人应当按照职责分工落实应急预案规定的职责； 5. 在应急制度、预案中对组织机构、人员及职责进行明确规定。	1.《中共中央 国务院关于推进安全生产领域改革发展的意见》(六) 严格落实企业主体责任。 2.《中华人民共和国安全生产法》第十八条。 3.《生产安全事故应急条例》第四条。 4.《生产安全事故应急预案管理办法》(国家安全生产监督管理总局令第88号，根据应急管理部令第2号修正) 第五条。 5.《中央企业应急管理暂行办法》(国务院国有资产监督管理委员会令31号) 第十一条。

要素 3：法律法规

序号	项目	内容	依据
1	法律法规识别	1. 建立安全生产应急管理法律、法规、标准、规范的管理制度，明确主管部门，确定获取的渠道、方式； 2. 及时识别和获取适用、有效的法律法规、标准规范； 3. 建立法律法规、标准规范清单和文本数据库，并及时更新。	1.《企业安全生产标准化基本规范》(GB/T 33000—2016) 5.2.1 法规标准识别。 2.《危险化学品从业单位安全生产标准化评审标准》(安监总管三〔2011〕93号) 要素一。
2	法律法规转化	1. 将识别出的应急法律、法规、标准、规范要求，转化为企业应急管理制度、工作措施或工作任务等； 2. 对相关人员进行培训。	1.《企业安全生产标准化基本规范》(GB/T 33000—2016) 5.2.1 法规标准识别。 2.《危险化学品从业单位安全生产标准化评审标准》(安监总管三〔2011〕93号) 要素四。

要素 3：法律法规（续）

序号	项目	内容	依据
3	建立应急管理制度	1. 应建立健全应急值班值守、信息报告、应急投入、物资保障、人员培训及预案管理（定期评估、修订、备案、公布）等应急救援管理制度，应明确并公示本企业应急领导小组及联系方式等信息； 2. 根据《生产安全事故应急预案管理办法》及有关标准、规定编制应急预案管理制度； 3. 建立应急救援物资的有关制度和记录：物资清单、物资使用管理制度、物资测试检修制度、物资租用制度、资料管理制度、物资调用和使用记录、物资检查维护、报废及更新记录。	1.《生产安全事故应急条例》第五条、第十四条。 2.《生产安全事故应急预案管理办法》(国家安全生产监督管理总局令第88号，根据应急管理部令第2号修正）第三十五条。 3.《中央企业应急管理暂行办法》(国务院国有资产监督管理委员会令31号）第十四条。 4.《危险化学品单位应急救援物资配备要求》（GB 30077—2013）9.1。 5.《危险化学品应急救援管理人员培训及考核要求》（AQ/T 3043—2013）4 培训要求。 6.《国务院安委会办公室关于贯彻落实国务院〈通知〉精神进一步加强安全生产应急救援体系建设的实施意见》（安委办〔2010〕25号）（十五）进一步加强安全生产应急工作法制建设。 7.《危险化学品从业单位安全生产标准化评审标准》（安监总管三〔2011〕93号）要素四。

要素 4：风险评估

序号	项目	内容	依据
1	风险辨识	运用标准比对（如《生产过程危险和有害因素分类与代码》《危险化学品重大危险源辨识》《职业病危害因素分类目录》）、检查表、风险矩阵等方法，辨识危险有害因素、风险源、可能的事故及原因、后果等。	1.《生产安全事故应急条例》第五条。 2.《生产安全事故应急预案管理办法》（国家安全生产监督管理总局令第88号，根据应急管理部令第2号修正）第十条。 3.《中央企业应急管理暂行办法》（国务院国有资产监督管理委员会令31号）第十四条。 4.《生产经营单位生产安全事故应急预案编制导则》（GB/T 29639—2013）4.4 风险评估。 5.《风险管理　原则与实施指南》（GB/T 24353—2009）5.3 风险评估。 6.《风险管理　风险评估技术》（GB/T 27921—2011）6 风险评估技术的选择。
2	风险分析	根据风险分析的目的、获得的信息数据和资源，采用定性、定量或定性、定量相结合的方法，对辨识出的风险后果的严重性、发生的可能性进行分析，为风险评价和应对提供支持。 一般情况下，首先采取定性分析，初步了解风险等级和揭示主要风险。	1.《生产安全事故应急条例》第五条。 2.《生产安全事故应急预案管理办法》（国家安全生产监督管理总局令第88号，根据应急管理部令第2号修正）第十条。 3.《中央企业应急管理暂行办法》（国务院国有资产监督管理委员会令31号）第十四条。 4.《生产经营单位生产安全事故应急预案编制导则》（GB/T 29639—2013）4.4 风险评估。 5.《风险管理　原则与实施指南》（GB/T 24353—2009）5.3 风险评估。

要素 4：风险评估（续）

序号	项目	内容	依据
3	风险评价	1. 确定风险等级，根据可接受风险程度，提出针对性的风险防控措施； 2. 通过定量风险分析确定的重大危险源的个人和社会风险值，不得超过《危险化学品重大危险源监督管理暂行规定》中可容许风险限值标准，超过个人和社会可容许风险限值标准的，危险化学品单位应当采取相应的降低风险措施。	1.《生产安全事故应急条例》第五条。 2.《生产安全事故应急预案管理办法》（国家安全生产监督管理总局令第 88 号，根据应急管理部令第 2 号修正）第十条。 3.《危险化学品重大危险源监督管理暂行规定》（国家安全生产监督管理总局令第 40 号，根据国家安全监管总局令第 79 号修正）第十四条。 4.《中央企业应急管理暂行办法》（国务院国有资产监督管理委员会令 31 号）第十四条。 5.《生产经营单位生产安全事故应急预案编制导则》（GB/T 29639—2013）4.4 风险评估。 6.《风险管理 原则与实施指南》（GB/T 24353—2009）5.3 风险评估。
4	情景构建	运用情景构建技术，准确揭示本企业小概率、高后果的"巨灾事故"。	《风险管理 风险评估技术》（GB/T 27921—2011）附录 B（资料性附录）风险评估技术 B.4 情景分析。

要素 5：预案管理

序号	项目	内容	依据
1	预案编制	1. 企业应成立应急预案编制工作小组：由本单位有关负责人任组长，吸收与应急预案有关的职能部门和单位的人员，以及有现场处置经验的人员、专家参加。	1.《中华人民共和国安全生产法》第十八条、第二十二条。 2.《生产安全事故应急预案管理办法》（国家安全生产监督管理总局令第 88 号，根据应急管理部令第 2 号修正）第九条、第三十五条。 3.《生产经营单位生产安全事故应急预案评估指南》（AQ/T 9011—2019）5.1。
		2. 确定应急预案编制原则与要点：应当遵循以人为本、依法依规、符合实际、注重实效的原则，以应急处置为核心，明确应急职责，规范应急程序，细化保障措施。	《生产安全事故应急预案管理办法》（国家安全生产监督管理总局令第 88 号，根据应急管理部令第 2 号修正）第七条。
		3. 应急预案的编制应当符合下列基本要求： （1）有关法律、法规、规章和标准的规定； （2）本地区、本部门、本单位的安全生产实际情况； （3）本地区、本部门、本单位的危险性分析情况； （4）应急组织和人员的职责分工明确，并有具体的落实措施； （5）有明确、具体的应急程序和处置措施，并与其应急能力相适应； （6）有明确的应急保障措施，满足本地区、本部门、本单位的应急工作需要； （7）应急预案基本要素齐全、完整，应急预案附件提供的信息准确； （8）应急预案内容与相关应急预案相互衔接。	《生产安全事故应急预案管理办法》（国家安全生产监督管理总局令第 88 号，根据应急管理部令第 2 号修正）第八条。

要素 5：预案管理（续）

序号	项目	内容	依据
1	预案编制	4. 编制单位应当进行风险评估和应急资源调查。	《生产安全事故应急预案管理办法》（国家安全生产监督管理总局令第88号，根据应急管理部令第2号修正）第十条。
		5. 应急预案体系应包括综合应急预案、专项应急预案、现场处置方案。 （1）生产经营单位风险种类多、可能发生多种类型事故的，应当组织编制综合应急预案。对于某一种或者多种类型的事故风险，生产经营单位可以编制相应的专项应急预案，或将专项应急预案并入综合应急预案； （2）对于危险性较大的场所、装置或者设施，生产经营单位应当编制现场处置方案。事故风险单一、危险性小的生产经营单位，可以只编制现场处置方案。 （3）生产经营单位应当在编制应急预案的基础上，针对工作场所、岗位的特点，编制简明、实用、有效的应急处置卡，并便于从业人员携带。	1.《生产安全事故应急预案管理办法》（国家安全生产监督管理总局令第88号，根据应急管理部令第2号修正）第六条、第十三条、第十四条、第十五条、第十九条。 2.《国家安全监管总局关于加强科学施救提高生产安全事故灾难应急救援水平的指导意见》（安监总应急〔2012〕147号）（十四）加强应急预案与演练工作。
		6. 生产安全事故应急预案的编制程序、体系构成以及综合应急预案、专项应急预案、现场处置方案和附件的主要内容应符合有关要求。	1.《生产安全事故应急预案管理办法》（国家安全生产监督管理总局令第88号，根据应急管理部令第2号修正）第十二条、第十三条、第十四条、第十五条、第十六条、第十九条。 2.《生产经营单位生产安全事故应急预案编制导则》（GB/T 29639—2013）5 应急预案体系、6 综合应急预案主要内容、7 专项应急预案主要内容、8 现场处置方案主要内容。
		7. 预案附件。 （1）应急预案附件内容至少包括通讯录、应急物资装备清单、规范化格式文本、关键的路线、标识和图纸、有关协议或备忘录等信息； （2）附件信息发生变化时，应当及时更新，确保准确有效。	1.《生产安全事故应急预案管理办法》（国家安全生产监督管理总局令第88号，根据应急管理部令第2号修正）第十六条。 2.《生产经营单位生产安全事故应急预案编制导则》（GB/T 29639—2013）9 附件。 3.《生产经营单位生产安全事故应急预案评审指南》（安监总厅应急〔2009〕73号）附件5。
		8. 预案衔接。各类应急预案之间应当相互衔接，并与相关人民政府及其部门、应急救援队伍和涉及的其他单位的应急预案相衔接。	1.《国务院关于进一步加强企业安全生产工作的通知》17. 完善企业应急预案。 2.《中华人民共和国安全生产法》第七十八条。 3.《生产安全事故应急预案管理办法》（国家安全生产监督管理总局令第88号，根据应急管理部令第2号修正）第八条、第十八条。 4.《中央企业应急管理暂行办法》（国务院国有资产监督管理委员会令31号）第十四条。

要素5：预案管理（续）

序号	项目	内容	依据
2	预案管理	1. 预案评审。对本单位编制的应急预案进行评审，并形成书面评审纪要。	《生产安全事故应急预案管理办法》（国家安全生产监督管理总局令第88号，根据应急管理部令第2号修正）第二十一条。
		2. 预案评审人员要求。 （1）评审人员应当包括有关安全生产及应急管理方面的专家； （2）评审人员与所评审应急预案的生产经营单位有利害关系的，应当回避。	《生产安全事故应急预案管理办法》（国家安全生产监督管理总局令第88号，根据应急管理部令第2号修正）第二十二条。
		3. 预案签署、公布与发放。 （1）应急预案由本单位主要负责人签署； （2）向本单位人员公布； （3）应急预案发放至本单位有关部门、岗位和相关应急救援队伍； （4）事故风险可能影响周边其他单位、人员的，生产经营单位应当将有关事故风险的性质、影响范围和应急防范措施告知周边的其他单位和人员。	1.《生产安全事故应急条例》第五条。 2.《生产安全事故应急预案管理办法》（国家安全生产监督管理总局令第88号，根据应急管理部令第2号修正）第二十四条。
		4. 预案备案。 （1）在应急预案公布之日起20个工作日内，按照分级属地原则，向县级以上人民政府应急管理部门和其他负有安全生产监督管理职责的部门进行备案，并依法向社会公布； （2）应急预案修订后，按照有关应急预案报备程序重新备案。	1.《危险化学品安全管理条例》第七十条。 2.《生产安全事故应急条例》第七条。 3.《生产安全事故应急预案管理办法》（国家安全生产监督管理总局令第88号，根据应急管理部令第2号修正）第二十六条、第三十七条。 4.《危险化学品生产企业安全生产许可证实施办法》（国家安全监管总局令第41号，根据国家安全监管总局令第89号修正）第二十一条。
		5. 预案评估。 （1）应急预案应每三年进行一次评估； （2）结合本单位部门职能和分工，成立以单位相关负责人为组长，单位相关部门人员参加的应急预案评估组，明确工作职责和任务分工，制定工作方案。评估组成员人数一般为单数； （3）应急预案评估可以邀请相关专业机构或者有关专家、有实际应急救援工作经验的人员参加，必要时可以委托安全生产技术服务机构实施； （4）应急预案评估结束后，评估组成员沟通交流各自评估情况，对照有关规定及相关标准，汇总评估中发现的问题，并形成一致、公正客观的评估组意见，在此基础上组织撰写评估报告； （5）评估要对应急预案是否需要修订作出结论。	1.《生产安全事故应急预案管理办法》（国家安全生产监督管理总局令第88号，根据应急管理部令第2号修正）第三十五条。 2.《生产经营单位生产安全事故应急预案评估指南》（AQ/T 9011—2019）5.1成立评估组、5.4评估报告编写。

要素 5：预案管理（续）

序号	项目	内容	依据
2	预案管理	6. 预案修订。有下列情形之一的，生产安全事故应急救援预案制定单位应当及时修订相关预案并归档： （1）依据的法律、法规、规章、标准及上位预案中的有关规定发生重大变化的； （2）应急指挥机构及其职责发生调整的； （3）安全生产面临的事故风险发生重大变化的； （4）重要应急资源发生重大变化的； （5）在应急演练和事故应急救援中发现需要修订预案的重大问题的； （6）编制单位认为应当修订的其他情况。	1.《生产安全事故应急条例》第六条。 2.《生产安全事故应急预案管理办法》（国家安全生产监督管理总局令第88号，根据应急管理部令第2号修正）第三十六条。 3.《生产安全事故应急演练基本规范》（AQ/T 9007—2019）9.1 应急预案修订完善。
3	能力提升	在全面调查和客观分析生产经营单位应急队伍、装备、物资等应急资源状况基础上，开展应急能力评估，并依据评估结果，完善应急保障措施，提高应急保障能力。	《生产经营单位生产安全事故应急预案编制导则》（GB/T 29639—2013）4.5 应急能力评估。

要素 6：监测与预警

序号	项目	内容	依据
1	监测	1. 结合生产工艺和事故风险，建立健全基于过程控制系统、安全仪表系统、灾害报警系统的监测预报系统，科学设置监测预报参数，并结合系统数据异常情况进行事故风险评估和预报； 2. 重大危险源和关键部位的监测监控信息要接入危险化学品安全生产风险监测预警系统，警示信息及时处置，并保证系统正常运行。	1.《突发事件应急预案管理办法》（国务院办公厅印发）第九条。 2.《危险化学品重大危险源监督管理暂行规定》（国家安全生产监督管理总局令第40号，根据国家安监总局令第79号修正）第十三条。 3.《国家安全监管总局关于加强科学施救提高生产安全事故灾难应急救援水平的指导意见》（安监总应急〔2012〕147号）（十三）加强重大危险源监测监控及预警预报工作。 4.《国务院安委会办公室 应急管理部关于加快推进危险化学品安全生产风险监测预警系统建设的指导意见》（安委办〔2019〕11号）三、建设内容（一）危险化学品企业、化工园区建设完善监测监控系统。
2	预警分级	一般情况下，按照事故发生的紧急程度、发展势态和可能造成的危害程度分为一级、二级、三级和四级，分别用红色、橙色、黄色和蓝色标示，一级为最高级别。 在事故情形简单、严重程度较小等情况下，可以根据实际情况，灵活调整分为两个或三个等级。	1.《中华人民共和国突发事件应对法》第四十二条。 2.《国家突发公共事件总体应急预案》3.1.1 预警级别和发布。
3	预警措施	1. 按照不同预警等级，分别采取一项或多项应急措施。 2. 一旦重大危险源发生事故，要立即向事故区域发出预警，迅速疏散危险区域有关人员，调动应急力量快速处置，做到提前预警、提前防范、提前处置。	1.《中华人民共和国突发事件应对法》第四十四条、第四十五条。 2.《国家安全监管总局关于加强科学施救提高生产安全事故灾难应急救援水平的指导意见》（安监总应急〔2012〕147号）（十三）加强重大危险源监测监控及预警预报工作。

要素 7：教育培训与演练

序号	项目	内容	依据
1	应急教育培训	1. 企业应制定应急教育培训计划与目标，对从业人员进行应急教育和培训，保证从业人员具备必要的应急知识，掌握风险防范技能和事故应急措施。	1.《中华人民共和国安全生产法》第二十五条。 2.《生产安全事故应急条例》第十五条。 3.《生产安全事故应急预案管理办法》（国家安全生产监督管理总局令第 88 号，根据应急管理部令第 2 号修正）第三十一条。 4.《国家安全监管总局关于加强科学施救提高生产安全事故灾难应急救援水平的指导意见》（安监总应急〔2012〕147 号）（十五）加强高危行业企业相关人员的培训教育。 5.《安全生产应急管理"十三五"规划》（安监总应急〔2017〕107 号）三、主要任务（六）强化应急管理培训宣教。
		2. 教育培训内容。 （1）生产经营单位应当组织开展本单位的风险评估、应急预案、应急知识、自救互救和避险逃生技能的培训活动，使有关人员了解应急预案内容，熟悉应急职责、应急处置程序和措施； （2）危险化学品基础知识，必要的应急知识、风险防范技能和事故应急措施； （3）危险化学品安全生产风险监测预警系统应用。	1.《中共中央 国务院关于推进安全生产领域改革发展的意见》（二十一）强化企业预防措施。 2.《生产安全事故应急条例》第三十条。 3.《生产安全事故应急预案管理办法》（国家安全生产监督管理总局令第 88 号，根据应急管理部令第 2 号修正）第三十一条。 4.《危险化学品应急救援管理人员培训及考核要求》（AQ/T 3043—2013）4 培训要求、5 培训内容。
		3. 培训考核与建档。 （1）对参加培训的人员进行评估考核，包括基础知识考核、实际应用能力考核和再培训考核； （2）应急培训的时间、地点、内容、师资、参加人员和考核结果等情况应当如实记入本单位的安全生产教育和培训档案。	1.《生产安全事故应急预案管理办法》（国家安全生产监督管理总局令第 88 号，根据应急管理部令第 2 号修正）第三十一条。 2.《危险化学品应急救援管理人员培训及考核要求》（AQ/T 3043—2013）6 考核标准。
2	应急演练	4. 应急演练。 （1）制定本单位的应急预案演练计划，至少每半年组织一次生产安全事故应急预案演练； （2）将演练情况报送所在地县级以上人民政府负有安全生产监督管理职责的部门； （3）开展多种形式的演练。按照演练内容分为综合演练和单项演练，按照演练形式分为现场演练和桌面演练，不同类型的演练可相互组合； （4）基于危险化学品安全生产风险监测预警系统和应急指挥"一张图"，开展信息化条件下的应急演练。	1.《生产安全事故应急条例》第八条。 2.《生产安全事故应急预案管理办法》（国家安全生产监督管理总局令第 88 号，根据应急管理部令第 2 号修正）第三十三条。 3.《生产安全事故应急演练基本规范》（AQ/T 9007—2019）4.2 应急演练分类。

要素7：教育培训与演练（续）

序号	项目	内容	依据
3	演练评估	5. 演练评估。 （1）演练设置评估组，由应急管理方面专家和相关领域专业技术人员或相关方代表组成； （2）评估组编写评估方案和评估标准； （3）评估人员应经过相关培训； （4）演练现场评估工作结束后，评估组针对收集的各种信息资料，依据评估标准和相关文件资料对演练活动全过程进行科学分析和客观评价，并撰写演练评估报告，评估报告应向所有参演人员公示。	1.《生产安全事故应急演练评估规范》（AQ/T 9009—2015）4.5评估组、5.5编写评估方案和评估标准、5.6培训评估人员、7.4编制演练评估报告。 2.《生产安全事故应急演练基本规范》（AQ/T 9007—2019）8.1评估。 3.《国家安全监管总局关于加强科学施救提高生产安全事故灾难应急救援水平的指导意见》（安监总应急〔2012〕147号）（十二）加强事故救援的总结评估工作。
		6. 持续改进。 （1）应急预案编制部门根据演练评估报告中对应急预案的改进建议，按程序对预案进行修订完善； （2）根据演练评估报告中提出的问题和建议，明确整改措施和时限，对应急管理工作进行持续改进。	1.《生产安全事故应急演练基本规范》（AQ/T 9007—2019）9.1应急预案修订完善、9.2应急管理工作改进。 2.《生产安全事故应急演练评估规范》（AQ/T 9009—2015）7.5整改落实。

要素8：值班值守

序号	项目	内容	依据
1	应急值班	1. 建立应急值班制度，配备应急值班人员，明确24小时应急值守电话。	1.《生产安全事故应急条例》第十四条。 2.《生产经营单位生产安全事故应急预案编制导则》（GB/T 29639—2013）6.4.2信息报告。
		2. 规模较大、危险性较高的易燃易爆物品、危险化学品等危险物品的生产、经营、储存单位应当成立应急处置技术组，实行24小时应急值班。	《生产安全事故应急条例》第十四条。
2	事故信息接报	1. 明确事故信息接收、通报程序和责任人； 2. 事故发生后，事故现场有关人员应当立即向本单位负责人报告；单位负责人接到报告后，应当于1小时内向事故发生地县级以上人民政府安全生产监督管理部门和负有安全生产监督管理职责的有关部门报告； 情况紧急时，事故现场有关人员可以直接向事故发生地县级以上人民政府安全生产监督管理部门和负有安全生产监督管理职责的有关部门报告； 3. 报告事故应当包括下列内容： （1）事故发生单位概况； （2）事故发生的时间、地点以及事故现场情况； （3）事故的简要经过； （4）事故已经造成或者可能造成的伤亡人数（包括下落不明的人数）和初步估计的直接经济损失； （5）已经采取的措施。 4. 事故报告应当及时、准确、完整，任何单位和个人对事故不得迟报、漏报、谎报或者瞒报。	1.《中华人民共和国安全生产法》第八十条。 2.《生产安全事故报告和调查处理条例》第四条、第九条、第十二条。 3.《生产经营单位生产安全事故应急预案编制导则》（GB/T 29639—2013）6.4.2信息报告。

要素8：值班值守（续）

序号	项目	内容	依据
3	对外通报	明确事故发生后向本单位以外的有关部门或单位通报事故信息的方法、程序和责任人。	《生产经营单位生产安全事故应急预案编制导则》（GB/T 29639—2013）第6.4.2信息报告。

要素9：信息管理

序号	项目	内容	依据
1	应急救援信息	1. 有关生产工艺信息。	1.《危险化学品重大危险源监督管理暂行规定》（国家安全生产监督管理总局令第40号，根据国家安全监管总局令第79号修正）第十三条。 2.《生产经营单位生产安全事故应急预案编制导则》（GB/T 29639—2013）8.3（b）现场应急处置措施。
1	应急救援信息	2. 本单位危险化学品安全技术说明书。	1.《危险化学品重大危险源监督管理暂行规定》（国家安全生产监督管理总局令第40号，根据国家安全监管总局令第79号修正）第十三条。 2.《化学品安全技术说明书 内容和项目顺序》（GB/T 16483—2008）3.5提供物质综合性信息。
1	应急救援信息	3. 应急预案、专业应急队伍、兼职应急队伍、应急专家及其他信息。	《生产经营单位生产安全事故应急预案编制导则》（GB/T 29639—2013）6.8.2应急队伍保障、6.8.4其他保障。
2	信息保障	1. 建立有线与无线相结合的应急通信保障系统，确保事故应对工作的通信畅通； 2. 坚持信息畅通、协同应对的原则，保证与救援各方实时传输语音、视频、文字、数据等信息，与外部救援力量顺畅协同应对。	1.《中华人民共和国突发事件应对法》第三十三条。 2.《危险化学品事故应急救援指挥导则》（AQ/T 3052—2015）4基本原则。

要素10：装备设施

序号	项目	内容	依据
1	应急设施	1. 消防设施。根据《建筑设计防火规范》《石油化工企业设计防火标准》《化工企业安全卫生设计规范》等标准，配备移动、固定消防设施，并依据企业的规模、火灾危险性、固定消防设施的设置情况，以及邻近单位消防协作条件等因素确定消防执勤站级别和车辆、装备。	1.《石油化工企业设计防火标准》（GB 50160—2008，2018年版）8.2消防站。 2.《化工企业安全卫生设计规范》（HG 20571—2014）7.4消防站。
1	应急设施	2. 气防设施。 （1）大量生产、储存和使用有毒有害气体并危害人身安全的化工企业应设置气体防护站； （2）气体防护站应按《化工企业安全卫生设计规范》规定进行建设，足额配备气体防护装备和人员； （3）生产、储存和使用氯气、氨气、光气、硫化氢等吸入性有毒有害气体的企业，构成重大危险源的，应当设立气体防护站（组）。	1.《危险化学品生产企业安全生产许可证实施办法》（国家安全监管总局令第41号，根据国家安全监管总局令第89号修正）第二十一条。 2.《化工企业安全卫生设计规范》（HG 20571—2014）7.3气体防护站。

要素 10：装备设施（续）

序号	项目	内容	依据
1	应急设施	3. 防尘防毒、防化学灼伤设施。在液体毒性危害严重的场所、具有化学灼伤的作业场所，应设置洗眼器、淋洗器等安全防护措施，洗眼器、淋洗器的服务半径不应大于 15 米。	《化工企业安全卫生设计规范》（HG 20571—2014）5.1.6、5.6.5。
1	应急设施	4. 紧急切断设施。对重大危险源中的毒性气体、剧毒液体和易燃气体等重点设施，设置紧急切断装置；毒性气体的设施，设置泄漏物紧急处置装置。	《危险化学品重大危险源监督管理暂行规定》（国家安全生产监督管理总局令第 40 号，根据国家安监管总局令第 79 号修正）第十三条。
1	应急设施	5. 应急事故池。有满足事故状态下临时贮存废水、防止漫流的应急事故池。	《化工建设项目环境保护设计规范》（GB 50483—2009）6.6 事故应急措施。
2	应急物资装备	1. 根据本单位危险化学品的种类、数量和危险化学品事故可能造成的危害进行配置，按照《危险化学品单位应急救援物资配备要求》（GB 30077）配备相应应急物资； 2. 生产、储存和使用氯气、氨气、光气、硫化氢等吸入性有毒有害气体的企业，还应当备至少 2 套以上全封闭防化服。	1.《中华人民共和国安全生产法》第七十九条。 2.《危险化学品生产企业安全生产许可证实施办法》（国家安监管总局令第 41 号，根据国家安监管总局令第 89 号修正）第二十一条。 3.《危险化学品单位应急救援物资配备要求》（GB 30077—2013）。
3	维护管理	建立应急设施和物资装备的管理制度和台账清单，按要求经常性维护、保养，确保完好。	1.《中华人民共和国安全生产法》第七十九条。 2.《生产安全事故应急条例》第十三条。

要素 11：救援队伍建设

序号	项目	内容	依据
1	队伍设置	1. 危险化学品生产、经营、储存企业应当建立应急救援队伍； 2. 危险化学品生产、经营、储存企业中小型企业或者微型企业等规模较小的，可以不建立应急救援队伍，但应当指定兼职的应急救援人员，并且可以与邻近的应急救援队伍签订应急救援协议； 3. 工业园区、开发区等产业聚集区域内的危险化学品生产、经营、储存企业，可以联合建立应急救援队伍。	1.《中华人民共和国安全生产法》第七十九条。 2.《消防法》第三十九条。 3.《生产安全事故应急条例》第十条。
2	能力要求	应急救援人员应当具备必要的专业知识、技能、身体素质和心理素质。	1.《生产安全事故应急条例》第十一条。 2.《危险化学品应急救援管理人员培训及考核要求》（AQ/T 3043—2013）6 考核标准。 3.《国家安全监管总局关于加强矿山危险化学品应急救援骨干队伍建设的指导意见》（安监总应急〔2009〕126 号）三、建设任务（二）队伍素质。

要素 11：救援队伍建设（续）

序号	项目	内容	依据
3	队伍管理	1. 应制定应急救援人员教育培训计划，使其熟练掌握本企业应急处置程序和自救互救常识，避免盲目指挥、盲目施救。按照《危险化学品应急救援管理人员培训及考核要求》（AQ/T 3043—2013），对危险化学品应急救援队伍负责人进行教育培训。	1.《危险化学品应急救援管理人员培训及考核要求》（AQ/T 3043—2013）5 培训内容。 2.《国家安全监管总局关于加强科学施救提高生产安全事故灾难应急救援水平的指导意见》（安监总应急〔2012〕147 号）（十五）加强高危行业企业相关人员的培训教育。
		2. 根据企业可能发生的生产安全事故的特点和危害，配备必要的应急救援装备和物资，定期组织训练，并经常维护、保养，保证正常运转。	《生产安全事故应急条例》第十一条、第十三条。
		3. 应加强战训管理（含演练、技战术研究），开展形式多样的应急演练，掌握处置要点，优化处置方案。	1.《生产安全事故应急演练评估规范》（AQ/T 9009—2015）附录 A 实战演练评估。 2.《国家安全监管总局关于加强科学施救提高生产安全事故灾难应急救援水平的指导意见》（安监总应急〔2012〕147 号）（十四）加强应急预案与演练工作。
		4. 建立应急值班制度，配备应急值班人员。	《生产安全事故应急条例》第十四条。
4	对外公布与调动	1. 生产经营单位应当及时将本单位应急救援队伍建立情况按照国家有关规定报送县级以上人民政府负有安全生产监督管理职责的部门，并依法向社会公布； 2. 应急救援队伍接到有关人民政府及其部门的救援命令或者签有应急救援协议的生产经营单位的救援请求后，应当立即参加生产安全事故应急救援。	《生产安全事故应急条例》第十二条、第十九条。

要素 12：应急处置与救援

序号	项目	内容	依据
1	应急指挥与救援组织	1. 明确应急组织形式及组成单位或人员及其职责。应急组织机构根据事故类型和应急工作需要，可设置相应的应急工作小组，并明确各小组的工作任务及职责； 2. 救援队伍指挥员应当作为指挥部成员，充分运用应急指挥"一张图"等信息化手段参与制订救援方案等重大决策。	1.《国务院安委会关于进一步加强生产安全事故应急处置工作的通知》（安委〔2013〕8 号）三、进一步规范事故现场应急处置（四）确保安全有效施救。 2.《生产经营单位生产安全事故应急预案编制导则》（GB/T 29639—2013）6.3 应急组织机构及职责、7.2 应急指挥机构及职责、8.2 应急工作职责。 3.《生产安全事故应急条例》第二十条、二十一条。

要素12：应急处置与救援（续）

序号	项目	内容	依据
2	应急救援基本原则	1. 坚持救人第一、防止灾害扩大的原则。在保障施救人员安全的前提下，迅速救人抢险； 2. 坚持统一领导、科学决策的原则。现场指挥部负责现场具体处置，重大决策由总指挥部决定； 3. 坚持信息畅通、协同应对的原则。总指挥部、现场指挥部与救援队伍应保证实时互通信息，与外部救援力量协同应对； 4. 坚持保护环境，减少污染的原则； 5. 在救援过程中，有关单位和人员应考虑妥善保护事故现场以及相关证据。	《危险化学品事故应急救援指挥导则》（AQ/T 3052—2015）4 基本原则。
3	响应分级	针对事故危害程度、影响范围，对事故应急响应进行分级，明确分级响应的基本原则。	《生产经营单位生产安全事故应急预案编制导则》（GB/T 29639—2013）6.5.1 响应分级。
4	总体响应程序	根据事故级别和发展态势，明确应急指挥机构启动、应急资源调配、应急救援、扩大应急等响应程序。	《生产经营单位生产安全事故应急预案编制导则》（GB/T 29639—2013）6.5.2 响应程序。
5	岗位应急程序	根据可能发生的事故及现场情况，明确事故报警、各项应急措施启动、应急救护人员的引导、事故扩大及同生产经营单位应急预案衔接的程序。	《生产经营单位生产安全事故应急预案编制导则》（GB/T 29639—2013）8.3 应急处置。
6	现场应急措施	1. 针对可能发生的火灾、爆炸、危险化学品泄漏等事故，从警戒隔离、人员救护与防护、遇险人员救护、公众安全防护、装备物资正确选择、工艺操作配合、现场监测、洗消、现场清理等方面制定明确的应急处置措施； 2. 遇到突发情况危及救援人员生命安全时，救援队伍指挥员有权作出处置决定，迅速带领救援人员撤出危险区域，并及时报告指挥部。	1.《生产经营单位生产安全事故应急预案编制导则》（GB/T 29639—2013）8.3 应急处置。 2.《危险化学品事故应急救援指挥导则》（AQ/T 3052—2015）5.2 警戒隔离、5.3 人员防护与救护、5.4 现场处置、5.5 现场监测、5.6 洗消、5.7 现场清理。
7	重点监控危险化学品应急处置	涉及重点监管危险化学品的企业要针对本企业安全生产特点和产品特性，从完善安全监控措施、加强个体防护等方面，提升危险化学品应急处置能力。	1.《国家安全监管总局办公厅关于印发首批重点监管的危险化学品安全措施和应急处置原则的通知》（安监总厅管三〔2011〕142号）有关要求及附件《首批重点监管的危险化学品安全措施和应急处置原则》。 2.《国家安全监管总局关于公布第二批重点监管危险化学品名录的通知》（安监总管三〔2013〕12号）附件2《第二批重点监管的危险化学品安全措施和应急处置原则》。
8	配合政府应急处置	突发事件发生地的其他单位应当服从人民政府发布的决定、命令，配合人民政府采取的应急处置措施，做好本单位的应急救援工作，并积极组织人员参加所在地的应急救援和处置工作。	《中华人民共和国突发事件应对法》第五十六条。

要素 13：应急准备恢复

序号	项目	内容	依据
1	事后风险评估	1. 排查、消除现场事故隐患； 2. 排查、消除现场次生、衍生事故风险。	1.《中共中央 国务院关于推进安全生产领域改革发展的意见》(二十二) 建立隐患治理监督机制。 2.《国务院安委会关于进一步加强生产安全事故应急处置工作的通知》(安委〔2013〕8号) 四、加强事故应急处置相关工作（四）稳妥做好善后处置工作。 3.《中华人民共和国突发事件应对法》第五十八条。
2	应急准备恢复	维护、补充、更新装备、物资，休整队伍，恢复到正常应急准备状态。	1.《国务院安委会关于进一步加强生产安全事故应急处置工作的通知》(安委〔2013〕8号) 四、加强事故应急处置相关工作（四）稳妥做好善后处置工作。 2.《生产安全事故应急条例》第十三条。 3.《国家安全监管总局关于加强科学施救提高生产安全事故灾难应急救援水平的指导意见》(安监总应急〔2012〕147号)（七）完善安全生产应急救援装备和物资体系。
3	应急处置评估	生产安全事故调查组应当对应急救援工作进行评估，并在事故调查报告中作出评估结论。在事故救援结束后应当开展应急处置工作总结。	1.《生产安全事故应急条例》第二十七条。 2.《生产安全事故应急处置评估暂行办法》(安监总厅应急〔2014〕95号) 第七条、第八条、第十二条。

要素 14：经费保障

序号	项目	内容	依据
1	应急资金预算	1. 企业年度预算中应包含应急教育、培训、演练，应急装备与设施检测、维护、更新，应急物资、器材采购等有关应急资金预算； 2. 企业应急资金使用计划应包括应急准备项目资金详细计划； 3. 企业应制定应急资金使用的进度安排。	1.《国务院安委会办公室关于贯彻落实国务院〈通知〉精神进一步加强安全生产应急救援体系建设的实施意见》(安委办〔2010〕25号)（十七）研究制定并落实安全生产应急工作政策措施。 2.《企业安全生产费用提取和使用管理办法》(财企〔2012〕16号) 第二十条、第三十二条。
2	救援费用承担	应急救援队伍根据救援命令参加生产安全事故应急救援所耗费用，由事故责任单位承担；事故责任单位无力承担的，由有关人民政府协调解决。	《生产安全事故应急条例》第十九条。

中华人民共和国监控化学品管理条例实施细则

（2018年6月20日工业和信息化部第3次部务会议审议通过，2018年7月2日工业和信息化部令第48号公布，自2019年1月1日起施行）

第一章 总 则

第一条 为了加强对监控化学品的监督管理，履行《禁止化学武器公约》，保障公民人身安全和保护环境，根据《中华人民共和国监控化学品管理条例》，制定本细则。

第二条 在中华人民共和国境内从事监控化学品生产、经营、使用和进出口等活动，应当遵守本细则。

第三条 工业和信息化部负责全国监控化学品的管理工作。

县级以上地方人民政府工业和信息化主管部门或者地方人民政府确定的监控化学品管理部门负责本行政区域内监控化学品的管理工作。

第四条 各级工业和信息化主管部门或者地方人民政府确定的监控化学品管理部门履行《禁止化学武器公约》工作所需经费，依法列入同级政府预算。

第二章 建设和生产管理

第五条 国家严格控制第一类监控化学品的生产。

为科研、医疗、制造药物或者防护目的需要生产第一类监控化学品的，应当报工业和信息化部批准，并在工业和信息化部指定的小型设施中生产。

严禁在未经工业和信息化部指定的设施中生产第一类监控化学品。

第六条 新建、扩建或者改建用于生产第二类、第三类监控化学品和第四类监控化学品中含磷、硫、氟的特定有机化学品的设施，应当填写《监控化学品生产设施新（扩、改）建申请表》并附上申请表中要求提供的相关材料，向所在地的省、自治区、直辖市工业和信息化主管部门提出申请。省、自治区、直辖市工业和信息化主管部门应当自收到全部申请材料之日起20个工作日内审查完毕并签署意见，报工业和信息化部批准。

工业和信息化部应当自收到省、自治区、直辖市工业和信息化主管部门报送的材料之日起20个工作日内作出决定。予以批准的，颁发批准文件；不予批准的，书面通知申请人并说明理由。

第七条 第二类、第三类监控化学品和第四类监控化学品中含磷、硫、氟的特定有机化学品的生产设施新建、扩建或者改建工程竣工后，应当自竣工之日起40个工作日内向所在地省、自治区、直辖市工业和信息化主管部门申请竣工验收。验收合格的，所在地的省、自治区、直辖市工业和信息化主管部门应当出具通过验收的审查意见书并报工业和信息化部批准。

竣工验收经工业和信息化部批准后，按照本细则第十条的规定申请监控化学品生产特别许可。

第八条 第二类、第三类监控化学品和第四类监控化学品中含磷、硫、氟的特定有机化学品的生产设施新建、扩建或者改建工程有下列情形之一的，不予通过竣工验收，省、自治区、直辖市工业和信息化主管部门应当出具不予通过验收的审查意见：

（一）第二类、第三类监控化学品和第四类监控化学品中含磷、硫、氟的特定有机化学品的生产设施的标定生产能力达到或者超过设计生产能力150%的；

（二）隐瞒有关情况或者提供虚假文件资料申请竣工验收，情节严重的；

（三）工业和信息化部规定的其他情形。

不予通过竣工验收的，申请人应当在6个月内完成整改，再次申请竣工验收。

第九条 国家对第二类、第三类监控化学品和第四类监控化学品中含磷、硫、氟的特定有机化学品的生产，实行特别许可制度。

第十条 申请监控化学品生产特别许可的，应当具备下列条件：

（一）申请人为法人或者非法人组织；

（二）有生产监控化学品所需的资金和场所；

（三）具有与生产监控化学品相适应的技术条件、生产设施，符合当地环境保护及安全生产监督管理部门的要求；

（四）有与生产监控化学品相适应的专业技术人员和管理制度；

（五）具备履行《禁止化学武器公约》的能力；

（六）5年内无违法生产、经营、使用监控化学品的记录。

第十一条 申请监控化学品生产特别许可的，应当填写《监控化学品生产特别许可申请表》并附上申请表中要求提供的相关材料,向所在地的省、自治区、直辖市工业和信息化主管部门提出申请。

第十二条 省、自治区、直辖市工业和信息化主管部门应当组织专家,按照《监控化学品生产特别许可现场考核表》的要求对申请人进行现场考核,并于收到全部申请材料之日起20个工作日内,将考核意见和全部申请材料报工业和信息化部。

第十三条 工业和信息化部收到省、自治区、直辖市工业和信息化主管部门报送的材料后,应当对申请材料是否符合本细则第十条规定的条件进行审查,并自收到材料之日起20个工作日内作出决定。予以批准的,颁发生产特别许可证书;不予批准的,书面通知申请人并说明理由。

第十四条 监控化学品生产特别许可证书有效期为5年。生产特别许可证书有效期届满需要继续生产监控化学品的,应当提前6个月通过所在地的省、自治区、直辖市工业和信息化主管部门向工业和信息化部申请延续。经审查符合本细则第十条规定的条件的,应当在有效期届满前准予延续。

第十五条 因企业名称等变更需要更换监控化学品生产特别许可证书的,应当通过所在地的省、自治区、直辖市工业和信息化主管部门,将其生产特别许可证书及变更后的营业执照复印件报工业和信息化部。经审查符合本细则第十条规定条件的,应当准予更换监控化学品生产特别许可证书。

第十六条 生产第二类监控化学品的,不得向未取得第二类监控化学品经营许可证书、使用许可证书的单位或者个人销售第二类监控化学品。

第三章 经营和使用管理

第十七条 国家对第二类监控化学品的经营、第一类和第二类监控化学品的使用,实行许可制度。

第十八条 申请第二类监控化学品经营许可的,应当具备下列条件:
(一)申请人为法人或者非法人组织;
(二)对第二类监控化学品的采购、运输和储存具有全过程管理能力;
(三)有符合安全要求的经营设施和熟悉产品性能的技术人员;
(四)有健全的监控化学品经营管理制度;
(五)有熟悉监控化学品数据统计和履行《禁止化学武器公约》所需的管理人员和管理制度;
(六)5年内无违法生产、经营、使用监控化学品的记录。

第十九条 申请第二类监控化学品经营许可的,应当填写《第二类监控化学品经营申请表》并附上申请表中要求提供的相关材料,向所在地的省、自治区、直辖市工业和信息化主管部门提出申请。

第二十条 省、自治区、直辖市工业和信息化主管部门应当对申请材料进行审查并进行现场核验,并于收到全部申请材料之日起20个工作日内作出决定。予以批准的,颁发第二类监控化学品经营许可证书;不予批准的,书面通知申请人并说明理由。

第二十一条 经营第二类监控化学品的,不得向未取得第二类监控化学品经营许可证书、使用许可证书的单位或者个人销售第二类监控化学品,不得向未取得第二类监控化学品生产特别许可证书、经营许可证书的单位或者个人购买第二类监控化学品。

购买第二类监控化学品的,应当查验销售人的第二类监控化学品生产特别许可证书、经营许可证书并留存复印件。销售第二类监控化学品的,应当查验购买人的第二类监控化学品经营许可证书、使用许可证书并留存复印件。

第二十二条 经营第二类监控化学品的,应当保存购买、储存、销售原始记录和统计台账,保存期限不得少于3年。第二类监控化学品的经营者应当在每年1月和7月分别向所在地省、自治区、直辖市工业和信息化主管部门报送前6个月的销售记录。

第二十三条 为科研、医疗、制造药物或者防护目的需要使用第一类监控化学品的,应当填写《第一类监控化学品使用申请表》并附上申请表中要求提供的相关材料,向工业和信息化部提出申请。工业和信息化部予以批准的,颁发批准文件。申请人应当凭批准文件与工业和信息化部指定的生产单位签订合同,并将合同副本报送工业和信息化部备案。

第二十四条 申请第二类监控化学品使用许可的,应当具备以下条件:
(一)申请人为法人或者非法人组织;
(二)对第二类监控化学品的采购、运输、储存和使用具有全过程管理能力;
(三)有健全的监控化学品使用管理制度;
(四)具备履行《禁止化学武器公约》的能力;
(五)5年内无违法生产、经营、使用监控化学品的记录。

第二十五条 申请第二类监控化学品使用许可的,应当填写《第二类监控化学品使用申请表》并附上申请表中要求提供的相关材料,向所在地省、自治区、直辖市工业和信息化主管部门提出申请,并根据年使用量一并提交相关资料。

第二十六条 省、自治区、直辖市工业和信息化主管部门应当对申请材料进行审查并进行现场核验，并于收到全部申请材料之日起 20 个工作日内作出决定。予以批准的，颁发第二类监控化学品使用许可证书；不予批准的，书面通知申请人并说明理由。

第二十七条　取得第二类监控化学品使用许可的，应当凭第二类监控化学品使用许可证书向取得第二类监控化学品生产特别许可证书、经营许可证书的单位或者个人购买第二类监控化学品。

第二十八条　第二类监控化学品经营许可证书、使用许可证书有效期为 5 年，许可证书的样式由工业和信息化部统一规定。

许可证书有效期届满需要继续经营、使用监控化学品的，应当提前 6 个月向所在地省、自治区、直辖市工业和信息化主管部门申请延续。经审查符合本细则规定的条件的，应当在有效期届满前准予延续。

第四章　进出口管理

第二十九条　国家对第一类监控化学品和第二类、第三类监控化学品及其生产技术和专用设备的进出口，实行许可制度。

第三十条　第一类监控化学品和第二类、第三类监控化学品及其生产技术和专用设备的进出口业务，按《中华人民共和国监控化学品管理条例》规定由被指定单位经营。被指定单位应当向工业和信息化部提出进出口申请。

申请进口的，应当提交下列材料：《监控化学品进口申请表》；经省、自治区、直辖市工业和信息化主管部门确认的《进口监控化学品经营申请表》或者《进口监控化学品用户申请表》；进口合同原件。

申请出口的，应当提交下列材料：《监控化学品出口申请表》；进口国政府或者政府委托机构出具的所进口的监控化学品及其生产技术和专用设备不用于生产化学武器和不转口第三国的保证书，并注明所需监控化学品的名称、数量、最终用途以及最终使用者的名称和地址；出口合同原件。

第三十一条　对于申请进口或者出口第一类监控化学品的，工业和信息化部应当自收到全部申请材料之日起 20 个工作日内完成审查并签署意见，报国务院批准。被指定单位应当凭国务院的批准文件向商务部申领进口或者出口许可证。

对于申请进口或者出口第二类、第三类监控化学品及其生产技术和专用设备的，工业和信息化部应当自收到全部申请材料之日起 20 个工作日内作出决定。予以批准的，颁发批准文件，被指定单位应当凭工业和信息化部的批准文件向商务部申领进口或者出口许可证。不予批准的，书面通知申请人并说明理由。

第三十二条　需要变更进口或者出口许可的，除提供本细则第三十条规定的材料外，还应当提交其进口或者出口批准文件和许可证原件。

第三十三条　被指定单位应当书面向工业和信息化部报送下列信息：

（一）负责此项工作的主要领导名单；

（二）负责此项业务的专门机构名称；

（三）对外签署进出口合同的专职人员的身份证和工作证复印件。

前款规定的信息发生变更的，应当在 10 个工作日内报工业和信息化部。

第五章　数据申报和保存

第三十四条　工业和信息化部组织建设监控化学品数据申报系统。

在中华人民共和国境内从事监控化学品生产、使用或者进出口活动的，应当通过数据申报系统定期填报《全国监控化学品统计报表》，配合工业和信息化主管部门完成《禁止化学武器公约》规定的国家宣布工作。

第三十五条　生产、使用第一类监控化学品的，应当向工业和信息化部报送《全国监控化学品统计报表》。

第三十六条　第二类、第三类、第四类监控化学品的数据申报实行属地管理、逐级审核上报。省、自治区、直辖市工业和信息化主管部门应当组织、汇总、核实宣布数据，并在规定时间内报工业和信息化部。

跨省、自治区、直辖市生产、使用监控化学品的单位的二级单位，应当在厂区所在地申报《全国监控化学品统计报表》。

第三十七条　生产第二类、第三类监控化学品或者使用第二类监控化学品的，应当按时申报关于年度宣布和预计宣布的《全国监控化学品统计报表》。预计宣布统计报表提交后，预计生产、使用活动超出原宣布计划的，应当在有关活动开始前不少于 20 个工作日申报关于变更宣布的《全国监控化学品统计报表》。

生产、使用第二类监控化学品的，应当妥善保存与第二类监控化学品的生产、使用有关的记录，保存期限不得少于 3 年。生产第三类监控化学品的，应当妥善保存与第三类监控化学品有关的生产记录，保存期限不得少于 1 年。终止生产经营活动的，应当将与监控化学品生产、使用有关的记录移交所在地设区的市级以上地方工业和信息化主管部门或者地方人民政府确定的监控化学品管理部门存档。

第三十八条 生产第四类监控化学品的，应当按时申报关于年度宣布的《全国监控化学品统计报表》。

生产第四类监控化学品的，应当妥善保存与第四类监控化学品有关的生产记录，保存期限不得少于1年。终止生产经营活动的，应当将与第四类监控化学品生产有关的生产记录移交所在地设区的市级以上地方工业和信息化主管部门或者地方人民政府确定的监控化学品管理部门存档。

第三十九条 从事第一类监控化学品和第二类、第三类监控化学品及其生产技术和专用设备进出口业务的被指定单位，应当按时向工业和信息化部申报年度第一类、第二类和第三类监控化学品进出口数据，并妥善保存与监控化学品进出口活动有关的记录，保存期限不得少于3年。终止进出口活动的，应当将与监控化学品进出口有关的记录移交工业和信息化部存档。

第四十条 从事监控化学品生产、使用或者进出口活动的，应当根据《全国监控化学品统计报表》所列的填报说明和要求按时、准确进行申报，不得拒报、虚报、漏报或者瞒报，不得擅自变更申报范围和内容。

参与监控化学品数据申报的工作人员，应当对监控化学品的数据资料采取妥善的保护措施，为填报单位保守商业和技术秘密。

第四十一条 生产、经营或者使用第二类监控化学品以及生产第三类监控化学品的，终止生产经营活动时应当制定监控化学品生产装置、库存和相关数据的处置方案。处置方案应当报送所在地省、自治区、直辖市工业和信息化主管部门。

第六章 国际视察及国内监督检查

第四十二条 生产监控化学品以及使用第二类监控化学品的，其监控化学品达到或者超过《禁止化学武器公约》规定的核查阈值的，应当履行接受国际视察的义务，做好接受禁止化学武器组织国际视察的各项准备工作。

接受国际视察的义务包括：

（一）根据《禁止化学武器公约》，提供国际视察所需的数据资料，及时回答视察组的问询；

（二）确保视察组顺利查看视察任务授权范围内的设施或者区域，配合视察组进行取样和分析；

（三）提供视察组及陪同人员所需的工作场所、通信手段和必要的工作条件；

（四）《禁止化学武器公约》规定的其他义务。

第四十三条 接受国际视察的监控化学品相关设施所在地工业和信息化主管部门或者地方人民政府确定的监控化学品管理部门应当组织协调本行政区域内相关部门，在交通、安全、卫生等方面给予必要保障，确保国际视察顺利进行。

第四十四条 各级工业和信息化主管部门或者地方人民政府确定的监控化学品管理部门，依法对从事监控化学品生产、经营、使用以及进出口单位的监控化学品有关情况进行监督检查。

第四十五条 被监督检查单位应当配合、接受监督检查，不得拒绝或者阻碍检查人员依法执行职务，不得隐瞒或者拒绝提供相关信息。

第七章 法律责任

第四十六条 违反本细则第五条、第九条的规定，未经批准，生产第一类、第二类、第三类监控化学品或者第四类监控化学品中含磷、硫、氟的特定有机化学品的，按照《中华人民共和国监控化学品管理条例》第二十一条的规定处罚。

第四十七条 违反本细则第六条第一款的规定，未经批准，新建、扩建或者改建用于生产第二类、第三类监控化学品和第四类监控化学品中含磷、硫、氟的特定有机化学品的设施的，由省、自治区、直辖市工业和信息化主管部门责令限期改正，停止施工，拆除相关设施，可以并处1万元以上3万元以下罚款。

第四十八条 涂改、倒卖、出租、出借或者以其他方式转让生产特别许可证、经营许可证、使用许可证的，由所在地的省、自治区、直辖市工业和信息化主管部门责令限期改正，可以并处3万元以下罚款。

第四十九条 监控化学品生产特别许可证、经营许可证、使用许可证有效期届满，未办理延期手续仍继续生产、经营、使用的，按照《中华人民共和国监控化学品管理条例》第二十一条、第二十二条、第二十三条的规定处罚。

第五十条 违反本细则第十六条、第二十一条、第二十二条、第二十七条的规定，违法销售、购买监控化学品，或者未按照规定保存有关记录的，由所在地的省、自治区、直辖市工业和信息化主管部门责令限期改正，予以警告，可以并处3万元以下罚款。

违反本细则第三十七条第二款、第三十八条第二款的规定，未妥善保存、移送相关记录的，由所在地设区的市级以上地方工业和信息化主管部门或者地方人民政府确定的监控化学品管理部门责令限期改正，予以警告，可以并处3万元以下罚款。

违反本细则第三十九条的规定，未妥善保存、移送相关记录的，由工业和信息化部责令限期改正，予以警告，可以并处3万元以下罚款。

第五十一条　违反本细则第十七条的规定，未经批准经营、使用第二类监控化学品的，按照《中华人民共和国监控化学品管理条例》第二十二条、第二十三条的规定处罚。

第五十二条　以虚假合同或者虚假保证书等文件骗取监控化学品进出口批准文件的，由工业和信息化部责令限期改正，予以警告，可以并处1万元以上3万元以下罚款。在整改合格前，该单位不得申请进出口监控化学品。

第五十三条　违反本细则第三十五条、第三十七条至第三十九条的规定申报监控化学品数据，或者拒报、虚报、漏报或者瞒报有关监控化学品数据的，按照《中华人民共和国监控化学品管理条例》第二十四条的规定处罚。

第五十四条　从事监控化学品的生产、使用活动的，拒绝履行接受国际视察义务，不配合国际视察，或者阻挠国际视察进行的，由所在地的省、自治区、直辖市工业和信息化主管部门责令限期改正，予以警告，可以并处3万元以下罚款。

第五十五条　违反《中华人民共和国监控化学品管理条例》及本细则规定受到行政处罚的，由各级工业和信息化主管部门或者地方人民政府确定的监控化学品管理部门依照有关法律、行政法规的规定予以公示。

第八章　附　则

第五十六条　本细则所称监控化学品，是指下列四类化学品：

第一类：可作为化学武器的化学品；

第二类：可作为生产化学武器前体的化学品；

第三类：可作为生产化学武器主要原料的化学品；

第四类：除炸药和纯碳氢化合物外的特定有机化学品。

监控化学品包括其纯品和不同浓度的工业品，类别按照《各类监控化学品名录》和《列入第三类监控化学品的新增品种清单》执行。

本细则所称监控化学品生产技术，是指生产监控化学品的各种技术手段。

本细则所称监控化学品专用设备，是指采用各种监控化学品生产技术，生产监控化学品过程中所需要的产品合成、分离、提纯、热传导和自控仪表等专用设备。

本细则所称国际视察，是指禁止化学武器组织根据《禁止化学武器公约》的规定，派遣视察组对我国监控化学品相关设施进行的现场视察，包括初始视察和例行视察等。

本细则所称核查阈值，是指《禁止化学武器公约》规定应当履行接受国际视察义务的化学品数量最低值。

第五十七条　《各类监控化学品名录》和《列入第三类监控化学品的新增品种清单》中的监控化学品低于一定浓度阈值时，可以豁免数据申报和进出口许可。相关浓度阈值由工业和信息化部根据实际情况制定和调整。

第五十八条　工业和信息化部和省、自治区、直辖市工业和信息化主管部门作出行政许可决定，依法需要进行现场考核、核验或者评审的，所需时间不计算在本细则规定的许可时限内，但应当将所需时间书面告知申请人。

第五十九条　各省、自治区、直辖市工业和信息化主管部门可以根据实际情况，制定本行政区域监控化学品管理的实施办法，发布后报送工业和信息化部。

第六十条　本细则规定的行政许可表格样式，由工业和信息化部统一制作公布，并根据需要调整。

第六十一条　本细则自2019年1月1日起施行。1997年3月10日公布的《〈中华人民共和国监控化学品管理条例〉实施细则》（原化学工业部令第12号）同时废止。

危险化学品生产企业安全生产许可证实施办法

（2004年5月17日国家安全生产监督管理总局、国家煤矿安全监察局令第10号公布　根据2011年8月5日国家安全生产监督管理总局令第41号《危险化学品生产企业安全生产许可证实施办法》修订　根据2015年5月27日国家安全生产监督管理总局令第79号《国家安全监管总局关于废止和修改危险化学品等领域七部规章的决定》修正　根据 2017 年 3 月 6 日国家安全生产监督管理总局令第 89 号《国家安全监管总局关于修改和废止部分规章及规范性文件的决定》修正）

第一章　总　　则

第一条　为了严格规范危险化学品生产企业安全生产条件，做好危险化学品生产企业安全生产许可证的颁发和管理工作，根据《安全生产许可证条例》《危险化学品安全管理条例》等法律、行政法规，制定本实施办法。

第二条　本办法所称危险化学品生产企业（以下简称企业），是指依法设立且取得工商营业执照或者工商核准文件从事生产最终产品或者中间产品列入《危险化学品目录》的企业。

第三条　企业应当依照本办法的规定取得危险化学品安全生产许可证（以下简称安全生产许可证）。未取得安全生产许可证的企业，不得从事危险化学品的生产活动。

第四条　安全生产许可证的颁发管理工作实行企业申请、两级发证、属地监管的原则。

第五条　国家安全生产监督管理总局指导、监督全国安全生产许可证的颁发管理工作。

省、自治区、直辖市安全生产监督管理部门（以下简称省级安全生产监督管理部门）负责本行政区域内中央企业及其直接控股涉及危险化学品生产的企业（总部）以外的企业安全生产许可证的颁发管理。

第六条　省级安全生产监督管理部门可以将其负责的安全生产许可证颁发工作，委托企业所在地设区的市级或者县级安全生产监督管理部门实施。涉及剧毒化学品生产的企业安全生产许可证颁发工作，不得委托实施。国家安全生产监督管理总局公布的涉及危险化工工艺和重点监管危险化学品的企业安全生产许可证颁发工作，不得委托县级安全生产监督管理部门实施。

受委托的设区的市级或者县级安全生产监督管理部门在受委托的范围内，以省级安全生产监督管理部门的名义实施许可，但不得再委托其他组织和个人实施。

国家安全生产监督管理总局、省级安全生产监督管理部门和受委托的设区的市级或者县级安全生产监督管理部门统称实施机关。

第七条　省级安全生产监督管理部门应当将受委托的设区的市级或者县级安全生产监督管理部门以及委托事项予以公告。

省级安全生产监督管理部门应当指导、监督受委托的设区的市级或者县级安全生产监督管理部门颁发安全生产许可证，并对其法律后果负责。

第二章　申请安全生产许可证的条件

第八条　企业选址布局、规划设计以及与重要场所、设施、区域的距离应当符合下列要求：

（一）国家产业政策；当地县级以上（含县级）人民政府的规划和布局；新设立企业建在地方人民政府规划的专门用于危险化学品生产、储存的区域内；

（二）危险化学品生产装置或者储存危险化学品数量构成重大危险源的储存设施，与《危险化学品安全管理条例》第十九条第一款规定的八类场所、设施、区域的距离符合有关法律、法规、规章和国家标准或者行业标准的规定；

（三）总体布局符合《化工企业总图运输设计规范》（GB 50489）、《工业企业总平面设计规范》（GB 50187）、《建筑设计防火规范》（GB 50016）等标准的要求。

石油化工企业除符合本条第一款规定条件外，还应当符合《石油化工企业设计防火规范》（GB 50160）的要求。

第九条　企业的厂房、作业场所、储存设施和安全设施、设备、工艺应当符合下列要求：

（一）新建、改建、扩建建设项目经具备国家规定资质的单位设计、制造和施工建设；涉及危险化工工艺、重点监管危险化学品的装置，由具有综合甲级资质或者化工石化专业甲级设计资质的化工石化设计单位设计；

（二）不得采用国家明令淘汰、禁止使用和危及安全生产的工艺、设备；新开发的危险化学品生产工艺必须在小试、中试、工业化试验的基础上逐步放大到工业化生产；国内首次使用的化工工艺，必须经过省级人民政府有关部门组织的安全可靠性论证；

（三）涉及危险化工工艺、重点监管危险化学品的装置装设自动化控制系统；涉及危险化工工艺的大型化工装置装设紧急停车系统；涉及易燃易爆、有毒有害气体化学品的场所装设易燃易爆、有毒有害介质泄漏报警等安全设施；

（四）生产区与非生产区分开设置，并符合国家标准或者行业标准规定的距离；

（五）危险化学品生产装置和储存设施之间及其与建（构）筑物之间的距离符合有关标准规范的规定。

同一厂区内的设备、设施及建（构）筑物的布置必须适用同一标准的规定。

第十条 企业应当有相应的职业危害防护设施，并为从业人员配备符合国家标准或者行业标准的劳动防护用品。

第十一条 企业应当依据《危险化学品重大危险源辨识》(GB 18218)，对本企业的生产、储存和使用装置、设施或者场所进行重大危险源辨识。

对已确定为重大危险源的生产和储存设施，应当执行《危险化学品重大危险源监督管理暂行规定》。

第十二条 企业应当依法设置安全生产管理机构，配备专职安全生产管理人员。配备的专职安全生产管理人员必须能够满足安全生产的需要。

第十三条 企业应当建立全员安全生产责任制，保证每位从业人员的安全生产责任与职务、岗位相匹配。

第十四条 企业应当根据化工工艺、装置、设施等实际情况，制定完善下列主要安全生产规章制度：

（一）安全生产例会等安全生产会议制度；
（二）安全投入保障制度；
（三）安全生产奖惩制度；
（四）安全培训教育制度；
（五）领导干部轮流现场带班制度；
（六）特种作业人员管理制度；
（七）安全检查和隐患排查治理制度；
（八）重大危险源评估和安全管理制度；
（九）变更管理制度；
（十）应急管理制度；
（十一）生产安全事故或者重大事件管理制度；
（十二）防火、防爆、防中毒、防泄漏管理制度；
（十三）工艺、设备、电气仪表、公用工程安全管理制度；
（十四）动火、进入受限空间、吊装、高处、盲板抽堵、动土、断路、设备检维修等作业安全管理制度；
（十五）危险化学品安全管理制度；
（十六）职业健康相关管理制度；
（十七）劳动防护用品使用维护管理制度；
（十八）承包商管理制度；
（十九）安全管理制度及操作规程定期修订制度。

第十五条 企业应当根据危险化学品的生产工艺、技术、设备特点和原辅料、产品的危险性编制岗位操作安全规程。

第十六条 企业主要负责人、分管安全负责人和安全生产管理人员必须具备与其从事的生产经营活动相适应的安全生产知识和管理能力，依法参加安全生产培训，并经考核合格，取得安全合格证书。

企业分管安全负责人、分管生产负责人、分管技术负责人应当具有一定的化工专业知识或者相应的专业学历，专职安全生产管理人员应当具备国民教育化工化学类（或安全工程）中等职业教育以上学历或者化工化学类中级以上专业技术职称。

企业应当有危险物品安全类注册安全工程师从事安全生产管理工作。

特种作业人员应当依照《特种作业人员安全技术培训考核管理规定》，经专门的安全技术培训并考核合格，取得特种作业操作证书。

本条第一、二、四款规定以外的其他从业人员应当按照国家有关规定，经安全教育培训合格。

第十七条 企业应当按照国家规定提取与安全生产有关的费用，并保证安全生产所必须的资金投入。

第十八条 企业应当依法参加工伤保险，为从业人员缴纳保险费。

第十九条 企业应当依法委托具备国家规定资质的安全评价机构进行安全评价，并按照安全评价报告的意见对存在的安全生产问题进行整改。

第二十条 企业应当依法进行危险化学品登记，为用户提供化学品安全技术说明书，并在危险化学品包装（包括外包装件）上粘贴或者拴挂与包装内危险化学品相符的化学品安全标签。

第二十一条 企业应当符合下列应急管理要求：

（一）按照国家有关规定编制危险化学品事故应急预案并报有关部门备案；

（二）建立应急救援组织，规模较小的企业可以不建立应急救援组织，但应指定兼职的应急救援人员；

（三）配备必要的应急救援器材、设备和物资，并进行经常性维护、保养，保证正常运转。

生产、储存和使用氯气、氨气、光气、硫化氢等吸入性有毒有害气体的企业，除符合本条第一款的规定外，还应当配备至少两套以上全封闭防化服；构成重大危险源的，还应当设立气体防护站（组）。

第二十二条 企业除符合本章规定的安全生产条件，还应当符合有关法律、行政法规和国家标准或者行业标准规定的其他安全生产条件。

第三章 安全生产许可证的申请

第二十三条 中央企业及其直接控股涉及危险化学品生产的企业（总部）以外的企业向所在地省级

安全生产监督管理部门或其委托的安全生产监督管理部门申请安全生产许可证。

第二十四条　新建企业安全生产许可证的申请，应当在危险化学品生产建设项目安全设施竣工验收通过后10个工作日内提出。

第二十五条　企业申请安全生产许可证时，应当提交下列文件、资料，并对其内容的真实性负责：

（一）申请安全生产许可证的文件及申请书；

（二）安全生产责任制文件，安全生产规章制度、岗位操作安全规程清单；

（三）设置安全生产管理机构，配备专职安全生产管理人员的文件复制件；

（四）主要负责人、分管安全负责人、安全生产管理人员和特种作业人员的安全合格证或者特种作业操作证复制件；

（五）与安全生产有关的费用提取和使用情况报告，新建企业提交有关安全生产费用提取和使用规定的文件；

（六）为从业人员缴纳工伤保险费的证明材料；

（七）危险化学品事故应急救援预案的备案证明文件；

（八）危险化学品登记证复制件；

（九）工商营业执照副本或者工商核准文件复制件；

（十）具备资质的中介机构出具的安全评价报告；

（十一）新建企业的竣工验收报告；

（十二）应急救援组织或者应急救援人员，以及应急救援器材、设备设施清单。

有危险化学品重大危险源的企业，除提交本条第一款规定的文件、资料外，还应当提供重大危险源及其应急预案的备案证明文件、资料。

第四章　安全生产许可证的颁发

第二十六条　实施机关收到企业申请文件、资料后，应当按照下列情况分别作出处理：

（一）申请事项依法不需要取得安全生产许可证的，即时告知企业不予受理；

（二）申请事项依法不属于本实施机关职责范围的，即时作出不予受理的决定，并告知企业向相应的实施机关申请；

（三）申请材料存在可以当场更正的错误的，允许企业当场更正，并受理其申请；

（四）申请材料不齐全或者不符合法定形式的，当场告知或者在5个工作日内出具补正告知书，一次告知企业需要补正的全部内容；逾期不告知的，自收到申请材料之日起即为受理；

（五）企业申请材料齐全、符合法定形式，或者按照实施机关要求提交全部补正材料的，立即受理其申请。

实施机关受理或者不予受理行政许可申请，应当出具加盖本机关专用印章和注明日期的书面凭证。

第二十七条　安全生产许可证申请受理后，实施机关应当组织对企业提交的申请文件、资料进行审查。对企业提交的文件、资料实质内容存在疑问，需要到现场核查的，应当指派工作人员就有关内容进行现场核查。工作人员应当如实提出现场核查意见。

第二十八条　实施机关应当在受理之日起45个工作日内作出是否准予许可的决定。审查过程中的现场核查所需时间不计算在本条规定的期限内。

第二十九条　实施机关作出准予许可决定的，应当自决定之日起10个工作日内颁发安全生产许可证。

实施机关作出不予许可的决定的，应当在10个工作日内书面告知企业并说明理由。

第三十条　企业在安全生产许可证有效期内变更主要负责人、企业名称或者注册地址的，应当自工商营业执照或者隶属关系变更之日起10个工作日内向实施机关提出变更申请，并提交下列文件、资料：

（一）变更后的工商营业执照副本复制件；

（二）变更主要负责人的，还应当提供主要负责人经安全生产监督管理部门考核合格后颁发的安全合格证复制件；

（三）变更注册地址的，还应当提供相关证明材料。

对已经受理的变更申请，实施机关应当在对企业提交的文件、资料审查无误后，方可办理安全生产许可证变更手续。

企业在安全生产许可证有效期内变更隶属关系的，仅需提交隶属关系变更证明材料报实施机关备案。

第三十一条　企业在安全生产许可证有效期内，当原生产装置新增产品或者改变工艺技术对企业的安全生产产生重大影响时，应当对该生产装置或者工艺技术进行专项安全评价，并对安全评价报告中提出的问题进行整改；在整改完成后，向原实施机关提出变更申请，提交安全评价报告。实施机关按照本办法第三十条的规定办理变更手续。

第三十二条　企业在安全生产许可证有效期内，有危险化学品新建、改建、扩建建设项目（以下简称建设项目）的，应当在建设项目安全设施竣工验收合格之日起10个工作日内向原实施机关提出变更申请,并提交建设项目安全设施竣工验收报告等相关文件、资料。实施机关按照本办法第二十七条、第二十八条和第二十九条的规定办理变更手续。

第三十三条 安全生产许可证有效期为3年。企业安全生产许可证有效期届满后继续生产危险化学品的,应当在安全生产许可证有效期届满前3个月提出延期申请,并提交延期申请书和本办法第二十五条规定的申请文件、资料。

实施机关按照本办法第二十六条、第二十七条、第二十八条、第二十九条的规定进行审查,并作出是否准予延期的决定。

第三十四条 企业在安全生产许可证有效期内,符合下列条件的,其安全生产许可证届满时,经原实施机关同意,可不提交第二十五条第一款第二、七、八、十、十一项规定的文件、资料,直接办理延期手续:

(一)严格遵守有关安全生产的法律、法规和本办法的;

(二)取得安全生产许可证后,加强日常安全生产管理,未降低安全生产条件,并达到安全生产标准化等级二级以上的;

(三)未发生死亡事故的。

第三十五条 安全生产许可证分为正、副本,正本为悬挂式,副本为折页式,正、副本具有同等法律效力。

实施机关应当分别在安全生产许可证正、副本上载明编号、企业名称、主要负责人、注册地址、经济类型、许可范围、有效期、发证机关、发证日期等内容。其中,正本上的"许可范围"应当注明"危险化学品生产",副本上的"许可范围"应当载明生产场所地址和对应的具体品种、生产能力。

安全生产许可证有效期的起始日为实施机关作出许可决定之日,截止日为起始日至三年后同一日期的前一日。有效期内有变更事项的,起始日和截止日不变,载明变更日期。

第三十六条 企业不得出租、出借、买卖或者以其他形式转让其取得的安全生产许可证,或者冒用他人取得的安全生产许可证、使用伪造的安全生产许可证。

第五章 监督管理

第三十七条 实施机关应当坚持公开、公平、公正的原则,依照本办法和有关安全生产行政许可的法律、法规规定,颁发安全生产许可证。

实施机关工作人员在安全生产许可证颁发及其监督管理工作中,不得索取或者接受企业的财物,不得谋取其他非法利益。

第三十八条 实施机关应当加强对安全生产许可证的监督管理,建立、健全安全生产许可证档案管理制度。

第三十九条 有下列情形之一的,实施机关应当撤销已经颁发的安全生产许可证:

(一)超越职权颁发安全生产许可证的;

(二)违反本办法规定的程序颁发安全生产许可证的;

(三)以欺骗、贿赂等不正当手段取得安全生产许可证的。

第四十条 企业取得安全生产许可证后有下列情形之一的,实施机关应当注销其安全生产许可证:

(一)安全生产许可证有效期届满未被批准延续的;

(二)终止危险化学品生产活动的;

(三)安全生产许可证被依法撤销的;

(四)安全生产许可证被依法吊销的。

安全生产许可证注销后,实施机关应当在当地主要新闻媒体或者本机关网站上发布公告,并通报企业所在地人民政府和县级以上安全生产监督管理部门。

第四十一条 省级安全生产监督管理部门应当每年1月15日前,将本行政区域内上年度安全生产许可证的颁发和管理情况报国家安全生产监督管理总局。

国家安全生产监督管理总局、省级安全生产管理部门应当定期向社会公布企业取得安全生产许可的情况,接受社会监督。

第六章 法律责任

第四十二条 实施机关工作人员有下列行为之一的,给予降级或者撤职的处分;构成犯罪的,依法追究刑事责任:

(一)向不符合本办法第二章规定的安全生产条件的企业颁发安全生产许可证的;

(二)发现企业未依法取得安全生产许可证擅自从事危险化学品生产活动,不依法处理的;

(三)发现取得安全生产许可证的企业不再具备本办法第二章规定的安全生产条件,不依法处理的;

(四)接到对违反本办法规定行为的举报后,不及时依法处理的;

（五）在安全生产许可证颁发和监督管理工作中，索取或者接受企业的财物，或者谋取其他非法利益的。

第四十三条 企业取得安全生产许可证后发现其不具备本办法规定的安全生产条件的，依法暂扣其安全生产许可证1个月以上6个月以下；暂扣期满仍不具备本办法规定的安全生产条件的，依法吊销其安全生产许可证。

第四十四条 企业出租、出借或者以其他形式转让安全生产许可证的，没收违法所得，处10万元以上50万元以下的罚款，并吊销安全生产许可证；构成犯罪的，依法追究刑事责任。

第四十五条 企业有下列情形之一的，责令停止生产危险化学品，没收违法所得，并处10万元以上50万元以下的罚款；构成犯罪的，依法追究刑事责任：

（一）未取得安全生产许可证，擅自进行危险化学品生产的；

（二）接受转让的安全生产许可证的；

（三）冒用或者使用伪造的安全生产许可证的。

第四十六条 企业在安全生产许可证有效期届满未办理延期手续，继续进行生产的，责令停止生产，限期补办延期手续，没收违法所得，并处5万元以上10万元以下的罚款；逾期仍不办理延期手续，继续进行生产的，依照本办法第四十五条的规定进行处罚。

第四十七条 企业在安全生产许可证有效期内主要负责人、企业名称、注册地址、隶属关系发生变更或者新增产品、改变工艺技术对企业安全生产产生重大影响，未按照本办法第三十条规定的时限提出安全生产许可证变更申请的，责令限期申请，处1万元以上3万元以下的罚款。

第四十八条 企业在安全生产许可证有效期内，其危险化学品建设项目安全设施竣工验收合格后，未按照本办法第三十二条规定的时限提出安全生产许可证变更申请并且擅自投入运行的，责令停止生产，限期申请，没收违法所得，并处1万元以上3万元以下的罚款。

第四十九条 发现企业隐瞒有关情况或者提供虚假材料申请安全生产许可证的，实施机关不予受理或者不予颁发安全生产许可证，并给予警告，该企业在1年内不得再次申请安全生产许可证。

企业以欺骗、贿赂等不正当手段取得安全生产许可证的，自实施机关撤销其安全生产许可证之日起3年内，该企业不得再次申请安全生产许可证。

第五十条 安全评价机构有下列情形之一的，给予警告，并处1万元以下的罚款；情节严重的，暂停资质半年，并处1万元以上3万元以下的罚款；对相关责任人依法给予处理：

（一）从业人员不到现场开展安全评价活动的；

（二）安全评价报告与实际情况不符，或者安全评价报告存在重大疏漏，但尚未造成重大损失的；

（三）未按照有关法律、法规、规章和国家标准或者行业标准的规定从事安全评价活动的。

第五十一条 承担安全评价、检测、检验的机构出具虚假证明的，没收违法所得；违法所得在10万元以上的，并处违法所得2倍以上2倍以下的罚款；没有违法所得或者违法所得不足10万元的，单处或者并处10万元以上20万元以下的罚款；对其直接负责的主管人员和其他直接责任人员处2万元以上5万元以下的罚款；给他人造成损害的，与企业承担连带赔偿责任；构成犯罪的，依照刑法有关规定追究刑事责任。

对有前款违法行为的机构，依法吊销其相应资质。

第五十二条 本办法规定的行政处罚，由国家安全生产监督管理总局、省级安全生产监督管理部门决定。省级安全生产监督管理部门可以委托设区的市级或者县级安全生产监督管理部门实施。

第七章 附 则

第五十三条 将纯度较低的化学品提纯至纯度较高的危险化学品的，适用本办法。购买某种危险化学品进行分装（包括充装）或者加入非危险化学品的溶剂进行稀释，然后销售或者使用的，不适用本办法。

第五十四条 本办法下列用语的含义：

（一）危险化学品目录，是指国家安全生产监督管理总局会同国务院工业和信息化、公安、环境保护、卫生、质量监督检验检疫、交通运输、铁路、民用航空、农业主管部门，依据《危险化学品安全管理条例》公布的危险化学品目录。

（二）中间产品，是指为满足生产的需要，生产一种或者多种产品为下一个生产过程参与化学反应的原料。

（三）作业场所，是指可能使从业人员接触危险化学品的任何作业活动场所，包括从事危险化学品的生产、操作、处置、储存、装卸等场所。

第五十五条 安全生产许可证由国家安全生产监督管理总局统一印制。

危险化学品安全生产许可的文书、安全生产许可证的格式、内容和编号办法，由国家安全生产监督管理总局另行规定。

第五十六条 省级安全生产监督管理部门可以根据当地实际情况制定安全生产许可证颁发管理的细则，并报国家安全生产监督管理总局备案。

第五十七条 本办法自2011年12月1日起施行。原国家安全生产监督管理局（国家煤矿安全监察局）2004年5月17日公布的《危险化学品生产企业安全生产许可证实施办法》同时废止。

危险化学品安全使用许可证实施办法

（2012年11月16日国家安全监管总局令第57号公布 根据2015年5月27日国家安全监管总局令第79号修正 根据2017年3月6日国家安全监管总局令第89号修正）

第一章 总 则

第一条 为了严格使用危险化学品从事生产的化工企业安全生产条件，规范危险化学品安全使用许可证的颁发和管理工作，根据《危险化学品安全管理条例》和有关法律、行政法规，制定本办法。

第二条 本办法适用于列入危险化学品安全使用许可适用行业目录、使用危险化学品从事生产并且达到危险化学品使用量的数量标准的化工企业（危险化学品生产企业除外，以下简称企业）。

使用危险化学品作为燃料的企业不适用本办法。

第三条 企业应当依照本办法的规定取得危险化学品安全使用许可证（以下简称安全使用许可证）。

第四条 安全使用许可证的颁发管理工作实行企业申请、市级发证、属地监管的原则。

第五条 国家安全生产监督管理总局负责指导、监督全国安全使用许可证的颁发管理工作。

省、自治区、直辖市人民政府安全生产监督管理部门（以下简称省级安全生产监督管理部门）负责指导、监督本行政区域内安全使用许可证的颁发管理工作。

设区的市级人民政府安全生产监督管理部门（以下简称发证机关）负责本行政区域内安全使用许可证的审批、颁发和管理，不得再委托其他单位、组织或者个人实施。

第二章 申请安全使用许可证的条件

第六条 企业与重要场所、设施、区域的距离和总体布局应当符合下列要求，并确保安全：

（一）储存危险化学品数量构成重大危险源的储存设施，与《危险化学品安全管理条例》第十九条第一款规定的八类场所、设施、区域的距离符合国家有关法律、法规、规章和国家标准或者行业标准的规定；

（二）总体布局符合《工业企业总平面设计规范》（GB 50187）、《化工企业总图运输设计规范》（GB 50489）、《建筑设计防火规范》（GB 50016）等相关标准的要求；石油化工企业还应当符合《石油化工企业设计防火规范》（GB 50160）的要求；

（三）新建企业符合国家产业政策、当地县级以上（含县级）人民政府的规划和布局。

第七条 企业的厂房、作业场所、储存设施和安全设施、设备、工艺应当符合下列要求：

（一）新建、改建、扩建使用危险化学品的化工建设项目（以下统称建设项目）由具备国家规定资质的设计单位设计和施工单位建设；其中，涉及国家安全生产监督管理总局公布的重点监管危险化工工艺、重点监管危险化学品的装置，由具备石油化工医药行业相应资质的设计单位设计；

（二）不得采用国家明令淘汰、禁止使用和危及安全生产的工艺、设备；新开发的使用危险化学品从事化工生产的工艺（以下简称化工工艺），在小试、中试、工业化试验的基础上逐步放大到工业化生产；国内首次使用的化工工艺，经过省级人民政府有关部门组织的安全可靠性论证；

（三）涉及国家安全生产监督管理总局公布的重点监管危险化工工艺、重点监管危险化学品的装置装设自动化控制系统；涉及国家安全生产监督管理总局公布的重点监管危险化工工艺的大型化工装置装设紧急停车系统；涉及易燃易爆、有毒有害气体化学品的作业场所装设易燃易爆、有毒有害介质泄漏报警等安全设施；

（四）新建企业的生产区与非生产区分开设置，并符合国家标准或者行业标准规定的距离；

（五）新建企业的生产装置和储存设施之间及其建（构）筑物之间的距离符合国家标准或者行业标准的规定。

同一厂区内（生产或者储存区域）的设备、设施及建（构）筑物的布置应当适用同一标准的规定。

第八条 企业应当依法设置安全生产管理机构，

按照国家规定配备专职安全生产管理人员。配备的专职安全生产管理人员必须能够满足安全生产的需要。

第九条 企业主要负责人、分管安全负责人和安全生产管理人员必须具备与其从事生产经营活动相适应的安全知识和管理能力，参加安全资格培训，并经考核合格，取得安全合格证书。

特种作业人员应当依照《特种作业人员安全技术培训考核管理规定》，经专门的安全技术培训并考核合格，取得特种作业操作证书。

本条第一款、第二款规定以外的其他从业人员应当按照国家有关规定，经安全教育培训合格。

第十条 企业应当建立全员安全生产责任制，保证每位从业人员的安全生产责任与职务、岗位相匹配。

第十一条 企业根据化工工艺、装置、设施等实际情况，至少应当制定、完善下列主要安全生产规章制度：

（一）安全生产例会等安全生产会议制度；
（二）安全投入保障制度；
（三）安全生产奖惩制度；
（四）安全培训教育制度；
（五）领导干部轮流现场带班制度；
（六）特种作业人员管理制度；
（七）安全检查和隐患排查治理制度；
（八）重大危险源的评估和安全管理制度；
（九）变更管理制度；
（十）应急管理制度；
（十一）生产安全事故或者重大事件管理制度；
（十二）防火、防爆、防中毒、防泄漏管理制度；
（十三）工艺、设备、电气仪表、公用工程安全管理制度；
（十四）动火、进入受限空间、吊装、高处、盲板抽堵、临时用电、动土、断路、设备检维修等作业安全管理制度；
（十五）危险化学品安全管理制度；
（十六）职业健康相关管理制度；
（十七）劳动防护用品使用维护管理制度；
（十八）承包商管理制度；
（十九）安全管理制度及操作规程定期修订制度。

第十二条 企业应当根据工艺、技术、设备特点和原辅料的危险性等情况编制岗位安全操作规程。

第十三条 企业应当依法委托具备国家规定资质条件的安全评价机构进行安全评价，并按照安全评价报告的意见对存在的安全生产问题进行整改。

第十四条 企业应当有相应的职业病危害防护设施，并为从业人员配备符合国家标准或者行业标准的劳动防护用品。

第十五条 企业应当依据《危险化学品重大危险源辨识》（GB 18218），对本企业的生产、储存和使用装置、设施或者场所进行重大危险源辨识。

对于已经确定为重大危险源的，应当按照《危险化学品重大危险源监督管理暂行规定》进行安全管理。

第十六条 企业应当符合下列应急管理要求：

（一）按照国家有关规定编制危险化学品事故应急预案，并报送有关部门备案；
（二）建立应急救援组织，明确应急救援人员，配备必要的应急救援器材、设备设施，并按照规定定期进行应急预案演练。

储存和使用氯气、氨气等对皮肤有强烈刺激的吸入性有毒有害气体的企业，除符合本条第一款的规定外，还应当配备至少两套以上全封闭防化服；构成重大危险源的，还应当设立气体防护站（组）。

第十七条 企业除符合本章规定的安全使用条件外，还应当符合有关法律、行政法规和国家标准或者行业标准规定的其他安全使用条件。

第三章　安全使用许可证的申请

第十八条 企业向发证机关申请安全使用许可证时，应当提交下列文件、资料，并对其内容的真实性负责：

（一）申请安全使用许可证的文件及申请书；
（二）新建企业的选址布局符合国家产业政策、当地县级以上人民政府的规划和布局的证明材料复制件；
（三）安全生产责任制文件，安全生产规章制度、岗位安全操作规程清单；
（四）设置安全生产管理机构，配备专职安全生产管理人员的文件复制件；
（五）主要负责人、分管安全负责人、安全生产管理人员安全合格证和特种作业人员操作证复制件；
（六）危险化学品事故应急救援预案的备案证明文件；
（七）由供货单位提供的所使用危险化学品的安全技术说明书和安全标签；
（八）工商营业执照副本或者工商核准文件复制件；
（九）安全评价报告及其整改结果的报告；
（十）新建企业的建设项目安全设施竣工验收报告；
（十一）应急救援组织、应急救援人员，以及应急救援器材、设备设施清单。

有危险化学品重大危险源的企业，除应当提交本条第一款规定的文件、资料外，还应当提交重大危险源的备案证明文件。

第十九条 新建企业安全使用许可证的申请，应当在建设项目安全设施竣工验收通过之日起 10 个工作日内提出。

第四章 安全使用许可证的颁发

第二十条 发证机关收到企业申请文件、资料后，应当按照下列情况分别作出处理：

（一）申请事项依法不需要取得安全使用许可证的，当场告知企业不予受理；

（二）申请材料存在可以当场更正的错误的，允许企业当场更正；

（三）申请材料不齐全或者不符合法定形式的，当场或者在 5 个工作日内一次告知企业需要补正的全部内容，并出具补正告知书；逾期不告知的，自收到申请材料之日起即为受理；

（四）企业申请材料齐全、符合法定形式，或者按照发证机关要求提交全部补正申请材料的，立即受理其申请。

发证机关受理或者不予受理行政许可申请，应当出具加盖本机关专用印章和注明日期的书面凭证。

第二十一条 安全使用许可证申请受理后，发证机关应当组织人员对企业提交的申请文件、资料进行审查。对企业提交的文件、资料内容存在疑问，需要到现场核查的，应当指派工作人员对有关内容进行现场核查。工作人员应当如实提出书面核查意见。

第二十二条 发证机关应当在受理之日起 45 日内作出是否准予许可的决定。发证机关现场核查和企业整改有关问题所需时间不计算在本条规定的期限内。

第二十三条 发证机关作出准予许可的决定的，应当自决定之日起 10 个工作日内颁发安全使用许可证。

发证机关作出不予许可的决定的，应当在 10 个工作日内书面告知企业并说明理由。

第二十四条 企业在安全使用许可证有效期内变更主要负责人、企业名称或者注册地址的，应当自工商营业执照变更之日起 10 个工作日内提出变更申请，并提交下列文件、资料：

（一）变更申请书；

（二）变更后的工商营业执照副本复制件；

（三）变更主要负责人的，还应当提供主要负责人经安全生产监督管理部门考核合格后颁发的安全合格证复制件；

（四）变更注册地址的，还应当提供相关证明材料。

对已经受理的变更申请，发证机关对企业提交的文件、资料审查无误后，方可办理安全使用许可证变更手续。

企业在安全使用许可证有效期内变更隶属关系的，应当在隶属关系变更之日起 10 日内向发证机关提交证明材料。

第二十五条 企业在安全使用许可证有效期内，有下列情形之一的，发证机关按照本办法第二十条、第二十一条、第二十二条、第二十三条的规定办理变更手续：

（一）增加使用的危险化学品品种，且达到危险化学品使用量的数量标准规定的；

（二）涉及危险化学品安全使用许可范围的新建、改建、扩建建设项目的；

（三）改变工艺技术对企业的安全生产条件产生重大影响的。

有本条第一款第一项规定情形的企业，应当在增加前提出变更申请。

有本条第一款第二项规定情形的企业，应当在建设项目安全设施竣工验收合格之日起 10 个工作日内向原发证机关提出变更申请，并提交建设项目安全设施竣工验收报告等相关文件、资料。

有本条第一款第一项、第三项规定情形的企业，应当进行专项安全验收评价，并对安全评价报告中提出的问题进行整改；在整改完成后，向原发证机关提出变更申请并提交安全验收评价报告。

第二十六条 安全使用许可证有效期为 3 年。企业安全使用许可证有效期届满后需要继续使用危险化学品从事生产、且达到危险化学品使用量的数量标准规定的，应当在安全使用许可证有效期届满前 3 个月提出延期申请，并提交本办法第十八条规定的文件、资料。

发证机关按照本办法第二十条、第二十一条、第二十二条、第二十三条的规定进行审查，并作出是否准予延期的决定。

第二十七条 企业取得安全使用许可证后，符合下列条件的，其安全使用许可证届满办理延期手续时，经原发证机关同意，可以不提交第十八条第一款第二项、第五项、第九项和第十八条第二款规定的文件、资料，直接办理延期手续：

（一）严格遵守有关法律、法规和本办法的；

（二）取得安全使用许可证后，加强日常安全管理，未降低安全使用条件，并达到安全生产标准化等级二级以上的；

（三）未发生造成人员死亡的生产安全责任事故的。

企业符合本条第一款第二项、第三项规定条件的，应当在延期申请书中予以说明，并出具二级以上安全生产标准化证书复印件。

第二十八条　安全使用许可证分为正本、副本，正本为悬挂式，副本为折页式，正、副本具有同等法律效力。

发证机关应当分别在安全使用许可证正、副本上注明编号、企业名称、主要负责人、注册地址、经济类型、许可范围、有效期、发证机关、发证日期等内容。其中，"许可范围"正本上注明"危险化学品使用"，副本上注明使用危险化学品从事生产的地址和对应的具体品种、年使用量。

第二十九条　企业不得伪造、变造安全使用许可证，或者出租、出借、转让其取得的安全使用许可证，或者使用伪造、变造的安全使用许可证。

第五章　监督管理

第三十条　发证机关应当坚持公开、公平、公正的原则，依照本办法和有关行政许可的法律法规规定，颁发安全使用许可证。

发证机关工作人员在安全使用许可证颁发及其监督管理工作中，不得索取或者接受企业的财物，不得谋取其他非法利益。

第三十一条　发证机关应当加强对安全使用许可证的监督管理，建立、健全安全使用许可证档案管理制度。

第三十二条　有下列情形之一的，发证机关应当撤销已经颁发的安全使用许可证：

（一）滥用职权、玩忽职守颁发安全使用许可证的；

（二）超越职权颁发安全使用许可证的；

（三）违反本办法规定的程序颁发安全使用许可证的；

（四）对不具备申请资格或者不符合法定条件的企业颁发安全使用许可证的；

（五）以欺骗、贿赂等不正当手段取得安全使用许可证的。

第三十三条　企业取得安全使用许可证后有下列情形之一的，发证机关应当注销其安全使用许可证：

（一）安全使用许可证有效期届满未被批准延期的；

（二）终止使用危险化学品从事生产的；

（三）继续使用危险化学品从事生产，但使用量降低后未达到危险化学品使用量的数量标准规定的；

（四）安全使用许可证被依法撤销的；

（五）安全使用许可证被依法吊销的。

安全使用许可证注销后，发证机关应当在当地主要新闻媒体或者本机关网站上予以公告，并向省级和企业所在地县级安全生产监督管理部门通报。

第三十四条　发证机关应当将其颁发安全使用许可证的情况及时向同级环境保护主管部门和公安机关通报。

第三十五条　发证机关应当于每年1月10日前，将本行政区域内上年度安全使用许可证的颁发和管理情况报省级安全生产监督管理部门，并定期向社会公布企业取得安全使用许可证的情况，接受社会监督。

省级安全生产监督管理部门应当于每年1月15日前，将本行政区域内上年度安全使用许可证的颁发和管理情况报国家安全生产监督管理总局。

第六章　法律责任

第三十六条　发证机关工作人员在对危险化学品使用许可证的颁发管理工作中滥用职权、玩忽职守、徇私舞弊，构成犯罪的，依法追究刑事责任；尚不构成犯罪的，依法给予处分。

第三十七条　企业未取得安全使用许可证，擅自使用危险化学品从事生产，且达到危险化学品使用量的数量标准规定的，责令立即停止违法行为并限期改正，处10万元以上20万元以下的罚款；逾期不改正的，责令停产整顿。

企业在安全使用许可证有效期届满后未办理延期手续，仍然使用危险化学品从事生产，且达到危险化学品使用量的数量标准规定的，依照前款规定给予处罚。

第三十八条　企业伪造、变造或者出租、出借、转让安全使用许可证，或者使用伪造、变造的安全使用许可证的，处10万元以上20万元以下的罚款，有违法所得的，没收违法所得；构成违反治安管理行为的，依法给予治安管理处罚；构成犯罪的，依法追究刑事责任。

第三十九条　企业在安全使用许可证有效期内主要负责人、企业名称、注册地址、隶属关系发生变更，未按照本办法第二十四条规定的时限提出安全使用许可证变更申请或者将隶属关系变更证明材料报发证机关的，责令限期办理变更手续，处1万元以上3万元以下的罚款。

第四十条 企业在安全使用许可证有效期内有下列情形之一，未按照本办法第二十五条的规定提出变更申请，继续从事生产的，责令限期改正，处 1 万元以上 3 万元以下的罚款：

（一）增加使用的危险化学品品种，且达到危险化学品使用量的数量标准规定的；

（二）涉及危险化学品安全使用许可范围的新建、改建、扩建建设项目，其安全设施已经竣工验收合格的；

（三）改变工艺技术对企业的安全生产条件产生重大影响的。

第四十一条 发现企业隐瞒有关情况或者提供虚假文件、资料申请安全使用许可证的，发证机关不予受理或者不予颁发安全使用许可证，并给予警告，该企业在 1 年内不得再次申请安全使用许可证。

企业以欺骗、贿赂等不正当手段取得安全使用许可证的，自发证机关撤销其安全使用许可证之日起 3 年内，该企业不得再次申请安全使用许可证。

第四十二条 安全评价机构有下列情形之一的，给予警告，并处 1 万元以下的罚款；情节严重的，暂停资质 6 个月，并处 1 万元以上 3 万元以下的罚款；对相关责任人依法给予处理：

（一）从业人员不到现场开展安全评价活动的；

（二）安全评价报告与实际情况不符，或者安全评价报告存在重大疏漏，但尚未造成重大损失的；

（三）未按照有关法律、法规、规章和国家标准或者行业标准的规定从事安全评价活动的。

第四十三条 承担安全评价的机构出具虚假证明的，没收违法所得；违法所得在 10 万元以上的，处违法所得 2 倍以上 5 倍以下的罚款；没有违法所得或者违法所得不足 10 万元的，单处或者并处 10 万元以上 20 万元以下的罚款；对其直接负责的主管人员和其他直接责任人员处 2 万元以上 5 万元以下的罚款；给他人造成损害的，与企业承担连带赔偿责任；构成犯罪的，依照刑法有关规定追究刑事责任。

对有前款违法行为的机构，依法吊销其相应资质。

第四十四条 本办法规定的行政处罚，由安全生产监督管理部门决定；但本办法第三十八条规定的行政处罚，由发证机关决定；第四十二条、第四十三条规定的行政处罚，依照《安全评价机构管理规定》执行。

第七章 附 则

第四十五条 本办法下列用语的含义：

（一）危险化学品安全使用许可适用行业目录，是指国家安全生产监督管理总局根据《危险化学品安全管理条例》和有关国家标准、行业标准公布的需要取得危险化学品安全使用许可的化工企业类别；

（二）危险化学品使用量的数量标准，由国家安全生产监督管理总局会同国务院公安部门、农业主管部门根据《危险化学品安全管理条例》公布；

（三）本办法所称使用量，是指企业使用危险化学品的年设计使用量和实际使用量的较大值；

（四）本办法所称大型化工装置，是指按照原建设部《工程设计资质标准》（建市〔2007〕86 号）中的《化工石化医药行业建设项目设计规模划分表》确定的大型项目的化工生产装置。

第四十六条 危险化学品安全使用许可的文书、危险化学品安全使用许可证的样式、内容和编号办法，由国家安全生产监督管理总局另行规定。

第四十七条 省级安全生产监督管理部门可以根据当地实际情况制定安全使用许可证管理的细则，并报国家安全生产监督管理总局备案。

第四十八条 本办法施行前已经进行生产的企业，应当自本办法施行之日起 18 个月内，依照本办法的规定向发证机关申请办理安全使用许可证；逾期不申请办理安全使用许可证，或者经审查不符合本办法规定的安全使用条件，未取得安全使用许可证，继续进行生产的，依照本办法第三十七条的规定处罚。

第四十九条 本办法自 2013 年 5 月 1 日起施行。

剧毒化学品购买和公路运输许可证件管理办法

（2005 年 4 月 21 日公安部部长办公会议通过，2005 年 5 月 25 日公安部令第 77 号公布，自 2005 年 8 月 1 日起施行）

第一条 为加强对剧毒化学品购买和公路运输的监督管理，保障国家财产和公民生命财产安全，根据《中华人民共和国道路交通安全法》《危险化学品安全管理条例》等法律、法规的规定，制定本办法。

第二条 除个人购买农药、灭鼠药、灭虫药以外，在中华人民共和国境内购买和通过公路运输剧毒化学品的，应当遵守本办法。

本办法所称剧毒化学品，按照国务院安全生产监督管理部门会同国务院公安、环保、卫生、质检、交通部门确定并公布的剧毒化学品目录执行。

第三条 国家对购买和通过公路运输剧毒化学品行为实行许可管理制度。购买和通过公路运输剧毒化学品，应当依照本办法申请取得《剧毒化学品购买凭证》《剧毒化学品准购证》和《剧毒化学品公路运输通行证》。未取得上述许可证件，任何单位和个人不得购买、通过公路运输剧毒化学品。

任何单位或者个人不得伪造、变造、买卖、出借或者以其他方式转让《剧毒化学品购买凭证》《剧毒化学品准购证》和《剧毒化学品公路运输通行证》，不得使用作废的上述许可证件。

第四条 公安机关应当坚持公开、公平、公正的原则，严格依照本办法审查核发剧毒化学品购买和公路运输许可证件，建立健全审查核发许可证件的管理档案，公开办理许可证件的公安机关主管部门的通信地址、联系电话、传真号码和电子信箱，并监督指导从业单位严格执行剧毒化学品购买和公路运输许可管理规定。

省级公安机关对核发的剧毒化学品购买凭证、准购证和公路运输通行证应当建立计算机数据库，包括证件编号、购买企业、运输企业、运输车辆、驾驶人、押运人员、剧毒化学品品名和数量、目的地、始发地、行驶路线等内容。数据库的项目和数据的格式应当全国统一。治安管理、交通管理部门应当建立信息共享或者通报制度。

第五条 经常需要购买、使用剧毒化学品的，应当持销售单位生产或者经营剧毒化学品资质证明复印件，向购买单位所在地设区的市级人民政府公安机关治安管理部门提出申请。符合要求的，由设区的市级人民政府公安机关负责人审批后，将盖有公安机关印章的《剧毒化学品购买凭证》成册发给购买或者使用单位保管、填写。

（一）生产危险化学品的企业申领《剧毒化学品购买凭证》时，应当如实填写《剧毒化学品购买凭证申请表》，并提交危险化学品生产企业安全生产许可证或者批准书的复印件。

（二）经营剧毒化学品的企业申领《剧毒化学品购买凭证》时，应当如实填写《剧毒化学品购买凭证申请表》，并提交危险化学品经营许可证（甲种）的复印件。

（三）其他生产、科研、医疗等经常需要使用剧毒化学品的单位申领《剧毒化学品购买凭证》时，应当如实填写《剧毒化学品购买凭证申请表》，并提交使用、接触剧毒化学品从业人员的上岗资格证的复印件。使用剧毒化学品从事生产的单位还应当提交危险化学品使用许可证、批准书或者其他相应的从业许可证明。

第六条 临时需要购买、使用剧毒化学品的，应当持销售单位生产或者经营剧毒化学品资质证明复印件，向购买单位所在地设区的市级人民政府公安机关治安管理部门提出申请。符合要求的，由设区的市级人民政府公安机关负责人审批签发《剧毒化学品准购证》。

申领《剧毒化学品准购证》时，应当如实填写《剧毒化学品准购证申请表》，并提交注明品名、数量、用途的单位证明。

第七条 对需要通过公路运输剧毒化学品的，以及单车运输气态、液态剧毒化学品超过五吨的，由签发《剧毒化学品购买凭证》《剧毒化学品准购证》的公安机关治安管理部门将证件编号、发证机关、剧毒化学品品名、数量等有关信息，向运输目的地县级人民政府公安机关交通管理部门通报并录入剧毒化学品公路运输安全管理数据库。具体通报办法由省级人民政府公安机关制定。

第八条 需要通过公路运输剧毒化学品的，应当向运输目的地县级人民政府公安机关交通管理部门申领《剧毒化学品公路运输通行证》。申领时，托运人应当如实填写《剧毒化学品公路运输通行证申请表》，同时提交下列证明文件和资料，并接受公安机关交通管理部门对运输车辆和驾驶人、押运人员的查验、审核：

（一）《剧毒化学品购买凭证》或者《剧毒化学品准购证》。

运输进口或者出口剧毒化学品的，应当提交危险化学品进口或者出口登记证。

（二）承运单位从事危险货物道路运输的经营（运输）许可证（复印件）、机动车行驶证、运输车辆从事危险货物道路运输的道路运输证。

运输剧毒化学品的车辆必须设置安装剧毒化学品道路运输专用标识和安全标示牌。安全标示牌应当标明剧毒化学品品名、种类、罐体容积、载质量、施救方法、运输企业联系电话。

（三）驾驶人的机动车驾驶证，驾驶人、押运人员的身份证件以及从事危险货物道路运输的上岗资格证。

（四）随《剧毒化学品公路运输通行证申请表》附运输企业对每辆运输车辆制作的运输路线图和运行时间表，每辆车拟运输的载质量。

承运单位不在目的地的，可以向运输目的地县级人民政府公安机关交通管理部门提出申请，委托运输始发地县级人民政府公安机关交通管理部门受理核发《剧毒化学品公路运输通行证》，但不得跨省（自治区、直辖市）委托。具体委托办法由省级人民政府公安机关制定。

第九条 公安机关交通管理部门受理申请后，应当及时审核和查验以下事项：

（一）审核证明文件的真实性，并与省级人民政府公安机关建立的剧毒化学品公路运输安全管理数据库进行比对，审核证明文件与运输单位、运输车辆、驾驶人和押运人员的同一性。

（二）审核驾驶人在一个记分周期内是否有交通违法记分满12分，或者有两次以上驾驶剧毒化学品运输车辆超载、超速记录。

（三）审核申请的通行路线和时间是否可能对公共安全构成威胁。

（四）查验运输车辆是否设置安装了剧毒化学品道路运输专用标识和安全标示牌，是否配备了主管部门规定的应急处理器材和防护用品，是否有非法改装行为，轮胎花纹深度是否符合国家标准，车辆定期检验周期的时间是否在有效期内。

（五）审核单车运输的数量是否超过行驶证核定载质量。

第十条 公安机关交通管理部门经过审核和查验后，应当按照下列情况分别处理：

（一）对证明文件真实有效，运输单位、运输车辆、驾驶人和押运人员符合规定，通行路线和时间对公共安全不构成威胁的，报本级公安机关负责人批准签发《剧毒化学品公路运输通行证》，每次运输一车一证，有效期不超过15天。

（二）对其他申请条件符合要求，但通行路线和时间有可能对公共安全构成威胁的，由公安机关交通管理部门变更通行路线和时间后，再予批准签发《剧毒化学品公路运输通行证》。

（三）对车辆定期检验合格标志已超过有效期或者在运输过程中将超过有效期的，没有设置专用标识、安全标示牌的，或者没有配备应急处理器材和防护用品，应当经过检验合格，补充有关设置，配齐有关器材和用品后，重新受理申请。

（四）对证明文件过期或者失效，证明文件与计算机数据库记录比对结果不一致或者没有记录的，承运单位不具备运输危险化学品资质，驾驶人、押运人员不具备上岗资格的，驾驶人交通违法记录不符合本办法要求的，或者车辆有非法改装行为或者安全状况不符合国家安全技术标准的，不予批准。

行驶路线跨越本县（市、区、旗）的，应当由县级人民政府公安机关交通管理部门报送上一级公安机关交通管理部门核准；行驶路线跨越本地（市、州、盟）或者跨省（自治区、直辖市）的，应当逐级上报到省级人民政府公安机关交通管理部门核准。由县级人民政府公安机关交通管理部门按照核准后的路线指定。对跨省（自治区、直辖市）行驶路线的指定，应当由所在地省级人民政府公安机关交通管理部门征得途经地省级人民政府公安机关交通管理部门同意。

第十一条 签发通行证后，发证的公安机关交通管理部门应当及时将发证信息发送到省级人民政府公安机关建立的剧毒化学品公路运输安全管理数据库，并通过书面或者信息系统通报沿线公安机关交通管理部门。跨县（市、区、旗）运输的，由设区的市级人民政府公安机关交通管理部门通报，跨地（市、州、盟）和跨省（自治区、直辖市）运输的，由省级人民政府公安机关交通管理部门通报。

对气态、液态剧毒化学品单车运输超过五吨的，签发通行证的公安机关交通管理部门应当报上一级公安机关交通管理部门备案。

具体通报和备案办法由省级人民政府公安机关制定。

第十二条 目的地、始发地和途经地公安机关交通管理部门应当通过信息系统或者采取其他方式及时了解剧毒化学品运输信息，加强对剧毒化学品运输车辆、驾驶人遵守道路交通安全法律规定情况的监督检查。

第十三条 申领《剧毒化学品购买凭证》《剧毒化学品准购证》的申请人或者申请人委托的代理人可以直接到公安机关提出书面申请，也可以通过信函、传真、电子邮件等形式提出申请。

第十四条 公安机关对申领单位提交的申请材料，应当按照下列规定分别处理：

（一）对符合申领条件的，应当当场受理并出具书面凭证。

（二）对申请材料不齐全或者不符合法定形式的，应当当场一次性告知需要补正的全部内容；申请材料存在的错误，可以当场更正的，应当允许申请人当场更正。

（三）对不属于本机关职权范围或者本办法所规定的许可事项的，应当即时作出不予受理的决定并出具书面凭证。

第十五条 对已经受理的申请，公安机关应当及时进行审查，并在三个工作日内作出批准或者不予批准的决定；对申请跨省（自治区、直辖市）运输需要勘察核定行驶线路的，应当在十个工作日内作出批准或者不予批准的决定。对批准的，应当即时填发剧毒化学品购买和公路运输许可证件，并于当日送达或者通知申请人领取；对不予批准的，应当告知申请人不予批准的理由，并出具不予批准的书面凭证。

第十六条　《剧毒化学品购买凭证》由发证公安机关成册核发给购买或者使用单位的，由该单位负责人按照制度规定审核签批使用。持证单位用完后应当及时将购买凭证的存根交回原发证公安机关核查存档。

已经领取《剧毒化学品购买凭证》的单位，应当建立规范的购买凭证保管、填写、审核、签批、使用制度，严格管理。因故不再需要使用时，应当及时将尚未使用的购买凭证连同已经使用的购买凭证的存根交回原发证公安机关核查存档。

第十七条　销售单位销售剧毒化学品时，应当收验《剧毒化学品购买凭证》或者《剧毒化学品准购证》，按照购买凭证或者准购证许可的品名、数量销售，并如实填写《剧毒化学品购买凭证》或者《剧毒化学品准购证》回执第一联和回执第二联，由购买经办人签字确认。

回执第一联由购买单位带回，并在保管人员签注接收情况后的七日内交原发证公安机关核查存档；回执第二联由销售单位在销售后的七日内交所在地县级人民政府公安机关治安管理部门核查存档。

第十八条　通过公路运输剧毒化学品的，应当遵守《中华人民共和国道路交通安全法》《危险化学品安全管理条例》等法律、法规对剧毒化学品运输安全的管理规定，悬挂警示标志，采取必要的安全措施，并按照《剧毒化学品公路运输通行证》载明的运输车辆、驾驶人、押运人员、装载数量、有效期限、指定的路线、时间和速度运输，禁止超载、超速行驶；押运人员应当随车携带《剧毒化学品公路运输通行证》，以备查验。

运输车辆行驶速度在不超过限速标志的前提下，在高速公路上不低于每小时70公里、不高于每小时90公里，在其他道路上不超过每小时60公里。

剧毒化学品运达目的地后，收货单位应当在《剧毒化学品公路运输通行证》上签注接收情况，并在收到货物后的七日内将《剧毒化学品公路运输通行证》送目的地县级人民政府公安机关治安管理部门备案存查。

第十九条　填写《剧毒化学品购买凭证》《剧毒化学品准购证》或者《剧毒化学品公路运输通行证》发生错误时，应当注明作废并保留存档备查，不得涂改；填写错误的《剧毒化学品购买凭证》，由持证单位负责交回原发证公安机关核查存档。

填写《剧毒化学品购买凭证》或者《剧毒化学品准购证》回执第一联、回执第二联发生错误确需涂改的，应当在涂改处加盖销售单位印章予以确认。

第二十条　未申领《剧毒化学品购买凭证》《剧毒化学品准购证》《剧毒化学品公路运输通行证》，擅自购买、通过公路运输剧毒化学品的，由公安机关依法采取措施予以制止，处以一万元以上三万元以下罚款；对已经购买了剧毒化学品的，责令退回原销售单位；对已经实施运输的，扣留运输车辆，责令购买、使用和承运单位共同派员接受处理；对发生重大事故，造成严重后果的，依法追究刑事责任。

第二十一条　提供虚假证明文件、采取其他欺骗手段或者贿赂等不正当手段，取得《剧毒化学品购买凭证》《剧毒化学品准购证》《剧毒化学品公路运输通行证》的，由发证的公安机关依法撤销许可证件，处以1000元以上一万元以下罚款。

对利用骗取的许可证件购买了剧毒化学品的，责令退回原销售单位。

利用骗取的许可证件通过公路运输剧毒化学品的，由公安机关依照《危险化学品安全管理条例》第六十七条第（一）项的规定予以处罚。

第二十二条　伪造、变造、买卖、出借或者以其他方式转让《剧毒化学品购买凭证》《剧毒化学品准购证》和《剧毒化学品公路运输通行证》，或者使用作废的上述许可证件的，由公安机关依照《危险化学品安全管理条例》第六十四条的规定予以处罚。

第二十三条　《剧毒化学品购买凭证》或者《剧毒化学品准购证》回执第一联、回执第二联填写错误时，未按规定在涂改处加盖销售单位印章予以确认的，由公安机关责令改正，处以500元以上1000元以下罚款。

未按规定填写《剧毒化学品购买凭证》和《剧毒化学品准购证》回执记录剧毒化学品销售、购买信息的，由公安机关依照《危险化学品安全管理条例》第六十一条的规定予以处罚。

第二十四条　通过公路运输剧毒化学品未随车携带《剧毒化学品公路运输通行证》的，由公安机关责令提供已依法领取《剧毒化学品公路运输通行证》的证明，处以500元以上1000元以下罚款。

除不可抗力外，未按《剧毒化学品公路运输通行证》核准载明的运输车辆、驾驶人、押运人员、装载数量、有效期限、指定的路线、时间和速度运输剧毒化学品的，尚未造成严重后果的，由公安机关对单位处以1000元以上一万元以下罚款，对直接责任人员依法给予治安处罚；构成犯罪的，依法追究刑事责任。

第二十五条 违反本办法的规定，有下列行为之一的，由原发证公安机关责令改正，处以500元以上1000元以下罚款：

（一）除不可抗力外，未在规定时限内将《剧毒化学品购买凭证》《剧毒化学品准购证》的回执交原发证公安机关或者销售单位所在地县级人民政府公安机关核查存档的；

（二）除不可抗力外，未在规定时限内将《剧毒化学品公路运输通行证》交目的地县级人民政府公安机关备案存查的；

（三）未按规定将已经使用的《剧毒化学品购买凭证》的存根或者因故不再需要使用的《剧毒化学品购买凭证》交回原发证公安机关核查存档的；

（四）未按规定将填写错误的《剧毒化学品购买凭证》注明作废并保留交回原发证公安机关核查存档的。

第二十六条 当事人对公安机关依照本办法作出的具体行政行为不服的，可以依法申请行政复议或者提起行政诉讼。

第二十七条 公安机关及其人民警察在工作中，有下列行为之一的，对直接负责的主管人员和其他直接责任人员依法给予行政处分；构成犯罪的，依法追究刑事责任：

（一）为不符合申领条件的单位发证的；

（二）除不可抗力外，不按本办法规定的时限办理许可证件的；

（三）索取、收受当事人贿赂或者谋取其他利益的；

（四）对违反本办法的行为不依法追究法律责任的；

（五）违反法律、法规、本办法的规定实施处罚或者收取费用的；

（六）其他滥用职权、玩忽职守、徇私舞弊的。

第二十八条 本办法规定的《剧毒化学品购买凭证》《剧毒化学品准购证》和《剧毒化学品公路运输通行证》由公安部统一印制；其他法律文书式样由公安部制定，各发证公安机关自行印制；各类申请书式样由公安部制定，申领单位根据需要自行印制。

第二十九条 在中华人民共和国境内通过城市道路运输剧毒化学品的，参照本办法关于通过公路运输剧毒化学品的规定执行。

第三十条 本办法自2005年8月1日起施行。

危险化学品建设项目安全监督管理办法

（2012年1月30日国家安全监管总局令第45号公布　根据2015年5月27日国家安全监管总局令第79号修正）

第一章 总　　则

第一条 为了加强危险化学品建设项目安全监督管理，规范危险化学品建设项目安全审查，根据《中华人民共和国安全生产法》和《危险化学品安全管理条例》等法律、行政法规，制定本办法。

第二条 中华人民共和国境内新建、改建、扩建危险化学品生产、储存的建设项目以及伴有危险化学品产生的化工建设项目（包括危险化学品长输管道建设项目，以下统称建设项目），其安全管理及其监督管理，适用本办法。

危险化学品的勘探、开采及其辅助的储存，原油和天然气勘探、开采及其辅助的储存、海上输送，城镇燃气的输送及储存等建设项目，不适用本办法。

第三条 本办法所称建设项目安全审查，是指建设项目安全条件审查、安全设施的设计审查。建设项目的安全审查由建设单位申请，安全生产监督管理部门根据本办法分级负责实施。

建设项目安全设施竣工验收由建设单位负责依法组织实施。

建设项目未经安全审查和安全设施竣工验收的，不得开工建设或者投入生产（使用）。

第四条 国家安全生产监督管理总局指导、监督全国建设项目安全审查和建设项目安全设施竣工验收的实施工作，并负责实施下列建设项目的安全审查：

（一）国务院审批（核准、备案）的；

（二）跨省、自治区、直辖市的。

省、自治区、直辖市人民政府安全生产监督管理部门（以下简称省级安全生产监督管理部门）指导、监督本行政区域内建设项目安全审查和建设项目安全设施竣工验收的监督管理工作，确定并公布本部门和本行政区域内由设区的市级人民政府安全生产监督管理部门（以下简称市级安全生产监督管理部门）实施的前款规定以外的建设项目范围，并报国家安全生产监督管理总局备案。

第五条 建设项目有下列情形之一的，应当由省级安全生产监督管理部门负责安全审查：

（一）国务院投资主管部门审批（核准、备案）的；

（二）生产剧毒化学品的；

（三）省级安全生产监督管理部门确定的本办法第四条第一款规定以外的其他建设项目。

第六条 负责实施建设项目安全审查的安全生产监督管理部门根据工作需要，可以将其负责实施的建设项目安全审查工作，委托下一级安全生产监督管理部门实施。委托实施安全审查的，审查结果由委托的安全生产监督管理部门负责。跨省、自治区、直辖市的建设项目和生产剧毒化学品的建设项目，不得委托实施安全审查。

建设项目有下列情形之一的，不得委托县级人民政府安全生产监督管理部门实施安全审查：

（一）涉及国家安全生产监督管理总局公布的重点监管危险化工工艺的；

（二）涉及国家安全生产监督管理总局公布的重点监管危险化学品中的有毒气体、液化气体、易燃液体、爆炸品，且构成重大危险源的。

接受委托的安全生产监督管理部门不得将其受托的建设项目安全审查工作再委托其他单位实施。

第七条 建设项目的设计、施工、监理单位和安全评价机构应当具备相应的资质，并对其工作成果负责。

涉及重点监管危险化工工艺、重点监管危险化学品或者危险化学品重大危险源的建设项目，应当由具有石油化工医药行业相应资质的设计单位设计。

第二章　建设项目安全条件审查

第八条 建设单位应当在建设项目的可行性研究阶段，委托具备相应资质的安全评价机构对建设项目进行安全评价。

安全评价机构应当根据有关安全生产法律、法规、规章和国家标准、行业标准，对建设项目进行安全评价，出具建设项目安全评价报告。安全评价报告应当符合《危险化学品建设项目安全评价细则》的要求。

第九条 建设项目有下列情形之一的，应当由甲级安全评价机构进行安全评价：

（一）国务院及其投资主管部门审批（核准、备案）的；

（二）生产剧毒化学品的；

（三）跨省、自治区、直辖市的；

（四）法律、法规、规章另有规定的。

第十条 建设单位应当在建设项目开始初步设计前，向与本办法第四条、第五条规定相应的安全生产监督管理部门申请建设项目安全条件审查，提交下列文件、资料，并对其真实性负责：

（一）建设项目安全条件审查申请书及文件；

（二）建设项目安全评价报告；

（三）建设项目批准、核准或者备案文件和规划相关文件（复制件）；

（四）工商行政管理部门颁发的企业营业执照或者企业名称预先核准通知书（复制件）。

第十一条 建设单位申请安全条件审查的文件、资料齐全，符合法定形式的，安全生产监督管理部门应当当场予以受理，并书面告知建设单位。

建设单位申请安全条件审查的文件、资料不齐全或者不符合法定形式的，安全生产监督管理部门应当自收到申请文件、资料之日起五个工作日内一次性书面告知建设单位需要补正的全部内容；逾期不告知的，收到申请文件、资料之日起即为受理。

第十二条 对已经受理的建设项目安全条件审查申请，安全生产监督管理部门应当指派有关人员或者组织专家对申请文件、资料进行审查，并自受理申请之日起四十五日内向建设单位出具建设项目安全条件审查意见书。建设项目安全条件审查意见书的有效期为两年。

根据法定条件和程序，需要对申请文件、资料的实质内容进行核实的，安全生产监督管理部门应当指派两名以上工作人员对建设项目进行现场核查。

建设单位整改现场核查发现的有关问题和修改申请文件、资料所需时间不计算在本条规定的期限内。

第十三条 建设项目有下列情形之一的，安全条件审查不予通过：

（一）安全评价报告存在重大缺陷、漏项的，包括建设项目主要危险、有害因素辨识和评价不全或者不准确的；

（二）建设项目与周边场所、设施的距离或者拟建场址自然条件不符合有关安全生产法律、法规、规章和国家标准、行业标准的规定的；

（三）主要技术、工艺未确定，或者不符合有关安全生产法律、法规、规章和国家标准、行业标准的

规定的;

（四）国内首次使用的化工工艺，未经省级人民政府有关部门组织的安全可靠性论证的;

（五）对安全设施设计提出的对策与建议不符合法律、法规、规章和国家标准、行业标准的规定的;

（六）未委托具备相应资质的安全评价机构进行安全评价的;

（七）隐瞒有关情况或者提供虚假文件、资料的。

建设项目未通过安全条件审查的，建设单位经过整改后可以重新申请建设项目安全条件审查。

第十四条 已经通过安全条件审查的建设项目有下列情形之一的，建设单位应重新进行安全评价，并申请审查:

（一）建设项目周边条件发生重大变化的;

（二）变更建设地址的;

（三）主要技术、工艺路线、产品方案或者装置规模发生重大变化的;

（四）建设项目在安全条件审查意见书有效期内未开工建设，期限届满后需要开工建设的。

第三章 建设项目安全设施设计审查

第十五条 设计单位应当根据有关安全生产的法律、法规、规章和国家标准、行业标准以及建设项目安全条件审查意见书，按照《化工建设项目安全设计管理导则》（AQ/T 3033），对建设项目安全设施进行设计，并编制建设项目安全设施设计专篇。建设项目安全设施设计专篇应当符合《危险化学品建设项目安全设施设计专篇编制导则》的要求。

第十六条 建设单位应当在建设项目初步设计完成后、详细设计开始前，向出具建设项目安全条件审查意见书的安全生产监督管理部门申请建设项目安全设施设计审查，提交下列文件、资料，并对其真实性负责:

（一）建设项目安全设施设计审查申请书及文件;

（二）设计单位的设计资质证明文件（复制件）;

（三）建设项目安全设施设计专篇。

第十七条 建设单位申请安全设施设计审查的文件、资料齐全，符合法定形式的，安全生产监督管理部门应当当场予以受理;未经安全条件审查或者审查未通过的，不予受理。受理或者不予受理的情况，安全生产监督管理部门应当书面告知建设单位。

安全设施设计审查申请文件、资料不齐全或者不符合要求的，安全生产监督管理部门应当自收到申请文件、资料之日起五个工作日内一次性书面告知建设单位需要补正的全部内容;逾期不告知的，收到申请文件、资料之日即为受理。

第十八条 对已经受理的建设项目安全设施设计审查申请，安全生产监督管理部门应当指派有关人员或者组织专家对申请文件、资料进行审查，并在受理申请之日起二十个工作日内作出同意或者不同意建设项目安全设施设计专篇的决定，向建设单位出具建设项目安全设施设计的审查意见书;二十个工作日内不能出具审查意见的，经本部门负责人批准，可以延长十个工作日，并应当将延长的期限和理由告知建设单位。

根据法定条件和程序，需要对申请文件、资料的实质内容进行核实的，安全生产监督管理部门应当指派两名以上工作人员进行现场核查。

建设单位整改现场核查发现的有关问题和修改申请文件、资料所需时间不计算在本条规定的期限内。

第十九条 建设项目安全设施设计有下列情形之一的，审查不予通过:

（一）设计单位资质不符合相关规定的;

（二）未按照有关安全生产的法律、法规、规章和国家标准、行业标准的规定进行设计的;

（三）对未采纳的建设项目安全评价报告中的安全对策和建议，未作充分论证说明的;

（四）隐瞒有关情况或者提供虚假文件、资料的。

建设项目安全设施设计审查未通过的，建设单位经过整改后可以重新申请建设项目安全设施设计的审查。

第二十条 已经审查通过的建设项目安全设施设计有下列情形之一的，建设单位应当向原审查部门申请建设项目安全设施变更设计的审查:

（一）改变安全设施设计且可能降低安全性能的;

（二）在施工期间重新设计的。

第四章 建设项目试生产(使用)

第二十一条 建设项目安全设施施工完成后，建设单位应当按照有关安全生产法律、法规、规章和国家标准、行业标准的规定，对建设项目安全设施进行检验、检测，保证建设项目安全设施满足危险化学品生产、储存的安全要求，并处于正常适用状态。

第二十二条 建设单位应当组织建设项目的设计、施工、监理等有关单位和专家，研究提出建设项目试生产（使用）（以下简称试生产〈使用〉）可能出现的安全问题及对策，并按照有关安全生产法律、法规、规章和国家标准、行业标准的规定，制定周密的试生产（使用）方案。试生产（使用）方案应当包括下列有关安全生产的内容：

（一）建设项目设备及管道试压、吹扫、气密、单机试车、仪表调校、联动试车等生产准备的完成情况；

（二）投料试车方案；

（三）试生产（使用）过程中可能出现的安全问题、对策及应急预案；

（四）建设项目周边环境与建设项目安全试生产（使用）相互影响的确认情况；

（五）危险化学品重大危险源监控措施的落实情况；

（六）人力资源配置情况；

（七）试生产（使用）起止日期。

建设项目试生产期限应当不少于 30 日，不超过 1 年。

第二十三条 建设单位在采取有效安全生产措施后，方可将建设项目安全设施与生产、储存、使用的主体装置、设施同时进行试生产（使用）。

试生产（使用）前，建设单位应当组织专家对试生产（使用）方案进行审查。

试生产（使用）时，建设单位应当组织专家对试生产（使用）条件进行确认，对试生产（使用）过程进行技术指导。

第五章 建设项目安全设施竣工验收

第二十四条 建设项目安全设施施工完成后，施工单位应当编制建设项目安全设施施工情况报告。建设项目安全设施施工情况报告应当包括下列内容：

（一）施工单位的基本情况，包括施工单位以往所承担的建设项目施工情况；

（二）施工单位的资质情况（提供相关资质证明材料复印件）；

（三）施工依据和执行的有关法律、法规、规章和国家标准、行业标准；

（四）施工质量控制情况；

（五）施工变更情况，包括建设项目在施工和试生产期间有关安全生产的设施改动情况。

第二十五条 建设项目试生产期间，建设单位应当按照本办法的规定委托有相应资质的安全评价机构对建设项目及其安全设施试生产（使用）情况进行安全验收评价，且不得委托在可行性研究阶段进行安全评价的同一安全评价机构。

安全评价机构应当根据有关安全生产的法律、法规、规章和国家标准、行业标准进行评价。建设项目安全验收评价报告应当符合《危险化学品建设项目安全评价细则》的要求。

第二十六条 建设项目投入生产和使用前，建设单位应当组织人员进行安全设施竣工验收，作出建设项目安全设施竣工验收是否通过的结论。参加验收人员的专业能力应当涵盖建设项目涉及的所有专业内容。

建设单位应当向参加验收人员提供下列文件、资料，并组织进行现场检查：

（一）建设项目安全设施施工、监理情况报告；

（二）建设项目安全验收评价报告；

（三）试生产（使用）期间是否发生事故、采取的防范措施以及整改情况报告；

（四）建设项目施工、监理单位资质证书（复制件）；

（五）主要负责人、安全生产管理人员、注册安全工程师资格证书（复制件），以及特种作业人员名单；

（六）从业人员安全教育、培训合格的证明材料；

（七）劳动防护用品配备情况说明；

（八）安全生产责任制文件，安全生产规章制度清单、岗位操作安全规程清单；

（九）设置安全生产管理机构和配备专职安全生产管理人员的文件（复制件）；

（十）为从业人员缴纳工伤保险费的证明材料（复制件）。

第二十七条 建设项目安全设施有下列情形之一的，建设项目安全设施竣工验收不予通过：

（一）未委托具备相应资质的施工单位施工的；

（二）未按照已经通过审查的建设项目安全设计施工或者施工质量未达到建设项目安全设施设计文件要求的；

（三）建设项目安全设施的施工不符合国家标准、行业标准的规定的；

（四）建设项目安全设施工后未按照本办法的规定进行检验、检测，或者经检验、检测不合格的；

（五）未委托具备相应资质的安全评价机构进行安全验收评价的；

（六）安全设施和安全生产条件不符合或者未达到有关安全生产法律、法规、规章和国家标准、行业标准的规定的；

（七）安全验收评价报告存在重大缺陷、漏项，包括建设项目主要危险、有害因素辨识和评价不正确的；

（八）隐瞒有关情况或者提供虚假文件、资料的；

（九）未按照本办法规定向参加验收人员提供文件、材料，并组织现场检查的。

建设项目安全设施竣工验收未通过的，建设单位经过整改后可以再次组织建设项目安全设施竣工验收。

第二十八条 建设单位组织安全设施竣工验收合格后，应将验收过程中涉及的文件、资料存档，并按照有关法律法规及其配套规章的规定申请有关危险化学品的其他安全许可。

第六章 监督管理

第二十九条 建设项目在通过安全条件审查之后、安全设施竣工验收之前，建设单位发生变更的，变更后的建设单位应当及时将证明材料和有关情况报送负责建设项目安全审查的安全生产监督管理部门。

第三十条 有下列情形之一的，负责审查的安全生产监督管理部门或者其上级安全生产监督管理部门可以撤销建设项目的安全审查：

（一）滥用职权、玩忽职守的；

（二）超越法定职权的；

（三）违反法定程序的；

（四）申请人不具备申请资格或者不符合法定条件的；

（五）依法可以撤销的其他情形。

建设单位以欺骗、贿赂等不正当手段通过安全审查的，应当予以撤销。

第三十一条 安全生产监督管理部门应当建立健全建设项目安全审查档案及其管理制度，并及时将建设项目的安全审查情况通报有关部门。

第三十二条 各级安全生产监督管理部门应当按照各自职责，依法对建设项目安全审查情况进行监督检查，对检查中发现的违反本办法的情况，应当依法作出处理，并通报实施安全审查的安全生产监督管理部门。

第三十三条 市级安全生产监督管理部门应当在每年1月31日前，将本行政区域内上一年度建设项目安全审查的实施情况报告省级安全生产监督管理部门。

省级安全生产监督管理部门应当在每年2月15日前，将本行政区域内上一年度建设项目安全审查的实施情况报告国家安全生产监督管理总局。

第七章 法律责任

第三十四条 安全生产监督管理部门工作人员徇私舞弊、滥用职权、玩忽职守，未依法履行危险化学品建设项目安全审查和监督管理职责的，依法给予处分。

第三十五条 未经安全条件审查或者安全条件审查未通过，新建、改建、扩建生产、储存危险化学品的建设项目的，责令停止建设，限期改正；逾期不改正的，处50万元以上100万元以下的罚款；构成犯罪的，依法追究刑事责任。

建设项目发生本办法第十四条规定的变化后，未重新申请安全条件审查，以及审查未通过擅自建设的，依照前款规定处罚。

第三十六条 建设单位有下列行为之一的，依照《中华人民共和国安全生产法》有关建设项目安全设施设计审查、竣工验收的法律责任条款给予处罚：

（一）建设项目安全设施设计未经审查或者审查未通过，擅自建设的；

（二）建设项目安全设施设计发生本办法第二十一条规定的情形之一，未经变更设计审查或者变更设计审查未通过，擅自建设的；

（三）建设项目的施工单位未根据批准的安全设施设计施工的；

（四）建设项目安全设施未经竣工验收或者验收不合格，擅自投入生产（使用）的。

第三十七条 建设单位有下列行为之一的，责令改正，可以处1万元以下的罚款；逾期未改正的，处1万元以上3万元以下的罚款：

（一）建设项目安全设施竣工后未进行检验、检测的；

（二）在申请建设项目安全审查时提供虚假文件、资料的；

（三）未组织有关单位和专家研究提出试生产（使用）可能出现的安全问题及对策，或者未制定周密的试生产（使用）方案，进行试生产（使用）的；

（四）未组织有关专家对试生产（使用）方案进行审查、对试生产（使用）条件进行检查确认的。

第三十八条 建设单位隐瞒有关情况或者提供虚假材料申请建设项目安全审查的，不予受理或者审查不予通过，给予警告，并自安全生产监督管理部门发现之日起一年内不得再次申请该审查。

建设单位采用欺骗、贿赂等不正当手段取得建设项目安全审查的，自安全生产监督管理部门撤销建设项目安全审查之日起三年内不得再次申请该审查。

第三十九条 承担安全评价、检验、检测工作的机构出具虚假报告、证明的，依照《中华人民共和国国安全生产法》的有关规定给予处罚。

第八章 附 则

第四十条 对于规模较小、危险程度较低和工艺路线简单的建设项目，安全生产监督管理部门可以适当简化建设项目安全审查的程序和内容。

第四十一条 建设项目分期建设的，可以分期进行安全条件审查、安全设施设计审查、试生产及安全设施竣工验收。

第四十二条 本办法所称新建项目，是指有下列情形之一的项目：

（一）新设立的企业建设危险化学品生产、储存装置（设施），或者现有企业建设与现有生产、储存活动不同的危险化学品生产、储存装置（设施）的；

（二）新设立的企业建设伴有危险化学品产生的化学品生产装置（设施），或者现有企业建设与现有生产活动不同的伴有危险化学品产生的化学品生产装置（设施）的。

第四十三条 本办法所称改建项目，是指有下列情形之一的项目：

（一）企业对在役危险化学品生产、储存装置（设施），在原址更新技术、工艺、主要装置（设施）、危险化学品种类的；

（二）企业对在役伴有危险化学品产生的化学品生产装置（设施），在原址更新技术、工艺、主要装置（设施）的。

第四十四条 本办法所称扩建项目，是指有下列情形之一的项目：

（一）企业建设与现有技术、工艺、主要装置（设施）、危险化学品品种相同，但生产、储存装置（设施）相对独立的；

（二）企业建设与现有技术、工艺、主要装置（设施）相同，但生产装置（设施）相对独立的伴有危险化学品产生的。

第四十五条 实施建设项目安全审查所需的有关文书的内容和格式，由国家安全生产监督管理总局另行规定。

第四十六条 省级安全生产监督管理部门可以根据本办法的规定，制定和公布本行政区域内需要简化安全条件审查和分期安全条件审查的建设项目范围及其审查内容，并报国家安全生产监督管理总局备案。

第四十七条 本办法施行后，负责实施建设项目安全审查的安全生产监督管理部门发生变化的（已通过安全设施竣工验收的建设项目除外），原安全生产监督管理部门应当将建设项目安全审查实施情况及档案移交根据本办法负责实施建设项目安全审查的安全生产监督管理部门。

第四十八条 本办法自2012年4月1日起施行。国家安全生产监督管理总局2006年9月2日公布的《危险化学品建设项目安全许可实施办法》同时废止。

关于进一步加强危险化学品建设项目安全设计管理的通知

（2013年6月20日国家安全生产监督管理总局、住房和城乡建设部以安监总管三〔2013〕76号公布）

各省、自治区、直辖市及新疆生产建设兵团安全生产监督管理局、住房城乡建设主管部门，有关中央企业，有关设计单位：

为进一步加强危险化学品建设项目（以下简称建设项目）安全设计管理，切实提升危险化学品企业本质安全水平，从设计源头遏制事故发生，现就有关要求通知如下：

一、严格建设项目设计单位资质要求

（一）建设项目的设计单位必须取得原建设部《工程设计资质标准》（建市〔2007〕86号）规定的化工石化医药、石油天然气（海洋石油）等相关工程设计资质。

（二）涉及重点监管危险化工工艺、重点监管危险化学品和危险化学品重大危险源（以下简称"两重点一重大"）的大型建设项目，其设计单位资质应为工程设计综合资质或相应工程设计化工石化医药、石油天然气（海洋石油）行业、专业资质甲级。

二、切实落实建设项目安全管理职责

（三）建设单位应委托具备国家规定资质等级的设计单位承担建设项目工程设计，依法申请建设项目的安全审查并办理相关手续。对实行工程监理的建设项目，应将安全施工质量一并委托监理。

建设单位在建设项目设计合同中应主动要求设计单位对设计进行危险与可操作性（HAZOP）审查，并派遣有生产操作经验的人员参加审查，对HAZOP审查报告进行审核。涉及"两重点一重大"和首次

工业化设计的建设项目,必须在基础设计阶段开展HAZOP分析。

(四)设计单位法定代表人对建设项目安全设计全面负责。设计单位应建立安全设计责任制,制定安全设计管理规定,明确各级管理岗位及设计岗位的安全设计职责,对建设项目的安全设计终身负责。应严格按照《危险化学品建设项目安全设施设计专篇编制导则》(安监总厅管三〔2013〕39号)的要求编制设计专篇,配合建设单位报送相关管理部门审查,并根据审查意见进行修改完善。

(五)施工单位必须按照审查批准的安全设施设计施工,并对安全设施的工程质量负责。

(六)安全监管部门应按照国家相关法规要求,对建设项目安全条件、安全设施设计及竣工验收等进行安全审查。参加审查的专家应具有建设项目的工程设计、生产运行或安全管理的相关经验,并具有相关专业高级技术职称。

三、强化安全设计过程管理

(七)在建设项目前期论证或可行性研究阶段,设计单位应开展初步的危险源辨识,认真分析拟建项目存在的工艺危险有害因素、当地自然地理条件、自然灾害和周边设施对拟建项目的影响,以及拟建项目一旦发生泄漏、火灾、爆炸等事故时对周边安全可能产生的影响。涉及"两重点一重大"建设项目的工艺包设计文件应当包括工艺危险性分析报告。

(八)在总体设计和基础工程设计阶段,设计单位应根据建设项目的特点,重点开展下列设计文件的安全评审:

1. 总平面布置图;
2. 装置设备布置图;
3. 爆炸危险区域划分图;
4. 工艺管道和仪表流程图(PID);
5. 安全联锁、紧急停车系统及安全仪表系统;
6. 可燃及有毒物料泄漏检测系统;
7. 火炬和安全泄放系统;
8. 应急系统和设施。

(九)设计单位应加强对建设项目的安全风险分析,积极应用HAZOP分析等方法进行内部安全设计审查。

(十)加强设计变更的管理。在详细设计和施工安装阶段,设计发生重大变更的,设计单位应按管理程序重新报批。在采购和施工过程中的设计变更不应影响工程安全质量。设计单位在施工完成后应及时整理编制设计竣工图,涉及危险化学品介质的地下管道、阀门和设备等地下隐蔽工程必须提供完整的竣工资料。

(十一)在投料试车阶段,设计单位应参加试车前的安全审查,提供相关技术资料和数据,为安全试车提供技术支持。

(十二)建立和落实设计回访制度。在所承担设计的建设项目竣工投产后两年以内,设计单位应对建设项目进行回访,了解装置开车及生产运行中暴露出的安全问题和现场对原设计的修改情况,不断提高设计质量。

(十三)设计单位应结合国内建设项目实际情况,积极采用国外先进的安全技术和风险管理方法,努力提高本质安全设计水平。

四、安全设计实施要点

(十四)设计单位应根据建设项目危险源特点和标准规范的适用范围,确定本项目采用的标准规范。对涉及"两重点一重大"的建设项目,应至少满足下列现行标准规范的要求,并以最严格的安全条款为准:

1. 《工业企业总平面设计规范》(GB 50187);
2. 《化工企业总图运输设计规范》(GB 50489);
3. 《石油化工企业设计防火规范》(GB 50160);
4. 《石油天然气工程设计防火规范》(GB 50183);
5. 《建筑设计防火规范》(GB 50016);
6. 《石油库设计规范》(GB 50074);
7. 《石油化工可燃气体和有毒气体检测报警设计规范》(GB 50493);
8. 《化工建设项目安全设计管理导则》(AQ/T 3033)。

(十五)具有爆炸危险性的建设项目,其防火间距应至少满足GB 50160的要求。当国家标准规范没有明确要求时,可根据相关标准采用定量风险分析计算并确定装置或设施之间的安全距离。

(十六)液化烃罐组或可燃液体罐组不应毗邻布置在高于工艺装置、全厂性重要设施或人员集中场所的位置;可燃液体罐组不应阶梯布置。当受条件限制或有工艺要求时,应采取防止可燃液体流入低处设施或场所的措施。

(十七)建设项目可燃液体储罐均应单独设置防火堤或防火隔堤。防火堤内的有效容积不应小于罐组内1个最大储罐的容积,当浮顶罐组不能满足此要求时,应设置事故存液池储存剩余部分,但罐组防火堤内的有效容积不应小于罐组内1个最大储罐容积的50%。

(十八)承重钢结构的设计应按照《工程结构可靠性设计统一标准》(GB 50153)和《钢结构设计规

范》(GB 50017)等相关规范要求,根据结构破坏可能产生后果的严重性(人员伤亡、经济损失、对社会或环境产生影响等),确定采用的安全等级。对可能产生严重后果的结构,其设计安全等级不得低于二级。

(十九)新建化工装置必须设计装备自动化控制系统。应根据工艺过程危险和风险分析结果,确定是否需要装备安全仪表系统。涉及重点监管危险化工工艺的大、中型新建项目要按照《过程工业领域安全仪表系统的功能安全》(GB/T 21109)和《石油化工安全仪表系统设计规范》(GB 50770)等相关标准开展安全仪表系统设计。

(二十)液化石油气、液化天然气、液氯和液氨等易燃易爆有毒有害液化气体的充装应设计万向节管道充装系统,充装设备管道的静电接地、装卸软管及仪表和安全附件应配备齐全。

(二十一)危险化学品长输管道应设置防泄漏、实时检测系统(SCADA 数据采集与监控系统)及紧急切断设施。

(二十二)有毒物料储罐、低温储罐及压力球罐进出物料管道应设置自动或手动遥控的紧急切断设施。

(二十三)装置区内控制室、机柜间面向有火灾、爆炸危险性设备侧的外墙应为无门窗洞口、耐火极限不低于 3 小时的不燃烧材料实体墙。

各有关单位要按照相关法律法规、标准规范及本通知要求,强化建设项目安全设计管理,设计单位、设计人员应把满足装置安全平稳运行作为安全设计的目标,努力消除工程设计中潜在的事故隐患。

请各省级安全监管局、住房城乡建设主管部门及时将本通知精神传达至地方各级安全监管部门、住房城乡建设主管部门及有关单位。

国家安全监管总局
住房城乡建设部
2013 年 6 月 20 日

危险化学品输送管道安全管理规定

(2012 年 1 月 17 日国家安全监管总局令第 43 号公布 根据 2015 年 5 月 27 日国家安全监管总局令第 79 号修正)

第一章 总 则

第一条 为了加强危险化学品输送管道的安全管理,预防和减少危险化学品输送管道生产安全事故,保护人民群众生命财产安全,根据《中华人民共和国安全生产法》和《危险化学品安全管理条例》,制定本规定。

第二条 生产、储存危险化学品的单位在厂区外公共区域埋地、地面和架空的危险化学品输送管道及其附属设施(以下简称危险化学品管道)的安全管理,适用本规定。

原油、成品油、天然气、煤层气、煤制气长输管道安全保护和城镇燃气管道的安全管理,不适用本规定。

第三条 对危险化学品管道享有所有权或者运行管理权的单位(以下简称管道单位)应当依照有关安全生产法律法规和本规定,落实安全生产主体责任,建立、健全有关危险化学品管道安全生产的规章制度和操作规程并予实施,接受安全生产监督管理部门依法实施的监督检查。

第四条 各级安全生产监督管理部门负责危险化学品管道安全生产的监督检查,并依法对危险化学品管道建设项目实施安全条件审查。

第五条 任何单位和个人不得实施危害危险化学品管道安全生产的行为。

对危害危险化学品管道安全生产的行为,任何单位和个人均有权向安全生产监督管理部门举报。接受举报的安全生产监督管理部门应当依法予以处理。

第二章 危险化学品管道的规划

第六条 危险化学品管道建设应当遵循安全第一、节约用地和经济合理的原则,并按照相关国家标准、行业标准和技术规范进行科学规划。

第七条 禁止光气、氯气等剧毒气体化学品管道穿(跨)越公共区域。

严格控制氨、硫化氢等其他有毒气体的危险化学品管道穿(跨)越公共区域。

第八条 危险化学品管道建设的选线应当避开地震活动断层和容易发生洪灾、地质灾害的区域;确实无法避开的,应当采取可靠的工程处理措施,确保不受地质灾害影响。

危险化学品管道与居民区、学校等公共场所以及建筑物、构筑物、铁路、公路、航道、港口、市政设施、通信设施、军事设施、电力设施的距离,应当符合有关法律、行政法规和国家标准、行业标准的规定。

第三章 危险化学品管道的建设

第九条 对新建、改建、扩建的危险化学品管道，建设单位应当依照国家安全生产监督管理总局有关危险化学品建设项目安全监督管理的规定，依法办理安全条件审查、安全设施设计审查和安全设施竣工验收手续。

第十条 对新建、改建、扩建的危险化学品管道，建设单位应当依照有关法律、行政法规的规定，委托具备相应资质的设计单位进行设计。

第十一条 承担危险化学品管道的施工单位应当具备有关法律、行政法规规定的相应资质。施工单位应当按照有关法律、法规、国家标准、行业标准和技术规范的规定，以及经过批准的安全设施设计进行施工，并对工程质量负责。

参加危险化学品管道焊接、防腐、无损检测作业的人员应当具备相应的操作资格证书。

第十二条 负责危险化学品管道工程的监理单位应当对管道的总体建设质量进行全过程监督，并对危险化学品管道的总体建设质量负责。管道施工单位应当严格按照有关国家标准、行业标准的规定对管道的焊缝和防腐质量进行检查，并按照设计要求对管道进行压力试验和气密性试验。

对敷设在江、河、湖泊或者其他环境敏感区域的危险化学品管道，应当采取增加管道压力设计等级、增加防护套管等措施，确保危险化学品管道安全。

第十三条 危险化学品管道试生产（使用）前，管道单位应当对有关保护措施进行安全检查，科学制定安全投入生产（使用）方案，并严格按照方案实施。

第十四条 危险化学品管道试压半年后一直未投入生产（使用）的，管道单位应当在其投入生产（使用）前重新进行气密性试验；对敷设在江、河或者其他环境敏感区域的危险化学品管道，应当相应缩短重新进行气密性试验的时间间隔。

第四章 危险化学品管道的运行

第十五条 危险化学品管道应当设置明显标志。发现标志毁损的，管道单位应当及时予以修复或者更新。

第十六条 管道单位应当建立、健全危险化学品管道巡护制度，配备专人进行日常巡护。巡护人员发现危害危险化学品管道安全生产情形的，应当立即报告单位负责人并及时处理。

第十七条 管道单位对危险化学品管道存在的事故隐患应当及时排除；对自身排除确有困难的外部事故隐患，应当向当地安全生产监督管理部门报告。

第十八条 管道单位应当按照有关国家标准、行业标准和技术规范对危险化学品管道进行定期检测、维护，确保其处于完好状态；对安全风险较大的区段和场所，应当进行重点监测、监控；对不符合安全标准的危险化学品管道，应当及时更新、改造或者停止使用，并向当地安全生产监督管理部门报告。对涉及更新、改造的危险化学品管道，还应当按照本办法第九条的规定办理安全条件审查手续。

第十九条 管道单位发现下列危害危险化学品管道安全运行行为的，应当及时予以制止，无法处置时应当向当地安全生产监督管理部门报告：

（一）擅自开启、关闭危险化学品管道阀门；

（二）采用移动、切割、打孔、砸撬、拆卸等手段损坏管道及其附属设施；

（三）移动、毁损、涂改管道标志；

（四）在埋地管道上方和巡查便道上行驶重型车辆；

（五）对埋地、地面管道进行占压，在架空管道线路和管桥上行走或者放置重物；

（六）利用地面管道、架空管道、管架桥等固定其他设施缆绳悬挂广告牌、搭建构筑物；

（七）其他危害危险化学品管道安全运行的行为。

第二十条 禁止在危险化学品管道附属设施的上方架设电力线路、通信线路。

第二十一条 在危险化学品管道及其附属设施外缘两侧各5米地域范围内，管道单位发现下列危害管道安全运行的行为的，应当及时予以制止，无法处置时应当向当地安全生产监督管理部门报告：

（一）种植乔木、灌木、藤类、芦苇、竹子或者其他根系深达管道埋设部位可能损坏管道防腐层的深根植物；

（二）取土、采石、用火、堆放重物、排放腐蚀性物质、使用机械工具进行挖掘施工、工程钻探；

（三）挖塘、修渠、修晒场、修建水产养殖场、建温室、建家畜棚圈、建房以及修建其他建（构）筑物。

第二十二条 在危险化学品管道中心线两侧及危险化学品管道附属设施外缘两侧5米外的周边范围内，管道单位发现下列建（构）筑物与管道线路、管道附属设施的距离不符合国家标准、行业标准要求的，应当及时向当地安全生产监督管理部门报告：

（一）居民小区、学校、医院、餐饮娱乐场所、车站、商场等人口密集的建筑物；

（二）加油站、加气站、储油罐、储气罐等易燃易爆物品的生产、经营、存储场所；

（三）变电站、配电站、供水站等公用设施。

第二十三条 在穿越河流的危险化学品管道线路中心线两侧500米地域范围内，管道单位发现有实施抛锚、拖锚、挖沙、采石、水下爆破等作业的，应当及时予以制止，无法处置时应当向当地安全生产监督管理部门报告。但在保障危险化学品管道安全的条件下，为防洪和航道通畅而实施的养护疏浚作业除外。

第二十四条 在危险化学品管道专用隧道中心线两侧1000米地域范围内，管道单位发现有实施采石、采矿、爆破等作业的，应当及时予以制止，无法处置时应当向当地安全生产监督管理部门报告。

在前款规定的地域范围内，因修建铁路、公路、水利等公共工程确需实施采石、爆破等作业的，应当按照本规定第二十五条的规定执行。

第二十五条 实施下列可能危及危险化学品管道安全运行的施工作业的，施工单位应当在开工的7日前书面通知管道单位，将施工作业方案报管道单位，并与管道单位共同制定应急预案，采取相应的安全防护措施，管道单位应当指派专人到现场进行管道安全保护指导：

（一）穿（跨）越管道的施工作业；

（二）在管道线路中心线两侧5米至50米和管道附属设施周边100米地域范围内，新建、改建、扩建铁路、公路、河渠，架设电力线路，埋设地下电缆、光缆，设置安全接地体、避雷接地体；

（三）在管道线路中心线两侧200米和管道附属设施周边500米地域范围内，实施爆破、地震法勘探或者工程挖掘、工程钻探、采矿等作业。

第二十六条 施工单位实施本规定第二十四条第二款、第二十五条规定的作业，应当符合下列条件：

（一）已经制定符合危险化学品管道安全运行要求的施工作业方案；

（二）已经制定应急预案；

（三）施工作业人员已经接受相应的危险化学品管道保护知识教育和培训；

（四）具有保障安全施工作业的设备、设施。

第二十七条 危险化学品管道的专用设施、永久防护设施、专用隧道等附属设施不得用于其他用途；确需用于其他用途的，应当征得管道单位的同意，并采取相应的安全防护措施。

第二十八条 管道单位应当按照有关规定制定本单位危险化学品管道事故应急预案，配备相应的应急救援人员和设备物资，定期组织应急演练。

发生危险化学品管道生产安全事故，管道单位应当立即启动应急预案及响应程序，采取有效措施进行紧急处置，消除或者减轻事故危害，并按照国家规定立即向事故发生地县级以上安全生产监督管理部门报告。

第二十九条 对转产、停产、停止使用的危险化学品管道，管道单位应当采取有效措施及时妥善处置，并将处置方案报县级以上安全生产监督管理部门。

第五章 监督管理

第三十条 省级、设区的市级安全生产监督管理部门应当按照国家安全生产监督管理总局有关危险化学品建设项目安全监督管理的规定，对新建、改建、扩建管道建设项目办理安全条件审查、安全设施设计审查、试生产（使用）方案备案和安全设施竣工验收手续。

第三十一条 安全生产监督管理部门接到管道单位依照本规定第十七条、第十九条、第二十一条、第二十二条、第二十三条、第二十四条提交的有关报告后，应当及时依法予以协调、移送有关主管部门处理或者报请本级人民政府组织处理。

第三十二条 县级以上安全生产监督管理部门接到危险化学品管道生产安全事故报告后，应当按照有关规定及时上报事故情况，并根据实际情况采取事故处置措施。

第六章 法律责任

第三十三条 新建、改建、扩建危险化学品管道建设项目未经安全条件审查的，由安全生产监督管理部门责令停止建设，限期改正；逾期不改正的，处50万元以上100万元以下的罚款；构成犯罪的，依法追究刑事责任。

危险化学品管道建设单位将管道建设项目发包给不具备相应资质等级的勘察、设计、施工单位或者委托给不具有相应资质等级的工程监理单位的，由安全生产监督管理部门移送建设行政主管部门依照《建设工程质量管理条例》第五十四条规定予以处罚。

第三十四条 管道单位未对危险化学品管道设置明显的安全警示标志的，由安全生产监督管理部门责令限期改正，可以处5万元以下的罚款；逾期未改正的，处5万元以上20万元以下的罚款，对其直接负责的主管人员和其他直接责任人员处1万元以上2万元以下的罚款；情节严重的，责令停产停业整顿；构成犯罪的，依照刑法有关规定追究刑事责任。

第三十五条 有下列情形之一的，由安全生产监督管理部门责令改正，可以处5万元以下的罚款；拒不改正的，处5万元以上10万元以下的罚款；情节严重的，责令停产停业整顿。

（一）管道单位未按照本规定对管道进行检测、维护的；

（二）进行可能危及危险化学品管道安全的施工作业，施工单位未按照规定书面通知管道单位，或者未与管道单位共同制定应急预案并采取相应的防护措施，或者管道单位未指派专人到现场进行管道安全保护指导的。

第三十六条 对转产、停产、停止使用的危险化学品管道，管道单位未采取有效措施及时、妥善处置的，由安全生产监督管理部门责令改正，处5万元以上10万元以下的罚款；构成犯罪的，依法追究刑事责任。

对转产、停产、停止使用的危险化学品管道，管道单位未按本规定将处置方案报县级以上安全生产监督管理部门的，由安全生产监督管理部门责令改正，可以处1万元以下的罚款；拒不改正的，处1万元以上5万元以下的罚款。

第三十七条 违反本规定，采用移动、切割、打孔、砸撬、拆卸等手段实施危害危险化学品管道安全行为，尚不构成犯罪的，由有关主管部门依法给予治安管理处罚。

第七章 附 则

第三十八条 本规定所称公共区域是指厂区（包括化工园区、工业园区）以外的区域。

第三十九条 本规定所称危险化学品管道附属设施包括：

（一）管道的加压站、计量站、阀室、阀井、放空设施、储罐、装卸栈桥、装卸场、分输站、减压站等站场；

（二）管道的水工保护设施、防风设施、防雷设施、抗震设施、通信设施、安全监控设施、电力设施、管堤、管桥以及管道专用涵洞、隧道等穿跨越设施；

（三）管道的阴极保护站、阴极保护测试桩、阳极地床、杂散电流排流站等防腐设施；

（四）管道的其他附属设施。

第四十条 本规定施行前在管道保护距离内已经建成的人口密集场所和易燃易爆物品的生产、经营、存储场所，应当由所在地人民政府根据当地的实际情况，有计划、分步骤地搬迁、清理或者采取必要的防护措施。

第四十一条 本规定自2012年3月1日起施行。

危险化学品经营许可证管理办法

（2012年7月17日国家安全生产监督管理总局令第55号公布 根据2015年5月27日国家安全生产监督管理总局令第79号修正）

第一章 总 则

第一条 为了严格危险化学品经营安全条件，规范危险化学品经营活动，保障人民群众生命、财产安全，根据《中华人民共和国安全生产法》和《危险化学品安全管理条例》，制定本办法。

第二条 在中华人民共和国境内从事列入《危险化学品目录》的危险化学品的经营（包括仓储经营）活动，适用本办法。

民用爆炸物品、放射性物品、核能物质和城镇燃气的经营活动，不适用本办法。

第三条 国家对危险化学品经营实行许可制度。经营危险化学品的企业，应当依照本办法取得危险化学品经营许可证（以下简称经营许可证）。未取得经营许可证，任何单位和个人不得经营危险化学品。

从事下列危险化学品经营活动，不需要取得经营许可证：

（一）依法取得危险化学品安全生产许可证的危险化学品生产企业在其厂区范围内销售本企业生产的危险化学品的；

（二）依法取得港口经营许可证的港口经营人在港区内从事危险化学品仓储经营的。

第四条 经营许可证的颁发管理工作实行企业申请、两级发证、属地监管的原则。

第五条 国家安全生产监督管理总局指导、监督全国经营许可证的颁发和管理工作。

省、自治区、直辖市人民政府安全生产监督管理部门指导、监督本行政区域内经营许可证的颁发和管理工作。

设区的市级人民政府安全生产监督管理部门（以下简称市级发证机关）负责下列企业的经营许可证审批、颁发：

（一）经营剧毒化学品的企业；

（二）经营易制爆危险化学品的企业；

（三）经营汽油加油站的企业；

（四）专门从事危险化学品仓储经营的企业；

（五）从事危险化学品经营活动的中央企业所属省级、设区的市级公司（分公司）。

（六）带有储存设施经营除剧毒化学品、易制爆危险化学品以外的其他危险化学品的企业；

县级人民政府安全生产监督管理部门（以下简称县级发证机关）负责本行政区域内本条第三款规定以外企业的经营许可证审批、颁发；没有设立县级发证机关的，其经营许可证由市级发证机关审批、颁发。

第二章　申请经营许可证的条件

第六条　从事危险化学品经营的单位（以下统称申请人）应当依法登记注册为企业，并具备下列基本条件：

（一）经营和储存场所、设施、建筑物符合《建筑设计防火规范》(GB 50016)、《石油化工企业设计防火规范》(GB 50160)、《汽车加油加气站设计与施工规范》(GB 50156)、《石油库设计规范》(GB 50074)等相关国家标准、行业标准的规定；

（二）企业主要负责人和安全生产管理人员具备与本企业危险化学品经营活动相适应的安全生产知识和管理能力，经专门的安全生产培训和安全生产监督管理部门考核合格，取得相应安全资格证书；特种作业人员经专门的安全作业培训，取得特种作业操作证书；其他从业人员依照有关规定经安全生产教育和专业技术培训合格；

（三）有健全的安全生产规章制度和岗位操作规程；

（四）有符合国家规定的危险化学品事故应急预案，并配备必要的应急救援器材、设备；

（五）法律、法规和国家标准或者行业标准规定的其他安全生产条件。

前款规定的安全生产规章制度，是指全员安全生产责任制度、危险化学品购销管理制度、危险化学品安全管理制度（包括防火、防爆、防中毒、防泄漏管理等内容）、安全投入保障制度、安全生产奖惩制度、安全生产教育培训制度、隐患排查治理制度、安全风险管理制度、应急管理制度、事故管理制度、职业卫生管理制度等。

第七条　申请人经营剧毒化学品的，除符合本办法第六条规定的条件外，还应当建立剧毒化学品双人验收、双人保管、双人发货、双把锁、双本账等管理制度。

第八条　申请人带有储存设施经营危险化学品的，除符合本办法第六条规定的条件外，还应当具备下列条件：

（一）新设立的专门从事危险化学品仓储经营的，其储存设施建立在地方人民政府规划的用于危险化学品储存的专门区域内；

（二）储存设施与相关场所、设施、区域的距离符合有关法律、法规、规章和标准的规定；

（三）依照有关规定进行安全评价，安全评价报告符合《危险化学品经营企业安全评价细则》的要求；

（四）专职安全生产管理人员具备国民教育化工化学类或者安全工程类中等职业教育以上学历，或者化工化学类中级以上专业技术职称，或者危险物品安全类注册安全工程师资格；

（五）符合《危险化学品安全管理条例》《危险化学品重大危险源监督管理暂行规定》《常用危险化学品贮存通则》(GB 15603)的相关规定。

申请人储存易燃、易爆、有毒、易扩散危险化学品的，除符合本条第一款规定的条件外，还应当符合《石油化工可燃气体和有毒气体检测报警设计规范》(GB 50493)的规定。

第三章　经营许可证的申请与颁发

第九条　申请人申请经营许可证，应当依照本办法第五条规定向所在地市级或者县级发证机关（以下统称发证机关）提出申请，提交下列文件、资料，并对其真实性负责：

（一）申请经营许可证的文件及申请书；

（二）安全生产规章制度和岗位操作规程的目录清单；

（三）企业主要负责人、安全生产管理人员、特种作业人员的相关资格证书（复制件）和其他从业人员培训合格的证明材料；

（四）经营场所产权证明文件或者租赁证明文件（复制件）；

（五）工商行政管理部门颁发的企业性质营业执照或者企业名称预先核准文件（复制件）；

（六）危险化学品事故应急预案备案登记表（复制件）。

带有储存设施经营危险化学品的，申请人还应当提交下列文件、资料：

（一）储存设施相关证明文件（复制件）；租赁储存设施的，需要提交租赁证明文件（复制件）；储存设施新建、改建、扩建的，需要提交危险化学品建设项目安全设施竣工验收报告；

（二）重大危险源备案证明材料、专职安全生产管理人员的学历证书、技术职称证书或者危险物品安全类注册安全工程师资格证书（复制件）；

（三）安全评价报告。

第十条 发证机关收到申请人提交的文件、资料后，应当按照下列情况分别作出处理：

（一）申请事项不需要取得经营许可证的，当场告知申请人不予受理；

（二）申请事项不属于本发证机关职责范围的，当场作出不予受理的决定，告知申请人向相应的发证机关申请，并退回申请文件、资料；

（三）申请文件、资料存在可以当场更正的错误的，允许申请人当场更正，并受理其申请；

（四）申请文件、资料不齐全或者不符合要求的，当场告知或者在5个工作日内出具补正告知书，一次告知申请人需要补正的全部内容；逾期不告知的，自收到申请文件、资料之日即为受理；

（五）申请文件、资料齐全，符合要求，或者申请人按照发证机关要求提交全部补正材料的，立即受理其申请。

发证机关受理或者不予受理经营许可证申请，应当出具加盖本机关印章和注明日期的书面凭证。

第十一条 发证机关受理经营许可证申请后，应当组织对申请人提交的文件、资料进行审查，指派2名以上工作人员对申请人的经营场所、储存设施进行现场核查，并自受理之日起30日内作出是否准予许可的决定。

发证机关现场核查以及申请人整改现场核查发现的有关问题和修改有关申请文件、资料所需时间，不计算在前款规定的期限内。

第十二条 发证机关作出准予许可决定的，应当自决定之日起10个工作日内颁发经营许可证；发证机关作出不予许可决定的，应当在10个工作日内书面告知申请人并说明理由，告知书应当加盖本机关印章。

第十三条 经营许可证分为正本、副本，正本为悬挂式，副本为折页式。正本、副本具有同等法律效力。

经营许可证正本、副本应当分别载明下列事项：

（一）企业名称；

（二）企业住所（注册地址、经营场所、储存场所）；

（三）企业法定代表人姓名；

（四）经营方式；

（五）许可范围；

（六）发证日期和有效期限；

（七）证书编号；

（八）发证机关；

（九）有效期延续情况。

第十四条 已经取得经营许可证的企业变更企业名称、主要负责人、注册地址或者危险化学品储存设施及其监控措施的，应当自变更之日起20个工作日内，向本办法第五条规定的发证机关提出书面变更申请，并提交下列文件、资料：

（一）经营许可证变更申请书；

（二）变更后的工商营业执照副本（复制件）；

（三）变更后的主要负责人安全资格证书（复制件）；

（四）变更注册地址的相关证明材料；

（五）变更后的危险化学品储存设施及其监控措施的专项安全评价报告。

第十五条 发证机关受理变更申请后，应当组织对企业提交的文件、资料进行审查，并自收到申请文件、资料之日起10个工作日内作出是否准予变更的决定。

发证机关作出准予变更决定的，应当重新颁发经营许可证，并收回原经营许可证；不予变更的，应当说明理由并书面通知企业。

经营许可证变更的，经营许可证有效期的起始日和截止日不变，但应当载明变更日期。

第十六条 已经取得经营许可证的企业有新建、改建、扩建危险化学品储存设施建设项目的，应当自建设项目安全设施竣工验收合格之日起20个工作日内，向本办法第五条规定的发证机关提出变更申请，并提交危险化学品建设项目安全设施竣工验收报告等相关文件、资料。发证机关应当按照本办法第十条、第十五条的规定进行审查，办理变更手续。

第十七条 已经取得经营许可证的企业，有下列情形之一的，应当按照本办法的规定重新申请办理经营许可证，并提交相关文件、资料：

（一）不带有储存设施的经营企业变更其经营场所的；

（二）带有储存设施的经营企业变更其储存场所的；

（三）仓储经营的企业异地重建的；

（四）经营方式发生变化的；

（五）许可范围发生变化的。

第十八条 经营许可证的有效期为3年。有效期满后，企业需要继续从事危险化学品经营活动的，应当在经营许可证有效期满3个月前,向本办法第五条规定的发证机关提出经营许可证的延期申请,并提交延期申请书及本办法第九条规定的申请文件、资料。

企业提出经营许可证延期申请时,可以同时提出变更申请,并向发证机关提交相关文件、资料。

第十九条 符合下列条件的企业,申请经营许可证延期时,经发证机关同意,可以不提交本办法第九条规定的文件、资料:

(一)严格遵守有关法律、法规和本办法;

(二)取得经营许可证后,加强日常安全生产管理,未降低安全生产条件;

(三)未发生死亡事故或者对社会造成较大影响的生产安全事故。

带有储存设施经营危险化学品的企业,除符合前款规定条件的外,还需要取得并提交危险化学品企业安全生产标准化二级达标证书(复制件)。

第二十条 发证机关受理延期申请后,应当依照本办法第十条、第十一条、第十二条的规定,对延期申请进行审查,并在经营许可证有效期满前作出是否准予延期的决定;发证机关逾期未作出决定的,视为准予延期。

发证机关作出准予延期决定的,经营许可证有效期顺延3年。

第二十一条 任何单位和个人不得伪造、变造经营许可证,或者出租、出借、转让其取得的经营许可证,或者使用伪造、变造的经营许可证。

第四章 经营许可证的监督管理

第二十二条 发证机关应当坚持公开、公平、公正的原则,严格依照法律、法规、规章、国家标准、行业标准和本办法规定的条件及程序,审批、颁发经营许可证。

发证机关及其工作人员在经营许可证的审批、颁发和监督管理工作中,不得索取或者接受当事人的财物,不得谋取其他利益。

第二十三条 发证机关应当加强对经营许可证的监督管理,建立、健全经营许可证审批、颁发档案管理制度,并定期向社会公布企业取得经营许可证的情况,接受社会监督。

第二十四条 发证机关应当及时向同级公安机关、环境保护部门通报经营许可证的发放情况。

第二十五条 安全生产监督管理部门在监督检查中,发现已经取得经营许可证的企业不再具备法律、法规、规章、国家标准、行业标准和本办法规定的安全生产条件,或者存在违反法律、法规、规章和本办法规定的行为的,应当依法作出处理,并及时告知原发证机关。

第二十六条 发证机关发现企业以欺骗、贿赂等不正当手段取得经营许可证的,应当撤销已经颁发的经营许可证。

第二十七条 已经取得经营许可证的企业有下列情形之一的,发证机关应当注销其经营许可证:

(一)经营许可证有效期届满未被批准延期的;

(二)终止危险化学品经营活动的;

(三)经营许可证被依法撤销的;

(四)经营许可证被依法吊销的。

发证机关注销经营许可证后,应当在当地主要新闻媒体或者本机关网站上发布公告,并通报企业所在地人民政府和县级以上安全生产监督管理部门。

第二十八条 县级发证机关应当将本行政区域内上一年度经营许可证的审批、颁发和监督管理情况报告市级发证机关。

市级发证机关应当将本行政区域内上一年度经营许可证的审批、颁发和监督管理情况报告省、自治区、直辖市人民政府安全生产监督管理部门。

省、自治区、直辖市人民政府安全生产监督管理部门应当按照有关统计规定,将本行政区域内上一年度经营许可证的审批、颁发和监督管理情况报告国家安全生产监督管理总局。

第五章 法 律 责 任

第二十九条 未取得经营许可证从事危险化学品经营的,依照《中华人民共和国安全生产法》有关未经依法批准擅自生产、经营、储存危险物品的法律责任条款并处罚款;构成犯罪的,依法追究刑事责任。

企业在经营许可证有效期届满后,仍然从事危险化学品经营的,依照前款规定给予处罚。

第三十条 带有储存设施的企业违反《危险化学品安全管理条例》规定,有下列情形之一的,责令改正,处5万元以上10万元以下的罚款;拒不改正的,责令停产停业整顿;经停产停业整顿仍不具备法律、法规、规章、国家标准和行业标准规定的安全生产条件的,吊销其经营许可证:

(一)对重复使用的危险化学品包装物、容器,在重复使用前不进行检查的;

(二)未根据其储存的危险化学品的种类和危险特性,在作业场所设置相关安全设施、设备,或者未按照国家标准、行业标准或者国家有关规定对安全设

施、设备进行经常性维护、保养的;

(三)未将危险化学品储存在专用仓库内,或者未将剧毒化学品以及储存数量构成重大危险源的其他危险化学品在专用仓库内单独存放的;

(四)未对其安全生产条件定期进行安全评价的;

(五)危险化学品的储存方式、方法或者储存数量不符合国家标准或者国家有关规定的;

(六)危险化学品专用仓库不符合国家标准、行业标准的要求的;

(七)未对危险化学品专用仓库的安全设施、设备定期进行检测、检验的。

第三十一条 伪造、变造或者出租、出借、转让经营许可证,或者使用伪造、变造的经营许可证的,处10万元以上20万元以下的罚款,有违法所得的,没收违法所得;构成违反治安管理行为的,依法给予治安管理处罚;构成犯罪的,依法追究刑事责任。

第三十二条 已经取得经营许可证的企业不再具备法律、法规和本办法规定的安全生产条件的,责令改正;逾期不改正的,责令停产停业整顿;经停产停业整顿仍不具备法律、法规、规章、国家标准和行业标准规定的安全生产条件的,吊销其经营许可证。

第三十三条 已经取得经营许可证的企业出现本办法第十四条、第十六条规定的情形之一,未依照本办法的规定申请变更的,责令限期改正,处1万元以下的罚款;逾期仍不申请变更的,处1万元以上3万元以下的罚款。

第三十四条 安全生产监督管理部门的工作人员徇私舞弊、滥用职权、弄虚作假、玩忽职守,未依法履行危险化学品经营许可证审批、颁发和监督管理职责的,依照有关规定给予处分。

第三十五条 承担安全评价的机构和安全评价人员出具虚假评价报告的,依照有关法律、法规、规章的规定给予行政处罚;构成犯罪的,依法追究刑事责任。

第三十六条 本办法规定的行政处罚,由安全生产监督管理部门决定。其中,本办法第三十一条规定的行政处罚和第三十条、第三十二条规定的吊销经营许可证的行政处罚,由发证机关决定。

第六章 附 则

第三十七条 购买危险化学品进行分装、充装或者加入非危险化学品的溶剂进行稀释,然后销售的,依照本办法执行。

本办法所称储存设施,是指按照《危险化学品重大危险源辨识》(GB 18218)确定,储存的危险化学品数量构成重大危险源的设施。

第三十八条 本办法施行前已取得经营许可证的企业,在其经营许可证有效期内可以继续从事危险化学品经营;经营许可证有效期届满后需要继续从事危险化学品经营的,应当依照本办法的规定重新申请经营许可证。

本办法施行前取得经营许可证的非企业的单位或者个人,在其经营许可证有效期内可以继续从事危险化学品经营;经营许可证有效期届满后需要继续从事危险化学品经营的,应当先依法登记为企业,再依照本办法的规定申请经营许可证。

第三十九条 经营许可证的式样由国家安全生产监督管理总局制定。

第四十条 本办法自2012年9月1日起施行。原国家经济贸易委员会2002年10月8日公布的《危险化学品经营许可证管理办法》同时废止。

危险化学品登记管理办法

(2012年5月21日国家安全生产监督管理总局局长办公会议审议通过,2012年7月1日国家安全生产监督管理总局令第53号公布,自2012年8月1日起施行)

第一章 总 则

第一条 为了加强对危险化学品的安全管理,规范危险化学品登记工作,为危险化学品事故预防和应急救援提供技术、信息支持,根据《危险化学品安全管理条例》,制定本办法。

第二条 本办法适用于危险化学品生产企业、进口企业(以下统称登记企业)生产或者进口《危险化学品目录》所列危险化学品的登记和管理工作。

第三条 国家实行危险化学品登记制度。危险化学品登记实行企业申请、两级审核、统一发证、分级管理的原则。

第四条 国家安全生产监督管理总局负责全国危险化学品登记的监督管理工作。

县级以上地方各级人民政府安全生产监督管理部

门负责本行政区域内危险化学品登记的监督管理工作。

第二章 登记机构

第五条 国家安全生产监督管理总局化学品登记中心（以下简称登记中心），承办全国危险化学品登记的具体工作和技术管理工作。

省、自治区、直辖市人民政府安全生产监督管理部门设立危险化学品登记办公室或者危险化学品登记中心（以下简称登记办公室），承办本行政区域内危险化学品登记的具体工作和技术管理工作。

第六条 登记中心履行下列职责：

（一）组织、协调和指导全国危险化学品登记工作；

（二）负责全国危险化学品登记内容审核、危险化学品登记证的颁发和管理工作；

（三）负责管理与维护全国危险化学品登记信息管理系统（以下简称登记系统）以及危险化学品登记信息的动态统计分析工作；

（四）负责管理与维护国家危险化学品事故应急咨询电话，并提供24小时应急咨询服务；

（五）组织化学品危险性评估，对未分类的化学品统一进行危险性分类；

（六）对登记办公室进行业务指导，负责全国登记办公室危险化学品登记人员的培训工作；

（七）定期将危险化学品的登记情况通报国务院有关部门，并向社会公告。

第七条 登记办公室履行下列职责：

（一）组织本行政区域内危险化学品登记工作；

（二）对登记企业申报材料的规范性、内容一致性进行审查；

（三）负责本行政区域内危险化学品登记信息的统计分析工作；

（四）提供危险化学品事故预防与应急救援信息支持；

（五）协助本行政区域内安全生产监督管理部门开展登记培训，指导登记企业实施危险化学品登记工作。

第八条 登记中心和登记办公室（以下统称登记机构）从事危险化学品登记的工作人员（以下简称登记人员）应当具有化工、化学、安全工程等相关专业大学专科以上学历，并经统一业务培训，取得培训合格证，方可上岗作业。

第九条 登记办公室应当具备下列条件：

（一）有3名以上登记人员；

（二）有严格的责任制度、保密制度、档案管理制度和数据库维护制度；

（三）配备必要的办公设备、设施。

第三章 登记的时间、内容和程序

第十条 新建的生产企业应当在竣工验收前办理危险化学品登记。

进口企业应当在首次进口前办理危险化学品登记。

第十一条 同一企业生产、进口同一品种危险化学品的，按照生产企业进行一次登记，但应当提交进口危险化学品的有关信息。

进口企业进口不同制造商的同一品种危险化学品的，按照首次进口制造商的危险化学品进行一次登记，但应当提交其他制造商的危险化学品的有关信息。

生产企业、进口企业多次进口同一制造商的同一品种危险化学品的，只进行一次登记。

第十二条 危险化学品登记应当包括下列内容：

（一）分类和标签信息，包括危险化学品的危险性类别、象形图、警示词、危险性说明、防范说明等；

（二）物理、化学性质，包括危险化学品的外观与性状、溶解性、熔点、沸点等物理性质，闪点、爆炸极限、自燃温度、分解温度等化学性质；

（三）主要用途，包括企业推荐的产品合法用途、禁止或者限制的用途等；

（四）危险特性，包括危险化学品的物理危险性、环境危害性和毒理特性；

（五）储存、使用、运输的安全要求，其中，储存的安全要求包括对建筑条件、库房条件、安全条件、环境卫生条件、温度和湿度条件的要求，使用的安全要求包括使用时的操作条件、作业人员防护措施、使用现场危害控制措施等，运输的安全要求包括对运输或者输送方式的要求、危害信息向有关运输人员的传递手段、装卸及运输过程中的安全措施等；

（六）出现危险情况的应急处置措施，包括危险化学品在生产、使用、储存、运输过程中发生火灾、爆炸、泄漏、中毒、窒息、灼伤等化学品事故时的应急处理方法，应急咨询服务电话等。

第十三条 危险化学品登记按照下列程序办理：

（一）登记企业通过登记系统提出申请；

（二）登记办公室在3个工作日内对登记企业提出的申请进行初步审查，符合条件的，通过登记系统通知登记企业办理登记手续；

（三）登记企业接到登记办公室通知后，按照有关要求在登记系统中如实填写登记内容，并向登记办公室提交有关纸质登记材料；

（四）登记办公室在收到登记企业的登记材料之日起20个工作日内，对登记材料和登记内容逐项进行审查，必要时可进行现场核查，符合要求的，将登记材料提交给登记中心；不符合要求的，通过登记系统告知登记企业并说明理由；

（五）登记中心在收到登记办公室提交的登记材料之日起15个工作日内，对登记材料和登记内容进行审核，符合要求的，通过登记办公室向登记企业发放危险化学品登记证；不符合要求的，通过登记系统告知登记办公室、登记企业并说明理由。

登记企业修改登记材料和整改问题所需时间，不计算在前款规定的期限内。

第十四条 登记企业办理危险化学品登记时，应当提交下列材料，并对其内容的真实性负责：

（一）危险化学品登记表一式2份；

（二）生产企业的工商营业执照，进口企业的对外贸易经营者备案登记表、中华人民共和国进出口企业资质证书、中华人民共和国外商投资企业批准证书或者台港澳侨投资企业批准证书复制件1份；

（三）与其生产、进口的危险化学品相符并符合国家标准的化学品安全技术说明书、化学品安全标签各1份；

（四）满足本办法第二十二条规定的应急咨询服务电话号码或者应急咨询服务委托书复制件1份；

（五）办理登记的危险化学品产品标准（采用国家标准或者行业标准的，提供所采用的标准编号）。

第十五条 登记企业在危险化学品登记证有效期内，企业名称、注册地址、登记品种、应急咨询服务电话发生变化，或者发现其生产、进口的危险化学品有新的危险特性的，应当在15个工作日内向登记办公室提出变更申请，并按照下列程序办理登记内容变更手续：

（一）通过登记系统填写危险化学品登记变更申请表，并向登记办公室提交涉及变更事项的证明材料1份；

（二）登记办公室初步审查登记企业的登记变更申请，符合条件的，通知登记企业提交变更后的登记材料，并对登记材料进行审查，符合要求的，提交给登记中心；不符合要求的，通过登记系统告知登记企业并说明理由；

（三）登记中心对登记办公室提交的登记材料进行审核，符合要求且属于危险化学品登记证载明事项的，通过登记办公室向登记企业发放登记变更后的危险化学品登记证并收回原证；符合要求但不属于危险化学品登记证载明事项的，通过登记办公室向登记企业提供书面证明文件。

第十六条 危险化学品登记证有效期为3年。登记证有效期满后，登记企业继续从事危险化学品生产或者进口的，应当在登记证有效期届满前3个月提出复核换证申请，并按下列程序办理复核换证：

（一）通过登记系统填写危险化学品复核换证申请表；

（二）登记办公室审查登记企业的复核换证申请，符合条件的，通过登记系统告知登记企业提交本规定第十四条规定的登记材料；不符合条件的，通过登记系统告知登记企业并说明理由；

（三）按照本办法第十三条第一款第三项、第四项、第五项规定的程序办理复核换证手续。

第十七条 危险化学品登记证分为正本、副本，正本为悬挂式，副本为折页式。正本、副本具有同等法律效力。

危险化学品登记证正本、副本应当载明证书编号、企业名称、注册地址、企业性质、登记品种、有效期、发证机关、发证日期等内容。其中，企业性质应当注明危险化学品生产企业、危险化学品进口企业或者危险化学品生产企业（兼进口）。

第四章 登记企业的职责

第十八条 登记企业应当对本企业的各类危险化学品进行普查，建立危险化学品管理档案。

危险化学品管理档案应当包括危险化学品名称、数量、标识信息、危险性分类和化学品安全技术说明书、化学品安全标签等内容。

第十九条 登记企业应当按照规定向登记机构办理危险化学品登记，如实填报登记内容和提交有关材料，并接受安全生产监督管理部门依法进行的监督检查。

第二十条 登记企业应当指定人员负责危险化学品登记的相关工作，配合登记人员在必要时对本企业危险化学品登记内容进行核查。

登记企业从事危险化学品登记的人员应当具备危险化学品登记相关知识和能力。

第二十一条 对危险特性尚未确定的化学品，登记企业应当按照国家关于化学品危险性鉴定的有关规定，委托具有国家规定资质的机构对其进行危险性鉴定；属于危险化学品的，应当依照本办法的规定进行登记。

第二十二条 危险化学品生产企业应当设立由专职人员 24 小时值守的国内固定服务电话，针对本办法第十二条规定的内容向用户提供危险化学品事故应急咨询服务，为危险化学品事故应急救援提供技术指导和必要的协助。专职值守人员应当熟悉本企业危险化学品的危险特性和应急处置技术，准确回答有关咨询问题。

危险化学品生产企业不能提供前款规定应急咨询服务的，应当委托登记机构代理应急咨询服务。

危险化学品进口企业应当自行或者委托进口代理商、登记机构提供符合本条第一款要求的应急咨询服务，并在其进口的危险化学品安全标签上标明应急咨询服务电话号码。

从事代理应急咨询服务的登记机构，应当设立由专职人员 24 小时值守的国内固定服务电话，建有完善的化学品应急救援数据库，配备在线数字录音设备和 8 名以上专业人员，能够同时受理 3 起以上应急咨询，准确提供化学品泄漏、火灾、爆炸、中毒等事故应急处置有关信息和建议。

第二十三条 登记企业不得转让、冒用或者使用伪造的危险化学品登记证。

第五章 监督管理

第二十四条 安全生产监督管理部门应当将危险化学品登记情况纳入危险化学品安全执法检查内容，对登记企业未按照规定予以登记的，依法予以处理。

第二十五条 登记办公室应当对本行政区域内危险化学品的登记数据及时进行汇总、统计、分析，并报告省、自治区、直辖市人民政府安全生产监督管理部门。

第二十六条 登记中心应当定期向国务院工业和信息化、环境保护、公安、卫生、交通运输、铁路、质量监督检验检疫等部门提供危险化学品登记的有关信息和资料，并向社会公告。

第二十七条 登记办公室应当在每年 1 月 31 日前向所属省、自治区、直辖市人民政府安全生产监督管理部门和登记中心书面报告上一年度本行政区域内危险化学品登记的情况。

登记中心应当在每年 2 月 15 日前向国家安全生产监督管理总局书面报告上一年度全国危险化学品登记的情况。

第六章 法律责任

第二十八条 登记机构的登记人员违规操作、弄虚作假、滥发证书，在规定限期内无故不予登记且无明确答复，或者泄露登记企业商业秘密的，责令改正，并追究有关责任人员的责任。

第二十九条 登记企业不办理危险化学品登记，登记品种发生变化或者发现其生产、进口的危险化学品有新的危险特性不办理危险化学品登记内容变更手续的，责令改正，可以处 5 万元以下的罚款；拒不改正的，处 5 万元以上 10 万元以下的罚款；情节严重的，责令停产停业整顿。

第三十条 登记企业有下列行为之一的，责令改正，可以处 3 万元以下的罚款：

（一）未向用户提供应急咨询服务或者应急咨询服务不符合本办法第二十二条规定的；

（二）在危险化学品登记证有效期内企业名称、注册地址、应急咨询服务电话发生变化，未按规定按时办理危险化学品登记变更手续的；

（三）危险化学品登记证有效期满后，未按规定申请复核换证，继续进行生产或者进口的；

（四）转让、冒用或者使用伪造的危险化学品登记证，或者不如实填报登记内容、提交有关材料的；

（五）拒绝、阻挠登记机构对本企业危险化学品登记情况进行现场核查的。

第七章 附 则

第三十一条 本办法所称危险化学品进口企业，是指依法设立且取得工商营业执照，并取得下列证明文件之一，从事危险化学品进口的企业：

（一）对外贸易经营者备案登记表；

（二）中华人民共和国进出口企业资质证书；

（三）中华人民共和国外商投资企业批准证书；

（四）台港澳侨投资企业批准证书。

第三十二条 登记企业在本办法施行前已经取得的危险化学品登记证，其有效期不变；有效期满后继续从事危险化学品生产、进口活动的，应当依照本办法的规定办理危险化学品登记证复核换证手续。

第三十三条 危险化学品登记证由国家安全生产监督管理总局统一印制。

第三十四条 本办法自 2012 年 8 月 1 日起施行。原国家经济贸易委员会 2002 年 10 月 8 日公布的《危险化学品登记管理办法》同时废止。

危险化学品重大危险源监督管理暂行规定

（2011年8月5日国家安全生产监督管理总局令第40号发布 根据2015年5月27日国家安全生产监督管理总局令第79号修正）

第一章 总 则

第一条 为了加强危险化学品重大危险源的安全监督管理，防止和减少危险化学品事故的发生，保障人民群众生命财产安全，根据《中华人民共和国安全生产法》和《危险化学品安全管理条例》等有关法律、行政法规，制定本规定。

第二条 从事危险化学品生产、储存、使用和经营的单位（以下统称危险化学品单位）的危险化学品重大危险源的辨识、评估、登记建档、备案、核销及其监督管理，适用本规定。

城镇燃气、用于国防科研生产的危险化学品重大危险源以及港区内危险化学品重大危险源的安全监督管理，不适用本规定。

第三条 本规定所称危险化学品重大危险源（以下简称重大危险源），是指按照《危险化学品重大危险源辨识》（GB18218）标准辨识确定，生产、储存、使用或者搬运危险化学品的数量等于或者超过临界量的单元（包括场所和设施）。

第四条 危险化学品单位是本单位重大危险源安全管理的责任主体，其主要负责人对本单位的重大危险源安全管理工作负责，并保证重大危险源安全生产所必需的安全投入。

第五条 重大危险源的安全监督管理实行属地监管与分级管理相结合的原则。

县级以上地方人民政府安全生产监督管理部门按照有关法律、法规、标准和本规定，对本辖区内的重大危险源实施安全监督管理。

第六条 国家鼓励危险化学品单位采用有利于提高重大危险源安全保障水平的先进适用的工艺、技术、设备以及自动控制系统，推进安全生产监督管理部门重大危险源安全监管的信息化建设。

第二章 辨识与评估

第七条 危险化学品单位应当按照《危险化学品重大危险源辨识》标准，对本单位的危险化学品生产、经营、储存和使用装置、设施或者场所进行重大危险源辨识，并记录辨识过程与结果。

第八条 危险化学品单位应当对重大危险源进行安全评估并确定重大危险源等级。危险化学品单位可以组织本单位的注册安全工程师、技术人员或者聘请有关专家进行安全评估，也可以委托具有相应资质的安全评价机构进行安全评估。

依照法律、行政法规的规定，危险化学品单位需要进行安全评价的，重大危险源安全评估可以与本单位的安全评价一起进行，以安全评价报告代替安全评估报告，也可以单独进行重大危险源安全评估。

重大危险源根据其危险程度，分为一级、二级、三级和四级，一级为最高级别。重大危险源分级方法由本规定附件1列示。

第九条 重大危险源有下列情形之一的，应当委托具有相应资质的安全评价机构，按照有关标准的规定采用定量风险评价方法进行安全评估，确定个人和社会风险值：

（一）构成一级或者二级重大危险源，且毒性气体实际存在（在线）量与其在《危险化学品重大危险源辨识》中规定的临界量比值之和大于或等于1的；

（二）构成一级重大危险源，且爆炸品或液化易燃气体实际存在（在线）量与其在《危险化学品重大危险源辨识》中规定的临界量比值之和大于或等于1的。

第十条 重大危险源安全评估报告应当客观公正、数据准确、内容完整、结论明确、措施可行，并包括下列内容：

（一）评估的主要依据；

（二）重大危险源的基本情况；

（三）事故发生的可能性及危害程度；

（四）个人风险和社会风险值（仅适用定量风险评价方法）；

（五）可能受事故影响的周边场所、人员情况；

（六）重大危险源辨识、分级的符合性分析；

（七）安全管理措施、安全技术和监控措施；

（八）事故应急措施；

（九）评估结论与建议。

危险化学品单位以安全评价报告代替安全评估报告的，其安全评价报告中有关重大危险源的内容应当符合本条第一款规定的要求。

第十一条 有下列情形之一的，危险化学品单位应当对重大危险源重新进行辨识、安全评估及分级：

（一）重大危险源安全评估已满三年的；

（二）构成重大危险源的装置、设施或者场所进行新建、改建、扩建的；

（三）危险化学品种类、数量、生产、使用工艺或者储存方式及重要设备、设施等发生变化，影响重大危险源级别或者风险程度的；

（四）外界生产安全环境因素发生变化，影响重大危险源级别和风险程度的；

（五）发生危险化学品事故造成人员死亡，或者10人以上受伤，或者影响到公共安全的；

（六）有关重大危险源辨识和安全评估的国家标准、行业标准发生变化的。

第三章　安全管理

第十二条　危险化学品单位应当建立完善重大危险源安全管理规章制度和安全操作规程，并采取有效措施保证其得到执行。

第十三条　危险化学品单位应当根据构成重大危险源的危险化学品种类、数量、生产、使用工艺（方式）或者相关设备、设施等实际情况，按照下列要求建立健全安全监测监控体系，完善控制措施：

（一）重大危险源配备温度、压力、液位、流量、组分等信息的不间断采集和监测系统以及可燃气体和有毒有害气体泄漏检测报警装置，并具备信息远传、连续记录、事故预警、信息存储等功能；一级或者二级重大危险源，具备紧急停车功能。记录的电子数据的保存时间不少于30天；

（二）重大危险源的化工生产装置装备满足安全生产要求的自动化控制系统；一级或者二级重大危险源，装备紧急停车系统；

（三）对重大危险源中的毒性气体、剧毒液体和易燃气体等重点设施，设置紧急切断装置；毒性气体的设施，设置泄漏物紧急处置装置。涉及毒性气体、液化气体、剧毒液体的一级或者二级重大危险源，配备独立的安全仪表系统（SIS）；

（四）重大危险源中储存剧毒物质的场所或者设施，设置视频监控系统；

（五）安全监测监控系统符合国家标准或者行业标准的规定。

第十四条　通过定量风险评价确定的重大危险源的个人和社会风险值，不得超过本规定附件2列示的个人和社会可容许风险限值标准。

超过个人和社会可容许风险限值标准的，危险化学品单位应当采取相应的降低风险措施。

第十五条　危险化学品单位应当按照国家有关规定，定期对重大危险源的安全设施和安全监测监控系统进行检测、检验，并进行经常性维护、保养，保证重大危险源的安全设施和安全监测监控系统有效、可靠运行。维护、保养、检测应当做好记录，并由有关人员签字。

第十六条　危险化学品单位应当明确重大危险源中关键装置、重点部位的责任人或者责任机构，并对重大危险源的安全生产状况进行定期检查，及时采取措施消除事故隐患。事故隐患难以立即排除的，应当及时制定治理方案，落实整改措施、责任、资金、时限和预案。

第十七条　危险化学品单位应当对重大危险源的管理和操作岗位人员进行安全操作技能培训，使其了解重大危险源的危险特性，熟悉重大危险源安全管理规章制度和安全操作规程，掌握本岗位的安全操作技能和应急措施。

第十八条　危险化学品单位应当在重大危险源所在场所设置明显的安全警示标志，写明紧急情况下的应急处置办法。

第十九条　危险化学品单位应当将重大危险源可能发生的事故后果和应急措施等信息，以适当方式告知可能受影响的单位、区域及人员。

第二十条　危险化学品单位应当依法制定重大危险源事故应急预案，建立应急救援组织或者配备应急救援人员，配备必要的防护装备及应急救援器材、设备、物资，并保障其完好和方便使用；配合地方人民政府安全生产监督管理部门制定所在地区涉及本单位的危险化学品事故应急预案。

对存在吸入性有毒、有害气体的重大危险源，危险化学品单位应当配备便携式浓度检测设备、空气呼吸器、化学防护服、堵漏器材等应急器材和设备；涉及剧毒气体的重大危险源，还应当配备两套以上（含本数）气密型化学防护服；涉及易燃易爆气体或者易燃液体蒸气的重大危险源，还应当配备一定数量的便携式可燃气体检测设备。

第二十一条　危险化学品单位应当制定重大危险源事故应急预案演练计划，并按照下列要求进行事故应急预案演练：

（一）对重大危险源专项应急预案，每年至少进行一次；

（二）对重大危险源现场处置方案，每半年至少进行一次。

应急预案演练结束后，危险化学品单位应当对应急预案演练效果进行评估，撰写应急预案演练评估报告，分析存在的问题，对应急预案提出修订意见，并及时修订完善。

第二十二条 危险化学品单位应当对辨识确认的重大危险源及时、逐项进行登记建档。

重大危险源档案应当包括下列文件、资料：

（一）辨识、分级记录；

（二）重大危险源基本特征表；

（三）涉及的所有化学品安全技术说明书；

（四）区域位置图、平面布置图、工艺流程图和主要设备一览表；

（五）重大危险源安全管理规章制度及安全操作规程；

（六）安全监测监控系统、措施说明、检测、检验结果；

（七）重大危险源事故应急预案、评审意见、演练计划和评估报告；

（八）安全评估报告或者安全评价报告；

（九）重大危险源关键装置、重点部位的责任人、责任机构名称；

（十）重大危险源场所安全警示标志的设置情况；

（十一）其他文件、资料。

第二十三条 危险化学品单位在完成重大危险源安全评估报告或者安全评价报告后15日内，应当填写重大危险源备案申请表，连同本规定第二十二条规定的重大危险源档案材料（其中第二款第五项规定的文件资料只需提供清单），报送所在地县级人民政府安全生产监督管理部门备案。

县级人民政府安全生产监督管理部门应当每季度将辖区内的一级、二级重大危险源备案材料报送至设区的市级人民政府安全生产监督管理部门。设区的市级人民政府安全生产监督管理部门应当每半年将辖区内的一级重大危险源备案材料报送至省级人民政府安全生产监督管理部门。

重大危险源出现本规定第十一条所列情形之一的，危险化学品单位应当及时更新档案，并向所在地县级人民政府安全生产监督管理部门重新备案。

第二十四条 危险化学品单位新建、改建和扩建危险化学品建设项目，应当在建设项目竣工验收前完成重大危险源的辨识、安全评估和分级、登记建档工作，并向所在地县级人民政府安全生产监督管理部门备案。

第四章 监督检查

第二十五条 县级人民政府安全生产监督管理部门应当建立健全危险化学品重大危险源管理制度，明确责任人员，加强资料归档。

第二十六条 县级人民政府安全生产监督管理部门应当在每年1月15日前，将辖区内上一年度重大危险源的汇总信息报送至设区的市级人民政府安全生产监督管理部门。设区的市级人民政府安全生产监督管理部门应当在每年1月31日前，将辖区内上一年度重大危险源的汇总信息报送至省级人民政府安全生产监督管理部门。省级人民政府安全生产监督管理部门应当在每年2月15日前，将辖区内上一年度重大危险源的汇总信息报送至国家安全生产监督管理总局。

第二十七条 重大危险源经过安全评价或者安全评估不再构成重大危险源的，危险化学品单位应当向所在地县级人民政府安全生产监督管理部门申请核销。

申请核销重大危险源应当提交下列文件、资料：

（一）载明核销理由的申请书；

（二）单位名称、法定代表人、住所、联系人、联系方式；

（三）安全评价报告或者安全评估报告。

第二十八条 县级人民政府安全生产监督管理部门应当自收到申请核销的文件、资料之日起30日内进行审查，符合条件的，予以核销并出具证明文书；不符合条件的，说明理由并书面告知申请单位。必要时，县级人民政府安全生产监督管理部门应当聘请有关专家进行现场核查。

第二十九条 县级人民政府安全生产监督管理部门应当每季度将辖区内一级、二级重大危险源的核销材料报送至设区的市级人民政府安全生产监督管理部门。设区的市级人民政府安全生产监督管理部门应当每半年将辖区内一级重大危险源的核销材料报送至省级人民政府安全生产监督管理部门。

第三十条 县级以上地方各级人民政府安全生产监督管理部门应当加强对存在重大危险源的危险化学品单位的监督检查，督促危险化学品单位做好重大危险源的辨识、安全评估及分级、登记建档、备案、监测监控、事故应急预案编制、核销和安全管理工作。

首次对重大危险源的监督检查应当包括下列主要内容：

（一）重大危险源的运行情况、安全管理规章制度及安全操作规程制定和落实情况；

（二）重大危险源的辨识、分级、安全评估、登记建档、备案情况；

（三）重大危险源的监测监控情况；

（四）重大危险源安全设施和安全监测监控系统的检测、检验以及维护保养情况；

（五）重大危险源事故应急预案的编制、评审、备案、修订和演练情况；

（六）有关从业人员的安全培训教育情况；

（七）安全标志设置情况；

（八）应急救援器材、设备、物资配备情况；

（九）预防和控制事故措施的落实情况。

安全生产监督管理部门在监督检查中发现重大危险源存在事故隐患的，应当责令立即排除；重大事故隐患排除前或者排除过程中无法保证安全的，应当责令从危险区域内撤出作业人员，责令暂时停产停业或者停止使用；重大事故隐患排除后，经安全生产监督管理部门审查同意，方可恢复生产经营和使用。

第三十一条　县级以上地方各级人民政府安全生产监督管理部门应当会同本级人民政府有关部门，加强对工业（化工）园区等重大危险源集中区域的监督检查，确保重大危险源与周边单位、居民、人员密集场所等重要目标和敏感场所之间保持适当的安全距离。

第五章　法律责任

第三十二条　危险化学品单位有下列行为之一的，由县级以上人民政府安全生产监督管理部门责令限期改正，可以处10万元以下的罚款；逾期未改正的，责令停产停业整顿，并处10万元以上20万元以下的罚款，对其直接负责的主管人员和其他直接责任人员处2万元以上5万元以下的罚款；构成犯罪的，依照刑法有关规定追究刑事责任：

（一）未按照本规定要求对重大危险源进行安全评估或者安全评价的；

（二）未按照本规定要求对重大危险源进行登记建档的；

（三）未按照本规定及相关标准要求对重大危险源进行安全监测监控的；

（四）未制定重大危险源事故应急预案的。

第三十三条　危险化学品单位有下列行为之一的，由县级以上人民政府安全生产监督管理部门责令限期改正，可以处5万元以下的罚款；逾期未改正的，处5万元以上20万元以下的罚款，对其直接负责的主管人员和其他直接责任人员处1万元以上2万元以下的罚款；情节严重的，责令停产停业整顿；构成犯罪的，依照刑法有关规定追究刑事责任：

（一）未在构成重大危险源的场所设置明显的安全警示标志的；

（二）未对重大危险源中的设备、设施等进行定期检测、检验的。

第三十四条　危险化学品单位有下列情形之一的，由县级以上人民政府安全生产监督管理部门给予警告，可以并处5000元以上3万元以下的罚款：

（一）未按照标准对重大危险源进行辨识的；

（二）未按照本规定明确重大危险源中关键装置、重点部位的责任人或者责任机构的；

（三）未按照本规定建立应急救援组织或者配备应急救援人员，以及配备必要的防护装备及器材、设备、物资，并保障其完好的；

（四）未按照本规定进行重大危险源备案或者核销的；

（五）未将重大危险源可能引发的事故后果、应急措施等信息告知可能受影响的单位、区域及人员的；

（六）未按照本规定要求开展重大危险源事故应急预案演练的；

第三十五条　危险化学品单位未按照本规定对重大危险源的安全生产状况进行定期检查，采取措施消除事故隐患的，责令立即消除或者限期消除；危险化学品单位拒不执行的，责令停产停业整顿，并处10万元以上20万元以下的罚款，对其直接负责的主管人员和其他直接责任人员处2万元以上5万元以下的罚款。

第三十六条　承担检测、检验、安全评价工作的机构，出具虚假证明的，没收违法所得；违法所得在10万元以上的，并处违法所得2倍以上5倍以下的罚款；没有违法所得或者违法所得不足10万元的，单处或者并处10万元以上20万元以下的罚款；对其直接负责的主管人员和其他直接责任人员处2万元以上5万元以下的罚款；给他人造成损害的，与危险化学品单位承担连带赔偿责任；构成犯罪的，依照刑法有关规定追究刑事责任。

"对有前款违法行为的机构，依法吊销其相应资质。"

第六章　附　则

第三十七条　本规定自2011年12月1日起施行。

附件 1

危险化学品重大危险源分级方法

一、分级指标

采用单元内各种危险化学品实际存在（在线）量与其在《危险化学品重大危险源辨识》(GB 18218) 中规定的临界量比值，经校正系数校正后的比值之和 R 作为分级指标。

二、R 的计算方法

$$R = \alpha \left(\beta_1 \frac{q_1}{Q_1} + \beta_2 \frac{q_2}{Q_2} + \cdots + \beta_n \frac{q_n}{Q_n} \right)$$

式中 $q_1, q_2, \cdots q_n$——每种危险化学品实际存在（在线）量（单位：吨）；

$Q_1, Q_2, \cdots Q_n$——与各危险化学品相对应的临界量（单位：吨）；

$\beta_1, \beta_2 \cdots \beta_n$——与各危险化学品相对应的校正系数；

α——该危险化学品重大危险源厂区外暴露人员的校正系数。

三、校正系数 β 的取值

根据单元内危险化学品的类别不同，设定校正系数 β 值，见表 1 和表 2：

四、校正系数 α 的取值

根据重大危险源的厂区边界向外扩展 500 米范围内常住人口数量，设定厂外暴露人员校正系数 α 值，见表 3：

五、分级标准

根据计算出来的 R 值，按表 4 确定危险化学品重大危险源的级别。

表 1 校正系数 β 取值表

危险化学品类别	毒性气体	爆炸品	易燃气体	其他类危险化学品
β	见表 2	2	1.5	1

注：危险化学品类别依据《危险货物品名表》中分类标准确定。

表 2 常见毒性气体校正系数 β 值取值表

毒性气体名称	一氧化碳	二氧化硫	氨	环氧乙烷	氯化氢	溴甲烷	氯
β	2	2	2	2	3	3	4
毒性气体名称	硫化氢	氟化氢	二氧化氮	氰化氢	碳酰氯	磷化氢	异氰酸甲酯
β	5	5	10	10	20	20	20

注：未在表 2 中列出的有毒气体可按 $\beta=2$ 取值，剧毒气体可按 $\beta=4$ 取值。

表 3 校正系数 α 取值表

厂外可能暴露人员数量	α
100 人以上	2.0
50 人~99 人	1.5
30 人~49 人	1.2
1~29 人	1.0
0 人	0.5

表 4 危险化学品重大危险源级别和 R 值的对应关系

危险化学品重大危险源级别	R 值
一级	$R \geq 100$
二级	$100 > R \geq 50$
三级	$50 > R \geq 10$
四级	$R < 10$

附件2

可容许风险标准

一、可容许个人风险标准

个人风险是指因危险化学品重大危险源各种潜在的火灾、爆炸、有毒气体泄漏事故造成区域内某一固定位置人员的个体死亡概率,即单位时间内(通常为年)的个体死亡率。通常用个人风险等值线表示。

通过定量风险评价,危险化学品单位周边重要目标和敏感场所承受的个人风险应满足表1中可容许风险标准要求。

表1 可容许个人风险标准

危险化学品单位周边重要目标和敏感场所类别	可容许风险(年)
1. 高敏感场所(如学校、医院、幼儿园、养老院等); 2. 重要目标(如党政机关、军事管理区、文物保护单位等); 3. 特殊高密度场所(如大型体育场、大型交通枢纽等)	$<3\times10^{-7}$
1. 居住类高密度场所(如居民区、宾馆、度假村等); 2. 公众聚集类高密度场所(如办公场所、商场、饭店、娱乐场所等)	$<1\times10^{-6}$

二、可容许社会风险标准

社会风险是指能够引起大于等于N人死亡的事故累积频率(F),也即单位时间内(通常为年)的死亡人数。通常用社会风险曲线($F-N$曲线)表示。

可容许社会风险标准采用 ALARP(As Low As Reasonable Practice)原则作为可接受原则。ALARP原则通过两个风险分界线将风险划分为3个区域,即:不可容许区、尽可能降低区(ALARP)和可容许区。

① 若社会风险曲线落在不可容许区,除特殊情况外,该风险无论如何不能被接受。

② 若落在可容许区,风险处于很低的水平,该风险是可以被接受的,无需采取安全改进措施。

③ 若落在尽可能降低区,则需要在可能的情况下尽量减少风险,即对各种风险处理措施方案进行成本效益分析等,以决定是否采取这些措施。

通过定量风险评价,危险化学品重大危险源产生的社会风险应满足图1中可容许社会风险标准要求。

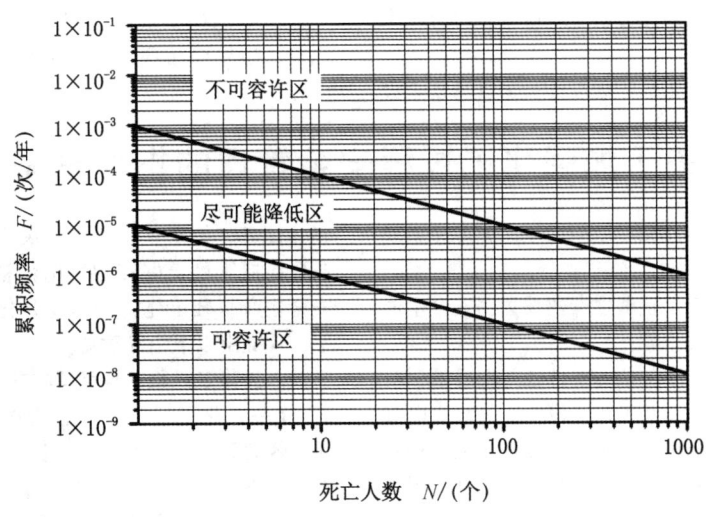

图1 可容许社会风险标准($F-N$)曲线

化工和危险化学品生产经营单位重大生产安全事故隐患判定标准（试行）

（2017年11月13日国家安全生产监督管理总局以安监总管三〔2017〕121号印发）

依据有关法律法规、部门规章和国家标准，以下情形应当判定为重大事故隐患：

一、危险化学品生产、经营单位主要负责人和安全生产管理人员未依法经考核合格。

二、特种作业人员未持证上岗。

三、涉及"两重点一重大"的生产装置、储存设施外部安全防护距离不符合国家标准要求。

四、涉及重点监管危险化工工艺的装置未实现自动化控制，系统未实现紧急停车功能，装备的自动化控制系统、紧急停车系统未投入使用。

五、构成一级、二级重大危险源的危险化学品罐区未实现紧急切断功能；涉及毒性气体、液化气体、剧毒液体的一级、二级重大危险源的危险化学品罐区未配备独立的安全仪表系统。

六、全压力式液化烃储罐未按国家标准设置注水措施。

七、液化烃、液氨、液氯等易燃易爆、有毒有害液化气体的充装未使用万向管道充装系统。

八、光气、氯气等剧毒气体及硫化氢气体管道穿越厂区（包括化工园区、工业园区）外的公共区域。

九、地区架空电力线路穿越生产区且不符合国家标准要求。

十、在役化工装置未经正规设计且未进行安全设计诊断。

十一、使用淘汰落后安全技术工艺、设备目录列出的工艺、设备。

十二、涉及可燃和有毒有害气体泄漏的场所未按国家标准设置检测报警装置，爆炸危险场所未按国家标准安装使用防爆电气设备。

十三、控制室或机柜间面向具有火灾、爆炸危险性装置一侧不满足国家标准关于防火防爆的要求。

十四、化工生产装置未按国家标准要求设置双重电源供电，自动化控制系统未设置不间断电源。

十五、安全阀、爆破片等安全附件未正常投用。

十六、未建立与岗位相匹配的全员安全生产责任制或者未制定实施生产安全事故隐患排查治理制度。

十七、未制定操作规程和工艺控制指标。

十八、未按照国家标准制定动火、进入受限空间等特殊作业管理制度，或者制度未有效执行。

十九、新开发的危险化学品生产工艺未经小试、中试、工业化试验直接进行工业化生产；国内首次使用的化工工艺未经过省级人民政府有关部门组织的安全可靠性论证；新建装置未制定试生产方案投料开车；精细化工企业未按规范性文件要求开展反应安全风险评估。

二十、未按国家标准分区分类储存危险化学品，超量、超品种储存危险化学品，相互禁配物质混放混存。

关于加强化工过程安全管理的指导意见

（2013年7月23日国家安全生产监督管理总局以安监总管三〔2013〕88号公布）

各省、自治区、直辖市及新疆生产建设兵团安全生产监督管理局，有关中央企业：

化工过程（Chemical process）伴随易燃易爆、有毒有害等物料和产品，涉及工艺、设备、仪表、电气等多个专业和复杂的公用工程系统。加强化工过程安全管理，是国际先进的重大工业事故预防和控制方法，是企业及时消除安全隐患、预防事故、构建安全生产长效机制的重要基础性工作。为深入贯彻落实《国务院关于进一步加强企业安全生产工作的通知》和《国务院关于坚持科学发展安全发展促进安全生产形势持续稳定好转的意见》精神，加强化工企业安全生产基础工作，全面提升化工过程安全管理水平，现提出以下指导意见：

一、化工过程安全管理的主要内容和任务

（一）化工过程安全管理的主要内容和任务包括：收集和利用化工过程安全生产信息；风险辨识和控制；不断完善并严格执行操作规程；通过规范管理，确保装置安全运行；开展安全教育和操作技能培训；严格新装置试车和试生产的安全管理；保持设备设施完好性；作业安全管理；承包商安全管理；变更管理；应急管理；事故和事件管理；化工过程安全管理的持续改进等。

二、安全生产信息管理

（二）全面收集安全生产信息。企业要明确责任部门，按照《化工企业工艺安全管理实施导则》（AQ/T 3034）的要求，全面收集生产过程涉及的化学品危险性、工艺和设备等方面的全部安全生产信息，并将其文件化。

（三）充分利用安全生产信息。企业要综合分析收集到的各类信息，明确提出生产过程安全要求和注意事项。通过建立安全管理制度、制定操作规程、制定应急救援预案、制作工艺卡片、编制培训手册和技术手册、编制化学品间的安全相容矩阵表等措施，将各项安全要求和注意事项纳入自身的安全管理中。

（四）建立安全生产信息管理制度。企业要建立安全生产信息管理制度，及时更新信息文件。企业要保证生产管理、过程危害分析、事故调查、符合性审核、安全监督检查、应急救援等方面的相关人员能够及时获取最新安全生产信息。

三、风险管理

（五）建立风险管理制度。企业要制定化工过程风险管理制度，明确风险辨识范围、方法、频次和责任人，规定风险分析结果应用和改进措施落实的要求，对生产全过程进行风险辨识分析。

对涉及重点监管危险化学品、重点监管危险化工工艺和危险化学品重大危险源（以下统称"两重点一重大"）的生产储存装置进行风险辨识分析，要采用危险与可操作性分析（HAZOP）技术，一般每3年进行一次。对其他生产储存装置的风险辨识分析，针对装置不同的复杂程度，选用安全检查表、工作危害分析、预危险性分析、故障类型和影响分析（FMEA）、HAZOP技术等方法或多种方法组合，可每5年进行一次。企业管理机构、人员构成、生产装置等发生重大变化或发生生产安全事故时，要及时进行风险辨识分析。企业要组织所有人员参与风险辨识分析，力求风险辨识分析全覆盖。

（六）确定风险辨识分析内容。化工过程风险分析应包括：工艺技术的本质安全性及风险程度；工艺系统可能存在的风险；对严重事件的安全审查情况；控制风险的技术、管理措施及其失效可能引起的后果；现场设施失控和人为失误可能对安全造成的影响。在役装置的风险辨识分析还要包括发生的变更是否存在风险，吸取本企业和其他同类企业事故及事件教训的措施等。

（七）制定可接受的风险标准。企业要按照《危险化学品重大危险源监督管理暂行规定》（国家安全监管总局令第40号）的要求，根据国家有关规定或参照国际相关标准，确定本企业可接受的风险标准。对辨识分析发现的不可接受风险，企业要及时制定并落实消除、减小或控制风险的措施，将风险控制在可接受的范围。

四、装置运行安全管理

（八）操作规程管理。企业要制定操作规程管理制度，规范操作规程内容，明确操作规程编写、审查、批准、分发、使用、控制、修改及废止的程序和职责。操作规程的内容应至少包括：开车、正常操作、临时操作、应急操作、正常停车和紧急停车的操作步骤与安全要求；工艺参数的正常控制范围，偏离正常工况的后果，防止和纠正偏离正常工况的方法及步骤；操作过程的人身安全保障、职业健康注意事项等。

操作规程应及时反映安全生产信息、安全要求和注意事项的变化。企业每年要对操作规程的适应性和有效性进行确认，至少每3年要对操作规程进行审核修订；当工艺技术、设备发生重大变更时，要及时审核修订操作规程。

企业要确保作业现场始终有最新版本的操作规程文本，以方便现场操作人员随时查用；定期开展操作规程培训和考核，建立培训记录和考核成绩档案；鼓励从业人员分享安全操作经验，参与操作规程的编制、修订和审核。

（九）异常工况监测预警。企业要装备自动化控制系统，对重要工艺参数进行实时监控预警；要采用在线安全监控、自动检测或人工分析数据等手段，及时判断发生异常工况的根源，评估可能产生的后果，制定安全处置方案，避免因处理不当造成事故。

（十）开停车安全管理。企业要制定开停车安全条件检查确认制度。在正常开停车、紧急停车后的开车前，都要进行安全条件检查确认。开停车前，企业要进行风险辨识分析，制定开停车方案，编制安全措施和开停车步骤确认表，经生产和安全管理部门审查同意后，要严格执行并将相关资料存档备查。

企业要落实开停车安全管理责任，严格执行开停车方案，建立重要作业责任人签字确认制度。开车过程中装置依次进行吹扫、清洗、气密试验时，要制定有效的安全措施；引进蒸汽、氮气、易燃易爆介质前，要指定有经验的专业人员进行流程确认；引进物料时，要随时监测物料流量、温度、压力、液位等参数变化情况，确认流程是否正确。要严格控制进退料顺序和速率，现场安排专人不间断巡检，监控有无泄漏等异常现象。

停车过程中的设备、管线低点的排放要按照顺序缓慢进行，并做好个人防护；设备、管线吹扫处理完毕后，要用盲板切断与其他系统的联系。抽堵盲板作业应在编号、挂牌、登记后按规定的顺序进行，并安排专人逐一进行现场确认。

五、岗位安全教育和操作技能培训

（十一）建立并执行安全教育培训制度。企业要建立厂、车间、班组三级安全教育培训体系，制定安全教育培训制度，明确教育培训的具体要求，建立教育培训档案；要制定并落实教育培训计划，定期评估教育培训内容、方式和效果。从业人员应经考核合格后方可上岗，特种作业人员必须持证上岗。

（十二）从业人员安全教育培训。企业要按照国家和企业要求，定期开展从业人员安全培训，使从业人员掌握安全生产基本常识及本岗位操作要点、操作规程、危险因素和控制措施，掌握异常工况识别判定、应急处置、避险避灾、自救互救等技能与方法，熟练使用个体防护用品。当工艺技术、设备设施等发生改变时，要及时对操作人员进行再培训。要重视开展从业人员安全教育，使从业人员不断强化安全意识，充分认识化工安全生产的特殊性和极端重要性，自觉遵守企业安全管理规定和操作规程。企业要采取有效的监督检查评估措施，保证安全教育培训工作质量和效果。

（十三）新装置投用前的安全操作培训。新建企业应规定从业人员文化素质要求，变招工为招生，加强从业人员专业技能培养。工厂开工建设后，企业就应招录操作人员，使操作人员在上岗前先接受规范的基础知识和专业理论培训。装置试生产前，企业要完成全体管理人员和操作人员岗位技能培训，确保全体管理人员和操作人员考核合格后参加全过程的生产准备。

六、试生产安全管理

（十四）明确试生产安全管理职责。企业要明确试生产安全管理范围，合理界定项目建设单位、总承包商、设计单位、监理单位、施工单位等相关方的安全管理范围与职责。

项目建设单位或总承包商负责编制总体试生产方案，明确试生产条件，设计、施工、监理单位要对试生产方案及试生产条件提出审查意见。对采用专利技术的装置，试生产方案经设计、施工、监理单位审查同意后，还要经专利供应商现场人员书面确认。

项目建设单位或总承包商负责编制联动试车方案、投料试车方案、异常工况处置方案等。试生产前，项目建设单位或总承包商要完成工艺流程图、操作规程、工艺卡片、工艺和安全技术规程、事故处理预案、化验分析规程、主要设备运行规程、电气运行规程、仪表及计算机运行规程、联锁整定值等生产技术资料、岗位记录表和技术台账的编制工作。

（十五）试生产前各环节的安全管理。建设项目试生产前，建设单位或总承包商要及时组织设计、施工、监理、生产等单位的工程技术人员开展"三查四定"（三查：查设计漏项、查工程质量、查工程隐患；四定：整改工作定任务、定人员、定时间、定措施），确保施工质量符合有关标准和设计要求，确认工艺危害分析报告中的改进措施和安全保障措施已经落实。

系统吹扫冲洗安全管理。在系统吹扫冲洗前，要在排放口设置警戒区，拆除易被吹扫冲洗损坏的所有部件，确认吹扫冲洗流程、介质及压力。蒸汽吹扫时，要落实防止人员烫伤的防护措施。

气密试验安全管理。要确保气密试验方案全覆盖、无遗漏，明确各系统气密的最高压力等级。高压系统气密试验前，要分成若干等级压力，逐级进行气密试验。真空系统进行真空试验前，要先完成气密试验。要用盲板将气密试验系统与其他系统隔离，严禁超压。气密试验时，要安排专人监控，发现问题，及时处理；做好气密检查记录，签字备查。

单机试车安全管理。企业要建立单机试车安全管理程序。单机试车前，要编制试车方案、操作规程，并经各专业确认。单机试车过程中，应安排专人操作、监护、记录，发现异常立即处理。单机试车结束后，建设单位要组织设计、施工、监理及制造商等方面人员签字确认并填写试车记录。

联动试车安全管理。联动试车应具备下列条件：所有操作人员考核合格并已取得上岗资格；公用工程系统已稳定运行；试车方案和相关操作规程、经审查批准的仪表报警和联锁值已整定完毕；各类生产记录、报表已印发到岗位；负责统一指挥的协调人员已经确定。引入燃料或窒息性气体后，企业必须建立并执行每日安全调度例会制度，统筹协调全部试车的安全管理工作。

投料安全管理。投料前，要全面检查工艺、设备、电气、仪表、公用工程和应急准备等情况，具备条件后方可进行投料。投料及试生产过程中，管理人员要现场指挥，操作人员要持续进行现场巡查，设备、电气、仪表等专业人员要加强现场巡检，发现问题及时报告和处理。投料试生产过程中，要严格控制现场人数，严禁无关人员进入现场。

七、设备完好性（完整性）

（十六）建立并不断完善设备管理制度。

建立设备台账管理制度。企业要对所有设备进行编号，建立设备台账、技术档案和备品配件管理制度，编制设备操作和维护规程。设备操作、维修人员要进行专门的培训和资格考核，培训考核情况要记录存档。

建立装置泄漏监（检）测管理制度。企业要统计和分析可能出现泄漏的部位、物料种类和最大量。定期监（检）测生产装置动静密封点，发现问题及时处理。定期标定各类泄漏检测报警仪器，确保准确有效。要加强防腐蚀管理，确定检查部位，定期检测，建立检测数据库。对重点部位要加大检测检查频次，及时发现和处理管道、设备壁厚减薄情况；定期评估防腐效果和核算设备剩余使用寿命，及时发现并更新更换存在安全隐患的设备。

建立电气安全管理制度。企业要编制电气设备设施操作、维护、检修等管理制度。定期开展企业电源系统安全可靠性分析和风险评估。要制定防爆电气设备、线路检查和维护管理制度。

建立仪表自动化控制系统安全管理制度。新（改、扩）建装置和大修装置的仪表自动化控制系统投用前、长期停用的仪表自动化控制系统再次启用前，必须进行检查确认。要建立健全仪表自动化控制系统日常维护保养制度，建立安全联锁保护系统停运、变更专业会签和技术负责人审批制度。

（十七）设备安全运行管理。

开展设备预防性维修。关键设备要装备在线监测系统。要定期监（检）测检查关键设备、连续监（检）测检查仪表，及时消除静设备密封件、动设备易损件的安全隐患。定期检查压力管道阀门、螺栓等附件的安全状态，及早发现和消除设备缺陷。

加强动设备管理。企业要编制动设备操作规程，确保动设备始终具备规定的工况条件。自动监测大机组和重点动设备的转速、振动、位移、温度、压力、腐蚀性介质含量等运行参数，及时评估设备运行状况。加强动设备润滑管理，确保动设备运行可靠。

开展安全仪表系统安全完整性等级评估。企业要在风险分析的基础上，确定安全仪表功能（SIF）及其相应的功能安全要求或安全完整性等级（SIL）。企业要按照《过程工业领域安全仪表系统的功能安全》（GB/T 21109）和《石油化工安全仪表系统设计规范》的要求，设计、安装、管理和维护安全仪表系统。

八、作业安全管理

（十八）建立危险作业许可制度。企业要建立并不断完善危险作业许可制度，规范动火、进入受限空间、动土、临时用电、高处作业、断路、吊装、抽堵盲板等特殊作业安全条件和审批程序。实施特殊作业前，必须办理审批手续。

（十九）落实危险作业安全管理责任。实施危险作业前，必须进行风险分析、确认安全条件，确保作业人员了解作业风险和掌握风险控制措施、作业环境符合安全要求、预防和控制风险措施得到落实。危险作业审批人员要在现场检查确认后签发作业许可证。现场监护人员要熟悉作业范围内的工艺、设备和物料状态，具备应急救援和处置能力。作业过程中，管理人员要加强现场监督检查，严禁监护人员擅离现场。

九、承包商管理

（二十）严格承包商管理制度。企业要建立承包商安全管理制度，将承包商在本企业发生的事故纳入企业事故管理。企业选择承包商时，要严格审查承包商有关资质，定期评估承包商安全生产业绩，及时淘汰业绩差的承包商。企业要对承包商作业人员进行严格的入厂安全培训教育，经考核合格的方可凭证入厂，禁止未经安全培训教育的承包商作业人员入厂。企业要妥善保存承包商作业人员安全培训教育记录。

（二十一）落实安全管理责任。承包商进入作业现场前，企业要与承包商作业人员进行现场安全交底，审查承包商编制的施工方案和作业安全措施，与承包商签订安全管理协议，明确双方安全管理范围与责任。现场安全交底的内容包括：作业过程中可能出现的泄漏、火灾、爆炸、中毒窒息、触电、坠落、物体打击和机械伤害等方面的危害信息。承包商要确保作业人员接受了相关的安全培训，掌握与作业相关的所有危害信息和应急预案。企业要对承包商作业进行全程安全监督。

十、变更管理

（二十二）建立变更管理制度。企业在工艺、设备、仪表、电气、公用工程、备件、材料、化学品、生产组织方式和人员等方面发生的所有变化，都要纳入变更管理。变更管理制度至少包含以下内容：变更的事项、起始时间，变更的技术基础、可能带来的安全风险，消除和控制安全风险的措施，是否修改操作规程，变更审批权限，变更实施后的安全验收等。实施变更前，企业要组织专业人员进行检查，确保变更具备安全条件；明确受变更影响的本企业人员和承包商作业人员，并对其进行相应的培训。变更完成后，企业要及时更新相应的安全生产信息，建立变更管理档案。

（二十三）严格变更管理。

工艺技术变更。主要包括生产能力，原辅材料（包括助剂、添加剂、催化剂等）和介质（包括成分比例的变化），工艺路线、流程及操作条件，工艺操作规程或操作方法，工艺控制参数，仪表控制系统（包括安全报警和联锁整定值的改变），水、电、汽、风等公用工程方面的改变等。

设备设施变更。主要包括设备设施的更新改造、非同类型替换（包括型号、材质、安全设施的变更）、布局改变，备件、材料的改变，监控、测量仪表的变更，计算机及软件的变更，电气设备的变更，增加临时的电气设备等。

管理变更。主要包括人员、供应商和承包商、管理机构、管理职责、管理制度和标准发生变化等。

（二十四）变更管理程序。

申请。按要求填写变更申请表，由专人进行管理。

审批。变更申请表应逐级上报企业主管部门，并按管理权限报主管负责人审批。

实施。变更批准后，由企业主管部门负责实施。没有经过审查和批准，任何临时性变更都不得超过原批准范围和期限。

验收。变更结束后，企业主管部门应对变更实施情况进行验收并形成报告，及时通知相关部门和有关人员。相关部门收到变更验收报告后，要及时更新安全生产信息，载入变更管理档案。

十一、应急管理

（二十五）编制应急预案并定期演练完善。企业要建立完整的应急预案体系，包括综合应急预案、专项应急预案、现场处置方案等。要定期开展各类应急预案的培训和演练，评估预案演练效果并及时完善预案。企业制定的预案要与周边社区、周边企业和地方政府的预案相互衔接，并按规定报当地政府备案。企业要与当地应急体系形成联动机制。

（二十六）提高应急响应能力。企业要建立应急响应系统，明确组成人员（必要时可吸收企外人员参加），并明确每位成员的职责。要建立应急救援专家库，对应急处置提供技术支持。发生紧急情况后，应急处置人员要在规定时间内到达各自岗位，按照应急预案的要求进行处置。要授权应急处置人员在紧急情况下组织装置紧急停车和相关人员撤离。企业要建立应急物资储备制度，加强应急物资储备和动态管理，定期核查并及时补充和更新。

十二、事故和事件管理

（二十七）未遂事故等安全事件的管理。企业要制定安全事件管理制度，加强未遂事故等安全事件（包括生产事故征兆、非计划停车、异常工况、泄漏、轻伤等）的管理。要建立未遂事故和事件报告激励机制。要深入调查分析安全事件，找出事件的根本原因，及时消除人的不安全行为和物的不安全状态。

（二十八）吸取事故（事件）教训。企业完成事故（事件）调查后，要及时落实防范措施，组织开展内部分析交流，吸取事故（事件）教训。要重视外部事故信息收集工作，认真吸取同类企业、装置的事故教训，提高安全意识和防范事故能力。

十三、持续改进化工过程安全管理工作

（二十九）企业要成立化工过程安全管理工作领导机构，由主要负责人负责，组织开展本企业化工过程安全管理工作。

（三十）企业要把化工过程安全管理纳入绩效考核。要组成由生产负责人或技术负责人负责，工艺、设备、电气、仪表、公用工程、安全、人力资源和绩效考核等方面的人员参加的考核小组，定期评估本企业化工过程安全管理的功效，分析查找薄弱环节，及时采取措施，限期整改，并核查整改情况，持续改进。要编制功效评估和整改结果评估报告，并建立评估工作记录。

化工企业要结合本企业实际，认真学习贯彻落实相关法律法规和本指导意见，完善安全生产责任制和安全生产规章制度，开展全员、全过程、全方位、全天候化工过程安全管理。

安全监管总局
2013年7月23日

关于加强化工企业泄漏管理的指导意见

（2014年8月29日国家安全生产监督管理总局以安监总管三〔2014〕94号公布）

各省、自治区、直辖市及新疆生产建设兵团安全生产监督管理局，有关中央企业：

为进一步加强化工企业安全生产基础工作，推动企业落实安全生产主体责任，有效预防和控制泄漏，防止和减少由泄漏引起的事故，提升企业本质安全水平，现提出以下意见：

一、充分认识加强泄漏管理的意义

（一）加强泄漏管理是确保化工企业安全生产的

必然要求。化工企业生产工艺过程复杂，工艺条件苛刻，设备管道种类和数量多，工艺波动、违规操作、使用不当、设备失效、缺乏正确维护等情况均可造成易燃易爆、有毒有害介质泄漏，从而导致事故发生。

（二）加强泄漏管理是预防事故发生的有效措施。泄漏是引起化工企业火灾、爆炸、中毒事故的主要原因，要树立"泄漏就是事故"的理念，从源头上预防和控制泄漏，减少作业人员接触有毒有害物质，提升化工企业本质安全水平。

二、化工企业泄漏表现形式和管理的主要内容

（三）化工企业泄漏的表现形式。化工生产过程中的泄漏主要包括易挥发物料的逸散性泄漏和各种物料的源设备泄漏两种形式。逸散性泄漏主要是易挥发物料从装置的阀门、法兰、机泵、人孔、压力管道焊接处等密闭系统密封处发生非预期或隐蔽泄漏；源设备泄漏主要是物料非计划、不受控制地以泼溅、渗漏、溢出等形式从储罐、管道、容器、槽车及其他用于转移物料的设备进入周围空间，产生无组织形式排放（设备失效泄漏是源设备泄漏的主要表现形式）。

（四）化工企业泄漏管理的主要内容。化工泄漏管理主要包括泄漏检测与维修和源设备泄漏管理两个方面。要通过预防性、周期性的泄漏检测发现早期泄漏并及时处理，避免泄漏发展为事故。泄漏检测与维修管理工作包括：配备监测仪器、培训监测人员、建立泄漏检测目录、编制泄漏检测与维修计划、验证维修效果等。源设备泄漏管理工作包括：泄漏根原因的调查和处理、泄漏事件的评定和上报、泄漏率统计、泄漏绩效考核等。泄漏检测维修工作要实行 PDCA 循环（戴明环）管理方式。对所有的泄漏事件都要参照事故调查要求严格管理。

三、优化装置设计，从源头全面提升防泄漏水平

（五）优化设计以预防和控制泄漏。在设计阶段，要全面识别和评估泄漏风险，从源头采取措施控制泄漏危害。要尽可能选用先进的工艺路线，减少设备密封、管道连接等易泄漏点，降低操作压力、温度等工艺条件。在设备和管线的排放口、采样口等排放阀设计时，要通过加装盲板、丝堵、管帽、双阀等措施，减少泄漏的可能性，对存在剧毒及高毒类物质的工艺环节要采用密闭取样系统设计，有毒、可燃气体的安全泄压排放要采取密闭措施设计。

（六）优化设备选型。企业要严格按照规范标准进行设备选型，属于重点监控范围的工艺以及重点部位要按照最高标准规范要求选择。设计要考虑必要的操作裕度和弹性，以适应加工负荷变化的需要。要根据物料特性选用符合要求的优质垫片，以减少管道、设备密封泄漏。

新建和改扩建装置的管道、法兰、垫片、紧固件选型，必须符合安全规范和国家强制性标准的要求；压力容器与压力管道要严格按照国家标准要求进行检验。选型不符合现行安全规范和强制性标准要求的已建成装置，泄漏率符合规定的，企业要加强泄漏检测，监护运行；泄漏率不符合要求的，企业要限期整改。

（七）科学选择密封配件及介质。动设备选择密封介质和密封件时，要充分兼顾润滑、散热。使用水作为密封介质时，要加强水质和流速的检测。输送有毒、强腐蚀介质时，要选用密封油作为密封介质，同时要充分考虑针对密封介质侧大量高温热油泄漏时的收集、降温等防护措施，对于易汽化介质要采用双端面或串联干气密封。

（八）完善自动化控制系统。涉及重点监管危险化工工艺和危险化学品的生产装置，要按安全控制要求设置自动化控制系统、安全联锁或紧急停车系统和可燃及有毒气体泄漏检测报警系统。紧急停车系统、安全联锁保护系统要符合功能安全等级要求。危险化学品储存装置要采取相应的安全技术措施，如高、低液位报警和高高、低低液位联锁以及紧急切断装置等。

四、系统识别泄漏风险，规范工艺操作行为

（九）全面开展泄漏危险源辨识与风险评估。企业要依据有关标准、规范，组织工程技术和管理人员或委托具有相应资质的设计、评价等中介机构对可能存在的泄漏风险进行辨识与评估，结合企业实际设备失效数据或历史泄漏数据分析，对风险分析结果、设备失效数据或历史泄漏数据进行分析，辨识出可能发生泄漏的部位，结合设备类型、物料危险性、泄漏量对泄漏部位进行分级管理，提出具体防范措施。当工艺系统发生变更时，要及时分析变更可能导致的泄漏风险并采取相应措施。

（十）全面开展化工设备逸散性泄漏检测及维修。企业要根据逸散性泄漏检测的有关标准、规范，定期对易发生逸散性泄漏的部位（如管道、设备、机泵等密封点）进行泄漏检测，排查出发生泄漏的设备要及时维修或更换。企业要实施泄漏检测及维修全过程管理，对维修后的密封进行验证，达到减少或消除泄漏的目的。

（十一）加强化工装置源设备泄漏管理，提升泄漏防护等级。企业要根据物料危险性和泄漏量对源设备泄漏进行分级管理、记录统计。对于发生的源设备泄漏事件要及时采取消除、收集、限制范围等措施，对于可能发生严重泄漏的设备，要采取第一时间能切断泄漏源的技术手段和防护性措施。企业要实施源设备泄漏事件处置的全过程管理，加强对生产现场的泄漏检查，努力降低各类泄漏事件发生率。

（十二）规范工艺操作行为，降低泄漏几率。操作人员要严格按操作规程进行操作，避免工艺参数大的波动。装置开车过程中，对高温设备要严格按升温曲线要求控制温升速度，按操作规程要求对法兰、封头等部件的螺栓进行逐级热紧；对低温设备要严格按降温曲线要求控制降温速度，按操作规程要求对法兰、封头等部件的螺栓进行逐级冷紧。要加强开停车和设备检修过程中泄漏检测监控工作。

（十三）加强泄漏管理培训。企业要开展涵盖全员的泄漏管理培训，不断增强员工的泄漏管理意识，掌握泄漏辨识和预防处置方法。新员工要接受泄漏管理培训后方能上岗。当工艺、设备发生变更时，要对相关人员及时培训。对负责设备泄漏检测和设备维修的员工进行泄漏管理专项培训。

五、建立健全泄漏管理制度

（十四）建立泄漏常态化管理机制。要根据企业实际情况制定泄漏管理的工作目标，制定工作计划，责任落实到人，保证资金投入，统筹安排、严格考核，将泄漏管理与工艺、设备、检修、隐患排查等管理相结合，并在岗位安全操作规程中体现查漏、消漏、动静密封点泄漏率控制等要求。

（十五）建立和完善泄漏管理责任制。建立健全并严格执行以企业主要负责人为第一责任人、分管负责人为责任人、相关部门及人员责任明确的泄漏管理责任制。

（十六）建立和不断完善泄漏检测、报告、处理、消除等闭环管理制度。建立定期检测、报告制度，对于装置中存在泄漏风险的部位，尤其是受冲刷或腐蚀容易减薄的物料管线，要根据泄漏风险程度制定相应的周期性测厚和泄漏检测计划，并定期将检测记录的统计结果上报给企业的生产、设备和安全管理部门，所有记录数据要真实、完整、准确。企业发现泄漏要立即处置、及时登记、尽快消除，不能立即处置的要采取相应的防范措施并建立设备泄漏台账，限期整改。加强对有关管理规定、操作规程、作业指导书和记录文件以及采用的检测和评估技术标准等泄漏管理文件的管理。

（十七）建立激励机制。企业要鼓励员工积极参与泄漏隐患排查、报告和治理工作，充分调动全体员工的积极性，实现全员参与。

六、全面加强泄漏应急处置能力

（十八）建立和完善化工装置泄漏报警系统。企业要按照《石油化工可燃气体和有毒气体检测报警设计规范》（GB 50493）和《工作场所有毒气体检测报警装置设置规范》（GBZ/T 223）等标准要求，在生产装置、储运、公用工程和其他可能发生有毒有害、易燃易爆物料泄漏的场所安装相关气体监测报警系统，重点场所还要安装视频监控设备。要将法定检验与企业自检相结合，现场检测报警装置要设置声光报警，保证报警系统的准确、可靠性。

（十九）建立规范、统一的报警信息记录和处理程序。操作人员接到报警信号后，要立即通过工艺条件和控制仪表变化判别泄漏情况，评估泄漏程度，并根据泄漏级别启动相应的应急处置预案。操作人员和管理人员要对报警及处理情况做好记录，并定期对所发生的各种报警和处理情况进行分析。

（二十）建立泄漏事故应急处置程序，有效控制泄漏后果。企业要充分辨识安全风险，完善应急预案，对于可能发生泄漏的密闭空间，应当编制专项应急预案并组织进行预案演练，完善事故处置物资储备。要设置符合国家标准规定的泄漏物料收集装置，对泄漏物料要妥善处置，如采取带压堵漏、快速封堵等安全技术措施。对于高风险、不能及时消除的泄漏，要果断停车处置。处置过程中要做好检测、防火防爆、隔离、警戒、疏散等相关工作。

七、强化考核

（二十一）加强泄漏管理内部审核。企业要对泄漏台账、目标责任书、作业文件、现场检测或检查记录等泄漏管理文件定期进行审核，对作业现场进行抽检抽查，核实检测或检查记录的可靠性，对泄漏管理系统进行内部审计。

（二十二）加强对泄漏管理的检查考核。企业要加强对泄漏管理过程、结果的检查考核，确保泄漏管理实现持续改进。企业要按泄漏控制目标的量化要求，对各部门和岗位的泄漏管理状况进行绩效考核。

化工企业要依据本指导意见，进一步落实安全生产主体责任，结合自身生产实际建立和完善泄漏管理制度，将泄漏管理与安全生产标准化和隐患排查治理工作相结合，积极开展泄漏预防与控制，提高泄漏管理水平。

地方各级安全监管部门要结合本地区实际，指导和推动化工企业贯彻落实本指导意见，促进化工企业安全生产。

国家安全监管总局
2014 年 8 月 29 日

遏制危险化学品和烟花爆竹重特大事故工作意见

(2016年6月3日国家安全监管总局以安监总管三〔2016〕62号印发)

为认真落实党中央、国务院决策部署,强化安全风险管控和隐患排查治理,着力解决危险化学品领域和烟花爆竹行业存在的突出安全问题,有效防范较大事故,坚决遏制重特大事故,根据《国务院安委会办公室关于印发标本兼治遏制重特大事故工作指南的通知》(安委办〔2016〕3号),制定本工作意见。

一、主要工作任务和目标

深刻理解习近平总书记关于构建风险分级管控和隐患排查治理双重预防性工作机制重要指示的重大意义,认真分析危险化学品和烟花爆竹安全生产特点和事故规律,全面排查评估生产经营企业安全风险,严格落实隐患排查治理闭环管理,构建形成风险分级管控和隐患排查治理双重预防体系。坚持问题短板导向,专项整治突出问题,实施本质安全提升工程,强化重点风险管控,根治一批重大隐患,淘汰一批落后工艺技术,关闭一批安全保障能力差的企业,有效防范危险化学品和烟花爆竹较大事故,坚决遏制重特大事故。

二、准确把握风险、隐患与事故内涵和关系

认真研究危险化学品和烟花爆竹安全生产特点,深入分析总结事故规律,准确把握风险、隐患与事故的内在联系,深刻认识事故是由隐患发展积累导致的,隐患的根源在于风险,风险得不到有效管控就会演变成隐患从而导致事故发生。因此,要把防范事故关口前移,全面排查安全风险,强化风险管控。要改进隐患排查治理方式方法,通过明晰责任、完善制度、健全管理,解决改变当前隐患排查不全面不深入、治理不彻底以及屡查屡犯的问题,切实提高隐患排查治理的有效性。要在严格管控风险、强化隐患排查治理的基础上,加强事故应急前期处置,构建形成风险排查管控、隐患排查治理和事故应急前期处置三道重特大事故防范屏障。

三、全面排查生产经营企业的安全风险和隐患

结合各地区、各行业、各单位实际,不断完善排查风险和隐患的方式方法与体制机制,通过网格化排查,做到全覆盖、无死角、无遗漏;通过加强行业指导,确保排查深入、科学、准确、全面。要进一步明晰排查路径,突出排查重点,彻底摸清易燃、易爆、剧毒等高风险生产经营储存场所及可能受到事故影响的人员密集场所。

1. 及时收集、认真分析国内外各类典型事故案例,对照本单位实际情况,借鉴事故教训,举一反三,查找存在的风险漏洞与薄弱环节。

2. 抓住泄漏、火灾、爆炸、中毒、窒息、坍塌、倒塌、坠落、挤压等致灾因素,结合危险化学品储存量大小,科学、准确的评估事故可能影响范围,排查可能存在的重大风险和隐患。

3. 突出劳动密集型企业、人员密集场所,结合风险评估结果和现实管理状况,排查可能造成群死群伤的风险和隐患。

4. 盯紧动火、受限空间作业等特殊作业环节,排查特殊作业的风险评价、控制措施和安全规程。

5. 高度关注新兴化工产业,严格风险评估论证管理,认真排查新工艺、新技术、新装备、新产品可能潜在的风险和隐患。

6. 进一步明晰监管责任,消除监管漏洞,排查部门监管结合点可能存在的漏洞和薄弱环节。

7. 针对违法生产、贮存危险化学品和烟花爆竹隐蔽性强、危害大的特点,排查可能出现违法生产、贮存的地区(场所)及人群。

8. 坚持底线思维,按照事故后果最大化原则,排查可能存在的风险和隐患,严防"想不到"的问题现象。

四、严格风险管控和隐患排查治理

1. 在全面排查、摸清底数的基础上,按照《标本兼治遏制重特大事故工作指南》要求,绘制省、市、县三级以及企业的危险化学品和烟花爆竹重大危险源分布电子图、安全风险等级分布电子图,建立安全风险和事故隐患数据库。

2. 建立危险化学品和烟花爆竹安全风险网格化管理、分级管控、公告预警制度和隐患排查治理闭环管理制度,聚焦危险化学品"两重点一重大"、经营单位仓储场所、人员密集场所及烟花爆竹生产企业,盯住爆炸品、易燃液体、液化气体、有毒有害气体,依靠制度和技术手段,落实每一处重大安全风险和事故隐患的管理与监管责任,对重点设施、重点场所、关键部位、关键环节以及重点人群严格监管,有效管控。

3. 扎实推进危险化学品专项整治,全面推行重点防控措施:(1)涉及光气、液氯、液氨、硝酸铵、硝酸胍等物品的生产经营企业储存场所与周边安全距离不满足《危险化学品生产、储存装置个人可接受

风险标准和社会可接受风险标准（试行）》的，一律停止使用；（2）涉及"两重点一重大"的危险化学品生产经营新、改、扩建项目，地方安全监管部门应对企业试生产方案组织专家论证，确保试生产安全；（3）通过定量风险评价方式进行安全评估的危险化学品重大危险源，个人和社会风险值超过相关限值标准的，必须采取降低风险的措施，其中周边有学校、幼儿园、医院、养老院、交通、商业、文化、旅游以及住宅小区等人员密集场所且风险不能降低的，采取停产整顿、转产、搬迁、关闭等强制性措施；（4）自2017年1月1日起，凡是构成一级、二级重大危险源，未设置紧急停车（紧急切断）功能的危险化学品罐区，一律停止使用；（5）自2017年1月1日起，凡是未实现温度、压力、液位等信息的远程不间断采集检测，未设置可燃和有毒有害气体泄漏检测报警装置的构成重大危险源的危险化学品罐区，一律停止使用；（6）自2016年7月1日起，所有仓储经营企业构成重大危险源的危险化学品罐区动火作业全部按特级动火进行升级管理，鼓励地方安全监管部门或行业主管部门对动火等特殊作业实施第三方专业化监管；（7）采用新工艺、新配方的企业必须开展反应风险评估，国内首次使用的化工工艺，必须经过省级人民政府有关部门组织的安全可靠性论证；（8）地方安全监管部门可研究将所有构成危险化学品重大危险源的仓储经营单位的仓储操作纳入特种作业管理。

4. 认真开展烟花爆竹专项整治，全面推行重点防控措施：（1）对分包转包、一证多厂、多股东各自独立组织生产的，一律依法吊销安全生产许可证；（2）对存在"三超一改"（超许可范围、超人员、超药量和擅自改变工房用途）行为的，一律依法责令停产整改，逾期不改的，吊销安全生产许可证；（3）对工作台（地面）导静电设施和机械设备接地不合格的，一律依法停产整改；（4）对"三库"不达标的，安全生产许可证到期后一律不予延期换证；（5）对不符合《礼花弹安全生产条件》(AQ 4121)、《黑火药引火线生产企业安全基本要求》(安监总厅管三〔2013〕43号）的，一律依法停产整改升或予以关闭；（6）自2016年7月1日起，对领导值班安排未上墙、职工进出厂未打卡（或签名）登记的，一律依法停产整顿；（7）自2017年起，重点部位和总仓库未实现防超员超量视频监控的，一律依法停产整改；（8）自2017年起，全面淘汰爆竹引火线"干法制引"工艺和烟火药手工混药工艺。

五、提高应急处置能力

坚持以科学性、实用性、可操作性为目标，督促地方和企业进一步完善各类事故专项应急预案和高风险岗位现场处置方案，定期组织演练，以实战实操来发现问题、改进提高。要根据危险化学品和烟花爆竹事故危害特性，强化事故应急前期处置，注重现场安全风险科学评估和精准管控，在最短时间内将事故消灭在萌芽状态，控制在最小范围内，避免盲目施救和处置不当导致事故后果升级扩大。

六、构建标本兼治的综合防控体系

1. 健全完善危险化学品的关键工艺、技术、装备等安全标准，继续推动18种重点监管危险化工工艺的化工装置及74种重点监管危险化学品的生产储存装置完成自动化控制系统改造，实施危险化学品重大危险源在线监控及事故预警工程和危险化学品罐区本质安全提升工程，逐步淘汰一批安全保障能力差的工艺、技术和装备。

2. 公布涉及危险化学品安全的行业目录，强化"管行业必须管安全"。配合住建、城乡规划、国土资源等部门加强城乡规划和用地控制，提高危险化学品生产储存项目准入门槛，推动重点地区建立"两重点一重大"建设项目立项阶段部门联合审批制度，鼓励各地制定本地区危险化学品"禁限控"目录，严格涉及硝酸铵等爆炸品、硝化棉等易燃品、有毒有害气体和甲类、乙类易燃液体及液化气体的项目审批。

3. 建立烟花爆竹生产关键涉药机械设备安全准入制度，实施生产机械化示范推广工程，强制淘汰烟花爆竹落后生产工艺，逐步提高烟花爆竹生产准入门槛，严格安全生产许可把关，严格控制黑火药、礼花弹等高危产品生产企业数量，坚决关闭不具备安全生产条件的企业。

各省级安全监管部门要按照本意见制定具体实施方案，组织辖区内各级安全监管部门和危险化学品、烟花爆竹从业单位抓好贯彻落实，及时进行分析总结，积极推广有效做法和典型经验，持续推动相关工作深入开展，不断提高危险化学品和烟花爆竹安全保障能力，有力促进全国危险化学品和烟花爆竹安全生产形势稳定好转。

2) 易制毒化学品安全

企业非药品类易制毒化学品规范化管理指南

(2014年6月16日国家安全生产监督管理总局办公厅以安监总厅管三〔2014〕70号印发)

1 总则

1.1 为指导企业做好非药品类易制毒化学品管理工作，防止非药品类易制毒化学品流入非法渠道，根据《禁毒法》《易制毒化学品管理条例》(国务院令第445号)、《非药品类易制毒化学品生产、经营许可办法》(国家安全监管总局令第5号)、《国家安全监管总局关于进一步加强非药品类易制毒化学品监管工作的指导意见》(安监总管三〔2012〕79号)等法律法规和规范性文件，制定本指南。

1.2 企业生产、经营非药品类易制毒化学品(以下简称易制毒化学品)的管理，适用本指南。

1.3 企业从事易制毒化学品生产、经营活动，应当办理国家规定的易制毒化学品行政许可或备案手续。

1.4 企业应当履行易制毒化学品管理的社会责任，积极向公安、安全生产监督管理等主管部门(以下简称有关行政主管部门)举报并鼓励员工举报涉及易制毒化学品的违法行为，及时反映易制毒化学品可疑交易线索等异常情况。

2 责任制

2.1 企业应当认真履行易制毒化学品管理责任，建立健全包括主要负责人、分管负责人、销售负责人及其他有关人员在内的责任体系，明确各级人员职责；员工在5人以内的微型企业至少应当明确主要负责人和销售人员的易制毒化学品管理职责。

2.2 企业主要负责人是易制毒化学品管理第一责任人。企业主要负责人应当了解有关易制毒化学品管理的法律法规，了解本企业易制毒化学品的基本知识，使企业严格遵守国家易制毒化学品管理各项规定；建立健全易制毒化学品管理责任体系，批准实施企业易制毒化学品管理制度，设置易制毒化学品管理机构，保证易制毒化学品生产、储存等设备设施符合国家规定和要求；保证向有关行政主管部门提交的报告等资料的内容真实；检查各项易制毒化学品管理制度的执行与完善情况；积极推进易制毒化学品管理信息化工作。

2.3 企业易制毒化学品分管负责人协助主要负责人分管易制毒化学品管理工作。分管负责人应当学习并组织本企业贯彻落实易制毒化学品管理的法律法规和国家有关规定，学习并掌握本企业易制毒化学品基本知识，组织制定和审核易制毒化学品管理分部门规章制度、各岗位责任制度，组织企业易制毒化学品从业人员的教育培训工作，组织检查易制毒化学品各项管理制度的执行和生产、储存等设备设施的使用情况，组织从生产（或采购）、储存到销售（或自用）的易制毒化学品流向清查工作，组织易制毒化学品管理的持续改进和信息化工作，及时通报、报告易制毒化学品管理情况，组织编制提交有关行政主管部门的定期报告等资料。

2.4 销售负责人全面负责易制毒化学品的销售管理工作。销售负责人应当严格执行易制毒化学品管理的法律法规和国家有关规定，学习并掌握本企业易制毒化学品基本知识，组织制定易制毒化学品销售程序及管理制度并监督销售人员严格遵守，组织建立健全销售台账、档案及销售信息系统，检查台账记录和档案整理情况，定期组织易制毒化学品库存销售盘点，及时通报、报告易制毒化学品销售管理情况。

2.5 销售人员应当了解易制毒化学品管理法律法规有关规定，掌握本企业易制毒化学品基本知识，严格遵守易制毒化学品销售管理制度和程序，做到按规定留存的买方资料完整有效，销售记录无漏项，台账、档案整齐有序，保证易制毒化学品销售记录清晰、相互衔接可追溯。

2.6 储存管理人员负责易制毒化学品的保管工作，应当熟悉本企业易制毒化学品的物理性质和化学性质，严格执行易制毒化学品存储和出入库制度，做到出入库记录完整、记录台账清晰，做到票据、账面记录与实物相符，要经常检查易制毒化学品的存放和安全设施情况，发现异常要及时报告、采取措施处理。

2.7 生产管理人员负责易制毒化学品的产出管理工作，应当严格执行易制毒化学品产成品登记入账制度，做到准确、及时记录每班次投料、产成品数量等，做到及时办理产成品入库和签收，做到产成品记录和入库签收凭证账目完整、清晰。

2.8 采购人员负责易制毒化学品、易制毒化学品原料的购入管理工作，应当了解易制毒化学品管理法律法规有关规定，掌握本企业所购易制毒化学品基本知识，应严格执行易制毒化学品、易制毒化学品原料入库入账制度，做到货物来源合法、货物与卖方发货凭证相符，做到及时办理货物入库和签收。

2.9 接触易制毒化学品的其他相关人员应当了解易制毒化学品管理法律法规有关规定，掌握本企业易制毒化学品的基本知识，严格遵守企业易制毒化学品管理规章制度，按照本岗位职责做好易制毒化学品管理相关工作。

3 管理机构及职责

3.1 企业应当设置易制毒化学品管理机构。根据企业实际，可以设专门机构、挂靠机构或者非常设机构，由易制毒化学品分管负责人领导，至少配置一名专职或者固定人员负责易制毒化学品管理机构日常工作。

3.2 易制毒化学品管理机构负责本企业易制毒化学品管理的组织、监督工作，承办企业易制毒化学品分管负责人交办的工作，检查易制毒化学品管理制度执行及各类台账记录情况，开展易制毒化学品从业人员的教育培训，编制、报送企业易制毒化学品情况报告和信息报表等。

4 采购管理

4.1 企业采购易制毒化学品，应选择有相应易制毒化学品经营许可或备案资质的供货方，依法办理易制毒化学品购买、运输等相关手续。

4.2 企业采购易制毒化学品原料，其原料属于危险化学品的，应选择有相应危险化学品经营资质的供货方，按照危险化学品有关安全要求进行运输。

4.3 采购的易制毒化学品，其包装必须标明易制毒化学品的规范名称、化学分子式、成分和含量。采购的易制毒化学品、易制毒化学品原料属于危险化学品的，必须附有按照国家标准编制的化学品安全技术说明书和安全标签。

4.4 采购的易制毒化学品、易制毒化学品原料须及时入库入账。入库时应严格核对品种、数量、规格、包装等情况，并做好相应记录。

5 生产和储存管理

5.1 建立易制毒化学品产成品登记入账管理制度。应记录每班次生产易制毒化学品的投料、产量等数据，办理产成品入库手续，记录资料和入库单及签收凭证应整理为产成品登记台账（参见附件1）及档案。

5.2 易制毒化学品储存由专人管理，第一类易制毒化学品应实行"双人双锁，双人领取"。

5.3 企业应根据生产、经营的易制毒化学品品种，编制易制毒化学品储存禁配表（参见附件2），由储存管理人员严格执行。同时属于危险化学品的，要储存在专用仓库、专用场地内，并按照相关技术标准规定的储存方法、储存数量和安全距离，实行隔离、隔开、分离储存。

5.4 建立易制毒化学品出入库管理制度。须凭出入库单据（参见附件3、附件4）办理出入库，查验出入库易制毒化学品品种和数量，履行出入库签收手续。应记录易制毒化学品出入库时间、品种、数量，以及入库时来源和出库时去向等要素。记录资料和出入库单据应整理为出入库台账（参见附件5、附件6）及档案。

5.5 每月至少进行一次库存盘点，认真核对账面数与实物数并记录清查结果（参见附件7）。发现易制毒化学品库存量与出入库数量不符时应及时查找原因，发现被盗、丢失应立即向有关行政主管部门报案。

5.6 企业应当保证易制毒化学品生产、储存设备设施的完整性。生产、储存设备设施要符合安全生产等有关要求。要定期检查设备设施使用状况，做好日常维护保养，必要时进行更新。

5.7 储存设施应符合国家标准要求和有关规定。企业的储存设施（包括租赁的）要保证符合易制毒化学品的安全储存要求。无封闭墙体的简易棚不得用作仓库，仓库应配置防盗报警等监控设施，并有专人值守。

6 销售管理

6.1 销售管理是企业易制毒化学品管理的重要环节，要严格按照许可或备案范围销售易制毒化学品。当需要销售许可或备案范围外的品种或者销售数量发生较大变化的，要办理许可证或备案证明变更手续；企业不再生产、经营易制毒化学品的，要及时办理证件注销手续。

6.2 依法核验购买方资质。销售易制毒化学品时，应按规定查验购买方的购买许可、备案证和购买经办人身证证。对符合条件的购买方，如实记录销售的品种、数量、日期和购买方的详细地址、联系方式等情况（参见附件8），留存上述资质证明和身份证的复印件。

6.3 规范销售资料的管理。应根据销售记录、留存的复印件、销售合同、发货单等销售资料,填写、建立销售台账(参见附件9、附件10)及档案。销售资料存放设施、计算机销售信息系统要安全可靠。

6.4 企业销售的易制毒化学品,其包装必须可靠,符合国家有关规定。包装必须标明易制毒化学品的规范名称、化学分子式、成分和含量;属于危险化学品的,必须附有按照国家标准编制的化学品安全技术说明书和安全标签。

7 培训教育

7.1 企业要建立易制毒化学品管理培训教育制度。依据不同岗位类型,制定培训教育目标和考核要求,制定包括学习内容、时间安排、参加人员范围等事项的年度培训教育计划。要建立从业人员培训教育档案,记录培训情况。企业每年应至少进行一次全员易制毒化学品管理方面的遵纪守法教育活动。

7.2 易制毒化学品管理培训教育应以法律法规和有关行政主管部门规定、企业规章制度、岗位责任制及工作程序为内容,结合新形势要求,注重联系实际。要对培训教育效果进行评价并不断改进。

7.3 企业主要负责人、分管负责人要带头参加本企业易制毒化学品管理培训教育活动;生产、储存、销售部门负责人及管理、技术人员,每年至少要参加一次易制毒化学品管理培训教育,经考核合格后方可任职。

7.4 第一类易制毒化学品企业主要负责人和分管技术、生产、销售的负责人还应当参加专门的考核,取得安全生产监管部门颁发的易制毒化学品知识考核合格证明后方可任职。

8 信息填报和违法违规行为举报

8.1 企业应当在每年3月31日前,以纸质和登录安全监管部门易制毒化学品管理信息系统填报两种方式,提交包括本企业上年度易制毒化学品生产经营品种、数量和主要流向等情况的年报。应当按照有关行政主管部门的要求,上报本企业易制毒化学品管理情况。

8.2 企业上报易制毒化学品管理情况和年报要做到及时、准确,上报材料和年报须有企业签章或主要负责人的签名等确认手续。

8.3 企业要建立易制毒化学品违法违规举报奖励制度。举报情况属实的,企业应对举报人进行奖励;属于严重违法的,报有关行政主管部门处理。

9 附则

9.1 企业易制毒化学品生产、经营的各项台账及档案、资料,至少应保存3年备查。要逐步建立各项台账及档案、资料的电子文档,实现信息化、动态化管理。

9.2 本指南附件1至附件10,包含易制毒化学品从生产、储存到销售环节的流向管理基本要素,其表格式样供建立本企业易制毒化学品相应记录台账参考。

关于进一步加强非药品类易制毒化学品监管工作的指导意见

(2012年6月15日国家安全生产监督管理总局以安监总管三〔2012〕79号发布)

各省、自治区、直辖市及新疆生产建设兵团安全生产监督管理局:

为深入贯彻落实《禁毒法》《易制毒化学品管理条例》(国务院令第445号,以下简称《条例》)《非药品类易制毒化学品生产、经营许可办法》(国家安全监管总局令第5号)等法律法规要求,落实各级安全监管部门非药品类易制毒化学品监管责任,推动非药品类易制毒化学品生产、经营企业(以下简称企业)认真履行社会责任,依法从事生产、经营活动,进一步加强非药品类易制毒化学品管理,现提出以下指导意见:

一、进一步加强非药品类易制毒化学品监管工作的重要意义和总体要求

(一)重要意义。非药品类易制毒化学品品种数量占国家管制的易制毒化学品品种数量的80%以上。为防止其流入非法渠道用于制造毒品,《条例》赋予安全监管部门履行非药品类易制毒化学品生产、经营许可和监督工作的职责,这是加强非药品类易制毒化学品源头管理的重要环节,在整个禁毒工作中发挥着不可替代的重要作用,对于维护社会秩序、构建和谐社会具有重要现实意义。各级安全监管部门要充分认识非药品类易制毒化学品监管工作的长期性、复杂性,增强大局意识、责任意识、创新意识、法制意识,不断提升监管能力。

（二）总体要求。结合危险化学品安全监管工作，严把非药品类易制毒化学品企业准入关，进一步加强和完善非药品类易制毒化学品生产、经营环节的流向和数量监管工作，建立日常监督检查机制，完善部门联合执法机制，严厉查处各种非法违法行为；加强对非药品类易制毒化学品企业的监督指导，督促企业认真落实非药品类易制毒化学品管理责任，增强自律意识，健全管理制度，自觉遵守《条例》规定，构建非药品类易制毒化学品生产经营法制秩序。

二、严格源头准入，进一步加强非药品类易制毒化学品的监督管理

（三）严格非药品类易制毒化学品生产、经营颁证管理。各级安全监管部门要通过许可证审查和备案证明延期换证等手段，依法依规严格要求，从严把好非药品类易制毒化学品生产经营准入关口。许可证和备案证明载明的易制毒化学品品种、产量、销售量、流向等内容，要反映企业实际生产经营情况，增强许可证和备案证明的约束与引导作用。要结合安全生产监督管理工作，依法淘汰生产条件差、管理水平低的生产企业，关闭无固定经营场所的经营企业，从严查处涉毒案件中的违法企业。许可证或备案证明有效期届满后未按要求提交延期换证申请的企业，应当立即停止相关生产经营活动；继续生产经营的，按非法生产经营行为依法予以严肃查处。发证机关要在非药品类易制毒化学品生产、经营企业许可证或备案证明有效期届满后3个月内依法予以注销，并抄报同级公安、工商、商务等有关部门。

（四）加强非药品类易制毒化学品颁证企业的监管工作。各级安全监管部门要针对本地区非药品类易制毒化学品企业分布情况和管理状况，制定年度监管执法工作计划，有计划地开展日常监督检查，做到年度内全覆盖，重点检查企业执行《条例》情况、保持颁证条件情况、制度落实情况、相关人员对非药品类易制毒化学品管理要求的掌握情况等。对检查发现的问题，要限期改正，严厉查处和打击非法生产经营行为。要与危险化学品安全监管工作有机结合，充分利用安全监管的行政许可手段，加大企业违法成本；对于被暂扣或吊销非药品类易制毒化学品相关许可证或备案证明，又存在违反危险化学品安全法律法规要求的企业，要同时依法暂扣或吊销其相关危险化学品安全许可证。

三、全面落实企业非药品类易制毒化学品管理责任

（五）建立健全非药品类易制毒化学品管理责任体系。企业要认真履行非药品类易制毒化学品管理责任，建立健全包括主要负责人、分管负责人、销售负责人及有关人员在内的责任体系，健全管理机构，至少配备1名专职人员或者以非药品类易制毒化学品管理为主要职责的固定管理人员，切实履行职责，严防非药品类易制毒化学品流入非法渠道造成社会危害。

（六）健全完善各项非药品类易制毒化学品管理制度。企业要建立健全至少包括以下内容的非药品类易制毒化学品管理制度：企业负责人的管理职责和管理人员的岗位职责，非药品类易制毒化学品生产、出入库管理、仓储安全管理制度，购销管理、购销合同管理、销售流向登记、销售记录管理、购买和运输凭证存档等制度，非药品类易制毒化学品信息系统填报制度，从业人员非药品类易制毒化学品知识教育培训制度，违法违规行为举报奖励制度等。

（七）非药品类易制毒化学品生产设备、仓储设施、产品包装要符合国家标准要求或有关规定。不得采用国家明令淘汰的生产工艺装置；仓储设施要符合非药品类易制毒化学品的理化特性要求，符合防盗等安全监控要求；产品包装必须标明产品名称、化学分子式、成分和含量，确保包装可靠，属于危险化学品的，必须符合有关法律法规对危险化学品安全的有关规定。

（八）严格遵守非药品类易制毒化学品生产、经营许可和备案制度。企业要严格依法从事非药品类易制毒化学品生产、经营活动，规范生产和经营行为，严禁超许可范围生产和经营；备案事项发生变化的，应当及时办理重新备案和变更手续；不再生产、经营非药品类易制毒化学品的，应当及时办理许可证或备案证明注销手续。严禁倒卖、出租、转让或以厂房场地转包、租赁等方式变相转让非药品类易制毒化学品生产、经营许可证或备案证明。

（九）强化非药品类易制毒化学品销售管理，做到销售流向清晰、档案记录完整。企业要依法销售非药品类易制毒化学品，按规定查验购买者应持有的由公安机关核发的购买资质证明和购买经办人身份证。对符合条件的购买者，要如实记录销售的品种、数量、日期和购买方的详细地址、联系方式和自述用途等情况，留存上述资质证明和身份证的复印件。记录和留存复印件等销售资料应当保存2年备查。对非药品类易制毒化学品生产、经营的各项记录台账、资料，要逐步建立电子文档，实现信息化、动态化管理。

（十）加强非药品类易制毒化学品法律法规教育培训。企业每年要对全体员工进行一次非药品类易制毒化学品管理方面的遵纪守法教育培训，使全体员工充分认识非药品类易制毒化学品流入非法渠道的社会

危害和法律责任。企业主要负责人、技术人员和管理人员要接受非药品类易制毒化学品管理的教育和培训,熟悉相关法律法规和制度规定,掌握非药品类易制毒化学品基本知识。涉及第一类非药品类易制毒化学品的企业主要负责人、技术人员和管理人员,还应当按照有关规定取得考核合格证明。

四、强化非药品类易制毒化学品流向监管,严格追究责任

(十一)加强生产、经营环节非药品类易制毒化学品流向监管。地方各级安全监管部门要监督企业建立健全非药品类易制毒化学品出入库、销售登记等各项管理制度,并检查企业非药品类易制毒化学品存放保管等内部流转是否有明确的记录,对外销售记录和买方购买资质留存资料是否完整,企业产量、销售量是否平衡,前后记录是否一致,台账和实物是否相符,以及产量、销售量、流向等与企业年报是否相符等情况。对存在问题的,要责令限期改正,依法处罚。

(十二)加强非药品类易制毒化学品信息化管理。地方各级安全监管部门要充分运用非药品类易制毒化学品管理信息系统的统计等功能,全面分析和掌握本地区非药品类易制毒化学品生产和经营的总量、品种、流向、颁证等情况及相关变化。要认真做好非药品类易制毒化学品生产、经营许可和备案颁证季报(以下简称季报)填报工作,督促企业按时上报非药品类易制毒化学品生产、经营年报(以下简称年报),并做到上报数据准确、规范;要于每季度第一个月末前上报上一季度季报,每年4月底前上报上一年度年报。企业不提供年报的,安全监管部门要依法予以处罚;下级安全监管部门不提供季报、年报,数据存在明显错误,季报、年报缺项较多的,上级安全监管部门要予以通报或督办。

(十三)建立非药品类易制毒化学品案件倒查机制。对涉及非药品类易制毒化学品流入非法渠道案件的企业,所在地省级安全监管部门要组织专项检查,查清涉案情况、非药品类易制毒化学品管理情况。对存在管理漏洞的,要责令企业限期整改;存在非法违法销售行为的,依法责令企业停产停业整顿,暂扣或吊销非药品类易制毒化学品生产、经营许可证和备案证明,情节严重的,依法移送公安机关追究法律责任。要举一反三,要求同类企业吸取教训,切实加强管理,防止同类案件再次发生。

五、加强监管能力建设,积极参与部门联动合作

(十四)加强组织领导和监管能力建设。各级安全监管部门要加强组织领导,充实人员力量,落实责任,保障经费,及时检查和总结非药品类易制毒化学品监管工作。各省级安全监管部门以及非药品类易制毒化学品企业数量多的设区的市级安全监管部门要配置专职管理人员;设区的市级以下的安全监管部门要明确固定的管理人员,并保持人员相对稳定,保证工作的连续性。要加强监管人员易制毒化学品法律法规和业务知识的培训。要创新日常监管方法,建立健全约谈、公布"黑名单"、挂牌督办等制度,应用信用记录等措施,不断提高非药品类易制毒化学品监管水平和执法效能。

(十五)加强部门协作与配合。各级安全监管部门要积极参与同级禁毒委员会组织开展的有关工作,开展与易制毒化学品监管相关部门的合作,形成整体监管合力。要会同公安、商务和工商等相关部门,联合开展专项检查,严厉打击非法违法生产、经营非药品类易制毒化学品行为。在换发许可证和备案证明、检查企业非药品类易制毒化学品销售管理情况等工作中,要通过与有关部门沟通信息、加强联动,进一步查证实情,堵塞漏洞,提高执法检查效能,共同推进易制毒化学品监管工作。

国家安全生产监督管理总局
二〇一二年六月十五日

非药品类易制毒化学品生产、经营许可办法

(2006年3月21日国家安全生产监督管理总局局长办公会议审议通过,2006年4月5日国家安全生产监督管理总局令第5号公布,自2006年4月15日起施行)

第一章 总 则

第一条 为加强非药品类易制毒化学品管理,规范非药品类易制毒化学品生产、经营行为,防止非药品类易制毒化学品被用于制造毒品,维护经济和社会秩序,根据《易制毒化学品管理条例》(以下简称《条例》)和有关法律、行政法规,制定本办法。

第二条 本办法所称非药品类易制毒化学品,是指《条例》附表确定的可以用于制毒的非药品类主要原料和化学配剂。

非药品类易制毒化学品的分类和品种,见本办法附表《非药品类易制毒化学品分类和品种目录》。

《条例》附表《易制毒化学品的分类和品种目录》调整或者《危险化学品目录》调整涉及本办法附表时，《非药品类易制毒化学品分类和品种目录》随之进行调整并公布。

第三条 国家对非药品类易制毒化学品的生产、经营实行许可制度。对第一类非药品类易制毒化学品的生产、经营实行许可证管理，对第二类、第三类易制毒化学品的生产、经营实行备案证明管理。

省、自治区、直辖市人民政府安全生产监督管理部门负责本行政区域内第一类非药品类易制毒化学品生产、经营的审批和许可证的颁发工作。

设区的市级人民政府安全生产监督管理部门负责本行政区域内第二类非药品类易制毒化学品生产、经营和第三类非药品类易制毒化学品生产的备案证明颁发工作。

县级人民政府安全生产监督管理部门负责本行政区域内第三类非药品类易制毒化学品经营的备案证明颁发工作。

第四条 国家安全生产监督管理总局监督、指导全国非药品类易制毒化学品生产、经营许可和备案管理工作。

县级以上人民政府安全生产监督管理部门负责本行政区域内执行非药品类易制毒化学品生产、经营许可制度的监督管理工作。

第二章 生产、经营许可

第五条 生产、经营第一类非药品类易制毒化学品的，必须取得非药品类易制毒化学品生产、经营许可证方可从事生产、经营活动。

第六条 生产、经营第一类非药品类易制毒化学品的，应当分别符合《条例》第七条、第九条规定的条件。

第七条 生产单位申请非药品类易制毒化学品生产许可证，应当向所在地的省级人民政府安全生产监督管理部门提交下列文件、资料，并对其真实性负责：

（一）非药品类易制毒化学品生产许可证申请书（一式两份）；

（二）生产设备、仓储设施和污染物处理设施情况说明材料；

（三）易制毒化学品管理制度和环境突发事件应急预案；

（四）安全生产管理制度；

（五）单位法定代表人或者主要负责人和技术、管理人员具有相应安全生产知识的证明材料；

（六）单位法定代表人或者主要负责人和技术、管理人员具有相应易制毒化学品知识的证明材料及无毒品犯罪记录证明材料；

（七）工商营业执照副本（复印件）；

（八）产品包装说明和使用说明书。

属于危险化学品生产单位的，还应当提交危险化学品生产企业安全生产许可证和危险化学品登记证（复印件），免于提交本条第（四）（五）（七）项所要求的文件、资料。

第八条 经营单位申请非药品类易制毒化学品经营许可证，应当向所在地的省级人民政府安全生产监督管理部门提交下列文件、资料，并对其真实性负责：

（一）非药品类易制毒化学品经营许可证申请书（一式两份）；

（二）经营场所、仓储设施情况说明材料；

（三）易制毒化学品经营管理制度和包括销售机构、销售代理商、用户等内容的销售网络文件；

（四）单位法定代表人或者主要负责人和销售、管理人员具有相应易制毒化学品知识的证明材料及无毒品犯罪记录证明材料；

（五）工商营业执照副本（复印件）；

（六）产品包装说明和使用说明书。

属于危险化学品经营单位的，还应当提交危险化学品经营许可证（复印件），免于提交本条第（五）项所要求的文件、资料。

第九条 省、自治区、直辖市人民政府安全生产监督管理部门对申请人提交的申请书及文件、资料，应当按照下列规定分别处理：

（一）申请事项不属于本部门职权范围的，应当即时出具不予受理的书面凭证；

（二）申请材料存在可以当场更正的错误的，应当允许或者要求申请人当场更正；

（三）申请材料不齐全或者不符合要求的，应当当场或者在5个工作日内书面一次告知申请人需要补正的全部内容，逾期不告知的，自收到申请材料之日起即为受理；

（四）申请材料齐全、符合要求或者按照要求全部补正的，自收到申请材料或者全部补正材料之日起为受理。

第十条 对已经受理的申请材料，省、自治区、直辖市人民政府安全生产监督管理部门应当进行审查，根据需要可以进行实地核查。

第十一条 自受理之日起，对非药品类易制毒化学品的生产许可证申请在60个工作日内、对经营许可证申请在 30 个工作日内，省、自治区、直辖市人民政府安全生产监督管理部门应当作出颁发或者不予颁发许可证的决定。

对决定颁发的，应当自决定之日起 10 个工作日内送达或者通知申请人领取许可证；对不予颁发的，应当在 10 个工作日内书面通知申请人并说明理由。

第十二条 非药品类易制毒化学品生产、经营许可证有效期为 3 年。许可证有效期满后需继续生产、经营第一类非药品类易制毒化学品的，应当于许可证有效期满前 3 个月内向原许可证颁发管理部门提出换证申请并提交相应资料，经审查合格后换领新证。

第十三条 第一类非药品类易制毒化学品生产、经营单位在非药品类易制毒化学品生产、经营许可证有效期内出现下列情形之一的，应当向原许可证颁发管理部门申请变更许可证：

（一）单位法定代表人或者主要负责人改变；
（二）单位名称改变；
（三）许可品种主要流向改变；
（四）需要增加许可品种、数量。

属于本条第（一）（三）项的变更，应当自发生改变之日起 20 个工作日内提出申请；属于本条第（二）项的变更，应当自工商营业执照变更后提出申请。

申请本条第（一）项的变更，应当提供变更后的法定代表人或者主要负责人符合本办法第七条第（五）（六）项或第八条第（四）项要求的有关证明材料；申请本条第（二）项的变更，应当提供变更后的工商营业执照副本（复印件）；申请本条第（三）项的变更，生产、经营单位应当分别提供主要流向改变说明、第八条第（三）项要求的有关资料；申请本条第（四）项的变更，应当提供本办法第七条第（二）（三）（八）项或第八条第（二）（三）（六）项要求的有关资料。

第十四条 对已经受理的本办法第十三条第（一）（二）（三）项的变更申请，许可证颁发管理部门在对申请人提交的文件、资料审核后，即可办理非药品类易制毒化学品生产、经营许可证变更手续。

对已经受理的本办法第十三条第（四）项的变更申请，许可证颁发管理部门应当按照本办法第十条、第十一条的规定，办理非药品类易制毒化学品生产、经营许可证变更手续。

第十五条 非药品类易制毒化学品生产、经营单位原有技术或者销售人员、管理人员变动的，变动人员应当具有相应的安全生产和易制毒化学品知识。

第十六条 第一类非药品类易制毒化学品生产、经营单位不再生产、经营非药品类易制毒化学品时，应当在停止生产、经营后 3 个月内办理注销许可手续。

第三章 生产、经营备案

第十七条 生产、经营第二类、第三类非药品类易制毒化学品的，必须进行非药品类易制毒化学品生产、经营备案。

第十八条 生产第二类、第三类非药品类易制毒化学品的，应当自生产之日起 30 个工作日内，将生产的品种、数量等情况，向所在地的设区的市级人民政府安全生产监督管理部门备案。

经营第二类非药品类易制毒化学品的，应当自经营之日起 30 个工作日内，将经营的品种、数量、主要流向等情况，向所在地的设区的市级人民政府安全生产监督管理部门备案。

经营第三类非药品类易制毒化学品的，应当自经营之日起 30 个工作日内，将经营的品种、数量、主要流向等情况，向所在地的县级人民政府安全生产监督管理部门备案。

第十九条 第二类、第三类非药品类易制毒化学品生产单位进行备案时，应当提交下列资料：

（一）非药品类易制毒化学品品种、产量、销售量等情况的备案申请书；
（二）易制毒化学品管理制度；
（三）产品包装说明和使用说明书；
（四）工商营业执照副本（复印件）。

属于危险化学品生产单位的，还应当提交危险化学品生产企业安全生产许可证和危险化学品登记证（复印件），免于提交本条第（四）项所要求的文件、资料。

第二十条 第二类、第三类非药品类易制毒化学品经营单位进行备案时，应当提交下列资料：

（一）非药品类易制毒化学品销售品种、销售量、主要流向等情况的备案申请书；
（二）易制毒化学品管理制度；
（三）产品包装说明和使用说明书；
（四）工商营业执照副本（复印件）。

属于危险化学品经营单位的，还应当提交危险化学品经营许可证，免于提交本条第（四）项所要求的文件、资料。

第二十一条 第二类、第三类非药品类易制毒化学品生产、经营备案主管部门收到本办法第十九条、第二十条规定的备案材料后，应当于当日发给备案证明。

第二十二条 第二类、第三类非药品类易制毒化学品生产、经营备案证明有效期为3年。有效期满后需继续生产、经营的,应当在备案证明有效期满前3个月内重新办理备案手续。

第二十三条 第二类、第三类非药品类易制毒化学品生产、经营单位的法定代表人或者主要负责人、单位名称、单位地址发生变化的,应当自工商营业执照变更之日起30个工作日内重新办理备案手续;生产或者经营的备案品种增加、主要流向改变的,在发生变化后30个工作日内重新办理备案手续。

第二十四条 第二类、第三类非药品类易制毒化学品生产、经营单位不再生产、经营非药品类易制毒化学品时,应当在终止生产、经营后3个月内办理备案注销手续。

第四章 监督管理

第二十五条 县级以上人民政府安全生产监督管理部门应当加强非药品类易制毒化学品生产、经营的监督检查工作。

县级以上人民政府安全生产监督管理部门对非药品类易制毒化学品的生产、经营活动进行监督检查时,可以查看现场、查阅和复制有关资料、记录有关情况、扣押相关的证据材料和违法物品;必要时,可以临时查封有关场所。

被检查的单位或者个人应当如实提供有关情况和资料、物品,不得拒绝或者隐匿。

第二十六条 生产、经营单位应当于每年3月31日前,向许可或者备案的安全生产监督管理部门报告本单位上年度非药品类易制毒化学品生产经营的品种、数量和主要流向等情况。

安全生产监督管理部门应当自收到报告后10个工作日内将本行政区域内上年度非药品类易制毒化学品生产、经营汇总情况报上级安全生产监督管理部门。

第二十七条 各级安全生产监督管理部门应当建立非药品类易制毒化学品许可和备案档案并加强信息管理。

第二十八条 安全生产监督管理部门应当及时将非药品类易制毒化学品生产、经营许可及吊销许可情况,向同级公安机关和工商行政管理部门通报;向商务主管部门通报许可证和备案证明颁发等有关情况。

第五章 罚 则

第二十九条 对于有下列行为之一的,县级以上人民政府安全生产监督管理部门可以自《条例》第三十八条规定的部门作出行政处罚决定之日起的3年内,停止受理其非药品类易制毒化学品生产、经营许可或备案申请:

(一)未经许可或者备案擅自生产、经营非药品类易制毒化学品的;

(二)伪造申请材料骗取非药品类易制毒化学品生产、经营许可证或者备案证明的;

(三)使用他人的非药品类易制毒化学品生产、经营许可证或者备案证明的;

(四)使用伪造、变造、失效的非药品类易制毒化学品生产、经营许可证或者备案证明的。

第三十条 对于有下列行为之一的,由县级以上人民政府安全生产监督管理部门给予警告,责令限期改正,处1万元以上5万元以下的罚款;对违反规定生产、经营的非药品类易制毒化学品,可以予以没收;逾期不改正的,责令限期停产停业整顿;逾期整顿不合格的,吊销相应的许可证:

(一)易制毒化学品生产、经营单位未按规定建立易制毒化学品的管理制度和安全管理制度的;

(二)将许可证或者备案证明转借他人使用的;

(三)超出许可的品种、数量,生产、经营非药品类易制毒化学品的;

(四)易制毒化学品的产品包装和使用说明书不符合《条例》规定要求的;

(五)生产、经营非药品类易制毒化学品的单位不如实或者不按时向安全生产监督管理部门报告年度生产、经营等情况的。

第三十一条 生产、经营非药品类易制毒化学品的单位或者个人拒不接受安全生产监督管理部门监督检查的,由县级以上人民政府安全生产监督管理部门责令改正,对直接负责的主管人员以及其他直接责任人员给予警告;情节严重的,对单位处1万元以上5万元以下的罚款,对直接负责的主管人员以及其他直接责任人员处1000元以上5000元以下的罚款。

第三十二条 安全生产监督管理部门工作人员在管理工作中,有滥用职权、玩忽职守、徇私舞弊行为或泄露企业商业秘密的,依法给予行政处分;构成犯罪的,依法追究刑事责任。

第六章 附 则

第三十三条 非药品类易制毒化学品生产许可证、经营许可证和备案证明由国家安全生产监督管理总局监制。

非药品类易制毒化学品年度报告表及许可、备案、变更申请书由国家安全生产监督管理总局规定式样。

第三十四条 本办法自2006年4月15日起施行。

附表：

非药品类易制毒化学品分类和品种目录

第一类	
1. 1-苯基-2-丙酮	5. 黄樟油
2. 3，4-亚甲基二氧苯基-2-丙酮	6. 异黄樟素
3. 胡椒醛	7. N-乙酰邻氨基苯酸
4. 黄樟素	8. 邻氨基苯甲酸
第二类	
1. 苯乙酸	4. 乙醚☆
2. 醋酸酐☆	5. 哌啶☆
3. 三氯甲烷☆	
第三类	
1. 甲苯☆	4. 高锰酸钾☆
2. 丙酮☆	5. 硫酸☆
3. 甲基乙基酮☆	6. 盐酸☆

说明：
一、第一类、第二类所列物质可能存在的盐类，也纳入管制。
二、带有☆标记的品种为危险化学品。

易制毒化学品购销和运输管理办法

（2006年4月21日公安部部长办公会议通过，2006年8月22日公安部令第87号发布，自2006年10月1日起施行）

第一章 总 则

第一条 为加强易制毒化学品管理，规范购销和运输易制毒化学品行为，防止易制毒化学品被用于制造毒品，维护经济和社会秩序，根据《易制毒化学品管理条例》，制定本办法。

第二条 公安部是全国易制毒化学品购销、运输管理和监督检查的主管部门。

县级以上地方人民政府公安机关负责本辖区内易制毒化学品购销、运输管理和监督检查工作。

各省、自治区、直辖市和设区的市级人民政府公安机关禁毒部门应当设立易制毒化学品管理专门机构，县级人民政府公安机关应当设专门人员，负责易制毒化学品的购买、运输许可或者备案和监督检查工作。

第二章 购销管理

第三条 购买第一类中的非药品类易制毒化学品的，应当向所在地省级人民政府公安机关申请购买许可证；购买第二类、第三类易制毒化学品的，应当向所在地县级人民政府公安机关备案。取得购买许可证或者购买备案证明后，方可购买易制毒化学品。

第四条 个人不得购买第一类易制毒化学品和第二类易制毒化学品。

禁止使用现金或者实物进行易制毒化学品交易，但是个人合法购买第一类中的药品类易制毒化学品药品制剂和第三类易制毒化学品的除外。

第五条 申请购买第一类中的非药品类易制毒化学品和第二类、第三类易制毒化学品的，应当提交下列申请材料：

（一）经营企业的营业执照（副本和复印件），其他组织的登记证书或者成立批准文件（原件和复印件），或者个人的身份证明（原件和复印件）；

（二）合法使用需要证明（原件）。

合法使用需要证明由购买单位或者个人出具，注明拟购买易制毒化学品的品种、数量和用途，并加盖购买单位印章或者个人签名。

第六条 申请购买第一类中的非药品类易制毒化学品的，由申请人所在地的省级人民政府公安机关审批。负责审批的公安机关应当自收到申请之日起十日内，对申请人提交的申请材料进行审查。对符合规定的，发给购买许可证；不予许可的，应当书面说明理由。

负责审批的公安机关对购买许可证的申请能够当场予以办理的，应当当场办理；对材料不齐备需要补充的，应当一次告知申请人需补充的内容；对提供材料不符合规定不予受理的，应当书面说明理由。

第七条 公安机关审查第一类易制毒化学品购买许可申请材料时，根据需要，可以进行实地核查。遇有下列情形之一的，应当进行实地核查：

（一）购买单位第一次申请的；

（二）购买单位提供的申请材料不符合要求的；

（三）对购买单位提供的申请材料有疑问的。

第八条 购买第二类、第三类易制毒化学品的，应当在购买前将所购买的品种、数量，向所在地的县级人民政府公安机关备案。公安机关受理备案后，应当于当日出具购买备案证明。

自用一次性购买五公斤以下且年用量五十公斤以下高锰酸钾的，无须备案。

第九条 易制毒化学品购买许可证一次使用有效，有效期一个月。

易制毒化学品购买备案证明一次使用有效，有效期一个月。对备案后一年内无违规行为的单位，可以发给多次使用有效的备案证明，有效期六个月。

对个人购买的，只办理一次使用有效的备案证明。

第十条 经营单位销售第一类易制毒化学品时，应当查验购买许可证和经办人的身份证明。对委托代购的，还应当查验购买人持有的委托文书。

委托文书应当载明委托人与被委托人双方情况、委托购买的品种、数量等事项。

经营单位在查验无误、留存前两款规定的证明材料的复印件后，方可出售第一类易制毒化学品；发现可疑情况的，应当立即向当地公安机关报告。

经营单位在查验购买方提供的许可证和身份证明时，对不能确定其真实性的，可以请当地公安机关协助核查。公安机关应当当场予以核查，对于不能当场核实的，应当于三日内将核查结果告知经营单位。

第十一条 经营单位应当建立易制毒化学品销售台账，如实记录销售的品种、数量、日期、购买方等情况。经营单位销售易制毒化学品时，还应当留存购买许可证或者购买备案证明以及购买经办人的身份证明的复印件。

销售台账和证明材料复印件应当保存二年备查。

第十二条 经营单位应当将第一类易制毒化学品的销售情况于销售之日起五日内报当地县级人民政府公安机关备案，将第二类、第三类易制毒化学品的销售情况于三十日内报当地县级人民政府公安机关备案。

备案的销售情况应当包括销售单位、地址，销售易制毒化学品的种类、数量等，并同时提交留存的购买方的证明材料复印件。

第十三条 第一类易制毒化学品的使用单位，应当建立使用台账，如实记录购进易制毒化学品的种类、数量、使用情况和库存等，并保存二年备查。

第十四条 购买、销售和使用易制毒化学品的单位，应当在易制毒化学品的出入库登记、易制毒化学品管理岗位责任分工以及企业从业人员的易制毒化学品知识培训等方面建立单位内部管理制度。

第三章 运 输 管 理

第十五条 运输易制毒化学品，有下列情形之一的，应当申请运输许可证或者进行备案：

（一）跨设区的市级行政区域（直辖市为跨市界）运输的；

（二）在禁毒形势严峻的重点地区跨县级行政区域运输的。禁毒形势严峻的重点地区由公安部确定和调整，名单另行公布。

运输第一类易制毒化学品的，应当向运出地的设区的市级人民政府公安机关申请运输许可证。

运输第二类易制毒化学品的，应当向运出地县级人民政府公安机关申请运输许可证。

运输第三类易制毒化学品的，应当向运出地县级人民政府公安机关备案。

第十六条 运输供教学、科研使用的一百克以下的麻黄素样品和供医疗机构制剂配方使用的小包装麻黄素以及医疗机构或者麻醉药品经营企业购买麻黄素片剂六万片以下、注射剂一万五千支以下，货主或者承运人持有依法取得的购买许可证明或者麻醉药品调拨单的，无须申请易制毒化学品运输许可。

第十七条 因治疗疾病需要，患者、患者近亲属或者患者委托的人凭医疗机构出具的医疗诊断书和本人的身份证明，可以随身携带第一类中的药品类易制毒化学品药品制剂，但是不得超过医用单张处方的最大剂量。

第十八条　运输易制毒化学品,应当由货主向公安机关申请运输许可证或者进行备案。

申请易制毒化学品运输许可证或者进行备案,应当提交下列材料:

（一）经营企业的营业执照（副本和复印件）,其他组织的登记证书或者成立批准文件（原件和复印件）,个人的身份证明（原件和复印件）；

（二）易制毒化学品购销合同（复印件）；

（三）经办人的身份证明（原件和复印件）。

第十九条　负责审批的公安机关应当自收到第一类易制毒化学品运输许可申请之日起十日内,收到第二类易制毒化学品运输许可申请之日起三日内,对申请人提交的申请材料进行审查。对符合规定的,发给运输许可证；不予许可的,应当书面说明理由。

负责审批的公安机关对运输许可申请能够当场予以办理的,应当当场办理；对材料不齐备需要补充的,应当一次告知申请人需补充的内容；对提供材料不符合规定不予受理的,应当书面说明理由。

运输第三类易制毒化学品的,应当在运输前向运出地的县级人民政府公安机关备案。公安机关应当在收到备案材料的当日发给备案证明。

第二十条　负责审批的公安机关对申请人提交的申请材料,应当核查其真实性和有效性,其中查验购销合同时,可以要求申请人出示购买许可证或者备案证明,核对是否相符；对营业执照和登记证书（或者成立批准文件）,应当核查其生产范围、经营范围、使用范围、证照有效期等内容。

公安机关审查第一类易制毒化学品运输许可申请材料时,根据需要,可以进行实地核查。遇有下列情形之一的,应当进行实地核查:

（一）申请人第一次申请的；

（二）提供的申请材料不符合要求的；

（三）对提供的申请材料有疑问的。

第二十一条　对许可运输第一类易制毒化学品的,发给一次有效的运输许可证,有效期一个月。

对许可运输第二类易制毒化学品的,发给三个月多次使用有效的运输许可证；对第三类易制毒化学品运输备案的,发给三个月多次使用有效的备案证明；对于领取运输许可证或者运输备案证明后六个月内按照规定运输并保证运输安全的,可以发给有效期十二个月的运输许可证或者运输备案证明。

第二十二条　承运人接受货主委托运输,对应当凭证运输的,应当查验货主提供的运输许可证或者备案证明,并查验所运货物与运输许可证或者备案证明载明的易制毒化学品的品种、数量等情况是否相符；不相符的,不得承运。

承运人查验货主提供的运输许可证或者备案证明时,对不能确定其真实性的,可以请当地人民政府公安机关协助核查。公安机关应当当场予以核查,对于不能当场核实的,应当于三日内将核查结果告知承运人。

第二十三条　运输易制毒化学品时,运输车辆应当在明显部位张贴易制毒化学品标识；属于危险化学品的,应当由有危险化学品运输资质的单位运输；应当凭证运输的,运输人员应当自启运起全程携带运输许可证或者备案证明。承运单位应当派人押运或者采取其他有效措施,防止易制毒化学品丢失、被盗、被抢。

运输易制毒化学品时,还应当遵守国家有关货物运输的规定。

第二十四条　公安机关在易制毒化学品运输过程中应当对运输情况与运输许可证或者备案证明所载内容是否相符等情况进行检查。交警、治安、禁毒、边防等部门应当在交通重点路段和边境地区等加强易制毒化学品运输的检查。

第二十五条　易制毒化学品运出地与运入地公安机关应当建立情况通报制度。运出地负责审批或者备案的公安机关应当每季度末将办理的易制毒化学品运输许可或者备案情况通报运入地同级公安机关,运入地同级公安机关应当核查货物的实际运达情况后通报运出地公安机关。

第四章　监　督　检　查

第二十六条　县级以上人民政府公安机关应当加强对易制毒化学品购销和运输等情况的监督检查,有关单位和个人应当积极配合。对发现非法购销和运输行为的,公安机关应当依法查处。

公安机关在进行易制毒化学品监督检查时,可以依法查看现场、查阅和复制有关资料、记录有关情况、扣押相关的证据材料和违法物品；必要时,可以临时查封有关场所。

被检查的单位或者个人应当如实提供有关情况和材料、物品,不得拒绝或者隐匿。

第二十七条　公安机关应当对依法收缴、查获的易制毒化学品安全保管。对于可以回收的,应当予以回收；对于不能回收的,应当依照环境保护法律、行政法规的有关规定,交由有资质的单位予以销毁,防止造成环境污染和人身伤亡。对收缴、查获的第一类中的药品类易制毒化学品的,一律销毁。

保管和销毁费用由易制毒化学品违法单位或者个人承担。违法单位或者个人无力承担的,该费用在回收所得中开支，或者在公安机关的禁毒经费中列支。

第二十八条 购买、销售和运输易制毒化学品的单位应当于每年三月三十一日前向所在地县级公安机关报告上年度的购买、销售和运输情况。公安机关发现可疑情况的，应当及时予以核对和检查，必要时可以进行实地核查。

有条件的购买、销售和运输单位，可以与当地公安机关建立计算机联网，及时通报有关情况。

第二十九条 易制毒化学品丢失、被盗、被抢的，发案单位应当立即向当地公安机关报告。接到报案的公安机关应当及时立案查处，并向上级公安机关报告。

第五章 法律责任

第三十条 违反规定购买易制毒化学品，有下列情形之一的，公安机关应当没收非法购买的易制毒化学品，对购买方处非法购买易制毒化学品货值十倍以上二十倍以下的罚款，货值的二十倍不足一万元的，按一万元罚款；构成犯罪的，依法追究刑事责任：

（一）未经许可或者备案擅自购买易制毒化学品的；

（二）使用他人的或者伪造、变造、失效的许可证或者备案证明购买易制毒化学品的。

第三十一条 违反规定销售易制毒化学品，有下列情形之一的，公安机关应当对销售单位处一万元以下罚款；有违法所得的，处三万元以下罚款，并对违法所得依法予以追缴；构成犯罪的，依法追究刑事责任：

（一）向无购买许可证或者备案证明的单位或者个人销售易制毒化学品的；

（二）超出购买许可证或者备案证明的品种、数量销售易制毒化学品的。

第三十二条 货主违反规定运输易制毒化学品，有下列情形之一的，公安机关应当没收非法运输的易制毒化学品或者非法运输易制毒化学品的设备、工具；处非法运输易制毒化学品货值十倍以上二十倍以下罚款，货值的二十倍不足一万元的，按一万元罚款；有违法所得的，没收违法所得；构成犯罪的，依法追究刑事责任：

（一）未经许可或者备案擅自运输易制毒化学品的；

（二）使用他人的或者伪造、变造、失效的许可证运输易制毒化学品的。

第三十三条 承运人违反规定运输易制毒化学品，有下列情形之一的，公安机关应当责令停运整改，处五千元以上五万元以下罚款：

（一）与易制毒化学品运输许可证或者备案证明载明的品种、数量、运入地、货主及收货人、承运人等情况不符的；

（二）运输许可证种类不当的；

（三）运输人员未全程携带运输许可证或者备案证明的。

个人携带易制毒化学品不符合品种、数量规定的，公安机关应当没收易制毒化学品，处一千元以上五千元以下罚款。

第三十四条 伪造申请材料骗取易制毒化学品购买、运输许可证或者备案证明的，公安机关应当处一万元罚款，并撤销许可证或者备案证明。

使用以伪造的申请材料骗取的易制毒化学品购买、运输许可证或者备案证明购买、运输易制毒化学品的，分别按照第三十条第一项和第三十二条第一项的规定处罚。

第三十五条 对具有第三十条、第三十二条和第三十四条规定违法行为的单位或个人，自作出行政处罚决定之日起三年内，公安机关可以停止受理其易制毒化学品购买或者运输许可申请。

第三十六条 违反易制毒化学品管理规定，有下列行为之一的，公安机关应当给予警告，责令限期改正，处一万元以上五万元以下罚款；对违反规定购买的易制毒化学品予以没收，逾期不改正的，责令限期停产停业整顿；逾期整顿不合格的，吊销相应的许可证：

（一）将易制毒化学品购买或运输许可证或者备案证明转借他人使用的；

（二）超出许可的品种、数量购买易制毒化学品的；

（三）销售、购买易制毒化学品的单位不记录或者不如实记录交易情况、不按规定保存交易记录或者不如实、不及时向公安机关备案销售情况的；

（四）易制毒化学品丢失、被盗、被抢后未及时报告，造成严重后果的；

（五）除个人合法购买第一类中的药品类易制毒化学品药品制剂以及第三类易制毒化学品外，使用现金或者实物进行易制毒化学品交易的；

（六）经营易制毒化学品的单位不如实或者不按时报告易制毒化学品年度经销和库存情况的。

第三十七条 经营、购买、运输易制毒化学品的单位或者个人拒不接受公安机关监督检查的，公安机关应当责令其改正，对直接负责的主管人员以及其他直接责任人员给予警告；情节严重的，对单位处一万元以上五万元以下罚款，对直接负责的主管人员以及其他直接责任人员处一千元以上五千元以下罚款；有违反治安管理行为的,依法给予治安管理处罚;构成犯罪的,依法追究刑事责任。

第三十八条 公安机关易制毒化学品管理工作人员在管理工作中有应当许可而不许可、不应当许可而滥许可,不依法受理备案,以及其他滥用职权、玩忽职守、徇私舞弊行为的,依法给予行政处分;构成犯罪的,依法追究刑事责任。

第三十九条 公安机关实施本章处罚,同时应当由其他行政主管机关实施处罚的,应当通报其他行政机关处理。

第六章 附 则

第四十条 本办法所称"经营单位",是指经营易制毒化学品的经销单位和经销自产易制毒化学品的生产单位。

第四十一条 本办法所称"运输",是指通过公路、铁路、水上和航空等各种运输途径,使用车、船、航空器等各种运输工具,以及人力、畜力携带、搬运等各种运输方式使易制毒化学品货物发生空间位置的移动。

第四十二条 易制毒化学品购买许可证和备案证明、运输许可证和备案证明、易制毒化学品管理专用印章由公安部统一规定式样并监制。

第四十三条 本办法自2006年10月1日起施行。《麻黄素运输许可证管理规定》(公安部令第52号)同时废止。

附表:

易制毒化学品的分类和品种目录

第一类	
1. 1-苯基-2-丙酮	2. 3,4-亚甲基二氧苯基-2-丙酮
3. 胡椒醛	8. 邻氨基苯甲酸
4. 黄樟素	9. 麦角酸*
5. 黄樟油	10. 麦角胺*
6. 异黄樟素	11. 麦角新碱*
7. N-乙酰邻氨基苯酸	12. 麻黄素、伪麻黄素、消旋麻黄素、去甲麻黄素、甲基麻黄素、麻黄浸膏、麻黄浸膏粉等麻黄素类物质*
第二类	
1. 苯乙酸	4. 乙醚
2. 醋酸酐	5. 哌啶
3. 三氯甲烷	
第三类	
1. 甲苯	4. 高锰酸钾
2. 丙酮	5. 硫酸
3. 甲基乙基酮	6. 盐酸

说明:
一、第一类、第二类所列物质可能存在的盐类,也纳入管制。
二、带有*标记的品种为第一类中的药品类易制毒化学品,第一类中的药品类易制毒化学品包括原料药及其单方制剂。

向特定国家（地区）出口易制毒化学品暂行管理规定

（商务部、公安部、海关总署、国家安全监管总局、国家食品药品监管总局令2005年第12号公布 根据2015年10月28日《商务部关于修改部分规章和规范性文件的决定》修正）

第一条 为防止易制毒化学品流入特定国家（地区）用于毒品制造，规范易制毒化学品出口活动，根据《中华人民共和国对外贸易法》及有关法律、行政法规，制定本规定。

第二条 本规定所称易制毒化学品是指本规定附件1《向特定国家（地区）出口易制毒化学品管理目录》所列化学品。商务部会同公安部、海关总署、国家安全生产监督管理总局和国家食品药品监督管理总局可根据需要调整并公布《向特定国家（地区）出口易制毒化学品管理目录》。

第三条 本规定所称特定国家（地区）是指本规定附件2《特定国家（地区）目录》所列国家（地区）。商务部会同公安部、海关总署、国家安全生产监督管理总局和国家食品药品监督管理总局可根据需要调整并公布《特定国家（地区）目录》。

第四条 国家对易制毒化学品向特定国家（地区）的出口实行许可证管理。

未经许可，不得向特定国家（地区）出口易制毒化学品。

向特定国家（地区）出口易制毒化学品时，应向海关交验有关出口许可证，海关凭出口许可证办理有关出口验放手续。

第五条 易制毒化学品出口许可证实行"一批一证"制和"一证一关"制。

同一合同项下如需分批出口，出口经营者应在出口申请中提出，由商务部核准后，签发相应份数的出口许可证。同一申请最多分批不超过12次。

第六条 向特定国家（地区）出口易制毒化学品实行国际核查制度。

第七条 出口经营者拟向特定国家（地区）出口易制毒化学品的，应向所在地省级商务主管部门提出申请，并提交以下书面材料：

（一）《易制毒化学品出口申请表》一式二份；

（二）出口合同（协议）副本；

（三）进口国（地区）政府主管部门出具的合法使用易制毒化学品的证明或者进口方合法使用的保证文件原件；

（四）出口经营者营业执照复印件；

（五）对外贸易经营者备案登记表复印件（外商投资企业提交批准证书复印件）。

第八条 省级商务主管部门应在受理申请之日起3日内进行初审，经初审合格后，将初审意见及有关材料报商务部审批。

第九条 商务部自收到省级商务主管部门的初审意见之日起5日内完成审查，审查合格的，将审查意见和有关材料转公安部进行国际核查。

第十条 公安部自收到商务部的审查意见和有关材料之日起3日内将核查材料发送进口国（地区）政府主管部门。

公安部自收到进口国（地区）政府主管部门确认通知后3日内书面通知商务部。

商务部自收到公安部书面通知之日起5日内，做出许可或者不许可的决定。

第十一条 出口经营者在申领易制毒化学品出口许可证时，应如实申报，不得弄虚作假。严禁以欺骗或其他不正当手段获取易制毒化学品出口许可。

不得伪造、变造或者买卖易制毒化学品出口许可证。

第十二条 易制毒化学品出口管理有关部门应当建立信息交流和电子数据联网核查制度。

第十三条 违反本规定，未经许可擅自向特定国家（地区）出口或者擅自超出许可的范围出口易制毒化学品，伪造、变造或者买卖易制毒化学品出口许可证件以及以欺骗或者其他不正当手段获取易制毒化学品出口许可证件的，依照《对外贸易法》《海关法》等法律、行政法规的规定予以处罚；构成犯罪的，依法追究刑事责任。

第十四条 对易制毒化学品实施出口管理的国家工作人员玩忽职守、徇私舞弊、滥用职权或者利用职务上的便利索取他人财物、非法收受他人财物为他人谋取利益，构成犯罪的，依法追究刑事责任；尚不构成犯罪的，依法给予行政处分。

第十五条 由保税区、出口加工区等海关特殊监管区域、保税场所向特定国家（地区）出口易制毒化学品，适用本规定。

易制毒化学品由境内运入保税区、出口加工区等海关特殊监管区域、保税场所，或者在上述海关特殊监管区域、保税场所之间进出，无须申领出口许可证。

第十六条 向特定国家（地区）出口易制毒化

学品，本规定没有规定的，依照原外经贸部制定的《易制毒化学品进出口管理规定》（原外经贸部1999年第4号令）、原外经贸部和公安部联合制定的《易制毒化学品进出口国际核查管理规定》（外经贸贸发〔2002〕147号）的有关规定办理。

第十七条　本规定自2005年9月1日起施行。

附件1

向特定国家（地区）出口易制毒化学品管理目录

序号	商 品 名 称	商品编码
1	麻黄碱（麻黄素，盐酸麻黄碱）	2939410010
2	硫酸麻黄碱	2939410020
3	消旋盐酸麻黄碱	2939410030
4	草酸麻黄碱	2939410040
5	伪麻黄碱（伪麻黄素．盆酸伪麻黄碱）	2939420010
6	硫酸伪麻黄碱	2939420020
7	盐酸甲基麻黄碱	2939490010
8	消旋盐酸甲基麻黄碱	2939490020
9	去甲麻黄碱及其盐	2939490030
10	供制农药用麻黄浸青粉	1302199011
11	供制农药用麻黄浸膏	1302199012
12	供制医药用麻黄浸膏粉	1302199091
13	供制医药用麻黄浸膏	1302199092
14	其他麻黄浸膏粉	1302199093
15	其他麻黄浸膏	1302199094
16	药料用麻黄草粉	1211903910
17	香料用麻黄草粉	1211905010
18	其他用麻黄草粉	1211909910
19	麻黄碱盐类单方制剂〔指盐酸（伪）麻黄碱片，盐酸麻黄碱注射剂，硫酸麻黄碱片〕	3004409010
20	胡椒醛（洋茉莉醛、3,4-亚甲二氧基苯甲醛、天芥菜精）	2932930000
21	黄樟脑（4-烯丙基-1、2-亚甲二氧基苯）	2932940000
22	异黄樟脑（4-丙烯基-1,2-亚甲二氧基苯）	2932910000
23	麦角新碱	2939610010
24	麦角胺	2939620010
25	麦角酸	2939630010
26	苯丙酮（1-苯基-2-丙酮）	2914310000
27	n-乙酰邻氨基苯酸	2924299020
28	3,4-亚甲基二氧基苯基-2-丙酮	2932920000

（续）

序号	商品名称	商品编码
29	高锰酸钾	2841610000
30	乙酸酐（醋酸酐）	2915240000
31	黄樟油	3301299010
32	苯乙酸	2916340010
33	氯化氢（盐酸）	2806100000
34	硫酸	2807000010
35	甲苯	2902300000
36	乙醚	2909110000
37	丙酮	2914110000
38	丁酮〔甲基乙基（甲）酮〕	2914120000
39	邻氨基苯甲酸（氨茴酸）	2922431000
40	哌啶（六氢吡啶）	2933321000
41	氯仿（三氯甲烷）	2903130000
42	二氢黄樟素	2932999050
43	氯化铵	2827101000 2827109000
44	硫酸钡	2833270000
45	氯化钯	2843900010
46	醋酸钠	2915220000
47	乙醇	2207100000 2207200010 2207200090
48	氢氧化钠	2815110000 2815120000
49	碳酸钠（纯碱）	2836200000
50	碳酸氢钠（小苏打）	2836300000
51	活性炭	3802100000
52	乙酸	2915211000 2915219000
53	乙酸乙酯	2915310000
54	异丙醇	2905122000
55	碘	2801200000
56	氢碘酸	2811199010
57	红磷	2804709010
58	三氯乙醛	2913000010

"全国安全生产月"法规标准系列丛书

新编中华人民共和国安全生产法律预案及文件全书

（下册）

本丛书编写委员会　组织编写

应急管理出版社

·北京·

总　目　录

上　册

一、宪法相关规定 …………………………………………………………………… 1
二、刑法相关规定 …………………………………………………………………… 4
三、安全生产法 ……………………………………………………………………… 21
　（一）安全生产综合类 …………………………………………………………… 21
　（二）矿山安全及其他类 ………………………………………………………… 231
　（三）危险化学品安全类 ………………………………………………………… 531

下　册

　（四）烟花爆竹和民用爆炸物品安全类 ………………………………………… 697
　（五）建筑安全类 ………………………………………………………………… 735
　（六）交通安全类 ………………………………………………………………… 779
　（七）特种设备安全类 …………………………………………………………… 1062
　（八）电力安全类 ………………………………………………………………… 1106
　（九）核安全和放射性安全类 …………………………………………………… 1144
四、应急管理法 ……………………………………………………………………… 1204
五、其他相关法 ……………………………………………………………………… 1268

目 录

上 册

一、宪法相关规定 ·········· 1
　中华人民共和国宪法（摘录）·········· 1
　　（2018年修正）*
二、刑法相关规定 ·········· 4
　（一）刑法规定 ·········· 4
　　中华人民共和国刑法（摘录）·········· 4
　　　（2020年修正）
　（二）司法解释及有关文件 ·········· 6
　　应急管理部、公安部、最高人民法院、最高人民检察院关于安全生产行政执法与刑事司法衔接工作办法 ·········· 6
　　　（2019年印发）
　　最高人民法院、最高人民检察院关于办理非法采矿、破坏性采矿刑事案件适用法律若干问题的解释 ·········· 9
　　　（2016年公布）
　　最高人民法院、最高人民检察院关于办理危害生产安全刑事案件适用法律若干问题的解释 ·········· 11
　　　（2015年公布）
　　最高人民法院、最高人民检察院、公安部、国家安全监管总局关于依法加强对涉嫌犯罪的非法生产经营烟花爆竹行为刑事责任追究的通知 ·········· 13
　　　（2012年发布）
　　最高人民法院关于进一步加强危害生产安全刑事案件审判工作的意见 ·········· 14
　　　（2011年印发）
　　最高人民检察院、公安部关于公安机关管辖的刑事案件立案追诉标准的规定（一）（摘录）·········· 16
　　　（2017年修正）
　　最高人民法院、最高人民检察院关于办理渎职刑事案件适用法律若干问题的解释（一）（摘录）·········· 18
　　　（2012年公布）
　　最高人民检察院关于渎职侵权犯罪案件立案标准的规定（摘录）·········· 19
　　　（2006年公布）
三、安全生产法 ·········· 21
　（一）安全生产综合类 ·········· 21
　　1. 法律法规 ·········· 21
　　　中华人民共和国安全生产法 ·········· 21
　　　　（2021年修正）
　　　生产安全事故应急条例 ·········· 32
　　　　（2019年公布）
　　　安全生产许可证条例 ·········· 35
　　　　（2014年修正）
　　　生产安全事故报告和调查处理条例 ·········· 37
　　　　（2007年公布）
　　　国务院关于特大安全事故行政责任追究的规定 ·········· 41
　　　　（2001年公布）
　　2. 中共中央、国务院有关文件 ·········· 43
　　　中共中央、国务院关于推进安全生产领域改革发展的意见 ·········· 43
　　　　（2016年印发）
　　　中共中央办公厅、国务院办公厅关于推进城市安全发展的意见 ·········· 48
　　　　（2018年印发）
　　　中共中央办公厅、国务院办公厅关于地方党政领导干部安全生产责任制规定 ·········· 51
　　　　（2018年印发）
　　　国务院关于坚持科学发展安全发展促进安全生产形势持续稳定好转的意见 ·········· 53
　　　　（2011年印发）
　　　国务院关于进一步加强企业安全生产

---

* 标注的时间为法律法规及文件的公布、发布、印发时间或最新一次修订、修正的时间。

　　　　工作的通知…………………………… 57
　　　　（2010年印发）
　　　国务院关于进一步加强安全生产工作
　　　　的决定…………………………………… 61
　　　　（2004年印发）
　　　国务院办公厅关于加强安全生产监管
　　　　执法的通知……………………………… 64
　　　　（2015年印发）
　　　国务院办公厅关于省级政府安全生产
　　　　工作考核办法…………………………… 67
　　　　（2016年印发）
　3. 协调机构、部门规章及有关文件 ………… 68
　　1）责任落实与责任保险 …………………… 68
　　　国务院安全生产委员会成员单位安
　　　　全生产工作任务分工…………………… 68
　　　　（2020年印发）
　　　关于进一步加强监管监察执法促进
　　　　企业安全生产主体责任落实的意见…… 77
　　　　（2018年印发）
　　　关于全面加强企业全员安全生产责
　　　　任制工作的通知………………………… 80
　　　　（2017年公布）
　　　安全生产监管监察职责和行政执法
　　　　责任追究的规定………………………… 81
　　　　（2015年修正）
　　　企业安全生产责任体系五落实五到
　　　　位规定…………………………………… 87
　　　　（2015年印发）
　　　安全生产责任保险实施办法……………… 88
　　　　（2017年印发）
　　2）信息报告与处置工作 …………………… 90
　　　生产安全事故信息报告和处置办法……… 90
　　　　（2009年公布）
　　　关于进一步加强和改进生产安全事
　　　　故信息报告和处置工作的通知………… 92
　　　　（2010年公布）
　　　生产安全重特大事故和重大未遂伤
　　　　亡事故信息处置办法（试行）………… 94
　　　　（2006年印发）
　　　关于进一步加强生产安全事故应急
　　　　处置工作的通知………………………… 98
　　　　（2013年公布）
　　　生产安全事故应急处置评估暂行办法…… 99
　　　　（2014年印发）
　　3）事故预防与安全培训 ………………… 101

　　　关于标本兼治遏制重特大事故工作指南…… 101
　　　　（2016年印发）
　　　关于实施遏制重特大事故工作指南
　　　　构建双重预防机制的意见 …………… 103
　　　　（2016年印发）
　　　安全生产事故隐患排查治理暂行
　　　　规定 …………………………………… 106
　　　　（2007年公布）
　　　关于高危行业领域安全技能提升行
　　　　动计划的实施意见 …………………… 108
　　　　（2019年印发）
　　　用人单位劳动防护用品管理规范 ……… 110
　　　　（2018年修正）
　　　关于加强基层安全生产网格化监管
　　　　工作的指导意见 ……………………… 112
　　　　（2017年印发）
　　　关于进一步加强安全培训工作的决定 …… 114
　　　　（2012年印发）
　　　生产经营单位安全培训规定 …………… 117
　　　　（2015年修正）
　　　安全生产培训管理办法 ………………… 120
　　　　（2015年修正）
　　4）执法监督与调查处理 ………………… 124
　　　应急管理综合行政执法技术检查员和
　　　　社会监督员工作规定（试行） ……… 124
　　　　（2021年印发）
　　　关于加强安全生产执法工作的意见 …… 126
　　　　（2021年印发）
　　　安全生产约谈实施办法（试行） ……… 129
　　　　（2018年印发）
　　　安全生产监管执法监督办法 …………… 130
　　　　（2018年印发）
　　　安全生产执法程序规定 ………………… 132
　　　　（2016年印发）
　　　安全生产监管监察部门信息公开办法 …… 138
　　　　（2012年公布）
　　　关于生产安全事故调查处理中有关
　　　　问题的规定 …………………………… 141
　　　　（2013年印发）
　　　非法违法较大生产安全事故查处跟
　　　　踪督办暂行办法 ……………………… 142
　　　　（2011年印发）
　　　重大生产安全事故调查处理挂牌督
　　　　办工作程序 …………………………… 143
　　　　（2015年印发）

重大事故查处挂牌督办办法 …………… 144
　（2010年印发）
转变作风开展安全生产暗查抽查工
　作制度 …………………………… 144
　（2013年印发）
生产安全事故罚款处罚规定（试行）…… 145
　（2015年修正）
安全生产行政处罚自由裁量适用规
　则（试行）……………………… 147
　（2010年公布）
安全生产违法行为行政处罚办法 …… 150
　（2015年修正）
安全生产非法违法行为查处办法 …… 157
　（2011年印发）
安全生产监督罚款管理暂行办法 …… 159
　（2004年公布）
安全生产行政复议规定 ……………… 160
　（2007年公布）
5）诚信体系与举报奖励 …………… 164
关于加强企业安全生产诚信体系建
　设的指导意见 …………………… 164
　（2014年发布）
对安全生产领域失信行为开展联合
　惩戒的实施办法 ………………… 166
　（2017年印发）
关于进一步加强安全生产领域失信
　行为信息管理工作的通知 ……… 167
　（2017年印发）
生产经营单位从业人员安全生产举
　报处理规定 ……………………… 168
　（2020年印发）
安全生产领域举报奖励办法 ………… 169
　（2018年印发）
关于保护生产安全事故和事故隐患
　举报人的意见 …………………… 171
　（2013年印发）
6）企业安全生产及相关 …………… 172
企业安全生产标准化建设定级办法 …… 172
　（2021年印发）
中央企业安全生产监督管理暂行办法 …… 174
　（2008年公布）
中央企业应急管理暂行办法 ………… 178
　（2013年公布）
食品生产企业安全生产监督管理暂
　行规定 …………………………… 181
　（2015年修正）
企业安全生产费用提取和使用管理
　办法 ……………………………… 184
　（2012年印发）
安全生产工作创新奖励管理暂行办法 …… 190
　（2011年印发）
7）安全中介机构与人员 …………… 191
安全评价检测检验机构管理办法 …… 191
　（2019年公布）
注册安全工程师管理规定 …………… 195
　（2013年修正）
注册安全工程师分类管理办法 ……… 198
　（2017年印发）
注册安全工程师职业资格制度规定 …… 199
　（2019年印发）
注册安全工程师职业资格考试实施
　办法 ……………………………… 203
　（2019年印发）
8）事故统计与档案管理 …………… 204
生产安全事故统计调查制度 ………… 204
　（2020年印发）
生产安全事故统计管理办法 ………… 217
　（2016年印发）
安全监管监察部门许可证档案管理
　办法 ……………………………… 218
　（2017年印发）
生产安全事故档案管理办法 ………… 219
　（2008年印发）
安全生产监管档案管理规定 ………… 221
　（2007年印发）
4. 应急预案 …………………………… 223
国家安全生产事故灾难应急预案 …… 223
　（2006年印发）
生产安全事故应急预案管理办法 …… 227
　（2019年修正）
（二）矿山安全及其他类 ……………… 231
1. 法律法规 …………………………… 231
中华人民共和国矿山安全法 ………… 231
　（2009年修正）
中华人民共和国矿山安全法实施条例 …… 234
　（1996年发布）
中华人民共和国矿产资源法 ………… 239
　（2009年修正）
中华人民共和国煤炭法 ……………… 243
　（2016年修正）

煤矿安全监察条例 …………… 246
　（2013年修订）
乡镇煤矿管理条例 …………… 249
　（2013年修订）
国务院关于预防煤矿生产安全事故的
　特别规定 …………………… 251
　（2013年修订）
中华人民共和国石油天然气管道
　保护法 ……………………… 254
　（2010年公布）

2. 中共中央办公厅、国务院办公厅文件 …… 259
　中共中央办公厅、国务院办公厅关于
　　国家矿山安全监察局职能配置、内
　　设机构和人员编制规定 ………… 259
　　（2020年印发）
　国务院办公厅关于进一步加强煤矿安
　　全生产工作的意见 …………… 261
　　（2013年公布）
　国务院办公厅转发关于进一步加强煤
　　矿瓦斯防治工作若干意见 …… 264
　　（2011年转发）

3. 协调机构、部门规章及有关文件 ………… 266
　1）煤矿安全 ………………………… 266
　　关于加强矿山安全生产工作的紧急
　　　通知 ……………………… 266
　　　（2021年印发）
　　煤矿安全规程 ………………… 267
　　　（2022年修正）
　　煤矿重大事故隐患判定标准 ……… 350
　　　（2020年公布）
　　煤矿生产安全事故隐患排查治理制
　　　度建设指南（试行）…………… 354
　　　（2015年印发）
　　煤矿重大事故隐患治理督办制度建
　　　设指南（试行）………………… 355
　　　（2015年印发）
　　煤矿井下爆破作业安全规程 …… 357
　　　（1996年发布）
　　防范煤矿采掘接续紧张暂行办法 …… 360
　　　（2018年印发）
　　煤矿井下单班作业人数限员规定
　　　（试行）……………………… 361
　　　（2018年印发）
　　煤矿领导带班下井及安全监督检查
　　　规定 ………………………… 362

　　　（2015年修正）
　　关于减少井下作业人数提升煤矿安
　　　全保障能力的指导意见 ……… 364
　　　（2016年印发）
　　煤矿班组安全建设规定（试行）…… 366
　　　（2012年印发）
　　煤层气地面开采安全规程（试行）…… 369
　　　（2013年修正）
　　煤矿水害防治监管监察执法要点 …… 382
　　　（2020年印发）
　　煤矿防治水细则 ………………… 386
　　　（2018年印发）
　　防治煤与瓦斯突出细则 ………… 402
　　　（2019年公布）
　　煤矿瓦斯抽采达标暂行规定 …… 421
　　　（2011年印发）
　　煤矿井下紧急避险系统建设管理
　　　暂行规定 …………………… 427
　　　（2011年印发）
　　关于强化瓦斯治理有效遏制煤矿
　　　重特大事故的通知 …………… 430
　　　（2017年印发）
　　煤矿瓦斯等级鉴定办法 ………… 432
　　　（2018年印发）
　　煤矿用爆破器材管理规定 ……… 435
　　　（1996年发布）
　　防治煤矿冲击地压细则 ………… 437
　　　（2018年印发）
　　煤矿复工复产验收管理办法 …… 442
　　　（2019年印发）
　　煤矿企业安全生产许可证实施办法 …… 444
　　　（2017年修订）
　　煤矿安全监察行政处罚办法 …… 449
　　　（2015年修正）
　　煤矿安全监察罚款管理办法 …… 450
　　　（2003年公布）
　　煤矿安全监察执法监督办法（试行）…… 451
　　　（2014年印发）
　　煤矿建设项目安全设施竣工验收监
　　　督核查暂行办法 …………… 453
　　　（2015年印发）
　　煤矿安全培训规定 ……………… 454
　　　（2018年公布）
　　煤矿建设项目安全设施监察规定 …… 459
　　　（2015年修正）

煤矿安全监察员管理办法 …………… 461
 （2015 年修正）
2）非煤矿山安全 …………………… 463
 尾矿库安全监督管理规定 ………… 463
 （2015 年修订）
 关于进一步加强尾矿库监督管理工
  作的指导意见 …………………… 466
 （2012 年公布）
 关于非煤矿山安全生产风险分级监
  管工作的指导意见 ……………… 470
 （2015 年公布）
 严防十类非煤矿山生产安全事故的
  通知 ……………………………… 471
 （2014 年印发）
 关于加强金属非金属矿山选矿厂
  安全生产工作的通知 …………… 475
 （2012 年印发）
 非煤矿矿山企业安全生产许可证
  实施办法 ………………………… 476
 （2015 年修正）
 非煤矿山外包工程安全管理暂行
  办法 ……………………………… 481
 （2015 年修正）
 小型露天采石场安全管理与监督
  检查规定 ………………………… 485
 （2015 年修正）
 金属非金属矿山重大生产安全事故
  隐患判定标准（试行） ………… 487
 （2017 年印发）
 金属非金属矿山建设项目安全设施
  目录（试行） …………………… 488
 （2015 年公布）
 金属与非金属矿产资源地质勘探安
  全生产监督管理暂行规定 ……… 494
 （2015 年修正）
 金属非金属地下矿山企业领导带班
  下井及监督检查暂行规定 ……… 496
 （2015 年修正）
3）海洋石油安全 …………………… 498
 海洋石油安全生产规定 …………… 498
 （2015 年修正）
 海洋石油安全管理细则 …………… 501
 （2015 年修正）
 海洋石油建设项目生产设施设计审
  查与安全竣工验收实施细则 …… 516

 （2009 年印发）
4）冶金有色和工贸安全 …………… 518
 工贸企业粉尘防爆安全规定 ……… 518
 （2021 年公布）
 冶金企业和有色金属企业安全生产
  规定 ……………………………… 522
 （2018 年公布）
 工贸行业重大生产安全事故隐患判
  定标准 …………………………… 525
 （2017 年印发）
 工贸行业遏制重特大事故工作意见 …… 527
 （2016 年印发）
 工贸企业有限空间作业安全管理与
  监督暂行规定 …………………… 528
 （2015 年修正）
（三）危险化学品安全类 ………………… 531
 1. 法律法规 ………………………… 531
  危险化学品安全管理条例 ………… 531
  （2013 年修订）
  易制毒化学品管理条例 …………… 543
  （2018 年修订）
  中华人民共和国监控化学品管理条例 …… 548
  （2011 年修订）
 2. 中共中央、国务院有关文件 …… 550
  中共中央办公厅、国务院办公厅关于
   全面加强危险化学品安全生产工作
   的意见 …………………………… 550
  （2020 年印发）
 3. 部门规章及有关文件 …………… 553
  1）危险化学品安全 ……………… 553
   危险化学品企业重大危险源安全包
    保责任制办法（试行） ………… 553
  （2021 年印发）
   淘汰落后危险化学品安全生产工艺
    技术设备目录（第一批） ……… 555
  （2020 年印发）
   危险化学品企业安全分类整治目录
    （2020 年） ……………………… 557
  （2020 年印发）
   危险化学品企业安全风险隐患排查
    治理导则 ………………………… 563
  （2019 年印发）
   化工园区安全风险排查治理导则
    （试行） ………………………… 605
  （2019 年印发）

危险化学品企业生产安全事故应急
准备指南 ················· 613
（2019年印发）
中华人民共和国监控化学品管理条
例实施细则 ··············· 630
（2018年公布）
危险化学品生产企业安全生产许可
证实施办法 ··············· 634
（2017年修正）
危险化学品安全使用许可证实施
办法 ····················· 640
（2017年修正）
剧毒化学品购买和公路运输许可证
件管理办法 ··············· 644
（2005年公布）
危险化学品建设项目安全监督管理
办法 ····················· 648
（2015年修正）
关于进一步加强危险化学品建设项
目安全设计管理的通知 ······ 653
（2013年公布）
危险化学品输送管道安全管理规定 ··· 655
（2015年修正）
危险化学品经营许可证管理办法 ··· 658
（2015年修正）
危险化学品登记管理办法 ········ 662
（2012年公布）
危险化学品重大危险源监督管理暂
行规定 ··················· 666

（2015年修正）
化工和危险化学品生产经营单位重
大生产安全事故隐患判定标准
（试行） ················· 672
（2017年印发）
关于加强化工过程安全管理的指导
意见 ····················· 672
（2013年公布）
关于加强化工企业泄漏管理的指导
意见 ····················· 676
（2014年公布）
遏制危险化学品和烟花爆竹重特大
事故工作意见 ············· 679
（2016年印发）
2）易制毒化学品安全 ············ 681
企业非药品类易制毒化学品规范化
管理指南 ················· 681
（2014年印发）
关于进一步加强非药品类易制毒化
学品监管工作的指导意见 ···· 683
（2012年发布）
非药品类易制毒化学品生产、经营
许可办法 ················· 685
（2006年公布）
易制毒化学品购销和运输管理办法 ··· 689
（2006年发布）
向特定国家（地区）出口易制毒化
学品暂行管理规定 ·········· 694
（2015年修正）

下 册

（四）烟花爆竹和民用爆炸物品安全类 ······· 697
  1. 法律法规 ···················· 697
    烟花爆竹安全管理条例 ········ 697
    （2016年修正）
    民用爆炸物品安全管理条例 ····· 701
    （2014年修正）
  2. 国务院办公厅文件 ············ 706
    国务院办公厅转发关于进一步加强烟
    花爆竹安全监督管理工作的意见 ··· 706
    （2010年转发）
  3. 部门规章及有关文件 ·········· 708
    烟花爆竹生产企业安全生产许可证实
    施办法 ··················· 708

（2012年公布）
烟花爆竹生产经营安全规定 ······ 712
（2018年公布）
烟花爆竹经营许可实施办法 ······ 716
（2013年公布）
烟花爆竹生产经营单位重大生产安全
事故隐患判定标准（试行） ··· 720
（2017年印发）
烟花爆竹销毁安全指南（暂行） ··· 721
（2016年印发）
民用爆炸物品生产许可实施办法 ······ 722
（2018年公布）
民用爆炸物品销售许可实施办法 ······ 725

（2015年修订）
民用爆炸物品安全生产许可实施办法 …… 728
　（2015年公布）
民用爆炸物品生产和销售企业安全生产
　培训管理办法 ………………………… 730
　（2018年印发）
关于建立民爆企业安全生产长效机制
　的指导意见 …………………………… 733
　（2017年发布）
（五）建筑安全类 ………………………… 735
　1.法律法规 …………………………… 735
　中华人民共和国建筑法 ……………… 735
　　（2019年修正）
　建设工程质量管理条例 ……………… 740
　　（2019年修改）
　建设工程安全生产管理条例 ………… 746
　　（2003年公布）
　2.部门规章及有关文件 ……………… 752
　建设工程消防设计审查验收管理暂行
　　规定 ………………………………… 752
　　（2020年公布）
　危险性较大的分部分项工程安全管理
　　规定 ………………………………… 756
　　（2018年公布）
　建筑工程施工许可管理办法 ………… 759
　　（2018年修正）
　建筑施工企业安全生产许可证管理
　　规定 ………………………………… 761
　　（2015年修正）
　建设项目安全设施"三同时"监督管理
　　办法 ………………………………… 763
　　（2015年修正）
　房屋建筑和市政基础设施工程施工安
　　全监督规定 ………………………… 767
　　（2019年修订）
　房屋市政工程生产安全事故报告和查
　　处工作规程 ………………………… 768
　　（2013年印发）
　建筑施工企业主要负责人、项目负责
　　人和专职安全生产管理人员安全生
　　产管理规定 ………………………… 770
　　（2014年公布）
　建筑起重机械安全监督管理规定 …… 772
　　（2008年公布）
　建筑施工特种作业人员管理规定 …… 775

（2008年印发）
建筑施工人员个人劳动保护用品使用
　管理暂行规定 ………………………… 777
　（2007年印发）
（六）交通安全类 ………………………… 779
　1.道路交通安全类 …………………… 779
　1）法律法规 ………………………… 779
　中华人民共和国道路交通安全法 …… 779
　　（2021年修正）
　中华人民共和国道路交通安全法实
　　施条例 ……………………………… 788
　　（2017年修订）
　中华人民共和国公路法 ……………… 798
　　（2017年修正）
　国防交通条例 ………………………… 803
　　（2011年修订）
　校车安全管理条例 …………………… 807
　　（2012年公布）
　2）部门规章及有关文件 …………… 811
　道路运输从业人员管理规定 ………… 811
　　（2019年修正）
　汽车客运站安全生产规范 …………… 816
　　（2019年印发）
　道路危险货物运输管理规定 ………… 819
　　（2019年修正）
　危险货物道路运输安全管理办法 …… 825
　　（2019年公布）
　交通运输突发事件应急管理规定 …… 831
　　（2011年公布）
　高速公路交通应急管理程序规定 …… 834
　　（2008年印发）
　3）应急预案 ………………………… 838
　公路水运工程生产安全事故应急
　　预案 ………………………………… 838
　　（2017年印发）
　公路交通突发事件应急预案 ………… 846
　　（2017年印发）
　2.水上海上交通安全类 ……………… 852
　1）法律法规 ………………………… 852
　中华人民共和国港口法 ……………… 852
　　（2018年修正）
　中华人民共和国海上交通安全法 …… 857
　　（2021年修正）
　中华人民共和国内河交通安全管理
　　条例 ………………………………… 868

9

（2019年修订）
中华人民共和国渔港水域交通安全
管理条例 ………………………… 874
（2019年修订）
中华人民共和国海上交通事故调查
处理条例 ………………………… 876
（1990年公布）
中华人民共和国非机动船舶海上安
全航行暂行规则 ………………… 879
（1958年发布）
2）国务院办公厅文件 ……………… 879
国务院办公厅关于加强水上搜救工
作的通知 ………………………… 879
（2019年印发）
3）部门规章及有关文件 …………… 881
中华人民共和国船舶安全监督规则 …… 881
（2020年修正）
中华人民共和国船舶最低安全配员
规则 ……………………………… 885
（2018年修正）
海上滚装船舶安全监督管理规定 …… 886
（2019年公布）
船舶载运危险货物安全监督管理
规定 ……………………………… 889
（2018年公布）
港口危险货物安全管理规定 ………… 893
（2019年修正）
危险货物港口作业重大事故隐患判
定指南 …………………………… 902
（2016年印发）
内河交通事故调查处理规定 ………… 903
（2012年修正）
公路水运工程安全生产监督管理
办法 ……………………………… 906
（2017年修正）
公路水路行业安全生产工作考核评
价办法 …………………………… 912
（2017年印发）
公路水运建设工程质量安全督查
办法 ……………………………… 919
（2016年印发）
中华人民共和国海上船舶污染事故
调查处理规定 …………………… 921
（2021年修正）
中华人民共和国船舶污染海洋环境

应急防备和应急处置管理规定 ……… 924
（2019年修正）
4）应急预案 ………………………… 930
国家重大海上溢油应急处置预案 …… 930
（2018年印发）
3．铁路交通安全类 ……………………… 937
1）法律法规 ………………………… 937
中华人民共和国铁路法 ……………… 937
（2015年修正）
铁路安全管理条例 …………………… 941
（2013年公布）
铁路交通事故应急救援和调查处理
条例 ……………………………… 949
（2012年修正）
2）国务院办公厅文件 ……………… 952
国务院办公厅关于加强铁路沿线安
全环境治理工作意见的通知 …… 952
（2021年转发）
国务院办公厅关于保障城市轨道交
通安全运行的意见 ……………… 953
（2018年印发）
3）部门规章及有关文件 …………… 956
高速铁路安全防护管理办法 ………… 956
（2020年公布）
铁路旅客运输安全检查管理办法 …… 961
（2014年公布）
铁路危险货物运输安全监督管理
规定 ……………………………… 962
（2015年公布）
铁路安全生产违法行为公告办法 …… 965
（2015年印发）
铁路交通事故应急救援规则 ………… 966
（2007年公布）
4）应急预案 ………………………… 970
国家城市轨道交通运营突发事件应
急预案 …………………………… 970
（2015年印发）
4．航空安全类 …………………………… 974
1）法律法规 ………………………… 974
中华人民共和国民用航空法 ………… 974
（2021年修正）
国务院关于通用航空管理的暂行
规定 ……………………………… 989
（2014年修订）
中华人民共和国民用航空安全保卫

条例 …………………………………… 990
　　（2011年修订）
　民用机场管理条例 ………………………… 993
　　（2019年修订）
　中华人民共和国民用航空器权利登
　　记条例 ………………………………… 998
　　（1997年发布）
　中华人民共和国民用航空器适航管
　　理条例 ………………………………… 1000
　　（1987年发布）
　民用航空运输不定期飞行管理暂行
　　规定 …………………………………… 1002
　　（1989年发布）
　中华人民共和国搜寻援救民用航空
　　器规定 ………………………………… 1002
　　（1992年发布）
　外国民用航空器飞行管理规则 …………… 1005
　　（2019年修订）
　2）部门规章 ………………………………… 1009
　民用航空安全检查规则 …………………… 1009
　　（2016年公布）
　公共航空运输企业航空安全保卫
　　规则 …………………………………… 1016
　　（2018年修正）
　运输机场运行安全管理规定 ……………… 1024
　　（2022年修正）
　公共航空旅客运输飞行中安全保卫
　　工作规则 ……………………………… 1045
　　（2017年公布）
　民用航空运输机场航空安全保卫
　　规则 …………………………………… 1049
　　（2016年公布）
　民用航空空中交通管理运行单位
　　安全管理规则 ………………………… 1059
　　（2016年公布）
（七）特种设备安全类 ……………………… 1062
　1. 法律法规 ………………………………… 1062
　中华人民共和国特种设备安全法 ………… 1062
　　（2013年公布）
　特种设备安全监察条例 …………………… 1071
　　（2009年修订）
　2. 部门规章及有关文件 …………………… 1081
　特种设备目录 ……………………………… 1081
　　（2014年修订）
　气瓶安全监察规定 ………………………… 1086

　　（2015年修订）
　客运索道安全监督管理规定 ……………… 1090
　　（2020年修订）
　大型游乐设施安全监察规定 ……………… 1093
　　（2021年修改）
　特种设备事故报告和调查处理规定 ……… 1097
　　（2022年公布）
　特种作业人员安全技术培训考核管理
　　规定 …………………………………… 1100
　　（2015年修正）
　特种设备作业人员监督管理办法 ………… 1104
　　（2011年修订）
（八）电力安全类 …………………………… 1106
　1. 法律法规 ………………………………… 1106
　中华人民共和国电力法 …………………… 1106
　　（2018年修正）
　电力安全事故应急处置和调查处理
　　条例 …………………………………… 1111
　　（2011年公布）
　电力监管条例 ……………………………… 1117
　　（2005年公布）
　电网调度管理条例 ………………………… 1119
　　（2011年修订）
　2. 部门规章及有关文件 …………………… 1121
　电力建设工程施工安全监督管理办法 …… 1121
　　（2015年公布）
　电力安全生产监督管理办法 ……………… 1125
　　（2015年公布）
　水电站大坝运行安全监督管理规定 ……… 1128
　　（2015年公布）
　电力监控系统安全防护规定 ……………… 1132
　　（2014年公布）
　关于加强电力企业安全风险预控体系
　　建设的指导意见 ……………………… 1133
　　（2015年发布）
　电网安全风险管控办法（试行）………… 1135
　　（2014年发布）
　关于防范电力人身伤亡事故的指导
　　意见 …………………………………… 1137
　　（2013年发布）
　3. 应急预案 ………………………………… 1139
　国家大面积停电事件应急预案 …………… 1139
　　（2015年印发）
（九）核安全和放射性安全类 ……………… 1144
　1. 法律法规 ………………………………… 1144

11

中华人民共和国核安全法 …………… 1144
　（2017 年公布）
民用核安全设备监督管理条例 ………… 1153
　（2019 年修订）
核电厂核事故应急管理条例 …………… 1157
　（2011 年修订）
中华人民共和国民用核设施安全监督
　管理条例 ……………………………… 1161
　（1986 年发布）
中华人民共和国放射性污染防治法 …… 1163
　（2003 年公布）
放射性同位素与射线装置安全和防护
　条例 …………………………………… 1168
　（2019 年修订）
放射性废物安全管理条例 ……………… 1174
　（2011 年公布）
放射性物品运输安全管理条例 ………… 1179
　（2009 年公布）
　2. 部门规章及有关文件 ……………… 1185
核动力厂管理体系安全规定 …………… 1185
　（2020 年发布）
放射性物品道路运输管理规定 ………… 1191
　（2016 年修正）
放射性物品运输安全监督管理办法 …… 1195
　（2016 年公布）
　3. 应急预案 …………………………… 1199
国家核应急预案 ………………………… 1199
　（2013 年修订）

四、应急管理法 ………………………… 1204
　1. 法律法规 …………………………… 1204
中华人民共和国突发事件应对法 ……… 1204
　（2007 年公布）
军队参加抢险救灾条例 ………………… 1210
　（2005 年公布）
　2. 中共中央、国务院有关文件 ……… 1211
"十四五"国家应急体系规划 …………… 1211
　（2021 年公布）
中共中央关于深化党和国家机构改革
　的决定 ………………………………… 1225
　（2018 年通过）
中共中央办公厅、国务院办公厅关于调
　整应急管理部职责机构编制的通知 … 1240
　（2020 年发布）
中共中央办公厅、国务院办公厅关于
　应急管理部职能配置、内设机构和

人员编制规定 ………………………… 1241
　（2018 年印发）
国务院办公厅关于应急救援领域中央
　与地方财政事权和支出责任划分
　改革方案 ……………………………… 1244
　（2020 年印发）
国务院关于全面加强应急管理工作的
　意见 …………………………………… 1245
　（2006 年印发）
国务院办公厅关于加快应急产业发展
　的意见 ………………………………… 1249
　（2014 年印发）
国务院办公厅关于加强基层应急队伍
　建设的意见 …………………………… 1254
　（2009 年印发）
国务院办公厅关于加强基层应急管理
　工作的意见 …………………………… 1256
　（2007 年印发）
国务院办公厅转发安全监管总局等部
　门关于加强企业应急管理工作的意见
　………………………………………… 1258
　（2007 年转发）
　3. 应急预案及有关文件 ……………… 1261
国家突发公共事件总体应急预案 ……… 1261
　（2006 年发布）
突发事件应急预案管理办法 …………… 1264
　（2013 年印发）

五、其他相关法 ………………………… 1268
中华人民共和国消防法 ………………… 1268
　（2021 年修正）
中华人民共和国职业病防治法 ………… 1274
　（2018 年修正）
中华人民共和国尘肺病防治条例 ……… 1283
　（1987 年发布）
中华人民共和国劳动法 ………………… 1284
　（2018 年修正）
中华人民共和国劳动合同法 …………… 1290
　（2012 年修正）
工伤保险条例 …………………………… 1297
　（2010 年修订）
劳动保障监察条例 ……………………… 1303
　（2004 年公布）
女职工劳动保护特别规定 ……………… 1306
　（2012 年公布）
使用有毒物品作业场所劳动保护条例 … 1307

（2002年公布）
中华人民共和国治安管理处罚法…………1314
（2012年修正）
中华人民共和国民法典（摘录）…………1323
（2020年公布）
农业机械安全监督管理条例………………1325

（2019年修订）
城镇燃气管理条例…………………………1329
（2016年修订）
大型群众性活动安全管理条例……………1334
（2007年公布）

(四) 烟花爆竹和民用爆炸物品安全类

1. 法律法规

烟花爆竹安全管理条例

(2006年1月21日国务院令第455号公布 根据2016年2月6日《国务院关于修改部分行政法规的决定》修订)

第一章 总 则

第一条 为了加强烟花爆竹安全管理,预防爆炸事故发生,保障公共安全和人身、财产的安全,制定本条例。

第二条 烟花爆竹的生产、经营、运输和燃放,适用本条例。

本条例所称烟花爆竹,是指烟花爆竹制品和用于生产烟花爆竹的民用黑火药、烟火药、引火线等物品。

第三条 国家对烟花爆竹的生产、经营、运输和举办焰火晚会以及其他大型焰火燃放活动,实行许可证制度。

未经许可,任何单位或者个人不得生产、经营、运输烟花爆竹,不得举办焰火晚会以及其他大型焰火燃放活动。

第四条 安全生产监督管理部门负责烟花爆竹的安全生产监督管理;公安部门负责烟花爆竹的公共安全管理;质量监督检验部门负责烟花爆竹的质量监督和进出口检验。

第五条 公安部门、安全生产监督管理部门、质量监督检验部门、工商行政管理部门应当按照职责分工,组织查处非法生产、经营、储存、运输、邮寄烟花爆竹以及非法燃放烟花爆竹的行为。

第六条 烟花爆竹生产、经营、运输企业和焰火晚会以及其他大型焰火燃放活动主办单位的主要负责人,对本单位的烟花爆竹安全工作负责。

烟花爆竹生产、经营、运输企业和焰火晚会以及其他大型焰火燃放活动主办单位应当建立健全安全责任制,制定各项安全管理制度和操作规程,并对从业人员定期进行安全教育、法制教育和岗位技术培训。

中华全国供销合作总社应当加强对本系统企业烟花爆竹经营活动的管理。

第七条 国家鼓励烟花爆竹生产企业采用提高安全程度和提升行业整体水平的新工艺、新配方和新技术。

第二章 生 产 安 全

第八条 生产烟花爆竹的企业,应当具备下列条件:

(一)符合当地产业结构规划;
(二)基本建设项目经过批准;
(三)选址符合城乡规划,并与周边建筑、设施保持必要的安全距离;
(四)厂房和仓库的设计、结构和材料以及防火、防爆、防雷、防静电等安全设备、设施符合国家有关标准和规范;
(五)生产设备、工艺符合安全标准;
(六)产品品种、规格、质量符合国家标准;
(七)有健全的安全生产责任制;
(八)有安全生产管理机构和专职安全生产管理人员;
(九)依法进行了安全评价;
(十)有事故应急救援预案、应急救援组织和人员,并配备必要的应急救援器材、设备;
(十一)法律、法规规定的其他条件。

第九条 生产烟花爆竹的企业,应当在投入生产前向所在地设区的市人民政府安全生产监督管理部门提出安全审查申请,并提交能够证明符合本条例第八条规定条件的有关材料。设区的市人民政府安全生产监督管理部门应当自收到材料之日起20日内提出安全审查初步意见,报省、自治区、直辖市人民政府安全生产监督管理部门审查。省、自治区、直辖市人民政府安全生产监督管理部门应当自受理申请之日起45日内进行安全审查,对符合条件的,核发《烟花爆竹安全生产许可证》;对不符合条件的,应当说明理由。

第十条 生产烟花爆竹的企业为扩大生产能力进行基本建设或者技术改造的,应当依照本条例的规定申请办理安全生产许可证。

生产烟花爆竹的企业,持《烟花爆竹安全生产许可证》到工商行政管理部门办理登记手续后,方可从事烟花爆竹生产活动。

第十一条 生产烟花爆竹的企业，应当按照安全生产许可证核定的产品种类进行生产，生产工序和生产作业应当执行有关国家标准和行业标准。

第十二条 生产烟花爆竹的企业，应当对生产作业人员进行安全生产知识教育，对从事药物混合、造粒、筛选、装药、筑药、压药、切引、搬运等危险工序的作业人员进行专业技术培训。从事危险工序的作业人员经设区的市人民政府安全生产监督管理部门考核合格，方可上岗作业。

第十三条 生产烟花爆竹使用的原料，应当符合国家标准的规定。生产烟花爆竹使用的原料，国家标准有用量限制的，不得超过规定的用量。不得使用国家标准规定禁止使用或者禁忌配伍的物质生产烟花爆竹。

第十四条 生产烟花爆竹的企业，应当按照国家标准的规定，在烟花爆竹产品上标注燃放说明，并在烟花爆竹包装物上印制易燃易爆危险物品警示标志。

第十五条 生产烟花爆竹的企业，应当对黑火药、烟火药、引火线的保管采取必要的安全技术措施，建立购买、领用、销售登记制度，防止黑火药、烟火药、引火线丢失。黑火药、烟火药、引火线丢失的，企业应当立即向当地安全生产监督管理部门和公安部门报告。

第三章 经 营 安 全

第十六条 烟花爆竹的经营分为批发和零售。

从事烟花爆竹批发的企业和零售经营者的经营布点，应当经安全生产监督管理部门审批。

禁止在城市市区布设烟花爆竹批发场所；城市市区的烟花爆竹零售网点，应当按照严格控制的原则合理布设。

第十七条 从事烟花爆竹批发的企业，应当具备下列条件：

（一）具有企业法人条件；
（二）经营场所与周边建筑、设施保持必要的安全距离；
（三）有符合国家标准的经营场所和储存仓库；
（四）有保管员、仓库守护员；
（五）依法进行了安全评价；
（六）有事故应急救援预案、应急救援组织和人员，并配备必要的应急救援器材、设备；
（七）法律、法规规定的其他条件。

第十八条 烟花爆竹零售经营者，应当具备下列条件：

（一）主要负责人经过安全知识教育；
（二）实行专店或者专柜销售，设专人负责安全管理；
（三）经营场所配备必要的消防器材，张贴明显的安全警示标志；
（四）法律、法规规定的其他条件。

第十九条 申请从事烟花爆竹批发的企业，应当向所在地设区的市人民政府安全生产监督管理部门提出申请，并提供能够证明符合本条例第十七条规定条件的有关材料。受理申请的安全生产监督管理部门应当自受理申请之日起30日内对提交的有关材料和经营场所进行审查，对符合条件的，核发《烟花爆竹经营（批发）许可证》；对不符合条件的，应当说明理由。

申请从事烟花爆竹零售的经营者，应当向所在地县级人民政府安全生产监督管理部门提出申请，并提供能够证明符合本条例第十八条规定条件的有关材料。受理申请的安全生产监督管理部门应当自受理申请之日起20日内对提交的有关材料和经营场所进行审查，对符合条件的，核发《烟花爆竹经营（零售）许可证》；对不符合条件的，应当说明理由。

《烟花爆竹经营（零售）许可证》，应当载明经营负责人、经营场所地址、经营期限、烟花爆竹种类和限制存放量。

第二十条 从事烟花爆竹批发的企业，应当向生产烟花爆竹的企业采购烟花爆竹，向从事烟花爆竹零售的经营者供应烟花爆竹。从事烟花爆竹零售的经营者，应当向从事烟花爆竹批发的企业采购烟花爆竹。

从事烟花爆竹批发的企业、零售经营者不得采购和销售非法生产、经营的烟花爆竹。

从事烟花爆竹批发的企业，不得向从事烟花爆竹零售的经营者供应按照国家标准规定应由专业燃放人员燃放的烟花爆竹。从事烟花爆竹零售的经营者，不得销售按照国家标准规定应由专业燃放人员燃放的烟花爆竹。

第二十一条 生产、经营黑火药、烟火药、引火线的企业，不得向未取得烟花爆竹安全生产许可的任何单位或者个人销售黑火药、烟火药和引火线。

第四章 运 输 安 全

第二十二条 经由道路运输烟花爆竹的，应当经公安部门许可。

经由铁路、水路、航空运输烟花爆竹的，依照铁路、水路、航空运输安全管理的有关法律、法规、规章的规定执行。

第二十三条 经由道路运输烟花爆竹的，托运人应当向运达地县级人民政府公安部门提出申请，并提交下列有关材料：

（一）承运人从事危险货物运输的资质证明；

（二）驾驶员、押运员从事危险货物运输的资格证明；

（三）危险货物运输车辆的道路运输证明；

（四）托运人从事烟花爆竹生产、经营的资质证明；

（五）烟花爆竹的购销合同及运输烟花爆竹的种类、规格、数量；

（六）烟花爆竹的产品质量和包装合格证明；

（七）运输车辆牌号、运输时间、起始地点、行驶路线、经停地点。

第二十四条 受理申请的公安部门应当自受理申请之日起3日内对提交的有关材料进行审查，对符合条件的，核发《烟花爆竹道路运输许可证》；对不符合条件的，应当说明理由。

《烟花爆竹道路运输许可证》应当载明托运人、承运人、一次性运输有效期限、起始地点、行驶路线、经停地点、烟花爆竹的种类、规格和数量。

第二十五条 经由道路运输烟花爆竹的，除应当遵守《中华人民共和国道路交通安全法》外，还应当遵守下列规定：

（一）随车携带《烟花爆竹道路运输许可证》；

（二）不得违反运输许可事项；

（三）运输车辆悬挂或者安装符合国家标准的易燃易爆危险物品警示标志；

（四）烟花爆竹的装载符合国家有关标准和规范；

（五）装载烟花爆竹的车厢不得载人；

（六）运输车辆限速行驶，途中经停必须有专人看守；

（七）出现危险情况立即采取必要的措施，并报告当地公安部门。

第二十六条 烟花爆竹运达目的地后，收货人应当在3日内将《烟花爆竹道路运输许可证》交回发证机关核销。

第二十七条 禁止携带烟花爆竹搭乘公共交通工具。

禁止邮寄烟花爆竹，禁止在托运的行李、包裹、邮件中夹带烟花爆竹。

第五章 燃 放 安 全

第二十八条 燃放烟花爆竹，应当遵守有关法律、法规和规章的规定。县级以上地方人民政府可以根据本行政区域的实际情况，确定限制或者禁止燃放烟花爆竹的时间、地点和种类。

第二十九条 各级人民政府和政府有关部门应当开展社会宣传活动，教育公民遵守有关法律、法规和规章，安全燃放烟花爆竹。

广播、电视、报刊等新闻媒体，应当做好安全燃放烟花爆竹的宣传、教育工作。未成年人的监护人应当对未成年人进行安全燃放烟花爆竹的教育。

第三十条 禁止在下列地点燃放烟花爆竹：

（一）文物保护单位；

（二）车站、码头、飞机场等交通枢纽以及铁路线路安全保护区内；

（三）易燃易爆物品生产、储存单位；

（四）输变电设施安全保护区内；

（五）医疗机构、幼儿园、中小学校、敬老院；

（六）山林、草原等重点防火区；

（七）县级以上地方人民政府规定的禁止燃放烟花爆竹的其他地点。

第三十一条 燃放烟花爆竹，应当按照燃放说明燃放，不得以危害公共安全和人身、财产安全的方式燃放烟花爆竹。

第三十二条 举办焰火晚会以及其他大型焰火燃放活动，应当按照举办的时间、地点、环境、活动性质、规模以及燃放烟花爆竹的种类、规格和数量，确定危险等级，实行分级管理。分级管理的具体办法，由国务院公安部门规定。

第三十三条 申请举办焰火晚会以及其他大型焰火燃放活动，主办单位应当按照分级管理的规定，向有关人民政府公安部门提出申请，并提交下列有关材料：

（一）举办焰火晚会以及其他大型焰火燃放活动的时间、地点、环境、活动性质、规模；

（二）燃放烟花爆竹的种类、规格、数量；

（三）燃放作业方案；

（四）燃放作业单位、作业人员符合行业标准规定条件的证明。

受理申请的公安部门应当自受理申请之日起20日内对提交的有关材料进行审查，对符合条件的，核发《焰火燃放许可证》；对不符合条件的，应当说明理由。

第三十四条 焰火晚会以及其他大型焰火燃放活动燃放作业单位和作业人员，应当按照焰火燃放安全规程和经许可的燃放作业方案进行燃放作业。

第三十五条 公安部门应当加强对危险等级较高

的焰火晚会以及其他大型焰火燃放活动的监督检查。

第六章 法 律 责 任

第三十六条 对未经许可生产、经营烟花爆竹制品，或者向未取得烟花爆竹安全生产许可的单位或者个人销售黑火药、烟火药、引火线的，由安全生产监督管理部门责令停止非法生产、经营活动，处2万元以上10万元以下的罚款，并没收非法生产、经营的物品及违法所得。对未经许可经由道路运输烟花爆竹的，由公安部门责令停止非法运输活动，处1万元以上5万元以下的罚款，并没收非法运输的物品及违法所得。

非法生产、经营、运输烟花爆竹，构成违反治安管理行为的，依法给予治安管理处罚；构成犯罪的，依法追究刑事责任。

第三十七条 生产烟花爆竹的企业有下列行为之一的，由安全生产监督管理部门责令限期改正，处1万元以上5万元以下的罚款；逾期不改正的，责令停产停业整顿，情节严重的，吊销安全生产许可证：

（一）未按照安全生产许可证核定的产品种类进行生产的；

（二）生产工序或者生产作业不符合有关国家标准、行业标准的；

（三）雇佣未经设区的市人民政府安全生产监督管理部门考核合格的人员从事危险工序作业的；

（四）生产烟花爆竹使用的原料不符合国家标准规定的，或者使用的原料超过国家标准规定的用量限制的；

（五）使用按照国家标准规定禁止使用或者禁忌配伍的物质生产烟花爆竹的；

（六）未按照国家标准的规定在烟花爆竹产品上标注燃放说明，或者未在烟花爆竹的包装物上印制易燃易爆危险物品警示标志的。

第三十八条 从事烟花爆竹批发的企业向从事烟花爆竹零售的经营者供应非法生产、经营的烟花爆竹，或者供应按照国家标准规定应由专业燃放人员燃放的烟花爆竹的，由安全生产监督管理部门责令停止违法行为，处2万元以上10万元以下的罚款，并没收非法经营的物品及违法所得；情节严重的，吊销烟花爆竹经营许可证。

从事烟花爆竹零售的经营者销售非法生产、经营的烟花爆竹，或者销售按照国家标准规定应由专业燃放人员燃放的烟花爆竹的，由安全生产监督管理部门责令停止违法行为，处1000元以上5000元以下的罚款，并没收非法经营的物品及违法所得；情节严重的，吊销烟花爆竹经营许可证。

第三十九条 生产、经营、使用黑火药、烟火药、引火线的企业，丢失黑火药、烟火药、引火线未及时向当地安全生产监督管理部门和公安部门报告的，由公安部门对企业主要负责人处5000元以上2万元以下的罚款，对丢失的物品予以追缴。

第四十条 经由道路运输烟花爆竹，有下列行为之一的，由公安部门责令改正，处200元以上2000元以下的罚款：

（一）违反运输许可事项的；

（二）未随车携带《烟花爆竹道路运输许可证》的；

（三）运输车辆没有悬挂或者安装符合国家标准的易燃易爆危险物品警示标志的；

（四）烟花爆竹的装载不符合国家有关标准和规范的；

（五）装载烟花爆竹的车厢载人的；

（六）超过危险物品运输车辆规定时速行驶的；

（七）运输车辆途中经停没有专人看守的；

（八）运达目的地后，未按规定时间将《烟花爆竹道路运输许可证》交回发证机关核销的。

第四十一条 对携带烟花爆竹搭乘公共交通工具，或者邮寄烟花爆竹以及在托运的行李、包裹、邮件中夹带烟花爆竹的，由公安部门没收非法携带、邮寄、夹带的烟花爆竹，可以并处200元以上1000元以下的罚款。

第四十二条 对未经许可举办焰火晚会以及其他大型焰火燃放活动，或者焰火晚会以及其他大型焰火燃放活动燃放作业单位和作业人员违反焰火燃放安全规程、燃放作业方案进行燃放作业的，由公安部门责令停止燃放，对责任单位处1万元以上5万元以下的罚款。

在禁止燃放烟花爆竹的时间、地点燃放烟花爆竹，或者以危害公共安全和人身、财产安全的方式燃放烟花爆竹的，由公安部门责令停止燃放，处100元以上500元以下的罚款；构成违反治安管理行为的，依法给予治安管理处罚。

第四十三条 对没收的非法烟花爆竹以及生产、经营企业弃置的废旧烟花爆竹，应当就地封存，并由公安部门组织销毁、处置。

第四十四条 安全生产监督管理部门、公安部门、质量监督检验部门、工商行政管理部门的工作人员，在烟花爆竹安全监管工作中滥用职权、玩忽职守、徇私舞弊，构成犯罪的，依法追究刑事责任；尚不构成犯罪的，依法给予行政处分。

第七章 附 则

第四十五条 《烟花爆竹安全生产许可证》《烟花爆竹经营（批发）许可证》《烟花爆竹经营（零售）许可证》，由国务院安全生产监督管理部门规定式样；《烟花爆竹道路运输许可证》《焰火燃放许可证》，由国务院公安部门规定式样。

第四十六条 本条例自公布之日起施行。

民用爆炸物品安全管理条例

（2006年5月10日国务院令第466号公布 根据2014年7月29日国务院令第653号《国务院关于修改部分行政法规的决定》修正）

第一章 总 则

第一条 为了加强对民用爆炸物品的安全管理，预防爆炸事故发生，保障公民生命、财产安全和公共安全，制定本条例。

第二条 民用爆炸物品的生产、销售、购买、进出口、运输、爆破作业和储存以及硝酸铵的销售、购买，适用本条例。本条例所称民用爆炸物品，是指用于非军事目的、列入民用爆炸物品品名表的各类火药、炸药及其制品和雷管、导火索等点火、起爆器材。民用爆炸物品品名表，由国务院民用爆炸物品行业主管部门会同国务院公安部门制订、公布。

第三条 国家对民用爆炸物品的生产、销售、购买、运输和爆破作业实行许可证制度。未经许可，任何单位或者个人不得生产、销售、购买、运输民用爆炸物品，不得从事爆破作业。严禁转让、出借、转借、抵押、赠送、私藏或者非法持有民用爆炸物品。

第四条 民用爆炸物品行业主管部门负责民用爆炸物品生产、销售的安全监督管理。公安机关负责民用爆炸物品公共安全管理和民用爆炸物品购买、运输、爆破作业的安全监督管理，监控民用爆炸物品流向。安全生产监督、铁路、交通、民用航空主管部门依照法律、行政法规的规定，负责做好民用爆炸物品的有关安全监督管理工作。民用爆炸物品行业主管部门、公安机关、工商行政管理部门按照职责分工，负责组织查处非法生产、销售、购买、储存、运输、邮寄、使用民用爆炸物品的行为。

第五条 民用爆炸物品生产、销售、购买、运输和爆破作业单位（以下称民用爆炸物品从业单位）的主要负责人是本单位民用爆炸物品安全管理责任人，对本单位的民用爆炸物品安全管理工作全面负责。民用爆炸物品从业单位是治安保卫工作的重点单位，应当依法设置治安保卫机构或者配备治安保卫人员，设置技术防范设施，防止民用爆炸物品丢失、被盗、被抢。民用爆炸物品从业单位应当建立安全管理制度、岗位安全责任制度，制订安全防范措施和事故应急预案，设置安全管理机构或者配备专职安全管理人员。

第六条 无民事行为能力人、限制民事行为能力人或者曾因犯罪受过刑事处罚的人，不得从事民用爆炸物品的生产、销售、购买、运输和爆破作业。民用爆炸物品从业单位应当加强对本单位从业人员的安全教育、法制教育和岗位技术培训，从业人员经考核合格的，方可上岗作业；对有资格要求的岗位，应当配备具有相应资格的人员。

第七条 国家建立民用爆炸物品信息管理系统，对民用爆炸物品实行标识管理，监控民用爆炸物品流向。民用爆炸物品生产企业、销售企业和爆破作业单位应当建立民用爆炸物品登记制度，如实将本单位生产、销售、购买、运输、储存、使用民用爆炸物品的品种、数量和流向信息输入计算机系统。

第八条 任何单位或者个人都有权举报违反民用爆炸物品安全管理规定的行为；接到举报的主管部门、公安机关应当立即查处，并为举报人员保密，对举报有功人员给予奖励。

第九条 国家鼓励民用爆炸物品从业单位采用提高民用爆炸物品安全性能的新技术，鼓励发展民用爆炸物品生产、配送、爆破作业一体化的经营模式。

第二章 生 产

第十条 设立民用爆炸物品生产企业，应当遵循统筹规划、合理布局的原则。

第十一条 申请从事民用爆炸物品生产的企业，应当具备下列条件：

（一）符合国家产业结构规划和产业技术标准；

（二）厂房和专用仓库的设计、结构、建筑材料、安全距离以及防火、防爆、防雷、防静电等安全设备、设施符合国家有关标准和规范；

（三）生产设备、工艺符合有关安全生产的技术标准和规程；

（四）有具备相应资格的专业技术人员、安全生产管理人员和生产岗位人员；

（五）有健全的安全管理制度、岗位安全责任

制度;

(六)法律、行政法规规定的其他条件。

第十二条 申请从事民用爆炸物品生产的企业,应当向国务院民用爆炸物品行业主管部门提交申请书、可行性研究报告以及能够证明其符合本条例第十一条规定条件的有关材料。

国务院民用爆炸物品行业主管部门应当自受理申请之日起45日内进行审查,对符合条件的,核发《民用爆炸物品生产许可证》;对不符合条件的,不予核发《民用爆炸物品生产许可证》,书面向申请人说明理由。

民用爆炸物品生产企业为调整生产能力及品种进行改建、扩建的,应当依照前款规定申请办理《民用爆炸物品生产许可证》。民用爆炸物品生产企业持《民用爆炸物品生产许可证》到工商行政管理部门办理工商登记,并在办理工商登记后3日内,向所在地县级人民政府公安机关备案。

第十三条 取得《民用爆炸物品生产许可证》的企业应当在基本建设完成后,向省、自治区、直辖市人民政府民用爆炸物品行业主管部门申请安全生产许可。

省、自治区、直辖市人民政府民用爆炸物品行业主管部门应当依照《安全生产许可证条例》的规定对其进行查验,对符合条件的,核发《民用爆炸物品安全生产许可证》。

民用爆炸物品生产企业取得《民用爆炸物品安全生产许可证》后,方可生产民用爆炸物品。

第十四条 民用爆炸物品生产企业应当严格按照《民用爆炸物品生产许可证》核定的品种和产量进行生产,生产作业应当严格执行安全技术规程的规定。

第十五条 民用爆炸物品生产企业应当对民用爆炸物品做出警示标识、登记标识,对雷管编码打号。

民用爆炸物品警示标识、登记标识和雷管编码规则,由国务院公安部门会同国务院民用爆炸物品行业主管部门规定。

第十六条 民用爆炸物品生产企业应当建立健全产品检验制度,保证民用爆炸物品的质量符合相关标准。民用爆炸物品的包装,应当符合法律、行政法规的规定以及相关标准。

第十七条 试验或者试制民用爆炸物品,必须在专门场地或者专门的试验室进行。严禁在生产车间或者仓库内试验或者试制民用爆炸物品。

第三章 销售和购买

第十八条 申请从事民用爆炸物品销售的企业,应当具备下列条件:

(一)符合对民用爆炸物品销售企业规划的要求;

(二)销售场所和专用仓库符合国家有关标准和规范;

(三)有具备相应资格的安全管理人员、仓库管理人员;

(四)有健全的安全管理制度、岗位安全责任制度;

(五)法律、行政法规规定的其他条件。

第十九条 申请从事民用爆炸物品销售的企业,应当向所在地省、自治区、直辖市人民政府民用爆炸物品行业主管部门提交申请书、可行性研究报告以及能够证明其符合本条例第十八条规定条件的有关材料。

省、自治区、直辖市人民政府民用爆炸物品行业主管部门应当自受理申请之日起30日内进行审查,并对申请单位的销售场所和专用仓库等经营设施进行查验,对符合条件的,核发《民用爆炸物品销售许可证》;对不符合条件的,不予核发《民用爆炸物品销售许可证》,书面向申请人说明理由。

民用爆炸物品销售企业持《民用爆炸物品销售许可证》到工商行政管理部门办理工商登记后,方可销售民用爆炸物品。民用爆炸物品销售企业应当在办理工商登记后3日内,向所在地县级人民政府公安机关备案。

第二十条 民用爆炸物品生产企业凭《民用爆炸物品生产许可证》,可以销售本企业生产的民用爆炸物品。民用爆炸物品生产企业销售本企业生产的民用爆炸物品,不得超出核定的品种、产量。

第二十一条 民用爆炸物品使用单位申请购买民用爆炸物品的,应当向所在地县级人民政府公安机关提出购买申请,并提交下列有关材料:

(一)工商营业执照或者事业单位法人证书;

(二)《爆破作业单位许可证》或者其他合法使用的证明;

(三)购买单位的名称、地址、银行账户;

(四)购买的品种、数量和用途说明。受理申请的公安机关应当自受理申请之日起5日内对提交的有关材料进行审查,对符合条件的,核发《民用爆炸物品购买许可证》;对不符合条件的,不予核发《民用爆炸物品购买许可证》,书面向申请人说明理由。

《民用爆炸物品购买许可证》应当载明许可购买的品种、数量、购买单位以及许可的有效期限。

第二十二条 民用爆炸物品生产企业凭《民用

爆炸物品生产许可证》购买属于民用爆炸物品的原料，民用爆炸物品销售企业凭《民用爆炸物品销售许可证》向民用爆炸物品生产企业购买民用爆炸物品，民用爆炸物品使用单位凭《民用爆炸物品购买许可证》购买民用爆炸物品，还应当提供经办人的身份证明。

销售民用爆炸物品的企业，应当查验前款规定的许可证和经办人的身份证明；对持《民用爆炸物品购买许可证》购买的，应当按照许可的品种、数量销售。

第二十三条 销售、购买民用爆炸物品，应当通过银行账户进行交易，不得使用现金或者实物进行交易。销售民用爆炸物品的企业，应当将购买单位的许可证、银行账户转账凭证、经办人的身份证明复印件保存2年备查。

第二十四条 销售民用爆炸物品的企业，应当自民用爆炸物品买卖成交之日起3日内，将销售的品种、数量和购买单位向所在地省、自治区、直辖市人民政府民用爆炸物品行业主管部门和所在地县级人民政府公安机关备案。

购买民用爆炸物品的单位，应当自民用爆炸物品买卖成交之日起3日内，将购买的品种、数量向所在地县级人民政府公安机关备案。

第二十五条 进出口民用爆炸物品，应当经国务院民用爆炸物品行业主管部门审批。进出口民用爆炸物品审批办法，由国务院民用爆炸物品行业主管部门会同国务院公安部门、海关总署规定。

进出口单位应当将进出口的民用爆炸物品的品种、数量向收货地或者出境口岸所在地县级人民政府公安机关备案。

第四章 运 输

第二十六条 运输民用爆炸物品，收货单位应当向运达地县级人民政府公安机关提出申请，并提交包括下列内容的材料：

（一）民用爆炸物品生产企业、销售企业、使用单位以及进出口单位分别提供的《民用爆炸物品生产许可证》《民用爆炸物品销售许可证》《民用爆炸物品购买许可证》或者进出口批准证明；

（二）运输民用爆炸物品的品种、数量、包装材料和包装方式；

（三）运输民用爆炸物品的特性、出现险情的应急处置方法；

（四）运输时间、起始地点、运输路线、经停地点。受理申请的公安机关应当自受理申请之日起3日内对提交的有关材料进行审查，对符合条件的，核发《民用爆炸物品运输许可证》；对不符合条件的，不予核发《民用爆炸物品运输许可证》，书面向申请人说明理由。

《民用爆炸物品运输许可证》应当载明收货单位、销售企业、承运人、一次性运输有效期限、起始地点、运输路线、经停地点，民用爆炸物品的品种、数量。

第二十七条 运输民用爆炸物品的，应当凭《民用爆炸物品运输许可证》，按照许可的品种、数量运输。

第二十八条 经由道路运输民用爆炸物品的，应当遵守下列规定：

（一）携带《民用爆炸物品运输许可证》；

（二）民用爆炸物品的装载符合国家有关标准和规范，车厢内不得载人；

（三）运输车辆安全技术状况应当符合国家有关安全技术标准的要求，并按照规定悬挂或者安装符合国家标准的易燃易爆危险物品警示标志；

（四）运输民用爆炸物品的车辆应当保持安全车速；

（五）按照规定的路线行驶，途中经停应当有专人看守，并远离建筑设施和人口稠密的地方，不得在许可以外的地点经停；

（六）按照安全操作规程装卸民用爆炸物品，并在装卸现场设置警戒，禁止无关人员进入；

（七）出现危险情况立即采取必要的应急处置措施，并报告当地公安机关。

第二十九条 民用爆炸物品运达目的地，收货单位应当进行验收后在《民用爆炸物品运输许可证》上签注，并在3日内将《民用爆炸物品运输许可证》交回发证机关核销。

第三十条 禁止携带民用爆炸物品搭乘公共交通工具或者进入公共场所。禁止邮寄民用爆炸物品，禁止在托运的货物、行李、包裹、邮件中夹带民用爆炸物品。

第五章 爆破作业

第三十一条 申请从事爆破作业的单位，应当具备下列条件：

（一）爆破作业属于合法的生产活动；

（二）有符合国家有关标准和规范的民用爆炸物品专用仓库；

（三）有具备相应资格的安全管理人员、仓库管理人员和具备国家规定执业资格的爆破作业人员；

（四）有健全的安全管理制度、岗位安全责任制度；

（五）有符合国家标准、行业标准的爆破作业专用设备；

（六）法律、行政法规规定的其他条件。

第三十二条 申请从事爆破作业的单位，应当按照国务院公安部门的规定，向有关人民政府公安机关提出申请，并提供能够证明其符合本条例第三十一条规定条件的有关材料。

受理申请的公安机关应当自受理申请之日起20日内进行审查，对符合条件的，核发《爆破作业单位许可证》；对不符合条件的，不予核发《爆破作业单位许可证》，书面向申请人说明理由。

营业性爆破作业单位持《爆破作业单位许可证》到工商行政管理部门办理工商登记后，方可从事营业性爆破作业活动。

爆破作业单位应当在办理工商登记后3日内，向所在地县级人民政府公安机关备案。

第三十三条 爆破作业单位应当对本单位的爆破作业人员、安全管理人员、仓库管理人员进行专业技术培训。

爆破作业人员应当经设区的市级人民政府公安机关考核合格，取得《爆破作业人员许可证》后，方可从事爆破作业。

第三十四条 爆破作业单位应当按照其资质等级承接爆破作业项目，爆破作业人员应当按照其资格等级从事爆破作业。爆破作业的分级管理办法由国务院公安部门规定。

第三十五条 在城市、风景名胜区和重要工程设施附近实施爆破作业的，应当向爆破作业所在地设区的市级人民政府公安机关提出申请，提交《爆破作业单位许可证》和具有相应资质的安全评估企业出具的爆破设计、施工方案评估报告。

受理申请的公安机关应当自受理申请之日起20日内对提交的有关材料进行审查，对符合条件的，作出批准的决定；对不符合条件的，作出不予批准的决定，并书面向申请人说明理由。实施前款规定的爆破作业，应当由具有相应资质的安全监理企业进行监理，由爆破作业所在地县级人民政府公安机关负责组织实施安全警戒。

第三十六条 爆破作业单位跨省、自治区、直辖市行政区域从事爆破作业的，应当事先将爆破作业项目的有关情况向爆破作业所在地县级人民政府公安机关报告。

第三十七条 爆破作业单位应当如实记载领取、发放民用爆炸物品的品种、数量、编号以及领取、发放人员姓名。

领取民用爆炸物品的数量不得超过当班用量，作业后剩余的民用爆炸物品必须当班清退回库。爆破作业单位应当将领取、发放民用爆炸物品的原始记录保存2年备查。

第三十八条 实施爆破作业，应当遵守国家有关标准和规范，在安全距离以外设置警示标志并安排警戒人员，防止无关人员进入；爆破作业结束后应当及时检查、排除未引爆的民用爆炸物品。

第三十九条 爆破作业单位不再使用民用爆炸物品时，应当将剩余的民用爆炸物品登记造册，报所在地县级人民政府公安机关组织监督销毁。发现、拣拾无主民用爆炸物品的，应当立即报告当地公安机关。

第六章 储 存

第四十条 民用爆炸物品应当储存在专用仓库内，并按照国家规定设置技术防范设施。

第四十一条 储存民用爆炸物品应当遵守下列规定：

（一）建立出入库检查、登记制度，收存和发放民用爆炸物品必须进行登记，做到账目清楚，账物相符；

（二）储存的民用爆炸物品数量不得超过储存设计容量，对性质相抵触的民用爆炸物品必须分库储存，严禁在库房内存放其他物品；

（三）专用仓库应当指定专人管理、看护，严禁无关人员进入仓库区内，严禁在仓库区内吸烟和用火，严禁把其他容易引起燃烧、爆炸的物品带入仓库区内，严禁在库房内住宿和进行其他活动；

（四）民用爆炸物品丢失、被盗、被抢，应当立即报告当地公安机关。

第四十二条 在爆破作业现场临时存放民用爆炸物品的，应当具备临时存放民用爆炸物品的条件，并设专人管理、看护，不得在不具备安全存放条件的场所存放民用爆炸物品。

第四十三条 民用爆炸物品变质和过期失效的，应当及时清理出库，并予以销毁。销毁前应当登记造册，提出销毁实施方案，报省、自治区、直辖市人民政府民用爆炸物品行业主管部门、所在地县级人民政府公安机关组织监督销毁。

第七章 法 律 责 任

第四十四条 非法制造、买卖、运输、储存民用爆炸物品，构成犯罪的，依法追究刑事责任；尚不构成犯罪，有违反治安管理行为的，依法给予治安管理处罚。违反本条例规定，在生产、储存、运输、使用民用爆炸物品中发生重大事故，造成严重后果或者后果特别严重，构成犯罪的，依法追究刑事责任。

违反本条例规定，未经许可生产、销售民用爆炸物品的，由民用爆炸物品行业主管部门责令停止非法生产、销售活动，处10万元以上50万元以下的罚款，并没收非法生产、销售的民用爆炸物品及其违法所得。

违反本条例规定，未经许可购买、运输民用爆炸物品或者从事爆破作业的，由公安机关责令停止非法购买、运输、爆破作业活动，处5万元以上20万元以下的罚款，并没收非法购买、运输以及从事爆破作业使用的民用爆炸物品及其违法所得。民用爆炸物品行业主管部门、公安机关对没收的非法民用爆炸物品，应当组织销毁。

第四十五条 违反本条例规定，生产、销售民用爆炸物品的企业有下列行为之一的，由民用爆炸物品行业主管部门责令限期改正，处10万元以上50万元以下的罚款；逾期不改正的，责令停产停业整顿；情节严重的，吊销《民用爆炸物品生产许可证》或者《民用爆炸物品销售许可证》：

（一）超出生产许可的品种、产量进行生产、销售的；

（二）违反安全技术规程生产作业的；

（三）民用爆炸物品的质量不符合相关标准的；

（四）民用爆炸物品的包装不符合法律、行政法规的规定以及相关标准的；

（五）超出购买许可的品种、数量销售民用爆炸物品的；

（六）向没有《民用爆炸物品生产许可证》《民用爆炸物品销售许可证》《民用爆炸物品购买许可证》的单位销售民用爆炸物品的；

（七）民用爆炸物品生产企业销售本企业生产的民用爆炸物品未按照规定向民用爆炸物品行业主管部门备案的；

（八）未经审批进出口民用爆炸物品的。

第四十六条 违反本条例规定，有下列情形之一的，由公安机关责令限期改正，处5万元以上20万元以下的罚款；逾期不改正的，责令停产停业整顿：

（一）未按照规定对民用爆炸物品做出警示标识、登记标识或者未对雷管编码打号的；

（二）超出购买许可的品种、数量购买民用爆炸物品的；

（三）使用现金或者实物进行民用爆炸物品交易的；

（四）未按照规定保存购买单位的许可证、银行账户转账凭证、经办人的身份证明复印件的；

（五）销售、购买、进出口民用爆炸物品，未按照规定向公安机关备案的；

（六）未按照规定建立民用爆炸物品登记制度，如实将本单位生产、销售、购买、运输、储存、使用民用爆炸物品的品种、数量和流向信息输入计算机系统的；

（七）未按照规定将《民用爆炸物品运输许可证》交回发证机关核销的。

第四十七条 违反本条例规定，经由道路运输民用爆炸物品，有下列情形之一的，由公安机关责令改正，处5万元以上20万元以下的罚款：

（一）违反运输许可事项的；

（二）未携带《民用爆炸物品运输许可证》的；

（三）违反有关标准和规范混装民用爆炸物品的；

（四）运输车辆未按照规定悬挂或者安装符合国家标准的易燃易爆危险物品警示标志的；

（五）未按照规定的路线行驶，途中经停没有专人看守或者在许可以外的地点经停的；

（六）装载民用爆炸物品的车厢载人的；

（七）出现危险情况未立即采取必要的应急处置措施、报告当地公安机关的。

第四十八条 违反本条例规定，从事爆破作业的单位有下列情形之一的，由公安机关责令停止违法行为或者限期改正，处10万元以上50万元以下的罚款；逾期不改正的，责令停产停业整顿；情节严重的，吊销《爆破作业单位许可证》：

（一）爆破作业单位未按照其资质等级从事爆破作业的；

（二）营业性爆破作业单位跨省、自治区、直辖市行政区域实施爆破作业，未按照规定事先向爆破作业所在地的县级人民政府公安机关报告的；

（三）爆破作业单位未按照规定建立民用爆炸物品领取登记制度、保存领取登记记录的；

（四）违反国家有关标准和规范实施爆破作业的。爆破作业人员违反国家有关标准和规范的规定实施爆破作业的，由公安机关责令限期改正，情节严重的，吊销《爆破作业人员许可证》。

第四十九条 违反本条例规定，有下列情形之一的，由民用爆炸物品行业主管部门、公安机关按照职责责令限期改正，可以并处5万元以上20万元以下的罚款；逾期不改正的，责令停产停业整顿；情节严重的，吊销许可证：

（一）未按照规定在专用仓库设置技术防范设施的；

（二）未按照规定建立出入库检查、登记制度或者收存和发放民用爆炸物品，致使账物不符的；

（三）超量储存、在非专用仓库储存或者违反储存标准和规范储存民用爆炸物品的；

（四）有本条例规定的其他违反民用爆炸物品储存管理规定行为的。

第五十条 违反本条例规定，民用爆炸物品从业单位有下列情形之一的，由公安机关处2万元以上10万元以下的罚款；情节严重的，吊销其许可证；有违反治安管理行为的，依法给予治安管理处罚：

（一）违反安全管理制度，致使民用爆炸物品丢失、被盗、被抢的；

（二）民用爆炸物品丢失、被盗、被抢，未按照规定向当地公安机关报告或者故意隐瞒不报的；

（三）转让、出借、转借、抵押、赠送民用爆炸物品的。

第五十一条 违反本条例规定，携带民用爆炸物品搭乘公共交通工具或者进入公共场所，邮寄或者在托运的货物、行李、包裹、邮件中夹带民用爆炸物品，构成犯罪的，依法追究刑事责任；尚不构成犯罪的，由公安机关依法给予治安管理处罚，没收非法的民用爆炸物品，处1000元以上1万元以下的罚款。

第五十二条 民用爆炸物品从业单位的主要负责人未履行本条例规定的安全管理责任，导致发生重大伤亡事故或者造成其他严重后果，构成犯罪的，依法追究刑事责任；尚不构成犯罪的，对主要负责人给予撤职处分，对个人经营的投资人处2万元以上20万元以下的罚款。

第五十三条 民用爆炸物品行业主管部门、公安机关、工商行政管理部门的工作人员，在民用爆炸物品安全监督管理工作中滥用职权、玩忽职守或者徇私舞弊，构成犯罪的，依法追究刑事责任；尚不构成犯罪的，依法给予行政处分。

第八章 附 则

第五十四条 《民用爆炸物品生产许可证》《民用爆炸物品销售许可证》，由国务院民用爆炸物品行业主管部门规定式样；《民用爆炸物品购买许可证》《民用爆炸物品运输许可证》《爆破作业单位许可证》《爆破作业人员许可证》，由国务院公安部门规定式样。

第五十五条 本条例自2006年9月1日起施行。1984年1月6日国务院发布的《中华人民共和国民用爆炸物品管理条例》同时废止。

2. 国务院办公厅文件

国务院办公厅转发关于进一步加强烟花爆竹安全监督管理工作的意见

（2010年11月8日国务院办公厅转发国家安全生产监督管理总局、公安部、国家质量监督检验检疫总局、国家工商行政管理总局、交通运输部、商务部、海关总署《关于进一步加强烟花爆竹安全监督管理工作的意见》）

2006年《烟花爆竹安全管理条例》公布施行以来，各地区、各有关部门认真贯彻落实国务院决策部署，围绕加强烟花爆竹安全管理采取了一系列有效措施，全国烟花爆竹事故大幅度下降，但在一些地方非法违法生产、经营、运输、燃放烟花爆竹等行为仍屡禁不止，事故时有发生，给人民群众生命财产造成严重损失。为深入落实《国务院关于进一步加强企业安全生产工作的通知》精神，切实加强烟花爆竹安全监管，有效遏制烟花爆竹安全事故的发生，提出如下意见：

一、总体要求

深入贯彻落实科学发展观，牢固树立安全发展的理念，坚持以人为本，坚持"安全第一、预防为主、综合治理"的方针，强化企业安全生产主体责任，落实部门安全监管职责，切实加强烟花爆竹生产、经营、运输、燃放等各环节安全管理和监督，严厉打击非法违法生产经营行为，促进烟花爆竹企业安全生产条件和安全管理水平进一步改善和提高，烟花爆竹安全监管机制进一步健全和完善，形成烟花爆竹安全生产长效机制，烟花爆竹事故明显减少。

二、加强生产环节的安全管理

（一）从严把好烟花爆竹安全生产准入关。科学制定烟花爆竹产业发展规划，严格烟花爆竹行业准入条件，合理控制生产企业数量。积极推动企业按照国家有关标准规范进行安全改造，淘汰落后生产工艺、技术和装备。严格把好安全生产许可关，对不符合当地烟花爆竹产业发展规划和国家有关安全技术标准要求的，一律不予许可。到"十二五"末，全国烟花爆竹生产企业数量比"十一五"末减少20%。

（二）严格控制礼花弹等高危产品生产。开展礼花弹类产品专项治理，严格礼花弹等高危产品的安全生产标准和生产条件，严格控制礼花弹生产企业数量，禁止生产药物敏感度高、药量大、燃放无固定轨迹等危险性大的产品，淘汰对环境污染严重的产品。建立礼花弹生产企业国家备案公示和统一产品标识登记管理制度，对礼花弹生产、销售、运输、燃放和进出口全过程实行严格管控。礼花弹等A级产品由生产企业直接向经公安机关批准燃放的单位销售或供出口。

（三）加强烟花爆竹药物和半成品安全监管。严格管理黑火药、烟火药、引火线的生产、销售和运输，黑火药、引火线原则上不得跨省际长距离运输。禁止销售、购买烟火药和含药的烟花爆竹半成品，严禁使用退役双（多）基发射药或直接使用退役单基发射药生产烟花爆竹。依法将氯酸钾纳入易制爆危险化学品监管范围，严格销售、购买和使用流向登记，严禁使用氯酸钾生产烟花爆竹。

（四）加强烟花爆竹产品质量标准和包装标识管理。质检部门要会同安全监管、公安等有关部门，及时组织修订有关产品质量技术标准，科学进行产品分类、分级，从严规定产品种类、规格、药量等重要安全技术指标，取消个人燃放的小礼花类、摩擦类、烟雾类和内筒型组合烟花等危险性大的产品品种。产品包装必须对药量、等级、生产日期、燃放要求等做出完整清晰的标志。

（五）加强烟花爆竹产品质量监督抽查。质检部门要加强烟花爆竹产品质量监督抽查工作，对监督抽查发现不合格产品的生产企业，要严格按照有关规定责令其认真整改，限期复查，并及时将抽查不合格产品和企业情况通报有关部门，共同做好不合格产品和相关生产企业的处理工作。

三、规范经营环节的安全管理

（一）严格烟花爆竹市场准入。合理布局烟花爆竹批发企业和零售点。对从事烟花爆竹批发、零售的企业和经营者，必须取得安全生产监督管理部门核发的经营许可证后，才能核发营业执照。对已被取消经营许可证的企业或经营者，安全生产监督管理部门应当在取消许可证后5个工作日内通知工商行政管理部门，由工商行政管理部门撤销登记注册或吊销营业执照，或者责令当事人依法办理变更登记。工商行政管理部门要加大市场检查力度，依法查处无照经营、假冒商标侵权、虚假宣传等违法违规行为。

（二）完善烟花爆竹购销合同制度。进一步加强烟花爆竹购销合同管理，生产和批发企业在买卖烟花爆竹时必须签订书面购销合同，并认真查验相关资质，严禁销售、购买假冒伪劣烟花爆竹产品。烟花爆竹生产企业不得从其他生产经营企业购买烟花爆竹产品后出售或加贴本企业的标识进行销售。烟花爆竹批发企业和零售点不得销售礼花弹等A级产品。

（三）加强烟花爆竹流向信息化管理。烟花爆竹生产经营企业要按照有关要求，建立完善购买、销售登记制度，登记记录至少要保存两年备查。加快建立全国统一的烟花爆竹流向管理信息系统，对礼花弹的生产、销售、运输、燃放、进出口流向实施有效监管，并逐步实现对所有烟花爆竹产品和黑火药、引火线以及重要危险性原材料流向的信息化监管。

四、加强运输和出口环节的安全管理

（一）严格烟花爆竹道路运输许可管理制度。凡道路运输烟花爆竹的，必须持有《烟花爆竹道路运输许可证》。运达地县级公安机关在开具《烟花爆竹道路运输许可证》时，要依照相关法律法规规定的程序、时限、条件等，严格审查托运人提交的材料，查验供货单位从事烟花爆竹生产、经营的资质证明。对不符合条件的，不得开具《烟花爆竹道路运输许可证》。公安机关要切实加强对道路运输烟花爆竹的监督检查，依法严肃查处违法违规运输行为。

（二）加强烟花爆竹运输车辆和相关人员管理。道路运输烟花爆竹，必须使用符合安全要求的危险货物运输车辆，并加装具有行驶记录功能的卫星定位系统，实行运输全过程监控。承运人、运输车辆及驾驶员、押运员，必须持有交通运输部门核发的相关资质、资格证明。交通运输部门要严格对烟花爆竹承运人、运输车辆及驾驶员、押运员的监管。

（三）加强对烟花爆竹出口安全管理。交通运输部门加强对出口运输港口烟花爆竹装运、临时存放等环节的安全监管和船舶适装审核。质检、海关部门加强出口烟花爆竹的产品质量检验、装箱监督和通关查验。商务部门配合相关执法部门加强烟花爆竹出口生产经营企业的监督管理，对经执法部门认定存在违法违规行为的企业，依法从严处罚。

五、加强燃放环节的安全管理

（一）完善大型焰火燃放活动分级管理制度。公安部门要制定大型焰火燃放活动分级管理办法，依法加强燃放活动的安全管理，严格审批大型焰火燃放活动，严格审查燃放作业单位资质、作业人员资格，并协助主办单位做好安全保卫、消防救援和警戒工作。大型焰火燃放活动所需烟花爆竹的临时存放场所必须符合安全规定，并尽量缩短存放时间。对违规燃放的，要严肃追究有关人员的责任。

（二）加强对群众燃放烟花爆竹的安全管理和宣传教育。各地区、各有关部门要加强对群众燃放烟花爆竹的安全管理，加强安全燃放知识的宣传普及，充分利用新闻媒体、中小学校教育等手段广泛宣传有关烟花爆竹的法律法规、标准和燃放常识等，引导群众自觉抵制假冒伪劣产品，安全燃放烟花爆竹。

六、严厉打击非法违法行为

（一）健全完善打击非法生产经营烟花爆竹工作机制。各级公安、安全监管、质检、工商、交通运输等部门要在同级人民政府的统一领导下，建立联合执法机制，按照职责分工，密切配合，开展执法检查。烟花爆竹传统产区和问题突出地区的县、乡两级人民政府，要进一步加强对打击非法生产经营行为（以下简称"打非"）工作的组织领导，由政府主要领导负责，分管领导具体牵头，始终保持高压态势，组织开展"打非"行动，并向社会公布举报电话，建立群众举报奖励制度。

（二）严厉打击涉及烟花爆竹的非法违法行为。对组织从事非法违法生产、经营、运输、燃放、进出口烟花爆竹的单位或者个人，要依法依规严格处罚；构成犯罪的，依法追究刑事责任。对查出的非法生产经营窝点，要依法予以取缔，并追根溯源，查清斩断非法生产原材料供应和产品销售的经济链条。对因"打非"工作职责不落实、工作开展不力引发事故的，要追究相关单位和人员的责任。各地区要研究制订相关政策，鼓励烟花爆竹产业集约化发展，支持经济落后地区配备爆炸物品探测仪等必要装备，强化"打非"能力。

七、切实落实烟花爆竹安全管理和监督责任

（一）严格落实企业安全生产主体责任。烟花爆竹生产经营企业主要负责人是安全生产的第一责任人，要切实加强对安全生产工作的领导。全面推进安全生产标准化建设，建立健全安全生产管理规章制度，加大安全投入，建设完善安全防护屏障、防雷防火防静电等重要安全设施，持续深入开展隐患排查治理工作，及时消除各类隐患。严禁超范围、超人员、超药量和擅自改变工房用途，严禁分包转包企业或生产线，严禁使用童工和学生，强化危险生产工序持证上岗制度，杜绝"一证多厂"和擅自以转包、倒卖、出租等形式非法转让安全生产许可证等违规行为。

（二）加强有关部门的协调配合。建立由安全监管总局牵头，公安、质检、工商、交通运输、商务、海关等部门参加的烟花爆竹安全监管部际联席会议制度，定期分析、通报烟花爆竹安全生产形势，研究协调解决烟花爆竹安全监管工作的重要事项，组织开展部门联合执法和专项整治。各地区也要建立相应的部门协调工作机制，根据烟花爆竹生产、经营、运输、燃放的特点和规律定期开展安全监督检查。要充分发挥行业协会的指导和自律作用，引导烟花爆竹行业健康、安全发展。

（三）严肃查处各类烟花爆竹事故。凡是发生人员伤亡责任事故的烟花爆竹生产经营企业，一律停产停业整顿，限期消除隐患，经当地安全监管部门验收合格后才能恢复生产经营。对发生一次死亡3人以上责任事故的烟花爆竹生产经营企业，一律停产停业整顿并依法重新审查安全生产条件，不再具备安全生产条件的，依法吊销安全生产许可证或经营许可证。

3. 部门规章及有关文件

烟花爆竹生产企业安全生产许可证实施办法

（2012年5月21日国家安全生产监督管理总局局长办公会议审议通过，2012年7月1日国家安全生产监督管理总局令第54号公布，自2012年8月1日起施行）

第一章 总　则

第一条 为了严格烟花爆竹生产企业安全生产准入条件，规范烟花爆竹安全生产许可证的颁发和管理工作，根据《安全生产许可证条例》《烟花爆竹安全管理条例》等法律、行政法规，制定本办法。

第二条 本办法所称烟花爆竹生产企业（以下简称企业），是指依法设立并取得工商营业执照或者企业名称工商预先核准文件，从事烟花爆竹生产的企业。

第三条 企业应当依本办法的规定取得烟花爆竹安全生产许可证（以下简称安全生产许可证）。

未取得安全生产许可证的，不得从事烟花爆竹生产活动。

第四条 安全生产许可证的颁发和管理工作实行企业申请、一级发证、属地监管的原则。

第五条 国家安全生产监督管理总局负责指导、监督全国安全生产许可证的颁发和管理工作，并对安全生产许可证进行统一编号。

省、自治区、直辖市人民政府安全生产监督管理部门按照全国统一配号，负责本行政区域内安全生产许可证的颁发和管理工作。

第二章 申请安全生产许可证的条件

第六条 企业的设立应当符合国家产业政策和当地产业结构规划，企业的选址应当符合当地城乡规划。

企业与周边建筑、设施的安全距离必须符合国家标准、行业标准的规定。

第七条 企业的基本建设项目应当依照有关规定经县级以上人民政府或者有关部门批准，并符合下列条件：

（一）建设项目的设计由具有乙级以上军工行业的弹箭、火炸药、民爆器材工程设计类别工程设计资质或者化工石化医药行业的有机化工、石油冶炼、石油产品深加工工程设计类型工程设计资质的单位承担；

（二）建设项目的设计符合《烟花爆竹工程设计安全规范》（GB 50161）的要求，并依法进行安全设施设计审查和竣工验收。

第八条 企业的厂房和仓库等基础设施、生产设备、生产工艺以及防火、防爆、防雷、防静电等安全设备设施必须符合《烟花爆竹工程设计安全规范》（GB 50161）、《烟花爆竹作业安全技术规程》（GB 11652）等国家标准、行业标准的规定。

从事礼花弹生产的企业除符合前款规定外，还应当符合礼花弹生产安全条件的规定。

第九条 企业的药物和成品总仓库、药物和半成品中转库、机械混药和装药工房、晾晒场、烘干房等重点部位应当根据《烟花爆竹企业安全监控系统通用技术条件》（AQ 4101）的规定安装视频监控和异常情况报警装置，并设置明显的安全警示标志。

第十条 企业的生产厂房数量和储存仓库面积应当与其生产品种及规模相适应。

第十一条 企业生产的产品品种、类别、级别、规格、质量、包装、标志应当符合《烟花爆竹安全与质量》（GB 10631）等国家标准、行业标准的规定。

第十二条 企业应当设置安全生产管理机构，配备专职安全生产管理人员，并符合下列要求：

（一）确定安全生产主管人员；

（二）配备占本企业从业人员总数1%以上且至少有2名专职安全生产管理人员；

（三）配备占本企业从业人员总数5%以上的兼职安全员。

第十三条 企业应当建立健全主要负责人、分管负责人、安全生产管理人员、职能部门、岗位的安全生产责任制，制定下列安全生产规章制度和操作规程：

（一）符合《烟花爆竹作业安全技术规程》（GB 11652）等国家标准、行业标准规定的岗位安全操作规程；

（二）药物存储管理、领取管理和余（废）药处理制度；

（三）企业负责人及涉裸药生产线负责人值（带）班制度；

（四）特种作业人员管理制度；

（五）从业人员安全教育培训制度；

（六）安全检查和隐患排查治理制度；

（七）产品购销合同和销售流向登记管理制度；

（八）新产品、新药物研发管理制度；

（九）安全设施设备维护管理制度；

（十）原材料购买、检验、储存及使用管理制度；

（十一）职工出入厂（库）区登记制度；

（十二）厂（库）区门卫值班（守卫）制度；

（十三）重大危险源（重点危险部位）监控管理制度；

（十四）安全生产费用提取和使用制度；

（十五）劳动防护用品配备、使用和管理制度；

（十六）工作场所职业病危害防治制度。

第十四条 企业主要负责人、分管安全生产负责人和专职安全生产管理人员应当经专门的安全生产培训和安全生产监督管理部门考核合格，取得安全资格证。

从事药物混合、造粒、筛选、装药、筑药、压药、切引、搬运等危险工序和烟花爆竹仓库保管、守护的特种作业人员，应当接受专业知识培训，并经考核合格取得特种作业操作证。

其他岗位从业人员应当依照有关规定经本岗位安全生产知识教育和培训合格。

第十五条 企业应当依法参加工伤保险，为从业人员缴纳保险费。

第十六条 企业应当依照国家有关规定提取和使用安全生产费用，不得挪作他用。

第十七条 企业必须为从业人员配备符合国家标准或者行业标准的劳动防护用品，并依照有关规定对从业人员进行职业健康检查。

第十八条 企业应当建立生产安全事故应急救援组织，制定事故应急预案，并配备应急救援人员和必要的应急救援器材、设备。

第十九条 企业应当根据《烟花爆竹流向登记通用规范》（AQ 4102）和国家有关烟花爆竹流向信息化管理的规定，建立并应用烟花爆竹流向管理信息系统。

第二十条 企业应当依法进行安全评价。安全评价报告应当包括本办法第六条、第七条、第八条、第九条、第十条、第十七条、第十八条规定条件的符合性评价内容。

第三章 安全生产许可证的申请和颁发

第二十一条 企业申请安全生产许可证，应当向所在地设区的市级人民政府安全生产监督管理部门（以下统称初审机关）提出安全审查申请，提交下列文件、资料，并对其真实性负责：

（一）安全生产许可证申请书（一式三份）；

（二）工商营业执照或者企业名称工商预先核准文件（复制件）；

（三）建设项目安全设施设计审查和竣工验收的证明材料；

（四）安全生产管理机构及安全生产管理人员配备情况的书面文件；

（五）各种安全生产责任制文件（复制件）；

（六）安全生产规章制度和岗位安全操作规程目录清单；

（七）企业主要负责人、分管安全生产负责人、专职安全生产管理人员名单和安全资格证（复制件）；

（八）特种作业人员的特种作业操作证（复制件）和其他从业人员安全生产教育培训合格的证明材料；

（九）为从业人员缴纳工伤保险费的证明材料；

（十）安全生产费用提取和使用情况的证明材料；

（十一）具备资质的中介机构出具的安全评价报告。

第二十二条 新建企业申请安全生产许可证，应当在建设项目竣工验收通过之日起20个工作日内向所在地初审机关提出安全审查申请。

第二十三条 初审机关收到企业提交的安全审查申请后，应当对企业的设立是否符合国家产业政策和当地产业结构规划、企业的选址是否符合城乡规划以及有关申请文件、资料是否符合要求进行初步审查，并自收到申请之日起20个工作日内提出初步审查意见（以下简称初审意见），连同申请文件、资料一并报省、自治区、直辖市人民政府安全生产监督管理部门（以下简称发证机关）。

初审机关在审查过程中，可以就企业的有关情况征求企业所在地县级人民政府的意见。

第二十四条 发证机关收到初审机关报送的申请文件、资料和初审意见后，应当按照下列情况分别作出处理：

（一）申请文件、资料不齐全或者不符合要求的，当场告知或者在5个工作日内出具补正通知书，一次告知企业需要补正的全部内容；逾期不告知的，自收到申请材料之日起即为受理；

（二）申请文件、资料齐全，符合要求或者按照发证机关要求提交全部补正材料的，自收到申请文件、资料或者全部补正材料之日起即为受理。

发证机关应当将受理或者不予受理决定书面告知申请企业和初审机关。

第二十五条 发证机关受理申请后，应当结合初审意见，组织有关人员对申请文件、资料进行审查。需要到现场核查的，应当指派2名以上工作人员进行现场核查；对从事黑火药、引火线、礼花弹生产的企业，应当指派2名以上工作人员进行现场核查。

发证机关应当自受理之日起45个工作日内作出颁发或者不予颁发安全生产许可证的决定。

对决定颁发的，发证机关应当自决定之日起10个工作日内送达或者通知企业领取安全生产许可证；对不予颁发的，应当在10个工作日内书面通知企业并说明理由。

现场核查所需时间不计算在本条规定的期限内。

第二十六条 安全生产许可证分为正副本，正本为悬挂式，副本为折页式。正本、副本具有同等法律效力。

第四章 安全生产许可证的变更和延期

第二十七条 企业在安全生产许可证有效期内有下列情形之一的，应当按照本办法第二十八条的规定申请变更安全生产许可证：

（一）改建、扩建烟花爆竹生产（含储存）设施的；

（二）变更产品类别、级别范围的；

（三）变更企业主要负责人的；

（四）变更企业名称的。

第二十八条 企业有本办法第二十七条第一项情

形申请变更的,应当自建设项目通过竣工验收之日起20个工作日内向所在地初审机关提出安全审查申请,并提交安全生产许可证变更申请书(一式三份)和建设项目安全设施设计审查和竣工验收的证明材料。

企业有本办法第二十七条第二项情形申请变更的,应当向所在地初审机关提出安全审查申请,并提交安全生产许可证变更申请书(一式三份)和专项安全评价报告(减少生产产品品种的除外)。

企业有本办法第二十七条第三项情形申请变更的,应当向所在地发证机关提交安全生产许可证变更申请书(一式三份)和主要负责人安全资格证(复制件)。

企业有本办法第二十七条第四项情形申请变更的,应当自取得变更后的工商营业执照或者企业名称工商预先核准文件之日起10个工作日内,向所在地发证机关提交安全生产许可证变更申请书(一式三份)和工商营业执照或者企业名称工商预先核准文件(复制件)。

第二十九条 对本办法第二十七条第一项、第二项情形的安全生产许可证变更申请,初审机关、发证机关应当按照本办法第二十三条、第二十四条、第二十五条的规定进行审查,并办理变更手续。

对本办法第二十七条第三项、第四项情形的安全生产许可证变更申请,发证机关应当自收到变更申请材料之日起5个工作日内完成审查,并办理变更手续。

第三十条 安全生产许可证有效期为3年。安全生产许可证有效期满需要延期的,企业应当于有效期届满前3个月向原发证机关申请办理延期手续。

第三十一条 企业提出延期申请的,应当向发证机关提交下列文件、资料:

(一)安全生产许可证延期申请书(一式三份);

(二)本办法第二十一条第四项至第十一项规定的文件、资料;

(三)达到安全生产标准化三级的证明材料。

发证机关收到延期申请后,应当按照本办法第二十四条、第二十五条的规定办理延期手续。

第三十二条 企业在安全生产许可证有效期内符合下列条件,在许可证有效期届满时,经原发证机关同意,不再审查,直接办理延期手续:

(一)严格遵守有关安全生产法律、法规和本办法;

(二)取得安全生产许可证后,加强日常安全生产管理,不断提升安全生产条件,达到安全生产标准化二级以上;

(三)接受发证机关及所在地人民政府安全生产监督管理部门的监督检查;

(四)未发生生产安全死亡事故。

第三十三条 对决定批准延期、变更安全生产许可证的,发证机关应当收回原证,换发新证。

第五章 监督管理

第三十四条 安全生产许可证发证机关和初审机关应当坚持公开、公平、公正的原则,严格依照有关行政许可的法律法规和本办法,审查、颁发安全生产许可证。

发证机关和初审机关工作人员在安全生产许可证审查、颁发、管理工作中,不得索取或者接受企业的财物,不得谋取其他不正当利益。

第三十五条 发证机关及所在地人民政府安全生产监督管理部门应当加强对烟花爆竹生产企业的监督检查,督促其依照法律、法规、规章和国家标准、行业标准的规定进行生产。

第三十六条 发证机关发现企业以欺骗、贿赂等不正当手段取得安全生产许可证的,应当撤销已颁发的安全生产许可证。

第三十七条 取得安全生产许可证的企业有下列情形之一的,发证机关应当注销其安全生产许可证:

(一)安全生产许可证有效期满未被批准延期的;

(二)终止烟花爆竹生产活动的;

(三)安全生产许可证被依法撤销的;

(四)安全生产许可证被依法吊销的。

发证机关注销安全生产许可证后,应当在当地主要媒体或者本机关政府网站上及时公告被注销安全生产许可证的企业名单,并通报同级人民政府有关部门和企业所在地县级人民政府。

第三十八条 发证机关应当建立健全安全生产许可证档案管理制度,并应用信息化手段管理安全生产许可证档案。

第三十九条 发证机关应当每6个月向社会公布一次取得安全生产许可证的企业情况,并于每年1月15日前将本行政区域内上一年度安全生产许可证的颁发和管理情况报国家安全生产监督管理总局。

第四十条 企业取得安全生产许可证后,不得出租、转让安全生产许可证,不得将企业、生产线或者工(库)房转包、分包给不具备安全生产条件或者相应资质的其他任何单位或者个人,不得多股东各自独立进行烟花爆竹生产活动。

企业不得从其他企业购买烟花爆竹半成品加工后销售或者购买其他企业烟花爆竹成品加贴本企业标签后销售,不得向其他企业销售烟花爆竹半成品。从事礼花弹生产的企业不得将礼花弹销售给未经公安机关批准的燃放活动。

第四十一条 任何单位或者个人对违反《安全生产许可证条例》《烟花爆竹安全管理条例》和本办法规定的行为,有权向安全生产监督管理部门或者监察机关等有关部门举报。

第六章 法律责任

第四十二条 发证机关、初审机关及其工作人员有下列行为之一的,给予降级或者撤职的行政处分;构成犯罪的,依法追究刑事责任:

(一)向不符合本办法规定的安全生产条件的企业颁发安全生产许可证的;

(二)发现企业未依法取得安全生产许可证擅自从事烟花爆竹生产活动,不依法处理的;

(三)发现取得安全生产许可证的企业不再具备本办法规定的安全生产条件,不依法处理的;

(四)接到违反本办法规定行为的举报后,不及时处理的;

(五)在安全生产许可证颁发、管理和监督检查工作中,索取或者接受企业财物、帮助企业弄虚作假或者谋取其他不正当利益的。

第四十三条 企业有下列行为之一的,责令停止违法活动或者限期改正,并处1万元以上3万元以下的罚款:

(一)变更企业主要负责人或者名称,未办理安全生产许可证变更手续的;

(二)从其他企业购买烟花爆竹半成品加工后销售,或者购买其他企业烟花爆竹成品加贴本企业标签后销售,或者向其他企业销售烟花爆竹半成品的。

第四十四条 企业有下列行为之一的,依法暂扣其安全生产许可证:

(一)多股东各自独立进行烟花爆竹生产活动的;

(二)从事礼花弹生产的企业将礼花弹销售给未经公安机关批准的燃放活动的;

(三)改建、扩建烟花爆竹生产(含储存)设施未办理安全生产许可证变更手续的;

(四)发生较大以上生产安全责任事故的;

(五)不再具备本办法规定的安全生产条件的。

企业有前款第一项、第二项、第三项行为之一的,并处1万元以上3万元以下的罚款。

第四十五条 企业有下列行为之一的,依法吊销其安全生产许可证:

(一)出租、转让安全生产许可证的;

(二)被暂扣安全生产许可证,经停产整顿后仍不具备本办法规定的安全生产条件的。

企业有前款第一项行为的,没收违法所得,并处10万元以上50万元以下的罚款。

第四十六条 企业有下列行为之一的,责令停止生产,没收违法所得,并处10万元以上50万元以下的罚款:

(一)未取得安全生产许可证擅自进行烟花爆竹生产的;

(二)变更产品类别或者级别范围未办理安全生产许可证变更手续的。

第四十七条 企业取得安全生产许可证后,将企业、生产线或者工(库)房转包、分包给不具备安全生产条件或者相应资质的其他单位或者个人,依照《中华人民共和国安全生产法》的有关规定给予处罚。

第四十八条 本办法规定的行政处罚,由安全生产监督管理部门决定,暂扣、吊销安全生产许可证的行政处罚由发证机关决定。

第七章 附 则

第四十九条 安全生产许可证由国家安全生产监督管理总局统一印制。

第五十条 本办法自2012年8月1日起施行。原国家安全生产监督管理局、国家煤矿安全监察局2004年5月17日公布的《烟花爆竹生产企业安全生产许可证实施办法》同时废止。

烟花爆竹生产经营安全规定

(2017年12月11日国家安全生产监督管理总局第16次局长办公会议审议通过,2018年1月15日国家安全生产监督管理总局令第93号公布,自2018年3月1日起施行)

第一章 总 则

第一条 为了加强烟花爆竹生产经营安全工作,预防和减少生产安全事故,根据《中华人民共和国安全生产法》和《烟花爆竹安全管理条例》等有关法律、行政法规，制定本规定。

第二条 烟花爆竹生产企业（以下简称生产企业）、烟花爆竹批发企业（以下简称批发企业）和烟花爆竹零售经营者（以下简称零售经营者）的安全生产及其监督管理，适用本规定。

生产企业、批发企业、零售经营者统称生产经营单位。

第三条 生产经营单位应当落实安全生产主体责任，其主要负责人（包括法定代表人、实际控制人，下同）是本单位安全生产工作的第一责任人，对本单位的安全生产工作全面负责。其他负责人在各自职责范围内对本单位安全生产工作负责。

第四条 县级以上地方人民政府安全生产监督管理部门按照属地监管、分类分级负责的原则，对本行政区域内生产经营单位安全生产工作实施监督管理。

地方各级人民政府安全生产监督管理部门在本级人民政府的统一领导下，按照职责分工，会同其他有关部门依法查处非法生产经营烟花爆竹行为。

第二章 生产经营单位的安全生产保障

第五条 生产经营单位应当具备有关法律、行政法规和国家标准或者行业标准规定的安全生产条件，并依法取得相应行政许可。

第六条 生产企业、批发企业应当建立健全全员安全生产责任制，建立健全安全生产工作责任体系，制定并落实符合法律、行政法规和国家标准或者行业标准的安全生产规章制度和操作规程。

第七条 生产企业、批发企业应当不断完善安全生产基础设施，持续保障和提升安全生产条件。

生产企业、批发企业的防雷设施应当经具有相应资质的机构设计、施工，确保符合相关国家标准或者行业标准的规定；防范静电危害的措施应当符合相关国家标准或者行业标准的规定。

生产企业、批发企业在工艺技术条件发生变化和扩大生产储存规模投入生产前，应当对企业的总体布局、工艺流程、危险性工（库）房、安全防护屏障、防火防雷防静电等基础设施进行安全评价。

新的国家标准、行业标准公布后，生产企业、批发企业应当对企业的总体布局、工艺流程、危险性工（库）房、安全防护屏障、防火防雷防静电等基础设施以及安全管理制度进行符合性检查，并依据新的国家标准、行业标准采取相应的改进、完善措施。

鼓励生产企业、批发企业制定并实施严于国家标准、行业标准的企业标准。

第八条 生产企业应当积极推进烟花爆竹生产工艺技术进步，采用本质安全、性能可靠、自动化程度高的机械设备和生产工艺，使用安全、环保的生产原材料。禁止使用国家明令禁止或者淘汰的生产工艺、机械设备及原材料。禁止从业人员自行携带工具、设备进入企业从事生产作业。

第九条 生产企业的涉药生产环节采用新工艺、使用新设备前，应当组织具有相应能力的机构、专家进行安全性能、安全技术要求论证。

第十条 生产企业、批发企业应当保证下列事项所需安全生产资金投入：

（一）安全设备设施维修维护；

（二）工（库）房按国家标准、行业标准规定的条件改造；

（三）重点部位和库房监控；

（四）安全风险管控与隐患排查治理；

（五）风险评估与安全评价；

（六）安全生产教育培训；

（七）劳动防护用品配备；

（八）应急救援器材和物资配备；

（九）应急救援训练及演练；

（十）投保安全生产责任保险等其他需要投入资金的安全生产事项。

第十一条 生产企业、批发企业的生产区、总仓库区、工（库）房及其他有较大危险因素的生产经营场所和有关设施设备上，应当设置明显的安全警示标志；所有工（库）房应当按照国家标准或者行业标准的规定设置准确、清晰、醒目的定员、定量、定级标识。

零售经营场所应当设置清晰、醒目的易燃易爆以及周边严禁烟火、严禁燃放烟花爆竹的安全标志。

第十二条 生产经营单位应当对本单位从业人员进行烟花爆竹安全知识、岗位操作技能等培训，未经安全生产教育和培训的从业人员，不得上岗作业。危险工序作业等特种作业人员应当依法取得相应资格，方可上岗作业。

生产经营单位的主要负责人和安全生产管理人员应当由安全生产监督管理部门对其进行安全生产知识和管理能力考核合格。考核不得收费。

第十三条 生产企业可以依法申请设立批发企业和零售经营场所。批发企业可以依法申请设立零售经营场所。

生产经营单位应当严格按照安全生产许可或者经营许可批准的范围，组织开展生产经营活动。禁止在许可证载明的场所外从事烟花爆竹生产、经营、储存活动，禁止许可证过期继续从事生产经营活动。禁止销售超标、违禁烟花爆竹产品或者非法烟花爆竹产品。

生产企业不得向其他企业销售烟花爆竹含药半成品，不得从其他企业购买烟花爆竹含药半成品加工后销售，不得购买其他企业烟花爆竹成品加贴本企业标签后销售。

批发企业不得向零售经营者或者个人销售专业燃放类烟花爆竹产品。

零售经营者不得在居民居住场所同一建筑物内经营、储存烟花爆竹。

第十四条 生产企业、批发企业应当在权责明晰的组织架构下统一组织开展生产经营活动。禁止分包、转包工（库）房、生产线、生产设备设施或者出租、出借、转让许可证。

第十五条 生产企业、批发企业应当依法建立安全风险分级管控和事故隐患排查治理双重预防机制，采取技术、管理等措施，管控安全风险，及时消除事故隐患，建立安全风险分级管控和事故隐患排查治理档案，如实记录安全风险分级管控和事故隐患排查治理情况，并向本企业从业人员通报。

第十六条 生产企业、批发企业必须建立值班制度和现场巡查制度，全面掌握当日各岗位人员数量及药物分布等安全生产情况，确保不超员超量，并及时处置异常情况。

生产企业、批发企业的危险品生产区、总仓库区，应当确保二十四小时有人值班，并保持监控设施有效、通信畅通。

第十七条 生产企业、批发企业应当建立从业人员、外来人员、车辆进出厂（库）区登记制度，对进出厂（库）区的从业人员、外来人员、车辆如实登记记录，随时掌握厂（库）区人员和车辆的情况。禁止无关人员和车辆进入厂（库）区。禁止未安装阻火装置等不符合国家标准或者行业标准规定安全条件的机动车辆进入生产区和仓库区。

第十八条 生产企业和经营黑火药、引火线的批发企业应当要求供货单位提供并查验购进的黑火药、引火线及化工原材料的质检报告或者产品合格证，确保其安全性能符合国家标准或者行业标准的规定；对入总仓库和中转库的黑火药、引火线、烟火药及裸药效果件，应当建立并实施由专人管理、登记、分发的安全管理制度。

第十九条 生产企业、批发企业应当加强日常安全检查，采取安全监控、巡查检查等措施，及时发现、纠正违反安全操作规程和规章制度的行为。禁止工（库）房超员、超量作业，禁止擅自改变工（库）房设计用途，禁止作业人员随意串岗、换岗、离岗。

第二十条 生产企业、批发企业应当按照设计用途、危险等级、核定药量使用药物总库和成品总库，并按规定堆码，分类分级存放，保持仓库内通道畅通，准确记录药物和产品数量。

禁止在仓库内进行拆箱、包装作业。禁止将性质不相容的物质混存。禁止将高危险等级物品储存在危险等级低的仓库。禁止在烟花爆竹仓库储存不属于烟花爆竹的其他危险物品。

第二十一条 生产企业的中转库数量、核定存药量、药物储存时间，应当符合国家标准或者行业标准规定，确保药物、半成品、成品合理中转，保障生产流程顺畅。禁止在中转库内超量或者超时储存药物、半成品、成品。

第二十二条 生产企业、批发企业应当定期检查工（库）房、安全设施、电气线路、机械设备等的运行状况和作业环境，及时维护保养；对有药物粉尘的工房，应当按照操作规程及时清理冲洗。

对工（库）房、安全设施、电气线路、机械设备等进行检测、检修、维修、改造作业前，生产企业、批发企业应当制定安全作业方案，停止相关生产经营活动，转移烟花爆竹成品、半成品和原材料，清除残存药物和粉尘，切断被检测、检修、维修、改造的电气线路和机械设备电源，严格控制检修、维修作业人员数量，撤离无关的人员。

第二十三条 生产企业、批发企业在烟花爆竹购销活动中，应当依法签订规范的烟花爆竹买卖合同，建立烟花爆竹买卖合同和流向管理制度，使用全国统一的烟花爆竹流向管理信息系统，如实登记烟花爆竹流向。

生产企业应当在专业燃放类产品包装（包括运输包装和销售包装）及个人燃放类产品运输包装上张贴流向登记标签，并在产品入库和销售出库时登记录入。

批发企业购进烟花爆竹时，应当查验流向登记标签，并在产品入库和销售出库时登记录入。

第二十四条 生产企业、批发企业所生产、销售烟花爆竹的质量、包装、标志应当符合国家标准或者行业标准的规定。

第二十五条 在生产企业、批发企业内部及生产区、库区之间运输烟花爆竹成品、半成品及原材料时，应当使用符合国家标准或者行业标准规定安全条件的车辆、工具。企业内部运输应当严格按照规定路线、速度行驶。

生产企业、批发企业装卸烟花爆竹成品、半成品及原材料时，应当严格遵守作业规程。禁止碰撞、拖拉、抛摔、翻滚、摩擦、挤压等不安全行为。

第二十六条　生产企业、批发企业应当及时妥善处置生产经营过程中产生的各类危险性废弃物。不得留存过期的烟花爆竹成品、半成品、原材料及各类危险性废弃物。

第二十七条　批发企业应当向零售经营者及零售经营场所提供烟花爆竹配送服务。配送烟花爆竹抵达零售经营场所装卸作业时，应当轻拿轻放、妥善码放，禁止碰撞、拖拉、抛摔、翻滚、摩擦、挤压等不安全行为。

第二十八条　零售经营者应当向批发企业采购烟花爆竹并接受批发企业配送服务，不得到企业仓库自行提取烟花爆竹。

第三章　监督管理

第二十九条　地方各级安全生产监督管理部门应当加强对本行政区域内生产经营单位的监督检查，明确每个生产经营单位的安全生产监督管理主体，制定并落实年度监督检查计划，对生产经营单位的安全生产违法行为，依法实施行政处罚。

第三十条　安全生产监督管理部门可以根据需要，委托专业技术服务机构对生产经营单位的安全设施等进行检验检测，并承担检验检测费用，不得向企业收取。专业技术服务机构对其作出的检验检测结果负责。委托检验检测结果可以作为行政执法的依据。

生产经营单位不得拒绝、阻挠安全生产监督管理部门委托的专业技术服务机构开展检验检测工作。

第三十一条　安全生产监督管理部门应当为进入企业现场的监督检查人员配备必要的执法装备、检测检验设备及个人防护用品，确保执法检查人员人身安全。

第三十二条　安全生产监督管理部门监督检查中发现生产经营单位存在不属于本部门职责范围的违法行为的，应当及时移送有关部门处理。

第四章　法律责任

第三十三条　生产企业、批发企业有下列行为之一的，责令限期改正；逾期未改正的，处一万元以上三万元以下的罚款：

（一）工（库）房没有设置准确、清晰、醒目的定员、定量、定级标识的；

（二）未向零售经营者或者零售经营场所提供烟花爆竹配送服务的。

第三十四条　生产企业、批发企业有下列行为之一的，责令限期改正，可以处五万元以下的罚款；逾期未改正的，处五万元以上二十万元以下的罚款，对其直接负责的主管人员和其他直接责任人员处一万元以上二万元以下的罚款；情节严重的，责令停产停业整顿：

（一）防范静电危害的措施不符合相关国家标准或者行业标准规定的；

（二）使用新安全设备，未进行安全性论证的；

（三）在生产区、工（库）房等有药区域对安全设备进行检测、改造作业时，未将工（库）房内的药物、有药半成品、成品搬走并清理作业现场的。

第三十五条　生产企业、批发企业有下列行为之一的，责令限期改正，可以处十万元以下的罚款；逾期未改正的，责令停产停业整顿，并处十万元以上二十万元以下的罚款，对其直接负责的主管人员和其他直接责任人员处二万元以上五万元以下的罚款：

（一）未建立从业人员、外来人员、车辆出入厂（库）区登记制度的；

（二）未制定专人管理、登记、分发黑火药、引火线、烟火药及库存和中转效果件的安全管理制度的；

（三）未建立烟花爆竹买卖合同管理制度的；

（四）未按规定建立烟花爆竹流向管理制度的。

第三十六条　零售经营者有下列行为之一的，责令其限期改正，可以处一千元以上五千元以下的罚款；逾期未改正的，处五千元以上一万元以下的罚款：

（一）超越许可证载明限量储存烟花爆竹的；

（二）到批发企业仓库自行提取烟花爆竹的。

第三十七条　生产经营单位有下列行为之一的，责令改正；拒不改正的，处一万元以上三万元以下的罚款，对其直接负责的主管人员和其他直接责任人员处五千元以上一万元以下的罚款：

（一）对工（库）房、安全设施、电气线路、机械设备等进行检测、检修、维修、改造作业前，未制定安全作业方案，或者未切断被检修、维修的电气线路和机械设备电源的；

（二）拒绝、阻挠受安全生产监督管理部门委托的专业技术服务机构开展检验、检测的。

第三十八条　生产经营单位未采取措施消除下列事故隐患的，责令立即消除或者限期消除；生产经营单位拒不执行的，责令停产停业整顿，并处十万元以上五十万元以下的罚款，对其直接负责的主管人员和其他直接责任人员处二万元以上五万元以下的罚款：

（一）工（库）房超过核定人员、药量或者擅自改变设计用途使用工（库）房的；

（二）仓库内堆码、分类分级储存等违反国家标准或者行业标准规定的；

（三）在仓库内进行拆箱、包装作业，将性质不相容的物质混存的；

（四）在中转库、中转间内，超量、超时储存药物、半成品、成品的；

（五）留存过期及废弃的烟花爆竹成品、半成品、原材料等危险废弃物的；

（六）企业内部及生产区、库区之间运输烟花爆竹成品、半成品及原材料的车辆、工具不符合国家标准或者行业标准规定安全条件的；

（七）允许未安装阻火装置等不具备国家标准或者行业标准规定安全条件的机动车辆进入生产区和仓库区的；

（八）其他事故隐患。

第三十九条 违反本规定，构成《中华人民共和国安全生产法》及其他法律、行政法规规定的其他违法行为的，依照《中华人民共和国安全生产法》等法律、行政法规的规定处理。涉嫌犯罪的，依法移送司法机关追究刑事责任。

第五章 附 则

第四十条 本规定中的行政处罚，由县级以上安全生产监督管理部门决定。

第四十一条 本规定自2018年3月1日起施行。

烟花爆竹经营许可实施办法

（2013年9月16日国家安全生产监督管理总局局长办公会议审议通过，2013年10月16日国家安全生产监督管理总局令第65号公布，自2013年12月1日起施行）

第一章 总 则

第一条 为了规范烟花爆竹经营单位安全条件和经营行为，做好烟花爆竹经营许可证颁发和管理工作，加强烟花爆竹经营安全监督管理，根据《烟花爆竹安全管理条例》等法律、行政法规，制定本办法。

第二条 烟花爆竹经营许可证的申请、审查、颁发及其监督管理，适用本办法。

第三条 从事烟花爆竹批发的企业（以下简称批发企业）和从事烟花爆竹零售的经营者（以下简称零售经营者）应当按照本办法的规定，分别取得《烟花爆竹经营（批发）许可证》（以下简称批发许可证）和《烟花爆竹经营（零售）许可证》（以下简称零售许可证）。

从事烟花爆竹进出口的企业，应当按照本办法的规定申请办理批发许可证。

未取得烟花爆竹经营许可证的，任何单位或者个人不得从事烟花爆竹经营活动。

第四条 烟花爆竹经营单位的布点，应当按照保障安全、统一规划、合理布局、总量控制、适度竞争的原则审批；对从事黑火药、引火线批发和烟花爆竹进出口的企业，应当按照严格许可条件、严格控制数量的原则审批。

批发企业不得在城市建成区内设立烟花爆竹储存仓库，不得在批发（展示）场所摆放有药样品；严格控制城市建成区内烟花爆竹零售点数量，且烟花爆竹零售点不得与居民居住场所设置在同一建筑物内。

第五条 烟花爆竹经营许可证的颁发和管理，实行企业申请、分级发证、属地监管的原则。

国家安全生产监督管理总局（以下简称安全监管总局）负责指导、监督全国烟花爆竹经营许可证的颁发和管理工作。

省、自治区、直辖市人民政府安全生产监督管理部门（以下简称省级安全监管局）负责制定本行政区域的批发企业布点规划，统一批发许可编号，指导、监督本行政区域内烟花爆竹经营许可证的颁发和管理工作。

设区的市级人民政府安全生产监督管理部门（以下简称市级安全监管局）根据省级安全监管局的批发企业布点规划和统一编号，负责本行政区域内烟花爆竹批发许可证的颁发和管理工作。

县级人民政府安全生产监督管理部门（以下简称县级安全监管局，与市级安全监管局统称发证机关）负责本行政区域内零售经营布点规划与零售许可证的颁发和管理工作。第二章批发许可证的申请和颁发

第六条 批发企业应当符合下列条件：

（一）具备企业法人条件；

（二）符合所在地省级安全监管局制定的批发企业布点规划；

（三）具有与其经营规模和产品相适应的仓储设

施。仓库的内外部安全距离、库房布局、建筑结构、疏散通道、消防、防爆、防雷、防静电等安全设施以及电气设施等，符合《烟花爆竹工程设计安全规范》（GB 50161）等国家标准和行业标准的规定。仓储区域及仓库安装有符合《烟花爆竹企业安全监控系统通用技术条件》（AQ 4101）规定的监控设施，并设立符合《烟花爆竹安全生产标志》（AQ 4114）规定的安全警示标志和标识牌；

（四）具备与其经营规模、产品和销售区域范围相适应的配送服务能力；

（五）建立安全生产责任制和各项安全管理制度、操作规程。安全管理制度和操作规程至少包括：仓库安全管理制度、仓库保管守卫制度、防火防爆安全管理制度、安全检查和隐患排查治理制度、事故应急救援与事故报告制度、买卖合同管理制度、产品流向登记制度、产品检验验收制度、从业人员安全教育培训制度、违规违章行为处罚制度、企业负责人值（带）班制度、安全生产费用提取和使用制度、装卸（搬运）作业安全规程；

（六）有安全管理机构或者专职安全生产管理人员；

（七）主要负责人、分管安全生产负责人、安全生产管理人员具备烟花爆竹经营方面的安全知识和管理能力，并经培训考核合格，取得相应资格证书。仓库保管员、守护员接受烟花爆竹专业知识培训，并经考核合格，取得相应资格证书。其他从业人员经本单位安全知识培训合格；

（八）按照《烟花爆竹流向登记通用规范》（AQ 4102）和烟花爆竹流向信息化管理的有关规定，建立并应用烟花爆竹流向信息化管理系统；

（九）有事故应急救援预案、应急救援组织和人员，并配备必要的应急救援器材、设备；

（十）依法进行安全评价；

（十一）法律、法规规定的其他条件。

从事烟花爆竹进出口的企业申请领取批发许可证，应当具备前款第一项至第三项和第五项至第十一项规定的条件。

第七条 从事黑火药、引火线批发的企业，除具备本办法第六条规定的条件外，还应当具备必要的黑火药、引火线安全保管措施，自有的专用运输车辆能够满足其配送服务需要，且符合国家相关标准。

第八条 批发企业申请领取批发许可证时，应当向发证机关提交下列申请文件、资料，并对其真实性负责：

（一）批发许可证申请书（一式三份）；

（二）企业法人营业执照副本或者企业名称工商预核准文件复制件；

（三）安全生产责任制文件、事故应急救援预案备案登记文件、安全管理制度和操作规程的目录清单；

（四）主要负责人、分管安全生产负责人、安全生产管理人员和仓库保管员、守护员的相关资格证书复制件；

（五）具备相应资质的设计单位出具的库区外部安全距离实测图和库区仓储设施平面布置图；

（六）具备相应资质的安全评价机构出具的安全评价报告，安全评价报告至少包括本办法第六条第三项、第四项、第八项、第九项和第七条规定条件的符合性评价内容；

（七）建设项目安全设施设计审查和竣工验收的证明材料；

（八）从事黑火药、引火线批发的企业自有专用运输车辆以及驾驶员、押运员的相关资质（资格）证书复制件；

（九）法律、法规规定的其他文件、资料。

第九条 发证机关对申请人提交的申请书及文件、资料，应当按照下列规定分别处理：

（一）申请事项不属于本发证机关职责范围的，应当即时作出不予受理的决定，并告知申请人向相应发证机关申请；

（二）申请材料存在可以当场更改的错误的，应当允许或者要求申请人当场更正，并在更正后即时出具受理的书面凭证；

（三）申请材料不齐全或者不符合要求的，应当当场或者在5个工作日内书面一次告知申请人需要补正的全部内容。逾期不告知的，自收到申请材料之日起即为受理；

（四）申请材料齐全、符合要求或者按照要求全部补正的，自收到申请材料或者全部补正材料之日起即为受理。

第十条 发证机关受理申请后，应当对申请材料进行审查。需要对经营储存场所的安全条件进行现场核查的，应当指派2名以上工作人员组织技术人员进行现场核查。对烟花爆竹进出口企业和设有1.1级仓库的企业，应当指派2名以上工作人员组织技术人员进行现场核查。负责现场核查的人员应当提出书面核查意见。

第十一条 发证机关应当自受理申请之日起30个工作日内作出颁发或者不予颁发批发许可证的决定。

对决定不予颁发的,应当自作出决定之日起10个工作日内书面通知申请人并说明理由;对决定颁发的,应当自作出决定之日起10个工作日内送达或者通知申请人领取批发许可证。

发证机关在审查过程中,现场核查和企业整改所需时间,不计算在本办法规定的期限内。

第十二条　批发许可证的有效期限为3年。

批发许可证有效期满后,批发企业拟继续从事烟花爆竹批发经营活动的,应当在有效期届满前3个月向原发证机关提出延期申请,并提交下列文件、资料:

(一)批发许可证延期申请书(一式三份);

(二)本办法第八条第三项、第四项、第五项、第八项规定的文件、资料;

(三)安全生产标准化达标的证明材料。

第十三条　发证机关受理延期申请后,应当按照本办法第十条、第十一条规定,办理批发许可证延期手续。

第十四条　批发企业符合下列条件的,经发证机关同意,可以不再现场核查,直接办理批发许可证延期手续:

(一)严格遵守有关法律、法规和本办法规定,无违法违规经营行为的;

(二)取得批发许可证后,持续加强安全生产管理,不断提升安全生产条件,达到安全生产标准化二级以上的;

(三)接受发证机关及所在地人民政府安全生产监督管理部门的监督检查的;

(四)未发生生产安全伤亡事故的。

第十五条　批发企业在批发许可证有效期内变更企业名称、主要负责人和注册地址的,应当自变更之日起10个工作日内向原发证机关提出变更,并提交下列文件、资料:

(一)批发许可证变更申请书(一式三份);

(二)变更后的企业名称工商预核准文件或者工商营业执照副本复制件;

(三)变更后的主要负责人安全资格证书复制件。

批发企业变更经营许可范围、储存仓库地址和仓储设施新建、改建、扩建的,应当重新申请办理许可手续。第三章零售许可证的申请和颁发

第十六条　零售经营者应当符合下列条件:

(一)符合所在地县级安全监管局制定的零售经营布点规划;

(二)主要负责人经过安全培训合格,销售人员经过安全知识教育;

(三)春节期间零售点、城市长期零售点实行专店销售。乡村长期零售点在淡季实行专柜销售时,安排专人销售,专柜相对独立,并与其他柜台保持一定的距离,保证安全通道畅通;

(四)零售场所的面积不小于10平方米,其周边50米范围内没有其他烟花爆竹零售点,并与学校、幼儿园、医院、集贸市场等人员密集场所和加油站等易燃易爆物品生产、储存设施等重点建筑物保持100米以上的安全距离;

(五)零售场所配备必要的消防器材,张贴明显的安全警示标志;

(六)法律、法规规定的其他条件。

第十七条　零售经营者申请领取零售许可证时,应当向所在地发证机关提交申请书、零售点及其周围安全条件说明和发证机关要求提供的其他材料。

第十八条　发证机关受理申请后,应当对申请材料和零售场所的安全条件进行现场核查。负责现场核查的人员应当提出书面核查意见。

第十九条　发证机关应当自受理申请之日起20个工作日内作出颁发或者不予颁发零售许可证的决定,并书面告知申请人。对决定不予颁发的,应当书面说明理由。

第二十条　零售许可证上载明的储存限量由发证机关根据国家标准或者行业标准的规定,结合零售点及其周围安全条件确定。

第二十一条　零售许可证的有效期限由发证机关确定,最长不超过2年。零售许可证有效期满后拟继续从事烟花爆竹零售经营活动,或者在有效期内变更零售点名称、主要负责人、零售场所和许可范围的,应当重新申请取得零售许可证。

第四章　监　督　管　理

第二十二条　批发企业、零售经营者不得采购和销售非法生产、经营的烟花爆竹和产品质量不符合国家标准或者行业标准规定的烟花爆竹。

批发企业不得向未取得零售许可证的单位或者个人销售烟花爆竹,不得向零售经营者销售礼花弹等应当由专业燃放人员燃放的烟花爆竹;从事黑火药、引火线批发的企业不得向无《烟花爆竹安全生产许可证》的单位或者个人销售烟火药、黑火药、引火线。

零售经营者应当向批发企业采购烟花爆竹,不得采购、储存和销售礼花弹等应当由专业燃放人员燃放的烟花爆竹,不得采购、储存和销售烟火药、黑火药、引火线。

第二十三条　禁止在烟花爆竹经营许可证载明的

储存（零售）场所以外储存烟花爆竹。

烟花爆竹仓库储存的烟花爆竹品种、规格和数量，不得超过国家标准或者行业标准规定的危险等级和核定限量。

零售点存放的烟花爆竹品种和数量，不得超过烟花爆竹经营许可证载明的范围和限量。

第二十四条 批发企业对非法生产、假冒伪劣、过期、含有违禁药物以及其他存在严重质量问题的烟花爆竹，应当及时、妥善销毁。

对执法检查收缴的前款规定的烟花爆竹，不得与正常的烟花爆竹产品同库存放。

第二十五条 批发企业应当建立并严格执行合同管理、流向登记制度，健全合同管理和流向登记档案，并留存3年备查。

黑火药、引火线批发企业的采购、销售记录，应当自购买或者销售之日起3日内报所在地县级安全监管局备案。

第二十六条 烟花爆竹经营单位不得出租、出借、转让、买卖、冒用或者使用伪造的烟花爆竹经营许可证。

第二十七条 烟花爆竹经营单位应当在经营（办公）场所显著位置悬挂烟花爆竹经营许可证正本。批发企业应当在储存仓库留存批发许可证副本。

第二十八条 对违反本办法规定的程序、超越职权或者不具备本办法规定的安全条件颁发的烟花爆竹经营许可证，发证机关应当依法撤销其经营许可证。

取得烟花爆竹经营许可证的单位依法终止烟花爆竹经营活动的，发证机关应当依法注销其经营许可证。

第二十九条 发证机关应当坚持公开、公平、公正的原则，严格依照本办法的规定审查、核发烟花爆竹经营许可证，建立健全烟花爆竹经营许可证的档案管理制度和信息化管理系统，并定期向社会公告取证企业的名单。

省级安全监管局应当加强烟花爆竹经营许可工作的监督检查，并于每年3月15日前，将本行政区域内上年度烟花爆竹经营许可证的颁发和管理情况报告安全监管总局。

第三十条 任何单位或者个人对违反《烟花爆竹安全管理条例》和本办法规定的行为，有权向安全生产监督管理部门或者监察机关等有关部门举报。

第五章 法律责任

第三十一条 对未经许可经营、超许可范围经营、许可证过期继续经营烟花爆竹的，责令其停止非法经营活动，处2万元以上10万元以下的罚款，并没收非法经营的物品及违法所得。

第三十二条 批发企业有下列行为之一的，责令其限期改正，处5000元以上3万元以下的罚款：

（一）在城市建成区内设立烟花爆竹储存仓库，或者在批发（展示）场所摆放有药样品的；

（二）采购和销售质量不符合国家标准或者行业标准规定的烟花爆竹的；

（三）在仓库内违反国家标准或者行业标准规定储存烟花爆竹的；

（四）在烟花爆竹经营许可证载明的仓库以外储存烟花爆竹的；

（五）对假冒伪劣、过期、含有超量、违禁药物以及其他存在严重质量问题的烟花爆竹未及时销毁的；

（六）未执行合同管理、流向登记制度或者未按照规定应用烟花爆竹流向管理信息系统的；

（七）未将黑火药、引火线的采购、销售记录报所在地县级安全监管局备案的；

（八）仓储设施新建、改建、扩建后，未重新申请办理许可手续的；

（九）变更企业名称、主要负责人、注册地址，未申请办理许可证变更手续的；

（十）向未取得零售许可证的单位或者个人销售烟花爆竹的。

第三十三条 批发企业有下列行为之一的，责令其停业整顿，依法暂扣批发许可证，处2万元以上10万元以下的罚款，并没收非法经营的物品及违法所得；情节严重的，依法吊销批发许可证：

（一）向未取得烟花爆竹安全生产许可证的单位或者个人销售烟火药、黑火药、引火线的；

（二）向零售经营者供应非法生产、经营的烟花爆竹的；

（三）向零售经营者供应礼花弹等按照国家标准规定应当由专业人员燃放的烟花爆竹的。

第三十四条 零售经营者有下列行为之一的，责令其停止违法行为，处1000元以上5000元以下的罚款，并没收非法经营的物品及违法所得；情节严重的，依法吊销零售许可证：

（一）销售非法生产、经营的烟花爆竹的；

（二）销售礼花弹等按照国家标准规定应当由专业人员燃放的烟花爆竹的。

第三十五条 零售经营者有下列行为之一的，责令其限期改正，处1000元以上5000元以下的罚款；

情节严重的，处 5000 元以上 30000 元以下的罚款：

（一）变更零售点名称、主要负责人或者经营场所，未重新办理零售许可证的；

（二）存放的烟花爆竹数量超过零售许可证载明范围的。

第三十六条　烟花爆竹经营单位出租、出借、转让、买卖烟花爆竹经营许可证的，责令其停止违法行为，处 1 万元以上 3 万元以下的罚款，并依法撤销烟花爆竹经营许可证。

冒用或者使用伪造的烟花爆竹经营许可证的，依照本办法第三十一条的规定处罚。

第三十七条　申请人隐瞒有关情况或者提供虚假材料申请烟花爆竹经营许可证的，发证机关不予受理，该申请人 1 年内不得再次提出烟花爆竹经营许可申请。

以欺骗、贿赂等不正当手段取得烟花爆竹经营许可证的，应当予以撤销，该经营单位 3 年内不得再次提出烟花爆竹经营许可申请。

第三十八条　安全生产监督管理部门工作人员在实施烟花爆竹经营许可和监督管理工作中，滥用职权、玩忽职守、徇私舞弊，未依法履行烟花爆竹经营许可证审查、颁发和监督管理职责的，依照有关规定给予处分；构成犯罪的，依法追究刑事责任。

第三十九条　本办法规定的行政处罚，由安全生产监督管理部门决定，暂扣、吊销经营许可证的行政处罚由发证机关决定。

第六章　附　　则

第四十条　烟花爆竹经营许可证分为正本、副本，正本为悬挂式，副本为折页式，具有同等法律效力。

烟花爆竹经营许可证由安全监管总局统一规定式样。

第四十一条　省级安全监管局可以依据国家有关法律、行政法规和本办法的规定制定实施细则。

第四十二条　本办法自 2013 年 12 月 1 日起施行，安全监管总局 2006 年 8 月 26 日公布的《烟花爆竹经营许可实施办法》同时废止。

烟花爆竹生产经营单位重大生产安全事故隐患判定标准（试行）

（2017 年 11 月 13 日国家安全生产监督管理总局以安监总管三〔2017〕121 号印发）

依据有关法律法规、部门规章和国家标准，以下情形应当判定为重大事故隐患：

一、主要负责人、安全生产管理人员未依法经考核合格。

二、特种作业人员未持证上岗，作业人员带药检维修设备设施。

三、职工自行携带工器具、机器设备进厂进行涉药作业。

四、工（库）房实际作业人员数量超过核定人数。

五、工（库）房实际滞留、存储药量超过核定药量。

六、工（库）房内、外部安全距离不足，防护屏障缺失或者不符合要求。

七、防静电、防火、防雷设备设施缺失或者失效。

八、擅自改变工（库）房用途或者违规私搭乱建。

九、工厂围墙缺失或者分区设置不符合国家标准。

十、将氧化剂、还原剂同库储存、违规预混或者在同一工房内粉碎、称量。

十一、在用涉药机械设备未经安全性论证或者擅自更改、改变用途。

十二、中转库、药物总库和成品总库的存储能力与设计产能不匹配。

十三、未建立与岗位相匹配的全员安全生产责任制或者未制定实施生产安全事故隐患排查治理制度。

十四、出租、出借、转让、买卖、冒用或者伪造许可证。

十五、生产经营的产品种类、危险等级超许可范围或者生产使用违禁药物。

十六、分包转包生产线、工房、库房组织生产经营。

十七、一证多厂或者多股东各自独立组织生产经营。

十八、许可证过期、整顿改造、恶劣天气等停产停业期间组织生产经营。

十九、烟花爆竹仓库存放其他爆炸物等危险物品或者生产经营违禁超标产品。

二十、零售点与居民居住场所设置在同一建筑物内或者在零售场所使用明火。

烟花爆竹销毁安全指南(暂行)

(2016年6月1日国家安监总局办公厅、公安部办公厅以安监总厅管三〔2016〕52号印发)

一、销毁前准备

(一)销毁前应认真了解待销毁烟花爆竹的结构、性能、物态、现状等情况,并根据其危险特性,按照《烟花爆竹作业安全技术规程》(GB 11652—2012)第13章规定,参照《废火药、炸药、弹药、引信及火工品处理、销毁与贮存安全技术要求》(GJB 5120—2002),科学制定销毁处置方案、安全警戒方案和应急救援预案。

(二)待销毁烟花爆竹按其危险性分为Ⅰ类、Ⅱ类二大类。Ⅰ类为具有整体爆炸或较大迸射危险,其爆炸破坏波及范围较大;Ⅱ类为具有燃烧危险,偶尔有较小爆炸或较小迸射危险,或二者兼有,但无整体爆炸危险,其爆炸破坏限于较小范围。具体分类见表1。

表1 待销毁烟花爆竹分类

分类	序号	待销毁烟花爆竹种类	销毁方法	一次销毁最大药量(公斤)	铺设最大厚度(厘米)	铺设最大宽度(厘米)
Ⅰ类	3	黑火药	户外焚烧法	500	2	30
	4	单基火药;引火线	户外焚烧法	500	5	150
	5	烟火药(含亮珠、药柱等裸药效果件)	户外焚烧法	500	3(直径或高度≥3厘米的药柱为单个药柱厚度)	100
	6	烟火药(开包〈球〉药、爆炸单药、笛音药)	户外焚烧法	50	1	5
	7	礼花弹成品	燃放法(优先)	200		
			焚烧法	200	先拆解后按相应类别药物方法要求销毁	
Ⅱ类	1	升空类成品、C级组合烟花成品	燃放法(优先)	500		
			户外焚烧法	1000	10(高度或直径≥10厘米的产品为单个产品高度)	200
	2	喷花类成品、架子烟花;其他C、D级成品(不含升空类、C级组合烟花)	户外焚烧法	1000	10(高度或直径≥10厘米的产品为单个产品高度)	200
	3	电点火点;单个装药量在40克以下已封口烟花半成品(不含笛音剂、爆炸音剂);已封口爆竹半成品	户外焚烧法(添加助燃物)	1000	10	200
	4	化工原材料;湿态(水溶剂)烟火药	户外焚烧法(添加助燃物)	500	5(氧化剂、还原剂应分别焚烧)	200

（三）销毁Ⅰ类烟花爆竹，其销毁方案应由3名以上火炸药、民用爆炸物品等相近专业高级以上职称人员组成专家组制定，并进行安全评估。

二、销毁方法及安全要求

销毁烟花爆竹一般应采用燃放法或户外焚烧法。各类待销毁烟花爆竹销毁方法的选择应符合表1规定。不同种类的待销毁烟花爆竹应分别销毁。销毁作业的基本安全要求应符合《烟花爆竹作业安全技术规程》第13章规定。严禁采用挖坑掩埋法和抛入江、河、湖、海水体等销毁方法。

（一）燃放法。

1. 专业燃放类产品以燃放法销毁时，应按《大型焰火燃放安全技术规程》（GB 24284—2009）执行。其他类产品应摆放、固定在坚实、干燥的地面，安装加长点火引火线，作业人员在安全距离外点火操作。

2. 点火：优先采用电点火设备或遥控引燃方式，点火前应进行现场检查，确保引火线、点火设备连接安装可靠，无其他危险源后，方可点火。

3. 燃放时出现断火、哑弹等未引燃的烟花时，应由专业技术人员处理后，采用焚烧法彻底销毁。未引燃的礼花弹应经过拆除发射药包和解剖球壳取出药物后采用焚烧法销毁。

4. 燃放结束后应对场地进行清理、清洁，现场检查清场应在燃放停止30分钟后进行。

（二）户外焚烧法。

1. 铺设：应将待销毁的烟花爆竹成品、含烟火药半成品分类平铺于地面；组合烟花类应平稳摆放于硬质地面，发射上升口朝上，打开包装箱；其他成品、半成品平铺于地面。

铺设厚度和铺设宽度应符合表1规定。多条铺设时，条与条之间距离不应小于5米。烟火药、黑火药、引火线、还原剂、氧化剂铺设长度不应大于25米。

2. 助燃物及用量。助燃物宜采用柴油、木材、柴草等，不应使用汽油、酒精等挥发性强、闪点低的燃料。严禁在焚烧过程中添加物料。

3. 点火：优先采用电点火设备或遥控引燃方式，点火前应进行现场检查，确保点火设备连接安装可靠，无其他危险源后，方可点火。

4. 焚烧结束后应对场地进行清理、清洁，现场检查清场应在确定燃烧、爆炸停止1小时后进行。

三、销毁场地及环境要求

（一）户外焚烧法销毁场地宜设在有天然屏障的山沟、盆地、河滩、丘陵地带，地面平坦无裂缝、无树木和杂草等易燃物，且为单独场地。

（二）销毁场地面积应符合下列要求：

1. 户外焚烧法场地直径不小于100米，燃放法场地直径应不小于50米，销毁场地边缘以外应设防火区。

2. 户外焚烧法销毁场地边缘与周边建筑物、人员、重要场所的外部安全距离应根据销毁物品的类别和药量，按《烟花爆竹工程设计安全规范》（GB 50161—2009）第4.2.2条规定距离的2倍确定，并应在外部安全距离以外设置警戒线。

3. 燃放法销毁场地边缘与周边建筑物、人员、重要场所的外部安全距离应按《烟花爆竹工程设计安全规范》第4.4.1条规定距离确定，并应在外部安全距离以外设置警戒线。

（三）销毁场地内应设掩体，距铺设待销毁物品边缘应小于50米。

（四）高温、雷雨、大风天气不得从事销毁作业。

（五）销毁场所应有专人负责警戒，防止无关人员进入或靠近。

四、作业人员要求

（一）销毁作业的人员年龄应满20岁，不超过50岁，身体健康，且具有销毁作业安全知识和实践经验。焚烧法的销毁作业人员，应持有烟花爆竹特种作业资格证，且有2年以上烟花爆竹涉药生产作业经验；燃放法的销毁作业人员，应持有大型焰火燃放作业人员资格证，且有3次以上大型焰火燃放作业经验。

（二）严格控制销毁现场安全警戒范围内的人员数量。销毁黑火药、烟火药或Ⅰ类烟花爆竹时，安全警戒范围内不得超过3人；销毁Ⅱ类烟花爆竹时，安全警戒范围内不得超过6人。

民用爆炸物品生产许可实施办法

（2018年10月24日工业和信息化部第5次部务会议审议通过，2018年11月9日工业和信息化部令第49号公布，自2019年1月1日起施行）

第一章 总 则

第一条 为了加强民用爆炸物品生产许可管理，规范民用爆炸物品生产活动，保障公民生命、财产安全和公共安全,根据《民用爆炸物品安全管理条例》,制定本办法。

第二条 在中华人民共和国境内设立民用爆炸物品生产企业应当依据本办法取得民用爆炸物品生产许可。

第三条 民用爆炸物品生产许可管理应当遵循统筹规划、合理布局、动态调整、严格管理、公平公正的原则。

第四条 工业和信息化部负责民用爆炸物品生产许可的审批和监督管理。

省、自治区、直辖市人民政府民用爆炸物品行业主管部门(以下简称省级民爆行业主管部门)依照本办法规定负责本行政区域内民用爆炸物品生产许可监督管理有关工作。

第五条 鼓励民用爆炸物品生产企业采用提高民用爆炸物品安全性能的新产品、新设备、新技术、新工艺、新材料以及现场混装生产技术。

第二章 申请与审批

第六条 申请民用爆炸物品生产许可,应当具备下列条件:

(一)符合国家产业结构规划、产业技术标准和民爆行业发展规划;

(二)厂房和专用仓库的设计、结构、建筑材料、安全距离以及安全设备、设施符合国家有关标准和规范;

(三)生产设备、工艺技术符合有关安全生产的技术标准和规程;

(四)主要负责人具有与所生产民用爆炸物品相适应的安全生产知识和管理能力,与民用爆炸物品生产相关专业的技术人员占职工人数的比例不得低于15%;

(五)有健全的安全、质量管理制度和岗位安全责任制度;

(六)法律、行政法规规定的其他条件。

第七条 申请民用爆炸物品生产许可,应当向工业和信息化部提出申请,并提交以下材料:

(一)民用爆炸物品生产许可申请文件;

(二)《民用爆炸物品生产许可证申请审批表》(一式三份,示范文本见附件1);

(三)民用爆炸物品生产许可项目申请报告(一式三份,示范文本见附件2);

(四)省级民爆行业主管部门出具的书面意见;

(五)民用爆炸物品安全评价机构出具的安全预评价报告;

(六)法定代表人无刑事处罚材料;

(七)专业技术人员资质证明复印件;

(八)法律、行政法规规定的其他材料。

第八条 工业和信息化部应当依法对申请材料进行审查,对于申请材料不齐全或者不符合法定形式的,当场或在5日内一次告知申请人需要补正的全部内容,逾期不告知的,自收到申请材料之日起即为受理;申请材料齐全、符合法定形式,或者申请人按照要求补正全部申请材料的,应当予以受理。

第九条 工业和信息化部自受理申请之日起45日内对申请材料进行审查,对符合本办法第六条规定条件的,核发《民用爆炸物品生产许可证》;对不符合条件的,不予核发《民用爆炸物品生产许可证》,书面告知申请人并说明理由。

需要组织专家现场评审的,工业和信息化部应当将评审所需时间书面告知申请人。评审所需时间不计算在前款规定的期限内。

第十条 《民用爆炸物品生产许可证》的内容包括:企业名称、法定代表人、注册地址、登记类型、有效期、证书编号、生产地址、生产品种和年生产能力等。

《民用爆炸物品生产许可证》由正本、副本和附件组成,式样由工业和信息化部统一规定。附件作为备注栏信息,随《民用爆炸物品生产许可证》一并发放,与正本、副本具有同等效力。

第十一条 《民用爆炸物品生产许可证》有效期为3年。有效期届满需要继续从事民用爆炸物品生产的,应当在有效期届满前3个月向工业和信息化部申请延续,并提交本办法第七条第(一)项至第(四)项规定的材料。

工业和信息化部应当在有效期届满前作出是否准予延续的决定。准予延续的,收回原证并换发新证;不予延续的,书面告知申请人并说明理由。

第十二条 《民用爆炸物品生产许可证》有效期内,民用爆炸物品生产企业申请变更企业名称、注册地址、登记类型的,应当向工业和信息化部提出申请,提交本办法第七条第(一)项至第(三)项规定的材料以及有关机构批准变更的文件;涉及变更法定代表人的,还应当提交本办法第七条第(六)项规定的材料。

工业和信息化部应当在接到申请之日起15日内作出是否同意变更的决定。

第十三条 民用爆炸物品生产企业为调整生产品种及年生产能力进行改建、扩建、异地建设,或者采用现场混装生产方式生产民用爆炸物品的,应当依照本办法重新申请办理《民用爆炸物品生产许可证》，提交本办法第七条第（一）项至第（四）项规定的材料；涉及变更生产地址的，还应当提交本办法第七条第（五）项规定的材料。

第十四条 民用爆炸物品生产企业不改变生产品种及年生产能力，在现有生产线原址进行技术改造的，应当报省级民爆行业主管部门备案。省级民爆行业主管部门将备案情况按年度汇总后报工业和信息化部。

第十五条 《民用爆炸物品生产许可证》及其编号仅限本企业使用，不得转让、买卖、出租、出借。

第十六条 民用爆炸物品生产企业经工业和信息化部批准，可以授权其持股比例（包括直接持有和间接持有）不少于51%并符合民用爆炸物品生产条件的企业生产其获准生产的民用爆炸物品。工业和信息化部应当在《民用爆炸物品生产许可证》附件中载明该被授权企业名称、注册地址、生产品种、生产地址、年生产能力、有效期等内容。

第三章 监督管理

第十七条 民用爆炸物品生产企业应当按照《民用爆炸物品生产许可证》核定的事项进行生产，生产作业应当执行安全技术规程等规定。

无民事行为能力人、限制民事行为能力人或者曾因犯罪受过刑事处罚的人不得从事民用爆炸物品生产。

第十八条 工业和信息化部对民用爆炸物品生产许可实行年度报告制度。民用爆炸物品生产企业应当于每年5月31日前向注册地省级民爆行业主管部门报送《民用爆炸物品生产许可证年度报告表》（一式三份，示范文本见附件3），省级民爆行业主管部门汇总后报送工业和信息化部。

第十九条 工业和信息化部应当加强对民用爆炸物品生产企业的监督检查，建立和完善随机抽查监督管理制度，公布抽查事项目录，随机选派检查人员，随机抽取被检查企业。抽查情况和查处结果及时向社会公布。

第二十条 有下列情形之一的，工业和信息化部可以撤销民用爆炸物品生产许可：

（一）民用爆炸物品生产许可申请受理、审查的工作人员滥用职权、玩忽职守作出许可决定的；

（二）超越法定职权或者违反法定程序作出许可决定的；

（三）对不具备申请资格或者不符合法定许可条件的申请人作出许可决定的；

（四）依法可以撤销民用爆炸物品生产许可的其他情形。

第二十一条 以欺骗、贿赂等不正当手段取得《民用爆炸物品生产许可证》的，工业和信息化部应当撤销民用爆炸物品生产许可。企业3年内不得再次提出民用爆炸物品生产许可申请。

第二十二条 有下列情形之一的，工业和信息化部应当依法办理《民用爆炸物品生产许可证》注销手续：

（一）《民用爆炸物品生产许可证》有效期届满，未申请延续或者申请延续未经批准的；

（二）民用爆炸物品生产许可依法被撤销、吊销的；

（三）因不可抗力因素导致民用爆炸物品生产许可事项无法实施的；

（四）法律、行政法规规定的应当注销许可证的其他情形。

工业和信息化部定期向社会公布被依法注销《民用爆炸物品生产许可证》的企业名单。

第二十三条 工业和信息化部建立民用爆炸物品生产企业信用记录制度，将民用爆炸物品生产企业违反本办法并受到行政处罚的行为记入信用档案。

第二十四条 任何单位或个人对违反《民用爆炸物品安全管理条例》和本办法的行为，有权向负有监督管理职责的部门举报。

第四章 法律责任

第二十五条 未经许可从事民用爆炸物品生产的，由省级民爆行业主管部门责令停止非法生产活动，处10万元以上50万元以下的罚款，并没收非法生产的民用爆炸物品及其违法所得。

第二十六条 民用爆炸物品生产企业有下列行为之一的，由省级民爆行业主管部门责令限期改正，处10万元以上50万元以下的罚款；逾期不改正的，责令停产整顿；情节严重的，由省级民爆行业主管部门提请工业和信息化部吊销《民用爆炸物品生产许可证》：

（一）超出许可核定的生产品种、能力进行生产的；

（二）违反安全技术规程生产作业的；

（三）民用爆炸物品的质量不符合相关标准的；

（四）因存在严重安全问题被吊销民用爆炸物品安全生产许可的；

（五）违反法律、行政法规应予吊销民用爆炸物品生产许可的其他情形。

第二十七条 民用爆炸物品生产企业有下列行为

之一的，由省级民爆行业主管部门责令限期改正；逾期不改正的，处 3 万元以下的罚款：

（一）未按规定提交年度报告的；

（二）年度报告提供虚假材料或者拒绝提供反映其生产经营活动情况真实材料的。

第二十八条 省级民爆行业主管部门可以委托市级或者县级地方人民政府民用爆炸物品行业主管部门实施本办法规定的行政处罚。

省级民爆行业主管部门应当加强对市级或者县级地方人民政府民用爆炸物品行业主管部门实施行政处罚的监督，并对行政处罚的后果承担法律责任。

第二十九条 负责民用爆炸物品生产许可的工作人员，在民用爆炸物品生产许可受理、审查、审批和监督管理工作中，有弄虚作假、徇私舞弊以及受贿、渎职等行为的，依法给予处分；构成犯罪的，依法追究刑事责任。

第五章 附 则

第三十条 本办法自 2019 年 1 月 1 日起施行。原国防科学技术工业委员会 2006 年 8 月 31 日公布的《民用爆炸物品生产许可实施办法》（原国防科学技术工业委员会令第 16 号）同时废止。

民用爆炸物品销售许可实施办法

（2006 年 8 月 31 日国防科学技术工业委员会令第 18 号公布 根据 2015 年 4 月 29 日工业和信息化部令第 29 号《工业和信息化部关于修改部分规章的决定》修订）

第一章 总 则

第一条 为了加强民用爆炸物品销售管理，规范民用爆炸物品销售许可行为，保障公民生命、财产安全和公共安全，根据《民用爆炸物品安全管理条例》，制定本办法。

第二条 本办法所称民用爆炸物品销售是指销售企业销售民用爆炸物品和生产企业销售本企业生产的民用爆炸物品的活动。

第三条 从事《民用爆炸物品品名表》所列产品销售活动的企业，必须依照本办法申请取得《民用爆炸物品销售许可证》。

民用爆炸物品生产企业凭《民用爆炸物品生产许可证》，可以销售本企业生产的民用爆炸物品。

第四条 国防科学技术工业委员会（以下简称国防科工委）负责制定民用爆炸物品销售许可的政策、规章、审查标准和技术规范，对民用爆炸物品销售许可实施监督管理。

省、自治区、直辖市人民政府国防科技工业主管部门（以下简称省级国防科技工业主管部门）负责本辖区内民用爆炸物品销售许可申请的受理、审查和《民用爆炸物品销售许可证》的颁发及日常监督管理。

地（市）、县级人民政府民用爆炸物品主管部门，协助省级国防科技工业主管部门做好本行政区内民用爆炸物品销售许可的监督管理工作，其职责由省级国防科技工业主管部门规定。

第五条 省级国防科技工业主管部门实施销售许可管理，应当遵循统筹规划、合理布局、规模经营、确保安全的原则。

第六条 鼓励发展民用爆炸物品生产、配送、爆破服务一体化的经营模式。

第二章 申请与审批

第七条 申请从事民用爆炸物品销售的企业，应当具备下列条件：

（一）具有企业法人资格；

（二）符合本地区民用爆炸物品销售企业规划的要求；

（三）符合规模经营和确保安全的要求；

（四）安全评价达到安全级标准；

（五）销售场所和专用仓库的设计、结构和材料、安全距离以及防火、防爆、防雷、防静电等安全设备、设施符合国家有关标准和规范；

（六）有相应资格的安全管理人员、仓库管理人员、押运员、驾驶员，以及符合规定的爆炸品专用运输车辆；

（七）有健全的安全管理制度、岗位责任制度；

（八）法律、法规规定的其他条件。

第八条 申请从事民用爆炸物品销售的企业，应当向所在地省级国防科技工业主管部门提交以下材料：

（一）民用爆炸物品销售许可申请文件；

（二）《民用爆炸物品销售许可证申请审批表》（一式 2 份，见附件 1）；

（三）地（市）、县级人民政府民用爆炸物品主管部门意见；

（四）可行性研究报告；

（五）民用爆炸物品安全评价机构出具的安全评价报告；

（六）单位主要负责人、安全管理人员和业务人员（仓库管理人员、销售人员、押运员、驾驶员）任职安全资格证书或专业培训合格证书原件及复印件；

（七）安全管理制度、岗位责任制度档案文件；

（八）法律、法规规定的其他证明材料。

第九条 申请《民用爆炸物品销售许可证》的企业自主选择具有民用爆炸物品安全评价资质的安全评价机构，对本企业的销售条件进行安全评价。

第十条 安全评价机构应当按照《民用爆破器材安全评价导则》及有关安全技术标准、规范的要求，对申请销售许可的企业进行安全评价，出具安全评价报告。

安全评价机构对其安全评价结论承担法律责任。

第十一条 对安全评价报告中提出的问题，申请企业应当及时加以整改。安全评价机构应当对申请企业的整改情况进行确认，并将有关资料作为安全评价报告书的附件。

第十二条 省级国防科技工业主管部门自收到申请之日起5日内，根据下列情况分别作出处理：

（一）申请事项不属于本行政机关职权范围的，应当即时作出不予受理的决定，并告知申请人向有关行政机关申请；

（二）申请材料存在错误，可以当场更正的，应当允许申请人当场更正；

（三）申请材料不齐全或者不符合法定形式的，当场或在5日内一次告知申请人需要补正的全部内容，逾期不告知的，自收到申请材料之日起即为受理；

（四）申请事项属于本行政机关职权范围，申请材料齐全、符合法定形式，或者申请人按照本行政机关的要求提交全部补正申请材料的，应当予以受理。

第十三条 省级国防科技工业主管部门自受理申请之日起30日内对申请材料进行审查，对符合本办法第七条规定条件的，核发《民用爆炸物品销售许可证》；对不符合条件的，不予核发《民用爆炸物品销售许可证》，书面告知申请人，并说明理由。

第十四条 省级国防科技工业主管部门认为需要组织专家对申请单位进行现场核查的，应当书面告知申请人。现场核查所需时间不计算在许可期限内。

第十五条 省级国防科技工业主管部门，应当在《民用爆炸物品销售许可证》颁发之日起15日内，将发证情况向国防科工委报告。

第十六条 民用爆炸物品销售企业，持《民用爆炸物品销售许可证》到工商行政管理部门办理工商登记后，方可销售民用爆炸物品。

民用爆炸物品销售企业应当在办理工商登记后3日内，向所在地县级人民政府公安机关备案。

第十七条 《民用爆炸物品销售许可证》的内容包括：企业名称、地址、法定代表人、登记类型、有效期、许可销售的品种和储存能力。《民用爆炸物品销售许可证》式样由国防科工委统一规定。

第十八条 《民用爆炸物品销售许可证》有效期为3年。有效期届满，企业继续从事民用爆炸物品销售活动的，应当在届满前3个月内向原发证机关提出换证申请。原发证机关应当在销售许可证有效期届满前按照本办法第七条规定的条件进行审查，符合条件的，换发新证；不符合条件的，不予换发新证，书面告知申请人，并说明理由。

第十九条 《民用爆炸物品销售许可证》有效期内，企业名称、法定代表人、登记类型等内容发生变更的，企业应当依法办理变更登记，由原发证机关审核后换发新证。

销售品种、储存能力发生变更的，应当在变更前30日内向省级国防科技工业主管部门提出变更申请。经审查，符合第七条规定条件的，办理变更手续；不符合条件的，不予换发新证，书面通知申请人，并说明理由。

第三章 监督管理

第二十条 民用爆炸物品销售企业应当严格按照《民用爆炸物品销售许可证》核定的销售品种、核定储存能力从事销售活动，不得超范围销售或者超能力储存民用爆炸物品。

第二十一条 民用爆炸物品生产企业销售本企业生产的民用爆炸物品，不得超出《民用爆炸物品生产许可证》核定的品种、产量。

第二十二条 销售民用爆炸物品的企业，应当自民用爆炸物品买卖成交之日起3日内，将销售的品种、数量和购买单位向企业所在地省级国防科技工业主管部门和所在地县级人民政府公安机关备案。

第二十三条 销售民用爆炸物品的企业应当制定安全生产事故应急救援预案，建立应急救援组织，配备应急救援人员和必要的应急救援器材、设备。

第二十四条 省级国防科技工业主管部门应当加强对《民用爆炸物品销售许可证》的监督管理，建立健全许可申请受理、审查、颁证等各项管理制度，并于每季度第一个月20日之前将上季度销售许可变更情况向国防科工委报告。

第二十五条 销售民用爆炸物品的企业应当建立销售台账制度及出入库检查、登记制度，收存和发放民用爆炸物品必须及时登记，做到账目清楚，账物相符。

第二十六条 省级国防科技工业主管部门负责对已取得《民用爆炸物品销售许可证》的企业进行年检。民用爆炸物品销售企业应当于每年3月底前向发证机关提交《民用爆炸物品销售许可证年检表》（一式3份，见附件2）。

第二十七条 省级国防科技工业主管部门应当自收到年检表之日起20日内完成年检工作。符合条件的，在年检表上盖章；不符合条件的，书面告知企业并限期整改。

第二十八条 取得《民用爆炸物品销售许可证》的企业不得降低安全经营条件。省级国防科技工业主管部门发现企业不再具备本办法第七条规定条件的，应当暂扣其销售许可证，责令其停业整顿。企业经过整改并由省级国防科技工业主管部门重新组织验收合格后，方可恢复其销售活动。

第二十九条 《民用爆炸物品销售许可证》及其编号仅限本企业使用，不得转让、买卖、出租、出借。

第三十条 有下列情形之一的，省级国防科技工业主管部门可以撤销已经作出的民用爆炸物品销售许可决定：

（一）民用爆炸物品销售许可申请受理、审查的工作人员滥用职权、玩忽职守作出准予许可决定的；

（二）超越法定职权或者违反法定程序作出准予许可决定的；

（三）对不具备申请资格或不符合法定安全生产条件的申请人作出准予许可决定的；

（四）依法可以撤销民用爆炸物品销售许可决定的其他情形。

第三十一条 以欺骗、贿赂等不正当手段取得《民用爆炸物品销售许可证》的，省级国防科技工业主管部门撤销其销售许可证，3年内不再受理其该项许可申请。

第四章 法律责任

第三十二条 企业未经许可从事民用爆炸物品销售活动的，由省级国防科技工业主管部门责令停止非法销售活动，处10万元以上50万元以下的罚款，没收非法销售的民用爆炸物品及其违法所得。

第三十三条 民用爆炸物品销售企业有下列行为之一的，由省级国防科技工业主管部门责令限期改正，处10万元以上50万元以下的罚款；逾期不改正的，责令停业整顿；情节严重的，吊销《民用爆炸物品销售许可证》：

（一）超出销售许可的品种进行销售的；

（二）向没有《民用爆炸物品生产许可证》《民用爆炸物品销售许可证》《民用爆炸物品购买许可证》的单位销售民用爆炸物品的；

（三）因管理不善致使民用爆炸物品丢失或被盗的；

（四）未按规定程序和手续销售民用爆炸物品的；

（五）超量储存民用爆炸物品或者将性质相抵触的爆炸物品同处储存的；

（六）销售民用爆炸物品未按规定向省级国防科技工业主管部门备案的；

（七）因存在严重安全隐患，整改期限内，仍不能达到要求的；

（八）发生重特大事故不宜恢复销售活动的；

（九）销售企业转让、买卖、出租、出借销售许可证的。

第三十四条 民用爆炸物品生产企业有下列行为之一的，由国防科工委责令限期改正，处10万元以上50万元以下的罚款；逾期不改正的，责令停业整顿；情节严重的，吊销《民用爆炸物品生产许可证》：

（一）销售非本企业生产产品的；

（二）销售产品的品种、数量超出生产许可范围的。

第三十五条 省级国防科技工业部门工作人员在销售许可的受理、审查、颁证和监督管理工作中，有弄虚作假、徇私舞弊以及受贿、渎职等行为的，依法给予行政处分；构成犯罪，依法追究刑事责任。

第五章 附 则

第三十六条 在本办法施行前已经从事民用爆炸物品销售活动的企业，应当自本办法施行之日起1年内，依照本办法的规定申请办理《民用爆炸物品销售许可证》。

第三十七条 本办法规定的许可期限以工作日计算，不含法定节假日。

第三十八条 本办法自2006年9月1日起施行。原《民用爆破器材经营企业凭照管理暂行办法》（科工法字〔2000〕562号）同时废止。

民用爆炸物品安全生产许可实施办法

（2015年5月6日工业和信息化部第14次部务会议审议通过，2015年5月19日工业和信息化部令第30号公布，自2015年6月30日起施行）

第一章 总 则

第一条 为了加强民用爆炸物品安全生产监督管理，预防生产安全事故，根据《中华人民共和国安全生产法》《安全生产许可证条例》和《民用爆炸物品安全管理条例》，制定本办法。

第二条 取得《民用爆炸物品生产许可证》的企业，在基本建设完成后，应当依照本办法申请民用爆炸物品安全生产许可。

企业未获得《民用爆炸物品安全生产许可证》的，不得从事民用爆炸物品生产活动。

第三条 工业和信息化部负责指导、监督全国民用爆炸物品生产企业安全生产许可的审批和管理工作。

省、自治区、直辖市人民政府民用爆炸物品行业主管部门（以下简称省级民爆行业主管部门）负责民用爆炸物品生产企业安全生产许可的审批和监督管理。

设区的市和县级人民政府民用爆炸物品行业主管部门在各自职责范围内依法对民用爆炸物品安全生产工作实施监督管理。

为方便申请人，省级民爆行业主管部门可委托设区的市或者县级人民政府民用爆炸物品行业主管部门（以下简称初审机关）承担本行政区内民用爆炸物品生产企业安全生产许可申请的受理、初审工作。

第四条 民用爆炸物品生产作业场所的安全生产，实行属地管理的原则。民用爆炸物品生产作业场所（含现场混装作业场所）安全生产应当接受生产作业场所所在地民用爆炸物品行业主管部门的监督管理。

第二章 申请与审批

第五条 申请民用爆炸物品安全生产许可，应当具备下列条件：

（一）取得相应的民用爆炸物品生产许可；

（二）具有健全的企业、车间、班组三级安全生产责任制以及完备的安全生产规章制度和操作规程；

（三）安全投入符合民用爆炸物品安全生产要求；

（四）设置安全生产管理机构，配备专职安全生产管理人员，并具有从事安全生产管理的注册安全工程师；

（五）主要负责人和安全生产管理人员经过民用爆炸物品安全生产培训并考核合格；

（六）特种作业人员经有关业务主管部门考核合格，取得特种作业操作资格证书；

（七）生产作业人员通过有关民用爆炸物品基本知识的安全生产教育和培训，并经考试合格取得上岗资格证书；

（八）依法参加工伤保险，为从业人员交纳保险费；

（九）厂房、库房、作业场所和安全设施、设备、工艺、产品符合有关安全生产法律、法规和《民用爆破器材工程设计安全规范》（GB 50089）、《民用爆炸物品生产、销售企业安全管理规程》（GB 28263）等标准和规程的要求；现场混装作业系统还应当符合《现场混装炸药生产安全管理规程》（WJ 9072）的要求；

（十）具有职业危害防治措施，并为从业人员配备符合国家标准或者行业标准的劳动保护用品；

（十一）具有民用爆炸物品安全评价机构出具的结论为"合格""安全风险可接受"或者"已具备安全验收条件"的安全评价报告；

（十二）具有重大危险源检测、评估、监控措施和应急预案；

（十三）具有生产安全事故应急救援预案、应急救援组织或者应急救援人员，配备必要的应急救援器材、设备；

（十四）法律、法规规定的其他条件。

第六条 申请民用爆炸物品安全生产许可的企业自主选择具有民用爆炸物品制造业安全评价资质的安全评价机构，对本企业的生产条件进行安全评价。

省级民爆行业主管部门不得以任何形式指定安全评价机构。

第七条 安全评价机构应当按照《民用爆炸物品安全评价导则》（WJ 9048）及有关安全技术标准、规范的要求，对申请民用爆炸物品安全生产许可的企业是否符合本办法第五条规定的条件逐项进行安全评价，出具安全评价报告。

安全评价机构对其安全评价结论负责。

第八条 企业对安全评价报告中提出的问题应当

及时加以整改，安全评价机构应当对企业的整改情况进行确认，并将有关确认资料作为安全评价报告的附件。

第九条 取得《民用爆炸物品生产许可证》的生产企业在从事民用爆炸物品生产活动前，应当向生产作业场所所在地省级民爆行业主管部门或者初审机关提出民用爆炸物品安全生产许可申请，填写《民用爆炸物品安全生产许可证申请审批表》（一式3份，由工业和信息化部提供范本），并完整、真实地提供本办法第五条规定的相关文件、材料。

第十条 省级民爆行业主管部门或者初审机关自收到申请之日起5日内，根据下列情况分别作出处理：

（一）申请事项不属于本行政机关职权范围的，应当即时作出不予受理的决定，并告知申请人向有关行政机关申请；

（二）申请材料存在错误，可以当场更正的，应当允许申请人当场更正；

（三）申请材料不齐全或者不符合法定形式的，应当当场或者在5日内一次告知申请人需要补正的全部内容，逾期不告知的，自收到申请材料之日起即为受理；

（四）申请事项属于本行政机关职权范围，申请材料齐全、符合法定形式，或者申请人按照本行政机关的要求提交全部补正申请材料的，应当予以受理。

第十一条 省级民爆行业主管部门自收到申请之日起45日内审查完毕。由初审机关初审的，初审机关应当自受理申请之日起20日内完成对申请材料的审查及必要的安全生产条件核查，并将下列材料报送省级民爆行业主管部门：

（一）《民用爆炸物品安全生产许可证申请审批表》；

（二）企业提交的全部申请材料；

（三）对申请企业安全生产条件的初审意见。

对符合本办法第五条规定条件的，核发《民用爆炸物品安全生产许可证》；对不符合条件的，不予核发《民用爆炸物品安全生产许可证》，书面通知申请人并说明理由。

安全生产许可需要组织专家现场核查的，应当书面告知申请人并组织现场核查。现场核查所需时间不计算在许可期限内。

省级民爆行业主管部门应当自《民用爆炸物品安全生产许可证》颁发之日起15日内，将发证情况报告工业和信息化部并通过有关政府网站等渠道予以公布。

《民用爆炸物品安全生产许可证》应当载明企业名称、注册地址、法定代表人、登记类型、有效期、生产地址、安全生产的品种和能力等事项。

第十二条 《民用爆炸物品安全生产许可证》有效期为3年。有效期届满需要继续从事民用爆炸物品生产活动的，应当在有效期届满前3个月向省级民爆行业主管部门或者初审机关申请延续。

经省级民爆行业主管部门审查，符合民用爆炸物品安全生产许可条件的，应当在有效期届满前准予延续，并向社会公布；不符合民用爆炸物品安全生产许可条件的，不予延续，书面通知申请人并说明理由。

第十三条 《民用爆炸物品安全生产许可证》有效期内，企业名称、注册地址、法定代表人、登记类型发生变更的，企业应当自《民用爆炸物品生产许可证》变更之日起20日内向省级民爆行业主管部门提出《民用爆炸物品安全生产许可证》变更申请，省级民爆行业主管部门应当在10日内完成变更手续，并将结果告知初审机关。

安全生产的品种和能力、生产地址发生变更的，企业应当依照本办法重新申请办理《民用爆炸物品安全生产许可证》。重新核发的《民用爆炸物品安全生产许可证》有效期不变。

第三章 监督管理

第十四条 《民用爆炸物品安全生产许可证》实行年检制度。民用爆炸物品生产企业应当于每年3月向省级民爆行业主管部门或者初审机关报送下列材料：

（一）《民用爆炸物品安全生产许可证年检表》（由工业和信息化部提供范本）；

（二）落实安全生产管理责任和安全隐患整改情况；

（三）安全生产费用提留和使用、主要负责人和安全管理人员培训、实际生产量与销售情况；

（四）省级民爆行业主管部门要求报送的其他材料。

初审机关应当在5日内完成初审工作并将相关材料报送省级民爆行业主管部门。

第十五条 省级民爆行业主管部门自收到相关材料之日起20日内，根据下列情况分别作出处理：

（一）企业严格遵守有关安全生产的法律法规和民用爆炸物品行业安全生产有关规定，安全生产条件没有发生变化，没有发生一般及以上等级的生产安全事故的，在《民用爆炸物品安全生产许可证》标注"年检合格"；

（二）企业严重违反有关安全生产的法律法规和

民用爆炸物品行业安全生产有关规定或者发生一般及以上等级的生产安全事故，限期未完成整改的，在《民用爆炸物品安全生产许可证》标注"年检不合格"；

（三）企业不具备本办法规定安全生产条件的，在《民用爆炸物品安全生产许可证》标注"年检不合格"。

第十六条　对《民用爆炸物品安全生产许可证》年检不合格的企业，由省级民爆行业主管部门责令其限期整改。整改完成后，企业重新申请年检。

第十七条　企业发生一般及以上等级的生产安全事故的，应当依据《生产安全事故报告和调查处理条例》进行报告。企业安全生产条件发生重大变化或者发生生产安全事故造成人员死亡的，还必须向所在地省级民爆行业主管部门和工业和信息化部报告。

第十八条　民用爆炸物品生产企业应当建立健全生产安全事故隐患排查治理制度，采取技术、管理措施，及时发现并消除事故隐患，事故隐患排查治理情况应当如实记录，并向从业人员通报。

第十九条　各级民用爆炸物品行业主管部门应当建立健全监督制度，加强对民用爆炸物品生产企业的日常监督检查，督促其依法进行生产。

实施监督检查，不得妨碍民用爆炸物品生产企业正常的生产经营活动，不得索取或者收受企业的财物或者谋取其他利益。

第四章　法律责任

第二十条　企业未获得《民用爆炸物品安全生产许可证》擅自组织民用爆炸物品生产的，由省级民爆行业主管部门责令停止生产，处10万元以上50万元以下的罚款，没收非法生产的民用爆炸物品及其违法所得；构成犯罪的，依法追究刑事责任。

第二十一条　企业不具备本办法规定安全生产条件的，省级民爆行业主管部门应当责令停产停业整顿；经停产停业整顿仍不具备安全生产条件的，吊销其《民用爆炸物品安全生产许可证》，并报请工业和信息化部吊销其《民用爆炸物品生产许可证》。

第二十二条　安全评价机构出具虚假安全评价结论或者出具的安全评价结论严重失实的，由省级民爆行业主管部门报工业和信息化部提请有关部门取消安全评价机构资质和安全评价人员执业资格。

第二十三条　以欺骗、贿赂等不正当手段取得《民用爆炸物品安全生产许可证》的，省级民爆行业主管部门撤销其《民用爆炸物品安全生产许可证》，3年内不再受理其该项许可申请。

第二十四条　负责民用爆炸物品安全生产许可的工作人员，在安全生产许可的受理、审查、审批和监督管理工作中，索取或者接受企业财物，或者谋取其他利益的，给予降级或者撤职处分；有其他滥用职权、玩忽职守、徇私舞弊行为的，依法给予处分；构成犯罪的，依法追究刑事责任。

第五章　附　则

第二十五条　本办法施行前已经取得民用爆炸物品安全生产许可的企业，应当自本办法施行之日起1年内，依照本办法的规定办理《民用爆炸物品安全生产许可证》。

第二十六条　省级民爆行业主管部门应当依据本办法和本地实际，制定实施细则。

第二十七条　本办法自2015年6月30日起施行。原国防科学技术工业委员会2006年8月31日公布的《民用爆炸物品安全生产许可实施办法》（原国防科学技术工业委员会令第17号）同时废止。

民用爆炸物品生产和销售企业安全生产培训管理办法

（2018年11月6日工业和信息化部以工信厅安全〔2018〕77号印发，自2019年1月1日实施）

第一章　总　则

第一条　为加强和规范民用爆炸物品生产和销售企业（以下简称民爆企业）安全生产培训工作，提高从业人员安全素质，依据《中华人民共和国安全生产法》《民用爆炸物品安全管理条例》等有关法律法规，制定本办法。

第二条　民爆企业从业人员的安全生产培训工作适用本办法。从业人员主要包括民爆企业主要负责人、安全生产管理人员和其他从业人员。

第三条　工业和信息化部负责指导和监督管理全国民爆企业从业人员安全生产培训工作，负责制定培训大纲和考核标准，指导考核题库建设、培训教材编制等。

各省、自治区、直辖市民爆行业主管部门（以下统称省级民爆行业主管部门）负责指导和监督管理本行政区域内民爆企业从业人员安全生产培训考核工作，负责实施对本行政区域内民爆企业主要负责人和安全生产管理人员安全生产知识和管理能力的考核。

相关行业协会依照法律、行政法规和章程，为民爆企业提供安全生产培训服务，促进民爆企业提高安全生产培训工作水平。

第四条 民爆企业是安全生产培训的责任主体，应当依法对从业人员进行安全教育和培训，保证从业人员具备必要的安全生产知识，熟悉有关安全生产规章制度和安全操作规程，掌握本岗位的安全操作技能，了解事故应急处理措施，知悉自身在安全生产方面的权利和义务。

第五条 民爆企业从业人员应当依照本办法接受安全生产教育和培训，掌握本职工作所需的安全生产知识，提高安全生产技能，增强事故预防和应急处理能力。

第二章 安全生产培训组织与管理

第六条 民爆企业应当建立完善安全生产培训管理制度，制定年度安全生产培训计划，明确安全生产培训工作机构，配备专职或者兼职安全生产培训管理人员，按照国家规定的比例提取教育培训经费。

第七条 民爆企业应当以自主培训为主，也可以委托民爆行业相关培训机构进行培训。

第八条 民爆企业应当建立健全从业人员安全生产培训档案，实行一人一档。档案的内容包括：

（一）员工登记表，包括学员的文化程度、职务、职称、工作经历、技能等级晋升等情况；

（二）身份证复印件、学历证书复印件；

（三）历次接受安全生产培训、考核的情况；

（四）安全生产违规违章行为记录，以及被追究责任，受到处分、处理的情况；

（五）其他有关情况。

民爆企业从业人员安全生产培训档案应当按照《企业文件材料归档范围和档案保管期限规定》（国家档案局令第 10 号）保存。

第九条 民爆企业应当建立企业安全生产培训档案，实行一期一档。企业安全生产培训档案应保存 3 年以上。

民爆企业安全生产培训档案的内容包括：

（一）培训计划；

（二）培训时间、地点；

（三）培训课时及授课教师；

（四）课程讲义；

（五）员工名册、考勤、考核情况；

（六）综合考评报告；

（七）其他有关情况。

第三章 主要负责人和安全生产管理人员安全生产培训及考核

第十条 民爆企业主要负责人是指民爆企业（含生产分厂和生产场点）的法定代表人、董事长、总经理。

民爆企业安全生产管理人员是指分管安全、生产、技术、保卫等与安全生产工作相关的企业负责人，安全生产管理机构负责人及管理人员。

第十一条 民爆企业主要负责人和安全生产管理人员初次安全生产培训时间不得少于 48 学时。每年再培训时间不得少于 16 学时。

第十二条 民爆企业每年应组织主要负责人和安全生产管理人员进行新法律法规、新标准、新规程，以及新技术、新工艺、新设备和新材料等方面的安全生产培训。

第十三条 民爆企业主要负责人安全生产培训和考核应当包括下列内容：

（一）国家安全生产方针、政策、法律、法规，民用爆炸物品生产经营的法规、规章、标准、规划等；

（二）民爆企业主要负责人的责任、权利和义务；

（三）民用爆炸物品生产经营安全管理基本知识、安全技术基础知识；

（四）民用爆炸物品重大危险源管理、重大事故防范、应急管理和救援组织，以及事故调查处理的有关规定及基本方法；

（五）职业危害及其预防措施，风险分级管控和隐患排查治理体系建设要求；

（六）国内外先进的安全生产管理经验；

（七）典型事故和应急救援案例分析；

（八）其他需要培训的内容。

第十四条 民爆企业安全生产管理人员安全生产培训和考核应当包括以下内容：

（一）国家安全生产方针、政策、法律、法规，民用爆炸物品生产经营的法规、规章、标准；

（二）民爆企业安全生产管理人员的责任、权利和义务；

（三）民用爆炸物品生产经营安全管理知识、安全生产技术知识、安全生产专业知识、职业卫生知识等；

（四）民用爆炸物品重大危险源的识别与管理，应急救援预案的编制与实施，重大事故调查、分析、报告及处理的有关规定；

（五）伤亡事故统计、报告及职业危害的调查处理方法；

（六）国内外先进的安全生产管理经验；

（七）典型事故和应急救援案例分析；

（八）其他需要培训的内容。

第十五条 民爆企业主要负责人和安全生产管理人员应当在任职之日起6个月内通过安全生产知识和管理能力考核，并持续保持相应水平和能力。

民爆企业主要负责人和安全生产管理人员任职30日内，向当地省级民爆行业主管部门提出考核申请，并提交其任职文件和工作经历等相关材料。

省级民爆行业主管部门接到民爆企业主要负责人和安全生产管理人员申请及材料后，经审核符合条件的，应当及时组织相应的考试。

第十六条 民爆企业主要负责人和安全生产管理人员考核应相对固定考核地点，采用计算机或笔试等方式进行，试题从考核题库随机抽取，考核满分100分，80分以上（含80分）为合格。

省级民爆行业主管部门应当自考核结束之日起5个工作日内公布考核成绩。

第十七条 民爆企业主要负责人和安全生产管理人员考核合格后，省级民爆行业主管部门应当在公布考核结果10个工作日内向主要负责人和安全生产管理人员颁发安全生产知识和管理能力考核合格证明，考核合格证明有效期3年。考核合格证明由工业和信息化部统一制式，在民爆行业内有效。

民爆企业主要负责人和安全生产管理人员考核不合格的，3个月内可以补考1次；经补考仍不合格的，省级民爆行业主管部门应函告其所在企业调整其工作岗位，且1年内不得再次申请考核。

第四章　其他从业人员安全生产培训及考核

第十八条 其他从业人员是指民爆企业除主要负责人和安全生产管理人员以外，在该单位从事生产经营活动的所有人员，包括临时聘用人员、派遣的劳动者和中等职业学校、高等学校实习学生等。

民爆企业特种作业人员的范围和培训考核管理办法，按照国家有关管理部门的规定执行。

第十九条 民爆企业应当根据工作性质，参照培训大纲和考核标准，对其他从业人员进行安全生产培训和考核，保证其他从业人员具备本岗位安全操作必要的知识和技能。未经培训考核合格的，不得上岗作业。

其他从业人员初次安全生产培训时间不得少于72学时，每年再培训时间不得少于20学时。

第二十条 民爆企业的其他从业人员安全生产培训应当包括以下内容：

（一）民用爆炸物品生产经营的法规、规章、标准；

（二）民爆企业其他从业人员的责任、权利和义务；

（三）本单位安全生产情况及安全生产基本知识；

（四）本单位安全生产规章制度和劳动纪律；

（五）本单位安全生产的环境及危险因素及防范措施；

（六）本单位事故应急救援预案的有关内容；

（七）本岗位安全职责，安全生产操作要领，安全操作技能，安全隐患的发现与消除；

（八）有关事故案例；

（九）其他需要培训的内容。

第二十一条 其他从业人员在本单位内调整工作岗位或离岗半年以上（含半年）重新上岗时，应当重新接受安全生产培训。

民爆企业采用新工艺、新技术、新材料或者使用新设备时，应当对相关从业人员重新进行有针对性的安全生产培训，经考核合格后，方可上岗作业。

第五章　监　督　管　理

第二十二条 省级民爆行业主管部门应当将民爆企业负责人和安全生产管理人员考核合格证明的发放情况及时公布，接受社会监督。

第二十三条 省级民爆行业主管部门对本行政区域内民爆企业下列安全生产培训工作进行监督检查：

（一）建立、完善安全生产培训管理制度，制定年度培训计划情况；

（二）安全生产培训经费保障情况，支付学员培训期间工资和必要费用情况；

（三）企业安全生产培训档案情况；

（四）主要负责人、安全生产管理人员接受安全生产知识和管理能力考核情况；

（五）应用新工艺、新技术、新材料、新设备以及离岗、转岗对从业人员安全生产培训情况；

（六）其他从业人员安全生产培训情况。

第二十四条 省级民爆行业主管部门应对民爆企业安全生产培训工作进行监督检查，建立现场随机抽考制度。现场随机抽考办法由各省民爆行业主管部门另行制定。

第二十五条 民爆企业安全生产管理人员工作单位发生变动的，原工作单位不得以任何理由扣押其考核合格证明。

第二十六条 民爆企业未按照规定对从业人员进行安全教育和培训的，按照《安全生产法》有关规定予以处罚。

第六章 附 则

第二十七条 省级民爆行业主管部门对民爆企业主要负责人和安全生产管理人员的考核不得收费，应当将组织考核费用、证书工本费用列入年度财政预算范围。

第二十八条 省级民爆行业主管部门可以根据本办法制定具体实施细则。

第二十九条 本办法自2019年1月1日起施行。原国防科学技术工业委员会2007年3月26日颁布的《民用爆炸物品生产经营单位安全生产培训规定》（科工安〔2007〕85号）同时废止。

关于建立民爆企业安全生产长效机制的指导意见

（2017年1月25日工业和信息化部以工信部安全〔2017〕18号发布）

各省、自治区、直辖市民爆行业主管部门，有关单位：

近年来，民爆行业持续推进技术进步、不断提高生产智能化水平，安全管理上了一个新台阶。但是，民爆行业是易燃易爆高危行业，民爆物品生产、销售过程存在各类生产安全风险和公共安全风险，防范安全事故发生始终是民爆行业的首要任务。为贯彻落实《中共中央 国务院关于推进安全生产领域改革发展的意见》，提高民爆行业安全生产水平，现就建立民爆企业安全生产长效机制提出如下意见：

一、总体要求

以习近平总书记关于安全生产工作系列重要指示批示精神为指引，深入贯彻《中共中央 国务院关于推进安全生产领域改革发展的意见》，落实《民用爆炸物品行业发展规划（2016—2020年）》，坚持"安全第一、预防为主、综合治理"的方针，始终把人的生命安全放在首位，不断加强企业安全生产管理，落实企业安全生产主体责任；筑牢安全生产基础，提高本质安全水平；加强行业安全监管，提高监管效能；构建民爆企业安全生产长效机制。

二、加强企业安全生产管理，落实企业安全生产主体责任

（一）严格落实全员安全生产责任制。企业法定代表人和实际控制人同为安全生产第一责任人。第一责任人应牢固树立安全第一的观念，严格履行安全生产法定责任，带头执行企业安全生产各项管理制度和规定；企业要实行全员安全生产责任制，明确各级人员安全生产岗位职责，建立完善并切实落实安全生产的责任考核、例会、例检、带班等制度。

（二）建立专业化安全管理队伍。安全管理是企业的关键岗位，应配备较高素质人员，并保持相对稳定。要强化安全管理负责人的监察职能，配齐安全管理队伍，组织对各生产环节和生产过程开展日常巡查检查，对视频监控记录开展回放检查，确保各项安全制度执行到位。企业主要技术负责人负有安全生产技术决策和指挥权，应组织加强安全技术管理、编制工艺安全规程，并负责检查、督促、落实。

（三）保障员工安全生产基本权利。企业应履行告知义务，明确员工安全生产的基本权利，提高员工安全生产意识。具体包括：员工对工作中发现安全隐患问题的举报权；对企业安全生产隐患排查治理情况的知情权；上岗前的培训权；对非常规操作指令存在疑问的拒绝执行权；关键岗位员工出现身体状况不适或情绪不佳的暂时休息权等。

（四）加强生产现场管理。企业要按照安全生产标准化的要求，严格执行行业有关定员定量等规定，禁止"超员、超量、超产、超时"的四超行为，禁止无关人员进入危险品生产工（库）房，禁止检查、参观人员超规定人数限额进入危险品生产工（库）房；按照清洁、安全等要求，杜绝生产现场的"跑、冒、滴、漏"现象；对现场人员、设备、物料、操作、环境等进行科学管理和控制。

（五）提高安全风险防控能力。企业要把安全风险管控挺在隐患前面，每年应至少开展一次安全风险辨识管控工作，全过程辨识生产工艺、设备设施、作业环境、人员行为和管理体系等方面存在的安全风险，从组织、制度、技术、应急等方面对安全风险进行有效管控，达到监测、降低、规避风险的目的。

（六）强化隐患排查治理。企业必须把隐患排查治理挺在事故前面，必须树立隐患就是事故的观念，建立健全隐患排查治理工作机制。企业每年应至少开展一次全面的事故隐患排查治理工作，并通过日常安全检查不断排查事故隐患，对隐患进行分析评估，确定隐患等级，登记建档；对排查出的隐患，要制定并实施严格的隐患治理方案，做到责任、措施、资金、时限和预案"五落实"，实现隐患排查治理的闭环管理。企业应建立隐患排查报告奖励制度，鼓励员工发现安全隐患并提出整改隐患的合理化建议。

（七）提高应急处置能力。企业应组织制定安全生产事故应急预案，每年至少组织一次综合应急预案演练或专题应急预案演练。通过开展演练发现应急预案的问题，及时修订完善应急预案，调整改进应急措施，提高组织协调和现场应急处置能力。

（八）强化安全教育培训考核。企业应加强全员安全生产教育培训，保证员工具备必要的安全生产知识。重点培训员工熟练掌握与本岗位密切相关的安全生产规章制度和安全操作规程，掌握本岗位安全操作技能和事故应急处置措施。培训时间必须满足相关规定并建立教育培训档案，考核应注重理论考核与岗位操作考核相结合，危险岗位操作人员未经培训并考核合格不得上岗。特种作业人员必须严格按规定持证上岗。

（九）加强班组建设，倡导安全文化。企业应突出班组在企业安全管理系统中的重要地位，通过班组建设凝聚团队精神、培育安全文化、提升员工安全意识。通过正向激励方式，激发工作热情，提升员工责任意识；通过谈心家访等关怀，沟通疏导化解矛盾情绪，消除不稳定因素；通过鼓励主动上报安全隐患，交流安全隐患处置经验，形成良好安全管理氛围。

三、筑牢企业安全生产基础，提高生产线本质安全水平

（十）推进智能制造，实现危险作业岗位少（无）人化。应加快机器人及智能成套装备在民爆生产线的推广应用，工业炸药制药、装药等危险岗位实现少（无）人操作，工业雷管装压药等主要危险岗位实现人机隔离操作，研究开发火工药剂、工业雷管装配、震源药柱、石油射孔弹材等危险作业工序人机隔离装备，研究开发民爆物品装卸机器人等自动化物流装备，进一步减少危险作业场所人员，提高生产线本质安全水平。到2020年，工业炸药危险等级为1.1级的工房现场操作人员原则上实现6人（含）以下，工业炸药制品危险等级为1.1级的工房现场操作人员全部实现9人（含）以下。

（十一）加强企业信息化建设。企业应努力提升安全管理信息化水平，研究并推广重大危险源场所和关键危险工序违规违章行为的自动识别、提示和自动报警技术，推动建立生产、销售全过程信息化安全管控体系。加强企业信息化的系统集成、创新应用，确保企业信息系统安全、可靠，提升企业信息化集成应用水平。

（十二）保障安全生产投入。企业应建立安全生产投入保障制度，按规定提取折旧、大修及安全生产费用，并建立安全经费管理台账，专项用于安全生产，持续改善和更新安全生产设备设施，改进安全生产条件，消除事故隐患；安全投入应能充分保证安全生产需要。

（十三）优化产品结构，延伸产业体系。企业应积极推进产品结构优化升级，发展以炸药现场混装生产等为代表的先进、高效生产作业方式。与矿山开采、基础建设等行业领域有机衔接，推进生产、销售、爆破作业服务一体化。

四、加强安全监管，推动企业建立安全生产长效机制

（十四）严格准入管理。各级民爆行业主管部门要按照"统筹规划、合理布局"的原则，严控民爆物品生产许可总量；要严把安全生产许可审核和年检关，凡不符合法规、标准规定条件的，安全评价不合格的，存在重大安全隐患未完成整改的，一律不得给予安全生产许可或年检通过，防止企业带着隐患组织生产。

（十五）逐级督查指导，落实部门安全监管责任。各级民爆行业主管部门要配合相关部门依法依规研究制定安全生产权力和责任清单，健全完善行业安全监管体系，落实各级监管部门属地安全监管职责。要建立一级查一级的监督检查工作机制，逐级督促落实部门监管责任。

县级民爆行业主管部门对属地民爆企业负有安全监管责任，应对属地企业依法实施安全生产监督检查、指导督促企业排查治理安全隐患；市级主管部门对县级主管部门的安全监管工作实施指导和监督，应对县级主管部门的安全监管工作情况组织开展检查督查，并通过对企业的检查抽查，检验县级主管部门安全监管工作的落实情况；省级主管部门对市级主管部门的安全监管工作实施指导和监督，应对市级主管部门安全监管工作情况开展检查督查，对市县级主管部门安全监管人员组织实施培训；工业和信息化部对省级主管部门的安全监管工作进行重点抽查督查，指导督促省级主管部门加强安全监管。

（十六）督促企业落实主体责任。各级民爆行业主管部门要指导督促企业严格落实安全生产主体责任，尤其是要督促企业法定代表人和实际控制人把安全生产第一责任人的责任落实到位，推动企业做到安全责任、管理、投入、培训和应急救援"五到位"。要将加强安全监管与推动企业建立安全生产长效机制

相结合，与企业安全生产标准化达标相结合，促使企业不断提升安全生产水平。

（十七）加强检查督导，完善工作条件。各级民爆行业主管部门要加强安全生产检查督查，不断创新工作机制，组织专家指导企业持续动态排查治理安全隐患，逐级督导企业切实加强安全生产工作，坚决遏制民爆行业重特大事故的发生。为保证正常发挥监管工作效能，地方民爆主管部门应积极争取当地人民政府支持，完善与履行职责相适应的工作条件，能够及时调用应急车辆和保证通信畅通。

（十八）切实强化"打非治违"。各级民爆行业主管部门要继续对非法建设炸药现场混装生产系统等违法违规行为保持高度警惕，持续保持民爆行业"打非治违"的高压态势，会同有关部门综合运用行政执法、刑事司法、党纪政纪等手段，严厉打击各类违法违规经营建设行为。

（十九）切实加强行业诚信体系建设。各级民爆行业主管部门要按照国家统一要求，联合各方力量，加快民爆行业诚信体系建设，建立落实失信惩戒和守信激励机制，提高违法违规失信成本，营造遵纪守法、规范经营、诚实守信的良好氛围。

工业和信息化部
2017年1月25日

（五）建筑安全类

1. 法律法规

中华人民共和国建筑法

（1997年11月1日第八届全国人民代表大会常务委员会第二十八次会议通过　根据2011年4月22日第十一届全国人民代表大会常务委员会第二十次会议《关于修改〈中华人民共和国建筑法〉的决定》第一次修正　根据2019年4月23日第十三届全国人民代表大会常务委员会第十次会议《关于修改〈中华人民共和国建筑法〉等八部法律的决定》第二次修正）

第一章　总　　则

第一条　为了加强对建筑活动的监督管理，维护建筑市场秩序，保证建筑工程的质量和安全，促进建筑业健康发展，制定本法。

第二条　在中华人民共和国境内从事建筑活动，实施对建筑活动的监督管理，应当遵守本法。

本法所称建筑活动，是指各类房屋建筑及其附属设施的建造和与其配套的线路、管道、设备的安装活动。

第三条　建筑活动应当确保建筑工程质量和安全，符合国家的建筑工程安全标准。

第四条　国家扶持建筑业的发展，支持建筑科学技术研究，提高房屋建筑设计水平，鼓励节约能源和保护环境，提倡采用先进技术、先进设备、先进工艺、新型建筑材料和现代管理方式。

第五条　从事建筑活动应当遵守法律、法规，不得损害社会公共利益和他人的合法权益。

任何单位和个人都不得妨碍和阻挠依法进行的建筑活动。

第六条　国务院建设行政主管部门对全国的建筑活动实施统一监督管理。

第二章　建筑许可

第一节　建筑工程施工许可

第七条　建筑工程开工前，建设单位应当按照国家有关规定向工程所在地县级以上人民政府建设行政主管部门申请领取施工许可证；但是，国务院建设行政主管部门确定的限额以下的小型工程除外。

按照国务院规定的权限和程序批准开工报告的建筑工程，不再领取施工许可证。

第八条　申请领取施工许可证，应当具备下列条件：

（一）已经办理该建筑工程用地批准手续；

（二）依法应当办理建设工程规划许可证的，已经取得建设工程规划许可证；

（三）需要拆迁的，其拆迁进度符合施工要求；

（四）已经确定建筑施工企业；

（五）有满足施工需要的资金安排、施工图纸及技术资料；

（六）有保证工程质量和安全的具体措施。

建设行政主管部门应当自收到申请之日起七日内，对符合条件的申请颁发施工许可证。

第九条 建设单位应当自领取施工许可证之日起三个月内开工。因故不能按期开工的，应当向发证机关申请延期；延期以两次为限，每次不超过三个月。既不开工又不申请延期或者超过延期时限的，施工许可证自行废止。

第十条 在建的建筑工程因故中止施工的，建设单位应当自中止施工之日起一个月内，向发证机关报告，并按照规定做好建筑工程的维护管理工作。

建筑工程恢复施工时，应当向发证机关报告；中止施工满一年的工程恢复施工前，建设单位应当报发证机关核验施工许可证。

第十一条 按照国务院有关规定批准开工报告的建筑工程，因故不能按期开工或者中止施工的，应当及时向批准机关报告情况。因故不能按期开工超过六个月的，应当重新办理开工报告的批准手续。

第二节 从业资格

第十二条 从事建筑活动的建筑施工企业、勘察单位、设计单位和工程监理单位，应当具备下列条件：

（一）有符合国家规定的注册资本；

（二）有与其从事的建筑活动相适应的具有法定执业资格的专业技术人员；

（三）有从事相关建筑活动所应有的技术装备；

（四）法律、行政法规规定的其他条件。

第十三条 从事建筑活动的建筑施工企业、勘察单位、设计单位和工程监理单位，按照其拥有的注册资本、专业技术人员、技术装备和已完成的建筑工程业绩等资质条件，划分为不同的资质等级，经资质审查合格，取得相应等级的资质证书后，方可在其资质等级许可的范围内从事建筑活动。

第十四条 从事建筑活动的专业技术人员，应当依法取得相应的执业资格证书，并在执业资格证书许可的范围内从事建筑活动。

第三章 建筑工程发包与承包

第一节 一般规定

第十五条 建筑工程的发包单位与承包单位应当依法订立书面合同，明确双方的权利和义务。

发包单位和承包单位应当全面履行合同约定的义务。不按照合同约定履行义务的，依法承担违约责任。

第十六条 建筑工程发包与承包的招标投标活动，应当遵循公开、公正、平等竞争的原则，择优选择承包单位。

建筑工程的招标投标，本法没有规定的，适用有关招标投标法律的规定。

第十七条 发包单位及其工作人员在建筑工程发包中不得收受贿赂、回扣或者索取其他好处。

承包单位及其工作人员不得利用向发包单位及其工作人员行贿、提供回扣或者给予其他好处等不正当手段承揽工程。

第十八条 建筑工程造价应当按照国家有关规定，由发包单位与承包单位在合同中约定。公开招标发包的，其造价的约定，须遵守招标投标法律的规定。

发包单位应当按照合同的约定，及时拨付工程款项。

第二节 发 包

第十九条 建筑工程依法实行招标发包，对不适于招标发包的可以直接发包。

第二十条 建筑工程实行公开招标的，发包单位应当依照法定程序和方式，发布招标公告，提供载有招标工程的主要技术要求、主要的合同条款、评标的标准和方法以及开标、评标、定标的程序等内容的招标文件。

开标应当在招标文件规定的时间、地点公开进行。开标后应当按照招标文件规定的评标标准和程序对标书进行评价、比较，在具备相应资质条件的投标者中，择优选定中标者。

第二十一条 建筑工程招标的开标、评标、定标由建设单位依法组织实施，并接受有关行政主管部门的监督。

第二十二条 建筑工程实行招标发包的，发包单位应当将建筑工程发包给依法中标的承包单位。建筑工程实行直接发包的，发包单位应当将建筑工程发包给具有相应资质条件的承包单位。

第二十三条 政府及其所属部门不得滥用行政权力，限定发包单位将招标发包的建筑工程发包给指定的承包单位。

第二十四条 提倡对建筑工程实行总承包，禁止将建筑工程肢解发包。

建筑工程的发包单位可以将建筑工程的勘察、设计、施工、设备采购一并发包给一个工程总承包单位，也可以将建筑工程勘察、设计、施工、设备采购的一项或者多项发包给一个工程总承包单位；但是，不得将应当由一个承包单位完成的建筑工程肢解成若干部分发包给几个承包单位。

第二十五条　按照合同约定，建筑材料、建筑构配件和设备由工程承包单位采购的，发包单位不得指定承包单位购入用于工程的建筑材料、建筑构配件和设备或者指定生产厂、供应商。

第三节　承　　包

第二十六条　承包建筑工程的单位应当持有依法取得的资质证书，并在其资质等级许可的业务范围内承揽工程。

禁止建筑施工企业超越本企业资质等级许可的业务范围或者以任何形式用其他建筑施工企业的名义承揽工程。禁止建筑施工企业以任何形式允许其他单位或者个人使用本企业的资质证书、营业执照，以本企业的名义承揽工程。

第二十七条　大型建筑工程或者结构复杂的建筑工程，可以由两个以上的承包单位联合共同承包。共同承包的各方对承包合同的履行承担连带责任。

两个以上不同资质等级的单位实行联合共同承包的，应当按照资质等级低的单位的业务许可范围承揽工程。

第二十八条　禁止承包单位将其承包的全部建筑工程转包给他人，禁止承包单位将其承包的全部建筑工程肢解以后以分包的名义分别转包给他人。

第二十九条　建筑工程总承包单位可以将承包工程中的部分工程发包给具有相应资质条件的分包单位；但是，除总承包合同中约定的分包外，必须经建设单位认可。施工总承包的，建筑工程主体结构的施工必须由总承包单位自行完成。

建筑工程总承包单位按照总承包合同的约定对建设单位负责；分包单位按照分包合同的约定对总承包单位负责。总承包单位和分包单位就分包工程对建设单位承担连带责任。

禁止总承包单位将工程分包给不具备相应资质条件的单位。禁止分包单位将其承包的工程再分包。

第四章　建筑工程监理

第三十条　国家推行建筑工程监理制度。

国务院可以规定实行强制监理的建筑工程的范围。

第三十一条　实行监理的建筑工程，由建设单位委托具有相应资质条件的工程监理单位监理。建设单位与其委托的工程监理单位应当订立书面委托监理合同。

第三十二条　建筑工程监理应当依照法律、行政法规及有关的技术标准、设计文件和建筑工程承包合同，对承包单位在施工质量、建设工期和建设资金使用等方面，代表建设单位实施监督。

工程监理人员认为工程施工不符合工程设计要求、施工技术标准和合同约定的，有权要求建筑施工企业改正。

工程监理人员发现工程设计不符合建筑工程质量标准或者合同约定的质量要求的，应当报告建设单位要求设计单位改正。

第三十三条　实施建筑工程监理前，建设单位应当将委托的工程监理单位、监理的内容及监理权限，书面通知被监理的建筑施工企业。

第三十四条　工程监理单位应当在其资质等级许可的监理范围内，承担工程监理业务。

工程监理单位应当根据建设单位的委托，客观、公正地执行监理任务。

工程监理单位与被监理工程的承包单位以及建筑材料、建筑构配件和设备供应单位不得有隶属关系或者其他利害关系。

工程监理单位不得转让工程监理业务。

第三十五条　工程监理单位不按照委托监理合同的约定履行监理义务，对应当监督检查的项目不检查或者不按照规定检查，给建设单位造成损失的，应当承担相应的赔偿责任。

工程监理单位与承包单位串通，为承包单位谋取非法利益，给建设单位造成损失的，应当与承包单位承担连带赔偿责任。

第五章　建筑安全生产管理

第三十六条　建筑工程安全生产管理必须坚持安全第一、预防为主的方针，建立健全安全生产的责任制度和群防群治制度。

第三十七条　建筑工程设计应当符合按照国家规定制定的建筑安全规程和技术规范，保证工程的安全性能。

第三十八条　建筑施工企业在编制施工组织设计时，应当根据建筑工程的特点制定相应的安全技术措施；对专业性较强的工程项目，应当编制专项安全施工组织设计，并采取安全技术措施。

第三十九条　建筑施工企业应当在施工现场采取维护安全、防范危险、预防火灾等措施；有条件的，应当对施工现场实行封闭管理。

施工现场对毗邻的建筑物、构筑物和特殊作业环境可能造成损害的，建筑施工企业应当采取安全防护措施。

第四十条 建设单位应当向建筑施工企业提供与施工现场相关的地下管线资料，建筑施工企业应当采取措施加以保护。

第四十一条 建筑施工企业应当遵守有关环境保护和安全生产的法律、法规的规定，采取控制和处理施工现场的各种粉尘、废气、废水、固体废物以及噪声、振动对环境的污染和危害的措施。

第四十二条 有下列情形之一的，建设单位应当按照国家有关规定办理申请批准手续：

（一）需要临时占用规划批准范围以外场地的；

（二）可能损坏道路、管线、电力、邮电通讯等公共设施的；

（三）需要临时停水、停电、中断道路交通的；

（四）需要进行爆破作业的；

（五）法律、法规规定需要办理报批手续的其他情形。

第四十三条 建设行政主管部门负责建筑安全生产的管理，并依法接受劳动行政主管部门对建筑安全生产的指导和监督。

第四十四条 建筑施工企业必须依法加强对建筑安全生产的管理，执行安全生产责任制度，采取有效措施，防止伤亡和其他安全生产事故的发生。

建筑施工企业的法定代表人对本企业的安全生产负责。

第四十五条 施工现场安全由建筑施工企业负责。实行施工总承包的，由总承包单位负责。分包单位向总承包单位负责，服从总承包单位对施工现场的安全生产管理。

第四十六条 建筑施工企业应当建立健全劳动安全生产教育培训制度，加强对职工安全生产的教育培训；未经安全生产教育培训的人员，不得上岗作业。

第四十七条 建筑施工企业和作业人员在施工过程中，应当遵守有关安全生产的法律、法规和建筑行业安全规章、规程，不得违章指挥或者违章作业。作业人员有权对影响人身健康的作业程序和作业条件提出改进意见，有权获得安全生产所需的防护用品。作业人员对危及生命安全和人身健康的行为有权提出批评、检举和控告。

第四十八条 建筑施工企业应当依法为职工参加工伤保险缴纳工伤保险费。鼓励企业为从事危险作业的职工办理意外伤害保险，支付保险费。

第四十九条 涉及建筑主体和承重结构变动的装修工程，建设单位应当在施工前委托原设计单位或者具有相应资质条件的设计单位提出设计方案；没有设计方案的，不得施工。

第五十条 房屋拆除应当由具备保证安全条件的建筑施工单位承担，由建筑施工单位负责人对安全负责。

第五十一条 施工中发生事故时，建筑施工企业应当采取紧急措施减少人员伤亡和事故损失，并按照国家有关规定及时向有关部门报告。

第六章 建筑工程质量管理

第五十二条 建筑工程勘察、设计、施工的质量必须符合国家有关建筑工程安全标准的要求，具体管理办法由国务院规定。

有关建筑工程安全的国家标准不能适应确保建筑安全的要求时，应当及时修订。

第五十三条 国家对从事建筑活动的单位推行质量体系认证制度。从事建筑活动的单位根据自愿原则可以向国务院产品质量监督管理部门或者国务院产品质量监督管理部门授权的部门认可的认证机构申请质量体系认证。经认证合格的，由认证机构颁发质量体系认证证书。

第五十四条 建设单位不得以任何理由，要求建筑设计单位或者建筑施工企业在工程设计或者施工作业中，违反法律、行政法规和建筑工程质量、安全标准，降低工程质量。

建筑设计单位和建筑施工企业对建设单位违反前款规定提出的降低工程质量的要求，应当予以拒绝。

第五十五条 建筑工程实行总承包的，工程质量由工程总承包单位负责，总承包单位将建筑工程分包给其他单位的，应当对分包工程的质量与分包单位承担连带责任。分包单位应当接受总承包单位的质量管理。

第五十六条 建筑工程的勘察、设计单位必须对其勘察、设计的质量负责。勘察、设计文件应当符合有关法律、行政法规的规定和建筑工程质量、安全标准、建筑工程勘察、设计技术规范以及合同的约定。设计文件选用的建筑材料、建筑构配件和设备，应当注明其规格、型号、性能等技术指标，其质量要求必须符合国家规定的标准。

第五十七条 建筑设计单位对设计文件选用的建筑材料、建筑构配件和设备，不得指定生产厂、供应商。

第五十八条 建筑施工企业对工程的施工质量负责。

建筑施工企业必须按照工程设计图纸和施工技术标准施工，不得偷工减料。工程设计的修改由原设计单位负责，建筑施工企业不得擅自修改工程设计。

第五十九条 建筑施工企业必须按照工程设计要求、施工技术标准和合同的约定，对建筑材料、建筑构配件和设备进行检验，不合格的不得使用。

第六十条 建筑物在合理使用寿命内，必须确保地基基础工程和主体结构的质量。

建筑工程竣工时，屋顶、墙面不得留有渗漏、开裂等质量缺陷；对已发现的质量缺陷，建筑施工企业应当修复。

第六十一条 交付竣工验收的建筑工程，必须符合规定的建筑工程质量标准，有完整的工程技术经济资料和经签署的工程保修书，并具备国家规定的其他竣工条件。

建筑工程竣工经验收合格后，方可交付使用；未经验收或者验收不合格的，不得交付使用。

第六十二条 建筑工程实行质量保修制度。

建筑工程的保修范围应当包括地基基础工程、主体结构工程、屋面防水工程和其他土建工程，以及电气管线、上下水管线的安装工程，供热、供冷系统工程等项目；保修的期限应当按照保证建筑物合理寿命年限内正常使用，维护使用者合法权益的原则确定。具体的保修范围和最低保修期限由国务院规定。

第六十三条 任何单位和个人对建筑工程的质量事故、质量缺陷都有权向建设行政主管部门或者其他有关部门进行检举、控告、投诉。

第七章 法律责任

第六十四条 违反本法规定，未取得施工许可证或者开工报告未经批准擅自施工的，责令改正，对不符合开工条件的责令停止施工，可以处以罚款。

第六十五条 发包单位将工程发包给不具有相应资质条件的承包单位的，或者违反本法规定将建筑工程肢解发包的，责令改正，处以罚款。

超越本单位资质等级承揽工程的，责令停止违法行为，处以罚款，可以责令停业整顿，降低资质等级；情节严重的，吊销资质证书；有违法所得的，予以没收。

未取得资质证书承揽工程的，予以取缔，并处罚款；有违法所得的，予以没收。

以欺骗手段取得资质证书的，吊销资质证书，处以罚款；构成犯罪的，依法追究刑事责任。

第六十六条 建筑施工企业转让、出借资质证书或者以其他方式允许他人以本企业的名义承揽工程的，责令改正，没收违法所得，并处罚款，可以责令停业整顿，降低资质等级；情节严重的，吊销资质证书。对因该项承揽工程不符合规定的质量标准造成的损失，建筑施工企业与使用本企业名义的单位或者个人承担连带赔偿责任。

第六十七条 承包单位将承包的工程转包的，或者违反本法规定进行分包的，责令改正，没收违法所得，并处罚款，可以责令停业整顿，降低资质等级；情节严重的，吊销资质证书。

承包单位有前款规定的违法行为的，对因转包工程或者违法分包的工程不符合规定的质量标准造成的损失，与接受转包或者分包的单位承担连带赔偿责任。

第六十八条 在工程发包与承包中索贿、受贿、行贿，构成犯罪的，依法追究刑事责任；不构成犯罪的，分别处以罚款，没收贿赂的财物，对直接负责的主管人员和其他直接责任人员给予处分。

对在工程承包中行贿的承包单位，除依照前款规定处罚外，可以责令停业整顿，降低资质等级或者吊销资质证书。

第六十九条 工程监理单位与建设单位或者建筑施工企业串通，弄虚作假、降低工程质量的，责令改正，处以罚款，降低资质等级或者吊销资质证书；有违法所得的，予以没收；造成损失的，承担连带赔偿责任；构成犯罪的，依法追究刑事责任。

工程监理单位转让监理业务的，责令改正，没收违法所得，可以责令停业整顿，降低资质等级；情节严重的，吊销资质证书。

第七十条 违反本法规定，涉及建筑主体或者承重结构变动的装修工程擅自施工的，责令改正，处以罚款；造成损失的，承担赔偿责任；构成犯罪的，依法追究刑事责任。

第七十一条 建筑施工企业违反本法规定，对建筑安全事故隐患不采取措施予以消除的，责令改正，可以处以罚款；情节严重的，责令停业整顿，降低资质等级或者吊销资质证书；构成犯罪的，依法追究刑事责任。

建筑施工企业的管理人员违章指挥、强令职工冒险作业，因而发生重大伤亡事故或者造成其他严重后果的，依法追究刑事责任。

第七十二条 建设单位违反本法规定，要求建筑设计单位或者建筑施工企业违反建筑工程质量、安全标准，降低工程质量的，责令改正，可以处以罚款；构成犯罪的，依法追究刑事责任。

第七十三条 建筑设计单位不按照建筑工程质量、安全标准进行设计的，责令改正，处以罚款；造成工程质量事故的，责令停业整顿，降低资质等级或者吊销资质证书，没收违法所得，并处罚款；造成损失的，承担赔偿责任；构成犯罪的，依法追究刑事责任。

第七十四条 建筑施工企业在施工中偷工减料的，使用不合格的建筑材料、建筑构配件和设备的，或者有其他不按照工程设计图纸或者施工技术标准施工的行为的，责令改正，处以罚款；情节严重的，责令停业整顿，降低资质等级或者吊销资质证书；造成建筑工程质量不符合规定的质量标准的，负责返工、修理，并赔偿因此造成的损失；构成犯罪的，依法追究刑事责任。

第七十五条 建筑施工企业违反本法规定，不履行保修义务或者拖延履行保修义务的，责令改正，可以处以罚款，并对在保修期内因屋顶、墙面渗漏、开裂等质量缺陷造成的损失，承担赔偿责任。

第七十六条 本法规定的责令停业整顿、降低资质等级和吊销资质证书的行政处罚，由颁发资质证书的机关决定；其他行政处罚，由建设行政主管部门或者有关部门依照法律和国务院规定的职权范围决定。

依照本法规定被吊销资质证书的，由工商行政管理部门吊销其营业执照。

第七十七条 违反本法规定，对不具备相应资质等级条件的单位颁发该等级资质证书的，由其上级机关责令收回所发的资质证书，对直接负责的主管人员和其他直接责任人员给予行政处分；构成犯罪的，依法追究刑事责任。

第七十八条 政府及其所属部门的工作人员违反本法规定，限定发包单位将招标发包的工程发包给指定的承包单位的，由上级机关责令改正；构成犯罪的，依法追究刑事责任。

第七十九条 负责颁发建筑工程施工许可证的部门及其工作人员对不符合施工条件的建筑工程颁发施工许可证的，负责工程质量监督检查或者竣工验收的部门及其工作人员对不合格的建筑工程出具质量合格文件或者按合格工程验收的，由上级机关责令改正，对责任人员给予行政处分；构成犯罪的，依法追究刑事责任；造成损失的，由该部门承担相应的赔偿责任。

第八十条 在建筑物的合理使用寿命内，因建筑工程质量不合格受到损害的，有权向责任者要求赔偿。

第八章 附 则

第八十一条 本法关于施工许可、建筑施工企业资质审查和建筑工程发包、承包、禁止转包，以及建筑工程监理、建筑工程安全和质量管理的规定，适用于其他专业建筑工程的建筑活动，具体办法由国务院规定。

第八十二条 建设行政主管部门和其他有关部门在对建筑活动实施监督管理中，除按照国务院有关规定收取费用外，不得收取其他费用。

第八十三条 省、自治区、直辖市人民政府确定的小型房屋建筑工程的建筑活动，参照本法执行。

依法核定作为文物保护的纪念建筑物和古建筑等的修缮，依照文物保护的有关法律规定执行。

抢险救灾及其他临时性房屋建筑和农民自建低层住宅的建筑活动，不适用本法。

第八十四条 军用房屋建筑工程建筑活动的具体管理办法，由国务院、中央军事委员会依据本法制定。

第八十五条 本法自1998年3月1日起施行。

建设工程质量管理条例

（2000年1月10日经国务院第25次常务会议通过，于2000年1月30日发布 根据2017年10月7日国务院令第687号《国务院关于修改部分行政法规的决定》修订 根据2019年4月23日国务院令第714号《关于修改部分行政法规的决定》修改）

第一章 总 则

第一条 为了加强对建设工程质量的管理，保证建设工程质量，保护人民生命和财产安全，根据《中华人民共和国建筑法》，制定本条例。

第二条 凡在中华人民共和国境内从事建设工程的新建、扩建、改建等有关活动及实施对建设工程质量监督管理的，必须遵守本条例。

本条例所称建设工程，是指土木工程、建筑工程、线路管道和设备安装工程及装修工程。

第三条 建设单位、勘察单位、设计单位、施工单位、工程监理单位依法对建设工程质量负责。

第四条 县级以上人民政府建设行政主管部门和其他有关部门应当加强对建设工程质量的监督管理。

第五条 从事建设工程活动，必须严格执行基本建设程序，坚持先勘察、后设计、再施工的原则。

县级以上人民政府及其有关部门不得超越权限审批建设项目或者擅自简化基本建设程序。

第六条 国家鼓励采用先进的科学技术和管理方

法，提高建设工程质量。

第二章　建设单位的质量责任和义务

第七条　建设单位应当将工程发包给具有相应资质等级的单位。

建设单位不得将建设工程肢解发包。

第八条　建设单位应当依法对工程建设项目的勘察、设计、施工、监理以及与工程建设有关的重要设备、材料等的采购进行招标。

第九条　建设单位必须向有关的勘察、设计、施工、工程监理等单位提供与建设工程有关的原始资料。

原始资料必须真实、准确、齐全。

第十条　建设工程发包单位不得迫使承包方以低于成本的价格竞标，不得任意压缩合理工期。

建设单位不得明示或者暗示设计单位或者施工单位违反工程建设强制性标准，降低建设工程质量。

第十一条　施工图设计文件审查的具体办法，由国务院建设行政主管部门、国务院其他有关部门制定。

施工图设计文件未经审查批准的，不得使用。

第十二条　实行监理的建设工程，建设单位应当委托具有相应资质等级的工程监理单位进行监理，也可以委托具有工程监理相应资质等级并与被监理工程的施工承包单位没有隶属关系或者其他利害关系的该工程的设计单位进行监理。

下列建设工程必须实行监理：

（一）国家重点建设工程；

（二）大中型公用事业工程；

（三）成片开发建设的住宅小区工程；

（四）利用外国政府或者国际组织贷款、援助资金的工程；

（五）国家规定必须实行监理的其他工程。

第十三条　建设单位在开工前，应当按照国家有关规定办理工程质量监督手续，工程质量监督手续可以与施工许可证或者开工报告合并办理。

第十四条　按照合同约定，由建设单位采购建筑材料、建筑构配件和设备的，建设单位应当保证建筑材料、建筑构配件和设备符合设计文件和合同要求。

建设单位不得明示或者暗示施工单位使用不合格的建筑材料、建筑构配件和设备。

第十五条　涉及建筑主体和承重结构变动的装修工程，建设单位应当在施工前委托原设计单位或者具有相应资质等级的设计单位提出设计方案；没有设计方案的，不得施工。

房屋建筑使用者在装修过程中，不得擅自变动房屋建筑主体和承重结构。

第十六条　建设单位收到建设工程竣工报告后，应当组织设计、施工、工程监理等有关单位进行竣工验收。

建设工程竣工验收应当具备下列条件：

（一）完成建设工程设计和合同约定的各项内容；

（二）有完整的技术档案和施工管理资料；

（三）有工程使用的主要建筑材料、建筑构配件和设备的进场试验报告；

（四）有勘察、设计、施工、工程监理等单位分别签署的质量合格文件；

（五）有施工单位签署的工程保修书。

建设工程经验收合格的，方可交付使用。

第十七条　建设单位应当严格按照国家有关档案管理的规定，及时收集、整理建设项目各环节的文件资料，建立、健全建设项目档案，并在建设工程竣工验收后，及时向建设行政主管部门或者其他有关部门移交建设项目档案。

第三章　勘察、设计单位的质量责任和义务

第十八条　从事建设工程勘察、设计的单位应当依法取得相应等级的资质证书，并在其资质等级许可的范围内承揽工程。

禁止勘察、设计单位超越其资质等级许可的范围或者以其他勘察、设计单位的名义承揽工程。禁止勘察、设计单位允许其他单位或者个人以本单位的名义承揽工程。

勘察、设计单位不得转包或者违法分包所承揽的工程。

第十九条　勘察、设计单位必须按照工程建设强制性标准进行勘察、设计，并对其勘察、设计的质量负责。

注册建筑师、注册结构工程师等注册执业人员应当在设计文件上签字，对设计文件负责。

第二十条　勘察单位提供的地质、测量、水文等勘察成果必须真实、准确。

第二十一条　设计单位应当根据勘察成果文件进行建设工程设计。

设计文件应当符合国家规定的设计深度要求，注明工程合理使用年限。

第二十二条　设计单位在设计文件中选用的建筑材料、建筑构配件和设备，应当注明规格、型号、性

能等技术指标,其质量要求必须符合国家规定的标准。

除有特殊要求的建筑材料、专用设备、工艺生产线等外,设计单位不得指定生产厂、供应商。

第二十三条 设计单位应当就审查合格的施工图设计文件向施工单位作出详细说明。

第二十四条 设计单位应当参与建设工程质量事故分析,并对因设计造成的质量事故,提出相应的技术处理方案。

第四章 施工单位的质量责任和义务

第二十五条 施工单位应当依法取得相应等级的资质证书,并在其资质等级许可的范围内承揽工程。

禁止施工单位超越本单位资质等级许可的业务范围或者以其他施工单位的名义承揽工程。禁止施工单位允许其他单位或者个人以本单位的名义承揽工程。

施工单位不得转包或者违法分包工程。

第二十六条 施工单位对建设工程的施工质量负责。

施工单位应当建立质量责任制,确定工程项目的项目经理、技术负责人和施工管理负责人。

建设工程实行总承包的,总承包单位应当对全部建设工程质量负责;建设工程勘察、设计、施工、设备采购的一项或者多项实行总承包的,总承包单位应当对其承包的建设工程或者采购的设备的质量负责。

第二十七条 总承包单位依法将建设工程分包给其他单位的,分包单位应当按照分包合同的约定对其分包工程的质量向总承包单位负责,总承包单位与分包单位对分包工程的质量承担连带责任。

第二十八条 施工单位必须按照工程设计图纸和施工技术标准施工,不得擅自修改工程设计,不得偷工减料。

施工单位在施工过程中发现设计文件和图纸有差错,应当及时提出意见和建议。

第二十九条 施工单位必须按照工程设计要求、施工技术标准和合同约定,对建筑材料、建筑构配件、设备和商品混凝土进行检验,检验应当有书面记录和专人签字;未经检验或者检验不合格的,不得使用。

第三十条 施工单位必须建立、健全施工质量的检验制度,严格工序管理,作好隐蔽工程的质量检查和记录。隐蔽工程在隐蔽前,施工单位应当通知建设单位和建设工程质量监督机构。

第三十一条 施工人员对涉及结构安全的试块、试件以及有关材料,应当在建设单位或者工程监理单位监督下现场取样,并送具有相应资质等级的质量检测单位进行检测。

第三十二条 施工单位对施工中出现质量问题的建设工程或者竣工验收不合格的建设工程,应当负责返修。

第三十三条 施工单位应当建立、健全教育培训制度,加强对职工的教育培训;未经教育培训或者考核不合格的人员,不得上岗作业。

第五章 工程监理单位的质量责任和义务

第三十四条 工程监理单位应当依法取得相应等级的资质证书,并在其资质等级许可的范围内承担工程监理业务。

禁止工程监理单位超越本单位资质等级许可的范围或者以其他工程监理单位的名义承担工程监理业务。禁止工程监理单位允许其他单位或者个人以本单位的名义承担工程监理业务。

工程监理单位不得转让工程监理业务。

第三十五条 工程监理单位与被监理工程的施工承包单位以及建筑材料、建筑构配件和设备供应单位有隶属关系或者其他利害关系的,不得承担该项建设工程的监理业务。

第三十六条 工程监理单位应当依照法律、法规以及有关技术标准、设计文件和建设工程承包合同,代表建设单位对施工质量实施监理,并对施工质量承担监理责任。

第三十七条 工程监理单位应当选派具备相应资格的总监理工程师和监理工程师进驻施工现场。

未经监理工程师签字,建筑材料、建筑构配件和设备不得在工程上使用或者安装,施工单位不得进行下一道工序的施工。未经总监理工程师签字,建设单位不拨付工程款,不进行竣工验收。

第三十八条 监理工程师应当按照工程监理规范的要求,采取旁站、巡视和平行检验等形式,对建设工程实施监理。

第六章 建设工程质量保修

第三十九条 建设工程实行质量保修制度。

建设工程承包单位在向建设单位提交工程竣工验收报告时,应当向建设单位出具质量保修书。质量保修书中应当明确建设工程的保修范围、保修期限和保修责任等。

第四十条 在正常使用条件下,建设工程的最低保修期限为：

（一）基础设施工程、房屋建筑的地基基础工程和主体结构工程，为设计文件规定的该工程的合理使用年限；

（二）屋面防水工程、有防水要求的卫生间、房间和外墙面的防渗漏，为5年；

（三）供热与供冷系统，为2个采暖期、供冷期；

（四）电气管线、给排水管道、设备安装和装修工程，为2年。

其他项目的保修期限由发包方与承包方约定。

建设工程的保修期，自竣工验收合格之日起计算。

第四十一条 建设工程在保修范围和保修期限内发生质量问题的，施工单位应当履行保修义务，并对造成的损失承担赔偿责任。

第四十二条 建设工程在超过合理使用年限后需要继续使用的，产权所有人应当委托具有相应资质等级的勘察、设计单位鉴定，并根据鉴定结果采取加固、维修等措施，重新界定使用期。

第七章 监督管理

第四十三条 国家实行建设工程质量监督管理制度。

国务院建设行政主管部门对全国的建设工程质量实施统一监督管理。国务院铁路、交通、水利等有关部门按照国务院规定的职责分工，负责对全国的有关专业建设工程质量的监督管理。

县级以上地方人民政府建设行政主管部门对本行政区域内的建设工程质量实施监督管理。县级以上地方人民政府交通、水利等有关部门在各自的职责范围内，负责对本行政区域内的专业建设工程质量的监督管理。

第四十四条 国务院建设行政主管部门和国务院铁路、交通、水利等有关部门应当加强对有关建设工程质量的法律、法规和强制性标准执行情况的监督检查。

第四十五条 国务院发展计划部门按照国务院规定的职责，组织稽察特派员，对国家出资的重大建设项目实施监督检查。

国务院经济贸易主管部门按照国务院规定的职责，对国家重大技术改造项目实施监督检查。

第四十六条 建设工程质量监督管理，可以由建设行政主管部门或者其他有关部门委托的建设工程质量监督机构具体实施。

从事房屋建筑工程和市政基础设施工程质量监督的机构，必须按照国家有关规定经国务院建设行政主管部门或者省、自治区、直辖市人民政府建设行政主管部门考核；从事专业建设工程质量监督的机构，必须按照国家有关规定经国务院有关部门或者省、自治区、直辖市人民政府有关部门考核。经考核合格后，方可实施质量监督。

第四十七条 县级以上地方人民政府建设行政主管部门和其他有关部门应当加强对有关建设工程质量的法律、法规和强制性标准执行情况的监督检查。

第四十八条 县级以上人民政府建设行政主管部门和其他有关部门履行监督检查职责时，有权采取下列措施：

（一）要求被检查的单位提供有关工程质量的文件和资料；

（二）进入被检查单位的施工现场进行检查；

（三）发现有影响工程质量的问题时，责令改正。

第四十九条 建设单位应当自建设工程竣工验收合格之日起15日内，将建设工程竣工验收报告和规划、公安消防、环保等部门出具的认可文件或者准许使用文件报建设行政主管部门或者其他有关部门备案。

建设行政主管部门或者其他有关部门发现建设单位在竣工验收过程中有违反国家有关建设工程质量管理规定行为的，责令停止使用，重新组织竣工验收。

第五十条 有关单位和个人对县级以上人民政府建设行政主管部门和其他有关部门进行的监督检查应当支持与配合，不得拒绝或者阻碍建设工程质量监督检查人员依法执行职务。

第五十一条 供水、供电、供气、公安消防等部门或者单位不得明示或者暗示建设单位、施工单位购买其指定的生产供应单位的建筑材料、建筑构配件和设备。

第五十二条 建设工程发生质量事故，有关单位应当在24小时内向当地建设行政主管部门和其他有关部门报告。对重大质量事故，事故发生地的建设行政主管部门和其他有关部门应当按照事故类别和等级向当地人民政府和上级建设行政主管部门和其他有关部门报告。

特别重大质量事故的调查程序按照国务院有关规定办理。

第五十三条 任何单位和个人对建设工程的质量

事故、质量缺陷都有权检举、控告、投诉。

第八章 罚 则

第五十四条 违反本条例规定，建设单位将建设工程发包给不具有相应资质等级的勘察、设计、施工单位或者委托给不具有相应资质等级的工程监理单位的，责令改正，处50万元以上100万元以下的罚款。

第五十五条 违反本条例规定，建设单位将建设工程肢解发包的，责令改正，处工程合同价款百分之零点五以上百分之一以下的罚款；对全部或者部分使用国有资金的项目，并可以暂停项目执行或者暂停资金拨付。

第五十六条 违反本条例规定，建设单位有下列行为之一的，责令改正，处20万元以上50万元以下的罚款：

（一）迫使承包方以低于成本的价格竞标的；

（二）任意压缩合理工期的；

（三）明示或者暗示设计单位或者施工单位违反工程建设强制性标准，降低工程质量的；

（四）施工图设计文件未经审查或者审查不合格，擅自施工的；

（五）建设项目必须实行工程监理而未实行工程监理的；

（六）未按照国家规定办理工程质量监督手续的；

（七）明示或者暗示施工单位使用不合格的建筑材料、建筑构配件和设备的；

（八）未按照国家规定将竣工验收报告、有关认可文件或者准许使用文件报送备案的。

第五十七条 违反本条例规定，建设单位未取得施工许可证或者开工报告未经批准，擅自施工的，责令停止施工，限期改正，处工程合同价款百分之一以上百分之二以下的罚款。

第五十八条 违反本条例规定，建设单位有下列行为之一的，责令改正，处工程合同价款百分之二以上百分之四以下的罚款；造成损失的，依法承担赔偿责任：

（一）未组织竣工验收，擅自交付使用的；

（二）验收不合格，擅自交付使用的；

（三）对不合格的建设工程按照合格工程验收的。

第五十九条 违反本条例规定，建设工程竣工验收后，建设单位未向建设行政主管部门或者其他有关部门移交建设项目档案的，责令改正，处1万元以上10万元以下的罚款。

第六十条 违反本条例规定，勘察、设计、施工、工程监理单位超越本单位资质等级承揽工程的，责令停止违法行为，对勘察、设计单位或者工程监理单位处合同约定的勘察费、设计费或者监理酬金1倍以上2倍以下的罚款；对施工单位处工程合同价款百分之二以上百分之四以下的罚款，可以责令停业整顿，降低资质等级；情节严重的，吊销资质证书；有违法所得的，予以没收。

未取得资质证书承揽工程的，予以取缔，依照前款规定处以罚款；有违法所得的，予以没收。

以欺骗手段取得资质证书承揽工程的，吊销资质证书，依照本条第一款规定处以罚款；有违法所得的，予以没收。

第六十一条 违反本条例规定，勘察、设计、施工、工程监理单位允许其他单位或者个人以本单位名义承揽工程的，责令改正，没收违法所得，对勘察、设计单位和工程监理单位处合同约定的勘察费、设计费和监理酬金1倍以上2倍以下的罚款；对施工单位处工程合同价款百分之二以上百分之四以下的罚款；可以责令停业整顿，降低资质等级；情节严重的，吊销资质证书。

第六十二条 违反本条例规定，承包单位将承包的工程转包或者违法分包的，责令改正，没收违法所得，对勘察、设计单位处合同约定的勘察费、设计费百分之二十五以上百分之五十以下的罚款；对施工单位处工程合同价款百分之零点五以上百分之一以下的罚款；可以责令停业整顿，降低资质等级；情节严重的，吊销资质证书。

工程监理单位转让工程监理业务的，责令改正，没收违法所得，处合同约定的监理酬金百分之二十五以上百分之五十以下的罚款；可以责令停业整顿，降低资质等级；情节严重的，吊销资质证书。

第六十三条 违反本条例规定，有下列行为之一的，责令改正，处10万元以上30万元以下的罚款：

（一）勘察单位未按照工程建设强制性标准进行勘察的；

（二）设计单位未根据勘察成果文件进行工程设计的；

（三）设计单位指定建筑材料、建筑构配件的生产厂、供应商的；

（四）设计单位未按照工程建设强制性标准进行设计的。

有前款所列行为，造成工程质量事故的，责令停业整顿,降低资质等级;情节严重的,吊销资质证书;造成损失的,依法承担赔偿责任。

第六十四条 违反本条例规定,施工单位在施工中偷工减料的,使用不合格的建筑材料、建筑构配件和设备的,或者有不按照工程设计图纸或者施工技术标准施工的其他行为的,责令改正,处工程合同价款百分之二以上百分之四以下的罚款;造成建设工程质量不符合规定的质量标准的,负责返工、修理,并赔偿因此造成的损失;情节严重的,责令停业整顿,降低资质等级或者吊销资质证书。

第六十五条 违反本条例规定,施工单位未对建筑材料、建筑构配件、设备和商品混凝土进行检验,或者未对涉及结构安全的试块、试件以及有关材料取样检测的,责令改正,处10万元以上20万元以下的罚款;情节严重的,责令停业整顿,降低资质等级或者吊销资质证书;造成损失的,依法承担赔偿责任。

第六十六条 违反本条例规定,施工单位不履行保修义务或者拖延履行保修义务的,责令改正,处10万元以上20万元以下的罚款,并对在保修期内因质量缺陷造成的损失承担赔偿责任。

第六十七条 工程监理单位有下列行为之一的,责令改正,处50万元以上100万元以下的罚款,降低资质等级或者吊销资质证书;有违法所得的,予以没收;造成损失的,承担连带赔偿责任:

(一)与建设单位或者施工单位串通,弄虚作假、降低工程质量的;

(二)将不合格的建设工程、建筑材料、建筑构配件和设备按照合格签字的。

第六十八条 违反本条例规定,工程监理单位与被监理工程的施工承包单位以及建筑材料、建筑构配件和设备供应单位有隶属关系或者其他利害关系承担该项建设工程的监理业务的,责令改正,处5万元以上10万元以下的罚款,降低资质等级或者吊销资质证书;有违法所得的,予以没收。

第六十九条 违反本条例规定,涉及建筑主体或者承重结构变动的装修工程,没有设计方案擅自施工的,责令改正,处50万元以上100万元以下的罚款;房屋建筑使用者在装修过程中擅自变动房屋建筑主体和承重结构的,责令改正,处5万元以上10万元以下的罚款。

有前款所列行为,造成损失的,依法承担赔偿责任。

第七十条 发生重大工程质量事故隐瞒不报、谎报或者拖延报告期限的,对直接负责的主管人员和其他责任人员依法给予行政处分。

第七十一条 违反本条例规定,供水、供电、供气、公安消防等部门或者单位明示或者暗示建设单位或施工单位购买其指定的生产供应单位的建筑材料、建筑构配件和设备的,责令改正。

第七十二条 违反本条例规定,注册建筑师、注册结构工程师、监理工程师等注册执业人员因过错造成质量事故的,责令停止执业1年;造成重大质量事故的,吊销执业资格证书,5年以内不予注册;情节特别恶劣的,终身不予注册。

第七十三条 依照本条例规定,给予单位罚款处罚的,对单位直接负责的主管人员和其他直接责任人员处单位罚款数额百分之五以上百分之十以下的罚款。

第七十四条 建设单位、设计单位、施工单位、工程监理单位违反国家规定,降低工程质量标准,造成重大安全事故,构成犯罪的,对直接责任人员依法追究刑事责任。

第七十五条 本条例规定的责令停业整顿,降低资质等级和吊销资质证书的行政处罚,由颁发资质证书的机关决定;其他行政处罚,由建设行政主管部门或者其他有关部门依照法定职权决定。

依照本条例规定被吊销资质证书的,由工商行政管理部门吊销其营业执照。

第七十六条 国家机关工作人员在建设工程质量监督管理工作中玩忽职守、滥用职权、徇私舞弊,构成犯罪的,依法追究刑事责任;尚不构成犯罪的,依法给予行政处分。

第七十七条 建设、勘察、设计、施工、工程监理单位的工作人员因调动工作、退休等原因离开该单位后,被发现在该单位工作期间违反国家有关建设工程质量管理规定,造成重大工程质量事故的,仍应当依法追究法律责任。

第九章 附 则

第七十八条 本条例所称肢解发包,是指建设单位将应当由一个承包单位完成的建设工程分解成若干部分发包给不同的承包单位的行为。

本条例所称违法分包,是指下列行为:

(一)总承包单位将建设工程分包给不具备相应资质条件的单位的;

(二)建设工程总承包合同中未有约定,又未经建设单位认可,承包单位将其承包的部分建设工程交由其他单位完成的;

(三)施工总承包单位将建设工程主体结构的施

工分包给其他单位的；

（四）分包单位将其承包的建设工程再分包的。

本条例所称转包，是指承包单位承包建设工程后，不履行合同约定的责任和义务，将其承包的全部建设工程转给他人或者将其承包的全部建设工程肢解以后以分包的名义分别转给其他单位承包的行为。

第七十九条 本条例规定的罚款和没收的违法所得，必须全部上缴国库。

第八十条 抢险救灾及其他临时性房屋建筑和农民自建低层住宅的建设活动，不适用本条例。

第八十一条 军事建设工程的管理，按照中央军事委员会的有关规定执行。

第八十二条 本条例自发布之日起施行。

建设工程安全生产管理条例

（2003年11月12日国务院第28次常务会议通过，2003年11月24日国务院令第393号公布，自2004年2月1日起施行）

第一章 总 则

第一条 为了加强建设工程安全生产监督管理，保障人民群众生命和财产安全，根据《中华人民共和国建筑法》《中华人民共和国安全生产法》，制定本条例。

第二条 在中华人民共和国境内从事建设工程的新建、扩建、改建和拆除等有关活动及实施对建设工程安全生产的监督管理，必须遵守本条例。

本条例所称建设工程，是指土木工程、建筑工程、线路管道和设备安装工程及装修工程。

第三条 建设工程安全生产管理，坚持安全第一、预防为主的方针。

第四条 建设单位、勘察单位、设计单位、施工单位、工程监理单位及其他与建设工程安全生产有关的单位，必须遵守安全生产法律、法规的规定，保证建设工程安全生产，依法承担建设工程安全生产责任。

第五条 国家鼓励建设工程安全生产的科学技术研究和先进技术的推广应用，推进建设工程安全生产的科学管理。

第二章 建设单位的安全责任

第六条 建设单位应当向施工单位提供施工现场及毗邻区域内供水、排水、供电、供气、供热、通信、广播电视等地下管线资料，气象和水文观测资料，相邻建筑物和构筑物、地下工程的有关资料，并保证资料的真实、准确、完整。

建设单位因建设工程需要，向有关部门或者单位查询前款规定的资料时，有关部门或者单位应当及时提供。

第七条 建设单位不得对勘察、设计、施工、工程监理等单位提出不符合建设工程安全生产法律、法规和强制性标准规定的要求，不得压缩合同约定的工期。

第八条 建设单位在编制工程概算时，应当确定建设工程安全作业环境及安全施工措施所需费用。

第九条 建设单位不得明示或者暗示施工单位购买、租赁、使用不符合安全施工要求的安全防护用具、机械设备、施工机具及配件、消防设施和器材。

第十条 建设单位在申请领取施工许可证时，应当提供建设工程有关安全施工措施的资料。

依法批准开工报告的建设工程，建设单位应当自开工报告批准之日起15日内，将保证安全施工的措施报送建设工程所在地的县级以上地方人民政府建设行政主管部门或者其他有关部门备案。

第十一条 建设单位应当将拆除工程发包给具有相应资质等级的施工单位。

建设单位应当在拆除工程施工15日前，将下列资料报送建设工程所在地的县级以上地方人民政府建设行政主管部门或者其他有关部门备案：

（一）施工单位资质等级证明；

（二）拟拆除建筑物、构筑物及可能危及毗邻建筑的说明；

（三）拆除施工组织方案；

（四）堆放、清除废弃物的措施。

实施爆破作业的，应当遵守国家有关民用爆炸物品管理的规定。

第三章 勘察、设计、工程监理及其他有关单位的安全责任

第十二条 勘察单位应当按照法律、法规和工程建设强制性标准进行勘察，提供的勘察文件应当真实、准确，满足建设工程安全生产的需要。

勘察单位在勘察作业时，应当严格执行操作规程，采取措施保证各类管线、设施和周边建筑物、构

筑物的安全。

第十三条 设计单位应当按照法律、法规和工程建设强制性标准进行设计，防止因设计不合理导致生产安全事故的发生。

设计单位应当考虑施工安全操作和防护的需要，对涉及施工安全的重点部位和环节在设计文件中注明，并对防范生产安全事故提出指导意见。

采用新结构、新材料、新工艺的建设工程和特殊结构的建设工程，设计单位应当在设计中提出保障施工作业人员安全和预防生产安全事故的措施建议。

设计单位和注册建筑师等注册执业人员应当对其设计负责。

第十四条 工程监理单位应当审查施工组织设计中的安全技术措施或者专项施工方案是否符合工程建设强制性标准。

工程监理单位在实施监理过程中，发现存在安全事故隐患的，应当要求施工单位整改；情况严重的，应当要求施工单位暂时停止施工，并及时报告建设单位。施工单位拒不整改或者不停止施工的，工程监理单位应当及时向有关主管部门报告。

工程监理单位和监理工程师应当按照法律、法规和工程建设强制性标准实施监理，并对建设工程安全生产承担监理责任。

第十五条 为建设工程提供机械设备和配件的单位，应当按照安全施工的要求配备齐全有效的保险、限位等安全设施和装置。

第十六条 出租的机械设备和施工机具及配件，应当具有生产（制造）许可证、产品合格证。

出租单位应当对出租的机械设备和施工机具及配件的安全性能进行检测，在签订租赁协议时，应当出具检测合格证明。

禁止出租检测不合格的机械设备和施工机具及配件。

第十七条 在施工现场安装、拆卸施工起重机械和整体提升脚手架、模板等自升式架设设施，必须由具有相应资质的单位承担。

安装、拆卸施工起重机械和整体提升脚手架、模板等自升式架设设施，应当编制拆装方案、制定安全施工措施，并由专业技术人员现场监督。

施工起重机械和整体提升脚手架、模板等自升式架设设施安装完毕后，安装单位应当自检，出具自检合格证明，并向施工单位进行安全使用说明，办理验收手续并签字。

第十八条 施工起重机械和整体提升脚手架、模板等自升式架设设施的使用达到国家规定的检验检测期限的，必须经具有专业资质的检验检测机构检测。经检测不合格的，不得继续使用。

第十九条 检验检测机构对检测合格的施工起重机械和整体提升脚手架、模板等自升式架设设施，应当出具安全合格证明文件，并对检测结果负责。

第四章 施工单位的安全责任

第二十条 施工单位从事建设工程的新建、扩建、改建和拆除等活动，应当具备国家规定的注册资本、专业技术人员、技术装备和安全生产等条件，依法取得相应等级的资质证书，并在其资质等级许可的范围内承揽工程。

第二十一条 施工单位主要负责人依法对本单位的安全生产工作全面负责。施工单位应当建立健全安全生产责任制度和安全生产教育培训制度，制定安全生产规章制度和操作规程，保证本单位安全生产条件所需资金的投入，对所承担的建设工程进行定期和专项安全检查，并做好安全检查记录。

施工单位的项目负责人应当由取得相应执业资格的人员担任，对建设工程项目的安全施工负责，落实安全生产责任制度、安全生产规章制度和操作规程，确保安全生产费用的有效使用，并根据工程的特点组织制定安全施工措施，消除安全事故隐患，及时、如实报告生产安全事故。

第二十二条 施工单位对列入建设工程概算的安全作业环境及安全施工措施所需费用，应当用于施工安全防护用具及设施的采购和更新、安全施工措施的落实、安全生产条件的改善，不得挪作他用。

第二十三条 施工单位应当设立安全生产管理机构，配备专职安全生产管理人员。

专职安全生产管理人员负责对安全生产进行现场监督检查。发现安全事故隐患，应当及时向项目负责人和安全生产管理机构报告；对违章指挥、违章操作的，应当立即制止。

专职安全生产管理人员的配备办法由国务院建设行政主管部门会同国务院其他有关部门制定。

第二十四条 建设工程实行施工总承包的，由总承包单位对施工现场的安全生产负总责。

总承包单位应当自行完成建设工程主体结构的施工。

总承包单位依法将建设工程分包给其他单位的，分包合同中应当明确各自的安全生产方面的权利、义务。总承包单位和分包单位对分包工程的安全生产承担连带责任。

分包单位应当服从总承包单位的安全生产管理，分包单位不服从管理导致生产安全事故的，由分包单位承担主要责任。

第二十五条 垂直运输机械作业人员、安装拆卸工、爆破作业人员、起重信号工、登高架设作业人员等特种作业人员，必须按照国家有关规定经过专门的安全作业培训，并取得特种作业操作资格证书后，方可上岗作业。

第二十六条 施工单位应当在施工组织设计中编制安全技术措施和施工现场临时用电方案，对下列达到一定规模的危险性较大的分部分项工程编制专项施工方案，并附具安全验算结果，经施工单位技术负责人、总监理工程师签字后实施，由专职安全生产管理人员进行现场监督：

（一）基坑支护与降水工程；

（二）土方开挖工程；

（三）模板工程；

（四）起重吊装工程；

（五）脚手架工程；

（六）拆除、爆破工程；

（七）国务院建设行政主管部门或者其他有关部门规定的其他危险性较大的工程。

对前款所列工程中涉及深基坑、地下暗挖工程、高大模板工程的专项施工方案，施工单位还应当组织专家进行论证、审查。

本条第一款规定的达到一定规模的危险性较大工程的标准，由国务院建设行政主管部门会同国务院其他有关部门制定。

第二十七条 建设工程施工前，施工单位负责项目管理的技术人员应当对有关安全施工的技术要求向施工作业班组、作业人员作出详细说明，并由双方签字确认。

第二十八条 施工单位应当在施工现场入口处、施工起重机械、临时用电设施、脚手架、出入通道口、楼梯口、电梯井口、孔洞口、桥梁口、隧道口、基坑边沿、爆破物及有害危险气体和液体存放处等危险部位，设置明显的安全警示标志。安全警示标志必须符合国家标准。

施工单位应当根据不同施工阶段和周围环境及季节、气候的变化，在施工现场采取相应的安全施工措施。施工现场暂时停止施工的，施工单位应当做好现场防护，所需费用由责任方承担，或者按照合同约定执行。

第二十九条 施工单位应当将施工现场的办公、生活区与作业区分开设置，并保持安全距离；办公、生活区的选址应当符合安全性要求。职工的膳食、饮水、休息场所等应当符合卫生标准。施工单位不得在尚未竣工的建筑物内设置员工集体宿舍。

施工现场临时搭建的建筑物应当符合安全使用要求。施工现场使用的装配式活动房屋应当具有产品合格证。

第三十条 施工单位对因建设工程施工可能造成损害的毗邻建筑物、构筑物和地下管线等，应当采取专项防护措施。

施工单位应当遵守有关环境保护法律、法规的规定，在施工现场采取措施，防止或者减少粉尘、废气、废水、固体废物、噪声、振动和施工照明对人和环境的危害和污染。

在城市市区内的建设工程，施工单位应当对施工现场实行封闭围挡。

第三十一条 施工单位应当在施工现场建立消防安全责任制度，确定消防安全责任人，制定用火、用电、使用易燃易爆材料等各项消防安全管理制度和操作规程，设置消防通道、消防水源，配备消防设施和灭火器材，并在施工现场入口处设置明显标志。

第三十二条 施工单位应当向作业人员提供安全防护用具和安全防护服装，并书面告知危险岗位的操作规程和违章操作的危害。

作业人员有权对施工现场的作业条件、作业程序和作业方式中存在的安全问题提出批评、检举和控告，有权拒绝违章指挥和强令冒险作业。

在施工中发生危及人身安全的紧急情况时，作业人员有权立即停止作业或者在采取必要的应急措施后撤离危险区域。

第三十三条 作业人员应当遵守安全施工的强制性标准、规章制度和操作规程，正确使用安全防护用具、机械设备等。

第三十四条 施工单位采购、租赁的安全防护用具、机械设备、施工机具及配件，应当具有生产（制造）许可证、产品合格证，并在进入施工现场前进行查验。

施工现场的安全防护用具、机械设备、施工机具及配件必须由专人管理，定期进行检查、维修和保养，建立相应的资料档案，并按照国家有关规定及时报废。

第三十五条 施工单位在使用施工起重机械和整体提升脚手架、模板等自升式架设设施前，应当组织有关单位进行验收，也可以委托具有相应资质的检验检测机构进行验收；使用承租的机械设备和施工机具及配件的，由施工总承包单位、分包单位、出租单位和安装单位共同进行验收。验收合格的方可使用。

《特种设备安全监察条例》规定的施工起重机械，在验收前应当经有相应资质的检验检测机构监督检验合格。

施工单位应当自施工起重机械和整体提升脚手架、模板等自升式架设设施验收合格之日起30日内，向建设行政主管部门或者其他有关部门登记。登记标志应当置于或者附着于该设备的显著位置。

第三十六条 施工单位的主要负责人、项目负责人、专职安全生产管理人员应当经建设行政主管部门或者其他有关部门考核合格后方可任职。

施工单位应当对管理人员和作业人员每年至少进行一次安全生产教育培训，其教育培训情况记入个人工作档案。安全生产教育培训考核不合格的人员，不得上岗。

第三十七条 作业人员进入新的岗位或者新的施工现场前，应当接受安全生产教育培训。未经教育培训或者教育培训考核不合格的人员，不得上岗作业。

施工单位在采用新技术、新工艺、新设备、新材料时，应当对作业人员进行相应的安全生产教育培训。

第三十八条 施工单位应当为施工现场从事危险作业的人员办理意外伤害保险。

意外伤害保险费由施工单位支付。实行施工总承包的，由总承包单位支付意外伤害保险费。意外伤害保险期限自建设工程开工之日起至竣工验收合格止。

第五章 监督管理

第三十九条 国务院负责安全生产监督管理的部门依照《中华人民共和国安全生产法》的规定，对全国建设工程安全生产工作实施综合监督管理。

县级以上地方人民政府负责安全生产监督管理的部门依照《中华人民共和国安全生产法》的规定，对本行政区域内建设工程安全生产工作实施综合监督管理。

第四十条 国务院建设行政主管部门对全国的建设工程安全生产实施监督管理。国务院铁路、交通、水利等有关部门按照国务院规定的职责分工，负责有关专业建设工程安全生产的监督管理。

县级以上地方人民政府建设行政主管部门对本行政区域内的建设工程安全生产实施监督管理。县级以上地方人民政府交通、水利等有关部门在各自的职责范围内，负责本行政区域内的专业建设工程安全生产的监督管理。

第四十一条 建设行政主管部门和其他有关部门应当将本条例第十条、第十一条规定的有关资料的主要内容抄送同级负责安全生产监督管理的部门。

第四十二条 建设行政主管部门在审核发放施工许可证时，应当对建设工程是否有安全施工措施进行审查，对没有安全施工措施的，不得颁发施工许可证。

建设行政主管部门或者其他有关部门对建设工程是否有安全施工措施进行审查时，不得收取费用。

第四十三条 县级以上人民政府负有建设工程安全生产监督管理职责的部门在各自的职责范围内履行安全监督检查职责时，有权采取下列措施：

（一）要求被检查单位提供有关建设工程安全生产的文件和资料；

（二）进入被检查单位施工现场进行检查；

（三）纠正施工中违反安全生产要求的行为；

（四）对检查中发现的安全事故隐患，责令立即排除；重大安全事故隐患排除前或者排除过程中无法保证安全的，责令从危险区域内撤出作业人员或者暂时停止施工。

第四十四条 建设行政主管部门或者其他有关部门可以将施工现场的监督检查委托给建设工程安全监督机构具体实施。

第四十五条 国家对严重危及施工安全的工艺、设备、材料实行淘汰制度。具体目录由国务院建设行政主管部门会同国务院其他有关部门制定并公布。

第四十六条 县级以上人民政府建设行政主管部门和其他有关部门应当及时受理对建设工程生产安全事故及安全事故隐患的检举、控告和投诉。

第六章 生产安全事故的应急救援和调查处理

第四十七条 县级以上地方人民政府建设行政主管部门应当根据本级人民政府的要求，制定本行政区域内建设工程特大生产安全事故应急救援预案。

第四十八条 施工单位应当制定本单位生产安全事故应急救援预案，建立应急救援组织或者配备应急救援人员，配备必要的应急救援器材、设备，并定期组织演练。

第四十九条 施工单位应当根据建设工程施工的特点、范围，对施工现场易发生重大事故的部位、环节进行监控，制定施工现场生产安全事故应急救援预案。实行施工总承包的，由总承包单位统一组织编制建设工程生产安全事故应急救援预案，工程总承包单位和分包单位按照应急救援预案，各自建立应急救援组织或者配备应急救援人员，配备救援器材、设备，并定期组织演练。

第五十条　施工单位发生生产安全事故，应当按照国家有关伤亡事故报告和调查处理的规定，及时、如实地向负责安全生产监督管理的部门、建设行政主管部门或者其他有关部门报告；特种设备发生事故的，还应当同时向特种设备安全监督管理部门报告。接到报告的部门应当按照国家有关规定，如实上报。

实行施工总承包的建设工程，由总承包单位负责上报事故。

第五十一条　发生生产安全事故后，施工单位应当采取措施防止事故扩大，保护事故现场。需要移动现场物品时，应当做出标记和书面记录，妥善保管有关证物。

第五十二条　建设工程生产安全事故的调查、对事故责任单位和责任人的处罚与处理，按照有关法律、法规的规定执行。

第七章　法律责任

第五十三条　违反本条例的规定，县级以上人民政府建设行政主管部门或者其他有关行政管理部门的工作人员，有下列行为之一的，给予降级或者撤职的行政处分；构成犯罪的，依照刑法有关规定追究刑事责任：

（一）对不具备安全生产条件的施工单位颁发资质证书的；

（二）对没有安全施工措施的建设工程颁发施工许可证的；

（三）发现违法行为不予查处的；

（四）不依法履行监督管理职责的其他行为。

第五十四条　违反本条例的规定，建设单位未提供建设工程安全生产作业环境及安全施工措施所需费用的，责令限期改正；逾期未改正的，责令该建设工程停止施工。

建设单位未将保证安全施工的措施或者拆除工程的有关资料报送有关部门备案的，责令限期改正，给予警告。

第五十五条　违反本条例的规定，建设单位有下列行为之一的，责令限期改正，处20万元以上50万元以下的罚款；造成重大安全事故，构成犯罪的，对直接责任人员，依照刑法有关规定追究刑事责任；造成损失的，依法承担赔偿责任：

（一）对勘察、设计、施工、工程监理等单位提出不符合安全生产法律、法规和强制性标准规定的要求的；

（二）要求施工单位压缩合同约定的工期的；

（三）将拆除工程发包给不具有相应资质等级的施工单位的。

第五十六条　违反本条例的规定，勘察单位、设计单位有下列行为之一的，责令限期改正，处10万元以上30万元以下的罚款；情节严重的，责令停业整顿，降低资质等级，直至吊销资质证书；造成重大安全事故，构成犯罪的，对直接责任人员，依照刑法有关规定追究刑事责任；造成损失的，依法承担赔偿责任：

（一）未按照法律、法规和工程建设强制性标准进行勘察、设计的；

（二）采用新结构、新材料、新工艺的建设工程和特殊结构的建设工程，设计单位未在设计中提出保障施工作业人员安全和预防生产安全事故的措施建议的。

第五十七条　违反本条例的规定，工程监理单位有下列行为之一的，责令限期改正；逾期未改正的，责令停业整顿，并处10万元以上30万元以下的罚款；情节严重的，降低资质等级，直至吊销资质证书；造成重大安全事故，构成犯罪的，对直接责任人员，依照刑法有关规定追究刑事责任；造成损失的，依法承担赔偿责任：

（一）未对施工组织设计中的安全技术措施或者专项施工方案进行审查的；

（二）发现安全事故隐患未及时要求施工单位整改或者暂时停止施工的；

（三）施工单位拒不整改或者不停止施工，未及时向有关主管部门报告的；

（四）未依照法律、法规和工程建设强制性标准实施监理的。

第五十八条　注册执业人员未执行法律、法规和工程建设强制性标准的，责令停止执业3个月以上1年以下；情节严重的，吊销执业资格证书，5年内不予注册；造成重大安全事故的，终身不予注册；构成犯罪的，依照刑法有关规定追究刑事责任。

第五十九条　违反本条例的规定，为建设工程提供机械设备和配件的单位，未按照安全施工的要求配备齐全有效的保险、限位等安全设施和装置的，责令限期改正，处合同价款1倍以上3倍以下的罚款；造成损失的，依法承担赔偿责任。

第六十条　违反本条例的规定，出租单位出租未经安全性能检测或者经检测不合格的机械设备和施工机具及配件的，责令停业整顿，并处5万元以上10万元以下的罚款；造成损失的，依法承担赔偿责任。

第六十一条 违反本条例的规定，施工起重机械和整体提升脚手架、模板等自升式架设设施安装、拆卸单位有下列行为之一的，责令限期改正，处5万元以上10万元以下的罚款；情节严重的，责令停业整顿，降低资质等级，直至吊销资质证书；造成损失的，依法承担赔偿责任：

（一）未编制拆装方案、制定安全施工措施的；
（二）未由专业技术人员现场监督的；
（三）未出具自检合格证明或者出具虚假证明的；
（四）未向施工单位进行安全使用说明，办理移交手续的。

施工起重机械和整体提升脚手架、模板等自升式架设设施安装、拆卸单位有前款规定的第（一）项、第（三）项行为，经有关部门或者单位职工提出后，对事故隐患仍不采措施，因而发生重大伤亡事故或者造成其他严重后果，构成犯罪的，对直接责任人员，依照刑法有关规定追究刑事责任。

第六十二条 违反本条例的规定，施工单位有下列行为之一的，责令限期改正，逾期未改正的，责令停业整顿，依照《中华人民共和国安全生产法》的有关规定处以罚款；造成重大安全事故，构成犯罪的，对直接责任人员，依照刑法有关规定追究刑事责任：

（一）未设立安全生产管理机构、配备专职安全生产管理人员或者分部分项工程施工时无专职安全生产管理人员现场监督的；
（二）施工单位的主要负责人、项目负责人、专职安全生产管理人员、作业人员或者特种作业人员，未经安全教育培训或者经考核不合格即从事相关工作的；
（三）未在施工现场的危险部位设置明显的安全警示标志，或者未按照国家有关规定在施工现场设置消防通道、消防水源、配备消防设施和灭火器材的；
（四）未向作业人员提供安全防护用具和安全防护服装的；
（五）未按照规定在施工起重机械和整体提升脚手架、模板等自升式架设设施验收合格后登记的；
（六）使用国家明令淘汰、禁止使用的危及施工安全的工艺、设备、材料的。

第六十三条 违反本条例的规定，施工单位挪用列入建设工程概算的安全生产作业环境及安全施工措施所需费用的，责令限期改正，处挪用费用20%以上50%以下的罚款；造成损失的，依法承担赔偿责任。

第六十四条 违反本条例的规定，施工单位有下列行为之一的，责令限期改正，逾期未改正的，责令停业整顿，并处5万元以上10万元以下的罚款；造成重大安全事故，构成犯罪的，对直接责任人员，依照刑法有关规定追究刑事责任：

（一）施工前未对有关安全施工的技术要求作出详细说明的；
（二）未根据不同施工阶段和周围环境及季节、气候的变化，在施工现场采取相应的安全施工措施，或者在城市市区内的建设工程的施工现场未实行封闭围挡的；
（三）在尚未竣工的建筑物内设置员工集体宿舍的；
（四）施工现场临时搭建的建筑物不符合安全使用要求的；
（五）未对因建设工程施工可能造成损害的毗邻建筑物、构筑物和地下管线等采取专项防护措施的。

施工单位有前款规定第（四）项、第（五）项行为，造成损失的，依法承担赔偿责任。

第六十五条 违反本条例的规定，施工单位有下列行为之一的，责令限期改正，逾期未改正的，责令停业整顿，并处10万元以上30万元以下的罚款；情节严重的，降低资质等级，直至吊销资质证书；造成重大安全事故，构成犯罪的，对直接责任人员，依照刑法有关规定追究刑事责任；造成损失的，依法承担赔偿责任：

（一）安全防护用具、机械设备、施工机具及配件在进入施工现场前未经查验或者查验不合格即投入使用的；
（二）使用未经验收或者验收不合格的施工起重机械和整体提升脚手架、模板等自升式架设设施的；
（三）委托不具有相应资质的单位承担施工现场安装、拆卸施工起重机械和整体提升脚手架、模板等自升式架设设施的；
（四）在施工组织设计中未编制安全技术措施、施工现场临时用电方案或者专项施工方案的。

第六十六条 违反本条例的规定，施工单位的主要负责人、项目负责人未履行安全生产管理职责的，责令限期改正；逾期未改正的，责令施工单位停业整顿；造成重大安全事故、重大伤亡事故或者其他严重后果，构成犯罪的，依照刑法有关规定追究刑事责任。

作业人员不服管理、违反规章制度和操作规程冒险作业造成重大伤亡事故或者其他严重后果，构成犯罪的，依照刑法有关规定追究刑事责任。

施工单位的主要负责人、项目负责人有前款违法行为，尚不够刑事处罚的，处2万元以上20万元以下的罚款或者按照管理权限给予撤职处分；自刑罚执行完毕或者受处分之日起，5年内不得担任任何施工单位的主要负责人、项目负责人。

第六十七条 施工单位取得资质证书后，降低安全生产条件的，责令限期改正；经整改仍未达到与其资质等级相适应的安全生产条件的，责令停业整顿，降低其资质等级直至吊销资质证书。

第六十八条 本条例规定的行政处罚，由建设行政主管部门或者其他有关部门依照法定职权决定。

违反消防安全管理规定的行为，由公安消防机构依法处罚。

有关法律、行政法规对建设工程安全生产违法行为的行政处罚决定机关另有规定的，从其规定。

第八章 附 则

第六十九条 抢险救灾和农民自建低层住宅的安全生产管理，不适用本条例。

第七十条 军事建设工程的安全生产管理，按照中央军事委员会的有关规定执行。

第七十一条 本条例自2004年2月1日起施行。

2. 部门规章及有关文件

建设工程消防设计审查验收管理暂行规定

（2020年1月19日住房和城乡建设部第15次部务会议审议通过，2020年4月1日住房和城乡建设部令第51号公布，自2020年6月1日起施行）

第一章 总 则

第一条 为了加强建设工程消防设计审查验收管理，保证建设工程消防设计、施工质量，根据《中华人民共和国建筑法》《中华人民共和国消防法》《建设工程质量管理条例》等法律、行政法规，制定本规定。

第二条 特殊建设工程的消防设计审查、消防验收，以及其他建设工程的消防验收备案（以下简称备案）、抽查，适用本规定。

本规定所称特殊建设工程，是指本规定第十四条所列的建设工程。

本规定所称其他建设工程，是指特殊建设工程以外的其他按照国家工程建设消防技术标准需要进行消防设计的建设工程。

第三条 国务院住房和城乡建设主管部门负责指导监督全国建设工程消防设计审查验收工作。

县级以上地方人民政府住房和城乡建设主管部门（以下简称消防设计审查验收主管部门）依职责承担本行政区域内建设工程消防设计审查、消防验收、备案和抽查工作。

跨行政区域建设工程的消防设计审查、消防验收、备案和抽查工作，由该建设工程所在行政区域消防设计审查验收主管部门共同的上一级主管部门指定负责。

第四条 消防设计审查验收主管部门应当运用互联网技术等信息化手段开展消防设计审查、消防验收、备案和抽查工作，建立健全有关单位和从业人员的信用管理制度，不断提升政务服务水平。

第五条 消防设计审查验收主管部门实施消防设计审查、消防验收、备案和抽查工作所需经费，按照《中华人民共和国行政许可法》等有关法律法规的规定执行。

第六条 消防设计审查验收主管部门应当及时将消防验收、备案和抽查情况告知消防救援机构，并与消防救援机构共享建筑平面图、消防设施平面布置图、消防设施系统图等资料。

第七条 从事建设工程消防设计审查验收的工作人员，以及建设、设计、施工、工程监理、技术服务等单位的从业人员，应当具备相应的专业技术能力，定期参加职业培训。

第二章 有关单位的消防设计、施工质量责任与义务

第八条 建设单位依法对建设工程消防设计、施工质量负首要责任。设计、施工、工程监理、技术服务等单位依法对建设工程消防设计、施工质量负主体责任。建设、设计、施工、工程监理、技术服务等单位的从业人员依法对建设工程消防设计、施工质量承

担相应的个人责任。

第九条 建设单位应当履行下列消防设计、施工质量责任和义务：

（一）不得明示或者暗示设计、施工、工程监理、技术服务等单位及其从业人员违反建设工程法律法规和国家工程建设消防技术标准，降低建设工程消防设计、施工质量；

（二）依法申请建设工程消防设计审查、消防验收，办理备案并接受抽查；

（三）实行工程监理的建设工程，依法将消防施工质量委托监理；

（四）委托具有相应资质的设计、施工、工程监理单位；

（五）按照工程消防设计要求和合同约定，选用合格的消防产品和满足防火性能要求的建筑材料、建筑构配件和设备；

（六）组织有关单位进行建设工程竣工验收时，对建设工程是否符合消防要求进行查验；

（七）依法及时向档案管理机构移交建设工程消防有关档案。

第十条 设计单位应当履行下列消防设计、施工质量责任和义务：

（一）按照建设工程法律法规和国家工程建设消防技术标准进行设计，编制符合要求的消防设计文件，不得违反国家工程建设消防技术标准强制性条文；

（二）在设计文件中选用的消防产品和具有防火性能要求的建筑材料、建筑构配件和设备，应当注明规格、性能等技术指标，符合国家规定的标准；

（三）参加建设单位组织的建设工程竣工验收，对建设工程消防设计实施情况签章确认，并对建设工程消防设计质量负责。

第十一条 施工单位应当履行下列消防设计、施工质量责任和义务：

（一）按照建设工程法律法规、国家工程建设消防技术标准，以及经消防设计审查合格或者满足工程需要的消防设计文件组织施工，不得擅自改变消防设计进行施工，降低消防施工质量；

（二）按照消防设计要求、施工技术标准和合同约定检验消防产品和具有防火性能要求的建筑材料、建筑构配件和设备的质量，使用合格产品，保证消防施工质量；

（三）参加建设单位组织的建设工程竣工验收，对建设工程消防施工质量签章确认，并对建设工程消防施工质量负责。

第十二条 工程监理单位应当履行下列消防设计、施工质量责任和义务：

（一）按照建设工程法律法规、国家工程建设消防技术标准，以及经消防设计审查合格或者满足工程需要的消防设计文件实施工程监理；

（二）在消防产品和具有防火性能要求的建筑材料、建筑构配件和设备使用、安装前，核查产品质量证明文件，不得同意使用或者安装不合格的消防产品和防火性能不符合要求的建筑材料、建筑构配件和设备；

（三）参加建设单位组织的建设工程竣工验收，对建设工程消防施工质量签章确认，并对建设工程消防施工质量承担监理责任。

第十三条 提供建设工程消防设计图纸技术审查、消防设施检测或者建设工程消防验收现场评定等服务的技术服务机构，应当按照建设工程法律法规、国家工程建设消防技术标准和国家有关规定提供服务，并对出具的意见或者报告负责。

第三章 特殊建设工程的消防设计审查

第十四条 具有下列情形之一的建设工程是特殊建设工程：

（一）总建筑面积大于二万平方米的体育场馆、会堂，公共展览馆、博物馆的展示厅；

（二）总建筑面积大于一万五千平方米的民用机场航站楼、客运车站候车室、客运码头候船厅；

（三）总建筑面积大于一万平方米的宾馆、饭店、商场、市场；

（四）总建筑面积大于二千五百平方米的影剧院，公共图书馆的阅览室，营业性室内健身、休闲场馆，医院的门诊楼，大学的教学楼、图书馆、食堂，劳动密集型企业的生产加工车间，寺庙、教堂；

（五）总建筑面积大于一千平方米的托儿所、幼儿园的儿童用房，儿童游乐厅等室内儿童活动场所，养老院、福利院，医院、疗养院的病房楼，中小学校的教学楼、图书馆、食堂，学校的集体宿舍，劳动密集型企业的员工集体宿舍；

（六）总建筑面积大于五百平方米的歌舞厅、录像厅、放映厅、卡拉OK厅、夜总会、游艺厅、桑拿浴室、网吧、酒吧，具有娱乐功能的餐馆、茶馆、咖啡厅；

（七）国家工程建设消防技术标准规定的一类高层住宅建筑；

（八）城市轨道交通、隧道工程，大型发电、变配电工程；

（九）生产、储存、装卸易燃易爆危险物品的工厂、仓库和专用车站、码头，易燃易爆气体和液体的充装站、供应站、调压站；

（十）国家机关办公楼、电力调度楼、电信楼、邮政楼、防灾指挥调度楼、广播电视楼、档案楼；

（十一）设有本条第一项至第六项所列情形的建设工程；

（十二）本条第十项、第十一项规定以外的单体建筑面积大于四万平方米或者建筑高度超过五十米的公共建筑。

第十五条 对特殊建设工程实行消防设计审查制度。

特殊建设工程的建设单位应当向消防设计审查验收主管部门申请消防设计审查，消防设计审查验收主管部门依法对审查的结果负责。

特殊建设工程未经消防设计审查或者审查不合格的，建设单位、施工单位不得施工。

第十六条 建设单位申请消防设计审查，应当提交下列材料：

（一）消防设计审查申请表；

（二）消防设计文件；

（三）依法需要办理建设工程规划许可的，应当提交建设工程规划许可文件；

（四）依法需要批准的临时性建筑，应当提交批准文件。

第十七条 特殊建设工程具有下列情形之一的，建设单位除提交本规定第十六条所列材料外，还应当同时提交特殊消防设计技术资料：

（一）国家工程建设消防技术标准没有规定，必须采用国际标准或者境外工程建设消防技术标准的；

（二）消防设计文件拟采用的新技术、新工艺、新材料不符合国家工程建设消防技术标准规定的。

前款所称特殊消防设计技术资料，应当包括特殊消防设计文件，设计采用的国际标准、境外工程建设消防技术标准的中文文本，以及有关的应用实例、产品说明等资料。

第十八条 消防设计审查验收主管部门收到建设单位提交的消防设计审查申请后，对申请材料齐全的，应当出具受理凭证；申请材料不齐全的，应当一次性告知需要补正的全部内容。

第十九条 对具有本规定第十七条情形之一的建设工程，消防设计审查验收主管部门应当自受理消防设计审查申请之日起五个工作日内，将申请材料报送省、自治区、直辖市人民政府住房和城乡建设主管部门组织专家评审。

第二十条 省、自治区、直辖市人民政府住房和城乡建设主管部门应当建立由具有工程消防、建筑等专业高级技术职称人员组成的专家库，制定专家库管理制度。

第二十一条 省、自治区、直辖市人民政府住房和城乡建设主管部门应当在收到申请材料之日起十个工作日内组织召开专家评审会，对建设单位提交的特殊消防设计技术资料进行评审。

评审专家从专家库随机抽取，对于技术复杂、专业性强或者国家有特殊要求的项目，可以直接邀请相应专业的中国科学院院士、中国工程院院士、全国工程勘察设计大师以及境外具有相应资历的专家参加评审；与特殊建设工程设计单位有利害关系的专家不得参加评审。

评审专家应当符合相关专业要求，总数不得少于七人，且独立出具评审意见。特殊消防设计技术资料经四分之三以上评审专家同意即为评审通过，评审专家有不同意见的，应当注明。省、自治区、直辖市人民政府住房和城乡建设主管部门应当将专家评审意见，书面通知报请评审的消防设计审查验收主管部门，同时报国务院住房和城乡建设主管部门备案。

第二十二条 消防设计审查验收主管部门应当自受理消防设计审查申请之日起十五个工作日内出具书面审查意见。依照本规定需要组织专家评审的，专家评审时间不超过二十个工作日。

第二十三条 对符合下列条件的，消防设计审查验收主管部门应当出具消防设计审查合格意见：

（一）申请材料齐全、符合法定形式；

（二）设计单位具有相应资质；

（三）消防设计文件符合国家工程建设消防技术标准（具有本规定第十七条情形之一的特殊建设工程，特殊消防设计技术资料通过专家评审）。

对不符合前款规定条件的，消防设计审查验收主管部门应当出具消防设计审查不合格意见，并说明理由。

第二十四条 实行施工图设计文件联合审查的，应当将建设工程消防设计的技术审查并入联合审查。

第二十五条 建设、设计、施工单位不得擅自修改经审查合格的消防设计文件。确需修改的，建设单位应当依照本规定重新申请消防设计审查。

第四章 特殊建设工程的消防验收

第二十六条 对特殊建设工程实行消防验收

制度。

特殊建设工程竣工验收后，建设单位应当向消防设计审查验收主管部门申请消防验收；未经消防验收或者消防验收不合格的，禁止投入使用。

第二十七条 建设单位组织竣工验收时，应当对建设工程是否符合下列要求进行查验：

（一）完成工程消防设计和合同约定的消防各项内容；

（二）有完整的工程消防技术档案和施工管理资料（含涉及消防的建筑材料、建筑构配件和设备的进场试验报告）；

（三）建设单位对工程涉及消防的各分部分项工程验收合格；施工、设计、工程监理、技术服务等单位确认工程消防质量符合有关标准；

（四）消防设施性能、系统功能联调联试等内容检测合格。

经查验不符合前款规定的建设工程，建设单位不得编制工程竣工验收报告。

第二十八条 建设单位申请消防验收，应当提交下列材料：

（一）消防验收申请表；

（二）工程竣工验收报告；

（三）涉及消防的建设工程竣工图纸。

消防设计审查验收主管部门收到建设单位提交的消防验收申请后，对申请材料齐全的，应当出具受理凭证；申请材料不齐全的，应当一次性告知需要补正的全部内容。

第二十九条 消防设计审查验收主管部门受理消防验收申请后，应当按照国家有关规定，对特殊建设工程进行现场评定。现场评定包括对建筑物防（灭）火设施的外观进行现场抽样查看；通过专业仪器设备对涉及距离、高度、宽度、长度、面积、厚度等可测量的指标进行现场抽样测量；对消防设施的功能进行抽样测试、联调联试消防设施的系统功能等内容。

第三十条 消防设计审查验收主管部门应当自受理消防验收申请之日起十五日内出具消防验收意见。对符合下列条件的，应当出具消防验收合格意见：

（一）申请材料齐全、符合法定形式；

（二）工程竣工验收报告内容完备；

（三）涉及消防的建设工程竣工图纸与经审查合格的消防设计文件相符；

（四）现场评定结论合格。

对不符合前款规定条件的，消防设计审查验收主管部门应当出具消防验收不合格意见，并说明理由。

第三十一条 实行规划、土地、消防、人防、档案等事项联合验收的建设工程，消防验收意见由地方人民政府指定的部门统一出具。

第五章 其他建设工程的消防设计、备案与抽查

第三十二条 其他建设工程，建设单位申请施工许可或者申请批准开工报告时，应当提供满足施工需要的消防设计图纸及技术资料。

未提供满足施工需要的消防设计图纸及技术资料的，有关部门不得发放施工许可证或者批准开工报告。

第三十三条 对其他建设工程实行备案抽查制度。

其他建设工程经依法抽查不合格的，应当停止使用。

第三十四条 其他建设工程竣工验收合格之日起五个工作日内，建设单位应当报消防设计审查验收主管部门备案。

建设单位办理备案，应当提交下列材料：

（一）消防验收备案表；

（二）工程竣工验收报告；

（三）涉及消防的建设工程竣工图纸。

本规定第二十七条有关建设单位竣工验收消防查验的规定，适用于其他建设工程。

第三十五条 消防设计审查验收主管部门收到建设单位备案材料后，对备案材料齐全的，应当出具备案凭证；备案材料不齐全的，应当一次性告知需要补正的全部内容。

第三十六条 消防设计审查验收主管部门应当对备案的其他建设工程进行抽查。抽查工作推行"双随机、一公开"制度，随机抽取检查对象，随机选派检查人员。抽查比例由省、自治区、直辖市人民政府住房和城乡建设主管部门，结合辖区内消防设计、施工质量情况确定，并向社会公示。

消防设计审查验收主管部门应当自其他建设工程被确定为检查对象之日起十五个工作日内，按照建设工程消防验收有关规定完成检查，制作检查记录。检查结果应当通知建设单位，并向社会公示。

第三十七条 建设单位收到检查不合格整改通知后，应当停止使用建设工程，并组织整改，整改完成后，向消防设计审查验收主管部门申请复查。

消防设计审查验收主管部门应当自收到书面申请之日起七个工作日内进行复查，并出具复查意见。复

查合格后方可使用建设工程。

第六章 附 则

第三十八条 违反本规定的行为,依照《中华人民共和国建筑法》《中华人民共和国消防法》《建设工程质量管理条例》等法律法规给予处罚;构成犯罪的,依法追究刑事责任。

建设、设计、施工、工程监理、技术服务等单位及其从业人员违反有关建设工程法律法规和国家工程建设消防技术标准,除依法给予处罚或者追究刑事责任外,还应当依法承担相应的民事责任。

第三十九条 建设工程消防设计审查验收规则和执行本规定所需要的文书式样,由国务院住房和城乡建设主管部门制定。

第四十条 新颁布的国家工程建设消防技术标准实施之前,建设工程的消防设计已经依法审查合格的,按原审查意见的标准执行。

第四十一条 住宅室内装饰装修、村民自建住宅、救灾和非人员密集场所的临时性建筑的建设活动,不适用本规定。

第四十二条 省、自治区、直辖市人民政府住房和城乡建设主管部门可以根据有关法律法规和本规定,结合本地实际情况,制定实施细则。

第四十三条 本规定自2020年6月1日起施行。

危险性较大的分部分项工程安全管理规定

(2018年3月8日住房和城乡建设部令第37号公布,自2018年6月1日起施行)

第一章 总 则

第一条 为加强对房屋建筑和市政基础设施工程中危险性较大的分部分项工程安全管理,有效防范生产安全事故,依据《中华人民共和国建筑法》《中华人民共和国安全生产法》《建设工程安全生产管理条例》等法律法规,制定本规定。

第二条 本规定适用于房屋建筑和市政基础设施工程中危险性较大的分部分项工程安全管理。

第三条 本规定所称危险性较大的分部分项工程(以下简称"危大工程"),是指房屋建筑和市政基础设施工程在施工过程中,容易导致人员群死群伤或者造成重大经济损失的分部分项工程。

危大工程及超过一定规模的危大工程范围由国务院住房城乡建设主管部门制定。

省级住房城乡建设主管部门可以结合本地区实际情况,补充本地区危大工程范围。

第四条 国务院住房城乡建设主管部门负责全国危大工程安全管理的指导监督。

县级以上地方人民政府住房城乡建设主管部门负责本行政区域内危大工程的安全监督管理。

第二章 前期保障

第五条 建设单位应当依法提供真实、准确、完整的工程地质、水文地质和工程周边环境等资料。

第六条 勘察单位应当根据工程实际及工程周边环境资料,在勘察文件中说明地质条件可能造成的工程风险。

设计单位应当在设计文件中注明涉及危大工程的重点部位和环节,提出保障工程周边环境安全和工程施工安全的意见,必要时进行专项设计。

第七条 建设单位应当组织勘察、设计等单位在施工招标文件中列出危大工程清单,要求施工单位在投标时补充完善危大工程清单并明确相应的安全管理措施。

第八条 建设单位应当按照施工合同约定及时支付危大工程施工技术措施费以及相应的安全防护文明施工措施费,保障危大工程施工安全。

第九条 建设单位在申请办理安全监督手续时,应当提交危大工程清单及其安全管理措施等资料。

第三章 专项施工方案

第十条 施工单位应当在危大工程施工前组织工程技术人员编制专项施工方案。

实行施工总承包的,专项施工方案应当由施工总承包单位组织编制。危大工程实行分包的,专项施工方案可以由相关专业分包单位组织编制。

第十一条 专项施工方案应当由施工单位技术负责人审核签字、加盖单位公章,并由总监理工程师审查签字、加盖执业印章后方可实施。

危大工程实行分包并由分包单位编制专项施工方案的,专项施工方案应当由总承包单位技术负责人及分包单位技术负责人共同审核签字并加盖单位公章。

第十二条 对于超过一定规模的危大工程,施工单位应当组织召开专家论证会对专项施工方案进行论证。实行施工总承包的,由施工总承包单位组织召开专家论证会。专家论证前专项施工方案应当通过施工单位审核和总监理工程师审查。

专家应当从地方人民政府住房城乡建设主管部门建立的专家库中选取，符合专业要求且人数不得少于5名。与本工程有利害关系的人员不得以专家身份参加专家论证会。

第十三条 专家论证会后，应当形成论证报告，对专项施工方案提出通过、修改后通过或者不通过的一致意见。专家对论证报告负责并签字确认。

专项施工方案经论证需修改后通过的，施工单位应当根据论证报告修改完善后，重新履行本规定第十一条的程序。

专项施工方案经论证不通过的，施工单位修改后应当按照本规定的要求重新组织专家论证。

第四章 现场安全管理

第十四条 施工单位应当在施工现场显著位置公告危大工程名称、施工时间和具体责任人员，并在危险区域设置安全警示标志。

第十五条 专项施工方案实施前，编制人员或者项目技术负责人应当向施工现场管理人员进行方案交底。

施工现场管理人员应当向作业人员进行安全技术交底，并由双方和项目专职安全生产管理人员共同签字确认。

第十六条 施工单位应当严格按照专项施工方案组织施工，不得擅自修改专项施工方案。

因规划调整、设计变更等原因确需调整的，修改后的专项施工方案应当按照本规定重新审核和论证。涉及资金或者工期调整的，建设单位应当按照约定予以调整。

第十七条 施工单位应当对危大工程施工作业人员进行登记，项目负责人应当在施工现场履职。

项目专职安全生产管理人员应当对专项施工方案实施情况进行现场监督，对未按照专项施工方案施工的，应当要求立即整改，并及时报告项目负责人，项目负责人应当及时组织限期整改。

施工单位应当按照规定对危大工程进行施工监测和安全巡视，发现危及人身安全的紧急情况，应当立即组织作业人员撤离危险区域。

第十八条 监理单位应当结合危大工程专项施工方案编制监理实施细则，并对危大工程施工实施专项巡视检查。

第十九条 监理单位发现施工单位未按照专项施工方案施工的，应当要求其进行整改；情节严重的，应当要求其暂停施工，并及时报告建设单位。施工单位拒不整改或者不停止施工的，监理单位应当及时报告建设单位和工程所在地住房城乡建设主管部门。

第二十条 对于按照规定需要进行第三方监测的危大工程，建设单位应当委托具有相应勘察资质的单位进行监测。

监测单位应当编制监测方案。监测方案由监测单位技术负责人审核签字并加盖单位公章，报送监理单位后方可实施。

监测单位应当按照监测方案开展监测，及时向建设单位报送监测成果，并对监测成果负责；发现异常时，及时向建设、设计、施工、监理单位报告，建设单位应当立即组织相关单位采取处置措施。

第二十一条 对于按照规定需要验收的危大工程，施工单位、监理单位应当组织相关人员进行验收。验收合格的，经施工单位项目技术负责人及总监理工程师签字确认后，方可进入下一道工序。

危大工程验收合格后，施工单位应当在施工现场明显位置设置验收标识牌，公示验收时间及责任人员。

第二十二条 危大工程发生险情或者事故时，施工单位应当立即采取应急处置措施，并报告工程所在地住房城乡建设主管部门。建设、勘察、设计、监理等单位应当配合施工单位开展应急抢险工作。

第二十三条 危大工程应急抢险结束后，建设单位应当组织勘察、设计、施工、监理等单位制定工程恢复方案，并对应急抢险工作进行后评估。

第二十四条 施工、监理单位应当建立危大工程安全管理档案。

施工单位应当将专项施工方案及审核、专家论证、交底、现场检查、验收及整改等相关资料纳入档案管理。

监理单位应当将监理实施细则、专项施工方案审查、专项巡视检查、验收及整改等相关资料纳入档案管理。

第五章 监 督 管 理

第二十五条 设区的市级以上地方人民政府住房城乡建设主管部门应当建立专家库，制定专家库管理制度，建立专家诚信档案，并向社会公布，接受社会监督。

第二十六条 县级以上地方人民政府住房城乡建设主管部门或者所属施工安全监督机构，应当根据监督工作计划对危大工程进行抽查。

县级以上地方人民政府住房城乡建设主管部门或者所属施工安全监督机构，可以通过政府购买技术服务方式，聘请具有专业技术能力的单位和人员对危大工程进行检查，所需费用向本级财政申请予以保障。

第二十七条 县级以上地方人民政府住房城乡建设主管部门或者所属施工安全监督机构，在监督抽查中发现危大工程存在安全隐患的，应当责令施工单位整改；重大安全事故隐患排除前或者排除过程中无法保证安全的，责令从危险区域内撤出作业人员或者暂时停止施工；对依法应当给予行政处罚的行为，应当依法作出行政处罚决定。

第二十八条 县级以上地方人民政府住房城乡建设主管部门应当将单位和个人的处罚信息纳入建筑施工安全生产不良信用记录。

第六章 法 律 责 任

第二十九条 建设单位有下列行为之一的，责令限期改正，并处 1 万元以上 3 万元以下的罚款；对直接负责的主管人员和其他直接责任人员处 1000 元以上 5000 元以下的罚款：

（一）未按照本规定提供工程周边环境等资料的；

（二）未按照本规定在招标文件中列出危大工程清单的；

（三）未按照施工合同约定及时支付危大工程施工技术措施费或者相应的安全防护文明施工措施费的；

（四）未按照本规定委托具有相应勘察资质的单位进行第三方监测的；

（五）未对第三方监测单位报告的异常情况组织采取处置措施的。

第三十条 勘察单位未在勘察文件中说明地质条件可能造成的工程风险，责令限期改正，依照《建设工程安全生产管理条例》对单位进行处罚；对直接负责的主管人员和其他直接责任人员处 1000 元以上 5000 元以下的罚款。

第三十一条 设计单位未在设计文件中注明涉及危大工程的重点部位和环节，未提出保障工程周边环境安全和工程施工安全的意见的，责令限期改正，并处 1 万元以上 3 万元以下的罚款；对直接负责的主管人员和其他直接责任人员处 1000 元以上 5000 元以下的罚款。

第三十二条 施工单位未按本规定编制并审核危大工程专项施工方案的，依照《建设工程安全生产管理条例》对单位进行处罚，并暂扣安全生产许可证 30 日；对直接负责的主管人员和其他直接责任人员处 1000 元以上 5000 元以下的罚款。

第三十三条 施工单位有下列行为之一的，依照《中华人民共和国安全生产法》《建设工程安全生产管理条例》对单位和相关责任人员进行处罚：

（一）未向施工现场管理人员和作业人员进行方案交底和安全技术交底的；

（二）未在施工现场显著位置公告危大工程，并在危险区域设置安全警示标志的；

（三）项目专职安全生产管理人员未对专项施工方案实施情况进行现场监督的。

第三十四条 施工单位有下列行为之一的，责令限期改正，处 1 万元以上 3 万元以下的罚款，并暂扣安全生产许可证 30 日；对直接负责的主管人员和其他直接责任人员处 1000 元以上 5000 元以下的罚款：

（一）未对超过一定规模的危大工程专项施工方案进行专家论证的；

（二）未根据专家论证报告对超过一定规模的危大工程专项施工方案进行修改，或者未按照本规定重新组织专家论证的；

（三）未严格按照专项施工方案组织施工，或者擅自修改专项施工方案的。

第三十五条 施工单位有下列行为之一的，责令限期改正，并处 1 万元以上 3 万元以下的罚款；对直接负责的主管人员和其他直接责任人员处 1000 元以上 5000 元以下的罚款：

（一）项目负责人未按照本规定现场履职或者组织限期整改的；

（二）施工单位未按照本规定进行施工监测和安全巡视的；

（三）未按照本规定组织危大工程验收的；

（四）发生险情或者事故时，未采取应急处置措施的；

（五）未按照本规定建立危大工程安全管理档案的。

第三十六条 监理单位有下列行为之一的，依照《中华人民共和国安全生产法》《建设工程安全生产管理条例》对单位进行处罚；对直接负责的主管人员和其他直接责任人员处 1000 元以上 5000 元以下的罚款：

（一）总监理工程师未按照本规定审查危大工程专项施工方案的；

（二）发现施工单位未按照专项施工方案实施，未要求其整改或者停工的；

（三）施工单位拒不整改或者不停止施工时，未向建设单位和工程所在地住房城乡建设主管部门报告的。

第三十七条 监理单位有下列行为之一的，责令限期改正，并处1万元以上3万元以下的罚款；对直接负责的主管人员和其他直接责任人员处1000元以上5000元以下的罚款：

（一）未按照本规定编制监理实施细则的；

（二）未对危大工程施工实施专项巡视检查的；

（三）未按照本规定参与组织危大工程验收的；

（四）未按照本规定建立危大工程安全管理档案的。

第三十八条 监测单位有下列行为之一的，责令限期改正，并处1万元以上3万元以下的罚款；对直接负责的主管人员和其他直接责任人员处1000元以上5000元以下的罚款：

（一）未取得相应勘察资质从事第三方监测的；

（二）未按照本规定编制监测方案的；

（三）未按照监测方案开展监测的；

（四）发现异常未及时报告的。

第三十九条 县级以上地方人民政府住房城乡建设主管部门或者所属施工安全监督机构的工作人员，未依法履行危大工程安全监督管理职责的，依照有关规定给予处分。

第七章 附　　则

第四十条 本规定自2018年6月1日起施行。

建筑工程施工许可管理办法

（2014年6月25日住房和城乡建设部令第18号发布　根据2018年9月28日住房和城乡建设部令第42号修正）

第一条 为了加强对建筑活动的监督管理，维护建筑市场秩序，保证建筑工程的质量和安全，根据《中华人民共和国建筑法》，制定本办法。

第二条 在中华人民共和国境内从事各类房屋建筑及其附属设施的建造、装修装饰和与其配套的线路、管道、设备的安装，以及城镇市政基础设施工程的施工，建设单位在开工前应当依照本办法的规定，向工程所在地的县级以上地方人民政府住房城乡建设主管部门（以下简称发证机关）申请领取施工许可证。

工程投资额在30万元以下或者建筑面积在300平方米以下的建筑工程，可以不申请办理施工许可证。省、自治区、直辖市人民政府住房城乡建设主管部门可以根据当地的实际情况，对限额进行调整，并报国务院住房城乡建设主管部门备案。

按照国务院规定的权限和程序批准开工报告的建筑工程，不再领取施工许可证。

第三条 本办法规定应当申请领取施工许可证的建筑工程未取得施工许可证的，一律不得开工。

任何单位和个人不得将应当申请领取施工许可证的工程项目分解为若干限额以下的工程项目，规避申请领取施工许可证。

第四条 建设单位申请领取施工许可证，应当具备下列条件，并提交相应的证明文件：

（一）依法应当办理用地批准手续的，已经办理该建筑工程用地批准手续。

（二）在城市、镇规划区的建筑工程，已经取得建设工程规划许可证。

（三）施工场地已经基本具备施工条件，需要征收房屋的，其进度符合施工要求。

（四）已经确定施工企业。按照规定应当招标的工程没有招标，应当公开招标的工程没有公开招标，或者肢解发包工程，以及将工程发包给不具备相应资质条件的企业的，所确定的施工企业无效。

（五）有满足施工需要的技术资料，施工图设计文件已按规定审查合格。

（六）有保证工程质量和安全的具体措施。施工企业编制的施工组织设计中有根据建筑工程特点制定的相应质量、安全技术措施。建立工程质量安全责任制并落实到人。专业性较强的工程项目编制了专项质量、安全施工组织设计，并按照规定办理了工程质量、安全监督手续。

（七）建设资金已经落实。建设单位应当提供建设资金已经落实承诺书。

（八）法律、行政法规规定的其他条件。

县级以上地方人民政府住房城乡建设主管部门不得违反法律法规规定，增设办理施工许可证的其他条件。

第五条 申请办理施工许可证，应当按照下列程序进行：

（一）建设单位向发证机关领取《建筑工程施工许可证申请表》。

（二）建设单位持加盖单位及法定代表人印鉴的《建筑工程施工许可证申请表》，并附本办法第四条规定的证明文件，向发证机关提出申请。

（三）发证机关在收到建设单位报送的《建筑工程施工许可证申请表》和所附证明文件后，对于符合条件的，应当自收到申请之日起七日内颁发施工许可证；对于证明文件不齐全或者失效的，应当当场或者五日内一次告知建设单位需要补正的全部内容，审批时间可以自证明文件补正齐全后作相应顺延；对于不符合条件的，应当自收到申请之日起七日内书面通知建设单位，并说明理由。

建筑工程在施工过程中，建设单位或者施工单位发生变更的，应当重新申请领取施工许可证。

第六条　建设单位申请领取施工许可证的工程名称、地点、规模，应当符合依法签订的施工承包合同。

施工许可证应当放置在施工现场备查，并按规定在施工现场公开。

第七条　施工许可证不得伪造和涂改。

第八条　建设单位应当自领取施工许可证之日起三个月内开工。因故不能按期开工的，应当在期满前向发证机关申请延期，并说明理由；延期以两次为限，每次不超过三个月。既不开工又不申请延期或者超过延期次数、时限的，施工许可证自行废止。

第九条　在建的建筑工程因故中止施工的，建设单位应当自中止施工之日起一个月内向发证机关报告，报告内容包括中止施工的时间、原因、在施部位、维修管理措施等，并按照规定做好建筑工程的维护管理工作。

建筑工程恢复施工时，应当向发证机关报告；中止施工满一年的工程恢复施工前，建设单位应当报发证机关核验施工许可证。

第十条　发证机关应当将办理施工许可证的依据、条件、程序、期限以及需要提交的全部材料和申请表示范文本等，在办公场所和有关网站予以公示。

发证机关作出的施工许可决定，应当予以公开，公众有权查阅。

第十一条　发证机关应当建立颁发施工许可证后的监督检查制度，对取得施工许可证后条件发生变化、延期开工、中止施工等行为进行监督检查，发现违法违规行为及时处理。

第十二条　对于未取得施工许可证或者为规避办理施工许可证将工程项目分解以擅自施工的，由有管辖权的发证机关责令停止施工，限期改正，对建设单位处工程合同价款1%以上2%以下罚款；对施工单位处3万元以下罚款。

第十三条　建设单位采用欺骗、贿赂等不正当手段取得施工许可证的，由原发证机关撤销施工许可证，责令停止施工，并处1万元以上3万元以下罚款；构成犯罪的，依法追究刑事责任。

第十四条　建设单位隐瞒有关情况或者提供虚假材料申请施工许可证的，发证机关不予受理或者不予许可，并处1万元以上3万元以下罚款；构成犯罪的，依法追究刑事责任。

建设单位伪造或者涂改施工许可证的，由发证机关责令停止施工，并处1万元以上3万元以下罚款；构成犯罪的，依法追究刑事责任。

第十五条　依照本办法规定，给予单位罚款处罚的，对单位直接负责的主管人员和其他直接责任人员处单位罚款数额5%以上10%以下罚款。

单位及相关责任人受到处罚的，作为不良行为记录予以通报。

第十六条　发证机关及其工作人员，违反本办法，有下列情形之一的，由其上级行政机关或者监察机关责令改正；情节严重的，对直接负责的主管人员和其他直接责任人员，依法给予行政处分：

（一）对不符合条件的申请人准予施工许可的；

（二）对符合条件的申请人不予施工许可或者未在法定期限内作出准予许可决定的；

（三）对符合条件的申请不予受理的；

（四）利用职务上的便利，收受他人财物或者谋取其他利益的；

（五）不依法履行监督职责或者监督不力，造成严重后果的。

第十七条　建筑工程施工许可证由国务院住房城乡建设主管部门制定格式，由各省、自治区、直辖市人民政府住房城乡建设主管部门统一印制。

施工许可证分为正本和副本，正本和副本具有同等法律效力。复印的施工许可证无效。

第十八条　本办法关于施工许可管理的规定适用于其他专业建筑工程。有关法律、行政法规有明确规定的，从其规定。

《建筑法》第八十三条第三款规定的建筑活动，不适用本办法。

军事房屋建筑工程施工许可的管理，按国务院、中央军事委员会制定的办法执行。

第十九条　省、自治区、直辖市人民政府住房城乡建设主管部门可以根据本办法制定实施细则。

第二十条　本办法自2014年10月25日起施行。1999年10月15日建设部令第71号发布、2001年7月4日建设部令第91号修正的《建筑工程施工许可管理办法》同时废止。

建筑施工企业安全生产许可证管理规定

(2004年7月5日建设部令第128号发布　根据2015年1月22日住房和城乡建设部令第23号《住房和城乡建设部关于修改〈市政公用设施抗灾设防管理规定〉等部门规章的决定》修正)

第一章　总　则

第一条　为了严格规范建筑施工企业安全生产条件，进一步加强安全生产监督管理，防止和减少生产安全事故，根据《安全生产许可证条例》《建设工程安全生产管理条例》等有关行政法规，制定本规定。

第二条　国家对建筑施工企业实行安全生产许可制度。

建筑施工企业未取得安全生产许可证的，不得从事建筑施工活动。

本规定所称建筑施工企业，是指从事土木工程、建筑工程、线路管道和设备安装工程及装修工程的新建、扩建、改建和拆除等有关活动的企业。

第三条　国务院住房城乡建设主管部门负责对全国建筑施工企业安全生产许可证的颁发和管理工作进行监督指导。

省、自治区、直辖市政府住房城乡建设主管部门负责本行政区域内建筑施工企业安全生产许可证的颁发和管理工作。

市、县政府住房城乡建设主管部门负责本行政区域内建筑施工企业安全生产许可证的监督管理，并将监督检查中发现的企业违法行为及时报告安全生产许可证颁发管理机关。

第二章　安全生产条件

第四条　建筑施工企业取得安全生产许可证，应当具备下列安全生产条件：

(一) 建立、健全安全生产责任制，制定完备的安全生产规章制度和操作规程；

(二) 保证本单位安全生产条件所需资金的投入；

(三) 设置安全生产管理机构，按照国家有关规定配备专职安全生产管理人员；

(四) 主要负责人、项目负责人、专职安全生产管理人员经住房城乡建设主管部门或者其他有关部门考核合格；

(五) 特种作业人员经有关业务主管部门考核合格，取得特种作业操作资格证书；

(六) 管理人员和作业人员每年至少进行一次安全生产教育培训并考核合格；

(七) 依法参加工伤保险，依法为施工现场从事危险作业的人员办理意外伤害保险，为从业人员交纳保险费；

(八) 施工现场的办公、生活区及作业场所和安全防护用具、机械设备、施工机具及配件符合有关安全生产法律、法规、标准和规程的要求；

(九) 有职业危害防治措施，并为作业人员配备符合国家标准或者行业标准的安全防护用具和安全防护服装；

(十) 有对危险性较大的分部分项工程及施工现场易发生重大事故的部位、环节的预防、监控措施和应急预案；

(十一) 有生产安全事故应急救援预案、应急救援组织或者应急救援人员，配备必要的应急救援器材、设备；

(十二) 法律、法规规定的其他条件。

第三章　安全生产许可证的申请与颁发

第五条　建筑施工企业从事建筑施工活动前，应当依照本规定向企业注册所在地省、自治区、直辖市政府住房城乡建设主管部门申请领取安全生产许可证。

第六条　建筑施工企业申请安全生产许可证时，应当向住房城乡建设主管部门提供下列材料：

(一) 建筑施工企业安全生产许可证申请表；

(二) 企业法人营业执照；

(三) 第四条规定的相关文件、材料。

建筑施工企业申请安全生产许可证，应当对申请材料实质内容的真实性负责，不得隐瞒有关情况或者提供虚假材料。

第七条　住房城乡建设主管部门应当自受理建筑施工企业的申请之日起45日内审查完毕；经审查符合安全生产条件的，颁发安全生产许可证；不符合安全生产条件的，不予颁发安全生产许可证，书面通知企业并说明理由。企业自接到通知之日起应当进行整改，整改合格后方可再次提出申请。

住房城乡建设主管部门审查建筑施工企业安全生产许可证申请，涉及铁路、交通、水利等有关专业工程时，可以征求铁路、交通、水利等有关部门的意见。

第八条　安全生产许可证的有效期为3年。安全生产许可证有效期满需要延期的，企业应当于期满前

3个月向原安全生产许可证颁发管理机关申请办理延期手续。

企业在安全生产许可证有效期内，严格遵守有关安全生产的法律法规，未发生死亡事故的，安全生产许可证有效期届满时，经原安全生产许可证颁发管理机关同意，不再审查，安全生产许可证有效期延期3年。

第九条 建筑施工企业变更名称、地址、法定代表人等，应当在变更后10日内，到原安全生产许可证颁发管理机关办理安全生产许可证变更手续。

第十条 建筑施工企业破产、倒闭、撤销的，应当将安全生产许可证交回原安全生产许可证颁发管理机关予以注销。

第十一条 建筑施工企业遗失安全生产许可证，应当立即向原安全生产许可证颁发管理机关报告，并在公众媒体上声明作废后，方可申请补办。

第十二条 安全生产许可证申请表采用建设部规定的统一式样。

安全生产许可证采用国务院安全生产监督管理部门规定的统一式样。

安全生产许可证分正本和副本，正、副本具有同等法律效力。

第四章 监督管理

第十三条 县级以上政府住房城乡建设主管部门应当加强对建筑施工企业安全生产许可证的监督管理。住房城乡建设主管部门在审核发放施工许可证时，应当对已经确定的建筑施工企业是否有安全生产许可证进行审查，对没有取得安全生产许可证的，不得颁发施工许可证。

第十四条 跨省从事建筑施工活动的建筑施工企业有违反本规定行为的，由工程所在地的省级政府住房城乡建设主管部门将建筑施工企业在本地区的违法事实、处理结果和处理建议抄告原安全生产许可证颁发管理机关。

第十五条 建筑施工企业取得安全生产许可证后，不得降低安全生产条件，并应当加强日常安全生产管理，接受住房城乡建设主管部门的监督检查。安全生产许可证颁发管理机关发现企业不再具备安全生产条件的，应当暂扣或者吊销安全生产许可证。

第十六条 安全生产许可证颁发管理机关或者其上级行政机关发现有下列情形之一的，可以撤销已经颁发的安全生产许可证：

（一）安全生产许可证颁发管理机关工作人员玩忽职守颁发安全生产许可证的；

（二）超越法定职权颁发安全生产许可证的；

（三）违反法定程序颁发安全生产许可证的；

（四）对不具备安全生产条件的建筑施工企业颁发安全生产许可证的；

（五）依法可以撤销已经颁发的安全生产许可证的其他情形。

依照前款规定撤销安全生产许可证，建筑施工企业的合法权益受到损害的，住房城乡建设主管部门应当依法给予赔偿。

第十七条 安全生产许可证颁发管理机关应当建立、健全安全生产许可证档案管理制度，定期向社会公布企业取得安全生产许可证的情况，每年向同级安全生产监督管理部门通报建筑施工企业安全生产许可证颁发和管理情况。

第十八条 建筑施工企业不得转让、冒用安全生产许可证或者使用伪造的安全生产许可证。

第十九条 住房城乡建设主管部门工作人员在安全生产许可证颁发、管理和监督检查工作中，不得索取或者接受建筑施工企业的财物，不得谋取其他利益。

第二十条 任何单位或者个人对违反本规定的行为，有权向安全生产许可证颁发管理机关或者监察机关等有关部门举报。

第五章 罚 则

第二十一条 违反本规定，住房城乡建设主管部门工作人员有下列行为之一的，给予降级或者撤职的行政处分；构成犯罪的，依法追究刑事责任：

（一）向不符合安全生产条件的建筑施工企业颁发安全生产许可证的；

（二）发现建筑施工企业未依法取得安全生产许可证擅自从事建筑施工活动，不依法处理的；

（三）发现取得安全生产许可证的建筑施工企业不再具备安全生产条件，不依法处理的；

（四）接到对违反本规定行为的举报后，不及时处理的；

（五）在安全生产许可证颁发、管理和监督检查工作中，索取或者接受建筑施工企业的财物，或者谋取其他利益的。

由于建筑施工企业弄虚作假，造成前款第（一）项行为的，对住房城乡建设主管部门工作人员不予处分。

第二十二条 取得安全生产许可证的建筑施工企业，发生重大安全事故的，暂扣安全生产许可证并限期整改。

第二十三条 建筑施工企业不再具备安全生产条件的，暂扣安全生产许可证并限期整改；情节严重的，吊销安全生产许可证。

第二十四条 违反本规定，建筑施工企业未取得安全生产许可证擅自从事建筑施工活动的，责令其在建项目停止施工，没收违法所得，并处10万元以上50万元以下的罚款；造成重大安全事故或者其他严重后果，构成犯罪的，依法追究刑事责任。

第二十五条 违反本规定，安全生产许可证有效期满未办理延期手续，继续从事建筑施工活动的，责令其在建项目停止施工，限期补办延期手续，没收违法所得，并处5万元以上10万元以下的罚款；逾期仍不办理延期手续，继续从事建筑施工活动的，依照本规定第二十四条的规定处罚。

第二十六条 违反本规定，建筑施工企业转让安全生产许可证的，没收违法所得，处10万元以上50万元以下的罚款，并吊销安全生产许可证；构成犯罪的，依法追究刑事责任；接受转让的，依照本规定第二十四条的规定处罚。

冒用安全生产许可证或者使用伪造的安全生产许可证的，依照本规定第二十四条的规定处罚。

第二十七条 违反本规定，建筑施工企业隐瞒有关情况或者提供虚假材料申请安全生产许可证的，不予受理或者不予颁发安全生产许可证，并给予警告，1年内不得申请安全生产许可证。

建筑施工企业以欺骗、贿赂等不正当手段取得安全生产许可证的，撤销安全生产许可证，3年内不得再次申请安全生产许可证；构成犯罪的，依法追究刑事责任。

第二十八条 本规定的暂扣、吊销安全生产许可证的行政处罚，由安全生产许可证的颁发管理机关决定；其他行政处罚，由县级以上地方政府住房城乡建设主管部门决定。

第六章 附 则

第二十九条 本规定施行前已依法从事建筑施工活动的建筑施工企业，应当自《安全生产许可证条例》施行之日起（2004年1月13日起）1年内向住房城乡建设主管部门申请办理建筑施工企业安全生产许可证；逾期不办理安全生产许可证，或者经审查不符合本规定的安全生产条件，未取得安全生产许可证，继续进行建筑施工活动的，依照本规定第二十四条的规定处罚。

第三十条 本规定自公布之日起施行。

建设项目安全设施"三同时"监督管理办法

（2010年12月14日国家安全监管总局令第36号公布 根据2015年4月2日国家安全监管总局令第77号修正）

第一章 总 则

第一条 为加强建设项目安全管理，预防和减少生产安全事故，保障从业人员生命和财产安全，根据《中华人民共和国安全生产法》和《国务院关于进一步加强企业安全生产工作的通知》等法律、行政法规和规定，制定本办法。

第二条 经县级以上人民政府及其有关主管部门依法审批、核准或者备案的生产经营单位新建、改建、扩建工程项目（以下统称建设项目）安全设施的建设及其监督管理，适用本办法。

法律、行政法规及国务院对建设项目安全设施建设及其监督管理另有规定的，依照其规定。

第三条 本办法所称的建设项目安全设施，是指生产经营单位在生产经营活动中用于预防生产安全事故的设备、设施、装置、构（建）筑物和其他技术措施的总称。

第四条 生产经营单位是建设项目安全设施建设的责任主体。建设项目安全设施必须与主体工程同时设计、同时施工、同时投入生产和使用（以下简称"三同时"）。安全设施投资应当纳入建设项目概算。

第五条 国家安全生产监督管理总局对全国建设项目安全设施"三同时"实施综合监督管理，并在国务院规定的职责范围内承担有关建设项目安全设施"三同时"的监督管理。

县级以上地方各级安全生产监督管理部门对本行政区域内的建设项目安全设施"三同时"实施综合监督管理，并在本级人民政府规定的职责范围内承担本级人民政府及其有关主管部门审批、核准或者备案的建设项目安全设施"三同时"的监督管理。

跨两个及两个以上行政区域的建设项目安全设施"三同时"由其共同的上一级人民政府安全生产监督管理部门实施监督管理。

上一级人民政府安全生产监督管理部门根据工作需要，可以将其负责监督管理的建设项目安全设施"三同时"工作委托下一级人民政府安全生产监督管理部门实施监督管理。

第六条 安全生产监督管理部门应当加强建设项目安全设施建设的日常安全监管，落实有关行政许可及其监管责任，督促生产经营单位落实安全设施建设责任。

第二章 建设项目安全预评价

第七条 下列建设项目在进行可行性研究时，生产经营单位应当按照国家规定，进行安全预评价：

（一）非煤矿矿山建设项目；

（二）生产、储存危险化学品（包括使用长输管道输送危险化学品，下同）的建设项目；

（三）生产、储存烟花爆竹的建设项目；

（四）金属冶炼建设项目；

（五）使用危险化学品从事生产并且使用量达到规定数量的化工建设项目（属于危险化学品生产的除外，下同）；

（六）法律、行政法规和国务院规定的其他建设项目。

第八条 生产经营单位应当委托具有相应资质的安全评价机构，对其建设项目进行安全预评价，并编制安全预评价报告。

建设项目安全预评价报告应当符合国家标准或者行业标准的规定。

生产、储存危险化学品的建设项目和化工建设项目安全预评价报告除符合本条第二款的规定外，还应当符合有关危险化学品建设项目的规定。

第九条 本办法第七条规定以外的其他建设项目，生产经营单位应当对其安全生产条件和设施进行综合分析，形成书面报告备查。

第三章 建设项目安全设施设计审查

第十条 生产经营单位在建设项目初步设计时，应当委托有相应资质的设计单位对建设项目安全设施同时进行设计，编制安全设施设计。

安全设施设计必须符合有关法律、法规、规章和国家标准或者行业标准、技术规范的规定，并尽可能采用先进适用的工艺、技术和可靠的设备、设施。本办法第七条规定的建设项目安全设施设计还应当充分考虑建设项目安全预评价报告提出的安全对策措施。

安全设施设计单位、设计人应当对其编制的设计文件负责。

第十一条 建设项目安全设施设计应当包括下列内容：

（一）设计依据；

（二）建设项目概述；

（三）建设项目潜在的危险、有害因素和危险、有害程度及周边环境安全分析；

（四）建筑及场地布置；

（五）重大危险源分析及检测监控；

（六）安全设施设计采取的防范措施；

（七）安全生产管理机构设置或者安全生产管理人员配备要求；

（八）从业人员安全生产教育和培训要求；

（九）工艺、技术和设备、设施的先进性和可靠性分析；

（十）安全设施专项投资概算；

（十一）安全预评价报告中的安全对策及建议采纳情况；

（十二）预期效果以及存在的问题与建议；

（十三）可能出现的事故预防及应急救援措施；

（十四）法律、法规、规章、标准规定需要说明的其他事项。

第十二条 本办法第七条第（一）项、第（二）项、第（三）项、第（四）项规定的建设项目安全设施设计完成后，生产经营单位应当按照本办法第五条的规定向安全生产监督管理部门提出审查申请，并提交下列文件资料：

（一）建设项目审批、核准或者备案的文件；

（二）建设项目安全设施设计审查申请；

（三）设计单位的设计资质证明文件；

（四）建设项目安全设施设计；

（五）建设项目安全预评价报告及相关文件资料；

（六）法律、行政法规、规章规定的其他文件资料。

安全生产监督管理部门收到申请后，对属于本部门职责范围内的，应当及时进行审查，并在收到申请后5个工作日内作出受理或者不予受理的决定，书面告知申请人；对不属于本部门职责范围内的，应当将有关文件资料转送有审查权的安全生产监督管理部门，并书面告知申请人。

第十三条 对已经受理的建设项目安全设施设计审查申请，安全生产监督管理部门应当自受理之日起20个工作日内作出是否批准的决定，并书面告知申请人。20个工作日内不能作出决定的，经本部门负责人批准，可以延长10个工作日，并应当将延长期限的理由书面告知申请人。

第十四条 建设项目安全设施设计有下列情形之一的，不予批准，并不得开工建设：

（一）无建设项目审批、核准或者备案文件的；

（二）未委托具有相应资质的设计单位进行设计的；

（三）安全预评价报告由未取得相应资质的安全评价机构编制的；

（四）设计内容不符合有关安全生产的法律、法规、规章和国家标准或者行业标准、技术规范的规定的；

（五）未采纳安全预评价报告中的安全对策和建议，且未作充分论证说明的；

（六）不符合法律、行政法规规定的其他条件的。

建设项目安全设施设计审查未予批准的，生产经营单位经过整改后可以向原审查部门申请再审。

第十五条 已经批准的建设项目及其安全设施设计有下列情形之一的，生产经营单位应当报原批准部门审查同意；未经审查同意的，不得开工建设：

（一）建设项目的规模、生产工艺、原料、设备发生重大变更的；

（二）改变安全设施设计且可能降低安全性能的；

（三）在施工期间重新设计的。

第十六条 本办法第七条第（一）项、第（二）项、第（三）项和第（四）项规定以外的建设项目安全设施设计，由生产经营单位组织审查，形成书面报告备查。

第四章 建设项目安全设施施工和竣工验收

第十七条 建设项目安全设施的施工应当由取得相应资质的施工单位进行，并与建设项目主体工程同时施工。

施工单位应当在施工组织设计中编制安全技术措施和施工现场临时用电方案，同时对危险性较大的分部分项工程依法编制专项施工方案，并附具安全验算结果，经施工单位技术负责人、总监理工程师签字后实施。

施工单位应当严格按照安全设施设计和相关施工技术标准、规范施工，并对安全设施的工程质量负责。

第十八条 施工单位发现安全设施设计文件有错漏的，应当及时向生产经营单位、设计单位提出。生产经营单位、设计单位应当及时处理。

施工单位发现安全设施存在重大事故隐患时，应当立即停止施工并报告生产经营单位进行整改。整改合格后，方可恢复施工。

第十九条 工程监理单位应当审查施工组织设计中的安全技术措施或者专项施工方案是否符合工程建设强制性标准。

工程监理单位在实施监理过程中，发现存在事故隐患的，应当要求施工单位整改；情况严重的，应当要求施工单位暂时停止施工，并及时报告生产经营单位。施工单位拒不整改或者不停止施工的，工程监理单位应当及时向有关主管部门报告。

工程监理单位、监理人员应当按照法律、法规和工程建设强制性标准实施监理，并对安全设施工程的工程质量承担监理责任。

第二十条 建设项目安全设施建成后，生产经营单位应当对安全设施进行检查，对发现的问题及时整改。

第二十一条 本办法第七条规定的建设项目竣工后，根据规定建设项目需要试运行（包括生产、使用，下同）的，应当在正式投入生产或者使用前进行试运行。

试运行时间应当不少于30日，最长不得超过180日，国家有关部门有规定或者特殊要求的行业除外。

生产、储存危险化学品的建设项目和化工建设项目，应当在建设项目试运行前将试运行方案报负责建设项目安全许可的安全生产监督管理部门备案。

第二十二条 本办法第七条规定的建设项目安全设施竣工或者试运行完成后，生产经营单位应当委托具有相应资质的安全评价机构对安全设施进行验收评价，并编制建设项目安全验收评价报告。

建设项目安全验收评价报告应当符合国家标准或者行业标准的规定。

生产、储存危险化学品的建设项目和化工建设项目安全验收评价报告除符合本条第二款的规定外，还应当符合有关危险化学品建设项目的规定。

第二十三条 建设项目竣工投入生产或者使用前，生产经营单位应当组织对安全设施进行竣工验收，并形成书面报告备查。安全设施竣工验收合格后，方可投入生产和使用。

安全监管部门应当按照下列方式之一对本办法第七条（一）项、第（二）项、第（三）项和第（四）项规定建设项目的竣工验收活动和验收结果的监督核查：

（一）对安全设施竣工验收报告按照不少于总数10%的比例进行随机抽查；

（二）在实施有关安全许可时，对建设项目安全设施竣工验收报告进行审查。

抽查和审查以书面方式为主。对竣工验收报告的实质内容存在疑问，需要到现场核查的，安全监管部门应当指派两名以上工作人员对有关内容进行现场核查。工作人员应当提出现场核查意见，并如实记录在案。

第二十四条 建设项目的安全设施有下列情形之一的，建设单位不得通过竣工验收，并不得投入生产或者使用：

（一）未选择具有相应资质的施工单位施工的；

（二）未按照建设项目安全设施设计文件施工或者施工质量未达到建设项目安全设施设计文件要求的；

（三）建设项目安全设施的施工不符合国家有关施工技术标准的；

（四）未选择具有相应资质的安全评价机构进行安全验收评价或者安全验收评价不合格的；

（五）安全设施和安全生产条件不符合有关安全生产法律、法规、规章和国家标准或者行业标准、技术规范规定的；

（六）发现建设项目试运行期间存在事故隐患未整改的；

（七）未依法设置安全生产管理机构或者配备安全生产管理人员的；

（八）从业人员未经过安全生产教育和培训或者不具备相应资格的；

（九）不符合法律、行政法规规定的其他条件的。

第二十五条 生产经营单位应当按照档案管理的规定，建立建设项目安全设施"三同时"文件资料档案，并妥善保存。

第二十六条 建设项目安全设施未与主体工程同时设计、同时施工或者同时投入使用的，安全生产监督管理部门对与此有关的行政许可一律不予审批，同时责令生产经营单位立即停止施工、限期改正违法行为，对有关生产经营单位和人员依法给予行政处罚。

第五章 法律责任

第二十七条 建设项目安全设施"三同时"违反本办法的规定，安全生产监督管理部门及其工作人员给予审批通过或者颁发有关许可证的，依法给予行政处分。

第二十八条 生产经营单位对本办法第七条第（一）项、第（二）项、第（三）项和第（四）项规定的建设项目有下列情形之一的，责令停止建设或者停产停业整顿，限期改正；逾期未改正的，处50万元以上100万元以下的罚款，对其直接负责的主管人员和其他直接责任人员处2万元以上5万元以下的罚款；构成犯罪的，依照刑法有关规定追究刑事责任：

（一）未按照本办法规定对建设项目进行安全评价的；

（二）没有安全设施设计或者安全设施设计未按照规定报经安全生产监督管理部门审查同意，擅自开工的；

（三）施工单位未按照批准的安全设施设计施工的；

（四）投入生产或者使用前，安全设施未经验收合格的。

第二十九条 已经批准的建设项目安全设施设计发生重大变更，生产经营单位未报原批准部门审查同意擅自开工建设的，责令限期改正，可以并处1万元以上3万元以下的罚款。

第三十条 本办法第七条第（一）项、第（二）项、第（三）项和第（四）项规定以外的建设项目有下列情形之一的，对有关生产经营单位责令限期改正，可以并处5000元以上3万元以下的罚款：

（一）没有安全设施设计的；

（二）安全设施设计未组织审查，并形成书面审查报告的；

（三）施工单位未按照安全设施设计施工的；

（四）投入生产或者使用前，安全设施未经竣工验收合格，并形成书面报告的。

第三十一条 承担建设项目安全评价的机构弄虚作假、出具虚假报告，尚未构成犯罪的，没收违法所得，违法所得在10万元以上的，并处违法所得二倍以上五倍以下的罚款；没有违法所得或者违法所得不足10万元的，单处或者并处10万元以上20万元以下的罚款，对其直接负责的主管人员和其他直接责任人员处2万元以上5万元以下的罚款；给他人造成损害的，与生产经营单位承担连带赔偿责任。

对有前款违法行为的机构，吊销其相应资质。

第三十二条 本办法规定的行政处罚由安全生产监督管理部门决定。法律、行政法规对行政处罚的种类、幅度和决定机关另有规定的，依照其规定。

安全生产监督管理部门对应当由其他有关部门进行处理的"三同时"问题，应当及时移送有关部门并形成记录备查。

第六章 附　则

第三十三条 本办法自2011年2月1日起施行。

房屋建筑和市政基础设施工程施工安全监督规定

（2014年10月24日住房城乡建设部建质〔2014〕153号印发 根据2019年3月18日建法规〔2019〕3号《住房和城乡建设部关于修改有关文件的通知》修订）

第一条 为了加强房屋建筑和市政基础设施工程施工安全监督，保护人民群众生命财产安全，规范住房城乡建设主管部门安全监督行为，根据《中华人民共和国建筑法》《中华人民共和国安全生产法》《建设工程安全生产管理条例》等有关法律、行政法规，制定本规定。

第二条 本规定所称施工安全监督，是指住房城乡建设主管部门依据有关法律法规，对房屋建筑和市政基础设施工程的建设、勘察、设计、施工、监理等单位及人员（以下简称工程建设责任主体）履行安全生产职责，执行法律、法规、规章、制度及工程建设强制性标准等情况实施抽查并对违法违规行为进行处理的行政执法活动。

第三条 国务院住房城乡建设主管部门负责指导全国房屋建筑和市政基础设施工程施工安全监督工作。

县级以上地方人民政府住房城乡建设主管部门负责本行政区域内房屋建筑和市政基础设施工程施工安全监督工作。

县级以上地方人民政府住房城乡建设主管部门可以将施工安全监督工作委托所属的施工安全监督机构具体实施。

第四条 住房城乡建设主管部门应当加强施工安全监督机构建设，建立施工安全监督工作考核制度。

第五条 施工安全监督机构应当具备以下条件：

（一）具有完整的组织体系，岗位职责明确；

（二）具有符合本规定第六条规定的施工安全监督人员，人员数量满足监督工作需要且专业结构合理，其中监督人员应当占监督机构总人数的75%以上；

（三）具有固定的工作场所，配备满足监督工作需要的仪器、设备、工具及安全防护用品；

（四）有健全的施工安全监督工作制度，具备与监督工作相适应的信息化管理条件。

第六条 施工安全监督人员应当具备下列条件：

（一）具有工程类相关专业大专及以上学历或初级及以上专业技术职称；

（二）具有两年及以上施工安全管理经验；

（三）熟悉掌握相关法律法规和工程建设标准规范；

（四）经业务培训考核合格，取得相关执法证书；

（五）具有良好的职业道德。

第七条 县级以上地方人民政府住房城乡建设主管部门或其所属的施工安全监督机构（以下合称监督机构）应当对本行政区域内已取得施工许可证的工程项目实施施工安全监督。

第八条 施工安全监督主要包括以下内容：

（一）抽查工程建设责任主体履行安全生产职责情况；

（二）抽查工程建设责任主体执行法律、法规、规章、制度及工程建设强制性标准情况；

（三）抽查建筑施工安全生产标准化开展情况；

（四）组织或参与工程项目施工安全事故的调查处理；

（五）依法对工程建设责任主体违法违规行为实施行政处罚；

（六）依法处理与工程项目施工安全相关的投诉、举报。

第九条 监督机构实施工程项目的施工安全监督，应当依照下列程序进行：

（一）建设单位申请办理工程项目施工许可证；

（二）制定工程项目施工安全监督工作计划并组织实施；

（三）实施工程项目施工安全监督抽查并形成监督记录；

（四）评定工程项目安全生产标准化工作并办理终止施工安全监督手续；

（五）整理工程项目施工安全监督资料并立卷归档。

第十条 监督机构实施工程项目的施工安全监督，有权采取下列措施：

（一）要求工程建设责任主体提供有关工程项目安全管理的文件和资料；

（二）进入工程项目施工现场进行安全监督抽查；

（三）发现安全隐患，责令整改或暂时停止施工；

（四）发现违法违规行为，按权限实施行政处罚或移交有关部门处理。

（五）向社会公布工程建设责任主体安全生产不良信息。

第十一条　工程项目因故中止施工的，监督机构对工程项目中止施工安全监督。

工程项目经建设、监理、施工单位确认施工结束的，监督机构对工程项目终止施工安全监督。

第十二条　施工安全监督人员有下列玩忽职守、滥用职权、徇私舞弊情形之一，造成严重后果的，给予行政处分；构成犯罪的，依法追究刑事责任：

（一）发现施工安全违法违规行为不予查处的；

（二）在监督过程中，索取或者接受他人财物，或者谋取其他利益的；

（三）对涉及施工安全的举报、投诉不处理的。

第十三条　有下列情形之一的，监督机构和施工安全监督人员不承担责任：

（一）工程项目中止施工安全监督期间或者施工安全监督终止后，发生安全事故的；

（二）对发现的施工安全违法行为和安全隐患已经依法查处，工程建设责任主体拒不执行安全监管指令发生安全事故的；

（三）现行法规标准尚无规定或工程建设责任主体弄虚作假，致使无法作出正确执法行为的；

（四）因自然灾害等不可抗力导致安全事故的；

（五）按照工程项目监督工作计划已经履行监督职责的。

第十四条　省、自治区、直辖市人民政府住房城乡建设主管部门可以根据本规定制定具体实施办法。

第十五条　本规定自发布之日起施行。原《建筑工程安全生产监督管理工作导则》同时废止。

房屋市政工程生产安全事故报告和查处工作规程

（2013 年 1 月 14 日住房和城乡建设部以建质〔2013〕4 号印发，自印发之日起施行）

第一条　为规范房屋市政工程生产安全事故报告和查处工作，落实事故责任追究制度，防止和减少事故发生，根据《建设工程安全生产管理条例》《生产安全事故报告和调查处理条例》等有关规定，制定本规程。

第二条　房屋市政工程生产安全事故，是指在房屋建筑和市政基础设施工程施工过程中发生的造成人身伤亡或者重大直接经济损失的生产安全事故。

第三条　根据造成的人员伤亡或者直接经济损失，房屋市政工程生产安全事故分为以下等级：

（一）特别重大事故，是指造成 30 人以上死亡，或者 100 人以上重伤，或者 1 亿元以上直接经济损失的事故；

（二）重大事故，是指造成 10 人以上 30 人以下死亡，或者 50 人以上 100 人以下重伤，或者 5000 万元以上 1 亿元以下直接经济损失的事故；

（三）较大事故，是指造成 3 人以上 10 人以下死亡，或者 10 人以上 50 人以下重伤，或者 1000 万元以上 5000 万元以下直接经济损失的事故；

（四）一般事故，是指造成 3 人以下死亡，或者 10 人以下重伤，或者 100 万元以上 1000 万元以下直接经济损失的事故。

本等级划分所称的"以上"包括本数，所称的"以下"不包括本数。

第四条　房屋市政工程生产安全事故的报告，应当及时、准确、完整，任何单位和个人对事故不得迟报、漏报、谎报或者瞒报。

房屋市政工程生产安全事故的查处，应当坚持实事求是、尊重科学的原则，及时、准确地查明事故原因，总结事故教训，并对事故责任者依法追究责任。

第五条　事故发生地住房城乡建设主管部门接到施工单位负责人或者事故现场有关人员的事故报告后，应当逐级上报事故情况。

特别重大、重大、较大事故逐级上报至国务院住房城乡建设主管部门，一般事故逐级上报至省级住房城乡建设主管部门。

必要时，住房城乡建设主管部门可以越级上报事故情况。

第六条　国务院住房城乡建设主管部门应当在特别重大和重大事故发生后 4 小时内，向国务院上报事故情况。

省级住房城乡建设主管部门应当在特别重大、重大事故或者可能演化为特别重大、重大的事故发生后 3 小时内，向国务院住房城乡建设主管部门上报事故情况。

第七条　较大事故、一般事故发生后，住房城乡建设主管部门每级上报事故情况的时间不得超过 2 小时。

第八条　事故报告主要应当包括以下内容：

（一）事故的发生时间、地点和工程项目名称；

（二）事故已经造成或者可能造成的伤亡人数（包括下落不明人数）；

（三）事故工程项目的建设单位及项目负责人、施工单位及其法定代表人和项目经理、监理单位及其法定代表人和项目总监；

（四）事故的简要经过和初步原因；

（五）其他应当报告的情况。

第九条　省级住房城乡建设主管部门应当通过传真向国务院住房城乡建设主管部门书面上报特别重大、重大、较大事故情况。

特殊情形下确实不能按时书面上报的，可先电话报告，了解核实情况后及时书面上报。

第十条　事故报告后出现新情况，以及事故发生之日起30日内伤亡人数发生变化的，住房城乡建设主管部门应当及时补报。

第十一条　住房城乡建设主管部门应当及时通报事故基本情况以及事故工程项目的建设单位及项目负责人、施工单位及其法定代表人和项目经理、监理单位及其法定代表人和项目总监。

国务院住房城乡建设主管部门对特别重大、重大、较大事故进行全国通报。

第十二条　住房城乡建设主管部门应当按照有关人民政府的要求，依法组织或者参与事故调查工作。

第十三条　住房城乡建设主管部门应当积极参加事故调查工作，应当选派具有事故调查所需要的知识和专长，并与所调查的事故没有直接利害关系的人员参加事故调查工作。

参加事故调查工作的人员应当诚信公正、恪尽职守，遵守事故调查组的纪律。

第十四条　住房城乡建设主管部门应当按照有关人民政府对事故调查报告的批复，依照法律法规，对事故责任企业实施吊销资质证书或者降低资质等级、吊销或者暂扣安全生产许可证、责令停业整顿、罚款等处罚，对事故责任人员实施吊销执业资格注册证书或者责令停止执业、吊销或者暂扣安全生产考核合格证书、罚款等处罚。

第十五条　对事故责任企业或者人员的处罚权限在上级住房城乡建设主管部门的，当地住房城乡建设主管部门应当在收到有关人民政府对事故调查报告的批复后15日内，逐级将事故调查报告（附具有关证据材料）、有关人民政府批复文件、本部门处罚建议等材料报送至有处罚权限的住房城乡建设主管部门。

接收到材料的住房城乡建设主管部门应当按照有关人民政府对事故调查报告的批复，依照法律法规，对事故责任企业或者人员实施处罚，并向报送材料的住房城乡建设主管部门反馈处罚情况。

第十六条　对事故责任企业或者人员的处罚权限在其他省级住房城乡建设主管部门的，事故发生地省级住房城乡建设主管部门应当将事故调查报告（附具有关证据材料）、有关人民政府批复文件、本部门处罚建议等材料转送至有处罚权限的其他省级住房城乡建设主管部门，同时抄报国务院住房城乡建设主管部门。

接收到材料的其他省级住房城乡建设主管部门应当按照有关人民政府对事故调查报告的批复，依照法律法规，对事故责任企业或者人员实施处罚，并向转送材料的事故发生地省级住房城乡建设主管部门反馈处罚情况，同时抄报国务院住房城乡建设主管部门。

第十七条　住房城乡建设主管部门应当按照规定，对下级住房城乡建设主管部门的房屋市政工程生产安全事故查处工作进行督办。

国务院住房城乡建设主管部门对重大、较大事故查处工作进行督办，省级住房城乡建设主管部门对一般事故查处工作进行督办。

第十八条　住房城乡建设主管部门应当对发生事故的企业和工程项目吸取事故教训、落实防范和整改措施的情况进行监督检查。

第十九条　住房城乡建设主管部门应当及时向社会公布事故责任企业和人员的处罚情况，接受社会监督。

第二十条　对于经调查认定为非生产安全事故的，住房城乡建设主管部门应当在事故性质认定后10日内，向上级住房城乡建设主管部门报送有关材料。

第二十一条　省级住房城乡建设主管部门应当按照规定，通过"全国房屋市政工程生产安全事故信息报送及统计分析系统"及时、全面、准确地报送事故简要信息、事故调查信息和事故处罚信息。

第二十二条　住房城乡建设主管部门应当定期总结分析事故报告和查处工作，并将有关情况报送上级住房城乡建设主管部门。

国务院住房城乡建设主管部门定期对事故报告和查处工作进行通报。

第二十三条　省级住房城乡建设主管部门可结合本地区实际，依照本规程制定具体实施细则。

第二十四条　本规程自印发之日起施行。

建筑施工企业主要负责人、项目负责人和专职安全生产管理人员安全生产管理规定

(2014年住房和城乡建设部第13次部常务会议审议通过,2014年6月25日住房和城乡建设部令第17号公布,自2014年9月1日起施行)

第一章 总 则

第一条 为了加强房屋建筑和市政基础设施工程施工安全监督管理,提高建筑施工企业主要负责人、项目负责人和专职安全生产管理人员(以下合称"安管人员")的安全生产管理能力,根据《中华人民共和国安全生产法》《建设工程安全生产管理条例》等法律法规,制定本规定。

第二条 在中华人民共和国境内从事房屋建筑和市政基础设施工程施工活动的建筑施工企业的"安管人员",参加安全生产考核,履行安全生产责任,以及对其实施安全生产监督管理,应当符合本规定。

第三条 企业主要负责人,是指对本企业生产经营活动和安全生产工作具有决策权的领导人员。

项目负责人,是指取得相应注册执业资格,由企业法定代表人授权,负责具体工程项目管理的人员。

专职安全生产管理人员,是指在企业专职从事安全生产管理工作的人员,包括企业安全生产管理机构的人员和工程项目专职从事安全生产管理工作的人员。

第四条 国务院住房城乡建设主管部门负责对全国"安管人员"安全生产工作进行监督管理。

县级以上地方人民政府住房城乡建设主管部门负责对本行政区域内"安管人员"安全生产工作进行监督管理。

第二章 考核发证

第五条 "安管人员"应当通过其受聘企业,向企业工商注册地的省、自治区、直辖市人民政府住房城乡建设主管部门(以下简称考核机关)申请安全生产考核,并取得安全生产考核合格证书。安全生产考核不得收费。

第六条 申请参加安全生产考核的"安管人员",应当具备相应文化程度、专业技术职称和一定安全生产工作经历,与企业确立劳动关系,并经企业年度安全生产教育培训合格。

第七条 安全生产考核包括安全生产知识考核和管理能力考核。

安全生产知识考核内容包括:建筑施工安全的法律法规、规章制度、标准规范,建筑施工安全管理基本理论等。

安全生产管理能力考核内容包括:建立和落实安全生产管理制度、辨识和监控危险性较大的分部分项工程、发现和消除安全事故隐患、报告和处置生产安全事故等方面的能力。

第八条 对安全生产考核合格的,考核机关应当在20个工作日内核发安全生产考核合格证书,并予以公告;对不合格的,应当通过"安管人员"所在企业通知本人并说明理由。

第九条 安全生产考核合格证书有效期为3年,证书在全国范围内有效。

证书式样由国务院住房城乡建设主管部门统一规定。

第十条 安全生产考核合格证书有效期届满需要延续的,"安管人员"应当在有效期届满前3个月内,由本人通过受聘企业向原考核机关申请证书延续。准予证书延续的,证书有效期延续3年。

对证书有效期内未因生产安全事故或者违反本规定受到行政处罚,信用档案中无不良行为记录,且已按规定参加企业和县级以上人民政府住房城乡建设主管部门组织的安全生产教育培训的,考核机关应当在受理延续申请之日起20个工作日内,准予证书延续。

第十一条 "安管人员"变更受聘企业的,应当与原聘用企业解除劳动关系,并通过新聘用企业到考核机关申请办理证书变更手续。考核机关应当在受理变更申请之日起5个工作日内办理完毕。

第十二条 "安管人员"遗失安全生产考核合格证书的,应当在公共媒体上声明作废,通过其受聘企业向原考核机关申请补办。考核机关应当在受理申请之日起5个工作日内办理完毕。

第十三条 "安管人员"不得涂改、倒卖、出租、出借或者以其他形式非法转让安全生产考核合格证书。

第三章 安 全 责 任

第十四条 主要负责人对本企业安全生产工作全面负责,应当建立健全企业安全生产管理体系,设置安全生产管理机构,配备专职安全生产管理人员,保证安全生产投入,督促检查本企业安全生产工作,及时消除安全事故隐患,落实安全生产责任。

第十五条 主要负责人应当与项目负责人签订安全生产责任书,确定项目安全生产考核目标、奖惩措施,以及企业为项目提供的安全管理和技术保障措施。

工程项目实行总承包的,总承包企业应当与分包企业签订安全生产协议,明确双方安全生产责任。

第十六条 主要负责人应当按规定检查企业所承担的工程项目,考核项目负责人安全生产管理能力。发现项目负责人履职不到位的,应当责令其改正;必要时,调整项目负责人。检查情况应当记入企业和项目安全管理档案。

第十七条 项目负责人对本项目安全生产管理全面负责,应当建立项目安全生产管理体系,明确项目管理人员安全职责,落实安全生产管理制度,确保项目安全生产费用有效使用。

第十八条 项目负责人应当按规定实施项目安全生产管理,监控危险性较大分部分项工程,及时排查处理施工现场安全事故隐患,隐患排查处理情况应当记入项目安全管理档案;发生事故时,应当按规定及时报告并开展现场救援。

工程项目实行总承包的,总承包企业项目负责人应当定期考核分包企业安全生产管理情况。

第十九条 企业安全生产管理机构专职安全生产管理人员应当检查在建项目安全生产管理情况,重点检查项目负责人、项目专职安全生产管理人员履责情况,处理在建项目违规违章行为,并记入企业安全管理档案。

第二十条 项目专职安全生产管理人员应当每天在施工现场开展安全检查,现场监督危险性较大的分部分项工程安全专项施工方案实施。对检查中发现的安全事故隐患,应当立即处理;不能处理的,应当及时报告项目负责人和企业安全生产管理机构。项目负责人应当及时处理。检查及处理情况应当记入项目安全管理档案。

第二十一条 建筑施工企业应当建立安全生产教育培训制度,制定年度培训计划,每年对"安管人员"进行培训和考核,考核不合格的,不得上岗。培训情况应当记入企业安全生产教育培训档案。

第二十二条 建筑施工企业安全生产管理机构和工程项目应当按规定配备相应数量和相关专业的专职安全生产管理人员。危险性较大的分部分项工程施工时,应当安排专职安全生产管理人员现场监督。

第四章 监 督 管 理

第二十三条 县级以上人民政府住房城乡建设主管部门应当依照有关法律法规和本规定,对"安管人员"持证上岗、教育培训和履行职责等情况进行监督检查。

第二十四条 县级以上人民政府住房城乡建设主管部门在实施监督检查时,应当有两名以上监督检查人员参加,不得妨碍企业正常的生产经营活动,不得索取或者收受企业的财物,不得谋取其他利益。

有关企业和个人对依法进行的监督检查应当协助与配合,不得拒绝或者阻挠。

第二十五条 县级以上人民政府住房城乡建设主管部门依法进行监督检查时,发现"安管人员"有违反本规定行为的,应当依法查处并将违法事实、处理结果或者处理建议告知考核机关。

第二十六条 考核机关应当建立本行政区域内"安管人员"的信用档案。违法违规行为、被投诉举报处理、行政处罚等情况应当作为不良行为记入信用档案,并按规定向社会公开。

"安管人员"及其受聘企业应当按规定向考核机关提供相关信息。

第五章 法 律 责 任

第二十七条 "安管人员"隐瞒有关情况或者提供虚假材料申请安全生产考核的,考核机关不予考核,并给予警告;"安管人员"1年内不得再次申请考核。

"安管人员"以欺骗、贿赂等不正当手段取得安全生产考核合格证书的,由原考核机关撤销安全生产考核合格证书;"安管人员"3年内不得再次申请考核。

第二十八条 "安管人员"涂改、倒卖、出租、出借或者以其他形式非法转让安全生产考核合格证书的,由县级以上地方人民政府住房城乡建设主管部门给予警告,并处1000元以上5000元以下的罚款。

第二十九条 建筑施工企业未按规定开展"安

管人员"安全生产教育培训考核，或者未按规定如实将考核情况记入安全生产教育培训档案的，由县级以上地方人民政府住房城乡建设主管部门责令限期改正，并处2万元以下的罚款。

第三十条 建筑施工企业有下列行为之一的，由县级以上人民政府住房城乡建设主管部门责令限期改正；逾期未改正的，责令停业整顿，并处2万元以下的罚款；导致不具备《安全生产许可证条例》规定的安全生产条件的，应当依法暂扣或者吊销安全生产许可证：

（一）未按规定设立安全生产管理机构的；
（二）未按规定配备专职安全生产管理人员的；
（三）危险性较大的分部分项工程施工时未安排专职安全生产管理人员现场监督的；
（四）"安管人员"未取得安全生产考核合格证书的。

第三十一条 "安管人员"未按规定办理证书变更的，由县级以上地方人民政府住房城乡建设主管部门责令限期改正，并处1000元以上5000元以下的罚款。

第三十二条 主要负责人、项目负责人未按规定履行安全生产管理职责的，由县级以上人民政府住房城乡建设主管部门责令限期改正；逾期未改正的，责令建筑施工企业停业整顿；造成生产安全事故或者其他严重后果的，按照《生产安全事故报告和调查处理条例》的有关规定，依法暂扣或者吊销安全生产考核合格证书；构成犯罪的，依法追究刑事责任。

主要负责人、项目负责人有前款违法行为，尚不够刑事处罚的，处2万元以上20万元以下的罚款或者按照管理权限给予撤职处分；自刑罚执行完毕或者受处分之日起，5年内不得担任建筑施工企业的主要负责人、项目负责人。

第三十三条 专职安全生产管理人员未按规定履行安全生产管理职责的，由县级以上地方人民政府住房城乡建设主管部门责令限期改正，并处1000元以上5000元以下的罚款；造成生产安全事故或者其他严重后果的，按照《生产安全事故报告和调查处理条例》的有关规定，依法暂扣或者吊销安全生产考核合格证书；构成犯罪的，依法追究刑事责任。

第三十四条 县级以上人民政府住房城乡建设主管部门及其工作人员，有下列情形之一的，由其上级行政机关或者监察机关责令改正，对直接负责的主管人员和其他直接责任人员依法给予处分；构成犯罪的，依法追究刑事责任：

（一）向不具备法定条件的"安管人员"核发安全生产考核合格证书的；
（二）对符合法定条件的"安管人员"不予核发或者不在法定期限内核发安全生产考核合格证书的；
（三）对符合法定条件的申请不予受理或者未在法定期限内办理完毕的；
（四）利用职务上的便利，索取或者收受他人财物或者谋取其他利益的；
（五）不依法履行监督管理职责，造成严重后果的。

第六章 附 则

第三十五条 本规定自2014年9月1日起施行。

建筑起重机械安全监督管理规定

（2008年1月8日建设部第145次常务会议讨论通过，2008年1月28日建设部令第166号公布，自2008年6月1日起施行）

第一条 为了加强建筑起重机械的安全监督管理，防止和减少生产安全事故，保障人民群众生命和财产安全，依据《建设工程安全生产管理条例》《特种设备安全监察条例》《安全生产许可证条例》，制定本规定。

第二条 建筑起重机械的租赁、安装、拆卸、使用及其监督管理，适用本规定。

本规定所称建筑起重机械，是指纳入特种设备目录，在房屋建筑工地和市政工程工地安装、拆卸、使用的起重机械。

第三条 国务院建设主管部门对全国建筑起重机械的租赁、安装、拆卸、使用实施监督管理。

县级以上地方人民政府建设主管部门对本行政区域内的建筑起重机械的租赁、安装、拆卸、使用实施监督管理。

第四条 出租单位出租的建筑起重机械和使用单位购置、租赁、使用的建筑起重机械应当具有特种设备制造许可证、产品合格证、制造监督检验证明。

第五条 出租单位在建筑起重机械首次出租前，自购建筑起重机械的使用单位在建筑起重机械首次安装前，应当持建筑起重机械特种设备制造许可证、产品合格证和制造监督检验证明到本单位工商注册所在地县级以上地方人民政府建设主管部门办理备案。

第六条 出租单位应当在签订的建筑起重机械租赁合同中，明确租赁双方的安全责任，并出具建筑起重机械特种设备制造许可证、产品合格证、制造监督检验证明、备案证明和自检合格证明，提交安装使用说明书。

第七条 有下列情形之一的建筑起重机械，不得出租、使用：

（一）属国家明令淘汰或者禁止使用的；

（二）超过安全技术标准或者制造厂家规定的使用年限的；

（三）经检验达不到安全技术标准规定的；

（四）没有完整安全技术档案的；

（五）没有齐全有效的安全保护装置的。

第八条 建筑起重机械有本规定第七条第（一）（二）（三）项情形之一的，出租单位或者自购建筑起重机械的使用单位应当予以报废，并向原备案机关办理注销手续。

第九条 出租单位、自购建筑起重机械的使用单位，应当建立建筑起重机械安全技术档案。

建筑起重机械安全技术档案应当包括以下资料：

（一）购销合同、制造许可证、产品合格证、制造监督检验证明、安装使用说明书、备案证明等原始资料；

（二）定期检验报告、定期自行检查记录、定期维护保养记录、维修和技术改造记录、运行故障和生产安全事故记录、累计运转记录等运行资料；

（三）历次安装验收资料。

第十条 从事建筑起重机械安装、拆卸活动的单位（以下简称安装单位）应当依法取得建设主管部门颁发的相应资质和建筑施工企业安全生产许可证，并在其资质许可范围内承揽建筑起重机械安装、拆卸工程。

第十一条 建筑起重机械使用单位和安装单位应当在签订的建筑起重机械安装、拆卸合同中明确双方的安全生产责任。

实行施工总承包的，施工总承包单位应当与安装单位签订建筑起重机械安装、拆卸工程安全协议书。

第十二条 安装单位应当履行下列安全职责：

（一）按照安全技术标准及建筑起重机械性能要求，编制建筑起重机械安装、拆卸工程专项施工方案，并由本单位技术负责人签字；

（二）按照安全技术标准及安装使用说明书等检查建筑起重机械及现场施工条件；

（三）组织安全施工技术交底并签字确认；

（四）制定建筑起重机械安装、拆卸工程生产安全事故应急救援预案；

（五）将建筑起重机械安装、拆卸工程专项施工方案，安装、拆卸人员名单，安装、拆卸时间等材料报施工总承包单位和监理单位审核后，告知工程所在地县级以上地方人民政府建设主管部门。

第十三条 安装单位应当按照建筑起重机械安装、拆卸工程专项施工方案及安全操作规程组织安装、拆卸作业。

安装单位的专业技术人员、专职安全生产管理人员应当进行现场监督，技术负责人应当定期巡查。

第十四条 建筑起重机械安装完毕后，安装单位应当按照安全技术标准及安装使用说明书的有关要求对建筑起重机械进行自检、调试和试运转。自检合格的，应当出具自检合格证明，并向使用单位进行安全使用说明。

第十五条 安装单位应当建立建筑起重机械安装、拆卸工程档案。

建筑起重机械安装、拆卸工程档案应当包括以下资料：

（一）安装、拆卸合同及安全协议书；

（二）安装、拆卸工程专项施工方案；

（三）安全施工技术交底的有关资料；

（四）安装工程验收资料；

（五）安装、拆卸工程生产安全事故应急救援预案。

第十六条 建筑起重机械安装完毕后，使用单位应当组织出租、安装、监理等有关单位进行验收，或者委托具有相应资质的检验检测机构进行验收。建筑起重机械经验收合格后方可投入使用，未经验收或者验收不合格的不得使用。

实行施工总承包的，由施工总承包单位组织验收。

建筑起重机械在验收前应当经有相应资质的检验检测机构监督检验合格。

检验检测机构和检验检测人员对检验检测结果、鉴定结论依法承担法律责任。

第十七条 使用单位应当自建筑起重机械安装验收合格之日起 30 日内，将建筑起重机械安装验收资料、建筑起重机械安全管理制度、特种作业人员名单等，向工程所在地县级以上地方人民政府建设主管部门办理建筑起重机械使用登记。登记标志置于或者附着于该设备的显著位置。

第十八条 使用单位应当履行下列安全职责：

（一）根据不同施工阶段、周围环境以及季节、气候的变化，对建筑起重机械采取相应的安全防护措施；

（二）制定建筑起重机械生产安全事故应急救援预案；

（三）在建筑起重机械活动范围内设置明显的安全警示标志，对集中作业区做好安全防护；

（四）设置相应的设备管理机构或者配备专职的设备管理人员；

（五）指定专职设备管理人员、专职安全生产管理人员进行现场监督检查；

（六）建筑起重机械出现故障或者发生异常情况的，立即停止使用，消除故障和事故隐患后，方可重新投入使用。

第十九条 使用单位应当对在用的建筑起重机械及其安全保护装置、吊具、索具等进行经常性和定期的检查、维护和保养，并做好记录。

使用单位在建筑起重机械租赁结束后，应当将定期检查、维护和保养记录移交出租单位。

建筑起重机械租赁合同对建筑起重机械的检查、维护、保养另有约定的，从其约定。

第二十条 建筑起重机械在使用过程中需要附着的，使用单位应当委托原安装单位或者具有相应资质的安装单位按照专项施工方案实施，并按照本规定第十六条规定组织验收。验收合格后方可投入使用。

建筑起重机械在使用过程中需要顶升的，使用单位委托原安装单位或者具有相应资质的安装单位按照专项施工方案实施后，即可投入使用。

禁止擅自在建筑起重机械上安装非原制造厂制造的标准节和附着装置。

第二十一条 施工总承包单位应当履行下列安全职责：

（一）向安装单位提供拟安装设备位置的基础施工资料，确保建筑起重机械进场安装、拆卸所需的施工条件；

（二）审核建筑起重机械的特种设备制造许可证、产品合格证、制造监督检验证明、备案证明等文件；

（三）审核安装单位、使用单位的资质证书、安全生产许可证和特种作业人员的特种作业操作资格证书；

（四）审核安装单位制定的建筑起重机械安装、拆卸工程专项施工方案和生产安全事故应急救援预案；

（五）审核使用单位制定的建筑起重机械生产安全事故应急救援预案；

（六）指定专职安全生产管理人员监督检查建筑起重机械安装、拆卸、使用情况；

（七）施工现场有多台塔式起重机作业时，应当组织制定并实施防止塔式起重机相互碰撞的安全措施。

第二十二条 监理单位应当履行下列安全职责：

（一）审核建筑起重机械特种设备制造许可证、产品合格证、制造监督检验证明、备案证明等文件；

（二）审核建筑起重机械安装单位、使用单位的资质证书、安全生产许可证和特种作业人员的特种作业操作资格证书；

（三）审核建筑起重机械安装、拆卸工程专项施工方案；

（四）监督安装单位执行建筑起重机械安装、拆卸工程专项施工方案情况；

（五）监督检查建筑起重机械的使用情况；

（六）发现存在生产安全事故隐患的，应当要求安装单位、使用单位限期整改，对安装单位、使用单位拒不整改的，及时向建设单位报告。

第二十三条 依法发包给两个及两个以上施工单位的工程，不同施工单位在同一施工现场使用多台塔式起重机作业时，建设单位应当协调组织制定防止塔式起重机相互碰撞的安全措施。

安装单位、使用单位拒不整改生产安全事故隐患的，建设单位接到监理单位报告后，应当责令安装单位、使用单位立即停工整改。

第二十四条 建筑起重机械特种作业人员应当遵守建筑起重机械安全操作规程和安全管理制度，在作业中有权拒绝违章指挥和强令冒险作业，有权在发生危及人身安全的紧急情况时立即停止作业或者采取必要的应急措施后撤离危险区域。

第二十五条 建筑起重机械安装拆卸工、起重信号工、起重司机、司索工等特种作业人员应当经建设主管部门考核合格，并取得特种作业操作资格证书后，方可上岗作业。

省、自治区、直辖市人民政府建设主管部门负责组织实施建筑施工企业特种作业人员的考核。

特种作业人员的特种作业操作资格证书由国务院建设主管部门规定统一的样式。

第二十六条 建设主管部门履行安全监督检查职

责时，有权采取下列措施：

（一）要求被检查的单位提供有关建筑起重机械的文件和资料；

（二）进入被检查单位和被检查单位的施工现场进行检查；

（三）对检查中发现的建筑起重机械生产安全事故隐患，责令立即排除；重大生产安全事故隐患排除前或者排除过程中无法保证安全的，责令从危险区域撤出作业人员或者暂时停止施工。

第二十七条 负责办理备案或者登记的建设主管部门应当建立本行政区域内的建筑起重机械档案，按照有关规定对建筑起重机械进行统一编号，并定期向社会公布建筑起重机械的安全状况。

第二十八条 违反本规定，出租单位、自购建筑起重机械的使用单位，有下列行为之一的，由县级以上地方人民政府建设主管部门责令限期改正，予以警告，并处以5000元以上1万元以下罚款：

（一）未按照规定办理备案的；

（二）未按照规定办理注销手续的；

（三）未按照规定建立建筑起重机械安全技术档案的。

第二十九条 违反本规定，安装单位有下列行为之一的，由县级以上地方人民政府建设主管部门责令限期改正，予以警告，并处以5000元以上3万元以下罚款：

（一）未履行第十二条第（二）（四）（五）项安全职责的；

（二）未按照规定建立建筑起重机械安装、拆卸工程档案的；

（三）未按照建筑起重机械安装、拆卸工程专项施工方案及安全操作规程组织安装、拆卸作业的。

第三十条 违反本规定，使用单位有下列行为之一的，由县级以上地方人民政府建设主管部门责令限期改正，予以警告，并处以5000元以上3万元以下罚款：

（一）未履行第十八条第（一）（二）（四）（六）项安全职责的；

（二）未指定专职设备管理人员进行现场监督检查的；

（三）擅自在建筑起重机械上安装非原制造厂制造的标准节和附着装置的。

第三十一条 违反本规定，施工总承包单位未履行第二十一条第（一）（三）（四）（五）（七）项安全职责的，由县级以上地方人民政府建设主管部门责令限期改正，予以警告，并处以5000元以上3万元以下罚款。

第三十二条 违反本规定，监理单位未履行第二十二条第（一）（二）（四）（五）项安全职责的，由县级以上地方人民政府建设主管部门责令限期改正，予以警告，并处以5000元以上3万元以下罚款。

第三十三条 违反本规定，建设单位有下列行为之一的，由县级以上地方人民政府建设主管部门责令限期改正，予以警告，并处以5000元以上3万元以下罚款；逾期未改的，责令停止施工：

（一）未按照规定协调组织制定防止多台塔式起重机相互碰撞的安全措施的；

（二）接到监理单位报告后，未责令安装单位、使用单位立即停工整改的。

第三十四条 违反本规定，建设主管部门的工作人员有下列行为之一的，依法给予处分；构成犯罪的，依法追究刑事责任：

（一）发现违反本规定的违法行为不依法查处的；

（二）发现在用的建筑起重机械存在严重生产安全事故隐患不依法处理的；

（三）不依法履行监督管理职责的其他行为。

第三十五条 本规定自2008年6月1日起施行。

建筑施工特种作业人员管理规定

（2008年4月18日住房和城乡建设部以建质〔2008〕75号印发，自2008年6月1日起施行）

第一章 总 则

第一条 为加强对建筑施工特种作业人员的管理，防止和减少生产安全事故，根据《安全生产许可证条例》《建筑起重机械安全监督管理规定》等法规规章，制定本规定。

第二条 建筑施工特种作业人员的考核、发证、从业和监督管理，适用本规定。

本规定所称建筑施工特种作业人员是指在房屋建筑和市政工程施工活动中，从事可能对本人、他人及周围设备设施的安全造成重大危害作业的人员。

第三条 建筑施工特种作业包括：

（一）建筑电工；

（二）建筑架子工；

（三）建筑起重信号司索工；

（四）建筑起重机械司机；

（五）建筑起重机械安装拆卸工；

（六）高处作业吊篮安装拆卸工；

（七）经省级以上人民政府建设主管部门认定的其他特种作业。

第四条 建筑施工特种作业人员必须经建设主管部门考核合格，取得建筑施工特种作业人员操作资格证书（以下简称"资格证书"），方可上岗从事相应作业。

第五条 国务院建设主管部门负责全国建筑施工特种作业人员的监督管理工作。

省、自治区、直辖市人民政府建设主管部门负责本行政区域内建筑施工特种作业人员的监督管理工作。

第二章 考 核

第六条 建筑施工特种作业人员的考核发证工作，由省、自治区、直辖市人民政府建设主管部门或其委托的考核发证机构（以下简称"考核发证机关"）负责组织实施。

第七条 考核发证机关应当在办公场所公布建筑施工特种作业人员申请条件、申请程序、工作时限、收费依据和标准等事项。

考核发证机关应当在考核前在机关网站或新闻媒体上公布考核科目、考核地点、考核时间和监督电话等事项。

第八条 申请从事建筑施工特种作业的人员，应当具备下列基本条件：

（一）年满18周岁且符合相关工种规定的年龄要求；

（二）经医院体检合格且无妨碍从事相应特种作业的疾病和生理缺陷；

（三）初中及以上学历；

（四）符合相应特种作业需要的其他条件。

第九条 符合本规定第八条规定的人员应当向本人户籍所在地或者从业所在地考核发证机关提出申请，并提交相关证明材料。

第十条 考核发证机关应当自收到申请人提交的申请材料之日起5个工作日内依法作出受理或者不予受理决定。

对于受理的申请，考核发证机关应当及时向申请人核发准考证。

第十一条 建筑施工特种作业人员的考核内容应当包括安全技术理论和实际操作。

考核大纲由国务院建设主管部门制定。

第十二条 考核发证机关应当自考核结束之日起10个工作日内公布考核成绩。

第十三条 考核发证机关对于考核合格的，应当自考核结果公布之日起10个工作日内颁发资格证书；对于考核不合格的，应当通知申请人并说明理由。

第十四条 资格证书应当采用国务院建设主管部门规定的统一样式，由考核发证机关编号后签发。资格证书在全国通用。

资格证书样式见附件一，编号规则见附件二。

第三章 从 业

第十五条 持有资格证书的人员，应当受聘于建筑施工企业或者建筑起重机械出租单位（以下简称用人单位），方可从事相应的特种作业。

第十六条 用人单位对于首次取得资格证书的人员，应当在其正式上岗前安排不少于3个月的实习操作。

第十七条 建筑施工特种作业人员应当严格按照安全技术标准、规范和规程进行作业，正确佩戴和使用安全防护用品，并按规定对作业工具和设备进行维护保养。

建筑施工特种作业人员应当参加年度安全教育培训或者继续教育，每年不得少于24小时。

第十八条 在施工中发生危及人身安全的紧急情况时，建筑施工特种作业人员有权立即停止作业或者撤离危险区域，并向施工现场专职安全生产管理人员和项目负责人报告。

第十九条 用人单位应当履行下列职责：

（一）与持有效资格证书的特种作业人员订立劳动合同；

（二）制定并落实本单位特种作业安全操作规程和有关安全管理制度；

（三）书面告知特种作业人员违章操作的危害；

（四）向特种作业人员提供齐全、合格的安全防护用品和安全的作业条件；

（五）按规定组织特种作业人员参加年度安全教育培训或者继续教育，培训时间不少于24小时；

（六）建立本单位特种作业人员管理档案；

（七）查处特种作业人员违章行为并记录在档；

（八）法律法规及有关规定明确的其他职责。

第二十条 任何单位和个人不得非法涂改、倒卖、出租、出借或者以其他形式转让资格证书。

第二十一条 建筑施工特种作业人员变动工作单位，任何单位和个人不得以任何理由非法扣押其资格证书。

第四章 延期复核

第二十二条 资格证书有效期为两年。有效期满需要延期的,建筑施工特种作业人员应当于期满前3个月内向原考核发证机关申请办理延期复核手续。延期复核合格的,资格证书有效期延期2年。

第二十三条 建筑施工特种作业人员申请延期复核,应当提交下列材料:

(一)身份证(原件和复印件);

(二)体检合格证明;

(三)年度安全教育培训证明或者继续教育证明;

(四)用人单位出具的特种作业人员管理档案记录;

(五)考核发证机关规定提交的其他资料。

第二十四条 建筑施工特种作业人员在资格证书有效期内,有下列情形之一的,延期复核结果为不合格:

(一)超过相关工种规定年龄要求的;

(二)身体健康状况不再适应相应特种作业岗位的;

(三)对生产安全事故负有责任的;

(四)2年内违章操作记录达3次(含3次)以上的;

(五)未按规定参加年度安全教育培训或者继续教育的;

(六)考核发证机关规定的其他情形。

第二十五条 考核发证机关在收到建筑施工特种作业人员提交的延期复核资料后,应当根据以下情况分别作出处理:

(一)对于属于本规定第二十四条情形之一的,自收到延期复核资料之日起5个工作日内作出不予延期决定,并说明理由;

(二)对于提交资料齐全且无本规定第二十四条情形的,自受理之日起10个工作日内办理准予延期复核手续,并在证书上注明延期复核合格,并加盖延期复核专用章。

第二十六条 考核发证机关应当在资格证书有效期满前按本规定第二十五条作出决定;逾期未作出决定的,视为延期复核合格。

第五章 监督管理

第二十七条 考核发证机关应当制定建筑施工特种作业人员考核发证管理制度,建立本地区建筑施工特种作业人员档案。

县级以上地方人民政府建设主管部门应当监督检查建筑施工特种作业人员从业活动,查处违章作业行为并记录在档。

第二十八条 考核发证机关应当在每年年底向国务院建设主管部门报送建筑施工特种作业人员考核发证和延期复核情况的年度统计信息资料。

第二十九条 有下列情形之一的,考核发证机关应当撤销资格证书:

(一)持证人弄虚作假骗取资格证书或者办理延期复核手续的;

(二)考核发证机关工作人员违法核发资格证书的;

(三)考核发证机关规定应当撤销资格证书的其他情形。

第三十条 有下列情形之一的,考核发证机关应当注销资格证书:

(一)依法不予延期的;

(二)持证人逾期未申请办理延期复核手续的;

(三)持证人死亡或者不具有完全民事行为能力的;

(四)考核发证机关规定应当注销的其他情形。

第六章 附 则

第三十一条 省、自治区、直辖市人民政府建设主管部门可结合本地区实际情况制定实施细则,并报国务院建设主管部门备案。

第三十二条 本办法自2008年6月1日起施行。

建筑施工人员个人劳动保护用品使用管理暂行规定

(2007年11月5日建设部以建质〔2007〕255号印发,自印发之日起施行)

第一条 为加强对建筑施工人员个人劳动保护用品的使用管理,保障施工作业人员安全与健康,根据《中华人民共和国建筑法》《建设工程安全生产管理条例》《安全生产许可证条例》等法律法规,制定本规定。

第二条 本规定所称个人劳动保护用品,是指在建筑施工现场，从事建筑施工活动的人员使用的安全帽、安全带以及安全（绝缘）鞋、防护眼镜、防护手套、防尘（毒）口罩等个人劳动保护用品（以下简称"劳动保护用品"）。

第三条 凡从事建筑施工活动的企业和个人，劳动保护用品的采购、发放、使用、管理等必须遵守本规定。

第四条 劳动保护用品的发放和管理，坚持"谁用工，谁负责"的原则。施工作业人员所在企业（包括总承包企业、专业承包企业、劳务企业等，下同）必须按国家规定免费发放劳动保护用品，更换已损坏或已到使用期限的劳动保护用品，不得收取或变相收取任何费用。

劳动保护用品必须以实物形式发放，不得以货币或其他物品替代。

第五条 企业应建立完善劳动保护用品的采购、验收、保管、发放、使用、更换、报废等规章制度。同时应建立相应的管理台账，管理台账保存期限不得少于两年，以保证劳动保护用品的质量具有可追溯性。

第六条 企业采购、个人使用的安全帽、安全带及其他劳动防护用品等，必须符合《安全帽》（GB 2811）、《安全带》（GB 6095）及其他劳动保护用品相关国家标准的要求。

企业、施工作业人员，不得采购和使用无安全标记或不符合国家相关标准要求的劳动保护用品。

第七条 企业应当按照劳动保护用品采购管理制度的要求，明确企业内部有关部门、人员的采购管理职责。企业在一个地区组织施工的，可以集中统一采购；对企业工程项目分布在多个地区，集中统一采购有困难的，可由各地区或项目部集中采购。

第八条 企业采购劳动保护用品时，应查验劳动保护用品生产厂家或供货商的生产、经营资格，验明商品合格证明和商品标识，以确保采购劳动保护用品的质量符合安全使用要求。

企业应当向劳动保护用品生产厂家或供货商索要法定检验机构出具的检验报告或由供货商签字盖章的检验报告复印件，不能提供检验报告或检验报告复印件的劳动保护用品不得采购。

第九条 企业应加强对施工作业人员的教育培训，保证施工作业人员能正确使用劳动保护用品。

工程项目部应有教育培训的记录，有培训人员和被培训人员的签名和时间。

第十条 企业应加强对施工作业人员劳动保护用品使用情况的检查，并对施工作业人员劳动保护用品的质量和正确使用负责。实行施工总承包的工程项目，施工总承包企业应加强对施工现场内所有施工作业人员劳动保护用品的监督检查。督促相关分包企业和人员正确使用劳动保护用品。

第十一条 施工作业人员有接受安全教育培训的权利，有按照工作岗位规定使用合格的劳动保护用品的权利；有拒绝违章指挥、拒绝使用不合格劳动保护用品的权利。同时，也负有正确使用劳动保护用品的义务。

第十二条 监理单位要加强对施工现场劳动保护用品的监督检查。发现有不使用、或使用不符合要求的劳动保护用品，应责令相关企业立即改正。对拒不改正的，应当向建设行政主管部门报告。

第十三条 建设单位应当及时、足额向施工企业支付安全措施专项经费，并督促施工企业落实安全防护措施，使用符合相关国家产品质量要求的劳动保护用品。

第十四条 各级建设行政主管部门应当加强对施工现场劳动保护用品使用情况的监督管理。发现有不使用、或使用不符合要求的劳动保护用品的违法违规行为的，应当责令改正；对因不使用或使用不符合要求的劳动保护用品造成事故或伤害的，应当依据《建设工程安全生产管理条例》和《安全生产许可证条例》等法律法规，对有关责任方给予行政处罚。

第十五条 各级建设行政主管部门应将企业劳动保护用品的发放、管理情况列入建筑施工企业《安全生产许可证》条件的审查内容之一；施工现场劳动保护用品的质量情况作为认定企业是否降低安全生产条件的内容之一；施工作业人员是否正确使用劳动保护用品情况作为考核企业安全生产教育培训是否到位的依据之一。

第十六条 各地建设行政主管部门可建立合格劳动保护用品的信息公告制度，为企业购买合格的劳动保护用品提供信息服务。同时依法加大对采购、使用不合格劳动保护用品的处罚力度。

第十七条 施工现场内，为保证施工作业人员安全与健康所需的其他劳动保护用品可参照本规定执行。

第十八条 各地可根据本规定，制定具体的实施办法。

第十九条 本规定自发布之日起施行。

（六）交通安全类

1. 道路交通安全类

1）法律法规

中华人民共和国道路交通安全法

（2003年10月28日第十届全国人民代表大会常务委员会第五次会议通过　根据2007年12月29日第十届全国人民代表大会常务委员会第三十一次会议《关于修改〈中华人民共和国道路交通安全法〉的决定》第一次修正　根据2011年4月22日第十一届全国人民代表大会常务委员会第二十次会议《关于修改〈中华人民共和国道路交通安全法〉的决定》第二次修正　根据2021年4月29日第十三届全国人民代表大会常务委员会第二十八次会议《关于修改〈中华人民共和国道路交通安全法〉等八部法律的决定》第三次修正）

第一章　总　则

第一条　为了维护道路交通秩序，预防和减少交通事故，保护人身安全，保护公民、法人和其他组织的财产安全及其他合法权益，提高通行效率，制定本法。

第二条　中华人民共和国境内的车辆驾驶人、行人、乘车人以及与道路交通活动有关的单位和个人，都应当遵守本法。

第三条　道路交通安全工作，应当遵循依法管理、方便群众的原则，保障道路交通有序、安全、畅通。

第四条　各级人民政府应当保障道路交通安全管理工作与经济建设和社会发展相适应。

县级以上地方各级人民政府应当适应道路交通发展的需要，依据道路交通安全法律、法规和国家有关政策，制定道路交通安全管理规划，并组织实施。

第五条　国务院公安部门负责全国道路交通安全管理工作。县级以上地方各级人民政府公安机关交通管理部门负责本行政区域内的道路交通安全管理工作。

县级以上各级人民政府交通、建设管理部门依据各自职责，负责有关的道路交通工作。

第六条　各级人民政府应当经常进行道路交通安全教育，提高公民的道路交通安全意识。

公安机关交通管理部门及其交通警察执行职务时，应当加强道路交通安全法律、法规的宣传，并模范遵守道路交通安全法律、法规。

机关、部队、企业事业单位、社会团体以及其他组织，应当对本单位的人员进行道路交通安全教育。

教育行政部门、学校应当将道路交通安全教育纳入法制教育的内容。

新闻、出版、广播、电视等有关单位，有进行道路交通安全教育的义务。

第七条　对道路交通安全管理工作，应当加强科学研究，推广、使用先进的管理方法、技术、设备。

第二章　车辆和驾驶人

第一节　机动车、非机动车

第八条　国家对机动车实行登记制度。机动车经公安机关交通管理部门登记后，方可上道路行驶。尚未登记的机动车，需要临时上道路行驶的，应当取得临时通行牌证。

第九条　申请机动车登记，应当提交以下证明、凭证：

（一）机动车所有人的身份证明；

（二）机动车来历证明；

（三）机动车整车出厂合格证明或者进口机动车进口凭证；

（四）车辆购置税的完税证明或者免税凭证；

（五）法律、行政法规规定应当在机动车登记时提交的其他证明、凭证。

公安机关交通管理部门应当自受理申请之日起五个工作日内完成机动车登记审查工作，对符合前款规定条件的，应当发放机动车登记证书、号牌和行驶证；对不符合前款规定条件的，应当向申请人说明不予登记的理由。

公安机关交通管理部门以外的任何单位或者个人不得发放机动车号牌或者要求机动车悬挂其他号牌，本法另有规定的除外。

机动车登记证书、号牌、行驶证的式样由国务院公安部门规定并监制。

第十条 准予登记的机动车应当符合机动车国家安全技术标准。申请机动车登记时，应当接受对该机动车的安全技术检验。但是，经国家机动车产品主管部门依据机动车国家安全技术标准认定的企业生产的机动车型，该车型的新车在出厂时经检验符合机动车国家安全技术标准，获得检验合格证的，免予安全技术检验。

第十一条 驾驶机动车上道路行驶，应当悬挂机动车号牌，放置检验合格标志、保险标志，并随车携带机动车行驶证。

机动车号牌应当按照规定悬挂并保持清晰、完整，不得故意遮挡、污损。

任何单位和个人不得收缴、扣留机动车号牌。

第十二条 有下列情形之一的，应当办理相应的登记：

（一）机动车所有权发生转移的；
（二）机动车登记内容变更的；
（三）机动车用作抵押的；
（四）机动车报废的。

第十三条 对登记后上道路行驶的机动车，应当依照法律、行政法规的规定，根据车辆用途、载客载货数量、使用年限等不同情况，定期进行安全技术检验。对提供机动车行驶证和机动车第三者责任强制保险单的，机动车安全技术检验机构应当予以检验，任何单位不得附加其他条件。对符合机动车国家安全技术标准的，公安机关交通管理部门应当发给检验合格标志。

对机动车的安全技术检验实行社会化。具体办法由国务院规定。

机动车安全技术检验实行社会化的地方，任何单位不得要求机动车到指定的场所进行检验。

公安机关交通管理部门、机动车安全技术检验机构不得要求机动车到指定的场所进行维修、保养。

机动车安全技术检验机构对机动车检验收取费用，应当严格执行国务院价格主管部门核定的收费标准。

第十四条 国家实行机动车强制报废制度，根据机动车的安全技术状况和不同用途，规定不同的报废标准。

应当报废的机动车必须及时办理注销登记。

达到报废标准的机动车不得上道路行驶。报废的大型客、货车及其他营运车辆应当在公安机关交通管理部门的监督下解体。

第十五条 警车、消防车、救护车、工程救险车应当按照规定喷涂标志图案，安装警报器、标志灯具。其他机动车不得喷涂、安装、使用上述车辆专用的或者与其相类似的标志图案、警报器或者标志灯具。

警车、消防车、救护车、工程救险车应当严格按照规定的用途和条件使用。

公路监督检查的专用车辆，应当依照公路法的规定，设置统一的标志和示警灯。

第十六条 任何单位或者个人不得有下列行为：

（一）拼装机动车或者擅自改变机动车已登记的结构、构造或者特征；
（二）改变机动车型号、发动机号、车架号或者车辆识别代号；
（三）伪造、变造或者使用伪造、变造的机动车登记证书、号牌、行驶证、检验合格标志、保险标志；
（四）使用其他机动车的登记证书、号牌、行驶证、检验合格标志、保险标志。

第十七条 国家实行机动车第三者责任强制保险制度，设立道路交通事故社会救助基金。具体办法由国务院规定。

第十八条 依法应当登记的非机动车，经公安机关交通管理部门登记后，方可上道路行驶。

依法应当登记的非机动车的种类，由省、自治区、直辖市人民政府根据当地实际情况规定。

非机动车的外形尺寸、质量、制动器、车铃和夜间反光装置，应当符合非机动车安全技术标准。

第二节 机动车驾驶人

第十九条 驾驶机动车，应当依法取得机动车驾驶证。

申请机动车驾驶证，应当符合国务院公安部门规定的驾驶许可条件；经考试合格后，由公安机关交通管理部门发给相应类别的机动车驾驶证。

持有境外机动车驾驶证的人，符合国务院公安部门规定的驾驶许可条件，经公安机关交通管理部门考核合格的，可以发给中国的机动车驾驶证。

驾驶人应当按照驾驶证载明的准驾车型驾驶机动车；驾驶机动车时，应当随身携带机动车驾驶证。

公安机关交通管理部门以外的任何单位或者个人，不得收缴、扣留机动车驾驶证。

第二十条 机动车的驾驶培训实行社会化，由交通运输主管部门对驾驶培训学校、驾驶培训班实行备案管理，并对驾驶培训活动加强监督，其中专门的拖拉机驾驶培训学校、驾驶培训班由农业（农业机械）主管部门实行监督管理。

驾驶培训学校、驾驶培训班应当严格按照国家有关规定,对学员进行道路交通安全法律、法规、驾驶技能的培训,确保培训质量。

任何国家机关以及驾驶培训和考试主管部门不得举办或者参与举办驾驶培训学校、驾驶培训班。

第二十一条 驾驶人驾驶机动车上道路行驶前,应当对机动车的安全技术性能进行认真检查;不得驾驶安全设施不全或者机件不符合技术标准等具有安全隐患的机动车。

第二十二条 机动车驾驶人应当遵守道路交通安全法律、法规的规定,按照操作规范安全驾驶、文明驾驶。

饮酒、服用国家管制的精神药品或者麻醉药品,或者患有妨碍安全驾驶机动车的疾病,或者过度疲劳影响安全驾驶的,不得驾驶机动车。

任何人不得强迫、指使、纵容驾驶人违反道路交通安全法律、法规和机动车安全驾驶要求驾驶机动车。

第二十三条 公安机关交通管理部门依照法律、行政法规的规定,定期对机动车驾驶证实施审验。

第二十四条 公安机关交通管理部门对机动车驾驶人违反道路交通安全法律、法规的行为,除依法给予行政处罚外,实行累积记分制度。公安机关交通管理部门对累积记分达到规定分值的机动车驾驶人,扣留机动车驾驶证,对其进行道路交通安全法律、法规教育,重新考试;考试合格的,发还其机动车驾驶证。

对遵守道路交通安全法律、法规,在一年内无累积记分的机动车驾驶人,可以延长机动车驾驶证的审验期。具体办法由国务院公安部门规定。

第三章 道路通行条件

第二十五条 全国实行统一的道路交通信号。

交通信号包括交通信号灯、交通标志、交通标线和交通警察的指挥。

交通信号灯、交通标志、交通标线的设置应当符合道路交通安全、畅通的要求和国家标准,并保持清晰、醒目、准确、完好。

根据通行需要,应当及时增设、调换、更新道路交通信号。增设、调换、更新限制性的道路交通信号,应当提前向社会公告,广泛进行宣传。

第二十六条 交通信号灯由红灯、绿灯、黄灯组成。红灯表示禁止通行,绿灯表示准许通行,黄灯表示警示。

第二十七条 铁路与道路平面交叉的道口,应当设置警示灯、警示标志或者安全防护设施。无人看守的铁路道口,应当在距道口一定距离处设置警示标志。

第二十八条 任何单位和个人不得擅自设置、移动、占用、损毁交通信号灯、交通标志、交通标线。

道路两侧及隔离带上种植的树木或者其他植物,设置的广告牌、管线等,应当与交通设施保持必要的距离,不得遮挡路灯、交通信号灯、交通标志,不得妨碍安全视距,不得影响通行。

第二十九条 道路、停车场和道路配套设施的规划、设计、建设,应当符合道路交通安全、畅通的要求,并根据交通需求及时调整。

公安机关交通管理部门发现已经投入使用的道路存在交通事故频发路段,或者停车场、道路配套设施存在交通安全严重隐患的,应当及时向当地人民政府报告,并提出防范交通事故、消除隐患的建议,当地人民政府应当及时作出处理决定。

第三十条 道路出现坍塌、坑漕、水毁、隆起等损毁或者交通信号灯、交通标志、交通标线等交通设施损毁、灭失的,道路、交通设施的养护部门或者管理部门应当设置警示标志并及时修复。

公安机关交通管理部门发现前款情形,危及交通安全,尚未设置警示标志的,应当及时采取安全措施,疏导交通,并通知道路、交通设施的养护部门或者管理部门。

第三十一条 未经许可,任何单位和个人不得占用道路从事非交通活动。

第三十二条 因工程建设需要占用、挖掘道路,或者跨越、穿越道路架设、增设管线设施,应当事先征得道路主管部门的同意;影响交通安全的,还应当征得公安机关交通管理部门的同意。

施工作业单位应当在经批准的路段和时间内施工作业,并在距离施工作业地点来车方向安全距离处设置明显的安全警示标志,采取防护措施;施工作业完毕,应当迅速清除道路上的障碍物,消除安全隐患,经道路主管部门和公安机关交通管理部门验收合格,符合通行要求后,方可恢复通行。

对未中断交通的施工作业道路,公安机关交通管理部门应当加强交通安全监督检查,维护道路交通秩序。

第三十三条 新建、改建、扩建的公共建筑、商业街区、居住区、大(中)型建筑等,应当配建、增建停车场;停车泊位不足的,应当及时改建或者扩建;投入使用的停车场不得擅自停止使用或者改作他用。

在城市道路范围内,在不影响行人、车辆通行的情况下，政府有关部门可以施划停车泊位。

第三十四条　学校、幼儿园、医院、养老院门前的道路没有行人过街设施的，应当施划人行横道线，设置提示标志。

城市主要道路的人行道，应当按照规划设置盲道。盲道的设置应当符合国家标准。

第四章　道路通行规定

第一节　一般规定

第三十五条　机动车、非机动车实行右侧通行。

第三十六条　根据道路条件和通行需要，道路划分为机动车道、非机动车道和人行道的，机动车、非机动车、行人实行分道通行。没有划分机动车道、非机动车道和人行道的，机动车在道路中间通行，非机动车和行人在道路两侧通行。

第三十七条　道路划设专用车道的，在专用车道内，只准许规定的车辆通行，其他车辆不得进入专用车道内行驶。

第三十八条　车辆、行人应当按照交通信号通行；遇有交通警察现场指挥时，应当按照交通警察的指挥通行；在没有交通信号的道路上，应当在确保安全、畅通的原则下通行。

第三十九条　公安机关交通管理部门根据道路和交通流量的具体情况，可以对机动车、非机动车、行人采取疏导、限制通行、禁止通行等措施。遇有大型群众性活动、大范围施工等情况，需要采取限制交通的措施，或者作出与公众的道路交通活动直接有关的决定，应当提前向社会公告。

第四十条　遇有自然灾害、恶劣气象条件或者重大交通事故等严重影响交通安全的情形，采取其他措施难以保证交通安全时，公安机关交通管理部门可以实行交通管制。

第四十一条　有关道路通行的其他具体规定，由国务院规定。

第二节　机动车通行规定

第四十二条　机动车上道路行驶，不得超过限速标志标明的最高时速。在没有限速标志的路段，应当保持安全车速。

夜间行驶或者在容易发生危险的路段行驶，以及遇有沙尘、冰雹、雨、雪、雾、结冰等气象条件时，应当降低行驶速度。

第四十三条　同车道行驶的机动车，后车应当与前车保持足以采取紧急制动措施的安全距离。有下列情形之一的，不得超车：

（一）前车正在左转弯、掉头、超车的；

（二）与对面来车有会车可能的；

（三）前车为执行紧急任务的警车、消防车、救护车、工程救险车的；

（四）行经铁路道口、交叉路口、窄桥、弯道、陡坡、隧道、人行横道、市区交通流量大的路段等没有超车条件的。

第四十四条　机动车通过交叉路口，应当按照交通信号灯、交通标志、交通标线或者交通警察的指挥通过；通过没有交通信号灯、交通标志、交通标线或者交通警察指挥的交叉路口时，应当减速慢行，并让行人和优先通行的车辆先行。

第四十五条　机动车遇有前方车辆停车排队等候或者缓慢行驶时，不得借道超车或者占用对面车道，不得穿插等候的车辆。

在车道减少的路段、路口，或者在没有交通信号灯、交通标志、交通标线或者交通警察指挥的交叉路口遇到停车排队等候或者缓慢行驶时，机动车应当依次交替通行。

第四十六条　机动车通过铁路道口时，应当按照交通信号或者管理人员的指挥通行；没有交通信号或者管理人员的，应当减速或者停车，在确认安全后通过。

第四十七条　机动车行经人行横道时，应当减速行驶；遇行人正在通过人行横道，应当停车让行。

机动车行经没有交通信号的道路时，遇行人横过道路，应当避让。

第四十八条　机动车载物应当符合核定的载质量，严禁超载；载物的长、宽、高不得违反装载要求，不得遗洒、飘散载运物。

机动车运载超限的不可解体的物品，影响交通安全的，应当按照公安机关交通管理部门指定的时间、路线、速度行驶，悬挂明显标志。在公路上运载超限的不可解体的物品，并应当依照公路法的规定执行。

机动车载运爆炸物品、易燃易爆化学物品以及剧毒、放射性等危险物品，应当经公安机关批准后，按指定的时间、路线、速度行驶，悬挂警示标志并采取必要的安全措施。

第四十九条　机动车载人不得超过核定的人数，客运机动车不得违反规定载货。

第五十条　禁止货运机动车载客。

货运机动车需要附载作业人员的，应当设置保护作业人员的安全措施。

第五十一条　机动车行驶时，驾驶人、乘坐人员应当按规定使用安全带,摩托车驾驶人及乘坐人员应当按规定戴安全头盔。

第五十二条 机动车在道路上发生故障,需要停车排除故障时,驾驶人应当立即开启危险报警闪光灯,将机动车移至不妨碍交通的地方停放;难以移动的,应当持续开启危险报警闪光灯,并在来车方向设置警告标志等措施扩大示警距离,必要时迅速报警。

第五十三条 警车、消防车、救护车、工程救险车执行紧急任务时,可以使用警报器、标志灯具;在确保安全的前提下,不受行驶路线、行驶方向、行驶速度和信号灯的限制,其他车辆和行人应当让行。

警车、消防车、救护车、工程救险车非执行紧急任务时,不得使用警报器、标志灯具,不享有前款规定的道路优先通行权。

第五十四条 道路养护车辆、工程作业车进行作业时,在不影响过往车辆通行的前提下,其行驶路线和方向不受交通标志、标线限制,过往车辆和人员应当注意避让。

洒水车、清扫车等机动车应当按照安全作业标准作业;在不影响其他车辆通行的情况下,可以不受车辆分道行驶的限制,但是不得逆向行驶。

第五十五条 高速公路、大中城市中心城区内的道路,禁止拖拉机通行。其他禁止拖拉机通行的道路,由省、自治区、直辖市人民政府根据当地实际情况规定。

在允许拖拉机通行的道路上,拖拉机可以从事货运,但是不得用于载人。

第五十六条 机动车应当在规定地点停放。禁止在人行道上停放机动车;但是,依照本法第三十三条规定施划的停车泊位除外。

在道路上临时停车的,不得妨碍其他车辆和行人通行。

第三节 非机动车通行规定

第五十七条 驾驶非机动车在道路上行驶应当遵守有关交通安全的规定。非机动车应当在非机动车道内行驶;在没有非机动车道的道路上,应当靠车行道的右侧行驶。

第五十八条 残疾人机动轮椅车、电动自行车在非机动车道内行驶时,最高时速不得超过十五公里。

第五十九条 非机动车应当在规定地点停放。未设停放地点的,非机动车停放不得妨碍其他车辆和行人通行。

第六十条 驾驭畜力车,应当使用驯服的牲畜;驾驭畜力车横过道路时,驾驭人应当下车牵引牲畜;驾驭人离开车辆时,应当拴系牲畜。

第四节 行人和乘车人通行规定

第六十一条 行人应当在人行道内行走,没有人行道的靠路边行走。

第六十二条 行人通过路口或者横过道路,应当走人行横道或者过街设施;通过有交通信号灯的人行横道,应当按照交通信号灯指示通行;通过没有交通信号灯、人行横道的路口,或者在没有过街设施的路段横过道路,应当在确认安全后通过。

第六十三条 行人不得跨越、倚坐道路隔离设施,不得扒车、强行拦车或者实施妨碍道路交通安全的其他行为。

第六十四条 学龄前儿童以及不能辨认或者不能控制自己行为的精神疾病患者、智力障碍者在道路上通行,应当由其监护人、监护人委托的人或者对其负有管理、保护职责的人带领。

盲人在道路上通行,应当使用盲杖或者采取其他导盲手段,车辆应当避让盲人。

第六十五条 行人通过铁路道口时,应当按照交通信号或者管理人员的指挥通行;没有交通信号和管理人员的,应当在确认无火车驶临后,迅速通过。

第六十六条 乘车人不得携带易燃易爆等危险物品,不得向车外抛洒物品,不得有影响驾驶人安全驾驶的行为。

第五节 高速公路的特别规定

第六十七条 行人、非机动车、拖拉机、轮式专用机械车、铰接式客车、全挂拖斗车以及其他设计最高时速低于七十公里的机动车,不得进入高速公路。高速公路限速标志标明的最高时速不得超过一百二十公里。

第六十八条 机动车在高速公路上发生故障时,应当依照本法第五十二条的有关规定办理;但是,**警告标志应当设置在故障车来车方向一百五十米以外**,车上人员应当迅速转移到右侧路肩上或者应急车道内,并且迅速报警。

机动车在高速公路上发生故障或者交通事故,无法正常行驶的,应当由救援车、清障车拖曳、牵引。

第六十九条 任何单位、个人不得在高速公路上拦截检查行驶的车辆,公安机关的人民警察依法执行紧急公务除外。

第五章 交通事故处理

第七十条 在道路上发生交通事故,车辆驾驶人应当立即停车，保护现场；造成人身伤亡的，车辆驾驶人应当立即抢救受伤人员，并迅速报告执勤的交通警察或者公安机关交通管理部门。因抢救受伤人员变动现场的，应当标明位置。乘车人、过往车辆驾驶人、过往行人应予以协助。

在道路上发生交通事故，未造成人身伤亡，当事人对事实及成因无争议的，可以即行撤离现场，恢复交通，自行协商处理损害赔偿事宜；不即行撤离现场的，应当迅速报告执勤的交通警察或者公安机关交通管理部门。

在道路上发生交通事故，仅造成轻微财产损失，并且基本事实清楚的，当事人应当先撤离现场再进行协商处理。

第七十一条 车辆发生交通事故后逃逸的，事故现场目击人员和其他知情人员应当向公安机关交通管理部门或者交通警察举报。举报属实的，公安机关交通管理部门应当给予奖励。

第七十二条 公安机关交通管理部门接到交通事故报警后，应当立即派交通警察赶赴现场，先组织抢救受伤人员，并采取措施，尽快恢复交通。

交通警察应当对交通事故现场进行勘验、检查、收集证据；因收集证据的需要，可以扣留事故车辆，但是应当妥善保管，以备核查。

对当事人的生理、精神状况等专业性较强的检验，公安机关交通管理部门应当委托专门机构进行鉴定。鉴定结论应当由鉴定人签名。

第七十三条 公安机关交通管理部门应当根据交通事故现场勘验、检查、调查情况和有关的检验、鉴定结论，及时制作交通事故认定书，作为处理交通事故的证据。交通事故认定书应当载明交通事故的基本事实、成因和当事人的责任，并送达当事人。

第七十四条 对交通事故损害赔偿的争议，当事人可以请求公安机关交通管理部门调解，也可以直接向人民法院提起民事诉讼。

经公安机关交通管理部门调解，当事人未达成协议或者调解书生效后不履行的，当事人可以向人民法院提起民事诉讼。

第七十五条 医疗机构对交通事故中的受伤人员应当及时抢救，不得因抢救费用未及时支付而拖延救治。肇事车辆参加机动车第三者责任强制保险的，由保险公司在责任限额范围内支付抢救费用；抢救费用超过责任限额的，未参加机动车第三者责任强制保险或者肇事后逃逸的，由道路交通事故社会救助基金先行垫付部分或者全部抢救费用，道路交通事故社会救助基金管理机构有权向交通事故责任人追偿。

第七十六条 机动车发生交通事故造成人身伤亡、财产损失的，由保险公司在机动车第三者责任强制保险责任限额范围内予以赔偿；不足的部分，按照下列规定承担赔偿责任：

（一）机动车之间发生交通事故的，由有过错的一方承担赔偿责任；双方都有过错的，按照各自过错的比例分担责任。

（二）机动车与非机动车驾驶人、行人之间发生交通事故，非机动车驾驶人、行人没有过错的，由机动车一方承担赔偿责任；有证据证明非机动车驾驶人、行人有过错的，根据过错程度适当减轻机动车一方的赔偿责任；机动车一方没有过错的，承担不超过百分之十的赔偿责任。

交通事故的损失是由非机动车驾驶人、行人故意碰撞机动车造成的，机动车一方不承担赔偿责任。

第七十七条 车辆在道路以外通行时发生的事故，公安机关交通管理部门接到报案的，参照本法有关规定办理。

第六章 执法监督

第七十八条 公安机关交通管理部门应当加强对交通警察的管理，提高交通警察的素质和管理道路交通的水平。

公安机关交通管理部门应当对交通警察进行法制和交通安全管理业务培训、考核。交通警察经考核不合格的，不得上岗执行职务。

第七十九条 公安机关交通管理部门及其交通警察实施道路交通安全管理，应当依据法定的职权和程序，简化办事手续，做到公正、严格、文明、高效。

第八十条 交通警察执行职务时，应当按照规定着装，佩戴人民警察标志，持有人民警察证件，保持警容严整，举止端庄，指挥规范。

第八十一条 依照本法发放牌证等收取工本费，应当严格执行国务院价格主管部门核定的收费标准，并全部上缴国库。

第八十二条 公安机关交通管理部门依法实施罚款的行政处罚，应当依照有关法律、行政法规的规定，实施罚款决定与罚款收缴分离；收缴的罚款以及依法没收的违法所得，应当全部上缴国库。

第八十三条 交通警察调查处理道路交通安全违法行为和交通事故，有下列情形之一的，应当回避：

（一）是本案的当事人或者当事人的近亲属；

（二）本人或者其近亲属与本案有利害关系；

（三）与本案当事人有其他关系，可能影响案件的公正处理。

第八十四条 公安机关交通管理部门及其交通警察的行政执法活动，应当接受行政监察机关依法实施的监督。

公安机关督察部门应当对公安机关交通管理部门及其交通警察执行法律、法规和遵守纪律的情况依法进行监督。

上级公安机关交通管理部门应当对下级公安机关交通管理部门的执法活动进行监督。

第八十五条 公安机关交通管理部门及其交通警察执行职务，应当自觉接受社会和公民的监督。

任何单位和个人都有权对公安机关交通管理部门及其交通警察不严格执法以及违法违纪行为进行检举、控告。收到检举、控告的机关，应当依据职责及时查处。

第八十六条 任何单位不得给公安机关交通管理部门下达或者变相下达罚款指标；公安机关交通管理部门不得以罚款数额作为考核交通警察的标准。

公安机关交通管理部门及其交通警察对超越法律、法规规定的指令，有权拒绝执行，并同时向上级机关报告。

第七章　法　律　责　任

第八十七条 公安机关交通管理部门及其交通警察对道路交通安全违法行为，应当及时纠正。

公安机关交通管理部门及其交通警察应当依据事实和本法的有关规定对道路交通安全违法行为予以处罚。对于情节轻微，未影响道路通行的，指出违法行为，给予口头警告后放行。

第八十八条 对道路交通安全违法行为的处罚种类包括：警告、罚款、暂扣或者吊销机动车驾驶证、拘留。

第八十九条 行人、乘车人、非机动车驾驶人违反道路交通安全法律、法规关于道路通行规定的，处警告或者五元以上五十元以下罚款；非机动车驾驶人拒绝接受罚款处罚的，可以扣留其非机动车。

第九十条 机动车驾驶人违反道路交通安全法律、法规关于道路通行规定的，处警告或者二十元以上二百元以下罚款。本法另有规定的，依照规定处罚。

第九十一条 饮酒后驾驶机动车的，处暂扣六个月机动车驾驶证，并处一千元以上二千元以下罚款。因饮酒后驾驶机动车被处罚，再次饮酒后驾驶机动车的，处十日以下拘留，并处一千元以上二千元以下罚款，吊销机动车驾驶证。

醉酒驾驶机动车的，由公安机关交通管理部门约束至酒醒，吊销机动车驾驶证，依法追究刑事责任；五年内不得重新取得机动车驾驶证。

饮酒后驾驶营运机动车的，处十五日拘留，并处五千元罚款，吊销机动车驾驶证，五年内不得重新取得机动车驾驶证。

醉酒驾驶营运机动车的，由公安机关交通管理部门约束至酒醒，吊销机动车驾驶证，依法追究刑事责任；十年内不得重新取得机动车驾驶证，重新取得机动车驾驶证后，不得驾驶营运机动车。

饮酒后或者醉酒驾驶机动车发生重大交通事故，构成犯罪的，依法追究刑事责任，并由公安机关交通管理部门吊销机动车驾驶证，终生不得重新取得机动车驾驶证。

第九十二条 公路客运车辆载客超过额定乘员的，处二百元以上五百元以下罚款；超过额定乘员百分之二十或者违反规定载货的，处五百元以上二千元以下罚款。

货运机动车超过核定载质量的，处二百元以上五百元以下罚款；超过核定载质量百分之三十或者违反规定载客的，处五百元以上二千元以下罚款。

有前两款行为的，由公安机关交通管理部门扣留机动车至违法状态消除。

运输单位的车辆有本条第一款、第二款规定的情形，经处罚不改的，对直接负责的主管人员处二千元以上五千元以下罚款。

第九十三条 对违反道路交通安全法律、法规关于机动车停放、临时停车规定的，可以指出违法行为，并予以口头警告，令其立即驶离。

机动车驾驶人不在现场或者虽在现场但拒绝立即驶离，妨碍其他车辆、行人通行的，处二十元以上二百元以下罚款，并可以将该机动车拖移至不妨碍交通的地点或者公安机关交通管理部门指定的地点停放。公安机关交通管理部门拖车不得向当事人收取费用，并应当及时告知当事人停放地点。

因采取不正确的方法拖车造成机动车损坏的，应当依法承担补偿责任。

第九十四条 机动车安全技术检验机构实施机动车安全技术检验超过国务院价格主管部门核定的收费标准收取费用的，退还多收取的费用，并由价格主管部门依照《中华人民共和国价格法》的有关规定给予处罚。

机动车安全技术检验机构不按照机动车国家安全技术标准进行检验，出具虚假检验结果的，由公安机关交通管理部门处所收检验费用五倍以上十倍以下罚款，并依法撤销其检验资格；构成犯罪的，依法追究刑事责任。

第九十五条 上道路行驶的机动车未悬挂机动车号牌，未放置检验合格标志、保险标志，或者未随车携带行驶证、驾驶证的，公安机关交通管理部门应当扣留机动车，通知当事人提供相应的牌证、标志或者补办相应手续，并可以依照本法第九十条的规定予以处罚。当事人提供相应的牌证、标志或者补办相应手续的，应当及时退还机动车。

故意遮挡、污损或者不按规定安装机动车号牌的，依照本法第九十条的规定予以处罚。

第九十六条 伪造、变造或者使用伪造、变造的机动车登记证书、号牌、行驶证、驾驶证的，由公安机关交通管理部门予以收缴，扣留该机动车，处十五日以下拘留，并处二千元以上五千元以下罚款；构成犯罪的，依法追究刑事责任。

伪造、变造或者使用伪造、变造的检验合格标志、保险标志的，由公安机关交通管理部门予以收缴，扣留该机动车，处十日以下拘留，并处一千元以上三千元以下罚款；构成犯罪的，依法追究刑事责任。

使用其他车辆的机动车登记证书、号牌、行驶证、检验合格标志、保险标志的，由公安机关交通管理部门予以收缴，扣留该机动车，处二千元以上五千元以下罚款。

当事人提供相应的合法证明或者补办相应手续的，应当及时退还机动车。

第九十七条 非法安装警报器、标志灯具的，由公安机关交通管理部门强制拆除，予以收缴，并处二百元以上二千元以下罚款。

第九十八条 机动车所有人、管理人未按照国家规定投保机动车第三者责任强制保险的，由公安机关交通管理部门扣留车辆至依照规定投保后，并处依照规定投保最低责任限额应缴纳的保险费的二倍罚款。

依照前款缴纳的罚款全部纳入道路交通事故社会救助基金。具体办法由国务院规定。

第九十九条 有下列行为之一的，由公安机关交通管理部门处二百元以上二千元以下罚款：

（一）未取得机动车驾驶证、机动车驾驶证被吊销或者机动车驾驶证被暂扣期间驾驶机动车的；

（二）将机动车交由未取得机动车驾驶证或者机动车驾驶证被吊销、暂扣的人驾驶的；

（三）造成交通事故后逃逸，尚不构成犯罪的；

（四）机动车行驶超过规定时速百分之五十的；

（五）强迫机动车驾驶人违反道路交通安全法律、法规和机动车安全驾驶要求驾驶机动车，造成交通事故，尚不构成犯罪的；

（六）违反交通管制的规定强行通行，不听劝阻的；

（七）故意损毁、移动、涂改交通设施，造成危害后果，尚不构成犯罪的；

（八）非法拦截、扣留机动车辆，不听劝阻，造成交通严重阻塞或者较大财产损失的。

行为人有前款第二项、第四项情形之一的，可以并处吊销机动车驾驶证；有第一项、第三项、第五项至第八项情形之一的，可以并处十五日以下拘留。

第一百条 驾驶拼装的机动车或者已达到报废标准的机动车上道路行驶的，公安机关交通管理部门应当予以收缴，强制报废。

对驾驶前款所列机动车上道路行驶的驾驶人，处二百元以上二千元以下罚款，并吊销机动车驾驶证。

出售已达到报废标准的机动车的，没收违法所得，处销售金额等额的罚款，对该机动车依照本条第一款的规定处理。

第一百零一条 违反道路交通安全法律、法规的规定，发生重大交通事故，构成犯罪的，依法追究刑事责任，并由公安机关交通管理部门吊销机动车驾驶证。

造成交通事故后逃逸的，由公安机关交通管理部门吊销机动车驾驶证，且终生不得重新取得机动车驾驶证。

第一百零二条 对六个月内发生二次以上特大交通事故负有主要责任或者全部责任的专业运输单位，由公安机关交通管理部门责令消除安全隐患，未消除安全隐患的机动车，禁止上道路行驶。

第一百零三条 国家机动车产品主管部门未按照机动车国家安全技术标准严格审查，许可不合格机动车型投入生产的，对负有责任的主管人员和其他直接责任人员给予降级或者撤职的行政处分。

机动车生产企业经国家机动车产品主管部门许可生产的机动车型，不执行机动车国家安全技术标准或者不严格进行机动车成品质量检验，致使质量不合格的机动车出厂销售的，由质量技术监督部门依照《中华人民共和国产品质量法》的有关规定给予处罚。

擅自生产、销售未经国家机动车产品主管部门许可生产的机动车型的，没收非法生产、销售的机动车成品及配件，可以并处非法产品价值三倍以上五倍以下罚款；有营业执照的，由工商行政管理部门吊销营业执照，没有营业执照的，予以查封。

生产、销售拼装的机动车或者生产、销售擅自改装的机动车的，依照本条第三款的规定处罚。

有本条第二款、第三款、第四款所列违法行为，生产或者销售不符合机动车国家安全技术标准的机动车，构成犯罪的，依法追究刑事责任。

第一百零四条 未经批准，擅自挖掘道路、占用道路施工或者从事其他影响道路交通安全活动的，由道路主管部门责令停止违法行为，并恢复原状，可以依法给予罚款；致使通行的人员、车辆及其他财产遭受损失的，依法承担赔偿责任。

有前款行为，影响道路交通安全活动的，公安机关交通管理部门可以责令停止违法行为，迅速恢复交通。

第一百零五条 道路施工作业或者道路出现损毁，未及时设置警示标志、未采取防护措施，或者应当设置交通信号灯、交通标志、交通标线而没有设置或者应当及时变更交通信号灯、交通标志、交通标线而没有及时变更，致使通行的人员、车辆及其他财产遭受损失的，负有相关职责的单位应当依法承担赔偿责任。

第一百零六条 在道路两侧及隔离带上种植树木、其他植物或者设置广告牌、管线等，遮挡路灯、交通信号灯、交通标志，妨碍安全视距的，由公安机关交通管理部门责令行为人排除妨碍；拒不执行的，处二百元以上二千元以下罚款，并强制排除妨碍，所需费用由行为人负担。

第一百零七条 对道路交通违法行为人予以警告、二百元以下罚款，交通警察可以当场作出行政处罚决定，并出具行政处罚决定书。

行政处罚决定书应当载明当事人的违法事实、行政处罚的依据、处罚内容、时间、地点以及处罚机关名称，并由执法人员签名或者盖章。

第一百零八条 当事人应当自收到罚款的行政处罚决定书之日起十五日内，到指定的银行缴纳罚款。

对行人、乘车人和非机动车驾驶人的罚款，当事人无异议的，可以当场予以收缴罚款。

罚款应当开具省、自治区、直辖市财政部门统一制发的罚款收据；不出具财政部门统一制发的罚款收据的，当事人有权拒绝缴纳罚款。

第一百零九条 当事人逾期不履行行政处罚决定的，作出行政处罚决定的行政机关可以采取下列措施：

（一）到期不缴纳罚款的，每日按罚款数额的百分之三加处罚款；

（二）申请人民法院强制执行。

第一百一十条 执行职务的交通警察认为应当对道路交通违法行为人给予暂扣或者吊销机动车驾驶证处罚的，可以先予扣留机动车驾驶证，并在二十四小时内将案件移交公安机关交通管理部门处理。

道路交通违法行为人应当在十五日内到公安机关交通管理部门接受处理。无正当理由逾期未接受处理的，吊销机动车驾驶证。

公安机关交通管理部门暂扣或者吊销机动车驾驶证的，应当出具行政处罚决定书。

第一百一十一条 对违反本法规定予以拘留的行政处罚，由县、市公安局、公安分局或者相当于县一级的公安机关裁决。

第一百一十二条 公安机关交通管理部门扣留机动车、非机动车，应当当场出具凭证，并告知当事人在规定期限内到公安机关交通管理部门接受处理。

公安机关交通管理部门对被扣留的车辆应当妥善保管，不得使用。

逾期不来接受处理，并且经公告三个月仍不来接受处理的，对扣留的车辆依法处理。

第一百一十三条 暂扣机动车驾驶证的期限从处罚决定生效之日起计算；处罚决定生效前先予扣留机动车驾驶证的，扣留一日折抵暂扣期限一日。

吊销机动车驾驶证后重新申请领取机动车驾驶证的期限，按照机动车驾驶证管理规定办理。

第一百一十四条 公安机关交通管理部门根据交通技术监控记录资料，可以对违法的机动车所有人或者管理人依法予以处罚。对能够确定驾驶人的，可以依照本法的规定依法予以处罚。

第一百一十五条 交通警察有下列行为之一的，依法给予行政处分：

（一）为不符合法定条件的机动车发放机动车登记证书、号牌、行驶证、检验合格标志的；

（二）批准不符合法定条件的机动车安装、使用警车、消防车、救护车、工程救险车的警报器、标志灯具，喷涂标志图案的；

（三）为不符合驾驶许可条件、未经考试或者考试不合格人员发放机动车驾驶证的；

（四）不执行罚款决定与罚款收缴分离制度或者不按规定将依法收取的费用、收缴的罚款及没收的违法所得全部上缴国库的；

（五）举办或者参与举办驾驶学校或者驾驶培训班、机动车修理厂或者收费停车场等经营活动的；

（六）利用职务上的便利收受他人财物或者谋取其他利益的；

（七）违法扣留车辆、机动车行驶证、驾驶证、车辆号牌的；

（八）使用依法扣留的车辆的；

（九）当场收取罚款不开具罚款收据或者不如实填写罚款额的；

（十）徇私舞弊，不公正处理交通事故的；

（十一）故意刁难，拖延办理机动车牌证的；

（十二）非执行紧急任务时使用警报器、标志灯具的；

（十三）违反规定拦截、检查正常行驶的车辆的；

（十四）非执行紧急公务时拦截搭乘机动车的；

（十五）不履行法定职责的。

公安机关交通管理部门有前款所列行为之一的，对直接负责的主管人员和其他直接责任人员给予相应的行政处分。

第一百一十六条 依照本法第一百一十五条的规定，给予交通警察行政处分的，在作出行政处分决定前，可以停止其执行职务；必要时，可以予以禁闭。

依照本法第一百一十五条的规定，交通警察受到降级或者撤职行政处分的，可以予以辞退。

交通警察受到开除处分或者被辞退的，应当取消警衔；受到撤职以下行政处分的交通警察，应当降低警衔。

第一百一十七条 交通警察利用职权非法占有公共财物，索取、收受贿赂，或者滥用职权、玩忽职守，构成犯罪的，依法追究刑事责任。

第一百一十八条 公安机关交通管理部门及其交通警察有本法第一百一十五条所列行为之一，给当事人造成损失的，应当依法承担赔偿责任。

第八章 附 则

第一百一十九条 本法中下列用语的含义：

（一）"道路"，是指公路、城市道路和虽在单位管辖范围但允许社会机动车通行的地方，包括广场、公共停车场等用于公众通行的场所。

（二）"车辆"，是指机动车和非机动车。

（三）"机动车"，是指以动力装置驱动或者牵引，上道路行驶的供人员乘用或者用于运送物品以及进行工程专项作业的轮式车辆。

（四）"非机动车"，是指以人力或者畜力驱动，上道路行驶的交通工具，以及虽有动力装置驱动但设计最高时速、空车质量、外形尺寸符合有关国家标准的残疾人机动轮椅车、电动自行车等交通工具。

（五）"交通事故"，是指车辆在道路上因过错或者意外造成的人身伤亡或者财产损失的事件。

第一百二十条 中国人民解放军和中国人民武装警察部队在编机动车牌证、在编机动车检验以及机动车驾驶人考核工作，由中国人民解放军、中国人民武装警察部队有关部门负责。

第一百二十一条 对上道路行驶的拖拉机，由农业（农业机械）主管部门行使本法第八条、第九条、第十三条、第十九条、第二十三条规定的公安机关交通管理部门的管理职权。

农业（农业机械）主管部门依照前款规定行使职权，应当遵守本法有关规定，并接受公安机关交通管理部门的监督；对违反规定的，依照本法有关规定追究法律责任。

本法施行前由农业（农业机械）主管部门发放的机动车牌证，在本法施行后继续有效。

第一百二十二条 国家对入境的境外机动车的道路交通安全实施统一管理。

第一百二十三条 省、自治区、直辖市人民代表大会常务委员会可以根据本地区的实际情况，在本法规定的罚款幅度内，规定具体的执行标准。

第一百二十四条 本法自2004年5月1日起施行。

中华人民共和国道路交通安全法实施条例

（2004年4月30日国务院令第405号公布 根据2017年10月7日国务院令第687号《国务院关于修改部分行政法规的决定》修订）

第一章 总 则

第一条 根据《中华人民共和国道路交通安全法》（以下简称道路交通安全法）的规定，制定本条例。

第二条 中华人民共和国境内的车辆驾驶人、行人、乘车人以及与道路交通活动有关的单位和个人，应当遵守道路交通安全法和本条例。

第三条 县级以上地方各级人民政府应当建立、健全道路交通安全工作协调机制，组织有关部门对城市建设项目进行交通影响评价，制定道路交通安全管理规划，确定管理目标，制定实施方案。

第二章 车辆和驾驶人

第一节 机 动 车

第四条 机动车的登记，分为注册登记、变更登记、转移登记、抵押登记和注销登记。

第五条 初次申领机动车号牌、行驶证的，应当向机动车所有人住所地的公安机关交通管理部门申请注册登记。申请机动车注册登记，应当交验机动车，并提交以下证明、凭证：

（一）机动车所有人的身份证明；
（二）购车发票等机动车来历证明；
（三）机动车整车出厂合格证明或者进口机动车进口凭证；
（四）车辆购置税完税证明或者免税凭证；
（五）机动车第三者责任强制保险凭证；
（六）法律、行政法规规定应当在机动车注册登记时提交的其他证明、凭证。

不属于国务院机动车产品主管部门规定免予安全技术检验的车型的，还应当提供机动车安全技术检验合格证明。

第六条 已注册登记的机动车有下列情形之一的，机动车所有人应当向登记该机动车的公安机关交通管理部门申请变更登记：

（一）改变机动车车身颜色的；
（二）更换发动机的；
（三）更换车身或者车架的；
（四）因质量有问题，制造厂更换整车的；
（五）营运机动车改为非营运机动车或者非营运机动车改为营运机动车的；
（六）机动车所有人的住所迁出或者迁入公安机关交通管理部门管辖区域的。

申请机动车变更登记，应当提交下列证明、凭证，属于前款第（一）项、第（二）项、第（三）项、第（四）项、第（五）项情形之一的，还应当交验机动车；属于前款第（二）项、第（三）项情形之一的，还应当同时提交机动车安全技术检验合格证明：

（一）机动车所有人的身份证明；
（二）机动车登记证书；
（三）机动车行驶证。

机动车所有人的住所在公安机关交通管理部门管辖区域内迁移、机动车所有人的姓名（单位名称）或者联系方式变更的，应当向登记该机动车的公安机关交通管理部门备案。

第七条 已注册登记的机动车所有权发生转移的，应当及时办理转移登记。

申请机动车转移登记，当事人应当向登记该机动车的公安机关交通管理部门交验机动车，并提交以下证明、凭证：

（一）当事人的身份证明；
（二）机动车所有权转移的证明、凭证；
（三）机动车登记证书；
（四）机动车行驶证。

第八条 机动车所有人将机动车作为抵押物抵押的，机动车所有人应当向登记该机动车的公安机关交通管理部门申请抵押登记。

第九条 已注册登记的机动车达到国家规定的强制报废标准的，公安机关交通管理部门应当在报废期满的2个月前通知机动车所有人办理注销登记。机动车所有人应当在报废期满前将机动车交售给机动车回收企业，由机动车回收企业将报废的机动车登记证书、号牌、行驶证交公安机关交通管理部门注销。机动车所有人逾期不办理注销登记的，公安机关交通管理部门应当公告该机动车登记证书、号牌、行驶证作废。

因机动车灭失申请注销登记的，机动车所有人应当向公安机关交通管理部门提交本人身份证明，交回机动车登记证书。

第十条 办理机动车登记的申请人提交的证明、凭证齐全、有效的，公安机关交通管理部门应当当场办理登记手续。

人民法院、人民检察院以及行政执法部门依法查封、扣押的机动车，公安机关交通管理部门不予办理机动车登记。

第十一条 机动车登记证书、号牌、行驶证丢失或者损毁，机动车所有人申请补发的，应当向公安机关交通管理部门提交本人身份证明和申请材料。公安机关交通管理部门经与机动车登记档案核实后，在收到申请之日起15日内补发。

第十二条 税务部门、保险机构可以在公安机关交通管理部门的办公场所集中办理与机动车有关的税费缴纳、保险合同订立等事项。

第十三条 机动车号牌应当悬挂在车前、车后指定位置，保持清晰、完整。重型、中型载货汽车及其挂车、拖拉机及其挂车的车身或者车厢后部应当喷涂放大的牌号，字样应当端正并保持清晰。

机动车检验合格标志、保险标志应当粘贴在机动车前窗右上角。

机动车喷涂、粘贴标识或者车身广告的，不得影响安全驾驶。

第十四条 用于公路营运的载客汽车、重型载货汽车、半挂牵引车应当安装、使用符合国家标准的行驶记录仪。交通警察可以对机动车行驶速度、连续驾驶时间以及其他行驶状态信息进行检查。安装行驶记录仪可以分步实施，实施步骤由国务院机动车产品主管部门会同有关部门规定。

第十五条 机动车安全技术检验由机动车安全技术检验机构实施。机动车安全技术检验机构应当按照国家机动车安全技术检验标准对机动车进行检验，对检验结果承担法律责任。

质量技术监督部门负责对机动车安全技术检验机构实行资格管理和计量认证管理，对机动车安全技术检验设备进行检定，对执行国家机动车安全技术检验标准的情况进行监督。

机动车安全技术检验项目由国务院公安部门会同国务院质量技术监督部门规定。

第十六条 机动车应当从注册登记之日起，按照下列期限进行安全技术检验：

（一）营运载客汽车5年以内每年检验1次；超过5年的，每6个月检验1次；

（二）载货汽车和大型、中型非营运载客汽车10年以内每年检验1次；超过10年的，每6个月检验1次；

（三）小型、微型非营运载客汽车6年以内每2年检验1次；超过6年的，每年检验1次；超过15年的，每6个月检验1次；

（四）摩托车4年以内每2年检验1次；超过4年的，每年检验1次；

（五）拖拉机和其他机动车每年检验1次。

营运机动车在规定检验期限内经安全技术检验合格的，不再重复进行安全技术检验。

第十七条 已注册登记的机动车进行安全技术检验时，机动车行驶证记载的登记内容与该机动车的有关情况不符，或者未按照规定提供机动车第三者责任强制保险凭证的，不予通过检验。

第十八条 警车、消防车、救护车、工程救险车标志图案的喷涂以及警报器、标志灯具的安装、使用规定，由国务院公安部门制定。

第二节 机动车驾驶人

第十九条 符合国务院公安部门规定的驾驶许可条件的人，可以向公安机关交通管理部门申请机动车驾驶证。

机动车驾驶证由国务院公安部门规定式样并监制。

第二十条 学习机动车驾驶，应当先学习道路交通安全法律、法规和相关知识，考试合格后，再学习机动车驾驶技能。

在道路上学习驾驶，应当按照公安机关交通管理部门指定的路线、时间进行。在道路上学习机动车驾驶技能应当使用教练车，在教练员随车指导下进行，与教学无关的人员不得乘坐教练车。学员在学习驾驶中有道路交通安全违法行为或者造成交通事故的，由教练员承担责任。

第二十一条 公安机关交通管理部门应当对申请机动车驾驶证的人进行考试，对考试合格的，在5日内核发机动车驾驶证；对考试不合格的，书面说明理由。

第二十二条 机动车驾驶证的有效期为6年，本条例另有规定的除外。

机动车驾驶人初次申领机动车驾驶证后的12个月为实习期。在实习期内驾驶机动车的，应当在车身后部粘贴或者悬挂统一式样的实习标志。

机动车驾驶人在实习期内不得驾驶公共汽车、营运客车或者执行任务的警车、消防车、救护车、工程救险车以及载有爆炸物品、易燃易爆化学物品、剧毒或者放射性等危险物品的机动车；驾驶的机动车不得牵引挂车。

第二十三条 公安机关交通管理部门对机动车驾驶人的道路交通安全违法行为除给予行政处罚外，实行道路交通安全违法行为累积记分（以下简称记分）制度，记分周期为12个月。对在一个记分周期内记分达到12分的，由公安机关交通管理部门扣留其机动车驾驶证，该机动车驾驶人应当按照规定参加道路交通安全法律、法规的学习并接受考试。考试合格的，记分予以清除，发还机动车驾驶证；考试不合格的，继续参加学习和考试。

应当给予记分的道路交通安全违法行为及其分值，由国务院公安部门根据道路交通安全违法行为的危害程度规定。

公安机关交通管理部门应当提供记分查询方式供机动车驾驶人查询。

第二十四条 机动车驾驶人在一个记分周期内记分未达到12分，所处罚款已经缴纳的，记分予以清除；记分虽未达到12分，但尚有罚款未缴纳的，记分转入下一记分周期。

机动车驾驶人在一个记分周期内记分2次以上达到12分的，除按照第二十三条的规定扣留机动车驾驶证、参加学习、接受考试外，还应当接受驾驶技能考试。考试合格的，记分予以清除，发还机动车驾驶证；考试不合格的，继续参加学习和考试。

接受驾驶技能考试的，按照本人机动车驾驶证载明的最高准驾车型考试。

第二十五条 机动车驾驶人记分达到12分，拒不参加公安机关交通管理部门通知的学习，也不接受考试的，由公安机关交通管理部门公告其机动车驾驶证停止使用。

第二十六条 机动车驾驶人在机动车驾驶证的 6 年有效期内，每个记分周期均未达到 12 分的，换发 10 年有效期的机动车驾驶证；在机动车驾驶证的 10 年有效期内，每个记分周期均未达到 12 分的，换发长期有效的机动车驾驶证。

换发机动车驾驶证时，公安机关交通管理部门应当对机动车驾驶证进行审验。

第二十七条 机动车驾驶证丢失、损毁，机动车驾驶人申请补发的，应当向公安机关交通管理部门提交本人身份证明和申请材料。公安机关交通管理部门经与机动车驾驶证档案核实后，在收到申请之日起 3 日内补发。

第二十八条 机动车驾驶人在机动车驾驶证丢失、损毁、超过有效期或者被依法扣留、暂扣期间以及记分达到 12 分的，不得驾驶机动车。

第三章 道路通行条件

第二十九条 交通信号灯分为：机动车信号灯、非机动车信号灯、人行横道信号灯、车道信号灯、方向指示信号灯、闪光警告信号灯、道路与铁路平面交叉道口信号灯。

第三十条 交通标志分为：指示标志、警告标志、禁令标志、指路标志、旅游区标志、道路施工安全标志和辅助标志。

道路交通标线分为：指示标线、警告标线、禁止标线。

第三十一条 交通警察的指挥分为：手势信号和使用器具的交通指挥信号。

第三十二条 道路交叉路口和行人横过道路较为集中的路段应当设置人行横道、过街天桥或者过街地下通道。

在盲人通行较为集中的路段，人行横道信号灯应当设置声响提示装置。

第三十三条 城市人民政府有关部门可以在不影响行人、车辆通行的情况下，在城市道路上施划停车泊位，并规定停车泊位的使用时间。

第三十四条 开辟或者调整公共汽车、长途汽车的行驶路线或者车站，应当符合交通规划和安全、畅通的要求。

第三十五条 道路养护施工单位在道路上进行养护、维修时，应当按照规定设置规范的安全警示标志和安全防护设施。道路养护施工作业车辆、机械应当安装示警灯，喷涂明显的标志图案，作业时应当开启示警灯和危险报警闪光灯。对未中断交通的施工作业道路，公安机关交通管理部门应当加强交通安全监督检查。发生交通阻塞时，及时做好分流、疏导，维护交通秩序。

道路施工需要车辆绕行的，施工单位应当在绕行处设置标志；不能绕行的，应当修建临时通道，保证车辆和行人通行。需要封闭道路中断交通的，除紧急情况外，应当提前 5 日向社会公告。

第三十六条 道路或者交通设施养护部门、管理部门应当在急弯、陡坡、临崖、临水等危险路段，按照国家标准设置警告标志和安全防护设施。

第三十七条 道路交通标志、标线不规范，机动车驾驶人容易发生辨认错误的，交通标志、标线的主管部门应当及时予以改善。

道路照明设施应当符合道路建设技术规范，保持照明功能完好。

第四章 道路通行规定

第一节 一 般 规 定

第三十八条 机动车信号灯和非机动车信号灯表示：

（一）绿灯亮时，准许车辆通行，但转弯的车辆不得妨碍被放行的直行车辆、行人通行；

（二）黄灯亮时，已越过停止线的车辆可以继续通行；

（三）红灯亮时，禁止车辆通行。

在未设置非机动车信号灯和人行横道信号灯的路口，非机动车和行人应当按照机动车信号灯的表示通行。

红灯亮时，右转弯的车辆在不妨碍被放行的车辆、行人通行的情况下，可以通行。

第三十九条 人行横道信号灯表示：

（一）绿灯亮时，准许行人通过人行横道；

（二）红灯亮时，禁止行人进入人行横道，但是已经进入人行横道的，可以继续通过或者在道路中心线处停留等候。

第四十条 车道信号灯表示：

（一）绿色箭头灯亮时，准许本车道车辆按指示方向通行；

（二）红色叉形灯或者箭头灯亮时，禁止本车道车辆通行。

第四十一条 方向指示信号灯的箭头方向向左、向上、向右分别表示左转、直行、右转。

第四十二条 闪光警告信号灯为持续闪烁的黄

灯，提示车辆、行人通行时注意瞭望，确认安全后通过。

第四十三条 道路与铁路平面交叉道口有两个红灯交替闪烁或者一个红灯亮时，表示禁止车辆、行人通行；红灯熄灭时，表示允许车辆、行人通行。

第二节 机动车通行规定

第四十四条 在道路同方向划有2条以上机动车道的，左侧为快速车道，右侧为慢速车道。在快速车道行驶的机动车应当按照快速车道规定的速度行驶，未达到快速车道规定的行驶速度的，应当在慢速车道行驶。摩托车应当在最右侧车道行驶。有交通标志标明行驶速度的，按照标明的行驶速度行驶。慢速车道内的机动车超越前车时，可以借用快速车道行驶。

在道路同方向划有2条以上机动车道的，变更车道的机动车不得影响相关车道内行驶的机动车的正常行驶。

第四十五条 机动车在道路上行驶不得超过限速标志、标线标明的速度。在没有限速标志、标线的道路上，机动车不得超过下列最高行驶速度：

（一）没有道路中心线的道路，城市道路为每小时30公里，公路为每小时40公里；

（二）同方向只有1条机动车道的道路，城市道路为每小时50公里，公路为每小时70公里。

第四十六条 机动车行驶中遇有下列情形之一的，最高行驶速度不得超过每小时30公里，其中拖拉机、电瓶车、轮式专用机械车不得超过每小时15公里：

（一）进出非机动车道，通过铁路道口、急弯路、窄路、窄桥时；

（二）掉头、转弯、下陡坡时；

（三）遇雾、雨、雪、沙尘、冰雹，能见度在50米以内时；

（四）在冰雪、泥泞的道路上行驶时；

（五）牵引发生故障的机动车时。

第四十七条 机动车超车时，应当提前开启左转向灯、变换使用远、近光灯或者鸣喇叭。在没有道路中心线或者同方向只有1条机动车道的道路上，前车遇后车发出超车信号时，在条件许可的情况下，应当降低速度、靠右让路。后车应当在确认有充足的安全距离后，从前车的左侧超越，在与被超车辆拉开必要的安全距离后，开启右转向灯，驶回原车道。

第四十八条 在没有中心隔离设施或者没有中心线的道路上，机动车遇相对方向来车时应当遵守下列规定：

（一）减速靠右行驶，并与其他车辆、行人保持必要的安全距离；

（二）在有障碍的路段，无障碍的一方先行；但有障碍的一方已驶入障碍路段而无障碍的一方未驶入时，有障碍的一方先行；

（三）在狭窄的坡路，上坡的一方先行；但下坡的一方已行至中途而上坡的一方未上坡时，下坡的一方先行；

（四）在狭窄的山路，不靠山体的一方先行；

（五）夜间会车应当在距相对方向来车150米以外改用近光灯，在窄路、窄桥与非机动车会车时应当使用近光灯。

第四十九条 机动车在有禁止掉头或者禁止左转弯标志、标线的地点以及在铁路道口、人行横道、桥梁、急弯、陡坡、隧道或者容易发生危险的路段，不得掉头。

机动车在没有禁止掉头或者没有禁止左转弯标志、标线的地点可以掉头，但不得妨碍正常行驶的其他车辆和行人的通行。

第五十条 机动车倒车时，应当察明车后情况，确认安全后倒车。不得在铁路道口、交叉路口、单行路、桥梁、急弯、陡坡或者隧道中倒车。

第五十一条 机动车通过有交通信号灯控制的交叉路口，应当按照下列规定通行：

（一）在划有导向车道的路口，按所需行进方向驶入导向车道；

（二）准备进入环形路口的让已在路口内的机动车先行；

（三）向左转弯时，靠路口中心点左侧转弯。转弯时开启转向灯，夜间行驶开启近光灯；

（四）遇放行信号时，依次通过；

（五）遇停止信号时，依次停在停止线以外。没有停止线的，停在路口以外；

（六）向右转弯遇有同车道前车正在等候放行信号时，依次停车等候；

（七）在没有方向指示信号灯的交叉路口，转弯的机动车让直行的车辆、行人先行。相对方向行驶的右转弯机动车让左转弯车辆先行。

第五十二条 机动车通过没有交通信号灯控制也没有交通警察指挥的交叉路口，除应当遵守第五十一条第（二）项、第（三）项的规定外，还应当遵守下列规定：

（一）有交通标志、标线控制的，让优先通行的一方先行；

（二）没有交通标志、标线控制的，在进入路口前停车瞭望，让右方道路的来车先行；

（三）转弯的机动车让直行的车辆先行；

（四）相对方向行驶的右转弯的机动车让左转弯的车辆先行。

第五十三条　机动车遇有前方交叉路口交通阻塞时，应当依次停在路口以外等候，不得进入路口。

机动车在遇有前方机动车停车排队等候或者缓慢行驶时，应当依次排队，不得从前方车辆两侧穿插或者超越行驶，不得在人行横道、网状线区域内停车等候。

机动车在车道减少的路口、路段，遇有前方机动车停车排队等候或者缓慢行驶的，应当每车道一辆依次交替驶入车道减少后的路口、路段。

第五十四条　机动车载物不得超过机动车行驶证上核定的载质量，装载长度、宽度不得超出车厢，并应当遵守下列规定：

（一）重型、中型载货汽车，半挂车载物，高度从地面起不得超过4米，载运集装箱的车辆不得超过4.2米；

（二）其他载货的机动车载物，高度从地面起不得超过2.5米；

（三）摩托车载物，高度从地面起不得超过1.5米，长度不得超出车身0.2米。两轮摩托车载物宽度左右各不得超出车把0.15米；三轮摩托车载物宽度不得超过车身。

载客汽车除车身外部的行李架和内置的行李箱外，不得载货。载客汽车行李架载货，从车顶起高度不得超过0.5米，从地面起高度不得超过4米。

第五十五条　机动车载人应当遵守下列规定：

（一）公路载客汽车不得超过核定的载客人数，但按照规定免票的儿童除外，在载客人数已满的情况下，按照规定免票的儿童不得超过核定载客人数的10%；

（二）载货汽车车厢不得载客。在城市道路上，货运机动车在留有安全位置的情况下，车厢内可以附载临时作业人员1人至5人；载物高度超过车厢栏板时，货物上不得载人；

（三）摩托车后座不得乘坐未满12周岁的未成年人，轻便摩托车不得载人。

第五十六条　机动车牵引挂车应当符合下列规定：

（一）载货汽车、半挂牵引车、拖拉机只允许牵引1辆挂车。挂车的灯光信号、制动、连接、安全防护等装置应当符合国家标准；

（二）小型载客汽车只允许牵引旅居挂车或者总质量700千克以下的挂车。挂车不得载人；

（三）载货汽车所牵引挂车的载质量不得超过载货汽车本身的载质量。

大型、中型载客汽车，低速载货汽车，三轮汽车以及其他机动车不得牵引挂车。

第五十七条　机动车应当按照下列规定使用转向灯：

（一）向左转弯、向左变更车道、准备超车、驶离停车地点或者掉头时，应当提前开启左转向灯；

（二）向右转弯、向右变更车道、超车完毕驶回原车道、靠路边停车时，应当提前开启右转向灯。

第五十八条　机动车在夜间没有路灯、照明不良或者遇有雾、雨、雪、沙尘、冰雹等低能见度情况下行驶时，应当开启前照灯、示廓灯和后位灯，但同方向行驶的后车与前车近距离行驶时，不得使用远光灯。机动车雾天行驶应当开启雾灯和危险报警闪光灯。

第五十九条　机动车在夜间通过急弯、坡路、拱桥、人行横道或者没有交通信号灯控制的路口时，应当交替使用远近光灯示意。

机动车驶近急弯、坡道顶端等影响安全视距的路段以及超车或者遇有紧急情况时，应当减速慢行，并鸣喇叭示意。

第六十条　机动车在道路上发生故障或者发生交通事故，妨碍交通又难以移动的，应当按照规定开启危险报警闪光灯并在车后50米至100米处设置警告标志，夜间还应当同时开启示廓灯和后位灯。

第六十一条　牵引故障机动车应当遵守下列规定：

（一）被牵引的机动车除驾驶人外不得载人，不得拖带挂车；

（二）被牵引的机动车宽度不得大于牵引机动车的宽度；

（三）使用软连接牵引装置时，牵引车与被牵引车之间的距离应当大于4米小于10米；

（四）对制动失效的被牵引车，应当使用硬连接牵引装置牵引；

（五）牵引车和被牵引车均应当开启危险报警闪光灯。

汽车吊车和轮式专用机械车不得牵引车辆。摩托车不得牵引车辆或者被其他车辆牵引。

转向或者照明、信号装置失效的故障机动车，应当使用专用清障车拖曳。

第六十二条　驾驶机动车不得有下列行为：

（一）在车门、车厢没有关好时行车；

（二）在机动车驾驶室的前后窗范围内悬挂、放置妨碍驾驶人视线的物品；

（三）拨打接听手持电话、观看电视等妨碍安全驾驶的行为；

（四）下陡坡时熄火或者空挡滑行；

（五）向道路上抛撒物品；

（六）驾驶摩托车手离车把或者在车把上悬挂物品；

（七）连续驾驶机动车超过 4 小时未停车休息或者停车休息时间少于 20 分钟；

（八）在禁止鸣喇叭的区域或者路段鸣喇叭。

第六十三条 机动车在道路上临时停车，应当遵守下列规定：

（一）在设有禁停标志、标线的路段，在机动车道与非机动车道、人行道之间设有隔离设施的路段以及人行横道、施工地段，不得停车；

（二）交叉路口、铁路道口、急弯路、宽度不足 4 米的窄路、桥梁、陡坡、隧道以及距离上述地点 50 米以内的路段，不得停车；

（三）公共汽车站、急救站、加油站、消防栓或者消防队（站）门前以及距离上述地点 30 米以内的路段，除使用上述设施的以外，不得停车；

（四）车辆停稳前不得开车门和上下人员，开关车门不得妨碍其他车辆和行人通行；

（五）路边停车应当紧靠道路右侧，机动车驾驶人不得离车，上下人员或者装卸物品后，立即驶离；

（六）城市公共汽车不得在站点以外的路段停车上下乘客。

第六十四条 机动车行经漫水路或者漫水桥时，应当停车察明水情，确认安全后，低速通过。

第六十五条 机动车载运超限物品行经铁路道口的，应当按照当地铁路部门指定的铁路道口、时间通过。

机动车行经渡口，应当服从渡口管理人员指挥，按照指定地点依次待渡。机动车上下渡船时，应当低速慢行。

第六十六条 警车、消防车、救护车、工程救险车在执行紧急任务遇交通受阻时，可以断续使用警报器，并遵守下列规定：

（一）不得在禁止使用警报器的区域或者路段使用警报器；

（二）夜间在市区不得使用警报器；

（三）列队行驶时，前车已经使用警报器的，后车不再使用警报器。

第六十七条 在单位院内、居民居住区内，机动车应当低速行驶，避让行人；有限速标志的，按照限速标志行驶。

第三节 非机动车通行规定

第六十八条 非机动车通过有交通信号灯控制的交叉路口，应当按照下列规定通行：

（一）转弯的非机动车让直行的车辆、行人优先通行；

（二）遇有前方路口交通阻塞时，不得进入路口；

（三）向左转弯时，靠路口中心点的右侧转弯；

（四）遇有停止信号时，应当依次停在路口停止线以外。没有停止线的，停在路口以外；

（五）向右转弯遇有同方向前车正在等候放行信号时，在本车道内能够转弯的，可以通行；不能转弯的，依次等候。

第六十九条 非机动车通过没有交通信号灯控制也没有交通警察指挥的交叉路口，除应当遵守第六十八条第（一）项、第（二）项和第（三）项的规定外，还应当遵守下列规定：

（一）有交通标志、标线控制的，让优先通行的一方先行；

（二）没有交通标志、标线控制的，在路口外慢行或者停车瞭望，让右方道路的来车先行；

（三）相对方向行驶的右转弯的非机动车让左转弯的车辆先行。

第七十条 驾驶自行车、电动自行车、三轮车在路段上横过机动车道，应当下车推行，有人行横道或者行人过街设施的，应当从人行横道或者行人过街设施通过；没有人行横道、没有行人过街设施或者不便使用行人过街设施的，在确认安全后直行通过。

因非机动车道被占用无法在本车道内行驶的非机动车，可以在受阻的路段借用相邻的机动车道行驶，并在驶过被占用路段后迅速驶回非机动车道。机动车遇此情况应当减速让行。

第七十一条 非机动车载物，应当遵守下列规定：

（一）自行车、电动自行车、残疾人机动轮椅车载物，高度从地面起不得超过 1.5 米，宽度左右各不得超出车把 0.15 米，长度前端不得超出车轮，后端不得超出车身 0.3 米；

（二）三轮车、人力车载物，高度从地面起不得超过 2 米，宽度左右各不得超出车身 0.2 米，长度不得超出车身 1 米；

（三）畜力车载物，高度从地面起不得超过 2.5 米，宽度左右各不得超出车身 0.2 米，长度前端不得超出车辕,后端不得超出车身1米。

自行车载人的规定,由省、自治区、直辖市人民政府根据当地实际情况制定。

第七十二条 在道路上驾驶自行车、三轮车、电动自行车、残疾人机动轮椅车应当遵守下列规定:

(一)驾驶自行车、三轮车必须年满12周岁;

(二)驾驶电动自行车和残疾人机动轮椅车必须年满16周岁;

(三)不得醉酒驾驶;

(四)转弯前应当减速慢行,伸手示意,不得突然猛拐,超越前车时不得妨碍被超越的车辆行驶;

(五)不得牵引、攀扶车辆或者被其他车辆牵引,不得双手离把或者手中持物;

(六)不得扶身并行、互相追逐或者曲折竞驶;

(七)不得在道路上骑独轮自行车或者2人以上骑行的自行车;

(八)非下肢残疾的人不得驾驶残疾人机动轮椅车;

(九)自行车、三轮车不得加装动力装置;

(十)不得在道路上学习驾驶非机动车。

第七十三条 在道路上驾驭畜力车应当年满16周岁,并遵守下列规定:

(一)不得醉酒驾驭;

(二)不得并行,驾驭人不得离开车辆;

(三)行经繁华路段、交叉路口、铁路道口、人行横道、急弯路、宽度不足4米的窄路或者窄桥、陡坡、隧道或者容易发生危险的路段,不得超车。驾驭两轮畜力车应当下车牵引牲畜;

(四)不得使用未经驯服的牲畜驾车,随车幼畜须拴系;

(五)停放车辆应当拉紧车闸,拴系牲畜。

第四节 行人和乘车人通行规定

第七十四条 行人不得有下列行为:

(一)在道路上使用滑板、旱冰鞋等滑行工具;

(二)在车行道内坐卧、停留、嬉闹;

(三)追车、抛物击车等妨碍道路交通安全的行为。

第七十五条 行人横过机动车道,应当从行人过街设施通过;没有行人过街设施的,应当从人行横道通过;没有人行横道的,应当观察来往车辆的情况,确认安全后直行通过,不得在车辆临近时突然加速横穿或者中途倒退、折返。

第七十六条 行人列队在道路上通行,每横列不得超过2人,但在已经实行交通管制的路段不受限制。

第七十七条 乘坐机动车应当遵守下列规定:

(一)不得在机动车道上拦乘机动车;

(二)在机动车道上不得从机动车左侧上下车;

(三)开关车门不得妨碍其他车辆和行人通行;

(四)机动车行驶中,不得干扰驾驶,不得将身体任何部分伸出车外,不得跳车;

(五)乘坐两轮摩托车应当正向骑坐。

第五节 高速公路的特别规定

第七十八条 高速公路应当标明车道的行驶速度,最高车速不得超过每小时120公里,最低车速不得低于每小时60公里。

在高速公路上行驶的小型载客汽车最高车速不得超过每小时120公里,其他机动车不得超过每小时100公里,摩托车不得超过每小时80公里。

同方向有2条车道的,左侧车道的最低车速为每小时100公里;同方向有3条以上车道的,最左侧车道的最低车速为每小时110公里,中间车道的最低车速为每小时90公里。道路限速标志标明的车速与上述车道行驶车速的规定不一致的,按照道路限速标志标明的车速行驶。

第七十九条 机动车从匝道驶入高速公路,应当开启左转向灯,在不妨碍已在高速公路内的机动车正常行驶的情况下驶入车道。

机动车驶离高速公路时,应当开启右转向灯,驶入减速车道,降低车速后驶离。

第八十条 机动车在高速公路上行驶,车速超过每小时100公里时,应当与同车道前车保持100米以上的距离,车速低于每小时100公里时,与同车道前车距离可以适当缩短,但最小距离不得少于50米。

第八十一条 机动车在高速公路上行驶,遇有雾、雨、雪、沙尘、冰雹等低能见度气象条件时,应当遵守下列规定:

(一)能见度小于200米时,开启雾灯、近光灯、示廓灯和前后位灯,车速不得超过每小时60公里,与同车道前车保持100米以上的距离;

(二)能见度小于100米时,开启雾灯、近光灯、示廓灯、前后位灯和危险报警闪光灯,车速不得超过每小时40公里,与同车道前车保持50米以上的距离;

(三)能见度小于50米时,开启雾灯、近光灯、示廓灯、前后位灯和危险报警闪光灯,车速不得超过每小时20公里,并从最近的出口尽快驶离高速公路。

遇有前款规定情形时,高速公路管理部门应当通过显示屏等方式发布速度限制、保持车距等提示信息。

第八十二条 机动车在高速公路上行驶，不得有下列行为：

（一）倒车、逆行、穿越中央分隔带掉头或者在车道内停车；

（二）在匝道、加速车道或者减速车道上超车；

（三）骑、轧车行道分界线或者在路肩上行驶；

（四）非紧急情况时在应急车道行驶或者停车；

（五）试车或者学习驾驶机动车。

第八十三条 在高速公路上行驶的载货汽车车厢不得载人。两轮摩托车在高速公路行驶时不得载人。

第八十四条 机动车通过施工作业路段时，应当注意警示标志，减速行驶。

第八十五条 城市快速路的道路交通安全管理，参照本节的规定执行。

高速公路、城市快速路的道路交通安全管理工作，省、自治区、直辖市人民政府公安机关交通管理部门可以指定设区的市人民政府公安机关交通管理部门或者相当于同级的公安机关交通管理部门承担。

第五章　交通事故处理

第八十六条 机动车与机动车、机动车与非机动车在道路上发生未造成人身伤亡的交通事故，当事人对事实及成因无争议的，在记录交通事故的时间、地点、对方当事人的姓名和联系方式、机动车牌号、驾驶证号、保险凭证号、碰撞部位，并共同签名后，撤离现场，自行协商损害赔偿事宜。当事人对交通事故事实及成因有争议的，应当迅速报警。

第八十七条 非机动车与非机动车或者行人在道路上发生交通事故，未造成人身伤亡，且基本事实及成因清楚的，当事人应当先撤离现场，再自行协商处理损害赔偿事宜。当事人对交通事故事实及成因有争议的，应当迅速报警。

第八十八条 机动车发生交通事故，造成道路、供电、通信等设施损毁的，驾驶人应当报警等候处理，不得驶离。机动车可以移动的，应当将机动车移至不妨碍交通的地点。公安机关交通管理部门应当将事故有关情况通知有关部门。

第八十九条 公安机关交通管理部门或者交通警察接到交通事故报警，应当及时赶赴现场，对未造成人身伤亡，事实清楚，并且机动车可以移动的，应当在记录事故情况后责令当事人撤离现场，恢复交通。对拒不撤离现场的，予以强制撤离。

对属于前款规定情况的道路交通事故，交通警察可以适用简易程序处理，并当场出具事故认定书。当事人共同请求调解的，交通警察可以当场对损害赔偿争议进行调解。

对道路交通事故造成人员伤亡和财产损失需要勘验、检查现场的，公安机关交通管理部门应当按照勘查现场工作规范进行。现场勘查完毕，应当组织清理现场，恢复交通。

第九十条 投保机动车第三者责任强制保险的机动车发生交通事故，因抢救受伤人员需要保险公司支付抢救费用的，由公安机关交通管理部门通知保险公司。

抢救受伤人员需要道路交通事故救助基金垫付费用的，由公安机关交通管理部门通知道路交通事故社会救助基金管理机构。

第九十一条 公安机关交通管理部门应当根据交通事故当事人的行为对发生交通事故所起的作用以及过错的严重程度，确定当事人的责任。

第九十二条 发生交通事故后当事人逃逸的，逃逸的当事人承担全部责任。但是，有证据证明对方当事人也有过错的，可以减轻责任。

当事人故意破坏、伪造现场、毁灭证据的，承担全部责任。

第九十三条 公安机关交通管理部门对经过勘验、检查现场的交通事故应当在勘查现场之日起10日内制作交通事故认定书。对需要进行检验、鉴定的，应当在检验、鉴定结果确定之日起5日内制作交通事故认定书。

第九十四条 当事人对交通事故损害赔偿有争议，各方当事人一致请求公安机关交通管理部门调解的，应当在收到交通事故认定书之日起10日内提出书面调解申请。

对交通事故致死的，调解从办理丧葬事宜结束之日起开始；对交通事故致伤的，调解从治疗终结或者定残之日起开始；对交通事故造成财产损失的，调解从确定损失之日起开始。

第九十五条 公安机关交通管理部门调解交通事故损害赔偿争议的期限为10日。调解达成协议的，公安机关交通管理部门应当制作调解书送交各方当事人，调解书经各方当事人共同签字后生效；调解未达成协议的，公安机关交通管理部门应当制作调解终结书送交各方当事人。

交通事故损害赔偿项目和标准依照有关法律的规定执行。

第九十六条 对交通事故损害赔偿的争议，当事人向人民法院提起民事诉讼的，公安机关交通管理部门不再受理调解申请。

公安机关交通管理部门调解期间，当事人向人民法院提起民事诉讼的，调解终止。

第九十七条 车辆在道路以外发生交通事故，公安机关交通管理部门接到报案的，参照道路交通安全法和本条例的规定处理。

车辆、行人与火车发生的交通事故以及在渡口发生的交通事故，依照国家有关规定处理。

第六章 执法监督

第九十八条 公安机关交通管理部门应当公开办事制度、办事程序，建立警风警纪监督员制度，自觉接受社会和群众的监督。

第九十九条 公安机关交通管理部门及其交通警察办理机动车登记，发放号牌，对驾驶人考试、发证，处理道路交通安全违法行为，处理道路交通事故，应当严格遵守有关规定，不得越权执法，不得延迟履行职责，不得擅自改变处罚的种类和幅度。

第一百条 公安机关交通管理部门应当公布举报电话，受理群众举报投诉，并及时调查核实，反馈查处结果。

第一百零一条 公安机关交通管理部门应当建立执法质量考核评议、执法责任制和执法过错追究制度，防止和纠正道路交通安全执法中的错误或者不当行为。

第七章 法律责任

第一百零二条 违反本条例规定的行为，依照道路交通安全法和本条例的规定处罚。

第一百零三条 以欺骗、贿赂等不正当手段取得机动车登记或者驾驶许可的，收缴机动车登记证书、号牌、行驶证或者机动车驾驶证，撤销机动车登记或者机动车驾驶许可；申请人在3年内不得申请机动车登记或者机动车驾驶许可。

第一百零四条 机动车驾驶人有下列行为之一，又无其他机动车驾驶人即时替代驾驶的，公安机关交通管理部门除依法给予处罚外，可以将其驾驶的机动车移至不妨碍交通的地点或者有关部门指定的地点停放：

（一）不能出示本人有效驾驶证的；

（二）驾驶的机动车与驾驶证载明的准驾车型不符的；

（三）饮酒、服用国家管制的精神药品或者麻醉药品、患有妨碍安全驾驶的疾病，或者过度疲劳仍继续驾驶的；

（四）学习驾驶人员没有教练人员随车指导单独驾驶的。

第一百零五条 机动车驾驶人有饮酒、醉酒、服用国家管制的精神药品或者麻醉药品嫌疑的，应当接受测试、检验。

第一百零六条 公路客运载客汽车超过核定乘员，载货汽车超过核定载质量的，公安机关交通管理部门依法扣留机动车后，驾驶人应当将超载的乘车人转运、将超载的货物卸载，费用由超载机动车的驾驶人或者所有人承担。

第一百零七条 依照道路交通安全法第九十二条、第九十五条、第九十六条、第九十八条的规定被扣留的机动车，驾驶人或者所有人、管理人30日内没有提供被扣留机动车的合法证明，没有补办相应手续，或者不前来接受处理，经公安机关交通管理部门通知并且经公告3个月仍不前来接受处理的，由公安机关交通管理部门将该机动车送交有资格的拍卖机构拍卖，所得价款上缴国库；非法拼装的机动车予以拆除；达到报废标准的机动车予以报废；机动车涉及其他违法犯罪行为的，移交有关部门处理。

第一百零八条 交通警察按照简易程序当场作出行政处罚的，应当告知当事人道路交通安全违法行为的事实、处罚的理由和依据，并将行政处罚决定书当场交付被处罚人。

第一百零九条 对道路交通安全违法行为人处以罚款或者暂扣驾驶证处罚的，由违法行为发生地的县级以上人民政府公安机关交通管理部门或者相当于同级的公安机关交通管理部门作出决定；对处以吊销机动车驾驶证处罚的，由设区的市人民政府公安机关交通管理部门或者相当于同级的公安机关交通管理部门作出决定。

公安机关交通管理部门对非本辖区机动车的道路交通安全违法行为没有当场处罚的，可以由机动车登记地的公安机关交通管理部门处罚。

第一百一十条 当事人对公安机关交通管理部门及其交通警察的处罚有权进行陈述和申辩，交通警察应当充分听取当事人的陈述和申辩，不得因当事人陈述、申辩而加重其处罚。

第八章 附 则

第一百一十一条 本条例所称上道路行驶的拖拉机，是指手扶拖拉机等最高设计行驶速度不超过每小时20公里的轮式拖拉机和最高设计行驶速度不超过每小时40公里、牵引挂车方可从事道路运输的轮式拖拉机。

第一百一十二条 农业（农业机械）主管部门

应当定期向公安机关交通管理部门提供拖拉机登记、安全技术检验以及拖拉机驾驶证发放的资料、数据。公安机关交通管理部门对拖拉机驾驶人作出暂扣、吊销驾驶证处罚或者记分处理的,应当定期将处罚决定书和记分情况通报有关的农业(农业机械)主管部门。吊销驾驶证的,还应当将驾驶证送交有关的农业(农业机械)主管部门。

第一百一十三条 境外机动车入境行驶,应当向入境地的公安机关交通管理部门申请临时通行号牌、行驶证。临时通行号牌、行驶证应当根据行驶需要,载明有效日期和允许行驶的区域。

入境的境外机动车申请临时通行号牌、行驶证以及境外人员申请机动车驾驶许可的条件、考试办法由国务院公安部门规定。

第一百一十四条 机动车驾驶许可考试的收费标准,由国务院价格主管部门规定。

第一百一十五条 本条例自 2004 年 5 月 1 日起施行。1960 年 2 月 11 日国务院批准、交通部发布的《机动车管理办法》,1988 年 3 月 9 日国务院发布的《中华人民共和国道路交通管理条例》,1991 年 9 月 22 日国务院发布的《道路交通事故处理办法》,同时废止。

中华人民共和国公路法

(1997 年 7 月 3 日第八届全国人民代表大会常务委员会第二十六次会议通过 根据 1999 年 10 月 31 日第九届全国人民代表大会常务委员会第十二次会议《关于修改〈中华人民共和国公路法〉的决定》第一次修正 根据 2004 年 8 月 28 日第十届全国人民代表大会常务委员会第十一次会议《关于修改〈中华人民共和国公路法〉的决定》第二次修正 根据 2009 年 8 月 27 日第十一届全国人民代表大会常务委员会第十次会议《关于修改部分法律的决定》第三次修正 根据 2016 年 11 月 7 日第十二届全国人民代表大会常务委员会第二十四次会议《关于修改〈中华人民共和国对外贸易法〉等十二部法律的决定》第四次修正 根据 2017 年 11 月 4 日第十二届全国人民代表大会常务委员会第三十次会议《关于修改〈中华人民共和国会计法〉等十一部法律的决定》第五次修正)

第一章 总 则

第一条 为了加强公路的建设和管理,促进公路事业的发展,适应社会主义现代化建设和人民生活的需要,制定本法。

第二条 在中华人民共和国境内从事公路的规划、建设、养护、经营、使用和管理,适用本法。

本法所称公路,包括公路桥梁、公路隧道和公路渡口。

第三条 公路的发展应当遵循全面规划、合理布局、确保质量、保障畅通、保护环境、建设改造与养护并重的原则。

第四条 各级人民政府应当采取有力措施,扶持、促进公路建设。公路建设应当纳入国民经济和社会发展计划。

国家鼓励、引导国内外经济组织依法投资建设、经营公路。

第五条 国家帮助和扶持少数民族地区、边远地区和贫困地区发展公路建设。

第六条 公路按其在公路路网中的地位分为国道、省道、县道和乡道,并按技术等级分为高速公路、一级公路、二级公路、三级公路和四级公路。具体划分标准由国务院交通主管部门规定。

新建公路应当符合技术等级的要求。原有不符合最低技术等级要求的等外公路,应当采取措施,逐步改造为符合技术等级要求的公路。

第七条 公路受国家保护,任何单位和个人不得破坏、损坏或者非法占用公路、公路用地及公路附属设施。

任何单位和个人都有爱护公路、公路用地及公路附属设施的义务,有权检举和控告破坏、损坏公路、公路用地、公路附属设施和影响公路安全的行为。

第八条 国务院交通主管部门主管全国公路工作。

县级以上地方人民政府交通主管部门主管本行政区域内的公路工作;但是,县级以上地方人民政府交通主管部门对国道、省道的管理、监督职责,由省、自治区、直辖市人民政府确定。

乡、民族乡、镇人民政府负责本行政区域内的乡道的建设和养护工作。

县级以上地方人民政府交通主管部门可以决定由公路管理机构依照本法规定行使公路行政管理职责。

第九条 禁止任何单位和个人在公路上非法设卡、收费、罚款和拦截车辆。

第十条 国家鼓励公路工作方面的科学技术研究,对在公路科学技术研究和应用方面作出显著成绩的单位和个人给予奖励。

第十一条 本法对专用公路有规定的，适用于专用公路。

专用公路是指由企业或者其他单位建设、养护、管理，专为或者主要为本企业或者本单位提供运输服务的道路。

第二章 公 路 规 划

第十二条 公路规划应当根据国民经济和社会发展以及国防建设的需要编制，与城市建设发展规划和其他方式的交通运输发展规划相协调。

第十三条 公路建设用地规划应当符合土地利用总体规划，当年建设用地应当纳入年度建设用地计划。

第十四条 国道规划由国务院交通主管部门会同国务院有关部门并商国道沿线省、自治区、直辖市人民政府编制，报国务院批准。

省道规划由省、自治区、直辖市人民政府交通主管部门会同同级有关部门并商省道沿线下一级人民政府编制，报省、自治区、直辖市人民政府批准，并报国务院交通主管部门备案。

县道规划由县级人民政府交通主管部门会同同级有关部门编制，经本级人民政府审定后，报上一级人民政府批准。

乡道规划由县级人民政府交通主管部门协助乡、民族乡、镇人民政府编制，报县级人民政府批准。

依照第三款、第四款规定批准的县道、乡道规划，应当报批准机关的上一级人民政府交通主管部门备案。

省道规划应当与国道规划相协调。县道规划应当与省道规划相协调。乡道规划应当与县道规划相协调。

第十五条 专用公路规划由专用公路的主管单位编制，经其上级主管部门审定后，报县级以上人民政府交通主管部门审核。

专用公路规划应当与公路规划相协调。县级以上人民政府交通主管部门发现专用公路规划与国道、省道、县道、乡道规划有不协调的地方，应当提出修改意见，专用公路主管部门和单位应当作出相应的修改。

第十六条 国道规划的局部调整由原编制机关决定。国道规划需要做重大修改的，由原编制机关提出修改方案，报国务院批准。

经批准的省道、县道、乡道公路规划需要修改的，由原编制机关提出修改方案，报原批准机关批准。

第十七条 国道的命名和编号，由国务院交通主管部门确定；省道、县道、乡道的命名和编号，由省、自治区、直辖市人民政府交通主管部门按照国务院交通主管部门的有关规定确定。

第十八条 规划和新建村镇、开发区，应当与公路保持规定的距离并避免在公路两侧对应进行，防止造成公路街道化，影响公路的运行安全与畅通。

第十九条 国家鼓励专用公路用于社会公共运输。专用公路主要用于社会公共运输时，由专用公路的主管单位申请，或者由有关方面申请，专用公路的主管单位同意，并经省、自治区、直辖市人民政府交通主管部门批准，可以改划为省道、县道或者乡道。

第三章 公 路 建 设

第二十条 县级以上人民政府交通主管部门应当依据职责维护公路建设秩序，加强对公路建设的监督管理。

第二十一条 筹集公路建设资金，除各级人民政府的财政拨款，包括依法征税筹集的公路建设专项资金转为的财政拨款外，可以依法向国内外金融机构或者外国政府贷款。

国家鼓励国内外经济组织对公路建设进行投资。开发、经营公路的公司可以依照法律、行政法规的规定发行股票、公司债券筹集资金。

依照本法规定出让公路收费权的收入必须用于公路建设。

向企业和个人集资建设公路，必须根据需要与可能，坚持自愿原则，不得强行摊派，并符合国务院的有关规定。

公路建设资金还可以采取符合法律或者国务院规定的其他方式筹集。

第二十二条 公路建设应当按照国家规定的基本建设程序和有关规定进行。

第二十三条 公路建设项目应当按照国家有关规定实行法人负责制度、招标投标制度和工程监理制度。

第二十四条 公路建设单位应当根据公路建设工程的特点和技术要求，选择具有相应资格的勘查设计单位、施工单位和工程监理单位，并依照有关法律、法规、规章的规定和公路工程技术标准的要求，分别签订合同，明确双方的权利义务。

承担公路建设项目的可行性研究单位、勘查设计单位、施工单位和工程监理单位，必须持有国家规定的资质证书。

第二十五条 公路建设项目的施工,须按国务院交通主管部门的规定报请县级以上地方人民政府交通主管部门批准。

第二十六条 公路建设必须符合公路工程技术标准。

承担公路建设项目的设计单位、施工单位和工程监理单位,应当按照国家有关规定建立健全质量保证体系,落实岗位责任制,并依照有关法律、法规、规章以及公路工程技术标准的要求和合同约定进行设计、施工和监理,保证公路工程质量。

第二十七条 公路建设使用土地依照有关法律、行政法规的规定办理。

公路建设应当贯彻切实保护耕地、节约用地的原则。

第二十八条 公路建设需要使用国有荒山、荒地或者需要在国有荒山、荒地、河滩、滩涂上挖砂、采石、取土的,依照有关法律、行政法规的规定办理后,任何单位和个人不得阻挠或者非法收取费用。

第二十九条 地方各级人民政府对公路建设依法使用土地和搬迁居民,应当给予支持和协助。

第三十条 公路建设项目的设计和施工,应当符合依法保护环境、保护文物古迹和防止水土流失的要求。

公路规划中贯彻国防要求的公路建设项目,应当严格按照规划进行建设,以保证国防交通的需要。

第三十一条 因建设公路影响铁路、水利、电力、邮电设施和其他设施正常使用时,公路建设单位应当事先征得有关部门的同意;因公路建设对有关设施造成损坏的,公路建设单位应当按照不低于该设施原有的技术标准予以修复,或者给予相应的经济补偿。

第三十二条 改建公路时,施工单位应当在施工路段两端设置明显的施工标志、安全标志。需要车辆绕行的,应当在绕行路口设置标志;不能绕行的,必须修建临时道路,保证车辆和行人通行。

第三十三条 公路建设项目和公路修复项目竣工后,应当按照国家有关规定进行验收;未经验收或者验收不合格的,不得交付使用。

建成的公路,应当按照国务院交通主管部门的规定设置明显的标志、标线。

第三十四条 县级以上地方人民政府应当确定公路两侧边沟(截水沟、坡脚护坡道,下同)外缘起不少于一米的公路用地。

第四章 公 路 养 护

第三十五条 公路管理机构应当按照国务院交通主管部门规定的技术规范和操作规程对公路进行养护,保证公路经常处于良好的技术状态。

第三十六条 国家采用依法征税的办法筹集公路养护资金,具体实施办法和步骤由国务院规定。

依法征税筹集的公路养护资金,必须专项用于公路的养护和改建。

第三十七条 县、乡级人民政府对公路养护需要的挖砂、采石、取土以及取水,应当给予支持和协助。

第三十八条 县、乡级人民政府应当在农村义务工的范围内,按照国家有关规定组织公路两侧的农村居民履行为公路建设和养护提供劳务的义务。

第三十九条 为保障公路养护人员的人身安全,公路养护人员进行养护作业时,应当穿着统一的安全标志服;利用车辆进行养护作业时,应当在公路作业车辆上设置明显的作业标志。

公路养护车辆进行作业时,在不影响过往车辆通行的前提下,其行驶路线和方向不受公路标志、标线限制;过往车辆对公路养护车辆和人员应当注意避让。

公路养护工程施工影响车辆、行人通行时,施工单位应当依照本法第三十二条的规定办理。

第四十条 因严重自然灾害致使国道、省道交通中断,公路管理机构应当及时修复;公路管理机构难以及时修复时,县级以上地方人民政府应当及时组织当地机关、团体、企业事业单位、城乡居民进行抢修,并可以请求当地驻军支援,尽快恢复交通。

第四十一条 公路用地范围内的山坡、荒地,由公路管理机构负责水土保持。

第四十二条 公路绿化工作,由公路管理机构按照公路工程技术标准组织实施。

公路用地上的树木,不得任意砍伐;需要更新砍伐的,应当经县级以上地方人民政府交通主管部门同意后,依照《中华人民共和国森林法》的规定办理审批手续,并完成更新补种任务。

第五章 路 政 管 理

第四十三条 各级地方人民政府应当采取措施,加强对公路的保护。

县级以上地方人民政府交通主管部门应当认真履行职责,依法做好公路保护工作,并努力采用科学的管理方法和先进的技术手段,提高公路管理水平,逐步完善公路服务设施,保障公路的完好、安全和畅通。

第四十四条 任何单位和个人不得擅自占用、挖掘公路。

因修建铁路、机场、电站、通信设施、水利工程和进行其他建设工程需要占用、挖掘公路或者使公路改线的,建设单位应当事先征得有关交通主管部门的同意;影响交通安全的,还须征得有关公安机关的同意。占用、挖掘公路或者使公路改线的,建设单位应当按照不低于该段公路原有的技术标准予以修复、改建或者给予相应的经济补偿。

第四十五条 跨越、穿越公路修建桥梁、渡槽或者架设、埋设管线等设施的,以及在公路用地范围内架设、埋设管线、电缆等设施的,应当事先经有关交通主管部门同意,影响交通安全的,还须征得有关公安机关的同意;所修建、架设或者埋设的设施应当符合公路工程技术标准的要求。对公路造成损坏的,应当按照损坏程度给予补偿。

第四十六条 任何单位和个人不得在公路上及公路用地范围内摆摊设点、堆放物品、倾倒垃圾、设置障碍、挖沟引水、利用公路边沟排放污物或者进行其他损坏、污染公路和影响公路畅通的活动。

第四十七条 在大中型公路桥梁和渡口周围二百米、公路隧道上方和洞口外一百米范围内,以及在公路两侧一定距离内,不得挖砂、采石、取土、倾倒废弃物,不得进行爆破作业及其他危及公路、公路桥梁、公路隧道、公路渡口安全的活动。

在前款范围内因抢险、防汛需要修筑堤坝、压缩或者拓宽河床的,应当事先报经省、自治区、直辖市人民政府交通主管部门会同水行政主管部门批准,并采取有效的保护有关的公路、公路桥梁、公路隧道、公路渡口安全的措施。

第四十八条 铁轮车、履带车和其他可能损害公路路面的机具,不得在公路上行驶。

农业机械因当地田间作业需要在公路上短距离行驶或者军用车辆执行任务需要在公路上行驶的,可以不受前款限制,但是应当采取安全保护措施。对公路造成损坏的,应当按照损坏程度给予补偿。

第四十九条 在公路上行驶的车辆的轴载质量应当符合公路工程技术标准要求。

第五十条 超过公路、公路桥梁、公路隧道或者汽车渡船的限载、限高、限宽、限长标准的车辆,不得在有限定标准的公路、公路桥梁上或者公路隧道内行驶,不得使用汽车渡船。超过公路或者公路桥梁限载标准确需行驶的,必须经县级以上地方人民政府交通主管部门批准,并按要求采取有效的防护措施;运载不可解体的超限物品的,应当按照指定的时间、路线、时速行驶,并悬挂明显标志。

运输单位不能按照前款规定采取防护措施的,由交通主管部门帮助其采取防护措施,所需费用由运输单位承担。

第五十一条 机动车制造厂和其他单位不得将公路作为检验机动车制动性能的试车场地。

第五十二条 任何单位和个人不得损坏、擅自移动、涂改公路附属设施。

前款公路附属设施,是指为保护、养护公路和保障公路安全畅通所设置的公路防护、排水、养护、管理、服务、交通安全、渡运、监控、通信、收费等设施、设备以及专用建筑物、构筑物等。

第五十三条 造成公路损坏的,责任者应当及时报告公路管理机构,并接受公路管理机构的现场调查。

第五十四条 任何单位和个人未经县级以上地方人民政府交通主管部门批准,不得在公路用地范围内设置公路标志以外的其他标志。

第五十五条 在公路上增设平面交叉道口,必须按照国家有关规定经过批准,并按照国家规定的技术标准建设。

第五十六条 除公路防护、养护需要的以外,禁止在公路两侧的建筑控制区内修建建筑物和地面构筑物;需要在建筑控制区内埋设管线、电缆等设施的,应当事先经县级以上地方人民政府交通主管部门批准。

前款规定的建筑控制区的范围,由县级以上地方人民政府按照保障公路运行安全和节约用地的原则,依照国务院的规定划定。

建筑控制区范围经县级以上地方人民政府依照前款规定划定后,由县级以上地方人民政府交通主管部门设置标桩、界桩。任何单位和个人不得损坏、擅自挪动该标桩、界桩。

第五十七条 除本法第四十七条第二款的规定外,本章规定由交通主管部门行使的路政管理职责,可以依照本法第八条第四款的规定,由公路管理机构行使。

第六章 收费公路

第五十八条 国家允许依法设立收费公路,同时对收费公路的数量进行控制。

除本法第五十九条规定可以收取车辆通行费的公路外,禁止任何公路收取车辆通行费。

第五十九条 符合国务院交通主管部门规定的技术等级和规模的下列公路,可以依法收取车辆通行费:

（一）由县级以上地方人民政府交通主管部门利用贷款或者向企业、个人集资建成的公路；

（二）由国内外经济组织依法受让前项收费公路收费权的公路；

（三）由国内外经济组织依法投资建成的公路。

第六十条 县级以上地方人民政府交通主管部门利用贷款或者集资建成的收费公路的收费期限，按照收费偿还贷款、集资款的原则，由省、自治区、直辖市人民政府依照国务院交通主管部门的规定确定。

有偿转让公路收费权的公路，收费权转让后，由受让方收费经营。收费权的转让期限由出让、受让双方约定，最长不得超过国务院规定的年限。

国内外经济组织投资建设公路，必须按照国家有关规定办理审批手续；公路建成后，由投资者收费经营。收费经营期限按照收回投资并有合理回报的原则，由有关交通主管部门与投资者约定并按照国家有关规定办理审批手续，但最长不得超过国务院规定的年限。

第六十一条 本法第五十九条第一款第一项规定的公路中的国道收费权的转让，应当在转让协议签订之日起三十个工作日内报国务院交通主管部门备案；国道以外的其他公路收费权的转让，应当在转让协议签订之日起三十个工作日内报省、自治区、直辖市人民政府备案。

前款规定的公路收费权出让的最低成交价，以国有资产评估机构评估的价值为依据确定。

第六十二条 受让公路收费权和投资建设公路的国内外经济组织应当依法成立开发、经营公路的企业（以下简称公路经营企业）。

第六十三条 收费公路车辆通行费的收费标准，由公路收费单位提出方案，报省、自治区、直辖市人民政府交通主管部门会同同级物价行政主管部门审查批准。

第六十四条 收费公路设置车辆通行费的收费站，应当报经省、自治区、直辖市人民政府审查批准。跨省、自治区、直辖市的收费公路设置车辆通行费的收费站，由有关省、自治区、直辖市人民政府协商确定；协商不成的，由国务院交通主管部门决定。同一收费公路由不同的交通主管部门组织建设或者由不同的公路经营企业经营的，应当按照"统一收费、按比例分成"的原则，统筹规划，合理设置收费站。

两个收费站之间的距离，不得小于国务院交通主管部门规定的标准。

第六十五条 有偿转让公路收费权的公路，转让收费权合同约定的期限届满，收费权由出让方收回。

由国内外经济组织依照本法规定投资建成并经营的收费公路，约定的经营期限届满，该公路由国家无偿收回，由有关交通主管部门管理。

第六十六条 依照本法第五十九条规定受让收费权或者由国内外经济组织投资建成经营的公路的养护工作，由各该公路经营企业负责。各该公路经营企业在经营期间应当按照国务院交通主管部门规定的技术规范和操作规程做好对公路的养护工作。在受让收费权的期限届满，或者经营期限届满时，公路应当处于良好的技术状态。

前款规定的公路的绿化和公路用地范围内的水土保持工作，由各该公路经营企业负责。

第一款规定的公路的路政管理，适用本法第五章的规定。该公路路政管理的职责由县级以上地方人民政府交通主管部门或者公路管理机构的派出机构、人员行使。

第六十七条 在收费公路上从事本法第四十四条第二款、第四十五条、第四十八条、第五十条所列活动的，除依照各该条的规定办理外，给公路经营企业造成损失的，应当给予相应的补偿。

第六十八条 收费公路的具体管理办法，由国务院依照本法制定。

第七章 监督检查

第六十九条 交通主管部门、公路管理机构依法对有关公路的法律、法规执行情况进行监督检查。

第七十条 交通主管部门、公路管理机构负有管理和保护公路的责任，有权检查、制止各种侵占、损坏公路、公路用地、公路附属设施及其他违反本法规定的行为。

第七十一条 公路监督检查人员依法在公路、建筑控制区、车辆停放场所、车辆所属单位等进行监督检查时，任何单位和个人不得阻挠。

公路经营者、使用者和其他有关单位、个人，应当接受公路监督检查人员依法实施的监督检查，并为其提供方便。

公路监督检查人员执行公务，应当佩戴标志，持证上岗。

第七十二条 交通主管部门、公路管理机构应当加强对所属公路监督检查人员的管理和教育，要求公路监督检查人员熟悉国家有关法律和规定，公正廉洁，热情服务，秉公执法，对公路监督检查人员的执法行为应当加强监督检查，对其违法行为应当及时纠正，依法处理。

第七十三条 用于公路监督检查的专用车辆，应当设置统一的标志和示警灯。

第八章 法律责任

第七十四条 违反法律或者国务院有关规定，擅自在公路上设卡、收费的，由交通主管部门责令停止违法行为，没收违法所得，可以处违法所得三倍以下的罚款，没有违法所得的，可以处二万元以下的罚款；对负有直接责任的主管人员和其他直接责任人员，依法给予行政处分。

第七十五条 违反本法第二十五条规定，未经有关交通主管部门批准擅自施工的，交通主管部门可以责令停止施工，并可以处五万元以下的罚款。

第七十六条 有下列违法行为之一的，由交通主管部门责令停止违法行为，可以处三万元以下的罚款：

（一）违反本法第四十四条第一款规定，擅自占用、挖掘公路的；

（二）违反本法第四十五条规定，未经同意或者未按照公路工程技术标准的要求修建桥梁、渡槽或者架设、埋设管线、电缆等设施的；

（三）违反本法第四十七条规定，从事危及公路安全的作业的；

（四）违反本法第四十八条规定，铁轮车、履带车和其他可能损害路面的机具擅自在公路上行驶的；

（五）违反本法第五十条规定，车辆超限使用汽车渡船或者在公路上擅自超限行驶的；

（六）违反本法第五十二条、第五十六条规定，损坏、移动、涂改公路附属设施或者损坏、挪动建筑控制区的标桩、界桩，可能危及公路安全的。

第七十七条 违反本法第四十六条的规定，造成公路路面损坏、污染或者影响公路畅通的，或者违反本法第五十一条规定，将公路作为试车场地的，由交通主管部门责令停止违法行为，可以处五千元以下的罚款。

第七十八条 违反本法第五十三条规定，造成公路损坏，未报告的，由交通主管部门处一千元以下的罚款。

第七十九条 违反本法第五十四条规定，在公路用地范围内设置公路标志以外的其他标志的，由交通主管部门责令限期拆除，可以处二万元以下的罚款；逾期不拆除的，由交通主管部门拆除，有关费用由设置者负担。

第八十条 违反本法第五十五条规定，未经批准在公路上增设平面交叉道口的，由交通主管部门责令恢复原状，处五万元以下的罚款。

第八十一条 违反本法第五十六条规定，在公路建筑控制区内修建建筑物、地面构筑物或者擅自埋设管线、电缆等设施的，由交通主管部门责令限期拆除，并可以处五万元以下的罚款。逾期不拆除的，由交通主管部门拆除，有关费用由建筑者、构筑者承担。

第八十二条 除本法第七十四条、第七十五条的规定外，本章规定由交通主管部门行使的行政处罚权和行政措施，可以依照本法第八条第四款的规定由公路管理机构行使。

第八十三条 阻碍公路建设或者公路抢修，致使公路建设或者抢修不能正常进行，尚未造成严重损失的，依照《中华人民共和国治安管理处罚法》的规定处罚。

损毁公路或者擅自移动公路标志，可能影响交通安全，尚不够刑事处罚的，适用《中华人民共和国道路交通安全法》第九十九条的处罚规定。

拒绝、阻碍公路监督检查人员依法执行职务未使用暴力、威胁方法的，依照《中华人民共和国治安管理处罚法》的规定处罚。

第八十四条 违反本法有关规定，构成犯罪的，依法追究刑事责任。

第八十五条 违反本法有关规定，对公路造成损害的，应当依法承担民事责任。

对公路造成较大损害的车辆，必须立即停车，保护现场，报告公路管理机构，接受公路管理机构的调查、处理后方得驶离。

第八十六条 交通主管部门、公路管理机构的工作人员玩忽职守、徇私舞弊、滥用职权，构成犯罪的，依法追究刑事责任；尚不构成犯罪的，依法给予行政处分。

第九章 附则

第八十七条 本法自1998年1月1日起施行。

国防交通条例

（1995年2月24日国务院、中央军事委员会令第173号发布　根据2011年1月8日《国务院关于废止和修改部分行政法规的决定》修订）

第一章 总则

第一条 为了加强国防交通建设，保障战时和特殊情况下国防交通顺畅,制定本条例。

第二条 在中华人民共和国领域内从事国防交通活动,必须遵守本条例。

本条例所称国防交通,是指为国防建设服务的铁路、道路、水路、航空、管道、邮电通信等交通体系。

第三条 国防交通工作实行统一领导、分级负责、全面规划、平战结合的原则。

第四条 各级人民政府、军事机关应当重视国防交通建设,为国防交通工作提供必要条件。

县级以上人民政府交通管理部门和有关交通企业事业单位,应当做好国防交通工作。

第五条 对在国防交通建设中做出重大贡献的单位和个人,各级人民政府、交通管理部门和军事机关应当给予奖励。

第二章 管理机构及其职责

第六条 国家国防交通主管机构在国务院、中央军事委员会领导下,负责全国国防交通工作,履行下列职责:

(一)拟订国防交通工作的方针、政策,草拟有关法律、行政法规;

(二)规划全国国防交通网路布局,对国家交通建设提出有关国防要求的建议;

(三)拟订全国国防交通保障计划,为重大军事行动和其他紧急任务组织交通保障;

(四)组织全国国防交通科学技术研究;

(五)指导检查国防交通工作,协调有关方面的关系;

(六)国务院、中央军事委员会赋予的其他职责。

第七条 军区国防交通主管机构和县级以上地方国防交通主管机构负责本地区国防交通工作,履行下列职责:

(一)贯彻执行国家国防交通工作的方针、政策和法律、法规、规章,拟订本地区有关国防交通工作的规定;

(二)规划本地区国防交通网路布局,对本地区交通建设提出有关国防要求的建议,参加有关交通工程设施的勘察、设计鉴(审)定和竣工验收;

(三)拟订本地区国防交通保障计划,组织国防交通保障队伍,为本地区内的军事行动和其他紧急任务组织交通保障;

(四)负责本地区的国防运力动员和运力征用;

(五)按照国家有关规定,制定和实施本地区的国防交通物资储备计划,调用国防交通物资;

(六)组织本地区国防交通科学技术研究及其成果的推广、应用;

(七)指导、检查、监督本地区国防交通工作,协调处理有关问题;

(八)上级国防交通主管机构和本级人民政府赋予的其他职责。

第八条 国务院交通管理部门分别负责本系统的国防交通工作,履行下列职责:

(一)贯彻执行国家国防交通工作的方针、政策和法律、法规、规章;

(二)制定并组织落实本系统的国防交通建设规划和技术规范;

(三)制定本系统的国防交通保障计划,指导国防交通专业保障队伍建设;

(四)按照国家有关规定,管理和使用本系统的国防交通资产;

(五)组织本系统国防交通科学技术研究及其成果的推广、应用;

(六)指导、检查、监督本系统的国防交通工作,协调处理有关问题。

第九条 承担国防交通任务的交通企业事业单位,在国防交通工作中履行下列职责:

(一)贯彻执行国家国防交通工作的方针、政策和法律、法规、规章;

(二)参加有关国防交通工程设施的勘察、设计鉴(审)定和竣工验收;

(三)制定本单位国防交通保障计划,完成国防交通保障任务;

(四)按照国家有关规定,管理和使用本单位的国防交通资产;

(五)负责本单位的国防交通专业保障队伍的组织、训练和管理工作。

第十条 在特殊情况下,省级国防交通主管机构可以提请有关省、自治区、直辖市人民政府决定,由公安机关、港务监督机构分别在自己的职责范围内对局部地区的道路、水路实行交通管制。

第三章 保 障 计 划

第十一条 本条例所称国防交通保障计划(以下简称保障计划),是指保障战时和特殊情况下国防交通顺畅的预定方案,主要包括:国防交通保障的方针、任务,各项国防交通保障工作的技术措施和组织措施。

保障计划分为:全国保障计划、军区保障计划、地区保障计划和专业保障计划。

第十二条 全国保障计划由国家国防交通主管机

构组织国务院有关部门和有关军事机关拟订，报国务院、中央军事委员会批准。

第十三条　军区保障计划由军区国防交通主管机构组织本地区省、自治区、直辖市人民政府有关部门和有关军事机关拟订，征求国家国防交通主管机构的意见后，报军区批准。

第十四条　地区保障计划由县级以上地方国防交通主管机构组织本级人民政府有关部门和有关军事机关拟订，征求上一级国防交通主管机构意见后，报本级人民政府批准。

第十五条　专业保障计划由国务院交通管理部门在各自的职责范围内分别制定，征求国务院其他有关部门意见后，报国家国防交通主管机构同意。

第四章　工　程　设　施

第十六条　本条例所称国防交通工程设施，是指为保障战时和特殊情况下国防交通顺畅而建造的下列建筑和设备：

（一）国家修建的主要为国防建设服务的交通基础设施；

（二）专用的指挥、检修、仓储、防护等工程与设施；

（三）专用的车辆、船舶、航空器；

（四）国防需要的其他交通工程设施。

第十七条　建设国防交通工程设施，应当兼顾经济建设的需要。

建设其他交通工程设施或者研制重要交通工具，应当兼顾国防建设的需要。

第十八条　国防交通主管机构拟订的国防交通建设规划，应当送本级人民政府计划部门和交通管理部门综合平衡。

县级以上人民政府计划部门和交通管理部门在制定交通建设规划时，应当征求本级国防交通主管机构的意见，并将已经确定的国防交通工程设施建设项目和需要贯彻国防要求的建设项目，列入交通建设规划。

第十九条　交通建设规划中有关贯彻国防要求的建设项目，必须按照国防要求进行建设。

第二十条　国防交通工程设施建设项目和有关贯彻国防要求的建设项目，其设计鉴（审）定、竣工验收应当经有关的国防交通主管机构同意。

第二十一条　国防交通工程设施的管理单位，必须加强对国防交通工程设施的维护管理。

改变国防交通工程设施的用途或者将其作报废处理的，必须经管理单位的上一级国防交通主管机构批准。

第二十二条　国家对国防交通工程设施的建设实行优惠政策。具体办法由国家国防交通主管机构会同国务院有关部门制定。

第二十三条　土地管理部门和城市规划主管部门，应当将经批准的预定抢建重要国防交通工程设施的土地作为国防交通控制用地，纳入土地利用总体规划和城市规划。

未经土地管理部门、城市规划主管部门和国防交通主管机构批准，任何单位或者个人不得占用国防交通控制用地。

第二十四条　任何单位或者个人进行生产和其他活动，不得影响国防交通工程设施的正常使用，不得危及国防交通工程设施的安全。

第五章　保　障　队　伍

第二十五条　本条例所称国防交通保障队伍，是指战时和特殊情况下执行抢修、抢建、防护国防交通工程设施、抢运国防交通物资和通信保障任务的组织。

国防交通保障队伍，分为专业保障队伍和交通沿线保障队伍。

第二十六条　专业保障队伍，由交通管理部门以本系统交通企业生产单位为基础进行组建；执行交通保障任务时，由国防交通主管机构统一调配。

交通沿线保障队伍，由当地人民政府和有关军事机关负责组织。

第二十七条　交通管理部门负责专业保障队伍的训练，战时应当保持专业保障队伍人员稳定。

有关军事机关负责组织交通沿线保障队伍的专业训练；国防交通主管机构负责提供教材、器材和业务指导。

第二十八条　县级以上人民政府及有关部门，对专业保障队伍应当给予必要的扶持。

第二十九条　交通保障队伍的车辆、船舶和其他机动设备，应当按照国家国防交通主管机构的规定，设置统一标志；在战时和特殊情况下可以优先通行。

第六章　运力动员和运力征用

第三十条　本条例所称运力动员，是指战时国家发布动员令，对任何单位和个人所拥有的运载工具、设备以及操作人员，进行统一组织和调用的活动。

本条例所称运力征用，是指在特殊情况下，省、自治区、直辖市人民政府依法采取行政措施，调用单位和个人所拥有的运载工具、设备以及操作人员的活动。

第三十一条 县级以上人民政府交通管理部门和其他有关部门应当向国防交通主管机构提供运力注册登记的有关资料。

第三十二条 战时军队需要使用动员的运力的，应当向所在地的军区国防交通主管机构提出申请。武装警察部队、民兵组织和其他单位需要使用动员的运力的，应当向当地国防交通主管机构提出申请。

第三十三条 动员国务院交通管理部门所属的运力，应当经国务院、中央军事委员会批准。动员地方交通管理部门所属的运力或者社会运力，应当经省、自治区、直辖市人民政府批准。

第三十四条 在特殊情况下，军队或者其他单位需要使用征用的运力的，应当向当地国防交通主管机构提出申请，由省、自治区、直辖市人民政府批准。

第三十五条 被动员或者被征用运力的单位和个人必须依法履行义务，保证被动员或者被征用的运载工具和设备的技术状况良好，并保证随同的操作人员具有相应的技能。

第三十六条 需要对动员或者征用的运载工具、设备作重大改造的，必须经相应的国防交通主管机构批准。

第三十七条 对被动员和被征用运力的操作人员的抚恤优待，按照国家有关规定执行；运载工具、设备的补偿办法另行规定。

第七章 军事运输

第三十八条 交通管理部门和交通企业应当优先安排军事运输计划，重点保障紧急、重要的军事运输。运输军事人员、装备及其他军用物资，应当迅速准确、安全保密。

第三十九条 地方各级人民政府和有条件的承运单位，应当为实施军事运输的人员提供饮食、住宿和医疗方便。

第四十条 军队可以在铁路、水路、航空等交通运输单位或其所在地区派驻军事代表，会同有关单位共同完成军事运输和交通保障任务。

第八章 物资储备

第四十一条 国家建立国防交通物资储备制度，保证战时和特殊情况下国防交通顺畅的需要。

第四十二条 国防交通物资储备分为国家储备、部门储备和地方储备，分别列入县级以上各级人民政府和有关部门的物资储备计划。

第四十三条 负责储备国防交通物资的单位，必须对所储备的物资加强维护和管理，不得损坏、丢失。

第四十四条 未经国防交通主管机构批准，任何单位或者个人不得动用储备的国防交通物资。

经批准使用储备的国防交通物资，应当按照规定支付费用。

第四十五条 由地方人民政府或者交通管理部门管理的用作战费、支前费、军费购置的交通保障物资，应当列入国防交通物资储备。

第九章 教育与科研

第四十六条 交通管理部门和交通企业事业单位，应当对本系统、本单位的人员进行国防交通教育。

交通运输院校和邮电通信院校，应当在相关课程中设置国防交通的内容。

第四十七条 交通管理部门和有关的科研机构，应当加强国防交通科学技术研究。国防交通科学技术研究项目，应当纳入各级科学技术研究规划。

第十章 罚　　则

第四十八条 违反本条例有关规定，有下列行为之一的，对负有直接责任的主管人员和其他直接责任人员依法给予行政处分；构成犯罪的，依法追究刑事责任：

（一）应当贯彻国防要求的交通工程设施，在施工过程中没有贯彻国防要求的；

（二）对国防交通工程设施管理不善，造成损失的，或者擅自改变国防交通工程设施的用途或者擅自作报废处理的；

（三）对储备的国防交通物资管理不善，造成损失的；

（四）未经批准动用储备的国防交通物资的。

第四十九条 危及国防交通工程设施安全或者侵占国防交通控制用地的，由国防交通主管机构责令停止违法行为，给予警告，可以并处5万元以下的罚款；造成经济损失的，应当依法赔偿。

第五十条 逃避或者抗拒运力动员或者运力征用的，由国防交通主管机构给予警告，可以并处相当于被动员或者被征用的运载工具、设备价值2倍以下的罚款。

第五十一条 有下列行为之一的，依照《中华人民共和国治安管理处罚法》的有关规定给予处罚；构成犯罪的，依法追究刑事责任：

（一）扰乱、妨碍军事运输和国防交通保障的；

（二）扰乱、妨碍国防交通工程设施建设的；

(三）破坏国防交通工程设施的；

（四）盗窃、哄抢国防交通物资的。

第五十二条 国防交通主管机构的工作人员，滥用职权、玩忽职守的，依法给予行政处分；构成犯罪的，依法追究刑事责任。

第十一章 附 则

第五十三条 本条例下列用语的含义：

（一）特殊情况，是指局部战争、武装冲突和其他突发事件；

（二）交通管理部门，是指主管铁路、道路、水路、航空和邮电通信的行业管理部门。

第五十四条 国防交通经费由中央、地方、部门、企业共同承担。具体办法由国家国防交通主管机构会同国务院有关部门制定。

第五十五条 本条例自发布之日起施行。

校车安全管理条例

（2012年3月28日国务院第197次常务会议通过，2012年4月5日国务院令第617号公布，自公布之日起施行）

第一章 总 则

第一条 为了加强校车安全管理，保障乘坐校车学生的人身安全，制定本条例。

第二条 本条例所称校车，是指依照本条例取得使用许可，用于接送接受义务教育的学生上下学的7座以上的载客汽车。

接送小学生的校车应当是按照专用校车国家标准设计和制造的小学生专用校车。

第三条 县级以上地方人民政府应当根据本行政区域的学生数量和分布状况等因素，依法制定、调整学校设置规划，保障学生就近入学或者在寄宿制学校入学，减少学生上下学的交通风险。实施义务教育的学校及其教学点的设置、调整，应当充分听取学生家长等有关方面的意见。

县级以上地方人民政府应当采取措施，发展城市和农村的公共交通，合理规划、设置公共交通线路和站点，为需要乘车上下学的学生提供方便。

对确实难以保障就近入学，并且公共交通不能满足学生上下学需要的农村地区，县级以上地方人民政府应当采取措施，保障接受义务教育的学生获得校车服务。

国家建立多渠道筹措校车经费的机制，并通过财政资助、税收优惠、鼓励社会捐赠等多种方式，按照规定支持使用校车接送学生的服务。支持校车服务所需的财政资金由中央财政和地方财政分担，具体办法由国务院财政部门制定。支持校车服务的税收优惠办法，依照法律、行政法规规定的税收管理权限制定。

第四条 国务院教育、公安、交通运输以及工业和信息化、质量监督检验检疫、安全生产监督管理等部门依照法律、行政法规和国务院的规定，负责校车安全管理的有关工作。国务院教育、公安部门会同国务院有关部门建立校车安全管理工作协调机制，统筹协调校车安全管理工作中的重大事项，共同做好校车安全管理工作。

第五条 县级以上地方人民政府对本行政区域的校车安全管理工作负总责，组织有关部门制定并实施与当地经济发展水平和校车服务需求相适应的校车服务方案，统一领导、组织、协调有关部门履行校车安全管理职责。

县级以上地方人民政府教育、公安、交通运输、安全生产监督管理等有关部门依照本条例以及本级人民政府的规定，履行校车安全管理的相关职责。有关部门应当建立健全校车安全管理信息共享机制。

第六条 国务院标准化主管部门会同国务院工业和信息化、公安、交通运输等部门，按照保障安全、经济适用的要求，制定并及时修订校车安全国家标准。

生产校车的企业应当建立健全产品质量保证体系，保证所生产（包括改装，下同）的校车符合校车安全国家标准；不符合标准的，不得出厂、销售。

第七条 保障学生上下学交通安全是政府、学校、社会和家庭的共同责任。社会各方面应当为校车通行提供便利，协助保障校车通行安全。

第八条 县级和设区的市级人民政府教育、公安、交通运输、安全生产监督管理部门应当设立并公布举报电话、举报网络平台，方便群众举报违反校车安全管理规定的行为。

接到举报的部门应当及时依法处理；对不属于本部门管理职责的举报，应当及时移送有关部门处理。

第二章 学校和校车服务提供者

第九条 学校可以配备校车。依法设立的道路旅客运输经营企业、城市公共交通企业，以及根据县级以上地方人民政府规定设立的校车运营单位，可以提供校车服务。

县级以上地方人民政府根据本地区实际情况，可以制定管理办法，组织依法取得道路旅客运输经营许可的个体经营者提供校车服务。

第十条 配备校车的学校和校车服务提供者应当建立健全校车安全管理制度，配备安全管理人员，加强校车的安全维护，定期对校车驾驶人进行安全教育，组织校车驾驶人学习道路交通安全法律法规以及安全防范、应急处置和应急救援知识，保障学生乘坐校车安全。

第十一条 由校车服务提供者提供校车服务的，学校应当与校车服务提供者签订校车安全管理责任书，明确各自的安全管理责任，落实校车运行安全管理措施。

学校应当将校车安全管理责任书报县级或者设区的市级人民政府教育行政部门备案。

第十二条 学校应当对教师、学生及其监护人进行交通安全教育，向学生讲解校车安全乘坐知识和校车安全事故应急处理技能，并定期组织校车安全事故应急处理演练。

学生的监护人应当履行监护义务，配合学校或者校车服务提供者的校车安全管理工作。学生的监护人应当拒绝使用不符合安全要求的车辆接送学生上下学。

第十三条 县级以上地方人民政府教育行政部门应当指导、监督学校建立健全校车安全管理制度，落实校车安全管理责任，组织学校开展交通安全教育。公安机关交通管理部门应当配合教育行政部门组织学校开展交通安全教育。

第三章 校车使用许可

第十四条 使用校车应当依照本条例的规定取得许可。

取得校车使用许可应当符合下列条件：

（一）车辆符合校车安全国家标准，取得机动车检验合格证明，并已经在公安机关交通管理部门办理注册登记；

（二）有取得校车驾驶资格的驾驶人；

（三）有包括行驶线路、开行时间和停靠站点的合理可行的校车运行方案；

（四）有健全的安全管理制度；

（五）已经投保机动车承运人责任保险。

第十五条 学校或者校车服务提供者申请取得校车使用许可，应当向县级或者设区的市级人民政府教育行政部门提交书面申请和证明其符合本条例第十四条规定条件的材料。教育行政部门应当自收到申请材料之日起3个工作日内，分别送同级公安机关交通管理部门、交通运输部门征求意见，公安机关交通管理部门和交通运输部门应当在3个工作日内回复意见。教育行政部门应当自收到回复意见之日起5个工作日内提出审查意见，报本级人民政府。本级人民政府决定批准的，由公安机关交通管理部门发给校车标牌，并在机动车行驶证上签注校车类型和核载人数；不予批准的，书面说明理由。

第十六条 校车标牌应当载明本车的号牌号码、车辆的所有人、驾驶人、行驶线路、开行时间、停靠站点以及校车标牌发牌单位、有效期等事项。

第十七条 取得校车标牌的车辆应当配备统一的校车标志灯和停车指示标志。

校车未运载学生上道路行驶的，不得使用校车标牌、校车标志灯和停车指示标志。

第十八条 禁止使用未取得校车标牌的车辆提供校车服务。

第十九条 取得校车标牌的车辆达到报废标准或者不再作为校车使用的，学校或者校车服务提供者应当将校车标牌交回公安机关交通管理部门。

第二十条 校车应当每半年进行一次机动车安全技术检验。

第二十一条 校车应当配备逃生锤、干粉灭火器、急救箱等安全设备。安全设备应当放置在便于取用的位置，并确保性能良好、有效适用。

校车应当按照规定配备具有行驶记录功能的卫星定位装置。

第二十二条 配备校车的学校和校车服务提供者应当按照国家规定做好校车的安全维护，建立安全维护档案，保证校车处于良好技术状态。不符合安全技术条件的校车，应当停运维修，消除安全隐患。

校车应当由依法取得相应资质的维修企业维修。承接校车维修业务的企业应当按照规定的维修技术规范维修校车，并按照国务院交通运输主管部门的规定对所维修的校车实行质量保证期制度，在质量保证期内对校车的维修质量负责。

第四章 校车驾驶人

第二十三条 校车驾驶人应当依照本条例的规定取得校车驾驶资格。

取得校车驾驶资格应当符合下列条件：

（一）取得相应准驾车型驾驶证并具有3年以上驾驶经历，年龄在25周岁以上、不超过60周岁；

（二）最近连续3个记分周期内没有被记满分

记录;

(三) 无致人死亡或者重伤的交通事故责任记录;

(四) 无饮酒后驾驶或者醉酒驾驶机动车记录,最近1年内无驾驶客运车辆超员、超速等严重交通违法行为记录;

(五) 无犯罪记录;

(六) 身心健康,无传染性疾病,无癫痫、精神病等可能危及行车安全的疾病病史,无酗酒、吸毒行为记录。

第二十四条 机动车驾驶人申请取得校车驾驶资格,应当向县级或者设区的市级人民政府公安机关交通管理部门提交书面申请和证明其符合本条例第二十三条规定条件的材料。公安机关交通管理部门应当自收到申请材料之日起5个工作日内审查完毕,对符合条件的,在机动车驾驶证上签注准许驾驶校车;不符合条件的,书面说明理由。

第二十五条 机动车驾驶人未取得校车驾驶资格,不得驾驶校车。禁止聘用未取得校车驾驶资格的机动车驾驶人驾驶校车。

第二十六条 校车驾驶人应当每年接受公安机关交通管理部门的审验。

第二十七条 校车驾驶人应当遵守道路交通安全法律法规,严格按照机动车道路通行规则和驾驶操作规范安全驾驶、文明驾驶。

第五章 校车通行安全

第二十八条 校车行驶线路应当尽量避开急弯、陡坡、临崖、临水的危险路段;确实无法避开的,道路或者交通设施的管理、养护单位应当按照标准对上述危险路段设置安全防护设施、限速标志、警告标牌。

第二十九条 校车经过的道路出现不符合安全通行条件的状况或者存在交通安全隐患的,当地人民政府应当组织有关部门及时改善道路安全通行条件、消除安全隐患。

第三十条 校车运载学生,应当按照国务院公安部门规定的位置放置校车标牌,开启校车标志灯。

校车运载学生,应当按照经审核确定的线路行驶,遇有交通管制、道路施工以及自然灾害、恶劣气象条件或者重大交通事故等影响道路通行情形的除外。

第三十一条 公安机关交通管理部门应当加强对校车行驶线路的道路交通秩序管理。遇交通拥堵的,交通警察应当指挥疏导运载学生的校车优先通行。

校车运载学生,可以在公共交通专用车道以及其他禁止社会车辆通行但允许公共交通车辆通行的路段行驶。

第三十二条 校车上下学生,应当在校车停靠站点停靠;未设校车停靠站点的路段可以在公共交通站台停靠。

道路或者交通设施的管理、养护单位应当按照标准设置校车停靠站点预告标识和校车停靠站点标牌,施划校车停靠站点标线。

第三十三条 校车在道路上停车上下学生,应当靠道路右侧停靠,开启危险报警闪光灯,打开停车指示标志。校车在同方向只有一条机动车道的道路上停靠时,后方车辆应当停车等待,不得超越。校车在同方向有两条以上机动车道的道路上停靠时,校车停靠车道后方和相邻机动车道上的机动车应当停车等待,其他机动车道上的机动车应当减速通过。校车后方停车等待的机动车不得鸣喇叭或者使用灯光催促校车。

第三十四条 校车载人不得超过核定的人数,不得以任何理由超员。

学校和校车服务提供者不得要求校车驾驶人超员、超速驾驶校车。

第三十五条 载有学生的校车在高速公路上行驶的最高时速不得超过80公里,在其他道路上行驶的最高时速不得超过60公里。

道路交通安全法律法规规定或者道路上限速标志、标线标明的最高时速低于前款规定的,从其规定。

载有学生的校车在急弯、陡坡、窄路、窄桥以及冰雪、泥泞的道路上行驶,或者遇有雾、雨、雪、沙尘、冰雹等低能见度气象条件时,最高时速不得超过20公里。

第三十六条 交通警察对违反道路交通安全法律法规的校车,可以在消除违法行为的前提下先予放行,待校车完成接送学生任务后再对校车驾驶人进行处罚。

第三十七条 公安机关交通管理部门应当加强对校车运行情况的监督检查,依法查处校车道路交通安全违法行为,定期将校车驾驶人的道路交通安全违法行为和交通事故信息抄送其所属单位和教育行政部门。

第六章 校车乘车安全

第三十八条 配备校车的学校、校车服务提供者应当指派照管人员随校车全程照管乘车学生。校车服务提供者为学校提供校车服务的,双方可以约定由学校指派随车照管人员。

学校和校车服务提供者应当定期对随车照管人员进行安全教育,组织随车照管人员学习道路交通安全

809

法律法规、应急处置和应急救援知识。

第三十九条 随车照管人员应当履行下列职责：

（一）学生上下车时，在车下引导、指挥，维护上下车秩序；

（二）发现驾驶人无校车驾驶资格，饮酒、醉酒后驾驶，或者身体严重不适以及校车超员等明显妨碍行车安全情形的，制止校车开行；

（三）清点乘车学生人数，帮助、指导学生安全落座、系好安全带，确认车门关闭后示意驾驶人启动校车；

（四）制止学生在校车行驶过程中离开座位等危险行为；

（五）核实学生下车人数，确认乘车学生已经全部离车后本人方可离车。

第四十条 校车的副驾驶座位不得安排学生乘坐。

校车运载学生过程中，禁止除驾驶人、随车照管人员以外的人员乘坐。

第四十一条 校车驾驶人驾驶校车上道路行驶前，应当对校车的制动、转向、外部照明、轮胎、安全门、座椅、安全带等车况是否符合安全技术要求进行检查，不得驾驶存在安全隐患的校车上道路行驶。

校车驾驶人不得在校车载有学生时给车辆加油，不得在校车发动机引擎熄灭前离开驾驶座位。

第四十二条 校车发生交通事故，驾驶人、随车照管人员应当立即报警，设置警示标志。乘车学生继续留在校车内有危险的，随车照管人员应当将学生撤离到安全区域，并及时与学校、校车服务提供者、学生的监护人联系处理后续事宜。

第七章 法律责任

第四十三条 生产、销售不符合校车安全国家标准的校车的，依照道路交通安全、产品质量管理的法律、行政法规的规定处罚。

第四十四条 使用拼装或者达到报废标准的机动车接送学生的，由公安机关交通管理部门收缴并强制报废机动车；对驾驶人处2000元以上5000元以下的罚款，吊销其机动车驾驶证；对车辆所有人处8万元以上10万元以下的罚款，有违法所得的予以没收。

第四十五条 使用未取得校车标牌的车辆提供校车服务，或者使用未取得校车驾驶资格的人员驾驶校车的，由公安机关交通管理部门扣留该机动车，处1万元以上2万元以下的罚款，有违法所得的予以没收。

取得道路运输经营许可的企业或者个体经营者有前款规定的违法行为，除依照前款规定处罚外，情节严重的，由交通运输主管部门吊销其经营许可证件。

伪造、变造或者使用伪造、变造的校车标牌的，由公安机关交通管理部门收缴伪造、变造的校车标牌，扣留该机动车，处2000元以上5000元以下的罚款。

第四十六条 不按照规定为校车配备安全设备，或者不按照规定对校车进行安全维护的，由公安机关交通管理部门责令改正，处1000元以上3000元以下的罚款。

第四十七条 机动车驾驶人未取得校车驾驶资格驾驶校车的，由公安机关交通管理部门处1000元以上3000元以下的罚款，情节严重的，可以并处吊销机动车驾驶证。

第四十八条 校车驾驶人有下列情形之一的，由公安机关交通管理部门责令改正，可以处200元罚款：

（一）驾驶校车运载学生，不按照规定放置校车标牌、开启校车标志灯，或者不按照经审核确定的线路行驶；

（二）校车上下学生，不按照规定在校车停靠站点停靠；

（三）校车未运载学生上道路行驶，使用校车标牌、校车标志灯和停车指示标志；

（四）驾驶校车上道路行驶前，未对校车车况是否符合安全技术要求进行检查，或者驾驶存在安全隐患的校车上道路行驶；

（五）在校车载有学生时给车辆加油，或者在校车发动机引擎熄灭前离开驾驶座位。

校车驾驶人违反道路交通安全法律法规关于道路通行规定的，由公安机关交通管理部门依法从重处罚。

第四十九条 校车驾驶人违反道路交通安全法律法规被依法处罚或者发生道路交通事故，不再符合本条例规定的校车驾驶人条件的，由公安机关交通管理部门取消校车驾驶资格，并在机动车驾驶证上签注。

第五十条 校车载人超过核定人数的，由公安机关交通管理部门扣留车辆至违法状态消除，并依照道路交通安全法律法规的规定从重处罚。

第五十一条 公安机关交通管理部门查处校车道路交通安全违法行为，依法扣留车辆的，应当通知相关学校或者校车服务提供者转运学生，并在违法状态消除后立即发还被扣留车辆。

第五十二条 机动车驾驶人违反本条例规定，不避让校车的，由公安机关交通管理部门处200元罚款。

第五十三条 未依照本条例规定指派照管人员随校车全程照管乘车学生的，由公安机关责令改正，可以处500元罚款。

随车照管人员未履行本条例规定的职责的，由学校或者校车服务提供者责令改正；拒不改正的，给予处分或者予以解聘。

第五十四条 取得校车使用许可的学校、校车服务提供者违反本条例规定，情节严重的，原作出许可决定的地方人民政府可以吊销其校车使用许可，由公安机关交通管理部门收回校车标牌。

第五十五条 学校违反本条例规定的，除依照本条例有关规定予以处罚外，由教育行政部门给予通报批评；导致发生学生伤亡事故的，对政府举办的学校的负有责任的领导人员和直接责任人员依法给予处分；对民办学校由审批机关责令暂停招生，情节严重的，吊销其办学许可证，并由教育行政部门责令负有责任的领导人员和直接责任人员5年内不得从事学校管理事务。

第五十六条 县级以上地方人民政府不依法履行校车安全管理职责，致使本行政区域发生校车安全重大事故的，对负有责任的领导人员和直接责任人员依法给予处分。

第五十七条 教育、公安、交通运输、工业和信息化、质量监督检验检疫、安全生产监督管理等有关部门及其工作人员不依法履行校车安全管理职责的，对负有责任的领导人员和直接责任人员依法给予处分。

第五十八条 违反本条例的规定，构成违反治安管理行为的，由公安机关依法给予治安管理处罚；构成犯罪的，依法追究刑事责任。

第五十九条 发生校车安全事故，造成人身伤亡或者财产损失的，依法承担赔偿责任。

第八章 附 则

第六十条 县级以上地方人民政府应当合理规划幼儿园布局，方便幼儿就近入园。

入园幼儿应当由监护人或者其委托的成年人接送。对确因特殊情况不能由监护人或者其委托的成年人接送，需要使用车辆集中接送的，应当使用按照专用校车国家标准设计和制造的幼儿专用校车，遵守本条例校车安全管理的规定。

第六十一条 省、自治区、直辖市人民政府应当结合本地区实际情况，制定本条例的实施办法。

第六十二条 本条例自公布之日起施行。

本条例施行前已经配备校车的学校和校车服务提供者及其聘用的校车驾驶人应当自本条例施行之日起90日内，依照本条例的规定申请取得校车使用许可、校车驾驶资格。

本条例施行后，用于接送小学生、幼儿的专用校车不能满足需求的，在省、自治区、直辖市人民政府规定的过渡期限内可以使用取得校车标牌的其他载客汽车。

2）部门规章及有关文件

道路运输从业人员管理规定

（2006年11月23日交通部令第9号公布 根据2016年4月21日《交通运输部关于修改〈道路运输从业人员管理规定〉的决定》第一次修正 根据2019年6月21日《交通运输部关于修改〈道路运输从业人员管理规定〉的决定》第二次修正）

第一章 总 则

第一条 为加强道路运输从业人员管理，提高道路运输从业人员综合素质，根据《中华人民共和国道路运输条例》《危险化学品安全管理条例》以及有关法律、行政法规，制定本规定。

第二条 本规定所称道路运输从业人员是指经营性道路客货运输驾驶员、道路危险货物运输从业人员、机动车维修技术人员、机动车驾驶培训教练员、道路运输经理人和其他道路运输从业人员。

经营性道路客货运输驾驶员包括经营性道路旅客运输驾驶员和经营性道路货物运输驾驶员。

道路危险货物运输从业人员包括道路危险货物运输驾驶员、装卸管理人员和押运人员。

机动车维修技术人员包括机动车维修技术负责人员、质量检验人员以及从事机修、电器、钣金、涂漆、车辆技术评估（含检测）作业的技术人员。

机动车驾驶培训教练员包括理论教练员、驾驶操作教练员、道路客货运输驾驶员从业资格培训教练员和危险货物运输驾驶员从业资格培训教练员。

道路运输经理人包括道路客货运输企业、道路客货运输站（场）、机动车驾驶员培训机构、机动车维修企业的管理人员。

其他道路运输从业人员是指除上述人员以外的道路运输从业人员，包括道路客运乘务员、机动车驾驶员培训机构教学负责人及结业考核人员、机动车维修企业价格结算员及业务接待员。

第三条 道路运输从业人员应当依法经营，诚实信用，规范操作，文明从业。

第四条 道路运输从业人员管理工作应当公平、公正、公开和便民。

第五条 交通运输部负责全国道路运输从业人员管理工作。

县级以上地方人民政府交通运输主管部门负责组织领导本行政区域内的道路运输从业人员管理工作，并具体负责本行政区域内道路危险货物运输从业人员的管理工作。

县级以上道路运输管理机构具体负责本行政区域内经营性道路客货运输驾驶员、机动车维修技术人员、机动车驾驶培训教练员、道路运输经理人和其他道路运输从业人员的管理工作。

第二章 从业资格管理

第六条 国家对经营性道路客货运输驾驶员、道路危险货物运输从业人员实行从业资格考试制度。其他已实施国家职业资格制度的道路运输从业人员，按照国家职业资格的有关规定执行。

从业资格是对道路运输从业人员所从事的特定岗位职业素质的基本评价。

经营性道路客货运输驾驶员和道路危险货物运输从业人员必须取得相应从业资格，方可从事相应的道路运输活动。

鼓励机动车维修企业、机动车驾驶员培训机构优先聘用取得国家职业资格的从业人员从事机动车维修和机动车驾驶员培训工作。

第七条 道路运输从业人员从业资格考试应当按照交通运输部编制的考试大纲、考试题库、考核标准、考试工作规范和程序组织实施。

第八条 经营性道路客货运输驾驶员从业资格考试由设区的市级道路运输管理机构组织实施，每月组织一次考试。

道路危险货物运输从业人员从业资格考试由设区的市级人民政府交通运输主管部门组织实施，每季度组织一次考试。

第九条 经营性道路旅客运输驾驶员应当符合下列条件：

（一）取得相应的机动车驾驶证1年以上；
（二）年龄不超过60周岁；
（三）3年内无重大以上交通责任事故；
（四）掌握相关道路旅客运输法规、机动车维修和旅客急救基本知识；
（五）经考试合格，取得相应的从业资格证件。

第十条 经营性道路货物运输驾驶员应当符合下列条件：

（一）取得相应的机动车驾驶证；
（二）年龄不超过60周岁；
（三）掌握相关道路货物运输法规、机动车维修和货物装载保管基本知识；
（四）经考试合格，取得相应的从业资格证件。

第十一条 道路危险货物运输驾驶员应当符合下列条件：

（一）取得相应的机动车驾驶证；
（二）年龄不超过60周岁；
（三）3年内无重大以上交通责任事故；
（四）取得经营性道路旅客运输或者货物运输驾驶员从业资格2年以上或者接受全日制驾驶职业教育的；
（五）接受相关法规、安全知识、专业技术、职业卫生防护和应急救援知识的培训，了解危险货物性质、危害特征、包装容器的使用特性和发生意外时的应急措施；
（六）经考试合格，取得相应的从业资格证件。

第十二条 道路危险货物运输装卸管理人员和押运人员应当符合下列条件：

（一）年龄不超过60周岁；
（二）初中以上学历；
（三）接受相关法规、安全知识、专业技术、职业卫生防护和应急救援知识的培训，了解危险货物性质、危害特征、包装容器的使用特性和发生意外时的应急措施；
（四）经考试合格，取得相应的从业资格证件。

第十三条 机动车维修技术人员应当符合下列条件：

（一）技术负责人员
1. 具有机动车维修或者相关专业大专以上学历，或者具有机动车维修或相关专业中级以上专业技术职称；
2. 熟悉机动车维修业务，掌握机动车维修及相关政策法规和技术规范。

（二）质量检验人员
1. 具有高中以上学历；

2. 熟悉机动车维修检测作业规范，掌握机动车维修故障诊断和质量检验的相关技术，熟悉机动车维修服务收费标准及相关政策法规和技术规范。

（三）从事机修、电器、钣金、涂漆、车辆技术评估（含检测）作业的技术人员

1. 具有初中以上学历；

2. 熟悉所从事工种的维修技术和操作规范，并了解机动车维修及相关政策法规。

第十四条 机动车驾驶培训教练员应当符合下列条件：

（一）理论教练员

1. 取得相应的机动车驾驶证，具有2年以上安全驾驶经历；

2. 具有汽车及相关专业中专以上学历或者汽车及相关专业中级以上技术职称；

3. 掌握道路交通安全法规、驾驶理论、机动车构造、交通安全心理学、常用伤员急救等安全驾驶知识，了解车辆环保和节约能源的有关知识，了解教育学、教育心理学的基本教学知识，具备编写教案、规范讲解的授课能力。

（二）驾驶操作教练员

1. 取得相应的机动车驾驶证，符合安全驾驶经历和相应车型驾驶经历的要求；

2. 年龄不超过60周岁；

3. 掌握道路交通安全法规、驾驶理论、机动车构造、交通安全心理学和应急驾驶的基本知识，熟悉车辆维护和常见故障诊断、车辆环保和节约能源的有关知识，具备驾驶要领讲解、驾驶动作示范、指导驾驶的教学能力。

（三）道路客货运输驾驶员从业资格培训教练员

1. 具有汽车及相关专业大专以上学历或者汽车及相关专业高级以上技术职称；

2. 掌握道路旅客运输法规、货物运输法规以及机动车维修、货物装卸保管和旅客急救等相关知识，具备相应的授课能力；

3. 具有2年以上从事普通机动车驾驶员培训的教学经历，且近2年无不良的教学记录。

（四）危险货物运输驾驶员从业资格培训教练员

1. 具有化工及相关专业大专以上学历或者化工及相关专业高级以上技术职称；

2. 掌握危险货物运输法规、危险化学品特性、包装容器使用方法、职业安全防护和应急救援等知识，具备相应的授课能力；

3. 具有2年以上化工及相关专业的教学经历，且近2年无不良的教学记录。

第十五条 申请参加经营性道路客货运输驾驶员从业资格考试的人员，应当向其户籍地或者暂住地设区的市级道路运输管理机构提出申请，填写《经营性道路客货运输驾驶员从业资格考试申请表》（式样见附件1），并提供下列材料：

（一）身份证明及复印件；

（二）机动车驾驶证及复印件；

（三）申请参加道路旅客运输驾驶员从业资格考试的，还应当提供道路交通安全主管部门出具的3年内无重大以上交通责任事故记录证明。

第十六条 申请参加道路危险货物运输驾驶员从业资格考试的，应当向其户籍地或者暂住地设区的市级交通运输主管部门提出申请，填写《道路危险货物运输从业人员从业资格考试申请表》（式样见附件2），并提供下列材料：

（一）身份证明及复印件；

（二）机动车驾驶证及复印件；

（三）道路旅客运输驾驶员从业资格证件或者道路货物运输驾驶员从业资格证件及复印件或者全日制驾驶职业教育学籍证明；

（四）相关培训证明及复印件；

（五）道路交通安全主管部门出具的3年内无重大以上交通责任事故记录证明。

第十七条 申请参加道路危险货物运输装卸管理人员和押运人员从业资格考试的，应当向其户籍地或者暂住地设区的市级交通运输主管部门提出申请，填写《道路危险货物运输从业人员从业资格考试申请表》，并提供下列材料：

（一）身份证明及复印件；

（二）学历证明及复印件；

（三）相关培训证明及复印件。

第十八条 交通运输主管部门和道路运输管理机构对符合申请条件的申请人应当安排考试。

第十九条 交通运输主管部门和道路运输管理机构应当在考试结束10日内公布考试成绩。对考试合格人员，应当自公布考试成绩之日起10日内颁发相应的道路运输从业人员从业资格证件。

第二十条 道路运输从业人员从业资格考试成绩有效期为1年，考试成绩逾期作废。

第二十一条 申请人在从业资格考试中有舞弊行为的，取消当次考试资格，考试成绩无效。

第二十二条 交通运输主管部门或者道路运输管理机构应当建立道路运输从业人员从业资格管理档案。

道路运输从业人员从业资格管理档案包括：从业

资格考试申请材料，从业资格考试及从业资格证件记录，从业资格证件换发、补发、变更记录，违章、事故及诚信考核、继续教育记录等。

第二十三条 交通运输主管部门和道路运输管理机构应当向社会提供道路运输从业人员相关从业信息的查询服务。

第三章 从业资格证件管理

第二十四条 经营性道路客货运输驾驶员、道路危险货物运输从业人员经考试合格后，取得《中华人民共和国道路运输从业人员从业资格证》（式样见附件3）。

第二十五条 道路运输从业人员从业资格证件全国通用。

第二十六条 已获得从业资格证件的人员需要增加相应从业资格类别的，应当向原发证机关提出申请，并按照规定参加相应培训和考试。

第二十七条 道路运输从业人员从业资格证件由交通运输部统一印制并编号。

道路危险货物运输从业人员从业资格证件由设区的市级交通运输主管部门发放和管理。

经营性道路客货运输驾驶员从业资格证件由设区的市级道路运输管理机构发放和管理。

第二十八条 交通运输主管部门和道路运输管理机构应当建立道路运输从业人员从业资格证件管理数据库，使用全国统一的管理软件核发从业资格证件，并逐步采用电子存取和防伪技术，确保有关信息实时输入、输出和存储。

交通运输主管部门和道路运输管理机构应当结合道路运输从业人员从业资格证件的管理工作，建立道路运输从业人员管理信息系统，并逐步实现异地稽查信息共享和动态资格管理。

第二十九条 道路运输从业人员从业资格证件有效期为6年。道路运输从业人员应当在从业资格证件有效期届满30日前到原发证机关办理换证手续。

道路运输从业人员从业资格证件遗失、毁损的，应当到原发证机关办理证件补发手续。

道路运输从业人员服务单位变更的，应当到交通运输主管部门或者道路运输管理机构办理从业资格证件变更手续。

道路运输从业人员从业资格档案应当由原发证机关在变更手续办结后30日内移交户籍迁入地或者现居住地的交通运输主管部门或者道路运输管理机构。

第三十条 道路运输从业人员办理换证、补证和变更手续，应当填写《道路运输从业人员从业资格证件换发、补发、变更登记表》（式样见附件4）。

第三十一条 交通运输主管部门和道路运输管理机构应当对符合要求的从业资格证件换发、补发、变更申请予以办理。

申请人违反相关从业资格管理规定且尚未接受处罚的，受理机关应当在其接受处罚后换发、补发、变更相应的从业资格证件。

第三十二条 道路运输从业人员有下列情形之一的，由发证机关注销其从业资格证件：

（一）持证人死亡的；

（二）持证人申请注销的；

（三）经营性道路客货运输驾驶员、道路危险货物运输从业人员年龄超过60周岁的；

（四）经营性道路客货运输驾驶员、道路危险货物运输驾驶员的机动车驾驶证被注销或者被吊销的；

（五）超过从业资格证件有效期180日未申请换证的。

凡被注销的从业资格证件，应当由发证机关予以收回，公告作废并登记归档；无法收回的，从业资格证件自行作废。

第三十三条 交通运输主管部门和道路运输管理机构应当将经营性道路客货运输驾驶员、道路危险货物运输从业人员的违章行为记录在《中华人民共和国道路运输从业人员从业资格证》的违章记录栏内，并通报发证机关。发证机关应当将该记录作为道路运输从业人员诚信考核和计分考核的依据，并存入管理档案。机动车维修技术人员、机动车驾驶培训教练员违章记录直接记入诚信管理档案，并作为诚信考核的重要内容。

第三十四条 道路运输从业人员诚信考核和计分考核周期为12个月，从初次领取从业资格证件之日起计算。诚信考核等级分为优良、合格、基本合格和不合格，分别用AAA级、AA级、A级和B级表示。在考核周期内，累计计分超过规定的，诚信考核等级为B级。

省级交通运输主管部门和道路运输管理机构应当将道路运输从业人员每年的诚信考核和计分考核结果向社会公布，供公众查阅。

道路运输从业人员诚信考核和计分考核具体办法另行制定。

第四章 从业行为规定

第三十五条 经营性道路客货运输驾驶员以及道

路危险货物运输从业人员应当在从业资格证件许可的范围内从事道路运输活动。道路危险货物运输驾驶员除可以驾驶道路危险货物运输车辆外，还可以驾驶原从业资格证件许可的道路旅客运输车辆或者道路货物运输车辆。

第三十六条 道路运输从业人员在从事道路运输活动时，应当携带相应的从业资格证件，并应当遵守国家相关法规和道路运输安全操作规程，不得违法经营、违章作业。

第三十七条 道路运输从业人员应当按照规定参加国家相关法规、职业道德及业务知识培训。

经营性道路客货运输驾驶员和道路危险货物运输驾驶员在岗从业期间，应当按照规定参加继续教育。

第三十八条 经营性道路客货运输驾驶员和道路危险货物运输驾驶员不得超限、超载运输，连续驾驶时间不得超过4个小时。

第三十九条 经营性道路旅客运输驾驶员和道路危险货物运输驾驶员应当按照规定填写行车日志。行车日志式样由省级道路运输管理机构统一制定。

第四十条 经营性道路旅客运输驾驶员应当采取必要措施保证旅客的人身和财产安全，发生紧急情况时，应当积极进行救护。

经营性道路货物运输驾驶员应当采取必要措施防止货物脱落、扬撒等。

严禁驾驶道路货物运输车辆从事经营性道路旅客运输活动。

第四十一条 道路危险货物运输驾驶员应当按照道路交通安全主管部门指定的行车时间和路线运输危险货物。

道路危险货物运输装卸管理人员应当按照安全作业规程对道路危险货物装卸作业进行现场监督，确保装卸安全。

道路危险货物运输押运人员应当对道路危险货物运输进行全程监管。

道路危险货物运输从业人员应当严格按照《汽车运输危险货物规则》(JT 617)、《汽车运输、装卸危险货物作业规程》(JT 618)操作，不得违章作业。

第四十二条 在道路危险货物运输过程中发生燃烧、爆炸、污染、中毒或者被盗、丢失、流散、泄漏等事故，道路危险货物运输驾驶员、押运人员应当立即向当地公安部门和所在运输企业或者单位报告，说明事故情况、危险货物品名和特性，并采取一切可能的警示措施和应急措施，积极配合有关部门进行处置。

第四十三条 机动车维修技术人员应当按照维修规范和程序作业，不得擅自扩大维修项目，不得使用假冒伪劣配件，不得擅自改装机动车，不得承修已报废的机动车，不得利用配件拼装机动车。

第四十四条 机动车驾驶培训教练员应当按照全国统一的教学大纲实施教学，规范填写教学日志和培训记录，不得擅自减少学时和培训内容。

第五章 法 律 责 任

第四十五条 违反本规定，有下列行为之一的人员，由县级以上道路运输管理机构责令改正，处200元以上2000元以下的罚款；构成犯罪的，依法追究刑事责任：

（一）未取得相应从业资格证件，驾驶道路客货运输车辆的；

（二）使用失效、伪造、变造的从业资格证件，驾驶道路客货运输车辆的；

（三）超越从业资格证件核定范围，驾驶道路客货运输车辆的。

第四十六条 违反本规定，有下列行为之一的人员，由设区的市级人民政府交通运输主管部门处5万元以上10万元以下的罚款；构成犯罪的，依法追究刑事责任：

（一）未取得相应从业资格证件，从事道路危险货物运输活动的；

（二）使用失效、伪造、变造的从业资格证件，从事道路危险货物运输活动的；

（三）超越从业资格证件核定范围，从事道路危险货物运输活动的。

第四十七条 道路运输从业人员有下列不具备安全条件情形之一的，由发证机关撤销其从业资格证件：

（一）经营性道路客货运输驾驶员、道路危险货物运输从业人员身体健康状况不符合有关机动车驾驶和相关从业要求且没有主动申请注销从业资格的；

（二）经营性道路客货运输驾驶员、道路危险货物运输驾驶员发生重大以上交通事故，且负主要责任的；

（三）发现重大事故隐患，不立即采取消除措施，继续作业的。

被撤销的从业资格证件应当由发证机关公告作废并登记归档。

第四十八条 违反本规定，交通运输主管部门及道路运输管理机构工作人员有下列情形之一的，依法给予行政处分；构成犯罪的，依法追究刑事责任：

（一）不按规定的条件、程序和期限组织从业资格考试的；

（二）发现违法行为未及时查处的；

（三）索取、收受他人财物及谋取其他不正当利益的；

（四）其他违法行为。

第六章 附 则

第四十九条 从业资格考试收费标准和从业资格证件工本费由省级以上交通运输主管部门会同同级财政部门、物价部门核定。

第五十条 使用总质量4500千克及以下普通货运车辆的驾驶人员，不适用本规定。

第五十一条 本规定自2007年3月1日起施行。2001年9月6日公布的《营业性道路运输驾驶员职业培训管理规定》（交通部令2001年第7号）同时废止。

汽车客运站安全生产规范

（2019年9月20日交通运输部以交运规〔2019〕13号印发）

第一章 总 则

第一条 为规范汽车客运站安全生产管理工作，落实汽车客运站安全生产主体责任，根据《中华人民共和国安全生产法》《中华人民共和国突发事件应对法》《中华人民共和国道路运输条例》及有关法律、行政法规和规章，制定本规范。

第二条 本规范适用于所有等级汽车客运站（以下简称汽车客运站）的安全生产管理工作。

第三条 汽车客运站经营者应当坚持安全第一、预防为主、综合治理的安全生产方针，贯彻执行国家有关安全生产的法律、行政法规、规章、政策和标准，建立健全安全生产责任制、安全生产管理制度、业务操作规程和应急预案，并组织实施。

第四条 汽车客运站经营者应当接受交通运输等相关部门对其安全生产工作依法实施的监督管理。

第五条 汽车客运站安全生产管理的总体目标是把住汽车客运站安全生产源头关，有效预防和减少因汽车客运站源头管理不到位引发的生产安全事故。

第二章 安全生产管理职责

第六条 汽车客运站应当实行全员安全生产责任制度，落实"一岗双责"。汽车客运站的主要负责人（包括法定代表人、实际控制人，下同）为安全生产的第一责任人，全面负责汽车客运站的安全生产工作；分管安全生产的负责人协助主要负责人履行安全生产职责，对安全生产工作负组织实施和综合管理及监督的责任；其他负责人对各自职责范围内的安全生产工作负直接管理责任。

第七条 汽车客运站经营者应当不断完善安全生产管理体系，健全安全生产管理机构，保障安全生产投入，落实各部门的安全生产管理职责，规范各岗位的工作程序。

第八条 汽车客运站经营者应当对进出汽车客运站的人员和行李物品、车辆进行严格检查，确保"三不进站"和"六不出站"。

"三不进站"是指：危险品不进站、无关人员不进站（发车区）、无关车辆不进站。

"六不出站"是指：超载营运客车不出站、安全例行检查不合格营运客车不出站、旅客未系安全带不出站、驾驶员资格不符合要求不出站、营运客车证件不齐全不出站、"出站登记表"未经审核签字不出站。

第九条 汽车客运站经营者应当与进入该站的营运客车所属道路旅客运输经营者、在站内从事其他经营活动的经营者签订安全责任协议，依法明确双方的安全责任。

第十条 发生生产安全事故后，汽车客运站经营者应当按照《生产安全事故报告和调查处理条例》等有关规定，及时报告相关部门；应当及时对汽车客运站运营和安全生产管理等情况进行倒查，并对有关责任人进行处理。

第十一条 汽车客运站经营者应当配合相关部门组织开展安全宣传、安全检查、事故处理、责任追究等工作，对相关部门提出的防范和整改措施，应当严格落实。

第十二条 汽车客运站的主要负责人对本单位安全生产工作负有下列职责：

（一）严格执行安全生产的法律、行政法规、规章、政策和标准，组织落实管理部门的工作部署和要求；

（二）建立健全本单位安全生产责任制，组织制定本单位安全生产规章制度和操作规程；

（三）依法设置安全生产管理机构或者配备专职安全生产管理人员，确定分管安全生产的负责人；

（四）保证本单位安全生产投入的有效实施；

（五）督促、检查本单位安全生产工作，及时消除生产安全事故隐患；

（六）组织制定并实施本单位安全生产教育培训计划；

（七）组织制定并实施本单位的突发事件应急预案，开展应急演练；

（八）定期组织分析本单位安全生产形势，研究解决重大安全问题；及时采纳安全生产管理机构和安全生产管理人员提出的预防措施和改进建议，并及时组织落实和整改；

（九）及时、如实报告生产安全事故，落实生产安全事故处理的有关工作。

第十三条 汽车客运站的安全生产管理机构及安全生产管理人员（包括分管安全生产的负责人、专职安全生产管理人员，下同）对本单位安全生产工作负有下列职责：

（一）严格执行安全生产的法律、行政法规、规章、政策和标准，参与本单位安全生产决策；

（二）拟订本单位安全生产管理制度、操作规程和应急预案，明确各部门、各岗位的安全生产职责，督促贯彻执行；

（三）组织或者参与本单位安全生产宣传、教育和培训，并如实记录；

（四）拟订本单位安全生产投入计划，组织实施或者监督相关部门实施；

（五）组织或者参与本单位应急救援演练；

（六）检查本单位的安全生产状况，及时排查生产安全事故隐患，提出改进安全生产管理的建议；

（七）制止和纠正违章指挥、强令冒险作业、违反操作规程的行为；

（八）督促落实本单位安全生产整改措施；

（九）及时、如实向主要负责人报告本单位生产安全事故；组织或者参与本单位生产安全事故的调查处理，承担生产安全事故统计和分析工作；

（十）其他安全生产管理工作。

第三章 安全生产基础保障

第十四条 汽车客运站应当依法设置安全生产管理机构或者配备专职安全生产管理人员，并保持专职安全生产管理人员的相对稳定。

第十五条 汽车客运站主要负责人和安全生产管理人员应当具备与本单位所从事的生产经营活动相应的安全生产知识和管理能力。

汽车客运站主要负责人和安全生产管理人员应当经交通运输主管部门对其安全生产知识和管理能力考核合格，具体按照《道路运输企业主要负责人和安全生产管理人员安全考核管理办法》执行。

第十六条 汽车客运站经营者应当制定安全生产业务操作规程，对从业人员有关安全生产的活动予以规范。

第十七条 汽车客运站经营者应当制定对所属从业人员特别是安全生产管理人员年度及长期的继续教育培训计划，明确培训内容和年度培训时间，确保相关人员具备必要的安全生产知识和管理能力。

汽车客运站主要负责人和安全生产管理人员初次安全生产教育培训时间不少于 24 学时，每年再培训时间不少于 12 学时。

汽车客运站接收实习学生的，应当将实习学生纳入本单位从业人员统一进行安全生产教育培训。汽车客运站采用新技术、新设备，应当对从业人员进行专门的安全生产教育培训。

汽车客运站经营者可自主开展从业人员的安全生产教育培训，也可委托对外开展安全生产教育培训业务的机构或者其他汽车客运站开展。安全生产教育培训应当有记录并建档保存，保存期限不少于 36 个月。

第十八条 汽车客运站经营者应当每季度至少召开一次安全生产工作会议，研究解决安全生产中的重大问题，安排部署阶段性安全生产工作；每月至少召开一次安全生产例会，通报和布置落实各项安全生产工作，分析查找安全生产管理制度的缺陷和安全生产管理的薄弱环节。安全生产工作会议可与安全生产例会一并召开。

发生重、特大道路客运生产安全事故、本单位发生站内人员伤亡事故或者在本单位发出的营运客车发生生产安全事故后，汽车客运站经营者应当及时召开安全生产工作会议或者安全生产例会进行分析通报，并提出针对性的事故预防措施。

安全生产工作会议和安全生产例会应当有会议记录并建档保存，保存期限不少于 36 个月。

第十九条 汽车客运站经营者应当将安全生产管理指标进行细化和分解，制定阶段性的安全生产控制指标，并根据安全生产责任进行考核和奖惩，定期公布考核和奖惩情况。

第二十条 汽车客运站经营者应当建立和完善安全生产管理登记台账和档案，妥善保管备查。

第二十一条 汽车客运站经营者应当保障安全生产所必需的资金投入，可参照国务院财政、应急管理部门制定的《企业安全生产费用提取和使用管理办法》提取和使用安全生产费用。

第二十二条　汽车客运站经营者应当积极采用新技术、新设备，推行现代化科学管理方法，不断改善安全生产条件。

第二十三条　汽车客运站经营者应当为客运驾驶员和乘务员提供必要的服务设施和临时休息场所。

第二十四条　汽车客运站经营者应当按国家有关规定配备消防设施、器材，并确保齐全有效。

第二十五条　汽车客运站经营者应当制定有关自然灾害、客运量突增、公共卫生、生产安全事故应急救援以及其他突发事件的应急预案，每年至少开展一次综合或者专项应急演练。

应急预案应当包括报告程序、应急指挥、通信联络、应急设备的储备以及处置措施等内容，并根据需要及时修订。

第四章　安全生产管理制度

第二十六条　汽车客运站经营者应当建立危险品查堵制度，采取以下措施防止易燃、易爆和易腐蚀等危险品进站上车：

（一）制定危险品检查工作程序，规范危险品查堵工作。

（二）设立专门的危险品查堵岗位。在进站口等关键环节对进站旅客携带的行李物品和托运行包进行安全检查，对查获的危险品应当进行登记并妥善保管或者按规定处理。

（三）配备必要的检查设备。一级、二级汽车客运站应当配置行包安全检查设备；三级及以下汽车客运站应当积极创造条件配置行包安全检查设备，提高危险品查堵效率和质量。

危险品查堵岗位工作人员上岗前，应当参加常见危险品识别与处置、安全检查设备使用等相关知识和技能的培训，并经汽车客运站经营者考核合格；在岗期间，应当严格遵守岗位工作要求，不得开展与工作无关的活动。

汽车客运站经营者受理客运班车行李舱载货运输业务的，托运物品登记和安全检查要求应当按照《客运班车行李舱载货运输规范》（JT/T 1135）有关规定执行。

第二十七条　汽车客运站经营者应当建立营运客车安全例行检查制度，按照《营运客车安全例行检查技术规范》（见附件1）的要求，对本单位始发的营运客车进行安全例行检查，并采取以下措施防止未检的营运客车（因车辆结构原因需拆卸检查的除外）出站运行：

（一）指定专门的安全例行检查人员（以下简称安全例检人员）。安全例检人员应当熟悉营运客车结构、检查方法和相关技术标准，并经汽车客运站考核合格；

（二）设置专门的检查场地，配备必要的设施设备（详见附件1）；

（三）严格填写《营运客车安全例行检查报告单》（式样见附件2）。安全例检人员应当在完成安全例行检查后，填写《营运客车安全例行检查报告单》，对经检查合格的营运客车签发"营运客车安全例行检查合格通知单"（式样见附件3），加盖汽车客运站安全例行检查印章。

"营运客车安全例行检查合格通知单"24小时内有效。单程运营里程在800公里（含）以上的客运班车和往返运营时间在24小时（含）以上的客运班车，实行每个单程检查一次。

汽车客运站经营者应当建立健全安全例行检查台账并妥善保存，保存期限不少于3个月。

第二十八条　汽车客运站经营者在调度营运客车发班时，应当对营运客车机动车行驶证、道路运输证、客运标志牌、"营运客车安全例行检查合格通知单"和驾驶员机动车驾驶证、从业资格证等单证进行检查，确认完备有效后方可准予报班。

汽车客运站经营者应当建立健全营运客车报班记录并妥善保存，保存期限不少于3个月。

第二十九条　汽车客运站经营者应当建立出站检查制度，配备出站检查工作人员，对出站营运客车和驾驶员的相关情况进行检查，严禁不符合条件的营运客车和驾驶员出站运营。出站检查主要包括以下内容：

（一）检查出站营运客车报班手续是否完备，确保营运客车出站前机动车行驶证、道路运输证、客运标志牌、"营运客车安全例行检查合格通知单"等单证经客运站查验合格；

（二）核验每一名当班驾驶员持有的从业资格证、机动车驾驶证，确保受检驾驶员与报班的驾驶员一致；

（三）清点营运客车载客人数，确保营运客车不超载出站。如发现营运客车有超载行为，应当立即制止，并采取相应措施安排旅客改乘；

（四）检查旅客安全带系扣情况，确保营运客车出站时所有旅客系好安全带。

鼓励汽车客运站经营者在报班、出站环节运用信息化手段开展营运客车、驾驶员有关单证一致性查验，提升查验效率。

经出站检查符合要求的营运客车和驾驶员，汽车客运站出站检查人员应当在"出站登记表"（式样见附件4）上进行记录，并经受检营运客车驾驶员签字确认。"出站登记表"保存期限不少于3个月。

第三十条 营运客车不配合出站检查的，汽车客运站经营者有权拒绝营运客车出站。经劝阻无效，仍滞留现场扰乱秩序的，汽车客运站经营者应当采取相应措施安排旅客改乘并报当地交通运输主管部门；对强行出站的，汽车客运站经营者应当立即报告当地交通运输主管部门处理。对相应营运客车，汽车客运站可在一定期限内禁止其进站发班。

第五章 生产安全事故隐患排查治理与安全生产监督

第三十一条 汽车客运站经营者应当建立生产安全事故隐患排查治理制度，采用综合检查、专业检查等方式，适时组织开展生产安全事故隐患排查工作。重点检查所属工作人员的安全生产业务操作规程和各项安全生产管理制度的贯彻执行情况。

第三十二条 汽车客运站经营者应当对排查出的生产安全事故隐患进行登记和治理，落实整改措施、资金、责任人、完成时限和预案，及时消除生产安全事故隐患。

第三十三条 汽车客运站经营者应当对本单位生产安全事故隐患排查治理情况进行统计，分析事故隐患形成原因、特点及规律，对多发易发的事故隐患应当深入分析，建立事故隐患排查治理长效机制。

第三十四条 汽车客运站经营者应当积极配合交通运输等相关部门依法进行的生产安全事故隐患监督检查，不得拒绝和阻挠。对相关部门通报抄送的安全问题应当及时落实整改。

第三十五条 汽车客运站经营者应当按照有关规定加强安全生产风险管理，适时开展安全生产风险辨识和评估，做好风险管控。

第三十六条 汽车客运站经营者应当适时组织有关专家或者第三方机构对客运站的安全生产管理体系进行评价，根据评价报告，对生产安全事故隐患和存在的问题及时进行整改和处理，并完善安全生产管理措施。

第三十七条 汽车客运站经营者应当建立安全生产社会监督机制，公开举报电话号码、通信地址、电子邮件信箱等，鼓励通过微信、微博、二维码、智能手机应用程序等多种方式畅通举报途径，鼓励建立有奖举报机制，充分发挥本单位从业人员、旅客、新闻媒体及社会各界对汽车客运站安全生产管理的监督作用。汽车客运站经营者对接到的举报和投诉应当及时予以调查和处理。

第六章 附 则

第三十八条 本规范自2019年11月1日起施行。2008年1月3日原交通部《关于印发汽车客运站安全生产规范的通知》（交公路发〔2008〕2号）和2012年12月24日《交通运输部关于印发汽车客运站营运客车安全例行检查及出站检查工作规范的通知》（交运发〔2012〕762号）同时废止。

本规范有效期5年。

道路危险货物运输管理规定

（2013年1月23日交通运输部发布 根据2016年4月11日《交通运输部关于修改〈道路危险货物运输管理规定〉的决定》第一次修正 根据2019年11月28日《交通运输部关于修改〈道路危险货物运输管理规定〉的决定》第二次修正）

第一章 总 则

第一条 为规范道路危险货物运输市场秩序，保障人民生命财产安全，保护环境，维护道路危险货物运输各方当事人的合法权益，根据《中华人民共和国道路运输条例》和《危险化学品安全管理条例》等有关法律、行政法规，制定本规定。

第二条 从事道路危险货物运输活动，应当遵守本规定。军事危险货物运输除外。

法律、行政法规对民用爆炸物品、烟花爆竹、放射性物品等特定种类危险货物的道路运输另有规定的，从其规定。

第三条 本规定所称危险货物，是指具有爆炸、易燃、毒害、感染、腐蚀等危险特性，在生产、经营、运输、储存、使用和处置中，容易造成人身伤亡、财产损毁或者环境污染而需要特别防护的物质和物品。危险货物以列入国家标准《危险货物品名表》（GB 12268）的为准，未列入《危险货物品名表》的，以有关法律、行政法规的规定或者国务院有关部门公布的结果为准。

本规定所称道路危险货物运输，是指使用载货汽车通过道路运输危险货物的作业全过程。

本规定所称道路危险货物运输车辆，是指满足特定技术条件和要求,从事道路危险货物运输的载货汽车(以下简称专用车辆)。

第四条 危险货物的分类、分项、品名和品名编号应当按照国家标准《危险货物分类和品名编号》(GB 6944)、《危险货物品名表》(GB 12268)执行。危险货物的危险程度依据国家标准《危险货物运输包装通用技术条件》(GB 12463),分为Ⅰ、Ⅱ、Ⅲ等级。

第五条 从事道路危险货物运输应当保障安全,依法运输,诚实信用。

第六条 国家鼓励技术力量雄厚、设备和运输条件好的大型专业危险化学品生产企业从事道路危险货物运输,鼓励道路危险货物运输企业实行集约化、专业化经营,鼓励使用厢式、罐式和集装箱等专用车辆运输危险货物。

第七条 交通运输部主管全国道路危险货物运输管理工作。

县级以上地方人民政府交通运输主管部门负责组织领导本行政区域的道路危险货物运输管理工作。

县级以上道路运输管理机构负责具体实施道路危险货物运输管理工作。

第二章 道路危险货物运输许可

第八条 申请从事道路危险货物运输经营,应当具备下列条件:

(一)有符合下列要求的专用车辆及设备:

1. 自有专用车辆(挂车除外)5辆以上;运输剧毒化学品、爆炸品的,自有专用车辆(挂车除外)10辆以上。

2. 专用车辆的技术要求应当符合《道路运输车辆技术管理规定》有关规定。

3. 配备有效的通信工具。

4. 专用车辆应当安装具有行驶记录功能的卫星定位装置。

5. 运输剧毒化学品、爆炸品、易制爆危险化学品的,应当配备罐式、厢式专用车辆或者压力容器等专用容器。

6. 罐式专用车辆的罐体应当经质量检验部门检验合格,且罐体载货后总质量与专用车辆核定载质量相匹配。运输爆炸品、强腐蚀性危险货物的罐式专用车辆的罐体容积不得超过20立方米,运输剧毒化学品的罐式专用车辆的罐体容积不得超过10立方米,但符合国家有关标准的罐式集装箱除外。

7. 运输剧毒化学品、爆炸品、强腐蚀性危险货物的非罐式专用车辆,核定载质量不得超过10吨,但符合国家有关标准的集装箱运输专用车辆除外。

8. 配备与运输的危险货物性质相适应的安全防护、环境保护和消防设施设备。

(二)有符合下列要求的停车场地:

1. 自有或者租借期限为3年以上,且与经营范围、规模相适应的停车场地,停车场地应当位于企业注册地市级行政区域内。

2. 运输剧毒化学品、爆炸品专用车辆以及罐式专用车辆,数量为20辆(含)以下的,停车场地面积不低于车辆正投影面积的1.5倍,数量为20辆以上的,超过部分,每辆车的停车场地面积不低于车辆正投影面积;运输其他危险货物的,专用车辆数量为10辆(含)以下的,停车场地面积不低于车辆正投影面积的1.5倍;数量为10辆以上的,超过部分,每辆车的停车场地面积不低于车辆正投影面积。

3. 停车场地应当封闭并设立明显标志,不得妨碍居民生活和威胁公共安全。

(三)有符合下列要求的从业人员和安全管理人员:

1. 专用车辆的驾驶人员取得相应机动车驾驶证,年龄不超过60周岁。

2. 从事道路危险货物运输的驾驶人员、装卸管理人员、押运人员应当经所在地设区的市级人民政府交通运输主管部门考试合格,并取得相应的从业资格证;从事剧毒化学品、爆炸品道路运输的驾驶人员、装卸管理人员、押运人员,应当经考试合格,取得注明为"剧毒化学品运输"或者"爆炸品运输"类别的从业资格证。

3. 企业应当配备专职安全管理人员。

(四)有健全的安全生产管理制度:

1. 企业主要负责人、安全管理部门负责人、专职安全管理人员安全生产责任制度。

2. 从业人员安全生产责任制度。

3. 安全生产监督检查制度。

4. 安全生产教育培训制度。

5. 从业人员、专用车辆、设备及停车场地安全管理制度。

6. 应急救援预案制度。

7. 安全生产作业规程。

8. 安全生产考核与奖惩制度。

9. 安全事故报告、统计与处理制度。

第九条 符合下列条件的企事业单位,可以使用自备专用车辆从事为本单位服务的非经营性道路危险货物运输:

(一)属于下列企事业单位之一:

1. 省级以上安全生产监督管理部门批准设立的生产、使用、储存危险化学品的企业。

2. 有特殊需求的科研、军工等企事业单位。

（二）具备第八条规定的条件，但自有专用车辆（挂车除外）的数量可以少于 5 辆。

第十条 申请从事道路危险货物运输经营的企业，应当依法向工商行政管理机关办理有关登记手续后，向所在地设区的市级道路运输管理机构提出申请，并提交以下材料：

（一）《道路危险货物运输经营申请表》，包括申请人基本信息、申请运输的危险货物范围（类别、项别或品名，如果为剧毒化学品应当标注"剧毒"）等内容。

（二）拟担任企业法定代表人的投资人或者负责人的身份证明及其复印件，经办人身份证明及其复印件和书面委托书。

（三）企业章程文本。

（四）证明专用车辆、设备情况的材料，包括：

1. 未购置专用车辆、设备的，应当提交拟投入专用车辆、设备承诺书。承诺书内容应当包括车辆数量、类型、技术等级、总质量、核定载质量、车轴数以及车辆外廓尺寸；通信工具和卫星定位装置配备情况；罐式专用车辆的罐体容积；罐式专用车辆罐体载货后的总质量与车辆核定载质量相匹配情况；运输剧毒化学品、爆炸品、易制爆危险化学品的专用车辆核定载质量等有关情况。承诺期限不得超过 1 年。

2. 已购置专用车辆、设备的，应当提供车辆行驶证、车辆技术等级评定结论；通信工具和卫星定位装置配备；罐式专用车辆的罐体检测合格证或者检测报告及复印件等有关材料。

（五）拟聘用专职安全管理人员、驾驶人员、装卸管理人员、押运人员的，应当提交拟聘用承诺书，承诺期限不得超过 1 年；已聘用的应当提交从业资格证及其复印件以及驾驶证及其复印件。

（六）停车场地的土地使用证、租借合同、场地平面图等材料。

（七）相关安全防护、环境保护、消防设施设备的配备情况清单。

（八）有关安全生产管理制度文本。

第十一条 申请从事非经营性道路危险货物运输的单位，向所在地设区的市级道路运输管理机构提出申请时，除提交第十条第（四）项至第（八）项规定的材料外，还应当提交以下材料：

（一）《道路危险货物运输申请表》，包括申请人基本信息、申请运输的物品范围（类别、项别或品名，如果为剧毒化学品应当标注"剧毒"）等内容。

（二）下列形式之一的单位基本情况证明：

1. 省级以上安全生产监督管理部门颁发的危险化学品生产、使用等证明。

2. 能证明科研、军工等企事业单位性质或者业务范围的有关材料。

（三）特殊运输需求的说明材料。

（四）经办人的身份证明及其复印件以及书面委托书。

第十二条 设区的市级道路运输管理机构应当按照《中华人民共和国道路运输条例》和《交通行政许可实施程序规定》，以及本规定所明确的程序和时限实施道路危险货物运输行政许可，并进行实地核查。

决定准予许可的，应当向被许可人出具《道路危险货物运输行政许可决定书》，注明许可事项，具体内容应当包括运输危险货物的范围（类别、项别或品名，如果为剧毒化学品应当标注"剧毒"），专用车辆数量、要求以及运输性质，并在 10 日内向道路危险货物运输经营申请人发放《道路运输经营许可证》，向非经营性道路危险货物运输申请人发放《道路危险货物运输许可证》。

市级道路运输管理机构应当将准予许可的企业或单位的许可事项等，及时以书面形式告知县级道路运输管理机构。

决定不予许可的，应当向申请人出具《不予交通行政许可决定书》。

第十三条 被许可人已获得其他道路运输经营许可的，设区的市级道路运输管理机构应当为其换发《道路运输经营许可证》，并在经营范围中加注新许可的事项。如果原《道路运输经营许可证》是由省级道路运输管理机构发放的，由原许可机关按照上述要求予以换发。

第十四条 被许可人应当按照承诺期限落实拟投入的专用车辆、设备。

原许可机关应当对被许可人落实的专用车辆、设备予以核实，对符合许可条件的专用车辆配发《道路运输证》，并在《道路运输证》经营范围栏内注明允许运输的危险货物类别、项别或者品名，如果为剧毒化学品应标注"剧毒"；对从事非经营性道路危险货物运输的车辆，还应当加盖"非经营性危险货物运输专用章"。

被许可人未在承诺期限内落实专用车辆、设备的，原许可机关应当撤销许可决定，并收回已核发的许可证明文件。

第十五条 被许可人应当按照承诺期限落实拟聘用的专职安全管理人员、驾驶人员、装卸管理人员和押运人员。

被许可人未在承诺期限内按照承诺聘用专职安全管理人员、驾驶人员、装卸管理人员和押运人员的，原许可机关应当撤销许可决定，并收回已核发的许可证明文件。

第十六条 道路运输管理机构不得许可一次性、临时性的道路危险货物运输。

第十七条 道路危险货物运输企业设立子公司从事道路危险货物运输的，应当向子公司注册地设区的市级道路运输管理机构申请运输许可。设立分公司的，应当向分公司注册地设区的市级道路运输管理机构备案。

第十八条 道路危险货物运输企业或者单位需要变更许可事项的，应当向原许可机关提出申请，按照本章有关许可的规定办理。

道路危险货物运输企业或者单位变更法定代表人、名称、地址等工商登记事项的，应当在30日内向原许可机关备案。

第十九条 道路危险货物运输企业或者单位终止危险货物运输业务的，应当在终止之日的30日前告知原许可机关，并在停业后10日内将《道路运输经营许可证》或者《道路危险货物运输许可证》以及《道路运输证》交回原许可机关。

第三章 专用车辆、设备管理

第二十条 道路危险货物运输企业或者单位应当按照《道路运输车辆技术管理规定》中有关车辆管理的规定，维护、检测、使用和管理专用车辆，确保专用车辆技术状况良好。

第二十一条 设区的市级道路运输管理机构应当定期对专用车辆进行审验，每年审验一次。审验按照《道路运输车辆技术管理规定》进行，并增加以下审验项目：

（一）专用车辆投保危险货物承运人责任险情况；

（二）必需的应急处理器材、安全防护设施设备和专用车辆标志的配备情况；

（三）具有行驶记录功能的卫星定位装置的配备情况。

第二十二条 禁止使用报废的、擅自改装的、检测不合格的、车辆技术等级达不到一级的和其他不符合国家规定的车辆从事道路危险货物运输。

除铰接列车、具有特殊装置的大型物件运输专用车辆外，严禁使用货车列车从事危险货物运输；倾卸式车辆只能运输散装硫磺、萘饼、粗蒽、煤焦沥青等危险货物。

禁止使用移动罐体（罐式集装箱除外）从事危险货物运输。

第二十三条 用于装卸危险货物的机械及工具的技术状况应当符合行业标准《汽车运输危险货物规则》（JT 617）规定的技术要求。

第二十四条 罐式专用车辆的常压罐体应当符合国家标准《道路运输液体危险货物罐式车辆第1部分：金属常压罐体技术要求》（GB 18564.1）、《道路运输液体危险货物罐式车辆第2部分：非金属常压罐体技术要求》（GB 18564.2）等有关技术要求。

使用压力容器运输危险货物的，应当符合国家特种设备安全监督管理部门制订并公布的《移动式压力容器安全技术监察规程》（TSG R0005）等有关技术要求。

压力容器和罐式专用车辆应当在质量检验部门出具的压力容器或者罐体检验合格的有效期内承运危险货物。

第二十五条 道路危险货物运输企业或者单位对重复使用的危险货物包装物、容器，在重复使用前应当进行检查；发现存在安全隐患的，应当维修或者更换。

道路危险货物运输企业或者单位应当对检查情况作出记录，记录的保存期限不得少于2年。

第二十六条 道路危险货物运输企业或者单位应当到具有污染物处理能力的机构对常压罐体进行清洗（置换）作业，将废气、污水等污染物集中收集，消除污染，不得随意排放，污染环境。

第四章 道路危险货物运输

第二十七条 道路危险货物运输企业或者单位应当严格按照道路运输管理机构决定的许可事项从事道路危险货物运输活动，不得转让、出租道路危险货物运输许可证件。

严禁非经营性道路危险货物运输单位从事道路危险货物运输经营活动。

第二十八条 危险货物托运人应当委托具有道路危险货物运输资质的企业承运。

危险货物托运人应当对托运的危险货物种类、数量和承运人等相关信息予以记录，记录的保存期限不得少于1年。

第二十九条 危险货物托运人应当严格按照国家有关规定妥善包装并在外包装设置标志，并向承运人说明危险货物的品名、数量、危害、应急措施等情况。需要添加抑制剂或者稳定剂的,托运人应当按照规定添加,并告知承运人相关注意事项。

危险货物托运人托运危险化学品的,还应当提交与托运的危险化学品完全一致的安全技术说明书和安全标签。

第三十条 不得使用罐式专用车辆或者运输有毒、感染性、腐蚀性危险货物的专用车辆运输普通货物。

其他专用车辆可以从事食品、生活用品、药品、医疗器具以外的普通货物运输,但应当由运输企业对专用车辆进行消除危害处理,确保不对普通货物造成污染、损害。

不得将危险货物与普通货物混装运输。

第三十一条 专用车辆应当按照国家标准《道路运输危险货物车辆标志》(GB 13392)的要求悬挂标志。

第三十二条 运输剧毒化学品、爆炸品的企业或者单位,应当配备专用停车区域,并设立明显的警示标牌。

第三十三条 专用车辆应当配备符合有关国家标准以及与所载运的危险货物相适应的应急处理器材和安全防护设备。

第三十四条 道路危险货物运输企业或者单位不得运输法律、行政法规禁止运输的货物。

法律、行政法规规定的限运、凭证运输货物,道路危险货物运输企业或者单位应当按照有关规定办理相关运输手续。

法律、行政法规规定托运人必须办理有关手续后方可运输的危险货物,道路危险货物运输企业应当查验有关手续齐全有效后方可承运。

第三十五条 道路危险货物运输企业或者单位应当采取必要措施,防止危险货物脱落、扬散、丢失以及燃烧、爆炸、泄漏等。

第三十六条 驾驶人员应当随车携带《道路运输证》。驾驶人员或者押运人员应当按照《汽车运输危险货物规则》(JT 617)的要求,随车携带《道路运输危险货物安全卡》。

第三十七条 在道路危险货物运输过程中,除驾驶人员外,还应当在专用车辆上配备押运人员,确保危险货物处于押运人员监管之下。

第三十八条 道路危险货物运输途中,驾驶人员不得随意停车。

因住宿或者发生影响正常运输的情况需要较长时间停车的,驾驶人员、押运人员应当设置警戒带,并采取相应的安全防范措施。

运输剧毒化学品或者易制爆危险化学品需要较长时间停车的,驾驶人员或者押运人员应当向当地公安机关报告。

第三十九条 危险货物的装卸作业应当遵守安全作业标准、规程和制度,并在装卸管理人员的现场指挥或者监控下进行。

危险货物运输托运人和承运人应当按照合同约定指派装卸管理人员;若合同未予约定,则由负责装卸作业的一方指派装卸管理人员。

第四十条 驾驶人员、装卸管理人员和押运人员上岗时应当随身携带从业资格证。

第四十一条 严禁专用车辆违反国家有关规定超载、超限运输。

道路危险货物运输企业或者单位使用罐式专用车辆运输货物时,罐体载货后的总质量应当和专用车辆核定载质量相匹配;使用牵引车运输货物时,挂车载货后的总质量应当与牵引车的准牵引总质量相匹配。

第四十二条 道路危险货物运输企业或者单位应当要求驾驶人员和押运人员在运输危险货物时,严格遵守有关部门关于危险货物运输线路、时间、速度方面的有关规定,并遵守有关部门关于剧毒、爆炸危险品道路运输车辆在重大节假日通行高速公路的相关规定。

第四十三条 道路危险货物运输企业或者单位应当通过卫星定位监控平台或者监控终端及时纠正和处理超速行驶、疲劳驾驶、不按规定线路行驶等违法违规驾驶行为。

监控数据应当至少保存3个月,违法驾驶信息及处理情况应当至少保存3年。

第四十四条 道路危险货物运输从业人员必须熟悉有关安全生产的法规、技术标准和安全生产规章制度、安全操作规程,了解所装运危险货物的性质、危害特性、包装物或者容器的使用要求和发生意外事故时的处置措施,并严格执行《汽车运输危险货物规则》(JT 617)、《汽车运输、装卸危险货物作业规程》(JT 618)等标准,不得违章作业。

第四十五条 道路危险货物运输企业或者单位应当通过岗前培训、例会、定期学习等方式,对从业人员进行经常性安全生产、职业道德、业务知识和操作规程的教育培训。

第四十六条 道路危险货物运输企业或者单位应当加强安全生产管理,制定突发事件应急预案,配备应急救援人员和必要的应急救援器材、设备,并定期组织应急救援演练，严格落实各项安全制度。

第四十七条 道路危险货物运输企业或者单位应当委托具备资质条件的机构，对本企业或单位的安全管理情况每3年至少进行一次安全评估，出具安全评估报告。

第四十八条 在危险货物运输过程中发生燃烧、爆炸、污染、中毒或者被盗、丢失、流散、泄漏等事故，驾驶人员、押运人员应当立即根据应急预案和《道路运输危险货物安全卡》的要求采取应急处置措施，并向事故发生地公安部门、交通运输主管部门和本运输企业或者单位报告。运输企业或者单位接到事故报告后，应当按照本单位危险货物应急预案组织救援，并向事故发生地安全生产监督管理部门和环境保护、卫生主管部门报告。

道路危险货物运输管理机构应当公布事故报告电话。

第四十九条 在危险货物装卸过程中，应当根据危险货物的性质，轻装轻卸，堆码整齐，防止混杂、撒漏、破损，不得与普通货物混合堆放。

第五十条 道路危险货物运输企业或者单位应当为其承运的危险货物投保承运人责任险。

第五十一条 道路危险货物运输企业异地经营（运输线路起讫点均不在企业注册地市域内）累计3个月以上的，应当向经营地设区的市级道路运输管理机构备案并接受其监管。

第五章 监督检查

第五十二条 道路危险货物运输监督检查按照《道路货物运输及站场管理规定》执行。

道路运输管理机构工作人员应当定期或者不定期对道路危险货物运输企业或者单位进行现场检查。

第五十三条 道路运输管理机构工作人员对在异地取得从业资格的人员监督检查时，可以向原发证机关申请提供相应的从业资格档案资料，原发证机关应当予以配合。

第五十四条 道路运输管理机构在实施监督检查过程中，经本部门主要负责人批准，可以对没有随车携带《道路运输证》又无法当场提供其他有效证明文件的危险货物运输专用车辆予以扣押。

第五十五条 任何单位和个人对违反本规定的行为，有权向道路危险货物运输管理机构举报。

道路危险货物运输管理机构应当公布举报电话，并在接到举报后及时依法处理；对不属于本部门职责的，应当及时移送有关部门处理。

第六章 法律责任

第五十六条 违反本规定，有下列情形之一的，由县级以上道路运输管理机构责令停止运输经营，有违法所得的，没收违法所得，处违法所得2倍以上10倍以下的罚款；没有违法所得或者违法所得不足2万元的，处3万元以上10万元以下的罚款；构成犯罪的，依法追究刑事责任：

（一）未取得道路危险货物运输许可，擅自从事道路危险货物运输的；

（二）使用失效、伪造、变造、被注销等无效道路危险货物运输许可证件从事道路危险货物运输的；

（三）超越许可事项，从事道路危险货物运输的；

（四）非经营性道路危险货物运输单位从事道路危险货物运输经营的。

第五十七条 违反本规定，道路危险货物运输企业或者单位非法转让、出租道路危险货物运输许可证件的，由县级以上道路运输管理机构责令停止违法行为，收缴有关证件，处2000元以上1万元以下的罚款；有违法所得的，没收违法所得。

第五十八条 违反本规定，道路危险货物运输企业或者单位有下列行为之一，由县级以上道路运输管理机构责令限期投保；拒不投保的，由原许可机关吊销《道路运输经营许可证》或者《道路危险货物运输许可证》，或者吊销相应的经营范围：

（一）未投保危险货物承运人责任险的；

（二）投保的危险货物承运人责任险已过期，未继续投保的。

第五十九条 违反本规定，道路危险货物运输企业或者单位不按照规定随车携带《道路运输证》的，由县级以上道路运输管理机构责令改正，处警告或者20元以上200元以下的罚款。

第六十条 违反本规定，道路危险货物运输企业或者单位以及托运人有下列情形之一的，由县级以上道路运输管理机构责令改正，并处5万元以上10万元以下的罚款，拒不改正的，责令停产停业整顿；构成犯罪的，依法追究刑事责任：

（一）驾驶人员、装卸管理人员、押运人员未取得从业资格上岗作业的；

（二）托运人不向承运人说明所托运的危险化学品的种类、数量、危险特性以及发生危险情况的应急处置措施，或者未按照国家有关规定对所托运的危险化学品妥善包装并在外包装上设置相应标志的；

（三）未根据危险化学品的危险特性采取相应的

安全防护措施,或者未配备必要的防护用品和应急救援器材的;

(四)运输危险化学品需要添加抑制剂或者稳定剂,托运人未添加或者未将有关情况告知承运人的。

第六十一条 违反本规定,道路危险货物运输企业或者单位未配备专职安全管理人员的,由县级以上道路运输管理机构责令改正,可以处1万元以下的罚款;拒不改正的,对危险化学品运输企业或单位处1万元以上5万元以下的罚款,对运输危险化学品以外其他危险货物的企业或单位处1万元以上2万元以下的罚款。

第六十二条 违反本规定,道路危险化学品运输托运人有下列行为之一的,由县级以上道路运输管理机构责令改正,处10万元以上20万元以下的罚款,有违法所得的,没收违法所得;拒不改正的,责令停产停业整顿;构成犯罪的,依法追究刑事责任:

(一)委托未依法取得危险货物道路运输许可的企业承运危险化学品的;

(二)在托运的普通货物中夹带危险化学品,或者将危险化学品谎报或者匿报为普通货物托运的。

第六十三条 违反本规定,道路危险货物运输企业擅自改装已取得《道路运输证》的专用车辆及罐式专用车辆罐体的,由县级以上道路运输管理机构责令改正,并处5000元以上2万元以下的罚款。

第七章 附 则

第六十四条 本规定对道路危险货物运输经营未作规定的,按照《道路货物运输及站场管理规定》执行;对非经营性道路危险货物运输未作规定的,参照《道路货物运输及站场管理规定》执行。

第六十五条 道路危险货物运输许可证件和《道路运输证》工本费的具体收费标准由省、自治区、直辖市人民政府财政、价格主管部门会同同级交通运输主管部门核定。

第六十六条 交通运输部可以根据相关行业协会的申请,经组织专家论证后,统一公布可以按照普通货物实施道路运输管理的危险货物。

第六十七条 本规定自2013年7月1日起施行。交通部2005年发布的《道路危险货物运输管理规定》(交通部令2005年第9号)及交通运输部2010年发布的《关于修改〈道路危险货物运输管理规定〉的决定》(交通运输部令2010年第5号)同时废止。

危险货物道路运输安全管理办法

(2019年7月10日交通运输部第15次部务会议通过,2019年11月10日交通运输部、工业和信息化部、公安部、生态环境部、应急管理部、国家市场监督管理总局联合公布,自2020年1月1日起施行)

第一章 总 则

第一条 为了加强危险货物道路运输安全管理,预防危险货物道路运输事故,保障人民群众生命、财产安全,保护环境,依据《中华人民共和国安全生产法》《中华人民共和国道路运输条例》《危险化学品安全管理条例》《公路安全保护条例》等有关法律、行政法规,制定本办法。

第二条 对使用道路运输车辆从事危险货物运输及相关活动的安全管理,适用本办法。

第三条 危险货物道路运输应当坚持安全第一、预防为主、综合治理、便利运输的原则。

第四条 国务院交通运输主管部门主管全国危险货物道路运输管理工作。

县级以上地方人民政府交通运输主管部门负责组织领导本行政区域的危险货物道路运输管理工作。

工业和信息化、公安、生态环境、应急管理、市场监督管理等部门按照各自职责,负责对危险货物道路运输相关活动进行监督检查。

第五条 国家建立危险化学品监管信息共享平台,加强危险货物道路运输安全管理。

第六条 不得托运、承运法律、行政法规禁止运输的危险货物。

第七条 托运人、承运人、装货人应当制定危险货物道路运输作业查验、记录制度,以及人员安全教育培训、设备管理和岗位操作规程等安全生产管理制度。

托运人、承运人、装货人应当按照相关法律法规和《危险货物道路运输规则》(JT/T 617)要求,对本单位相关从业人员进行岗前安全教育培训和定期安全教育。未经岗前安全教育培训考核合格的人员,不得上岗作业。

托运人、承运人、装货人应当妥善保存安全教育培训及考核记录。岗前安全教育培训及考核记录保存至相关从业人员离职后12个月;定期安全教育记录保存期限不得少于12个月。

第八条 国家鼓励危险货物道路运输企业应用先进技术和装备，实行专业化、集约化经营。

禁止危险货物运输车辆挂靠经营。

第二章 危险货物托运

第九条 危险货物托运人应当委托具有相应危险货物道路运输资质的企业承运危险货物。托运民用爆炸物品、烟花爆竹的，应当委托具有第一类爆炸品或者第一类爆炸品中相应项别运输资质的企业承运。

第十条 托运人应当按照《危险货物道路运输规则》(JT/T 617) 确定危险货物的类别、项别、品名、编号，遵守相关特殊规定要求。需要添加抑制剂或者稳定剂的，托运人应当按照规定添加，并将有关情况告知承运人。

第十一条 托运人不得在托运的普通货物中违规夹带危险货物，或者将危险货物匿报、谎报为普通货物托运。

第十二条 托运人应当按照《危险货物道路运输规则》(JT/T 617) 妥善包装危险货物，并在外包装设置相应的危险货物标志。

第十三条 托运人在托运危险货物时，应当向承运人提交电子或者纸质形式的危险货物托运清单。

危险货物托运清单应当载明危险货物的托运人、承运人、收货人、装货人、始发地、目的地、危险货物的类别、项别、品名、编号、包装及规格、数量、应急联系电话等信息，以及危险货物危险特性、运输注意事项、急救措施、消防措施、泄漏应急处置、次生环境污染处置措施等信息。

托运人应当妥善保存危险货物托运清单，保存期限不得少于12个月。

第十四条 托运人应当在危险货物运输期间保持应急联系电话畅通。

第十五条 托运人托运剧毒化学品、民用爆炸物品、烟花爆竹或者放射性物品的，应当向承运人相应提供公安机关核发的剧毒化学品道路运输通行证、民用爆炸物品运输许可证、烟花爆竹道路运输许可证、放射性物品道路运输许可证明或者文件。

托运人托运第一类放射性物品的，应当向承运人提供国务院核安全监管部门批准的放射性物品运输核与辐射安全分析报告。

托运人托运危险废物（包括医疗废物，下同）的，应当向承运人提供生态环境主管部门发放的电子或者纸质形式的危险废物转移联单。

第三章 例外数量与有限数量危险货物运输的特别规定

第十六条 例外数量危险货物的包装、标记、包件测试，以及每个内容器和外容器可运输危险货物的最大数量，应当符合《危险货物道路运输规则》(JT/T 617) 要求。

第十七条 有限数量危险货物的包装、标记，以及每个内容器或者物品所装的最大数量、总质量（含包装），应当符合《危险货物道路运输规则》(JT/T 617) 要求。

第十八条 托运人托运例外数量危险货物的，应当向承运人书面声明危险货物符合《危险货物道路运输规则》(JT/T 617) 包装要求。承运人应当要求驾驶人随车携带书面声明。

托运人应当在托运清单中注明例外数量危险货物以及包件的数量。

第十九条 托运人托运有限数量危险货物的，应当向承运人提供包装性能测试报告或者书面声明危险货物符合《危险货物道路运输规则》(JT/T 617) 包装要求。承运人应当要求驾驶人随车携带测试报告或者书面声明。

托运人应当在托运清单中注明有限数量危险货物以及包件的数量、总质量（含包装）。

第二十条 例外数量、有限数量危险货物包件可以与其他危险货物、普通货物混合装载，但有限数量危险货物包件不得与爆炸品混合装载。

第二十一条 运输车辆载运例外数量危险货物包件数不超过1000个或者有限数量危险货物总质量（含包装）不超过8000千克的，可以按照普通货物运输。

第四章 危险货物承运

第二十二条 危险货物承运人应当按照交通运输主管部门许可的经营范围承运危险货物。

第二十三条 危险货物承运人应当使用安全技术条件符合国家标准要求且与承运危险货物性质、重量相匹配的车辆、设备进行运输。

危险货物承运人使用常压液体危险货物罐式车辆运输危险货物的，应当在罐式车辆罐体的适装介质列表范围内承运；使用移动式压力容器运输危险货物的，应当按照移动式压力容器使用登记证上限定的介质承运。

危险货物承运人应当按照运输车辆的核定载质量装载危险货物，不得超载。

第二十四条　危险货物承运人应当制作危险货物运单，并交由驾驶人随车携带。危险货物运单应当妥善保存，保存期限不得少于 12 个月。

危险货物运单格式由国务院交通运输主管部门统一制定。危险货物运单可以是电子或者纸质形式。

运输危险废物的企业还应当填写并随车携带电子或者纸质形式的危险废物转移联单。

第二十五条　危险货物承运人在运输前，应当对运输车辆、罐式车辆罐体、可移动罐柜、罐式集装箱（以下简称罐箱）及相关设备的技术状况，以及卫星定位装置进行检查并做好记录，对驾驶人、押运人员进行运输安全告知。

第二十六条　危险货物道路运输车辆驾驶人、押运人员在起运前，应当对承运危险货物的运输车辆、罐式车辆罐体、可移动罐柜、罐箱进行外观检查，确保没有影响运输安全的缺陷。

危险货物道路运输车辆驾驶人、押运人员在起运前，应当检查确认危险货物运输车辆按照《道路运输危险货物车辆标志》（GB 13392）要求安装、悬挂标志。运输爆炸品和剧毒化学品的，还应当检查确认车辆安装、粘贴符合《道路运输爆炸品和剧毒化学品车辆安全技术条件》（GB 20300）要求的安全标示牌。

第二十七条　危险货物承运人除遵守本办法规定外，还应当遵守《道路危险货物运输管理规定》有关运输行为的要求。

第五章　危险货物装卸

第二十八条　装货人应当在充装或者装载货物前查验以下事项；不符合要求的，不得充装或者装载：

（一）车辆是否具有有效行驶证和营运证；

（二）驾驶人、押运人员是否具有有效资质证件；

（三）运输车辆、罐式车辆罐体、可移动罐柜、罐箱是否在检验合格有效期内；

（四）所充装或者装载的危险货物是否与危险货物运单载明的事项相一致；

（五）所充装的危险货物是否在罐式车辆罐体的适装介质列表范围内，或者满足可移动罐柜导则、罐箱适用代码的要求。

充装或者装载剧毒化学品、民用爆炸物品、烟花爆竹、放射性物品或者危险废物时，还应当查验本办法第十五条规定的单证报告。

第二十九条　装货人应当按照相关标准进行装载作业。装载货物不得超过运输车辆的核定载质量，不得超出罐式车辆罐体、可移动罐柜、罐箱的允许充装量。

第三十条　危险货物交付运输时，装货人应当确保危险货物运输车辆按照《道路运输危险货物车辆标志》（GB 13392）要求安装、悬挂标志，确保包装容器没有损坏或者泄漏，罐式车辆罐体、可移动罐柜、罐箱的关闭装置处于关闭状态。

爆炸品和剧毒化学品交付运输时，装货人还应当确保车辆安装、粘贴符合《道路运输爆炸品和剧毒化学品车辆安全技术条件》（GB 20300）要求的安全标示牌。

第三十一条　装货人应当建立危险货物装货记录制度，记录所充装或者装载的危险货物类别、品名、数量、运单编号和托运人、承运人、运输车辆及驾驶人等相关信息并妥善保存，保存期限不得少于 12 个月。

第三十二条　充装或者装载危险化学品的生产、储存、运输、使用和经营企业，应当按照本办法要求建立健全并严格执行充装或者装载查验、记录制度。

第三十三条　收货人应当及时收货，并按照安全操作规程进行卸货作业。

第三十四条　禁止危险货物运输车辆在卸货后直接实施排空作业等活动。

第六章　危险货物运输车辆与罐式车辆罐体、可移动罐柜、罐箱

第三十五条　工业和信息化主管部门应当通过《道路机动车辆生产企业及产品公告》公布产品型号，并按照《危险货物运输车辆结构要求》（GB 21668）公布危险货物运输车辆类型。

第三十六条　危险货物运输车辆生产企业应当按照工业和信息化主管部门公布的产品型号进行生产。危险货物运输车辆应当获得国家强制性产品认证证书。

第三十七条　危险货物运输车辆生产企业应当按照《危险货物运输车辆结构要求》（GB 21668）标注危险货物运输车辆的类型。

第三十八条　液体危险化学品常压罐式车辆罐体生产企业应当取得工业产品生产许可证，生产的罐体应当符合《道路运输液体危险货物罐式车辆》（GB 18564）要求。

检验机构应当严格按照国家标准、行业标准及国家统一发布的检验业务规则，开展液体危险化学品常压罐式车辆罐体检验，对检验合格的罐体出具检验合格证书。检验合格证书包括罐体载质量、罐体容积、

罐体编号、适装介质列表和下次检验日期等内容。

检验机构名录及检验业务规则由国务院市场监督管理部门、国务院交通运输主管部门共同公布。

第三十九条 常压罐式车辆罐体生产企业应当按照要求为罐体分配并标注唯一性编码。

第四十条 罐式车辆罐体应当在检验有效期内装载危险货物。

检验有效期届满后，罐式车辆罐体应当经具有专业资质的检验机构重新检验合格，方可投入使用。

第四十一条 装载危险货物的常压罐式车辆罐体的重大维修、改造，应当委托具备罐体生产资质的企业实施，并通过具有专业资质的检验机构维修、改造检验，取得检验合格证书，方可重新投入使用。

第四十二条 运输危险货物的可移动罐柜、罐箱应当经具有专业资质的检验机构检验合格，取得检验合格证书，并取得相应的安全合格标志，按照规定用途使用。

第四十三条 危险货物包装容器属于移动式压力容器或者气瓶的，还应当满足特种设备相关法律法规、安全技术规范以及国际条约的要求。

第七章 危险货物运输车辆运行管理

第四十四条 在危险货物道路运输过程中，除驾驶人外，还应当在专用车辆上配备必要的押运人员，确保危险货物处于押运人员监管之下。

运输车辆应当安装、悬挂符合《道路运输危险货物车辆标志》(GB 13392)要求的警示标志，随车携带防护用品、应急救援器材和危险货物道路运输安全卡，严格遵守道路交通安全法律法规规定，保障道路运输安全。

运输爆炸品和剧毒化学品车辆还应当安装、粘贴符合《道路运输爆炸品和剧毒化学品车辆安全技术条件》(GB 20300)要求的安全标示牌。

运输剧毒化学品、民用爆炸物品、烟花爆竹、放射性物品或者危险废物时，还应当随车携带本办法第十五条规定的单证报告。

第四十五条 危险货物承运人应当按照《中华人民共和国反恐怖主义法》和《道路运输车辆动态监督管理办法》要求，在车辆运行期间通过定位系统对车辆和驾驶人进行监控管理。

第四十六条 危险货物运输车辆在高速公路上行驶速度不得超过每小时80公里，在其他道路上行驶速度不得超过每小时60公里。道路限速标志、标线标明的速度低于上述规定速度的，车辆行驶速度不得高于限速标志、标线标明的速度。

第四十七条 驾驶人应当确保罐式车辆罐体、可移动罐柜、罐箱的关闭装置在运输过程中处于关闭状态。

第四十八条 运输民用爆炸物品、烟花爆竹和剧毒、放射性等危险物品时，应当按照公安机关批准的路线、时间行驶。

第四十九条 有下列情形之一的，公安机关可以依法采取措施，限制危险货物运输车辆通行：

（一）城市（含县城）重点地区、重点单位、人流密集场所、居民生活区；

（二）饮用水水源保护区、重点景区、自然保护区；

（三）特大桥梁、特长隧道、隧道群、桥隧相连路段及水下公路隧道；

（四）坡长坡陡、临水临崖等通行条件差的山区公路；

（五）法律、行政法规规定的其他可以限制通行的情形。

除法律、行政法规另有规定外，公安机关综合考虑相关因素，确需对通过高速公路运输危险化学品依法采取限制通行措施的，限制通行时段应当在0时至6时之间确定。

公安机关采取限制危险货物运输车辆通行措施的，应当提前向社会公布，并会同交通运输主管部门确定合理的绕行路线，设置明显的绕行提示标志。

第五十条 遇恶劣天气、重大活动、重要节假日、交通事故、突发事件等，公安机关可以临时限制危险货物运输车辆通行，并做好告知提示。

第五十一条 危险货物运输车辆需在高速公路服务区停车的，驾驶人、押运人员应当按照有关规定采取相应的安全防范措施。

第八章 监督检查

第五十二条 对危险货物道路运输负有安全监督管理职责的部门，应当依照下列规定加强监督检查：

（一）交通运输主管部门负责核发危险货物道路运输经营许可证，定期对危险货物道路运输企业动态监控工作的情况进行考核，依法对危险货物道路运输企业进行监督检查，负责对运输环节充装查验、核准、记录等进行监管。

（二）工业和信息化主管部门应当依法对《道路机动车辆生产企业及产品公告》内的危险货物运输车辆生产企业进行监督检查，依法查处违法违规生产企业及产品。

（三）公安机关负责核发剧毒化学品道路运输通

行证、民用爆炸物品运输许可证、烟花爆竹道路运输许可证和放射性物品运输许可证明或者文件,并负责危险货物运输车辆的通行秩序管理。

(四)生态环境主管部门应当依法对放射性物品运输容器的设计、制造和使用等进行监督检查,负责监督核设施营运单位、核技术利用单位建立健全并执行托运及充装管理制度规程。

(五)应急管理部门和其他负有安全生产监督管理职责的部门依法负责危险化学品生产、储存、使用和经营环节的监管,按照职责分工督促企业建立健全充装管理制度规程。

(六)市场监督管理部门负责依法查处危险化学品及常压罐式车辆罐体质量违法行为和常压罐式车辆罐体检验机构出具虚假检验合格证书的行为。

第五十三条 对危险货物道路运输负有安全监督管理职责的部门,应当建立联合执法协作机制。

第五十四条 对危险货物道路运输负有安全监督管理职责的部门发现危险货物托运、承运或者装载过程中存在重大隐患,有可能发生安全事故的,应当要求其停止作业并消除隐患。

第五十五条 对危险货物道路运输负有安全监督管理职责的部门监督检查时,发现需由其他负有安全监督管理职责的部门处理的违法行为,应当及时移交。

其他负有安全监督管理职责的部门应当接收,依法处理,并将处理结果反馈移交部门。

第九章 法律责任

第五十六条 交通运输主管部门对危险货物承运人违反本办法第七条,未对从业人员进行安全教育和培训的,应当责令限期改正,可以处 5 万元以下的罚款;逾期未改正的,责令停产停业整顿,并处 5 万元以上 10 万元以下的罚款,对其直接负责的主管人员和其他直接责任人员处 1 万元以上 2 万元以下的罚款。

第五十七条 交通运输主管部门对危险化学品托运人有下列情形之一的,应当责令改正,处 10 万元以上 20 万元以下的罚款,有违法所得的,没收违法所得;拒不改正的,责令停产停业整顿:

(一)违反本办法第九条,委托未依法取得危险货物道路运输资质的企业承运危险化学品的;

(二)违反本办法第十一条,在托运的普通货物中违规夹带危险化学品,或者将危险化学品匿报或者谎报为普通货物托运的。

有前款第(二)项情形,构成违反治安管理行为的,由公安机关依法给予治安管理处罚。

第五十八条 交通运输主管部门对危险货物托运人违反本办法第十条,危险货物的类别、项别、品名、编号不符合相关标准要求的,应当责令改正,属于非经营性的,处 1000 元以下的罚款;属于经营性的,处 1 万元以上 3 万元以下的罚款。

第五十九条 交通运输主管部门对危险化学品托运人有下列情形之一的,应当责令改正,处 5 万元以上 10 万元以下的罚款;拒不改正的,责令停产停业整顿:

(一)违反本办法第十条,运输危险化学品需要添加抑制剂或者稳定剂,托运人未添加或者未将有关情况告知承运人的;

(二)违反本办法第十二条,未按照要求对所托运的危险化学品妥善包装并在外包装设置相应标志的。

第六十条 交通运输主管部门对危险货物承运人有下列情形之一的,应当责令改正,处 2000 元以上 5000 元以下的罚款:

(一)违反本办法第二十三条,未在罐式车辆罐体的适装介质列表范围内或者移动式压力容器使用登记证上限定的介质承运危险货物的;

(二)违反本办法第二十四条,未按照规定制作危险货物运单或者保存期限不符合要求的;

(三)违反本办法第二十五条,未按照要求对运输车辆、罐式车辆罐体、可移动罐柜、罐箱及设备进行检查和记录的。

第六十一条 交通运输主管部门对危险货物道路运输车辆驾驶人具有下列情形之一的,应当责令改正,处 1000 元以上 3000 元以下的罚款:

(一)违反本办法第二十四条、第四十四条,未按照规定随车携带危险货物运单、安全卡的;

(二)违反本办法第四十七条,罐式车辆罐体、可移动罐柜、罐箱的关闭装置在运输过程中未处于关闭状态的。

第六十二条 交通运输主管部门对危险货物承运人违反本办法第四十条、第四十一条、第四十二条,使用未经检验合格或者超出检验有效期的罐式车辆罐体、可移动罐柜、罐箱从事危险货物运输的,应当责令限期改正,可以处 5 万元以下的罚款;逾期未改正的,处 5 万元以上 20 万元以下的罚款,对其直接负责的主管人员和其他直接责任人员处 1 万元以上 2 万元以下的罚款;情节严重的,责令停产停业整顿。

第六十三条 交通运输主管部门对危险货物承运人违反本办法第四十五条,未按照要求对运营中的危险化学品、民用爆炸物品、核与放射性物品的运输车辆通过定位系统实行监控的，应当给予警告，并责令改正；拒不改正的，处10万元以下的罚款，并对其直接负责的主管人员和其他直接责任人员处1万元以下的罚款。

第六十四条 工业和信息化主管部门对作为装货人的民用爆炸物品生产、销售企业违反本办法第七条、第二十八条、第三十一条，未建立健全并严格执行充装或者装载查验、记录制度的，应当责令改正，处1万元以上3万元以下的罚款。

生态环境主管部门对核设施营运单位、核技术利用单位违反本办法第七条、第二十八条、第三十一条，未建立健全并严格执行充装或者装载查验、记录制度的，应当责令改正，处1万元以上3万元以下的罚款。

第六十五条 交通运输主管部门、应急管理部门和其他负有安全监督管理职责的部门对危险化学品生产、储存、运输、使用和经营企业违反本办法第三十二条，未建立健全并严格执行充装或者装载查验、记录制度的，应当按照职责分工责令改正，处1万元以上3万元以下的罚款。

第六十六条 对装货人违反本办法第四十三条，未按照规定实施移动式压力容器、气瓶充装查验、记录制度，或者对不符合安全技术规范要求的移动式压力容器、气瓶进行充装的，依照特种设备相关法律法规进行处罚。

第六十七条 公安机关对有关企业、单位或者个人违反本办法第十五条，未经许可擅自通过道路运输危险货物的，应当责令停止非法运输活动，并予以处罚：

（一）擅自运输剧毒化学品的，处5万元以上10万元以下的罚款；

（二）擅自运输民用爆炸物品的，处5万元以上20万元以下的罚款，并没收非法运输的民用爆炸物品及违法所得；

（三）擅自运输烟花爆竹的，处1万元以上5万元以下的罚款，并没收非法运输的物品及违法所得；

（四）擅自运输放射性物品的，处2万元以上10万元以下的罚款。

第六十八条 公安机关对危险货物承运人有下列行为之一的，应当责令改正，处5万元以上10万元以下的罚款；构成违反治安管理行为的，依法给予治安管理处罚：

（一）违反本办法第二十三条，使用安全技术条件不符合国家标准要求的车辆运输危险化学品的；

（二）违反本办法第二十三条，超过车辆核定载质量运输危险化学品的。

第六十九条 公安机关对危险货物承运人违反本办法第四十四条，通过道路运输危险化学品不配备押运人员的，应当责令改正，处1万元以上5万元以下的罚款；构成违反治安管理行为的，依法给予治安管理处罚。

第七十条 公安机关对危险货物运输车辆违反本办法第四十四条，未按照要求安装、悬挂警示标志的，应当责令改正，并对承运人予以处罚：

（一）运输危险化学品的，处1万元以上5万元以下的罚款；

（二）运输民用爆炸物品的，处5万元以上20万元以下的罚款；

（三）运输烟花爆竹的，处200元以上2000元以下的罚款；

（四）运输放射性物品的，处2万元以上10万元以下的罚款。

第七十一条 公安机关对危险货物承运人违反本办法第四十四条，运输剧毒化学品、民用爆炸物品、烟花爆竹或者放射性物品未随车携带相应单证报告的，应当责令改正，并予以处罚：

（一）运输剧毒化学品未随车携带剧毒化学品道路运输通行证的，处500元以上1000元以下的罚款；

（二）运输民用爆炸物品未随车携带民用爆炸物品运输许可证的，处5万元以上20万元以下的罚款；

（三）运输烟花爆竹未随车携带烟花爆竹道路运输许可证的，处200元以上2000元以下的罚款；

（四）运输放射性物品未随车携带放射性物品道路运输许可证明或者文件的，有违法所得的，处违法所得3倍以下且不超过3万元的罚款；没有违法所得的，处1万元以下的罚款。

第七十二条 公安机关对危险货物运输车辆违反本办法第四十八条，未依照批准路线等行驶的，应当责令改正，并对承运人予以处罚：

（一）运输剧毒化学品的，处1000元以上1万元以下的罚款；

（二）运输民用爆炸物品的，处5万元以上20万元以下的罚款；

（三）运输烟花爆竹的，处200元以上2000元以下的罚款；

（四）运输放射性物品的，处2万元以上10万元以下的罚款。

第七十三条 危险化学品常压罐式车辆罐体检验机构违反本办法第三十八条，为不符合相关法规和标准要求的危险化学品常压罐式车辆罐体出具检验合格证书的，按照有关法律法规的规定进行处罚。

第七十四条 交通运输、工业和信息化、公安、生态环境、应急管理、市场监督管理等部门应当相互通报有关处罚情况，并将涉企行政处罚信息及时归集至国家企业信用信息公示系统，依法向社会公示。

第七十五条 对危险货物道路运输负有安全监督管理职责的部门工作人员在危险货物道路运输监管工作中滥用职权、玩忽职守、徇私舞弊的，依法进行处理；构成犯罪的，依法追究刑事责任。

第十章 附 则

第七十六条 军用车辆运输危险货物的安全管理，不适用本办法。

第七十七条 未列入《危险货物道路运输规则》（JT/T 617）的危险化学品、《国家危险废物名录》中明确的在转移和运输环节实行豁免管理的危险废物、诊断用放射性药品的道路运输安全管理，不适用本办法，由国务院交通运输、生态环境等主管部门分别依据各自职责另行规定。

第七十八条 本办法下列用语的含义是：

（一）危险货物，是指列入《危险货物道路运输规则》（JT/T 617），具有爆炸、易燃、毒害、感染、腐蚀、放射性等危险特性的物质或者物品。

（二）例外数量危险货物，是指列入《危险货物道路运输规则》（JT/T 617），通过包装、包件测试、单证等特别要求，消除或者降低其运输危险性并免除相关运输条件的危险货物。

（三）有限数量危险货物，是指列入《危险货物道路运输规则》（JT/T 617），通过数量限制、包装、标记等特别要求，消除或者降低其运输危险性并免除相关运输条件的危险货物。

（四）装货人，是指受托运人委托将危险货物装进危险货物车辆、罐式车辆罐体、可移动罐柜、集装箱、散装容器，或者将装有危险货物的包装容器装载到车辆上的企业或者单位。

第七十九条 本办法自2020年1月1日起施行。

交通运输突发事件应急管理规定

（2011年9月22日交通运输部第10次部务会议通过，2011年11月14日交通运输部令第9号公布，自2012年1月1日起施行）

第一章 总 则

第一条 为规范交通运输突发事件应对活动，控制、减轻和消除突发事件引起的危害，根据《中华人民共和国突发事件应对法》和有关法律、行政法规，制定本规定。

第二条 交通运输突发事件的应急准备、监测与预警、应急处置、终止与善后等活动，适用本规定。

本规定所称交通运输突发事件，是指突然发生，造成或者可能造成交通运输设施毁损，交通运输中断、阻塞，重大船舶污染及海上溢油应急处置等，需要采取应急处置措施，疏散或者救援人员，提供应急运输保障的自然灾害、事故灾难、公共卫生事件和社会安全事件。

第三条 国务院交通运输主管部门主管全国交通运输突发事件应急管理工作。

县级以上各级交通运输主管部门按照职责分工负责本辖区内交通运输突发事件应急管理工作。

第四条 交通运输突发事件应对活动应当遵循属地管理原则，在各级地方人民政府的统一领导下，建立分级负责、分类管理、协调联动的交通运输应急管理体制。

第五条 县级以上各级交通运输主管部门应当会同有关部门建立应急联动协作机制，共同加强交通运输突发事件应急管理工作。

第二章 应急准备

第六条 国务院交通运输主管部门负责编制并发布国家交通运输应急保障体系建设规划，统筹规划、建设国家级交通运输突发事件应急队伍、应急装备和应急物资保障基地，储备应急运力，相关内容纳入国家应急保障体系规划。

各省、自治区、直辖市交通运输主管部门负责编制并发布地方交通运输应急保障体系建设规划，统筹规划、建设本辖区应急队伍、应急装备和应急物资保障基地，储备应急运力，相关内容纳入地方应急保障体系规划。

第七条 国务院交通运输主管部门应当根据国家突发事件总体应急预案和相关专项应急预案，制定交通运输突发事件部门应急预案。

县级以上各级交通运输主管部门应当根据本级地方人民政府和上级交通运输主管部门制定的相关突发事件应急预案，制定本部门交通运输突发事件应急预案。

交通运输企业应当按照所在地交通运输主管部门制定的交通运输突发事件应急预案，制定本单位交通运输突发事件应急预案。

第八条 应急预案应当根据有关法律、法规的规定，针对交通运输突发事件的性质、特点、社会危害程度以及可能需要提供的交通运输应急保障措施，明确应急管理的组织指挥体系与职责、监测与预警、处置程序、应急保障措施、恢复与重建、培训与演练等具体内容。

第九条 应急预案的制定、修订程序应当符合国家相关规定。应急预案涉及其他相关部门职能的，在制定过程中应当征求各相关部门的意见。

第十条 交通运输主管部门制定的应急预案应当与本级人民政府及上级交通运输主管部门制定的相关应急预案衔接一致。

第十一条 交通运输主管部门制定的应急预案应当报上级交通运输主管部门和本级人民政府备案。

公共交通工具、重点港口和场站的经营单位以及储运易燃易爆物品、危险化学品、放射性物品等危险物品的交通运输企业所制定的应急预案，应当向所属地交通运输主管部门备案。

第十二条 应急预案应当根据实际需要、情势变化和演练验证，适时修订。

第十三条 交通运输主管部门、交通运输企业应当按照有关规划和应急预案的要求，根据应急工作的实际需要，建立健全应急装备和应急物资储备、维护、管理和调拨制度，储备必需的应急物资和运力，配备必要的专用应急指挥交通工具和应急通信装备，并确保应急物资装备处于正常使用状态。

第十四条 交通运输主管部门可以根据交通运输突发事件应急处置的实际需要，统筹规划、建设交通运输专业应急队伍。

交通运输企业应当根据实际需要，建立由本单位职工组成的专职或者兼职应急队伍。

第十五条 交通运输主管部门应当加强应急队伍应急能力和人员素质建设，加强专业应急队伍与非专业应急队伍的合作、联合培训及演练，提高协同应急能力。

交通运输主管部门可以根据应急处置的需要，与其他应急力量提供单位建立必要的应急合作关系。

第十六条 交通运输主管部门应当将本辖区内应急装备、应急物资、运力储备和应急队伍的实时情况及时报上级交通运输主管部门和本级人民政府备案。

交通运输企业应当将本单位应急装备、应急物资、运力储备和应急队伍的实时情况及时报所在地交通运输主管部门备案。

第十七条 所有列入应急队伍的交通运输应急人员，其所属单位应当为其购买人身意外伤害保险，配备必要的防护装备和器材，减少应急人员的人身风险。

第十八条 交通运输主管部门可以根据应急处置实际需要鼓励志愿者参与交通运输突发事件应对活动。

第十九条 交通运输主管部门可以建立专家咨询制度，聘请专家或者专业机构，为交通运输突发事件应对活动提供相关意见和支持。

第二十条 交通运输主管部门应当建立健全交通运输突发事件应急培训制度，并结合交通运输的实际情况和需要，组织开展交通运输应急知识的宣传普及活动。

交通运输企业应当按照交通运输主管部门制定的应急预案的有关要求，制订年度应急培训计划，组织开展应急培训工作。

第二十一条 交通运输主管部门、交通运输企业应当根据本地区、本单位交通运输突发事件的类型和特点，制订应急演练计划，定期组织开展交通运输突发事件应急演练。

第二十二条 交通运输主管部门应当鼓励、扶持研究开发用于交通运输突发事件预防、监测、预警、应急处置和救援的新技术、新设备和新工具。

第二十三条 交通运输主管部门应当根据本级人民政府财政预算情况，编列应急资金年度预算，设立突发事件应急工作专项资金。

交通运输企业应当安排应急专项经费，保障交通运输突发事件应急工作的需要。

应急专项资金和经费主要用于应急预案编制及修订、应急培训演练、应急装备和队伍建设、日常应急管理、应急宣传以及应急处置措施等。

第三章 监测与预警

第二十四条 交通运输主管部门应当建立并完善交通运输突发事件信息管理制度，及时收集、统计、分析、报告交通运输突发事件信息。

交通运输主管部门应当与各有关部门建立信息共享机制，及时获取与交通运输有关的突发事件信息。

第二十五条 交通运输主管部门应当建立交通运输突发事件风险评估机制，对影响或者可能影响交通运输的相关信息及时进行汇总分析，必要时同相关部门进行会商，评估突发事件发生的可能性及可能造成的损害，研究确定应对措施，制定应对方案。对可能发生重大或者特别重大突发事件的，应当立即向本级人民政府及上一级交通运输主管部门报告相关信息。

第二十六条 交通运输主管部门负责本辖区内交通运输突发事件危险源管理工作。对危险源、危险区域进行调查、登记、风险评估，组织检查、监控，并责令有关单位采取安全防范措施。

交通运输企业应当组织开展企业内交通运输突发事件危险源辨识、评估工作，采取相应安全防范措施，加强危险源监控与管理，并按规定及时向交通运输主管部门报告。

第二十七条 交通运输主管部门应当根据自然灾害、事故灾难、公共卫生事件和社会安全事件的种类和特点，建立健全交通运输突发事件基础信息数据库，配备必要的监测设备、设施和人员，对突发事件易发区域加强监测。

第二十八条 交通运输主管部门应当建立交通运输突发事件应急指挥通信系统。

第二十九条 交通运输主管部门、交通运输企业应当建立应急值班制度，根据交通运输突发事件的种类、特点和实际需要，配备必要值班设施和人员。

第三十条 县级以上地方人民政府宣布进入预警期后，交通运输主管部门应当根据预警级别和可能发生的交通运输突发事件的特点，采取下列措施：

（一）启动相应的交通运输突发事件应急预案；

（二）根据需要启动应急协作机制，加强与相关部门的协调沟通；

（三）按照所属地方人民政府和上级交通运输主管部门的要求，指导交通运输企业采取相关预防措施；

（四）加强对突发事件发生、发展情况的跟踪监测，加强值班和信息报告；

（五）按照地方人民政府的授权，发布相关信息，宣传避免、减轻危害的常识，提出采取特定措施避免或者减轻危害的建议、劝告；

（六）组织应急救援队伍和相关人员进入待命状态，调集应急处置所需的运力和装备，检测用于疏运转移的交通运输工具和应急通信设备，确保其处于良好状态；

（七）加强对交通运输枢纽、重点通航建筑物、重点场站、重点港口、码头、重点运输线路及航道的巡查维护；

（八）法律、法规或者所属地方人民政府提出的其他应急措施。

第三十一条 交通运输主管部门应当根据事态发展以及所属地方人民政府的决定，相应调整或者停止所采取的措施。

第四章　应　急　处　置

第三十二条 交通运输突发事件的应急处置应当在各级人民政府的统一领导下进行。

第三十三条 交通运输突发事件发生后，发生地交通运输主管部门应当立即启动相应的应急预案，在本级人民政府的领导下，组织、部署交通运输突发事件的应急处置工作。

第三十四条 交通运输突发事件发生后，负责或者参与应急处置的交通运输主管部门应当根据有关规定和实际需要，采取以下措施：

（一）组织运力疏散、撤离受困人员，组织搜救突发事件中的遇险人员，组织应急物资运输；

（二）调集人员、物资、设备、工具，对受损的交通基础设施进行抢修、抢通或搭建临时性设施；

（三）对危险源和危险区域进行控制，设立警示标志；

（四）采取必要措施，防止次生、衍生灾害发生；

（五）必要时请求本级人民政府和上级交通运输主管部门协调有关部门，启动联合机制，开展联合应急行动；

（六）按照应急预案规定的程序报告突发事件信息以及应急处置的进展情况；

（七）建立新闻发言人制度，按照本级人民政府的委托或者授权及相关规定，统一、及时、准确地向社会和媒体发布应急处置信息；

（八）其他有利于控制、减轻和消除危害的必要措施。

第三十五条 交通运输突发事件超出本级交通运输主管部门处置能力或管辖范围的，交通运输主管部门可以采取以下措施：

（一）根据应急处置需要请求上级交通运输主管部门在资金、物资、设备设施、应急队伍等方面给予支持；

（二）请求上级交通运输主管部门协调突发事件发生地周边交通运输主管部门给予支持；

（三）请求上级交通运输主管部门派出现场工作组及有关专业技术人员给予指导；

（四）按照建立的应急协作机制，协调有关部门参与应急处置。

第三十六条 在需要组织开展大规模人员疏散、物资疏运的情况下，交通运输主管部门应当根据本级人民政府或者上级交通运输主管部门的指令，及时组织运力参与应急运输。

第三十七条 交通运输企业应当加强对本单位应急设备、设施、队伍的日常管理，保证应急处置工作及时、有效开展。

交通运输突发事件应急处置过程中，交通运输企业应当接受交通运输主管部门的组织、调度和指挥。

第三十八条 交通运输主管部门根据应急处置工作的需要，可以征用有关单位和个人的交通运输工具、相关设备和其他物资。有关单位和个人应当予以配合。

第五章 终止与善后

第三十九条 交通运输突发事件的威胁和危害得到控制或者消除后，负责应急处置的交通运输主管部门应当按照相关人民政府的决定停止执行应急处置措施，并按照有关要求采取必要措施，防止发生次生、衍生事件。

第四十条 交通运输突发事件应急处置结束后，负责应急处置工作的交通运输主管部门应当对应急处置工作进行评估，并向上级交通运输主管部门和本级人民政府报告。

第四十一条 交通运输突发事件应急处置结束后，交通运输主管部门应当根据国家有关扶持遭受突发事件影响行业和地区发展的政策规定以及本级人民政府的恢复重建规划，制定相应的交通运输恢复重建计划并组织实施，重建受损的交通基础设施，消除突发事件造成的破坏及影响。

第四十二条 因应急处置工作需要被征用的交通运输工具、装备和物资在使用完毕应当及时返还。交通运输工具、装备、物资被征用或者征用后毁损、灭失的，应当按照相关法律法规予以补偿。

第六章 监督检查

第四十三条 交通运输主管部门应当建立健全交通运输突发事件应急管理监督检查和考核机制。

监督检查应当包含以下内容：

（一）应急组织机构建立情况；
（二）应急预案制订及实施情况；
（三）应急物资储备情况；
（四）应急队伍建设情况；
（五）危险源监测情况；
（六）信息管理、报送、发布及宣传情况；
（七）应急培训及演练情况；
（八）应急专项资金和经费落实情况；
（九）突发事件应急处置评估情况。

第四十四条 交通运输主管部门应当加强对辖区内交通运输企业等单位应急工作的指导和监督。

第四十五条 违反本规定影响交通运输突发事件应对活动有效进行的，由其上级交通运输主管部门责令改正、通报批评；情节严重的，对直接负责的主管人员和其他直接责任人员按照有关规定给予相应处分；造成严重后果的，由有关部门依法给予处罚或追究相应责任。

第七章 附则

第四十六条 海事管理机构及各级地方人民政府交通运输主管部门对水上交通安全和防治船舶污染等突发事件的应对活动，依照有关法律法规执行。

一般生产安全事故的应急处置，依照国家有关法律法规执行。

第四十七条 本规定自2012年1月1日起实施。

高速公路交通应急管理程序规定

（2008年12月3日公安部印发，自印发之日起实施）

第一章 总 则

第一条 为加强高速公路交通应急管理，切实保障高速公路交通安全畅通和人民生命财产安全，有效处置交通拥堵，根据《中华人民共和国道路交通安全法》及其实施条例、《中华人民共和国突发事件应对法》的有关规定，制定本规定。

第二条 因道路交通事故、危险化学品泄漏、恶劣天气、自然灾害以及其他突然发生影响安全畅通的事件，造成高速公路交通中断和车辆滞留，各级公安机关按本规定进行应急处置。

第三条 高速公路交通应急管理工作应当坚持以人为本、统一领导、分工负责、协调联动、快速反应、依法实施的原则，将应急救援和交通疏导工作作为首要任务，确保人民群众生命财产安全和交通安全畅通。

第四条 各级公安机关要完善高速公路交通应急管理领导机构，建立统一指挥、分级负责、部门联动、协调有序、反应灵敏、运转高效的高速公路交通应急管理机制。

第五条 各级公安机关应当建立高速公路分级应急响应机制。公安部指导各级公安机关开展高速公路交通应急管理工作，省级公安机关指导或指挥本省（自治区、直辖市）公安机关开展高速公路交通应急管理工作，地市级以下公安机关根据职责负责辖区内高速公路交通应急管理工作。

第六条 各级公安机关应当结合实际，在本级人民政府统一领导下，会同环境保护、交通运输、卫生、安全监管、气象等部门和高速公路经营管理、医疗急救、抢险救援等单位，联合建立高速公路交通应急管理预警机制和协作机制。

第七条 省级公安机关应当建立完善相邻省（自治区、直辖市）高速公路交通应急管理协调工作机制，配合相邻省（自治区、直辖市）做好跨省际高速公路交通应急管理工作。

第八条 各级公安机关交通管理部门根据管理体制和管理职责，具体负责本辖区内高速公路交通应急管理工作。

第二章 应急准备

第九条 根据道路交通中断造成车辆滞留的影响范围和严重程度，高速公路应急响应从高到低分为一级、二级、三级和四级应急响应级别。各级公安机关应当完善高速公路交通管理应急预案体系，根据职权制定相应级别的应急预案，在应急预案中分别对交通事故、危险化学品泄漏、恶劣天气、自然灾害等不同突发情况做出具体规定。

第十条 各级公安机关应当根据高速公路交通应急管理实际需要，为高速公路公安交通管理部门配备应急处置的有关装备和设施，完善通讯、交通、救援、信息发布等装备器材及民警个人防护装备。

第十一条 公安部制定一级响应应急预案，每两年组织一次演练和培训。省级公安机关制定二级和三级响应应急预案，每年组织一次演练和培训。地市级公安机关制定四级响应应急预案，每半年组织一次演练和培训。

第十二条 跨省（自治区、直辖市）实施交通应急管理的应急预案应由省级公安机关制定，通报相关省级公安机关，并报公安部备案。

跨地市实施交通应急管理的应急预案应由地市级公安机关制定，通报相关地市级公安机关，并报省级公安机关备案。

第三章 应急响应

第十三条 道路交通中断24小时以上，造成车辆滞留严重影响相邻三个以上省（自治区、直辖市）高速公路通行的为一级响应；道路交通中断24小时以上，造成车辆滞留涉及相邻两个以上省（自治区、直辖市）高速公路通行的为二级响应；道路交通中断24小时以上，造成车辆滞留影响省（自治区、直辖市）内相邻三个以上地市辖区高速公路通行的为三级响应；道路交通中断12小时以上，造成车辆滞留影响两个以上地市辖区内高速公路通行的为四级响应。

第十四条 各级公安机关接到应急事件报警后，应当详细了解事件情况，对事件的处置时间和可能造成的影响及时作出研判。在确认高速公路交通应急管理响应级别后，应当立即启动相应级别的应急预案并明确向下一级公安机关宣布进入应急状态。各级公安机关在宣布或者接上级公安机关命令进入应急状态后，应当立即部署本级相关部门或相关下级公安机关执行。

第十五条 一级响应时，公安部启动一级响应应急预案，宣布进入一级应急状态，成立高速公路交通应急管理指挥部，指导、协调所涉及地区公安机关开展交通应急管理工作，必要时派员赴现场指导工作，相关省级公安机关成立相应领导机构，指导或指挥省（自治区、直辖市）内各级公安机关开展各项交通应急管理工作。

第十六条 二级响应时，由发生地省级公安机关联合被影响地省级公安机关启动二级响应应急预案，宣布进入二级应急状态，以发生地省级公安机关为主成立高速公路交通应急管理指挥部，协调被影响地省级公安机关开展交通应急管理工作。必要时由公安部协调开展工作。

第十七条 三级响应时，省级公安机关启动三级响应应急预案，宣布进入三级应急状态，成立高速公路交通应急管理指挥部，指挥本省（自治区、直辖市）内各级公安机关开展交通应急管理工作。

第十八条 四级响应时，由发生地地市级公安机关联合被影响地公安机关启动四级响应应急预案，宣布进入四级应急状态，以发生地地市级公安机关为主成立高速公路交通应急管理指挥部，指挥本地公安机关，协调被影响地公安机关开展交通应急管理工作。

第十九条 发生地和被影响地难以区分时，上级公安机关可以指令下级公安机关牵头成立临时领导机构，指挥、协调高速公路交通应急管理工作。

第二十条 各级公安机关要根据事态的发展和现场处置情况及时调整响应级别。响应级别需要提高的，应当在初步确定后 30 分钟内，宣布提高响应级别或报请上级公安机关提高响应级别，启动相应级别的应急预案。

第四章 应急处置

第二十一条 一级响应，需要采取封闭高速公路交通管理措施的，由公安部作出决定；二级以下响应，需要采取封闭高速公路交通管理措施的，应当由省级公安机关作出决定，封闭高速公路 24 小时以上的应报公安部备案；情况特别紧急，如不采取封闭高速公路交通管理措施，可能造成群死群伤重特大交通事故等情形的，可先行封闭高速公路，再按规定逐级上报批准或备案。

第二十二条 高速公路实施交通应急管理时，非紧急情况不得关闭省际入口，一级、二级响应时，本省（自治区、直辖市）范围内不能疏导交通，确需关闭高速公路省际入口的，按以下要求进行：

（一）采取关闭高速公路省际入口措施，应当事先征求相邻省级公安机关意见；

（二）一级响应时，需要关闭高速公路省际入口的，应当报公安部批准后实施；

（三）二级响应时，关闭高速公路省际入口可能在 24 小时以上的，由省级公安机关批准后实施，同时应当向公安部上报道路基本情况、处置措施、关闭高速公路省际入口后采取的应对措施以及征求相邻省级公安机关意见情况；24 小时以内的，由省级公安机关批准后实施；

（四）具体实施关闭高速公路省际入口措施的公安机关，应当每小时向相邻省（自治区、直辖市）协助实施交通管理的公安机关通报一次处置突发事件工作进展情况；

（五）应急处置完毕，应当立即解除高速公路省际入口关闭措施，并通知相邻省级公安机关协助疏导交通，关闭高速公路省际入口 24 小时以上的，还应当同时上报公安部。

第二十三条 高速公路实施交通应急管理一级、二级响应时，实施远端分流，需组织车辆绕道相邻省（自治区、直辖市）公路通行的，按以下要求进行：

（一）跨省（自治区、直辖市）组织实施车辆绕道通行的，应当报省级公安机关同意，并与相邻省级公安机关就通行线路、通行组织等有关情况协商一致后报公安部批准；

（二）组织车辆绕道通行应当采取现场指挥、引导通行等措施确保安全；

（三）按照有关规定发布车辆绕道通行和路况等信息。

第五章 现场处置措施

第二十四条 重特大交通事故交通应急管理现场处置措施：

（一）启动高速公路交通应急管理协作机制，立即联系医疗急救机构，组织抢救受伤人员，上报事故现场基本情况，保护事故现场，维护现场秩序；

（二）划定警戒区，并在警戒区外按照"远疏近密"的要求，从距来车方向五百米以外开始设置警告标志。白天要指定交通警察负责警戒并指挥过往车辆减速、变更车道。夜间或者雨、雪、雾等天气情况造成能见度低于五百米时，需从距来车方向一千米以外开始设置警告标志，并停放警车，打开警灯或电子显示屏示警；

（三）控制交通肇事人，疏散无关人员，视情采取临时性交通管制措施及其他控制措施，防止引发次生交通事故；

（四）在医疗急救机构人员到达现场之前，组织抢救受伤人员，对因抢救伤员需要移动车辆、物品的，应当先标明原始位置；

（五）确保应急车道畅通，引导医疗、施救等车辆、人员顺利出入事故现场，做好辅助性工作；救护车辆不足时，启用警车或征用过往车辆协助运送伤员到医疗急救机构。

第二十五条 危险化学品运输车辆交通事故交通应急管理现场处置措施：

（一）启动高速公路交通应急管理协作机制，及时向驾驶人、押运人员及其他有关人员了解运载的物品种类及可能导致的后果，迅速上报危险化学品种类、危害程度、是否泄漏、死伤人员及周边河流、村庄受害等情况；

（二）划定警戒区域，设置警戒线，清理、疏散无关车辆、人员，安排事故未受伤人员至现场上风口地带；在医疗急救机构人员到达现场之前，组织抢救受伤人员。控制、保护肇事者和当事人，防止逃逸和其他意外的发生；

（三）确保应急车道畅通，引导医疗、救援等车辆、人员顺利出入事故现场，做好辅助性工作；救护车辆不足时，启用警车或征用过往车辆协助运送伤员到医疗急救机构；

（四）严禁在事故现场吸烟、拨打手机或使用明火等可能引起燃烧、爆炸等严重后果的行为。经环境

保护、安全监管等部门及公安消防机构监测可能发生重大险情的,要立即将现场警力和人员撤至安全区域;

(五)解救因车辆撞击、侧翻、失火、落水、坠落而被困的人员,排除可能存在的隐患和险情,防止发生次生交通事故。

第二十六条 恶劣天气交通应急管理现场处置措施:

(一)迅速上报路况信息,包括雾、雨、雪、冰等恶劣天气的区域范围及变化趋势、能见度、车流量等情况;

(二)根据路况和上级要求,采取分段通行、间断放行、绕道通行、引导通行等措施;

(三)加强巡逻,及时发现和处置交通事故现场,严防发生次生交通事故;

(四)采取封闭高速公路交通管理措施时,要通过设置绕行提示标志、电子显示屏或可变情报板、交通广播等方式发布提示信息,按照交通应急管理预案进行分流。

第二十七条 自然灾害交通应急管理现场处置措施:

(一)接到报警后,民警迅速赶往现场,了解现场具体情况;

(二)因自然灾害导致路面堵塞,及时采取封闭道路措施,对受影响路段入口实施交通管制;

(三)通过设置绕行提示标志、电子显示屏或可变情报板、交通广播等方式发布提示信息,按照交通分流预案进行分流;

(四)封闭道路分流后须立即采取带离的方式清理道路上的滞留车辆;

(五)根据现场情况调度施救力量,及时清理现场,确保尽早恢复交通。

第二十八条 公安机关接报应急情况后,应当采取以下措施:

(一)了解道路交通中断和车辆滞留的影响范围和严重程度,根据高速公路交通应急管理响应级别,启动相应的应急预案,启动高速公路交通应急管理协作机制;

(二)按照本规定要求及时上报有关信息;

(三)会同相关职能部门,组织实施交通管理措施,及时采取分段通行、间断放行、绕道通行、引导通行等措施疏导滞留车辆;

(四)依法及时发布交通预警、分流和诱导等交通管理信息。

第二十九条 公安机关接到危险化学品泄漏交通事故报警后,应当立即报告当地人民政府,通知有关部门到现场协助处理。

第三十条 各级公安机关应当在高速公路交通管理应急预案中详细规定交通警察现场处置操作规程。

第三十一条 交通警察在实施交通应急管理现场处置操作规程时,应当严格执行安全防护规定,注意自身安全。

第六章 信息报告与发布

第三十二条 需采取的应急措施超出公安机关职权范围的,事发地公安机关应当向当地人民政府报告,请求协调解决,同时向上级公安机关报告。

第三十三条 高速公路实施交通应急管理可能影响相邻省(自治区、直辖市)道路交通的,在及时处置的同时,要立即向相邻省(自治区、直辖市)的同级公安机关通报。

第三十四条 受邻省高速公路实施交通应急管理影响,造成本省(自治区、直辖市)道路交通中断和车辆滞留的,应当立即向邻省同级公安机关通报,同时向上级公安机关和当地人民政府报告。

第三十五条 信息上报的内容应当包括事件发生时间、地点、原因、目前道路交通状况、事件造成损失及危害、判定的响应级别、已经采取的措施、工作建议以及预计恢复交通的时间等情况,完整填写《高速公路交通应急管理信息上报表》。

第三十六条 信息上报可通过电话、传真、公安信息网传输等方式,紧急情况下,应当立即通过电话上报,遇有暂时无法查清的情况,待查清后续报。

第三十七条 高速公路实施交通应急管理需启动一级响应的,应当在初步确定启动一级响应1小时内将基本信息逐级上报至公安部;需启动二级响应的,应当在初步确定启动二级响应30分钟内将基本信息逐级上报至省级公安机关;需启动三级和四级响应的,应当及时将基本信息逐级上报至省级公安机关。公安部指令要求查报的,可由当地公安机关在规定时间内直接报告。

第三十八条 各级公安机关应当按照有关规定在第一时间向社会发布高速公路交通应急管理简要信息,随后发布初步核实情况、政府应对措施和公众防范措施等,并根据事件处置情况做好后续发布工作。对外发布的有关信息应当及时、准确、客观、全面。

第三十九条 本省(自治区、直辖市)或相邻省（自治区、直辖市）高速公路实施交通应急管理，需采取交通管制措施影响本省（自治区、直辖市）道路交通，应当采取现场接受采访、举行新闻发布会等形式通过本省（自治区、直辖市）电视、广播、报纸、网络等媒体及时公布信息。同时，协调高速公路经营管理单位在高速公路沿线电子显示屏滚动播放交通管制措施。

第四十条 应急处置完毕，应当迅速取消交通应急管理等措施，尽快恢复交通，待道路交通畅通后撤离现场，并及时向社会发布取消交通应急管理措施和恢复交通的信息。

第七章 评 估 总 结

第四十一条 各级公安机关要对制定的应急预案定期组织评估，并根据演练和启动预案的情况，适时调整应急预案内容。公安部每两年组织对一级响应应急预案进行一次评估，省级公安机关每年组织对二级和三级响应应急预案进行一次评估，地市级公安机关每半年对四级响应应急预案进行一次评估。

第四十二条 应急处置结束后，应急处置工作所涉及的公安机关应当对应急响应工作进行总结，并对应急预案进行修订完善。

第八章 附 则

第四十三条 违反本规定中关于关闭高速公路省际入口、组织车辆绕行分流和信息报告、发布等要求，影响应急事件处置的，给予有关人员相应纪律处分；造成严重后果的，依法追究有关人员法律责任。

第四十四条 本规定中所称"以上""以下""以内""以外"包含本数。

第四十五条 高速公路以外的其他道路交通应急管理参照本规定执行。

第四十六条 本规定自印发之日起实施。

3）应急预案

公路水运工程生产安全事故应急预案

（2017年9月4日交通运输部以交应急发〔2017〕135号印发）

1. 总则

1.1 编制目的

为切实加强公路水运工程生产安全事故的应急管理工作，指导、协调各地建立完善应急预案体系，有效应对生产安全事故，保障公路水运工程建设正常实施，制定本预案。

1.2 编制依据

依据《中华人民共和国突发事件应对法》《中华人民共和国安全生产法》《建设工程安全生产管理条例》《生产安全事故报告和调查处理条例》《生产安全事故应急预案管理办法》《公路水运工程安全生产监督管理办法》《国家突发公共事件总体应急预案》《突发事件应急预案管理办法》《交通运输突发事件应急管理规定》等。

1.3 事故分级

公路水运工程生产安全事故是指经依法审批、核准或者备案的公路水运工程项目新建、改建和扩建活动中发生的生产安全事故。

公路水运工程生产安全事故按照人员伤亡（含失踪）、涉险人数、直接经济损失、影响范围等因素，分为四级：Ⅰ级（特别重大）事故、Ⅱ级（重大）事故、Ⅲ级（较大）事故和Ⅳ级（一般）事故。

1.3.1 Ⅰ级(特别重大) 事故

有下列情形之一的，为Ⅰ级（特别重大）事故（以下简称Ⅰ级事故）：

（1）造成30人以上死亡（含失踪），或危及30人以上生命安全；

（2）100人以上重伤；

（3）直接经济损失1亿元以上；

（4）国务院责成交通运输部组织处置的事故。

1.3.2 Ⅱ级(重大) 事故

有下列情形之一的，为Ⅱ级（重大）事故（以下简称Ⅱ级事故）：

（1）造成10人以上死亡（含失踪），或危及10人以上生命安全；

（2）50人以上重伤；

（3）直接经济损失5000万元以上；

（4）省政府责成省级交通运输主管部门组织处置的事故。

1.3.3 Ⅲ级（较大）事故

有下列情形之一的，为Ⅲ级（较大）事故（以下简称Ⅲ级事故）：

（1）造成3人以上死亡（含失踪），或危及3人以上生命安全；

（2）10人以上重伤；

（3）直接经济损失1000万元以上。

1.3.4 Ⅳ级（一般）事故

有下列情形之一的，为Ⅳ级（一般）事故（以下简称Ⅳ级事故）：

（1）造成3人以下死亡（含失踪），或危及3人以下生命安全；

（2）10人以下重伤；

（3）直接经济损失1000万元以下。

本条所称的"以上"包括本数，"以下"不包括本数。公路水运工程生产安全事故同时符合本条规定的多个分级情形的，按照最高级别认定。

省级交通运输主管部门可以结合本地区实际情况，对Ⅱ级、Ⅲ级和Ⅳ级事故分类情形进行细化补充。

1.4 适用范围

本预案适用于我国境内（除台湾、香港特别行政区和澳门特别行政区外）公路水运工程Ⅰ级事故的应对工作，以及需要由交通运输部支持处置的Ⅰ级以下事故的应对工作。自然灾害导致的公路水运工程生产安全事故可参照本预案进行处置。

本预案指导地方公路水运工程生产安全事故应急预案的编制以及地方交通运输主管部门、公路水运工程项目参建单位对公路水运工程生产安全事故的应对工作。

1.5 工作原则

（1）以人民为中心、预防为主。

应急管理工作应当以人民为中心，以最大限度地减少人员伤亡为出发点，坚持预防与应急相结合，督促项目参建单位依法开展风险分级管控和事故隐患排查治理，提高生产安全事故的预防预控能力。

（2）以属地为主、分级响应。

各级交通运输主管部门应当在本级人民政府的统一领导下，遵循属地为主原则，按照职责分工做好分级响应，充分发挥专业技术优势，积极参与事故救援。项目参建单位应按规定开展先期自救互救，服从各级人民政府及交通运输主管部门的现场指挥，配合事故救援、调查处理工作。

（3）协调联动、快速反应。

按照协同、快速、高效原则，各级交通运输主管部门应当做好应急资源调查，加强专业技术力量储备，与当地有关部门和专业应急救援队伍保持密切协作，建立协调联动的快速反应机制。督促项目参建单位加强兼职应急救援队伍建设，提高自救、互救和应对各类生产安全事故的能力。

1.6 预案体系

（1）国家公路水运工程生产安全事故应急预案（以下简称国家部门预案或本预案）。本预案是交通运输部应对公路水运工程Ⅰ级事故和指导地方公路水运工程生产安全事故应急预案编制的政策性文件，由交通运输部公布实施。

（2）地方公路水运工程生产安全事故应急预案（以下简称地方预案）。地方预案是省级、市级、县级交通运输主管部门根据国家相关法规及本预案要求，在本级人民政府的领导和上级交通运输主管部门的指导下，为及时应对本行政区域内发生的公路水运工程生产安全事故而分别制定的应急预案，由地方交通运输主管部门公布实施。其中，省级预案是省级交通运输主管部门应对公路水运工程Ⅰ级、Ⅱ级事故处置，以及省级人民政府责成处置的其他事故的政策性文件。县级、市级预案的适用范围由省级交通运输主管部门根据职责分工自行确定。

（3）公路水运工程项目生产安全事故应急预案（以下简称项目预案）。项目预案是公路水运工程项目建设或施工等参建单位制定的生产安全事故应急预案。本层级预案包括项目综合应急预案、合同段施工专项应急预案和现场处置方案。按照本预案和地方预案的总体要求，建设单位根据建设条件、自然环境、工程特点和风险特征等，制定项目综合应急预案；施工单位根据项目综合应急预案，结合施工工艺、地质、水文和气候等实际情况，对危险性较大的分部分项工程和风险等级较高的作业活动，编制合同段施工专项应急预案或现场处置方案。

（4）应急预案操作手册。各级交通运输主管部门、项目建设单位、施工单位等可根据有关应急预案要求，制定与应急预案相配套的工作程序文件。

2. 组织体系

2.1 应急组织体系构成

公路水运工程生产安全事故应急组织体系由国家级（交通运输部）、地方级（各级交通运输主管部门）、项目级（各公路水运工程项目参建单位）三级应急组织机构构成。

2.2 交通运输部应急组织机构

2.2.1 机构构成

交通运输部在启动公路水运工程生产安全事故Ⅰ级应急响应时，同步成立"交通运输部应对××公路水运工程生产安全事故应急工作领导小组"（以下简称领导小组),领导小组是我部应对公路水运工程Ⅰ级事故的指挥机构。

2.2.2 领导小组组成及职责

由部长或经部长授权的部领导任组长,分管副部长或部安全总监或部安全与质量监督管理司(以下简称安质司)及办公厅主要负责人任副组长,相关单位负责人任成员,并指明一名工作人员作为联络员。视情况成立现场工作组和专家组,在领导小组统一指导、协调下开展工作。如表2-1所示。

表2-1 领导小组组成

领导小组组成	
组长	交通运输部部长或经部长授权的部领导
副组长	分管副部长或部安全总监或安质司及办公厅主要负责人
成员(视需要参加)	部应急办、政策研究室、公路局、水运局、公安局、海事局、救捞局、通信信息中心主要负责人,安质司分管负责人

领导小组主要职责:

(1) 决定终止公路水运工程生产安全事故应急响应;

(2) 按规定组织或配合国务院实施公路水运工程Ⅰ级事故的应急处置工作;

(3) Ⅰ级应急响应启动后,立即召开领导小组第一次工作会议,议定Ⅰ级应急响应期间领导小组各项工作制度及安排;应急响应期间,根据事态发展变化情况,及时召开后续工作会议;

(4) 根据国务院要求或现场应急处置需要,决定是否成立现场工作组和专家组;

(5) 当事故应急工作由国务院统一指挥时,领导小组按照国务院的指令、批示,配合协调相应的应急行动;

(6) 研究决定其他相关重大事项。

2.2.3 应急日常机构

部安质司作为部公路水运工程生产安全事故应急日常机构,具体承担公路水运工程安全生产应急管理的日常工作,以及Ⅰ级应急响应启动后的组织、协调等具体工作。

应急状态下应急响应的主要职责:

(1) 接收、汇总事故信息,起草有关事故情况报告,提出相关应急处置建议;

(2) 传达落实领导小组下达的指令;

(3) 向部应急办提出需要其他应急协作部门支持的建议;

(4) 研究提出赴现场督导的技术专家人选;

(5) 与部政策研究室保持沟通,确认对外发布的事故信息;

(6) 与部应急办保持沟通,确认上报的事故信息;

(7) 承办领导小组安排的其他工作。

应急响应结束后的主要工作:

(1) 评估应急处置方案、措施及效果,总结应急救援的经验与教训,对预案体系、组织体系、应急机制及应急联动等方面进行系统性评估,提出完善应急工作的意见和建议,并向领导小组提交评估报告;

(2) 参与事故调查,侧重分析技术层面原因。

2.2.4 部内有关单位职责

在领导小组的统一领导下,部安质司负责公路水运工程生产安全事故的应急处置,部应急办(中国海上搜救中心)、办公厅、政策研究室、公路局、水运局、通信信息中心等按职责分工予以配合,公安局、海事局、救捞局等视情况参与。

2.2.5 现场工作组

现场工作组视事故情况决定成立,由部安质司负责联络。公路水运工程Ⅰ级事故现场工作组经领导小组批准成立,必要时由部领导带队;Ⅱ级事故现场工作组经部长批准后成立,由部安质司主要负责人带队;Ⅲ级以下事故现场工作组经分管副部长批准后成立,由部安质司分管负责人带队。现场工作组由交通运输部、省级交通运输主管部门分别派员和有关专家组成。当国务院统一组建现场工作机构时,部应当派出相应级别的人员参加。

现场工作组职责:

(1) 传达部应急工作要求,及时向部报告现场有关情况;

(2) 主动与地方政府组成的事故现场应急抢险指挥机构联系和会商;

(3) 根据现场所了解的情况,研究事故救援技术和处置方法,提供相应的技术咨询意见;

(4) 必要时向部请求调用相关专业应急救援队伍;

(5) 从专业角度分析事故原因,总结经验教训,为事故调查提供技术分析材料;

(6) 承办部交办的其他工作。

2.2.6 专家组

专家组依地方交通运输主管部门申请或根据部应急处置工作需要成立,由部安质司提出建议。专家组由公路水运工程及其他相关行业工程技术、科研、管理等方面专家组成，根据需要参加公路水运工程生产安全事故的应急处置工作，提供专业咨询意见。

2.3 地方级交通运输主管部门应急组织机构

省、市、县级交通运输主管部门应当分别组建本级公路水运工程生产安全事故应急组织机构和管理体系，明确相关岗位职责，落实具体责任人员。在本级人民政府的领导和上级交通运输主管部门的指导下，负责本行政区域内相应事故级别的公路水运工程生产安全事故应急处置工作的组织、协调、指导和监督，会同本级相关职能部门，建立应急管理预警机制和救援协作机制。

2.4 项目级应急组织机构

项目建设单位应设立应急组织机构，协调各合同段施工单位的应急资源，按规定及时向交通、安监等属地直接监管的负有安全生产监督管理职责的有关部门报送事故情况，组织相邻合同段之间的自救互救，控制事故的蔓延和扩大，并保护事故现场。项目建设单位应急管理工作，应当按照属地政府和直接监管的相关主管部门的有关规定执行。

2.5 协同工作机制

2.5.1 工作联络

交通运输部建立公路水运工程生产安全事故应急联络员制度，加强信息沟通，相互配合，形成协同工作机制，部安质司负责联络。

部办公厅、政策研究室、公路局、水运局、海事局、通信信息中心等相关司局应分别明确一名应急联络员，省级交通运输主管部门应确定厅级、处级各一名本地区应急联络员。应急联络员在应急响应期间，须保持联络畅通。

2.5.2 响应联动

各层级预案在组织体系、预防预警、应急响应、应急保障和预案管理等方面应协调一致。省级交通运输主管部门的应急预案应与本预案相衔接。当上一级应急组织机构启动响应时，下级应急组织机构应同时启动相应的应急响应，形成行业联动。

项目综合应急预案应与属地直接监管的交通运输主管部门的预案相衔接。同一个项目相邻或邻近合同段的施工专项应急预案应体现预警信息共享、应急救援互助等要求。

2.5.3 应急协作

各级交通运输主管部门应加强与本地区安监、公安、国土、环保、水利、卫生、消防、气象、地震、质监等相关部门的沟通联系，逐步建立完善应急会商机制；当公路水运工程Ⅰ级、Ⅱ级事故发生后，主动协调上述相关部门给予支持配合。

根据地方政府或各级交通运输主管部门的请求，由部应急办牵头协调武警交通部队、中央企业等专业或兼职救援队伍。救援队伍抵达事故现场后，应接受当地政府组成的现场事故应急救援指挥机构的指挥、调遣。

3. 预防与预警

3.1 预防预警机制

各级交通运输主管部门应在日常工作中，按照《交通运输综合应急预案》的相关要求开展对气象、海洋、水利、国土等部门的预警信息以及公路水运工程生产安全事故相关信息的搜集、接收、整理和风险分析工作，完善预防预警机制，针对各种可能发生的公路水运工程生产安全事故情形，按照相关程序发布预警信息，做到早发现、早报告、早处置。

3.2 预警信息来源

预警信息来源主要包括：

（1）中共中央、国务院以及中央领导指示、批示的信息；

（2）安监等同级或横向部门转送（或抄送）的信息；

（3）各级交通运输主管部门和相关单位上报的信息；

（4）气象、海洋、水利、国土等政府相关部门对外发布的橙色及以上级别的天气、海况、地质等灾害预警信息；

（5）公路水运工程生产安全事故（或险情），以及上级部门对外发布的较大及以上生产安全事故情况通报或预警信息；

（6）经交通运输主管部门核实的新闻媒体报道的信息。

3.3 预防工作

3.3.1 各级交通运输主管部门预防工作

各级交通运输主管部门应了解辖区内公路水运工程项目重大风险、重大事故隐患的分布情况，对接收到的各类预警信息要及时转发，督促项目建设单位对辖区内重点工程项目的办公场所、驻地环境、施工现场等开展经常性的隐患排查，对发现的重大事故隐患要督促项目参建单位按规定报备，提前采取排险加固等防控措施，及时撤离可能涉险的人员、船机设备等。

各级交通运输主管部门应按规定接收自然灾害类预警信息，通过网络、短消息等多种方式及时转发橙色及以上级别的预警信息，提出防范要求，有效督促、指导项目参建单位做好灾害防御工作。

3.3.2 项目参建单位预防工作

项目参建单位均应指定专人接收预警信息,按照地方政府、行业主管部门的应急布置和项目级应急预案,提前做好各项事故预防工作。

项目建设单位应当牵头组织整个项目的事故预防工作,督促、指导项目其他参建单位按照职责做好各自的预防工作。项目施工单位应结合事故发生规律,有效开展安全风险评估与预控,认真排查各类事故隐患,制定重大事故隐患清单并组织专项治理,提前做好各项应对措施。

3.4 项目预警信息发布和解除

项目预警信息由建设单位根据上级预警信息或本级实际情况发布和解除。建设单位向施工合同段发布的项目预警信息应包括:可能发生的生产安全事故类别、起始时间、预警级别、影响范围、影响估计及应对措施、警示事项、从业人员自防自救措施、发布单位等。

4. 应急响应

4.1 分级响应原则

公路水运工程生产安全事故应急响应级别分为Ⅰ、Ⅱ、Ⅲ、Ⅳ四级。当发生符合公路水运工程Ⅰ级事故情形时,交通运输部启动并实施Ⅰ级应急响应,并立即以《交通运输部值班信息》的形式,报中办信息综合室、国务院总值班室,应急组织机构按照本预案2.2款规定开展应急工作。

当发生符合公路水运工程Ⅱ、Ⅲ、Ⅳ级事故情形时,交通运输部视情启动Ⅱ级应急响应,应急响应内容主要包括密切跟踪突发事件进展情况,协助地方开展应急处置工作,派出现场工作组或者有关专家给予指导,协调事发地周边省份交通运输主管部门给予支持,根据应急处置需要在装备物资等方面给予协调等。

各地根据本地区实际情况制定并细化响应等级及应急响应措施。

对于Ⅰ、Ⅱ级生产安全事故,上级部门启动应急响应后,事发地应急响应级别不能低于上级部门的应急响应级别。

4.2 事故信息报送

公路水运工程生产安全事故发生后,项目施工单位应立即向项目建设单位、事发地交通运输主管部门和安全生产监督管理部门报告,必要时可越级上报。

事发地省级交通运输主管部门应急联络员或值班部门接报事故后,应当立即口头或短信报告部安质司应急联络员或部安质司责任处室相关人员,并按照《交通运输行业建设工程生产安全事故统计报表制度》要求,在1小时内将信息上报至部安质司,其中Ⅰ、Ⅱ级事故还应按照《交通运输突发事件信息报告和处理办法》的要求上报部应急办,并及时续报相关情况。事故信息报送流程如图4-1所示。

4.3 应急响应程序

4.3.1 Ⅰ级应急响应

Ⅰ级应急响应按下列程序和内容启动,具体响应及处置流程如图4-2所示。

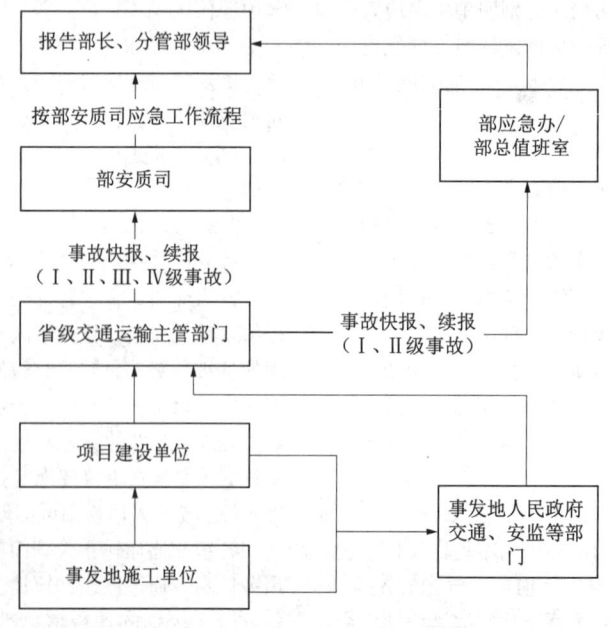

图4-1 事故信息报送流程图

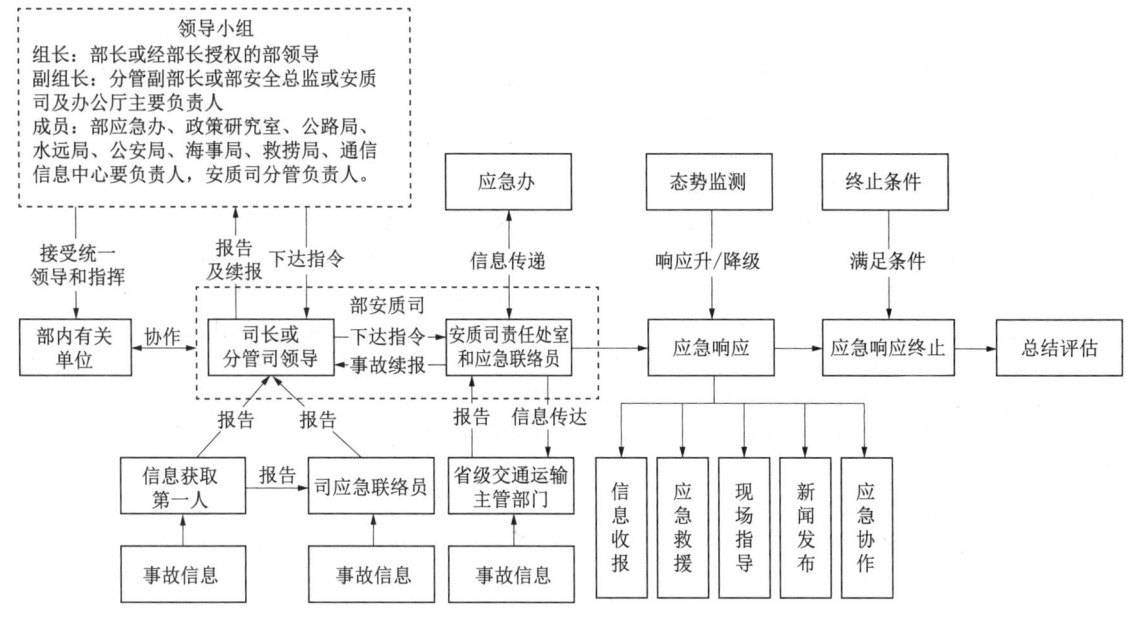

图 4-2 应急响应流程图

(1) 发生公路水运工程Ⅰ级事故或者接到国务院责成处理的公路水运工程生产安全事故,部安质司主要负责人(主要负责人不在京时为分管负责人)应在第一时间向分管副部长、部长报告有关情况,提出启动Ⅰ级应急响应建议,经分管副部长同意后,报请部长核准。由部长或经部长授权的部领导宣布启动交通运输部应对××公路水运工程生产安全事故的Ⅰ级应急响应,同时成立领导小组。

(2) 部安质司负责筹备领导小组第一次工作会议,拟定应急响应期间的指挥协调、会商制度,提出派驻现场工作组、专家组建议,以及信息报告、新闻发布、专家咨询、后期保障等事项。

(3) 部安质司负责将应急响应信息通知部内相关司局和事发地省级交通运输主管部门,各级公路水运工程生产安全事故应急响应同步启动。

(4) 根据事故信息和现场情况,经部长或经部长授权的部领导批准后,尽快组织现场工作组、专家组赶赴现场参与应急处置的技术指导,追踪掌握即时事故信息。

4.3.2 Ⅱ级应急响应

Ⅱ级应急响应按照下列程序和内容启动:

(1) 发生Ⅱ级事故,部安质司主要负责人(主要负责人不在京时为分管负责人)应在第一时间向分管副部长、部长报告有关情况,提出启动Ⅱ级应急响应建议,经分管副部长同意后,报请部长核准。由分管副部长或经部长授权的部安全总监宣布启动交通运输部应对××公路水运工程生产安全事故的Ⅱ级应急响应,视情况组织现场工作组和专家组,参与事故现场应急处置的技术指导,追踪掌握即时事故信息。

(2) 发生Ⅲ级事故,部安质司主要负责人(主要负责人不在京时为分管负责人)应在第一时间向分管副部长报告有关情况,经分管副部长同意,由部安质司主要负责人或分管负责人宣布启动交通运输部应对××公路水运工程生产安全事故的Ⅲ级应急响应,根据事故应急救援需要,视情况组织现场工作组和专家组。

(3) 发生Ⅳ级事故,部安质司责任处室负责人提出启动Ⅲ级应急响应建议,报部安质司主要负责人(主要负责人不在京时为分管负责人)核准,由部安质司主要负责人或分管负责人宣布启动交通运输部应对××公路水运工程生产安全事故的Ⅲ级应急响应。

(4) Ⅲ级应急响应期间,部安质司负责跟踪、指导事发地的省级交通运输主管部门开展事故救援方案会商、专家技术支持、协调救援协作机构等具体工作。

4.3.3 应急响应终止条件与程序

Ⅰ级、Ⅱ级应急响应至少符合下列条件方可终止:

(1) 经论证人员无生还可能;

(2) 现场应急救援工作已经结束;

(3) 险情得到控制,涉险人员安全离开危险区域并得到安置;

(4)次生灾害基本消除。

Ⅰ级应急响应终止程序如下：

部安质司根据掌握的信息，并向事发地省级交通运输主管部门核实后，满足终止响应条件时，由部安质司向领导小组提出终止响应建议，报请组长核准后，由组长宣布终止Ⅰ级应急响应，或者降低为Ⅱ级应急响应，转入相应等级的应急响应工作程序，同时宣布取消领导小组。

Ⅱ级应急响应终止程序如下：

部安质司根据掌握的信息，并向事发地省级交通运输主管部门核实后，满足终止响应条件时，经分管副部长同意，Ⅱ级事故由分管副部长或部安全总监、Ⅲ级与Ⅳ级事故由部安质司主要负责人或分管负责人宣布终止应急响应。

地方应急响应终止程序由地方各级交通运输主管部门参照交通运输部应急响应终止程序，结合本地区特点制定。

4.4 应急处置

4.4.1 Ⅰ级应急响应处置

（1）现场督导。

Ⅰ级应急响应启动后，需派出现场工作组时，由部领导带队赶赴现场。部安质司负责人与责任处室负责人及相关司局人员参加现场工作组。现场工作组还应包括若干（一般1~3名）技术专家，部安质司应保持与现场工作组的即时联系沟通。现场工作组抵达事故现场后，通过事发地交通运输主管部门及时与当地政府组成的现场应急救援指挥机构取得联系，尽快确定协同工作内容及联系会商机制，按照应急处置的统一安排，积极主动配合工作，为抢险救援提供技术咨询意见。

（2）信息上传与下达。

部安质司承办处室按照《交通运输部突发事件应急工作暂行规范》做好信息上传下达工作。现场工作组抵达事故现场4小时内，应将现场情况以短信、传真或邮件等方式传给部安质司。部安质司接到现场工作组发回的事故信息1小时内，向分管副部长、部长报告，并抄报部应急办。事故现场有新情况或新风险时，现场工作组应及时向部安质司和应急办报送动态信息。

当国务院、交通运输部领导对应急处置有批示（或指示）时，部安质司应及时向事发地省级交通运输主管部门和现场工作组传达。

4.4.2 Ⅱ级应急响应处置

Ⅱ级应急响应启动后，视情况成立现场工作组时，由部安质司主要负责人或分管负责人带队赶赴现场。

部安质司按照《交通运输部安全与质量监督管理司公路水运工程施工阶段突发事件应急工作流程》开展应急处置工作。承办处室应跟踪现场工作组工作及应急处置情况，并与部应急办及时沟通相关信息。现场工作组按照本预案2.2.5及4.4.1有关规定开展相关工作。

4.5 信息发布

突发事件处置与信息发布应同步启动、同步进行。信息发布坚持实事求是、及时公开的原则，按照《交通运输综合应急预案》规定执行。对于情况较为复杂的突发事件，在事态尚未清楚、但可能引起公众猜测或恐慌时，应在第一时间发布已认定的简要信息，根据事态发展和处置工作进展情况，再作后续详细发布。

4.6 善后处置

事故善后处置工作以属地为主，在属地人民政府以及负责事故调查处置的相关机构的统一部署、领导下，各级交通运输主管部门要按职责分工做好相关工作；同时督促项目参建单位对事故引发的各种潜在危害要组织安全风险评估，对主要结构物进行监测，在此基础上制定相应的专项施工方案，防止盲目复工，导致二次或衍生事故的发生。

4.7 总结评估

4.7.1 评估总体要求

（1）应急响应终止后，事发地交通运输主管部门应结合项目建设单位、监理单位、施工单位上报的应急工作总结，及时总结分析评估，编写应急工作总结、事故应急评估报告。

（2）Ⅰ级应急响应终止后，部安质司应根据事发地省级交通运输主管部门的应急工作总结、事故应急评估报告及现场督导情况，编制部级应急总结评估报告，评估应急工作情况，总结经验教训，提出预案改进建议。

4.7.2 评估目的

通过评估，判断应急工作的质量和效率，发现存在的问题，总结经验教训，寻找有效的解决手段，为以后事故处置提供可借鉴信息；修订完善应急预案，进一步健全应急管理体系和运行机制。

4.7.3 评估内容和程序

4.7.3.1 评估内容

在充分分析工程风险因素、事故起因、救援经过的基础上，重点评估以下内容：

（1）预防预警和预控措施；

（2）项目应急自救效果及能力；

（3）信息报送的时效性与准确性；

(4) 事故救援组织机构设置及运行;
(5) 现场救援决策、指挥、协调机制及效率;
(6) 技术方案及实施情况;
(7) 应急协作及应急保障。

4.7.3.2 评估程序

(1) 搜集评估信息;
(2) 邀请专家协助开展评估;
(3) 事发地交通运输主管部门编写事故(或险情)应急评估报告,发生Ⅱ级以上事故,或交通运输部启动应急响应时,省级交通运输主管部门应于应急响应终止后的45个工作日内将本级部门的应急工作总结、事故应急评估报告向部安质司报备。

4.8 事故调查及原因分析

各级交通运输主管部门应当积极参与国务院或有关地方人民政府组织的事故调查工作,选派相应的技术专家和应急管理人员参加事故调查工作。技术专家和应急管理人员应当诚信公正、恪尽职守,遵守事故调查组的各项工作纪律。

交通运输主管部门派出的人员参与事故调查时,应注重从技术调查入手,提供技术咨询,促进事故技术调查更加深入,并为行业监管提供借鉴。重点分析事故发生的工程质量、技术管理等方面的主观因素,以及工程地质、水文、气象等方面的客观因素,并提出行业监管的改进建议等。

Ⅱ级以上事故调查完毕后30个工作日内,参与调查的人员应向部安质司提交技术调查总结材料。

5. 应急保障

5.1 日常应急机构运行

部安质司在日常状态下根据国家有关安全生产应急管理的法律、法规,拟定公路水运工程生产安全事故应急管理的政策、制度,制定和修订本预案,指导公路水运工程生产安全应急管理工作。跟踪、收集、分析事故信息,提出改进应急管理的工作建议,按规定组织或参与公路水运工程安全生产应急培训和演练、重大以上级别生产安全事故的调查处理等。

5.2 人力保障

公路水运工程应急救援队伍建设遵循"专兼结合、上下联动"的原则。建设单位应发挥施工单位的自我救助能力,充分了解本项目可调配的应急救援人力和物力,建立兼职的抢险救援队伍和救援设备力量,或与社会专业救援队伍签订救援协议。武警交通部队纳入国家应急救援力量体系,是国家公路交通应急抢险救援保通专业队伍,救援力量调动使用应按照有关规定执行。

各级交通运输主管部门要重视公路水运工程应急技术专家管理、应急管理队伍建设和应急资源信息收集。

(1) 应急技术专家:交通运输部成立公路水运工程建设领域安全生产应急专家组,主要由从事科研、勘察、设计、施工、监理、安全等专业的技术专家组成。应急专家按照部应急专家工作规则的要求,为事故分析评估、现场应急救援及灾后恢复重建等提供咨询意见。地方交通运输主管部门启动Ⅱ级及以下应急响应时,可提请部安质司协助选派部应急专家。

(2) 应急管理队伍:主要由各级交通运输主管部门的安监、建设管理等相关处室及公路、港航、海事、质监机构的负责人和应急联络员组成,参与或组织公路水运工程生产安全事故应急救援工作。

(3) 应急资源信息:充分了解、掌握本地区及邻近地区的专业(兼职)抢险救援队伍和应急技术装备等应急资源信息分布情况,为应急处置工作提供社会资源储备。

5.3 财力保障

(1) 应急保障所需的各项经费按照现行事权、财权划分原则,分级负担,并按规定程序列入各级交通运输主管部门年度财政预算。

(2) 项目建设、施工单位应建立应急资金保障制度,制定年度应急保障计划,设立应急管理台账,按照国家有关规定设立、提取和使用安全生产专项费用,按要求配备必要的应急救援器材、设备。监理单位应加强对施工单位应急资金使用台账的审核。

(3) 项目建设单位应按规定投保建筑工程一切险等险种。项目施工单位应按相关保险规定,为本单位员工及相关劳务合作人员缴纳工伤保险费,鼓励为危险岗位作业人员投保意外伤害险和安全生产责任险。

5.4 宣传、教育和培训

各级交通运输主管部门应将应急宣传、教育和培训作为安全生产教育的重要内容,纳入年度培训计划。每年对应急工作人员进行培训;督导项目建设、施工、监理等单位结合当地政府的统一部署,有计划、有针对性地开展应急工作的宣传、教育和培训。

项目建设和施工单位应将应急培训纳入到项目年度培训计划,有计划地对管理人员,尤其是施工一线工人进行培训,提高其专业技能。监理单位应督促施工单位定期组织安全培训,并审查其安全培训记录。应急培训教育可通过农民工夜校、安全技术交底、岗前警示教育等形式,采用多媒体、动漫、案例等手段,有效开展应急知识培训宣传教育,切实提高一线人员的应急逃生及避险技能。

5.5 预案演练

各级交通运输主管部门应组织开展本级应急预案的演练。项

目参建单位应根据工程特点，分门别类定期开展应急演练工作。

演练可通过桌面推演、实战演习等多种形式开展，解决操作性、针对性、协同配合等问题，提高快速反应能力、应急救援能力和协同作战能力。

应急演练组织单位应在演练过程中做好演练记录，应急演练结束后对演练进行总结和评价。

5.6 责任与奖惩

公路水运工程生产安全事故应急管理工作实行领导负责制和责任追究制。

各级交通运输主管部门应对在应急工作中做出突出贡献的集体和个人给予宣传、表彰和奖励。

违反《交通运输部安全生产事故责任追究办法》（试行）（交安监发〔2014〕115号）第八条、第九条、第十条的情形，依此办法规定追究相关人员的责任，构成犯罪的移交司法部门，依法追究刑事责任。

6. 附则

6.1 预案评审

各级交通运输主管部门应当组织有关专家对本部门编制的公路水运工程生产安全事故应急预案进行审定。

施工单位针对危险性较大的分部分项工程和风险等级较高的作业活动编制的专项应急预案和现场处置方案，应当组织专家评审，形成书面纪要并附有专家名单。

预案评审时应考虑应急预案的实用性、基本要素的完整性、预防措施的针对性、组织体系的科学性、响应程序的可操作性、应急保障措施的可行性、预案间的衔接性等内容。

6.2 预案备案

各级交通运输主管部门按照本预案的规定制定相应的公路水运工程生产安全事故应急预案，并应及时向当地人民政府和上级交通运输主管部门备案。

国家高速公路、独立特大桥及特长隧道、10万吨级以上码头、航电枢纽等工程的项目综合应急预案，按规定向属地直接监管的负有安全生产监督管理职责的交通运输管理部门和安全生产监督管理部门备案。

施工单位制定的合同段施工专项应急预案和现场处置方案应向建设单位备案，并履行相关审批程序。

6.3 预案管理与更新

当出现下列情形之一的，交通运输部将组织修改完善本预案，更新后报国务院：

（1）预案依据的有关法律、行政法规、规章、标准、上位预案中的有关规定发生变化的；

（2）公路水运工程生产安全事故应急机构及其职责发生重大变化或调整的；

（3）预案中的其他重要信息发生变化的；

（4）在事故实际应对和预案应急演练中发现问题需要进行重大调整的；

（5）预案制定单位认为应当修订的其他情况。

各级交通运输主管部门应参照本预案更新情况，及时进行同步更新或修订。项目建设单位、施工单位、监理单位遇有预案更新情况，应及时进行更新或修订。公路水运工程建设项目的防台防汛等应急预案，原则上每年应在汛期来临前予以更新。

6.4 预案制定与解释

本预案由交通运输部负责制定、组织实施和解释。

6.5 预案实施时间

本预案自印发之日起实施。

公路交通突发事件应急预案

（2017年9月4日交通运输部以交应急发〔2017〕135号印发）

1. 总则

1.1 编制目的

为规范和加强公路交通突发事件的应急管理工作，指导、协调各地建立和完善应急预案体系，有效应对公路交通突发事件，及时保障、恢复公路交通正常运行，制定本预案。

1.2 编制依据

依据《中华人民共和国突发事件应对法》《中华人民共和国公路法》《公路安全保护条例》《突发事件应急预案管理办法》《国家突发公共事件总体应急预案》《交通运输突发事件应急管理规定》《交通运输部突发事件应急工作暂行规范》等相关规定。

1.3 事件分级

本预案所称公路交通突发事件，是指由于自然灾害、事故等原因引发，造成或者可能造成公路交通运行中断，需要及时进行抢修保通、恢复通行能力的，以及由于重要物资、人员运输特殊要求，需要提供公路应急通行保障的紧急事件。

公路交通突发事件按照性质类型、严重程度、可

控性和影响范围等因素,分为四个等级:Ⅰ级(特别重大)、Ⅱ级(重大)、Ⅲ级(较大)和Ⅳ级(一般)。

(1) Ⅰ级事件。事态非常复杂,已经或可能造成特别重大人员伤亡、特别重大财产损失,需交通运输部组织协调系统内多方面力量和资源进行应急处置的公路交通突发事件。

(2) Ⅱ级事件。事态复杂,已经或可能造成重大人员伤亡、重大财产损失,需省级交通运输主管部门组织协调系统内多方面力量和资源进行应急处置的公路交通突发事件。

(3) Ⅲ级事件。事态较为复杂,已经或可能造成较大人员伤亡、较大财产损失,需市级交通运输主管部门组织协调系统内多方面力量和资源进行应急处置的公路交通突发事件。

(4) Ⅳ级事件。事态比较简单,已经或可能造成人员伤亡、财产损失,需县级交通运输主管部门组织协调系统内多方面力量和资源进行应急处置的公路交通突发事件。

公路交通突发事件等级确定标准见附件1。自然灾害等对公路交通的影响尚不明确,而国家专项应急预案或相关主管部门已明确事件等级标准的,可参照执行。详见附件2~附件4。

省级交通运输主管部门可以结合本地区实际情况,对Ⅱ级、Ⅲ级和Ⅳ级公路交通突发事件分级情形进行细化补充。

1.4 适用范围

本预案适用于Ⅰ级公路交通突发事件的应对工作,以及需要由交通运输部指导、支持处置的Ⅰ级以下公路交通突发事件或者其他紧急事件的应对工作。

本预案指导地方公路交通突发事件应急预案的编制和地方交通运输主管部门对公路交通突发事件的应对工作。

1.5 工作原则

(1) 依法应对,预防为主。公路交通突发事件应对要坚持以人民为中心的发展思想,严格按照国家相关法律法规要求,不断提高应急科技水平,增强预警预防、应急处置与保障能力,坚持预防与应急相结合,常态与非常态相结合,提高防范意识,做好预案演练、宣传和培训等各项保障工作。

(2) 统一领导,分级负责。公路交通突发事件应对以属地管理为主,在人民政府的统一领导下,由交通运输主管部门牵头,结合各地公路管理体制,充分发挥公路管理机构的作用,建立健全责任明确、分级响应、条块结合、保障有力的应急管理体系。

(3) 规范有序,协调联动。建立统一指挥、分工明确、反应灵敏、协调有序、运转高效的应急响应程序,加强与其他相关部门的协作,形成优势互补、资源共享的公路交通突发事件应急处置机制,提高应对突发事件的科学决策和指挥能力。

1.6 应急预案体系

(1) 国家公路交通突发事件应急预案。交通运输部应对公路交通突发事件和指导地方公路交通突发事件应急预案编制的政策性文件,由交通运输部公布实施。

(2) 地方公路交通突发事件应急预案。省、市、县级交通运输主管部门按照交通运输部制定的公路交通突发事件应急预案,在本级人民政府的领导和上级交通运输主管部门的指导下,为及时应对本行政区域内发生的公路交通突发事件而制定的应急预案,由地方交通运输主管部门公布实施。

(3) 公路交通企事业单位突发事件应急预案。公路管理机构、公路交通企业等根据国家及地方公路交通突发事件应急预案的要求,结合自身实际,为及时应对可能发生的各类突发事件而制定的应急预案,由各公路交通企事业单位实施。

(4) 应急预案操作手册。各级交通运输主管部门、公路交通企事业单位可根据有关应急预案要求,制定与应急预案相配套的工作程序文件。

2. 组织体系及职责

公路交通应急组织体系由国家、省、市和县四级组成。

2.1 国家应急组织机构

交通运输部负责全国公路交通突发事件应急处置工作的协调、指导和监督。

2.1.1 应急领导小组

交通运输部在启动公路交通突发事件应急响应时,同步成立交通运输部应对××事件应急工作领导小组(以下简称领导小组)。领导小组是公路交通突发事件的指挥机构,由交通运输部部长或者经部长授权的分管部领导任组长,分管部领导、部总师或者公路局及办公厅、应急办主要负责人任副组长,交通运输部相关司局及路网监测与应急处置中心(以下简称部路网中心)负责人为成员。领导小组主要职责如下:

(1) 负责组织协调公路交通突发事件的应急处置工作,发布指挥调度命令,并督促检查执行情况。

(2) 根据国务院要求或者根据应急处置需要,成立现场工作组,并派往突发事件现场开展应急处置工作。

(3) 根据需要,会同国务院有关部门,制定应对突发事件的联合行动方案,并监督实施。

(4) 当突发事件由国务院统一指挥时,领导小组按照国务院的指令,执行相应的应急行动。

(5) 决定公路交通突发事件应急响应终止。

(6) 其他相关重大事项。

领导小组下设综合协调组、抢通保通组、运输保障组、新闻宣传组、通信保障组、后勤保障组等应急工作组。应急工作组由部相关司局和单位组成,在领导小组统一领导下具体承担应急处置工作,并在终止应急响应时宣布取消。应急工作组组成人员,由各应急工作组组长根据应急工作需要提出,报领导小组批准。视情成立专家组、现场工作组和灾情评估组,在领导小组统一协调下开展工作。

2.1.2 应急工作组

(1) 综合协调组。由部应急办或办公厅负责人任组长,视情由部相关司局和单位人员组成。负责起草领导小组工作会议纪要、明传电报、重要报告、综合类文件,向中办信息综合室、国务院总值班室和相关部门报送信息,协助领导小组落实党中央和国务院领导同志以及部领导的有关要求,承办领导小组交办的其他工作。

(2) 抢通保通组。由部公路局负责人任组长,视情由部相关司局和单位人员组成。负责组织协调公路抢修保通、跨省应急通行保障工作,组织协调跨省应急队伍调度和应急装备物资调配,拟定跨省公路绕行方案并组织实施,协调武警交通部队和社会力量参与公路抢通工作,拟定抢险救灾资金补助方案。

(3) 运输保障组。由部运输服务司负责人任组长,视情由部相关司局和单位人员组成。负责组织协调人员、物资的应急运输保障工作,协调与其他运输方式的联运工作,拟定应急运输征用补偿资金补助方案。

(4) 新闻宣传组。由部政策研究室负责人任组长,视情由部相关司局和单位人员组成。负责突发事件的新闻宣传工作。

(5) 通信保障组。由部通信信息中心负责人任组长,部通信信息中心相关处室负责人任成员。负责应急处置过程中网络、视频、通信等保障工作。

(6) 后勤保障组。由部机关服务中心负责人任组长,部机关服务中心相关处室人员任成员。负责应急响应期间24小时后勤服务保障工作;承办领导小组交办的其他工作。

2.1.3 专家组

专家组由领导小组在专家库中选择与事件处置有关的专家组成。负责对应急准备以及应急行动方案提供专业咨询和建议,根据需要参加公路交通突发事件的应急处置工作。

2.1.4 现场工作组

现场工作组由部公路局带队,相关司局和单位人员组成。现场工作组按照统一部署,在突发事件现场指导开展应急处置工作,并及时向领导小组报告现场有关情况。必要时,现场工作组可由部领导带队。

2.1.5 灾情评估组

灾情评估组由部总师任组长,根据需要由部相关司局和单位人员组成。负责组织灾后调查工作,指导拟定公路灾后恢复重建方案,对突发事件情况、应急处置措施、取得成效、存在的主要问题等进行总结和评估。

2.1.6 日常机构

部路网中心作为国家公路交通应急日常机构,在交通运输部领导下开展工作。

日常状态时,主要承担国家高速公路网、重要干线公路及特大桥梁、长大隧道的运行监测及有关信息的接收、分析、处理和发布,承担全国公路网运行监测、应急处置技术支持等相关政策、规章制度、标准规范的研究、起草工作,承担全国公路网运行监测、重大突发事件预警与应急处置等信息平台的管理和维护,组织公路交通应急培训,参与组织部省联合应急演练,承担应急咨询专家库的建设与管理,承担国家区域性公路交通应急装备物资储备运行管理有关工作等。

应急状态时,在领导小组统一领导下,主要承担全国公路网运行统筹调度、跨省公路绕行、应急抢修保通等事项的组织与协调的有关业务支撑工作,承担与地方公路交通相关机构的联络和全国公路交通突发事件应急信息的内部报送等。

2.2 地方应急组织机构

地方交通运输主管部门负责本行政区域内相应级别公路交通突发事件应急处置工作的组织、协调、指导和监督。

省、市、县级交通运输主管部门可参照国家应急组织机构组建模式,根据本地区实际情况成立应急组织机构,明确相关职责。

3. 预防与预警

3.1 预警机制

各级交通运输主管部门应在日常工作中开展预警预防工作,重点做好对气象、国土等部门的预警信息以及公路交通突发事件相关信息的搜集、接收、整理和风险分析工作,完善预测预警联动机制,建立完善预测预警及出行信息发布系统。针对各种可能对公路交通运行产生影响的情况，按照相关程序转发或者联合发布预警信息，做好预防与应对准备工作，并及时向公众发布出行服务信息和提示信息。

3.2 预警信息收集

预警信息及出行服务信息来源包括：

（1）气象、地震、国土资源、水利、公安、安监等有关部门的监测和灾害预报预警信息以及国家重点或者紧急物资运输通行保障需求信息。

（2）各级交通运输主管部门及相关管理机构有关公路交通中断、阻塞的监测信息。

（3）其他需要交通运输主管部门提供应急保障的紧急事件信息。

信息收集内容包括预计发生事件的类型、出现的时间、地点、规模、可能引发的影响及发展趋势等。

3.3 预警信息发布

部路网中心接到可能引发重大公路交通突发事件的相关信息后，及时核实有关情况，确需发布预警信息的，报请公路局，转发预警信息或与气象部门联合发布重大公路气象预警，提示地方交通运输主管部门做好相应防范和准备工作。省级交通运输主管部门接到预警信息后，应当加强应急监测，及时向部路网中心报送路网运行信息，并研究确定应对方案。

地方各级交通运输主管部门或公路管理机构，可根据所在行政区域有关部门发布的预警信息，及其对公路交通影响情况，转发或联合发布预警信息。预警信息发布程序可结合当地实际确定。

3.4 防御响应

3.4.1 防御响应范围

防御响应是根据预警信息，在突发事件发生前采取的应对措施，是预警预防机制的重要内容。根据实际工作需要，本预案主要规定低温雨雪冰冻、强降水等天气下，部本级的防御响应工作。

3.4.2 防御响应程序

（1）部路网中心接到预计全国将出现大范围低温雨雪冰冻天气、区域性强降水，且对公路交通可能造成严重影响的信息时，及时核实有关情况，报部公路局、应急办。

（2）部公路局商部应急办提出启动防御响应建议。

（3）拟启动Ⅰ级防御响应的，经分管部领导同意，报请部长核准后启动；拟启动Ⅱ级防御响应的，经分管部领导同意后启动。启动防御响应时，同步成立领导小组，并将启动防御响应有关信息按规定报中办信息综合室、国务院总值班室，抄送应急协作部门，通知相关省级交通运输主管部门。有关信息需及时向社会公布。

（4）根据事件发展态势，防御响应可转入应急响应，按照应急响应程序处置。

（5）当预计的天气情况未对公路交通造成影响，或天气预警降低为蓝色（一般）级别或解除时，防御响应自动结束。

3.4.3 防御措施

由部领导组织召开会议，部相关司局负责人参加，立即部署防御响应工作，明确工作重点；指导地方各级交通运输主管部门和应急队伍做好装备、物资、人员等各项准备工作；做好和相关部门信息共享和协调联动工作。

部路网中心立即开展应急监测和预警信息专项报送工作，掌握并报告事态进展情况，根据领导小组要求增加报告频率，形成事件动态报告机制。

4. 应急处置

4.1 分级响应

公路交通突发事件应急响应分为部、省、市、县四级部门响应。交通运输部应急响应分Ⅰ级和Ⅱ级，省、市、县级部门应急响应一般可分为Ⅰ级、Ⅱ级、Ⅲ级和Ⅳ级四个等级。

4.1.1 Ⅰ级公路交通突发事件分级响应

发生Ⅰ级公路交通突发事件时，由交通运输部启动并实施Ⅰ级应急响应，相关省、市、县级交通运输主管部门分别启动并实施本级部门Ⅰ级应急响应。

4.1.2 Ⅱ级公路交通突发事件分级响应

发生Ⅱ级公路交通突发事件时，由省级交通运输主管部门启动并实施省级部门应急响应，相关市、县级交通运输主管部门分别启动并实施本级部门应急响应且响应级别不应低于省级部门应急响应级别。

4.1.3 Ⅲ级公路交通突发事件分级响应

发生Ⅲ级公路交通突发事件时，由市级交通运输主管部门启动并实施市级部门应急响应，相关县级交通运输主管部门启动并实施县级部门应急响应且响应级别不应低于市级部门应急响应级别。

4.1.4 Ⅳ级公路交通突发事件分级响应

发生Ⅳ级公路交通突发事件时，由县级交通运输主管部门启动并实施县级部门应急响应。

4.1.5 专项响应

发生Ⅱ、Ⅲ、Ⅳ级公路交通突发事件时，按照国务院部署，或者根据省级交通运输主管部门请求，或者根据对省、市、县级部门应急响应工作的重点跟踪，交通运输部可视情启动Ⅱ级应急响应，指导、支持地方交通运输主管部门开展应急处置工作。

指导、支持措施主要包括：

（1）派出现场工作组或者有关专业技术人员给予指导。

（2）协调事发地周边省份交通运输主管部门、武警交通部队给予支持。

（3）调用国家区域性公路交通应急装备物资储备给予支持。

（4）在资金等方面给予支持。

4.2 响应启动程序

4.2.1 交通运输部应急响应启动程序

（1）部路网中心接到突发事件信息报告后，及时核实有关情况，报部公路局、应急办。

（2）由部公路局商应急办提出启动Ⅰ、Ⅱ级应急响应建议。

（3）拟启动Ⅰ级应急响应的，经分管部领导同意，报请部长核准后启动，同步成立领导小组，各应急工作组、部路网中心等按照职责开展应急工作，并将启动Ⅰ级应急响应有关信息按规定报中办信息综合室、国务院总值班室，抄送应急协作部门，通知相关省级交通运输主管部门。

（4）拟启动Ⅱ级应急响应的，经分管部领导同意后启动，同步成立领导小组，并按照需要成立相应应急工作组。领导小组组成人员报部长核准。

（5）Ⅱ级应急响应启动后，发现事态扩大并符合Ⅰ级应急响应条件的，按照前款规定及时启动Ⅰ级应急响应。

（6）应急响应启动后，应及时向社会公布。

4.2.2 省、市、县级部门应急响应启动程序

省、市、县级交通运输主管部门根据本地区实际情况，制定本级部门应急响应等级、响应措施及启动程序。省级交通运输主管部门启动Ⅲ级及以上公路交通突发事件应急响应的，应报部路网中心。

4.3 信息报告与处理

交通运输部按有关规定向中办信息综合室、国务院总值班室及时报送突发事件信息。

交通运输部和应急协作部门建立部际信息快速通报与联动响应机制，明确各相关部门的应急日常管理机构名称和联络方式，确定不同类别预警与应急信息的通报部门，建立信息快速沟通渠道，规定各类信息的通报与反馈时限，形成较为完善的突发事件信息快速沟通机制。

交通运输部和省级交通运输主管部门建立完善部省公路交通应急信息报送与联动机制，部路网中心汇总上报的公路交通突发事件信息，及时向可能受影响的省（区、市）发布。

交通运输部应急响应启动后，事件所涉及省份的相关机构应将应急处置工作进展情况及时报部路网中心，并按照"零报告"制度，形成定时情况简报，直到应急响应终止。具体报送程序、报送方式按照《交通运输突发事件信息报告和处理办法》《交通运输部公路交通阻断信息报送制度》等相关规定执行。部路网中心应及时将进展信息汇总形成每日公路交通突发事件情况简报，上报领导小组。省、市、县级部门应急响应的信息报送与处理，参照交通运输部应急响应执行。信息报告内容包括事件的类型、发生时间、地点、发生原因、影响范围和程度、发展势态、受损情况、已采取的应急处置措施和成效、联系人及联系方式等。

省级交通运输主管部门制定本地信息报送内容要求与处理流程。

4.4 响应终止

4.4.1 应急响应终止程序

（1）部路网中心根据掌握的事件信息，并向事发地省级交通运输主管部门核实公路交通基本恢复运行或者公路交通突发事件得到控制后，报领导小组。

（2）由抢通保通组商综合协调组提出终止Ⅰ、Ⅱ级应急响应建议和后续处理意见。

（3）拟终止Ⅰ级应急响应的，经领导小组组长同意后终止，或者降低为Ⅱ级应急响应，转入相应等级的应急响应工作程序，同步调整领导小组及下设工作组。

（4）拟终止Ⅱ级应急响应的，经领导小组组长同意后终止。

（5）终止应急响应或降低响应等级的有关信息，按规定报中办信息综合室、国务院总值班室，抄送应急协作部门，通知相关省级交通运输主管部门。

4.4.2 省、市、县级部门应急响应终止程序

省、市、县级交通运输主管部门根据本地区实际情况，制定本级部门应急响应终止程序。

4.5 总结评估

事发地交通运输主管部门应当按照有关要求，及时开展灾后总结评估工作，准确统计公路基础设施损毁情况，客观评估应急处置工作成效，深入总结存在问题和下一步改进措施，并按规定向本级人民政府和上级交通运输主管部门上报总结评估材料。交通运输部应急响应终止后，部公路局及时组织参与单位开展总结评估工作，并报部领导。

5. 应急保障

5.1 队伍保障

各级交通运输主管部门按照"统一指挥、分级

负责，平急结合、协调运转"的原则建立公路交通突发事件应急队伍。

5.1.1 国家公路交通应急队伍

武警交通部队纳入国家应急救援力量体系，作为国家公路交通应急抢险救援、抢通保通队伍，兵力调动使用按照有关规定执行。

5.1.2 地方公路交通应急队伍

地方交通运输主管部门应当根据路网规模、结构和易发突发事件特点，负责本地应急抢险救援、抢通保通队伍的组建和日常管理。应急队伍可以专兼结合，充分吸收社会力量参与。

5.1.3 社会力量动员与参与

地方交通运输主管部门应根据本地区实际情况和突发事件特点，制定社会动员方案，明确动员的范围、组织程序、决策程序。在公路交通自有应急力量不能满足应急处置需求时，向本级人民政府提出请求，动员社会力量或协调其他专业应急力量参与应急处置工作。

5.2 装备物资保障

5.2.1 公路交通应急装备物资储备原则

建立实物储备与商业储备相结合、生产能力储备与技术储备相结合、政府采购与政府补贴相结合的应急装备物资储备方式，强化应急装备物资储备能力。储备装备物资时，应统筹考虑交通战备物资储备情况。

5.2.2 公路交通应急装备物资储备体系

公路交通应急装备物资储备体系由国家、省、市三级公路交通应急装备物资储备中心（点）构成。

（1）国家区域性公路交通应急装备物资储备中心。按照"统一规划、部省共建、布局合理、规模适当"的原则，建立国家区域性公路交通应急装备物资储备中心，由交通运输部负责总体规划，其所在地省级交通运输主管部门负责建设和管理。交通运输部应当定期对国家区域性公路交通应急装备物资储备中心的整体布局进行后评估，对布点和规模及时调整完善。

（2）省、市级公路交通应急装备物资储备中心（点）。省、市级交通运输主管部门应当根据本地区易发公路交通突发事件的类型特点及分布规律，结合公路抢通和应急运输保障队伍的分布，依托公路管理机构、公路经营企业和公路养护施工企业的各类设施资源，合理布局、统筹规划建设省、市级公路交通应急装备物资储备中心（点）。

5.2.3 应急装备物资管理

公路交通应急装备物资储备中心（点）应当建立完善的各项应急物资管理规章制度，制定采购、储存、更新、调拨、回收各个工作环节的程序和规范，加强装备物资储备过程中的监管，防止储备装备物资被盗用、挪用、流失和失效，对各类物资及时予以补充和更新。

当本级应急装备物资储备在数量、种类及时间、地理条件等受限制的情况下，需要调用上一级应急装备物资储备中心（点）装备物资储备时，由上一级交通运输主管部门下达调用指令；需要调用国家区域性公路交通应急装备物资储备中心装备物资储备时，由交通运输部下达调用指令。

5.3 通信保障

在充分整合现有交通通信信息资源的基础上，加快建立和完善"统一管理、多网联动、快速响应、处理有效"的公路交通应急通信系统，确保公路交通突发事件应对工作的通信畅通。

5.4 技术保障

5.4.1 科技支撑

各级交通运输主管部门应当建立健全公路交通突发事件技术支撑体系，加强突发事件管理技术的开发和储备，重点加强智能化的应急指挥通信、预测预警、辅助决策、特种应急抢险等技术装备的应用，建立突发事件预警、分析、评估、决策支持系统，提高防范和处置公路交通突发事件的决策水平。

5.4.2 应急数据库

建立包括专家咨询、知识储备、应急预案、应急队伍与装备物资资源等数据库。

公路应急抢险保通和应急运输保障队伍，以及装备物资的数据资料应当定期更新。

公路数据库、农村公路数据库、交通移动应急通信指挥平台数据库、交通量调查数据库等交通运输各业务数据库应当为公路交通突发事件处置工作提供数据支持。在部启动防御响应或应急响应后，相关数据库维护管理单位应当为应急处置工作提供必要的技术支撑，并安排专职应急值班人员。

5.5 资金保障

公路交通应急保障所需的各项经费，应当按照事权、财权划分原则，分级负担，并按规定程序列入各级交通运输主管部门年度预算。

鼓励自然人、法人或者其他组织按照有关法律法规的规定进行捐赠和援助。

各级交通运输主管部门应当建立有效的监管和评估体系，对公路交通突发事件应急保障资金的使用及效果进行监管和评估。

5.6 应急演练

交通运输部会同有关单位制定部省联合应急演练

计划并组织开展实地演练与模拟演练相结合的多形式应急演练活动。

地方交通运输主管部门要结合所辖区域实际，有计划、有重点地组织应急演练。地方公路交通突发事件应急演练至少每年进行一次，突发事件易发地应当经常组织开展应急演练。应急演练结束后，演练组织单位应当及时组织演练评估。鼓励委托第三方进行演练评估。

5.7 应急培训

各级交通运输主管部门应当将应急教育培训纳入日常管理工作，应急保障相关人员至少每2年接受一次培训，并依据培训记录，对应急人员实行动态管理。

5.8 责任与奖惩

对公路交通突发事件应对工作中做出突出贡献的先进集体和个人要及时地给予宣传、表彰和奖励。

对迟报、谎报、瞒报和漏报重要信息或者应急管理工作有其他失职、渎职行为的，按照有关规定处理。

6. 附则

6.1 预案管理与更新

出现下列情形之一时，交通运输部将组织修改完善本预案，更新后报国务院：

（1）预案依据的有关法律、行政法规、规章、标准、上位预案中的有关规定发生变化的；

（2）公路交通突发事件应急机构及其职责发生重大变化或调整的；

（3）预案中的其他重要信息发生变化的；

（4）在突发事件实际应对和应急演练中发现问题需要进行重大调整的；

（5）预案制定单位认为应当修订的其他情况。

地方公路交通突发事件应急预案于印发后20个工作日内报本级人民政府和上级交通运输主管部门备案。公路交通企事业单位突发事件应急预案于印发后20个工作日内报所属地交通运输主管部门备案。

6.2 预案监督与检查

上级交通运输主管部门应根据职责，定期组织对下级交通运输主管部门、公路交通企事业单位应急预案编制与执行情况进行监督检查，并予以通报。

监督检查内容主要包括应急预案编制、组织机构及队伍建设、装备物资储备、信息报送与发布、应急培训与演练、应急资金落实、应急评估等情况。

6.3 预案制定与解释

本预案由交通运输部负责制定、组织实施和解释。

6.4 预案实施时间

本预案自印发之日起实施。

2. 水上海上交通安全类

1）法律法规

中华人民共和国港口法

（2003年6月28日第十届全国人民代表大会常务委员会第三次会议通过　根据2015年4月24日第十二届全国人民代表大会常务委员会第十四次会议《关于修改〈中华人民共和国港口法〉等七部法律的决定》第一次修正　根据2017年11月4日第十二届全国人民代表大会常务委员会第三十次会议《关于修改〈中华人民共和国会计法〉等十一部法律的决定》第二次修正　根据2018年12月29日第十三届全国人民代表大会常务委员会第七次会议《关于修改〈中华人民共和国电力法〉等四部法律的决定》第三次修正）

第一章　总　　则

第一条　为了加强港口管理，维护港口的安全与经营秩序，保护当事人的合法权益，促进港口的建设与发展，制定本法。

第二条　从事港口规划、建设、维护、经营、管理及其相关活动，适用本法。

第三条　本法所称港口，是指具有船舶进出、停泊、靠泊，旅客上下，货物装卸、驳运、储存等功能，具有相应的码头设施，由一定范围的水域和陆域组成的区域。

港口可以由一个或者多个港区组成。

第四条　国务院和有关县级以上地方人民政府应当在国民经济和社会发展计划中体现港口的发展和规划要求，并依法保护和合理利用港口资源。

第五条　国家鼓励国内外经济组织和个人依法投资建设、经营港口，保护投资者的合法权益。

第六条 国务院交通主管部门主管全国的港口工作。

地方人民政府对本行政区域内港口的管理，按照国务院关于港口管理体制的规定确定。

依照前款确定的港口管理体制，由港口所在地的市、县人民政府管理的港口，由市、县人民政府确定一个部门具体实施对港口的行政管理；由省、自治区、直辖市人民政府管理的港口，由省、自治区、直辖市人民政府确定一个部门具体实施对港口的行政管理。

依照前款确定的对港口具体实施行政管理的部门，以下统称港口行政管理部门。

第二章 港口规划与建设

第七条 港口规划应当根据国民经济和社会发展的要求以及国防建设的需要编制，体现合理利用岸线资源的原则，符合城镇体系规划，并与土地利用总体规划、城市总体规划、江河流域规划、防洪规划、海洋功能区划、水路运输发展规划和其他运输方式发展规划以及法律、行政法规规定的其他有关规划相衔接、协调。

编制港口规划应当组织专家论证，并依法进行环境影响评价。

第八条 港口规划包括港口布局规划和港口总体规划。

港口布局规划，是指港口的分布规划，包括全国港口布局规划和省、自治区、直辖市港口布局规划。

港口总体规划，是指一个港口在一定时期的具体规划，包括港口的水域和陆域范围、港区划分、吞吐量和到港船型、港口的性质和功能、水域和陆域使用、港口设施建设岸线使用、建设用地配置以及分期建设序列等内容。

港口总体规划应当符合港口布局规划。

第九条 全国港口布局规划，由国务院交通主管部门征求国务院有关部门和有关军事机关的意见编制，报国务院批准后公布实施。

省、自治区、直辖市港口布局规划，由省、自治区、直辖市人民政府根据全国港口布局规划组织编制，并送国务院交通主管部门征求意见。国务院交通主管部门自收到征求意见的材料之日起满三十日未提出修改意见的，该港口布局规划由有关省、自治区、直辖市人民政府公布实施；国务院交通主管部门认为不符合全国港口布局规划的，应当自收到征求意见的材料之日起三十日内提出修改意见；有关省、自治区、直辖市人民政府对修改意见有异议的，报国务院决定。

第十条 港口总体规划由港口行政管理部门征求有关部门和有关军事机关的意见编制。

第十一条 地理位置重要、吞吐量较大、对经济发展影响较广的主要港口的总体规划，由国务院交通主管部门征求国务院有关部门和有关军事机关的意见后，会同有关省、自治区、直辖市人民政府批准，并公布实施。主要港口名录由国务院交通主管部门征求国务院有关部门意见后确定并公布。

省、自治区、直辖市人民政府征求国务院交通主管部门的意见后确定本地区的重要港口。重要港口的总体规划由省、自治区、直辖市人民政府征求国务院交通主管部门意见后批准，公布实施。

前两款规定以外的港口的总体规划，由港口所在地的市、县人民政府批准后公布实施，并报省、自治区、直辖市人民政府备案。

市、县人民政府港口行政管理部门编制的属于本条第一款、第二款规定范围的港口的总体规划，在报送审批前应当经本级人民政府审核同意。

第十二条 港口规划的修改，按照港口规划制定程序办理。

第十三条 在港口总体规划区内建设港口设施，使用港口深水岸线的，由国务院交通主管部门会同国务院经济综合宏观调控部门批准；建设港口设施，使用非深水岸线的，由港口行政管理部门批准。但是，由国务院或者国务院经济综合宏观调控部门批准建设的项目使用港口岸线，不再另行办理使用港口岸线的审批手续。

港口深水岸线的标准由国务院交通主管部门制定。

第十四条 港口建设应当符合港口规划。不得违反港口规划建设任何港口设施。

第十五条 按照国家规定须经有关机关批准的港口建设项目，应当按照国家有关规定办理审批手续，并符合国家有关标准和技术规范。

建设港口工程项目，应当依法进行环境影响评价。

港口建设项目的安全设施和环境保护设施，必须与主体工程同时设计、同时施工、同时投入使用。

第十六条 港口建设使用土地和水域，应当依照有关土地管理、海域使用管理、河道管理、航道管理、军事设施保护管理的法律、行政法规以及其他有关法律、行政法规的规定办理。

第十七条 港口的危险货物作业场所、实施卫生除害处理的专用场所，应当符合港口总体规划和国家有关安全生产、消防、检验检疫和环境保护的要求，其与人口密集区和港口客运设施的距离应当符合国务院有关部门的规定；经依法办理有关手续后，方可建设。

第十八条 航标设施以及其他辅助性设施，应当与港口同步建设，并保证按期投入使用。

港口内有关行政管理机构办公设施的建设应当符合港口总体规划，建设费用不得向港口经营人摊派。

第十九条 港口设施建设项目竣工后，应当按照国家有关规定经验收合格，方可投入使用。

港口设施的所有权，依照有关法律规定确定。

第二十条 县级以上有关人民政府应当保证必要的资金投入，用于港口公用的航道、防波堤、锚地等基础设施的建设和维护。具体办法由国务院规定。

第二十一条 县级以上有关人民政府应当采取措施，组织建设与港口相配套的航道、铁路、公路、给排水、供电、通信等设施。

第三章 港口经营

第二十二条 从事港口经营，应当向港口行政管理部门书面申请取得港口经营许可，并依法办理工商登记。

港口行政管理部门实施港口经营许可，应当遵循公开、公正、公平的原则。

港口经营包括码头和其他港口设施的经营，港口旅客运输服务经营，在港区内从事货物的装卸、驳运、仓储的经营和港口拖轮经营等。

第二十三条 取得港口经营许可，应当有固定的经营场所，有与经营业务相适应的设施、设备、专业技术人员和管理人员，并应当具备法律、法规规定的其他条件。

第二十四条 港口行政管理部门应当自收到本法第二十二条第一款规定的书面申请之日起三十日内依法作出许可或者不予许可的决定。予以许可的，颁发港口经营许可证；不予许可的，应当书面通知申请人并告知理由。

第二十五条 国务院交通主管部门应当制定港口理货服务标准和规范。

经营港口理货业务，应当按照规定报港口行政管理部门备案。

港口理货业务经营人应当公正、准确地办理理货业务；不得兼营本法第二十二条第三款规定的货物装卸经营业务和仓储经营业务。

第二十六条 港口经营人从事经营活动，必须遵守有关法律、法规，遵守国务院交通主管部门有关港口作业规则的规定，依法履行合同约定的义务，为客户提供公平、良好的服务。

从事港口旅客运输服务的经营人，应当采取保证旅客安全的有效措施，向旅客提供快捷、便利的服务，保持良好的候船环境。

港口经营人应当按照有关环境保护的法律、法规的规定，采取有效措施，防治对环境的污染和危害。

第二十七条 港口经营人应当优先安排抢险物资、救灾物资和国防建设急需物资的作业。

第二十八条 港口经营人应当在其经营场所公布经营服务的收费项目和收费标准；未公布的，不得实施。

港口经营性收费依法实行政府指导价或者政府定价的，港口经营人应当按照规定执行。

第二十九条 国家鼓励和保护港口经营活动的公平竞争。

港口经营人不得实施垄断行为和不正当竞争行为，不得以任何手段强迫他人接受其提供的港口服务。

第三十条 港口行政管理部门依照《中华人民共和国统计法》和有关行政法规的规定要求港口经营人提供的统计资料，港口经营人应当如实提供。

港口行政管理部门应当按照国家有关规定将港口经营人报送的统计资料及时上报，并为港口经营人保守商业秘密。

第三十一条 港口经营人的合法权益受法律保护。任何单位和个人不得向港口经营人摊派或者违法收取费用，不得违法干预港口经营人的经营自主权。

第四章 港口安全与监督管理

第三十二条 港口经营人必须依照《中华人民共和国安全生产法》等有关法律、法规和国务院交通主管部门有关港口安全作业规则的规定，加强安全生产管理，建立健全安全生产责任制等规章制度，完善安全生产条件，采取保障安全生产的有效措施，确保安全生产。

港口经营人应当依法制定本单位的危险货物事故应急预案、重大生产安全事故的旅客紧急疏散和救援预案以及预防自然灾害预案，保障组织实施。

第三十三条 港口行政管理部门应当依法制定可能危及社会公共利益的港口危险货物事故应急预案、重大生产安全事故的旅客紧急疏散和救援预案以及预防自然灾害预案，建立健全港口重大生产安全事故的应急救援体系。

第三十四条 船舶进出港口，应当依照有关水上交通安全的法律、行政法规的规定向海事管理机构报告。海事管理机构接到报告后，应当及时通报港口行政管理部门。

船舶载运危险货物进出港口，应当按照国务院交通主管部门的规定将危险货物的名称、特性、包装和进出港口的时间报告海事管理机构。海事管理机构接到报告后，应当在国务院交通主管部门规定的时间内作出是否同意的决定，通知报告人，并通报港口行政管理部门。但是，定船舶、定航线、定货种的船舶可以定期报告。

第三十五条 在港口内进行危险货物的装卸、过驳作业，应当按照国务院交通主管部门的规定将危险货物的名称、特性、包装和作业的时间、地点报告港口行政管理部门。港口行政管理部门接到报告后，应当在国务院交通主管部门规定的时间内作出是否同意的决定，通知报告人，并通报海事管理机构。

第三十六条 港口行政管理部门应当依法对港口安全生产情况实施监督检查，对旅客上下集中、货物装卸量较大或者有特殊用途的码头进行重点巡查；检查中发现安全隐患的，应当责令被检查人立即排除或者限期排除。

负责安全生产监督管理的部门和其他有关部门依照法律、法规的规定，在各自职责范围内对港口安全生产实施监督检查。

第三十七条 禁止在港口水域内从事养殖、种植活动。

不得在港口进行可能危及港口安全的采掘、爆破等活动；因工程建设等确需进行的，必须采取相应的安全保护措施，并报经港口行政管理部门批准。港口行政管理部门应当将审批情况及时通报海事管理机构，海事管理机构不再依照有关水上交通安全的法律、行政法规的规定进行审批。

禁止向港口水域倾倒泥土、砂石以及违反有关环境保护的法律、法规的规定排放超过规定标准的有毒、有害物质。

第三十八条 建设桥梁、水底隧道、水电站等可能影响港口水文条件变化的工程项目，负责审批该项目的部门在审批前应当征求港口行政管理部门的意见。

第三十九条 依照有关水上交通安全的法律、行政法规的规定，进出港口须经引航的船舶，应当向引航机构申请引航。引航的具体办法由国务院交通主管部门规定。

第四十条 遇有旅客滞留、货物积压阻塞港口的情况，港口行政管理部门应当及时采取有效措施，进行疏港；港口所在地的市、县人民政府认为必要时，可以直接采取措施，进行疏港。

第四十一条 港口行政管理部门应当组织制定所管理的港口的章程，并向社会公布。

港口章程的内容应当包括对港口的地理位置、航道条件、港池水深、机械设施和装卸能力等情况的说明，以及本港口贯彻执行有关港口管理的法律、法规和国务院交通主管部门有关规定的具体措施。

第四十二条 港口行政管理部门依据职责对本法执行情况实施监督检查。

港口行政管理部门的监督检查人员依法实施监督检查时，有权向被检查单位和有关人员了解有关情况，并可查阅、复制有关资料。

监督检查人员对检查中知悉的商业秘密，应当保密。

监督检查人员实施监督检查时，应当出示执法证件。

第四十三条 监督检查人员应当将监督检查的时间、地点、内容、发现的问题及处理情况作出书面记录，并由监督检查人员和被检查单位的负责人签字；被检查单位的负责人拒绝签字的，监督检查人员应当将情况记录在案，并向港口行政管理部门报告。

第四十四条 被检查单位和有关人员应当接受港口行政管理部门依法实施的监督检查，如实提供有关情况和资料，不得拒绝检查或者隐匿、谎报有关情况和资料。

第五章 法律责任

第四十五条 港口经营人、港口理货业务经营人有本法规定的违法行为的，依照有关法律、行政法规的规定纳入信用记录，并予以公示。

第四十六条 有下列行为之一的，由县级以上地方人民政府或者港口行政管理部门责令限期改正；逾期不改正的，由作出限期改正决定的机关申请人民法院强制拆除违法建设的设施；可以处五万元以下罚款：

（一）违反港口规划建设港口、码头或者其他港口设施的；

（二）未经依法批准，建设港口设施使用港口岸线的。

建设项目的审批部门对违反港口规划的建设项目予以批准的，对其直接负责的主管人员和其他直接责任人员，依法给予行政处分。

第四十七条 在港口建设的危险货物作业场所、实施卫生除害处理的专用场所与人口密集区或者港口客运设施的距离不符合国务院有关部门的规定的，由港口行政管理部门责令停止建设或者使用，限期改正，可以处五万元以下罚款。

第四十八条 码头或者港口装卸设施、客运设施未经验收合格，擅自投入使用的，由港口行政管理部门责令停止使用，限期改正，可以处五万元以下罚款。

第四十九条 未依法取得港口经营许可证从事港口经营，或者港口理货业务经营人兼营货物装卸经营业务、仓储经营业务的，由港口行政管理部门责令停止违法经营，没收违法所得；违法所得十万元以上的，并处违法所得二倍以上五倍以下罚款；违法所得不足十万元的，处五万元以上二十万元以下罚款。

第五十条 港口经营人不优先安排抢险物资、救灾物资、国防建设急需物资的作业的，由港口行政管理部门责令改正；造成严重后果的，吊销港口经营许可证。

第五十一条 港口经营人违反有关法律、行政法规的规定，在经营活动中实施垄断行为或者不正当竞争行为的，依照有关法律、行政法规的规定承担法律责任。

第五十二条 港口经营人违反本法第三十二条关于安全生产的规定的，由港口行政管理部门或者其他依法负有安全生产监督管理职责的部门依法给予处罚；情节严重的，由港口行政管理部门吊销港口经营许可证，并对其主要负责人依法给予处分；构成犯罪的，依法追究刑事责任。

第五十三条 船舶进出港口，未依照本法第三十四条的规定向海事管理机构报告的，由海事管理机构依照有关水上交通安全的法律、行政法规的规定处罚。

第五十四条 未依法向港口行政管理部门报告并经其同意，在港口内进行危险货物的装卸、过驳作业的，由港口行政管理部门责令停止作业，处五千元以上五万元以下罚款。

第五十五条 在港口水域内从事养殖、种植活动的，由海事管理机构责令限期改正；逾期不改正的，强制拆除养殖、种植设施，拆除费用由违法行为人承担；可以处一万元以下罚款。

第五十六条 未经依法批准在港口进行可能危及港口安全的采掘、爆破等活动的，向港口水域倾倒泥土、砂石的，由港口行政管理部门责令停止违法行为，限期消除因此造成的安全隐患；逾期不消除的，强制消除，因此发生的费用由违法行为人承担；处五千元以上五万元以下罚款；依照有关水上交通安全的法律、行政法规的规定由海事管理机构处罚的，依照其规定；构成犯罪的，依法追究刑事责任。

第五十七条 交通主管部门、港口行政管理部门、海事管理机构等不依法履行职责，有下列行为之一的，对直接负责的主管人员和其他直接责任人员依法给予行政处分；构成犯罪的，依法追究刑事责任：

（一）违法批准建设港口设施使用港口岸线，或者违法批准船舶载运危险货物进出港口、违法批准在港口内进行危险货物的装卸、过驳作业的；

（二）对不符合法定条件的申请人给予港口经营许可的；

（三）发现取得经营许可的港口经营人不再具备法定许可条件而不及时吊销许可证的；

（四）不依法履行监督检查职责，对违反港口规划建设港口、码头或者其他港口设施的行为，未经法律许可从事港口经营业务的行为，不遵守安全生产管理规定的行为，危及港口作业安全的行为，以及其他违反本法规定的行为，不依法予以查处的。

第五十八条 行政机关违法干预港口经营人的经营自主权的，由其上级行政机关或者监察机关责令改正；向港口经营人摊派财物或者违法收取费用的，责令退回；情节严重的，对直接负责的主管人员和其他直接责任人员依法给予行政处分。

第六章 附 则

第五十九条 对航行国际航线的船舶开放的港口，由有关省、自治区、直辖市人民政府按照国家有关规定商国务院有关部门和有关军事机关同意后，报国务院批准。

第六十条 渔业港口的管理工作由县级以上人民政府渔业行政主管部门负责。具体管理办法由国务院规定。

前款所称渔业港口，是指专门为渔业生产服务、供渔业船舶停泊、避风、装卸渔获物、补充渔需物资的人工港口或者自然港湾，包括综合性港口中渔业专用的码头、渔业专用的水域和渔船专用的锚地。

第六十一条 军事港口的建设和管理办法由国务院、中央军事委员会规定。

第六十二条 本法自2004年1月1日起施行。

中华人民共和国海上交通安全法

（1983年9月2日第六届全国人民代表大会常务委员会第二次会议通过　根据2016年11月7日第十二届全国人民代表大会常务委员会第二十四次会议《关于修改〈中华人民共和国对外贸易法〉等十二部法律的决定》修正　2021年4月29日第十三届全国人民代表大会常务委员会第二十八次会议修订）

第一章　总　　则

第一条　为了加强海上交通管理，维护海上交通秩序，保障生命财产安全，维护国家权益，制定本法。

第二条　在中华人民共和国管辖海域内从事航行、停泊、作业以及其他与海上交通安全相关的活动，适用本法。

第三条　国家依法保障交通用海。

海上交通安全工作坚持安全第一、预防为主、便利通行、依法管理的原则，保障海上交通安全、有序、畅通。

第四条　国务院交通运输主管部门主管全国海上交通安全工作。

国家海事管理机构统一负责海上交通安全监督管理工作，其他各级海事管理机构按照职责具体负责辖区内的海上交通安全监督管理工作。

第五条　各级人民政府及有关部门应当支持海上交通安全工作，加强海上交通安全的宣传教育，提高全社会的海上交通安全意识。

第六条　国家依法保障船员的劳动安全和职业健康，维护船员的合法权益。

第七条　从事船舶、海上设施航行、停泊、作业以及其他与海上交通相关活动的单位、个人，应当遵守有关海上交通安全的法律、行政法规、规章以及强制性标准和技术规范；依法享有获得航海保障和海上救助的权利，承担维护海上交通安全和保护海洋生态环境的义务。

第八条　国家鼓励和支持先进科学技术在海上交通安全工作中的应用，促进海上交通安全现代化建设，提高海上交通安全科学技术水平。

第二章　船舶、海上设施和船员

第九条　中国籍船舶、在中华人民共和国管辖海域设置的海上设施、船运集装箱，以及国家海事管理机构确定的关系海上交通安全的重要船用设备、部件和材料，应当符合有关法律、行政法规、规章以及强制性标准和技术规范的要求，经船舶检验机构检验合格，取得相应证书、文书。证书、文书的清单由国家海事管理机构制定并公布。

设立船舶检验机构应当经国家海事管理机构许可。船舶检验机构设立条件、程序及其管理等依照有关船舶检验的法律、行政法规的规定执行。

持有相关证书、文书的单位应当按照规定的用途使用船舶、海上设施、船运集装箱以及重要船用设备、部件和材料，并应当依法定期进行安全技术检验。

第十条　船舶依照有关船舶登记的法律、行政法规的规定向海事管理机构申请船舶国籍登记、取得国籍证书后，方可悬挂中华人民共和国国旗航行、停泊、作业。

中国籍船舶灭失或者报废的，船舶所有人应当在国务院交通运输主管部门规定的期限内申请办理注销国籍登记；船舶所有人逾期不申请注销国籍登记的，海事管理机构可以发布关于拟强制注销船舶国籍登记的公告。船舶所有人自公告发布之日起六十日内未提出异议的，海事管理机构可以注销该船舶的国籍登记。

第十一条　中国籍船舶所有人、经营人或者管理人应当建立并运行安全营运和防治船舶污染管理体系。

海事管理机构经对前款规定的管理体系审核合格的，发给符合证明和相应的船舶安全管理证书。

第十二条　中国籍国际航行船舶的所有人、经营人或者管理人应当依照国务院交通运输主管部门的规定建立船舶保安制度，制定船舶保安计划，并按照船舶保安计划配备船舶保安设备，定期开展演练。

第十三条　中国籍船员和海上设施上的工作人员应当接受海上交通安全以及相应岗位的专业教育、培训。

中国籍船员应当依照有关船员管理的法律、行政法规的规定向海事管理机构申请取得船员适任证书，并取得健康证明。

外国籍船员在中国籍船舶上工作的，按照有关船员管理的法律、行政法规的规定执行。

船员在船舶上工作，应当符合船员适任证书载明的船舶、航区、职务的范围。

第十四条　中国籍船舶的所有人、经营人或者管理人应当为其国际航行船舶向海事管理机构申请取得海事劳工证书。船舶取得海事劳工证书应当符合下列条件：

（一）所有人、经营人或者管理人依法招用船员，与其签订劳动合同或者就业协议，并为船舶配备符合要求的船员；

（二）所有人、经营人或者管理人已保障船员在船舶上的工作环境、职业健康保障和安全防护、工作和休息时间、工资报酬、生活条件、医疗条件、社会保险等符合国家有关规定；

（三）所有人、经营人或者管理人已建立符合要求的船员投诉和处理机制；

（四）所有人、经营人或者管理人已就船员遣返费用以及在船就业期间发生伤害、疾病或者死亡依法应当支付的费用提供相应的财务担保或者投保相应的保险。

海事管理机构商人力资源社会保障行政部门，按照各自职责对申请人及其船舶是否符合前款规定条件进行审核。经审核符合规定条件的，海事管理机构应当自受理申请之日起十个工作日内颁发海事劳工证书；不符合规定条件的，海事管理机构应当告知申请人并说明理由。

海事劳工证书颁发及监督检查的具体办法由国务院交通运输主管部门会同国务院人力资源社会保障行政部门制定并公布。

第十五条 海事管理机构依照有关船员管理的法律、行政法规的规定，对单位从事海船船员培训业务进行管理。

第十六条 国务院交通运输主管部门和其他有关部门、有关县级以上地方人民政府应当建立健全船员境外突发事件预警和应急处置机制，制定船员境外突发事件应急预案。

船员境外突发事件应急处置由船员派出单位所在地的省、自治区、直辖市人民政府负责，船员户籍所在地的省、自治区、直辖市人民政府予以配合。

中华人民共和国驻外国使馆、领馆和相关海事管理机构应当协助处置船员境外突发事件。

第十七条 本章第九条至第十二条、第十四条规定适用的船舶范围由有关法律、行政法规具体规定，或者由国务院交通运输主管部门拟定并报国务院批准后公布。

第三章 海上交通条件和航行保障

第十八条 国务院交通运输主管部门统筹规划和管理海上交通资源，促进海上交通资源的合理开发和有效利用。

海上交通资源规划应当符合国土空间规划。

第十九条 海事管理机构根据海域的自然状况、海上交通状况以及海上交通安全管理的需要，划定、调整并及时公布船舶定线区、船舶报告区、交通管制区、禁航区、安全作业区和港外锚地等海上交通功能区域。

海事管理机构划定或者调整船舶定线区、港外锚地以及对其他海洋功能区域或者用海活动造成影响的安全作业区，应当征求渔业渔政、生态环境、自然资源等有关部门的意见。为了军事需要划定、调整禁航区的，由负责划定、调整禁航区的军事机关作出决定，海事管理机构予以公布。

第二十条 建设海洋工程、海岸工程影响海上交通安全的，应当根据情况配备防止船舶碰撞的设施、设备并设置专用航标。

第二十一条 国家建立完善船舶定位、导航、授时、通信和远程监测等海上交通支持服务系统，为船舶、海上设施提供信息服务。

第二十二条 任何单位、个人不得损坏海上交通支持服务系统或者妨碍其工作效能。建设建筑物、构筑物，使用设施设备可能影响海上交通支持服务系统正常使用的，建设单位、所有人或者使用人应当与相关海上交通支持服务系统的管理单位协商，作出妥善安排。

第二十三条 国务院交通运输主管部门应当采取必要的措施，保障海上交通安全无线电通信设施的合理布局和有效覆盖，规划本系统（行业）海上无线电台（站）的建设布局和台址，核发船舶制式无线电台执照及电台识别码。

国务院交通运输主管部门组织本系统（行业）的海上无线电监测系统建设并对其无线电信号实施监测，会同国家无线电管理机构维护海上无线电波秩序。

第二十四条 船舶在中华人民共和国管辖海域内通信需要使用岸基无线电台（站）转接的，应当通过依法设置的境内海岸无线电台（站）或者卫星关口站进行转接。

承担无线电通信任务的船员和岸基无线电台（站）的工作人员应当遵守海上无线电通信规则，保持海上交通安全通信频道的值守和畅通，不得使用海上交通安全通信频率交流与海上交通安全无关的内容。

任何单位、个人不得违反国家有关规定使用无线电台识别码，影响海上搜救的身份识别。

第二十五条 天文、气象、海洋等有关单位应当及时预报、播发和提供航海天文、世界时、海洋气象、海浪、海流、潮汐、冰情等信息。

第二十六条 国务院交通运输主管部门统一布局、建设和管理公用航标。海洋工程、海岸工程的建设单位、所有人或者经营人需要设置、撤除专用航标，移动专用航标位置或者改变航标灯光、功率等的，应当报经海事管理机构同意。需要设置临时航标的，应当符合海事管理机构确定的航标设置点。

自然资源主管部门依法保障航标设施和装置的用地、用海、用岛，并依法为其办理有关手续。

航标的建设、维护、保养应当符合有关强制性标准和技术规范的要求。航标维护单位和专用航标的所有人应当对航标进行巡查和维护保养，保证航标处于良好适用状态。航标发生位移、损坏、灭失的，航标维护单位或者专用航标的所有人应当及时予以恢复。

第二十七条 任何单位、个人发现下列情形之一的，应当立即向海事管理机构报告；涉及航道管理机构职责或者专用航标的，海事管理机构应当及时通报航道管理机构或者专用航标的所有人：

（一）助航标志或者导航设施位移、损坏、灭失；

（二）有妨碍海上交通安全的沉没物、漂浮物、搁浅物或者其他碍航物；

（三）其他妨碍海上交通安全的异常情况。

第二十八条 海事管理机构应当依据海上交通安全管理的需要，就具有紧迫性、危险性的情况发布航行警告，就其他影响海上交通安全的情况发布航行通告。

海事管理机构应当将航行警告、航行通告，以及船舶定线区的划定、调整情况通报海军航海保证部门，并及时提供有关资料。

第二十九条 海事管理机构应当及时向船舶、海上设施播发海上交通安全信息。

船舶、海上设施在定线区、交通管制区或者通航船舶密集的区域航行、停泊、作业时，海事管理机构应当根据其请求提供相应的安全信息服务。

第三十条 下列船舶在国务院交通运输主管部门划定的引航区内航行、停泊或者移泊的，应当向引航机构申请引航：

（一）外国籍船舶，但国务院交通运输主管部门经报国务院批准后规定可以免除的除外；

（二）核动力船舶、载运放射性物质的船舶、超大型油轮；

（三）可能危及港口安全的散装液化气船、散装危险化学品船；

（四）长、宽、高接近相应航道通航条件限值的船舶。

前款第三项、第四项船舶的具体标准，由有关海事管理机构根据港口实际情况制定并公布。

船舶自愿申请引航的，引航机构应当提供引航服务。

第三十一条 引航机构应当及时派遣具有相应能力、经验的引航员为船舶提供引航服务。

引航员应当根据引航机构的指派，在规定的水域登离被引领船舶，安全谨慎地执行船舶引航任务。被引领船舶应当配备符合规定的登离装置，并保障引航员在登离船舶及在船上引航期间的安全。

引航员引领船舶时，不解除船长指挥和管理船舶的责任。

第三十二条 国务院交通运输主管部门根据船舶、海上设施和港口面临的保安威胁情形，确定并及时发布保安等级。船舶、海上设施和港口应当根据保安等级采取相应的保安措施。

第四章 航行、停泊、作业

第三十三条 船舶航行、停泊、作业，应当持有有效的船舶国籍证书及其他法定证书、文书，配备依照有关规定出版的航海图书资料，悬挂相关国家、地区或者组织的旗帜，标明船名、船舶识别号、船籍港、载重线标志。

船舶应当满足最低安全配员要求，配备持有合格有效证书的船员。

海上设施停泊、作业，应当持有法定证书、文书，并按规定配备掌握避碰、信号、通信、消防、救生等专业技能的人员。

第三十四条 船长应当在船舶开航前检查并在开航时确认船员适任、船舶适航、货物适载，并了解气象和海况信息以及海事管理机构发布的航行通告、航行警告及其他警示信息，落实相应的应急措施，不得冒险开航。

船舶所有人、经营人或者管理人不得指使、强令船员违章冒险操作、作业。

第三十五条 船舶应当在其船舶检验证书载明的航区内航行、停泊、作业。

船舶航行、停泊、作业时，应当遵守相关航行规则，按照有关规定显示信号、悬挂标志，保持足够的富余水深。

第三十六条 船舶在航行中应当按照有关规定开启船舶的自动识别、航行数据记录、远程识别和跟踪、通信等与航行安全、保安、防治污染相关的装置，并持续进行显示和记录。

任何单位、个人不得拆封、拆解、初始化、再设置航行数据记录装置或者读取其记录的信息，但法律、行政法规另有规定的除外。

第三十七条　船舶应当配备航海日志、轮机日志、无线电记录簿等航行记录，按照有关规定全面、真实、及时记录涉及海上交通安全的船舶操作以及船舶航行、停泊、作业中的重要事件，并妥善保管相关记录簿。

第三十八条　船长负责管理和指挥船舶。在保障海上生命安全、船舶保安和防治船舶污染方面，船长有权独立作出决定。

船长应当采取必要的措施，保护船舶、在船人员、船舶航行文件、货物以及其他财产的安全。船长在其职权范围内发布的命令，船员、乘客及其他在船人员应当执行。

第三十九条　为了保障船舶和在船人员的安全，船长有权在职责范围内对涉嫌在船上进行违法犯罪活动的人员采取禁闭或者其他必要的限制措施，并防止其隐匿、毁灭、伪造证据。

船长采取前款措施，应当制作案情报告书，由其和两名以上在船人员签字。中国籍船舶抵达我国港口后，应当及时将相关人员移送有关主管部门。

第四十条　发现在船人员患有或者疑似患有严重威胁他人健康的传染病的，船长应当立即启动相应的应急预案，在职责范围内对相关人员采取必要的隔离措施，并及时报告有关主管部门。

第四十一条　船长在航行中死亡或者因故不能履行职责的，应当由驾驶员中职务最高的人代理船长职务；船舶在下一个港口开航前，其所有人、经营人或者管理人应当指派新船长接任。

第四十二条　船员应当按照有关航行、值班的规章制度和操作规程以及船长的指令操纵、管理船舶，保持安全值班，不得擅离职守。船员履行在船值班职责前和值班期间，不得摄入可能影响安全值班的食品、药品或者其他物品。

第四十三条　船舶进出港口、锚地或者通过桥区水域、海峡、狭水道、重要渔业水域、通航船舶密集的区域、船舶定线区、交通管制区，应当加强瞭望、保持安全航速，并遵守前述区域的特殊航行规则。

前款所称重要渔业水域由国务院渔业渔政主管部门征求国务院交通运输主管部门意见后划定并公布。

船舶穿越航道不得妨碍航道内船舶的正常航行，不得抢越他船船艏。超过桥梁通航尺度的船舶禁止进入桥区水域。

第四十四条　船舶不得违反规定进入或者穿越禁航区。

船舶进出船舶报告区，应当向海事管理机构报告船位和动态信息。

在安全作业区、港外锚地范围内，禁止从事养殖、种植、捕捞以及其他影响海上交通安全的作业或者活动。

第四十五条　船舶载运或者拖带超长、超高、超宽、半潜的船舶、海上设施或者其他物体航行，应当采取拖拽部位加强、护航等特殊的安全保障措施，在开航前向海事管理机构报告航行计划，并按有关规定显示信号、悬挂标志；拖带移动式平台、浮船坞等大型海上设施的，还应当依法交验船舶检验机构出具的拖航检验证书。

第四十六条　国际航行船舶进出口岸，应当依法向海事管理机构申请许可并接受海事管理机构及其他口岸查验机构的监督检查。海事管理机构应当自受理申请之日起五个工作日内作出许可或者不予许可的决定。

外国籍船舶临时进入非对外开放水域，应当依照国务院关于船舶进出口岸的规定取得许可。

国内航行船舶进出港口、港外装卸站，应当向海事管理机构报告船舶的航次计划、适航状态、船员配备和客货载运等情况。

第四十七条　船舶应当在符合安全条件的码头、泊位、装卸站、锚地、安全作业区停泊。船舶停泊不得危及其他船舶、海上设施的安全。

船舶进出港口、港外装卸站，应当符合靠泊条件和关于潮汐、气象、海况等航行条件的要求。

超长、超高、超宽的船舶或者操纵能力受到限制的船舶进出港口、港外装卸站可能影响海上交通安全的，海事管理机构应当对船舶进出港安全条件进行核查，并可以要求船舶采取加配拖轮、乘潮进港等相应的安全措施。

第四十八条　在中华人民共和国管辖海域内进行施工作业，应当经海事管理机构许可，并核定相应安全作业区。取得海上施工作业许可，应当符合下列条件：

（一）施工作业的单位、人员、船舶、设施符合安全航行、停泊、作业的要求；

（二）有施工作业方案；

（三）有符合海上交通安全和防治船舶污染海洋环境要求的保障措施、应急预案和责任制度。

从事施工作业的船舶应当在核定的安全作业区内作业，并落实海上交通安全管理措施。其他无关船舶、海上设施不得进入安全作业区。

在港口水域内进行采掘、爆破等可能危及港口安全的作业，适用港口管理的法律规定。

第四十九条 从事体育、娱乐、演练、试航、科学观测等水上水下活动，应当遵守海上交通安全管理规定；可能影响海上交通安全的，应当提前十个工作日将活动涉及的海域范围报告海事管理机构。

第五十条 海上施工作业或者水上水下活动结束后，有关单位、个人应当及时消除可能妨碍海上交通安全的隐患。

第五十一条 碍航物的所有人、经营人或者管理人应当按照有关强制性标准和技术规范的要求及时设置警示标志，向海事管理机构报告碍航物的名称、形状、尺寸、位置和深度，并在海事管理机构限定的期限内打捞清除。碍航物的所有人放弃所有权的，不免除其打捞清除义务。

不能确定碍航物的所有人、经营人或者管理人的，海事管理机构应当组织设置标志、打捞或者采取相应措施，发生的费用纳入部门预算。

第五十二条 有下列情形之一，对海上交通安全有较大影响的，海事管理机构应当根据具体情况采取停航、限速或者划定交通管制区等相应交通管制措施并向社会公告：

（一）天气、海况恶劣；

（二）发生影响航行的海上险情或者海上交通事故；

（三）进行军事训练、演习或者其他相关活动；

（四）开展大型水上水下活动；

（五）特定海域通航密度接近饱和；

（六）其他对海上交通安全有较大影响的情形。

第五十三条 国务院交通运输主管部门为维护海上交通安全、保护海洋环境，可以会同有关主管部门采取必要措施，防止和制止外国籍船舶在领海的非无害通过。

第五十四条 下列外国籍船舶进出中华人民共和国领海，应当向海事管理机构报告：

（一）潜水器；

（二）核动力船舶；

（三）载运放射性物质或者其他有毒有害物质的船舶；

（四）法律、行政法规或者国务院规定的可能危及中华人民共和国海上交通安全的其他船舶。

前款规定的船舶通过中华人民共和国领海，应当持有有关证书，采取符合中华人民共和国法律、行政法规和规章规定的特别预防措施，并接受海事管理机构的指令和监督。

第五十五条 除依照本法规定获得进入口岸许可外，外国籍船舶不得进入中华人民共和国内水；但是，因人员病急、机件故障、遇难、避风等紧急情况未及获得许可的可以进入。

外国籍船舶因前款规定的紧急情况进入中华人民共和国内水的，应当在进入的同时向海事管理机构紧急报告，接受海事管理机构的指令和监督。海事管理机构应当及时通报管辖海域的海警机构、就近的出入境边防检查机关和当地公安机关、海关等其他主管部门。

第五十六条 中华人民共和国军用船舶执行军事任务、公务船舶执行公务，遇有紧急情况，在保证海上交通安全的前提下，可以不受航行、停泊、作业有关规则的限制。

第五章　海上客货运输安全

第五十七条 除进行抢险或者生命救助外，客船应当按照船舶检验证书核定的载客定额载运乘客，货船载运货物应当符合船舶检验证书核定的载重线和载货种类，不得载运乘客。

第五十八条 客船载运乘客不得同时载运危险货物。

乘客不得随身携带或者在行李中夹带法律、行政法规或者国务院交通运输主管部门规定的危险物品。

第五十九条 客船应当在显著位置向乘客明示安全须知，设置安全标志和警示，并向乘客介绍救生用具的使用方法以及在紧急情况下应当采取的应急措施。乘客应当遵守安全乘船要求。

第六十条 海上渡口所在地的县级以上地方人民政府应当建立健全渡口安全管理责任制，制定海上渡口的安全管理办法，监督、指导海上渡口经营者落实安全主体责任，维护渡运秩序，保障渡运安全。

海上渡口的渡运线路由渡口所在地的县级以上地方人民政府交通运输主管部门会同海事管理机构划定。渡船应当按照划定的线路安全渡运。

遇有恶劣天气、海况，县级以上地方人民政府或者其指定的部门应当发布停止渡运的公告。

第六十一条 船舶载运货物，应当按照有关法律、行政法规、规章以及强制性标准和技术规范的要求安全装卸、积载、隔离、系固和管理。

第六十二条 船舶载运危险货物，应当持有有效的危险货物适装证书，并根据危险货物的特性和应急措施的要求，编制危险货物应急处置预案，配备相应的消防、应急设备和器材。

第六十三条 托运人托运危险货物,应当将其正式名称、危险性质以及应当采取的防护措施通知承运人,并按照有关法律、行政法规、规章以及强制性标准和技术规范的要求妥善包装,设置明显的危险品标志和标签。

托运人不得在托运的普通货物中夹带危险货物或者将危险货物谎报为普通货物托运。

托运人托运的货物为国际海上危险货物运输规则和国家危险货物品名表上未列明但具有危险特性的货物的,托运人还应当提交有关专业机构出具的表明该货物危险特性以及应当采取的防护措施等情况的文件。

货物危险特性的判断标准由国家海事管理机构制定并公布。

第六十四条 船舶载运危险货物进出港口,应当符合下列条件,经海事管理机构许可,并向海事管理机构报告进出港口和停留的时间等事项:

(一)所载运的危险货物符合海上安全运输要求;

(二)船舶的装载符合所持有的证书、文书的要求;

(三)拟靠泊或者进行危险货物装卸作业的港口、码头、泊位具备有关法律、行政法规规定的危险货物作业经营资质。

海事管理机构应当自收到申请之时起二十四小时内作出许可或者不予许可的决定。

定船舶、定航线并且定货种的船舶可以申请办理一定期限内多次进出港口许可,期限不超过三十日。海事管理机构应当自收到申请之日起五个工作日内作出许可或者不予许可的决定。

海事管理机构予以许可的,应当通报港口行政管理部门。

第六十五条 船舶、海上设施从事危险货物运输或者装卸、过驳作业,应当编制作业方案,遵守有关强制性标准和安全作业操作规程,采取必要的预防措施,防止发生安全事故。

在港口水域外从事散装液体危险货物过驳作业的,还应当符合下列条件,经海事管理机构许可并核定安全作业区:

(一)拟进行过驳作业的船舶或者海上设施符合海上交通安全与防治船舶污染海洋环境的要求;

(二)拟过驳的货物符合安全过驳要求;

(三)参加过驳作业的人员具备法律、行政法规规定的过驳作业能力;

(四)拟作业水域及其底质、周边环境适宜开展过驳作业;

(五)过驳作业对海洋资源以及附近的军事目标、重要民用目标不构成威胁;

(六)有符合安全要求的过驳作业方案、安全保障措施和应急预案。

对单航次作业的船舶,海事管理机构应当自收到申请之时起二十四小时内作出许可或者不予许可的决定;对在特定水域多航次作业的船舶,海事管理机构应当自收到申请之日起五个工作日内作出许可或者不予许可的决定。

第六章 海上搜寻救助

第六十六条 海上遇险人员依法享有获得生命救助的权利。生命救助优先于环境和财产救助。

第六十七条 海上搜救工作应当坚持政府领导、统一指挥、属地为主、专群结合、就近快速的原则。

第六十八条 国家建立海上搜救协调机制,统筹全国海上搜救应急反应工作,研究解决海上搜救工作中的重大问题,组织协调重大海上搜救应急行动。协调机制由国务院有关部门、单位和有关军事机关组成。

中国海上搜救中心和有关地方人民政府设立的海上搜救中心或者指定的机构(以下统称海上搜救中心)负责海上搜救的组织、协调、指挥工作。

第六十九条 沿海县级以上地方人民政府应当安排必要的海上搜救资金,保障搜救工作的正常开展。

第七十条 海上搜救中心各成员单位应当在海上搜救中心统一组织、协调、指挥下,根据各自职责,承担海上搜救应急、抢险救灾、支持保障、善后处理等工作。

第七十一条 国家设立专业海上搜救队伍,加强海上搜救力量建设。专业海上搜救队伍应当配备专业搜救装备,建立定期演练和日常培训制度,提升搜救水平。

国家鼓励社会力量建立海上搜救队伍,参与海上搜救行动。

第七十二条 船舶、海上设施、航空器及人员在海上遇险的,应当立即报告海上搜救中心,不得瞒报、谎报海上险情。

船舶、海上设施、航空器及人员误发遇险报警信号的,除立即向海上搜救中心报告外,还应采取必要措施消除影响。

其他任何单位、个人发现或者获悉海上险情的,应当立即报告海上搜救中心。

第七十三条 发生碰撞事故的船舶、海上设施,应当互通名称、国籍和登记港,在不严重危及自身安全的情况下尽力救助对方人员，不得擅自离开事故现场水域或者逃逸。

第七十四条 遇险的船舶、海上设施及其所有人、经营人或者管理人应当采取有效措施防止、减少生命财产损失和海洋环境污染。

船舶遇险时，乘客应当服从船长指挥，配合采取相关应急措施。乘客有权获知必要的险情信息。

船长决定弃船时，应当组织乘客、船员依次离船，并尽力抢救法定航行资料。船长应当最后离船。

第七十五条 船舶、海上设施、航空器收到求救信号或者发现有人遭遇生命危险的，在不严重危及自身安全的情况下，应当尽力救助遇险人员。

第七十六条 海上搜救中心接到险情报告后，应当立即进行核实，及时组织、协调、指挥政府有关部门、专业搜救队伍、社会有关单位等各方力量参加搜救，并指定现场指挥。参加搜救的船舶、海上设施、航空器及人员应当服从现场指挥，及时报告搜救动态和搜救结果。

搜救行动的中止、恢复、终止决定由海上搜救中心作出。未经海上搜救中心同意，参加搜救的船舶、海上设施、航空器及人员不得擅自退出搜救行动。

军队参加海上搜救，依照有关法律、行政法规的规定执行。

第七十七条 遇险船舶、海上设施、航空器或者遇险人员应当服从海上搜救中心和现场指挥的指令，及时接受救助。

遇险船舶、海上设施、航空器不配合救助的，现场指挥根据险情危急情况，可以采取相应救助措施。

第七十八条 海上事故或者险情发生后，有关地方人民政府应当及时组织医疗机构为遇险人员提供紧急医疗救助，为获救人员提供必要的生活保障，并组织有关方面采取善后措施。

第七十九条 在中华人民共和国缔结或者参加的国际条约规定由我国承担搜救义务的海域内开展搜救，依照本章规定执行。

中国籍船舶在中华人民共和国管辖海域以及海上搜救责任区域以外的其他海域发生险情的，中国海上搜救中心接到信息后，应当依据中华人民共和国缔结或者参加的国际条约的规定开展国际协作。

第七章 海上交通事故调查处理

第八十条 船舶、海上设施发生海上交通事故，应当及时向海事管理机构报告，并接受调查。

第八十一条 海上交通事故根据造成的损害后果分为特别重大事故、重大事故、较大事故和一般事故。事故等级划分的人身伤亡标准依照有关安全生产的法律、行政法规的规定确定；事故等级划分的直接经济损失标准，由国务院交通运输主管部门会同国务院有关部门根据海上交通事故中的特殊情况确定，报国务院批准后公布施行。

第八十二条 特别重大海上交通事故由国务院或者国务院授权的部门组织事故调查组进行调查，海事管理机构应当参与或者配合开展调查工作。

其他海上交通事故由海事管理机构组织事故调查组进行调查，有关部门予以配合。国务院认为有必要的，可以直接组织或者授权有关部门组织事故调查组进行调查。

海事管理机构进行事故调查，事故涉及执行军事运输任务的，应当会同有关军事机关进行调查；涉及渔业船舶的，渔业渔政主管部门、海警机构应当参与调查。

第八十三条 调查海上交通事故，应当全面、客观、公正、及时，依法查明事故事实和原因，认定事故责任。

第八十四条 海事管理机构可以根据事故调查处理需要拆封、拆解当事船舶的航行数据记录装置或者读取其记录的信息，要求船舶驶向指定地点或者禁止其离港，扣留船舶或者海上设施的证书、文书、物品、资料等并妥善保管。有关人员应当配合事故调查。

第八十五条 海上交通事故调查组应当自事故发生之日起九十日内提交海上交通事故调查报告；特殊情况下，经负责组织事故调查组的部门负责人批准，提交事故调查报告的期限可以适当延长，但延长期限最长不得超过九十日。事故技术鉴定所需时间不计入事故调查期限。

海事管理机构应当自收到海上交通事故调查报告之日起十五个工作日内作出事故责任认定书，作为处理海上交通事故的证据。

事故损失较小、事实清楚、责任明确的，可以依照国务院交通运输主管部门的规定适用简易调查程序。

海上交通事故调查报告、事故责任认定书应当依照有关法律、行政法规的规定向社会公开。

第八十六条 中国籍船舶在中华人民共和国管辖海域外发生海上交通事故的，应当及时向海事管理机构报告事故情况并接受调查。

外国籍船舶在中华人民共和国管辖海域外发生事故，造成中国公民重伤或者死亡的，海事管理机构根据中华人民共和国缔结或者参加的国际条约的规定参与调查。

第八十七条 船舶、海上设施在海上遭遇恶劣天气、海况以及意外事故，造成或者可能造成损害，需要说明并记录时间、海域以及所采取的应对措施等具体情况的，可以向海事管理机构申请办理海事声明签注。海事管理机构应当依照规定提供签注服务。

第八章 监督管理

第八十八条 海事管理机构对在中华人民共和国管辖海域内从事航行、停泊、作业以及其他与海上交通安全相关的活动，依法实施监督检查。

海事管理机构依照中华人民共和国法律、行政法规以及中华人民共和国缔结或者参加的国际条约对外国籍船舶实施港口国、沿岸国监督检查。

海事管理机构工作人员执行公务时，应当按照规定着装，佩戴职衔标志，出示执法证件，并自觉接受监督。

海事管理机构依法履行监督检查职责，有关单位、个人应当予以配合，不得拒绝、阻碍依法实施的监督检查。

第八十九条 海事管理机构实施监督检查可以采取登船检查、查验证书、现场检查、询问有关人员、电子监控等方式。

载运危险货物的船舶涉嫌存在瞒报、谎报危险货物等情况的，海事管理机构可以采取开箱查验等方式进行检查。海事管理机构应当将开箱查验情况通报有关部门。港口经营人和有关单位、个人应当予以协助。

第九十条 海事管理机构对船舶、海上设施实施监督检查时，应当避免、减少对其正常作业的影响。

除法律、行政法规另有规定或者不立即实施监督检查可能造成严重后果外，不得拦截正在航行中的船舶进行检查。

第九十一条 船舶、海上设施对港口安全具有威胁的，海事管理机构应当责令立即或者限期改正、限制操作，责令驶往指定地点、禁止进港或者将其驱逐出港。

船舶、海上设施处于不适航或者不适拖状态，船员、海上设施上的相关人员未持有有效的法定证书、文书，或者存在其他严重危害海上交通安全、污染海洋环境的隐患的，海事管理机构应当根据情况禁止有关船舶、海上设施进出港，暂扣有关证书、文书或者责令其停航、改航、驶往指定地点或者停止作业。船舶超载的，海事管理机构可以依法对船舶进行强制减载。因强制减载发生的费用由违法船舶所有人、经营人或者管理人承担。

船舶、海上设施发生海上交通事故、污染事故，未结清国家规定的税费、滞纳金且未提供担保或者未履行其他法定义务的，海事管理机构应当责令改正，并可以禁止其离港。

第九十二条 外国籍船舶可能威胁中华人民共和国内水、领海安全的，海事管理机构有权责令其离开。

外国籍船舶违反中华人民共和国海上交通安全或者防治船舶污染的法律、行政法规的，海事管理机构可以依法行使紧追权。

第九十三条 任何单位、个人有权向海事管理机构举报妨碍海上交通安全的行为。海事管理机构接到举报后，应当及时进行核实、处理。

第九十四条 海事管理机构在监督检查中，发现船舶、海上设施有违反其他法律、行政法规行为的，应当依法及时通报或者移送有关主管部门处理。

第九章 法律责任

第九十五条 船舶、海上设施未持有有效的证书、文书的，由海事管理机构责令改正，对违法船舶或者海上设施的所有人、经营人或者管理人处三万元以上三十万元以下的罚款，对船长和有关责任人员处三千元以上三万元以下的罚款；情节严重的，暂扣船长、责任船员的船员适任证书十八个月至三十个月，直至吊销船员适任证书；对船舶持有的伪造、变造证书、文书，予以没收；对存在严重安全隐患的船舶，可以依法予以没收。

第九十六条 船舶或者海上设施有下列情形之一的，由海事管理机构责令改正，对违法船舶或者海上设施的所有人、经营人或者管理人处二万元以上二十万元以下的罚款，对船长和有关责任人员处二千元以上二万元以下的罚款；情节严重的，吊销违法船舶所有人、经营人或者管理人的有关证书、文书，暂扣船长、责任船员的船员适任证书十二个月至二十四个月，直至吊销船员适任证书：

（一）船舶、海上设施的实际状况与持有的证书、文书不符；

（二）船舶未依法悬挂国旗，或者违法悬挂其他国家、地区或者组织的旗帜；

（三）船舶未按规定标明船名、船舶识别号、船籍港、载重线标志；

（四）船舶、海上设施的配员不符合最低安全配员要求。

第九十七条 在船舶上工作未持有船员适任证书、船员健康证明或者所持适任证书、健康证明不符合要求的，由海事管理机构对船舶的所有人、经营人或者管理人处一万元以上十万元以下的罚款，对责任船员处三千元以上三万元以下的罚款；情节严重的，对船舶的所有人、经营人或者管理人处三万元以上三十万元以下的罚款，暂扣责任船员的船员适任证书六个月至十二个月，直至吊销船员适任证书。

第九十八条 以欺骗、贿赂等不正当手段为中国籍船舶取得相关证书、文书的，由海事管理机构撤销有关许可，没收相关证书、文书，对船舶所有人、经营人或者管理人处四万元以上四十万元以下的罚款。

以欺骗、贿赂等不正当手段取得船员适任证书的，由海事管理机构撤销有关许可，没收船员适任证书，对责任人员处五千元以上五万元以下的罚款。

第九十九条 船员未保持安全值班，违反规定摄入可能影响安全值班的食品、药品或者其他物品，或者有其他违反海上船员值班规则的行为的，由海事管理机构对船长、责任船员处一千元以上一万元以下的罚款，或者暂扣船员适任证书三个月至十二个月；情节严重的，吊销船长、责任船员的船员适任证书。

第一百条 有下列情形之一的，由海事管理机构责令改正；情节严重的，处三万元以上十万元以下的罚款：

（一）建设海洋工程、海岸工程未按规定配备相应的防止船舶碰撞的设施、设备并设置专用航标；

（二）损坏海上交通支持服务系统或者妨碍其工作效能；

（三）未经海事管理机构同意设置、撤除专用航标，移动专用航标位置或者改变航标灯光、功率等其他状况，或者设置临时航标不符合海事管理机构确定的航标设置点；

（四）在安全作业区、港外锚地范围内从事养殖、种植、捕捞以及其他影响海上交通安全的作业或者活动。

第一百零一条 有下列情形之一的，由海事管理机构责令改正，对有关责任人员处三万元以下的罚款；情节严重的，处三万元以上十万元以下的罚款，并暂扣责任船员的船员适任证书一个月至三个月：

（一）承担无线电通信任务的船员和岸基无线电台（站）的工作人员未保持海上交通安全通信频道的值守和畅通，或者使用海上交通安全通信频率交流与海上交通安全无关的内容；

（二）违反国家有关规定使用无线电台识别码，影响海上搜救的身份识别；

（三）其他违反海上无线电通信规则的行为。

第一百零二条 船舶未依照本法规定申请引航的，由海事管理机构对违法船舶的所有人、经营人或者管理人处五万元以上五十万元以下的罚款，对船长处一千元以上一万元以下的罚款；情节严重的，暂扣有关船舶证书三个月至十二个月，暂扣船长的船员适任证书一个月至三个月。

引航机构派遣引航员存在过失，造成船舶损失的，由海事管理机构对引航机构处三万元以上三十万元以下的罚款。

未经引航机构指派擅自提供引航服务的，由海事管理机构对引领船舶的人员处三千元以上三万元以下的罚款。

第一百零三条 船舶在海上航行、停泊、作业，有下列情形之一的，由海事管理机构责令改正，对违法船舶的所有人、经营人或者管理人处二万元以上二十万元以下的罚款，对船长、责任船员处二千元以上二万元以下的罚款，暂扣船员适任证书三个月至十二个月；情节严重的，吊销船长、责任船员的船员适任证书：

（一）船舶进出港口、锚地或者通过桥区水域、海峡、狭水道、重要渔业水域、通航船舶密集的区域、船舶定线区、交通管制区时，未加强瞭望、保持安全航速并遵守前述区域的特殊航行规则；

（二）未按照有关规定显示信号、悬挂标志或者保持足够的富余水深；

（三）不符合安全开航条件冒险开航，违章冒险操作、作业，或者未按照船舶检验证书载明的航区航行、停泊、作业；

（四）未按照有关规定开启船舶的自动识别、航行数据记录、远程识别和跟踪、通信等与航行安全、保安、防治污染相关的装置，并持续进行显示和记录；

（五）擅自拆封、拆解、初始化、再设置航行数据记录装置或者读取其记录的信息；

（六）船舶穿越航道妨碍航道内船舶的正常航行，抢越他船船艏或者超过桥梁通航尺度进入桥区水域；

（七）船舶违反规定进入或者穿越禁航区；

（八）船舶载运或者拖带超长、超高、超宽、半潜的船舶、海上设施或者其他物体航行，未采取特殊的安全保障措施，未在开航前向海事管理机构报告航行计划，未按规定显示信号、悬挂标志，或者拖带移动式平台、浮船坞等大型海上设施未依法交验船舶检验机构出具的拖航检验证书；

（九）船舶在不符合安全条件的码头、泊位、装卸站、锚地、安全作业区停泊，或者停泊危及其他船舶、海上设施的安全；

（十）船舶违反规定超过检验证书核定的载客定额、载重线、载货种类载运乘客、货物，或者客船载运乘客同时载运危险货物；

（十一）客船未向乘客明示安全须知、设置安全标志和警示；

（十二）未按照有关法律、行政法规、规章以及强制性标准和技术规范的要求安全装卸、积载、隔离、系固和管理货物；

（十三）其他违反海上航行、停泊、作业规则的行为。

第一百零四条　国际航行船舶未经许可进出口岸的，由海事管理机构对违法船舶的所有人、经营人或者管理人处三千元以上三万元以下的罚款，对船长、责任船员或者其他责任人员，处二千元以上二万元以下的罚款；情节严重的，吊销船长、责任船员的船员适任证书。

国内航行船舶进出港口、港外装卸站未依法向海事管理机构报告的，由海事管理机构对违法船舶的所有人、经营人或者管理人处三千元以上三万元以下的罚款，对船长、责任船员或者其他责任人员处五百元以上五千元以下的罚款。

第一百零五条　船舶、海上设施未经许可从事海上施工作业，或者未按照许可要求、超出核定的安全作业区进行作业的，由海事管理机构责令改正，对违法船舶、海上设施的所有人、经营人或者管理人处三万元以上三十万元以下的罚款，对船长、责任船员处三千元以上三万元以下的罚款，或者暂扣船员适任证书六个月至十二个月；情节严重的，吊销船长、责任船员的船员适任证书。

从事可能影响海上交通安全的水上水下活动，未按规定提前报告海事管理机构的，由海事管理机构对违法船舶、海上设施的所有人、经营人或者管理人处一万元以上三万元以下的罚款，对船长、责任船员处二千元以上二万元以下的罚款。

第一百零六条　碍航物的所有人、经营人或者管理人有下列情形之一的，由海事管理机构责令改正，处二万元以上二十万元以下的罚款；逾期未改正的，海事管理机构有权依法实施代履行，代履行的费用由碍航物的所有人、经营人或者管理人承担：

（一）未按照有关强制性标准和技术规范的要求及时设置警示标志；

（二）未向海事管理机构报告碍航物的名称、形状、尺寸、位置和深度；

（三）未在海事管理机构限定的期限内打捞清除碍航物。

第一百零七条　外国籍船舶进出中华人民共和国内水、领海违反本法规定的，由海事管理机构对违法船舶的所有人、经营人或者管理人处五万元以上五十万元以下的罚款，对船长处一万元以上三万元以下的罚款。

第一百零八条　载运危险货物的船舶有下列情形之一的，海事管理机构应当责令改正，对违法船舶的所有人、经营人或者管理人处五万元以上五十万元以下的罚款，对船长、责任船员或者其他责任人员，处五千元以上五万元以下的罚款；情节严重的，责令停止作业或者航行，暂扣船长、责任船员的船员适任证书六个月至十二个月，直至吊销船员适任证书：

（一）未经许可进出港口或者从事散装液体危险货物过驳作业；

（二）未按规定编制相应的应急处置预案，配备相应的消防、应急设备和器材；

（三）违反有关强制性标准和安全作业操作规程的要求从事危险货物装卸、过驳作业。

第一百零九条　托运人托运危险货物，有下列情形之一的，由海事管理机构责令改正，处五万元以上三十万元以下的罚款：

（一）未将托运的危险货物的正式名称、危险性质以及应当采取的防护措施通知承运人；

（二）未按照有关法律、行政法规、规章以及强制性标准和技术规范的要求对危险货物妥善包装，设置明显的危险品标志和标签；

（三）在托运的普通货物中夹带危险货物或者将危险货物谎报为普通货物托运；

（四）未依法提交有关专业机构出具的表明该货物危险特性以及应当采取的防护措施等情况的文件。

第一百一十条　船舶、海上设施遇险或者发生海上交通事故后未履行报告义务，或者存在瞒报、谎报情形的，由海事管理机构对违法船舶、海上设施的所有人、经营人或者管理人处三千元以上三万元以下的罚款，对船长、责任船员处二千元以上二万元以下的罚款，暂扣船员适任证书六个月至二十四个月；情节严重的，对违法船舶、海上设施的所有人、经营人或者管理人处一万元以上十万元以下的罚款，吊销船长、责任船员的船员适任证书。

第一百一十一条　船舶发生海上交通事故后逃逸的，由海事管理机构对违法船舶的所有人、经营人或者管理人处十万元以上五十万元以下的罚款，对船长、责任船员处五千元以上五万元以下的罚款并吊销船员适任证书，受处罚者终身不得重新申请。

第一百一十二条　船舶、海上设施不依法履行海上救助义务，不服从海上搜救中心指挥的，由海事管理机构对船舶、海上设施的所有人、经营人或者管理人处三万元以上三十万元以下的罚款，暂扣船长、责任船员的船员适任证书六个月至十二个月，直至吊销船员适任证书。

第一百一十三条　有关单位、个人拒绝、阻碍海事管理机构监督检查，或者在接受监督检查时弄虚作假的，由海事管理机构处二千元以上二万元以下的罚款，暂扣船长、责任船员的船员适任证书六个月至二十四个月，直至吊销船员适任证书。

第一百一十四条　交通运输主管部门、海事管理机构及其他有关部门的工作人员违反本法规定，滥用职权、玩忽职守、徇私舞弊的，依法给予处分。

第一百一十五条　因海上交通事故引发民事纠纷的，当事人可以依法申请仲裁或者向人民法院提起诉讼。

第一百一十六条　违反本法规定，构成违反治安管理行为的，依法给予治安管理处罚；造成人身、财产损害的，依法承担民事责任；构成犯罪的，依法追究刑事责任。

第十章　附　则

第一百一十七条　本法下列用语的含义是：

船舶，是指各类排水或者非排水的船、艇、筏、水上飞行器、潜水器、移动式平台以及其他移动式装置。

海上设施，是指水上水下各种固定或者浮动建筑、装置和固定平台，但是不包括码头、防波堤等港口设施。

内水，是指中华人民共和国领海基线向陆地一侧至海岸线的海域。

施工作业，是指勘探、采掘、爆破、构筑、维修、拆除水上水下构筑物或者设施，航道建设、疏浚（航道养护疏浚除外）作业，打捞沉船沉物。

海上交通事故，是指船舶、海上设施在航行、停泊、作业过程中发生的，由于碰撞、搁浅、触礁、触碰、火灾、风灾、浪损、沉没等原因造成人员伤亡或者财产损失的事故。

海上险情，是指对海上生命安全、水域环境构成威胁，需立即采取措施规避、控制、减轻和消除的各种情形。

危险货物，是指国际海上危险货物运输规则和国家危险货物品名表上列明的，易燃、易爆、有毒、有腐蚀性、有放射性、有污染危害性等，在船舶载运过程中可能造成人身伤害、财产损失或者环境污染而需要采取特别防护措施的货物。

海上渡口，是指海上岛屿之间、海上岛屿与大陆之间，以及隔海相望的大陆与大陆之间，专用于渡船渡运人员、行李、车辆的交通基础设施。

第一百一十八条　公务船舶检验、船员配备的具体办法由国务院交通运输主管部门会同有关主管部门另行制定。

体育运动船舶的登记、检验办法由国务院体育主管部门另行制定。训练、比赛期间的体育运动船舶的海上交通安全监督管理由体育主管部门负责。

渔业船员、渔业无线电、渔业航标的监督管理，渔业船舶的登记管理，渔港水域内的海上交通安全管理，渔业船舶（含外国籍渔业船舶）之间交通事故的调查处理，由县级以上人民政府渔业渔政主管部门负责。法律、行政法规或者国务院对渔业船舶之间交通事故的调查处理另有规定的，从其规定。

除前款规定外，渔业船舶的海上交通安全管理由海事管理机构负责。渔业船舶的检验及其监督管理，由海事管理机构依照有关法律、行政法规的规定执行。

浮式储油装置等海上石油、天然气生产设施的检验适用有关法律、行政法规的规定。

第一百一十九条　海上军事管辖区和军用船舶、海上设施的内部海上交通安全管理，军用航标的设立和管理，以及为军事目的进行作业或者水上水下活动的管理，由中央军事委员会另行制定管理办法。

划定、调整海上交通功能区或者领海内特定水域，划定海上渡口的渡运线路，许可海上施工作业，可能对军用船舶的战备、训练、执勤等行动造成影响的，海事管理机构应当事先征求有关军事机关的意见。

执行军事运输任务有特殊需要的，有关军事机关应当及时向海事管理机构通报相关信息。海事管理机构应当给予必要的便利。

海上交通安全管理涉及国防交通、军事设施保护的，依照有关法律的规定执行。

第一百二十条　外国籍公务船舶在中华人民共和国领海航行、停泊、作业，违反中华人民共和国法律、行政法规的，依照有关法律、行政法规的规定处理。

在中华人民共和国管辖海域内的外国籍军用船舶的管理，适用有关法律的规定。

第一百二十一条　中华人民共和国缔结或者参加的国际条约同本法有不同规定的，适用国际条约的规定，但中华人民共和国声明保留的条款除外。

第一百二十二条　本法自 2021 年 9 月 1 日起施行。

中华人民共和国内河交通安全管理条例

（2002年6月28日国务院令第355号公布 根据2011年1月8日《国务院关于废止和修改部分行政法规的决定》第一次修订 根据2017年3月1日《国务院关于修改和废止部分行政法规的决定》第二次修订 根据2019年3月2日《国务院关于修改部分行政法规的决定》第三次修订）

第一章 总 则

第一条 为了加强内河交通安全管理，维护内河交通秩序，保障人民群众生命、财产安全，制定本条例。

第二条 在中华人民共和国内河通航水域从事航行、停泊和作业以及与内河交通安全有关的活动，必须遵守本条例。

第三条 内河交通安全管理遵循安全第一、预防为主、方便群众、依法管理的原则，保障内河交通安全、有序、畅通。

第四条 国务院交通主管部门主管全国内河交通安全管理工作。国家海事管理机构在国务院交通主管部门的领导下，负责全国内河交通安全监督管理工作。

国务院交通主管部门在中央管理水域设立的海事管理机构和省、自治区、直辖市人民政府在中央管理水域以外的其他水域设立的海事管理机构（以下统称海事管理机构）依据各自的职责权限，对所辖内河通航水域实施水上交通安全监督管理。

第五条 县级以上地方各级人民政府应当加强本行政区域内的内河交通安全管理工作，建立、健全内河交通安全管理责任制。

乡（镇）人民政府对本行政区域内的内河交通安全管理履行下列职责：

（一）建立、健全行政村和船主的船舶安全责任制；

（二）落实渡口船舶、船员、旅客定额的安全管理责任制；

（三）落实船舶水上交通安全管理的专门人员；

（四）督促船舶所有人、经营人和船员遵守有关内河交通安全的法律、法规和规章。

第二章 船舶、浮动设施和船员

第六条 船舶具备下列条件，方可航行：

（一）经海事管理机构认可的船舶检验机构依法检验并持有合格的船舶检验证书；

（二）经海事管理机构依法登记并持有船舶登记证书；

（三）配备符合国务院交通主管部门规定的船员；

（四）配备必要的航行资料。

第七条 浮动设施具备下列条件，方可从事有关活动：

（一）经海事管理机构认可的船舶检验机构依法检验并持有合格的检验证书；

（二）经海事管理机构依法登记并持有登记证书；

（三）配备符合国务院交通主管部门规定的掌握水上交通安全技能的船员。

第八条 船舶、浮动设施应当保持适于安全航行、停泊或者从事有关活动的状态。

船舶、浮动设施的配载和系固应当符合国家安全技术规范。

第九条 船员经水上交通安全专业培训，其中客船和载运危险货物船舶的船员还应当经相应的特殊培训，并经海事管理机构考试合格，取得相应的适任证书或者其他适任证件，方可担任船员职务。严禁未取得适任证书或者其他适任证件的船员上岗。

船员应当遵守职业道德，提高业务素质，严格依法履行职责。

第十条 船舶、浮动设施的所有人或者经营人，应当加强对船舶、浮动设施的安全管理，建立、健全相应的交通安全管理制度，并对船舶、浮动设施的交通安全负责；不得聘用无适任证书或者其他适任证件的人员担任船员；不得指使、强令船员违章操作。

第十一条 船舶、浮动设施的所有人或者经营人，应当根据船舶、浮动设施的技术性能、船员状况、水域和水文气象条件，合理调度船舶或者使用浮动设施。

第十二条 按照国家规定必须取得船舶污染损害责任、沉船打捞责任的保险文书或者财务保证书的船舶，其所有人或者经营人必须取得相应的保险文书或者财务担保证明，并随船携带其副本。

第十三条 禁止伪造、变造、买卖、租借、冒用船舶检验证书、船舶登记证书、船员适任证书或者其他适任证件。

第三章 航行、停泊和作业

第十四条 船舶在内河航行，应当悬挂国旗，标明船名、船籍港、载重线。

按照国家规定应当报废的船舶、浮动设施，不得航行或者作业。

第十五条 船舶在内河航行，应当保持瞭望，注意观察，并采用安全航速航行。船舶安全航速应当根据能见度、通航密度、船舶操纵性能和风、浪、水流、航路状况以及周围环境等主要因素决定。使用雷达的船舶，还应当考虑雷达设备的特性、效率和局限性。

船舶在限制航速的区域和汛期高水位期间，应当按照海事管理机构规定的航速航行。

第十六条 船舶在内河航行时，上行船应当沿缓流或者航路一侧航行，下行船舶应当沿主流或者航路中间航行；在潮流河段、湖泊、水库、平流区域，应当尽可能沿本船右舷一侧航路航行。

第十七条 船舶在内河航行时，应当谨慎驾驶，保障安全；对来船动态不明、声号不统一或者遇有紧迫情况时，应当减速、停车或者倒车，防止碰撞。

船舶相遇，各方应当注意避让。按照船舶航行规则应当让路的船舶，必须主动避让被让路船舶；被让路船舶应当注意让路船舶的行动，并适时采取措施，协助避让。

船舶避让时，各方避让意图经统一后，任何一方不得擅自改变避让行动。

船舶航行、避让和信号显示的具体规则，由国务院交通主管部门制定。

第十八条 船舶进出内河港口，应当向海事管理机构报告船舶的航次计划、适航状态、船员配备和载货载客等情况。

第十九条 下列船舶在内河航行，应当向引航机构申请引航：

（一）外国籍船舶；

（二）1000总吨以上的海上机动船舶，但船长驾驶同一类型的海上机动船舶在同一内河通航水域航行与上一航次间隔2个月以内的除外；

（三）通航条件受限制的船舶；

（四）国务院交通主管部门规定应当申请引航的客船、载运危险货物的船舶。

第二十条 船舶进出港口和通过交通管制区、通航密集区或者航行条件受限制的区域，应当遵守海事管理机构发布的有关通航规定。

任何船舶不得擅自进入或者穿越海事管理机构公布的禁航区。

第二十一条 从事货物或者旅客运输的船舶，必须符合船舶强度、稳性、吃水、消防和救生等安全技术要求和国务院交通主管部门规定的载货或者载客条件。

任何船舶不得超载运输货物或者旅客。

第二十二条 船舶在内河通航水域载运或者拖带超重、超长、超高、超宽、半潜的物体，必须在装船或者拖带前24小时报海事管理机构核定拟航行的航路、时间，并采取必要的安全措施，保障船舶载运或者拖带安全。船舶需要护航的，应当向海事管理机构申请护航。

第二十三条 遇有下列情形之一时，海事管理机构可以根据情况采取限时航行、单航、封航等临时性限制、疏导交通的措施，并予公告：

（一）恶劣天气；

（二）大范围水上施工作业；

（三）影响航行的水上交通事故；

（四）水上大型群众性活动或者体育比赛；

（五）对航行安全影响较大的其他情形。

第二十四条 船舶应当在码头、泊位或者依法公布的锚地、停泊区、作业区停泊；遇有紧急情况，需要在其他水域停泊的，应当向海事管理机构报告。

船舶停泊，应当按照规定显示信号，不得妨碍或者危及其他船舶航行、停泊或者作业的安全。

船舶停泊，应当留有足以保证船舶安全的船员值班。

第二十五条 在内河通航水域或者岸线上进行下列可能影响通航安全的作业或者活动的，应当在进行作业或者活动前报海事管理机构批准：

（一）勘探、采掘、爆破；

（二）构筑、设置、维修、拆除水上水下构筑物或者设施；

（三）架设桥梁、索道；

（四）铺设、检修、拆除水上水下电缆或者管道；

（五）设置系船浮筒、浮趸、缆桩等设施；

（六）航道建设，航道、码头前沿水域疏浚；

（七）举行大型群众性活动、体育比赛。

进行前款所列作业或者活动，需要进行可行性研究的，在进行可行性研究时应当征求海事管理机构的意见；依照法律、行政法规的规定，需经其他有关部门审批的，还应当依法办理有关审批手续。

第二十六条 海事管理机构审批本条例第二十五条规定的作业或者活动，应当自收到申请之日起30

日内作出批准或者不批准的决定，并书面通知申请人。

遇有紧急情况，需要对航道进行修复或者对航道、码头前沿水域进行疏浚的，作业人可以边申请边施工。

第二十七条 航道内不得养殖、种植植物、水生物和设置永久性固定设施。

划定航道，涉及水产养殖区的，航道主管部门应当征求渔业行政主管部门的意见；设置水产养殖区，涉及航道的，渔业行政主管部门应当征求航道主管部门和海事管理机构的意见。

第二十八条 在内河通航水域进行下列可能影响通航安全的作业，应当在进行作业前向海事管理机构备案：

（一）气象观测、测量、地质调查；
（二）航道日常养护；
（三）大面积清除水面垃圾；
（四）可能影响内河通航水域交通安全的其他行为。

第二十九条 进行本条例第二十五条、第二十八条规定的作业或者活动时，应当在作业或者活动区域设置标志和显示信号，并按照海事管理机构的规定，采取相应的安全措施，保障通航安全。

前款作业或者活动完成后，不得遗留任何妨碍航行的物体。

第四章 危险货物监管

第三十条 从事危险货物装卸的码头、泊位，必须符合国家有关安全规范要求，并征求海事管理机构的意见，经验收合格后，方可投入使用。

禁止在内河运输法律、行政法规以及国务院交通主管部门规定禁止运输的危险货物。

第三十一条 载运危险货物的船舶，必须持有经海事管理机构认可的船舶检验机构依法检验并颁发的危险货物适装证书，并按照国家有关危险货物运输的规定和安全技术规范进行配载和运输。

第三十二条 船舶装卸、过驳危险货物或者载运危险货物进出港口，应当将危险货物的名称、特性、包装、装卸或者过驳的时间、地点以及进出港时间等事项，事先报告海事管理机构和港口管理机构，经其同意后，方可进行装卸、过驳作业或者进出港口；但是，定船、定线、定货的船舶可以定期报告。

第三十三条 载运危险货物的船舶，在航行、装卸或者停泊时，应当按照规定显示信号；其他船舶应当避让。

第三十四条 从事危险货物装卸的码头、泊位和载运危险货物的船舶，必须编制危险货物事故应急预案，并配备相应的应急救援设备和器材。

第五章 渡口管理

第三十五条 设置或者撤销渡口，应当经渡口所在地的县级人民政府审批；县级人民政府审批前，应当征求当地海事管理机构的意见。

第三十六条 渡口的设置应当具备下列条件：

（一）选址应当在水流平缓、水深足够、坡岸稳定、视野开阔、适宜船舶停靠的地点，并远离危险物品生产、堆放场所；
（二）具备货物装卸、旅客上下的安全设施；
（三）配备必要的救生设备和专门管理人员。

第三十七条 渡口经营者应当在渡口设置明显的标志，维护渡口秩序，保障渡运安全。

渡口所在地县级人民政府应当建立、健全渡口安全管理责任制，指定有关部门负责对渡口和渡运安全实施监督检查。

第三十八条 渡口工作人员应当经培训、考试合格，并取得渡口所在地县级人民政府指定的部门颁发的合格证书。

渡口船舶应当持有合格的船舶检验证书和船舶登记证书。

第三十九条 渡口载客船舶应当有符合国家规定的识别标志，并在明显位置标明载客定额、安全注意事项。

渡口船舶应当按照渡口所在地的县级人民政府核定的路线渡运，并不得超载；渡运时，应当注意避让过往船舶，不得抢航或者强行横越。

遇有洪水或者大风、大雾、大雪等恶劣天气，渡口应当停止渡运。

第六章 通航保障

第四十条 内河通航水域的航道、航标和其他标志的规划、建设、设置、维护，应当符合国家规定的通航安全要求。

第四十一条 内河航道发生变迁，水深、宽度发生变化，或者航标发生位移、损坏、灭失，影响通航安全的，航道、航标主管部门必须及时采取措施，使航道、航标保持正常状态。

第四十二条 内河通航水域内可能影响航行安全的沉没物、漂流物、搁浅物，其所有人和经营人，必须按照国家有关规定设置标志，向海事管理机构报告，并在海事管理机构限定的时间内打捞清除；没有所有人或者经营人的，由海事管理机构打捞清除或者采取其他相应措施，保障通航安全。

第四十三条　在内河通航水域中拖放竹、木等物体，应当在拖放前24小时报经海事管理机构同意，按照核定的时间、路线拖放，并采取必要的安全措施，保障拖放安全。

第四十四条　任何单位和个人发现下列情况，应当迅速向海事管理机构报告：

（一）航道变迁，航道水深、宽度发生变化；

（二）妨碍通航安全的物体；

（三）航标发生位移、损坏、灭失；

（四）妨碍通航安全的其他情况。

海事管理机构接到报告后，应当根据情况发布航行通告或者航行警告，并通知航道、航标主管部门。

第四十五条　海事管理机构划定或者调整禁航区、交通管制区、港区外锚地、停泊区和安全作业区，以及对进行本条例第二十五条、第二十八条规定的作业或者活动，需要发布航行通告、航行警告的，应当及时发布。

第七章　救　　助

第四十六条　船舶、浮动设施遇险，应当采取一切有效措施进行自救。

船舶、浮动设施发生碰撞等事故，任何一方应当在不危及自身安全的情况下，积极救助遇险的他方，不得逃逸。

船舶、浮动设施遇险，必须迅速将遇险的时间、地点、遇险状况、遇险原因、救助要求，向遇险地海事管理机构以及船舶、浮动设施所有人、经营人报告。

第四十七条　船员、浮动设施上的工作人员或者其他人员发现其他船舶、浮动设施遇险，或者收到求救信号后，必须尽力救助遇险人员，并将有关情况及时向遇险地海事管理机构报告。

第四十八条　海事管理机构收到船舶、浮动设施遇险求救信号或者报告后，必须立即组织力量救助遇险人员，同时向遇险地县级以上地方人民政府和上级海事管理机构报告。

遇险地县级以上地方人民政府收到海事管理机构的报告后，应当对救助工作进行领导和协调，动员各方力量积极参与救助。

第四十九条　船舶、浮动设施遇险时，有关部门和人员必须积极协助海事管理机构做好救助工作。

遇险现场和附近的船舶、人员，必须服从海事管理机构的统一调度和指挥。

第八章　事故调查处理

第五十条　船舶、浮动设施发生交通事故，其所有人或者经营人必须立即向交通事故发生地海事管理机构报告，并做好现场保护工作。

第五十一条　海事管理机构接到内河交通事故报告后，必须立即派员前往现场，进行调查和取证。

海事管理机构进行内河交通事故调查和取证，应当全面、客观、公正。

第五十二条　接受海事管理机构调查、取证的有关人员，应当如实提供有关情况和证据，不得谎报或者隐匿、毁灭证据。

第五十三条　海事管理机构应当在内河交通事故调查、取证结束后30日内，依据调查事实和证据作出调查结论，并书面告知内河交通事故当事人。

第五十四条　海事管理机构在调查处理内河交通事故过程中，应当采取有效措施，保证航路畅通，防止发生其他事故。

第五十五条　地方人民政府应当依照国家有关规定积极做好内河交通事故的善后工作。

第五十六条　特大内河交通事故的报告、调查和处理，按照国务院有关规定执行。

第九章　监　督　检　查

第五十七条　在旅游、交通运输繁忙的湖泊、水库，在气候恶劣的季节，在法定或者传统节日、重大集会、集市、农忙、学生放学放假等交通高峰期间，县级以上地方各级人民政府应当加强对维护内河交通安全的组织、协调工作。

第五十八条　海事管理机构必须建立、健全内河交通安全监督检查制度，并组织落实。

第五十九条　海事管理机构必须依法履行职责，加强对船舶、浮动设施、船员和通航安全环境的监督检查。发现内河交通安全隐患时，应当责令有关单位和个人立即消除或者限期消除；有关单位和个人不立即消除或者逾期不消除的，海事管理机构必须采取责令其临时停航、停止作业，禁止进港、离港等强制性措施。

第六十条　对内河交通密集区域、多发事故水域以及货物装卸、乘客上下比较集中的港口，对客渡船、滚装客船、高速客轮、旅游船和载运危险货物的船舶，海事管理机构必须加强安全巡查。

第六十一条　海事管理机构依照本条例实施监督检查时，可以根据情况对违反本条例有关规定的船舶，采取责令临时停航、驶向指定地点，禁止进港、离港，强制卸载、拆除动力装置、暂扣船舶等保障通航安全的措施。

第六十二条 海事管理机构的工作人员依法在内河通航水域对船舶、浮动设施进行内河交通安全监督检查，任何单位和个人不得拒绝或者阻挠。

有关单位或者个人应当接受海事管理机构依法实施的安全监督检查，并为其提供方便。

海事管理机构的工作人员依照本条例实施监督检查时，应当出示执法证件，表明身份。

第十章 法律责任

第六十三条 违反本条例的规定，应当报废的船舶、浮动设施在内河航行或者作业的，由海事管理机构责令停航或者停止作业，并对船舶、浮动设施予以没收。

第六十四条 违反本条例的规定，船舶、浮动设施未持有合格的检验证书、登记证书或者船舶未持有必要的航行资料，擅自航行或者作业的，由海事管理机构责令停止航行或者作业；拒不停止的，暂扣船舶、浮动设施；情节严重的，予以没收。

第六十五条 违反本条例的规定，船舶未按照国务院交通主管部门的规定配备船员擅自航行，或者浮动设施未按照国务院交通主管部门的规定配备掌握水上交通安全技能的船员擅自作业的，由海事管理机构责令限期改正，对船舶、浮动设施所有人或者经营人处1万元以上10万元以下的罚款；逾期不改正的，责令停航或者停止作业。

第六十六条 违反本条例的规定，未经考试合格并取得适任证书或者其他适任证件的人员擅自从事船舶航行的，由海事管理机构责令其立即离岗，对直接责任人员处2000元以上2万元以下的罚款，并对聘用单位处1万元以上10万元以下的罚款。

第六十七条 违反本条例的规定，按照国家规定必须取得船舶污染损害责任、沉船打捞责任的保险文书或者财务保证书的船舶的所有人或者经营人，未取得船舶污染损害责任、沉船打捞责任保险文书或者财务担保证明的，由海事管理机构责令限期改正；逾期不改正的，责令停航，并处1万元以上10万元以下的罚款。

第六十八条 违反本条例的规定，船舶在内河航行时，有下列情形之一的，由海事管理机构责令改正，处5000元以上5万元以下的罚款；情节严重的，禁止船舶进出港口或者责令停航，并可以对责任船员给予暂扣适任证书或者其他适任证件3个月至6个月的处罚：

（一）未按照规定悬挂国旗，标明船名、船籍港、载重线的；

（二）未按照规定向海事管理机构报告船舶的航次计划、适航状态、船员配备和载货载客等情况的；

（三）未按照规定申请引航的；

（四）擅自进出内河港口，强行通过交通管制区、通航密集区、航行条件受限制区域或者禁航区的；

（五）载运或者拖带超重、超长、超高、超宽、半潜的物体，未申请或者未按照核定的航路、时间航行的。

第六十九条 违反本条例的规定，船舶未在码头、泊位或者依法公布的锚地、停泊区、作业区停泊的，由海事管理机构责令改正；拒不改正的，予以强行拖离，因拖离发生的费用由船舶所有人或者经营人承担。

第七十条 违反本条例的规定，在内河通航水域或者岸线上进行有关作业或者活动未经批准或者备案，或者未设置标志、显示信号的，由海事管理机构责令改正，处5000元以上5万元以下的罚款。

第七十一条 违反本条例的规定，从事危险货物作业，有下列情形之一的，由海事管理机构责令停止作业或者航行，对负有责任的主管人员或者其他直接责任人员处2万元以上10万元以下的罚款；属于船员的，并给予暂扣适任证书或者其他适任证件6个月以上直至吊销适任证书或者其他适任证件的处罚：

（一）从事危险货物运输的船舶，未编制危险货物事故应急预案或者未配备相应的应急救援设备和器材的；

（二）船舶装卸、过驳危险货物或者载运危险货物进出港口未经海事管理机构、港口管理机构同意的。

未持有危险货物适装证书擅自载运危险货物或者未按照安全技术规范进行配载和运输的，依照《危险化学品安全管理条例》的规定处罚。

第七十二条 违反本条例的规定，未经批准擅自设置或者撤销渡口的，由渡口所在地县级人民政府指定的部门责令限期改正；逾期不改正的，予以强制拆除或者恢复，因强制拆除或者恢复发生的费用分别由设置人、撤销人承担。

第七十三条 违反本条例的规定，渡口船舶未标明识别标志、载客定额、安全注意事项的，由渡口所在地县级人民政府指定的部门责令改正，处2000元以上1万元以下的罚款；逾期不改正的，责令停航。

第七十四条 违反本条例的规定，在内河通航水域的航道内养殖、种植植物、水生物或者设置永久性固定设施的，由海事管理机构责令限期改正；逾期不改正的，予以强制清除，因清除发生的费用由其所有人或者经营人承担。

第七十五条 违反本条例的规定，内河通航水域中的沉没物、漂流物、搁浅物的所有人或者经营人，未按照国家有关规定设置标志或者未在规定的时间内打捞清除的，由海事管理机构责令限期改正；逾期不改正的，海事管理机构强制设置标志或者组织打捞清除；需要立即组织打捞清除的，海事管理机构应当及时组织打捞清除。海事管理机构因设置标志或者打捞清除发生的费用，由沉没物、漂流物、搁浅物的所有人或者经营人承担。

第七十六条 违反本条例的规定，船舶、浮动设施遇险后未履行报告义务或者不积极施救的，由海事管理机构给予警告，并可以对责任船员给予暂扣适任证书或者其他适任证件3个月至6个月直至吊销适任证书或者其他适任证件的处罚。

第七十七条 违反本条例的规定，船舶、浮动设施发生内河交通事故的，除依法承担相应的法律责任外，由海事管理机构根据调查结论，对责任船员给予暂扣适任证书或者其他适任证件6个月以上直至吊销适任证书或者其他适任证件的处罚。

第七十八条 违反本条例的规定，遇险现场和附近的船舶、船员不服从海事管理机构的统一调度和指挥的，由海事管理机构给予警告，并可以对责任船员给予暂扣适任证书或者其他适任证件3个月至6个月直至吊销适任证书或者其他适任证件的处罚。

第七十九条 违反本条例的规定，伪造、变造、买卖、转借、冒用船舶检验证书、船舶登记证书、船员适任证书或者其他适任证件的，由海事管理机构没收有关的证书或者证件；有违法所得的，没收违法所得，并处违法所得2倍以上5倍以下的罚款；没有违法所得或者违法所得不足2万元的，处1万元以上5万元以下的罚款；触犯刑律的，依照刑法关于伪造、变造、买卖国家机关公文、证件罪或者其他罪的规定，依法追究刑事责任。

第八十条 违反本条例的规定，船舶、浮动设施的所有人或者经营人指使、强令船员违章操作的，由海事管理机构给予警告，处1万元以上5万元以下的罚款，并可以责令停航或者停止作业；造成重大伤亡事故或者严重后果的，依照刑法关于重大责任事故罪或者其他罪的规定，依法追究刑事责任。

第八十一条 违反本条例的规定，船舶在内河航行、停泊或者作业，不遵守航行、避让和信号显示规则的，由海事管理机构责令改正，处1000元以上1万元以下的罚款；情节严重的，对责任船员给予暂扣适任证书或者其他适任证件3个月至6个月直至吊销适任证书或者其他适任证件的处罚；造成重大内河交通事故的，依照刑法关于交通肇事罪或者其他罪的规定，依法追究刑事责任。

第八十二条 违反本条例的规定，船舶不具备安全技术条件从事货物、旅客运输，或者超载运输货物、旅客的，由海事管理机构责令改正，处2万元以上10万元以下的罚款，可以对责任船员给予暂扣适任证书或者其他适任证件6个月以上直至吊销适任证书或者其他适任证件的处罚，并对超载运输的船舶强制卸载，因卸载而发生的卸货费、存货费、旅客安置费和船舶监管费由船舶所有人或者经营人承担；发生重大伤亡事故或者造成其他严重后果的，依照刑法关于重大劳动安全事故罪或者其他罪的规定，依法追究刑事责任。

第八十三条 违反本条例的规定，船舶、浮动设施发生内河交通事故后逃逸的，由海事管理机构对责任船员给予吊销适任证书或者其他适任证件的处罚；证书或者证件吊销后，5年内不得重新从业；触犯刑律的，依照刑法关于交通肇事罪或者其他罪的规定，依法追究刑事责任。

第八十四条 违反本条例的规定，阻碍、妨碍内河交通事故调查取证，或者谎报、隐匿、毁灭证据的，由海事管理机构给予警告，并对直接责任人员处1000元以上1万元以下的罚款；属于船员的，并给予暂扣适任证书或者其他适任证件12个月以上直至吊销适任证书或者其他适任证件的处罚；以暴力、威胁方法阻碍内河交通事故调查取证的，依照刑法关于妨害公务罪的规定，依法追究刑事责任。

第八十五条 违反本条例的规定，海事管理机构不依据法定的安全条件进行审批、许可的，对负有责任的主管人员和其他直接责任人员根据不同情节，给予降级或者撤职的行政处分；造成重大内河交通事故或者致使公共财产、国家和人民利益遭受重大损失的，依照刑法关于滥用职权罪、玩忽职守罪或者其他罪的规定，依法追究刑事责任。

第八十六条 违反本条例的规定，海事管理机构对审批、许可的安全事项不实施监督检查的，对负有责任的主管人员和其他直接责任人员根据不同情节，给予记大过、降级或者撤职的行政处分；造成重大内河交通事故或者致使公共财产、国家和人民利益遭受重大损失的，依照刑法关于滥用职权罪、玩忽职守罪或者其他罪的规定，依法追究刑事责任。

第八十七条 违反本条例的规定，海事管理机构发现船舶、浮动设施不再具备安全航行、停泊、作业条件而不及时撤销批准或者许可并予以处理的，对负有责任的主管人员和其他直接责任人员根据不同情节，给予记大过、降级或者撤职的行政处分；造成重大内河交通事故或者致使公共财产、国家和人民利益遭受重大损失的，依照刑法关于滥用职权罪、玩忽职守罪或者其他罪的规定，依法追究刑事责任。

第八十八条 违反本条例的规定，海事管理机构对未经审批、许可擅自从事旅客、危险货物运输的船舶不实施监督检查，或者发现内河交通安全隐患不及时依法处理，或者对违法行为不依法予以处罚的，对负有责任的主管人员和其他直接责任人员根据不同情节，给予降级或者撤职的行政处分；造成重大内河交通事故或者致使公共财产、国家和人民利益遭受重大损失的，依照刑法关于滥用职权罪、玩忽职守罪或者其他罪的规定，依法追究刑事责任。

第八十九条 违反本条例的规定，渡口所在地县级人民政府指定的部门，有下列情形之一的，根据不同情节，对负有责任的主管人员和其他直接责任人员，给予降级或者撤职的行政处分；造成重大内河交通事故或者致使公共财产、国家和人民利益遭受重大损失的，依照刑法关于滥用职权罪、玩忽职守罪或者其他罪的规定，依法追究刑事责任：

（一）对县级人民政府批准的渡口不依法实施监督检查的；

（二）对未经县级人民政府批准擅自设立的渡口不予以查处的；

（三）对渡船超载、人与大牲畜混载、人与爆炸品、压缩气体和液化气体、易燃液体、易燃固体、自燃物品和遇湿易燃物品、氧化剂和有机过氧化物、有毒品和腐蚀品等危险品混载以及其他危及安全的行为不及时纠正并依法处理的。

第九十条 违反本条例的规定，触犯《中华人民共和国治安管理处罚法》，构成违反治安管理行为的，由公安机关给予治安管理处罚。

第十一章 附 则

第九十一条 本条例下列用语的含义：

（一）内河通航水域，是指由海事管理机构认定的可供船舶航行的江、河、湖泊、水库、运河等水域。

（二）船舶，是指各类排水或者非排水的船、艇、筏、水上飞行器、潜水器、移动式平台以及其他水上移动装置。

（三）浮动设施，是指采用缆绳或者锚链等非刚性固定方式系固并漂浮或者潜于水中的建筑、装置。

（四）交通事故，是指船舶、浮动设施在内河通航水域发生的碰撞、触碰、触礁、浪损、搁浅、火灾、爆炸、沉没等引起人身伤亡和财产损失的事件。

第九十二条 军事船舶在内河通航水域航行，应当遵守内河航行、避让和信号显示规则。军事船舶的检验、登记和船员的考试、发证等管理办法，按照国家有关规定执行。

第九十三条 渔船的登记以及进出渔港报告，渔船船员的考试、发证，渔船之间交通事故的调查处理，以及渔港水域内渔船的交通安全管理办法，由国务院渔业行政主管部门依据本条例另行规定。

渔业船舶的检验及相关监督管理，由国务院交通运输主管部门按照相关渔业船舶检验的行政法规执行。

第九十四条 城市园林水域水上交通安全管理的具体办法，由省、自治区、直辖市人民政府制定；但是，有关船舶检验、登记和船员管理，依照国家有关规定执行。

第九十五条 本条例自2002年8月1日起施行。1986年12月16日国务院发布的《中华人民共和国内河交通安全管理条例》同时废止。

中华人民共和国渔港水域交通安全管理条例

（1989年7月3日国务院令第38号发布 根据2011年1月8日《国务院关于废止和修改部分行政法规的决定》第一次修订 根据2017年10月7日《国务院关于修改部分行政法规的决定》第二次修订 根据2019年3月2日《国务院关于修改部分行政法规的决定》第三次修订）

第一条 根据《中华人民共和国海上交通安全法》第四十八条的规定，制定本条例。

第二条 本条例适用于在中华人民共和国沿海以渔业为主的渔港和渔港水域（以下简称"渔港"和"渔港水域"）航行、停泊、作业的船舶、设施和人员以及船舶、设施的所有者、经营者。

第三条 中华人民共和国渔政渔港监督管理机关是对渔港水域交通安全实施监督管理的主管机关，并负责沿海水域渔业船舶之间交通事故的调查处理。

第四条 本条例下列用语的含义是：

渔港是指主要为渔业生产服务和供渔业船舶停泊、避风、装卸渔获物和补充渔需物资的人工港口或者自然港湾。

渔港水域是指渔港的港池、锚地、避风湾和航道。

渔业船舶是指从事渔业生产的船舶以及属于水产系统为渔业生产服务的船舶，包括捕捞船、养殖船、水产运销船、冷藏加工船、油船、供应船、渔业指导船、科研调查船、教学实习船、渔港工程船、拖轮、交通船、驳船、渔政船和渔监船。

第五条 对渔港认定有不同意见的，依照港口隶属关系由县级以上人民政府确定。

第六条 船舶进出渔港必须遵守渔港管理章程以及国际海上避碰规则，并依照规定向渔政渔港监督管理机关报告，接受安全检查。

渔港内的船舶必须服从渔政渔港监督管理机关对水域交通安全秩序的管理。

第七条 船舶在渔港内停泊、避风和装卸物资，不得损坏渔港的设施装备；造成损坏的应当向渔政渔港监督管理机关报告，并承担赔偿责任。

第八条 船舶在渔港内装卸易燃、易爆、有毒等危险货物，必须遵守国家关于危险货物管理的规定，并事先向渔政渔港监督管理机关提出申请，经批准后在指定的安全地点装卸。

第九条 在渔港内新建、改建、扩建各种设施，或者进行其他水上、水下施工作业，除依照国家规定履行审批手续外，应当报请渔政渔港监督管理机关批准。渔政渔港监督管理机关批准后，应当事先发布航行通告。

第十条 在渔港内的航道、港池、锚地和停泊区，禁止从事有碍海上交通安全的捕捞、养殖等生产活动。

第十一条 国家公务船舶在执行公务时进出渔港，经通报渔政渔港监督管理机关，可免于检查。渔政渔港监督管理机关应当对执行海上巡视任务的国家公务船舶的靠岸、停泊和补给提供方便。

第十二条 渔业船舶在向渔政渔港监督管理机关申请船舶登记，并取得渔业船舶国籍证书或者渔业船舶登记证书后，方可悬挂中华人民共和国国旗航行。

第十三条 渔业船舶必须经船舶检验部门检验合格，取得船舶技术证书，方可从事渔业生产。

第十四条 渔业船舶的船长、轮机长、驾驶员、轮机员、电机员、无线电报务员、话务员，必须经渔政渔港监督管理机关考核合格，取得职务证书，其他人员应当经过相应的专业训练。

第十五条 地方各级人民政府应当加强本行政区域内渔业船舶船员的技术培训工作。国营、集体所有的渔业船舶，其船员的技术培训由渔业船舶所属单位负责；个人所有的渔业船舶，其船员的技术培训由当地人民政府渔业行政主管部门负责。

第十六条 渔业船舶之间发生交通事故，应当向就近的渔政渔港监督管理机关报告，并在进入第一个港口48小时之内向渔政渔港监督管理机关递交事故报告书和有关材料，接受调查处理。

第十七条 渔政渔港监督管理机关对渔港水域内的交通事故和其他沿海水域渔业船舶之间的交通事故，应当及时查明原因，判明责任，作出处理决定。

第十八条 渔港内的船舶、设施有下列情形之一的，渔政渔港监督管理机关有权禁止其离港，或者令其停航、改航、停止作业：

（一）违反中华人民共和国法律、法规或者规章的；

（二）处于不适航或者不适拖状态的；

（三）发生交通事故，手续未清的；

（四）未向渔政渔港监督管理机关或者有关部门交付应当承担的费用，也未提供担保的；

（五）渔政渔港监督管理机关认为有其他妨害或者可能妨害海上交通安全的。

第十九条 渔港内的船舶、设施发生事故，对海上交通安全造成或者可能造成危害，渔政渔港监督管理机关有权对其采取强制性处置措施。

第二十条 船舶进出渔港依照规定应当向渔政渔港监督管理机关报告而未报告的，或者在渔港内不服从渔政渔港监督管理机关对水域交通安全秩序管理的，由渔政渔港监督管理机关责令改正，可以并处警告、罚款；情节严重的，扣留或者吊销船长职务证书（扣留职务证书时间最长不超过6个月，下同）。

第二十一条 违反本条例规定，有下列行为之一的，由渔政渔港监督管理机关责令停止违法行为，可以并处警告、罚款；造成损失的，应当承担赔偿责任；对直接责任人员由其所在单位或者上级主管机关给予行政处分：

（一）未经渔政渔港监督管理机关批准或者未按照批准文件的规定，在渔港内装卸易燃、易爆、有毒等危险货物的；

（二）未经渔政渔港监督管理机关批准，在渔港内新建、改建、扩建各种设施或者进行其他水上、水下施工作业的；

（三）在渔港内的航道、港池、锚地和停泊区从事有碍海上交通安全的捕捞、养殖等生产活动的。

第二十二条 违反本条例规定，未持有船舶证书或者未配齐船员的，由渔政渔港监督管理机关责令改正，可以并处罚款。

第二十三条 违反本条例规定，不执行渔政渔港监督管理机关作出的离港、停航、改航、停止作业的决定，或者在执行中违反上述决定的，由渔政渔港监督管理机关责令改正，可以并处警告、罚款；情节严重的，扣留或者吊销船长职务证书。

第二十四条 当事人对渔政渔港监督管理机关作出的行政处罚决定不服的，可以在接到处罚通知之日起15日内向人民法院起诉；期满不起诉又不履行的，由渔政渔港监督管理机关申请人民法院强制执行。

第二十五条 因渔港水域内发生的交通事故或者其他沿海水域发生的渔业船舶之间的交通事故引起的民事纠纷，可以由渔政渔港监督管理机关调解处理；调解不成或者不愿意调解的，当事人可以向人民法院起诉。

第二十六条 拒绝、阻碍渔政渔港监督管理工作人员依法执行公务，应当给予治安管理处罚的，由公安机关依照《中华人民共和国治安管理处罚法》有关规定处罚；构成犯罪的，由司法机关依法追究刑事责任。

第二十七条 渔政渔港监督管理工作人员，在渔港和渔港水域交通安全监督管理工作中，玩忽职守，滥用职权、徇私舞弊的，由其所在单位或者上级主管机关给予行政处分；构成犯罪的，由司法机关依法追究刑事责任。

第二十八条 本条例实施细则由农业农村部制定。

第二十九条 本条例自1989年8月1日起施行。

中华人民共和国海上交通事故调查处理条例

（1990年1月11日国务院批准，1990年3月3日交通部令第14号公布，自公布之日起施行）

第一章 总　　则

第一条 为了加强海上交通安全管理，及时调查处理海上交通事故，根据《中华人民共和国海上交通安全法》的有关规定，制定本条例。

第二条 中华人民共和国港务监督机构是本条例的实施机关。

第三条 本条例适用于船舶、设施在中华人民共和国沿海水域内发生的海上交通事故。

以渔业为主的渔港水域内发生的海上交通事故和沿海水域内渔业船舶之间、军用船舶之间发生的海上交通事故的调查处理，国家法律、行政法规另有专门规定的，从其规定。

第四条 本条例所称海上交通事故是指船舶、设施发生的下列事故：

（一）碰撞、触碰或浪损；

（二）触礁或搁浅；

（三）火灾或爆炸；

（四）沉没；

（五）在航行中发生影响适航性能的机件或重要属具的损坏或灭失；

（六）其他引起财产损失和人身伤亡的海上交通事故。

第二章 报　　告

第五条 船舶、设施发生海上交通事故，必须立即用甚高频电话、无线电报或其他有效手段向就近港口的港务监督报告。报告的内容应当包括：船舶或设施的名称、呼号、国籍、起讫港，船舶或设施的所有人或经营人名称，事故发生的时间、地点、海况以及船舶、设施的损害程度、救助要求等。

第六条 船舶、设施发生海上交通事故，除应按第五条规定立即提出扼要报告外，还必须按下列规定向港务监督提交《海上交通事故报告书》和必要的文书资料：

（一）船舶、设施在港区水域内发生海上交通事故，必须在事故发生后二十四小时内向当地港务监督提交。

（二）船舶、设施在港区水域以外的沿海水域发生海上交通事故，船舶必须在到达中华人民共和国的第一个港口后四十八小时内向港务监督提交；设施必须在事故发生后四十八小时内用电报向就近港口的港务监督报告《海上交通事故报告书》要求的内容。

（三）引航员在引领船舶的过程中发生海上交通事故，应当在返港后二十四小时内向当地港务监督提交《海上交通事故报告书》。

前款（一）（二）项因特殊情况不能按规定时间提交《海上交通事故报告书》的，在征得港务监督同意后可予以适当延迟。

第七条 《海上交通事故报告书》应当如实写明下列情况：

（一）船舶、设施概况和主要性能数据；

（二）船舶、设施所有人或经营人的名称、地址；

（三）事故发生的时间和地点；

（四）事故发生时的气象和海况；

（五）事故发生的详细经过（碰撞事故应附相对运动示意图）；

（六）损害情况（附船舶、设施受损部位简图。难以在规定时间内查清的，应于检验后补报）；

（七）船舶、设施沉没的，其沉没概位；

（八）与事故有关的其他情况。

第八条 海上交通事故报告必须真实，不得隐瞒或捏造。

第九条 因海上交通事故致使船舶、设施发生损害，船长、设施负责人应申请中国当地或船舶第一到达港地的检验部门进行检验或鉴定，并应将检验报告副本送交港务监督备案。

前款检验、鉴定事项，港务监督可委托有关单位或部门进行，其费用由船舶、设施所有人或经营人承担。

船舶、设施发生火灾、爆炸等事故，船长、设施负责人必须申请公安消防监督机关鉴定，并将鉴定书副本送交港务监督备案。

第三章 调　　查

第十条 在港区水域内发生的海上交通事故，由港区地的港务监督进行调查。

在港区水域外发生的海上交通事故，由就近港口的港务监督或船舶到达的中华人民共和国的第一个港口的港务监督进行调查。必要时，由中华人民共和国港务监督局指定的港务监督进行调查。

港务监督认为必要时，可以通知有关机关和社会组织参加事故调查。

第十一条 港务监督在接到事故报告后，应及时进行调查。调查应客观、全面，不受事故当事人提供材料的限制。根据调查工作的需要，港务监督有权：

（一）询问有关人员；

（二）要求被调查人员提供书面材料和证明；

（三）要求有关当事人提供航海日志、轮机日志、车钟记录、报务日志、航向记录、海图、船舶资料、航行设备仪器的性能以及其他必要的原始文书资料；

（四）检查船舶、设施及有关设备的证书、人员证书和核实事故发生前船舶的适航状态、设施的技术状态；

（五）检查船舶、设施及其货物的损害情况和人员伤亡情况；

（六）勘查事故现场，搜集有关物证。

港务监督在调查中，可以使用录音、照相、录像等设备，并可采取法律允许的其他调查手段。

第十二条 被调查人必须接受调查，如实陈述事故的有关情节，并提供真实的文书资料。

港务监督人员在执行调查任务时，应当向被调查人员出示证件。

第十三条 港务监督因调查海上交通事故的需要，可以令当事船舶驶抵指定地点接受调查。当事船舶在不危及自身安全的情况下，未经港务监督同意，不得离开指定地点。

第十四条 港务监督的海上交通事故调查材料，公安机关、国家安全机关、监察机关、检察机关、审判机关和海事仲裁委员会及法律规定的其他机关和人员因办案需要可以查阅、摘录或复制，审判机关确因开庭需要可以借用。

第四章 处　　理

第十五条 港务监督应当根据对海上交通事故的调查，作出《海上交通事故调查报告书》，查明事故发生的原因，判明当事人的责任；构成重大事故的，通报当地检察机关。

第十六条 《海上交通事故调查报告书》应包括以下内容：

（一）船舶、设施的概况和主要数据；

（二）船舶、设施所有人或经营人的名称和地址；

（三）事故发生的时间、地点、过程、气象海况、损害情况等；

（四）事故发生的原因及依据；

（五）当事人各方的责任及依据；

（六）其他有关情况。

第十七条 对海上交通事故的发生负有责任的人员，港务监督可以根据其责任的性质和程度依法给予下列处罚：

（一）对中国籍船员、引航员或设施上的工作人员，可以给予警告、罚款或扣留、吊销职务证书；

（二）对外国籍船员或设施上的工作人员，可以给予警告、罚款或将其过失通报其所属国家的主管机关。

第十八条 对海上交通事故的发生负有责任的人员及船舶、设施的所有人或经营人，需要追究其行政责任的，由港务监督提交其主管机关或行政监察机关处理；构成犯罪的，由司法机关依法追究刑事责任。

第十九条 根据海上交通事故发生的原因，港务监督可责令有关船舶、设施的所有人、经营人限期加强对所属船舶、设施的安全管理。对拒不加强安全管理或在期限内达不到安全要求的，港务监督有权责令其停航、改航、停止作业，并可采取其他必要的强制性处置措施。

第五章 调 解

第二十条 对船舶、设施发生海上交通事故引进的民事侵权赔偿纠纷，当事人可以申请港务监督调解。

调解必须遵循自愿、公平的原则，不得强迫。

第二十一条 前条民事纠纷，凡已向海事法院起诉或申请海事仲裁机构仲裁的，当事人不得再申请港务监督调解。

第二十二条 调解由当事人各方在事故发生之日起三十日内向负责该事故调查的港务监督提交书面申请。港务监督要求提供担保的，当事人应附经济赔偿担保证明文件。

第二十三条 经调解达成协议的，港务监督应制作调解书。调解书应当写明当事人的姓名或名称、住所、法定代表人或代理人的姓名及职务、纠纷的主要事实、当事人的责任、协议的内容、调解费的承担、调解协议履行的期限。调解书由当事人各方共同签字，并经港务监督盖印确认。调解书应交当事方各持一份，港务监督留存一份。

第二十四条 调解达成协议的，当事人各方应当自动履行。达成协议后当事人反悔的或逾期不履行协议的，视为调解不成。

第二十五条 凡向港务监督申请调解的民事纠纷，当事人中途不愿调解的，应当向港务监督递交撤销调解的书面申请，并通知对方当事人。

第二十六条 港务监督自收到调解申请书之日起三个月内未能使当事人各方达成调解协议的，可以宣布调解不成。

第二十七条 不愿意调解或调解不成的，当事人可以向海事法院起诉或申请海事仲裁机构仲裁。

第二十八条 凡申请港务监督调解的，应向港务监督缴纳调解费。调解的收费标准，由交通部会同国家物价局、财政部制定。

经调解达成协议的，调解费用按当事人过失比例或约定的数额分摊；调解不成的，由当事人各方平均分摊。

第六章 罚 则

第二十九条 违反本条例规定，有下列行为之一的，港务监督可视情节对有关当事人（自然人）处以警告或者二百元以下罚款；对船舶所有人、经营人处以警告或者五千元以下罚款：

（一）未按规定的时间向港务监督报告事故或提交《海上交通事故报告书》或本条例第三十二条要求的判决书、裁决书、调解书的副本的；

（二）未按港务监督要求驶往指定地点，或在未出现危及船舶安全的情况下未经港务监督同意擅自驶离指定地点的；

（三）事故报告或《海上交通事故报告书》的内容不符合规定要求或不真实，影响调查工作进行或给有关部门造成损失的；

（四）违反第九条规定，影响事故调查的；

（五）拒绝接受调查或无理阻挠、干扰港务监督进行调查的；

（六）在受调查时故意隐瞒事实或提供虚假证明的。

前款第（五）（六）项行为构成犯罪的，由司法机关依法追究刑事责任。

第三十条 对违反本条例规定，玩忽职守、滥用职权、营私舞弊、索贿受贿的港务监督人员，由行政监察机关或其所在单位给予行政处分；构成犯罪的，由司法机关依法追究刑事责任。

第三十一条 当事人对港务监督依据本条例给予的处罚不服的，可以依法向人民法院提起行政诉讼。

第七章 特 别 规 定

第三十二条 中国籍船舶在中华人民共和国沿海水域以外发生的海上交通事故，其所有人或经营人应当向船籍港的港务监督报告，并于事故发生之日起六十日内提交《海上交通事故报告书》。如果事故在国外诉讼、仲裁或调解，船舶所有人或经营人应在诉讼、仲裁或调解结束后六十日内将判决书、裁决书或调解书的副本或影印件报船籍港的港务监督备案。

第三十三条 派往外国籍船舶任职的持有中华人民共和国船员职务证书的中国籍船员对海上交通事故的发生负有责任的，其派出单位应当在事故发生之日起六十日内向签发该职务证书的港务监督提交《海上交通事故报告书》。

本条第一款和第三十二条的海上交通事故的调查处理，按本条例的有关规定办理。

第八章 附 则

第三十四条 对违反海上交通安全管理法规进行违章操作，虽未造成直接的交通事故，但构成重大潜在事故隐患的，港务监督可以依据本条例进行调查和处罚。

第三十五条 因海上交通事故产生的海洋环境污染,按照我国海洋环境保护的有关法律、法规处理。

第三十六条 本条例由交通部负责解释。

第三十七条 本条例自发布之日起施行。

中华人民共和国非机动船舶海上安全航行暂行规则

(1958年3月17日国务院批准,1958年4月19日交通部、水产部发布,自1958年7月1日起施行)

第一条 凡使用人力、风力、拖力的非机动船,在海上从事运输、捕鱼或者其他工作,都应当遵守本规则。

在港区内航行的时候,应当遵守各该港港章的规定。

第二条 非机动船在夜间航行、锚泊的时候,应当在容易被看见地方,悬挂明亮的白光环照灯一盏。如果因为天气恶劣或者受设备的限制,不能固定悬挂白光环照灯,必须将灯点好放在手边,以备应用;在与他船接近的时候,应当及早显示灯光或者手电筒的白色闪光或者火光,以防碰撞。

非机动船已经设置红绿舷灯、尾灯或者使用合色灯的,仍应继续使用。

第三条 非机动渔船,在白昼捕鱼的时候,应当在容易被看见的地方,悬挂竹篮一只,当发现他船驶近的时候,应当用适当信号指示渔具延伸方向;使用流网的渔船,还要在流网延伸末端的浮子上,系小红旗一面;在夜间捕鱼的时候,应当在容易被看见的地方,悬挂明亮的白光环照灯一盏,当发现他船驶近的时候,向渔具延伸方向,显示另一白光。

第四条 非机动船在有雾、下雪、暴风雨或者其他任何视线不清楚的情况下,不论白昼或者夜间,都应当执行下列规定:

(1) 在航行的时候,应当每隔约1分钟,连续发放雾号响声(如敲锣、敲梆、敲煤油桶、吹螺、吹雾角、吹喇叭等)约五秒钟;

(2) 在锚泊的时候,如果听到来船雾号响声,应当有间隔地、急促地发放响声,以引起来船注意,直到驶过为止;

(3) 在捕鱼的时候,也应当依照前两项的规定执行。

第五条 两艘帆船相互驶近,如有碰撞的危险,应当依照下列规定避让:

(1) 顺风船应当避让逆风打抢、掉抢的船;

(2) 左舷受风打抢的船应当避让右舷受风打抢的船;

(3) 两船都是顺风,而在不同的船舷受风的时候左舷受风的船应当避让右舷受风的船;

(4) 两船都是顺风,而在同一船舷受风的时候,上风船应当避让下风船;

(5) 船尾受风的船应当避让其他船舷受风的船。

第六条 在航行中的非机动船,应当避让用网、曳绳钓或者用拖网进行捕鱼作业的非机动渔船。

第七条 非机动船应当避让下列的机动船:

(1) 从事起捞、安放海底电线或者航行标志的机动船;

(2) 从事测量或者水下工作的机动船;

(3) 操纵失灵的机动船;

(4) 用拖网捕鱼的机动船;

(5) 被追越的机动船。

第八条 非机动船与机动船相互驶近,如有碰撞危险,机动船应当避让非机动船。

第九条 非机动船在海上遇难,需要他船或者岸上援救的时候,应当显示下列信号:

(1) 用任何雾号器具连续不断发放响声;

(2) 连续不断燃放火光;

(3) 将衣服张开,挂上桅顶。

第十条 本规则经国务院批准后,由交通部、水产部联合发布施行。

2) 国务院办公厅文件

国务院办公厅关于加强水上搜救工作的通知

(2019年10月31日国务院办公厅以国办函〔2019〕109号印发)

各省、自治区、直辖市人民政府,国务院有关部门:

水上搜救是国家突发事件应急体系的重要组成部分,是我国履行国际公约的重要内容,对保障人民群众生命财产安全、保护海洋生态环境、服务国家发展战略、提升国际影响力具有重要作用。改革开放特别是党的十八大以来,我国充分发挥国家海上搜救体制机制优势，稳步推进水上搜救体系建设，管理运行制度化、队伍装备正规化、决策指挥科学化、理念视野国际化、内部管理窗口化建设均取得显著成效，水上搜救能力和水平有了长足进步。但与此同时，水上搜救工作仍存在责任落实不到位、法规标准不健全、保障能力不适应等突出问题，难以满足新时代经济社会发展需要和人民群众期盼。为加强水上搜救工作，经国务院同意，现将有关事项通知如下：

一、健全水上搜救体制。国家海上搜救机构要做好全国海上搜救和船舶污染应急工作的统一组织、协调，制定完善工作预案和规章制度，指导地方开展有关工作。地方各级人民政府要落实预防与应对水上突发事件的属地责任，建立健全水上搜救组织、协调、指挥和保障体系，水上搜救所需经费要纳入同级财政预算，确保水上搜救机构高效有序运行。

二、完善联席会议制度。国家海上搜救部际联席会议要统筹全国海上搜救和船舶污染应急反应工作，发挥好联席会议、联络员会议、紧急会商、联合演习、专家咨询等优势。交通运输部要发挥好国家海上搜救部际联席会议牵头单位作用，完善综合协调机制，加强督促指导。地方各级人民政府要根据本地区实际建立水上搜救联席会议制度，形成"政府领导、统一指挥、属地为主、专群结合、就近就便、快速高效"的工作格局。

三、注重内河水上搜救协同。地方各级人民政府要根据实际建立适应需求、科学部署的应急值守动态调整机制，区域联动、行业协同的联合协作机制，加快推进内河巡航救助一体化建设，加强公务船艇日常巡航，强化执法和救助功能。非水网地区属地政府要建设辖区水上救援力量，加强应急物资储备，强化协调联动，不断提升内陆湖泊、水库等水上搜救能力。

四、加强信息资源共享。国家海上搜救部际联席会议、地方各级水上搜救联席会议的成员单位，要充分利用交通运输、工业和信息化、自然资源、水利、应急管理、气象等部门资源，提升预测预防预警能力，切实履行好水上搜救反应、抢险救灾、支持保障、善后处置等职责。

五、完善水上搜救规划和预案体系。抓好国家水上交通安全监管和救助系统布局规划、国家重大海上溢油应急能力建设规划的落实。加强国家海上搜救应急预案和国家重大海上溢油应急处置预案的宣贯落实，及时更新配套预案和操作手册，定期组织应急演练。根据工作实际编制水上搜救能力建设专项规划，优化搜救基地布局和装备配置，推进水域救援、巡航救助、水上医学救援、航空救助等基地建设。

六、加强法规和标准体系建设。国家海上搜救部际联席会议要推动完善海上搜救相关法规规章，明确海上搜救工作责任，指导各级水上搜救机构制定和完善水上搜救值班值守、平台建设、搜救指挥、装备配备、险情处置等工作标准，形成全流程、全业务链的标准体系，实现水上搜救工作规范化、科学化。

七、注重装备研发配备和技术应用。加强深远海救助打捞关键技术及装备研发应用，提升深远海和夜航搜救能力。加强内陆湖泊、水库等水域救援和深水救捞装备建设，实现深潜装备轻型化远程投送，提升长江等内河应急搜救能力。推动人工智能、新一代信息技术、卫星通信等在水上搜救工作中的应用，实现"12395"水上遇险求救电话全覆盖。科学布局建设船舶溢油应急物资设备库并定期维护保养，加强日常演习演练，提升船舶污染和重大海上溢油的应急处置能力。

八、建设现代化水上搜救人才队伍。加强国家专业救助打捞队伍和国家海上搜救部际联席会议成员单位所属水上搜救、水域救援力量建设，开放共享训练条件，强化搜救培训教育。充分发挥商船、渔船、社会志愿者等社会力量的作用，鼓励引导社会搜救队伍和志愿者队伍有序发展。组建跨地区、跨部门、多专业的水上搜救专家队伍，建立相对稳定的应急专家库，为做好有关工作提供技术支撑。

九、加强水上搜救交流与合作。国家海上搜救机构要弘扬国际人道主义精神，按照有关国际公约认真履行国际搜救义务，加强国内外重大事故应急案例研究，积极参与国际救援行动，树立负责任大国形象。加强区域与国际交流合作，学习借鉴国际先进的理念、技术和经验，提高我国海上搜救履职能力和国际影响力。

十、推广普及水上搜救文化。牢固树立生命至上、安全第一的思想，组织开展形式多样、生动活泼的宣传教育活动，提升全社会水上安全意识。建立激励机制，加大先进人物、感人事迹宣传力度，提升从业人员社会认同感、职业自豪感和工作积极性，为做好水上搜救工作创造良好氛围。

国务院办公厅
2019 年 10 月 31 日

3) 部门规章及有关文件

中华人民共和国船舶安全监督规则

(2017年5月23日交通运输部令第14号发布 根据2020年3月16日交通运输部《关于修改〈中华人民共和国船舶安全监督规则〉的决定》修正)

第一章 总 则

第一条 为了保障水上人命、财产安全，防止船舶造成水域污染，规范船舶安全监督工作，根据《中华人民共和国海上交通安全法》《中华人民共和国海洋环境保护法》《中华人民共和国港口法》《中华人民共和国内河交通安全管理条例》《中华人民共和国船员条例》等法律法规和我国缔结或者加入的有关国际公约的规定，制定本规则。

第二条 本规则适用于对中国籍船舶和水上设施以及航行、停泊、作业于我国管辖水域的外国籍船舶实施的安全监督工作。

本规则不适用于军事船舶、渔业船舶和体育运动船艇。

第三条 船舶安全监督管理遵循依法、公正、诚信、便民的原则。

第四条 交通运输部主管全国船舶安全监督工作。

国家海事管理机构统一负责全国船舶安全监督工作。

各级海事管理机构按照职责和授权开展船舶安全监督工作。

第五条 本规则所称船舶安全监督，是指海事管理机构依法对船舶及其从事的相关活动是否符合法律、法规、规章以及有关国际公约和港口国监督区域性合作组织的规定而实施的安全监督管理活动。船舶安全监督分为船舶现场监督和船舶安全检查。

船舶现场监督，是指海事管理机构对船舶实施的日常安全监督抽查活动。

船舶安全检查，是指海事管理机构按照一定的时间间隔对船舶的安全和防污染技术状况、船员配备及适任状况、海事劳工条件实施的安全监督检查活动，包括船旗国监督检查和港口国监督检查。

第六条 海事管理机构应当配备必要的人员、装备、资料等，以满足船舶安全监督管理工作的需要。

第七条 船舶现场监督应当由具备相应职责的海事行政执法人员实施。

第八条 从事船舶安全检查的海事行政执法人员应当取得相应等级的资格证书，并不断更新知识。

第九条 海事管理机构应当建立对船舶安全状况的社会监督机制，公布举报、投诉渠道，完善举报和投诉处理机制。

海事管理机构应当为举报人、投诉人保守秘密。

第二章 船舶进出港报告

第十条 中国籍船舶在我国管辖水域内航行应当按照规定实施船舶进出港报告。

第十一条 船舶应当在预计离港或者抵港4小时前向将要离泊或者抵达港口的海事管理机构报告进出港信息。航程不足4小时的，在驶离上一港口时报告。

船舶在固定航线航行且单次航程不超过2小时的，可以每天至少报告一次进出港信息。

船舶应当对报告的完整性和真实性负责。

第十二条 船舶报告的进出港信息应当包括航次动态、在船人员信息、客货载运信息、拟抵离时间和地点等。

第十三条 船舶可以通过互联网、传真、短信等方式报告船舶进出港信息，并在船舶航海或者航行日志内作相应的记载。

第十四条 海事管理机构与水路运输管理部门应当建立信息平台，共享船舶进出港信息。

第三章 船舶综合质量管理

第十五条 海事管理机构应当建立统一的船舶综合质量管理信息平台，收集、处理船舶相关信息，建立船舶综合质量档案。

第十六条 船舶综合质量管理信息平台应当包括下列信息：

（一）船舶基本信息；

（二）船舶安全与防污染管理相关规定落实情况；

（三）水上交通事故情况和污染事故情况；

（四）水上交通安全违法行为被海事管理机构行政处罚情况；

（五）船舶接受安全监督的情况；

（六）航运公司和船舶的安全诚信情况；

（七）船舶进出港报告或者办理进出港手续情况；

（八）按照相关规定缴纳相关费税情况；

（九）船舶检验技术状况。

第十七条 海事管理机构应当按照第十六条所述信息开展船舶综合质量评定，综合质量评定结果应当向社会公开。

第四章　船舶安全监督

第一节　安全监督目标船舶的选择

第十八条 海事管理机构对船舶实施安全监督，应当减少对船舶正常生产作业造成的不必要影响。

第十九条 国家海事管理机构应当制定安全监督目标船舶选择标准。

海事管理机构应当结合辖区实际情况，按照全面覆盖、重点突出、公开便利的原则，依据我国加入的港口国监督区域性合作组织和国家海事管理机构规定的目标船舶选择标准，综合考虑船舶类型、船龄、以往接受船舶安全监督的缺陷、航运公司安全管理情况等，按照规定的时间间隔，选择船舶实施船舶安全监督。

第二十条 按照目标船舶选择标准未列入选船目标的船舶，海事管理机构原则上不登轮实施船舶安全监督，但按照第二十一条规定开展专项检查的除外。

第二十一条 国家重要节假日、重大活动期间，或者针对特定水域、特定安全事项、特定船舶需要进行检查的，海事管理机构可以综合运用船舶安全检查和船舶现场监督等形式，开展专项检查。

第二节　船舶安全监督

第二十二条 船舶现场监督的内容包括：

（一）中国籍船舶自查情况；

（二）法定证书文书配备及记录情况；

（三）船员配备情况；

（四）客货载运及货物系固绑扎情况；

（五）船舶防污染措施落实情况；

（六）船舶航行、停泊、作业情况；

（七）船舶进出港报告或者办理进出港手续情况；

（八）按照相关规定缴纳相关费税情况。

第二十三条 船舶安全检查的内容包括：

（一）船舶配员情况；

（二）船舶、船员配备和持有有关法定证书文书及相关资料情况；

（三）船舶结构、设施和设备情况；

（四）客货载运及货物系固绑扎情况；

（五）船舶保安相关情况；

（六）船员履行其岗位职责的情况，包括对其岗位职责相关的设施、设备的维护保养和实际操作能力等；

（七）海事劳工条件；

（八）船舶安全管理体系运行情况；

（九）法律、法规、规章以及我国缔结、加入的有关国际公约要求的其他检查内容。

第二十四条 海事管理机构应当按照船舶安全监督的内容，制定相应的工作程序，规范船舶安全监督活动。

第二十五条 海事管理机构完成船舶安全监督后应当签发相应的《船舶现场监督报告》《船旗国监督检查报告》或者《港口国监督检查报告》，由船长或者履行船长职责的船员签名。

《船舶现场监督报告》《船旗国监督检查报告》《港口国监督检查报告》一式两份，一份由海事管理机构存档，一份留船备查。

第二十六条 船舶现场监督中发现船舶存在危及航行安全、船员健康、水域环境的缺陷或者水上交通安全违法行为的，应当按照规定进行处置。

发现存在需要进一步进行安全检查的船舶安全缺陷的，应当启动船舶安全检查程序。

第三节　船舶安全缺陷处理

第二十七条 海事行政执法人员在船舶安全监督过程中发现船舶存在缺陷的，应当按照相关法律、法规、规章和公约的规定，提出下列处理意见：

（一）警示教育；

（二）开航前纠正缺陷；

（三）在开航后限定的期限内纠正缺陷；

（四）滞留；

（五）禁止船舶进港；

（六）限制船舶操作；

（七）责令船舶驶向指定区域；

（八）责令船舶离港。

第二十八条 安全检查发现的船舶缺陷不能在检查港纠正时，海事管理机构可以允许该船驶往最近的可以修理的港口，并及时通知修理港口的海事管理机构。

修理港口超出本港海事管理机构管辖范围的，本港海事管理机构应当通知修理港口海事管理机构进行跟踪检查。

修理港口海事管理机构在收到跟踪检查通知后，

应当对船舶缺陷的纠正情况进行验证，并及时将验证结果反馈至发出通知的海事管理机构。

第二十九条 海事管理机构采取本规则第二十七条第（四）（五）（八）项措施的，应当将采取措施的情况及时通知中国籍船舶的船籍港海事管理机构，或者外国籍船舶的船旗国政府。

第三十条 由于存在缺陷，被采取本规则第二十七条第（四）（五）（六）（八）项措施的船舶，应当在相应的缺陷纠正后向海事管理机构申请复查。被采取其他措施的船舶，可以在相应缺陷纠正后向海事管理机构申请复查，不申请复查的，在下次船舶安全检查时由海事管理机构进行复查。海事管理机构收到复查申请后，决定不予本港复查的，应当及时通知申请人在下次船舶安全检查时接受复查。

复查合格的，海事管理机构应当及时解除相应的处理措施。

第三十一条 船舶有权对海事行政执法人员提出的缺陷和处理意见进行陈述和申辩。船舶对于缺陷和处理意见有异议的，海事行政执法人员应当告知船舶申诉的途径和程序。

第三十二条 海事管理机构在实施船舶安全监督中，发现航运公司安全管理存在问题的，应当要求航运公司改正，并将相关情况通报航运公司注册地海事管理机构。

第三十三条 海事管理机构应当将影响安全的重大船舶缺陷以及导致船舶被滞留的缺陷，通知航运公司、相关船舶检验机构或者组织。

船舶存在缺陷或者隐患，以及船舶安全管理存在较为严重问题，可能影响其运输资质条件的，海事管理机构应当将有关情况通知相关水路运输管理部门，水路运输管理部门应当将处理情况反馈相应的海事管理机构。

水路运输管理部门在市场监管中，发现可能影响到船舶安全的问题，应当将有关情况通知相应海事管理机构，海事管理机构应当将处理情况反馈相应水路运输管理部门。

第三十四条 船舶以及相关人员，应当按照海事管理机构签发的《船舶现场监督报告》《船旗国监督检查报告》《港口国监督检查报告》等的要求，对存在的缺陷进行纠正。

航运公司应当督促船舶按时纠正缺陷，并将纠正情况及时反馈实施检查的海事管理机构。

船舶检验机构应当核实有关缺陷纠正情况，需要进行临时检验的，应当将检验报告及时反馈实施检查的海事管理机构。

第三十五条 中国籍船舶的船长应当对缺陷纠正情况进行检查，并在航行或者航海日志中进行记录。

第三十六条 船舶应当妥善保管《船舶现场监督报告》《船旗国监督检查报告》《港口国监督检查报告》，在船上保存至少2年。

第三十七条 除海事管理机构外，任何单位和个人不得扣留、收缴《船舶现场监督报告》《船旗国监督检查报告》《港口国监督检查报告》，或者在上述报告中进行签注。

第三十八条 任何单位和个人，不得擅自涂改、故意损毁、伪造、变造、租借、骗取和冒用《船舶现场监督报告》《船旗国监督检查报告》《港口国监督检查报告》。

第三十九条 《船舶现场监督报告》《船旗国监督检查报告》《港口国监督检查报告》的格式由国家海事管理机构统一制定。

第四十条 中国籍船舶在境外发生水上交通事故，或者被滞留、禁止进港、禁止入境、驱逐出港（境）的，航运公司应当及时将相关情况向船籍港海事管理机构报告，海事管理机构应当做好相应的沟通协调和给予必要的协助。

第五章 船舶安全责任

第四十一条 航运公司应当履行安全管理与防止污染的主体责任，建立、健全船舶安全与防污染制度，对船舶及其设备进行有效维护和保养，确保船舶处于良好状态，保障船舶安全，防止船舶污染环境，为船舶配备满足最低安全配员要求的适任船员。

第四十二条 中国籍船舶应当建立开航前自查制度。船舶在离泊前应当对船舶安全技术状况和货物装载情况进行自查，按照国家海事管理机构规定的格式填写《船舶开航前安全自查清单》，并在开航前由船长签字确认。

船舶在固定航线航行且单次航程不超过2小时的，无须每次开航前均进行自查，但一天内应当至少自查一次。

《船舶开航前安全自查清单》应当在船上保存至少2年。

第四十三条 船长应当妥善安排船舶值班，遵守船舶航行、停泊、作业的安全规定。

第四十四条 船舶应当遵守港口所在地有关管理机构关于恶劣天气限制开航的规定。

航行于内河水域的船舶应当遵守海事管理机构发布的关于枯水季节通航限制的通告。

第四十五条 船舶检验机构应当确保检验的全面

性、客观性、准确性和有效性，保证检验合格的船舶具备安全航行、安全作业的技术条件，并对出具的检验证书负责。

第四十六条　配备自动识别系统等通信、导助航设备的船舶应当始终保持相关设备处于正常工作状态，准确完整显示本船信息，并及时更新抵、离港名称和时间等相关信息。相关设备发生故障的，应当及时向抵达港海事管理机构报告。

第四十七条　拟交付船舶国际运输的载货集装箱，其托运人应当在交付船舶运输前，采取整体称重法或者累加计算法对集装箱的重量进行验证，确保集装箱的验证重量不超过其标称的最大营运总质量，与实际重量的误差不超过5%且最大误差不超过1吨，并在运输单据上注明验证重量、验证方法和验证声明等验证信息，提供给承运人、港口经营人。

采取累加计算法的托运人，应当制定符合交通运输部规定的重量验证程序，并按照程序进行载货集装箱重量验证。

未取得验证信息或者验证重量超过最大营运总质量的集装箱，承运人不得装船。

第四十八条　海事管理机构应当加强对船舶国际运输集装箱托运人、承运人的监督检查，发现存在违反本规则情形的，应当责令改正。

第四十九条　任何单位和个人不得阻挠、妨碍海事行政执法人员对船舶进行船舶安全监督。

第五十条　海事行政执法人员在开展船舶安全监督时，船长应当指派人员配合。指派的配合人员应当如实回答询问，并按照要求测试和操纵船舶设施、设备。

第五十一条　海事管理机构通过抽查实施船舶安全监督，不能代替或者免除航运公司、船舶、船员、船舶检验机构及其他相关单位和个人在船舶安全、防污染、海事劳工条件和保安等方面应当履行的法律责任和义务。

第六章　法　律　责　任

第五十二条　违反本规则，有下列行为之一的，由海事管理机构对违法船舶所有人或者船舶经营人处1000元以上1万元以下罚款；情节严重的，处1万元以上3万元以下罚款。对船长或者其他责任人员处100元以上1000元以下罚款；情节严重的，处1000元以上3000元以下罚款：

（一）弄虚作假欺骗海事行政执法人员的；

（二）未按照《船舶现场监督报告》《船旗国监督检查报告》《港口国监督检查报告》的处理意见纠正缺陷或者采取措施的；

（三）按照第三十条第一款规定应当申请复查而未申请的。

第五十三条　船舶未按照规定开展自查或者未随船保存船舶自查记录的，对船舶所有人或者船舶经营人处1000元以上1万元以下罚款。

第五十四条　船舶未按照规定随船携带或者保存《船舶现场监督报告》《船旗国监督检查报告》《港口国监督检查报告》的，海事管理机构应当责令其改正，并对违法船舶所有人或者船舶经营人处1000元以上1万元以下罚款。

第五十五条　船舶进出内河港口，未按照规定向海事管理机构报告船舶进出港信息的，对船舶所有人或者船舶经营人处5000元以上5万元以下罚款。

船舶进出沿海港口，未按照规定向海事管理机构报告船舶进出港信息的，对船舶所有人或者船舶经营人处5000元以上3万元以下罚款。

第五十六条　违反本规则，在船舶国际集装箱货物运输经营活动中，有下列情形之一的，由海事管理机构处1000元以上3万元以下罚款：

（一）托运人提供的验证重量与实际重量的误差超过5%或者1吨的；

（二）承运人载运未取得验证信息或者验证重量超过最大营运总质量的集装箱的。

第五十七条　实施船舶安全检查中发现船舶存在的缺陷与船舶检验机构有关的，海事管理机构应当按照相关规定进行处罚。

因船舶检验机构人员滥用职权、徇私舞弊、玩忽职守、严重失职，造成已签发检验证书的船舶存在严重缺陷或者发生重大事故的，海事管理机构应当撤销其检验资格。

第五十八条　海事管理机构工作人员不依法履行职责进行监督检查，有滥用职权、徇私舞弊、玩忽职守等行为的，由其所在机构或者上级机构依法给予行政处分；构成犯罪的，由司法机关依法追究刑事责任。

第七章　附　　则

第五十九条　本规则所称船舶和相关设施的含义，与《中华人民共和国海上交通安全法》《中华人民共和国内河交通安全管理条例》中的船舶、水上设施含义相同。

本规则所称法定证书文书，是指船舶国籍证书、船舶配员证书、船舶检验证书、船舶营运证件、航海或者航行日志以及其他按照法律法规、技术规范及公约要求必须配备的证书文书。

本规则所称航运公司，是指船舶的所有人、经营人和管理人。

本规则所称最大营运总质量，是指在营运中允许的包括所载货物等在内的集装箱整体最大总质量，并在集装箱安全合格牌照上标注。

第六十条 本规则自 2017 年 7 月 1 日起施行。2009 年 11 月 30 日以交通运输部令 2009 年第 15 号公布的《中华人民共和国船舶安全检查规则》同时废止。

中华人民共和国船舶最低安全配员规则

（2004 年 6 月 30 日交通部发布 根据 2014 年 9 月 5 日《交通运输部关于修改〈中华人民共和国船舶最低安全配员规则〉的决定》第一次修正 根据 2018 年 11 月 28 日《交通运输部关于修改〈中华人民共和国船舶最低安全配员规则〉的决定》第二次修正）

第一章 总 则

第一条 为确保船舶的船员配备，足以保证船舶安全航行、停泊和作业，防治船舶污染环境，依据《中华人民共和国海上交通安全法》《中华人民共和国内河交通安全管理条例》和中华人民共和国缔结或者参加的有关国际条约，制定本规则。

第二条 中华人民共和国国籍的机动船舶的船员配备和管理，适用本规则。

本规则对外国籍船舶作出规定的，从其规定。

军用船舶、渔船、体育运动船艇以及非营业的游艇，不适用本规则。

第三条 中华人民共和国海事局是船舶安全配员管理的主管机关。各级海事管理机构依照职责负责本辖区内的船舶安全配员的监督管理工作。

第四条 本规则所要求的船舶安全配员标准是船舶配备船员的最低要求。

第五条 船舶所有人（或者其船舶经营人、船舶管理人，下同）应当按照本规则的要求，为所属船舶配备合格的船员，但是并不免除船舶所有人为保证船舶安全航行和作业增加必要船员的责任。

第二章 最低安全配员原则

第六条 确定船舶最低安全配员标准应综合考虑船舶的种类、吨位、技术状况、主推进动力装置功率、航区、航程、航行时间、通航环境和船员值班、休息制度等因素。

第七条 船舶在航行期间，应配备不低于按本规则附录一、附录二、附录三所确定的船员构成及数量。高速客船的船员最低安全配备应符合交通部颁布的《高速客船安全管理规则》（交通部令 1996 年第 13 号）的要求。

第八条 本规则附录一、附录二、附录三列明的减免规定是根据各类船舶在一般情况下制定的，海事管理机构在核定具体船舶的最低安全配员数额时，如认为配员减免后无法保证船舶安全时，可不予减免或者不予足额减免。

第九条 船舶所有人可以根据需要增配船员，但船上总人数不得超过经中华人民共和国海事局认可的船舶检验机构核定的救生设备定员标准。

第三章 最低安全配员管理

第十条 中国籍船舶配备外国籍船员应当符合以下规定：

（一）在中国籍船舶上工作的外国籍船员，应当依照法律、行政法规和国家其他有关规定取得就业许可；

（二）外国籍船员持有合格的船员证书，且所持船员证书的签发国与我国签订了船员证书认可协议；

（三）雇佣外国籍船员的航运公司已承诺承担船员权益维护的责任。

第十一条 中国籍船舶应当按照本规则的规定，持有海事管理机构颁发的《船舶最低安全配员证书》。

在中华人民共和国内水、领海及管辖水域的外国籍船舶，应当按照中华人民共和国缔结或者参加的有关国际条约的规定，持有其船旗国政府主管机关签发的《船舶最低安全配员证书》或者等效文件。

第十二条 船舶所有人应当在申请船舶国籍登记时，按照本规则的规定，对其船舶的最低安全配员如何适用本规则附录相应标准予以陈述，并可以包括对减免配员的特殊说明。

海事管理机构应当在依法对船舶国籍登记进行审核时，核定船舶的最低安全配员，并在核发船舶国籍证书时，向当事船舶配发《船舶最低安全配员证书》。

第十三条 在境外建造或者购买并交接的船舶，船舶所有人应当向所辖的海事管理机构提交船舶买卖合同或者建造合同及交接文件、船舶技术和其他相关资料办理《船舶最低安全配员证书》。

第十四条 海事管理机构核定船舶最低安全配员

时，除查验有关船舶证书、文书外，可以就本规则第六条所述的要素对船舶的实际状况进行现场核查。

第十五条 船舶在航行、停泊、作业时，必须将《船舶最低安全配员证书》妥善存放在船备查。

船舶不得使用涂改、伪造以及采用非法途径或者舞弊手段取得的《船舶最低安全配员证书》。

第十六条 船舶所有人应当按照本规则的规定和《船舶最低安全配员证书》载明的船员配备要求，为船舶配备合格的船员。

第十七条 船舶所有人应当在《船舶最低安全配员证书》有效期截止前1年以内，或者在船舶国籍证书重新核发或者相关内容发生变化时，凭原证书向船籍港的海事管理机构办理换发证书手续。

第十八条 证书污损不能辨认的，视为无效，船舶所有人应当向所辖的海事管理机构申请换发。证书遗失的，船舶所有人应当书面说明理由，附具有关证明文件，向船籍港的海事管理机构办理补发证书手续。

换发或者补发的《船舶最低安全配员证书》的有效期，不超过原发《船舶最低安全配员证书》的有效期。

第十九条 船舶状况发生变化需改变证书所载内容时，船舶所有人应当向船籍港的海事管理机构重新办理《船舶最低安全配员证书》。

第二十条 在特殊情况下，船舶需要在船籍港以外换发或者补发《船舶最低安全配员证书》，经船籍港海事管理机构同意，船舶当时所在港口的海事管理机构可以按照本规定予以办理并通报船籍港海事管理机构。

第四章 监督检查

第二十一条 中国籍、外国籍船舶在办理进、出港口或者口岸手续时，应当交验《船舶最低安全配员证书》。

第二十二条 中国籍、外国籍船舶在停泊期间，均应配备足够的掌握相应安全知识并具有熟练操作能力能够保持对船舶及设备进行安全操纵的船员。

无论何时，500总吨及以上（或者750千瓦及以上）海船、600总吨及以上（或者441千瓦及以上）内河船舶的船长和大副，轮机长和大管轮不得同时离船。

第二十三条 船舶未持有《船舶最低安全配员证书》或者实际配员低于《船舶最低安全配员证书》要求的，对中国籍船舶，海事管理机构应当禁止其离港直至船舶满足本规则要求；对外国籍船舶，海事管理机构应当禁止其离港，直至船舶按照《船舶最低安全配员证书》的要求配齐人员，或者向海事管理机构提交由其船旗国主管当局对其实际配员作出的书面认可。

第二十四条 对违反本规则的船舶和人员，依法应当给予行政处罚的，由海事管理机构依据有关法律、行政法规和规章的规定给予相应的处罚。

第二十五条 海事管理机构的工作人员滥用职权、徇私舞弊、玩忽职守的，由所在单位或者上级机关给予行政处分；构成犯罪的，依法追究刑事责任。

第五章 附 则

第二十六条 《船舶最低安全配员证书》由中华人民共和国海事局统一印制。

《船舶最低安全配员证书》的编号应与船舶国籍证书的编号一致。《船舶最低安全配员证书》有效期的截止日期与船舶国籍证书有效期的截止日期相同。

第二十七条 本规则附录一、附录二、附录三的内容，可由中华人民共和国海事局根据有关法律、行政法规和相关国际公约进行修改。

第二十八条 本规则自2004年8月1日起施行。

海上滚装船舶安全监督管理规定

（2019年6月26日交通运输部第13次部务会议通过，2019年7月1日交通运输部令第23号公布，自2019年9月1日起施行）

第一章 总 则

第一条 为了加强海上滚装船舶安全监督管理，保障海上人命和财产安全，依据《中华人民共和国海上交通安全法》《中华人民共和国船舶和海上设施检验条例》等法律、行政法规，制定本规定。

第二条 在中华人民共和国管辖海域内对滚装船舶的安全监督管理活动，适用本规定。

第三条 交通运输部主管海上滚装船舶安全管理工作。

国家海事管理机构负责海上滚装船舶安全监督管理工作。

其他各级海事管理机构按照职责权限具体负责海上滚装船舶安全监督管理工作。

第二章 滚装船舶、船员

第四条 滚装船舶应当依法由船舶检验机构检

验，取得相应检验证书、文书。

船舶检验机构实施滚装船舶检验，应当注重对以下内容进行测定或者核定：

（一）滚装船舶船艏、船艉和舷侧水密门的性能；

（二）滚装船舶装车处所的承载能力，包括装车处所甲板的装载能力及每平方米的承载能力；

（三）滚装船舶装车处所、客舱等重要部位的消防系统和电路系统；

（四）滚装船舶系索、地铃、天铃及其他系固附属设备的最大系固负荷；

（五）滚装船舶车辆和货物系固手册；

（六）滚装船舶救生系统和应急系统。

第五条 滚装船舶开航前，应当按照滚装船舶艏部、艉部及舷侧水密门安全操作程序和有关要求，对乘客、货物、车辆情况及滚装船舶的安全设备、水密门等情况进行全面检查，并如实记录。

中国籍滚装船舶按照前款规定完成检查并确认符合有关安全要求的，由船长签署船舶开航前安全自查清单。

第六条 滚装船舶在航行中应当加强巡检。发现安全隐患的，应当及时采取有效措施予以消除；不能及时消除的，应当向滚装船舶经营人、管理人报告。必要时，还应当向海事管理机构报告。

第七条 滚装船舶在航行中遭遇恶劣天气和海况时，应当谨慎操纵和作业，加强巡查，加固货物、车辆，防止货物、车辆位移或者碰撞，并及时向滚装船舶经营人、管理人报告。必要时，还应当向海事管理机构报告。

第八条 滚装船舶应当对装车处所、装货处所进行有效通风，并根据相关技术规范确定闭式滚装处所和特种处所每小时换气次数。

第九条 装车处所应当使用明显标志标明车辆装载位置，并合理积载，保持装载平衡。

第十条 滚装客船应当在明显位置标明乘客定额和客舱处所。

严禁滚装客船超出核定乘客定额出售客票。

禁止在滚装船舶的船员起居处、装车处所、安全通道及其他非客舱处所载运乘客。

第十一条 滚装客船开航后，应当立即向司机、乘客说明安全须知所处位置和应急通道及有关应急措施。

第十二条 滚装船舶载运危险货物或者装载危险货物的车辆，还应当遵守《船舶载运危险货物安全监督管理规定》。

第十三条 滚装船舶的船员，应当熟悉所在船舶的下列内容：

（一）安全管理体系或者安全管理制度；

（二）职责范围内安全操作程序；

（三）应急反应程序和应急措施。

第三章 滚装船舶经营人、管理人

第十四条 滚装船舶经营人、管理人应当制定滚装船舶艏部、艉部及舷侧水密门安全操作程序，并指定专人负责滚装船舶水密门的开启和关闭。

第十五条 滚装船舶经营人、管理人应当在船舶的公共场所，使用明显标志标明消防和救生设备设施、应急通道以及有关应急措施，并配备适量的安全须知，供船员、乘客阅览。

第十六条 滚装船舶经营人、管理人应当制定航行、停泊和作业巡检制度，明确巡检范围、巡检程序、安全隐患报告程序和应急情况处理措施以及巡检人员的岗位责任。

第十七条 滚装船舶经营人、管理人应当综合考虑滚装船舶装车处所的承载能力、系固能力，明确滚装船舶系固的具体方案和要求，制定系固手册。

滚装船舶应当按照系固手册系固车辆，并符合船舶检验机构核定的装车处所的承载能力、装载尺度。

第十八条 滚装客船经营人、管理人应当根据航区自然环境、航行时间、气象条件和航行特点，合理调度和使用滚装客船。

中国籍滚装客船应当由船舶检验机构核定船舶抗风等级并在船舶检验证书中明确。船舶开航前或者拟航经水域风力超过抗风等级的，不得开航或者航经该水域。

第十九条 中国籍滚装客船经营人、管理人应当对船舶进行动态监控，及时掌握滚装客船的航行、停泊、作业等动态，并配备航行数据记录仪。

第二十条 滚装船舶经营人、管理人应当定期组织滚装船舶的船员及相关工作人员，按照国际条约或者船舶检验相关规则的规定进行应急演练与培训。

第四章 车辆、货物和乘客

第二十一条 搭乘滚装船舶的车辆，应当向滚装船舶和港口经营人如实提供车辆号牌及驾驶员联系方式等信息。货运车辆还应当如实提供其装载货物的名称、性质、重量和体积等信息。

搭乘滚装船舶的车辆应当按照规定在港口接受安全检查。对检查发现有谎报、瞒报危险货物行为的车辆，不得允许其上船。

中国籍滚装船舶应当指定专人对车辆装载的安全状况进行检查，并填写车辆安全装载记录。车辆安全装载记录应当随船留存至少 1 个月。

第二十二条　搭乘滚装船舶的车辆，应当将所载货物绑扎牢固，在船舶航行期间处于制动状态，以适合水路滚装运输的需要。

第二十三条　搭乘滚装船舶的车辆，应当处于良好技术状态，并按照指定的区域、类型和抵达港口先后次序排队停放，等候装船。

第二十四条　车辆拟驶上或者驶离船舶时，滚装船舶和港口经营人应当检查码头与滚装船舶的连接情况，保证上下船舶的车辆安全。车辆应当听从港口经营人、滚装船舶的指挥，遵守港口经营人规定的安全速度并按照顺序行驶。

第二十五条　车辆及司机、乘客应当遵守下列规定：

（一）车辆应当进入船舱指定位置，在船舶航行期间关闭发动机；

（二）司机在船舶航行期间不得留在车内，也不得在装货处所和装车处所随意走动、停留；

（三）乘客在上下船及船舶航行过程中不得留在车内，也不得在装货处所和装车处所随意走动、停留。

旅客列车、救护车、押运车、冷藏车、活鲜运输车辆等特殊车辆除外。

第二十六条　搭载旅客列车的滚装船舶应当加强旅客列车在船期间的安全管理，制定旅客应急撤离程序，并及时告知旅客列车经营人。

发生紧急情况的，滚装船舶应当按照应急撤离程序组织旅客安全撤离。旅客列车经营人应当予以配合。

第五章　监督检查

第二十七条　海事管理机构应当按照《中华人民共和国船舶安全监督规则》的规定，对滚装船舶实施船舶现场监督和船舶安全检查。

海事管理机构应当根据选船标准选择实施现场监督和安全检查的滚装船舶。其中，短途固定航线的滚装客船现场监督每周不得少于一次。

第二十八条　滚装船舶有下列情形之一的，海事管理机构应当责令立即纠正或者开航前纠正：

（一）不符合安全适航条件的；

（二）不符合本规定有关载客或者载货要求的。

第二十九条　县级以上人民政府交通运输主管部门对滚装船舶乘客和车辆的售票等情况进行检查，不符合国家有关规定的，应当责令其改正。

第三十条　海事管理机构和县级以上人民政府交通运输主管部门依法对滚装船舶监督检查和安全管理，任何单位和个人不得拒绝、阻挠或者隐瞒有关情况。

第六章　法律责任

第三十一条　违反本规定有关海上交通安全管理的规定，由海事管理机构按照有关法律、行政法规和交通运输部规章给予行政处罚。

第三十二条　违反本规定，滚装客船超额出售客票的，由交通运输主管部门责令改正，处以 2000 元以上 2 万元以下的罚款。

第三十三条　违反本规定，车辆搭乘滚装船舶不如实提供车辆、货物信息或者不听从港口经营人、滚装船舶指挥的，由交通运输主管部门责令改正，属于非经营性的，处以 1000 元以下的罚款；属于经营性的，处以 1000 元以上 3 万元以下的罚款。

第三十四条　违反本规定，滚装客船在风力超过船舶抗风等级情况下，仍然开航或者航经该水域的，由海事管理机构责令改正，处以 1 万元以上 3 万元以下的罚款。

第三十五条　海事管理机构、交通运输主管部门的工作人员滥用职权、徇私舞弊、玩忽职守等严重失职的，由所在单位或者上级机关给予行政处分；构成犯罪的，依法追究刑事责任。

第七章　附　则

第三十六条　本规定下列用语的含义是：

（一）滚装船舶，是指具有滚装装货处所或者装车处所的船舶。

（二）滚装客船，是指具有乘客定额证书且核定乘客定额（包括车辆驾驶员）12 人以上的滚装船舶。

（三）装货处所，是指滚装船舶内可供滚装方式装载货物的处所，以及通往该处所的围壁通道。

（四）装车处所，是指滚装船舶的有隔离舱壁的甲板以上或者甲板以下用作装载机动车、非机动车并可以让车辆进出的围蔽处所。

第三十七条　本规定自 2019 年 9 月 1 日起施行。2002 年 5 月 30 日以交通部令 2002 年第 1 号公布的《海上滚装船舶安全监督管理规定》、2017 年 5 月 23 日以交通运输部令 2017 年第 18 号公布的《交通运输部关于修改〈海上滚装船舶安全监督管理规定〉的决定》同时废止。

船舶载运危险货物安全监督管理规定

（2018年7月20日交通运输部第12次部务会议通过，2018年7月31日交通运输部令第11号公布，自2018年9月15日起施行）

第一章 总 则

第一条 为加强船舶载运危险货物监督管理，保障水上人命、财产安全，防治船舶污染环境，依据《中华人民共和国海上交通安全法》《中华人民共和国港口法》《中华人民共和国内河交通安全管理条例》《中华人民共和国危险化学品安全管理条例》等法律、行政法规，制定本规定。

第二条 船舶在中华人民共和国管辖水域载运危险货物的活动，适用本规定。

第三条 交通运输部主管全国船舶载运危险货物的安全管理工作。

国家海事管理机构负责全国船舶载运危险货物的安全监督管理工作。

各级海事管理机构按照职责权限具体负责船舶载运危险货物的安全监督管理工作。

第二章 船舶和人员管理

第四条 从事危险货物运输的船舶所有人、经营人或者管理人，应当按照交通运输部有关船舶安全营运和防污染管理体系的要求建立和实施相应的体系或者制度。

从事危险货物运输的船舶经营人或者管理人，应当配备专职安全管理人员。

第五条 载运危险货物的船舶应当编制安全和防污染应急预案，配备相应的应急救护、消防和人员防护等设备及器材。

第六条 载运危险货物的船舶应当经国家海事管理机构认可的船舶检验机构检验合格，取得相应的检验证书和文书，并保持良好状态。

载运危险货物的船舶，其船体、构造、设备、性能和布置等方面应当符合国家船舶检验的法规、技术规范的规定；载运危险货物的国际航行船舶还应符合有关国际公约的规定，具备相应的适航、适装条件。

第七条 载运危险货物的船舶应当按照规定安装和使用船舶自动识别系统等船载设备。船舶经营人、管理人应当加强对船舶的动态管理。

第八条 禁止通过内河封闭水域运输剧毒化学品以及国家规定禁止通过内河运输的其他危险化学品。其他内河水域禁止运输国家规定禁止通过内河运输的剧毒化学品以及其他危险化学品。

禁止托运人在普通货物中夹带危险货物，或者将危险货物谎报、匿报为普通货物托运。

取得相应资质的客货船或者滚装客船载运危险货物时，不得载运旅客，但按照相关规定随车押运人员和滚装车辆的司机除外。其他客船禁止载运危险货物。

第九条 船舶载运危险货物应当符合有关危险货物积载、隔离和运输的安全技术规范，并符合相应的适装证书或者证明文件的要求。船舶不得受载、承运不符合包装、积载和隔离安全技术规范的危险货物。

船舶载运包装危险货物，还应当符合《国际海运危险货物规则》的要求；船舶载运B组固体散装货物，还应当符合《国际海运固体散装货物规则》的要求。

第十条 从事危险货物运输船舶的船员，应当按照规定持有特殊培训合格证，熟悉所在船舶载运危险货物安全知识和操作规程，了解所运危险货物的性质和安全预防及应急处置措施。

第十一条 按照本规定办理危险货物申报或者报告手续的人员和集装箱装箱现场检查的人员，应当熟悉相关法规、技术规范和申报程序。

海事管理机构对危险货物申报或者报告人员以及集装箱装箱现场检查员日常从业情况实施监督抽查，并实行诚信管理制度。

第三章 包装和集装箱管理

第十二条 拟交付船舶载运的危险货物包装，其性能应当符合相关法规、技术规范以及国际公约规定，并依法取得相应的检验合格证明。

第十三条 拟交付船舶载运的危险货物使用新型或者改进的包装类型，应当符合《国际海运危险货物规则》有关等效包装的规定，并向海事管理机构提交该包装的性能检验报告、检验证书或者文书等资料。

第十四条 载运危险货物的船用集装箱、船用可移动罐柜等货物运输组件和船用刚性中型散装容器，应当经国家海事管理机构认可的船舶检验机构检验合格，方可用于船舶运输。

第十五条 拟交付船舶载运的危险货物包件、中型散装容器、大宗包装、货物运输组件，应当按照规定显示所装危险货物特性的标志、标记和标牌。

第十六条 拟载运危险货物的船用集装箱应当无损坏，箱内应当清洁、干燥、无污损，满足所装载货物要求。处于熏蒸状态下的船用集装箱等货物运输组件，应当符合相关积载要求，并显示熏蒸警告标牌。

第十七条 装入船用集装箱的危险货物及其包装应当保持完好，无破损、撒漏或者渗漏，并按照规定进行衬垫和加固，其积载、隔离应当符合相关安全要求。性质不相容的危险货物不得同箱装运。

第十八条 集装箱装箱现场检查员应当对船舶载运危险货物集装箱的装箱活动进行现场检查，在装箱完毕后，对符合《海运危险货物集装箱装箱安全技术要求》（JT 672—2006）的签署《集装箱装箱证明书》。

第十九条 曾载运过危险货物的空包装或者空容器，未经清洁或者采取其他措施消除危险性的，应当视作盛装危险货物的包装或者容器。

第四章 申报和报告管理

第二十条 船舶载运危险货物进出港口，应当在进出港口 24 小时前（航程不足 24 小时的，在驶离上一港口前），向海事管理机构办理船舶载运危险货物申报手续，提交申请书和交通运输部有关规章要求的证明材料，经海事管理机构批准后，方可进出港口。

船舶在运输途中发生危险货物泄漏、燃烧或者爆炸等情况的，应当在办理船舶载运危险货物申报手续时说明原因、已采取的控制措施和目前状况等有关情况，并于抵港后送交详细报告。

定船舶、定航线、定货种的船舶可以办理定期申报手续。定期申报期限不超过 30 天。

第二十一条 海事管理机构应当在受理船舶载运危险货物进出港口申报后 24 小时内做出批准或者不批准的决定；属于定期申报的，应当在 7 日内做出批准或者不批准的决定。不予批准的，应当告知申请人不予批准的原因。海事管理机构应当将有关申报信息通报所在地港口行政管理部门。

第二十二条 拟交付船舶载运的危险货物托运人应当在交付载运前向承运人说明所托运的危险货物种类、数量、危险特性以及发生危险情况的应急处置措施，提交以下货物信息，并报告海事管理机构：

（一）危险货物安全适运声明书；

（二）危险货物安全技术说明书；

（三）按照规定需要进出口国家有关部门同意后方可载运的，应当提交有效的批准文件；

（四）危险货物中添加抑制剂或者稳定剂的，应当提交抑制剂或者稳定剂添加证明书；

（五）载运危险性质不明的货物，应当提交具有相应资质的评估机构出具的危险货物运输条件鉴定材料；

（六）交付载运包装危险货物的，还应当提交下列材料：

1. 包装、货物运输组件、船用刚性中型散装容器的检验合格证明；

2. 使用船用集装箱载运危险货物的，应当提交《集装箱装箱证明书》；

3. 载运放射性危险货物的，应当提交放射性剂量证明；

4. 载运限量或者可免除量危险货物的，应当提交限量或者可免除量危险货物证明。

（七）交付载运具有易流态化特性的 B 组固体散装货物通过海上运输的，还应当提交具有相应资质的检验机构出具的货物适运水分极限和货物水分含量证明。

承运人应当对上述货物信息进行审核，对不符合船舶适装要求的，不得受载、承运。

第二十三条 船舶载运包装危险货物或者 B 组固体散装货物离港前，应当将列有所载危险货物的装载位置清单、舱单或者详细配载图向海事管理机构报告。

第二十四条 船用集装箱拟拼装运输有隔离要求的两种或者两种以上危险货物，应当符合《国际海运危险货物规则》的规定。危险货物托运人应当事先向海事管理机构报告。

第五章 作业安全管理

第二十五条 载运危险货物的船舶在装货前，应当检查货物的运输资料和适运状况。发现有违反本规定情形的不得装运。

第二十六条 从事散装危险货物装卸作业的船舶和码头，应当遵守安全和防污染操作规程，建立并落实船岸安全检查表制度，并严格按照船岸安全检查表的内容要求进行检查和填写。

载运散装液体危险货物的船舶装卸作业期间，禁止其他无关船舶并靠。使用的货物软管应当符合相关法规、技术规范的要求，并定期进行检验。

第二十七条 从事散装液化气体装卸作业的船舶和码头、装卸站应当建立作业前会商制度，并就货物操作、压载操作、应急等事项达成书面协议。

从事散装液化天然气装卸作业的船舶和码头、装卸站还应当采取装货作业期间在船上设置岸方应急切断装置控制点和卸货作业期间在岸上设置船方应急切断装置控制点等措施，确保在发生紧急情况时及时停止货物输送作业。

协助散装液化气船舶靠泊的船舶应当设置烟火熄灭装置及实施烟火管制。

禁止其他无关船舶在作业期间靠泊液化气码头、装卸站。

第二十八条　船舶进行危险货物水上过驳作业或者载运危险货物的船舶进行洗（清）舱、驱气、置换，应当符合国家水上交通安全和防治船舶污染环境的管理规定及技术规范，尽量远离船舶定线制区、饮用水地表水源取水口、渡口、客轮码头、通航建筑物、大型桥梁、水下通道以及内河等级航道和沿海设标航道，制定安全和防污染的措施和应急计划并保证有效实施。

第二十九条　载运危险货物的船舶进行洗（清）舱、驱气或者置换活动期间，不得检修和使用雷达、无线电发报机、卫星船站；不得进行明火、拷铲及其他易产生火花的作业；不得使用供应船、车进行加油、加水作业。

第三十条　载运危险货物的船舶在港口水域内从事危险货物过驳作业，应当由负责过驳作业的港口经营人依法向港口行政管理部门提出申请。港口行政管理部门在审批时，应当就船舶过驳作业的水域征得海事管理机构的同意，并将审批情况通报海事管理机构。

船舶在港口水域外从事内河危险货物过驳作业或者海上散装液体污染危害性货物过驳作业，应当依法向海事管理机构申请批准。

船舶进行水上危险货物和散装液体污染危害性货物过驳作业的水域，由海事管理机构发布航行警告或者航行通告。

第三十一条　船舶在港口水域外申请从事内河危险货物过驳作业或者海上散装液体污染危害性货物过驳作业的，申请人应当在作业前向海事管理机构提出申请，告知作业地点，并提交作业方案、作业程序、防治污染措施等材料。

海事管理机构自受理申请之日起，对单航次作业的船舶，应当在24小时内做出批准或者不批准的决定；对在特定水域多航次作业的船舶，应当在7日内做出批准或者不批准的决定。

第三十二条　船舶从事加注液化天然气及其他具有低闪点特性的气态燃料作业活动，应当遵守有关法规、标准和相关操作规程，落实安全措施，并在作业前将作业的种类、时间、地点、单位和船舶名称等信息向海事管理机构报告；作业信息变更的，应当及时补报。

通过船舶为液化天然气及其他具有低闪点特性的气态燃料水上加注船、趸船补给货物燃料的，应当执行本规定水上过驳的要求。

第三十三条　载运危险货物的船舶应当遵守海事管理机构关于航路、航道等区域性的特殊规定。

载运爆炸品、放射性物品、有机过氧化物、闪点28℃以下易燃液体和散装液化气的船舶，不得与其他驳船混合编队拖带。

第三十四条　散装液化天然气船舶应当在抵港72小时前（航程不足72小时的，在驶离上一港口时）向抵达港海事管理机构报告预计抵港时间。预计抵港时间有变化的，还应当在抵港24小时前（航程不足24小时的，在驶离上一港口时）报告抵港时间。

第三十五条　散装液化气船舶进出港口和在港停泊、作业，应当按照相关标准和规范的要求落实安全保障措施。在通航水域进行试气试验的，试气作业单位应当制定试验方案并组织开展安全风险论证，落实安全管理措施。

载运散装液化天然气船舶及载运其他具有低闪点特性的气态燃料的船舶，进出沿海港口和在港停泊、作业，应当通过开展专题论证，确定护航、安全距离、应急锚地、安全警示标志等安全保障措施。

载运散装液化天然气船舶及载运其他具有低闪点特性的气态燃料的船舶，在内河航行、停泊、作业时，应当落实海事管理机构公布的安全保障措施。海事管理机构根据当地实际情况评估论证，确定护航、合理安全距离、声光警示标志等安全保障措施，征求相关港航管理部门意见后向社会公布。在船舶吨位、载运货物种类、航行区域、航线相同，且周边通航安全条件没有发生重大变化的情况下，不再重新进行评估论证。

第三十六条　载运危险货物的船舶发生水上险情、交通事故、非法排放、危险货物落水等事件，应当按照规定向海事管理机构报告，并及时启动应急预案，防止损害、危害的扩大。

海事管理机构接到报告后，应当立即核实有关情况，按照相关应急预案要求向上级海事管理机构和县级以上地方人民政府报告，并采取相应的应急措施。

第三十七条　载运散装液体危险货物的内河船舶卸货完毕后，应当在具备洗舱条件的码头、专用锚地、洗舱站点等对货物处所进行清洗，洗舱水应当交付港口接收设施、船舶污染物接收单位或者专业接收单位接收处理。

载运散装液体危险货物的内河船舶,有以下情形之一的,可以免于前款规定的清洗:

(一)船舶拟装载的货物与卸载的货物一致的;

(二)船舶拟装载的货物与卸载的货物相容,经拟装载货物的所有人同意的;

(三)已经实施海事管理机构确认的可替代清洗的通风程序。

卸货港口没有接收能力,船舶取得下一港口的接收洗舱水书面同意,可以在下一港口清洗,并及时报告海事管理机构。

第三十八条 载运危险货物的船舶航行、装卸或者停泊,应当悬挂专用的警示标志,按照规定显示专用信号。

载运散装液化天然气的船舶在内河航行,应当事先确定航行计划和航线。

载运散装液化天然气的船舶由沿海进入内河水域的,应当向途经的第一个内河港口的海事管理机构报告航行计划和航线;始发地为内河港口的,船舶应当将航行计划和航线向始发地海事管理机构报告。

第六章 监督管理

第三十九条 海事管理机构依法对船舶载运危险货物实施监督检查。

海事管理机构发现船舶载运危险货物存在安全隐患的,应当责令立即消除或者限期消除隐患;有关单位和个人不立即消除或者逾期不消除的,海事管理机构可以依据法律、行政法规的规定,采取禁止其进港、离港,或者责令其停航、改航、停止作业等措施。

第四十条 船舶载运危险货物有下列情形之一的,海事管理机构应当责令当事船舶立即纠正或者限期改正:

(一)经核实申报或者报告内容与实际情况不符的;

(二)擅自在不具备作业条件的码头、泊位或者非指定水域装卸危险货物的;

(三)船舶或者其设备不符合安全、防污染要求的;

(四)危险货物的积载和隔离不符合规定的;

(五)船舶的安全、防污染措施和应急计划不符合规定的。

第七章 法律责任

第四十一条 载运危险货物的船舶和相关单位违反本规定以及国家水上交通安全的规定,应当予以行政处罚的,由海事管理机构按照有关法规执行。

涉嫌构成犯罪的,由海事管理机构依法移送国家司法机关。

第四十二条 违反本规定,危险货物水路运输企业的船员未取得特殊培训合格证的,由海事管理机构责令改正,属于危险化学品的处5万元以上10万元以下的罚款,属于危险化学品以外的危险货物的处2000元以上2万元以下的罚款;拒不改正的,责令整顿。

第四十三条 违反本规定,载运危险货物的船舶及船用集装箱、船用刚性中型散装容器和船用可移动罐柜等配载的容器未经检验合格而投入使用的,由海事管理机构责令改正,属于危险化学品的处10万元以上20万元以下的罚款,有违法所得的,没收违法所得,属于危险化学品以外的危险货物的处1000元以上3万元以下的罚款;拒不改正的,责令整顿。

第四十四条 违反本规定,有下列情形之一的,由海事管理机构责令改正,属于危险化学品的处5万元以上10万元以下的罚款,属于危险化学品以外的危险货物的处500元以上3万元以下的罚款;拒不改正的,责令整顿:

(一)船舶载运的危险货物,未按照规定进行积载和隔离的;

(二)托运人不向承运人说明所托运的危险货物种类、数量、危险特性以及发生危险情况的应急处置措施的;

(三)未按照国家有关规定对所托运的危险货物妥善包装并在外包装上设置相应标志的。

第四十五条 违反本规定,载运危险货物的船舶进出港口,未依法向海事管理机构办理申报手续的,在内河通航水域运输危险货物的,对负有责任的主管人员或者其他直接责任人员处2万元以上10万元以下的罚款;在我国管辖海域运输危险货物的,对船舶所有人或者经营人处1万元以上3万元以下的罚款。

第四十六条 违反本规定,在托运的普通货物中夹带危险货物,或者将危险货物谎报或者匿报为普通货物托运的,由海事管理机构责令改正,属于危险化学品的处10万元以上20万元以下的罚款,有违法所得的,没收违法所得,属于危险化学品以外的危险货物的处1000元以上3万元以下的罚款;拒不改正的,责令整顿。

第四十七条 违反本规定,对不符合《海运危险货物集装箱装箱安全技术要求》的危险货物集装箱签署《集装箱装箱证明书》的，由海事管理机构责令改正，对聘用该集装箱装箱现场检查员的单位处 1000 元以上 3 万元以下的罚款。

第四十八条 违反本规定，有下列情形之一的，由海事管理机构责令改正，处 500 元以上 3 万元以下的罚款：

（一）交付船舶载运的危险货物托运人未向海事管理机构报告的；

（二）船舶载运包装危险货物或者 B 组固体散装货物离港前，未按照规定将清单、舱单或者详细配载图报海事管理机构的；

（三）散装液化天然气船舶未按照规定向海事管理机构报告预计抵港时间的；

（四）散装液化天然气船舶在内河航行，未按照规定向海事管理机构报告航行计划和航线的。

第四十九条 海事管理机构的工作人员有滥用职权、徇私舞弊、玩忽职守等严重失职行为的，由其所在单位或者上级机关依法处理；情节严重构成犯罪的，由司法机关依法追究刑事责任。

第八章 附 则

第五十条 本规定所称船舶载运的危险货物，包括：

（一）《国际海运危险货物规则》（IMDG code）第 3 部分危险货物一览表中列明的包装危险货物，以及未列明但经评估具有安全危险的其他包装货物；

（二）《国际海运固体散装货物规则》（IMSBC code）附录 1 中 B 组固体散装货物，以及经评估具有化学危险的其他固体散装货物；

（三）《国际防止船舶造成污染公约》（MARPOL 公约）附则 I 附录 1 中列明的散装油类；

（四）《国际散装危险化学品船舶构造和设备规则》（IBC code）第 17 章中列明的散装液体化学品，以及未列明但经评估具有安全危险的其他散装液体化学品；

（五）《国际散装液化气体船舶构造和设备规则》（IGC code）第 19 章列明的散装液化气体，以及未列明但经评估具有安全危险的其他散装液化气体；

（六）我国加入或者缔结的国际条约、国家标准规定的其他危险货物。

《危险化学品目录》中所列物质，不属于前款规定的危险货物的，应当按照《危险化学品安全管理条例》的有关规定执行。

第五十一条 本规定所称 B 组固体散装货物，是指在《国际海运固体散装货物规则》附录 1 "组别"栏中列为 B 组货物或者同时列入 A 和 B 组货物。

第五十二条 本规定自 2018 年 9 月 15 日起施行。2003 年 11 月 30 日以交通部令 2003 年第 10 号发布的《船舶载运危险货物安全监督管理规定》、2012 年 3 月 14 日以交通运输部令 2012 年第 4 号发布的《关于修改〈船舶载运危险货物安全监督管理规定〉的决定》、1996 年 11 月 4 日以交通部令 1996 年第 10 号发布的《水路危险货物运输规则（第一部分 水路包装危险货物运输规则）》同时废止。

港口危险货物安全管理规定

（2017 年 9 月 4 日交通运输部令第 27 号公布 根据 2019 年 11 月 28 日《交通运输部关于修改〈港口危险货物安全管理规定〉的决定》修正）

第一章 总 则

第一条 为了加强港口危险货物安全管理，预防和减少危险货物事故，保障人民生命、财产安全，保护环境，根据《港口法》《安全生产法》《危险化学品安全管理条例》等有关法律、行政法规，制定本规定。

第二条 在中华人民共和国境内，新建、改建、扩建储存、装卸危险货物的港口建设项目和进行危险货物港口作业，适用本规定。

前款所称危险货物港口作业包括在港区内装卸、过驳、仓储危险货物等行为。

第三条 港口危险货物安全管理坚持安全第一、预防为主、综合治理的方针，强化和落实危险货物港口建设项目的建设单位和港口经营人安全生产主体责任。

第四条 交通运输部主管全国港口危险货物安全行业管理工作。

省、自治区、直辖市交通运输主管部门主管本辖区的港口危险货物安全监督管理工作。

省、市、县级港口行政管理部门在职责范围内负责具体实施港口危险货物安全监督管理工作。

第二章 建设项目安全审查

第五条 新建、改建、扩建储存、装卸危险货物的港口建设项目（以下简称危险货物港口建设项目），应当由港口行政管理部门进行安全条件审查。

未通过安全条件审查，危险货物港口建设项目不得开工建设。

第六条 省级港口行政管理部门负责下列港口建设项目的安全条件审查：

（一）涉及储存或者装卸剧毒化学品的港口建设项目；

（二）沿海 50000 吨级以上、长江干线 3000 吨级以上、其他内河 1000 吨级以上的危险货物码头；

（三）沿海罐区总容量 100000 立方米以上、内河罐区总容量 5000 立方米以上的危险货物仓储设施。

其他危险货物港口建设项目由项目所在地设区的市级港口行政管理部门负责安全条件审查。

第七条 危险货物港口建设项目的建设单位，应当在可行性研究阶段按照国家有关规定委托有资质的安全评价机构对该建设项目进行安全评价，并编制安全预评价报告。安全预评价报告应当符合有关安全生产法律、法规、规章、国家标准、行业标准和港口建设的有关规定。

第八条 涉及危险化学品的港口建设项目，建设单位还应当进行安全条件论证，并编制安全条件论证报告。安全条件论证的内容应当包括：

（一）建设项目内在的危险和有害因素对安全生产的影响；

（二）建设项目与周边设施或者单位、人员密集区、敏感性设施和敏感环境区域在安全方面的相互影响；

（三）自然条件对建设项目的影响。

第九条 建设单位应当向危险货物建设项目所在地港口行政管理部门申请安全条件审查，并提交以下材料：

（一）建设项目安全条件审查申请书；

（二）建设项目安全预评价报告；

（三）建设项目安全条件论证报告（涉及危险化学品的提供）；

（四）依法需取得的建设项目规划选址文件。

所在地港口行政管理部门应当核查文件是否齐全，不齐全的告知申请人予以补正。对材料齐全的申请应当予以受理；对不属于本级审查权限的，应当在受理后 5 日内将申请材料转报有审查权限的港口行政管理部门。转报时间应当计入审查期限。

第十条 负责安全条件审查的港口行政管理部门应当自受理申请之日起 45 日内作出审查决定。

有下列情形之一的，安全条件审查不予通过：

（一）安全预评价报告存在重大缺陷、漏项的，包括对建设项目主要危险、有害因素的辨识和评价不全面或者不准确的；

（二）对安全预评价报告中安全设施设计提出的对策与建议不符合有关安全生产法律、法规、规章和国家标准、行业标准的；

（三）建设项目与周边场所、设施的距离或者拟建场址自然条件不符合有关安全生产法律、法规、规章和国家标准、行业标准的；

（四）主要技术、工艺未确定，或者不符合有关安全生产法律、法规、规章和国家标准、行业标准的；

（五）未依法进行安全条件论证和安全评价的；

（六）隐瞒有关情况或者提供虚假文件、资料的。

港口行政管理部门在安全条件审查过程中，应当对申请材料进行审查，并对现场进行核查。必要时可以组织相关专家进行咨询论证。

第十一条 港口行政管理部门对符合安全条件的，应当予以通过，并将审查决定送达申请人。对未通过安全条件审查的，应当说明理由并告知申请人。建设单位经过整改后可以重新申请安全条件审查。

第十二条 已经通过安全条件审查的危险货物港口建设项目有下列情形之一的，建设单位应当按照本规定的有关要求重新进行安全条件论证和安全评价，并重新申请安全条件审查：

（一）变更建设地址的；

（二）建设项目周边环境因素发生重大变化导致安全风险增加的；

（三）建设项目规模进行调整导致安全风险增加或者安全性能降低的；

（四）建设项目平面布置、作业货种、工艺、设备设施等发生重大变化导致安全风险增加或者安全性能降低的。

第十三条 建设单位应当在危险货物港口建设项目初步设计阶段按照国家有关规定委托设计单位对安全设施进行设计。

安全设施设计应当符合有关安全生产和港口建设的法律、法规、规章以及国家标准、行业标准，并包括以下主要内容：

（一）该建设项目涉及的危险、有害因素和程度及周边环境安全分析；

（二）采用的安全设施和措施，预期效果以及存在的问题与建议；

（三）对安全预评价报告中有关安全设施设计的

对策与建议的采纳情况说明；

（四）可能出现的事故预防及应急救援措施。

第十四条 由港口行政管理部门负责初步设计审批的危险货物港口建设项目，在初步设计审批中对安全设施设计进行审查。

前款规定之外的其他危险货物港口建设项目，由负责安全条件审查的港口行政管理部门进行安全设施设计审查。

建设单位在申请安全设施设计审查时应当提交以下材料：

（一）安全设施设计审查申请书；

（二）设计单位的基本情况及资信情况；

（三）安全设施设计。

港口行政管理部门应当自受理申请之日起20日内对申请材料进行审查，作出审查决定，并告知申请人；20日内不能作出决定的，经本部门负责人批准，可以延长10日，并应当将延长期限的理由告知申请人。

第十五条 有下列情形之一的，安全设施设计审查不予通过：

（一）设计单位资质不符合相关规定的；

（二）未按照有关法律、法规、规章和国家标准、行业标准的规定进行设计的；

（三）对未采纳安全预评价报告中的安全对策和建议，未作充分论证说明的；

（四）隐瞒有关情况或者提供虚假文件、资料的。

安全设施设计审查未通过的，建设单位经过整改后可以重新申请安全设施设计审查。

第十六条 已经通过审查的危险货物港口建设项目安全设施设计有下列情形之一的，建设单位应当报原审查部门重新申请安全设施设计审查：

（一）改变安全设施设计且可能导致安全性能降低的；

（二）在施工期间重新设计的。

第十七条 危险货物港口建设项目的建设单位应当在施工期间组织落实经批准的安全设施设计的有关内容，并加强对施工质量的监测和管理，建立相应的台账。施工单位应当按照批准的设计施工。

第十八条 危险货物港口建设项目的安全设施应当与主体工程同时建成，并由建设单位组织验收。验收前建设单位应当按照国家有关规定委托有资质的安全评价机构对建设项目及其安全设施进行安全验收评价，并编制安全验收评价报告。安全验收评价报告应当符合国家标准、行业标准和港口建设的有关规定。

建设单位进行安全设施验收时，应当组织专业人员对该建设项目进行现场检查，并对安全设施施工报告及监理报告、安全验收评价报告等进行审查，作出是否通过验收的结论。参加验收人员的专业能力应当涵盖该建设项目涉及的所有专业内容。

安全设施验收未通过的，建设单位经过整改后可以再次组织安全设施验收。

第十九条 安全设施验收合格后，建设单位应当将验收过程中涉及的文件、资料存档，并自觉接受和配合安全生产监督管理部门依据《安全生产法》的规定对安全设施验收活动和验收结果进行的监督核查。

第二十条 安全评价机构的安全评价活动应当遵守有关法律、法规、规章和国家标准和行业标准的规定。

港口行政管理部门应当对违法违规开展港口安全评价的机构予以曝光，并通报同级安全生产监督管理部门。

第三章 经营人资质

第二十一条 从事危险货物港口作业的经营人（以下简称危险货物港口经营人）除满足《港口经营管理规定》规定的经营许可条件外，还应当具备以下条件：

（一）设有安全生产管理机构或者配备专职安全生产管理人员；

（二）具有健全的安全管理制度、岗位安全责任制度和操作规程；

（三）有符合国家规定的危险货物港口作业设施设备；

（四）有符合国家规定且经专家审查通过的事故应急预案和应急设施设备；

（五）从事危险化学品作业的，还应当具有取得从业资格证书的装卸管理人员。

第二十二条 申请危险货物港口经营人资质，除按《港口经营管理规定》的要求提交相关文件和材料外，还应当向所在地港口行政管理部门提交以下文件和材料：

（一）危险货物港口经营申请表，包括拟申请危险货物作业的具体场所、作业方式、危险货物品名（集装箱和包装货物载明到"项别"）；

（二）符合国家规定的应急设施、设备清单；

（三）装卸管理人员的从业资格证书（涉及危险化学品的提供）；

（四）新建、改建、扩建储存、装卸危险货物港口设施的，提交安全设施验收合格证明材料（包括安全设施施工报告及监理报告、安全验收评价报告、验收结论和隐患整改报告）；使用现有港口设施的，提交对现状的安全评价报告。

第二十三条 所在地港口行政管理部门应当自受理申请之日起30日内作出许可或者不予许可的决定。符合许可条件的，应当颁发《港口经营许可证》，并对每个具体的危险货物作业场所配发《港口危险货物作业附证》（见附件）。

《港口经营许可证》应当载明危险货物港口经营人的名称与办公地址、法定代表人或者负责人、经营地域、准予从事的业务范围、附证事项、发证日期、许可证有效期和证书编号。

《港口危险货物作业附证》应当载明危险货物港口经营人、作业场所、作业方式、作业危险货物品名（集装箱和包装货物载明到"项别"）、发证机关、发证日期、有效期和证书编号。

所在地港口行政管理部门应当依法向社会公开有关信息，并及时向所在地海事管理机构和同级安全生产监督管理部门、环境保护主管部门、公安机关通报。

第二十四条 《港口经营许可证》有效期为3年，《港口危险货物作业附证》有效期不得超过《港口经营许可证》的有效期。

第二十五条 危险货物港口经营人应当在《港口经营许可证》或者《港口危险货物作业附证》有效期届满之日30日以前，向发证机关申请办理延续手续。

申请办理《港口经营许可证》及《港口危险货物作业附证》延续手续，除按《港口经营管理规定》的要求提交相关文件和材料外，还应当提交下列材料：

（一）除本规定第二十二条第（一）项之外的其他证明材料；

（二）本规定第二十八条规定的安全评价报告及落实情况。

第二十六条 危险货物港口经营人发生变更或者其经营范围发生变更的，应当按照本规定第二十二条的规定重新申请《港口经营许可证》及《港口危险货物作业附证》。

第二十七条 危险货物港口经营人应当在依法取得许可的范围内从事危险货物港口作业，依法提取和使用安全生产经费，聘用注册安全工程师从事安全生产管理工作，对从业人员进行安全生产教育、培训并如实记录相关情况，推进安全生产标准化建设。相关从业人员应当按照《危险货物水路运输从业人员考核和从业资格管理规定》的要求，经考核合格或者取得相应从业资格。

第二十八条 危险货物港口经营人应当在取得经营资质后，按照国家有关规定委托有资质的安全评价机构，对本单位的安全生产条件每3年进行一次安全评价，提出安全评价报告。安全评价报告的内容应当包括对事故隐患的整改情况、遗留隐患和安全条件改进建议。

危险货物港口经营人应当将安全评价报告以及落实情况报所在地港口行政管理部门备案。

第二十九条 出现下列情形之一的，危险货物港口经营人应当重新进行安全评价，并按照本规定第二十八条的规定进行备案：

（一）增加作业的危险货物品种；

（二）作业的危险货物数量增加，构成重大危险源或者重大危险源等级提高的；

（三）发生火灾、爆炸或者危险货物泄漏，导致人员死亡、重伤或者事故等级达到较大事故以上的；

（四）周边环境因素发生重大变化，可能对港口安全生产带来重大影响的。

增加作业的危险货物品种或者数量，涉及变更经营范围的，除应当符合环保、消防、职业卫生等方面相关主管部门的要求外，还应当按照本规定第二十六条的规定重新申请《港口经营许可证》及《港口危险货物作业附证》。

现有设施需要进行改扩建的，除应当履行改扩建手续外，还应当履行本规定第二章安全审查的有关规定。

第四章 作业管理

第三十条 危险货物港口经营人应当根据《港口危险货物作业附证》上载明的危险货物品名，依据其危险特性，在作业场所设置相应的监测、监控、通风、防晒、调温、防火、灭火、防爆、泄压、防毒、中和、防潮、防雷、防静电、防腐、防泄漏以及防护围堤或者隔离操作等安全设施、设备，并保持正常、正确使用。

第三十一条 危险货物港口经营人应当按照国家标准、行业标准对其危险货物作业场所的安全设施、设备进行经常性维护、保养，并定期进行检测、检验，及时更新不合格的设施、设备，保证正常运转。维护、保养、检测、检验应当做好记录，并由有关人员签字。

第三十二条 危险货物港口经营人应当在其作业场所和安全设施、设备上设置明显的安全警示标志；同时还应当在其作业场所设置通信、报警装置，并保证其处于适用状态。

第三十三条 危险货物专用库场、储罐应当符合国家标准和行业标准，设置明显标志，并依据相关标准定期安全检测维护。

第三十四条 危险货物港口作业使用特种设备的，应当符合国家特种设备管理的有关规定，并按要求进行检验。

第三十五条 危险货物港口经营人使用管道输送危险货物的，应当建立输送管道安全技术档案，具备管道分布图，并对输送管道定期进行检查、检测，设置明显标志。

在港区内进行可能危及危险货物输送管道安全的施工作业，施工单位应当在开工的7日前书面通知管道所属单位，并与管道所属单位共同制定应急预案，采取相应的安全防护措施。管道所属单位应当指派专门人员到现场进行管道安全保护指导。

第三十六条 危险货物港口作业委托人应当向危险货物港口经营人提供委托人身份信息和完整准确的危险货物品名、联合国编号、危险性分类、包装、数量、应急措施及安全技术说明书等资料；危险性质不明的危险货物，应当提供具有相应资质的专业机构出具的危险货物危险特性鉴定技术报告。法律、行政法规规定必须办理有关手续后方可进行水路运输的危险货物，还应当办理相关手续，并向港口经营人提供相关证明材料。

危险货物港口作业委托人不得在委托作业的普通货物中夹带危险货物，不得匿报、谎报危险货物。

第三十七条 危险货物港口经营人不得装卸、储存未按本规定第三十六条规定提交相关资料的危险货物。对涉嫌在普通货物中夹带危险货物，或者将危险货物匿报或者谎报为普通货物的，所在地港口行政管理部门或者海事管理机构可以依法开拆查验，危险货物港口经营人应当予以配合。港口行政管理部门和海事管理机构应当将查验情况相互通报，避免重复开拆。

第三十八条 发生下列情形之一的，危险货物港口经营人应当及时处理并报告所在地港口行政管理部门：

（一）发现未申报或者申报不实、申报有误的危险货物；

（二）在普通货物或者集装箱中发现夹带危险货物；

（三）在危险货物中发现性质相抵触的危险货物，且不满足国家标准及行业标准中有关积载、隔离、堆码要求。

对涉及船舶航行、作业安全的相关信息，港口行政管理部门应当及时通报所在地海事管理机构。

第三十九条 在港口作业的包装危险货物应当妥善包装，并在外包装上设置相应的标志。包装物、容器的材质以及包装的型式、规格、方法应当与所包装的货物性质、运输装卸要求相适应。材质、型式、规格、方法以及包装标志应当符合我国加入并已生效的有关国际条约、国家标准和相关规定的要求。

第四十条 危险货物港口经营人应当对危险货物包装和标志进行检查，发现包装和标志不符合国家有关规定的，不得予以作业，并应当及时通知或者退回作业委托人处理。

第四十一条 船舶载运危险货物进出港口，应当按照有关规定向海事管理机构办理申报手续。海事管理机构应当及时将有关申报信息通报所在地港口行政管理部门。

第四十二条 船舶危险货物装卸作业前，危险货物港口经营人应当与作业船舶按照有关规定进行安全检查，确认作业的安全状况和应急措施。

第四十三条 不得在港口装卸国家禁止通过水路运输的危险货物。

第四十四条 在港口内从事危险货物添加抑制剂或者稳定剂作业的单位，作业前应当将有关情况告知相关危险货物港口经营人和作业船舶。

第四十五条 危险货物港口经营人在危险货物港口装卸、过驳作业开始24小时前，应当将作业委托人以及危险货物品名、数量、理化性质、作业地点和时间、安全防范措施等事项向所在地港口行政管理部门报告。所在地港口行政管理部门应当在接到报告后24小时内作出是否同意作业的决定，通知报告人，并及时将有关信息通报海事管理机构。报告人在取得作业批准后72小时内未开始作业的，应当重新报告。未经所在地港口行政管理部门批准的，不得进行危险货物港口作业。

时间、内容和方式固定的危险货物港口装卸、过驳作业，经所在地港口行政管理部门同意，可以实行定期申报。

第四十六条 危险货物港口作业应当符合有关安全作业标准、规程和制度，并在具有从业资格的装卸管理人员现场指挥或者监控下进行。

第四十七条 两个以上危险货物港口经营人在同一港口作业区内进行危险货物港口作业，可能危及对方生产安全的，应当签订安全生产管理协议，明确各自的安全生产管理职责和应当采取的安全措施，并指定专职安全生产管理人员进行安全检查与协调。

第四十八条　危险货物港口经营人进行爆炸品、气体、易燃液体、易燃固体、易于自燃的物质、遇水放出易燃气体的物质、氧化性物质、有机过氧化物、毒性物质、感染性物质、放射性物质、腐蚀性物质的港口作业，应当划定作业区域，明确责任人并实行封闭式管理。作业区域应当设置明显标志，禁止无关人员进入和无关船舶停靠。

第四十九条　危险货物应当储存在港区专用的库场、储罐，并由专人负责管理；剧毒化学品以及储存数量构成重大危险源的其他危险货物，应当单独存放，并实行双人收发、双人保管制度。

危险货物的储存方式、方法以及储存数量，包括危险货物集装箱直装直取和限时限量存放，应当符合国家标准、行业标准或者国家有关规定。

第五十条　危险货物港口经营人经营仓储业务的，应当建立危险货物出入库核查、登记制度。

对储存剧毒化学品以及储存数量构成重大危险源的其他危险货物，危险货物港口经营人应当将其储存数量、储存地点以及管理措施、管理人员等情况，依法报所在地港口行政管理部门和相关部门备案。

第五十一条　危险货物港口经营人应当建立危险货物作业信息系统，实时记录危险货物作业基础数据，包括作业的危险货物种类及数量、储存地点、理化特性、货主信息、安全和应急措施等，并在作业场所外异地备份。有关危险货物作业信息应当按要求及时准确提供相关管理部门。

第五十二条　危险货物港口经营人应当建立安全生产风险预防控制体系，开展安全生产风险辨识、评估，针对不同风险，制定具体的管控措施，落实管控责任。

第五十三条　危险货物港口经营人应当根据有关规定，进行重大危险源辨识，确定重大危险源级别，实施分级管理，并登记建档。危险货物港口经营人应当建立健全重大危险源安全管理规章制度，制定实施危险货物重大危险源安全管理与监控方案，制定应急预案，告知相关人员在紧急情况下应当采取的应急措施，定期对重大危险源进行安全评估。

第五十四条　危险货物港口经营人应当将本单位的重大危险源及有关安全措施、应急措施依法报送所在地港口行政管理部门和相关部门备案。

第五十五条　危险货物港口经营人在重大危险源出现本规定第二十九条规定的情形之一，可能影响重大危险源级别和风险程度的，应当对重大危险源重新进行辨识、分级、安全评估、修改档案，并及时报送所在地港口行政管理部门和相关部门重新备案。

第五十六条　危险货物港口经营人应当制定事故隐患排查制度，定期开展事故隐患排查，及时消除隐患，事故隐患排查治理情况应当如实记录，并向从业人员通报。

危险货物港口经营人应当将重大事故隐患的排查和处理情况及时向所在地港口行政管理部门备案。

第五章　应　急　管　理

第五十七条　所在地港口行政管理部门应当建立危险货物事故应急体系，制定港口危险货物事故应急预案。应急预案应当依法经当地人民政府批准后向社会公布。

所在地港口行政管理部门应当在当地人民政府的领导下推进专业化应急队伍建设和应急资源储备，定期组织开展应急培训和应急救援演练，提高应急能力。

第五十八条　危险货物港口经营人应当制定本单位危险货物事故专项应急预案和现场处置方案，依法配备应急救援人员和必要的应急救援器材、设备，每半年至少组织一次应急救援培训和演练并如实记录，根据演练结果对应急预案进行修订。应急预案应当具有针对性和可操作性，并与所在地港口行政管理部门公布的港口危险货物事故应急预案相衔接。

危险货物港口经营人应当将其应急预案及其修订情况报所在地港口行政管理部门备案，并向本单位从业人员公布。

第五十九条　危险货物港口作业发生险情或者事故时，港口经营人应当立即启动应急预案，采取应急行动，排除事故危害，控制事故进一步扩散，并按照有关规定向港口行政管理部门和有关部门报告。

危险货物港口作业发生事故时，所在地港口行政管理部门应当按规定向上级行政管理部门、当地人民政府及有关部门报告，并及时组织救助。

第六章　安全监督与管理

第六十条　所在地港口行政管理部门应当采取随机抽查、年度核查等方式对危险货物港口经营人的经营资质进行监督检查，发现其不再具备安全生产条件的，应当依法撤销其经营许可。

第六十一条 所在地港口行政管理部门应当依法对危险货物港口作业和装卸、储存区域实施监督检查，并明确检查内容、方式、频次以及有关要求等。实施监督检查时，可以行使下列职权：

（一）进入并检查危险货物港口作业场所，查阅、抄录、复印相关的文件或者资料，提出整改意见；

（二）发现危险货物港口作业和设施、设备、装置、器材、运输工具不符合法律、法规、规章规定和国家标准、行业标准要求的，责令立即停止使用；

（三）对危险货物包装和标志进行抽查，对不符合有关规定的，责令港口经营人停止作业，及时通知或者退回作业委托人处理；

（四）检查中发现事故隐患的，应当责令危险货物港口经营人立即消除或者限期消除；重大事故隐患排除前或者排除过程中无法保证安全的，应当责令从危险区域内撤出作业人员并暂时停产停业；重大事故隐患排除后，经其审查同意，方可恢复作业；

（五）发现违法违章作业行为，应当当场予以纠正或者责令限期改正；

（六）对应急演练进行抽查，发现不符合要求的，当场予以纠正或者要求限期改正；

（七）经本部门主要负责人批准，依法查封违法储存危险货物的场所，扣押违法储存的危险货物。

港口行政管理部门依法进行监督检查，监督检查人员不得少于2人，并应当出示执法证件，将执法情况书面记录。监督检查不得影响被检查单位的正常生产经营活动。

第六十二条 有关单位和个人对依法进行的监督检查应当予以配合，不得拒绝、阻碍。港口行政管理部门依法对存在重大事故隐患作出停产停业的决定，危险货物港口经营人应当依法执行，及时消除隐患。危险货物港口经营人拒不执行，有发生生产安全事故的现实危险的，在保证安全的前提下，经本部门主要负责人批准，港口行政管理部门可以依法采取通知有关单位停止供电等措施，强制危险货物港口经营人履行决定。

港口行政管理部门依照前款规定采取停止供电措施，除有危及生产安全的紧急情形外，应当提前24小时通知危险货物港口经营人。危险货物港口经营人履行决定、采取相应措施消除隐患的，港口行政管理部门应当及时解除停止供电措施。

第六十三条 所在地港口行政管理部门应当加强对重大危险源的监管和应急准备，建立健全本辖区内重大危险源的档案，组织开展重大危险源风险分析，建立重大危险源安全检查制度，定期对存在重大危险源的港口经营人进行安全检查，对检查中发现的事故隐患，督促港口经营人进行整改。

第六十四条 港口行政管理部门应当建立举报制度，认真落实各类违法违规从事危险货物港口作业的投诉和举报，接受社会监督，及时曝光违法违规行为。

第六十五条 港口行政管理部门应当加强监管队伍建设，建立健全安全教育培训制度，依法规范行政执法行为。

第六十六条 所在地港口行政管理部门应当配备必要的危险货物港口安全检查装备，建立危险货物港口安全监管信息系统，具备危险货物港口安全监督管理能力。

第六十七条 港口行政管理部门应当建立港口危险货物管理专家库。专家库应由熟悉港口安全相关法律法规和技术标准、危险货物港口作业、港口安全技术、港口工程、港口安全管理和港口应急救援等相关专业人员组成。

港口行政管理部门在组织安全条件审查、安全设施设计审查或者其他港口危险货物管理工作时，需要吸收专家参加或者听取专家意见的，应当从专家库中抽取。

第六十八条 所在地港口行政管理部门应当建立健全安全生产诚信管理制度，对危险货物港口经营人存在安全生产违法行为或者造成恶劣社会影响的，应当列入安全生产不良信用记录，并纳入交通运输和相关统一信用信息共享平台。

第七章 法律责任

第六十九条 未经安全条件审查，新建、改建、扩建危险货物港口建设项目的，由所在地港口行政管理部门责令停止建设，限期改正；逾期未改正的，处五十万元以上一百万元以下的罚款。

第七十条 危险货物港口建设项目有下列行为之一的，由所在地港口行政管理部门责令停止建设或者停产停业整顿，限期改正；逾期未改正的，处五十万元以上一百万元以下的罚款，对其直接负责的主管人员和其他直接责任人员处二万元以上五万元以下的罚款：

（一）未按照规定对危险货物港口建设项目进行安全评价的；

（二）没有安全设施设计或者安全设施设计未按照规定报经港口行政管理部门审查同意的；

（三）施工单位未按照批准的安全设施设计施

工的；

（四）安全设施未经验收合格，擅自从事危险货物港口作业的。

第七十一条 未依法取得相应的港口经营许可证，或者超越许可范围从事危险货物港口经营的，由所在地港口行政管理部门责令停止违法经营，没收违法所得；违法所得十万元以上的，并处违法所得二倍以上五倍以下罚款；违法所得不足十万元的，处五万元以上二十万元以下的罚款。

第七十二条 危险货物港口经营人未依法提取和使用安全生产经费导致不具备安全生产条件的，由所在地港口行政管理部门责令限期改正；逾期未改正的，责令停产停业整顿。

第七十三条 危险货物港口经营人有下列行为之一的，由所在地港口行政管理部门责令限期改正，可以处五万元以下的罚款；逾期未改正的，责令停产停业整顿，并处五万元以上十万元以下的罚款，对其直接负责的主管人员和其他直接责任人员处一万元以上二万元以下的罚款：

（一）未按照规定设置安全生产管理机构或者配备安全生产管理人员的；

（二）未依法对从业人员进行安全生产教育、培训，或者未如实记录安全生产教育、培训情况的；

（三）未将事故隐患排查治理情况如实记录或者未向从业人员通报的；

（四）未按照规定制定危险货物事故应急救援预案或者未定期组织演练的。

第七十四条 危险货物港口经营人有下列行为之一的，由所在地港口行政管理部门责令限期改正，可以处十万元以下的罚款；逾期未改正的，责令停产停业整顿，并处十万元以上二十万元以下的罚款，对其直接负责的主管人员和其他直接责任人员处二万元以上五万元以下的罚款：

（一）危险货物港口作业未建立专门安全管理制度、未采取可靠的安全措施的；

（二）对重大危险源未登记建档，或者未进行评估、监控，或者未制定应急预案的；

（三）未建立事故隐患排查治理制度的。

第七十五条 危险货物港口经营人有下列情形之一的，由所在地港口行政管理部门责令改正，可以处五万元以下的罚款；逾期未改正的，处五万元以上二十万元以下的罚款，对其直接负责的主管人员和其他直接责任人员处一万元以上二万元以下的罚款；情节严重的，责令停产停业整顿：

（一）未在生产作业场所和安全设施、设备上设置明显的安全警示标志的；

（二）未按照国家标准、行业标准或者国家有关规定安装、使用安全设施、设备并进行经常性维护、保养和定期检测的。

第七十六条 危险货物港口经营人有下列情形之一的，由所在地港口行政管理部门责令改正，可以处五万元以下的罚款；逾期未改正的，处五万元以上十万元以下的罚款；情节严重的，责令停产停业整顿：

（一）未对其铺设的危险货物管道设置明显的标志，或者未对危险货物管道定期检查、检测的；

（二）危险货物专用库场、储罐未设专人负责管理，或者对储存的剧毒化学品以及储存数量构成重大危险源的其他危险货物未实行双人收发、双人保管制度的；

（三）未建立危险货物出入库核查、登记制度的；

（四）装卸、储存没有安全技术说明书的危险货物或者外包装没有相应标志的包装危险货物的；

（五）未在作业场所设置通信、报警装置的。

在港口进行可能危及危险货物管道安全的施工作业，施工单位未按照规定书面通知管道所属单位，或者未与管道所属单位共同制定应急预案、采取相应的安全防护措施，或者管道所属单位未指派专门人员到现场进行管道安全保护指导的，由所在地港口行政管理部门按照前款规定的处罚金额进行处罚。

第七十七条 危险货物港口经营人有下列情形之一的，由所在地港口行政管理部门责令改正，处五万元以上十万元以下的罚款；逾期未改正的，责令停产停业整顿；除第（一）项情形外，情节严重的，还可以吊销其港口经营许可证件：

（一）未在取得从业资格的装卸管理人员现场指挥或者监控下进行作业的；

（二）未依照本规定对其安全生产条件定期进行安全评价的；

（三）未将危险货物储存在专用库场、储罐内，或者未将剧毒化学品以及储存数量构成重大危险源的其他危险货物在专用库场、储罐内单独存放的；

（四）危险货物的储存方式、方法或者储存数量不符合国家标准或者国家有关规定的；

（五）危险货物专用库场、储罐不符合国家标准、行业标准的要求的。

第七十八条 危险货物港口经营人有下列情形之一的，由所在地港口行政管理部门责令改正，可以处一万元以下的罚款；逾期未改正的，处一万元以上五万元以下的罚款：

（一）未将安全评价报告以及落实情况报港口行政管理部门备案的；

（二）未将剧毒化学品以及储存数量构成重大危险源的其他危险货物的储存数量、储存地点以及管理人员等情况报港口行政管理部门备案的。

第七十九条 两个以上危险货物港口经营人在同一港口作业区内从事可能危及对方生产安全的危险货物港口作业，未签订安全生产管理协议或者未指定专职安全管理人员进行安全检查和协调的，由所在地港口行政管理部门责令限期改正，可以处一万元以下的罚款，对其直接负责的主管人员和其他直接责任人员可以处三千元以下的罚款；情节严重的，可以处一万元以上五万元以下的罚款，对其直接负责的主管人员和其他直接责任人员可以处三千元以上一万元以下的罚款；逾期未改正的，责令停产停业整顿。

第八十条 危险货物港口经营人未采取措施消除事故隐患的，由所在地港口行政管理部门责令立即消除或者限期消除；逾期未改正的，责令停产停业整顿，并处十万元以上五十万元以下的罚款，对其直接负责的主管人员和其他直接责任人员处二万元以上五万元以下的罚款。

第八十一条 未按照本规定报告并经同意进行危险货物装卸、过驳作业的，由所在地港口行政管理部门责令改正，并处五千元以上五万元以下的罚款。

第八十二条 危险货物港口经营人有下列行为之一的，由所在地港口行政管理部门责令改正，并处三万元以下的罚款：

（一）装卸国家禁止通过该港口水域水路运输的危险货物的；

（二）未如实记录危险货物作业基础数据的；

（三）发现危险货物的包装和安全标志不符合相关规定仍进行作业的；

（四）未具备其作业使用的危险货物输送管道分布图、安全技术档案的；

（五）未将重大事故隐患的排查和处理情况、应急预案及时向所在地港口行政管理部门备案的；

（六）未按照规定实施安全生产风险预防控制的。

在港口从事危险货物添加抑制剂或者稳定剂作业前，未将有关情况告知相关危险货物港口经营人和作业船舶的，由所在地港口行政管理部门责令改正，并对相关单位处三万元以下的罚款。

第八十三条 港口作业委托人未按规定向港口经营人提供所托运的危险货物有关资料的，由所在地港口行政管理部门责令改正，处五万元以上十万元以下的罚款。港口作业委托人在托运的普通货物中夹带危险货物，或者将危险货物谎报或者匿报为普通货物托运的，由所在地港口行政管理部门责令改正，处十万元以上二十万元以下的罚款，有违法所得的，没收违法所得。

第八十四条 危险货物港口经营人拒绝、阻碍港口行政管理部门依法实施安全监督检查的，由港口行政管理部门责令改正；逾期未改正的，处二万元以上二十万元以下的罚款；对其直接负责的主管人员和其他直接责任人员处一万元以上二万元以下的罚款。

第八十五条 港口行政管理部门的工作人员有下列行为之一的，对直接负责的主管人员和其他直接责任人员给予行政处分；构成犯罪的，依法追究刑事责任：

（一）未按照规定的条件、程序和期限实施行政许可的；

（二）发现违法行为未依法予以制止、查处，情节严重的；

（三）未履行本规定设定的监督管理职责，造成严重后果的；

（四）有其他滥用职权、玩忽职守、徇私舞弊行为的。

第八十六条 违反本规定的其他规定应当进行处罚的，按照《港口法》《安全生产法》《危险化学品安全管理条例》等法律法规执行。

第八章 附 则

第八十七条 本规定所称危险货物，是指具有爆炸、易燃、毒害、腐蚀、放射性等危险特性，在港口作业过程中容易造成人身伤亡、财产毁损或者环境污染而需要特别防护的物质、材料或者物品，包括：

（一）《国际海运危险货物规则》（IMDGcode）第3部分危险货物一览表中列明的包装危险货物，以及未列明但经评估具有安全危险的其他包装货物；

（二）《国际海运固体散装货物规则》（IMSBCcode）附录一B组中含有联合国危险货物编号的固体散装货物，以及经评估具有安全危险的其他固体散装货物；

（三）《经1978年议定书修订的1973年国际防止船舶造成污染公约》（MARPOL73/78公约）附则Ⅰ附录1中列明的散装油类；

（四）《国际散装危险化学品船舶构造和设备规

则》(IBCcode) 第 17 章中列明的散装液体化学品，以及未列明但经评估具有安全危险的其他散装液体化学品，港口储存环节仅包含上述中具有安全危害性的散装液体化学品；

（五）《国际散装液化气体船舶构造和设备规则》(IGCcode) 第 19 章列明的散装液化气体，以及未列明但经评估具有安全危险的其他散装液化气体；

（六）我国加入或者缔结的国际条约、国家标准规定的其他危险货物；

（七）《危险化学品目录》中列明的危险化学品。

第八十八条 本规定自 2017 年 10 月 15 日起施行。2012 年 12 月 11 日交通运输部发布的《港口危险货物安全管理规定》（交通运输部令 2012 年第 9 号）同时废止。

危险货物港口作业重大事故隐患判定指南

（2016 年 12 月 19 日交通运输部以交办水〔2016〕178 号印发）

第一条 为了准确判定、及时消除危险货物港口作业重大事故隐患（以下简称重大事故隐患），根据《安全生产法》《港口法》《危险化学品安全管理条例》《港口经营管理规定》《港口危险货物安全管理规定》等法律、法规、规章和交通运输部有关隐患治理的规定，制定本指南。

第二条 本指南适用港口区域内危险货物作业，用于指导危险货物港口经营人和港口行政管理部门判定各类危险货物港口作业重大事故隐患。

第三条 危险货物港口作业重大事故隐患包括以下 5 个方面：

（一）存在超范围、超能力、超期限作业情况，或者危险货物存放不符合安全要求的；

（二）危险货物作业工艺设备设施不满足危险货物的危险有害特性的安全防范要求，或者不能正常运行的；

（三）危险货物作业场所的安全设施、应急设备的配备不能满足要求，或者不能正常运行、使用的；

（四）危险货物作业场所或装卸储运设备设施的安全距离（间距）不符合规定的；

（五）安全管理存在重大缺陷的。

第四条 "存在超范围、超能力、超期限作业情况，或者危险货物存放不符合安全要求的"重大事故隐患，是指有下列情形之一的：

（一）超出《港口经营许可证》《港口危险货物作业附证》许可范围和有效期从事危险货物作业的；

（二）仓储设施（堆场、仓库、储罐，下同）超设计能力、超容量储存危险货物，或者储罐未按规定检验、检测评估的；

（三）储罐超温、超压、超液位储存，管道超温、超压、超流速输送，危险货物港口作业重要设备设施超负荷运行的；

（四）危险货物港口作业相关设备设施超期限服役且无法出具检测或检验合格证明、无法满足安全生产要求的；

（五）装载《危险货物品名表》(GB 12268) 和《国际海运危险货物规则》规定的 1.1 项、1.2 项爆炸品和硝酸铵类物质的危险货物集装箱未按照规定实行直装直取作业的；

（六）装载《危险货物品名表》(GB 12268) 和《国际海运危险货物规则》规定的 1 类爆炸品（除 1.1 项、1.2 项以外）、2 类气体和 7 类放射性物质的危险货物集装箱超时、超量等违规存放的；

（七）危险货物未根据理化特性和灭火方式分区、分类和分库储存隔离，或者储存隔离间距不符合规定，或者存在禁忌物违规混存情况的。

第五条 "危险货物作业工艺设备设施不满足危险货物的危险有害特性的安全防范要求，或者不能正常运行的"重大事故隐患，是指有下列情形之一的：

（一）装卸甲、乙类火灾危险性货物的码头，未按《海港总体设计规范》(JTS165) 等规定设置快速脱缆钩、靠泊辅助系统、缆绳张力监测系统和作业环境监测系统，或者不能正常运行的；

（二）液体散货码头装卸设备与管道未按装卸及检修要求设置排空系统，或者不能正常运行的；吹扫介质的选用不满足安全要求的；

（三）对可能产生超压的工艺管道系统未按规定设置压力检测和安全泄放装置，或者不能正常运行的；

（四）储罐未根据储存危险货物的危险有害特性要求，采取氮气密封保护系统、添加抗氧化剂或阻聚剂、保温储存等特殊安全措施的；

（五）储罐（罐区）、管道的选型、布置及防火堤（隔堤）的设置不符合规定的。

第六条 "危险货物作业场所的安全设施、应急设备的配备不能满足要求，或者不能正常运行、使用的"重大事故隐患，是指有下列情形之一的：

（一）危险货物作业场所未按规定设置相应的防

火、防爆、防雷、防静电、防泄漏等安全设施、措施，或者不能正常运行的；

（二）危险货物作业大型机械未按规定设置防阵风和防台风装置，或者不能正常运行的；

（三）危险货物作业场所未按规定设置通信、报警装置，或者不能正常运行的；

（四）重大危险源未按规定配备温度、压力、液位、流量、组份等信息的不间断采集和监测系统的；储存剧毒物质的场所、设施，未按规定设置视频监控系统，或者不能正常运行的；

（五）工艺设备及管道未根据输送物料的火灾危险性及作业条件，设置相应的仪表、自动联锁保护系统或者紧急切断措施，或者不能正常运行的；

（六）未按规定配备必要的应急救援器材、设备的；应急救援器材、设备不能满足可能发生的火灾、爆炸、泄漏、中毒事故的应急处置的类型、功能、数量要求，或者不能正常使用的。

第七条 "危险货物作业场所或装卸储运设备设施的安全距离（间距）不符合规定的"重大事故隐患，是指有下列情形之一的：

（一）危险货物作业场所与其外部周边地区人员密集场所、重要公共设施、重要交通基础设施等的安全距离（间距）不符合规定的；

（二）危险货物港口经营人内部装卸储运设备设施以及建构筑物之间的安全距离（间距）不符合规定的。

第八条 "安全管理存在重大缺陷的"重大事故隐患，是指有下列情形之一的：

（一）未按规定设置安全生产管理机构、配备专职安全生产管理人员的；未建立安全生产责任制、安全教育培训制度、安全操作规程、安全事故隐患排查治理、重大危险源管理、火灾（爆炸、泄漏、中毒）等重大事故应急预案等安全管理制度，或者落实不到位且情节严重的；

（二）未按规定对安全生产条件定期进行安全评价的；

（三）从业人员未按规定取得相关从业资格证书并持证上岗的；

（四）违反安全规范或操作规程在作业区域进行动火、受限空间作业、盲板抽堵、高处作业、吊装、临时用电、动土、断路作业等危险作业的。

第九条 除以上列明的情形外，各地可结合本地实际，对发现的风险较大且难以直接判断为重大事故隐患的，组织5名或7名危险货物港口作业领域专家，依据安全生产法律法规、国家标准和行业标准，结合同类型重特大事故案例，针对事故发生的概率和可能造成的后果、整改难易程度，采用风险矩阵、专家分析等方法，进行论证分析、综合判定。

第十条 关于危险货物港口作业特种设备相关重大事故隐患判定依照国家相关法律法规、标准规范执行，消防相关重大事故隐患判定依照《重大火灾隐患判定方法》（GA 653）等标准规范执行。

第十一条 依照本指南判定为重大事故隐患的，应依法依规采取相应处置措施。

第十二条 本指南下列用语的含义：

（一）港口危险货物重大危险源，是指依照《危险化学品重大危险源辨识》（GB 18218）、《港口危险货物重大危险源监督管理办法（试行）》辨识确定，港口区域内储存危险货物的数量等于或者超过临界量的单元（包括场所和设施）；

（二）液体散货码头，是指原油、成品油、液体化工品和液化石油气、液化天然气等散装液体货物的装卸码头；

（三）事故隐患，是指危险货物港口经营人违反安全生产法律、法规、规章、标准、规程和安全生产管理制度的规定，或者因其他因素在生产经营活动中存在可能导致事故发生的人的不安全行为、物的危险状态、场所的不安全因素和管理上的缺陷。

重大事故隐患，是指危害和整改难度较大，需要局部或者全部停产停业，并经过一定时间整改治理方能消除的事故隐患，或者因外部因素影响致使生产经营单位自身难以消除的事故隐患。

内河交通事故调查处理规定

（2006年12月4日交通部令第12号公布 根据2012年3月14日交通运输部《关于修改〈内河交通事故调查处理规定〉的决定》修正）

第一章 总 则

第一条 为加强内河交通安全管理，规范内河交通事故调查处理行为，根据《中华人民共和国内河交通安全管理条例》，制定本规定。

第二条 本规定适用于船舶、浮动设施在中华人民共和国内河通航水域内发生的交通事故的调查处理。但是渔船之间、军事船舶之间发生的交通事故以及渔船、军事船舶单方交通事故的调查处理不适用本规定。

第三条 本规定所称内河交通事故是指船舶、浮动设施在内河通航水域内航行、停泊、作业过程中发生的下列事件：

（一）碰撞、触碰或者浪损；

（二）触礁或者搁浅；

（三）火灾或者爆炸；

（四）沉没（包括自沉）；

（五）影响适航性能的机件或者重要属具的损坏或者灭失；

（六）其他引起财产损失或者人身伤亡的交通事件。

第四条 内河交通事故的调查处理由各级海事管理机构负责实施。

第五条 内河交通事故按照人员伤亡和直接经济损失情况，分为小事故、一般事故、大事故、重大事故和特大事故。小事故、一般事故、大事故、重大事故的具体标准按照交通部颁布的《水上交通事故统计办法》的有关规定执行。

第六条 内河交通事故的调查处理，应当遵守相关法律、行政法规的规定。特大事故的具体标准和调查处理按照国务院有关规定执行。

第二章 报 告

第七条 船舶、浮动设施发生内河交通事故，必须立即采取一切有效手段向事故发生地的海事管理机构报告。报告的主要内容包括：船舶、浮动设施的名称，事故发生的时间和地点，事故发生时水域的水文、气象、通航环境情况，船舶、浮动设施的损害情况，船员、旅客的伤亡情况，水域环境的污染情况以及事故简要经过等内容。

海事管理机构接到事故报告后，应当做好记录。接到事故报告的海事管理机构不是事故发生地的，应当及时通知事故发生地的海事管理机构，并告知当事人。

第八条 船舶、浮动设施发生内河交通事故，除应当按第七条规定进行报告外，还必须在事故发生后24小时内向事故发生地的海事管理机构提交《内河交通事故报告书》和必要的证书、文书资料。

引航员在引领船舶的过程中发生内河交通事故的，引航员也必须按前款规定提交有关材料。

特殊情况下，不能按上述规定的时间提交材料的，经海事管理机构同意，可以适当延迟。

第九条 《内河交通事故报告书》应当包括下列内容：

（一）船舶、浮动设施概况（包括其名称、主要技术数据、证书、船员及所载旅客、货物等）；

（二）船舶、浮动设施所属公司情况（包括其所有人、经营人或者管理人的名称、地址、联系电话等）；

（三）事故发生的时间和地点；

（四）事故发生时水域的水文、气象、通航环境情况；

（五）船舶、浮动设施的损害情况；

（六）船员、旅客的伤亡情况；

（七）水域环境的污染情况；

（八）事故发生的详细经过（碰撞事故应当附相对运动示意图）；

（九）船舶、浮动设施沉没的，其沉没概位；

（十）与事故有关的其他情况。

第十条 《内河交通事故报告书》内容必须真实，不得隐瞒事实或者提供虚假情况。

第三章 管 辖

第十一条 内河交通事故由事故发生地的海事管理机构负责调查处理。

船舶、浮动设施发生事故后驶往事故发生地以外水域的，该水域海事管理机构应当协助事故发生地海事管理机构进行调查处理。

不影响船舶适航性能的小事故，经事故发生地的海事管理机构同意，可由船舶第一到达地的海事管理机构进行调查处理。

第十二条 内河交通事故管辖权限不明的，由最先接到事故报告的海事管理机构负责调查处理，并在管辖权限确定后向有管辖权的海事管理机构移送，同时通知当事人。

第十三条 对内河交通事故管辖权有争议的，由各方共同的上级海事管理机构指定管辖。

第十四条 一次死亡和失踪10人及以上的内河交通事故由中华人民共和国海事局负责组织调查处理。其他内河交通事故的调查权限由各直属海事管理机构或者省级地方海事管理机构确定，报中华人民共和国海事局备案。

根据调查的需要，上级海事管理机构可以直接调查处理由下级海事管理机构管辖的事故。

第四章 调 查

第十五条 船舶、浮动设施发生内河交通事故，有关船舶、浮动设施、单位和人员必须严格保护事故现场。除因抢险等紧急原因外，未经海事管理机构调查人员的现场勘查，任何人不得移动现场物件。

第十六条 海事管理机构接到内河交通事故报告后，应当立即派员前往现场调查、取证，并对事故进行审查，认为确属内河交通事故的，应当立案。

对于经审查尚不能确定是否属于内河交通事故的，海事管理机构应当先予立案调查。经调查确认不属于内河交通事故的，应当予以撤销。

第十七条 调查人员执行调查任务时，应当出示证明其身份的行政执法证件。

执行调查任务的人员不得少于两人。

第十八条 海事管理机构进行调查和取证，应当全面、客观、公正。

当事人有权依法申请与本次交通事故有利害关系或者有其他关系、可能影响事故调查处理客观、公正的调查人员回避。

第十九条 发生内河交通事故的船舶、浮动设施及相关单位和人员应当接受和配合海事管理机构的调查、取证。有关人员应当如实陈述事故的有关情况和提供有关证据，不得谎报情况或者隐匿、毁灭证据。

其他知道事故情况的人也应当主动向海事管理机构提供有关情况和证据。

调查和取证工作需要其他海事管理机构协助、配合的，有关海事管理机构应当予以协助、配合。

第二十条 根据事故调查的需要，海事管理机构可以责令事故所涉及的船舶到指定地点接受调查。当事船舶在不危及自身安全的情况下，未经海事管理机构批准，不得驶离指定地点。

海事管理机构应当尽量避免对船舶造成不适当延误。船舶到指定地点接受调查的期限自船舶到达指定地点后起算，不得超过 72 小时；因特殊情况，期限届满不能结束调查的，经上一级海事管理机构批准可以适当延期，但延期不得超过 72 小时。

第二十一条 根据调查工作的需要，海事管理机构可以行使下列权力：

（一）勘查事故现场，搜集有关证据；

（二）询问当事人及其他有关人员并要求其提供书面材料和证明；

（三）要求当事人提供各种原始文书、航行资料、技术资料或者其影印件；

（四）检查船舶、浮动设施及有关设备、人员的证书，核实事故发生前船舶的适航状况、浮动设施及有关设备的技术状态、船舶的配员情况以及船员的适任状况等；

（五）对事故当事船舶、浮动设施、有关设备以及人员的各类证书、文书、日志、记录簿等相关违法证据可以依法先行登记保存；

（六）核查事故所导致的财产损失和人身伤亡情况。

海事管理机构在进行调查取证时，可以采用录音、录像、照相等法律、法规允许的调查手段。

第二十二条 调查人员勘查事故现场，应当制作现场勘查笔录。

勘查笔录制作完毕，应当由当事人在勘查笔录上签名。

当事人不在现场或者无能力签名的，应当由见证人签名。

无见证人或者当事人、见证人拒绝签名的，调查人员应当在勘查笔录上注明。

第二十三条 调查人员进行询问调查时，应当如实记录询问人的问话和被询问人的陈述。询问笔录上所列项目，应当按规定填写齐全。

询问笔录制作完毕，应当由被询问人核对或者向其宣读，如记录有差错或者遗漏，应当允许被询问人更正或者补充。

询问笔录经被询问人核对无误后，应当由其签名，拒绝签名的，调查人员应当在询问笔录上注明。

调查人员、翻译人员应当在询问笔录上签名。

第二十四条 调查人员进行询问调查，有权禁止他人旁听。

第二十五条 海事管理机构根据调查工作需要，可依法对事故当事船舶、浮动设施及有关设备进行检验、鉴定或者对有关人员进行测试，并取得书面检验、鉴定或者测试报告作为调查取得的证据。

对事故当事船舶、浮动设施及有关设备进行过检验或者鉴定的人员，不得在本次事故中作为检验、鉴定人员予以聘用。

第二十六条 有关单位、人员对事故所导致的财产损失应当如实向海事管理机构备案登记。

海事管理机构认为损失结果可能失实的，可以聘请有关专业机构进行认定。

第二十七条 海事管理机构应当在立案之日起 3 个月内完成事故调查、取证；期限届满不能完成的，经上一级海事管理机构批准可以延长 3 个月。事故调查必须经过沉船、沉物打捞、探摸，或者需要等待有关当事人员核实情况的，应当从有关工作完成之日起 3 个月内完成事故调查、取证。

第二十八条 事故调查、取证结束，应当通知当事人，并及时返还或者启封所扣留、封存的各类证书、文书、日志、记录簿等。

第二十九条 事故调查、取证结束后，海事管理机构应当制作《内河交通事故调查报告》。

《内河交通事故调查报告》应当包括下列内容：

（一）船舶、浮动设施概况（包括其名称、主要技术数据、证书、船员及所载旅客、货物等）；

（二）船舶、浮动设施所属公司情况（包括其所有人、经营人或者管理人的名称、地址等）；

（三）事故发生的时间和地点；

（四）事故发生时水域的水文、气象、通航环境情况；

（五）事故搜救情况；

（六）事故损失情况；

（七）事故经过；

（八）事故原因分析；

（九）事故当事人责任认定；

（十）安全管理建议；

（十一）其他有关情况。

经海事管理机构认定的案情简单、事实清楚、因果关系明确的小事故，海事管理机构可以简化调查程序。简化调查程序的具体规定由中华人民共和国海事局另行制定。

第三十条 为使有关各方吸取事故教训，避免类似事故的再次发生，海事管理机构应当依照规定的程序将查明的事故情况和原因向社会公开。

第三十一条 任何与事故有关的新证据被提出或者发现时，海事管理机构应当予以充分评估。该证据可能对事故原因和结论产生实质性影响的，应当对事故进行重新调查。

上级海事管理机构有权对原因不清、责任不明的已结案事故要求原调查的海事管理机构重新调查。重新调查适用本章规定的有关程序。

第三十二条 任何单位和个人不得干涉、阻挠海事管理机构依法对内河交通事故进行调查。

第五章 处 理

第三十三条 海事管理机构应当在内河交通事故调查、取证结束后 30 日内作出《事故调查结论》，并书面告知当事船舶、浮动设施的所有人或者经营人。

第三十四条 《事故调查结论》应当包括以下内容：

（一）事故概况（包括事故简要经过、损失情况等）；

（二）事故原因（事实与分析）；

（三）事故当事人责任认定；

（四）安全管理建议；

（五）其他有关情况。

第三十五条 对内河交通事故发生负有责任的单位和人员，有关主管机关应当依据有关法律、法规和规章给予行政处罚。涉嫌构成犯罪的，移送司法机关处理。

行政处罚涉及外国籍船员的，应当将其违法行为通报外国有关主管机关。

第三十六条 根据内河交通事故发生的原因，海事管理机构可责令有关船舶、浮动设施的所有人、经营人或者管理人对其所属船舶、浮动设施加强安全管理。有关船舶、浮动设施的所有人、经营人或者管理人应当积极配合，认真落实。对拒不加强管理或者在期限内达不到安全要求的，海事管理机构有权采取责令其停航、停止作业等强制措施。

第三十七条 海事管理机构工作人员违反本规定，玩忽职守、滥用职权、徇私舞弊的，由其所在单位依法给予行政处分；构成犯罪的，由司法机关依法追究刑事责任。

第六章 附 则

第三十八条 因内河交通事故造成水域环境污染事故的，对水域环境污染事故的调查、处理按照我国有关环境保护的法律、法规和有关规定执行。

第三十九条 本规定自 2007 年 1 月 1 日起施行。交通部 1993 年 3 月 24 日发布的《中华人民共和国内河交通事故调查处理规则》（交通部令 1993 年第 1 号）同时废止。

公路水运工程安全生产监督管理办法

（2007 年 2 月 14 日交通运输部令第 1 号公布 根据 2016 年 3 月 7 日《交通运输部关于修改〈公路水运工程安全生产监督管理办法〉的决定》修正 根据 2017 年 6 月 12 日交通运输部令第 25 号修正）

第一章 总 则

第一条 为了加强公路水运工程安全生产监督管理，防止和减少生产安全事故，保障人民群众生命和财产安全，根据《中华人民共和国安全生产法》《建设工程安全生产管理条例》《生产安全事故报告和调查处理条例》等法律、行政法规，制定本办法。

第二条 公路水运工程建设活动的安全生产行为及对其实施监督管理，应当遵守本办法。

第三条 本办法所称公路水运工程，是指经依法审批、核准或者备案的公路、水运基础设施的新建、改建、扩建等建设项目。

本办法所称从业单位，是指从事公路、水运工程建设、勘察、设计、施工、监理、试验检测、安全服务等工作的单位。

第四条 公路水运工程安全生产工作应当以人民为中心，坚持安全第一、预防为主、综合治理的方针，强化和落实从业单位的主体责任，建立从业单位负责、职工参与、政府监管、行业自律和社会监督的机制。

第五条 交通运输部负责全国公路水运工程安全生产的监督管理工作。

长江航务管理局承担长江干线航道工程安全生产的监督管理工作。

县级以上地方人民政府交通运输主管部门按照规定的职责负责本行政区域内的公路水运工程安全生产监督管理工作。

第六条 交通运输主管部门应当按照保障安全生产的要求，依法制修订公路水运工程安全应急标准体系。

第七条 交通运输主管部门应当建立公路水运工程从业单位和从业人员安全生产违法违规行为信息库，实行安全生产失信黑名单制度，并按规定将有关信用信息及时纳入交通运输和相关统一信用信息共享平台，依法向社会公开。

第八条 有关行业协会依照法律、法规、规章和协会章程，为从业单位提供有关安全生产信息、培训等服务，发挥行业自律作用，促进从业单位加强安全生产管理。

第九条 国家鼓励和支持公路水运工程安全生产科学技术研究成果和先进技术的推广应用，鼓励从业单位运用科技和信息化等手段对存在重大安全风险的施工部位加强监控。

第十条 在改善项目安全生产条件、防止生产安全事故、参加抢险救援等方面取得显著成绩的单位和个人，交通运输主管部门依法给予奖励。

第二章 安全生产条件

第十一条 从业单位从事公路水运工程建设活动，应当具备法律、法规、规章和工程建设强制性标准规定的安全生产条件。任何单位和个人不得降低安全生产条件。

第十二条 公路水运工程应当坚持先勘察后设计再施工的程序。施工图设计文件依法经审批后方可使用。

第十三条 公路水运工程施工招标文件及施工合同中应当载明项目安全管理目标、安全生产职责、安全生产条件、安全生产信用情况及专职安全生产管理人员配备的标准等要求。

第十四条 施工单位从事公路水运工程建设活动，应当取得安全生产许可证及相应等级的资质证书。施工单位的主要负责人和安全生产管理人员应当经交通运输主管部门对其安全生产知识和管理能力考核合格。

施工单位应当设置安全生产管理机构或者配备专职安全生产管理人员。施工单位应当根据工程施工作业特点、安全风险以及施工组织难度，按照年度施工产值配备专职安全生产管理人员，不足5000万元的至少配备1名；5000万元以上不足2亿元的按每5000万元不少于1名的比例配备；2亿元以上的不少于5名，且按专业配备。

第十五条 从业单位应当依法对从业人员进行安全生产教育和培训。未经安全生产教育和培训合格的从业人员，不得上岗作业。

第十六条 公路水运工程从业人员中的特种作业人员应当按照国家有关规定取得相应资格，方可上岗作业。

第十七条 施工中使用的施工机械、设施、机具以及安全防护用品、用具和配件等应当具有生产（制造）许可证、产品合格证或者法定检验检测合格证明，并设专人查验、定期检查和更新，建立相应的资料档案。无查验合格记录的不得投入使用。

第十八条 特种设备使用单位应当依法取得特种设备使用登记证书，建立特种设备安全技术档案，并将登记标志置于该特种设备的显著位置。

第十九条 翻模、滑（爬）模等自升式架设设施，以及自行设计、组装或者改装的施工挂（吊）篮、移动模架等设施在投入使用前，施工单位应当组织有关单位进行验收，或者委托具有相应资质的检验检测机构进行验收。验收合格后方可使用。

第二十条 对严重危及公路水运工程生产安全的工艺、设备和材料，应当依法予以淘汰。交通运输主管部门可以会同安全生产监督管理部门联合制定严重危及公路水运工程施工安全的工艺、设备和材料的淘汰目录并对外公布。

从业单位不得使用已淘汰的危及生产安全的工艺、设备和材料。

第二十一条 从业单位应当保证本单位所应具备的安全生产条件必需的资金投入。

建设单位在编制工程招标文件及项目概预算时，应当确定保障安全作业环境及安全施工措施所需的安全生产费用，并不得低于国家规定的标准。

施工单位在工程投标报价中应当包含安全生产费用并单独计提，不得作为竞争性报价。

安全生产费用应当经监理工程师审核签认，并经建设单位同意后，在项目建设成本中据实列支，严禁挪用。

第二十二条 公路水运工程施工现场的办公、生活区与作业区应当分开设置，并保持安全距离。办公、生活区的选址应当符合安全性要求，严禁在已发现的泥石流影响区、滑坡体等危险区域设置施工驻地。

施工作业区应当根据施工安全风险辨识结果，确定不同风险等级的管理要求，合理布设。在风险等级较高的区域应当设置警戒区和风险告知牌。

施工作业点应当设置明显的安全警示标志，按规定设置安全防护设施。施工便道便桥、临时码头应当满足通行和安全作业要求，施工便桥和临时码头还应当提供临边防护和水上救生等设施。

第二十三条 施工单位与从业人员订立的劳动合同，应当载明有关保障从业人员劳动安全、防止职业危害等事项。施工单位还应当向从业人员书面告知危险岗位的操作规程。

施工单位应当向作业人员提供符合标准的安全防护用品，监督、教育从业人员按照使用规则佩戴、使用。

第二十四条 公路水运工程建设应当实施安全生产风险管理，按规定开展设计、施工安全风险评估。

设计单位应当依据风险评估结论，对设计方案进行修改完善。

施工单位应当依据风险评估结论，对风险等级较高的分部分项工程编制专项施工方案，并附安全验算结果，经施工单位技术负责人签字后报监理工程师批准执行。

必要时，施工单位应当组织专家对专项施工方案进行论证、审核。

第二十五条 建设、施工等单位应当针对工程项目特点和风险评估情况分别制定项目综合应急预案、合同段施工专项应急预案和现场处置方案，告知相关人员紧急避险措施，并定期组织演练。

施工单位应当依法建立应急救援组织或者指定工程现场兼职的、具有一定专业能力的应急救援人员，配备必要的应急救援器材、设备和物资，并进行经常性维护、保养。

第二十六条 从业单位应当依法参加工伤保险，为从业人员缴纳保险费。

鼓励从业单位投保安全生产责任保险和意外伤害保险。

第三章 安全生产责任

第二十七条 从业单位应当建立健全安全生产责任制，明确各岗位的责任人员、责任范围和考核标准等内容。从业单位应当建立相应的机制，加强对安全生产责任制落实情况的监督考核。

第二十八条 建设单位对公路水运工程安全生产负管理责任。依法开展项目安全生产条件审核，按规定组织风险评估和安全生产检查。根据项目风险评估等级，在工程沿线受影响区域作出相应风险提示。

建设单位不得对勘察、设计、监理、施工、设备租赁、材料供应、试验检测、安全服务等单位提出不符合安全生产法律、法规和工程建设强制性标准规定的要求。不得违反或者擅自简化基本建设程序。不得随意压缩工期。工期确需调整的，应当对影响安全的风险进行论证和评估，经合同双方协商一致，提出相应的施工组织和安全保障措施。

第二十九条 勘察单位应当按照法律、法规、规章、工程建设强制性标准和合同文件进行实地勘察，针对不良地质、特殊性岩土、有毒有害气体等不良情形或者其他可能引发工程生产安全事故的情形加以说明并提出防治建议。

勘察单位提交的勘察文件必须真实、准确，满足公路水运工程安全生产的需要。

勘察单位及勘察人员对勘察结论负责。

第三十条 设计单位应当按照法律、法规、规章、工程建设强制性标准和合同文件进行设计，防止因设计不合理导致生产安全事故的发生。

设计单位应当考虑施工安全操作和防护的需要，对涉及施工安全的重点部位和环节在设计文件中加以注明，提出安全防范意见。依据设计风险评估结论，对存在较高安全风险的工程部位还应当增加专项设计，并组织专家进行论证。

采用新结构、新工艺、新材料的工程和特殊结构工程，设计单位应当在设计文件中提出保障施工作业人员安全和预防生产安全事故的措施建议。

设计单位和设计人员应当对其设计负责，并按合同要求做好安全技术交底和现场服务。

第三十一条 监理单位应当按照法律、法规、规章、工程建设强制性标准和合同文件进行监理，对工程安全生产承担监理责任。

监理单位应当审核施工项目安全生产条件，审查施工组织设计中安全措施和专项施工方案。在实施监理过程中，发现存在安全事故隐患的，应当要求施工单位整改；情节严重的，应当下达工程暂停令，并及时报告建设单位。施工单位拒不整改或者不停止施工的，监理单位应当及时向有关主管部门书面报告，并有权拒绝计量支付审核。

监理单位应当如实记录安全事故隐患和整改验收情况，对有关文字、影像资料应当妥善保存。

第三十二条 依合同承担试验检测或者施工监测的单位应当按照法律、法规、规章、工程建设强制性标准和合同文件开展工作。所提交的试验检测或者施工监测数据应当真实、准确，数据出现异常时应当及时向合同委托方报告。

第三十三条 依法设立的为安全生产提供技术、管理服务的机构，依照法律、法规、规章和执业准则，接受从业单位的委托为其安全生产工作提供技术、管理服务。

从业单位委托前款规定的机构提供安全生产技术、管理服务的，保障安全生产的责任仍由本单位负责。

第三十四条 施工单位应当按照法律、法规、规章、工程建设强制性标准和合同文件组织施工，保障项目施工安全生产条件，对施工现场的安全生产负主体责任。施工单位主要负责人依法对项目安全生产工作全面负责。

建设工程实行施工总承包的，由总承包单位对施工现场的安全生产负总责。分包单位应当服从总承包单位的安全生产管理，分包单位不服从管理导致生产安全事故的，由分包单位承担主要责任。

第三十五条 施工单位应当书面明确本单位的项目负责人，代表本单位组织实施项目施工生产。

项目负责人对项目安全生产工作负有下列职责：

（一）建立项目安全生产责任制，实施相应的考核与奖惩；

（二）按规定配足项目专职安全生产管理人员；

（三）结合项目特点，组织制定项目安全生产规章制度和操作规程；

（四）组织制定项目安全生产教育和培训计划；

（五）督促项目安全生产费用的规范使用；

（六）依据风险评估结论，完善施工组织设计和专项施工方案；

（七）建立安全预防控制体系和隐患排查治理体系，督促、检查项目安全生产工作，确认重大事故隐患整改情况；

（八）组织制定本合同段施工专项应急预案和现场处置方案，并定期组织演练；

（九）及时、如实报告生产安全事故并组织自救。

第三十六条 施工单位的专职安全生产管理人员履行下列职责：

（一）组织或者参与拟订本单位安全生产规章制度、操作规程，以及合同段施工专项应急预案和现场处置方案；

（二）组织或者参与本单位安全生产教育和培训，如实记录安全生产教育和培训情况；

（三）督促落实本单位施工安全风险管控措施；

（四）组织或者参与本合同段施工应急救援演练；

（五）检查施工现场安全生产状况，做好检查记录，提出改进安全生产标准化建设的建议；

（六）及时排查、报告安全事故隐患，并督促落实事故隐患治理措施；

（七）制止和纠正违章指挥、违章操作和违反劳动纪律的行为。

第三十七条 施工单位应当推进本企业承接项目的施工场地布置、现场安全防护、施工工艺操作、施工安全管理活动记录等方面的安全生产标准化建设，并加强对安全生产标准化实施情况的自查自纠。

第三十八条 施工单位应当根据施工规模和现场消防重点建立施工现场消防安全责任制度，确定消防安全责任人，制定消防管理制度和操作规程，设置消防通道，配备相应的消防设施、物资和器材。

施工单位对施工现场临时用火、用电的重点部位及爆破作业各环节应当加强消防安全检查。

第三十九条 施工单位应当将专业分包单位、劳务合作单位的作业人员及实习人员纳入本单位统一管理。

新进人员和作业人员进入新的施工现场或者转入新的岗位前，施工单位应当对其进行安全生产培训考核。

施工单位采用新技术、新工艺、新设备、新材料的，应当对作业人员进行相应的安全生产教育培训，生产作业前还应当开展岗位风险提示。

第四十条 施工单位应当建立健全安全生产技术分级交底制度，明确安全技术分级交底的原则、内容、方法及确认手续。

分项工程实施前，施工单位负责项目管理的技术人员应当按规定对有关安全施工的技术要求向施工作业班组、作业人员详细说明，并由双方签字确认。

第四十一条 施工单位应当按规定开展安全事故隐患排查治理，建立职工参与的工作机制，对隐患排查、登记、治理等全过程闭合管理情况予以记录。事故隐患排查治理情况应当向从业人员通报，重大事故隐患还应当按规定上报和专项治理。

第四十二条 事故发生单位应当依法如实向项目建设单位和负有安全生产监督管理职责的有关部门报告。不得隐瞒不报、谎报或者迟报。

发生生产安全事故，施工单位负责人接到事故报告后，应当迅速组织抢救，减少人员伤亡，防止事故扩大。组织抢救时，应当妥善保护现场，不得故意破坏事故现场、毁灭有关证据。

事故调查处置期间，事故发生单位的负责人、项目主要负责人和有关人员应当配合事故调查，不得擅离职守。

第四十三条 作业人员应当遵守安全施工的规章制度和操作规程，正确使用安全防护用具、机械设备。发现安全事故隐患或者其他不安全因素，应当向现场专（兼）职安全生产管理人员或者本单位项目负责人报告。

作业人员有权了解其作业场所和工作岗位存在的风险因素、防范措施及事故应急措施，有权对施工现场存在的安全问题提出检举和控告，有权拒绝违章指挥和强令冒险作业。

在施工中发生可能危及人身安全的紧急情况时，作业人员有权立即停止作业或者在采取可能的应急措施后撤离危险区域。

第四章 监督管理

第四十四条 交通运输主管部门应当对公路水运工程安全生产行为和下级交通运输主管部门履行安全生产监督管理职责情况进行监督检查。

交通运输主管部门应当依照安全生产法律、法规、规章及工程建设强制性标准，制定年度监督检查计划，确定检查重点、内容、方式和频次。加强与其他安全生产监管部门的合作，推进联合检查执法。

第四十五条 交通运输主管部门对公路水运工程安全生产行为的监督检查主要包括下列内容：

（一）被检查单位执行法律、法规、规章及工程建设强制性标准情况；

（二）本办法规定的项目安全生产条件落实情况；

（三）施工单位在施工场地布置、现场安全防护、施工工艺操作、施工安全管理活动记录等方面的安全生产标准化建设推进情况。

第四十六条 交通运输主管部门在职责范围内开展安全生产监督检查时，有权采取下列措施：

（一）进入被检查单位进行检查，调阅有关工程安全管理的文件和相关照片、录像及电子文本等资料，向有关单位和人员了解情况；

（二）进入被检查单位施工现场进行监督抽查；

（三）责令相关单位立即或者限期停止、改正违法行为；

（四）法律、行政法规规定的其他措施。

第四十七条 交通运输主管部门对监督检查中发现的安全问题或者安全事故隐患，应当根据情况作出如下处理：

（一）被检查单位存在安全管理问题需要整改的，以书面方式通知存在问题的单位限期整改；

（二）发现严重安全生产违法行为的，予以通报，并按规定依法实施行政处罚或者移交有关部门处理；

（三）被检查单位存在安全事故隐患的，责令立即排除；重大事故隐患排除前或者排除过程中无法保证安全的，责令其从危险区域撤出作业人员，暂时停止施工，并按规定专项治理，纳入重点监管的失信黑名单；

（四）被检查单位拒不执行交通运输主管部门依法作出的相关行政决定，有发生生产安全事故的现实危险的，在保证安全的前提下，经本部门负责人批准，可以提前24小时以书面方式通知有关单位和被检查单位，采取停止供电、停止供应民用爆炸物品等措施，强制被检查单位履行决定；

（五）因建设单位违规造成重大生产安全事故的，对全部或者部分使用财政性资金的项目，可以建议相关职能部门暂停项目执行或者暂缓资金拨付；

（六）督促负有直接监督管理职责的交通运输主管部门，对存在安全事故隐患整改不到位的被检查单位主要负责人约谈警示；

（七）对违反本办法有关规定的行为实行相应的安全生产信用记录，对列入失信黑名单的单位及主要责任人按规定向社会公布；

（八）法律、行政法规规定的其他措施。

第四十八条 交通运输主管部门执行监督检查任务时，应当将检查的时间、地点、内容、发现的问题及其处理情况作出书面记录，并由检查人员和被检查单位的负责人签字。被检查单位负责人拒绝签字的，检查人员应当将情况记录在案，向本单位领导报告，并抄告被检查单位所在的企业法人。

第四十九条 交通运输主管部门对有下列情形之一的从业单位及其直接负责的主管人员和其他直接责任人员给予违法违规行为失信记录并对外公开，公开期限一般自公布之日起12个月：

（一）因违法违规行为导致工程建设项目发生一般及以上等级的生产安全责任事故并承担主要责任的；

（二）交通运输主管部门在监督检查中，发现因从业单位违法违规行为导致工程建设项目存在安全事故隐患的；

（三）存在重大事故隐患，经交通运输主管部门指出或者责令限期消除，但从业单位拒不采取措施或者未按要求消除隐患的；

（四）对举报或者新闻媒体报道的违法违规行为，经交通运输主管部门查实的；

（五）交通运输主管部门依法认定的其他违反安全生产相关法律法规的行为。

对违法违规行为情节严重的从业单位及主要责任人员，应当列入安全生产失信黑名单，将具体情节抄送相关行业主管部门。

第五十条 交通运输主管部门在专业性较强的监督检查中，可以委托具备相应资质能力的机构或者专家开展检查、检测和评估，所需费用按照本级政府购买服务的相关程序要求进行申请。

第五十一条 交通运输主管部门应当健全工程建设安全监管制度，协调有关部门依法保障监督执法经费和装备，加强对监督管理人员的教育培训，提高执法水平。

监督管理人员应当忠于职守，秉公执法，坚持原则。

第五十二条 交通运输主管部门在进行安全生产责任追究时，被问责部门及其工作人员按照法律、法规、规章和工程建设强制性标准规定的方式、程序、计划已经履行了安全生产督查职责，但仍有下列情形之一的，可不承担责任：

（一）对发现的安全生产违法行为和安全事故隐患已经依法查处，因从业单位及其从业人员拒不执行导致生产安全责任事故的；

（二）从业单位非法生产或者经责令停工整顿后仍不具备安全生产条件，已经依法提请县级以上地方人民政府决定中止或者取缔施工的；

（三）对拒不执行行政处罚决定的从业单位，已经依法申请人民法院强制执行的；

（四）工程项目中止施工后发生生产安全责任事故的；

（五）因自然灾害等不可抗力导致生产安全事故的；

（六）依法不承担责任的其他情形。

第五十三条 交通运输主管部门应当建立举报制度，及时受理对公路水运工程生产安全事故、事故隐患以及监督检查人员违法行为的检举、控告和投诉。

任何单位或者个人对安全事故隐患、安全生产违法行为或者事故险情等，均有权向交通运输主管部门报告或者举报。

第五章 法律责任

第五十四条 从业单位及相关责任人违反本办法规定，国家有关法律、行政法规对其法律责任有规定的，适用其规定；没有规定的，由交通运输主管部门根据各自的职责按照本办法规定进行处罚。

第五十五条 从业单位及相关责任人违反本办法规定，有下列行为之一的，责令限期改正；逾期未改正的，对从业单位处1万元以上3万元以下的罚款；构成犯罪的，依法移送司法部门追究刑事责任：

（一）从业单位未全面履行安全生产责任，导致重大事故隐患的；

（二）未按规定开展设计、施工安全风险评估，或者风险评估结论与实际情况严重不符，导致重大事故隐患未被及时发现的；

（三）未按批准的专项施工方案进行施工，导致重大事故隐患的；

（四）在已发现的泥石流影响区、滑坡体等危险区域设置施工驻地，导致重大事故隐患的。

第五十六条 施工单位有下列行为之一的，责令限期改正，可以处5万元以下的罚款；逾期未改正的，责令停产停业整顿，并处5万元以上10万元以下的罚款，对其直接负责的主管人员和其他直接责任人员处1万元以上2万元以下的罚款：

（一）未按照规定设置安全生产管理机构或者配备安全生产管理人员的；

（二）主要负责人和安全生产管理人员未按照规定经考核合格的。

第五十七条 交通运输主管部门及其工作人员违

反本办法规定,有下列情形之一的,对直接负责的主管人员和其他直接责任人员依法给予行政处分;构成犯罪的,依法移送司法部门追究刑事责任:

(一)发现公路水运工程重大事故隐患、生产安全事故不予查处的;

(二)对涉及施工安全的重大检举、投诉不依法及时处理的;

(三)在监督检查过程中索取或者接受他人财物,或者谋取其他利益的。

第六章 附 则

第五十八条 地方人民政府对农村公路建设的安全生产另有规定的,适用其规定。

第五十九条 本办法自2017年8月1日起施行。交通部于2007年2月14日以交通部令2007年第1号发布、交通运输部于2016年3月7日以交通运输部令2016年第9号修改的《公路水运工程安全生产监督管理办法》同时废止。

公路水路行业安全生产工作考核评价办法

(2017年8月4日交通运输部以交办安监〔2017〕114号印发,自2018年1月1日施行)

第一条 为严格落实安全生产责任,深化平安交通建设,提高安全发展水平,按照"党政同责、一岗双责、齐抓共管、失职追责"和"管行业必须管安全、管业务必须管安全、管生产经营必须管安全"的要求,根据《中华人民共和国安全生产法》等法律法规和有关规定,制定本办法。

第二条 本办法适用于各省(自治区、直辖市)和新疆生产建设兵团交通运输主管部门(以下统称省级交通运输主管部门)以及长江航务管理局、部直属海事局(以下统称部属单位),对省级交通运输主管部门开展平安交通建设评价,对部属单位开展安全生产工作考核。

第三条 考核评价工作由交通运输部安全委员会(以下简称部安委会)负责组织,部安全委员会办公室(以下简称部安委办)负责实施。

第四条 考核评价工作坚持客观公正、科学合理、公开透明、注重实效的原则。

第五条 考核评价指标包括省级交通运输主管部门平安交通建设评价指标和部属单位安全生产工作考核指标。

第六条 考核评价内容包括安全责任、法规制度、体制机制、预防控制、支撑保障、事故和重大隐患情况等。

第七条 考核评价实行千分制,按指标逐项评分。

第八条 考核评价结果分为4个等级(以上包括本数,以下不括本数):

得分900分以上为优秀;

得分800分以上900分以下为良好;

得分600分以上800分以下为合格;

得分600分以下为不合格。

第九条 发生负有责任的特别重大安全生产事故扣400分;每发生一起负有责任的重大安全生产事故扣100分,最高扣400分。

第十条 各省级交通运输主管部门及部属单位每年1月底前报送上一年度自评报告和自评情况。部安委办组织核查。

第十一条 考核评价结果经部安委会审定后,由部安委办向被考核评价单位反馈。考核评价结果为优秀的予以表扬。省级交通运输主管部门评价结果不合格的,视情况通报省级人民政府。部属单位考核结果通报部人事教育司。

第十二条 对在考核评价工作中弄虚作假、瞒报谎报的单位,视情节轻重给予责令整改、通报批评、降低考核等次等惩处,造成不良影响的依法依规追究有关人员责任。

第十三条 依据本办法,《省级交通运输主管部门平安交通建设评价指标》和《交通运输部所属单位安全生产工作考核指标》由部安委办另行制定发布,并根据需要适时进行调整。

第十四条 各省级交通运输主管部门及部属单位应结合实际,制定和实施考核评价办法。

第十五条 本办法由部安委办负责解释,自2018年1月1日起施行。

附件1

省级交通运输主管部门平安交通建设评价指标

表1 定性指标及评分细则

编号	一级指标	二级指标	评价要点	评分细则	分值
1	安全责任 （100分）	部门监管责任	按照"党政同责、一岗双责、齐抓共管、失职追责"要求和"三个必须"原则，明确并落实部门及主要领导的责任	1. 制定安全生产监督管理工作责任规范，建立并落实安全生产监督管理层级责任制，20分。 2. 制定并公开安全生产监督管理权责清单，8分。 3. 主要领导担任安委会主任，每季度至少主持召开一次会议，研究分析安全生产形势，部署安全生产工作，12分。	40
		企业主体责任	督促各地指导交通运输企业严格履行安全生产法定义务，加强和规范安全生产管理	1. 督促企业建立安全生产管理制度，5分。 2. 督促企业建立并落实风险管控和隐患排查治理双重预防控制体系，10分。 3. 督促企业开展安全生产标准化建设，5分。 4. 督促企业按规定提取、使用安全生产费用，5分。 5. 督促企业制定并落实从业人员年度安全生产教育培训计划，5分。	30
		考核奖惩	加强安全生产责任目标考核，注重考核结果运用	1. 对所属负有行业安全生产监督管理职责的机构（以下简称"行业管理机构"）和下一级交通运输主管部门开展安全生产工作年度目标考核，15分，每缺一个单位扣3分。 2. 建立并运行安全生产监督管理工作激励与约束机制，5分。 3. 对因违法违规、失职渎职造成安全生产责任事故的单位和责任人进行追责问责，10分，每缺一个扣2分。	30
2	法规制度 （70分）	制度建立	建立健全安全生产监督管理制度	省级交通运输主管部门及行业管理机构（含路政、运政、港政、航道、海事、质监、综合执法部门等）建立健全安全生产监督管理制度（主要包括安委会、一岗双责、安全生产五年规划、监督检查、风险管理、隐患治理、信用管理、年度工作任务目标及考核、投诉举报、事故统计、应急预案），50分。省级交通运输主管部门每缺一项扣5分，行业管理机构每缺一项扣3分。	50
		制度评估	定期对安全生产制度实施情况进行评估	1. 省级交通运输主管部门每年至少对一项重要安全生产制度实施情况开展评估，10分。 2. 行业管理机构每年至少对一项重要安全生产制度实施情况开展评估，10分。每一行业管理部门未开展扣2分。	20

表1（续）

编号	一级指标	二级指标	评价要点	评分细则	分值
3	体制机制（50分）	机构建设	健全安全生产监督管理机构	1. 依据"三定方案"等规定设置安全生产监督管理机构，5分。 2. 依据"三定方案"等规定配齐安全生产监督管理人员，5分。	10
		能力建设	加强安全生产监督管理装备建设	1. 按规定配备安全生产监管执法装备设施，10分。 2. 制定并落实安全生产监督管理人员教育培训计划，10分。	20
		社会监督	健全群防群治工作机制	1. 设立安全生产投诉、举报渠道，调动社会力量参与安全生产监督管理工作，5分。 2. 对收到的安全生产事故、事故隐患、工程质量等方面的实名举报信息及时进行处理，15分，每缺1项扣1分。	20
4	预防控制（110分）	风险管控	建立安全风险分级管控体系	1. 组织开展安全风险辨识与评估，依法依规开展风险管理工作，10分。 2. 实施重大风险登记和监督管理，10分。 3. 针对极端天气、重点时段、重点地区及时开展安全生产预警，5分。	25
		隐患治理	建立隐患治理体系	1. 组织开展隐患治理行动，及时总结通报隐患治理情况，10分。 2. 实现与企业隐患排查治理系统信息平台联网，完善线上线下配套监管制度，10分。 3. 对重大事故隐患挂牌督办，依法对重大隐患整改不到位的企业严格执法，10分。	30
		监管执法	加强安全生产监管执法规范化建设	1. 制定执行年度监督检查计划，规范执法程序和执法文书，5分。 2. 开展"双随机"安全生产监督检查，5分。 3. 开展安全生产约谈，5分。 4. 定期开展事故统计分析，完成季度、年度及重点时段统计分析报告，5分。	20
		信用体系	建立安全生产信用体系	1. 开展企业安全生产信用等级评价，5分。 2. 公布信用评价结果和"黑名单"，与相关部门实行信息交换与共享，5分。 3. 建立企业安全生产信用激励和惩处机制，5分。	15
		应急准备	强化应急管理	1. 制定执行应急演练计划，并总结评估，5分。 2. 储备必要的应急物资和装备设施，5分。 3. 建立应急救援队伍，5分。 4. 建立并定期优化应急管理保障体系，5分。	20

表1（续）

编号	一级指标	二级指标	评价要点	评分细则	分值
5	支撑保障（70分）	经费保障	保障安全生产监督管理经费	将安全生产监督管理工作经费纳入同级财政保障范围，5分。	5
		科技创新	加强科技成果和信息技术运用	1. 建立安全生产监管监察、风险管理、隐患治理、信用管理、危险货物运输共享等信息化系统，25分，每缺一项扣5分。 2. 建立省级交通运输安全生产专家库，5分。	30
		联动机制	建立安全应急协调联动机制	1. 与公安、安监等有关部门建立安全监管和应急协调联动机制，5分。 2. 与周边地区建立安全监管和应急协调联动机制，5分。	10
		宣传教育	组织开展安全生产宣传教育，企业主要负责人和安全生产管理人员应具备安全生产知识和管理能力	1. 举办安全生产法律法规、安全和应急知识宣传教育活动，5分。 2. 组织开展"安全生产月"活动，5分。 3. 依法组织开展道路运输、工程建设、港口危险物品储存等单位主要负责人、安全生产管理人员的安全生产知识和管理能力考核，15分。每缺一类扣5分。	25
6	否决项	特别重大安全生产事故	发生特别重大安全生产责任事故	发生特别重大安全生产责任事故的，扣400分。	

表2 定量指标及评分细则

编号	一级指标	二级指标	评分细则	分值
1	事故和重大隐患情况（300分）	重大以下安全生产责任事故起数	与被评价单位近3年事故起数平均值进行比较，持平分值为120分，每降低1个百分点加2分，每上升1个百分点扣2分（降低或上升的百分点按四舍五入计算）。	最高150
		重大以下安全生产责任事故死亡人数	与被评价单位近3年事故死亡人员平均值进行比较，持平分值为120分，每降低1个百分点加2分，每上升1个百分点扣2分（降低或上升的百分点按四舍五入计算）。	最高150

表 2（续）

编号	一级指标	二级指标	评分细则	分值
1	事故和重大隐患情况（300 分）	重大安全生产责任事故起数	每发生 1 起重大安全生产责任事故，扣 100 分。	不受单项分值限制，最高扣 400 分
		国务院或我部检查中发现的重大事故隐患并实行挂牌督办，拒不整改或整改不力的	每有 1 个此类重大事故隐患，扣 100 分。	不受单项分值限制，最高扣 400 分
2	基础设施装备（180 分）	国省道技术状况为四、五类且未安排改造计划的桥梁占国省道桥梁总数的比例	(1-比例)×分值	20
		国省道技术状况为四、五类且未安排改造计划的隧道占国省道隧道总数的比例	(1-比例)×分值	20
		港口危险品码头、罐区、库（堆）场视频监控覆盖率	覆盖率×分值	20
		国省道公路安全生命防护工程预算指标完成率	完成率×分值	30
		渡口渡船标准化率	(渡口标准化率+渡船标准化率)/2×分值	20
		两客一危车辆卫星定位车载终端入网率、在线率	(入网率+在线率)/2×分值	30
		国省级高速公路重点路段运行监测覆盖率	覆盖率×分值	20
		中高级客车占客运班车总数的比例	比例×分值	20
3	支撑条件（120 分）	客运、危险货物运输、港口危险货物存储和作业、建设施工领域二级以上安全生产标准化达标企业数占以上领域企业总数的比例	比例×分值	20
		建立安全风险管理体系的企业数占规模以上企业总数的比例	比例×分值	20
		安全生产重大风险登记率	登记率×分值	20
		安全生产信用等级 B 级以上企业数占企业总数的比例	比例×分值	20
		列入省部级黑名单的企业数量	列入一个企业扣 2 分	20
		重大隐患整改率	整改率×分值	20

注：1. 评价对象包括各省（自治区、直辖市）和新疆生产建设兵团交通运输主管部门，共 32 个单位。
2. 指标实行千分制评分，单项分值扣完为止，扣分和加分情况累计得出评价分值。
3. 每发生一起重大安全生产责任事故扣 100 分，不受单项分值限制，最高扣 400 分。
4. 每发生一个国务院或我部检查中发现的重大事故隐患并实行挂牌督办，拒不整改或整改不力的扣 100 分，不受单项分值限制，最高扣 400 分。

附件2

部属单位安全生产工作考核指标

编号	一级指标	二级指标	评价要点	评分细则	分值
1	安全责任（100分）	部门监管责任	按照"党政同责、一岗双责、齐抓共管、失职追责"的要求和"三个必须"的原则，明确并落实部门及主要领导责任	1. 制定安全生产监督管理工作责任规范，建立并落实安全生产监督管理层级责任制，30分。 2. 制定并公开安全生产监督管理权责清单，20分。 3. 主要领导担任安委会主任，每季度至少主持召开一次会议，研究分析安全生产形势，部署安全生产工作，40分。	90
		考核奖惩	加强安全生产责任目标考核，注重考核结果运用	1. 对内设部门、下级单位开展安全生产工作年度重点工作任务考核，20分，每缺一个单位扣4分。 2. 建立并运行安全生产监督管理工作激励与约束机制，20分。 3. 对因违法违规、失职渎职造成安全生产责任事故的单位和责任人进行追责问责，20分。	60
2	法规制度（130分）	制度建立	建立健全安全生产安全监督制度	建立水上交通安全监督制度（主要包括安委会、一岗双责、监督检查、风险管理、隐患治理、信用管理、年度工作任务目标及考核、挂牌督办、投诉举报、事故统计、信息公开、应急预案），100分。每缺一项扣5分。	100
		制度评估	定期对安全生产制度实施情况进行评估	每年至少对一项重要安全生产监督管理制度实施情况开展评估，30分。	30
3	体制机制（100分）	机构建设	健全安全生产监督管理机构	1. 依据"三定方案"等规定设置安全生产监督管理机构，10分。 2. 依据"三定方案"等规定配齐安全生产监督管理人员，10分。	20
		能力建设	加强安全生产监督管理装备建设	1. 按规定配备安全生产监管执法和应急装备设施，20分。 2. 制定并落实安全生产监督管理人员教育培训计划，20分。	40
		社会监督	健全群防群治工作机制	1. 设立安全生产投诉、举报渠道，调动社会力量参与安全生产监督管理工作，20分。 2. 对收到的安全生产事故、事故隐患等方面的实名举报信息及时进行处理，20分。	40
4	预防控制（220分）	风险管控	建立安全风险分级管控体系	1. 组织开展安全风险辨识与评估，依法依规开展风险管理工作，20分。 2. 实施重大风险登记和监督管理，20分。 3. 针对极端天气、重点时段、重点区域及时开展预警预防，10分。	50

(续)

编号	一级指标	二级指标	评价要点	评分细则	分值
4	预防控制（220分）	隐患排查	建立隐患治理体系	1. 组织开展隐患治理行动，及时总结通报隐患治理情况，20分。 2. 实现与企业隐患排查治理系统信息平台联网，完善线上线下配套监管制度，20分。 3. 对重大事故隐患挂牌督办，依法对重大隐患整改不到位的企业严格执法，20分。	60
		监管执法	加强安全生产监管执法规范化建设	1. 制定执行年度监督检查计划，规范执法程序和执法文书，10分。 2. 开展"双随机"安全生产监督检查，10分。 3. 开展安全生产约谈，10分。 4. 定期开展事故统计分析，完成季度、年度及重点时段统计分析报告，10分。	40
		信用体系	建立安全生产信用体系	1. 开展企业、船舶、船员安全生产信用等级评价，20分。 2. 公布信用评价结果和"黑名单"，与相关部门实行信息交换与共享，20分。	40
		应急准备	强化应急准备	1. 制定执行应急演练计划，并总结评估，15分。 2. 储备必需的应急物质和装备设施，15分。	30
5	支撑保障（100分）	经费保障	保障安全生产监督管理经费	将安全生产监督管理工作经费纳入单位财务预算，20分。	20
		科技创新	加强科技成果和信息技术运用	1. 制定并落实安全生产科技研发、转化及成果推广计划，10分。 2. 建立安全和应急专家库，10分。	20
		联动机制	建立安全应急协调联动机制	与有关单位和部门建立安全监管和应急协调联动机制，20分。	20
		宣传教育	组织开展安全生产宣传教育	1. 举办安全生产法律法规、安全和应急知识宣传教育活动，15分。 2. 组织开展"安全生产月"活动，15分。 3. 开展典型事故案例警示教育，10分。	40
6	事故和重大隐患情况（300分）	重大以下事故	重大以下安全生产责任事故起数	与被考核评价单位近3年事故起数平均值进行比较，持平分值为120分，每降低1个百分点加2分，每上升1个百分点扣2分（降低或上升的百分点按四舍五入计算）。	最高150
			重大以下安全生产责任事故死亡人数	与被考核评价单位近3年事故死亡人员平均值进行比较，持平分值为120分，每降低1个百分点加2分，每上升1个百分点扣2分（降低或上升的百分点按四舍五入计算）。	最高150

(续)

编号	一级指标	二级指标	评价要点	评分细则	分值
6	事故和重大隐患情况(300分)	重大事故	重大安全生产责任事故起数	每发生1起重大安全生产责任事故，扣100分。	不受单项分值限制，最高扣400分
		重大隐患	国务院或我部检查中发现的重大事故隐患并实行挂牌督办，拒不整改或整改不力的	每有1个此类重大事故隐患，扣100分。	不受单项分值限制，最高扣400分
7	否决项	特别重大安全生产事故	发生特别重大安全生产责任事故	发生特别重大安全生产责任事故，扣400分。	

公路水运建设工程质量安全督查办法

（2016年5月10日交通运输部以交安监发〔2016〕86号印发）

第一章 总 则

第一条 为进一步规范公路水运建设工程质量与安全监督抽查工作，提高督查的科学性，促进行业质量与安全管理水平提升，根据《建设工程质量管理条例》《建设工程安全生产管理条例》以及有关公路水运建设工程质量和安全生产管理规章，制定本办法。

第二条 本办法适用于交通运输部组织对省级交通运输主管部门公路水运建设工程质量安全监管工作情况和列入国家基本建设计划的公路水运工程建设项目开展的质量安全监督抽查活动。

第三条 部通过开展质量安全督查工作，旨在指导和督促省级交通运输主管部门掌握公路水运建设工程质量和安全生产管理状况，加强工程质量安全监督管理，促进工程质量安全管理水平不断提升。

第四条 质量安全督查工作依据：

（一）国家和行业有关公路水运建设工程质量安全政策、法律法规、部门规章和规范性文件；

（二）国家和行业公路水运建设工程有关技术标准及强制性条文；

第五条 质量安全督查工作由部安全与质量监督管理部门组织实施。具体督查工作实行督查组负责制，督查组由部组织行业有关专家组成。督查组成员对督查意见和评分负责，并在督查记录表上签注。

第六条 质量安全督查工作应坚持依法、科学、客观、公正、廉洁的原则。督查组成员应自觉遵守各项廉政规定。

第二章 督查分类和内容

第七条 质量安全督查分为综合督查和专项督查两类，通过查看现场、查阅资料、询问核查、对单检查、随机抽检等方式开展。

第八条 综合督查是指对省级交通运输主管部门落实国家公路水运建设工程质量安全政策、法律法规，开展工程质量安全监管和相关专项工作等情况的抽查，以及对工程项目建设和监理、设计、施工等主要参建单位的工程质量安全管理行为、施工工艺、现场安全生产状况、工程实体质量情况等的抽查。

督查内容、抽检指标等见附件1-6，督查项目工程建设质量安全督查计分方法见附件7。

第九条 专项督查是指根据国家统一部署或行业监管重点，对公路水运工程建设存在的突出质量安全问题所采取的针对性抽查。

第三章 督查程序和要求交通

第十条 部根据各省、自治区、直辖市公路水运工程建设规模和质量安全总体情况，制订年度督查省份计划。每年督查省份一般不少于10个。

第十一条 对于每个督查省份，可根据其工程类别、建设规模、工程进度等情况，抽查1至2个督查项目。

公路工程每个综合督查项目宜抽查不少于3个合同段或在建工程的30%；每个专项督查项目宜抽查不少于2个合同段或具体结构物。

水运工程综合督查项目抽查应以水工主体结构物为主，专项督查项目宜抽查不少于1个主要合同段或具体结构物。

第十二条 督查工作按下列程序进行：

（一）根据督查省份的年度公路或水运工程在建项目情况，确定督查项目；

（二）针对督查项目的工程专业内容，从专家库中抽取督查专家，组成督查组；

（三）印发督查通知，督查组赴督查省份开展督查工作；

（四）召开预备会，督查组专家分工，随机确定抽查合同段或结构物；

（五）督查组了解督查省份工程建设质量安全监管状况以及督查项目工程质量安全管理情况，抽查省级交通运输主管部门有关资料；

（六）督查组抽查工程项目有关资料、施工工艺、工地现场安全、工程实体质量；

（七）督查组汇总评议，形成督查意见；

（八）督查组反馈督查意见；

（九）印发督查意见书。

第十三条 采取突击检查、随机抽查方式开展督查的，应从督查省份的年度公路水运工程在建项目汇总表中随机抽取工程项目和标段，针对督查项目的工程专业内容，从专家库中随机抽取督查专家，组成督查组。督查情况由被检查单位负责人签字确认。

第十四条 部安全与质量监督管理部门按照就近、回避、专业能力适应的原则，根据部有关政府购买服务的规定，委托具有甲级检测能力等级且信用优良的检测机构承担相应工程实体抽检任务。

检测机构根据确定的检测内容，对督查项目工程实体进行随机抽检，按规定时限提交检测数据和报告。

第十五条 检测机构应按照诚信、科学、客观、严谨的原则，依据公路水运工程试验检测相关规程开展抽检工作，提交正式的检测报告，并对所提交的检测数据、报告的真实性、准确性负责。

第十六条 督查项目确定后，项目建设单位应向督查组提交下列资料：

（一）项目基本情况；

（二）项目施工平面布置（示意）图。图中应标注主体工程施工与监理合同段划分（里程桩号）及主要结构物、施工项目部、监理驻地、拌和站、预制场、试验室位置等；

（三）交通运输主管部门、项目质量监督机构组织的监督抽查发现的工程质量安全主要问题清单及整改落实情况。

第四章 督查结果处理

第十七条 督查完成后，督查组及时向督查省份交通运输主管部门反馈督查意见，提出整改要求。部督查意见一般于督查组工作结束后10个工作日内印发。

第十八条 省级交通运输主管部门根据督查组反馈意见提出整改方案，于督查反馈会后15个工作日内书面报部，并负责督促相关单位按方案确定的时限和内容逐一整改落实，结果及时报部；对一时难以整改的问题应书面说明，采取保证工程质量和安全的必要措施，并负责督促落实到位。

第十九条 对督查发现的重大质量缺陷问题或重大事故隐患，督查组应将该问题移交省级交通运输主管部门负责及时处理。

第二十条 对督查发现的违法违规行为，省级交通运输主管部门应确认，并依法对相关单位给予相应的行政处罚并曝光，按规定进行信用评价。

第二十一条 对督查中发现省级交通运输主管部门或工程建设项目存在突出问题的，按规定约谈省级交通主管部门相关负责人，并可视情况将督查意见抄告相应的省级人民政府。

第二十二条 部对年度建设工程质量安全督查情况进行汇总分析，对于共性问题、存在重大事故隐患，或质量安全督查评分排名靠后的项目或参建单位，部将在行业内进行通报。

第二十三条 督查专家现场记录、评价资料等应交由部安全与质量监督管理部门统一保存，一般保存3年。交通

检测数据、报告由检测机构交督查项目的质量监督机构存档。

第五章 附　则

第二十四条 本办法由交通运输部安全与质量监督管理司负责解释。

第二十五条 本办法自2016年5月10日起施行，有效期5年，《交通运输部关于印发〈公路水运工程质量安全督查办法〉的通知》(交安监发〔2014〕122)号，同时废止。

附件：（略）

中华人民共和国海上船舶污染事故调查处理规定

（2011年11月14日交通运输部发布　根据2013年12月24日《交通运输部关于修改〈中华人民共和国海上船舶污染事故调查处理规定〉的决定》第一次修正　根据2021年9月3日《交通运输部关于修改〈中华人民共和国海上船舶污染事故调查处理规定〉的决定》第二次修正）

第一章　总　则

第一条　为了规范船舶污染事故调查处理工作，依据《中华人民共和国海洋环境保护法》、《中华人民共和国防治船舶污染海洋环境管理条例》等规定，制定本规定。

第二条　本规定适用于造成中华人民共和国管辖海域污染的船舶污染事故的调查处理。

第三条　国务院交通运输主管部门主管船舶污染事故调查处理工作。

国家海事管理机构负责指导、管理和实施船舶污染事故调查处理工作。

各级海事管理机构依照各自职责负责具体开展船舶污染事故调查处理工作。

第四条　船舶污染事故调查处理应当遵循及时、客观、公平、公正的原则，查明事故原因，认定事故责任。

第二章　事故报告

第五条　发现船舶及其有关水上交通事故、作业活动造成或者可能造成海洋环境污染的单位和个人，应当立即将有关情况向就近的海事管理机构报告。海事管理机构接到报告后，应当按照应急预案的要求进行报告和通报。

第六条　发生污染事故的船舶、有关作业单位，应当在采取应急措施的同时及时、妥善地保存相关事故信息，立即向就近的海事管理机构报告以下事项：

（一）船舶的名称、国籍、呼号、识别号或者编号；

（二）船舶所有人、经营人或者管理人、污染损害赔偿责任保险人的名称、地址和联系方式；

（三）相关水文和气象情况；

（四）污染物的种类、基本特性、数量、装载位置等情况；

（五）事故原因或者事故原因的初步判断；

（六）事故污染情况；

（七）已经采取或者准备采取的污染控制、清除措施以及救助要求；

（八）签订了船舶污染清除协议的，还应当报告船舶污染清除单位的名称和联系方式；

（九）船舶、有关作业单位认为需要报告的其它事项。

船舶、有关作业单位向海事管理机构报告后，经核实发现报告内容与事实情况不符的，应当立即对报告内容予以更正。

第七条　发生污染事故的船舶、有关作业单位，应当在事故发生后24小时内向就近的海事管理机构提交《船舶污染事故报告书》。因特殊情况不能在规定时间内提交《船舶污染事故报告书》的，经海事管理机构同意后可予适当延迟，但最长不得超过48小时。

《船舶污染事故报告书》至少应当包括以下内容：

（一）船舶及船舶所有人、经营人或者管理人的有关情况；

（二）污染事故概况；

（三）应急处置情况；

（四）污染损害赔偿责任保险情况；

（五）其它与事故有关的事项。

第八条　中国籍船舶在中华人民共和国管辖海域外发生的船舶污染事故，其所有人或经营人应当立即向船籍港所在地直属海事管理机构报告，并在48小时内提交《船舶污染事故报告书》；船舶应当在到达国内第一港口之前提前24小时向船籍港直属海事管理机构报告，并接受调查处理。

第九条　船舶污染事故报告后出现的新情况及污染事故的处置进展情况，船舶、有关单位应当及时补充报告。

第三章　事故调查

第十条　船舶污染事故调查处理依照下列规定组织实施：

（一）特别重大船舶污染事故由国务院或者国务院授权国务院交通运输主管部门等部门组织事故调查处理；

（二）重大船舶污染事故由国家海事管理机构组织事故调查处理；

（三）较大船舶污染事故由事故发生地直属海事

管理机构负责调查处理；

（四）一般船舶污染事故由事故发生地海事管理机构负责事故调查处理。

船舶污染事故发生地不明的，由事故发现地海事管理机构负责调查处理。事故发生地或者事故发现地跨管辖区域或者相关海事管理机构对管辖权有争议的，由共同的上级海事管理机构确定调查处理机构。

在中华人民共和国管辖海域外发生的船舶污染事故，造成中华人民共和国管辖海域污染的，调查处理机构由国家海事管理机构指定。

中国籍船舶在中华人民共和国管辖海域外发生重大及以上船舶污染事故造成或者可能造成严重影响的，国家海事管理机构可派员开展事故调查。

船舶污染事故给渔业造成损害的，应当吸收渔业主管部门参与调查处理；给军事港口水域造成损害的，应当吸收军队有关主管部门参与调查处理。

第十一条 船舶因发生海上交通事故造成海洋环境污染的，海事管理机构对船舶污染事故的调查应当与船舶交通事故的调查同时进行。

第十二条 海事管理机构接到船舶污染事故报告后，应当及时进行核查取证，开展现场调查工作。

经核实不属于船舶污染事故的，及时通报相关部门处理。

第十三条 船舶污染事故调查应当由至少两名船舶污染事故调查人员实施。

船舶污染事故调查人员应当经过国家海事管理机构组织的培训，具有相应的船舶污染事故调查处理能力。

第十四条 发生下列情况时，船舶污染事故调查处理机构可以组织开展国际、国内船舶污染事故协查：

（一）污染事故肇事船舶逃逸的；

（二）污染事故嫌疑船舶已经开航离港的；

（三）辖区发生污染事故但暂时无法确认污染来源，经分析可能为过往船舶所为的；

（四）其它需要组织协查的情况。

国际间的船舶污染事故协查，由国家海事管理机构统一组织协调。

第十五条 船舶污染事故调查处理机构调查船舶污染事故，应当勘验事故现场，检查相关船舶，询问相关人员，收集证据，查明事故原因。

第十六条 下列材料可以作为船舶污染事故调查的证据：

（一）书证、物证、视听资料；

（二）证人证言；

（三）当事人陈述；

（四）鉴定结论；

（五）勘验笔录、调查笔录、现场笔录；

（六）其他可以证明事实的证据。

第十七条 船舶污染事故的当事人和其他有关人员应当配合调查，如实反映情况和提供资料，不得伪造、隐匿、毁灭证据或者以其他方式妨碍调查取证。

船舶污染事故的当事人和其他有关人员提供的书证、物证、视听资料应当是原件原物，提供抄录件、复印件、照片等非原件原物的，应当签字确认；拒绝确认的，事故调查人员应当注明有关情况。

第十八条 船舶污染事故调查处理机构根据调查处理工作的需要可以行使以下职权：

（一）责令船舶污染事故当事人提供相关技术鉴定或者检验、检测报告；

（二）暂扣相应的证书、文书、资料；

（三）禁止船舶驶离港口或者责令停航、改航、驶往指定地点、停止作业、暂扣船舶。

第四章 事故处理

第十九条 船舶污染事故调查处理机构应当根据船舶污染事故现场勘验、检查、调查情况和有关的技术鉴定、检验、检测报告，完成船舶污染事故调查。

第二十条 船舶污染事故调查处理机构应当自事故调查结束之日起20个工作日内制作《船舶污染事故认定书》，并送达当事人。

《船舶污染事故认定书》应当载明事故基本情况、事故原因和事故责任。

海事管理机构在接到船舶污染事故报告或者发现船舶污染事故之日起6个月内无法查明污染源或者无法找到造成污染船舶的，经船舶污染事故调查处理机构负责人批准可以终止事故调查，并在《船舶污染事故认定书》中注明终止调查的原因。

第二十一条 船舶污染事故当事人对事故认定不服的，可以在收到《船舶污染事故认定书》之日起15日内，向船舶污染事故调查处理机构或者其上级机构申请一次重新认定。

第二十二条 造成海洋环境污染的船舶应当在开航前缴清海事管理机构为减轻污染损害而采取的清除、打捞、拖航、引航过驳等应急处置措施的相关费用或者提供相应的财务担保。

财务担保应当是现金担保、由境内银行或者境内保险机构提供的信用担保。

第二十三条 重大以上船舶污染事故的调查处理报告应当向国务院交通运输主管部门备案。其中重大以上船舶海上溢油事故的调查处理情况,国务院交通运输主管部门应当向国家海上溢油应急处置部际联席会议通报。

第二十四条 海上船舶污染事故调查处理的信息发布应当及时、准确。

海上船舶污染事故调查处理信息,由负责组织调查处理工作的机构审核后按照新闻发布的相关规定发布。参与事故调查处理的单位或者个人不得擅自发布相关信息。

第二十五条 船舶污染事故引起的污染损害赔偿争议,当事人可以向海事管理机构申请调解,海事管理机构也可以主动调解。

当事人一方拒绝调解的,海事管理机构不得调解。

征得所有当事人同意后,调解可以邀请其他利害关系人参加。

第二十六条 调解人员应当按照有关法律、法规的规定,对船舶污染损害赔偿争议进行调解。调解成功的,由各方当事人共同签署《船舶污染事故民事纠纷调解协议书》。

《船舶污染事故民事纠纷调解协议书》由当事人各执一份,调查处理机构留存一份。

第二十七条 在调解过程中,当事人向人民法院提起诉讼或者申请仲裁的,应当及时通知海事管理机构,调解自动终止。

当事人中途退出调解的,应当向海事管理机构提交退出调解的书面申请,海事管理机构应当终止调解,并及时通知其他当事人。

海事管理机构调解不成,或者在3个月内未达成调解协议的,应当终止调解。

第五章 法律责任

第二十八条 船舶、有关作业单位违反本规定的,海事管理机构应当责令改正;拒不改正的,海事管理机构可以责令停止作业、强制卸载,禁止船舶进出港口、靠泊、过境停留,或者责令停航、改航、离境、驶向指定地点。

第二十九条 违反本规定,船舶污染事故的当事人和其他有关人员有下列行为之一的,由海事管理机构处以1万元以上5万元以下的罚款:

(一)未如实向组织事故调查处理的机关或者海事管理机构反映情况的;

(二)伪造、隐匿、毁灭证据或者以其他方式妨碍调查取证的。

第三十条 发生船舶污染事故,船舶、有关作业单位迟报、漏报事故的,对船舶、有关作业单位,由海事管理机构处5万元以上25万元以下的罚款;对直接负责的主管人员和其他直接责任人员,由海事管理机构处1万元以上5万元以下的罚款。直接负责的主管人员和其他直接责任人员属于船员的,并处给予暂扣适任证书或者其他有关证件3个月至6个月的处罚。

本条所称迟报、漏报包括下列情形:

(一)发生船舶污染事故后,未立即就近的海事管理机构报告的,因不可抗力无法报告的除外;

(二)船舶污染事故报告的内容与事实情况不符,未及时对报告内容予以更正的;

(三)未在规定时限内向海事管理机构提交《船舶污染事故报告书》的;

(四)提交的《船舶污染事故报告书》内容不完整。

第三十一条 发生船舶污染事故,船舶、有关作业单位瞒报、谎报事故的,对船舶、有关作业单位,由海事管理机构处25万元以上50万元以下的罚款;对直接负责的主管人员和其他直接责任人员,由海事管理机构处5万元以上10万元以下的罚款。直接负责的主管人员和其他直接责任人员属于船员的,并处给予吊销适任证书或者其他有关证件的处罚。

本条所称瞒报、谎报包括下列情形:

(一)发生船舶污染事故后,故意不向海事管理机构报告的;

(二)发现船舶污染事故报告的内容与事实情况不符,故意不对报告内容予以更正的;

(三)发生船舶污染事故后,编造虚假信息或者伪造、变造证据,不如实向海事管理机构报告的;

(四)提交《船舶污染事故报告书》弄虚作假的。

第三十二条 在事故调查结束后,海事管理机构对造成船舶污染事故的责任船舶、有关作业单位,依照《中华人民共和国海洋环境保护法》第九十条的规定进行处罚。

直接经济损失是指与船舶污染事故有直接因果关系而造成的财产毁损、减少的实际价值。包括:

(一)为防止或者减轻船舶污染损害采取预防措施所发生的费用,以及预防措施造成的进一步灭失或者损害;

(二)船舶污染事故造成该船舶之外的财产损害;

(三)对受污染的环境已采取或将要采取合理恢复措施的费用。

第三十三条 船舶污染事故造成珊瑚礁、红树林等海洋生态系统及海洋水产资源、海洋保护区破坏的，海事管理机构应当责令相关责任船舶、作业单位限期改正和采取补救措施，并处1万元以上10万元以下的罚款；有违法所得的，没收其违法所得。

第六章 附 则

第三十四条 国务院交通运输主管部门所辖港区水域内军事船舶和港区水域外渔业船舶、军事船舶污染事故的调查处理，国家法律、行政法规另有规定的，从其规定。

第三十五条 《船舶污染事故报告书》《船舶污染事故认定书》《船舶污染事故民事纠纷调解协议书》及《船舶污染事故民事纠纷调解终止通知书》的格式由国家海事管理机构规定。

第三十六条 本规定自2012年2月1日起施行。

中华人民共和国船舶污染海洋环境应急防备和应急处置管理规定

（2011年1月27日交通运输部发布 根据2013年12月24日交通运输部《关于修改〈中华人民共和国船舶污染海洋环境应急防备和应急处置管理规定〉的决定》第一次修正 根据2014年9月5日交通运输部《关于修改〈中华人民共和国船舶污染海洋环境应急防备和应急处置管理规定〉的决定》第二次修正 根据2015年5月12日交通运输部《关于修改〈中华人民共和国船舶污染海洋环境应急防备和应急处置管理规定〉的决定》第三次修正 根据2016年12月13日交通运输部《关于修改〈中华人民共和国船舶污染海洋环境应急防备和应急处置管理规定〉的决定》第四次修正 根据2018年9月27日交通运输部《关于修改〈中华人民共和国船舶污染海洋环境应急防备和应急处置管理规定〉的决定》第五次修正 根据2019年11月28日《交通运输部关于修改〈中华人民共和国船舶污染海洋环境应急防备和应急处置管理规定〉的决定》第六次修正）

第一章 总 则

第一条 为提高船舶污染事故应急处置能力，控制、减轻、消除船舶污染事故造成的海洋环境污染损害，依据《中华人民共和国防治船舶污染海洋环境管理条例》等有关法律、行政法规和中华人民共和国缔结或者加入的有关国际条约，制定本规定。

第二条 在中华人民共和国管辖海域内，防治船舶及其有关作业活动污染海洋环境的应急防备和应急处置，适用本规定。

船舶在中华人民共和国管辖海域外发生污染事故，造成或者可能造成中华人民共和国管辖海域污染的，其应急防备和应急处置，也适用本规定。

本规定所称"应急处置"是指在发生或者可能发生船舶污染事故时，为控制、减轻、消除船舶造成海洋环境污染损害而采取的响应行动；"应急防备"是指为应急处置的有效开展而预先采取的相关准备工作。

第三条 交通运输部主管全国防治船舶及其有关作业活动污染海洋环境的应急防备和应急处置工作。

国家海事管理机构负责统一实施船舶及其有关作业活动污染海洋环境的应急防备和应急处置工作。

沿海各级海事管理机构依照各自职责负责具体实施防治船舶及其有关作业活动污染海洋环境的应急防备和应急处置工作。

第四条 船舶及其有关作业活动污染海洋环境应急防备和应急处置工作应当遵循统一领导、综合协调、分级负责、属地管理、责任共担的原则。

第二章 应急能力建设和应急预案

第五条 国家防治船舶及其有关作业活动污染海洋环境应急能力建设规划，应当根据全国防治船舶及其有关作业活动污染海洋环境的需要，由国务院交通运输主管部门组织编制，报国务院批准后公布实施。

沿海省级防治船舶及其有关作业活动污染海洋环境应急能力建设规划，应当根据国家防治船舶及其有关作业活动污染海洋环境应急能力建设规划和本地实际情况，由沿海省、自治区、直辖市人民政府组织编制并公布实施。

沿海市级防治船舶及其有关作业活动污染海洋环境应急能力建设规划，应当根据所在地省级人民政府防治船舶及其有关作业活动污染海洋环境应急能力建设规划和本地实际情况，由沿海设区的市级人民政府组织编制并公布实施。

编制防治船舶及其有关作业活动污染海洋环境应急能力建设规划，应当对污染风险和应急防备需求进行评估，合理规划应急力量建设布局。

沿海各级海事管理机构应当积极协助、配合相关地方人民政府完成应急能力建设规划的编制工作。

第六条 交通运输部、沿海设区的市级以上地方人民政府应当根据相应的防治船舶及其有关作业活动污染海洋环境应急能力建设规划，建立健全船舶污染事故应急防备和应急反应机制，建立专业应急队伍，建设船舶污染应急专用设施、设备和器材储备库。

第七条 沿海各级海事管理机构应当根据防治船舶及其有关作业活动污染海洋环境的需要，会同海洋主管部门建立健全船舶及其有关作业活动污染海洋环境的监测、监视机制，加强对船舶及其有关作业活动污染海洋环境的监测、监视。

港口、码头、装卸站以及从事船舶修造的单位应当配备与其装卸货物种类和吞吐能力或者修造船舶能力相适应的污染监视设施和污染物接收设施，并使其处于良好状态。

第八条 港口、码头、装卸站以及从事船舶修造、打捞、拆解等作业活动的单位应当按照交通运输部的要求制定有关安全营运和防治污染的管理制度，按照国家有关防治船舶及其有关作业活动污染海洋环境的规范和标准，配备必须的防治污染设备和器材，确保防治污染设备和器材符合防治船舶及其有关作业活动污染海洋环境的要求。

第九条 港口、码头、装卸站以及从事船舶修造、打捞、拆解等作业活动的单位应当编写报告，评价其具备的船舶污染防治能力是否与其装卸货物种类、吞吐能力或者船舶修造、打捞、拆解活动所必需的污染监视监测能力、船舶污染物接收处理能力以及船舶污染事故应急处置能力相适应。

交通运输主管部门依法开展港口、码头、装卸站的验收工作时应当对评价报告进行审查，确认其具备与其所从事的作业相应的船舶污染防治能力。

第十条 交通运输部应当根据国家突发公共事件总体应急预案，制定国家防治船舶及其有关作业活动污染海洋环境的专项应急预案。

沿海省、自治区、直辖市人民政府应当根据国家防治船舶及其有关作业活动污染海洋环境的专项应急预案，制定省级防治船舶及其有关作业活动污染海洋环境应急预案。

沿海设区的市级人民政府应当根据所在地省级防治船舶及其有关作业活动污染海洋环境的应急预案，制定市级防治船舶及其有关作业活动污染海洋环境应急预案。

交通运输部、沿海设区的市级以上地方人民政府应当定期组织防治船舶及其有关作业活动污染海洋环境应急预案的演练。

第十一条 中国籍船舶所有人、经营人、管理人应当按照国家海事管理机构制定的应急预案编制指南，制定或者修订防治船舶及其有关作业活动污染海洋环境的应急预案，并报海事管理机构备案。

港口、码头、装卸站的经营人以及有关作业单位应当制定防治船舶及其有关作业活动污染海洋环境的应急预案，并报海事管理机构和环境保护主管部门备案。

船舶以及有关作业单位应当按照制定的应急预案定期组织应急演练，根据演练情况对应急预案进行评估，按照实际需要和情势变化，适时修订应急预案，并对应急预案的演练情况、评估结果和修订情况如实记录。

第十二条 中国籍船舶防治污染设施、设备和器材应当符合国家有关标准，并按照国家有关要求通过型式和使用性能检验。

第三章 船舶污染清除单位

第十三条 船舶污染清除单位是指具备相应污染清除能力，为船舶提供污染事故应急防备和应急处置服务的单位。

根据服务区域和污染清除能力的不同，船舶污染清除单位的能力等级由高到低分为四级，其中：

（一）一级单位能够在我国管辖海域为船舶提供溢油和其他散装液体污染危害性货物泄漏污染事故应急服务；

（二）二级单位能够在距岸20海里以内的我国管辖海域为船舶提供溢油和其他散装液体污染危害性货物泄漏污染事故应急服务；

（三）三级单位能够在港区水域为船舶提供溢油应急服务；

（四）四级单位能够在港区水域内的一个作业区、独立码头附近水域为船舶提供溢油应急服务。

第十四条 从事船舶污染清除的单位应当具备以下条件，并接受海事管理机构的监督检查：

（一）应急清污能力符合《船舶污染清除单位应急清污能力要求》(见附件)的规定；

（二）制定的污染清除作业方案符合防治船舶及其有关作业活动污染海洋环境的要求；

（三）污染物处理方案符合国家有关防治污染规定。

第十五条 船舶污染清除单位应当将下列情况向社会公布，并报送服务区域所在地的海事管理机构：

（一）本单位的污染清除能力符合《船舶污染清除单位应急清污能力要求》相应能力等级和服务区域的报告；

（二）污染清除作业方案；

（三）污染物处理方案；

（四）船舶污染清除设施、设备、器材和应急人员情况；

（五）船舶污染清除协议的签订和履行情况以及参与船舶污染事故应急处置工作情况。

船舶污染清除单位的污染清除能力和服务区域发生变更的，应当及时将变更情况向社会公布，并报送服务区域所在地的海事管理机构。

第四章 船舶污染清除协议的签订

第十六条 载运散装油类货物的船舶，其经营人应当在船舶进港前或者港外装卸、过驳作业前，按照以下要求与相应的船舶污染清除单位签订船舶污染清除协议：

（一）600 总吨以下仅在港区水域航行或作业的船舶，应当与四级以上等级的船舶污染清除单位签订船舶污染清除协议；

（二）600 总吨以上 2000 总吨以下仅在港区水域航行或作业的船舶，应当与三级以上等级的船舶污染清除单位签订船舶污染清除协议；

（三）2000 总吨以上仅在港区水域航行或作业的船舶以及所有进出港口和从事过驳作业的船舶应当与二级以上等级的船舶污染清除单位签订船舶污染清除协议。

第十七条 载运油类之外的其他散装液体污染危害性货物的船舶，其经营人应当在船舶进港前或者港外装卸、过驳作业前，按照以下要求与相应的船舶污染清除单位签订船舶污染清除协议：

（一）进出港口的船舶以及在距岸 20 海里之内的我国管辖水域从事过驳作业的船舶应当与二级以上等级的船舶污染清除单位签订船舶污染清除协议；

（二）在距岸 20 海里以外的我国管辖水域从事过驳作业的载运其他散装液体污染危害性货物的船舶应当与一级船舶污染清除单位签订船舶污染清除协议。

第十八条 1 万总吨以上的载运非散装液体污染危害性货物的船舶，其经营人应当在船舶进港前或者港外装卸、过驳作业前，按照以下要求与相应的船舶污染清除单位签订船舶污染清除协议：

（一）进出港口的 2 万总吨以下的船舶应当与四级以上等级的船舶污染清除单位签订船舶污染清除协议；

（二）进出港口的 2 万总吨以上 3 万总吨以下的船舶应当与三级以上等级的船舶污染清除单位签订船舶污染清除协议；

（三）进出港口的 3 万总吨以上的船舶以及在我国管辖水域从事过驳作业的船舶应当与二级以上等级的船舶污染清除单位签订船舶污染清除协议。

第十九条 与一级、二级船舶污染清除单位签订污染清除协议的船舶划分标准由国家海事管理机构确定。

第二十条 国家海事管理机构应当制定并公布船舶污染清除协议样本，明确协议双方的权利和义务。

船舶和污染清除单位应当按照国家海事管理机构公布的协议样本签订船舶污染清除协议。

第二十一条 船舶应当将所签订的船舶污染清除协议留船备查，并在办理船舶进出港口手续或者作业申请时向海事管理机构出示。

船舶发现船舶污染清除单位存在违反本规定的行为，或者未履行船舶污染清除协议的，应当向船舶污染清除单位所在地的直属海事管理机构报告。

第五章 应 急 处 置

第二十二条 船舶发生污染事故或者可能造成海洋环境污染的，船舶及有关作业单位应当立即启动相应的应急预案，按照有关规定的要求就近向海事管理机构报告，通知签订船舶污染清除协议的船舶污染清除单位，并根据应急预案采取污染控制和清除措施。

船舶在终止清污行动前应当向海事管理机构报告，经海事管理机构同意后方可停止应急处置措施。

第二十三条 船舶污染清除单位接到船舶污染事故通知后，应当根据船舶污染清除协议及时开展污染控制和清除作业，并及时向海事管理机构报告污染控制和清除工作的进展情况。

第二十四条 接到船舶造成或者可能造成海洋环境污染的报告后，海事管理机构应当立即核实有关情况，并加强监测、监视。

发生船舶污染事故的，海事管理机构应当立即组织对船舶污染事故的等级进行评估，并按照应急预案的要求进行报告和通报。

第二十五条 发生船舶污染事故后，应当根据《中华人民共和国防治船舶污染海洋环境管理条例》的规定，成立事故应急指挥机构。事故应急指挥机构应当根据船舶污染事故的等级和特点，启动相应的应急预案，有关部门、单位应当在事故应急指挥机构的统一组织和指挥下，按照应急预案的分工，开展相应的应急处置工作。

第二十六条 发生船舶污染事故或者船舶沉没，可能造成中华人民共和国管辖海域污染的，有关沿海设区的市级以上地方人民政府、海事管理机构根据应急处置的需要，可以征用有关单位和个人的船舶、防治污染设施、设备、器材以及其他物资。有关单位和个人应当予以配合。

有关单位和个人所提供的船舶和防治污染设施、设备、器材应当处于良好可用状态，有关物资质量符合国家有关技术标准、规范的要求。

被征用的船舶和防治污染设施、设备、器材以及其他物资使用完毕或者应急处置工作结束，应当及时返还。船舶和防治污染设施、设备、器材以及其他物资被征用或者征用后毁损、灭失的，应当给予补偿。

第二十七条 发生船舶污染事故，海事管理机构可以组织并采取海上交通管制、清除、打捞、拖航、引航、护航、过驳、水下抽油、爆破等必要措施。采取上述措施的相关费用由造成海洋环境污染的船舶、有关作业单位承担。

需要承担前款规定费用的船舶，应当在开航前缴清有关费用或者提供相应的财务担保。

本条规定的财务担保应当由境内银行或者境内保险机构出具。

第二十八条 船舶发生事故有沉没危险时，船员离船前，应当按照规定采取防止溢油措施，尽可能关闭所有货舱（柜）、油舱（柜）管系的阀门，堵塞货舱（柜）、油舱（柜）通气孔。

船舶沉没的，其所有人、经营人或者管理人应当及时向海事管理机构报告船舶燃油、污染危害性货物以及其他污染物的性质、数量、种类及装载位置等情况，采取或者委托有能力的单位采取污染监视和控制措施，并在必要的时候采取抽出、打捞等措施。

第二十九条 船舶应当在污染事故清除作业结束后，对污染清除行动进行评估，并将评估报告报送当地直属海事管理机构，评估报告至少应当包括下列内容：

（一）事故概况和应急处置情况；
（二）设施、设备、器材以及人员的使用情况；
（三）回收污染物的种类、数量以及处置情况；
（四）污染损害情况；
（五）船舶污染应急预案存在的问题和修改情况。

事故应急指挥机构应当在污染事故清除作业结束后，组织对污染清除作业的总体效果和污染损害情况进行评估，并根据评估结果和实际需要修订相应的应急预案。

第六章 法律责任

第三十条 海事管理机构应当建立、健全防治船舶污染应急防备和处置的监督检查制度，对船舶以及有关作业单位的防治船舶污染能力以及污染清除作业实施监督检查，并对监督检查情况予以记录。

海事管理机构实施监督检查时，有关单位和个人应当予以协助和配合，不得拒绝、妨碍或者阻挠。

第三十一条 海事管理机构发现船舶及其有关作业单位和个人存在违反本规定行为的，应当责令改正；拒不改正的，海事管理机构可以责令停止作业、强制卸载，禁止船舶进出港口、靠泊、过境停留，或者责令停航、改航、离境、驶向指定地点。

第三十二条 违反本规定，船舶未制定防治船舶及其有关作业活动污染海洋环境应急预案并报海事管理机构备案的，由海事管理机构责令限期改正；港口、码头、装卸站的经营人未制定防治船舶及其有关作业活动污染海洋环境应急预案的，由海事管理机构责令限期改正。

第三十三条 违反本规定，船舶和有关作业单位未配备防污设施、设备、器材的，或者配备的防污设施、设备、器材不符合国家有关规定和标准的，由海事管理机构予以警告，或者处2万元以上10万元以下的罚款。

第三十四条 违反本规定，有下列情形之一的，由海事管理机构处1万元以上5万元以下的罚款：

（一）载运散装液体污染危害性货物的船舶和1万总吨以上的其他船舶，其经营人未按照规定签订污染清除作业协议的；
（二）污染清除作业单位不符合国家有关技术规范从事污染清除作业的。

第三十五条 违反本规定，有下列情形之一的，由海事管理机构处2万元以上10万元以下的罚款：

（一）船舶沉没后，其所有人、经营人未及时向海事管理机构报告船舶燃油、污染危害性货物以及其他污染物的性质、数量、种类及装载位置等情况的；
（二）船舶沉没后，其所有人、经营人未及时采取措施清除船舶燃油、污染危害性货物以及其他污染物的。

第三十六条 违反本规定，发生船舶污染事故，船舶、有关作业单位迟报、漏报事故的，对船舶、有关作业单位，由海事管理机构处5万元以上25万元以下的罚款；对直接负责的主管人员和其他直接责任人员，由海事管理机构处1万元以上5万元以下的罚款；直接负责的主管人员和其他直接责任人员属于船员的,给予暂扣适任证书或者其他有关证件3个月至6个月的处罚。瞒报、谎报事故的,对船舶、有关作业单位,由海事管理机构处25万元以上50万元以下的罚款;对直接负责的主管人员和其他直接责任人员,由海事管理机构处5万元以上10万元以下的罚款;直接负责的主管人员和其他直接责任人员属于船员的,并处给予吊销适任证书或者其他有关证件的处罚。

第三十七条 违反本规定,发生船舶污染事故,船舶、有关作业单位未立即启动应急预案的,对船舶、有关作业单位,由海事管理机构处2万元以上10万元以下的罚款;对直接负责的主管人员和其他直接责任人员,由海事管理机构处1万元以上2万元以下的罚款;直接负责的主管人员和其他直接责任人员属于船员的,并处给予暂扣适任证书或者其他适任证件1个月至3个月的处罚。

第七章 附 则

第三十八条 本规定所称"以上""以内"包括本数,"以下""以外"不包括本数。

第三十九条 本规定自2011年6月1日起施行。

附件

船舶污染清除单位应急清污能力要求

项目	功能要求		一级	二级	三级	四级	具体要求
围油栏	开阔水域(m)	总高≥1500 mm	≥2000	≥1000	—	—	1. 如果根据当地水域的特点,需要调整围油栏类型或总高要求的,应当经过国家海事管理机构的认可; 2. 对防火围油栏的要求仅适用于为油轮及石油开采平台过驳提供污染清除服务的船舶污染清除单位
	非开阔水域(m)	总高≥900 mm	≥3000	≥1000	≥1000	≥1000	
	岸线防护(m)	总高≥600 mm	≥4000	≥2000	≥1000	≥400	
	防火(m)	总高≥900 mm	≥400	≥200	≥200	—	
收油机	回收能力(m³/h)	高黏度	≥300	≥150	≥30	≥15	1. 回收能力指单套或多套收油机每小时回收油水混合物的总量; 2. 高黏度收油机应具备回收以下油品的能力: (1) 在15℃时密度大于等于900 kg/m³的原油; (2) 在15℃时密度大于等于900 kg/m³或50℃时流动黏度大于等于180 mm²/s的燃油; 3. 中、低黏度油收油机应具备回收以下油品的能力: (1) 在15℃时密度小于900 kg/m³的原油; (2) 在15℃时密度小于900 kg/m³或50℃时流动黏度小于180 mm²/s的燃油
		中、低黏度	≥100	≥100	≥50	≥10	
喷洒装置	船上固定式(台)		≥4	≥2	—	—	1. 船上固定式喷洒装置应具有不低于135 L/min/套的喷洒量; 2. 便捷喷洒装置应具有不低于18 L/min/套的喷洒量
	便捷式(台)		≥8	≥4	≥2	≥1	

（续）

项目	功能要求	一级	二级	三级	四级	具体要求
清洁装置	热水（台）	≥4	≥2	≥1	≥1	1. 热水清洁装置温度应不低于80℃、压力至少达到8 MPa； 2. 冷水清洁装置压力应至少达到8 MPa； 3. 热水清洁装置可替代冷水清洁装置； 4. 如果根据服务水域的气候特点，需要调整冷热水清洁装置的比例和数量要求的，应当经过国家海事管理机构的认可
清洁装置	冷水（台）	≥2	≥1	≥1	≥1	
吸油材料	吸油拖栏（m）	≥4000	≥1000	≥500	≥300	吸油拖栏直径大于等于200 mm
吸油材料	吸油毡（t）	≥12	≥6	≥3	≥1	
溢油分散剂	常规型（t）	≥20	≥10	≥2	≥1	1. 如配备浓缩型溢油分散剂，应按浓缩比例换算成常规型溢油分散剂的配备量； 2. 如配备溢油凝聚剂，可按照其处理能力替代相应数量的溢油分散剂
卸载装置	总卸载能力（t/h）	≥300	≥200	≥100	≥25	1. 卸载能力指单套或多套卸载装置每小时卸载油品的总量； 2. 一级单位应至少配备1套150 m³/h及以上卸载高黏度油品能力的卸载泵；二级单位应至少配备1套100 m³/h及以上卸载高黏度油品能力的卸载泵；三级单位应至少配备1套50 m³/h及以上卸载高黏度油品能力的卸载泵；四级单位应至少配备1套15 m³/h及以上卸载高黏度油品能力的卸载泵
临时储存装置	临时储存能力（m³）	≥1600	≥1000	≥400	≥100	临时储存能力指单套或多套临时储存装置的总存储量
污染物处置	液态污染物处置能力（t/d）	≥100	≥50	≥20	≥10	1. 污染物处置能力指处理液态、固态污染物或者其他污染危害性货物的每天处理吨数； 2. 清污单位可拥有或协议拥有与清污能力相配套的污染物处置装置
污染物处置	固态污染物处置能力（t/d）	≥10	≥5	≥2	≥1	
船舶	溢油应急处置船（艘）	≥2	≥1	—	—	1. 溢油应急处置船是指具有溢油围控、回收与清除、临时储存、消油剂喷洒、应急辅助卸载和污染水处理等功能的专业船舶； 2. 溢油应急处置船设计航速应不低于12节，保证具有3节以下的作业航速能力，并至少满足沿海航区的适航要求。一级单位溢油应急处置船污油水舱储能力不低于500 m³；二级单位溢油应急处置船污油水舱储能力不低于300 m³； 3. 辅助船舶应满足围油栏拖带、布放、清污作业等功能需求
船舶	辅助船舶（艘）	≥8	≥6	≥3	≥2	

(续)

项目	功能要求	一级	二级	三级	四级	具体要求
作业人员	高级指挥（人）	≥3	≥3	≥2	≥2	1. 高级指挥人员应当具备对船舶污染事故应急反应的宏观掌控能力，能够根据事故情形综合评估风险，及时作出应急反应决策，有效组织实施，并按国家海事管理机构的要求经过培训； 2. 现场指挥人员应能根据指挥机构的对策，结合现场情况，制定具体的清污方案并能组织应急操作人员实施，并按国家海事管理机构的要求经过培训； 3. 应急操作人员应具备应急反应的基本知识和技能，正确使用应急设备和器材，实施清污作业，并按国家海事管理机构的要求经过培训
	现场指挥（人）	≥8	≥6	≥4	≥3	
	应急操作（人）	≥40	≥30	≥20	≥15	
综合保障	应急反应时间（h）	≤4	≤4	≤2	≤2	1. 一、二级单位的应急反应时间是指从接到通知后，主要设备、人员到达距岸20海里的时间； 2. 三、四级单位的应急反应时间是指从接到通知后，主要设备、人员到达港区水域外边界的时间
	通讯保障	具备多种通信手段，配备足够数量的通信设备，以确保通信畅通				
	后勤保障	提供应急设备储存地、运输方式、应急设备器材备件、安全防护用品、应急人员食宿、医疗救护等保障，确保应急行动的顺利实施				
除油类外其他污染危害性货物清除作业	1. 为载运类油散装液体污染危害性货物的船舶提供清污协议服务的一、二级污染清除作业单位，应当根据本表上述要求配备溢油应急设施、设备和器材； 2. 为载运非类油散装液体污染危害性货物的船舶提供清污协议服务的一、二级污染清除作业单位，还应当根据货物的特性和风险程度，配备相应的应急设施、设备和器材，其中，在专业化工码头服务的船舶污染清除单位应当至少配备3吨化学吸收剂					

注：1. 相关设备和器材应当符合国家有关标准。
2. 相关设备、器材和船舶如未明确说明可以协议拥有的，应当为自有。

4）应急预案

国家重大海上溢油应急处置预案

（2018年3月8日国家海上搜救和重大海上溢油应急处置部际联席会议审议通过，2018年3月8日国家重大海上溢油应急处置部际联席会议以交溢油函〔2018〕121号印发）

1 总则

1.1 编制目的

建立健全国家重大海上溢油应急处置工作程序，依法科学统一、有力有序有效地实施国家重大海上溢油应急处置行动，最大程度减少海上溢油造成的环境和财产损失，保障公众健康、环境安全和社会稳定。

1.2 编制依据

《中华人民共和国海洋环境保护法》《中华人民共和国突发事件应对法》《防治船舶污染海洋管理条例》《中华人民共和国海洋石油勘探开发环境保护管理条

例》《突发事件应急预案管理办法》《国家突发公共事件总体应急预案》，我国已经加入或者缔结的溢油应急国际公约或地区性协议，以及《国务院关于同意建立国家重大海上溢油应急处置部际联席会议制度的批复》（国函〔2012〕167号），中央机构编制委员会办公室《关于重大海上溢油应急处置牵头部门和职责分工的通知》（中央编办发〔2010〕203号）等。

1.3 适用范围

本预案适用于造成或者可能造成我国管辖海域污染的重大海上溢油的应急处置工作。

1.4 工作原则

国家重大海上溢油应急处置工作坚持统一领导、综合协调、军地联动、分级负责、属地为主、以人为本、科学快速、资源共享的工作原则。

地方人民政府对本行政区域内突发事件的应对工作负责，重大海上溢油发生后，相关省级人民政府、行业行政主管部门、相关企事业单位应当立即按照职责分工和相关预案开展前期处置工作。

必要时，国家重大海上溢油应急处置部际联席会议根据重大海上溢油应急处置行动的需要，给予相应的支持和协调。

1.5 国家重大海上溢油

国家重大海上溢油是指海上溢油的规模或者对环境可能造成的损害程度，超出了省级行政区域的应急能力或范围，或者超出了行业行政主管部门可以应对的规模或范围，而需要启动应急响应予以协助的海上溢油事件。

凡符合下列情形之一的，可判断为国家重大海上溢油：

（1）预计溢油量超过500吨，且可能受污染的海域位于敏感区域；或者可能造成重大国际影响；或者造成了重大社会影响的。

（2）预计溢油量在1000吨以上的。

2 组织指挥体系

2.1 国家重大海上溢油应急处置部际联席会议

国家重大海上溢油应急处置部际联席会议负责组织、指导全国重大海上溢油应急处置工作。启动应急响应后，国家重大海上溢油应急处置部际联席会议负责组织协调有关力量，开展国家重大海上溢油应急处置工作。

由国务院统一组织开展的海上溢油应急处置行动，按照有关要求执行。

国家重大海上溢油应急处置部际联席会议的主要工作职责如下：

（1）负责传达和贯彻落实党中央、国务院、中央军委的指示，负责向国务院汇报应急行动进展和其他重大事项。

（2）负责协调安排成员单位的工作任务（成员单位的职责及分工详见附件1），协调解决应急过程中遇到的重大问题，遇有不能决策的事项，负责向国务院请示。

（3）负责根据有关方面的请求及事态发展的需要，协调合理范围内的海上溢油应急力量和综合保障力量，对国家重大海上溢油事件的应急处置给予协助和支持。

（4）负责组织、协调、指挥跨省级人民政府管辖区域的国家重大海上溢油应急行动；负责协调军队和武警部队参与应急行动。

（5）负责协调与海上溢油应急相关的涉外事务和国际援助；负责其他特别状态下的海上溢油应急工作的协调。

（6）负责监督参与国家重大海上溢油应急处置行动的有关单位执行本预案的情况。

（7）负责或者授权相关部门和单位进行信息发布、宣传等工作。

2.2 相关部门和单位

相关行业行政主管部门和有关企事业单位应当按照本预案要求，在其职责范围内协调有关力量，核实海上溢油情况，评估事件规模，并及时通报中国海上溢油应急中心和其他有关单位。

启动应急响应后，相关行业行政主管部门和有关企事业单位应当根据本预案的要求，组织协调本部门、本单位有关力量开展应急处置工作。

2.3 中国海上溢油应急中心

中国海上溢油应急中心是国家重大海上溢油应急处置部际联席会议的日常办事机构，负责与成员单位和地方人民政府的沟通联络，其工作职责如下：

（1）承担国家重大海上溢油应急处置部际联席会议的日常工作。

（2）负责接收国家重大海上溢油报告，并向国家重大海上溢油应急处置部际联席会议各成员单位通报有关情况。

（3）负责临时召开全体或者部分国家重大海上溢油应急处置部际联席会议成员单位联络员会议。

（4）负责协调核实重大海上溢油情况，组织开展预评估。

（5）执行国家重大海上溢油应急处置部际联席会议的指令，开展国家重大海上溢油应急组织协调工作。

（6）负责跟踪国家重大海上溢油后续处置工作。

（7）负责组织国家重大海上溢油应急处置的后评估工作。

（8）负责建立海上溢油应急联动协调机制。

（9）制定国家重大海上溢油应急培训与演练计划，并定期组织应急预案框架下的培训和演练。

（10）提出国家重大海上溢油应急处置预案修订建议。

（11）承办党中央、国务院、中央军委及国家重大海上溢油应急处置部际联席会议交办的其他重大海上溢油应急处置事项。

2.4 联合指挥部

国家重大海上溢油应急处置部际联席会议可以根据应急处置工作需要成立联合指挥部，负责部际层面的组织协调指挥工作。

联合指挥部可以下设综合协调组、应急行动组、医疗救护组、综合保障组、信息发布与宣传组、治安保障组等（各组成员与职责见附件2）。各工作组组长由该组牵头单位的负责人担任，组员由参加单位的相关人员组成。必要时，联合指挥部可以派出现场工作组，协助现场指挥部开展工作。

2.5 现场指挥部

启动应急响应后，事发地或受海上溢油影响的省级人民政府或者相关单位成立现场指挥部，驻地军队、武警部队参加，负责牵头组织海上溢油的现场处置工作。

现场指挥部工作职责如下：

（1）负责协调组织地方政府相关部门、驻地相关单位、驻地军事部门的有关力量，开展现场应急行动。

（2）负责统一指挥和调度由国家重大海上溢油应急处置部际联席会议协调的相关应急力量。

（3）负责监督、跟踪、评估海上溢油事件和应急行动进展，及时收集汇总相关信息，向国家重大海上溢油应急处置部际联席会议（中国海上溢油应急中心）报告。

（4）负责在国家应急响应行动终止后继续完成后续工作，并将后期处置情况及时通报中国海上溢油应急中心。

（5）负责完成国家重大海上溢油应急处置部际联席会议交办的其他任务。

对于事发地或受影响的海域超出省级人民政府管辖范围或者管辖权有争议的，由国家重大海上溢油应急处置部际联席会议请示国务院，确定现场指挥部和现场总指挥。

2.6 专家组

国家重大海上溢油应急处置部际联席会议设立国家重大海上溢油应急处置专家组，由国家重大海上溢油应急处置部际联席会议成员单位推荐的专家担任。其工作职责如下：

（1）参与预评估工作。

（2）负责为国家重大海上溢油应急处置部际联席会议提供法律、财务、外交、技术等相关领域的咨询和建议。

（3）根据其专业分工，参与各相关应急工作组的讨论和方案制定。

（4）负责为海上溢油应急决策提供相应的技术支持。

（5）负责协助中国海上溢油应急中心开展日常技术指导工作。

国务院行业行政主管部门和省级人民政府可根据需要，自行设立专家组。

3 监测预警和信息报告

3.1 监测和风险分析

相关企事业单位和其他生产经营者应当根据行业特点和规律，建立健全海上溢油监测体系，加大对生产经营过程中海上溢油的监测力度，定期排查海上溢油风险隐患，开展海上溢油风险评估，健全风险防控措施。当出现可能导致国家重大海上溢油的情况时，要及时将有关情况报告当地人民政府和行业行政主管部门。

省级人民政府和行业行政主管部门按照职责分工，加强对管辖区域内潜在海上溢油风险源的日常监测，建立健全定期会商和信息共享机制，对可能导致国家重大海上溢油的风险信息加强收集、分析和研判。

3.2 预警

3.2.1 预警信息发布

相关省级人民政府和行业行政主管部门研判可能发生国家重大海上溢油时，应当及时通过国家预警发布系统、电视、广播、报纸、互联网、手机短信、当面告知等渠道或方式向管辖区域公众发布预警信息，通报海上溢油可能影响到的相关地区，并报告中国海上溢油应急中心。

3.2.2 预警行动

中国海上溢油应急中心接到国家重大海上溢油的预警报告后，应当立即采取预警行动，视具体情况可以要求有关省级人民政府或者国务院行业行政主管部门配合采取以下措施：

（1）信息核实。包括核实溢油源位置及周边的气象条件、流场和海况条件、溢油原因、溢油源的类型、泄漏油品的种类和已造成的污染情况等。

（2）预评估。包括预估溢油量，预测海上溢油的扩展态势和可能对生态环境、社会财产造成的损害；评估海上溢油引发火灾、爆炸及其他次生事故的风险以及可能对人身安全、公众健康造成的损害等。

（3）应急行动准备。临时召开全体或者部分国家重大海上溢油应急处置部际联席会议成员单位联络员会议，邀请相关专家参加，初步确定事件等级；将相关信息报告国务院和国家重大海上溢油应急处置部际联席会议召集人，通报国家重大海上溢油应急处置部际联席会议各成员单位。通知国家重大海上溢油应急处置部际联席会议有关成员单位和事发地或者可能受影响地区的省级人民政府，做好应急人员、物资、装备的准备工作。

（4）舆论引导。及时准确发布事态最新情况，加强舆情监测，组织专家解读，做好舆论引导工作。

3.2.3 预警解除

相关省级人民政府和行业行政主管部门经研判引发国家重大海上溢油的可能性已经消除时，应当在报告中国海上溢油应急中心后，宣布解除预警，并适时终止相关措施。

3.3 信息报告

3.3.1 信息报告程序

发现海上溢油后，相关单位和个人有义务采取适当的形式向有关单位报告基本情况；接报的单位应当根据相关预案规定，立即向海上溢油应急组织指挥机构报告相关信息。

接报的海上溢油应急组织指挥机构应当立即核实情况，收集、汇总、分析相关信息，并做好信息报送及部门间的信息共享工作。

经核实和分析后，对于可能发生的国家重大海上溢油事件，省级行业行政主管部门应当立即向中国海上溢油应急中心和省级人民政府报告，中国海上溢油应急中心和省级人民政府按照有关规定及时向国务院报告。中国海上溢油应急中心可以要求有关省级人民政府或者行业行政主管部门做出补充报告。

3.3.2 信息报告内容

信息报告内容应尽量详尽，包括海上溢油事件的发生时间、地点、信息来源、起因和性质、基本过程、海上溢油种类和数量、人员受害情况、环境敏感点受影响情况、发展趋势、处置情况、拟采取的措施以及下一步工作建议等情况。

3.3.3 信息报告方式

海上溢油事件信息应当采用传真、网络等方式书面报告；必要时，可通过电话报告，并及时补充书面报告。书面报告应注明报告单位、签发人、联系人及联系方式等内容。

4 应急响应和处置

4.1 应急响应启动条件

（1）预警阶段评估结果为国家重大海上溢油，且经国家重大海上溢油应急处置部际联席会议会商同意，或者报请国务院同意，认为应当按照预案要求启动应急响应。

（2）应国家重大海上溢油应急处置部际联席会议成员单位或者省级人民政府请求，且经国家重大海上溢油应急处置部际联席会议会商同意，认为应当按照预案要求启动应急响应。

符合上述条件之一时，应当由国家重大海上溢油应急处置部际联席会议召集人或其授权人宣布启动应急响应，采取相关应急措施。国务院可以直接决定启动应急响应。

4.2 国家响应措施

启动应急响应后，国家重大海上溢油应急处置部际联席会议实施国家响应措施，组织、协调、指挥国家重大海上溢油的应急处置工作，主要包括：

（1）指导现场指挥部制定海上溢油应急处置方案；根据事态发展，派出现场工作组，指导和监督现场应急处置工作。

（2）应现场指挥部或者国务院行业行政主管部门的请求，协调各成员单位及其他有关力量参加监视监测、污染清除等海上溢油应急处置工作。

（3）应现场指挥部请求，协调车辆、船舶、飞机等交通运输工具，以及场地、码头、油污储运等设施，用于应急人员和物资的运输、回收的油类和油污废弃物的储存运输和处置；协调通信设备设施和通信渠道。

（4）应现场指挥部请求，协调安排生活物资和医疗卫生队伍支援，并提供气象信息及物资通关、治安、人员出入境等各项保障。

（5）应现场指挥部请求，协调有关力量，对可能受海上溢油污染的动植物、重要敏感区域等目标进行保护，对已受到污染的目标进行重点清理或者开展清洗、救助、转移等工作。

（6）负责统一发布或者授权有关单位发布海上溢油相关信息；收集分析舆情，协调、指导海上溢油应急处置宣传报道工作。

（7）应现场指挥部请求或者根据事态发展需要，组织、协调或者决定国家重大海上溢油应急处置中的其他重大事项。

(8) 需要国际援助时，应当按照我国已经加入或者缔结的溢油应急国际公约或地区性协议，协调相关国家和地区的力量、资源参与应急。

4.3 地方响应措施

海上溢油事件发生后，相关单位和地方人民政府应当依据有关预案，先行对海上溢油事件进行处置，并及时向上级单位报告相关信息。

现场指挥部负责组织开展海上溢油评估、监视监测、重要目标保护、溢油源的封堵和控制、溢油围控与清除、油污储运与处置等应急响应措施。必要时，请求国家重大海上溢油应急处置部际联席会议提供指导和支援。

4.3.1 海上溢油评估

现场指挥部负责组织开展海上溢油评估工作，评估内容包括查明溢油源、海上溢油量，预测海上溢油扩散范围、评估海上溢油损害等，并适时组织相关单位评估海上溢油应急所需物资、装备、人员等，及时报告国家重大海上溢油应急处置部际联席会议。

4.3.2 海上溢油监视监测

现场指挥部负责组织开展海上溢油监视监测工作，及时向国家重大海上溢油应急处置部际联席会议通报海上溢油污染的有关情况。

事发地或者可能受污染海域的地方人民政府及相关力量应当充分利用各自监视监测网络，对其管辖海域、岸滩等进行监视监测，并及时向现场指挥部通报相关信息。

4.3.3 重要目标保护

现场指挥部负责组织力量，保护可能受海上溢油影响的核设施、易受损资源和其他敏感区域等，救助、清洗或转移受到海上溢油污染的动植物及其他重要目标，并及时向可能受影响的敏感区域的管理单位或者其他机构通报有关信息。

4.3.4 海上溢油围控与清除

现场指挥部应当根据海上溢油评估结果，制定海上溢油应急行动方案，组织相关应急力量，开展海上溢油的围控、回收、清除、焚烧与岸线油污清理、船体油污清洗、回收油及油污废弃物的临时储存与转运，以及其他相关应急处置工作。

4.3.5 应急行动的管理、控制与信息发布

现场指挥部应当对海上溢油应急处置行动的全过程进行管理与控制。

现场应急处置方案制定后，应当做书面记录；参与现场应急行动的有关单位应当保留应急行动全过程的相关影像或者文字记录。

现场指挥部应当派遣指挥人员赴现场监督指导应急行动，督促落实现场指挥部指令，并保留相关影像和文字记录。

现场指挥部负责收集海上溢油应急相关信息，分析地方相关舆情，并及时报告国家重大海上溢油应急处置部际联席会议；受国家重大海上溢油应急处置部际联席会议委托，现场指挥部负责协调、沟通相关媒体，发布相关信息。

4.4 国家应急响应的终止

经现场指挥部评估认为海上溢油已经得到有效控制和清除，不再需要国家层面支持，请求终止国家应急响应，国家重大海上溢油应急处置部际联席会议可在专家组评估后，终止国家应急响应。

国家重大海上溢油应急处置部际联席会议可自行组织评估，认为海上溢油已经得到有效控制和清除的，也可终止国家应急响应。

地方人民政府及相关单位应当在国家应急响应终止后，继续组织开展后续工作。

4.5 国家应急响应工作流程图

5 后期处置

5.1 回收油、油污和废弃物的处置

现场指挥部应当妥善处置清污作业中回收的海上溢油、油污及其他固体、液体废弃物，避免造成二次污染和次生灾害。必要时，可以通过地方人民政府向上级人民政府申请相关支援。

5.2 海上溢油应急处置行动后评估

海上溢油应急处置行动结束后，由部际联席会议委托或者组织相关单位，就事件造成的人员及财产损失、环境污染损害、应急资源投入和使用状况、应急组织与命令执行情况、综合保障情况、应急效果等开展后评估。受委托的单位应当向国家重大海上溢油应急处置部际联席会议提交评估报告。

5.3 恢复与重建

海上溢油应急处置工作结束后，受影响地区所在省级人民政府或者国务院行业行政主管部门应当立即组织对事件造成的损失进行评估，制订恢复重建方案，做好清污费用结算与发放、污染损害补偿、环境修复与生态恢复等工作，尽快恢复当地生产生活和社会秩序。必要时，相关省级人民政府或者国务院行业行政主管部门可以请求国家重大海上溢油应急处置部际联席会议支援和协助。

5.4 奖惩机制

依据有关规定，对海上溢油应急处置工作中贡献突出的先进集体和个人，给予表彰；对在海上溢油应

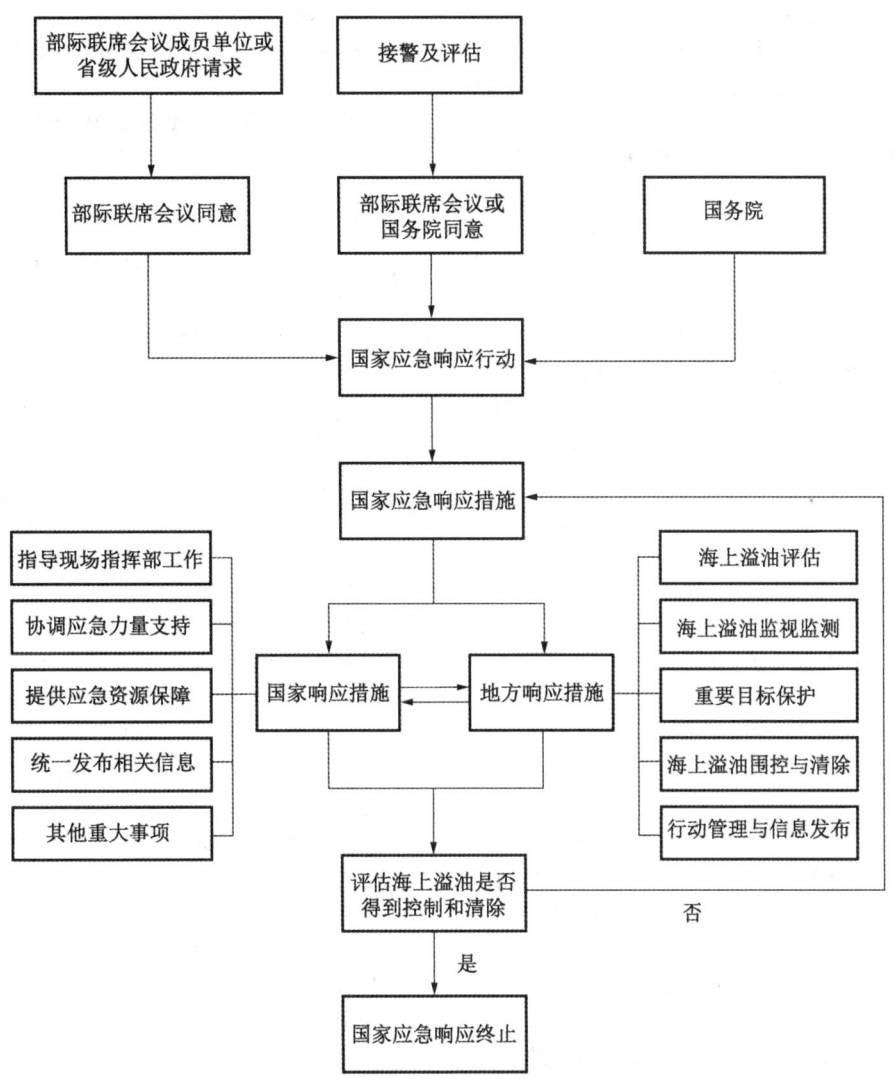

急工作中玩忽职守、虚报瞒报、拒不执行应急指挥命令的人员或者单位，依法追究当事人的责任；构成犯罪的，追究其刑事责任；对负伤和牺牲的人员，按有关规定予以补偿或者追授。

6 综合保障

6.1 人力资源保障

海上溢油应急队伍主要由政府应急队伍、相关企业应急队伍和军队、武警部队、民兵组织等组成。国务院有关部门和相关地方人民政府应当根据海上溢油应急工作的需要加强政府所属的溢油应急专业队伍、公用事业队伍及相关专家库的建设，形成政府综合性溢油应急队伍。专业清污单位、船舶污染物接收处理单位、港航企业和大型石油公司是社会应急队伍的骨干。政府机构应当建立广泛参与的岸线清污社会动员机制。必要时，可以请求军队、武警部队和民兵组织参与国家重大海上溢油应急处置工作。

6.2 应急资金保障

国家重大海上溢油应急处置中所需的应急资金应当由海上溢油事件相关责任方承担。对于无法找到或追索相关责任方，需要由财政经费负担的，应当按照事权划分原则，依法依规分级负担。各级人民政府应当协调解决重大海上溢油应急处置工作中的临时资金需求，保障海上溢油应急所需经费足额到位。

6.3 技术与装备保障

国家重大海上溢油应急处置部际联席会议成员单位应当建立健全海上溢油应急物资储备制度和调拨及紧急配送体系，保障海上溢油应急所需的相关物资、装备、材料的供应和生产。地方政府和相关企事业单位应当依法依责做好海上溢油应急物资的储备工作，并通过与有关生产经营企业签订协议等方式，保障应急物资和生活必需品的生产供应。

国家重大海上溢油应急处置部际联席会议成员单位应当鼓励和扶持科研机构有针对性地研发海上溢油应急相关技术，扶持在海上溢油应急技术领域拥有自主知识产权和核心技术的企业，增强海上溢油应急关键技术研发能力，推广先进科研成果。

6.4 通信保障

交通运输部、工业和信息化部应当会同有关部门，建立健全海上溢油应急通讯保障体系，综合利用各种定位、通信和动态监管手段，确保船舶与船舶、岸船、机船、平台与陆地之间的通信畅通。

必要时，可按照相关通信保障应急预案的要求予以支持。

6.5 医疗卫生救援保障

卫生计生委应当会同有关部门按照相关应急预案组织开展重大海上溢油伤员医疗救治和心理干预工作，为处置海上溢油作业人员提供医疗卫生保障，并提出重大海上溢油可能造成的公共卫生危害和防护建议，减少对公众和作业人员身心健康造成的损害。

6.6 决策支持保障

交通运输部应当会同有关部门和地方人民政府、相关企事业单位，依托现有资源，整合各方力量，建立国家海上溢油信息共享平台，实现信息汇集与传输、信息存储与管理、分析预测与决策支持等。

6.7 交通运输保障

启动应急响应后，现场指挥部负责协调政府部门、企事业单位等所属的交通运输工具，保障应急人员、装备物资、回收油和油污废弃物等的快速、安全运输。现场指挥部根据应急需要协调当地交通运输、公安等部门，制定应急运输路线，优先保障应急运输物资的通过。必要时，由国家重大海上溢油应急处置部际联席会议调动成员单位和其他地区、大型企事业单位的运输工具和人员予以支援。

6.8 应急资源的临时征用

根据国家重大海上溢油应急处置工作的需要，现场指挥部可以依据有关法律法规向相关企事业单位和个人临时征用应急救援所需设备、设施、场地、交通工具和其他物资。被征用的财产在使用完毕或者国家重大海上溢油应急处置工作结束后应当及时返还。财产被征用或者征用后毁损、灭失的，征用方应当给予补偿。

6.9 治安保障

现场指挥部应当划分治安区域，保护应急人员和物资安全，维护应急现场和相关区域内的治安环境；组织实施重点单位、重要部位和重要基础设施的安全保卫工作。协调和调解因国家重大海上溢油造成的运输企业、船东、捕捞渔民、养殖户、相关企业的矛盾或者纠纷，维护社会稳定。必要时，由国家重大海上溢油应急处置部际联席会议协调周边地区公安、武警等力量予以支援。

6.10 宣传、培训与演练

国务院有关部门、相关地方人民政府和企事业单位应当建立健全海上溢油应急管理和培训制度；加强海上溢油应急宣教和专业人才培养。国家重大海上溢油应急处置部际联席会议成员单位按照职责分工，负责组织预案的宣传，定期开展海上溢油应急演练，并负责组织对从事海上溢油应急管理和作业的人员进行海上溢油应急管理和技术培训。

6.11 其他保障

现场指挥部应当协调相关政府部门和企事业单位，为应急人员和受灾群众提供基本生活保障，为清污力量提供物资补给；应当协调有关部门，监督各方力量按照现场指挥部的指令开展应急行动，并开展记录取证工作。必要时，现场指挥部可以请求国家重大海上溢油应急处置部际联席会议给予其他相关支援。

7 附则

7.1 名词、术语和定义

7.1.1 海上溢油

是指通过任何方式溢出并进入海洋的任何形式的油类，包括原油、燃料油、润滑油、油泥、油渣和炼制品等。

7.1.2 海上溢油应急处置

是指发生海上溢油后，为控制、减轻、消除溢出的油类物质造成海洋环境污染损害而采取的应急行动的总称（不含预防等过程）。包括任何旨在防止、减缓、清除、监视、预测或者其他抵御溢出的油类污染所采取的任何行动，也包含为降低海上溢油影响而采取的宣传、戒严、疏散和外交等相关行动。

7.1.3 省级相关预案

是指由省级人民政府编制或者发布的，与海上溢油应急处置相关的预案，包括省级的专项预案和部门预案。

7.1.4 敏感区域

本预案所称之敏感区域是指在遭受海上溢油污染之后，易在政治、经济、文化、旅游等方面，或者在外交、社会舆论、生态环境等领域，引起较大的不良影响的海域，也包括其他依法设立的涉海的敏感区域。

7.1.5 以上、以下的含义

本预案所称的以上包括本数，以下不包括本数。

7.2 预案的管理与更新

各相关部门和省级人民政府应根据本预案和所承担的应急处置任务，制定相应的应急预案。各相关部门预案及省级预案应当与本预案衔接。本预案应当根据实际情况适时组织评估和修订。

7.3 预案的解释

本预案由国家重大海上溢油应急处置部际联席会议负责解释。

7.4 预案实施时间

本预案自发布之日起实施。

3. 铁路交通安全类

1）法律法规

中华人民共和国铁路法

（1990年9月7日第七届全国人民代表大会常务委员会第十五次会议通过　根据2009年8月27日第十一届全国人民代表大会常务委员会第十次会议《关于修改部分法律的决定》第一次修正　根据2015年4月24日第十二届全国人民代表大会常务委员会第十四次会议《关于修改〈中华人民共和国义务教育法〉等五部法律的决定》第二次修正）

第一章　总　则

第一条　为了保障铁路运输和铁路建设的顺利进行，适应社会主义现代化建设和人民生活的需要，制定本法。

第二条　本法所称铁路，包括国家铁路、地方铁路、专用铁路和铁路专用线。国家铁路是指由国务院铁路主管部门管理的铁路。地方铁路是指由地方人民政府管理的铁路。

专用铁路是指由企业或者其他单位管理，专为本企业或者本单位内部提供运输服务的铁路。

铁路专用线是指由企业或者其他单位管理的与国家铁路或者其他铁路线路接轨的岔线。

第三条　国务院铁路主管部门主管全国铁路工作，对国家铁路实行高度集中、统一指挥的运输管理体制，对地方铁路、专用铁路和铁路专用线进行指导、协调、监督和帮助。

国家铁路运输企业行使法律、行政法规授予的行政管理职能。

第四条　国家重点发展国家铁路，大力扶持地方铁路的发展。

第五条　铁路运输企业必须坚持社会主义经营方向和为人民服务的宗旨，改善经营管理，切实改进路风，提高运输服务质量。

第六条　公民有爱护铁路设施的义务。禁止任何人破坏铁路设施，扰乱铁路运输的正常秩序。

第七条　铁路沿线各级地方人民政府应当协助铁路运输企业保证铁路运输安全畅通，车站、列车秩序良好，铁路设施完好和铁路建设顺利进行。

第八条　国家铁路的技术管理规程，由国务院铁路主管部门制定，地方铁路、专用铁路的技术管理办法，参照国家铁路的技术管理规程制定。

第九条　国家鼓励铁路科学技术研究，提高铁路科学技术水平。对在铁路科学技术研究中有显著成绩的单位和个人给予奖励。

第二章　铁路运输营业

第十条　铁路运输企业应当保证旅客和货物运输的安全，做到列车正点到达。

第十一条　铁路运输合同是明确铁路运输企业与旅客、托运人之间权利义务关系的协议。

旅客车票、行李票、包裹票和货物运单是合同或者合同的组成部分。

第十二条　铁路运输企业应当保证旅客按车票载明的日期、车次乘车，并到达目的站。因铁路运输企业的责任造成旅客不能按车票载明的日期、车次乘车的，铁路运输企业应当按照旅客的要求，退还全部票款或者安排改乘到达相同目的站的其他列车。

第十三条　铁路运输企业应当采取有效措施做好旅客运输服务工作，做到文明礼貌、热情周到，保持车站和车厢内的清洁卫生，提供饮用开水，做好列车上的饮食供应工作。

铁路运输企业应当采取措施，防止对铁路沿线环境的污染。

第十四条 旅客乘车应当持有效车票。对无票乘车或者持失效车票乘车的,应当补收票款,并按照规定加收票款;拒不交付的,铁路运输企业可以责令下车。

第十五条 国家铁路和地方铁路根据发展生产、搞活流通的原则,安排货物运输计划。对抢险救灾物资和国家规定需要优先运输的其他物资,应予优先运输。

地方铁路运输的物资需要经由国家铁路运输的,其运输计划应当纳入国家铁路的运输计划。

第十六条 铁路运输企业应当按照合同约定的期限或者国务院铁路主管部门规定的期限,将货物、包裹、行李运到目的站;逾期运到的,铁路运输企业应当支付违约金。

铁路运输企业逾期三十日仍未将货物、包裹、行李交付收货人或者旅客的,托运人、收货人或者旅客有权按货物、包裹、行李灭失向铁路运输企业要求赔偿。

第十七条 铁路运输企业应当对承运的货物、包裹、行李自接受承运时起到交付时止发生的灭失、短少、变质、污染或者损坏,承担赔偿责任:

(一)托运人或者旅客根据自愿申请办理保价运输的,按照实际损失赔偿,但最高不超过保价额。

(二)未按保价运输承运的,按照实际损失赔偿,但最高不超过国务院铁路主管部门规定的赔偿限额;如果损失是由于铁路运输企业的故意或者重大过失造成的,不适用赔偿限额的规定,按照实际损失赔偿。

托运人或者旅客根据自愿可以向保险公司办理货物运输保险,保险公司按照保险合同的约定承担赔偿责任。

托运人或者旅客根据自愿,可以办理保价运输,也可以办理货物运输保险;还可以既不办理保价运输,也不办理货物运输保险。不得以任何方式强迫办理保价运输或者货物运输保险。

第十八条 由于下列原因造成的货物、包裹、行李损失的,铁路运输企业不承担赔偿责任:

(一)不可抗力。

(二)货物或者包裹、行李中的物品本身的自然属性,或者合理损耗。

(三)托运人、收货人或者旅客的过错。

第十九条 托运人应当如实填报托运单,铁路运输企业有权对填报的货物和包裹的品名、重量、数量进行检查。经检查,申报与实际不符的,检查费用由托运人承担;申报与实际相符的,检查费用由铁路运输企业承担,因检查对货物和包裹中的物品造成的损坏由铁路运输企业赔偿。

托运人因申报不实而少交的运费和其他费用应当补交,铁路运输企业按照国务院铁路主管部门的规定加收运费和其他费用。

第二十条 托运货物需要包装的,托运人应当按照国家包装标准或者行业包装标准包装;没有国家包装标准或者行业包装标准的,应当妥善包装,使货物在运输途中不因包装原因而受损坏。

铁路运输企业对承运的容易腐烂变质的货物和活动物,应当按照国务院铁路主管部门的规定和合同的约定,采取有效的保护措施。

第二十一条 货物、包裹、行李到站后,收货人或者旅客应当按照国务院铁路主管部门规定的期限及时领取,并支付托运人未付或者少付的运费和其他费用;逾期领取的,收货人或者旅客应当按照规定交付保管费。

第二十二条 自铁路运输企业发出领取货物通知之日起满三十日仍无人领取的货物,或者收货人书面通知铁路运输企业拒绝领取的货物,铁路运输企业应当通知托运人,托运人自接到通知之日起满三十日未作答复的,由铁路运输企业变卖;所得价款在扣除保管等费用后尚有余款的,应当退还托运人,无法退还、自变卖之日起一百八十日内托运人又未领回的,上缴国库。

自铁路运输企业发出领取通知之日起满九十日仍无人领取的包裹或者到站后满九十日仍无人领取的行李,铁路运输企业应当公告,公告满九十日仍无人领取的,可以变卖;所得价款在扣除保管等费用后尚有余款的,托运人、收货人或者旅客可以自变卖之日起一百八十日内领回,逾期不领回的,上缴国库。

对危险物品和规定限制运输的物品,应当移交公安机关或者有关部门处理,不得自行变卖。

对不宜长期保存的物品,可以按照国务院铁路主管部门的规定缩短处理期限。

第二十三条 因旅客、托运人或者收货人的责任给铁路运输企业造成财产损失的,由旅客、托运人或者收货人承担赔偿责任。

第二十四条 国家鼓励专用铁路兼办公共旅客、货物运输营业;提倡铁路专用线与有关单位按照协议共用。

专用铁路兼办公共旅客、货物运输营业的,应当报经省、自治区、直辖市人民政府批准。

专用铁路兼办公共旅客、货物运输营业的,适用本法关于铁路运输企业的规定。

第二十五条　铁路的旅客票价率和货物、行李的运价率实行政府指导价或者政府定价，竞争性领域实行市场调节价。政府指导价、政府定价的定价权限和具体适用范围以中央政府和地方政府的定价目录为依据。铁路旅客、货物运输杂费的收费项目和收费标准，以及铁路包裹运价率由铁路运输企业自主制定。

第二十六条　铁路的旅客票价，货物、包裹、行李的运价，旅客和货物运输杂费的收费项目和收费标准，必须公告；未公告的不得实施。

第二十七条　国家铁路、地方铁路和专用铁路印制使用的旅客、货物运输票证，禁止伪造和变造。

禁止倒卖旅客车票和其他铁路运输票证。

第二十八条　托运、承运货物、包裹、行李，必须遵守国家关于禁止或者限制运输物品的规定。

第二十九条　铁路运输企业与公路、航空或者水上运输企业相互间实行国内旅客、货物联运，依照国家有关规定办理；国家没有规定的，依照有关各方的协议办理。

第三十条　国家铁路、地方铁路参加国际联运，必须经国务院批准。

第三十一条　铁路军事运输依照国家有关规定办理。

第三十二条　发生铁路运输合同争议的，铁路运输企业和托运人、收货人或者旅客可以通过调解解决；不愿意调解解决或者调解不成的，可以依据合同中的仲裁条款或者事后达成的书面仲裁协议，向国家规定的仲裁机构申请仲裁。

当事人一方在规定的期限内不履行仲裁机构的仲裁决定的，另一方可以申请人民法院强制执行。

当事人没有在合同中订立仲裁条款，事后又没有达成书面仲裁协议的，可以向人民法院起诉。

第三章　铁路建设

第三十三条　铁路发展规划应当依据国民经济和社会发展以及国防建设的需要制定，并与其他方式的交通运输发展规划相协调。

第三十四条　地方铁路、专用铁路、铁路专用线的建设计划必须符合全国铁路发展规划，并征得国务院铁路主管部门或者国务院铁路主管部门授权的机构的同意。

第三十五条　在城市规划区范围内，铁路的线路、车站、枢纽以及其他有关设施的规划，应当纳入所在城市的总体规划。

铁路建设用地规划，应当纳入土地利用总体规划。为远期扩建、新建铁路需要的土地，由县级以上人民政府在土地利用总体规划中安排。

第三十六条　铁路建设用地，依照有关法律、行政法规的规定办理。

有关地方人民政府应当支持铁路建设，协助铁路运输企业做好铁路建设征收土地工作和拆迁安置工作。

第三十七条　已经取得使用权的铁路建设用地，应当依照批准的用途使用，不得擅自改作他用；其他单位或者个人不得侵占。

侵占铁路建设用地的，由县级以上地方人民政府土地管理部门责令停止侵占、赔偿损失。

第三十八条　铁路的标准轨距为1435毫米。新建国家铁路必须采用标准轨距。窄轨铁路的轨距为762毫米或者1000毫米。

新建和改建铁路的其他技术要求应当符合国家标准或者行业标准。

第三十九条　铁路建成后，必须依照国家基本建设程序的规定，经验收合格，方能交付正式运行。

第四十条　铁路与道路交叉处，应当优先考虑设置立体交叉；未设立体交叉的，可以根据国家有关规定设置平交道口或者人行过道。在城市规划区内设置平交道口或者人行过道，由铁路运输企业或者建有专用铁路、铁路专用线的企业或者其他单位和城市规划主管部门共同决定。

拆除已经设置的平交道口或者人行过道，由铁路运输企业或者建有专用铁路、铁路专用线的企业或者其他单位和当地人民政府商定。

第四十一条　修建跨越河流的铁路桥梁，应当符合国家规定的防洪、通航和水流的要求。

第四章　铁路安全与保护

第四十二条　铁路运输企业必须加强对铁路的管理和保护，定期检查、维修铁路运输设施，保证铁路运输设施完好，保障旅客和货物运输安全。

第四十三条　铁路公安机关和地方公安机关分工负责共同维护铁路治安秩序。车站和列车内的治安秩序，由铁路公安机关负责维护；铁路沿线的治安秩序，由地方公安机关和铁路公安机关共同负责维护，以地方公安机关为主。

第四十四条　电力主管部门应当保证铁路牵引用电以及铁路运营用电中重要负荷的电力供应。铁路运营用电中重要负荷的供应范围由国务院铁路主管部门和国务院电力主管部门商定。

第四十五条　铁路线路两侧地界以外的山坡地由

当地人民政府作为水土保持的重点进行整治。铁路隧道顶上的山坡地由铁路运输企业协助当地人民政府进行整治。铁路地界以内的山坡地由铁路运输企业进行整治。

第四十六条 在铁路线路和铁路桥梁、涵洞两侧一定距离内，修建山塘、水库、堤坝，开挖河道、干渠，采石挖砂，打井取水，影响铁路路基稳定或者危害铁路桥梁、涵洞安全的，由县级以上地方人民政府责令停止建设或者采挖、打井等活动，限期恢复原状或者责令采取必要的安全防护措施。

在铁路线路上架设电力、通信线路，埋置电缆、管道设施，穿凿通过铁路路基的地下坑道，必须经铁路运输企业同意，并采取安全防护措施。

在铁路弯道内侧、平交道口和人行过道附近，不得修建妨碍行车瞭望的建筑物和种植妨碍行车瞭望的树木。修建妨碍行车瞭望的建筑物的，由县级以上地方人民政府责令限期拆除。种植妨碍行车瞭望的树木的，由县级以上地方人民政府责令有关单位或者个人限期迁移或者修剪、砍伐。

违反前三款的规定，给铁路运输企业造成损失的单位或者个人，应当赔偿损失。

第四十七条 禁止擅自在铁路线路上铺设平交道口和人行过道。

平交道口和人行过道必须按照规定设置必要的标志和防护设施。

行人和车辆通过铁路平交道口和人行过道时，必须遵守有关通行的规定。

第四十八条 运输危险品必须按照国务院铁路主管部门的规定办理，禁止以非危险品品名托运危险品。

禁止旅客携带危险品进站上车。铁路公安人员和国务院铁路主管部门规定的铁路职工，有权对旅客携带的物品进行运输安全检查。实施运输安全检查的铁路职工应当佩戴执勤标志。

危险品的品名由国务院铁路主管部门规定并公布。

第四十九条 对损毁、移动铁路信号装置及其他行车设施或者在铁路线路上放置障碍物的，铁路职工有权制止，可以扭送公安机关处理。

第五十条 禁止偷乘货车、攀附行进中的列车或者击打列车。对偷乘货车、攀附行进中的列车或者击打列车的，铁路职工有权制止。

第五十一条 禁止在铁路线路上行走、坐卧。对在铁路线路上行走、坐卧的，铁路职工有权制止。

第五十二条 禁止在铁路线路两侧二十米以内或者铁路防护林地内放牧。对在铁路线路两侧二十米以内或者铁路防护林地内放牧的，铁路职工有权制止。

第五十三条 对聚众拦截列车或者聚众冲击铁路行车调度机构的，铁路职工有权制止；不听制止的，公安人员现场负责人有权命令解散；拒不解散的，公安人员现场负责人有权依照国家有关规定决定采取必要手段强行驱散，并对拒不服从的人员强行带离现场或者予以拘留。

第五十四条 对哄抢铁路运输物资的，铁路职工有权制止，可以扭送公安机关处理；现场公安人员可以予以拘留。

第五十五条 在列车内，寻衅滋事，扰乱公共秩序，危害旅客人身、财产安全的，铁路职工有权制止，铁路公安人员可以予以拘留。

第五十六条 在车站和旅客列车内，发生法律规定需要检疫的传染病时，由铁路卫生检疫机构进行检疫；根据铁路卫生检疫机构的请求，地方卫生检疫机构应予协助。

货物运输的检疫，依照国家规定办理。

第五十七条 发生铁路交通事故，铁路运输企业应当依照国务院和国务院有关主管部门关于事故调查处理的规定办理，并及时恢复正常行车，任何单位和个人不得阻碍铁路线路开通和列车运行。

第五十八条 因铁路行车事故及其他铁路运营事故造成人身伤亡的，铁路运输企业应当承担赔偿责任；如果人身伤亡是因不可抗力或者由于受害人自身的原因造成的，铁路运输企业不承担赔偿责任。

违章通过平交道口或者人行过道，或者在铁路线路上行走、坐卧造成的人身伤亡，属于受害人自身的原因造成的人身伤亡。

第五十九条 国家铁路的重要桥梁和隧道，由中国人民武装警察部队负责守卫。

第五章 法律责任

第六十条 违反本法规定，携带危险品进站上车或者以非危险品品名托运危险品，导致发生重大事故的，依照刑法有关规定追究刑事责任。企业事业单位、国家机关、社会团体犯本款罪的，处以罚金，对其主管人员和直接责任人员依法追究刑事责任。

携带炸药、雷管或者非法携带枪支子弹、管制刀具进站上车的，依照刑法有关规定追究刑事责任。

第六十一条 故意损毁、移动铁路行车信号装置或者在铁路线路上放置足以使列车倾覆的障碍物的，依照刑法有关规定追究刑事责任。

第六十二条 盗窃铁路线路上行车设施的零件、

部件或者铁路线路上的器材，危及行车安全的，依照刑法有关规定追究刑事责任。

第六十三条 聚众拦截列车、冲击铁路行车调度机构不听制止的，对首要分子和骨干分子依照刑法有关规定追究刑事责任。

第六十四条 聚众哄抢铁路运输物资的，对首要分子和骨干分子依照刑法有关规定追究刑事责任。

铁路职工与其他人员勾结犯前款罪的，从重处罚。

第六十五条 在列车内，抢劫旅客财物，伤害旅客的，依照刑法有关规定从重处罚。

在列车内，寻衅滋事，侮辱妇女，情节恶劣的，依照刑法有关规定追究刑事责任；敲诈勒索旅客财物的，依照刑法有关规定追究刑事责任。

第六十六条 倒卖旅客车票，构成犯罪的，依照刑法有关规定追究刑事责任。铁路职工倒卖旅客车票或者与其他人员勾结倒卖旅客车票的，依照刑法有关规定追究刑事责任。

第六十七条 违反本法规定，尚不够刑事处罚，应当给予治安管理处罚的，依照治安管理处罚法的规定处罚。

第六十八条 擅自在铁路线路上铺设平交道口、人行过道的，由铁路公安机关或者地方公安机关责令限期拆除，可以并处罚款。

第六十九条 铁路运输企业违反本法规定，多收运费、票款或者旅客、货物运输杂费的，必须将多收的费用退还付款人，无法退还的上缴国库。将多收的费用据为己有或者侵吞私分的，依照刑法有关规定追究刑事责任。

第七十条 铁路职工利用职务之便走私的，或者与其他人员勾结走私的，依照刑法有关规定追究刑事责任。

第七十一条 铁路职工玩忽职守、违反规章制度造成铁路运营事故的，滥用职权、利用办理运输业务之便谋取私利的，给予行政处分；情节严重、构成犯罪的，依照刑法有关规定追究刑事责任。

第六章 附　　则

第七十二条 本法所称国家铁路运输企业是指铁路局和铁路分局。

第七十三条 国务院根据本法制定实施条例。

第七十四条 本法自 1991 年 5 月 1 日起施行。

铁路安全管理条例

（2013 年 7 月 24 日国务院第 18 次常务会议通过，2013 年 8 月 17 日国务院令第 639 号公布，自 2014 年 1 月 1 日起施行）

第一章 总　　则

第一条 为了加强铁路安全管理，保障铁路运输安全和畅通，保护人身安全和财产安全，制定本条例。

第二条 铁路安全管理坚持安全第一、预防为主、综合治理的方针。

第三条 国务院铁路行业监督管理部门负责全国铁路安全监督管理工作，国务院铁路行业监督管理部门设立的铁路监督管理机构负责辖区内的铁路安全监督管理工作。国务院铁路行业监督管理部门和铁路监督管理机构统称铁路监管部门。

国务院有关部门依照法律和国务院规定的职责，负责铁路安全管理的有关工作。

第四条 铁路沿线地方各级人民政府和县级以上地方人民政府有关部门应当按照各自职责，加强保障铁路安全的教育，落实护路联防责任制，防范和制止危害铁路安全的行为，协调和处理保障铁路安全的有关事项，做好保障铁路安全的有关工作。

第五条 从事铁路建设、运输、设备制造维修的单位应当加强安全管理，建立健全安全生产管理制度，落实企业安全生产主体责任，设置安全管理机构或者配备安全管理人员，执行保障生产安全和产品质量安全的国家标准、行业标准，加强对从业人员的安全教育培训，保证安全生产所必需的资金投入。

铁路建设、运输、设备制造维修单位的工作人员应当严格执行规章制度，实行标准化作业，保证铁路安全。

第六条 铁路监管部门、铁路运输企业等单位应当按照国家有关规定制定突发事件应急预案，并组织应急演练。

第七条 禁止扰乱铁路建设、运输秩序。禁止损坏或者非法占用铁路设施设备、铁路标志和铁路用地。

任何单位或者个人发现损坏或者非法占用铁路设施设备、铁路标志、铁路用地以及其他影响铁路安全的行为，有权报告铁路运输企业，或者向铁路监管部门、公安机关或者其他有关部门举报。接到报告的铁路运输企业、接到举报的部门应当根据各自职责及时处理。

对维护铁路安全作出突出贡献的单位或者个人，按照国家有关规定给予表彰奖励。

第二章　铁路建设质量安全

第八条　铁路建设工程的勘察、设计、施工、监理以及建设物资、设备的采购，应当依法进行招标。

第九条　从事铁路建设工程勘察、设计、施工、监理活动的单位应当依法取得相应资质，并在其资质等级许可的范围内从事铁路工程建设活动。

第十条　铁路建设单位应当选择具备相应资质等级的勘察、设计、施工、监理单位进行工程建设，并对建设工程的质量安全进行监督检查，制作检查记录留存备查。

第十一条　铁路建设工程的勘察、设计、施工、监理应当遵守法律、行政法规关于建设工程质量和安全管理的规定，执行国家标准、行业标准和技术规范。

铁路建设工程的勘察、设计、施工单位依法对勘察、设计、施工的质量负责，监理单位依法对施工质量承担监理责任。

高速铁路和地质构造复杂的铁路建设工程实行工程地质勘察监理制度。

第十二条　铁路建设工程的安全设施应当与主体工程同时设计、同时施工、同时投入使用。安全设施投资应当纳入建设项目概算。

第十三条　铁路建设工程使用的材料、构件、设备等产品，应当符合有关产品质量的强制性国家标准、行业标准。

第十四条　铁路建设工程的建设工期，应当根据工程地质条件、技术复杂程度等因素，按照国家标准、行业标准和技术规范合理确定、调整。

任何单位和个人不得违反前款规定要求铁路建设、设计、施工单位压缩建设工期。

第十五条　铁路建设工程竣工，应当按照国家有关规定组织验收，并由铁路运输企业进行运营安全评估。经验收、评估合格，符合运营安全要求的，方可投入运营。

第十六条　在铁路线路及其邻近区域进行铁路建设工程施工，应当执行铁路营业线施工安全管理规定。铁路建设单位应当会同相关铁路运输企业和工程设计、施工单位制定安全施工方案，按照方案进行施工。施工完毕应当及时清理现场，不得影响铁路运营安全。

第十七条　新建、改建设计开行时速120公里以上列车的铁路或者设计运输量达到国务院铁路行业监督管理部门规定的较大运输量标准的铁路，需要与道路交叉的，应当设置立体交叉设施。

新建、改建高速公路、一级公路或者城市道路中的快速路，需要与铁路交叉的，应当设置立体交叉设施，并优先选择下穿铁路的方案。

已建成的属于前两款规定情形的铁路、道路为平面交叉的，应当逐步改造为立体交叉。

新建、改建高速铁路需要与普通铁路、道路、渡槽、管线等设施交叉的，应当优先选择高速铁路上跨方案。

第十八条　设置铁路与道路立体交叉设施及其附属安全设施所需费用的承担，按照下列原则确定：

（一）新建、改建铁路与既有道路交叉的，由铁路方承担建设费用；道路方要求超过既有道路建设标准建设所增加的费用，由道路方承担；

（二）新建、改建道路与既有铁路交叉的，由道路方承担建设费用；铁路方要求超过既有铁路线路建设标准建设所增加的费用，由铁路方承担；

（三）同步建设的铁路和道路需要设置立体交叉设施以及既有铁路道口改造为立体交叉的，由铁路方和道路方按照公平合理的原则分担建设费用。

第十九条　铁路与道路立体交叉设施及其附属安全设施竣工验收合格后，应当按照国家有关规定移交有关单位管理、维护。

第二十条　专用铁路、铁路专用线需要与公用铁路网接轨的，应当符合国家有关铁路建设、运输的安全管理规定。

第三章　铁路专用设备质量安全

第二十一条　设计、制造、维修或者进口新型铁路机车车辆，应当符合国家标准、行业标准，并分别向国务院铁路行业监督管理部门申请领取型号合格证、制造许可证、维修许可证或者进口许可证，具体办法由国务院铁路行业监督管理部门制定。

铁路机车车辆的制造、维修、使用单位应当遵守有关产品质量的法律、行政法规以及国家其他有关规定，确保投入使用的机车车辆符合安全运营要求。

第二十二条　生产铁路道岔及其转辙设备、铁路信号控制软件和控制设备、铁路通信设备、铁路牵引供电设备的企业，应当符合下列条件并经国务院铁路行业监督管理部门依法审查批准：

（一）有按照国家标准、行业标准检测、检验合格的专业生产设备；

（二）有相应的专业技术人员；

（三）有完善的产品质量保证体系和安全管理

制度；

（四）法律、行政法规规定的其他条件。

第二十三条　铁路机车车辆以外的直接影响铁路运输安全的铁路专用设备，依法应当进行产品认证的，经认证合格方可出厂、销售、进口、使用。

第二十四条　用于危险化学品和放射性物品运输的铁路罐车、专用车辆以及其他容器的生产和检测、检验，依照有关法律、行政法规的规定执行。

第二十五条　用于铁路运输的安全检测、监控、防护设施设备，集装箱和集装化用具等运输器具，专用装卸机械、索具、篷布、装载加固材料或者装置，以及运输包装、货物装载加固等，应当符合国家标准、行业标准和技术规范。

第二十六条　铁路机车车辆以及其他铁路专用设备存在缺陷，即由于设计、制造、标识等原因导致同一批次、型号或者类别的铁路专用设备普遍存在不符合保障人身、财产安全的国家标准、行业标准的情形或者其他危及人身、财产安全的不合理危险的，应当立即停止生产、销售、进口、使用；设备制造者应当召回缺陷产品，采取措施消除缺陷。具体办法由国务院铁路行业监督管理部门制定。

第四章　铁路线路安全

第二十七条　铁路线路两侧应当设立铁路线路安全保护区。铁路线路安全保护区的范围，从铁路线路路堤坡脚、路堑坡顶或者铁路桥梁（含铁路、道路两用桥，下同）外侧起向外的距离分别为：

（一）城市市区高速铁路为10米，其他铁路为8米；

（二）城市郊区居民居住区高速铁路为12米，其他铁路为10米；

（三）村镇居民居住区高速铁路为15米，其他铁路为12米；

（四）其他地区高速铁路为20米，其他铁路为15米。

前款规定距离不能满足铁路运输安全保护需要的，由铁路建设单位或者铁路运输企业提出方案，铁路监督管理机构或者县级以上地方人民政府依照本条第三款规定程序划定。

在铁路用地范围内划定铁路线路安全保护区的，由铁路监督管理机构组织铁路建设单位或者铁路运输企业划定并公告。在铁路用地范围外划定铁路线路安全保护区的，由县级以上地方人民政府根据保障铁路运输安全和节约用地的原则，组织有关铁路监督管理机构、县级以上地方人民政府国土资源等部门划定并公告。

铁路线路安全保护区与公路建筑控制区、河道管理范围、水利工程管理和保护范围、航道保护范围或者石油、电力以及其他重要设施保护区重叠的，由县级以上地方人民政府组织有关部门依照法律、行政法规的规定协商划定并公告。

新建、改建铁路的铁路线路安全保护区范围，应当自铁路建设工程初步设计批准之日起30日内，由县级以上地方人民政府依照本条例的规定划定并公告。铁路建设单位或者铁路运输企业应当根据工程竣工资料进行勘界，绘制铁路线路安全保护区平面图，并根据平面图设立标桩。

第二十八条　设计开行时速120公里以上列车的铁路应当实行全封闭管理。铁路建设单位或者铁路运输企业应当按照国务院铁路行业监督管理部门的规定在铁路用地范围内设置封闭设施和警示标志。

第二十九条　禁止在铁路线路安全保护区内烧荒、放养牲畜、种植影响铁路线路安全和行车瞭望的树木等植物。

禁止向铁路线路安全保护区排污、倾倒垃圾以及其他危害铁路安全的物质。

第三十条　在铁路线路安全保护区内建造建筑物、构筑物等设施，取土、挖砂、挖沟、采空作业或者堆放、悬挂物品，应当征得铁路运输企业同意并签订安全协议，遵守保证铁路安全的国家标准、行业标准和施工安全规范，采取措施防止影响铁路运输安全。铁路运输企业应当派员对施工现场实行安全监督。

第三十一条　铁路线路安全保护区内既有的建筑物、构筑物危及铁路运输安全的，应当采取必要的安全防护措施；采取安全防护措施后仍不能保证安全的，依照有关法律的规定拆除。

拆除铁路线路安全保护区内的建筑物、构筑物，清理铁路线路安全保护区内的植物，或者对他人在铁路线路安全保护区内已依法取得的采矿权等合法权利予以限制，给他人造成损失的，应当依法给予补偿或者采取必要的补救措施。但是，拆除非法建设的建筑物、构筑物的除外。

第三十二条　在铁路线路安全保护区及其邻近区域建造或者设置的建筑物、构筑物、设备等，不得进入国家规定的铁路建筑限界。

第三十三条　在铁路线路两侧建造、设立生产、加工、储存或者销售易燃、易爆或者放射性物品等危险物品的场所、仓库，应当符合国家标准、行业标准规定的安全防护距离。

第三十四条 在铁路线路两侧从事采矿、采石或者爆破作业，应当遵守有关采矿和民用爆破的法律法规，符合国家标准、行业标准和铁路安全保护要求。

在铁路线路路堤坡脚、路堑坡顶、铁路桥梁外侧起向外各1000米范围内，以及在铁路隧道上方中心线两侧各1000米范围内，确需从事露天采矿、采石或者爆破作业的，应当与铁路运输企业协商一致，依照有关法律法规的规定报县级以上地方人民政府有关部门批准，采取安全防护措施后方可进行。

第三十五条 高速铁路线路路堤坡脚、路堑坡顶或者铁路桥梁外侧起向外各200米范围内禁止抽取地下水。

在前款规定范围外，高速铁路线路经过的区域属于地面沉降区域，抽取地下水危及高速铁路安全的，应当设置地下水禁止开采区或者限制开采区，具体范围由铁路监督管理机构会同县级以上地方人民政府水行政主管部门提出方案，报省、自治区、直辖市人民政府批准并公告。

第三十六条 在电气化铁路附近从事排放粉尘、烟尘及腐蚀性气体的生产活动，超过国家规定的排放标准，危及铁路运输安全的，由县级以上地方人民政府有关部门依法责令整改，消除安全隐患。

第三十七条 任何单位和个人不得擅自在铁路桥梁跨越处河道上下游各1000米范围内围垦造田、拦河筑坝、架设浮桥或者修建其他影响铁路桥梁安全的设施。

因特殊原因确需在前款规定的范围内进行围垦造田、拦河筑坝、架设浮桥等活动的，应当进行安全论证，负责审批的机关在批准前应当征求有关铁路运输企业的意见。

第三十八条 禁止在铁路桥梁跨越处河道上下游的下列范围内采砂、淘金：

（一）跨河桥长500米以上的铁路桥梁，河道上游500米，下游3000米；

（二）跨河桥长100米以上不足500米的铁路桥梁，河道上游500米，下游2000米；

（三）跨河桥长不足100米的铁路桥梁，河道上游500米，下游1000米。

有关部门依法在铁路桥梁跨越处河道上下游划定的禁采范围大于前款规定的禁采范围的，按照划定的禁采范围执行。

县级以上地方人民政府水行政主管部门、国土资源主管部门应当按照各自职责划定禁采区域、设置禁采标志，制止非法采砂、淘金行为。

第三十九条 在铁路桥梁跨越处河道上下游各500米范围内进行疏浚作业，应当进行安全技术评价，有关河道、航道管理部门应当征求铁路运输企业的意见，确认安全或者采取安全技术措施后，方可批准进行疏浚作业。但是，依法进行河道、航道日常养护、疏浚作业的除外。

第四十条 铁路、道路两用桥由所在地铁路运输企业和道路管理部门或者道路经营企业定期检查、共同维护，保证桥梁处于安全的技术状态。

铁路、道路两用桥的墩、梁等共用部分的检测、维修由铁路运输企业和道路管理部门或者道路经营企业共同负责，所需费用按照公平合理的原则分担。

第四十一条 铁路的重要桥梁和隧道按照国家有关规定由中国人民武装警察部队负责守卫。

第四十二条 船舶通过铁路桥梁应当符合桥梁的通航净空高度并遵守航行规则。

桥区航标中的桥梁航标、桥柱标、桥梁水尺标由铁路运输企业负责设置、维护，水面航标由铁路运输企业负责设置，航道管理部门负责维护。

第四十三条 下穿铁路桥梁、涵洞的道路应当按照国家标准设置车辆通过限高、限宽标志和限高防护架。城市道路的限高、限宽标志由当地人民政府指定的部门设置并维护，公路的限高、限宽标志由公路管理部门设置并维护。限高防护架在铁路桥梁、涵洞、道路建设时设置，由铁路运输企业负责维护。

机动车通过下穿铁路桥梁、涵洞的道路，应当遵守限高、限宽规定。

下穿铁路涵洞的管理单位负责涵洞的日常管理、维护，防止淤塞、积水。

第四十四条 铁路线路安全保护区内的道路和铁路线路路堑上的道路、跨越铁路线路的道路桥梁，应当按照国家有关规定设置防止车辆以及其他物体进入、坠入铁路线路的安全防护设施和警示标志，并由道路管理部门或者道路经营企业维护、管理。

第四十五条 架设、铺设铁路信号和通信线路、杆塔应当符合国家标准、行业标准和铁路安全防护要求。铁路运输企业、为铁路运输提供服务的电信企业应当加强对铁路信号和通信线路、杆塔的维护和管理。

第四十六条 设置或者拓宽铁路道口、铁路人行过道，应当征得铁路运输企业的同意。

第四十七条 铁路与道路交叉的无人看守道口应当按照国家标准设置警示标志；有人看守道口应当设置移动栏杆、列车接近报警装置、警示灯、警示标志、铁路道口路段标线等安全防护设施。

道口移动栏杆、列车接近报警装置、警示灯等安全防护设施由铁路运输企业设置、维护；警示标志、铁路道口路段标线由铁路道口所在地的道路管理部门设置、维护。

第四十八条 机动车或者非机动车在铁路道口内发生故障或者装载物掉落的，应当立即将故障车辆或者掉落的装载物移至铁路道口停止线以外或者铁路线路最外侧钢轨 5 米以外的安全地点。无法立即移至安全地点的，应当立即报告铁路道口看守人员；在无人看守道口，应当立即在道口两端采取措施拦停列车，并就近通知铁路车站或者公安机关。

第四十九条 履带车辆等可能损坏铁路设施设备的车辆、物体通过铁路道口，应当提前通知铁路道口管理单位，在其协助、指导下通过，并采取相应的安全防护措施。

第五十条 在下列地点，铁路运输企业应当按照国家标准、行业标准设置易于识别的警示、保护标志：

（一）铁路桥梁、隧道的两端；

（二）铁路信号、通信光（电）缆的埋设、铺设地点；

（三）电气化铁路接触网、自动闭塞供电线路和电力贯通线路等电力设施附近易发生危险的地点。

第五十一条 禁止毁坏铁路线路、站台等设施设备和铁路路基、护坡、排水沟、防护林木、护坡草坪、铁路线路封闭网及其他铁路防护设施。

第五十二条 禁止实施下列危及铁路通信、信号设施安全的行为：

（一）在埋有地下光（电）缆设施的地面上方进行钻探，堆放重物、垃圾，焚烧物品，倾倒腐蚀性物质；

（二）在地下光（电）缆两侧各 1 米的范围内建造、搭建建筑物、构筑物等设施；

（三）在地下光（电）缆两侧各 1 米的范围内挖砂、取土；

（四）在过河光（电）缆两侧各 100 米的范围内挖砂、抛锚或者进行其他危及光（电）缆安全的作业。

第五十三条 禁止实施下列危害电气化铁路设施的行为：

（一）向电气化铁路接触网抛掷物品；

（二）在铁路电力线路导线两侧各 500 米的范围内升放风筝、气球等低空飘浮物体；

（三）攀登铁路电力线路杆塔或者在杆塔上架设、安装其他设施设备；

（四）在铁路电力线路杆塔、拉线周围 20 米范围内取土、打桩、钻探或者倾倒有害化学物品；

（五）触碰电气化铁路接触网。

第五十四条 县级以上各级人民政府及其有关部门、铁路运输企业应当依照地质灾害防治法律法规的规定，加强铁路沿线地质灾害的预防、治理和应急处理等工作。

第五十五条 铁路运输企业应当对铁路线路、铁路防护设施和警示标志进行经常性巡查和维护；对巡查中发现的安全问题应当立即处理，不能立即处理的应当及时报告铁路监督管理机构。巡查和处理情况应当记录留存。

第五章 铁路运营安全

第五十六条 铁路运输企业应当依照法律、行政法规和国务院铁路行业监督管理部门的规定，制定铁路运输安全管理制度，完善相关作业程序，保障铁路旅客和货物运输安全。

第五十七条 铁路机车车辆的驾驶人员应当参加国务院铁路行业监督管理部门组织的考试，考试合格方可上岗。具体办法由国务院铁路行业监督管理部门制定。

第五十八条 铁路运输企业应当加强铁路专业技术岗位和主要行车工种岗位从业人员的业务培训和安全培训，提高从业人员的业务技能和安全意识。

第五十九条 铁路运输企业应当加强运输过程中的安全防护，使用的运输工具、装载加固设备以及其他专用设施设备应当符合国家标准、行业标准和安全要求。

第六十条 铁路运输企业应当建立健全铁路设施设备的检查防护制度，加强对铁路设施设备的日常维护检修，确保铁路设施设备性能完好和安全运行。

铁路运输企业的从业人员应当按照操作规程使用、管理铁路设施设备。

第六十一条 在法定假日和传统节日等铁路运输高峰期或者恶劣气象条件下，铁路运输企业应当采取必要的安全应急管理措施，加强铁路运输安全检查，确保运输安全。

第六十二条 铁路运输企业应当在列车、车站等场所公告旅客、列车工作人员以及其他进站人员遵守的安全管理规定。

第六十三条 公安机关应当按照职责分工，维护车站、列车等铁路场所和铁路沿线的治安秩序。

第六十四条 铁路运输企业应当按照国务院铁路行业监督管理部门的规定实施火车票实名购买、查验制度。

实施火车票实名购买、查验制度的，旅客应当凭有效身份证件购票乘车；对车票所记载身份信息与所持身份证件或者真实身份不符的持票人，铁路运输企业有权拒绝其进站乘车。

铁路运输企业应当采取有效措施为旅客实名购票、乘车提供便利，并加强对旅客身份信息的保护。铁路运输企业工作人员不得窃取、泄露旅客身份信息。

第六十五条 铁路运输企业应当依照法律、行政法规和国务院铁路行业监督管理部门的规定，对旅客及其随身携带、托运的行李物品进行安全检查。

从事安全检查的工作人员应当佩戴安全检查标志，依法履行安全检查职责，并有权拒绝不接受安全检查的旅客进站乘车和托运行李物品。

第六十六条 旅客应当接受并配合铁路运输企业在车站、列车实施的安全检查，不得违法携带、夹带管制器具，不得违法携带、托运烟花爆竹、枪支弹药等危险物品或者其他违禁物品。

禁止或者限制携带的物品种类及其数量由国务院铁路行业监督管理部门会同公安机关规定，并在车站、列车等场所公布。

第六十七条 铁路运输托运人托运货物、行李、包裹，不得有下列行为：

（一）匿报、谎报货物品名、性质、重量；

（二）在普通货物中夹带危险货物，或者在危险货物中夹带禁止配装的货物；

（三）装车、装箱超过规定重量。

第六十八条 铁路运输企业应当对承运的货物进行安全检查，并不得有下列行为：

（一）在非危险货物办理站办理危险货物承运手续；

（二）承运未接受安全检查的货物；

（三）承运不符合安全规定、可能危害铁路运输安全的货物。

第六十九条 运输危险货物应当依照法律法规和国家其他有关规定使用专用的设施设备，托运人应当配备必要的押运人员和应急处理器材、设备以及防护用品，并使危险货物始终处于押运人员的监管之下；危险货物发生被盗、丢失、泄漏等情况，应当按照国家有关规定及时报告。

第七十条 办理危险货物运输业务的工作人员和装卸人员、押运人员，应当掌握危险货物的性质、危害特性、包装容器的使用特性和发生意外的应急措施。

第七十一条 铁路运输企业和托运人应当按照操作规程包装、装卸、运输危险货物，防止危险货物泄漏、爆炸。

第七十二条 铁路运输企业和托运人应当依照法律法规和国家其他有关规定包装、装载、押运特殊药品，防止特殊药品在运输过程中被盗、被劫或者发生丢失。

第七十三条 铁路管理信息系统及其设施的建设和使用，应当符合法律法规和国家其他有关规定的安全技术要求。

铁路运输企业应当建立网络与信息安全应急保障体系，并配备相应的专业技术人员负责网络和信息系统的安全管理工作。

第七十四条 禁止使用无线电台（站）以及其他仪器、装置干扰铁路运营指挥调度无线电频率的正常使用。

铁路运营指挥调度无线电频率受到干扰的，铁路运输企业应当立即采取排查措施并报告无线电管理机构、铁路监管部门；无线电管理机构、铁路监管部门应当依法排除干扰。

第七十五条 电力企业应当依法保障铁路运输所需电力的持续供应，并保证供电质量。

铁路运输企业应当加强用电安全管理，合理配置供电电源和应急自备电源。

遇有特殊情况影响铁路电力供应的，电力企业和铁路运输企业应当按照各自职责及时组织抢修，尽快恢复正常供电。

第七十六条 铁路运输企业应当加强铁路运营食品安全管理，遵守有关食品安全管理的法律法规和国家其他有关规定，保证食品安全。

第七十七条 禁止实施下列危害铁路安全的行为：

（一）非法拦截列车、阻断铁路运输；

（二）扰乱铁路运输指挥调度机构以及车站、列车的正常秩序；

（三）在铁路线路上放置、遗弃障碍物；

（四）击打列车；

（五）擅自移动铁路线路上的机车车辆，或者擅自开启列车车门、违规操纵列车紧急制动设备；

（六）拆盗、损毁或者擅自移动铁路设施设备、机车车辆配件、标桩、防护设施和安全标志；

（七）在铁路线路上行走、坐卧或者在未设道口、人行过道的铁路线路上通过；

（八）擅自进入铁路线路封闭区域或者在未设置行人通道的铁路桥梁、隧道通行；

（九）擅自开启、关闭列车的货车阀、盖或者破坏施封状态；

（十）擅自开启列车中的集装箱箱门，破坏箱体、阀、盖或者施封状态；

（十一）擅自松动、拆解、移动列车中的货物装载加固材料、装置和设备；

（十二）钻车、扒车、跳车；

（十三）从列车上抛扔杂物；

（十四）在动车组列车上吸烟或者在其他列车的禁烟区域吸烟；

（十五）强行登乘或者以拒绝下车等方式强占列车；

（十六）冲击、堵塞、占用进出站通道或者候车区、站台。

第六章 监督检查

第七十八条 铁路监管部门应当对从事铁路建设、运输、设备制造维修的企业执行本条例的情况实施监督检查，依法查处违反本条例规定的行为，依法组织或者参与铁路安全事故的调查处理。

铁路监管部门应当建立企业违法行为记录和公告制度，对违反本条例被依法追究法律责任的从事铁路建设、运输、设备制造维修的企业予以公布。

第七十九条 铁路监管部门应当加强对铁路运输高峰期和恶劣气象条件下运输安全的监督管理，加强对铁路运输的关键环节、重要设施设备的安全状况以及铁路运输突发事件应急预案的建立和落实情况的监督检查。

第八十条 铁路监管部门和县级以上人民政府安全生产监督管理部门应当建立信息通报制度和运输安全生产协调机制。发现重大安全隐患，铁路运输企业难以自行排除的，应当及时向铁路监管部门和有关地方人民政府报告。地方人民政府获悉铁路沿线有危及铁路运输安全的重要情况，应当及时通报有关的铁路运输企业和铁路监管部门。

第八十一条 铁路监管部门发现安全隐患，应当责令有关单位立即排除。重大安全隐患排除前或者排除过程中无法保证安全的，应当责令从危险区域内撤出人员、设备，停止作业；重大安全隐患排除后方可恢复作业。

第八十二条 实施铁路安全监督检查的人员执行监督检查任务时，应当佩戴标志或者出示证件。任何单位和个人不得阻碍、干扰安全监督检查人员依法履行安全检查职责。

第七章 法律责任

第八十三条 铁路建设单位和铁路建设的勘察、设计、施工、监理单位违反本条例关于铁路建设质量安全管理的规定的，由铁路监管部门依照有关工程建设、招标投标管理的法律、行政法规的规定处罚。

第八十四条 铁路建设单位未对高速铁路和地质构造复杂的铁路建设工程实行工程地质勘察监理，或者在铁路线路及其邻近区域进行铁路建设工程施工不执行铁路营业线施工安全管理规定，影响铁路运营安全的，由铁路监管部门责令改正，处10万元以上50万元以下的罚款。

第八十五条 依法应当进行产品认证的铁路专用设备未经认证合格，擅自出厂、销售、进口、使用的，依照《中华人民共和国认证认可条例》的规定处罚。

第八十六条 铁路机车车辆以及其他专用设备制造者未按规定召回缺陷产品，采取措施消除缺陷的，由国务院铁路行业监督管理部门责令改正；拒不改正的，处缺陷产品货值金额1%以上10%以下的罚款；情节严重的，由国务院铁路行业监督管理部门吊销相应的许可证件。

第八十七条 有下列情形之一的，由铁路监督管理机构责令改正，处2万元以上10万元以下的罚款：

（一）用于铁路运输的安全检测、监控、防护设施设备，集装箱和集装化用具等运输器具、专用装卸机械、索具、篷布、装载加固材料或者装置、运输包装、货物装载加固等，不符合国家标准、行业标准和技术规范；

（二）不按照国家有关规定和标准设置、维护铁路封闭设施、安全防护设施；

（三）架设、铺设铁路信号和通信线路、杆塔不符合国家标准、行业标准和铁路安全防护要求，或者未对铁路信号和通信线路、杆塔进行维护和管理；

（四）运输危险货物不依照法律法规和国家其他有关规定使用专用的设施设备。

第八十八条 在铁路线路安全保护区内烧荒、放养牲畜、种植影响铁路线路安全和行车瞭望的树木等植物，或者向铁路线路安全保护区排污、倾倒垃圾以及其他危害铁路安全的物质的，由铁路监督管理机构责令改正，对单位可以处5万元以下的罚款，对个人可以处2000元以下的罚款。

第八十九条 未经铁路运输企业同意或者未签订安全协议，在铁路线路安全保护区内建造建筑物、构筑物等设施，取土、挖砂、挖沟、采空作业或者堆放、悬挂物品，或者违反保证铁路安全的国家标准、行业标准和施工安全规范，影响铁路运输安全的，由铁路监督管理机构责令改正，可以处10万元以下的罚款。

铁路运输企业未派员对铁路线路安全保护区内施工现场进行安全监督的，由铁路监督管理机构责令改正，可以处3万元以下的罚款。

第九十条　在铁路线路安全保护区及其邻近区域建造或者设置的建筑物、构筑物、设备等进入国家规定的铁路建筑限界，或者在铁路线路两侧建造、设立生产、加工、储存或者销售易燃、易爆或者放射性物品等危险物品的场所、仓库不符合国家标准、行业标准规定的安全防护距离的，由铁路监督管理机构责令改正，对单位处5万元以上20万元以下的罚款，对个人处1万元以上5万元以下的罚款。

第九十一条　有下列行为之一的，分别由铁路沿线所在地县级以上地方人民政府水行政主管部门、国土资源主管部门或者无线电管理机构等依照有关水资源管理、矿产资源管理、无线电管理等法律、行政法规的规定处罚：

（一）未经批准在铁路线路两侧各1000米范围内从事露天采矿、采石或者爆破作业；

（二）在地下水禁止开采区或者限制开采区抽取地下水；

（三）在铁路桥梁跨越处河道上下游各1000米范围内围垦造田、拦河筑坝、架设浮桥或者修建其他影响铁路桥梁安全的设施；

（四）在铁路桥梁跨越处河道上下游禁止采砂、淘金的范围内采砂、淘金；

（五）干扰铁路运营指挥调度无线电频率正常使用。

第九十二条　铁路运输企业、道路管理部门或者道路经营企业未履行铁路、道路两用桥检查、维护职责的，由铁路监督管理机构或者上级道路管理部门责令改正；拒不改正的，由铁路监督管理机构或者上级道路管理部门指定其他单位进行养护和维修，养护和维修费用由拒不履行义务的铁路运输企业、道路管理部门或者道路经营企业承担。

第九十三条　机动车通过下穿铁路桥梁、涵洞的道路未遵守限高、限宽规定的，由公安机关依照道路交通安全管理法律、行政法规的规定处罚。

第九十四条　违反本条例第四十八条、第四十九条关于铁路道口安全管理的规定的，由铁路监督管理机构责令改正，处1000元以上5000元以下的罚款。

第九十五条　违反本条例第五十一条、第五十二条、第五十三条、第七十七条规定的，由公安机关责令改正，对单位处1万元以上5万元以下的罚款，对个人处500元以上2000元以下的罚款。

第九十六条　铁路运输托运人托运货物、行李、包裹时匿报、谎报货物品名、性质、重量，或者装车、装箱超过规定重量的，由铁路监督管理机构责令改正，可以处2000元以下的罚款；情节较重的，处2000元以上2万元以下的罚款；将危险化学品谎报或者匿报为普通货物托运的，处10万元以上20万元以下的罚款。

铁路运输托运人在普通货物中夹带危险货物，或者在危险货物中夹带禁止配装的货物的，由铁路监督管理机构责令改正，处3万元以上20万元以下的罚款。

第九十七条　铁路运输托运人运输危险货物未配备必要的应急处理器材、设备、防护用品，或者未按照操作规程包装、装卸、运输危险货物的，由铁路监督管理机构责令改正，处1万元以上5万元以下的罚款。

第九十八条　铁路运输托运人运输危险货物不按照规定配备必要的押运人员，或者发生危险货物被盗、丢失、泄漏等情况不按照规定及时报告的，由公安机关责令改正，处1万元以上5万元以下的罚款。

第九十九条　旅客违法携带、夹带管制器具或者违法携带、托运烟花爆竹、枪支弹药等危险物品或者其他违禁物品的，由公安机关依法给予治安管理处罚。

第一百条　铁路运输企业有下列情形之一的，由铁路监管部门责令改正，处2万元以上10万元以下的罚款：

（一）在非危险货物办理站办理危险货物承运手续；

（二）承运未接受安全检查的货物；

（三）承运不符合安全规定、可能危害铁路运输安全的货物；

（四）未按照操作规程包装、装卸、运输危险货物。

第一百零一条　铁路监管部门及其工作人员应当严格按照本条例规定的处罚种类和幅度，根据违法行为的性质和具体情节行使行政处罚权，具体办法由国务院铁路行业监督管理部门制定。

第一百零二条　铁路运输企业工作人员窃取、泄露旅客身份信息的，由公安机关依法处罚。

第一百零三条　从事铁路建设、运输、设备制造维修的单位违反本条例规定，对直接负责的主管人员和其他直接责任人员依法给予处分。

第一百零四条　铁路监管部门及其工作人员不依照本条例规定履行职责的，对负有责任的领导人员和直接责任人员依法给予处分。

第一百零五条　违反本条例规定，给铁路运输企业或者其他单位、个人财产造成损失的，依法承担民事责任。

违反本条例规定，构成违反治安管理行为的，由公安机关依法给予治安管理处罚；构成犯罪的，依法追究刑事责任。

第八章 附 则

第一百零六条 专用铁路、铁路专用线的安全管理参照本条例的规定执行。

第一百零七条 本条例所称高速铁路，是指设计开行时速250公里以上（含预留），并且初期运营时速200公里以上的客运列车专线铁路。

第一百零八条 本条例自2014年1月1日起施行。2004年12月27日国务院公布的《铁路运输安全保护条例》同时废止。

铁路交通事故应急救援和调查处理条例

（2007年6月27日国务院第182次常务会议通过，2007年7月11日国务院令第501号公布 根据2012年11月9日国务院令第628号《国务院关于修改和废止部分行政法规的决定》修正）

第一章 总 则

第一条 为了加强铁路交通事故的应急救援工作，规范铁路交通事故调查处理，减少人员伤亡和财产损失，保障铁路运输安全和畅通，根据《中华人民共和国铁路法》和其他有关法律的规定，制定本条例。

第二条 铁路机车车辆在运行过程中与行人、机动车、非机动车、牲畜及其他障碍物相撞，或者铁路机车车辆发生冲突、脱轨、火灾、爆炸等影响铁路正常行车的铁路交通事故（以下简称事故）的应急救援和调查处理，适用本条例。

第三条 国务院铁路主管部门应当加强铁路运输安全监督管理，建立健全事故应急救援和调查处理的各项制度，按照国家规定的权限和程序，负责组织、指挥、协调事故的应急救援和调查处理工作。

第四条 铁路管理机构应当加强日常的铁路运输安全监督检查，指导、督促铁路运输企业落实事故应急救援的各项规定，按照规定的权限和程序，组织、参与、协调本辖区内事故的应急救援和调查处理工作。

第五条 国务院其他有关部门和有关地方人民政府应当按照各自的职责和分工，组织、参与事故的应急救援和调查处理工作。

第六条 铁路运输企业和其他有关单位、个人应当遵守铁路运输安全管理的各项规定，防止和避免事故的发生。

事故发生后，铁路运输企业和其他有关单位应当及时、准确地报告事故情况，积极开展应急救援工作，减少人员伤亡和财产损失，尽快恢复铁路正常行车。

第七条 任何单位和个人不得干扰、阻碍事故应急救援、铁路线路开通、列车运行和事故调查处理。

第二章 事 故 等 级

第八条 根据事故造成的人员伤亡、直接经济损失、列车脱轨辆数、中断铁路行车时间等情形，事故等级分为特别重大事故、重大事故、较大事故和一般事故。

第九条 有下列情形之一的，为特别重大事故：

（一）造成30人以上死亡，或者100人以上重伤（包括急性工业中毒，下同），或者1亿元以上直接经济损失的；

（二）繁忙干线客运列车脱轨18辆以上并中断铁路行车48小时以上的；

（三）繁忙干线货运列车脱轨60辆以上并中断铁路行车48小时以上的。

第十条 有下列情形之一的，为重大事故：

（一）造成10人以上30人以下死亡，或者50人以上100人以下重伤，或者5000万元以上1亿元以下直接经济损失的；

（二）客运列车脱轨18辆以上的；

（三）货运列车脱轨60辆以上的；

（四）客运列车脱轨2辆以上18辆以下，并中断繁忙干线铁路行车24小时以上或者中断其他线路铁路行车48小时以上的；

（五）货运列车脱轨6辆以上60辆以下，并中断繁忙干线铁路行车24小时以上或者中断其他线路铁路行车48小时以上的。

第十一条 有下列情形之一的，为较大事故：

（一）造成3人以上10人以下死亡，或者10人以上50人以下重伤，或者1000万元以上5000万元以下直接经济损失的；

（二）客运列车脱轨2辆以上18辆以下的；

（三）货运列车脱轨6辆以上60辆以下的；

（四）中断繁忙干线铁路行车6小时以上的；

（五）中断其他线路铁路行车 10 小时以上的。

第十二条 造成 3 人以下死亡，或者 10 人以下重伤，或者 1000 万元以下直接经济损失的，为一般事故。

除前款规定外，国务院铁路主管部门可以对一般事故的其他情形作出补充规定。

第十三条 本章所称的"以上"包括本数，所称的"以下"不包括本数。

第三章 事故报告

第十四条 事故发生后，事故现场的铁路运输企业工作人员或者其他人员应当立即报告邻近铁路车站、列车调度员或者公安机关。有关单位和人员接到报告后，应当立即将事故情况报告事故发生地铁路管理机构。

第十五条 铁路管理机构接到事故报告，应当尽快核实有关情况，并立即报告国务院铁路主管部门；对特别重大事故、重大事故，国务院铁路主管部门应当立即报告国务院并通报国家安全生产监督管理等有关部门。

发生特别重大事故、重大事故、较大事故或者有人员伤亡的一般事故，铁路管理机构还应当通报事故发生地县级以上地方人民政府及其安全生产监督管理部门。

第十六条 事故报告应当包括下列内容：

（一）事故发生的时间、地点、区间（线名、公里、米）、事故相关单位和人员；

（二）发生事故的列车种类、车次、部位、计长、机车型号、牵引辆数、吨数；

（三）承运旅客人数或者货物品名、装载情况；

（四）人员伤亡情况，机车车辆、线路设施、道路车辆的损坏情况，对铁路行车的影响情况；

（五）事故原因的初步判断；

（六）事故发生后采取的措施及事故控制情况；

（七）具体救援请求。

事故报告后出现新情况的，应当及时补报。

第十七条 国务院铁路主管部门、铁路管理机构和铁路运输企业应当向社会公布事故报告值班电话，受理事故报告和举报。

第四章 事故应急救援

第十八条 事故发生后，列车司机或者运转车长应当立即停车，采取紧急处置措施；对无法处置的，应当立即报告邻近铁路车站、列车调度员进行处置。

为保障铁路旅客安全或者因特殊运输需要不宜停车的，可以不停车；但是，列车司机或者运转车长应当立即将事故情况报告邻近铁路车站、列车调度员，接到报告的邻近铁路车站、列车调度员应当立即进行处置。

第十九条 事故造成中断铁路行车的，铁路运输企业应当立即组织抢修，尽快恢复铁路正常行车；必要时，铁路运输调度指挥部门应当调整运输径路，减少事故影响。

第二十条 事故发生后，国务院铁路主管部门、铁路管理机构、事故发生地县级以上地方人民政府或者铁路运输企业应当根据事故等级启动相应的应急预案；必要时，成立现场应急救援机构。

第二十一条 现场应急救援机构根据事故应急救援工作的实际需要，可以借用有关单位和个人的设施、设备和其他物资。借用单位使用完毕应当及时归还，并支付适当费用；造成损失的，应当赔偿。

有关单位和个人应当积极支持、配合救援工作。

第二十二条 事故造成重大人员伤亡或者需要紧急转移、安置铁路旅客和沿线居民的，事故发生地县级以上地方人民政府应当及时组织开展救治和转移、安置工作。

第二十三条 国务院铁路主管部门、铁路管理机构或者事故发生地县级以上地方人民政府根据事故救援的实际需要，可以请求当地驻军、武装警察部队参与事故救援。

第二十四条 有关单位和个人应当妥善保护事故现场以及相关证据，并在事故调查组成立后将相关证据移交事故调查组。因事故救援、尽快恢复铁路正常行车需要改变事故现场的，应当做出标记、绘制现场示意图、制作现场视听资料，并做出书面记录。

任何单位和个人不得破坏事故现场，不得伪造、隐匿或者毁灭相关证据。

第二十五条 事故中死亡人员的尸体经法定机构鉴定后，应当及时通知死者家属认领；无法查找死者家属的，按照国家有关规定处理。

第五章 事故调查处理

第二十六条 特别重大事故由国务院或者国务院授权的部门组织事故调查组进行调查。

重大事故由国务院铁路主管部门组织事故调查组进行调查。

较大事故和一般事故由事故发生地铁路管理机构组织事故调查组进行调查；国务院铁路主管部门认为必要时，可以组织事故调查组对较大事故和一般事故进行调查。

根据事故的具体情况，事故调查组由有关人民政府、公安机关、安全生产监督管理部门、监察机关等单位派人组成，并应当邀请人民检察院派人参加。事故调查组认为必要时，可以聘请有关专家参与事故调查。

第二十七条 事故调查组应当按照国家有关规定开展事故调查，并在下列调查期限内向组织事故调查组的机关或者铁路管理机构提交事故调查报告：

（一）特别重大事故的调查期限为60日；

（二）重大事故的调查期限为30日；

（三）较大事故的调查期限为20日；

（四）一般事故的调查期限为10日。

事故调查期限自事故发生之日起计算。

第二十八条 事故调查处理，需要委托有关机构进行技术鉴定或者对铁路设备、设施及其他财产损失状况以及中断铁路行车造成的直接经济损失进行评估的，事故调查组应当委托具有国家规定资质的机构进行技术鉴定或者评估。技术鉴定或者评估所需时间不计入事故调查期限。

第二十九条 事故调查报告形成后，报经组织事故调查组的机关或者铁路管理机构同意，事故调查组工作即告结束。组织事故调查组的机关或者铁路管理机构应当自事故调查组工作结束之日起15日内，根据事故调查报告，制作事故认定书。

事故认定书是事故赔偿、事故处理以及事故责任追究的依据。

第三十条 事故责任单位和有关人员应当认真吸取事故教训，落实防范和整改措施，防止事故再次发生。

国务院铁路主管部门、铁路管理机构以及其他有关行政机关应当对事故责任单位和有关人员落实防范和整改措施的情况进行监督检查。

第三十一条 事故的处理情况，除依法应当保密的外，应当由组织事故调查组的机关或者铁路管理机构向社会公布。

第六章 事故赔偿

第三十二条 事故造成人身伤亡的，铁路运输企业应当承担赔偿责任；但是人身伤亡是不可抗力或者受害人自身原因造成的，铁路运输企业不承担赔偿责任。

违章通过平交道口或者人行过道，或者在铁路线路上行走、坐卧造成的人身伤亡，属于受害人自身的原因造成的人身伤亡。

第三十三条 事故造成铁路旅客人身伤亡和自带行李损失的，铁路运输企业对每名铁路旅客人身伤亡的赔偿责任限额为人民币15万元，对每名铁路旅客自带行李损失的赔偿责任限额为人民币2000元。

铁路运输企业与铁路旅客可以书面约定高于前款规定的赔偿责任限额。

第三十四条 事故造成铁路运输企业承运的货物、包裹、行李损失的，铁路运输企业应当依照《中华人民共和国铁路法》的规定承担赔偿责任。

第三十五条 除本条例第三十三条、第三十四条的规定外，事故造成其他人身伤亡或者财产损失的，依照国家有关法律、行政法规的规定赔偿。

第三十六条 事故当事人对事故损害赔偿有争议的，可以通过协商解决，或者请求组织事故调查组的机关或者铁路管理机构组织调解，也可以直接向人民法院提起民事诉讼。

第七章 法律责任

第三十七条 铁路运输企业及其职工违反法律、行政法规的规定，造成事故的，由国务院铁路主管部门或者铁路管理机构依法追究行政责任。

第三十八条 违反本条例的规定，铁路运输企业及其职工不立即组织救援，或者迟报、漏报、瞒报、谎报事故的，对单位，由国务院铁路主管部门或者铁路管理机构处10万元以上50万元以下的罚款；对个人，由国务院铁路主管部门或者铁路管理机构处4000元以上2万元以下的罚款；属于国家工作人员的，依法给予处分；构成犯罪的，依法追究刑事责任。

第三十九条 违反本条例的规定，国务院铁路主管部门、铁路管理机构以及其他行政机关未立即启动应急预案，或者迟报、漏报、瞒报、谎报事故的，对直接负责的主管人员和其他直接责任人员依法给予处分；构成犯罪的，依法追究刑事责任。

第四十条 违反本条例的规定，干扰、阻碍事故救援、铁路线路开通、列车运行和事故调查处理的，对单位，由国务院铁路主管部门或者铁路管理机构处4万元以上20万元以下的罚款；对个人，由国务院铁路主管部门或者铁路管理机构处2000元以上1万元以下的罚款；情节严重的，对单位，由国务院铁路主管部门或者铁路管理机构处20万元以上100万元以下的罚款；对个人，由国务院铁路主管部门或者铁路管理机构处1万元以上5万元以下的罚款；属于国家工作人员的，依法给予处分；构成违反治安管理行为的，由公安机关依法给予治安管理处罚；构成犯罪的，依法追究刑事责任。

第八章 附 则

第四十一条 本条例于2007年9月1日起施行。1979年7月16日国务院批准发布的《火车与其他车辆碰撞和铁路路外人员伤亡事故处理暂行规定》和1994年8月13日国务院批准发布的《铁路旅客运输损害赔偿规定》同时废止。

2）国务院办公厅文件

国务院办公厅关于加强铁路沿线安全环境治理工作意见的通知

（2021年5月19日国务院办公厅以国办函〔2021〕49号转发）

铁路沿线安全环境直接关系铁路运输安全畅通。随着我国铁路特别是高速铁路运营里程不断增加，改善铁路沿线安全环境对保障铁路高质量发展和人民群众生命财产安全的作用更加突出。为加强铁路沿线安全环境治理工作，现提出以下意见。

一、总体要求

以习近平新时代中国特色社会主义思想为指导，全面贯彻党的十九大和十九届二中、三中、四中、五中全会精神，坚持人民至上、生命至上，更好统筹发展和安全，树牢底线思维，增强忧患意识，注重标本兼治，构建政府主导、部门指导、企业负责、路地协同、多方共治的工作格局，依法解决突出问题，及时消除事故隐患，去存量、控增量，有效防范化解风险，持续改善铁路沿线安全环境。

二、完善工作机制，压实各方责任，提升多方共治合力

（一）发挥部际联席会议制度统筹协调作用。铁路沿线安全环境治理部际联席会议（简称部际联席会议）按照党中央、国务院决策部署要求，加强对铁路沿线安全环境治理工作的分析研判和统筹协调，推动解决重点难点问题，建立健全治理长效机制，指导督促有关方面共同做好各项工作。各成员单位要认真落实部际联席会议确定的工作任务，畅通信息沟通渠道，联合检查重点问题隐患，主动整改职责内有关问题，积极配合其他单位消除隐患。部际联席会议办公室要建立问题隐患排查清单和工作进展通报制度，及时跟踪了解情况，积极协调解决问题，适时组织开展督导检查，确保部际联席会议议定事项落实到位。

（二）压实各方治理责任。地方人民政府承担属地治理责任，完善工作机制，明确层级责任，保障经费投入，统一协调做好本地区铁路沿线安全环境治理工作。铁路运输企业承担产权范围内治理责任，加强内部安全管理，及时主动向地方人民政府和有关部门报告影响铁路安全的问题隐患，积极联系配合有关方面做好治理工作，按要求完成职责内治理任务。铁路监管部门承担专业监管责任，完善铁路沿线安全环境治理工作各项制度，加强协调督促，依法依规严格监管执法。国务院有关部门承担涉及本领域有关问题隐患治理的指导督促责任，按照法定职责，落实部际联席会议议定事项，指导督促系统内各单位完成治理任务。

（三）完善护路联防和"双段长"工作机制。发挥平安中国建设护路联防作用，组织专兼职护路队伍加强巡查，及时化解涉及铁路的矛盾纠纷，坚决打击破坏铁路设施和危害乘客安全的违法犯罪活动。地方人民政府分管负责同志和铁路运输企业主管领导牵头负责的"双段长"工作机制要落实巡查制度，妥善处置影响铁路安全的问题隐患，难以处置的按要求主动报告，确保早发现、早治理、早消除。将铁路沿线安全环境治理工作纳入城市运行管理服务平台等协同监管，促进监管政策、措施、力量、资源有效融合。积极组织行业专家、专业机构开展安全咨询服务，做好安全环境评估、治理方案论证等工作，提高专业治理能力。

三、坚持问题导向，实施专项行动，全力消除安全隐患

（四）实施存量隐患集中治理销号行动。以铁路两侧500米范围内的彩钢瓦、石棉瓦、树脂瓦、简易房、塑料薄膜、防尘网、广告牌等轻质物体为重点，建立存量问题隐患库，制定针对性整治方案，实行闭环销号管理，力争2022年底前全部治理完成。依法划定铁路线路安全保护区，确定铁路沿线地下水禁采区、限采区，合力推动拆除铁路线路安全保护区内违

章建筑物，加强对山体边坡、跨越航道桥梁、公铁并行交叉线路等隐患点的治理，完善铁路桥梁标志标识和防撞设施，尽快改善铁路沿线安全环境。

（五）实施重点问题合力攻坚行动。加强铁路线路封闭防护管理，加快对时速120公里以上线路实施全封闭改造，未全封闭前采取有效措施，确保安全；噪声影响超出有关标准的，统筹考虑建设隔声屏障。按照有关责任划分和规定程序，加快关于加强铁路沿线安全环境治理工作的意见

推进上跨（下穿）铁路的道路、桥梁以及其他铁路代建设施产权移交工作，铁路运输企业要认真做好问题整改工作，地方有关单位要及时组织验收，确保按期完成。加快完成铁路道口"平改立"，优先实施时速120公里以上线路、旅客列车径路、机动车通行繁忙道口的改造工程，有效提高安全防护能力。

（六）实施常态化持续整治行动。将铁路线路安全保护区及桥下用地纳入有关规划统筹安排。依法严厉查处在铁路线路安全保护区内未经批准擅自生产储存危险化学品、采石采矿、开采地下水、挖砂挖沟采空作业、穿越油气电管线、堆放垃圾渣土、私设道口或平过道，以及盗割铁路器材、破坏防护设施等违法行为。建立举报投诉制度，及时调查核实处理社会各界反映的问题，依法从严处置和问责，防止问题隐患反弹。

四、健全法治体系，增强监管能力，建立长效治理机制

（七）完善法规制度。加快制修订铁路法、地方铁路安全法规，夯实法治基础。完善有关规划建设、监管执法、应急处置等制度，确保各环节协调一致。编制日常巡查、联合检查、整改评估、跟踪监督等工作指南和操作手册，实现排查治理工作制度化、规范化。

（八）加强督办考核。各省级人民政府要将铁路沿线安全环境治理工作纳入平安中国建设、沿线市县安全生产、安全发展示范城市、文明城市等考核评价，作为重点工作进行督查，并定期向部际联席会议通报工作进展情况，部际联席会议办公室将组织检查。国务院安全生产委员会办公室要将铁路沿线安全环境治理工作作为对省级人民政府安全生产工作考核的内容。

（九）强化科技支撑。充分运用视频监测、自动控制、人工智能、大数据分析等手段，提升铁路沿线安全环境问题隐患排查治理、违法行为信息采集、关键环节远程监测、工作任务闭环管理等能力。建设铁路沿线安全环境治理信息平台，多渠道采集信息，全过程动态掌握工作进展，实行问题隐患验收销号管理，提高信息化、精细化治理水平。

（十）提升应急能力。开展涉及铁路沿线安全环境应急预案的评估修订工作，优化预防预警、应急准备、信息共享、协同处置、事故调查、灾后恢复等工作程序。建立铁路值班电话与110报警服务台情况互通机制，完善铁路运输企业与公安、自然资源、交通、水利、应急、气象等部门的突发事件报警联动机制，定期组织联合演练，增强协调联动和应急处置能力。

（十一）加强舆论宣传。铁路监管部门、铁路运输企业要结合安全宣传进企业、进农村、进社区、进学校、进家庭工作，会同有关方面充分利用站车、政府网站、电视广播、报刊、新媒体等媒介，主动宣传保护铁路沿线安全环境相关法规、政策等知识，加强爱路护路教育，不断提升社会共同改善铁路沿线安全环境的意识，营造良好舆论氛。

国务院办公厅关于保障城市轨道交通安全运行的意见

(2018年3月7日国务院办公厅以国办发〔2018〕13号印发)

各省、自治区、直辖市人民政府，国务院各部委、各直属机构：

城市轨道交通是城市公共交通系统的骨干，是城市综合交通体系的重要组成部分，其安全运行对保障人民群众生命财产安全、维护社会安全稳定具有重要意义。在各有关方面共同努力下，我国城市轨道交通运行态势总体平稳，但随着近年来运营里程迅速增加、线网规模不断扩大，城市轨道交通安全运行压力日趋加大。为切实保障城市轨道交通安全运行，经国务院同意，现提出以下意见。

一、总体要求

（一）指导思想。

全面贯彻党的十九大精神，坚持以习近平新时代中国特色社会主义思想为指导，认真落实党中央、国务院决策部署，牢固树立和贯彻落实新发展理念，以切实保障城市轨道交通安全运行为目标，完善体制机制，健全法规标准，创新管理制度，强化技术支撑，夯实安全基础，提升服务品质，增强安全防范治理能力，为广大人民群众提供安全、可靠、便捷、舒适、经济的出行服务。

（二）基本原则。

以人为本，安全第一。坚持以人民为中心的发展思想，把人民生命财产安全放在首位，不断提高城市轨道交通安全水平和服务品质。

统筹协调，改革创新。加强城市轨道交通规划、建设、运营协调衔接，加快技术创新应用，构建运营管理和公共安全防范技术体系，提升风险管控能力。

预防为先，防处并举。构建风险分级管控和隐患排查治理双重预防制度，加强应急演练和救援力量建设，完善应急预案体系，提升应急处置能力。

属地管理，综合治理。城市人民政府对辖区内城市轨道交通安全运行负总责，充分发挥自主权和创造性，结合本地实际构建多方参与的综合治理体系。

二、构建综合治理体系

（三）健全管理体制机制。

交通运输部负责指导城市轨道交通运营，拟订运营管理政策法规和标准规范并监督实施，承担运营安全监管职责，负责运营突发事件应对工作的指导协调和监督管理；指导地方交通运输部门监督指导城市轨道交通运营单位（以下简称运营单位）做好反恐防范、安检、治安防范和消防安全管理相关工作，根据应急预案调动行业装备物资为突发事件应对提供交通运输保障。公安部负责会同交通运输部等部门拟订城市轨道交通反恐防暴、内部治安保卫、消防安全等政策法规及标准规范并监督实施；指导地方公安机关做好城市轨道交通区域的巡逻查控工作，依法查处有关违法违规行为，加强对危及城市轨道交通安全的涉恐等情报信息的搜集、分析、研判和通报、预警工作，监督指导运营单位做好进站安检、治安防范、消防安全管理和突发事件处置工作。国家发展改革委、住房城乡建设部、安全监管总局等有关部门，按照职责分工履行有关安全工作职责。

省级人民政府指导本辖区城市轨道交通安全运行，负责辖区内运营突发事件应对工作的指导协调和监督管理。城市人民政府按照属地管理原则，对辖区内城市轨道交通安全运行负总责，建立衔接高效、运行顺畅的管理体制和运行机制，统筹协调相关方面共同做好安全运行管理工作。对跨城市运营的城市轨道交通线路，有关城市人民政府应建立跨区域运营突发事件应急合作机制。运营单位承担安全生产主体责任，落实反恐防暴、内部治安保卫、消防安全等有关法规规定的责任和措施。

（四）完善法规标准体系。

加强城市轨道交通立法工作，根据实际需要及时制修订城市轨道交通法规规章。强化技术标准规范对安全和服务的保障和引领作用，以保障建设质量和安全运行为重点，进一步修订完善城市轨道交通工程建设标准体系；以运营安全和服务质量为重点，建立健全城市轨道交通运营标准体系；以防范处置和设备配置为重点，建立健全城市轨道交通反恐防暴、内部治安保卫、消防安全等标准体系。

三、有序统筹规划建设运营

（五）科学编制规划。

城市轨道交通发展要与城市经济社会发展阶段、发展水平、发展方向相匹配、相协调。城市轨道交通线网规划要科学确定线网布局、规模和用地控制要求，与综合交通体系规划有机衔接，主要内容纳入城市总体规划。城市轨道交通建设规划要树立"规划建设为运营、运营服务为乘客"的理念，将安全和服务要求贯穿于规划、建设、运营全过程，并结合城市发展需求、财政状况等实际，准确把握城市轨道交通发展规模和发展速度，合理确定制式和建设时序，量力而行、有序发展。

（六）做好相关环节衔接。

城市轨道交通规划涉及公共安全方面的设施设备和场地、用房等，要与城市轨道交通工程同步规划、同步设计、同步施工、同步验收、同步投入使用，并加强运行维护管理。在工程可行性研究和初步设计文件中设置运营服务专篇和公共安全专篇，发展改革、规划等部门在审批时要以书面形式听取同级交通运输部门、公安机关意见。城市轨道交通工程项目原则上要在可行性研究报告编制前确定运营单位。加强城市轨道交通建设与运营的交接管理，完善交接内容和程序。城市轨道交通建设工程竣工验收不合格的，不得开展运营前安全评估，未通过运营前安全评估的，不得投入运营。城市轨道交通工程项目要按照相关规定划定保护区，运营期间在保护区范围内进行有关作业要按程序征求运营单位同意后方可办理相关许可手续。

四、加强运营安全管理

（七）夯实运营安全管理基础。

建立健全运营安全风险分级管控和隐患排查治理双重预防制度，对运营全过程、全区域、各管理层级实施安全监控。建立城市轨道交通运营安全第三方评估制度。制定城市轨道交通运营安全事故报告和调查处理办法。建立健全行业运营服务指标体系和统计分析制度、服务质量考评制度，加强服务质量监管。依法推进运营单位安全生产标准化。运营单位要依法做好运营安全各项工作，严格落实安全生产责任制。

(八)强化关键设施设备管理。

制定城市轨道交通关键设施设备运营准入技术条件,加快推动车辆、信号、通信、自动售检票等关键设施设备产品定型,加强列车运行控制等关键系统信息安全保护。建立健全设施设备维修技术规范和检测评估、维修保养制度。建立关键设施设备全生命周期数据行业共享机制和设施设备运行质量公开及追溯机制,加强全面质量监管。

(九)提升从业人员素质。

深入开展行业运营人力资源跟踪研究,评估行业人才发展水平。鼓励各类院校设置城市轨道交通相关专业或者专业方向,扩大人才培养规模。完善从业人员培训考核管理制度,建立健全城市轨道交通职业分类和职业标准体系、职业技能鉴定机制,完善列车驾驶员职业准入制度,规范和强化行车值班员、行车调度员等重点岗位职业水平评价,建立从业人员服务质量不良记录名单制度,规范行业内人才流动。

五、强化公共安全防范

(十)加强日常巡检防控。

运营单位要制定安全防范和消防安全管理制度、明确人员岗位职责、落实安全管理措施,保障相关经费投入,及时配备、更新防范和处置设施设备。有关部门要加强涉恐情报信息搜集工作,运营单位要按照规定及时报告发现的恐怖活动嫌疑或恐怖活动嫌疑人员。地方反恐怖工作领导机构以及公安机关等要对有关情报信息进行筛查、研判、核查、监控,认为有发生恐怖事件危险的要及时通报和预警,有关部门和单位根据要求做好安全防范和应对处置工作。

(十一)规范安全检查工作。

依法对进入城市轨道交通场站的人员、物品进行安全检查。从事城市轨道交通安全检查的单位、人员要按照有关标准、规范和约定实施安全检查,发现违禁品、管制物品和涉嫌违法犯罪人员,要妥善处置并立即向公安机关报告。鼓励推广应用智能、快速的安检新技术、新产品,逐步建立与城市轨道交通客流特点相适应的安检新模式。制定安全检查设备和监控设备设置标准、人员配备标准及操作规范。

(十二)加强社会共建共治。

城市轨道交通所在地城市及以上地方人民政府要构建公安、交通运输、综治等部门以及运营单位、社会力量多方参与的城市轨道交通公共安全协同防范体系和应急响应机制,加强政府部门、运营单位与街道、社区之间的协调联动,推广"警企共建""街企共建"等专群结合的综治模式。积极招募志愿者,鼓励城市轨道交通"常乘客"参与公共安全防范与应急处置工作,提高公众安全防范能力,实现群防群治、协同共治。通过多种形式广泛宣传普及城市轨道交通相关法规和知识,加强公众公共安全防范及突发事件应对培训教育,引导公众增强安全意识和防护能力。

六、提升应急处置能力

(十三)完善应急预案体系。

城市轨道交通所在地城市及以上地方人民政府要将城市轨道交通纳入政府应急管理体系,结合本地实际制定完善应对各类突发事件的专项应急预案、部门应急预案,督促运营单位制定完善具体预案。建立突发事件应急处置机制,成立应急指挥机构,明确相关部门和单位的职责分工、工作机制和处置要求。运营单位要建立完备的应急预案体系,编制应急预案操作手册,明确应对处置各类突发事件的现场操作规范、工作流程等,并立足实战加强站区一线人员培训,定期组织开展应急合成演练。

(十四)加强应急救援力量建设。

城市轨道交通所在地城市及以上地方人民政府和有关部门、运营单位要配备满足需要的应急设施设备和应急物资,根据需要建立专职或志愿消防队、微型消防站,提高自防自救能力。建立健全专业应急救援队伍,加强应急培训,提高应急救援能力。建设国家级城市轨道交通应急演练中心,开展培训和实战场景演练。鼓励和支持企业、科研院所及社会有关方面加强专业救援装备研究开发。

(十五)强化现场处置应对。

建立协调联动、快速反应、科学处置的工作机制,强化运营单位对突发事件第一时间处置应对的能力,最大程度减少突发事件可能导致的人员伤亡和财产损失。公安、交通运输等部门以及运营单位、街道、社区要密切协同联动。有关部门和运营单位的工作人员要按照各自岗位职责要求,通过广播系统、乘客信息系统和专人引导等方式,引导乘客快速疏散。充分发挥志愿者在安全防范和应急处置中的积极作用,提高乘客自救互救能力。

七、完善保障措施

(十六)加大综合政策扶持力度。

城市轨道交通所在地城市人民政府要加大城市轨道交通财政扶持力度,统筹考虑城市轨道交通可持续安全运营需求,建立与运营安全和服务质量挂钩的财政补贴机制,科学确定财政补贴额度。保障公共安全防范所需资金并纳入公共财政体系,确保设施设备维护维修、更新改造资金到位。在保障运营安全的前提下,支持对城市轨道交通设施用地的地上、地下空间实施土地综合开发，创新节约集约用地模式，以综合开发收益支持运营和基础设施建设，确保城市轨道交通运行安全可持续。

国务院各有关部门、各省级人民政府要根据各自职责，加强对城市轨道交通运行安全监管的指导，强化督促检查。城市轨道交通所在地城市人民政府要加强组织领导，根据本意见提出的任务和要求，进一步细化贯彻落实政策措施，明确责任分工和时间进度要求，确保各项工作落实到位。

国务院办公厅
2018 年 3 月 7 日

3）部门规章及有关文件

高速铁路安全防护管理办法

（2020 年 3 月 26 日交通运输部第 10 次部务会议通过，经公安部、自然资源部、生态环境部、住房和城乡建设部、水利部、应急管理部同意，2020 年 5 月 6 日交通运输部令第 8 号公布，自 2020 年 7 月 1 日起施行）

第一章 总 则

第一条 为了加强高速铁路安全防护，防范铁路外部风险，保障高速铁路安全和畅通，维护人民生命财产安全，根据《中华人民共和国铁路法》《中华人民共和国安全生产法》《中华人民共和国反恐怖主义法》《铁路安全管理条例》等法律、行政法规，制定本办法。

第二条 本办法适用于设计开行时速 250 公里以上（含预留），并且初期运营时速 200 公里以上的客运列车专线铁路（以下称高速铁路）。

第三条 高速铁路安全防护坚持安全第一、预防为主、依法管理、综合治理的方针，坚持技防、物防、人防相结合，构建政府部门依法管理、企业实施主动防范、社会力量共同参与的综合治理格局。

第四条 国家铁路局负责全国高速铁路安全监督管理工作。地区铁路监督管理局负责辖区内的高速铁路安全监督管理工作。

国家铁路局和地区铁路监督管理局（以下统称铁路监管部门）应当按照法定职责，健全完善高速铁路安全防护标准，加强行政执法，协调相关单位及时消除危及高速铁路安全的隐患。

第五条 各级公安、自然资源、生态环境、住房和城乡建设、交通运输、水利、应急管理等部门和消防救援机构（以下统称相关部门）应当依照法定职责，协调和处理保障高速铁路安全的有关事项，做好保障高速铁路安全的相关工作，防范和制止危害高速铁路安全的行为。

第六条 从事高速铁路运输、建设、设备制造维修的相关企业应当落实安全生产主体责任，建立、健全安全生产责任制和高速铁路安全防护相关管理制度，执行国家关于高速铁路安全防护的相关标准，保障安全生产管理机构或者人员配备，加强对从业人员的教育培训，改善安全生产条件，保证高速铁路安全防护所必需的资金投入。

第七条 铁路监管部门、铁路运输企业等单位应当按照国家有关规定制定突发事件应急预案，并组织应急演练。

铁路运输企业应当按照《中华人民共和国突发事件应对法》等国家有关规定，在车站、列车等场所配备报警装置以及必要的应急救援设备设施和人员。

第八条 铁路监管部门、高速铁路沿线地方各级人民政府相关部门应当落实"谁执法谁普法"的普法责任制，加强保障高速铁路安全有关法律法规、安全生产知识的宣传教育，增强安全防护意识，防范危害高速铁路安全的行为。

第九条 支持和鼓励社会力量积极参与高速铁路安全防护工作，铁路监管部门和相关部门以及铁路运输企业应当建立并公开监督举报渠道，根据各自职责及时处理影响高速铁路安全的问题。

对维护高速铁路安全作出突出贡献的单位或者个人，按照有关规定给予表彰奖励。

第二章 线路安全防护

第十条 铁路监管部门应当推动协调相关部门、高速铁路沿线地方人民政府构建高速铁路综合治理体系，健全治安防控运行机制，落实高速铁路护路联防责任制。

第十一条 国家铁路局应当联合国务院相关部门和有关企业、地区铁路监督管理局应当联合地方人民政府及相关部门和有关企业，推动建立安全信息通报和问题督办机制，做到协调配合、齐抓共管、联防联控。

第十二条 高速铁路线路安全保护区的划定，按照《铁路安全管理条例》等法律、行政法规和国家有关规定执行。高速铁路线路安全保护区用地依法纳入国土空间规划统筹安排。

铁路建设单位或者铁路运输企业应当配合地区铁路监督管理局或者地方人民政府开展高速铁路线路安全保护区划定工作。地方人民政府组织划定高速铁路线路安全保护区的，高速铁路线路安全保护区划定并公告完成后，铁路建设单位或者铁路运输企业应当将相关资料提供给地区铁路监督管理局。

建设跨河、临河的高速铁路桥梁等工程设施并划定高速铁路线路安全保护区的，应当符合防洪标准、岸线规划等要求，其工程建设方案应当按照《中华人民共和国水法》《中华人民共和国防洪法》有关规定报经有关水行政主管部门或者经授权的流域管理机构审查同意。

建设跨越或者穿越航道、临航道的高速铁路桥梁、隧道等工程设施并划定高速铁路线路安全保护区的，应当按照《中华人民共和国航道法》有关规定开展航道通航条件影响评价，并报送有关交通运输主管部门或者航道管理机构审核。

第十三条 禁止在高速铁路线路安全保护区内烧荒、放养牲畜。

禁止向高速铁路线路安全保护区排污、倾倒垃圾以及其他危害铁路安全的物质。

禁止擅自进入、毁坏、移动高速铁路安全防护设施。

在高速铁路线路安全保护区内建造建筑物、构筑物等设施，取土、挖砂、挖沟、采空作业或者堆放、悬挂物品，必须符合保证高速铁路安全的国家标准、行业标准，征得铁路运输企业同意并签订安全协议，遵守施工安全规范，采取措施防止影响铁路运输安全。铁路运输企业应当公布办理相关手续的部门以及相应的渠道，及时办理相关手续，并派员对施工现场实行安全监督。

第十四条 高速铁路与道路立体交叉设施及其附属安全设施竣工验收合格后，应当按照国家规定移交有关单位管理、维护。

上跨高速铁路的道路桥梁及其他建筑物、构筑物的管理部门或者经营企业应当建立定期检查及维护机制，定期检查道路桥梁及其他建筑物、构筑物，以及相关的安全防护设施、警示标志，加强风险研判，采取有效措施，防止道路桥梁构筑物、附着物等坠入高速铁路线路。

对可能影响高速铁路安全的检查、维护行为，应当提前与铁路运输企业沟通，共同制定安全保障措施。铁路运输企业应当提供便利条件。

第十五条 下穿高速铁路桥梁、涵洞的道路，其限高、限宽标志和限高防护架应当符合国家标准，由公路管理部门或者当地人民政府指定的部门、铁路运输企业等按照有关规定设置、维护。

下穿高速铁路桥梁、涵洞的道路进行改造时，施工单位要与铁路运输企业协商一致后实施，严格控制桥梁、涵洞下净高，并根据路面标高的变化及时调整限高防护架的设置。

第十六条 跨越、下穿或者并行高速铁路线路的油气、供气供热、供排水、电力等管线规划、设计、施工应当满足相关国家标准、行业标准及管理规定。施工前应当向铁路运输企业通报，与铁路运输企业协商一致后方可施工，必要时铁路运输企业可以派员进行安全防护。对跨越高速铁路的电力线路，应当采取可靠的防坠落措施。

跨越、下穿高速铁路的油气、供气供热、供排水等管线应当设置满足国家相关技术规范和标准要求的安全保护设施。下穿时，优先选择在铁路桥梁、预留管线涵洞、综合管廊等既有设施处穿越；特殊条件下，需穿越路基时，应当进行专项设计，满足路基沉降的限制指标。

并行高速铁路的油气、供气供热、供排水等管线敷设时，最小水平净距应当满足相关国家标准、行业标准和安全保护要求。

油气、供气供热、供排水、电力等管线的产权单位或者经营企业应当加强检查维护管理，确保状态良好。铁路运输企业应当积极配合。

第十七条 在高速铁路线路两侧建造、设立生产、加工、储存或者销售易燃、易爆或放射性物品等危险物品的场所、仓库的，应当符合国家标准、行业标准规定的安全防护距离。

第十八条 在高速铁路线路两侧从事采矿、采石或者爆破作业的，应当遵守有关采矿和民用爆炸物品的法律法规，符合保障安全生产的国家标准、行业标准和铁路安全保护的相关要求。

在高速铁路线路路堤坡脚、路堑坡顶、铁路桥梁外侧起向外各1000米范围内，以及在铁路隧道上方中心线两侧各1000米范围内，确需从事露天采矿、采石或者爆破作业的，应当充分考虑高速铁路安全需求，依法进行安全评估、安全监理，与铁路运输企业协商一致，依照法律法规规定报经有关主管部门批准，并采取相应的安全防护措施。

矿产资源开采过程中，在矿井、水平、采区设计时，对高速铁路及其主要配套建筑物、构筑物应当划定保护矿柱。

新建高速铁路用地与探矿权人的矿产资源勘查范围、采矿权人的采矿采石影响范围发生重叠或者在尾矿库溃坝冲击范围的，或者新建高速铁路线路跨越上述范围的，铁路建设单位应当与有关权利主体协商一致，签订安全协议，共同制定安全保障措施，按照国家有关规定处理，确保矿山生产经营单位安全生产条件符合相关规定。

第十九条 禁止违反有关规定在高速铁路桥梁跨越处河道上下游的一定范围内采砂、淘金。县级以上地方人民政府水行政主管部门、自然资源主管部门应当按照各自职责划定并公告禁采区域、设置禁采标志，制止非法采砂、淘金行为。

禁止在高速铁路线路路堤坡脚、路堑坡顶或者铁路桥梁外侧起向外各200米范围内抽取地下水；200米范围外，高速铁路线路经过的区域属于地面沉降区域，抽取地下水危及高速铁路安全的，应当设置地下水禁止开采区或者限制开采区，具体范围由地区铁路监督管理局会同县级以上地方人民政府水行政主管部门提出方案，报省、自治区、直辖市人民政府批准并公告。

第二十条 在高速铁路附近从事排放粉尘、烟尘及腐蚀性气体的生产活动，应当严格执行国家规定的排放标准。

生态环境主管部门应当加大检查和管理力度，对相关违法行为依法进行处罚。

第二十一条 有关单位和个人在高速铁路邻近区域内施工、建造构筑物或者从事其他生产经营活动，应当遵守保证高速铁路安全的法律法规和相关标准，采取措施防止影响高速铁路运输安全。

第二十二条 在高速铁路线路及其邻近区域进行施工作业，应当符合工程建设安全管理规定，并执行铁路营业线施工安全管理规定。建设单位应当会同设计、施工单位与铁路运输企业共同制定安全施工方案，按照方案进行施工。施工完毕应当及时清理现场，不得影响高速铁路运营安全。

铁路运输企业应当向社会公布办理铁路营业线施工手续的部门以及相应的渠道，及时办理相关手续。

在高速铁路线路安全保护区内和纳入邻近营业线施工计划的施工，铁路运输企业应当按照国家规定派员对施工现场实行安全监督。

第二十三条 邻近高速铁路的杆塔应当按照国家标准、行业标准和铁路安全防护要求进行设计安装，杆塔产权单位应当建立定期检查维护制度，确保杆塔牢固稳定。

在高速铁路线路安全保护区内，禁止种植妨碍行车瞭望或者有倒伏危险可能影响线路、电力、牵引供电安全的树木等植物；对已种植的，应当依法限期迁移或者修剪、砍伐。

铁路运输企业发现高速铁路线路安全保护区内既有的林木存在可能危及高速铁路安全隐患的，应当告知其产权人或者管理人及时采取措施消除安全隐患。产权人或者管理人拒绝或者怠于处置的，铁路运输企业应当及时向铁路沿线林业主管部门报告，由林业主管部门协调产权人或者管理人采取措施消除安全隐患。

第二十四条 在高速铁路电力线路导线两侧各500米范围内，不得升放风筝、气球、孔明灯等飘浮物体，不得使用弓弩、弹弓、气枪等攻击性器械从事可能危害高速铁路安全的行为。在高速铁路电力线路导线两侧升放无人机的，应当遵守国家有关规定。

对高速铁路线路两侧的塑料大棚、彩钢棚、广告牌、防尘网等轻质建筑物、构筑物，其所有权人或者实际控制人应当采取加固防护措施，并对塑料薄膜、锡箔纸、彩钢瓦、铁皮等建造、构造材料及时清理，防止大风天气条件下危害高速铁路安全。

第二十五条 铁路运输企业应当对高速铁路线路、防护设施、警示标志、安全环境等进行经常性巡查和维护；对巡查中发现的安全问题应当立即处理，不能立即处理的应当及时报告地区铁路监督管理局或者其他相关部门。巡查和处理情况应当记录留存。

第三章 安全防护设施及管理

第二十六条 高速铁路应当实行全封闭管理，范围包括线路、车站、动车存放场所、隧道斜井和竖井的出入口，以及其他与运行相关的附属设备设施处所。铁路建设单位或者铁路运输企业应当按照国家铁路局的规定在铁路用地范围内设置封闭设施和警示标志。

高速铁路与普速铁路共用车站的并行地段，在高速铁路线路与普速铁路线路间设置物理隔离；区间的并行地段，在普速铁路外侧依照高速铁路线路标准进行封闭。

高速铁路高架桥下的铁路用地，应当根据周边生产、生活环境情况，按照确保高速铁路设备设施安全的要求，实行封闭管理或者保护性利用管理。

铁路运输企业应当建立进出高速铁路线路作业门的管理制度。

第二十七条　铁路运输企业应当在客运车站广场、售票厅、进出站口、安检区、直梯及电扶梯、候车区、站台、通道、车厢、动车存放场所等重要场所和其他人员密集的场所，以及高速铁路桥梁、隧道、重要设备设施处所和路基重要区段等重点部位配备、安装监控系统。监控系统应当符合相关国家标准、行业标准，与当地公共安全视频监控系统实现图像资源共享。

客运车站以及动车存放场所周界应当设置实体围墙。车站广场应当设置防冲撞设施，有条件的设置硬隔离设施。

第二十八条　铁路运输企业应当在高速铁路沿线桥头、隧道口、路基地段等易进入重点区段安装、设置周界入侵报警系统。站台两端应当安装、设置警示标志和封闭设施，防止无关人员进入高速铁路线路。高速铁路周界入侵报警系统应当符合相关国家标准、行业标准。

高速铁路沿线视频监控建设应当纳入当地公共安全视频监控建设联网应用工作体系，并充分利用公共通信杆塔等资源，减少重复建设。

第二十九条　铁路运输企业应当根据沿线的自然灾害、地质条件、线路环境等情况，建立必要的灾害监测系统。

第三十条　高速铁路长大隧道、高架桥、旅客聚集区等重点区域，应当按照国家有关规定设置紧急情况下的应急疏散逃生通道并保证畅通，同时安装、设置指示标识。高速铁路长大隧道的照明设施设备、消防设施应当保持状态良好。

第三十一条　在下列地点，应当按照国家有关规定安装、设置防止车辆以及其他物体进入、坠入高速铁路线路的安全防护设施和警示标志：

（一）高速铁路路堑上的道路；

（二）位于高速铁路线路安全保护区内的道路；

（三）跨越高速铁路线路的道路桥梁及其他建筑物、构筑物。

第三十二条　船舶通过高速铁路桥梁应当符合桥梁的通航净空高度并遵守航行规则。桥区航标中的桥梁航标、桥柱标、桥梁水尺标由铁路运输企业负责设置、维护，水面航标由铁路运输企业负责设置，航道管理部门负责维护。

建设跨越通航水域的高速铁路桥梁，应当根据有关规定同步设计、同步建设桥梁防撞设施。铁路运输企业或者铁路桥梁产权单位负责防撞设施的维护管理。

第三十三条　铁路建设单位应当按照相关法律法规和国家标准、行业标准，在建设高速铁路客运站和直接为其运营服务的段、厂、调度指挥中心、到发中转货场、仓库时，确保相关安全防护设备设施同时设计、同时施工、同时投入生产和使用。

第四章　运营安全防护

第三十四条　除生产作业或者监督检查工作需要外，任何人一律不得进入动车组司机室。

进入动车组司机室，应当严格遵守国家安全管理规定和铁路运输企业安全生产制度。

第三十五条　旅客购买高速铁路列车车票、乘坐高速铁路列车，应当出示有效身份证件。对车票所记载身份信息与所持身份证件或者真实身份不符的持票人，铁路运输企业有权拒绝其进站乘车，并报告公安机关。

依照有关规定办理的高铁快运，铁路运输企业应当对客户身份进行查验，登记身份信息，并按规定对运送的物品进行安全检查。

铁路运输企业应当为公安机关依法履行职责提供数据支持和协助。

第三十六条　铁路禁止或者限制携带的物品种类及其数量由国家铁路局会同公安部规定。铁路运输企业应当在高速铁路车站、列车等场所对禁止或者限制携带的物品种类及其数量进行公布，并通过广播、视频等形式进行宣传。

第三十七条　铁路运输企业应当依照法律、行政法规和有关规定，承担安全检查的主体责任，设立相应的安检机构和安检场地，配备与运量相适应的安全检查人员和设备设施，对进入高速铁路车站的人员、物品进行安全检查。

从事安全检查的工作人员应当经过识别和处置危险物品等相关专业知识培训并考试合格。安全检查工作人员应当佩戴安全检查标志，依法履行安全检查职责，并有权拒绝不接受安全检查的旅客进站乘车或者经高速铁路运输物品。

第三十八条　禁止任何单位和个人扰乱高速铁路建设和运输秩序，损坏或者非法占用高速铁路设施设备、相关标志和高速铁路用地。

铁路运输企业应当按规定配备安保人员和相应设备、设施，加强安全检查和保卫工作。有关重点目标管理单位应当依照《中华人民共和国反恐怖主义法》等相关法律法规的规定，履行防范和应对处置恐怖活动职责，制定建立公共安全视频图像信息系统值班监看、信息保存使用、运行维护等管理制度，落实对重要岗位人员进行安全背景审查，以及对进入重点目标的人员、物品和交通工具进行安全检查等相关工作。

公安机关应当按照法定职责，维护高速铁路车站、列车等场所和高速铁路沿线的治安秩序，依法监督检查指导铁路运输企业治安保卫工作；依法查处摆放障碍、破坏设施、损坏设备、盗割电缆、擅自进入高速铁路线路等危及高速铁路运输安全和秩序的违法行为。

第三十九条　高速铁路的重要桥梁和隧道按照国家有关规定进行守护。

第四十条　县级以上各级人民政府相关部门、铁路运输企业应当依照自然灾害防治法律法规的规定，加强高速铁路沿线灾害隐患的排查、治理、通报、预防和应急处理等工作。

高速铁路勘察、设计阶段应当加强地质灾害危险性评估工作，尽量避开地质灾害隐患威胁，无法避让的，应当在设计、建设阶段及时采取治理措施排除地质灾害隐患风险，为铁路建设及运营提供安全环境。

高速铁路规划、勘察、设计、建设，应当优化地质选线，加强沿线区域地震活动性研究。位于活动断裂带的高速铁路，沿线应当装设地震预警监测系统。大型桥梁、隧道、站房等重点工程，应当强化场址地震安全性评价，满足抗震设防相关标准。

县级以上各级人民政府相关部门、铁路运输企业应当依照法律、行政法规的规定，建立地质灾害、气象灾害等预警信息互联互通机制，研判灾害对高速铁路安全的影响，及时进行预报预警。铁路运输企业应当针对不同灾害等级或者情况采取相应的防范措施。

第四十一条　铁路运输企业应当依照有关法律法规和技术标准要求，建立高速铁路网络安全保障体系，落实网络安全管理制度和技术防护措施，制定网络安全事件应急预案，采取有效措施确保网络安全稳定运行，保护旅客、托运人电子信息安全。

第四十二条　铁路运输企业应当遵守消防法律法规规章和消防技术标准，落实消防安全主体责任，制定消防安全制度、消防安全操作规程，配置符合要求的消防设施、器材，设置消防安全标志、组织防火检查，及时消除火灾隐患，制定灭火和应急疏散预案，并定期演练。

消防救援机构等相关部门依法履行消防监督管理职责。

第五章　监督管理

第四十三条　铁路监管部门应当制定年度安全监督检查计划，重点对以下事项进行监督检查：

（一）铁路运输高峰期和恶劣气象条件下关键时期的运输安全；

（二）高速铁路开通运营、重要设施设备运用状态、沿线外部环境等铁路运输安全关键环节；

（三）铁路运输突发事件应急预案的建立和落实情况。

铁路监管部门根据需要，可以牵头协调组织相关部门开展高速铁路安全防护联合监督检查。

第四十四条　铁路监管部门应当对监督检查过程中发现的问题，以及铁路运输企业等单位报送的问题进行梳理分析。对影响高速铁路运营安全的，应当及时采取函告、约谈等方式督促相关企业或者地方政府相关部门落实责任、消除隐患；对安全防护推进不力的部门和单位，可以在铁路监管部门政府网站上向社会公告。

对高速铁路事故隐患，铁路监管部门应当责令有关单位立即排除，并加强督办落实；重大事故隐患排除前或者排除过程中无法保证安全的，铁路监管部门应当责令从危险区域内撤出人员、设备，停止作业，重大事故隐患排除后方可恢复。

相关部门发现铁路安全隐患，属于职责范围内的，应当依法责令有关单位或者个人立即排除。

第四十五条　铁路监管部门和相关部门应当依照法律法规和相关职责规定对影响高速铁路安全的行为进行处罚。

第四十六条　发生涉及高速铁路运输安全的突发事件后，铁路运输企业及其所属的生产经营单位应当立即采取措施组织抢救，防止事故扩大，减少人员伤亡和财产损失，并向事件发生地地方人民政府及相关部门和地区铁路监督管理局报告。

第四十七条　事件发生地相关部门和地区铁路监督管理局接到报告后，应当依照有关法律、行政法规的规定和应急预案要求，立即采取措施控制事态发展，组织开展应急救援和处置工作，并按规定报告。

第六章　附　则

第四十八条　本办法自 2020 年 7 月 1 日起施行。

铁路旅客运输安全检查管理办法

(2014年12月8日交通运输部令第21号公布，自2015年1月1日起施行)

第一条 为了保障铁路运输安全和旅客生命财产安全，加强和规范铁路旅客运输安全检查工作，根据《中华人民共和国铁路法》、《铁路安全管理条例》等法律、行政法规和国家有关规定，制定本办法。

第二条 本办法所称铁路旅客运输安全检查是指铁路运输企业在车站、列车对旅客及其随身携带、托运的行李物品进行危险物品检查的活动。

前款所称危险物品是指易燃易爆物品、危险化学品、放射性物品和传染病病原体及枪支弹药、管制器具等可能危及生命财产安全的器械、物品。禁止或者限制携带物品的种类及其数量由国家铁路局会同公安部规定并发布。

第三条 铁路运输企业应当在车站和列车等服务场所内，通过多种方式公告禁止或者限制携带物品种类及其数量。

第四条 铁路运输企业是铁路旅客运输安全检查的责任主体，应当按照法律、行政法规、规章和国家铁路局有关规定，组织实施铁路旅客运输安全检查工作，制定安全检查管理制度，完善作业程序，落实作业标准，保障旅客运输安全。

第五条 铁路运输企业应当在铁路旅客车站和列车配备满足铁路运输安全检查需要的设备，并根据车站和列车的不同情况，制定并落实安全检查设备的配备标准，使用符合国家标准、行业标准和安全、环保等要求的安全检查设备，并加强设备维护检修，保障其性能稳定，运行安全。

第六条 铁路运输企业应当在铁路旅客车站和列车配备满足铁路运输安全检查需要的人员，并加强识别和处置危险物品等相关专业知识培训。从事安全检查的人员应当统一着装，佩戴安全检查标志，依法履行安全检查职责，爱惜被检查的物品。

第七条 旅客应当接受并配合铁路运输企业的安全检查工作。拒绝配合的，铁路运输企业应当拒绝其进站乘车和托运行李物品。

第八条 铁路运输企业可以采取多种方式检查旅客及其随身携带或者托运的物品。

对旅客进行人身检查时，应当依法保障旅客人身权利不受侵害；对女性旅客进行人身检查，应当由女性安全检查人员进行。

第九条 安全检查人员发现可疑物品时可以当场开包检查。开包检查时，旅客应当在场。

安全检查人员认为不适合当场开包检查或者旅客申明不宜公开检查的，可以根据实际情况，移至适当场合检查。

第十条 铁路运输企业应当采取有效措施，加强旅客车站安全管理，为安全检查提供必要的场地和作业条件，提供专门处置危险物品的场所。

第十一条 铁路运输企业应当制定并实施应对客流高峰、恶劣气象及设备故障等突发情况下的安全检查应急措施，保证安全检查通道畅通。

第十二条 铁路运输企业在旅客进站或托运人托运前查出的危险物品，或旅客携带禁止携带物品、超过规定数量的限制携带物品的，可由旅客或托运人选择交送行人员带回或自弃交车站处理。

第十三条 对怀疑为危险物品，但受客观条件限制又无法认定其性质的，旅客或托运人又不能提供该物品性质和可以经旅客列车运输的证明时，铁路运输企业有权拒绝其进站乘车或托运。

第十四条 安全检查中发现携带枪支弹药、管制器具、爆炸物品等危险物品，或者旅客声称本人随身携带枪支弹药、管制器具、爆炸物品等危险物品的，铁路运输企业应当交由公安机关处理，并采取必要的先期处置措施。

第十五条 列车上发现的危险物品应当妥善处置，并移交前方停车站。鞭炮、发令纸、摔炮、拉炮等易爆物品应当立即浸湿处理。

第十六条 铁路运输企业在安全检查过程中，对扰乱安全检查工作秩序、妨碍安全检查人员正常工作的，应当予以制止；不听劝阻的，交由公安机关处理。

第十七条 公安机关应当按照职责分工，维护车站、列车等铁路场所和铁路沿线的治安秩序。

旅客违法携带、夹带管制器具或者违法携带、托运烟花爆竹、枪支弹药等危险物品或者其他违禁物品的，由公安机关依法给予治安管理处罚；构成犯罪的，依法追究刑事责任。

第十八条 铁路监管部门应当对铁路运输企业落实旅客运输安全检查管理制度情况加强监督检查，依法查处违法违规行为。

第十九条 铁路运输企业及其工作人员违反有关安全检查管理规定的，铁路监管部门应当责令改正。铁路旅客运输安全检查管理办法

第二十条 铁路监管部门的工作人员对旅客运输安全检查情况实施监督检查、处理投诉举报时，应当恪尽职守，廉洁自律，秉公执法。对失职、渎职、滥用职权、玩忽职守的，依法给予行政处分；构成犯罪的，依法追究刑事责任。

第二十一条 随旅客列车运输的包裹的安全检查，参照本办法执行。

第二十二条 本办法自2015年1月1日起施行。

铁路危险货物运输安全监督管理规定

（2015年3月12日以交通运输部令2015年第1号公布，自2015年5月1日起施行）

第一章 总 则

第一条 为加强铁路危险货物运输安全管理，保障公众生命财产安全，保护环境，根据《安全生产法》《铁路法》《铁路安全管理条例》《危险化学品安全管理条例》等有关法律、行政法规，制定本规定。

第二条 本规定所称危险货物，是指具有爆炸、易燃、毒害、感染、腐蚀、放射性等危险特性，在铁路运输过程中，容易造成人身伤亡、财产毁损或者环境污染而需要特别防护的物质和物品。

第三条 铁路运输企业应当依据有关法律、行政法规和标准以及国务院铁路行业监督管理部门制订公布的铁路危险货物品名等规定，落实运输条件，加强运输管理，确保运输安全。

第四条 禁止运输法律、行政法规禁止生产和运输的危险物品、危险性质不明以及未采取安全措施的过度敏感或者能自发反应而产生危险的物品。高速铁路、城际铁路等客运专线及旅客列车禁止运输危险货物，法律、行政法规另有规定的除外。

第五条 铁路危险货物运输安全管理坚持安全第一、预防为主、综合治理的方针，强化和落实铁路运输企业、专用铁路、铁路专用线等危险货物运输相关单位（以下统称运输单位）的主体责任。

第六条 国家铁路局及地区铁路监督管理局（统称铁路监管部门）负责铁路危险货物运输安全监督管理工作。

第七条 国家鼓励采用有利于提高安全保障水平的先进技术和管理方法，鼓励规模化、集约化、专业化和发展专用车辆、专用集装箱运输危险货物。支持开展铁路危险货物运输安全技术以及对安全、环保有重大影响的项目研究。

第二章 运输条件

第八条 运输危险货物应当在符合法律、行政法规和标准规定，具备相应品名办理条件的车站、专用铁路、铁路专用线间发到。

铁路运输企业应当将办理危险货物的车站名称、作业地点（货场、专用铁路、铁路专用线名称）、办理品名及编号、装运方式等信息及时向社会公布。发生变化的，应当重新公布。

第九条 运输危险货物应当依照法律、行政法规和国家其他有关规定使用专用的设施设备。依法应当进行产品认证、检验检测的，经认证、检验检测合格方可使用。

第十条 危险货物装卸、储存场所和设施应当符合下列要求：

（一）装卸、储存专用场地和安全设施设备封闭管理并设立明显的安全警示标志。设施设备布局、作业区域划分、安全防护距离等符合规定；

（二）设置有与办理货物危险特性相适应，并经相关部门验收合格的仓库、雨棚、场地等设施，配置相应的计量、检测、监控、通信、报警、通风、防火、灭火、防爆、防雷、防静电、防腐蚀、防泄漏、防中毒等安全设施设备，并进行经常性维护、保养，保证设施设备的正常使用；

（三）装卸设备符合安全要求，易燃、易爆的危险货物装卸设备应当采取防爆措施，罐车装运危险货物应当使用栈桥、鹤管等专用装卸设施，危险货物集装箱装卸作业应当使用集装箱专用装卸机械；

（四）法律、行政法规、标准和安全技术规范规定的其他条件。

第十一条 运输单位应当按照国家有关规定，对本单位危险货物装卸、储存作业场所和设施等安全生产条件进行安全评价。

法律、行政法规规定需要委托相关机构进行安全评价的，运输单位应当委托具备国家规定资质条件且业务范围涵盖铁路运输、危险化学品等相关领域的机构进行。

新建、改建危险货物装卸、储存作业场所和设施，在既有作业场所增加办理危险货物品类，以及危险货物新品名、新包装和首次使用铁路罐车、集装箱、专用车辆装载危险货物的，应当进行安全评价。

第十二条 装载和运输危险货物的铁路车辆、集装箱和其他容器应当符合下列条件：

（一）制造、维修、检测、检验和使用、管理符合标准和有关规定；

（二）牢固、清晰地标明危险货物包装标志和警示标志；

（三）铁路罐车、罐式集装箱以及其他容器应当封口严密，安全附件设置准确、起闭灵活、状态完好，能够防止运输过程中因温度、湿度或者压力的变化发生渗漏、洒漏；

（四）压力容器应当符合国家特种设备安全监督管理部门制订并公布的《移动式压力容器安全技术监察规程》《气瓶安全技术监察规程》等有关安全技术规范要求，并在经核准的检验机构出具的压力容器安全检验合格有效期内；

（五）法律、行政法规、安全技术规范和标准规定的其他条件。

第十三条 运输危险货物包装应当符合下列要求：

（一）包装物、容器、衬垫物的材质以及包装型式、规格、方法和单件质量（重量），应当与所包装的危险货物的性质和用途相适应；

（二）包装能够抗御运输、储存和装卸过程中正常的冲击、振动、堆码和挤压，并便于装卸和搬运；

（三）包装外表面应当牢固、清晰地标明危险货物包装标志和包装储运图示标志；

（四）法律、行政法规、安全技术规范和标准规定的其他条件。

第三章 运输安全管理

第十四条 托运危险货物的，托运人应当向铁路运输企业如实说明所托运危险货物的品名、数量（重量）、危险特性以及发生危险情况时的应急处置措施等。对国家规定实行许可管理、需凭证运输或者采取特殊措施的危险货物，托运人或者收货人应当向铁路运输企业如实提交相关证明。不得将危险货物匿报或者谎报品名进行托运；不得在托运的普通货物中夹带危险货物，或者在危险货物中夹带禁止配装的货物。

第十五条 铁路运输企业应当对承运的货物进行安全检查。不得在非危险货物办理站办理危险货物承运手续，不得承运未接受安全检查的货物，不得承运不符合安全规定、可能危害铁路运输安全的货物。

下列情形，铁路运输企业应当查验托运人、收货人提供的相关证明材料并留存备查：

（一）国家对生产、经营、储存、使用等实行许可管理的危险货物；

（二）国家规定需要凭证运输的危险货物；

（三）需要添加抑制剂、稳定剂和采取其他特殊措施方可运输的危险货物；

（四）运输包装、容器列入国家生产许可证制度工业产品目录的危险货物；

（五）法律、行政法规及国家规定的其他情形。

第十六条 运输单位应当如实记录运输的危险货物品名及编号、装载数量（重量）、发到站、作业地点、装运方式、车（箱）号、托运人、收货人、押运人等信息，并采取必要的安全防范措施，防止丢失或者被盗；发现爆炸品、易制爆危险化学品、剧毒品丢失或者被盗、被抢的，应当立即向当地公安机关报告。

第十七条 运输放射性物质时，托运人应当持有生产、销售、使用或者处置放射性物质的有效证明，配置防护设备和报警装置。运输的放射性物质及其运输容器、运输车辆、辐射监测、安全保卫、应急预案及演练、装卸作业、押运、职业卫生、人员培训、安全审查等应当符合《放射性物品运输安全管理条例》《放射性物质安全运输规程》等法律、行政法规和标准的要求。运输单位应当按照国家有关规定对放射性物质运输进行现场检测。

第十八条 危险货物的储存方式、方法以及储存数量、隔离等应当符合规定。仓库、雨棚、储罐等专用设施，应当由专人负责管理。剧毒品以及储存数量构成重大危险源的其他危险货物，应当单独存放，并实行双人收发、双人保管制度。

第十九条 危险货物运输装载加固以及使用的铁路车辆、集装箱、其他容器、集装化用具、装载加固材料或者装置等应当符合国家标准、行业标准、技术规范和安全要求。不得使用技术状态不良、未按规定检修（验）或者达到报废年限的设施设备，禁止超设计范围装运危险货物。

货物装车（箱）不得超载、偏载、偏重、集重。货物性质相抵触、消防方法不同、易造成污染的货物不得同车（箱）装载。禁止危险货物与普通货物混装运输。

第二十条 危险货物装卸作业应当遵守安全作业标准、规程和制度，并在装卸管理人员的现场指挥或者监控下进行。

第二十一条 运输危险货物时，托运人应当配备必要的押运人员和应急处理器材、设备和防护用品，并使危险货物始终处于押运人员监管之下。

铁路运输企业应当告知押运注意事项，检查押运人员、备品、设施及押运工作情况，并为押运人员提供必要的工作、生活条件。

押运人员应当遵守铁路运输安全规定，检查押运的货物及其装载加固状态，按操作规程使用押运备品和设施。

第二十二条 运输单位间应当按照约定的交接地点、方式、内容、条件和安全责任等办理危险货物交接。

第二十三条 危险货物车辆编组、调车等技术作业应当执行相关技术标准和管理办法。

运输危险货物的车辆途中停留时，应当远离客运列车及停留期间有乘降作业的客运站台等人员密集场所和设施，并采取安全防范措施。装运剧毒品、爆炸品、放射性物质和气体等危险货物的车辆途中停留时，铁路运输企业应当派人看守。

第二十四条 装运过危险货物的车辆、集装箱，卸后应当清扫洗刷干净，确保不会对其他货物和作业人员造成污染、损害。洗刷废水、废物处理应当符合环保要求。

第二十五条 运输单位应当按照国家劳动安全职业卫生有关规定配备符合国家防护标准要求的劳动保护用品和职业防护等设施设备，开展从业人员职业健康体检，建立从业人员职业健康监护档案，预防人身伤害。

第二十六条 运输单位应当建立健全危险货物运输安全管理、岗位安全责任、教育培训、安全检查和隐患排查治理、安全投入保障、劳动保护、应急管理等制度，完善危险货物包装、装卸、押运、运输等操作规程和标准化作业管理办法。

第二十七条 运输单位应当对本单位危险货物运输从业人员进行安全、环保、法制教育和岗位技术经常性培训，经考核合格后方可上岗。

从业人员应当掌握所运输危险货物的危险特性及其运输工具、包装物、容器的使用要求和出现危险情况时的应急处置方法。

第二十八条 运输单位在法定假日和传统节日等运输高峰期或者恶劣气象条件下，以及国家重大活动期间，应当采取安全应急管理措施，加强铁路危险货物运输安全检查，确保运输安全。必要时可采取停运、限运、绕行等措施。

第二十九条 运输单位、托运人应当制定本单位铁路危险货物运输事故应急预案，配备应急救援人员和必要的应急救援器材、设备、设施，并定期组织应急救援演练。

第三十条 危险货物运输过程中发生燃烧、爆炸、环境污染、中毒或者被盗、丢失、泄漏等情况，押运人员和现场有关人员应当立即按规定报告，并按照应急预案开展先期处置。运输相关单位负责人接到报告后，应当迅速采取有效措施，组织抢救，防止事态扩大，减少人员伤亡和财产损失，并报告当地安全生产监督管理、环境保护、公安、卫生主管部门以及铁路监督管理局，不得隐瞒不报、谎报或者迟报，不得故意破坏事故现场、毁灭有关证据。

第三十一条 铁路运输企业应当实时掌握本单位危险货物运输状况，并按要求向所在地铁路监督管理局报告危险货物运量统计、办理站点、设施设备、安全等信息。

第四章 监督检查

第三十二条 铁路监管部门依法对运输单位执行有关危险货物运输安全的法律、行政法规、规章和标准的情况进行监督检查，重点监督检查下列内容：

（一）危险货物运输安全责任制、规章制度和操作规程的建立、完善情况；

（二）危险货物运输从业人员安全、环保培训及考核情况；

（三）保证本单位危险货物运输安全生产投入情况；

（四）危险货物运输安全隐患排查治理情况；

（五）危险货物运输设施设备配置、使用、管理及检测、鉴定和安全评价情况；

（六）危险货物办理站信息公布情况；

（七）承运危险货物安全检查情况；

（八）危险货物运输作业环节安全管理情况；

（九）重大危险源安全管理措施落实情况；

（十）危险货物运输事故应急预案制定、应急救援设备和器材配置、应急救援演练等情况；

（十一）危险货物运输事故报告情况；

（十二）依法应当监督检查的其他情况。

第三十三条 铁路监管部门进行监督检查时，可以依法采取下列措施：

（一）进入铁路危险货物运输作业场所检查，调阅有关资料，向有关单位和人员了解情况；

（二）纠正或者要求限期改正危险货物运输安全违法行为；对依法应当给予行政处罚的行为，依照法律、行政法规的规定作出行政处罚决定；

（三）责令立即排除危险货物运输事故隐患；重大隐患排除前或者排除过程中无法保证安全的，应当责令撤出危险区域内的作业人员，责令暂时停运或者停止使用相关设施、设备；

（四）责令立即停止使用不符合规定的设施、设备、装置、器材、运输工具等；

（五）依法查封或者扣押有根据认为不符合保障安全生产的国家标准或者行业标准的设施、设备、器

材,并作出处理决定;

(六)法律、行政法规规定的其他措施。

第三十四条 铁路监管部门行政执法人员应当忠于职守、秉公执法,遵守执法规范;对监督检查过程中知悉的商业秘密负有保密责任。行政执法人员依法履行监督检查职责时,应当出示有效执法证件。

被监督检查单位和个人对铁路监管部门依法进行的监督检查应当予以配合,如实提供有关情况或者资料,不得拒绝、阻挠。

第三十五条 铁路监管部门应当建立健全危险货物运输安全监督检查制度,加强行政执法人员危险货物运输安全知识培训,配备必要的安全检查装备,应用信息化手段和先进技术,不断提高监管水平。

铁路监管部门监督检查时,可聘请熟悉铁路危险货物运输、化学化工、安全技术管理、应急救援等的专家和专业人员提供技术支撑,可依法委托安全技术机构对危险货物运输安全实施监督检查。

第三十六条 任何单位和个人均有权向铁路监管部门举报危险货物运输违法违规行为。

铁路监管部门接到举报,应当及时依法处理;对不属于本部门职责的,应当及时移送有关部门处理。

第三十七条 违反法律、行政法规规定运输危险货物的,按照《违反〈铁路安全管理条例〉行政处罚实施办法》及有关法律、行政法规的规定实施处罚;依法应当由其他部门实施处罚的,应当通报有关部门依法处理。

违反法律、行政法规规定运输危险货物,造成铁路交通事故或者其他事故的,依法追究相关单位及其主要负责人、工作人员的行政责任;涉嫌犯罪的,依法移送司法机关处理。

第三十八条 铁路监管部门应当建立危险货物运输违法行为信息库,如实记录运输单位的违法行为信息。对无正当理由拒绝接受监督检查、故意隐瞒事实或者提供虚假材料以及受到行政处罚等违法情节严重的企业予以公告。

第五章 附 则

第三十九条 军事运输危险货物依照国家有关规定办理。

第四十条 本规定自 2015 年 5 月 1 日起施行。

铁路安全生产违法行为公告办法

(2015 年 5 月 19 日国家铁路局以国铁安监〔2015〕20 号印发)

第一条 为规范铁路安全监管行为,促进生产经营单位依法守信,强化社会监督,依据《安全生产法》、《铁路安全管理条例》等法律法规和相关规定,制定本办法。

第二条 国家铁路局及地区铁路监督管理局(以下统称铁路监管部门)依法履职过程中,如实记录生产经营单位涉及铁路安全的违法行为信息,并建立信息库;对违法行为情节严重的,向社会公告,并将公告信息通报该生产经营单位的上级单位和相关主管部门。

第三条 铁路监管部门应当坚持职权法授、程序法定、行为法限、责任法究,认真履行监督检查、行政处罚、事故调查、处理投诉举报等职责,对相关生产经营单位违法行为公告应当做到公平公正、客观真实,并主动接受社会监督。

第四条 违法行为公告工作中涉及国家秘密、商业秘密、个人隐私的内容不公开。但经权利人同意公开或者铁路监管部门认为不公开可能对公共利益造成重大影响的涉及商业秘密、个人隐私的内容,可以公开。

第五条 国家铁路局政府网站设铁路安全生产违法行为公告平台。对生产经营单位的下列违法行为信息,由国家铁路局、各地区铁路监督管理局按照"谁执法、谁公告"的原则进行公告。

(一)因违法行为造成铁路交通较大及以上事故的,应当于事故结案 20 个工作日内,向社会公告违法单位名称、违法行为、处理情况、处理依据和实施机关等。

(二)受到行政处罚的,应当于处罚结案 20 个工作日内,向社会公告违法单位名称、违法行为、处罚决定、处罚依据和处罚实施机关等。

(三)在监督检查中或者处理投诉举报中发现的情节严重的违法行为,经核实无误的,应当定期向社会公告违法单位名称、违法行为、处理情况、处理依据和实施机关等。

(四)对于法律法规或国家规定公告的其他事项,依照其规定进行公告。

第六条 被公告的生产经营单位认为公告信息与实际处理决定内容不符的,可向实施公告的铁路监管部门提出书面更正意见,并提供相关证据。铁路监管部门接到书面材料后,应在 20 个工作日内核查完毕,将核查结果告知当事人,经核实应当更正的及时给予更正。铁路监管部门在作出答复前不停止对违法行为的公告。

第七条 违法行为公告期一般不少于半年。被公告的生产经营单位应当向实施公告的铁路监管部门报告整改情况。达到整改要求的，实施公告的铁路监管部门应当在公告期限届满后撤除违法行为公告信息。未达到整改要求的，继续保留公告信息，直至整改合格。

第八条 行政处罚决定被依法变更、撤销或者停止执行的，铁路监管部门应当及时对相关公告信息予以变更或者撤除，并在公告平台上予以声明。

第九条 按照国家安全生产诚信体系建设的有关规定，生产经营单位的违法行为符合国家管理的安全生产诚信"黑名单"不良行为的，由国家铁路局提报国务院安全生产委员会办公室，由其依法向社会公告；符合省级管理的安全生产诚信"黑名单"不良行为的，由地区铁路监督管理局提报违法生产经营单位所在地的省级地方人民政府安全生产委员会办公室，由其依法向社会公告。

第十条 铁路监管部门工作人员在生产经营单位违法行为公告信息制作、发布中有玩忽职守、弄虚作假或者徇私舞弊等行为的，由其所在单位或者上级主管机关予以通报批评，并依纪依法追究直接责任人和有关领导的责任；构成犯罪的，移送司法机关依法追究刑事责任。

第十一条 本办法自发布之日起施行。

铁路交通事故应急救援规则

（2007年8月19日铁道部第17次部长办公会议通过，2007年8月29日铁道部令第32号公布，自2007年9月1日起施行）

第一章 总 则

第一条 为了规范和加强铁路交通事故（以下简称事故）的应急救援工作，最大限度地减少人员伤亡和财产损失，尽快恢复铁路运输秩序，依据《铁路交通事故应急救援和调查处理条例》（国务院令第501号）及国家有关规定，制定本规则。

第二条 国家铁路、合资铁路、地方铁路、专用铁路和铁路专用线发生事故，造成人员伤亡、财产损失、中断行车及其他影响铁路正常行车，需要实施应急救援的，适用本规则。

第三条 事故应急救援工作应当遵循"以人为本、逐级负责、应急有备、处置高效"的原则。

第四条 铁道部成立事故应急救援领导小组并设工作机构，建立健全工作制度，制定和完善事故应急救援预案，按照国家规定的权限和程序，组织、指挥、协调事故应急救援工作。

各铁路安全监督管理办公室（以下简称安全监管办）应当指导、督促铁路运输企业落实事故应急救援的各项规定，依法组织、指挥、协调本辖区内的事故应急救援工作。

第五条 铁路运输企业应当相应成立事故应急救援领导小组并设工作机构，建立健全工作制度，制定和完善事故应急救援预案，加强救援队、救援列车的建设，负责事故应急救援的人员培训、装备配置、物资储备、预案演练等基础工作，积极开展事故应急救援。

第六条 公安机关应当参与事故应急救援，负责保护事故现场，维护现场治安秩序，进行现场勘察和调查取证，依法查处违法犯罪嫌疑人，协助抢救遇险人员。

第七条 事故应急救援工作必要时，由铁道部、安全监管办协调请求国务院其他有关部门、有关地方人民政府、当地驻军、武装警察部队给予支持帮助。

第二章 救援报告

第八条 事故应急救援实行逐级报告制度。铁道部、安全监管办和铁路运输企业应当明确报告程序、方式和时限，公布接受报告的各级事故应急救援部门及电话。事故发生后，有关单位、部门应当按规定程序向上级单位和部门报告。

第九条 事故发生后，现场铁路工作人员或者其他有关人员应当立即向邻近铁路车站、列车调度员、公安机关或者相关单位负责人报告。接到报告的单位、部门应当根据需要立即通知救援队和救援列车。

遇有人员伤亡或者发生火灾、爆炸、危险货物泄漏等事故时，接到报告的单位、部门应当根据需要采取防护措施，并立即通知当地急救、医疗卫生部门或者公安消防、环境保护等部门。

第十条 铁路运输企业列车调度员接到事故报告后，应当立即按规定程序报告本企业负责人，并向本区域的安全监管办和铁道部列车调度员报告。

第十一条 铁道部列车调度员接到事故报告后，应当立即按规定程序上报。

发生特别重大事故时，铁道部应当立即向国务院报告。

第十二条 救援报告的主要内容：

（一）事故发生的时间、地点（站名）、区间（线名、公里、米）、线路条件、事故相关单位和人员。

（二）发生事故的列车种类、车次、机车型号、部位、牵引辆数、吨数、计长及运行速度。

（三）旅客人数，伤亡人数、性别、年龄以及救助情况，是否涉及境外人员伤亡。

（四）货物品名、装载情况，易燃、易爆等危险货物情况。

（五）机车车辆脱轨数量及型号、线路设备损坏程度等情况。

（六）对铁路行车的影响情况。

（七）事故原因的初步判断，事故发生后采取的措施及事故控制情况。

（八）需要应急救援的其他事项。

第十三条　事故应急救援过程中，人员伤亡、脱轨辆数、设备损坏等情况发生变化时，应及时补报。

第十四条　事故应急救援情况需要向社会通报时，由铁道部、安全监管办的宣传部门统一负责。

第三章　紧　急　处　置

第十五条　事故发生后，列车司机或者运转车长等现场铁路工作人员应当立即采取停车措施，并按规定对列车进行安全防护。遇有人员伤亡时，应当向邻近车站或者列车调度员请求施救，并将伤亡人员移出线路、做好标记，有能力的应当对伤员进行紧急施救。

为保障铁路旅客安全或者因特殊运输需要不宜停车的，可以不停车。但是，列车司机或者运转车长等现场铁路工作人员应当立即将事故情况报告邻近车站、列车调度员，接到报告的邻近车站、列车调度员应当立即组织处置。

第十六条　客运列车发生事故造成车内人员伤亡或者危及人员安全时，列车长应当立即组织车上人员进行紧急施救，稳定人员情绪，维护现场秩序，并向邻近车站或者列车调度员请求施救。

第十七条　救援队接到事故救援通知后，救援队长应当召集救援队员以最快速度赶赴事故现场。到达事故现场后，应当立即组织紧急抢救伤员，利用既有设备起复脱轨的机车车辆，清除各种障碍，搭设必要的设备设施，为进一步实施救援创造条件。

第十八条　发生列车火灾、爆炸、危险货物泄漏等事故时，现场铁路工作人员应当尽快组织疏散现场人员并采取必要的防护措施。

第十九条　事故发生后影响本线或者邻线行车安全时，现场铁路工作人员应当立即按规定采取紧急防护措施。

第四章　救　援　响　应

第二十条　接到事故救援报告后，应当根据事故严重程度和影响范围，按特别重大、重大、较大、一般四个等级由相应单位、部门作出应急救援响应，启动应急预案。

第二十一条　特别重大事故的应急救援，由铁道部报请国务院启动，或者由国务院授权的部门启动。铁道部在国务院事故应急救援领导小组的领导下开展工作，开通与国务院有关部门、事发地省级事故应急救援指挥机构以及现场事故救援指挥部的应急通信系统，征求有关专家建议以及国务院有关部门意见提出事故应急救援方案，经国务院事故应急救援领导小组确定后组织实施，并派出专家和有关人员赶赴现场参加救援。

第二十二条　重大事故的应急救援，由铁道部启动。铁道部事故应急救援工作机构应当组建现场事故应急救援指挥部（以下简称现场指挥部），并根据事故具体情况设立医疗救护、事故起复、后勤保障、应急调度、治安保卫、善后处理等工作组，开通与事发地铁路运输企业和现场指挥部的应急通信系统，咨询有关专家，确定事故应急救援具体实施方案，立即派出有关人员赶赴现场，调集各种应急救援资源，组织指挥应急救援工作。必要时，协调请求事发地人民政府、当地驻军、武装警察部队提供支援。遇有超出本级应急救援处置能力时，及时向国务院报告。

第二十三条　较大事故、一般事故的应急救援，由安全监管办启动或者督促铁路运输企业事故应急救援工作机构启动，组织成立现场指挥部，并根据事故具体情况设立医疗救护、事故起复、后勤保障、应急调度、治安保卫、善后处理等工作组，开通与现场指挥部的应急通信系统，咨询有关专家，确定事故应急救援具体实施方案。有关负责人和专业人员应当立即赶赴现场，调集各种应急救援资源，组织指挥应急救援工作。必要时，由安全监管办协调事发地人民政府、当地驻军、武装警察部队提供支援。遇有超出本级应急救援处置能力时，及时向铁道部报告。

第五章　现　场　救　援

第二十四条　现场救援工作实行总指挥负责制，按照事故应急救援响应等级，由相应负责人担任总指挥，或者视情况由上级事故应急救援工作机构指定人员担任临时总指挥，统一指挥现场救援工作。各工作组及参加事故应急救援的单位、部门应当确定负责人。救援列车进行起复作业时，由救援列车负责人或者指定人员单一指挥。

现场总指挥以及参加事故应急救援的各工作组负责人、各单位和部门负责人、作业人员应当区别佩戴明显标志。

第二十五条 现场指挥部应当在全面了解人员伤亡以及机车车辆、线路、接触网、通信信号等行车设备损坏、地形环境等情况后，确定人员施救、现场保护、调查配合、货物处置、救援保障、起复救援、设备抢修等应急救援方案，并迅速组织实施。

在实施救援过程中，各单位、部门应当严格执行作业规范和标准，防止衍生事故。

第二十六条 事故发生后，运输调度部门应当根据需要及时发布各类救援调度命令。重点安排救援列车出动和救援物资运输。需要其他铁路运输企业出动救援列车时，由铁道部发布调度命令。

造成列车大量晚点时，应当尽快采取措施恢复行车秩序。预计不能在短时间内恢复行车时，应当尽量将客运列车安排停靠在较大车站，并组织向站车滞留旅客提供必要的食品、饮用水等服务。

第二十七条 事故造成人员伤亡时，现场指挥部应当立即组织协调对现场伤员进行救治，紧急调集有关药品器械，迅速将伤员转移至安全地带或者转移救治，采取必要的卫生防疫措施。

遇有重大人员伤亡或者需要大规模紧急转移、安置铁路旅客和沿线居民的，应当及时通知事发地人民政府组织开展救治和转移、安置工作，必要时可以由铁道部或者安全监管办进行协调。

第二十八条 现场指挥部应当根据需要迅速调集装备设施、物资材料、交通工具、食宿用品、药品器械等救援物资。铁路运输企业各单位、部门必须无条件支持配合，不得以各种理由推诿拒绝，延误救援工作。

物资调用超出铁路运输企业自身能力时，可以向有关单位、部门或者个人借用。

第二十九条 事故涉及货运列车时，货运部门应当迅速了解事故货车及相关货车的货物装载情况，组织调集装卸人员和机具清理事故货车及相关货车装载的货物，处置事故列车挂运的危险、鲜活易腐等货物，编制货运记录。

第三十条 事故应急救援需要出动救援列车时，救援列车应当在接到出动命令后30分钟内出动，到达事故现场后，救援列车负责人应当迅速确定具体的起复作业方案，经现场总指挥批准后立即开展起复作业。救援列车在桥梁或坡道等特殊地段作业时，应当连挂机车。两列及以上救援列车分头作业时的指挥，由现场总指挥协调分工后各自负责。两列及以上救援列车在同一个作业面集中作业或者联动作业时，由负责本区段救援任务的救援列车或者由现场总指挥指定人员负责指挥。救援列车在电气化区段实施救援作业时，应当在确认接触网工区接到停电命令并做好接地防护后方准进行。起复动车组、新型机车车辆等，应当使用专用吊索具。

第三十一条 事故应急救援需要通信保障时，通信部门应当在接到通知后根据需要立即启用"117"应急通信人工话务台，组织开通应急通信系统。事故发生在站内，应当在30分钟内开通电话、1小时内开通图像传输设备。事故发生在区间，应当在1小时内开通电话、2小时内开通图像传输设备。并指定专人值守，保证事故现场音频、视频和数据信息的实时传输，任何人不得干扰、阻碍事故信息采集和传输。

第三十二条 事故造成铁路设备设施损坏时，有关专业部门应当立即组织抢修，根据实际情况及时切断事故现场电源，拆除、拨移和恢复接触网，及时架设所需照明，调集足够的救援队伍、材料和机具，积极组织抢修损坏的线路、通信信号等行车设备设施，协助事故机车车辆的起复。对可以运行的受损机车车辆进行检查确认，符合挂运条件的方准移动，必要时派人护送。起复作业完毕后，应当迅速做好开通线路的各项准备。

第三十三条 事故遇有装载危险货物车辆时，现场指挥部应当在采取确保人身安全和作业安全措施后，方可开展救援。危险货物车辆需卸车、移动或者起复时，应当在专业人员指导下作业，及时清除有害残留物或者将其控制在安全范围内。必要时，由安全监管办协调环保监测部门及时检测有害物质的危害程度，采取防控措施。

第三十四条 公安机关应当组织解救和疏散遇险人员，设置现场警戒区域，阻止未经批准人员进入现场，指定专人进行现场勘查取证，必要时实施现场交通管制，负责事故现场旅客、货物及沿线滞留列车的安全保卫工作。

第三十五条 事故应急救援过程中，有关单位和个人应当妥善保护事故现场以及相关证据，并及时移交事故调查组。因应急救援需要改变事故现场时，应当做出标记、绘制现场示意图、制作现场视听资料，并做出书面记录。任何单位和个人不得破坏事故现场，不得伪造、隐匿或者毁灭相关证据。

第三十六条 事故救援完毕后，现场指挥部应当组织救援人员对现场进行全面检查清理，进一步确认无伤亡人员遗留，拆除、回收、移送救援设备设施，清除障碍物，确认具备开通条件后，立即通知有关人员按规定办理手续，由列车调度员发布调度命令开通线路，尽快恢复正常行车。

第六章 善后处理

第三十七条 事故善后处理工作组应当依法进行事故的善后处理，组织妥善做好现场遇险滞留人员食宿、转移和旅客改签、退票等服务工作，以及伤亡人员亲属的通知、接待以及抚恤丧葬、经济补偿等处置工作。负责收取伤亡人员医疗档案资料，核定救治费用。

第三十八条 对事故造成的伤亡人员，现场指挥部应当在积极组织施救的同时，负责协调落实伤亡人员的救治、丧葬等临时费用，待事故责任认定后，由事故责任方承担。

第三十九条 事故造成人员死亡的，应当由急救、医疗卫生部门或者法医出具死亡证明，尸体由其家属或者铁路运输企业存放于殡葬服务单位，或者存放于有条件的急救、医疗卫生部门。尸体检验完成后，由事故善后处理工作组通知死者家属在10日内办理丧葬事宜。对未知名尸体，由法医检验后填写《未知名尸体信息登记表》。经核查无法确认死者身份的，经事故善后处理工作组负责人批准，刊登认尸启事，刊登后10日无人认领的，由县级或者相当于县级以上的公安机关批准处理尸体。

第四十条 事故造成境外来华人员死亡的，事故善后处理工作组应当通知死者亲属或者所属国家驻华使（领）馆，尸体处置事宜按照我国有关规定办理。

第四十一条 对事故现场遗留的财物，事故善后处理工作组或者公安部门应当进行清点、登记并妥善保管。

第四十二条 对事故造成的人员伤亡、财产损失以及事故应急救援费用等应当进行统计。借用有关单位和个人的设备设施和其他物资，使用完毕后应当及时归还并适当支付费用，丢失或者损坏的应当合理赔偿。

第四十三条 对事故造成的人员伤亡和财产损失，按照国家有关法律、法规和《铁路交通事故应急救援和调查处理条例》有关规定给予赔偿。

事故当事人对损害赔偿有争议时，可以协商解决，或者请求组织事故调查组的机构进行调解，也可以直接提起民事诉讼。

第四十四条 属于肇事方责任给铁路运输企业造成损失的，应当按照事故认定书由肇事方赔偿。

第四十五条 因设备质量或者施工质量造成事故损失的，铁路运输企业有权依据事故认定书向有关责任方追偿损失。

第四十六条 事故应急救援工作结束后，现场指挥部应当对事故应急救援工作进行总结，于5日内形成书面报告，并附事故应急救援有关证据材料，按事故等级报铁道部事故应急救援领导小组或者安全监管办备案。由铁道部事故应急救援领导小组或者安全监管办组织进行全面总结分析，对事故应急救援的组织工作进行评价认定，总结经验教训，制定整改措施，修改完善应急预案及有关制度办法。

第七章 罚 则

第四十七条 铁路运输企业及其职工违反本规则规定，不立即组织事故应急救援或者迟报、漏报、瞒报、谎报事故等延误救援的，由铁道部或者安全监管办对责任单位处10万元以上50万元以下的罚款，对责任人处4000元以上2万元以下的罚款。

第四十八条 铁道部、安全监管办等国家工作人员以及其他人员违反本规则规定，未立即启动应急预案或者迟报、漏报、瞒报、谎报事故等延误救援的，对主管负责人和其他直接责任人依法给予行政处分。涉嫌犯罪的，依照有关规定移送司法机关处理。

第四十九条 违反本规则规定，干扰、阻碍事故应急救援的，由铁道部或者安全监管办对责任单位处4万元以上20万元以下的罚款，对责任人处2000元以上1万元以下的罚款。情节严重的，对责任单位处20万元以上100万元以下的罚款，对责任人处1万元以上5万元以下的罚款。属于国家工作人员的，依法给予行政处分。违反治安管理规定的，由公安机关依法给予治安管理处罚。涉嫌犯罪的，依照有关规定移送司法机关处理。

第八章 附 则

第五十条 本规则由铁道部负责解释。

第五十一条 本规则自2007年9月1日起施行，铁道部原发《铁路行车事故救援规则》（铁运〔1999〕118号）同时废止。

4）应急预案

国家城市轨道交通运营突发事件应急预案

（2015年4月30日国务院办公厅以国办函〔2015〕32号印发，自印发之日起实施）

1 总则

1.1 编制目的

建立健全城市轨道交通运营突发事件（以下简称运营突发事件）处置工作机制，科学有序高效应对运营突发事件，最大程度减少人员伤亡和财产损失，维护社会正常秩序。

1.2 编制依据

依据《中华人民共和国突发事件应对法》《中华人民共和国安全生产法》《生产安全事故报告和调查处理条例》《国家突发公共事件总体应急预案》及相关法律法规等，制定本预案。

1.3 适用范围

本预案适用于城市轨道交通运营过程中发生的因列车撞击、脱轨，设施设备故障、损毁，以及大客流等情况，造成人员伤亡、行车中断、财产损失的突发事件应对工作。

因地震、洪涝、气象灾害等自然灾害和恐怖袭击、刑事案件等社会安全事件以及其他因素影响或可能影响城市轨道交通正常运营时，依据国家相关预案执行，同时参照本预案组织做好监测预警、信息报告、应急响应、后期处置等相应应对工作。

1.4 工作原则

运营突发事件应对工作坚持统一领导、属地负责，条块结合、协调联动，快速反应、科学处置的原则。运营突发事件发生后，城市轨道交通所在地城市及以上地方各级人民政府和有关部门、城市轨道交通运营单位（以下简称运营单位）应立即按照职责分工和相关预案开展处置工作。

1.5 事件分级

按照事件严重性和受影响程度，运营突发事件分为特别重大、重大、较大和一般四级。事件分级标准见附则。

2 组织指挥体系

2.1 国家层面组织指挥机构

交通运输部负责运营突发事件应对工作的指导协调和监督管理。根据运营突发事件的发展态势和影响，交通运输部或事发地省级人民政府可报请国务院批准，或根据国务院领导同志指示，成立国务院工作组，负责指导、协调、支持有关地方人民政府开展运营突发事件应对工作。必要时，由国务院或国务院授权交通运输部成立国家城市轨道交通应急指挥部，统一领导、组织和指挥运营突发事件应急处置工作。

2.2 地方层面组织指挥机构

城市轨道交通所在地城市及以上地方各级人民政府负责本行政区域内运营突发事件应对工作，要明确相应组织指挥机构。地方有关部门按照职责分工，密切配合，共同做好运营突发事件的应对工作。

对跨城市运营的城市轨道交通线路，有关城市人民政府应建立跨区域运营突发事件应急合作机制。

2.3 现场指挥机构

负责运营突发事件处置的人民政府根据需要成立现场指挥部，负责现场组织指挥工作。参与现场处置的有关单位和人员应服从现场指挥部的统一指挥。

2.4 运营单位

运营单位是运营突发事件应对工作的责任主体，要建立健全应急指挥机制，针对可能发生的运营突发事件完善应急预案体系，建立与相关单位的信息共享和应急联动机制。

2.5 专家组

各级组织指挥机构及运营单位根据需要设立运营突发事件处置专家组，由线路、轨道、结构工程、车辆、供电、通信、信号、环境与设备监控、运输组织等方面的专家组成，对运营突发事件处置工作提供技术支持。

3 监测预警和信息报告

3.1 监测和风险分析

运营单位应当建立健全城市轨道交通运营监测体系，根据运营突发事件的特点和规律，加大对线路、轨道、结构工程、车辆、供电、通信、信号、消防、特种设备、应急照明等设施设备和环境状态以及客流情况等的监测力度，定期排查安全隐患，开展风险评估，健全风险防控措施。当城市轨道交通正常运营可能受到影响时，要及时将有关情况报告当地城市轨道交通运营主管部门。

城市轨道交通所在地城市及以上地方各级人民政府城市轨道交通运营主管部门，应加强对本行政区域内城市轨道交通安全运营情况的日常监测，会同公安、国土资源、住房城乡建设、水利、安全监管、地震、气象、铁路、武警等部门（单位）和运营单位建立健全定期会商和信息共享机制，加强对突发大客流和洪涝、气象灾害、地质灾害、地震等信息的收集，对各类风险信息进行分析研判，并及时将可能导致运营突发事件的信息告知运营单位。有关部门应及时将可能影响城市轨道交通正常运营的信息通报同级城市轨道交通运营主管部门。

3.2 预警

3.2.1 预警信息发布

运营单位要及时对可能导致运营突发事件的风险信息进行分析研判，预估可能造成影响的范围和程度。城市轨道交通系统内设施设备及环境状态异常可能导致运营突发事件时，要及时向相关岗位专业人员发出预警；因突发大客流、自然灾害等原因可能影响城市轨道交通正常运营时，要及时报请当地城市轨道交通运营主管部门，通过电视、广播、报纸、互联网、手机短信、楼宇或移动电子屏幕、当面告知等渠道向公众发布预警信息。

3.2.2 预警行动

研判可能发生运营突发事件时，运营单位视情采取以下措施：

（1）防范措施

对于城市轨道交通系统内设施设备及环境状态预警，要组织专业人员迅速对相关设施设备状态进行检查确认，排除故障，并做好故障排除前的各项防范工作。

对于突发大客流预警，要及时调整运营组织方案，加强客流情况监测，在重点车站增派人员加强值守，做好客流疏导，视情采取限流、封站等控制措施，必要时申请启动地面公共交通接驳疏运。城市轨道交通运营主管部门要及时协调组织运力疏导客流。

对于自然灾害预警，要加强对地面线路、设备间、车站出入口等重点区域的检查巡视，加强对重点设施设备的巡检紧固和对重点区段设施设备的值守监测，做好相关设施设备停用和相关线路列车限速、停运准备。

（2）应急准备

责令应急救援队伍和人员进入待命状态，动员后备人员做好参加应急救援和处置工作准备，并调集运营突发事件应急所需物资、装备和设备，做好应急保障工作。

（3）舆论引导

预警信息发布后，及时公布咨询电话，加强相关舆情监测，主动回应社会公众关注的问题，及时澄清谣言传言，做好舆论引导工作。

3.2.3 预警解除

运营单位研判可能引发运营突发事件的危险已经消除时，宣布解除预警，适时终止相关措施。

3.3 信息报告

运营突发事件发生后，运营单位应当立即向当地城市轨道交通运营主管部门和相关部门报告，同时通告可能受到影响的单位和乘客。

事发地城市轨道交通运营主管部门接到运营突发事件信息报告或者监测到相关信息后，应当立即进行核实，对运营突发事件的性质和类别作出初步认定，按照国家规定的时限、程序和要求向上级城市轨道交通运营主管部门和同级人民政府报告，并通报同级其他相关部门和单位。运营突发事件已经或者可能涉及相邻行政区域的，事发地城市轨道交通运营主管部门应当及时通报相邻区域城市轨道交通运营主管部门。事发地城市及以上地方各级人民政府、城市轨道交通运营主管部门应当按照有关规定逐级上报，必要时可越级上报。对初判为重大以上的运营突发事件，省级人民政府和交通运输部要立即向国务院报告。

4 应急响应

4.1 响应分级

根据运营突发事件的严重程度和发展态势，将应急响应设定为Ⅰ级、Ⅱ级、Ⅲ级、Ⅳ级四个等级。初判发生特别重大、重大运营突发事件时，分别启动Ⅰ级、Ⅱ级应急响应，由事发地省级人民政府负责应对工作；初判发生较大、一般运营突发事件时，分别启动Ⅲ级、Ⅳ级应急响应，由事发地城市人民政府负责应对工作。对跨城市运营的城市轨道交通线路，有关城市人民政府在建立跨区域运营突发事件应急合作机制时应明确各级应急响应的责任主体。

对需要国家层面协调处置的运营突发事件，由有关省级人民政府向国务院或由有关省级城市轨道交通运营主管部门向交通运输部提出请求。

运营突发事件发生在易造成重大影响的地区或重要时段时，可适当提高响应级别。应急响应启动后，可视事件造成损失情况及其发展趋势调整响应级别，避免响应不足或响应过度。

4.2 响应措施

运营突发事件发生后,运营单位必须立即实施先期处置,全力控制事件发展态势。各有关地方、部门和单位根据工作需要,组织采取以下措施。

4.2.1 人员搜救

调派专业力量和装备,在运营突发事件现场开展以抢救人员生命为主的应急救援工作。现场救援队伍之间要加强衔接和配合,做好自身安全防护。

4.2.2 现场疏散

按照预先制订的紧急疏导疏散方案,有组织、有秩序地迅速引导现场人员撤离事发地点,疏散受影响城市轨道交通沿线站点乘客至城市轨道交通车站出口;对城市轨道交通线路实施分区封控、警戒,阻止乘客及无关人员进入。

4.2.3 乘客转运

根据疏散乘客数量和发生运营突发事件的城市轨道交通线路运行方向,及时调整城市公共交通路网客运组织,利用城市轨道交通其余正常运营线路,调配地面公共交通车辆运输,加大发车密度,做好乘客的转运工作。

4.2.4 交通疏导

设置交通封控区,对事发地点周边交通秩序进行维护疏导,防止发生大范围交通瘫痪;开通绿色通道,为应急车辆提供通行保障。

4.2.5 医学救援

迅速组织当地医疗资源和力量,对伤病员进行诊断治疗,根据需要及时、安全地将重症伤病员转运到有条件的医疗机构加强救治。视情增派医疗卫生专家和卫生应急队伍、调配急需医药物资,支持事发地的医学救援工作。提出保护公众健康的措施建议,做好伤病员的心理援助。

4.2.6 抢修抢险

组织相关专业技术力量,开展设施设备等抢修作业,及时排除故障;组织土建线路抢险队伍,开展土建设施、轨道线路等抢修作业;组织车辆抢险队伍,开展列车抢险作业;组织机电设备抢险队伍,开展供电、通信、信号等抢险作业。

4.2.7 维护社会稳定

根据事件影响范围、程度,划定警戒区,做好事发现场及周边环境的保护和警戒,维护治安秩序;严厉打击借机传播谣言制造社会恐慌等违法犯罪行为;做好各类矛盾纠纷化解和法律服务工作,防止出现群体性事件,维护社会稳定。

4.2.8 信息发布和舆论引导

通过政府授权发布、发新闻稿、接受记者采访、举行新闻发布会、组织专家解读等方式,借助电视、广播、报纸、互联网等多种途径,运用微博、微信、手机应用程序(APP)客户端等新媒体平台,主动、及时、准确、客观向社会持续动态发布运营突发事件和应对工作信息,回应社会关切,澄清不实信息,正确引导社会舆论。信息发布内容包括事件时间、地点、原因、性质、伤亡情况、应对措施、救援进展、公众需要配合采取的措施、事件区域交通管制情况和临时交通措施等。

4.2.9 运营恢复

在运营突发事件现场处理完毕、次生灾害后果基本消除后,及时组织评估;当确认具备运营条件后,运营单位应尽快恢复正常运营。

4.3 国家层面应对工作

4.3.1 部门工作组应对

初判发生重大以上运营突发事件时,交通运输部立即派出工作组赴现场指导督促当地开展应急处置、原因调查、运营恢复等工作,并根据需要协调有关方面提供队伍、物资、技术等支持。

4.3.2 国务院工作组应对

当需要国务院协调处置时,成立国务院工作组。主要开展以下工作:

(1)传达国务院领导同志指示批示精神,督促地方政府和有关部门贯彻落实;

(2)了解事件基本情况、造成的损失和影响、应急处置进展及当地需求等;

(3)赶赴现场指导地方开展应急处置工作;

(4)根据地方请求,协调有关方面派出应急队伍、调运应急物资和装备、安排专家和技术人员等,为应急处置提供支援和技术支持;

(5)指导开展事件原因调查工作;

(6)及时向国务院报告相关情况。

4.3.3 国家城市轨道交通应急指挥部应对

根据事件应对工作需要和国务院决策部署,成立国家城市轨道交通应急指挥部,统一领导、组织和指挥运营突发事件应急处置工作。主要开展以下工作:

(1)组织有关部门和单位、专家组进行会商,研究分析事态,部署应急处置工作;

(2)根据需要赴事发现场,或派出前方工作组赴事发现场,协调开展应对工作;

(3)研究决定地方人民政府和有关部门提出的请求事项,重要事项报国务院决策;

(4)统一组织信息发布和舆论引导工作;

(5)对事件处置工作进行总结并报告国务院。

5 后期处置

5.1 善后处置

城市轨道交通所在地城市人民政府要及时组织制订补助、补偿、抚慰、抚恤、安置和环境恢复等善后工作方案并组织实施。组织保险机构及时开展相关理赔工作，尽快消除运营突发事件的影响。

5.2 事件调查

运营突发事件发生后，按照《生产安全事故报告和调查处理条例》等有关规定成立调查组，查明事件原因、性质、人员伤亡、影响范围、经济损失等情况，提出防范、整改措施和处理建议。

5.3 处置评估

运营突发事件响应终止后，履行统一领导职责的人民政府要及时组织对事件处置过程进行评估，总结经验教训，分析查找问题，提出改进措施，形成应急处置评估报告。

6 保障措施

6.1 通信保障

城市轨道交通所在地城市及以上地方人民政府、通信主管部门要建立健全运营突发事件应急通信保障体系，形成可靠的通信保障能力，确保应急期间通信联络和信息传递需要。

6.2 队伍保障

运营单位要建立健全运营突发事件专业应急救援队伍，加强人员设备维护和应急抢修能力培训，定期开展应急演练，提高应急救援能力。公安消防、武警部队等要做好应急力量支援保障。根据需要动员和组织志愿者等社会力量参与运营突发事件防范和处置工作。

6.3 装备物资保障

城市轨道交通所在地城市及以上地方人民政府和有关部门、运营单位要加强应急装备物资储备，鼓励支持社会化储备。城市轨道交通运营主管部门、运营单位要加强对城市轨道交通应急装备物资储备信息的动态管理。

6.4 技术保障

支持运营突发事件应急处置先进技术、装备的研发。建立城市轨道交通应急管理技术平台，实现信息综合集成、分析处理、风险评估的智能化和数字化。

6.5 交通运输保障

交通运输部门要健全道路紧急运输保障体系，保障应急响应所需人员、物资、装备、器材等的运输，保障人员疏散。公安部门要加强应急交通管理，保障应急救援车辆优先通行，做好人员疏散路线的交通疏导。

6.6 资金保障

运营突发事件应急处置所需经费首先由事件责任单位承担。城市轨道交通所在地城市及以上地方人民政府要对运营突发事件处置工作提供资金保障。

7 附则

7.1 术语解释

城市轨道交通是指采用专用轨道导向运行的城市公共客运交通系统，包括地铁系统、轻轨系统、单轨系统、有轨电车、磁浮系统、自动导向轨道交通系统、市域快速轨道系统等。

7.2 事件分级标准

（1）特别重大运营突发事件：造成30人以上死亡，或者100人以上重伤，或者直接经济损失1亿元以上的。

（2）重大运营突发事件：造成10人以上30人以下死亡，或者50人以上100人以下重伤，或者直接经济损失5000万元以上1亿元以下，或者连续中断行车24小时以上的。

（3）较大运营突发事件：造成3人以上10人以下死亡，或者10人以上50人以下重伤，或者直接经济损失1000万元以上5000万元以下，或者连续中断行车6小时以上24小时以下的。

（4）一般运营突发事件：造成3人以下死亡，或者10人以下重伤，或者直接经济损失50万元以上1000万元以下，或者连续中断行车2小时以上6小时以下的。

上述分级标准有关数量的表述中，"以上"含本数，"以下"不含本数。

7.3 预案管理

预案实施后，交通运输部要会同有关部门组织预案宣传、培训和演练，并根据实际情况，适时组织评估和修订。城市轨道交通所在地城市及以上地方人民政府要结合当地实际制定或修订本级运营突发事件应急预案。

7.4 预案解释

本预案由交通运输部负责解释。

7.5 预案实施时间

本预案自印发之日起实施。

附件：有关部门和单位职责

附件

有关部门和单位职责

城市轨道交通运营突发事件（以下简称运营突发事件）应急组织指挥机构成员单位主要包括城市轨道交通运营主管部门、公安、安全监管、住房城乡建设、卫生计生、质检、新闻宣传、通信、武警等部门和单位。各有关部门和单位具体职责如下：

城市轨道交通运营主管部门负责指导、协调、组织运营突发事件监测、预警及应对工作，负责运营突发事件应急工作的监督管理；牵头组织完善城市轨道交通应急救援保障体系，协调建立健全应急处置联动机制；指导运营单位制订城市轨道交通应急疏散保障方案；指定或协调应急救援运输保障单位，组织事故现场人员和物资的运送；参与事件原因分析、调查与处理工作。

公安部门负责维护现场治安秩序和交通秩序；参与抢险救援，协助疏散乘客；监督指导重要目标、重点部位治安保卫工作；依法查处有关违法犯罪活动；负责组织消防力量扑灭事故现场火灾；参与相关事件原因分析、调查与处理工作。

安全监管部门负责组织指挥专业抢险队伍对运营突发事件中涉及的危险化学品泄漏事故进行处置；负责组织安全生产专家组对涉及危险化学品的运营突发事件提出相应处置意见；牵头负责事件原因分析、调查与处理工作。

住房城乡建设部门负责组织协调建设工程抢险队伍，配合运营单位专业抢险队伍开展工程抢险救援；对事后城市轨道交通工程质量检测工作进行监督；参与相关事件原因分析、调查与处理工作。

卫生计生部门负责组织协调医疗卫生资源，开展伤病员现场救治、转运和医院收治工作，统计医疗机构接诊救治伤病员情况；根据需要做好卫生防病工作，视情提出保护公众健康的措施建议，做好伤病员的心理援助。

质检部门负责牵头特种设备事故调查处理，参与相关事件原因分析、调查与处理工作。

新闻宣传部门负责组织、协调运营突发事件的宣传报道、事件处置情况的新闻发布、舆情收集和舆论引导工作，组织新闻媒体和网站宣传运营突发事件相关知识，加强对互联网信息的管理。各处置部门负责发布职责范围内的工作信息，处置工作牵头部门统筹发布抢险处置综合信息。

通信部门负责组织协调基础电信运营单位做好运营突发事件的应急通信保障工作；参与相关事件原因分析、调查与处理工作。

武警部队负责协同有关方面保卫重要目标，制止违法行为，搜查、抓捕犯罪分子，开展人员搜救、维护社会治安和疏散转移群众等工作。

其他有关部门应组织协调供电、水务、燃气等单位做好运营突发事件的应急供电保障，开展供水管道和燃气管道等地下管网抢修；视情参与相关事件原因分析、调查与处理工作等。

各地区可根据实际情况对成员单位组成及职责做适当调整。必要时可在指挥机构中设置工作组，协同做好应急处置工作。

4. 航空安全类

1）法律法规

中华人民共和国民用航空法

（1995年10月30日第八届全国人民代表大会常务委员会第十六次会议通过　根据2009年8月27日第十一届全国人民代表大会常务委员会第十次会议《关于修改部分法律的决定》第一次修正　根据2015年4月24日第十二届全国人民代表大会常务委员会第十四次会议《关于修改〈中华人民共和国计量法〉等五部法律的决定》第二次修正　根据2016年11月7日第十二届全国人民代表大会常务委员会第二十四次会议《关于修改〈中华人民共和国对外贸易法〉等十二部法律的决定》第三次修正　根据2017年11月4日第十二届全国人民代表大会常务委员会第三十次会议《关于修改〈中华人民共和国会计法〉等十一部法律的决定》第四次修正　根据2018年12月29日第十三届全国人民代表大会常务委员会第七次

会议《关于修改〈中华人民共和国劳动法〉等七部法律的决定》第五次修正　根据2021年4月29日第十三届全国人民代表大会常务委员会第二十八次会议《关于修改〈中华人民共和国道路交通安全法〉等八部法律的决定》第六次修正）

第一章　总　　则

第一条　为了维护国家的领空主权和民用航空权利，保障民用航空活动安全和有秩序地进行，保护民用航空活动当事人各方的合法权益，促进民用航空事业的发展，制定本法。

第二条　中华人民共和国的领陆和领水之上的空域为中华人民共和国领空。中华人民共和国对领空享有完全的、排他的主权。

第三条　国务院民用航空主管部门对全国民用航空活动实施统一监督管理；根据法律和国务院的决定，在本部门的权限内，发布有关民用航空活动的规定、决定。

国务院民用航空主管部门设立的地区民用航空管理机构依照国务院民用航空主管部门的授权，监督管理各该地区的民用航空活动。

第四条　国家扶持民用航空事业的发展，鼓励和支持发展民用航空的科学研究和教育事业，提高民用航空科学技术水平。

国家扶持民用航空器制造业的发展，为民用航空活动提供安全、先进、经济、适用的民用航空器。

第二章　民用航空器国籍

第五条　本法所称民用航空器，是指除用于执行军事、海关、警察飞行任务外的航空器。

第六条　经中华人民共和国国务院民用航空主管部门依法进行国籍登记的民用航空器，具有中华人民共和国国籍，由国务院民用航空主管部门发给国籍登记证书。

国务院民用航空主管部门设立中华人民共和国民用航空器国籍登记簿，统一记载民用航空器的国籍登记事项。

第七条　下列民用航空器应当进行中华人民共和国国籍登记：

（一）中华人民共和国国家机构的民用航空器；

（二）依照中华人民共和国法律设立的企业法人的民用航空器；企业法人的注册资本中有外商出资的，其机构设置、人员组成和中方投资人的出资比例，应当符合行政法规的规定；

（三）国务院民用航空主管部门准予登记的其他民用航空器。

自境外租赁的民用航空器，承租人符合前款规定，该民用航空器的机组人员由承租人配备的，可以申请登记中华人民共和国国籍，但是必须先予注销该民用航空器原国籍登记。

第八条　依法取得中华人民共和国国籍的民用航空器，应当标明规定的国籍标志和登记标志。

第九条　民用航空器不得具有双重国籍。未注销外国国籍的民用航空器不得在中华人民共和国申请国籍登记。

第三章　民用航空器权利

第一节　一般规定

第十条　本章规定的对民用航空器的权利，包括对民用航空器构架、发动机、螺旋桨、无线电设备和其他一切为了在民用航空器上使用的，无论安装于其上或者暂时拆离的物品的权利。

第十一条　民用航空器权利人应当就下列权利分别向国务院民用航空主管部门办理权利登记：

（一）民用航空器所有权；

（二）通过购买行为取得并占有民用航空器的权利；

（三）根据租赁期限为六个月以上的租赁合同占有民用航空器的权利；

（四）民用航空器抵押权。

第十二条　国务院民用航空主管部门设立民用航空器权利登记簿。同一民用航空器的权利登记事项应当记载于同一权利登记簿中。

民用航空器权利登记事项，可以供公众查询、复制或者摘录。

第十三条　除民用航空器经依法强制拍卖外，在已经登记的民用航空器权利得到补偿或者民用航空器权利人同意之前，民用航空器的国籍登记或者权利登记不得转移至国外。

第二节　民用航空器所有权和抵押权

第十四条　民用航空器所有权的取得、转让和消灭，应当向国务院民用航空主管部门登记；未经登记的，不得对抗第三人。

民用航空器所有权的转让，应当签订书面合同。

第十五条　国家所有的民用航空器，由国家授予法人经营管理或者使用的，本法有关民用航空器所有人的规定适用于该法人。

第十六条　设定民用航空器抵押权，由抵押权人和抵押人共同向国务院民用航空主管部门办理抵押权登记；未经登记的，不得对抗第三人。

第十七条 民用航空器抵押权设定后，未经抵押权人同意，抵押人不得将被抵押民用航空器转让他人。

第三节 民用航空器优先权

第十八条 民用航空器优先权，是指债权人依照本法第十九条规定，向民用航空器所有人、承租人提出赔偿请求，对产生该赔偿请求的民用航空器具有优先受偿的权利。

第十九条 下列各项债权具有民用航空器优先权：
（一）援救该民用航空器的报酬；
（二）保管维护该民用航空器的必需费用。
前款规定的各项债权，后发生的先受偿。

第二十条 本法第十九条规定的民用航空器优先权，其债权人应当自援救或者保管维护工作终了之日起三个月内，就其债权向国务院民用航空主管部门登记。

第二十一条 为了债权人的共同利益，在执行人民法院判决以及拍卖过程中产生的费用，应当从民用航空器拍卖所得价款中先行拨付。

第二十二条 民用航空器优先权先于民用航空器抵押权受偿。

第二十三条 本法第十九条规定的债权转移的，其民用航空器优先权随之转移。

第二十四条 民用航空器优先权应当通过人民法院扣押产生优先权的民用航空器行使。

第二十五条 民用航空器优先权自援救或者保管维护工作终了之日起满三个月时终止；但是，债权人就其债权已经依照本法第二十条规定登记，并具有下列情形之一的除外：
（一）债权人、债务人已经就此项债权的金额达成协议；
（二）有关此项债权的诉讼已经开始。
民用航空器优先权不因民用航空器所有权的转让而消灭；但是，民用航空器经依法强制拍卖的除外。

第四节 民用航空器租赁

第二十六条 民用航空器租赁合同，包括融资租赁合同和其他租赁合同，应当以书面形式订立。

第二十七条 民用航空器的融资租赁，是指出租人按照承租人对供货方和民用航空器的选择，购得民用航空器，出租给承租人使用，由承租人定期交纳租金。

第二十八条 融资租赁期间，出租人依法享有民用航空器所有权，承租人依法享有民用航空器的占有、使用、收益权。

第二十九条 融资租赁期间，出租人不得干扰承租人依法占有、使用民用航空器；承租人应当适当地保管民用航空器，使之处于原交付时的状态，但是合理损耗和经出租人同意的对民用航空器的改变除外。

第三十条 融资租赁期满，承租人应当将符合本法第二十九条规定状态的民用航空器退还出租人；但是，承租人依照合同行使购买民用航空器的权利或者为继续租赁而占有民用航空器的除外。

第三十一条 民用航空器融资租赁中的供货方，不就同一损害同时对出租人和承租人承担责任。

第三十二条 融资租赁期间，经出租人同意，在不损害第三人利益的情况下，承租人可以转让其对民用航空器的占有权或者租赁合同约定的其他权利。

第三十三条 民用航空器的融资租赁和租赁期限为六个月以上的其他租赁，承租人应当就其对民用航空器的占有权向国务院民用航空主管部门办理登记；未经登记的，不得对抗第三人。

第四章 民用航空器适航管理

第三十四条 设计民用航空器及其发动机、螺旋桨和民用航空器上设备，应当向国务院民用航空主管部门申请领取型号合格证书。经审查合格的，发给型号合格证书。

第三十五条 生产、维修民用航空器及其发动机、螺旋桨和民用航空器上设备，应当向国务院民用航空主管部门申请领取生产许可证书、维修许可证书。经审查合格的，发给相应的证书。

第三十六条 外国制造人生产的任何型号的民用航空器及其发动机、螺旋桨和民用航空器上设备，首次进口中国的，该外国制造人应当向国务院民用航空主管部门申请领取型号认可证书。经审查合格的，发给型号认可证书。

已取得外国颁发的型号合格证书的民用航空器及其发动机、螺旋桨和民用航空器上设备，首次在中国境内生产的，该型号合格证书的持有人应当向国务院民用航空主管部门申请领取型号认可证书。经审查合格的，发给型号认可证书。

第三十七条 具有中华人民共和国国籍的民用航空器，应当持有国务院民用航空主管部门颁发的适航证书，方可飞行。

出口民用航空器及其发动机、螺旋桨和民用航空器上设备，制造人应当向国务院民用航空主管部门申请领取出口适航证书。经审查合格的,发给出口适航证书。

租用的外国民用航空器,应当经国务院民用航空主管部门对其原国籍登记国发给的适航证书审查认可或者另发适航证书,方可飞行。

民用航空器适航管理规定,由国务院制定。

第三十八条 民用航空器的所有人或者承租人应当按照适航证书规定的使用范围使用民用航空器,做好民用航空器的维修保养工作,保证民用航空器处于适航状态。

第五章 航空人员

第一节 一般规定

第三十九条 本法所称航空人员,是指下列从事民用航空活动的空勤人员和地面人员:

(一) 空勤人员,包括驾驶员、飞行机械人员、乘务员;

(二) 地面人员,包括民用航空器维修人员、空中交通管制员、飞行签派员、航空电台通信员。

第四十条 航空人员应当接受专门训练,经考核合格,取得国务院民用航空主管部门颁发的执照,方可担任其执照载明的工作。

空勤人员和空中交通管制员在取得执照前,还应当接受国务院民用航空主管部门认可的体格检查单位的检查,并取得国务院民用航空主管部门颁发的体格检查合格证书。

第四十一条 空勤人员在执行飞行任务时,应当随身携带执照和体格检查合格证书,并接受国务院民用航空主管部门的查验。

第四十二条 航空人员应当接受国务院民用航空主管部门定期或者不定期的检查和考核;经检查、考核合格的,方可继续担任其执照载明的工作。

空勤人员还应当参加定期的紧急程序训练。

空勤人员间断飞行的时间超过国务院民用航空主管部门规定时限的,应当经过检查和考核;乘务员以外的空勤人员还应当经过带飞。经检查、考核、带飞合格的,方可继续担任其执照载明的工作。

第二节 机 组

第四十三条 民用航空器机组由机长和其他空勤人员组成。机长应当由具有独立驾驶该型号民用航空器的技术和经验的驾驶员担任。

机组的组成和人员数额,应当符合国务院民用航空主管部门的规定。

第四十四条 民用航空器的操作由机长负责,机长应当严格履行职责,保护民用航空器及其所载人员和财产的安全。

机长在其职权范围内发布的命令,民用航空器所载人员都应当执行。

第四十五条 飞行前,机长应当对民用航空器实施必要的检查;未经检查,不得起飞。

机长发现民用航空器、机场、气象条件等不符合规定,不能保证飞行安全的,有权拒绝起飞。

第四十六条 飞行中,对于任何破坏民用航空器、扰乱民用航空器内秩序、危害民用航空器所载人员或者财产安全以及其他危及飞行安全的行为,在保证安全的前提下,机长有权采取必要的适当措施。

飞行中,遇到特殊情况时,为保证民用航空器及其所载人员的安全,机长有权对民用航空器作出处置。

第四十七条 机长发现机组人员不适宜执行飞行任务的,为保证飞行安全,有权提出调整。

第四十八条 民用航空器遇险时,机长有权采取一切必要措施,并指挥机组人员和航空器上其他人员采取抢救措施。在必须撤离遇险民用航空器的紧急情况下,机长必须采取措施,首先组织旅客安全离开民用航空器;未经机长允许,机组人员不得擅自离开民用航空器;机长应当最后离开民用航空器。

第四十九条 民用航空器发生事故,机长应当直接或者通过空中交通管制单位,如实将事故情况及时报告国务院民用航空主管部门。

第五十条 机长收到船舶或者其他航空器的遇险信号,或者发现遇险的船舶、航空器及其人员,应当将遇险情况及时报告就近的空中交通管制单位并给予可能的合理的援助。

第五十一条 飞行中,机长因故不能履行职务的,由仅次于机长职务的驾驶员代理机长;在下一个经停地起飞前,民用航空器所有人或者承租人应当指派新机长接任。

第五十二条 只有一名驾驶员,不需配备其他空勤人员的民用航空器,本节对机长的规定,适用于该驾驶员。

第六章 民用机场

第五十三条 本法所称民用机场,是指专供民用航空器起飞、降落、滑行、停放以及进行其他活动使用的划定区域,包括附属的建筑物、装置和设施。

本法所称民用机场不包括临时机场。

军民合用机场由国务院、中央军事委员会另行制定管理办法。

第五十四条 民用机场的建设和使用应当统筹安排、合理布局，提高机场的使用效率。

全国民用机场的布局和建设规划，由国务院民用航空主管部门会同国务院其他有关部门制定，并按照国家规定的程序，经批准后组织实施。

省、自治区、直辖市人民政府应当根据全国民用机场的布局和建设规划，制定本行政区域内的民用机场建设规划，并按照国家规定的程序报经批准后，将其纳入本级国民经济和社会发展规划。

第五十五条 民用机场建设规划应当与城市建设规划相协调。

第五十六条 新建、改建和扩建民用机场，应当符合依法制定的民用机场布局和建设规划，符合民用机场标准，并按照国家规定报经有关主管机关批准并实施。

不符合依法制定的民用机场布局和建设规划的民用机场建设项目，不得批准。

第五十七条 新建、扩建民用机场，应当由民用机场所在地县级以上地方人民政府发布公告。

前款规定的公告应当在当地主要报纸上刊登，并在拟新建、扩建机场周围地区张贴。

第五十八条 禁止在依法划定的民用机场范围内和按照国家规定划定的机场净空保护区域内从事下列活动：

（一）修建可能在空中排放大量烟雾、粉尘、火焰、废气而影响飞行安全的建筑物或者设施；

（二）修建靶场、强烈爆炸物仓库等影响飞行安全的建筑物或者设施；

（三）修建不符合机场净空要求的建筑物或者设施；

（四）设置影响机场目视助航设施使用的灯光、标志或者物体；

（五）种植影响飞行安全或者影响机场助航设施使用的植物；

（六）饲养、放飞影响飞行安全的鸟类动物和其他物体；

（七）修建影响机场电磁环境的建筑物或者设施。

禁止在依法划定的民用机场范围内放养牲畜。

第五十九条 民用机场新建、扩建的公告发布前，在依法划定的民用机场范围内和按照国家规定划定的机场净空保护区域内存在的可能影响飞行安全的建筑物、构筑物、树木、灯光和其他障碍物体，应当在规定的期限内清除；对此造成的损失，应当给予补偿或者依法采取其他补救措施。

第六十条 民用机场新建、扩建的公告发布后，任何单位和个人违反本法和有关行政法规的规定，在依法划定的民用机场范围内和按照国家规定划定的机场净空保护区域内修建、种植或者设置影响飞行安全的建筑物、构筑物、树木、灯光和其他障碍物体的，由机场所在地县级以上地方人民政府责令清除；由此造成的损失，由修建、种植或者设置该障碍物体的人承担。

第六十一条 在民用机场及其按照国家规定划定的净空保护区域以外，对可能影响飞行安全的高大建筑物或者设施，应当按照国家有关规定设置飞行障碍灯和标志，并使其保持正常状态。

第六十二条 国务院民用航空主管部门规定的对公众开放的民用机场应当取得机场使用许可证，方可开放使用。其他民用机场应当按照国务院民用航空主管部门的规定进行备案。

申请取得机场使用许可证，应当具备下列条件，并按照国家规定经验收合格：

（一）具备与其运营业务相适应的飞行区、航站区、工作区以及服务设施和人员；

（二）具备能够保障飞行安全的空中交通管制、通信导航、气象等设施和人员；

（三）具备符合国家规定的安全保卫条件；

（四）具备处理特殊情况的应急计划以及相应的设施和人员；

（五）具备国务院民用航空主管部门规定的其他条件。

国际机场还应当具备国际通航条件，设立海关和其他口岸检查机关。

第六十三条 民用机场使用许可证由机场管理机构向国务院民用航空主管部门申请，经国务院民用航空主管部门审查批准后颁发。

第六十四条 设立国际机场，由机场所在地省级人民政府报请国务院审查批准。

国际机场的开放使用，由国务院民用航空主管部门对外公告；国际机场资料由国务院民用航空主管部门统一对外提供。

第六十五条 民用机场应当按照国务院民用航空主管部门的规定，采取措施，保证机场内人员和财产的安全。

第六十六条 供运输旅客或者货物的民用航空器使用的民用机场，应当按照国务院民用航空主管部门规定的标准，设置必要设施，为旅客和货物托运人、收货人提供良好服务。

第六十七条 民用机场管理机构应当依照环境保护法律、行政法规的规定，做好机场环境保护工作。

第六十八条 民用航空器使用民用机场及其助航设施的，应当缴纳使用费、服务费；使用费、服务费的收费标准，由国务院民用航空主管部门制定。

第六十九条 民用机场废弃或者改作他用，民用机场管理机构应当依照国家规定办理报批手续。

第七章 空中航行

第一节 空域管理

第七十条 国家对空域实行统一管理。

第七十一条 划分空域，应当兼顾民用航空和国防安全的需要以及公众的利益，使空域得到合理、充分、有效的利用。

第七十二条 空域管理的具体办法，由国务院、中央军事委员会制定。

第二节 飞行管理

第七十三条 在一个划定的管制空域内，由一个空中交通管制单位负责该空域内的航空器的空中交通管制。

第七十四条 民用航空器在管制空域内进行飞行活动，应当取得空中交通管制单位的许可。

第七十五条 民用航空器应当按照空中交通管制单位指定的航路和飞行高度飞行；因故确需偏离指定的航路或者改变飞行高度飞行的，应当取得空中交通管制单位的许可。

第七十六条 在中华人民共和国境内飞行的航空器，必须遵守统一的飞行规则。

进行目视飞行的民用航空器，应当遵守目视飞行规则，并与其他航空器、地面障碍物体保持安全距离。

进行仪表飞行的民用航空器，应当遵守仪表飞行规则。

飞行规则由国务院、中央军事委员会制定。

第七十七条 民用航空器机组人员的飞行时间、执勤时间不得超过国务院民用航空主管部门规定的时限。

民用航空器机组人员受到酒类饮料、麻醉剂或者其他药物的影响，损及工作能力的，不得执行飞行任务。

第七十八条 民用航空器除按照国家规定经特别批准外，不得飞入禁区；除遵守规定的限制条件外，不得飞入限制区。

前款规定的禁区和限制区，依照国家规定划定。

第七十九条 民用航空器不得飞越城市上空；但是，有下列情形之一的除外：

（一）起飞、降落或者指定的航路所必需的；

（二）飞行高度足以使该航空器在发生紧急情况时离开城市上空，而不致危及地面上的人员、财产安全的；

（三）按照国家规定的程序获得批准的。

第八十条 飞行中，民用航空器不得投掷物品；但是，有下列情形之一的除外：

（一）飞行安全所必需的；

（二）执行救助任务或者符合社会公共利益的其他飞行任务所必需的。

第八十一条 民用航空器未经批准不得飞出中华人民共和国领空。

对未经批准正在飞离中华人民共和国领空的民用航空器，有关部门有权根据具体情况采取必要措施，予以制止。

第三节 飞行保障

第八十二条 空中交通管制单位应当为飞行中的民用航空器提供空中交通服务，包括空中交通管制服务、飞行情报服务和告警服务。

提供空中交通管制服务，旨在防止民用航空器同航空器、民用航空器同障碍物体相撞，维持并加速空中交通的有秩序的活动。

提供飞行情报服务，旨在提供有助于安全和有效地实施飞行的情报和建议。

提供告警服务，旨在当民用航空器需要搜寻援救时，通知有关部门，并根据要求协助该有关部门进行搜寻援救。

第八十三条 空中交通管制单位发现民用航空器偏离指定航路、迷失航向时，应当迅速采取一切必要措施，使其回归航路。

第八十四条 航路上应当设置必要的导航、通信、气象和地面监视设备。

第八十五条 航路上影响飞行安全的自然障碍物体，应当在航图上标明；航路上影响飞行安全的人工障碍物体，应当设置飞行障碍灯和标志，并使其保持正常状态。

第八十六条 在距离航路边界三十公里以内的地带，禁止修建靶场和其他可能影响飞行安全的设施；但是，平射轻武器靶场除外。

在前款规定地带以外修建固定的或者临时性对空发射场，应当按照国家规定获得批准；对空发射场的发射方向,不得与航路交叉。

第八十七条 任何可能影响飞行安全的活动,应当依法获得批准,并采取确保飞行安全的必要措施,方可进行。

第八十八条 国务院民用航空主管部门应当依法对民用航空无线电台和分配给民用航空系统使用的专用频率实施管理。

任何单位或者个人使用的无线电台和其他仪器、装置,不得妨碍民用航空无线电专用频率的正常使用。对民用航空无线电专用频率造成有害干扰的,有关单位或者个人应当迅速排除干扰;未排除干扰前,应当停止使用该无线电台或者其他仪器、装置。

第八十九条 邮电通信企业应当对民用航空电信传递优先提供服务。

国家气象机构应当对民用航空气象机构提供必要的气象资料。

第四节 飞行必备文件

第九十条 从事飞行的民用航空器,应当携带下列文件:

(一)民用航空器国籍登记证书;
(二)民用航空器适航证书;
(三)机组人员相应的执照;
(四)民用航空器航行记录簿;
(五)装有无线电设备的民用航空器,其无线电台执照;
(六)载有旅客的民用航空器,其所载旅客姓名及其出发地点和目的地点的清单;
(七)载有货物的民用航空器,其所载货物的舱单和明细的申报单;
(八)根据飞行任务应当携带的其他文件。

民用航空器未按规定携带前款所列文件的,国务院民用航空主管部门或者其授权的地区民用航空管理机构可以禁止该民用航空器起飞。

第八章 公共航空运输企业

第九十一条 公共航空运输企业,是指以营利为目的,使用民用航空器运送旅客、行李、邮件或者货物的企业法人。

第九十二条 企业从事公共航空运输,应当向国务院民用航空主管部门申请领取经营许可证。

第九十三条 取得公共航空运输经营许可,应当具备下列条件:

(一)有符合国家规定的适应保证飞行安全要求的民用航空器;

(二)有必需的依法取得执照的航空人员;
(三)有不少于国务院规定的最低限额的注册资本;
(四)法律、行政法规规定的其他条件。

第九十四条 公共航空运输企业的组织形式、组织机构适用公司法的规定。

本法施行前设立的公共航空运输企业,其组织形式、组织机构不完全符合公司法规定的,可以继续沿用原有的规定,适用前款规定的日期由国务院规定。

第九十五条 公共航空运输企业应当以保证飞行安全和航班正常,提供良好服务为准则,采取有效措施,提高运输服务质量。

公共航空运输企业应当教育和要求本企业职工严格履行职责,以文明礼貌、热情周到的服务态度,认真做好旅客和货物运输的各项服务工作。

旅客运输航班延误的,应当在机场内及时通告有关情况。

第九十六条 公共航空运输企业申请经营定期航班运输(以下简称航班运输)的航线,暂停、终止经营航线,应当报经国务院民用航空主管部门批准。

公共航空运输企业经营航班运输,应当公布班期时刻。

第九十七条 公共航空运输企业的营业收费项目,由国务院民用航空主管部门确定。

国内航空运输的运价管理办法,由国务院民用航空主管部门会同国务院物价主管部门制定,报国务院批准后执行。

国际航空运输运价的制定按照中华人民共和国政府与外国政府签订的协定、协议的规定执行;没有协定、协议的,参照国际航空运输市场价格确定。

第九十八条 公共航空运输企业从事不定期运输,应当经国务院民用航空主管部门批准,并不得影响航班运输的正常经营。

第九十九条 公共航空运输企业应当依照国务院制定的公共航空运输安全保卫规定,制定安全保卫方案,并报国务院民用航空主管部门备案。

第一百条 公共航空运输企业不得运输法律、行政法规规定的禁运物品。

公共航空运输企业未经国务院民用航空主管部门批准,不得运输作战军火、作战物资。

禁止旅客随身携带法律、行政法规规定的禁运物品乘坐民用航空器。

第一百零一条 公共航空运输企业运输危险品,应当遵守国家有关规定。

禁止以非危险品品名托运危险品。

禁止旅客随身携带危险品乘坐民用航空器。除因执行公务并按照国家规定经过批准外，禁止旅客携带枪支、管制刀具乘坐民用航空器。禁止违反国务院民用航空主管部门的规定将危险品作为行李托运。

危险品品名由国务院民用航空主管部门规定并公布。

第一百零二条 公共航空运输企业不得运输拒绝接受安全检查的旅客，不得违反国家规定运输未经安全检查的行李。

公共航空运输企业必须按照国务院民用航空主管部门的规定，对承运的货物进行安全检查或者采取其他保证安全的措施。

第一百零三条 公共航空运输企业从事国际航空运输的民用航空器及其所载人员、行李、货物应当接受边防、海关等主管部门的检查；但是，检查时应当避免不必要的延误。

第一百零四条 公共航空运输企业应当依照有关法律、行政法规的规定优先运输邮件。

第一百零五条 公共航空运输企业应当投保地面第三人责任险。

第九章 公共航空运输

第一节 一般规定

第一百零六条 本章适用于公共航空运输企业使用民用航空器经营的旅客、行李或者货物的运输，包括公共航空运输企业使用民用航空器办理的免费运输。

本章不适用于使用民用航空器办理的邮件运输。

对多式联运方式的运输，本章规定适用于其中的航空运输部分。

第一百零七条 本法所称国内航空运输，是指根据当事人订立的航空运输合同，运输的出发地点、约定的经停地点和目的地点均在中华人民共和国境内的运输。

本法所称国际航空运输，是指根据当事人订立的航空运输合同，无论运输有无间断或者有无转运，运输的出发地点、目的地点或者约定的经停地点之一不在中华人民共和国境内的运输。

第一百零八条 航空运输合同各方认为几个连续的航空运输承运人办理的运输是一项单一业务活动的，无论其形式是以一个合同订立或者数个合同订立，应当视为一项不可分割的运输。

第二节 运输凭证

第一百零九条 承运人运送旅客，应当出具客票。旅客乘坐民用航空器，应当交验有效客票。

第一百一十条 客票应当包括的内容由国务院民用航空主管部门规定，至少应当包括以下内容：

（一）出发地点和目的地点；

（二）出发地点和目的地点均在中华人民共和国境内，而在境外有一个或者数个约定的经停地点的，至少注明一个经停地点；

（三）旅客航程的最终目的地点、出发地点或者约定的经停地点之一不在中华人民共和国境内，依照所适用的国际航空运输公约的规定，应当在客票上声明此项运输适用该公约的，客票上应当载有该项声明。

第一百一十一条 客票是航空旅客运输合同订立和运输合同条件的初步证据。

旅客未能出示客票、客票不符合规定或者客票遗失，不影响运输合同的存在或者有效。

在国内航空运输中，承运人同意旅客不经其出票而乘坐民用航空器的，承运人无权援用本法第一百二十八条有关赔偿责任限制的规定。

在国际航空运输中，承运人同意旅客不经其出票而乘坐民用航空器的，或者客票上未依照本法第一百一十条第（三）项的规定声明的，承运人无权援用本法第一百二十九条有关赔偿责任限制的规定。

第一百一十二条 承运人载运托运行李时，行李票可以包含在客票之内或者与客票相结合。除本法第一百一十条的规定外，行李票还应当包括下列内容：

（一）托运行李的件数和重量；

（二）需要声明托运行李在目的地点交付时的利益的，注明声明金额。

行李票是行李托运和运输合同条件的初步证据。

旅客未能出示行李票、行李票不符合规定或者行李票遗失，不影响运输合同的存在或者有效。

在国内航空运输中，承运人载运托运行李而不出具行李票的，承运人无权援用本法第一百二十八条有关赔偿责任限制的规定。

在国际航空运输中，承运人载运托运行李而不出具行李票的，或者行李票上未依照本法第一百一十条第（三）项的规定声明的，承运人无权援用本法第一百二十九条有关赔偿责任限制的规定。

第一百一十三条 承运人有权要求托运人填写航空货运单，托运人有权要求承运人接受该航空货运单。托运人未能出示航空货运单、航空货运单不符合规定或者航空货运单遗失，不影响运输合同的存在或者有效。

第一百一十四条 托运人应当填写航空货运单正

本一式三份，连同货物交给承运人。

航空货运单第一份注明"交承运人"，由托运人签字、盖章；第二份注明"交收货人"，由托运人和承运人签字、盖章；第三份由承运人在接受货物后签字、盖章，交给托运人。

承运人根据托运人的请求填写航空货运单的，在没有相反证据的情况下，应当视为代托运人填写。

第一百一十五条 航空货运单应当包括的内容由国务院民用航空主管部门规定，至少应当包括以下内容：

（一）出发地点和目的地点；

（二）出发地点和目的地点均在中华人民共和国境内，而在境外有一个或者数个约定的经停地点的，至少注明一个经停地点；

（三）货物运输的最终目的地点、出发地点或者约定的经停地点之一不在中华人民共和国境内，依照所适用的国际航空运输公约的规定，应当在货运单上声明此项运输适用该公约的，货运单上应当载有该项声明。

第一百一十六条 在国内航空运输中，承运人同意未经填具航空货运单而载运货物的，承运人无权援用本法第一百二十八条有关赔偿责任限制的规定。

在国际航空运输中，承运人同意未经填具航空货运单而载运货物的，或者航空货运单上未依照本法第一百一十五条第（三）项的规定声明的，承运人无权援用本法第一百二十九条有关赔偿责任限制的规定。

第一百一十七条 托运人应当对航空货运单上所填关于货物的说明和声明的正确性负责。

因航空货运单上所填的说明和声明不符合规定、不正确或者不完全，给承运人或者承运人对之负责的其他人造成损失的，托运人应当承担赔偿责任。

第一百一十八条 航空货运单是航空货物运输合同订立和运输条件以及承运人接受货物的初步证据。

航空货运单上关于货物的重量、尺寸、包装和包装件数的说明具有初步证据的效力。除经过承运人和托运人当面查对并在航空货运单上注明经过查对或者书写关于货物的外表情况的说明外，航空货运单上关于货物的数量、体积和情况的说明不能构成不利于承运人的证据。

第一百一十九条 托运人在履行航空货物运输合同规定的义务的条件下，有权在出发地机场或者目的地机场将货物提回，或者在途中经停时中止运输，或者在目的地点或者途中要求将货物交给非航空货运单上指定的收货人，或者要求将货物运回出发地机场；但是，托运人不得因行使此种权利而使承运人或者其他托运人遭受损失，并应当偿付由此产生的费用。

托运人的指示不能执行的，承运人应当立即通知托运人。

承运人按照托运人的指示处理货物，没有要求托运人出示其所收执的航空货运单，给该航空货运单的合法持有人造成损失的，承运人应当承担责任，但是不妨碍承运人向托运人追偿。

收货人的权利依照本法第一百二十条规定开始时，托运人的权利即告终止；但是，收货人拒绝接受航空货运单或者货物，或者承运人无法同收货人联系的，托运人恢复其对货物的处置权。

第一百二十条 除本法第一百一十九条所列情形外，收货人于货物到达目的地点，并在缴付应付款项和履行航空货运单上所列运输条件后，有权要求承运人移交航空货运单并交付货物。

除另有约定外，承运人应当在货物到达后立即通知收货人。

承运人承认货物已经遗失，或者货物在应当到达之日起七日后仍未到达的，收货人有权向承运人行使航空货物运输合同所赋予的权利。

第一百二十一条 托运人和收货人在履行航空货物运输合同规定的义务的条件下，无论为本人或者他人的利益，可以以本人的名义分别行使本法第一百一十九条和第一百二十条所赋予的权利。

第一百二十二条 本法第一百一十九条、第一百二十条和第一百二十一条的规定，不影响托运人同收货人之间的相互关系，也不影响从托运人或者收货人获得权利的第三人之间的关系。

任何与本法第一百一十九条、第一百二十条和第一百二十一条规定不同的合同条款，应当在航空货运单上载明。

第一百二十三条 托运人应当提供必需的资料和文件，以便在货物交付收货人前完成法律、行政法规规定的有关手续；因没有此种资料、文件，或者此种资料、文件不充足或者不符合规定造成的损失，除由于承运人或者其受雇人、代理人的过错造成的外，托运人应当对承运人承担责任。

除法律、行政法规另有规定外，承运人没有对前款规定的资料或者文件进行检查的义务。

第三节 承运人的责任

第一百二十四条 因发生在民用航空器上或者在旅客上、下民用航空器过程中的事件，造成旅客人身伤亡的，承运人应当承担责任；但是，旅客的人身伤亡完全是由于旅客本人的健康状况造成的，承运人不承担责任。

第一百二十五条 因发生在民用航空器上或者在旅客上、下民用航空器过程中的事件，造成旅客随身携带物品毁灭、遗失或者损坏的，承运人应当承担责任。因发生在航空运输期间的事件，造成旅客的托运行李毁灭、遗失或者损坏的，承运人应当承担责任。

旅客随身携带物品或者托运行李的毁灭、遗失或者损坏完全是由于行李本身的自然属性、质量或者缺陷造成的，承运人不承担责任。

本章所称行李，包括托运行李和旅客随身携带的物品。

因发生在航空运输期间的事件，造成货物毁灭、遗失或者损坏的，承运人应当承担责任；但是，承运人证明货物的毁灭、遗失或者损坏完全是由于下列原因之一造成的，不承担责任：

（一）货物本身的自然属性、质量或者缺陷；

（二）承运人或者其受雇人、代理人以外的人包装货物的，货物包装不良；

（三）战争或者武装冲突；

（四）政府有关部门实施的与货物入境、出境或者过境有关的行为。

本条所称航空运输期间，是指在机场内、民用航空器上或者机场外降落的任何地点，托运行李、货物处于承运人掌管之下的全部期间。

航空运输期间，不包括机场外的任何陆路运输、海上运输、内河运输过程；但是，此种陆路运输、海上运输、内河运输是为了履行航空运输合同而装载、交付或者转运，在没有相反证据的情况下，所发生的损失视为在航空运输期间发生的损失。

第一百二十六条 旅客、行李或者货物在航空运输中因延误造成的损失，承运人应当承担责任；但是，承运人证明本人或者其受雇人、代理人为了避免损失的发生，已经采取一切必要措施或者不可能采取此种措施的，不承担责任。

第一百二十七条 在旅客、行李运输中，经承运人证明，损失是由索赔人的过错造成或者促成的，应当根据造成或者促成此种损失的过错的程度，相应免除或者减轻承运人的责任。旅客以外的其他人就旅客死亡或者受伤提出赔偿请求时，经承运人证明，死亡或者受伤是旅客本人的过错造成或者促成的，同样应当根据造成或者促成此种损失的过错的程度，相应免除或者减轻承运人的责任。

在货物运输中，经承运人证明，损失是由索赔人或者代行权利人的过错造成或者促成的，应当根据造成或者促成此种损失的过错的程度，相应免除或者减轻承运人的责任。

第一百二十八条 国内航空运输承运人的赔偿责任限额由国务院民用航空主管部门制定，报国务院批准后公布执行。

旅客或者托运人在交运托运行李或者货物时，特别声明在目的地点交付时的利益，并在必要时支付附加费的，除承运人证明旅客或者托运人声明的金额高于托运行李或者货物在目的地点交付时的实际利益外，承运人应当在声明金额范围内承担责任；本法第一百二十九条的其他规定，除赔偿责任限额外，适用于国内航空运输。

第一百二十九条 国际航空运输承运人的赔偿责任限额按照下列规定执行：

（一）对每名旅客的赔偿责任限额为16600计算单位；但是，旅客可以同承运人书面约定高于本项规定的赔偿责任限额。

（二）对托运行李或者货物的赔偿责任限额，每公斤为17计算单位。旅客或者托运人在交运托运行李或者货物时，特别声明在目的地点交付时的利益，并在必要时支付附加费的，除承运人证明旅客或者托运人声明的金额高于托运行李或者货物在目的地点交付时的实际利益外，承运人应当在声明金额范围内承担责任。

托运行李或者货物的一部分或者托运行李、货物中的任何物件毁灭、遗失、损坏或者延误的，用以确定承运人赔偿责任限额的重量，仅为该一包件或者数包件的总重量；但是，因托运行李或者货物的一部分或者托运行李、货物中的任何物件的毁灭、遗失、损坏或者延误，影响同一份行李票或者同一份航空货运单所列其他包件的价值的，确定承运人的赔偿责任限额时，此种包件的总重量也应当考虑在内。

（三）对每名旅客随身携带的物品的赔偿责任限额为332计算单位。

第一百三十条 任何旨在免除本法规定的承运人责任或者降低本法规定的赔偿责任限额的条款，均属无效；但是，此种条款的无效，不影响整个航空运输合同的效力。

第一百三十一条 有关航空运输中发生的损失的诉讼，不论其根据如何，只能依照本法规定的条件和赔偿责任限额提出，但是不妨碍谁有权提起诉讼以及他们各自的权利。

第一百三十二条 经证明，航空运输中的损失是由于承运人或者其受雇人、代理人的故意或者明知可能造成损失而轻率地作为或者不作为造成的，承运人无权援用本法第一百二十八条、第一百二十九条有关赔偿责任限制的规定；证明承运人的受雇人、代理人有此种作为或者不作为的，还应当证明该受雇人、代理人是在受雇、代理范围内行事。

第一百三十三条 就航空运输中的损失向承运人的受雇人、代理人提起诉讼时，该受雇人、代理人证明他是在受雇、代理范围内行事的，有权援用本法第一百二十八条、第一百二十九条有关赔偿责任限制的规定。

在前款规定情形下，承运人及其受雇人、代理人的赔偿总额不得超过法定的赔偿责任限额。

经证明，航空运输中的损失是由于承运人的受雇人、代理人的故意或者明知可能造成损失而轻率地作为或者不作为造成的，不适用本条第一款和第二款的规定。

第一百三十四条 旅客或者收货人收受托运行李或者货物而未提出异议，为托运行李或者货物已经完好交付并与运输凭证相符的初步证据。

托运行李或者货物发生损失的，旅客或者收货人应当在发现损失后向承运人提出异议。托运行李发生损失的，至迟应当自收到托运行李之日起七日内提出；货物发生损失的，至迟应当自收到货物之日起十四日内提出。托运行李或者货物发生延误的，至迟应当自托运行李或者货物交付旅客或者收货人处置之日起二十一日内提出。

任何异议均应当在前款规定的期间内写在运输凭证上或者另以书面提出。

除承运人有欺诈行为外，旅客或者收货人未在本条第二款规定的期间内提出异议的，不能向承运人提出索赔诉讼。

第一百三十五条 航空运输的诉讼时效期间为二年，自民用航空器到达目的地点、应当到达目的地点或者运输终止之日起计算。

第一百三十六条 由几个航空承运人办理的连续运输，接受旅客、行李或者货物的每一个承运人应当受本法规定的约束，并就其根据合同办理的运输区段作为运输合同的订约一方。

对前款规定的连续运输，除合同明文约定第一承运人应当对全程运输承担责任外，旅客或者其继承人只能对发生事故或者延误的运输区段的承运人提起诉讼。

托运行李或者货物的毁灭、遗失、损坏或者延误，旅客或者托运人有权对第一承运人提起诉讼，旅客或者收货人有权对最后承运人提起诉讼，旅客、托运人和收货人均可以对发生毁灭、遗失、损坏或者延误的运输区段的承运人提起诉讼。上述承运人应当对旅客、托运人或者收货人承担连带责任。

第四节　实际承运人履行
航空运输的特别规定

第一百三十七条 本节所称缔约承运人，是指以本人名义与旅客或者托运人，或者与旅客或者托运人的代理人，订立本章调整的航空运输合同的人。

本节所称实际承运人，是指根据缔约承运人的授权，履行前款全部或者部分运输的人，不是指本章规定的连续承运人；在没有相反证明时，此种授权被认为是存在的。

第一百三十八条 除本节另有规定外，缔约承运人和实际承运人都应当受本章规定的约束。缔约承运人应当对合同约定的全部运输负责。实际承运人应当对其履行的运输负责。

第一百三十九条 实际承运人的作为和不作为，实际承运人的受雇人、代理人在受雇、代理范围内的作为和不作为，关系到实际承运人履行的运输的，应当视为缔约承运人的作为和不作为。

缔约承运人的作为和不作为，缔约承运人的受雇人、代理人在受雇、代理范围内的作为和不作为，关系到实际承运人履行的运输的，应当视为实际承运人的作为和不作为；但是，实际承运人承担的责任不因此种作为或者不作为而超过法定的赔偿责任限额。

任何有关缔约承运人承担本章未规定的义务或者放弃本章赋予的权利的特别协议，或者任何有关依照本法第一百二十八条、第一百二十九条规定所作的在目的地点交付时利益的特别声明，除经实际承运人同意外，均不得影响实际承运人。

第一百四十条 依照本章规定提出的索赔或者发出的指示，无论是向缔约承运人还是向实际承运人提出或者发出的，具有同等效力；但是，本法第一百一十九条规定的指示，只在向缔约承运人发出时，方有效。

第一百四十一条 实际承运人的受雇人、代理人或者缔约承运人的受雇人、代理人，证明他是在受雇、代理范围内行事的，就实际承运人履行的运输而言，有权援用本法第一百二十八条、第一百二十九条有关赔偿责任限制的规定，但是依照本法规定不得援用赔偿责任限制规定的除外。

第一百四十二条 对于实际承运人履行的运输，实际承运人、缔约承运人以及他们的在受雇、代理范围内行事的受雇人、代理人的赔偿总额不得超过依照本法得以从缔约承运人或者实际承运人获得赔偿的最高数额；但是，其中任何人都不承担超过对他适用的赔偿责任限额。

第一百四十三条 对实际承运人履行的运输提起的诉讼，可以分别对实际承运人或者缔约承运人提起，也可以同时对实际承运人和缔约承运人提起；被提起诉讼的承运人有权要求另一承运人参加应诉。

第一百四十四条 除本法第一百四十三条规定外，本节规定不影响实际承运人和缔约承运人之间的权利、义务。

第十章 通用航空

第一百四十五条 通用航空，是指使用民用航空器从事公共航空运输以外的民用航空活动，包括从事工业、农业、林业、渔业和建筑业的作业飞行以及医疗卫生、抢险救灾、气象探测、海洋监测、科学实验、教育训练、文化体育等方面的飞行活动。

第一百四十六条 从事通用航空活动，应当具备下列条件：

（一）有与所从事的通用航空活动相适应，符合保证飞行安全要求的民用航空器；

（二）有必需的依法取得执照的航空人员；

（三）符合法律、行政法规规定的其他条件。

从事经营性通用航空，限于企业法人。

第一百四十七条 从事非经营性通用航空的，应当向国务院民用航空主管部门备案。

从事经营性通用航空的，应当向国务院民用航空主管部门申请领取通用航空经营许可证。

第一百四十八条 通用航空企业从事经营性通用航空活动，应当与用户订立书面合同，但是紧急情况下的救护或者救灾飞行除外。

第一百四十九条 组织实施作业飞行时，应当采取有效措施，保证飞行安全，保护环境和生态平衡，防止对环境、居民、作物或者牲畜等造成损害。

第一百五十条 从事通用航空活动的，应当投保地面第三人责任险。

第十一章 搜寻援救和事故调查

第一百五十一条 民用航空器遇到紧急情况时，应当发送信号，并向空中交通管制单位报告，提出援救请求；空中交通管制单位应当立即通知搜寻援救协调中心。民用航空器在海上遇到紧急情况时，还应当向船舶和国家海上搜寻援救组织发送信号。

第一百五十二条 发现民用航空器遇到紧急情况或者收听到民用航空器遇到紧急情况的信号的单位或者个人，应当立即通知有关的搜寻援救协调中心、海上搜寻援救组织或者当地人民政府。

第一百五十三条 收到通知的搜寻援救协调中心、地方人民政府和海上搜寻援救组织，应当立即组织搜寻援救。

收到通知的搜寻援救协调中心，应当设法将已经采取的搜寻援救措施通知遇到紧急情况的民用航空器。

搜寻援救民用航空器的具体办法，由国务院规定。

第一百五十四条 执行搜寻援救任务的单位或者个人，应当尽力抢救民用航空器所载人员，按照规定对民用航空器采取抢救措施并保护现场，保存证据。

第一百五十五条 民用航空器事故的当事人以及有关人员在接受调查时，应当如实提供现场情况和与事故有关的情节。

第一百五十六条 民用航空器事故调查的组织和程序，由国务院规定。

第十二章 对地面第三人损害的赔偿责任

第一百五十七条 因飞行中的民用航空器或者从飞行中的民用航空器上落下的人或者物，造成地面（包括水面，下同）上的人身伤亡或者财产损害的，受害人有权获得赔偿；但是，所受损害并非造成损害的事故的直接后果，或者所受损害仅是民用航空器依照国家有关的空中交通规则在空中通过造成的，受害人无权要求赔偿。

前款所称飞行中，是指自民用航空器为实际起飞而使用动力时起至着陆冲程终了时止；就轻于空气的民用航空器而言，飞行中是指自其离开地面时起至其重新着地时止。

第一百五十八条 本法第一百五十七条规定的赔偿责任，由民用航空器的经营人承担。

前款所称经营人，是指损害发生时使用民用航空器的人。民用航空器的使用权已经直接或者间接地授予他人，本人保留对该民用航空器的航行控制权的，本人仍被视为经营人。

经营人的受雇人、代理人在受雇、代理过程中使用民用航空器，无论是否在其受雇、代理范围内行事，均视为经营人使用民用航空器。

民用航空器登记的所有人应当被视为经营人，并承担经营人的责任；除非在判定其责任的诉讼中，所有人证明经营人是他人，并在法律程序许可的范围内采取适当措施使该人成为诉讼当事人之一。

第一百五十九条　未经对民用航空器有航行控制权的人同意而使用民用航空器，对地面第三人造成损害的，有航行控制权的人除证明本人已经适当注意防止此种使用外，应当与该非法使用人承担连带责任。

第一百六十条　损害是武装冲突或者骚乱的直接后果，依照本章规定应当承担责任的人不承担责任。

依照本章规定应当承担责任的人对民用航空器的使用权业经国家机关依法剥夺的，不承担责任。

第一百六十一条　依照本章规定应当承担责任的人证明损害是完全由于受害人或者其受雇人、代理人的过错造成的，免除其赔偿责任；应当承担责任的人证明损害是部分由于受害人或者其受雇人、代理人的过错造成的，相应减轻其赔偿责任。但是，损害是由于受害人的受雇人、代理人的过错造成时，受害人证明其受雇人、代理人的行为超出其所授权的范围的，不免除或者不减轻应当承担责任的人的赔偿责任。

一人对另一人的死亡或者伤害提起诉讼，请求赔偿时，损害是该另一人或者其受雇人、代理人的过错造成的，适用前款规定。

第一百六十二条　两个以上的民用航空器在飞行中相撞或者相扰，造成本法第一百五十七条规定的应当赔偿的损害，或者两个以上的民用航空器共同造成此种损害，各有关民用航空器均应当被认为已经造成此种损害，各有关民用航空器的经营人均应当承担责任。

第一百六十三条　本法第一百五十八条第四款和第一百五十九条规定的人，享有依照本章规定经营人所能援用的抗辩权。

第一百六十四条　除本章有明确规定外，经营人、所有人和本法第一百五十九条规定的应当承担责任的人，以及他们的受雇人、代理人，对于飞行中的民用航空器或者从飞行中的民用航空器上落下的人或者物造成的地面上的损害不承担责任，但是故意造成此种损害的人除外。

第一百六十五条　本章不妨碍依照本章规定应当对损害承担责任的人向他人追偿的权利。

第一百六十六条　民用航空器的经营人应当投保地面第三人责任险或者取得相应的责任担保。

第一百六十七条　保险人和担保人除享有与经营人相同的抗辩权，以及对于伪造证件进行抗辩的权利外，对依照本章规定提出的赔偿请求只能进行下列抗辩：

（一）损害发生在保险或者担保终止有效后；然而保险或者担保在飞行中期满的，该项保险或者担保在飞行计划中所载下一次降落前继续有效，但是不得超过二十四小时；

（二）损害发生在保险或者担保所指定的地区范围外，除非飞行超出该范围是由于不可抗力、援助他人所必需，或者驾驶、航行或者领航上的差错造成的。

前款关于保险或者担保继续有效的规定，只在对受害人有利时适用。

第一百六十八条　仅在下列情形下，受害人可以直接对保险人或者担保人提起诉讼，但是不妨碍受害人根据有关保险合同或者担保合同的法律规定提起直接诉讼的权利：

（一）根据本法第一百六十七条第（一）项、第（二）项规定，保险或者担保继续有效的；

（二）经营人破产的。

除本法第一百六十七条第一款规定的抗辩权，保险人或者担保人对受害人依照本章规定提起的直接诉讼不得以保险或者担保的无效或者追溯力终止为由进行抗辩。

第一百六十九条　依照本法第一百六十六条规定提供的保险或者担保，应当被专门指定优先支付本章规定的赔偿。

第一百七十条　保险人应当支付给经营人的款项，在本章规定的第三人的赔偿请求未满足前，不受经营人的债权人的扣留和处理。

第一百七十一条　地面第三人损害赔偿的诉讼时效期间为二年，自损害发生之日起计算；但是，在任何情况下，时效期间不得超过自损害发生之日起三年。

第一百七十二条　本章规定不适用于下列损害：

（一）对飞行中的民用航空器或者对该航空器上的人或者物造成的损害；

（二）为受害人同经营人或者同发生损害时对民用航空器有使用权的人订立的合同所约束，或者为适用两方之间的劳动合同的法律有关职工赔偿的规定所约束的损害；

（三）核损害。

第十三章　对外国民用航空器的特别规定

第一百七十三条　外国人经营的外国民用航空器，在中华人民共和国境内从事民用航空活动，适用本章规定；本章没有规定的，适用本法其他有关规定。

第一百七十四条　外国民用航空器根据其国籍登记国政府与中华人民共和国政府签订的协定、协议的规定，或者经中华人民共和国国务院民用航空主管部门批准或者接受，方可飞入、飞出中华人民共和国领空和在中华人民共和国境内飞行、降落。

对不符合前款规定，擅自飞入、飞出中华人民共和国领空的外国民用航空器，中华人民共和国有关机关有权采取必要措施，令其在指定的机场降落；对虽然符合前款规定，但是有合理的根据认为需要对其进行检查的，有关机关有权令其在指定的机场降落。

第一百七十五条　外国民用航空器飞入中华人民共和国领空，其经营人应当提供有关证明书，证明其已经投保地面第三人责任险或者已经取得相应的责任担保；其经营人未提供有关证明书的，中华人民共和国国务院民用航空主管部门有权拒绝其飞入中华人民共和国领空。

第一百七十六条　外国民用航空器的经营人经其本国政府指定，并取得中华人民共和国国务院民用航空主管部门颁发的经营许可证，方可经营中华人民共和国政府与该外国政府签订的协定、协议规定的国际航班运输；外国民用航空器的经营人经其本国政府批准，并获得中华人民共和国国务院民用航空主管部门批准，方可经营中华人民共和国境内一地和境外一地之间的不定期航空运输。

前款规定的外国民用航空器经营人，应当依照中华人民共和国法律、行政法规的规定，制定相应的安全保卫方案，报中华人民共和国国务院民用航空主管部门备案。

第一百七十七条　外国民用航空器的经营人，不得经营中华人民共和国境内两点之间的航空运输。

第一百七十八条　外国民用航空器，应当按照中华人民共和国国务院民用航空主管部门批准的班期时刻或者飞行计划飞行；变更班期时刻或者飞行计划的，其经营人应当获得中华人民共和国国务院民用航空主管部门的批准；因故变更或者取消飞行的，其经营人应当及时报告中华人民共和国国务院民用航空主管部门。

第一百七十九条　外国民用航空器应当在中华人民共和国国务院民用航空主管部门指定的设关机场起飞或者降落。

第一百八十条　中华人民共和国国务院民用航空主管部门和其他主管机关，有权在外国民用航空器降落或者飞出时查验本法第九十条规定的文件。

外国民用航空器及其所载人员、行李、货物，应当接受中华人民共和国有关主管机关依法实施的入境出境、海关、检疫等检查。

实施前两款规定的查验、检查，应当避免不必要的延误。

第一百八十一条　外国民用航空器国籍登记国发给或者核准的民用航空器适航证书、机组人员合格证书和执照，中华人民共和国政府承认其有效；但是，发给或者核准此项证书或者执照的要求，应当等于或者高于国际民用航空组织制定的最低标准。

第一百八十二条　外国民用航空器在中华人民共和国搜寻援救区内遇险，其所有人或者国籍登记国参加搜寻援救工作，应当经中华人民共和国国务院民用航空主管部门批准或者按照两国政府协议进行。

第一百八十三条　外国民用航空器在中华人民共和国境内发生事故，其国籍登记国和其他有关国家可以指派观察员参加事故调查。事故调查报告和调查结果，由中华人民共和国国务院民用航空主管部门告知该外国民用航空器的国籍登记国和其他有关国家。

第十四章　涉外关系的法律适用

第一百八十四条　中华人民共和国缔结或者参加的国际条约同本法有不同规定的，适用国际条约的规定；但是，中华人民共和国声明保留的条款除外。

中华人民共和国法律和中华人民共和国缔结或者参加的国际条约没有规定的，可以适用国际惯例。

第一百八十五条　民用航空器所有权的取得、转让和消灭，适用民用航空器国籍登记国法律。

第一百八十六条　民用航空器抵押权适用民用航空器国籍登记国法律。

第一百八十七条　民用航空器优先权适用受理案件的法院所在地法律。

第一百八十八条　民用航空运输合同当事人可以选择合同适用的法律，但是法律另有规定的除外；合同当事人没有选择的，适用与合同有最密切联系的国家的法律。

第一百八十九条　民用航空器对地面第三人的损害赔偿，适用侵权行为地法律。

民用航空器在公海上空对水面第三人的损害赔偿，适用受理案件的法院所在地法律。

第一百九十条　依照本章规定适用外国法律或者国际惯例，不得违背中华人民共和国的社会公共利益。

第十五章　法　律　责　任

第一百九十一条　以暴力、胁迫或者其他方法劫持航空器的，依照刑法有关规定追究刑事责任。

第一百九十二条　对飞行中的民用航空器上的人员使用暴力，危及飞行安全的，依照刑法有关规定追究刑事责任。

第一百九十三条 违反本法规定,隐匿携带炸药、雷管或者其他危险品乘坐民用航空器,或者以非危险品品名托运危险品的,依照刑法有关规定追究刑事责任。

企业事业单位犯前款罪的,判处罚金,并对直接负责的主管人员和其他直接责任人员依照前款规定追究刑事责任。

隐匿携带枪支子弹、管制刀具乘坐民用航空器的,依照刑法有关规定追究刑事责任。

第一百九十四条 公共航空运输企业违反本法第一百零一条的规定运输危险品的,由国务院民用航空主管部门没收违法所得,可以并处违法所得一倍以下的罚款。

公共航空运输企业有前款行为,导致发生重大事故的,没收违法所得,判处罚金;并对直接负责的主管人员和其他直接责任人员依照刑法有关规定追究刑事责任。

第一百九十五条 故意在使用中的民用航空器上放置危险品或者唆使他人放置危险品,足以毁坏该民用航空器,危及飞行安全的,依照刑法有关规定追究刑事责任。

第一百九十六条 故意传递虚假情报,扰乱正常飞行秩序,使公私财产遭受重大损失的,依照刑法有关规定追究刑事责任。

第一百九十七条 盗窃或者故意损毁、移动使用中的航行设施,危及飞行安全,足以使民用航空器发生坠落、毁坏危险的,依照刑法有关规定追究刑事责任。

第一百九十八条 聚众扰乱民用机场秩序的,依照刑法有关规定追究刑事责任。

第一百九十九条 航空人员玩忽职守,或者违反规章制度,导致发生重大飞行事故,造成严重后果的,依照刑法有关规定追究刑事责任。

第二百条 违反本法规定,尚不够刑事处罚,应当给予治安管理处罚的,依照治安管理处罚法的规定处罚。

第二百零一条 违反本法第三十七条的规定,民用航空器无适航证书而飞行,或者租用的外国民用航空器未经国务院民用航空主管部门对其原国籍登记国发给的适航证书审查认可或另发适航证书而飞行的,由国务院民用航空主管部门责令停止飞行,没收违法所得,可以并处违法所得一倍以上五倍以下的罚款;没有违法所得的,处以十万元以上一百万元以下的罚款。

适航证书失效或者超过适航证书规定范围飞行的,依照前款规定处罚。

第二百零二条 违反本法第三十四条、第三十六条第二款的规定,将未取得型号合格证书、型号认可证书的民用航空器及其发动机、螺旋桨或者民用航空器上的设备投入生产的,由国务院民用航空主管部门责令停止生产,没收违法所得,可以并处违法所得一倍以下的罚款;没有违法所得的,处以五万元以上五十万元以下的罚款。

第二百零三条 违反本法第三十五条的规定,未取得生产许可证书、维修许可证书而从事生产、维修活动的,违反本法第九十二条、第一百四十七条第二款的规定,未取得公共航空运输经营许可证或者通用航空经营许可证而从事公共航空运输或者从事经营性通用航空的,国务院民用航空主管部门可以责令停止生产、维修或者经营活动。

第二百零四条 已取得本法第三十五条规定的生产许可证书、维修许可证书的企业,因生产、维修的质量问题造成严重事故的,国务院民用航空主管部门可以吊销其生产许可证书或者维修许可证书。

第二百零五条 违反本法第四十条的规定,未取得航空人员执照、体格检查合格证书而从事相应的民用航空活动的,由国务院民用航空主管部门责令停止民用航空活动,在国务院民用航空主管部门规定的限期内不得申领有关执照和证书,对其所在单位处以二十万元以下的罚款。

第二百零六条 有下列违法情形之一的,由国务院民用航空主管部门对民用航空器的机长给予警告或者吊扣执照一个月至六个月的处罚,情节较重的,可以给予吊销执照的处罚:

(一)机长违反本法第四十五条第一款的规定,未对民用航空器实施检查而起飞的;

(二)民用航空器违反本法第七十五条的规定,未按照空中交通管制单位指定的航路和飞行高度飞行,或者违反本法第七十九条的规定飞越城市上空的。

第二百零七条 违反本法第七十四条的规定,民用航空器未经空中交通管制单位许可进行飞行活动的,由国务院民用航空主管部门责令停止飞行,对该民用航空器所有人或者承租人处以一万元以上十万元以下的罚款;对该民用航空器的机长给予警告或者吊扣执照一个月至六个月的处罚,情节较重的,可以给予吊销执照的处罚。

第二百零八条 民用航空器的机长或者机组其他人员有下列行为之一的,由国务院民用航空主管部门给予警告或者吊扣执照一个月至六个月的处罚；有第（二）项或者第（三）项所列行为的，可以给予吊销执照的处罚：

（一）在执行飞行任务时，不按照本法第四十一条的规定携带执照和体格检查合格证书的；

（二）民用航空器遇险时，违反本法第四十八条的规定离开民用航空器的；

（三）违反本法第七十七条第二款的规定执行飞行任务的。

第二百零九条 违反本法第八十条的规定，民用航空器在飞行中投掷物品的，由国务院民用航空主管部门给予警告，可以对直接责任人员处以二千元以上二万元以下的罚款。

第二百一十条 违反本法第六十二条的规定，未取得机场使用许可证开放使用民用机场的，由国务院民用航空主管部门责令停止开放使用；没收违法所得，可以并处违法所得一倍以下的罚款。

第二百一十一条 公共航空运输企业、通用航空企业违反本法规定，情节较重的，除依照本法规定处罚外，国务院民用航空主管部门可以吊销其经营许可证。

从事非经营性通用航空未向国务院民用航空主管部门备案的，由国务院民用航空主管部门责令改正；逾期未改正的，处三万元以下罚款。

第二百一十二条 国务院民用航空主管部门和地区民用航空管理机构的工作人员，玩忽职守、滥用职权、徇私舞弊，构成犯罪的，依法追究刑事责任；尚不构成犯罪的，依法给予行政处分。

第十六章 附 则

第二百一十三条 本法所称计算单位，是指国际货币基金组织规定的特别提款权；其人民币数额为法院判决之日、仲裁机构裁决之日或者当事人协议之日，按照国家外汇主管机关规定的国际货币基金组织的特别提款权对人民币的换算办法计算得出的人民币数额。

第二百一十四条 国务院、中央军事委员会对无人驾驶航空器的管理另有规定的，从其规定。

第二百一十五条 本法自1996年3月1日起施行。

国务院关于通用航空管理的暂行规定

（1986年1月8日国务院发布 根据2014年7月29日《国务院关于修改部分行政法规的决定》修订）

第一条 为了促进通用航空事业的健康发展，维护公共利益，保障飞行安全，以适应社会主义现代化建设的需要，特制定本规定。

第二条 凡使用民用航空器从事为工业、农业、林业、牧业、渔业生产和国家建设服务的作业飞行，以及从事医疗卫生、抢险救灾、海洋及环境监测、科学实验、教育训练、文化体育及游览等项飞行活动（以下统称通用航空），都应当遵守本规定。

紧急情况下的救援飞行活动，按照国家的有关规定执行。

第三条 通用航空由中国民用航空局（以下简称民航局）归口管理。

第四条 从事通用航空飞行的单位或个人，经营通用航空业务的企业，都应当按照下列规定，履行申请审批手续：

（一）从事或经营省际通用航空飞行或业务的，由民航局审查、批准，发给通用航空许可证；

（二）从事或经营省、自治区、直辖市境内的通用航空飞行或业务的，由地区民用航空管理机构审查、批准，发给通用航空许可证，报民航局备案。

前款审批机关收到申请之后，应当在3个月内作出决定。

第五条 申请通用航空许可证，应当具备与通用航空要求相适应的下列条件：

（一）航空器经民航局检验合格，登记注册，领有适航证件。租用外国民用航空器的，并应提交租赁合同及其他有关证件。

（二）飞行人员、航空器维修人员和航行调度人员经民航局考核合格，领有执照。从事空中作业的驾驶员，应当经过专业训练，考核合格，具备空中作业必需的专门知识和技能。

（三）所使用的机场以及机务维修条件，能够保证正常飞行和作业。

第六条 经营通用航空业务的企业，应当持通用航空许可证，按照《工商企业登记管理条例》的规定，办理登记手续，领取营业执照，方可经营业务。

经营通用航空业务的企业，需要变更通用航空许可证载明的事项时，应当报经原发证机关批准，并且应当按照《工商企业登记管理条例》的规定，办理相应手续。

第七条 从事通用航空飞行的单位或个人，经营通用航空业务的企业，都应当向中国人民保险公司投保机身险和第三者责任险。

第八条 经营通用航空业务的企业，可以承担中国境外通用航空业务，但是应当按照国家有关规定办理相关手续。

第九条 企业、单位或个人实施通用航空作业飞行时，应当采取有效措施保护环境；噪声或排放有害物质，都必须符合国家规定的标准。

违反前款规定，造成损害的，应当负责赔偿损失；发生纠纷的，由司法机关依法处理。

第十条 从事或经营通用航空飞行或业务的单位、个人、企业，都应当遵守国家法律、行政法规的规定，接受有关部门的监督检查。

第十一条 从事或经营通用航空飞行或业务的单位、个人、企业，都应当遵守有关民用航空的规章、条令，接受民航局对飞行事故的调查处理。

第十二条 从事或经营通用航空飞行或业务的单位、个人、企业，都应当按照民航局的规定，定期报送通用航空统计资料和其他材料。

经营通用航空业务的企业，还应当在国家计划指导下，编制并向民航局报送本企业的中、长期计划。

民航局应当扶持通用航空事业的发展，协调、监督通用航空企业的经营活动。

第十三条 从事民用航空教育、训练的学校或机构，应当接受民航局的监督检查。

民用航空教育、训练管理办法，由民航局制定。

第十四条 航空体育主管部门应当根据本规定制定航空体育管理办法，并报民航局备案。

第十五条 从事或经营通用航空飞行或业务的单位、个人、企业违法、违章，民航局或地区民用航空管理机构可以分别给予警告、罚款、暂停业务、吊销通用航空许可证等处分。

对被吊销通用航空许可证的企业，民航局或地区民用航空管理机构应当会商工商行政管理部门按规定同时吊销其营业执照。

第十六条 本规定由民航局负责解释。

第十七条 本规定自发布之日起施行。在本规定发布前已经从事或经营通用航空飞行或业务的单位、个人、企业，应当在3个月内按照本规定补办申请、批准手续；逾期不办的，不得从事或经营通用航空飞行或业务。

中华人民共和国民用航空安全保卫条例

（1996年7月6日国务院令第201号发布 根据2011年1月8日《国务院关于废止和修改部分行政法规的决定》修订）

第一章 总 则

第一条 为了防止对民用航空活动的非法干扰，维护民用航空秩序，保障民用航空安全，制定本条例。

第二条 本条例适用于在中华人民共和国领域内的一切民用航空活动以及与民用航空活动有关的单位和个人。

在中华人民共和国领域外从事民用航空活动的具有中华人民共和国国籍的民用航空器适用本条例；但是，中华人民共和国缔结或者参加的国际条约另有规定的除外。

第三条 民用航空安全保卫工作实行统一管理、分工负责的原则。

民用航空公安机关（以下简称民航公安机关）负责对民用航空安全保卫工作实施统一管理、检查和监督。

第四条 有关地方人民政府与民用航空单位应当密切配合，共同维护民用航空安全。

第五条 旅客、货物托运人和收货人以及其他进入机场的人员，应当遵守民用航空安全管理的法律、法规和规章。

第六条 民用机场经营人和民用航空器经营人应当履行下列职责：

（一）制定本单位民用航空安全保卫方案，并报国务院民用航空主管部门备案；

（二）严格实行有关民用航空安全保卫的措施；

（三）定期进行民用航空安全保卫训练，及时消除危及民用航空安全的隐患。

与中华人民共和国通航的外国民用航空企业，应当向国务院民用航空主管部门报送民用航空安全保卫方案。

第七条 公民有权向民航公安机关举报预谋劫持、破坏民用航空器或者其他危害民用航空安全的行为。

第八条 对维护民用航空安全做出突出贡献的单位或者个人，由有关人民政府或者国务院民用航空主管部门给予奖励。

第二章 民用机场的安全保卫

第九条 民用机场（包括军民合用机场中的民

用部分，下同）的新建、改建或者扩建，应当符合国务院民用航空主管部门关于民用机场安全保卫设施建设的规定。

第十条 民用机场开放使用，应当具备下列安全保卫条件：

（一）设有机场控制区并配备专职警卫人员；

（二）设有符合标准的防护围栏和巡逻通道；

（三）设有安全保卫机构并配备相应的人员和装备；

（四）设有安全检查机构并配备与机场运输量相适应的人员和检查设备；

（五）设有专职消防组织并按照机场消防等级配备人员和设备；

（六）订有应急处置方案并配备必要的应急援救设备。

第十一条 机场控制区应当根据安全保卫的需要，划定为候机隔离区、行李分检装卸区、航空器活动区和维修区、货物存放区等，并分别设置安全防护设施和明显标志。

第十二条 机场控制区应当有严密的安全保卫措施，实行封闭式分区管理。具体管理办法由国务院民用航空主管部门制定。

第十三条 人员与车辆进入机场控制区，必须佩带机场控制区通行证并接受警卫人员的检查。

机场控制区通行证，由民航公安机关按照国务院民用航空主管部门的有关规定制发和管理。

第十四条 在航空器活动区和维修区内的人员、车辆必须按照规定路线行进，车辆、设备必须在指定位置停放，一切人员、车辆必须避让航空器。

第十五条 停放在机场的民用航空器必须有专人警卫；各有关部门及其工作人员必须严格执行航空器警卫交接制度。

第十六条 机场内禁止下列行为：

（一）攀（钻）越、损毁机场防护围栏及其他安全防护设施；

（二）在机场控制区内狩猎、放牧、晾晒谷物、教练驾驶车辆；

（三）无机场控制区通行证进入机场控制区；

（四）随意穿越航空器跑道、滑行道；

（五）强行登、占航空器；

（六）谎报险情，制造混乱；

（七）扰乱机场秩序的其他行为。

第三章 民用航空营运的安全保卫

第十七条 承运人及其代理人出售客票，必须符合国务院民用航空主管部门的有关规定；对不符合规定的，不得售予客票。

第十八条 承运人办理承运手续时，必须核对乘机人和行李。

第十九条 旅客登机时，承运人必须核对旅客人数。

对已经办理登机手续而未登机的旅客的行李，不得装入或者留在航空器内。

旅客在航空器飞行中途中止旅行时，必须将其行李卸下。

第二十条 承运人对承运的行李、货物，在地面存储和运输期间，必须有专人监管。

第二十一条 配制、装载供应品的单位对装入航空器的供应品，必须保证其安全性。

第二十二条 航空器在飞行中的安全保卫工作由机长统一负责。

航空安全员在机长领导下，承担安全保卫的具体工作。

机长、航空安全员和机组其他成员，应当严格履行职责，保护民用航空器及其所载人员和财产的安全。

第二十三条 机长在执行职务时，可以行使下列权力：

（一）在航空器起飞前，发现有关方面对航空器未采取本条例规定的安全措施的，拒绝起飞；

（二）在航空器飞行中，对扰乱航空器内秩序，干扰机组人员正常工作而不听劝阻的人，采取必要的管束措施；

（三）在航空器飞行中，对劫持、破坏航空器或者其他危及安全的行为，采取必要的措施；

（四）在航空器飞行中遇到特殊情况时，对航空器的处置作最后决定。

第二十四条 禁止下列扰乱民用航空营运秩序的行为：

（一）倒卖购票证件、客票和航空运输企业的有效订座凭证；

（二）冒用他人身份证件购票、登机；

（三）利用客票交运或者捎带非旅客本人的行李物品；

（四）将未经安全检查或者采取其他安全措施的物品装入航空器。

第二十五条 航空器内禁止下列行为：

（一）在禁烟区吸烟；

（二）抢占座位、行李舱（架）；

（三）打架、酗酒、寻衅滋事；

（四）盗窃、故意损坏或者擅自移动救生物品和设备；

（五）危及飞行安全和扰乱航空器内秩序的其他行为。

第四章 安 全 检 查

第二十六条 乘坐民用航空器的旅客和其他人员及其携带的行李物品，必须接受安全检查；但是，国务院规定免检的除外。

拒绝接受安全检查的，不准登机，损失自行承担。

第二十七条 安全检查人员应当查验旅客客票、身份证件和登机牌，使用仪器或者手工对旅客及其行李物品进行安全检查，必要时可以从严检查。

已经安全检查的旅客应当在候机隔离区等待登机。

第二十八条 进入候机隔离区的工作人员（包括机组人员）及其携带的物品，应当接受安全检查。

接送旅客的人员和其他人员不得进入候机隔离区。

第二十九条 外交邮袋免予安全检查。外交信使及其随身携带的其他物品应当接受安全检查；但是，中华人民共和国缔结或者参加的国际条约另有规定的除外。

第三十条 空运的货物必须经过安全检查或者对其采取的其他安全措施。

货物托运人不得伪报品名托运或者在货物中夹带危险物品。

第三十一条 航空邮件必须经过安全检查。发现可疑邮件时，安全检查部门应当会同邮政部门开包查验处理。

第三十二条 除国务院另有规定的外，乘坐民用航空器的，禁止随身携带或者交运下列物品：

（一）枪支、弹药、军械、警械；

（二）管制刀具；

（三）易燃、易爆、有毒、腐蚀性、放射性物品；

（四）国家规定的其他禁运物品。

第三十三条 除本条例第三十二条规定的物品外，其他可以用于危害航空安全的物品，旅客不得随身携带，但是可以作为行李交运或者按照国务院民用航空主管部门的有关规定由机组人员带到目的地后交还。

对含有易燃物质的生活用品实行限量携带。限量携带的物品及其数量，由国务院民用航空主管部门规定。

第五章 罚 则

第三十四条 违反本条例第十四条的规定或者有本条例第十六条、第二十四条第一项和第二项、第二十五条所列行为的，由民航公安机关依照《中华人民共和国治安管理处罚条例》有关规定予以处罚。

第三十五条 违反本条例的有关规定，由民航公安机关按照下列规定予以处罚：

（一）有本条例第二十四条第四项所列行为的，可以处以警告或者3000元以下的罚款；

（二）有本条例第二十四条第三项所列行为的，可以处以警告、没收非法所得或者5000元以下罚款；

（三）违反本条例第三十条第二款、第三十二条的规定，尚未构成犯罪的，可以处以5000元以下罚款、没收或者扣留非法携带的物品。

第三十六条 违反本条例的规定，有下列情形之一的，民用航空主管部门可以对有关单位处以警告、停业整顿或者5万元以下的罚款；民航公安机关可以对直接责任人员处以警告或者500元以下的罚款：

（一）违反本条例第十五条的规定，造成航空器失控的；

（二）违反本条例第十七条的规定，出售客票的；

（三）违反本条例第十八条的规定，承运人办理承运手续时，不核对乘机人和行李的；

（四）违反本条例第十九条的规定的；

（五）违反本条例第二十条、第二十一条、第三十条第一款、第三十一条的规定，对收运、装入航空器的物品不采取安全措施的。

第三十七条 违反本条例的有关规定，构成犯罪的，依法追究刑事责任。

第三十八条 违反本条例规定的，除依照本章的规定予以处罚外，给单位或者个人造成财产损失的，应当依法承担赔偿责任。

第六章 附 则

第三十九条 本条例下列用语的含义：

"机场控制区"，是指根据安全需要在机场内划定的进出受到限制的区域。

"候机隔离区"，是指根据安全需要在候机楼（室）内划定的供已经安全检查的出港旅客等待登机的区域及登机通道、摆渡车。

"航空器活动区"，是指机场内用于航空器起飞、着陆以及与此有关的地面活动区域，包括跑道、滑行道、联络道、客机坪。

第四十条 本条例自发布之日起施行。

民用机场管理条例

(2009年4月1日国务院第55次常务会议通过,国务院令第553号公布,自2009年7月1日起施行 根据2019年3月2日国务院令第709号《国务院关于修改部分行政法规的决定》修订)

第一章 总 则

第一条 为了规范民用机场的建设与管理,积极、稳步推进民用机场发展,保障民用机场安全和有序运营,维护有关当事人的合法权益,依据《中华人民共和国民用航空法》,制定本条例。

第二条 本条例适用于中华人民共和国境内民用机场的规划、建设、使用、管理及其相关活动。

民用机场分为运输机场和通用机场。

第三条 民用机场是公共基础设施。各级人民政府应当采取必要的措施,鼓励、支持民用机场发展,提高民用机场的管理水平。

第四条 国务院民用航空主管部门依法对全国民用机场实施行业监督管理。地区民用航空管理机构依法对辖区内民用机场实施行业监督管理。

有关地方人民政府依法对民用机场实施监督管理。

第五条 全国民用机场布局规划应当根据国民经济和社会发展需求以及国防要求编制,并与综合交通发展规划、土地利用总体规划、城乡规划相衔接,严格控制建设用地规模,节约集约用地,保护生态环境。

第二章 民用机场的建设和使用

第六条 新建运输机场的场址应当符合国务院民用航空主管部门规定的条件。

运输机场所在地有关地方人民政府应当将运输机场场址纳入土地利用总体规划和城乡规划统筹安排,并对场址实施保护。

第七条 运输机场的新建、改建和扩建应当依照国家有关规定办理建设项目审批、核准手续。

第八条 运输机场总体规划由运输机场建设项目法人编制,并经国务院民用航空主管部门或者地区民用航空管理机构(以下统称民用航空管理部门)批准后方可实施。

飞行区指标为4E以上(含4E)的运输机场的总体规划,由国务院民用航空主管部门批准;飞行区指标为4D以下(含4D)的运输机场的总体规划,由所在地地区民用航空管理机构批准。民用航空管理部门审批运输机场总体规划,应当征求运输机场所在地有关地方人民政府意见。

运输机场建设项目法人编制运输机场总体规划,应当征求有关军事机关意见。

第九条 运输机场所在地有关地方人民政府应当将运输机场总体规划纳入城乡规划,并根据运输机场的运营和发展需要,对运输机场周边地区的土地利用和建设实行规划控制。

第十条 运输机场内的建设项目应当符合运输机场总体规划。任何单位和个人不得在运输机场内擅自新建、改建、扩建建筑物或者构筑物。

第十一条 运输机场新建、改建和扩建项目的安全设施应当与主体工程同时设计、同时施工、同时验收、同时投入使用。安全设施投资应当纳入建设项目概算。

第十二条 运输机场内的供水、供电、供气、通信、道路等基础设施由机场建设项目法人负责建设;运输机场外的供水、供电、供气、通信、道路等基础设施由运输机场所在地方人民政府统一规划,统筹建设。

第十三条 运输机场专业工程的设计应当符合国家有关标准,并经民用航空管理部门批准。

飞行区指标为4E以上(含4E)的运输机场专业工程的设计,由国务院民用航空主管部门批准;飞行区指标为4D以下(含4D)的运输机场专业工程的设计,由运输机场所在地地区民用航空管理机构批准。

运输机场专业工程经民用航空管理部门验收合格后,方可投入使用。

运输机场专业工程目录由国务院民用航空主管部门会同国务院建设主管部门制定并公布。

第十四条 通用机场的规划、建设按照国家有关规定执行。

第十五条 运输机场的安全和运营管理由依法组建的或者受委托的具有法人资格的机构(以下简称机场管理机构)负责。

第十六条 运输机场投入使用应当具备下列条件:

(一)有健全的安全运营管理体系、组织机构和管理制度;

(二)有与其运营业务相适应的飞行区、航站区、工作区以及空中交通服务、航行情报、通信导航监视、气象等相关设施、设备和人员；

（三）使用空域已经批准；

（四）飞行程序和运行标准符合国务院民用航空主管部门的规定；

（五）符合国家规定的民用航空安全保卫条件；

（六）有处理突发事件的应急预案及相应的设施、设备。

第十七条　运输机场投入使用的，机场管理机构应当向国务院民用航空主管部门提出申请，并附送符合本条例第十六条规定条件的相关材料。

国务院民用航空主管部门应当自受理申请之日起45个工作日内审查完毕，作出准予许可或者不予许可的决定。准予许可的，颁发运输机场使用许可证；不予许可的，应当书面通知申请人并说明理由。

第十八条　通用机场投入使用应当具备下列条件：

（一）有与运营业务相适应的飞行场地；

（二）有保证飞行安全的空中交通服务、通信导航监视等设施和设备；

（三）有健全的安全管理制度、符合国家规定的民用航空安全保卫条件以及处理突发事件的应急预案；

（四）配备必要的管理人员和专业技术人员。

第十九条　通用机场投入使用的，通用机场的管理者应当向通用机场所在地地区民用航空管理机构提出申请，并附送符合本条例第十八条规定条件的相关材料。

地区民用航空管理机构应当自受理申请之日起30个工作日内审查完毕，作出准予许可或者不予许可的决定。准予许可的，颁发通用机场使用许可证；不予许可的，应当书面通知申请人并说明理由。

第二十条　运输机场作为国际机场使用的，应当按照国家有关规定设立口岸查验机构，配备相应的人员、场地和设施，并经国务院有关部门验收合格。

国际机场的开放使用，由国务院民用航空主管部门对外公告；国际机场资料由国务院民用航空主管部门统一对外提供。

第二十一条　机场管理机构应当按照运输机场使用许可证规定的范围开放使用运输机场，不得擅自关闭。

运输机场因故不能保障民用航空器运行安全，需要临时关闭的，机场管理机构应当及时通知有关空中交通管理部门并及时向社会公告。空中交通管理部门应当按照相关规定发布航行通告。

机场管理机构拟关闭运输机场的，应当提前45日报颁发运输机场使用许可证的机关，经批准后方可关闭，并向社会公告。

第二十二条　运输机场的命名或者更名应当符合国家有关法律、行政法规的规定。

第二十三条　运输机场废弃或者改作他用的，机场管理机构应当按照国家有关规定办理报批手续，并及时向社会公告。

第三章　民用机场安全和运营管理

第二十四条　民用航空管理部门、有关地方人民政府应当加强对运输机场安全运营工作的领导，督促机场管理机构依法履行安全管理职责，协调、解决运输机场安全运营中的问题。

第二十五条　民用航空管理部门、有关地方人民政府应当按照国家规定制定运输机场突发事件的应急预案。

第二十六条　机场管理机构应当根据运输机场突发事件应急预案组织运输机场应急救援的演练和人员培训。

机场管理机构、航空运输企业以及其他驻场单位应当配备必要的应急救援设备和器材，并加强日常管理。

第二十七条　机场管理机构应当依照国家有关法律、法规和技术标准的规定，保证运输机场持续符合安全运营要求。运输机场不符合安全运营要求的，机场管理机构应当按照国家有关规定及时改正。

第二十八条　机场管理机构对运输机场的安全运营实施统一协调管理，负责建立健全机场安全运营责任制，组织制定机场安全运营规章制度，保障机场安全投入的有效实施，督促检查安全运营工作，及时消除安全事故隐患，依法报告生产安全事故。

航空运输企业及其他驻场单位应当按照各自的职责，共同保障运输机场的安全运营并承担相应的责任；发生影响运输机场安全运营情况的，应当立即报告机场管理机构。

第二十九条　机场管理机构、航空运输企业以及其他驻场单位应当定期对从业人员进行必要的安全运营培训，保证从业人员具备相关的知识和技能。

第三十条　民用机场专用设备应当符合国家规定的标准和相关技术规范，并经国务院民用航空主管部门认定的机构检验合格后，方可用于民用机场。

民用航空管理部门应当加强对民用机场专用设备的监督检查。

民用机场专用设备目录由国务院民用航空主管部门制定并公布。

第三十一条　在运输机场开放使用的情况下，不得在飞行区及与飞行区临近的航站区内进行施工。确需施工的，应当取得运输机场所在地地区民用航空管理机构的批准。

第三十二条　发生突发事件，运输机场所在地有关地方人民政府、民用航空管理部门、空中交通管理部门、机场管理机构等单位应当按照应急预案的要求及时、有效地开展应急救援。

第三十三条　机场管理机构统一协调、管理运输机场的生产运营，维护运输机场的正常秩序，为航空运输企业及其他驻场单位、旅客和货主提供公平、公正、便捷的服务。

机场管理机构与航空运输企业及其他驻场单位应当签订书面协议，明确各方在生产运营、机场管理过程中以及发生航班延误等情况时的权利和义务。

第三十四条　机场管理机构应当组织航空运输企业及其他驻场单位制定服务规范并向社会公布。

第三十五条　机场管理机构应当按照国家规定的标准配备候机、餐饮、停车、医疗急救等设施、设备，并提供相应的服务。

第三十六条　机场管理机构应当与航空运输企业、空中交通管理部门等单位建立信息共享机制，相互提供必要的生产运营信息，及时为旅客和货主提供准确的信息。

第三十七条　机场管理机构、航空运输企业以及其他驻场单位应当采取有效措施加强协调和配合，共同保证航班正常运行。

航班发生延误，机场管理机构应当及时协调航空运输企业及其他有关驻场单位共同做好旅客和货主服务，及时通告相关信息。航空运输企业及其代理人应当按照有关规定和服务承诺为旅客和货主提供相应的服务。

第三十八条　机场范围内的零售、餐饮、航空地面服务等经营性业务采取有偿转让经营权的方式经营的，机场管理机构应当按照国务院民用航空主管部门的规定与取得经营权的企业签订协议，明确服务标准、收费水平、安全规范和责任等事项。

对于采取有偿转让经营权的方式经营的业务，机场管理机构及其关联企业不得参与经营。

第三十九条　机场管理机构应当向民用航空管理部门报送运输机场规划、建设和生产运营的有关资料，接受民用航空管理部门的监督检查。

第四十条　民用航空管理部门和机场管理机构应当建立投诉受理制度，公布投诉受理单位和投诉方式。对于旅客和货主的投诉，民用航空管理部门或者机场管理机构应当自受理之日起10个工作日内作出书面答复。

第四十一条　在民用机场内从事航空燃油供应业务的企业，应当具备下列条件：

（一）取得成品油经营许可和危险化学品经营许可；

（二）有符合国家有关标准、与经营业务规模相适应的航空燃油供应设施、设备；

（三）有健全的航空燃油供应安全管理制度、油品检测和监控体系；

（四）有满足业务经营需要的专业技术和管理人员。

第四十二条　申请在民用机场内从事航空燃油供应业务的企业，应当向民用机场所在地地区民用航空管理机构提出申请，并附送符合本条例第四十一条规定条件的相关材料。

地区民用航空管理机构应当自受理申请之日起30个工作日内，作出准予许可或者不予许可的决定。准予许可的，颁发民用机场航空燃油供应安全运营许可证；不予许可的，应当书面通知申请人并说明理由。

第四十三条　航空燃油供应企业供应的航空燃油应当符合航空燃油适航标准。

第四十四条　民用机场航空燃油供应设施应当公平地提供给航空燃油供应企业使用。

第四十五条　运输机场航空燃油供应企业停止运输机场航空燃油供应业务的，应当提前90日告知运输机场所在地地区民用航空管理机构、机场管理机构和相关航空运输企业。

第四章　民用机场安全环境保护

第四十六条　民用机场所在地地区民用航空管理机构和有关地方人民政府，应当按照国家有关规定划定民用机场净空保护区域，并向社会公布。

第四十七条　县级以上地方人民政府审批民用机场净空保护区域内的建设项目，应当书面征求民用机场所在地地区民用航空管理机构的意见。

第四十八条　在民用机场净空保护区域内设置22万伏以上（含22万伏）的高压输电塔的，应当按照国务院民用航空主管部门的有关规定设置障碍灯或者标志，保持其正常状态，并向民用机场所在地地区民用航空管理机构、空中交通管理部门和机场管理机构提供有关资料。

第四十九条　禁止在民用机场净空保护区域内从事下列活动：

（一）排放大量烟雾、粉尘、火焰、废气等影响飞行安全的物质；

（二）修建靶场、强烈爆炸物仓库等影响飞行安全的建筑物或者其他设施；

（三）设置影响民用机场目视助航设施使用或者飞行员视线的灯光、标志或者物体；

（四）种植影响飞行安全或者影响民用机场助航设施使用的植物；

（五）放飞影响飞行安全的鸟类，升放无人驾驶的自由气球、系留气球和其他升空物体；

（六）焚烧产生大量烟雾的农作物秸秆、垃圾等物质，或者燃放烟花、焰火；

（七）在民用机场围界外5米范围内，搭建建筑物、种植树木，或者从事挖掘、堆积物体等影响民用机场运营安全的活动；

（八）国务院民用航空主管部门规定的其他影响民用机场净空保护的行为。

第五十条 在民用机场净空保护区域外从事本条例第四十九条所列活动的，不得影响民用机场净空保护。

第五十一条 禁止在距离航路两侧边界各30公里以内的地带修建对空射击的靶场和其他可能影响飞行安全的设施。

第五十二条 民用航空管理部门和机场管理机构应当加强对民用机场净空状况的核查。发现影响民用机场净空保护的情况，应当立即制止，并书面报告民用机场所在地县级以上地方人民政府。接到报告的县级以上地方人民政府应当及时采取有效措施，消除对飞行安全的影响。

第五十三条 民用机场所在地地方无线电管理机构应当会同地区民用航空管理机构按照国家无线电管理的有关规定和标准确定民用机场电磁环境保护区域，并向社会公布。

民用机场电磁环境保护区域包括设置在民用机场总体规划区域内的民用航空无线电台（站）电磁环境保护区域和民用机场飞行区电磁环境保护区域。

第五十四条 设置、使用地面民用航空无线电台（站），应当经民用航空管理部门审核后，按照国家无线电管理有关规定办理审批手续，领取无线电台执照。

第五十五条 在民用机场电磁环境保护区域内设置、使用非民用航空无线电台（站）的，无线电管理机构应当在征求民用机场所在地地区民用航空管理机构意见后，按照国家无线电管理的有关规定审批。

第五十六条 禁止在民用航空无线电台（站）电磁环境保护区域内，从事下列影响民用机场电磁环境的活动：

（一）修建架空高压输电线、架空金属线、铁路、公路、电力排灌站；

（二）存放金属堆积物；

（三）种植高大植物；

（四）从事掘土、采砂、采石等改变地形地貌的活动；

（五）国务院民用航空主管部门规定的其他影响民用机场电磁环境的行为。

第五十七条 任何单位或者个人使用的无线电台（站）和其他仪器、装置，不得对民用航空无线电专用频率的正常使用产生干扰。

第五十八条 民用航空无线电专用频率受到干扰时，机场管理机构和民用航空管理部门应当立即采取排查措施，及时消除；无法消除的，应当通报民用机场所在地地方无线电管理机构。接到通报的无线电管理机构应当采取措施，依法查处。

第五十九条 在民用机场起降的民用航空器应当符合国家有关航空器噪声和涡轮发动机排出物的适航标准。

第六十条 机场管理机构应当会同航空运输企业、空中交通管理部门等有关单位，采取技术手段和管理措施控制民用航空器噪声对运输机场周边地区的影响。

第六十一条 民用机场所在地有关地方人民政府制定民用机场周边地区的土地利用总体规划和城乡规划，应当充分考虑民用航空器噪声对民用机场周边地区的影响，符合国家有关声环境质量标准。

机场管理机构应当将民用航空器噪声对运输机场周边地区产生影响的情况，报告有关地方人民政府国土资源、规划建设、环境保护等主管部门。

第六十二条 民用机场所在地有关地方人民政府应当在民用机场周边地区划定限制建设噪声敏感建筑物的区域并实施控制。确需在该区域内建设噪声敏感建筑物的，建设单位应当采取措施减轻或者避免民用航空器运行时对其产生的噪声影响。

民用机场所在地有关地方人民政府应当会同地区民用航空管理机构协调解决在民用机场起降的民用航空器噪声影响引发的相关问题。

第五章 法律责任

第六十三条 违反本条例的规定，有下列情形之一的，由民用航空管理部门责令改正，处10万元以上50万元以下的罚款：

（一）在运输机场内进行不符合运输机场总体规划的建设活动；

（二）擅自实施未经批准的运输机场专业工程的设计，或者将未经验收合格的运输机场专业工程投入使用；

（三）在运输机场开放使用的情况下，未经批准在飞行区及与飞行区临近的航站区内进行施工。

第六十四条　违反本条例的规定，机场管理机构未按照运输机场使用许可证规定的范围使用运输机场的，由运输机场所在地地区民用航空管理机构责令改正，处20万元以上100万元以下的罚款。

第六十五条　违反本条例的规定，机场管理机构未经批准擅自关闭运输机场的，由运输机场所在地地区民用航空管理机构责令改正，处10万元以上50万元以下的罚款。

第六十六条　违反本条例的规定，机场管理机构因故不能保障民用航空器飞行安全，临时关闭运输机场，未及时通知有关空中交通管理部门并及时向社会公告，或者经批准关闭运输机场后未及时向社会公告的，由运输机场所在地地区民用航空管理机构责令改正，处2万元以上10万元以下的罚款。

第六十七条　违反本条例的规定，机场管理机构未按照应急预案的要求进行应急救援演练或者未配备必要的应急救援设备和器材的，由地区民用航空管理机构责令改正，处1万元以上5万元以下的罚款。

第六十八条　违反本条例的规定，运输机场投入使用后不符合安全运营要求，机场管理机构拒不改正，或者经改正仍不符合安全运营要求的，由民用航空管理部门作出限制使用的决定；情节严重的，吊销运输机场使用许可证。

第六十九条　机场管理机构未依照本条例的规定履行管理职责，造成运输机场地面事故、民用航空器飞行事故或者严重事故征候的，民用航空管理部门应当责令改正，处20万元以上100万元以下的罚款。

第七十条　违反本条例的规定，机场管理机构在运输机场内使用不符合国家规定标准和相关技术规范的民用机场专用设备的，由运输机场所在地地区民用航空管理机构责令停止使用，处10万元以上50万元以下的罚款。

第七十一条　违反本条例的规定，发生突发事件，机场管理机构、空中交通管理部门等单位未按照应急预案的要求及时、有效开展应急救援的，由地区民用航空管理机构责令改正，处10万元以上50万元以下的罚款。

第七十二条　违反本条例的规定，未取得民用机场航空燃油供应安全运营许可证，在民用机场内从事航空燃油供应业务的，由民用机场所在地地区民用航空管理机构责令改正，处20万元以上100万元以下的罚款；有违法所得的，没收违法所得。

第七十三条　违反本条例的规定，航空燃油供应企业供应的航空燃油不符合航空燃油适航标准的，由民用机场所在地地区民用航空管理机构责令改正，处20万元以上100万元以下的罚款；情节严重的，吊销民用机场航空燃油供应安全运营许可证。

第七十四条　违反本条例的规定，运输机场航空燃油供应企业停止运输机场航空燃油供应业务，未提前90日告知地区民用航空管理机构、机场管理机构和相关航空运输企业的，由运输机场所在地地区民用航空管理机构处5万元以上25万元以下的罚款。

第七十五条　违反本条例的规定，有下列情形之一的，由地区民用航空管理机构责令改正，处2万元以上10万元以下的罚款：

（一）机场管理机构不按照国家规定的标准配备候机、餐饮、停车、医疗急救等设施、设备，并提供相应的服务；

（二）航班发生延误时，机场管理机构、航空运输企业以及其他驻场单位不按照有关规定和服务承诺为旅客和货主提供相应的服务。

第七十六条　违反本条例的规定，机场管理机构及其关联企业参与经营采取有偿转让经营权的方式经营的业务的，由地区民用航空管理机构责令改正，处10万元以上50万元以下的罚款；有违法所得的，没收违法所得。

第七十七条　违反本条例的规定，机场管理机构未向民用航空管理部门报送运输机场规划、建设和生产运营的有关资料的，由民用航空管理部门责令改正；拒不改正的，处1万元以上5万元以下的罚款。

第七十八条　违反本条例的规定，在民用机场净空保护区域内设置22万伏以上（含22万伏）的高压输电塔，未依照国务院民用航空主管部门的有关规定设置障碍灯或者标志的，由民用机场所在地地区民用航空管理机构责令改正，处10万元以上50万元以下的罚款。

第七十九条　违反本条例的规定，有下列情形之一的，由民用机场所在地县级以上地方人民政府责令改正；情节严重的，处2万元以上10万元以下的罚款：

（一）排放大量烟雾、粉尘、火焰、废气等影响飞行安全的物质；

（二）修建靶场、强烈爆炸物仓库等影响飞行安全的建筑物或者其他设施；

（三）设置影响民用机场目视助航设施使用或者飞行员视线的灯光、标志或者物体；

（四）种植影响飞行安全或者影响民用机场助航设施使用的植物；

（五）放飞影响飞行安全的鸟类、升放无人驾驶的自由气球、系留气球和其他升空物体；

（六）焚烧产生大量烟雾的农作物秸秆、垃圾等物质，或者燃放烟花、焰火；

（七）在民用机场围界外5米范围内，搭建建筑物、种植树木，或者从事挖掘、堆积物体等影响民用机场运营安全的活动；

（八）国务院民用航空主管部门规定的其他影响民用机场净空保护的行为。

第八十条 违反本条例的规定，使用的无线电台（站）或者其他仪器、装置，对民用航空无线电专用频率的正常使用产生干扰的，由民用机场所在地无线电管理机构责令改正；情节严重的，处2万元以上10万元以下的罚款。

第八十一条 违反本条例的规定，在民用航空无线电台（站）电磁环境保护区域内从事下列活动的，由民用机场所在地县级以上地方人民政府责令改正；情节严重的，处2万元以上10万元以下的罚款：

（一）修建架空高压输电线、架空金属线、铁路、公路、电力排灌站；

（二）存放金属堆积物；

（三）从事掘土、采砂、采石等改变地形地貌的活动；

（四）国务院民用航空主管部门规定的其他影响民用机场电磁环境保护的行为。

第八十二条 违反本条例的规定，在民用机场起降的民用航空器不符合国家有关航空器噪声和涡轮发动机排出物的适航标准的，由民用航空管理部门责令相关航空运输企业改正，可以处10万元以下的罚款；拒不改正的，处10万元以上50万元以下的罚款。

第八十三条 国家工作人员违反本条例的规定，有下列情形之一的，由有关部门依法给予处分：

（一）不依照规定实施行政许可；

（二）不依法履行监督检查职责；

（三）不依法实施行政强制措施或者行政处罚；

（四）滥用职权、玩忽职守的其他行为。

第六章 附 则

第八十四条 本条例所称运输机场是指为从事旅客、货物运输等公共航空运输活动的民用航空器提供起飞、降落等服务的机场。

本条例所称通用机场是指为从事工业、农业、林业、渔业和建筑业的作业飞行，以及医疗卫生、抢险救灾、气象探测、海洋监测、科学实验、教育训练、文化体育等飞行活动的民用航空器提供起飞、降落等服务的机场。

第八十五条 本条例所称飞行区指标为4D的运输机场是指可供基准飞行场地长度大于1800米、翼展在36米至52米之间、主起落架外轮外侧边间距在9米至14米之间的民用航空器起飞、降落的机场。

本条例所称飞行区指标为4E的运输机场是指可供基准飞行场地长度大于1800米、翼展在52米至65米之间、主起落架外轮外侧边间距在9米至14米之间的民用航空器起飞、降落的机场。

第八十六条 军民合用机场民用部分的管理除遵守本条例的有关规定外，还应当遵守国务院、中央军事委员会的有关规定。

第八十七条 本条例自2009年7月1日起施行。

中华人民共和国民用航空器权利登记条例

（1997年10月21日国务院令第233号发布，自发布之日起施行）

第一条 根据《中华人民共和国民用航空法》，制定本条例。

第二条 在中华人民共和国办理民用航空器权利登记，应当遵守本条例。

第三条 国务院民用航空主管部门主管民用航空器权利登记工作，设立民用航空器权利登记簿，统一记载民用航空器权利登记事项。

同一民用航空器的权利登记事项应当记载于同一权利登记簿中。

第四条 办理民用航空器所有权、占有权或者抵押权登记的，民用航空器权利人应当按照国务院民用航空主管部门的规定，分别填写民用航空器所有权、占有权或者抵押权登记申请书，并向国务院民用航空主管部门提交本条例第五条至第七条规定的相应文件。

办理民用航空器优先权登记的，民用航空器优先权的债权人应当自援救或者保管维护工作终了之日起3个月内，按照国务院民用航空主管部门的规定，填写民用航空器优先权登记申请书，并向国务院民用航空主管部门提交足以证明其合法身份的文件和有关债权证明。

第五条 办理民用航空器所有权登记的，民用航空器的所有人应当提交下列文件或者经核对无误的复印件：

（一）民用航空器国籍登记证书；

（二）民用航空器所有权取得的证明文件；

（三）国务院民用航空主管部门要求提交的其他必要的有关文件。

第六条 办理民用航空器占有权登记的，民用航空器的占有人应当提交下列文件或者经核对无误的复印件：

（一）民用航空器国籍登记证书；

（二）民用航空器所有权登记证书或者相应的所有权证明文件；民用航空器设定抵押的，还应当提供有关证明文件；

（三）符合《中华人民共和国民用航空法》第十一条第（二）项或者第（三）项规定的民用航空器买卖合同或者租赁合同；

（四）国务院民用航空主管部门要求提交的其他必要的有关文件。

第七条 办理民用航空器抵押权登记的，民用航空器的抵押权人和抵押人应当提交下列文件或者经核对无误的复印件：

（一）民用航空器国籍登记证书；

（二）民用航空器所有权登记证书或者相应的所有权证明文件；

（三）民用航空器抵押合同；

（四）国务院民用航空主管部门要求提交的其他必要的有关文件。

第八条 就两架以上民用航空器设定一项抵押权或者就同一民用航空器设定两项以上抵押权时，民用航空器的抵押权人和抵押人应当就每一架民用航空器或者每一项抵押权分别办理抵押登记。

第九条 国务院民用航空主管部门应当自收到民用航空器权利登记申请之日起7个工作日内，对申请的权利登记事项进行审查。经审查符合本条例规定的，应当向民用航空器权利人颁发相应的民用航空器权利登记证书，并区别情况在民用航空器权利登记簿上载明本条例第十条至第十三条规定的相应事项；经审查不符合本条例规定的，应当书面通知民用航空器权利人。

第十条 国务院民用航空主管部门向民用航空器所有人颁发民用航空器所有权登记证书时，应当在民用航空器权利登记簿上载明下列事项：

（一）民用航空器国籍、国籍标志和登记标志；

（二）民用航空器所有人的姓名或者名称、地址及其法定代表人的姓名；

（三）民用航空器为数人共有的，载明民用航空器共有人的共有情况；

（四）民用航空器所有权的取得方式和取得日期；

（五）民用航空器制造人名称、制造日期和制造地点；

（六）民用航空器价值、机体材料和主要技术数据；

（七）民用航空器已设定抵押的，载明其抵押权的设定情况；

（八）民用航空器所有权登记日期；

（九）国务院民用航空主管部门规定的其他事项。

第十一条 国务院民用航空主管部门向民用航空器占有人颁发民用航空器占有权登记证书时，应当在民用航空器权利登记簿上载明下列事项：

（一）民用航空器的国籍、国籍标志和登记标志；

（二）民用航空器占有人、所有人或者出租人的姓名或者名称、地址及其法定代表人的姓名；

（三）民用航空器占有权的取得方式、取得日期和约定的占有条件；

（四）民用航空器占有权登记日期；

（五）国务院民用航空主管部门规定的其他事项。

第十二条 国务院民用航空主管部门向民用航空器抵押权人颁发民用航空器抵押权登记证书时，应当在民用航空器权利登记簿上载明下列事项：

（一）被抵押的民用航空器的国籍、国籍标志和登记标志；

（二）抵押权人和抵押人的姓名或者名称、地址及其法定代表人的姓名；

（三）民用航空器抵押所担保的债权数额、利息率、受偿期限；

（四）民用航空器抵押权登记日期；

（五）国务院民用航空主管部门规定的其他事项。

第十三条 国务院民用航空主管部门向民用航空器优先权的债权人颁发民用航空器优先权登记证书时，应当在民用航空器权利登记簿上载明下列事项：

（一）发生债权的民用航空器的国籍、国籍标志和登记标志；

（二）民用航空器优先权的债权人的姓名或者名称、地址及其法定代表人的姓名；

（三）发生债权的民用航空器的所有人、经营人或者承租人的姓名或者名称、地址及其法定代表人的姓名；

（四）民用航空器优先权的债权人主张的债权数额和债权发生的时间、原因；

（五）民用航空器优先权登记日期；

（六）国务院民用航空主管部门规定的其他事项。

第十四条 同一民用航空器设定两项以上抵押权的，国务院民用航空主管部门应当按照抵押权登记申请日期的先后顺序进行登记。

第十五条 民用航空器权利登记事项发生变更时，民用航空器权利人应当持有关的民用航空器权利登记证书和变更证明文件，向国务院民用航空主管部门办理变更登记。

民用航空器抵押合同变更时，由抵押权人和抵押人共同向国务院民用航空主管部门办理变更登记。

第十六条 国务院民用航空主管部门应当自收到民用航空器权利变更登记申请之日起7个工作日内，对申请的权利变更登记事项进行审查。经审查符合本条例规定的，在有关权利登记证书和民用航空器权利登记簿上注明变更事项；经审查不符合本条例规定的，应当书面通知民用航空器权利人。

第十七条 遇有下列情形之一时，民用航空器权利人应当持有关的民用航空器权利登记证书和证明文件，向国务院民用航空主管部门办理注销登记：

（一）民用航空器所有权转移；

（二）民用航空器灭失或者失踪；

（三）民用航空器租赁关系终止或者民用航空器占有人停止占有；

（四）民用航空器抵押权所担保的债权消灭；

（五）民用航空器优先权消灭；

（六）国务院民用航空主管部门规定的其他情形。

第十八条 国务院民用航空主管部门应当自收到民用航空器注销登记申请之日起7个工作日内，对申请的注销登记事项进行审查。经审查符合本条例规定的，收回有关的民用航空器权利登记证书，相应地注销民用航空器权利登记簿上的权利登记，并根据具体情况向民用航空器权利人出具民用航空器权利登记注销证明书；经审查不符合本条例规定的，应当书面通知民用航空器权利人。

第十九条 申请人办理民用航空器权利登记，应当缴纳登记费。登记费的收费标准由国务院民用航空主管部门会同国务院价格主管部门制定。

第二十条 本条例自发布之日起施行。

中华人民共和国民用航空器适航管理条例

（1987年5月4日国务院发布，自1987年6月1日起施行）

第一条 为保障民用航空安全，维护公众利益，促进民用航空事业的发展，特制定本条例。

第二条 在中华人民共和国境内从事民用航空器（含航空发动机和螺旋桨下同）的设计、生产、使用和维修的单位或者个人，向中华人民共和国出口民用航空器的单位或者个人，以及在中华人民共和国境外维修在中华人民共和国注册登记的民用航空器的单位或者个人，均须遵守本条例。

第三条 民用航空器的适航管理，是根据国家的有关规定，对民用航空器的设计、生产、使用和维修，实施以确保飞行安全为目的的技术鉴定和监督。

第四条 民用航空器的适航管理由中国民用航空局（以下简称民航局）负责。

第五条 民用航空器的适航管理，必须执行规定的适航标准和程序。

第六条 任何单位或者个人设计民用航空器，应当持航空工业部对该设计项目的审核批准文件，向民航局申请型号合格证。民航局接受型号合格证申请后，应当按照规定进行型号合格审定；审定合格的，颁发型号合格证。

第七条 任何单位或者个人生产民用航空器，应当具有必要的生产能力，并应当持本条例第六条规定的型号合格证，经航空工业部同意后，向民航局申请生产许可证。民航局接受生产许可证申请后，应当按照规定进行生产许可审定；审定合格的，颁发生产许可证，并按照规定颁发适航证。

任何单位或者个人未按照前款规定取得生产许可证的，均不得生产民用航空器。但本条例第八条规定的除外。

第八条 任何单位或者个人未取得生产许可证，但因特殊需要，申请生产民用航空器的，须经民航局批准。

按照前款规定生产的民用航空器，须经民航局逐一审查合格后，颁发适航证。

第九条 民用航空器必须具有民航局颁发的适航

证，方可飞行。

民航局颁发的适航证应当规定该民用航空器所适用的活动类别、证书的有效期限及安全所需的其他条件和限制。

第十条 持有民用航空器生产许可证的单位生产的民用航空器，经国务院有关主管部门批准需要出口时，由民航局签发出口适航证。

第十一条 在中华人民共和国内飞行的民用航空器必须具有国籍登记证。在中华人民共和国注册登记的民用航空器，具有中华人民共和国国籍，国籍登记证由民航局颁发。民用航空器取得国籍登记证后，必须按照规定在该民用航空器的外表标明国籍登记识别标志。

第十二条 中华人民共和国的任何单位或者个人进口外国生产的任何型号的民用航空器，如系首次进口并用于民用航空活动时，出口民用航空器的单位或者个人必须向民航局申请型号审查。民航局接受申请后，应当按照规定对该型号民用航空器进行型号审查；审查合格的，颁发准予进口的型号认可证书。

第十三条 中华人民共和国的任何单位或者个人租用的外国民用航空器，必须经民航局对其原登记国颁发的适航证审查认可或者另行颁发适航证后，方可飞行。

第十四条 任何单位或者个人的民用航空器取得适航证以后，必须按照民航局的有关规定和适航指令，使用和维修民用航空器，保证其始终处于持续适航状态。

第十五条 加装或者改装已取得适航证的民用航空器，必须经民航局批准，涉及的重要部件、附件必须经民航局审定。

第十六条 中华人民共和国境内和境外任何维修单位或者个人，承担在中华人民共和国注册登记的民用航空器的维修业务的，必须向民航局申请维修许可证，经民航局对其维修设施、技术人员、质量管理系统审查合格，并颁发维修许可证后，方可从事批准范围内的维修业务活动。

第十七条 负责维修并放行在中华人民共和国注册登记的民用航空器的维修技术人员，必须向民航局提出申请，经民航局或者其授权单位考核合格并取得维修人员执照或者相应的证明文件后，方可从事民用航空器的维修并放行工作。

第十八条 民用航空器的适航审查应当收取费用。收费办法由民航局会同财政部制定。

第十九条 民航局有权对生产、使用、维修民用航空器的单位或者个人以及取得适航证的民用航空器进行定期检查或者抽查；经检查与抽查不合格的，民航局除按照本条例的有关规定对其处罚外，还可吊销其有关证件。

第二十条 使用民用航空器进行飞行活动的任何单位或者个人有下列情形之一的，民航局有权责令其停止飞行，并视情节轻重，处以罚款：

一、民用航空器未取得适航证的；

二、民用航空器适航证已经失效的；

三、使用民用航空器超越适航证规定范围的。

第二十一条 维修民用航空器的单位或者个人，有下列情形之一的，民航局有权责令其停止维修业务或者吊销其维修许可证，并视情节轻重，处以罚款：

一、未取得维修许可证，擅自承接维修业务的；

二、超过维修许可证规定的业务范围，承接维修业务的；

三、由未取得维修人员执照的人员负责民用航空器的维修并放行的。

第二十二条 任何单位或者个人违反本条例第七条规定，擅自生产民用航空器的，民航局有权责令其停止生产，并视情节轻重，处以罚款。

第二十三条 按照本条例受到处罚的单位的上级主管机关，应当根据民航局的建议对受罚单位的主要负责人或者直接责任人员给予行政处分；情节严重，构成犯罪的，由司法机关依法追究刑事责任。

第二十四条 民航局因适航管理工作的过失造成人身伤亡或者重大财产损失的，应当承担赔偿责任，并对直接责任人员给予行政处分；直接责任人员的行为构成犯罪的，由司法机关依法追究刑事责任。

第二十五条 民航局从事适航管理的工作人员，利用职务之便营私舞弊的，应当给予行政处分；情节严重，构成犯罪的，由司法机关依法追究刑事责任。

第二十六条 任何单位或者个人对民航局作出的罚款决定不服的，可以在接到罚款通知书之日起十五日内向民航局提请复议，也可以直接向人民法院起诉；期满不提请复议也不起诉又不执行的，民航局可以申请人民法院强制执行。

第二十七条 民航局应当在广泛征求航空工业部及各有关部门意见的基础上，制定本条例的实施细则及有关技术标准。

第二十八条 本条例由民航局负责解释。

第二十九条 本条例自一九八七年六月一日起施行。

民用航空运输不定期飞行管理暂行规定

（1989年1月3日国务院第31次常务会议通过，1989年3月2日国务院令第29号发布，自发布之日起施行）

第一条 为了维护国家航空权益，保证航空运输安全，促进民用航空运输的发展，制定本规定。

第二条 本规定适用于在中华人民共和国领域内以及中华人民共和国和外国之间，从事运送旅客、行李、货物和邮件的中国和外国民用航空器的不定期飞行。

第三条 本规定所称不定期飞行，是指不属于定期航班的民用航空运输飞行。

第四条 从事不定期飞行，必须向中国民用航空局申请，经批准后方可飞行。申请和批准程序由中国民用航空局制定。

第五条 从事不定期飞行，必须遵守中国民用航空局制定的运输规则，并不得影响定期航班的正常经营。

第六条 从事不定期飞行的空勤人员和航空器，必须符合中国民用航空局规定的条件和技术标准，具备机组人员执照、航空器登记证、航空器适航证和按照有关规定应当携带的其他证件和文件。

第七条 外国民用航空运输企业经营飞入或飞出中华人民共和国领域运输业务的不定期飞行，按照中华人民共和国政府和该外国政府签订的航空运输协定中有关规定办理。

第八条 外国民用航空运输企业不得经营中华人民共和国领域内任何两点之间不定期飞行的运输业务。

第九条 对外国民用航空运输企业经营取酬运输业务的不定期飞行，中国方面有权收取航空业务权补偿费。

第十条 从中华人民共和国始发的前往外国的运送旅客、行李、货物和邮件的不定期飞行，应当由中国民用航空运输企业优先经营。

第十一条 不定期民用航空运输的运价、运价条件及其管理办法由中国民用航空局会同国家物价局制定。

第十二条 除经中国民用航空局特准者外，从事非取酬的不定期飞行的外国航空器，只能飞抵中华人民共和国领域内的一个指定地点，并不得载运非该航空器的原载人员或者原载货物飞出中华人民共和国领域，也不得将原载人员或者原载货物留在中华人民共和国领域内。

第十三条 从事国际运输的不定期飞行的航空器，必须按照中华人民共和国有关规定办理边防、海关、卫生检疫和安全检查等项手续，并按规定缴付费用。

第十四条 从事不定期飞行的外国航空器及其机组成员和所载旅客、行李、货物和邮件进出中华人民共和国领域和在中华人民共和国领域内，必须遵守中华人民共和国有关法律、法规和规章，并按规定缴付各项费用。

第十五条 从事不定期飞行的外国航空器的经营人，必须投保该航空器在中华人民共和国领域内飞行时对地面第三者造成损害的责任险；如果从事运送旅客、行李、货物和邮件的不定期飞行，还必须投保法定责任险。

第十六条 对违反本规定的单位或者个人，中国民用航空局有权给予警告、罚款、勒令中止飞行或者吊销有关证件的处罚；构成犯罪的，由司法机关依法追究刑事责任。

第十七条 本规定由中国民用航空局负责解释。

第十八条 本规定自发布之日起施行。

中华人民共和国搜寻援救民用航空器规定

（1992年12月8日国务院批准，1992年12月28日中国民用航空总局令第29号发布，自发布之日起施行）

第一章 总 则

第一条 为了及时有效地搜寻援救遇到紧急情况的民用航空器，避免或者减少人员伤亡和财产损失，制定本规定。

第二条 本规定适用于中华人民共和国领域内以及中华人民共和国缔结或者参加的国际条约规定由中国承担搜寻援救工作的公海区域内搜寻援救民用航空器的活动。

第三条 海上搜寻援救民用航空器，除适用本规定外，并应当遵守国务院有关海上搜寻援救的规定。

第四条 搜寻援救民用航空器按照下列规定分工

负责：

（一）中国民用航空局（以下简称民航局）负责统一指导全国范围的搜寻援救民用航空器的工作；

（二）省、自治区、直辖市人民政府负责本行政区域内陆地搜寻援救民用航空器的工作，民用航空地区管理局（以下简称地区管理局）予以协助；

（三）国家海上搜寻援救组织负责海上搜寻援救民用航空器工作，有关部门予以配合。

第五条 民航局搜寻援救协调中心和地区管理局搜寻援救协调中心承担陆上搜寻援救民用航空器的协调工作。

第六条 中华人民共和国领域内以及中华人民共和国缔结或者参加的国际条约规定由中国承担搜寻援救工作的公海区域内为中华人民共和国民用航空搜寻援救区，该区域内划分若干地区民用航空搜寻援救区，具体地区划分范围由民航局公布。

第七条 使用航空器执行搜寻援救任务，以民用航空力量为主，民用航空搜寻援救力量不足的，由军队派出航空器给予支援。

第八条 为执行搜寻援救民用航空器的紧急任务，有关地方、部门、单位和人员必须积极行动，互相配合，努力完成任务；对执行搜寻援救任务成绩突出的单位和个人，由其上级机关给予奖励。

第二章 搜寻援救的准备

第九条 各地区管理局应当拟定在陆上使用航空器搜寻援救民用航空器的方案，经民航局批准后，报有关省、自治区、直辖市人民政府备案。

第十条 沿海省、自治区、直辖市海上搜寻援救组织，应当拟定在海上使用船舶、航空器搜寻援救民用航空器的方案，经国家海上搜寻援救组织批准后，报省、自治区、直辖市人民政府和民航局备案，同时抄送有关地区管理局。

第十一条 搜寻援救民用航空器方案应当包括下列内容：

（一）使用航空器、船舶执行搜寻援救任务的单位，航空器、船舶的类型，以及日常准备工作的规定；

（二）航空器使用的机场和船舶使用的港口，担任搜寻援救的区域和有关保障工作方面的规定；

（三）执行海上搜寻援救任务的船舶、航空器协同配合方面的规定；

（四）民用航空搜寻援救力量不足的，商请当地驻军派出航空器、舰艇支援的规定。

第十二条 地区管理局和沿海省、自治区、直辖市海上搜寻援救组织应当按照批准的方案定期组织演习。

第十三条 搜寻援救民用航空器的通信联络，应当符合下列规定：

（一）民用航空空中交通管制单位和担任搜寻援救任务的航空器，应当配备121.5兆赫航空紧急频率的通信设备，并逐步配备243兆赫航空紧急频率的通信设备；

（二）担任海上搜寻援救任务的航空器，应当配备2182千赫海上遇险频率的通信设备；

（三）担任搜寻援救任务的部分航空器，应当配备能够向遇险民用航空器所发出的航空器紧急示位信标归航设备，以及在156.8兆赫（调频）频率上同搜寻援救船舶联络的通信设备。

第十四条 地区管理局搜寻援救协调中心应当同有关省、自治区、直辖市海上搜寻援救组织建立直接的通信联络。

第十五条 向遇险待救人员空投救生物品，由执行搜寻援救任务的单位按照下列规定负责准备：

（一）药物和急救物品为红色；

（二）食品和水为蓝色；

（三）防护服装和毯子为黄色；

（四）其他物品为黑色；

（五）一个容器或者包装内，装有上述多种物品时为混合色。

每一个容器或者包装内，应当装有用汉语、英语和另选一种语言的救生物品使用说明。

第三章 搜寻援救的实施

第十六条 发现或者收听到民用航空器遇到紧急情况的单位或者个人，应当立即通知有关地区管理局搜寻援救协调中心；发现失事的民用航空器，其位置在陆地的，并应当同时通知当地政府；其位置在海上的，并应当同时通知当地海上搜寻援救组织。

第十七条 地区管理局搜寻援救协调中心收到民用航空器紧急情况的信息后，必须立即做出判断，分别按照本规定第十九条、第二十条、第二十一条的规定，采取搜寻援救措施，并及时向民航局搜寻援救协调中心以及有关单位报告或者通报。

第十八条 本规定所指民用航空器的紧急情况分为以下三个阶段：

（一）情况不明阶段是指民用航空器的安全出现下列令人疑虑的情况：

1. 空中交通管制部门在规定的时间内同民用航空器没有取得联络；

2. 民用航空器在规定的时间内没有降落，并且没有其他信息。

（二）告警阶段是指民用航空器的安全出现下列令人担忧的情况：

1. 对情况不明阶段的民用航空器，仍然不能同其沟通联络；

2. 民用航空器的飞行能力受到损害，但是尚未达到迫降的程度；

3. 与已经允许降落的民用航空器失去通信联络，并且该民用航空器在预计降落时间后五分钟内没有降落。

（三）遇险险段是指确信民用航空器遇到下列紧急和严重危险，需要立即进行援救的情况：

1. 根据油量计算，告警阶段的民用航空器难以继续飞行；

2. 民用航空器的飞行能力受到严重损害，达到迫降程度；

3. 民用航空器已经迫降或者坠毁。

第十九条　对情况不明阶段的民用航空器，地区管理局搜寻援救协调中心应当：

（一）根据具体情况，确定搜寻的区域；

（二）通知开放有关的航空电台、导航台、定向台和雷达等设施，搜寻掌握该民用航空器的空中位置；

（三）尽速同该民用航空器沟通联络，进行有针对性的处置。

第二十条　对告警阶段的民用航空器，地区管理局搜寻援救协调中心应当：

（一）立即向有关单位发出告警通知；

（二）要求担任搜寻援救任务的航空器、船舶立即进入待命执行任务状态；

（三）督促检查各种电子设施，对情况不明的民用航空器继续进行联络和搜寻；

（四）根据该民用航空器飞行能力受损情况和机长的意见，组织引导其在就近机场降落；

（五）会同接受降落的机场，迅速查明预计降落时间后五分钟内还没有降落的民用航空器的情况并进行处理。

第二十一条　对遇险阶段的民用航空器，地区管理局搜寻援救协调中心应当：

（一）立即向有关单位发出民用航空器遇险的通知；

（二）对燃油已尽，位置仍然不明的民用航空器，分析其可能遇险的区域，并通知搜寻援救单位派人或者派航空器、船舶，立即进行搜寻援救；

（三）对飞行能力受到严重损害、达到迫降程度的民用航空器，通知搜寻援救单位派航空器进行护航，或者根据预定迫降地点，派人或者派航空器、船舶前往援救；

（四）对已经迫降或者失事的民用航空器，其位置在陆地的，立即报告省、自治区、直辖市人民政府；其位置在海上的，立即通报沿海有关省、自治区、直辖市的海上搜寻援救组织。

第二十二条　省、自治区、直辖市人民政府或者沿海省、自治区、直辖市海上搜寻援救组织收到关于民用航空器迫降或者失事的报告或者通报后，应当立即组织有关方面和当地驻军进行搜寻援救，并指派现场负责人。

第二十三条　现场负责人的主要职责是：

（一）组织抢救幸存人员；

（二）对民用航空器采取措施防火、灭火；

（三）保护好民用航空器失事现场；为抢救人员或者灭火必须变动现场时，应当进行拍照或者录像；

（四）保护好失事的民用航空器及机上人员的财物。

第二十四条　指派的现场负责人未到达现场的，由第一个到达现场的援救单位的有关人员担任现场临时负责人，行使本规定第二十三条规定的职责，并负责向到达后的现场负责人移交工作。

第二十五条　对处于紧急情况下的民用航空器，地区管理局搜寻援救协调中心应当设法将已经采取的援救措施通报该民用航空器机组。

第二十六条　执行搜寻援救任务的航空器与船舶、遇险待救人员、搜寻援救工作组之间，应当使用无线电进行联络。条件不具备或者无线电联络失效的，应当依照本规定附录规定的国际通用的《搜寻援救的信号》进行联络。

第二十七条　民用航空器的紧急情况已经不存在或者可以结束搜寻援救工作的，地区管理局搜寻援救协调中心应当按照规定程序及时向有关单位发出解除紧急情况的通知。

第四章　罚　　则

第二十八条　对违反本规定，有下列行为之一的人员，由其所在单位或者上级机关给予行政处分；构成犯罪的，依法追究刑事责任：

（一）不积极行动配合完成搜寻援救任务，造成重大损失的；

（二）不积极履行职责或者不服从指挥，致使损失加重的；

（三）玩忽职守，对民用航空器紧急情况判断、处置不当，贻误时机，造成损失的。

第五章 附 则

第二十九条 航空器执行搜寻援救任务所需经费，国家可以给予一定补贴。具体补贴办法由有关部门会同财政部门协商解决。

第三十条 本规定由民航局负责解释。

第三十一条 本规定自发布之日起施行。

外国民用航空器飞行管理规则

（1979年2月23日国务院批准，中国民用航空总局发布　根据2019年3月2日国务院令第709号《国务院关于修改部分行政法规的决定》修订）

第一条 外国民用航空器飞入或者飞出中华人民共和国国界和在中华人民共和国境内飞行或者停留时，必须遵守本规则。

第二条 外国民用航空器只有根据中华人民共和国政府同该国政府签订的航空运输协定或者其他有关文件，或者通过外交途径向中华人民共和国政府申请，在得到答复接受后，才准飞入或者飞出中华人民共和国国界和在中华人民共和国境内飞行。

第三条 外国民用航空器及其空勤组成员和乘客，在中华人民共和国境内飞行或者停留时，必须遵守中华人民共和国的法律和有关入境、出境、过境的法令规章。

第四条 外国民用航空器飞入或者飞出中华人民共和国国界和在中华人民共和国境内飞行，必须服从中国民用航空总局各有关的空中交通管制部门的管制，并且遵守有关飞行的各项规章。

第五条 外国民用航空器根据中华人民共和国政府同该国政府签订的航空运输协定，可以在中华人民共和国境内按照协定中规定的航线进行定期航班飞行和加班飞行。

定期航班飞行，应当按照班期时刻表进行。班期时刻表必须由同中华人民共和国政府签订协定的对方政府指定的航空运输企业，预先提交中国民用航空总局，并且征得同意。

加班飞行，由同中华人民共和国政府签订协定的对方政府指定的航空运输企业，最迟要在预计飞行开始前五天或者按照协定所规定的时间，向中国民用航空总局提出，获得许可后，才能进行。

第六条 外国民用航空器在中华人民共和国境内进行定期航班飞行和加班飞行以外的一切不定期飞行，必须预先提出申请，在得到答复接受后，才能进行。

不定期飞行的申请，最迟要在预计飞行开始前十天通过外交途径提出。如果双边航空运输协定中另有规定的，依照规定。

第七条 不定期飞行的申请，应当包括下列内容：

（一）航空器登记的国籍，航空器的所有人和经营人；

（二）飞行的目的；

（三）航空器的型别、最大起飞重量和最大着陆重量；

（四）航空器的识别标志（包括国籍标志和登记标志）；

（五）航空器的无线电通话和通报的呼号；

（六）航空器上无线电台使用的频率范围；

（七）空勤组成员的姓名、职务和国籍，航空器上乘客的人数和货物的重量；

（八）允许空勤组飞行的气象最低条件；

（九）预计由起点机场至目的地机场的飞行航线、飞行日期和时刻，以及在中华人民共和国境内飞行的航路；

（十）其他事项。

第八条 外国民用航空器在中华人民共和国境内进行不定期飞行时，由中国民用航空总局指派飞行人员（包括领航员和无线电通信员）随机引导，如果许可中有特别规定的，依照规定。

第九条 在中华人民共和国境内飞行的外国民用航空器，必须具有国籍标志和登记标志。没有国籍标志和登记标志的外国民用航空器，禁止在中华人民共和国境内飞行。

第十条 在中华人民共和国境内飞行的外国民用航空器，应当具有下列文件：

（一）航空器登记证；

（二）航空器适航证；

（三）空勤组每一成员的专业执照或者证件；

（四）航空器的航行记录簿；

（五）航空器上无线电台使用许可证；

（六）总申报单；

（七）航空器如载运乘客，应当携带注明乘客姓名及其登机地与目的地的清单；

（八）航空器如载运货物，应当携带货物仓单。

第十一条 外国民用航空器飞入或者飞出中华人民共和国国界，必须从规定的空中走廊或者进出口通过。禁止偏离空中走廊或者进出口。

第十二条　外国民用航空器飞入或者飞出中华人民共和国国界前二十至十五分钟，其空勤组必须向中国民用航空总局有关的空中交通管制部门报告：航空器的呼号，预计飞入或者飞出国界的时间和飞行的高度，并且取得飞入或者飞出国界的许可。没有得到许可，不得飞入或者飞出国界。

第十三条　外国民用航空器飞越中华人民共和国国界和中华人民共和国境内规定的位置报告点，应当立即向中国民用航空总局有关的空中交通管制部门作位置报告。位置报告的内容：

（一）航空器呼号；

（二）位置；

（三）时间；

（四）飞行高度或者飞行高度层；

（五）预计飞越下一位置的时间或者预计到达降落机场的时间；

（六）空中交通管制部门要求的或者空勤组认为需要报告的其他事项。

第十四条　外国民用航空器飞入或者飞出中华人民共和国国界后，如果因为天气变坏、航空器发生故障或者其他特殊原因不能继续飞行，允许其从原航路及空中走廊或者进出口返航。此时，空勤组应当向中国民用航空总局有关的空中交通管制部门报告：航空器呼号，被迫返航的原因，开始返航的时间，飞行的高度，以及返航后预定降落的机场。在中华人民共和国境内，如果没有接到中国民用航空总局有关的空中交通管制部门的指示，通常应当在原高度层的下一反航向的高度层上返航；如果该高度层低于飞行的安全高度，则应当在原高度层的上一反航向的高度层上返航。

第十五条　外国民用航空器在没有同中国民用航空总局有关的空中交通管制部门沟通无线电联络以前，禁止飞入或者飞出中华人民共和国国界和在中华人民共和国境内飞行。

第十六条　外国民用航空器在中华人民共和国境内飞行，如果与中国民用航空总局有关的空中交通管制部门的航空电台通信联络中断时，其空勤组应当设法以其他航空电台或者空中其他航空器沟通联络，传递飞行情报。如果仍然无法恢复联络，则该航空器应当按照下列规定飞行：

在目视气象条件下，应当继续保持在目视气象条件下飞行，飞往就近的机场（指起飞机场、预定的降落机场和中国民用航空总局事先指定的备降机场）降落。降落时，应当按照本规则附件一《辅助指挥、联络的符号和信号》的规定进行。

在仪表气象条件下或者在天气条件不允许在目视气象条件下飞往就近的机场降落时，应当严格按照现行飞行计划飞往预定的降落机场的导航台上空；根据现行飞行计划中预计到达时间开始下降，并且按照该导航设备的正常仪表进近程序，在预计到达时间之后三十分钟以内着陆。

失去通信联络的航空器，如果无线电发信机工作正常，应当盲目发送机长对于继续飞行的意图和飞行情况，随后，在预定时刻或者位置报告点盲目发送报告；如果无线电收信机工作正常，应当不间断地守听地面航空电台有关飞行的指示。

第十七条　中华人民共和国境内航空器飞行的目视气象条件：能见度不少于八公里，航空器距离云的垂直距离不少于三百米，航空器距离云的水平距离不少于一千五百米。

第十八条　飞行的安全高度是保证航空器不致与地面障碍物相撞的最低的飞行高度。

中华人民共和国境内航线飞行的安全高度，在高原、山岳地带应当高出航线两侧各二十五公里以内最高标高六百米；在高原、山岳以外的其他地带应当高出航线两侧各二十五公里以内最高标高四百米。

第十九条　外国民用航空器在中华人民共和国境内飞行，必须在规定的飞行高度或者高度层上进行。

中华人民共和国境内飞行的高度层，按照下列办法划分：真航线角在 0 度至 179 度范围内，高度由 600 米至 6000 米，每隔 600 米为一个高度层；高度在 6000 米以上，每隔 2000 米为一个高度层。真航线角在 180 度至 359 度范围内，高度由 900 米至 5700 米，每隔 600 米为一个高度层；高度在 7000 米以上，每隔 2000 米为一个高度层。

飞行高度层应当根据特定气压七百六十毫米水银柱为基准的等压面计算。真航线角应当从航线起点和转弯点量取。

第二十条　外国民用航空器在中华人民共和国境内每次飞行的高度或者高度层，由中国民用航空总局有关的空中交通管制部门指定。

外国民用航空器在飞行中，无论气象条件如何，如果需要改变飞行高度或者高度层，必须经过中国民用航空总局有关的空中交通管制部门的许可。

第二十一条　外国民用航空器在中华人民共和国境内必须沿规定的航路飞行。禁止偏离航路。

中华人民共和国境内航路的宽度最大为二十公里，最小为八公里。

第二十二条　在中华人民共和国境内飞行的外国

民用航空器，其空勤组如果不能判定航空器的位置时，应当立即报告中国民用航空总局有关的空中交通管制部门。

外国民用航空器在飞行中如果偏离规定的航路，中国民用航空总局有关的空中交通管制部门，在可能范围内帮助其回到原航路，但对该航空器由于偏离航路飞行所产生的一切后果，不负任何责任。

第二十三条 目视飞行时航空器相遇，应当按照下列规定避让：

（一）两航空器在同一个高度上对头相遇，应当各自向右避让，相互间保持五百米以上的间隔；

（二）两航空器在同一个高度上交叉相遇，飞行员从座舱左侧看到另一架航空器时应当下降高度，从座舱右侧看到另一架航空器时应当上升高度；

（三）在同一个高度上超越前面航空器，应当从前面航空器右侧保持五百米以上的间隔进行；

（四）单独航空器应当主动避让编队或者拖曳物体的航空器，有动力装置的航空器应当主动避让无动力装置的航空器。

第二十四条 外国民用航空器在中华人民共和国境内飞行时，应当按照中国民用航空总局规定的无线电通信的方式和无线电频率，同中国民用航空总局有关的空中交通管制部门保持不间断地守听，以便及时地进行通信联络。

进行地空无线电联络，应当遵守下列规定：

（一）通报时使用国际Q简语；通话时使用汉语，或者使用中华人民共和国政府同意的其他语言。

（二）地理名称使用汉语现用名称或者用地名代码、地名代号、无线电导航设备识别讯号和经纬度表示。

（三）计量单位：距离以米或者公里计；飞行高度、标高、离地高度以米计；水平速度、空中风速以公里/小时计；垂直速度、地面风速以米/秒计；风向以度计（真向）；能见度以公里或者米计；高度表拨正以毫米水银柱或者毫巴计；温度以度计（摄氏）；重量以吨或者公斤计；时间以小时和分钟计（格林威治平时二十四小时制，自子夜开始）。

第二十五条 在中华人民共和国境内飞行的外国民用航空器，应当在中国民用航空总局指定的机场降落。降落前应当取得降落机场的空中交通管制部门的许可；降落后，没有经过许可，不得起飞。

不定期飞行的外国民用航空器降落后，其机长还应当到机场空中交通管制部门报告在中华人民共和国境内的飞行情况，并且提交有关下一次飞行的申请。

第二十六条 外国民用航空器的空勤组必须在起飞前做好飞行准备工作，机长或其代理人至少要在预计起飞前一小时向中国民用航空总局有关的空中交通管制部门提交飞行计划。

如果航空器延误超过规定起飞时间三十分钟以上时，应当修订该飞行计划，或者另行提交新的飞行计划，并且撤销原来的飞行计划。

第二十七条 中华人民共和国境内机场的起落航线飞行通常为左航线。起落航线的飞行高度，通常为三百米至五百米。进行起落航线飞行时，禁止超越同型或者速度相接近的航空器。航空器之间的纵向间隔，一般应当保持在二千米以上，并且还要考虑航空器尾流的影响。经过机场空中交通管制员许可，大速度航空器可以在第三转弯前从外侧超越小速度航空器，其横向间隔不得小于五百米。除被迫必须立即降落的航空器外，任何航空器不得从内侧超越前面的航空器。

加入起落航线飞行必须经过机场空中交通管制员许可，并且应当顺沿航线加入，不得横向截入。

第二十八条 外国民用航空器在航空站区域内目视气象条件下飞行时，其空勤组应当进行严密的空中观察，防止与其他航空器碰撞；如果发生碰撞，航空器的机长应负直接责任。

第二十九条 外国民用航空器在中华人民共和国境内的机场起飞或者降落，高度表拨正程序按照下列规定进行：

（一）规定过渡高度和过渡高度层的机场。

航空器起飞前，应当将机场场面气压的数值对正航空器上气压高度表的固定指标；航空器起飞后，上升到过渡高度时，应当将航空器上气压高度表的气压刻度七百六十毫米对正固定指标。航空器降落前，下降到过渡高度层时，应当将机场场面气压的数值对正航空器上气压高度表的固定指标。

（二）没有规定过渡高度和过渡高度层的机场。

航空器起飞前，应当将机场场面气压的数值对正航空器上气压高度表的固定指标；航空器起飞后，上升到六百米高度时，应当将航空器上气压高度表的气压刻度七百六十毫米对正固定指标。航空器降落前，进入航空站区域边界或者根据机场空中交通管制员的指示，将机场场面气压的数值对正航空器上气压高度表的固定指标。

（三）高原机场。

航空器起飞前，当航空器上气压高度表的气压刻度不能调整到机场场面气压的数值时，应当将气压高度表的气压刻度七百六十毫米对正固定指标（此时所指示的高度为假定零点高度）。航空器降落前，如果航空器上气压高度表的气压刻度不能调整到机场场面气压的数值时，应当按照降落机场空中交通管制员通知的假定零点高度（航空器着陆时所指示的高度）进行着陆。

第三十条　外国民用航空器在中华人民共和国境内起飞或者降落时，应当遵守中国民用航空总局规定的机场气象最低条件。当机场的天气实况低于机场气象最低条件时，航空器不得起飞或者着陆。在紧急情况下，如果航空器的机长决定低于机场气象最低条件着陆，须对其决定和由此产生的后果负完全的责任。

当机场天气实况十分恶劣，机场空中交通管制部门将关闭机场，禁止航空器起飞或者着陆。

第三十一条　在中华人民共和国境内的航路上或者起飞、降落机场附近有威胁航空器飞行的危险天气时，中国民用航空总局有关的空中交通管制部门可以向外国民用航空器的机长提出推迟起飞、返航或者飞往备降机场的建议；航空器的机长对此类建议有最后的决定权并对其决定负责。

第三十二条　在中华人民共和国境内飞行的外国民用航空器，如果发现可能危及飞行安全的严重故障时，中国民用航空总局的有关部门有权制止该航空器继续飞行，并且通知其登记国；该航空器可否继续飞行，由航空器登记国确定。

第三十三条　外国民用航空器在中华人民共和国境内飞行时，无论在任何情况下，不准飞入中华人民共和国划定的空中禁区。中国民用航空总局对飞入空中禁区的外国民用航空器的机长，将给予严肃处理，并且对该航空器飞入空中禁区所产生的一切后果，不负任何责任。

第三十四条　在特殊情况下，中国民用航空总局公布临时关闭有关的航路或者机场时，与该航路或者机场飞行有关的外国民用航空器，必须根据中国民用航空总局的航行通告或者有关的空中交通管制部门的通知，修订飞行计划。

第三十五条　在中华人民共和国境内飞行的外国民用航空器，除遇险情况下的跳伞外，只有得到中国民用航空总局有关的空中交通管制部门的许可，并且在指定的条件下，才可以向地面投掷物品、喷洒液体和使用降落伞。

第三十六条　在中华人民共和国境内飞行的外国民用航空器，如果发生严重危及航空器和机上人员安全，并且需要立即援助的情况时，其空勤组应当立即向中国民用航空总局有关的空中交通管制部门发出遇险信号，以便及时进行搜寻和援救。遇险信号以无线电话发出时用"MAYDAY"，以无线电报发出时用"SOS"。遇险航空器在发出遇险信号后，应当尽可能将航空器呼号，遇险性质，现在的位置、高度、航向和机长的意图在遇险通信中发出。遇险通信应当在当时使用的地空无线电通信频率上发出；必要时，按照中国民用航空总局有关的空中交通管制部门的通知，将通信频率转到紧急频率上继续进行联络。这种紧急频率在航行资料汇编中提供。

第三十七条　在中华人民共和国境内飞行的外国民用航空器，如果发生可能危及航空器或者机上人员安全，但不需要立即援助的情况时，其空勤组应当立即向中国民用航空总局有关的空中交通管制部门发出紧急信号。紧急信号以无线电话发出时用"PAN"，以无线电报发出时用"XXX"。遇有紧急情况的航空器，在发出紧急信号后，还应当将航空器呼号，紧急情况的性质，现在的位置、高度、航向和机长的意图在紧急通信中发出。紧急通信应当在当时使用的地空无线电通信频率上发出；必要时，按照中国民用航空总局有关的空中交通管制部门的通知，将通信频率转到紧急频率上继续进行联络。这种紧急频率在航行资料汇编中提供。

第三十八条　飞入或者飞出中华人民共和国国界的外国民用航空器，必须在指定的设有海关和边防检查站的机场降落或者起飞。

第三十九条　在中华人民共和国境内的外国民用航空器（包括其必须具备的文件以及空勤组成员、乘客和所载物品），应受中华人民共和国有关机关的检查。

第四十条　在中华人民共和国境内飞行的外国民用航空器，禁止载运爆炸物、易燃物、武器、弹药以及中华人民共和国政府规定的其他违禁品。

第四十一条　外国民用航空器在飞行中，如果空勤组成员或者乘客患急病，空勤组应当报告有关的空中交通管制部门，以便在降落后取得协助为病员进行必要的医疗。

第四十二条　在中华人民共和国境内飞行的外国民用航空器，如果违反本规则，中国人民解放军防空值班飞机可以强迫其在指定的机场降落。违反中国民用航空总局有关的空中交通管制部门的指示，以违反本规则论。

防空值班飞机拦截违反本规则的外国民用航空器和被拦截的外国民用航空器使用的信号，按照附件二的规定执行。

被强迫降落的外国民用航空器，只有得到中国民用航空总局的许可，才能继续飞行。

第四十三条 飞入或者飞出中华人民共和国国界和在中华人民共和国境内飞行或者停留的外国民用航空器，其空勤组成员和乘客，如果违反本规则，由中国民用航空总局或者其他主管机关根据具体情况给予罚款及其他处分；情节重大的由中华人民共和国人民法院处理。

第四十四条 本规则经中华人民共和国国务院批准后，由中国民用航空总局发布施行。

2）部门规章

民用航空安全检查规则

（2016年9月2日交通运输部令第76号公布，自2017年1月1日实施）

第一章 总 则

第一条 为了规范民用航空安全检查工作，防止对民用航空活动的非法干扰，维护民用航空运输安全，依据《中华人民共和国民用航空法》《中华人民共和国民用航空安全保卫条例》等有关法律、行政法规，制定本规则。

第二条 本规则适用于在中华人民共和国境内的民用运输机场进行的民用航空安全检查工作。

第三条 民用航空安全检查机构（以下简称"民航安检机构"）按照有关法律、行政法规和本规则，通过实施民用航空安全检查工作（以下简称"民航安检工作"），防止未经允许的危及民用航空安全的危险品、违禁品进入民用运输机场控制区。

第四条 进入民用运输机场控制区的旅客及其行李物品，航空货物、航空邮件应当接受安全检查。拒绝接受安全检查的，不得进入民用运输机场控制区。国务院规定免检的除外。

旅客、航空货物托运人、航空货运销售代理人、航空邮件托运人应当配合民航安检机构开展工作。

第五条 中国民用航空局、中国民用航空地区管理局（以下统称"民航行政机关"）对民航安检工作进行指导、检查和监督。

第六条 民航安检工作坚持安全第一、严格检查、规范执勤的原则。

第七条 承运人按照相关规定交纳安检费用，费用标准按照有关规定执行。

第二章 民航安检机构

第八条 民用运输机场管理机构应当设立专门的民航安检机构从事民航安检工作。

公共航空运输企业从事航空货物、邮件和进入相关航空货运区人员、车辆、物品的安全检查工作的，应当设立专门的民航安检机构。

第九条 设立民航安检机构的民用运输机场管理机构、公共航空运输企业（以下简称"民航安检机构设立单位"）对民航安检工作承担安全主体责任，提供符合中国民用航空局（以下简称"民航局"）规定的人员、经费、场地及设施设备等保障，提供符合国家标准或者行业标准要求的劳动防护用品，保护民航安检从业人员劳动安全，确保民航安检机构的正常运行。

第十条 民航安检机构的运行条件应当包括：

（一）符合民用航空安全保卫设施行业标准要求的工作场地、设施设备和民航安检信息管理系统；

（二）符合民用航空安全检查设备管理要求的民航安检设备；

（三）符合民用航空安全检查员定员定额等标准要求的民航安全检查员；

（四）符合本规则和《民用航空安全检查工作手册》要求的民航安检工作运行管理文件；

（五）符合民航局规定的其他条件。

第十一条 民航行政机关审核民用机场使用许可、公共航空运输企业运行合格审定申请时，应当对其设立的民航安检机构的运行条件进行审查。

第十二条 民航安检机构应当根据民航局规定，制定并实施民航安检工作质量控制和培训管理制度，并建立相应的记录。

第十三条 民航安检机构应当根据工作实际，适时调整本机构的民航安检工作运行管理文件，以确保持续有效。

第三章 民航安全检查员

第十四条 民航安检机构应当使用符合以下条件的民航安全检查员从事民航安检工作：

（一）具备相应岗位民航安全检查员国家职业资格要求的理论和技能水平；

(二) 通过民用航空背景调查;
(三) 完成民航局民航安检培训管理规定要求的培训。

对不适合继续从事民航安检工作的人员,民航安检机构应当及时将其调离民航安检工作岗位。

第十五条 民航安检现场值班领导岗位管理人员应当具备民航安全检查员国家职业资格三级以上要求的理论和技能水平。

第十六条 民航安全检查员执勤时应当着民航安检制式服装,佩戴民航安检专门标志。民航安检制式服装和专门标志式样和使用由民航局统一规定。

第十七条 民航安全检查员应当依据本规则和本机构民航安检工作运行管理文件的要求开展工作,执勤时不得从事与民航安检工作无关的活动。

第十八条 X射线安检仪操作检查员连续操机工作时间不得超过30分钟,再次操作X射线安检仪间隔时间不得少于30分钟。

第十九条 民航安检机构设立单位应当根据国家和民航局、地方人民政府有关规定,为民航安全检查员提供相应的岗位补助、津贴和工种补助。

第二十条 民航安检机构设立单位或民航安检机构应当为安全检查员提供以下健康保护:
(一) 每年不少于一次的体检并建立健康状况档案;
(二) 除法定假期外,每年不少于两周的带薪休假;
(三) 为怀孕期和哺乳期的女工合理安排工作。

第四章 民航安检设备

第二十一条 民航安检设备实行使用许可制度。用于民航安检工作的民航安检设备应当取得"民用航空安全检查设备使用许可证书"并在"民用航空安全检查设备使用许可证书"规定的范围内使用。

第二十二条 民航安检机构设立单位应当按照民航局规定,建立并运用民航安检设备的使用验收、维护、定期检测、改造及报废等管理制度,确保未经使用验收检测合格、未经定期检测合格的民航安检设备不得用于民航安检工作。

第二十三条 民航安检机构设立单位应当按照民航局规定,上报民航安检设备使用验收检测、定期检测、报废等相关信息。

第二十四条 从事民航安检设备使用验收检测、定期检测的人员应当通过民航局规定的培训。

第五章 民航安检工作实施

第一节 一般性规定

第二十五条 民航安检机构应当按照本机构民航安检工作运行管理文件组织实施民航安检工作。

第二十六条 公共航空运输企业、民用运输机场管理机构应当在售票、值机环节和民航安检工作现场待检区域,采用多媒体、实物展示等多种方式,告知公众民航安检工作的有关要求、通告。

第二十七条 民航安检机构应当按照民航局要求,实施民航安全检查安全信用制度。对有民航安检违规记录的人员和单位进行安全检查时,采取从严检查措施。

第二十八条 民航安检机构设立单位应当在民航安检工作现场设置禁止拍照、摄像警示标识。

第二节 旅客及其行李物品的安全检查

第二十九条 旅客及其行李物品的安全检查包括证件检查、人身检查、随身行李物品检查、托运行李检查等。安全检查方式包括设备检查、手工检查及民航局规定的其他安全检查方式。

第三十条 旅客不得携带或者在行李中夹带民航禁止运输物品,不得违规携带或者在行李中夹带民航限制运输物品。民航禁止运输物品、限制运输物品的具体内容由民航局制定并发布。

第三十一条 乘坐国内航班的旅客应当出示有效乘机身份证件和有效乘机凭证。对旅客、有效乘机身份证件、有效乘机凭证信息一致的,民航安检机构应当加注验讫标识。

有效乘机身份证件的种类包括:中国大陆地区居民的居民身份证、临时居民身份证、护照、军官证、文职干部证、义务兵证、士官证、文职人员证、职工证、武警警官证、武警士兵证、海员证、香港、澳门地区居民的港澳居民来往内地通行证,台湾地区居民的台湾居民来往大陆通行证;外籍旅客的护照、外交部签发的驻华外交人员证、外国人永久居留证;民航局规定的其他有效乘机身份证件。

十六周岁以下的中国大陆地区居民的有效乘机身份证件,还包括出生医学证明、户口簿、学生证或户口所在地公安机关出具的身份证明。

第三十二条 旅客应当依次通过人身安检设备接受人身检查。对通过人身安检设备检查报警的旅客,民航安全检查员应当对其采取重复通过人身安检设备或手工人身检查的方法进行复查,排除疑点后方可放行。对通过人身安检设备检查不报警的旅客可以随机抽查。

旅客在接受人身检查前，应当将随身携带的可能影响检查效果的物品，包括金属物品、电子设备、外套等取下。

第三十三条 手工人身检查一般由与旅客同性别的民航安全检查员实施；对女性旅客的手工人身检查，应当由女性民航安全检查员实施。

第三十四条 残疾旅客应当接受与其他旅客同样标准的安全检查。接受安全检查前，残疾旅客应当向公共航空运输企业确认具备乘机条件。

残疾旅客的助残设备、服务犬等应接受安全检查。服务犬接受安全检查前，残疾旅客应当为其佩戴防咬人、防吠叫装置。

第三十五条 对要求在非公开场所进行安全检查的旅客，如携带贵重物品、植入心脏起搏器的旅客和残疾旅客等，民航安检机构可以对其实施非公开检查。检查一般由两名以上与旅客同性别的民航安全检查员实施。

第三十六条 对有下列情形的，民航安检机构应当实施从严检查措施：

（一）经过人身检查复查后仍有疑点的；

（二）试图逃避安全检查的；

（三）旅客有其他可疑情形，正常检查无法排除疑点的。

从严检查措施应当由两名以上与旅客同性别的民航安全检查员在特别检查室实施。

第三十七条 旅客的随身行李物品应当经过民航行李安检设备检查。发现可疑物品时，民航安检机构应当实施开箱包检查等措施，排除疑点后方可放行。对没有疑点的随身行李物品可以实施开箱包抽查。实施开箱包检查时，旅客应当在场并确认箱包归属。

第三十八条 旅客的托运行李应当经过民航行李安检设备检查。发现可疑物品时，民航安检机构应当实施开箱包检查等措施，排除疑点后方可放行。对没有疑点的托运行李可以实施开箱包抽查。实施开箱包检查时旅客应当在场并确认箱包归属，但是公共航空运输企业与旅客有特殊约定的除外。

第三十九条 根据国家有关法律法规和民航危险品运输管理规定等相关要求，属于经公共航空运输企业批准方能作为随身行李物品或者托运行李运输的特殊物品，旅客凭公共航空运输企业同意承运证明，经安全检查确认安全后放行。

公共航空运输企业应当向旅客通告特殊物品目录及批准程序，并与民航安检机构明确特殊物品批准和信息传递程序。

第四十条 对液体、凝胶、气溶胶等液态物品的安全检查，按照民航局规定执行。

第四十一条 对禁止旅客随身携带但可以托运的物品，民航安检机构应当告知旅客可作为行李托运、自行处置或者暂存处理。

对于旅客提出需要暂存的物品，民用运输机场管理机构应当为其提供暂存服务。暂存物品的存放期限不超过 30 天。

民用运输机场管理机构应当提供条件，保管或处理旅客在民航安检工作中暂存、自弃、遗留的物品。

第四十二条 对来自境外，且在境内民用运输机场过站或中转的旅客及其行李物品，民航安检机构应当实施安全检查。但与中国签订互认航空安保标准条款的除外。

第四十三条 对来自境内，且在境内民用运输机场过站或中转的旅客及其行李物品，民航安检机构不再实施安全检查。但旅客及其行李物品离开候机隔离区或与未经安全检查的人员、物品相混或者接触的除外。

第四十四条 经过安全检查的旅客进入候机隔离区以前，民航安检机构应当对候机隔离区实施清场，实施民用运输机场控制区 24 小时持续安保管制的机场除外。

第三节 航空货物、航空邮件的安全检查

第四十五条 航空货物应当依照民航局规定，经过安全检查或者采取其他安全措施。

第四十六条 对航空货物实施安全检查前，航空货物托运人、航空货运销售代理人应当提交航空货物安检申报清单和经公共航空运输企业或者其地面服务代理人审核的航空货运单等民航局规定的航空货物运输文件资料。

第四十七条 航空货物应当依照航空货物安检要求通过民航货物安检设备检查。检查无疑点的，民航安检机构应当加注验讫标识放行。

第四十八条 对通过民航货物安检设备检查有疑点、图像不清或者图像显示与申报不符的航空货物，民航安检机构应当采取开箱包检查等措施，排除疑点后加注验讫标识放行。无法排除疑点的，应当加注退运标识作退运处理。

开箱包检查时，托运人或者其代理人应当在场。

第四十九条 对单体超大、超重等无法通过航空货物安检设备检查的航空货物，装入航空器前应当采取隔离停放至少 24 小时安全措施，并实施爆炸物探测检查。

第五十条 对航空邮件实施安全检查前，邮政企业应当提交经公共航空运输企业或其地面服务代理人审核的邮包路单和详细邮件品名、数量清单等文件资料或者电子数据。

第五十一条 航空邮件应当依照航空邮件安检要求通过民航货物安检设备检查，检查无疑点的，民航安检机构应当加注验讫标识放行。

第五十二条 航空邮件通过民航货物安检设备检查有疑点、图像不清或者图像显示与申报不符的，民航安检机构应当会同邮政企业采取开箱包检查等措施，排除疑点后加注验讫标识放行。无法开箱包检查或无法排除疑点的，应加注退运标识退回邮政企业。

第四节 其他人员、物品及车辆的安全检查

第五十三条 进入民用运输机场控制区的其他人员、物品及车辆，应当接受安全检查。拒绝接受安全检查的，不得进入民用运输机场控制区。

对其他人员及物品的安全检查方法与程序应当与对旅客及行李物品检查方法和程序一致，有特殊规定的除外。

第五十四条 对进入民用运输机场控制区的工作人员，民航安检机构应当核查民用运输机场控制区通行证件，并对其人身及携带物品进行安全检查。

第五十五条 对进入民用运输机场控制区的车辆，民航安检机构应当核查民用运输机场控制区车辆通行证件，并对其车身、车底及车上所载物品进行安全检查。

第五十六条 对进入民用运输机场控制区的工具、物料或者器材，民航安检机构应当根据相关单位提交的工具、物料或者器材清单进行安全检查、核对和登记，带出时予以核销。工具、物料和器材含有民航禁止运输物品或限制运输物品的，民航安检机构应当要求其同时提供民用运输机场管理机构同意证明。

第五十七条 执行飞行任务的机组人员进入民用运输机场控制区的，民航安检机构应当核查其民航空勤通行证件和民航局规定的其他文件，并对其人身及物品进行安全检查。

第五十八条 对进入民用运输机场控制区的民用航空监察员，民航安检机构应当核查其民航行政机关颁发的通行证并对其人身及物品进行安全检查。

第五十九条 对进入民用运输机场控制区的航空配餐和机上供应品，民航安检机构应当核查车厢是否锁闭，签封是否完好，签封编号与运输台帐记录是否一致。必要时可以进行随机抽查。

第六十条 民用运输机场管理机构应当对进入民用运输机场控制区的商品进行安全备案并进行监督检查，防止进入民用运输机场控制区内的商品含有危害民用航空安全的物品。

对进入民用运输机场控制区的商品，民航安检机构应当核对商品清单和民用运输机场商品安全备案目录一致，并对其进行安全检查。

第六章 民航安检工作特殊情况处置

第六十一条 民航安检机构应当依照本机构突发事件处置预案，定期实施演练。

第六十二条 已经安全检查的人员、行李、物品与未经安全检查的人员、行李、物品不得相混或接触。如发生相混或接触，民用运输机场管理机构应当采取以下措施：

（一）对民用运输机场控制区相关区域进行清场和检查；

（二）对相关出港旅客及其随身行李物品再次安全检查；

（三）如旅客已进入航空器，应当对航空器客舱进行航空器安保检查。

第六十三条 有下列情形之一的，民航安检机构应当报告公安机关：

（一）使用伪造、变造的乘机身份证件或者乘机凭证的；

（二）冒用他人乘机身份证件或者乘机凭证的；

（三）随身携带或者托运属于国家法律法规规定的危险品、违禁品、管制物品的；

（四）随身携带或者托运本条第三项规定以外民航禁止运输、限制运输物品，经民航安检机构发现提示仍拒不改正，扰乱秩序的；

（五）在行李物品中隐匿携带本条第三项规定以外民航禁止运输、限制运输物品，扰乱秩序的；

（六）伪造、变造、冒用危险品航空运输条件鉴定报告或者使用伪造、变造的危险品航空运输条件鉴定报告的；

（七）伪报品名运输或者在航空货物中夹带危险品、违禁品、管制物品的；

（八）在航空邮件中隐匿、夹带运输危险品、违禁品、管制物品的；

（九）故意散播虚假非法干扰信息的；

（十）对民航安检工作现场及民航安检工作进行拍照、摄像，经民航安检机构警示拒不改正的；

（十一）逃避安全检查或者殴打辱骂民航安全检查员或者其他妨碍民航安检工作正常开展，扰乱民航安检工作现场秩序的；

（十二）清场、航空器安保检查、航空器安保搜查中发现可疑人员或者物品的；

（十三）发现民用机场公安机关布控的犯罪嫌疑人的；

（十四）其他危害民用航空安全或者违反治安管理行为的。

第六十四条 有下列情形之一的，民航安检机构应当采取紧急处置措施，并立即报告公安机关：

（一）发现爆炸物品、爆炸装置或者其他重大危险源的；

（二）冲闯、堵塞民航安检通道或者民用运输机场控制区安检道口的；

（三）在民航安检工作现场向民用运输机场控制区内传递物品的；

（四）破坏、损毁、占用民航安检设备设施、场地的；

（五）其他威胁民用航空安全，需要采取紧急处置措施行为的。

第六十五条 有下列情形之一的，民航安检机构应当报告有关部门处理：

（一）发现涉嫌走私人员或者物品的；

（二）发现违规运输航空货物的；

（三）发现不属于公安机关管理的危险品、违禁品、管制物品的。

第六十六条 威胁增加时，民航安检机构应当按照威胁等级管理办法的有关规定调整安全检查措施。

第六十七条 民航安检机构应当根据本机构实际情况，与相关单位建立健全应急信息传递及报告工作程序，并建立记录。

第七章 监督检查

第六十八条 民航行政机关及民用航空监察员依法对民航安检工作实施监督检查，行使以下职权：

（一）审查并持续监督民航安检机构的运行条件符合民航局有关规定；

（二）制定民航安检工作年度监督检查计划，并依据监督检查计划开展监督检查工作；

（三）进入民航安检机构及其设立单位进行检查，调阅有关资料，向有关单位和人员了解情况；

（四）对检查中发现的问题，当场予以纠正或者规定限期改正；对依法应当给予行政处罚的行为，依法作出行政处罚决定；

（五）对检查中发现的安全隐患，规定有关单位及时处理，对重大安全隐患实施挂牌督办；

（六）对有根据认为不符合国家标准或者行业标准的设施、设备予以查封或者扣押，并依法作出处理决定；

（七）依法对民航安检机构及其设立单位的主要负责人、直接责任人进行行政约见或者警示性谈话。

第六十九条 民航安检机构及其设立单位应当积极配合民航行政机关依法履行监督检查职责，不得拒绝、阻挠。对民航行政机关依法作出的监督检查书面记录，被检查单位负责人应当签字，拒绝签字的，民用航空监察员应当将情况记录在案，并向民航行政机关报告。

第七十条 民航行政机关应当建立民航安检工作违法违规行为信息库，如实记录民航安检机构及其设立单位的违法行为信息。对违法行为情节严重的单位，应当纳入行业安全评价体系，并通报其上级政府主管部门。

第七十一条 民航行政机关应当建立民航安检工作奖励制度，对保障空防安全、地面安全以及在突发事件处置、应急救援等方面有突出贡献的集体和个人，按贡献给予不同级别的奖励。

第七十二条 民航行政机关应当建立举报制度，公开举报电话、信箱或者电子邮件地址，受理并负责调查民航安检工作违法违规行为的举报。

任何单位和个人发现民航安检机构运行存在安全隐患或者未按照规定实施民航安检工作的，有权向民航行政机关报告或者举报。

民航行政机关应当依照国家有关奖励办法，对报告重大安全隐患或者举报民航安检工作违法违规行为的有功人员，给予奖励。

第八章 法律责任

第七十三条 违反本规则第十条规定，民用运输机场管理机构设立的民航安检机构运行条件不符合本规则要求的，由民航行政机关责令民用运输机场限期改正；逾期不改正的或者经改正仍不符合要求的，由民航行政机关依据《民用机场管理条例》第六十八条对民用运输机场作出限制使用的决定，情节严重的，吊销民用运输机场使用许可证。

第七十四条 民航安检机构设立单位的决策机构、主要负责人不能保证民航安检机构正常运行所必需资金投入，致使民航安检机构不具备运行条件的，由民航行政机关依据《中华人民共和国安全生产法》第九十条责令限期改正，提供必需的资金；逾期未改正的，责令停产停业整顿。

第七十五条　有下列情形之一的，由民航行政机关依据《中华人民共和国安全生产法》第九十四条责令民航安检机构设立单位改正，可以处五万元以下的罚款；逾期未改正的，责令停产停业整顿，并处五万元以上十万元以下的罚款，对其直接负责的主管人员和其他直接责任人员处一万元以上二万元以下的罚款：

（一）违反第十二条规定，未按要求开展培训工作或者未如实记录民航安检培训情况的；

（二）违反第十四、十五条规定，民航安全检查员未按要求经过培训并具备岗位要求的理论和技能水平，上岗执勤的；

（三）违反第二十四条规定，人员未按要求经过培训，从事民航安检设备使用验收检测、定期检测工作的；

（四）违反第六十一条规定，未按要求制定突发事件处置预案或者未定期实施演练的。

第七十六条　有下列情形之一的，由民航行政机关依据《中华人民共和国安全生产法》第九十六条责令民航安检机构设立单位限期改正，可以处五万元以下的罚款；逾期未改正的，处五万元以上二十万元以下的罚款，对其直接负责的主管人员和其他直接责任人员处一万元以上二万元以下的罚款；情节严重的，责令停产停业整顿：

（一）违反第二十一、二十二条规定，民航安检设备的安装、使用、检测、改造不符合国家标准或者行业标准的；

（二）违反本规则第二十二条规定，使用定期检测不合格的民航安检设备的；

（三）违反第二十二条规定，未按要求对民航安检设备进行使用验收、维护、定期检测的。

第七十七条　违反本规则有关规定，民航安检机构或者民航安检机构设立单位未采取措施消除安全隐患的，由民航行政机关依据《中华人民共和国安全生产法》第九十九条责令民航安检机构设立单位立即消除或者限期消除；民航安检机构设立单位拒不执行的，责令停产停业整顿，并处十万元以上五十万元以下的罚款，对其直接负责的主管人员和其他直接责任人员处二万元以上五万元以下的罚款。

第七十八条　违反本规则第六十九条规定，民航安检机构或者民航安检机构设立单位拒绝、阻碍民航行政机关依法开展监督检查的，由民航行政机关依据《中华人民共和国安全生产法》第一百零五条责令改正；拒不改正的，处二万元以上二十万元以下的罚款；对其直接负责的主管人员和其他直接责任人员处一万元以上二万元以下的罚款。

第七十九条　有下列情形之一的，由民航行政机关责令民航安检机构设立单位限期改正，处一万元以下的罚款；逾期未改正的，处一万元以上三万元以下的罚款：

（一）违反第八条规定，未设置专门的民航安检机构的；

（二）违反第十二条规定，未依法制定或者实施民航安检工作质量控制管理制度或者未如实记录质量控制工作情况的；

（三）违反第十三条规定，未根据实际适时调整民航安检工作运行管理手册的；

（四）违反第十四条第二款规定，未及时调离不适合继续从事民航安检工作人员的；

（五）违反第十八条规定，X射线安检仪操作检查员工作时间制度不符合要求的；

（六）违反第十九、二十条规定，未依法提供劳动健康保护的；

（七）违反第二十三条规定，未按规定上报民航安检设备信息的；

（八）违反第二十五条规定，未按照民航安检工作运行管理手册组织实施民航安检工作的；

（九）违反第二十八条规定，未在民航安检工作现场设置禁止拍照、摄像警示标识的；

（十）违反第六十二、六十三、六十四、六十五、六十六条规定，未按要求采取民航安检工作特殊情况处置措施的；

（十一）违反第六十七条规定，未按要求建立或者运行应急信息传递及报告程序或者未按要求记录应急信息的。

第八十条　违反第二十六条规定，公共航空运输企业、民用运输机场管理机构未按要求宣传、告知民航安检工作规定的，由民航行政机关责令限期改正，处一万元以下的罚款；逾期未改正的，处一万元以上三万元以下的罚款。

第八十一条　违反第三十九条第二款规定，公共航空运输企业未按要求向旅客通告特殊物品目录及批准程序或者未按要求与民航安检机构建立特殊物品和信息传递程序的，由民航行政机关责令限期改正，处一万元以下的罚款；逾期未改正的，处一万元以上三万元以下的罚款。

第八十二条　有下列情形之一的，由民航行政机关责令民用运输机场管理机构限期改正，可以处一万元以上三万元以下的罚款；逾期未改正的，处一万元以上三万元以下的罚款：

（一）违反第四十一条第二款规定，民用运输机场管理机构未按要求为旅客提供暂存服务的；

（二）违反第四十一条第三款规定，民用运输机场管理机构未按要求提供条件，保管或者处理旅客暂存、自弃、遗留物品的；

（三）违反第六十条第一款规定，民用运输机场管理机构未按要求履行监督检查管理职责的。

第八十三条 有下列情形之一的，由民航安检机构予以纠正，民航安检机构不履行职责的，由民航行政机关责令改正，并处一万元以上三万元以下的罚款：

（一）违反第十六条规定，民航安全检查员执勤时着装或者佩戴标志不符合要求的；

（二）违反第十七条规定，民航安全检查员执勤时从事与民航安检工作无关活动的；

（三）违反第五章第二、三、四节规定，民航安全检查员不服从管理，违反规章制度或者操作规程的。

第八十四条 有下列情形之一的，由民航行政机关的上级部门或者监察机关责令改正，并根据情节对直接负责的主管人员和其他直接责任人员依法给予处分：

（一）违反第十一条规定，未按要求审核民航安检机构运行条件或者提供虚假审核意见的；

（二）违反第六十八条规定，未按要求有效履行监督检查职能的；

（三）违反第七十条规定，未按要求建立民航安检工作违法违规行为信息库的；

（四）违反第七十一条规定，未按要求建立或者运行民航安检工作奖励制度的；

（五）违反第七十二条规定，未按要求建立或者运行民航安检工作违法违规行为举报制度的。

第八十五条 民航安检机构设立单位及民航安全检查员违规开展民航安检工作，造成安全事故的，按照国家有关规定追究相关单位和责任人员的法律责任。

第八十六条 违反本规则有关规定，行为构成犯罪的，依法追究刑事责任。

第八十七条 违反本规则有关规定，行为涉及民事权利义务纠纷的，依照民事权利义务法律法规处理。

第九章 附　　则

第八十八条 本规则下列用语定义：

（一）"民用运输机场"，是指为从事旅客、货物运输等公共航空运输活动的民用航空器提供起飞、降落等服务的机场。包括民航运输机场和军民合用机场的民用部分。

（二）"民用航空安全检查工作"，是指对进入民用运输机场控制区的旅客及其行李物品、其他人员、车辆及物品和航空货物、航空邮件等进行安全检查的活动。

（三）"航空货物"，是指除航空邮件、凭"客票及行李票"运输的行李、航空危险品外，已由或者将由民用航空运输的物品，包括普通货物、特种货物、航空快件、凭航空货运单运输的行李等。

（四）"航空邮件"，是指邮政企业通过航空运输方式寄递的信件、包裹等。

（五）"民航安全检查员"，是指持有民航安全检查员国家职业资格证书并从事民航安检工作的人员。

（六）"民航安检现场值班领导岗位管理人员"，是指在民航安检工作现场，负责民航安检勤务实施管理和应急处置管理工作的岗位。民航安检工作现场包括旅客人身及随身行李物品安全检查工作现场、托运行李安全检查工作现场、航空货邮安全检查工作现场、其他人员安全检查工作现场及民用运输机场控制区道口安全检查工作现场等。

（七）"旅客"，是指经公共航空运输企业同意在民用航空器上载运的除机组成员以外的任何人。

（八）"其他人员"，是指除旅客以外的，因工作需要，经安全检查进入机场控制区或者民用航空器的人员，包括但不限于机组成员、工作人员、民用航空监察员等。

（九）"行李物品"，是指旅客在旅行中为了穿着、使用、舒适或者方便的需要而携带的物品和其他个人财物。包括随身行李物品、托运行李。

（十）"随身行李物品"，是指经公共航空运输企业同意，由旅客自行负责照管的行李和自行携带的零星小件物品。

（十一）"托运行李"，是指旅客交由公共航空运输企业负责照管和运输并填开行李票的行李。

（十二）"液态物品"，包括液体、凝胶、气溶胶等形态的液态物品。其包括但不限于水和其他饮料、汤品、糖浆、炖品、酱汁、酱膏；盖浇食品或汤类食品；油膏、乳液、化妆品和油类；香水；喷剂；发胶和沐浴胶等凝胶；剃须泡沫、其他泡沫和除臭剂等高压罐装物品（例如气溶胶）；牙膏等膏状物品；凝固体合剂；睫毛膏；唇彩或唇膏；或室温下稠度类似的任何其他物品。

1015

（十三）"重大危险源"，是指具有严重破坏能力且必须立即采取防范措施的物质。

（十四）"航空器安保检查"，是指对旅客可能已经进入的航空器内部的检查和对货舱的检查，目的在于发现可疑物品、武器、爆炸物或其他装置、物品和物质。

（十五）"航空器安保搜查"，是指对航空器内部和外部进行彻底检查，目的在于发现可疑物品、武器、爆炸物或其他危险装置、物品和物质。

第八十九条 危险品航空运输按照民航局危险品航空运输有关规定执行。

第九十条 在民用运输机场运行的公务航空运输活动的安全检查，由民航局另行规定。

第九十一条 在民用运输机场控制区以外区域进行的安全检查活动，参照本规则有关规定执行。

第九十二条 本规则自 2017 年 1 月 1 日起施行。1999 年 6 月 1 日起施行的《中国民用航空安全检查规则》（民航总局令第 85 号）同时废止。

公共航空运输企业航空安全保卫规则

（2016 年 4 月 21 日交通运输部第 49 号公布 根据 2018 年 11 月 16 日交通运输部《关于修改〈公共航空运输企业航空安全保卫规则〉的决定》修正）

第一章 总 则

第一条 为了规范公共航空运输企业航空安全保卫工作，保证旅客、机组、航空器和公众的安全，根据《中华人民共和国民用航空安全保卫条例》，制定本规则。

第二条 本规则适用于在中华人民共和国境内依法设立的公共航空运输企业，在中华人民共和国境内从事公共航空运输的外国航空运输企业，以及与公共航空运输活动有关的单位和个人。

第三条 中国民用航空局（以下简称民航局）对公共航空运输企业航空安全保卫（以下简称航空安保）工作实施监督管理。其主要职责包括：

（一）督促和指导公共航空运输企业实施《国家民用航空安全保卫规划》，建立和运行航空安保管理体系；

（二）督促和指导公共航空运输企业的航空安保方案符合航空安保法规标准；

（三）规定公共航空运输企业航空安保职责，指导公共航空运输企业与机场管理机构等民航运营单位建立协调和沟通的渠道；

（四）督促公共航空运输企业为其航空安保工作提供必需的资源保障；

（五）指导、检查公共航空运输企业基础设施与建筑的设计及建设符合航空安保法规标准； 航空安全员，是指为了保证航空器及其所载人员安全，在民用航空器上执行安全保卫任务，具有航空安全员资质的人员。

非法干扰行为，是指危害民用航空安全的行为或未遂行为，主要包括：

（一）非法劫持航空器；

（二）毁坏使用中的航空器；

（三）在航空器上或机场扣留人质；

（四）强行闯入航空器、机场或航空设施场所；

（五）为犯罪目的而将武器或危险装置、材料带入航空器或机场；

（六）利用使用中的航空器指导公共航空运输企业制定航空安保培训计划，并监督执行；

（七）对公共航空运输企业及其所属单位的安保工作运行的有效性进行评估，查找并指出漏洞和缺陷，提出整改意见；

（八）收集、核实、分析关于潜在威胁和已发生事件的信息，负责对航空安全进行威胁评估，并指导、部署分级防范工作；

（九）开发和推广使用先进的管理和技术措施，促进公共航空运输企业及其安保部门采用这些措施；

（十）按规定组织或参与调查处理涉及公共航空运输企业的航空安保事件或其他重大事故。

第四条 民航地区管理局对本辖区公共航空运输企业航空安保工作实施指导、检查和监督，对违法、违规行为进行查处。其主要职责包括：

（一）对辖区内的公共航空运输企业执行航空安保法规标准的情况实施监督检查；

（二）审查公共航空运输企业航空安保方案并监督执行；

（三）审查辖区内公共航空运输企业预防和处置劫机、爆炸或其他严重非法干扰事件的预案，对落实情况进行监督检查；

（四）按规定组织或参与调查处理辖区内涉及公共航空运输企业的航空安保事件或其他重大事故；

（五）指导、监督和检查辖区内公共航空运输企业承担的民用航空安全检查工作；

（六）审查公共航空运输企业制定的航空安保质量控制方案和培训方案，并监督执行。

第五条 公共航空运输企业在运输过程中对其运输的旅客、行李、货物和邮件的航空安保工作承担直接责任。

第二章 一般规定

第一节 组织和管理

第六条 公共航空运输企业应当指定一名负责航空安保工作的副总经理，负责协调有关部门执行航空安保方案。

公共航空运输企业应当设置专门的航空安保机构，具体负责协调本企业航空安保工作。

公共航空运输企业应当设置满足航空安保工作需要的岗位并配备足够的人员。

第七条 公共航空运输企业的分公司应当设立相应的航空安保机构，基地等分支机构也应当设置相应机构或配备人员履行航空安保职责。

第八条 公共航空运输企业承担航空安保职责的人员应当按照《国家民用航空安全保卫培训方案》规定经过相应的培训，并培训合格。

第九条 公共航空运输企业应当在通航的机场指定或通过航空安保协议指定一名航空安保协调员，履行航空安保协调、信息通报等职责。

第十条 机长是航空器飞行中安全保卫工作的负责人，代表公共航空运输企业履行其航空安保方案中规定的相关职责。

第二节 航空安保管理体系

第十一条 公共航空运输企业应当建立、运行并维护符合民航局要求的航空安保管理体系，其内容应当包括目标管理体系、组织保障体系、风险管理体系和质量控制体系。

第十二条 航空安保管理体系应当在本企业航空安保方案中作出规定。

第十三条 公共航空运输企业应当根据其运行的实际情况，适时组织评估航空安保管理体系的符合性和有效性，及时调整完善。

第三节 质量控制

第十四条 公共航空运输企业应当按照《国家民用航空安全保卫质量控制计划》，制定、维护和执行本企业航空安保质量控制方案，并在航空安保方案中列明。

第十五条 公共航空运输企业应当按照民航局背景调查规定制定程序和措施，并在安保方案中列明。

第十六条 公共航空运输企业应当按照《国家民用航空安全保卫培训方案》要求，制定、维护和执行本企业安保培训方案，并在航空安保方案中列明。

第十七条 公共航空运输企业应当组织航空安保管理人员和新招录航空安保人员进行岗前培训，并定期进行岗位培训。

第十八条 公共航空运输企业从事航空安保培训的部门或委托的机构、教员和课程应当符合《国家民用航空安全保卫培训方案》的要求。

第四节 经费保障

第十九条 公共航空运输企业应当建立航空安保经费投入和保障制度，并在航空安保方案中列明。

第二十条 公共航空运输企业的经费保障应当满足航空安保运行、演练、培训以及设施设备等方面的需要。

第三章 航空安保方案

第一节 航空安保方案的制定

第二十一条 公共航空运输企业运行应当根据本规则及其他航空安保法规标准制定航空安保方案，并适时修订。

公共航空运输企业分公司应当根据公共航空运输企业的航空安保方案，制定相应的实施程序。

第二十二条 从事国际、地区和特殊管理航线运营的公共航空运输企业，其航空安保方案还应当符合相应规定。

第二节 航空安保方案的形式和内容

第二十三条 公共航空运输企业航空安保方案应当由企业法定代表人或其授权人员签署，并以书面形式独立成册、采用易于修订的活页形式，在修订过的每一页上注有最后一次修订的日期。

第二十四条 航空安保方案的内容应当包括：

（一）公共航空运输企业的基本情况；

（二）航空安保组织机构及职责，包括负责航空安保工作的公司副总经理及其替代人员、航空安保机构负责人的姓名，以及24小时联系方式；

（三）为满足本规则第二章、第三章、第四章、

第五章规定内容所制定的制度及程序；

（四）为满足民用航空货物运输安保工作要求所制定的制度及程序；

（五）为满足其他航空安保法规标准要求所制定的制度及程序。

第三节 航空安保方案的报送

第二十五条 公共航空运输企业的航空安保方案应当符合民航局和民航地区管理局的规定。

第二十六条 公共航空运输企业分公司为执行本企业航空安保方案制定的实施程序应当报分公司所在地民航地区管理局备案。

第二十七条 新成立的公共航空运输企业的航空安保方案应当在申请运行合格证时一并报送。

第二十八条 民航地区管理局审查公共航空运输企业运行合格证时，一并审查公共航空运输企业安保方案。

第二十九条 民航局接到民航地区管理局审查意见后，应当在20个工作日内予以备案。

第三十条 航空安保方案具有约束力，公共航空运输企业及有关单位应当执行。

第四节 航空安保方案的修订

第三十一条 公共航空运输企业应当在下列情形下对航空安保方案进行修订，以确保其持续有效：

（一）负责公共航空运输企业安保工作的组织机构或其职责发生重大变更的；

（二）发生重大威胁或事件的；

（三）航空安保法规标准发生重大变化的。

第三十二条 为了保护国家安全和公共利益的需要，民航局可以要求公共航空运输企业对其航空安保方案作出紧急修订。公共航空运输企业应当在收到通知后10个工作日内完成修订。

第三十三条 公共航空运输企业根据本规则第三十一条、第三十二条对航空安保方案作出修订的，应当在修订内容实施前至少5个工作日报民航地区管理局备案。

公共航空运输企业对航空安保方案作出其他修订的，应当在修订内容实施前至少20个工作日报民航地区管理局备案。

第五节 航空安保方案的保存和分发

第三十四条 公共航空运输企业在其运营基地至少保存一份完整的航空安保方案，在其每个通航的机场有一份可供随时查阅的航空安保方案或者相关部分。

第三十五条 公共航空运输企业应当向其通航的机场管理机构提交其航空安保方案的有关部分。

第三十六条 公共航空运输企业应当根据工作需要，将航空安保方案的相关内容分发给公共航空运输企业相关部门以及其他有安保业务关系的单位。

第三十七条 公共航空运输企业将安保业务外包给航空安保服务机构的，应当将方案中与外包安保业务相关的部分提供给航空安保服务机构。

第三十八条 公共航空运输企业应当将航空安保方案文本保存在便于安保工作人员查阅的地方。

第三十九条 航空安保方案为敏感信息，应当对其进行编号并做好登记，妥善保存。

第四十条 航空安保方案的分发、查阅范围必须受到限制，只限于履行职责需要此种信息的应知人员。

第六节 航空安保协议

第四十一条 公共航空运输企业应当与通航的境内机场、航空配餐、地面服务代理等签订航空安保协议，以便本企业航空安保方案中列明的措施和程序得到有效执行。

第四十二条 公共航空运输企业将安保业务外包的，应当签订航空安保协议，内容至少包括：

（一）航空安保责任的划分；

（二）对有关工作人员的安保要求；

（三）监督检查和质量控制程序。

公共航空运输企业签订的代码共享、湿租等协议，应当包含以上内容。

第四十三条 航空安保协议应当妥善保存，以便民航局、民航地区管理局检查。

第四章 运行安保措施

第一节 旅客订座和离港信息

第四十四条 公共航空运输企业应当将使用的旅客订座和离港信息系统的类型、供应商信息向民航地区管理局备案。

第四十五条 旅客订座和离港信息应当受到保护，不得被随意对外提供。

公共航空运输企业应当采取相应安保措施，防止旅客信息被窃取或非法泄露。

第四十六条 公共航空运输企业旅客订座系统应当按规定设置获取旅客身份证件信息的程序。

第二节 办理乘机手续

第四十七条 旅客办理乘机手续时，公共航空运输企业及其代理人应当采取措施核对乘机人的身份证件和行李。

第四十八条 公共航空运输企业应当制定程序，核对加入机组人员的身份证件、工作证件和乘机证明文件，确保人证相符。

第四十九条 旅客办理乘机手续时，公共航空运输企业及其代理人应当告知其相关安全保卫规定。

第三节 旅客及其手提行李

第五十条 公共航空运输企业应当制定程序，确保旅客及其手提行李在登机前经过安全检查。

第五十一条 公共航空运输企业不得运输拒绝接受安全检查的旅客，不得违反航空安保法规标准运输未经安全检查的行李。

第五十二条 旅客登机时，公共航空运输企业或其地面服务代理应当查验登机凭证，核对旅客人数。

第五十三条 已经安全检查和未经安全检查的人员不得相混或接触。如发生相混或接触，公共航空运输企业应当要求机场管理机构采取以下措施：

（一）对相应隔离区进行清场和检查；

（二）对相应旅客及其手提行李再次进行安全检查；

（三）如果旅客已进入航空器，应当对该航空器客舱实施安保搜查。

第五十四条 公共航空运输企业应当采取措施，防止旅客下机时将物品遗留在航空器上。

第四节 托运行李

第五十五条 公共航空运输企业应当确保只接收旅客本人的托运行李，以及公共航空运输企业的代理人或授权代表接收的托运行李。

第五十六条 对通过安全检查的托运行李，公共航空运输企业应当采取措施或要求机场管理机构采取措施，防止未经授权的人员接触，直至在目的地交还旅客或移交给另一承运人。

第五十七条 在机场办理乘机手续柜台以外地点托运的行李，已经过安全检查的，必须从托运地点开始实施安保控制直至装上航空器，防止未经授权的人员接触；未经安全检查的，应当在机场采取相应的安检措施。

第五十八条 公共航空运输企业应当采取措施，对已经过安全检查的托运行李在地面存储和运输期间，保证有专人监管，防止未经授权的人员接触。

第五十九条 公共航空运输企业和机场管理机构应当采取措施，确保行李分拣、存放、装卸区仅允许授权人员持证进入，在装机前应当核对行李标签及数量，防止非本航班承运的行李装上航空器。

第六十条 公共航空运输企业及其地面服务代理人对转机的托运行李应当采取安保控制措施。

第六十一条 错运行李和无人认领行李的存放场所应当采取安保控制措施，直到行李被运走、认领或者处理完毕。

对国际航班到达的错运行李和无人认领行李在存放和装机前，应当进行安全检查。

第六十二条 公共航空运输企业对已经办理乘机手续而未登机旅客的行李，不得装入或者留在航空器上。旅客在航空器飞行中途中止旅行时，必须将其行李卸下。

第六十三条 对非旅客本人原因产生的无人陪伴行李经过安全检查后，承运人可以运输。

第六十四条 因安保原因或因拒绝接受安全检查而不准登机的旅客，其托运行李应当从航空器上卸下。

第五节 托运枪支弹药

第六十五条 无枪支运输许可证件的，公共航空运输企业不得接收托运枪支弹药。

第六十六条 公共航空运输企业运输托运的枪支弹药时应当：

（一）查验枪支弹药准运凭证；

（二）确认枪支和弹药分离；

（三）确认枪支弹药放置在安全可靠的封闭包装中，并保持锁闭；

（四）弹药运输应当符合危险品运输条件。

第六十七条 托运的枪支弹药在装卸期间实行专人全程安保监控，在运输途中应当存放在旅客接触不到的区域。

第六节 押解和遣返人员

第六十八条 公共航空运输企业运输因司法或行政强制措施而被押解的人员，应按照国家有关规定执行。

第六十九条 机场公安机关应当提前将押解计划通知公共航空运输企业航空安保部门。

第七十条 公共航空运输企业应当制定程序，确保：

（一）在接到押解计划后及时将该信息通报机长；

（二）被押解人员在其他旅客登机前登机，在其他旅客下机后下机；

（三）被押解人员的座位应当安排在客舱后部，位于押解人员之间，且不得靠近过道、紧急出口等位置；

（四）在航空器内不向被押解人员提供金属餐具和含酒精饮料；未经押解人员允许，不向被押解人员提供食品、饮料。

第七十一条 公共航空运输企业应当对遣返非法入境人员的运输申请进行安保评估，决定是否运输或是否在运输中采取额外的航空安保措施。

对不准入境人员的遣返运输，应当采取必要的航空安保措施。

运送遣返人员，应当在运输24小时前通知公共航空运输企业。

第七节 携带武器乘机

第七十二条 公共航空运输企业应当按照航空安保方案规定的程序，防止未经授权人员携带武器乘机。

第七十三条 除非同时满足以下条件，任何人员不得携带武器乘机：

（一）经国家警卫部门确定的警卫对象的警卫人员；

（二）持有工作证、持枪证、持枪证明信。

第七十四条 在接到警卫人员乘坐航空器的通知后，公共航空运输企业应当做好下列工作：

（一）在登机前告知警卫人员必须随时保管好其武器，不得将武器放在行李箱内，并遵守携带武器乘机的相关规定；

（二）通知机长航空器上警卫人员的数量及每个警卫人员的位置；

（三）不得向警卫人员提供含酒精饮料；

外方警卫人员在没有中方人员陪同乘坐境内公共航空运输企业航班的，应当遵守携带武器乘机的相关规定。

第八节 过站和转机

第七十五条 公共航空运输企业在其航空安保方案中应当包括适当措施，管控过站和转机旅客及其手提行李，防止过站和转机旅客将物品遗留在航空器上。

第七十六条 公共航空运输企业应当采取措施，防止过站和转机的人员与未经安全检查的其他人员接触。如果发生接触，则相关人员重新登机前必须再次经过安全检查。

第七十七条 乘坐国际、地区航线班机在境内机场过站和转机的人员及其行李，应当进行安全检查。但与中国签订互认航空安保标准条款的除外。

第九节 航空器地面的安保措施

第七十八条 公共航空运输企业应当采取措施，以便航空器执行飞行任务期间在地面停放时得到有效监护，监护措施及监护机构应当在其航空安保方案或者安保协议中列明。

第七十九条 公共航空运输企业应当采取措施，以便航空器在机场过夜或未执行航班飞行任务停放期间得到有效守护，守护机构及守护措施应当在其航空安保方案或者安保协议中列明。

第八十条 公共航空运输企业应当与航空器监护部门、机务维修部门、武警守卫部队等单位之间建立航空器监护和守护交接制度，并在其航空安保方案中列明。

第八十一条 对于未使用而长期停场的航空器，应当将所有进出口关闭，将舱口梯或者旅客登机桥撤走，防止未经授权人员接触航空器。

第八十二条 公共航空运输企业应当采取适当措施，确保每日始发和每航段的航空器经过航空器安保检查。

第十节 航空器清洁工作的安保措施

第八十三条 公共航空运输企业航空器清洁部门应当制定航空安保措施，其内容主要包括：

（一）对工作人员的安保培训；

（二）对清洁用品的安保措施；

（三）明确重点部位及检查程序；

（四）对旅客遗留物品的检查程序；

（五）发现可疑情况时的报告程序。

第八十四条 航空器清洁工作外包的，外包协议中应当包含上述安保要求，并存档备查。

第十一节 航空配餐和机上供应品

第八十五条 公共航空运输企业应当对航空配餐和机上供应品执行航空安保措施，并在其航空安保方案中列明。

第八十六条 航空配餐企业应当制定相应的航空安保方案，报民航地区管理局备案。

第八十七条 航空配餐企业航空安保措施的内容主要包括：

（一）对配餐工作区域实行分区封闭管理和通行管制，并实施有效监控，对进入人员、物品应当进行安全检查；

（二）对成餐和送餐库实施安保控制；

（三）提供航空配餐的企业应当对其采购的原材料和供应品实施安全检查；

（四）机上餐车应当加签封，封条应当有编号；运输餐食、供应品的车辆在运输过程中应当全程锁闭加签封，并有专人押运；

（五）地处机场控制区外的航空配餐企业应当采取航空安保措施，确保配餐供应品在制作、存储、运往机场途中受到保护。

第八十八条 机上供应品的储存和配送应采取相应的航空安保措施。

第八十九条 公共航空运输企业应当制定机组人员核对航空配餐和机上供应品的程序，确保程序得到有效实施。

第十二节 航线评估

第九十条 公共航空运输企业开通国际航线的，应当对拟飞往机场的安全状况作出安保评估，并报民航地区管理局备案。

第九十一条 公共航空运输企业应当对开航的国外机场进行持续的安保评估，根据评估，补充修改航空安保方案。

第九十二条 公共航空运输企业驻外运营机构应当密切关注通航机场安保情况，并及时上报公共航空运输企业。

第十三节 对外国航空运输企业的安保要求

第九十三条 通航我国的外国航空运输企业应当遵守双边通航协议中设定的航空安保条款。

第九十四条 通航我国的外国航空运输企业应当根据我国航空安保法规标准，制定本企业飞往中国境内航线航班的航空安保方案，并将方案及其中文版本报通航机场所在地民航地区管理局审查，民航地区管理局审查通过后报民航局备案。

第九十五条 外国航空运输企业空中安全保卫人员执行通航中国航班任务，按照双方签订的安保合作协议执行。

第九十六条 民航局、民航地区管理局应当依据面临的安保威胁，对通航我国的外国航空运输企业及相关机场实施持续的安保考察和评估。

第十四节 信息报告

第九十七条 公共航空运输企业应当建立航空安保信息报告制度。

第九十八条 发生以下情况之一，公共航空运输企业应当立即报告民航地区管理局：

（一）非法干扰事件；

（二）因安保原因造成的安全事故；

（三）重要威胁信息；

（四）重大空防安全隐患；

（五）其他紧急事件。

上述情况处理完毕后，公共航空运输企业应当在15个工作日内按照相关规定书面报告民航地区管理局。

第九十九条 公共航空运输企业应当每月向民航地区管理局报告以下情况：

（一）安保运行情况；

（二）非法干扰行为、扰乱行为以及其他违规行为情况；

（三）航空安保方案的执行和修订状况；

（四）其他应当报告的内容。

第一百条 公共航空运输企业在运行中发现机场、空管等单位不符合安保标准或要求，或者安保设施达不到标准时，应当及时通报机场管理机构、空管部门并报告其所在地民航地区管理局。

第十五节 其他规定

第一百零一条 公共航空运输企业承担的安全检查工作，按照《中国民用航空安全检查规则》执行。

第一百零二条 航空器驾驶舱和客舱的安保应当按照《公共航空旅客运输飞行中安全保卫规则》及公共航空运输企业航空安保方案规定的程序规定执行。

第一百零三条 威胁增加时的航空安保措施，按照安保等级管理有关规定执行。

第一百零四条 公共航空运输企业接受国际组织或机构、外国政府部门安保审计、评估、考察的，应当在活动开始前至少20个工作日内报告民航局，并按照局方有关规定执行。

公共航空运输企业接受外国航空运输企业、机场安保考察的，应当在活动开始前至少20个工作日内报告民航地区管理局，并按照局方有关规定执行。

公共航空运输企业应当在活动结束后15个工作日内将相关情况上报。

第五章 安保应急处置

第一百零五条 公共航空运输企业应当制定安保

应急处置预案，并保证实施预案所需的设备、人员、资金等条件；

公共航空运输企业应当确保预案中包含的所有信息及时更新，并将更新内容告知相关单位、人员；公共航空运输企业应当按照其航空安保方案的规定，定期演练应急处置预案。

第一百零六条 公共航空运输企业应当制定程序，按照本企业所在地区和航线航班飞往地区的威胁等级，启动相应级别的航空安保措施。

第一百零七条 航空器受到非法干扰威胁时，公共航空运输企业应当采取以下措施：

（一）立即将威胁信息、对威胁的初步评估以及将要采取的措施通知给民航局和民航地区管理局、相关机场管理机构和相关航班机长；

（二）要求机长将威胁信息、对威胁的评估以及将要采取的措施通知所有机组成员；

（三）航空器降落后，立即通知机场管理机构组织对航空器实施安保搜查。

第一百零八条 民航局根据威胁评估结果或针对民用航空的具体威胁，有权发布安保指令和信息通告，采取应对措施。

公共航空运输企业应当遵守并执行民航局发布的安保指令和信息通告。

公共航空运输企业在收到安保指令和信息通告后，应当制定执行安保指令和信息通告各项措施的具体方法。

第一百零九条 公共航空运输企业没有能力执行安保指令中的措施的，应当在安保指令规定的时间内向民航地区管理局提交替代措施。

第一百一十条 公共航空运输企业可以向民航局提交相关证明材料，对安保指令提出修改意见。

第一百一十一条 公共航空运输企业以及收到安保指令或信息通告的人员应当对安保指令或信息通告中所含限制性信息采取保密措施，未经民航局书面同意，不得把安保指令、信息通告中所含信息透露给无关人员。

第一百一十二条 民航局发现有危及航空运输安全、需要立即采取行动的紧急情况，可以发布特别工作措施。

第一百一十三条 公共航空运输企业应当制定传递非法干扰行为机密信息的程序，不得擅自泄露信息。

第一百一十四条 公共航空运输企业应当采取适当措施，确保受到非法干扰的航空器上的旅客和机组的安全，直到其能够继续旅行。

第六章 监督管理

第一百一十五条 民航局、民航地区管理局依据职责对公共航空运输企业实施监督检查，以确保其符合：

（一）本规则的规定；

（二）本企业航空安保方案的规定；

（三）其他法规标准中有关航空安保的规定。

第一百一十六条 民航局、民航地区管理局实施监督检查，应当遵循公平、公正、公开的原则，不得妨碍公共航空运输企业正常的经营活动，不得索取或者收受公共航空运输企业的财物或者谋取其他利益，不得泄漏公共航空运输企业的商业秘密。

第一百一十七条 公共航空运输企业应当对民航局、民航地区管理局执法人员的监督检查给予积极配合，不得向执法人员隐瞒情况或者提供虚假情况。

第一百一十八条 民航局、民航地区管理局在对公共航空运输企业进行监督检查的过程中，发现其违反本规则有关规定的，可以先行召集其有关部门负责人进行警示谈话，或者行政约见其主要负责人或上级主管部门负责人。

第一百一十九条 民航局、民航地区管理局在检查中发现存在事故隐患的，依照《中华人民共和国安全生产法》规定执行。

第一百二十条 任何单位或者个人发现公共航空运输企业未按照规定执行航空安保措施的，均有权向民航局、民航地区管理局报告或者举报。

第七章 法律责任

第一百二十一条 违反本规则第六条、第七条、第八条、第九条规定，公共航空运输企业未按规定设置航空安保机构、配备安保人员、培训安保管理人员或指定安保协调员的，由民航地区管理局责令限期改正；逾期未改正的，处1万元以上3万元以下罚款。

第一百二十二条 违反本规则规定，公共航空运输企业、航空配餐企业未按规定制定并实施航空安保方案，由民航地区管理局责令限期改正；逾期未改正的，处1万元以上3万元以下罚款。

第一百二十三条 违反本规则第十四条规定，公共航空运输企业未按规定制定并实施质量控制方案的，由民航地区管理局责令限期改正；逾期未改正的，处1万元以上3万元以下罚款。

第一百二十四条 违反本规则第十七条规定，公共航空运输企业未对从事航空安保工作人员进行初训、复训的或者未对航空安保管理人员或新招录的航空安保人员进行岗前培训的,责令限期改正;逾期未改正的,予以警告或处以1万元以上3万元以下罚款。

第一百二十五条 违反本规则第四十一条、第四十二条、第八十四条规定,公共航空运输企业不与有关单位签署航空安保协议,或者协议内容不符合本规则要求的,由民航地区管理局责令限期改正;逾期未改正的,处以1万元以上3万元以下罚款。

第一百二十六条 违反本规则第四十四条,公共航空运输企业未按规定备案的,由民航地区管理局责令限期改正。

第一百二十七条 违反本规则第四十五条,公共航空运输企业未采取相应航空安保措施,造成非法泄露旅客订座和离港信息的,由民航地区管理局责令限期改正;逾期未改正的,予以警告,情节严重的,可以并处1万元以上3万元以下罚款。

第一百二十八条 违反本规则第四十七条、第五十二条、第五十九条规定,不核对旅客登机凭证、旅客人数和行李的,由民航地区管理局责令改正;逾期未改正的,可以依照《中华人民共和国民用航空安全保卫条例》并处5万元以下罚款。

第一百二十九条 违反本规则第四十九条规定,未告知旅客相关安全保卫规定的,由民航地区管理局责令限期改正;逾期未改正的,予以警告,情节严重的,可以并处1万元以上3万元以下罚款。

第一百三十条 违反本规则第七十八条、第七十九条、第八十条规定,造成航空器失控的,由民航地区管理局责令限期改正;逾期未改正的,可以依照《中华人民共和国民用航空安全保卫条例》并处5万元以下罚款。

第一百三十一条 违反本规则第八十一条规定,未将所有进出口关闭,将舱口梯或者旅客登机桥撤走的,由民航地区管理局责令限期改正;逾期未改正的,予以警告,情节严重的,可以并处1万元以上3万元以下罚款。

第一百三十二条 违反本规则规定,对装入航空器的机上供应品未按规定采取航空安保措施的,由民航地区管理局责令限期改正;逾期未改正的,可以依照《中华人民共和国民用航空安全保卫条例》并处5万元以下罚款;情节严重的,停业整顿。

第一百三十三条 违反本规则规定,对装入航空器配餐未按规定采取航空安保措施的,由民航地区管理局责令限期改正;逾期未改正的,予以警告,情节严重的,可以并处1万元以上3万元以下罚款。

第一百三十四条 违反本规则第九十四条规定,未按规定提供航空安保方案的,由民航地区管理局责令限期改正;逾期不提供的或提供的方案不能满足安全要求的,处以1万元以上3万元以下罚款。

第一百三十五条 违反本规则第九十八条规定,迟报、漏报或者隐瞒不报信息的,由民航地区管理局予以警告并处以1万元以上3万元以下罚款。

第一百三十六条 违反本规则第一百零四条规定,未按规定接受审计、评估、考察,或未按规定报告情况的,由民航地区管理局对公共航空运输企业予以警告;情节严重的,处以1万元以上3万元以下罚款。

第一百三十七条 违反本规则第一百零五条规定,未按规定制定应急处置预案、配备相应设施设备并定期开展演练的,由民航地区管理局责令限期改正;逾期未改正的,处以1万元以上3万元以下罚款。

第一百三十八条 违反本规则第一百一十七条规定,不接受、不配合监督检查的,由民航局、民航地区管理局予以警告;情节严重的,处以1万元以上3万元以下罚款。

第一百三十九条 违反本规则有关规定,不执行安保指令和信息通告的,由民航地区管理局责令限期改正。

第一百四十条 民航局、民航地区管理局工作人员工作过程中,有滥用职权、玩忽职守行为的,由有关部门依法予以处分。

第一百四十一条 违反本规则有关规定,构成犯罪的,依法追究刑事责任。

第八章 附 则

第一百四十二条 本规则中下列用语的含义:

非法干扰行为,是指危害民用航空安全的行为或未遂行为,包括但不限于:

(一)非法劫持航空器;

(二)毁坏使用中的航空器;

(三)在航空器上或机场扣留人质;

(四)强行闯入航空器、机场或航空设施场所;

(五)为犯罪目的而将武器或危险装置、材料带入航空器或机场;

(六)利用使用中的航空器造成死亡、严重人身伤害,或对财产或环境的严重破坏;

(七)散播危害飞行中或地面上的航空器、机场或民航设施场所内的旅客、机组、地面人员或大众安全的虚假信息。

扰乱行为,是指在民用机场或在航空器上不遵守规定，或不听从机场工作人员或机组人员指示，从而扰乱机场或航空器上良好秩序的行为。

航空器安保检查，是指对旅客可能进入的航空器内部进行的检查，目的在于发现可疑物品、武器或其他危险的装置和物品。第五十条本规则自 2017 年 3 月 10 日起施行。2016 年 4 月 4 日起施行的《公共航空旅客运输飞行中安全保卫工作规则》（交通运输部令 2016 年第 5 号）同时废止。

航空器安保搜查，是指对航空器内部、外部的搜查，目的在于发现可疑物品、武器或其他危险的装置和物品。

第一百四十三条 香港特别行政区、澳门特别行政区和台湾地区的公共航空运输企业，参照本规则有关外国航空运输企业安保要求的规定执行。香港、澳门和台湾航线的安保要求，参照本规则有关国际和地区航线安保要求的规定执行。

第一百四十四条 本规则自 2016 年 5 月 22 日起施行。

运输机场运行安全管理规定

（2007 年 12 月 17 日中国民用航空总局发布 根据 2018 年 11 月 16 日交通运输部《关于修改〈民用机场运行安全管理规定〉的决定》第一次修正 根据 2022 年 4 月 1 日交通运输部《关于修改〈运输机场运行安全管理规定〉的决定》第二次修正）

第一章 总 则

第一条 为了保障运输机场安全、正常运行，依据《中华人民共和国民用航空法》及其他有关法律法规，制定本规定。

第二条 本规定适用于运输机场（包括军民合用运输机场民用部分，以下简称机场）的运行安全管理。运输机场航空安全保卫管理的要求按照其他有关法律法规和涉及民航管理的规章的规定执行。

第三条 中国民用航空局（以下简称民航局）对全国机场的运行安全实施统一的监督管理。

中国民用航空地区管理局（以下简称民航地区管理局）对辖区内机场的运行安全实施监督管理。

机场管理机构对机场的运行安全实施统一管理，负责机场安全、正常运行的组织和协调，并承担相应的责任。

航空运输企业及其他驻场单位按照各自的职责，共同维护机场的运行安全，并承担相应的责任。

第四条 机场管理机构与航空运输企业及其他驻场单位应当签订有关机场运行安全的协议，明确各自的权利、责任、义务。

第五条 机场管理机构、航空运输企业及其他驻场单位应当依据国家有关法律法规、涉及民航管理的规章和标准的要求，对各自的有关机场运行安全的设施设备及时进行维护，保持设施设备的持续适用。

第六条 在机场范围内的任何单位和个人，应当遵守有关机场管理的各项法律法规、涉及民航管理的规章以及机场管理机构为保障飞行安全和机场正常运行所制定的并经民用航空主管部门批准的各项管理规定。

第七条 机场管理机构应当组织成立机场安全管理委员会。机场安全管理委员会由机场管理机构、航空运输企业或其代理人及其他驻场单位负责安全工作的领导组成，负责人由机场管理机构负责安全工作的领导担任。机场安全管理委员会主要职责是：

（一）依据国家法律法规、涉及民航管理的规章，对机场运行安全工作进行指导；

（二）研究分析机场运行安全形势，评估机场运行安全状况；

（三）协调解决机场运行中的安全问题；

（四）对机场运行安全隐患和问题，提出整改措施，并督促有关单位落实。

机场安全管理委员会应当定期召开会议。

机场管理机构、航空运输企业或其代理人及其他驻场单位应当落实机场安全管理委员会提出的有关安全的整改意见和建议。

第八条 机场管理机构不得滥用本规定赋予的管理权限损害航空运输企业或其代理人及其他驻场单位的合法权益。

第二章 机场安全管理

第一节 机场安全管理体系

第九条 机场管理机构应当建立机场安全管理体系。

机场安全管理体系主要包括机场安全管理的政策、目标、组织机构及职责、安全教育与培训、文件管理、安全信息管理、风险管理、不安全事件调查、应急响应、机场安全监督与审核等。

第十条 机场安全管理体系应当包含在机场使用手册中。

机场管理机构应当根据机场运行的实际情况,适时组织评估机场安全管理体系的符合性和有效性,适时调整完善。

第二节 机场安全管理制度

第十一条 机场管理机构应当至少每月召开一次安全生产例会,分析、研究安全生产中的问题,部署安全生产工作;每季度、每半年、每年要分别召开安全生产分析会,对前一阶段的工作进行总结,对以后的工作进行部署;机场运行中出现不利于安全运行的因素或者已经出现安全生产事故时,应当及时召开安全生产会议,制定切实可行的安全措施。

第十二条 机场管理机构应当每年对机场的运行安全状况组织一次评估,内容包括机场管理机构和驻场运行保障单位履行职责情况以及机场设施设备的状况。对评估中发现的安全隐患,薄弱环节,相关单位应当制定整改计划,明确整改的部门和人员,机场管理机构负责跟踪督促落实整改计划。

机场管理机构可以组织具有机场运行管理经验的人员进行评估,也可以委托专业机构进行评估。承担评估工作的人员应当熟知相关规章标准,并具有机场运行管理的经验。

评估后由评估人员编写评估报告,评估人员应当在报告上签字。评估报告内容应当向驻场单位反馈,并及时报机场所在地民航地区管理局备案。该报告应当至少保存五年。

第十三条 机场管理机构应当严格按照民航局或民航地区管理局批准的机场开放使用范围为航空器提供安全保障。

国家已明令禁止使用的设备及未经民航局审定合格的民用机场专用设备,不得在机场中使用。

第十四条 机场管理机构应当建立并及时更新和补充机场资料库,供员工查阅和使用。资料库应当包括国家有关法律法规、涉及民航管理的规章、标准及其他规范性文件;国际民用航空公约及相关附件、手册;机场建设和改(扩)建的设计图纸和文件资料;与机场运行安全相关的所有规定、标准、手册等文件;机场设施设备的技术资料以及运行和维护记录等。

第十五条 机场管理机构应当制定各项工作的记录,详细记录各项检查和维护情况。记录应当包括电子文件和纸质文件。纸质记录需保存两年以上,电子记录应当保存十年。

第十六条 机场管理机构应当依据《运输机场使用许可规定》的有关要求,就机场、跑道、滑行道、机坪关闭或临时关闭部分跑道、滑行道、机坪(以下简称机场关闭)制定具体管理规定,管理规定应当明确可能导致机场关闭的各种因素、导致机场关闭的因素的现场确认程序及人员、有权决定机场关闭的人员、与空中交通管理部门沟通协调及航行资料的发布程序等内容。临时关闭机场、跑道(或临时关闭部分跑道、滑行道、机坪),应当尽可能减少对航空器正常运行的影响,并应当立即采取积极措施消除相应因素,在最短时间内恢复相应设施的运行。

关闭的跑道、滑行道、机坪或其一部分应当按照《民用机场飞行区技术标准》设置相应的标志标识。

第十七条 新建或扩建的跑道、平行滑行道完工或部分完工但未投入使用前应当及时设置关闭标志、不适用地区标志物和不适用地区灯光标志,并发布航行通告。

第三节 人员资质及培训

第十八条 机场管理机构应当配备足够数量的合格人员从事机场运行保障的所有岗位。

第十九条 机场内所有与运行安全有关岗位的员工均应当持证上岗。与运行安全有关的岗位主要包括:场务维护工、场务机具维修工、运行指挥员、助航灯光电工、航站楼设备电工、航站楼设备机修工、特种车辆操作工、特种车辆维修工、特种车辆电气维修工等。

国家、民航局要求持有从业资格的岗位,该岗位人员应当持有相应的资格证书。

第二十条 机场管理机构应当建立员工培训和考核制度。

培训和考核制度应当包括方针和目标、组织机构、经费安排、方式和程序、内容及学时、上岗转岗在岗的培训要求、学历教育、考核办法以及奖励与处罚等。

培训和考核的内容应当与其岗位相适应,包括必备的安全知识、技术标准,机场运行安全的规章制度、岗位的操作规程和实际操作技能等。

机场管理机构应当建立员工培训和考核记录,并长期保存。

第二十一条 航空运输企业、其他运行保障单位应当对员工进行机场运行安全培训,保证员工具备必要的机场运行安全知识,熟悉机场运行安全相关的规章制度和操作规程,掌握本岗位的操作技能。

第二十二条 机场管理机构、航空运输企业及其他运行保障单位应当每年至少对其在机场控制区工作的员工进行一次复训和考核,复训时间不少于24

学时。

第二十三条 在机场控制区工作的员工,一年内违章三次(含)的,应当重新进行培训和考核,培训时间不少于40学时;一年内违章五次(含)或者连续两年每年违章三次(含)的,机场管理机构应当收回违章人员的控制区证件。机场管理机构半年内不得受理该违章人员提出的控制区证件申请。半年后再次申请时,应当按照初始上岗员工的要求进行培训。

第三章 机场使用手册

第一节 机场使用手册的编制、批准

第二十四条 机场管理机构应当依据法律法规、涉及民航管理的规章和标准编制机场使用手册(以下简称"手册")。手册应当满足机场运行安全管理工作需要,有利于不断提高机场的安全保障能力和运行效率。

编制手册应当广泛征求使用者的意见。

第二十五条 手册应当包括《运输机场使用许可规定》附件3所规定的内容。手册应当具有可操作性、实用性,并能保证机场的运行安全。

第二十六条 手册的语言文字应当符合下列要求:

(一)清晰、明确,不产生歧义;

(二)统一、简洁、严谨、规范。

第二十七条 手册的格式应当符合下列要求:

(一)采用便于修改的活页格式;

(二)预留修改记录空白页,应当至少包括修订章节编号、页码范围、生效日期、监察员签字、换页人签字、备注等栏目;

(三)预留机场使用许可证换证记录页,内容至少包括换证日期、许可证编号、有效期、批准文件号、换证原因、备注等栏目;

(四)编排形式便于编写、审查。

手册的具体格式要求见《〈民用机场使用手册〉编制与管理基本要求》。

第二十八条 手册的审查和生效程序按照《运输机场使用许可规定》的规定执行。

第二节 机场使用手册的发放和使用管理

第二十九条 手册是随同机场使用许可证一并生效的机场运行的基本依据。机场管理机构应当严格按照生效的手册运行和管理机场。

第三十条 机场管理机构应当建立手册的动态管理制度,对手册的编制、发布实施、发放范围、发放程序、修改程序、使用保管等做出规定,并指定部门和人员负责手册的动态管理工作,确保手册的有效性和完整性。

第三十一条 机场管理机构应当至少保存一本现行完整的手册,供局方检查。

第三十二条 机场管理机构应当将生效的手册的完整版本(包括电子版本)发放给驻场的航空运输企业或其代理人及其他运行保障单位,发放手册应当做记录。机场使用手册分发单位列表应当至少包括分发单位(部门)、联系人、联系电话等栏目。

第三十三条 机场管理机构、驻场的航空运输企业或其代理人及其他运行保障单位应当根据本单位各部门的工作职责,将手册的相关章节印发给各部门及相关岗位人员。

第三十四条 机场管理机构应当结合机场各部门、岗位的实际分工制定相应部门、岗位的手册实施细则。手册实施细则应当涵盖手册中与该部门、岗位职责相关的内容,并不得与手册相冲突。

驻场的航空运输企业或其代理人及其他运行保障单位应当将机场使用手册的相关部分纳入本单位的运行管理中。

第三十五条 机场管理机构、航空运输企业及其他运行保障单位的人员,应当熟知手册的相关内容,并严格遵守和执行手册的规定。

机场管理机构、航空运输企业及其他运行保障单位应当定期就手册组织对员工的培训和考核。考核不合格的人员,不得从事相应的工作。

第三节 机场使用手册的修改

第三十六条 机场管理机构应当确保手册与机场实际运行情况相符,并符合有关法律法规、涉及民航管理的规章和标准的要求。

手册修改后,机场管理机构应当在其生效前印发至使用手册的相关单位并撤换已失效的部分。

第三十七条 有下列情况之一的,机场管理机构应当修改手册:

(一)民航局、民航地区管理局要求修改的;

(二)机场基础设施等发生变化,与手册内容不相符的;

(三)执行过程中,手册对同一事项的表述容易产生歧义的;

(四)手册规定的内容不能保证机场的设施设备得到有效维护的;

(五)手册规定的内容不能全面反映运行安全管

理要求的；

（六）手册不符合有关法律法规、涉及民航管理的规章以及标准等最新规定的。

机场基础设施等发生变化的，应当在机场设施、运行状况变化前完成手册修改并生效；民航局、民航地区管理局要求修改手册的，应当在限定的时间内完成手册的修改；其他原因需要修改手册的，一般应当在14日内完成修改并生效。

第三十八条 使用手册的人员发现手册存在第三十七条第一款第（二）项至第（六）项情况时，应当及时按程序告知机场管理机构。机场管理机构组织论证后，确有问题的，应当及时修改手册。

机场管理机构应当至少每年组织相关驻场单位对手册的完整性、适用性、有效性等进行一次评估。发现手册存在问题时，应当及时予以修改。

第四章 飞行区管理

第一节 飞行区设施设备维护要求

第三十九条 机场跑道、滑行道、机坪的几何构型以及平面尺寸应当符合《民用机场飞行区技术标准》的要求。

超载使用跑道、滑行道和机坪的，机场管理机构应当报民航地区管理局批准。

第四十条 机场管理机构应当确保跑道、滑行道和机坪的道面（含道肩，下同）、升降带及跑道端安全地区、围界、巡场路和排水设施等始终处于适用状态。

第四十一条 机场管理机构应当根据跑道、滑行道和机坪道面的破损类型、部位等情况制定道面紧急抢修预案。道面出现破损时，应当及时按照抢修预案进行修补，尽量减少道面破损和修补对机场运行的影响。

道面破损的修补应当符合标准要求。

第四十二条 水泥混凝土道面必须完整、平坦，3米范围内的高差不得大于10毫米；板块接缝错台不得大于5毫米；道面接缝封灌完好。沥青混凝土道面必须完整、平坦，3米范围内的高差不得大于15毫米。

水泥混凝土道面出现松散、剥落、断裂、破损等现象，或者沥青混凝土道面出现轮辙、裂缝、坑洞、鼓包、泛油等破损现象时，应当在发现后24小时内予以修补或者处理。

跑道、快速出口滑行道表面在雨后不应有积水。

第四十三条 跑道表面摩擦系数低于规定的维护规划值时，应当及时清除道面的橡胶，或采取其他改善措施。

第四十四条 机场管理机构应当每年至少进行一次对飞行区状况的分析研究，总结维护经验和不足，掌握飞行区潜在的缺陷或隐患，并据此制定维护工作计划和修改相关的管理规定。

机场管理机构应当至少每五年对跑道、滑行道和机坪道面状况进行一次综合评价。当发现跑道、滑行道和机坪道面破损加剧时，应当及时对道面进行综合评价。机场管理机构应当按照评价报告的建议，及时采取防范措施。

第四十五条 道面的嵌缝料应当与道面粘结牢固，保持弹性，能防止雨水渗入。不能满足性能要求时，应当及时修补或者更换。

第四十六条 跑道、滑行道和机坪道面应当进行编号，并在道面一侧设置标记，便于检查记录位置。

第四十七条 与道面边缘相接的土面，不得高于道面边缘，并且不得低于道面边缘3厘米。

第四十八条 道面应当保持清洁。道面上有泥浆、污物、砂子、松散颗粒、垃圾、燃油、润滑油及其他污物时，应当立即清除。用化学物清洁道面时，应当符合国家环境保护的有关规定，并不得对道面造成损害。

第四十九条 航空器被道面异物损伤后，航空器营运人应当及时向机场管理机构通报情况。

第五十条 飞行区土面区尽可能植草，固定土面。

飞行区内草高一般不应超过30厘米，并且不得遮挡助航灯光和标记牌。植草应当选择不易吸引鸟类和其他野生动物的种类。

割下的草应当尽快清除出飞行区，临时存放在飞行区的草，不得存放在跑道、滑行道的道肩外15米范围内。

第五十一条 在升降带平整区内，用三米直尺测量，高差不得大于5厘米，并不应有积水和反坡。

在升降带平整区和跑道端安全地区内，除航行所需的助航设备或装置外，不得有突出于土面、对偏出跑道的航空器造成损害的物体和障碍物。

航行所需的助航设备或装置应当为易折件，并满足易折性的有关要求。

升降带平整区和跑道端安全地区内的混凝土、石砌及金属基座、各类井体及井盖等，除非功能需要，应当埋到土面以下30厘米深。

第五十二条 升降带平整区和跑道端安全地区的土质密实度不得低于87%（重型击实法）。对升降带平整区和跑道端安全地区的碾压和密实度测试,每年不得少于两次。

第五十三条 除非经空中交通管理部门特别许可,跑道开放使用期间,跑道中心线两侧75米、导航设备的敏感区和临界区以及跑道端安全地区范围内,严禁从事飞行区割草、碾压等维护工作。

第五十四条 飞行区围界应当完好,具备防钻防攀爬功能,能有效防止动物和人员进入飞行区。

飞行区围界破损后应当及时修复。破损部位修复前应当采取有效的安全措施。

第五十五条 巡场路路面应当完整、平坦、通畅、无积水。破损时,应当及时修补。

第五十六条 飞行区内排水系统应当保持完好、畅通。积水、淤塞、漏水、破损时,应当及时疏通和修缮。

强制式排水设施应当保持适用状态;渗水系统应当保持完好、通畅;位于冰冻地区的机场,冰冻期的排水沟内不得有大量积水。

第二节 巡视检查

第五十七条 机场管理机构应当商空中交通管理部门(塔台)依据有关规定,建立跑道、滑行道巡视检查工作制度和协调机制。该制度至少应当包括:

(一) 每日巡视检查的次数和时间;

(二) 跑道、滑行道巡视检查的通报程序;

(三) 巡视检查人员与塔台管制员联系的标准用语;

(四) 巡视检查跑道过程中发生紧急情况的处置程序等。

第五十八条 当跑道、滑行道、机坪上有外来物或者其他异常情况时,机场管理机构应当立即对上述区域进行检查。

第五十九条 每日跑道开放使用前,机场管理机构应当对跑道进行一次全面检查。当每条跑道日着陆大于15架次时,还应当进行中间检查,并不应少于3次。全面检查时,必须对跑道全宽度表面状况进行详细检查。

中间检查时间根据航空器起降时段、频度等情况确定。在航空器起降集中的时段前,应当安排一次中间检查。中间检查的区域应当至少包括跑道边灯以内的区域。

对跑道实施检查时,检查方向应当与航空器起飞或着陆的方向相反。采用驾车方式检查时,除驾驶员外车辆上应当至少有一名专业检查人员,并且车速不得大于45公里/小时。

设有能对跑道道面状况进行监控、及时发现跑道上的外来物和道面损坏的监控设施的,中间检查的次数可适当减少。

当跑道道面损坏加剧或者雨后遇连续高温天气时,应当适当增加中间检查的次数。

第六十条 对跑道、滑行道、机坪应当定期清扫。对跑道、滑行道的清扫每月不应少于一次。应当建立机坪每日动态巡查制度,及时清除外来物,对机坪每周至少全面清扫一次。

第六十一条 在跑道、滑行道或其附近区域进行不停航施工,施工车辆、人员需要通过正在对航空器开放使用的道面时,应当增加道面检查次数,确保不因外来物影响飞行安全,并应当制定具体措施,确保施工车辆、人员不影响航空器的正常运行。

第六十二条 每日应当至少对滑行道、机坪、升降带、跑道端安全地区、飞行区围界、巡场路巡视检查一次。

第六十三条 每季度应当对跑道、滑行道和机坪的铺筑面进行一次全面的步行检查。当道面破损处较多或者破损加剧时,应当适当增加步行检查的次数。

第六十四条 雨季来临前,应当对排水系统进行全面检查。暴雨期间,应当随时巡查排水系统。

雨后应当对升降带和跑道端安全地区进行检查,对积水、冲沟应当予以标记,并及时处理。

第六十五条 对铺筑面的每日检查应当至少包括:

(一) 道面清洁情况。重点检查可能被航空器发动机吸入的物体,如损坏道面的碎片、嵌缝料老化碎片、石子、金属或塑料物体、鸟类或其他动物尸体、其他外来物等;

(二) 道面损坏情况。包括破损的板块、掉边、掉角、拱起、错台等;

(三) 雨后道面与相邻土面区的高差;

(四) 灯具的损坏情况;

(五) 道面标志的清晰程度;

(六) 井盖完好情况和密合程度等。

第六十六条 对铺筑面的每季度检查应当至少包括:

(一) 嵌缝料的失效情况;

(二) 道面损坏位置、数量、类型的调查统计(含潜在的疲劳损坏裂缝、龟裂、细微的裂缝或断裂,并最好在雨后检查);

(三) 道面与相邻土面区的高差;

(四) 道面标志的清晰程度;

(五) 跑道接地带橡胶沉积情况。

第六十七条 土面区的每日检查应当包括：

（一）草高情况；

（二）标记牌和标志物的完好情况；

（三）是否有危及飞行安全的物体、杂物、障碍物等；

（四）土面区内各种灯、井基座与土面区的高差，土面区沉陷、冲沟、积水等情况；

（五）航空器气流侵蚀情况；

（六）允许存在的障碍物的障碍灯和标志是否有效。

第六十八条 当出现大风及其他不利气候条件时，应当增加对飞行区的巡视检查次数，发现问题应当及时处理。影响运行安全时，应当及时报告空中交通管理部门和其他相关部门，并发布航行通告。

第三节 检查程序及规则

第六十九条 从事飞行区维护、巡视检查的人员，应当熟知维护、巡视检查的程序和规则，并严格执行。

第七十条 检查人员在进入跑道、滑行道之前，应当得到塔台管制员的许可。进入该区域时，应当直接报告塔台管制员。检查人员及车辆应当在塔台管制员限定的时间内退出跑道。退出后，应当直接报告塔台管制员。

巡视检查的车辆应当安装黄色旋转灯标，并在检查期间始终开启。检查人员应当穿反光背心或外套。

未经塔台管制员许可，任何人员、车辆不得进入运行中的跑道、滑行道。

第七十一条 在实施机场低能见度程序运行时，不得对跑道、滑行道进行常规巡视检查。

第七十二条 巡视检查期间，检查人员应当配备有效的无线电对讲机，并在相应的无线电波道上时刻保持守听。下车检查时，检查人员离开车辆的距离不得超过100米（随身携带对讲机），检查车辆应当处于运行状态。当塔台管制员要求检查人员撤离时，检查人员及车辆应当立即撤离至管制员指定的位置，并不得进入升降带平整区、跑道端安全地区、导航设备的敏感区和临界区。撤离后，要及时通知塔台。

再次进入跑道之前应当再次申请并获得塔台管制员的许可。

第七十三条 当塔台管制员发现通信联系中断时，应当立即按照紧急情况的处置程序执行。当检查人员发现通信联系中断时，应当立即撤离跑道。

第七十四条 在巡视检查中，发现航空器零件、轮胎碎片、灯具碎片和动物尸体等时，检查人员应当立即通知塔台管制员和机场运行管理部门，做好记录，并将该物体交有关部门。

第七十五条 在巡视检查过程中发现下列情况时，检查人员应当立即通知塔台管制员停止该跑道的使用，并立即报告机场值班领导或相关部门，由相关人员按程序关闭跑道（或部分关闭跑道）和发布航行通告：

（一）跑道道面断裂，包括整块板或局部，并出现错台或局部松动的；

（二）跑道出现直径（长边）大于12厘米的掉块的；

（三）跑道出现直径（长边）小于12厘米的掉块，但深度大于7厘米，或坡度大于45度角的破损的。

第七十六条 在巡视检查过程中发现下列需要处理但暂时不影响航空器运行安全的情况时，检查人员应当报塔台管制员、机场值班领导或者相关部门，并适当增加该区域的检查频次，视情及时修补：

（一）跑道道面断裂，包括整块板及局部，但不出现错台，板块不松动的；

（二）跑道出现直径（长边）小于12厘米的掉块，但深度小于7厘米且坡度不大于45度角的破损的。

第七十七条 巡视检查完成后，检查人员应当向塔台管制员报告飞行区场地情况，并将检查开始时间、结束时间、检查人员姓名、飞行区场地情况记录在检查日志中。

第四节 跑道摩擦系数测试及维护

第七十八条 机场管理机构应当定期测试跑道摩擦系数。

第七十九条 跑道日航空器着陆架次大于210架次的，测试跑道摩擦系数的频率应当不少于每周一次；跑道日航空器着陆架次为151至210架次的，测试跑道摩擦系数的频率应当不少于每两周一次；跑道日航空器着陆架次为91至150架次的，测试跑道摩擦系数的频率应当不少于每月一次；跑道日航空器着陆架次为31至90架次的，测试跑道摩擦系数的频率应当不少于每三个月一次；跑道日航空器着陆架次为16至30架次的，测试跑道摩擦系数的频率应当不少于每半年一次；跑道日航空器着陆架次为15次以下的，测试跑道摩擦系数的频率应当不少于每年一次。

第八十条 跑道表面摩擦系数不得低于《民用机场飞行区技术标准》中规定的维护规划值。以连续 100 米长道面的摩擦系数为评价指标，在表面摩擦系数低于维护规划值或者测试曲线显示跑道多处存在表面摩擦系数（累计长度大于 100 米）低于最小的摩阻值时，机场管理机构应当立即采取措施改善道面摩阻特性。

第八十一条 出现下列情况后，机场管理机构应当立即测试跑道摩擦系数：

（一）遇大雨或者跑道结冰、积雪；

（二）在跑道上施洒除冰液或颗粒；

（三）航空器偏出、冲出跑道。

第八十二条 跑道日航空器着陆 15 架次以上的机场，应当配备跑道摩擦系数测试设备。

第八十三条 没有配备跑道摩擦系数测试设备的机场，应当依据第七十九条规定的频率检查跑道接地带橡胶沉积情况。当接地带跑道中线两侧被橡胶覆盖 80% 左右，并且橡胶呈现光泽时，应当及时除胶。在雨天应当进行道面表面径流深度的检查，并作口头评价。检查结束后，将结果报告空中交通管理部门，并记录备查。

第八十四条 当跑道上有积雪或者局部结冰时，如跑道摩擦系数低于 0.30，应当关闭跑道。

跑道开放运行期间下雪时，应当根据雪情确定测试跑道摩擦系数的时间间隔，并及时对跑道进行除冰雪作业，保证跑道摩擦系数不低于 0.30。

第八十五条 跑道摩擦系数测试应当在跑道中心线两侧 3 至 5 米范围内进行。跑道表面摩擦系数应当包括跑道每三分之一段的数值及跑道全长的平均值，并依航空器进近方向依次公布。

测试结果应当及时报告空中交通管理部门。测试原始记录凭证应当予以保存。

第八十六条 没有配备跑道摩擦系数测试设备的机场，当跑道上有积雪时，应当向塔台管制员通报积雪的种类（干雪、湿雪、雪浆和压实的雪）和厚度。航空器能否起降由飞行机组决定。

第五章 目视助航设施管理

第一节 目视助航设施的运行要求

第八十七条 目视助航设施包括风向标、各类道面（含机坪）标志、引导标记牌、助航灯光系统（含机坪照明）。

第八十八条 机场管理机构应当明确目视助航设施的运行维护单位，并确保目视助航设施始终处于适用状态。

第八十九条 机场管理机构应当提供符合在航行资料中公布的并与实际天气情况相适应的目视助航设施服务。

第九十条 各类标志物、标志线应当清晰有效，颜色正确；助航灯光系统和可供夜间使用的引导标记牌的光强、颜色、有效完好率、允许的失效时间，应当符合《民用机场飞行区技术标准》的要求。

第九十一条 机场管理机构应当按照以下频次或情况对机场目视助航设施进行评估，以避免因滑行引导灯光、标志物、标志线、标记牌等指示不清、设置位置不当产生混淆或错误指引，造成航空器误滑或者人员、车辆误入跑道、滑行道的事件：

（一）每三年；

（二）新开航机场或机场启用新跑道、滑行道、机坪、机位前以及运行三个月内；

（三）机场发生航空器误滑、人员、车辆误入跑道、滑行道等事件时；

（四）机场管理机构接到飞行员、管制员、勤务保障作业人员反映滑行引导灯光、标志物、标志线、标记牌等指示不清，容易产生混淆或影响运行效率时。

评估人员由飞行员、管制员、勤务保障作业人员、机场管理机构人员组成。

对于评估发现的问题，机场管理机构应当及时采取整改措施。

第九十二条 在机场开放运行期间，目视助航设施因故不能满足本规定第八十九条、第九十条的要求时，机场管理机构应当及时向空中交通管理部门说明情况，并在出现问题的当日内采取有效措施，使目视助航设施恢复正常。在恢复正常前，至少应当保持下列设施设备的完好、适用：

（一）引导标志、标记牌

1. 跑道标志（应当符合航空器在本机场进近时的最低天气标准要求）；

2. 滑行道中线和边线标志；

3. 滑行引导标记牌；

4. 跑道等待位置标志和标记牌。

（二）助航灯光

1. 跑道灯光（应当符合航空器在本机场进近时的最低天气标准要求）；

2. 滑行道中线灯（或中线反光标志物）、滑行道边线灯（或边线反光标志物）。

第九十三条 在低能见度运行条件下，机场管理机构应当停止机场供电设施附近的所有施工或维护活动，并通知上级供电单位停止影响机场供电系统的施工或维护活动。

第二节 助航灯光系统的维护

第九十四条 机场管理机构应当定期对助航灯光系统的各类灯具进行检测,保证各类灯具的光强、颜色持续符合《民用机场飞行区技术标准》中规定的要求。

第九十五条 机场管理机构应当做好助航灯光系统的以下供电保障工作:

(一)按照当地供电系统的要求和维护规程,做好变配电设备的维护工作;

(二)做好备用发电机的定期检查、维护和试运行工作,使其持续保持适用状态。每周至少应当进行不少于15分钟的备用发电机加载试验,每月至少应当进行不少于30分钟的备用发电机加载试验。加载试验的主要内容包括:

1. 检查电压、频率表计读数,输出电压、频率应当符合技术要求;

2. 主供电源与备用电源之间的切换设备是否可靠;

3. 发电机试运行过程中是否有喘振或过热情况;

4. 内燃式发动机是否有渗油情况。

(三)每月至少进行一次主供电源与备用电源之间及主、备用电源与备用柴油发电机之间切换的传动试验。电源切换时间应当符合《民用机场飞行区技术标准》的要求。

第九十六条 助航灯光系统的日常运行、维护、检查工作应当严格按照《民用机场助航灯光系统运行维护规程》的要求进行。其他目视助航设施的运行、维护、检查工作可参照该规程的要求进行。主要维护检查项目应当不低于以下要求:

(一)立式进近、跑道、滑行道灯光系统和顺序闪光灯的基本维护:

1. 日维护:更换失效的灯泡和破损的玻璃透镜,确保透镜的干净、清洁,检查各个亮度等级上调光器输出电流是否符合技术标准;

2. 年维护:灯具紧固件的紧固,灯具锈蚀部分的处理,灯具仰角、水平的检查和调整,插接件的连接可靠性检查,并检查每个灯组的支架及基础情况;

3. 不定期维护:在大风和大雪后可能对助航灯光系统正常运行造成影响时,应当对助航灯光系统进行检查,并调整各类灯具的仰角及水平;清除遮蔽灯光的草或积雪。

(二)目视精密进近坡度指示器的基本维护:

除进行本条第(一)项的维护项目外,还应当按照有关规定进行空中校验及经民航局批准的地面校验设备的校验。

(三)嵌入式灯具的基本维护:

除进行本条款第(一)项的维护项目外,还需进行以下维护工作:

1. 月维护:检查灯具上盖的固定螺栓扭矩,并对松动的螺栓予以紧固;

2. 季维护:测试灯具的输出光强并更换不符合光强要求的灯具;

3. 年维护:检查和清洁灯具的棱镜和滤光镜,检查灯具的密闭性能,更换不符合上述要求的灯具。

第九十七条 机场管理机构应当对目视泊位引导系统及时维护,定期校验,保持系统的持续适用。

第六章 机坪运行管理

第一节 机坪检查及机位管理

第九十八条 机坪的物理特性、标志线、标记牌等应当持续符合《民用机场飞行区技术标准》及其他有关标准和规范的要求。

第九十九条 机场管理机构负责机坪的统一管理,机场管理机构应当建立机坪运行的检查制度,并指派相应的部门和人员对机坪运行实施全天动态检查。机场管理机构应当与航空运输企业签订协议,明确航空运输企业专有机坪的管理责任。

第一百条 机坪机位应当由机场管理机构统一管理。

机场管理机构应当合理调配机位,最大限度地利用廊桥和机位资源,方便旅客,方便地勤保障,尽可能减少因机位的临时调整给旅客及生产保障单位带来的影响,公平地为各航空运输企业提供服务。大型机场为各航空运输企业提供的机位应当相对固定,可为航空公司设置专用航站楼或专用候机区域。

第一百零一条 机位调配应当按照下列基本原则确定:

(一)发生紧急情况或执行急救等特殊任务的航空器优先于其他航空器;

(二)正常航班优先于不正常航班;

(三)大型航空器优先于中小型航空器;

(四)国际航班优先于国内航班。

机场管理机构应当根据实际情况制定机位调配细则。

第一百零二条 当机场发生应急救援、航班大面积延误、航班长时间延误、恶劣气象条件、专机保障以及航空器故障等情况时,机场管理机构有权指令航空运输企业或其代理人将航空器移动到指定位置。拒绝按指令移动航空器的，机场管理机构可强行移动该航空器，所发生的费用由航空运输企业或者其代理人承担。

第一百零三条 航空器进入机位前，该机位应当保持：

（一）除负责航空器入位协调的人员外，各类人员、车辆、设备、货物和行李均应当位于划定的机位安全线区域外或机位作业等待区内；

（二）车辆、设备必须制动或固定；有液压装置的保障作业车辆、设备，必须确保其液压装置处于回缩状态；

（三）保障作业车辆在等待时，驾驶员应当随车等候；所有设备必须有人看守；廊桥活动端必须处于廊桥回位点。

第一百零四条 接机人员应当至少在航空器入位前5分钟，对机位适用性进行检查。主要检查项目包括：

（一）机位是否清洁；

（二）人员、车辆及设备是否处于机位安全线区域外或机位作业等待区内；

（三）廊桥是否处于廊桥回位点；

（四）是否有其他影响航空器停靠的障碍物。

第一百零五条 在航空器进入机位过程中，任何车辆、人员不得从航空器和接机人员（或目视泊位引导系统）之间穿行。

第一百零六条 在航空器处于安全靠泊状态后，接机人员应当向廊桥操作人员或客梯车驾驶员发出可以对接航空器的指令。廊桥操作人员或客梯车驾驶员接到此指令后，方可操作廊桥或客梯车对接航空器。

航空器安全靠泊状态应当满足下列条件：

（一）发动机关闭；

（二）防撞灯关闭；

（三）轮挡按规范放置；

（四）航空器刹车松开。

第二节 航空器机坪运行管理

第一百零七条 航空器试车应当符合下列要求：

（一）一般情况下，航空器不得在机坪试车；

（二）机场管理机构应当设立试车坪或者指定试车位置。试车坪或者指定试车位置应当设有航空器噪声消减设施，并应当具备安全防护措施；

（三）发动机大功率试车应当在试车坪或机场管理机构指定的位置进行，并且应当在机场管理机构指定的时间段内进行；

（四）发动机怠速运转、不推油门的慢车测试和以电源带动风扇旋转、发动机不输出功率的冷转测试，应当在机场管理机构指定的位置进行；

（五）任何类型的航空器试车，必须有专人负责试车现场的安全监控，并且应当根据试车种类设置醒目的"试车危险区"警示标志。无关人员和车辆不得进入试车危险区。

第一百零八条 航空器维修应当符合下列要求：

（一）除紧急情况外，任何单位不得在跑道、滑行道上实施航空器维修；

（二）在机坪内进行航空器维护、添加润滑油和液压油及其他保障工作时，不得影响机位的正常调配和机坪内其他保障工作的正常运行，并应当采取有效措施防止对机坪造成污染和腐蚀；对机坪造成污染和腐蚀所发生的治理费用由造成污染的单位承担；

（三）维修结束后，维修部门应当及时清理现场；

（四）清洗航空器应当在机场管理机构指定的位置进行。

第一百零九条 航空器除冰、防冰作业应当符合下列要求：

（一）航空器除冰作业应当在机场管理机构指定的地点进行；机场管理机构未指定除冰作业区，在机位上除冰时，机场管理机构应当制定除冰液回收措施，防止除冰液对道面的化学腐蚀或者冻融循环的物理损坏；

（二）在有条件的机场，机场管理机构应当建立专用除冰坪，并设置除冰液回收设施，减少对环境的污染；

（三）负责航空器除冰的航空运输企业、机场或者其他单位应当配备足够的航空器除冰设备，防止因除冰设备或者设施不足，延误航空器正常出港。

第一百一十条 航空器滑出或被推出机位前，送机人员必须确认：

（一）除牵引车外的其他车辆、设备及人员等均已撤离至机位安全区域外；

（二）廊桥已撤至廊桥回位点。

第一百一十一条 当遇到大风天气有可能对廊桥和停场航空器造成影响时，必须对廊桥和航空器进行系留。航空器营运人或者其代理人负责实施航空器的系留，操作廊桥的单位负责廊桥的系留。

第一百一十二条 机组在航空器进入设置目视泊位引导系统的机位时，发现有疑问的引导指示，或进入由人工引导入位的机位时发现地面接机人员未就位，应当立即停止航空器滑行，及时通报空中交通管理部门，并应当保持发动机运转，等待后续处置。空中交通管理部门应当及时通知机场运行部门进行处理。

第一百一十三条 航空器型别、注册号或航班计划变更时，航空器营运人应当立即向空中交通管理部门和机场管理机构通报。

第一百一十四条 航空器在跑道和滑行道区域发生故障时，机组应当及时向空中交通管理部门通报情况。航空器营运人及其代理人应当尽快使航空器脱离跑道、滑行道区域。

第一百一十五条 航空器长时间停放、过夜停放应当取得机场管理机构的同意。

第一百一十六条 航空器保障作业过程中出现任何意外情况，有关人员应当及时通知机场管理机构，航空器保障作业单位和机场管理机构应当及时采取措施予以处理。

第一百一十七条 旅客步行通过机坪上下航空器时，航空器营运人或者其代理人应当安排专人引导。旅客通行路线不得穿越航空器滑行路线，任何车辆不得横穿旅客队伍。

第三节 机坪车辆及设施设备管理

第一百一十八条 因保障作业需要放置于机坪内的特种车辆（含拖把）、集装箱、行李和集装箱托盘等特种设备，应当停泊或放置于指定的白色设备停放区和车辆停放区内。作业人员离开后，车辆、设备应当保持制动状态，并启动钥匙与车辆、设备分离存放。保障工作结束后，各保障部门应当及时将所用设备放回原区域，并摆放整齐。

第一百一十九条 非保障作业需要、故障或已报废的车辆和设备应当及时清除出机坪。

第一百二十条 任何单位和人员不得损坏、挪用、占用、遮挡机坪基础设施和设备。

第一百二十一条 在廊桥活动端移动范围内应当采用红色线条设置廊桥活动区，禁止任何车辆和设备进入。廊桥活动区内应当标示廊桥回位点。廊桥处在非工作状态时，应当将廊桥停留在廊桥回位点。廊桥操作人员进行靠桥、撤桥作业时，禁止其他人员进入廊桥活动端。

第一百二十二条 机位应当设置白色机位作业等待区、红色机位安全线。车辆和设备与航空器应当保持足够的安全距离。

第一百二十三条 在航空器处于安全停泊状态后，廊桥或客梯车与航空器对接完成前，除电源车外，其他保障车辆、设备不得超越红色机位安全线，实施保障作业。

电源车、气源车和空调车为航空器提供服务时，不得妨碍廊桥的保障作业。

第一百二十四条 提供保障作业的车辆不得影响相邻机位及航空器机位滑行通道的使用。

第一百二十五条 在确认航空器处于安全停泊状态后，接机人员应当在距航空器发动机前端1.5米处、机尾和翼尖水平投影处地面设置醒目的反光锥形标志物（高度不小于50厘米，重量能防止5级风吹移）。在预计机场风力超过5级时，机场管理机构应当通知航空器维修部门不再在航空器周围摆放反光锥形标志物）。航空器自行滑出的机位，在机头水平投影处地面也应当设置反光锥形标志物。

第一百二十六条 保障车辆对接航空器时的速度不得超过5千米/小时。保障车辆对接航空器前，必须在距航空器15米的距离先试刹车，确认刹车良好后方可实施对接。保障车辆、设备对接航空器时，应当与航空器发动机、舱门保持适当的安全距离。

第一百二十七条 车辆在机坪行驶路线、固定停放点之外倒车应当有人指挥，指挥信号和意图应当明确，确保安全。

第一百二十八条 保障车辆对接航空器后，应当处在制动状态，并设置轮挡。

液压升降车辆或设备对接航空器时，应当在液压升降筒或脚架升降到工作位置后，方可开始作业。

第一百二十九条 为航空器提供保障的单位，应当制定相应的作业规程，并严格按照作业规程实施保障作业。

各单位应当将车辆、设备在机坪保障作业的规程报机场管理机构备案。

第一百三十条 保障车辆、设备在为航空器提供地面保障作业时，其他车辆、设备不得进入该机位作业区域。

第一百三十一条 装卸平台车、行李传送带车在行驶中不得载运任何货物、行李和其他物品。

第一百三十二条 所有具有液压作业装置的车辆在行驶过程中均应当使液压作业装置处于收回状态。

第一百三十三条 民用航空器的牵引，应当符合《民用航空器维修地面安全》第3部分"民用航空器的牵引"的规定。

第一百三十四条 当航空器正在被推离机位时，在其后方行驶的车辆和人员必须避让航空器，不得妨碍推出航空器。

第一百三十五条 机坪范围内的加油井、消防井、电缆井、供水井及其他各类井的井盖本身及周边至少20厘米以内均应当涂刷成红色；

井盖开启时，应当在井旁设置醒目的反光锥型标志物；

车辆设备的停放处应当尽量避开井盖。

第一百三十六条 机位临时处于不适用状态时，应当设置不适用地区标志物，防止航空器、车辆误入该区域。

第一百三十七条 机坪内易被行驶车辆刮碰的建筑物、固定设施等，应当设置防撞警示标志、限高标志。重要的建筑物构件、设施设备应当设置防撞保护装置。

第一百三十八条 所有在机场空侧工作的人员在航空器活动区发现有疑似航空器零件的异物时，应当立即报告机场管理机构，机场管理机构应当立即设法判断零件的可能来源，若初步判断为航空器零件时，机场管理机构应当立即将信息告知空中交通管理部门和各航空器维修部门。

第一百三十九条 夜间使用的机坪（包括除冰坪和隔离机坪）应当定期检测机坪泛光照明的照度等，确保泛光照明设施持续有效。

第四节 机坪作业人员管理

第一百四十条 所有在机坪从事保障作业的人员，均应当接受机场运行安全知识、场内道路交通管理、岗位作业规程等方面的培训，并经考试合格后，方可在机坪从事相应的保障工作。

培训和考核的内容由机场管理机构确定，培训和考核的方式由机场管理机构与驻场单位协商确定。机场管理机构应当建立在空侧从事相关保障作业的所有人员的培训、考核记录档案，相关保障单位也应当建立本单位人员的培训、考核记录档案。

第一百四十一条 所有在机坪从事保障作业的人员，均应当按规定佩带工作证件，穿着工作服，并配有反光标识。

第一百四十二条 未经机场管理机构批准，任何人员不得在机坪内从事与保障作业无关的活动。

第一百四十三条 各保障单位应当按有关规定为员工配备足够的防护用品。

第五节 机坪环境卫生管理

第一百四十四条 机坪应当保持清洁，无道面损坏造成的残渣碎屑、机器零件、纸张以及其他影响飞行安全的杂物。

机场管理机构统一负责机坪日常保洁和卫生监督工作。航空运输企业及其他驻场单位自行使用的机坪，由机场管理机构和航空运输企业、其他驻场单位依据协议分工，确定机坪日常保洁及卫生监督责任。

第一百四十五条 机场管理机构应当在机坪上适当位置设置有盖的废弃物容器。任何人不得随地丢弃废物。

机坪保障作业人员发现垃圾或废弃物应当主动拾起，并放入垃圾桶。

运输或临时存放垃圾或废弃物时，应当加以遮盖，不得泄漏或逸出。

第一百四十六条 易燃液体应当用专用容器盛装，并不得倒入飞行区排水系统内。

第一百四十七条 各类油料、污水、有毒有害物及其它废弃物不得直接排放在机坪上。

发现污染物时应当及时进行清除，对于在地面上形成液态残留物的油料，应当先回收再清洗。

第一百四十八条 在机坪内不得进行垃圾分拣。

第六节 机坪消防管理

第一百四十九条 机场管理机构应当在机坪内适当位置设置醒目的"禁止烟火"标志，并公布火警报警电话号码。

第一百五十条 未经机场管理机构批准，任何人不得在飞行区内动用明火、释放烟雾和粉尘。

第一百五十一条 机坪内禁止吸烟。

第一百五十二条 机场管理机构应当按照《民用航空运输机场消防站消防装备配备标准》、《民用航空运输机场飞行区消防设施运行标准》和《民用航空器维修地面安全》第10部分"机坪防火"的规定为机坪配备相应的消防设施设备，并定期检查。

各单位应当按照《民用航空器维修地面安全》第10部分"机坪防火"的要求，为在机坪运行的勤务车辆和服务设备上配备灭火器。

任何单位和人员不得损坏、擅自挪动机坪消防设施设备。

第一百五十三条 机坪内的消防通道和消防设施设备应当予以醒目标识。车辆或设备的摆放不得影响消防通道、消防设备以及应急逃生通道的使用。

第一百五十四条 任何人员发现机坪内出现火情或火灾隐患时，均应当立即报告消防部门，并应当在消防部门到达现场前先行采取灭火措施。

机坪内火灾扑灭后，相关单位及人员应当保护好火灾现场，并及时报告公安消防管理部门，由公安消防管理部门进行火灾事故勘查。

第一百五十五条 在飞行区设置特种车辆加油站或在机坪上为特种车辆提供流动加油服务作业的，机场管理机构应当事先取得民航局同意。

第七章 机场净空和电磁环境保护

第一节 净空管理基本要求

第一百五十六条 机场管理机构应当依据《民用机场飞行区技术标准》，按照本机场远期总体规划，制作机场障碍物限制图。机场总体规划调整时，机场障碍物限制图也应当相应调整。

第一百五十七条 机场管理机构应当及时将最新的机场障碍物限制图报当地政府有关部门备案。

第一百五十八条 机场管理机构应当积极协调和配合当地政府城市规划行政主管部门按照相关法律法规、规章和标准的规定制定发布机场净空保护的具体管理规定，明确政府部门与机场的定期协调机制；在机场净空保护区域内的新建、改（扩）建建筑物或构筑物的审批程序、新增障碍物的处置程序；保持原有障碍物的标识清晰有效的管理办法等内容。

第二节 障碍物的限制

第一百五十九条 在机场净空保护区域内，机场管理机构应当采取措施，防止下列影响飞行安全的行为发生：

（一）修建可能在空中排放大量烟雾、粉尘而影响飞行安全的建筑物（构筑物）或者设施；

（二）修建靶场、爆炸物仓库等影响飞行安全的建筑物或者设施；

（三）设置影响机场目视助航设施使用的或者机组成员视线的灯光、标志、物体；

（四）种植影响飞行安全或者影响机场助航设施使用的植物；

（五）放飞影响飞行安全的鸟类动物、无人驾驶自由气球、系留气球和其他升空物体；

（六）焚烧产生大量烟雾的农作物秸秆、垃圾等物质，或者燃放烟花、焰火；

（七）设置易吸引鸟类及其他动物的露天垃圾场、屠宰场、养殖场等场所；

（八）其他可能影响飞行安全的活动。

第一百六十条 精密进近跑道的无障碍区域内（OFZ由内进近面、内过渡面和复飞面所组成）不得存在固定物体，轻型、易折的助航设施设备除外。当跑道用于航空器进近时，移动物体不得高出这些限制面。

第一百六十一条 在精密进近跑道和非仪表跑道的保护区域内，新增物体或者现有物体的扩展，不得高出进近面、过渡面、锥形面和内水平面，除非经航行研究认为该物体或扩展的物体能够被一个已有的不能移动的物体所遮蔽。

第一百六十二条 非精密进近跑道的保护区域内，新增物体或者现有物体的扩展不得高出距内边3000米以内的进近面、过渡面、锥形面、内水平面，除非经航行研究认为该物体或扩展的物体能够被一个已有的不能移动的物体所遮蔽。

第一百六十三条 高出进近面、过渡面、锥形面和内水平面的现有物体应当被视为障碍物，并应当予以拆除，除非经航行研究认为该物体能够被一个已有的不能移动的物体所遮蔽，或者该物体不影响飞行安全或航空器正常运行的。

第一百六十四条 对于不高出进近面但对目视或非目视助航设施的性能可能产生不良影响的物体，应当消除该物体对这些设施的影响。

第一百六十五条 任何建筑物、构筑物经空中交通管理部门研究认为对航空器活动地区、内水平面或锥形面范围内的航空器的运行有危害时，应当被视为障碍物，并应当尽可能地予以拆除。

第一百六十六条 在机场障碍物限制面范围以外、距机场跑道中心线两侧各10公里，跑道端外20公里的区域内，高出原地面30米且高出机场标高150米的物体应当认为是障碍物，除非经专门的航行研究表明它们不会对航空器的运行构成危害。

第一百六十七条 在机场障碍物限制面范围以内或以外地区的障碍物，都应当按照《民用机场飞行区技术标准》的规定予以标志和照明。

第三节 障碍物的日常管理

第一百六十八条 机场管理机构应当建立机场净空保护区定期巡视检查制度。确保任何可能突出障碍物限制面的建筑活动或自然生长植物在影响机场运行之前被发现。

第一百六十九条 巡视检查制度应当包括巡视检查路线、检查周期、检查内容（包括障碍灯是否开启并正常工作）、通报程序和检查记录等。

第一百七十条 机场净空保护区范围内的巡视检查，每周应当不少于一次；机场内无障碍区的巡视检查，每日应当不少于一次。巡视检查内容至少应当包括：

（一）检查有无新增的、超高的建筑物、构筑物和自然生长的植物，并对可能超高的物体进行测量；

（二）检查有无影响净空环境的情况，如树木、烟尘、灯光、风筝和气球等；

（三）检查障碍物标志、标志物和障碍灯的有效性。

第一百七十一条 巡视检查情况应当记录和归档。巡视检查记录至少应当包括检查时间、检查人员、检查区域和检查情况等。

第一百七十二条 巡视检查中发现新的障碍物或净空条件发生变化时，应当及时将新障碍物的位置、高度等情况通报空中交通管理部门、当地城市规划行政主管部门和民航地区管理局，并尽可能迅速予以拆除。拆除前应当立即考虑以某种方式对航空器的运行加以限制，并设置适当的障碍物标志和障碍灯，并积极协调、研究解决办法。

第一百七十三条 机场管理机构应当建立机场净空管理档案。档案至少应当包括以下资料：

（一）障碍物限制图；

（二）巡视检查记录；

（三）障碍物测量资料；

（四）机场净空保护区域内的建筑物或构筑物的新建、迁建、改（扩）建审批资料；

（五）障碍物拆除、迁移和处置的资料。

第四节 电磁环境的管理

第一百七十四条 机场电磁环境保护区域包括设置在机场总体规划区域内的民用航空无线电台（站）电磁环境保护区和机场飞行区电磁环境保护区域。机场电磁环境保护区域由民航地区管理局配合机场所在地的地方无线电管理机构按照国家有关规定或者标准共同划定、调整。

民用航空无线电台（站）电磁环境保护区域，是指按照国家有关规定、标准或者技术规范划定的地域和空间范围。

机场飞行区电磁环境保护区域，是指影响民用航空器运行安全的机场电磁环境区域，即机场管制地带内从地表面向上的空间范围。

第一百七十五条 机场管理机构应当及时将最新的机场电磁环境保护区域报当地政府有关部门备案。

第一百七十六条 民航地区管理局应当积极协调和配合机场所在地的地方无线电管理机构制定机场电磁环境保护区的具体管理规定，并以适当的形式发布。

第一百七十七条 在机场飞行区电磁环境保护区域内设置工业、科技、医疗设施，修建电气化铁路、高压输电线路等设施不得干扰机场飞行区电磁环境。

第一百七十八条 机场管理机构应当建立机场电磁环境保护区巡检制度，发现下列有影响航空电磁环境的行为发生时应当立即报告民航地区管理局：

（一）修建可能影响航空电磁环境的高压输电线、架空金属线、铁路（电气化铁路）、公路、无线电发射设备试验发射场；

（二）存放金属堆积物；

（三）种植高大植物；

（四）掘土、采砂、采石等改变地形地貌的活动；

（五）修建其它可能影响机场电磁环境的建筑物或者设施以及进行可能影响航空电磁环境的活动。

第一百七十九条 机场管理机构发现机场电磁环境保护区域内民用航空无线电台（站）频率受到干扰时，应当立即报告民航地区管理局。

第八章 鸟害及动物侵入防范

第一节 基本要求

第一百八十条 机场管理机构应当采取综合措施，防止鸟类和其它动物对航空器运行安全产生危害，最大限度地避免鸟类和其它动物撞击航空器。

第一百八十一条 机场管理机构应当指定部门和人员负责鸟类和其它动物的危害防范工作，并配置必要的驱鸟设备。

第一百八十二条 机场管理机构应当每年至少对机场鸟类危害进行一次评估。评估内容包括：机场鸟害防范管理机构设置及职责落实情况、机场生态环境调研情况、鸟害防范措施的效果、鸟情信息的收集、分析、利用及报告等。

第一百八十三条 机场管理机构应当根据机场鸟害评估结果和鸟害防范的实际状况，制定并不断完善机场鸟害防范方案。方案至少应当包括：

（一）鸟害防范管理机构及其职责；

（二）生态环境调研制度和治理方案；

（三）鸟情巡视和驱鸟制度；

（四）驱鸟设备的配备和使用管理制度；

（五）重点防治的鸟种；

（六）鸟情信息的收集和分析；

（七）鸟情通报及鸟击报告制度。

第一百八十四条 机场管理机构应当不定期向机场周边居民宣传放养鸽子对飞行安全的危害，并配合当地政府发布限制放养鸽子的规定，积极协调当地政府有关行政主管部门，控制和减少机场附近区域内垃圾场、养殖场、农作物（植物）晾晒场、鱼塘、养鸽户的数量和吸引鸟类的农作物、树木等。

第一百八十五条 机场飞行区、围界、通道口和排水沟出口应当能防止动物侵入机场飞行区。

在机场围界外 5 米范围内禁止搭建任何建筑和种植树木。

第二节 生态环境调研和环境治理

第一百八十六条 机场管理机构应当持续地开展鸟害防范基础性调研,全面掌握机场内及其附近地区的生态环境、鸟类种群、数量、位置分布及其活动规律;绘制鸟类活动平面图;掌握机场内及其附近地区与鸟情动态密切相关的生物类群及影响因素的时间、空间分布情况,分析其中的关系;据此制定和不断完善鸟害防范实施方案,确定各阶段应当重点防范的对象,有针对性地实施鸟害防范措施。

第一百八十七条 机场鸟类活动平面图应当至少涵盖机场障碍物限制面的锥形面外边界所包含的范围,并应当包括:垃圾场、饲养场、屠宰场、农作物、灌木林、沟塘及其他吸引鸟类活动的设施或者场地的位置;大鸟和群鸟(含候鸟)的筑巢地、觅食地、飞行路线、飞行高度、出没时间等。

机场鸟类活动平面图应当根据实际情况及时调整和更新。

第一百八十八条 机场管理机构应当根据机场鸟情信息的分析结果,及时对机场围界内对飞行安全危害较大的鸟类巢穴、食物源、水源、栖息地、觅食地进行有效的整治,并应当积极协调配合地方人民政府对机场围界外的上述情况进行整治。

第一百八十九条 机场管理机构应当定期对机场范围内的草坪、树木进行灭虫处理。

第一百九十条 机场管理机构应当在机场围界内定期采取设置鼠夹和洒布药物等措施,灭杀老鼠、兔子等啮齿类动物。

设置的鼠夹和洒布的药物应当记录,并设置醒目的警示标志,防止伤及人员。洒布药物应当使用专用工具;应当指定人员对鼠夹和药物进行管理,及时补充药物和更换鼠夹。

第一百九十一条 机场管理机构应当定期巡视检查并清除机场建筑物角落和周边树上的鸟巢。

第一百九十二条 机场管理机构应当尽可能减少机场范围内的表面水,及时排除水坑、洼地上的积水,定期清理排水沟,避免昆虫和水生物的滋生。

第一百九十三条 飞行区内禁止种植农作物和吸引鸟类的其它植物、进行各类养殖活动、设置露天垃圾场和垃圾分拣场。

第一百九十四条 机场管理机构应当在其机场年度鸟类危害管理方案中明示机场内外的吸引鸟的主要因素,以及为实现生态环境管理目标所采取措施的先后次序及其起始与完成日期。

第三节 巡视驱鸟要求及驱鸟设备管理

第一百九十五条 机场管理机构应当在环境整治的基础上,根据鸟情特点,采取惊吓、设置障碍物、诱杀或捕捉等手段或其组合实施鸟害防范工作。所采取的驱鸟手段应当符合相关的法律法规和涉及民航管理的规章要求,并确保人身安全,避免污染环境。

第一百九十六条 在机场有飞行活动期间,机场管理机构应当不间断地进行巡视和驱鸟。

第一百九十七条 机场管理机构应当指定专人管理驱鸟枪、弹药、煤气炮、语音驱鸟设备、捕鸟网、视觉仿真装置等,确保设备完好并得到正确使用。

驱鸟枪支的使用和保管应当符合《中华人民共和国枪支管理法》及《民用机场驱鸟枪支管理办法》的规定。

第四节 鸟情信息的收集、分析与利用

第一百九十八条 鸟情巡视人员应当加强观察,记录观察到的鸟种、数量、飞行路线、飞行高度、活动目的及原因分析、采取的措施及效果。

第一百九十九条 鸟情巡视人员应当观察机场虫情、草情、鼠类等动物情况,并做好记录。

第二百条 机场管理机构应当根据鸟情巡视人员记录、鸟击信息、生态调研情况等基础资料建立鸟情信息库,并定期对鸟情信息资料进行分析比较,编制鸟情信息分析报告。该报告应当包括:

(一)可能危害飞行安全的主要鸟种以及出现的区域、时间段、原因、有效防范手段等;

(二)采取的控制措施对减少鸟类的种类与数量的效果,如安装或修理防护栏、修剪树木、清除建筑残余物、施用杀虫剂或驱虫剂、施用灭鼠药、草的高度管理、在机库安装网以及清除积水等;

(三)与前期相比鸟的种群、数量的变化情况,产生变化的相应原因;

(四)生态环境的变化和可能带来的影响;

(五)下一阶段可能危及飞行安全的鸟的种群、数量;

(六)推荐的防治措施和需引起驱鸟员注意的事项;

(七)鸟害防范工作的成效和不足。

第二百零一条 机场管理机构应当根据鸟情信息分析报告和鸟害防范评估报告,每年末对下一年度机场鸟害、虫害、鼠害等进行预测,制定防治措施。

第二百零二条 机场管理机构应当将鸟情信息分

析报告和鸟害防范评估报告提供给驻场航空运输企业。

对飞行安全有危害的鸟种及机场防范鸟害的主要措施应当在航行资料上公布。

第五节 鸟情和鸟击报告制度

第二百零三条 当鸟情巡视人员发现鸟情可能危及飞行安全或者发现有规律的鸟群迁徙时，应当立即向空中交通管理部门通报。空中交通管理部门应当视情发布航行通告。

第二百零四条 在机场及附近发生航空器遭鸟撞击的事件时，机场管理机构应当以快报形式，向机场所在地民航地区管理局报告航空器遭鸟撞击的有关情况（包括航空器遭鸟撞击的时间、地点、高度及相关情况），并尽可能搜集和保存鸟撞击航空器的物证材料（如鸟类的尸骸、残羽、照片等）。

机场管理机构应当在鸟击事件发生24小时内，按照中国民航鸟击报告格式将有关情况报中国民航鸟击航空器信息网。

在跑道上发现的被撞死鸟，亦应当按前款要求报中国民航鸟击航空器信息网。

第二百零五条 航空器维修部门、空中交通管理部门、航空运输企业发现航空器遭鸟撞击的情况后，应当及时向机场管理机构通报有关情况。

货物运输部门所载运的动物在机场内逃逸时，应当立即抓捕并及时通知机场管理机构。

第九章 除冰雪管理

第二百零六条 有降雪或者道面结冰情况的机场，机场管理机构应当成立机场除冰雪专门协调机构，负责对除冰雪工作进行指导和协调。该协调机构应当由机场管理机构、航空运输企业、空中交通管理部门等单位负责人组成。

第二百零七条 机场管理机构应当结合本机场的实际情况，制定除冰雪预案，并认真组织实施，最大限度地消除冰雪天气对机场正常运行的影响。

第二百零八条 除冰雪预案应当遵循跑道、滑行道、机坪、车辆服务通道能够同步开放使用的原则，避免因局部原因而影响机场的开放使用。

第二百零九条 除冰雪预案应当包括：

（一）除冰雪专门协调机构的人员组成；

（二）除冰雪作业责任单位、责任人及其相应职责；

（三）除冰雪过程中的信息传递程序和通信方式；

（四）因除冰雪而关闭跑道及其他设施的决定程序；

（五）针对干雪、湿雪、雪浆等以及不同气温的除冰雪作业程序、车辆设备和人员的作业组合方式；

（六）跑道摩擦系数的测试方法和公布程序；

（七）除冰雪车辆、设备及物资储备清单。

第二百一十条 机场管理机构应当在入冬前做好除冰雪的准备工作。准备工作主要包括：

（一）召开除冰雪协调会议，为冬季运行做准备；

（二）对除冰雪人员进行培训；

（三）对除冰雪车辆及设备进行全面维护保养；

（四）按照机场除冰雪预案，对车辆设备、编队作业、协调指挥、通信程序进行模拟演练。演练应当在航班结束后在跑道、滑行道、机坪上实地进行，一般情况下每年入冬前演练次数不少于3次；

（五）对除冰液等物资的有效性和储备情况进行全面检查；

（六）确定堆雪场地。

第二百一十一条 目视助航设施上的积雪以及所有影响导航设备电磁信号的冰雪，应当予以清除。

第二百一十二条 除冰雪作业过程中，应当注意保护跑道、滑行道边灯及其他助航设备。雪和冰的临时堆放高度与航空器发动机底端或螺旋桨桨叶的垂直距离不得小于40厘米，与机翼的垂直距离不得小于1米。

第二百一十三条 降雪时应当及时清除跑道、滑行道、机坪、道肩上的积雪，防止道面产生冻胀和发生冻融破坏。

第二百一十四条 在航空器周边5米范围内，不得使用大型除雪设备。

第二百一十五条 机场管理机构应当根据本机场气候条件并参照过去5年的冰雪情况配备除冰雪设备。年旅客吞吐量500万人次以上的机场，除冰雪设备配备应当能够达到编队除雪，并且一次编队至少能够清除跑道上40米宽范围的积雪，具备边下雪边清除跑道积雪的能力，保证机场持续开放运行；年旅客吞吐量在200万至500万人次的机场，除冰雪设备配备应当能保证雪停后1小时内机场可开放运行；年旅客吞吐量200万人次以下的机场，除冰雪设备配备应当能保证雪停后2小时内机场可开放运行；日航班量少于2班的机场，除冰雪设备配备应当能保证雪停后4小时内机场可开放运行。

前款不适用偶尔有降雪的机场。偶尔有降雪的机场可参照上款执行。年旅客吞吐量200万人次以上、偶尔有降雪的机场应当配备除冰液洒布车。

第二百一十六条 为保证机场尽快开放使用,在滑行道、机坪积雪厚度小于5厘米时,可先仅清除标志上的积雪,以使航空器运行,但应当尽快清除全部积雪。

第二百一十七条 偶尔有降雪的机场,应当根据天气预报,在降雪前洒布除冰液。

第二百一十八条 利用航班间隙清除跑道、滑行道上的冰雪时,机场管理机构应当指定一名现场指挥员,负责除冰雪工作的协调,并与空中交通管理部门保持联络。所有除冰雪车辆应当与现场指挥员建立有效的通讯联系。

第二百一十九条 当机场某一区域除冰雪完毕后,机场管理机构应当对该区域进行检查,符合条件后,应当及时将开放的区域报告空中交通管理部门。

第二百二十条 位于经常降雪或降雪量较大地区的机场,机场管理机构应当事先确定冰雪堆放场地。在机坪上堆放冰雪,不得影响航空器、服务车辆的运行,并不得被航空器气流吹起。雪停后,应当及时将机坪上的冰雪全部清除。

第二百二十一条 位于经常降雪或降雪量较大地区、年旅客吞吐量200万人次以上的机场,应当设置航空器集中除冰坪。

除冰坪的设置应当符合《民用机场飞行区技术标准》的规定。

机场管理机构承担航空器除冰作业的,机场管理机构应当会同航空运输企业、空中交通管理部门结合本机场的实际情况,制定航空器除冰预案,配备必要的除冰车辆、设备和物资,并认真组织演练,最大限度地消除天气对航空器正常运行的影响。

第十章 不停航施工管理

第一节 基本要求

第二百二十二条 机场管理机构应当制定机场不停航施工管理规定,对不停航施工进行监督管理,最大限度地减少不停航施工对机场正常运行的影响,避免危及机场运行安全。

第二百二十三条 不停航施工是指在机场不关闭或者部分时段关闭并按照航班计划接收和放行航空器的情况下,在飞行区内实施工程施工。不停航施工不包括在飞行区内进行的日常维护工作。

机场不停航施工工程主要包括:

(一)飞行区土质地带大面积沉陷的处理工程、围界、飞行区排水设施的改造工程等;

(二)跑道、滑行道、机坪的改扩建工程;

(三)扩建或更新改造助航灯光及电缆的工程;

(四)影响民用航空器活动的其他工程。

第二百二十四条 机场管理机构负责机场航站区、停车楼等区域的施工(含装饰装修)的统一协调和管理。

对于航站区、停车楼等区域的施工(含装饰装修),机场管理机构应当会同建设单位、施工单位、公安消防部门及其他相关单位和部门共同编制施工组织管理方案。

施工组织管理方案应当参照不停航施工管理的要求对影响安全的情况采取必要的措施,并尽可能降低对运行的影响。

第二百二十五条 在机场近期总体规划范围内的工程施工,机场管理机构应当对原有地下管线进行核实,防止施工对机场运行安全造成影响。

第二百二十六条 未经民航地区管理局按照《民用机场管理条例》批准,不得在机场内进行不停航施工。

机场管理机构负责机场不停航施工期间的运行安全,并负责批准工程开工。实施不停航施工,应当服从机场管理机构的统一协调和管理。

机场管理机构应当会同建设单位、施工单位、空中交通管理部门及其他相关单位和部门共同编制施工组织管理方案。

第二百二十七条 施工组织管理方案应当包括:

(一)工程内容、分阶段和分区域的实施方案、建设工期;

(二)施工平面图和分区详图,包括施工区域、施工区与航空器活动区的分隔位置、围栏设置、临时目视助航设施设置、堆料场位置、大型机具停放位置、施工车辆和人员通行路线和进出道口等;

(三)影响航空器起降、滑行和停放的情况和采取的措施;

(四)影响跑道和滑行道标志和灯光的情况和采取的措施;

(五)需要跑道入口内移的,对道面标志、助航灯光的调整说明和调整图;

(六)对跑道端安全区、无障碍物区和其他净空限制面的保护措施,包括对施工设备高度的限制要求;

(七)影响导航设施正常工作的情况和所采取的措施;

(八)对施工人员和车辆进出飞行区出入口的控制措施和对车辆灯光和标识的要求;

（九）防止无关人员和动物进入飞行区的措施；

（十）防止污染道面的措施；

（十一）对沟渠和坑洞的覆盖要求；

（十二）对施工中的飘浮物、灰尘、施工噪音和其他污染的控制措施；

（十三）对无线电通信的要求；

（十四）需要停用供水管线或消防栓，或消防救援通道发生改变或被堵塞时，通知航空器救援和消防人员的程序和补救措施；

（十五）开挖施工时对电缆、输油管道、给排水管线和其他地下设施位置的确定和保护措施；

（十六）施工安全协调会议制度，所有施工安全相关方的代表姓名和联系电话；

（十七）对施工人员和车辆驾驶员的培训要求；

（十八）航行通告的发布程序、内容和要求；

（十九）各相关部门的职责和检查的要求。

第二百二十八条 机场管理机构对机场不停航施工的管理包括：

（一）对施工图设计和招标文件中应当遵守的有关不停航施工安全措施的内容进行审查；

（二）在施工前，召开由相关单位和部门参加的联席会议，落实施工组织管理方案；

（三）与建设单位签定安全责任书。工程建设单位为机场管理机构时，机场管理机构应当与施工单位签订安全责任书；

（四）建立由各相关单位和部门代表组成的协调工作制度，并确保施工组织管理方案中所列各相关单位联系人和电话信息准确无误；

（五）每周或者视情召开施工安全协调会议，协调施工活动。在跑道、滑行道进行的机场不停航施工，应当每日召开一次协调会；

（六）对施工单位的人员培训情况进行抽查；

（七）对施工单位遵守机场管理机构所制定的人员和车辆进出飞行区的管理规定以及车辆灯光、标识颜色是否符合标准的情况进行检查；

（八）经常对施工现场进行检查，及时消除安全隐患。

第二百二十九条 建设单位及施工单位应当：

（一）持有不停航施工组织管理方案的副本，遵守施工组织管理方案，确保所有施工人员熟悉施工组织管理方案中的相关规定和程序；

（二）至少配备两名接受过机场安全培训的施工安全检查员负责现场监督，并采用设置旗帜、路障、临时围栏或配备护卫人员等方式，将施工人员和车辆的活动限制在施工区域内。

第二节 不停航施工的批准程序

第二百三十条 在机场内进行的不停航施工，由机场管理机构负责统一向机场所在地民航地区管理局报批。

第二百三十一条 因机场不停航施工，需要调整航空器起降架次、航班运行时刻、机场飞行程序、起飞着陆最低标准的，机场管理机构应当按照民航局的有关规定办理报批手续。

第二百三十二条 机场管理机构向民航地区管理局申请机场不停航施工时，应当提交下列资料：

（一）工程项目建设的有关批准文件；

（二）机场管理机构与工程建设单位或者施工单位签订的安全保证责任书；

（三）施工组织管理方案及附图；

（四）各类应急预案；

（五）调整航空器起降架次、航班运行时刻、机场飞行程序、起飞着陆最低标准的有关批准文件。

第二百三十三条 民航地区管理局应当自收到不停航施工申请材料之日起15日内作出同意与否的决定。符合条件的，应当予以批准；不符合条件的，应当书面通知机场管理机构并说明理由。

第二百三十四条 机场不停航施工经批准后，机场管理机构应当按照有关规定及时向驻场空中交通管理部门提供相关基础资料，并由空中交通管理部门根据有关规定发布航行通告。

涉及机场飞行程序、起飞着陆最低标准等更改的，资料生效后，方可开始施工；不涉及机场飞行程序、起飞着陆最低标准等更改的，通告发布七天后方可开始施工。

第三节 一般规定

第二百三十五条 在跑道有飞行活动期间，禁止在跑道端之外300米以内、跑道中心线两侧75米以内的区域进行任何施工作业。

第二百三十六条 在跑道端之外300米以内、跑道中心线两侧75米以内的区域进行的任何施工作业，在航空器起飞、着陆前半小时，施工单位应当完成清理施工现场的工作，包括填平、夯实沟坑，将施工人员、机具、车辆全部撤离施工区域。

第二百三十七条 在跑道端300米以外区域进行施工的，施工机具、车辆的高度以及起重机悬臂作业高度不得穿透障碍物限制面。在跑道两侧升降带内进行施工的，施工机具、车辆、堆放物高度以及起重机悬臂作业高度不得穿透内过渡面和复飞面。施工机具、车辆的高度不得超过两米，并尽可能缩小施工区域。

第二百三十八条 在滑行道、机坪道面边以外进行施工的，当有航空器通过时，滑行道中线或机位滑行道中线至物体的最小安全距离范围内，不得存在影响航空器滑行安全的设备、人员或其他堆放物，并不得存在可能吸入发动机的松散物和其他可能危及航空器安全的物体。

第二百三十九条 临时关闭的跑道、滑行道或其一部分，应当按照《民用机场飞行区技术标准》的要求设置关闭标志。已关闭的跑道、滑行道或其一部分上的灯光不得开启。被关闭区域的进口处应当设置不适用地区标志物和不适用地区灯光标志。

第二百四十条 在机坪区域进行施工的，对不适宜于航空器活动的区域，必须设置不适用地区标志物和不适用地区灯光标志。

第二百四十一条 因不停航施工需要跑道入口内移的，应当按照《民用机场飞行区技术标准》设置或修改相应的灯光及标志。

第二百四十二条 施工区域与航空器活动区应当有明确而清晰的分隔，如设立施工临时围栏或其他醒目隔离设施。围栏应当能够承受航空器吹袭。围栏上应当设旗帜标志，夜晚应当予以照明。

第二百四十三条 施工区域内的地下电缆和各种管线应当设置醒目标识。施工作业不得对电缆和管线造成损坏。

第二百四十四条 在施工期间，应当定期实施检查，保持各种临时标志、标志物清晰有效，临时灯光工作正常。航空器活动区附近的临时标志物、标记牌和灯具应当易折，并尽可能接近地面。

第二百四十五条 邻近跑道端安全区和升降带平整区的开挖明沟和施工材料堆放处，必须用红色或桔黄色小旗标示以示警告。在低能见度天气和夜间，还应当加设红色恒定灯光。

第二百四十六条 未经机场消防管理部门批准，不得使用明火，不得使用电、气进行焊接和切割作业。

第二百四十七条 在导航台附近进行施工的，应当事先评估施工活动对导航台的影响。因施工需要关闭导航台或调整仪表进近最低标准的，应当按照民航局的其他有关规定履行批准手续，并在正式实施前发布航行通告。

第二百四十八条 施工期间，应当保护好导航设施临界区、敏感区的场地。航空器运行时，任何车辆、人员不得进入临界区、敏感区。不得使用可能对导航设施或航空器通信产生干扰的电气设备。

第二百四十九条 易飘浮的物体、堆放的材料应当加以遮盖，防止被风或航空器尾流吹散。

第二百五十条 在航班间隙或航班结束后进行施工，在提供航空器使用之前必须对该施工区域进行全面清洁。施工车辆和人员的进出路线穿越航空器开放使用区域，应当对穿越区域进行不间断检查。发现道面污染时，应当及时清洁。

第二百五十一条 因施工使原有排水系统不能正常运行的，应当采取临时排水措施，防止因排水不畅造成飞行区被淹没。

第二百五十二条 因施工而影响机场消防、应急救援通道和集结点正常使用时，应当采取临时措施。

第二百五十三条 进入飞行区从事施工作业的人员，应当经过培训并申办通行证（包括车辆通行证）。人员和车辆进出飞行区出入口时，应当接受检查。飞行区施工临时设置的大门应当符合安全保卫的有关规定。

施工人员和车辆应当严格按照施工组织管理方案中规定的时间和路线进出施工区域。因临时进出施工区域，驾驶员没有经过培训的车辆，应当由持有场内车驾驶证的机场管理机构人员全程引领。

第二百五十四条 进入飞行区的施工车辆顶部应当设置黄色旋转灯标，并应当处于开启状态。

第二百五十五条 施工车辆、机具的停放区域和堆料场的设置不得阻挡机场管制塔台对跑道、滑行道和机坪的观察视线，也不得遮挡任何使用中的助航灯光、标记牌，并不得超过净空限制面。

第二百五十六条 施工单位应当与机场现场指挥机构建立可靠的通讯联系。施工期间应当派施工安全检查员现场值守和检查，并负责守听。安全检查员必须经过无线电通信培训，熟悉通信程序。

第十一章 航空油料供应安全管理

第一节 基本要求

第二百五十七条 在机场内从事航空油料供应的单位，应当按照国家有关规定取得成品油经营许可证书、危险化学品经营许可证、民用机场航空燃油供应安全运营许可证。

第二百五十八条 在机场内从事航空油料供应的单位，应当根据国家、民航局、地方政府有关部门的规定，结合本单位的实际，制定各项安全管理规章制度、操作规程、作业程序、应急预案等。

第二百五十九条 航空油料供应单位的主要负责

人和安全生产管理人员应当具备相应的航空油料供应安全知识和管理能力。

航空油料供应单位应当对员工进行安全生产教育和培训。未经安全生产教育和培训合格的人员，不得上岗作业。

航空油料供应特有工种从业人员应当取得相应的职业技能鉴定资格证书，并持续有效。

第二百六十条　航空油料供应设施设备的采购、设计、制造、安装、使用、检测、维修、改造，应当符合有关规定和标准，满足安全要求，并经验收合格。

航空油料供应特种设备，应当按照国家有关规定，由专业生产单位生产，并经具有专业资质的检测、检验机构检测、检验合格，取得安全使用证或者安全检验合格标志，方可投入使用。

第二百六十一条　航空油料供应单位应当至少每年对本单位的运行安全状况进行评估。对评估中发现的安全隐患、薄弱环节，应当及时整改。

第二节　运行安全管理

第二百六十二条　航空油料供应单位应当对航空油料供应设施、设备进行经常性维护、保养，并定期检测，符合《民用航空油料设备完好标准》的要求，保证正常运转。

维护、保养、检测应当作好记录，并由有关人员签字。

第二百六十三条　航空油料供应单位应当建立油料质量监控体系，制定在接收、中转、储存、发出、加注、检验及掺配等各个环节的质量管理程序、质量要求，并符合《民用航空油料适航管理规定》等规定和标准。

第二百六十四条　航空器加油作业应当符合《飞机加油安全规范》的要求。

运油车、加（抽）油车的性能、状况应当符合民航专用设备相关标准的要求。

第二百六十五条　航空油料供应单位应当配备与业务量相适应的航空油料计量、监测设施设备。计量、监测设备应当按照有关规定定期检验合格。

航空油料的计量应当符合有关规定的要求。

第二百六十六条　航空油料供应单位应当按照《中华人民共和国消防法》等有关法律法规以及公安部《作业场所灭火器材配置及管理规定》和民航有关规章，在航空油料供应场所内和设施上配备相应的消防设施设备。

消防设施设备应当定期检查、维护，保持正常、有效。

第二百六十七条　航空油料供应单位应当明确各级消防安全职责，落实消防安全责任。

第二百六十八条　航空油料供应单位应当在禁火区域设置醒目的"禁止烟火"、火警报警电话等标志。

第二百六十九条　航空油料供应单位应当制定特殊管理制度，在禁火区域内进行动火、用火作业，以及进入含有有害气体和蒸汽混合物的受限空间内进行特殊作业，应当按规定报批，经批准后方可按照规定的程序、操作要求进行作业。未经批准的，不得进行作业。

第二百七十条　航空油料供应单位应当按照有关规定、标准的要求，在航空油料供应场所内和设施上设置相应的防爆、防静电、防雷击设备和采取其他防范措施，并定期检查、维护，保证其完好、有效。

第二百七十一条　航空油料供应场所内的电器火源控制和消除以及防爆安全装置的使用等，应当符合国家和行业有关标准和规范的要求。

第二百七十二条　在航空油料供应场所进行工程施工，应当制定相应的管理规定，加强施工安全管理，保证航空油料供应安全。

第二百七十三条　航空油料供应单位应当制定航空油料供应场所的安全保卫和出入管理规定，并配置相应的安全保卫人员。

任何人员和车辆进出航空油料供应场所，应当遵守安全保卫和出入管理规定。

第二百七十四条　航空油料供应单位应当根据安全生产和防止职业性危害等需要，按照不同工种、不同劳动环境和条件，为员工配备相应的劳动防护用品，并采取防护措施。员工上岗时必须穿（佩）戴和使用有效的劳动防护用品，设施设备必须安装防护装置。

劳动防护用品应当符合《劳动防护用品选用规则》的规定。

第二百七十五条　清洗油料容器的污水、油罐的积水，应当通过污水处理等净化设施进行处理。未经处理的污水、废油不得直接排放。

污水、废油的排放应当符合环境保护有关规定。

第二百七十六条　跑、冒、滴、漏的油品应当及时回收，不得直接冲洗到生产作业单位以外。失效的泡沫液（粉）以及其他含油或有害物质等应当集中处理。民用航空油料储存运输容器的清洗应当符合有关规定的要求。

第三节 应急处置

第二百七十七条 航空油料供应单位应当按照国家和行业的有关规定,结合本单位实际,制定航空油料供应突发事件应急预案。

航空油料供应突发事件应急预案应当纳入机场应急救援预案体系。

第二百七十八条 航空油料供应突发事件主要指:

(一)油品质量导致的飞行事故;
(二)火灾、爆炸事故;
(三)溢油污染事故;
(四)加错油;
(五)加油过程中加油胶管(接头)爆裂;
(六)拉坏航空器(加油车)加油接头或刮碰航空器;
(七)人员伤亡事故;
(八)其他突发事件。

第二百七十九条 应急预案应当包括:

(一)制定应急预案的目的和适用范围;
(二)应急指挥机构及相关部门职责和装备;
(三)生产作业单位基本情况。包括:主要油料设施、设备情况;航空油料的品名及正常储存数量;员工人数和排班情况;占地面积等;
(四)负责参与应急救援的单位负责人名册、联络方式和电话;
(五)应急处置程序、处置方案;
(六)紧急疏散及警戒设置;
(七)社会支援与协助措施等。

第二百八十条 航空油料供应单位应当按照规定,配备必要的应急设备和器材。

航空油料供应单位应当每年至少组织一次应急演练,并对相关人员进行应急培训。在演练中发现的问题要及时整改,并对应急预案进行修订和完善。

第二百八十一条 航空油料供应场所突发紧急事件时,生产作业单位应当立即向上一级单位以及机场管理机构报告,视情及时启动应急预案,并按照应急预案进行处置。

第二百八十二条 应急处置结束后,应当及时清理垃圾、废弃物等,减轻对环境的破坏。

第十二章 机场运行安全信息管理

第一节 基本要求

第二百八十三条 机场管理机构应当向民航地区管理局报告机场运行安全信息。运行安全信息包括机场使用细则资料的变更、安全生产建议、影响运行安全的事件或隐患等与安全生产有关的信息。

第二百八十四条 发生影响机场运行安全的事件或隐患时,各运行保障单位均应当立即报告机场管理机构。

第二百八十五条 机场管理机构应当与航空运输企业及其他驻场单位建立信息共享机制,相互提供必要的生产运营信息,为旅客和货主提供及时准确的信息和服务。

机场管理机构、航空运输企业及其他驻场运行保障单位均有免费提供信息的义务及使用信息的权利。任何单位不得将免费获得的信息用于商业经营。

第二百八十六条 机场管理机构应当建立统一的机场运行信息平台。航空运输企业和空中交通管理部门应当及时、准确地向机场管理机构提供航班计划、航班动态等信息,由机场管理机构根据机场的实际需要加以整理后发布,保证各生产保障单位、旅客和机场其他用户及时获得所需信息。上述信息均应当无偿提供。

第二节 机场运行安全信息报告制度

第二百八十七条 机场管理机构应当建立机场运行安全信息报告制度,包括航行资料报告制度、日常通报制度。

第二百八十八条 航行资料报告制度的要求如下:

当机场飞行区有下列情况之一的,机场管理机构应当及时向驻场空中交通管理部门提供航行资料。对可预见或事先有计划的资料更改,应当按《民用航空航行情报工作规则》中的有关规定提前提供;对不可预见的临时性的资料,应当及时提供。

(一)《机场使用细则》中的机场资料发生变更;
(二)跑道、滑行道、机坪或其部分的关闭、恢复或运行限制发生变化;
(三)跑道、滑行道、机坪的数量、运行限制及物理特性发生变化;
(四)跑道、滑行道、机坪道面标志线、标记牌发生变化;
(五)助航灯光设施、风斗发生变化;
(六)登机桥数量发生变化;
(七)飞行区和障碍物限制面内影响飞行安全的障碍物的增加、排除或变动,障碍灯发生变化;
(八)飞行区内不停航施工的开工和计划完工时间、每日施工开始和结束时间、施工区域的安全标志和灯光的设置发生变化；

（九）救援和消防保障等级发生变化（不含临时的变化）；

（十）机场通信、导航、雷达、气象设备发生变化；

（十一）其他情况发生变化需要发布航行通告的。

第二百八十九条 日常通报制度的要求如下：

发现可能影响航空器正常和安全运行的下列情况之一的，机场管理机构应当及时向空中交通管理部门（塔台管制员）通报。

（一）跑道、滑行道或机坪道面破损或者拱起；

（二）跑道、滑行道、机坪有积雪、雪浆或结冰；

（三）跑道摩擦系数低于标准要求的最低值；

（四）因积雪或者结冰而不开放使用的跑道、滑行道、机坪；

（五）跑道、滑行道或机坪上有液体化学物质；

（六）飞行区内有临时性障碍物，包括停放的航空器、施工机具、施工材料、车辆等；

（七）发现疑似航空器掉落的零部件；

（八）发现有航空器提前接地、冲出或偏出跑道的痕迹；

（九）目视助航设施（包括助航灯光、标记牌、风斗、障碍灯等）全部或部分失效或运行不正常；

（十）救援和消防保障水平发生变化；

（十一）净空保护区内发现新的障碍物、升空物体和影响航空安全的其他情况；

（十二）机场通信、导航、雷达、气象等设备发生故障、工作不正常、备份电源失效和其他变动情况；

（十三）有可能影响飞行安全的鸟群活动；

（十四）其他可能影响飞行安全的情况。

第二百九十条 航空运输企业及其他驻场单位在机场内发生不安全事件，或发现机场设施达不到标准时，应当通报机场管理机构并报告民航地区管理局。

第二百九十一条 空中交通管理部门在获知飞行员反映机场设施达不到标准、或者其他不便于航空器运行的情况时，应当及时通知机场管理机构及民航地区管理局。

第十三章 法律责任

第二百九十二条 机场管理机构未按照本规定的要求建立健全设施设备管理制度的，或未按要求进行巡视检查、检测、报告、维护，保持设施设备的持续适用的，或在设施设备出现问题时未采取有效措施及时修复的，由民航局或民航地区管理局处以5000元以上1万元以下的罚款；情节严重的，处以1万元以上3万元以下的罚款。

第二百九十三条 航空运输企业及其他驻场单位未按照本规定的要求，对各自的有关机场运行安全的设施设备及时进行维护，保持设施设备的持续适用的，由民航局或民航地区管理局责令改正，并处以5000元以上1万元以下的罚款；情节严重的，民航局或民航地区管理局应当对责任单位处以1万元以上3万元以下的罚款。

第二百九十四条 航空运输企业及其他各驻场单位未遵守手册及机场管理机构为保障飞行安全和正常运营所制定的并经民用航空主管部门批准的管理规定的，由民航局或民航地区管理局给予警告；情节严重的，处以1万元以上3万元以下的罚款。

第二百九十五条 违反本规定第八条的规定，机场管理机构滥用管理权限损害航空运输企业或其代理人及其他驻场单位合法权益的，由民航局或民航地区管理局责令改正，并给予警告；情节严重的，处以1万元以上3万元以下的罚款。

第二百九十六条 违反本规定第十三条的规定，机场管理机构未按照民航局或民航地区管理局批准的机场开放使用范围为航空器提供安全保障的，由民航局或民航地区管理局责令改正，并给予警告；拒不改正的，处以1万元以上3万元以下的罚款。

第二百九十七条 机场管理机构、航空运输企业及其他运行保障单位未按照本规定第二章的要求组织员工安全生产培训的，由民航局或者民航地区管理局责令限期改正，并处以10万元以下的罚款；逾期未改正的，责令停产停业整顿，并处10万元以上20万元以下的罚款，对其直接负责的主管人员和其他直接责任人员处以2万元以上5万元以下的罚款。

第二百九十八条 机场管理机构未按照本规定第三章的要求管理手册，而导致机场运行安全隐患的，由民航局或民航地区管理局责令改正，并处以5000元以上1万元以下的罚款；情节严重的，处以1万元以上3万元以下的罚款。

第二百九十九条 违反本规定第四章第一节的要求，机场管理机构未履行飞行区设施设备维护职责的，由民航局或民航地区管理局责令改正，并给予警告；情节严重的，处以1万元以上3万元以下的罚款。

第三百条 违反本规定第七十条第三款的规定，未经塔台管制员许可，人员、车辆进入运行中的跑道、滑行道的，由民航局或民航地区管理局给予警告；情节严重的，对责任单位处以3万元的罚款。

第三百零一条 机场管理机构未按照本规定第四

章第四节的要求进行跑道摩擦系数测试及维护，而导致机场运行安全隐患的，由民航局或民航地区管理局责令改正，并处以1万元以上3万元以下的罚款。

第三百零二条 机场管理机构未按照本规定第九十九条的要求指派相应的部门和人员对机坪运行实施全天动态检查的，由民航局或民航地区管理局处以1万元以下罚款；情节严重的，处以1万元以上3万元以下的罚款。

第三百零三条 机场管理机构未按照本规定第七章的要求履行净空和电磁环境保护职责，而导致机场运行安全隐患的，由民航局或民航地区管理局处以5000元以上1万元以下的罚款；情节严重的，处以1万元以上3万元以下的罚款。

第三百零四条 机场管理机构未按照本规定第八章的要求采取措施防范动物侵入，而导致机场运行安全隐患的，使机场运行安全受到影响的，由民航局或民航地区管理局责令改正，并给予警告；情节严重的，处以3万元以下罚款。

第三百零五条 机场管理机构未按照本规定第九章的要求履行除冰雪管理职责，而导致机场运行安全隐患的，由民航局或民航地区管理局处以5000元以上1万元以下的罚款；情节严重的，处以1万元以上3万元以下的罚款。

第三百零六条 机场管理机构未按照本规定的要求制定机场施工管理规定的，以及未按照本规定和机场施工管理规定落实施工管理工作的，民航局或民航地区管理局应当对机场管理机构处以1万元以上3万元以下的罚款。

第三百零七条 违反本规定第二百二十六条的要求，未经民航地区管理局批准，擅自实施不停航施工的，由民航地区管理局责令改正，处以10万元以上50万元以下的罚款。

第三百零八条 违反本规定第二百五十七条的要求，航空油料供应单位未取得航空油料供应的相关资质证书和许可证书，擅自在机场内从事航空油料供应的，由民航地区管理局责令改正，处以20万元以上100万元以下的罚款；有违法所得的，没收违法所得。

第三百零九条 机场管理机构、航空运输企业未按照本规定第十二章的要求履行机场运行安全信息报告和发布义务的，由民航局或民航地区管理局责令改正，并给予警告；拒不改正的，处以1万元以上3万元以下的罚款。

第十四章 附 则

第三百一十条 本规定自2008年2月1日起施行。民航总局2000年12月18日颁布的《民用机场不停航施工管理规定》（民航总局令第97号）同时废止。

公共航空旅客运输飞行中安全保卫工作规则

（2017年2月7日交通运输部令第3号公布，自2017年3月10日起施行）

第一章 总 则

第一条 为了规范公共航空旅客运输飞行中的安全保卫工作，加强民航反恐怖主义工作，保障民用航空安全和秩序，根据《中华人民共和国民用航空法》《中华人民共和国安全生产法》《中华人民共和国反恐怖主义法》和《中华人民共和国民用航空安全保卫条例》的有关规定，制定本规则。

第二条 本规则适用于中华人民共和国境内设立的公共航空运输企业从事公共航空旅客运输的航空器飞行中驾驶舱和客舱的安全保卫工作。

前款规定的公共航空运输企业及其工作人员和旅客应当遵守本规则。

第三条 中国民用航空局（以下简称民航局）对全国范围内公共航空旅客运输飞行中的安全保卫工作实施指导、监督和检查。

中国民用航空地区管理局（以下简称地区管理局）对本辖区内公共航空旅客运输飞行中安全保卫工作实施指导、监督和检查。

第四条 公共航空运输企业对其从事旅客运输的航空器飞行中安全保卫工作承担主体责任。

第二章 工作职责

第五条 公共航空运输企业应当设立或指定专门的航空安保机构，负责飞行中安全保卫工作。

公共航空运输企业的分公司应当设立或指定相应的航空安保机构，基地等分支机构也应当设立或指定相应机构或配备人员，负责飞行中安全保卫工作。

第六条 公共航空运输企业应当按照相关规定配备和管理航空安全员队伍。

公共航空运输企业应当建立航空安全员技术等级制度，对航空安全员实行技术等级管理。

第七条 公共航空运输企业应当按照相关规定派遣航空安全员。

在航空安全员飞行值勤期，公共航空运输企业不得安排其从事其他岗位工作。

第八条 公共航空运输企业应当建立并严格执行飞行中安全保卫工作经费保障制度。经费保障应当满足飞行中安全保卫工作运行、培训、质量控制以及设施设备等方面的需要。

涉及到民航反恐怖主义工作的，应满足反恐怖主义专项经费保障制度的要求。

第九条 公共航空运输企业应当按照相关规定，为航空安全员配备装备，并对装备实施统一管理，明确管理责任，建立管理工作制度，确保装备齐全有效。

装备管理工作记录应当保留12个月以上。

第十条 机长在履行飞行中安全保卫职责时，行使下列权力：

（一）在航空器起飞前，发现未依法对航空器采取安全保卫措施的，有权拒绝起飞；

（二）对扰乱航空器内秩序，妨碍机组成员履行职责，不听劝阻的，可以要求机组成员对行为人采取必要的管束措施，或在起飞前、降落后要求其离机；

（三）对航空器上的非法干扰行为等严重危害飞行安全的行为，可以要求机组成员启动相应处置程序，采取必要的制止、制服措施；

（四）处置航空器上的扰乱行为或者非法干扰行为，必要时请求旅客协助；

（五）在航空器上出现扰乱行为或者非法干扰行为等严重危害飞行安全行为时，根据需要改变原定飞行计划或对航空器做出适当处置。

第十一条 机长统一负责飞行中的安全保卫工作。航空安全员在机长领导下，承担飞行中安全保卫的具体工作。机组其他成员应当协助机长、航空安全员共同做好飞行中安全保卫工作。

机组成员应当按照相关规定，履行下列职责：

（一）按照分工对航空器驾驶舱和客舱实施安保检查；

（二）根据安全保卫工作需要查验旅客及机组成员以外的工作人员的登机凭证；

（三）制止未经授权的人员或物品进入驾驶舱或客舱；

（四）对扰乱航空器内秩序或妨碍机组成员履行职责，且不听劝阻的，采取必要的管束措施，或在起飞前、降落后要求其离机；

（五）对严重危害飞行安全的行为，采取必要的措施；

（六）实施运输携带武器人员、押解犯罪嫌疑人、遣返人员等任务的飞行中安保措施；

（七）法律、行政法规和规章规定的其他职责。

第十二条 旅客应当遵守相关规定，保持航空器内的良好秩序；发现航空器上可疑情况时，可以向机组成员举报。旅客在协助机组成员处置扰乱行为或者非法干扰行为时，应当听从机组成员指挥。

第三章 工 作 措 施

第十三条 公共航空运输企业应当根据本规则及其他相关规定，制定飞行中安全保卫措施，明确机组成员飞行中安全保卫职责，并纳入本单位航空安全保卫方案。

第十四条 公共航空运输企业应当建立并严格执行飞行中安全保卫工作值班制度和备勤制度，保证信息传递畅通，确保可以根据飞行中安全保卫工作的需要调整和增派人员。

第十五条 公共航空运输企业应当按照相关规定，在飞行中的航空器内配备安保资料，包括：

（一）适合本机型的客舱安保搜查单；

（二）发现爆炸物或可疑物时的处置程序；

（三）本机型航空器最低风险爆炸位置的相关资料；

（四）航空器客舱安保检查单；

（五）航班机组报警单；

（六）其他规定的安保资料。

机上安保资料应当注意妥善保管，严防丢失被盗；机组成员应当熟知机上安保资料的存放位置和使用要求。

第十六条 公共航空运输企业应当为航空安全员在航空器上预留座位，座位的安排应当紧邻过道以便于航空安全员执勤为原则，固定位置最长不得超过6个月。

第十七条 公共航空运输企业应当建立航前协同会制度。

机长负责召集机组全体成员参加航前协同会，明确飞行中安全保卫应急处置预案。

第十八条 公共航空运输企业应当建立并严格执行飞行中安全保卫工作执勤日志管理制度。

第十九条 国家警卫对象乘机时，公共航空运输企业应当按照国家相关规定采取飞行中安全保卫措施。

第二十条 携带武器人员、押解犯罪嫌疑人或遣返人员乘机的，公共航空运输企业应当按照国家相关规定，采取飞行中安全保卫措施。

第二十一条 公共航空运输企业应当严格控制航

空器上含酒精饮料的供应量，避免机上人员饮酒过量。

第二十二条 航空器驾驶舱和客舱的安保检查由机组成员在旅客登机前、下机后共同实施，防止航空器上留有未经授权的人员和武器、爆炸物等危险违禁物品。

第二十三条 机组成员应当对飞行中的航空器驾驶舱采取保护措施，除下列人员外，任何人不得进入飞行中的航空器驾驶舱：

（一）机组成员；

（二）正在执行任务的民航局或者地区管理局的监察员或委任代表；

（三）得到机长允许并且其进入驾驶舱对于安全运行是必需或者有益的人员；

（四）经机长允许，并经公共航空运输企业特别批准的其他人员。

第二十四条 机组成员应当按照机长授权处置扰乱行为和非法干扰行为。

根据机上案（事）件处置程序，发生扰乱行为时，机组成员应当口头予以制止，制止无效的，应当采取管束措施；发生非法干扰行为时，机组成员应当采取一切必要处置措施。

第二十五条 出现严重危害航空器及所载人员生命安全的紧急情况，机组成员无法与机长联系时，应当立即采取必要处置措施。

第二十六条 机组成员对扰乱行为或非法干扰行为处置，应当依照规定及时报案，移交证据材料。

第二十七条 国内民用航空旅客运输中发生非法干扰行为时，公共航空运输企业应当立即向民航局、企业所在地和事发地民航地区管理局报告，并在处置结束后15个工作日内按照相关规定书面报告民航地区管理局。

航空器起飞后发生的事件，提交给最先降落地机场所在地民航地区管理局；航空器未起飞时发生的事件，提交给起飞地机场所在地民航地区管理局。

国际民用航空旅客运输中发生非法干扰行为时，公共航空运输企业应当立即报告民航局，并在处置结束后15个工作日内将书面报告提交给民航局。

第二十八条 航空安全员应当按照相关规定，携带齐全并妥善保管执勤装备、证件及安保资料。

第二十九条 航空安全员在饮用含酒精饮料之后的8小时之内，或其呼出气体中所含酒精浓度达到或者超过0.04克/210升，或处在酒精作用状态之下，或受到药物影响损及工作能力时，不得在航空器上履行职责。

公共航空运输企业不得派遣存在前款所列情况的航空安全员在其航空器上履行飞行中安全保卫职责。

第三十条 航空安全员值勤、飞行值勤期、休息期的定义，飞行值勤期限制、累积飞行时间、值勤时间限制和休息时间的附加要求，依照《大型飞机公共航空运输承运人运行合格审定规则》中对客舱乘务员的规定执行。

其中，飞行值勤期限制规定中，航空安全员最低数量配备标准应当执行相关派遣规定的要求。

第三十一条 公共航空运输企业不得派遣航空安全员在超出本规定的值勤期限制、飞行时间限制或不符合休息期要求的情况下执勤。

航空安全员不得接受超出规定范围的执勤派遣。

第四章 培训质量控制

第三十二条 公共航空运输企业应当按照国家民用航空安全保卫培训方案和国家民用航空安全保卫质量控制计划，落实飞行中安全保卫工作的培训和质量控制要求。

公共航空运输企业每年至少应当组织一次驾驶员、乘务员和航空安全员共同参与的飞行中安全保卫实战演练。

第三十三条 公共航空运输企业应当按照相关规定，提供满足机组成员飞行中安全保卫工作培训需要的场所、装备器械、设施、设备、教材、人员及其他保障。

第三十四条 公共航空运输企业应当按照相关规定，组织新招录航空安全员进行实习飞行。

实习飞行应当由经民航局培训的教员指导实施。

第三十五条 公共航空运输企业应当建立飞行中安全保卫业务培训考核机制，并为机组成员建立和保存飞行中安全保卫业务培训记录，该培训记录保存至少36个日历月。

航空安全员不再服务于该企业时，公共航空运输企业应当自其离职之日起，将前款要求的培训记录保存至少12个日历月。航空安全员自离职之日起11个日历月内提出要求时，公共航空运输企业应当在1个日历月之内向其提供飞行中安全保卫培训记录复印件。

第五章 法律责任

第三十六条 公共航空运输企业有下列行为之一的，由地区管理局责令限期改正；逾期未改正的，处以警告或一万元以下罚款：

（一）违反本规则第五条第二款，公共航空运输企业分公司或基地，未按规定设立或指定航空安保机构，配备人员的；

（二）违反本规则第九条第二款，未按规定保存航空安全员装备管理工作记录的；

（三）违反本规则第十五条第一款，未按规定配备齐全安保资料的；

（四）违反本规则第十六条，未按规定为航空安全员在航空器上预留座位的；

（五）违反本规则第三十三条，未按规定提供满足机组成员飞行中安全保卫工作培训需要的场所、装备器械、设施、设备、教材、人员及其他保障的；

（六）违反本规则第三十四条，未按规定组织实习飞行，或从事实习飞行带飞的教员不符合相关规定要求的；

（七）违反本规则第三十五条第二款，未按规定提供航空安全员飞行中安全保卫培训记录复印件的。

第三十七条　公共航空运输企业有下列行为之一的，由地区管理局责令限期改正；逾期未改正的，处以一万元以上三万元以下罚款：

（一）违反本规则第五条第一款，公共航空运输企业未按规定设立或指定专门航空安保机构的；

（二）违反本规则第六条，未按规定配备和管理航空安全员队伍，或未建立航空安全员技术等级制度的；

（三）违反本规则第十三条，未按规定制定飞行中安全保卫措施并将其纳入本单位航空安全保卫方案的；

（四）违反本规则第十四条，未建立有关值班制度和备勤制度或未严格执行的；

（五）违反本规则第十七条第一款，未建立航前协同会制度的；

（六）违反本规则第十八条，未按规定建立飞行中安全保卫工作执勤日志管理制度或未严格执行的。

第三十八条　公共航空运输企业违反本规则第七条第二款，在航空安全员飞行值勤期间，安排其从事其他岗位工作的；由地区管理局责令其停止违法行为，并处以警告或者一万元以下罚款。

第三十九条　公共航空运输企业有下列行为之一的，由地区管理局责令其停止违法行为，处以一万元以上三万元以下罚款：

（一）违反本规则第二十九条第二款，派遣不符合规定的航空安全员在航空器上履行飞行中安全保卫职责的；

（二）违反本规则第三十条、第三十一条第一款，未按规定执行航空安全员飞行值勤期限制、累积飞行时间、值勤时间限制和休息时间的。

第四十条　公共航空运输企业违反本规则第二十七条，迟报、漏报或者隐瞒不报信息的，由民航行政机关予以警告并处以一万元以上三万元以下罚款。

第四十一条　公共航空运输企业违反本规则第七条第一款，未按规定派遣航空安全员的，处以一万元以上三万元以下罚款；未按规定派遣航空安全员，且造成事故隐患的，由民航行政机关依据《中华人民共和国安全生产法》第九十九条责令公共航空运输企业立即消除或者限期消除；公共航空运输企业拒不执行的，责令停产停业整顿，并处十万元以上五十万元以下的罚款，对其直接负责的主管人员和其他直接责任人员处二万元以上五万元以下的罚款。

第四十二条　公共航空运输企业违反本规则第八条第一款，不能保证飞行中安全保卫工作经费，致使公共航空运输企业不具备安全运行条件的，由民航行政机关依据《中华人民共和国安全生产法》第九十条责令限期改正，提供必需的资金；逾期未改正的，责令停产停业整顿。

第四十三条　公共航空运输企业违反本规则第八条第二款、第九条第一款，安保经费保障未达到反恐怖主义工作专项经费保障制度相关要求的，或未按规定配备安保人员和相应设备设施，由具有管辖权公安机关，按照《中华人民共和国反恐怖主义法》第八十八条给予警告、并责令改正，拒不改正的，处十万元以下罚款，并对其直接负责的主管人员和其他直接责任人员处一万元以下罚款。

第四十四条　公共航空运输企业有下列情形之一的，由民航行政机关依据《中华人民共和国安全生产法》第九十四条责令公共航空运输企业限期改正，可以处五万元以下罚款；逾期未改正的，责令停产停业整顿，并处五万元以上十万元以下罚款，对其直接负责的主管人员和其他直接责任人员处一万元以上二万元以下罚款：

（一）违反本规则第三十二条第一款，未进行航空安保培训的；

（二）违反本规则第三十二条第二款，未按规定组织飞行中安全保卫实战演练的；

（三）违反本规则第三十五条第一款，未如实记录航空安保培训情况的。

第四十五条　机组成员违反本规则第十一条、第十五条第二款、第十七条第二款、第二十二条、第二十三条、第二十九条第一款，未按照本规则规定履行安全保卫职责的，由地区管理局处以警告或一千元以下罚款。

第四十六条 航空安全员有下列行为之一的，由地区管理局处以一千元以下罚款：

（一）违反本规则第二十八条，未按规定携带齐全、妥善保管执勤装备和安保资料的；

（二）违反本规则第三十一条第二款，接受超出规定范围的执勤派遣。

航空安全员违反本规则第二十八条未按规定携带证件，按照《中华人民共和国民用航空法》相关规定进行处罚。

第四十七条 旅客违反本规则有关规定，由具有管辖权的公安机关依据《中华人民共和国治安管理处罚法》给予处罚。

第四十八条 对公共航空运输企业的行政处罚、行政强制等处理措施及其执行情况记入守法信用信息记录，并按照有关规定进行公示。

第六章 附 则

第四十九条 本规则使用的部分术语定义如下：

飞行中，是指航空器从装载完毕、机舱外部各门均已关闭时起，直至打开任一机舱门以便卸载时为止。航空器强迫降落时，在主管当局接管对该航空器及其所载人员和财产的责任前，应当被认为仍在飞行中。

机组成员，是指在飞行中民用航空器上执行任务的驾驶员、乘务员、航空安全员和其他空勤人员。

航空安全员，是指为了保证航空器及其所载人员安全，在民用航空器上执行安全保卫任务，具有航空安全员资质的人员。

非法干扰行为，是指危害民用航空安全的行为或未遂行为，主要包括：

（一）非法劫持航空器；

（二）毁坏使用中的航空器；

（三）在航空器上或机场扣留人质；

（四）强行闯入航空器、机场或航空设施场所；

（五）为犯罪目的而将武器或危险装置、材料带入航空器或机场；

（六）利用使用中的航空器造成死亡、严重人身伤害，或对财产或环境的严重破坏；

（七）散播危害飞行中或地面上的航空器、机场或民航设施场所内的旅客、机组、地面人员或大众安全的虚假信息。

扰乱行为，是指在民用机场或在航空器上不遵守规定，或不听从机场工作人员或机组成员指示，从而扰乱机场或航空器上良好秩序的行为。航空器上的扰乱行为主要包括：

（一）强占座位、行李架的；

（二）打架斗殴、寻衅滋事的；

（三）违规使用手机或其他禁止使用的电子设备的；

（四）盗窃、故意损坏或者擅自移动救生物品等航空设施设备或强行打开应急舱门的；

（五）吸烟（含电子香烟）、使用火种的；

（六）猥亵客舱内人员或性骚扰的；

（七）传播淫秽物品及其他非法印制物的；

（八）妨碍机组成员履行职责的；

（九）扰乱航空器上秩序的其他行为。

第五十条 本规则自2017年3月10日起施行。2016年4月4日起施行的《公共航空旅客运输飞行中安全保卫工作规则》（交通运输部令2016年第5号）同时废止。

民用航空运输机场航空安全保卫规则

（2016年4月21日交通运输部令第48号公布，自2016年5月22日起实施）

第一章 总 则

第一条 为了规范民用航空运输机场航空安全保卫（以下简称航空安保）工作，保证旅客、工作人员、公众和机场设施设备的安全，根据《中华人民共和国民用航空安全保卫条例》，制定本规则。

第二条 本规则适用于中华人民共和国境内民用航空运输机场（含军民合用机场民用部分，以下简称机场）的安全保卫工作，与机场安全保卫活动有关的单位和个人应当遵守本规则。

第三条 中国民用航空局（以下简称民航局）对机场航空安保工作实行监督管理。主要职责包括：

（一）督促和指导机场实施《国家民用航空安全保卫规划》，建立和运行航空安保管理体系；

（二）督促和指导机场及其他民用航空有关单位的航空安保方案符合航空安保法规标准；

（三）确定并划分机场及航空安保部门的职责，确定和建立不同单位之间协调的方法和渠道；

（四）督促机场管理机构为其航空安保部门提供

必需的资源保障，包括人员、经费、办公场地及设施设备等；

（五）指导、检查机场基础设施与建筑的设计及建设符合航空安保法规标准；

（六）指导机场制定航空安保培训计划，并监督执行；

（七）对机场以及其他相关单位的航空安保工作运行的有效性进行指导、检查、监督；

（八）收集、核实、分析潜在威胁和已发生事件的信息，负责对航空安全进行威胁评估，并指导、部署分级防范工作；

（九）开发和推广使用先进的管理和技术措施，促进机场及其航空安保部门采用这些措施；

（十）按规定组织或参与调查处理涉及机场的航空安保事件及其他重大事故。

第四条 民航地区管理局负责航空安保法规标准在本地区机场的贯彻执行，对违法、违规行为进行查处。主要职责包括：

（一）对辖区内的机场执行航空安保法规标准的情况实施监督检查；

（二）按规定审查机场及其他民用航空有关单位的航空安保方案，并监督实施和督促及时修订；

（三）审查辖区内机场预防和处置劫机、爆炸或其他严重非法干扰事件的预案，对落实情况进行监督检查；

（四）按规定组织或参与调查处理辖区内涉及机场的航空安保事件及其他重大事故；

（五）指导、检查和监督辖区内民用航空安全检查工作；

（六）检查、监督机场安保设施、设备的符合性和有效性；

（七）指导机场按照《国家民用航空安全保卫质量控制计划》制定安保质量控制方案。

（八）指导机场按照《国家民用航空安全保卫培训方案》制定安保培训方案。

第五条 机场管理机构对机场航空安保工作承担直接责任，负责实施有关航空安保法规标准。其主要职责包括：

（一）制定和适时修订机场航空安保方案，并确保方案的适当和有效；

（二）配备与机场旅客吞吐量相适应的航空安保人员和设施设备，并按照标准提供工作和办公场地，使之能够具体承担并完成相应的航空安保工作；

（三）执行安检设备管理有关规定，确保安检设备的效能和质量；

（四）将航空安保需求纳入机场新建、改建和扩建的设计和建设中；

（五）按照《国家民用航空安全保卫培训方案》对员工进行培训；

（六）制定、维护和执行本机场航空安保质量控制方案；

（七）按规定及时上报非法干扰信息和事件；

（八）机场管理机构应当承担的其他职责。

第六条 旅客以及其他进入机场的人员，应当遵守有关航空安保规定。

第二章 一般规定

第一节 组织和管理

第七条 机场管理机构应当接受民航局、民航地区管理局的行业管理。

第八条 机场管理机构应当指定一名负责航空安保工作的副总经理，负责协调有关部门执行航空安保方案，并直接向总经理负责。

机场应当设置专门的航空安保机构，具体负责协调本机场航空安保工作。

机场应当按照本机场旅客吞吐量，设置满足航空安保需要的岗位并配备足够的人员。

机场承担安保职责的人员应当按照《国家民用航空安全保卫培训方案》规定，经过相应的培训，并取得相应的资格认定。

第九条 公共航空运输企业及油料、空管、配餐等驻场民航单位应当设置航空安保机构或配备航空安保人员，并将航空安保机构的设置和人员的配备情况报所在地机场公安机关和民航地区管理局备案。

第十条 有驻场单位的机场应当成立机场航空安保委员会，该委员会应当为各方讨论影响机场及其用户的航空安保问题提供平台，为民航地区管理局和与机场航空安保工作直接相关人员提供沟通途径。其主要职责是：

（一）协调航空安保法规标准在本机场的实施；

（二）监督机场管理机构、公共航空运输企业和其他驻场民航单位实施机场航空安保方案；

（三）确定机场航空安保工作和设施设备的薄弱环节和要害部位清单及相应的航空安保措施，并适时审查更新；

（四）协调机场安保检查、审计、考察等工作；

（五）督促有关单位落实改进航空安保措施和程序的建议。

第十一条 机场航空安保委员会成员应当包括机

场管理机构、公共航空运输企业、民航地区管理局或监管局、机场公安机关、空管部门、油料企业、联检单位、驻场武警等机构的代表。其负责人应当由机场总经理担任。

第十二条 机场航空安保委员会章程应列入机场航空安保方案。章程内容应当包括委员会的组成、职权范围和运作程序。

第二节 航空安保管理体系

第十三条 机场应当建立、运行并维护符合民航局要求的航空安保管理体系，其内容应当包括目标管理体系、组织保障体系、风险管理体系和质量控制体系。

第十四条 航空安保管理体系应当在本机场航空安保方案中作出规定。

第十五条 机场应根据其运行的实际情况，适时组织评估航空安保管理体系的符合性和有效性，及时调整完善。

第三节 质量控制

第十六条 机场管理机构应当按照《国家民用航空安全保卫质量控制计划》要求，制定、维护和执行本机场航空安保质量控制方案，并在航空安保方案中列明。

第十七条 机场管理机构应当按照《国家民用航空安全保卫培训方案》要求，制定、维护和执行本机场航空安保培训方案，并在航空安保方案中列明。

对航空安保人员进行初训和复训的措施和程序应当在航空安保方案中列明。

第十八条 机场管理机构应当组织航空安保管理人员和新招录航空安保人员进行岗前培训，并定期进行岗位培训。

第十九条 机场从事航空安保培训的部门或委托的机构、教员和课程应当符合《国家民用航空安全保卫培训方案》的要求。

第二十条 机场管理机构及驻场民航单位应当按照民航局有关规定，制定背景调查程序和措施，对相关人员进行背景调查。

背景调查程序和措施应当在其航空安保方案中列明。

第四节 经费保障

第二十一条 机场管理机构应当建立航空安保经费投入和保障制度，并在航空安保方案中列明。

机场的经费保障应当满足航空安保运行需要，主要包括：

（一）业务用房和工作场地；
（二）必要的网络、通讯设备和交通工具；
（三）处置非法干扰行为和扰乱行为设备和装备；
（四）检查、审计、测试、考察、演练工作；
（五）安保设施设备的购置、维护与更新；
（六）安保培训；
（七）奖励。

第三章 航空安保方案

第一节 航空安保方案的制定

第二十二条 机场运行应当具备符合规定的航空安保方案。

第二十三条 航空安保方案应当根据本规则及其他航空安保法规标准制定并适时修订。

第二节 航空安保方案的形式和内容

第二十四条 航空安保方案应当由机场法定代表人或者其授权人员签署，并以书面形式独立成册、采用易于修订的活页形式，在修订过的每一页上注有最后一次修订的日期。

第二十五条 航空安保方案的内容应当包括：
（一）机场及机场管理机构的基本情况；
（二）机场管理机构及有关航空安保部门的职责及分工；
（三）负责航空安保工作的副总经理及其替代人员，航空安保机构的设置及其负责人的姓名和24小时联系方式；
（四）机场航空安保委员会的组成、章程及成员名单和联系方式；
（五）为满足本规则第二章、第三章、第四章和第五章规定内容所制定的制度及程序；
（六）为满足《中国民用航空安全检查规则》规定内容所制定的制度及程序；
（七）为满足民用航空货物运输安保工作要求所制定的制度及程序；
（八）为满足其他航空安保法规标准要求所制定的制度及程序。

第三节 航空安保方案的报送

第二十六条 机场的航空安保方案应当符合民航局和民航地区管理局的规定。

第二十七条 新建或改扩建的机场的航空安保方案应当在机场开放使用前，与机场使用许可的申请材料共同报送民航地区管理局。

第二十八条 民航地区管理局审查机场使用许可申请时，一并审查机场安保方案。

第二十九条 航空安保方案具有约束力，机场管理机构及有关单位应当执行。

第四节 航空安保方案的修订

第三十条 机场管理机构应当在下列情形下对航空安保方案进行修订，以确保其持续有效：

（一）负责机场安保工作的组织机构或者其职责发生重大变更的；

（二）发生重大威胁或事件的；

（三）航空安保法规标准发生重大变化的。

第三十一条 为了保护国家安全和公共利益的需要，民航局可要求机场对其航空安保方案作出紧急修订，机场管理机构应当在收到通知后10个工作日内完成修订。

第三十二条 机场管理机构根据本规则第三十条、第三十一条对航空安保方案作出修订的，应当在修订内容实施前至少5个工作日报民航地区管理局备案。

机场管理机构对航空安保方案作出其他修订的，应当在修订内容实施前至少20个工作日报民航地区管理局备案。

第五节 航空安保方案的保存和分发

第三十三条 机场管理机构应当根据工作需要，将航空安保方案的相关部分分发给机场相关部门以及有关驻场单位。

第三十四条 机场管理机构将安保业务外包给航空安保服务机构的，应当将航空安保方案中与外包安保业务相关的部分提供给航空安保服务机构。

第三十五条 机场管理机构应当将航空安保方案文本保存在便于安保工作人员查阅的地方。

第三十六条 航空安保方案为敏感信息文件，应当进行编号并做好登记，妥善保存。

第三十七条 航空安保方案的分发、查阅范围必须受到限制，只限于履行职责需要此种信息的应知人员。

第六节 航空安保协议

第三十八条 机场管理机构应当与公共航空运输企业、通用航空企业、航空配餐企业以及地面服务代理等机构签订航空安保协议，以便本机场航空安保方案中列明的措施和程序得到有效执行。

第三十九条 机场管理机构将安保业务外包的，应当签订航空安保协议，内容至少包括：

（一）航空安保责任的划分；

（二）对有关工作人员的安保要求；

（三）监督检查和质量控制程序；

（四）其他需要明确的事项。

第四十条 航空安保协议应当妥善保存，以便民航地区管理局检查。

第四章 运行航空安保措施

第一节 机场开放使用的安保要求

第四十一条 机场根据年旅客吞吐量以及受威胁程度划分安保等级，实行分级管理。

第四十二条 机场的新建、改建和扩建，应当符合《民用航空运输机场安全保卫设施》（MH/T 7003）规定。

第四十三条 机场的开放使用，应当满足下列安保条件：

（一）设有机场控制区以及符合标准的防护围栏、巡逻通道，并配备专门的值守人员；

（二）派驻有机场公安机构并配备与机场运输量相适应的人员和装备；

（三）设有安全检查机构并配备与机场运输量相适应的人员和设备；

（四）设有专职消防组织并按照机场消防等级配备人员和设备；

（五）制定有航空安保应急处置预案并配备必要的设施设备；

（六）具有符合规定的航空安保方案；

（七）其他应当具备的条件。

第四十四条 申请换发民用机场使用许可证，应当同时报送下列文件资料：

（一）符合规定的航空安保方案；

（二）航空安保审计结论为符合的证明文件；

（三）其他需要报送的文件资料。

第二节 机场控制区的划分

第四十五条 机场管理机构应当按照规定，会同相关驻场单位划定机场控制区。

第四十六条 机场控制区根据安保需要，划分为候机隔离区、行李分拣装卸区、航空器活动区和维修区、货物存放区等。机场控制区的具体划分情况应当在航空安保方案中列明。

第四十七条 机场控制区应当有严密的航空安保措施，实行封闭式分区管理。

从航空器维修区、货物存放区通向其他控制区的道口，应当采取相应的安保控制措施。

第四十八条 机场管理机构应当设置受到非法干扰威胁的航空器隔离停放区，并在航空安保方案中列明。

第三节 机场控制区的安保设施

第四十九条 机场管理机构应当保持机场控制区防护围栏处于持续良好状态，并配备相应人员进行巡逻检查，及时发现并消除安全隐患。

第五十条 进出机场控制区的道口应当具有与防护围栏同等隔离效果的设施保护。

第五十一条 进出机场控制区道口的安全检查应当符合民航局及民航地区管理局的相关规定。

第五十二条 机场控制区的安保设施设备应当符合《民用航空运输机场安全保卫设施》(MH/T 7003)及相关规定的要求。

第四节 机场控制区通行证

第五十三条 机场控制区应当实行通行管制，进入机场控制区的工作人员、车辆应当持有机场控制区通行证。

第五十四条 机场控制区人员通行证应当包含以下信息：

（一）持证人近期照片；
（二）有效起止日期；
（三）可进入的控制区区域；
（四）持证人姓名；
（五）持证人单位；
（六）证件编号；
（七）发证机构；
（八）防伪标识等其他技术要求。

第五十五条 申办机场控制区人员通行证，应当同时具备下列条件：

（一）确需进入机场控制区工作；
（二）通过背景调查；
（三）由所在单位提出书面申请。

申办控制区通行证人员应当通过证件使用和管理的培训。

第五十六条 对因工作需要一次性进入机场控制区的人员，凭驻场接待单位出具的证明信，经发证机构审查合格后为其办理一次性通行证。

申办一次性通行证的人员范围、管理程序及证件信息应当在航空安保方案中列明。

第五十七条 因工作需要进入机场航空器活动区的车辆，应当办理机场控制区车辆通行证，车辆通行证应当包含以下信息：

（一）车辆类型及牌号；
（二）有效起止日期；
（三）可进入的控制区区域；
（四）准许通行的道口；
（五）车辆使用单位；
（六）证件编号；
（七）发证机构；
（八）其他技术要求。

第五十八条 机场控制区人员、车辆通行证的制作应符合有关制作技术标准。

机场控制区人员、车辆通行证使用期限一般不超过3年。

第五十九条 发证机构应当按照民航局及民航地区管理局的有关规定对办证申请进行审核，严格控制证件发放范围和数量，防止无关人员、车辆进入机场控制区。

第六十条 发证机构应当定期核查持证人背景调查资料，确保持证人员持续符合要求。

发证机构应当保存持证人员的申办资料备查，保存期限一般不低于4年。

第六十一条 机场控制区人员、车辆通行证的发证机构和管理规定，应当在航空安保方案中列明。

第五节 机场控制区通行管制

第六十二条 机场管理机构应当制定措施和程序，并配备符合标准的人员和设施设备，对进入机场控制区的人员、车辆进行安全检查，防止未经许可的人员、车辆进入。

第六十三条 乘机旅客应当通过安全检查通道进入指定的区域候机和登机。

工作人员进入机场控制区应当佩戴机场控制区通行证件，经过核对及安全检查，方可进入指定的控制区域。

第六十四条 民用航空监察员凭民航局或地区管理局颁发的通行证进入机场控制区。

第六十五条 空勤人员执行飞行任务时凭空勤登机证进入机场控制区。

第六十六条 持机场控制区一次性通行证的人员，应当在发证机构指定人员引领下进入机场控制区。

第六十七条 车辆进入机场控制区应当停车接受

道口值守人员对车辆、驾驶员、搭乘人员和车辆证件及所载物品的检查。

机场控制区车辆通行证应当置于明显位置。

第六十八条 进入机场控制区的车辆应当由合格的驾驶员驾驶，在机场控制区内行驶的车辆应当按照划定的路线行驶，在划定的位置停放。

第六十九条 对进入机场控制区的工具、物料和器材应当实施安保控制措施。道口和安检通道值守人员应当对工作人员进出机场控制区所携带的工具、物料和器材进行检查、核对和登记，带出时予以核销。使用单位应当明确专人负责工具、物料和器材在机场控制区内的管理。

控制区内使用的刀具等对航空安全有潜在威胁的物品，应当编号并登记造册。

第七十条 运输航空配餐和机上供应品的车辆进入机场控制区应当全程签封，道口安检人员应当查验签封是否完好并核对签封编号。

第六节 候机隔离区的航空安保措施

第七十一条 候机隔离区应当封闭管理，凡与非隔离区相毗邻的门、窗、通道等部位，应采取有效的隔离措施。

第七十二条 机场应当配备与旅客吞吐量相适应的安检通道及安检人员和设备，确保所有进入候机隔离区的人员及物品经过安全检查。

第七十三条 机场应当建立符合标准的安检信息管理系统，及时收集、存储旅客安检信息。

第七十四条 已经通过安全检查的人员离开候机隔离区再次进入的，应当重新接受安全检查。

第七十五条 已经通过安全检查和未经安全检查的人员不得相混或接触。如发生相混或接触，机场管理机构应当采取以下措施：

（一）对相应隔离区进行清场和检查；

（二）对相应出港旅客及其手提行李再次进行安全检查；

（三）如旅客已进入航空器，对该航空器客舱进行安保搜查。

第七十六条 机场管理机构应当采取措施，确保过站和转机旅客受到有效的安保控制。

机场管理机构应当制定程序，确保乘坐入境航班在境内机场过站或转机的旅客及其行李，在未重新进行安全检查前，不得与其他出港旅客接触。但是，与中国签订互认航空安保标准条款的除外。

第七十七条 机场受公共航空运输企业委托，开展值机、托运行李、过站等地面代理服务的，其航空安保措施应当符合《公共航空运输企业航空安全保卫规则》相关规定。

第七十八条 安全检查业务外包的，机场管理机构应当与服务提供商签订安保协议，并对候机隔离区实施有效控制。

第七节 携带武器乘机或托运枪支弹药的航空安保措施

第七十九条 除非同时满足以下条件，任何人员不得携带武器乘机：

（一）经国家警卫部门确定的警卫对象的警卫人员；

（二）持有工作证、持枪证、持枪证明信。

第八十条 对警卫人员随身携带的武器进行安全检查时，应当：

（一）查验工作证、持枪证、持枪证明信；

（二）书面通知公共航空运输企业。

第八十一条 对公共航空运输企业收运的枪支弹药进行安全检查时，应当确认枪支和弹药分离。

第八节 航空器在地面的航空安保措施

第八十二条 航空器在地面的安保应当明确划分责任，并分别在机场、公共航空运输企业航空安保方案中列明。

第八十三条 执行航班飞行任务的民用航空器在机坪短暂停留期间，由机场管理机构负责监护。

航空器在机场过夜或未执行航班飞行任务停放期间，应当由专人守护。

第八十四条 航空器监护人员接收和移交监护任务时，应当与机务人员办理交接手续，填写记录，双方签字。

第八十五条 航空器停放区域应当有充足的照明，确保守护人员及巡逻人员能够及时发现未经授权的非法接触。

航空器隔离停放位置的照明应当充足且不间断。

第八十六条 当发生下列情况时，机场管理机构应组织机场公安、安检等相关部门对航空器进行安保搜查：

（一）航空器停场期间被非法接触；

（二）有合理理由怀疑该航空器在机场被放置违禁物品或者爆炸装置；

（三）其他需要进行安保搜查的情形。

机场管理机构应当对实施安保搜查的人员开展相关业务培训。

第九节 要害部位的航空安保措施

第八十七条 下列设施和部位应划定为要害部位,并实施相应的航空安保措施:
(一)塔台、区域管制中心;
(二)导航设施;
(三)机场供油设施;
(四)机场主备用电源;
(五)其他如遭受破坏将对机场功能产生重大损害的设施和部位。

第八十八条 要害部位的安全保卫应当明确主责单位,并由其制定安保制度和应急处置预案,采取相应的航空安保措施。

要害部位的航空安保措施应当在机场航空安保方案中列明。

第八十九条 要害部位应当至少采取下列航空安保措施:
(一)对塔台、区域管制中心等对空指挥要害部位应当实行严密的航空安保措施,非工作需要或未经授权者严禁入内;
(二)对进入或接近要害部位的人员应当采取通行管制等航空安保措施;
(三)导航设施和其他要害部位应当有足够的安全防护设施或人员保护;
(四)在威胁增加情况下,应当及时通知有关单位强化航空安保措施,并按应急处置预案做好备用设备的启动准备。

第十节 机场非控制区的航空安保措施

第九十条 机场非控制区的航空安保措施应当符合航空安保法规标准的要求,其内容应当纳入机场、公共航空运输企业航空安保方案。

第九十一条 机场公安机关应当保持足够警力在机场候机楼、停车场等公共区域巡逻。

第九十二条 候机楼前人行道应当设置相应的安全防护设施,防止车辆冲击候机楼。

第九十三条 候机楼内售票柜台及其他办理登机手续设施的结构应当能够防止旅客和公众进入工作区。所有客票和登机牌、行李标牌等应当采取航空安保措施,防止被盗或者滥用。

第九十四条 候机楼广播、电视系统应定时通告,告知旅客和公众应当遵守的基本安保事项和程序。在候机楼内、售票处、办理乘机手续柜台、安检通道等位置应当设置适当的安保告示牌。

第九十五条 设在候机楼内的小件物品寄存场所,其寄存的物品应当经过安全检查。

第九十六条 无人看管行李、无人认领行李和错运行李应存放在机场的指定区域,并采取相应的航空安保措施。

第九十七条 机场管理机构应当对保洁员等候机楼内工作人员进行培训,制定对候机楼内卫生间、垃圾箱等隐蔽部位的检查措施以及发现可疑物品的报告程序。

第九十八条 机场管理机构应当组织制定对候机楼、停车场等公共区域发现的无主可疑物或可疑车辆的处置程序并配备相应的防爆设备。

第九十九条 候机楼地下不得设置公共停车场;候机楼地下已设有公共停车场的,应在入口处配置爆炸物探测设备,对进入车辆进行安全检查。

第一百条 机场非控制区可以俯视航空器、安检现场的区域以及穿越机场控制区下方的通道,应当采取以下措施:
(一)配备相应的视频监控系统,并适时有人员巡查;
(二)设置物理隔离措施,防止未经许可进入或者向停放的航空器或安检控制区域投掷物体;
(三)对可以观看到安全检查现场的区域应当采取非透明隔离措施。

第一百零一条 机场要客服务区域应当采取适当的航空安保措施,防止未经授权人员进入。

第十一节 机场租户的航空安保措施

第一百零二条 机场租户应当与机场管理机构签订航空安保协议,协议中应当包含以下内容:
(一)安保责任的划分;
(二)航空安保措施和程序;
(三)对租户工作人员的安保培训;
(四)质量控制措施;
(五)其他需要明确的事项。

第一百零三条 机场租户应当根据机场航空安保方案,制定相应的航空安保措施,并报机场管理机构备案。

第一百零四条 机场租户人员、物品进入机场控制区,应当经过安全检查。

机场租户应明确专人负责保管控制区内使用的刀具及其它对航空安全有潜在威胁的物品。

第一百零五条 机场租户应当履行所在机场航空安保方案所规定的责任,对员工进行航空安保法规标准培训。

第一百零六条 机场租户所租地构成控制区与非

控制区界线的一部分，或者经其可以从非控制区进入控制区者，应当配合机场管理机构对通过其区域的进出实施控制，防止未经授权和未经安全检查的人员、物品进入控制区。

第十二节 驻场单位的航空安保措施

第一百零七条 机场联检部门应当对工作人员进行航空安保法规标准的培训，维护民用航空安全。其工作场地构成控制区与非控制区界线的一部分，或经其可从非控制区进入控制区者，应当负责对通过其区域的进出实施控制，防止未经授权和未经安全检查的人员、物品进入控制区。

第一百零八条 空管部门、航空油料和地面服务代理等其他驻场民航单位应当制定并实施相应的航空安保方案，并报机场所在地民航地区管理局备案。

第十三节 信息报告

第一百零九条 机场管理机构应当建立航空安保信息报告制度，发生以下情况应当立即报告民航地区管理局：

（一）非法干扰事件；
（二）因安保原因造成的安全事故；
（三）重要威胁信息；
（四）重大空防安全隐患；
（五）其他紧急事件。

上述情况处理完毕后，机场管理机构应当在15个工作日内按相关规定书面报告民航地区管理局。

第一百一十条 机场管理机构应当每月向民航地区管理局报告以下情况：

（一）安保运行情况；
（二）非法干扰行为、扰乱行为及其它违规行为情况；
（三）航空安保方案的执行和修订情况；
（四）其他应当报告的内容。

第一百一十一条 机场管理机构在运行中发现公共航空运输企业、空管部门等单位的航空安保措施或安保设施不符合法规标准要求的，应当及时通报公共航空运输企业、空管部门并报民航地区管理局。

第十四节 其他规定

第一百一十二条 机场管理机构接受国际组织或机构、外国政府部门航空安保审计、评估、考察的，应当在活动开始前至少20个工作日内报告民航局，并按照局方有关规定执行。

机场管理机构接受外国航空运输企业、机场航空安保考察的，应当在活动开始前至少20个工作日内报告民航地区管理局，并按照局方有关规定执行。

机场管理机构应当在活动结束后15个工作日内将相关情况上报。

第一百一十三条 机场安全检查工作，按照有关安全检查规定执行。

第一百一十四条 威胁增加时的航空安保措施，按照威胁等级管理办法的有关规定执行。

第五章 安保应急处置

第一百一十五条 机场管理机构应当制定安保应急处置预案，并保证实施预案所需的设备、人员、资金等条件。

机场管理机构应当确保预案中包含的所有信息及时更新，并将更新内容告知相关单位、人员。

机场管理机构应当按照航空安保方案的规定，定期演练应急处置预案。

第一百一十六条 安保应急处置预案应当包含按民航局、民航地区管理局要求，启动相应等级应急处置预案的程序。

第一百一十七条 机场管理机构应当制定程序，按照本机场所在地区的威胁等级，启动相应级别的航空安保措施。

根据民航局、民航地区管理局发布的威胁评估结果，机场管理机构对从高风险机场出发的进港航班旅客及其行李，可以采取必要的航空安保措施。

第一百一十八条 机场管理机构接到航空器受到炸弹威胁或劫机威胁的消息时，应当采取以下措施：

（一）立即通知民航地区管理局、公共航空运输企业等单位关于威胁的情况、对威胁的初步评估以及将采取的措施；
（二）引导航空器在隔离停放区停放；
（三）按照安保应急处置预案，采取相应航空安保措施。

第一百一十九条 机场公安机关、驻场民航单位等部门应当按照职责制定各自的安保应急处置预案。

第一百二十条 民航局根据威胁评估结果或针对民用航空的具体威胁，有权发布安保指令和信息通告，规定应对措施。

机场管理机构应当执行民航局向机场管理机构发布的安保指令和信息通告。

机场管理机构在收到安保指令和信息通告后，应当制定执行安保指令和信息通告各项措施的具体办法。

第一百二十一条 机场管理机构没有能力执行安

保指令中的措施的，应当在安保指令规定的时间内向民航地区管理局提交替代措施。

第一百二十二条　机场管理机构可以通过向民航局提交数据、观点或论证，对安保指令提出意见。民航局可以根据收到的意见修改安保指令，但是提交的意见并不改变安保指令的生效。

第一百二十三条　机场管理机构以及收到安保指令或信息通告的人员应当对安保指令或信息通告中所含限制性信息采取保密措施，未经民航局书面同意，不得把安保指令、信息通告中所含信息透露给无关人员。

第一百二十四条　民航局发现有危及航空运输安全，需要立即采取行动的紧急情况，可以发布特别工作措施。

第一百二十五条　机场管理机构应当制定传递非法干扰行为机密信息的程序，不得擅自泄露信息。

第一百二十六条　机场管理机构应当采取适当措施，保证受到非法干扰的航空器上的旅客和机组能够继续行程。

第六章　监督管理

第一百二十七条　民航局、民航地区管理局依据职责对机场管理机构实施监督检查，以确保其符合：

（一）本规则的规定；

（二）本单位航空安保方案的规定；

（三）其他法规标准中有关航空安保的规定。

第一百二十八条　民航局、民航地区管理局实施监督检查，应当遵循公平、公正、公开的原则，不得妨碍机场管理机构正常的经营活动，不得索取或者收受机场管理机构的财物或者谋取其他利益，不得泄漏机场管理机构的商业秘密。

第一百二十九条　机场管理机构应当对民航局、民航地区管理局执法人员的监督检查给予积极配合，不得向执法人员隐瞒情况或者提供虚假情况。

第一百三十条　民航局、民航地区管理局应加强机场安保工作的检查，发现机场管理机构和驻场民航单位违反本规则有关内容的，可以先行召集其负责人进行警示谈话，或者由民航局、民航地区管理局行政约见其主要负责人或上级主管部门负责人。

第一百三十一条　民航局、民航地区管理局在检查中发现存在事故隐患的，依照《中华人民共和国安全生产法》规定执行。

第一百三十二条　任何单位或者个人发现机场管理机构未按规定执行航空安保措施的，均有权向民航局、民航地区管理局报告或者举报。

第七章　法律责任

第一百三十三条　违反本规则第八条、第九条，机场管理机构、驻场民航单位未按规定设置航空安保机构、配备和培训航空安保人员的，由民航地区管理局责令限期改正；逾期未改正的，对机场管理机构、驻场民航单位处以3万元罚款。

第一百三十四条　违反本规则第十条、第十一条，机场管理机构未按规定成立机场航空安保委员会的，由民航地区管理局责令限期改正；逾期未改正的，处以1万元以上3万元以下罚款。

第一百三十五条　违反本规则规定，机场管理机构未按规定制定并实施航空安保方案的，由民航地区管理局责令限期改正；逾期未改正的，处以1万元以上3万元以下罚款；

第一百三十六条　违反本规则第十六条规定，机场管理机构未制定并实施质量控制方案的，由民航地区管理局责令限期改正；逾期未改正的，处以1万元罚款。

第一百三十七条　违反本规则第十七条、第十八条规定，机场未对从事航空安保人员进行初训、复训的，未对航空安保管理人员或新招录的航空安保人员进行岗前培训的，由民航地区管理局责令限期改正；逾期未改正的，予以警告或处以1万元以上3万元以下罚款。

第一百三十八条　违反本规则第二十一条规定，机场未建立完善的航空安保经费投入和保障制度或机场的经费保障不能达到航空安保运行需要的，由民航地区管理局责令限期改正；逾期不改正的，处以1万元以上3万元以下罚款。

第一百三十九条　违反本规则第三十八条、第三十九条、第七十八条、第一百零二条规定，机场管理机构不与有关单位签署航空安保协议、有关单位不与机场管理机构签署航空安保协议，或者航空安保协议内容不符合本规则要求的，由民航地区管理局责令责任方限期改正；逾期不改正的，处以1万元以上3万元以下罚款。

第一百四十条　机场开放使用后，机场管理机构违反本规则第四十二条或第四十三条第一项和第三项至第六项要求，未按规定配备相应设施设备的，由民航地区管理局责令限期改正；逾期未改正的，处以1万元以上3万元以下罚款。

第一百四十一条　违反本规则第四十九条、第五十条规定，机场管理机构对发生入侵机场控制区事件未及时制止的，由民航地区管理局对机场管理机构处以1万元以上3万元以下罚款；造成运输机场地面事故、民用航空器飞行事故或者严重事故征候的，依据《民用机场管理条例》进行处罚。

第一百四十二条 违反本规则第五十九条规定，发证机构、申办单位不按规定要求办理机场控制区通行证件的，由民航地区管理局责令限期改正，并对直接负责的主管人员和其他责任人员依法予以行政处分。

第一百四十三条 违反本规则第六十二条规定，机场管理机构未制定机场控制区通行管制措施并配备符合要求的人员和设施设备的，由民航地区管理局责令限期改正；逾期未改正的，处以1万元罚款；造成未经授权人员和车辆进入机场控制区的，处以3万元罚款并对直接负责的主管人员和其他责任人员依法予以行政处分。

第一百四十四条 违反本规则第六十九条、第七十条规定，机场管理机构未对进出机场控制区工作人员携带的工具、器材、物料或配餐、机上供应品车辆采取安保控制措施的，由民航地区管理局处以1万元罚款并对直接负责的主管人员和其他责任人员依法予以行政处分。

第一百四十五条 机场管理机构违反本规则第四章第六节候机隔离区航空安保措施有关规定的，由民航地区管理局责令限期改正；逾期未改正的，予以警告或处以1万元以上3万元以下罚款。

第一百四十六条 违反本规则第八十三条、第八十四条规定，机场管理机构未对航空器实施有效监护的，由民航地区管理局依照《中华人民共和国民用航空安保条例》对有关单位处以警告、5万元以下罚款并对直接责任人员依法予以行政处分；情节严重造成恶劣后果的，责令停业整顿。

第一百四十七条 违反本规则第八十五条规定，航空器停放区域照明不符合要求的，由民航地区管理局责令机场管理机构限期改正；逾期未改正的，处以1万元以上3万元以下罚款。

第一百四十八条 违反本规则第八十八条、第八十九条规定，机场管理机构未制定要害部位安保制度和应急处置预案的，或未采取相应航空安保措施的，由民航地区管理局责令限期改正；逾期未改正的，处以1万元以上3万元以下罚款。

第一百四十九条 违反本规则第四章第十节、第十一节规定，相关机构未采取相应措施的，由民航地区管理局责令限期改正；逾期未改正的，予以警告。

第一百五十条 机场联检部门违反本规则第一百零七条规定，造成航空安保事件的，由民航地区管理局通报其上级主管部门。

第一百五十一条 违反本规则第一百零八条规定，相关机构未按规定制定或未有效实施航空安保方案的，由民航地区管理局责令限期改正；逾期未改正的，处以1万元以上3万元以下罚款。

第一百五十二条 违反本规则第一百零九条规定，机场管理机构迟报、漏报或者隐瞒不报信息的，由民航地区管理局予以警告并处以1万元以上3万元以下罚款；造成恶劣后果的，并对有关单位负责人和相关责任人员依法给予行政处分。

第一百五十三条 违反本规则第一百一十二条规定，机场管理机构未按规定接受审计、评估、考察，或未按规定报告情况的，由民航地区管理局对机场管理机构予以警告；情节严重的，处以1万元以上3万元以下罚款。

第一百五十四条 违反本规则第一百一十五条规定，机场管理机构未按规定制定应急处置预案、配备相应设施设备并按期开展演练的，由民航地区管理局责令限期改正；逾期未改正的，处以1万元以上3万元以下罚款。

第一百五十五条 违反本规则第一百二十条规定，机场管理机构不执行安保指令和信息通告的，由民航地区管理局责令限期改正。

第一百五十六条 违反本规则第一百二十九条规定，机场管理机构、驻场民航单位不接受、不配合民航局、民航地区管理局监督检查的，或不提供有关记录档案的，予以警告；情节严重的，处以1万元以上3万元以下罚款。

第一百五十七条 民航局、民航地区管理局工作人员不依法履行监督检查职责，或有滥用职权、玩忽职守行为的，由有关部门依法予以行政处分。

第一百五十八条 违反本规则构成犯罪的，依法追究刑事责任。

第八章 附 则

第一百五十九条 本规则下列用语的含义：

非法干扰行为，是指危害民用航空安全的行为或未遂行为，包括但不限于：

（一）非法劫持航空器；

（二）毁坏使用中的航空器；

（三）在航空器上或机场扣留人质；

（四）强行闯入航空器、机场或航空设施场所；

（五）为犯罪目的而将武器或危险装置、材料带入航空器或机场；

（六）利用使用中的航空器造成死亡、严重人身伤害，或对财产或环境的严重破坏；

（七）散播危害飞行中或地面上的航空器、机场或民航设施场所内的旅客、机组、地面人员或大众安全的虚假信息。

扰乱行为，是指在民用机场或在航空器上不遵守规定，或不听从机场工作人员或机组人员指示，从而扰乱机场或航空器上良好秩序的行为。

机场控制区，是指根据安全需要在机场内划定的进出受到限制的区域。

货物存放区，是指存放已经安全检查等候装入航空器的货物的区域。

航空器安保搜查，是指对航空器内部、外部的搜查，目的在于发现可疑物品、武器和其他危险的装置和物品。

第一百六十条　本规则自2016年5月22日起施行。

民用航空空中交通管理运行单位安全管理规则

（2016年3月17日交通运输部令17号公布，自2016年4月17日起实施）

第一章　总　　则

第一条　为了规范对民用航空空中交通管理（以下简称民航空管）运行单位的安全监督和管理，降低空中交通安全风险，提高空中交通运行安全水平，保障飞行安全，依据《中华人民共和国安全生产法》、《中华人民共和国民用航空法》和《中华人民共和国飞行基本规则》等法律法规，制定本规则。

第二条　在中华人民共和国领域内从事民用航空中交通服务、航空情报服务、通信导航监视服务、航空气象服务的单位（以下简称民航空管运行单位）和个人，应当遵守本规则。

本规则所指的民航空管运行单位包括中国民用航空局空中交通管理局及其所属的地区空中交通管理局、空中交通管理分局、空中交通管理站和机场管理机构及其下属的民航空管运行部门。第五十条本规则自2017年3月10日起施行。2016年4月4日起施行的《公共航空旅客运输飞行中安全保卫工作规则》（交通运输部令2016年第5号）同时废止。

第三条　民航空管运行单位安全管理应当坚持安全第一、预防为主、综合治理的工作方针。

第四条　中国民用航空局（以下简称民航局）负责监督管理全国民航空管安全管理工作，民航地区管理局（以下简称地区管理局）负责监督管理本地区民航空管安全管理工作。

第五条　民航空管运行单位负责组织与实施本单位民航空管运行安全管理工作。

第六条　民航空管安全管理工作实行安全事故责任追究制度，依据有关法律、法规和本规则的规定，追究安全生产事故责任人的责任。

第七条　民航局鼓励和支持民航空管安全管理的科学技术研究、先进技术和先进管理方式的推广应用，提高民航空管安全管理水平。

第二章　机构和人员

第八条　民航局负责统一制定民航空管安全管理的政策、规章和标准，制定安全工作规划，确定安全管理目标，组织实施民航空管安全审计，指导监督民航空管安全管理体系建设，监督、检查和指导民航空管安全工作及安全管理措施的落实情况。

第九条　地区管理局负责监督检查本地区民航空管运行单位贯彻落实民航空管安全管理的政策、法规、规章和标准；监督检查安全工作规划和安全管理措施落实、安全管理目标执行和安全管理体系建设的情况，监督检查民航空管运行单位的安全评估工作，承办民航空管安全审计工作。

第十条　民航空管运行单位贯彻落实民航空管安全管理的政策、法规、规章和标准，落实安全工作规划、安全管理目标，建立健全安全管理体系，实施对本单位运行状况的经常性检查，定期评价安全状况，组织落实安全管理措施，收集、统计、分析本单位的安全信息，对民航空管不安全事件制定并落实整改措施，制定本单位安全培训计划，组织开展安全生产教育、培训工作，记录培训考核情况；组织实施民航空管安全评估；按规定上报本单位的安全状况和信息。

第十一条　民航空管运行单位应当根据下列要求设置运行安全管理部门或者配备安全管理人员。

（一）从业人员超过150人（含）的，应当设置专门的安全管理部门；

（二）从业人员少于150人的，应当按照不小于50比1的比例设置专职安全管理人员；

（三）从业人员少于50人的，应当至少有一名专职或兼职的安全管理人员。

民航空管运行单位安全管理部门或安全管理人员负责本单位的安全管理体系的组织与实施工作。

第十二条　民航空管运行单位的主要负责人对本单位运行安全管理全面负责，组织实施下列安全管理工作：

（一）建立健全本单位安全生产责任制；

（二）组织制定本单位安全管理的规章制度和操作规程；

（三）保证本单位的安全管理投入；

（四）督促、检查本单位的安全管理工作，及时消除民航空管运行安全隐患；

（五）组织制定并实施本单位的应急预案；

（六）及时、如实地报告民航空管不安全事件。

第十三条 民航空管运行单位应当倡导积极的安全文化，采取多种形式加强对民航空管安全的法律、法规、规章、标准和民航空管安全知识的宣传，向从业人员充分告知安全风险，教育和督促从业人员严格遵守安全生产规章制度，执行操作规程，提高职工的安全意识。

第十四条 民用航空空中交通管制员、航空情报员、航空电信人员、航空气象人员等专业人员应当按照有关规定取得相应的专业人员执照，并保持有效。

前款所述从业人员在身体不适合履行岗位职责时，应当主动向本单位报告，民航空管运行单位应当及时予以调整工作岗位。

第十五条 民航空管运行单位的从业人员应当服从安全管理，严格遵守本单位的安全生产规章制度和操作规程，有权拒绝违章操作。

从业人员有义务对民航空管安全管理工作提出建议，发现安全隐患或者其他不安全因素，应当立即向安全管理部门或者安全管理人员报告。

第十六条 民航空管运行中凡涉及人员派遣、工作代理、设备租赁和信息服务的，相关单位和人员应当以协议的形式明确安全责任。

第十七条 在同一运行区域内或在相邻运行区域运行时，各民航空管运行单位之间，民航空管运行单位与航空营运人、机场管理机构等有关单位之间，应当通过协议明确各自的安全职责和措施。

第三章 民航空管安全管理

第十八条 民航空管运行单位应当建立和健全民航空管安全管理体系。民航空管安全管理体系应当包括安全管理的组织机构、人员及其职责，安全管理的方针、政策和目标，安全管理的标准以及规章制度，安全绩效考核制度，安全监督和检查机制，安全评估制度，应急管理制度，安全教育和培训制度，安全信息报告制度，安全风险管理机制，安全奖惩机制，安全问责制度，文档管理要求等。民航空管安全管理体系应当做到有计划、有落实、有检查、有跟踪的闭环管理。

第十九条 民航空管运行单位应当定期召开安全形势分析会，分析和判断安全生产形势，对前一阶段的工作进行总结，并对以后的工作进行部署。

当出现不利于民航空管安全运行的因素或者已经发生影响民航空管运行的严重事件时，民航空管运行单位应当及时召开会议，研究制定针对性措施。

第二十条 民航空管运行单位应当建立安全评估机制。安全评估分为事前评估和跟踪评估。事前评估是对预计实施事项的可行性、安全性和可靠性以及安全应对措施是否满足可接受的安全风险水平的评估；跟踪评估是对评估事项实施后是否满足预定的安全指标水平以及未来的安全发展态势所进行的评估。

民航空管运行单位在遇有下列情况之一，应当进行安全评估：

（一）降低最低飞行间隔；

（二）变更管制方式；

（三）新技术首次应用；

（四）实施新的飞行程序或管制程序；

（五）调整空域范围或空域结构；

（六）新建、改建、扩建民航空管运行设施设备等建设项目；

（七）其他可能影响安全风险水平的情况。

民航空管运行单位应当对运行环境或方式改变后的运行安全情况进行持续监控。

第二十一条 民航空管运行单位应当将评估情况报所在地的地区管理局备案。

第二十二条 民航空管运行单位应当建立定期和不定期的内部安全检查制度，对检查中发现的问题，制定切实可行的安全措施。

第二十三条 民航空管运行单位应当建立健全风险管理机制，将影响民航空管运行安全的风险降低到可接受的程度。民航空管运行单位应当对在运行中可能发生或者出现的下列情况进行分析和控制：

（一）小于最小飞行间隔；

（二）低于最低安全高度；

（三）民航空管雷达自动化系统出现低高度告警或短时飞行冲突告警；

（四）非法侵入跑道；

（五）地空通信失效；

（六）无线电干扰；

（七）影响民航空管运行安全的设备故障；

（八）其他可能危及民航空管运行安全的情况。

第二十四条 民航空管运行单位应当按照民航安全目标，确立民航空管运行安全指标。民航空管运行安全指标应当包括：

（一）民航空管原因航空器事故征候和严重事故

征候的事件数量和万架次率；

（二）民航空管通信、导航、监视、航空气象和航空情报等设备的运行正常率和完好率；

（三）民航空管设施设备故障等原因影响民航空管运行的不正常事件以及其持续时间、影响范围和程度；

（四）重要天气预报准确率和气象地面观测错情率；

（五）航空情报资料发布以及更新的准确率；

（六）其他可能影响实现民航安全目标的工作指标。

第二十五条　民航空管运行单位应当按照规定制定应急处置预案，并定期组织演练。

第二十六条　民航空管运行单位应当建立安全建议和意见的收集、分析及反馈制度，鼓励民航空管从业人员主动提出安全建议和意见。

第四章　民航空管不安全事件的报告、调查和处理

第二十七条　发生或者发现民航空管不安全事件，事件发生地的民航空管运行单位应当按照规定及时报告。

第二十八条　民航空管运行单位应当按规定制定民航空管不安全事件的报告程序。

第二十九条　民航空管不安全事件调查应当客观公正，全面深入地查找、分析事件发生的原因，明确责任，提出并落实改进建议和措施，防止类似事件再次发生。

第三十条　对民航局或者地区管理局组织的民航空管不安全事件调查，民航空管运行单位应当积极配合。民航空管运行单位应当将本单位组织的民航空管不安全事件的调查情况，按规定及时报告所在地的地区管理局。

第三十一条　未经民航局许可，民航空管运行单位及其从业人员不得对外发布民航空管不安全事件信息。

第五章　安全教育和培训

第三十二条　民航空管运行单位的主要负责人和安全管理人员应当经过相应的民航局安全管理培训，取得相应培训证书，具备相应的安全知识和安全管理能力。

第三十三条　民航空管运行单位应当制定安全教育和培训计划，对从业人员进行安全教育、培训和考核。

安全教育和培训可以单独或者与相关培训机构联合进行。

第三十四条　民航空管运行单位应当将安全教育和培训经费纳入本单位年度计划，为安全教育和培训提供所需条件。

第三十五条　民航空管从业人员应当接受安全教育和培训，未经安全教育和培训，或者经教育和培训后考核不合格的从业人员，不得上岗作业。

第三十六条　民航空管安全培训分为岗前、年度、专项培训。

岗前培训是对民航空管新从业人员和转岗人员的安全培训；年度培训是每年对民航空管从业人员的安全培训；专项培训是针对采用新技术或使用新设备等特定目的所进行的安全培训。

上述培训可以单独或者结合相关专业培训一并进行。

第三十七条　对民航空管新从业人员和转岗人员应当进行岗前培训。岗前安全培训主要内容：

（一）国家、民航的安全生产方针、政策；

（二）有关安全生产的法律、法规、规章和标准；

（三）安全管理概念和安全管理体系知识；

（四）专业安全生产管理和安全生产技术；

（五）民用航空器事故、事故征候、民航空管不安全事件的报告以及处理；

（六）典型航空不安全事件的案例分析；

（七）岗位安全职责和操作规程；

（八）其他履行岗位安全职责所需的内容。

第三十八条　民航空管从业人员年度培训应当在岗前培训内容的基础上，根据年度安全管理工作特点和要求，结合本单位实际，增加有关风险管理、应急处置、案例分析、安全形势等培训事项。

第三十九条　当出现下列情况时，民航空管运行单位应当进行专项安全培训：

（一）管理体制和生产任务发生重大变化；

（二）相关法律、法规、规章、标准、程序发生重大变化；

（三）采用新技术、使用新设备；

（四）运行环境变化且存在安全风险。

第四十条　民航空管从业人员岗前安全培训的时间不得少于 24 小时，年度培训的时间不得少于 12 小时，专项培训时间根据实际情况确定。

第六章　安全信息和文档的管理

第四十一条　民航空管运行单位应当建立安全信息和文档管理制度，对涉及安全管理工作的情况、运行状况和相关数据、民航空管不安全事件以及资料等

应当分类归档，妥善保存。

民航空管运行单位不得擅自修改相关数据和文档记录。

第四十二条 民航空管运行单位应当对下列涉及民航空管安全管理工作的数据和文档保存不得少于6年：

（一）年度安全工作管理目标、指标、计划及完成情况；

（二）安全教育和培训及其考核档案；

（三）安全管理会议的有关记录；

（四）安全审计、安全评估、安全检查及整改情况；

（五）本单位发生的民航空管不安全事件；

（六）安全奖励和处罚。

第四十三条 民航空管运行单位对超过保存期限的安全信息和文档，应当按照规定处理。

第七章 监督检查

第四十四条 地区管理局对民航空管运行单位遵守有关法律、法规、规章和标准等情况进行定期和不定期监督检查。

民航空管运行单位以及个人对监督检查活动应当予以配合，不得拒绝、阻挠。

监督检查不得妨碍被监督检查单位的正常工作。

第四十五条 地区管理局履行监督检查职责时可以依法采取下列措施：

（一）制止违法行为；

（二）巡视、检查民航空管运行现场（包括证件、资料、设施、设备等）和民航空管从业人员的工作过程；

（三）约见或者询问民航空管运行单位主要负责人和其他有关人员；

（四）调阅、摘抄、复制、封存、扣押有关资料、物品；

（五）抽样取证。

第四十六条 地区管理局对民航空管运行单位进行监督检查中发现的重大安全隐患，应当责令有关单位立即排除；对监督检查中发现的安全管理缺陷或安全隐患，应当向有关单位提出限期整改建议；对监督检查中发现的违法行为，应当立即制止，依法进行处罚。

第八章 法律责任

第四十七条 民航空管运行单位违反本规则第十条规定的，由地区管理局责令限期改正；逾期未改正的，对其主要负责人处以警告或者人民币二百元以上一千元以下罚款，并对单位处以警告或者一万元以上三万元以下罚款。

第四十八条 相关单位违反本规则第十六条、第十七条规定的，由地区管理局责令限期改正；逾期未改正的，对其主要负责人处以警告或者人民币二百元以上一千元以下罚款，并对单位处以警告或者一万元以上三万元以下罚款。

第四十九条 民航空管运行单位违反本规则第四十一条规定的，由地区管理局责令限期改正；逾期未改正的，对单位处以警告或者五千元以上一万元以下罚款。

第九章 附 则

第五十条 本规则自2016年4月17日起施行。

（七）特种设备安全类

1. 法律法规

中华人民共和国特种设备安全法

（2013年6月29日第十二届全国人民代表大会常务委员会第三次会议通过，2013年6月29日中华人民共和国主席令第4号公布，自2014年1月1日起施行）

第一章 总 则

第一条 为了加强特种设备安全工作，预防特种设备事故，保障人身和财产安全，促进经济社会发展，制定本法。

第二条 特种设备的生产（包括设计、制造、安装、改造、修理）、经营、使用、检验、检测和特种设备安全的监督管理，适用本法。

本法所称特种设备，是指对人身和财产安全有较大危险性的锅炉、压力容器（含气瓶）、压力管道、电梯、起重机械、客运索道、大型游乐设施、场（厂）内专用机动车辆，以及法律、行政法规规定适用本法的其他特种设备。

国家对特种设备实行目录管理。特种设备目录由国务院负责特种设备安全监督管理的部门制定，报国务院批准后执行。

第三条 特种设备安全工作应当坚持安全第一、预防为主、节能环保、综合治理的原则。

第四条 国家对特种设备的生产、经营、使用，实施分类的、全过程的安全监督管理。

第五条 国务院负责特种设备安全监督管理的部门对全国特种设备安全实施监督管理。县级以上地方各级人民政府负责特种设备安全监督管理的部门对本行政区域内特种设备安全实施监督管理。

第六条 国务院和地方各级人民政府应当加强对特种设备安全工作的领导，督促各有关部门依法履行监督管理职责。

县级以上地方各级人民政府应当建立协调机制，及时协调、解决特种设备安全监督管理中存在的问题。

第七条 特种设备生产、经营、使用单位应当遵守本法和其他有关法律、法规，建立、健全特种设备安全和节能责任制度，加强特种设备安全和节能管理，确保特种设备生产、经营、使用安全，符合节能要求。

第八条 特种设备生产、经营、使用、检验、检测应当遵守有关特种设备安全技术规范及相关标准。

特种设备安全技术规范由国务院负责特种设备安全监督管理的部门制定。

第九条 特种设备行业协会应当加强行业自律，推进行业诚信体系建设，提高特种设备安全管理水平。

第十条 国家支持有关特种设备安全的科学技术研究，鼓励先进技术和先进管理方法的推广应用，对做出突出贡献的单位和个人给予奖励。

第十一条 负责特种设备安全监督管理的部门应当加强特种设备安全宣传教育，普及特种设备安全知识，增强社会公众的特种设备安全意识。

第十二条 任何单位和个人有权向负责特种设备安全监督管理的部门和有关部门举报涉及特种设备安全的违法行为，接到举报的部门应当及时处理。

第二章 生产、经营、使用

第一节 一般规定

第十三条 特种设备生产、经营、使用单位及其主要负责人对其生产、经营、使用的特种设备安全负责。

特种设备生产、经营、使用单位应当按照国家有关规定配备特种设备安全管理人员、检测人员和作业人员，并对其进行必要的安全教育和技能培训。

第十四条 特种设备安全管理人员、检测人员和作业人员应当按照国家有关规定取得相应资格，方可从事相关工作。特种设备安全管理人员、检测人员和作业人员应当严格执行安全技术规范和管理制度，保证特种设备安全。

第十五条 特种设备生产、经营、使用单位对其生产、经营、使用的特种设备应当进行自行检测和维护保养，对国家规定实行检验的特种设备应当及时申报并接受检验。

第十六条 特种设备采用新材料、新技术、新工艺，与安全技术规范的要求不一致，或者安全技术规范未作要求、可能对安全性能有重大影响的，应当向国务院负责特种设备安全监督管理的部门申报，由国务院负责特种设备安全监督管理的部门及时委托安全技术咨询机构或者相关专业机构进行技术评审，评审结果经国务院负责特种设备安全监督管理的部门批准，方可投入生产、使用。

国务院负责特种设备安全监督管理的部门应当将允许使用的新材料、新技术、新工艺的有关技术要求，及时纳入安全技术规范。

第十七条 国家鼓励投保特种设备安全责任保险。

第二节 生 产

第十八条 国家按照分类监督管理的原则对特种设备生产实行许可制度。特种设备生产单位应当具备下列条件，并经负责特种设备安全监督管理的部门许可，方可从事生产活动：

（一）有与生产相适应的专业技术人员；

（二）有与生产相适应的设备、设施和工作场所；

（三）有健全的质量保证、安全管理和岗位责任等制度。

第十九条 特种设备生产单位应当保证特种设备生产符合安全技术规范及相关标准的要求，对其生产的特种设备的安全性能负责。不得生产不符合安全性能要求和能效指标以及国家明令淘汰的特种设备。

第二十条 锅炉、气瓶、氧舱、客运索道、大型游乐设施的设计文件，应当经负责特种设备安全监督管理的部门核准的检验机构鉴定，方可用于制造。

特种设备产品、部件或者试制的特种设备新产品、新部件以及特种设备采用的新材料，按照安全技术规范的要求需要通过型式试验进行安全性验证的，应当经负责特种设备安全监督管理的部门核准的检验机构进行型式试验。

第二十一条 特种设备出厂时，应当随附安全技术规范要求的设计文件、产品质量合格证明、安装及使用维护保养说明、监督检验证明等相关技术资料和文件，并在特种设备显著位置设置产品铭牌、安全警示标志及其说明。

第二十二条 电梯的安装、改造、修理，必须由电梯制造单位或者其委托的依照本法取得相应许可的单位进行。电梯制造单位委托其他单位进行电梯安装、改造、修理的，应当对其安装、改造、修理进行安全指导和监控，并按照安全技术规范的要求进行校验和调试。电梯制造单位对电梯安全性能负责。

第二十三条 特种设备安装、改造、修理的施工单位应当在施工前将拟进行的特种设备安装、改造、修理情况书面告知直辖市或者设区的市级人民政府负责特种设备安全监督管理的部门。

第二十四条 特种设备安装、改造、修理竣工后，安装、改造、修理的施工单位应当在验收后三十日内将相关技术资料和文件移交特种设备使用单位。特种设备使用单位应当将其存入该特种设备的安全技术档案。

第二十五条 锅炉、压力容器、压力管道元件等特种设备的制造过程和锅炉、压力容器、压力管道、电梯、起重机械、客运索道、大型游乐设施的安装、改造、重大修理过程，应当经特种设备检验机构按照安全技术规范的要求进行监督检验；未经监督检验或者监督检验不合格的，不得出厂或者交付使用。

第二十六条 国家建立缺陷特种设备召回制度。因生产原因造成特种设备存在危及安全的同一性缺陷的，特种设备生产单位应当立即停止生产，主动召回。

国务院负责特种设备安全监督管理的部门发现特种设备存在应当召回而未召回的情形时，应当责令特种设备生产单位召回。

第三节 经　　营

第二十七条 特种设备销售单位销售的特种设备，应当符合安全技术规范及相关标准的要求，其设计文件、产品质量合格证明、安装及使用维护保养说明、监督检验证明等相关技术资料和文件应当齐全。

特种设备销售单位应当建立特种设备检查验收和销售记录制度。

禁止销售未取得许可生产的特种设备，未经检验和检验不合格的特种设备，或者国家明令淘汰和已经报废的特种设备。

第二十八条 特种设备出租单位不得出租未取得许可生产的特种设备或者国家明令淘汰和已经报废的特种设备，以及未按照安全技术规范的要求进行维护保养和未经检验或者检验不合格的特种设备。

第二十九条 特种设备在出租期间的使用管理和维护保养义务由特种设备出租单位承担，法律另有规定或者当事人另有约定的除外。

第三十条 进口的特种设备应当符合我国安全技术规范的要求，并经检验合格；需要取得我国特种设备生产许可的，应当取得许可。

进口特种设备随附的技术资料和文件应当符合本法第二十一条的规定，其安装及使用维护保养说明、产品铭牌、安全警示标志及其说明应当采用中文。

特种设备的进出口检验，应当遵守有关进出口商品检验的法律、行政法规。

第三十一条 进口特种设备，应当向进口地负责特种设备安全监督管理的部门履行提前告知义务。

第四节 使　　用

第三十二条 特种设备使用单位应当使用取得许可生产并经检验合格的特种设备。

禁止使用国家明令淘汰和已经报废的特种设备。

第三十三条 特种设备使用单位应当在特种设备投入使用前或者投入使用后三十日内，向负责特种设备安全监督管理的部门办理使用登记，取得使用登记证书。登记标志应当置于该特种设备的显著位置。

第三十四条 特种设备使用单位应当建立岗位责任、隐患治理、应急救援等安全管理制度，制定操作规程，保证特种设备安全运行。

第三十五条 特种设备使用单位应当建立特种设备安全技术档案。安全技术档案应当包括以下内容：

（一）特种设备的设计文件、产品质量合格证明、安装及使用维护保养说明、监督检验证明等相关技术资料和文件；

（二）特种设备的定期检验和定期自行检查记录；

（三）特种设备的日常使用状况记录；

（四）特种设备及其附属仪器仪表的维护保养记录；

（五）特种设备的运行故障和事故记录。

第三十六条 电梯、客运索道、大型游乐设施等为公众提供服务的特种设备的运营使用单位,应当对特种设备的使用安全负责,设置特种设备安全管理机构或者配备专职的特种设备安全管理人员;其他特种设备使用单位,应当根据情况设置特种设备安全管理机构或者配备专职、兼职的特种设备安全管理人员。

第三十七条 特种设备的使用应当具有规定的安全距离、安全防护措施。

与特种设备安全相关的建筑物、附属设施,应当符合有关法律、行政法规的规定。

第三十八条 特种设备属于共有的,共有人可以委托物业服务单位或者其他管理人管理特种设备,受托人履行本法规定的特种设备使用单位的义务,承担相应责任。共有人未委托的,由共有人或者实际管理人履行管理义务,承担相应责任。

第三十九条 特种设备使用单位应当对其使用的特种设备进行经常性维护保养和定期自行检查,并作出记录。

特种设备使用单位应当对其使用的特种设备的安全附件、安全保护装置进行定期校验、检修,并作出记录。

第四十条 特种设备使用单位应当按照安全技术规范的要求,在检验合格有效期届满前一个月向特种设备检验机构提出定期检验要求。

特种设备检验机构接到定期检验要求后,应当按照安全技术规范的要求及时进行安全性能检验。特种设备使用单位应当将定期检验标志置于该特种设备的显著位置。

未经定期检验或者检验不合格的特种设备,不得继续使用。

第四十一条 特种设备安全管理人员应当对特种设备使用状况进行经常性检查,发现问题应当立即处理;情况紧急时,可以决定停止使用特种设备并及时报告本单位有关负责人。

特种设备作业人员在作业过程中发现事故隐患或者其他不安全因素,应当立即向特种设备安全管理人员和单位有关负责人报告;特种设备运行不正常时,特种设备作业人员应当按照操作规程采取有效措施保证安全。

第四十二条 特种设备出现故障或者发生异常情况,特种设备使用单位应当对其进行全面检查,消除事故隐患,方可继续使用。

第四十三条 客运索道、大型游乐设施在每日投入使用前,其运营使用单位应当进行试运行和例行安全检查,并对安全附件和安全保护装置进行检查确认。

电梯、客运索道、大型游乐设施的运营使用单位应当将电梯、客运索道、大型游乐设施的安全使用说明、安全注意事项和警示标志置于易于为乘客注意的显著位置。

公众乘坐或者操作电梯、客运索道、大型游乐设施,应当遵守安全使用说明和安全注意事项的要求,服从有关工作人员的管理和指挥;遇有运行不正常时,应当按照安全指引,有序撤离。

第四十四条 锅炉使用单位应当按照安全技术规范的要求进行锅炉水(介)质处理,并接受特种设备检验机构的定期检验。

从事锅炉清洗,应当按照安全技术规范的要求进行,并接受特种设备检验机构的监督检验。

第四十五条 电梯的维护保养应当由电梯制造单位或者依照本法取得许可的安装、改造、修理单位进行。

电梯的维护保养单位应当在维护保养中严格执行安全技术规范的要求,保证其维护保养的电梯的安全性能,并负责落实现场安全防护措施,保证施工安全。

电梯的维护保养单位应当对其维护保养的电梯的安全性能负责;接到故障通知后,应当立即赶赴现场,并采取必要的应急救援措施。

第四十六条 电梯投入使用后,电梯制造单位应当对其制造的电梯的安全运行情况进行跟踪调查和了解,对电梯的维护保养单位或者使用单位在维护保养和安全运行方面存在的问题,提出改进建议,并提供必要的技术帮助;发现电梯存在严重事故隐患时,应当及时告知电梯使用单位,并向负责特种设备安全监督管理的部门报告。电梯制造单位对调查和了解的情况,应当作出记录。

第四十七条 特种设备进行改造、修理,按照规定需要变更使用登记的,应当办理变更登记,方可继续使用。

第四十八条 特种设备存在严重事故隐患,无改造、修理价值,或者达到安全技术规范规定的其他报废条件的,特种设备使用单位应当依法履行报废义务,采取必要措施消除该特种设备的使用功能,并向原登记的负责特种设备安全监督管理的部门办理使用登记证书注销手续。

前款规定报废条件以外的特种设备,达到设计使用年限可以继续使用的,应当按照安全技术规范的要求通过检验或者安全评估,并办理使用登记证书变更,方可继续使用。允许继续使用的,应当采取加强检验、检测和维护保养等措施，确保使用安全。

第四十九条 移动式压力容器、气瓶充装单位，应当具备下列条件，并经负责特种设备安全监督管理的部门许可，方可从事充装活动：

（一）有与充装和管理相适应的管理人员和技术人员；

（二）有与充装和管理相适应的充装设备、检测手段、场地厂房、器具、安全设施；

（三）有健全的充装管理制度、责任制度、处理措施。

充装单位应当建立充装前后的检查、记录制度，禁止对不符合安全技术规范要求的移动式压力容器和气瓶进行充装。

气瓶充装单位应当向气体使用者提供符合安全技术规范要求的气瓶，对气体使用者进行气瓶安全使用指导，并按照安全技术规范的要求办理气瓶使用登记，及时申报定期检验。

第三章 检验、检测

第五十条 从事本法规定的监督检验、定期检验的特种设备检验机构，以及为特种设备生产、经营、使用提供检测服务的特种设备检测机构，应当具备下列条件，并经负责特种设备安全监督管理的部门核准，方可从事检验、检测工作：

（一）有与检验、检测工作相适应的检验、检测人员；

（二）有与检验、检测工作相适应的检验、检测仪器和设备；

（三）有健全的检验、检测管理制度和责任制度。

第五十一条 特种设备检验、检测机构的检验、检测人员应当经考核，取得检验、检测人员资格，方可从事检验、检测工作。

特种设备检验、检测机构的检验、检测人员不得同时在两个以上检验、检测机构中执业；变更执业机构的，应当依法办理变更手续。

第五十二条 特种设备检验、检测工作应当遵守法律、行政法规的规定，并按照安全技术规范的要求进行。

特种设备检验、检测机构及其检验、检测人员应当依法为特种设备生产、经营、使用单位提供安全、可靠、便捷、诚信的检验、检测服务。

第五十三条 特种设备检验、检测机构及其检验、检测人员应当客观、公正、及时地出具检验、检测报告，并对检验、检测结果和鉴定结论负责。

特种设备检验、检测机构及其检验、检测人员在检验、检测中发现特种设备存在严重事故隐患时，应当及时告知相关单位，并立即向负责特种设备安全监督管理的部门报告。

负责特种设备安全监督管理的部门应当组织对特种设备检验、检测机构的检验、检测结果和鉴定结论进行监督抽查，但应当防止重复抽查。监督抽查结果应当向社会公布。

第五十四条 特种设备生产、经营、使用单位应当按照安全技术规范的要求向特种设备检验、检测机构及其检验、检测人员提供特种设备相关资料和必要的检验、检测条件，并对资料的真实性负责。

第五十五条 特种设备检验、检测机构及其检验、检测人员对检验、检测过程中知悉的商业秘密，负有保密义务。

特种设备检验、检测机构及其检验、检测人员不得从事有关特种设备的生产、经营活动，不得推荐或者监制、监销特种设备。

第五十六条 特种设备检验机构及其检验人员利用检验工作故意刁难特种设备生产、经营、使用单位的，特种设备生产、经营、使用单位有权向负责特种设备安全监督管理的部门投诉，接到投诉的部门应当及时进行调查处理。

第四章 监督管理

第五十七条 负责特种设备安全监督管理的部门依照本法规定，对特种设备生产、经营、使用单位和检验、检测机构实施监督检查。

负责特种设备安全监督管理的部门应当对学校、幼儿园以及医院、车站、客运码头、商场、体育场馆、展览馆、公园等公众聚集场所的特种设备，实施重点安全监督检查。

第五十八条 负责特种设备安全监督管理的部门实施本法规定的许可工作，应当依照本法和其他有关法律、行政法规规定的条件和程序以及安全技术规范的要求进行审查；不符合规定的，不得许可。

第五十九条 负责特种设备安全监督管理的部门在办理本法规定的许可时，其受理、审查、许可的程序必须公开，并应当自受理申请之日起三十日内，作出许可或者不予许可的决定；不予许可的，应当书面向申请人说明理由。

第六十条 负责特种设备安全监督管理的部门对依法办理使用登记的特种设备应当建立完整的监督管理档案和信息查询系统；对达到报废条件的特种设备，应当及时督促特种设备使用单位依法履行报废义务。

第六十一条 负责特种设备安全监督管理的部门

在依法履行监督检查职责时,可以行使下列职权:

(一)进入现场进行检查,向特种设备生产、经营、使用单位和检验、检测机构的主要负责人和其他有关人员调查、了解有关情况;

(二)根据举报或者取得的涉嫌违法证据,查阅、复制特种设备生产、经营、使用单位和检验、检测机构的有关合同、发票、账簿以及其他有关资料;

(三)对有证据表明不符合安全技术规范要求或者存在严重事故隐患的特种设备实施查封、扣押;

(四)对流入市场的达到报废条件或者已经报废的特种设备实施查封、扣押;

(五)对违反本法规定的行为作出行政处罚决定。

第六十二条 负责特种设备安全监督管理的部门在依法履行职责过程中,发现违反本法规定和安全技术规范要求的行为或者特种设备存在事故隐患时,应当以书面形式发出特种设备安全监察指令,责令有关单位及时采取措施予以改正或者消除事故隐患。紧急情况下要求有关单位采取紧急处置措施的,应当随后补发特种设备安全监察指令。

第六十三条 负责特种设备安全监督管理的部门在依法履行职责过程中,发现重大违法行为或者特种设备存在严重事故隐患时,应当责令有关单位立即停止违法行为、采取措施消除事故隐患,并及时向上级负责特种设备安全监督管理的部门报告。接到报告的负责特种设备安全监督管理的部门应当采取必要措施,及时予以处理。

对违法行为、严重事故隐患的处理需要当地人民政府和有关部门的支持、配合时,负责特种设备安全监督管理的部门应当报告当地人民政府,并通知其他有关部门。当地人民政府和其他有关部门应当采取必要措施,及时予以处理。

第六十四条 地方各级人民政府负责特种设备安全监督管理的部门不得要求已经依照本法规定在其他地方取得许可的特种设备生产单位重复取得许可,不得要求对已经依照本法规定在其他地方检验合格的特种设备重复进行检验。

第六十五条 负责特种设备安全监督管理的部门的安全监察人员应当熟悉相关法律、法规,具有相应的专业知识和工作经验,取得特种设备安全行政执法证件。

特种设备安全监察人员应当忠于职守、坚持原则、秉公执法。

负责特种设备安全监督管理的部门实施安全监督检查时,应当有二名以上特种设备安全监察人员参加,并出示有效的特种设备安全行政执法证件。

第六十六条 负责特种设备安全监督管理的部门对特种设备生产、经营、使用单位和检验、检测机构实施监督检查,应当对每次监督检查的内容、发现的问题及处理情况作出记录,并由参加监督检查的特种设备安全监察人员和被检查单位的有关负责人签字后归档。被检查单位的有关负责人拒绝签字的,特种设备安全监察人员应当将情况记录在案。

第六十七条 负责特种设备安全监督管理的部门及其工作人员不得推荐或者监制、监销特种设备;对履行职责过程中知悉的商业秘密负有保密义务。

第六十八条 国务院负责特种设备安全监督管理的部门和省、自治区、直辖市人民政府负责特种设备安全监督管理的部门应当定期向社会公布特种设备安全总体状况。

第五章 事故应急救援与调查处理

第六十九条 国务院负责特种设备安全监督管理的部门应当依法组织制定特种设备重特大事故应急预案,报国务院批准后纳入国家突发事件应急预案体系。

县级以上地方各级人民政府及其负责特种设备安全监督管理的部门应当依法组织制定本行政区域内特种设备事故应急预案,建立或者纳入相应的应急处置与救援体系。

特种设备使用单位应当制定特种设备事故应急专项预案,并定期进行应急演练。

第七十条 特种设备发生事故后,事故发生单位应当按照应急预案采取措施,组织抢救,防止事故扩大,减少人员伤亡和财产损失,保护事故现场和有关证据,并及时向事故发生地县级以上人民政府负责特种设备安全监督管理的部门和有关部门报告。

县级以上人民政府负责特种设备安全监督管理的部门接到事故报告,应当尽快核实情况,立即向本级人民政府报告,并按照规定逐级上报。必要时,负责特种设备安全监督管理的部门可以越级上报事故情况。对特别重大事故、重大事故,国务院负责特种设备安全监督管理的部门应当立即报告国务院并通报国务院安全生产监督管理部门等有关部门。

与事故相关的单位和人员不得迟报、谎报或者瞒报事故情况,不得隐匿、毁灭有关证据或者故意破坏事故现场。

第七十一条 事故发生地人民政府接到事故报告,应当依法启动应急预案,采取应急处置措施,组织应急救援。

第七十二条 特种设备发生特别重大事故,由国务院或者国务院授权有关部门组织事故调查组进行调查。

发生重大事故，由国务院负责特种设备安全监督管理的部门会同有关部门组织事故调查组进行调查。

发生较大事故，由省、自治区、直辖市人民政府负责特种设备安全监督管理的部门会同有关部门组织事故调查组进行调查。

发生一般事故，由设区的市级人民政府负责特种设备安全监督管理的部门会同有关部门组织事故调查组进行调查。

事故调查组应当依法、独立、公正开展调查，提出事故调查报告。

第七十三条 组织事故调查的部门应当将事故调查报告报本级人民政府，并报上一级人民政府负责特种设备安全监督管理的部门备案。有关部门和单位应当依照法律、行政法规的规定，追究事故责任单位和人员的责任。

事故责任单位应当依法落实整改措施，预防同类事故发生。事故造成损害的，事故责任单位应当依法承担赔偿责任。

第六章 法律责任

第七十四条 违反本法规定，未经许可从事特种设备生产活动的，责令停止生产，没收违法制造的特种设备，处十万元以上五十万元以下罚款；有违法所得的，没收违法所得；已经实施安装、改造、修理的，责令恢复原状或者责令限期由取得许可的单位重新安装、改造、修理。

第七十五条 违反本法规定，特种设备的设计文件未经鉴定，擅自用于制造的，责令改正，没收违法制造的特种设备，处五万元以上五十万元以下罚款。

第七十六条 违反本法规定，未进行型式试验的，责令限期改正；逾期未改正的，处三万元以上三十万元以下罚款。

第七十七条 违反本法规定，特种设备出厂时，未按照安全技术规范的要求随附相关技术资料和文件的，责令限期改正；逾期未改正的，责令停止制造、销售，处二万元以上二十万元以下罚款；有违法所得的，没收违法所得。

第七十八条 违反本法规定，特种设备安装、改造、修理的施工单位在施工前未书面告知负责特种设备安全监督管理的部门即行施工的，或者在验收后三十日内未将相关技术资料和文件移交特种设备使用单位的，责令限期改正；逾期未改正的，处一万元以上十万元以下罚款。

第七十九条 违反本法规定，特种设备的制造、安装、改造、重大修理以及锅炉清洗过程，未经监督检验的，责令限期改正；逾期未改正的，处五万元以上二十万元以下罚款；有违法所得的，没收违法所得；情节严重的，吊销生产许可证。

第八十条 违反本法规定，电梯制造单位有下列情形之一的，责令限期改正；逾期未改正的，处一万元以上十万元以下罚款：

（一）未按照安全技术规范的要求对电梯进行校验、调试的；

（二）对电梯的安全运行情况进行跟踪调查和了解时，发现存在严重事故隐患，未及时告知电梯使用单位并向负责特种设备安全监督管理的部门报告的。

第八十一条 违反本法规定，特种设备生产单位有下列行为之一的，责令限期改正；逾期未改正的，责令停止生产，处五万元以上五十万元以下罚款；情节严重的，吊销生产许可证：

（一）不再具备生产条件、生产许可证已经过期或者超出许可范围生产的；

（二）明知特种设备存在同一性缺陷，未立即停止生产并召回的。

违反本法规定，特种设备生产单位生产、销售、交付国家明令淘汰的特种设备的，责令停止生产、销售，没收违法生产、销售、交付的特种设备，处三万元以上三十万元以下罚款；有违法所得的，没收违法所得。

特种设备生产单位涂改、倒卖、出租、出借生产许可证的，责令停止生产，处五万元以上五十万元以下罚款；情节严重的，吊销生产许可证。

第八十二条 违反本法规定，特种设备经营单位有下列行为之一的，责令停止经营，没收违法经营的特种设备，处三万元以上三十万元以下罚款；有违法所得的，没收违法所得：

（一）销售、出租未取得许可生产，未经检验或者检验不合格的特种设备的；

（二）销售、出租国家明令淘汰、已经报废的特种设备，或者未按照安全技术规范的要求进行维护保养的特种设备的。

违反本法规定，特种设备销售单位未建立检查验收和销售记录制度，或者进口特种设备未履行提前告知义务的，责令改正，处一万元以上十万元以下罚款。

特种设备生产单位销售、交付未经检验或者检验不合格的特种设备的，依照本条第一款规定处罚；情节严重的，吊销生产许可证。

第八十三条 违反本法规定，特种设备使用单位

有下列行为之一的,责令限期改正;逾期未改正的,责令停止使用有关特种设备,处一万元以上十万元以下罚款:

(一)使用特种设备未按照规定办理使用登记的;

(二)未建立特种设备安全技术档案或者安全技术档案不符合规定要求,或者未依法设置使用登记标志、定期检验标志的;

(三)未对其使用的特种设备进行经常性维护保养和定期自行检查,或者未对其使用的特种设备的安全附件、安全保护装置进行定期校验、检修,并作出记录的;

(四)未按照安全技术规范的要求及时申报并接受检验的;

(五)未按照安全技术规范的要求进行锅炉水(介)质处理的;

(六)未制定特种设备事故应急专项预案的。

第八十四条 违反本法规定,特种设备使用单位有下列行为之一的,责令停止使用有关特种设备,处三万元以上三十万元以下罚款:

(一)使用未取得许可生产,未经检验或者检验不合格的特种设备,或者国家明令淘汰、已经报废的特种设备的;

(二)特种设备出现故障或者发生异常情况,未对其进行全面检查、消除事故隐患,继续使用的;

(三)特种设备存在严重事故隐患,无改造、修理价值,或者达到安全技术规范规定的其他报废条件,未依法履行报废义务,并办理使用登记证书注销手续的。

第八十五条 违反本法规定,移动式压力容器、气瓶充装单位有下列行为之一的,责令改正,处二万元以上二十万元以下罚款;情节严重的,吊销充装许可证:

(一)未按照规定实施充装前后的检查、记录制度的;

(二)对不符合安全技术规范要求的移动式压力容器和气瓶进行充装的。

违反本法规定,未经许可,擅自从事移动式压力容器或者气瓶充装活动的,予以取缔,没收违法充装的气瓶,处十万元以上五十万元以下罚款;有违法所得的,没收违法所得。

第八十六条 违反本法规定,特种设备生产、经营、使用单位有下列情形之一的,责令限期改正;逾期未改正的,责令停止使用有关特种设备或者停产停业整顿,处一万元以上五万元以下罚款:

(一)未配备具有相应资格的特种设备安全管理人员、检测人员和作业人员的;

(二)使用未取得相应资格的人员从事特种设备安全管理、检测和作业的;

(三)未对特种设备安全管理人员、检测人员和作业人员进行安全教育和技能培训的。

第八十七条 违反本法规定,电梯、客运索道、大型游乐设施的运营使用单位有下列情形之一的,责令限期改正;逾期未改正的,责令停止使用有关设备或者停产停业整顿,处二万元以上十万元以下罚款:

(一)未设置特种设备安全管理机构或者配备专职的特种设备安全管理人员的;

(二)客运索道、大型游乐设施每日投入使用前,未进行试运行和例行安全检查,未对安全附件和安全保护装置进行检查确认的;

(三)未将电梯、客运索道、大型游乐设施的安全使用说明、安全注意事项和警示标志置于易于为乘客注意的显著位置的。

第八十八条 违反本法规定,未经许可,擅自从事电梯维护保养的,责令停止违法行为,处一万元以上十万元以下罚款;有违法所得的,没收违法所得。

电梯的维护保养单位未按照本法规定以及安全技术规范的要求,进行电梯维护保养的,依照前款规定处罚。

第八十九条 发生特种设备事故,有下列情形之一的,对单位处五万元以上二十万元以下罚款;对主要负责人处一万元以上五万元以下罚款;主要负责人属于国家工作人员的,并依法给予处分:

(一)发生特种设备事故时,不立即组织抢救或者在事故调查处理期间擅离职守或者逃匿的;

(二)对特种设备事故迟报、谎报或者瞒报的。

第九十条 发生事故,对负有责任的单位除要求其依法承担相应的赔偿等责任外,依照下列规定处以罚款:

(一)发生一般事故,处十万元以上二十万元以下罚款;

(二)发生较大事故,处二十万元以上五十万元以下罚款;

(三)发生重大事故,处五十万元以上二百万元以下罚款。

第九十一条 对事故发生负有责任的单位的主要负责人未依法履行职责或者负有领导责任的,依照下列规定处以罚款;属于国家工作人员的,并依法给予处分：

（一）发生一般事故，处上一年年收入百分之三十的罚款；

（二）发生较大事故，处上一年年收入百分之四十的罚款；

（三）发生重大事故，处上一年年收入百分之六十的罚款。

第九十二条 违反本法规定，特种设备安全管理人员、检测人员和作业人员不履行岗位职责，违反操作规程和有关安全规章制度，造成事故的，吊销相关人员的资格。

第九十三条 违反本法规定，特种设备检验、检测机构及其检验、检测人员有下列行为之一的，责令改正，对机构处五万元以上二十万元以下罚款，对直接负责的主管人员和其他直接责任人员处五千元以上五万元以下罚款；情节严重的，吊销机构资质和有关人员的资格：

（一）未经核准或者超出核准范围、使用未取得相应资格的人员从事检验、检测的；

（二）未按照安全技术规范的要求进行检验、检测的；

（三）出具虚假的检验、检测结果和鉴定结论或者检验、检测结果和鉴定结论严重失实的；

（四）发现特种设备存在严重事故隐患，未及时告知相关单位，并立即向负责特种设备安全监督管理的部门报告的；

（五）泄露检验、检测过程中知悉的商业秘密的；

（六）从事有关特种设备的生产、经营活动的；

（七）推荐或者监制、监销特种设备的；

（八）利用检验工作故意刁难相关单位的。

违反本法规定，特种设备检验、检测机构的检验、检测人员同时在两个以上检验、检测机构中执业的，处五千元以上五万元以下罚款；情节严重的，吊销其资格。

第九十四条 违反本法规定，负责特种设备安全监督管理的部门及其工作人员有下列行为之一的，由上级机关责令改正；对直接负责的主管人员和其他直接责任人员，依法给予处分：

（一）未依照法律、行政法规规定的条件、程序实施许可的；

（二）发现未经许可擅自从事特种设备的生产、使用或者检验、检测活动不予取缔或者不依法予以处理的；

（三）发现特种设备生产单位不再具备本法规定的条件而不吊销其许可证，或者发现特种设备生产、经营、使用违法行为不予查处的；

（四）发现特种设备检验、检测机构不再具备本法规定的条件而不撤销其核准，或者对其出具虚假的检验、检测结果和鉴定结论或者检验、检测结果和鉴定结论严重失实的行为不予查处的；

（五）发现违反本法规定和安全技术规范要求的行为或者特种设备存在事故隐患，不立即处理的；

（六）发现重大违法行为或者特种设备存在严重事故隐患，未及时向上级负责特种设备安全监督管理的部门报告，或者接到报告的负责特种设备安全监督管理的部门不立即处理的；

（七）要求已经依照本法规定在其他地方取得许可的特种设备生产单位重复取得许可，或者要求对已经依照本法规定在其他地方检验合格的特种设备重复进行检验的；

（八）推荐或者监制、监销特种设备的；

（九）泄露履行职责过程中知悉的商业秘密的；

（十）接到特种设备事故报告未立即向本级人民政府报告，并按照规定上报的；

（十一）迟报、漏报、谎报或者瞒报事故的；

（十二）妨碍事故救援或者事故调查处理的；

（十三）其他滥用职权、玩忽职守、徇私舞弊的行为。

第九十五条 违反本法规定，特种设备生产、经营、使用单位或者检验、检测机构拒不接受负责特种设备安全监督管理的部门依法实施的监督检查的，责令限期改正；逾期未改正的，责令停产停业整顿，处二万元以上二十万元以下罚款。

特种设备生产、经营、使用单位擅自动用、调换、转移、损毁被查封、扣押的特种设备或者其主要部件的，责令改正，处五万元以上二十万元以下罚款；情节严重的，吊销生产许可证，注销特种设备使用登记证书。

第九十六条 违反本法规定，被依法吊销许可证的，自吊销许可证之日起三年内，负责特种设备安全监督管理的部门不予受理其新的许可申请。

第九十七条 违反本法规定，造成人身、财产损害的，依法承担民事责任。

违反本法规定，应当承担民事赔偿责任和缴纳罚款、罚金，其财产不足以同时支付时，先承担民事赔偿责任。

第九十八条 违反本法规定，构成违反治安管理行为的，依法给予治安管理处罚；构成犯罪的，依法追究刑事责任。

第七章 附 则

第九十九条 特种设备行政许可、检验的收费，依照法律、行政法规的规定执行。

第一百条 军事装备、核设施、航空航天器使用的特种设备安全的监督管理不适用本法。

铁路机车、海上设施和船舶、矿山井下使用的特种设备以及民用机场专用设备安全的监督管理，房屋建筑工地、市政工程工地用起重机械和场（厂）内专用机动车辆的安装、使用的监督管理，由有关部门依照本法和其他有关法律的规定实施。

第一百零一条 本法自2014年1月1日起施行。

特种设备安全监察条例

（2003年3月11日国务院令第373号公布 根据2009年1月24日《国务院关于修改〈特种设备安全监察条例〉的决定》修订）

第一章 总 则

第一条 为了加强特种设备的安全监察，防止和减少事故，保障人民群众生命和财产安全，促进经济发展，制定本条例。

第二条 本条例所称特种设备是指涉及生命安全、危险性较大的锅炉、压力容器（含气瓶，下同）、压力管道、电梯、起重机械、客运索道、大型游乐设施和场（厂）内专用机动车辆。

前款特种设备的目录由国务院负责特种设备安全监督管理的部门（以下简称国务院特种设备安全监督管理部门）制订，报国务院批准后执行。

第三条 特种设备的生产（含设计、制造、安装、改造、维修，下同）、使用、检验检测及其监督检查，应当遵守本条例，但本条例另有规定的除外。

军事装备、核设施、航空航天器、铁路机车、海上设施和船舶以及矿山井下使用的特种设备、民用机场专用设备的安全监察不适用本条例。

房屋建筑工地和市政工程工地用起重机械、场（厂）内专用机动车辆的安装、使用的监督管理，由建设行政主管部门依照有关法律、法规的规定执行。

第四条 国务院特种设备安全监督管理部门负责全国特种设备的安全监察工作，县以上地方负责特种设备安全监督管理的部门对本行政区域内特种设备实施安全监察（以下统称特种设备安全监督管理部门）。

第五条 特种设备生产、使用单位应当建立健全特种设备安全、节能管理制度和岗位安全、节能责任制度。

特种设备生产、使用单位的主要负责人应当对本单位特种设备的安全和节能全面负责。

特种设备生产、使用单位和特种设备检验检测机构，应当接受特种设备安全监督管理部门依法进行的特种设备安全监察。

第六条 特种设备检验检测机构，应当依照本条例规定，进行检验检测工作，对其检验检测结果、鉴定结论承担法律责任。

第七条 县级以上地方人民政府应当督促、支持特种设备安全监督管理部门依法履行安全监察职责，对特种设备安全监察中存在的重大问题及时予以协调、解决。

第八条 国家鼓励推行科学的管理方法，采用先进技术，提高特种设备安全性能和管理水平，增强特种设备生产、使用单位防范事故的能力，对取得显著成绩的单位和个人，给予奖励。

国家鼓励特种设备节能技术的研究、开发、示范和推广，促进特种设备节能技术创新和应用。

特种设备生产、使用单位和特种设备检验检测机构，应当保证必要的安全和节能投入。

国家鼓励实行特种设备责任保险制度，提高事故赔付能力。

第九条 任何单位和个人对违反本条例规定的行为，有权向特种设备安全监督管理部门和行政监察等有关部门举报。

特种设备安全监督管理部门应当建立特种设备安全监察举报制度，公布举报电话、信箱或者电子邮件地址，受理对特种设备生产、使用和检验检测违法行为的举报，并及时予以处理。

特种设备安全监督管理部门和行政监察等有关部门应当为举报人保密，并按照国家有关规定给予奖励。

第二章 特种设备的生产

第十条 特种设备生产单位，应当依照本条例规定以及国务院特种设备安全监督管理部门制订并公布的安全技术规范（以下简称安全技术规范）的要求，进行生产活动。

特种设备生产单位对其生产的特种设备的安全性能和能效指标负责，不得生产不符合安全性能要求和能效指标的特种设备，不得生产国家产业政策明令淘汰的特种设备。

第十一条 压力容器的设计单位应当经国务院特种设备安全监督管理部门许可,方可从事压力容器的设计活动。

压力容器的设计单位应当具备下列条件:

(一)有与压力容器设计相适应的设计人员、设计审核人员;

(二)有与压力容器设计相适应的场所和设备;

(三)有与压力容器设计相适应的健全的管理制度和责任制度。

第十二条 锅炉、压力容器中的气瓶(以下简称气瓶)、氧舱和客运索道、大型游乐设施以及高耗能特种设备的设计文件,应当经国务院特种设备安全监督管理部门核准的检验检测机构鉴定,方可用于制造。

第十三条 按照安全技术规范的要求,应当进行型式试验的特种设备产品、部件或者试制特种设备新产品、新部件、新材料,必须进行型式试验和能效测试。

第十四条 锅炉、压力容器、电梯、起重机械、客运索道、大型游乐设施及其安全附件、安全保护装置的制造、安装、改造单位,以及压力管道用管子、管件、阀门、法兰、补偿器、安全保护装置等(以下简称压力管道元件)的制造单位和场(厂)内专用机动车辆的制造、改造单位,应当经国务院特种设备安全监督管理部门许可,方可从事相应的活动。

前款特种设备的制造、安装、改造单位应当具备下列条件:

(一)有与特种设备制造、安装、改造相适应的专业技术人员和技术工人;

(二)有与特种设备制造、安装、改造相适应的生产条件和检测手段;

(三)有健全的质量管理制度和责任制度。

第十五条 特种设备出厂时,应当附有安全技术规范要求的设计文件、产品质量合格证明、安装及使用维修说明、监督检验证明等文件。

第十六条 锅炉、压力容器、电梯、起重机械、客运索道、大型游乐设施、场(厂)内专用机动车辆的维修单位,应当有与特种设备维修相适应的专业技术人员和技术工人以及必要的检测手段,并经省、自治区、直辖市特种设备安全监督管理部门许可,方可从事相应的维修活动。

第十七条 锅炉、压力容器、起重机械、客运索道、大型游乐设施的安装、改造、维修以及场(厂)内专用机动车辆的改造、维修,必须由依照本条例取得许可的单位进行。

电梯的安装、改造、维修,必须由电梯制造单位或者其通过合同委托、同意的依照本条例取得许可的单位进行。电梯制造单位对电梯质量以及安全运行涉及的质量问题负责。

特种设备安装、改造、维修的施工单位应当在施工前将拟进行的特种设备安装、改造、维修情况书面告知直辖市或者设区的市的特种设备安全监督管理部门,告知后即可施工。

第十八条 电梯井道的土建工程必须符合建筑工程质量要求。电梯安装施工过程中,电梯安装单位应当遵守施工现场的安全生产要求,落实现场安全防护措施。电梯安装施工过程中,施工现场的安全生产监督,由有关部门依照有关法律、行政法规的规定执行。

电梯安装施工过程中,电梯安装单位应当服从建筑施工总承包单位对施工现场的安全生产管理,并订立合同,明确各自的安全责任。

第十九条 电梯的制造、安装、改造和维修活动,必须严格遵守安全技术规范的要求。电梯制造单位委托或者同意其他单位进行电梯安装、改造、维修活动的,应当对其安装、改造、维修活动进行安全指导和监控。电梯的安装、改造、维修活动结束后,电梯制造单位应当按照安全技术规范的要求对电梯进行校验和调试,并对校验和调试的结果负责。

第二十条 锅炉、压力容器、电梯、起重机械、客运索道、大型游乐设施的安装、改造、维修以及场(厂)内专用机动车辆的改造、维修竣工后,安装、改造、维修的施工单位应当在验收后30日内将有关技术资料移交使用单位,高耗能特种设备还应当按照安全技术规范的要求提交能效测试报告。使用单位应当将其存入该特种设备的安全技术档案。

第二十一条 锅炉、压力容器、压力管道元件、起重机械、大型游乐设施的制造过程和锅炉、压力容器、电梯、起重机械、客运索道、大型游乐设施的安装、改造、重大维修过程,必须经国务院特种设备安全监督管理部门核准的检验检测机构按照安全技术规范的要求进行监督检验;未经监督检验合格的不得出厂或者交付使用。

第二十二条 移动式压力容器、气瓶充装单位应当经省、自治区、直辖市的特种设备安全监督管理部门许可,方可从事充装活动。

充装单位应当具备下列条件:

(一)有与充装和管理相适应的管理人员和技术人员;

（二）有与充装和管理相适应的充装设备、检测手段、场地厂房、器具、安全设施；

（三）有健全的充装管理制度、责任制度、紧急处理措施。

气瓶充装单位应当向气体使用者提供符合安全技术规范要求的气瓶，对使用者进行气瓶安全使用指导，并按照安全技术规范的要求办理气瓶使用登记，提出气瓶的定期检验要求。

第三章 特种设备的使用

第二十三条 特种设备使用单位，应当严格执行本条例和有关安全生产的法律、行政法规的规定，保证特种设备的安全使用。

第二十四条 特种设备使用单位应当使用符合安全技术规范要求的特种设备。特种设备投入使用前，使用单位应当核对其是否附有本条例第十五条规定的相关文件。

第二十五条 特种设备在投入使用前或者投入使用后30日内，特种设备使用单位应当向直辖市或者设区的市的特种设备安全监督管理部门登记。登记标志应当置于或者附着于该特种设备的显著位置。

第二十六条 特种设备使用单位应当建立特种设备安全技术档案。安全技术档案应当包括以下内容：

（一）特种设备的设计文件、制造单位、产品质量合格证明、使用维护说明等文件以及安装技术文件和资料；

（二）特种设备的定期检验和定期自行检查的记录；

（三）特种设备的日常使用状况记录；

（四）特种设备及其安全附件、安全保护装置、测量调控装置及有关附属仪器仪表的日常维护保养记录；

（五）特种设备运行故障和事故记录；

（六）高耗能特种设备的能效测试报告、能耗状况记录以及节能改造技术资料。

第二十七条 特种设备使用单位应当对在用特种设备进行经常性日常维护保养，并定期自行检查。

特种设备使用单位对在用特种设备应当至少每月进行一次自行检查，并作出记录。特种设备使用单位在对在用特种设备进行自行检查和日常维护保养时发现异常情况的，应当及时处理。

特种设备使用单位应当对在用特种设备的安全附件、安全保护装置、测量调控装置及有关附属仪器仪表进行定期校验、检修，并作出记录。

锅炉使用单位应当按照安全技术规范的要求进行锅炉水（介）质处理，并接受特种设备检验检测机构实施的水（介）质处理定期检验。

从事锅炉清洗的单位，应当按照安全技术规范的要求进行锅炉清洗，并接受特种设备检验检测机构实施的锅炉清洗过程监督检验。

第二十八条 特种设备使用单位应当按照安全技术规范的定期检验要求，在安全检验合格有效期届满前1个月向特种设备检验检测机构提出定期检验要求。

检验检测机构接到定期检验要求后，应当按照安全技术规范的要求及时进行安全性能检验和能效测试。

未经定期检验或者检验不合格的特种设备，不得继续使用。

第二十九条 特种设备出现故障或者发生异常情况，使用单位应当对其进行全面检查，消除事故隐患后，方可重新投入使用。

特种设备不符合能效指标的，特种设备使用单位应当采取相应措施进行整改。

第三十条 特种设备存在严重事故隐患，无改造、维修价值，或者超过安全技术规范规定使用年限，特种设备使用单位应当及时予以报废，并应当向原登记的特种设备安全监督管理部门办理注销。

第三十一条 电梯的日常维护保养必须由依照本条例取得许可的安装、改造、维修单位或者电梯制造单位进行。

电梯应当至少每15日进行一次清洁、润滑、调整和检查。

第三十二条 电梯的日常维护保养单位应当在维护保养中严格执行国家安全技术规范的要求，保证其维护保养的电梯的安全技术性能，并负责落实现场安全防护措施，保证施工安全。

电梯的日常维护保养单位，应当对其维护保养的电梯的安全性能负责。接到故障通知后，应当立即赶赴现场，并采取必要的应急救援措施。

第三十三条 电梯、客运索道、大型游乐设施等为公众提供服务的特种设备运营使用单位，应当设置特种设备安全管理机构或者配备专职的安全管理人员；其他特种设备使用单位，应当根据情况设置特种设备安全管理机构或者配备专职、兼职的安全管理人员。

特种设备的安全管理人员应当对特种设备使用状况进行经常性检查，发现问题的应当立即处理；情况紧急时，可以决定停止使用特种设备并及时报告本单位有关负责人。

第三十四条 客运索道、大型游乐设施的运营使用单位在客运索道、大型游乐设施每日投入使用前，应当进行试运行和例行安全检查，并对安全装置进行检查确认。

电梯、客运索道、大型游乐设施的运营使用单位应当将电梯、客运索道、大型游乐设施的安全注意事项和警示标志置于易于为乘客注意的显著位置。

第三十五条 客运索道、大型游乐设施的运营使用单位的主要负责人应当熟悉客运索道、大型游乐设施的相关安全知识，并全面负责客运索道、大型游乐设施的安全使用。

客运索道、大型游乐设施的运营使用单位的主要负责人至少应当每月召开一次会议，督促、检查客运索道、大型游乐设施的安全使用工作。

客运索道、大型游乐设施的运营使用单位，应当结合本单位的实际情况，配备相应数量的营救装备和急救物品。

第三十六条 电梯、客运索道、大型游乐设施的乘客应当遵守使用安全注意事项的要求，服从有关工作人员的指挥。

第三十七条 电梯投入使用后，电梯制造单位应当对其制造的电梯的安全运行情况进行跟踪调查和了解，对电梯的日常维护保养单位或者电梯的使用单位在安全运行方面存在的问题，提出改进建议，并提供必要的技术帮助。发现电梯存在严重事故隐患的，应当及时向特种设备安全监督管理部门报告。电梯制造单位对调查和了解的情况，应当做出记录。

第三十八条 锅炉、压力容器、电梯、起重机械、客运索道、大型游乐设施、场（厂）内专用机动车辆的作业人员及其相关管理人员（以下统称特种设备作业人员），应当按照国家有关规定经特种设备安全监督管理部门考核合格，取得国家统一格式的特种作业人员证书，方可从事相应的作业或者管理工作。

第三十九条 特种设备使用单位应当对特种设备作业人员进行特种设备安全、节能教育和培训，保证特种设备作业人员具备必要的特种设备安全、节能知识。

特种设备作业人员在作业中应当严格执行特种设备的操作规程和有关的安全规章制度。

第四十条 特种设备作业人员在作业过程中发现事故隐患或者其他不安全因素，应当立即向现场安全管理人员和单位有关负责人报告。

第四章 检验检测

第四十一条 从事本条例规定的监督检验、定期检验、型式试验以及专门为特种设备生产、使用、检验检测提供无损检测服务的特种设备检验检测机构，应当经国务院特种设备安全监督管理部门核准。

特种设备使用单位设立的特种设备检验检测机构，经国务院特种设备安全监督管理部门核准，负责本单位核准范围内的特种设备定期检验工作。

第四十二条 特种设备检验检测机构，应当具备下列条件：

（一）有与所从事的检验检测工作相适应的检验检测人员；

（二）有与所从事的检验检测工作相适应的检验检测仪器和设备；

（三）有健全的检验检测管理制度、检验检测责任制度。

第四十三条 特种设备的监督检验、定期检验、型式试验和无损检测应当由依照本条例经核准的特种设备检验检测机构进行。

特种设备检验检测工作应当符合安全技术规范的要求。

第四十四条 从事本条例规定的监督检验、定期检验、型式试验和无损检测的特种设备检验检测人员应当经国务院特种设备安全监督管理部门组织考核合格，取得检验检测人员证书，方可从事检验检测工作。

检验检测人员从事检验检测工作，必须在特种设备检验检测机构执业，但不得同时在两个以上检验检测机构中执业。

第四十五条 特种设备检验检测机构和检验检测人员进行特种设备检验检测，应当遵循诚信原则和方便企业的原则，为特种设备生产、使用单位提供可靠、便捷的检验检测服务。

特种设备检验检测机构和检验检测人员对涉及的被检验检测单位的商业秘密，负有保密义务。

第四十六条 特种设备检验检测机构和检验检测人员应当客观、公正、及时地出具检验检测结果、鉴定结论。检验检测结果、鉴定结论经检验检测人员签字后，由检验检测机构负责人签署。

特种设备检验检测机构和检验检测人员对检验检测结果、鉴定结论负责。

国务院特种设备安全监督管理部门应当组织对特种设备检验检测机构的检验检测结果、鉴定结论进行监督抽查。县以上地方负责特种设备安全监督管理的部门在本行政区域内也可以组织监督抽查，但是要防止重复抽查。监督抽查结果应当向社会公布。

第四十七条 特种设备检验检测机构和检验检测

人员不得从事特种设备的生产、销售，不得以其名义推荐或者监制、监销特种设备。

第四十八条 特种设备检验检测机构进行特种设备检验检测，发现严重事故隐患或者能耗严重超标的，应当及时告知特种设备使用单位，并立即向特种设备安全监督管理部门报告。

第四十九条 特种设备检验检测机构和检验检测人员利用检验检测工作故意刁难特种设备生产、使用单位，特种设备生产、使用单位有权向特种设备安全监督管理部门投诉，接到投诉的特种设备安全监督管理部门应当及时进行调查处理。

第五章 监督检查

第五十条 特种设备安全监督管理部门依照本条例规定，对特种设备生产、使用单位和检验检测机构实施安全监察。

对学校、幼儿园以及车站、客运码头、商场、体育场馆、展览馆、公园等公众聚集场所的特种设备，特种设备安全监督管理部门应当实施重点安全监察。

第五十一条 特种设备安全监督管理部门根据举报或者取得的涉嫌违法证据，对涉嫌违反本条例规定的行为进行查处时，可以行使下列职权：

（一）向特种设备生产、使用单位和检验检测机构的法定代表人、主要负责人和其他有关人员调查、了解与涉嫌从事违反本条例的生产、使用、检验检测有关的情况；

（二）查阅、复制特种设备生产、使用单位和检验检测机构的有关合同、发票、账簿以及其他有关资料；

（三）对有证据表明不符合安全技术规范要求的或者有其他严重事故隐患、能耗严重超标的特种设备，予以查封或者扣押。

第五十二条 依照本条例规定实施许可、核准、登记的特种设备安全监督管理部门，应当严格依照本条例规定条件和安全技术规范要求对有关事项进行审查；不符合本条例规定条件和安全技术规范要求的，不得许可、核准、登记；在申请办理许可、核准期间，特种设备安全监督管理部门发现申请人未经许可从事特种设备相应活动或者伪造许可、核准证书的，不予受理或者不予许可、核准，并在1年内不再受理其新的许可、核准申请。

未依法取得许可、核准、登记的单位擅自从事特种设备的生产、使用或者检验检测活动的，特种设备安全监督管理部门应当依法予以处理。

违反本条例规定，被依法撤销许可的，自撤销许可之日起3年内，特种设备安全监督管理部门不予受理其新的许可申请。

第五十三条 特种设备安全监督管理部门在办理本条例规定的有关行政审批事项时，其受理、审查、许可、核准的程序必须公开，并应当自受理申请之日起30日内，作出许可、核准或者不予许可、核准的决定；不予许可、核准的，应当书面向申请人说明理由。

第五十四条 地方各级特种设备安全监督管理部门不得以任何形式进行地方保护和地区封锁，不得对已经依照本条例规定在其他地方取得许可的特种设备生产单位重复进行许可，也不得要求对依照本条例规定在其他地方检验检测合格的特种设备，重复进行检验检测。

第五十五条 特种设备安全监督管理部门的安全监察人员（以下简称特种设备安全监察人员）应当熟悉相关法律、法规、规章和安全技术规范，具有相应的专业知识和工作经验，并经国务院特种设备安全监督管理部门考核，取得特种设备安全监察人员证书。

特种设备安全监察人员应当忠于职守、坚持原则、秉公执法。

第五十六条 特种设备安全监督管理部门对特种设备生产、使用单位和检验检测机构实施安全监察时，应当有两名以上特种设备安全监察人员参加，并出示有效的特种设备安全监察人员证件。

第五十七条 特种设备安全监督管理部门对特种设备生产、使用单位和检验检测机构实施安全监察，应当对每次安全监察的内容、发现的问题及处理情况，作出记录，并由参加安全监察的特种设备安全监察人员和被检查单位的有关负责人签字后归档。被检查单位的有关负责人拒绝签字的，特种设备安全监察人员应当将情况记录在案。

第五十八条 特种设备安全监督管理部门对特种设备生产、使用单位和检验检测机构进行安全监察时，发现有违反本条例规定和安全技术规范要求的行为或者在用的特种设备存在事故隐患、不符合能效指标的，应当以书面形式发出特种设备安全监察指令，责令有关单位及时采取措施，予以改正或者消除事故隐患。紧急情况下需要采取紧急处置措施的，应当随后补发书面通知。

第五十九条 特种设备安全监督管理部门对特种设备生产、使用单位和检验检测机构进行安全监察，发现重大违法行为或者严重事故隐患时，应当在采取必要措施的同时，及时向上级特种设备安全监督管理部门报告。接到报告的特种设备安全监督管理部门应当采取必要措施，及时予以处理。

对违法行为、严重事故隐患或者不符合能效指标的处理需要当地人民政府和有关部门的支持、配合时，特种设备安全监督管理部门应当报告当地人民政府，并通知其他有关部门。当地人民政府和其他有关部门应当采取必要措施，及时予以处理。

第六十条　国务院特种设备安全监督管理部门和省、自治区、直辖市特种设备安全监督管理部门应当定期向社会公布特种设备安全以及能效状况。

公布特种设备安全以及能效状况，应当包括下列内容：

（一）特种设备质量安全状况；

（二）特种设备事故的情况、特点、原因分析、防范对策；

（三）特种设备能效状况；

（四）其他需要公布的情况。

第六章　事故预防和调查处理

第六十一条　有下列情形之一的，为特别重大事故：

（一）特种设备事故造成 30 人以上死亡，或者 100 人以上重伤（包括急性工业中毒，下同），或者 1 亿元以上直接经济损失的；

（二）600 兆瓦以上锅炉爆炸的；

（三）压力容器、压力管道有毒介质泄漏，造成 15 万人以上转移的；

（四）客运索道、大型游乐设施高空滞留 100 人以上并且时间在 48 小时以上的。

第六十二条　有下列情形之一的，为重大事故：

（一）特种设备事故造成 10 人以上 30 人以下死亡，或者 50 人以上 100 人以下重伤，或者 5000 万元以上 1 亿元以下直接经济损失的；

（二）600 兆瓦以上锅炉因安全故障中断运行 240 小时以上的；

（三）压力容器、压力管道有毒介质泄漏，造成 5 万人以上 15 万人以下转移的；

（四）客运索道、大型游乐设施高空滞留 100 人以上并且时间在 24 小时以上 48 小时以下的。

第六十三条　有下列情形之一的，为较大事故：

（一）特种设备事故造成 3 人以上 10 人以下死亡，或者 10 人以上 50 人以下重伤，或者 1000 万元以上 5000 万元以下直接经济损失的；

（二）锅炉、压力容器、压力管道爆炸的；

（三）压力容器、压力管道有毒介质泄漏，造成 1 万人以上 5 万人以下转移的；

（四）起重机械整体倾覆的；

（五）客运索道、大型游乐设施高空滞留人员 12 小时以上的。

第六十四条　有下列情形之一的，为一般事故：

（一）特种设备事故造成 3 人以下死亡，或者 10 人以下重伤，或者 1 万元以上 1000 万元以下直接经济损失的；

（二）压力容器、压力管道有毒介质泄漏，造成 500 人以上 1 万人以下转移的；

（三）电梯轿厢滞留人员 2 小时以上的；

（四）起重机械主要受力结构件折断或者起升机构坠落的；

（五）客运索道高空滞留人员 3.5 小时以上 12 小时以下的；

（六）大型游乐设施高空滞留人员 1 小时以上 12 小时以下的。

除前款规定外，国务院特种设备安全监督管理部门可以对一般事故的其他情形做出补充规定。

第六十五条　特种设备安全监督管理部门应当制定特种设备应急预案。特种设备使用单位应当制定事故应急专项预案，并定期进行事故应急演练。

压力容器、压力管道发生爆炸或者泄漏，在抢险救援时应当区分介质特性，严格按照相关预案规定程序处理，防止二次爆炸。

第六十六条　特种设备事故发生后，事故发生单位应当立即启动事故应急预案，组织抢救，防止事故扩大，减少人员伤亡和财产损失，并及时向事故发生地县以上特种设备安全监督管理部门和有关部门报告。

县以上特种设备安全监督管理部门接到事故报告，应当尽快核实有关情况，立即向所在地人民政府报告，并逐级上报事故情况。必要时，特种设备安全监督管理部门可以越级上报事故情况。对特别重大事故、重大事故，国务院特种设备安全监督管理部门应当立即报告国务院并通报国务院安全生产监督管理部门等有关部门。

第六十七条　特别重大事故由国务院或者国务院授权有关部门组织事故调查组进行调查。

重大事故由国务院特种设备安全监督管理部门会同有关部门组织事故调查组进行调查。

较大事故由省、自治区、直辖市特种设备安全监督管理部门会同有关部门组织事故调查组进行调查。

一般事故由设区的市的特种设备安全监督管理部门会同有关部门组织事故调查组进行调查。

第六十八条 事故调查报告应当由负责组织事故调查的特种设备安全监督管理部门的所在地人民政府批复，并报上一级特种设备安全监督管理部门备案。

有关机关应当按照批复，依照法律、行政法规规定的权限和程序，对事故责任单位和有关人员进行行政处罚，对负有事故责任的国家工作人员进行处分。

第六十九条 特种设备安全监督管理部门应当在有关地方人民政府的领导下，组织开展特种设备事故调查处理工作。

有关地方人民政府应当支持、配合上级人民政府或者特种设备安全监督管理部门的事故调查处理工作，并提供必要的便利条件。

第七十条 特种设备安全监督管理部门应当对发生事故的原因进行分析，并根据特种设备的管理和技术特点、事故情况对相关安全技术规范进行评估；需要制定或者修订相关安全技术规范的，应当及时制定或者修订。

第七十一条 本章所称的"以上"包括本数，所称的"以下"不包括本数。

第七章 法律责任

第七十二条 未经许可，擅自从事压力容器设计活动的，由特种设备安全监督管理部门予以取缔，处5万元以上20万元以下罚款；有违法所得的，没收违法所得；触犯刑律的，对负有责任的主管人员和其他直接责任人员依照刑法关于非法经营罪或者其他罪的规定，依法追究刑事责任。

第七十三条 锅炉、气瓶、氧舱和客运索道、大型游乐设施以及高耗能特种设备的设计文件，未经国务院特种设备安全监督管理部门核准的检验检测机构鉴定，擅自用于制造的，由特种设备安全监督管理部门责令改正，没收非法制造的产品，处5万元以上20万元以下罚款；触犯刑律的，对负有责任的主管人员和其他直接责任人员依照刑法关于生产、销售伪劣产品罪、非法经营罪或者其他罪的规定，依法追究刑事责任。

第七十四条 按照安全技术规范的要求应当进行型式试验的特种设备产品、部件或者试制特种设备新产品、新部件，未进行整机或者部件型式试验的，由特种设备安全监督管理部门责令限期改正；逾期未改正的，处2万元以上10万元以下罚款。

第七十五条 未经许可，擅自从事锅炉、压力容器、电梯、起重机械、客运索道、大型游乐设施、场（厂）内专用机动车辆及其安全附件、安全保护装置的制造、安装、改造以及压力管道元件的制造活动的，由特种设备安全监督管理部门予以取缔，没收非法制造的产品，已经实施安装、改造的，责令恢复原状或者责令限期由取得许可的单位重新安装、改造，处10万元以上50万元以下罚款；触犯刑律的，对负有责任的主管人员和其他直接责任人员依照刑法关于生产、销售伪劣产品罪、非法经营罪、重大责任事故罪或者其他罪的规定，依法追究刑事责任。

第七十六条 特种设备出厂时，未按照安全技术规范的要求附有设计文件、产品质量合格证明、安装及使用维修说明、监督检验证明等文件的，由特种设备安全监督管理部门责令改正；情节严重的，责令停止生产、销售，处违法生产、销售货值金额30%以下罚款；有违法所得的，没收违法所得。

第七十七条 未经许可，擅自从事锅炉、压力容器、电梯、起重机械、客运索道、大型游乐设施、场（厂）内专用机动车辆的维修或者日常维护保养的，由特种设备安全监督管理部门予以取缔，处1万元以上5万元以下罚款；有违法所得的，没收违法所得；触犯刑律的，对负有责任的主管人员和其他直接责任人员依照刑法关于非法经营罪、重大责任事故罪或者其他罪的规定，依法追究刑事责任。

第七十八条 锅炉、压力容器、电梯、起重机械、客运索道、大型游乐设施的安装、改造、维修的施工单位以及场（厂）内专用机动车辆的改造、维修单位，在施工前未将拟进行的特种设备安装、改造、维修情况书面告知直辖市或者设区的市的特种设备安全监督管理部门即行施工的，或者在验收后30日内未将有关技术资料移交锅炉、压力容器、电梯、起重机械、客运索道、大型游乐设施的使用单位的，由特种设备安全监督管理部门责令限期改正；逾期未改正的，处2000元以上1万元以下罚款。

第七十九条 锅炉、压力容器、压力管道元件、起重机械、大型游乐设施的制造过程和锅炉、压力容器、电梯、起重机械、客运索道、大型游乐设施的安装、改造、重大维修过程，以及锅炉清洗过程，未经国务院特种设备安全监督管理部门核准的检验检测机构按照安全技术规范的要求进行监督检验的，由特种设备安全监督管理部门责令改正，已经出厂的，没收违法生产、销售的产品，已经实施安装、改造、重大维修或者清洗的，责令限期进行监督检验，处5万元以上20万元以下罚款；有违法所得的，没收违法所得；情节严重的，撤销制造、安装、改造或者维修单位已经取得的许可，并由工商行政管理部门吊销其营业执照；触犯刑律的，对负有责任的主管人员和其他直接责任人员依照刑法关于生产、销售伪劣产品罪或者其他罪的规定，依法追究刑事责任。

第八十条 未经许可，擅自从事移动式压力容器或者气瓶充装活动的，由特种设备安全监督管理部门予以取缔，没收违法充装的气瓶，处10万元以上50万元以下罚款；有违法所得的，没收违法所得；触犯刑律的，对负有责任的主管人员和其他直接责任人员依照刑法关于非法经营罪或者其他罪的规定，依法追究刑事责任。

移动式压力容器、气瓶充装单位未按照安全技术规范的要求进行充装活动的，由特种设备安全监督管理部门责令改正，处2万元以上10万元以下罚款；情节严重的，撤销其充装资格。

第八十一条 电梯制造单位有下列情形之一的，由特种设备安全监督管理部门责令限期改正；逾期未改正的，予以通报批评：

（一）未依照本条例第十九条的规定对电梯进行校验、调试的；

（二）对电梯的安全运行情况进行跟踪调查和了解时，发现存在严重事故隐患，未及时向特种设备安全监督管理部门报告的。

第八十二条 已经取得许可、核准的特种设备生产单位、检验检测机构有下列行为之一的，由特种设备安全监督管理部门责令改正，处2万元以上10万元以下罚款；情节严重的，撤销其相应资格：

（一）未按照安全技术规范的要求办理许可证变更手续的；

（二）不再符合本条例规定或者安全技术规范要求的条件，继续从事特种设备生产、检验检测的；

（三）未依照本条例规定或者安全技术规范要求进行特种设备生产、检验检测的；

（四）伪造、变造、出租、出借、转让许可证书或者监督检验报告的。

第八十三条 特种设备使用单位有下列情形之一的，由特种设备安全监督管理部门责令限期改正；逾期未改正的，处2000元以上2万元以下罚款；情节严重的，责令停止使用或者停产停业整顿：

（一）特种设备投入使用前或者投入使用后30日内，未向特种设备安全监督管理部门登记，擅自将其投入使用的；

（二）未依照本条例第二十六条的规定，建立特种设备安全技术档案的；

（三）未依照本条例第二十七条的规定，对在用特种设备进行经常性日常维护保养和定期自行检查的，或者对在用特种设备的安全附件、安全保护装置、测量调控装置及有关附属仪器仪表进行定期校验、检修，并做出记录的；

（四）未按照安全技术规范的定期检验要求，在安全检验合格有效期届满前1个月向特种设备检验检测机构提出定期检验要求的；

（五）使用未经定期检验或者检验不合格的特种设备的；

（六）特种设备出现故障或者发生异常情况，未对其进行全面检查、消除事故隐患，继续投入使用的；

（七）未制定特种设备事故应急专项预案的；

（八）未依照本条例第三十一条第二款的规定，对电梯进行清洁、润滑、调整和检查的；

（九）未按照安全技术规范要求进行锅炉水（介）质处理的；

（十）特种设备不符合能效指标，未及时采取相应措施进行整改的。

特种设备使用单位使用未取得生产许可的单位生产的特种设备或者将非承压锅炉、非压力容器作为承压锅炉、压力容器使用的，由特种设备安全监督管理部门责令停止使用，予以没收，处2万元以上10万元以下罚款。

第八十四条 特种设备存在严重事故隐患，无改造、维修价值，或者超过安全技术规范规定的使用年限，特种设备使用单位未予以报废，并向原登记的特种设备安全监督管理部门办理注销的，由特种设备安全监督管理部门责令限期改正；逾期未改正的，处5万元以上20万元以下罚款。

第八十五条 电梯、客运索道、大型游乐设施的运营使用单位有下列情形之一的，由特种设备安全监督管理部门责令限期改正；逾期未改正的，责令停止使用或者停产停业整顿，处1万元以上5万元以下罚款：

（一）客运索道、大型游乐设施每日投入使用前，未进行试运行和例行安全检查，并对安全装置进行检查确认的；

（二）未将电梯、客运索道、大型游乐设施的安全注意事项和警示标志置于易于为乘客注意的显著位置的。

第八十六条 特种设备使用单位有下列情形之一的，由特种设备安全监督管理部门责令限期改正；逾期未改正的，责令停止使用或者停产停业整顿，处2000元以上2万元以下罚款：

（一）未依照本条例规定设置特种设备安全管理机构或者配备专职、兼职的安全管理人员的；

（二）从事特种设备作业的人员，未取得相应特种作业人员证书，上岗作业的；

（三）未对特种设备作业人员进行特种设备安全教育和培训的。

第八十七条 发生特种设备事故，有下列情形之一的，对单位，由特种设备安全监督管理部门处5万元以上20万元以下罚款；对主要负责人，由特种设备安全监督管理部门处4000元以上2万元以下罚款；属于国家工作人员的，依法给予处分；触犯刑律的，依照刑法关于重大责任事故罪或者其他罪的规定，依法追究刑事责任：

（一）特种设备使用单位的主要负责人在本单位发生特种设备事故时，不立即组织抢救或者在事故调查处理期间擅离职守或者逃匿的；

（二）特种设备使用单位的主要负责人对特种设备事故隐瞒不报、谎报或者拖延不报的。

第八十八条 对事故发生负有责任的单位，由特种设备安全监督管理部门依照下列规定处以罚款：

（一）发生一般事故的，处10万元以上20万元以下罚款；

（二）发生较大事故的，处20万元以上50万元以下罚款；

（三）发生重大事故的，处50万元以上200万元以下罚款。

第八十九条 对事故发生负有责任的单位的主要负责人未依法履行职责，导致事故发生的，由特种设备安全监督管理部门依照下列规定处以罚款；属于国家工作人员的，并依法给予处分；触犯刑律的，依照刑法关于重大责任事故罪或者其他罪的规定，依法追究刑事责任：

（一）发生一般事故的，处上一年年收入30%的罚款；

（二）发生较大事故的，处上一年年收入40%的罚款；

（三）发生重大事故的，处上一年年收入60%的罚款。

第九十条 特种设备作业人员违反特种设备的操作规程和有关的安全规章制度操作，或者在作业过程中发现事故隐患或者其他不安全因素，未立即向现场安全管理人员和单位有关负责人报告的，由特种设备使用单位给予批评教育、处分；情节严重的，撤销特种设备作业人员资格；触犯刑律的，依照刑法关于重大责任事故罪或者其他罪的规定，依法追究刑事责任。

第九十一条 未经核准，擅自从事本条例所规定的监督检验、定期检验、型式试验以及无损检测等检验检测活动的，由特种设备安全监督管理部门予以取缔，处5万元以上20万元以下罚款；有违法所得的，没收违法所得；触犯刑律的，对负有责任的主管人员和其他直接责任人员依照刑法关于非法经营罪或者其他罪的规定，依法追究刑事责任。

第九十二条 特种设备检验检测机构，有下列情形之一的，由特种设备安全监督管理部门处2万元以上10万元以下罚款；情节严重的，撤销其检验检测资格：

（一）聘用未经特种设备安全监督管理部门组织考核合格并取得检验检测人员证书的人员，从事相关检验检测工作的；

（二）在进行特种设备检验检测中，发现严重事故隐患或者能耗严重超标，未及时告知特种设备使用单位，并立即向特种设备安全监督管理部门报告的。

第九十三条 特种设备检验检测机构和检验检测人员，出具虚假的检验检测结果、鉴定结论或者检验检测结果、鉴定结论严重失实的，由特种设备安全监督管理部门对检验检测机构没收违法所得，处5万元以上20万元以下罚款，情节严重的，撤销其检验检测资格；对检验检测人员处5000元以上5万元以下罚款，情节严重的，撤销其检验检测资格，触犯刑律的，依照刑法关于中介组织人员提供虚假证明文件罪、中介组织人员出具证明文件重大失实罪或者其他罪的规定，依法追究刑事责任。

特种设备检验检测机构和检验检测人员，出具虚假的检验检测结果、鉴定结论或者检验检测结果、鉴定结论严重失实，造成损害的，应当承担赔偿责任。

第九十四条 特种设备检验检测机构或者检验检测人员从事特种设备的生产、销售，或者以其名义推荐或者监制、监销特种设备的，由特种设备安全监督管理部门撤销特种设备检验检测机构和检验检测人员的资格，处5万元以上20万元以下罚款；有违法所得的，没收违法所得。

第九十五条 特种设备检验检测机构和检验检测人员利用检验检测工作故意刁难特种设备生产、使用单位，由特种设备安全监督管理部门责令改正；拒不改正的，撤销其检验检测资格。

第九十六条 检验检测人员，从事检验检测工作，不在特种设备检验检测机构执业或者同时在两个以上检验检测机构中执业的，由特种设备安全监督管理部门责令改正，情节严重的，给予停止执业6个月以上 2 年以下的处罚；有违法所得的，没收违法所得。

第九十七条 特种设备安全监督管理部门及其特种设备安全监察人员，有下列违法行为之一的，对直接负责的主管人员和其他直接责任人员，依法给予降级或者撤职的处分；触犯刑律的，依照刑法关于受贿罪、滥用职权罪、玩忽职守罪或者其他罪的规定，依法追究刑事责任：

（一）不按照本条例规定的条件和安全技术规范要求，实施许可、核准、登记的；

（二）发现未经许可、核准、登记擅自从事特种设备的生产、使用或者检验检测活动不予取缔或者不依法予以处理的；

（三）发现特种设备生产、使用单位不再具备本条例规定的条件而不撤销其原许可，或者发现特种设备生产、使用违法行为不予查处的；

（四）发现特种设备检验检测机构不再具备本条例规定的条件而不撤销其原核准，或者对其出具虚假的检验检测结果、鉴定结论或者检验检测结果、鉴定结论严重失实的行为不予查处的；

（五）对依照本条例规定在其他地方取得许可的特种设备生产单位重复进行许可，或者对依照本条例规定在其他地方检验检测合格的特种设备，重复进行检验检测的；

（六）发现有违反本条例和安全技术规范的行为或者在用的特种设备存在严重事故隐患，不立即处理的；

（七）发现重大的违法行为或者严重事故隐患，未及时向上级特种设备安全监督管理部门报告，或者接到报告的特种设备安全监督管理部门不立即处理的；

（八）迟报、漏报、瞒报或者谎报事故的；

（九）妨碍事故救援或者事故调查处理的。

第九十八条 特种设备的生产、使用单位或者检验检测机构，拒不接受特种设备安全监督管理部门依法实施的安全监察的，由特种设备安全监督管理部门责令限期改正；逾期未改正的，责令停产停业整顿，处 2 万元以上 10 万元以下罚款；触犯刑律的，依照刑法关于妨害公务罪或者其他罪的规定，依法追究刑事责任。

特种设备生产、使用单位擅自动用、调换、转移、损毁被查封、扣押的特种设备或者其主要部件的，由特种设备安全监督管理部门责令改正，处 5 万元以上 20 万元以下罚款；情节严重的，撤销其相应资格。

第八章 附 则

第九十九条 本条例下列用语的含义是：

（一）锅炉，是指利用各种燃料、电或者其他能源，将所盛装的液体加热到一定的参数，并对外输出热能的设备，其范围规定为容积大于或者等于 30 L 的承压蒸汽锅炉；出口水压大于或者等于 0.1 MPa（表压），且额定功率大于或者等于 0.1 MW 的承压热水锅炉；有机热载体锅炉。

（二）压力容器，是指盛装气体或者液体，承载一定压力的密闭设备，其范围规定为最高工作压力大于或者等于 0.1 MPa（表压），且压力与容积的乘积大于或者等于 2.5 MPa·L 的气体、液化气体和最高工作温度高于或者等于标准沸点的液体的固定式容器和移动式容器；盛装公称工作压力大于或者等于 0.2 MPa（表压），且压力与容积的乘积大于或者等于 1.0 MPa·L 的气体、液化气体和标准沸点等于或者低于 60 ℃液体的气瓶；氧舱等。

（三）压力管道，是指利用一定的压力，用于输送气体或者液体的管状设备，其范围规定为最高工作压力大于或者等于 0.1 MPa（表压）的气体、液化气体、蒸汽介质或者可燃、易爆、有毒、有腐蚀性、最高工作温度高于或者等于标准沸点的液体介质，且公称直径大于 25 mm 的管道。

（四）电梯，是指动力驱动，利用沿刚性导轨运行的箱体或者沿固定线路运行的梯级（踏步），进行升降或者平行运送人、货物的机电设备，包括载人（货）电梯、自动扶梯、自动人行道等。

（五）起重机械，是指用于垂直升降或者垂直升降并水平移动重物的机电设备，其范围规定为额定起重量大于或者等于 0.5 t 的升降机；额定起重量大于或者等于 1 t，且提升高度大于或者等于 2 m 的起重机和承重形式固定的电动葫芦等。

（六）客运索道，是指动力驱动，利用柔性绳索牵引箱体等运载工具运送人员的机电设备，包括客运架空索道、客运缆车、客运拖牵索道等。

（七）大型游乐设施，是指用于经营目的，承载乘客游乐的设施，其范围规定为设计最大运行线速度大于或者等于 2 m/s，或者运行高度距地面高于或者等于 2 m 的载人大型游乐设施。

（八）场（厂）内专用机动车辆，是指除道路交通、农用车辆以外仅在工厂厂区、旅游景区、游乐场所等特定区域使用的专用机动车辆。

特种设备包括其所用的材料、附属的安全附件、安全保护装置和与安全保护装置相关的设施。

第一百条 压力管道设计、安装、使用的安全监督管理办法由国务院另行制定。

第一百零一条 国务院特种设备安全监督管理部门可以授权省、自治区、直辖市特种设备安全监督管理部门负责本条例规定的特种设备行政许可工作,具体办法由国务院特种设备安全监督管理部门制定。

第一百零二条 特种设备行政许可、检验检测,应当按照国家有关规定收取费用。

第一百零三条 本条例自 2003 年 6 月 1 日起施行。1982 年 2 月 6 日国务院发布的《锅炉压力容器安全监察暂行条例》同时废止。

2. 部门规章及有关文件

特 种 设 备 目 录

(2014 年 10 月 30 日国家质量监督检验检疫总局第 114 号公布)

代码	种 类	类 别	品 种
1000	锅炉	锅炉,是指利用各种燃料、电或者其他能源,将所盛装的液体加热到一定的参数,并通过对外输出介质的形式提供热能的设备,其范围规定为设计正常水位容积大于或者等于 30 L,且额定蒸汽压力大于或者等于 0.1 MPa(表压)的承压蒸汽锅炉;出口水压大于或者等于 0.1 MPa(表压),且额定功率大于或者等于 0.1 MW 的承压热水锅炉;额定功率大于或者等于 0.1 MW 的有机热载体锅炉。	
1100		承压蒸汽锅炉	
1200		承压热水锅炉	
1300		有机热载体锅炉	
1310			有机热载体气相炉
1320			有机热载体液相炉
2000	压力容器	压力容器,是指盛装气体或者液体,承载一定压力的密闭设备,其范围规定为最高工作压力大于或者等于 0.1 MPa(表压)的气体、液化气体和最高工作温度高于或者等于标准沸点的液体、容积大于或者等于 30 L 且内直径(非圆形截面指截面内边界最大几何尺寸)大于或者等于 150 mm 的固定式容器和移动式容器;盛装公称工作压力大于或者等于 0.2 MPa(表压),且压力与容积的乘积大于或者等于 1.0 MPa·L 的气体、液化气体和标准沸点等于或者低于 60 ℃液体的气瓶;氧舱。	
2100		固定式压力容器	
2110			超高压容器
2130			第三类压力容器
2150			第二类压力容器
2170			第一类压力容器
2200		移动式压力容器	
2210			铁路罐车
2220			汽车罐车
2230			长管拖车

(续)

代码	种类	类别	品种
2240			罐式集装箱
2250			管束式集装箱
2300		气瓶	
2310			无缝气瓶
2320			焊接气瓶
23T0			特种气瓶（内装填料气瓶、纤维缠绕气瓶、低温绝热气瓶）
2400		氧舱	
2410			医用氧舱
2420			高气压舱
8000	压力管道	压力管道，是指利用一定的压力，用于输送气体或者液体的管状设备，其范围规定为最高工作压力大于或者等于0.1 MPa（表压），介质为气体、液化气体、蒸汽或者可燃、易爆、有毒、有腐蚀性、最高工作温度高于或者等于标准沸点的液体，且公称直径大于或者等于50 mm的管道。公称直径小于150 mm，且其最高工作压力小于1.6 MPa（表压）的输送无毒、不可燃、无腐蚀性气体的管道和设备本体所属管道除外。其中，石油天然气管道的安全监督管理还应按照《安全生产法》、《石油天然气管道保护法》等法律法规实施。	
8100		长输管道	
8110			输油管道
8120			输气管道
8200		公用管道	
8210			燃气管道
8220			热力管道
8300		工业管道	
8310			工艺管道
8320			动力管道
8330			制冷管道
7000	压力管道元件		
7100		压力管道管子	
7110			无缝钢管
7120			焊接钢管
7130			有色金属管
7140			球墨铸铁管
7150			复合管

（续）

代码	种类	类别	品种
71F0			非金属材料管
7200		压力管道管件	
7210			非焊接管件（无缝管件）
7220			焊接管件（有缝管件）
7230			锻制管件
7270			复合管件
72F0			非金属管件
7300		压力管道阀门	
7320			金属阀门
73F0			非金属阀门
73T0			特种阀门
7400		压力管道法兰	
7410			钢制锻造法兰
7420			非金属法兰
7500		补偿器	
7510			金属波纹膨胀节
7530			旋转补偿器
75F0			非金属膨胀节
7700		压力管道密封元件	
7710			金属密封元件
77F0			非金属密封元件
7T00		压力管道特种元件	
7T10			防腐管道元件
7TZ0			元件组合装置
3000	电梯	电梯，是指动力驱动，利用沿刚性导轨运行的箱体或者沿固定线路运行的梯级（踏步），进行升降或者平行运送人、货物的机电设备，包括载人（货）电梯、自动扶梯、自动人行道等。非公共场所安装且仅供单一家庭使用的电梯除外。	
3100		曳引与强制驱动电梯	
3110			曳引驱动乘客电梯
3120			曳引驱动载货电梯
3130			强制驱动载货电梯
3200		液压驱动电梯	
3210			液压乘客电梯

(续)

代码	种类	类别	品种
3220			液压载货电梯
3300		自动扶梯与自动人行道	
3310			自动扶梯
3320			自动人行道
3400		其它类型电梯	
3410			防爆电梯
3420			消防员电梯
3430			杂物电梯
4000	**起重机械**	起重机械，是指用于垂直升降或者垂直升降并水平移动重物的机电设备，其范围规定为额定起重量大于或者等于0.5 t的升降机；额定起重量大于或者等于3 t（或额定起重力矩大于或者等于40 t·m的塔式起重机，或生产率大于或者等于300 t/h的装卸桥），且提升高度大于或者等于2 m的起重机；层数大于或者等于2层的机械式停车设备。	
4100		桥式起重机	
4110			通用桥式起重机
4130			防爆桥式起重机
4140			绝缘桥式起重机
4150			冶金桥式起重机
4170			电动单梁起重机
4190			电动葫芦桥式起重机
4200		门式起重机	
4210			通用门式起重机
4220			防爆门式起重机
4230			轨道式集装箱门式起重机
4240			轮胎式集装箱门式起重机
4250			岸边集装箱起重机
4260			造船门式起重机
4270			电动葫芦门式起重机
4280			装卸桥
4290			架桥机
4300		塔式起重机	
4310			普通塔式起重机
4320			电站塔式起重机
4400		流动式起重机	

(续)

代码	种 类	类 别	品 种
4410			轮胎起重机
4420			履带起重机
4440			集装箱正面吊运起重机
4450			铁路起重机
4700		门座式起重机	
4710			门座起重机
4760			固定式起重机
4800		升降机	
4860			施工升降机
4870			简易升降机
4900		缆索式起重机	
4A00		桅杆式起重机	
4D00		机械式停车设备	
9000	客运索道	客运索道,是指动力驱动,利用柔性绳索牵引箱体等运载工具运送人员的机电设备,包括客运架空索道、客运缆车、客运拖牵索道等。非公用客运索道和专用于单位内部通勤的客运索道除外。	
9100		客运架空索道	
9110			往复式客运架空索道
9120			循环式客运架空索道
9200		客运缆车	
9210			往复式客运缆车
9220			循环式客运缆车
9300		客运拖牵索道	
9310			低位客运拖牵索道
9320			高位客运拖牵索道
6000	大型游乐设施	大型游乐设施,是指用于经营目的,承载乘客游乐的设施,其范围规定为设计最大运行线速度大于或者等于 2 m/s,或者运行高度距地面高于或者等于 2 m 的载人大型游乐设施。用于体育运动、文艺演出和非经营活动的大型游乐设施除外。	
6100		观览车类	
6200		滑行车类	
6300		架空游览车类	
6400		陀螺类	
6500		飞行塔类	
6600		转马类	

1085

(续)

代码	种类	类别	品种
6700		自控飞机类	
6800		赛车类	
6900		小火车类	
6A00		碰碰车类	
6B00		滑道类	
6D00		水上游乐设施	
6D10			峡谷漂流系列
6D20			水滑梯系列
6D40			碰碰船系列
6E00		无动力游乐设施	
6E10			蹦极系列
6E40			滑索系列
6E50			空中飞人系列
6E60			系留式观光气球系列
5000	场（厂）内专用机动车辆	场（厂）内专用机动车辆，是指除道路交通、农用车辆以外仅在工厂厂区、旅游景区、游乐场所等特定区域使用的专用机动车辆。	
5100		机动工业车辆	
5110			叉车
5200		非公路用旅游观光车辆	
F000	安全附件		
7310			安全阀
F220			爆破片装置
F230			紧急切断阀
F260			气瓶阀门

气瓶安全监察规定

（2003年4月24日国家质量监督检验检疫总局令第46号公布　根据2015年8月25日《国家质量监督检验检疫总局关于修改部分规章的决定》修订）

第一章　总　则

第一条　为加强气瓶安全监察工作，保证气瓶安全使用，保护人民生命和财产安全，根据《特种设备安全监察条例》和《危险化学品安全管理条例》的有关要求，制定本规定。

第二条　本规定适用于正常环境温度（-40~60℃）下使用的、公称工作压力大于或等于0.2 MPa（表压）且压力与容积的乘积大于或等于1.0 MPa·L的盛装气体、液化气体和标准沸点等于或低于60℃的液体的气瓶（不含仅在灭火时承受压力、储存时不承受压力的灭火用气瓶）。

军事装备、核设施、航空航天器、铁路机车、船舶和海上设施使用的气瓶不适用本规定。

第三条　在中华人民共和国境内使用的气瓶，其设计、制造、充装、运输、储存、销售、使用和检验等各项活动，应当遵守本规定。

第四条 国家质量监督检验检疫总局（以下简称国家质检总局）负责全国范围内气瓶的安全监察工作，县以上地方质量技术监督行政部门（以下简称质监部门）对本行政区域内的气瓶实施安全监察。

第二章 气瓶设计与制造

第五条 气瓶设计实行设计文件鉴定制度。气瓶设计文件应当经国家质检总局特种设备安全监察机构（以下简称总局安全监察机构）核准的检验检测机构鉴定，方可用于制造。

第六条 气瓶制造单位申请设计文件鉴定时，应当提交齐全的设计文件和产品型式试验报告。气瓶设计文件应当包括：

（一）设计任务书；

（二）设计图样（含钢印印模图样）；

（三）设计计算书；

（四）设计说明书；

（五）标准化审查报告；

（六）使用说明书。

改变气瓶瓶体主体结构、设计厚度、瓶体材料牌号时，气瓶制造单位应当重新申请设计文件鉴定。

第七条 气瓶设计文件应当符合有关安全技术规范的规定，并满足相应国家标准（行业标准）或企业标准的要求。

第八条 液化石油气气瓶上应当设计装配防止超装的液位限制装置；易燃气体气瓶和助燃气体气瓶的瓶口螺纹和阀门出气口应当设计成不同的左右螺纹的旋向和内外螺纹的结构。

第九条 在我国境内使用的气瓶及其附件（包括气瓶瓶阀、减压阀、液位限制阀等，下同），其境内外制造企业应当取得国家质检总局颁发的制造许可证书，方可从事制造活动。气瓶及其附件的制造许可按照《锅炉压力容器制造监督管理办法》的规定执行。

从事气瓶焊接和无损检测的人员，应当经安全监察机构考核合格，并取得证书后，方可从事相应工作。

第十条 在我国境内使用的气瓶应当按照我国安全技术规范和国家标准（行业标准）生产。暂时没有国家标准（行业标准）时，应当制定符合安全技术规范要求的企业标准。

第十一条 在符合有关气瓶安全技术规范和国家标准的条件下，气瓶制造单位可按气瓶充装单位的要求，生产专用标识气瓶。

第十二条 气瓶及附件正式投产前，应当按照安全技术规范及相关标准的要求进行型式试验。改变设计文件或者主要制造工艺或者停产时间超过6个月重新生产时，应当进行气瓶的型式试验。

第十三条 研制、开发气瓶及其附件新产品，应当进行型式试验和技术评定。

第十四条 气瓶应当逐只进行监督检验后方可出厂（出口气瓶按合同或其他有关规定执行）。气瓶出厂时，制造单位应当在产品的明显位置上，以钢印（或者其他固定形式）注明制造单位的制造许可证编号和企业代号标志以及气瓶出厂编号，并向用户逐只出具铭牌或者其他能固定于气瓶上的产品合格证，按批出具批量检验质量证明书。产品合格证和批量检验质量证明书的内容，应当符合相应的安全技术规范及产品标准的规定。

第十五条 气瓶及其附件制造单位必须对设计、制造的气瓶及其附件的安全性能和产品质量负责。气瓶阀门制造单位应当保证气瓶阀门至少安全使用到气瓶的下一个检验周期。

第三章 气瓶制造监督检验

第十六条 承担气瓶制造监督检验工作的检验机构（以下简称监检机构），应当经国家质检总局核准。监检机构所监督检验的产品，应当符合受检单位所取得的制造许可证所规定的品种范围。

第十七条 监督检验的主要内容包括：

（一）对气瓶制造过程中涉及安全的水压试验、气瓶出厂编号和打监督检验钢印等重要项目进行逐只监督检验；

（二）对气瓶材料的复验、气瓶爆破试验和产品试样的力学性能和其他理化性能测试进行现场监督确认；

（三）对受检单位的气瓶制造质量管理体系运转情况进行监督。

气瓶制造监督检验报告应当包括上述3项内容和结论。

第十八条 监检机构应当加强对监督检验工作的管理，根据受检单位生产的实际情况，派出相应的监督检验人员，及时完成监督检验任务；应当对监督检验人员进行培训和定期考核，为检验人员配备必要的检验和检测工具，确保监督检验工作质量。监检机构应当对出具的监督检验报告负责。

第十九条 监督检验人员应当认真履行职责，监督检验到位。应当根据有关安全技术规范及标准的要求实施监督检验，认真做好监督检验记录，对受检单位提供的技术资料等应当妥善保管，并予以保密。

签发监督检验报告的检验人员，应当持有国家质检总局颁发的压力容器检验师证书。

第二十条 监督检验人员发现受检单位质量管理体系运转失控而影响产品质量时，应当及时书面通知受检单位改正，并报告受检单位制造许可证发证部门。监督检验人员在监督检验中发现零部件存在安全质量问题时，有权制止零部件流入下道工序。

第二十一条 在监督检验过程中，受检单位和监检机构发生争议时，可提请受检单位所在地的地（市）级质监部门处理。必要时，可提请上一级质监部门处理。

第二十二条 监检机构所在地的地（市）级质监部门安全监察机构，应当每年对监检机构和受检单位进行监督检查。发现监检机构不能履行职责和受检单位逃避监督检验的问题，应当及时处理，并报告监检机构的核准部门和受检单位制造许可证发证部门。

第四章 气瓶充装

第二十三条 气瓶充装单位应当向省级质监部门特种设备安全监察机构提出充装许可书面申请。经审查，确认符合条件者，由省级质监部门颁发《气瓶充装许可证》。未取得《气瓶充装许可证》的，不得从事气瓶充装工作。

第二十四条 《气瓶充装许可证》有效期为4年，有效期满前，气瓶充装单位应当向原批准部门申请更换《气瓶充装许可证》。未按规定提出申请或未获准更换《气瓶充装许可证》的，有效期满后不得继续从事气瓶充装工作。

第二十五条 气瓶充装单位应当符合以下条件：

（一）具有营业执照；

（二）有适应气瓶充装和安全管理需要的技术人员和特种设备作业人员，具有与充装的气体种类相适应的完好的充装设施、工器具、检测手段、场地厂房，有符合要求的安全设施；

（三）具有一定的气体储存能力和足够数量的自有产权气瓶；

（四）符合相应气瓶充装站安全技术规范及国家标准的要求，建立健全的气瓶充装质量保证体系和安全管理制度。

第二十六条 气瓶充装单位应当履行以下义务：

（一）向气体消费者提供气瓶，并对气瓶的安全全面负责；

（二）负责气瓶的维护、保养和颜色标志的涂敷工作；

（三）按照安全技术规范及有关国家标准的规定，负责做好气瓶充装前的检查和充装记录，并对气瓶的充装安全负责；

（四）负责对充装作业人员和充装前检查人员进行有关气体性质、气瓶的基础知识、潜在危险和应急处理措施等内容的培训；

（五）负责向气瓶使用者宣传安全使用知识和危险性警示要求，并在所充装的气瓶上粘贴符合安全技术规范及国家标准规定的警示标签和充装标签；

（六）负责气瓶的送检工作，将不符合安全要求的气瓶送交地（市）级或地（市）级以上质监部门指定的气瓶检验机构报废销毁；

（七）配合气瓶安全事故调查工作。

车用气瓶、呼吸用气瓶、灭火用气瓶、非重复充装气瓶和其他经省级质监部门安全监察机构同意的气瓶充装单位，应当履行上述规定的第（三）项、第（四）项、第（五）项、第（七）项义务。

第二十七条 充装单位应当采用计算机对所充装的自有产权气瓶进行建档登记，并负责涂敷充装站标志、气瓶编号和打充装站标志钢印。充装站标志应经省级质监部门备案。鼓励采用条码等先进信息化手段对气瓶进行安全管理。

第二十八条 气瓶充装单位应当保持气瓶充装人员的相对稳定。充装单位负责人和气瓶充装人员应当经地（市）级或者地（市）级以上质监部门考核，取得特种设备作业人员证书。

第二十九条 气瓶充装单位只能充装自有产权气瓶（车用气瓶、呼吸用气瓶、灭火用气瓶、非重复充装气瓶和其他经省级质监部门安全监察机构同意的气瓶除外），不得充装技术档案不在本充装单位的气瓶。

第三十条 气瓶充装前和充装后，应当由充装单位持证作业人员逐只对气瓶进行检查，发现超装、错装、泄漏或其他异常现象的，要立即进行妥善处理。

充装时，充装人员应按有关安全技术规范和国家标准规定进行充装。对未列入安全技术规范或国家标准的气体，应当制定企业充装标准，按标准规定的充装系数或充装压力进行充装。禁止对使用过的非重复充装气瓶再次进行充装。

第三十一条 气瓶充装单位应当保证充装的气体质量和充装量符合安全技术规范规定及相关标准的要求。

第三十二条 任何单位和个人不得改装气瓶或将

报废气瓶翻新后使用。

第三十三条 地（市）级质监部门安全监察机构应当每年对辖区内的气瓶充装单位进行年度监督检查。年度监督检查的内容包括：自有产权气瓶的数量、钢印标志和建档情况、自有产权气瓶的充装和定期检验情况、充装单位负责人和充装人员持证情况。气瓶充装单位应当按照要求每年报送上述材料。

地（市）级质监部门每年应当将年度监督检查的结果上报省级质监部门。对年度监督检查不合格应予吊销充装许可证的充装单位，报请省级质监部门吊销充装许可证书。

第五章 气瓶定期检验

第三十四条 气瓶的定期检验周期、报废期限应当符合有关安全技术规范及标准的规定。

第三十五条 承担气瓶定期检验工作的检验机构，应当经省级质监部门核准，按照有关安全技术规范和国家标准的规定，从事气瓶的定期检验工作。

从事气瓶定期检验工作的检验人员，应当经总局安全监察机构考核合格，取得气瓶检验人员证书后，方可从事气瓶检验工作。

第三十六条 气瓶定期检验证书有效期为4年。有效期满前，检验机构应当向发证部门申请办理换证手续，有效期满前未提出申请的，期满后不得继续从事气瓶定期检验工作。

第三十七条 气瓶检验机构应当有与所检气瓶种类、数量相适应的场地、余气回收与处理设施、检验设备、持证检验人员，并有一定的检验规模。

第三十八条 气瓶定期检验机构的主要职责是：

（一）按照有关安全技术规范和气瓶定期检验标准对气瓶进行定期检验，出具检验报告，并对其正确性负责；

（二）按气瓶颜色标志有关国家标准的规定，去除气瓶表面的漆色后重新涂敷气瓶颜色标志，打气瓶定期检验钢印；

（三）对报废气瓶进行破坏性处理。

第三十九条 气瓶检验机构应当严格按照有关安全技术规范和检验标准规定的项目进行定期检验。检验气瓶前，检验人员必须对气瓶的介质处理进行确认，达到有关安全要求后，方可检验。检验人员应当认真做好检验记录。

第四十条 气瓶检验机构应当保证检验工作质量和检验安全，保证经检验合格的气瓶和经维修的气瓶阀门能够安全使用一个检验周期，不能安全使用一个检验周期的气瓶和阀门应予报废。

第四十一条 气瓶检验机构应当将检验不合格的报废气瓶予以破坏性处理。气瓶的破坏性处理必须采用压扁或将瓶体解体的方式进行。禁止将未作破坏性处理的报废气瓶交予他人。

第四十二条 气瓶检验机构应当按照省级质监部门安全监察机构的要求，报告当年检验的各种气瓶的数量、各充装单位送检的气瓶数量、检验工作情况和影响气瓶安全的倾向性问题。

第六章 运输、储存、销售和使用

第四十三条 运输、储存、销售和使用气瓶的单位，应当制定相应的气瓶安全管理制度和事故应急处理措施，并有专人负责气瓶安全工作，定期对气瓶运输、储存、销售和使用人员进行气瓶安全技术教育。

第四十四条 充气气瓶的运输单位，必须严格遵守国家危险品运输的有关规定。

运输和装卸气瓶时，必须配戴好气瓶瓶帽（有防护罩的气瓶除外）和防震圈（集装气瓶除外）。

第四十五条 储存充气气瓶的单位应当有专用仓库存放气瓶。气瓶仓库应当符合《建筑设计防火规范》的要求，气瓶存放数量应符合有关安全规定。

第四十六条 气瓶或瓶装气体的销售单位应当销售具有制造许可证的企业制造的合格气瓶和取得气瓶充装许可的单位充装的瓶装气体。

鼓励气瓶制造单位将气瓶直接销售给取得气瓶充装许可的充装单位。

气瓶充装单位应当购买具有制造许可证的企业制造的合格气瓶，气体使用者应当购买已取得气瓶充装许可的单位充装的瓶装气体。

第四十七条 气瓶使用者应当遵守下列安全规定：

（一）严格按照有关安全使用规定正确使用气瓶；

（二）不得对气瓶瓶体进行焊接和更改气瓶的钢印或者颜色标记；

（三）不得使用已报废的气瓶；

（四）不得将气瓶内的气体向其他气瓶倒装或直接由罐车对气瓶进行充装；

（五）不得自行处理气瓶内的残液。

第七章 罚 则

第四十八条 气瓶充装单位有下列行为之一的，责令改正，处1万元以上3万元以下罚款。情节严重的，暂停充装，直至吊销其充装许可证。

（一）充装非自有产权气瓶（车用气瓶、呼吸用气瓶、灭火用气瓶、非重复充装气瓶和其他经省级质监部门安全监察机构同意的气瓶除外）；

（二）对使用过的非重复充装气瓶再次进行充装；

（三）充装前不认真检查气瓶钢印标志和颜色标志，未按规定进行瓶内余气检查或抽回气瓶内残液而充装气瓶，造成气瓶错装或超装的；

（四）对气瓶进行改装和对报废气瓶进行翻新的；

（五）未按规定粘贴气瓶警示标签和气瓶充装标签的；

（六）负责人或者充装人员未取得特种设备作业人员证书的。

第四十九条 气瓶检验机构对定期检验不合格应予报废的气瓶，未进行破坏性处理而直接退回气瓶送检单位或者转卖给其他单位或个人的，责令改正，处以1000元以上1万元以下罚款。情节严重的，取消其检验资格。

第五十条 气瓶或者瓶装气体销售单位或者个人有下列行为之一的，责令改正，处1万元以下罚款。

（一）销售无制造许可证单位制造的气瓶或者销售未经许可的充装单位充装的瓶装气体；

（二）收购、销售未经破坏性处理的报废气瓶或者使用过的非重复充装气瓶以及其他不符合安全要求的气瓶。

第五十一条 气瓶监检机构有下列行为之一的，责令改正；情节严重的，取消其监督检验资格。

（一）监督检验质量保证体系失控，未对气瓶实施逐只监检的；

（二）监检项目不全或者未监检而出具虚假监检报告的；

（三）经监检合格的气瓶出现严重安全质量问题，导致受检单位制造许可证被吊销的。

第五十二条 违反本规定的其他违法行为，按照《特种设备安全监察条例》的规定进行处罚。

第五十三条 行政相对人对行政处罚不服的，可以依法申请行政复议或者提起行政诉讼。

第八章 附 则

第五十四条 气瓶发生事故时，发生事故的单位和安全监察机构应当按照《锅炉压力容器压力管道特种设备事故处理规定》及时上报和进行事故调查处理。

第五十五条 各省级质监部门可以依据本规定，结合本地区实际情况，制定实施办法。

第五十六条 本规定由国家质检总局负责解释。

第五十七条 本规定自2003年6月1日起施行。

客运索道安全监督管理规定

（2016年2月25日国家质量监督检验检疫总局令第179号公布 根据2020年10月23日国家市场监督管理总局令第31号修订）

第一章 总 则

第一条 为了加强客运索道安全监督管理工作，预防和减少事故，保障人身和财产安全，根据《中华人民共和国特种设备安全法》等法律、行政法规，制定本规定。

第二条 客运索道的设计、制造、安装、改造、修理、使用、检验、检测和监督管理，应当遵守本规定。

第三条 国家市场监督管理总局（以下简称市场监管总局）负责综合管理全国客运索道安全监督管理工作。县级以上地方特种设备安全监督管理部门按照职责分工对本行政区域内客运索道安全实施监督管理。

第四条 鼓励推行客运索道相关责任保险制度，提高事故应急处置和赔付能力。

第二章 制 造

第五条 客运索道制造单位应当依法取得制造许可，方可从事相应的制造活动。

客运索道制造许可实施分级管理，具体要求按照有关安全技术规范等规定执行。

第六条 客运索道设计完成后，设计文件应当由制造单位按照有关安全技术规范要求依法向特种设备检验机构申请鉴定，经鉴定符合要求后，方可用于制造。

第七条 客运索道制造单位应当按照设计文件、有关标准、安全技术规范等要求进行制造。

客运索道制造单位委托加工零部件或者外购零部件的，应当按照安全技术规范与本单位质量体系的要求，加强质量控制并依法承担责任。

第八条 按照安全技术规范的要求，应当进行型式试验的客运索道产品、部件或者试制的客运索道新产品、新部件，应当依法向特种设备检验机构申请进行型式试验。

第九条 客运索道出厂时，应当随附安全技术规范要求的设计文件、产品质量合格证明（以部件出厂的应提供部件产品质量合格证明）、安装图纸及说明、使用维护保养说明、型式试验合格证明、无损检测报告等。

客运索道使用维护保养说明书应当明示使用条件、技术参数、操作规程、试运行检查项目、人员要求、设备日常检查和定期检查项目、维护保养项目和要求、常见故障及排除方法、事故应急处置措施、主要受力部件检测和易损件更换的周期和方法等。

第十条 客运索道采用新材料、新技术、新工艺，与安全技术规范的要求不一致，或者安全技术规范未作要求、可能对安全性能有重大影响的，客运索道制造单位应当向市场监管总局申报，由市场监管总局及时委托安全技术咨询机构或者相关专业机构进行技术评审，评审结果经市场监管总局批准，方可投入制造、使用。

第三章 安装、改造、修理

第十一条 客运索道安装、改造、修理单位应当依法取得许可，方可从事相应的安装、改造、修理活动。

客运索道安装、改造许可实施分级管理，具体要求按照有关安全技术规范等规定执行。

第十二条 客运索道安装单位在客运索道安装施工前，应当确认设备基础、预埋件等符合客运索道安装和土建工程质量要求。

第十三条 客运索道安装、改造、修理单位应当在施工前，按照安全技术规范要求将相关情况通过信函、电报、电传、传真、电子数据交换和电子邮件等书面方式，告知作业所在地的特种设备安全监督管理部门，告知后即可施工。

第十四条 客运索道安装、改造、修理单位应当按照设计文件、标准、安全技术规范、施工方案等进行作业，加强现场施工质量管理。

第十五条 客运索道的安装、改造、重大修理过程，应当经特种设备检验机构按照安全技术规范的要求进行监督检验；未经监督检验或者监督检验不合格的不得交付使用。

第十六条 客运索道安装、改造、修理单位应当在验收后三十日内将安全技术规范要求的出厂文件、监督检验证明、无损检测报告以及竣工报告、调试及试运行记录、自检报告等安装、改造、修理相关技术资料和文件移交使用单位存档。

第四章 使 用

第十七条 客运索道在投入使用前或者投入使用后三十日内，使用单位应当按照规定到登记部门办理使用登记。

第十八条 客运索道使用单位发生变更、客运索道报废的，应当按照安全技术规范等规定要求办理使用登记变更、注销。

第十九条 客运索道使用单位停用客运索道的，应当按照安全技术规范等规定执行，并到登记部门办理相关停用手续。

第二十条 客运索道使用单位不得使用未经监督检验、定期检验或者监督检验、定期检验不合格的客运索道。

第二十一条 客运索道使用单位主要负责人对客运索道安全使用负责。使用单位负责人应按照安全技术规范要求，定期对安全管理情况进行检查，发现问题应当立即处理。

第二十二条 客运索道使用单位安全管理人员应当履行以下职责：

（一）负责建立安全管理制度并检查各项制度的落实情况；

（二）做好本单位客运索道的安全监督管理工作，负责组织设备自检，申报使用登记和定期检验；

（三）对客运索道使用状况进行检查，发现问题应立即处理；情况紧急时，可以决定停止使用并及时报告本单位有关负责人；

（四）组织应急救援演习，协助事故调查处理；

（五）组织本单位人员的安全教育和培训；

（六）督促落实技术档案的管理；

（七）法律法规及安全技术规范等规定的其他内容。

第二十三条 客运索道使用单位应当按照安全技术规范等要求，配备作业人员，并加强对服务人员岗前培训教育，使其掌握基本的应急技能，协助作业人员进行应急处置。

作业人员应当履行以下职责：

（一）严格执行有关操作规程和操作人员守则；

（二）负责设备使用状况日常检查、维护保养，对日常检查、日常维护保养、故障排除情况如实记录，保证设备正常运行；

（三）每次运行前应当对保护乘客的安全装置进

行检查确认；

（四）作业过程中发现事故隐患或者其他不安全因素，应当立即向安全管理人员和本单位有关负责人报告；

（五）熟悉应急救援流程，发现设备运行不正常时，应当按照操作规程采取措施保证安全；

（六）法律法规及安全技术规范等规定的其他内容。

第二十四条 使用单位应当建立健全以下安全管理制度：

（一）技术档案管理制度；

（二）安全操作规程；

（三）日常检查与定期自行检查制度；

（四）维护保养制度；

（五）定期报检制度；

（六）作业和服务人员守则；

（七）作业人员及相关服务人员安全培训考核制度；

（八）应急救援演练制度；

（九）意外事件和事故处理制度；

（十）法律法规及安全技术规范等规定的其他制度。

第二十五条 使用单位应对每条客运索道建立技术档案，并妥善保存，依法管理。

技术档案的内容包括：

（一）出厂文件；

（二）监督检验报告；

（三）使用登记相关文件；

（四）改造、重大修理技术资料和文件；

（五）年度自行检查记录；

（六）定期检验报告；

（七）应急救援演练记录；

（八）运行、维护保养、设备故障与事故处理记录；

（九）作业人员培训、考核和证书管理记录；

（十）法律法规及安全技术规范等规定的其他内容。

第二十六条 客运索道使用单位应当按照安全技术规范的要求，在定期检验周期届满前一个月向特种设备检验机构提出定期检验要求。

客运索道定期检验分为全面检验和年度检验，客运架空索道和客运缆车在安装监督检验合格后每三年进行一次全面检验，期间的两个年度，每年进行一次年度检验。客运拖牵索道每年进行一次年度检验。

第二十七条 客运索道使用单位应当按照安全技术规范和使用维护说明书的要求，开展设备运营前试运行检查、日常检查和维护保养、定期自行检查，并如实记录。对日常维护保养和试运行检查等自行检查中发现的异常情况，应当及时处理。在国家法定节假日或者开展大型活动等客运索道乘坐人员高峰期前，使用单位应当对客运索道进行全面检查维护，并加强日常检查和安全值班。

客运索道使用单位进行本单位设备的维护保养工作，应当按照有关安全技术规范要求配备人员、工具和设备。

第二十八条 客运索道使用单位应当在客运索道等待乘坐区域设置乘客引导标志，及时做好乘客引导工作，保证乘客出入畅通。

在客运索道的出入口处等显著位置应当张贴乘客须知、安全使用说明、安全注意事项，内容应包括乘客适应范围、禁忌事宜等，并按照安全技术规范和有关标准的要求悬挂警示标志。

第二十九条 客运索道使用单位应当制定应急专项预案，建立应急救援指挥机构，配备相应的救援人员以及相应数量的营救设备、急救物品。

客运索道使用单位应当加强营救设备、急救物品的存放和管理，对救援人员定期进行专业培训，每年至少组织一次应急救援演练。

第三十条 客运索道发生故障或者发生异常情况，使用单位应当立即停止使用，对其进行全面检查，消除事故隐患，经试运行正常后方可继续使用。

第三十一条 客运索道发生事故，使用单位应当立即停止使用，并按照应急预案采取措施，组织抢救，并及时向事故发生地特种设备安全监督管理部门和有关部门报告。

第五章 监督管理

第三十二条 特种设备安全监督管理部门依照《中华人民共和国特种设备安全法》等法律、行政法规和本规定，对客运索道的生产、使用单位和检验、检测机构实施监督检查。

第三十三条 特种设备安全监督管理部门发现重大违法行为或者客运索道存在严重事故隐患时，应当责令有关单位立即停止违法行为、采取措施消除事故隐患，并及时向上级特种设备安全监督管理部门报告。接到报告的特种设备安全监督管理部门应当采取必要措施，及时予以处理。

对违法行为、严重事故隐患的处理需要当地人民政府和有关部门的支持、配合时，特种设备安全监督管理部门应当报告当地人民政府,并通知有关部门。当地人民政府和有关部门应当采取必要措施,及时予以处理。

第三十四条 客运索道事故的调查处理,按照相关法律法规等规定执行。

第六章 法律责任

第三十五条 违反本规定要求,构成《中华人民共和国特种设备安全法》等法律、行政法规规定的违法行为的,按照其规定实施处罚。

第三十六条 客运索道使用单位未按照本规定开展应急救援演练的,责令限期改正;逾期未改正的,处三万元罚款。

第七章 附 则

第三十七条 本规定下列用语的含义是:

使用单位,是指从事客运索道经营管理,向登记部门办理使用登记的单位。

维护保养,是指根据使用维护说明书的要求,对客运索道设备进行清洁、润滑、检查、调试、紧固连接件、更换易损件等,但不改变客运索道主体结构和性能参数的活动。

修理,是指通过设备部件拆解、更换、修复主要受力部件,以恢复设备功能或者提高设备的安全性能,但不改变客运索道主体结构、性能参数的活动。

重大修理,是指根据相关安全技术规范、标准要求,通过设备整体拆解,进行检查维护、无损检测或者零部件更换,以确保客运索道所有主要受力部件得到安全检查,但不改变客运索道主体结构、性能参数的活动。

改造,是指通过改变客运索道主要设备结构及其布局、传动方式、制动方式、运行参数、线路设计、电气控制系统等,致使客运索道主体结构、性能参数发生变化的活动。

第三十八条 本规定由市场监管总局负责解释。

第三十九条 本规定自 2016 年 4 月 1 日起实施。

大型游乐设施安全监察规定

(2013 年 8 月 15 日国家质量监督检验检疫总局令第 154 号公布 自 2014 年 1 月 1 日起施行,2021 年局部修改)

第一章 总 则

第一条 为了加强大型游乐设施安全监察工作,防止和减少事故,保障人身和财产安全,根据《中华人民共和国特种设备安全法》、《特种设备安全监察条例》,制定本规定。

第二条 大型游乐设施的设计、制造、安装、改造、修理、使用、检验、检测及其监督检查,应当遵守本规定。

第三条 国家市场监督管理总局负责全国大型游乐设施安全监察工作的综合管理,县级以上地方市场监督管理部门负责本行政区域内大型游乐设施安全监察工作。

第四条 从事大型游乐设施设计文件鉴定、型式试验、监督检验、定期检验的特种设备检验机构,应当依法经核准,方可从事相应的活动,并对其鉴定结论、检验结果负责。

第五条 大型游乐设施制造、安装、改造、修理单位应当依法取得许可后方可从事相应的活动,并对其制造、安装、改造、修理的大型游乐设施的安全性能负责。

大型游乐设施运营使用单位对使用的大型游乐设施安全负责。

第六条 鼓励推行大型游乐设施相关责任保险制度,提高事故应急处置和赔付能力。

第二章 大型游乐设施设计、制造、安装

第七条 制造单位应当对大型游乐设施的设计进行安全评价,提出安全风险防控措施。

对首次使用的新技术,制造单位应当验证其安全性能。

第八条 制造单位应当明示大型游乐设施整机、主要受力部件的设计使用期限。

对在整机设计使用期限内需要检验、检测或更换的部件,应当设计为可拆卸结构;对不能设计为可拆卸结构的部件,其设计使用期限不得低于整机设计使用期限。

第九条 大型游乐设施设计完成后,制造单位应当依法向特种设备检验机构申请设计文件鉴定。

特种设备检验机构应当按照安全技术规范的要求进行设计文件鉴定。

第十条 制造单位应当按照设计文件、标准、安全技术规范等要求进行制造。

制造单位委托加工零部件或者外购零部件的,应当按照其质量体系的要求,加强质量控制并依法承担

责任。

第十一条 按照安全技术规范的要求，应当进行型式试验的大型游乐设施或者试制大型游乐设施新产品，制造单位应当依法向特种设备检验机构申请进行型式试验。

在申请型式试验之前，制造单位应当对试制的大型游乐设施新产品制定试验方案，进行安全性能试验和测试。

第十二条 大型游乐设施出厂时，应当附有主要受力部件质量合格证明、设计文件鉴定报告、安装及使用维护说明书等文件。移动式大型游乐设施还应当附有拆装说明书。

第十三条 大型游乐设施使用维护说明书应当明确规定使用条件、技术参数、操作规程、乘客须知、试运行检查项目、人员要求、设备日常检查和定期检查项目、维护保养项目和要求、常见故障及排除方法、事故应急处置方案、整机和主要受力部件设计使用期限、主要受力部件检测和易损件更换的周期和方法等。

第十四条 安装单位在安装施工前，应当确认场地、设备基础、预埋件等土建工程符合土建工程质量监督管理要求。

第十五条 安装单位应当在施工前将拟进行的大型游乐设施安装情况书面告知直辖市或者设区的市的市场监督管理部门，告知后即可施工。

移动式大型游乐设施重新安装的，安装单位应当在施工前按照规定告知直辖市或者设区的市的市场监督管理部门。

第十六条 安装单位应当落实质量管理体系和管理制度，严格按照设计文件、标准、安全技术规范、施工方案等进行作业，加强现场施工质量管理。

大型游乐设施安装施工现场的作业人员应当满足施工要求。

第十七条 大型游乐设施的安装过程应当按照安全技术规范规定的范围、项目和要求，由特种设备检验机构在企业自检的基础上进行安装监督检验；未经安装监督检验合格的不得交付使用；运营使用单位不得擅自使用未经安装监督检验合格的大型游乐设施。

第十八条 大型游乐设施安装竣工后，安装单位应当在大型游乐设施明显部位装设符合安全技术规范要求的铭牌。

安装单位应当在验收后 30 日内将出厂随机文件、型式试验合格证明、安装监督检验和无损检测报告，以及经制造单位确认的安装质量证明、产品质量合格证明、调试及试运行记录、自检报告等安装技术资料移交运营使用单位存档。

第三章　大型游乐设施使用

第十九条 大型游乐设施在投入使用前或者投入使用后 30 日内，运营使用单位应当向直辖市或者设区的市的市场监督管理部门登记。

移动式大型游乐设施在每次重新安装投入使用前或者投入使用后 30 日内，运营使用单位应当向直辖市或者设区的市的市场监督管理部门登记；移动式大型游乐设施拆卸后，应当在原使用登记部门办理注销手续。

运营使用单位应当将登记标志置于大型游乐设施进出口处等显著位置。

第二十条 运营使用单位应当在大型游乐设施安装监督检验完成后 1 年内，向特种设备检验机构提出首次定期检验申请；在大型游乐设施定期检验周期届满 1 个月前，运营使用单位应当向特种设备检验机构提出定期检验要求。

特种设备检验机构应当按照安全技术规范的要求进行定期检验。

第二十一条 运营使用单位应当建立健全安全管理制度。安全管理制度应当包括以下主要内容：

（一）技术档案管理制度；

（二）安全操作规程；

（三）日常安全检查制度；

（四）维护保养制度；

（五）定期报检制度；

（六）作业和服务人员守则；

（七）作业人员及相关运营服务人员安全培训考核制度；

（八）应急救援演练制度；

（九）意外事件和事故处理制度；

（十）其他。

第二十二条 运营使用单位应当对每台（套）大型游乐设施建立技术档案，依法管理和保存。技术档案应当包括以下主要内容：

（一）安装技术资料；

（二）监督检验报告；

（三）使用登记表；

（四）改造、修理技术文件；

（五）年度自行检查的记录；

（六）定期检验报告；

（七）应急救援演练记录；

（八）运行、维护保养、设备故障与事故处理记录；

（九）作业人员培训、考核和证书管理记录；
（十）法律法规规定的其他内容。

第二十三条 运营使用单位应当按照安全技术规范和使用维护说明书的要求，开展设备运营前试运行检查、日常检查和维护保养、定期安全检查并如实记录。对日常维护保养和试运行检查等自行检查中发现的异常情况，应当及时处理。在国家法定节假日或举行大型群众性活动前，运营使用单位应当对大型游乐设施进行全面检查维护，并加强日常检查和安全值班。

运营使用单位进行本单位设备的维护保养工作，应当按照安全技术规范要求配备具有相应资格的作业人员、必备工具和设备。

第二十四条 运营使用单位应当在大型游乐设施的入口处等显著位置张贴乘客须知、安全注意事项和警示标志，注明设备的运动特点、乘客范围、禁忌事宜等。

第二十五条 运营使用单位应当制定应急预案，建立应急救援指挥机构，配备相应的救援人员、营救设备和急救物品。对每台（套）大型游乐设施还应当制定专门的应急预案。

运营使用单位应当加强营救设备、急救物品的存放和管理，对救援人员定期进行专业培训，每年至少对每台（套）大型游乐设施组织1次应急救援演练。

运营使用单位可以根据当地实际情况，与其他运营使用单位或消防救援等专业应急救援力量建立应急联动机制，制定联合应急预案，并定期进行联合演练。

第二十六条 运营使用单位法定代表人或负责人对大型游乐设施的安全使用管理负责。

第二十七条 运营使用单位应当设置专门的安全管理机构并配备安全管理人员，或者配备专职的安全管理人员，并保证设备运营期间，至少有1名安全管理人员在岗。

运营使用单位、安全管理机构和安全管理人员，应当履行以下职责：
（一）负责检查本单位各项安全管理制度的落实情况；
（二）负责制定并落实设备维护保养及安全检查计划；
（三）负责设备使用状况日常检查，排查事故隐患，发现问题应当停止使用设备，并及时报告本单位有关负责人；
（四）负责组织设备自检，申报使用登记和定期检验；
（五）负责组织应急救援演习；
（六）负责组织本单位人员的安全教育和培训；
（七）负责技术档案的管理。

第二十八条 运营使用单位应当按照安全技术规范和使用维护说明书要求，配备满足安全运营要求的持证操作人员，并加强对服务人员岗前培训教育，使其掌握基本的应急技能，协助操作人员进行应急处置。

操作人员应当履行以下职责：
（一）严格执行操作规程和操作人员守则；
（二）每次运行前应当向乘客告知安全注意事项，对保护乘客的安全装置进行检查确认；
（三）运行时应当密切注意乘客动态及设备运行状态，发现不正常情况，应当立即采取有效措施，消除安全隐患；
（四）熟悉应急救援流程。发生故障或突发事件，应当立即停止运行或采取紧急措施保护乘客，并立即向现场安全管理人员报告；
（五）如实记录设备的运行情况。

第二十九条 大型游乐设施进行改造的，改造单位应当重新设计，按照本规定进行设计文件鉴定、型式试验和监督检验，并对改造后的设备质量和安全性能负责。

大型游乐设施改造单位应当在施工前将拟进行的大型游乐设施改造情况书面告知直辖市或者设区的市的市场监督管理部门，告知后即可施工。

大型游乐设施改造竣工后，施工单位应当装设符合安全技术规范要求的铭牌，并在验收后30日内将符合第十八条要求的技术资料移交运营使用单位存档。

第三十条 大型游乐设施的修理、重大修理应当按照安全技术规范和使用维护说明书要求进行。大型游乐设施修理单位应当在施工前将拟进行的大型游乐设施修理情况书面告知直辖市或者设区的市的市场监督管理部门，告知后即可施工。

重大修理过程，必须经特种设备检验机构按照安全技术规范的要求进行重大修理监督检验；未经重大修理监督检验合格的不得交付使用；运营使用单位不得擅自使用未经重大修理监督检验合格的大型游乐设施。

大型游乐设施修理竣工后，施工单位应将有关大型游乐设施的自检报告等修理相关资料移交运营使用单位存档；大型游乐设施重大修理竣工后，施工单位应将有关大型游乐设施的自检报告、监督检验报告和无损检测报告等移交运营使用单位存档。

第三十一条 大型游乐设施改造、重大修理施工现场作业人员应当满足施工要求，具有相应特种设备作业人员资格的人数应当符合安全技术规范的要求。

第三十二条 大型游乐设施发生事故的，运营使用单位应当立即停止使用，并按照有关规定及时向县级以上地方市场监督管理部门报告。

对因设计、制造、安装原因引发故障、事故，存在质量安全问题隐患的，制造、安装单位应当对同类型设备进行排查，消除隐患。

第三十三条 对超过整机设计使用期限仍有修理、改造价值可以继续使用的大型游乐设施，运营使用单位应当按照安全技术规范的要求通过检验或者安全评估，并办理使用登记证书变更。运营使用单位应当加强对允许继续使用的大型游乐设施的使用管理，采取加强检验、检测和维护保养等措施，加大全面自检频次，确保使用安全。

大型游乐设施主要受力部件超过设计使用期限要求，且检验或者安全评估后不符合安全使用条件的，应当及时进行更换。

第三十四条 运营使用单位租借场地开展大型游乐设施经营的，应当与场地提供单位签订安全管理协议，落实安全管理制度。

场地提供单位应当核实大型游乐设施运营使用单位满足相关法律法规以及本规定要求的运营使用条件。

第四章 监督检查

第三十五条 市场监督管理部门依照《中华人民共和国特种设备安全法》、《特种设备安全监察条例》和本规定等有关要求，对大型游乐设施的生产、使用单位和检验、检测机构实施监督检查。

第三十六条 特种设备检验机构在开展检验前，应当告知负责使用登记的市场监督管理部门。检验完成后，应当将监督检验、定期检验报告向负责使用登记的市场监督管理部门备案。

检验人员应当按照安全技术规范要求向受检单位出具书面检验意见并报送负责使用登记的市场监督管理部门，对于现场不具备检验条件的，应当以书面形式向报检单位出具相关情况说明。

第三十七条 大型游乐设施事故的调查处理，按照法律法规的规定执行。

第五章 法 律 责 任

第三十八条 大型游乐设施制造、安装单位违反本规定，有下列情形之一的，予以警告，处1万元以上3万元以下罚款：

（一）未对设计进行安全评价，提出安全风险防控措施的；

（二）未对设计中首次使用的新技术进行安全性能验证的；

（三）未明确整机、主要受力部件的设计使用期限的；

（四）未在大型游乐设施明显部位装设符合有关安全技术规范要求的铭牌的；

（五）使用维护说明书等出厂文件内容不符合本规定要求的；

（六）对因设计、制造、安装原因，存在质量安全问题隐患的，未按照本规定要求进行排查处理的。

第三十九条 大型游乐设施改造单位违反本规定，未进行设计文件鉴定的，予以警告，处1万元以上3万元以下罚款。

第四十条 大型游乐设施运营使用单位违反本规定，有下列情形之一的，予以警告，处1万元以上3万元以下罚款：

（一）设备运营期间，无安全管理人员在岗的；

（二）配备的持证操作人员未能满足安全运营要求的；

（三）未及时更换超过设计使用期限要求且检验或者安全评估后不符合安全使用条件的主要受力部件的；

（四）租借场地开展大型游乐设施经营的，未与场地提供单位签订安全管理协议，落实安全管理制度的；

（五）未按照安全技术规范和使用维护说明书等要求进行重大修理的。

第四十一条 违反本规定安装、改造和重大修理施工现场的作业人员数量不能满足施工要求或具有相应特种设备作业人员资格的人数不符合安全技术规范要求的，予以警告，处5千元以上1万元以下罚款。

第四十二条 违反本规定要求，构成《中华人民共和国特种设备安全法》、《特种设备安全监察条例》等规定的违法行为的，按照其规定实施处罚。

第六章 附 则

第四十三条 本规定所称大型游乐设施，是指《特种设备安全监察条例》规定的用于经营目的，承载乘客游乐的设施，其范围规定为设计最大运行线速度大于或者等于2 m/s，或者运行高度距地面高于或者等于2 m的载人大型游乐设施。

移动式大型游乐设施，是指无专用土建基础，方便拆装、移动和运输的大型游乐设施。

第四十四条 本规定下列用语的含义是：

运营使用单位，是指从事大型游乐设施日常经营管理的，向市场监督管理部门办理使用登记的企业、个体工商户。

改造，是指通过改变主要受力部件、主要材料、设备运动形式、重要几何尺寸或主要控制系统等，致使大型游乐设施的主体结构、性能参数发生变化的活动。

维护保养，是指通过设备部件拆解，进行检查、系统调试、更换易损件，但不改变大型游乐设施的主体结构、性能参数的活动，以及日常检查工作中紧固连接件、设备除尘、设备润滑等活动。

修理，是指通过设备部件拆解，进行更换或维修主要受力部件，但不改变大型游乐设施的主体结构、性能参数的活动。

重大修理，是指通过设备整体拆解，进行检查、更换或维修主要受力部件、主要控制系统或安全装置功能，但不改变大型游乐设施的主体结构、性能参数的活动。

第四十五条 本规定由国家市场监督管理总局负责解释。

第四十六条 本规定自2014年1月1日起施行。原国家质量技术监督局2000年6月29日发布的《特种设备质量监督与安全监察规定》中关于大型游乐设施的规定与本规定不一致的，以本规定为准。

特种设备事故报告和调查处理规定

（2022年1月20日国家市场监督管理总局令第50号公布 自2022年3月1日起施行）

第一章 总 则

第一条 为了规范特种设备事故报告和调查处理工作，及时准确查清事故原因，明确事故责任，预防和减少事故发生，根据《中华人民共和国特种设备安全法》《特种设备安全监察条例》等有关法律、行政法规的规定，制定本规定。

第二条 本规定所称特种设备事故，是指列入特种设备目录的特种设备因其本体原因及其安全装置或者附件损坏、失效，或者特种设备相关人员违反特种设备法律法规规章、安全技术规范造成的事故。

第三条 以下情形不属于本规定所称特种设备事故：

（一）《中华人民共和国特种设备安全法》第一百条规定的特种设备造成的事故；

（二）自然灾害等不可抗力或者交通事故、火灾事故等外部因素引发的事故；

（三）人为破坏或者利用特种设备实施违法犯罪导致的事故；

（四）特种设备具备使用功能前或者在拆卸、报废、转移等非作业状态下发生的事故；

（五）特种设备作业、检验、检测人员因劳动保护措施不当或者缺失而发生的事故；

（六）场（厂）内专用机动车辆驶出规定的工厂厂区、旅游景区、游乐场所等特定区域发生的事故。

第四条 国家市场监督管理总局负责监督指导全国特种设备事故报告、调查和处理工作。

各级市场监督管理部门在本级人民政府的领导和上级市场监督管理部门指导下，依法开展特种设备事故报告、调查和处理工作。

第五条 特种设备事故报告应当及时、准确、完整，任何单位和个人不得迟报、漏报、谎报或者瞒报。

特种设备事故调查处理应当实事求是、客观公正、尊重科学，及时、准确地查清事故经过、事故原因和事故损失，查明事故性质，认定事故责任，提出处理建议和整改措施。

第六条 任何单位和个人不得阻挠和干涉特种设备事故报告、调查和处理工作。

对特种设备事故报告、调查和处理中的违法行为，任何单位和个人有权向市场监督管理部门和其他有关部门举报，接到举报的部门应当依法及时处理。

第二章 事 故 报 告

第七条 特种设备发生事故后，事故现场有关人员应当立即向事故发生单位负责人报告；事故发生单位的负责人接到报告后，应当于1小时内向事故发生地的县级以上市场监督管理部门和有关部门报告。

情况紧急时，事故现场有关人员可以直接向事故发生地的县级以上市场监督管理部门报告。

第八条 市场监督管理部门接到有关特种设备事故报告后，应当立即组织查证核实。属于特种设备事故的，应当向本级人民政府报告，并逐级报告上级市场监督管理部门直至国家市场监督管理总局。每级上报的时间不得超过2小时。必要时，可以越级上报事故情况。

对于一般事故、较大事故，接到事故报告的市场监督管理部门应当及时通报同级有关部门。对于重大事故、特别重大事故，国家市场监督管理总局应当立即报告国务院并及时通报国务院有关部门。

事故发生地与事故发生单位所在地不在同一行政区域的，事故发生地市场监督管理部门应当及时通知事故发生单位所在地市场监督管理部门。事故发生单位所在地市场监督管理部门应当配合做好事故调查处理相关工作。

第九条 市场监督管理部门逐级上报事故信息，应当采用快捷便利的通讯方式进行上报，同时通过特种设备事故管理系统进行上报。现场无法通过特种设备事故管理系统上报的，应当在接到事故报告后24小时内通过系统进行补报。

第十条 事故报告应当包括以下内容：

（一）事故发生的时间、地点、单位概况以及特种设备种类；

（二）事故发生简要经过、现场破坏情况、已经造成或者可能造成的伤亡和涉险人数、初步估计的直接经济损失；

（三）已经采取的措施；

（四）报告人姓名、联系电话；

（五）其他有必要报告的情况。

第十一条 事故报告后出现新情况的，以及对情况尚未报告清楚的，应当及时逐级续报。

自事故发生之日起30日内，事故伤亡人数发生变化的，应当在发生变化的24小时内及时续报。

第十二条 事故发生地县级市场监督管理部门接到事故报告后，应当及时派员赶赴事故现场，并按照特种设备应急预案的分工，在当地人民政府的领导下积极组织开展事故应急救援工作。

上级市场监督管理部门认为有必要时，可以派员赶赴事故现场进行指导，事故发生地县级以上市场监督管理部门应当积极配合。

第十三条 各级市场监督管理部门应当依法组织制定特种设备事故应急预案，建立应急值班制度，并向社会公布值班电话，接收特种设备事故报告信息。

第三章 事故调查

第十四条 发生特种设备事故后，事故发生单位及其人员应当妥善保护事故现场以及相关证据，及时收集、整理有关资料，为事故调查做好准备；必要时，应当对设备、场地、资料进行封存，由专人看管。

第十五条 特种设备事故调查依据特种设备安全法律、行政法规的相关规定，实行分级负责。

市场监督管理部门接到事故报告后，经过现场初步判断，因客观原因暂时无法确定是否为特种设备事故的，应当及时报告本级人民政府，并按照本级人民政府的意见开展相关工作。

第十六条 对于跨区域发生、事故调查处理情形复杂、舆论关注和群众反响强烈的特种设备事故等情况，上级市场监督管理部门可以对事故调查进行督办，必要时可以直接进行调查。

自事故发生之日起30日内事故等级发生变化，依法应当由上级市场监督管理部门组织事故调查的，上级市场监督管理部门可以会同本级有关部门进行事故调查，也可以经本级人民政府批准，委托下级市场监督管理部门继续组织进行事故调查。

自事故发生之日起超过30日，事故造成的伤亡人数或者直接经济损失发生变化的，按照原事故等级组织事故调查。

第十七条 对无重大社会影响、无人员死亡且事故原因明晰的特种设备一般事故和较大事故，负责组织事故调查的市场监督管理部门，报本级人民政府批准后，可以由市场监督管理部门独立开展事故调查工作。必要时，经本级人民政府批准，可以委托下级市场监督管理部门组织事故调查。

第十八条 负责组织事故调查的市场监督管理部门应当报请本级人民政府批准成立事故调查组。

根据事故的具体情况，事故调查组一般应当由市场监督管理部门会同有关部门组成。

事故调查组组长由负责事故调查的市场监督管理部门负责人或者指定的人员担任。

第十九条 事故调查组应当履行下列职责：

（一）查清事故发生前的特种设备状况；

（二）查明事故经过、人员伤亡、特种设备损坏、直接经济损失情况及其它后果；

（三）分析事故原因；

（四）认定事故性质和事故责任；

（五）提出对事故责任单位和责任人员的处理建议；

（六）总结事故教训，提出防范类似事故发生和整改措施的建议；

（七）提交事故调查报告；

（八）整理并移交有关事故调查资料。

第二十条 事故调查组成员应当具有特种设备事故调查工作所需要的知识和专长，与事故发生单位及相关人员不存在直接利害关系。

事故调查组成员应当服从调查组组长领导，在事故调查工作中正确履行职责，诚信公正，遵守事故调查组的纪律，不得泄露有关事故调查信息。

第二十一条 根据事故调查工作需要，事故调查组可以聘请有关专家参与事故调查；所聘请的专家应当具备特种设备安全监督管理、生产、检验检测或者科研教学等相关工作经验。设区的市级以上市场监督管理部门可以根据事故调查工作需要，组建特种设备事故调查专家库。

第二十二条 事故调查组有权向有关单位和个人了解与事故有关的情况，并要求其提供相关文件、资料。有关单位和个人不得拒绝，并对所提供情况和文件、资料的真实性负责。

事故发生单位的负责人和有关人员在事故调查期间不得擅离职守，并应当随时接受事故调查组的询问。

第二十三条 事故调查组应当依法严格开展事故现场保护、勘察、询问及调查取证等相关工作。

事故调查期间未经事故调查组同意，任何单位和个人不得擅自移动事故相关设备，不得隐匿、毁灭有关资料、物品，不得伪造或者故意破坏事故现场。

第二十四条 事故调查中需要进行技术鉴定的，事故调查组应当委托相关单位进行技术鉴定，接受委托的单位应当出具技术鉴定报告，并对其结论负责。

第二十五条 事故调查组认为需要对特种设备事故进行直接经济损失评估的，可以委托依法成立的评估机构进行。接受委托的评估机构应当出具评估报告，并对其结论负责。

第二十六条 事故调查组应当在全面审查证据的基础上查明引发事故的原因，认定事故性质。

第二十七条 事故调查组应当根据事故的主要原因和次要原因，认定事故责任。

事故调查组应当根据责任单位和责任人员行为与特种设备事故发生及其后果之间的因果关系，以及在特种设备事故中的影响程度，认定责任单位和责任人员所负的责任。责任单位和责任人员所负的责任分为全部责任、主要责任和次要责任。

责任单位或者责任人员伪造或者故意破坏事故现场，毁灭、伪造或者隐匿证据，瞒报或者谎报事故等，致使事故责任无法认定的，应当承担全部责任。

第二十八条 事故调查组应当向组织事故调查的市场监督管理部门提交事故调查报告。事故调查报告应当包括下列内容：

（一）事故发生单位情况和发生事故设备情况；

（二）事故发生经过和事故救援情况；

（三）事故造成的人员伤亡、设备损坏程度和直接经济损失；

（四）事故发生的原因和事故性质；

（五）事故责任的认定以及对事故责任单位和责任人员的处理建议；

（六）事故防范和整改措施；

（七）技术鉴定报告等有关证据材料。

事故调查报告应当由事故调查组集体会审，并经事故调查组全体成员签名。事故调查组成员有不同意见的，可以提交个人签名的书面材料，附在事故调查报告内。

第二十九条 组织事故调查的市场监督管理部门应当按照规定程序对事故调查报告以及资料进行完整性审核。必要时，可以向事故调查组提出追加调查的要求。

第三十条 特种设备事故调查应当自事故调查组成立之日起60日内结束。特殊情况下，经组织调查的市场监督管理部门批准，事故调查期限可以适当延长，但延长的期限最长不超过60日。

经济损失评估时间与技术鉴定时间不计入事故调查期限。

因无法进行事故现场勘察的，事故调查期限从具备现场勘察条件之日起计算。

第四章 事 故 处 理

第三十一条 事故调查结束后，组织事故调查的市场监督管理部门应当将事故调查报告报本级人民政府批复，并报上一级市场监督管理部门备案。

第三十二条 组织事故调查的市场监督管理部门应当在接到批复之日起15日内，将事故调查报告及批复意见送达有关地方人民政府及有关部门，并抄送事故发生单位、责任单位和责任人员。

第三十三条 市场监督管理部门及有关部门应当根据批复后的事故调查报告，依照法定权限和程序，对负有事故责任的相关单位和人员实施行政处罚，对负有事故责任的公职人员进行处分。

市场监督管理部门及其工作人员在特种设备事故调查和处理中存在违纪违法行为的，由纪检监察机关依法给予党纪政务处分。

涉嫌犯罪的，依法移送监察机关、司法机关处理。

第三十四条 事故发生单位及事故责任相关单位应当落实事故防范和整改措施。防范和整改措施的落实情况应当接受工会和职工的监督。

事故责任单位应当及时将防范和整改措施的落实

情况报事故发生地的市级市场监督管理部门。

第三十五条 事故调查处理情况由组织调查的市场监督管理部门按照《中华人民共和国政府信息公开条例》的有关规定，依法向社会公开。

第三十六条 事故调查的有关资料应当由组织事故调查的市场监督管理部门归档保存。

归档保存的材料包括现场勘察笔录、技术鉴定报告、事故调查报告、事故批复文件等。

第三十七条 组织事故调查的市场监督管理部门应当在接到事故调查报告批复之日起30日内将事故调查报告和批复意见逐级上报至国家市场监督管理总局。

第三十八条 组织事故调查的市场监督管理部门对事故调查中发现的需要制定或者修订的有关法律法规、安全技术规范和标准，应当及时报告上级市场监督管理部门，提出制定或者修订建议。

第三十九条 各级市场监督管理部门应当定期对本行政区域特种设备事故的情况、特点、原因进行统计分析，根据特种设备的管理和技术特点、事故情况，研究制定有针对性的工作措施，防止和减少类似事故的发生。

第五章 附 则

第四十条 本规定所涉及的事故报告、调查协调、统计分析、报送等具体工作，由负责组织事故调查的市场监督管理部门负责，也可以委托相关特种设备事故调查处理机构承担。

第四十一条 与特种设备相关的其他安全事故，相关人民政府指定由市场监督管理部门组织事故调查的，可以参照本规定进行。

第四十二条 本规定自2022年3月1日起施行。2009年7月3日原国家质量监督检验检疫总局令第115号公布的《特种设备事故报告和调查处理规定》同时废止。

特种作业人员安全技术培训考核管理规定

（2010年5月24日国家安全监管总局令第30号公布 根据2013年8月29日国家安全监管总局令第63号第一次修正 根据2015年5月29日国家安全监管总局令第80号第二次修正）

第一章 总 则

第一条 为了规范特种作业人员的安全技术培训考核工作，提高特种作业人员的安全技术水平，防止和减少伤亡事故，根据《安全生产法》《行政许可法》等有关法律、行政法规，制定本规定。

第二条 生产经营单位特种作业人员的安全技术培训、考核、发证、复审及其监督管理工作，适用本规定。

有关法律、行政法规和国务院对有关特种作业人员管理另有规定的，从其规定。

第三条 本规定所称特种作业，是指容易发生事故，对操作者本人、他人的安全健康及设备、设施的安全可能造成重大危害的作业。特种作业的范围由特种作业目录规定。

本规定所称特种作业人员，是指直接从事特种作业的从业人员。

第四条 特种作业人员应当符合下列条件：

（一）年满18周岁，且不超过国家法定退休年龄；

（二）经社区或者县级以上医疗机构体检健康合格，并无妨碍从事相应特种作业的器质性心脏病、癫痫病、美尼尔氏症、眩晕症、癔病、震颤麻痹症、精神病、痴呆症以及其他疾病和生理缺陷；

（三）具有初中及以上文化程度；

（四）具备必要的安全技术知识与技能；

（五）相应特种作业规定的其他条件。

危险化学品特种作业人员除符合前款第（一）项、第（二）项、第（四）项和第（五）项规定的条件外，应当具备高中或者相当于高中及以上文化程度。

第五条 特种作业人员必须经专门的安全技术培训并考核合格，取得《中华人民共和国特种作业操作证》（以下简称特种作业操作证）后，方可上岗作业。

第六条 特种作业人员的安全技术培训、考核、发证、复审工作实行统一监管、分级实施、教考分离的原则。

第七条 国家安全生产监督管理总局（以下简称安全监管总局）指导、监督全国特种作业人员的安全技术培训、考核、发证、复审工作；省、自治区、直辖市人民政府安全生产监督管理部门指导、监督本行政区域特种作业人员的安全技术培训工作，负责本行政区域特种作业人员的考核、发证、复审工作；县级以上地方人民政府安全生产监督管理部门负责监督检查本行政区域特种作业人员的安全技术培训和持证上岗工作。

国家煤矿安全监察局（以下简称煤矿安监局）

指导、监督全国煤矿特种作业人员（含煤矿矿井使用的特种设备作业人员）的安全技术培训、考核、发证、复审工作；省、自治区、直辖市人民政府负责煤矿特种作业人员考核发证工作的部门或者指定的机构指导、监督本行政区域煤矿特种作业人员的安全技术培训工作，负责本行政区域煤矿特种作业人员的考核、发证、复审工作。

省、自治区、直辖市人民政府安全生产监督管理部门和负责煤矿特种作业人员考核发证工作的部门或者指定的机构（以下统称考核发证机关）可以委托设区的市人民政府安全生产监督管理部门和负责煤矿特种作业人员考核发证工作的部门或者指定的机构实施特种作业人员的考核、发证、复审工作。

（原条文：国家安全生产监督管理总局（以下简称安全监管总局）指导、监督全国特种作业人员的安全技术培训、考核、发证、复审工作；省、自治区、直辖市人民政府安全生产监督管理部门负责本行政区域特种作业人员的安全技术培训、考核、发证、复审工作。

国家煤矿安全监察局（以下简称煤矿安监局）指导、监督全国煤矿特种作业人员（含煤矿矿井使用的特种设备作业人员）的安全技术培训、考核、发证、复审工作；省、自治区、直辖市人民政府负责煤矿特种作业人员考核发证工作的部门或者指定的机构负责本行政区域煤矿特种作业人员的安全技术培训、考核、发证、复审工作。

省、自治区、直辖市人民政府安全生产监督管理部门和负责煤矿特种作业人员考核发证工作的部门或者指定的机构（以下统称考核发证机关）可以委托设区的市人民政府安全生产监督管理部门和负责煤矿特种作业人员考核发证工作的部门或者指定的机构实施特种作业人员的安全技术培训、考核、发证、复审工作。）

第八条 对特种作业人员安全技术培训、考核、发证、复审工作中的违法行为，任何单位和个人均有权向安全监管总局、煤矿安监局和省、自治区、直辖市及设区的市人民政府安全生产监督管理部门、负责煤矿特种作业人员考核发证工作的部门或者指定的机构举报。

第二章 培 训

第九条 特种作业人员应当接受与其所从事的特种作业相应的安全技术理论培训和实际操作培训。

已经取得职业高中、技工学校及中专以上学历的毕业生从事与其所学专业相应的特种作业，持学历证明经考核发证机关同意，可以免予相关专业的培训。

跨省、自治区、直辖市从业的特种作业人员，可以在户籍所在地或者从业所在地参加培训。

第十条 对特种作业人员的安全技术培训，具备安全培训条件的生产经营单位应当以自主培训为主，也可以委托具备安全培训条件的机构进行培训。

不具备安全培训条件的生产经营单位，应当委托具备安全培训条件的机构进行培训。

生产经营单位委托其他机构进行特种作业人员安全技术培训的，保证安全技术培训的责任仍由本单位负责。（增加一款）

第十一条 从事特种作业人员安全技术培训的机构（以下统称培训机构），应当制定相应的培训计划、教学安排，并按照安全监管总局、煤矿安监局制定的特种作业人员培训大纲和煤矿特种作业人员培训大纲进行特种作业人员的安全技术培训。

第三章 考核发证

第十二条 特种作业人员的考核包括考试和审核两部分。考试由考核发证机关或其委托的单位负责；审核由考核发证机关负责。

安全监管总局、煤矿安监局分别制定特种作业人员、煤矿特种作业人员的考核标准，并建立相应的考试题库。

考核发证机关或其委托的单位应当按照安全监管总局、煤矿安监局统一制定的考核标准进行考核。

第十三条 参加特种作业操作资格考试的人员，应当填写考试申请表，由申请人或者申请人的用人单位持学历证明或者培训机构出具的培训证明向申请人户籍所在地或者从业所在地的考核发证机关或其委托的单位提出申请。

考核发证机关或其委托的单位收到申请后，应当在60日内组织考试。

特种作业操作资格考试包括安全技术理论考试和实际操作考试两部分。考试不及格的，允许补考1次。经补考仍不及格的，重新参加相应的安全技术培训。

第十四条 考核发证机关委托承担特种作业操作资格考试的单位应当具备相应的场所、设施、设备等条件，建立相应的管理制度，并公布收费标准等信息。

第十五条 考核发证机关或其委托承担特种作业操作资格考试的单位，应当在考试结束后10个工作日内公布考试成绩。

第十六条 符合本规定第四条规定并经考试合格

的特种作业人员，应当向其户籍所在地或者从业所在地的考核发证机关申请办理特种作业操作证，并提交身份证复印件、学历证书复印件、体检证明、考试合格证明等材料。

第十七条　收到申请的考核发证机关应当在5个工作日内完成对特种作业人员所提交申请材料的审查，作出受理或者不予受理的决定。能够当场作出受理决定的，应当当场作出受理决定；申请材料不齐全或者不符合要求的，应当当场或者在5个工作日内一次告知申请人需要补正的全部内容，逾期不告知的，视为自收到申请材料之日起即已被受理。

第十八条　对已经受理的申请，考核发证机关应当在20个工作日内完成审核工作。符合条件的，颁发特种作业操作证；不符合条件的，应当说明理由。

第十九条　特种作业操作证有效期为6年，在全国范围内有效。

特种作业操作证由安全监管总局统一式样、标准及编号。

第二十条　特种作业操作证遗失的，应当向原考核发证机关提出书面申请，经原考核发证机关审查同意后，予以补发。

特种作业操作证所记载的信息发生变化或者损毁的，应当向原考核发证机关提出书面申请，经原考核发证机关审查确认后，予以更换或者更新。

第四章　复　　审

第二十一条　特种作业操作证每3年复审1次。

特种作业人员在特种作业操作证有效期内，连续从事本工种10年以上，严格遵守有关安全生产法律法规的，经考核发证机关或者从业所在地考核发证机关同意，特种作业操作证的复审时间可以延长至每6年1次。

第二十二条　特种作业操作证需要复审的，应当在期满前60日内，由申请人或者申请人的用人单位向原考核发证机关或者从业所在地考核发证机关提出申请，并提交下列材料：

（一）社区或者县级以上医疗机构出具的健康证明；

（二）从事特种作业的情况；

（三）安全培训考试合格记录。

特种作业操作证有效期届满需要延期换证的，应当按照前款的规定申请延期复审。

第二十三条　特种作业操作证申请复审或者延期复审前，特种作业人员应当参加必要的安全培训并考试合格。

安全培训时间不少于8个学时，主要培训法律、法规、标准、事故案例和有关新工艺、新技术、新装备等知识。

第二十四条　申请复审的，考核发证机关应当在收到申请之日起20个工作日内完成复审工作。复审合格的，由考核发证机关签章、登记，予以确认；不合格的，说明理由。

申请延期复审的，经复审合格后，由考核发证机关重新颁发特种作业操作证。

第二十五条　特种作业人员有下列情形之一的，复审或者延期复审不予通过：

（一）健康体检不合格的；

（二）违章操作造成严重后果或者有2次以上违章行为，并经查证确实的；

（三）有安全生产违法行为，并给予行政处罚的；

（四）拒绝、阻碍安全生产监管监察部门监督检查的；

（五）未按规定参加安全培训，或者考试不合格的；

（六）具有本规定第三十条、第三十一条规定情形的。

第二十六条　特种作业操作证复审或者延期复审符合本规定第二十五条第（二）项、第（三）项、第（四）项、第（五）项情形的，按照本规定经重新安全培训考试合格后，再办理复审或者延期复审手续。

再复审、延期复审仍不合格，或者未按期复审的，特种作业操作证失效。

第二十七条　申请人对复审或者延期复审有异议的，可以依法申请行政复议或者提起行政诉讼。

第五章　监　督　管　理

第二十八条　考核发证机关或其委托的单位及其工作人员应当忠于职守、坚持原则、廉洁自律，按照法律、法规、规章的规定进行特种作业人员的考核、发证、复审工作，接受社会的监督。

第二十九条　考核发证机关应当加强对特种作业人员的监督检查，发现其具有本规定第三十条规定情形的，及时撤销特种作业操作证；对依法应当给予行政处罚的安全生产违法行为，按照有关规定依法对生产经营单位及其特种作业人员实施行政处罚。

考核发证机关应当建立特种作业人员管理信息系统，方便用人单位和社会公众查询；对于注销特种作业操作证的特种作业人员，应当及时向社会公告。

第三十条 有下列情形之一的,考核发证机关应当撤销特种作业操作证:

(一)超过特种作业操作证有效期未延期复审的;

(二)特种作业人员的身体条件已不适合继续从事特种作业的;

(三)对发生生产安全事故负有责任的;

(四)特种作业操作证记载虚假信息的;

(五)以欺骗、贿赂等不正当手段取得特种作业操作证的。

特种作业人员违反前款第(四)项、第(五)项规定的,3年内不得再次申请特种作业操作证。

第三十一条 有下列情形之一的,考核发证机关应当注销特种作业操作证:

(一)特种作业人员死亡的;

(二)特种作业人员提出注销申请的;

(三)特种作业操作证被依法撤销的。

第三十二条 离开特种作业岗位6个月以上的特种作业人员,应当重新进行实际操作考试,经确认合格后方可上岗作业。

第三十三条 省、自治区、直辖市人民政府安全生产监督管理部门和负责煤矿特种作业人员考核发证工作的部门或者指定的机构应当每年分别向安全监管总局、煤矿安监局报告特种作业人员的考核发证情况。

第三十四条 生产经营单位应当加强对本单位特种作业人员的管理,建立健全特种作业人员培训、复审档案,做好申报、培训、考核、复审的组织工作和日常的检查工作。

第三十五条 特种作业人员在劳动合同期满后变动工作单位的,原工作单位不得以任何理由扣押其特种作业操作证。

跨省、自治区、直辖市从业的特种作业人员应当接受从业所在地考核发证机关的监督管理。

第三十六条 生产经营单位不得印制、伪造、倒卖特种作业操作证,或者使用非法印制、伪造、倒卖的特种作业操作证。

特种作业人员不得伪造、涂改、转借、转让、冒用特种作业操作证或者使用伪造的特种作业操作证。

第六章 罚 则

第三十七条 考核发证机关或其委托的单位及其工作人员在特种作业人员考核、发证和复审工作中滥用职权、玩忽职守、徇私舞弊的,依法给予行政处分;构成犯罪的,依法追究刑事责任。

第三十八条 生产经营单位未建立健全特种作业人员档案的,给予警告,并处1万元以下的罚款。

第三十九条 生产经营单位使用未取得特种作业操作证的特种作业人员上岗作业的,责令限期改正;可以处5万元以下的罚款;逾期未改正的,责令停产停业整顿,并处5万元以上10万元以下的罚款,对直接负责的主管人员和其他直接责任人员处1万元以上2万元以下的罚款。(原条文:生产经营单位使用未取得特种作业操作证的特种作业人员上岗作业的,责令限期改正;逾期未改正的,责令停产停业整顿,可以并处2万元以下的罚款。)

煤矿企业使用未取得特种作业操作证的特种作业人员上岗作业的,依照《国务院关于预防煤矿生产安全事故的特别规定》的规定处罚。

第四十条 生产经营单位非法印制、伪造、倒卖特种作业操作证,或者使用非法印制、伪造、倒卖的特种作业操作证的,给予警告,并处1万元以上3万元以下的罚款;构成犯罪的,依法追究刑事责任。

第四十一条 特种作业人员伪造、涂改特种作业操作证或者使用伪造的特种作业操作证的,给予警告,并处1000元以上5000元以下的罚款。

特种作业人员转借、转让、冒用特种作业操作证的,给予警告,并处2000元以上10000元以下的罚款。

第七章 附 则

第四十二条 特种作业人员培训、考试的收费标准,由省、自治区、直辖市人民政府安全生产监督管理部门会同负责煤矿特种作业人员考核发证工作的部门或者指定的机构统一制定,报同级人民政府物价、财政部门批准后执行,证书工本费由考核发证机关列入同级财政预算。

第四十三条 省、自治区、直辖市人民政府安全生产监督管理部门和负责煤矿特种作业人员考核发证工作的部门或者指定的机构可以结合本地区实际,制定实施细则,报安全监管总局、煤矿安监局备案。

第四十四条 本规定自2010年7月1日起施行。1999年7月12日原国家经贸委发布的《特种作业人员安全技术培训考核管理办法》(原国家经贸委令第13号)同时废止。

特种设备作业人员监督管理办法

（2005年1月10日国家质量监督检验检疫总局令第70号公布　根据2011年5月3日《国家质量监督检验检疫总局关于修改〈特种设备作业人员监督管理办法〉的决定》修订）

第一章　总　则

第一条　为了加强特种设备作业人员监督管理工作，规范作业人员考核发证程序，保障特种设备安全运行，根据《中华人民共和国行政许可法》《特种设备安全监察条例》和《国务院对确需保留的行政审批项目设定行政许可的决定》，制定本办法。

第二条　锅炉、压力容器（含气瓶）、压力管道、电梯、起重机械、客运索道、大型游乐设施、场（厂）内专用机动车辆等特种设备的作业人员及其相关管理人员统称特种设备作业人员。特种设备作业人员作业种类与项目目录由国家质量监督检验检疫总局统一发布。

从事特种设备作业的人员应当按照本办法的规定，经考核合格取得《特种设备作业人员证》，方可从事相应的作业或者管理工作。

第三条　国家质量监督检验检疫总局（以下简称国家质检总局）负责全国特种设备作业人员的监督管理，县以上质量技术监督部门负责本辖区内的特种设备作业人员的监督管理。

第四条　申请《特种设备作业人员证》的人员，应当首先向省级质量技术监督部门指定的特种设备作业人员考试机构（以下简称考试机构）报名参加考试。

对特种设备作业人员数量较少不需要在各省、自治区、直辖市设立考试机构的，由国家质检总局指定考试机构。

第五条　特种设备生产、使用单位（以下统称用人单位）应当聘（雇）用取得《特种设备作业人员证》的人员从事相关管理和作业工作，并对作业人员进行严格管理。

特种设备作业人员应当持证上岗，按章操作，发现隐患及时处置或者报告。

第二章　考试和审核发证程序

第六条　特种设备作业人员考核发证工作由县以上质量技术监督部门分级负责。省级质量技术监督部门决定具体的发证分级范围，负责对考核发证工作的日常监督管理。

申请人经指定的考试机构考试合格的，持考试合格凭证向考试场所所在地的发证部门申请办理《特种设备作业人员证》。

第七条　特种设备作业人员考试机构应当具备相应的场所、设备、师资、监考人员以及健全的考试管理制度等必备条件和能力，经发证部门批准，方可承担考试工作。

发证部门应当对考试机构进行监督，发现问题及时处理。

第八条　特种设备作业人员考试和审核发证程序包括：考试报名、考试、领证申请、受理、审核、发证。

第九条　发证部门和考试机构应当在办公处所公布本办法、考试和审核发证程序、考试作业人员种类、报考具体条件、收费依据和标准、考试机构名称及地点、考试计划等事项。其中，考试报名时间、考试科目、考试地点、考试时间等具体考试计划事项，应当在举行考试之日2个月前公布。

有条件的应当在有关网站、新闻媒体上公布。

第十条　申请《特种设备作业人员证》的人员应当符合下列条件：

（一）年龄在18周岁以上；

（二）身体健康并满足申请从事的作业种类对身体的特殊要求；

（三）有与申请作业种类相适应的文化程度；

（四）具有相应的安全技术知识与技能；

（五）符合安全技术规范规定的其他要求。

作业人员的具体条件应当按照相关安全技术规范的规定执行。

第十一条　用人单位应当对作业人员进行安全教育和培训，保证特种设备作业人员具备必要的特种设备安全作业知识、作业技能和及时进行知识更新。作业人员未能参加用人单位培训的，可以选择专业培训机构进行培训。

作业人员培训的内容按照国家质检总局制定的相关作业人员培训考核大纲等安全技术规范执行。

第十二条　符合条件的申请人员应当向考试机构提交有关证明材料，报名参加考试。

第十三条　考试机构应当制订和认真落实特种设备作业人员的考试组织工作的各项规章制度，严格按照公开、公正、公平的原则，组织实施特种设备作业人员的考试，确保考试工作质量。

第十四条 考试结束后，考试机构应当在20个工作日内将考试结果告知申请人，并公布考试成绩。

第十五条 考试合格的人员，凭考试结果通知单和其他相关证明材料，向发证部门申请办理《特种设备作业人员证》。

第十六条 发证部门应当在5个工作日内对报送材料进行审查，或者告知申请人补正申请材料，并作出是否受理的决定。能够当场审查的，应当当场办理。

第十七条 对同意受理的申请，发证部门应当在20个工作日内完成审核批准手续。准予发证的，在10个工作日内向申请人颁发《特种设备作业人员证》；不予发证的，应当书面说明理由。

第十八条 特种设备作业人员考核发证工作遵循便民、公开、高效的原则。为方便申请人办理考核发证事项，发证部门可以将受理和发放证书的地点设在考试报名地点，并在报名考试时委托考试机构对申请人是否符合报考条件进行审查，考试合格后发证部门可以直接办理受理手续和审核、发证事项。

第三章 证书使用及监督管理

第十九条 持有《特种设备作业人员证》的人员，必须经用人单位的法定代表人（负责人）或者其授权人雇（聘）用后，方可在许可的项目范围内作业。

第二十条 用人单位应当加强对特种设备作业现场和作业人员的管理，履行下列义务：

（一）制订特种设备操作规程和有关安全管理制度；

（二）聘用持证作业人员，并建立特种设备作业人员管理档案；

（三）对作业人员进行安全教育和培训；

（四）确保持证上岗和按章操作；

（五）提供必要的安全作业条件；

（六）其他规定的义务。

用人单位可以指定一名本单位管理人员作为特种设备安全管理负责人，具体负责前款规定的相关工作。

第二十一条 特种设备作业人员应当遵守以下规定：

（一）作业时随身携带证件，并自觉接受用人单位的安全管理和质量技术监督部门的监督检查；

（二）积极参加特种设备安全教育和安全技术培训；

（三）严格执行特种设备操作规程和有关安全规章制度；

（四）拒绝违章指挥；

（五）发现事故隐患或者不安全因素应当立即向现场管理人员和单位有关负责人报告；

（六）其他有关规定。

第二十二条 《特种设备作业人员证》每4年复审一次。持证人员应当在复审期届满3个月前，向发证部门提出复审申请。对持证人员在4年内符合有关安全技术规范规定的不间断作业要求和安全、节能教育培训要求，且无违章操作或者管理等不良记录、未造成事故的，发证部门应当按照有关安全技术规范的规定准予复审合格，并在证书正本上加盖发证部门复审合格章。

复审不合格、逾期未复审的，其《特种设备作业人员证》予以注销。

第二十三条 有下列情形之一的，应当撤销《特种设备作业人员证》：

（一）持证作业人员以考试作弊或者其他欺骗方式取得《特种设备作业人员证》的；

（二）持证作业人员违反特种设备的操作规程和有关的安全规章制度操作，情节严重的；

（三）持证作业人员在作业过程中发现事故隐患或者其他不安全因素未立即报告，情节严重的；

（四）考试机构或者发证部门工作人员滥用职权、玩忽职守、违反法定程序或者超越发证范围考核发证的；

（五）依法可以撤销的其他情形。

违反前款第（一）项规定的，持证人3年内不得再次申请《特种设备作业人员证》。

第二十四条 《特种设备作业人员证》遗失或者损毁的，持证人应当及时报告发证部门，并在当地媒体予以公告。查证属实的，由发证部门补办证书。

第二十五条 任何单位和个人不得非法印制、伪造、涂改、倒卖、出租或者出借《特种设备作业人员证》。

第二十六条 各级质量技术监督部门应当对特种设备作业活动进行监督检查，查处违法作业行为。

第二十七条 发证部门应当加强对考试机构的监督管理，及时纠正违规行为，必要时应当派人现场监督考试的有关活动。

第二十八条 发证部门要建立特种设备作业人员监督管理档案，记录考核发证、复审和监督检查的情况。发证、复审及监督检查情况要定期向社会公布。

发证部门应当在发证或者复审合格后 20 个工作日内,将特种设备作业人员相关信息录入国家质检总局特种设备作业人员公示查询系统。

第二十九条 特种设备作业人员考试报名、考试、领证申请、受理、审核、发证等环节的具体规定,以及考试机构的设立、《特种设备作业人员证》的注销和复审等事项,按照国家质检总局制定的特种设备作业人员考核规则等安全技术规范执行。

第四章 罚 则

第三十条 申请人隐瞒有关情况或者提供虚假材料申请《特种设备作业人员证》的,不予受理或者不予批准发证,并在 1 年内不得再次申请《特种设备作业人员证》。

第三十一条 有下列情形之一的,责令用人单位改正,并处 1000 元以上 3 万元以下罚款:

(一)违章指挥特种设备作业的;

(二)作业人员违反特种设备的操作规程和有关的安全规章制度操作,或者在作业过程中发现事故隐患或者其他不安全因素未立即向现场管理人员和单位有关负责人报告,用人单位未给予批评教育或者处分的。

第三十二条 非法印制、伪造、涂改、倒卖、出租、出借《特种设备作业人员证》,或者使用非法印制、伪造、涂改、倒卖、出租、出借《特种设备作业人员证》的,处 1000 元以下罚款;构成犯罪的,依法追究刑事责任。

第三十三条 发证部门未按规定程序组织考试和审核发证,或者发证部门未对考试机构严格监督管理影响特种设备作业人员考试质量的,由上一级发证部门责令整改;情节严重的,其负责的特种设备作业人员的考核工作由上一级发证部门组织实施。

第三十四条 考试机构未按规定程序组织考试工作,责令整改;情节严重的,暂停或者撤销其批准。

第三十五条 发证部门或者考试机构工作人员滥用职权、玩忽职守、以权谋私的,应当依法给予行政处分;构成犯罪的,依法追究刑事责任。

第三十六条 特种设备作业人员未取得《特种设备作业人员证》上岗作业,或者用人单位未对特种设备作业人员进行安全教育和培训的,按照《特种设备安全监察条例》第八十六条的规定对用人单位予以处罚。

第五章 附 则

第三十七条 《特种设备作业人员证》的格式、印制等事项由国家质检总局统一规定。

第三十八条 考试收费按照财政和价格主管部门的规定执行。省级质量技术监督部门负责对本辖区内《特种设备作业人员证》考试收费工作进行监督检查,并按有关规定通报相关部门。

第三十九条 本办法不适用于从事房屋建筑工地和市政工程工地起重机械、场(厂)内专用机动车辆作业及其相关管理的人员。

第四十条 本办法由国家质检总局负责解释。

第四十一条 本办法自 2005 年 7 月 1 日起施行。原有规定与本办法要求不一致的,以本办法为准。

(八)电力安全类

1. 法律法规

中华人民共和国电力法

(1995 年 12 月 28 日第八届全国人民代表大会常务委员会第十七次会议通过 根据 2009 年 8 月 27 日第十一届全国人民代表大会常务委员会第十次会议《关于修改部分法律的决定》第一次修正 根据 2015 年 4 月 24 日第十二届全国人民代表大会常务委员会第十四次会议《关于修改〈中华人民共和国电力法〉等六部法律的决定》第二次修正 根据 2018 年 12 月 29 日第十三届全国人民代表大会常务委员会第七次会议《关于修改〈中华人民共和国电力法〉等四部法律的决定》第三次修正)

第一章 总 则

第一条 为了保障和促进电力事业的发展,维护电力投资者、经营者和使用者的合法权益,保障电力安全运行,制定本法。

第二条 本法适用于中华人民共和国境内的电力

建设、生产、供应和使用活动。

第三条 电力事业应当适应国民经济和社会发展的需要，适当超前发展。国家鼓励、引导国内外的经济组织和个人依法投资开发电源，兴办电力生产企业。

电力事业投资，实行谁投资、谁收益的原则。

第四条 电力设施受国家保护。

禁止任何单位和个人危害电力设施安全或者非法侵占、使用电能。

第五条 电力建设、生产、供应和使用应当依法保护环境，采用新技术，减少有害物质排放，防治污染和其他公害。

国家鼓励和支持利用可再生能源和清洁能源发电。

第六条 国务院电力管理部门负责全国电力事业的监督管理。国务院有关部门在各自的职责范围内负责电力事业的监督管理。

县级以上地方人民政府经济综合主管部门是本行政区域内的电力管理部门，负责电力事业的监督管理。县级以上地方人民政府有关部门在各自的职责范围内负责电力事业的监督管理。

第七条 电力建设企业、电力生产企业、电网经营企业依法实行自主经营、自负盈亏，并接受电力管理部门的监督。

第八条 国家帮助和扶持少数民族地区、边远地区和贫困地区发展电力事业。

第九条 国家鼓励在电力建设、生产、供应和使用过程中，采用先进的科学技术和管理方法，对在研究、开发、采用先进的科学技术和管理方法等方面作出显著成绩的单位和个人给予奖励。

第二章 电力建设

第十条 电力发展规划应当根据国民经济和社会发展的需要制定，并纳入国民经济和社会发展计划。

电力发展规划，应当体现合理利用能源、电源与电网配套发展、提高经济效益和有利于环境保护的原则。

第十一条 城市电网的建设与改造规划，应当纳入城市总体规划。城市人民政府应当按照规划，安排变电设施用地、输电线路走廊和电缆通道。

任何单位和个人不得非法占用变电设施用地、输电线路走廊和电缆通道。

第十二条 国家通过制定有关政策，支持、促进电力建设。

地方人民政府应当根据电力发展规划，因地制宜，采取多种措施开发电源，发展电力建设。

第十三条 电力投资者对其投资形成的电力，享有法定权益。并网运行的，电力投资者有优先使用权；未并网的自备电厂，电力投资者自行支配使用。

第十四条 电力建设项目应当符合电力发展规划，符合国家电力产业政策。

电力建设项目不得使用国家明令淘汰的电力设备和技术。

第十五条 输变电工程、调度通信自动化工程等电网配套工程和环境保护工程，应当与发电工程项目同时设计、同时建设、同时验收、同时投入使用。

第十六条 电力建设项目使用土地，应当依照有关法律、行政法规的规定办理；依法征收土地的，应当依法支付土地补偿费和安置补偿费，做好迁移居民的安置工作。

电力建设应当贯彻切实保护耕地、节约利用土地的原则。

地方人民政府对电力事业依法使用土地和迁移居民，应当予以支持和协助。

第十七条 地方人民政府应当支持电力企业为发电工程建设勘探水源和依法取水、用水。电力企业应当节约用水。

第三章 电力生产与电网管理

第十八条 电力生产与电网运行应当遵循安全、优质、经济的原则。

电网运行应当连续、稳定，保证供电可靠性。

第十九条 电力企业应当加强安全生产管理，坚持安全第一、预防为主的方针，建立、健全安全生产责任制度。

电力企业应当对电力设施定期进行检修和维护，保证其正常运行。

第二十条 发电燃料供应企业、运输企业和电力生产企业应当依照国务院有关规定或者合同约定供应、运输和接卸燃料。

第二十一条 电网运行实行统一调度、分级管理。任何单位和个人不得非法干预电网调度。

第二十二条 国家提倡电力生产企业与电网、电网与电网并网运行。具有独立法人资格的电力生产企业要求将生产的电力并网运行的，电网经营企业应当接受。

并网运行必须符合国家标准或者电力行业标准。

并网双方应当按照统一调度、分级管理和平等互利、协商一致的原则，签订并网协议，确定双方的权利和义务；并网双方达不成协议的，由省级以上电力管理部门协调决定。

第二十三条 电网调度管理办法，由国务院依照本法的规定制定。

第四章 电力供应与使用

第二十四条 国家对电力供应和使用，实行安全用电、节约用电、计划用电的管理原则。

电力供应与使用办法由国务院依照本法的规定制定。

第二十五条 供电企业在批准的供电营业区内向用户供电。

供电营业区的划分，应当考虑电网的结构和供电合理性等因素。一个供电营业区内只设立一个供电营业机构。

供电营业区的设立、变更，由供电企业提出申请，电力管理部门依据职责和管理权限，会同同级有关部门审查批准后，发给《电力业务许可证》。供电营业区设立、变更的具体办法，由国务院电力管理部门制定。

第二十六条 供电营业区内的供电营业机构，对本营业区内的用户有按照国家规定供电的义务；不得违反国家规定对其营业区内申请用电的单位和个人拒绝供电。

申请新装用电、临时用电、增加用电容量、变更用电和终止用电，应当依照规定的程序办理手续。

供电企业应当在其营业场所公告用电的程序、制度和收费标准，并提供用户须知资料。

第二十七条 电力供应与使用双方应当根据平等自愿、协商一致的原则，按照国务院制定的电力供应与使用办法签订供用电合同，确定双方的权利和义务。

第二十八条 供电企业应当保证供给用户的供电质量符合国家标准。对公用供电设施引起的供电质量问题，应当及时处理。

用户对供电质量有特殊要求的，供电企业应当根据其必要性和电网的可能，提供相应的电力。

第二十九条 供电企业在发电、供电系统正常的情况下，应当连续向用户供电，不得中断。因供电设施检修、依法限电或者用户违法用电等原因，需要中断供电时，供电企业应当按照国家有关规定事先通知用户。

用户对供电企业中断供电有异议的，可以向电力管理部门投诉；受理投诉的电力管理部门应当依法处理。

第三十条 因抢险救灾需要紧急供电时，供电企业必须尽速安排供电，所需供电工程费用和应付电费依照国家有关规定执行。

第三十一条 用户应当安装用电计量装置。用户使用的电力电量，以计量检定机构依法认可的用电计量装置的记录为准。

用户受电装置的设计、施工安装和运行管理，应当符合国家标准或者电力行业标准。

第三十二条 用户用电不得危害供电、用电安全和扰乱供电、用电秩序。

对危害供电、用电安全和扰乱供电、用电秩序的，供电企业有权制止。

第三十三条 供电企业应当按照国家核准的电价和用电计量装置的记录，向用户计收电费。

供电企业查电人员和抄表收费人员进入用户，进行用电安全检查或者抄表收费时，应当出示有关证件。

用户应当按照国家核准的电价和用电计量装置的记录，按时交纳电费；对供电企业查电人员和抄表收费人员依法履行职责，应当提供方便。

第三十四条 供电企业和用户应当遵守国家有关规定，采取有效措施，做好安全用电、节约用电和计划用电工作。

第五章 电价与电费

第三十五条 本法所称电价，是指电力生产企业的上网电价、电网间的互供电价、电网销售电价。

电价实行统一政策，统一定价原则，分级管理。

第三十六条 制定电价，应当合理补偿成本，合理确定收益，依法计入税金，坚持公平负担，促进电力建设。

第三十七条 上网电价实行同网同质同价。具体办法和实施步骤由国务院规定。

电力生产企业有特殊情况需另行制定上网电价的，具体办法由国务院规定。

第三十八条 跨省、自治区、直辖市电网和省级电网内的上网电价，由电力生产企业和电网经营企业协商提出方案，报国务院物价行政主管部门核准。

独立电网内的上网电价，由电力生产企业和电网经营企业协商提出方案，报有管理权的物价行政主管部门核准。

地方投资的电力生产企业所生产的电力，属于在省内各地区形成独立电网的或者自发自用的，其电价可以由省、自治区、直辖市人民政府管理。

第三十九条 跨省、自治区、直辖市电网和独立电网之间、省级电网和独立电网之间的互供电价，由双方协商提出方案，报国务院物价行政主管部门或者其授权的部门核准。

独立电网与独立电网之间的互供电价，由双方协商提出方案，报有管理权的物价行政主管部门核准。

第四十条 跨省、自治区、直辖市电网和省级电网的销售电价，由电网经营企业提出方案，报国务院物价行政主管部门或者其授权的部门核准。

独立电网的销售电价，由电网经营企业提出方案，报有管理权的物价行政主管部门核准。

第四十一条 国家实行分类电价和分时电价。分类标准和分时办法由国务院确定。

对同一电网内的同一电压等级、同一用电类别的用户，执行相同的电价标准。

第四十二条 用户用电增容收费标准，由国务院物价行政主管部门会同国务院电力管理部门制定。

第四十三条 任何单位不得超越电价管理权限制定电价。供电企业不得擅自变更电价。

第四十四条 禁止任何单位和个人在电费中加收其他费用；但是，法律、行政法规另有规定的，按照规定执行。

地方集资办电在电费中加收费用的，由省、自治区、直辖市人民政府依照国务院有关规定制定办法。

禁止供电企业在收取电费时，代收其他费用。

第四十五条 电价的管理办法，由国务院依照本法的规定制定。

第六章 农村电力建设和农业用电

第四十六条 省、自治区、直辖市人民政府应当制定农村电气化发展规划，并将其纳入当地电力发展规划及国民经济和社会发展计划。

第四十七条 国家对农村电气化实行优惠政策，对少数民族地区、边远地区和贫困地区的农村电力建设给予重点扶持。

第四十八条 国家提倡农村开发水能资源，建设中、小型水电站，促进农村电气化。

国家鼓励和支持农村利用太阳能、风能、地热能、生物质能和其他能源进行农村电源建设，增加农村电力供应。

第四十九条 县级以上地方人民政府及其经济综合主管部门在安排用电指标时，应当保证农业和农村用电的适当比例，优先保证农村排涝、抗旱和农业季节性生产用电。

电力企业应当执行前款的用电安排，不得减少农业和农村用电指标。

第五十条 农业用电价格按照保本、微利的原则确定。

农民生活用电与当地城镇居民生活用电应当逐步实行相同的电价。

第五十一条 农业和农村用电管理办法，由国务院依照本法的规定制定。

第七章 电力设施保护

第五十二条 任何单位和个人不得危害发电设施、变电设施和电力线路设施及其有关辅助设施。

在电力设施周围进行爆破及其他可能危及电力设施安全的作业的，应当按照国务院有关电力设施保护的规定，经批准并采取确保电力设施安全的措施后，方可进行作业。

第五十三条 电力管理部门应当按照国务院有关电力设施保护的规定，对电力设施保护区设立标志。

任何单位和个人不得在依法划定的电力设施保护区内修建可能危及电力设施安全的建筑物、构筑物，不得种植可能危及电力设施安全的植物，不得堆放可能危及电力设施安全的物品。

在依法划定电力设施保护区前已经种植的植物妨碍电力设施安全的，应当修剪或者砍伐。

第五十四条 任何单位和个人需要在依法划定的电力设施保护区内进行可能危及电力设施安全的作业时，应当经电力管理部门批准并采取安全措施后，方可进行作业。

第五十五条 电力设施与公用工程、绿化工程和其他工程在新建、改建或者扩建中相互妨碍时，有关单位应当按照国家有关规定协商，达成协议后方可施工。

第八章 监督检查

第五十六条 电力管理部门依法对电力企业和用户执行电力法律、行政法规的情况进行监督检查。

第五十七条 电力管理部门根据工作需要，可以配备电力监督检查人员。

电力监督检查人员应当公正廉洁，秉公执法，熟悉电力法律、法规，掌握有关电力专业技术。

第五十八条 电力监督检查人员进行监督检查时，有权向电力企业或者用户了解有关执行电力法律、行政法规的情况，查阅有关资料，并有权进入现场进行检查。

电力企业和用户对执行监督检查任务的电力监督检查人员应当提供方便。

电力监督检查人员进行监督检查时，应当出示证件。

第九章 法律责任

第五十九条 电力企业或者用户违反供用电合同，给对方造成损失的，应当依法承担赔偿责任。

电力企业违反本法第二十八条、第二十九条第一款的规定，未保证供电质量或者未事先通知用户中断供电，给用户造成损失的，应当依法承担赔偿责任。

第六十条 因电力运行事故给用户或者第三人造成损害的，电力企业应当依法承担赔偿责任。

电力运行事故由下列原因之一造成的，电力企业不承担赔偿责任：

（一）不可抗力；

（二）用户自身的过错。

因用户或者第三人的过错给电力企业或者其他用户造成损害的，该用户或者第三人应当依法承担赔偿责任。

第六十一条 违反本法第十一条第二款的规定，非法占用变电设施用地、输电线路走廊或者电缆通道的，由县级以上地方人民政府责令限期改正；逾期不改正的，强制清除障碍。

第六十二条 违反本法第十四条规定，电力建设项目不符合电力发展规划、产业政策的，由电力管理部门责令停止建设。

违反本法第十四条规定，电力建设项目使用国家明令淘汰的电力设备和技术的，由电力管理部门责令停止使用，没收国家明令淘汰的电力设备，并处五万元以下的罚款。

第六十三条 违反本法第二十五条规定，未经许可，从事供电或者变更供电营业区的，由电力管理部门责令改正，没收违法所得，可以并处违法所得五倍以下的罚款。

第六十四条 违反本法第二十六条、第二十九条规定，拒绝供电或者中断供电的，由电力管理部门责令改正，给予警告；情节严重的，对有关主管人员和直接责任人员给予行政处分。

第六十五条 违反本法第三十二条规定，危害供电、用电安全或者扰乱供电、用电秩序的，由电力管理部门责令改正，给予警告；情节严重或者拒绝改正的，可以中止供电，可以并处五万元以下的罚款。

第六十六条 违反本法第三十三条、第四十三条、第四十四条规定，未按照国家核准的电价和用电计量装置的记录向用户计收电费、超越权限制定电价或者在电费中加收其他费用的，由物价行政主管部门给予警告，责令返还违法收取的费用，可以并处违法收取费用五倍以下的罚款；情节严重的，对有关主管人员和直接责任人员给予行政处分。

第六十七条 违反本法第四十九条第二款规定，减少农业和农村用电指标的，由电力管理部门责令改正；情节严重的，对有关主管人员和直接责任人员给予行政处分；造成损失的，责令赔偿损失。

第六十八条 违反本法第五十二条第二款和第五十四条规定，未经批准或者未采取安全措施在电力设施周围或者在依法划定的电力设施保护区内进行作业，危及电力设施安全的，由电力管理部门责令停止作业、恢复原状并赔偿损失。

第六十九条 违反本法第五十三条规定，在依法划定的电力设施保护区内修建建筑物、构筑物或者种植植物、堆放物品，危及电力设施安全的，由当地人民政府责令强制拆除、砍伐或者清除。

第七十条 有下列行为之一，应当给予治安管理处罚的，由公安机关依照治安管理处罚法的有关规定予以处罚；构成犯罪的，依法追究刑事责任：

（一）阻碍电力建设或者电力设施抢修，致使电力建设或者电力设施抢修不能正常进行的；

（二）扰乱电力生产企业、变电所、电力调度机构和供电企业的秩序，致使生产、工作和营业不能正常进行的；

（三）殴打、公然侮辱履行职务的查电人员或者抄表收费人员的；

（四）拒绝、阻碍电力监督检查人员依法执行职务的。

第七十一条 盗窃电能的，由电力管理部门责令停止违法行为，追缴电费并处应交电费五倍以下的罚款；构成犯罪的，依照刑法有关规定追究刑事责任。

第七十二条 盗窃电力设施或者以其他方法破坏电力设施，危害公共安全的，依照刑法有关规定追究刑事责任。

第七十三条 电力管理部门的工作人员滥用职权、玩忽职守、徇私舞弊，构成犯罪的，依法追究刑事责任；尚不构成犯罪的，依法给予行政处分。

第七十四条 电力企业职工违反规章制度、违章调度或者不服从调度指令，造成重大事故的，依照刑法有关规定追究刑事责任。

电力企业职工故意延误电力设施抢修或者抢险救灾供电，造成严重后果的，依照刑法有关规定追究刑事责任。

电力企业的管理人员和查电人员、抄表收费人员勒索用户、以电谋私，构成犯罪的，依法追究刑事责任；尚不构成犯罪的，依法给予行政处分。

第十章 附 则

第七十五条 本法自1996年4月1日起施行。

电力安全事故应急处置和调查处理条例

(2011年6月15日国务院第159次常务会议通过，2011年7月7日国务院令第599号公布，自2011年9月1日起施行)

第一章 总 则

第一条 为了加强电力安全事故的应急处置工作，规范电力安全事故的调查处理，控制、减轻和消除电力安全事故损害，制定本条例。

第二条 本条例所称电力安全事故，是指电力生产或者电网运行过程中发生的影响电力系统安全稳定运行或者影响电力正常供应的事故（包括热电厂发生的影响热力正常供应的事故）。

第三条 根据电力安全事故（以下简称事故）影响电力系统安全稳定运行或者影响电力（热力）正常供应的程度，事故分为特别重大事故、重大事故、较大事故和一般事故。事故等级划分标准由本条例附表列示。事故等级划分标准的部分项目需要调整的，由国务院电力监管机构提出方案，报国务院批准。

由独立的或者通过单一输电线路与外省连接的省级电网供电的省级人民政府所在地城市，以及由单一输电线路或者单一变电站供电的其他设区的市、县级市，其电网减供负荷或者造成供电用户停电的事故等级划分标准，由国务院电力监管机构另行制定，报国务院批准。

第四条 国务院电力监管机构应当加强电力安全监督管理，依法建立健全事故应急处置和调查处理的各项制度，组织或者参与事故的调查处理。

国务院电力监管机构、国务院能源主管部门和国务院其他有关部门、地方人民政府及有关部门按照国家规定的权限和程序，组织、协调、参与事故的应急处置工作。

第五条 电力企业、电力用户以及其他有关单位和个人，应当遵守电力安全管理规定，落实事故预防措施，防止和避免事故发生。

县级以上地方人民政府有关部门确定的重要电力用户，应当按照国务院电力监管机构的规定配置自备应急电源，并加强安全使用管理。

第六条 事故发生后，电力企业和其他有关单位应当按照规定及时、准确报告事故情况，开展应急处置工作，防止事故扩大，减轻事故损害。电力企业应当尽快恢复电力生产、电网运行和电力（热力）正常供应。

第七条 任何单位和个人不得阻挠和干涉对事故的报告、应急处置和依法调查处理。

第二章 事故报告

第八条 事故发生后，事故现场有关人员应当立即向发电厂、变电站运行值班人员、电力调度机构值班人员或者本企业现场负责人报告。有关人员接到报告后，应当立即向上一级电力调度机构和本企业负责人报告。本企业负责人接到报告后，应当立即向国务院电力监管机构设在当地的派出机构（以下称事故发生地电力监管机构）、县级以上人民政府安全生产监督管理部门报告；热电厂事故影响热力正常供应的，还应当向供热管理部门报告；事故涉及水电厂（站）大坝安全的，还应当同时向有管辖权的水行政主管部门或者流域管理机构报告。

电力企业及其有关人员不得迟报、漏报或者瞒报、谎报事故情况。

第九条 事故发生地电力监管机构接到事故报告后，应当立即核实有关情况，向国务院电力监管机构报告；事故造成供电用户停电的，应当同时通报事故发生地县级以上地方人民政府。

对特别重大事故、重大事故，国务院电力监管机构接到事故报告后应当立即报告国务院，并通报国务院安全生产监督管理部门、国务院能源主管部门等有关部门。

第十条 事故报告应当包括下列内容：

（一）事故发生的时间、地点（区域）以及事故发生单位；

（二）已知的电力设备、设施损坏情况，停运的发电（供热）机组数量、电网减供负荷或者发电厂减少出力的数值、停电（停热）范围；

（三）事故原因的初步判断；

（四）事故发生后采取的措施、电网运行方式、发电机组运行状况以及事故控制情况；

（五）其他应当报告的情况。

事故报告后出现新情况的，应当及时补报。

第十一条 事故发生后，有关单位和人员应当妥善保护事故现场以及工作日志、工作票、操作票等相关材料，及时保存故障录波图、电力调度数据、发电机组运行数据和输变电设备运行数据等相关资料，并在事故调查组成立后将相关材料、资料移交事故调查组。

因抢救人员或者采取恢复电力生产、电网运行和电力供应等紧急措施，需要改变事故现场、移动电力设备的，应当作出标记、绘制现场简图，妥善保存重要痕迹、物证，并作出书面记录。

任何单位和个人不得故意破坏事故现场，不得伪造、隐匿或者毁灭相关证据。

第三章 事故应急处置

第十二条 国务院电力监管机构依照《中华人民共和国突发事件应对法》和《国家突发公共事件总体应急预案》，组织编制国家处置电网大面积停电事件应急预案，报国务院批准。

有关地方人民政府应当依照法律、行政法规和国家处置电网大面积停电事件应急预案，组织制定本行政区域处置电网大面积停电事件应急预案。

处置电网大面积停电事件应急预案应当对应急组织指挥体系及职责、应急处置的各项措施，以及人员、资金、物资、技术等应急保障作出具体规定。

第十三条 电力企业应当按照国家有关规定，制定本企业事故应急预案。

电力监管机构应当指导电力企业加强电力应急救援队伍建设，完善应急物资储备制度。

第十四条 事故发生后，有关电力企业应当立即采取相应的紧急处置措施，控制事故范围，防止发生电网系统性崩溃和瓦解；事故危及人身和设备安全的，发电厂、变电站运行值班人员可以按照有关规定，立即采取停运发电机组和输变电设备等紧急处置措施。

事故造成电力设备、设施损坏的，有关电力企业应当立即组织抢修。

第十五条 根据事故的具体情况，电力调度机构可以发布开启或者关停发电机组、调整发电机组有功和无功负荷、调整电网运行方式、调整供电调度计划等电力调度命令，发电企业、电力用户应当执行。

事故可能导致破坏电力系统稳定和电网大面积停电的，电力调度机构有权决定采取拉限负荷、解列电网、解列发电机组等必要措施。

第十六条 事故造成电网大面积停电的，国务院电力监管机构和国务院其他有关部门、有关地方人民政府、电力企业应当按照国家有关规定，启动相应的应急预案，成立应急指挥机构，尽快恢复电网运行和电力供应，防止各种次生灾害的发生。

第十七条 事故造成电网大面积停电的，有关地方人民政府及有关部门应当立即组织开展下列应急处置工作：

（一）加强对停电地区关系国计民生、国家安全和公共安全的重点单位的安全保卫，防范破坏社会秩序的行为，维护社会稳定；

（二）及时排除因停电发生的各种险情；

（三）事故造成重大人员伤亡或者需要紧急转移、安置受困人员的，及时组织实施救治、转移、安置工作；

（四）加强停电地区道路交通指挥和疏导，做好铁路、民航运输以及通信保障工作；

（五）组织应急物资的紧急生产和调用，保证电网恢复运行所需物资和居民基本生活资料的供给。

第十八条 事故造成重要电力用户供电中断的，重要电力用户应当按照有关技术要求迅速启动自备应急电源；启动自备应急电源无效的，电网企业应当提供必要的支援。

事故造成地铁、机场、高层建筑、商场、影剧院、体育场馆等人员聚集场所停电的，应当迅速启用应急照明，组织人员有序疏散。

第十九条 恢复电网运行和电力供应，应当优先保证重要电厂厂用电源、重要输变电设备、电力主干网架的恢复，优先恢复重要电力用户、重要城市、重点地区的电力供应。

第二十条 事故应急指挥机构或者电力监管机构应当按照有关规定，统一、准确、及时发布有关事故影响范围、处置工作进度、预计恢复供电时间等信息。

第四章 事故调查处理

第二十一条 特别重大事故由国务院或者国务院授权的部门组织事故调查组进行调查。

重大事故由国务院电力监管机构组织事故调查组进行调查。

较大事故、一般事故由事故发生地电力监管机构组织事故调查组进行调查。国务院电力监管机构认为必要的，可以组织事故调查组对较大事故进行调查。

未造成供电用户停电的一般事故，事故发生地电力监管机构也可以委托事故发生单位调查处理。

第二十二条 根据事故的具体情况，事故调查组由电力监管机构、有关地方人民政府、安全生产监督管理部门、负有安全生产监督管理职责的有关部门派人组成；有关人员涉嫌失职、渎职或者涉嫌犯罪的，应当邀请监察机关、公安机关、人民检察院派人参加。

根据事故调查工作的需要，事故调查组可以聘请有关专家协助调查。

事故调查组组长由组织事故调查组的机关指定。

第二十三条 事故调查组应当按照国家有关规定

开展事故调查，并在下列期限内向组织事故调查组的机关提交事故调查报告：

（一）特别重大事故和重大事故的调查期限为60日；特殊情况下，经组织事故调查组的机关批准，可以适当延长，但延长的期限不得超过60日。

（二）较大事故和一般事故的调查期限为45日；特殊情况下，经组织事故调查组的机关批准，可以适当延长，但延长的期限不得超过45日。

事故调查期限自事故发生之日起计算。

第二十四条 事故调查报告应当包括下列内容：

（一）事故发生单位概况和事故发生经过；

（二）事故造成的直接经济损失和事故对电网运行、电力（热力）正常供应的影响情况；

（三）事故发生的原因和事故性质；

（四）事故应急处置和恢复电力生产、电网运行的情况；

（五）事故责任认定和对事故责任单位、责任人的处理建议；

（六）事故防范和整改措施。

事故调查报告应当附具有关证据材料和技术分析报告。事故调查组成员应当在事故调查报告上签字。

第二十五条 事故调查报告报经组织事故调查组的机关同意，事故调查工作即告结束；委托事故发生单位调查的一般事故，事故调查报告应当报经事故发生地电力监管机构同意。

有关机关应当依法对事故发生单位和有关人员进行处罚，对负有事故责任的国家工作人员给予处分。

事故发生单位应当对本单位负有事故责任的人员进行处理。

第二十六条 事故发生单位和有关人员应当认真吸取事故教训，落实事故防范和整改措施，防止事故再次发生。

电力监管机构、安全生产监督管理部门和负有安全生产监督管理职责的有关部门应当对事故发生单位和有关人员落实事故防范和整改措施的情况进行监督检查。

第五章　法　律　责　任

第二十七条 发生事故的电力企业主要负责人有下列行为之一的，由电力监管机构处其上一年年收入40%至80%的罚款；属于国家工作人员的，并依法给予处分；构成犯罪的，依法追究刑事责任：

（一）不立即组织事故抢救的；

（二）迟报或者漏报事故的；

（三）在事故调查处理期间擅离职守的。

第二十八条 发生事故的电力企业及其有关人员有下列行为之一的，由电力监管机构对电力企业处100万元以上500万元以下的罚款；对主要负责人、直接负责的主管人员和其他直接责任人员处其上一年年收入60%至100%的罚款，属于国家工作人员的，并依法给予处分；构成违反治安管理行为的，由公安机关依法给予治安管理处罚；构成犯罪的，依法追究刑事责任：

（一）谎报或者瞒报事故的；

（二）伪造或者故意破坏事故现场的；

（三）转移、隐匿资金、财产，或者销毁有关证据、资料的；

（四）拒绝接受调查或者拒绝提供有关情况和资料的；

（五）在事故调查中作伪证或者指使他人作伪证的；

（六）事故发生后逃匿的。

第二十九条 电力企业对事故发生负有责任的，由电力监管机构依照下列规定处以罚款：

（一）发生一般事故的，处10万元以上20万元以下的罚款；

（二）发生较大事故的，处20万元以上50万元以下的罚款；

（三）发生重大事故的，处50万元以上200万元以下的罚款；

（四）发生特别重大事故的，处200万元以上500万元以下的罚款。

第三十条 电力企业主要负责人未依法履行安全生产管理职责，导致事故发生的，由电力监管机构依照下列规定处以罚款；属于国家工作人员的，并依法给予处分；构成犯罪的，依法追究刑事责任：

（一）发生一般事故的，处其上一年年收入30%的罚款；

（二）发生较大事故的，处其上一年年收入40%的罚款；

（三）发生重大事故的，处其上一年年收入60%的罚款；

（四）发生特别重大事故的，处其上一年年收入80%的罚款。

第三十一条 电力企业主要负责人依照本条例第二十七条、第二十八条、第三十条规定受到撤职处分或者刑事处罚的，自受处分之日或者刑罚执行完毕之日起5年内，不得担任任何生产经营单位主要负责人。

第三十二条 电力监管机构、有关地方人民政府以及其他负有安全生产监督管理职责的有关部门有下列行为之一的，对直接负责的主管人员和其他直接责任人员依法给予处分；直接负责的主管人员和其他直接责任人员构成犯罪的，依法追究刑事责任：

（一）不立即组织事故抢救的；

（二）迟报、漏报或者瞒报、谎报事故的；

（三）阻碍、干涉事故调查工作的；

（四）在事故调查中作伪证或者指使他人作伪证的。

第三十三条 参与事故调查的人员在事故调查中有下列行为之一的，依法给予处分；构成犯罪的，依法追究刑事责任：

（一）对事故调查工作不负责任，致使事故调查工作有重大疏漏的；

（二）包庇、袒护负有事故责任的人员或者借机打击报复的。

第六章 附　则

第三十四条 发生本条例规定的事故，同时造成人员伤亡或者直接经济损失，依照本条例确定的事故等级与依照《生产安全事故报告和调查处理条例》确定的事故等级不相同的，按事故等级较高者确定事故等级，依照本条例的规定调查处理；事故造成人员伤亡，构成《生产安全事故报告和调查处理条例》规定的重大事故或者特别重大事故的，依照《生产安全事故报告和调查处理条例》的规定调查处理。

电力生产或者电网运行过程中发生发电设备或者输变电设备损坏，造成直接经济损失的事故，未影响电力系统安全稳定运行以及电力正常供应的，由电力监管机构依照《生产安全事故报告和调查处理条例》的规定组成事故调查组对重大事故、较大事故、一般事故进行调查处理。

第三十五条 本条例对事故报告和调查处理未作规定的，适用《生产安全事故报告和调查处理条例》的规定。

第三十六条 核电厂核事故的应急处置和调查处理，依照《核电厂核事故应急管理条例》的规定执行。

第三十七条 本条例自2011年9月1日起施行。

附

电力安全事故等级划分标准

事故等级 \ 判定项	造成电网减供负荷的比例	造成城市供电用户停电的比例	发电厂或者变电站因安全故障造成全厂（站）对外停电的影响和持续时间	发电机组因安全故障停运的时间和后果	供热机组对外停止供热的时间
特别重大事故	区域性电网减供负荷30%以上 电网负荷20000兆瓦以上的省、自治区电网，减供负荷30%以上 电网负荷5000兆瓦以上20000兆瓦以下的省、自治区电网，减供负荷40%以上 直辖市电网减供负荷50%以上 电网负荷2000兆瓦以上的省、自治区人民政府所在地城市电网减供负荷60%以上	直辖市60%以上供电用户停电 电网负荷2000兆瓦以上的省、自治区人民政府所在地城市70%以上供电用户停电			

（续）

事故等级 \ 判定项	造成电网减供负荷的比例	造成城市供电用户停电的比例	发电厂或者变电站因安全故障造成全厂（站）对外停电的影响和持续时间	发电机组因安全故障停运的时间和后果	供热机组对外停止供热的时间
重大事故	区域性电网减供负荷10%以上30%以下 电网负荷20000兆瓦以上的省、自治区电网，减供负荷13%以上30%以下 电网负荷5000兆瓦以上20000兆瓦以下的省、自治区电网，减供负荷16%以上40%以下 电网负荷1000兆瓦以上5000兆瓦以下的省、自治区电网，减供负荷50%以上 直辖市电网减供负荷20%以上50%以下 省、自治区人民政府所在地城市电网减供负荷40%以上（电网负荷2000兆瓦以上的，减供负荷40%以上60%以下） 电网负荷600兆瓦以上的其他设区的市电网减供负荷60%以上	直辖市30%以上60%以下供电用户停电 省、自治区人民政府所在地城市50%以上供电用户停电（电网负荷2000兆瓦以上的，50%以上70%以下） 电网负荷600兆瓦以上的其他设区的市70%以上供电用户停电			
较大事故	区域性电网减供负荷7%以上10%以下 电网负荷20000兆瓦以上的省、自治区电网，减供负荷10%以上13%以下 电网负荷5000兆瓦以上20000兆瓦以下的省、自治区电网，减供负荷12%以上16%以下 电网负荷1000兆瓦以上5000兆瓦以下的省、自治区电网，减供负荷20%以上50%以下 电网负荷1000兆瓦以下的省、自治区电网，减供负荷40%以上 直辖市电网减供负荷10%以上20%以下 省、自治区人民政府所在地城市电网减供负荷20%以上40%以下	直辖市15%以上30%以下供电用户停电 省、自治区人民政府所在地城市30%以上50%以下供电用户停电 其他设区的市50%以上供电用户停电（电网负荷600兆瓦以上的，50%以上70%以下） 电网负荷150兆瓦以上的县级市70%以上供电用户停电	发电厂或者220千伏以上变电站因安全故障造成全厂（站）对外停电，导致周边电压监视控制点电压低于调度机构规定的电压曲线值20%并且持续时间30分钟以上，或者导致周边电压监视控制点电压低于调度机构规定的电压曲线值10%并且持续时间1小时以上	发电机组因安全故障停止运行超过行业标准规定的大修时间两周，并导致电网减供负荷	供热机组装机容量200兆瓦以上的热电厂，在当地人民政府规定的采暖期内同时发生2台以上供热机组因安全故障停止运行，造成全厂对外停止供热并且持续时间48小时以上

(续)

事故等级 \ 判定项	造成电网减供负荷的比例	造成城市供电用户停电的比例	发电厂或者变电站因安全故障造成全厂（站）对外停电的影响和持续时间	发电机组因安全故障停运的时间和后果	供热机组对外停止供热的时间
较大事故	其他设区的市电网减供负荷40%以上（电网负荷600兆瓦以上的，减供负荷40%以上60%以下）				
	电网负荷150兆瓦以上的县级市电网减供负荷60%以上				
一般事故	区域性电网减供负荷4%以上7%以下	直辖市10%以上15%以下供电用户停电	发电厂或者220千伏以上变电站因安全故障造成全厂（站）对外停电，导致周边电压监视控制点电压低于调度机构规定的电压曲线值5%以上10%以下并且持续时间2小时以上	发电机组因安全故障停止运行超过行业标准规定的小修时间两周，并导致电网减供负荷	供热机组装机容量200兆瓦以上的热电厂，在当地人民政府规定的采暖期内同时发生2台以上供热机组因安全故障停止运行，造成全厂对外停止供热并且持续时间24小时以上
	电网负荷20000兆瓦以上的省、自治区电网，减供负荷5%以上10%以下	省、自治区人民政府所在地城市15%以上30%以下供电用户停电			
	电网负荷5000兆瓦以上20000兆瓦以下的省、自治区电网，减供负荷6%以上12%以下	其他设区的市30%以上50%以下供电用户停电			
	电网负荷1000兆瓦以上5000兆瓦以下的省、自治区电网，减供负荷10%以上20%以下	县级市50%以上供电用户停电（电网负荷150兆瓦以上的，50%以上70%以下）			
	电网负荷1000兆瓦以下的省、自治区电网，减供负荷25%以上40%以下				
	直辖市电网减供负荷5%以上10%以下				
	省、自治区人民政府所在地城市电网减供负荷10%以上20%以下				
	其他设区的市电网减供负荷20%以上40%以下				
	县级市减供负荷40%以上（电网负荷150兆瓦以上的，减供负荷40%以上60%以下）				

注：1. 符合本表所列情形之一的，即构成相应等级的电力安全事故。
2. 本表中所称的"以上"包括本数，"以下"不包括本数。
3. 本表下列用语的含义：
（1）电网负荷，是指电力调度机构统一调度的电网在事故发生起始时刻的实际负荷；
（2）电网减供负荷，是指电力调度机构统一调度的电网在事故发生期间的实际负荷最大减少量；
（3）全厂对外停电，是指发电厂对外有功负荷降到零（虽电网经发电厂母线传送的负荷没有停止，仍视为全厂对外停电）；
（4）发电机组因安全故障停止运行，是指并网运行的发电机组（包括各种类型的电站锅炉、汽轮机、燃气轮机、水轮机、发电机和主变压器等主要发电设备），在未经电力调度机构允许的情况下，因安全故障需要停止运行的状态。

电力监管条例

(2005年2月2日国务院第80次常务会议通过，2005年2月15日国务院令第432号公布，自2005年5月1日起施行)

第一章 总 则

第一条 为了加强电力监管，规范电力监管行为，完善电力监管制度，制定本条例。

第二条 电力监管的任务是维护电力市场秩序，依法保护电力投资者、经营者、使用者的合法权益和社会公共利益，保障电力系统安全稳定运行，促进电力事业健康发展。

第三条 电力监管应当依法进行，并遵循公开、公正和效率的原则。

第四条 国务院电力监管机构依照本条例和国务院有关规定，履行电力监管和行政执法职能；国务院有关部门依照有关法律、行政法规和国务院有关规定，履行相关的监管职能和行政执法职能。

第五条 任何单位和个人对违反本条例和国家有关电力监管规定的行为有权向电力监管机构和政府有关部门举报，电力监管机构和政府有关部门应当及时处理，并依照有关规定对举报有功人员给予奖励。

第二章 监管机构

第六条 国务院电力监管机构根据履行职责的需要，经国务院批准，设立派出机构。国务院电力监管机构对派出机构实行统一领导和管理。

国务院电力监管机构的派出机构在国务院电力监管机构的授权范围内，履行电力监管职责。

第七条 电力监管机构从事监管工作的人员，应当具备与电力监管工作相适应的专业知识和业务工作经验。

第八条 电力监管机构从事监管工作的人员，应当忠于职守，依法办事，公正廉洁，不得利用职务便利谋取不正当利益，不得在电力企业、电力调度交易机构兼任职务。

第九条 电力监管机构应当建立监管责任制度和监管信息公开制度。

第十条 电力监管机构及其从事监管工作的人员依法履行电力监管职责，有关单位和人员应当予以配合和协助。

第十一条 电力监管机构应当接受国务院财政、监察、审计等部门依法实施的监督。

第三章 监管职责

第十二条 国务院电力监管机构依照有关法律、行政法规和本条例的规定，在其职责范围内制定并发布电力监管规章、规则。

第十三条 电力监管机构依照有关法律和国务院有关规定，颁发和管理电力业务许可证。

第十四条 电力监管机构按照国家有关规定，对发电企业在各电力市场中所占份额的比例实施监管。

第十五条 电力监管机构对发电厂并网、电网互联以及发电厂与电网协调运行中执行有关规章、规则的情况实施监管。

第十六条 电力监管机构对电力市场向从事电力交易的主体公平、无歧视开放的情况以及输电企业公平开放电网的情况依法实施监管。

第十七条 电力监管机构对电力企业、电力调度交易机构执行电力市场运行规则的情况，以及电力调度交易机构执行电力调度规则的情况实施监管。

第十八条 电力监管机构对供电企业按照国家规定的电能质量和供电服务质量标准向用户提供供电服务的情况实施监管。

第十九条 电力监管机构具体负责电力安全监督管理工作。国务院电力监管机构经商国务院发展改革部门、国务院安全生产监督管理部门等有关部门后，制订重大电力生产安全事故处置预案，建立重大电力生产安全事故应急处置制度。

第二十条 国务院价格主管部门、国务院电力监管机构依照法律、行政法规和国务院的规定，对电价实施监管。

第四章 监管措施

第二十一条 电力监管机构根据履行监管职责的需要，有权要求电力企业、电力调度交易机构报送与监管事项相关的文件、资料。

电力企业、电力调度交易机构应当如实提供有关文件、资料。

第二十二条 国务院电力监管机构应当建立电力监管信息系统。电力企业、电力调度交易机构应当按照国务院电力监管机构的规定将与监管相关的信息系统接入电力监管信息系统。

第二十三条 电力监管机构有权责令电力企业、电力调度交易机构按照国家有关电力监管规章、规则的规定如实披露有关信息。

第二十四条 电力监管机构依法履行职责，可以采取下列措施，进行现场检查：

（一）进入电力企业、电力调度交易机构进行检查；

（二）询问电力企业、电力调度交易机构的工作人员，要求其对有关检查事项作出说明；

（三）查阅、复制与检查事项有关的文件、资料，对可能被转移、隐匿、损毁的文件、资料予以封存；

（四）对检查中发现的违法行为，有权当场予以纠正或者要求限期改正。

第二十五条 依法从事电力监管工作的人员在进行现场检查时，应当出示有效执法证件；未出示有效执法证件的，电力企业、电力调度交易机构有权拒绝检查。

第二十六条 发电厂与电网并网、电网与电网互联，并网双方或者互联双方达不成协议，影响电力交易正常进行的，电力监管机构应当进行协调；经协调仍不能达成协议的，由电力监管机构作出裁决。

第二十七条 电力企业发生电力生产安全事故，应当及时采取措施，防止事故扩大，并向电力监管机构和其他有关部门报告。电力监管机构接到发生重大电力生产安全事故报告后，应当按照重大电力生产安全事故处置预案，及时采取处置措施。电力监管机构按照国家有关规定组织或者参加电力生产安全事故的调查处理。

第二十八条 电力监管机构对电力企业、电力调度交易机构违反有关电力监管的法律、行政法规或者有关电力监管规章、规则，损害社会公共利益的行为及其处理情况，可以向社会公布。

第五章 法律责任

第二十九条 电力监管机构从事监管工作的人员有下列情形之一的，依法给予行政处分；构成犯罪的，依法追究刑事责任：

（一）违反有关法律和国务院有关规定颁发电力业务许可证的；

（二）发现未经许可擅自经营电力业务的行为，不依法进行处理的；

（三）发现违法行为或者接到对违法行为的举报后，不及时进行处理的；

（四）利用职务便利谋取不正当利益的。

电力监管机构从事监管工作的人员在电力企业、电力调度交易机构兼任职务的，由电力监管机构责令改正，没收兼职所得；拒不改正的，予以辞退或者开除。

第三十条 违反规定未取得电力业务许可证擅自经营电力业务的，由电力监管机构责令改正，没收违法所得，可以并处违法所得5倍以下的罚款；构成犯罪的，依法追究刑事责任。

第三十一条 电力企业违反本条例规定，有下列情形之一的，由电力监管机构责令改正；拒不改正的，处10万元以上100万元以下的罚款；对直接负责的主管人员和其他直接责任人员，依法给予处分；情节严重的，可以吊销电力业务许可证：

（一）不遵守电力市场运行规则的；

（二）发电厂并网、电网互联不遵守有关规章、规则的；

（三）不向从事电力交易的主体公平、无歧视开放电力市场或者不按照规定公平开放电网的。

第三十二条 供电企业未按照国家规定的电能质量和供电服务质量标准向用户提供供电服务的，由电力监管机构责令改正，给予警告；情节严重的，对直接负责的主管人员和其他直接责任人员，依法给予处分。

第三十三条 电力调度交易机构违反本条例规定，不按照电力市场运行规则组织交易的，由电力监管机构责令改正；拒不改正的，处10万元以上100万元以下的罚款；对直接负责的主管人员和其他直接责任人员，依法给予处分。

电力调度交易机构工作人员泄露电力交易内幕信息的，由电力监管机构责令改正，并依法给予处分。

第三十四条 电力企业、电力调度交易机构有下列情形之一的，由电力监管机构责令改正；拒不改正的，处5万元以上50万元以下的罚款，对直接负责的主管人员和其他直接责任人员，依法给予处分；构成犯罪的，依法追究刑事责任：

（一）拒绝或者阻碍电力监管机构及其从事监管工作的人员依法履行监管职责的；

（二）提供虚假或者隐瞒重要事实的文件、资料的；

（三）未按照国家有关电力监管规章、规则的规定披露有关信息的。

第三十五条 本条例规定的罚款和没收的违法所得，按照国家有关规定上缴国库。

第六章 附　则

第三十六条 电力企业应当按照国务院价格主管部门、财政部门的有关规定缴纳电力监管费。

第三十七条 本条例自 2005 年 5 月 1 日起施行。

电网调度管理条例

（1993 年 6 月 29 日国务院令第 115 号发布　根据 2011 年 1 月 8 日《国务院关于废止和修改部分行政法规的决定》修订）

第一章　总　则

第一条　为了加强电网调度管理，保障电网安全，保护用户利益，适应经济建设和人民生活的需要，制定本条例。

第二条　本条例所称电网调度，是指电网调度机构（以下简称调度机构）为保障电网的安全、优质、经济运行，对电网运行进行的组织、指挥、指导和协调。

电网调度应当符合社会主义市场经济的要求和电网运行的客观规律。

第三条　中华人民共和国境内的发电、供电、用电单位以及其他有关单位和个人，必须遵守本条例。

第四条　电网运行实行统一调度、分级管理的原则。

第五条　任何单位和个人不得超计划分配电力和电量，不得超计划使用电力和电量；遇有特殊情况，需要变更计划的，须经用电计划下达部门批准。

第六条　国务院电力行政主管部门主管电网调度工作。

第二章　调度系统

第七条　调度机构的职权及其调度管辖范围的划分原则，由国务院电力行政主管部门确定。

第八条　调度机构直接调度的发电厂的划定原则，由国务院电力行政主管部门确定。

第九条　调度系统包括各级调度机构和电网内的发电厂、变电站的运行值班单位。

下级调度机构必须服从上级调度机构的调度。

调度机构调度管辖范围内的发电厂、变电站的运行值班单位，必须服从该级调度机构的调度。

第十条　调度机构分为五级：国家调度机构，跨省、自治区、直辖市调度机构，省、自治区、直辖市级调度机构，省辖市级调度机构，县级调度机构。

第十一条　调度系统值班人员须经培训、考核并取得合格证书方得上岗。

调度系统值班人员的培训、考核办法由国务院电力行政主管部门制定。

第三章　调度计划

第十二条　跨省电网管理部门和省级电网管理部门应当编制发电、供电计划，并将发电、供电计划报送国务院电力行政主管部门备案。

调度机构应当编制下达发电、供电调度计划。

值班调度人员可以按照有关规定，根据电网运行情况，调整日发电、供电调度计划。值班调度人员调整日发电、供电调度计划时，必须填写调度值班日志。

第十三条　跨省电网管理部门和省级电网管理部门编制发电、供电计划，调度机构编制发电、供电调度计划时，应当根据国家下达的计划、有关的供电协议和并网协议、电网的设备能力，并留有备用容量。

对具有综合效益的水电厂（站）的水库，应当根据批准的水电厂（站）的设计文件，并考虑防洪、灌溉、发电、环保、航运等要求，合理运用水库蓄水。

第十四条　跨省电网管理部门和省级电网管理部门遇有下列情形之一，需要调整发电、供电计划时，应当通知有关地方人民政府的有关部门：

（一）大中型水电厂（站）入库水量不足；

（二）火电厂的燃料短缺；

（三）其他需要调整发电、供电计划的情形。

第四章　调度规则

第十五条　调度机构必须执行国家下达的供电计划，不得克扣电力、电量，并保证供电质量。

第十六条　发电厂必须按照调度机构下达的调度计划和规定的电压范围运行，并根据调度指令调整功率和电压。

第十七条　发电、供电设备的检修，应当服从调度机构的统一安排。

第十八条　出现下列紧急情况之一的，值班调度人员可以调整日发电、供电调度计划，发布限电、调整发电厂功率、开或者停发电机组等指令；可以向本电网内的发电厂、变电站的运行值班单位发布调度指令：

（一）发电、供电设备发生重大事故或者电网发生事故；

（二）电网频率或者电压超过规定范围；

（三）输变电设备负载超过规定值；

（四）主干线路功率值超过规定的稳定限额；

（五）其他威胁电网安全运行的紧急情况。

第十九条　省级电网管理部门、省辖市级电网管理部门、县级电网管理部门应当根据本级人民政府的生产调度部门的要求、用户的特点和电网安全运行的需要，提出事故及超计划用电的限电序位表，经本级人民政府的生产调度部门审核，报本级人民政府批准后，由调度机构执行。

限电及整个电网调度工作应当逐步实现自动化管理。

第二十条　未经值班调度人员许可，任何人不得操作调度机构调度管辖范围内的设备。

电网运行遇有危及人身及设备安全的情况时，发电厂、变电站的运行值班单位的值班人员可以按照有关规定处理，处理后应当立即报告有关调度机构的值班人员。

第五章　调度指令

第二十一条　值班调度人员必须按照规定发布各种调度指令。

第二十二条　在调度系统中，必须执行调度指令。调度系统的值班人员认为执行调度指令将危及人身及设备安全的，应当立即向发布指令的值班调度人员报告，由其决定调度指令的执行或者撤销。

第二十三条　电网管理部门的负责人，调度机构的负责人以及发电厂、变电站的负责人，对上级调度机构的值班人员发布的调度指令有不同意见时，可以向上级电网电力行政主管部门或者上级调度机构提出，但是在其未作出答复前，调度系统的值班人员必须按照上级调度机构的值班人员发布的调度指令执行。

第二十四条　任何单位和个人不得违反本条例干预调度系统的值班人员发布或者执行调度指令；调度系统的值班人员依法执行公务，有权拒绝各种非法干预。

第六章　并网与调度

第二十五条　并网运行的发电厂或者电网，必须服从调度机构的统一调度。

第二十六条　需要并网运行的发电厂与电网之间以及电网与电网之间，应当在并网前根据平等互利、协商一致的原则签订并网协议并严格执行。

第七章　罚　则

第二十七条　违反本条例规定，有下列行为之一的，对主管人员和直接责任人员由其所在单位或者上级机关给予行政处分：

（一）未经上级调度机构许可，不按照上级调度机构下达的发电、供电调度计划执行的；

（二）不执行有关调度机构批准的检修计划的；

（三）不执行调度指令和调度机构下达的保证电网安全的措施的；

（四）不如实反映电网运行情况的；

（五）不如实反映执行调度指令情况的；

（六）调度系统的值班人员玩忽职守、徇私舞弊，尚不构成犯罪的。

第二十八条　调度机构对于超计划用电的用户应当予以警告；经警告，仍未按照计划用电的，调度机构可以发布限电指令，并可以强行扣还电力、电量；当超计划用电威胁电网安全运行时，调度机构可以部分或者全部暂时停止供电。

第二十九条　违反本条例规定，未按照计划供电或者无故调整供电计划的，电网应当根据用户的需要补给少供的电力、电量。

第三十条　违反本条例规定，构成违反治安管理行为的，依照《中华人民共和国治安管理处罚法》的有关规定给予处罚；构成犯罪的，依法追究刑事责任。

第八章　附　则

第三十一条　国务院电力行政主管部门可以根据本条例制定实施办法。

省、自治区、直辖市人民政府可以根据本条例制定小电网管理办法。

第三十二条　本条例由国务院电力行政主管部门负责解释。

第三十三条　本条例自1993年11月1日起施行。

2. 部门规章及有关文件

电力建设工程施工安全监督管理办法

(国家发展和改革委员会审议通过，2015年8月18日国家发展和改革委员会令第28号公布，自2015年10月1日起施行)

第一章 总 则

第一条 为了加强电力建设工程施工安全监督管理，保障人民群众生命和财产安全，根据《中华人民共和国安全生产法》《中华人民共和国特种设备安全法》《建设工程安全生产管理条例》《电力监管条例》《生产安全事故报告和调查处理条例》，制定本办法。

第二条 本办法适用于电力建设工程的新建、扩建、改建、拆除等有关活动，以及国家能源局及其派出机构对电力建设工程施工安全实施监督管理。

本办法所称电力建设工程，包括火电、水电、核电（除核岛外）、风电、太阳能发电等发电建设工程，输电、配电等电网建设工程，及其他电力设施建设工程。

本办法所称电力建设工程施工安全包括电力建设、勘察设计、施工、监理单位等涉及施工安全的生产活动。

第三条 电力建设工程施工安全坚持"安全第一、预防为主、综合治理"的方针，建立"企业负责、职工参与、行业自律、政府监管、社会监督"的管理机制。

第四条 电力建设单位、勘察设计单位、施工单位、监理单位及其他与电力建设工程施工安全有关的单位，必须遵守安全生产法律法规和标准规范，建立健全安全生产保证体系和监督体系，建立安全生产责任制和安全生产规章制度，保证电力建设工程施工安全，依法承担安全生产责任。

第五条 开展电力建设工程施工安全的科学技术研究和先进技术的推广应用，推进企业和工程建设项目实施安全生产标准化建设，推进电力建设工程安全生产科学管理，提高电力建设工程施工安全水平。

第二章 建设单位安全责任

第六条 建设单位对电力建设工程施工安全负全面管理责任，具体内容包括：

（一）建立健全安全生产组织和管理机制，负责电力建设工程安全生产组织、协调、监督职责；

（二）建立健全安全生产监督检查和隐患排查治理机制，实施施工现场全过程安全生产管理；

（三）建立健全安全生产应急响应和事故处置机制，实施突发事件应急抢险和事故救援；

（四）建立电力建设工程项目应急管理体系，编制应急综合预案，组织勘察设计、施工、监理等单位制定各类安全事故应急预案，落实应急组织、程序、资源及措施，定期组织演练，建立与国家有关部门、地方政府应急体系的协调联动机制，确保应急工作有效实施；

（五）及时协调和解决影响安全生产重大问题。

建设工程实行工程总承包的，总承包单位应当按照合同约定，履行建设单位对工程的安全生产责任；建设单位应当监督工程总承包单位履行对工程的安全生产责任。

第七条 建设单位应当按照国家有关规定实施电力建设工程招投标管理，具体包括：

（一）应当将电力建设工程发包给具有相应资质等级的单位，禁止中标单位将中标项目的主体和关键性工作分包给其他人完成；

（二）应当在电力建设工程招标文件中对投标单位的资质、安全生产条件、安全生产费用使用、安全生产保障措施等提出明确要求；

（三）应当审查投标单位主要负责人、项目负责人、专职安全生产管理人员是否满足国家规定的资格要求；

（四）应当与勘察设计、施工、监理等中标单位签订安全生产协议。

第八条 按照国家有关安全生产费用投入和使用管理规定，电力建设工程概算应当单独列支安全生产费用，不得在电力建设工程投标中列入竞争性报价。根据电力建设工程进展情况，及时、足额向参建单位支付安全生产费用。

第九条 建设单位应当向参建单位提供满足安全生产的要求的施工现场及毗邻区域内各种地下管线、气象、水文、地质等相关资料，提供相邻建筑物和构筑物、地下工程等有关资料。

第十条 建设单位应当组织参建单位落实防灾减

灾责任，建立健全自然灾害预测预警和应急响应机制，对重点区域、重要部位地质灾害情况进行评估检查。

应当对施工营地选址布置方案进行风险分析和评估，合理选址。组织施工单位对易发生泥石流、山体滑坡等地质灾害工程项目的生活办公营地、生产设备设施、施工现场及周边环境开展地质灾害隐患排查，制定和落实防范措施。

第十一条 建设单位应当执行定额工期，不得压缩合同约定的工期。如工期确需调整，应当对安全影响进行论证和评估。论证和评估应当提出相应的施工组织措施和安全保障措施。

第十二条 建设单位应当履行工程分包管理责任，严禁施工单位转包和违法分包，将分包单位纳入工程安全管理体系，严禁以包代管。

第十三条 建设单位应在电力建设工程开工报告批准之日起15日内，将保证安全施工的措施，包括电力建设工程基本情况、参建单位基本情况、安全组织及管理措施、安全投入计划、施工组织方案、应急预案等内容向建设工程所在地国家能源局派出机构备案。

第三章 勘察设计单位安全责任

第十四条 勘察设计单位应当按照法律法规和工程建设强制性标准进行电力建设工程的勘察设计，提供的勘察设计文件应当真实、准确、完整，满足工程施工安全的需要。

在编制设计计划书时应当识别设计适用的工程建设强制性标准并编制条文清单。

第十五条 勘察单位在勘察作业过程中，应当制定并落实安全生产技术措施，保证作业人员安全，保障勘察区域各类管线、设施和周边建筑物、构筑物安全。

第十六条 电力建设工程所在区域存在自然灾害或电力建设活动可能引发地质灾害风险时，勘察设计单位应当制定相应专项安全技术措施，并向建设单位提出灾害防治方案建议。

应当监控基础开挖、洞室开挖、水下作业等重大危险作业的地质条件变化情况，及时调整设计方案和安全技术措施。

第十七条 设计单位在规划阶段应当开展安全风险、地质灾害分析和评估，优化工程选线、选址方案；可行性研究阶段应当对涉及电力建设工程安全的重大问题进行分析和评价；初步设计应当提出相应施工方案和安全防护措施。

第十八条 对于采用新技术、新工艺、新流程、新设备、新材料和特殊结构的电力建设工程，勘察设计单位应当在设计文件中提出保障施工作业人员安全和预防生产安全事故的措施建议；不符合现行相关安全技术规范或标准规定的，应当提请建设单位组织专题技术论证，报送相应主管部门同意。

第十九条 勘察设计单位应当根据施工安全操作和防护的需要，在设计文件中注明涉及施工安全的重点部位和环节，提出防范安全生产事故的指导意见；工程开工前，应当向参建单位进行技术和安全交底，说明设计意图；施工过程中，对不能满足安全生产要求的设计，应当及时变更。

第四章 施工单位安全责任

第二十条 施工单位应当具备相应的资质等级，具备国家规定的安全生产条件，取得安全生产许可证，在许可的范围内从事电力建设工程施工活动。

第二十一条 施工单位应当按照国家法律法规和标准规范组织施工，对其施工现场的安全生产负责。应当设立安全生产管理机构，按规定配备专（兼）职安全生产管理人员，制定安全管理制度和操作规程。

第二十二条 施工单位应当按照国家有关规定计列和使用安全生产费用。应当编制安全生产费用使用计划，专款专用。

第二十三条 电力建设工程实行施工总承包的，由施工总承包单位对施工现场的安全生产负总责，具体包括：

（一）施工单位或施工总承包单位应当自行完成主体工程的施工，除可依法对劳务作业进行劳务分包外，不得对主体工程进行其他形式的施工分包；禁止任何形式的转包和违法分包。

（二）施工单位或施工总承包单位依法将主体工程以外项目进行专业分包的，分包单位必须具有相应资质和安全生产许可证，合同中应当明确双方在安全生产方面的权利和义务。施工单位或施工总承包单位履行电力建设工程安全生产监督管理职责，承担工程安全生产连带管理责任，分包单位对其承包的施工现场安全生产负责。

（三）施工单位或施工总承包单位和专业承包单位实行劳务分包的，应当分包给具有相应资质的单位，并对施工现场的安全生产承担主体责任。

第二十四条 施工单位应当履行劳务分包安全管理责任，将劳务派遣人员、临时用工人员纳入其安全管理体系，落实安全措施，加强作业现场管理和控制。

第二十五条 电力建设工程开工前，施工单位应当开展现场查勘，编制施工组织设计、施工方案和安全技术措施并按技术管理相关规定报建设单位、监理单位同意。

分部分项工程施工前，施工单位负责项目管理的技术人员应当向作业人员进行安全技术交底，如实告知作业场所和工作岗位可能存在的风险因素、防范措施以及现场应急处置方案，并由双方签字确认；对复杂自然条件、复杂结构、技术难度大及危险性较大的分部分项工程需编制专项施工方案并附安全验算结果，必要时召开专家会议论证确认。

第二十六条 施工单位应当定期组织施工现场安全检查和隐患排查治理，严格落实施工现场安全措施，杜绝违章指挥、违章作业、违反劳动纪律行为发生。

第二十七条 施工单位应当对因电力建设工程施工可能造成损害和影响的毗邻建筑物、构筑物、地下管线、架空线缆、设施及周边环境采取专项防护措施。对施工现场出入口、通道口、孔洞口、邻近带电区、易燃易爆及危险化学品存放处等危险区域和部位采取防护措施并设置明显的安全警示标志。

第二十八条 施工单位应当制定用火、用电、易燃易爆材料使用等消防安全管理制度，确定消防安全责任人，按规定设置消防通道、消防水源，配备消防设施和灭火器材。

第二十九条 施工单位应当按照国家有关规定采购、租赁、验收、检测、发放、使用、维护和管理施工机械、特种设备，建立施工设备安全管理制度、安全操作规程及相应的管理台账和维保记录档案。

施工单位使用的特种设备应当是取得许可生产并经检验合格的特种设备。特种设备的登记标志、检测合格标志应当置于该特种设备的显著位置。

安装、改造、修理特种设备的单位，应当具有国家规定的相应资质，在施工前按规定履行告知手续，施工过程按照相关规定接受监督检验。

第三十条 施工单位应当按照相关规定组织开展安全生产教育培训工作。企业主要负责人、项目负责人、专职安全生产管理人员、特种作业人员需经培训合格后持证上岗，新入场人员应当按规定经过三级安全教育。

第三十一条 施工单位对电力建设工程进行调试、试运行前，应当按照法律法规和工程建设强制性标准，编制调试大纲、试验方案，对各项试验方案制定安全技术措施并严格实施。

第三十二条 施工单位应当根据电力建设工程施工特点、范围，制定应急救援预案、现场处置方案，对施工现场易发生事故的部位、环节进行监控。实行施工总承包的，由施工总承包单位组织分包单位开展应急管理工作。

第五章 监理单位安全责任

第三十三条 监理单位应当按照法律法规和工程建设强制性标准实施监理，履行电力建设工程安全生产管理的监理职责。监理单位资源配置应当满足工程监理要求，依据合同约定履行电力建设工程施工安全监理职责，确保安全生产监理与工程质量控制、工期控制、投资控制的同步实施。

第三十四条 监理单位应当建立健全安全监理工作制度，编制含有安全监理内容的监理规划和监理实施细则，明确监理人员安全职责以及相关工作安全监理措施和目标。

第三十五条 监理单位应当组织或参加各类安全检查活动，掌握现场安全生产动态，建立安全管理台账。重点审查、监督下列工作：

（一）按照工程建设强制性标准和安全生产标准及时审查施工组织设计中的安全技术措施和专项施工方案。

（二）审查和验证分包单位的资质文件和拟签订的分包合同、人员资质、安全协议。

（三）审查安全管理人员、特种作业人员、特种设备操作人员资格证明文件和主要施工机械、工器具、安全用具的安全性能证明文件是否符合国家有关标准；检查现场作业人员及设备配置是否满足安全施工的要求。

（四）对大中型起重机械、脚手架、跨越架、施工用电、危险品库房等重要施工设施投入使用前进行安全检查签证。土建交付安装、安装交付调试及整套启动等重大工序交接前进行安全检查签证。

（五）对工程关键部位、关键工序、特殊作业和危险作业进行旁站监理；对复杂自然条件、复杂结构、技术难度大及危险性较大分部分项工程专项施工方案的实施进行现场监理；监督交叉作业和工序交接中的安全施工措施的落实。

（六）监督施工单位安全生产费的使用、安全教育培训情况。

第三十六条 在实施监理过程中，发现存在生产安全事故隐患的，应当要求施工单位及时整改；情节严重的，应当要求施工单位暂时或部分停止施工，并及时报告建设单位。施工单位拒不整改或者不停止施工的，监理单位应当及时向国家能源局派出机构和政府有关部门报告。

第六章 监督管理

第三十七条 国家能源局依法实施电力建设工程施工安全的监督管理，具体内容包括：

（一）建立健全电力建设工程安全生产监管机制，制定电力建设工程施工安全行业标准；

（二）建立电力建设工程施工安全生产事故和重大事故隐患约谈、诫勉制度；

（三）加强层级监督指导，对事故多发地区、安全管理薄弱的企业和安全隐患突出的项目、部位实施重点监督检查。

第三十八条 国家能源局派出机构按照国家能源局授权实施辖区内电力建设工程施工安全监督管理，具体内容如下：

（一）部署和组织开展辖区内电力建设工程施工安全监督检查；

（二）建立电力建设工程施工安全生产事故和重大事故隐患约谈、诫勉制度；

（三）依法组织或参加辖区内电力建设工程施工安全事故的调查与处理，做好事故分析和上报工作。

第三十九条 国家能源局及其派出机构履行电力建设工程施工安全监督管理职责时，可以采取下列监管措施：

（一）要求被检查单位提供有关安全生产的文件和资料（含相关照片、录像及电子文本等），按照国家规定如实公开有关信息。

（二）进入被检查单位施工现场进行监督检查，纠正施工中违反安全生产要求的行为。

（三）对检查中发现的生产安全事故隐患，责令整改；对重大生产安全事故隐患实施挂牌督办，重大生产安全事故隐患整改前或整改过程中无法保证安全的，责令其从危险区域撤出作业人员或者暂时停止施工。

（四）约谈存在生产安全事故隐患整改不到位的单位，受理和查处有关安全生产违法行为的举报和投诉，披露违反本办法有关规定的行为和单位，并向社会公布。

（五）法律法规规定的其他措施。

第四十条 国家能源局及其派出机构应建立电力建设工程施工安全领域相关单位和人员的信用记录，并将其纳入国家统一的信用信息平台，依法公开严重违法失信信息，并对相关责任单位和人员采取一定期限内市场禁入等惩戒措施。

第四十一条 生产安全事故或自然灾害发生后，有关单位应当及时启动相关应急预案，采取有效措施，最大程度减少人员伤亡、财产损失，防止事故扩大和衍生事故发生。建设、勘察设计、施工、监理等单位应当按规定报告事故信息。

第七章 罚 则

第四十二条 国家能源局及其派出机构有下列行为之一的，对直接负责的主管人员和其他直接责任人员依法给予处分；构成犯罪的，依法追究刑事责任：

（一）迟报、漏报、瞒报、谎报事故的；

（二）阻碍、干涉事故调查工作的；

（三）在事故调查中营私舞弊、作伪证或者指使他人作伪证的；

（四）不依法履行监管职责或者监督不力，造成严重后果的；

（五）在实施监管过程中索取或者收受他人财物或者谋取其他利益；

（六）其他违反国家法律法规的行为。

第四十三条 建设单位未按规定提取和使用安全生产费用的，责令限期改正；逾期未改正的，责令该建设工程停止施工。

第四十四条 电力建设工程参建单位有下列情形之一的，责令改正；拒不改正的，处5万元以上50万元以下的罚款；造成严重后果，构成犯罪的，依法追究刑事责任：

（一）拒绝或者阻碍国家能源局及其派出机构及其从事监管工作的人员依法履行监管职责的；

（二）提供虚假或者隐瞒重要事实的文件、资料；

（三）未按照国家有关监管规章、规则的规定披露有关信息的。

第四十五条 建设单位有下列行为之一的，责令限期改正，并处20万元以上50万元以下的罚款；造成重大安全事故，构成犯罪的，对直接责任人员，依照刑法有关规定追究刑事责任；造成损失的，依法承担赔偿责任：

（一）对电力勘察、设计、施工、调试、监理等单位提出不符合安全生产法律、法规和强制性标准规定的要求的；

（二）违规压缩合同约定工期的；

（三）将工程发包给不具有相应资质等级的施工单位的。

第四十六条 电力勘察设计单位有下列行为之一的，责令限期改正，并处10万元以上30万元以下的罚款;情节严重的,责令停业整顿,提请相关部门降低资质等级,直至吊销资质证书;造成重大安全事故,构成犯罪的,对直接责任人员,依照刑法有关规定追究刑事责任;造成损失的,依法承担赔偿责任:

(一)未按照法律、法规和工程建设强制性标准进行勘察、设计的;

(二)采用新技术、新工艺、新流程、新设备、新材料的电力建设工程和特殊结构的电力建设工程,设计单位未在设计中提出保障施工作业人员安全和预防生产安全事故的措施建议的。

第四十七条 施工单位有下列行为之一的,责令限期改正,逾期未改正的,责令停业整顿,并处10万元以上30万元以下的罚款;情节严重的,提请相关部门降低资质等级,直至吊销资质证书;造成重大安全事故,构成犯罪的,对直接责任人员,依照刑法有关规定追究刑事责任;造成损失的,依法承担赔偿责任:

(一)未按本办法设立安全生产管理机构、配备专(兼)职安全生产管理人员或者分部分项工程施工时无专(兼)职安全生产管理人员现场监督的;

(二)主要负责人、项目负责人、专职安全生产管理人员、特种(殊)作业人员未持证上岗的;

(三)使用国家明令淘汰、禁止使用的危及电力施工安全的工艺、设备、材料的;

(四)未按照规定在施工起重机械和整体提升脚手架、模板等自升式架设设施验收合格后取得使用登记证书的;

(五)未向作业人员提供安全防护用品、用具的;

(六)未在施工现场的危险部位设置明显的安全警示标志,或者未按照国家有关规定在施工现场设置消防通道、消防水源、配备消防设施和灭火器材的。

第四十八条 挪用安全生产费用的,责令限期改正,并处挪用费用20%以上50%以下的罚款;造成重大安全事故,构成犯罪的,依法追究刑事责任。

第四十九条 监理单位有下列行为之一的,责令限期改正;逾期未改正的,责令停业整顿,并处10万元以上30万元以下的罚款;情节严重的,提请相关部门降低资质等级,直至吊销资质证书;造成重大安全事故,构成犯罪的,对直接责任人员,依照刑法有关规定追究刑事责任;造成损失的,依法承担赔偿责任:

(一)未对重大安全技术措施或者专项施工方案进行审查的;

(二)发现安全事故隐患未及时要求施工单位整改或者暂时停止施工的;

(三)施工单位拒不整改或者不停止施工,未及时向有关主管部门报告的;

(四)未依照法律、法规和工程建设强制性标准实施监理的。

第五十条 违反本办法的规定,施工单位的主要负责人、项目负责人未履行安全生产管理职责的,责令限期改正;逾期未改正的,责令施工单位停业整顿;造成重大安全事故、重大伤亡事故或者其他严重后果,构成犯罪的,依照刑法有关规定追究刑事责任。

作业人员不服管理、违反规章制度和操作规程冒险作业造成重大伤亡事故或者其他严重后果,构成犯罪的,依照刑法有关规定追究刑事责任。

施工单位的主要负责人、项目负责人有前款违法行为,尚不够刑事处罚的,处2万元以上20万元以下的罚款或者按照管理权限给予撤职处分;自刑罚执行完毕或者受处分之日起,5年内不得担任任何施工单位的主要负责人、项目负责人。

第五十一条 本办法规定的行政处罚,由国家能源局及其派出机构或者其他有关部门依照法定职权决定。有关法律、行政法规对电力建设工程安全生产违法行为的行政处罚决定机关另有规定的,从其规定。

第八章 附 则

第五十二条 本办法自公布之日起30日后施行,原电监会发布的《电力建设安全生产监督管理办法》(电监安全〔2007〕38号)同时废止。

第五十三条 本办法由国家发展和改革委员会负责解释。

电力安全生产监督管理办法

(国家发展和改革委员会主任办公会审议通过,2015年2月17日国家发展和改革委员会令第21号公布,自2015年3月1日起施行)

第一章 总 则

第一条 为了有效实施电力安全生产监督管理,预防和减少电力事故,保障电力系统安全稳定运行和电力可靠供应，依据《中华人民共和国安全生产法》《中华人民共和国突发事件应对法》《电力监管条例》《生产安全事故报告和调查处理条例》《电力安全事故应急处置和调查处理条例》等法律法规，制定本办法。

第二条 本办法适用于中华人民共和国境内以发电、输电、供电、电力建设为主营业务并取得相关业务许可或按规定豁免电力业务许可的电力企业。

第三条 国家能源局及其派出机构依照本办法，对电力企业的电力运行安全（不包括核安全）、电力建设施工安全、电力工程质量安全、电力应急、水电站大坝运行安全和电力可靠性工作等方面实施监督管理。

第四条 电力安全生产工作应当坚持"安全第一、预防为主、综合治理"的方针，建立电力企业具体负责、政府监管、行业自律和社会监督的工作机制。

第五条 电力企业是电力安全生产的责任主体，应当遵照国家有关安全生产的法律法规、制度和标准，建立健全电力安全生产责任制，加强电力安全生产管理，完善电力安全生产条件，确保电力安全生产。

第六条 任何单位和个人对违反本办法和国家有关电力安全生产监督管理规定的行为，有权向国家能源局及其派出机构投诉和举报，国家能源局及其派出机构应当依法处理。

第二章 电力企业的安全生产责任

第七条 电力企业的主要负责人对本单位的安全生产工作全面负责。电力企业从业人员应当依法履行安全生产方面的义务。

第八条 电力企业应当履行下列电力安全生产管理基本职责：

（一）依据国家安全生产法律法规、制度和标准，制定并落实本单位电力安全生产管理制度和规程；

（二）建立健全电力安全生产保证体系和监督体系，落实安全生产责任；

（三）按照国家有关法律法规设置安全生产管理机构、配备专职安全管理人员；

（四）按照规定提取和使用电力安全生产费用，专门用于改善安全生产条件；

（五）按照有关规定建立健全电力安全生产隐患排查治理制度和风险预控体系，开展隐患排查及风险辨识、评估和监控工作，并对安全隐患和风险进行治

理、管控；

（六）开展电力安全生产标准化建设；

（七）开展电力安全生产培训宣传教育工作，负责以班组长、新工人、农民工为重点的从业人员安全培训；

（八）开展电力可靠性管理工作，建立健全电力可靠性管理工作体系，准确、及时、完整报送电力可靠性信息；

（九）建立电力应急管理体系，健全协调联动机制，制定各级各类应急预案并开展应急演练，建设应急救援队伍，完善应急物资储备制度；

（十）按照规定报告电力事故和电力安全事件信息并及时开展应急处置，对电力安全事件进行调查处理。

第九条 发电企业应当按照规定对水电站大坝进行安全注册，开展大坝安全定期检查和信息化建设工作；对燃煤发电厂贮灰场进行安全备案，开展安全巡查和定期安全评估工作。

第十条 电力建设单位应当对电力建设工程施工安全和工程质量安全负全面管理责任，履行工程组织、协调和监督职责，并按照规定将电力工程项目的安全生产管理情况向当地派出机构备案，向相关电力工程质监机构进行工程项目质量监督注册申请。

第十一条 供电企业应当配合地方政府对电力用户安全用电提供技术指导。

第三章 电力系统安全

第十二条 电力企业应当共同维护电力系统安全稳定运行。在电网互联、发电机组并网过程中应严格履行安全责任，并在双方的联（并）网调度协议中具体明确，不得擅自联（并）网和解网。

第十三条 各级电力调度机构是涉及电力系统安全的电力安全事故（事件）处置的指挥机构，发生电力安全事故（事件）或遇有危及电力系统安全的情况时，电力调度机构有权采取必要的应急处置措施，相关电力企业应当严格执行调度指令。

第十四条 电力调度机构应当加强电力系统安全稳定运行管理，科学合理安排系统运行方式，开展电力系统安全分析评估，统筹协调电网安全和并网运行机组安全。

第十五条 电力企业应当加强发电设备设施和输变配电设备设施安全管理和技术管理，强化电力监控系统（或设备）专业管理，完善电力系统调频、调峰、调压、调相、事故备用等性能，满足电力系统安全稳定运行的需要。

第十六条　发电机组、风电场以及光伏电站等并入电网运行，应当满足相关技术标准，符合电网运行的有关安全要求。

第十七条　电力企业应当根据国家有关规定和标准，制订、完善和落实预防电网大面积停电的安全技术措施、反事故措施和应急预案，建立完善与国家能源局及其派出机构、地方人民政府及电力用户等的应急协调联动机制。

第四章　电力安全生产的监督管理

第十八条　国家能源局依法负责全国电力安全生产监督管理工作。国家能源局派出机构（以下简称"派出机构"）按照属地化管理的原则，负责辖区内电力安全生产监督管理工作。涉及跨区域的电力安全生产监督管理工作，由国家能源局负责或者协调确定具体负责的区域派出机构；同一区域内涉及跨省的电力安全生产监督管理工作，由当地区域派出机构负责或者协调确定具体负责的省级派出机构。50兆瓦以下小水电站的安全生产监督管理工作，按照相关规定执行。50兆瓦以下小水电站的涉网安全由派出机构负责监督管理。

第十九条　国家能源局及其派出机构应当采取多种形式，加强有关安全生产的法律法规、制度和标准的宣传，向电力企业传达国家有关安全生产工作各项要求，提高从业人员的安全生产意识。

第二十条　国家能源局及其派出机构应当建立健全电力行业安全生产工作协调机制，及时协调、解决安全生产监督管理中存在的重大问题。

第二十一条　国家能源局及其派出机构应当依法对电力企业执行有关安全生产法规、标准和规范情况进行监督检查。国家能源局组织开展全国范围的电力安全生产大检查，制定检查工作方案，并对重点地区、重要电力企业、关键环节开展重点督查。派出机构组织开展辖区内的电力安全生产大检查，对部分电力企业进行抽查。

第二十二条　国家能源局及其派出机构对现场检查中发现的安全生产违法、违规行为，应当责令电力企业当场予以纠正或者限期整改。对现场检查中发现的重大安全隐患，应当责令其立即整改；安全隐患危及人身安全时，应当责令其立即从危险区域内撤离人员。

第二十三条　国家能源局及其派出机构应当监督指导电力企业隐患排查治理工作，按照有关规定对重大安全隐患挂牌督办。

第二十四条　国家能源局及其派出机构应当统计分析电力安全生产信息，并定期向社会公布。根据工作需要，可以要求电力企业报送与电力安全生产相关的文件、资料、图纸、音频或视频记录和有关数据。

国家能源局及其派出机构发现电力企业在报送资料中存在弄虚作假及其他违规行为的，应当及时纠正和处理。

第二十五条　国家能源局及其派出机构应当依法组织或参与电力事故调查处理。国家能源局组织或参与重大和特别重大电力事故调查处理；督办有重大社会影响的电力安全事件。派出机构组织或参与较大和一般电力事故调查处理，对电力系统安全稳定运行或对社会造成较大影响的电力安全事件组织专项督查。

第二十六条　国家能源局及其派出机构应当依法组织开展电力应急管理工作。国家能源局负责制定电力应急体系发展规划和国家大面积停电事件专项应急预案，开展重大电力突发安全事件应急处置和分析评估工作。派出机构应当按照规定权限和程序，组织、协调、指导电力突发安全事件应急处置工作。

第二十七条　国家能源局及其派出机构应当组织开展电力安全培训和宣传教育工作。

第二十八条　国家能源局及其派出机构配合地方政府有关部门、相关行业管理部门，对重要电力用户安全用电、供电电源配置、自备应急电源配置和使用实施监督管理。

第二十九条　国家能源局及其派出机构应当建立安全生产举报制度，公开举报电话、信箱和电子邮件地址，受理有关电力安全生产的举报；受理的举报事项经核实后，对违法行为严重的电力企业，应当向社会公告。

第五章　罚　　则

第三十条　电力企业造成电力事故的，依照《生产安全事故报告和调查处理条例》和《电力安全事故应急处置和调查处理条例》，承担相应的法律责任。

第三十一条　国家能源局及其派出机构从事电力安全生产监督管理工作的人员滥用职权、玩忽职守或者徇私舞弊的，依法给予行政处分；构成犯罪的，由司法机关依法追究刑事责任。

第三十二条　国家能源局及其派出机构通过现场检查发现电力企业有违反本办法规定的行为时，可以对电力企业主要负责人或安全生产分管负责人进行约谈，情节严重的，依据《安全生产法》第九十条，可以要求其停工整顿，对发电企业要求其暂停并网运行。

第三十三条 电力企业有违反本办法规定的行为时，国家能源局及其派出机构可以对其违规情况向行业进行通报，对影响电力用户安全可靠供电行为的处理情况，向社会公布。

第三十四条 电力企业发生电力安全事件后，存在下列情况之一的，国家能源局及其派出机构可以责令限期改正，逾期不改正的应当将其列入安全生产不良信用记录和安全生产诚信"黑名单"，并处以1万元以下的罚款：

（一）迟报、漏报、谎报、瞒报电力安全事件信息的；

（二）不及时组织应急处置的；

（三）未按规定对电力安全事件进行调查处理的。

第三十五条 电力企业未履行本办法第八条规定的，由国家能源局及其派出机构责令限期整改，逾期不整改的，对电力企业主要负责人予以警告；情节严重的，由国家能源局及其派出机构对电力企业主要负责人处以1万元以下的罚款。

第三十六条 电力企业有下列情形之一的，由国家能源局及其派出机构责令限期改正；逾期不改正的，由国家能源局及其派出机构依据《电力监管条例》第三十四条，对其处以5万元以上、50万元以下的罚款，并将其列入安全生产不良信用记录和安全生产诚信"黑名单"：

（一）拒绝或阻挠国家能源局及其派出机构从事监督管理工作的人员依法履行电力安全生产监督管理职责的；

（二）向国家能源局及其派出机构提供虚假或隐瞒重要事实的文件、资料的。

第六章 附 则

第三十七条 本办法下列用语的含义：

（一）电力系统，是指由发电、输电、变电、配电以及电力调度等环节组成的电能生产、传输和分配的系统。

（二）电力事故，是指电力生产、建设过程中发生的电力安全事故、电力人身伤亡事故、发电设备或输变电设备设施损坏造成直接经济损失的事故。

（三）电力安全事件，是指未构成电力安全事故，但影响电力（热力）正常供应，或对电力系统安全稳定运行构成威胁，可能引发电力安全事故或造成较大社会影响的事件。

（四）重大安全隐患，是指可能造成一般以上人身伤亡事故、电力安全事故、直接经济损失100万元以上的电力设备事故和其他对社会造成较大影响的隐患。

第三十八条 本办法自二〇一五年三月一日起施行。原国家电力监管委员会《电力安全生产监管办法》同时废止。

水电站大坝运行安全监督管理规定

（国家发展和改革委员会主任办公会审议通过，2015年4月1日国家发展和改革委员会令第23号公布，自2015年4月1日起施行）

第一章 总 则

第一条 为了加强水电站大坝运行安全监督管理，保障人民生命财产安全，促进经济社会持续健康安全发展，根据《中华人民共和国安全生产法》《水库大坝安全管理条例》《电力监管条例》《生产安全事故报告和调查处理条例》《电力安全事故应急处置和调查处理条例》等法律法规，制定本规定。

第二条 水电站大坝运行安全管理应当坚持安全第一、预防为主、综合治理的方针。

第三条 本规定适用于以发电为主、总装机容量5万千瓦及以上的大、中型水电站大坝（以下简称大坝）。

本规定所称大坝，是指包括横跨河床和水库周围垭口的所有永久性挡水建筑物、泄洪建筑物、输水和过船建筑物的挡水结构以及这些建筑物与结构的地基、近坝库岸、边坡和附属设施。

第四条 电力企业是大坝运行安全的责任主体，应当遵守国家有关法律法规和标准规范，建立健全大坝运行安全组织体系和应急工作机制，加强大坝运行全过程安全管理，确保大坝运行安全。

第五条 国家能源局负责大坝运行安全综合监督管理。

国家能源局派出机构（以下简称派出机构）具体负责本辖区大坝运行安全监督管理。

国家能源局大坝安全监察中心（以下简称大坝中心）负责大坝运行安全技术监督管理服务，为国家能源局及其派出机构开展大坝运行安全监督管理提供技术支持。

第二章 运 行 管 理

第六条 电力企业应当保证大坝安全监测系统、泄洪消能和防护设施、应急电源等安全设施与大坝主体工程同时设计、同时施工、同时投入运行。

大坝蓄水验收和枢纽工程专项验收前应当分别经过蓄水安全鉴定和竣工安全鉴定。

第七条 电力企业应当加强大坝安全检查、运行维护与除险加固等工作，保证大坝主体结构完好，大坝安全设施运行可靠。

第八条 电力企业应当加强大坝安全监测与信息化建设工作，及时整理分析监测成果，监控大坝运行安全状态，并且按照要求向大坝中心报送大坝运行安全信息。对坝高100米以上的大坝、库容1亿立方米以上的大坝和病险坝，电力企业应当建立大坝安全在线监控系统，并且接受大坝中心的监督。

第九条 电力企业应当对大坝进行日常巡视检查。

每年汛期及汛前、汛后，枯水期、冰冻期，遭遇大洪水、发生有感地震或者极端气象等特殊情况，电力企业应当对大坝进行详细检查。

电力企业应当及时处理发现的大坝缺陷和隐患。

第十条 电力企业应当每年年底开展大坝安全年度详查，总结本年度大坝安全管理工作，整编分析大坝监测资料，分析水库、水工建筑物、闸门及启闭机、监测系统和应急电源的运行情况，提出大坝安全年度详查报告并且报送大坝中心。

第十一条 电力企业应当按照国家规定做好水电站防洪度汛工作。

水库调度和发电运行应当以确保大坝运行安全为前提，严格遵循批准的汛期调度运用计划和水库运用与电站运行调度规程。汛期水库汛限水位以上防洪库容的运用，必须服从防汛指挥机构的调度指挥。

汛期发生影响正常泄洪的情况时，电力企业应当及时处置并且报告大坝中心。

第十二条 电力企业应当建立大坝安全应急管理体系，制定大坝安全应急预案，建立与地方政府、相关单位的应急联动机制。

遇有超标准洪水、地震、地质灾害、大体积漂浮物等险情，电力企业应当按照规定启动大坝安全应急机制，采取必要措施保障大坝安全，并且报告派出机构和大坝中心。

第十三条 任何单位、部门不得擅自改变或者调整水电站原批准的功能。任何改变或者调整水电站功能的方案，应当依法报有关项目核准（或者审批）部门批准。

第十四条 水电站进行工程改造或者扩建，应当依法报有关项目核准（或者审批）部门批准。

大坝枢纽范围内新建、改建或者扩建建筑物，应当按照规定进行大坝安全影响专项论证并且经过大坝安全技术监督单位评审。

第十五条 工程降低等别以及大坝退役（包括大坝报废、拆除或者拆除重建）应当充分论证，经过有关项目核准（或者审批）部门同意后方可以实施。

第十六条 电力企业负责人及相关管理人员应当具备大坝安全专业知识和管理能力，定期培训。

从事大坝运行安全监测、维护及闸门启闭操作的作业人员应当经过相关技术培训，持证上岗。

第十七条 电力企业应当按照国家规定及时收集、整理和保存大坝建设工程档案、运行维护资料及相应原始记录。

第十八条 电力企业委托大坝运行安全专业技术服务单位承担大坝运行安全分析、监测、测试、检验、检查、维护等具体工作的，大坝运行安全责任仍由委托方承担。

国家对专业技术服务有资质要求的，承担技术服务的单位应当具有相应资质。

第三章 定 期 检 查

第十九条 大坝中心应当定期检查大坝安全状况，评定大坝安全等级。

定期检查一般每5年进行1次，检查时间一般不超过1.5年。首次定期检查后，定期检查间隔可以根据大坝安全风险情况动态调整，但不得少于3年或者超过10年。

第二十条 大坝遭受超标准洪水或者破坏性地震等自然灾害以及其他严重事件后，大坝中心应当对大坝进行特种检查，重新评定大坝安全等级。

第二十一条 大坝安全等级分为正常坝、病坝和险坝三级。

符合下列条件的大坝，评定为正常坝：

（一）防洪能力符合规范要求；或者非常运用情况下的防洪能力略有不足，但大坝安全风险低且可控。

（二）坝基良好；或者虽然存在局部缺陷但无趋势性恶化，大坝整体安全。

（三）大坝结构安全度符合规范要求；或者略有不足，但大坝安全风险低且可控。

（四）大坝运行性态总体正常。

（五）近坝库岸和工程边坡稳定或者基本稳定。

具有下列情形之一的大坝，评定为病坝：

（一）正常运用情况下的防洪能力略有不足，但风险较低；或者非常运用情况下的防洪能力不足，风险较高。

（二）坝基存在局部缺陷，且有趋势性恶化，可能危及大坝整体安全。

（三）大坝结构安全度不符合规范要求，存在安全风险，可能危及大坝整体安全。

（四）大坝运行性态异常，存在安全风险，可能危及大坝安全。

（五）近坝库岸和工程边坡有失稳征兆，失稳后影响工程正常运用。

具有下列情形之一的大坝，评定为险坝：

（一）正常运用情况下防洪能力不足，风险较高；或者非常运用情况下防洪能力不足，风险很高。

（二）坝基存在的缺陷持续恶化，已危及大坝安全。

（三）大坝结构安全度严重不符合规范要求，已危及大坝安全。

（四）大坝存在事故征兆。

（五）近坝库岸或者工程边坡有失稳征兆，失稳后危及大坝安全。

第二十二条　电力企业应当限期完成对病坝、险坝的处理。

病坝、险坝以及正常坝的重大工程缺陷和隐患的处理应当专项设计、专项审查、专项施工和专项验收。

第二十三条　大坝评定为险坝后，电力企业应当立即降低水库运行水位，直至放空水库。病坝消缺前或者消缺过程中，如情况恶化或者发生重大险情，应当降低水库运行水位，极端情况下可以放空水库。

第四章　注　册　登　记

第二十四条　大坝运行实行安全注册登记制度。电力企业应当在规定期限内申请办理大坝安全注册登记。

在规定期限内不申请办理安全注册登记的大坝，不得投入运行，其发电机组不得并网发电。

第二十五条　大坝安全注册应当符合下列条件：

（一）依法取得核准（或者审批）手续。

（二）新建大坝具有竣工安全鉴定报告及其专题报告；已运行大坝具有近期的定期检查报告和定期检查审查意见。

（三）有完整的大坝勘测、设计、施工、监理资料和运行资料。

（四）有职责明确的管理机构、符合岗位要求的专业运行人员、健全的大坝安全管理规章制度和操作规程。

第二十六条　大坝中心具体受理大坝安全注册登记申请，组织注册现场检查并且提出注册检查意见，经国家能源局批准后向电力企业颁发大坝安全注册登记证。

第二十七条　大坝安全注册等级分为甲、乙、丙三级。

（一）通过竣工安全鉴定或者安全等级评定为正常坝的，根据管理实绩考核结果，颁发甲级注册登记证或者乙级注册登记证；

（二）安全等级评定为病坝的，管理实绩考核结果满足要求的，颁发丙级注册登记证；

（三）安全等级评定为险坝的，在完成除险加固后颁发相应注册登记证。

不满足注册条件或者未取得注册登记证的大坝，电力企业应当在大坝中心登记备案，并且限期完成大坝安全注册。

第二十八条　大坝安全注册实行动态管理。甲级注册登记证有效期为5年，乙级、丙级注册登记证有效期为3年。

注册事项发生变化，电力企业应当及时办理注册变更。

注册登记证有效期满前，电力企业应当申请大坝安全换证注册。期满后逾期6个月仍未申请换证的，注销注册登记证。

工程降低等别应当办理大坝安全注册变更手续；大坝退役应当办理大坝安全注册注销手续。

第二十九条　新建大坝通过蓄水安全鉴定后，在其发电机组转入商业运营前，应当将工程蓄水安全鉴定报告和蓄水验收鉴定书以及有关安全管理情况等报大坝中心备案。

第五章　监　督　管　理

第三十条　国家能源局应当定期公布大坝安全注册登记和定期检查情况。

派出机构应当督促电力企业开展安全注册登记和定期检查工作，并且结合注册现场检查、定期检查等工作对电力企业执行国家有关安全法律法规和标准规范的情况进行监督检查，发现违法违规行为，依法处理；发现重大安全隐患，责令电力企业及时整改。

派出机构应当会同大坝中心对电力企业病坝治

理、险坝除险加固等重大安全隐患治理和风险管控工作进行安全督查，督促电力企业按照要求开展相关工作。

第三十一条　大坝中心应当对电力企业大坝安全监测、检查、维护、信息化建设及信息报送等工作进行监督、检查和指导，对大坝安全监测系统进行评价鉴定，对电力企业报送的大坝运行安全信息进行分析处理，对注册（备案）登记的大坝运行安全进行远程在线技术监督。

第三十二条　国家能源局及其派出机构、大坝中心应当依法对大坝退役安全进行监督管理。

国家能源局及其派出机构、大坝中心应当依法组织或者参与大坝溃坝、库水漫坝等运行安全事故的调查处理。

第三十三条　电力企业应当积极配合国家能源局及其派出机构、大坝中心做好大坝安全监督管理工作。

第六章　法　律　责　任

第三十四条　电力企业有下列情形之一的，依据《安全生产法》第九十五条，由派出机构责令停止建设或者停产停业整顿，限期改正；逾期未改正的，将其列入安全生产不良信用记录和安全生产诚信"黑名单"，处以50万元以上100万元以下的罚款，对其直接负责的主管人员和其他直接责任人员处以2万元以上5万元以下的罚款：

（一）大坝安全设施未与主体工程同时设计、同时施工、同时投入运行的；

（二）未按照规定组织蓄水安全鉴定和竣工安全鉴定的；

（三）未按照规定开展大坝安全定期检查的；

（四）擅自改变、调整水电站原批准功能的，擅自进行工程改造或者扩建的，擅自降低工程等别或者实施大坝退役的。

第三十五条　电力企业未按照规定及时开展病坝治理、险坝除险加固等重大安全隐患治理和风险管控工作的，依据《安全生产法》第九十九条，由派出机构给予警告并且责令限期整改；拒不整改的，责令停产停业整顿，将其列入安全生产不良信用记录和安全生产诚信"黑名单"，并且处以10万元以上50万元以下的罚款，对其直接负责的主管人员和其他直接责任人员处以2万元以上5万元以下的罚款。

第三十六条　电力企业有下列情形之一的，依据《安全生产法》第九十八条，由派出机构责令限期改正，可以处以10万元以下的罚款；逾期未改正的，责令停产停业整顿，将其列入安全生产不良信用记录和安全生产诚信"黑名单"，并且处以10万元以上20万元以下的罚款，对其直接负责的主管人员和其他直接责任人员处以2万元以上5万元以下的罚款：

（一）未在规定期限内办理大坝安全注册登记和备案的；

（二）未按照规定制定大坝安全应急预案的。

第三十七条　电力企业未按照规定及时报告大坝险情或者提供虚假报告的，依据《安全生产法》第九十一条，由派出机构对其主要负责人处以2万元以上5万元以下的罚款，将其列入安全生产不良信用记录和安全生产诚信"黑名单"。

第三十八条　电力企业有下列情形之一的，由派出机构给予警告并且责令限期改正；逾期未改正的，可以处以1万元的罚款，并且对其主要负责人处以1万元的罚款：

（一）未按照规定开展大坝安全监测、检查、运行维护、年度详查、信息报送和信息化建设的；

（二）未按照规定收集、整理、分析和保存大坝运行资料的。

第三十九条　从事大坝安全分析、监测、测试、检验等专业技术服务的单位，出具虚假材料或者造成事故的，依法追究责任，并且将其列入安全生产不良信用记录和安全生产诚信"黑名单"。

第四十条　大坝中心违反本规定，有下列情形之一的，由国家能源局责令限期改正；逾期未改正的，对直接负责的主管人员和其他直接责任人员，依法给予行政处分：

（一）没有正当理由，拒不受理大坝安全注册登记申请和备案的；

（二）未经批准，擅自颁发大坝安全注册登记证的；

（三）不按照要求开展定期检查和特种检查的。

第四十一条　大坝安全监督管理工作人员未按照本规定履行大坝安全监督管理职责的，由所在单位责令限期改正；存在徇私舞弊、滥用职权、玩忽职守行为的，由所在单位或者上级行政机关依法给予行政处分；构成犯罪的，依法追究刑事责任。

第七章　附　　则

第四十二条　水电站输水隧洞、压力钢管、调压井、发电厂房、尾水隧洞等输水发电建筑物及过坝建筑物及其附属设施应当参照本规定相关要求开展安全检查，发现缺陷及时处理。

第四十三条　对运行大坝进行安全评价等技术服务，依照国家有关规定，实行公示基准价格的有偿服务。

第四十四条 以发电为主、总装机容量小于 5 万千瓦的大坝运行安全监督管理，参照本规定执行。

第四十五条 大坝安全注册登记、备案、定期检查、除险加固、安全监测、信息报送、信息化建设以及应急管理等方面的具体要求由国家能源局另行制定。

第四十六条 本规定自 2015 年 4 月 1 日起施行。原国家电力监管委员会《水电站大坝运行安全管理规定》同时废止。

电力监控系统安全防护规定

（国家发展和改革委员会主任办公会审议通过，2014 年 8 月 1 日国家发展和改革委员会令第 14 号公布，自 2014 年 9 月 1 日起施行）

第一章 总 则

第一条 为了加强电力监控系统的信息安全管理，防范黑客及恶意代码等对电力监控系统的攻击及侵害，保障电力系统的安全稳定运行，根据《电力监管条例》《中华人民共和国计算机信息系统安全保护条例》和国家有关规定，结合电力监控系统的实际情况，制定本规定。

第二条 电力监控系统安全防护工作应当落实国家信息安全等级保护制度，按照国家信息安全等级保护的有关要求，坚持"安全分区、网络专用、横向隔离、纵向认证"的原则，保障电力监控系统的安全。

第三条 本规定所称电力监控系统，是指用于监视和控制电力生产及供应过程的、基于计算机及网络技术的业务系统及智能设备，以及作为基础支撑的通信及数据网络等。

第四条 本规定适用于发电企业、电网企业以及相关规划设计、施工建设、安装调试、研究开发等单位。

第五条 国家能源局及其派出机构依法对电力监控系统安全防护工作进行监督管理。

第二章 技术管理

第六条 发电企业、电网企业内部基于计算机和网络技术的业务系统，应当划分为生产控制大区和管理信息大区。

生产控制大区可以分为控制区（安全区Ⅰ）和非控制区（安全区Ⅱ）；管理信息大区内部在不影响生产控制大区安全的前提下，可以根据各企业不同安全要求划分安全区。

根据应用系统实际情况，在满足总体安全要求的前提下，可以简化安全区的设置，但是应当避免形成不同安全区的纵向交叉联接。

第七条 电力调度数据网应当在专用通道上使用独立的网络设备组网，在物理层面上实现与电力企业其他数据网及外部公用数据网的安全隔离。

电力调度数据网划分为逻辑隔离的实时子网和非实时子网，分别连接控制区和非控制区。

第八条 生产控制大区的业务系统在与其终端的纵向联接中使用无线通信网、电力企业其他数据网（非电力调度数据网）或者外部公用数据网的虚拟专用网络方式（VPN）等进行通信的，应当设立安全接入区。

第九条 在生产控制大区与管理信息大区之间必须设置经国家指定部门检测认证的电力专用横向单向安全隔离装置。

生产控制大区内部的安全区之间应当采用具有访问控制功能的设备、防火墙或者相当功能的设施，实现逻辑隔离。

安全接入区与生产控制大区中其他部分的联接处必须设置经国家指定部门检测认证的电力专用横向单向安全隔离装置。

第十条 在生产控制大区与广域网的纵向联接处应当设置经过国家指定部门检测认证的电力专用纵向加密认证装置或者加密认证网关及相应设施。

第十一条 安全区边界应当采取必要的安全防护措施，禁止任何穿越生产控制大区和管理信息大区之间边界的通用网络服务。

生产控制大区中的业务系统应当具有高安全性和高可靠性，禁止采用安全风险高的通用网络服务功能。

第十二条 依照电力调度管理体制建立基于公钥技术的分布式电力调度数字证书及安全标签，生产控制大区中的重要业务系统应当采用认证加密机制。

第十三条 电力监控系统在设备选型及配置时，应当禁止选用经国家相关管理部门检测认定并经国家能源局通报存在漏洞和风险的系统及设备；对于已经投入运行的系统及设备，应当按照国家能源局及其派出机构的要求及时进行整改，同时应当加强相关系统及设备的运行管理和安全防护。生产控制大区中除安全接入区外，应当禁止选用具有无线通信功能的设备。

第三章 安全管理

第十四条 电力监控系统安全防护是电力安全生产管理体系的有机组成部分。电力企业应当按照"谁主管谁负责，谁运营谁负责"的原则，建立健全电力监控系统安全防护管理制度，将电力监控系统安全防护工作及其信息报送纳入日常安全生产管理体系，落实分级负责的责任制。

电力调度机构负责直接调度范围内的下一级电力调度机构、变电站、发电厂涉网部分的电力监控系统安全防护的技术监督，发电厂内其他监控系统的安全防护可以由其上级主管单位实施技术监督。

第十五条 电力调度机构、发电厂、变电站等运行单位的电力监控系统安全防护实施方案必须经本企业的上级专业管理部门和信息安全管理部门以及相应电力调度机构的审核，方案实施完成后应当由上述机构验收。

接入电力调度数据网络的设备和应用系统，其接入技术方案和安全防护措施必须经直接负责的电力调度机构同意。

第十六条 建立健全电力监控系统安全防护评估制度，采取以自评估为主、检查评估为辅的方式，将电力监控系统安全防护评估纳入电力系统安全评价体系。

第十七条 建立健全电力监控系统安全的联合防护和应急机制，制定应急预案。电力调度机构负责统一指挥调度范围内的电力监控系统安全应急处理。

当遭受网络攻击，生产控制大区的电力监控系统出现异常或者故障时，应当立即向其上级电力调度机构以及当地国家能源局派出机构报告，并联合采取紧急防护措施，防止事态扩大，同时应当注意保护现场，以便进行调查取证。

第四章 保密管理

第十八条 电力监控系统相关设备及系统的开发单位、供应商应当以合同条款或者保密协议的方式保证其所提供的设备及系统符合本规定的要求，并在设备及系统的全生命周期内对其负责。

电力监控系统专用安全产品的开发单位、使用单位及供应商，应当按国家有关要求做好保密工作，禁止关键技术和设备的扩散。

第十九条 对生产控制大区安全评估的所有评估资料和评估结果，应当按国家有关要求做好保密工作。

第五章 监督管理

第二十条 国家能源局及其派出机构负责制定电力监控系统安全防护相关管理和技术规范，并监督实施。

第二十一条 对于不符合本规定要求的，相关单位应当在规定的期限内整改；逾期未整改的，由国家能源局及其派出机构依据国家有关规定予以处罚。

第二十二条 对于因违反本规定，造成电力监控系统故障的，由其上级单位按相关规程规定进行处理；发生电力设备事故或者造成电力安全事故（事件）的，按国家有关事故（事件）调查规定进行处理。

第六章 附 则

第二十三条 本规定下列用语的含义或范围：

（一）电力监控系统具体包括电力数据采集与监控系统、能量管理系统、变电站自动化系统、换流站计算机监控系统、发电厂计算机监控系统、配电自动化系统、微机继电保护和安全自动装置、广域相量测量系统、负荷控制系统、水调自动化系统和水电梯级调度自动化系统、电能量计量系统、实时电力市场的辅助控制系统、电力调度数据网络等。

（二）电力调度数据网络，是指各级电力调度专用广域数据网络、电力生产专用拨号网络等。

（三）控制区，是指由具有实时监控功能、纵向联接使用电力调度数据网的实时子网或者专用通道的各业务系统构成的安全区域。

（四）非控制区，是指在生产控制范围内由在线运行但不直接参与控制、是电力生产过程的必要环节、纵向联接使用电力调度数据网的非实时子网的各业务系统构成的安全区域。

第二十四条 本规定自2014年9月1日起施行。2004年12月20日原国家电力监管委员会发布的《电力二次系统安全防护规定》（国家电力监管委员会令第5号）同时废止。

关于加强电力企业安全风险预控体系建设的指导意见

（2015年1月7日国家能源局以国能安全〔2015〕1号发布）

国家电网公司、南方电网公司，中国华能、大唐、华电、国电、中电投集团公司，中国电建、能建集团公司，有关电力企业：

为进一步深化"安全第一、预防为主、综合治理"的安全生产方针,实现电力安全生产的系统化、科学化、标准化和精细化管理,提高电力企业安全管理水平,有效防范各类电力事故的发生,现就加强电力行业安全风险预控体系建设提出如下意见。

一、总体要求和建设目标

(一)总体要求。准确把握电力生产的特点和规律,深入研究如何在现有安全管理基础上提升安全管理的系统性、前瞻性、可控性,探索适合电力行业生产实际的、基于风险的、系统化、规范化与持续改进的安全风险管理模式,逐步构建一套理念先进、方法得当、管控有效的安全风险预控体系,建立隐患排查新常态和安全生产长效机制,有效防范各类事故,保持电力安全生产形势的持续稳定,为我国经济社会的快速发展提供安全可靠的电力保障。

(二)建设目标。以风险控制为主线,以危害辨识、风险评估、风险控制和持续改进的闭环管理为原则,结合本单位生产实际,系统地提出电网、设备设施、劳动安全、作业环境、职业健康风险管控的内容、目标与途径,强调事前危害辨识与风险评估、事中落实管控措施、事后总结与改进,最终达到风险超前控制和持续改进的目的。

二、主要建设任务

(三)实施危害辨识和风险评估。电力企业要建立科学的风险评估技术标准,规范风险评估方法,量化风险等级。要发动全员、全方位、全过程地辨识生产系统、设备设施、人员行为、环境条件等因素可能导致的安全、健康和社会影响等方面的风险,确保危害辨识和风险评估的及时性、全面性、科学性。要对辨识出的风险分类梳理、分级管控、分层落实,确定出各类、各级、各层的安全预控重点。要建立风险数据库并持续地开展动态辨识,评估更新,对辨识出的风险进行动态管理。

(四)完善管理制度和技术标准。电力企业要按照"沿用、完善、建立"的总体思路,"以规范、简洁、高效"为指导思想,以风险控制为主线,以PDCA(策划—执行—检查—改进)的闭环管理为原则,系统梳理完善风险预控的规程、标准和制度,建立企业安全风险预控体系文件,为体系建设提供技术支撑。在制度和标准的编制过程中,应详细梳理各项管理业务,明确各项业务的工作流程和工作步骤,并在制度中以流程图等直观、简明的形式让风险管理的要求有效落地,为全面规范、深化体系应用奠定基础。

(五)做好风险管控工作。电力企业要对评估出来的不可接受的风险,结合风险类型和性质,结合企业自身的安全技术和经济能力,结合安全生产隐患排查治理、标准化创建、技术改造等日常管理工作,制定针对性的应对措施。对不同种类、不同等级的风险应该明确相应的管理职责和实施主体,使风险管控在日常工作得到落实。

(六)建立检查、审核等持续改进的工作机制。电力企业要对风险预控工作进行定期检查,并通过安全生产工作会、安全分析会等形式对风险预控工作进行总结和分析,对检查和回顾中发现的问题,要及时纠正、限期整改。要建立体系审核工作机制,编制体系审核管理办法,明确审核内容和方法,检验风险预控体系的有效性、全面性和适宜性,确保风险可控在控。要根据人员、设备、环境和管理等因素变化,持续地进行危害辨识、风险评估、管控与更新完善,实现风险预控体系的持续改进。

三、措施保障

(七)树立"关口前移、系统管控"的安全理念,为体系建设奠定思想基础。各单位要从促进电力工业科学发展、安全发展的高度,提高对安全风险预控体系重要性的认识,树立关口前移和系统控制的安全理念,以理念指导思想,以思想引领行动,从源头上消除不安全意识和行为,为安全风险预控体系建设奠定坚实的思想基础。

(八)强化理念宣贯和人员培训,为体系建设构筑人才保障。体系的建立和实施涉及安全生产各环节,需要全体员工的积极、主动参与。电力企业在体系的推进过程中必须进行理念的宣贯和全员培训,使企业员工,特别是各级管理人员掌握体系管理内容、体系结构和运作方法,解决员工基本认知,并掌握体系核心内涵,彻底消除员工畏难情绪和抵触情绪,激励全员做好体系建设的内在动力,有效推动体系的建设和实施。

(九)坚持闭环管理的工作原则,为体系建设提供有效手段。电力企业要按照体系建设PDCA闭环管理的原则,结合本单位实际情况,建立起符合本单位生产实际的、科学的、规范的风险预控流程;从构建目标责任机制、运行推进机制、考核激励机制、持续改进机制等方面下功夫,将安全风险预控体系建立和日常管理有机结合,建立常态化、制度化、体系化的工作机制。

(十)培育安全文化,为体系建设营造良好氛围。电力企业要大力实施理念引领、文化渗透工程。大力弘扬先进的安全理念,培养员工"事前风险辨识、事中风险管控、事后回顾总结"的作业与管理行为模式,推动企业安全管理从他律阶段向自律阶段、团队互助阶段过渡，实现从"要我安全"到"我要安全"的转变，实现安全管理的自主管理、自主提升。

四、工作要求

（十一）结合生产实际，实现体系本土化和专业化。电力企业安全风险体系建设应基于本单位安全生产管理现状，能够切实解决安全生产实际问题。在建设过程中，要结合电力安全生产传统有效的管理方法和手段，对国际上先进的安全管理体系要加以消化和吸收，坚持传承和创新并重，实现体系本土化和专业化，避免生搬硬套。各级各类人员的业务技能，包括管理技能、技术技能，是风险预控管理建设质量的最大制约因素，需要不断进行培训，提高体系专业化水平。

（十二）加强组织领导，建立协调机制。电力企业要结合安全风险预控体系建设需求，加强组织领导，设立体系建设组织机构，确定管理机构职责、人员构成和职责分工。要根据体系建设的基础和初步准备情况，制定推动体系建设的工作目标、工作任务、工作方法、责任分工和工作周期等。在体系的推行过程中，要强化生产技术、调度、安监、教育培训等部门的通力合作、相互协调，发挥专业优势，确保所制定的制度标准符合生产实际和风险预控的要求。

（十三）坚持全员参与，促进安全意识的提升。风险预控体系以一种自下而上的方式，电力企业要发动全员（包括承包商及其员工）参与到岗位危害的辨识、风险评估和管控工作中，使员工清楚自身面临的安全风险、可能后果和控制方法，建立按标准做事的行为模式，促进全员安全意识的提升。

（十四）杜绝形式主义，实现持续改进。安全风险管理体系推行要坚决杜绝形式主义，不能将体系的建设和实施作为一种运动和一项短期工作进行突击，各单位要切实把推行体系建设作为提高安全生产管理水平，实现持续改进的手段，切实发挥体系作用。

国家能源局

2015年1月7日

电网安全风险管控办法（试行）

（2014年3月19日国家能源局以国能安全〔2014〕123号发布）

第一章　总　　则

第一条　为了有效防范电网大面积停电风险，建立以科学防范为导向，流程管理为手段，全过程闭环监管为支撑的全面覆盖、全程管控、高效协同的电网安全风险管控机制，制定本办法。

第二条　电网企业及其电力调度机构、发电企业、电力用户在电网安全风险管控中负主体责任，国家能源局及其派出机构负责电网安全风险管控工作的监督管理。

第三条　各有关单位应当高度重视电网安全风险管控工作，定期梳理电网安全风险，有针对性地做好风险识别、风险分级、风险监视、风险控制工作，以便及时了解、掌握和化解电网安全风险。

第二章　电网安全风险识别

第四条　电网企业及其电力调度机构负责组织进行风险识别，发电企业、电力用户应当配合电网企业及其电力调度机构做好风险识别工作。风险识别工作在于合理确定风险防控范围。风险识别应明确风险可能导致的后果、查找风险原因、判明故障场景。

第五条　风险可能导致的后果由各级电网企业及其电力调度机构根据电力安全事故（事件）的标准，结合本地电网的实际情况确定，可以选用电网减供负荷、停电用户的比例或对电网稳定运行和电能质量的影响程度等指标。

第六条　风险根据形成原因可以分为内在风险和外在风险。内在风险主要包括电网结构风险、设备风险（含一次设备风险和二次设备风险）；外在风险主要包括人为风险、自然风险、外力破坏风险。部分风险可以由多个原因组合而成。

第七条　故障场景可以参照《电力系统安全稳定导则》规定的三级大扰动，各电力企业可以根据实际情况将第三级大扰动中的多重故障、其他偶然因素进行细化。

第三章　电网安全风险分级

第八条　电网企业及其电力调度机构负责组织进行风险分级。风险分级在于判明风险大小，并为后续监视和控制提供依据。

第九条　风险等级主要根据风险可能导致的后果来进行划分。对于可能导致特别重大或重大电力安全事故的风险，定义为一级风险；对于可能导致较大或一般电力安全事故的风险，定义为二级风险；其他定义为三级风险。

第四章 电网安全风险监视

第十条 电网安全风险监视在于密切跟踪风险的发展变化情况。风险监视工作应当遵循"分区、分级"的原则。

第十一条 对于跨区电网风险,由国家电网公司负责监视,国家能源局负责相关工作的监督指导;对于区域内跨省电网风险,由当地区域电网企业负责监视,国家能源局当地区域派出机构负责相关工作的监督指导;对于省内电网风险,由当地电网企业负责监视,国家能源局当地派出机构负责相关工作的监督指导。

第十二条 对于三级电网安全风险,由相关电网企业自行监视;对于二级以上电网安全风险,相关电网企业应当报告国家能源局当地派出机构;对于一级电网安全风险,国家能源局当地派出机构应当上报国家能源局并抄报当地省(自治区、直辖市)人民政府。

第五章 电网安全风险控制

第十三条 电网安全风险控制在于把电网安全风险可能导致的后果限制在合理范围内。各电力企业负责本企业范围内风险控制措施的落实,国家能源局及其派出机构负责督促指导电力企业的风险控制工作。

第十四条 电网企业应当制定风险控制方案,按照国家有关法规和技术规定、规程等的要求,综合考虑风险控制方法与途径,必要时与发电企业、电力用户等其它风险相关方进行沟通和说明,确保风险控制措施的可行性和可操作性。各风险相关方应当落实各自责任,保证风险控制所需的人力、物力、财力。

第十五条 临时控制电网安全风险的具体措施可以分为降低风险概率、减轻风险后果、提高应急处置能力等方面。降低风险概率的措施包括但不限于专项隐患排查、组织设备特巡、精心挑选作业人员、加强现场安全监督、加强设备技术监督管理。减轻风险后果的措施包括但不限于转移负荷、调整运行方式、合理安排作业时间、采取需求侧管理措施。提高应急处置能力的措施包括但不限于制定现场应急处置方案、开展反事故应急演练、提前告知用户安全风险、提前预警灾害性天气。

第十六条 降低电网安全风险的途径包括但不限于纳入电网规划和建设计划、纳入技改检修项目计划、纳入管理制度和标准、纳入日常生产工作计划、纳入培训教育计划。

第十七条 各电力企业应当对风险控制方案的实施效果进行评估,对下级单位风险控制方案的落实情况进行检查,确保风险控制措施得到有效实施。

第六章 风险管控与其他工作的衔接

第十八条 风险管控应当与电网规划相结合,通过优化电网规划,适当调整规划项目实施次序,增强网架结构,提高系统抵御风险能力。

第十九条 风险管控应当与电网建设相结合,通过严格执行设计方案,强化过程控制,提升建设施工水平,严格竣工验收,确保电网建设工程质量。

第二十条 风险管控应当与生产计划安排相结合,在安排检修计划和夏(冬)高峰、丰(枯)水期、重要保电、配合大型工程建设等特殊时期方式时,应同时考虑风险管控措施。

第二十一条 风险管控应当与物资管理相结合,通过加强设备物资采购管理,加强设备监造工作,提升输变电设备整体技术和质量水平。

第二十二条 风险管控应当与隐患排查治理相结合,通过加强日常安全隐患排查和治理工作,消除影响电力系统安全运行的重大隐患和薄弱环节,减少事故,确保电网安全。

第二十三条 风险管控应当与可靠性管理相结合,通过加强设备全寿命周期管理,分析设备的运行状况、健康水平,落实整改措施,降低电网运行的潜在风险。同时加强设备可靠性统计工作,为风险的识别、分级提供技术支持。

第二十四条 风险管控应当与应急管理相结合,通过完善应急预案体系,建立健全应急联动机制,加强应急演练,形成多元化应急物资储备方式,控制和减少事故造成的损失。

第七章 工作实施和监督管理

第二十五条 各省级以上电网企业应按年度对所辖 220 千伏以上电网开展电网安全风险管控工作,并在此基础上形成本企业年度风险管控报告。报告中应包括以下内容:

(一)全面总结本企业电网安全风险管控工作开展情况;

(二)深入分析所辖电网存在的安全风险;

(三)提出有针对性的风险管控措施和建议。

各省级以上电网企业应当于当年 9 月 30 日前将本企业年度风险管控报告报国家能源局或者有关派出机构。

第二十六条 国家能源局各派出机构应当汇总形成本省(区域)年度风险管控报告,于当年 10 月 15 日前上报国家能源局。

第二十七条 对于二级以上的电网安全风险,电网企业要将风险控制方案和实施效果评估报告报担负相应风险监视监督指导职责的国家能源局或者有关派出机构。对于发电企业、电力用户等风险相关方未落实风险控制方案的,电网企业要及时报告国家能源局当地派出机构和地方政府有关部门。

第二十八条 国家能源局及其派出机构应当加强对企业上报的电网安全风险的跟踪监视,不定期开展对电网安全风险管控落实情况的监督检查或重点抽查。

第二十九条 对于未按要求报告或未及时采取管控措施而导致电力安全事故或事件的,国家能源局或者有关派出机构将依据有关法律法规对责任单位和责任人从严处理。

第八章 附　　则

第三十条 本办法由国家能源局负责解释。

第三十一条 国家能源局各派出机构及各电力企业可依据本办法制定具体的实施细则。

第三十二条 本办法中所称"以上"均包括本数。

第三十三条 本办法自公布之日起试行。

关于防范电力人身伤亡事故的指导意见

(2013年11月14日国家能源局以国能安全〔2013〕427号发布)

国家电网公司,南方电网公司,华能、大唐、华电、国电、中电投集团公司,各有关电力企业:

为贯彻落实中央领导同志的指示精神和国务院关于加强安全生产工作的决策部署,进一步加强电力生产和建设施工中人身伤亡事故(以下简称人身伤亡事故)防范工作,避免和减少事故造成的人员伤亡和经济损失,现提出以下意见。

一、指导思想和总体目标

(一)指导思想。以科学发展观为指导,牢固树立"以人为本、生命至上"的安全理念,加强组织领导,强化监督管理,落实防范责任,完善规章制度,规范现场作业,提高防灾避险和应急处置能力,营造"关爱生命、安全发展"的安全生产氛围,切实保障员工人身安全。

(二)总体目标。进一步落实电力企业的安全生产主体责任,充分发挥能源监管机构的监督指导和协调作用,健全隐患排查治理长效机制,强化电力行业从业人员安全意识,深入开展"反三违"(违章指挥、违章作业和违反劳动纪律)活动,强化电力生产的规范化、标准化管理,杜绝重大以上人身伤亡责任事故,降低人身伤亡事故起数和死亡人数,有效防范人身伤亡事故的发生。

二、加强安全生产体系机制建设

(三)落实各级人员安全责任。电力企业主要负责人要严格履行安全生产第一责任人的职责。电力企业要把控制人身伤亡事故作为安全生产责任制的主要内容,层层分解落实防范人身伤亡事故的目标。要建立健全安全生产问责机制,因安全责任落实不到位导致人身伤亡的,要严格进行安全考核和责任追究。要针对生产作业现场的人身安全风险,建立企业负责人和各级安监人员到岗到位工作责任制度,并进行相应考核。

(四)完善安全管理制度和操作规程。电力企业要健全安全生产管理制度和操作规程,并根据国家行业法规标准的更新和本单位作业环境及设备设施的变化,及时修订完善,确保人身伤亡事故防范工作管理制度和规程规范、有效、可行。要将管理制度、操作规程配备到相关工作岗位和人员,及时组织开展教育培训,使每个职工都掌握防范人身伤亡事故的相关规定和要求,并在实际工作中严格遵守执行。

(五)健全防范人身伤亡事故的保障体系。电力企业要健全安全生产监督和保证体系,从决策指挥、执行运作、安全技术、安全管理和安全监督等方面严格执行安全法规制度,落实防范人身伤亡事故措施。要制定本单位、本部门、本岗位的反事故技术措施和安全劳动保护措施计划,优先保证对防范人身伤亡事故有突出作用和明显效果的措施得以实现。要保证安全投入,及时、足额提取和规范使用安全生产费用,严禁挤占和挪用。

三、夯实电力安全生产基础

(六)加强班组安全建设。要落实《关于加强电力企业班组安全建设的指导意见》,夯实安全生产基础,有效规范班组安全管理。要合理确定班组安全目标,努力实现班组控制未遂和异常,不发生人身轻伤和障碍。要重点抓好班组作业安全措施落实,严格班前班后会制度,接班(开工)前,要明确工作任务、工作地点、危险因素、安全措施和注意事项,交班(收工)时应对当日安全情况进行总结。要大力开展岗位练兵和班组安全活动,提高人员安全技能。

(七)积极推进安全生产标准化创建工作。认真贯彻电力安全生产标准化达标评级相关规定,通过开展安全生产标准化创建和达标评级工作,进一步加强生产现场安全管理，提高职工安全意识和操作技能，规范生产人员作业行为，改善设备安全状况和环境条件，提高作业行为标准化、规范化水平，并有效管控因人员素质、技能的差异和岗位变动、人员流动等因素带来的安全风险，防范和减少人身伤亡事故发生。

（八）开展全员安全生产教育培训。要严格执行《电力行业安全培训工作实施方案（2013—2015年）》，做好企业从业人员安全培训工作，主要负责人、安全管理人员和特种作业人员必须经培训持证上岗。要强化以"新工人、班组长、农民工"为重点的从业人员岗位安全培训，使其掌握生产作业各流程环节中存在的人身伤害风险和防控措施。要重视对人员变更、设备变更，采用新技术、新工艺、新材料等情况带来的人身伤害风险辨识，有针对性地做好安全培训和警示工作。要加大外包队伍和临时用工人员岗前培训力度，未经安全培训考试合格的人员严禁从事任何现场作业。要普及防灾避险常识和人员施救知识，使员工有效识别工作环境中存在的人身伤亡风险，提高自我保护意识，掌握应急逃生、应急装备使用、人身急救等技能，增强识灾防灾和应急处置能力，防范施救不当造成事故扩大。

（九）大力开展企业安全文化建设。牢固树立"以人为本，生命至上"的安全理念，结合企业实际，把尊重人、关心人、爱护人作为安全文化建设的出发点，以防范人身伤亡事故作为安全文化建设的核心目标，丰富安全文化内涵。利用各种渠道传播安全文化，扩大安全文化外延，使安全文化渗透到每个岗位，影响每一位员工，激发员工"关注安全、关爱生命"的意识，提高员工安全素质，规范员工安全行为，实现"要我安全"到"我要安全"、"我会安全"的转变，从根本上防范和遏制人身伤亡事故发生。

四、加强作业现场安全管控

（十）加强生产作业安全管控。电力企业要严格执行工作票、操作票制度，制定明确、具体的安全措施。要严格落实现场作业交接班制度、设备巡回检查制度和设备定期试验及轮换制度，交接班时把防范人身伤亡事故的措施和安全注意事项作为重点，由交接班人员共同检查安全措施，确保执行到位；设备巡检和轮换时注重排查易引发人身伤亡的设备隐患，落实设备定置管理、临时用电管理、安全工器具管理等作业现场规范化管理的有效措施。对高处作业、转动机械、动火作业、有限空间等特殊作业环境，要及时识别可能导致人身伤亡的危险和有害因素，落实防控措施；对机组检修、技术改造工程项目要严格现场管理，做好资质审查和安全技术交底，加强现场作业监护，确保作业人员安全。

（十一）加大反"三违"工作力度。电力企业要把反"三违"作为防范人身伤亡事故的重点，完善工作机制，加大"三违"现场查处和纠正力度，规范作业安全行为。要将"三违"作为未遂事故认真分析处理，按照"四不放过"原则对违章人员进行曝光、教育和处罚，并对违章进行责任倒推，对安全职责履行不到位的管理人员一并处罚。对屡纠屡犯或处在关键岗位、从事危险性较大作业的违章人员，要通过调离岗位等方式建立违章"高压线"；对模范遵章守纪的员工要给予奖励，从源头上减少"三违"现象。

（十二）加强设备设施管理。要选用科技含量高、性能优良的生产设备，加强技术性能改造，提高设备本质安全性能。要对设备设施的局部变动情况，及时进行设备异动管理，保证各种图纸和现场规程标准与实际相符。要落实设备防人身伤亡事故技术措施，加强防误闭锁等装置的运行管理，防止设备误操作。要加强特种设备安全管理，严格执行特种设备操作规程，防范锅炉爆炸，压力容器、管道泄漏，起重机械故障，电梯失控等造成的人身伤亡事故。要健全危险源评估机制，定期开展危险源辨识，确定危险源等级，识别可导致人身伤亡的危险有害因素，做好危险源监测、检查和防范等工作，并按规定将重大危险源信息向政府有关部门报备。

（十三）加强电力建设施工作业安全管控。电力建设单位要对电力建设工程安全生产负全面管理责任，电力施工单位对施工现场安全生产负责。要科学制定施工方案，做好施工方案交底和施工组织，严禁不按审定方案施工。施工条件变化导致原方案无法实施时，必须重新制定施工方案和安全措施，重新报批。遇有恶劣天气或发生其他影响施工安全的特殊情况，必须立即停止相关作业。要加强施工现场安全管理，规范工艺工序和作业流程，强化对重点区域、重点环节、关键部位和危险作业项目的安全监控，落实人员、设备、物资等安全管控措施。要合理安排工程进度，严禁盲目抢工期，工期调整应进行充分论证，提出并落实相应安全保障措施。规范施工机械、脚手架、大型起重设备管理，其装拆必须制定专项方案，并做好现场安全监督。要配备充足的监理人员，切实做好施工现场监护和重大项目、重要工序等的旁站监理，督查现场安全措施的落实及施工人员的作业行为。

（十四）加强外包队伍安全管理。电力企业要建立完善的外包队伍审查制度，杜绝安全管理差、施工力量薄弱或屡次发生人身伤亡事故的外包队伍参与施工作业。严厉打击超越资质范围承揽工程，挂靠、借用资质，违法分包和转包工程等不法行为。要加强工程分包监督管理，加大作业现场监督检查力度。要加强劳务分包安全管理，将劳务派遣人员、临时用工纳入本企业统一安全管理体系，严格落实安全措施，加强作业现场检查。

五、提高防灾避险和应急处置能力

（十五）加强自然灾害监测预警和防范工作。电力企业要加强防范人身伤亡事故专项应急预案和现场处置方案的编制、修订、培训和演练工作，加强与当地政府、气象、国土等有关部门的沟通联系，健全自然灾害预警机制，充分利用各种手段，及时传递灾害预警信息，注重信息传递的反馈，确保不留死角，不漏人员。要落实《关于加强电力行业地质灾害防范工作的指导意见》，强化重点防范期、防范区灾害预警和防范，加强台风、强降雨、泥石流等灾害的监测预警，重点做好生产区、施工区、生活营地的地质灾害防范工作，及时发现和预报险情，确保各项防范措施提前落实到位，防止和减少自然灾害导致的人员伤亡。

（十六）及时启动应急响应和开展抢险救援。事故灾害发生后，事发单位应在初判事故灾害情况后，立即启动应急响应，迅速开展抢险救援工作，同时向当地政府及有关部门报告。要以防范人身伤亡为首要任务，现场带班人员、班组长和调度人员要第一时间下达停产撤人命令，组织人员撤离避险和有序转移，保障人员生命安全。要及时开展人员搜救，现场救援力量不足时，应尽快协调救援力量。要充分做好可能发生的次生灾害的事故预想，应急救援方案和处置措施要做到科学合理，避免盲目施救造成人员二次伤亡事故。

（十七）做好电力事故信息报告和调查处理。要严格执行电力事故事件信息报送工作制度，对瞒报、谎报、迟报、漏报事故事件等行为，要严肃追究相关单位和人员的责任。要严格按照"四不放过"原则认真做好人身伤亡事故调查处理，落实防范人身伤亡事故措施，做到举一反三，深刻吸取教训，防范同类事故再次发生。

国家能源局
2013 年 11 月 14 日

3. 应急预案

国家大面积停电事件应急预案

（2015 年 11 月 13 日国务院办公厅以国办函〔2015〕134 号印发，自印发之日起实施）

1 总则

1.1 编制目的

建立健全大面积停电事件应对工作机制，提高应对效率，最大程度减少人员伤亡和财产损失，维护国家安全和社会稳定。

1.2 编制依据

依据《中华人民共和国突发事件应对法》《中华人民共和国安全生产法》《中华人民共和国电力法》《生产安全事故报告和调查处理条例》《电力安全事故应急处置和调查处理条例》《电网调度管理条例》《国家突发公共事件总体应急预案》及相关法律法规等，制定本预案。

1.3 适用范围

本预案适用于我国境内发生的大面积停电事件应对工作。

大面积停电事件是指由于自然灾害、电力安全事故和外力破坏等原因造成区域性电网、省级电网或城市电网大量减供负荷，对国家安全、社会稳定以及人民群众生产生活造成影响和威胁的停电事件。

1.4 工作原则

大面积停电事件应对工作坚持统一领导、综合协调，属地为主、分工负责，保障民生、维护安全，全社会共同参与的原则。大面积停电事件发生后，地方人民政府及其有关部门、能源局相关派出机构、电力企业、重要电力用户应立即按照职责分工和相关预案开展处置工作。

1.5 事件分级

按照事件严重性和受影响程度，大面积停电事件分为特别重大、重大、较大和一般四级。分级标准见附件1。

2 组织体系

2.1 国家层面组织指挥机构

能源局负责大面积停电事件应对的指导协调和组织管理工作。当发生重大、特别重大大面积停电事件时，能源局或事发省级人民政府按程序报请国务院批准，或根据国务院领导同志指示，成立国务院工作组，负责指导、协调、支持有关地方人民政府开展大面积停电事件应对工作。必要时，由国务院或国务院授权发展改革委成立国家大面积停电事件应急指挥部，统一领导、组织和指挥大面积停电事件应对工作。应急指挥部组成及工作组职责见附件2。

2.2 地方层面组织指挥机构

县级以上地方人民政府负责指挥、协调本行政区域内大面积停电事件应对工作，要结合本地实际，明确相应组织指挥机构，建立健全应急联动机制。

发生跨行政区域的大面积停电事件时，有关地方人民政府应根据需要建立跨区域大面积停电事件应急合作机制。

2.3 现场指挥机构

负责大面积停电事件应对的人民政府根据需要成立现场指挥部，负责现场组织指挥工作。参与现场处置的有关单位和人员应服从现场指挥部的统一指挥。

2.4 电力企业

电力企业（包括电网企业、发电企业等，下同）建立健全应急指挥机构，在政府组织指挥机构领导下开展大面积停电事件应对工作。电网调度工作按照《电网调度管理条例》及相关规程执行。

2.5 专家组

各级组织指挥机构根据需要成立大面积停电事件应急专家组，成员由电力、气象、地质、水文等领域相关专家组成，对大面积停电事件应对工作提供技术咨询和建议。

3 监测预警和信息报告

3.1 监测和风险分析

电力企业要结合实际加强对重要电力设施设备运行、发电燃料供应等情况的监测，建立与气象、水利、林业、地震、公安、交通运输、国土资源、工业和信息化等部门的信息共享机制，及时分析各类情况对电力运行可能造成的影响，预估可能影响的范围和程度。

3.2 预警

3.2.1 预警信息发布

电力企业研判可能造成大面积停电事件时，要及时将有关情况报告受影响区域地方人民政府电力运行主管部门和能源局相关派出机构，提出预警信息发布建议，并视情通知重要电力用户。地方人民政府电力运行主管部门应及时组织研判，必要时报请当地人民政府批准后向社会公众发布预警，并通报同级其他相关部门和单位。当可能发生重大以上大面积停电事件时，中央电力企业同时报告能源局。

3.2.2 预警行动

预警信息发布后，电力企业要加强设备巡查检修和运行监测，采取有效措施控制事态发展；组织相关应急救援队伍和人员进入待命状态，动员后备人员做好参加应急救援和处置工作准备，并做好大面积停电事件应急所需物资、装备和设备等应急保障准备工作。重要电力用户做好自备应急电源启用准备。受影响区域地方人民政府启动应急联动机制，组织有关部门和单位做好维持公共秩序、供水供气供热、商品供应、交通物流等方面的应急准备；加强相关舆情监测，主动回应社会公众关注的热点问题，及时澄清谣言传言，做好舆论引导工作。

3.2.3 预警解除

根据事态发展，经研判不会发生大面积停电事件时，按照"谁发布、谁解除"的原则，由发布单位宣布解除预警，适时终止相关措施。

3.3 信息报告

大面积停电事件发生后，相关电力企业应立即向受影响区域地方人民政府电力运行主管部门和能源局相关派出机构报告，中央电力企业同时报告能源局。

事发地人民政府电力运行主管部门接到大面积停电事件信息报告或者监测到相关信息后，应当立即进行核实，对大面积停电事件的性质和类别作出初步认定，按照国家规定的时限、程序和要求向上级电力运行主管部门和同级人民政府报告，并通报同级其他相关部门和单位。地方各级人民政府及其电力运行主管部门应当按照有关规定逐级上报，必要时可越级上报。能源局相关派出机构接到大面积停电事件报告后，应当立即核实有关情况并向能源局报告，同时通报事发地县级以上地方人民政府。对初判为重大以上的大面积停电事件，省级人民政府和能源局要立即按程序向国务院报告。

4 应急响应

4.1 响应分级

根据大面积停电事件的严重程度和发展态势，将应急响应设定为Ⅰ级、Ⅱ级、Ⅲ级和Ⅳ级四个等级。初判发生特别重大大面积停电事件，启动Ⅰ级应急响应，由事发地省级人民政府负责指挥应对工作。必要时，由国务院或国务院授权发展改革委成立国家大面积停电事件应急指挥部，统一领导、组织和指挥大面积停电事件应对工作。初判发生重大大面积停电事件，启动Ⅱ级应急响应，由事发地省级人民政府负责指挥应对工作。初判发生较大、一般大面积停电事件，分别启动Ⅲ级、Ⅳ级应急响应，根据事件影响范围，由事发地县级或市级人民政府负责指挥应对工作。

对于尚未达到一般大面积停电事件标准，但对社会产生较大影响的其他停电事件，地方人民政府可结合实际情况启动应急响应。

应急响应启动后，可视事件造成损失情况及其发展趋势调整响应级别，避免响应不足或响应过度。

4.2 响应措施

大面积停电事件发生后，相关电力企业和重要电力用户要立即实施先期处置，全力控制事件发展态势，减少损失。各有关地方、部门和单位根据工作需要，组织采取以下措施。

4.2.1 抢修电网并恢复运行

电力调度机构合理安排运行方式，控制停电范围；尽快恢复重要输变电设备、电力主干网架运行；在条件具备时，优先恢复重要电力用户、重要城市和重点地区的电力供应。

电网企业迅速组织力量抢修受损电网设备设施，根据应急指挥机构要求，向重要电力用户及重要设施提供必要的电力支援。

发电企业保证设备安全，抢修受损设备，做好发电机组并网运行准备，按照电力调度指令恢复运行。

4.2.2 防范次生衍生事故

重要电力用户按照有关技术要求迅速启动自备应急电源，加强重大危险源、重要目标、重大关键基础设施隐患排查与监测预警，及时采取防范措施，防止发生次生衍生事故。

4.2.3 保障居民基本生活

启用应急供水措施，保障居民用水需求；采用多种方式，保障燃气供应和采暖期内居民生活热力供应；组织生活必需品的应急生产、调配和运输，保障停电期间居民基本生活。

4.2.4 维护社会稳定

加强涉及国家安全和公共安全的重点单位安全保卫工作，严密防范和严厉打击违法犯罪活动。加强对停电区域内繁华街区、大型居民区、大型商场、学校、医院、金融机构、机场、城市轨道交通设施、车站、码头及其他重要生产经营场所等重点地区、重点部位、人员密集场所的治安巡逻，及时疏散人员，解救被困人员，防范治安事件。加强交通疏导，维护道路交通秩序。尽快恢复企业生产经营活动。严厉打击造谣惑众、囤积居奇、哄抬物价等各种违法行为。

4.2.5 加强信息发布

按照及时准确、公开透明、客观统一的原则，加强信息发布和舆论引导，主动向社会发布停电相关信息和应对工作情况，提示相关注意事项和安保措施。加强舆情收集分析，及时回应社会关切，澄清不实信息，正确引导社会舆论，稳定公众情绪。

4.2.6 组织事态评估

及时组织对大面积停电事件影响范围、影响程度、发展趋势及恢复进度进行评估，为进一步做好应对工作提供依据。

4.3 国家层面应对

4.3.1 部门应对

初判发生一般或较大大面积停电事件时，能源局开展以下工作：

（1）密切跟踪事态发展，督促相关电力企业迅速开展电力抢修恢复等工作，指导督促地方有关部门做好应对工作；

（2）视情派出部门工作组赴现场指导协调事件应对等工作；

（3）根据中央电力企业和地方请求，协调有关方面为应对工作提供支援和技术支持；

（4）指导做好舆情信息收集、分析和应对工作。

4.3.2 国务院工作组应对

初判发生重大或特别重大大面积停电事件时，国务院工作组主要开展以下工作：

（1）传达国务院领导同志指示批示精神，督促地方人民政府、有关部门和中央电力企业贯彻落实；

（2）了解事件基本情况、造成的损失和影响、应对进展及当地需求等，根据地方和中央电力企业请求，协调有关方面派出应急队伍、调运应急物资和装备、安排专家和技术人员等，为应对工作提供支援和技术支持；

（3）对跨省级行政区域大面积停电事件应对工作进行协调；

（4）赶赴现场指导地方开展事件应对工作；

（5）指导开展事件处置评估；

（6）协调指导大面积停电事件宣传报道工作；

（7）及时向国务院报告相关情况。

4.3.3 国家大面积停电事件应急指挥部应对

根据事件应对工作需要和国务院决策部署，成立国家大面积停电事件应急指挥部。主要开展以下工作：

（1）组织有关部门和单位、专家组进行会商，研究分析事态，部署应对工作；

(2) 根据需要赴事发现场，或派出前方工作组赴事发现场，协调开展应对工作；

(3) 研究决定地方人民政府、有关部门和中央电力企业提出的请求事项，重要事项报国务院决策；

(4) 统一组织信息发布和舆论引导工作；

(5) 组织开展事件处置评估；

(6) 对事件处置工作进行总结并报告国务院。

4.4 响应终止

同时满足以下条件时，由启动响应的人民政府终止应急响应：

(1) 电网主干网架基本恢复正常，电网运行参数保持在稳定限额之内，主要发电厂机组运行稳定；

(2) 减供负荷恢复80%以上，受停电影响的重点地区、重要城市负荷恢复90%以上；

(3) 造成大面积停电事件的隐患基本消除；

(4) 大面积停电事件造成的重特大次生衍生事故基本处置完成。

5 后期处置

5.1 处置评估

大面积停电事件应急响应终止后，履行统一领导职责的人民政府要及时组织对事件处置工作进行评估，总结经验教训，分析查找问题，提出改进措施，形成处置评估报告。鼓励开展第三方评估。

5.2 事件调查

大面积停电事件发生后，根据有关规定成立调查组，查明事件原因、性质、影响范围、经济损失等情况，提出防范、整改措施和处理处置建议。

5.3 善后处置

事发地人民政府要及时组织制订善后工作方案并组织实施。保险机构要及时开展相关理赔工作，尽快消除大面积停电事件的影响。

5.4 恢复重建

大面积停电事件应急响应终止后，需对电网网架结构和设备设施进行修复或重建的，由能源局或事发地省级人民政府根据实际工作需要组织编制恢复重建规划。相关电力企业和受影响区域地方各级人民政府应当根据规划做好受损电力系统恢复重建工作。

6 保障措施

6.1 队伍保障

电力企业应建立健全电力抢修应急专业队伍，加强设备维护和应急抢修技能方面的人员培训，定期开展应急演练，提高应急救援能力。地方各级人民政府根据需要组织动员其他专业应急队伍和志愿者等参与大面积停电事件及其次生衍生灾害处置工作。军队、武警部队、公安消防等要做好应急力量支援保障。

6.2 装备物资保障

电力企业应储备必要的专业应急装备及物资，建立和完善相应保障体系。国家有关部门和地方各级人民政府要加强应急救援装备物资及生产生活物资的紧急生产、储备调拨和紧急配送工作，保障支援大面积停电事件应对工作需要。鼓励支持社会化储备。

6.3 通信、交通与运输保障

地方各级人民政府及通信主管部门要建立健全大面积停电事件应急通信保障体系，形成可靠的通信保障能力，确保应急期间通信联络和信息传递需要。交通运输部门要健全紧急运输保障体系，保障应急响应所需人员、物资、装备、器材等的运输；公安部门要加强交通应急管理，保障应急救援车辆优先通行；根据全面推进公务用车制度改革有关规定，有关单位应配备必要的应急车辆，保障应急救援需要。

6.4 技术保障

电力行业要加强大面积停电事件应对和监测先进技术、装备的研发，制定电力应急技术标准，加强电网、电厂安全应急信息化平台建设。有关部门要为电力日常监测预警及电力应急抢险提供必要的气象、地质、水文等服务。

6.5 应急电源保障

提高电力系统快速恢复能力，加强电网"黑启动"能力建设。国家有关部门和电力企业应充分考虑电源规划布局，保障各地区"黑启动"电源。电力企业应配备适量的应急发电装备，必要时提供应急电源支援。重要电力用户应按照国家有关技术要求配置应急电源，并加强维护和管理，确保应急状态下能够投入运行。

6.6 资金保障

发展改革委、财政部、民政部、国资委、能源局等有关部门和地方各级人民政府以及各相关电力企业应按照有关规定，对大面积停电事件处置工作提供必要的资金保障。

7 附则

7.1 预案管理

本预案实施后，能源局要会同有关部门组织预案宣传、培训和演练，并根据实际情况，适时组织评估和修订。地方各级人民政府要结合当地实际制定或修订本级大面积停电事件应急预案。

7.2 预案解释

本预案由能源局负责解释。

7.3 预案实施时间

本预案自印发之日起实施。

附件：
1. 大面积停电事件分级标准
2. 国家大面积停电事件应急指挥部组成及工作组职责

附件 1

大面积停电事件分级标准

一、特别重大大面积停电事件

1. 区域性电网：减供负荷 30% 以上。
2. 省、自治区电网：负荷 20000 兆瓦以上的减供负荷 30% 以上，负荷 5000 兆瓦以上 20000 兆瓦以下的减供负荷 40% 以上。
3. 直辖市电网：减供负荷 50% 以上，或 60% 以上供电用户停电。
4. 省、自治区人民政府所在地城市电网：负荷 2000 兆瓦以上的减供负荷 60% 以上，或 70% 以上供电用户停电。

二、重大大面积停电事件

1. 区域性电网：减供负荷 10% 以上 30% 以下。
2. 省、自治区电网：负荷 20000 兆瓦以上的减供负荷 13% 以上 30% 以下，负荷 5000 兆瓦以上 20000 兆瓦以下的减供负荷 16% 以上 40% 以下，负荷 1000 兆瓦以上 5000 兆瓦以下的减供负荷 50% 以上。
3. 直辖市电网：减供负荷 20% 以上 50% 以下，或 30% 以上 60% 以下供电用户停电。
4. 省、自治区人民政府所在地城市电网：负荷 2000 兆瓦以上的减供负荷 40% 以上 60% 以下，或 50% 以上 70% 以下供电用户停电；负荷 2000 兆瓦以下的减供负荷 40% 以上，或 50% 以上供电用户停电。
5. 其他设区的市电网：负荷 600 兆瓦以上的减供负荷 60% 以上，或 70% 以上供电用户停电。

三、较大大面积停电事件

1. 区域性电网：减供负荷 7% 以上 10% 以下。
2. 省、自治区电网：负荷 20000 兆瓦以上的减供负荷 10% 以上 13% 以下，负荷 5000 兆瓦以上 20000 兆瓦以下的减供负荷 12% 以上 16% 以下，负荷 1000 兆瓦以上 5000 兆瓦以下的减供负荷 20% 以上 50% 以下，负荷 1000 兆瓦以下的减供负荷 40% 以上。
3. 直辖市电网：减供负荷 10% 以上 20% 以下，或 15% 以上 30% 以下供电用户停电。
4. 省、自治区人民政府所在地城市电网：减供负荷 20% 以上 40% 以下，或 30% 以上 50% 以下供电用户停电。
5. 其他设区的市电网：负荷 600 兆瓦以上的减供负荷 40% 以上 60% 以下，或 50% 以上 70% 以下供电用户停电；负荷 600 兆瓦以下的减供负荷 40% 以上，或 50% 以上供电用户停电。
6. 县级市电网：负荷 150 兆瓦以上的减供负荷 60% 以上，或 70% 以上供电用户停电。

四、一般大面积停电事件

1. 区域性电网：减供负荷 4% 以上 7% 以下。
2. 省、自治区电网：负荷 20000 兆瓦以上的减供负荷 5% 以上 10% 以下，负荷 5000 兆瓦以上 20000 兆瓦以下的减供负荷 6% 以上 12% 以下，负荷 1000 兆瓦以上 5000 兆瓦以下的减供负荷 10% 以上 20% 以下，负荷 1000 兆瓦以下的减供负荷 25% 以上 40% 以下。
3. 直辖市电网：减供负荷 5% 以上 10% 以下，或 10% 以上 15% 以下供电用户停电。
4. 省、自治区人民政府所在地城市电网：减供负荷 10% 以上 20% 以下，或 15% 以上 30% 以下供电用户停电。
5. 其他设区的市电网：减供负荷 20% 以上 40% 以下，或 30% 以上 50% 以下供电用户停电。
6. 县级市电网：负荷 150 兆瓦以上的减供负荷 40% 以上 60% 以下，或 50% 以上 70% 以下供电用户停电；负荷 150 兆瓦以下的减供负荷 40% 以上，或 50% 以上供电用户停电。

上述分级标准有关数量的表述中，"以上"含本数，"以下"不含本数。

附件 2

国家大面积停电事件应急指挥部组成及工作组职责

国家大面积停电事件应急指挥部主要由发展改革委、中央宣传部（新闻办）、中央网信办、工业和信息化部、公安部、民政部、财政部、国土资源部、住房城乡建设部、交通运输部、水利部、商务部、国资委、新闻出版广电总局、安全监管总局、林业局、地震局、气象局、能源局、测绘地信局、铁路局、民航局、总参作战部、武警总部、中国铁路总公司、国家电网公司、中国南方电网有限责任公司等部门和单位组成，并可根据应对工作需要，增加有关地方人民政府、其他有关部门和相关电力企业。

国家大面积停电事件应急指挥部设立相应工作组，各工作组组成及职责分工如下：

一、电力恢复组：由发展改革委牵头，工业和信息化部、公安部、水利部、安全监管总局、林业局、地震局、气象局、能源局、测绘地信局、总参作战部、武警总部、国家电网公司、中国南方电网有限责任公司等参加，视情增加其他电力企业。

主要职责：组织进行技术研判，开展事态分析；组织电力抢修恢复工作，尽快恢复受影响区域供电工作；负责重要电力用户、重点区域的临时供电保障；负责组织跨区域的电力应急抢修恢复协调工作；协调军队、武警有关力量参与应对。

二、新闻宣传组：由中央宣传部（新闻办）牵头，中央网信办、发展改革委、工业和信息化部、公安部、新闻出版广电总局、安全监管总局、能源局等参加。

主要职责：组织开展事件进展、应急工作情况等权威信息发布，加强新闻宣传报道；收集分析国内外舆情和社会公众动态，加强媒体、电信和互联网管理，正确引导舆论；及时澄清不实信息，回应社会关切。

三、综合保障组：由发展改革委牵头，工业和信息化部、公安部、民政部、财政部、国土资源部、住房城乡建设部、交通运输部、水利部、商务部、国资委、新闻出版广电总局、能源局、铁路局、民航局、中国铁路总公司、国家电网公司、中国南方电网有限责任公司等参加，视情增加其他电力企业。

主要职责：对大面积停电事件受灾情况进行核实，指导恢复电力抢修方案，落实人员、资金和物资；组织做好应急救援装备物资及生产生活物资的紧急生产、储备调拨和紧急配送工作；及时组织调运重要生活必需品，保障群众基本生活和市场供应；维护供水、供气、供热、通信、广播电视等设施正常运行；维护铁路、道路、水路、民航等基本交通运行；组织开展事件处置评估。

四、社会稳定组：由公安部牵头，中央网信办、发展改革委、工业和信息化部、民政部、交通运输部、商务部、能源局、总参作战部、武警总部等参加。

主要职责：加强受影响地区社会治安管理，严厉打击借机传播谣言制造社会恐慌，以及趁机盗窃、抢劫、哄抢等违法犯罪行为；加强转移人员安置点、救灾物资存放点等重点地区治安管控；加强对重要生活必需品等商品的市场监管和调控，打击囤积居奇行为；加强对重点区域、重点单位的警戒；做好受影响人员与涉事单位、地方人民政府及有关部门矛盾纠纷化解等工作，切实维护社会稳定。

（九）核安全和放射性安全类

1. 法律法规

中华人民共和国核安全法

（2017 年 9 月 1 日第十二届全国人民代表大会常务委员会第二十九次会议通过，2017 年 9 月 1 日中华人民共和国主席令第 73 号公布，自 2018 年 1 月 1 日起施行）

第一章 总 则

第一条 为了保障核安全，预防与应对核事故，安全利用核能，保护公众和从业人员的安全与健康，保护生态环境，促进经济社会可持续发展，制定本法。

第二条 在中华人民共和国领域及管辖的其他海域内，对核设施、核材料及相关放射性废物采取充分的预防、保护、缓解和监管等安全措施，防止由于技术原因、人为原因或者自然灾害造成核事故，最大限度减轻核事故情况下的放射性后果的活动，适用本法。

核设施，是指：

（一）核电厂、核热电厂、核供汽供热厂等核动力厂及装置；

（二）核动力厂以外的研究堆、实验堆、临界装置等其他反应堆；

（三）核燃料生产、加工、贮存和后处理设施等核燃料循环设施；

（四）放射性废物的处理、贮存、处置设施。

核材料，是指：

（一）铀-235 材料及其制品；

（二）铀-233 材料及其制品；

（三）钚-239 材料及其制品；

（四）法律、行政法规规定的其他需要管制的核材料。

放射性废物，是指核设施运行、退役产生的，含有放射性核素或者被放射性核素污染，其浓度或者比活度大于国家确定的清洁解控水平，预期不再使用的废弃物。

第三条 国家坚持理性、协调、并进的核安全观，加强核安全能力建设，保障核事业健康发展。

第四条 从事核事业必须遵循确保安全的方针。

核安全工作必须坚持安全第一、预防为主、责任明确、严格管理、纵深防御、独立监管、全面保障的原则。

第五条 核设施营运单位对核安全负全面责任。

为核设施营运单位提供设备、工程以及服务等的单位，应当负相应责任。

第六条 国务院核安全监督管理部门负责核安全的监督管理。

国务院核工业主管部门、能源主管部门和其他有关部门在各自职责范围内负责有关的核安全管理工作。

国家建立核安全工作协调机制，统筹协调有关部门推进相关工作。

第七条 国务院核安全监督管理部门会同国务院有关部门编制国家核安全规划，报国务院批准后组织实施。

第八条 国家坚持从高从严建立核安全标准体系。

国务院有关部门按照职责分工制定核安全标准。核安全标准是强制执行的标准。

核安全标准应当根据经济社会发展和科技进步适时修改。

第九条 国家制定核安全政策，加强核安全文化建设。

国务院核安全监督管理部门、核工业主管部门和能源主管部门应当建立培育核安全文化的机制。

核设施营运单位和为其提供设备、工程以及服务等的单位应当积极培育和建设核安全文化，将核安全文化融入生产、经营、科研和管理的各个环节。

第十条 国家鼓励和支持核安全相关科学技术的研究、开发和利用，加强知识产权保护，注重核安全人才的培养。

国务院有关部门应当在相关科研规划中安排与核设施、核材料安全和辐射环境监测、评估相关的关键技术研究专项，推广先进、可靠的核安全技术。

核设施营运单位和为其提供设备、工程以及服务等的单位、与核安全有关的科研机构等单位，应当持续开发先进、可靠的核安全技术，充分利用先进的科学技术成果，提高核安全水平。

国务院和省、自治区、直辖市人民政府及其有关部门对在科技创新中做出重要贡献的单位和个人，按照有关规定予以表彰和奖励。

第十一条 任何单位和个人不得危害核设施、核材料安全。

公民、法人和其他组织依法享有获取核安全信息的权利，受到核损害的，有依法获得赔偿的权利。

第十二条 国家加强对核设施、核材料的安全保卫工作。

核设施营运单位应当建立和完善安全保卫制度，采取安全保卫措施，防范对核设施、核材料的破坏、损害和盗窃。

第十三条 国家组织开展与核安全有关的国际交流与合作，完善核安全国际合作机制，防范和应对核恐怖主义威胁，履行中华人民共和国缔结或者参加的国际公约所规定的义务。

第二章 核设施安全

第十四条 国家对核设施的选址、建设进行统筹规划，科学论证，合理布局。

国家根据核设施的性质和风险程度等因素，对核设施实行分类管理。

第十五条 核设施营运单位应当具备保障核设施

安全运行的能力，并符合下列条件：

（一）有满足核安全要求的组织管理体系和质量保证、安全管理、岗位责任等制度；

（二）有规定数量、合格的专业技术人员和管理人员；

（三）具备与核设施安全相适应的安全评价、资源配置和财务能力；

（四）具备必要的核安全技术支撑和持续改进能力；

（五）具备应急响应能力和核损害赔偿财务保障能力；

（六）法律、行政法规规定的其他条件。

第十六条 核设施营运单位应当依照法律、行政法规和标准的要求，设置核设施纵深防御体系，有效防范技术原因、人为原因和自然灾害造成的威胁，确保核设施安全。

核设施营运单位应当对核设施进行定期安全评价，并接受国务院核安全监督管理部门的审查。

第十七条 核设施营运单位和为其提供设备、工程以及服务等的单位应当建立并实施质量保证体系，有效保证设备、工程和服务等的质量，确保设备的性能满足核安全标准的要求，工程和服务等满足核安全相关要求。

第十八条 核设施营运单位应当严格控制辐射照射，确保有关人员免受超过国家规定剂量限值的辐射照射，确保辐射照射保持在合理、可行和尽可能低的水平。

第十九条 核设施营运单位应当对核设施周围环境中所含的放射性核素的种类、浓度以及核设施流出物中的放射性核素总量实施监测，并定期向国务院环境保护主管部门和所在地省、自治区、直辖市人民政府环境保护主管部门报告监测结果。

第二十条 核设施营运单位应当按照国家有关规定，制定培训计划，对从业人员进行核安全教育和技能培训并进行考核。

核设施营运单位应当为从业人员提供相应的劳动防护和职业健康检查，保障从业人员的安全和健康。

第二十一条 省、自治区、直辖市人民政府应当对国家规划确定的核动力厂等重要核设施的厂址予以保护，在规划期内不得变更厂址用途。

省、自治区、直辖市人民政府应当在核动力厂等重要核设施周围划定规划限制区，经国务院核安全监督管理部门同意后实施。

禁止在规划限制区内建设可能威胁核设施安全的易燃、易爆、腐蚀性物品的生产、贮存设施以及人口密集场所。

第二十二条 国家建立核设施安全许可制度。

核设施营运单位进行核设施选址、建造、运行、退役等活动，应当向国务院核安全监督管理部门申请许可。

核设施营运单位要求变更许可文件规定条件的，应当报国务院核安全监督管理部门批准。

第二十三条 核设施营运单位应当对地质、地震、气象、水文、环境和人口分布等因素进行科学评估，在满足核安全技术评价要求的前提下，向国务院核安全监督管理部门提交核设施选址安全分析报告，经审查符合核安全要求后，取得核设施场址选择审查意见书。

第二十四条 核设施设计应当符合核安全标准，采用科学合理的构筑物、系统和设备参数与技术要求，提供多样保护和多重屏障，确保核设施运行可靠、稳定和便于操作，满足核安全要求。

第二十五条 核设施建造前，核设施营运单位应当向国务院核安全监督管理部门提出建造申请，并提交下列材料：

（一）核设施建造申请书；

（二）初步安全分析报告；

（三）环境影响评价文件；

（四）质量保证文件；

（五）法律、行政法规规定的其他材料。

第二十六条 核设施营运单位取得核设施建造许可证后，应当确保核设施整体性能满足核安全标准的要求。

核设施建造许可证的有效期不得超过十年。有效期届满，需要延期建造的，应当报国务院核安全监督管理部门审查批准。但是，有下列情形之一且经评估不存在安全风险的除外：

（一）国家政策或者行为导致核设施延期建造；

（二）用于科学研究的核设施；

（三）用于工程示范的核设施；

（四）用于乏燃料后处理的核设施。

核设施建造完成后应当进行调试，验证其是否满足设计的核安全要求。

第二十七条 核设施首次装投料前，核设施营运单位应当向国务院核安全监督管理部门提出运行申请，并提交下列材料：

（一）核设施运行申请书；

（二）最终安全分析报告；

（三）质量保证文件；

（四）应急预案；

（五）法律、行政法规规定的其他材料。

核设施营运单位取得核设施运行许可证后，应当按照许可证的规定运行。

核设施运行许可证的有效期为设计寿期。在有效期内，国务院核安全监督管理部门可以根据法律、行政法规和新的核安全标准的要求，对许可证规定的事项作出合理调整。

核设施营运单位调整下列事项的，应当报国务院核安全监督管理部门批准：

（一）作为颁发运行许可证依据的重要构筑物、系统和设备；

（二）运行限值和条件；

（三）国务院核安全监督管理部门批准的与核安全有关的程序和其他文件。

第二十八条　核设施运行许可证有效期届满需要继续运行的，核设施营运单位应当于有效期届满前五年，向国务院核安全监督管理部门提出延期申请，并对其是否符合核安全标准进行论证、验证，经审查批准后，方可继续运行。

第二十九条　核设施终止运行后，核设施营运单位应当采取安全的方式进行停闭管理，保证停闭期间的安全，确保退役所需的基本功能、技术人员和文件。

第三十条　核设施退役前，核设施营运单位应当向国务院核安全监督管理部门提出退役申请，并提交下列材料：

（一）核设施退役申请书；

（二）安全分析报告；

（三）环境影响评价文件；

（四）质量保证文件；

（五）法律、行政法规规定的其他材料。

核设施退役时，核设施营运单位应当按照合理、可行和尽可能低的原则处理、处置核设施场址的放射性物质，将构筑物、系统和设备的放射性水平降低至满足标准的要求。

核设施退役后，核设施所在地省、自治区、直辖市人民政府环境保护主管部门应当对核设施场址及其周围环境中所含的放射性核素的种类和浓度组织监测。

第三十一条　进口核设施，应当满足中华人民共和国有关核安全法律、行政法规和标准的要求，并报国务院核安全监督管理部门审查批准。

出口核设施，应当遵守中华人民共和国有关核设施出口管制的规定。

第三十二条　国务院核安全监督管理部门应当依照法定条件和程序，对核设施安全许可申请组织安全技术审查，满足核安全要求的，在技术审查完成之日起二十日内，依法作出准予许可的决定。

国务院核安全监督管理部门审批核设施建造、运行许可申请时，应当向国务院有关部门和核设施所在地省、自治区、直辖市人民政府征询意见，被征询意见的单位应当在三个月内给予答复。

第三十三条　国务院核安全监督管理部门组织安全技术审查时，应当委托与许可申请单位没有利益关系的技术支持单位进行技术审评。受委托的技术支持单位应当对其技术评价结论的真实性、准确性负责。

第三十四条　国务院核安全监督管理部门成立核安全专家委员会，为核安全决策提供咨询意见。

制定核安全规划和标准，进行核设施重大安全问题技术决策，应当咨询核安全专家委员会的意见。

第三十五条　国家建立核设施营运单位核安全报告制度，具体办法由国务院有关部门制定。

国务院有关部门应当建立核安全经验反馈制度，并及时处理核安全报告信息，实现信息共享。

核设施营运单位应当建立核安全经验反馈体系。

第三十六条　为核设施提供核安全设备设计、制造、安装和无损检验服务的单位，应当向国务院核安全监督管理部门申请许可。境外机构为境内核设施提供核安全设备设计、制造、安装和无损检验服务的，应当向国务院核安全监督管理部门申请注册。

国务院核安全监督管理部门依法对进口的核安全设备进行安全检验。

第三十七条　核设施操纵人员以及核安全设备焊接人员、无损检验人员等特种工艺人员应当按照国家规定取得相应资格证书。

核设施营运单位以及核安全设备制造、安装和无损检验单位应当聘用取得相应资格证书的人员从事与核设施安全专业技术有关的工作。

第三章　核材料和放射性废物安全

第三十八条　核设施营运单位和其他有关单位持有核材料，应当按照规定的条件依法取得许可，并采取下列措施，防止核材料被盗、破坏、丢失、非法转让和使用，保障核材料的安全与合法利用：

（一）建立专职机构或者指定专人保管核材料；

（二）建立核材料衡算制度，保持核材料收支平衡；

（三）建立与核材料保护等级相适应的实物保护系统；

（四）建立信息保密制度，采取保密措施；

（五）法律、行政法规规定的其他措施。

第三十九条　产生、贮存、运输、后处理乏燃料的单位应当采取措施确保乏燃料的安全，并对持有的乏燃料承担核安全责任。

第四十条　放射性废物应当实行分类处置。

低、中水平放射性废物在国家规定的符合核安全要求的场所实行近地表或者中等深度处置。

高水平放射性废物实行集中深地质处置，由国务院指定的单位专营。

第四十一条　核设施营运单位、放射性废物处理处置单位应当对放射性废物进行减量化、无害化处理、处置，确保永久安全。

第四十二条　国务院核工业主管部门会同国务院有关部门和省、自治区、直辖市人民政府编制低、中水平放射性废物处置场所的选址规划，报国务院批准后组织实施。

国务院核工业主管部门会同国务院有关部门编制高水平放射性废物处置场所的选址规划，报国务院批准后组织实施。

放射性废物处置场所的建设应当与核能发展的要求相适应。

第四十三条　国家建立放射性废物管理许可制度。

专门从事放射性废物处理、贮存、处置的单位，应当向国务院核安全监督管理部门申请许可。

核设施营运单位利用与核设施配套建设的处理、贮存设施，处理、贮存本单位产生的放射性废物的，无需申请许可。

第四十四条　核设施营运单位应当对其产生的放射性固体废物和不能经净化排放的放射性废液进行处理，使其转变为稳定的、标准化的固体废物后，及时送交放射性废物处置单位处置。

核设施营运单位应当对其产生的放射性废气进行处理，达到国家放射性污染防治标准后，方可排放。

第四十五条　放射性废物处置单位应当按照国家放射性污染防治标准的要求，对其接收的放射性废物进行处置。

放射性废物处置单位应当建立放射性废物处置情况记录档案，如实记录处置的放射性废物的来源、数量、特征、存放位置等与处置活动有关的事项。记录档案应当永久保存。

第四十六条　国家建立放射性废物处置设施关闭制度。

放射性废物处置设施有下列情形之一的，应当依法办理关闭手续，并在划定的区域设置永久性标记：

（一）设计服役期届满；

（二）处置的放射性废物已经达到设计容量；

（三）所在地区的地质构造或者水文地质等条件发生重大变化，不适宜继续处置放射性废物；

（四）法律、行政法规规定的其他需要关闭的情形。

第四十七条　放射性废物处置设施关闭前，放射性废物处置单位应当编制放射性废物处置设施关闭安全监护计划，报国务院核安全监督管理部门批准。

安全监护计划应当包括下列主要内容：

（一）安全监护责任人及其责任；

（二）安全监护费用；

（三）安全监护措施；

（四）安全监护期限。

放射性废物处置设施关闭后，放射性废物处置单位应当按照经批准的安全监护计划进行安全监护；经国务院核安全监督管理部门会同国务院有关部门批准后，将其交由省、自治区、直辖市人民政府进行监护管理。

第四十八条　核设施营运单位应当按照国家规定缴纳乏燃料处理处置费用，列入生产成本。

核设施营运单位应当预提核设施退役费用、放射性废物处置费用，列入投资概算、生产成本，专门用于核设施退役、放射性废物处置。具体办法由国务院财政部门、价格主管部门会同国务院核安全监督管理部门、核工业主管部门和能源主管部门制定。

第四十九条　国家对核材料、放射性废物的运输实行分类管理，采取有效措施，保障运输安全。

第五十条　国家保障核材料、放射性废物的公路、铁路、水路等运输，国务院有关部门应当加强对公路、铁路、水路等运输的管理，制定具体的保障措施。

第五十一条　国务院核工业主管部门负责协调乏燃料运输管理活动，监督有关保密措施。

公安机关对核材料、放射性废物道路运输的实物保护实施监督，依法处理可能危及核材料、放射性废物安全运输的事故。通过道路运输核材料、放射性废物的，应当报启运地县级以上人民政府公安机关按照规定权限批准；其中，运输乏燃料或者高水平放射性废物的，应当报国务院公安部门批准。

国务院核安全监督管理部门负责批准核材料、放射性废物运输包装容器的许可申请。

第五十二条　核材料、放射性废物的托运人应当在运输中采取有效的辐射防护和安全保卫措施，对运输中的核安全负责。

乏燃料、高水平放射性废物的托运人应当向国务院核安全监督管理部门提交有关核安全分析报告，经审查批准后方可开展运输活动。

核材料、放射性废物的承运人应当依法取得国家规定的运输资质。

第五十三条 通过公路、铁路、水路等运输核材料、放射性废物，本法没有规定的，适用相关法律、行政法规和规章关于放射性物品运输、危险货物运输的规定。

第四章 核事故应急

第五十四条 国家设立核事故应急协调委员会，组织、协调全国的核事故应急管理工作。

省、自治区、直辖市人民政府根据实际需要设立核事故应急协调委员会，组织、协调本行政区域内的核事故应急管理工作。

第五十五条 国务院核工业主管部门承担国家核事故应急协调委员会日常工作，牵头制定国家核事故应急预案，经国务院批准后组织实施。国家核事故应急协调委员会成员单位根据国家核事故应急预案部署，制定本单位核事故应急预案，报国务院核工业主管部门备案。

省、自治区、直辖市人民政府指定的部门承担核事故应急协调委员会的日常工作，负责制定本行政区域内场外核事故应急预案，报国家核事故应急协调委员会审批后组织实施。

核设施营运单位负责制定本单位场内核事故应急预案，报国务院核工业主管部门、能源主管部门和省、自治区、直辖市人民政府指定的部门备案。

中国人民解放军和中国人民武装警察部队按照国务院、中央军事委员会的规定，制定本系统支援地方的核事故应急工作预案，报国务院核工业主管部门备案。

应急预案制定单位应当根据实际需要和情势变化，适时修订应急预案。

第五十六条 核设施营运单位应当按照应急预案，配备应急设备，开展应急工作人员培训和演练，做好应急准备。

核设施所在地省、自治区、直辖市人民政府指定的部门，应当开展核事故应急知识普及活动，按照应急预案组织有关企业、事业单位和社区开展核事故应急演练。

第五十七条 国家建立核事故应急准备金制度，保障核事故应急准备与响应工作所需经费。核事故应急准备金管理办法，由国务院制定。

第五十八条 国家对核事故应急实行分级管理。

发生核事故时，核设施营运单位应当按照应急预案的要求开展应急响应，减轻事故后果，并立即向国务院核工业主管部门、核安全监督管理部门和省、自治区、直辖市人民政府指定的部门报告核设施状况，根据需要提出场外应急响应行动建议。

第五十九条 国家核事故应急协调委员会按照国家核事故应急预案部署，组织协调国务院有关部门、地方人民政府、核设施营运单位实施核事故应急救援工作。

中国人民解放军和中国人民武装警察部队按照国务院、中央军事委员会的规定，实施核事故应急救援工作。

核设施营运单位应当按照核事故应急救援工作的要求，实施应急响应支援。

第六十条 国务院核工业主管部门或者省、自治区、直辖市人民政府指定的部门负责发布核事故应急信息。

国家核事故应急协调委员会统筹协调核事故应急国际通报和国际救援工作。

第六十一条 各级人民政府及其有关部门、核设施营运单位等应当按照国务院有关规定和授权，组织开展核事故后的恢复行动、损失评估等工作。

核事故的调查处理，由国务院或者其授权的部门负责实施。

核事故场外应急行动的调查处理，由国务院或者其指定的机构负责实施。

第六十二条 核材料、放射性废物运输的应急应当纳入所经省、自治区、直辖市场外核事故应急预案或者辐射应急预案。发生核事故时，由事故发生地省、自治区、直辖市人民政府负责应急响应。

第五章 信息公开和公众参与

第六十三条 国务院有关部门及核设施所在地省、自治区、直辖市人民政府指定的部门应当在各自职责范围内依法公开核安全相关信息。

国务院核安全监督管理部门应当依法公开与核安全有关的行政许可，以及核安全有关活动的安全监督检查报告、总体安全状况、辐射环境质量和核事故等信息。

国务院应当定期向全国人民代表大会常务委员会报告核安全情况。

第六十四条 核设施营运单位应当公开本单位核安全管理制度和相关文件、核设施安全状况、流出物和周围环境辐射监测数据、年度核安全报告等信息。具体办法由国务院核安全监督管理部门制定。

第六十五条 对依法公开的核安全信息，应当通过政府公告、网站以及其他便于公众知晓的方式,及时向社会公开。

公民、法人和其他组织,可以依法向国务院核安全监督管理部门和核设施所在地省、自治区、直辖市人民政府指定的部门申请获取核安全相关信息。

第六十六条 核设施营运单位应当就涉及公众利益的重大核安全事项通过问卷调查、听证会、论证会、座谈会,或者采取其他形式征求利益相关方的意见,并以适当形式反馈。

核设施所在地省、自治区、直辖市人民政府应当就影响公众利益的重大核安全事项举行听证会、论证会、座谈会,或者采取其他形式征求利益相关方的意见,并以适当形式反馈。

第六十七条 核设施营运单位应当采取下列措施,开展核安全宣传活动:

(一)在保证核设施安全的前提下,对公众有序开放核设施;

(二)与学校合作,开展对学生的核安全知识教育活动;

(三)建设核安全宣传场所,印制和发放核安全宣传材料;

(四)法律、行政法规规定的其他措施。

第六十八条 公民、法人和其他组织有权对存在核安全隐患或者违反核安全法律、行政法规的行为,向国务院核安全监督管理部门或者其他有关部门举报。

公民、法人和其他组织不得编造、散布核安全虚假信息。

第六十九条 涉及国家秘密、商业秘密和个人信息的政府信息公开,按照国家有关规定执行。

第六章 监督检查

第七十条 国家建立核安全监督检查制度。

国务院核安全监督管理部门和其他有关部门应当对从事核安全活动的单位遵守核安全法律、行政法规、规章和标准的情况进行监督检查。

国务院核安全监督管理部门可以在核设施集中的地区设立派出机构。国务院核安全监督管理部门或者其派出机构应当向核设施建造、运行、退役等现场派遣监督检查人员,进行核安全监督检查。

第七十一条 国务院核安全监督管理部门和其他有关部门应当加强核安全监管能力建设,提高核安全监管水平。

国务院核安全监督管理部门应当组织开展核安全监管技术研究开发,保持与核安全监督管理相适应的技术评价能力。

第七十二条 国务院核安全监督管理部门和其他有关部门进行核安全监督检查时,有权采取下列措施:

(一)进入现场进行监测、检查或者核查;

(二)调阅相关文件、资料和记录;

(三)向有关人员调查、了解情况;

(四)发现问题的,现场要求整改。

国务院核安全监督管理部门和其他有关部门应当将监督检查情况形成报告,建立档案。

第七十三条 对国务院核安全监督管理部门和其他有关部门依法进行的监督检查,从事核安全活动的单位应当予以配合,如实说明情况,提供必要资料,不得拒绝、阻挠。

第七十四条 核安全监督检查人员应当忠于职守,勤勉尽责,秉公执法。

核安全监督检查人员应当具备与监督检查活动相应的专业知识和业务能力,并定期接受培训。

核安全监督检查人员执行监督检查任务,应当出示有效证件,对获知的国家秘密、商业秘密和个人信息,应当依法予以保密。

第七章 法律责任

第七十五条 违反本法规定,有下列情形之一的,对直接负责的主管人员和其他直接责任人员依法给予处分:

(一)国务院核安全监督管理部门或者其他有关部门未依法对许可申请进行审批的;

(二)国务院有关部门或者核设施所在地省、自治区、直辖市人民政府指定的部门未依法公开核安全相关信息的;

(三)核设施所在地省、自治区、直辖市人民政府未就影响公众利益的重大核安全事项征求利益相关方意见的;

(四)国务院核安全监督管理部门或者其他有关部门未将监督检查情况形成报告,或者未建立档案的;

(五)核安全监督检查人员执行监督检查任务,未出示有效证件,或者对获知的国家秘密、商业秘密、个人信息未依法予以保密的;

(六)国务院核安全监督管理部门或者其他有关部门,省、自治区、直辖市人民政府有关部门有其他滥用职权、玩忽职守、徇私舞弊行为的。

第七十六条 违反本法规定,危害核设施、核材料安全,或者编造、散布核安全虚假信息,构成违反治安管理行为的，由公安机关依法给予治安管理处罚。

第七十七条 违反本法规定，有下列情形之一的，由国务院核安全监督管理部门或者其他有关部门责令改正，给予警告；情节严重的，处二十万元以上一百万元以下的罚款；拒不改正的，责令停止建设或者停产整顿：

（一）核设施营运单位未设置核设施纵深防御体系的；

（二）核设施营运单位或者为其提供设备、工程以及服务等的单位未建立或者未实施质量保证体系的；

（三）核设施营运单位未按照要求控制辐射照射剂量的；

（四）核设施营运单位未建立核安全经验反馈体系的；

（五）核设施营运单位未就涉及公众利益的重大核安全事项征求利益相关方意见的。

第七十八条 违反本法规定，在规划限制区内建设可能威胁核设施安全的易燃、易爆、腐蚀性物品的生产、贮存设施或者人口密集场所的，由国务院核安全监督管理部门责令限期拆除，恢复原状，处十万元以上五十万元以下的罚款。

第七十九条 违反本法规定，核设施营运单位有下列情形之一的，由国务院核安全监督管理部门责令改正，处一百万元以上五百万元以下的罚款；拒不改正的，责令停止建设或者停产整顿；有违法所得的，没收违法所得；造成环境污染的，责令限期采取治理措施消除污染，逾期不采取措施的，指定有能力的单位代为履行，所需费用由污染者承担；对直接负责的主管人员和其他直接责任人员，处五万元以上二十万元以下的罚款：

（一）未经许可，从事核设施建造、运行或者退役等活动的；

（二）未经许可，变更许可文件规定条件的；

（三）核设施运行许可证有效期届满，未经审查批准，继续运行核设施的；

（四）未经审查批准，进口核设施的。

第八十条 违反本法规定，核设施营运单位有下列情形之一的，由国务院核安全监督管理部门责令改正，给予警告；情节严重的，处五十万元以上二百万元以下的罚款；造成环境污染的，责令限期采取治理措施消除污染，逾期不采取措施的，指定有能力的单位代为履行，所需费用由污染者承担：

（一）未对核设施进行定期安全评价，或者不接受国务院核安全监督管理部门审查的；

（二）核设施终止运行后，未采取安全方式进行停闭管理，或者未确保退役所需的基本功能、技术人员和文件的；

（三）核设施退役时，未将构筑物、系统或者设备的放射性水平降低至满足标准的要求的；

（四）未将产生的放射性固体废物或者不能经净化排放的放射性废液转变为稳定的、标准化的固体废物，及时送交放射性废物处置单位处置的；

（五）未对产生的放射性废气进行处理，或者未达到国家放射性污染防治标准排放的。

第八十一条 违反本法规定，核设施营运单位未对核设施周围环境中所含的放射性核素的种类、浓度或者核设施流出物中的放射性核素总量实施监测，或者未按照规定报告监测结果的，由国务院环境保护主管部门或者所在地省、自治区、直辖市人民政府环境保护主管部门责令改正，处十万元以上五十万元以下的罚款。

第八十二条 违反本法规定，受委托的技术支持单位出具虚假技术评价结论的，由国务院核安全监督管理部门处二十万元以上一百万元以下的罚款；有违法所得的，没收违法所得；对直接负责的主管人员和其他直接责任人员处十万元以上二十万元以下的罚款。

第八十三条 违反本法规定，有下列情形之一的，由国务院核安全监督管理部门责令改正，处五十万元以上一百万元以下的罚款；有违法所得的，没收违法所得；对直接负责的主管人员和其他直接责任人员处二万元以上十万元以下的罚款：

（一）未经许可，为核设施提供核安全设备设计、制造、安装或者无损检验服务的；

（二）未经注册，境外机构为境内核设施提供核安全设备设计、制造、安装或者无损检验服务的。

第八十四条 违反本法规定，核设施营运单位或者核安全设备制造、安装、无损检验单位聘用未取得相应资格证书的人员从事与核设施安全专业技术有关的工作的，由国务院核安全监督管理部门责令改正，处十万元以上五十万元以下的罚款；拒不改正的，暂扣或者吊销许可证，对直接负责的主管人员和其他直接责任人员处二万元以上十万元以下的罚款。

第八十五条 违反本法规定，未经许可持有核材料的，由国务院核工业主管部门没收非法持有的核材料，并处十万元以上五十万元以下的罚款；有违法所得的，没收违法所得。

第八十六条 违反本法规定，有下列情形之一的，由国务院核安全监督管理部门责令改正，处十万元以上五十万元以下的罚款；情节严重的，处五十万元以上二百万元以下的罚款；造成环境污染的，责令限期采取治理措施消除污染，逾期不采取措施的，指定有能力的单位代为履行，所需费用由污染者承担：

（一）未经许可，从事放射性废物处理、贮存、处置活动的；

（二）未建立放射性废物处置情况记录档案，未如实记录与处置活动有关的事项，或者未永久保存记录档案的；

（三）对应当关闭的放射性废物处置设施，未依法办理关闭手续的；

（四）关闭放射性废物处置设施，未在划定的区域设置永久性标记的；

（五）未编制放射性废物处置设施关闭安全监护计划的；

（六）放射性废物处置设施关闭后，未按照经批准的安全监护计划进行安全监护的。

第八十七条 违反本法规定，核设施营运单位有下列情形之一的，由国务院核安全监督管理部门责令改正，处十万元以上五十万元以下的罚款；对直接负责的主管人员和其他直接责任人员，处二万元以上五万元以下的罚款：

（一）未按照规定制定场内核事故应急预案的；

（二）未按照应急预案配备应急设备，未开展应急工作人员培训或者演练的；

（三）未按照核事故应急救援工作的要求，实施应急响应支援的。

第八十八条 违反本法规定，核设施营运单位未按照规定公开相关信息的，由国务院核安全监督管理部门责令改正；拒不改正的，处十万元以上五十万元以下的罚款。

第八十九条 违反本法规定，对国务院核安全监督管理部门或者其他有关部门依法进行的监督检查，从事核安全活动的单位拒绝、阻挠的，由国务院核安全监督管理部门或者其他有关部门责令改正，可以处十万元以上五十万元以下的罚款；拒不改正的，暂扣或者吊销其许可证；构成违反治安管理行为的，由公安机关依法给予治安管理处罚。

第九十条 因核事故造成他人人身伤亡、财产损失或者环境损害的，核设施营运单位应当按照国家核损害责任制度承担赔偿责任，但能够证明损害是因战争、武装冲突、暴乱等情形造成的除外。

为核设施营运单位提供设备、工程以及服务等的单位不承担核损害赔偿责任。核设施营运单位与其有约定的，在承担赔偿责任后，可以按照约定追偿。

核设施营运单位应当通过投保责任保险、参加互助机制等方式，作出适当的财务保证安排，确保能够及时、有效履行核损害赔偿责任。

第九十一条 违反本法规定，构成犯罪的，依法追究刑事责任。

第八章 附 则

第九十二条 军工、军事核安全，由国务院、中央军事委员会依照本法规定的原则另行规定。

第九十三条 本法中下列用语的含义：

核事故，是指核设施内的核燃料、放射性产物、放射性废物或者运入运出核设施的核材料所发生的放射性、毒害性、爆炸性或者其他危害性事故，或者一系列事故。

纵深防御，是指通过设定一系列递进并且独立的防护、缓解措施或者实物屏障，防止核事故发生，减轻核事故后果。

核设施营运单位，是指在中华人民共和国境内，申请或者持有核设施安全许可证，可以经营和运行核设施的单位。

核安全设备，是指在核设施中使用的执行核安全功能的设备，包括核安全机械设备和核安全电气设备。

乏燃料，是指在反应堆堆芯内受过辐照并从堆芯永久卸出的核燃料。

停闭，是指核设施已经停止运行，并且不再启动。

退役，是指采取去污、拆除和清除等措施，使核设施不再使用的场所或者设备的辐射剂量满足国家相关标准的要求。

经验反馈，是指对核设施的事件、质量问题和良好实践等信息进行收集、筛选、评价、分析、处理和分发，总结推广好实践经验，防止类似事件和问题重复发生。

托运人，是指在中华人民共和国境内，申请将托运货物提交运输并获得批准的单位。

第九十四条 本法自2018年1月1日起施行。

民用核安全设备监督管理条例

（2007年7月11日国务院令第500号公布　根据2016年2月6日《国务院关于修改部分行政法规的决定》第一次修订　根据2019年3月2日《国务院关于修改部分行政法规的决定》第二次修订）

第一章　总　　则

第一条　为了加强对民用核安全设备的监督管理，保证民用核设施的安全运行，预防核事故，保障工作人员和公众的健康，保护环境，促进核能事业的顺利发展，制定本条例。

第二条　本条例所称民用核安全设备，是指在民用核设施中使用的执行核安全功能的设备，包括核安全机械设备和核安全电气设备。

民用核安全设备目录由国务院核安全监管部门商国务院有关部门制定并发布。

第三条　民用核安全设备设计、制造、安装和无损检验活动适用本条例。

民用核安全设备运离民用核设施现场进行的维修活动，适用民用核安全设备制造活动的有关规定。

第四条　国务院核安全监管部门对民用核安全设备设计、制造、安装和无损检验活动实施监督管理。

国务院核行业主管部门和其他有关部门依照本条例和国务院规定的职责分工负责有关工作。

第五条　民用核安全设备设计、制造、安装和无损检验单位，应当建立健全责任制度，加强质量管理，并对其所从事的民用核安全设备设计、制造、安装和无损检验活动承担全面责任。

民用核设施营运单位，应当对在役的民用核安全设备进行检查、试验、检验和维修，并对民用核安全设备的使用和运行安全承担全面责任。

第六条　民用核安全设备设计、制造、安装和无损检验活动应当符合国家有关产业政策。

国家鼓励民用核安全设备设计、制造、安装和无损检验的科学技术研究，提高安全水平。

第七条　任何单位和个人对违反本条例规定的行为，有权向国务院核安全监管部门举报。国务院核安全监管部门接到举报，应当及时调查处理，并为举报人保密。

第二章　标　　准

第八条　民用核安全设备标准是从事民用核安全设备设计、制造、安装和无损检验活动的技术依据。

第九条　国家建立健全民用核安全设备标准体系。制定民用核安全设备标准，应当充分考虑民用核安全设备的技术发展和使用要求，结合我国的工业基础和技术水平，做到安全可靠、技术成熟、经济合理。

民用核安全设备标准包括国家标准、行业标准和企业标准。

第十条　涉及核安全基本原则和技术要求的民用核安全设备国家标准，由国务院核安全监管部门组织拟定，由国务院标准化主管部门和国务院核安全监管部门联合发布；其他的民用核安全设备国家标准，由国务院核行业主管部门组织拟定，经国务院核安全监管部门认可，由国务院标准化主管部门发布。

民用核安全设备行业标准，由国务院核行业主管部门组织拟定，经国务院核安全监管部门认可，由国务院核行业主管部门发布，并报国务院标准化主管部门备案。

制定民用核安全设备国家标准和行业标准，应当充分听取有关部门和专家的意见。

第十一条　尚未制定相应国家标准和行业标准的，民用核安全设备设计、制造、安装和无损检验单位应当采用经国务院核安全监管部门认可的标准。

第三章　许　　可

第十二条　民用核安全设备设计、制造、安装和无损检验单位应当依照本条例规定申请领取许可证。

第十三条　申请领取民用核安全设备设计、制造、安装或者无损检验许可证的单位，应当具备下列条件：

（一）具有法人资格；

（二）有与拟从事活动相关或者相近的工作业绩，并且满5年以上；

（三）有与拟从事活动相适应的、经考核合格的专业技术人员，其中从事民用核安全设备焊接和无损检验活动的专业技术人员应当取得相应的资格证书；

（四）有与拟从事活动相适应的工作场所、设施和装备；

（五）有健全的管理制度和完善的质量保证体系，以及符合核安全监督管理规定的质量保证大纲。

申请领取民用核安全设备制造许可证或者安装许可证的单位，还应当制作有代表性的模拟件。

第十四条　申请领取民用核安全设备设计、制造、安装或者无损检验许可证的单位，应当向国务院核安全监管部门提出书面申请，并提交符合本条例第十三条规定条件的证明材料。

第十五条　国务院核安全监管部门应当自受理申请之日起 45 个工作日内完成审查，并对符合条件的，颁发许可证，予以公告；对不符合条件的，书面通知申请单位并说明理由。

国务院核安全监管部门在审查过程中，应当组织专家进行技术评审，并征求国务院核行业主管部门和其他有关部门的意见。技术评审所需时间不计算在前款规定的期限内。

第十六条　民用核安全设备设计、制造、安装和无损检验许可证应当载明下列内容：

（一）单位名称、地址和法定代表人；

（二）准予从事的活动种类和范围；

（三）有效期限；

（四）发证机关、发证日期和证书编号。

第十七条　民用核安全设备设计、制造、安装和无损检验单位变更单位名称、地址或者法定代表人的，应当自变更工商登记之日起 20 日内，向国务院核安全监管部门申请办理许可证变更手续。

民用核安全设备设计、制造、安装和无损检验单位变更许可证规定的活动种类或者范围的，应当按照原申请程序向国务院核安全监管部门重新申请领取许可证。

第十八条　民用核安全设备设计、制造、安装和无损检验许可证有效期为 5 年。

许可证有效期届满，民用核安全设备设计、制造、安装和无损检验单位需要继续从事相关活动的，应当于许可证有效期届满 6 个月前，向国务院核安全监管部门提出延续申请。

国务院核安全监管部门应当在许可证有效期届满前作出是否准予延续的决定；逾期未作决定，视为准予延续。

第十九条　禁止无许可证擅自从事或者不按照许可证规定的活动种类和范围从事民用核安全设备设计、制造、安装和无损检验活动。

禁止委托未取得相应许可证的单位进行民用核安全设备设计、制造、安装和无损检验活动。

禁止伪造、变造、转让许可证。

第四章　设计、制造、安装和无损检验

第二十条　民用核安全设备设计、制造、安装和无损检验单位，应当提高核安全意识，建立完善的质量保证体系，确保民用核安全设备的质量和可靠性。

民用核设施营运单位，应当对民用核安全设备设计、制造、安装和无损检验活动进行质量管理和过程控制，做好监造和验收工作。

第二十一条　民用核安全设备设计、制造、安装和无损检验单位，应当根据其质量保证大纲和民用核设施营运单位的要求，在民用核安全设备设计、制造、安装和无损检验活动开始前编制项目质量保证分大纲，并经民用核设施营运单位审查同意。

第二十二条　民用核安全设备设计单位，应当在设计活动开始 30 日前，将下列文件报国务院核安全监管部门备案：

（一）项目设计质量保证分大纲和程序清单；

（二）设计内容和设计进度计划；

（三）设计遵循的标准和规范目录清单，设计中使用的计算机软件清单；

（四）设计验证活动清单。

第二十三条　民用核安全设备制造、安装单位，应当在制造、安装活动开始 30 日前，将下列文件报国务院核安全监管部门备案：

（一）项目制造、安装质量保证分大纲和程序清单；

（二）制造、安装技术规格书；

（三）分包项目清单；

（四）制造、安装质量计划。

第二十四条　民用核安全设备设计、制造、安装和无损检验单位，不得将国务院核安全监管部门确定的关键工艺环节分包给其他单位。

第二十五条　民用核安全设备制造、安装、无损检验单位和民用核设施营运单位，应当聘用取得民用核安全设备焊工、焊接操作工和无损检验人员资格证书的人员进行民用核安全设备焊接和无损检验活动。

民用核安全设备焊工、焊接操作工由国务院核安全监管部门核准颁发资格证书。民用核安全设备无损检验人员由国务院核行业主管部门按照国务院核安全监管部门的规定统一组织考核，经国务院核安全监管部门核准，由国务院核行业主管部门颁发资格证书。

民用核安全设备焊工、焊接操作工和无损检验人员在民用核安全设备焊接和无损检验活动中，应当严格遵守操作规程。

第二十六条　民用核安全设备无损检验单位应当客观、准确地出具无损检验结果报告。无损检验结果报告经取得相应资格证书的无损检验人员签字方为有效。

民用核安全设备无损检验单位和无损检验人员对无损检验结果报告负责。

第二十七条　民用核安全设备设计单位应当对其

设计进行设计验证。设计验证由未参与原设计的专业人员进行。

设计验证可以采用设计评审、鉴定试验或者不同于设计中使用的计算方法的其他计算方法等形式。

第二十八条 民用核安全设备制造、安装单位应当对民用核安全设备的制造、安装质量进行检验。未经检验或者经检验不合格的，不得交付验收。

第二十九条 民用核设施营运单位应当对民用核安全设备质量进行验收。有下列情形之一的，不得验收通过：

（一）不能按照质量保证要求证明质量受控的；

（二）出现重大质量问题未处理完毕的。

第三十条 民用核安全设备设计、制造、安装和无损检验单位，应当对本单位所从事的民用核安全设备设计、制造、安装和无损检验活动进行年度评估，并于每年4月1日前向国务院核安全监管部门提交上一年度的评估报告。

评估报告应当包括本单位工作场所、设施、装备和人员等变动情况，质量保证体系实施情况，重大质量问题处理情况以及国务院核安全监管部门和民用核设施营运单位提出的整改要求落实情况等内容。

民用核安全设备设计、制造、安装和无损检验单位对本单位在民用核安全设备设计、制造、安装和无损检验活动中出现的重大质量问题，应当立即采取处理措施，并向国务院核安全监管部门报告。

第五章 进 出 口

第三十一条 为中华人民共和国境内民用核设施进行民用核安全设备设计、制造、安装和无损检验活动的境外单位，应当具备下列条件：

（一）遵守中华人民共和国的法律、行政法规和核安全监督管理规定；

（二）已取得所在国核安全监管部门规定的相应资质；

（三）使用的民用核安全设备设计、制造、安装和无损检验技术是成熟的或者经过验证的；

（四）采用中华人民共和国的民用核安全设备国家标准、行业标准或者国务院核安全监管部门认可的标准。

第三十二条 为中华人民共和国境内民用核设施进行民用核安全设备设计、制造、安装和无损检验活动的境外单位，应当事先向国务院核安全监管部门办理注册登记手续。国务院核安全监管部门应当将境外单位注册登记情况抄送国务院核行业主管部门和其他有关部门。

注册登记的具体办法由国务院核安全监管部门制定。

第三十三条 国务院核安全监管部门及其所属的检验机构应当依法对进口的民用核安全设备进行安全检验。

进口的民用核安全设备在安全检验合格后，由海关进行商品检验。

第三十四条 国务院核安全监管部门根据需要，可以对境外单位为中华人民共和国境内民用核设施进行的民用核安全设备设计、制造、安装和无损检验活动实施核安全监督检查。

第三十五条 民用核设施营运单位应当在对外贸易合同中约定有关民用核安全设备监造、装运前检验和监装等方面的要求。

第三十六条 民用核安全设备的出口管理依照有关法律、行政法规的规定执行。

第六章 监 督 检 查

第三十七条 国务院核安全监管部门及其派出机构，依照本条例规定对民用核安全设备设计、制造、安装和无损检验活动进行监督检查。监督检查分为例行检查和非例行检查。

第三十八条 国务院核安全监管部门及其派出机构在进行监督检查时，有权采取下列措施：

（一）向被检查单位的法定代表人和其他有关人员调查、了解情况；

（二）进入被检查单位进行现场调查或者核查；

（三）查阅、复制相关文件、记录以及其他有关资料；

（四）要求被检查单位提交有关情况说明或者后续处理报告；

（五）对有证据表明可能存在重大质量问题的民用核安全设备或者其主要部件，予以暂时封存。

被检查单位应当予以配合，如实反映情况，提供必要资料，不得拒绝和阻碍。

第三十九条 国务院核安全监管部门及其派出机构在进行监督检查时，应当对检查的内容、发现的问题以及处理情况作出记录，并由监督检查人员和被检查单位的有关负责人签字确认。被检查单位的有关负责人拒绝签字的，监督检查人员应当将有关情况记录在案。

第四十条 民用核安全设备监督检查人员在进行监督检查时，应当出示证件，并为被检查单位保守技术秘密和业务秘密。

民用核安全设备监督检查人员不得滥用职权侵犯

企业的合法权益，或者利用职务上的便利索取、收受财物。

民用核安全设备监督检查人员不得从事或者参与民用核安全设备经营活动。

第四十一条 国务院核安全监管部门发现民用核安全设备设计、制造、安装和无损检验单位有不符合发证条件的情形的，应当责令其限期整改。

第四十二条 国务院核行业主管部门应当加强对本行业民用核设施营运单位的管理，督促本行业民用核设施营运单位遵守法律、行政法规和核安全监督管理规定。

第七章 法律责任

第四十三条 国务院核安全监管部门及其民用核安全设备监督检查人员有下列行为之一的，对直接负责的主管人员和其他直接责任人员，依法给予处分；直接负责的主管人员和其他直接责任人员构成犯罪的，依法追究刑事责任：

（一）不依照本条例规定颁发许可证的；

（二）发现违反本条例规定的行为不予查处，或者接到举报后不依法处理的；

（三）滥用职权侵犯企业的合法权益，或者利用职务上的便利索取、收受财物的；

（四）从事或者参与民用核安全设备经营活动的；

（五）在民用核安全设备监督管理工作中有其他违法行为的。

第四十四条 无许可证擅自从事民用核安全设备设计、制造、安装和无损检验活动的，由国务院核安全监管部门责令停止违法行为，处50万元以上100万元以下的罚款；有违法所得的，没收违法所得；对直接负责的主管人员和其他直接责任人员，处2万元以上10万元以下的罚款。

第四十五条 民用核安全设备设计、制造、安装和无损检验单位不按照许可证规定的活动种类和范围从事民用核安全设备设计、制造、安装和无损检验活动的，由国务院核安全监管部门责令停止违法行为，限期改正，处10万元以上50万元以下的罚款；有违法所得的，没收违法所得；逾期不改正的，暂扣或者吊销许可证，对直接负责的主管人员和其他直接责任人员，处2万元以上10万元以下的罚款。

第四十六条 民用核安全设备设计、制造、安装和无损检验单位变更单位名称、地址或者法定代表人，未依法办理许可证变更手续的，由国务院核安全监管部门责令限期改正；逾期不改正的，暂扣或者吊销许可证。

第四十七条 单位伪造、变造、转让许可证的，由国务院核安全监管部门收缴伪造、变造的许可证或者吊销许可证，处10万元以上50万元以下的罚款；有违法所得的，没收违法所得；对直接负责的主管人员和其他直接责任人员，处2万元以上10万元以下的罚款；构成违反治安管理行为的，由公安机关依法予以治安处罚；构成犯罪的，依法追究刑事责任。

第四十八条 民用核安全设备设计、制造、安装和无损检验单位未按照民用核安全设备标准进行民用核安全设备设计、制造、安装和无损检验活动的，由国务院核安全监管部门责令停止违法行为，限期改正，禁止使用相关设计、设备，处10万元以上50万元以下的罚款；有违法所得的，没收违法所得；逾期不改正的，暂扣或者吊销许可证，对直接负责的主管人员和其他直接责任人员，处2万元以上10万元以下的罚款。

第四十九条 民用核安全设备设计、制造、安装和无损检验单位有下列行为之一的，由国务院核安全监管部门责令停止违法行为，限期改正，处10万元以上50万元以下的罚款；逾期不改正的，暂扣或者吊销许可证，对直接负责的主管人员和其他直接责任人员，处2万元以上10万元以下的罚款：

（一）委托未取得相应许可证的单位进行民用核安全设备设计、制造、安装和无损检验活动的；

（二）聘用未取得相应资格证书的人员进行民用核安全设备焊接和无损检验活动的；

（三）将国务院核安全监管部门确定的关键工艺环节分包给其他单位的。

第五十条 民用核安全设备设计、制造、安装和无损检验单位对本单位在民用核安全设备设计、制造、安装和无损检验活动中出现的重大质量问题，未按照规定采取处理措施并向国务院核安全监管部门报告的，由国务院核安全监管部门责令停止民用核安全设备设计、制造、安装和无损检验活动，限期改正，处5万元以上20万元以下的罚款；逾期不改正的，暂扣或者吊销许可证，对直接负责的主管人员和其他直接责任人员，处2万元以上10万元以下的罚款。

第五十一条 民用核安全设备设计、制造、安装和无损检验单位有下列行为之一的，由国务院核安全监管部门责令停止民用核安全设备设计、制造、安装和无损检验活动，限期改正；逾期不改正的，处5万元以上20万元以下的罚款，暂扣或者吊销许可证：

（一）未按照规定编制项目质量保证分大纲并经民用核设施营运单位审查同意的；

（二）在民用核安全设备设计、制造和安装活动开始前，未按照规定将有关文件报国务院核安全监管部门备案的；

（三）未按照规定进行年度评估并向国务院核安全监管部门提交评估报告的。

第五十二条 民用核安全设备无损检验单位出具虚假无损检验结果报告的，由国务院核安全监管部门处10万元以上50万元以下的罚款，吊销许可证；有违法所得的，没收违法所得；对直接负责的主管人员和其他直接责任人员，处2万元以上10万元以下的罚款；构成犯罪的，依法追究刑事责任。

第五十三条 民用核安全设备焊工、焊接操作工违反操作规程导致严重焊接质量问题的，由国务院核安全监管部门吊销其资格证书。

第五十四条 民用核安全设备无损检验人员违反操作规程导致无损检验结果报告严重错误的，由国务院核行业主管部门吊销其资格证书，或者由国务院核安全监管部门责令其停止民用核安全设备无损检验活动并提请国务院核行业主管部门吊销其资格证书。

第五十五条 民用核安全设备设计单位未按照规定进行设计验证，或者民用核安全设备制造、安装单位未按照规定进行质量检验以及经检验不合格即交付验收的，由国务院核安全监管部门责令限期改正，处10万元以上50万元以下的罚款；有违法所得的，没收违法所得；逾期不改正的，吊销许可证，对直接负责的主管人员和其他直接责任人员，处2万元以上10万元以下的罚款。

第五十六条 民用核设施营运单位有下列行为之一的，由国务院核安全监管部门责令限期改正，处100万元以上500万元以下的罚款；逾期不改正的，吊销其核设施建造许可证或者核设施运行许可证，对直接负责的主管人员和其他直接责任人员，处2万元以上10万元以下的罚款；

（一）委托未取得相应许可证的单位进行民用核安全设备设计、制造、安装和无损检验活动的；

（二）对不能按照质量保证要求证明质量受控，或者出现重大质量问题未处理完毕的民用核安全设备予以验收通过的。

第五十七条 民用核安全设备设计、制造、安装和无损检验单位被责令限期整改，逾期不整改或者经整改仍不符合发证条件的，由国务院核安全监管部门暂扣或者吊销许可证。

第五十八条 拒绝或者阻碍国务院核安全监管部门及其派出机构监督检查的，由国务院核安全监管部门责令限期改正；逾期不改正或者在接受监督检查时弄虚作假的，暂扣或者吊销许可证。

第五十九条 违反本条例规定，被依法吊销许可证的单位，自吊销许可证之日起1年内不得重新申请领取许可证。

第八章 附 则

第六十条 申请领取民用核安全设备设计、制造、安装或者无损检验许可证的单位，应当按照国家有关规定缴纳技术评审的费用。

第六十一条 本条例下列用语的含义：

（一）核安全机械设备，包括执行核安全功能的压力容器、钢制安全壳（钢衬里）、储罐、热交换器、泵、风机和压缩机、阀门、闸门、管道（含热交换器传热管）和管配件、膨胀节、波纹管、法兰、堆内构件、控制棒驱动机构、支承件、机械贯穿件以及上述设备的铸锻件等。

（二）核安全电气设备，包括执行核安全功能的传感器（包括探测器和变送器）、电缆、机柜（包括机箱和机架）、控制台屏、显示仪表、应急柴油发电机组、蓄电池（组）、电动机、阀门驱动装置、电气贯穿件等。

第六十二条 本条例自2008年1月1日起施行。

核电厂核事故应急管理条例

（1993年8月4日国务院令第124号发布 根据2011年1月8日《国务院关于废止和修改部分行政法规的决定》修订）

第一章 总 则

第一条 为了加强核电厂核事故应急管理工作，控制和减少核事故危害，制定本条例。

第二条 本条例适用于可能或者已经引起放射性物质释放、造成重大辐射后果的核电厂核事故（以下简称核事故）应急管理工作。

第三条 核事故应急管理工作实行常备不懈，积极兼容，统一指挥，大力协同，保护公众，保护环境的方针。

第二章 应急机构及其职责

第四条 全国的核事故应急管理工作由国务院指定的部门负责，其主要职责是：

（一）拟定国家核事故应急工作政策；

（二）统一协调国务院有关部门、军队和地方人民政府的核事故应急工作；

（三）组织制定和实施国家核事故应急计划，审查批准场外核事故应急计划；

（四）适时批准进入和终止场外应急状态；

（五）提出实施核事故应急响应行动的建议；

（六）审查批准核事故公报、国际通报，提出请求国际援助的方案。

必要时，由国务院领导、组织、协调全国的核事故应急管理工作。

第五条 核电厂所在地的省、自治区、直辖市人民政府指定的部门负责本行政区域内的核事故应急管理工作，其主要职责是：

（一）执行国家核事故应急工作的法规和政策；

（二）组织制定场外核事故应急计划，做好核事故应急准备工作；

（三）统一指挥场外核事故应急响应行动；

（四）组织支援核事故应急响应行动；

（五）及时向相邻的省、自治区、直辖市通报核事故情况。

必要时，由省、自治区、直辖市人民政府领导、组织、协调本行政区域内的核事故应急管理工作。

第六条 核电厂的核事故应急机构的主要职责是：

（一）执行国家核事故应急工作的法规和政策；

（二）制定场内核事故应急计划，做好核事故应急准备工作；

（三）确定核事故应急状态等级，统一指挥本单位的核事故应急响应行动；

（四）及时向上级主管部门、国务院核安全部门和省级人民政府指定的部门报告事故情况，提出进入场外应急状态和采取应急防护措施的建议；

（五）协助和配合省级人民政府指定的部门做好核事故应急管理工作。

第七条 核电厂的上级主管部门领导核电厂的核事故应急工作。

国务院核安全部门、环境保护部门和卫生部门等有关部门在各自的职责范围内做好相应的核事故应急工作。

第八条 中国人民解放军作为核事故应急工作的重要力量，应当在核事故应急响应中实施有效的支援。

第三章 应急准备

第九条 针对核电厂可能发生的核事故，核电厂的核事故应急机构、省级人民政府指定的部门和国务院指定的部门应当预先制定核事故应急计划。

核事故应急计划包括场内核事故应急计划、场外核事故应急计划和国家核事故应急计划。各级核事故应急计划应当相互衔接、协调一致。

第十条 场内核事故应急计划由核电厂核事故应急机构制定，经其主管部门审查后，送国务院核安全部门审评并报国务院指定的部门备案。

第十一条 场外核事故应急计划由核电厂所在地的省级人民政府指定的部门组织制定，报国务院指定的部门审查批准。

第十二条 国家核事故应急计划由国务院指定的部门组织制定。

国务院有关部门和中国人民解放军总部应当根据国家核事故应急计划，制定相应的核事故应急方案，报国务院指定的部门备案。

第十三条 场内核事故应急计划、场外核事故应急计划应当包括下列内容：

（一）核事故应急工作的基本任务；

（二）核事故应急响应组织及其职责；

（三）烟羽应急计划区和食入应急计划区的范围；

（四）干预水平和导出干预水平；

（五）核事故应急准备和应急响应的详细方案；

（六）应急设施、设备、器材和其他物资；

（七）核电厂核事故应急机构同省级人民政府指定的部门之间以及同其他有关方面相互配合、支援的事项及措施。

第十四条 有关部门在进行核电厂选址和设计工作时，应当考虑核事故应急工作的要求。

新建的核电厂必须在其场内和场外核事故应急计划审查批准后，方可装料。

第十五条 国务院指定的部门、省级人民政府指定的部门和核电厂的核事故应急机构应当具有必要的应急设施、设备和相互之间快速可靠的通讯联络系统。

核电厂的核事故应急机构和省级人民政府指定的部门应当具有辐射监测系统、防护器材、药械和其他物资。

用于核事故应急工作的设施、设备和通讯联络系统、辐射监测系统以及防护器材、药械等，应当处于良好状态。

第十六条 核电厂应当对职工进行核安全、辐射防护和核事故应急知识的专门教育。

省级人民政府指定的部门应当在核电厂的协助下对附近的公众进行核安全、辐射防护和核事故应急知识的普及教育。

第十七条　核电厂的核事故应急机构和省级人民政府指定的部门应当对核事故应急工作人员进行培训。

第十八条　核电厂的核事故应急机构和省级人民政府指定的部门应当适时组织不同专业和不同规模的核事故应急演习。

在核电厂首次装料前，核电厂的核事故应急机构和省级人民政府指定的部门应当组织场内、场外核事故应急演习。

第四章　应急对策和应急防护措施

第十九条　核事故应急状态分为下列四级：

（一）应急待命。出现可能导致危及核电厂核安全的某些特定情况或者外部事件，核电厂有关人员进入戒备状态。

（二）厂房应急。事故后果仅限于核电厂的局部区域，核电厂人员按照场内核事故应急计划的要求采取核事故应急响应行动，通知厂外有关核事故应急响应组织。

（三）场区应急。事故后果蔓延至整个场区，场区内的人员采取核事故应急响应行动，通知省级人民政府指定的部门，某些厂外核事故应急响应组织可能采取核事故应急响应行动。

（四）场外应急。事故后果超越场区边界，实施场内和场外核事故应急计划。

第二十条　当核电厂进入应急待命状态时，核电厂核事故应急机构应当及时向核电厂的上级主管部门和国务院核安全部门报告情况，并视情况决定是否向省级人民政府指定的部门报告。当出现可能或者已经有放射性物质释放的情况时，应当根据情况，及时决定进入厂房应急或者场区应急状态，并迅速向核电厂的上级主管部门、国务院核安全部门和省级人民政府指定的部门报告情况；在放射性物质可能或者已经扩散到核电厂场区以外时，应当迅速向省级人民政府指定的部门提出进入场外应急状态并采取应急防护措施的建议。

省级人民政府指定的部门接到核电厂核事故应急机构的事故情况报告后，应当迅速采取相应的核事故应急对策和应急防护措施，并及时向国务院指定的部门报告情况。需要决定进入场外应急状态时，应当经国务院指定的部门批准；在特殊情况下，省级人民政府指定的部门可以先行决定进入场外应急状态，但是应当立即向国务院指定的部门报告。

第二十一条　核电厂的核事故应急机构和省级人民政府指定的部门应当做好核事故后果预测与评价以及环境放射性监测等工作，为采取核事故应急对策和应急防护措施提供依据。

第二十二条　省级人民政府指定的部门应当适时选用隐蔽、服用稳定性碘制剂、控制通道、控制食物和水源、撤离、迁移、对受影响的区域去污等应急防护措施。

第二十三条　省级人民政府指定的部门在核事故应急响应过程中应当将必要的信息及时地告知当地公众。

第二十四条　在核事故现场，各核事故应急响应组织应当实行有效的剂量监督。现场核事故应急响应人员和其他人员都应当在辐射防护人员的监督和指导下活动，尽量防止接受过大剂量的照射。

第二十五条　核电厂的核事故应急机构和省级人民政府指定的部门应当做好核事故现场接受照射人员的救护、洗消、转运和医学处置工作。

第二十六条　在核事故应急进入场外应急状态时，国务院指定的部门应当及时派出人员赶赴现场，指导核事故应急响应行动，必要时提出派出救援力量的建议。

第二十七条　因核事故应急响应需要，可以实行地区封锁。省、自治区、直辖市行政区域内的地区封锁，由省、自治区、直辖市人民政府决定；跨省、自治区、直辖市的地区封锁，以及导致中断干线交通或者封锁国境的地区封锁，由国务院决定。

地区封锁的解除，由原决定机关宣布。

第二十八条　有关核事故的新闻由国务院授权的单位统一发布。

第五章　应急状态的终止和恢复措施

第二十九条　场外应急状态的终止由省级人民政府指定的部门会同核电厂核事故应急机构提出建议，报国务院指定的部门批准，由省级人民政府指定的部门发布。

第三十条　省级人民政府指定的部门应当根据受影响地区的放射性水平，采取有效的恢复措施。

第三十一条　核事故应急状态终止后，核电厂核事故应急机构应当向国务院指定的部门、核电厂的上级主管部门、国务院核安全部门和省级人民政府指定的部门提交详细的事故报告；省级人民政府指定的部门应当向国务院指定的部门提交场外核事故应急工作的总结报告。

第三十二条　核事故使核安全重要物项的安全性能达不到国家标准时，核电厂的重新起动计划应当按照国家有关规定审查批准。

第六章 资金和物资保障

第三十三条 国务院有关部门、军队、地方各级人民政府和核电厂在核事故应急准备工作中应当充分利用现有组织机构、人员、设施和设备等，努力提高核事故应急准备资金和物资的使用效益，并使核事故应急准备工作与地方和核电厂的发展规划相结合。各有关单位应当提供支援。

第三十四条 场内核事故应急准备资金由核电厂承担，列入核电厂工程项目投资概算和运行成本。

场外核事故应急准备资金由核电厂和地方人民政府共同承担，资金数额由国务院指定的部门会同有关部门审定。核电厂承担的资金，在投产前根据核电厂容量、在投产后根据实际发电量确定一定的比例交纳，由国务院计划部门综合平衡后用于地方场外核事故应急准备工作；其余部分由地方人民政府解决。具体办法由国务院指定的部门会同国务院计划部门和国务院财政部门规定。

国务院有关部门和军队所需的核事故应急准备资金，根据各自在核事故应急工作中的职责和任务，充分利用现有条件进行安排，不足部分按照各自的计划和资金渠道上报。

第三十五条 国家的和地方的物资供应部门及其他有关部门应当保证供给核事故应急所需的设备、器材和其他物资。

第三十六条 因核电厂核事故应急响应需要，执行核事故应急响应行动的行政机关有权征用非用于核事故应急响应的设备、器材和其他物资。

对征用的设备、器材和其他物资，应当予以登记并在使用后及时归还；造成损坏的，由征用单位补偿。

第七章 奖励与处罚

第三十七条 在核事故应急工作中有下列事迹之一的单位和个人，由主管部门或者所在单位给予表彰或者奖励：

（一）完成核事故应急响应任务的；
（二）保护公众安全和国家的、集体的和公民的财产，成绩显著的；
（三）对核事故应急准备与响应提出重大建议，实施效果显著的；
（四）辐射、气象预报和测报准确及时，从而减轻损失的；
（五）有其他特殊贡献的。

第三十八条 有下列行为之一的，对有关责任人员视情节和危害后果，由其所在单位或者上级机关给予行政处分；属于违反治安管理行为的，由公安机关依照治安管理处罚法的规定予以处罚；构成犯罪的，由司法机关依法追究刑事责任：

（一）不按照规定制定核事故应急计划，拒绝承担核事故应急准备义务的；
（二）玩忽职守，引起核事故发生的；
（三）不按照规定报告、通报核事故真实情况的；
（四）拒不执行核事故应急计划，不服从命令和指挥，或者在核事故应急响应时临阵脱逃的；
（五）盗窃、挪用、贪污核事故应急工作所用资金或者物资的；
（六）阻碍核事故应急工作人员依法执行职务或者进行破坏活动的；
（七）散布谣言，扰乱社会秩序的；
（八）有其他对核事故应急工作造成危害的行为的。

第八章 附 则

第三十九条 本条例中下列用语的含义：

（一）核事故应急，是指为了控制或者缓解核事故、减轻核事故后果而采取的不同于正常秩序和正常工作程序的紧急行动。
（二）场区，是指由核电厂管理的区域。
（三）应急计划区，是指在核电厂周围建立的，制定有核事故应急计划、并预计采取核事故应急对策和应急防护措施的区域。
（四）烟羽应急计划区，是指针对放射性烟云引起的照射而建立的应急计划区。
（五）食入应急计划区，是指针对食入放射性污染的水或者食物引起照射而建立的应急计划区。
（六）干预水平，是指预先规定的用于在异常状态下确定需要对公众采取应急防护措施的剂量水平。
（七）导出干预水平，是指由干预水平推导得出的放射性物质在环境介质中的浓度或者水平。
（八）应急防护措施，是指在核事故情况下用于控制工作人员和公众所接受的剂量而采取的保护措施。
（九）核安全重要物项，是指对核电厂安全有重要意义的建筑物、构筑物、系统、部件和设施等。

第四十条 除核电厂外，其他核设施的核事故应急管理，可以根据具体情况，参照本条例的有关规定执行。

第四十一条 对可能或者已经造成放射性物质释放超越国界的核事故应急，除执行本条例的规定外，并应当执行中华人民共和国缔结或者参加的国际条约的规定，但是中华人民共和国声明保留的条款除外。

第四十二条 本条例自发布之日起施行。

中华人民共和国民用核设施安全监督管理条例

（1986年10月29日国务院发布）

第一章 总 则

第一条 为了在民用核设施的建造和营运中保证安全，保障工作人员和群众的健康，保护环境，促进核能事业的顺利发展，制定本条例。

第二条 本条例适用于下列民用核设施的安全监督管理：

（一）核动力厂（核电厂、核热电厂、核供汽供热厂等）；

（二）核动力厂以外的其他反应堆（研究堆、实验堆、临界装置等）；

（三）核燃料生产、加工、贮存及后处理设施；

（四）放射性废物的处理和处置设施；

（五）其他需要严格监督管理的核设施。

第三条 民用核设施的选址、设计、建造、运行和退役必须贯彻安全第一的方针；必须有足够的措施保证质量，保证安全运行，预防核事故，限制可能产生的有害影响；必须保障工作人员、群众和环境不致遭到超过国家规定限值的辐射照射和污染，并将辐射照射和污染减至可以合理达到的尽量低的水平。

第二章 监督管理职责

第四条 国家核安全局对全国核设施安全实施统一监督，独立行使核安全监督权，其主要职责是：

（一）组织起草、制定有关核设施安全的规章和审查有关核安全的技术标准；

（二）组织审查、评定核设施的安全性能及核设施营运单位保障安全的能力，负责颁发或者吊销核设施安全许可证件；

（三）负责实施核安全监督；

（四）负责核安全事故的调查、处理；

（五）协同有关部门指导和监督核设施应急计划的制订和实施；

（六）组织有关部门开展对核设施的安全与管理的科学研究、宣传教育及国际业务联系；

（七）会同有关部门调解和裁决核安全的纠纷。

第五条 国家核安全局在核设施集中的地区可以设立派出机构，实施安全监督。国家核安全局可以组织核安全专家委员会。该委员会协助制订核安全法规和核安全技术发展规划，参与核安全的审评、监督等工作。

第六条 核设施主管部门负责所属核设施的安全管理，接受国家核安全局的核安全监督，其主要职责是：

（一）负责所属核设施的安全管理，保证给予所属核设施的营运单位必要的支持，并对其进行督促检查；

（二）参与有关核安全法规的起草和制订，组织制订有关核安全的技术标准，并向国家核安全局备案；

（三）组织所属核设施的场内应急计划的制订和实施，参与场外应急计划的制订和实施；

（四）负责对所属核设施中各类人员的技术培训和考核；

（五）组织核能发展方面的核安全科学研究工作。

第七条 核设施营运单位直接负责所营运的核设施的安全，其主要职责是：

（一）遵守国家有关法律、行政法规和技术标准，保证核设施的安全；

（二）接受国家核安全局的核安全监督，及时、如实地报告安全情况，并提供有关资料；

（三）对所营运的核设施的安全、核材料的安全、工作人员和群众以及环境的安全承担全面责任。

第三章 安全许可制度

第八条 国家实行核设施安全许可制度，由国家核安全局负责制定和批准颁发核设施安全许可证件，许可证件包括：

（一）核设施建造许可证；

（二）核设施运行许可证；

（三）核设施操纵员执照；

（四）其他需要批准的文件。

第九条 核设施营运单位，在核设施建造前，必须向国家核安全局提交《核设施建造申请书》《初步安全分析报告》以及其他有关资料，经审核批准获得《核设施建造许可证》后，方可动工建造。核设施的建造必须遵守《核设施建造许可证》所规定的条件。

第十条　核设施营运单位在核设施运行前，必须向国家核安全局提交《核设施运行申请书》《最终安全分析报告》以及其他有关资料，经审核批准获得允许装料（或投料）、调试的批准文件后，方可开始装载核燃料（或投料）进行启动调试工作；在获得《核设施运行许可证》后，方可正式运行。核设施的运行必须遵守《核设施运行许可证》所规定的条件。

第十一条　国家核安全局在审批核设施建造申请书及运行申请书的过程中，应当向国务院有关部门以及核设施所在省、自治区、直辖市人民政府征询意见，国务院有关部门、地方人民政府应当在三个月内给予答复。

第十二条　具备下列条件的，方可批准发给《核设施建造许可证》和《核设施运行许可证》：

（一）所申请的项目已按照有关规定经主管部门及国家计划部门或省、自治区、直辖市人民政府的计划部门批准；

（二）所选定的厂址已经国务院或省、自治区、直辖市人民政府的城乡建设环境保护部门、计划部门和国家核安全局批准；

（三）所申请的核设施符合国家有关的法律及核安全法规的规定；

（四）申请者具有安全营运所申请的核设施的能力，并保证承担全面的安全责任。

第十三条　核设施操纵员执照分《操纵员执照》和《高级操纵员执照》两种。持《操纵员执照》的人员方可担任操纵核设施控制系统的工作。持《高级操纵员执照》的人员方可担任操纵或者指导他人操纵核设施控制系统的工作。

第十四条　具备下列条件的，方可批准发给《操纵员执照》：

（一）身体健康，无职业禁忌证；

（二）具有中专以上文化程度或同等学力，核动力厂操纵人员应具有大专以上文化程度或同等学力；

（三）经过运行操作培训，并经考核合格。

具备下列条件的，方可批准发给《高级操纵员执照》：

（一）身体健康，无职业禁忌证；

（二）具有大专以上文化程度或同等学力；

（三）经运行操作培训，并经考核合格；

（四）担任操纵员二年以上，成绩优秀者。

第十五条　核设施的迁移、转让或退役必须向国家核安全局提出申请，经审查批准后方可进行。

第四章　核安全监督

第十六条　国家核安全局及其派出机构可向核设施制造、建造和运行现场派驻监督组（员）执行下列核安全监督任务：

（一）审查所提交的安全资料是否符合实际；

（二）监督是否按照已批准的设计进行建造；

（三）监督是否按照已批准的质量保证大纲进行管理；

（四）监督核设施的建造和运行是否符合有关核安全法规和《核设施建造许可证》《核设施运行许可证》所规定的条件；

（五）考察营运人员是否具备安全运行及执行应急计划的能力；

（六）其他需要监督的任务。

核安全监督员由国家核安全局任命并发给《核安全监督员证》。

第十七条　核安全监督员在执行任务时，凭其证件有权进入核设施制造、建造和运行现场，调查情况，收集有关核安全资料。

第十八条　国家核安全局在必要时有权采取强制性措施，命令核设施营运单位采取安全措施或停止危及安全的活动。

第十九条　核设施营运单位有权拒绝有害于安全的任何要求，但对国家核安全局的强制性措施必须执行。

第五章　奖励和处罚

第二十条　对保证核设施安全有显著成绩和贡献的单位和个人，国家核安全局或核设施主管部门应给予适当的奖励。

第二十一条　凡违反本条例的规定，有下列行为之一的，国家核安全局可依其情节轻重，给予警告、限期改进、停工或者停业整顿、吊销核安全许可证件的处罚：

（一）未经批准或违章从事核设施建造、运行、迁移、转让和退役的；

（二）谎报有关资料或事实，或无故拒绝监督的；

（三）无执照操纵或违章操纵的；

（四）拒绝执行强制性命令的。

第二十二条　当事人对行政处罚不服的，可在接到处罚通知之日起十五日内向人民法院起诉。但是，对吊销核安全许可证件的决定应当立即执行。对处罚决定不履行逾期又不起诉的，由国家核安全局申请人民法院强制执行。

第二十三条 对于不服管理、违反规章制度，或者强令他人违章冒险作业，因而发生核事故，造成严重后果，构成犯罪的，由司法机关依法追究刑事责任。

第六章 附 则

第二十四条 本条例中下列用语的含义是：

（一）"核设施"是指本条例第二条中所列出的各项民用核设施。

（二）"核设施安全许可证件"是指为了进行与核设施有关的选址定点、建造、调试、运行和退役等特定活动，由国家核安全局颁发的书面批准文件。

（三）"营运单位"是指申请或持有核设施安全许可证，可以经营和运行核设施的组织。

（四）"核设施主管部门"是指对核设施营运单位负有领导责任的国务院和省、自治区、直辖市人民政府的有关行政机关。

（五）"核事故"是指核设施内的核燃料、放射性产物、废料或运入运出核设施的核材料所发生的放射性、毒害性、爆炸性或其他危害性事故，或一系列事故。

第二十五条 国家核安全局应根据本条例制定实施细则。

第二十六条 本条例自发布之日起施行。

中华人民共和国放射性污染防治法

（2003年6月28日第十届全国人民代表大会常务委员会第三次会议通过，2003年6月28日中华人民共和国主席令第6号公布，自2003年10月1日起施行）

第一章 总 则

第一条 为了防治放射性污染，保护环境，保障人体健康，促进核能、核技术的开发与和平利用，制定本法。

第二条 本法适用于中华人民共和国领域和管辖的其他海域在核设施选址、建造、运行、退役和核技术、铀（钍）矿、伴生放射性矿开发利用过程中发生的放射性污染的防治活动。

第三条 国家对放射性污染的防治，实行预防为主、防治结合、严格管理、安全第一的方针。

第四条 国家鼓励、支持放射性污染防治的科学研究和技术开发利用，推广先进的放射性污染防治技术。

国家支持开展放射性污染防治的国际交流与合作。

第五条 县级以上人民政府应当将放射性污染防治工作纳入环境保护规划。

县级以上人民政府应当组织开展有针对性的放射性污染防治宣传教育，使公众了解放射性污染防治的有关情况和科学知识。

第六条 任何单位和个人有权对造成放射性污染的行为提出检举和控告。

第七条 在放射性污染防治工作中作出显著成绩的单位和个人，由县级以上人民政府给予奖励。

第八条 国务院环境保护行政主管部门对全国放射性污染防治工作依法实施统一监督管理。

国务院卫生行政部门和其他有关部门依据国务院规定的职责，对有关的放射性污染防治工作依法实施监督管理。

第二章 放射性污染防治的监督管理

第九条 国家放射性污染防治标准由国务院环境保护行政主管部门根据环境安全要求、国家经济技术条件制定。国家放射性污染防治标准由国务院环境保护行政主管部门和国务院标准化行政主管部门联合发布。

第十条 国家建立放射性污染监测制度。国务院环境保护行政主管部门会同国务院其他有关部门组织环境监测网络，对放射性污染实施监测管理。

第十一条 国务院环境保护行政主管部门和国务院其他有关部门，按照职责分工，各负其责，互通信息，密切配合，对核设施、铀（钍）矿开发利用中的放射性污染防治进行监督检查。

县级以上地方人民政府环境保护行政主管部门和同级其他有关部门，按照职责分工，各负其责，互通信息，密切配合，对本行政区域内核技术利用、伴生放射性矿开发利用中的放射性污染防治进行监督检查。

监督检查人员进行现场检查时，应当出示证件。被检查的单位必须如实反映情况，提供必要的资料。监督检查人员应当为被检查单位保守技术秘密和业务秘密。对涉及国家秘密的单位和部位进行检查时，应当遵守国家有关保守国家秘密的规定，依法办理有关审批手续。

第十二条 核设施营运单位、核技术利用单位、铀（钍）矿和伴生放射性矿开发利用单位，负责本单位放射性污染的防治，接受环境保护行政主管部门和其他有关部门的监督管理，并依法对其造成的放射性污染承担责任。

第十三条 核设施营运单位、核技术利用单位、铀（钍）矿和伴生放射性矿开发利用单位，必须采取安全与防护措施，预防发生可能导致放射性污染的各类事故，避免放射性污染危害。

核设施营运单位、核技术利用单位、铀（钍）矿和伴生放射性矿开发利用单位，应当对其工作人员进行放射性安全教育、培训，采取有效的防护安全措施。

第十四条 国家对从事放射性污染防治的专业人员实行资格管理制度；对从事放射性污染监测工作的机构实行资质管理制度。

第十五条 运输放射性物质和含放射源的射线装置，应当采取有效措施，防止放射性污染。具体办法由国务院规定。

第十六条 放射性物质和射线装置应当设置明显的放射性标识和中文警示说明。生产、销售、使用、贮存、处置放射性物质和射线装置的场所，以及运输放射性物质和含放射源的射线装置的工具，应当设置明显的放射性标志。

第十七条 含有放射性物质的产品，应当符合国家放射性污染防治标准；不符合国家放射性污染防治标准的，不得出厂和销售。

使用伴生放射性矿渣和含有天然放射性物质的石材做建筑和装修材料，应当符合国家建筑材料放射性核素控制标准。

第三章 核设施的放射性污染防治

第十八条 核设施选址，应当进行科学论证，并按照国家有关规定办理审批手续。在办理核设施选址审批手续前，应当编制环境影响报告书，报国务院环境保护行政主管部门审查批准；未经批准，有关部门不得办理核设施选址批准文件。

第十九条 核设施营运单位在进行核设施建造、装料、运行、退役等活动前，必须按照国务院有关核设施安全监督管理的规定，申请领取核设施建造、运行许可证和办理装料、退役等审批手续。

核设施营运单位领取有关许可证或者批准文件后，方可进行相应的建造、装料、运行、退役等活动。

第二十条 核设施营运单位应当在申请领取核设施建造、运行许可证和办理退役审批手续前编制环境影响报告书，报国务院环境保护行政主管部门审查批准；未经批准，有关部门不得颁发许可证和办理批准文件。

第二十一条 与核设施相配套的放射性污染防治设施，应当与主体工程同时设计、同时施工、同时投入使用。

放射性污染防治设施应当与主体工程同时验收；验收合格的，主体工程方可投入生产或者使用。

第二十二条 进口核设施，应当符合国家放射性污染防治标准；没有相应的国家放射性污染防治标准的，采用国务院环境保护行政主管部门指定的国外有关标准。

第二十三条 核动力厂等重要核设施外围地区应当划定规划限制区。规划限制区的划定和管理办法，由国务院规定。

第二十四条 核设施营运单位应当对核设施周围环境中所含的放射性核素的种类、浓度以及核设施流出物中的放射性核素总量实施监测，并定期向国务院环境保护行政主管部门和所在地省、自治区、直辖市人民政府环境保护行政主管部门报告监测结果。

国务院环境保护行政主管部门负责对核动力厂等重要核设施实施监督性监测，并根据需要对其他核设施的流出物实施监测。监督性监测系统的建设、运行和维护费用由财政预算安排。

第二十五条 核设施营运单位应当建立健全安全保卫制度，加强安全保卫工作，并接受公安部门的监督指导。

核设施营运单位应当按照核设施的规模和性质制定核事故场内应急计划，做好应急准备。

出现核事故应急状态时，核设施营运单位必须立即采取有效的应急措施控制事故，并向核设施主管部门和环境保护行政主管部门、卫生行政部门、公安部门以及其他有关部门报告。

第二十六条 国家建立健全核事故应急制度。

核设施主管部门、环境保护行政主管部门、卫生行政部门、公安部门以及其他有关部门，在本级人民政府的组织领导下，按照各自的职责依法做好核事故应急工作。

中国人民解放军和中国人民武装警察部队按照国务院、中央军事委员会的有关规定在核事故应急中实施有效的支援。

第二十七条 核设施营运单位应当制定核设施退役计划。

核设施的退役费用和放射性废物处置费用应当预提，列入投资概算或者生产成本。核设施的退役费用和放射性废物处置费用的提取和管理办法，由国务院财政部门、价格主管部门会同国务院环境保护行政主管部门、核设施主管部门规定。

第四章　核技术利用的放射性污染防治

第二十八条 生产、销售、使用放射性同位素和射线装置的单位，应当按照国务院有关放射性同位素与射线装置放射防护的规定申请领取许可证，办理登记手续。

转让、进口放射性同位素和射线装置的单位以及装备有放射性同位素的仪表的单位，应当按照国务院有关放射性同位素与射线装置放射防护的规定办理有关手续。

第二十九条 生产、销售、使用放射性同位素和加速器、中子发生器以及含放射源的射线装置的单位，应当在申请领取许可证前编制环境影响评价文件，报省、自治区、直辖市人民政府环境保护行政主管部门审查批准；未经批准，有关部门不得颁发许可证。

国家建立放射性同位素备案制度。具体办法由国务院规定。

第三十条 新建、改建、扩建放射工作场所的放射防护设施，应当与主体工程同时设计、同时施工、同时投入使用。

放射防护设施应当与主体工程同时验收；验收合格的，主体工程方可投入生产或者使用。

第三十一条 放射性同位素应当单独存放，不得与易燃、易爆、腐蚀性物品等一起存放，其贮存场所应当采取有效的防火、防盗、防射线泄漏的安全防护措施，并指定专人负责保管。贮存、领取、使用、归还放射性同位素时，应当进行登记、检查，做到账物相符。

第三十二条 生产、使用放射性同位素和射线装置的单位，应当按照国务院环境保护行政主管部门的规定对其产生的放射性废物进行收集、包装、贮存。

生产放射源的单位，应当按照国务院环境保护行政主管部门的规定回收和利用废旧放射源；使用放射源的单位，应当按照国务院环境保护行政主管部门的规定将废旧放射源交回生产放射源的单位或者送交专门从事放射性固体废物贮存、处置的单位。

第三十三条 生产、销售、使用、贮存放射源的单位，应当建立健全安全保卫制度，指定专人负责，落实安全责任制，制定必要的事故应急措施。发生放射源丢失、被盗和放射性污染事故时，有关单位和个人必须立即采取应急措施，并向公安部门、卫生行政部门和环境保护行政主管部门报告。

公安部门、卫生行政部门和环境保护行政主管部门接到放射源丢失、被盗和放射性污染事故报告后，应当报告本级人民政府，并按照各自的职责立即组织采取有效措施，防止放射性污染蔓延，减少事故损失。当地人民政府应当及时将有关情况告知公众，并做好事故的调查、处理工作。

第五章　铀（钍）矿和伴生放射性矿开发利用的放射性污染防治

第三十四条 开发利用或者关闭铀（钍）矿的单位，应当在申请领取采矿许可证或者办理退役审批手续前编制环境影响报告书，报国务院环境保护行政主管部门审查批准。

开发利用伴生放射性矿的单位，应当在申请领取采矿许可证前编制环境影响报告书，报省级以上人民政府环境保护行政主管部门审查批准。

第三十五条 与铀（钍）矿和伴生放射性矿开发利用建设项目相配套的放射性污染防治设施，应当与主体工程同时设计、同时施工、同时投入使用。

放射性污染防治设施应当与主体工程同时验收；验收合格的，主体工程方可投入生产或者使用。

第三十六条 铀（钍）矿开发利用单位应当对铀（钍）矿的流出物和周围的环境实施监测，并定期向国务院环境保护行政主管部门和所在地省、自治区、直辖市人民政府环境保护行政主管部门报告监测结果。

第三十七条 对铀（钍）矿和伴生放射性矿开发利用过程中产生的尾矿，应当建造尾矿库进行贮存、处置；建造的尾矿库应当符合放射性污染防治的要求。

第三十八条 铀（钍）矿开发利用单位应当制定铀（钍）矿退役计划。铀矿退役费用由国家财政预算安排。

第六章　放射性废物管理

第三十九条 核设施营运单位、核技术利用单位、铀（钍）矿和伴生放射性矿开发利用单位，应当合理选择和利用原材料，采用先进的生产工艺和设备，尽量减少放射性废物的产生量。

第四十条 向环境排放放射性废气、废液，必须符合国家放射性污染防治标准。

第四十一条 产生放射性废气、废液的单位向环境排放符合国家放射性污染防治标准的放射性废气、废液，应当向审批环境影响评价文件的环境保护行政主管部门申请放射性核素排放量，并定期报告排放计量结果。

第四十二条 产生放射性废液的单位，必须按照国家放射性污染防治标准的要求，对不得向环境排放的放射性废液进行处理或者贮存。

产生放射性废液的单位，向环境排放符合国家放射性污染防治标准的放射性废液，必须采用符合国务院环境保护行政主管部门规定的排放方式。

禁止利用渗井、渗坑、天然裂隙、溶洞或者国家禁止的其他方式排放放射性废液。

第四十三条 低、中水平放射性固体废物在符合国家规定的区域实行近地表处置。

高水平放射性固体废物实行集中的深地质处置。

α放射性固体废物依照前款规定处置。

禁止在内河水域和海洋上处置放射性固体废物。

第四十四条 国务院核设施主管部门会同国务院环境保护行政主管部门根据地质条件和放射性固体废物处置的需要，在环境影响评价的基础上编制放射性固体废物处置场所选址规划，报国务院批准后实施。

有关地方人民政府应当根据放射性固体废物处置场所选址规划，提供放射性固体废物处置场所的建设用地，并采取有效措施支持放射性固体废物的处置。

第四十五条 产生放射性固体废物的单位，应当按照国务院环境保护行政主管部门的规定，对其产生的放射性固体废物进行处理后，送交放射性固体废物处置单位处置，并承担处置费用。

放射性固体废物处置费用收取和使用管理办法，由国务院财政部门、价格主管部门会同国务院环境保护行政主管部门规定。

第四十六条 设立专门从事放射性固体废物贮存、处置的单位，必须经国务院环境保护行政主管部门审查批准，取得许可证。具体办法由国务院规定。

禁止未经许可或不按照许可的有关规定从事贮存和处置放射性固体废物的活动。

禁止将放射性固体废物提供或者委托给无许可证的单位贮存和处置。

第四十七条 禁止将放射性废物和被放射性污染的物品输入中华人民共和国境内或者经中华人民共和国境内转移。

第七章 法律责任

第四十八条 放射性污染防治监督管理人员违反法律规定，利用职务上的便利收受他人财物、谋取其他利益，或者玩忽职守，有下列行为之一的，依法给予行政处分；构成犯罪的，依法追究刑事责任：

（一）对不符合法定条件的单位颁发许可证和办理批准文件的；

（二）不依法履行监督管理职责的；

（三）发现违法行为不予查处的。

第四十九条 违反本法规定，有下列行为之一的，由县级以上人民政府环境保护行政主管部门或者其他有关部门依据职权责令限期改正，可以处二万元以下罚款：

（一）不按照规定报告有关环境监测结果的；

（二）拒绝环境保护行政主管部门和其他有关部门进行现场检查，或者被检查时不如实反映情况和提供必要资料的。

第五十条 违反本法规定，未编制环境影响评价文件，或者环境影响评价文件未经环境保护行政主管部门批准，擅自进行建造、运行、生产和使用等活动的，由审批环境影响评价文件的环境保护行政主管部门责令停止违法行为，限期补办手续或者恢复原状，并处一万元以上二十万元以下罚款。

第五十一条 违反本法规定，未建造放射性污染防治设施、放射防护设施，或者防治防护设施未经验收合格，主体工程即投入生产或者使用的，由审批环境影响评价文件的环境保护行政主管部门责令停止违法行为，限期改正，并处五万元以上二十万元以下罚款。

第五十二条 违反本法规定，未经许可或者批准，核设施营运单位擅自进行核设施的建造、装料、运行、退役等活动的，由国务院环境保护行政主管部门责令停止违法行为，限期改正，并处二十万元以上五十万元以下罚款；构成犯罪的，依法追究刑事责任。

第五十三条 违反本法规定，生产、销售、使用、转让、进口、贮存放射性同位素和射线装置以及装备有放射性同位素的仪表的，由县级以上人民政府环境保护行政主管部门或者其他有关部门依据职权责令停止违法行为，限期改正；逾期不改正的，责令停产停业或者吊销许可证；有违法所得的，没收违法所得；违法所得十万元以上的，并处违法所得一倍以上五倍以下罚款；没有违法所得或者违法所得不足十万元的，并处一万元以上十万元以下罚款；构成犯罪的，依法追究刑事责任。

第五十四条 违反本法规定，有下列行为之一的，由县级以上人民政府环境保护行政主管部门责令停止违法行为，限期改正，处以罚款；构成犯罪的，依法追究刑事责任：

（一）未建造尾矿库或者不按照放射性污染防治的要求建造尾矿库，贮存、处置铀（钍）矿和伴生放射性矿的尾矿的；

（二）向环境排放不得排放的放射性废气、废液的；

（三）不按照规定的方式排放放射性废液，利用渗井、渗坑、天然裂隙、溶洞或者国家禁止的其他方式排放放射性废液的；

（四）不按照规定处理或者贮存不得向环境排放的放射性废液的；

（五）将放射性固体废物提供或者委托给无许可证的单位贮存和处置的。

有前款第（一）项、第（二）项、第（三）项、第（五）项行为之一的，处十万元以上二十万元以下罚款；有前款第（四）项行为的，处一万元以上十万元以下罚款。

第五十五条 违反本法规定，有下列行为之一的，由县级以上人民政府环境保护行政主管部门或者其他有关部门依据职权责令限期改正；逾期不改正的，责令停产停业，并处二万元以上十万元以下罚款；构成犯罪的，依法追究刑事责任：

（一）不按照规定设置放射性标识、标志、中文警示说明的；

（二）不按照规定建立健全安全保卫制度和制定事故应急计划或者应急措施的；

（三）不按照规定报告放射源丢失、被盗情况或者放射性污染事故的。

第五十六条 产生放射性固体废物的单位，不按照本法第四十五条的规定对其产生的放射性固体废物进行处置的，由审批该单位立项环境影响评价文件的环境保护行政主管部门责令停止违法行为，限期改正；逾期不改正的，指定有处置能力的单位代为处置，所需费用由产生放射性固体废物的单位承担，可以并处二十万元以下罚款；构成犯罪的，依法追究刑事责任。

第五十七条 违反本法规定，有下列行为之一的，由省级以上人民政府环境保护行政主管部门责令停产停业或者吊销许可证；有违法所得的，没收违法所得；违法所得十万元以上的，并处违法所得一倍以上五倍以下罚款；没有违法所得或者违法所得不足十万元的，并处五万元以上十万元以下罚款；构成犯罪的，依法追究刑事责任：

（一）未经许可，擅自从事贮存和处置放射性固体废物活动的；

（二）不按照许可的有关规定从事贮存和处置放射性固体废物活动的。

第五十八条 向中华人民共和国境内输入放射性废物和被放射性污染的物品，或者经中华人民共和国境内转移放射性废物和被放射性污染的物品的，由海关责令退运该放射性废物和被放射性污染的物品，并处五十万元以上一百万元以下罚款；构成犯罪的，依法追究刑事责任。

第五十九条 因放射性污染造成他人损害的，应当依法承担民事责任。

第八章 附 则

第六十条 军用设施、装备的放射性污染防治，由国务院和军队的有关主管部门依照本法规定的原则和国务院、中央军事委员会规定的职责实施监督管理。

第六十一条 劳动者在职业活动中接触放射性物质造成的职业病的防治，依照《中华人民共和国职业病防治法》的规定执行。

第六十二条 本法中下列用语的含义：

（一）放射性污染，是指由于人类活动造成物料、人体、场所、环境介质表面或者内部出现超过国家标准的放射性物质或者射线。

（二）核设施，是指核动力厂（核电厂、核热电厂、核供汽供热厂等）和其他反应堆（研究堆、实验堆、临界装置等）；核燃料生产、加工、贮存和后处理设施；放射性废物的处理和处置设施等。

（三）核技术利用，是指密封放射源、非密封放射源和射线装置在医疗、工业、农业、地质调查、科学研究和教学等领域中的使用。

（四）放射性同位素，是指某种发生放射性衰变的元素中具有相同原子序数但质量不同的核素。

（五）放射源，是指除研究堆和动力堆核燃料循环范畴的材料以外，永久密封在容器中或者有严密包层并呈固态的放射性材料。

（六）射线装置，是指X线机、加速器、中子发生器以及含放射源的装置。

（七）伴生放射性矿，是指含有较高水平天然放射性核素浓度的非铀矿（如稀土矿和磷酸盐矿等）。

（八）放射性废物，是指含有放射性核素或者被放射性核素污染，其浓度或者比活度大于国家确定的清洁解控水平，预期不再使用的废弃物。

第六十三条 本法自2003年10月1日起施行。

放射性同位素与射线装置安全和防护条例

(2005年9月14日国务院令第449号公布 根据2014年7月29日《国务院关于修改部分行政法规的决定》第一次修订 根据2019年3月2日《国务院关于修改部分行政法规的决定》第二次修订)

第一章 总 则

第一条 为了加强对放射性同位素、射线装置安全和防护的监督管理，促进放射性同位素、射线装置的安全应用，保障人体健康，保护环境，制定本条例。

第二条 在中华人民共和国境内生产、销售、使用放射性同位素和射线装置，以及转让、进出口放射性同位素的，应当遵守本条例。

本条例所称放射性同位素包括放射源和非密封放射性物质。

第三条 国务院生态环境主管部门对全国放射性同位素、射线装置的安全和防护工作实施统一监督管理。

国务院公安、卫生等部门按照职责分工和本条例的规定，对有关放射性同位素、射线装置的安全和防护工作实施监督管理。

县级以上地方人民政府生态环境主管部门和其他有关部门，按照职责分工和本条例的规定，对本行政区域内放射性同位素、射线装置的安全和防护工作实施监督管理。

第四条 国家对放射源和射线装置实行分类管理。根据放射源、射线装置对人体健康和环境的潜在危害程度，从高到低将放射源分为Ⅰ类、Ⅱ类、Ⅲ类、Ⅳ类、Ⅴ类，具体分类办法由国务院生态环境主管部门制定；将射线装置分为Ⅰ类、Ⅱ类、Ⅲ类，具体分类办法由国务院生态环境主管部门商国务院卫生主管部门制定。

第二章 许可和备案

第五条 生产、销售、使用放射性同位素和射线装置的单位，应当依照本章规定取得许可证。

第六条 除医疗使用Ⅰ类放射源、制备正电子发射计算机断层扫描用放射性药物自用的单位外，生产放射性同位素、销售和使用Ⅰ类放射源、销售和使用Ⅰ类射线装置的单位的许可证，由国务院生态环境主管部门审批颁发。

前款规定之外的单位的许可证，由省、自治区、直辖市人民政府生态环境主管部门审批颁发。

国务院生态环境主管部门向生产放射性同位素的单位颁发许可证前，应当将申请材料印送其行业主管部门征求意见。

生态环境主管部门应当将审批颁发许可证的情况通报同级公安部门、卫生主管部门。

第七条 生产、销售、使用放射性同位素和射线装置的单位申请领取许可证，应当具备下列条件：

(一)有与所从事的生产、销售、使用活动规模相适应的，具备相应专业知识和防护知识及健康条件的专业技术人员；

(二)有符合国家环境保护标准、职业卫生标准和安全防护要求的场所、设施和设备；

(三)有专门的安全和防护管理机构或者专职、兼职安全和防护管理人员，并配备必要的防护用品和监测仪器；

(四)有健全的安全和防护管理规章制度、辐射事故应急措施；

(五)产生放射性废气、废液、固体废物的，具有确保放射性废气、废液、固体废物达标排放的处理能力或者可行的处理方案。

第八条 生产、销售、使用放射性同位素和射线装置的单位，应当事先向有审批权的生态环境主管部门提出许可申请，并提交符合本条例第七条规定条件的证明材料。

使用放射性同位素和射线装置进行放射诊疗的医疗卫生机构，还应当获得放射源诊疗技术和医用辐射机构许可。

第九条 生态环境主管部门应当自受理申请之日起20个工作日内完成审查，符合条件的，颁发许可证，并予以公告；不符合条件的，书面通知申请单位并说明理由。

第十条 许可证包括下列主要内容：

(一)单位的名称、地址、法定代表人；

(二)所从事活动的种类和范围；

(三)有效期限；

(四)发证日期和证书编号。

第十一条 持证单位变更单位名称、地址、法定代表人的，应当自变更登记之日起20日内，向原发证机关申请办理许可证变更手续。

第十二条 有下列情形之一的，持证单位应当按照原申请程序，重新申请领取许可证：

（一）改变所从事活动的种类或者范围的；

（二）新建或者改建、扩建生产、销售、使用设施或者场所的。

第十三条 许可证有效期为5年。有效期届满，需要延续的，持证单位应当于许可证有效期届满30日前，向原发证机关提出延续申请。原发证机关应当自受理延续申请之日起，在许可证有效期届满前完成审查，符合条件的，予以延续；不符合条件的，书面通知申请单位并说明理由。

第十四条 持证单位部分终止或者全部终止生产、销售、使用放射性同位素和射线装置活动的，应当向原发证机关提出部分变更或者注销许可证申请，由原发证机关核查合格后，予以变更或者注销许可证。

第十五条 禁止无许可证或者不按照许可证规定的种类和范围从事放射性同位素和射线装置的生产、销售、使用活动。

禁止伪造、变造、转让许可证。

第十六条 国务院对外贸易主管部门会同国务院生态环境主管部门、海关总署和生产放射性同位素的单位的行业主管部门制定并公布限制进出口放射性同位素目录和禁止进出口放射性同位素目录。

进口列入限制进出口目录的放射性同位素，应当在国务院生态环境主管部门审查批准后，由国务院对外贸易主管部门依据国家对外贸易的有关规定签发进口许可证。进口限制进出口目录和禁止进出口目录之外的放射性同位素，依据国家对外贸易的有关规定办理进口手续。

第十七条 申请进口列入限制进出口目录的放射性同位素，应当符合下列要求：

（一）进口单位已经取得与所从事活动相符的许可证；

（二）进口单位具有进口放射性同位素使用期满后的处理方案，其中，进口Ⅰ类、Ⅱ类、Ⅲ类放射源的，应当具有原出口方负责回收的承诺文件；

（三）进口的放射源应当有明确标号和必要说明文件，其中，Ⅰ类、Ⅱ类、Ⅲ类放射源的标号应当刻制在放射源本体或者密封包壳体上，Ⅳ类、Ⅴ类放射源的标号应当记录在相应说明文件中；

（四）将进口的放射性同位素销售给其他单位使用的，还应当具有与使用单位签订的书面协议以及使用单位取得的许可证复印件。

第十八条 进口列入限制进出口目录的放射性同位素的单位，应当向国务院生态环境主管部门提出进口申请，并提交符合本条例第十七条规定要求的证明材料。

国务院生态环境主管部门应当自受理申请之日起10个工作日内完成审查，符合条件的，予以批准；不符合条件的，书面通知申请单位并说明理由。

海关验凭放射性同位素进口许可证办理有关进口手续。进口放射性同位素的包装材料依法需要实施检疫的，依照国家有关检疫法律、法规的规定执行。

对进口的放射源，国务院生态环境主管部门还应当同时确定与其标号相对应的放射源编码。

第十九条 申请转让放射性同位素，应当符合下列要求：

（一）转出、转入单位持有与所从事活动相符的许可证；

（二）转入单位具有放射性同位素使用期满后的处理方案；

（三）转让双方已经签订书面转让协议。

第二十条 转让放射性同位素，由转入单位向其所在地省、自治区、直辖市人民政府生态环境主管部门提出申请，并提交符合本条例第十九条规定要求的证明材料。

省、自治区、直辖市人民政府生态环境主管部门应当自受理申请之日起15个工作日内完成审查，符合条件的，予以批准；不符合条件的，书面通知申请单位并说明理由。

第二十一条 放射性同位素的转出、转入单位应当在转让活动完成之日起20日内，分别向其所在地省、自治区、直辖市人民政府生态环境主管部门备案。

第二十二条 生产放射性同位素的单位，应当建立放射性同位素产品台账，并按照国务院生态环境主管部门制定的编码规则，对生产的放射源统一编码。放射性同位素产品台账和放射源编码清单应当报国务院生态环境主管部门备案。

生产的放射源应当有明确标号和必要说明文件。其中，Ⅰ类、Ⅱ类、Ⅲ类放射源的标号应当刻制在放射源本体或者密封包壳体上，Ⅳ类、Ⅴ类放射源的标号应当记录在相应说明文件中。

国务院生态环境主管部门负责建立放射性同位素备案信息管理系统，与有关部门实行信息共享。

未列入产品台账的放射性同位素和未编码的放射源，不得出厂和销售。

第二十三条 持有放射源的单位将废旧放射源交回生产单位、返回原出口方或者送交放射性废物集中贮存单位贮存的，应当在该活动完成之日起20日内向其所在地省、自治区、直辖市人民政府生态环境主管部门备案。

第二十四条 本条例施行前生产和进口的放射性同位素,由放射性同位素持有单位在本条例施行之日起6个月内,到其所在地省、自治区、直辖市人民政府生态环境主管部门办理备案手续,省、自治区、直辖市人民政府生态环境主管部门应当对放射源进行统一编码。

第二十五条 使用放射性同位素的单位需要将放射性同位素转移到外省、自治区、直辖市使用的,应当持许可证复印件向使用地省、自治区、直辖市人民政府生态环境主管部门备案,并接受当地生态环境主管部门的监督管理。

第二十六条 出口列入限制进出口目录的放射性同位素,应当提供进口方可以合法持有放射性同位素的证明材料,并由国务院生态环境主管部门依照有关法律和我国缔结或者参加的国际条约、协定的规定,办理有关手续。

出口放射性同位素应当遵守国家对外贸易的有关规定。

第三章 安全和防护

第二十七条 生产、销售、使用放射性同位素和射线装置的单位,应当对本单位的放射性同位素、射线装置的安全和防护工作负责,并依法对其造成的放射性危害承担责任。

生产放射性同位素的单位的行业主管部门,应当加强对生产单位安全和防护工作的管理,并定期对其执行法律、法规和国家标准的情况进行监督检查。

第二十八条 生产、销售、使用放射性同位素和射线装置的单位,应当对直接从事生产、销售、使用活动的工作人员进行安全和防护知识教育培训,并进行考核;考核不合格的,不得上岗。

辐射安全关键岗位应当由注册核安全工程师担任。辐射安全关键岗位名录由国务院生态环境主管部门商国务院有关部门制定并公布。

第二十九条 生产、销售、使用放射性同位素和射线装置的单位,应当严格按照国家关于个人剂量监测和健康管理的规定,对直接从事生产、销售、使用活动的工作人员进行个人剂量监测和职业健康检查,建立个人剂量档案和职业健康监护档案。

第三十条 生产、销售、使用放射性同位素和射线装置的单位,应当对本单位的放射性同位素、射线装置的安全和防护状况进行年度评估。发现安全隐患的,应当立即进行整改。

第三十一条 生产、销售、使用放射性同位素和射线装置的单位需要终止的,应当事先对本单位的放射性同位素和放射性废物进行清理登记,作出妥善处理,不得留有安全隐患。生产、销售、使用放射性同位素和射线装置的单位发生变更的,由变更后的单位承担处理责任。变更前当事人对此另有约定的,从其约定;但是,约定中不得免除当事人的处理义务。

在本条例施行前已经终止的生产、销售、使用放射性同位素和射线装置的单位,其未安全处理的废旧放射源和放射性废物,由所在地省、自治区、直辖市人民政府生态环境主管部门提出处理方案,及时进行处理。所需经费由省级以上人民政府承担。

第三十二条 生产、进口放射源的单位销售Ⅰ类、Ⅱ类、Ⅲ类放射源给其他单位使用的,应当与使用放射源的单位签订废旧放射源返回协议;使用放射源的单位应当按照废旧放射源返回协议规定将废旧放射源交回生产单位或者返回原出口方。确实无法交回生产单位或者返回原出口方的,送交有相应资质的放射性废物集中贮存单位贮存。

使用放射源的单位应当按照国务院生态环境主管部门的规定,将Ⅳ类、Ⅴ类废旧放射源进行包装整备后送交有相应资质的放射性废物集中贮存单位贮存。

第三十三条 使用Ⅰ类、Ⅱ类、Ⅲ类放射源的场所和生产放射性同位素的场所,以及终结运行后产生放射性污染的射线装置,应当依法实施退役。

第三十四条 生产、销售、使用、贮存放射性同位素和射线装置的场所,应当按照国家有关规定设置明显的放射性标志,其入口处应当按照国家有关安全和防护标准的要求,设置安全和防护设施以及必要的防护安全联锁、报警装置或者工作信号。射线装置的生产调试和使用场所,应当具有防止误操作、防止工作人员和公众受到意外照射的安全措施。

放射性同位素的包装容器、含放射性同位素的设备和射线装置,应当设置明显的放射性标识和中文警示说明;放射源上能够设置放射性标识的,应当一并设置。运输放射性同位素和含放射源的射线装置的工具,应当按照国家有关规定设置明显的放射性标志或者显示危险信号。

第三十五条 放射性同位素应当单独存放,不得与易燃、易爆、腐蚀性物品等一起存放,并指定专人负责保管。贮存、领取、使用、归还放射性同位素时,应当进行登记、检查,做到账物相符。对放射性同位素贮存场所应当采取防火、防水、防盗、防丢失、防破坏、防射线泄漏的安全措施。

对放射源还应当根据其潜在危害的大小,建立相应的多层防护和安全措施,并对可移动的放射源定期进行盘存,确保其处于指定位置,具有可靠的安全保障。

第三十六条 在室外、野外使用放射性同位素和射线装置的，应当按照国家安全和防护标准的要求划出安全防护区域，设置明显的放射性标志，必要时设专人警戒。

在野外进行放射性同位素示踪试验的，应当经省级以上人民政府生态环境主管部门商同级有关部门批准方可进行。

第三十七条 辐射防护器材、含放射性同位素的设备和射线装置，以及含有放射性物质的产品和伴有产生 X 射线的电器产品，应当符合辐射防护要求。不合格的产品不得出厂和销售。

第三十八条 使用放射性同位素和射线装置进行放射诊疗的医疗卫生机构，应当依据国务院卫生主管部门有关规定和国家标准，制定与本单位从事的诊疗项目相适应的质量保证方案，遵守质量保证监测规范，按照医疗照射正当化和辐射防护最优化的原则，避免一切不必要的照射，并事先告知患者和受检者辐射对健康的潜在影响。

第三十九条 金属冶炼厂回收冶炼废旧金属时，应当采取必要的监测措施，防止放射性物质熔入产品中。监测中发现问题的，应当及时通知所在地设区的市级以上人民政府生态环境主管部门。

第四章 辐射事故应急处理

第四十条 根据辐射事故的性质、严重程度、可控性和影响范围等因素，从重到轻将辐射事故分为特别重大辐射事故、重大辐射事故、较大辐射事故和一般辐射事故四个等级。

特别重大辐射事故，是指Ⅰ类、Ⅱ类放射源丢失、被盗、失控造成大范围严重辐射污染后果，或者放射性同位素和射线装置失控导致 3 人以上（含 3 人）急性死亡。

重大辐射事故，是指Ⅰ类、Ⅱ类放射源丢失、被盗、失控，或者放射性同位素和射线装置失控导致 2 人以下（含 2 人）急性死亡或者 10 人以上（含 10 人）急性重度放射病、局部器官残疾。

较大辐射事故，是指Ⅲ类放射源丢失、被盗、失控，或者放射性同位素和射线装置失控导致 9 人以下（含 9 人）急性重度放射病、局部器官残疾。

一般辐射事故，是指Ⅳ类、Ⅴ类放射源丢失、被盗、失控，或者放射性同位素和射线装置失控导致人员受到超过年剂量限值的照射。

第四十一条 县级以上人民政府生态环境主管部门应当会同同级公安、卫生、财政等部门编制辐射事故应急预案，报本级人民政府批准。辐射事故应急预案应当包括下列内容：

（一）应急机构和职责分工；

（二）应急人员的组织、培训以及应急和救助的装备、资金、物资准备；

（三）辐射事故分级与应急响应措施；

（四）辐射事故调查、报告和处理程序。

生产、销售、使用放射性同位素和射线装置的单位，应当根据可能发生的辐射事故的风险，制定本单位的应急方案，做好应急准备。

第四十二条 发生辐射事故时，生产、销售、使用放射性同位素和射线装置的单位应当立即启动本单位的应急方案，采取应急措施，并立即向当地生态环境主管部门、公安部门、卫生主管部门报告。

生态环境主管部门、公安部门、卫生主管部门接到辐射事故报告后，应当立即派人赶赴现场，进行现场调查，采取有效措施，控制并消除事故影响，同时将辐射事故信息报告本级人民政府和上级人民政府生态环境主管部门、公安部门、卫生主管部门。

县级以上地方人民政府及其有关部门接到辐射事故报告后，应当按照事故分级报告的规定及时将辐射事故信息报告上级人民政府及其有关部门。发生特别重大辐射事故和重大辐射事故后，事故发生地省、自治区、直辖市人民政府和国务院有关部门应当在 4 小时内报告国务院；特殊情况下，事故发生地人民政府及其有关部门可以直接向国务院报告，并同时报告上级人民政府及其有关部门。

禁止缓报、瞒报、谎报或者漏报辐射事故。

第四十三条 在发生辐射事故或者有证据证明辐射事故可能发生时，县级以上人民政府生态环境主管部门有权采取下列临时控制措施：

（一）责令停止导致或者可能导致辐射事故的作业；

（二）组织控制事故现场。

第四十四条 辐射事故发生后，有关县级以上人民政府应当按照辐射事故的等级，启动并组织实施相应的应急预案。

县级以上人民政府生态环境主管部门、公安部门、卫生主管部门，按照职责分工做好相应的辐射事故应急工作：

（一）生态环境主管部门负责辐射事故的应急响应、调查处理和定性定级工作，协助公安部门监控追缴丢失、被盗的放射源；

（二）公安部门负责丢失、被盗放射源的立案侦查和追缴；

（三）卫生主管部门负责辐射事故的医疗应急。

生态环境主管部门、公安部门、卫生主管部门应当及时相互通报辐射事故应急响应、调查处理、定性定级、立案侦查和医疗应急情况。国务院指定的部门根据生态环境主管部门确定的辐射事故的性质和级别，负责有关国际信息通报工作。

第四十五条 发生辐射事故的单位应当立即将可能受到辐射伤害的人员送至当地卫生主管部门指定的医院或者有条件救治辐射损伤病人的医院，进行检查和治疗，或者请求医院立即派人赶赴事故现场，采取救治措施。

第五章 监督检查

第四十六条 县级以上人民政府生态环境主管部门和其他有关部门应当按照各自职责对生产、销售、使用放射性同位素和射线装置的单位进行监督检查。

被检查单位应予以配合，如实反映情况，提供必要的资料，不得拒绝和阻碍。

第四十七条 县级以上人民政府生态环境主管部门应当配备辐射防护安全监督员。辐射防护安全监督员由从事辐射防护工作，具有辐射防护安全知识并经省级以上人民政府生态环境主管部门认可的专业人员担任。辐射防护安全监督员应当定期接受专业知识培训和考核。

第四十八条 县级以上人民政府生态环境主管部门在监督检查中发现生产、销售、使用放射性同位素和射线装置的单位有不符合原发证条件的情形的，应当责令其限期整改。

监督检查人员依法进行监督检查时，应当出示证件，并为被检查单位保守技术秘密和业务秘密。

第四十九条 任何单位和个人对违反本条例的行为，有权向生态环境主管部门和其他有关部门检举；对生态环境主管部门和其他有关部门未依法履行监督管理职责的行为，有权向本级人民政府、上级人民政府有关部门检举。接到举报的有关人民政府、生态环境主管部门和其他有关部门对有关举报应当及时核实、处理。

第六章 法律责任

第五十条 违反本条例规定，县级以上人民政府生态环境主管部门有下列行为之一的，对直接负责的主管人员和其他直接责任人员，依法给予行政处分；构成犯罪的，依法追究刑事责任：

（一）向不符合本条例规定条件的单位颁发许可证或者批准不符合本条例规定条件的单位进口、转让放射性同位素的；

（二）发现未依法取得许可证的单位擅自生产、销售、使用放射性同位素和射线装置，不予查处或者接到举报后不依法处理的；

（三）发现未经依法批准擅自进口、转让放射性同位素，不予查处或者接到举报后不依法处理的；

（四）对依法取得许可证的单位不履行监督管理职责或者发现违反本条例规定的行为不予查处的；

（五）在放射性同位素、射线装置安全和防护监督管理工作中有其他渎职行为的。

第五十一条 违反本条例规定，县级以上人民政府生态环境主管部门和其他有关部门有下列行为之一的，对直接负责的主管人员和其他直接责任人员，依法给予行政处分；构成犯罪的，依法追究刑事责任：

（一）缓报、瞒报、谎报或者漏报辐射事故的；

（二）未按照规定编制辐射事故应急预案或者不依法履行辐射事故应急职责的。

第五十二条 违反本条例规定，生产、销售、使用放射性同位素和射线装置的单位有下列行为之一的，由县级以上人民政府生态环境主管部门责令限期改正；逾期不改正的，责令停产停业或者由原发证机关吊销许可证；有违法所得的，没收违法所得；违法所得10万元以上的，并处违法所得1倍以上5倍以下的罚款；没有违法所得或者违法所得不足10万元的，并处1万元以上10万元以下的罚款：

（一）无许可证从事放射性同位素和射线装置生产、销售、使用活动的；

（二）未按照许可证的规定从事放射性同位素和射线装置生产、销售、使用活动的；

（三）改变所从事活动的种类或者范围以及新建、改建或者扩建生产、销售、使用设施或者场所，未按照规定重新申请领取许可证的；

（四）许可证有效期届满，需要延续而未按照规定办理延续手续的；

（五）未经批准，擅自进口或者转让放射性同位素的。

第五十三条 违反本条例规定，生产、销售、使用放射性同位素和射线装置的单位变更单位名称、地址、法定代表人，未依法办理许可证变更手续的，由县级以上人民政府生态环境主管部门责令限期改正，给予警告；逾期不改正的，由原发证机关暂扣或者吊销许可证。

第五十四条 违反本条例规定，生产、销售、使用放射性同位素和射线装置的单位部分终止或者全部终止生产、销售、使用活动，未按照规定办理许可证变更或者注销手续的，由县级以上政府生态环境主管部门责令停止，限期改正；逾期不改正的，处1万元以上10万元以下的罚款；造成辐射事故，构成犯罪的，依法追究刑事责任。

第五十五条　违反本条例规定，伪造、变造、转让许可证的，由县级以上人民政府生态环境主管部门收缴伪造、变造的许可证或者由原发证机关吊销许可证，并处5万元以上10万元以下的罚款；构成犯罪的，依法追究刑事责任。

违反本条例规定，伪造、变造、转让放射性同位素进口和转让批准文件的，由县级以上人民政府生态环境主管部门收缴伪造、变造的批准文件或者由原批准机关撤销批准文件，并处5万元以上10万元以下的罚款；情节严重的，可以由原发证机关吊销许可证；构成犯罪的，依法追究刑事责任。

第五十六条　违反本条例规定，生产、销售、使用放射性同位素的单位有下列行为之一的，由县级以上人民政府生态环境主管部门责令限期改正，给予警告；逾期不改正的，由原发证机关暂扣或者吊销许可证：

（一）转入、转出放射性同位素未按照规定备案的；

（二）将放射性同位素转移到外省、自治区、直辖市使用，未按照规定备案的；

（三）将废旧放射源交回生产单位、返回原出口方或者送交放射性废物集中贮存单位贮存，未按照规定备案的。

第五十七条　违反本条例规定，生产、销售、使用放射性同位素和射线装置的单位有下列行为之一的，由县级以上人民政府生态环境主管部门责令停止违法行为，限期改正；逾期不改正的，处1万元以上10万元以下的罚款：

（一）在室外、野外使用放射性同位素和射线装置，未按照国家有关安全和防护标准的要求划出安全防护区域和设置明显的放射性标志的；

（二）未经批准擅自在野外进行放射性同位素示踪试验的。

第五十八条　违反本条例规定，生产放射性同位素的单位有下列行为之一的，由县级以上人民政府生态环境主管部门责令限期改正，给予警告；逾期不改正的，依法收缴其未备案的放射性同位素和未编码的放射源，处5万元以上10万元以下的罚款，并可以由原发证机关暂扣或者吊销许可证：

（一）未建立放射性同位素产品台账的；

（二）未按照国务院生态环境主管部门制定的编码规则，对生产的放射源进行统一编码的；

（三）未将放射性同位素产品台账和放射源编码清单报国务院生态环境主管部门备案的；

（四）出厂或者销售未列入产品台账的放射性同位素和未编码的放射源的。

第五十九条　违反本条例规定，生产、销售、使用放射性同位素和射线装置的单位有下列行为之一的，由县级以上人民政府生态环境主管部门责令停止违法行为，限期改正；逾期不改正的，由原发证机关指定有处理能力的单位代为处理或者实施退役，费用由生产、销售、使用放射性同位素和射线装置的单位承担，并处1万元以上10万元以下的罚款：

（一）未按照规定对废旧放射源进行处理的；

（二）未按照规定对使用Ⅰ类、Ⅱ类、Ⅲ类放射源的场所和生产放射性同位素的场所，以及终结运行后产生放射性污染的射线装置实施退役的。

第六十条　违反本条例规定，生产、销售、使用放射性同位素和射线装置的单位有下列行为之一的，由县级以上人民政府生态环境主管部门责令停止违法行为，限期改正；逾期不改正的，责令停产停业，并处2万元以上20万元以下的罚款；构成犯罪的，依法追究刑事责任：

（一）未按照规定对本单位的放射性同位素、射线装置安全和防护状况进行评估或者发现安全隐患不及时整改的；

（二）生产、销售、使用、贮存放射性同位素和射线装置的场所未按照规定设置安全和防护设施以及放射性标志的。

第六十一条　违反本条例规定，造成辐射事故的，由原发证机关责令限期改正，并处5万元以上20万元以下的罚款；情节严重的，由原发证机关吊销许可证；构成违反治安管理行为的，由公安机关依法予以治安处罚；构成犯罪的，依法追究刑事责任。

因辐射事故造成他人损害的，依法承担民事责任。

第六十二条　生产、销售、使用放射性同位素和射线装置的单位被责令限期整改，逾期不整改或者经整改仍不符合原发证条件的，由原发证机关暂扣或者吊销许可证。

第六十三条　违反本条例规定，被依法吊销许可证的单位或者伪造、变造许可证的单位，5年内不得申请领取许可证。

第六十四条　县级以上地方人民政府生态环境主

管部门的行政处罚权限的划分，由省、自治区、直辖市人民政府确定。

第七章 附 则

第六十五条 军用放射性同位素、射线装置安全和防护的监督管理，依照《中华人民共和国放射性污染防治法》第六十条的规定执行。

第六十六条 劳动者在职业活动中接触放射性同位素和射线装置造成的职业病的防治，依照《中华人民共和国职业病防治法》和国务院有关规定执行。

第六十七条 放射性同位素的运输，放射性同位素和射线装置生产、销售、使用过程中产生的放射性废物的处置，依照国务院有关规定执行。

第六十八条 本条例中下列用语的含义：

放射性同位素，是指某种发生放射性衰变的元素中具有相同原子序数但质量不同的核素。

放射源，是指除研究堆和动力堆核燃料循环范畴的材料以外，永久密封在容器中或者有严密包层并呈固态的放射性材料。

射线装置，是指 X 线机、加速器、中子发生器以及含放射源的装置。

非密封放射性物质，是指非永久密封在包壳里或者紧密地固结在覆盖层里的放射性物质。

转让，是指除进出口、回收活动之外，放射性同位素所有权或者使用权在不同持有者之间的转移。

伴有产生 X 射线的电器产品，是指不以产生 X 射线为目的，但在生产或者使用过程中产生 X 射线的电器产品。

辐射事故，是指放射源丢失、被盗、失控，或者放射性同位素和射线装置失控导致人员受到意外的异常照射。

第六十九条 本条例自 2005 年 12 月 1 日起施行。1989 年 10 月 24 日国务院发布的《放射性同位素与射线装置放射防护条例》同时废止。

放射性废物安全管理条例

（2011 年 11 月 30 日国务院第 183 次常务会议通过，2011 年 12 月 20 日国务院令第 612 号公布，自 2012 年 3 月 1 日起施行）

第一章 总 则

第一条 为了加强对放射性废物的安全管理，保护环境，保障人体健康，根据《中华人民共和国放射性污染防治法》，制定本条例。

第二条 本条例所称放射性废物，是指含有放射性核素或者被放射性核素污染，其放射性核素浓度或者比活度大于国家确定的清洁解控水平，预期不再使用的废弃物。

第三条 放射性废物的处理、贮存和处置及其监督管理等活动，适用本条例。

本条例所称处理，是指为了能够安全和经济地运输、贮存、处置放射性废物，通过净化、浓缩、固化、压缩和包装等手段，改变放射性废物的属性、形态和体积的活动。

本条例所称贮存，是指将废旧放射源和其他放射性固体废物临时放置于专门建造的设施内进行保管的活动。

本条例所称处置，是指将废旧放射源和其他放射性固体废物最终放置于专门建造的设施内并不再回取的活动。

第四条 放射性废物的安全管理，应当坚持减量化、无害化和妥善处置、永久安全的原则。

第五条 国务院环境保护主管部门统一负责全国放射性废物的安全监督管理工作。

国务院核工业行业主管部门和其他有关部门，依照本条例的规定和各自的职责负责放射性废物的有关管理工作。

县级以上地方人民政府环境保护主管部门和其他有关部门依照本条例的规定和各自的职责负责本行政区域放射性废物的有关管理工作。

第六条 国家对放射性废物实行分类管理。

根据放射性废物的特性及其对人体健康和环境的潜在危害程度，将放射性废物分为高水平放射性废物、中水平放射性废物和低水平放射性废物。

第七条 放射性废物的处理、贮存和处置活动，应当遵守国家有关放射性污染防治标准和国务院环境保护主管部门的规定。

第八条 国务院环境保护主管部门会同国务院核工业行业主管部门和其他有关部门建立全国放射性废物管理信息系统，实现信息共享。

国家鼓励、支持放射性废物安全管理的科学研究和技术开发利用，推广先进的放射性废物安全管理技术。

第九条 任何单位和个人对违反本条例规定的行为，有权向县级以上人民政府环境保护主管部门或者其他有关部门举报。接到举报的部门应当及时调查处理,并为举报人保密;经调查情况属实的,对举报人给予奖励。

第二章 放射性废物的处理和贮存

第十条 核设施营运单位应当将其产生的不能回收利用并不能返回原生产单位或者出口方的废旧放射源(以下简称废旧放射源),送交取得相应许可证的放射性固体废物贮存单位集中贮存,或者直接送交取得相应许可证的放射性固体废物处置单位处置。

核设施营运单位应当对其产生的除废旧放射源以外的放射性固体废物和不能经净化排放的放射性废液进行处理,使其转变为稳定的、标准化的固体废物后自行贮存,并及时送交取得相应许可证的放射性固体废物处置单位处置。

第十一条 核技术利用单位应当对其产生的不能经净化排放的放射性废液进行处理,转变为放射性固体废物。

核技术利用单位应当及时将其产生的废旧放射源和其他放射性固体废物,送交取得相应许可证的放射性固体废物贮存单位集中贮存,或者直接送交取得相应许可证的放射性固体废物处置单位处置。

第十二条 专门从事放射性固体废物贮存活动的单位,应当符合下列条件,并依照本条例的规定申请领取放射性固体废物贮存许可证:

(一)有法人资格;

(二)有能保证贮存设施安全运行的组织机构和3名以上放射性废物管理、辐射防护、环境监测方面的专业技术人员,其中至少有1名注册核安全工程师;

(三)有符合国家有关放射性污染防治标准和国务院环境保护主管部门规定的放射性固体废物接收、贮存设施和场所,以及放射性检测、辐射防护与环境监测设备;

(四)有健全的管理制度以及符合核安全监督管理要求的质量保证体系,包括质量保证大纲、贮存设施运行监测计划、辐射环境监测计划和应急方案等。

核设施营运单位利用与核设施配套建设的贮存设施,贮存本单位产生的放射性固体废物的,不需要申请领取贮存许可证;贮存其他单位产生的放射性固体废物的,应当依照本条例的规定申请领取贮存许可证。

第十三条 申请领取放射性固体废物贮存许可证的单位,应当向国务院环境保护主管部门提出书面申请,并提交其符合本条例第十二条规定条件的证明材料。

国务院环境保护主管部门应当自受理申请之日起20个工作日内完成审查,对符合条件的颁发许可证,予以公告;对不符合条件的,书面通知申请单位并说明理由。

国务院环境保护主管部门在审查过程中,应当组织专家进行技术评审,并征求国务院其他有关部门的意见。技术评审所需时间应当书面告知申请单位。

第十四条 放射性固体废物贮存许可证应当载明下列内容:

(一)单位的名称、地址和法定代表人;
(二)准予从事的活动种类、范围和规模;
(三)有效期限;
(四)发证机关、发证日期和证书编号。

第十五条 放射性固体废物贮存单位变更单位名称、地址、法定代表人的,应当自变更登记之日起20日内,向国务院环境保护主管部门申请办理许可证变更手续。

放射性固体废物贮存单位需要变更许可证规定的活动种类、范围和规模的,应当按照原申请程序向国务院环境保护主管部门重新申请领取许可证。

第十六条 放射性固体废物贮存许可证的有效期为10年。

许可证有效期届满,放射性固体废物贮存单位需要继续从事贮存活动的,应当于许可证有效期届满90日前,向国务院环境保护主管部门提出延续申请。

国务院环境保护主管部门应当在许可证有效期届满前完成审查,对符合条件的准予延续;对不符合条件的,书面通知申请单位并说明理由。

第十七条 放射性固体废物贮存单位应当按照国家有关放射性污染防治标准和国务院环境保护主管部门的规定,对其接收的废旧放射源和其他放射性固体废物进行分类存放和清理,及时予以清洁解控或者送交取得相应许可证的放射性固体废物处置单位处置。

放射性固体废物贮存单位应当建立放射性固体废物贮存情况记录档案,如实完整地记录贮存的放射性固体废物的来源、数量、特征、贮存位置、清洁解控、送交处置等与贮存活动有关的事项。

放射性固体废物贮存单位应当根据贮存设施的自然环境和放射性固体废物特性采取必要的防护措施,保证在规定的贮存期限内贮存设施、容器的完好和放射性固体废物的安全,并确保放射性固体废物能够安全回取。

第十八条 放射性固体废物贮存单位应当根据贮存设施运行监测计划和辐射环境监测计划，对贮存设施进行安全性检查，并对贮存设施周围的地下水、地表水、土壤和空气进行放射性监测。

放射性固体废物贮存单位应当如实记录监测数据，发现安全隐患或者周围环境中放射性核素超过国家规定的标准的，应当立即查找原因，采取相应的防范措施，并向所在地省、自治区、直辖市人民政府环境保护主管部门报告。构成辐射事故的，应当立即启动本单位的应急方案，并依照《中华人民共和国放射性污染防治法》《放射性同位素与射线装置安全和防护条例》的规定进行报告，开展有关事故应急工作。

第十九条 将废旧放射源和其他放射性固体废物送交放射性固体废物贮存、处置单位贮存、处置时，送交方应当一并提供放射性固体废物的种类、数量、活度等资料和废旧放射源的原始档案，并按照规定承担贮存、处置的费用。

第三章 放射性废物的处置

第二十条 国务院核工业行业主管部门会同国务院环境保护主管部门根据地质、环境、社会经济条件和放射性固体废物处置的需要，在征求国务院有关部门意见并进行环境影响评价的基础上编制放射性固体废物处置场所选址规划，报国务院批准后实施。

有关地方人民政府应当根据放射性固体废物处置场所选址规划，提供放射性固体废物处置场所的建设用地，并采取有效措施支持放射性固体废物的处置。

第二十一条 建造放射性固体废物处置设施，应当按照放射性固体废物处置场所选址技术导则和标准的要求，与居住区、水源保护区、交通干道、工厂和企业等场所保持严格的安全防护距离，并对场址的地质构造、水文地质等自然条件以及社会经济条件进行充分研究论证。

第二十二条 建造放射性固体废物处置设施，应当符合放射性固体废物处置场所选址规划，并依法办理选址批准手续和建造许可证。不符合选址规划或者选址技术导则、标准的，不得批准选址或者建造。

高水平放射性固体废物和α放射性固体废物深地质处置设施的工程和安全技术研究、地下实验、选址和建造，由国务院核工业行业主管部门组织实施。

第二十三条 专门从事放射性固体废物处置活动的单位，应当符合下列条件，并依照本条例的规定申请领取放射性固体废物处置许可证：

（一）有国有或者国有控股的企业法人资格。

（二）有能保证处置设施安全运行的组织机构和专业技术人员。低、中水平放射性固体废物处置单位应当具有10名以上放射性废物管理、辐射防护、环境监测方面的专业技术人员，其中至少有3名注册核安全工程师；高水平放射性固体废物和α放射性固体废物处置单位应当具有20名以上放射性废物管理、辐射防护、环境监测方面的专业技术人员，其中至少有5名注册核安全工程师。

（三）有符合国家有关放射性污染防治标准和国务院环境保护主管部门规定的放射性固体废物接收、处置设施和场所，以及放射性检测、辐射防护与环境监测设备。低、中水平放射性固体废物处置设施关闭后应满足300年以上的安全隔离要求；高水平放射性固体废物和α放射性固体废物深地质处置设施关闭后应满足1万年以上的安全隔离要求。

（四）有相应数额的注册资金。低、中水平放射性固体废物处置单位的注册资金应不少于3000万元；高水平放射性固体废物和α放射性固体废物处置单位的注册资金应不少于1亿元。

（五）有能保证其处置活动持续进行直至安全监护期满的财务担保。

（六）有健全的管理制度以及符合核安全监督管理要求的质量保证体系，包括质量保证大纲、处置设施运行监测计划、辐射环境监测计划和应急方案等。

第二十四条 放射性固体废物处置许可证的申请、变更、延续的审批权限和程序，以及许可证的内容、有效期限，依照本条例第十三条至第十六条的规定执行。

第二十五条 放射性固体废物处置单位应当按照国家有关放射性污染防治标准和国务院环境保护主管部门的规定，对其接收的放射性固体废物进行处置。

放射性固体废物处置单位应当建立放射性固体废物处置情况记录档案，如实记录处置的放射性固体废物的来源、数量、特征、存放位置等与处置活动有关的事项。放射性固体废物处置情况记录档案应当永久保存。

第二十六条 放射性固体废物处置单位应当根据处置设施运行监测计划和辐射环境监测计划，对处置设施进行安全性检查，并对处置设施周围的地下水、地表水、土壤和空气进行放射性监测。

放射性固体废物处置单位应当如实记录监测数据，发现安全隐患或者周围环境中放射性核素超过国家规定的标准的，应当立即查找原因，采取相应的防范措施，并向国务院环境保护主管部门和核工业行业主管部门报告。构成辐射事故的，应当立即启动本单位的应急方案，并依照《中华人民共和国放射性污染防治法》《放射性同位素与射线装置安全和防护条例》的规定进行报告，开展有关事故应急工作。

第二十七条　放射性固体废物处置设施设计服役期届满，或者处置的放射性固体废物已达到该设施的设计容量，或者所在地区的地质构造或者水文地质等条件发生重大变化导致处置设施不适宜继续处置放射性固体废物的，应当依法办理关闭手续，并在划定的区域设置永久性标记。

关闭放射性固体废物处置设施的，处置单位应当编制处置设施安全监护计划，报国务院环境保护主管部门批准。

放射性固体废物处置设施依法关闭后，处置单位应当按照经批准的安全监护计划，对关闭后的处置设施进行安全监护。放射性固体废物处置单位因破产、吊销许可证等原因终止的，处置设施关闭和安全监护所需费用由提供财务担保的单位承担。

第四章　监督管理

第二十八条　县级以上人民政府环境保护主管部门和其他有关部门，依照《中华人民共和国放射性污染防治法》和本条例的规定，对放射性废物处理、贮存和处置等活动的安全性进行监督检查。

第二十九条　县级以上人民政府环境保护主管部门和其他有关部门进行监督检查时，有权采取下列措施：

（一）向被检查单位的法定代表人和其他有关人员调查、了解情况；

（二）进入被检查单位进行现场监测、检查或者核查；

（三）查阅、复制相关文件、记录以及其他有关资料；

（四）要求被检查单位提交有关情况说明或者后续处理报告。

被检查单位应当予以配合，如实反映情况，提供必要的资料，不得拒绝和阻碍。

县级以上人民政府环境保护主管部门和其他有关部门的监督检查人员依法进行监督检查时，应当出示证件，并为被检查单位保守技术秘密和业务秘密。

第三十条　核设施营运单位、核技术利用单位和放射性固体废物贮存、处置单位，应当按照放射性废物危害的大小，建立健全相应级别的安全保卫制度，采取相应的技术防范措施和人员防范措施，并适时开展放射性废物污染事故应急演练。

第三十一条　核设施营运单位、核技术利用单位和放射性固体废物贮存、处置单位，应当对其直接从事放射性废物处理、贮存和处置活动的工作人员进行核与辐射安全知识以及专业操作技术的培训，并进行考核；考核合格的，方可从事该项工作。

第三十二条　核设施营运单位、核技术利用单位和放射性固体废物贮存单位应当按照国务院环境保护主管部门的规定定期如实报告放射性废物产生、排放、处理、贮存、清洁解控和送交处置等情况。

放射性固体废物处置单位应当于每年 3 月 31 日前，向国务院环境保护主管部门和核工业行业主管部门如实报告上一年度放射性固体废物接收、处置和设施运行等情况。

第三十三条　禁止将废旧放射源和其他放射性固体废物送交无相应许可证的单位贮存、处置或者擅自处置。

禁止无许可证或者不按照许可证规定的活动种类、范围、规模和期限从事放射性固体废物贮存、处置活动。

第三十四条　禁止将放射性废物和被放射性污染的物品输入中华人民共和国境内或者经中华人民共和国境内转移。具体办法由国务院环境保护主管部门会同国务院商务主管部门、海关总署、国家出入境检验检疫主管部门制定。

第五章　法律责任

第三十五条　负有放射性废物安全监督管理职责的部门及其工作人员违反本条例规定，有下列行为之一的，对直接负责的主管人员和其他直接责任人员，依法给予处分；直接负责的主管人员和其他直接责任人员构成犯罪的，依法追究刑事责任：

（一）违反本条例规定核发放射性固体废物贮存、处置许可证的；

（二）违反本条例规定批准不符合选址规划或者选址技术导则、标准的处置设施选址或者建造的；

（三）对发现的违反本条例的行为不依法查处的；

（四）在办理放射性固体废物贮存、处置许可证以及实施监督检查过程中，索取、收受他人财物或者谋取其他利益的；

（五）其他徇私舞弊、滥用职权、玩忽职守行为。

第三十六条　违反本条例规定，核设施营运单位、核技术利用单位有下列行为之一的，由审批该单位立项环境影响评价文件的环境保护主管部门责令停止违法行为，限期改正；逾期不改正的，指定有相应许可证的单位代为贮存或者处置，所需费用由核设施营运单位、核技术利用单位承担，可以处20万元以下的罚款；构成犯罪的，依法追究刑事责任：

（一）核设施营运单位未按照规定，将其产生的废旧放射源送交贮存、处置，或者将其产生的其他放射性固体废物送交处置的；

（二）核技术利用单位未按照规定，将其产生的废旧放射源或者其他放射性固体废物送交贮存、处置的。

第三十七条　违反本条例规定，有下列行为之一的，由县级以上人民政府环境保护主管部门责令停止违法行为，限期改正，处10万元以上20万元以下的罚款；造成环境污染的，责令限期采取治理措施消除污染，逾期不采取治理措施，经催告仍不治理的，可以指定有治理能力的单位代为治理，所需费用由违法者承担；构成犯罪的，依法追究刑事责任：

（一）核设施营运单位将废旧放射源送交无相应许可证的单位贮存、处置，或者将其他放射性固体废物送交无相应许可证的单位处置，或者擅自处置的；

（二）核技术利用单位将废旧放射源或者其他放射性固体废物送交无相应许可证的单位贮存、处置，或者擅自处置的；

（三）放射性固体废物贮存单位将废旧放射源或者其他放射性固体废物送交无相应许可证的单位处置，或者擅自处置的。

第三十八条　违反本条例规定，有下列行为之一的，由省级以上人民政府环境保护主管部门责令停产停业或者吊销许可证；有违法所得的，没收违法所得；违法所得10万元以上的，并处违法所得1倍以上5倍以下的罚款；没有违法所得或者违法所得不足10万元的，并处5万元以上10万元以下的罚款；造成环境污染的，责令限期采取治理措施消除污染，逾期不采取治理措施，经催告仍不治理的，可以指定有治理能力的单位代为治理，所需费用由违法者承担；构成犯罪的，依法追究刑事责任：

（一）未经许可，擅自从事废旧放射源或者其他放射性固体废物的贮存、处置活动的；

（二）放射性固体废物贮存、处置单位未按照许可证规定的活动种类、范围、规模、期限从事废旧放射源或者其他放射性固体废物的贮存、处置活动的；

（三）放射性固体废物贮存、处置单位未按照国家有关放射性污染防治标准和国务院环境保护主管部门的规定贮存、处置废旧放射源或者其他放射性固体废物的。

第三十九条　放射性固体废物贮存、处置单位未按照规定建立情况记录档案，或者未按照规定进行如实记录的，由省级以上人民政府环境保护主管部门责令限期改正，处1万元以上5万元以下的罚款；逾期不改正的，处5万元以上10万元以下的罚款。

第四十条　核设施营运单位、核技术利用单位或者放射性固体废物贮存、处置单位未按照本条例第三十二条的规定如实报告有关情况的，由县级以上人民政府环境保护主管部门责令限期改正，处1万元以上5万元以下的罚款；逾期不改正的，处5万元以上10万元以下的罚款。

第四十一条　违反本条例规定，拒绝、阻碍环境保护主管部门或者其他有关部门的监督检查，或者在接受监督检查时弄虚作假的，由监督检查部门责令改正，处2万元以下的罚款；构成违反治安管理行为的，由公安机关依法给予治安管理处罚；构成犯罪的，依法追究刑事责任。

第四十二条　核设施营运单位、核技术利用单位或者放射性固体废物贮存、处置单位未按照规定对有关工作人员进行技术培训和考核的，由县级以上人民政府环境保护主管部门责令限期改正，处1万元以上5万元以下的罚款；逾期不改正的，处5万元以上10万元以下的罚款。

第四十三条　违反本条例规定，向中华人民共和国境内输入放射性废物或者被放射性污染的物品，或经中华人民共和国境内转移放射性废物或者被放射性污染的物品的，由海关责令退运该放射性废物或者被放射性污染的物品，并处50万元以上100万元以下的罚款；构成犯罪的，依法追究刑事责任。

第六章　附　　则

第四十四条　军用设施、装备所产生的放射性废物的安全管理，依照《中华人民共和国放射性污染防治法》第六十条的规定执行。

第四十五条　放射性废物运输的安全管理、放射性废物造成污染事故的应急处理，以及劳动者在职业活动中接触放射性废物造成的职业病防治，依照有关法律、行政法规的规定执行。

第四十六条　本条例自2012年3月1日起施行。

放射性物品运输安全管理条例

(2009年9月7日国务院第80次常务会议通过，2009年9月14日国务院令第562号公布，自2010年1月1日起施行)

第一章 总 则

第一条 为了加强对放射性物品运输的安全管理，保障人体健康，保护环境，促进核能、核技术的开发与和平利用，根据《中华人民共和国放射性污染防治法》，制定本条例。

第二条 放射性物品的运输和放射性物品运输容器的设计、制造等活动，适用本条例。

本条例所称放射性物品，是指含有放射性核素，并且其活度和比活度均高于国家规定的豁免值的物品。

第三条 根据放射性物品的特性及其对人体健康和环境的潜在危害程度，将放射性物品分为一类、二类和三类。

一类放射性物品，是指Ⅰ类放射源、高水平放射性废物、乏燃料等释放到环境后对人体健康和环境产生重大辐射影响的放射性物品。

二类放射性物品，是指Ⅱ类和Ⅲ类放射源、中等水平放射性废物等释放到环境后对人体健康和环境产生一般辐射影响的放射性物品。

三类放射性物品，是指Ⅳ类和Ⅴ类放射源、低水平放射性废物、放射性药品等释放到环境后对人体健康和环境产生较小辐射影响的放射性物品。

放射性物品的具体分类和名录，由国务院核安全监管部门会同国务院公安、卫生、海关、交通运输、铁路、民航、核工业行业主管部门制定。

第四条 国务院核安全监管部门对放射性物品运输的核与辐射安全实施监督管理。

国务院公安、交通运输、铁路、民航等有关主管部门依照本条例规定和各自的职责，负责放射性物品运输安全的有关监督管理工作。

县级以上地方人民政府环境保护主管部门和公安、交通运输等有关主管部门，依照本条例规定和各自的职责，负责本行政区域放射性物品运输安全的有关监督管理工作。

第五条 运输放射性物品，应当使用专用的放射性物品运输包装容器（以下简称运输容器）。

放射性物品的运输和放射性物品运输容器的设计、制造，应当符合国家放射性物品运输安全标准。

国家放射性物品运输安全标准，由国务院核安全监管部门制定，由国务院核安全监管部门和国务院标准化主管部门联合发布。国务院核安全监管部门制定国家放射性物品运输安全标准，应当征求国务院公安、卫生、交通运输、铁路、民航、核工业行业主管部门的意见。

第六条 放射性物品运输容器的设计、制造单位应当建立健全责任制度，加强质量管理，并对所从事的放射性物品运输容器的设计、制造活动负责。

放射性物品的托运人（以下简称托运人）应当制定核与辐射事故应急方案，在放射性物品运输中采取有效的辐射防护和安全保卫措施，并对放射性物品运输中的核与辐射安全负责。

第七条 任何单位和个人对违反本条例规定的行为，有权向国务院核安全监管部门或者其他依法履行放射性物品运输安全监督管理职责的部门举报。

接到举报的部门应当依法调查处理，并为举报人保密。

第二章 放射性物品运输容器的设计

第八条 放射性物品运输容器设计单位应当建立健全和有效实施质量保证体系，按照国家放射性物品运输安全标准进行设计，并通过试验验证或者分析论证等方式，对设计的放射性物品运输容器的安全性能进行评价。

第九条 放射性物品运输容器设计单位应当建立健全档案制度，按照质量保证体系的要求，如实记录放射性物品运输容器的设计和安全性能评价过程。

进行一类放射性物品运输容器设计，应当编制设计安全评价报告书；进行二类放射性物品运输容器设计，应当编制设计安全评价报告表。

第十条 一类放射性物品运输容器的设计，应当在首次用于制造前报国务院核安全监管部门审查批准。

申请批准一类放射性物品运输容器的设计，设计单位应当向国务院核安全监管部门提出书面申请，并提交下列材料：

（一）设计总图及其设计说明书；

（二）设计安全评价报告书；

（三）质量保证大纲。

第十一条 国务院核安全监管部门应当自受理申请之日起45个工作日内完成审查，对符合国家放射性物品运输安全标准的，颁发一类放射性物品运输容器设计批准书，并公告批准文号；对不符合国家放射性物品运输安全标准的，书面通知申请单位并说明理由。

第十二条 设计单位修改已批准的一类放射性物品运输容器设计中有关安全内容的，应当按照原申请程序向国务院核安全监管部门重新申请领取一类放射性物品运输容器设计批准书。

第十三条 二类放射性物品运输容器的设计，设计单位应当在首次用于制造前，将设计总图及其设计说明书、设计安全评价报告表报国务院核安全监管部门备案。

第十四条 三类放射性物品运输容器的设计，设计单位应当编制设计符合国家放射性物品运输安全标准的证明文件并存档备查。

第三章 放射性物品运输容器的制造与使用

第十五条 放射性物品运输容器制造单位，应当按照设计要求和国家放射性物品运输安全标准，对制造的放射性物品运输容器进行质量检验，编制质量检验报告。

未经质量检验或者经检验不合格的放射性物品运输容器，不得交付使用。

第十六条 从事一类放射性物品运输容器制造活动的单位，应当具备下列条件：
（一）有与所从事的制造活动相适应的专业技术人员；
（二）有与所从事的制造活动相适应的生产条件和检测手段；
（三）有健全的管理制度和完善的质量保证体系。

第十七条 从事一类放射性物品运输容器制造活动的单位，应当申请领取一类放射性物品运输容器制造许可证（以下简称制造许可证）。

申请领取制造许可证的单位，应当向国务院核安全监管部门提出书面申请，并提交其符合本条例第十六条规定条件的证明材料和申请制造的运输容器型号。

禁止无制造许可证或者超出制造许可证规定的范围从事一类放射性物品运输容器的制造活动。

第十八条 国务院核安全监管部门应当自受理申请之日起45个工作日内完成审查，对符合条件的，颁发制造许可证，并予以公告；对不符合条件的，书面通知申请单位并说明理由。

第十九条 制造许可证应当载明下列内容：
（一）制造单位名称、住所和法定代表人；
（二）许可制造的运输容器的型号；
（三）有效期限；
（四）发证机关、发证日期和证书编号。

第二十条 一类放射性物品运输容器制造单位变更单位名称、住所或者法定代表人的，应当自工商变更登记之日起20日内，向国务院核安全监管部门办理制造许可证变更手续。

一类放射性物品运输容器制造单位变更制造的运输容器型号的，应当按照原申请程序向国务院核安全监管部门重新申请领取制造许可证。

第二十一条 制造许可证有效期为5年。

制造许可证有效期届满，需要延续的，一类放射性物品运输容器制造单位应当于制造许可证有效期届满6个月前，向国务院核安全监管部门提出延续申请。

国务院核安全监管部门应当在制造许可证有效期届满前作出是否准予延续的决定。

第二十二条 从事二类放射性物品运输容器制造活动的单位，应当在首次制造活动开始30日前，将其具备与所从事的制造活动相适应的专业技术人员、生产条件、检测手段，以及具有健全的管理制度和完善的质量保证体系的证明材料，报国务院核安全监管部门备案。

第二十三条 一类、二类放射性物品运输容器制造单位，应当按照国务院核安全监管部门制定的编码规则，对其制造的一类、二类放射性物品运输容器统一编码，并于每年1月31日前将上一年度的运输容器编码清单报国务院核安全监管部门备案。

第二十四条 从事三类放射性物品运输容器制造活动的单位，应当于每年1月31日前将上一年度制造的运输容器的型号和数量报国务院核安全监管部门备案。

第二十五条 放射性物品运输容器使用单位应当对其使用的放射性物品运输容器定期进行保养和维护，并建立保养和维护档案；放射性物品运输容器达到设计使用年限，或者发现放射性物品运输容器存在安全隐患的，应当停止使用，进行处理。

一类放射性物品运输容器使用单位还应当对其使用的一类放射性物品运输容器每两年进行一次安全性能评价，并将评价结果报国务院核安全监管部门备案。

第二十六条 使用境外单位制造的一类放射性物品运输容器的，应当在首次使用前报国务院核安全监管部门审查批准。

申请使用境外单位制造的一类放射性物品运输容器的单位，应当向国务院核安全监管部门提出书面申请，并提交下列材料：

（一）设计单位所在国核安全监管部门颁发的设计批准文件的复印件；

（二）设计安全评价报告书；

（三）制造单位相关业绩的证明材料；

（四）质量合格证明；

（五）符合中华人民共和国法律、行政法规规定，以及国家放射性物品运输安全标准或者经国务院核安全监管部门认可的标准的说明材料。

国务院核安全监管部门应当自受理申请之日起45个工作日内完成审查，对符合国家放射性物品运输安全标准的，颁发使用批准书；对不符合国家放射性物品运输安全标准的，书面通知申请单位并说明理由。

第二十七条 使用境外单位制造的二类放射性物品运输容器的，应当在首次使用前将运输容器质量合格证明和符合中华人民共和国法律、行政法规规定，以及国家放射性物品运输安全标准或者经国务院核安全监管部门认可的标准的说明材料，报国务院核安全监管部门备案。

第二十八条 国务院核安全监管部门办理使用境外单位制造的一类、二类放射性物品运输容器审查批准和备案手续，应当同时为运输容器确定编码。

第四章 放射性物品的运输

第二十九条 托运放射性物品的，托运人应当持有生产、销售、使用或者处置放射性物品的有效证明，使用与所托运的放射性物品类别相适应的运输容器进行包装，配备必要的辐射监测设备、防护用品和防盗、防破坏设备，并编制运输说明书、核与辐射事故应急响应指南、装卸作业方法、安全防护指南。

运输说明书应当包括放射性物品的品名、数量、物理化学形态、危害风险等内容。

第三十条 托运一类放射性物品的，托运人应当委托有资质的辐射监测机构对其表面污染和辐射水平实施监测，辐射监测机构应当出具辐射监测报告。

托运二类、三类放射性物品的，托运人应当对其表面污染和辐射水平实施监测，并编制辐射监测报告。

监测结果不符合国家放射性物品运输安全标准的，不得托运。

第三十一条 承运放射性物品应当取得国家规定的运输资质。承运人的资质管理，依照有关法律、行政法规和国务院交通运输、铁路、民航、邮政主管部门的规定执行。

第三十二条 托运人和承运人应当对直接从事放射性物品运输的工作人员进行运输安全和应急响应知识的培训，并进行考核；考核不合格的，不得从事相关工作。

托运人和承运人应当按照国家放射性物品运输安全标准和国家有关规定，在放射性物品运输容器和运输工具上设置警示标志。

国家利用卫星定位系统对一类、二类放射性物品运输工具的运输过程实行在线监控。具体办法由国务院核安全监管部门会同国务院有关部门制定。

第三十三条 托运人和承运人应当按照国家职业病防治的有关规定，对直接从事放射性物品运输的工作人员进行个人剂量监测，建立个人剂量档案和职业健康监护档案。

第三十四条 托运人应当向承运人提交运输说明书、辐射监测报告、核与辐射事故应急响应指南、装卸作业方法、安全防护指南，承运人应当查验、收存。托运人提交文件不齐全的，承运人不得承运。

第三十五条 托运一类放射性物品的，托运人应当编制放射性物品运输的核与辐射安全分析报告书，报国务院核安全监管部门审查批准。

放射性物品运输的核与辐射安全分析报告书应当包括放射性物品的品名、数量、运输容器型号、运输方式、辐射防护措施、应急措施等内容。

国务院核安全监管部门应当自受理申请之日起45个工作日内完成审查，对符合国家放射性物品运输安全标准的，颁发核与辐射安全分析报告书批准书；对不符合国家放射性物品运输安全标准的，书面通知申请单位并说明理由。

第三十六条 放射性物品运输的核与辐射安全分析报告批准书应当载明下列主要内容：

（一）托运人的名称、地址、法定代表人；

（二）运输放射性物品的品名、数量；

（三）运输放射性物品的运输容器型号和运输方式；

（四）批准日期和有效期限。

第三十七条 一类放射性物品启运前，托运人应当将放射性物品运输的核与辐射安全分析报告批准书、辐射监测报告，报启运地的省、自治区、直辖市人民政府环境保护主管部门备案。

收到备案材料的环境保护主管部门应当及时将有关情况通报放射性物品运输的途经地和抵达地的省、

自治区、直辖市人民政府环境保护主管部门。

第三十八条 通过道路运输放射性物品的,应当经公安机关批准,按照指定的时间、路线、速度行驶,并悬挂警示标志,配备押运人员,使放射性物品处于押运人员的监管之下。

通过道路运输核反应堆乏燃料的,托运人应当报国务院公安部门批准。通过道路运输其他放射性物品的,托运人应当报启运地县级以上人民政府公安机关批准。具体办法由国务院公安部门商国务院核安全监管部门制定。

第三十九条 通过水路运输放射性物品的,按照水路危险货物运输的法律、行政法规和规章的有关规定执行。

通过铁路、航空运输放射性物品的,按照国务院铁路、民航主管部门的有关规定执行。

禁止邮寄一类、二类放射性物品。邮寄三类放射性物品的,按照国务院邮政管理部门的有关规定执行。

第四十条 生产、销售、使用或者处置放射性物品的单位,可以依照《中华人民共和国道路运输条例》的规定,向设区的市级人民政府道路运输管理机构申请非营业性道路危险货物运输资质,运输本单位的放射性物品,并承担本条例规定的托运人和承运人的义务。

申请放射性物品非营业性道路危险货物运输资质的单位,应当具备下列条件:

(一)持有生产、销售、使用或者处置放射性物品的有效证明;

(二)有符合本条例规定要求的放射性物品运输容器;

(三)有具备辐射防护与安全防护知识的专业技术人员和经考试合格的驾驶人员;

(四)有符合放射性物品运输安全防护要求,并经检测合格的运输工具、设施和设备;

(五)配备必要的防护用品和依法经定期检定合格的监测仪器;

(六)有运输安全和辐射防护管理规章制度以及核与辐射事故应急措施。

放射性物品非营业性道路危险货物运输资质的具体条件,由国务院交通运输主管部门会同国务院核安全监管部门制定。

第四十一条 一类放射性物品从境外运抵中华人民共和国境内,或者途经中华人民共和国境内运输的,托运人应当编制放射性物品运输的核与辐射安全分析报告书,报国务院核安全监管部门审查批准。审查批准程序依照本条例第三十五条第三款的规定执行。

二类、三类放射性物品从境外运抵中华人民共和国境内,或者途经中华人民共和国境内运输的,托运人应当编制放射性物品运输的辐射监测报告,报国务院核安全监管部门备案。

托运人、承运人或者其代理人向海关办理有关手续,应当提交国务院核安全监管部门颁发的放射性物品运输的核与辐射安全分析报告批准书或者放射性物品运输的辐射监测报告备案证明。

第四十二条 县级以上人民政府组织编制的突发环境事件应急预案,应当包括放射性物品运输中可能发生的核与辐射事故应急响应的内容。

第四十三条 放射性物品运输中发生核与辐射事故的,承运人、托运人应当按照核与辐射事故应急响应指南的要求,做好事故应急工作,并立即报告事故发生地的县级以上人民政府环境保护主管部门。接到报告的环境保护主管部门应当立即派人赶赴现场,进行现场调查,采取有效措施控制事故影响,并及时向本级人民政府报告,通报同级公安、卫生、交通运输等有关主管部门。

接到报告的县级以上人民政府及其有关主管部门应当按照应急预案做好应急工作,并按照国家突发事件分级报告的规定及时上报核与辐射事故信息。

核反应堆乏燃料运输的核事故应急准备与响应,还应当遵守国家核应急的有关规定。

第五章 监督检查

第四十四条 国务院核安全监管部门和其他依法履行放射性物品运输安全监督管理职责的部门,应当依据各自职责对放射性物品运输安全实施监督检查。

国务院核安全监管部门应当将其已批准或者备案的一类、二类、三类放射性物品运输容器的设计、制造情况和放射性物品运输情况通报设计、制造单位所在地和运输途经地的省、自治区、直辖市人民政府环境保护主管部门。省、自治区、直辖市人民政府环境保护主管部门应当加强对本行政区域放射性物品运输安全的监督检查和监督性监测。

被检查单位应当予以配合,如实反映情况,提供必要的资料,不得拒绝和阻碍。

第四十五条 国务院核安全监管部门和省、自治区、直辖市人民政府环境保护主管部门以及其他依法履行放射性物品运输安全监督管理职责的部门进行监督检查,监督检查人员不得少于2人,并应当出示有效的行政执法证件。

国务院核安全监管部门和省、自治区、直辖市人民政府环境保护主管部门以及其他依法履行放射性物品运输安全监督管理职责的部门的工作人员，对监督检查中知悉的商业秘密负有保密义务。

第四十六条 监督检查中发现经批准的一类放射性物品运输容器设计确有重大设计安全缺陷的，由国务院核安全监管部门责令停止该型号运输容器的制造或者使用，撤销一类放射性物品运输容器设计批准书。

第四十七条 监督检查中发现放射性物品运输活动有不符合国家放射性物品运输安全标准情形的，或者一类放射性物品运输容器制造单位有不符合制造许可证规定条件情形的，应当责令限期整改；发现放射性物品运输活动可能对人体健康和环境造成核与辐射危害的，应当责令停止运输。

第四十八条 国务院核安全监管部门和省、自治区、直辖市人民政府环境保护主管部门以及其他依法履行放射性物品运输安全监督管理职责的部门，对放射性物品运输活动实施监测，不得收取监测费用。

国务院核安全监管部门和省、自治区、直辖市人民政府环境保护主管部门以及其他依法履行放射性物品运输安全监督管理职责的部门，应当加强对监督管理人员辐射防护与安全防护知识的培训。

第六章 法 律 责 任

第四十九条 国务院核安全监管部门和省、自治区、直辖市人民政府环境保护主管部门或者其他依法履行放射性物品运输安全监督管理职责的部门有下列行为之一的，对直接负责的主管人员和其他直接责任人员依法给予处分；直接负责的主管人员和其他直接责任人员构成犯罪的，依法追究刑事责任：

（一）未依照本条例规定作出行政许可或者办理批准文件的；

（二）发现违反本条例规定的行为不予查处，或者接到举报不依法处理的；

（三）未依法履行放射性物品运输核与辐射事故应急职责的；

（四）对放射性物品运输活动实施监测收取监测费用的；

（五）其他不依法履行监督管理职责的行为。

第五十条 放射性物品运输容器设计、制造单位有下列行为之一的，由国务院核安全监管部门责令停止违法行为，处 50 万元以上 100 万元以下的罚款；有违法所得的，没收违法所得：

（一）将未取得设计批准书的一类放射性物品运输容器设计用于制造的；

（二）修改已批准的一类放射性物品运输容器设计中有关安全内容，未重新取得设计批准书即用于制造的。

第五十一条 放射性物品运输容器设计、制造单位有下列行为之一的，由国务院核安全监管部门责令停止违法行为，处 5 万元以上 10 万元以下的罚款；有违法所得的，没收违法所得：

（一）将不符合国家放射性物品运输安全标准的二类、三类放射性物品运输容器设计用于制造的；

（二）将未备案的二类放射性物品运输容器设计用于制造的。

第五十二条 放射性物品运输容器设计单位有下列行为之一的，由国务院核安全监管部门责令限期改正；逾期不改正的，处 1 万元以上 5 万元以下的罚款：

（一）未对二类、三类放射性物品运输容器的设计进行安全性能评价的；

（二）未如实记录二类、三类放射性物品运输容器设计和安全性能评价过程的；

（三）未编制三类放射性物品运输容器设计符合国家放射性物品运输安全标准的证明文件并存档备查的。

第五十三条 放射性物品运输容器制造单位有下列行为之一的，由国务院核安全监管部门责令停止违法行为，处 50 万元以上 100 万元以下的罚款；有违法所得的，没收违法所得：

（一）未取得制造许可证从事一类放射性物品运输容器制造活动的；

（二）制造许可证有效期届满，未按照规定办理延续手续，继续从事一类放射性物品运输容器制造活动的；

（三）超出制造许可证规定的范围从事一类放射性物品运输容器制造活动的；

（四）变更制造的一类放射性物品运输容器型号，未按照规定重新领取制造许可证的；

（五）将未经质量检验或者经检验不合格的一类放射性物品运输容器交付使用的。

有前款第（三）项、第（四）项和第（五）项行为之一，情节严重的，吊销制造许可证。

第五十四条 一类放射性物品运输容器制造单位变更单位名称、住所或者法定代表人，未依法办理制造许可证变更手续的，由国务院核安全监管部门责令限期改正；逾期不改正的，处 2 万元的罚款。

第五十五条 放射性物品运输容器制造单位有下列行为之一的，由国务院核安全监管部门责令停止违法行为，处 5 万元以上 10 万元以下的罚款；有违法所得的，没收违法所得：

（一）在二类放射性物品运输容器首次制造活动开始前，未按照规定将有关证明材料报国务院核安全监管部门备案的；

（二）将未经质量检验或者经检验不合格的二类、三类放射性物品运输容器交付使用的。

第五十六条 放射性物品运输容器制造单位有下列行为之一的，由国务院核安全监管部门责令限期改正；逾期不改正的，处 1 万元以上 5 万元以下的罚款：

（一）未按照规定对制造的一类、二类放射性物品运输容器统一编码的；

（二）未按照规定将制造的一类、二类放射性物品运输容器编码清单报国务院核安全监管部门备案的；

（三）未按照规定将制造的三类放射性物品运输容器的型号和数量报国务院核安全监管部门备案的。

第五十七条 放射性物品运输容器使用单位未按照规定对使用的一类放射性物品运输容器进行安全性能评价，或者未将评价结果报国务院核安全监管部门备案的，由国务院核安全监管部门责令限期改正；逾期不改正的，处 1 万元以上 5 万元以下的罚款。

第五十八条 未按照规定取得使用批准书使用境外单位制造的一类放射性物品运输容器的，由国务院核安全监管部门责令停止违法行为，处 50 万元以上 100 万元以下的罚款。

未按照规定办理备案手续使用境外单位制造的二类放射性物品运输容器的，由国务院核安全监管部门责令停止违法行为，处 5 万元以上 10 万元以下的罚款。

第五十九条 托运人未按照规定编制放射性物品运输说明书、核与辐射事故应急响应指南、装卸作业方法、安全防护指南的，由国务院核安全监管部门责令限期改正；逾期不改正的，处 1 万元以上 5 万元以下的罚款。

托运人未按照规定将放射性物品运输的核与辐射安全分析报告批准书、辐射监测报告备案的，由启运地的省、自治区、直辖市人民政府环境保护主管部门责令限期改正；逾期不改正的，处 1 万元以上 5 万元以下的罚款。

第六十条 托运人或者承运人在放射性物品运输活动中，有违反有关法律、行政法规关于危险货物运输管理规定行为的，由交通运输、铁路、民航等有关主管部门依法予以处罚。

违反有关法律、行政法规规定邮寄放射性物品的，由公安机关和邮政管理部门依法予以处罚。在邮寄进境物品中发现放射性物品的，由海关依照有关法律、行政法规的规定处理。

第六十一条 托运人未取得放射性物品运输的核与辐射安全分析报告批准书托运一类放射性物品的，由国务院核安全监管部门责令停止违法行为，处 50 万元以上 100 万元以下的罚款。

第六十二条 通过道路运输放射性物品，有下列行为之一的，由公安机关责令限期改正，处 2 万元以上 10 万元以下的罚款；构成犯罪的，依法追究刑事责任：

（一）未经公安机关批准通过道路运输放射性物品的；

（二）运输车辆未按照指定的时间、路线、速度行驶或者未悬挂警示标志的；

（三）未配备押运人员或者放射性物品脱离押运人员监管的。

第六十三条 托运人有下列行为之一的，由启运地的省、自治区、直辖市人民政府环境保护主管部门责令停止违法行为，处 5 万元以上 20 万元以下的罚款：

（一）未按照规定对托运的放射性物品表面污染和辐射水平实施监测的；

（二）将经监测不符合国家放射性物品运输安全标准的放射性物品交付托运的；

（三）出具虚假辐射监测报告的。

第六十四条 未取得放射性物品运输的核与辐射安全分析报告批准书或者放射性物品运输的辐射监测报告备案证明，将境外的放射性物品运抵中华人民共和国境内，或者途经中华人民共和国境内运输的，由海关责令托运人退运该放射性物品，并依照海关法律、行政法规给予处罚；构成犯罪的，依法追究刑事责任。托运人不明的，由承运人承担退运该放射性物品的责任，或者承担该放射性物品的处置费用。

第六十五条 违反本条例规定，在放射性物品运输中造成核与辐射事故的，由县级以上地方人民政府环境保护主管部门处以罚款，罚款数额按核与辐射事故造成的直接损失的 20% 计算；构成犯罪的，依法追究刑事责任。

托运人、承运人未按照核与辐射事故应急响应指南的要求，做好事故应急工作并报告事故的，由县级以上地方人民政府环境保护主管部门处 5 万元以上 20 万元以下的罚款。

因核与辐射事故造成他人损害的，依法承担民事责任。

第六十六条 拒绝、阻碍国务院核安全监管部门或者其他依法履行放射性物品运输安全监督管理职责的部门进行监督检查，或者在接受监督检查时弄虚作假的，由监督检查部门责令改正，处 1 万元以上 2 万元以下的罚款；构成违反治安管理行为的，由公安机关依法给予治安管理处罚；构成犯罪的，依法追究刑事责任。

第七章 附 则

第六十七条 军用放射性物品运输安全的监督管理，依照《中华人民共和国放射性污染防治法》第六十条的规定执行。

第六十八条 本条例自 2010 年 1 月 1 日起施行。

2. 部门规章及有关文件

核动力厂管理体系安全规定

（2020 年 12 月 31 日生态环境部令第 18 号公布，自 2021 年 3 月 1 日起施行）

第一章 总 则

第一条 为了推进核安全治理体系和治理能力现代化，强化核动力厂安全责任，保护公众和从业人员的安全与健康，保护生态环境，根据《中华人民共和国核安全法》，制定本规定。

第二条 本规定适用于中华人民共和国领域及管辖的其他海域内的核动力厂管理体系的建立和实施，其他民用核设施可以参照本规定执行。

本规定所称核动力厂管理体系，是指为确保核动力厂安全而建立的组织机构、管理制度、资源和工作过程等。

第三条 核动力厂营运单位应当按照国家有关法律法规和本规定要求，建立和有效实施核动力厂管理体系，通过对所有安全相关工作过程（以下简称工作过程）、影响核安全和生态环境保护的要素进行有效管理，实现核安全和生态环境保护等目标。

对核动力厂控股的企业集团（以下简称企业集团）应当在其职责范围内采取有效措施满足本规定的适用要求。

为核动力厂营运单位提供设备、工程和服务等的单位（以下简称相关单位）应当采取有效措施满足本规定的适用要求。

第四条 国务院核安全监督管理部门应当加强对核动力厂管理体系建立和实施情况的监督检查。

第五条 鼓励任何单位和个人对核动力厂的安全隐患、违规操作、弄虚作假及其他影响安全的违法行为，向国务院核安全监督管理部门举报。

国务院核安全监督管理部门应当及时处理举报并对举报人的信息予以保密。对实名举报的，应当反馈处理结果等情况；查证属实的，可以对举报人给予奖励。

严禁举报人所在单位对举报人进行任何形式的压制和打击报复。

第二章 安 全 责 任

第六条 核动力厂营运单位对核动力厂的核安全负全面责任，应当坚持安全第一、预防为主、责任明确、严格管理、纵深防御、全面保障的原则，在核动力厂建立并保持对放射性危害的有效防御，保障核安全，预防和应对核事故，安全利用核能，保护从业人员、公众和环境免受不当危害。

核动力厂营运单位应当承担以下核安全责任：

（一）遵守国家有关法律法规要求，建立健全安全责任制，组织制定相关管理大纲、规章制度和程序，确保安全相关工作的有效实施；

（二）确保核动力厂选址、设计、建造、运行和退役等满足核安全法律法规、标准、许可文件的规定和其他安全监管要求；

（三）加强从业人员辐射防护和职业照射监控，确保从业人员具备管理控制核与辐射风险的相关知识和能力；

（四）确保对核动力厂内所有放射性物质实施严格有效的管理控制，持续开展放射性流出物监测和场址周边辐射环境监测；

（五）确保为核动力厂选址、设计、建造、运行和退役等全寿期安全提供资源保障，包括放射性废物管理以及核动力厂退役或者停闭所需要的资源；

（六）组织制定和实施应急预案，建立应急处置队伍，开展应急预案演练，按照应急预案的要求进行应急响应，减轻事故后果，并及时采取有效措施进行生态环境修复。

第七条 企业集团应当加强核动力厂营运单位人员配置、核安全管理和财务保障,建立和实施有效的监督和考核制度。

第八条 核动力厂营运单位可以通过合同约定的方式将核动力厂管理体系的具体工作委托给相关单位承担;委托行为不转移核动力厂营运单位承担的核安全全面责任。

核动力厂营运单位应当严格审查相关单位的资质或者能力,通过合同明确双方的权利、义务和责任,并对相关单位的活动进行有效管理,确保其满足本规定的要求。

第三章 安全领导

第九条 核动力厂营运单位主要负责人应当在以下方面作出承诺:

(一)制定核安全和生态环境保护等方面的政策、目标和规划,建立清晰、协调、高效的安全决策机制和重大事项的安全审议机制;

(二)明确不同层级从业人员的安全责任、权利和义务,为履行安全责任、实现安全目标提供必要的资源保障和程序方法等支持,建立科学合理的绩效评价和奖惩制度;

(三)持续监督、评价核动力厂安全状况和管理体系运行情况,定期开展管理部门审查,促进全员参与安全管理,持续提升安全业绩,培育核安全文化;

(四)与国务院核安全监督管理部门建立沟通机制,执行核安全相关法律法规规定的报告制度,报告核动力厂管理体系运行情况。

第十条 核动力厂营运单位在安全生产、质量保证、职业健康等方面的政策、目标和规划应当与核安全和生态环境保护政策、目标和规划协调一致。核动力厂营运单位应当制定和有效实施核安全和生态环境保护政策、目标和规划的行动计划,并定期开展适宜性和符合性审查,及时纠正偏差。

第十一条 核动力厂营运单位主要负责人应当履行下列职责:

(一)指挥和调度管理体系的重大事项;

(二)保证安全决策机制和安全审议机制有效运作;

(三)协调解决工作过程之间的重大争议和冲突。

第十二条 核动力厂营运单位负责安全综合管理的部门,应当具有足够的资源、职权和组织独立性,并履行下列职责:

(一)管理、协调、监督、评价管理体系相关工作;

(二)制止并纠正违章指挥、强令冒险作业、违规操作等行为;

(三)发现重大安全隐患时,提出安全管理建议;

(四)对安全相关重大不符合项、事件和事故的处理情况进行跟踪评价;

(五)组织制定和实施管理体系评价计划,督促落实相关整改措施。

第十三条 核动力厂营运单位应当确定管理体系各工作过程的责任部门,责任部门履行下列职责:

(一)制定和实施所负责工作过程的管理大纲、规章制度和程序;

(二)对所负责的工作过程进行有效的管理控制;

(三)及时发现和纠正对安全不利的行为或者状态,实施经验反馈;

(四)向本单位安全综合管理部门报告安全状况和趋势,落实整改措施。

第十四条 核动力厂营运单位安全委员会等安全审议机构应当对重要安全事项进行审议,跟踪审议决议的落实情况,必要时开展风险分析和独立审查。

在核安全和生态环境保护等方面承担重要职责的本单位相关部门负责人、相关单位代表以及相关领域专家应当参加安全审议。

本条第一款规定的重要安全事项包括下列内容:

(一)安全许可申请文件以及重要许可事项的调整;

(二)核安全和生态环境保护等方面的绩效评价方法及改进措施;

(三)安全相关组织机构、职责分工和资源配置等方面的重大调整;

(四)可能影响安全的工作进度、资金等方面的管理制度和计划的重大调整;

(五)本单位内部和对相关单位的绩效评价方法及其重大调整;

(六)供应链管理相关重要事项和重要相关单位的变更;

(七)重大不符合项、重大事件和事故的调查结果及整改措施;

(八)核安全文化评估结果及改进措施;

(九)其他重要安全事项。

第四章 安全管理

第十五条 核动力厂营运单位应当整合、实施、评价和持续改进管理体系，满足以下要求：

（一）综合考虑安全生产、质量保证、生态环境、安全保卫、职业健康，以及组织、人员、社会、进度、经费等要素及其相互影响；

（二）合理设置组织机构，确定承担决策、管理、执行和评价工作的部门职责、权限、接口关系和联络渠道等，有效管理内外部接口；

（三）按照管理体系的要求开展各项工作，及时发现和处理管理体系存在的问题，形成并保存相应证据；

（四）持续监测安全相关要素和工作过程的变化，识别和分析其对安全的影响和潜在风险，及时对管理体系作出适当调整。

第十六条　核动力厂营运单位应当对管理体系文件的策划、编制、审批、发布、分发、修改和使用等提出明确要求，确保其协调自洽、易于理解和便于实施，并有效传达至相关单位。

管理体系文件应当包括下列内容：

（一）管理体系总论，对管理体系进行综合描述与说明；

（二）工作过程的管理大纲和规章制度；

（三）对工作过程进行策划、实施和评价改进的流程、方法与要求。

核动力厂营运单位应当根据核安全和生态环境保护等管理需要，定期审查管理体系文件，及时进行评估和修订。

核动力厂营运单位管理体系文件应当报国务院核安全监督管理部门备案。

第十七条　核动力厂营运单位应当依据分类分级管理原则，综合考虑下列因素，确定核动力厂管理体系的各项要求：

（一）工作过程的安全重要性、复杂性和标准化程度；

（二）相关单位的安全重要性、经验、业绩和人员能力水平；

（三）工作过程实施不当可能造成的安全风险、后果和危害程度；

（四）核动力厂后续阶段检查维修的可行性；

（五）其他应当考虑的安全相关因素。

第十八条　核动力厂营运单位可以对管理体系的下列事项明确分级要求：

（一）管理大纲、规章制度和程序的适用范围、详细程度和审批权限；

（二）人员培训、资格考核、岗位授权的范围和要求；

（三）采购文件的类型、详细程度和可追溯性要求；

（四）对工作过程的管理控制、验证措施和要求；

（五）需要形成和保存的记录及其保存期限。

第十九条　核动力厂营运单位应当对其安全相关能力和资源进行有效管理，在核动力厂选址、设计、建造、运行和退役全寿期以及应急响应期间具备下列能力：

（一）安全领导和安全管理能力；

（二）培育和建设核安全文化的能力；

（三）工作过程的质量保证能力；

（四）有规定数量的、合格的专业技术人员；

（五）安全评价、资源配置和财务能力；

（六）安全相关的技术支撑体系和持续改进能力；

（七）事故应急响应能力和损害赔偿能力。

第二十条　核动力厂营运单位应当采取下列措施，对从业人员进行有效管理，确保其安全有效开展工作：

（一）制定适当的用工政策、激励晋升机制、人员配备和培训计划，确保安全相关岗位从业人员的数量、能力等持续满足需要；

（二）制定和实施培训大纲，采用系统化培训方法开展安全相关知识技能和管理体系的培训，保证从业人员充分参与培训管理；

（三）按照国家有关法律法规的要求，结合岗位的安全重要性，明确资格考核和岗位授权等要求并有效实施。

第二十一条　核动力厂营运单位应当对财务资源进行有效管理，确定核动力厂全寿期财务资源需求，为有效维护核动力厂管理体系提供资金保障。

第二十二条　核动力厂营运单位应当确定安全相关工作场所、软硬件设施、支持保障服务等基础设施和工作条件，并采取下列措施进行有效管理：

（一）提供适宜的工作环境、培训设施、防护装置和物品，定期开展职业健康检查，合理设置工作时间和劳动强度，保障从业人员健康和安全；

（二）明确场地管理和清洁要求，防止安全相关工作场所、设施设备、人员受到不必要的污染或者损伤；

（三）持续监测核动力厂周边环境，有效防范自然或者人为因素对基础设施和核动力厂安全造成的不利影响。

第二十三条　核动力厂营运单位应当采取下列措

施，有效管理安全相关知识和信息，为工作实施、经验反馈和知识传承提供支持：

（一）开展知识管理，系统收集、处理、维护和使用安全相关知识和信息，满足岗位及其人员的更迭需要，防止重要知识、信息和经验遗失；

（二）开展信息化建设，利用先进信息技术为知识和信息管理提供安全可靠的平台和工具，采取有效措施保证网络和信息安全；

（三）对用于核动力厂设计、安全分析计算和数据管理的安全重要计算机软件进行验证和确认，对安全重要控制系统软件及其数据进行验证和定期检查，对安全重要软件及其数据进行异地异质备份。

第二十四条 核动力厂营运单位应当采取下列措施，有效管理安全重要物项和其他对核安全有潜在影响的物项：

（一）对安全重要物项进行标识并建立台账，提供适宜的贮存条件、防护措施、运输和装卸设备，防止其错用、损坏、老化、变质、性能下降或者丢失；

（二）对核动力厂系统、部件和构筑物制定定期试验、在役检查、维修等规程并严格执行，确保其可用性和可靠性；

（三）根据安全重要性、使用情况、保质期、交货期、供应链不确定性等因素，适当确定核动力厂备品备件的库存清单和数量并确保其持续满足使用要求；

（四）定期或者在使用前标定或者校准检查、测量、试验设备和装置，确保其具有合适的量程、灵敏度、准确度和精密度；

（五）确定放射性物质、危险化学品和特种设备等有害或者高风险物质资产清单，对其进行有效管理和定期检查，确保其安全贮存、装卸、运输或者使用。

第二十五条 核动力厂营运单位应当采取下列措施，对技术更新和物项替代进行有效管理，防范核动力厂长期运行中因物项老化或者技术过时引起的安全风险：

（一）对已淘汰或者无后续供应物项制定和实施适当的管理策略，评价替换物项，确保其满足安全功能要求；

（二）使用经验证的新技术、新物项取代老旧技术和物项，通过技术改进不断提升安全水平。

第二十六条 核动力厂营运单位应当确定实现安全目标、满足安全要求、交付合格物项或者服务所需要的工作过程，明确工作过程的控制要求，确保工作过程之间的一致性和连续性。

工作过程的控制要求包括下列事项：

（一）在核安全和生态环境保护等方面的适用要求；

（二）存在的危害和风险以及必要时的预防和缓解措施；

（三）工作过程管理、实施和评价验证的责任与接口关系；

（四）工作过程的输入输出、接口及其相互影响和作用；

（五）具体工作内容、流程、控制验证方法和要求；

（六）需要编制、收集和保存的文件和记录要求。

第二十七条 核动力厂营运单位应当根据安全重要性、功能属性和应用范围等因素，对工作过程进行分类管理。

核动力厂营运单位应当对工作过程进行策划、实施、评价和持续改进，识别和提供所需要的资源，确定影响工作过程实施的条件和要求，明确验收准则。

工作过程应当由合格的人员依据相关管理体系文件，使用合格的材料和设备，在适宜的环境条件下实施。特殊工艺过程应当在首次使用前进行验证。

第二十八条 核动力厂营运单位应当采取下列措施对供应链进行有效管理：

（一）采购文件应当充分体现物项或者服务需求，以及物项或者服务在核安全和生态环境保护等方面的要求；

（二）对相关单位进行评价，建立、维护和持续优化合格供应商清单，识别和应对供应链潜在风险，保障供应链安全、可靠、稳定；

（三）对相关单位工作进行验证，监督相关单位的外包行为，对相关单位提交的物项或者服务进行验收，对安全相关商品级物项进行关键性能验证；

（四）对民用核安全设备设计、制造、安装和无损检验单位及其相关活动进行有效管理；

（五）对采用工程总承包模式的核动力厂工程建设项目，要求工程总承包单位建立和有效实施满足本规定要求的工程建设项目的管理制度，并对管理制度的执行情况进行监督检查。

第二十九条 核动力厂营运单位应当按照工作过程的内在逻辑和档案分类要求，有效管理安全相关记录和文档资料，确保档案完整、有效、系统、规范。对记录和文档的编码、收集、归档、索引、修改、复制、转送、借阅、储存和销毁等进行严格控制，保证记录和文档资料安全、完整、持续可读并能追溯涉及的物项或者活动。

第五章 核安全文化

第三十条 核动力厂营运单位应当将核安全文化融入生产、经营、科研和管理等各环节，在制定目标政策、设置机构、分配资源、制定计划、安排进度和控制成本时，始终坚持安全第一的原则，科学规范地开展各项工作。

核动力厂营运单位的决策机构和管理部门应当通过承诺、决策和行为示范等，不断强化法治意识、责任意识、风险意识和诚信意识，持续培育和建设核安全文化。

第三十一条 核动力厂营运单位应当组织开展核安全文化教育培训，制定安全重要岗位的行为准则，明确风险管理要求，及时识别、沟通和有效管控与工作及工作环境有关的风险；设置纵深防御体系，分析技术、人员和组织之间的相互作用和对安全的影响，利用实体屏障、组织管理和防止人为失误等措施，有效防范各类安全威胁。

第三十二条 核动力厂营运单位应当建立核安全经验反馈体系，鼓励从业人员报告安全隐患和管理体系缺陷，对所报告事项、建造和运行事件及经验、行业良好实践和科技进步等信息进行及时筛选、评价和反馈，持续改进和提升安全管理水平。

第三十三条 核动力厂营运单位应当明确违规操作和弄虚作假防控要求与措施，发现相关行为的，及时依法依规处理；审查验证为核动力厂物项或者服务提供检测的机构资质、合格证明文件或者记录等，保证其真实、完整、可追溯。

第三十四条 核动力厂营运单位应当制定与政府相关部门、所有者、投资方、用户、从业人员、供应方、公众、社团组织、国际机构等相关方的沟通策略、计划和要求，妥善处理危机与冲突；依法开展信息公开和公众参与，就涉及公众利益的重大事项征求相关方意见，保障相关方的知情权、参与权和监督权。

第三十五条 核动力厂营运单位应当定期组织开展核安全文化评估，评价本单位的核安全文化状态，促进核安全文化持续改进。

第六章 评价改进

第三十六条 核动力厂营运单位应当开展管理体系日常监督检查，通过巡查、活动观察、会议、工作指导、意见征集等形式，检查管理体系各工作过程的执行情况和存在的问题，并及时整改。

第三十七条 核动力厂营运单位应当持续监测核动力厂安全状态，定期分析评价安全性能指标的变化趋势，调查、分析异常和不良趋势的原因并加以改进。

第三十八条 核动力厂营运单位应当定期组织开展自我评估，并在国务院核安全监督管理部门例行核安全监督检查前对管理体系进行自查，对照监管要求和行业标杆查找问题，持续推动安全业绩提升和管理体系改进。

第三十九条 核动力厂营运单位应当确定核动力厂全寿期不同阶段技术评价的项目、时机、范围、要求和预期结果，通过检查、试验、审查、应急演练、定期安全评价等方式，对安全重要物项和活动进行审查验证，合理可行地加以改进。

第四十条 核动力厂营运单位应当定期组织开展管理体系内部监查，对重要的相关单位适时组织开展外部监查，必要时开展同行评估，系统评价管理体系各要素和工作过程的充分性、符合性和有效性，实施必要的管理改进。

第四十一条 核动力厂营运单位应当定期开展管理部门审查，全面审议管理体系运行情况、安全业绩和核安全文化现状与问题、政策目标和规划实现情况、内外部环境的重大变化及其机遇和挑战等重大事项，确定管理体系的适宜性和有效性，对管理体系实施必要的调整和改进。

第四十二条 核动力厂营运单位应当及时发现在核安全和生态环境保护等方面的不符合、事件或者事故，并按照相关要求进行报告、审查和处理。

第四十三条 核动力厂营运单位应当及时纠正所有安全相关隐患、缺陷和问题，建立清单及信息库并对其进行动态管理；对重要不符合项、事件或者事故以及其他对安全有重要影响的缺陷，应当分析根本原因，制定内容见文件夹

和实施纠正措施，并建立跟踪系统，确保每项纠正措施得到落实。

第七章 罚 则

第四十四条 企业集团存在下列情形之一的，由国务院核安全监督管理部门责令限期整改，并对其主要负责人进行约谈，约谈结果应当向社会公开：

（一）未为核动力厂营运单位人员配置、核安全管理和财务保障提供支持和便利的；

（二）未建立合理有效的监督和考核制度，未督促核动力厂营运单位依据本规定履行安全责任的。

第四十五条 核动力厂营运单位存在下列情形之一的，由国务院核安全监督管理部门责令限期整改，

并对其主要负责人进行约谈，约谈结果应当向社会公开：

（一）未按照本规定要求对管理体系进行整合、实施、评价或者持续改进的；

（二）未按照本规定要求制定或者实施核安全和生态环境保护等方面的政策、目标和规划的；

（三）未按照本规定要求建立或者实施清晰、协调、高效的安全决策机制、重大事项的安全审议机制的；

（四）未按照本规定要求为履行核安全责任提供足够的能力和资源保障的；

（五）未按照本规定要求对供应链进行有效管理的；

（六）未按照本规定要求组织开展核安全文化评估的；

（七）其他在管理体系建立和实施中存在工作推进不力、问题突出的情形的。

第四十六条　核动力厂营运单位和相关单位在管理体系的建立和实施过程中存在违法行为的，依据《中华人民共和国核安全法》等法律法规予以处罚。

第八章　附　　则

第四十七条　本规定中下列用语的含义：

（一）核安全文化，是指各有关组织和个人以"安全第一"为根本方针，以维护公众健康和生态环境安全为最终目标，达成共识并付诸实践的价值观、行为准则和特性的总和。

（二）供应链，是指为核动力厂提供材料、零部件、设备、计算机软件、工程和服务等的供应网络，通常涉及核动力厂工程总承包单位、设计单位、制造单位、工程勘探和建设施工单位、技术服务单位、各级供应商和经销商等。

第四十八条　本规定自 2021 年 3 月 1 日起施行。

附件：管理体系总论框架

附件

管理体系总论框架

核安全承诺（主要负责人签字）
一、前言
（一）目的与适用范围
（二）企业简介
（三）术语和定义
（四）编制依据
二、管理体系
（一）管理体系合规性说明
（二）管理体系总要求
（三）管理体系结构说明
（四）管理体系文件
（五）分类分级管理
三、管理职责
（一）安全责任
（二）安全领导和承诺
（三）政策、目标和规划
（四）组织机构和职责
（五）核安全文化
四、资源管理
（一）资源策划和提供
（二）人力资源管理
（三）财务资源管理
（四）基础设施和工作环境
（五）知识和信息管理
（六）物质资产管理
（七）技术更新和物项替代
五、过程实施
（一）过程实施的一般要求
（二）核心工作过程
（三）通用管理过程
（四）支持保障过程
六、评价改进
（一）日常监督
（二）安全状态监测
（三）自我评估
（四）独立评价
（五）管理部门审查
（六）纠正措施
七、管理体系文件清单
八、参考文件

放射性物品道路运输管理规定

(2010年10月27日交通运输部发布 根据2016年9月2日《交通运输部关于修改〈放射性物品道路运输管理规定〉的决定》修正)

第一章 总 则

第一条 为了规范放射性物品道路运输活动,保障人民生命财产安全,保护环境,根据《道路运输条例》和《放射性物品运输安全管理条例》,制定本规定。

第二条 从事放射性物品道路运输活动的,应当遵守本规定。

第三条 本规定所称放射性物品,是指含有放射性核素,并且其活度和比活度均高于国家规定的豁免值的物品。

本规定所称放射性物品道路运输专用车辆(以下简称专用车辆),是指满足特定技术条件和要求,用于放射性物品道路运输的载货汽车。

本规定所称放射性物品道路运输,是指使用专用车辆通过道路运输放射性物品的作业过程。

第四条 根据放射性物品的特性及其对人体健康和环境的潜在危害程度,将放射性物品分为一类、二类和三类。

一类放射性物品,是指Ⅰ类放射源、高水平放射性废物、乏燃料等释放到环境后对人体健康和环境产生重大辐射影响的放射性物品。

二类放射性物品,是指Ⅱ类和Ⅲ类放射源、中等水平放射性废物等释放到环境后对人体健康和环境产生一般辐射影响的放射性物品。

三类放射性物品,是指Ⅳ类和Ⅴ类放射源、低水平放射性废物、放射性药品等释放到环境后对人体健康和环境产生较小辐射影响的放射性物品。

放射性物品的具体分类和名录,按照国务院核安全监管部门会同国务院公安、卫生、海关、交通运输、铁路、民航、核工业行业主管部门制定的放射性物品具体分类和名录执行。

第五条 从事放射性物品道路运输应当保障安全,依法运输,诚实信用。

第六条 国务院交通运输主管部门主管全国放射性物品道路运输管理工作。

县级以上地方人民政府交通运输主管部门负责组织领导本行政区域放射性物品道路运输管理工作。

县级以上道路运输管理机构负责具体实施本行政区域放射性物品道路运输管理工作。

第二章 运输资质许可

第七条 申请从事放射性物品道路运输经营的,应当具备下列条件:

(一)有符合要求的专用车辆和设备。

1. 专用车辆要求。

(1)专用车辆的技术要求应当符合《道路运输车辆技术管理规定》有关规定;

(2)车辆为企业自有,且数量为5辆以上;

(3)核定载质量在1吨及以下的车辆为厢式或者封闭货车;

(4)车辆配备满足在线监控要求,且具有行驶记录仪功能的卫星定位系统。

2. 设备要求。

(1)配备有效的通讯工具;

(2)配备必要的辐射防护用品和依法经定期检定合格的监测仪器。

(二)有符合要求的从业人员。

1. 专用车辆的驾驶人员取得相应机动车驾驶证,年龄不超过60周岁;

2. 从事放射性物品道路运输的驾驶人员、装卸管理人员、押运人员经所在地设区的市级人民政府交通运输主管部门考试合格,取得注明从业资格类别为"放射性物品道路运输"的道路运输从业资格证(以下简称道路运输从业资格证);

3. 有具备辐射防护与相关安全知识的安全管理人员。

(三)有健全的安全生产管理制度。

1. 有关安全生产应急预案;

2. 从业人员、车辆、设备及停车场地安全管理制度;

3. 安全生产作业规程和辐射防护管理措施;

4. 安全生产监督检查和责任制度。

第八条 生产、销售、使用或者处置放射性物品的单位(含在放射性废物收贮过程中的从事放射性物品运输的省、自治区、直辖市城市放射性废物库营运单位),符合下列条件的,可以使用自备专用车辆从事为本单位服务的非经营性放射性物品道路运输活动:

(一)持有有关部门依法批准的生产、销售、使用、处置放射性物品的有效证明;

(二)有符合国家规定要求的放射性物品运输

容器；

（三）有具备辐射防护与安全防护知识的专业技术人员；

（四）具备满足第七条规定条件的驾驶人员、专用车辆、设备和安全生产管理制度，但专用车辆的数量可以少于5辆。

第九条　国家鼓励技术力量雄厚、设备和运输条件好的生产、销售、使用或者处置放射性物品的单位按照第八条规定的条件申请从事非经营性放射性物品道路运输。

第十条　申请从事放射性物品道路运输经营的企业，应当向所在地设区的市级道路运输管理机构提出申请，并提交下列材料：

（一）《放射性物品道路运输经营申请表》，包括申请人基本信息、拟申请运输的放射性物品范围（类别或者品名）等内容；

（二）企业负责人身份证明及复印件，经办人身份证明及复印件和委托书；

（三）证明专用车辆、设备情况的材料，包括：

1. 未购置车辆的，应当提交拟投入车辆承诺书。内容包括拟购车辆数量、类型、技术等级、总质量、核定载质量、车轴数以及车辆外廓尺寸等有关情况；

2. 已购置车辆的，应当提供车辆行驶证、车辆技术等级评定结论及复印件等有关材料；

3. 对辐射防护用品、监测仪器等设备配置情况的说明材料。

（四）有关驾驶人员、装卸管理人员、押运人员的道路运输从业资格证及复印件，驾驶人员的驾驶证及复印件，安全管理人员的工作证明；

（五）企业经营方案及相关安全生产管理制度文本。

第十一条　申请从事非经营性放射性物品道路运输的单位，向所在地设区的市级道路运输管理机构提出申请时，除提交第十条第（三）项、第（五）项规定的材料外，还应当提交下列材料：

（一）《放射性物品道路运输申请表》，包括申请人基本信息、拟申请运输的放射性物品范围（类别或者品名）等内容；

（二）单位负责人身份证明及复印件，经办人身份证明及复印件和委托书；

（三）有关部门依法批准生产、销售、使用或者处置放射性物品的有效证明；

（四）放射性物品运输容器、监测仪器检测合格证明；

（五）对放射性物品运输需求的说明材料；

（六）有关驾驶人员的驾驶证、道路运输从业资格证及复印件；

（七）有关专业技术人员的工作证明，依法应当取得相关从业资格证件的，还应当提交有效的从业资格证件及复印件。

第十二条　设区的市级道路运输管理机构应当按照《道路运输条例》和《交通运输行政许可实施程序规定》以及本规定规范的程序实施行政许可。

决定准予许可的，应当向被许可人作出准予行政许可的书面决定，并在10日内向放射性物品道路运输经营申请人发放《道路运输经营许可证》，向非经营性放射性物品道路运输申请人颁发《放射性物品道路运输许可证》。决定不予许可的，应当书面通知申请人并说明理由。

第十三条　对申请时未购置专用车辆，但提交拟投入车辆承诺书的，被许可人应当自收到《道路运输经营许可证》或者《放射性物品道路运输许可证》之日起半年内落实拟投入车辆承诺书。做出许可决定的道路运输管理机构对被许可人落实拟投入车辆承诺书的落实情况进行核实，符合许可要求的，应当为专用车辆配发《道路运输证》。

对申请时已购置专用车辆，且按照第十条、第十一条规定提交了专用车辆有关材料的，做出许可决定的道路运输管理机构应当对专用车辆情况进行核实，符合许可要求的，应当在向被许可人颁发《道路运输经营许可证》或者《放射性物品道路运输许可证》的同时，为专用车辆配发《道路运输证》。

做出许可决定的道路运输管理机构应当在《道路运输证》有关栏目内注明允许运输放射性物品的范围（类别或者品名）。对从事非经营性放射性物品道路运输的，还应当在《道路运输证》上加盖"非经营性放射性物品道路运输专用章"。

第十四条　放射性物品道路运输企业或者单位终止放射性物品运输业务的，应当在终止之日30日前书面告知做出原许可决定的道路运输管理机构。属于经营性放射性物品道路运输业务的，做出原许可决定的道路运输管理机构应当在接到书面告知之日起10日内向将放射性道路运输企业终止放射性物品运输业务的有关情况向社会公布。

放射性物品道路运输企业或者单位应当在终止放射性物品运输业务之日起10日内将相关许可证件缴回原发证机关。

第三章　专用车辆、设备管理

第十五条　放射性物品道路运输企业或者单位应

当按照有关车辆及设备管理的标准和规定，维护、检测、使用和管理专用车辆和设备，确保专用车辆和设备技术状况良好。

第十六条 设区的市级道路运输管理机构应当按照《道路运输车辆技术管理规定》的规定定期对专用车辆是否符合第七条、第八条规定的许可条件进行审验，每年审验一次。

第十七条 设区的市级道路运输管理机构应当对监测仪器定期检定合格证明和专用车辆投保危险货物承运人责任险情况进行检查。检查可以结合专用车辆定期审验的频率一并进行。

第十八条 禁止使用报废的、擅自改装的、检测不合格的或者其他不符合国家规定要求的车辆、设备从事放射性物品道路运输活动。

第十九条 禁止专用车辆用于非放射性物品运输，但集装箱运输车（包括牵引车、挂车）、甩挂运输的牵引车以及运输放射性药品的专用车辆除外。

按照本条第一款规定使用专用车辆运输非放射性物品的，不得将放射性物品与非放射性物品混装。

第四章 放射性物品运输

第二十条 道路运输放射性物品的托运人（以下简称托运人）应当制定核与辐射事故应急方案，在放射性物品运输中采取有效的辐射防护和安全保卫措施，并对放射性物品运输中的核与辐射安全负责。

第二十一条 道路运输放射性物品的承运人（以下简称承运人）应当取得相应的放射性物品道路运输资质，并对承运事项是否符合本企业或者单位放射性物品运输资质许可的运输范围负责。

第二十二条 非经营性放射性物品道路运输单位应当按照《放射性物品运输安全管理条例》《道路运输条例》和本规定的要求履行托运人和承运人的义务，并负相应责任。

非经营性放射性物品道路运输单位不得从事放射性物品道路运输经营活动。

第二十三条 承运人与托运人订立放射性物品道路运输合同前，应当查验、收存托运人提交的下列材料：

（一）运输说明书，包括放射性物品的品名、数量、物理化学形态、危害风险等内容；

（二）辐射监测报告，其中一类放射性物品的辐射监测报告由托运人委托有资质的辐射监测机构出具；二、三类放射性物品的辐射监测报告由托运人出具；

（三）核与辐射事故应急响应指南；

（四）装卸作业方法指南；

（五）安全防护指南。

托运人将本条第一款第（四）项、第（五）项要求的内容在运输说明书中一并作出说明的，可以不提交第（四）项、第（五）项要求的材料。

托运人提交材料不齐全的，或者托运的物品经监测不符合国家放射性物品运输安全标准的，承运人不得与托运人订立放射性物品道路运输合同。

第二十四条 一类放射性物品启运前，承运人应当向托运人查验国务院核安全主管部门关于核与辐射安全分析报告书的审批文件以及公安部门关于准予道路运输放射性物品的审批文件。

二、三类放射性物品启运前，承运人应当向托运人查验公安部门关于准予道路运输放射性物品的审批文件。

第二十五条 托运人应当按照《放射性物质安全运输规程》（GB 11806）等有关国家标准和规定，在放射性物品运输容器上设置警示标志。

第二十六条 专用车辆运输放射性物品过程中，应当悬挂符合国家标准《道路危险货物运输车辆标志》（GB13392）要求的警示标志。

第二十七条 专用车辆不得违反国家有关规定超载、超限运输放射性物品。

第二十八条 在放射性物品道路运输过程中，除驾驶人员外，还应当在专用车辆上配备押运人员，确保放射性物品处于押运人员监管之下。运输一类放射性物品的，承运人必要时可以要求托运人随车提供技术指导。

第二十九条 驾驶人员、装卸管理人员和押运人员上岗时应当随身携带道路运输从业资格证，专用车辆驾驶人员还应当随车携带《道路运输证》。

第三十条 驾驶人员、装卸管理人员和押运人员应当按照托运人所提供的资料了解所运输的放射性物品的性质、危害特性、包装物或者容器的使用要求、装卸要求以及发生突发事件时的处置措施。

第三十一条 放射性物品运输中发生核与辐射事故的，承运人、托运人应当按照核与辐射事故应急响应指南的要求，结合本企业安全生产应急预案的有关内容，做好事故应急工作，并立即报告事故发生地的县级以上人民政府环境保护主管部门。

第三十二条 放射性物品道路运输企业或者单位应当聘用具有相应道路运输从业资格证的驾驶人员、装卸管理人员和押运人员，并定期对驾驶人员、装卸管理人员和押运人员进行运输安全生产和基本应急知识等方面的培训，确保驾驶人员、装卸管理人员和押运人员熟悉有关安全生产法规、标准以及相关操作规程等业务知识和技能。

放射性物品道路运输企业或者单位应当对驾驶人员、装卸管理人员和押运人员进行运输安全生产和基本应急知识等方面的考核；考核不合格的，不得从事相关工作。

第三十三条 放射性物品道路运输企业或者单位应当按照国家职业病防治的有关规定，对驾驶人员、装卸管理人员和押运人员进行个人剂量监测，建立个人剂量档案和职业健康监护档案。

第三十四条 放射性物品道路运输企业或者单位应当投保危险货物承运人责任险。

第三十五条 放射性物品道路运输企业或者单位不得转让、出租、出借放射性物品道路运输许可证件。

第三十六条 县级以上道路运输管理机构应当督促放射性物品道路运输企业或者单位对专用车辆、设备及安全生产制度等安全条件建立相应的自检制度，并加强监督检查。

县级以上道路运输管理机构工作人员依法对放射性物品道路运输活动进行监督检查的，应当按照劳动保护规定配备必要的安全防护设备。

第五章 法 律 责 任

第三十七条 拒绝、阻碍道路运输管理机构依法履行放射性物品运输安全监督检查，或者在接受监督检查时弄虚作假的，由县级以上道路运输管理机构责令改正，处1万元以上2万元以下的罚款；构成违反治安管理行为的，交由公安机关依法给予治安管理处罚；构成犯罪的，依法追究刑事责任。

第三十八条 违反本规定，未取得有关放射性物品道路运输资质许可，有下列情形之一的，由县级以上道路运输管理机构责令停止运输，有违法所得的，没收违法所得，处违法所得2倍以上10倍以下的罚款；没有违法所得或者违法所得不足2万元的，处3万元以上10万元以下的罚款。构成犯罪的，依法追究刑事责任：

（一）无资质许可擅自从事放射性物品道路运输的；

（二）使用失效、伪造、变造、被注销等无效放射性物品道路运输许可证件从事放射性物品道路运输的；

（三）超越资质许可事项，从事放射性物品道路运输的；

（四）非经营性放射性物品道路运输单位从事放射性物品道路运输经营。

第三十九条 违反本规定，放射性物品道路运输企业或者单位擅自改装已取得《道路运输证》的专用车辆的，由县级以上道路运输管理机构责令改正，处5000元以上2万元以下的罚款。

第四十条 违反本规定，未随车携带《道路运输证》的，由县级以上道路运输管理机构责令改正，对放射性物品道路运输企业或者单位处警告或者20元以上200元以下的罚款。

第四十一条 放射性物品道路运输活动中，由不符合本规定第七条、第八条规定条件的人员驾驶专用车辆的，由县级以上道路运输管理机构责令改正，处200元以上2000元以下的罚款；构成犯罪的，依法追究刑事责任。

第四十二条 违反本规定，放射性物品道路运输企业或者单位有下列行为之一，由县级以上道路运输管理机构责令限期投保；拒不投保的，由原许可的设区的市级道路运输管理机构吊销《道路运输经营许可证》或者《放射性物品道路运输许可证》，或者在许可证件上注销相应的许可范围：

（一）未投保危险货物承运人责任险的；

（二）投保的危险货物承运人责任险已过期，未继续投保的。

第四十三条 违反本规定，放射性物品道路运输企业或者单位非法转让、出租放射性物品道路运输许可证件的，由县级以上道路运输管理机构责令停止违法行为，收缴有关证件，处2000元以上1万元以下的罚款；有违法所得的，没收违法所得。

第四十四条 违反本规定，放射性物品道路运输企业或者单位已不具备许可要求的有关安全条件，存在重大运输安全隐患的，由县级以上道路运输管理机构责令限期改正；在规定时间内不能按要求改正且情节严重的，由原许可机关吊销《道路运输经营许可证》或者《放射性物品道路运输许可证》，或者在许可证件上注销相应的许可范围。

第四十五条 县级以上道路运输管理机构工作人员在实施道路运输监督检查过程中，发现放射性物品道路运输企业或者单位有违规情形，且按照《放射性物品运输安全管理条例》等有关法律法规的规定，应当由公安部门、核安全监管部门或者环境保护等部门处罚情形的，应当通报有关部门依法处理。

第六章 附 则

第四十六条 军用放射性物品道路运输不适用于本规定。

第四十七条 本规定自2011年1月1日起施行

放射性物品运输安全监督管理办法

(2016年1月29日环境保护部令第38号公布,自2016年5月1日起施行)

第一章 总 则

第一条 为加强对放射性物品运输安全的监督管理,依据《放射性物品运输安全管理条例》,制定本办法。

第二条 本办法适用于对放射性物品运输和放射性物品运输容器的设计、制造和使用过程的监督管理。

第三条 国务院核安全监管部门负责对全国放射性物品运输的核与辐射安全实施监督管理,具体职责为:

(一)负责对放射性物品运输容器的设计、制造和使用等进行监督检查;

(二)负责对放射性物品运输过程中的核与辐射事故应急给予支持和指导;

(三)负责对放射性物品运输安全监督管理人员进行辐射防护与安全防护知识培训。

第四条 省、自治区、直辖市环境保护主管部门负责对本行政区域内放射性物品运输的核与辐射安全实施监督管理,具体职责为:

(一)负责对本行政区域内放射性物品运输活动的监督检查;

(二)负责在本行政区域内放射性物品运输过程中的核与辐射事故的应急准备和应急响应工作;

(三)负责对本行政区域内放射性物品运输安全监督管理人员进行辐射防护与安全防护知识培训。

第五条 放射性物品运输单位和放射性物品运输容器的设计、制造和使用单位,应当对其活动负责,并配合国务院核安全监管部门和省、自治区、直辖市环境保护主管部门进行监督检查,如实反映情况,提供必要的资料。

第六条 监督检查人员应当依法实施监督检查,并为被检查者保守商业秘密。

第二章 放射性物品运输容器设计活动的监督管理

第七条 放射性物品运输容器设计单位应当具备与设计工作相适应的设计人员、工作场所和设计手段,按照放射性物品运输容器设计的相关规范和标准从事设计活动,并为其设计的放射性物品运输容器的制造和使用单位提供必要的技术支持。从事一类放射性物品运输容器设计的单位应当依法取得设计批准书。

放射性物品运输容器设计单位应当在设计阶段明确首次使用前对运输容器的结构、包容、屏蔽、传热和核临界安全功能进行检查的方法和要求。

第八条 放射性物品运输容器设计单位应当加强质量管理,建立健全质量保证体系,编制质量保证大纲并有效实施。

放射性物品运输容器设计单位对其所从事的放射性物品运输容器设计活动负责。

第九条 放射性物品运输容器设计单位应当通过试验验证或者分析论证等方式,对其设计的放射性物品运输容器的安全性能进行评价。

安全性能评价应当贯穿整个设计过程,保证放射性物品运输容器的设计满足所有的安全要求。

第十条 放射性物品运输容器设计单位应当按照国务院核安全监管部门规定的格式和内容编制设计安全评价文件。

设计安全评价文件应当包括结构评价、热评价、包容评价、屏蔽评价、临界评价、货包(放射性物品运输容器与其放射性内容物)操作规程、验收试验和维修大纲,以及运输容器的工程图纸等内容。

第十一条 放射性物品运输容器设计单位对其设计的放射性物品运输容器进行试验验证的,应当在验证开始前至少20个工作日提请国务院核安全监管部门进行试验见证,并提交下列文件:

(一)初步设计说明书和计算报告;

(二)试验验证方式和试验大纲;

(三)试验验证计划。

国务院核安全监管部门应当及时组织对设计单位的试验验证过程进行见证,并做好相应的记录。

开展特殊形式和低弥散放射性物品设计试验验证的单位,应当依照本条第一款的规定提请试验见证。

第十二条 国务院核安全监管部门应当对放射性物品运输容器设计活动进行监督检查。

申请批准一类放射性物品运输容器的设计,国务院核安全监管部门原则上应当对该设计活动进行1次现场检查;对于二类、三类放射性物品运输容器的设计,国务院核安全监管部门应当结合试验见证情况进行现场抽查。

国务院核安全监管部门可以结合放射性物品运输容器的制造和使用情况，对放射性物品运输容器设计单位进行监督检查。

第十三条 国务院核安全监管部门对放射性物品运输容器设计单位进行监督检查时，应当检查质量保证大纲和试验验证的实施情况、人员配备、设计装备、设计文件、安全性能评价过程记录、以往监督检查发现问题的整改落实情况等。

第十四条 一类放射性物品运输容器设计批准书颁发前的监督检查中，发现放射性物品运输容器设计单位的设计活动不符合法律法规要求的，国务院核安全监管部门应当暂缓或者不予颁发设计批准书。

监督检查中发现经批准的一类放射性物品运输容器设计确有重大设计安全缺陷的，国务院核安全监管部门应当责令停止该型号运输容器的制造或者使用，撤销一类放射性物品运输容器设计批准书。

第三章 放射性物品运输容器制造活动的监督管理

第十五条 放射性物品运输容器制造单位应当具备与制造活动相适应的专业技术人员、生产条件和检测手段，采用经设计单位确认的设计图纸和文件。一类放射性物品运输容器制造单位应当依法取得一类放射性物品运输容器制造许可证后，方可开展制造活动。

放射性物品运输容器制造单位应当在制造活动开始前，依据设计提出的技术要求编制制造过程工艺文件，并严格执行；采用特种工艺的，应当进行必要的工艺试验或者工艺评定。

第十六条 放射性物品运输容器制造单位应当加强质量管理，建立健全质量保证体系，编制质量保证大纲并有效实施。

放射性物品运输容器制造单位对其所从事的放射性物品运输容器制造质量负责。

第十七条 放射性物品运输容器制造单位应当按照设计要求和有关标准，对放射性物品运输容器的零部件和整体容器进行质量检验，编制质量检验报告。未经质量检验或者经检验不合格的放射性物品运输容器，不得交付使用。

第十八条 一类、二类放射性物品运输容器制造单位，应当按照本办法规定的编码规则，对其制造的一类、二类放射性物品运输容器进行统一编码。

一类、二类放射性物品运输容器制造单位，应当于每年1月31日前将上一年度制造的运输容器的编码清单报国务院核安全监管部门备案。

三类放射性物品运输容器制造单位，应当于每年1月31日前将上一年度制造的运输容器的型号及其数量、设计总图报国务院核安全监管部门备案。

第十九条 一类放射性物品运输容器制造单位应当在每次制造活动开始前至少30日，向国务院核安全监管部门提交制造质量计划。国务院核安全监管部门应当根据制造活动的特点选取检查点并通知制造单位。

一类放射性物品运输容器制造单位应当根据制造活动的实际进度，在国务院核安全监管部门选取的检查点制造活动开始前，至少提前10个工作日书面报告国务院核安全监管部门。

第二十条 国务院核安全监管部门应当对放射性物品运输容器的制造过程进行监督检查。

对一类放射性物品运输容器的制造活动应当至少组织1次现场检查；对二类放射性物品运输容器的制造，应当对制造过程进行不定期抽查；对三类放射性物品运输容器的制造，应当根据每年的备案情况进行不定期抽查。

第二十一条 国务院核安全监管部门对放射性物品运输容器制造单位进行现场监督检查时，应当检查以下内容：

（一）一类放射性物品运输容器制造单位遵守制造许可证的情况；

（二）质量保证体系的运行情况；

（三）人员资格情况；

（四）生产条件和检测手段与所从事制造活动的适应情况；

（五）编制的工艺文件与采用的技术标准以及有关技术文件的符合情况；

（六）工艺过程的实施情况以及零部件采购过程中的质量保证情况；

（七）制造过程记录；

（八）重大质量问题的调查和处理，以及整改要求的落实情况等。

第二十二条 国务院核安全监管部门在监督检查中，发现一类放射性物品运输容器制造单位有不符合制造许可证规定情形的，由国务院核安全监管部门责令限期整改。

监督检查中发现放射性物品运输容器制造确有重大质量问题或者违背设计要求的，由国务院核安全监管部门责令停止该型号运输容器的制造或者使用。

第二十三条 一类放射性物品运输容器的使用单位在采购境外单位制造的运输容器时，应当在对外贸易合同中明确运输容器的设计、制造符合我国放射性物品运输安全法律法规要求，以及境外单位配合国务院核安全监管部门监督检查的义务。

采购境外单位制造的一类放射性物品运输容器的使用单位，应当在相应制造活动开始前至少3个月通知国务院核安全监管部门，并配合国务院核安全监管部门对境外单位一类放射性物品运输容器制造活动实施监督检查。

采购境外单位制造的一类放射性物品运输容器成品的使用单位，应当在使用批准书申请时提交相应的文件，证明该容器质量满足设计要求。

第四章 放射性物品运输活动的监督管理

第二十四条 托运人对放射性物品运输的核与辐射安全和应急工作负责，对拟托运物品的合法性负责，并依法履行各项行政审批手续。托运一类放射性物品的托运人应当依法取得核与辐射安全分析报告批复后方可从事运输活动。托运人应当对直接从事放射性物品运输的工作人员进行运输安全和应急响应知识的培训和考核，并建立职业健康档案。

承运人应当对直接从事放射性物品运输的工作人员进行运输安全和应急响应知识的培训和考核，并建立职业健康档案。对托运人提交的有关资料，承运人应当进行查验、收存，并配合托运人做好运输过程中的安全保卫和核与辐射事故应急工作。

放射性物品运输应当有明确并且具备核与辐射安全法律法规规定条件的接收人。接收人应当对所接收的放射性物品进行核对验收，发现异常应当及时通报托运人和承运人。

第二十五条 托运人应当根据拟托运放射性物品的潜在危害建立健全应急响应体系，针对具体运输活动编制应急响应指南，并在托运前提交承运人。

托运人应当会同承运人定期开展相应的应急演习。

第二十六条 托运人应当对每个放射性物品运输容器在制造完成后、首次使用前进行详细检查，确保放射性物品运输容器的包容、屏蔽、传热、核临界安全功能符合设计要求。

第二十七条 托运人应当按照运输容器的特点，制定每次启运前检查或者试验程序，并按照程序进行检查。检查时应当核实内容物符合性，并对运输容器的吊装设备、密封性能、温度、压力等进行检测和检查，确保货包的热和压力已达到平衡、稳定状态，密闭性能完好。

对装有易裂变材料的放射性物品运输容器，还应当检查中子毒物和其他临界控制措施是否符合要求。

每次检查或者试验应当由获得托运人授权的操作人员进行，并制作书面记录。

检查不符合要求的，不得启运。

第二十八条 托运一类放射性物品的，托运人应当委托有资质的辐射监测机构在启运前对其表面污染和辐射水平实施监测，辐射监测机构应当出具辐射监测报告。

托运二类、三类放射性物品的，托运人应当对其表面污染和辐射水平实施监测，并编制辐射监测报告，存档备查。

监测结果不符合国家放射性物品运输安全标准的，不得托运。

第二十九条 托运人应当根据放射性物品运输安全标准，限制单个运输工具上放射性物品货包的数量。

承运人应当按照托运人的要求运输货包。放射性物品运输和中途贮存期间，承运人应当妥善堆放，采取必要的隔离措施，并严格执行辐射防护和监测要求。

第三十条 托运人和承运人应当采取措施，确保货包和运输工具外表面的非固定污染不超过放射性物品运输安全标准的要求。

在运输途中货包受损、发生泄漏或者有泄漏可能的，托运人和承运人应当立即采取措施保护现场，限制非专业人员接近，并由具备辐射防护与安全防护知识的专业技术人员按放射性物品运输安全标准要求评定货包的污染程度和辐射水平，消除或者减轻货包泄漏、损坏造成的后果。

经评定，货包泄漏量超过放射性物品运输安全标准要求的，托运人和承运人应当立即报告事故发生地的县级以上环境保护主管部门，并在环境保护主管部门监督下将货包移至临时场所。货包完成修理和去污之后，方可向外发送。

第三十一条 放射性物品运输中发生核与辐射安全事故时，托运人和承运人应当根据核与辐射事故应急响应指南的要求，做好事故应急工作，并立即报告事故发生地的县级以上环境保护主管部门。相关部门应当按照应急预案做好事故应急响应工作。

第三十二条 一类放射性物品启运前，托运人应当将放射性物品运输的核与辐射安全分析报告批准书、辐射监测报告，报启运地的省、自治区、直辖市环境保护主管部门备案。

启运地的省、自治区、直辖市环境保护主管部门收到托运人的备案材料后，应当将一类放射性物品运输辐射监测备案表及时通报途经地和抵达地的省、自治区、直辖市环境保护主管部门。

第三十三条 对一类放射性物品的运输，启运地的省、自治区、直辖市环境保护主管部门应当在启运前对放射性物品运输托运人的运输准备情况进行监督检查。

对运输频次比较高、运输活动比较集中的地区，可以根据实际情况制定监督检查计划，原则上检查频次每月不少于1次；对二类放射性物品的运输，可以根据实际情况开展抽查，原则上检查频次每季度不少于1次；对三类放射性物品的运输，可以根据实际情况实施抽查，原则上检查频次每年不少于1次。

途经地和抵达地的省、自治区、直辖市环境保护主管部门不得中途拦截检查；发生特殊情况的除外。

第三十四条 省、自治区、直辖市环境保护主管部门应当根据运输货包的类别和数量，按照放射性物品运输安全标准对本行政区域内放射性物品运输货包的表面污染和辐射水平开展启运前的监督性监测。监督性监测不得收取费用。

辐射监测机构和托运人应当妥善保存原始记录和监测报告，并配合省、自治区、直辖市环境保护主管部门进行监督性监测。

第三十五条 放射性物品从境外运抵中华人民共和国境内，或者途经中华人民共和国境内运输的，应当根据放射性物品的分类，分别按照法律法规规定的一类、二类、三类放射性物品运输的核与辐射安全监督管理要求进行运输。

第三十六条 放射性物品运输容器使用单位应当按照放射性物品运输安全标准和设计要求制定容器的维修和维护程序，严格按照程序进行维修和维护，并建立维修、维护和保养档案。放射性物品运输容器达到设计使用年限，或者发现放射性物品运输容器存在安全隐患的，应当停止使用，进行处理。

第三十七条 一类放射性物品运输容器使用单位应当对其使用的一类放射性物品运输容器每2年进行1次安全性能评价。安全性能评价应当在2年使用期届满前至少3个月进行，并在使用期届满前至少2个月编制定期安全性能评价报告。

定期安全性能评价报告，应当包括运输容器的运行历史和现状、检查和检修及发现问题的处理情况、定期检查和试验等内容。使用单位应当做好接受监督检查的准备。必要时，国务院核安全监管部门可以根据运输容器使用特点和使用情况，选取检查点并组织现场检查。

一类放射性物品运输容器使用单位应当于2年使用期届满前至少30日，将安全性能评价结果报国务院核安全监管部门备案。

第三十八条 放射性物品启运前的监督检查包括以下内容：

（一）运输容器及放射性内容物：检查运输容器的日常维修和维护记录、定期安全性能评价记录（限一类放射性物品运输容器）、编码（限一类、二类放射性物品运输容器）等，确保运输容器及内容物均符合设计的要求；

（二）托运人启运前辐射监测情况，以及随车辐射监测设备的配备；

（三）表面污染和辐射水平；

（四）标记、标志和标牌是否符合要求；

（五）运输说明书，包括特殊的装卸作业要求、安全防护指南、放射性物品的品名、数量、物理化学形态、危害风险以及必要的运输路线的指示等；

（六）核与辐射事故应急响应指南；

（七）核与辐射安全分析报告批准书、运输容器设计批准书等相关证书的持有情况；

（八）直接从事放射性物品运输的工作人员的运输安全、辐射防护和应急响应知识的培训和考核情况；

（九）直接从事放射性物品运输的工作人员的辐射防护管理情况。

对一类、二类放射性物品运输的监督检查，还应当包括卫星定位系统的配备情况。

对重要敏感的放射性物品运输活动，国务院核安全监管部门应当根据核与辐射安全分析报告及其批复的要求加强监督检查。

第三十九条 国务院核安全监管部门和省、自治区、直辖市环境保护主管部门在监督检查中发现放射性物品运输活动有不符合国家放射性物品运输安全标准情形的，应当责令限期整改；发现放射性物品运输活动可能对人体健康和环境造成核与辐射危害的，应当责令停止运输。

第五章 附 则

第四十条 本办法自2016年5月1日起施行。

附：放射性物品运输容器统一编码规则（略，详情请登录环境保护部网站）

3. 应急预案

国家核应急预案

(2013年6月30日修订)

1 总则

1.1 编制目的
依法科学统一、及时有效应对处置核事故，最大程度控制、减轻或消除事故及其造成的人员伤亡和财产损失，保护环境，维护社会正常秩序。

1.2 编制依据
《中华人民共和国突发事件应对法》《中华人民共和国放射性污染防治法》《核电厂核事故应急管理条例》《放射性物品运输安全管理条例》《国家突发公共事件总体应急预案》和相关国际公约等。

1.3 适用范围
本预案适用于我国境内核设施及有关核活动已经或可能发生的核事故。境外发生的对我国大陆已经或可能造成影响的核事故应对工作参照本预案进行响应。

1.4 工作方针和原则
国家核应急工作贯彻执行常备不懈、积极兼容、统一指挥、大力协同、保护公众、保护环境的方针；坚持统一领导、分级负责、条块结合、快速反应、科学处置的工作原则。核事故发生后，核设施营运单位、地方政府及其有关部门和国家核事故应急协调委员会（以下简称国家核应急协调委）成员单位立即自动按照职责分工和相关预案开展前期处置工作。核设施营运单位是核事故场内应急工作的主体，省级人民政府是本行政区域核事故场外应急工作的主体。国家根据核应急工作需要给予必要的协调和支持。

2 组织体系

2.1 国家核应急组织
国家核应急协调委负责组织协调全国核事故应急准备和应急处置工作。国家核应急协调委主任委员由工业和信息化部部长担任。日常工作由国家核事故应急办公室（以下简称国家核应急办）承担。必要时，成立国家核事故应急指挥部，统一领导、组织、协调全国的核事故应对工作。指挥部总指挥由国务院领导同志担任。视情成立前方工作组，在国家核事故应急指挥部的领导下开展工作。

国家核应急协调委设立专家委员会，由核工程与核技术、核安全、辐射监测、辐射防护、环境保护、交通运输、医学、气象学、海洋学、应急管理、公共宣传等方面专家组成，为国家核应急工作重大决策和重要规划以及核事故应对工作提供咨询和建议。

国家核应急协调委设立联络员组，由成员单位司、处级和核设施营运单位所属集团公司（院）负责同志组成，承担国家核应急协调委交办的事项。

2.2 省（自治区、直辖市）核应急组织
省级人民政府根据有关规定和工作需要成立省（自治区、直辖市）核应急委员会（以下简称省核应急委），由有关职能部门、相关市县、核设施营运单位的负责同志组成，负责本行政区域核事故应急准备与应急处置工作，统一指挥本行政区域核事故场外应急响应行动。省核应急委设立专家组，提供决策咨询；设立省核事故应急办公室（以下简称省核应急办），承担省核应急委的日常工作。

未成立核应急委的省级人民政府指定部门负责本行政区域核事故应急准备与应急处置工作。

必要时，由省级人民政府直接领导、组织、协调本行政区域场外核应急工作，支援核事故场内核应急响应行动。

2.3 核设施营运单位核应急组织
核设施营运单位核应急指挥部负责组织场内核应急准备与应急处置工作，统一指挥本单位的核应急响应行动，配合和协助做好场外核应急准备与响应工作，及时提出进入场外应急状态和采取场外应急防护措施的建议。核设施营运单位所属集团公司（院）负责领导协调核设施营运单位核应急准备工作，事故情况下负责调配其应急资源和力量，支援核设施营运单位的响应行动。

3 核设施核事故应急响应

3.1 响应行动
核事故发生后，各级核应急组织根据事故的性质和严重程度，实施以下全部或部分响应行动。

3.1.1 事故缓解和控制
迅速组织专业力量、装备和物资等开展工程抢险，缓解并控制事故，使核设施恢复到安全状态，最大程度防止、减少放射性物质向环境释放。

3.1.2 辐射监测和后果评价
开展事故现场和周边环境（包括空中、陆地、

水体、大气、农作物、食品和饮水等）放射性监测，以及应急工作人员和公众受照剂量的监测等。实时开展气象、水文、地质、地震等观（监）测预报；开展事故工况诊断和释放源项分析，研判事故发展趋势，评价辐射后果，判定受影响区域范围，为应急决策提供技术支持。

3.1.3 人员放射性照射防护

当事故已经或可能导致碘放射性同位素释放的情况下，按照辐射防护原则及管理程序，及时组织有关工作人员和公众服用稳定碘，减少甲状腺的受照剂量。根据公众可能接受的辐射剂量和保护公众的需要，组织放射性烟羽区有关人员隐蔽；组织受影响地区居民向安全地区撤离。根据受污染地区实际情况，组织居民从受污染地区临时迁出或永久迁出，异地安置，避免或减少地面放射性沉积物的长期照射。

3.1.4 去污洗消和医疗救治

去除或降低人员、设备、场所、环境等的放射性污染；组织对辐射损伤人员和非辐射损伤人员实施医学诊断及救治，包括现场救治、地方救治和专科救治。

3.1.5 出入通道和口岸控制

根据受事故影响区域具体情况，划定警戒区，设定出入通道，严格控制各类人员、车辆、设备和物资出入。对出入境人员、交通工具、集装箱、货物、行李物品、邮包快件等实施放射性污染检测与控制。

3.1.6 市场监管和调控

针对受事故影响地区市场供应及公众心理状况，及时进行重要生活必需品的市场监管和调控。禁止或限制受污染食品和饮水的生产、加工、流通和食用，避免或减少放射性物质摄入。

3.1.7 维护社会治安

严厉打击借机传播谣言制造恐慌等违法犯罪行为；在群众安置点、抢险救援物资存放点等重点地区，增设临时警务站，加强治安巡逻；强化核事故现场等重要场所警戒保卫，根据需要做好周边地区交通管制等工作。

3.1.8 信息报告和发布

按照核事故应急报告制度的有关规定，核设施营运单位及时向国家核应急办、省核应急办、核电主管部门、核安全监管部门、所属集团公司（院）报告、通报有关核事故及核应急响应情况；接到事故报告后，国家核应急协调委、核事故发生地省人民政府要及时、持续向国务院报告有关情况。第一时间发布准确、权威信息。核事故信息发布办法由国家核应急协调委另行制订，报国务院批准后实施。

3.1.9 国际通报和援助

国家核应急协调委统筹协调核应急国际通报与国际援助工作。按照《及早通报核事故公约》的要求，当核事故造成或可能造成超越国界的辐射影响时，国家核应急协调委通过核应急国家联络点向国际原子能机构通报。向有关国家和地区的通报工作，由外交部按照双边或多边核应急合作协议办理。

必要时，国家核应急协调委提出请求国际援助的建议，报请国务院批准后，由国家原子能机构会同外交部按照《核事故或辐射紧急情况援助公约》的有关规定办理。

3.2 指挥和协调

根据核事故性质、严重程度及辐射后果影响范围，核设施核事故应急状态分为应急待命、厂房应急、场区应急、场外应急（总体应急），分别对应Ⅳ级响应、Ⅲ级响应、Ⅱ级响应、Ⅰ级响应。

3.2.1 Ⅳ级响应

3.2.1.1 启动条件

当出现可能危及核设施安全运行的工况或事件，核设施进入应急待命状态，启动Ⅳ级响应。

3.2.1.2 应急处置

（1）核设施营运单位进入戒备状态，采取预防或缓解措施，使核设施保持或恢复到安全状态，并及时向国家核应急办、省核应急办、核电主管部门、核安全监管部门、所属集团公司（院）提出相关建议；对事故的性质及后果进行评价。

（2）省核应急组织密切关注事态发展，保持核应急通信渠道畅通；做好公众沟通工作，视情组织本省部分核应急专业力量进入待命状态。

（3）国家核应急办研究决定启动Ⅳ级响应，加强与相关省核应急组织和核设施营运单位及其所属集团公司（院）的联络沟通，密切关注事态发展，及时向国家核应急协调委成员单位通报情况。各成员单位做好相关应急准备。

3.2.1.3 响应终止

核设施营运单位组织评估，确认核设施已处于安全状态后，提出终止应急响应建议报国家和省核应急办，国家核应急办研究决定终止Ⅳ级响应。

3.2.2 Ⅲ级响应

3.2.2.1 启动条件

当核设施出现或可能出现放射性物质释放，事故后果影响范围仅限于核设施场区局部区域，核设施进入厂房应急状态，启动Ⅲ级响应。

3.2.2.2 应急处置

在Ⅳ级响应的基础上，加强以下应急措施：

(1) 核设施营运单位采取控制事故措施，开展应急辐射监测和气象观测，采取保护工作人员的辐射防护措施；加强信息报告工作，及时提出相关建议；做好公众沟通工作。

(2) 省核应急委组织相关成员单位、专家组会商，研究核应急工作措施；视情组织本省核应急专业力量开展辐射监测和气象观测。

(3) 国家核应急协调委研究决定启动Ⅲ级响应，组织国家核应急协调委有关成员单位及专家委员会开展趋势研判、公众沟通等工作；协调、指导地方和核设施营运单位做好核应急有关工作。

3.2.2.3 响应终止

核设施营运单位组织评估，确认核设施已处于安全状态后，提出终止应急响应建议报国家核应急协调委和省核应急委，国家核应急协调委研究决定终止Ⅲ级响应。

3.2.3 Ⅱ级响应

3.2.3.1 启动条件

当核设施出现或可能出现放射性物质释放，事故后果影响扩大到整个场址区域（场内），但尚未对场址区域外公众和环境造成严重影响，核设施进入场区应急状态，启动Ⅱ级响应。

3.2.3.2 应急处置

在Ⅲ级响应的基础上，加强以下应急措施：

(1) 核设施营运单位组织开展工程抢险；撤离非应急人员，控制应急人员辐射照射；进行污染区标识或场区警戒，对出入场区人员、车辆等进行污染监测；做好与外部救援力量的协同准备。

(2) 省核应急委组织实施气象观测预报、辐射监测，组织专家分析研判趋势；及时发布通告，视情采取交通管制、控制出入通道、心理援助等措施；根据信息发布办法的有关规定，做好信息发布工作，协调调配本行政区域核应急资源给予核设施营运单位必要的支援，做好医疗救治准备等工作。

(3) 国家核应急协调委研究决定启动Ⅱ级响应，组织国家核应急协调委相关成员单位、专家委员会会商，开展综合研判；按照有关规定组织权威信息发布，稳定社会秩序；根据有关省级人民政府、省核应急委或核设施营运单位的请求，为事故缓解和救援行动提供必要的支持；视情组织国家核应急力量指导开展辐射监测、气象观测预报、医疗救治等工作。

3.2.3.3 响应终止

核设施营运单位组织评估，确认核设施已处于安全状态后，提出终止应急响应建议报国家核应急协调委和省核应急委，国家核应急协调委研究决定终止Ⅱ级响应。

3.2.4 Ⅰ级响应

3.2.4.1 启动条件

当核设施出现或可能出现向环境释放大量放射性物质，事故后果超越场区边界，可能严重危及公众健康和环境安全，进入场外应急状态，启动Ⅰ级响应。

3.2.4.2 应急处置

(1) 核设施营运单位组织工程抢险、缓解、控制事故，开展事故工况诊断、应急辐射监测；采取保护场内工作人员的防护措施，撤离非应急人员，控制应急人员辐射照射，对受伤或受照人员进行医疗救治；标识污染区，实施场区警戒，对出入场区人员、车辆等进行放射性污染监测；及时提出公众防护行动建议；对事故的性质及后果进行评价；协同外部救援力量做好抢险救援等工作；配合国家核应急协调委和省核应急委做好公众沟通和信息发布等工作。

(2) 省核应急委组织实施场外应急辐射监测、气象观测预报，组织专家进行趋势分析研判，协调、调配本行政区域内核应急资源，向核设施营运单位提供必要的交通、电力、水源、通信等保障条件支援；及时发布通告，视情采取交通管制、发放稳定碘、控制出入通道、控制食品和饮水、医疗救治、心理援助、去污洗消等措施，适时组织实施受影响区域公众的隐蔽、撤离、临时避迁、永久再定居；根据信息发布办法的有关规定，做好信息发布工作，组织开展公众沟通等工作；及时向事故后果影响或可能影响的邻近省（自治区、直辖市）通报事故情况，提出相应建议。

(3) 国家核应急协调委向国务院提出启动Ⅰ级响应建议，国务院决定启动Ⅰ级响应。国家核应急协调委组织协调核应急处置工作。必要时，国务院成立国家核事故应急指挥部，统一领导、组织、协调全国核应急处置工作。国家核事故应急指挥部根据工作需要设立事故抢险、辐射监测、医学救援、放射性污染物处置、群众生活保障、信息发布和宣传报道、涉外事务、社会稳定、综合协调等工作组。

国家核事故应急指挥部或国家核应急协调委对以下任务进行部署，并组织协调有关地区和部门实施：

①组织国家核应急协调委相关成员单位、专家委员会会商，开展事故工况诊断、释放源项分析、辐射后果预测评价等，科学研判趋势，决定核应急对策措施。

②派遣国家核应急专业救援队伍，调配专业核应急装备参与事故抢险工作，抑制或缓解事故、防止或控制放射性污染等。

③组织协调国家和地方辐射监测力量对已经或可能受核辐射影响区域的环境（包括空中、陆地、水

体、大气、农作物、食品和饮水等）进行放射性监测。

④组织协调国家和地方医疗卫生力量和资源，指导和支援受影响地区开展辐射损伤人员医疗救治、心理援助，以及去污洗消、污染物处置等工作。

⑤统一组织核应急信息发布。

⑥跟踪重要生活必需品的市场供求信息，开展市场监管和调控。

⑦组织实施农产品出口管制，对出境人员、交通工具、集装箱、货物、行李物品、邮包快件等进行放射性沾污检测与控制。

⑧按照有关规定和国际公约的要求，做好向国际原子能机构、有关国家和地区的国际通报工作；根据需要提出国际援助请求。

⑨其他重要事项。

3.2.4.3 响应终止

当核事故已得到有效控制，放射性物质的释放已经停止或者已经控制到可接受的水平，核设施基本恢复到安全状态，由国家核应急协调委提出终止Ⅰ级响应建议，报国务院批准。视情成立的国家核事故应急指挥部在应急响应终止后自动撤销。

4 核设施核事故后恢复行动

应急响应终止后，省级人民政府及其有关部门、核设施营运单位等立即按照职责分工组织开展恢复行动。

4.1 场内恢复行动

核设施营运单位负责场内恢复行动，并制订核设施恢复规划方案，按有关规定报上级有关部门审批，报国家核应急协调委和省核应急委备案。国家核应急协调委、省核应急委、有关集团公司（院）视情对场内恢复行动提供必要的指导和支持。

4.2 场外恢复行动

省核应急委负责场外恢复行动，并制订场外恢复规划方案，经国家核应急协调委核准后报国务院批准。场外恢复行动主要任务包括：全面开展环境放射性水平调查和评价，进行综合性恢复整治；解除紧急防护行动措施，尽快恢复受影响地区生产生活等社会秩序，进一步做好转移居民的安置工作；对工作人员和公众进行剂量评估，开展科普宣传，提供咨询和心理援助等。

5 其他核事故应急响应

对乏燃料运输事故、涉核航天器坠落事故等，根据其可能产生的辐射后果及影响范围，国家和受影响省（自治区、直辖市）核应急组织及营运单位进行必要的响应。

5.1 乏燃料运输事故

乏燃料运输事故发生后，营运单位应在第一时间报告所属集团公司（院）、事故发生地省级人民政府有关部门和县级以上人民政府环境保护部门、国家核应急协调委，并按照本预案和乏燃料运输事故应急预案立即组织开展应急处置工作。必要时，国家核应急协调委组织有关成员单位予以支援。

5.2 台湾地区核事故

台湾地区发生核事故可能或已经对大陆造成辐射影响时，参照本预案组织应急响应。台办会同国家核应急办向台湾有关方面了解情况和对大陆的需求，上报国务院。国务院根据情况，协调调派国家核应急专业力量协助救援。

5.3 其他国家核事故

其他国家发生核事故已经或可能对我国产生影响时，由国家核应急协调委参照本预案统一组织开展信息收集与发布、辐射监测、部门会商、分析研判、口岸控制、市场调控、国际通报及援助等工作。必要时，成立国家核事故应急指挥部，统一领导、组织、协调核应急响应工作。

5.4 涉核航天器坠落事故

涉核航天器坠落事故已经或可能对我国局部区域产生辐射影响时，由国家核应急协调委参照本预案组织开展涉核航天器污染碎片搜寻与收集、辐射监测、环境去污、分析研判、信息通报等工作。

6 应急准备和保障措施

6.1 技术准备

国家核应急协调委依托各成员单位、相关集团公司（院）和科研院所现有能力，健全完善辐射监测、航空监测、气象监测预报、地震监测、海洋监测、辐射防护、医学应急等核应急专业技术支持体系，组织开展核应急技术研究、标准制定、救援专用装备设备以及后果评价系统和决策支持系统等核应急专用软硬件研发，指导省核应急委、核设施营运单位做好相关技术准备。省核应急委、核设施营运单位按照本预案和本级核应急预案的要求，加强有关核应急技术准备工作。

6.2 队伍准备

国家核应急协调委依托各成员单位、相关集团公司（院）和科研院所现有能力，加强突击抢险、辐射监测、去污洗消、污染控制、辐射防护、医学救援等专业救援队伍建设，配备必要的专业物资装备，强化专业培训和应急演习。省核应急委、核设施营运单位及所属集团公司（院），按照职责分工加强相关核应急队伍建设，强化日常管理和培训，切实提高应急处置能力。国家、省、核设施运营单位核应急组织加强核应急专家队伍建设，为应急指挥辅助决策、工程抢险、辐射监测、医学救治、科普宣传等提供人才保障。

6.3 物资保障

国家、省核应急组织及核设施营运单位建立健全核应急器材装备的研发、生产和储备体系，保障核事故应对工作需要。国家核应急协调委完善辐射监测与防护、医疗救治、气象监测、事故抢险、去污洗消以及动力、通信、交通运输等方面器材物资的储备机制和生产商登记机制，做好应急物资调拨和紧急配送工作方案。省核应急委储备必要的应急物资，重点加强实施场外应急所需的辐射监测、医疗救治、人员安置和供电、供水、交通运输、通信等方面物资的储备。核设施营运单位及其所属集团公司（院）重点加强缓解事故、控制事故、工程抢险所需的移动电源、供水、管线、辐射防护器材、专用工具设备等储备。

6.4 资金保障

国家、省核应急准备所需资金分别由中央财政和地方财政安排。核电厂的核应急准备所需资金由核电厂自行筹措。其他核设施的核应急准备资金按照现有资金渠道筹措。

6.5 通信和运输保障

国家、省核应急组织、核设施营运单位及其所属集团公司（院）加强核应急通信与网络系统建设，形成可靠的通信保障能力，确保核应急期间通信联络和信息传递需要。交通运输、公安等部门健全公路、铁路、航空、水运紧急运输保障体系，完善应急联动工作机制，保障应急响应所需人员、物资、装备、器材等的运输。

6.6 培训和演习

6.6.1 培训

各级核应急组织建立培训制度，定期对核应急管理人员和专业队伍进行培训。国家核应急办负责国家核应急协调委成员单位、省核应急组织和核设施营运单位核应急组织负责人及骨干的培训。省核应急组织和核设施营运单位负责各自核应急队伍专业技术培训，国家核应急办及国家核应急协调委有关成员单位给予指导。

6.6.2 演习

各级核应急组织应当根据实际情况采取桌面推演、实战演习等方式，经常开展应急演习，以检验、保持和提高核应急响应能力。国家级核事故应急联合演习由国家核应急协调委组织实施，一般3至5年举行一次；国家核应急协调委成员单位根据需要分别组织单项演练。省级核应急联合演习，一般2至4年举行一次，由省核应急委组织，核设施营运单位参加。核设施营运单位综合演习每2年组织1次，拥有3台以上运行机组的，综合演习频度适当增加。核电厂首次装投料前，由省核应急委组织场内外联合演习，核设施营运单位参加。

7 附则

7.1 奖励和责任

对在核应急工作中作出突出贡献的先进集体和个人，按照国家有关规定给予表彰和奖励；对在核应急工作中玩忽职守造成损失的，虚报、瞒报核事故情况的，依据国家有关法律法规追究当事人的责任，构成犯罪的，依法追究其刑事责任。

7.2 预案管理

国家核应急协调委负责本预案的制订工作，报国务院批准后实施，并要在法律、行政法规、国际公约、组织指挥体系、重要应急资源等发生变化后，或根据实际应对、实战演习中发现的重大问题，及时修订完善本预案。预案实施后，国家核应急协调委组织预案宣传、培训和演习。

国家核应急协调委成员单位和省核应急委、核设施营运单位，结合各自职责和实际情况，制定本部门、本行政区域和本单位的核应急预案。省核应急预案要按有关规定报国家核应急协调委审查批准。国家核应急协调委成员单位和核设施营运单位预案报国家核应急协调委备案。

7.3 预案解释

本预案由国务院办公厅负责解释。

7.4 预案实施

本预案自印发之日起实施。

四、应急管理法

1. 法律法规

中华人民共和国突发事件应对法

（2007年8月30日第十届全国人民代表大会常务委员会第二十九次会议通过，同日中华人民共和国主席令第69号公布，自2007年11月1日起施行）

第一章 总　则

第一条　为了预防和减少突发事件的发生，控制、减轻和消除突发事件引起的严重社会危害，规范突发事件应对活动，保护人民生命财产安全，维护国家安全、公共安全、环境安全和社会秩序，制定本法。

第二条　突发事件的预防与应急准备、监测与预警、应急处置与救援、事后恢复与重建等应对活动，适用本法。

第三条　本法所称突发事件，是指突然发生，造成或者可能造成严重社会危害，需要采取应急处置措施予以应对的自然灾害、事故灾难、公共卫生事件和社会安全事件。

按照社会危害程度、影响范围等因素，自然灾害、事故灾难、公共卫生事件分为特别重大、重大、较大和一般四级。法律、行政法规或者国务院另有规定的，从其规定。

突发事件的分级标准由国务院或者国务院确定的部门制定。

第四条　国家建立统一领导、综合协调、分类管理、分级负责、属地管理为主的应急管理体制。

第五条　突发事件应对工作实行预防为主、预防与应急相结合的原则。国家建立重大突发事件风险评估体系，对可能发生的突发事件进行综合性评估，减少重大突发事件的发生，最大限度地减轻重大突发事件的影响。

第六条　国家建立有效的社会动员机制，增强全民的公共安全和防范风险的意识，提高全社会的避险救助能力。

第七条　县级人民政府对本行政区域内突发事件的应对工作负责；涉及两个以上行政区域的，由有关行政区域共同的上一级人民政府负责，或者由各有关行政区域的上一级人民政府共同负责。

突发事件发生后，发生地县级人民政府应当立即采取措施控制事态发展，组织开展应急救援和处置工作，并立即向上一级人民政府报告，必要时可以越级上报。

突发事件发生地县级人民政府不能消除或者不能有效控制突发事件引起的严重社会危害的，应当及时向上级人民政府报告。上级人民政府应当及时采取措施，统一领导应急处置工作。

法律、行政法规规定由国务院有关部门对突发事件的应对工作负责的，从其规定；地方人民政府应当积极配合并提供必要的支持。

第八条　国务院在总理领导下研究、决定和部署特别重大突发事件的应对工作；根据实际需要，设立国家突发事件应急指挥机构，负责突发事件应对工作；必要时，国务院可以派出工作组指导有关工作。

县级以上地方各级人民政府设立由本级人民政府主要负责人、相关部门负责人、驻当地中国人民解放军和中国人民武装警察部队有关负责人组成的突发事件应急指挥机构，统一领导、协调本级人民政府各有关部门和下级人民政府开展突发事件应对工作；根据实际需要，设立相关类别突发事件应急指挥机构，组织、协调、指挥突发事件应对工作。

上级人民政府主管部门应当在各自职责范围内，指导、协助下级人民政府及其相应部门做好有关突发事件的应对工作。

第九条　国务院和县级以上地方各级人民政府是突发事件应对工作的行政领导机关，其办事机构及具体职责由国务院规定。

第十条　有关人民政府及其部门作出的应对突发事件的决定、命令，应当及时公布。

第十一条　有关人民政府及其部门采取的应对突

发事件的措施,应当与突发事件可能造成的社会危害的性质、程度和范围相适应;有多种措施可供选择的,应当选择有利于最大程度地保护公民、法人和其他组织权益的措施。

公民、法人和其他组织有义务参与突发事件应对工作。

第十二条　有关人民政府及其部门为应对突发事件,可以征用单位和个人的财产。被征用的财产在使用完毕或者突发事件应急处置工作结束后,应当及时返还。财产被征用或者征用后毁损、灭失的,应当给予补偿。

第十三条　因采取突发事件应对措施,诉讼、行政复议、仲裁活动不能正常进行的,适用有关时效中止和程序中止的规定,但法律另有规定的除外。

第十四条　中国人民解放军、中国人民武装警察部队和民兵组织依照本法和其他有关法律、行政法规、军事法规的规定以及国务院、中央军事委员会的命令,参加突发事件的应急救援和处置工作。

第十五条　中华人民共和国政府在突发事件的预防、监测与预警、应急处置与救援、事后恢复与重建等方面,同外国政府和有关国际组织开展合作与交流。

第十六条　县级以上人民政府作出应对突发事件的决定、命令,应当报本级人民代表大会常务委员会备案;突发事件应急处置工作结束后,应当向本级人民代表大会常务委员会作出专项工作报告。

第二章　预防与应急准备

第十七条　国家建立健全突发事件应急预案体系。

国务院制定国家突发事件总体应急预案,组织制定国家突发事件专项应急预案;国务院有关部门根据各自的职责和国务院相关应急预案,制定国家突发事件部门应急预案。

地方各级人民政府和县级以上地方各级人民政府有关部门根据有关法律、法规、规章、上级人民政府及其有关部门的应急预案以及本地区的实际情况,制定相应的突发事件应急预案。

应急预案制定机关应当根据实际需要和情势变化,适时修订应急预案。应急预案的制定、修订程序由国务院规定。

第十八条　应急预案应当根据本法和其他有关法律、法规的规定,针对突发事件的性质、特点和可能造成的社会危害,具体规定突发事件应急管理工作的组织指挥体系与职责和突发事件的预防与预警机制、处置程序、应急保障措施以及事后恢复与重建措施等内容。

第十九条　城乡规划应当符合预防、处置突发事件的需要,统筹安排应对突发事件所必需的设备和基础设施建设,合理确定应急避难场所。

第二十条　县级人民政府应当对本行政区域内容易引发自然灾害、事故灾难和公共卫生事件的危险源、危险区域进行调查、登记、风险评估,定期进行检查、监控,并责令有关单位采取安全防范措施。

省级和设区的市级人民政府应当对本行政区域内容易引发特别重大、重大突发事件的危险源、危险区域进行调查、登记、风险评估,组织进行检查、监控,并责令有关单位采取安全防范措施。

县级以上地方各级人民政府按照本法规定登记的危险源、危险区域,应当按照国家规定及时向社会公布。

第二十一条　县级人民政府及其有关部门、乡级人民政府、街道办事处、居民委员会、村民委员会应当及时调解处理可能引发社会安全事件的矛盾纠纷。

第二十二条　所有单位应当建立健全安全管理制度,定期检查本单位各项安全防范措施的落实情况,及时消除事故隐患;掌握并及时处理本单位存在的可能引发社会安全事件的问题,防止矛盾激化和事态扩大;对本单位可能发生的突发事件和采取安全防范措施的情况,应当按照规定及时向所在地人民政府或者人民政府有关部门报告。

第二十三条　矿山、建筑施工单位和易燃易爆物品、危险化学品、放射性物品等危险物品的生产、经营、储运、使用单位,应当制定具体应急预案,并对生产经营场所、有危险物品的建筑物、构筑物及周边环境开展隐患排查,及时采取措施消除隐患,防止发生突发事件。

第二十四条　公共交通工具、公共场所和其他人员密集场所的经营单位或者管理单位应当制定具体应急预案,为交通工具和有关场所配备报警装置和必要的应急救援设备、设施,注明其使用方法,并显著标明安全撤离的通道、路线,保证安全通道、出口的畅通。

有关单位应当定期检测、维护其报警装置和应急救援设备、设施,使其处于良好状态,确保正常使用。

第二十五条　县级以上人民政府应当建立健全突发事件应急管理培训制度,对人民政府及其有关部门负有处置突发事件职责的工作人员定期进行培训。

第二十六条　县级以上人民政府应当整合应急资

源，建立或者确定综合性应急救援队伍。人民政府有关部门可以根据实际需要设立专业应急救援队伍。

县级以上人民政府及其有关部门可以建立由成年志愿者组成的应急救援队伍。单位应当建立由本单位职工组成的专职或者兼职应急救援队伍。

县级以上人民政府应当加强专业应急救援队伍与非专业应急救援队伍的合作，联合培训、联合演练，提高合成应急、协同应急的能力。

第二十七条　国务院有关部门、县级以上地方各级人民政府及其有关部门、有关单位应当为专业应急救援人员购买人身意外伤害保险，配备必要的防护装备和器材，减少应急救援人员的人身风险。

第二十八条　中国人民解放军、中国人民武装警察部队和民兵组织应当有计划地组织开展应急救援的专门训练。

第二十九条　县级人民政府及其有关部门、乡级人民政府、街道办事处应当组织开展应急知识的宣传普及活动和必要的应急演练。

居民委员会、村民委员会、企业事业单位应当根据所在地人民政府的要求，结合各自的实际情况，开展有关突发事件应急知识的宣传普及活动和必要的应急演练。

新闻媒体应当无偿开展突发事件预防与应急、自救与互救知识的公益宣传。

第三十条　各级各类学校应当把应急知识教育纳入教学内容，对学生进行应急知识教育，培养学生的安全意识和自救与互救能力。

教育主管部门应当对学校开展应急知识教育进行指导和监督。

第三十一条　国务院和县级以上地方各级人民政府应当采取财政措施，保障突发事件应对工作所需经费。

第三十二条　国家建立健全应急物资储备保障制度，完善重要应急物资的监管、生产、储备、调拨和紧急配送体系。

设区的市级以上人民政府和突发事件易发、多发地区的县级人民政府应当建立应急救援物资、生活必需品和应急处置装备的储备制度。

县级以上地方各级人民政府应当根据本地区的实际情况，与有关企业签订协议，保障应急救援物资、生活必需品和应急处置装备的生产、供给。

第三十三条　国家建立健全应急通信保障体系，完善公用通信网，建立有线与无线相结合、基础电信网络与机动通信系统相配套的应急通信系统，确保突发事件应对工作的通信畅通。

第三十四条　国家鼓励公民、法人和其他组织为人民政府应对突发事件工作提供物资、资金、技术支持和捐赠。

第三十五条　国家发展保险事业，建立国家财政支持的巨灾风险保险体系，并鼓励单位和公民参加保险。

第三十六条　国家鼓励、扶持具备相应条件的教学科研机构培养应急管理专门人才，鼓励、扶持教学科研机构和有关企业研究开发用于突发事件预防、监测、预警、应急处置与救援的新技术、新设备和新工具。

第三章　监测与预警

第三十七条　国务院建立全国统一的突发事件信息系统。

县级以上地方各级人民政府应当建立或者确定本地区统一的突发事件信息系统，汇集、储存、分析、传输有关突发事件的信息，并与上级人民政府及其有关部门、下级人民政府及其有关部门、专业机构和监测网点的突发事件信息系统实现互联互通，加强跨部门、跨地区的信息交流与情报合作。

第三十八条　县级以上人民政府及其有关部门、专业机构应当通过多种途径收集突发事件信息。

县级人民政府应当在居民委员会、村民委员会和有关单位建立专职或者兼职信息报告员制度。

获悉突发事件信息的公民、法人或者其他组织，应当立即向所在地人民政府、有关主管部门或者指定的专业机构报告。

第三十九条　地方各级人民政府应当按照国家有关规定向上级人民政府报送突发事件信息。县级以上人民政府有关主管部门应当向本级人民政府相关部门通报突发事件信息。专业机构、监测网点和信息报告员应当及时向所在地人民政府及其有关主管部门报告突发事件信息。

有关单位和人员报送、报告突发事件信息，应当做到及时、客观、真实，不得迟报、谎报、瞒报、漏报。

第四十条　县级以上地方各级人民政府应当及时汇总分析突发事件隐患和预警信息，必要时组织相关部门、专业技术人员、专家学者进行会商，对发生突发事件的可能性及其可能造成的影响进行评估；认为可能发生重大或者特别重大突发事件的，应当立即向上级人民政府报告，并向上级人民政府有关部门、当地驻军和可能受到危害的毗邻或者相关地区的人民政府通报。

第四十一条 国家建立健全突发事件监测制度。

县级以上人民政府及其有关部门应当根据自然灾害、事故灾难和公共卫生事件的种类和特点,建立健全基础信息数据库,完善监测网络,划分监测区域,确定监测点,明确监测项目,提供必要的设备、设施,配备专职或者兼职人员,对可能发生的突发事件进行监测。

第四十二条 国家建立健全突发事件预警制度。

可以预警的自然灾害、事故灾难和公共卫生事件的预警级别,按照突发事件发生的紧急程度、发展势态和可能造成的危害程度分为一级、二级、三级和四级,分别用红色、橙色、黄色和蓝色标示,一级为最高级别。

预警级别的划分标准由国务院或者国务院确定的部门制定。

第四十三条 可以预警的自然灾害、事故灾难或者公共卫生事件即将发生或者发生的可能性增大时,县级以上地方各级人民政府应当根据有关法律、行政法规和国务院规定的权限和程序,发布相应级别的警报,决定并宣布有关地区进入预警期,同时向上一级人民政府报告,必要时可以越级上报,并向当地驻军和可能受到危害的毗邻或者相关地区的人民政府通报。

第四十四条 发布三级、四级警报,宣布进入预警期后,县级以上地方各级人民政府应当根据即将发生的突发事件的特点和可能造成的危害,采取下列措施:

(一)启动应急预案;

(二)责令有关部门、专业机构、监测网点和负有特定职责的人员及时收集、报告有关信息,向社会公布反映突发事件信息的渠道,加强对突发事件发生、发展情况的监测、预报和预警工作;

(三)组织有关部门和机构、专业技术人员、有关专家学者,随时对突发事件信息进行分析评估,预测发生突发事件可能性的大小、影响范围和强度以及可能发生的突发事件的级别;

(四)定时向社会发布与公众有关的突发事件预测信息和分析评估结果,并对相关信息的报道工作进行管理;

(五)及时按照有关规定向社会发布可能受到突发事件危害的警告,宣传避免、减轻危害的常识,公布咨询电话。

第四十五条 发布一级、二级警报,宣布进入预警期后,县级以上地方各级人民政府除采取本法第四十四条规定的措施外,还应当针对即将发生的突发事件的特点和可能造成的危害,采取下列一项或者多项措施:

(一)责令应急救援队伍、负有特定职责的人员进入待命状态,并动员后备人员做好参加应急救援和处置工作的准备;

(二)调集应急救援所需物资、设备、工具,准备应急设施和避难场所,并确保其处于良好状态、随时可以投入正常使用;

(三)加强对重点单位、重要部位和重要基础设施的安全保卫,维护社会治安秩序;

(四)采取必要措施,确保交通、通信、供水、排水、供电、供气、供热等公共设施的安全和正常运行;

(五)及时向社会发布有关采取特定措施避免或者减轻危害的建议、劝告;

(六)转移、疏散或者撤离易受突发事件危害的人员并予以妥善安置,转移重要财产;

(七)关闭或者限制使用易受突发事件危害的场所,控制或者限制容易导致危害扩大的公共场所的活动;

(八)法律、法规、规章规定的其他必要的防范性、保护性措施。

第四十六条 对即将发生或者已经发生的社会安全事件,县级以上地方各级人民政府及其有关主管部门应当按照规定向上一级人民政府及其有关主管部门报告,必要时可以越级上报。

第四十七条 发布突发事件警报的人民政府应当根据事态的发展,按照有关规定适时调整预警级别并重新发布。

有事实证明不可能发生突发事件或者危险已经解除的,发布警报的人民政府应当立即宣布解除警报,终止预警期,并解除已经采取的有关措施。

第四章 应急处置与救援

第四十八条 突发事件发生后,履行统一领导职责或者组织处置突发事件的人民政府应当针对其性质、特点和危害程度,立即组织有关部门,调动应急救援队伍和社会力量,依照本章的规定和有关法律、法规、规章的规定采取应急处置措施。

第四十九条 自然灾害、事故灾难或者公共卫生事件发生后,履行统一领导职责的人民政府可以采取下列一项或者多项应急处置措施:

(一)组织营救和救治受害人员,疏散、撤离并妥善安置受到威胁的人员以及采取其他救助措施;

(二)迅速控制危险源,标明危险区域,封锁危险场所，划定警戒区，实行交通管制以及其他控制措施；

（三）立即抢修被损坏的交通、通信、供水、排水、供电、供气、供热等公共设施，向受到危害的人员提供避难场所和生活必需品，实施医疗救护和卫生防疫以及其他保障措施；

（四）禁止或者限制使用有关设备、设施，关闭或者限制使用有关场所，中止人员密集的活动或者可能导致危害扩大的生产经营活动以及采取其他保护措施；

（五）启用本级人民政府设置的财政预备费和储备的应急救援物资，必要时调用其他急需物资、设备、设施、工具；

（六）组织公民参加应急救援和处置工作，要求具有特定专长的人员提供服务；

（七）保障食品、饮用水、燃料等基本生活必需品的供应；

（八）依法从严惩处囤积居奇、哄抬物价、制假售假等扰乱市场秩序的行为，稳定市场价格，维护市场秩序；

（九）依法从严惩处哄抢财物、干扰破坏应急处置工作等扰乱社会秩序的行为，维护社会治安；

（十）采取防止发生次生、衍生事件的必要措施。

第五十条　社会安全事件发生后，组织处置工作的人民政府应当立即组织有关部门并由公安机关针对事件的性质和特点，依照有关法律、行政法规和国家其他有关规定，采取下列一项或者多项应急处置措施：

（一）强制隔离使用器械相互对抗或者以暴力行为参与冲突的当事人，妥善解决现场纠纷和争端，控制事态发展；

（二）对特定区域内的建筑物、交通工具、设备、设施以及燃料、燃气、电力、水的供应进行控制；

（三）封锁有关场所、道路，查验现场人员的身份证件，限制有关公共场所内的活动；

（四）加强对易受冲击的核心机关和单位的警卫，在国家机关、军事机关、国家通讯社、广播电台、电视台、外国驻华使领馆等单位附近设置临时警戒线；

（五）法律、行政法规和国务院规定的其他必要措施。

严重危害社会治安秩序的事件发生时，公安机关应当立即依法出动警力，根据现场情况依法采取相应的强制性措施，尽快使社会秩序恢复正常。

第五十一条　发生突发事件，严重影响国民经济正常运行时，国务院或者国务院授权的有关主管部门可以采取保障、控制等必要的应急措施，保障人民群众的基本生活需要，最大限度地减轻突发事件的影响。

第五十二条　履行统一领导职责或者组织处置突发事件的人民政府，必要时可以向单位和个人征用应急救援所需设备、设施、场地、交通工具和其他物资，请求其他地方人民政府提供人力、物力、财力或者技术支援，要求生产、供应生活必需品和应急救援物资的企业组织生产、保证供给，要求提供医疗、交通等公共服务的组织提供相应的服务。

履行统一领导职责或者组织处置突发事件的人民政府，应当组织协调运输经营单位，优先运送处置突发事件所需物资、设备、工具、应急救援人员和受到突发事件危害的人员。

第五十三条　履行统一领导职责或者组织处置突发事件的人民政府，应当按照有关规定统一、准确、及时发布有关突发事件事态发展和应急处置工作的信息。

第五十四条　任何单位和个人不得编造、传播有关突发事件事态发展或者应急处置工作的虚假信息。

第五十五条　突发事件发生地的居民委员会、村民委员会和其他组织应当按照当地人民政府的决定、命令，进行宣传动员，组织群众开展自救和互救，协助维护社会秩序。

第五十六条　受到自然灾害危害或者发生事故灾难、公共卫生事件的单位，应当立即组织本单位应急救援队伍和工作人员营救受害人员，疏散、撤离、安置受到威胁的人员，控制危险源，标明危险区域，封锁危险场所，并采取其他防止危害扩大的必要措施，同时向所在地县级人民政府报告；对因本单位的问题引发的或者主体是本单位人员的社会安全事件，有关单位应当按照规定上报情况，并迅速派出负责人赶赴现场开展劝解、疏导工作。

突发事件发生地的其他单位应当服从人民政府发布的决定、命令，配合人民政府采取的应急处置措施，做好本单位的应急救援工作，并积极组织人员参加所在地的应急救援和处置工作。

第五十七条　突发事件发生地的公民应当服从人民政府、居民委员会、村民委员会或所属单位的指挥和安排，配合人民政府采取的应急处置措施，积极参加应急救援工作，协助维护社会秩序。

第五章　事后恢复与重建

第五十八条　突发事件的威胁和危害得到控制或者消除后，履行统一领导职责或者组织处置突发事件的人民政府应当停止执行依照本法规定采取的应急处置措施，同时采取或者继续实施必要措施，防止发生自然灾害、事故灾难、公共卫生事件的次生、衍生事件或者重新引发社会安全事件。

第五十九条 突发事件应急处置工作结束后，履行统一领导职责的人民政府应当立即组织对突发事件造成的损失进行评估，组织受影响地区尽快恢复生产、生活、工作和社会秩序，制定恢复重建计划，并向上一级人民政府报告。

受突发事件影响地区的人民政府应当及时组织和协调公安、交通、铁路、民航、邮电、建设等有关部门恢复社会治安秩序，尽快修复被损坏的交通、通信、供水、排水、供电、供气、供热等公共设施。

第六十条 受突发事件影响地区的人民政府开展恢复重建工作需要上一级人民政府支持的，可以向上一级人民政府提出请求。上一级人民政府应当根据受影响地区遭受的损失和实际情况，提供资金、物资支持和技术指导，组织其他地区提供资金、物资和人力支援。

第六十一条 国务院根据受突发事件影响地区遭受损失的情况，制定扶持该地区有关行业发展的优惠政策。

受突发事件影响地区的人民政府应当根据本地区遭受损失的情况，制定救助、补偿、抚慰、抚恤、安置等善后工作计划并组织实施，妥善解决因处置突发事件引发的矛盾和纠纷。

公民参加应急救援工作或者协助维护社会秩序期间，其在本单位的工资待遇和福利不变；表现突出、成绩显著的，由县级以上人民政府给予表彰或者奖励。

县级以上人民政府对在应急救援工作中伤亡的人员依法给予抚恤。

第六十二条 履行统一领导职责的人民政府应当及时查明突发事件的发生经过和原因，总结突发事件应急处置工作的经验教训，制定改进措施，并向上一级人民政府提出报告。

第六章 法律责任

第六十三条 地方各级人民政府和县级以上各级人民政府有关部门违反本法规定，不履行法定职责的，由其上级行政机关或者监察机关责令改正；有下列情形之一的，根据情节对直接负责的主管人员和其他直接责任人员依法给予处分：

（一）未按规定采取预防措施，导致发生突发事件，或者未采取必要的防范措施，导致发生次生、衍生事件的；

（二）迟报、谎报、瞒报、漏报有关突发事件的信息，或者通报、报送、公布虚假信息，造成后果的；

（三）未按规定及时发布突发事件警报、采取预警期的措施，导致损害发生的；

（四）未按规定及时采取措施处置突发事件或者处置不当，造成后果的；

（五）不服从上级人民政府对突发事件应急处置工作的统一领导、指挥和协调的；

（六）未及时组织开展生产自救、恢复重建等善后工作的；

（七）截留、挪用、私分或者变相私分应急救援资金、物资的；

（八）不及时归还征用的单位和个人的财产，或者对被征用财产的单位和个人不按规定给予补偿的。

第六十四条 有关单位有下列情形之一的，由所在地履行统一领导职责的人民政府责令停产停业，暂扣或者吊销许可证或者营业执照，并处五万元以上二十万元以下的罚款；构成违反治安管理行为的，由公安机关依法给予处罚：

（一）未按规定采取预防措施，导致发生严重突发事件的；

（二）未及时消除已发现的可能引发突发事件的隐患，导致发生严重突发事件的；

（三）未做好应急设备、设施日常维护、检测工作，导致发生严重突发事件或者突发事件危害扩大的；

（四）突发事件发生后，不及时组织开展应急救援工作，造成严重后果的。

前款规定的行为，其他法律、行政法规规定由人民政府有关部门依法决定处罚的，从其规定。

第六十五条 违反本法规定，编造并传播有关突发事件事态发展或者应急处置工作的虚假信息，或者明知是有关突发事件事态发展或者应急处置工作的虚假信息而进行传播的，责令改正，给予警告；造成严重后果的，依法暂停其业务活动或者吊销其执业许可证；负有直接责任的人员是国家工作人员的，还应当对其依法给予处分；构成违反治安管理行为的，由公安机关依法给予处罚。

第六十六条 单位或者个人违反本法规定，不服从所在地人民政府及其有关部门发布的决定、命令或者不配合其依法采取的措施，构成违反治安管理行为的，由公安机关依法给予处罚。

第六十七条 单位或者个人违反本法规定，导致突发事件发生或者危害扩大，给他人人身、财产造成损害的，应当依法承担民事责任。

第六十八条 违反本法规定，构成犯罪的，依法追究刑事责任。

第七章 附 则

第六十九条 发生特别重大突发事件，对人民生命财产安全、国家安全、公共安全、环境安全或者社会秩序构成重大威胁，采取本法和其他有关法律、法规、规章规定的应急处置措施不能消除或者有效控制、减轻其严重社会危害，需要进入紧急状态的，由全国人民代表大会常务委员会或者国务院依照宪法和其他有关法律规定的权限和程序决定。

紧急状态期间采取的非常措施，依照有关法律规定执行或者由全国人民代表大会常务委员会另行规定。

第七十条 本法自 2007 年 11 月 1 日起施行。

军队参加抢险救灾条例

（2005 年 6 月 7 日国务院、中央军事委员会第 436 号公布，自 2005 年 7 月 1 日起施行）

第一条 为了发挥中国人民解放军（以下称军队）在抢险救灾中的作用，保护人民生命和财产安全，根据国防法的规定，制定本条例。

第二条 军队是抢险救灾的突击力量，执行国家赋予的抢险救灾任务是军队的重要使命。

各级人民政府和军事机关应当按照本条例的规定，做好军队参加抢险救灾的组织、指挥、协调、保障等工作。

第三条 军队参加抢险救灾主要担负下列任务：

（一）解救、转移或者疏散受困人员；

（二）保护重要目标安全；

（三）抢救、运送重要物资；

（四）参加道路（桥梁、隧道）抢修、海上搜救、核生化救援、疫情控制、医疗救护等专业抢险；

（五）排除或者控制其他危重险情、灾情。

必要时，军队可以协助地方人民政府开展灾后重建等工作。

第四条 国务院组织的抢险救灾需要军队参加的，由国务院有关主管部门向中国人民解放军总参谋部提出，中国人民解放军总参谋部按照国务院、中央军事委员会的有关规定办理。

县级以上地方人民政府组织的抢险救灾需要军队参加的，由县级以上地方人民政府通过当地同级军事机关提出，当地同级军事机关按照国务院、中央军事委员会的有关规定办理。

在险情、灾情紧急的情况下，地方人民政府可以直接向驻军部队提出救助请求，驻军部队应当按照规定立即实施救助，并向上级报告；驻军部队发现紧急险情、灾情也应当按照规定立即实施救助，并向上级报告。

抢险救灾需要动用军用飞机（直升机）、舰艇的，按照有关规定办理。

第五条 国务院有关主管部门、县级以上地方人民政府提出需要军队参加抢险救灾的，应当说明险情或者灾情发生的种类、时间、地域、危害程度、已经采取的措施，以及需要使用的兵力、装备等情况。

第六条 县级以上地方人民政府组建的抢险救灾指挥机构，应当有当地同级军事机关的负责人参加；当地有驻军部队的，还应当有驻军部队的负责人参加。

第七条 军队参加抢险救灾应当在人民政府的统一领导下进行，具体任务由抢险救灾指挥机构赋予，部队的抢险救灾行动由军队负责指挥。

第八条 县级以上地方人民政府应当向当地军事机关及时通报有关险情、灾情的信息。

在经常发生险情、灾情的地方，县级以上地方人民政府应当组织军地双方进行实地勘察和抢险救灾演习、训练。

第九条 省军区（卫戍区、警备区）、军分区（警备区）、县（市、市辖区）人民武装部应当及时掌握当地有关险情、灾情信息，办理当地人民政府提出的军队参加抢险救灾事宜，做好人民政府与执行抢险救灾任务的部队之间的协调工作。有关军事机关应当制定参加抢险救灾预案，组织部队开展必要的抢险救灾训练。

第十条 军队参加抢险救灾时，当地人民政府应当提供必要的装备、物资、器材等保障，派出专业技术人员指导部队的抢险救灾行动；铁路、交通、民航、公安、电信、邮政、金融等部门和机构，应当为执行抢险救灾任务的部队提供优先、便捷的服务。

军队执行抢险救灾任务所需要的燃油，由执行抢险救灾任务的部队和当地人民政府共同组织保障。

第十一条 军队参加抢险救灾需要动用作战储备物资和装备器材的，必须按照规定报经批准。对消耗的部队携行装备器材和作战储备物资、装备器材，应当及时补充。

第十二条 灾害发生地人民政府应当协助执行抢险救灾任务的部队做好饮食、住宿、供水、供电、供暖、医疗和卫生防病等必需的保障工作。

地方人民政府与执行抢险救灾任务的部队应当互相通报疫情，共同做好卫生防疫工作。

第十三条 军队参加国务院组织的抢险救灾所耗

费用由中央财政负担。军队参加地方人民政府组织的抢险救灾所耗费用由地方财政负担。

前款所指的费用包括：购置专用物资和器材费用，指挥通信、装备维修、燃油、交通运输等费用，补充消耗的携行装备器材和作战储备物资费用，以及人员生活、医疗的补助费用。

抢险救灾任务完成后，军队有关部门应当及时统计军队执行抢险救灾任务所耗费用，报抢险救灾指挥机构审核。

第十四条 国务院有关主管部门和县级以上地方人民政府应当在险情、灾情频繁发生或者列为灾害重点监视防御的地区储备抢险救灾专用装备、物资和器材，保障抢险救灾需要。

第十五条 军队参加重大抢险救灾行动的宣传报道，由国家和军队有关主管部门统一组织实施。新闻单位采访、报道军队参加抢险救灾行动，应当遵守国家和军队的有关规定。

第十六条 对在执行抢险救灾任务中有突出贡献的军队单位和个人，按照国家和军队的有关规定给予奖励；对死亡或者致残的人员，按照国家有关规定给予抚恤优待。

第十七条 中国人民武装警察部队参加抢险救灾，参照本条例执行。

第十八条 本条例自2005年7月1日起施行。

2. 中共中央、国务院有关文件

"十四五"国家应急体系规划

（2021年12月30日，国务院以国发〔2021〕36号公布）

为全面贯彻落实习近平总书记关于应急管理工作的一系列重要指示和党中央、国务院决策部署，扎实做好安全生产、防灾减灾救灾等工作，积极推进应急管理体系和能力现代化，根据《中华人民共和国国民经济和社会发展第十四个五年规划和2035年远景目标纲要》，制定本规划。

一、规划背景

（一）"十三五"时期取得的工作进展。

"十三五"时期，各地区、各有关部门以习近平新时代中国特色社会主义思想为指导，认真贯彻落实党中央、国务院决策部署，推动应急管理事业改革发展取得重大进展，防范化解重大安全风险能力明显提升，各项目标任务如期实现。

应急管理体系不断健全。改革完善应急管理体制，组建应急管理部，强化了应急工作的综合管理、全过程管理和力量资源的优化管理，增强了应急管理工作的系统性、整体性、协同性，初步形成统一指挥、专常兼备、反应灵敏、上下联动的中国特色应急管理体制。深化应急管理综合行政执法改革，组建国家矿山安全监察局，加强危险化学品安全监管力量。建立完善风险联合会商研判机制、防范救援救灾一体化机制、救援队伍预置机制、扁平化指挥机制等，推动制修订一批应急管理法律法规和应急预案，全灾种、大应急工作格局基本形成。

应急救援效能显著提升。稳步推进公安消防部队、武警森林部队转制，组建国家综合性消防救援队伍，支持各类救援队伍发展，加快构建以国家综合性消防救援队伍为主力、专业救援队伍为协同、军队应急力量为突击、社会力量为辅助的中国特色应急救援力量体系。对标全灾种、大应急任务需要，加大先进、特种、专用救援装备配备力度，基本建成中央、省、市、县、乡五级救灾物资储备体系，完善全国统一报灾系统，加强监测预警、应急通信、紧急运输等保障能力建设，灾害事故综合应急能力大幅提高，成功应对了多次重特大事故灾害，经受住了一系列严峻考验。

安全生产水平稳步提高。不断强化党政同责、一岗双责、齐抓共管、失职追责的安全生产责任制，严格省级人民政府安全生产和消防工作考核，开展国务院安全生产委员会成员单位年度安全生产工作考核，完善激励约束机制。持续开展以危险化学品、矿山、消防、交通运输、城市建设、工业园区、危险废物等为重点的安全生产专项整治。逐步建立安全风险分级管控和隐患排查治理双重预防工作机制，科技强安专项行动初见成效。按可比口径计算，2020年全国各类事故、较大事故和重特大事故起数比2015年分别下降43.3%、36.1%和57.9%，死亡人数分别下降38.8%、37.3%和65.9%。

防灾减灾能力明显增强。建立自然灾害防治工作部际联席会议制度，实施自然灾害防治九项重点工程，启动第一次全国自然灾害综合风险普查，推进大江大河和中小河流治理，实施全国地质灾害防治、山洪灾害防治、重点火险区综合治理、平安公路建设、农村危房改造、地震易发区房屋加固等一批重点工程，城乡灾害设防水平和综合防灾减灾能力明显提升。与"十二五"时期相比，"十三五"期间全国自然灾害因灾死亡失踪人数、倒塌房屋数量和直接经济损失占国内生产总值比重分别下降37.6%、70.8%和38.9%。

（二）面临的形势。

"十四五"时期，我国发展仍然处于重要战略机遇期。以习近平同志为核心的党中央着眼党和国家事业发展全局，坚持以人民为中心的发展思想，统筹发展和安全两件大事，把安全摆到了前所未有的高度，对全面提高公共安全保障能力、提高安全生产水平、完善国家应急管理体系等作出全面部署，为解决长期以来应急管理工作存在的突出问题、推进应急管理体系和能力现代化提供了重大机遇。但同时也要看到，我国是世界上自然灾害最为严重的国家之一，灾害种类多、分布地域广、发生频率高、造成损失重，安全生产仍处于爬坡过坎期，各类安全风险隐患交织叠加，生产安全事故仍然易发多发。

风险隐患仍然突出。我国安全生产基础薄弱的现状短期内难以根本改变，危险化学品、矿山、交通运输、建筑施工等传统高危行业和消防领域安全风险隐患仍然突出，各种公共服务设施、超大规模城市综合体、人员密集场所、高层建筑、地下空间、地下管网等大量建设，导致城市内涝、火灾、燃气泄漏爆炸、拥挤踩踏等安全风险隐患日益凸显，重特大事故在地区和行业间呈现波动反弹态势。随着全球气候变暖，我国自然灾害风险进一步加剧，极端天气趋强趋重趋频，台风登陆更加频繁、强度更大，降水分布不均衡，气温异常变化等因素导致发生洪涝、干旱、高温热浪、低温雨雪冰冻、森林草原火灾的可能性增大，重特大地震灾害风险形势严峻复杂，灾害的突发性和异常性愈发明显。

防控难度不断加大。随着工业化、城镇化持续推进，我国中心城市、城市群迅猛发展，人口、生产要素更加集聚，产业链、供应链、价值链日趋复杂，生产生活空间高度关联，各类承灾体暴露度、集中度、脆弱性大幅增加。新能源、新工艺、新材料广泛应用，新产业、新业态、新模式大量涌现，引发新问题，形成新隐患，一些"想不到、管得少"的领域风险逐渐凸显。同时，灾害事故发生的隐蔽性、复杂性、耦合性进一步加大，重特大灾害事故往往引发一系列次生、衍生灾害事故和生态环境破坏，形成复杂多样的灾害链、事故链，进一步增加风险防控和应急处置的复杂性及难度。全球化、信息化、网络化的快速发展，也使灾害事故影响的广度和深度持续增加。

应急管理基础薄弱。应急管理体制改革还处于深化过程中，一些地方改革还处于磨合期，亟待构建优化协同高效的格局。防汛抗旱、抗震救灾、森林草原防灭火、综合减灾等工作机制还需进一步完善，安全生产综合监管和行业监管职责需要进一步理顺。应急救援力量不足特别是国家综合性消防救援队伍力量短缺问题突出，应急管理专业人才培养滞后，专业队伍、社会力量建设有待加强。科技信息化水平总体较低，风险隐患早期感知、早期识别、早期预警、早期发布能力欠缺，应急物资、应急通信、指挥平台、装备配备、紧急运输、远程投送等保障尚不完善。基层应急能力薄弱，公众风险防范意识、自救互救能力不足等问题比较突出，应急管理体系和能力与国家治理体系和治理能力现代化的要求存在很大差距。

二、总体要求

（一）指导思想。

以习近平新时代中国特色社会主义思想为指导，全面贯彻落实党的十九大和十九届历次全会精神，增强"四个意识"、坚定"四个自信"、做到"两个维护"，坚持系统观念，统筹推进"五位一体"总体布局，协调推进"四个全面"战略布局，坚定不移贯彻新发展理念，坚持稳中求进工作总基调，坚持人民至上、生命至上，坚持总体国家安全观，更好统筹发展和安全，以推动高质量发展为主题，以防范化解重大安全风险为主线，深入推进应急管理体系和能力现代化，坚决遏制重特大事故，最大限度降低灾害事故损失，全力保护人民群众生命财产安全和维护社会稳定，为建设更高水平的平安中国和全面建设社会主义现代化强国提供坚实安全保障。

（二）基本原则。

坚持党的领导。加强党对应急管理工作的集中统一领导，全面贯彻党的基本理论、基本路线、基本方略，把党的政治优势、组织优势、密切联系群众优势和社会主义集中力量办大事的制度优势转化为应急管理事业发展的强大动力和坚强保障。

坚持以人为本。坚持以人民为中心的发展思想，始终做到发展为了人民、发展依靠人民、发展成果由人民共享，始终把保护人民群众生命财产安全和身体健康放在第一位，全面提升国民安全素质和应急意识，促进人与自然和谐共生。

坚持预防为主。健全风险防范化解机制，做到关口前移、重心下移，加强源头管控，夯实安全基础，强化灾害事故风险评估、隐患排查、监测预警，综合运用人防物防技防等手段,真正把问题解决在萌芽之时、成灾之前。

坚持依法治理。运用法治思维和法治方式,加快构建适应应急管理体制的法律法规和标准体系,坚持权责法定、依法应急,增强全社会法治意识,实现应急管理的制度化、法治化、规范化。

坚持精准治理。科学认识和系统把握灾害事故致灾规律,统筹事前、事中、事后各环节,差异化管理、精细化施策,做到预警发布精准、抢险救援精准、恢复重建精准、监管执法精准。

坚持社会共治。把群众观点和群众路线贯穿工作始终,加强和创新社会治理,发挥市场机制作用,强化联防联控、群防群治,普及安全知识,培育安全文化,不断提高全社会安全意识,筑牢防灾减灾救灾的人民防线。

(三)主要目标。

总体目标:到 2025 年,应急管理体系和能力现代化建设取得重大进展,形成统一指挥、专常兼备、反应灵敏、上下联动的中国特色应急管理体制,建成统一领导、权责一致、权威高效的国家应急能力体系,防范化解重大安全风险体制机制不断健全,应急救援力量建设全面加强,应急管理法治水平、科技信息化水平和综合保障能力大幅提升,安全生产、综合防灾减灾形势趋稳向好,自然灾害防御水平明显提升,全社会防范和应对处置灾害事故能力显著增强。到 2035 年,建立与基本实现现代化相适应的中国特色大国应急体系,全面实现依法应急、科学应急、智慧应急,形成共建共治共享的应急管理新格局。

专栏1 "十四五"时期主要指标			
序号	指标	预期值	属性
1	生产安全事故死亡人数	下降15%	约束性
2	重特大生产安全事故起数	下降20%	约束性
3	单位国内生产总值生产安全事故死亡率	下降33%	约束性
4	工矿商贸就业人员十万人生产安全事故死亡率	下降20%	约束性
5	年均每百万人口因自然灾害死亡率	<1	预期性
6	年均每十万人受灾人次	<15000	预期性
7	年均因自然灾害直接经济损失占国内生产总值比例	<1%	预期性

应急管理体制机制更加完善。领导体制、指挥体制、职能配置、机构设置、协同机制更趋合理,应急管理队伍建设、能力建设、作风建设取得重大进展,应急管理机构基础设施、装备条件大幅改善,工作效率、履职能力全面提升。县级以上应急管理部门行政执法装备配备达标率达到 80%。

灾害事故风险防控更加高效。安全风险分级管控与隐患排查治理机制进一步完善,多灾种和灾害链综合监测、风险早期感知识别和预报预警能力显著增强,城乡基础设施防灾能力、重点行业领域安全生产水平大幅提升,危险化学品、矿山、交通运输、建筑施工、火灾等重特大安全事故得到有效遏制,严防生产安全事故应急处置引发次生环境事件。灾害事故信息上报及时准确,灾害预警信息发布公众覆盖率达到 90%。

大灾巨灾应对准备更加充分。综合救援、专业救援、航空救援力量布局更加合理,应急救援效能显著提升,应急预案、应急通信、应急装备、应急物资、应急广播、紧急运输等保障能力全面加强。航空应急力量基本实现 2 小时内到达灾害事故易发多发地域,灾害事故发生后受灾人员基本生活得到有效救助时间缩短至 10 小时以内。

应急要素资源配置更加优化。科技资源、人才资源、信息资源、产业资源配置更趋合理高效,应急管理基础理论研究、关键技术研究、重大装备研发取得重大突破,规模合理、素质优良的创新型人才队伍初步形成,应急管理科技信息化水平明显提高,"一带一路"自然灾害防治和应急管理国际合作机制逐步完善。县级以上应急管理部门专业人才占比达到 60%。

共建共治共享体系更加健全。全社会安全文明程度明显提升,社会公众应急意识和自救互救能力显著提高,社会治理的精准化水平持续提升,规范有序、充满活力的社会应急力量发展环境进一步优化,共建共治共享的应急管理格局基本形成。重点行业规模以上企业新增从业人员安全技能培训率达到 100%。

三、深化体制机制改革,构建优化协同高效的治理模式

(一)健全领导指挥体制。

按照常态应急与非常态应急相结合,建立国家应急指挥总部指挥机制,省、市、县建设本级应急指挥部,形成上下联动的应急指挥部体系。按照综合协调、分类管理、分级负责、属地为主的原则,健全中央与地方分级响应机制,明确各级各类灾害事故响应程序,进一步理顺防汛抗旱、抗震救灾、森林草原防灭火等指挥机制。将消防救援队伍和森林消防队伍整合为一支正规化、专业化、职业化的国家综合性消防救援队伍，实行严肃的纪律、严密的组织，按照准现役、准军事化标准建设管理，完善统一领导、分级指挥的领导体制，组建统一的领导指挥机关，建立中央地方分级指挥和队伍专业指挥相结合的指挥机制，加快建设现代化指挥体系，建立与经济社会发展相适应的队伍编制员额同步优化机制。完善应急管理部门管理体制，全面实行准军事化管理。

（二）完善监管监察体制。

推进应急管理综合行政执法改革，整合监管执法职责，组建综合行政执法队伍，健全监管执法体系。推动执法力量向基层和一线倾斜，重点加强动态巡查、办案等一线执法工作力量。制定应急管理综合行政执法事项指导目录，建立完善消防执法跨部门协作机制，构建消防安全新型监管模式。制定实施安全生产监管监察能力建设规划，负有安全生产监管监察职责的部门要加强力量建设，确保切实有效履行职责。加强各级矿山安全监察机构力量建设，完善国家监察、地方监管、企业负责的矿山安全监管监察体制。推进地方矿山安全监察机构能力建设，通过政府购买服务方式为监管工作提供技术支撑。

（三）优化应急协同机制。

强化部门协同。充分发挥相关议事协调机构的统筹作用，发挥好应急管理部门的综合优势和各相关部门的专业优势，明确各部门在事故预防、灾害防治、信息发布、抢险救援、环境监测、物资保障、恢复重建、维护稳定等方面的工作职责。健全重大安全风险防范化解协同机制和灾害事故应对处置现场指挥协调机制。

强化区域协同。健全自然灾害高风险地区，以及京津冀、长三角、粤港澳大湾区、成渝城市群及长江、黄河流域等区域协调联动机制，统一应急管理工作流程和业务标准，加强重大风险联防联控，联合开展跨区域、跨流域风险隐患普查，编制联合应急预案，建立健全联合指挥、灾情通报、资源共享、跨域救援等机制。组织综合应急演练，强化互助调配衔接。

（四）压实应急管理责任。

强化地方属地责任。建立党政同责、一岗双责、齐抓共管、失职追责的应急管理责任制。将应急管理体系和能力建设纳入地方各级党政领导干部综合考核评价内容。推动落实地方党政领导干部安全生产责任制，制定安全生产责任清单和年度工作清单，将安全生产纳入高质量发展评价体系。健全地方政府预防与应急准备、灾害事故风险隐患调查及监测预警、应急处置与救援救灾等工作责任制，推动地方应急体系和能力建设。

明确部门监管责任。严格落实管行业必须管安全、管业务必须管安全、管生产经营必须管安全要求，依法依规进一步夯实有关部门在危险化学品、新型燃料、人员密集场所等相关行业领域的安全监管职责，加强对机关、团体、企业、事业单位的安全管理，健全责任链条，加强工作衔接，形成监管合力，严格把关重大风险隐患，着力防范重点行业领域系统性安全风险，坚决遏制重特大事故。

落实生产经营单位主体责任。健全生产经营单位负责、职工参与、政府监管、行业自律、社会监督的安全生产治理机制。将生产经营单位的主要负责人列为本单位安全生产第一责任人。以完善现代企业法人治理体系为基础，建立企业全员安全生产责任制度。健全生产经营单位重大事故隐患排查治理情况向负有安全生产监督管理职责的部门和职工大会（职代会）"双报告"制度。推动重点行业领域规模以上企业组建安全生产管理和技术团队，提高企业履行主体责任的专业能力。实施工伤预防行动计划，按规定合理确定工伤保险基金中工伤预防费的比例。

严格责任追究。健全灾害事故直报制度，严厉追究瞒报、谎报、漏报、迟报责任。建立完善重大灾害调查评估和事故调查机制，坚持事故查处"四不放过"原则，推动事故调查重点延伸到政策制定、法规修订、制度管理、标准技术等方面。加强对未遂事故和人员受伤事故的调查分析，严防小隐患酿成大事故。完善应急管理责任考评指标体系和奖惩机制，定期开展重特大事故调查处理情况"回头看"。综合运用巡查、督查等手段，强化对安全生产责任落实情况的监督考核。

四、夯实应急法治基础，培育良法善治的全新生态

（一）推进完善法律法规架构。

加快完善安全生产法配套法规规章，推进制修订应急管理、自然灾害防治、应急救援组织、国家消防救援人员、矿山安全、危险化学品安全等方面法律法规，推动构建具有中国特色的应急管理法律法规体系。支持各地因地制宜开展应急管理地方性法规规章制修订工作。持续推进精细化立法，健全应急管理立法立项、起草、论证、协调、审议机制和立法后实施情况评估机制。完善应急管理规章、规范性文件制定制度和监督管理制度，定期开展规范性文件集中清理和专项审查。完善公众参与政府立法机制，畅通公众参与渠道。开展丰富多样的普法活动，加大典型案例普法宣传。

（二）严格安全生产执法。

加大危险化学品、矿山、工贸、交通运输、建筑施工等重点行业领域安全生产执法力度，持续推进"互联网+执法"。综合运用"四不两直"、异地交叉执法、"双随机、一公开"等方式，加大重点抽查、突击检查力度，建立健全安全生产典型执法案例报告制度，严厉打击非法生产经营行为。全面推行行政执法公示、执法全过程记录、重大执法决定法制审核三项制度，以及公众聚集场所投入使用、营业前消防安全检查告知承诺制。健全安全生产行政处罚自由裁量标准，细化行政处罚等级。严究事故前严重违法行为责任追究，严格执行移送标准和程序，规范实施行政执法与刑事司法衔接机制。加强执法监督，完善内外部监督机制。

（三）推动依法行政决策。

将应急管理行政决策全过程纳入法治化轨道，对一般和重大行政决策实行分类管理。完善公众参与、专家论证、风险评估、合法性审查、集体讨论决定等法定程序和配套制度，健全并实施应急管理重大行政决策责任倒查和追究机制。定期制定和更新决策事项目录和标准，依法向社会公布。建立依法应急决策制度，规范启动条件、实施方式、尽职免予问责等内容。深化应急管理"放管服"改革，加强事前事中事后监管和地方承接能力建设，积极营造公平有序竞争的市场环境。

（四）推进应急标准建设。

实施应急管理标准提升行动计划，建立结构完整、层次清晰、分类科学的应急管理标准体系。构建完善应急管理、矿山安全等相关专业标准化技术组织。针对灾害事故暴露出的标准短板，加快制修订一批支撑法律有效实施的国家标准和行业标准，研究制定应急管理领域大数据、物联网、人工智能等新技术应用标准，鼓励社会团体制定应急产品及服务类团体标准。加快安全生产、消防救援领域强制性标准制修订，尽快制定港区消防能力建设标准，开展应急管理相关国家标准实施效果评估。推动企业标准化与企业安全生产治理体系深度融合，开展国家级应急管理标准试点示范。鼓励先进企业创建应急管理相关国际标准，推动标准和规则互认。加大应急管理标准外文版供给。

五、防范化解重大风险，织密灾害事故的防控网络

（一）注重风险源头防范管控。

加强风险评估。以第一次全国自然灾害综合风险普查为基准，编制自然灾害风险和防治区划图。加强地震构造环境精细探测和重点地区与城市活动断层探察。推进城镇周边火灾风险调查。健全安全风险评估管理制度，推动重点行业领域企业建立安全风险管理体系，全面开展城市安全风险评估，定期开展重点区域、重大工程和大型油气储存设施等安全风险评估，制定落实风险管控措施。开展全国工业园区应急资源和能力全面调查，指导推动各地建设工业园区应急资源数据库。

科学规划布局。探索建立自然灾害红线约束机制。强化自然灾害风险区划与各级各类规划融合，完善规划安全风险评估会商机制。加强超大特大城市治理中的风险防控，统筹县域城镇和村庄规划建设，严格控制区域风险等级及风险容量，推进实施地质灾害避险搬迁工程，加快形成有效防控重大安全风险的空间格局和生产生活方式布局。将城市防灾减灾救灾基础设施用地需求纳入当地土地利用年度计划并予以优先保障。完善应急避难场所规划布局，健全避难场所建设标准和后评价机制，严禁随意变更应急避难场所和应急基础设施的使用性质。

（二）强化风险监测预警预报。

充分利用物联网、工业互联网、遥感、视频识别、第五代移动通信（5G）等技术提高灾害事故监测感知能力，优化自然灾害监测站网布局，完善应急卫星观测星座，构建空、天、地、海一体化全域覆盖的灾害事故监测预警网络。广泛部署智能化、网络化、集成化、微型化感知终端，高危行业安全监测监控实行全国联网或省（自治区、直辖市）范围内区域联网。完善综合风险预警制度，增强风险早期识别能力，发展精细化气象灾害预警预报体系，优化地震长中短临和震后趋势预测业务，提高安全风险预警公共服务水平。建立突发事件预警信息发布标准体系，优化发布方式，拓展发布渠道和发布语种，提升发布覆盖率、精准度和时效性，强化针对特定区域、特定人群、特定时间的精准发布能力。建立重大活动风险提示告知制度和重大灾害性天气停工停课停业制度，明确风险等级和安全措施要求。推进跨部门、跨地域的灾害事故预警信息共享。

（三）深化安全生产治本攻坚。

严格安全准入。加强工业园区等重点区域安全管理，制定危险化学品、烟花爆竹、矿山、工贸等"禁限控"目录，完善危险化学品登记管理数据库和动态统计分析功能，推动建立高危行业领域建设项目安全联合审批制度，强化特别管控危险化学品全生命周期管理。建立更加严格规范的安全准入体系，加强矿用、消防等设备材料安全管理，优化交通运输和渔业船舶等安全技术和安全配置。严格建设项目安全设施同时设计、同时施工、同时投入生产和使用制度，健全重大项目决策安全风险评估与论证机制。推动实施全球化学品统一分类和标签制度。

加强隐患治理。完善安全生产隐患分级分类排查治理标准，制定隐患排查治理清单，实现隐患自查自改自报闭环管理。建立危险化学品废弃报告制度。实行重大事故隐患治理逐级挂牌督办、及时整改销号和整改效果评价。推动将企业安全生产信息纳入政府监管部门信息平台，构建政府与企业多级多方联动的风险隐患动态数据库，综合分析研判各类风险、跟踪隐患整改清零。研究将安全风险分级管控和隐患排查治理列入企业安全生产费用支出范围。

深化专项整治。深入推进危险化学品、矿山、消防、交通运输、建筑施工、民爆、特种设备、大型商业综合体等重点行业领域安全整治，解决影响制约安全生产的薄弱环节和突出问题，督促企业严格安全管理、加大安全投入、落实风险管控措施。结合深化供给侧结构性改革，推动安全基础薄弱、安全保障能力低下且整改后仍不达标的企业退出市场。统筹考虑危险化学品企业搬迁和项目建设审批，优先保障符合条件企业的搬迁用地。持续推进企业安全生产标准化建设，实现安全管理、操作行为、设施设备和作业环境规范化。推动淘汰落后技术、工艺、材料和设备，加大重点设施设备、仪器仪表检验检测力度。推动各类金融机构出台优惠贷款等金融类产品，大力推广新技术、新工艺、新材料和新装备，实施智能化矿山、智能化工厂、数字化车间改造，开展智能化作业和危险岗位机器人替代示范。强化危险废物全过程监管，动态修订《国家危险废物名录》，修订危险废物鉴别、贮存以及水泥窑协同处置污染控制等标准，制定完善危险废物重点监管单位清单。建立废弃危险化学品等危险废物监管协作和联合执法工作机制，加强危险废物监管能力与应急处置技术支持能力建设。

专栏2　安全生产治本攻坚重点

1. 危险化学品。化工园区本质安全整治提升、企业分类治理整顿、非法违";小化工"整治、重大危险源管控、硝酸铵等高危化学品和精细化工等高危工艺安全风险管控、自动化控制、特殊作业安全管理、城区内化学品输送管线、油气站等易燃易爆剧毒设施；化学品运输、使用和废弃处置等环节。

2. 烟花爆竹。生产、储存、运输等设施；生产、经营、进出口、运输、燃放、销毁、处置等环节。

3. 矿山。煤与瓦斯突出、冲击地压、水文地质类型复杂或极复杂等灾害严重煤矿，30万吨/年以下煤矿，开采深度超过1200米的大中型及以上煤矿；入井人数超过30人、井深超过800米的金属非金属地下矿山，边坡高度超过200米的金属非金属露天矿山，尾矿库"头顶库"、无生产经营主体尾矿库、长期停用尾矿库。

4. 工贸。冶金企业高温熔融金属、煤气工艺环节，涉粉作业人数30人以上的金属粉尘、木粉尘企业，铝加工（深井铸造）企业、农贸市场重大事故隐患整治。

5. 消防。超高层建筑、大型商业综合体、城市地下轨道交通、石油化工企业等高风险场所；人员密集场所、"三合一"场所、群租房、生产加工作坊等火灾易发场所；博物馆、文物古建筑、古城古村寨等文物、文化遗产保护场所和易地扶贫搬迁安置场所；电动汽车、电动自行车、电化学储能设施和冷链仓库、冰雪运动娱乐等新产业新业态；船舶、船闸、水上加油站等水上设施。

6. 道路运输。急弯陡坡、临水临崖、长下坡、危桥、危隧、穿村过镇路口、农村马路市场等路段及部位；非法违规营运客车、校车，"大吨小标"、超限超载、非法改装货车等运输车辆；变型拖拉机；常压液体危险货物罐车。

7. 其他交通运输（民航、铁路、邮政、水上和城市轨道交通）和渔业船舶。民航运输：可控飞行撞地、空中相撞、危险品运输，跑道安全、机场净空安全、鸟击、通用航空安全；铁路运输：沿线环境安全、危险货物运输、公铁水并行交汇地段、路外伤害安全；邮政快递：末端车辆安全、作业场所安全；水上运输：商渔船碰撞、内河船舶非法从事海上运输、港口客运和危险货物运输；城市轨道交通：运营保护区巡查、违规施工作业、私搭乱建、堆放易燃易爆危险品等；渔业船舶：船舶脱检脱管、不适航、配员不足、脱编作业、超员超载、超风级超航区冒险航行作业，船员不适任、疏忽瞭望值守。

8. 城市建设。利用原有建筑物改建改用为酒店、饭店、学校、体育馆等人员聚集场所；高层建筑工程、地下工程、改造加固工程、拆除工程、桥梁隧道工程；违法违规转包分包；城镇燃气及燃气设施安全管理。

9. 工业园区等功能区。化工园区安全风险评估分级；仓储物流园区安全管理；港口码头等功能区安全管理。

10. 危险废物。危险废物贮存、利用、处置环节；违规堆存、随意倾倒、私自填埋危险废物。

（四）加强自然灾害综合治理。

改善城乡防灾基础条件。开展城市重要建筑、基础设施系统及社区抗震韧性评价及加固改造，提升学校、医院等公共服务设施和居民住宅容灾备灾水平。加强城市防洪排涝与调蓄设施建设，优化和拓展城市调蓄空间。增强公共设施应对风暴和地质灾害的能力，完善公共设施和建筑应急避难功能。统筹规划建设公共消防设施，加密消防救援站点。实施农村危房改造和地震高烈度设防地区农房抗震改造，逐步建立农村低收入人口住房安全保障长效机制。完善农村道路安全设施。推进自然灾害高风险地区居民搬迁避让，有序引导灾害风险等级高、基础设施条件较差、防灾减灾能力较弱的乡村人口适度向灾害风险较低的地区迁移。

提高重大设施设防水平。提升地震灾害、地质灾害、气象灾害、水旱灾害、海洋灾害、森林和草原火灾等自然灾害防御工程标准和重点基础设施设防标准。加强城市内涝治理，实施管网和泵站建设与改造、排涝通道建设、雨水源头减排工程。科学布局防火应急道路和火灾阻隔网络。完善网络型基础设施空间布局，积极推进智能化防控技术应用，增强可替代性，提升极端条件下抗损毁和快速恢复能力。加快推进城市群、重要口岸、主要产业及能源基地、自然灾害多发地区的多通道、多方式、多路径交通建设，提升交通网络系统韧性。推进重大地质灾害隐患工程治理，开展已建治理工程维护加固。开展重点岸段风暴潮漫滩漫堤联合预警，推进沿海地区海堤达标和避风锚地建设，构建沿海防潮防台减灾体系。加强国家供水应急救援基地建设。防范海上溢油、危险化学品泄漏等重大环境风险，提升应对海洋自然灾害和突发环境事件能力。加快京津冀平原沉降综合防治和地质灾害安全管理。

六、加强应急力量建设，提高急难险重任务的处置能力

（一）建强应急救援主力军国家队。

坚持党对国家综合性消防救援队伍的绝对领导，践行"对党忠诚、纪律严明、赴汤蹈火、竭诚为民"重要训词精神，对标应急救援主力军和国家队定位，严格教育、严格训练、严格管理、严格要求，全面提升队伍的正规化、专业化、职业化水平。积极适应"全灾种、大应急"综合救援需要，优化力量布局和队伍编成，填补救援力量空白，加快补齐国家综合性消防救援队伍能力建设短板，加大中西部地区国家综合性消防救援队伍建设支持力度。加强高层建筑、大型商业综合体、城市地下轨道交通、石油化工企业火灾扑救和地震、水域、山岳、核生化等专业救援力量建设，建设一批机动和拳头力量。发挥机动力量优势，明确调动权限和程序、与属地关系及保障渠道。加大先进适用装备配备力度，强化多灾种专业化训练，提高队伍极端条件下综合救援能力，增强防范重大事故应急救援中次生突发环境事件的能力。发展政府专职消防员和志愿消防员，加强城市消防站和乡镇消防队建设。加强跨国（境）救援队伍能力建设，积极参与国际重大灾害应急救援、紧急人道主义援助。适应准现役、准军事化标准建设需要和职业风险高、牺牲奉献大的特点，完善国家综合性消防救援队伍专门保障机制，提高职业荣誉感和社会尊崇度。

（二）提升行业救援力量专业水平。

强化有关部门、地方政府和企业所属各行业领域专业救援力量建设，组建一定规模的专业应急救援队伍、大型工程抢险队伍和跨区域机动救援队伍。完善救援力量规模、布局、装备配备和基础设施等建设标准，健全指挥管理、战备训练、遂行任务等制度，加强指挥人员、技术人员、救援人员实操实训，提高队伍正规化管理和技战术水平。加强各类救援力量的资源共享、信息互通和共训共练。健全政府购买应急服务机制，建立政府、行业企业和社会各方多元化资金投入机制，加快建立应急救援队伍多渠道保障模式。加强重点国际铁路、跨国能源通道、深海油气开发等重大工程安全应急保障能力建设。

（三）加快建设航空应急救援力量。

用好现有资源，统筹长远发展，加快构建应急反应灵敏、功能结构合理、力量规模适度、各方积极参与的航空应急救援力量体系。引导和鼓励大型民航企业、航空货运企业建设一定规模的专业航空应急队伍，购置大型、重型航空飞行器，提高快速运输、综合救援、高原救援等航空应急能力。采取直接投资、购买服务等多种方式，完善航空应急场站布局，加强常态化航空力量部署，增加森林航空消防飞机（直升机）机源和数量，实现森林草原防灭火重点区域基本覆盖。完善航空应急救援空域保障机制和航空器跨区域救援协调机制。支持航空应急救援配套专业建设，加强航空应急救援专业人才培养。

（四）引导社会应急力量有序发展。

制定出台加强社会应急力量建设的意见，对队伍建设、登记管理、参与方式、保障手段、激励机制、征用补偿等作出制度性安排，对社会应急力量参与应急救援行动进行规范引导。开展社会应急力量应急理论和救援技能培训，加强与国家综合性消防救援队伍等联合演练，定期举办全国性和区域性社会应急力量技能竞赛，组织实施分级分类测评。鼓励社会应急力量深入基层社区排查风险隐患、普及应急知识、就近就便参与应急处置等。推动将社会应急力量参与防灾减灾救灾、应急处置等纳入政府购买服务和保险范围，在道路通行、后勤保障等方面提供必要支持。

七、强化灾害应对准备，凝聚同舟共济的保障合力

（一）强化应急预案准备。

完善预案管理机制。修订突发事件应急预案管理办法，完善突发事件分类与分级标准，规范预警等级和应急响应分级。加强应急预案的统一规划、衔接协调和分级分类管理，完善应急预案定期评估和动态修订机制。强化预案的刚性约束，根据突发事件类别和级别明确各方职责任务，强化上下级、同级别、军队与地方、政府与企业、相邻地区等相关预案之间的有效衔接。建设应急预案数字化管理平台，加强预案配套支撑性文件的编制和管理。

加快预案制修订。制定突发事件应急预案编制指南，加强预案制修订过程中的风险评估、情景构建和应急资源调查。修订国家突发事件总体应急预案，组织指导专项、部门、地方应急预案修订，做好重要目标、重大危险源、重大活动、重大基础设施安全保障应急预案编制工作。有针对性地编制巨灾应对预案，开展应急能力评估。

加强预案演练评估。制定突发事件应急预案评估管理办法和应急演练管理办法，完善应急预案及演练的评估程序和标准。对照预案加强队伍力量、装备物资、保障措施等检查评估，确保应急响应启动后预案规定任务措施能够迅速执行到位。加强应急预案宣传培训，制定落实应急演练计划，组织开展实战化的应急演练，鼓励形式多样、节约高效的常态化应急演练，重点加强针对重大灾害事故的应急演练，根据演练情况及时修订完善应急预案。

（二）强化应急物资准备。

优化应急物资管理。按照中央层面满足应对特别重大灾害事故的应急物资保障峰值需求、地方层面满足启动本行政区域Ⅱ级应急响应的应急物资保障需求，健全完善应急物资保障体系，建立中央和地方、政府和社会、实物和产能相结合的应急物资储备模式，加强应急物资资产管理，建立健全使用和管理情况的报告制度。建立跨部门应急物资保障联动机制，健全跨区域应急物资协同保障机制。依法完善应急处置期间政府紧急采购制度，优化流程、简化手续。完善各类应急物资政府采购需求标准，细化技术规格和参数，加强应急物资分类编码及信息化管理。完善应急物资分类、生产、储备、装卸、运输、回收、报废、补充等相关管理规范。完善应急捐赠物资管理分配机制，规范进口捐赠物资审批流程。

加强物资实物储备。完善中央、省、市、县、乡五级物资储备布局，建立健全包括重要民生商品在内的应急物资储备目录清单，合理确定储备品类、规模和结构并动态调整。建立完善应急物资更新轮换机制。扩大人口密集区域、灾害事故高风险区域和交通不便区域的应急物资储备规模，丰富储备物资品种、完善储备仓库布局，重点满足流域大洪水、超强台风以及特别重大山洪灾害应急的物资需要。支持政企共建或委托企业代建应急物资储备库。

提升物资产能保障。制定应急物资产能储备目录清单，加强生产能力动态监控，掌握重要物资企业供应链分布。实施应急产品生产能力储备工程，建设区域性应急物资生产保障基地。选择符合条件的企业纳入产能储备企业范围，建立动态更新调整机制。完善鼓励、引导重点应急物资产能储备企业扩能政策，持续完善应急物资产业链。加强对重大灾害事故物资需求的预判研判，完善应急物资储备和集中生产调度机制。

专栏3　应急物资储备布局建设重点

1. 中央生活类救灾物资：改扩建现有20个中央生活类救灾物资储备库和35个综合仓库，在交通枢纽城市、人口密集区域、易发生重特大自然灾害区域建设7个综合性国家储备基地。

2. 综合性消防救援应急物资：在北京、沈阳等地建设8个中央级库，依托消防救援总队训练与战勤保障支队建设31个省级库，在三类以上消防救援支队所在地市建设227个地市级库。

3. 森林消防应急物资：在成都、海拉尔等地建设7个中央级库，依托森林消防总队建设5个省级库，在森林消防支队所在地建设36个地市级库。

4. 地方应急物资：改扩建现有应急物资储备库，推进县级应急物资储备库建设，重点支持中西部和经济欠发达高风险地区储备库建设。

（三）强化紧急运输准备。

加强区域统筹调配，建立健全多部门联动、多方式协同、多主体参与的综合交通应急运输管理协调机制。制定运输资源调运、征用、灾后补偿等配套政策，完善调运经费结算方式。深化应急交通联动机制，落实铁路、公路、航空应急交通保障措施。依托大型骨干物流企业，统筹建立涵盖铁路、公路、水运、民航等各种运输方式的紧急运输储备力量，发挥高铁优势构建力量快速输送系统，保障重大灾害事故应急资源快速高效投送。健全社会紧急运输力量动员机制。加快建立储备充足、反应迅速、抗冲击能力强的应急物流体系。优化紧急运输设施空间布局，加快专业设施改造与功能嵌入，健全应急物流基地和配送中心建设标准。发挥不同运输方式规模、速度、覆盖优势，构建快速通达、衔接有力、功能适配、安全可靠的综合交通应急运输网络。加强交通应急抢通能力建设，进一步提高紧急运输能力。加强紧急运输绿色通道建设，完善应急物资及人员运输车辆优先通行机制。建设政企联通的紧急运输调度指挥平台，提高供需匹配效率，减少物资转运环节，提高救灾物资运输、配送、分发和使用的调度管控水平。推广运用智能机器人、无人机等高技术配送装备，推动应急物资储运设备集装单元化发展，提升应急运输调度效率。

（四）强化救助恢复准备。

健全灾害救助机制。完善自然灾害救助标准动态调整机制。加强灾后救助与其他专项救助相衔接，完善救灾资源动员机制，推广政府与社会组织、企业合作模式，支持红十字会、慈善组织等依法参与灾害救援救助工作。健全受灾群众过渡安置和救助机制，加强临时住所、水、电、道路、通信、广播电视等基础设施建设，保障受灾群众基本生活。针对儿童特点采取优先救助和康复措施，加强对孕产妇等重点群体的关爱保护。对受灾害影响造成监护缺失的未成年人实施救助保护。引导心理援助与社会工作服务参与灾害应对处置和善后工作，对受灾群众予以心理援助。

规范灾后恢复重建。健全中央统筹指导、地方作为主体、灾区群众广泛参与的重特大自然灾害灾后恢复重建机制。科学开展灾害损失评估、次生衍生灾害隐患排查及危险性评估、住房及建筑物受损鉴定和资源环境承载能力评价，完善评估标准和评估流程，科学制定灾后恢复重建规划。优先重建供电、通信、给排水、道路、桥梁、水库等基础设施，以及学校、医院、广播电视等公益性服务设施。完善灾后恢复重建的财税、金融、保险、土地、社会保障、产业扶持、蓄滞洪区补助政策，强化恢复重建政策实施监督评估。加强灾后恢复重建资金管理，引导国内外贷款、对口支援资金、社会捐赠资金等参与灾后恢复重建，积极推广以工代赈方式。

八、优化要素资源配置，增进创新驱动的发展动能

（一）破解重大瓶颈难题。

深化应用基础研究。聚焦灾害事故防控基础问题，强化多学科交叉理论研究。开展重大自然灾害科学考察与调查。整合利用中央和地方政府、企业以及其他优势科技资源，加强自主创新和"卡脖子"技术攻关。实施重大灾害事故防治、重大基础设施防灾风险评估等国家科技计划项目，制定国家重大应急关键技术攻关指南，加快主动预防型安全技术研究。

研制先进适用装备。加快研制适用于高海拔、特殊地形、原始林区等极端恶劣环境的智能化、实用化、轻量化专用救援装备。鼓励和支持先进安全技术装备在应急各专业领域的推广应用，完善《推广先进与淘汰落后安全技术装备目录》动态调整机制。着力推动一批关键技术装备的统型统配、认证认可、成果转化和示范应用。加快航天、航空、船舶、兵器等军工技术装备向应急领域转移转化。

搭建科技创新平台。以国家级实验室建设为引领，加快健全主动保障型安全技术支撑体系，完善应急管理科技配套支撑链条。整合优化应急领域相关共性技术平台，推动科技创新资源开放共享，统筹布局应急科技支撑平台，新增具备中试以上条件的灾害事故科技支撑基地10个以上。完善应急管理领域科技成果使用、处置收益制度，健全知识、技术、管理、数据等创新要素参与利益分配的激励机制，推行科技成果处置收益和股权期权激励制度。

增进国际交流合作。加强与联合国减少灾害风险办公室等国际组织的合作，推动构建国际区域减轻灾害风险网络。有序推动"一带一路"自然灾害防治和应急管理国际合作机制建设，创办国际合作部长论坛。推进中国—东盟应急管理合作。积极参与国际大科学装置、科研基地（中心）建设。

> **专栏4　关键技术与装备研发重点**
>
> 1. 基础理论：重大复合灾害事故动力学演化与防控；重大自然灾害及灾害链成因、预报预测与风险防控；极地气象灾害形成机理和演化规划；重要地震带孕震机理；高强度火灾及其衍生灾害演化；安全生产风险监测预警与事故防控；矿山深部开采与复杂耦合重大灾害防治；火灾防治与消防基础理论研究。
> 2. 应急准备：重大灾害事故过程数值模拟技术；多灾种耦合模拟仿真、预测分析与评估研判技术；重大灾害事故风险智能感知与超前识别技术；重大灾害事故定量风险评估技术；重大基础设施危险源识别共性技术；城市基础设施灾害事件链分析技术；智能无人化安全作业技术。
> 3. 监测预警：大地震孕育发生过程监测与预测预报关键技术与装备；突发性特大海啸监测预警关键技术与装备；重大气象灾害及极端天气气候事件智能化精细化监测预警技术与装备；雷击火监测预警技术；城市消防安全风险监测与预测预警技术；浓雾、路面低温结冰等其他高影响天气实时监测报警和临近预警技术；矿山瓦斯、冲击地压、水害、火灾、冒顶、片帮、边坡坍塌、尾矿库溃坝等重大灾害事故智能感知与预警预报技术与装备；油气开采平台重特大事故监测和早期溢流智能预警技术；海上溢油漂移预测技术、海上溢油量评估技术。
> 4. 处置救援：复杂环境下应急通信保障、紧急运输等技术与装备；复杂环境下破拆、智能搜救和无人救援技术与装备；极端或特殊环境下人体防护、机能增强装备；重大灾害事故现场应急医学救援关键技术与装备；易燃易爆品储运设施设备阻燃防爆新技术与装备；重大复合链生灾害应急抢险及处置救援技术与装备；火爆毒多灾耦合事故应急洗消与火灾扑救先进技术与装备；高效灭火装备与特种消防车辆；森林草原灭火专用装备、隔离带开设装备、火场个人防护装备；溃堤、溃坝、堰塞湖等重大险情应急处置技术与装备；巡坝查险、堵口抢险装备；水上大规模人命救助、大深度扫侧搜寻打捞、大吨位沉船打捞、饱和潜水、浅滩打捞、大规模溢油回收清除技术与装备；危险化学品事故快速处置技术与装备；油气长输管道救援技术与装备；隧道事故快速救援技术与装备；海上油气事故救援技术与装备；矿山重大事故应急救援技术与装备；严重核事故应急救援技术与装备；应急交通运输先进技术与装备。
> 5. 评估恢复：灾害事故精准调查评估技术；灾后快速评估与恢复重建技术；强台风及龙卷风灾损评估与恢复技术；火爆毒、垮塌及交通等事故追溯、快速评估与恢复技术；深远海井喷失控事故快速评估、处置及生产恢复技术。

（二）构建人才集聚高地。

加强专业人才培养。建立应急管理专业人才目录清单，拓展急需紧缺人才培育供给渠道，完善人才评价体系。实施应急管理科技领军人才和技术带头人培养工程。加强应急管理智库建设，探索建立应急管理专家咨询委员会和重特大突发事件首席专家制度。将应急管理纳入各类职业培训内容，强化现场实操实训。加强注册安全工程师、注册消防工程师等职业资格管理，探索工程教育专业认证与国家职业资格证书衔接机制。依托应急管理系统所属院校，按程序和标准筹建应急管理类大学，建强中国消防救援学院。鼓励各地依托现有资源建设一批应急管理专业院校和应急管理职业学院。加强应急管理学科专业体系建设，鼓励高校开设应急管理相关专业。加强综合型、复合型、创新型、应用型、技能型应急管理人才培养。实施高危行业领域从业人员安全技能提升行动，严格执行安全技能培训合格后上岗、特种作业人员持证上岗制度，积极培养企业安全生产复合型人才和岗位能手。提升应急救援人员的多言多语能力，依托高校、科研院所、医疗机构、志愿服务组织等力量建设专业化应急语言服务队伍。

加强干部队伍建设。坚持党管干部原则，坚持好干部标准，贯彻落实新时代党的组织路线，建立健全具有应急管理职业特点的"选、育、管、用"干部管理制度，树立讲担当重担当、重实干重实绩的用人导向，选优配强各级应急管理领导班子。将应急管理纳入地方党政领导干部必修内容，开发面向各级领导干部的应急管理能力培训课程。完善应急管理干部素质培养体系，建立定期培训和继续教育制度，提升应急管理系统干部政治素养和业务能力。加大专业人才招录和培养力度，提高应急管理干部队伍专业人才比例。推进应急管理系统、国家综合性消防救援队伍干部交流，加强优秀年轻干部发现培养和选拔使用。建立健全符合应急管理职业特点的待遇保障机制，完善职业荣誉激励、表彰奖励和疗休养制度。

（三）壮大安全应急产业。

优化产业结构。以市场为导向、企业为主体，深化应急管理科教产教双融合，推动安全应急产业向中高端发展。采用推荐目录、鼓励清单等形式，引导社会资源投向先进、适用、可靠的安全应急产品和服务。加快发展安全应急服务业，发展智能预警、应急救援救护等社区惠民服务，鼓励企业提供安全应急一体化综合解决方案和服务产品。

推动产业集聚。鼓励有条件的地区发展各具特色的安全应急产业集聚区，加强国家安全应急产业示范基地建设，形成区域性创新中心和成果转化中心。充分发挥国家安全应急产业示范基地作用，提升重大突发事件处置的综合保障能力，形成区域性安全应急产业链，引领国家安全应急技术装备研发、安全应急产品生产制造和安全应急服务发展。

支持企业发展。引导企业加大应急能力建设投入，支持安全应急领域有实力的企业做强做优，培育一批在国际、国内市场具有较强竞争力的安全应急产业大型企业集团，鼓励特色明显、创新能力强的中小微企业利用现有资金渠道加速发展。

> 专栏5　安全应急产品和服务发展重点
>
> 1. 高精度监测预警产品：灾害事故动态风险评估与监测预警产品、危险化学品侦检产品等。
> 2. 高可靠风险防控与安全防护产品：救援人员防护产品、重要设施防护系统、工程与建筑施工安全防护设备、防护材料等。
> 3. 新型应急指挥通信和信息感知产品：应急管理与指挥调度平台、应急通信产品、应急广播系统、灾害现场信息获取产品等。
> 4. 特种交通应急保障产品：全地形救援车辆、大跨度舟桥、大型隧道抢通产品、除冰雪产品、海上救援产品、铁路事故应急处置产品等。
> 5. 重大消防救援产品：轨道交通消防产品、机场消防产品、高层建筑消防产品、地下工程消防产品、化工灭火产品、森林草原防灭火产品、消防侦检产品、消防员职业健康产品、消防员训练产品、高性能绿色阻燃材料、环境友好灭火剂等。
> 6. 灾害事故抢险救援关键装备：人员搜索与物体定位产品、溢油和危险化学品事故救援产品、矿难事故救援产品、矿山安全避险及防护产品、特种设备应急产品、电力应急保障产品、高机动全地形应急救援装备、大流量排涝排水设备、多功能应急电源产品、便携机动救援装备、密闭空间排烟装备、生命探测装备、事故灾难医学救护关键装备等。
> 7. 智能无人应急救援装备：长航时大载荷无人机、大型固定翼航空器、无人船艇、单兵助力机器人、危险气体巡检机器人、矿井救援机器人、井下抢险作业机器人、灾后搜救水陆两栖机器人等。
> 8. 应急管理支撑服务：风险评估服务、隐患排查服务、检验检测认证服务等。
> 9. 应急专业技术服务：自然灾害防治技术服务、消防技术服务、安全生产技术服务、应急测绘技术服务、安保技术服务、应急医学服务等。
> 10. 社会化应急救援服务：航空救援服务、应急物流服务、道路救援服务、海上溢油应急处置服务、海上财产救助服务、安全教育培训服务、应急演练服务、巨灾保险等。

（四）强化信息支撑保障。

广泛吸引各方力量共同参与应急管理信息化建设，集约建设信息基础设施和信息系统。推动跨部门、跨层级、跨区域的互联互通、信息共享和业务协同。强化数字技术在灾害事故应对中的运用，全面提升监测预警和应急处置能力。加强空、天、地、海一体化应急通信网络建设，提高极端条件下应急通信保障能力。建设绿色节能型高密度数据中心，推进应急管理云计算平台建设，完善多数据中心统一调度和重要业务应急保障功能。系统推进"智慧应急"建设，建立符合大数据发展规律的应急数据治理体系，完善监督管理、监测预警、指挥救援、灾情管理、统计分析、信息发布、灾后评估和社会动员等功能。升级气象核心业务支撑高性能计算机资源池，搭建气象数据平台和大数据智能应用处理系统。推进自主可控核心技术在关键软硬件和技术装备中的规模应用，对信息系统安全防护和数据实施分级分类管理，建设新一代智能运维体系和具备纵深防御能力的信息网络安全体系。

九、推动共建共治共享，筑牢防灾减灾救灾的人民防线

（一）提升基层治理能力。

以网格化管理为切入点，完善基层应急管理组织体系，加强人员力量配备，厘清基层应急管理权责事项，落实基层政府及相关部门责任。加强和规范基层综合性应急救援队伍、微型消防站建设，推动设立社区、村应急服务站，培养发展基层应急管理信息员和安全生产社会监督员，建立完善"第一响应人"制度。指导基层组织和单位修订完善应急预案。引导乡镇（街道）、村（社区）防灾减灾基础设施建设有序发展，增强城乡社区综合服务设施应急功能。统筹防灾减灾救灾和巩固拓展脱贫攻坚成果，防止因灾致贫返贫。推动国家安全发展示范城市、全国综合减灾示范县（市、区、旗）和全国综合减灾示范社区创建工作，新增全国综合减灾示范社区3000个以上，充分发挥示范引领作用。指导生产经营单位加强应急管

理组织建设，推动监管和服务向小微企业延伸。

（二）加强安全文化建设。

深化理论研究，系统阐述新时代应急管理的丰富内涵、核心理念和重大任务，编发应急管理理论释义读本。选树、宣传英雄模范，发挥精神引领、典型示范作用。推动将安全素质教育纳入国民教育体系，把普及应急常识和自救逃生演练作为重要内容。繁荣发展安全文化事业和安全文化产业，扩大优质产品供给，拓展社会资源参与安全文化建设的渠道。推动建立公众安全科普宣教媒体绿色通道，加强基于互联网的科普宣教培训，增强科普宣教的知识性、趣味性、交互性。推动安全宣传进企业、进农村、进社区、进学校、进家庭，推进消防救援站向社会公众开放，结合防灾减灾日、安全生产月、全国消防日等节点，开展形式多样的科普宣教活动。建设面向公众的应急救护培训体系，加强"红十字博爱家园"建设，推动建立完善村（社区）、居民家庭的自救互救和邻里相助机制。推动学校、商场、地铁、火车站等人员密集场所配备急救箱和体外除颤仪。做好应急状态下的新闻宣传和舆论引导，主动回应社会关切。

（三）健全社会服务体系。

实行企业安全生产信用风险分类管理制度，建立企业安全生产信用修复机制，依法依规公布安全生产领域严重失信主体名单并实施失信联合惩戒。支持行业协会制定行约行规、自律规范和职业道德准则，建立健全职业规范和奖惩机制。鼓励行业协会、专业技术服务机构和保险机构参与风险评估、隐患排查、管理咨询、检验检测、预案编制、应急演练、教育培训等活动。推进检验检测认证机构市场化改革，支持第三方检测认证服务发展，培育新型服务市场。强化保险等市场机制在风险防范、损失补偿、恢复重建等方面的积极作用，探索建立多渠道多层次的风险分担机制，大力发展巨灾保险。鼓励企业投保安全生产责任保险，丰富应急救援人员人身安全保险品种。

十、实施重大工程项目，夯实高质量发展的安全基础

（一）管理创新能力提升工程。

1. 应急救援指挥中心建设。

建成国家应急指挥总部，完善调度指挥、会商研判、模拟推演、业务保障等设施设备及系统。按照就近调配、快速行动、有序救援的原则推进区域应急救援中心工程建设，健全完善指挥场所、综合救援、物资储备、培训演练、装备储备、航空保障场所及配套设施。建设综合应急实训演练基地，完善室内理论教学、室外实操实训、仿真模拟救援等设施设备。完善

国家应急医学研究中心工作条件。推进国家、省、市、县四级综合指挥调度平台和地方应急指挥平台示范建设，实现各级政府与行业部门、重点救援队伍互联互通、协调联动。建设重点城市群、都市圈应急救援协同调度平台。

2. 安全监管监察能力建设。

制定执法装备配备标准，配齐配强各级各行业领域安全监管监察执法队伍装备，持续改善执法工作保障条件。提升安全监管监察执法大数据应用水平。建成危险化学品、矿山、城市安全、金属冶炼、油气等重大事故防控技术支撑基地。升级优化危险化学品登记管理系统。建成矿用新装备新材料安全准入分析验证实验室和火灾事故调查分析实验室，完善设备全生命周期认证溯源管理系统。充分利用现有设施，完善监管监察执法装备测试、验证、维护、校验平台和智能化矿山安全监管监察辅助决策支撑平台，加强省级安全生产技术支撑中心实验室和分区域安全生产综合技术支撑中心实验室建设。

（二）风险防控能力提升工程。

3. 灾害事故风险区划图编制。

开展全国地震活动断层探察，编制第六代全国地震区划图。开展全国地质灾害风险普查，编制全国地质灾害风险区划图和防治区划图。开展台风、暴雨、暴雪等气象灾害和风暴潮、海啸等海洋灾害风险调查，编制不同尺度的危险性分布和风险评估分布图。开展安全生产重点行业领域专项调查。研发区域综合风险评估、自然灾害与事故灾难耦合风险评估等关键技术，编制城市公共安全风险评估、重大风险评估和情景构建等相关技术标准。建设灾害事故风险调查、典型风险与隐患排查数据库，建设全国灾害评估与区划系统。

4. 风险监测预警网络建设。

实施自然灾害监测预警信息化工程，建设国家风险监测感知与预警平台，完善地震、地质、气象、森林草原火灾、海洋、农业等自然灾害监测站网，增加重点区域自然灾害监测核心基础站点和常规观测站点密度，完善灾害风险隐患信息报送系统。建设沙尘暴灾害应急处置信息管理平台，在主要沙尘源区试点布设沙尘暴自动监测站。升级覆盖危险化学品、矿山、烟花爆竹、尾矿库、工贸及油气管道等重点企业的监测预警网络。推进城市电力、燃气、供水、排水管网和桥梁等城市生命线及地质灾害隐患点、重大危险源的城乡安全监测预警网络建设。加快完善城乡安全风险监测预警公共信息平台，整合安全生产、自然灾害、公共卫生等行业领域监测系统，汇聚物联网感知

数据、业务数据以及视频监控数据，实现城乡安全风险监测预警"一网统管"。建设基于云架构的新一代国家突发事件预警信息发布系统。稳步推进卫星遥感网建设，开发应急减灾卫星综合应用系统和自主运行管理平台，推动空基卫星遥感网在防灾减灾救灾、应急救援管理中的应用。

5. 城乡防灾基础设施建设。

实施地震易发地区学校、医院、体育馆、图书馆、养老院、儿童福利机构、未成年人救助保护机构、精神卫生福利机构、救助管理机构等公共设施和农村房屋抗震加固。推动基于城市信息模型的防洪排涝智能化管理平台建设。在重点城市群、都市圈和自然灾害多发地市及重点县区，依托现有设施建设集应急指挥、应急演练、物资储备、人员安置等功能于一体的综合性应急避难场所。加强城乡公共消防设施和城镇周边森林草原防火设施建设，开展政府专职消防队伍、地方森林草原消防队伍、企业专职消防队伍达标创建。加强农田、渔港基础设施建设和农村公路、隧道、乡镇渡口渡船隐患整治，实施公路安全生命防护工程、高速公路护栏提质改造和农村公路危桥改造。深入推进农村公路平交路口"一灯一带"示范工程。开展行业单位消防安全示范建设，实施高层建筑、大型商业综合体、城市地下轨道交通、石油化工企业、老旧居民小区等重点场所和易地扶贫搬迁安置场所消防系统改造，打通消防车通道、楼内疏散通道等"生命通道"。

6. 安全生产预防工程建设。

实施化工园区安全提质和危险化学品企业安全改造工程，以危险工艺本质安全提升与自动化改造、安全防护距离达标改造、危险源监测预警系统建设为重点，推进化工园区示范创建，建设化工园区风险评估与分级管控平台。推进城镇人口密集区危险化学品生产企业搬迁改造。开展煤矿瓦斯综合治理和水害、火灾、冲击地压等重大灾害治理。基本完成尾矿库"头顶库"安全治理及无生产经营主体尾矿库、长期停用尾矿库闭库治理。实施"工业互联网+安全生产"融合应用工程，建设行业分中心和数据支撑平台，建立安全生产数据目录。

（三）巨灾应对能力提升工程。

7. 国家综合性消防救援队伍建设。

依托国家综合性消防救援队伍，建设一批国家级特种灾害救援队、区域性机动救援队、搜救犬专业救援队，在重点化工园区、危险化学品储量大的港区所在地建设石油化工、煤化工等专业应急救援队。实施综合性消防救援装备现代化工程，补齐常规救援装备，升级单兵防护装备，加强适用于极端条件和特种类型灾害事故的单兵实时监测、远程供水、举高喷射、破拆排烟、清障挖掘等先进专业装备配备。支持区域中心城市、中西部地区和东北三省消防救援战勤装备物资建设，支持"三区三州"消防救援站配备高原抢险救援车等专用车辆装备。建设国家级综合消防救援训练基地，以及地震救援、水域救援、化工救援、森林草原防灭火、航空灭火救援、抗洪抢险等国家级专业训练基地和一批区域性驻训备勤保障基地。

8. 国家级专业应急救援队伍建设。

依托应急管理部自然灾害工程抢险机构，以及水利水电建设、建筑施工领域大型企业，在洪涝、地质灾害发生频率高的地区建设区域性应急救援工程抢险队伍。依托森工企业、地方政府森林消防骨干队伍，加强黑龙江大兴安岭、内蒙古大兴安岭、吉林长白山、云南昆明、四川西昌等重点林区区域性机械化森林消防力量建设。大力提升四川、云南、西藏、新疆等地震易发高发区区域地质地震灾害救援能力。依托中央企业、地方国有骨干企业，加强矿山排水、重点地区危险化学品、重大油气储备基地及储备库、长江中上游水上、重点铁路隧道、海上油气开采应急救援队伍建设。补充更新国家级安全生产应急救援队伍关键救援装备。加强灾害事故应急救援现场技术支撑保障力量建设。完善中国救援队和中国国际救援队基础训练、航空救援、水上搜寻、应急医学救援等训练设施，配备专业救援车辆及装备。

9. 地方综合性应急救援队伍建设。

结合区域性应急救援力量建设，依托现有安全生产、防灾减灾应急救援队伍和政府专职消防队伍，重点调整优化省级和地市级综合性应急救援力量，完善应急救援装备储运设施和体能、专业技战术、装备实操、特殊灾害环境适应性等训练设施，补充配备通用应急救援、应急通信、应急勘测、个体防护等装备，拓展地震搜救、抗洪抢险、火灾扑救等救援功能。

10. 航空应急救援队伍建设。

提升航空综合救援能力，建设具备高原救援、重载吊装、远程侦察等能力的航空应急救援和航油航材应急保障力量。完善应急救援航空调度信息系统。建设航空应急科研基地。完善一批运输、通用机场，配备航空消防、气象保障、航油储备、夜间助航、检修维修等保障设施设备。新建应急救援飞行器维修维护基地，以及集航空应急救援训练、培训、演练、保障、服务等功能于一体的综合航空应急服务基地。完善森林航空护林场站布局，改造现有航空护林场站，新建一批全功能航站和护林机场；在森林火灾重点区域，合理布设野外停机坪和直升机临时起降场、灭火取水点和野外加油站。

11. 应急物资装备保障建设。

充分利用仓储资源，依托现有中央和地方物资储备库，建设综合应急物资储备库。在交通枢纽城市、人口密集区域、易发生重特大自然灾害区域建设一批综合性国家储备基地。建设完善国家综合性消防救援队伍应急物资储备库及战勤保障站。在关键物流枢纽建设应急物资调运平台和区域配送中心，依托大型快递物流企业建设一批综合应急物资物流基地。完善国家应急资源管理平台和应急物资保障数据库，汇聚应急物资信息。

（四）综合支撑能力提升工程。

12. 科技创新驱动工程建设。

建设重大自然灾害风险综合防范、重特大生产安全事故防控、复合链生灾害事故防治、城市安全与应急、矿山重大灾害治理、防汛抗旱应急技术、应急医学救援等国家级实验室和部级实验室。建设地震科学实验场和地震动力学国家重点实验室。实施大灾巨灾情景构建工程。建设火灾防治、消防救援装备、防汛抗旱和气象灾害防治、应急救援机器人检测、无人机实战验证、应急通信和应急装备物联网、大型石油储罐火灾抢险救援、城市跨类灾害事故防控、煤矿深部开采与冲击地压防治、高瓦斯及突出煤矿灾害防治等研究基地。依托现有机构完善危险化学品安全研究支撑平台。优化自然灾害领域国家野外科学观测研究站布局。建设应急管理领域国家科技资源共享服务平台和重点灾害地区综合防灾减灾技术支撑平台。完善区域地球表层、巨灾孕育发生机理等模拟系统和国际灾害信息管理平台。

13. 应急通信和应急管理信息化建设。

构建基于天通、北斗、卫星互联网等技术的卫星通信管理系统，实现应急通信卫星资源的统一调度和综合应用。提高公众通信网整体可靠性，增强应急短波网覆盖和组网能力。实施智慧应急大数据工程，建设北京主数据中心和贵阳备份数据中心，升级应急管理云计算平台，强化应急管理应用系统开发和智能化改造，构建"智慧应急大脑"。采用5G和短波广域分集等技术，完善应急管理指挥宽带无线专用通信网。推动应急管理专用网、电子政务外网和外部互联网融合试点。建设高通量卫星应急管理专用系统，扩容扩建卫星应急管理专用综合服务系统。开展北斗系统应急管理能力示范创建。

14. 应急管理教育实训工程建设。

完善应急管理大学（筹）、中国消防救援学院和应急管理干部培训学院等院校的教学、培训、科研等设施。升级改造国家安全监管监察执法综合实训华北基地，补充油气输送管道、城市地下燃气管道、地下空间等专业领域及工贸、建筑施工等行业安全生产监管实训设施设备。改善安全监管执法人员资格考试场地条件。建设国家综合性消防救援队伍康复休整基地，完善训练伤防治、康复医疗、心理疏导、轮训休整等设备及设施。

15. 安全应急装备推广应用示范。

实施安全应急装备应用试点示范和高风险行业事故预防装备推广工程，引导高危行业重点领域企业提升安全装备水平。在危险化学品、矿山、油气输送管道、烟花爆竹、工贸等重点行业领域开展危险岗位机器人替代示范工程建设，建成一批无人少人智能化示范矿井。通过先进装备和信息化融合应用，实施智慧矿山风险防控、智慧化工园区风险防控、智慧消防、地震安全风险监测等示范工程。针对地震、滑坡、泥石流、堰塞湖、溃堤溃坝、森林火灾等重大险情，加强太阳能长航时和高原型大载荷无人机、机器人以及轻量化、智能化、高机动性装备研发及使用，加大5G、高通量卫星、船载和机载通信、无人机通信等先进技术应急通信装备的配备和应用力度。

（五）社会应急能力提升工程。

16. 基层应急管理能力建设。

实施基层应急能力提升计划，开展基层应急管理能力标准化建设，为基层应急管理工作人员配备常用应急救援装备和个体防护装备，选取条件较好的区域建设基层移动指挥中心、基层综合应急救援服务站。编制完善应急管理培训大纲、考核标准和相关教材，开展各级应急管理工作人员专业知识培训。推进应急广播系统建设，开展农村应急广播使用人员培训和信息发布演练。在交通不便或灾害事故风险等级高的乡镇开展应急物资储备点（库）建设。

17. 应急科普宣教工程建设。

实施应急科普精品工程，利用传统媒体、网站和新媒体平台等载体，面向不同社会群体开发推广应急科普教材、读物、动漫、游戏、影视剧、短视频等系列产品。建设数字防灾减灾教育资源公共服务平台、标准化应急知识科普库、公众科普宣教平台和应急虚拟体验馆。利用废弃矿山、搬迁化工企业旧址和遗留设施等，建设安全生产主题公园、体验基地；依托科技馆、城市森林公园、灾害遗址公园等设施，建设一批集灾害事故科普教育、法规政策宣传、应急体验、自救互救模拟等功能于一体的安全文化教育基地；分级建设一批应急消防科普教育基地。

十一、组织实施

（一）加强组织领导。

各地区、各有关部门要根据职责分工，结合实际制定规划涉及本地区、本部门的主要目标任务实施方案，细化措施，落实责任，加强规划实施与年度计划的衔接，明确规划各项任务的推进计划、时间节点和阶段目标。健全跨地区、跨部门规划实施协同配合机制，密切工作联系、强化统筹协调，确保规划实施有序推进，确保重大举措有效落地，确保各项目标如期实现。

（二）加强投入保障。

充分发挥重点工程项目的引导带动作用，按照事权与支出责任相适应的原则，加强资源统筹，在充分利用现有资源的基础上，完善财政和金融政策。各级财政结合财政收支情况，对规划实施予以合理保障。统筹资金使用，整合优化资源，形成政策合力。发挥政策导向作用，努力消除地区和城乡差异，引导多元化资金投入。

（三）加强监督评估。

加强规划实施监测评估，将规划任务落实情况作为对地方和有关部门工作督查考核评价的重要内容。地方政府要加强对本地区规划实施情况的监督检查。应急管理部要组织开展规划实施年度监测、中期评估和总结评估，跟踪进展情况，分析存在的问题，提出改进建议，加强督促落实，重要情况及时向国务院报告。

中共中央关于深化党和国家机构改革的决定

（2018年2月28日中国共产党第十九届中央委员会第三次全体会议通过）

为贯彻落实党的十九大关于深化机构改革的决策部署，十九届中央委员会第三次全体会议研究了深化党和国家机构改革问题，作出如下决定。

一、深化党和国家机构改革是推进国家治理体系和治理能力现代化的一场深刻变革

党和国家机构职能体系是中国特色社会主义制度的重要组成部分，是我们党治国理政的重要保障。提高党的执政能力和领导水平，广泛调动各方面积极性、主动性、创造性，有效治理国家和社会，推动党和国家事业发展，必须适应新时代中国特色社会主义发展要求，深化党和国家机构改革。

党中央历来高度重视党和国家机构建设和改革。新中国成立后，在我们党领导下，我国确立了社会主义基本制度，逐步建立起具有我国特点的党和国家机构职能体系，为我们党治国理政、推进社会主义建设发挥了重要作用。改革开放以来，适应党和国家工作中心转移、社会主义市场经济发展和各方面工作不断深入的需要，我们党积极推进党和国家机构改革，各方面机构职能不断优化、逐步规范，实现了从计划经济条件下的机构职能体系向社会主义市场经济条件下的机构职能体系的重大转变，推动了改革开放和社会主义现代化建设。

党的十八大以来，以习近平同志为核心的党中央明确提出，全面深化改革的总目标是完善和发展中国特色社会主义制度、推进国家治理体系和治理能力现代化。我们适应统筹推进"五位一体"总体布局、协调推进"四个全面"战略布局的要求，加强党的领导，坚持问题导向，突出重点领域，深化党和国家机构改革，在一些重要领域和关键环节取得重大进展，为党和国家事业取得历史性成就、发生历史性变革提供了有力保障。

当前，面对新时代新任务提出的新要求，党和国家机构设置和职能配置同统筹推进"五位一体"总体布局、协调推进"四个全面"战略布局的要求还不完全适应，同实现国家治理体系和治理能力现代化的要求还不完全适应。主要是：一些领域党的机构设置和职能配置还不够健全有力，保障党的全面领导、推进全面从严治党的体制机制有待完善；一些领域党政机构重叠、职责交叉、权责脱节问题比较突出；一些政府机构设置和职责划分不够科学，职责缺位和效能不高问题凸显，政府职能转变还不到位；一些领域中央和地方机构职能上下一般粗，权责划分不尽合理；基层机构设置和权力配置有待完善，组织群众、服务群众能力需要进一步提高；军民融合发展水平有待提高；群团组织政治性、先进性、群众性需要增强；事业单位定位不准、职能不清、效率不高等问题依然存在；一些领域权力运行制约和监督机制不够完善，滥用职权、以权谋私等问题仍然存在；机构编制科学化、规范化、法定化相对滞后，机构编制管理方式有待改进。这些问题，必须抓紧解决。

我们党要更好领导人民进行伟大斗争、建设伟大工程、推进伟大事业、实现伟大梦想，必须加快推进国家治理体系和治理能力现代化，努力形成更加成熟、更加定型的中国特色社会主义制度。这是摆在我们党面前的一项重大任务。我国发展新的历史方位，我国社会主要矛盾的变化，到二〇二〇年全面建成小

康社会，到二〇三五年基本实现社会主义现代化，到本世纪中叶全面建成社会主义现代化强国，迫切要求通过科学设置机构、合理配置职能、统筹使用编制、完善体制机制，使市场在资源配置中起决定性作用、更好发挥政府作用，更好推进党和国家各项事业发展，更好满足人民日益增长的美好生活需要，更好推动人的全面发展、社会全面进步、人民共同富裕。

总之，深化党和国家机构改革，是新时代坚持和发展中国特色社会主义的必然要求，是加强党的长期执政能力建设的必然要求，是社会主义制度自我完善和发展的必然要求，是实现"两个一百年"奋斗目标、建设社会主义现代化国家、实现中华民族伟大复兴的必然要求。全党必须统一思想、坚定信心、抓住机遇，在全面深化改革进程中，下决心解决党和国家机构职能体系中存在的障碍和弊端，更好发挥我国社会主义制度优越性。

二、深化党和国家机构改革的指导思想、目标、原则

深化党和国家机构改革，必须全面贯彻党的十九大精神，坚持以马克思列宁主义、毛泽东思想、邓小平理论、"三个代表"重要思想、科学发展观、习近平新时代中国特色社会主义思想为指导，适应新时代中国特色社会主义发展要求，坚持稳中求进工作总基调，坚持正确改革方向，坚持以人民为中心，坚持全面依法治国，以加强党的全面领导为统领，以国家治理体系和治理能力现代化为导向，以推进党和国家机构职能优化协同高效为着力点，改革机构设置，优化职能配置，深化转职能、转方式、转作风，提高效率效能，为决胜全面建成小康社会、开启全面建设社会主义现代化国家新征程、实现中华民族伟大复兴的中国梦提供有力制度保障。

深化党和国家机构改革，目标是构建系统完备、科学规范、运行高效的党和国家机构职能体系，形成总揽全局、协调各方的党的领导体系，职责明确、依法行政的政府治理体系，中国特色、世界一流的武装力量体系，联系广泛、服务群众的群团工作体系，推动人大、政府、政协、监察机关、审判机关、检察机关、人民团体、企事业单位、社会组织等在党的统一领导下协调行动、增强合力，全面提高国家治理能力和治理水平。

深化党和国家机构改革，既要立足于实现第一个百年奋斗目标，针对突出矛盾，抓重点、补短板、强弱项、防风险，从党和国家机构职能上为决胜全面建成小康社会提供保障；又要着眼于实现第二个百年奋斗目标，注重解决事关长远的体制机制问题，打基础、立支柱、定架构，为形成更加完善的中国特色社会主义制度创造有利条件。

深化党和国家机构改革，要遵循以下原则。

——坚持党的全面领导。党的全面领导是深化党和国家机构改革的根本保证。必须坚持中国特色社会主义方向，增强政治意识、大局意识、核心意识、看齐意识，坚定中国特色社会主义道路自信、理论自信、制度自信、文化自信，坚决维护以习近平同志为核心的党中央权威和集中统一领导，自觉在思想上政治上行动上同党中央保持高度一致，把加强党对一切工作的领导贯穿改革各方面和全过程，完善保证党的全面领导的制度安排，改进党的领导方式和执政方式，提高党把方向、谋大局、定政策、促改革的能力和定力。

——坚持以人民为中心。全心全意为人民服务是党的根本宗旨，实现好、维护好、发展好最广大人民根本利益是党的一切工作的出发点和落脚点。必须坚持人民主体地位，坚持立党为公、执政为民，贯彻党的群众路线，健全人民当家作主制度体系，完善为民谋利、为民办事、为民解忧、保障人民权益、倾听人民心声、接受人民监督的体制机制，为人民依法管理国家事务、管理经济文化事业、管理社会事务提供更有力的保障。

——坚持优化协同高效。优化就是要科学合理、权责一致，协同就是要有统有分、有主有次，高效就是要履职到位、流程通畅。必须坚持问题导向，聚焦发展所需、基层所盼、民心所向，优化党和国家机构设置和职能配置，坚持一类事项原则上由一个部门统筹、一件事情原则上由一个部门负责，加强相关机构配合联动，避免政出多门、责任不明、推诿扯皮，下决心破除制约改革发展的体制机制弊端，使党和国家机构设置更加科学、职能更加优化、权责更加协同、监督监管更加有力、运行更加高效。

——坚持全面依法治国。依法治国是党领导人民治理国家的基本方式。必须坚持改革和法治相统一、相促进，坚持依法治国、依法执政、依法行政共同推进，坚持法治国家、法治政府、法治社会一体建设，依法依规完善党和国家机构职能，依法履行职责，依法管理机构和编制，既发挥法治规范和保障改革的作用，在法治下推进改革，做到重大改革于法有据，又通过改革加强法治工作，做到在改革中完善和强化法治。

三、完善坚持党的全面领导的制度

党政军民学，东西南北中，党是领导一切的。加强党对各领域各方面工作领导，是深化党和国家机构改革的首要任务。要优化党的组织机构，确保党的领导全覆盖，确保党的领导更加坚强有力。

（一）建立健全党对重大工作的领导体制机制。加强党的全面领导，首先要加强党对涉及党和国家事业全局的重大工作的集中统一领导。党中央决策议事协调机构在中央政治局及其常委会领导下开展工作。优化党中央决策议事协调机构，负责重大工作的顶层设计、总体布局、统筹协调、整体推进。加强和优化党对深化改革、依法治国、经济、农业农村、纪检监察、组织、宣传思想文化、国家安全、政法、统战、民族宗教、教育、科技、网信、外交、审计等工作的领导。其他方面的议事协调机构，要同党中央决策议事协调机构的设立调整相衔接，保证党中央令行禁止和工作高效。各地区各部门党委（党组）要坚持依规治党，完善相应体制机制，提升协调能力，把党中央各项决策部署落到实处。

（二）强化党的组织在同级组织中的领导地位。理顺党的组织同其他组织的关系，更好发挥党总揽全局、协调各方作用。在国家机关、事业单位、群团组织、社会组织、企业和其他组织中设立的党委（党组），接受批准其成立的党委统一领导，定期汇报工作，确保党的方针政策和决策部署在同级组织中得到贯彻落实。加快在新型经济组织和社会组织中建立健全党的组织机构，做到党的工作进展到哪里，党的组织就覆盖到哪里。

（三）更好发挥党的职能部门作用。优化党的组织、宣传、统战、政法、机关党建、教育培训等部门职责配置，加强归口协调职能，统筹本系统本领域工作。优化设置各类党委办事机构，可以由职能部门承担的事项归由职能部门承担。优化规范设置党的派出机关，加强对相关领域、行业、系统工作的领导。按照精干高效原则设置各级党委直属事业单位。各级党委（党组）要增强抓落实能力，强化协调、督办职能。

（四）统筹设置党政机构。根据坚持党中央集中统一领导的要求，科学设定党和国家机构，准确定位、合理分工、增强合力，防止机构重叠、职能重复、工作重合。党的有关机构可以同职能相近、联系紧密的其他部门统筹设置，实行合并设立或合署办公，整合优化力量和资源，发挥综合效益。

（五）推进党的纪律检查体制和国家监察体制改革。深化党的纪律检查体制改革，推进纪检工作双重领导体制具体化、程序化、制度化，强化上级纪委对下级纪委的领导。健全党和国家监督体系，完善权力运行制约和监督机制，组建国家、省、市、县监察委员会，同党的纪律检查机关合署办公，实现党内监督和国家机关监督、党的纪律检查和国家监察有机统一，实现对所有行使公权力的公职人员监察全覆盖。完善巡视巡察工作，增强以党内监督为主、其他监督相贯通的监察合力。

四、优化政府机构设置和职能配置

转变政府职能，是深化党和国家机构改革的重要任务。要坚决破除制约使市场在资源配置中起决定性作用、更好发挥政府作用的体制机制弊端，围绕推动高质量发展，建设现代化经济体系，加强和完善政府经济调节、市场监管、社会管理、公共服务、生态环境保护职能，调整优化政府机构职能，全面提高政府效能，建设人民满意的服务型政府。

（一）合理配置宏观管理部门职能。科学设定宏观管理部门职责和权限，强化制定国家发展战略、统一规划体系的职能，更好发挥国家战略、规划导向作用。完善宏观调控体系，创新调控方式，构建发展规划、财政、金融等政策协调和工作协同机制。强化经济监测预测预警能力，综合运用大数据、云计算等技术手段，增强宏观调控前瞻性、针对性、协同性。加强和优化政府反垄断、反不正当竞争职能，打破行政性垄断，防止市场垄断，清理废除妨碍统一市场和公平竞争的各种规定和做法。加强和优化政府法治职能，推进法治政府建设。加强和优化政府财税职能，进一步理顺统一税制和分级财政的关系，夯实国家治理的重要基础。加强和优化金融管理职能，增强货币政策、宏观审慎政策、金融监管协调性，优化金融监管力量，健全金融监管体系，守住不发生系统性金融风险的底线，维护国家金融安全。加强、优化、转变政府科技管理和服务职能，完善科技创新制度和组织体系，加强知识产权保护，落实创新驱动发展战略。加强和优化政府"三农"工作职能，扎实实施乡村振兴战略。构建统一高效审计监督体系，实现全覆盖。加强和优化政府对外经济、出入境人员服务管理工作职能，推动落实互利共赢的开放战略。

（二）深入推进简政放权。减少微观管理事务和具体审批事项，最大限度减少政府对市场资源的直接配置，最大限度减少政府对市场活动的直接干预，提高资源配置效率和公平性，激发各类市场主体活力。清理和规范各类行政许可、资质资格、中介服务等管理事项，加快要素价格市场化改革，放宽服务业准入限制，优化政务服务，完善办事流程，规范行政裁量权，大幅降低制度性交易成本，鼓励更多社会主体投身创新创业。全面实施市场准入负面清单制度，保障各类市场主体机会平等、权利平等、规则平等，营造良好营商环境。

（三）完善市场监管和执法体制。改革和理顺市场监管体制，整合监管职能，加强监管协同，形成市场监管合力。深化行政执法体制改革，统筹配置行政处罚职能和执法资源，相对集中行政处罚权，整合精简执法队伍，解决多头多层重复执法问题。一个部门设有多支执法队伍的，原则上整合为一支队伍。推动整合同一领域或相近领域执法队伍，实行综合设置。减少执法层级，推动执法力量下沉。完善执法程序，严格执法责任，加强执法监督，做到严格规范公正文明执法。

（四）改革自然资源和生态环境管理体制。实行最严格的生态环境保护制度，构建政府为主导、企业为主体、社会组织和公众共同参与的环境治理体系，为生态文明建设提供制度保障。设立国有自然资源资产管理和自然生态监管机构，完善生态环境管理制度，统一行使全民所有自然资源资产所有者职责，统一行使所有国土空间用途管制和生态保护修复职责，统一行使监管城乡各类污染排放和行政执法职责。强化国土空间规划对各项规划的指导约束作用，推进"多规合一"，实现土地利用规划、城乡规划等有机融合。

（五）完善公共服务管理体制。健全公共服务体系，推进基本公共服务均等化、普惠化、便捷化，推进城乡区域基本公共服务制度统一。政府职能部门要把工作重心从单纯注重本行业本系统公共事业发展转向更多创造公平机会和公正环境，促进公共资源向基层延伸、向农村覆盖、向边远地区和生活困难群众倾斜，促进全社会受益机会和权利均等。加强和优化政府在社会保障、教育文化、法律服务、卫生健康、医疗保障等方面的职能，更好保障和改善民生。推动教育、文化、法律、卫生、体育、健康、养老等公共服务提供主体多元化、提供方式多样化。推进非基本公共服务市场化改革，引入竞争机制，扩大购买服务。加强、优化、统筹国家应急能力建设，构建统一领导、权责一致、权威高效的国家应急能力体系，提高保障生产安全、维护公共安全、防灾减灾救灾等方面能力，确保人民生命财产安全和社会稳定。

（六）强化事中事后监管。改变重审批轻监管的行政管理方式，把更多行政资源从事前审批转到加强事中事后监管上来。创新监管方式，全面推进"双随机、一公开"和"互联网+监管"，加快推进政府监管信息共享，切实提高透明度，加强对涉及人民生命财产安全领域的监管，主动服务新技术新产业新业态新模式发展，提高监管执法效能。加强信用体系建设，健全信用监管，加大信息公开力度，加快市场主体信用信息平台建设，发挥同行业和社会监督作用。

（七）提高行政效率。精干设置各级政府部门及其内设机构，科学配置权力，减少机构数量，简化中间层次，推行扁平化管理，形成自上而下的高效率组织体系。明确责任，严格绩效管理和行政问责，加强日常工作考核，建立健全奖优惩劣的制度。打破"信息孤岛"，统一明确各部门信息共享的种类、标准、范围、流程，加快推进部门政务信息联通共用。改进工作方式，提高服务水平。加强作风建设，坚决克服形式主义、官僚主义、享乐主义和奢靡之风。

五、统筹党政军群机构改革

统筹党政军群机构改革，是加强党的集中统一领导、实现机构职能优化协同高效的必然要求。要统筹设置相关机构和配置相近职能，理顺和优化党的部门、国家机关、群团组织、事业单位的职责，推进跨军地改革，增强党的领导力，提高政府执行力，激发群组织和社会组织活力，增强人民军队战斗力，使各类机构有机衔接、相互协调。

（一）完善党政机构布局。正确理解和落实党政职责分工，理顺党政机构职责关系，形成统一高效的领导体制，保证党实施集中统一领导，保证其他机构协同联动、高效运行。系统谋划和确定党政机构改革事项，统筹调配资源，减少多头管理，减少职责分散交叉，使党政机构职能分工合理、责任明确、运转协调。

（二）深化人大、政协和司法机构改革。人民代表大会制度是坚持党的领导、人民当家作主、依法治国有机统一的根本政治制度安排。要发挥人大及其常委会在立法工作中的主导作用，加强人大对预算决算、国有资产管理等的监督职能，健全人大组织制度和工作制度，完善人大专门委员会设置，更好发挥其职能作用。推进人民政协履职能力建设，加强人民政协民主监督，优化政协专门委员会设置，更好发挥其作为专门协商机构的作用。深化司法体制改革，优化司法职权配置，全面落实司法责任制，完善法官、检察官员额制，推进以审判为中心的诉讼制度改革，推进法院、检察院内设机构改革，提高司法公信力，更好维护社会公平正义，努力让人民群众在每一个司法案件中感受到公平正义。

（三）深化群团组织改革。健全党委统一领导群团工作的制度，推动群团组织增强政治性、先进性、群众性，优化机构设置，完善管理模式，创新运行机制，坚持眼睛向下、面向基层，将力量配备、服务资源向基层倾斜，更好适应基层和群众需要。促进党政机构同群团组织功能有机衔接，支持和鼓励群团组织承担适合其承担的公共职能,增强群团组织团结教育、维护权益、服务群众功能,更好发挥群团组织作为党和政府联系人民群众的桥梁和纽带作用。

(四)推进社会组织改革。按照共建共治共享要求,完善党委领导、政府负责、社会协同、公众参与、法治保障的社会治理体制。加快实施政社分开,激发社会组织活力,克服社会组织行政化倾向。适合由社会组织提供的公共服务和解决的事项,由社会组织依法提供和管理。依法加强对各类社会组织的监管,推动社会组织规范自律,实现政府治理和社会调节、居民自治良性互动。

(五)加快推进事业单位改革。党政群所属事业单位是提供公共服务的重要力量。全面推进承担行政职能的事业单位改革,理顺政事关系,实现政事分开,不再设立承担行政职能的事业单位。加大从事经营活动事业单位改革力度,推进事企分开。区分情况实施公益类事业单位改革,面向社会提供公益服务的事业单位,理顺同主管部门的关系,逐步推进管办分离,强化公益属性,破除逐利机制;主要为机关提供支持保障的事业单位,优化职能和人员结构,同机关统筹管理。全面加强事业单位党的建设,完善事业单位党的领导体制和工作机制。

(六)深化跨军地改革。按照军是军、警是警、民是民原则,深化武警部队、民兵和预备役部队跨军地改革,推进公安现役部队改革。军队办的幼儿园、企业、农场等可以交给地方办的,原则上交给地方办。完善党领导下统筹管理经济社会发展、国防建设的组织管理体系、工作运行体系和政策制度体系,深化国防科技工业体制改革,健全军地协调机制,推动军民融合深度发展,构建一体化的国家战略体系和能力。组建退役军人管理保障机构,协调各方面力量,更好为退役军人服务。

六、合理设置地方机构

统筹优化地方机构设置和职能配置,构建从中央到地方运行顺畅、充满活力、令行禁止的工作体系。科学设置中央和地方事权,理顺中央和地方职责关系,更好发挥中央和地方两个积极性,中央加强宏观事务管理,地方在保证党中央令行禁止前提下管理好本地区事务,合理设置和配置各层级机构及其职能。

(一)确保集中统一领导。地方机构设置要保证有效实施党中央方针政策和国家法律法规。省、市、县各级涉及党中央集中统一领导和国家法制统一、政令统一、市场统一的机构职能要基本对应,明确同中央对口的组织机构,确保上下贯通、执行有力。

(二)赋予省级及以下机构更多自主权。增强地方治理能力,把直接面向基层、量大面广、由地方实施更为便捷有效的经济社会管理事项下放给地方。除中央有明确规定外,允许地方因地制宜设置机构和配置职能,允许把因地制宜设置的机构并入同上级机关对口的机构,在规定限额内确定机构数量、名称、排序等。

(三)构建简约高效的基层管理体制。加强基层政权建设,夯实国家治理体系和治理能力的基础。基层政权机构设置和人力资源调配必须面向人民群众、符合基层事务特点,不简单照搬上级机关设置模式。根据工作实际需要,整合基层的审批、服务、执法等方面力量,统筹机构编制资源,整合相关职能设立综合性机构,实行扁平化和网格化管理。推动治理重心下移,尽可能把资源、服务、管理放到基层,使基层有人有权有物,保证基层事情基层办、基层权力给基层、基层事情有人办。上级机关要优化对基层的领导方式,既允许"一对多",由一个基层机构承接多个上级机构的任务;也允许"多对一",由基层不同机构向同一个上级机构请示汇报。明确政策标准和工作流程,加强督促检查,健全监督体系,规范基层管理行为,确保权力不被滥用。推进直接服务民生的公共事业部门改革,改进服务方式,最大限度方便群众。

(四)规范垂直管理体制和地方分级管理体制。理顺和明确权责关系,属于中央事权、由中央负责的事项,中央设立垂直机构实行规范管理,健全垂直管理机构和地方协作配合机制。属于中央和地方协同管理、需要地方负责的事项,实行分级管理,中央加强指导、协调、监督。

七、推进机构编制法定化

机构编制法定化是深化党和国家机构改革的重要保障。要依法管理各类组织机构,加快推进机构、职能、权限、程序、责任法定化。

(一)完善党和国家机构法规制度。加强党内法规制度建设,制定中国共产党机构编制工作条例。研究制定机构编制法。增强"三定"规定严肃性和权威性,完善党政部门机构设置、职能配置、人员编制规定。全面推行政府部门权责清单制度,实现权责清单同"三定"规定有机衔接,规范和约束履职行为,让权力在阳光下运行。

(二)强化机构编制管理刚性约束。强化党对机构编制工作的集中统一领导,统筹使用各类编制资源,加大部门间、地区间编制统筹调配力度,满足党和国家事业发展需要。根据经济社会发展和推进国家治理体系现代化需要,建立编制管理动态调整机制。加强机构编制管理评估,优化编制资源配置。加快建立机构编制管理同组织人事、财政预算管理共享的信息平台,全面推行机构编制实名制管理,充分发挥机构编制在管理全流程中的基础性作用。按照办事公开要求,及时公开机构编制有关信息,接受各方监督。严格机构编制管理权限和程序,严禁越权审批。严格执行机构限额、领导职数、编制种类和总量等规定,不得在限额外设置机构,不得超职数配备领导干部,不得擅自增加编制种类,不得突破总量增加编制。严格控制编外聘用人员,从严规范适用岗位、职责权限和各项管理制度。

(三)加大机构编制违纪违法行为查处力度。严格执行机构编制管理法律法规和党内法规,坚决查处各类违纪违法行为,严肃追责问责。坚决整治上级部门通过项目资金分配、考核督查、评比表彰等方式干预下级机构设置、职能配置和编制配备的行为。全面清理部门规章和规范性文件,废除涉及条条干预条款。完善机构编制同纪检监察机关和组织人事、审计等部门的协作联动机制,形成监督检查合力。

八、加强党对深化党和国家机构改革的领导

深化党和国家机构改革是一个系统工程。各级党委和政府要把思想和行动统一到党中央关于深化党和国家机构改革的决策部署上来,增强"四个意识",坚定"四个自信",坚决维护以习近平同志为核心的党中央权威和集中统一领导,把握好改革发展稳定关系,不折不扣抓好党中央决策部署贯彻落实。

党中央统一领导深化党和国家机构改革工作,发挥统筹协调、整体推进、督促落实作用。要增强改革的系统性、整体性、协同性,加强党政军群各方面机构改革配合,使各项改革相互促进、相得益彰,形成总体效应。实施机构改革方案需要制定或修改法律法规的,要及时启动相关程序。

各地区各部门要坚决落实党中央确定的深化党和国家机构改革任务,党委和政府要履行主体责任。涉及机构职能调整的部门要服从大局,确保机构职能等按要求及时调整到位,不允许搞变通、拖延改革。要抓紧完成转隶交接和"三定"工作,尽快进入角色、履职到位。要把深化党和国家机构改革同简政放权、放管结合、优化服务结合起来,加快转变职能,理顺职责关系。

中央和地方机构改革在工作部署、组织实施上要有机衔接、有序推进。在党中央统一部署下启动中央、省级机构改革,省以下机构改革在省级机构改革基本完成后开展。鼓励地方和基层积极探索,及时总结经验。坚持蹄疾步稳推进改革,条件成熟的加大力度突破,条件暂不具备的先行试点、渐次推进。

各地区各部门要严明纪律,机构改革方案报党中央批准后方可实施,不能擅自行动,不要一哄而起。严格执行有关规定,严禁突击提拔干部,严肃财经纪律,坚决防止国有资产流失。

各级党委和政府要强化责任担当,精心组织,狠抓落实,履行对深化党和国家机构改革的领导责任。要抓紧研究解决党和国家机构改革过程中出现的新情况新问题,加强思想政治工作,正确引导社会舆论,营造良好社会环境,确保各项工作平稳有序进行。

建立健全评估和督察机制,加强对深化党和国家机构改革落实情况的督导检查。完善相关机制,发挥好统筹、协调、督促、推动作用。新调整组建的部门要及时建立健全党组织,加强对机构改革实施的组织领导。

全党全国各族人民要紧密团结在以习近平同志为核心的党中央周围,统一思想,统一行动,锐意改革,确保完成深化党和国家机构改革的各项任务,不断构建系统完备、科学规范、运行高效的党和国家机构职能体系,为决胜全面建成小康社会、加快推进社会主义现代化、实现中华民族伟大复兴的中国梦而奋斗!

深化党和国家机构改革方案

(2018年3月中共中央印发)

在新的历史起点上深化党和国家机构改革,必须全面贯彻党的十九大精神,坚持以马克思列宁主义、毛泽东思想、邓小平理论、"三个代表"重要思想、科学发展观、习近平新时代中国特色社会主义思想为指导,牢固树立政治意识、大局意识、核心意识、看齐意识,坚决维护以习近平同志为核心的党中央权威和集中统一领导,适应新时代中国特色社会主义发展要求,坚持稳中求进工作总基调,以推进党和国家机构职能优化协同高效为着力点,改革机构设置,优化职能配置,深化转职能、转方式、转作风,提高效率效能,积极构建系统完备、科学规范、运行高效的党和国家机构职能体系,为决胜全面建成小康社会、开启全面建设社会主义现代化国家新征程、实现中华民族伟大复兴的中国梦提供有力制度保障。

一、深化党中央机构改革

1. 组建国家监察委员会

为加强党对反腐败工作的集中统一领导，实现党内监督和国家机关监督、党的纪律检查和国家监察有机统一，实现对所有行使公权力的公职人员监察全覆盖，将监察部、国家预防腐败局的职责，最高人民检察院查处贪污贿赂、失职渎职以及预防职务犯罪等反腐败相关职责整合，组建国家监察委员会，同中央纪律检查委员会合署办公，履行纪检、监察两项职责，实行一套工作机构、两个机关名称。

主要职责是，维护党的章程和其他党内法规，检查党的路线方针政策和决议执行情况，对党员领导干部行使权力进行监督，维护宪法法律，对公职人员依法履职、秉公用权、廉洁从政以及道德操守情况进行监督检查，对涉嫌职务违法和职务犯罪的行为进行调查并作出政务处分决定，对履行职责不力、失职失责的领导人员进行问责，负责组织协调党风廉政建设和反腐败宣传等。

国家监察委员会由全国人民代表大会产生，接受全国人民代表大会及其常务委员会的监督。

不再保留监察部、国家预防腐败局。

2. 组建中央全面依法治国委员会

全面依法治国是中国特色社会主义的本质要求和重要保障。为加强党中央对法治中国建设的集中统一领导，健全党领导全面依法治国的制度和工作机制，更好落实全面依法治国基本方略，组建中央全面依法治国委员会，负责全面依法治国的顶层设计、总体布局、统筹协调、整体推进、督促落实，作为党中央决策议事协调机构。

主要职责是，统筹协调全面依法治国工作，坚持依法治国、依法执政、依法行政共同推进，坚持法治国家、法治政府、法治社会一体建设，研究全面依法治国重大事项、重大问题，统筹推进科学立法、严格执法、公正司法、全民守法，协调推进中国特色社会主义法治体系和社会主义法治国家建设等。

中央全面依法治国委员会办公室设在司法部。

3. 组建中央审计委员会

为加强党中央对审计工作的领导，构建集中统一、全面覆盖、权威高效的审计监督体系，更好发挥审计监督作用，组建中央审计委员会，作为党中央决策议事协调机构。

主要职责是，研究提出并组织实施在审计领域坚持党的领导、加强党的建设方针政策，审议审计监督重大政策和改革方案，审议年度中央预算执行和其他财政支出情况审计报告，审议决策审计监督其他重大事项等。

中央审计委员会办公室设在审计署。

4. 中央全面深化改革领导小组、中央网络安全和信息化领导小组、中央财经领导小组、中央外事工作领导小组改为委员会

为加强党中央对涉及党和国家事业全局的重大工作的集中统一领导，强化决策和统筹协调职责，将中央全面深化改革领导小组、中央网络安全和信息化领导小组、中央财经领导小组、中央外事工作领导小组分别改为中央全面深化改革委员会、中央网络安全和信息化委员会、中央财经委员会、中央外事工作委员会，负责相关领域重大工作的顶层设计、总体布局、统筹协调、整体推进、督促落实。

4个委员会的办事机构分别为中央全面深化改革委员会办公室、中央网络安全和信息化委员会办公室、中央财经委员会办公室、中央外事工作委员会办公室。

5. 组建中央教育工作领导小组

为加强党中央对教育工作的集中统一领导，全面贯彻党的教育方针，加强教育领域党的建设，做好学校思想政治工作，落实立德树人根本任务，深化教育改革，加快教育现代化，办好人民满意的教育，组建中央教育工作领导小组，作为党中央决策议事协调机构。

主要职责是，研究提出并组织实施在教育领域坚持党的领导、加强党的建设方针政策，研究部署教育领域思想政治、意识形态工作，审议国家教育发展战略、中长期规划、教育重大政策和体制改革方案，协调解决教育工作重大问题等。

中央教育工作领导小组秘书组设在教育部。

6. 组建中央和国家机关工作委员会

为加强中央和国家机关党的建设，落实全面从严治党要求，深入推进党的建设新的伟大工程，统一部署中央和国家机关党建工作，整合资源、形成合力，将中央直属机关工作委员会和中央国家机关工作委员会的职责整合，组建中央和国家机关工作委员会，作为党中央派出机构。

主要职责是，统一组织、规划、部署中央和国家机关党的工作，指导中央和国家机关党的政治建设、思想建设、组织建设、作风建设、纪律建设，指导中央和国家机关各级党组织实施对党员特别是党员领导干部的监督和管理，领导中央和国家机关各部门机关党的纪律检查工作，归口指导行业协会商会党建工作等。

不再保留中央直属机关工作委员会、中央国家机

关工作委员会。

7. 组建新的中央党校（国家行政学院）

党校是我们党教育培训党员领导干部的主渠道。为全面加强党对干部培训工作的集中统一领导，统筹谋划干部培训工作，统筹部署重大理论研究，统筹指导全国各级党校（行政学院）工作，将中央党校和国家行政学院的职责整合，组建新的中央党校（国家行政学院），实行一个机构两块牌子，作为党中央直属事业单位。

主要职责是，承担全国高中级领导干部和中青年后备干部培训，开展重大理论问题和现实问题研究，研究宣传习近平新时代中国特色社会主义思想，承担党中央决策咨询服务，培养马克思主义理论骨干，对全国各级党校（行政学院）进行业务指导等。

8. 组建中央党史和文献研究院

党史和文献工作是党的事业的重要组成部分，在党和国家工作大局中具有不可替代的重要地位和作用。为加强党的历史和理论研究，统筹党史研究、文献编辑和著作编译资源力量，构建党的理论研究综合体系，促进党的理论研究和党的实践研究相结合，打造党的历史和理论研究高端平台，将中央党史研究室、中央文献研究室、中央编译局的职责整合，组建中央党史和文献研究院，作为党中央直属事业单位。中央党史和文献研究院对外保留中央编译局牌子。

主要职责是，研究马克思主义基本理论、马克思主义中国化及其主要代表人物，研究习近平新时代中国特色社会主义思想，研究中国共产党历史，编辑编译马克思主义经典作家重要文献、党和国家重要文献、主要领导人著作，征集整理重要党史文献资料等。

不再保留中央党史研究室、中央文献研究室、中央编译局。

9. 中央组织部统一管理中央机构编制委员会办公室

为加强党对机构编制和机构改革的集中统一领导，理顺机构编制管理和干部管理的体制机制，调整优化中央机构编制委员会领导体制，作为党中央决策议事协调机构，统筹负责党和国家机构职能编制工作。

中央机构编制委员会办公室作为中央机构编制委员会的办事机构，承担中央机构编制委员会日常工作，归口中央组织部管理。

10. 中央组织部统一管理公务员工作

为更好落实党管干部原则，加强党对公务员队伍的集中统一领导，更好统筹干部管理，建立健全统一规范高效的公务员管理体制，将国家公务员局并入中央组织部。中央组织部对外保留国家公务员局牌子。

调整后，中央组织部在公务员管理方面的主要职责是，统一管理公务员录用调配、考核奖惩、培训和工资福利等事务，研究拟订公务员管理政策和法律法规草案并组织实施，指导全国公务员队伍建设和绩效管理，负责国家公务员管理国际交流合作等。

不再保留单设的国家公务员局。

11. 中央宣传部统一管理新闻出版工作

为加强党对新闻舆论工作的集中统一领导，加强对出版活动的管理，发展和繁荣中国特色社会主义出版事业，将国家新闻出版广电总局的新闻出版管理职责划入中央宣传部。中央宣传部对外加挂国家新闻出版署（国家版权局）牌子。

调整后，中央宣传部关于新闻出版管理方面的主要职责是，贯彻落实党的宣传工作方针，拟订新闻出版业的管理政策并督促落实，管理新闻出版行政事务，统筹规划和指导协调新闻出版事业、产业发展，监督管理出版物内容和质量，监督管理印刷业，管理著作权，管理出版物进口等。

12. 中央宣传部统一管理电影工作

为更好发挥电影在宣传思想和文化娱乐方面的特殊重要作用，发展和繁荣电影事业，将国家新闻出版广电总局的电影管理职责划入中央宣传部。中央宣传部对外加挂国家电影局牌子。

调整后，中央宣传部关于电影管理方面的主要职责是，管理电影行政事务，指导监管电影制片、发行、放映工作，组织对电影内容进行审查，指导协调全国性重大电影活动，承担对外合作制片、输入输出影片的国际合作交流等。

13. 中央统战部统一领导国家民族事务委员会

为加强党对民族工作的集中统一领导，将民族工作放在统战工作大局下统一部署、统筹协调、形成合力，更好贯彻落实党的民族工作方针，更好协调处理民族工作中的重大事项，将国家民族事务委员会归口中央统战部领导。国家民族事务委员会仍作为国务院组成部门。

调整后，中央统战部在民族工作方面的主要职责是，贯彻落实党的民族工作方针，研究拟订民族工作的政策和重大措施，协调处理民族工作中的重大问题，根据分工做好少数民族干部工作，领导国家民族事务委员会依法管理民族事务，全面促进民族事业发展等。

14. 中央统战部统一管理宗教工作

为加强党对宗教工作的集中统一领导，全面贯彻党的宗教工作基本方针，坚持我国宗教的中国化方向，统筹统战和宗教等资源力量，积极引导宗教与社会主义社会相适应，将国家宗教事务局并入中央统战部。中央统战部对外保留国家宗教事务局牌子。

调整后，中央统战部在宗教事务管理方面的主要职责是，贯彻落实党的宗教工作基本方针和政策，研究拟订宗教工作的政策措施并督促落实，统筹协调宗教工作，依法管理宗教行政事务，保护公民宗教信仰自由和正常的宗教活动，巩固和发展同宗教界的爱国统一战线等。

不再保留单设的国家宗教事务局。

15. 中央统战部统一管理侨务工作

为加强党对海外统战工作的集中统一领导，更加广泛地团结联系海外侨胞和归侨侨眷，更好发挥群众团体作用，将国务院侨务办公室并入中央统战部。中央统战部对外保留国务院侨务办公室牌子。

调整后，中央统战部在侨务方面的主要职责是，统一领导海外统战工作，管理侨务行政事务，负责拟订侨务工作政策和规划，调查研究国内外侨情和侨务工作情况，统筹协调有关部门和社会团体涉侨工作，联系香港、澳门和海外有关社团及代表人士，指导推动涉侨宣传、文化交流和华文教育工作等。

国务院侨务办公室海外华人华侨社团联谊等职责划归中国侨联行使，发挥中国侨联作为党和政府联系广大归侨侨眷和海外侨胞的桥梁纽带作用。

不再保留单设的国务院侨务办公室。

16. 优化中央网络安全和信息化委员会办公室职责

为维护国家网络空间安全和利益，将国家计算机网络与信息安全管理中心由工业和信息化部管理调整为由中央网络安全和信息化委员会办公室管理。

工业和信息化部仍负责协调电信网、互联网、专用通信网的建设，组织、指导通信行业技术创新和技术进步，对国家计算机网络与信息安全管理中心基础设施建设、技术创新提供保障，在各省（自治区、直辖市）设置的通信管理局管理体制、主要职责、人员编制维持不变。

17. 不再设立中央维护海洋权益工作领导小组

为坚决维护国家主权和海洋权益，更好统筹外交外事与涉海部门的资源和力量，将维护海洋权益工作纳入中央外事工作全局中统一谋划、统一部署，不再设立中央维护海洋权益工作领导小组，有关职责交由中央外事工作委员会及其办公室承担，在中央外事工作委员会办公室内设维护海洋权益工作办公室。

调整后，中央外事工作委员会及其办公室在维护海洋权益方面的主要职责是，组织协调和指导督促各有关方面落实党中央关于维护海洋权益的决策部署，收集汇总和分析研判涉及国家海洋权益的情报信息，协调应对紧急突发事态，组织研究维护海洋权益重大问题并提出对策建议等。

18. 不再设立中央社会治安综合治理委员会及其办公室

为加强党对政法工作和社会治安综合治理等工作的统筹协调，加快社会治安防控体系建设，不再设立中央社会治安综合治理委员会及其办公室，有关职责交由中央政法委员会承担。

调整后，中央政法委员会在社会治安综合治理方面的主要职责是，负责组织协调、推动和督促各地区各有关部门开展社会治安综合治理工作，汇总掌握社会治安综合治理动态，协调处置重大突发事件，研究社会治安综合治理有关重大问题，提出社会治安综合治理工作对策建议等。

19. 不再设立中央维护稳定工作领导小组及其办公室

为加强党对政法工作的集中统一领导，更好统筹协调政法机关资源力量，强化维稳工作的系统性，推进平安中国建设，不再设立中央维护稳定工作领导小组及其办公室，有关职责交由中央政法委员会承担。

调整后，中央政法委员会在维护社会稳定方面的主要职责是，统筹协调政法机关等部门处理影响社会稳定的重大事项，协调应对和处置重大突发事件，了解掌握和分析研判影响社会稳定的情况动态，预防、化解影响稳定的社会矛盾和风险等。

20. 将中央防范和处理邪教问题领导小组及其办公室职责划归中央政法委员会、公安部

为更好统筹协调执政安全和社会稳定工作，建立健全党委和政府领导、部门分工负责、社会协同参与的防范治理邪教工作机制，发挥政法部门职能作用，提高组织、协调、执行能力，形成工作合力和常态化工作机制，将防范和处理邪教工作职责交由中央政法委员会、公安部承担。

调整后，中央政法委员会在防范和处理邪教工作方面的主要职责是，协调指导各相关部门做好反邪教工作，分析研判有关情况信息并向党中央提出政策建议，协调处置重大突发性事件等。公安部在防范和处理邪教工作方面的主要职责是，收集邪教组织影响社会稳定、危害社会治安的情况并进行分析研判，依法打击邪教组织的违法犯罪活动等。

二、深化全国人大机构改革

21. 组建全国人大社会建设委员会

为适应统筹推进"五位一体"总体布局需要,加强社会建设,创新社会管理,更好保障和改善民生,推进社会领域法律制度建设,整合全国人大内务司法委员会、财政经济委员会、教育科学文化卫生委员会的相关职责,组建全国人大社会建设委员会,作为全国人大专门委员会。

主要职责是,研究、拟订、审议劳动就业、社会保障、民政事务、群团组织、安全生产等方面的有关议案、法律草案,开展有关调查研究,开展有关执法检查等。

22. 全国人大内务司法委员会更名为全国人大监察和司法委员会

为健全党和国家监督体系,适应国家监察体制改革需要,促进国家监察工作顺利开展,将全国人大内务司法委员会更名为全国人大监察和司法委员会。

全国人大监察和司法委员会在原有工作职责基础上,增加配合深化国家监察体制改革、完善国家监察制度体系、推动实现党内监督和国家机关监督有机统一方面的职责。

23. 全国人大法律委员会更名为全国人大宪法和法律委员会

为弘扬宪法精神,增强宪法意识,维护宪法权威,加强宪法实施和监督,推进合宪性审查工作,将全国人大法律委员会更名为全国人大宪法和法律委员会。

全国人大宪法和法律委员会在继续承担统一审议法律草案工作的基础上,增加推动宪法实施、开展宪法解释、推进合宪性审查、加强宪法监督、配合宪法宣传等职责。

三、深化国务院机构改革

24. 组建自然资源部

建设生态文明是中华民族永续发展的千年大计。必须树立和践行绿水青山就是金山银山的理念,统筹山水林田湖草系统治理。为统一行使全民所有自然资源资产所有者职责,统一行使所有国土空间用途管制和生态保护修复职责,着力解决自然资源所有者不到位、空间规划重叠等问题,将国土资源部的职责,国家发展和改革委员会的组织编制主体功能区规划职责,住房和城乡建设部的城乡规划管理职责,水利部的水资源调查和确权登记管理职责,农业部的草原资源调查和确权登记管理职责,国家林业局的森林、湿地等资源调查和确权登记管理职责,国家海洋局的职责,国家测绘地理信息局的职责整合,组建自然资源部,作为国务院组成部门。自然资源部对外保留国家海洋局牌子。

主要职责是,对自然资源开发利用和保护进行监管,建立空间规划体系并监督实施,履行全民所有各类自然资源资产所有者职责,统一调查和确权登记,建立自然资源有偿使用制度,负责测绘和地质勘查行业管理等。

不再保留国土资源部、国家海洋局、国家测绘地理信息局。

25. 组建生态环境部

保护环境是我国的基本国策,要像对待生命一样对待生态环境,实行最严格的生态环境保护制度,形成绿色发展方式和生活方式,着力解决突出环境问题。为整合分散的生态环境保护职责,统一行使生态和城乡各类污染排放监管与行政执法职责,加强环境污染治理,保障国家生态安全,建设美丽中国,将环境保护部的职责,国家发展和改革委员会的应对气候变化和减排职责,国土资源部的监督防止地下水污染职责,水利部的编制水功能区划、排污口设置管理、流域水环境保护职责,农业部的监督指导农业面源污染治理职责,国家海洋局的海洋环境保护职责,国务院南水北调工程建设委员会办公室的南水北调工程项目区环境保护职责整合,组建生态环境部,作为国务院组成部门。生态环境部对外保留国家核安全局牌子。

主要职责是,拟订并组织实施生态环境政策、规划和标准,统一负责生态环境监测和执法工作,监督管理污染防治、核与辐射安全,组织开展中央环境保护督察等。

不再保留环境保护部。

26. 组建农业农村部

农业农村农民问题是关系国计民生的根本性问题,必须始终把解决好"三农"问题作为全党工作重中之重。为加强党对"三农"工作的集中统一领导,坚持农业农村优先发展,统筹实施乡村振兴战略,推动农业全面升级、农村全面进步、农民全面发展,加快实现农业农村现代化,将中央农村工作领导小组办公室的职责,农业部的职责,以及国家发展和改革委员会的农业投资项目、财政部的农业综合开发项目、国土资源部的农田整治项目、水利部的农田水利建设项目等管理职责整合,组建农业农村部,作为国务院组成部门。中央农村工作领导小组办公室设在农业农村部。

主要职责是,统筹研究和组织实施"三农"工作战略、规划和政策,监督管理种植业、畜牧业、渔业、农垦、农业机械化、农产品质量安全，负责农业投资管理等。

将农业部的渔船检验和监督管理职责划入交通运输部。

不再保留农业部。

27. 组建文化和旅游部

满足人民过上美好生活新期待，必须提供丰富的精神食粮。为增强和彰显文化自信，坚持中国特色社会主义文化发展道路，统筹文化事业、文化产业发展和旅游资源开发，提高国家文化软实力和中华文化影响力，将文化部、国家旅游局的职责整合，组建文化和旅游部，作为国务院组成部门。

主要职责是，贯彻落实党的文化工作方针政策，研究拟订文化和旅游工作政策措施，统筹规划文化事业、文化产业、旅游业发展，深入实施文化惠民工程，组织实施文化资源普查、挖掘和保护工作，维护各类文化市场包括旅游市场秩序，加强对外文化交流，推动中华文化走出去等。

不再保留文化部、国家旅游局。

28. 组建国家卫生健康委员会

人民健康是民族昌盛和国家富强的重要标志。为推动实施健康中国战略，树立大卫生、大健康理念，把以治病为中心转变到以人民健康为中心，预防控制重大疾病，积极应对人口老龄化，加快老龄事业和产业发展，为人民群众提供全方位全周期健康服务，将国家卫生和计划生育委员会、国务院深化医药卫生体制改革领导小组办公室、全国老龄工作委员会办公室的职责，工业和信息化部的牵头《烟草控制框架公约》履约工作职责，国家安全生产监督管理总局的职业安全健康监督管理职责整合，组建国家卫生健康委员会，作为国务院组成部门。

主要职责是，拟订国民健康政策，协调推进深化医药卫生体制改革，组织制定国家基本药物制度，监督管理公共卫生、医疗服务和卫生应急，负责计划生育管理和服务工作，拟订应对人口老龄化、医养结合政策措施等。

保留全国老龄工作委员会，日常工作由国家卫生健康委员会承担。民政部代管的中国老龄协会改由国家卫生健康委员会代管。国家中医药管理局由国家卫生健康委员会管理。

不再保留国家卫生和计划生育委员会。不再设立国务院深化医药卫生体制改革领导小组办公室。

29. 组建退役军人事务部

为维护军人军属合法权益，加强退役军人服务保障体系建设，建立健全集中统一、职责清晰的退役军人管理保障体制，让军人成为全社会尊崇的职业，将民政部的退役军人优抚安置职责，人力资源和社会保障部的军官转业安置职责，以及中央军委政治工作部、后勤保障部有关职责整合，组建退役军人事务部，作为国务院组成部门。

主要职责是，拟订退役军人思想政治、管理保障等工作政策法规并组织实施，褒扬彰显退役军人为党、国家和人民牺牲奉献的精神风范和价值导向，负责军队转业干部、复员干部、退休干部、退役士兵的移交安置工作和自主择业退役军人服务管理、待遇保障工作，组织开展退役军人教育培训、优待抚恤等，指导全国拥军优属工作，负责烈士及退役军人荣誉奖励、军人公墓维护以及纪念活动等。

30. 组建应急管理部

提高国家应急管理能力和水平，提高防灾减灾救灾能力，确保人民群众生命财产安全和社会稳定，是我们党治国理政的一项重大任务。为防范化解重特大安全风险，健全公共安全体系，整合优化应急力量和资源，推动形成统一指挥、专常兼备、反应灵敏、上下联动、平战结合的中国特色应急管理体制，将国家安全生产监督管理总局的职责，国务院办公厅的应急管理职责，公安部的消防管理职责，民政部的救灾职责，国土资源部的地质灾害防治、水利部的水旱灾害防治、农业部的草原防火、国家林业局的森林防火相关职责，中国地震局的震灾应急救援职责以及国家防汛抗旱总指挥部、国家减灾委员会、国务院抗震救灾指挥部、国家森林防火指挥部的职责整合，组建应急管理部，作为国务院组成部门。

主要职责是，组织编制国家应急总体预案和规划，指导各地区各部门应对突发事件工作，推动应急预案体系建设和预案演练。建立灾情报告系统并统一发布灾情，统筹应急力量建设和物资储备并在救灾时统一调度，组织灾害救助体系建设，指导安全生产类、自然灾害类应急救援，承担国家应对特别重大灾害指挥部工作。指导火灾、水旱灾害、地质灾害等防治。负责安全生产综合监督管理和工矿商贸行业安全生产监督管理等。公安消防部队、武警森林部队转制后，与安全生产等应急救援队伍一并作为综合性常备应急骨干力量，由应急管理部管理，实行专门管理和政策保障，采取符合其自身特点的职务职级序列和管理办法，提高职业荣誉感，保持有生力量和战斗力。应急管理部要处理好防灾和救灾的关系，明确与相关部门和地方各自职责分工，建立协调配合机制。

中国地震局、国家煤矿安全监察局由应急管理部管理。

不再保留国家安全生产监督管理总局。

31. 重新组建科学技术部

创新是引领发展的第一动力，是建设现代化经济体系的战略支撑。为更好实施科教兴国战略、人才强国战略、创新驱动发展战略，加强国家创新体系建设，优化配置科技资源，推动建设高端科技创新人才队伍，健全技术创新激励机制，加快建设创新型国家，将科学技术部、国家外国专家局的职责整合，重新组建科学技术部，作为国务院组成部门。科学技术部对外保留国家外国专家局牌子。

主要职责是，拟订国家创新驱动发展战略方针以及科技发展、基础研究规划和政策并组织实施，统筹推进国家创新体系建设和科技体制改革，组织协调国家重大基础研究和应用基础研究，编制国家重大科技项目规划并监督实施，牵头建立统一的国家科技管理平台和科研项目资金协调、评估、监管机制，负责引进国外智力工作等。

国家自然科学基金委员会改由科学技术部管理。

不再保留单设的国家外国专家局。

32. 重新组建司法部

全面依法治国是国家治理的一场深刻革命，必须在党的领导下，遵循法治规律，创新体制机制，全面深化依法治国实践。为贯彻落实全面依法治国基本方略，加强党对法治政府建设的集中统一领导，统筹行政立法、行政执法、法律事务管理和普法宣传，推动政府工作纳入法治轨道，将司法部和国务院法制办公室的职责整合，重新组建司法部，作为国务院组成部门。

主要职责是，负责有关法律和行政法规草案起草，负责立法协调和备案审查、解释，综合协调行政执法，指导行政复议应诉，负责普法宣传，负责监狱、戒毒、社区矫正管理，负责律师公证和司法鉴定仲裁管理，承担国家司法协助等。

不再保留国务院法制办公室。

33. 优化审计署职责

改革审计管理体制，保障依法独立行使审计监督权，是健全党和国家监督体系的重要内容。为整合审计监督力量，减少职责交叉分散，避免重复检查和监督盲区，增强监督效能，将国家发展和改革委员会的重大项目稽察、财政部的中央预算执行情况和其他财政收支情况的监督检查、国务院国有资产监督管理委员会的国有企业领导干部经济责任审计和国有重点大型企业监事会的职责划入审计署，相应对派出审计监督力量进行整合优化，构建统一高效审计监督体系。

不再设立国有重点大型企业监事会。

34. 组建国家市场监督管理总局

改革市场监管体系，实行统一的市场监管，是建立统一开放竞争有序的现代市场体系的关键环节。为完善市场监管体制，推动实施质量强国战略，营造诚实守信、公平竞争的市场环境，进一步推进市场监管综合执法、加强产品质量安全监管，让人民群众买得放心、用得放心、吃得放心，将国家工商行政管理总局的职责，国家质量监督检验检疫总局的职责，国家食品药品监督管理总局的职责，国家发展和改革委员会的价格监督检查与反垄断执法职责，商务部的经营者集中反垄断执法以及国务院反垄断委员会办公室等职责整合，组建国家市场监督管理总局，作为国务院直属机构。

主要职责是，负责市场综合监督管理，统一登记市场主体并建立信息公示和共享机制，组织市场监管综合执法工作，承担反垄断统一执法，规范和维护市场秩序，组织实施质量强国战略，负责工业产品质量安全、食品安全、特种设备安全监管，统一管理计量标准、检验检测、认证认可工作等。

组建国家药品监督管理局，由国家市场监督管理总局管理，主要职责是负责药品、化妆品、医疗器械的注册并实施监督管理。

将国家质量监督检验检疫总局的出入境检验检疫管理职责和队伍划入海关总署。

保留国务院食品安全委员会、国务院反垄断委员会，具体工作由国家市场监督管理总局承担。

国家认证认可监督管理委员会、国家标准化管理委员会职责划入国家市场监督管理总局，对外保留牌子。

不再保留国家工商行政管理总局、国家质量监督检验检疫总局、国家食品药品监督管理总局。

35. 组建国家广播电视总局

为加强党对新闻舆论工作的集中统一领导，加强对重要宣传阵地的管理，牢牢掌握意识形态工作领导权，充分发挥广播电视媒体作为党的喉舌作用，在国家新闻出版广电总局广播电视管理职责的基础上组建国家广播电视总局，作为国务院直属机构。

主要职责是，贯彻党的宣传方针政策，拟订广播电视管理的政策措施并督促落实，统筹规划和指导协调广播电视事业、产业发展，推进广播电视领域的体制机制改革，监督管理、审查广播电视与网络视听节目内容和质量，负责广播电视节目的进口、收录和管理，协调推动广播电视领域走出去工作等。

不再保留国家新闻出版广电总局。

36. 组建中央广播电视总台

坚持正确舆论导向，高度重视传播手段建设和创新，提高新闻舆论传播力、引导力、影响力、公信力，是牢牢掌握意识形态工作领导权的重要抓手。为加强党对重要舆论阵地的集中建设和管理，增强广播电视媒体整体实力和竞争力，推动广播电视媒体、新兴媒体融合发展，加快国际传播能力建设，整合中央电视台（中国国际电视台）、中央人民广播电台、中国国际广播电台，组建中央广播电视总台，作为国务院直属事业单位，归口中央宣传部领导。

主要职责是，宣传党的理论和路线方针政策，统筹组织重大宣传报道，组织广播电视创作生产，制作和播出广播电视精品，引导社会热点，加强和改进舆论监督，推动多媒体融合发展，加强国际传播能力建设，讲好中国故事等。

撤销中央电视台（中国国际电视台）、中央人民广播电台、中国国际广播电台建制。对内保留原呼号，对外统一呼号为"中国之声"。

37. 组建中国银行保险监督管理委员会

金融是现代经济的核心，必须高度重视防控金融风险、保障国家金融安全。为深化金融监管体制改革，解决现行体制存在的监管职责不清晰、交叉监管和监管空白等问题，强化综合监管，优化监管资源配置，更好统筹系统重要性金融机构监管，逐步建立符合现代金融特点、统筹协调监管、有力有效的现代金融监管框架，守住不发生系统性金融风险的底线，将中国银行业监督管理委员会和中国保险监督管理委员会的职责整合，组建中国银行保险监督管理委员会，作为国务院直属事业单位。

主要职责是，依照法律法规统一监督管理银行业和保险业，保护金融消费者合法权益，维护银行业和保险业合法、稳健运行，防范和化解金融风险，维护金融稳定等。

将中国银行业监督管理委员会和中国保险监督管理委员会拟订银行业、保险业重要法律法规草案和审慎监管基本制度的职责划入中国人民银行。

不再保留中国银行业监督管理委员会、中国保险监督管理委员会。

38. 组建国家国际发展合作署

为充分发挥对外援助作为大国外交的重要手段作用，加强对外援助的战略谋划和统筹协调，推动援外工作统一管理，改革优化援外方式，更好服务国家外交总体布局和共建"一带一路"等，将商务部对外援助工作有关职责、外交部对外援助协调等职责整合，组建国家国际发展合作署，作为国务院直属机构。

主要职责是，拟订对外援助战略方针、规划、政策，统筹协调援外重大问题并提出建议，推进援外方式改革，编制对外援助方案和计划，确定对外援助项目并监督评估实施情况等。对外援助的具体执行工作仍由相关部门按分工承担。

39. 组建国家医疗保障局

医疗保险制度对于保障人民群众就医需求、减轻医药费用负担、提高健康水平有着重要作用。为完善统一的城乡居民基本医疗保险制度和大病保险制度，不断提高医疗保障水平，确保医保资金合理使用、安全可控，推进医疗、医保、医药"三医联动"改革，更好保障病有所医，将人力资源和社会保障部的城镇职工和城镇居民基本医疗保险、生育保险职责，国家卫生和计划生育委员会的新型农村合作医疗职责，国家发展和改革委员会的药品和医疗服务价格管理职责，民政部的医疗救助职责整合，组建国家医疗保障局，作为国务院直属机构。

主要职责是，拟订医疗保险、生育保险、医疗救助等医疗保障制度的政策、规划、标准并组织实施，监督管理相关医疗保障基金，完善国家异地就医管理和费用结算平台，组织制定和调整药品、医疗服务价格和收费标准，制定药品和医用耗材的招标采购政策并监督实施，监督管理纳入医保支出范围内的医疗服务行为和医疗费用等。

40. 组建国家粮食和物资储备局

为加强国家储备的统筹规划，构建统一的国家物资储备体系，强化中央储备粮棉的监督管理，提升国家储备应对突发事件的能力，将国家粮食局的职责，国家发展和改革委员会的组织实施国家战略物资收储、轮换和管理，管理国家粮食、棉花和食糖储备等职责，以及民政部、商务部、国家能源局等部门的组织实施国家战略和应急储备物资收储、轮换和日常管理职责整合，组建国家粮食和物资储备局，由国家发展和改革委员会管理。

主要职责是，根据国家储备总体发展规划和品种目录，组织实施国家战略和应急储备物资的收储、轮换、管理，统一负责储备基础设施的建设与管理，对管理的政府储备、企业储备以及储备政策落实情况进行监督检查，负责粮食流通行业管理和中央储备粮棉行政管理等。

不再保留国家粮食局。

41. 组建国家移民管理局

随着我国综合国力进一步提升，来华工作生活的外国人不断增加，对做好移民管理服务提出新要求。为加强对移民及出入境管理的统筹协调，更好形成移民管理工作合力，将公安部的出入境管理、边防检查职责整合，建立健全签证管理协调机制，组建国家移民管理局，加挂中华人民共和国出入境管理局牌子，由公安部管理。

主要职责是，协调拟订移民政策并组织实施，负责出入境管理、口岸证件查验和边民往来管理，负责外国人停留居留和永久居留管理、难民管理、国籍管理，牵头协调非法入境、非法居留、非法就业外国人治理和非法移民遣返，负责中国公民因私出入国（境）服务管理，承担移民领域国际合作等。

42. 组建国家林业和草原局

为加大生态系统保护力度，统筹森林、草原、湿地监督管理，加快建立以国家公园为主体的自然保护地体系，保障国家生态安全，将国家林业局的职责，农业部的草原监督管理职责，以及国土资源部、住房和城乡建设部、水利部、农业部、国家海洋局等部门的自然保护区、风景名胜区、自然遗产、地质公园等管理职责整合，组建国家林业和草原局，由自然资源部管理。国家林业和草原局加挂国家公园管理局牌子。

主要职责是，监督管理森林、草原、湿地、荒漠和陆生野生动植物资源开发利用和保护，组织生态保护和修复，开展造林绿化工作，管理国家公园等各类自然保护地等。

不再保留国家林业局。

43. 重新组建国家知识产权局

强化知识产权创造、保护、运用，是加快建设创新型国家的重要举措。为解决商标、专利分头管理和重复执法问题，完善知识产权管理体制，将国家知识产权局的职责、国家工商行政管理总局的商标管理职责、国家质量监督检验检疫总局的原产地地理标志管理职责整合，重新组建国家知识产权局，由国家市场监督管理总局管理。

主要职责是，负责保护知识产权工作，推动知识产权保护体系建设，负责商标、专利、原产地地理标志的注册登记和行政裁决，指导商标、专利执法工作等。商标、专利执法职责交由市场监管综合执法队伍承担。

44. 国务院三峡工程建设委员会及其办公室、国务院南水北调工程建设委员会及其办公室并入水利部

目前，三峡主体工程建设任务已经完成，南水北调东线和中线工程已经竣工。为加强对重大水利工程建设和运行的统一管理，理顺职责关系，将国务院三峡工程建设委员会及其办公室、国务院南水北调工程建设委员会及其办公室并入水利部。由水利部承担三峡工程和南水北调工程的运行管理、后续工程建设管理和移民后期扶持管理等职责。

不再保留国务院三峡工程建设委员会及其办公室、国务院南水北调工程建设委员会及其办公室。

45. 调整全国社会保障基金理事会隶属关系

为加强社会保障基金管理和监督，理顺职责关系，保证基金安全和实现保值增值目标，将全国社会保障基金理事会由国务院管理调整为由财政部管理，承担基金安全和保值增值的主体责任，作为基金投资运营机构，不再明确行政级别。

46. 改革国税地税征管体制

为降低征纳成本，理顺职责关系，提高征管效率，为纳税人提供更加优质高效便利服务，将省级和省级以下国税地税机构合并，具体承担所辖区域内各项税收、非税收入征管等职责。为提高社会保险资金征管效率，将基本养老保险费、基本医疗保险费、失业保险费等各项社会保险费交由税务部门统一征收。

国税地税机构合并后，实行以国家税务总局为主与省（自治区、直辖市）政府双重领导管理体制。国家税务总局要会同省级党委和政府加强税务系统党的领导，做好党的建设、思想政治建设和干部队伍建设工作，优化各层级税务组织体系和征管职责，按照"瘦身"与"健身"相结合原则，完善结构布局和力量配置，构建优化高效统一的税收征管体系。

四、深化全国政协机构改革

47. 组建全国政协农业和农村委员会

将全国政协经济委员会联系农业界和研究"三农"问题等职责调整到全国政协农业和农村委员会。

主要职责是，组织委员学习宣传党和国家农业农村方面的方针政策和法律法规，就"三农"问题开展调查研究，提出意见、建议和提案，团结和联系农业和农村界委员反映社情民意。

48. 全国政协文史和学习委员会更名为全国政协文化文史和学习委员会

将全国政协教科文卫体委员会承担的联系文化艺术界等相关工作调整到全国政协文化文史和学习委员会。

主要职责是，组织委员学习宣传党和国家文化艺术文史方面的方针政策和法律法规，就文化艺术文史问题开展调查研究，提出意见、建议和提案，团结和联系文化艺术文史界委员反映社情民意。

49. 全国政协教科文卫体委员会更名为全国政协教科卫体委员会

主要职责是，组织委员学习宣传党和国家教育、科技、卫生、体育方面的方针政策和法律法规，就教育、科技、卫生、体育问题开展调查研究，提出意见、建议和提案，团结和联系教育、科技、卫生、体

育界委员反映社情民意。

五、深化行政执法体制改革

50. 整合组建市场监管综合执法队伍

整合工商、质检、食品、药品、物价、商标、专利等执法职责和队伍，组建市场监管综合执法队伍。由国家市场监督管理总局指导。鼓励地方将其他直接到市场、进企业、面向基层、面对老百姓的执法队伍，如商务执法、盐业执法等，整合划入市场监管综合执法队伍。药品经营销售等行为的执法，由市县市场监管综合执法队伍统一承担。

51. 整合组建生态环境保护综合执法队伍

整合环境保护和国土、农业、水利、海洋等部门相关污染防治和生态保护执法职责、队伍，统一实行生态环境保护执法。由生态环境部指导。

52. 整合组建文化市场综合执法队伍

将旅游市场执法职责和队伍整合划入文化市场综合执法队伍，统一行使文化、文物、出版、广播电视、电影、旅游市场行政执法职责。由文化和旅游部指导。

53. 整合组建交通运输综合执法队伍

整合交通运输系统内路政、运政等涉及交通运输的执法职责、队伍，实行统一执法。由交通运输部指导。

54. 整合组建农业综合执法队伍

将农业系统内兽医兽药、生猪屠宰、种子、化肥、农药、农机、农产品质量等执法队伍整合，实行统一执法。由农业农村部指导。

继续探索实行跨领域跨部门综合执法，建立健全综合执法主管部门、相关行业管理部门、综合执法队伍间协调配合、信息共享机制和跨部门、跨区域执法协作联动机制。对涉及的相关法律法规及时进行清理修订。

六、深化跨军地改革

55. 公安边防部队改制

公安边防部队不再列武警部队序列，全部退出现役。

公安边防部队转到地方后，成建制划归公安机关，并结合新组建国家移民管理局进行适当调整整合。现役编制全部转为人民警察编制。

56. 公安消防部队改制

公安消防部队不再列武警部队序列，全部退出现役。

公安消防部队转到地方后，现役编制全部转为行政编制，成建制划归应急管理部，承担灭火救援和其他应急救援工作，充分发挥应急救援主力军和国家队的作用。

57. 公安警卫部队改制

公安警卫部队不再列武警部队序列，全部退出现役。

公安警卫部队转到地方后，警卫局（处）由同级公安机关管理的体制不变，承担规定的警卫任务，现役编制全部转为人民警察编制。

58. 海警队伍转隶武警部队

按照先移交、后整编的方式，将国家海洋局（中国海警局）领导管理的海警队伍及相关职能全部划归武警部队。

59. 武警部队不再领导管理武警黄金、森林、水电部队

按照先移交、后整编的方式，将武警黄金、森林、水电部队整体移交国家有关职能部门，官兵集体转业改编为非现役专业队伍。

武警黄金部队转为非现役专业队伍后，并入自然资源部，承担国家基础性公益性地质工作任务和多金属矿产资源勘查任务，现役编制转为财政补助事业编制。原有的部分企业职能划转中国黄金总公司。

武警森林部队转为非现役专业队伍后，现役编制转为行政编制，并入应急管理部，承担森林灭火等应急救援任务，发挥国家应急救援专业队作用。

武警水电部队转为非现役专业队伍后，充分利用原有的专业技术力量，承担水利水电工程建设任务，组建为国有企业，可继续使用中国安能建设总公司名称，由国务院国有资产监督管理委员会管理。

60. 武警部队不再承担海关执勤任务

参与海关执勤的兵力一次性整体撤收，归建武警部队。

为补充武警部队撤勤后海关一线监管力量缺口，海关系统要结合检验检疫系统整合，加大内部挖潜力度，同时通过核定军转编制接收一部分转业官兵，并通过实行购买服务、聘用安保人员等方式加以解决。

七、深化群团组织改革

群团组织改革要认真落实党中央关于群团改革的决策部署，健全党委统一领导群团工作的制度，紧紧围绕保持和增强政治性、先进性、群众性这条主线，强化问题意识，以更大力度、更实举措推进改革，着力解决"机关化、行政化、贵族化、娱乐化"等问题，把群团组织建设得更加充满活力、更加坚强有力。

牢牢把握改革正确方向，始终坚持党对群团组织的领导，坚决贯彻党的意志和主张，自觉服从服务党和国家工作大局，找准工作结合点和着力点，落实以人民为中心的工作导向，增强群团组织的吸引力影响力。要聚焦突出问题，改革机关设置、优化管理模式、创新运行机制，坚持眼睛向下、面向基层，将力量配备、服务资源向基层倾斜，更好适应基层和群众需要。促进党政机构同群团组织功能有机衔接，支持和鼓励群团组织承接适合由群团组织承担的公共服务职能，增强群团组织团结教育、维护权益、服务群众功能，充分发挥党和政府联系人民群众的桥梁纽带作用。加强组织领导，加强统筹协调，加强分类指导，加强督察问责，认真总结经验，切实把党中央对群团工作和群团改革的各项要求落到实处。

八、深化地方机构改革

地方机构改革要全面贯彻落实党中央关于深化党和国家机构改革的决策部署，坚持加强党的全面领导，坚持省市县统筹、党政群统筹，根据各层级党委和政府的主要职责，合理调整和设置机构，理顺权责关系，改革方案按程序报批后组织实施。

深化地方机构改革，要着力完善维护党中央权威和集中统一领导的体制机制，省市县各级涉及党中央集中统一领导和国家法制统一、政令统一、市场统一的机构职能要基本对应。赋予省级及以下机构更多自主权，突出不同层级职责特点，允许地方根据本地区经济社会发展实际，在规定限额内因地制宜设置机构和配置职能。统筹设置党政群机构，在省市县对职能相近的党政机关探索合并设立或合署办公，市县要加大党政机关合并设立或合署办公力度。借鉴经济发达镇行政管理体制改革试点经验，适应街道、乡镇工作特点和便民服务需要，构建简约高效的基层管理体制。

加强各级党政机构限额管理，地方各级党委机构限额与同级政府机构限额统一计算。承担行政职能的事业单位，统一纳入地方党政机构限额管理。省级党政机构数额，由党中央批准和管理。市县两级党政机构数额，由省级党委实施严格管理。

强化机构编制管理刚性约束，坚持总量控制，严禁超编进人、超限额设置机构、超职数配备领导干部。结合全面深化党和国家机构改革，对编制进行整合规范，加大部门间、地区间编制统筹调配力度。在省（自治区、直辖市）范围内，打破编制分配之后地区所有、部门所有、单位所有的模式，随职能变化相应调整编制。

坚持蹄疾步稳、紧凑有序推进改革，中央和国家机关机构改革要在2018年年底前落实到位。省级党政机构改革方案要在2018年9月底前报党中央审批，在2018年年底前机构调整基本到位。省以下党政机构改革，由省级党委统一领导，在2018年年底前报党中央备案。所有地方机构改革任务在2019年3月底前基本完成。

中共中央办公厅、国务院办公厅关于调整应急管理部职责机构编制的通知

（2020年10月9日中共中央办公厅、国务院办公厅发布）

根据《中国共产党机构编制工作条例》，经报党中央、国务院批准，现就应急管理部职责、机构和编制调整情况通知如下。

一、应急管理部非煤矿山（含地质勘探）安全监管职责以及相应16名行政编制、4名司局级领导职数（含1名正司局级安全生产监察专员），划入国家矿山安全监察局。应急管理部其他职责不变。

二、撤销应急管理部安全生产基础司（海洋石油安全生产监督管理办公室），相关职责并入安全生产执法局。安全生产执法局更名为安全生产执法和工贸安全监督管理局，承担冶金、有色、建材、机械、轻工、纺织、烟草、商贸等工贸行业安全生产基础和执法工作；拟订相关行业安全生产规程、标准，指导和监督相关行业生产经营单位安全生产标准化、安全预防控制体系建设等工作，依法监督检查其贯彻落实安全生产法律法规和标准情况；负责安全生产执法综合性工作，指导执法计划编制、执法队伍建设和执法规范化建设工作。

三、应急管理部危险化学品安全监督管理司更名为危险化学品安全监督管理一司，承担化工（含石油化工）、医药、危险化学品生产安全监督管理工作，依法监督检查相关行业生产单位贯彻落实安全生产法律法规和标准情况；指导非药品类易制毒化学品生产经营监督管理工作。

四、应急管理部增设危险化学品安全监督管理二司（海洋石油安全生产监督管理办公室），承担化工（含石油化工）、医药、危险化学品经营安全监督管理工作，以及烟花爆竹生产经营、石油开采安全生产监督管理工作，依法监督检查相关行业生产经营单位贯彻落实安全生产法律法规和标准情况；承担危险化

学品安全监督管理综合工作,组织指导危险化学品目录编制和国内危险化学品登记;承担海洋石油安全生产综合监督管理工作。相应核增行政编制20名、司局级领导职数3名。

调整后,应急管理部设20个内设机构及政治部、机关党委(党委巡视工作领导小组办公室)、离退休干部局。机关行政编制565名。设部长1名,副部长4名,政治部主任(副部级)1名,司局级领导职数95名(含总工程师3名、安全生产监察专员7名、应急指挥专员7名、机关党委专职副书记1名、离退休干部局领导职数4名)。所属事业单位的设置、职责和编制事项另行规定。

中共中央办公厅、国务院办公厅关于应急管理部职能配置、内设机构和人员编制规定

(2018年7月30日中共中央办公厅、国务院办公厅以厅字〔2018〕60号印发)

第一条 根据党的十九届三中全会审议通过的《中共中央关于深化党和国家机构改革的决定》、《深化党和国家机构改革方案》和第十三届全国人民代表大会第一次会议批准的《国务院机构改革方案》,制定本规定。

第二条 应急管理部是国务院组成部门,为正部级。

第三条 应急管理部贯彻落实党中央关于应急工作的方针政策和决策部署,在履行职责过程中坚持和加强党对应急工作的集中统一领导。

主要职责是:

(一)负责应急管理工作,指导各地区各部门应对安全生产类、自然灾害类等突发事件和综合防灾减灾救灾工作。负责安全生产综合监督管理和工矿商贸行业安全生产监督管理工作。

(二)拟订应急管理、安全生产等方针政策,组织编制国家应急体系建设、安全生产和综合防灾减灾规划,起草相关法律法规草案,组织制定部门规章、规程和标准并监督实施。

(三)指导应急预案体系建设,建立完善事故灾难和自然灾害分级应对制度,组织编制国家总体应急预案和安全生产类、自然灾害类专项预案,综合协调应急预案衔接工作,组织开展预案演练,推动应急避难设施建设。

(四)牵头建立统一的应急管理信息系统,负责信息传输渠道的规划和布局,建立监测预警和灾情报告制度,健全自然灾害信息资源获取和共享机制,依法统一发布灾情。

(五)组织指导协调安全生产类、自然灾害类等突发事件应急救援,承担国家应对特别重大灾害指挥部工作,综合研判突发事件发展态势并提出应对建议,协助党中央、国务院指定的负责同志组织特别重大灾害应急处置工作。

(六)统一协调指挥各类应急专业队伍,建立应急协调联动机制,推进指挥平台对接,衔接解放军和武警部队参与应急救援工作。

(七)统筹应急救援力量建设,负责消防、森林和草原火灾扑救、抗洪抢险、地震和地质灾害救援、生产安全事故救援等专业应急救援力量建设,管理国家综合性应急救援队伍,指导地方及社会应急救援力量建设。

(八)负责消防工作,指导地方消防监督、火灾预防、火灾扑救等工作。

(九)指导协调森林和草原火灾、水旱灾害、地震和地质灾害等防治工作,负责自然灾害综合监测预警工作,指导开展自然灾害综合风险评估工作。

(十)组织协调灾害救助工作,组织指导灾情核查、损失评估、救灾捐赠工作,管理、分配中央救灾款物并监督使用。

(十一)依法行使国家安全生产综合监督管理职权,指导协调、监督检查国务院有关部门和各省(自治区、直辖市)政府安全生产工作,组织开展安全生产巡查、考核工作。

(十二)按照分级、属地原则,依法监督检查工矿商贸生产经营单位贯彻执行安全生产法律法规情况及其安全生产条件和有关设备(特种设备除外)、材料、劳动防护用品的安全生产管理工作。负责监督管理工矿商贸行业中央企业安全生产工作。依法组织并指导监督实施安全生产准入制度。负责危险化学品安全监督管理综合工作和烟花爆竹安全生产监督管理工作。

(十三)依法组织指导生产安全事故调查处理,监督事故查处和责任追究落实情况。组织开展自然灾害类突发事件的调查评估工作。

(十四)开展应急管理方面的国际交流与合作,组织参与安全生产类、自然灾害类等突发事件的国际

救援工作。

（十五）制定应急物资储备和应急救援装备规划并组织实施，会同国家粮食和物资储备局等部门建立健全应急物资信息平台和调拨制度，在救灾时统一调度。

（十六）负责应急管理、安全生产宣传教育和培训工作，组织指导应急管理、安全生产的科学技术研究、推广应用和信息化建设工作。

（十七）管理中国地震局、国家煤矿安全监察局。

（十八）完成党中央、国务院交办的其他任务。

（十九）职能转变。应急管理部应加强、优化、统筹国家应急能力建设，构建统一领导、权责一致、权威高效的国家应急能力体系，推动形成统一指挥、专常兼备、反应灵敏、上下联动、平战结合的中国特色应急管理体制。一是坚持以防为主、防抗救结合，坚持常态减灾和非常态救灾相统一，努力实现从注重灾后救助向注重灾前预防转变，从应对单一灾种向综合减灾转变，从减少灾害损失向减轻灾害风险转变，提高国家应急管理水平和防灾减灾救灾能力，防范化解重特大安全风险。二是坚持以人为本，把确保人民群众生命安全放在首位，确保受灾群众基本生活，加强应急预案演练，增强全民防灾减灾意识，提升公众知识普及和自救互救技能，切实减少人员伤亡和财产损失。三是树立安全发展理念，坚持生命至上、安全第一，完善安全生产责任，坚决遏制重特大安全事故。

（二十）有关职责分工

1. 与自然资源部、水利部、国家林业和草原局等部门在自然灾害防救方面的职责分工。

（1）应急管理部负责组织编制国家总体应急预案和安全生产类、自然灾害类专项预案，综合协调应急预案衔接工作，组织开展预案演练。按照分级负责的原则，指导自然灾害类应急救援；组织协调重大灾害应急救援工作，并按权限作出决定；承担国家应对特别重大灾害指挥部工作，协助党中央、国务院指定的负责同志组织特别重大灾害应急处置工作。组织编制综合防灾减灾规划，指导协调相关部门森林和草原火灾、水旱灾害、地震和地质灾害等防治工作；会同自然资源部、水利部、中国气象局、国家林业和草原局等有关部门建立统一的应急管理信息平台，建立监测预警和灾情报告制度，健全自然灾害信息资源获取和共享机制，依法统发布灾情。开展多灾种和灾害链综合监测预警，指导开展自然灾害综合风险评估。负责森林和草原火情监测预警工作，发布森林和草原火险、火灾信息。

（2）自然资源部负责落实综合防灾减灾规划相关要求，组织编制地质灾害防治规划和防护标准并指导实施；组织指导协调和监督地质灾害调查评价及隐患的普查、详查、排查；指导开展群测群防、专业监测和预报预警等工作，指导开展地质灾害工程治理工作；承担地质灾害应急救援的技术支撑工作。

（3）水利部负责落实综合防灾减灾规划相关要求，组织编制洪水干旱灾害防治规划和防护标准并指导实施；承担水情旱情监测预警工作；组织编制重要江河湖泊和重要水工程的防御洪水抗御旱灾调度和应急水量调度方案，按程序报批并组织实施；承担防御洪水应急抢险的技术支撑工作；承担台风防御期间重要水工程调度工作。

（4）各流域防汛抗旱指挥机构负责落实国家应急指挥机构以及水利部防汛抗旱的有关要求，执行国家应急指挥机构指令。

（5）国家林业和草原局负责落实综合防灾减灾规划相关要求，组织编制森林和草原火灾防治规划和防护标准并指导实施；指导开展防火巡护、火源管理、防火设施建设等工作；组织指导国有林场林区和草原开展防火宣传教育、监测预警、督促检查等工作。

（6）必要时，自然资源部、水利部、国家林业和草原局等部门可以申请应急管理部，以国家应急指挥机构名义部署相关防治工作。

2. 与国家粮食和物资储备局在中央救灾物资储备方面的职责分工。

（1）应急管理部负责提出中央救灾物资的储备需求和动用决策，组织编制中央救灾物资储备规划、品种目录和标准，会同国家粮食和物资储备局等部门确定年度购置计划，根据需要下达动用指令。

（2）国家粮食和物资储备局根据中央救灾物资储备规划、品种目录和标准、年度购置计划，负责中央救灾物资的收储、轮换和日常管理，根据应急管理部的动用指令按程序组织调出。

第四条 应急管理部设下列内设机构

（一）办公厅（党委办公室）。负责机关日常运转，承担信息、安全、保密、信访、政务公开、重要文稿起草等工作。

（二）应急指挥中心。承担应急值守、政务值班等工作，拟订事故灾难和自然灾害分级应对制度，发布预警和灾情信息，衔接解放军和武警部队参与应急救援工作。

（三）人事司（党委组织部）。负责机关和直属单位干部人事、机构编制、劳动工资等工作，指导应急管理系统思想政治建设和干部队伍建设工作。

（四）教育训练司（党委宣传部）。负责应急管理系统干部教育培训工作，指导应急救援队伍教育训练，负责所属院校、培训基地建设和管理工作，组织指导应急管理社会动员工作。

（五）风险监测和综合减灾司。建立重大安全生产风险监测预警和评估论证机制，承担自然灾害综合监测预警工作，组织开展自然灾害综合风险与减灾能力调查评估。

（六）救援协调和预案管理局。统筹应急预案体系建设组织编制国家总体应急预案和安全生产类、自然灾害类专项预案并负责各类应急预案衔接协调，承担预案演练的组织实施和指导监督工作，承担国家应对特别重大灾害指挥部的现场协调保障工作，指导地方及社会应急救援力量建设。

（七）火灾防治管理司。组织拟订消防法规和技术标准并监督实施，指导城镇、农村、森林、草原消防工作规划编制并推进落实，指导消防监督、火灾预防、火灾扑救工作，拟订国家综合性应急救援队伍管理保障办法并组织实施。

（八）防汛抗旱司。组织协调水旱灾害应急救援工作，协调指导重要江河湖泊和重要水工程实施防御洪水抗御旱灾调度和应急水量调度工作，组织协调台风防御工作。

（九）地震和地质灾害救援司。组织协调地震应急救援工作，指导协调地质灾害防治相关工作，组织重大地质灾害应急救援。

（十）危险化学品安全监督管理司。负责化工（含石油化工）、医药、危险化学品和烟花爆竹安全生产监督管理工作，依法监督检查相关行业生产经营单位贯彻落实安全生产法律法规和标准情况，承担危险化学品安全监督管理综合工作，组织指导危险化学品目录编制和国内危险化学品登记，指导非药品类易制毒化学品生产经营监督管理工作。

（十一）安全生产基础司（海洋石油安全生产监督管理办公室）。负责非煤矿山（含地质勘探）、石油（炼化、成品油管道除外）、冶金、有色、建材、机械、轻工、纺织、烟草、商贸等工矿商贸行业安全生产基础工作，拟订相关行业安全生产规程、标准，指导监督相关行业企业安全生产标准化、安全预防控制体系建设等工作，承担海洋石油安全生产综合监督管理工作。

（十二）安全生产执法局。承担非煤矿山（含地质勘探）、石油（炼化、成品油管道除外）、冶金、有色、建材机械、轻工、纺织、烟草、商贸等工矿商贸行业安全生产执法工作，依法监督检查相关行业生产经营单位贯彻落实安全生产法律法规和标准情况，负责安全生产执法综合性工作，指导执法计划编制、执法队伍建设和执法规范化建设工作。

（十三）安全生产综合协调司。依法依规指导协调和监督有专门安全生产主管部门的行业和领域安全生产监督管理工作，组织协调全国性安全生产检查以及专项督查、专项整治等工作，组织实施安全生产巡查、考核工作。

（十四）救灾和物资保障司。承担灾情核查、损失评估、救灾捐赠等灾害救助工作，拟订应急物资储备规划和需求计划，组织建立应急物资共用共享和协调机制，组织协调重要应急物资的储备、调拨和紧急配送，承担中央救灾款物的管理、分配和监督使用工作，会同有关方面组织协调紧急转移安置受灾群众、因灾毁损房屋恢复重建补助和受灾群众生活救助。

（十五）政策法规司。组织起草相关法律法规草案和规章，承担重大政策研究工作，承担规范性文件的合法性审查和行政复议、行政应诉等工作。

（十六）国际合作和救援司。开展应急管理方面的国际合作与交流，履行相关国际条约和合作协议，组织参与国际应急救援。

（十七）规划财务司。编制国家应急体系建设、安全生产和综合防灾减灾规划并组织实施，研究提出相关经济政策建议，推动应急重点工程和避难设施建设，负责部门预决算、财务、装备和资产管理、内部审计工作。

（十八）调查评估和统计司。依法承担生产安全事故调查处理工作，监督事故查处和责任追究情况，组织开展自然灾害类突发事件的调查评估工作，负责应急管理统计分析工作。

（十九）新闻宣传司。承担应急管理和安全生产新闻宣传、灾情应对、文化建设等工作，开展公众知识普及工作。

（二十）科技和信息化司。承担应急管理、安全生产的科技和信息化建设工作，规划信息传输渠道，健全自然灾害信息资源获取和共享机制，拟订有关科技规划、计划并组织实施。

政治部。协助开展党的建设、思想政治建设和干部队伍建设工作。政治部日常工作由人事司、教育训练司等承担。

机关党委。负责机关和在京直属单位的党群工作。

离退休干部局。负责机关离退休干部工作，指导应急管理系统离退休干部工作。

第五条 应急管理部机关行政编制546名（含两

委人员编制 2 名、援派机动编制 2 名、离退休干部工作人员编制 46 名）。设部长 1 名，副部长 4 名，政治部主任（副部级）1 名，司局级领导职数 96 名（含总工程师 3 名、安全生产监察专员 8 名、应急指挥专员 7 名、机关党委专职副书记 1 名、离退休干部局领导职数 4 名）。

第六条 应急管理部负责管理消防救援队伍、森林消防队伍两支国家综合性应急救援队伍，承担相关火灾防范、火灾扑救、抢险救援等工作，设立消防救援局、森林消防局，分别作为消防救援队伍、森林消防队伍的领导指挥机关。具体机构设置、职责和编制等事项另行规定。

第七条 应急管理部所属事业单位的设置、职责和编制事项另行规定。

第八条 本规定由中央机构编制委员会办公室负责解释，其调整由中央机构编制委员会办公室按规定程序办理。

第九条 本规定自 2018 年 7 月 30 日起施行。

国务院办公厅关于应急救援领域中央与地方财政事权和支出责任划分改革方案

（经党中央、国务院同意，2020 年 7 月 4 日国务院办公厅以国办发〔2020〕22 号印发）

按照党中央、国务院有关决策部署，现就应急救援领域中央与地方财政事权和支出责任划分改革制定如下方案。

一、总体要求

以习近平新时代中国特色社会主义思想为指导，全面贯彻党的十九大和十九届二中、三中、四中全会以及中央经济工作会议精神，健全充分发挥中央和地方两个积极性体制机制，优化政府间事权和财权划分，建立权责清晰、财力协调、区域均衡的中央和地方财政关系，形成稳定的各级政府事权、支出责任和财力相适应的制度，充分发挥我国应急管理体系特色和优势，积极推进我国应急管理体系和能力现代化。

二、主要内容

（一）预防与应急准备

1. 应急管理制度建设

将研究制定应急救援领域法律法规和国家政策、标准、技术规范，国家级规划编制，国家总体应急预案和安全生产类、自然灾害类专项预案编制，应急预案综合协调衔接，中央部门直接组织的全国性应急预案演练等，确认为中央财政事权，由中央承担支出责任。

将研究制定应急救援领域地方性法规和政策、标准、技术规范，地区性规划编制，地方应急预案编制，地方应急预案演练等，确认为地方财政事权，由地方承担支出责任。

2. 应急救援能力建设

将国家应对特别重大灾害和事故协调联动机制建设、国家综合性消防救援队伍管理、国家应急指挥总部建设与运行维护、国家应急物资储备，确认为中央财政事权，由中央承担支出责任。

将国家区域应急救援中心建设与运行维护、国家综合性消防救援队伍建设、国家级专业应急救援队伍建设，确认为中央与地方共同财政事权，由中央与地方共同承担支出责任。

将地方应急救援队伍建设、应急避难设施建设、地方应急物资储备，确认为地方财政事权，由地方承担支出责任。

3. 应急管理信息系统建设

将全国统一的应急管理信息系统建设，确认为中央与地方共同财政事权，由中央与地方按照相关职责分工分别承担支出责任，其中中央主要负责信息系统的规划设计、中央部门信息系统软硬件配备及维护支出，地方主要负责地方各级信息系统软硬件配备及维护支出。

4. 安全生产监督管理

将中央部门负责的国家安全生产综合监督管理，对各省、自治区、直辖市和中央企业总部安全生产工作的指导协调服务和监督检查，中央部门直接组织的安全生产巡查、安全生产和消防考核、安全生产标准化建设以及危险化学品、烟花爆竹、工矿商贸企业安全生产监督管理，国家煤矿安全监察，国家煤矿安全生产准入制度的组织实施和监督，海洋石油安全生产综合监督管理等，确认为中央财政事权，由中央承担支出责任。

将地方性的安全生产监督管理事项，确认为地方财政事权，由地方承担支出责任。

5. 应急宣传教育培训

将中央部门直接组织开展的全国性应急宣传教育培训工作，确认为中央财政事权，由中央承担支出责任。

将地方组织开展的应急宣传教育培训工作，确认为地方财政事权，由地方承担支出责任。

(二)灾害事故风险隐患调查及监测预警

1. 灾害事故风险隐患调查

将全国灾害事故风险调查和重点隐患排查,确认为中央与地方共同财政事权,由中央与地方按照相关职责分工分别承担支出责任,其中中央主要负责国家灾害风险事故隐患基础数据库建设、支持开展综合风险评估相关支出,灾害风险事故隐患基础数据库纳入全国统一的应急管理信息系统;地方主要负责本行政区内灾害事故风险调查评估和隐患排查、为国家灾害风险事故隐患基础数据库提供数据支撑相关支出。

2. 灾害事故监测预警

将国家自然灾害、安全生产及火灾监测预警体系建设,确认为中央与地方共同财政事权,由中央与地方按照相关职责分工分别承担支出责任,其中中央主要负责全国统一的灾害事故监测预警和报告制度建设、中央部门监测预警系统建设支出;地方主要负责当地监测预警系统建设、应急信息员队伍建设支出。监测预警系统建设中相关信息化工作纳入全国统一的应急管理信息系统建设。

(三)应急处置与救援救灾

将特别重大事故调查处理、特别重大自然灾害调查评估,安全生产类、自然灾害类等突发事件的国际救援,确认为中央财政事权,由中央承担支出责任。

将煤矿生产安全事故调查处理、国家启动应急响应的特别重大灾害事故应急救援救灾,确认为中央与地方共同财政事权,由中央与地方共同承担支出责任。

将其他事故调查处理、自然灾害调查评估、灾害事故应急救援救灾等,确认为地方财政事权,由地方承担支出责任。

中央预算内投资支出按国家有关规定执行,主要用于中央财政事权或中央与地方共同财政事权事项。中央与新疆生产建设兵团财政事权和支出责任划分,参照中央与地方划分原则执行;财政支持政策原则上参照新疆维吾尔自治区有关政策执行,并适当考虑新疆生产建设兵团的特殊因素。应急救援领域其他未列事项,按照改革的总体要求和事项特点具体确定财政事权和支出责任。

三、配套措施

(一)加强组织领导

应急救援领域中央与地方财政事权和支出责任划分改革是推进应急管理体系和能力现代化的重要举措。各地区各有关部门要增强"四个意识"、坚定"四个自信"、做到"两个维护",加强组织领导,切实履行职责,密切协调配合,确保改革工作落实到位。

(二)落实支出责任

各地区各有关部门要践行安全发展理念,筑牢安全生产防线,根据改革确定的中央与地方财政事权和支出责任划分,合理安排预算,及时下达资金,切实落实支出责任。跨区域调动救援队伍按照"谁调动,谁补偿"的原则承担相应支出责任。要全面实施预算绩效管理,优化支出结构,着力提高应急救援领域财政资源配置效率和使用效益。

(三)推进省以下改革

各省级人民政府要参照本方案精神,结合省以下财政体制等实际,合理划分省以下应急救援领域财政事权和支出责任。要明确省级人民政府推进本区域内应急救援工作的职责,加强省级统筹,加大对区域内财力困难地区的资金支持力度。要将适宜由地方更高一级政府承担的应急救援领域支出责任上移,避免基层政府承担过多支出责任。

(四)协同推进改革

应急救援领域财政事权和支出责任划分改革,要同其他改革紧密结合、协同推进、良性互动、形成合力。应急处置和应急救援阶段地质灾害调查监测等事项由相关部门共同研究确定。国家综合性消防救援队伍完成整合前,总体维持原公安消防部队和武警森林部队财政管理模式,中央与地方承担的支出责任不变;队伍整合完成后,根据队伍管理体制、事权职责调整中央与地方支出责任。

本方案自2020年1月1日起实施。

国务院关于全面加强应急管理工作的意见

(2006年6月15日国务院以国发〔2006〕24号印发)

各省、自治区、直辖市人民政府,国务院各部委、各直属机构:

加强应急管理,是关系国家经济社会发展全局和人民群众生命财产安全的大事,是全面落实科学发展观、构建社会主义和谐社会的重要内容,是各级政府坚持以人为本、执政为民、全面履行政府职能的重要体现。当前,我国现代化建设进入新的阶段,改革和发展处于关键时期,影响公共安全的因素增多,各类突发公共事件时有发生。但是,我国应急管理工作基础仍然比较薄弱,体制、机制、法制尚不完善,预防和处置突发公共事件的能力有待提高。为深入贯彻实施《国家突发公共事件总体应急预案》(以下简称

《国家总体应急预案》),全面加强应急管理工作,提出以下意见:

一、明确指导思想和工作目标

(一)指导思想。以邓小平理论和"三个代表"重要思想为指导,全面落实科学发展观,坚持以人为本、预防为主,充分依靠法制、科技和人民群众,以保障公众生命财产安全为根本,以落实和完善应急预案为基础,以提高预防和处置突发公共事件能力为重点,全面加强应急管理工作,最大程度地减少突发公共事件及其造成的人员伤亡和危害,维护国家安全和社会稳定,促进经济社会全面、协调、可持续发展。

(二)工作目标。在"十一五"期间,建成覆盖各地区、各行业、各单位的应急预案体系;健全分类管理、分级负责、条块结合、属地为主的应急管理体制,落实党委领导下的行政领导责任制,加强应急管理机构和应急救援队伍建设;构建统一指挥、反应灵敏、协调有序、运转高效的应急管理机制;完善应急管理法律法规,建设突发公共事件预警预报信息系统和专业化、社会化相结合的应急管理保障体系,形成政府主导、部门协调、军地结合、全社会共同参与的应急管理工作格局。

二、加强应急管理规划和制度建设

(三)编制并实施突发公共事件应急体系建设规划。依据《国民经济和社会发展第十一个五年规划纲要》(以下简称"十一五"规划),编制并尽快组织实施《"十一五"期间国家突发公共事件应急体系建设规划》,优化、整合各类资源,统一规划突发公共事件预防预警、应急处置、恢复重建等方面的项目和基础设施,科学指导各项应急管理体系建设。各地区、各部门要在《"十一五"期间国家突发公共事件应急体系建设规划》指导下,编制本地区和本行业突发公共事件应急体系建设规划并纳入国民经济和社会发展规划。城乡建设等有关专项规划的编制要与应急体系建设规划相衔接,合理布局重点建设项目,统筹规划应对突发公共事件所必需的基础设施建设。

(四)健全应急管理法律法规。要加强应急管理的法制建设,逐步形成规范各类突发公共事件预防和处置工作的法律体系。抓紧做好突发事件应对法的立法准备工作和公布后的贯彻实施工作,研究制定配套法规和政策措施。国务院各有关部门要根据预防和处置自然灾害、事故灾难、公共卫生事件、社会安全事件等各类突发公共事件的需要,抓紧做好有关法律法规草案和修订草案的起草工作,以及有关规章、标准的修订工作。各地区要依据有关法律、行政法规,结合实际制定并完善应急管理的地方性法规和规章。

(五)加强应急预案体系建设和管理。各地区、各部门要根据《国家总体应急预案》,抓紧编制修订本地区、本行业和领域的各类预案,并加强对预案编制工作的领导和督促检查。各基层单位要根据实际情况制订和完善本单位预案,明确各类突发公共事件的防范措施和处置程序。尽快构建覆盖各地区、各行业、各单位的预案体系,并做好各级、各类相关预案的衔接工作。要加强对预案的动态管理,不断增强预案的针对性和实效性。狠抓预案落实工作,经常性地开展预案演练,特别是涉及多个地区和部门的预案,要通过开展联合演练等方式,促进各单位的协调配合和职责落实。

(六)加强应急管理体制和机制建设。国务院是全国应急管理工作的最高行政领导机关,国务院各有关部门依据有关法律、行政法规和各自职责,负责相关类别突发公共事件的应急管理工作。地方各级人民政府是本行政区域应急管理工作的行政领导机关,要根据《国家总体应急预案》的要求和应对各类突发公共事件的需要,结合实际明确应急管理的指挥机构、办事机构及其职责。各专项应急指挥机构要进一步强化职责,充分发挥在相关领域应对突发公共事件的作用。加强各地区、各部门以及各级各类应急管理机构的协调联动,积极推进资源整合和信息共享。加快突发公共事件预测预警、信息报告、应急响应、恢复重建及调查评估等机制建设。研究建立保险、社会捐赠等方面参与、支持应急管理工作的机制,充分发挥其在突发公共事件预防与处置等方面的作用。

三、做好各类突发公共事件的防范工作

(七)开展对各类突发公共事件风险隐患的普查和监控。各地区、各有关部门要组织力量认真开展风险隐患普查工作,全面掌握本行政区域、本行业和领域各类风险隐患情况,建立分级、分类管理制度,落实综合防范和处置措施,实行动态管理和监控,加强地区、部门之间的协调配合。对可能引发突发公共事件的风险隐患,要组织力量限期治理,特别是对位于城市和人口密集地区的高危企业,不符合安全布局要求、达不到安全防护距离的,要依法采取停产、停业、搬迁等措施,尽快消除隐患。要加强对影响社会稳定因素的排查调处,认真做好预警报告和快速处置工作。社区、乡村、企业、学校等基层单位要经常开展风险隐患的排查,及时解决存在的问题。

(八)促进各行业和领域安全防范措施的落实。地方各级人民政府及有关部门要进一步加强对本行政区域各单位、各重点部位安全管理的监督检查,严密防范各类安全事故;要加强监管监察队伍建设,充实

必要的人员，完善监管手段。各有关部门要按照有关法律法规和职责分工，加强对本系统、本行业和领域的安全监管监察，严格执行安全许可制度，经常性开展监督检查，依法加大处罚力度；要提高监管效率，对事故多发的行业和领域进一步明确监管职责，实施联合执法。上级主管部门和有关监察机构要把督促风险隐患整改情况作为衡量监管机构履行职责是否到位的重要内容，加大监督检查和考核力度。各企业、事业单位要切实落实安全管理的主体责任，建立健全安全管理的规章制度，加大安全投入，全面落实安全防范措施。

（九）加强突发公共事件的信息报告和预警工作。特别重大、重大突发公共事件发生后，事发地省级人民政府、国务院有关部门要按规定及时、准确地向国务院报告，并向有关地方、部门和应急管理机构通报。要进一步建立健全信息报告工作制度，明确信息报告的责任主体，对迟报、漏报甚至瞒报、谎报行为要依法追究责任。在加强地方各级人民政府和有关部门信息报告工作的同时，通过建立社会公众报告、举报奖励制度，设立基层信息员等多种方式，不断拓宽信息报告渠道。建设各级人民政府组织协调、有关部门分工负责的各类突发公共事件预警系统，建立预警信息通报与发布制度，充分利用广播、电视、互联网、手机短信息、电话、宣传车等各种媒体和手段，及时发布预警信息。

（十）积极开展应急管理培训。各地区、各有关部门要制订应急管理的培训规划和培训大纲，明确培训内容、标准和方式，充分运用多种方法和手段，做好应急管理培训工作，并加强培训资质管理。积极开展对地方和部门各级领导干部应急指挥和处置能力的培训，并纳入各级党校和行政学院培训内容。加强各单位从业人员安全知识和操作规程培训，负有安全监管职责的部门要强化培训考核，对未按要求开展安全培训的单位要责令其限期整改，达不到考核要求的管理人员和职工一律不准上岗。各级应急管理机构要加强对应急管理培训工作的组织和指导。

四、加强应对突发公共事件的能力建设

（十一）推进国家应急平台体系建设。要统筹规划建设具备监测监控、预测预警、信息报告、辅助决策、调度指挥和总结评估等功能的国家应急平台。加快国务院应急平台建设，完善有关专业应急平台功能，推进地方人民政府综合应急平台建设，形成连接各地区和各专业应急指挥机构、统一高效的应急平台体系。应急平台建设要结合实际，依托政府系统办公业务资源网络，规范技术标准，充分整合利用现有专业系统资源，实现互联互通和信息共享，避免重复建设。积极推进紧急信息接报平台整合，建立统一接报、分类分级处置的工作机制。

（十二）提高基层应急管理能力。要以社区、乡村、学校、企业等基层单位为重点，全面加强应急管理工作。充分发挥基层组织在应急管理中的作用，进一步明确行政负责人、法定代表人、社区或村级组织负责人在应急管理中的职责，确定专（兼）职的工作人员或机构，加强基层应急投入，结合实际制订各类应急预案，增强第一时间预防和处置各类突发公共事件的能力。社区要针对群众生活中可能遇到的突发公共事件，制订操作性强的应急预案，经常性地开展应急知识宣传，做到家喻户晓；乡村要结合社会主义新农村建设，因地制宜加强应急基础设施建设，努力提高群众自救、互救能力，并充分发挥城镇应急救援力量的辐射作用；学校要在加强校园安全工作的同时，积极开展公共安全知识和应急防护知识的教育和普及，增强师生公共安全意识；企业特别是高危行业企业要切实落实法定代表人负责制和安全生产主体责任，做到有预案、有救援队伍、有联动机制、有善后措施。地方各级人民政府和有关部门要加强对基层应急管理工作的指导和检查，及时协调解决人力、物力、财力等方面的问题，促进基层应急管理能力的全面提高。

（十三）加强应急救援队伍建设。落实"十一五"规划有关安全生产应急救援、国家灾害应急救援体系建设的重点工程。建立充分发挥公安消防、特警以及武警、解放军、预备役民兵的骨干作用，各专业应急救援队伍各负其责、互为补充，企业专兼职救援队伍和社会志愿者共同参与的应急救援体系。加强各类应急抢险救援队伍建设，改善技术装备，强化培训演练，提高应急救援能力。建立应急救援专家队伍，充分发挥专家学者的专业特长和技术优势。逐步建立社会化的应急救援机制，大中型企业特别是高危行业企业要建立专职或者兼职应急救援队伍，并积极参与社会应急救援；研究制订动员和鼓励志愿者参与应急救援工作的办法，加强对志愿者队伍的招募、组织和培训。

（十四）加强各类应急资源的管理。建立国家、地方和基层单位应急资源储备制度，在对现有各类应急资源普查和有效整合的基础上，统筹规划应急处置所需物料、装备、通信器材、生活用品等物资和紧急避难场所，以及运输能力、通信能力、生产能力和有关技术、信息的储备。加强对储备物资的动态管理，保证及时补充和更新。要建立国家和地方重要物资监测网络及应急物资生产、储备、调拨和紧急配送体系，保障应急处置和恢复重建工作的需要。合理规划建设国家重要应急物资储备库，按照分级负责的原则，加强地方应急物资储备库建设。充分发挥社会各方面在应急物资的生产和储备方面的作用，实现社会储备与专业储备的有机结合。加强应急管理基础数据库建设和对有关技术资料、历史资料等的收集管理，实现资源共享，为妥善应对各类突发公共事件提供可靠的基础数据。

（十五）全力做好应急处置和善后工作。突发公共事件发生后，事发单位及直接受其影响的单位要根据预案立即采取有效措施，迅速开展先期处置工作，并按规定及时报告。地方各级人民政府和国务院有关部门要依照预案规定及时采取相关应急响应措施。按照属地管理为主的原则，事发地人民政府负有统一组织领导应急处置工作的职责，要积极调动有关救援队伍和力量开展救援工作，采取必要措施，防止发生次生、衍生灾害事件，并做好受影响群众的基本生活保障和事故现场环境评估工作。应急处置结束后，要及时组织受影响地区恢复正常的生产、生活和社会秩序。灾后恢复重建要与防灾减灾相结合，坚持统一领导、科学规划、加快实施。健全社会捐助和对口支援等社会动员机制，动员社会力量参与重大灾害应急救助和灾后恢复重建。各级人民政府及有关部门要依照有关法律法规及时开展事故调查处理工作，查明原因，依法依纪处理责任人员，总结事故教训，制订整改措施并督促落实。

（十六）加强评估和统计分析工作。建立健全突发公共事件的评估制度，研究制订客观、科学的评估方法。各级人民政府及有关部门在对各类突发公共事件调查处理的同时，要对事件的处置及相关防范工作做出评估，并对年度应急管理工作情况进行全面评估。各地区、各有关部门要加强应急管理统计分析工作，完善分类分级标准，明确责任部门和人员，及时、全面、准确地统计各类突发公共事件发生起数、伤亡人数、造成的经济损失等相关情况，并纳入经济和社会发展统计指标体系。突发公共事件的统计信息实行月度、季度和年度报告制度。要研究建立突发公共事件发生后统计系统快速应急机制，及时调查掌握突发公共事件对国民经济发展和城乡居民生活的影响并预测发展趋势。

五、制定和完善全面加强应急管理的政策措施

（十七）加大对应急管理的资金投入力度。根据《国家总体应急预案》的规定，各级财政部门要按照现行事权、财权划分原则，分级负担公共安全工作以及预防与处置突发公共事件中需由政府负担的经费，并纳入本级财政年度预算，健全应急资金拨付制度。对规划布局内的重大建设项目给予重点支持。支持地方应急管理工作，建立完善财政专项转移支付制度。建立健全国家、地方、企业、社会相结合的应急保障资金投入机制，适应应急队伍、装备、交通、通信、物资储备等方面建设与更新维护资金的要求。建立企业安全生产的长效投入机制，增强高危行业企业安全保障和应急救援能力。研究建立应对突发公共事件社会资源依法征用与补偿办法。

（十八）大力发展公共安全技术和产品。在推进产业结构调整中，要将具有较高技术含量的公共安全工艺、技术和产品列入《国家产业结构调整指导目录》的鼓励类发展项目，在政策上积极予以支持。对公共安全、应急处置重大项目和技术开发、产业化示范项目，政府给予直接投资或资金补助、贷款贴息等支持。采取政府采购等办法，推动国家公共安全应急成套设备及防护用品的研发和生产。加强对公共安全产品的质量监督管理，实行严格的市场准入制度，确保产品质量安全可靠。

（十九）建立公共安全科技支撑体系。按照《国家中长期科学和技术发展规划纲要》的要求，高度重视利用科技手段提高应对突发公共事件的能力，通过国家科技计划和科学基金等，对突发公共事件应急管理的基础理论、应用和关键技术研究给予支持，并在大专院校、科研院所加强公共安全与应急管理学科、专业建设，大力培养公共安全科技人才。坚持自主创新和引进消化吸收相结合，形成公共安全科技创新机制和应急管理技术支撑体系。扶持一批在公共安全领域拥有自主知识产权和核心技术的重点企业，实现成套核心技术与重大装备的突破，增强安全技术保障能力。

六、加强领导和协调配合，努力形成全民参与的合力

（二十）进一步加强对应急管理工作的领导。地方各级人民政府要在党委领导下，建立和完善突发公共事件应急处置工作责任制，并将落实情况纳入干部政绩考核的内容，特别要抓好市（地）、县（区）两级领导干部责任的落实。各地区、各部门要加强沟通协调，理顺关系，明确职责，搞好条块之间的衔接和配合。建立和完善应对突发公共事件部际联席会议制度，加强部门之间的协调配合，定期研究解决有关问题。各级领导干部要不断增强处置突发公共事件的能力，深入一线，加强组织指挥。要建立并落实责任追究制度，对有失职、渎职、玩忽职守等行为的，要依

照法律法规追究责任。

（二十一）构建全社会共同参与的应急管理工作格局。全面加强应急管理工作，需要紧紧依靠群众，军地结合，动员社会各方面力量积极参与。要切实发挥工会、共青团、妇联等人民团体在动员群众、宣传教育、社会监督等方面的作用，重视培育和发展社会应急管理中介组织。鼓励公民、法人和其他社会组织为应对突发公共事件提供资金、物资捐赠和技术支持。积极开展基层公共安全创建活动，树立一批应急管理工作先进典型，表彰奖励取得显著成绩的单位和个人，形成全社会共同参与、齐心协力做好应急管理工作的局面。

（二十二）大力宣传普及公共安全和应急防护知识。加强应急管理科普宣教工作，提高社会公众维护公共安全意识和应对突发公共事件能力。深入宣传各类应急预案，全面普及预防、避险、自救、互救、减灾等知识和技能，逐步推广应急识别系统。尽快把公共安全和应急防护知识纳入学校教学内容，编制中小学公共安全教育指导纲要和适应全日制各级各类教育需要的公共安全教育读本，安排相应的课程或课时。要在各种招考和资格认证考试中逐步增加公共安全内容。充分运用各种现代传播手段，扩大应急管理科普宣教工作覆盖面。新闻媒体应无偿开展突发公共事件预防与处置、自救与互救知识的公益宣传，并支持社会各界发挥应急管理科普宣传作用。

（二十三）做好信息发布和舆论引导工作。要高度重视突发公共事件的信息发布、舆论引导和舆情分析工作，加强对相关信息的核实、审查和管理，为积极稳妥地处置突发公共事件营造良好的舆论环境。坚持及时准确、主动引导的原则和正面宣传为主的方针，完善政府信息发布制度和新闻发言人制度，建立健全重大突发公共事件新闻报道快速反应机制、舆情收集和分析机制，把握正确的舆论导向。加强对信息发布、新闻报道工作的组织协调和归口管理，周密安排、精心组织信息发布工作，充分发挥中央和省级主要新闻媒体的舆论引导作用。新闻单位要严格遵守国家有关法律法规和新闻宣传纪律，不断提高新闻报道水平，自觉维护改革发展稳定的大局。

（二十四）开展国际交流与合作。加强与有关国家、地区及国际组织在应急管理领域的沟通与合作，参与有关国际组织并积极发挥作用，共同应对各类跨国或世界性突发公共事件。大力宣传我国在应对突发公共事件、加强应急管理方面的政策措施和成功做法，积极参与国际应急救援活动，向国际社会展示我国的良好形象。密切跟踪研究国际应急管理发展的动态和趋势，参与公共安全领域重大国际项目研究与合作，学习、借鉴有关国家在灾害预防、紧急处置和应急体系建设等方面的有益经验，促进我国应急管理工作水平的提高。

国务院
二〇〇六年六月十五日

国务院办公厅关于加快应急产业发展的意见

（2014年12月24日国务院办公厅以国办发〔2014〕63号印发）

各省、自治区、直辖市人民政府，国务院各部委、各直属机构：

应急产业是为突发事件预防与应急准备、监测与预警、处置与救援提供专用产品和服务的产业。近年来，我国应急产业快速兴起并不断发展，在突发事件应对中发挥了重要作用，但还存在产业体系不健全、市场需求培育不足、关键技术装备发展缓慢等问题。发展应急产业一举数得。为加快我国应急产业发展，经国务院同意，现提出以下意见：

一、充分认识发展应急产业的重要意义

（一）发展应急产业是提高公共安全基础水平的迫切要求。当前我国公共安全形势严峻复杂，突发事件易发频发，防控难度不断加大。发展应急产业能为防范和应对突发事件提供物质保障、技术支撑和专业服务，提升基础设施和生产经营单位本质安全水平，提升突发事件应急救援能力，提升全社会抵御风险能力，对于保障人民群众生命财产安全、维护国家公共安全具有重要意义。

（二）发展应急产业是培育新的经济增长点的重要内容。随着我国经济发展、社会进步和公众安全意识提高，社会各方对应急产品和服务的需求不断增长。应急产业覆盖面广、产业链长，加快发展应急产业有利于调整优化产业结构，催生新的业态，形成新的经济增长点；有利于促进中小微企业发展，增强经济活力，扩大社会就业。

（三）发展应急产业是提升应急技术装备核心竞争力的重要途径。突发事件处置现场情况复杂，对应急技术装备的适应性、可靠性、安全性要求更加苛刻。我国应急产业起步晚，一些产品技术含量不高，部分关键技术产品依赖进口。加快发展应急产业将带动相关行业领域自主创新和技术进步，促进国际先进技术和理念的引进消化吸收再创新，提升我国应急技术装备在国际市场的核心竞争力，推动经济转型升级。

二、总体要求

（四）指导思想。以邓小平理论、"三个代表"重要思想、科学发展观为指导，深入贯彻落实党的十八大、十八届二中、三中、四中全会精神和国务院决策部署，以企业为主体，以市场为导向，以改革创新和科技进步为动力，加强政策引导，激发各类创新主体活力，加快突破关键技术，不断提升应急产业整体水平和核心竞争力，增强防范和处置突发事件的产业支撑能力，为稳增长、促改革、调结构、惠民生、防风险作出贡献。

（五）基本原则。

市场主导，政府引导。充分发挥市场配置资源的决定性作用，完善政府宏观引导和政策激励，进一步推进简政放权，营造良好发展环境，用改革的办法调动市场主体发展应急产业的积极性。

创新驱动，需求牵引。着力推进原始创新、集成创新和引进消化吸收再创新，掌握共性技术，突破关键核心技术，尽快缩小与国际先进水平的差距，促进科技成果产品化、产业化；培育市场需求，推进应急产品在重点领域应用，形成对应急产业发展的有力拉动。

统筹推进，协同发展。健全应急产业发展机制，加快形成适应我国公共安全需要的应急产品体系，推行应急救援、综合应急服务等市场化新型应急服务业态，不断提高应急产业对应对突发事件的综合保障能力。

服务社会，服务经济。把社会效益放在更加重要的位置，引导企业承担社会责任，研发应急产品，储备生产能力，完善应急服务，实现经济效益与社会效益相统一。

（六）发展目标。到2020年，应急产业规模显著扩大，应急产业体系基本形成；自主创新能力进一步增强，一批关键技术和装备的研发制造能力达到国际先进水平，一批自主研发的重大应急装备投入使用；形成若干具有国际竞争力的大型企业，发展一批应急特色明显的中小微企业；发展环境进一步优化，形成有利于产业发展的创新机制，为防范和处置突发事件提供有力支撑，并成为推动经济社会发展的重要动力。

三、重点方向

（七）监测预警。围绕提高各类突发事件监测预警的及时性和准确性，重点发展监测预警类应急产品。在自然灾害方面，发展地震、气象灾害、地质灾害、水旱灾害、病虫草鼠害、海洋灾害、森林草原火灾等监测预警设备；在事故灾难方面，发展矿山安全、危险化学品安全、特种设备安全、交通安全、海洋环境污染、重污染天气、有毒有害气体泄漏等监测预警装备；在公共卫生方面，发展农产品质量安全、食品药品安全、生产生活用水安全等应急检测装备，流行病监测、诊断试剂和装备；在社会安全方面，发展城市安全、网络和信息系统安全等监测预警产品。同时，发展突发事件预警发布系统、应急广播系统及设备等。

（八）预防防护。围绕提高个体和重要设施保护的安全性和可靠性，重点发展预防防护类应急产品。在个体防护方面，发展应急救援人员防护、矿山和危险化学品安全避险、特殊工种保护、家用应急防护等产品；在设备设施防护方面，发展社会公共安全防范、重要基础设施安全防护、重要生态环境安全保护等设备。

（九）处置救援。围绕提高突发事件处置的高效性和专业性，重点发展处置救援类应急产品。在现场保障方面，发展突发事件现场信息快速获取、应急通信、应急指挥、应急电源、应急后勤保障等产品；在生命救护方面，发展生命搜索与营救、医疗应急救治、卫生应急保障等产品；在抢险救援方面，发展消防、建（构）筑物废墟救援、矿难救援、危险化学品事故应急、工程抢险、海上溢油应急、道路应急抢通、航空应急救援、水上应急救援、核事故处置、特种设备事故救援、突发环境事件应急处置、疫情疫病检疫处理、反恐防爆处置等产品。

（十）应急服务。围绕提高突发事件防范处置的社会化服务水平，创新应急服务业态。在事前预防方面，发展风险评估、隐患排查、消防安全、安防工程、应急管理市场咨询等应急服务；在社会化救援方面，发展紧急医疗救援、交通救援、应急物流、工程抢险、安全生产、航空救援、海洋生态损害应急处置、网络与信息安全等应急服务；在其他应急服务方面，发展灾害保险、北斗导航应急服务等。

四、主要任务

（十一）加快关键技术和装备研发。通过国家科技计划（专项、基金等）对应急产业相关科技工作进行支持，推动应急产业领域科研平台体系建设，集中力量突破一批支撑应急产业发展的关键共性核心技术。鼓励企业联合高校、科研机构建立产学研协同创新机制，在应急产业重点方向成立产业技术创新战略联盟。鼓励充分利用军工技术优势发展应急产业，推进军民融合。创新商业模式，加强知识产权运用和保护，促进应急产业科技成果资本化、产业化。

（十二）优化产业结构。坚持需求牵引，采用目录、清单等形式明确应急产品和服务发展方向，引导社会资源投向先进、适用、安全、可靠的应急产品和服务。适应突发事件应对需要，推进应急产品标准化、模块化、系列化、特色化发展，引导企业提供一体化综合解决方案。加快发展应急服务业，采用政府购买服务等方式，引导社会力量以多种形式提供应急服务，支持与生产生活密切相关的应急服务机构发展，推动应急服务专业化、市场化和规模化。

（十三）推动产业集聚发展。适应现代产业发展规律，加强规划布局、指导和服务，鼓励有条件地区发展各具特色的应急产业集聚区，打造区域性创新中心和成果转化中心。依托国家储备和优势企业现有能力和资源，形成一批应急物资和生产能力储备基地。根据区域突发事件特点和产业发展情况，建设一批国家应急产业示范基地，形成区域性应急产业链，引领国家应急技术装备研发、应急产品生产制造和应急服务发展。

（十四）支持企业发展。充分发挥市场作用，引导企业通过兼并重组、品牌经营等方式进入应急产业领域，支持有实力的企业做大做强。发挥应急产业优势企业带头作用，培育形成一批技术水平高、服务能力强、拥有自主知识产权和品牌优势、具有国际竞争力的大型企业集团。利用中小企业发展专项资金等支持应急产业领域中小微企业，促进特色明显、创新能力强的中小微企业加速发展，形成大中小微企业协调发展的产业格局。

（十五）推广应急产品和应急服务。加强全民公共安全和风险意识宣传教育，推动消费观念转变，激发单位、家庭、个人在逃生、避险、防护、自救互救等方面对应急产品和服务的消费需求。完善矿山、危险化学品生产经营场所、高层建筑、学校、公共场所、应急避难场所、交通基础设施等应急设施设备配置标准，完善各类应急救援基地和队伍的装备配备标准，推动应急设施设备装备与建设主体工程同时设计、同时施工、同时投入使用。健全应急产品实物储备、社会储备和生产能力储备管理制度，建设应急产品和生产能力储备综合信息平台，带动应急产品应用。加强应急仓储、中转、配送设施建设，提高应急产品物流效率。利用风险补偿机制，支持重大应急创新产品首次应用。推动应急服务业与现代保险服务业相结合，将保险纳入灾事故防范救助体系，加快推行巨灾保险。

（十六）加强国际交流合作。多层次、多渠道、多方式推进国际科技合作与交流，鼓励企业引进、消化、吸收国外应急先进技术和先进服务理念，提升企业竞争力。鼓励跨国公司在我国设立研发中心，引进更多应急产业创新成果在我国实现产业化。支持企业参与全球市场竞争，鼓励企业以高端应急产品、技术和服务开拓国际市场。鼓励国外先进应急技术装备进口。引导外资投向应急产业有关领域，国家支持应急产业发展的政策同等适用于符合条件的外商投资企业。组织开展展览、双边或国际论坛及贸易投资促进活动，充分利用相关平台交流推介应急产品和服务。

五、政策措施

（十七）完善标准体系。充分发挥标准对产业发展的规范和促进作用，加快制（修）订应急产品和应急服务标准，积极采用国际标准或国外先进标准，推动应急产业升级改造。鼓励和支持国内机构参与国际标准化工作，提升自主技术标准的国际话语权。

（十八）加大财政税收政策支持力度。对列入产业结构调整指导目录鼓励类的应急产品和服务，在有关投资、科研等计划中给予支持。探索建立政府引导应急产业发展投入机制，带动全社会加大对应急产业投入力度。落实和完善适用于应急产业的税收政策。建立健全应急救援补偿制度，对征用单位和个人的应急物资、装备等及时予以补偿。

（十九）完善投融资政策。鼓励金融资本、民间资本及创业与私募股权投资投向应急产业，支持符合条件的应急产业企业采取发行股票、债券等多种方式，在海内外资本市场直接融资。按照风险可控、商业可持续的原则，引导融资性担保机构加大对符合产业政策、资质好、管理规范的应急产业企业的担保力度。鼓励和引导金融机构创新金融产品和服务方式，加大对技术先进、优势明显、带动和支撑作用强的应急产业重大项目的信贷支持力度。

（二十）加强人才队伍建设。建立多层次多类型的应急产业人才培养和服务体系，着力培养高层次、创新型、复合型的核心技术研发人才和科研团队，培育具有国际视野的经营管理人才，造就一批领军人物。支持有条件的高等学校开设应急产业相关专业。依托有关培训机构、高等学校及科研机构，开展应急专业技术人才继续教育。利用各类引才引智计划，完善相关配套服务，鼓励海外专业人才回国或来华创业。

（二十一）优化发展环境。完善相关法律法规，支持应急产业发展。建立应急产业运行监测分析指标体系和统计制度。加强应急产品质量监管，依法查处生产和经销假冒伪劣应急产品的违法行为。依托现有的国家和社会检测资源，提升应急产品检测能力。完善事关人身生命安全的应急产品认证制度。鼓励发展应急产业协会等社团组织,加强行业自律和信用评价。对应急产业发展重大项目建设用地,在符合国家产业政策和土地利用总体规划的前提下予以支持。

六、组织协调

(二十二)健全工作机制。建立由工业和信息化部、发展改革委、科技部牵头的应急产业发展协调机制,及时研究解决重大问题,推动应急产业健康快速发展。选择有特点、有代表性的企业,建立联系点机制,跟踪应急产业发展情况,总结推广成功经验和做法。

(二十三)加强督查落实。各地区、各部门要高度重视应急产业发展,切实加强组织领导,抓紧制定落实各项政策措施分工的具体措施,确保各项政策措施落实到位。应急产业发展协调机制牵头单位要组织对各地区、各有关部门落实本意见的情况进行督查。

附件:重点工作任务分工表

国务院办公厅
2014年12月8日

附件

重点工作任务分工表

序号	工作任务	负责部门
1	通过国家科技计划(专项、基金等)对应急产业相关科技工作进行支持,推动应急产业领域科研平台体系建设	科技部、财政部、发展改革委、工业和信息化部会同有关部门
2	鼓励和支持应急产业技术创新战略联盟发展	科技部
3	采用目录、清单等形式明确应急产品和服务发展方向	工业和信息化部会同有关部门
4	采用政府购买服务等方式,引导社会力量以多种形式提供应急服务,支持社会应急服务机构发展	财政部会同工业和信息化部、发展改革委等有关部门
5	打造应急产业区域性创新中心和成果转化中心,形成一批应急物资和生产能力储备基地	工业和信息化部、发展改革委、科技部会同有关部门
6	建设一批国家应急产业示范基地	工业和信息化部、发展改革委
7	利用中小企业发展专项资金等支持应急产业领域中小微企业发展	财政部会同有关部门
8	完善矿山、危险化学品生产经营场所、高层建筑、学校、公共场所、应急避难场所、交通基础设施等应急设施设备配置标准,完善各类应急救援基地和队伍的装备配备标准,推动应急设施设备装备与建设主体工程同时设计、同时施工、同时投入使用	安全监管总局、公安部、教育部、住房城乡建设部、交通运输部、地震局等部门分工负责
9	健全应急产品实物储备、社会储备和生产能力储备管理制度,建设应急产品和生产能力储备综合信息平台	工业和信息化部、发展改革委、财政部会同有关部门
10	加强应急仓储、中转、配送设施建设,提高应急产品物流效率	发展改革委会同有关部门
11	利用风险补偿机制支持重大应急创新产品首次应用	工业和信息化部、科技部会同有关部门
12	推动应急服务业与现代保险服务业相结合,将保险纳入灾害事故防范救助体系,加快推行巨灾保险	保监会同有关部门

(续)

序号	工作任务	负责部门
13	鼓励跨国公司在我国设立研发中心,引进更多应急产业创新成果在我国实现产业化。支持企业参与全球市场竞争,鼓励企业以高端应急产品、技术和服务开拓国际市场	商务部、科技部、工业和信息化部、知识产权局等部门分工负责
14	组织开展展览、双边或国际论坛及贸易投资促进活动,充分利用相关平台交流推介应急产品和服务	商务部、工业和信息化部会同有关部门
15	加快制(修)订应急产品和应急服务标准	质检总局、工业和信息化部会同有关部门
16	对列入产业结构调整指导目录鼓励类的应急产品和服务,在有关投资、科研等计划中给予支持	发展改革委、财政部、科技部等部门分工负责
17	探索建立政府引导应急产业发展投入机制,带动全社会加大对应急产业投入力度	财政部会同有关部门
18	落实和完善适用于应急产业的税收政策	财政部、税务总局
19	建立健全应急救援补偿制度,对征用单位和个人的应急物资、装备等及时予以补偿	财政部
20	鼓励金融资本、民间资本及创业与私募股权投资投向应急产业,支持符合条件的应急产业企业采取发行股票、债券等多种方式,在海内外资本市场直接融资	财政部、人民银行、发展改革委、国资委、银监会、证监会等部门分工负责
21	引导融资性担保机构加大对符合产业政策、资质好、管理规范的应急产业企业的担保力度	银监会、工业和信息化部
22	加大对技术先进、优势明显、带动和支撑作用强的应急产业重大项目的信贷支持力度	人民银行、银监会
23	建立多层次多类型的应急产业人才培养和服务体系。支持有条件的高等学校开设应急产业相关专业	教育部、人力资源社会保障部会同有关部门
24	建立应急产业运行监测分析指标体系和统计制度	工业和信息化部、统计局
25	加强应急产品质量监管,依法查处生产和经销假冒伪劣应急产品的违法行为。依托现有的国家和社会检测资源,提升应急产品检测能力	质检总局等部门分工负责
26	完善事关人身生命安全的应急产品认证制度	质检总局、工业和信息化部等部门分工负责
27	鼓励发展应急产业协会等社团组织	工业和信息化部会同有关部门
28	对应急产业发展重大项目建设用地,在符合国家产业政策和土地利用总体规划的前提下予以支持	国土资源部
29	建立应急产业企业联系点机制	工业和信息化部、发展改革委会同有关部门

国务院办公厅关于加强基层应急队伍建设的意见

(2009年10月18日国务院办公厅以国办发〔2009〕59号印发)

各省、自治区、直辖市人民政府，国务院各部委、各直属机构：

基层应急队伍是我国应急体系的重要组成部分，是防范和应对突发事件的重要力量。多年来，我国基层应急队伍不断发展，在应急工作中发挥着越来越重要的作用。但是，各地基层应急队伍建设中还存在着组织管理不规范、任务不明确、进展不平衡等问题。为贯彻落实突发事件应对法，进一步加强基层应急队伍建设，经国务院同意，提出如下意见：

一、基本原则和建设目标

（一）基本原则。坚持专业化与社会化相结合，着力提高基层应急队伍的应急能力和社会参与程度；坚持立足实际、按需发展，兼顾县乡级政府财力和人力，充分依托现有资源，避免重复建设；坚持统筹规划、突出重点，逐步加强和完善基层应急队伍建设，形成规模适度、管理规范的基层应急队伍体系。

（二）建设目标。通过三年左右的努力，县级综合性应急救援队伍基本建成，重点领域专业应急救援队伍得到全面加强；乡镇、街道、企业等基层组织和单位应急救援队伍普遍建立，应急志愿服务进一步规范，基本形成统一领导、协调有序、专兼并存、优势互补、保障有力的基层应急队伍体系，应急救援能力基本满足本区域和重点领域突发事件应对工作需要，为最大程度地减少突发事件及其造成的人员财产损失、维护国家安全和社会稳定提供有力保障。

二、加强基层综合性应急救援队伍建设

（一）全面建设县级综合性应急救援队伍。各县级人民政府要以公安消防队伍及其他优势专业应急救援队伍为依托，建立或确定"一专多能"的县级综合性应急救援队伍，在相关突发事件发生后，立即开展救援处置工作。综合性应急救援队伍除承担消防工作以外，同时承担综合性应急救援任务，包括地震等自然灾害，建筑施工事故、道路交通事故、空难等生产安全事故，恐怖袭击、群众遇险等社会安全事件的抢险救援任务，同时协助有关专业队伍做好水旱灾害、气象灾害、地质灾害、森林草原火灾、生物灾害、矿山事故、危险化学品事故、水上事故、环境污染、核与辐射事故和突发公共卫生事件等突发事件的抢险救援工作。各地要根据本行政区域特点和需要，制订综合性应急救援队伍建设方案，细化队伍职责，配备必要的物资装备，加强与专业队伍互动演练，提高队伍综合应急能力。

（二）深入推进街道、乡镇综合性应急救援队伍建设。街道、乡镇要充分发挥民兵、预备役人员、保安员、基层警务人员、医务人员等有相关救援专业知识和经验人员的作用，在防范和应对气象灾害、水旱灾害、地震灾害、地质灾害、森林草原火灾、生产安全事故、环境突发事件、群体性事件等方面发挥就近优势，在相关应急指挥机构组织下开展先期处置，组织群众自救互救，参与抢险救灾、人员转移安置、维护社会秩序，配合专业应急救援队伍做好各项保障，协助有关方面做好善后处置、物资发放等工作。同时发挥信息员作用，发现突发事件苗头及时报告，协助做好预警信息传递、灾情收集上报、灾情评估等工作，参与有关单位组织的隐患排查整改。街道办事处、乡镇政府要加强队伍的建设和管理，严明组织纪律，经常性地开展应急培训，提高队伍的综合素质和应急保障能力。

三、完善基层专业应急救援队伍体系

各地要在全面加强各专业应急救援队伍建设同时，组织动员社会各方面力量重点加强以下几个方面工作：

（一）加强基层防汛抗旱队伍组建工作。水旱灾害常发地区和重点流域的县、乡级人民政府，要组织民兵、预备役人员、农技人员、村民和相关单位人员参加，组建县、乡级防汛抗旱队伍。防汛抗旱重点区域和重要地段的村委会，要组织本村村民和属地相关单位人员参加，组建村防汛抗旱队伍。基层防汛抗旱队伍要在当地防汛抗旱指挥机构的统一组织下，开展有关培训和演练工作，做好汛期巡堤查险和险情处置，做到有旱抗旱，有汛防汛。充分发挥社会各方面作用，合理储备防汛抗旱物资，建立高效便捷的物资、装备调用机制。

（二）深入推进森林草原消防队伍建设。县乡级人民政府、村委会、国有林（农）场、森工企业、自然保护区和森林草原风景区等，要组织本单位职工、社会相关人员建立森林草原消防队伍。各有关方面要加强森林草原扑火装备配套，开展防扑火技能培训和实战演练。要建立基层森林草原消防队伍与公安消防、当地驻军、预备役部队、武警部队和森林消防力量的联动机制，满足防扑火工作需要。

地方政府要对基层森林草原消防队伍装备建设给予补助。

（三）加强气象灾害、地质灾害应急队伍建设。县级气象部门要组织村干部和有经验的相关人员组建气象灾害应急队伍，主要任务是接收和传达预警信息，收集并向相关方面报告灾害性天气实况和灾情，做好台风、强降雨、大风、沙尘暴、冰雹、雷电等极端天气防范的科普知识宣传工作，参与本社区、村镇气象灾害防御方案的制订以及应急处置和调查评估等工作。地质灾害应急队伍的主要任务是参与各类地质灾害的群防群控，开展防范知识宣传，隐患和灾情等信息报告，组织遇险人员转移，参与地质灾害抢险救灾和应急处置等工作。容易受气象、地质灾害影响的乡村、企业、学校等基层组织单位，要在气象、地质部门的组织下，明确参与应急队伍的人员及其职责，定期开展相关知识培训。气象灾害和地质灾害基层应急队伍工作经费，由地方政府给予保障。

（四）加强矿山、危险化学品应急救援队伍建设。煤矿和非煤矿山、危险化学品单位应当依法建立由专职或兼职人员组成的应急救援队伍。不具备单独建立专业应急救援队伍的小型企业，除建立兼职应急救援队伍外，还应当与邻近建有专业救援队伍的企业签订救援协议，或者联合建立专业应急救援队伍。应急救援队伍在发生事故时要及时组织开展抢险救援，平时开展或协助开展风险隐患排查。加强应急救援队伍的资质认定管理。矿山、危险化学品单位属地县、乡级人民政府要组织建立队伍调运机制，组织队伍参加社会化应急救援。应急救援队伍建设及演练工作经费在企业安全生产费用中列支，在矿山、危险化学品工业集中的地方，当地政府可给予适当经费补助。

（五）推进公用事业保障应急队伍建设。县级以下电力、供水、排水、燃气、供热、交通、市容环境等主管部门和基础设施运营单位，要组织本区域有关企事业单位懂技术和有救援经验的职工，分别组建公用事业保障应急队伍，承担相关领域突发事件应急抢险救援任务。重要基础设施运营单位要组建本单位运营保障应急队伍。要充分发挥设计、施工和运行维护人员在应急抢险中的作用，配备应急抢修的必要机具、运输车辆和抢险救灾物资，加强人员培训，提高安全防护、应急抢修和交通运输保障能力。

（六）强化卫生应急队伍建设。县级卫生行政部门要根据突发事件类型和特点，依托现有医疗卫生机构，组建卫生应急队伍，配备必要的医疗救治和现场处置设备，承担传染病、食物中毒和急性职业中毒、群体性不明原因疾病等突发公共卫生事件应急处置和其他突发事件受伤人员医疗救治及卫生学处理，以及相应的培训、演练任务。城市医疗卫生机构要与县级或乡镇医疗卫生机构建立长期对口协作关系，把帮助组建基层应急队伍作为对口支援重要内容。卫生应急队伍的装备配备、培训、演练和卫生应急处置等工作费用由地方政府给予支持。

（七）加强重大动物疫情应急队伍建设。县级人民政府建立由当地兽医、卫生、公安、工商、质检和林业行政管理人员，动物防疫和野生动物保护工作人员，有关专家等组成的动物疫情应急队伍，具体承担家禽和野生动物疫情的监测、控制和扑灭任务。要保持队伍的相对稳定，定期进行技术培训和应急演练，同时加强应急监测和应急处置所需的设施设备建设及疫苗、药品、试剂和防护用品等物资储备，提高队伍应急能力。

四、完善基层应急队伍管理体制机制和保障制度

（一）进一步明确组织领导责任。地方各级人民政府是推进基层应急队伍建设工作的责任主体。县级人民政府要对县级综合性应急救援队伍和专业应急救援队伍建设进行规划，确定各街道、乡镇综合性应急救援队伍和专业应急救援队伍的数量和规模。各有关部门要强化支持政策的研究并加强指导，加强对基层应急队伍建设的督促检查。公安、国土资源、交通、水利、林业、气象、安全监管、环境、电力、通信、建设、卫生、农业等有关部门要明确推进本行业基层应急队伍建设的具体措施，各有关部门要按照各自职责指导推进基层应急队伍组建工作。

（二）完善基层应急队伍运行机制。各基层应急队伍组成人员平时在各自单位工作，发生突发事件后，立即集结到位，在当地政府或应急现场指挥部的统一领导下，按基层应急管理机构安排开展应急处置工作。县乡级人民政府及其有关部门要切实加强基层综合队伍、专业队伍和志愿者队伍之间的协调配合，建立健全相关应急预案，完善工作制度，实现信息共享和应急联动。同时，建立健全基层应急队伍与其他各类应急队伍及装备统一调度、快速运送、合理调配、密切协作的工作机制，经常性地组织各类队伍开展联合培训和演练，形成有效处置突发事件的合力。

（三）积极动员社会力量参与应急工作。通过多种渠道，努力提高基层应急队伍的社会化程度。充分发挥街道、乡镇等基层组织和企事业单位的作用，建立群防群治队伍体系，加强知识培训。鼓励现有各类志愿者组织在工作范围内充实和加强应急志愿服务内容，为社会各界力量参与应急志愿服务提供渠道。有关专业应急管理部门要发挥各自优势，把具有相关专业知识和技能的志愿者纳入应急救援队伍。发挥共青团和红十字会作用，建立青年志愿者和红十字志愿者应急救援队伍，开展科普宣教和辅助救援工作。应急志愿者组建单位要建立志愿者信息库，并加强对志愿者的培训和管理。地方政府根据情况对志愿者队伍建设给予适当支持。

（四）加大基层应急队伍经费保障力度。县、乡两级综合性应急救援队伍和有关专业应急救援队伍建设与工作经费要纳入同级财政预算。按照政府补助、组建单位自筹、社会捐赠相结合等方式，建立基层应急救援队伍经费渠道。

（五）完善基层应急队伍建设相关政策。认真研究解决基层应急队伍工作中的实际困难，落实基层应急救援队员医疗、工伤、抚恤，以及应急车辆执行应急救援任务时的免交过路费等政策措施。鼓励社团组织和个人参加基层应急队伍，研究完善民间应急救援组织登记管理制度，鼓励民间力量参与应急救援。研究制订基层应急救援队伍装备标准并配备必要装备。对在应急管理、应急队伍建设工作中做出突出贡献的集体和个人，按照国家有关规定给予表彰奖励。开展基层应急队伍建设示范工作，推动基层应急管理水平不断提高。

国务院办公厅
二〇〇九年十月十八日

国务院办公厅关于加强基层应急管理工作的意见

（2007年7月31日国务院办公厅以国办发〔2007〕52号印发）

各省、自治区、直辖市人民政府，国务院各部委、各直属机构：

加强基层应急管理，深入推进全国应急管理工作，是坚持以人为本、执政为民、全面履行政府职能的重要体现，对于构建社会主义和谐社会、维护社会稳定和人民群众根本利益具有重要意义。为切实加强基层应急管理工作，提高基层预防和应对突发公共事件能力，经国务院同意，现提出如下意见：

一、全面加强基层应急管理工作的目标

加强基层应急管理工作，要以邓小平理论和"三个代表"重要思想为指导，深入贯彻落实科学发展观，以构建社会主义和谐社会为目标，按照党中央、国务院的有关决策部署，依靠群众、立足基层、夯实基础、扎实推进。力争通过两到三年的努力，基本建立起"横向到边、纵向到底"的应急预案体系，建立健全基层应急管理组织体系，初步形成"政府统筹协调、社会广泛参与、防范严密到位、处置快捷高效"的基层应急管理工作机制，相关法规政策进一步健全，基层应急保障能力全面加强，广大群众公共安全意识和自救互救能力普遍提升，基层应对各类突发公共事件的能力显著提高。

二、基层组织和单位应急管理工作的重点任务

（一）做好隐患排查整改。基层组织和单位是隐患排查监控工作的责任主体，要结合实际，对各类危险源、危险区域和因素以及社会矛盾纠纷等进行全面排查。对排查出的隐患，要认真进行整改，并做到边查边改。对短期内可以完成整改的，要立即采取有效措施消除隐患；对情况复杂、短期内难以完成整改的，要制订切实可行的应急预案并限期整改，同时做好监控和应急准备工作；对自身难以完成整改的，应当及时向县级人民政府或有关部门报告。要建立有关隐患排查信息数据库，并根据有关应急预案规定的分级标准，实行分类分级管理和动态监控。

（二）加强信息报告和预警。基层单位是突发公共事件信息报告的责任主体。突发公共事件发生后，基层单位要及时向有关单位和救援机构报告；县级人民政府及其有关部门要按照要求向上级人民政府和主管部门报告，紧急情况可同时越级上报。要畅通信息报送渠道，街道办事处和乡镇人民政府要建立和完善24小时值班制度，居（村）委会及社区物业管理企业要加强值班工作。要建立基层信息报告网络，重点区域、行业、部位及群体要设立安全员，并明确其信息报告任务，同时鼓励群众及时报告相关信息。要建立完善预警信息通报与发布制度，充分利用广播、电视、手机短信息、电话、宣传车等各种媒体和手段，及时发布预警信息；各地区应急平台中的预警功能，要通过公用通信网络向街道和社区等基层组织延伸；要着力解决边远山区预警信息发布问题，努力构建覆盖全面的预警信息网络。

（三）加强先期处置和协助处置。突发公共事件发生后，基层组织和单位要立即组织应急队伍，以营救遇险人员为重点，开展先期处置工作；要采取必要措施，防止发生次生、衍生事故，避免造成更大的人员伤亡、财产损失和环境污染；要及时组织受威胁群众疏散、转移，做好安置工作。基层群众要积极自救、互救，服从统一指挥。当上级政府、部门和单位负责现场指挥救援工作时，基层组织和单位要积极配合，做好现场取证、道路引领、后勤保障、秩序维护等协助处置工作。

（四）协助做好恢复重建。基层组织和单位要在当地政府的统一领导下，协助有关方面做好善后处置、物资发放、抚恤补偿、医疗康复、心理引导、环境整治、保险理赔、事件调查评估和制订实施重建规划等各项工作。同时要加强政治思想工作，组织群众自力更生、重建家园。要特别注意帮助解决五保户、特困户和城市低保对象等群众的困难，确保灾后生产生活秩序尽快恢复正常。

（五）加强宣传教育和培训。社区和乡村要充分利用活动室、文化站、文化广场以及宣传栏等场所，通过多种形式广泛开展应急知识普及教育，提高群众公共安全意识和自救互救能力。生产经营企业要依法开展员工应急培训，使生产岗位上的员工能够严格执行安全生产规章制度和安全操作规程，熟练掌握有关防范和应对措施；高危行业企业要重点加强对外来务工人员的安全宣传和培训。有关部门要进一步采取有效措施，认真贯彻落实《中小学公共安全教育指导纲要》，推进应急知识进学校、进教材、进课堂，把公共安全教育贯穿于学校教育的各个环节。

三、全面推进基层应急管理工作的主要措施

（一）建立健全基层应急管理组织体系。县级人民政府按照属地管理原则，全面负责本行政区域内各类突发公共事件的预防和应对工作；要明确领导机构，确定人员开展应急管理工作。街道办事处、乡级人民政府负责本行政区域内各类突发公共事件的预防和应对工作，可根据实际情况，明确领导机构、确定相关责任人员。居委会、村委会等基层群众自治组织，要将应急管理作为自治管理的重要内容，落实应急管理工作责任人，做好群众的组织、动员工作。基层机关、社会团体和企事业单位是本单位应急管理工作的责任主体，要根据实际情况建立健全应急管理组织体系，在属地政府的领导下开展应急管理工作。积极探索跨行政区域的单元化应急管理模式，完善相应的组织体系，明确相关责任。

（二）完善基层应急预案体系。要进一步扩大应急预案覆盖面，力争到2008年底，所有街道、乡镇、社区、村庄和各类企事业单位完成应急预案编制工作。基层应急预案要符合实际，职责清晰，简明扼要，可操作性强，并根据需要不断修订完善。地方各级人民政府、各有关部门要加强对基层应急预案编制工作的指导，制订编制指南，明确预案编制的组织要求、内容要求和审批程序；县级人民政府及其有关部门要加强基层应急预案编制、衔接、备案、修订等管理工作。街道办事处、乡镇人民政府、基层组织和单位要针对本区域、本单位常发突发公共事件，组织开展群众参与度高、应急联动性强、形式多样、节约高效的应急预案演练。

（三）加强基层综合应急队伍建设。街道办事处、乡镇人民政府要组织基层警务人员、医务人员、民兵、预备役人员、物业保安、企事业单位应急队伍和志愿者等，建立基层应急队伍；居（村）委会和各类企事业单位可根据有关要求和实际情况，做好应急队伍组建工作。要充分发挥卫生、城建、国土、农业、林业、海事、渔业等基层管理工作人员，以及有相关救援经验人员的作用。基层应急队伍平时加强防范，险时要立即集结到位，开展先期处置。要加强应急队伍的建设和管理，配备必要装备，开展教育培训工作，严明组织纪律，强化协调联动，提高综合应对和自我保护能力。

（四）加快基层应急保障能力建设。各地区、各有关部门要根据《"十一五"期间国家突发公共事件应急体系建设规划》有关要求，加强基层安全基础设施建设。乡镇要结合社会主义新农村建设，搞好村镇规划，合理避让隐患区域；加强抗御本地区常发突发公共事件的基础设备、设施及避难场所建设，提高乡村自身防灾抗灾能力；加强公用卫生设备设施建设，防止农村疫病的发生和传播。城市社区要严格功能分区，特别是城中村、人口密集场所和工业区等高风险地区，要加强消防、避难场所、医疗卫生等公共安全基础设施建设，按要求配备应急器材；电信、天然气、自来水、电力、市政等主管部门或单位要加强公共设施抗灾和快速恢复能力建设，做好日常管理和巡查；推进社区服务信息平台建设，利用现有的计算机终端与区县的应急指挥平台联网，有条件的社区，可布局一批电子监控设备，随时掌控辖区的安全状况，实现信息、图像的快速采集和处理。学校要结合隐患排查整改，重点做好教室、宿舍、集体活动场所等建筑、设施的安全加固工作，有针对性地储备应急物资装备；按照有关卫生标准要求，加强学生食堂、宿舍、厕所等卫生设备设施建设；加强校内交通安全标志和设施建设，不断完善校园安全监控系统。各类生产经营企业要加强安全生产装备及设施建设，有关单位应当定期检测、维护其报警设备和应急救援设备、设施。

（五）尽快制定和完善相关法规政策。各地区、

各有关部门要认真做好突发公共事件应对法出台后的贯彻落实工作，研究制定配套办法，并加强对基层组织和单位的宣传培训工作，逐步将应急管理工作纳入法制化轨道。有关部门要尽快完善应急管理财政扶持政策；建立完善应急资源征收、征用补偿制度，研究制定保险、抚恤等政策措施，解决基层群众和综合应急队伍的实际困难和后顾之忧；不断探索利用保险等各种市场手段防范、控制和分散风险；研究制定促进应急产业发展的扶持政策，鼓励研发适合基层、家庭使用的应急产品，提高应急产品科技含量；研究制定推进志愿者参与应急管理工作的指导意见，鼓励和规范社会各界从事应急志愿服务；研究建立应急管理公益性基金，鼓励自然人、法人和其他组织开展捐赠，形成团结互助、和衷共济的社会风尚。

四、加强领导，保障基层应急管理工作顺利推进

（一）加强组织领导。地方各级人民政府特别是县、乡级人民政府及其有关部门要将加强基层应急管理工作作为全面履行政府职能的一项重要任务，把应急管理融入到防灾减灾、安全保卫、卫生防疫、医疗救援、宣传教育、群众思想工作以及日常生产、生活等各项管理工作中，并将有关费用纳入公共财政预算支出范围；平时组织开展预防工作，发生突发公共事件时要及时启动应急响应机制，主要领导负责应急救援指挥工作。要不断总结典型经验，创新工作思路，积极探索有利于推动基层应急管理工作的有效途径。基层组织和单位的负责人要加强对本单位应急管理工作的领导，充分发挥基层党组织的战斗堡垒作用，明确职责分工，加强制度建设，积极创造条件，提供必要的人力、物力和财力，确保应急管理工作顺利开展。

（二）建立健全应急联动机制。县、乡级人民政府要充分整合本行政区域内的各种应急资源，组织建立政府及其有关部门、基层组织、基层企事业单位以及上级救援机构之间的应急联动机制，明确应急管理各环节主管部门、协作部门、参与单位及其职责，实现预案联动、信息联动、队伍联动、物资联动。同时，要充分发挥工会、共青团、妇联、红十字会、社区业主委员会等组织及志愿者在基层应急管理中的重要作用，形成基层应急管理的合力。

（三）建立严格的责任制度。地方各级人民政府要切实抓好应急管理行政领导责任制的落实工作；各基层组织和单位要建立主要领导全面负责的应急管理责任制，并逐级落实责任。要制定客观、科学的评价指标和评估体系，将基层应急管理工作开展情况作为县、乡级人民政府和基层单位领导班子综合考核评价的内容。建立完善突发公共事件预防和处置奖惩制度，对不履行职责引起事态扩大、造成严重后果的责任人依法追究责任，对预防和处置工作开展好的单位和个人予以奖励。

（四）发挥新闻舆论的作用。县、乡级人民政府及其有关部门、单位要提高正确引导舆论的工作水平。突发公共事件发生后，应急处置指挥机构要尽快安排有关部门在第一时间发布准确、权威信息，正确引导新闻舆论，稳定公众情绪，防止歪曲事实、恶意炒作，克服或及时消除可能引发的不良影响。应急救援工作结束后，要认真总结经验教训，对舆论反映的客观问题要深查原因，切实整改。要组织新闻媒体积极宣传报道典型人物和先进事迹，形成全社会关心、理解、支持、参与应急管理工作的良好舆论氛围。

国务院办公厅
2007 年 7 月 31 日

国务院办公厅转发安全监管总局等部门关于加强企业应急管理工作的意见

（经国务院同意，2007 年 2 月 28 日国务院办公厅以国办发〔2007〕13 号转发）

企业应急管理是指对企业生产经营中的各种安全生产事故和可能给企业带来人员伤亡、财产损失的各种外部突发公共事件，以及企业可能给社会带来损害的各类突发公共事件的预防、处置和恢复重建等工作，是企业管理的重要组成部分。加强企业应急管理，是企业自身发展的内在要求和必须履行的社会责任。近年来，我国企业应急管理工作取得较大进展，但总体上看仍存在诸多薄弱环节，安全生产事故频发，自然灾害、公共卫生事件、社会安全事件等也给企业安全造成多方面影响。为深入贯彻落实《国家突发公共事件总体应急预案》和《国务院关于全面加强应急管理工作的意见》，进一步加强企业应急管理工作，现提出如下意见：

一、明确企业应急管理的工作目标

（一）各级各类生产经营企业在 2007 年底前全面完成应急预案编制工作；建立健全企业应急管理组

织体系，把应急管理纳入企业管理的各个环节；形成上下贯通、多方联动、协调有序、运转高效的企业应急管理机制；建立起训练有素、反应快速、装备齐全、保障有力的企业应急队伍；加强企业危险源监控，实现企业突发公共事件预防与处置的有机结合；政府有关部门完善相关法规和政策措施；企业应对事故灾难、自然灾害、公共卫生事件和社会安全事件的能力得到全面提高。

二、健全组织体系和工作机制

（二）建立健全企业应急管理组织体系。大型企业要设置或明确应急管理领导机构和办事机构，配备专职或兼职人员开展应急管理工作，形成企业主要领导全面负责、分管领导具体负责、有关部门分工负责、群团组织协助配合、相关人员全部参与的应急管理组织体系；矿山、建筑施工企业和易燃易爆物品、危险化学品、放射性物品等危险物品的生产、经营、储运企业（以下简称高危行业企业）要设置或指定应急管理办事机构，配备应急管理人员。其他各类企业也要在企业负责人的领导下组织开展自身应急管理工作。

（三）完善企业应急联动机制。县级人民政府要全面掌握本行政区域内的高危行业企业分布、企业重点危险源、应急队伍、救援基地、应急物资、道路交通等基本情况，加强与企业联系，组织建立政府与企业、企业与企业、企业与关联单位之间的应急联动机制，形成统一指挥、相互支持、密切配合、协同应对各类突发公共事件的合力，协调有序地开展应急管理工作。中央企业要加强与其所在地县级人民政府有关部门的沟通衔接，主动接受安全生产监管，发生突发公共事件后要及时报告有关情况，发布预警信息。

三、推进预案体系建设和管理

（四）编制完善企业预案。应急预案是企业应急管理工作的主线。各企业要针对本企业的风险隐患特点，以编制事故灾难应急预案为重点，并根据实际需要编制其他方面的应急预案。预案内容要简明、管用、注重实效，有针对性和可操作性。生产企业要在预案中明确可能发生事故的具体应对措施。地方政府和有关部门要重点加强对非公有制企业、中小企业、高危行业企业、安全生产状况较差企业、产生或经营危险废弃物的企业和改革重组改制企业的指导，明确预案编制要求，制订编制指南或预案范本，提高预案质量。

（五）加强企业预案管理。建立企业预案的评估管理、动态管理和备案管理制度。各企业要根据有关法律、法规、标准的变动情况，应急预案演练情况，以及企业作业条件、设备状况、产品品种、人员、技术、外部环境等不断变化的实际情况，及时评估和补充修订完善预案。企业应急预案按照"分类管理、分级负责"的原则报当地政府主管部门和上级单位备案，并告知相关单位。备案管理单位要加强对预案内容的审查，实现预案之间的有机衔接。

（六）开展多种形式的预案演练。各企业要从实际出发，有计划地组织开展预案演练工作。高危行业企业要针对生产事故易发环节，每年至少组织开展一次预案演练。要加强对演练情况的总结分析，及时发现问题，不断改进应急管理工作。有关部门要加强对企业预案演练的指导，并组织高危行业企业开展联合演练，促进各单位的协调配合和职责落实。

四、加强企业应急队伍和基地建设

（七）加强企业专兼职队伍和职工队伍建设。按照专业救援和职工参与相结合、险时救援和平时防范相结合的原则，建设专业队伍为骨干、兼职队伍为辅助、职工队伍为基础的企业应急队伍体系。大中型高危行业企业要根据有关法律法规建立专业的应急救援队伍；小型高危行业企业要建立兼职的应急救援队伍，并与有关专业应急队伍建立合作、联动机制；其他企业应根据需要指定专职或兼职应急救援人员。对已经建有专兼职消防队的企业，其应急救援队伍应当依托已有的专兼职消防队组建。涉及高危行业的中央企业都要建立起现代化、专业化、高技术水准的救援队伍。各企业要切实抓好应急队伍的训练和管理，加强对职工应急知识、技能的培训。特别是安全生产关键责任岗位的职工，不仅要熟练掌握生产操作技术，更要掌握安全操作规范和安全生产事件的处置方法，增强自救互救和第一时间处置突发事件的能力。签订救援协议的专业应急救援队伍要定期协助协议企业排查事故隐患，熟悉救援环境，开展技术咨询和服务，协议企业应予以积极配合和支持。充分发挥专家对企业应急预案编制、应急演练、应急处置等工作的指导作用，提高企业应急管理水平。

（八）加强企业应急救援基地建设。大型矿山、石化、民航、铁路、水上运输、核工业企业要充分发挥组织优势、技术优势、人才优势，建设专业特色突出、布局配置合理的应急救援基地，并在做好本企业应急救援工作的同时，参与社会应急救援工作。具备条件的中央企业要率先建立一批管理规范、装备先进适用、信息畅通、处置能力强的区域应急救援基地，承担起一定区域内的重大抢险救灾任务。有关部门要加强与相关地方的沟通，做好救援基地规划布局和组织建设工作，建立有效的全国救援基地信息沟通渠道。地方政府要加强对应急救援基地建设的支持，充分发挥救援基地在区域救援方面的重要作用。

五、做好隐患排查监管和应急处置工作

（九）开展企业隐患排查监管。各企业要组织力量，重点针对企业生产场所、危险建（构）筑物以及企业周边环境等认真开展隐患排查，全面分析可能造成的灾害及衍生灾害。对查出的隐患及时治理整改，制订切实可行的整改方案，并采取可靠的安全保障措施。对隐患较大的要采取停产、停业整顿或停止使用等措施，防止发生突发事件。对重大危险源应当登记建档，进行定期检测、评估，实时监控，并告知从业人员和相关人员在紧急情况下应当采取的应急措施。改革重组改制企业要特别重视矛盾纠纷和其他影响社会安全的隐患的排查化解工作，防范发生群体性事件。有关部门要加强隐患标准的制订、完善工作，加强督促检查。

（十）做好突发公共事件的处置工作。突发公共事件发生后，企业应立即启动相关应急预案，组织开展先期处置，并按照分级标准迅速向地方政府及有关部门报告。对溢流、井喷、危险化学品泄漏、放射源失控等可能对周边群众和环境产生危害的突发公共事件，企业要在第一时间向地方政府报告有关情况，并及时向可能受到影响的单位、职工、群众发出预警信息。要控制事故发展态势，标明危险区域，组织、协助应急救援队伍和工作人员救助受害人员，疏散、撤离、安置受到威胁的人员，并采取必要措施防止发生次生、衍生事件。地方政府要按照相关预案要求，加强对应急处置的指挥领导，组织开展救援和群众疏散工作。有关单位要按照地方政府的统一要求，做好各项救援措施的衔接和配合。应急处置工作结束后，各企业应尽快组织恢复生产、生活秩序，消除环境污染，并加强事后评估，完善各项措施。

六、强化企业应急管理职责分工和相关政策措施

（十一）明确和落实企业应急管理责任。企业对自身应急管理工作负责，按照条块结合、属地为主的原则，在政府的领导下和有关部门的监督指导下开展应急管理工作。安全生产是企业应急管理工作的重点，安全生产监管部门和其他负有安全生产监管职责的部门按照现有职责分工，进一步加强监管工作。其他有关部门各司其职，监督指导有关企业预防和应对其他各类突发公共事件。国有资产监督管理机构按照出资人职责，负责督促监管企业落实应急管理方针政策，把监管企业安全生产工作纳入考核内容，对监管企业应急预案的制订和落实情况开展检查。各级政府应急管理办事机构负责综合指导、协调企业应急管理工作。各有关部门要按照职责分工，针对不同行业的企业、大型企业与中小型企业、国有企业与民营企业、内资企业与外资企业等不同类型企业在应急管理工作中的不同特点，加强对企业应急管理的分类指导。建立激励约束机制，对应急管理工作中表现突出的企业和个人给予表彰或奖励，对不履行职责引起事态扩大、造成严重后果的责任人要依法追究责任。

（十二）企业要加大投入力度。企业应急能力建设是企业安全生产和企业长远发展的保障。各企业要加大对应急能力建设的投入力度，着力解决制约企业应急管理的关键问题，使人力、物力、财力等生产要素适应应急管理工作的要求，做到应急管理与企业发展同步规划、同步实施、同步推进。要切实加大对应急物资的投入，制订应急物资保障方案，重点加强防护用品、救援装备、救援器材的物资储备，做到数量充足、品种齐全、质量可靠。加快新技术、新工艺和新设备的应用，改善企业安全生产条件，提高防灾减灾能力。针对企业应急管理的重点和难点问题，加强与有关科研院所的联合攻关。有条件的企业要加强应急管理的信息化建设，配备必要的设备，逐步实现与有关部门数据信息的互联互通。高危行业企业要安排应急专项资金，用于隐患排查整改、危险源监控、应急队伍建设、物资设备购置、应急预案演练、应急知识培训和宣传教育等工作。

（十三）制定完善相关政策。建立和完善政府应急准备金制度，对处置企业突发公共事件等给予必要支持。进一步落实企业强制性提取安全费用、交纳安全生产风险抵押金、提高事故伤亡赔偿标准的政策措施。研究制定征用补偿政策，完善对企业物资合理征用的补偿办法。研究制定相关政策措施，加强先进适用技术、装备的研发和应用，加快形成具有自主知识产权的应急技术和产品，扶持应急产业发展。建立完善企业应急队伍有偿服务机制，对企业应急救援队伍参与社会救援的经费支出予以相应补偿，鼓励和支持企业参与社会救援。充分发挥保险在突发公共事件预防、处置和恢复重建等方面的作用，大力推进高危行业企业的意外伤害保险和责任保险制度建设，完善对专职和兼职救护队员的工伤保险制度。

3. 应急预案及有关文件

国家突发公共事件总体应急预案

(2005年1月26日国务院第79次常务会议通过，2006年1月8日发布并实施)

1 总则

1.1 编制目的

提高政府保障公共安全和处置突发公共事件的能力，最大程度地预防和减少突发公共事件及其造成的损害，保障公众的生命财产安全，维护国家安全和社会稳定，促进经济社会全面、协调、可持续发展。

1.2 编制依据

依据宪法及有关法律、行政法规，制定本预案。

1.3 分类分级

本预案所称突发公共事件是指突然发生，造成或者可能造成重大人员伤亡、财产损失、生态环境破坏和严重社会危害，危及公共安全的紧急事件。

根据突发公共事件的发生过程、性质和机理，突发公共事件主要分为以下四类：

（1）自然灾害。主要包括水旱灾害，气象灾害，地震灾害，地质灾害，海洋灾害，生物灾害和森林草原火灾等。

（2）事故灾难。主要包括工矿商贸等企业的各类安全事故，交通运输事故，公共设施和设备事故，环境污染和生态破坏事件等。

（3）公共卫生事件。主要包括传染病疫情，群体性不明原因疾病，食品安全和职业危害，动物疫情，以及其他严重影响公众健康和生命安全的事件。

（4）社会安全事件。主要包括恐怖袭击事件，经济安全事件和涉外突发事件等。

各类突发公共事件按照其性质、严重程度、可控性和影响范围等因素，一般分为四级：Ⅰ级（特别重大）、Ⅱ级（重大）、Ⅲ级（较大）和Ⅳ级（一般）。

1.4 适用范围

本预案适用于涉及跨省级行政区划的，或超出事发地省级人民政府处置能力的特别重大突发公共事件应对工作。

本预案指导全国的突发公共事件应对工作。

1.5 工作原则

（1）以人为本，减少危害。切实履行政府的社会管理和公共服务职能，把保障公众健康和生命财产安全作为首要任务，最大程度地减少突发公共事件及其造成的人员伤亡和危害。

（2）居安思危，预防为主。高度重视公共安全工作，常抓不懈，防患于未然。增强忧患意识，坚持预防与应急相结合，常态与非常态相结合，做好应对突发公共事件的各项准备工作。

（3）统一领导，分级负责。在党中央、国务院的统一领导下，建立健全分类管理、分级负责，条块结合、属地管理为主的应急管理体制，在各级党委领导下，实行行政领导责任制，充分发挥专业应急指挥机构的作用。

（4）依法规范，加强管理。依据有关法律和行政法规，加强应急管理，维护公众的合法权益，使应对突发公共事件的工作规范化、制度化、法制化。

（5）快速反应，协同应对。加强以属地管理为主的应急处置队伍建设，建立联动协调制度，充分动员和发挥乡镇、社区、企事业单位、社会团体和志愿者队伍的作用，依靠公众力量，形成统一指挥、反应灵敏、功能齐全、协调有序、运转高效的应急管理机制。

（6）依靠科技，提高素质。加强公共安全科学研究和技术开发，采用先进的监测、预测、预警、预防和应急处置技术及设施，充分发挥专家队伍和专业人员的作用，提高应对突发公共事件的科技水平和指挥能力，避免发生次生、衍生事件；加强宣传和培训教育工作，提高公众自救、互救和应对各类突发公共事件的综合素质。

1.6 应急预案体系

全国突发公共事件应急预案体系包括：

（1）突发公共事件总体应急预案。总体应急预案是全国应急预案体系的总纲，是国务院应对特别重大突发公共事件的规范性文件。

（2）突发公共事件专项应急预案。专项应急预案主要是国务院及其有关部门为应对某一类型或某几种类型突发公共事件而制定的应急预案。

（3）突发公共事件部门应急预案。部门应急预案是国务院有关部门根据总体应急预案、专项应急预案和部门职责为应对突发公共事件制定的预案。

（4）突发公共事件地方应急预案。具体包括：省级人民政府的突发公共事件总体应急预案、专项应急预案和部门应急预案；各市（地）、县（市）人民政府及其基层政权组织的突发公共事件应急预案。上述预案在省级人民政府的领导下，按照分类管理、分级负责的原则，由地方人民政府及其有关部门分别制定。

（5）企事业单位根据有关法律法规制定的应急预案。

（6）举办大型会展和文化体育等重大活动，主办单位应当制定应急预案。

各类预案将根据实际情况变化不断补充、完善。

2 组织体系

2.1 领导机构

国务院是突发公共事件应急管理工作的最高行政领导机构。在国务院总理领导下，由国务院常务会议和国家相关突发公共事件应急指挥机构（以下简称相关应急指挥机构）负责突发公共事件的应急管理工作；必要时，派出国务院工作组指导有关工作。

2.2 办事机构

国务院办公厅设国务院应急管理办公室，履行值守应急、信息汇总和综合协调职责，发挥运转枢纽作用。

2.3 工作机构

国务院有关部门依据有关法律、行政法规和各自的职责，负责相关类别突发公共事件的应急管理工作。具体负责相关类别的突发公共事件专项和部门应急预案的起草与实施，贯彻落实国务院有关决定事项。

2.4 地方机构

地方各级人民政府是本行政区域突发公共事件应急管理工作的行政领导机构，负责本行政区域各类突发公共事件的应对工作。

2.5 专家组

国务院和各应急管理机构建立各类专业人才库，可以根据实际需要聘请有关专家组成专家组，为应急管理提供决策建议，必要时参加突发公共事件的应急处置工作。

3 运行机制

3.1 预测与预警

各地区、各部门要针对各种可能发生的突发公共事件，完善预测预警机制，建立预测预警系统，开展风险分析，做到早发现、早报告、早处置。

3.1.1 预警级别和发布

根据预测分析结果，对可能发生和可以预警的突发公共事件进行预警。预警级别依据突发公共事件可能造成的危害程度、紧急程度和发展势态，一般划分为四级：Ⅰ级（特别严重）、Ⅱ级（严重）、Ⅲ级（较重）和Ⅳ级（一般），依次用红色、橙色、黄色和蓝色表示。

预警信息包括突发公共事件的类别、预警级别、起始时间、可能影响范围、警示事项、应采取的措施和发布机关等。

预警信息的发布、调整和解除可通过广播、电视、报刊、通信、信息网络、警报器、宣传车或组织人员逐户通知等方式进行，对老、幼、病、残、孕等特殊人群以及学校等特殊场所和警报盲区应当采取有针对性的公告方式。

3.2 应急处置

3.2.1 信息报告

特别重大或者重大突发公共事件发生后，各地区、各部门要立即报告，最迟不得超过4小时，同时通报有关地区和部门。应急处置过程中，要及时续报有关情况。

3.2.2 先期处置

突发公共事件发生后，事发地的省级人民政府或者国务院有关部门在报告特别重大、重大突发公共事件信息的同时，要根据职责和规定的权限启动相关应急预案，及时、有效地进行处置，控制事态。

在境外发生涉及中国公民和机构的突发事件，我驻外使领馆、国务院有关部门和有关地方人民政府要采取措施控制事态发展，组织开展应急救援工作。

3.2.3 应急响应

对于先期处置未能有效控制事态的特别重大突发公共事件，要及时启动相关预案，由国务院相关应急指挥机构或国务院工作组统一指挥或指导有关地区、部门开展处置工作。

现场应急指挥机构负责现场的应急处置工作。

需要多个国务院相关部门共同参与处置的突发公共事件，由该类突发公共事件的业务主管部门牵头，其他部门予以协助。

3.2.4 应急结束

特别重大突发公共事件应急处置工作结束，或者相关危险因素消除后，现场应急指挥机构予以撤销。

3.3 恢复与重建

3.3.1 善后处置

要积极稳妥、深入细致地做好善后处置工作。对突发公共事件中的伤亡人员、应急处置工作人员，以及紧急调集、征用有关单位及个人的物资，要按照规定给予抚恤、补助或补偿，并提供心理及司法援助。有关部门要做好疫病防治和环境污染消除工作。保险监管机构督促有关保险机构及时做好有关单位和个人损失的理赔工作。

3.3.2 调查与评估

要对特别重大突发公共事件的起因、性质、影响、责任、经验教训和恢复重建等问题进行调查评估。

3.3.3 恢复重建

根据受灾地区恢复重建计划组织实施恢复重建工作。

3.4 信息发布

突发公共事件的信息发布应当及时、准确、客观、全面。事件发生的第一时间要向社会发布简要信息，随后发布初步核实情况、政府应对措施和公众防范措施等，并根据事件处置情况做好后续发布工作。

信息发布形式主要包括授权发布、散发新闻稿、组织报道、接受记者采访、举行新闻发布会等。

4 应急保障

各有关部门要按照职责分工和相关预案做好突发公共事件的应对工作，同时根据总体预案切实做好应对突发公共事件的人力、物力、财力、交通运输、医疗卫生及通信保障等工作，保证应急救援工作的需要和灾区群众的基本生活，以及恢复重建工作的顺利进行。

4.1 人力资源

公安（消防）、医疗卫生、地震救援、海上搜救、矿山救护、森林消防、防洪抢险、核与辐射、环境监控、危险化学品事故救援、铁路事故、民航事故、基础信息网络和重要信息系统事故处置，以及水、电、油、气等工程抢险救援队伍是应急救援的专业队伍和骨干力量。地方各级人民政府和有关部门、单位要加强应急救援队伍的业务培训和应急演练，建立联动协调机制，提高装备水平；动员社会团体、企事业单位以及志愿者等各种社会力量参与应急救援工作；增进国际间的交流与合作。要加强以乡镇和社区为单位的公众应急能力建设，发挥其在应对突发公共事件中的重要作用。

中国人民解放军和中国人民武装警察部队是处置突发公共事件的骨干和突击力量，按照有关规定参加应急处置工作。

4.2 财力保障

要保证所需突发公共事件应急准备和救援工作资金。对受突发公共事件影响较大的行业、企事业单位和个人要及时研究提出相应的补偿或救助政策。要对突发公共事件财政应急保障资金的使用和效果进行监管和评估。

鼓励自然人、法人或者其他组织（包括国际组织）按照《中华人民共和国公益事业捐赠法》等有关法律、法规的规定进行捐赠和援助。

4.3 物资保障

要建立健全应急物资监测网络、预警体系和应急物资生产、储备、调拨及紧急配送体系，完善应急工作程序，确保应急所需物资和生活用品的及时供应，并加强对物资储备的监督管理，及时予以补充和更新。

地方各级人民政府应根据有关法律、法规和应急预案的规定，做好物资储备工作。

4.4 基本生活保障

要做好受灾群众的基本生活保障工作，确保灾区群众有饭吃、有水喝、有衣穿、有住处、有病能得到及时医治。

4.5 医疗卫生保障

卫生部门负责组建医疗卫生应急专业技术队伍，根据需要及时赴现场开展医疗救治、疾病预防控制等卫生应急工作。及时为受灾地区提供药品、器械等卫生和医疗设备。必要时，组织动员红十字会等社会卫生力量参与医疗卫生救助工作。

4.6 交通运输保障

要保证紧急情况下应急交通工具的优先安排、优先调度、优先放行，确保运输安全畅通；要依法建立紧急情况社会交通运输工具的征用程序，确保抢险救灾物资和人员能够及时、安全送达。

根据应急处置需要，对现场及相关通道实行交通管制，开设应急救援"绿色通道"，保证应急救援工作的顺利开展。

4.7 治安维护

要加强对重点地区、重点场所、重点人群、重要物资和设备的安全保护，依法严厉打击违法犯罪活动。必要时，依法采取有效管制措施，控制事态，维护社会秩序。

4.8 人员防护

要指定或建立与人口密度、城市规模相适应的应急避险场所，完善紧急疏散管理办法和程序，明确各级责任人，确保在紧急情况下公众安全、有序的转移或疏散。

要采取必要的防护措施，严格按照程序开展应急救援工作，确保人员安全。

4.9 通信保障

建立健全应急通信、应急广播电视保障工作体系，完善公用通信网，建立有线和无线相结合、基础电信网络与机动通信系统相配套的应急通信系统，确保通信畅通。

4.10 公共设施

有关部门要按照职责分工，分别负责煤、电、油、气、水的供给，以及废水、废气、固体废弃物等有害物质的监测和处理。

4.11 科技支撑

要积极开展公共安全领域的科学研究；加大公共安全监测、预测、预警、预防和应急处置技术研发的投入，不断改进技术装备，建立健全公共安全应急技术平台，提高我国公共安全科技水平；注意发挥企业在公共安全领域的研发作用。

5 监督管理

5.1 预案演练

各地区、各部门要结合实际，有计划、有重点地组织有关部门对相关预案进行演练。

5.2 宣传和培训

宣传、教育、文化、广电、新闻出版等有关部门要通过图书、报刊、音像制品和电子出版物、广播、电视、网络等，广泛宣传应急法律法规和预防、避险、自救、互救、减灾等常识，增强公众的忧患意识、社会责任意识和自救、互救能力。各有关方面要有计划地对应急救援和管理人员进行培训，提高其专业技能。

5.3 责任与奖惩

突发公共事件应急处置工作实行责任追究制。

对突发公共事件应急管理工作中做出突出贡献的先进集体和个人要给予表彰和奖励。

对迟报、谎报、瞒报和漏报突发公共事件重要情况或者应急管理工作中有其他失职、渎职行为的，依法对有关责任人给予行政处分；构成犯罪的，依法追究刑事责任。

6 附则

6.1 预案管理

根据实际情况的变化，及时修订本预案。

本预案自发布之日起实施。

突发事件应急预案管理办法

（2013年10月25日国务院办公厅以国办发〔2013〕101号印发）

第一章 总 则

第一条 为规范突发事件应急预案（以下简称应急预案）管理，增强应急预案的针对性、实用性和可操作性，依据《中华人民共和国突发事件应对法》等法律、行政法规，制订本办法。

第二条 本办法所称应急预案，是指各级人民政府及其部门、基层组织、企事业单位、社会团体等为依法、迅速、科学、有序应对突发事件，最大程度减少突发事件及其造成的损害而预先制定的工作方案。

第三条 应急预案的规划、编制、审批、发布、备案、演练、修订、培训、宣传教育等工作，适用本办法。

第四条 应急预案管理遵循统一规划、分类指导、分级负责、动态管理的原则。

第五条 应急预案编制要依据有关法律、行政法规和制度，紧密结合实际，合理确定内容，切实提高针对性、实用性和可操作性。

第二章 分类和内容

第六条 应急预案按照制定主体划分，分为政府及其部门应急预案、单位和基层组织应急预案两大类。

第七条 政府及其部门应急预案由各级人民政府及其部门制定，包括总体应急预案、专项应急预案、部门应急预案等。

总体应急预案是应急预案体系的总纲，是政府组织应对突发事件的总体制度安排，由县级以上各级人民政府制定。

专项应急预案是政府为应对某一类型或某几种类型突发事件，或者针对重要目标物保护、重大活动保障、应急资源保障等重要专项工作而预先制定的涉及多个部门职责的工作方案，由有关部门牵头制订，报本级人民政府批准后印发实施。

部门应急预案是政府有关部门根据总体应急预案、专项应急预案和部门职责，为应对本部门（行业、领域）突发事件，或者针对重要目标物保护、重大活动保障、应急资源保障等涉及部门工作而预先制定的工作方案，由各级政府有关部门制定。

鼓励相邻、相近的地方人民政府及其有关部门联合制定应对区域性、流域性突发事件的联合应急预案。

第八条 总体应急预案主要规定突发事件应对的基本原则、组织体系、运行机制，以及应急保障的总体安排等，明确相关各方的职责和任务。

针对突发事件应对的专项和部门应急预案，不同层级的预案内容各有所侧重。国家层面专项和部门应急预案侧重明确突发事件的应对原则、组织指挥机制、预警分级和事件分级标准、信息报告要求、分级响应及响应行动、应急保障措施等，重点规范国家层面应对行动，同时体现政策性和指导性；省级专项和部门应急预案侧重明确突发事件的组织指挥机制、信息报告要求、分级响应及响应行动、队伍物资保障及调动程序、市县级政府职责等，重点规范省级层面应对行动，同时体现指导性；市县级专项和部门应急预案侧重明确突发事件的组织指挥机制、风险评估、监测预警、信息报告、应急处置措施、队伍物资保障及调动程序等内容，重点规范市（地）级和县级层面应对行动，体现应急处置的主体职能；乡镇街道专项和部门应急预案侧重明确突发事件的预警信息传播、组织先期处置和自救互救、信息收集报告、人员临时安置等内容，重点规范乡镇层面应对行动，体现先期处置特点。

针对重要基础设施、生命线工程等重要目标物保护的专项和部门应急预案，侧重明确风险隐患及防范措施、监测预警、信息报告、应急处置和紧急恢复等内容。

针对重大活动保障制定的专项和部门应急预案，侧重明确活动安全风险隐患及防范措施、监测预警、信息报告、应急处置、人员疏散撤离组织和路线等内容。

针对为突发事件应对工作提供队伍、物资、装备、资金等资源保障的专项和部门应急预案，侧重明确组织指挥机制、资源布局、不同种类和级别突发事件发生后的资源调用程序等内容。

联合应急预案侧重明确相邻、相近地方人民政府及其部门间信息通报、处置措施衔接、应急资源共享等应急联动机制。

第九条 单位和基层组织应急预案由机关、企业、事业单位、社会团体和居委会、村委会等法人和基层组织制定，侧重明确应急响应责任人、风险隐患监测、信息报告、预警响应、应急处置、人员疏散撤离组织和路线、可调用或可请求援助的应急资源情况及如何实施等，体现自救互救、信息报告和先期处置特点。

大型企业集团可根据相关标准规范和实际工作需要，参照国际惯例，建立本集团应急预案体系。

第十条 政府及其部门、有关单位和基层组织可根据应急预案，并针对突发事件现场处置工作灵活制定现场工作方案，侧重明确现场组织指挥机制、应急队伍分工、不同情况下的应对措施、应急装备保障和自我保障等内容。

第十一条 政府及其部门、有关单位和基层组织可结合本地区、本部门和本单位具体情况，编制应急预案操作手册，内容一般包括风险隐患分析、处置工作程序、响应措施、应急队伍和装备物资情况，以及相关单位联络人员和电话等。

第十二条 对预案应急响应是否分级、如何分级、如何界定分级响应措施等，由预案制定单位根据本地区、本部门和本单位的实际情况确定。

第三章 预案编制

第十三条 各级人民政府应当针对本行政区域多发易发突发事件、主要风险等，制定本级政府及其部门应急预案编制规划，并根据实际情况变化适时修订完善。

单位和基层组织可根据应对突发事件需要，制定本单位、本基层组织应急预案编制计划。

第十四条 应急预案编制部门和单位应组成预案编制工作小组，吸收预案涉及主要部门和单位业务相关人员、有关专家及有现场处置经验的人员参加。编制工作小组组长由应急预案编制部门或单位有关负责人担任。

第十五条 编制应急预案应当在开展风险评估和应急资源调查的基础上进行。

（一）风险评估。针对突发事件特点，识别事件的危害因素，分析事件可能产生的直接后果以及次生、衍生后果，评估各种后果的危害程度，提出控制风险、治理隐患的措施。

（二）应急资源调查。全面调查本地区、本单位第一时间可调用的应急队伍、装备、物资、场所等应急资源状况和合作区域内可请求援助的应急资源状况，必要时对本地居民应急资源情况进行调查，为制定应急响应措施提供依据。

第十六条 政府及其部门应急预案编制过程中应当广泛听取有关部门、单位和专家的意见，与相关的预案作好衔接。涉及其他单位职责的，应当书面征求相关单位意见。必要时，向社会公开征求意见。

单位和基层组织应急预案编制过程中，应根据法律、行政法规要求或实际需要，征求相关公民、法人或其他组织的意见。

第四章 审批、备案和公布

第十七条 预案编制工作小组或牵头单位应当将预案送审稿及各有关单位复函和意见采纳情况说明、编制工作说明等有关材料报送应急预案审批单位。因保密等原因需要发布应急预案简本的，应当将应急预案简本一起报送审批。

第十八条 应急预案审核内容主要包括预案是否符合有关法律、行政法规，是否与有关应急预案进行了衔接，各方面意见是否一致，主体内容是否完备，责任分工是否合理明确，应急响应级别设计是否合理，应对措施是否具体简明、管用可行等。必要时，应急预案审批单位可组织有关专家对应急预案进行评审。

第十九条 国家总体应急预案报国务院审批，以国务院名义印发；专项应急预案报国务院审批，以国务院办公厅名义印发；部门应急预案由部门有关会议审议决定，以部门名义印发，必要时，可以由国务院办公厅转发。

地方各级人民政府总体应急预案应当经本级人民政府常务会议审议，以本级人民政府名义印发；专项应急预案应当经本级人民政府审批，必要时经本级人民政府常务会议或专题会议审议，以本级人民政府办公厅（室）名义印发；部门应急预案应当经部门有关会议审议，以部门名义印发，必要时，可以由本级人民政府办公厅（室）转发。

单位和基层组织应急预案须经本单位或基层组织主要负责人或分管负责人签发，审批方式根据实际情况确定。

第二十条 应急预案审批单位应当在应急预案印发后的20个工作日内依照下列规定向有关单位备案：

（一）地方人民政府总体应急预案报送上一级人民政府备案。

（二）地方人民政府专项应急预案抄送上一级人民政府有关主管部门备案。

（三）部门应急预案报送本级人民政府备案。

（四）涉及需要与所在地政府联合应急处置的中央单位应急预案，应当向所在地县级人民政府备案。

法律、行政法规另有规定的从其规定。

第二十一条 自然灾害、事故灾难、公共卫生类政府及其部门应急预案，应向社会公布。对确需保密的应急预案，按有关规定执行。

第五章 应急演练

第二十二条 应急预案编制单位应当建立应急演练制度，根据实际情况采取实战演练、桌面推演等方式，组织开展人员广泛参与、处置联动性强、形式多样、节约高效的应急演练。

专项应急预案、部门应急预案至少每3年进行一次应急演练。

地震、台风、洪涝、滑坡、山洪泥石流等自然灾害易发区域所在地政府，重要基础设施和城市供水、供电、供气、供热等生命线工程经营管理单位，矿山、建筑施工单位和易燃易爆物品、危险化学品、放射性物品等危险物品生产、经营、储运、使用单位，公共交通工具、公共场所和医院、学校等人员密集场所的经营单位或者管理单位等，应当有针对性地经常组织开展应急演练。

第二十三条 应急演练组织单位应当组织演练评估。评估的主要内容包括：演练的执行情况，预案的合理性与可操作性，指挥协调和应急联动情况，应急人员的处置情况，演练所用设备装备的适用性，对完善预案、应急准备、应急机制、应急措施等方面的意见和建议等。

鼓励委托第三方进行演练评估。

第六章 评估和修订

第二十四条 应急预案编制单位应当建立定期评估制度，分析评价预案内容的针对性、实用性和可操作性，实现应急预案的动态优化和科学规范管理。

第二十五条 有下列情形之一的，应当及时修订应急预案：

（一）有关法律、行政法规、规章、标准、上位预案中的有关规定发生变化的；

（二）应急指挥机构及其职责发生重大调整的；

（三）面临的风险发生重大变化的；

（四）重要应急资源发生重大变化的；

（五）预案中的其他重要信息发生变化的；

（六）在突发事件实际应对和应急演练中发现问题需要作出重大调整的；

（七）应急预案制定单位认为应当修订的其他情况。

第二十六条 应急预案修订涉及组织指挥体系与职责、应急处置程序、主要处置措施、突发事件分级标准等重要内容的，修订工作应参照本办法规定的预案编制、审批、备案、公布程序组织进行。仅涉及其他内容的，修订程序可根据情况适当简化。

第二十七条 各级政府及其部门、企事业单位、社会团体、公民等，可以向有关预案编制单位提出修订建议。

第七章 培训和宣传教育

第二十八条 应急预案编制单位应当通过编发培训材料、举办培训班、开展工作研讨等方式，对与应急预案实施密切相关的管理人员和专业救援人员等组织开展应急预案培训。

各级政府及其有关部门应将应急预案培训作为应急管理培训的重要内容,纳入领导干部培训、公务员培训、应急管理干部日常培训内容。

第二十九条 对需要公众广泛参与的非涉密的应急预案,编制单位应当充分利用互联网、广播、电视、报刊等多种媒体广泛宣传,制作通俗易懂、好记管用的宣传普及材料,向公众免费发放。

第八章 组织保障

第三十条 各级政府及其有关部门应对本行政区域、本行业(领域)应急预案管理工作加强指导和监督。国务院有关部门可根据需要编写应急预案编制指南,指导本行业(领域)应急预案编制工作。

第三十一条 各级政府及其有关部门、各有关单位要指定专门机构和人员负责相关具体工作,将应急预案规划、编制、审批、发布、演练、修订、培训、宣传教育等工作所需经费纳入预算统筹安排。

第九章 附 则

第三十二条 国务院有关部门、地方各级人民政府及其有关部门、大型企业集团等可根据实际情况,制定相关实施办法。

第三十三条 本办法由国务院办公厅负责解释。

第三十四条 本办法自印发之日起施行。

五、其他相关法

中华人民共和国消防法

（1998年4月29日第九届全国人民代表大会常务委员会第二次会议通过 2008年10月28日第十一届全国人民代表大会常务委员会第五次会议修订 根据2019年4月23日第十三届全国人民代表大会常务委员会第十次会议《关于修改〈中华人民共和国建筑法〉等八部法律的决定》修正 根据2021年4月29日第十三届全国人民代表大会常务委员会第二十八次会议《关于修改〈中华人民共和国道路交通安全法〉等八部法律的决定》修正）

第一章 总 则

第一条 为了预防火灾和减少火灾危害，加强应急救援工作，保护人身、财产安全，维护公共安全，制定本法。

第二条 消防工作贯彻预防为主、防消结合的方针，按照政府统一领导、部门依法监管、单位全面负责、公民积极参与的原则，实行消防安全责任制，建立健全社会化的消防工作网络。

第三条 国务院领导全国的消防工作。地方各级人民政府负责本行政区域内的消防工作。

各级人民政府应当将消防工作纳入国民经济和社会发展计划，保障消防工作与经济社会发展相适应。

第四条 国务院应急管理部门对全国的消防工作实施监督管理。县级以上地方人民政府应急管理部门对本行政区域内的消防工作实施监督管理，并由本级人民政府消防救援机构负责实施。军事设施的消防工作，由其主管单位监督管理，消防救援机构协助；矿井地下部分、核电厂、海上石油天然气设施的消防工作，由其主管单位监督管理。

县级以上人民政府其他有关部门在各自的职责范围内，依照本法和其他相关法律、法规的规定做好消防工作。

法律、行政法规对森林、草原的消防工作另有规定的，从其规定。

第五条 任何单位和个人都有维护消防安全、保护消防设施、预防火灾、报告火警的义务。任何单位和成年人都有参加有组织的灭火工作的义务。

第六条 各级人民政府应当组织开展经常性的消防宣传教育，提高公民的消防安全意识。

机关、团体、企业、事业等单位，应当加强对本单位人员的消防宣传教育。

应急管理部门及消防救援机构应当加强消防法律、法规的宣传，并督促、指导、协助有关单位做好消防宣传教育工作。

教育、人力资源行政主管部门和学校、有关职业培训机构应当将消防知识纳入教育、教学、培训的内容。

新闻、广播、电视等有关单位，应当有针对性地面向社会进行消防宣传教育。

工会、共产主义青年团、妇女联合会等团体应当结合各自工作对象的特点，组织开展消防宣传教育。

村民委员会、居民委员会应当协助人民政府以及公安机关、应急管理等部门，加强消防宣传教育。

第七条 国家鼓励、支持消防科学研究和技术创新，推广使用先进的消防和应急救援技术、设备；鼓励、支持社会力量开展消防公益活动。

对在消防工作中有突出贡献的单位和个人，应当按照国家有关规定给予表彰和奖励。

第二章 火灾预防

第八条 地方各级人民政府应当将包括消防安全布局、消防站、消防供水、消防通信、消防车通道、消防装备等内容的消防规划纳入城乡规划，并负责组织实施。

城乡消防安全布局不符合消防安全要求的，应当调整、完善；公共消防设施、消防装备不足或者不适应实际需要的，应当增建、改建、配置或者进行技术改造。

第九条 建设工程的消防设计、施工必须符合国家工程建设消防技术标准。建设、设计、施工、工程监理等单位依法对建设工程的消防设计、施工质量负责。

第十条 对按照国家工程建设消防技术标准需要进行消防设计的建设工程，实行建设工程消防设计审查验收制度。

第十一条 国务院住房和城乡建设主管部门规定的特殊建设工程，建设单位应当将消防设计文件报送住房和城乡建设主管部门审查，住房和城乡建设主管部门依法对审查的结果负责。

前款规定以外的其他建设工程，建设单位申请领取施工许可证或者申请批准开工报告时应当提供满足施工需要的消防设计图纸及技术资料。

第十二条 特殊建设工程未经消防设计审查或者审查不合格的，建设单位、施工单位不得施工；其他建设工程，建设单位未提供满足施工需要的消防设计图纸及技术资料的，有关部门不得发放施工许可证或者批准开工报告。

第十三条 国务院住房和城乡建设主管部门规定应当申请消防验收的建设工程竣工，建设单位应当向住房和城乡建设主管部门申请消防验收。

前款规定以外的其他建设工程，建设单位在验收后应当报住房和城乡建设主管部门备案，住房和城乡建设主管部门应当进行抽查。

依法应当进行消防验收的建设工程，未经消防验收或者消防验收不合格的，禁止投入使用；其他建设工程经依法抽查不合格的，应当停止使用。

第十四条 建设工程消防设计审查、消防验收、备案和抽查的具体办法，由国务院住房和城乡建设主管部门规定。

第十五条 公众聚集场所投入使用、营业前消防安全检查实行告知承诺管理。公众聚集场所在投入使用、营业前，建设单位或者使用单位应当向场所所在地的县级以上地方人民政府消防救援机构申请消防安全检查，作出场所符合消防技术标准和管理规定的承诺，提交规定的材料，并对其承诺和材料的真实性负责。

消防救援机构对申请人提交的材料进行审查；申请材料齐全、符合法定形式的，应当予以许可。消防救援机构应当根据消防技术标准和管理规定，及时对作出承诺的公众聚集场所进行核查。

申请人选择不采用告知承诺方式办理的，消防救援机构应当自受理申请之日起十个工作日内，根据消防技术标准和管理规定，对该场所进行检查。经检查符合消防安全要求的，应当予以许可。

公众聚集场所未经消防救援机构许可的，不得投入使用、营业。消防安全检查的具体办法，由国务院应急管理部门制定。

第十六条 机关、团体、企业、事业等单位应当履行下列消防安全职责：

（一）落实消防安全责任制，制定本单位的消防安全制度、消防安全操作规程，制定灭火和应急疏散预案；

（二）按照国家标准、行业标准配置消防设施、器材，设置消防安全标志，并定期组织检验、维修，确保完好有效；

（三）对建筑消防设施每年至少进行一次全面检测，确保完好有效，检测记录应当完整准确，存档备查；

（四）保障疏散通道、安全出口、消防车通道畅通，保证防火防烟分区、防火间距符合消防技术标准；

（五）组织防火检查，及时消除火灾隐患；

（六）组织进行有针对性的消防演练；

（七）法律、法规规定的其他消防安全职责。

单位的主要负责人是本单位的消防安全责任人。

第十七条 县级以上地方人民政府消防救援机构应当将发生火灾可能性较大以及发生火灾可能造成重大的人身伤亡或者财产损失的单位，确定为本行政区域内的消防安全重点单位，并由应急管理部门报本级人民政府备案。

消防安全重点单位除应当履行本法第十六条规定的职责外，还应当履行下列消防安全职责：

（一）确定消防安全管理人，组织实施本单位的消防安全管理工作；

（二）建立消防档案，确定消防安全重点部位，设置防火标志，实行严格管理；

（三）实行每日防火巡查，并建立巡查记录；

（四）对职工进行岗前消防安全培训，定期组织消防安全培训和消防演练。

第十八条 同一建筑物由两个以上单位管理或者使用的，应当明确各方的消防安全责任，并确定责任人对共用的疏散通道、安全出口、建筑消防设施和消防车通道进行统一管理。

住宅区的物业服务企业应当对管理区域内的共用消防设施进行维护管理，提供消防安全防范服务。

第十九条 生产、储存、经营易燃易爆危险品的场所不得与居住场所设置在同一建筑物内，并应当与居住场所保持安全距离。

生产、储存、经营其他物品的场所与居住场所设置在同一建筑物内的，应当符合国家工程建设消防技术标准。

第二十条 举办大型群众性活动，承办人应当依法向公安机关申请安全许可，制定灭火和应急疏散预案并组织演练，明确消防安全责任分工，确定消防安全管理人员，保持消防设施和消防器材配置齐全、完好有效，保证疏散通道、安全出口、疏散指示标志、应急照明和消防车通道符合消防技术标准和管理规定。

第二十一条 禁止在具有火灾、爆炸危险的场所吸烟、使用明火。因施工等特殊情况需要使用明火作业的，应当按照规定事先办理审批手续，采取相应的消防安全措施；作业人员应当遵守消防安全规定。

进行电焊、气焊等具有火灾危险作业的人员和自动消防系统的操作人员，必须持证上岗，并遵守消防安全操作规程。

第二十二条 生产、储存、装卸易燃易爆危险品的工厂、仓库和专用车站、码头的设置，应当符合消防技术标准。易燃易爆气体和液体的充装站、供应站、调压站，应当设置在符合消防安全要求的位置，并符合防火防爆要求。

已经设置的生产、储存、装卸易燃易爆危险品的工厂、仓库和专用车站、码头，易燃易爆气体和液体的充装站、供应站、调压站，不再符合前款规定的，地方人民政府应当组织、协调有关部门、单位限期解决，消除安全隐患。

第二十三条 生产、储存、运输、销售、使用、销毁易燃易爆危险品，必须执行消防技术标准和管理规定。

进入生产、储存易燃易爆危险品的场所，必须执行消防安全规定。禁止非法携带易燃易爆危险品进入公共场所或者乘坐公共交通工具。

储存可燃物资仓库的管理，必须执行消防技术标准和管理规定。

第二十四条 消防产品必须符合国家标准；没有国家标准的，必须符合行业标准。禁止生产、销售或者使用不合格的消防产品以及国家明令淘汰的消防产品。

依法实行强制性产品认证的消防产品，由具有法定资质的认证机构按照国家标准、行业标准的强制性要求认证合格后，方可生产、销售、使用。实行强制性产品认证的消防产品目录，由国务院产品质量监督部门会同国务院应急管理部门制定并公布。

新研制的尚未制定国家标准、行业标准的消防产品，应当按照国务院产品质量监督部门会同国务院应急管理部门规定的办法，经技术鉴定符合消防安全要求的，方可生产、销售、使用。

依照本条规定经强制性产品认证合格或者技术鉴定合格的消防产品，国务院应急管理部门应当予以公布。

第二十五条 产品质量监督部门、工商行政管理部门、消防救援机构应当按照各自职责加强对消防产品质量的监督检查。

第二十六条 建筑构件、建筑材料和室内装修、装饰材料的防火性能必须符合国家标准；没有国家标准的，必须符合行业标准。

人员密集场所室内装修、装饰，应当按照消防技术标准的要求，使用不燃、难燃材料。

第二十七条 电器产品、燃气用具的产品标准，应当符合消防安全的要求。

电器产品、燃气用具的安装、使用及其线路、管路的设计、敷设、维护保养、检测，必须符合消防技术标准和管理规定。

第二十八条 任何单位、个人不得损坏、挪用或者擅自拆除、停用消防设施、器材，不得埋压、圈占、遮挡消火栓或者占用防火间距，不得占用、堵塞、封闭疏散通道、安全出口、消防车通道。人员密集场所的门窗不得设置影响逃生和灭火救援的障碍物。

第二十九条 负责公共消防设施维护管理的单位，应当保持消防供水、消防通信、消防车通道等公共消防设施的完好有效。在修建道路以及停电、停水、截断通信线路时有可能影响消防队灭火救援的，有关单位必须事先通知当地消防救援机构。

第三十条 地方各级人民政府应当加强对农村消防工作的领导，采取措施加强公共消防设施建设，组织建立和督促落实消防安全责任制。

第三十一条 在农业收获季节、森林和草原防火期间、重大节假日期间以及火灾多发季节，地方各级人民政府应当组织开展有针对性的消防宣传教育，采取防火措施，进行消防安全检查。

第三十二条 乡镇人民政府、城市街道办事处应当指导、支持和帮助村民委员会、居民委员会开展群众性的消防工作。村民委员会、居民委员会应当确定消防安全管理人，组织制定防火安全公约，进行防火安全检查。

第三十三条 国家鼓励、引导公众聚集场所和生产、储存、运输、销售易燃易爆危险品的企业投保火灾公众责任保险；鼓励保险公司承保火灾公众责任保险。

第三十四条 消防设施维护保养检测、消防安全评估等消防技术服务机构应当符合从业条件，执业人员应当依法获得相应的资格；依照法律、行政法规、国家标准、行业标准和执业准则，接受委托提供消防技术服务，并对服务质量负责。

第三章 消防组织

第三十五条 各级人民政府应当加强消防组织建设，根据经济社会发展的需要，建立多种形式的消防组织，加强消防技术人才培养，增强火灾预防、扑救和应急救援的能力。

第三十六条 县级以上地方人民政府应当按照国

家规定建立国家综合性消防救援队、专职消防队，并按照国家标准配备消防装备，承担火灾扑救工作。

乡镇人民政府应当根据当地经济发展和消防工作的需要，建立专职消防队、志愿消防队，承担火灾扑救工作。

第三十七条　国家综合性消防救援队、专职消防队按照国家规定承担重大灾害事故和其他以抢救人员生命为主的应急救援工作。

第三十八条　国家综合性消防救援队、专职消防队应当充分发挥火灾扑救和应急救援专业力量的骨干作用；按照国家规定，组织实施专业技能训练，配备并维护保养装备器材，提高火灾扑救和应急救援的能力。

第三十九条　下列单位应当建立单位专职消防队，承担本单位的火灾扑救工作：

（一）大型核设施单位、大型发电厂、民用机场、主要港口；

（二）生产、储存易燃易爆危险品的大型企业；

（三）储备可燃的重要物资的大型仓库、基地；

（四）第一项、第二项、第三项规定以外的火灾危险性较大、距离国家综合性消防救援队较远的其他大型企业；

（五）距离国家综合性消防救援队较远、被列为全国重点文物保护单位的古建筑群的管理单位。

第四十条　专职消防队的建立，应当符合国家有关规定，并报当地消防救援机构验收。

专职消防队的队员依法享受社会保险和福利待遇。

第四十一条　机关、团体、企业、事业等单位以及村民委员会、居民委员会根据需要，建立志愿消防队等多种形式的消防组织，开展群众性自防自救工作。

第四十二条　消防救援机构应当对专职消防队、志愿消防队等消防组织进行业务指导；根据扑救火灾的需要，可以调动指挥专职消防队参加火灾扑救工作。

第四章　灭火救援

第四十三条　县级以上地方人民政府应当组织有关部门针对本行政区域内的火灾特点制定应急预案，建立应急反应和处置机制，为火灾扑救和应急救援工作提供人员、装备等保障。

第四十四条　任何人发现火灾都应当立即报警。任何单位、个人都应当无偿为报警提供便利，不得阻拦报警。严禁谎报火警。

人员密集场所发生火灾，该场所的现场工作人员应当立即组织、引导在场人员疏散。

任何单位发生火灾，必须立即组织力量扑救。邻近单位应当给予支援。

消防队接到火警，必须立即赶赴火灾现场，救助遇险人员，排除险情，扑灭火灾。

第四十五条　消防救援机构统一组织和指挥火灾现场扑救，应当优先保障遇险人员的生命安全。

火灾现场总指挥根据扑救火灾的需要，有权决定下列事项：

（一）使用各种水源；

（二）截断电力、可燃气体和可燃液体的输送，限制用火用电；

（三）划定警戒区，实行局部交通管制；

（四）利用临近建筑物和有关设施；

（五）为了抢救人员和重要物资，防止火势蔓延，拆除或者破损毗邻火灾现场的建筑物、构筑物或者设施等；

（六）调动供水、供电、供气、通信、医疗救护、交通运输、环境保护等有关单位协助灭火救援。

根据扑救火灾的紧急需要，有关地方人民政府应当组织人员、调集所需物资支援灭火。

第四十六条　国家综合性消防救援队、专职消防队参加火灾以外的其他重大灾害事故的应急救援工作，由县级以上人民政府统一领导。

第四十七条　消防车、消防艇前往执行火灾扑救或者应急救援任务，在确保安全的前提下，不受行驶速度、行驶路线、行驶方向和指挥信号的限制，其他车辆、船舶以及行人应当让行，不得穿插超越；收费公路、桥梁免收车辆通行费。交通管理指挥人员应当保证消防车、消防艇迅速通行。

赶赴火灾现场或者应急救援现场的消防人员和调集的消防装备、物资，需要铁路、水路或者航空运输的，有关单位应当优先运输。

第四十八条　消防车、消防艇以及消防器材、装备和设施，不得用于与消防和应急救援工作无关的事项。

第四十九条　国家综合性消防救援队、专职消防队扑救火灾、应急救援，不得收取任何费用。

单位专职消防队、志愿消防队参加扑救外单位火灾所损耗的燃料、灭火剂和器材、装备等，由火灾发生地的人民政府给予补偿。

第五十条　对因参加扑救火灾或者应急救援受伤、致残或者死亡的人员，按照国家有关规定给予医疗、抚恤。

第五十一条　消防救援机构有权根据需要封闭火灾现场，负责调查火灾原因，统计火灾损失。

火灾扑灭后，发生火灾的单位和相关人员应当按照消防救援机构的要求保护现场，接受事故调查，如实提供与火灾有关的情况。

消防救援机构根据火灾现场勘验、调查情况和有关的检验、鉴定意见，及时制作火灾事故认定书，作为处理火灾事故的证据。

第五章　监督检查

第五十二条　地方各级人民政府应当落实消防工作责任制，对本级人民政府有关部门履行消防安全职责的情况进行监督检查。

县级以上地方人民政府有关部门应当根据本系统的特点，有针对性地开展消防安全检查，及时督促整改火灾隐患。

第五十三条　消防救援机构应当对机关、团体、企业、事业等单位遵守消防法律、法规的情况依法进行监督检查。公安派出所可以负责日常消防监督检查、开展消防宣传教育，具体办法由国务院公安部门规定。

消防救援机构、公安派出所的工作人员进行消防监督检查，应当出示证件。

第五十四条　消防救援机构在消防监督检查中发现火灾隐患的，应当通知有关单位或者个人立即采取措施消除隐患；不及时消除隐患可能严重威胁公共安全的，消防救援机构应当依照规定对危险部位或者场所采取临时查封措施。

第五十五条　消防救援机构在消防监督检查中发现城乡消防安全布局、公共消防设施不符合消防安全要求，或者发现本地区存在影响公共安全的重大火灾隐患的，应当由应急管理部门书面报告本级人民政府。

接到报告的人民政府应当及时核实情况，组织或者责成有关部门、单位采取措施，予以整改。

第五十六条　住房和城乡建设主管部门、消防救援机构及其工作人员应当按照法定的职权和程序进行消防设计审查、消防验收、备案抽查和消防安全检查，做到公正、严格、文明、高效。

住房和城乡建设主管部门、消防救援机构及其工作人员进行消防设计审查、消防验收、备案抽查和消防安全检查等，不得收取费用，不得利用职务谋取利益；不得利用职务为用户、建设单位指定或者变相指定消防产品的品牌、销售单位或者消防技术服务机构、消防设施施工单位。

第五十七条　住房和城乡建设主管部门、消防救援机构及其工作人员执行职务，应当自觉接受社会和公民的监督。

任何单位和个人都有权对住房和城乡建设主管部门、消防救援机构及其工作人员在执法中的违法行为进行检举、控告。收到检举、控告的机关，应当按照职责及时查处。

第六章　法律责任

第五十八条　违反本法规定，有下列行为之一的，由住房和城乡建设主管部门、消防救援机构按照各自职权责令停止施工、停止使用或者停产停业，并处三万元以上三十万元以下罚款：

（一）依法应当进行消防设计审查的建设工程，未经依法审查或者审查不合格，擅自施工的；

（二）依法应当进行消防验收的建设工程，未经消防验收或者消防验收不合格，擅自投入使用的；

（三）本法第十三条规定的其他建设工程验收后经依法抽查不合格，不停止使用的；

（四）公众聚集场所未经消防救援机构许可，擅自投入使用、营业的，或者经核查发现场所使用、营业情况与承诺内容不符的。

核查发现公众聚集场所使用、营业情况与承诺内容不符，经责令限期改正，逾期不整改或者整改后仍达不到要求的，依法撤销相应许可。

建设单位未依照本法规定在验收后报住房和城乡建设主管部门备案的，由住房和城乡建设主管部门责令改正，处五千元以下罚款。

第五十九条　违反本法规定，有下列行为之一的，由住房和城乡建设主管部门责令改正或者停止施工，并处一万元以上十万元以下罚款：

（一）建设单位要求建筑设计单位或者建筑施工企业降低消防技术标准设计、施工的；

（二）建筑设计单位不按照消防技术标准强制性要求进行消防设计的；

（三）建筑施工企业不按照消防设计文件和消防技术标准施工，降低消防施工质量的；

（四）工程监理单位与建设单位或者建筑施工企业串通，弄虚作假，降低消防施工质量的。

第六十条　单位违反本法规定，有下列行为之一的，责令改正，处五千元以上五万元以下罚款：

（一）消防设施、器材或者消防安全标志的配置、设置不符合国家标准、行业标准，或者未保持完好有效的；

（二）损坏、挪用或者擅自拆除、停用消防设施、器材的；

（三）占用、堵塞、封闭疏散通道、安全出口或者有其他妨碍安全疏散行为的；

（四）埋压、圈占、遮挡消火栓或者占用防火间距的；

（五）占用、堵塞、封闭消防车通道，妨碍消防车通行的；

（六）人员密集场所在门窗上设置影响逃生和灭火救援的障碍物的；

（七）对火灾隐患经消防救援机构通知后不及时采取措施消除的。

个人有前款第二项、第三项、第四项、第五项行为之一的，处警告或者五百元以下罚款。

有本条第一款第三项、第四项、第五项、第六项行为，经责令改正拒不改正的，强制执行，所需费用由违法行为人承担。

第六十一条　生产、储存、经营易燃易爆危险品的场所与居住场所设置在同一建筑物内，或者未与居住场所保持安全距离的，责令停产停业，并处五千元以上五万元以下罚款。

生产、储存、经营其他物品的场所与居住场所设置在同一建筑物内，不符合消防技术标准的，依照前款规定处罚。

第六十二条　有下列行为之一的，依照《中华人民共和国治安管理处罚法》的规定处罚：

（一）违反有关消防技术标准和管理规定生产、储存、运输、销售、使用、销毁易燃易爆危险品的；

（二）非法携带易燃易爆危险品进入公共场所或者乘坐公共交通工具的；

（三）谎报火警的；

（四）阻碍消防车、消防艇执行任务的；

（五）阻碍消防救援机构的工作人员依法执行职务的。

第六十三条　违反本法规定，有下列行为之一的，处警告或者五百元以下罚款；情节严重的，处五日以下拘留：

（一）违反消防安全规定进入生产、储存易燃易爆危险品场所的；

（二）违反规定使用明火作业或者在具有火灾、爆炸危险的场所吸烟、使用明火的。

第六十四条　违反本法规定，有下列行为之一，尚不构成犯罪的，处十日以上十五日以下拘留，可以并处五百元以下罚款；情节较轻的，处警告或者五百元以下罚款：

（一）指使或者强令他人违反消防安全规定，冒险作业的；

（二）过失引起火灾的；

（三）在火灾发生后阻拦报警，或者负有报告职责的人员不及时报警的；

（四）扰乱火灾现场秩序，或者拒不执行火灾现场指挥员指挥，影响灭火救援的；

（五）故意破坏或者伪造火灾现场的；

（六）擅自拆封或者使用被消防救援机构查封的场所、部位的。

第六十五条　违反本法规定，生产、销售不合格的消防产品或者国家明令淘汰的消防产品的，由产品质量监督部门或者工商行政管理部门依照《中华人民共和国产品质量法》的规定从重处罚。

人员密集场所使用不合格的消防产品或者国家明令淘汰的消防产品的，责令限期改正；逾期不改正的，处五千元以上五万元以下罚款，并对其直接负责的主管人员和其他直接责任人员处五百元以上二千元以下罚款；情节严重的，责令停产停业。

消防救援机构对于本条第二款规定的情形，除依法对使用者予以处罚外，应当将发现不合格的消防产品和国家明令淘汰的消防产品的情况通报产品质量监督部门、工商行政管理部门。产品质量监督部门、工商行政管理部门应当对生产者、销售者依法及时查处。

第六十六条　电器产品、燃气用具的安装、使用及其线路、管路的设计、敷设、维护保养、检测不符合消防技术标准和管理规定的，责令限期改正；逾期不改正的，责令停止使用，可以并处一千元以上五千元以下罚款。

第六十七条　机关、团体、企业、事业等单位违反本法第十六条、第十七条、第十八条、第二十一条第二款规定的，责令限期改正；逾期不改正的，对其直接负责的主管人员和其他直接责任人员依法给予处分或者给予警告处罚。

第六十八条　人员密集场所发生火灾，该场所的现场工作人员不履行组织、引导在场人员疏散的义务，情节严重，尚不构成犯罪的，处五日以上十日以下拘留。

第六十九条　消防设施维护保养检测、消防安全评估等消防技术服务机构，不具备从业条件从事消防技术服务活动或者出具虚假文件的，由消防救援机构责令改正，处五万元以上十万元以下罚款，并对直接负责的主管人员和其他直接责任人员处一万元以上五万元以下罚款；不按照国家标准、行业标准开展消防技术服务活动的，责令改正，处五万元以下罚款，并对直接负责的主管人员和其他直接责任人员处一万元以下罚款；有违法所得的，并处没收违法所得；给他人造成损失的，依法承担赔偿责任；情节严重的，依法责令停止执业或者吊销相应资格；造成重大损失的，由相关部门吊销营业执照，并对有关责任人员采取终身市场禁入措施。

前款规定的机构出具失实文件，给他人造成损失的，依法承担赔偿责任；造成重大损失的，由消防救援机构依法责令停止执业或者吊销相应资格，由相关部门吊销营业执照，并对有关责任人员采取终身市场禁入措施。

第七十条 本法规定的行政处罚，除应当由公安机关依照《中华人民共和国治安管理处罚法》的有关规定决定的外，由住房和城乡建设主管部门、消防救援机构按照各自职权决定。

被责令停止施工、停止使用、停产停业的，应当在整改后向作出决定的部门或者机构报告，经检查合格，方可恢复施工、使用、生产、经营。

当事人逾期不执行停产停业、停止使用、停止施工决定的，由作出决定的部门或者机构强制执行。

责令停产停业，对经济和社会生活影响较大的，由住房和城乡建设主管部门或者应急管理部门报请本级人民政府依法决定。

第七十一条 住房和城乡建设主管部门、消防救援机构的工作人员滥用职权、玩忽职守、徇私舞弊，有下列行为之一，尚不构成犯罪的，依法给予处分：

（一）对不符合消防安全要求的消防设计文件、建设工程、场所准予审查合格、消防验收合格、消防安全检查合格的；

（二）无故拖延消防设计审查、消防验收、消防安全检查，不在法定期限内履行职责的；

（三）发现火灾隐患不及时通知有关单位或者个人整改的；

（四）利用职务为用户、建设单位指定或者变相指定消防产品的品牌、销售单位或者消防技术服务机构、消防设施施工单位的；

（五）将消防车、消防艇以及消防器材、装备和设施用于与消防和应急救援无关的事项的；

（六）其他滥用职权、玩忽职守、徇私舞弊的行为。

产品质量监督、工商行政管理等其他有关行政主管部门的工作人员在消防工作中滥用职权、玩忽职守、徇私舞弊，尚不构成犯罪的，依法给予处分。

第七十二条 违反本法规定，构成犯罪的，依法追究刑事责任。

第七章　附　　则

第七十三条 本法下列用语的含义：

（一）消防设施，是指火灾自动报警系统、自动灭火系统、消火栓系统、防烟排烟系统以及应急广播和应急照明、安全疏散设施等。

（二）消防产品，是指专门用于火灾预防、灭火救援和火灾防护、避难、逃生的产品。

（三）公众聚集场所，是指宾馆、饭店、商场、集贸市场、客运车站候车室、客运码头候船厅、民用机场航站楼、体育场馆、会堂以及公共娱乐场所等。

（四）人员密集场所，是指公众聚集场所，医院的门诊楼、病房楼，学校的教学楼、图书馆、食堂和集体宿舍，养老院、福利院，托儿所、幼儿园，公共图书馆的阅览室，公共展览馆、博物馆的展示厅，劳动密集型企业的生产加工车间和员工集体宿舍，旅游、宗教活动场所等。

第七十四条 本法自 2009 年 5 月 1 日起施行。

中华人民共和国职业病防治法

（2001 年 10 月 27 日第九届全国人民代表大会常务委员会第二十四次会议通过　根据 2011 年 12 月 31 日第十一届全国人民代表大会常务委员会第二十四次会议《关于修改〈中华人民共和国职业病防治法〉的决定》第一次修正　根据 2016 年 7 月 2 日第十二届全国人民代表大会常务委员会第二十一次会议《关于修改〈中华人民共和国节约能源法〉等六部法律的决定》第二次修正　根据 2017 年 11 月 4 日第十二届全国人民代表大会常务委员会第三十次会议《关于修改〈中华人民共和国会计法〉等十一部法律的决定》第三次修正　根据 2018 年 12 月 29 日第十三届全国人民代表大会常务委员会第七次会议《关于修改〈中华人民共和国劳动法〉等七部法律的决定》第四次修正）

第一章　总　　则

第一条 为了预防、控制和消除职业病危害，防治职业病，保护劳动者健康及其相关权益，促进经济社会发展，根据宪法，制定本法。

第二条 本法适用于中华人民共和国领域内的职业病防治活动。

本法所称职业病，是指企业、事业单位和个体经济组织等用人单位的劳动者在职业活动中，因接触粉尘、放射性物质和其他有毒、有害因素而引起的疾病。

职业病的分类和目录由国务院卫生行政部门会同国务院劳动保障行政部门制定、调整并公布。

第三条 职业病防治工作坚持预防为主、防治结合的方针，建立用人单位负责、行政机关监管、行业自律、职工参与和社会监督的机制，实行分类管理、综合治理。

第四条 劳动者依法享有职业卫生保护的权利。

用人单位应当为劳动者创造符合国家职业卫生标准和卫生要求的工作环境和条件，并采取措施保障劳动者获得职业卫生保护。

工会组织依法对职业病防治工作进行监督，维护劳动者的合法权益。用人单位制定或者修改有关职业病防治的规章制度，应当听取工会组织的意见。

第五条 用人单位应当建立、健全职业病防治责任制，加强对职业病防治的管理，提高职业病防治水平，对本单位产生的职业病危害承担责任。

第六条 用人单位的主要负责人对本单位的职业病防治工作全面负责。

第七条 用人单位必须依法参加工伤保险。

国务院和县级以上地方人民政府劳动保障行政部门应当加强对工伤保险的监督管理，确保劳动者依法享受工伤保险待遇。

第八条 国家鼓励和支持研制、开发、推广、应用有利于职业病防治和保护劳动者健康的新技术、新工艺、新设备、新材料，加强对职业病的机理和发生规律的基础研究，提高职业病防治科学技术水平；积极采用有效的职业病防治技术、工艺、设备、材料；限制使用或者淘汰职业病危害严重的技术、工艺、设备、材料。

国家鼓励和支持职业病医疗康复机构的建设。

第九条 国家实行职业卫生监督制度。

国务院卫生行政部门、劳动保障行政部门依照本法和国务院确定的职责，负责全国职业病防治的监督管理工作。国务院有关部门在各自的职责范围内负责职业病防治的有关监督管理工作。

县级以上地方人民政府卫生行政部门、劳动保障行政部门依据各自职责，负责本行政区域内职业病防治的监督管理工作。县级以上地方人民政府有关部门在各自的职责范围内负责职业病防治的有关监督管理工作。

县级以上人民政府卫生行政部门、劳动保障行政部门（以下统称职业卫生监督管理部门）应当加强沟通，密切配合，按照各自职责分工，依法行使职权，承担责任。

第十条 国务院和县级以上地方人民政府应当制定职业病防治规划，将其纳入国民经济和社会发展计划，并组织实施。

县级以上地方人民政府统一负责、领导、组织、协调本行政区域的职业病防治工作，建立健全职业病防治工作体制、机制，统一领导、指挥职业卫生突发事件应对工作；加强职业病防治能力建设和服务体系建设，完善、落实职业病防治工作责任制。

乡、民族乡、镇的人民政府应当认真执行本法，支持职业卫生监督管理部门依法履行职责。

第十一条 县级以上人民政府职业卫生监督管理部门应当加强对职业病防治的宣传教育，普及职业病防治的知识，增强用人单位的职业病防治观念，提高劳动者的职业健康意识、自我保护意识和行使职业卫生保护权利的能力。

第十二条 有关防治职业病的国家职业卫生标准，由国务院卫生行政部门组织制定并公布。

国务院卫生行政部门应当组织开展重点职业病监测和专项调查，对职业健康风险进行评估，为制定职业卫生标准和职业病防治政策提供科学依据。

县级以上地方人民政府卫生行政部门应当定期对本行政区域的职业病防治情况进行统计和调查分析。

第十三条 任何单位和个人有权对违反本法的行为进行检举和控告。有关部门收到相关的检举和控告后，应当及时处理。

对防治职业病成绩显著的单位和个人，给予奖励。

第二章 前期预防

第十四条 用人单位应当依照法律、法规要求，严格遵守国家职业卫生标准，落实职业病预防措施，从源头上控制和消除职业病危害。

第十五条 产生职业病危害的用人单位的设立除应当符合法律、行政法规规定的设立条件外，其工作场所还应当符合下列职业卫生要求：

（一）职业病危害因素的强度或者浓度符合国家职业卫生标准；

（二）有与职业病危害防护相适应的设施；

（三）生产布局合理，符合有害与无害作业分开的原则；

（四）有配套的更衣间、洗浴间、孕妇休息间等卫生设施；

（五）设备、工具、用具等设施符合保护劳动者生理、心理健康的要求；

（六）法律、行政法规和国务院卫生行政部门关于保护劳动者健康的其他要求。

第十六条 国家建立职业病危害项目申报制度。

用人单位工作场所存在职业病目录所列职业病的危害因素的，应当及时、如实向所在地卫生行政部门申报危害项目，接受监督。

职业病危害因素分类目录由国务院卫生行政部门制定、调整并公布。职业病危害项目申报的具体办法由国务院卫生行政部门制定。

第十七条 新建、扩建、改建建设项目和技术改造、技术引进项目（以下统称建设项目）可能产生职业病危害的，建设单位在可行性论证阶段应当进行职业病危害预评价。

医疗机构建设项目可能产生放射性职业病危害的，建设单位应当向卫生行政部门提交放射性职业病危害预评价报告。卫生行政部门应当自收到预评价报告之日起三十日内，作出审核决定并书面通知建设单位。未提交预评价报告或者预评价报告未经卫生行政部门审核同意的，不得开工建设。

职业病危害预评价报告应当对建设项目可能产生的职业病危害因素及其对工作场所和劳动者健康的影响作出评价，确定危害类别和职业病防护措施。

建设项目职业病危害分类管理办法由国务院卫生行政部门制定。

第十八条 建设项目的职业病防护设施所需费用应当纳入建设项目工程预算，并与主体工程同时设计、同时施工、同时投入生产和使用。

建设项目的职业病防护设施设计应当符合国家职业卫生标准和卫生要求；其中，医疗机构放射性职业病危害严重的建设项目的防护设施设计，应当经卫生行政部门审查同意后，方可施工。

建设项目在竣工验收前，建设单位应当进行职业病危害控制效果评价。

医疗机构可能产生放射性职业病危害的建设项目竣工验收时，其放射性职业病防护设施经卫生行政部门验收合格后，方可投入使用；其他建设项目的职业病防护设施应当由建设单位负责依法组织验收，验收合格后，方可投入生产和使用。卫生行政部门应当加强对建设单位组织的验收活动和验收结果的监督核查。

第十九条 国家对从事放射性、高毒、高危粉尘等作业实行特殊管理。具体管理办法由国务院制定。

第三章 劳动过程中的防护与管理

第二十条 用人单位应当采取下列职业病防治管理措施：

（一）设置或者指定职业卫生管理机构或者组织，配备专职或者兼职的职业卫生管理人员，负责本单位的职业病防治工作；

（二）制定职业病防治计划和实施方案；

（三）建立、健全职业卫生管理制度和操作规程；

（四）建立、健全职业卫生档案和劳动者健康监护档案；

（五）建立、健全工作场所职业病危害因素监测及评价制度；

（六）建立、健全职业病危害事故应急救援预案。

第二十一条 用人单位应当保障职业病防治所需的资金投入，不得挤占、挪用，并对因资金投入不足导致的后果承担责任。

第二十二条 用人单位必须采用有效的职业病防护设施，并为劳动者提供个人使用的职业病防护用品。

用人单位为劳动者个人提供的职业病防护用品必须符合防治职业病的要求；不符合要求的，不得使用。

第二十三条 用人单位应当优先采用有利于防治职业病和保护劳动者健康的新技术、新工艺、新设备、新材料，逐步替代职业病危害严重的技术、工艺、设备、材料。

第二十四条 产生职业病危害的用人单位，应当在醒目位置设置公告栏，公布有关职业病防治的规章制度、操作规程、职业病危害事故应急救援措施和工作场所职业病危害因素检测结果。

对产生严重职业病危害的作业岗位，应当在其醒目位置，设置警示标识和中文警示说明。警示说明应当载明产生职业病危害的种类、后果、预防以及应急救治措施等内容。

第二十五条 对可能发生急性职业损伤的有毒、有害工作场所，用人单位应当设置报警装置，配置现场急救用品、冲洗设备、应急撤离通道和必要的泄险区。

对放射工作场所和放射性同位素的运输、贮存，用人单位必须配置防护设备和报警装置，保证接触放射线的工作人员佩戴个人剂量计。

对职业病防护设备、应急救援设施和个人使用的职业病防护用品，用人单位应当进行经常性的维护、检修，定期检测其性能和效果，确保其处于正常状态，不得擅自拆除或者停止使用。

第二十六条 用人单位应当实施由专人负责的职业病危害因素日常监测，并确保监测系统处于正常运行状态。

用人单位应当按照国务院卫生行政部门的规定，定期对工作场所进行职业病危害因素检测、评价。检测、评价结果存入用人单位职业卫生档案，定期向所在地卫生行政部门报告并向劳动者公布。

职业病危害因素检测、评价由依法设立的取得国务院卫生行政部门或者设区的市级以上地方人民政府卫生行政部门按照职责分工给予资质认可的职业卫生技术服务机构进行。职业卫生技术服务机构所作检测、评价应当客观、真实。

发现工作场所职业病危害因素不符合国家职业卫生标准和卫生要求时，用人单位应当立即采取相应治理措施，仍然达不到国家职业卫生标准和卫生要求的，必须停止存在职业病危害因素的作业；职业病危害因素经治理后，符合国家职业卫生标准和卫生要求的，方可重新作业。

第二十七条 职业卫生技术服务机构依法从事职业病危害因素检测、评价工作，接受卫生行政部门的监督检查。卫生行政部门应当依法履行监督职责。

第二十八条 向用人单位提供可能产生职业病危害的设备的，应当提供中文说明书，并在设备的醒目位置设置警示标识和中文警示说明。警示说明应当载明设备性能、可能产生的职业病危害、安全操作和维护注意事项、职业病防护以及应急救治措施等内容。

第二十九条 向用人单位提供可能产生职业病危害的化学品、放射性同位素和含有放射性物质的材料的，应当提供中文说明书。说明书应当载明产品特性、主要成分、存在的有害因素、可能产生的危害后果、安全使用注意事项、职业病防护以及应急救治措施等内容。产品包装应当有醒目的警示标识和中文警示说明。贮存上述材料的场所应当在规定的部位设置危险物品标识或者放射性警示标识。

国内首次使用或者首次进口与职业病危害有关的化学材料，使用单位或者进口单位按照国家规定经国务院有关部门批准后，应向国务院卫生行政部门报送该化学材料的毒性鉴定以及经有关部门登记注册或者批准进口的文件等资料。

进口放射性同位素、射线装置和含有放射性物质的物品的，按照国家有关规定办理。

第三十条 任何单位和个人不得生产、经营、进口和使用国家明令禁止使用的可能产生职业病危害的设备或者材料。

第三十一条 任何单位和个人不得将产生职业病危害的作业转移给不具备职业病防护条件的单位和个人。不具备职业病防护条件的单位和个人不得接受产生职业病危害的作业。

第三十二条 用人单位对采用的技术、工艺、设备、材料，应当知悉其产生的职业病危害，对有职业病危害的技术、工艺、设备、材料隐瞒其危害而采用的，对所造成的职业病危害后果承担责任。

第三十三条 用人单位与劳动者订立劳动合同（含聘用合同，下同）时，应当将工作过程中可能产生的职业病危害及其后果、职业病防护措施和待遇等如实告知劳动者，并在劳动合同中写明，不得隐瞒或者欺骗。

劳动者在已订立劳动合同期间因工作岗位或者工作内容变更，从事与所订立劳动合同中未告知的存在职业病危害的作业时，用人单位应当依照前款规定，向劳动者履行如实告知的义务，并协商变更原劳动合同相关条款。

用人单位违反前两款规定的，劳动者有权拒绝从事存在职业病危害的作业，用人单位不得因此解除与劳动者所订立的劳动合同。

第三十四条 用人单位的主要负责人和职业卫生管理人员应当接受职业卫生培训，遵守职业病防治法律、法规，依法组织本单位的职业病防治工作。

用人单位应当对劳动者进行上岗前的职业卫生培训和在岗期间的定期职业卫生培训，普及职业卫生知识，督促劳动者遵守职业病防治法律、法规、规章和操作规程，指导劳动者正确使用职业病防护设备和个人使用的职业病防护用品。

劳动者应当学习和掌握相关的职业卫生知识，增强职业病防范意识，遵守职业病防治法律、法规、规章和操作规程，正确使用、维护职业病防护设备和个人使用的职业病防护用品，发现职业病危害事故隐患应当及时报告。

劳动者不履行前款规定义务的，用人单位应当对其进行教育。

第三十五条 对从事接触职业病危害的作业的劳动者，用人单位应当按照国务院卫生行政部门的规定组织上岗前、在岗期间和离岗时的职业健康检查，并将检查结果书面告知劳动者。职业健康检查费用由用人单位承担。

用人单位不得安排未经上岗前职业健康检查的劳动者从事接触职业病危害的作业；不得安排有职业禁忌的劳动者从事其所禁忌的作业；对在职业健康检查中发现有与所从事的职业相关的健康损害的劳动者，应当调离原工作岗位，并妥善安置；对未进行离岗前职业健康检查的劳动者不得解除或者终止与其订立的劳动合同。

职业健康检查应当由取得《医疗机构执业许可证》的医疗卫生机构承担。卫生行政部门应当加强对职业健康检查工作的规范管理，具体管理办法由国务院卫生行政部门制定。

第三十六条 用人单位应当为劳动者建立职业健康监护档案,并按照规定的期限妥善保存。

职业健康监护档案应当包括劳动者的职业史、职业病危害接触史、职业健康检查结果和职业病诊疗等有关个人健康资料。

劳动者离开用人单位时,有权索取本人职业健康监护档案复印件,用人单位应当如实、无偿提供,并在所提供的复印件上签章。

第三十七条 发生或者可能发生急性职业病危害事故时,用人单位应当立即采取应急救援和控制措施,并及时报告所在地卫生行政部门和有关部门。卫生行政部门接到报告后,应当及时会同有关部门组织调查处理;必要时,可以采取临时控制措施。卫生行政部门应当组织做好医疗救治工作。

对遭受或者可能遭受急性职业病危害的劳动者,用人单位应当及时组织救治、进行健康检查和医学观察,所需费用由用人单位承担。

第三十八条 用人单位不得安排未成年工从事接触职业病危害的作业;不得安排孕期、哺乳期的女职工从事对本人和胎儿、婴儿有危害的作业。

第三十九条 劳动者享有下列职业卫生保护权利:

(一)获得职业卫生教育、培训;

(二)获得职业健康检查、职业病诊疗、康复等职业病防治服务;

(三)了解工作场所产生或者可能产生的职业病危害因素、危害后果和应当采取的职业病防护措施;

(四)要求用人单位提供符合防治职业病要求的职业病防护设施和个人使用的职业病防护用品,改善工作条件;

(五)对违反职业病防治法律、法规以及危及生命健康的行为提出批评、检举和控告;

(六)拒绝违章指挥和强令进行没有职业病防护措施的作业;

(七)参与用人单位职业卫生工作的民主管理,对职业病防治工作提出意见和建议。

用人单位应当保障劳动者行使前款所列权利。因劳动者依法行使正当权利而降低其工资、福利等待遇或者解除、终止与其订立的劳动合同的,其行为无效。

第四十条 工会组织应当督促并协助用人单位开展职业卫生宣传教育和培训,有权对用人单位的职业病防治工作提出意见和建议,依法代表劳动者与用人单位签订劳动安全卫生专项集体合同,与用人单位就劳动者反映的有关职业病防治的问题进行协调并督促解决。

工会组织对用人单位违反职业病防治法律、法规,侵犯劳动者合法权益的行为,有权要求纠正;产生严重职业病危害时,有权要求采取防护措施,或者向政府有关部门建议采取强制性措施;发生职业病危害事故时,有权参与事故调查处理;发现危及劳动者生命健康的情形时,有权向用人单位建议组织劳动者撤离危险现场,用人单位应当立即作出处理。

第四十一条 用人单位按照职业病防治要求,用于预防和治理职业病危害、工作场所卫生检测、健康监护和职业卫生培训等费用,按照国家有关规定,在生产成本中据实列支。

第四十二条 职业卫生监督管理部门应当按照职责分工,加强对用人单位落实职业病防护管理措施情况的监督检查,依法行使职权,承担责任。

第四章 职业病诊断与职业病病人保障

第四十三条 职业病诊断应当由取得《医疗机构执业许可证》的医疗卫生机构承担。卫生行政部门应当加强对职业病诊断工作的规范管理,具体管理办法由国务院卫生行政部门制定。

承担职业病诊断的医疗卫生机构还应当具备下列条件:

(一)具有与开展职业病诊断相适应的医疗卫生技术人员;

(二)具有与开展职业病诊断相适应的仪器、设备;

(三)具有健全的职业病诊断质量管理制度。

承担职业病诊断的医疗卫生机构不得拒绝劳动者进行职业病诊断的要求。

第四十四条 劳动者可以在用人单位所在地、本人户籍所在地或者经常居住地依法承担职业病诊断的医疗卫生机构进行职业病诊断。

第四十五条 职业病诊断标准和职业病诊断、鉴定办法由国务院卫生行政部门制定。职业病伤残等级的鉴定办法由国务院劳动保障行政部门会同国务院卫生行政部门制定。

第四十六条 职业病诊断,应当综合分析下列因素:

(一)病人的职业史;

(二)职业病危害接触史和工作场所职业病危害因素情况;

(三)临床表现以及辅助检查结果等。

没有证据否定职业病危害因素与病人临床表现之间的必然联系的,应当诊断为职业病。

职业病诊断证明书应当由参与诊断的取得职业病诊断资格的执业医师签署,并经承担职业病诊断的医疗卫生机构审核盖章。

第四十七条 用人单位应当如实提供职业病诊断、鉴定所需的劳动者职业史和职业病危害接触史、工作场所职业病危害因素检测结果等资料；卫生行政部门应当监督检查和督促用人单位提供上述资料；劳动者和有关机构也应提供与职业病诊断、鉴定有关的资料。

职业病诊断、鉴定机构需要了解工作场所职业病危害因素情况时，可以对工作场所进行现场调查，也可以向卫生行政部门提出，卫生行政部门应当在十日内组织现场调查。用人单位不得拒绝、阻挠。

第四十八条 职业病诊断、鉴定过程中，用人单位不提供工作场所职业病危害因素检测结果等资料的，诊断、鉴定机构应当结合劳动者的临床表现、辅助检查结果和劳动者的职业史、职业病危害接触史，并参考劳动者的自述、卫生行政部门提供的日常监督检查信息等，作出职业病诊断、鉴定结论。

劳动者对用人单位提供的工作场所职业病危害因素检测结果等资料有异议，或者因劳动者的用人单位解散、破产，无用人单位提供上述资料的，诊断、鉴定机构应当提请卫生行政部门进行调查，卫生行政部门应当自接到申请之日起三十日内对存在异议的资料或者工作场所职业病危害因素情况作出判定；有关部门应当配合。

第四十九条 职业病诊断、鉴定过程中，在确认劳动者职业史、职业病危害接触史时，当事人对劳动关系、工种、工作岗位或者在岗时间有争议的，可以向当地的劳动人事争议仲裁委员会申请仲裁；接到申请的劳动人事争议仲裁委员会应当受理，并在三十日内作出裁决。

当事人在仲裁过程中对自己提出的主张，有责任提供证据。劳动者无法提供由用人单位掌握管理的与仲裁主张有关的证据的，仲裁庭应当要求用人单位在指定期限内提供；用人单位在指定期限内不提供的，应当承担不利后果。

劳动者对仲裁裁决不服的，可以依法向人民法院提起诉讼。

用人单位对仲裁裁决不服的，可以在职业病诊断、鉴定程序结束之日起十五日内依法向人民法院提起诉讼；诉讼期间，劳动者的治疗费用按照职业病待遇规定的途径支付。

第五十条 用人单位和医疗卫生机构发现职业病病人或者疑似职业病病人时，应当及时向所在地卫生行政部门报告。确诊为职业病的，用人单位还应当向所在地劳动保障行政部门报告。接到报告的部门应当依法作出处理。

第五十一条 县级以上地方人民政府卫生行政部门负责本行政区域内的职业病统计报告的管理工作，并按照规定上报。

第五十二条 当事人对职业病诊断有异议的，可以向作出诊断的医疗卫生机构所在地地方人民政府卫生行政部门申请鉴定。

职业病诊断争议由设区的市级以上地方人民政府卫生行政部门根据当事人的申请，组织职业病诊断鉴定委员会进行鉴定。

当事人对设区的市级职业病诊断鉴定委员会的鉴定结论不服的，可以向省、自治区、直辖市人民政府卫生行政部门申请再鉴定。

第五十三条 职业病诊断鉴定委员会由相关专业的专家组成。

省、自治区、直辖市人民政府卫生行政部门应当设立相关的专家库，需要对职业病争议作出诊断鉴定时，由当事人或者当事人委托有关卫生行政部门从专家库中以随机抽取的方式确定参加诊断鉴定委员会的专家。

职业病诊断鉴定委员会应当按照国务院卫生行政部门颁布的职业病诊断标准和职业病诊断、鉴定办法进行职业病诊断鉴定，向当事人出具职业病诊断鉴定书。职业病诊断、鉴定费用由用人单位承担。

第五十四条 职业病诊断鉴定委员会组成人员应当遵守职业道德，客观、公正地进行诊断鉴定，并承担相应的责任。职业病诊断鉴定委员会组成人员不得私下接触当事人，不得收受当事人的财物或者其他好处，与当事人有利害关系的，应当回避。

人民法院受理有关案件需要进行职业病鉴定时，应当从省、自治区、直辖市人民政府卫生行政部门依法设立的相关的专家库中选取参加鉴定的专家。

第五十五条 医疗卫生机构发现疑似职业病病人时，应当告知劳动者本人并及时通知用人单位。

用人单位应当及时安排对疑似职业病病人进行诊断；在疑似职业病病人诊断或者医学观察期间，不得解除或者终止与其订立的劳动合同。

疑似职业病病人在诊断、医学观察期间的费用，由用人单位承担。

第五十六条 用人单位应当保障职业病病人依法享受国家规定的职业病待遇。

用人单位应当按照国家有关规定，安排职业病病人进行治疗、康复和定期检查。

用人单位对不适宜继续从事原工作的职业病病人，应当调离原岗位，并妥善安置。

用人单位对从事接触职业病危害的作业的劳动者，应当给予适当岗位津贴。

第五十七条 职业病病人的诊疗、康复费用，伤残以及丧失劳动能力的职业病病人的社会保障，按照国家有关工伤保险的规定执行。

第五十八条 职业病病人除依法享有工伤保险外，依照有关民事法律，尚有获得赔偿的权利的，有权向用人单位提出赔偿要求。

第五十九条 劳动者被诊断患有职业病，但用人单位没有依法参加工伤保险的，其医疗和生活保障由该用人单位承担。

第六十条 职业病病人变动工作单位，其依法享有的待遇不变。

用人单位在发生分立、合并、解散、破产等情形时，应当对从事接触职业病危害的作业的劳动者进行健康检查，并按国家有关规定妥善安置职业病病人。

第六十一条 用人单位已经不存在或者无法确认劳动关系的职业病病人，可以向地方人民政府医疗保障、民政部门申请医疗救助和生活等方面的救助。

地方各级人民政府应当根据本地区的实际情况，采取其他措施，使前款规定的职业病病人获得医疗救治。

第五章 监督检查

第六十二条 县级以上人民政府职业卫生监督管理部门依照职业病防治法律、法规、国家职业卫生标准和卫生要求，依据职责划分，对职业病防治工作进行监督检查。

第六十三条 卫生行政部门履行监督检查职责时，有权采取下列措施：

（一）进入被检查单位和职业病危害现场，了解情况，调查取证；

（二）查阅或者复制与违反职业病防治法律、法规的行为有关的资料和采集样品；

（三）责令违反职业病防治法律、法规的单位和个人停止违法行为。

第六十四条 发生职业病危害事故或者有证据证明危害状态可能导致职业病危害事故发生时，卫生行政部门可以采取下列临时控制措施：

（一）责令暂停导致职业病危害事故的作业；

（二）封存造成职业病危害事故或者可能导致职业病危害事故发生的材料和设备；

（三）组织控制职业病危害事故现场。

在职业病危害事故或者危害状态得到有效控制后，卫生行政部门应当及时解除控制措施。

第六十五条 职业卫生监督执法人员依法执行职务时，应当出示监督执法证件。

职业卫生监督执法人员应当忠于职守，秉公执法，严格遵守执法规范；涉及用人单位的秘密的，应当为其保密。

第六十六条 职业卫生监督执法人员依法执行职务时，被检查单位应当接受检查并予以支持配合，不得拒绝和阻碍。

第六十七条 卫生行政部门及其职业卫生监督执法人员履行职责时，不得有下列行为：

（一）对不符合法定条件的，发给建设项目有关证明文件、资质证明文件或者予以批准；

（二）对已经取得有关证明文件的，不履行监督检查职责；

（三）发现用人单位存在职业病危害的，可能造成职业病危害事故，不及时依法采取控制措施；

（四）其他违反本法的行为。

第六十八条 职业卫生监督执法人员应当依法经过资格认定。

职业卫生监督管理部门应当加强队伍建设，提高职业卫生监督执法人员的政治、业务素质，依照本法和其他有关法律、法规的规定，建立、健全内部监督制度，对其工作人员执行法律、法规和遵守纪律的情况，进行监督检查。

第六章 法律责任

第六十九条 建设单位违反本法规定，有下列行为之一的，由卫生行政部门给予警告，责令限期改正；逾期不改正的，处十万元以上五十万元以下的罚款；情节严重的，责令停止产生职业病危害的作业，或者提请有关人民政府按照国务院规定的权限责令停建、关闭：

（一）未按照规定进行职业病危害预评价的；

（二）医疗机构可能产生放射性职业病危害的建设项目未按照规定提交放射性职业病危害预评价报告，或者放射性职业病危害预评价报告未经卫生行政部门审核同意，开工建设的；

（三）建设项目的职业病防护设施未按照规定与主体工程同时设计、同时施工、同时投入生产和使用的；

（四）建设项目的职业病防护设施设计不符合国家职业卫生标准和卫生要求，或者医疗机构放射性职业病危害严重的建设项目的防护设施设计未经卫生行政部门审查同意擅自施工的；

（五）未按照规定对职业病防护设施进行职业病危害控制效果评价的；

（六）建设项目竣工投入生产和使用前，职业病防护设施未按照规定验收合格的。

第七十条 违反本法规定，有下列行为之一的，由卫生行政部门给予警告，责令限期改正；逾期不改正的，处十万元以下的罚款：

（一）工作场所职业病危害因素检测、评价结果没有存档、上报、公布的；

（二）未采取本法第二十条规定的职业病防治管理措施的；

（三）未按照规定公布有关职业病防治的规章制度、操作规程、职业病危害事故应急救援措施的；

（四）未按照规定组织劳动者进行职业卫生培训，或者未对劳动者个人职业病防护采取指导、督促措施的；

（五）国内首次使用或者首次进口与职业病危害有关的化学材料，未按照规定报送毒性鉴定资料以及经有关部门登记注册或者批准进口的文件的。

第七十一条 用人单位违反本法规定，有下列行为之一的，由卫生行政部门责令限期改正，给予警告，可以并处五万元以上十万元以下的罚款：

（一）未按照规定及时、如实向卫生行政部门申报产生职业病危害的项目的；

（二）未实施由专人负责的职业病危害因素日常监测，或者监测系统不能正常监测的；

（三）订立或者变更劳动合同时，未告知劳动者职业病危害真实情况的；

（四）未按照规定组织职业健康检查、建立职业健康监护档案或者未将检查结果书面告知劳动者的；

（五）未依照本法规定在劳动者离开用人单位时提供职业健康监护档案复印件的。

第七十二条 用人单位违反本法规定，有下列行为之一的，由卫生行政部门给予警告，责令限期改正，逾期不改正的，处五万元以上二十万元以下的罚款；情节严重的，责令停止产生职业病危害的作业，或者提请有关人民政府按照国务院规定的权限责令关闭：

（一）工作场所职业病危害因素的强度或者浓度超过国家职业卫生标准的；

（二）未提供职业病防护设施和个人使用的职业病防护用品，或者提供的职业病防护设施和个人使用的职业病防护用品不符合国家职业卫生标准和卫生要求的；

（三）对职业病防护设备、应急救援设施和个人使用的职业病防护用品未按照规定进行维护、检修、检测，或者不能保持正常运行、使用状态的；

（四）未按照规定对工作场所职业病危害因素进行检测、评价的；

（五）工作场所职业病危害因素经治理仍然达不到国家职业卫生标准和卫生要求时，未停止存在职业病危害因素的作业的；

（六）未按照规定安排职业病病人、疑似职业病病人进行诊治的；

（七）发生或者可能发生急性职业病危害事故时，未立即采取应急救援和控制措施或者未按照规定及时报告的；

（八）未按照规定在产生严重职业病危害的作业岗位醒目位置设置警示标识和中文警示说明的；

（九）拒绝职业卫生监督管理部门监督检查的；

（十）隐瞒、伪造、篡改、毁损职业健康监护档案、工作场所职业病危害因素检测评价结果等相关资料，或者拒不提供职业病诊断、鉴定所需资料的；

（十一）未按照规定承担职业病诊断、鉴定费用和职业病病人的医疗、生活保障费用的。

第七十三条 向用人单位提供可能产生职业病危害的设备、材料，未按照规定提供中文说明书或者设置警示标识和中文警示说明的，由卫生行政部门责令限期改正，给予警告，并处五万元以上二十万元以下的罚款。

第七十四条 用人单位和医疗卫生机构未按照规定报告职业病、疑似职业病的，由有关主管部门依据职责分工责令限期改正，给予警告，可以并处一万元以下的罚款；弄虚作假的，并处二万元以上五万元以下的罚款；对直接负责的主管人员和其他直接责任人员，可以依法给予降级或者撤职的处分。

第七十五条 违反本法规定，有下列情形之一的，由卫生行政部门责令限期治理，并处五万元以上三十万元以下的罚款；情节严重的，责令停止产生职业病危害的作业，或者提请有关人民政府按照国务院规定的权限责令关闭：

（一）隐瞒技术、工艺、设备、材料所产生的职业病危害而采用的；

（二）隐瞒本单位职业卫生真实情况的；

（三）可能发生急性职业损伤的有毒、有害工作场所、放射工作场所或者放射性同位素的运输、贮存不符合本法第二十五条规定的；

（四）使用国家明令禁止使用的可能产生职业病危害的设备或者材料的；

（五）将产生职业病危害的作业转移给没有职业病防护条件的单位和个人，或者没有职业病防护条件的单位和个人接受产生职业病危害的作业的；

（六）擅自拆除、停止使用职业病防护设备或者应急救援设施的；

（七）安排未经职业健康检查的劳动者、有职业禁忌的劳动者、未成年工或者孕期、哺乳期女职工从事接触职业病危害的作业或者禁忌作业的；

（八）违章指挥和强令劳动者进行没有职业病防护措施的作业的。

第七十六条 生产、经营或者进口国家明令禁止使用的可能产生职业病危害的设备或者材料的，依照有关法律、行政法规的规定给予处罚。

第七十七条 用人单位违反本法规定，已经对劳动者生命健康造成严重损害的，由卫生行政部门责令停止产生职业病危害的作业，或者提请有关人民政府按照国务院规定的权限责令关闭，并处十万元以上五十万元以下的罚款。

第七十八条 用人单位违反本法规定，造成重大职业病危害事故或者其他严重后果，构成犯罪的，对直接负责的主管人员和其他直接责任人员，依法追究刑事责任。

第七十九条 未取得职业卫生技术服务资质认可擅自从事职业卫生技术服务的，由卫生行政部门责令立即停止违法行为，没收违法所得；违法所得五千元以上的，并处违法所得二倍以上十倍以下的罚款；没有违法所得或者违法所得不足五千元的，并处五千元以上五万元以下的罚款；情节严重的，对直接负责的主管人员和其他直接责任人员，依法给予降级、撤职或者开除的处分。

第八十条 从事职业卫生技术服务的机构和承担职业病诊断的医疗卫生机构违反本法规定，有下列行为之一的，由卫生行政部门责令立即停止违法行为，给予警告，没收违法所得；违法所得五千元以上的，并处违法所得二倍以上五倍以下的罚款；没有违法所得或者违法所得不足五千元的，并处五千元以上二万元以下的罚款；情节严重的，由原认可或者登记机关取消其相应的资格；对直接负责的主管人员和其他直接责任人员，依法给予降级、撤职或者开除的处分；构成犯罪的，依法追究刑事责任：

（一）超出资质认可或者诊疗项目登记范围从事职业卫生技术服务或者职业病诊断的；

（二）不按照本法规定履行法定职责的；

（三）出具虚假证明文件的。

第八十一条 职业病诊断鉴定委员会组成人员收受职业病诊断争议当事人的财物或者其他好处的，给予警告，没收收受的财物，可以并处三千元以上五万元以下的罚款，取消其担任职业病诊断鉴定委员会组成人员的资格，并从省、自治区、直辖市人民政府卫生行政部门设立的专家库中予以除名。

第八十二条 卫生行政部门不按照规定报告职业病和职业病危害事故的，由上一级行政部门责令改正，通报批评，给予警告；虚报、瞒报的，对单位负责人、直接负责的主管人员和其他直接责任人员依法给予降级、撤职或者开除的处分。

第八十三条 县级以上地方人民政府在职业病防治工作中未依照本法履行职责，本行政区域出现重大职业病危害事故、造成严重社会影响的，依法对直接负责的主管人员和其他直接责任人员给予记大过直至开除的处分。

县级以上人民政府职业卫生监督管理部门不履行本法规定的职责，滥用职权、玩忽职守、徇私舞弊，依法对直接负责的主管人员和其他直接责任人员给予记大过或者降级的处分；造成职业病危害事故或者其他严重后果的，依法给予撤职或者开除的处分。

第八十四条 违反本法规定，构成犯罪的，依法追究刑事责任。

第七章 附　　则

第八十五条 本法下列用语的含义：

职业病危害，是指对从事职业活动的劳动者可能导致职业病的各种危害。职业病危害因素包括：职业活动中存在的各种有害的化学、物理、生物因素以及在作业过程中产生的其他职业有害因素。

职业禁忌，是指劳动者从事特定职业或者接触特定职业病危害因素时，比一般职业人群更易于遭受职业病危害和罹患职业病或者可能导致原有自身疾病病情加重，或者在从事作业过程中诱发可能导致对他人生命健康构成危险的疾病的个人特殊生理或者病理状态。

第八十六条 本法第二条规定的用人单位以外的单位，产生职业病危害的，其职业病防治活动可以参照本法执行。

劳务派遣用工单位应当履行本法规定的用人单位的义务。

中国人民解放军参照执行本法的办法，由国务院、中央军事委员会制定。

第八十七条 对医疗机构放射性职业病危害控制的监督管理，由卫生行政部门依照本法的规定实施。

第八十八条 本法自2002年5月1日起施行。

中华人民共和国尘肺病防治条例

(1987年12月3日国务院发布，自发布之日起施行)

第一章 总 则

第一条 为保护职工健康，消除粉尘危害，防止发生尘肺病，促进生产发展，制定本条例。

第二条 本条例适用于所有有粉尘作业的企业、事业单位。

第三条 尘肺病系指在生产活动中吸入粉尘而发生的肺组织纤维化为主的疾病。

第四条 地方各级人民政府要加强对尘肺病防治工作的领导。在制定本地区国民经济和社会发展计划时，要统筹安排尘肺病防治工作。

第五条 企业、事业单位的主管部门应当根据国家卫生等有关标准，结合实际情况，制定所属企业的尘肺病防治规划，并督促其施行。

乡镇企业主管部门，必须指定专人负责乡镇企业尘肺病的防治工作，建立监督检查制度，并指导乡镇企业对尘肺病的防治工作。

第六条 企业、事业单位的负责人，对本单位的尘肺病防治工作负有直接责任，应采取有效措施使本单位的粉尘作业场所达到国家卫生标准。

第二章 防 尘

第七条 凡有粉尘作业的企业、事业单位应采取综合防尘措施和无尘或低尘的新技术、新工艺、新设备，使作业场所的粉尘浓度不超过国家卫生标准。

第八条 尘肺病诊断标准由卫生行政部门制定，粉尘浓度卫生标准由卫生行政部门会同劳动等有关部门联合制定。

第九条 防尘设施的鉴定和定型制度，由劳动部门会同卫生行政部门制定。任何企业、事业单位除特殊情况外，未经上级主管部门批准，不得停止运行或者拆除防尘设施。

第十条 防尘经费应当纳入基本建设和技术改造经费计划，专款专用，不得挪用。

第十一条 严禁任何企业、事业单位将粉尘作业转嫁、外包或以联营的形式给没有防尘设施的乡镇、街道企业或个体工商户。

中、小学校各类校办的实习工厂或车间，禁止从事有粉尘的作业。

第十二条 职工使用的防止粉尘危害的防护用品，必须符合国家的有关标准。企业、事业单位应当建立严格的管理制度，并教育职工按规定和要求使用。

对初次从事粉尘作业的职工，由其所在单位进行防尘知识教育和考核，考试合格后方可从事粉尘作业。

不满十八周岁的未成年人，禁止从事粉尘作业。

第十三条 新建、改建、扩建、续建有粉尘作业的工程项目，防尘设施必须与主体工程同时设计、同时施工、同时投产。设计任务书，必须经当地卫生行政部门、劳动部门和工会组织审查同意后，方可施工。竣工验收，应由当地卫生行政部门、劳动部门和工会组织参加，凡不符合要求的，不得投产。

第十四条 作业场所的粉尘浓度超过国家卫生标准，又未积极治理，严重影响职工安全健康时，职工有权拒绝操作。

第三章 监督和监测

第十五条 卫生行政部门、劳动部门和工会组织分工协作，互相配合，对企业、事业单位的尘肺病防治工作进行监督。

第十六条 卫生行政部门负责卫生标准的监测；劳动部门负责劳动卫生工程技术标准的监测。

工会组织负责组织职工群众对本单位的尘肺病防治工作进行监督，并教育职工遵守操作规程与防尘制度。

第十七条 凡有粉尘作业的企业、事业单位，必须定期测定作业场所的粉尘浓度。测尘结果必须向主管部门和当地卫生行政部门、劳动部门和工会组织报告，并定期向职工公布。

从事粉尘作业的单位必须建立测尘资料档案。

第十八条 卫生行政部门和劳动部门，要对从事粉尘作业的企业、事业单位的测尘机构加强业务指导，并对测尘人员加强业务指导和技术培训。

第四章 健康管理

第十九条 各企业、事业单位对新从事粉尘作业的职工，必须进行健康检查。对在职和离职的从事粉尘作业的职工，必须定期进行健康检查。检查的内容、期限和尘肺病诊断标准，按卫生行政部门有关职业病管理的规定执行。

第二十条 各企业、事业单位必须贯彻执行职业病报告制度，按期向当地卫生行政部门、劳动部门、工会组织和本单位的主管部门报告职工尘肺病发生和死亡情况。

第二十一条 各企业、事业单位对已确诊为尘肺病的职工，必须调离粉尘作业岗位，并给予治疗或疗养。尘肺病患者的社会保险待遇，按国家有关规定办理。

第五章 奖励和处罚

第二十二条 对在尘肺病防治工作中做出显著成绩的单位和个人，由其上级主管部门给予奖励。

第二十三条 凡违反本条例规定，有下列行为之一的，卫生行政部门和劳动部门，可视其情节轻重，给予警告、限期治理、罚款和停业整顿的处罚。但停业整顿的处罚，需经当地人民政府同意。

（一）作业场所粉尘浓度超过国家卫生标准，逾期不采取措施的；

（二）任意拆除防尘设施，致使粉尘危害严重的；

（三）挪用防尘措施经费的；

（四）工程设计和竣工验收未经卫生行政部门、劳动部门和工会组织审查同意，擅自施工、投产的；

（五）将粉尘作业转嫁、外包或以联营的形式给没有防尘设施的乡镇、街道企业或个体工商户的；

（六）不执行健康检查制度和测尘制度的；

（七）强令尘肺病患者继续从事粉尘作业的；

（八）假报测尘结果或尘肺病诊断结果的；

（九）安排未成年人从事粉尘作业的。

第二十四条 当事人对处罚不服的，可在接到处罚通知之日起十五日内，向作出处理的部门的上级机关申请复议。但是，对停业整顿的决定应当立即执行。上级机关应当在接到申请之日起三十日内作出答复。对答复不服的，可以在接到答复之日起十五日内，向人民法院起诉。

第二十五条 企业、事业单位负责人和监督、监测人员玩忽职守，致使公共财产、国家和人民利益遭受损失，情节轻微的，由其主管部门给予行政处分；造成重大损失，构成犯罪的，由司法机关依法追究直接责任人员的刑事责任。

第六章 附 则

第二十六条 本条例由国务院卫生行政部门和劳动部门联合进行解释。

第二十七条 各省、自治区、直辖市人民政府应当结合当地实际情况，制定本条例的实施办法。

第二十八条 本条例自发布之日起施行。

中华人民共和国劳动法

（1994年7月5日第八届全国人民代表大会常务委员会第八次会议通过 根据2009年8月27日第十一届全国人民代表大会常务委员会第十次会议《关于修改部分法律的决定》第一次修正 根据2018年12月29日第十三届全国人民代表大会常务委员会第七次会议《关于修改〈中华人民共和国劳动法〉等七部法律的决定》第二次修正）

第一章 总 则

第一条 为了保护劳动者的合法权益，调整劳动关系，建立和维护适应社会主义市场经济的劳动制度，促进经济发展和社会进步，根据宪法，制定本法。

第二条 在中华人民共和国境内的企业、个体经济组织（以下统称用人单位）和与之形成劳动关系的劳动者，适用本法。

国家机关、事业组织、社会团体和与之建立劳动合同关系的劳动者，依照本法执行。

第三条 劳动者享有平等就业和选择职业的权利、取得劳动报酬的权利、休息休假的权利、获得劳动安全卫生保护的权利、接受职业技能培训的权利、享受社会保险和福利的权利、提请劳动争议处理的权利以及法律规定的其他劳动权利。

劳动者应当完成劳动任务，提高职业技能，执行劳动安全卫生规程，遵守劳动纪律和职业道德。

第四条 用人单位应当依法建立和完善规章制度，保障劳动者享有劳动权利和履行劳动义务。

第五条 国家采取各种措施，促进劳动就业，发展职业教育，制定劳动标准，调节社会收入，完善社会保险，协调劳动关系，逐步提高劳动者的生活水平。

第六条 国家提倡劳动者参加社会义务劳动，开展劳动竞赛和合理化建议活动，鼓励和保护劳动者进行科学研究、技术革新和发明创造，表彰和奖励劳动模范和先进工作者。

第七条 劳动者有权依法参加和组织工会。

工会代表和维护劳动者的合法权益，依法独立自主地开展活动。

第八条 劳动者依照法律规定，通过职工大会、职工代表大会或者其他形式，参与民主管理或者就保护劳动者合法权益与用人单位进行平等协商。

第九条 国务院劳动行政部门主管全国劳动工作。

县级以上地方人民政府劳动行政部门主管本行政区域内的劳动工作。

第二章 促进就业

第十条 国家通过促进经济和社会发展,创造就业条件,扩大就业机会。

国家鼓励企业、事业组织、社会团体在法律、行政法规规定的范围内兴办产业或者拓展经营,增加就业。

国家支持劳动者自愿组织起来就业和从事个体经营实现就业。

第十一条 地方各级人民政府应当采取措施,发展多种类型的职业介绍机构,提供就业服务。

第十二条 劳动者就业,不因民族、种族、性别、宗教信仰不同而受歧视。

第十三条 妇女享有与男子平等的就业权利。在录用职工时,除国家规定的不适合妇女的工种或者岗位外,不得以性别为由拒绝录用妇女或者提高对妇女的录用标准。

第十四条 残疾人、少数民族人员、退出现役的军人的就业,法律、法规有特别规定的,从其规定。

第十五条 禁止用人单位招用未满十六周岁的未成年人。

文艺、体育和特种工艺单位招用未满十六周岁的未成年人,必须遵守国家有关规定,并保障其接受义务教育的权利。

第三章 劳动合同和集体合同

第十六条 劳动合同是劳动者与用人单位确立劳动关系、明确双方权利和义务的协议。

建立劳动关系应当订立劳动合同。

第十七条 订立和变更劳动合同,应当遵循平等自愿、协商一致的原则,不得违反法律、行政法规的规定。

劳动合同依法订立即具有法律约束力,当事人必须履行劳动合同规定的义务。

第十八条 下列劳动合同无效:

(一) 违反法律、行政法规的劳动合同;

(二) 采取欺诈、威胁等手段订立的劳动合同。

无效的劳动合同,从订立的时候起,就没有法律约束力。确认劳动合同部分无效的,如果不影响其余部分的效力,其余部分仍然有效。

劳动合同的无效,由劳动争议仲裁委员会或者人民法院确认。

第十九条 劳动合同应当以书面形式订立,并具备以下条款:

(一) 劳动合同期限;

(二) 工作内容;

(三) 劳动保护和劳动条件;

(四) 劳动报酬;

(五) 劳动纪律;

(六) 劳动合同终止的条件;

(七) 违反劳动合同的责任。

劳动合同除前款规定的必备条款外,当事人可以协商约定其他内容。

第二十条 劳动合同的期限分为有固定期限、无固定期限和以完成一定的工作为期限。

劳动者在同一用人单位连续工作满十年以上,当事人双方同意续延劳动合同的,如果劳动者提出订立无固定期限的劳动合同,应当订立无固定期限的劳动合同。

第二十一条 劳动合同可以约定试用期。试用期最长不得超过六个月。

第二十二条 劳动合同当事人可以在劳动合同中约定保守用人单位商业秘密的有关事项。

第二十三条 劳动合同期满或者当事人约定的劳动合同终止条件出现,劳动合同即行终止。

第二十四条 经劳动合同当事人协商一致,劳动合同可以解除。

第二十五条 劳动者有下列情形之一的,用人单位可以解除劳动合同:

(一) 在试用期间被证明不符合录用条件的;

(二) 严重违反劳动纪律或者用人单位规章制度的;

(三) 严重失职,营私舞弊,对用人单位利益造成重大损害的;

(四) 被依法追究刑事责任的。

第二十六条 有下列情形之一的,用人单位可以解除劳动合同,但是应当提前三十日以书面形式通知劳动者本人:

(一) 劳动者患病或者非因工负伤,医疗期满后,不能从事原工作也不能从事由用人单位另行安排的工作的;

(二) 劳动者不能胜任工作,经过培训或者调整工作岗位,仍不能胜任工作的;

(三) 劳动合同订立时所依据的客观情况发生重大变化,致使原劳动合同无法履行,经当事人协商不能就变更劳动合同达成协议的。

第二十七条 用人单位濒临破产进行法定整顿期间或者生产经营状况发生严重困难，确需裁减人员的，应当提前三十日向工会或者全体职工说明情况，听取工会或者职工的意见，经向劳动行政部门报告后，可以裁减人员。

用人单位依据本条规定裁减人员，在六个月内录用人员的，应当优先录用被裁减的人员。

第二十八条 用人单位依据本法第二十四条、第二十六条、第二十七条的规定解除劳动合同的，应当依照国家有关规定给予经济补偿。

第二十九条 劳动者有下列情形之一的，用人单位不得依据本法第二十六条、第二十七条的规定解除劳动合同：

（一）患职业病或者因工负伤并被确认丧失或者部分丧失劳动能力的；

（二）患病或者负伤，在规定的医疗期内的；

（三）女职工在孕期、产期、哺乳期内的；

（四）法律、行政法规规定的其他情形。

第三十条 用人单位解除劳动合同，工会认为不适当的，有权提出意见。如果用人单位违反法律、法规或者劳动合同，工会有权要求重新处理；劳动者申请仲裁或者提起诉讼的，工会应当依法给予支持和帮助。

第三十一条 劳动者解除劳动合同，应当提前三十日以书面形式通知用人单位。

第三十二条 有下列情形之一的，劳动者可以随时通知用人单位解除劳动合同：

（一）在试用期内的；

（二）用人单位以暴力、威胁或者非法限制人身自由的手段强迫劳动的；

（三）用人单位未按照劳动合同约定支付劳动报酬或者提供劳动条件的。

第三十三条 企业职工一方与企业可以就劳动报酬、工作时间、休息休假、劳动安全卫生、保险福利等事项，签订集体合同。集体合同草案应当提交职工代表大会或者全体职工讨论通过。

集体合同由工会代表职工与企业签订；没有建立工会的企业，由职工推举的代表与企业签订。

第三十四条 集体合同签订后应当报送劳动行政部门；劳动行政部门自收到集体合同文本之日起十五日内未提出异议的，集体合同即行生效。

第三十五条 依法签订的集体合同对企业和企业全体职工具有约束力。职工个人与企业订立的劳动合同中劳动条件和劳动报酬等标准不得低于集体合同的规定。

第四章 工作时间和休息休假

第三十六条 国家实行劳动者每日工作时间不超过八小时、平均每周工作时间不超过四十四小时的工时制度。

第三十七条 对实行计件工作的劳动者，用人单位应当根据本法第三十六条规定的工时制度合理确定其劳动定额和计件报酬标准。

第三十八条 用人单位应当保证劳动者每周至少休息一日。

第三十九条 企业因生产特点不能实行本法第三十六条、第三十八条规定的，经劳动行政部门批准，可以实行其他工作和休息办法。

第四十条 用人单位在下列节日期间应当依法安排劳动者休假：

（一）元旦；

（二）春节；

（三）国际劳动节；

（四）国庆节；

（五）法律、法规规定的其他休假节日。

第四十一条 用人单位由于生产经营需要，经与工会和劳动者协商后可以延长工作时间，一般每日不得超过一小时；因特殊原因需要延长工作时间的，在保障劳动者身体健康的条件下延长工作时间每日不得超过三小时，但是每月不得超过三十六小时。

第四十二条 有下列情形之一的，延长工作时间不受本法第四十一条规定的限制：

（一）发生自然灾害、事故或者因其他原因，威胁劳动者生命健康和财产安全，需要紧急处理的；

（二）生产设备、交通运输线路、公共设施发生故障，影响生产和公众利益，必须及时抢修的；

（三）法律、行政法规规定的其他情形。

第四十三条 用人单位不得违反本法规定延长劳动者的工作时间。

第四十四条 有下列情形之一的，用人单位应当按照下列标准支付高于劳动者正常工作时间工资的工资报酬：

（一）安排劳动者延长工作时间的，支付不低于工资的百分之一百五十的工资报酬；

（二）休息日安排劳动者工作又不能安排补休的，支付不低于工资的百分之二百的工资报酬；

（三）法定休假日安排劳动者工作的，支付不低于工资的百分之三百的工资报酬。

第四十五条 国家实行带薪年休假制度。

劳动者连续工作一年以上的，享受带薪年休假。

具体办法由国务院规定。

第五章 工 资

第四十六条 工资分配应当遵循按劳分配原则,实行同工同酬。

工资水平在经济发展的基础上逐步提高。国家对工资总量实行宏观调控。

第四十七条 用人单位根据本单位的生产经营特点和经济效益,依法自主确定本单位的工资分配方式和工资水平。

第四十八条 国家实行最低工资保障制度。最低工资的具体标准由省、自治区、直辖市人民政府规定,报国务院备案。

用人单位支付劳动者的工资不得低于当地最低工资标准。

第四十九条 确定和调整最低工资标准应当综合参考下列因素:

(一) 劳动者本人及平均赡养人口的最低生活费用;

(二) 社会平均工资水平;

(三) 劳动生产率;

(四) 就业状况;

(五) 地区之间经济发展水平的差异。

第五十条 工资应当以货币形式按月支付给劳动者本人。不得克扣或者无故拖欠劳动者的工资。

第五十一条 劳动者在法定休假日和婚丧假期间以及依法参加社会活动期间,用人单位应当依法支付工资。

第六章 劳动安全卫生

第五十二条 用人单位必须建立、健全劳动安全卫生制度,严格执行国家劳动安全卫生规程和标准,对劳动者进行劳动安全卫生教育,防止劳动过程中的事故,减少职业危害。

第五十三条 劳动安全卫生设施必须符合国家规定的标准。

新建、改建、扩建工程的劳动安全卫生设施必须与主体工程同时设计、同时施工、同时投入生产和使用。

第五十四条 用人单位必须为劳动者提供符合国家规定的劳动安全卫生条件和必要的劳动防护用品,对从事有职业危害作业的劳动者应当定期进行健康检查。

第五十五条 从事特种作业的劳动者必须经过专门培训并取得特种作业资格。

第五十六条 劳动者在劳动过程中必须严格遵守安全操作规程。

劳动者对用人单位管理人员违章指挥、强令冒险作业,有权拒绝执行;对危害生命安全和身体健康的行为,有权提出批评、检举和控告。

第五十七条 国家建立伤亡事故和职业病统计报告和处理制度。县级以上各级人民政府劳动行政部门、有关部门和用人单位应当依法对劳动者在劳动过程中发生的伤亡事故和劳动者的职业病状况,进行统计、报告和处理。

第七章 女职工和未成年工特殊保护

第五十八条 国家对女职工和未成年工实行特殊劳动保护。

未成年工是指年满十六周岁未满十八周岁的劳动者。

第五十九条 禁止安排女职工从事矿山井下、国家规定的第四级体力劳动强度的劳动和其他禁忌从事的劳动。

第六十条 不得安排女职工在经期从事高处、低温、冷水作业和国家规定的第三级体力劳动强度的劳动。

第六十一条 不得安排女职工在怀孕期间从事国家规定的第三级体力劳动强度的劳动和孕期禁忌从事的劳动。对怀孕七个月以上的女职工,不得安排其延长工作时间和夜班劳动。

第六十二条 女职工生育享受不少于九十天的产假。

第六十三条 不得安排女职工在哺乳未满一周岁的婴儿期间从事国家规定的第三级体力劳动强度的劳动和哺乳期禁忌从事的其他劳动,不得安排其延长工作时间和夜班劳动。

第六十四条 不得安排未成年工从事矿山井下、有毒有害、国家规定的第四级体力劳动强度的劳动和其他禁忌从事的劳动。

第六十五条 用人单位应当对未成年工定期进行健康检查。

第八章 职业培训

第六十六条 国家通过各种途径,采取各种措施,发展职业培训事业,开发劳动者的职业技能,提高劳动者素质,增强劳动者的就业能力和工作能力。

第六十七条 各级人民政府应当把发展职业培训纳入社会经济发展的规划,鼓励和支持有条件的企业、事业组织、社会团体和个人进行各种形式的职业培训。

第六十八条　用人单位应当建立职业培训制度，按照国家规定提取和使用职业培训经费，根据本单位实际，有计划地对劳动者进行职业培训。

从事技术工种的劳动者，上岗前必须经过培训。

第六十九条　国家确定职业分类，对规定的职业制定职业技能标准，实行职业资格证书制度，由经备案的考核鉴定机构负责对劳动者实施职业技能考核鉴定。

第九章　社会保险和福利

第七十条　国家发展社会保险事业，建立社会保险制度，设立社会保险基金，使劳动者在年老、患病、工伤、失业、生育等情况下获得帮助和补偿。

第七十一条　社会保险水平应当与社会经济发展水平和社会承受能力相适应。

第七十二条　社会保险基金按照保险类型确定资金来源，逐步实行社会统筹。用人单位和劳动者必须依法参加社会保险，缴纳社会保险费。

第七十三条　劳动者在下列情形下，依法享受社会保险待遇：

（一）退休；

（二）患病、负伤；

（三）因工伤残或者患职业病；

（四）失业；

（五）生育。

劳动者死亡后，其遗属依法享受遗属津贴。

劳动者享受社会保险待遇的条件和标准由法律、法规规定。

劳动者享受的社会保险金必须按时足额支付。

第七十四条　社会保险基金经办机构依照法律规定收支、管理和运营社会保险基金，并负有使社会保险基金保值增值的责任。

社会保险基金监督机构依照法律规定，对社会保险基金的收支、管理和运营实施监督。

社会保险基金经办机构和社会保险基金监督机构的设立和职能由法律规定。

任何组织和个人不得挪用社会保险基金。

第七十五条　国家鼓励用人单位根据本单位实际情况为劳动者建立补充保险。

国家提倡劳动者个人进行储蓄性保险。

第七十六条　国家发展社会福利事业，兴建公共福利设施，为劳动者休息、休养和疗养提供条件。

用人单位应当创造条件，改善集体福利，提高劳动者的福利待遇。

第十章　劳动争议

第七十七条　用人单位与劳动者发生劳动争议，当事人可以依法申请调解、仲裁、提起诉讼，也可以协商解决。

调解原则适用于仲裁和诉讼程序。

第七十八条　解决劳动争议，应当根据合法、公正、及时处理的原则，依法维护劳动争议当事人的合法权益。

第七十九条　劳动争议发生后，当事人可以向本单位劳动争议调解委员会申请调解；调解不成，当事人一方要求仲裁的，可以向劳动争议仲裁委员会申请仲裁。当事人一方也可以直接向劳动争议仲裁委员会申请仲裁。对仲裁裁决不服的，可以向人民法院提起诉讼。

第八十条　在用人单位内，可以设立劳动争议调解委员会。劳动争议调解委员会由职工代表、用人单位代表和工会代表组成。劳动争议调解委员会主任由工会代表担任。

劳动争议经调解达成协议的，当事人应当履行。

第八十一条　劳动争议仲裁委员会由劳动行政部门代表、同级工会代表、用人单位方面的代表组成。劳动争议仲裁委员会主任由劳动行政部门代表担任。

第八十二条　提出仲裁要求的一方应当自劳动争议发生之日起六十日内向劳动争议仲裁委员会提出书面申请。仲裁裁决一般应在收到仲裁申请的六十日内作出。对仲裁裁决无异议的，当事人必须履行。

第八十三条　劳动争议当事人对仲裁裁决不服的，可以自收到仲裁裁决书之日起十五日内向人民法院提起诉讼。一方当事人在法定期限内不起诉又不履行仲裁裁决的，另一方当事人可以申请人民法院强制执行。

第八十四条　因签订集体合同发生争议，当事人协商解决不成的，当地人民政府劳动行政部门可以组织有关各方协调处理。

因履行集体合同发生争议，当事人协商解决不成的，可以向劳动争议仲裁委员会申请仲裁；对仲裁裁决不服的，可以自收到仲裁裁决书之日起十五日内向人民法院提起诉讼。

第十一章　监督检查

第八十五条　县级以上各级人民政府劳动行政部门依法对用人单位遵守劳动法律、法规的情况进行监督检查，对违反劳动法律、法规的行为有权制止，并责令改正。

第八十六条 县级以上各级人民政府劳动行政部门监督检查人员执行公务，有权进入用人单位了解执行劳动法律、法规的情况，查阅必要的资料，并对劳动场所进行检查。

县级以上各级人民政府劳动行政部门监督检查人员执行公务，必须出示证件，秉公执法并遵守有关规定。

第八十七条 县级以上各级人民政府有关部门在各自职责范围内，对用人单位遵守劳动法律、法规的情况进行监督。

第八十八条 各级工会依法维护劳动者的合法权益，对用人单位遵守劳动法律、法规的情况进行监督。

任何组织和个人对于违反劳动法律、法规的行为有权检举和控告。

第十二章 法律责任

第八十九条 用人单位制定的劳动规章制度违反法律、法规规定的，由劳动行政部门给予警告，责令改正；对劳动者造成损害的，应当承担赔偿责任。

第九十条 用人单位违反本法规定，延长劳动者工作时间的，由劳动行政部门给予警告，责令改正，并可以处以罚款。

第九十一条 用人单位有下列侵害劳动者合法权益情形之一的，由劳动行政部门责令支付劳动者的工资报酬、经济补偿，并可以责令支付赔偿金：

（一）克扣或者无故拖欠劳动者工资的；

（二）拒不支付劳动者延长工作时间工资报酬的；

（三）低于当地最低工资标准支付劳动者工资的；

（四）解除劳动合同后，未依照本法规定给予劳动者经济补偿的。

第九十二条 用人单位的劳动安全设施和劳动卫生条件不符合国家规定或者未向劳动者提供必要的劳动防护用品和劳动保护设施的，由劳动行政部门或者有关部门责令改正，可以处以罚款；情节严重的，提请县级以上人民政府决定责令停产整顿；对事故隐患不采取措施，致使发生重大事故，造成劳动者生命和财产损失的，对责任人员依照刑法有关规定追究刑事责任。

第九十三条 用人单位强令劳动者违章冒险作业，发生重大伤亡事故，造成严重后果的，对责任人员依法追究刑事责任。

第九十四条 用人单位非法招用未满十六周岁的未成年人的，由劳动行政部门责令改正，处以罚款；情节严重的，由市场监督管理部门吊销营业执照。

第九十五条 用人单位违反本法对女职工和未成年工的保护规定，侵害其合法权益的，由劳动行政部门责令改正，处以罚款；对女职工或者未成年工造成损害的，应当承担赔偿责任。

第九十六条 用人单位有下列行为之一，由公安机关对责任人员处以十五日以下拘留、罚款或者警告；构成犯罪的，对责任人员依法追究刑事责任：

（一）以暴力、威胁或者非法限制人身自由的手段强迫劳动的；

（二）侮辱、体罚、殴打、非法搜查和拘禁劳动者的。

第九十七条 由于用人单位的原因订立的无效合同，对劳动者造成损害的，应当承担赔偿责任。

第九十八条 用人单位违反本法规定的条件解除劳动合同或者故意拖延不订立劳动合同的，由劳动行政部门责令改正；对劳动者造成损害的，应当承担赔偿责任。

第九十九条 用人单位招用尚未解除劳动合同的劳动者，对原用人单位造成经济损失的，该用人单位应当依法承担连带赔偿责任。

第一百条 用人单位无故不缴纳社会保险费的，由劳动行政部门责令其限期缴纳；逾期不缴的，可以加收滞纳金。

第一百零一条 用人单位无理阻挠劳动行政部门、有关部门及其工作人员行使监督检查权，打击报复举报人员的，由劳动行政部门或者有关部门处以罚款；构成犯罪的，对责任人员依法追究刑事责任。

第一百零二条 劳动者违反本法规定的条件解除劳动合同或者违反劳动合同中约定的保密事项，对用人单位造成经济损失的，应当依法承担赔偿责任。

第一百零三条 劳动行政部门或者有关部门的工作人员滥用职权、玩忽职守、徇私舞弊，构成犯罪的，依法追究刑事责任；不构成犯罪的，给予行政处分。

第一百零四条 国家工作人员和社会保险基金经办机构的工作人员挪用社会保险基金，构成犯罪的，依法追究刑事责任。

第一百零五条 违反本法规定侵害劳动者合法权益，其他法律、行政法规已规定处罚的，依照该法律、行政法规的规定处罚。

第十三章 附　　则

第一百零六条 省、自治区、直辖市人民政府根据本法和本地区的实际情况，规定劳动合同制度的实施步骤，报国务院备案。

第一百零七条 本法自1995年1月1日起施行。

中华人民共和国劳动合同法

（2007年6月29日第十届全国人民代表大会常务委员会第二十八次会议通过 根据2012年12月28日《全国人民代表大会常务委员会关于修改〈中华人民共和国劳动合同法〉的决定》修正）

第一章 总 则

第一条 为了完善劳动合同制度，明确劳动合同双方当事人的权利和义务，保护劳动者的合法权益，构建和发展和谐稳定的劳动关系，制定本法。

第二条 中华人民共和国境内的企业、个体经济组织、民办非企业单位等组织（以下称用人单位）与劳动者建立劳动关系，订立、履行、变更、解除或者终止劳动合同，适用本法。

国家机关、事业单位、社会团体和与其建立劳动关系的劳动者，订立、履行、变更、解除或者终止劳动合同，依照本法执行。

第三条 订立劳动合同，应当遵循合法、公平、平等自愿、协商一致、诚实信用的原则。

依法订立的劳动合同具有约束力，用人单位与劳动者应当履行劳动合同约定的义务。

第四条 用人单位应当依法建立和完善劳动规章制度，保障劳动者享有劳动权利、履行劳动义务。

用人单位在制定、修改或者决定有关劳动报酬、工作时间、休息休假、劳动安全卫生、保险福利、职工培训、劳动纪律以及劳动定额管理等直接涉及劳动者切身利益的规章制度或者重大事项时，应当经职工代表大会或者全体职工讨论，提出方案和意见，与工会或者职工代表平等协商确定。

在规章制度和重大事项决定实施过程中，工会或者职工认为不适当的，有权向用人单位提出，通过协商予以修改完善。

用人单位应当将直接涉及劳动者切身利益的规章制度和重大事项决定公示，或者告知劳动者。

第五条 县级以上人民政府劳动行政部门会同工会和企业方面代表，建立健全协调劳动关系三方机制，共同研究解决有关劳动关系的重大问题。

第六条 工会应当帮助、指导劳动者与用人单位依法订立和履行劳动合同，并与用人单位建立集体协商机制，维护劳动者的合法权益。

第二章 劳动合同的订立

第七条 用人单位自用工之日起即与劳动者建立劳动关系。用人单位应当建立职工名册备查。

第八条 用人单位招用劳动者时，应当如实告知劳动者工作内容、工作条件、工作地点、职业危害、安全生产状况、劳动报酬，以及劳动者要求了解的其他情况；用人单位有权了解劳动者与劳动合同直接相关的基本情况，劳动者应当如实说明。

第九条 用人单位招用劳动者，不得扣押劳动者的居民身份证和其他证件，不得要求劳动者提供担保或者以其他名义向劳动者收取财物。

第十条 建立劳动关系，应当订立书面劳动合同。

已建立劳动关系，未同时订立书面劳动合同的，应当自用工之日起一个月内订立书面劳动合同。

用人单位与劳动者在用工前订立劳动合同的，劳动关系自用工之日起建立。

第十一条 用人单位未在用工的同时订立书面劳动合同，与劳动者约定的劳动报酬不明确的，新招用的劳动者的劳动报酬按照集体合同规定的标准执行；没有集体合同或者集体合同未规定的，实行同工同酬。

第十二条 劳动合同分为固定期限劳动合同、无固定期限劳动合同和以完成一定工作任务为期限的劳动合同。

第十三条 固定期限劳动合同，是指用人单位与劳动者约定合同终止时间的劳动合同。

用人单位与劳动者协商一致，可以订立固定期限劳动合同。

第十四条 无固定期限劳动合同，是指用人单位与劳动者约定无确定终止时间的劳动合同。

用人单位与劳动者协商一致，可以订立无固定期限劳动合同。有下列情形之一，劳动者提出或者同意续订、订立劳动合同的，除劳动者提出订立固定期限劳动合同外，应当订立无固定期限劳动合同：

（一）劳动者在该用人单位连续工作满十年的；

（二）用人单位初次实行劳动合同制度或者国有企业改制重新订立劳动合同时，劳动者在该用人单位连续工作满十年且距法定退休年龄不足十年的；

（三）连续订立二次固定期限劳动合同，且劳动者没有本法第三十九条和第四十条第一项、第二项规定的情形，续订劳动合同的。

用人单位自用工之日起满一年不与劳动者订立书面劳动合同的，视为用人单位与劳动者已订立无固定期限劳动合同。

第十五条 以完成一定工作任务为期限的劳动合同，是指用人单位与劳动者约定以某项工作的完成为合同期限的劳动合同。

用人单位与劳动者协商一致，可以订立以完成一定工作任务为期限的劳动合同。

第十六条 劳动合同由用人单位与劳动者协商一致，并经用人单位与劳动者在劳动合同文本上签字或者盖章生效。

劳动合同文本由用人单位和劳动者各执一份。

第十七条 劳动合同应当具备以下条款：

（一）用人单位的名称、住所和法定代表人或者主要负责人；

（二）劳动者的姓名、住址和居民身份证或者其他有效身份证件号码；

（三）劳动合同期限；

（四）工作内容和工作地点；

（五）工作时间和休息休假；

（六）劳动报酬；

（七）社会保险；

（八）劳动保护、劳动条件和职业危害防护；

（九）法律、法规规定应当纳入劳动合同的其他事项。

劳动合同除前款规定的必备条款外，用人单位与劳动者可以约定试用期、培训、保守秘密、补充保险和福利待遇等其他事项。

第十八条 劳动合同对劳动报酬和劳动条件等标准约定不明确，引发争议的，用人单位与劳动者可以重新协商；协商不成的，适用集体合同规定；没有集体合同或者集体合同未规定劳动报酬的，实行同工同酬；没有集体合同或者集体合同未规定劳动条件等标准的，适用国家有关规定。

第十九条 劳动合同期限三个月以上不满一年的，试用期不得超过一个月；劳动合同期限一年以上不满三年的，试用期不得超过二个月；三年以上固定期限和无固定期限的劳动合同，试用期不得超过六个月。

同一用人单位与同一劳动者只能约定一次试用期。

以完成一定工作任务为期限的劳动合同或者劳动合同期限不满三个月的，不得约定试用期。

试用期包含在劳动合同期限内。劳动合同仅约定试用期的，试用期不成立，该期限为劳动合同期限。

第二十条 劳动者在试用期的工资不得低于本单位相同岗位最低档工资或者劳动合同约定工资的百分之八十，并不得低于用人单位所在地的最低工资标准。

第二十一条 在试用期中，除劳动者有本法第三十九条和第四十条第一项、第二项规定的情形外，用人单位不得解除劳动合同。用人单位在试用期解除劳动合同的，应当向劳动者说明理由。

第二十二条 用人单位为劳动者提供专项培训费用，对其进行专业技术培训的，可以与该劳动者订立协议，约定服务期。

劳动者违反服务期约定的，应当按照约定向用人单位支付违约金。违约金的数额不得超过用人单位提供的培训费用。用人单位要求劳动者支付的违约金不得超过服务期尚未履行部分所应分摊的培训费用。

用人单位与劳动者约定服务期的，不影响按照正常的工资调整机制提高劳动者在服务期期间的劳动报酬。

第二十三条 用人单位与劳动者可以在劳动合同中约定保守用人单位的商业秘密和与知识产权相关的保密事项。

对负有保密义务的劳动者，用人单位可以在劳动合同或者保密协议中与劳动者约定竞业限制条款，并约定在解除或者终止劳动合同后，在竞业限制期限内按月给予劳动者经济补偿。劳动者违反竞业限制约定的，应当按照约定向用人单位支付违约金。

第二十四条 竞业限制的人员限于用人单位的高级管理人员、高级技术人员和其他负有保密义务的人员。竞业限制的范围、地域、期限由用人单位与劳动者约定，竞业限制的约定不得违反法律、法规的规定。

在解除或者终止劳动合同后，前款规定的人员到与本单位生产或者经营同类产品、从事同类业务的有竞争关系的其他用人单位，或者自己开业生产或者经营同类产品、从事同类业务的竞业限制期限，不得超过二年。

第二十五条 除本法第二十二条和第二十三条规定的情形外，用人单位不得与劳动者约定由劳动者承担违约金。

第二十六条 下列劳动合同无效或者部分无效：

（一）以欺诈、胁迫的手段或者乘人之危，使对方在违背真实意思的情况下订立或者变更劳动合同的；

（二）用人单位免除自己的法定责任、排除劳动者权利的；

（三）违反法律、行政法规强制性规定的。

对劳动合同的无效或者部分无效有争议的，由劳动争议仲裁机构或者人民法院确认。

第二十七条 劳动合同部分无效,不影响其他部分效力的,其他部分仍然有效。

第二十八条 劳动合同被确认无效,劳动者已付出劳动的,用人单位应当向劳动者支付劳动报酬。劳动报酬的数额,参照本单位相同或者相近岗位劳动者的劳动报酬确定。

第三章 劳动合同的履行和变更

第二十九条 用人单位与劳动者应当按照劳动合同的约定,全面履行各自的义务。

第三十条 用人单位应当按照劳动合同约定和国家规定,向劳动者及时足额支付劳动报酬。

用人单位拖欠或者未足额支付劳动报酬的,劳动者可以依法向当地人民法院申请支付令,人民法院应当依法发出支付令。

第三十一条 用人单位应当严格执行劳动定额标准,不得强迫或者变相强迫劳动者加班。用人单位安排加班的,应当按照国家有关规定向劳动者支付加班费。

第三十二条 劳动者拒绝用人单位管理人员违章指挥、强令冒险作业的,不视为违反劳动合同。

劳动者对危害生命安全和身体健康的劳动条件,有权对用人单位提出批评、检举和控告。

第三十三条 用人单位变更名称、法定代表人、主要负责人或者投资人等事项,不影响劳动合同的履行。

第三十四条 用人单位发生合并或者分立等情况,原劳动合同继续有效,劳动合同由承继其权利和义务的用人单位继续履行。

第三十五条 用人单位与劳动者协商一致,可以变更劳动合同约定的内容。变更劳动合同,应当采用书面形式。

变更后的劳动合同文本由用人单位和劳动者各执一份。

第四章 劳动合同的解除和终止

第三十六条 用人单位与劳动者协商一致,可以解除劳动合同。

第三十七条 劳动者提前三十日以书面形式通知用人单位,可以解除劳动合同。劳动者在试用期内提前三日通知用人单位,可以解除劳动合同。

第三十八条 用人单位有下列情形之一的,劳动者可以解除劳动合同:

(一)未按照劳动合同约定提供劳动保护或者劳动条件的;

(二)未及时足额支付劳动报酬的;

(三)未依法为劳动者缴纳社会保险费的;

(四)用人单位的规章制度违反法律、法规的规定,损害劳动者权益的;

(五)因本法第二十六条第一款规定的情形致使劳动合同无效的;

(六)法律、行政法规规定劳动者可以解除劳动合同的其他情形。

用人单位以暴力、威胁或者非法限制人身自由的手段强迫劳动者劳动的,或者用人单位违章指挥、强令冒险作业危及劳动者人身安全的,劳动者可以立即解除劳动合同,不需事先告知用人单位。

第三十九条 劳动者有下列情形之一的,用人单位可以解除劳动合同:

(一)在试用期间被证明不符合录用条件的;

(二)严重违反用人单位的规章制度的;

(三)严重失职,营私舞弊,给用人单位造成重大损害的;

(四)劳动者同时与其他用人单位建立劳动关系,对完成本单位的工作任务造成严重影响,或者经用人单位提出,拒不改正的;

(五)因本法第二十六条第一款第一项规定的情形致使劳动合同无效的;

(六)被依法追究刑事责任的。

第四十条 有下列情形之一的,用人单位提前三十日以书面形式通知劳动者本人或者额外支付劳动者一个月工资后,可以解除劳动合同:

(一)劳动者患病或者非因工负伤,在规定的医疗期满后不能从事原工作,也不能从事由用人单位另行安排的工作的;

(二)劳动者不能胜任工作,经过培训或者调整工作岗位,仍不能胜任工作的;

(三)劳动合同订立时所依据的客观情况发生重大变化,致使劳动合同无法履行,经用人单位与劳动者协商,未能就变更劳动合同内容达成协议的。

第四十一条 有下列情形之一,需要裁减人员二十人以上或者裁减不足二十人但占企业职工总数百分之十以上的,用人单位提前三十日向工会或者全体职工说明情况,听取工会或者职工的意见后,裁减人员方案经向劳动行政部门报告,可以裁减人员:

(一)依照企业破产法规定进行重整的;

(二)生产经营发生严重困难的;

(三)企业转产、重大技术革新或者经营方式调整,经变更劳动合同后,仍需裁减人员的;

（四）其他因劳动合同订立时所依据的客观经济情况发生重大变化，致使劳动合同无法履行的。

裁减人员时，应当优先留用下列人员：

（一）与本单位订立较长期限的固定期限劳动合同的；

（二）与本单位订立无固定期限劳动合同的；

（三）家庭无其他就业人员，有需要扶养的老人或者未成年人的。

用人单位依照本条第一款规定裁减人员，在六个月内重新招用人员的，应当通知被裁减的人员，并在同等条件下优先招用被裁减的人员。

第四十二条　劳动者有下列情形之一的，用人单位不得依照本法第四十条、第四十一条的规定解除劳动合同：

（一）从事接触职业病危害作业的劳动者未进行离岗前职业健康检查，或者疑似职业病病人在诊断或者医学观察期间的；

（二）在本单位患职业病或者因工负伤并被确认丧失或者部分丧失劳动能力的；

（三）患病或者非因工负伤，在规定的医疗期内的；

（四）女职工在孕期、产期、哺乳期的；

（五）在本单位连续工作满十五年，且距法定退休年龄不足五年的；

（六）法律、行政法规规定的其他情形。

第四十三条　用人单位单方解除劳动合同，应当事先将理由通知工会。用人单位违反法律、行政法规规定或者劳动合同约定的，工会有权要求用人单位纠正。用人单位应当研究工会的意见，并将处理结果书面通知工会。

第四十四条　有下列情形之一的，劳动合同终止：

（一）劳动合同期满的；

（二）劳动者开始依法享受基本养老保险待遇的；

（三）劳动者死亡，或者被人民法院宣告死亡或者宣告失踪的；

（四）用人单位被依法宣告破产的；

（五）用人单位被吊销营业执照、责令关闭、撤销或者用人单位决定提前解散的；

（六）法律、行政法规规定的其他情形。

第四十五条　劳动合同期满，有本法第四十二条规定情形之一的，劳动合同应当续延至相应的情形消失时终止。但是，本法第四十二条第二项规定丧失或者部分丧失劳动能力劳动者的劳动合同的终止，按照国家有关工伤保险的规定执行。

第四十六条　有下列情形之一的，用人单位应当向劳动者支付经济补偿：

（一）劳动者依照本法第三十八条规定解除劳动合同的；

（二）用人单位依照本法第三十六条规定向劳动者提出解除劳动合同并与劳动者协商一致解除劳动合同的；

（三）用人单位依照本法第四十条规定解除劳动合同的；

（四）用人单位依照本法第四十一条第一款规定解除劳动合同的；

（五）除用人单位维持或者提高劳动合同约定条件续订劳动合同，劳动者不同意续订的情形外，依照本法第四十四条第一项规定终止固定期限劳动合同的；

（六）依照本法第四十四条第四项、第五项规定终止劳动合同的；

（七）法律、行政法规规定的其他情形。

第四十七条　经济补偿按劳动者在本单位工作的年限，每满一年支付一个月工资的标准向劳动者支付。六个月以上不满一年的，按一年计算；不满六个月的，向劳动者支付半个月工资的经济补偿。

劳动者月工资高于用人单位所在直辖市、设区的市级人民政府公布的本地区上年度职工月平均工资三倍的，向其支付经济补偿的标准按职工月平均工资三倍的数额支付，向其支付经济补偿的年限最高不超过十二年。

本条所称月工资是指劳动者在劳动合同解除或者终止前十二个月的平均工资。

第四十八条　用人单位违反本法规定解除或者终止劳动合同，劳动者要求继续履行劳动合同的，用人单位应当继续履行；劳动者不要求继续履行劳动合同或者劳动合同已经不能继续履行的，用人单位应当依照本法第八十七条规定支付赔偿金。

第四十九条　国家采取措施，建立健全劳动者社会保险关系跨地区转移接续制度。

第五十条　用人单位应当在解除或者终止劳动合同时出具解除或者终止劳动合同的证明，并在十五日内为劳动者办理档案和社会保险关系转移手续。

劳动者应当按照双方约定，办理工作交接。用人单位依照本法有关规定应当向劳动者支付经济补偿的，在办结工作交接时支付。

用人单位对已经解除或者终止的劳动合同的文本，至少保存二年备查。

第五章 特别规定

第一节 集体合同

第五十一条 企业职工一方与用人单位通过平等协商，可以就劳动报酬、工作时间、休息休假、劳动安全卫生、保险福利等事项订立集体合同。集体合同草案应当提交职工代表大会或者全体职工讨论通过。

集体合同由工会代表企业职工一方与用人单位订立；尚未建立工会的用人单位，由上级工会指导劳动者推举的代表与用人单位订立。

第五十二条 企业职工一方与用人单位可以订立劳动安全卫生、女职工权益保护、工资调整机制等专项集体合同。

第五十三条 在县级以下区域内，建筑业、采矿业、餐饮服务业等行业可以由工会与企业方面代表订立行业性集体合同，或者订立区域性集体合同。

第五十四条 集体合同订立后，应当报送劳动行政部门；劳动行政部门自收到集体合同文本之日起十五日内未提出异议的，集体合同即行生效。

依法订立的集体合同对用人单位和劳动者具有约束力。行业性、区域性集体合同对当地本行业、本区域的用人单位和劳动者具有约束力。

第五十五条 集体合同中劳动报酬和劳动条件等标准不得低于当地人民政府规定的最低标准；用人单位与劳动者订立的劳动合同中劳动报酬和劳动条件等标准不得低于集体合同规定的标准。

第五十六条 用人单位违反集体合同，侵犯职工劳动权益的，工会可以依法要求用人单位承担责任；因履行集体合同发生争议，经协商解决不成的，工会可以依法申请仲裁、提起诉讼。

第二节 劳务派遣

第五十七条 经营劳务派遣业务应当具备下列条件：

（一）注册资本不得少于人民币二百万元；

（二）有与开展业务相适应的固定的经营场所和设施；

（三）有符合法律、行政法规规定的劳务派遣管理制度；

（四）法律、行政法规规定的其他条件。

经营劳务派遣业务，应当向劳动行政部门依法申请行政许可；经许可的，依法办理相应的公司登记。未经许可，任何单位和个人不得经营劳务派遣业务。

第五十八条 劳务派遣单位是本法所称用人单位，应当履行用人单位对劳动者的义务。劳务派遣单位与被派遣劳动者订立的劳动合同，除应当载明本法第十七条规定的事项外，还应当载明被派遣劳动者的用工单位以及派遣期限、工作岗位等情况。

劳务派遣单位应当与被派遣劳动者订立二年以上的固定期限劳动合同，按月支付劳动报酬；被派遣劳动者在无工作期间，劳务派遣单位应当按照所在地人民政府规定的最低工资标准，向其按月支付报酬。

第五十九条 劳务派遣单位派遣劳动者应当与接受以劳务派遣形式用工的单位（以下称用工单位）订立劳务派遣协议。劳务派遣协议应当约定派遣岗位和人员数量、派遣期限、劳动报酬和社会保险费的数额与支付方式以及违反协议的责任。

用工单位应当根据工作岗位的实际需要与劳务派遣单位确定派遣期限，不得将连续用工期限分割订立数个短期劳务派遣协议。

第六十条 劳务派遣单位应当将劳务派遣协议的内容告知被派遣劳动者。

劳务派遣单位不得克扣用工单位按照劳务派遣协议支付给被派遣劳动者的劳动报酬。

劳务派遣单位和用工单位不得向被派遣劳动者收取费用。

第六十一条 劳务派遣单位跨地区派遣劳动者的，被派遣劳动者享有的劳动报酬和劳动条件，按照用工单位所在地的标准执行。

第六十二条 用工单位应当履行下列义务：

（一）执行国家劳动标准，提供相应的劳动条件和劳动保护；

（二）告知被派遣劳动者的工作要求和劳动报酬；

（三）支付加班费、绩效奖金，提供与工作岗位相关的福利待遇；

（四）对在岗被派遣劳动者进行工作岗位所必需的培训；

（五）连续用工的，实行正常的工资调整机制。

用工单位不得将被派遣劳动者再派遣到其他用人单位。

第六十三条 被派遣劳动者享有与用工单位的劳动者同工同酬的权利。用工单位应当按照同工同酬原则，对被派遣劳动者与本单位同类岗位的劳动者实行相同的劳动报酬分配办法。用工单位无同类岗位劳动者的，参照用工单位所在地相同或者相近岗位劳动者的劳动报酬确定。

劳务派遣单位与被派遣劳动者订立的劳动合同和与用工单位订立的劳务派遣协议，载明或者约定的向被派遣劳动者支付的劳动报酬应当符合前款规定。

第六十四条 被派遣劳动者有权在劳务派遣单位或者用工单位依法参加或者组织工会，维护自身的合法权益。

第六十五条 被派遣劳动者可以依照本法第三十六条、第三十八条的规定与劳务派遣单位解除劳动合同。

被派遣劳动者有本法第三十九条和第四十条第一项、第二项规定情形的，用工单位可以将劳动者退回劳务派遣单位，劳务派遣单位依照本法有关规定，可以与劳动者解除劳动合同。

第六十六条 劳动合同用工是我国的企业基本用工形式。劳务派遣用工是补充形式，只能在临时性、辅助性或者替代性的工作岗位上实施。

前款规定的临时性工作岗位是指存续时间不超过六个月的岗位；辅助性工作岗位是指为主营业务岗位提供服务的非主营业务岗位；替代性工作岗位是指用工单位的劳动者因脱产学习、休假等原因无法工作的一定期间内，可以由其他劳动者替代工作的岗位。

用工单位应当严格控制劳务派遣用工数量，不得超过其用工总量的一定比例，具体比例由国务院劳动行政部门规定。

第六十七条 用人单位不得设立劳务派遣单位向本单位或者所属单位派遣劳动者。

第三节 非全日制用工

第六十八条 非全日制用工，是指以小时计酬为主，劳动者在同一用人单位一般平均每日工作时间不超过四小时，每周工作时间累计不超过二十四小时的用工形式。

第六十九条 非全日制用工双方当事人可以订立口头协议。

从事非全日制用工的劳动者可以与一个或者一个以上用人单位订立劳动合同；但是，后订立的劳动合同不得影响先订立的劳动合同的履行。

第七十条 非全日制用工双方当事人不得约定试用期。

第七十一条 非全日制用工双方当事人任何一方都可以随时通知对方终止用工。终止用工，用人单位不向劳动者支付经济补偿。

第七十二条 非全日制用工小时计酬标准不得低于用人单位所在地人民政府规定的最低小时工资标准。

非全日制用工劳动报酬结算支付周期最长不得超过十五日。

第六章 监督检查

第七十三条 国务院劳动行政部门负责全国劳动合同制度实施的监督管理。

县级以上地方人民政府劳动行政部门负责本行政区域内劳动合同制度实施的监督管理。

县级以上各级人民政府劳动行政部门在劳动合同制度实施的监督管理工作中，应当听取工会、企业方面代表以及有关行业主管部门的意见。

第七十四条 县级以上地方人民政府劳动行政部门依法对下列实施劳动合同制度的情况进行监督检查：

（一）用人单位制定直接涉及劳动者切身利益的规章制度及其执行的情况；

（二）用人单位与劳动者订立和解除劳动合同的情况；

（三）劳务派遣单位和用工单位遵守劳务派遣有关规定的情况；

（四）用人单位遵守国家关于劳动者工作时间和休息休假规定的情况；

（五）用人单位支付劳动合同约定的劳动报酬和执行最低工资标准的情况；

（六）用人单位参加各项社会保险和缴纳社会保险费的情况；

（七）法律、法规规定的其他劳动监察事项。

第七十五条 县级以上地方人民政府劳动行政部门实施监督检查时，有权查阅与劳动合同、集体合同有关的材料，有权对劳动场所进行实地检查，用人单位和劳动者都应当如实提供有关情况和材料。

劳动行政部门的工作人员进行监督检查，应当出示证件，依法行使职权，文明执法。

第七十六条 县级以上人民政府建设、卫生、安全生产监督管理等有关主管部门在各自职责范围内，对用人单位执行劳动合同制度的情况进行监督管理。

第七十七条 劳动者合法权益受到侵害的，有权要求有关部门依法处理，或者依法申请仲裁、提起诉讼。

第七十八条 工会依法维护劳动者的合法权益，对用人单位履行劳动合同、集体合同的情况进行监督。用人单位违反劳动法律、法规和劳动合同、集体合同的，工会有权提出意见或者要求纠正；劳动者申请仲裁、提起诉讼的，工会依法给予支持和帮助。

第七十九条 任何组织或者个人对违反本法的行为都有权举报，县级以上人民政府劳动行政部门应当及时核实、处理，并对举报有功人员给予奖励。

第七章 法律责任

第八十条 用人单位直接涉及劳动者切身利益的规章制度违反法律、法规规定的，由劳动行政部门责令改正，给予警告；给劳动者造成损害的，应当承担赔偿责任。

第八十一条 用人单位提供的劳动合同文本未载明本法规定的劳动合同必备条款或者用人单位未将劳动合同文本交付劳动者的，由劳动行政部门责令改正；给劳动者造成损害的，应当承担赔偿责任。

第八十二条 用人单位自用工之日起超过一个月不满一年未与劳动者订立书面劳动合同的，应当向劳动者每月支付二倍的工资。

用人单位违反本法规定不与劳动者订立无固定期限劳动合同的，自应当订立无固定期限劳动合同之日起向劳动者每月支付二倍的工资。

第八十三条 用人单位违反本法规定与劳动者约定试用期的，由劳动行政部门责令改正；违法约定的试用期已经履行的，由用人单位以劳动者试用期满月工资为标准，按已经履行的超过法定试用期的期间向劳动者支付赔偿金。

第八十四条 用人单位违反本法规定，扣押劳动者居民身份证等证件的，由劳动行政部门责令限期退还劳动者本人，并依照有关法律规定给予处罚。

用人单位违反本法规定，以担保或者其他名义向劳动者收取财物的，由劳动行政部门责令限期退还劳动者本人，并以每人五百元以上二千元以下的标准处以罚款；给劳动者造成损害的，应当承担赔偿责任。

劳动者依法解除或者终止劳动合同，用人单位扣押劳动者档案或者其他物品的，依照前款规定处罚。

第八十五条 用人单位有下列情形之一的，由劳动行政部门责令限期支付劳动报酬、加班费或者经济补偿；劳动报酬低于当地最低工资标准的，应当支付其差额部分；逾期不支付的，责令用人单位按应付金额百分之五十以上百分之一百以下的标准向劳动者加付赔偿金：

（一）未按照劳动合同的约定或者国家规定及时足额支付劳动者劳动报酬的；

（二）低于当地最低工资标准支付劳动者工资的；

（三）安排加班不支付加班费的；

（四）解除或者终止劳动合同，未依照本法规定向劳动者支付经济补偿的。

第八十六条 劳动合同依照本法第二十六条规定被确认无效，给对方造成损害的，有过错的一方应当承担赔偿责任。

第八十七条 用人单位违反本法规定解除或者终止劳动合同的，应当依照本法第四十七条规定的经济补偿标准的二倍向劳动者支付赔偿金。

第八十八条 用人单位有下列情形之一的，依法给予行政处罚；构成犯罪的，依法追究刑事责任；给劳动者造成损害的，应当承担赔偿责任：

（一）以暴力、威胁或者非法限制人身自由的手段强迫劳动的；

（二）违章指挥或者强令冒险作业危及劳动者人身安全的；

（三）侮辱、体罚、殴打、非法搜查或者拘禁劳动者的；

（四）劳动条件恶劣、环境污染严重，给劳动者身心健康造成严重损害的。

第八十九条 用人单位违反本法规定未向劳动者出具解除或者终止劳动合同的书面证明的，由劳动行政部门责令改正；给劳动者造成损害的，应当承担赔偿责任。

第九十条 劳动者违反本法规定解除劳动合同，或者违反劳动合同中约定的保密义务或者竞业限制，给用人单位造成损失的，应当承担赔偿责任。

第九十一条 用人单位招用与其他用人单位尚未解除或者终止劳动合同的劳动者，给其他用人单位造成损失的，应当承担连带赔偿责任。

第九十二条 违反本法规定，未经许可，擅自经营劳务派遣业务的，由劳动行政部门责令停止违法行为，没收违法所得，并处违法所得一倍以上五倍以下的罚款；没有违法所得的，可以处五万元以下的罚款。

劳务派遣单位、用工单位违反本法有关劳务派遣规定的，由劳动行政部门责令限期改正；逾期不改正的，以每人五千元以上一万元以下的标准处以罚款，对劳务派遣单位，吊销其劳务派遣业务经营许可证。用工单位给被派遣劳动者造成损害的，劳务派遣单位与用工单位承担连带赔偿责任。

第九十三条 对不具备合法经营资格的用人单位的违法犯罪行为，依法追究法律责任；劳动者已经付出劳动的，该单位或者其出资人应当依照本法有关规定向劳动者支付劳动报酬、经济补偿、赔偿金；给劳动者造成损害的，应当承担赔偿责任。

第九十四条 个人承包经营违反本法规定招用劳动者，给劳动者造成损害的，发包的组织与个人承包经营者承担连带赔偿责任。

第九十五条 劳动行政部门和其他有关主管部门及其工作人员玩忽职守、不履行法定职责，或者违法行使职权，给劳动者或者用人单位造成损害的，应当承担赔偿责任；对直接负责的主管人员和其他直接责任人员，依法给予行政处分；构成犯罪的，依法追究刑事责任。

第八章 附 则

第九十六条 事业单位与实行聘用制的工作人员订立、履行、变更、解除或者终止劳动合同，法律、行政法规或者国务院另有规定的，依照其规定；未作规定的，依照本法有关规定执行。

第九十七条 本法施行前已依法订立且在本法施行之日存续的劳动合同，继续履行；本法第十四条第二款第三项规定连续订立固定期限劳动合同的次数，自本法施行后续订固定期限劳动合同时开始计算。

本法施行前已建立劳动关系，尚未订立书面劳动合同的，应当自本法施行之日起一个月内订立。

本法施行之日存续的劳动合同在本法施行后解除或者终止，依照本法第四十六条规定应当支付经济补偿的，经济补偿年限自本法施行之日起计算；本法施行前按照当时有关规定，用人单位应当向劳动者支付经济补偿的，按照当时有关规定执行。

第九十八条 本法自 2008 年 1 月 1 日起施行。

工 伤 保 险 条 例

（2003 年 4 月 27 日国务院令第 375 号公布 根据 2010 年 12 月 20 日《国务院关于修改〈工伤保险条例〉的决定》修订）

第一章 总 则

第一条 为了保障因工作遭受事故伤害或者患职业病的职工获得医疗救治和经济补偿，促进工伤预防和职业康复，分散用人单位的工伤风险，制定本条例。

第二条 中华人民共和国境内的企业、事业单位、社会团体、民办非企业单位、基金会、律师事务所、会计师事务所等组织和有雇工的个体工商户（以下称用人单位）应当依照本条例规定参加工伤保险，为本单位全部职工或者雇工（以下称职工）缴纳工伤保险费。

中华人民共和国境内的企业、事业单位、社会团体、民办非企业单位、基金会、律师事务所、会计师事务所等组织的职工和个体工商户的雇工，均有依照本条例的规定享受工伤保险待遇的权利。

第三条 工伤保险费的征缴按照《社会保险费征缴暂行条例》关于基本养老保险费、基本医疗保险费、失业保险费的征缴规定执行。

第四条 用人单位应当将参加工伤保险的有关情况在本单位内公示。

用人单位和职工应当遵守有关安全生产和职业病防治的法律法规，执行安全卫生规程和标准，预防工伤事故发生，避免和减少职业病危害。

职工发生工伤时，用人单位应当采取措施使工伤职工得到及时救治。

第五条 国务院社会保险行政部门负责全国的工伤保险工作。

县级以上地方各级人民政府社会保险行政部门负责本行政区域内的工伤保险工作。

社会保险行政部门按照国务院有关规定设立的社会保险经办机构（以下称经办机构）具体承办工伤保险事务。

第六条 社会保险行政部门等部门制定工伤保险的政策、标准，应当征求工会组织、用人单位代表的意见。

第二章 工伤保险基金

第七条 工伤保险基金由用人单位缴纳的工伤保险费、工伤保险基金的利息和依法纳入工伤保险基金的其他资金构成。

第八条 工伤保险费根据以支定收、收支平衡的原则，确定费率。

国家根据不同行业的工伤风险程度确定行业的差别费率，并根据工伤保险费使用、工伤发生率等情况在每个行业内确定若干费率档次。行业差别费率及行业内费率档次由国务院社会保险行政部门制定，报国务院批准后公布施行。

统筹地区经办机构根据用人单位工伤保险费使用、工伤发生率等情况，适用所属行业内相应的费率档次确定单位缴费费率。

第九条 国务院社会保险行政部门应当定期了解全国各统筹地区工伤保险基金收支情况，及时提出调整行业差别费率及行业内费率档次的方案，报国务院批准后公布施行。

第十条 用人单位应当按时缴纳工伤保险费。职工个人不缴纳工伤保险费。

用人单位缴纳工伤保险费的数额为本单位职工工资总额乘以单位缴费费率之积。

对难以按照工资总额缴纳工伤保险费的行业，其缴纳工伤保险费的具体方式，由国务院社会保险行政部门规定。

第十一条 工伤保险基金逐步实行省级统筹。

跨地区、生产流动性较大的行业，可以采取相对集中的方式异地参加统筹地区的工伤保险。具体办法由国务院社会保险行政部门会同有关行业的主管部门制定。

第十二条 工伤保险基金存入社会保障基金财政专户，用于本条例规定的工伤保险待遇，劳动能力鉴定，工伤预防的宣传、培训等费用，以及法律、法规规定的用于工伤保险的其他费用的支付。

工伤预防费用的提取比例、使用和管理的具体办法，由国务院社会保险行政部门会同国务院财政、卫生行政、安全生产监督管理等部门规定。

任何单位或者个人不得将工伤保险基金用于投资运营、兴建或者改建办公场所、发放奖金，或者挪作其他用途。

第十三条 工伤保险基金应当留有一定比例的储备金，用于统筹地区重大事故的工伤保险待遇支付；储备金不足支付的，由统筹地区的人民政府垫付。储备金占基金总额的具体比例和储备金的使用办法，由省、自治区、直辖市人民政府规定。

第三章 工伤认定

第十四条 职工有下列情形之一的，应当认定为工伤：

（一）在工作时间和工作场所内，因工作原因受到事故伤害的；

（二）工作时间前后在工作场所内，从事与工作有关的预备性或者收尾性工作受到事故伤害的；

（三）在工作时间和工作场所内，因履行工作职责受到暴力等意外伤害的；

（四）患职业病的；

（五）因工外出期间，由于工作原因受到伤害或者发生事故下落不明的；

（六）在上下班途中，受到非本人主要责任的交通事故或者城市轨道交通、客运轮渡、火车事故伤害的；

（七）法律、行政法规规定应当认定为工伤的其他情形。

第十五条 职工有下列情形之一的，视同工伤：

（一）在工作时间和工作岗位，突发疾病死亡或者在48小时之内经抢救无效死亡的；

（二）在抢险救灾等维护国家利益、公共利益活动中受到伤害的；

（三）职工原在军队服役，因战、因公负伤致残，已取得革命伤残军人证，到用人单位后旧伤复发的。

职工有前款第（一）项、第（二）项情形的，按照本条例的有关规定享受工伤保险待遇；职工有前款第（三）项情形的，按照本条例的有关规定享受除一次性伤残补助金以外的工伤保险待遇。

第十六条 职工符合本条例第十四条、第十五条的规定，但是有下列情形之一的，不得认定为工伤或者视同工伤：

（一）故意犯罪的；

（二）醉酒或者吸毒的；

（三）自残或者自杀的。

第十七条 职工发生事故伤害或者按照职业病防治法规定被诊断、鉴定为职业病，所在单位应当自事故伤害发生之日或者被诊断、鉴定为职业病之日起30日内，向统筹地区社会保险行政部门提出工伤认定申请。遇有特殊情况，经报社会保险行政部门同意，申请时限可以适当延长。

用人单位未按前款规定提出工伤认定申请的，工伤职工或者其近亲属、工会组织在事故伤害发生之日或者被诊断、鉴定为职业病之日起1年内，可以直接向用人单位所在地统筹地区社会保险行政部门提出工伤认定申请。

按照本条第一款规定应当由省级社会保险行政部门进行工伤认定的事项，根据属地原则由用人单位所在地的设区的市级社会保险行政部门办理。

用人单位未在本条第一款规定的时限内提交工伤认定申请，在此期间发生符合本条例规定的工伤待遇等有关费用由该用人单位负担。

第十八条 提出工伤认定申请应当提交下列材料：

（一）工伤认定申请表；

（二）与用人单位存在劳动关系（包括事实劳动关系）的证明材料；

（三）医疗诊断证明或者职业病诊断证明书（或者职业病诊断鉴定书）。

工伤认定申请表应当包括事故发生的时间、地点、原因以及职工伤害程度等基本情况。

工伤认定申请人提供材料不完整的，社会保险行政部门应当一次性书面告知工伤认定申请人需要补正的全部材料。申请人按照书面告知要求补正材料后，社会保险行政部门应当受理。

第十九条 社会保险行政部门受理工伤认定申请

后，根据审核需要可以对事故伤害进行调查核实，用人单位、职工、工会组织、医疗机构以及有关部门应当予以协助。职业病诊断和诊断争议的鉴定，依照职业病防治法的有关规定执行。对依法取得职业病诊断证明书或者职业病诊断鉴定书的，社会保险行政部门不再进行调查核实。

职工或者其近亲属认为是工伤，用人单位不认为是工伤的，由用人单位承担举证责任。

第二十条　社会保险行政部门应当自受理工伤认定申请之日起60日内作出工伤认定的决定，并书面通知申请工伤认定的职工或者其近亲属和该职工所在单位。

社会保险行政部门对受理的事实清楚、权利义务明确的工伤认定申请，应当在15日内作出工伤认定的决定。

作出工伤认定决定需要以司法机关或者有关行政主管部门的结论为依据的，在司法机关或者有关行政主管部门尚未作出结论期间，作出工伤认定决定的时限中止。

社会保险行政部门工作人员与工伤认定申请人有利害关系的，应当回避。

第四章　劳动能力鉴定

第二十一条　职工发生工伤，经治疗伤情相对稳定后存在残疾、影响劳动能力的，应当进行劳动能力鉴定。

第二十二条　劳动能力鉴定是指劳动功能障碍程度和生活自理障碍程度的等级鉴定。

劳动功能障碍分为十个伤残等级，最重的为一级，最轻的为十级。

生活自理障碍分为三个等级：生活完全不能自理、生活大部分不能自理和生活部分不能自理。

劳动能力鉴定标准由国务院社会保险行政部门会同国务院卫生行政部门等部门制定。

第二十三条　劳动能力鉴定由用人单位、工伤职工或者其近亲属向设区的市级劳动能力鉴定委员会提出申请，并提供工伤认定决定和职工工伤医疗的有关资料。

第二十四条　省、自治区、直辖市劳动能力鉴定委员会和设区的市级劳动能力鉴定委员会分别由省、自治区、直辖市和设区的市级社会保险行政部门、卫生行政部门、工会组织、经办机构代表以及用人单位代表组成。

劳动能力鉴定委员会建立医疗卫生专家库。列入专家库的医疗卫生专业技术人员应当具备下列条件：

（一）具有医疗卫生高级专业技术职务任职资格；

（二）掌握劳动能力鉴定的相关知识；

（三）具有良好的职业品德。

第二十五条　设区的市级劳动能力鉴定委员会收到劳动能力鉴定申请后，应当从其建立的医疗卫生专家库中随机抽取3名或者5名相关专家组成专家组，由专家组提出鉴定意见。设区的市级劳动能力鉴定委员会根据专家组的鉴定意见作出工伤职工劳动能力鉴定结论；必要时，可以委托具备资格的医疗机构协助进行有关的诊断。

设区的市级劳动能力鉴定委员会应当自收到劳动能力鉴定申请之日起60日内作出劳动能力鉴定结论，必要时，作出劳动能力鉴定结论的期限可以延长30日。劳动能力鉴定结论应当及时送达申请鉴定的单位和个人。

第二十六条　申请鉴定的单位或者个人对设区的市级劳动能力鉴定委员会作出的鉴定结论不服的，可以在收到该鉴定结论之日起15日内向省、自治区、直辖市劳动能力鉴定委员会提出再次鉴定申请。省、自治区、直辖市劳动能力鉴定委员会作出的劳动能力鉴定结论为最终结论。

第二十七条　劳动能力鉴定工作应当客观、公正。劳动能力鉴定委员会组成人员或者参加鉴定的专家与当事人有利害关系的，应当回避。

第二十八条　自劳动能力鉴定结论作出之日起1年后，工伤职工或者其近亲属、所在单位或者经办机构认为伤残情况发生变化的，可以申请劳动能力复查鉴定。

第二十九条　劳动能力鉴定委员会依照本条例第二十六条和第二十八条的规定进行再次鉴定和复查鉴定的期限，依照本条例第二十五条第二款的规定执行。

第五章　工伤保险待遇

第三十条　职工因工作遭受事故伤害或者患职业病进行治疗，享受工伤医疗待遇。

职工治疗工伤应当在签订服务协议的医疗机构就医，情况紧急时可以先到就近的医疗机构急救。

治疗工伤所需费用符合工伤保险诊疗项目目录、工伤保险药品目录、工伤保险住院服务标准的，从工伤保险基金支付。工伤保险诊疗项目目录、工伤保险药品目录、工伤保险住院服务标准，由国务院社会保险行政部门会同国务院卫生行政部门、食品药品监督管理部门等部门规定。

职工住院治疗工伤的伙食补助费，以及经医疗机构出具证明，报经办机构同意，工伤职工到统筹地区以外就医所需的交通、食宿费用从工伤保险基金支付，基金支付的具体标准由统筹地区人民政府规定。

工伤职工治疗非工伤引发的疾病，不享受工伤医疗待遇，按照基本医疗保险办法处理。

工伤职工到签订服务协议的医疗机构进行工伤康复的费用，符合规定的，从工伤保险基金支付。

第三十一条 社会保险行政部门作出认定为工伤的决定后发生行政复议、行政诉讼的，行政复议和行政诉讼期间不停止支付工伤职工治疗工伤的医疗费用。

第三十二条 工伤职工因日常生活或者就业需要，经劳动能力鉴定委员会确认，可以安装假肢、矫形器、假眼、假牙和配置轮椅等辅助器具，所需费用按照国家规定的标准从工伤保险基金支付。

第三十三条 职工因工作遭受事故伤害或者患职业病需要暂停工作接受工伤医疗的，在停工留薪期内，原工资福利待遇不变，由所在单位按月支付。

停工留薪期一般不超过12个月。伤情严重或者情况特殊，经设区的市级劳动能力鉴定委员会确认，可以适当延长，但延长不得超过12个月。工伤职工评定伤残等级后，停发原待遇，按照本章的有关规定享受伤残待遇。工伤职工在停工留薪期满后仍需治疗的，继续享受工伤医疗待遇。

生活不能自理的工伤职工在停工留薪期需要护理的，由所在单位负责。

第三十四条 工伤职工已经评定伤残等级并经劳动能力鉴定委员会确认需要生活护理的，从工伤保险基金按月支付生活护理费。

生活护理费按照生活完全不能自理、生活大部分不能自理或者生活部分不能自理3个不同等级支付，其标准分别为统筹地区上年度职工月平均工资的50%、40%或者30%。

第三十五条 职工因工致残被鉴定为一级至四级伤残的，保留劳动关系，退出工作岗位，享受以下待遇：

（一）从工伤保险基金按伤残等级支付一次性伤残补助金，标准为：一级伤残为27个月的本人工资，二级伤残为25个月的本人工资，三级伤残为23个月的本人工资，四级伤残为21个月的本人工资；

（二）从工伤保险基金按月支付伤残津贴，标准为：一级伤残为本人工资的90%，二级伤残为本人工资的85%，三级伤残为本人工资的80%，四级伤残为本人工资的75%。伤残津贴实际金额低于当地最低工资标准的，由工伤保险基金补足差额；

（三）工伤职工达到退休年龄并办理退休手续后，停发伤残津贴，按照国家有关规定享受基本养老保险待遇。基本养老保险待遇低于伤残津贴的，由工伤保险基金补足差额。

职工因工致残被鉴定为一级至四级伤残的，由用人单位和职工个人以伤残津贴为基数，缴纳基本医疗保险费。

第三十六条 职工因工致残被鉴定为五级、六级伤残的，享受以下待遇：

（一）从工伤保险基金按伤残等级支付一次性伤残补助金，标准为：五级伤残为18个月的本人工资，六级伤残为16个月的本人工资；

（二）保留与用人单位的劳动关系，由用人单位安排适当工作。难以安排工作的，由用人单位按月发给伤残津贴，标准为：五级伤残为本人工资的70%，六级伤残为本人工资的60%，并由用人单位按照规定为其缴纳应缴纳的各项社会保险费。伤残津贴实际金额低于当地最低工资标准的，由用人单位补足差额。

经工伤职工本人提出，该职工可以与用人单位解除或者终止劳动关系，由工伤保险基金支付一次性工伤医疗补助金，由用人单位支付一次性伤残就业补助金。一次性工伤医疗补助金和一次性伤残就业补助金的具体标准由省、自治区、直辖市人民政府规定。

第三十七条 职工因工致残被鉴定为七级至十级伤残的，享受以下待遇：

（一）从工伤保险基金按伤残等级支付一次性伤残补助金，标准为：七级伤残为13个月的本人工资，八级伤残为11个月的本人工资，九级伤残为9个月的本人工资，十级伤残为7个月的本人工资；

（二）劳动、聘用合同期满终止，或者职工本人提出解除劳动、聘用合同的，由工伤保险基金支付一次性工伤医疗补助金，由用人单位支付一次性伤残就业补助金。一次性工伤医疗补助金和一次性伤残就业补助金的具体标准由省、自治区、直辖市人民政府规定。

第三十八条 工伤职工工伤复发，确认需要治疗的，享受本条例第三十条、第三十二条和第三十三条规定的工伤待遇。

第三十九条 职工因工死亡，其近亲属按照下列规定从工伤保险基金领取丧葬补助金、供养亲属抚恤金和一次性工亡补助金：

（一）丧葬补助金为6个月的统筹地区上年度职工月平均工资；

（二）供养亲属抚恤金按照职工本人工资的一定比例发给由因工死亡职工生前提供主要生活来源、无劳动能力的亲属。标准为：配偶每月40%，其他亲属每人每月30%，孤寡老人或者孤儿每人每月在上述标准的基础上增加10%。核定的各供养亲属的抚恤金之和不应高于因工死亡职工生前的工资。供养亲属的具体范围由国务院社会保险行政部门规定；

（三）一次性工亡补助金标准为上一年度全国城镇居民人均可支配收入的20倍。

伤残职工在停工留薪期内因工伤导致死亡的，其近亲属享受本条第一款规定的待遇。

一级至四级伤残职工在停工留薪期满后死亡的，其近亲属可以享受本条第一款第（一）项、第（二）项规定的待遇。

第四十条 伤残津贴、供养亲属抚恤金、生活护理费由统筹地区社会保险行政部门根据职工平均工资和生活费用变化等情况适时调整。调整办法由省、自治区、直辖市人民政府规定。

第四十一条 职工因工外出期间发生事故或者在抢险救灾中下落不明的，从事故发生当月起3个月内照发工资，从第4个月起停发工资，由工伤保险基金向其供养亲属按月支付供养亲属抚恤金。生活有困难的，可以预支一次性工亡补助金的50%。职工被人民法院宣告死亡的，按照本条例第三十九条职工因工死亡的规定处理。

第四十二条 工伤职工有下列情形之一的，停止享受工伤保险待遇：

（一）丧失享受待遇条件的；

（二）拒不接受劳动能力鉴定的；

（三）拒绝治疗的。

第四十三条 用人单位分立、合并、转让的，承继单位应当承担原用人单位的工伤保险责任；原用人单位已经参加工伤保险的，承继单位应当到当地经办机构办理工伤保险变更登记。

用人单位实行承包经营的，工伤保险责任由职工劳动关系所在单位承担。

职工被借调期间受到工伤事故伤害的，由原用人单位承担工伤保险责任，但原用人单位与借调单位可以约定补偿办法。

企业破产的，在破产清算时依法拨付应当由单位支付的工伤保险待遇费用。

第四十四条 职工被派遣出境工作，依据前往国家或者地区的法律应当参加当地工伤保险的，参加当地工伤保险，其国内工伤保险关系中止；不能参加当地工伤保险的，其国内工伤保险关系不中止。

第四十五条 职工再次发生工伤，根据规定应当享受伤残津贴的，按照新认定的伤残等级享受伤残津贴待遇。

第六章 监督管理

第四十六条 经办机构具体承办工伤保险事务，履行下列职责：

（一）根据省、自治区、直辖市人民政府规定，征收工伤保险费；

（二）核查用人单位的工资总额和职工人数，办理工伤保险登记，并负责保存用人单位缴费和职工享受工伤保险待遇情况的记录；

（三）进行工伤保险的调查、统计；

（四）按照规定管理工伤保险基金的支出；

（五）按照规定核定工伤保险待遇；

（六）为工伤职工或者其近亲属免费提供咨询服务。

第四十七条 经办机构与医疗机构、辅助器具配置机构在平等协商的基础上签订服务协议，并公布签订服务协议的医疗机构、辅助器具配置机构的名单。具体办法由国务院社会保险行政部门分别会同国务院卫生行政部门、民政部门等部门制定。

第四十八条 经办机构按照协议和国家有关目录、标准对工伤职工医疗费用、康复费用、辅助器具费用的使用情况进行核查，并按时足额结算费用。

第四十九条 经办机构应当定期公布工伤保险基金的收支情况，及时向社会保险行政部门提出调整费率的建议。

第五十条 社会保险行政部门、经办机构应当定期听取工伤职工、医疗机构、辅助器具配置机构以及社会各界对改进工伤保险工作的意见。

第五十一条 社会保险行政部门依法对工伤保险费的征缴和工伤保险基金的支付情况进行监督检查。

财政部门和审计机关依法对工伤保险基金的收支、管理情况进行监督。

第五十二条 任何组织和个人对有关工伤保险的违法行为，有权举报。社会保险行政部门对举报应当及时调查，按照规定处理，并为举报人保密。

第五十三条 工会组织依法维护工伤职工的合法权益，对用人单位的工伤保险工作实行监督。

第五十四条 职工与用人单位发生工伤待遇方面的争议，按照处理劳动争议的有关规定处理。

第五十五条 有下列情形之一的，有关单位或者个人可以依法申请行政复议，也可以依法向人民法院提起行政诉讼：

（一）申请工伤认定的职工或者其近亲属、该职工所在单位对工伤认定申请不予受理的决定不服的；

（二）申请工伤认定的职工或者其近亲属、该职工所在单位对工伤认定结论不服的；

（三）用人单位对经办机构确定的单位缴费费率不服的；

（四）签订服务协议的医疗机构、辅助器具配置机构认为经办机构未履行有关协议或者规定的；

（五）工伤职工或者其近亲属对经办机构核定的工伤保险待遇有异议的。

第七章 法律责任

第五十六条 单位或者个人违反本条例第十二条规定挪用工伤保险基金，构成犯罪的，依法追究刑事责任；尚不构成犯罪的，依法给予处分或者纪律处分。被挪用的基金由社会保险行政部门追回，并入工伤保险基金；没收的违法所得依法上缴国库。

第五十七条 社会保险行政部门工作人员有下列情形之一的，依法给予处分；情节严重，构成犯罪的，依法追究刑事责任：

（一）无正当理由不受理工伤认定申请，或者弄虚作假将不符合工伤条件的人员认定为工伤职工的；

（二）未妥善保管申请工伤认定的证据材料，致使有关证据灭失的；

（三）收受当事人财物的。

第五十八条 经办机构有下列行为之一的，由社会保险行政部门责令改正，对直接负责的主管人员和其他责任人员依法给予纪律处分；情节严重，构成犯罪的，依法追究刑事责任；造成当事人经济损失的，由经办机构依法承担赔偿责任：

（一）未按规定保存用人单位缴费和职工享受工伤保险待遇情况记录的；

（二）不按规定核定工伤保险待遇的；

（三）收受当事人财物的。

第五十九条 医疗机构、辅助器具配置机构不按服务协议提供服务的，经办机构可以解除服务协议。

经办机构不按时足额结算费用的，由社会保险行政部门责令改正；医疗机构、辅助器具配置机构可以解除服务协议。

第六十条 用人单位、工伤职工或者其近亲属骗取工伤保险待遇，医疗机构、辅助器具配置机构骗取工伤保险基金支出的，由社会保险行政部门责令退还，处骗取金额2倍以上5倍以下的罚款；情节严重，构成犯罪的，依法追究刑事责任。

第六十一条 从事劳动能力鉴定的组织或者个人有下列情形之一的，由社会保险行政部门责令改正，处2000元以上1万元以下的罚款；情节严重，构成犯罪的，依法追究刑事责任：

（一）提供虚假鉴定意见的；

（二）提供虚假诊断证明的；

（三）收受当事人财物的。

第六十二条 用人单位依照本条例规定应当参加工伤保险而未参加的，由社会保险行政部门责令限期参加，补缴应当缴纳的工伤保险费，并自欠缴之日起，按日加收万分之五的滞纳金；逾期仍不缴纳的，处欠缴数额1倍以上3倍以下的罚款。

依照本条例规定应当参加工伤保险而未参加工伤保险的用人单位职工发生工伤的，由该用人单位按照本条例规定的工伤保险待遇项目和标准支付费用。

用人单位参加工伤保险并补缴应当缴纳的工伤保险费、滞纳金后，由工伤保险基金和用人单位依照本条例的规定支付新发生的费用。

第六十三条 用人单位违反本条例第十九条的规定，拒不协助社会保险行政部门对事故进行调查核实的，由社会保险行政部门责令改正，处2000元以上2万元以下的罚款。

第八章 附 则

第六十四条 本条例所称工资总额，是指用人单位直接支付给本单位全部职工的劳动报酬总额。

本条例所称本人工资，是指工伤职工因工作遭受事故伤害或者患职业病前12个月平均月缴费工资。本人工资高于统筹地区职工平均工资300%的，按照统筹地区职工平均工资的300%计算；本人工资低于统筹地区职工平均工资60%的，按照统筹地区职工平均工资的60%计算。

第六十五条 公务员和参照公务员法管理的事业单位、社会团体的工作人员因工作遭受事故伤害或者患职业病的，由所在单位支付费用。具体办法由国务院社会保险行政部门会同国务院财政部门规定。

第六十六条 无营业执照或者未经依法登记、备案的单位以及被依法吊销营业执照或者撤销登记、备案的单位的职工受到事故伤害或者患职业病的，由该单位向伤残职工或者死亡职工的近亲属给予一次性赔偿，赔偿标准不得低于本条例规定的工伤保险待遇；用人单位不得使用童工，用人单位使用童工造成童工伤残、死亡的，由该单位向童工或者童工的近亲属给予一次性赔偿，赔偿标准不得低于本条例规定的工伤保险待遇。具体办法由国务院社会保险行政部门规定。

前款规定的伤残职工或者死亡职工的近亲属就赔偿数额与单位发生争议的，以及前款规定的童工或者童工的近亲属就赔偿数额与单位发生争议的，按照处理劳动争议的有关规定处理。

第六十七条 本条例自 2004 年 1 月 1 日起施行。本条例施行前已受到事故伤害或者患职业病的职工尚未完成工伤认定的，按照本条例的规定执行。

劳动保障监察条例

（2004 年 10 月 26 日国务院第 68 次常务会议通过，2004 年 11 月 1 日国务院令第 423 号公布，自 2004 年 12 月 1 日起施行）

第一章 总 则

第一条 为了贯彻实施劳动和社会保障（以下称劳动保障）法律、法规和规章，规范劳动保障监察工作，维护劳动者的合法权益，根据劳动法和有关法律，制定本条例。

第二条 对企业和个体工商户（以下称用人单位）进行劳动保障监察，适用本条例。

对职业介绍机构、职业技能培训机构和职业技能考核鉴定机构进行劳动保障监察，依照本条例执行。

第三条 国务院劳动保障行政部门主管全国的劳动保障监察工作。县级以上地方各级人民政府劳动保障行政部门主管本行政区域内的劳动保障监察工作。

县级以上各级人民政府有关部门根据各自职责，支持、协助劳动保障行政部门的劳动保障监察工作。

第四条 县级、设区的市级人民政府劳动保障行政部门可以委托符合监察执法条件的组织实施劳动保障监察。

劳动保障行政部门和受委托实施劳动保障监察的组织中的劳动保障监察员应当经过相应的考核或者考试录用。

劳动保障监察证件由国务院劳动保障行政部门监制。

第五条 县级以上地方各级人民政府应当加强劳动保障监察工作。劳动保障监察所需经费列入本级财政预算。

第六条 用人单位应当遵守劳动保障法律、法规和规章，接受并配合劳动保障监察。

第七条 各级工会依法维护劳动者的合法权益，对用人单位遵守劳动保障法律、法规和规章的情况进行监督。

劳动保障行政部门在劳动保障监察工作中应当注意听取工会组织的意见和建议。

第八条 劳动保障监察遵循公正、公开、高效、便民的原则。

实施劳动保障监察，坚持教育与处罚相结合，接受社会监督。

第九条 任何组织或者个人对违反劳动保障法律、法规或者规章的行为，有权向劳动保障行政部门举报。

劳动者认为用人单位侵犯其劳动保障合法权益的，有权向劳动保障行政部门投诉。

劳动保障行政部门应当为举报人保密；对举报属实，为查处重大违反劳动保障法律、法规或者规章的行为提供主要线索和证据的举报人，给予奖励。

第二章 劳动保障监察职责

第十条 劳动保障行政部门实施劳动保障监察，履行下列职责：

（一）宣传劳动保障法律、法规和规章，督促用人单位贯彻执行；

（二）检查用人单位遵守劳动保障法律、法规和规章的情况；

（三）受理对违反劳动保障法律、法规或者规章的行为的举报、投诉；

（四）依法纠正和查处违反劳动保障法律、法规或者规章的行为。

第十一条 劳动保障行政部门对下列事项实施劳动保障监察：

（一）用人单位制定内部劳动保障规章制度的情况；

（二）用人单位与劳动者订立劳动合同的情况；

（三）用人单位遵守禁止使用童工规定的情况；

（四）用人单位遵守女职工和未成年工特殊劳动保护规定的情况；

（五）用人单位遵守工作时间和休息休假规定的情况；

（六）用人单位支付劳动者工资和执行最低工资标准的情况；

（七）用人单位参加各项社会保险和缴纳社会保险费的情况；

（八）职业介绍机构、职业技能培训机构和职业技能考核鉴定机构遵守国家有关职业介绍、职业技能培训和职业技能考核鉴定的规定的情况；

（九）法律、法规规定的其他劳动保障监察事项。

第十二条 劳动保障监察员依法履行劳动保障监察职责，受法律保护。

劳动保障监察员应当忠于职守，秉公执法，勤政廉洁，保守秘密。

任何组织或者个人对劳动保障监察员的违法违纪行为，有权向劳动保障行政部门或者有关机关检举、控告。

第三章 劳动保障监察的实施

第十三条 对用人单位的劳动保障监察，由用人单位用工所在地的县级或者设区的市级劳动保障行政部门管辖。

上级劳动保障行政部门根据工作需要，可以调查处理下级劳动保障行政部门管辖的案件。劳动保障行政部门对劳动保障监察管辖发生争议的，报请共同的上一级劳动保障行政部门指定管辖。

省、自治区、直辖市人民政府可以对劳动保障监察的管辖制定具体办法。

第十四条 劳动保障监察以日常巡视检查、审查用人单位按照要求报送的书面材料以及接受举报投诉等形式进行。

劳动保障行政部门认为用人单位有违反劳动保障法律、法规或者规章的行为，需要进行调查处理的，应当及时立案。

劳动保障行政部门或者受委托实施劳动保障监察的组织应当设立举报、投诉信箱和电话。

对因违反劳动保障法律、法规或者规章的行为引起的群体性事件，劳动保障行政部门应当根据应急预案，迅速会同有关部门处理。

第十五条 劳动保障行政部门实施劳动保障监察，有权采取下列调查、检查措施：

（一）进入用人单位的劳动场所进行检查；

（二）就调查、检查事项询问有关人员；

（三）要求用人单位提供与调查、检查事项相关的文件资料，并作出解释和说明，必要时可以发出调查询问书；

（四）采取记录、录音、录像、照相或者复制等方式收集有关情况和资料；

（五）委托会计师事务所对用人单位工资支付、缴纳社会保险费的情况进行审计；

（六）法律、法规规定可以由劳动保障行政部门采取的其他调查、检查措施。

劳动保障行政部门对事实清楚、证据确凿，可以当场处理的违反劳动保障法律、法规或者规章的行为，有权当场予以纠正。

第十六条 劳动保障监察员进行调查、检查，不得少于2人，并应当佩戴劳动保障监察标志、出示劳动保障监察证件。

劳动保障监察员办理的劳动保障监察事项与本人或者其近亲属有直接利害关系的，应当回避。

第十七条 劳动保障行政部门对违反劳动保障法律、法规或者规章的行为的调查，应当自立案之日起60个工作日内完成；对情况复杂的，经劳动保障行政部门负责人批准，可以延长30个工作日。

第十八条 劳动保障行政部门对违反劳动保障法律、法规或者规章的行为，根据调查、检查的结果，作出以下处理：

（一）对依法应当受到行政处罚的，依法作出行政处罚决定；

（二）对应当改正未改正的，依法责令改正或者作出相应的行政处理决定；

（三）对情节轻微且已改正的，撤销立案。

发现违法案件不属于劳动保障监察事项的，应当及时移送有关部门处理；涉嫌犯罪的，应当依法移送司法机关。

第十九条 劳动保障行政部门对违反劳动保障法律、法规或者规章的行为作出行政处罚或者行政处理决定前，应当听取用人单位的陈述、申辩；作出行政处罚或者行政处理决定，应当告知用人单位依法享有申请行政复议或者提起行政诉讼的权利。

第二十条 违反劳动保障法律、法规或者规章的行为在2年内未被劳动保障行政部门发现，也未被举报、投诉的，劳动保障行政部门不再查处。

前款规定的期限，自违反劳动保障法律、法规或者规章的行为发生之日起计算；违反劳动保障法律、法规或者规章的行为有连续或者继续状态的，自行为终了之日起计算。

第二十一条 用人单位违反劳动保障法律、法规或者规章，对劳动者造成损害的，依法承担赔偿责任。劳动者与用人单位就赔偿发生争议的，依照国家有关劳动争议处理的规定处理。

对应当通过劳动争议处理程序解决的事项或者已经按照劳动争议处理程序申请调解、仲裁或者已经提起诉讼的事项，劳动保障行政部门应当告知投诉人依照劳动争议处理或者诉讼的程序办理。

第二十二条 劳动保障行政部门应当建立用人单位劳动保障守法诚信档案。用人单位有重大违反劳动保障法律、法规或者规章的行为的，由有关的劳动保障行政部门向社会公布。

第四章 法律责任

第二十三条 用人单位有下列行为之一的,由劳动保障行政部门责令改正,按照受侵害的劳动者每人1000元以上5000元以下的标准计算,处以罚款:

(一) 安排女职工从事矿山井下劳动、国家规定的第四级体力劳动强度的劳动或者其他禁忌从事的劳动的;

(二) 安排女职工在经期从事高处、低温、冷水作业或者国家规定的第三级体力劳动强度的劳动的;

(三) 安排女职工在怀孕期间从事国家规定的第三级体力劳动强度的劳动或者孕期禁忌从事的劳动的;

(四) 安排怀孕7个月以上的女职工夜班劳动或者延长其工作时间的;

(五) 女职工生育享受产假少于90天的;

(六) 安排女职工在哺乳未满1周岁的婴儿期间从事国家规定的第三级体力劳动强度的劳动或者哺乳期禁忌从事的其他劳动,以及延长其工作时间或安排其夜班劳动的;

(七) 安排未成年工从事矿山井下、有毒有害、国家规定的第四级体力劳动强度的劳动或者其他禁忌从事的劳动的;

(八) 未对未成年工定期进行健康检查的。

第二十四条 用人单位与劳动者建立劳动关系不依法订立劳动合同的,由劳动保障行政部门责令改正。

第二十五条 用人单位违反劳动保障法律、法规或者规章延长劳动者工作时间的,由劳动保障行政部门给予警告,责令限期改正,并可以按照受侵害的劳动者每人100元以上500元以下的标准计算,处以罚款。

第二十六条 用人单位有下列行为之一的,由劳动保障行政部门分别责令限期支付劳动者的工资报酬、劳动者工资低于当地最低工资标准的差额或者解除劳动合同的经济补偿;逾期不支付的,责令用人单位按照应付金额50%以上1倍以下的标准计算,向劳动者加付赔偿金:

(一) 克扣或者无故拖欠劳动者工资报酬的;

(二) 支付劳动者的工资低于当地最低工资标准的;

(三) 解除劳动合同未依法给予劳动者经济补偿的。

第二十七条 用人单位向社会保险经办机构申报应缴纳的社会保险费数额时,瞒报工资总额或者职工人数的,由劳动保障行政部门责令改正,并处瞒报工资数额1倍以上3倍以下的罚款。

骗取社会保险待遇或者骗取社会保险基金支出的,由劳动保障行政部门责令退还,并处骗取金额1倍以上3倍以下的罚款;构成犯罪的,依法追究刑事责任。

第二十八条 职业介绍机构、职业技能培训机构或者职业技能考核鉴定机构违反国家有关职业介绍、职业技能培训或者职业技能考核鉴定的规定的,由劳动保障行政部门责令改正,没收违法所得,并处1万元以上5万元以下的罚款;情节严重的,吊销许可证。

未经劳动保障行政部门许可,从事职业介绍、职业技能培训或者职业技能考核鉴定的组织或者个人,由劳动保障行政部门、工商行政管理部门依照国家有关无照经营查处取缔的规定查处取缔。

第二十九条 用人单位违反《中华人民共和国工会法》,有下列行为之一的,由劳动保障行政部门责令改正:

(一) 阻挠劳动者依法参加和组织工会,或者阻挠上级工会帮助、指导劳动者筹建工会的;

(二) 无正当理由调动依法履行职责的工会工作人员的工作岗位,进行打击报复的;

(三) 劳动者因参加工会活动而被解除劳动合同的;

(四) 工会工作人员因依法履行职责被解除劳动合同的。

第三十条 有下列行为之一的,由劳动保障行政部门责令改正;对有第(一)项、第(二)项或者第(三)项规定的行为的,处2000元以上2万元以下的罚款:

(一) 无理抗拒、阻挠劳动保障行政部门依照本条例的规定实施劳动保障监察的;

(二) 不按照劳动保障行政部门的要求报送书面材料,隐瞒事实真相,出具伪证或者隐匿、毁灭证据的;

(三) 经劳动保障行政部门责令改正拒不改正,或者拒不履行劳动保障行政部门的行政处理决定的;

(四) 打击报复举报人、投诉人的。

违反前款规定,构成违反治安管理行为的,由公安机关依法给予治安管理处罚;构成犯罪的,依法追究刑事责任。

第三十一条 劳动保障监察员滥用职权、玩忽职守、徇私舞弊或者泄露在履行职责过程中知悉的商业秘密的,依法给予行政处分;构成犯罪的,依法追究刑事责任。

劳动保障行政部门和劳动保障监察员违法行使职权,侵犯用人单位或者劳动者的合法权益的,依法承担赔偿责任。

第三十二条 属于本条例规定的劳动保障监察事项，法律、其他行政法规对处罚另有规定的，从其规定。

第五章 附 则

第三十三条 对无营业执照或者已被依法吊销营业执照，有劳动用工行为的，由劳动保障行政部门依照本条例实施劳动保障监察，并及时通报工商行政管理部门予以查处取缔。

第三十四条 国家机关、事业单位、社会团体执行劳动保障法律、法规和规章的情况，由劳动保障行政部门根据其职责，依照本条例实施劳动保障监察。

第三十五条 劳动安全卫生的监督检查，由卫生部门、安全生产监督管理部门、特种设备安全监督管理部门等有关部门依照有关法律、行政法规的规定执行。

第三十六条 本条例自2004年12月1日起施行。

女职工劳动保护特别规定

（2012年4月18日国务院第200次常务会议通过，2012年4月28日国务院令第619号公布，自公布之日起施行）

第一条 为了减少和解决女职工在劳动中因生理特点造成的特殊困难，保护女职工健康，制定本规定。

第二条 中华人民共和国境内的国家机关、企业、事业单位、社会团体、个体经济组织以及其他社会组织等用人单位及其女职工，适用本规定。

第三条 用人单位应当加强女职工劳动保护，采取措施改善女职工劳动安全卫生条件，对女职工进行劳动安全卫生知识培训。

第四条 用人单位应当遵守女职工禁忌从事的劳动范围的规定。用人单位应当将本单位属于女职工禁忌从事的劳动范围的岗位书面告知女职工。

女职工禁忌从事的劳动范围由本规定附录列示。国务院安全生产监督管理部门会同国务院人力资源社会保障行政部门、国务院卫生行政部门根据经济社会发展情况，对女职工禁忌从事的劳动范围进行调整。

第五条 用人单位不得因女职工怀孕、生育、哺乳降低其工资、予以辞退、与其解除劳动或者聘用合同。

第六条 女职工在孕期不能适应原劳动的，用人单位应当根据医疗机构的证明，予以减轻劳动量或者安排其他能够适应的劳动。

对怀孕7个月以上的女职工，用人单位不得延长劳动时间或者安排夜班劳动，并应当在劳动时间内安排一定的休息时间。

怀孕女职工在劳动时间内进行产前检查，所需时间计入劳动时间。

第七条 女职工生育享受98天产假，其中产前可以休假15天；难产的，增加产假15天；生育多胞胎的，每多生育1个婴儿，增加产假15天。

女职工怀孕未满4个月流产的，享受15天产假；怀孕满4个月流产的，享受42天产假。

第八条 女职工产假期间的生育津贴，对已经参加生育保险的，按照用人单位上年度职工月平均工资的标准由生育保险基金支付；对未参加生育保险的，按照女职工产假前工资的标准由用人单位支付。

女职工生育或者流产的医疗费用，按照生育保险规定的项目和标准，对已经参加生育保险的，由生育保险基金支付；对未参加生育保险的，由用人单位支付。

第九条 对哺乳未满1周岁婴儿的女职工，用人单位不得延长劳动时间或者安排夜班劳动。

用人单位应当在每天的劳动时间内为哺乳期女职工安排1小时哺乳时间；女职工生育多胞胎的，每多哺乳1个婴儿每天增加1小时哺乳时间。

第十条 女职工比较多的用人单位应当根据女职工的需要，建立女职工卫生室、孕妇休息室、哺乳室等设施，妥善解决女职工在生理卫生、哺乳方面的困难。

第十一条 在劳动场所，用人单位应当预防和制止对女职工的性骚扰。

第十二条 县级以上人民政府人力资源社会保障行政部门、安全生产监督管理部门按照各自职责负责对用人单位遵守本规定的情况进行监督检查。

工会、妇女组织依法对用人单位遵守本规定的情况进行监督。

第十三条 用人单位违反本规定第六条第二款、第七条、第九条第一款规定的，由县级以上人民政府人力资源社会保障行政部门责令限期改正，按照受侵害女职工每人1000元以上5000元以下的标准计算，处以罚款。

用人单位违反本规定附录第一条、第二条规定的，由县级以上人民政府安全生产监督管理部门责令限期改正，按照受侵害女职工每人1000元以上5000元以下的标准计算，处以罚款。用人单位违反本规定附录第三条、第四条规定的，由县级以上人民政府安全生产监督管理部门责令限期治理，处5万元以上30万元以下的罚款；情节严重的，责令停止有关作业，或者提请有关人民政府按照国务院规定的权限责令关闭。

第十四条 用人单位违反本规定，侵害女职工合法权益的，女职工可以依法投诉、举报、申诉，依法向劳动人事争议调解仲裁机构申请调解仲裁，对仲裁裁决不服的，依法向人民法院提起诉讼。

第十五条 用人单位违反本规定，侵害女职工合法权益，造成女职工损害的，依法给予赔偿；用人单位及其直接负责的主管人员和其他直接责任人员构成犯罪的，依法追究刑事责任。

第十六条 本规定自公布之日起施行。1988年7月21日国务院发布的《女职工劳动保护规定》同时废止。

附录：

女职工禁忌从事的劳动范围

一、女职工禁忌从事的劳动范围：
（一）矿山井下作业；
（二）体力劳动强度分级标准中规定的第四级体力劳动强度的作业；
（三）每小时负重6次以上、每次负重超过20公斤的作业，或者间断负重、每次负重超过25公斤的作业。

二、女职工在经期禁忌从事的劳动范围：
（一）冷水作业分级标准中规定的第二级、第三级、第四级冷水作业；
（二）低温作业分级标准中规定的第二级、第三级、第四级低温作业；
（三）体力劳动强度分级标准中规定的第三级、第四级体力劳动强度的作业；
（四）高处作业分级标准中规定的第三级、第四级高处作业。

三、女职工在孕期禁忌从事的劳动范围：
（一）作业场所空气中铅及其化合物、汞及其化合物、苯、镉、铍、砷、氰化物、氮氧化物、一氧化碳、二硫化碳、氯、己内酰胺、氯丁二烯、氯乙烯、环氧乙烷、苯胺、甲醛等有毒物质浓度超过国家职业卫生标准的作业；
（二）从事抗癌药物、己烯雌酚生产，接触麻醉剂气体等的作业；
（三）非密封源放射性物质的操作，核事故与放射事故的应急处置；
（四）高处作业分级标准中规定的高处作业；
（五）冷水作业分级标准中规定的冷水作业；
（六）低温作业分级标准中规定的低温作业；
（七）高温作业分级标准中规定的第三级、第四级的作业；
（八）噪声作业分级标准中规定的第三级、第四级的作业；
（九）体力劳动强度分级标准中规定的第三级、第四级体力劳动强度的作业；
（十）在密闭空间、高压室作业或者潜水作业，伴有强烈振动的作业，或者需要频繁弯腰、攀高、下蹲的作业。

四、女职工在哺乳期禁忌从事的劳动范围：
（一）孕期禁忌从事的劳动范围的第一项、第三项、第九项；
（二）作业场所空气中锰、氟、溴、甲醇、有机磷化合物、有机氯化合物等有毒物质浓度超过国家职业卫生标准的作业。

使用有毒物品作业场所劳动保护条例

（2002年4月30日国务院第57次常务会议通过，2002年5月12日国务院令第352号公布，自公布之日起施行）

第一章 总 则

第一条 为了保证作业场所安全使用有毒物品，预防、控制和消除职业中毒危害，保护劳动者的生命安全、身体健康及其相关权益，根据职业病防治法和其他有关法律、行政法规的规定，制定本条例。

第二条 作业场所使用有毒物品可能产生职业中毒危害的劳动保护，适用本条例。

第三条 按照有毒物品产生的职业中毒危害程

度，有毒物品分为一般有毒物品和高毒物品。国家对作业场所使用高毒物品实行特殊管理。

一般有毒物品目录、高毒物品目录由国务院卫生行政部门会同有关部门依据国家标准制定、调整并公布。

第四条 从事使用有毒物品作业的用人单位（以下简称用人单位）应当使用符合国家标准的有毒物品，不得在作业场所使用国家明令禁止使用的有毒物品或者使用不符合国家标准的有毒物品。

用人单位应当尽可能使用无毒物品；需要使用有毒物品的，应当优先选择使用低毒物品。

第五条 用人单位应当依照本条例和其他有关法律、行政法规的规定，采取有效的防护措施，预防职业中毒事故的发生，依法参加工伤保险，保障劳动者的生命安全和身体健康。

第六条 国家鼓励研制、开发、推广、应用有利于预防、控制、消除职业中毒危害和保护劳动者健康的新技术、新工艺、新材料；限制使用或者淘汰有关职业中毒危害严重的技术、工艺、材料；加强对有关职业病的机理和发生规律的基础研究，提高有关职业病防治科学技术水平。

第七条 禁止使用童工。

用人单位不得安排未成年人和孕期、哺乳期的女职工从事使用有毒物品的作业。

第八条 工会组织应当督促并协助用人单位开展职业卫生宣传教育和培训，对用人单位的职业卫生工作提出意见和建议，与用人单位就劳动者反映的职业病防治问题进行协调并督促解决。

工会组织对用人单位违反法律、法规，侵犯劳动者合法权益的行为，有权要求纠正；产生严重职业中毒危害时，有权要求用人单位采取防护措施，或者向政府有关部门建议采取强制性措施；发生职业中毒事故时，有权参与事故调查处理；发现危及劳动者生命、健康的情形时，有权建议用人单位组织劳动者撤离危险现场，用人单位应当立即作出处理。

第九条 县级以上人民政府卫生行政部门及其他有关行政部门应当依据各自的职责，监督用人单位严格遵守本条例和其他有关法律、法规的规定，加强作业场所使用有毒物品的劳动保护，防止职业中毒事故发生，确保劳动者依法享有的权利。

第十条 各级人民政府应当加强对使用有毒物品作业场所职业卫生安全及相关劳动保护工作的领导，督促、支持卫生行政部门及其他有关行政部门依法履行监督检查职责，及时协调、解决有关重大问题；在发生职业中毒事故时，应当采取有效措施，控制事故危害的蔓延并消除事故危害，并妥善处理有关善后工作。

第二章 作业场所的预防措施

第十一条 用人单位的设立，应当符合有关法律、行政法规规定的设立条件，并依法办理有关手续，取得营业执照。

用人单位的使用有毒物品作业场所，除应当符合职业病防治法规定的职业卫生要求外，还必须符合下列要求：

（一）作业场所与生活场所分开，作业场所不得住人；

（二）有害作业与无害作业分开，高毒作业场所与其他作业场所隔离；

（三）设置有效的通风装置；可能突然泄漏大量有毒物品或者易造成急性中毒的作业场所，设置自动报警装置和事故通风设施；

（四）高毒作业场所设置应急撤离通道和必要的泄险区。

用人单位及其作业场所符合前两款规定的，由卫生行政部门发给职业卫生安全许可证，方可从事使用有毒物品的作业。

第十二条 使用有毒物品作业场所应当设置黄色区域警示线、警示标识和中文警示说明。警示说明应当载明产生职业中毒危害的种类、后果、预防以及应急救治措施等内容。

高毒作业场所应当设置红色区域警示线、警示标识和中文警示说明，并设置通讯报警设备。

第十三条 新建、扩建、改建的建设项目和技术改造、技术引进项目（以下统称建设项目），可能产生职业中毒危害的，应当依照职业病防治法的规定进行职业中毒危害预评价，并经卫生行政部门审核同意；可能产生职业中毒危害的建设项目的职业中毒危害防护设施应当与主体工程同时设计，同时施工，同时投入生产和使用；建设项目竣工，应当进行职业中毒危害控制效果评价，并经卫生行政部门验收合格。

存在高毒作业的建设项目的职业中毒危害防护设施设计，应当经卫生行政部门进行卫生审查；经审查，符合国家职业卫生标准和卫生要求的，方可施工。

第十四条 用人单位应当按照国务院卫生行政部门的规定，向卫生行政部门及时、如实申报存在职业中毒危害项目。

从事使用高毒物品作业的用人单位，在申报使用高毒物品作业项目时，应当向卫生行政部门提交下列有关资料：

（一）职业中毒危害控制效果评价报告；

（二）职业卫生管理制度和操作规程等材料；

（三）职业中毒事故应急救援预案。

从事使用高毒物品作业的用人单位变更所使用的高毒物品品种的，应当依照前款规定向原受理申报的卫生行政部门重新申报。

第十五条　用人单位变更名称、法定代表人或者负责人的，应当向原受理申报的卫生行政部门备案。

第十六条　从事使用高毒物品作业的用人单位，应当配备应急救援人员和必要的应急救援器材、设备，制定事故应急救援预案，并根据实际情况变化对应急救援预案适时进行修订，定期组织演练。事故应急救援预案和演练记录应当报当地卫生行政部门、安全生产监督管理部门和公安部门备案。

第三章　劳动过程的防护

第十七条　用人单位应当依照职业病防治法的有关规定，采取有效的职业卫生防护管理措施，加强劳动过程中的防护与管理。

从事使用高毒物品作业的用人单位，应当配备专职的或者兼职的职业卫生医师和护士；不具备配备专职的或者兼职的职业卫生医师和护士条件的，应当与依法取得资质认证的职业卫生技术服务机构签订合同，由其提供职业卫生服务。

第十八条　用人单位应当与劳动者订立劳动合同，将工作过程中可能产生的职业中毒危害及其后果、职业中毒危害防护措施和待遇等如实告知劳动者，并在劳动合同中写明，不得隐瞒或者欺骗。

劳动者在已订立劳动合同期间因工作岗位或者工作内容变更，从事劳动合同中未告知的存在职业中毒危害的作业时，用人单位应当依照前款规定，如实告知劳动者，并协商变更原劳动合同有关条款。

用人单位违反前两款规定的，劳动者有权拒绝从事存在职业中毒危害的作业，用人单位不得因此单方面解除或者终止与劳动者所订立的劳动合同。

第十九条　用人单位有关管理人员应当熟悉有关职业病防治的法律、法规以及确保劳动者安全使用有毒物品作业的知识。

用人单位应当对劳动者进行上岗前的职业卫生培训和在岗期间的定期职业卫生培训，普及有关职业卫生知识，督促劳动者遵守有关法律、法规和操作规程，指导劳动者正确使用职业中毒危害防护设备和个人使用的职业中毒危害防护用品。

劳动者经培训考核合格，方可上岗作业。

第二十条　用人单位应当确保职业中毒危害防护设备、应急救援设施、通讯报警装置处于正常适用状态，不得擅自拆除或者停止运行。

用人单位应当对前款所列设施进行经常性的维护、检修，定期检测其性能和效果，确保其处于良好运行状态。

职业中毒危害防护设备、应急救援设施和通讯报警装置处于不正常状态时，用人单位应当立即停止使用有毒物品作业；恢复正常状态后，方可重新作业。

第二十一条　用人单位应当为从事使用有毒物品作业的劳动者提供符合国家职业卫生标准的防护用品，并确保劳动者正确使用。

第二十二条　有毒物品必须附具说明书，如实载明产品特性、主要成分、存在的职业中毒危害因素、可能产生的危害后果、安全使用注意事项、职业中毒危害防护以及应急救治措施等内容；没有说明书或者说明书不符合要求的，不得向用人单位销售。

用人单位有权向生产、经营有毒物品的单位索取说明书。

第二十三条　有毒物品的包装应当符合国家标准，并以易于劳动者理解的方式加贴或者拴挂有毒物品安全标签。有毒物品的包装必须有醒目的警示标识和中文警示说明。

经营、使用有毒物品的单位，不得经营、使用没有安全标签、警示标识和中文警示说明的有毒物品。

第二十四条　用人单位维护、检修存在高毒物品的生产装置，必须事先制订维护、检修方案，明确职业中毒危害防护措施，确保维护、检修人员的生命安全和身体健康。

维护、检修存在高毒物品的生产装置，必须严格按照维护、检修方案和操作规程进行。维护、检修现场应当有专人监护，并设置警示标志。

第二十五条　需要进入存在高毒物品的设备、容器或者狭窄封闭场所作业时，用人单位应当事先采取下列措施：

（一）保持作业场所良好的通风状态，确保作业场所职业中毒危害因素浓度符合国家职业卫生标准；

（二）为劳动者配备符合国家职业卫生标准的防护用品；

（三）设置现场监护人员和现场救援设备。

未采取前款规定措施或者采取的措施不符合要求的，用人单位不得安排劳动者进入存在高毒物品的设备、容器或者狭窄封闭场所作业。

第二十六条　用人单位应当按照国务院卫生行政部门的规定，定期对使用有毒物品作业场所职业中毒危害因素进行检测、评价。检测、评价结果存入用人单位职业卫生档案,定期向所在地卫生行政部门报告并向劳动者公布。

从事使用高毒物品作业的用人单位应当至少每一个月对高毒作业场所进行一次职业中毒危害因素检测;至少每半年进行一次职业中毒危害控制效果评价。

高毒作业场所职业中毒危害因素不符合国家职业卫生标准和卫生要求时,用人单位必须立即停止高毒作业,并采取相应的治理措施;经治理,职业中毒危害因素符合国家职业卫生标准和卫生要求的,方可重新作业。

第二十七条 从事使用高毒物品作业的用人单位应当设置淋浴间和更衣室,并设置清洗、存放或者处理从事使用高毒物品作业劳动者的工作服、工作鞋帽等物品的专用间。

劳动者结束作业时,其使用的工作服、工作鞋帽等物品必须存放在高毒作业区域内,不得穿戴到非高毒作业区域。

第二十八条 用人单位应当按照规定对从事使用高毒物品作业的劳动者进行岗位轮换。

用人单位应当为从事使用高毒物品作业的劳动者提供岗位津贴。

第二十九条 用人单位转产、停产、停业或者解散、破产的,应当采取有效措施,妥善处理留存或者残留有毒物品的设备、包装物和容器。

第三十条 用人单位应当对本单位执行本条例规定的情况进行经常性的监督检查;发现问题,应当及时依照本条例规定的要求进行处理。

第四章 职业健康监护

第三十一条 用人单位应当组织从事使用有毒物品作业的劳动者进行上岗前职业健康检查。

用人单位不得安排未经上岗前职业健康检查的劳动者从事使用有毒物品的作业,不得安排有职业禁忌的劳动者从事其所禁忌的作业。

第三十二条 用人单位应当对从事使用有毒物品作业的劳动者进行定期职业健康检查。

用人单位发现有职业禁忌或者有与所从事职业相关的健康损害的劳动者,应当将其及时调离原工作岗位,并妥善安置。

用人单位对需要复查和医学观察的劳动者,应当按照体检机构的要求安排其复查和医学观察。

第三十三条 用人单位应当对从事使用有毒物品作业的劳动者进行离岗时的职业健康检查;对离岗前未进行职业健康检查的劳动者,不得解除或者终止与其订立的劳动合同。

用人单位发生分立、合并、解散、破产等情形的,应当对从事使用有毒物品作业的劳动者进行健康检查,并按照国家有关规定妥善安置职业病病人。

第三十四条 用人单位对受到或者可能受到急性职业中毒危害的劳动者,应当及时组织进行健康检查和医学观察。

第三十五条 劳动者职业健康检查和医学观察的费用,由用人单位承担。

第三十六条 用人单位应当建立职业健康监护档案。

职业健康监护档案应当包括下列内容:

(一)劳动者的职业史和职业中毒危害接触史;

(二)相应作业场所职业中毒危害因素监测结果;

(三)职业健康检查结果及处理情况;

(四)职业病诊疗等劳动者健康资料。

第五章 劳动者的权利与义务

第三十七条 从事使用有毒物品作业的劳动者在存在威胁生命安全或者身体健康危险的情况下,有权通知用人单位并从使用有毒物品造成的危险现场撤离。

用人单位不得因劳动者依据前款规定行使权利,而取消或者减少劳动者在正常工作时享有的工资、福利待遇。

第三十八条 劳动者享有下列职业卫生保护权利:

(一)获得职业卫生教育、培训;

(二)获得职业健康检查、职业病诊疗、康复等职业病防治服务;

(三)了解工作场所产生或者可能产生的职业中毒危害因素、危害后果和应当采取的职业中毒危害防护措施;

(四)要求用人单位提供符合防治职业病要求的职业中毒危害防护设施和个人使用的职业中毒危害防护用品,改善工作条件;

(五)对违反职业病防治法律、法规,危及生命、健康的行为提出批评、检举和控告;

(六)拒绝违章指挥和强令进行没有职业中毒危害防护措施的作业;

(七)参与用人单位职业卫生工作的民主管理,对职业病防治工作提出意见和建议。

用人单位应当保障劳动者行使前款所列权利。禁止因劳动者依法行使正当权利而降低其工资、福利等待遇或者解除、终止与其订立的劳动合同。

第三十九条 劳动者有权在正式上岗前从用人单位获得下列资料:

（一）作业场所使用的有毒物品的特性、有害成分、预防措施、教育和培训资料；

（二）有毒物品的标签、标识及有关资料；

（三）有毒物品安全使用说明书；

（四）可能影响安全使用有毒物品的其他有关资料。

第四十条 劳动者有权查阅、复印其本人职业健康监护档案。

劳动者离开用人单位时，有权索取本人健康监护档案复印件；用人单位应当如实、无偿提供，并在所提供的复印件上签章。

第四十一条 用人单位按照国家规定参加工伤保险的，患职业病的劳动者有权按照国家有关工伤保险的规定，享受下列工伤保险待遇：

（一）医疗费：因患职业病进行诊疗所需费用，由工伤保险基金按照规定标准支付；

（二）住院伙食补助费：由用人单位按照当地因公出差伙食标准的一定比例支付；

（三）康复费：由工伤保险基金按照规定标准支付；

（四）残疾用具费：因残疾需要配置辅助器具的，所需费用由工伤保险基金按照普及型辅助器具标准支付；

（五）停工留薪期待遇：原工资、福利待遇不变，由用人单位支付；

（六）生活护理补助费：经评残并确认需要生活护理的，生活护理补助费由工伤保险基金按照规定标准支付；

（七）一次性伤残补助金：经鉴定为十级至一级伤残的，按照伤残等级享受相当于6个月至24个月的本人工资的一次性伤残补助金，由工伤保险基金支付；

（八）伤残津贴：经鉴定为四级至一级伤残的，按照规定享受相当于本人工资75%至90%的伤残津贴，由工伤保险基金支付；

（九）死亡补助金：因职业中毒死亡的，由工伤保险基金按照不低于48个月的统筹地区上年度职工月平均工资的标准一次支付；

（十）丧葬补助金：因职业中毒死亡的，由工伤保险基金按照6个月的统筹地区上年度职工月平均工资的标准一次支付；

（十一）供养亲属抚恤金：因职业中毒死亡的，对由死者生前提供主要生活来源的亲属由工伤保险基金支付抚恤金；对其配偶每月按照统筹地区上年度职工月平均工资的40%发给，对其生前供养的直系亲属每人每月按照统筹地区上年度职工月平均工资的30%发给；

（十二）国家规定的其他工伤保险待遇。

本条例施行后，国家对工伤保险待遇的项目和标准作出调整时，从其规定。

第四十二条 用人单位未参加工伤保险的，其劳动者从事有毒物品作业患职业病的，用人单位应当按照国家有关工伤保险规定的项目和标准，保证劳动者享受工伤待遇。

第四十三条 用人单位无营业执照以及被依法吊销营业执照，其劳动者从事使用有毒物品作业患职业病的，应当按照国家有关工伤保险规定的项目和标准，给予劳动者一次性赔偿。

第四十四条 用人单位分立、合并的，承继单位应当承担由原用人单位对患职业病的劳动者承担的补偿责任。

用人单位解散、破产的，应当依法从其清算财产中优先支付患职业病的劳动者的补偿费用。

第四十五条 劳动者除依法享有工伤保险外，依照有关民事法律的规定，尚有获得赔偿的权利的，有权向用人单位提出赔偿要求。

第四十六条 劳动者应当学习和掌握相关职业卫生知识，遵守有关劳动保护的法律、法规和操作规程，正确使用和维护职业中毒危害防护设施及其用品；发现职业中毒事故隐患时，应当及时报告。

作业场所出现使用有毒物品产生的危险时，劳动者应当采取必要措施，按照规定正确使用防护设施，将危险加以消除或者减少到最低限度。

第六章 监督管理

第四十七条 县级以上人民政府卫生行政部门应当依照本条例的规定和国家有关职业卫生要求，依据职责划分，对作业场所使用有毒物品作业及职业中毒危害检测、评价活动进行监督检查。

卫生行政部门实施监督检查，不得收取费用，不得接受用人单位的财物或者其他利益。

第四十八条 卫生行政部门应当建立、健全监督制度，核查反映用人单位有关劳动保护的材料，履行监督责任。

用人单位应当向卫生行政部门如实、具体提供反映有关劳动保护的材料；必要时，卫生行政部门可以查阅或者要求用人单位报送有关材料。

第四十九条 卫生行政部门应当监督用人单位严格执行有关职业卫生规范。

卫生行政部门应当依照本条例的规定对使用有毒物品作业场所的职业卫生防护设备、设施的防护性能进行定期检验和不定期的抽查；发现职业卫生防护设备、设施存在隐患时，应当责令用人单位立即消除隐患；消除隐患期间，应当责令其停止作业。

第五十条 卫生行政部门应当采取措施，鼓励对用人单位的违法行为进行举报、投诉、检举和控告。

卫生行政部门对举报、投诉、检举和控告应当及时核实，依法作出处理，并将处理结果予以公布。

卫生行政部门对举报人、投诉人、检举人和控告人负有保密的义务。

第五十一条 卫生行政部门执法人员依法执行职务时，应当出示执法证件。

卫生行政部门执法人员应当忠于职守，秉公执法；涉及用人单位秘密的，应当为其保密。

第五十二条 卫生行政部门依法实施罚款的行政处罚，应当依照有关法律、行政法规的规定，实施罚款决定与罚款收缴分离；收缴的罚款以及依法没收的经营所得，必须全部上缴国库。

第五十三条 卫生行政部门履行监督检查职责时，有权采取下列措施：

（一）进入用人单位和使用有毒物品作业场所现场，了解情况，调查取证，进行抽样检查、检测、检验，进行实地检查；

（二）查阅或者复制与违反本条例行为有关的资料，采集样品；

（三）责令违反本条例规定的单位和个人停止违法行为。

第五十四条 发生职业中毒事故或者有证据证明职业中毒危害状态可能导致事故发生时，卫生行政部门有权采取下列临时控制措施：

（一）责令暂停导致职业中毒事故的作业；

（二）封存造成职业中毒事故或者可能导致事故发生的物品；

（三）组织控制职业中毒事故现场。

在职业中毒事故或者危害状态得到有效控制后，卫生行政部门应当及时解除控制措施。

第五十五条 卫生行政部门执法人员依法执行职务时，被检查单位应当接受检查并予以支持、配合，不得拒绝和阻碍。

第五十六条 卫生行政部门应当加强队伍建设，提高执法人员的政治、业务素质，依照本条例的规定，建立、健全内部监督制度，对执法人员执行法律、法规和遵守纪律的情况进行监督检查。

第七章 罚　　则

第五十七条 卫生行政部门的工作人员有下列行为之一，导致职业中毒事故发生的，依照刑法关于滥用职权罪、玩忽职守罪或者其他罪的规定，依法追究刑事责任；造成职业中毒危害但尚未导致职业中毒事故发生，不够刑事处罚的，根据不同情节，依法给予降级、撤职或者开除的行政处分：

（一）对不符合本条例规定条件的涉及使用有毒物品作业事项，予以批准的；

（二）发现用人单位擅自从事使用有毒物品作业，不予取缔的；

（三）对依法取得批准的用人单位不履行监督检查职责，发现其不再具备本条例规定的条件而不撤销原批准或者发现违反本条例的其他行为不予查处的；

（四）发现用人单位存在职业中毒危害，可能造成职业中毒事故，不及时依法采取控制措施的。

第五十八条 用人单位违反本条例的规定，有下列情形之一的，由卫生行政部门给予警告，责令限期改正，处10万元以上50万元以下的罚款；逾期不改正的，提请有关人民政府按照国务院规定的权限责令停建、予以关闭；造成严重职业中毒危害或者导致职业中毒事故发生的，对负有责任的主管人员和其他直接责任人员依照刑法关于重大劳动安全事故罪或者其他罪的规定，依法追究刑事责任：

（一）可能产生职业中毒危害的建设项目，未依照职业病防治法的规定进行职业中毒危害预评价，或者预评价未经卫生行政部门审核同意，擅自开工的；

（二）职业卫生防护设施未与主体工程同时设计，同时施工，同时投入生产和使用的；

（三）建设项目竣工，未进行职业中毒危害控制效果评价，或者未经卫生行政部门验收或者验收不合格，擅自投入使用的；

（四）存在高毒作业的建设项目的防护设施设计未经卫生行政部门审查同意，擅自施工的。

第五十九条 用人单位违反本条例的规定，有下列情形之一的，由卫生行政部门给予警告，责令限期改正，处5万元以上20万元以下的罚款；逾期不改正的，提请有关人民政府按照国务院规定的权限予以关闭；造成严重职业中毒危害或者导致职业中毒事故发生的，对负有责任的主管人员和其他直接责任人员依照刑法关于重大劳动安全事故罪或者其他罪的规定，依法追究刑事责任：

（一）使用有毒物品作业场所未按照规定设置警示标识和中文警示说明的；

（二）未对职业卫生防护设备、应急救援设施、通讯报警装置进行维护、检修和定期检测，导致上述设施处于不正常状态的；

（三）未依照本条例的规定进行职业中毒危害因素检测和职业中毒危害控制效果评价的；

（四）高毒作业场所未按照规定设置撤离通道和泄险区的；

（五）高毒作业场所未按照规定设置警示线的；

（六）未向从事使用有毒物品作业的劳动者提供符合国家职业卫生标准的防护用品，或者未保证劳动者正确使用的。

第六十条　用人单位违反本条例的规定，有下列情形之一的，由卫生行政部门给予警告，责令限期改正，处5万元以上30万元以下的罚款；逾期不改正的，提请有关人民政府按照国务院规定的权限予以关闭；造成严重职业中毒危害或者导致职业中毒事故发生的，对负有责任的主管人员和其他直接责任人员依照刑法关于重大责任事故罪、重大劳动安全事故罪或者其他罪的规定，依法追究刑事责任：

（一）使用有毒物品作业场所未设置有效通风装置的，或者可能突然泄漏大量有毒物品或者易造成急性中毒的作业场所未设置自动报警装置或者事故通风设施的；

（二）职业卫生防护设备、应急救援设施、通讯报警装置处于不正常状态而不停止作业，或者擅自拆除或者停止运行职业卫生防护设备、应急救援设施、通讯报警装置的。

第六十一条　从事使用高毒物品作业的用人单位违反本条例的规定，有下列行为之一的，由卫生行政部门给予警告，责令限期改正，处5万元以上20万元以下的罚款；逾期不改正的，提请有关人民政府按照国务院规定的权限予以关闭；造成严重职业中毒危害或者导致职业中毒事故发生的，对负有责任的主管人员和其他直接责任人员依照刑法关于重大责任事故罪或者其他罪的规定，依法追究刑事责任：

（一）作业场所职业中毒危害因素不符合国家职业卫生标准和卫生要求而不立即停止高毒作业并采取相应的治理措施的，或者职业中毒危害因素治理不符合国家职业卫生标准和卫生要求重新作业的；

（二）未依照本条例的规定维护、检修存在高毒物品的生产装置的；

（三）未采取本条例规定的措施，安排劳动者进入存在高毒物品的设备、容器或者狭窄封闭场所作业的。

第六十二条　在作业场所使用国家明令禁止使用的有毒物品或者使用不符合国家标准的有毒物品的，由卫生行政部门责令立即停止使用，处5万元以上30万元以下的罚款；情节严重的，责令停止使用有毒物品作业，或者提请有关人民政府按照国务院规定的权限予以关闭；造成严重职业中毒危害或者导致职业中毒事故发生的，对负有责任的主管人员和其他直接责任人员依照刑法关于危险物品肇事罪、重大责任事故罪或者其他罪的规定，依法追究刑事责任。

第六十三条　用人单位违反本条例的规定，有下列行为之一的，由卫生行政部门给予警告，责令限期改正，逾期不改正的，处5万元以上30万元以下的罚款；造成严重职业中毒危害或者导致职业中毒事故发生的，对负有责任的主管人员和其他直接责任人员依照刑法关于重大责任事故罪或者其他罪的规定，依法追究刑事责任：

（一）使用未经培训考核合格的劳动者从事高毒作业的；

（二）安排有职业禁忌的劳动者从事所禁忌的作业的；

（三）发现有职业禁忌或者有与所从事职业相关的健康损害的劳动者，未及时调离原工作岗位，并妥善安置的；

（四）安排未成年人或者孕期、哺乳期的女职工从事使用有毒物品作业的；

（五）使用童工的。

第六十四条　违反本条例的规定，未经许可，擅自从事使用有毒物品作业的，由工商行政管理部门、卫生行政部门依据各自职权予以取缔；造成职业中毒事故的，依照刑法关于危险物品肇事罪或者其他罪的规定，依法追究刑事责任；尚不够刑事处罚的，由卫生行政部门没收经营所得，并处经营所得3倍以上5倍以下的罚款；对劳动者造成人身伤害的，依法承担赔偿责任。

第六十五条　从事使用有毒物品作业的用人单位违反本条例的规定，在转产、停产、停业或者解散、破产时未采取有效措施，妥善处理留存或者残留高毒物品的设备、包装物和容器的，由卫生行政部门责令改正，处2万元以上10万元以下的罚款；触犯刑律的，对负有责任的主管人员和其他直接责任人员依照刑法关于重大环境污染事故罪、危险物品肇事罪或者其他罪的规定，依法追究刑事责任。

第六十六条　用人单位违反本条例的规定，有下列情形之一的，由卫生行政部门给予警告，责令限期改正，处5000元以上2万元以下的罚款；逾期不改正的，责令停止使用有毒物品作业，或者提请有关人民政府按照国务院规定的权限予以关闭；造成严重职业中毒危害或者导致职业中毒事故发生的，对负有责任的主管人员和其他直接责任人员依照刑法关于重大劳动安全事故罪、危险物品肇事罪或者其他罪的规定，依法追究刑事责任：

（一）使用有毒物品作业场所未与生活场所分开或者在作业场所住人的；

（二）未将有害作业与无害作业分开的；

（三）高毒作业场所未与其他作业场所有效隔离的；

（四）从事高毒作业未按照规定配备应急救援设施或者制定事故应急救援预案的。

第六十七条 用人单位违反本条例的规定，有下列情形之一的，由卫生行政部门给予警告，责令限期改正，处2万元以上5万元以下的罚款；逾期不改正的，提请有关人民政府按照国务院规定的权限予以关闭：

（一）未按照规定向卫生行政部门申报高毒作业项目的；

（二）变更使用高毒物品品种，未按照规定向原受理申报的卫生行政部门重新申报，或者申报不及时、有虚假的。

第六十八条 用人单位违反本条例的规定，有下列行为之一的，由卫生行政部门给予警告，责令限期改正，处2万元以上5万元以下的罚款；逾期不改正的，责令停止使用有毒物品作业，或者提请有关人民政府按照国务院规定的权限予以关闭：

（一）未组织从事使用有毒物品作业的劳动者进行上岗前职业健康检查，安排未经上岗前职业健康检查的劳动者从事使用有毒物品作业的；

（二）未组织从事使用有毒物品作业的劳动者进行定期职业健康检查的；

（三）未组织从事使用有毒物品作业的劳动者进行离岗职业健康检查的；

（四）对未进行离岗职业健康检查的劳动者，解除或者终止与其订立的劳动合同的；

（五）发生分立、合并、解散、破产情形，未对从事使用有毒物品作业的劳动者进行健康检查，并按照国家有关规定妥善安置职业病病人的；

（六）对受到或者可能受到急性职业中毒危害的劳动者，未及时组织进行健康检查和医学观察的；

（七）未建立职业健康监护档案的；

（八）劳动者离开用人单位时，用人单位未如实、无偿提供职业健康监护档案的；

（九）未依照职业病防治法和本条例的规定将工作过程中可能产生的职业中毒危害及其后果、有关职业卫生防护措施和待遇等如实告知劳动者并在劳动合同中写明的；

（十）劳动者在存在威胁生命、健康危险的情况下，从危险现场中撤离，而被取消或者减少应当享有的待遇的。

第六十九条 用人单位违反本条例的规定，有下列行为之一的，由卫生行政部门给予警告，责令限期改正，处5000元以上2万元以下的罚款；逾期不改正的，责令停止使用有毒物品作业，或者提请有关人民政府按照国务院规定的权限予以关闭：

（一）未按照规定配备或者聘请职业卫生医师和护士的；

（二）未为从事使用高毒物品作业的劳动者设置淋浴间、更衣室或者未设置清洗、存放和处理工作服、工作鞋帽等物品的专用间，或者不能正常使用的；

（三）未安排从事使用高毒物品作业一定年限的劳动者进行岗位轮换的。

第八章 附 则

第七十条 涉及作业场所使用有毒物品可能产生职业中毒危害的劳动保护的有关事项，本条例未作规定的，依照职业病防治法和其他有关法律、行政法规的规定执行。

有毒物品的生产、经营、储存、运输、使用和废弃处置的安全管理，依照危险化学品安全管理条例执行。

第七十一条 本条例自公布之日起施行。

中华人民共和国治安管理处罚法

（2005年8月28日第十届全国人民代表大会常务委员会第十七次会议通过　根据2012年10月26日第十一届全国人民代表大会常务委员会第二十九次会议《关于修改〈中华人民共和国治安管理处罚法〉的决定》修正）

第一章 总 则

第一条 为维护社会治安秩序，保障公共安全，保护公民、法人和其他组织的合法权益，规范和保障公安机关及其人民警察依法履行治安管理职责，制定本法。

第二条 扰乱公共秩序，妨害公共安全，侵犯人身权利、财产权利，妨害社会管理，具有社会危害性，依照《中华人民共和国刑法》的规定构成犯罪的，依法追究刑事责任；尚不够刑事处罚的，由公安机关依照本法给予治安管理处罚。

第三条 治安管理处罚的程序，适用本法的规定；本法没有规定的，适用《中华人民共和国行政处罚法》的有关规定。

第四条 在中华人民共和国领域内发生的违反治安管理行为，除法律有特别规定的外，适用本法。

在中华人民共和国船舶和航空器内发生的违反治安管理行为，除法律有特别规定的外，适用本法。

第五条 治安管理处罚必须以事实为依据，与违反治安管理行为的性质、情节以及社会危害程度相当。

实施治安管理处罚，应当公开、公正，尊重和保障人权，保护公民的人格尊严。

办理治安案件应当坚持教育与处罚相结合的原则。

第六条 各级人民政府应当加强社会治安综合治理，采取有效措施，化解社会矛盾，增进社会和谐，维护社会稳定。

第七条 国务院公安部门负责全国的治安管理工作。县级以上地方各级人民政府公安机关负责本行政区域内的治安管理工作。

治安案件的管辖由国务院公安部门规定。

第八条 违反治安管理的行为对他人造成损害的，行为人或者其监护人应当依法承担民事责任。

第九条 对于因民间纠纷引起的打架斗殴或者损毁他人财物等违反治安管理行为，情节较轻的，公安机关可以调解处理。经公安机关调解，当事人达成协议的，不予处罚。经调解未达成协议或者达成协议后不履行的，公安机关应当依照本法的规定对违反治安管理行为人给予处罚，并告知当事人可以就民事争议依法向人民法院提起民事诉讼。

第二章 处罚的种类和适用

第十条 治安管理处罚的种类分为：

（一）警告；

（二）罚款；

（三）行政拘留；

（四）吊销公安机关发放的许可证。

对违反治安管理的外国人，可以附加适用限期出境或者驱逐出境。

第十一条 办理治安案件所查获的毒品、淫秽物品等违禁品，赌具、赌资，吸食、注射毒品的用具以及直接用于实施违反治安管理行为的本人所有的工具，应当收缴，按照规定处理。

违反治安管理所得的财物，追缴退还被侵害人；没有被侵害人的，登记造册，公开拍卖或者按照国家有关规定处理，所得款项上缴国库。

第十二条 已满十四周岁不满十八周岁的人违反治安管理的，从轻或者减轻处罚；不满十四周岁的人违反治安管理的，不予处罚，但是应当责令其监护人严加管教。

第十三条 精神病人在不能辨认或者不能控制自己行为的时候违反治安管理的，不予处罚，但是应当责令其监护人严加看管和治疗。间歇性的精神病人在精神正常的时候违反治安管理的，应当给予处罚。

第十四条 盲人或者又聋又哑的人违反治安管理的，可以从轻、减轻或者不予处罚。

第十五条 醉酒的人违反治安管理的，应当给予处罚。

醉酒的人在醉酒状态中，对本人有危险或者对他人的人身、财产或者公共安全有威胁的，应当对其采取保护性措施约束至酒醒。

第十六条 有两种以上违反治安管理行为的，分别决定，合并执行。行政拘留处罚合并执行的，最长不超过二十日。

第十七条 共同违反治安管理的，根据违反治安管理行为人在违反治安管理行为中所起的作用，分别处罚。

教唆、胁迫、诱骗他人违反治安管理的，按照其教唆、胁迫、诱骗的行为处罚。

第十八条 单位违反治安管理的，对其直接负责的主管人员和其他直接责任人员依照本法的规定处罚。其他法律、行政法规对同一行为规定给予单位处罚的，依照其规定处罚。

第十九条 违反治安管理有下列情形之一的，减轻处罚或者不予处罚：

（一）情节特别轻微的；

（二）主动消除或者减轻违法后果，并取得被侵害人谅解的；

（三）出于他人胁迫或者诱骗的；

（四）主动投案，向公安机关如实陈述自己的违法行为的；

（五）有立功表现的。

第二十条 违反治安管理有下列情形之一的，从重处罚：

（一）有较严重后果的；

（二）教唆、胁迫、诱骗他人违反治安管理的；

（三）对报案人、控告人、举报人、证人打击报复的；

（四）六个月内曾受过治安管理处罚的。

第二十一条 违反治安管理行为人有下列情形之一，依照本法应当给予行政拘留处罚的，不执行行政拘留处罚：

（一）已满十四周岁不满十六周岁的；

（二）已满十六周岁不满十八周岁，初次违反治安管理的；

（三）七十周岁以上的；

（四）怀孕或者哺乳自己不满一周岁婴儿的。

第二十二条 违反治安管理行为在六个月内没有被公安机关发现的，不再处罚。

前款规定的期限，从违反治安管理行为发生之日起计算；违反治安管理行为有连续或者继续状态的，从行为终了之日起计算。

第三章 违反治安管理的行为和处罚

第一节 扰乱公共秩序的行为和处罚

第二十三条 有下列行为之一的，处警告或者二百元以下罚款；情节较重的，处五日以上十日以下拘留，可以并处五百元以下罚款：

（一）扰乱机关、团体、企业、事业单位秩序，致使工作、生产、营业、医疗、教学、科研不能正常进行，尚未造成严重损失的；

（二）扰乱车站、港口、码头、机场、商场、公园、展览馆或者其他公共场所秩序的；

（三）扰乱公共汽车、电车、火车、船舶、航空器或者其他公共交通工具上的秩序的；

（四）非法拦截或者强登、扒乘机动车、船舶、航空器以及其他交通工具，影响交通工具正常行驶的；

（五）破坏依法进行的选举秩序的。

聚众实施前款行为的，对首要分子处十日以上十五日以下拘留，可以并处一千元以下罚款。

第二十四条 有下列行为之一，扰乱文化、体育等大型群众性活动秩序的，处警告或者二百元以下罚款；情节严重的，处五日以上十日以下拘留，可以并处五百元以下罚款：

（一）强行进入场内的；

（二）违反规定，在场内燃放烟花爆竹或者其他物品的；

（三）展示侮辱性标语、条幅等物品的；

（四）围攻裁判员、运动员或者其他工作人员的；

（五）向场内投掷杂物，不听制止的；

（六）扰乱大型群众性活动秩序的其他行为。

因扰乱体育比赛秩序被处以拘留处罚的，可以同时责令其十二个月内不得进入体育场馆观看同类比赛；违反规定进入体育场馆的，强行带离现场。

第二十五条 有下列行为之一的，处五日以上十日以下拘留，可以并处五百元以下罚款；情节较轻的，处五日以下拘留或者五百元以下罚款：

（一）散布谣言，谎报险情、疫情、警情或者以其他方法故意扰乱公共秩序的；

（二）投放虚假的爆炸性、毒害性、放射性、腐蚀性物质或者传染病病原体等危险物质扰乱公共秩序的；

（三）扬言实施放火、爆炸、投放危险物质扰乱公共秩序的。

第二十六条 有下列行为之一的，处五日以上十日以下拘留，可以并处五百元以下罚款；情节较重的，处十日以上十五日以下拘留，可以并处一千元以下罚款：

（一）结伙斗殴的；

（二）追逐、拦截他人的；

（三）强拿硬要或者任意损毁、占用公私财物的；

（四）其他寻衅滋事行为。

第二十七条 有下列行为之一的，处十日以上十五日以下拘留，可以并处一千元以下罚款；情节较轻的，处五日以上十日以下拘留，可以并处五百元以下罚款：

（一）组织、教唆、胁迫、诱骗、煽动他人从事邪教、会道门活动或者利用邪教、会道门、迷信活动，扰乱社会秩序、损害他人身体健康的；

（二）冒用宗教、气功名义进行扰乱社会秩序、损害他人身体健康活动的。

第二十八条 违反国家规定，故意干扰无线电业务正常进行的，或者对正常运行的无线电台（站）产生有害干扰，经有关主管部门指出后，拒不采取有效措施消除的，处五日以上十日以下拘留；情节严重的，处十日以上十五日以下拘留。

第二十九条 有下列行为之一的，处五日以下拘留；情节较重的，处五日以上十日以下拘留：

（一）违反国家规定，侵入计算机信息系统，造成危害的；

（二）违反国家规定，对计算机信息系统功能进行删除、修改、增加、干扰，造成计算机信息系统不能正常运行的；

（三）违反国家规定，对计算机信息系统中存储、处理、传输的数据和应用程序进行删除、修改、增加的；

（四）故意制作、传播计算机病毒等破坏性程序，影响计算机信息系统正常运行的。

第二节 妨害公共安全的行为和处罚

第三十条 违反国家规定，制造、买卖、储存、运输、邮寄、携带、使用、提供、处置爆炸性、毒害性、放射性、腐蚀性物质或者传染病病原体等危险物质的，处十日以上十五日以下拘留；情节较轻的，处五日以上十日以下拘留。

第三十一条 爆炸性、毒害性、放射性、腐蚀性物质或者传染病病原体等危险物质被盗、被抢或者丢失，未按规定报告的，处五日以下拘留；故意隐瞒不报的，处五日以上十日以下拘留。

第三十二条 非法携带枪支、弹药或者弩、匕首等国家规定的管制器具的，处五日以下拘留，可以并处五百元以下罚款；情节较轻的，处警告或者二百元以下罚款。

非法携带枪支、弹药或者弩、匕首等国家规定的管制器具进入公共场所或者公共交通工具的，处五日以上十日以下拘留，可以并处五百元以下罚款。

第三十三条 有下列行为之一的，处十日以上十五日以下拘留：

（一）盗窃、损毁油气管道设施、电力电信设施、广播电视设施、水利防汛工程设施或者水文监测、测量、气象测报、环境监测、地质监测、地震监测等公共设施的；

（二）移动、损毁国家边境的界碑、界桩以及其他边境标志、边境设施或者领土、领海标志设施的；

（三）非法进行影响国（边）界线走向的活动或者修建有碍国（边）境管理的设施的。

第三十四条 盗窃、损坏、擅自移动使用中的航空设施，或者强行进入航空器驾驶舱的，处十日以上十五日以下拘留。

在使用中的航空器上使用可能影响导航系统正常功能的器具、工具，不听劝阻的，处五日以下拘留或者五百元以下罚款。

第三十五条 有下列行为之一的，处五日以上十日以下拘留，可以并处五百元以下罚款；情节较轻的，处五日以下拘留或者五百元以下罚款：

（一）盗窃、损毁或者擅自移动铁路设施、设备、机车车辆配件或者安全标志的；

（二）在铁路线路上放置障碍物，或者故意向列车投掷物品的；

（三）在铁路线路、桥梁、涵洞处挖掘坑穴、采石取沙的；

（四）在铁路线路上私设道口或者平交过道的。

第三十六条 擅自进入铁路防护网或者火车来临时在铁路线路上行走坐卧、抢越铁路，影响行车安全的，处警告或者二百元以下罚款。

第三十七条 有下列行为之一的，处五日以下拘留或者五百元以下罚款；情节严重的，处五日以上十日以下拘留，可以并处五百元以下罚款：

（一）未经批准，安装、使用电网的，或者安装、使用电网不符合安全规定的；

（二）在车辆、行人通行的地方施工，对沟井坎穴不设覆盖物、防围和警示标志的，或者故意损毁、移动覆盖物、防围和警示标志的；

（三）盗窃、损毁路面井盖、照明等公共设施的。

第三十八条 举办文化、体育等大型群众性活动，违反有关规定，有发生安全事故危险的，责令停止活动，立即疏散；对组织者处五日以上十日以下拘留，并处二百元以上五百元以下罚款；情节较轻的，处五日以下拘留或者五百元以下罚款。

第三十九条 旅馆、饭店、影剧院、娱乐场、运动场、展览馆或者其他供社会公众活动的场所的经营管理人员，违反安全规定，致使该场所有发生安全事故危险，经公安机关责令改正，拒不改正的，处五日以下拘留。

第三节 侵犯人身权利、财产权利的行为和处罚

第四十条 有下列行为之一的，处十日以上十五日以下拘留，并处五百元以上一千元以下罚款；情节较轻的，处五日以上十日以下拘留，并处二百元以上五百元以下罚款：

（一）组织、胁迫、诱骗不满十六周岁的人或者残疾人进行恐怖、残忍表演的；

（二）以暴力、威胁或者其他手段强迫他人劳动的；

（三）非法限制他人人身自由、非法侵入他人住宅或者非法搜查他人身体的。

第四十一条 胁迫、诱骗或者利用他人乞讨的，处十日以上十五日以下拘留，可以并处一千元以下罚款。

反复纠缠、强行讨要或者以其他滋扰他人的方式乞讨的，处五日以下拘留或者警告。

第四十二条 有下列行为之一的，处五日以下拘留或者五百元以下罚款；情节较重的，处五日以上十

日以下拘留，可以并处五百元以下罚款：

（一）写恐吓信或者以其他方法威胁他人人身安全的；

（二）公然侮辱他人或者捏造事实诽谤他人的；

（三）捏造事实诬告陷害他人，企图使他人受到刑事追究或者受到治安管理处罚的；

（四）对证人及其近亲属进行威胁、侮辱、殴打或者打击报复的；

（五）多次发送淫秽、侮辱、恐吓或者其他信息，干扰他人正常生活的；

（六）偷窥、偷拍、窃听、散布他人隐私的。

第四十三条 殴打他人的，或者故意伤害他人身体的，处五日以上十日以下拘留，并处二百元以上五百元以下罚款；情节较轻的，处五日以下拘留或者五百元以下罚款。

有下列情形之一的，处十日以上十五日以下拘留，并处五百元以上一千元以下罚款：

（一）结伙殴打、伤害他人的；

（二）殴打、伤害残疾人、孕妇、不满十四周岁的人或者六十周岁以上的人的；

（三）多次殴打、伤害他人或者一次殴打、伤害多人的。

第四十四条 猥亵他人的，或者在公共场所故意裸露身体，情节恶劣的，处五日以上十日以下拘留；猥亵智力残疾人、精神病人、不满十四周岁的人或者有其他严重情节的，处十日以上十五日以下拘留。

第四十五条 有下列行为之一的，处五日以下拘留或者警告：

（一）虐待家庭成员，被虐待人要求处理的；

（二）遗弃没有独立生活能力的被扶养人的。

第四十六条 强买强卖商品，强迫他人提供服务或者强迫他人接受服务的，处五日以上十日以下拘留，并处二百元以上五百元以下罚款；情节较轻的，处五日以下拘留或者五百元以下罚款。

第四十七条 煽动民族仇恨、民族歧视，或者在出版物、计算机信息网络中刊载民族歧视、侮辱内容的，处十日以上十五日以下拘留，可以并处一千元以下罚款。

第四十八条 冒领、隐匿、毁弃、私自开拆或者非法检查他人邮件的，处五日以下拘留或者五百元以下罚款。

第四十九条 盗窃、诈骗、哄抢、抢夺、敲诈勒索或者故意损毁公私财物的，处五日以上十日以下拘留，可以并处五百元以下罚款；情节较重的，处十日以上十五日以下拘留，可以并处一千元以下罚款。

第四节 妨害社会管理的行为和处罚

第五十条 有下列行为之一的，处警告或者二百元以下罚款；情节严重的，处五日以上十日以下拘留，可以并处五百元以下罚款：

（一）拒不执行人民政府在紧急状态情况下依法发布的决定、命令的；

（二）阻碍国家机关工作人员依法执行职务的；

（三）阻碍执行紧急任务的消防车、救护车、工程抢险车、警车等车辆通行的；

（四）强行冲闯公安机关设置的警戒带、警戒区的。

阻碍人民警察依法执行职务的，从重处罚。

第五十一条 冒充国家机关工作人员或者以其他虚假身份招摇撞骗的，处五日以上十日以下拘留，可以并处五百元以下罚款；情节较轻的，处拘留或者五百元以下罚款。

冒充军警人员招摇撞骗的，从重处罚。

第五十二条 有下列行为之一的，处十日以上十五日以下拘留，可以并处一千元以下罚款；情节较轻的，处五日以上十日以下拘留，可以并处五百元以下罚款：

（一）伪造、变造或者买卖国家机关、人民团体、企业、事业单位或者其他组织的公文、证件、证明文件、印章的；

（二）买卖或者使用伪造、变造的国家机关、人民团体、企业、事业单位或者其他组织的公文、证件、证明文件的；

（三）伪造、变造、倒卖车票、船票、航空客票、文艺演出票、体育比赛入场券或者其他有价票证、凭证的；

（四）伪造、变造船舶户牌，买卖或者使用伪造、变造的船舶户牌，或者涂改船舶发动机号码的。

第五十三条 船舶擅自进入、停靠国家禁止、限制进入的水域或者岛屿的，对船舶负责人及有关责任人员处五百元以上一千元以下罚款；情节严重的，处五日以下拘留，并处五百元以上一千元以下罚款。

第五十四条 有下列行为之一的，处十日以上十五日以下拘留，并处五百元以上一千元以下罚款；情节较轻的，处五日以下拘留或者五百元以下罚款：

（一）违反国家规定，未经注册登记，以社会团体名义进行活动，被取缔后，仍进行活动的；

（二）被依法撤销登记的社会团体，仍以社会团体名义进行活动的；

（三）未经许可，擅自经营按照国家规定需要由公安机关许可的行业的。

有前款第三项行为的，予以取缔。

取得公安机关许可的经营者，违反国家有关管理规定，情节严重的，公安机关可以吊销许可证。

第五十五条 煽动、策划非法集会、游行、示威，不听劝阻的，处十日以上十五日以下拘留。

第五十六条 旅馆业的工作人员对住宿的旅客不按规定登记姓名、身份证件种类和号码，或者明知住宿的旅客将危险物质带入旅馆，不予制止的，处二百元以上五百元以下罚款。

旅馆业的工作人员明知住宿的旅客是犯罪嫌疑人员或者被公安机关通缉的人员，不向公安机关报告的，处二百元以上五百元以下罚款；情节严重的，处五日以下拘留，可以并处五百元以下罚款。

第五十七条 房屋出租人将房屋出租给无身份证件的人居住的，或者不按规定登记承租人姓名、身份证件种类和号码的，处二百元以上五百元以下罚款。

房屋出租人明知承租人利用出租房屋进行犯罪活动，不向公安机关报告的，处二百元以上五百元以下罚款；情节严重的，处五日以下拘留，可以并处五百元以下罚款。

第五十八条 违反关于社会生活噪声污染防治的法律规定，制造噪声干扰他人正常生活的，处警告；警告后不改正的，处二百元以上五百元以下罚款。

第五十九条 有下列行为之一的，处五百元以上一千元以下罚款；情节严重的，处五日以上十日以下拘留，并处五百元以上一千元以下罚款：

（一）典当业工作人员承接典当的物品，不查验有关证明、不履行登记手续，或者明知是违法犯罪嫌疑人、赃物，不向公安机关报告的；

（二）违反国家规定，收购铁路、油田、供电、电信、矿山、水利、测量和城市公用设施等废旧专用器材的；

（三）收购公安机关通报寻查的赃物或者有赃物嫌疑的物品的；

（四）收购国家禁止收购的其他物品的。

第六十条 有下列行为之一的，处五日以上十日以下拘留，并处二百元以上五百元以下罚款：

（一）隐藏、转移、变卖或者损毁行政执法机关依法扣押、查封、冻结的财物的；

（二）伪造、隐匿、毁灭证据或者提供虚假证言、谎报案情，影响行政执法机关依法办案的；

（三）明知是赃物而窝藏、转移或者代为销售的；

（四）被依法执行管制、剥夺政治权利或者在缓刑、暂予监外执行中的罪犯或者被依法采取刑事强制措施的人，有违反法律、行政法规或者国务院有关部门的监督管理规定的行为。

第六十一条 协助组织或者运送他人偷越国（边）境的，处十日以上十五日以下拘留，并处一千元以上五千元以下罚款。

第六十二条 为偷越国（边）境人员提供条件的，处五日以上十日以下拘留，并处五百元以上二千元以下罚款。

偷越国（边）境的，处五日以下拘留或者五百元以下罚款。

第六十三条 有下列行为之一的，处警告或者二百元以下罚款；情节较重的，处五日以上十日以下拘留，并处二百元以上五百元以下罚款：

（一）刻划、涂污或者以其他方式故意损坏国家保护的文物、名胜古迹的；

（二）违反国家规定，在文物保护单位附近进行爆破、挖掘等活动，危及文物安全的。

第六十四条 有下列行为之一的，处五百元以上一千元以下罚款；情节严重的，处十日以上十五日以下拘留，并处五百元以上一千元以下罚款：

（一）偷开他人机动车的；

（二）未取得驾驶证驾驶或者偷开他人航空器、机动船舶的。

第六十五条 有下列行为之一的，处五日以上十日以下拘留；情节严重的，处十日以上十五日以下拘留，可以并处一千元以下罚款：

（一）故意破坏、污损他人坟墓或者毁坏、丢弃他人尸骨、骨灰的；

（二）在公共场所停放尸体或者因停放尸体影响他人正常生活、工作秩序，不听劝阻的。

第六十六条 卖淫、嫖娼的，处十日以上十五日以下拘留，可以并处五千元以下罚款；情节较轻的，处五日以下拘留或者五百元以下罚款。

在公共场所拉客招嫖的，处五日以下拘留或者五百元以下罚款。

第六十七条 引诱、容留、介绍他人卖淫的，处十日以上十五日以下拘留，可以并处五千元以下罚款；情节较轻的，处五日以下拘留或者五百元以下罚款。

第六十八条 制作、运输、复制、出售、出租淫秽的书刊、图片、影片、音像制品等淫秽物品或者利用计算机信息网络、电话以及其他通信工具传播淫秽信息的，处十日以上十五日以下拘留，可以并处三千元以下罚款；情节较轻的，处五日以下拘留或者五百元以下罚款。

第六十九条 有下列行为之一的，处十日以上十五日以下拘留，并处五百元以上一千元以下罚款：

（一）组织播放淫秽音像的；

（二）组织或者进行淫秽表演的；

（三）参与聚众淫乱活动的。

明知他人从事前款活动，为其提供条件的，依照前款的规定处罚。

第七十条 以营利为目的，为赌博提供条件的，或者参与赌博赌资较大的，处五日以下拘留或者五百元以下罚款；情节严重的，处十日以上十五日以下拘留，并处五百元以上三千元以下罚款。

第七十一条 有下列行为之一的，处十日以上十五日以下拘留，可以并处三千元以下罚款；情节较轻的，处五日以下拘留或者五百元以下罚款：

（一）非法种植罂粟不满五百株或者其他少量毒品原植物的；

（二）非法买卖、运输、携带、持有少量未经灭活的罂粟等毒品原植物种子或者幼苗的；

（三）非法运输、买卖、储存、使用少量罂粟壳的。

有前款第一项行为，在成熟前自行铲除的，不予处罚。

第七十二条 有下列行为之一的，处十日以上十五日以下拘留，可以并处二千元以下罚款；情节较轻的，处五日以下拘留或者五百元以下罚款：

（一）非法持有鸦片不满二百克、海洛因或者甲基苯丙胺不满十克或者其他少量毒品的；

（二）向他人提供毒品的；

（三）吸食、注射毒品的；

（四）胁迫、欺骗医务人员开具麻醉药品、精神药品的。

第七十三条 教唆、引诱、欺骗他人吸食、注射毒品的，处十日以上十五日以下拘留，并处五百元以上二千元以下罚款。

第七十四条 旅馆业、饮食服务业、文化娱乐业、出租汽车业等单位的人员，在公安机关查处吸毒、赌博、卖淫、嫖娼活动时，为违法犯罪行为人通风报信的，处十日以上十五日以下拘留。

第七十五条 饲养动物，干扰他人正常生活的，处警告；警告后不改正的，或者放任动物恐吓他人的，处二百元以上五百元以下罚款。

驱使动物伤害他人的，依照本法第四十三条第一款的规定处罚。

第七十六条 有本法第六十七条、第六十八条、第七十条的行为，屡教不改的，可以按照国家规定采取强制性教育措施。

第四章 处罚程序

第一节 调 查

第七十七条 公安机关对报案、控告、举报或者违反治安管理行为人主动投案，以及其他行政主管部门、司法机关移送的违反治安管理案件，应当及时受理，并进行登记。

第七十八条 公安机关受理报案、控告、举报、投案后，认为属于违反治安管理行为的，应当立即进行调查；认为不属于违反治安管理行为的，应当告知报案人、控告人、举报人、投案人，并说明理由。

第七十九条 公安机关及其人民警察对治安案件的调查，应当依法进行。严禁刑讯逼供或者采用威胁、引诱、欺骗等非法手段收集证据。

以非法手段收集的证据不得作为处罚的根据。

第八十条 公安机关及其人民警察在办理治安案件时，对涉及的国家秘密、商业秘密或者个人隐私，应当予以保密。

第八十一条 人民警察在办理治安案件过程中，遇有下列情形之一的，应当回避；违反治安管理行为人、被侵害人或者其法定代理人也有权要求他们回避：

（一）是本案当事人或者当事人的近亲属的；

（二）本人或者其近亲属与本案有利害关系的；

（三）与本案当事人有其他关系，可能影响案件公正处理的。

人民警察的回避，由其所属的公安机关决定；公安机关负责人的回避，由上一级公安机关决定。

第八十二条 需要传唤违反治安管理行为人接受调查的，经公安机关办案部门负责人批准，使用传唤证传唤。对现场发现的违反治安管理行为人，人民警察经出示工作证件，可以口头传唤，但应当在询问笔录中注明。

公安机关应当将传唤的原因和依据告知被传唤人。对无正当理由不接受传唤或者逃避传唤的人，可以强制传唤。

第八十三条 对违反治安管理行为人，公安机关传唤后应当及时询问查证，询问查证的时间不得超过八小时；情况复杂，依照本法规定可能适用行政拘留处罚的，询问查证的时间不得超过二十四小时。

公安机关应当及时将传唤的原因和处所通知被传唤人家属。

第八十四条 询问笔录应当交被询问人核对；对没有阅读能力的，应当向其宣读。记载有遗漏或者差错的，被询问人可以提出补充或者更正。被询问人确认笔录无误后，应当签名或者盖章，询问的人民警察也应当在笔录上签名。

被询问人要求就被询问事项自行提供书面材料的，应当准许；必要时，人民警察也可以要求被询问人自行书写。

询问不满十六周岁的违反治安管理行为人，应当通知其父母或者其他监护人到场。

第八十五条 人民警察询问被侵害人或者其他证人，可以到其所在单位或者住处进行；必要时，也可以通知其到公安机关提供证言。

人民警察在公安机关以外询问被侵害人或者其他证人，应当出示工作证件。

询问被侵害人或者其他证人，同时适用本法第八十四条的规定。

第八十六条 询问聋哑的违反治安管理行为人、被侵害人或者其他证人，应当有通晓手语的人提供帮助，并在笔录上注明。

询问不通晓当地通用的语言文字的违反治安管理行为人、被侵害人或者其他证人，应当配备翻译人员，并在笔录上注明。

第八十七条 公安机关对与违反治安管理行为有关的场所、物品、人身可以进行检查。检查时，人民警察不得少于二人，并应当出示工作证件和县级以上人民政府公安机关开具的检查证明文件。对确有必要立即进行检查的，人民警察经出示工作证件，可以当场检查，但检查公民住所应当出示县级以上人民政府公安机关开具的检查证明文件。

检查妇女的身体，应当由女性工作人员进行。

第八十八条 检查的情况应当制作检查笔录，由检查人、被检查人和见证人签名或者盖章；被检查人拒绝签名的，人民警察应当在笔录上注明。

第八十九条 公安机关办理治安案件，对与案件有关的需要作为证据的物品，可以扣押；对被侵害人或者善意第三人合法占有的财产，不得扣押，应当予以登记。对与案件无关的物品，不得扣押。

对扣押的物品，应当会同在场见证人和被扣押物品持有人查点清楚，当场开列清单一式二份，由调查人员、见证人和持有人签名或者盖章，一份交给持有人，另一份附卷备查。

对扣押的物品，应当妥善保管，不得挪作他用；对不宜长期保存的物品，按照有关规定处理。经查明与案件无关的，应当及时退还；经核实属于他人合法财产的，应当登记后立即退还；满六个月无人对该财产主张权利或者无法查清权利人的，应当公开拍卖或者按照国家有关规定处理，所得款项上缴国库。

第九十条 为了查明案情，需要解决案件中有争议的专门性问题的，应当指派或者聘请具有专门知识的人员进行鉴定；鉴定人鉴定后，应当写出鉴定意见，并且签名。

第二节 决 定

第九十一条 治安管理处罚由县级以上人民政府公安机关决定；其中警告、五百元以下的罚款可以由公安派出所决定。

第九十二条 对决定给予行政拘留处罚的人，在处罚前已经采取强制措施限制人身自由的时间，应当折抵。限制人身自由一日，折抵行政拘留一日。

第九十三条 公安机关查处治安案件，对没有本人陈述，但其他证据能够证明案件事实的，可以作出治安管理处罚决定。但是，只有本人陈述，没有其他证据证明的，不能作出治安管理处罚决定。

第九十四条 公安机关作出治安管理处罚决定前，应当告知违反治安管理行为人作出治安管理处罚的事实、理由及依据，并告知违反治安管理行为人依法享有的权利。

违反治安管理行为人有权陈述和申辩。公安机关必须充分听取违反治安管理行为人的意见，对违反治安管理行为人提出的事实、理由和证据，应当进行复核；违反治安管理行为人提出的事实、理由或者证据成立的，公安机关应当采纳。

公安机关不得因违反治安管理行为人的陈述、申辩而加重处罚。

第九十五条 治安案件调查结束后，公安机关应当根据不同情况，分别作出以下处理：

（一）确有依法应当给予治安管理处罚的违法行为的，根据情节轻重及具体情况，作出处罚决定；

（二）依法不予处罚的，或者违法事实不能成立的，作出不予处罚决定；

（三）违法行为已涉嫌犯罪的，移送主管机关依法追究刑事责任；

（四）发现违反治安管理行为人有其他违法行为的，在对违反治安管理行为作出处罚决定的同时，通知有关行政主管部门处理。

第九十六条 公安机关作出治安管理处罚决定的，应当制作治安管理处罚决定书。决定书应当载明下列内容：

（一）被处罚人的姓名、性别、年龄、身份证件的名称和号码、住址；
（二）违法事实和证据；
（三）处罚的种类和依据；
（四）处罚的执行方式和期限；
（五）对处罚决定不服，申请行政复议、提起行政诉讼的途径和期限；
（六）作出处罚决定的公安机关的名称和作出决定的日期。

决定书应当由作出处罚决定的公安机关加盖印章。

第九十七条 公安机关应当向被处罚人宣告治安管理处罚决定书，并当场交付被处罚人；无法当场向被处罚人宣告的，应当在二日内送达被处罚人。决定给予行政拘留处罚的，应当及时通知被处罚人的家属。

有被侵害人的，公安机关应当将决定书副本抄送被侵害人。

第九十八条 公安机关作出吊销许可证以及处二千元以上罚款的治安管理处罚决定前，应当告知违反治安管理行为人有权要求举行听证；违反治安管理行为人要求听证的，公安机关应当及时依法举行听证。

第九十九条 公安机关办理治安案件的期限，自受理之日起不得超过三十日；案情重大、复杂的，经上一级公安机关批准，可以延长三十日。

为了查明案情进行鉴定的期间，不计入办理治安案件的期限。

第一百条 违反治安管理行为事实清楚，证据确凿，处警告或者二百元以下罚款的，可以当场作出治安管理处罚决定。

第一百零一条 当场作出治安管理处罚决定的，人民警察应当向违反治安管理行为人出示工作证件，并填写处罚决定书。处罚决定书应当当场交付被处罚人；有被侵害人的，并将决定书副本抄送被侵害人。

前款规定的处罚决定书，应当载明被处罚人的姓名、违法行为、处罚依据、罚款数额、时间、地点以及公安机关名称，并由经办的人民警察签名或者盖章。

当场作出治安管理处罚决定的，经办的人民警察应当在二十四小时内报所属公安机关备案。

第一百零二条 被处罚人对治安管理处罚决定不服的，可以依法申请行政复议或者提起行政诉讼。

第三节 执 行

第一百零三条 对被决定给予行政拘留处罚的人，由作出决定的公安机关送达拘留所执行。

第一百零四条 受到罚款处罚的人应当自收到处罚决定书之日起十五日内，到指定的银行缴纳罚款。但是，有下列情形之一的，人民警察可以当场收缴罚款：
（一）被处五十元以下罚款，被处罚人对罚款无异议的；
（二）在边远、水上、交通不便地区，公安机关及其人民警察依照本法的规定作出罚款决定后，被处罚人向指定的银行缴纳罚款确有困难，经被处罚人提出的；
（三）被处罚人在当地没有固定住所，不当场收缴事后难以执行的。

第一百零五条 人民警察当场收缴的罚款，应当自收缴罚款之日起二日内，交至所属的公安机关；在水上、旅客列车上当场收缴的罚款，应当自抵岸或者到站之日起二日内，交至所属的公安机关；公安机关应当自收到罚款之日起二日内将罚款缴付指定的银行。

第一百零六条 人民警察当场收缴罚款的，应当向被处罚人出具省、自治区、直辖市人民政府财政部门统一制发的罚款收据；不出具统一制发的罚款收据的，被处罚人有权拒绝缴纳罚款。

第一百零七条 被处罚人不服行政拘留处罚决定，申请行政复议、提起行政诉讼的，可以向公安机关提出暂缓执行行政拘留的申请。公安机关认为暂缓执行行政拘留不致发生社会危险的，由被处罚人或者其近亲属提出符合本法第一百零八条规定条件的担保人，或者按每日行政拘留二百元的标准交纳保证金，行政拘留的处罚决定暂缓执行。

第一百零八条 担保人应当符合下列条件：
（一）与本案无牵连；
（二）享有政治权利，人身自由未受到限制；
（三）在当地有常住户口和固定住所；
（四）有能力履行担保义务。

第一百零九条 担保人应当保证被担保人不逃避行政拘留处罚的执行。

担保人不履行担保义务，致使被担保人逃避行政拘留处罚的执行的，由公安机关对其处三千元以下罚款。

第一百一十条 被决定给予行政拘留处罚的人交纳保证金，暂缓行政拘留后，逃避行政拘留处罚的执行的，保证金予以没收并上缴国库，已经作出的行政拘留决定仍应执行。

第一百一十一条 行政拘留的处罚决定被撤销，或者行政拘留处罚开始执行的，公安机关收取的保证金应当及时退还交纳人。

第五章 执 法 监 督

第一百一十二条 公安机关及其人民警察应当依法、公正、严格、高效办理治安案件,文明执法,不得徇私舞弊。

第一百一十三条 公安机关及其人民警察办理治安案件,禁止对违反治安管理行为人打骂、虐待或者侮辱。

第一百一十四条 公安机关及其人民警察办理治安案件,应当自觉接受社会和公民的监督。

公安机关及其人民警察办理治安案件,不严格执法或者有违法违纪行为的,任何单位和个人都有权向公安机关或者人民检察院、行政监察机关检举、控告;收到检举、控告的机关,应当依据职责及时处理。

第一百一十五条 公安机关依法实施罚款处罚,应当依照有关法律、行政法规的规定,实行罚款决定与罚款收缴分离;收缴的罚款应当全部上缴国库。

第一百一十六条 人民警察办理治安案件,有下列行为之一的,依法给予行政处分;构成犯罪的,依法追究刑事责任:

(一) 刑讯逼供、体罚、虐待、侮辱他人的;

(二) 超过询问查证的时间限制人身自由的;

(三) 不执行罚款决定与罚款收缴分离制度或者不按规定将罚没的财物上缴国库或者依法处理的;

(四) 私分、侵占、挪用、故意损毁收缴、扣押的财物的;

(五) 违反规定使用或者不及时返还被侵害人财物的;

(六) 违反规定不及时退还保证金的;

(七) 利用职务上的便利收受他人财物或者谋取其他利益的;

(八) 当场收缴罚款不出具罚款收据或者不如实填写罚款数额的;

(九) 接到要求制止违反治安管理行为的报警后,不及时出警的;

(十) 在查处违反治安管理活动时,为违法犯罪行为人通风报信的;

(十一) 有徇私舞弊、滥用职权,不依法履行法定职责的其他情形的。

办理治安案件的公安机关有前款所列行为的,对直接负责的主管人员和其他直接责任人员给予相应的行政处分。

第一百一十七条 公安机关及其人民警察违法行使职权,侵犯公民、法人和其他组织合法权益的,应当赔礼道歉;造成损害的,应当依法承担赔偿责任。

第六章 附 则

第一百一十八条 本法所称以上、以下、以内,包括本数。

第一百一十九条 本法自2006年3月1日起施行。1986年9月5日公布、1994年5月12日修订公布的《中华人民共和国治安管理处罚条例》同时废止。

中华人民共和国民法典(摘录)

(2020年5月28日第十三届全国人民代表大会第三次会议通过,中华人民共和国主席令第45号公布)

第一编 总 则

第一百一十七条 为了公共利益的需要,依照法律规定的权限和程序征收、征用不动产或者动产的,应当给予公平、合理的补偿。

第一百二十一条 没有法定的或者约定的义务,为避免他人利益受损失而进行管理的人,有权请求受益人偿还由此支出的必要费用。

第一百八十二条 因紧急避险造成损害的,由引起险情发生的人承担民事责任。

危险由自然原因引起的,紧急避险人不承担民事责任,可以给予适当补偿。

紧急避险采取措施不当或者超过必要的限度,造成不应有的损害的,紧急避险人应当承担适当的民事责任。

第一百八十三条 因保护他人民事权益使自己受到损害的,由侵权人承担民事责任,受益人可以给予适当补偿。没有侵权人、侵权人逃逸或者无力承担民事责任,受害人请求补偿的,受益人应当给予适当补偿。

第一百八十四条 因自愿实施紧急救助行为造成受助人损害的,救助人不承担民事责任。

第一百八十五条 侵害英雄烈士等的姓名、肖像、名誉、荣誉,损害社会公共利益的,应当承担民事责任。

第二编 物 权

第二百四十五条 因抢险救灾、疫情防控等紧急需要,依照法律规定的权限和程序可以征用组织、个人的不动产或者动产。被征用的不动产或者动产使用后，应当返还被征用人。组织、个人的不动产或者动产被征用或者征用后毁损、灭失的，应当给予补偿。

第二百八十五条 物业服务企业或者其他管理人根据业主的委托，依照本法第三编有关物业服务合同的规定管理建筑区划内的建筑物及其附属设施，接受业主的监督，并及时答复业主对物业服务情况提出的询问。

物业服务企业或者其他管理人应当执行政府依法实施的应急处置措施和其他管理措施，积极配合开展相关工作。

第二百八十六条 业主应当遵守法律、法规以及管理规约，相关行为应当符合节约资源、保护生态环境的要求。对于物业服务企业或者其他管理人执行政府依法实施的应急处置措施和其他管理措施，业主应当依法予以配合。

业主大会或者业主委员会，对任意弃置垃圾、排放污染物或者噪声、违反规定饲养动物、违章搭建、侵占通道、拒付物业费等损害他人合法权益的行为，有权依照法律、法规以及管理规约，请求行为人停止侵害、排除妨碍、消除危险、恢复原状、赔偿损失。

业主或者其他行为人拒不履行相关义务的，有关当事人可以向有关行政主管部门报告或者投诉，有关行政主管部门应当依法处理。

第三百二十七条 因不动产或者动产被征收、征用致使用益物权消灭或者影响用益物权行使的，用益物权人有权依照本法第二百四十三条、第二百四十五条的规定获得相应补偿。

第三编 合 同

第四百九十四条 国家根据抢险救灾、疫情防控或者其他需要下达国家订货任务、指令性任务的，有关民事主体之间应当依照有关法律、行政法规规定的权利和义务订立合同。

依照法律、行政法规的规定负有发出要约义务的当事人，应当及时发出合理的要约。

依照法律、行政法规的规定负有作出承诺义务的当事人，不得拒绝对方合理的订立合同要求。

第六百五十八条 赠与人在赠与财产的权利转移之前可以撤销赠与。

经过公证的赠与合同或者依法不得撤销的具有救灾、扶贫、助残等公益、道德义务性质的赠与合同，不适用前款规定。

第六百六十条 经过公证的赠与合同或者依法不得撤销的具有救灾、扶贫、助残等公益、道德义务性质的赠与合同，赠与人不交付赠与财产的，受赠人可以请求交付。

依据前款规定应当交付的赠与财产因赠与人故意或者重大过失致使毁损、灭失的，赠与人应当承担赔偿责任。

第九百七十九条 管理人没有法定的或者约定的义务，为避免他人利益受损失而管理他人事务的，可以请求受益人偿还因管理事务而支出的必要费用；管理人因管理事务受到损失的，可以请求受益人给予适当补偿。

管理事务不符合受益人真实意思的，管理人不享有前款规定的权利；但是，受益人的真实意思违反法律或者违背公序良俗的除外。

第九百八十条 管理人管理事务不属于前条规定的情形，但是受益人享有管理利益的，受益人应当在其获得的利益范围内向管理人承担前条第一款规定的义务。

第九百八十一条 管理人管理他人事务，应当采取有利于受益人的方法。中断管理对受益人不利的，无正当理由不得中断。

第九百八十二条 管理人管理他人事务，能够通知受益人的，应当及时通知受益人。管理的事务不需要紧急处理的，应当等待受益人的指示。

第九百八十三条 管理结束后，管理人应当向受益人报告管理事务的情况。管理人管理事务取得的财产，应当及时转交给受益人。

第九百八十四条 管理人管理事务经受益人事后追认的，从管理事务开始时起，适用委托合同的有关规定，但是管理人另有意思表示的除外。

第四编 人 格 权

第九百九十九条 为公共利益实施新闻报道、舆论监督等行为的，可以合理使用民事主体的姓名、名称、肖像、个人信息等；使用不合理侵害民事主体人格权的，应当依法承担民事责任。

第一千零五条 自然人的生命权、身体权、健康权受到侵害或者处于其他危难情形的，负有法定救助义务的组织或者个人应当及时施救。

第一千零二十五条 行为人为公共利益实施新闻报道、舆论监督等行为，影响他人名誉的，不承担民事责任，但是有下列情形之一的除外：

（一）捏造、歪曲事实；

（二）对他人提供的严重失实内容未尽到合理核实义务；

（三）使用侮辱性言辞等贬损他人名誉。

第一千零三十一条 民事主体享有荣誉权。任何组织或者个人不得非法剥夺他人的荣誉称号，不得诋毁、贬损他人的荣誉。

获得的荣誉称号应当记载而没有记载的，民事主体可以请求记载；获得的荣誉称号记载错误的，民事主体可以请求更正。

第一千零三十六条 处理个人信息，有下列情形之一的，行为人不承担民事责任：

（一）在该自然人或者其监护人同意的范围内合理实施的行为；

（二）合理处理该自然人自行公开的或者其他已经合法公开的信息，但是该自然人明确拒绝或者处理该信息侵害其重大利益的除外；

（三）为维护公共利益或者该自然人合法权益，合理实施的其他行为。

第一千二百二十条 因抢救生命垂危的患者等紧急情况，不能取得患者或者其近亲属意见的，经医疗机构负责人或者授权的负责人批准，可以立即实施相应的医疗措施。

第一千二百二十四条 患者在诊疗活动中受到损害，有下列情形之一的，医疗机构不承担赔偿责任：

（一）患者或者其近亲属不配合医疗机构进行符合诊疗规范的诊疗；

（二）医务人员在抢救生命垂危的患者等紧急情况下已经尽到合理诊疗义务；

（三）限于当时的医疗水平难以诊疗。

前款第一项情形中，医疗机构或者其医务人员也有过错的，应当承担相应的赔偿责任。

农业机械安全监督管理条例

（2009年9月17日国务院令第563号发布 根据2016年2月6日国务院令第666号《国务院关于修改部分行政法规的决定》第一次修订 依据2019年3月2日国务院令第709号《国务院关于修改部分行政法规的决定》第二次修订）

第一章 总 则

第一条 为了加强农业机械安全监督管理，预防和减少农业机械事故，保障人民生命和财产安全，制定本条例。

第二条 在中华人民共和国境内从事农业机械的生产、销售、维修、使用操作以及安全监督管理等活动，应当遵守本条例。

本条例所称农业机械，是指用于农业生产及其产品初加工等相关农事活动的机械、设备。

第三条 农业机械安全监督管理应当遵循以人为本、预防事故、保障安全、促进发展的原则。

第四条 县级以上人民政府应当加强对农业机械安全监督管理工作的领导，完善农业机械安全监督管理体系，增加对农民购买农业机械的补贴，保障农业机械安全的财政投入，建立健全农业机械安全生产责任制。

第五条 国务院有关部门和地方各级人民政府、有关部门应当加强农业机械安全法律、法规、标准和知识的宣传教育。

农业生产经营组织、农业机械所有人应当对农业机械操作人员及相关人员进行农业机械安全使用教育，提高其安全意识。

第六条 国家鼓励和支持开发、生产、推广、应用先进适用、安全可靠、节能环保的农业机械，建立健全农业机械安全技术标准和安全操作规程。

第七条 国家鼓励农业机械操作人员、维修技术人员参加职业技能培训和依法成立安全互助组织，提高农业机械安全操作水平。

第八条 国家建立落后农业机械淘汰制度和危及人身财产安全的农业机械报废制度，并对淘汰和报废的农业机械依法实行回收。

第九条 国务院农业机械化主管部门、工业主管部门、市场监督管理部门等有关部门依照本条例和国务院规定的职责，负责农业机械安全监督管理工作。

县级以上地方人民政府农业机械化主管部门、工业主管部门和市场监督管理部门等有关部门按照各自职责，负责本行政区域的农业机械安全监督管理工作。

第二章 生产、销售和维修

第十条 国务院工业主管部门负责制定并组织实施农业机械工业产业政策和有关规划。

国务院标准化主管部门负责制定发布农业机械安全技术国家标准，并根据实际情况及时修订。农业机械安全技术标准是强制执行的标准。

第十一条 农业机械生产者应当依据农业机械工业产业政策和有关规划，按照农业机械安全技术标准组织生产，并建立健全质量保障控制体系。

对依法实行工业产品生产许可证管理的农业机械，其生产者应当取得相应资质，并按照许可的范围和条件组织生产。

第十二条 农业机械生产者应当按照农业机械安全技术标准对生产的农业机械进行检验；农业机械经检验合格并附具详尽的安全操作说明书和标注安全警示标志后，方可出厂销售；依法必须进行认证的农业机械，在出厂前应当标注认证标志。

上道路行驶的拖拉机，依法必须经过认证的，在出厂前应当标注认证标志，并符合机动车国家安全技术标准。

农业机械生产者应当建立产品出厂记录制度，如实记录农业机械的名称、规格、数量、生产日期、生产批号、检验合格证号、购货者名称及联系方式、销售日期等内容。出厂记录保存期限不得少于3年。

第十三条 进口的农业机械应当符合我国农业机械安全技术标准，并依法由出入境检验检疫机构检验合格。依法必须进行认证的农业机械，还应当由出入境检验检疫机构进行入境验证。

第十四条 农业机械销售者对购进的农业机械应当查验产品合格证明。对依法实行工业产品生产许可证管理、依法必须进行认证的农业机械，还应当验明相应的证明文件或者标志。

农业机械销售者应当建立销售记录制度，如实记录农业机械的名称、规格、生产批号、供货者名称及联系方式、销售流向等内容。销售记录保存期限不得少于3年。

农业机械销售者应当向购买者说明农业机械操作方法和安全注意事项，并依法开具销售发票。

第十五条 农业机械生产者、销售者应当建立健全农业机械销售服务体系，依法承担产品质量责任。

第十六条 农业机械生产者、销售者发现其生产、销售的农业机械存在设计、制造等缺陷，可能对人身财产安全造成损害的，应当立即停止生产、销售，及时报告当地市场监督管理部门，通知农业机械使用者停止使用。农业机械生产者应当及时召回存在设计、制造等缺陷的农业机械。

农业机械生产者、销售者不履行本条第一款义务的，质量监督部门、工商行政管理部门可以责令生产者召回农业机械，责令销售者停止销售农业机械。

第十七条 禁止生产、销售下列农业机械：

（一）不符合农业机械安全技术标准的；

（二）依法实行工业产品生产许可证管理而未取得许可证的；

（三）依法必须进行认证而未经认证的；

（四）利用残次零配件或者报废农业机械的发动机、方向机、变速器、车架等部件拼装的；

（五）国家明令淘汰的。

第十八条 从事农业机械维修经营，应当有必要的维修场地，有必要的维修设施、设备和检测仪器，有相应的维修技术人员，有安全防护和环境保护措施。

第十九条 农业机械维修经营者应当遵守国家有关维修质量安全技术规范和维修质量保证期的规定，确保维修质量。

从事农业机械维修不得有下列行为：

（一）使用不符合农业机械安全技术标准的零配件；

（二）拼装、改装农业机械整机；

（三）承揽维修已经达到报废条件的农业机械；

（四）法律、法规和国务院农业机械化主管部门规定的其他禁止性行为。

第三章 使用操作

第二十条 农业机械操作人员可以参加农业机械操作人员的技能培训，可以向有关农业机械化主管部门、人力资源和社会保障部门申请职业技能鉴定，获取相应等级的国家职业资格证书。

第二十一条 拖拉机、联合收割机投入使用前，其所有人应当按照国务院农业机械化主管部门的规定，持本人身份证明和机具来源证明，向所在地县级人民政府农业机械化主管部门申请登记。拖拉机、联合收割机经安全检验合格的，农业机械化主管部门应当在2个工作日内予以登记并核发相应的证书和牌照。

拖拉机、联合收割机使用期间登记事项发生变更的，其所有人应当按照国务院农业机械化主管部门的规定申请变更登记。

第二十二条 拖拉机、联合收割机操作人员经过培训后，应当按照国务院农业机械化主管部门的规定，参加县级人民政府农业机械化主管部门组织的考试。考试合格的，农业机械化主管部门应当在2个工作日内核发相应的操作证件。

拖拉机、联合收割机操作证件有效期为6年；有效期满，拖拉机、联合收割机操作人员可以向原发证机关申请续展。未满18周岁不得操作拖拉机、联合收割机。操作人员年满70周岁的，县级人民政府农业机械化主管部门应当注销其操作证件。

第二十三条 拖拉机、联合收割机应当悬挂牌照。拖拉机上道路行驶，联合收割机因转场作业、维修、安全检验等需要转移的，其操作人员应当携带操作证件。

拖拉机、联合收割机操作人员不得有下列行为：

（一）操作与本人操作证件规定不相符的拖拉机、联合收割机；

（二）操作未按照规定登记、检验或者检验不合格、安全设施不全、机件失效的拖拉机、联合收割机；

（三）使用国家管制的精神药品、麻醉品后操作拖拉机、联合收割机；

（四）患有妨碍安全操作的疾病操作拖拉机、联合收割机；

（五）国务院农业机械化主管部门规定的其他禁止行为。

禁止使用拖拉机、联合收割机违反规定载人。

第二十四条 农业机械操作人员作业前，应当对农业机械进行安全查验；作业时，应当遵守国务院农业机械化主管部门和省、自治区、直辖市人民政府农业机械化主管部门制定的安全操作规程。

第四章 事故处理

第二十五条 县级以上地方人民政府农业机械化主管部门负责农业机械事故责任的认定和调解处理。

本条例所称农业机械事故，是指农业机械在作业或者转移等过程中造成人身伤亡、财产损失的事件。

农业机械在道路上发生的交通事故，由公安机关交通管理部门依照道路交通安全法律、法规处理；拖拉机在道路以外通行时发生的事故，公安机关交通管理部门接到报案的，参照道路交通安全法律、法规处理。农业机械事故造成公路及其附属设施损坏的，由交通主管部门依照公路法律、法规处理。

第二十六条 在道路以外发生的农业机械事故，操作人员和现场其他人员应当立即停止作业或者停止农业机械的转移，保护现场，造成人员伤害的，应当向事故发生地农业机械化主管部门报告；造成人员死亡的，还应当向事故发生地公安机关报告。造成人身伤害的，应当立即采取措施，抢救受伤人员。因抢救受伤人员变动现场的，应当标明位置。

接到报告的农业机械化主管部门和公安机关应当立即派人赶赴现场进行勘验、检查，收集证据，组织抢救受伤人员，尽快恢复正常的生产秩序。

第二十七条 对经过现场勘验、检查的农业机械事故，农业机械化主管部门应当在 10 个工作日内制作完成农业机械事故认定书；需要进行农业机械鉴定的，应当自收到农业机械鉴定机构出具的鉴定结论之日起 5 个工作日内制作农业机械事故认定书。

农业机械事故认定书应当载明农业机械事故的基本事实、成因和当事人的责任，并在制作完成农业机械事故认定书之日起 3 个工作日内送达当事人。

第二十八条 当事人对农业机械事故损害赔偿有争议，请求调解的，应当自收到事故认定书之日起 10 个工作日内向农业机械化主管部门书面提出调解申请。

调解达成协议的，农业机械化主管部门应当制作调解书送交各方当事人。调解书经各方当事人共同签字后生效。调解不能达成协议或者当事人向人民法院提起诉讼的，农业机械化主管部门应当终止调解并书面通知当事人。调解达成协议后当事人反悔的，可以向人民法院提起诉讼。

第二十九条 农业机械化主管部门应当为当事人处理农业机械事故损害赔偿等后续事宜提供帮助和便利。因农业机械产品质量原因导致事故的，农业机械化主管部门应当依法出具有关证明材料。

农业机械化主管部门应当定期将农业机械事故统计情况及说明材料报送上级农业机械化主管部门并抄送同级安全生产监督管理部门。

农业机械事故构成生产安全事故的，应当依照相关法律、行政法规的规定调查处理并追究责任。

第五章 服务与监督

第三十条 县级以上地方人民政府农业机械化主管部门应当定期对危及人身财产安全的农业机械进行免费实地安全检验。但是道路交通安全法律对拖拉机的安全检验另有规定的，从其规定。

拖拉机、联合收割机的安全检验为每年 1 次。

实施安全技术检验的机构应当对检验结果承担法律责任。

第三十一条 农业机械化主管部门在安全检验中发现农业机械存在事故隐患的，应当告知其所有人停止使用并及时排除隐患。

实施安全检验的农业机械化主管部门应当对安全检验情况进行汇总，建立农业机械安全监督管理档案。

第三十二条 联合收割机跨行政区域作业前，当地县级人民政府农业机械化主管部门应当会同有关部门，对跨行政区域作业的联合收割机进行必要的安全检查，并对操作人员进行安全教育。

第三十三条 国务院农业机械化主管部门应当定期对农业机械安全使用状况进行分析评估，发布相关信息。

第三十四条 国务院工业主管部门应当定期对农业机械生产行业运行态势进行监测和分析，并按照先进适用、安全可靠、节能环保的要求，会同国务院农业机械化主管部门、市场监督管理部门等有关部门制定、公布国家明令淘汰的农业机械产品目录。

第三十五条 危及人身财产安全的农业机械达到报废条件的,应当停止使用,予以报废。农业机械的报废条件由国务院农业机械化主管部门会同国务院市场监督管理部门、工业主管部门规定。

县级人民政府农业机械化主管部门对达到报废条件的危及人身财产安全的农业机械,应当书面告知其所有人。

第三十六条 国家对达到报废条件或者正在使用的国家已经明令淘汰的农业机械实行回收。农业机械回收办法由国务院农业机械化主管部门会同国务院财政部门、商务主管部门制定。

第三十七条 回收的农业机械由县级人民政府农业机械化主管部门监督回收单位进行解体或者销毁。

第三十八条 使用操作过程中发现农业机械存在产品质量、维修质量问题的,当事人可以向县级以上地方人民政府农业机械化主管部门或者市场监督管理部门投诉。接到投诉的部门对属于职责范围内的事项,应当依法及时处理;对不属于职责范围内的事项,应当及时移交有权处理的部门,有权处理的部门应当立即处理,不得推诿。

县级以上地方人民政府农业机械化主管部门和县级以上地方质量监督部门、工商行政管理部门应当定期汇总农业机械产品质量、维修质量投诉情况并逐级上报。

第三十九条 国务院农业机械化主管部门和省、自治区、直辖市人民政府农业机械化主管部门应当根据投诉情况和农业安全生产需要,组织开展在用的特定种类农业机械的安全鉴定和重点检查,并公布结果。

第四十条 农业机械安全监督管理执法人员在农田、场院等场所进行农业机械安全监督检查时,可以采取下列措施:

(一) 向有关单位和个人了解情况,查阅、复制有关资料;

(二) 查验拖拉机、联合收割机证书、牌照及有关操作证件;

(三) 检查危及人身财产安全的农业机械的安全状况,对存在重大事故隐患的农业机械,责令当事人立即停止作业或者停止农业机械的转移,并进行维修;

(四) 责令农业机械操作人员改正违规操作行为。

第四十一条 发生农业机械事故后企图逃逸的、拒不停止存在重大事故隐患农业机械的作业或者转移的,县级以上地方人民政府农业机械化主管部门可以扣押有关农业机械及证书、牌照、操作证件。案件处理完毕或者农业机械事故肇事方提供担保的,县级以上地方人民政府农业机械化主管部门应当及时退还被扣押的农业机械及证书、牌照、操作证件。存在重大事故隐患的农业机械,其所有人或者使用人排除隐患前不得继续使用。

第四十二条 农业机械安全监督管理执法人员进行安全监督检查时,应当佩戴统一标志,出示行政执法证件。农业机械安全监督检查、事故勘察车辆应当在车身喷涂统一标识。

第四十三条 农业机械化主管部门不得为农业机械指定维修经营者。

第四十四条 农业机械化主管部门应当定期向同级公安机关交通管理部门通报拖拉机登记、检验以及有关证书、牌照、操作证件发放情况。公安机关交通管理部门应当定期向同级农业机械化主管部门通报农业机械在道路上发生的交通事故及处理情况。

第六章 法律责任

第四十五条 县级以上地方人民政府农业机械化主管部门、工业主管部门、市场监督管理部门及其工作人员有下列行为之一的,对直接负责的主管人员和其他直接责任人员,依法给予处分,构成犯罪的,依法追究刑事责任:

(一) 不依法对拖拉机、联合收割机实施安全检验、登记,或者不依法核发拖拉机、联合收割机证书、牌照的;

(二) 对未经考试合格者核发拖拉机、联合收割机操作证件,或者对经考试合格者拒不核发拖拉机、联合收割机操作证件的;

(三) 不依法处理农业机械事故,或者不依法出具农业机械事故认定书和其他证明材料的;

(四) 在农业机械生产、销售等过程中不依法履行监督管理职责的;

(五) 其他未依照本条例的规定履行职责的行为。

第四十六条 生产、销售利用残次零配件或者报废农业机械的发动机、方向机、变速器、车架等部件拼装的农业机械的,由县级以上人民政府市场监督管理部门按照职责权限责令停止生产、销售,没收违法所得和违法生产、销售的农业机械,并处违法产品货值金额1倍以上3倍以下罚款;情节严重的,吊销营业执照。

农业机械生产者、销售者违反工业产品生产许可证管理、认证认可管理、安全技术标准管理以及产品质量管理的,依照有关法律、行政法规处罚。

第四十七条 农业机械销售者未依照本条例的规

定建立、保存销售记录的,由县级以上人民政府市场监督管理部门责令改正,给予警告;拒不改正的,处1000元以上1万元以下罚款,并责令停业整顿;情节严重的,吊销营业执照。

第四十八条 从事农业机械维修经营不符合本条例第十八条规定的,由县级以上地方人民政府农业机械化主管部门责令改正;拒不改正的,处5000元以上1万元以下罚款。

第四十九条 农业机械维修经营者使用不符合农业机械安全技术标准的配件维修农业机械,或者拼装、改装农业机械整机,或者承揽维修已经达到报废条件的农业机械的,由县级以上地方人民政府农业机械化主管部门责令改正,没收违法所得,并处违法经营额1倍以上2倍以下罚款;拒不改正的,处违法经营额2倍以上5倍以下罚款。

第五十条 未按照规定办理登记手续并取得相应的证书和牌照,擅自将拖拉机、联合收割机投入使用,或者未按照规定办理变更登记手续的,由县级以上地方人民政府农业机械化主管部门责令限期补办相关手续;逾期不补办的,责令停止使用;拒不停止使用的,扣押拖拉机、联合收割机,并处200元以上2000元以下罚款。

当事人补办相关手续的,应当及时退还扣押的拖拉机、联合收割机。

第五十一条 伪造、变造或者使用伪造、变造的拖拉机、联合收割机证书和牌照的,或者使用其他拖拉机、联合收割机的证书和牌照的,由县级以上地方人民政府农业机械化主管部门收缴伪造、变造或者使用的证书和牌照,对违法行为人予以批评教育,并处200元以上2000元以下罚款。

第五十二条 未取得拖拉机、联合收割机操作证件而操作拖拉机、联合收割机的,由县级以上地方人民政府农业机械化主管部门责令改正,处100元以上500元以下罚款。

第五十三条 拖拉机、联合收割机操作人员操作与本人操作证件规定不相符的拖拉机、联合收割机,或者操作未按照规定登记、检验或者检验不合格、安全设施不全、机件失效的拖拉机、联合收割机,或者使用国家管制的精神药品、麻醉品后操作拖拉机、联合收割机,或者患有妨碍安全操作的疾病操作拖拉机、联合收割机的,由县级以上地方人民政府农业机械化主管部门对违法行为人予以批评教育,责令改正;拒不改正的,处100元以上500元以下罚款;情节严重的,吊销有关人员的操作证件。

第五十四条 使用拖拉机、联合收割机违反规定载人的,由县级以上地方人民政府农业机械化主管部门对违法行为人予以批评教育,责令改正;拒不改正的,扣押拖拉机、联合收割机的证书、牌照;情节严重的,吊销有关人员的操作证件。非法从事经营性道路旅客运输的,由交通主管部门依照道路运输管理法律、行政法规处罚。

当事人改正违法行为的,应当及时退还扣押的拖拉机、联合收割机的证书、牌照。

第五十五条 经检验、检查发现农业机械存在事故隐患,经农业机械化主管部门告知拒不排除并继续使用的,由县级以上地方人民政府农业机械化主管部门对违法行为人予以批评教育,责令改正;拒不改正的,责令停止使用;拒不停止使用的,扣押存在事故隐患的农业机械。

事故隐患排除后,应当及时退还扣押的农业机械。

第五十六条 违反本条例规定,造成他人人身伤亡或者财产损失的,依法承担民事责任;构成违反治安管理行为的,依法给予治安管理处罚;构成犯罪的,依法追究刑事责任。

第七章 附 则

第五十七条 本条例所称危及人身财产安全的农业机械,是指对人身财产安全可能造成损害的农业机械,包括拖拉机、联合收割机、机动植保机械、机动脱粒机、饲料粉碎机、插秧机、铡草机等。

第五十八条 本条例规定的农业机械证书、牌照、操作证件,由国务院农业机械化主管部门会同国务院有关部门统一规定式样,由国务院农业机械化主管部门监制。

第五十九条 拖拉机操作证件考试收费、安全技术检验收费和牌证的工本费,应当严格执行国务院价格主管部门核定的收费标准。

第六十条 本条例自2009年11月1日起施行。

城镇燃气管理条例

(2010年11月19日国务院令第583号公布 根据2016年2月6日《国务院关于修改部分行政法规的决定》修订)

第一章 总 则

第一条 为了加强城镇燃气管理,保障燃气供应，防止和减少燃气安全事故，保障公民生命、财产安全和公共安全，维护燃气经营者和燃气用户的合法权益，促进燃气事业健康发展，制定本条例。

第二条 城镇燃气发展规划与应急保障、燃气经营与服务、燃气使用、燃气设施保护、燃气安全事故预防与处理及相关管理活动，适用本条例。

天然气、液化石油气的生产和进口，城市门站以外的天然气管道输送，燃气作为工业生产原料的使用，沼气、秸秆气的生产和使用，不适用本条例。

本条例所称燃气，是指作为燃料使用并符合一定要求的气体燃料，包括天然气（含煤层气）、液化石油气和人工煤气等。

第三条 燃气工作应当坚持统筹规划、保障安全、确保供应、规范服务、节能高效的原则。

第四条 县级以上人民政府应当加强对燃气工作的领导，并将燃气工作纳入国民经济和社会发展规划。

第五条 国务院建设主管部门负责全国的燃气管理工作。

县级以上地方人民政府燃气管理部门负责本行政区域内的燃气管理工作。

县级以上人民政府其他有关部门依照本条例和其他有关法律、法规的规定，在各自职责范围内负责有关燃气管理工作。

第六条 国家鼓励、支持燃气科学技术研究，推广使用安全、节能、高效、环保的燃气新技术、新工艺和新产品。

第七条 县级以上人民政府有关部门应当建立健全燃气安全监督管理制度，宣传普及燃气法律、法规和安全知识，提高全民的燃气安全意识。

第二章 燃气发展规划与应急保障

第八条 国务院建设主管部门应当会同国务院有关部门，依据国民经济和社会发展规划、土地利用总体规划、城乡规划以及能源规划，结合全国燃气资源总量平衡情况，组织编制全国燃气发展规划并组织实施。

县级以上地方人民政府燃气管理部门应当会同有关部门，依据国民经济和社会发展规划、土地利用总体规划、城乡规划、能源规划以及上一级燃气发展规划，组织编制本行政区域的燃气发展规划，报本级人民政府批准后组织实施，并报上一级人民政府燃气管理部门备案。

第九条 燃气发展规划的内容应当包括：燃气气源、燃气种类、燃气供应方式和规模、燃气设施布局和建设时序、燃气设施建设用地、燃气设施保护范围、燃气供应保障措施和安全保障措施等。

第十条 县级以上地方人民政府应当根据燃气发展规划的要求，加大对燃气设施建设的投入，并鼓励社会资金投资建设燃气设施。

第十一条 进行新区建设、旧区改造，应当按照城乡规划和燃气发展规划配套建设燃气设施或者预留燃气设施建设用地。

对燃气发展规划范围内的燃气设施建设工程，城乡规划主管部门在依法核发选址意见书时，应当就燃气设施建设是否符合燃气发展规划征求燃气管理部门的意见；不需要核发选址意见书的，城乡规划主管部门在依法核发建设用地规划许可证或者乡村建设规划许可证时，应当就燃气设施建设是否符合燃气发展规划征求燃气管理部门的意见。

燃气设施建设工程竣工后，建设单位应当依法组织竣工验收，并自竣工验收合格之日起15日内，将竣工验收情况报燃气管理部门备案。

第十二条 县级以上地方人民政府应当建立健全燃气应急储备制度，组织编制燃气应急预案，采取综合措施提高燃气应急保障能力。

燃气应急预案应当明确燃气应急气源和种类、应急供应方式、应急处置程序和应急救援措施等内容。

县级以上地方人民政府燃气管理部门应当会同有关部门对燃气供求状况实施监测、预测和预警。

第十三条 燃气供应严重短缺、供应中断等突发事件发生后，县级以上地方人民政府应当及时采取动用储备、紧急调度等应急措施，燃气经营者以及其他有关单位和个人应当予以配合，承担相关应急任务。

第三章 燃气经营与服务

第十四条 政府投资建设的燃气设施，应当通过招标投标方式选择燃气经营者。

社会资金投资建设的燃气设施，投资方可以自行经营，也可以另行选择燃气经营者。

第十五条 国家对燃气经营实行许可证制度。从事燃气经营活动的企业，应当具备下列条件：

（一）符合燃气发展规划要求；

（二）有符合国家标准的燃气气源和燃气设施；

（三）企业的主要负责人、安全生产管理人员以及运行、维护和抢修人员经专业培训并考核合格；

（四）法律、法规规定的其他条件。

符合前款规定条件的，由县级以上地方人民政府燃气管理部门核发燃气经营许可证。

第十六条 禁止个人从事管道燃气经营活动。

个人从事瓶装燃气经营活动的,应当遵守省、自治区、直辖市的有关规定。

第十七条 燃气经营者应当向燃气用户持续、稳定、安全供应符合国家质量标准的燃气,指导燃气用户安全用气、节约用气,并对燃气设施定期进行安全检查。

燃气经营者应当公示业务流程、服务承诺、收费标准和服务热线等信息,并按照国家燃气服务标准提供服务。

第十八条 燃气经营者不得有下列行为:

(一)拒绝向市政燃气管网覆盖范围内符合用气条件的单位或者个人供气;

(二)倒卖、抵押、出租、出借、转让、涂改燃气经营许可证;

(三)未履行必要告知义务擅自停止供气、调整供气量,或者未经审批擅自停业或者歇业;

(四)向未取得燃气经营许可证的单位或者个人提供用于经营的燃气;

(五)在不具备安全条件的场所储存燃气;

(六)要求燃气用户购买其指定的产品或者接受其提供的服务;

(七)擅自为非自有气瓶充装燃气;

(八)销售未经许可的充装单位充装的瓶装燃气或者销售充装单位擅自为非自有气瓶充装的瓶装燃气;

(九)冒用其他企业名称或者标识从事燃气经营、服务活动。

第十九条 管道燃气经营者对其供气范围内的市政燃气设施、建筑区划内业主专有部分以外的燃气设施,承担运行、维护、抢修和更新改造的责任。

管道燃气经营者应当按照供气、用气合同的约定,对单位燃气用户的燃气设施承担相应的管理责任。

第二十条 管道燃气经营者因施工、检修等原因需要临时调整供气量或者暂停供气的,应当将作业时间和影响区域提前48小时予以公告或者书面通知燃气用户,并按照有关规定及时恢复正常供气;因突发事件影响供气的,应当采取紧急措施并及时通知燃气用户。

燃气经营者停业、歇业的,应当事先对其供气范围内的燃气用户的正常用气作出妥善安排,并在90个工作日前向所在地燃气管理部门报告,经批准方可停业、歇业。

第二十一条 有下列情况之一的,燃气管理部门应当采取措施,保障燃气用户的正常用气:

(一)管道燃气经营者临时调整供气量或者暂停供气未及时恢复正常供气的;

(二)管道燃气经营者因突发事件影响供气未采取紧急措施的;

(三)燃气经营者擅自停业、歇业的;

(四)燃气管理部门依法撤回、撤销、注销、吊销燃气经营许可的。

第二十二条 燃气经营者应当建立健全燃气质量检测制度,确保所供应的燃气质量符合国家标准。

县级以上地方人民政府质量监督、工商行政管理、燃气管理等部门应当按照职责分工,依法加强对燃气质量的监督检查。

第二十三条 燃气销售价格,应当根据购气成本、经营成本和当地经济社会发展水平合理确定并适时调整。县级以上地方人民政府价格主管部门确定和调整管道燃气销售价格,应当征求管道燃气用户、管道燃气经营者和有关方面的意见。

第二十四条 通过道路、水路、铁路运输燃气的,应当遵守法律、行政法规有关危险货物运输安全的规定以及国务院交通运输部门、国务院铁路部门的有关规定;通过道路或者水路运输燃气的,还应当分别依照有关道路运输、水路运输的法律、行政法规的规定,取得危险货物道路运输许可或者危险货物水路运输许可。

第二十五条 燃气经营者应当对其从事瓶装燃气送气服务的人员和车辆加强管理,并承担相应的责任。

从事瓶装燃气充装活动,应当遵守法律、行政法规和国家标准有关气瓶充装的规定。

第二十六条 燃气经营者应当依法经营,诚实守信,接受社会公众的监督。

燃气行业协会应当加强行业自律管理,促进燃气经营者提高服务质量和技术水平。

第四章 燃 气 使 用

第二十七条 燃气用户应当遵守安全用气规则,使用合格的燃气燃烧器具和气瓶,及时更换国家明令淘汰或者使用年限已届满的燃气燃烧器具、连接管等,并按照约定期限支付燃气费用。

单位燃气用户还应当建立健全安全管理制度,加强对操作维护人员燃气安全知识和操作技能的培训。

第二十八条 燃气用户及相关单位和个人不得有下列行为:

(一)擅自操作公用燃气阀门;

(二)将燃气管道作为负重支架或者接地引线;

(三)安装、使用不符合气源要求的燃气燃烧

器具;

（四）擅自安装、改装、拆除户内燃气设施和燃气计量装置;

（五）在不具备安全条件的场所使用、储存燃气;

（六）盗用燃气;

（七）改变燃气用途或者转供燃气。

第二十九条　燃气用户有权就燃气收费、服务等事项向燃气经营者进行查询，燃气经营者应当自收到查询申请之日起5个工作日内予以答复。

燃气用户有权就燃气收费、服务等事项向县级以上地方人民政府价格主管部门、燃气管理部门以及其他有关部门进行投诉，有关部门应当自收到投诉之日起15个工作日内予以处理。

第三十条　安装、改装、拆除户内燃气设施的，应当按照国家有关工程建设标准实施作业。

第三十一条　燃气管理部门应当向社会公布本行政区域内的燃气种类和气质成分等信息。

燃气燃烧器具生产单位应当在燃气燃烧器具上明确标识所适应的燃气种类。

第三十二条　燃气燃烧器具生产单位、销售单位应当设立或者委托设立售后服务站点，配备经考核合格的燃气燃烧器具安装、维修人员，负责售后的安装、维修服务。

燃气燃烧器具的安装、维修，应当符合国家有关标准。

第五章　燃气设施保护

第三十三条　县级以上地方人民政府燃气管理部门应当会同城乡规划等有关部门按照国家有关标准和规定划定燃气设施保护范围，并向社会公布。

在燃气设施保护范围内，禁止从事下列危及燃气设施安全的活动：

（一）建设占压地下燃气管线的建筑物、构筑物或者其他设施;

（二）进行爆破、取土等作业或者动用明火;

（三）倾倒、排放腐蚀性物质;

（四）放置易燃易爆危险物品或者种植深根植物;

（五）其他危及燃气设施安全的活动。

第三十四条　在燃气设施保护范围内，有关单位从事敷设管道、打桩、顶进、挖掘、钻探等可能影响燃气设施安全活动的，应当与燃气经营者共同制定燃气设施保护方案，并采取相应的安全保护措施。

第三十五条　燃气经营者应当按照国家有关工程建设标准和安全生产管理的规定，设置燃气设施防腐、绝缘、防雷、降压、隔离等保护装置和安全警示标志，定期进行巡查、检测、维修和维护，确保燃气设施的安全运行。

第三十六条　任何单位和个人不得侵占、毁损、擅自拆除或者移动燃气设施，不得毁损、覆盖、涂改、擅自拆除或者移动燃气设施安全警示标志。

任何单位和个人发现有可能危及燃气设施和安全警示标志的行为，有权予以劝阻、制止;经劝阻、制止无效的，应当立即告知燃气经营者或者向燃气管理部门、安全生产监督管理部门和公安机关报告。

第三十七条　新建、扩建、改建建设工程，不得影响燃气设施安全。

建设单位在开工前，应当查明建设工程施工范围内地下燃气管线的相关情况;燃气管理部门以及其他有关部门和单位应当及时提供相关资料。

建设工程施工范围内有地下燃气管线等重要燃气设施的，建设单位应当会同施工单位与管道燃气经营者共同制定燃气设施保护方案。建设单位、施工单位应当采取相应的安全保护措施，确保燃气设施运行安全;管道燃气经营者应当派专业人员进行现场指导。法律、法规另有规定的，依照有关法律、法规的规定执行。

第三十八条　燃气经营者改动市政燃气设施，应当制定改动方案，报县级以上地方人民政府燃气管理部门批准。

改动方案应当符合燃气发展规划，明确安全施工要求，有安全防护和保障正常用气的措施。

第六章　燃气安全事故预防与处理

第三十九条　燃气管理部门应当会同有关部门制定燃气安全事故应急预案，建立燃气事故统计分析制度，定期通报事故处理结果。

燃气经营者应当制定本单位燃气安全事故应急预案，配备应急人员和必要的应急装备、器材，并定期组织演练。

第四十条　任何单位和个人发现燃气安全事故或者燃气安全事故隐患等情况，应当立即告知燃气经营者，或者向燃气管理部门、公安机关消防机构等有关部门和单位报告。

第四十一条　燃气经营者应当建立健全燃气安全评估和风险管理体系，发现燃气安全事故隐患的，应当及时采取措施消除隐患。

燃气管理部门以及其他有关部门和单位应当根据各自职责，对燃气经营、燃气使用的安全状况等进行监督检查，发现燃气安全事故隐患的，应当通知燃气经营者、燃气用户及时采取措施消除隐患；不及时消除隐患可能严重威胁公共安全的，燃气管理部门以及其他有关部门和单位应当依法采取措施，及时组织消除隐患，有关单位和个人应当予以配合。

第四十二条 燃气安全事故发生后，燃气经营者应当立即启动本单位燃气安全事故应急预案，组织抢险、抢修。

燃气安全事故发生后，燃气管理部门、安全生产监督管理部门和公安机关消防机构等有关部门和单位，应当根据各自职责，立即采取措施防止事故扩大，根据有关情况启动燃气安全事故应急预案。

第四十三条 燃气安全事故经调查确定为责任事故的，应当查明原因、明确责任，并依法予以追究。

对燃气生产安全事故，依照有关生产安全事故报告和调查处理的法律、行政法规的规定报告和调查处理。

第七章 法 律 责 任

第四十四条 违反本条例规定，县级以上地方人民政府及其燃气管理部门和其他有关部门，不依法作出行政许可决定或者办理批准文件的，发现违法行为或者接到对违法行为的举报不予查处的，或者有其他未依照本条例规定履行职责的行为的，对直接负责的主管人员和其他直接责任人员，依法给予处分；直接负责的主管人员和其他直接责任人员的行为构成犯罪的，依法追究刑事责任。

第四十五条 违反本条例规定，未取得燃气经营许可证从事燃气经营活动的，由燃气管理部门责令停止违法行为，处5万元以上50万元以下罚款；有违法所得的，没收违法所得；构成犯罪的，依法追究刑事责任。

违反本条例规定，燃气经营者不按照燃气经营许可证的规定从事燃气经营活动的，由燃气管理部门责令限期改正，处3万元以上20万元以下罚款；有违法所得的，没收违法所得；情节严重的，吊销燃气经营许可证；构成犯罪的，依法追究刑事责任。

第四十六条 违反本条例规定，燃气经营者有下列行为之一的，由燃气管理部门责令限期改正，处1万元以上10万元以下罚款；有违法所得的，没收违法所得；情节严重的，吊销燃气经营许可证；造成损失的，依法承担赔偿责任；构成犯罪的，依法追究刑事责任：

（一）拒绝向市政燃气管网覆盖范围内符合用气条件的单位或者个人供气的；

（二）倒卖、抵押、出租、出借、转让、涂改燃气经营许可证的；

（三）未履行必要告知义务擅自停止供气、调整供气量，或者未经审批擅自停业或者歇业的；

（四）向未取得燃气经营许可证的单位或者个人提供用于经营的燃气的；

（五）在不具备安全条件的场所储存燃气的；

（六）要求燃气用户购买其指定的产品或者接受其提供的服务；

（七）燃气经营者未向燃气用户持续、稳定、安全供应符合国家质量标准的燃气，或者未对燃气用户的燃气设施定期进行安全检查。

第四十七条 违反本条例规定，擅自为非自有气瓶充装燃气或者销售未经许可的充装单位充装的瓶装燃气的，依照国家有关气瓶安全监察的规定进行处罚。

违反本条例规定，销售充装单位擅自为非自有气瓶充装的瓶装燃气的，由燃气管理部门责令改正，可以处1万元以下罚款。

违反本条例规定，冒用其他企业名称或者标识从事燃气经营、服务活动，依照有关反不正当竞争的法律规定进行处罚。

第四十八条 违反本条例规定，燃气经营者未按照国家有关工程建设标准和安全生产管理的规定，设置燃气设施防腐、绝缘、防雷、降压、隔离等保护装置和安全警示标志的，或者未定期进行巡查、检测、维修和维护的，或者未采取措施及时消除燃气安全事故隐患的，由燃气管理部门责令限期改正，处1万元以上10万元以下罚款。

第四十九条 违反本条例规定，燃气用户及相关单位和个人有下列行为之一的，由燃气管理部门责令限期改正；逾期不改正的，对单位可以处10万元以下罚款，对个人可以处1000元以下罚款；造成损失的，依法承担赔偿责任；构成犯罪的，依法追究刑事责任：

（一）擅自操作公用燃气阀门的；

（二）将燃气管道作为负重支架或者接地引线的；

（三）安装、使用不符合气源要求的燃气燃烧器具的；

（四）擅自安装、改装、拆除户内燃气设施和燃气计量装置的；

（五）在不具备安全条件的场所使用、储存燃气的；

（六）改变燃气用途或者转供燃气的；

（七）未设立售后服务站点或者未配备经考核合格的燃气燃烧器具安装、维修人员的；

（八）燃气燃烧器具的安装、维修不符合国家有关标准的。

盗用燃气的，依照有关治安管理处罚的法律规定进行处罚。

第五十条 违反本条例规定，在燃气设施保护范围内从事下列活动之一的，由燃气管理部门责令停止违法行为，限期恢复原状或者采取其他补救措施，对单位处 5 万元以上 10 万元以下罚款，对个人处 5000 元以上 5 万元以下罚款；造成损失的，依法承担赔偿责任；构成犯罪的，依法追究刑事责任：

（一）进行爆破、取土等作业或者动用明火的；
（二）倾倒、排放腐蚀性物质的；
（三）放置易燃易爆物品或者种植深根植物的；
（四）未与燃气经营者共同制定燃气设施保护方案，采取相应的安全保护措施，从事敷设管道、打桩、顶进、挖掘、钻探等可能影响燃气设施安全活动的。

违反本条例规定，在燃气设施保护范围内建设占压地下燃气管线的建筑物、构筑物或者其他设施的，依照有关城乡规划的法律、行政法规的规定进行处罚。

第五十一条 违反本条例规定，侵占、毁损、擅自拆除、移动燃气设施或者擅自改动市政燃气设施的，由燃气管理部门责令限期改正，恢复原状或者采取其他补救措施，对单位处 5 万元以上 10 万元以下罚款，对个人处 5000 元以上 5 万元以下罚款；造成损失的，依法承担赔偿责任；构成犯罪的，依法追究刑事责任。

违反本条例规定，毁损、覆盖、涂改、擅自拆除或者移动燃气设施安全警示标志的，由燃气管理部门责令限期改正，恢复原状，可以处 5000 元以下罚款。

第五十二条 违反本条例规定，建设工程施工范围内有地下燃气管线等重要燃气设施，建设单位未会同施工单位与管道燃气经营者共同制定燃气设施保护方案，或者建设单位、施工单位未采取相应的安全保护措施的，由燃气管理部门责令改正，处 1 万元以上 10 万元以下罚款；造成损失的，依法承担赔偿责任；构成犯罪的，依法追究刑事责任。

第八章 附 则

第五十三条 本条例下列用语的含义：

（一）燃气设施，是指人工煤气生产厂、燃气储配站、门站、气化站、混气站、加气站、灌装站、供应站、调压站、市政燃气管网等的总称，包括市政燃气设施、建筑区划内业主专有部分以外的燃气设施以及户内燃气设施等。

（二）燃气燃烧器具，是指以燃气为燃料的燃烧器具，包括居民家庭和商业用户所使用的燃气灶、热水器、沸水器、采暖器、空调器等器具。

第五十四条 农村的燃气管理参照本条例的规定执行。

第五十五条 本条例自 2011 年 3 月 1 日起施行。

大型群众性活动安全管理条例

（2007 年 8 月 29 日国务院第 190 次常务会议通过，2007 年 9 月 14 日国务院令第 505 号公布，自 2007 年 10 月 1 日起施行）

第一章 总 则

第一条 为了加强对大型群众性活动的安全管理，保护公民生命和财产安全，维护社会治安秩序和公共安全，制定本条例。

第二条 本条例所称大型群众性活动，是指法人或者其他组织面向社会公众举办的每场次预计参加人数达到 1000 人以上的下列活动：

（一）体育比赛活动；
（二）演唱会、音乐会等文艺演出活动；
（三）展览、展销等活动；
（四）游园、灯会、庙会、花会、焰火晚会等活动；
（五）人才招聘会、现场开奖的彩票销售等活动。

影剧院、音乐厅、公园、娱乐场所等在其日常业务范围内举办的活动，不适用本条例的规定。

第三条 大型群众性活动的安全管理应当遵循安全第一、预防为主的方针，坚持承办者负责、政府监管的原则。

第四条 县级以上人民政府公安机关负责大型群众性活动的安全管理工作。

县级以上人民政府其他有关主管部门按照各自的职责，负责大型群众性活动的有关安全工作。

第二章 安 全 责 任

第五条 大型群众性活动的承办者（以下简称承办者）对其承办活动的安全负责，承办者的主要负责人为大型群众性活动的安全责任人。

第六条 举办大型群众性活动，承办者应当制订大型群众性活动安全工作方案。

大型群众性活动安全工作方案包括下列内容：

（一）活动的时间、地点、内容及组织方式；

（二）安全工作人员的数量、任务分配和识别标志；

（三）活动场所消防安全措施；

（四）活动场所可容纳的人员数量以及活动预计参加人数；

（五）治安缓冲区域的设定及其标识；

（六）入场人员的票证查验和安全检查措施；

（七）车辆停放、疏导措施；

（八）现场秩序维护、人员疏导措施；

（九）应急救援预案。

第七条　承办者具体负责下列安全事项：

（一）落实大型群众性活动安全工作方案和安全责任制度，明确安全措施、安全工作人员岗位职责，开展大型群众性活动安全宣传教育；

（二）保障临时搭建的设施、建筑物的安全，消除安全隐患；

（三）按照负责许可的公安机关的要求，配备必要的安全检查设备，对参加大型群众性活动的人员进行安全检查，对拒不接受安全检查的，承办者有权拒绝其进入；

（四）按照核准的活动场所容纳人员数量、划定的区域发放或者出售门票；

（五）落实医疗救护、灭火、应急疏散等应急救援措施并组织演练；

（六）对妨碍大型群众性活动安全的行为及时予以制止，发现违法犯罪行为及时向公安机关报告；

（七）配备与大型群众性活动安全工作需要相适应的专业保安人员以及其他安全工作人员；

（八）为大型群众性活动的安全工作提供必要的保障。

第八条　大型群众性活动的场所管理者具体负责下列安全事项：

（一）保障活动场所、设施符合国家安全标准和安全规定；

（二）保障疏散通道、安全出口、消防车通道、应急广播、应急照明、疏散指示标志符合法律、法规、技术标准的规定；

（三）保障监控设备和消防设施、器材配置齐全、完好有效；

（四）提供必要的停车场地，并维护安全秩序。

第九条　参加大型群众性活动的人员应当遵守下列规定：

（一）遵守法律、法规和社会公德，不得妨碍社会治安、影响社会秩序；

（二）遵守大型群众性活动场所治安、消防等管理制度，接受安全检查，不得携带爆炸性、易燃性、放射性、毒害性、腐蚀性等危险物质或者非法携带枪支、弹药、管制器具；

（三）服从安全管理，不得展示侮辱性标语、条幅等物品，不得围攻裁判员、运动员或者其他工作人员，不得投掷杂物。

第十条　公安机关应当履行下列职责：

（一）审核承办者提交的大型群众性活动申请材料，实施安全许可；

（二）制订大型群众性活动安全监督方案和突发事件处置预案；

（三）指导对安全工作人员的教育培训；

（四）在大型群众性活动举办前，对活动场所组织安全检查，发现安全隐患及时责令改正；

（五）在大型群众性活动举办过程中，对安全工作的落实情况实施监督检查，发现安全隐患及时责令改正；

（六）依法查处大型群众性活动中的违法犯罪行为，处置危害公共安全的突发事件。

第三章　安 全 管 理

第十一条　公安机关对大型群众性活动实行安全许可制度。《营业性演出管理条例》对演出活动的安全管理另有规定的，从其规定。

举办大型群众性活动应当符合下列条件：

（一）承办者是依照法定程序成立的法人或者其他组织；

（二）大型群众性活动的内容不得违反宪法、法律、法规的规定，不得违反社会公德；

（三）具有符合本条例规定的安全工作方案，安全责任明确、措施有效；

（四）活动场所、设施符合安全要求。

第十二条　大型群众性活动的预计参加人数在1000人以上5000人以下的，由活动所在地县级人民政府公安机关实施安全许可；预计参加人数在5000人以上的，由活动所在地设区的市级人民政府公安机关或者直辖市人民政府公安机关实施安全许可；跨省、自治区、直辖市举办大型群众性活动的，由国务院公安部门实施安全许可。

第十三条　承办者应当在活动举办日的20日前提出安全许可申请，申请时，应当提交下列材料：

（一）承办者合法成立的证明以及安全责任人的

身份证明；

（二）大型群众性活动方案及其说明，2个或者2个以上承办者共同承办大型群众性活动的，还应当提交联合承办的协议；

（三）大型群众性活动安全工作方案；

（四）活动场所管理者同意提供活动场所的证明。

依照法律、行政法规的规定，有关主管部门对大型群众性活动的承办者有资质、资格要求的，还应当提交有关资质、资格证明。

第十四条 公安机关收到申请材料应当依法做出受理或者不予受理的决定。对受理的申请，应当自受理之日起7日内进行审查，对活动场所进行查验，对符合安全条件的，做出许可的决定；对不符合安全条件的，做出不予许可的决定，并书面说明理由。

第十五条 对经安全许可的大型群众性活动，承办者不得擅自变更活动的时间、地点、内容或者扩大大型群众性活动的举办规模。

承办者变更大型群众性活动时间的，应当在原定举办活动时间之前向做出许可决定的公安机关申请变更，经公安机关同意方可变更。

承办者变更大型群众性活动地点、内容以及扩大大型群众性活动举办规模的，应当依照本条例的规定重新申请安全许可。

承办者取消举办大型群众性活动的，应当在原定举办活动时间之前书面告知做出安全许可决定的公安机关，并交回公安机关颁发的准予举办大型群众性活动的安全许可证件。

第十六条 对经安全许可的大型群众性活动，公安机关根据安全需要组织相应警力，维持活动现场周边的治安、交通秩序，预防和处置突发治安事件，查处违法犯罪活动。

第十七条 在大型群众性活动现场负责执行安全管理任务的公安机关工作人员，凭值勤证件进入大型群众性活动现场，依法履行安全管理职责。

公安机关和其他有关主管部门及其工作人员不得向承办者索取门票。

第十八条 承办者发现进入活动场所的人员达到核准数量时，应当立即停止验票；发现持有划定区域以外的门票或者持假票的人员，应当拒绝其入场并向活动现场的公安机关工作人员报告。

第十九条 在大型群众性活动举办过程中发生公共安全事故、治安案件的，安全责任人应当立即启动应急救援预案，并立即报告公安机关。

第四章 法律责任

第二十条 承办者擅自变更大型群众性活动的时间、地点、内容或者擅自扩大大型群众性活动的举办规模的，由公安机关处1万元以上5万元以下罚款；有违法所得的，没收违法所得。

未经公安机关安全许可的大型群众性活动由公安机关予以取缔，对承办者处10万元以上30万元以下罚款。

第二十一条 承办者或者大型群众性活动场所管理者违反本条例规定致使发生重大伤亡事故、治安案件或者造成其他严重后果构成犯罪的，依法追究刑事责任；尚不构成犯罪的，对安全责任人和其他直接责任人员依法给予处分、治安管理处罚，对单位处1万元以上5万元以下罚款。

第二十二条 在大型群众性活动举办过程中发生公共安全事故，安全责任人不立即启动应急救援预案或者不立即向公安机关报告的，由公安机关对安全责任人和其他直接责任人员处5000元以上5万元以下罚款。

第二十三条 参加大型群众性活动的人员有违反本条例第九条规定行为的，由公安机关给予批评教育；有危害社会治安秩序、威胁公共安全行为的，公安机关可以将其强行带离现场，依法给予治安管理处罚；构成犯罪的，依法追究刑事责任。

第二十四条 有关主管部门的工作人员和直接负责的主管人员在履行大型群众性活动安全管理职责中，有滥用职权、玩忽职守、徇私舞弊行为的，依法给予处分；构成犯罪的，依法追究刑事责任。

第五章 附 则

第二十五条 县级以上各级人民政府、国务院部门直接举办的大型群众性活动的安全保卫工作，由举办活动的人民政府、国务院部门负责，不实行安全许可制度，但应当按照本条例的有关规定，责成或者会同有关公安机关制订更加严格的安全保卫工作方案，并组织实施。

第二十六条 本条例自2007年10月1日起施行。